2007年全国地市县财政统计资料

（内部资料　注意保存）

财政部国库司　预算司　编

中国财政经济出版社

图书在版编目（CIP）数据

2007年全国地市县财政统计资料/财政部国库司，财政部预算司编．—北京：中国财政经济出版社，2010.2

ISBN 978-7-5095-1957-8

Ⅰ.2…　Ⅱ.①财…②财…　Ⅲ.地方财政-统计资料-中国-2007　Ⅳ.F812.7-66

中国版本图书馆CIP数据核字（2010）第005040号

责任编辑：裴兰英　翁晓红　　责任校对：陈可强

封面设计：邹海东　　版式设计：苏　红

中国财政经济出版社出版

URL：http：//www.cfeph.cn

E-mail：cfeph@cfeph.cn

社址：北京市海淀区阜成路甲28号　邮政编码：100142

营销中心电话：010-88190406　北京财经书店电话：010-64033436

涿州市新华印刷有限公司印刷

787×1092毫米　16开　122.75印张　3 051 000字

2010年3月第1版　2010年3月第1次印刷

定价：105.00元

ISBN 978-7-5095-1957-8/F·1637

（图书出现印装问题，本社负责调换）

本社质量投诉电话：010-88190744

编制说明

一、本书资料内容包括：各省（自治区、直辖市）地市县财政综合资料、地市县一般预算财政资料、地市县基金预算财政资料、地市县预算外财政资料、专项资料及参考资料，共六部分。

二、本书中综合资料和专项资料有关数字，根据《2007年地方财政总决算》整理；财政资料及参考资料根据《2007年地方财政总决算》汇编。

三、专项资料中，财政收入亿元县指本级财政一般预算收入达到1亿元以上，不包括上级财政对下级财政的税收返还及各项补助；财政收入补贴县指上级财政对本级财政给予财政体制补助的县；财政收支赤字县指年终滚存净结余为负数的县。

四、本书的各项“总计”、“合计”数字均未含我国港、澳、台地区，人口数均不含港、澳、台地区人口和现役军人。

五、本书属内部资料，供财税系统和有关部门研究参考，请注意保存，勿对外引用。

财政部国库司　预算司

2008年10月

总　目　录

一、综合资料 ……………………………………………………………（ 1 ）

二、各省、自治区、直辖市地市县一般预算财政资料 ……（ 63 ）

三、各省、自治区、直辖市地市县基金预算财政资料 ……（919）

四、各省、自治区、直辖市地市县预算外财政资料 ………（1287）

五、专项资料 ……………………………………………………………（1667）

六、参考资料 ……………………………………………………………（1711）

目 录

一、综合资料

2007 年全国行政区划基本情况表……………………………………………………………（ 3 ）
2007 年全国地市县财政一般预算收支平衡表…………………………………………………（ 4 ）
2007 年全国地(市)本级财政一般预算收支平衡表 ……………………………………………（ 11 ）
2007 年全国县级财政一般预算收支平衡表……………………………………………………（ 18 ）
2007 年全国财政收入亿元县一般预算收支平衡表……………………………………………（ 25 ）
2007 年全国财政赤字县一般预算收支平衡表…………………………………………………（ 32 ）
2007 年全国地市县财政基金预算收支平衡表…………………………………………………（ 39 ）
2007 年全国地(市)本级财政基金预算收支平衡表 ……………………………………………（ 42 ）
2007 年全国县级财政基金预算收支平衡表……………………………………………………（ 45 ）
2007 年全国地市县财政预算外收支平衡表……………………………………………………（ 48 ）
2007 年全国地(市)本级财政预算外收支平衡表 ………………………………………………（ 51 ）
2007 年全国县级财政预算外收支平衡表………………………………………………………（ 54 ）
2007 年全国地市县主要经济指标表……………………………………………………………（ 57 ）
2007 年全国地(市)本级主要经济指标表 ………………………………………………………（ 59 ）
2007 年全国县级主要经济指标表………………………………………………………………（ 61 ）

二、各省、自治区、直辖市地市县一般预算财政资料

2007 年北京市区县财政一般预算收支平衡表……………………………………………………（ 65 ）
2007 年天津市区县财政一般预算收支平衡表……………………………………………………（ 72 ）

2007年河北省地市县财政一般预算收支平衡表 …… (79)
2007年山西省地市县财政一般预算收支平衡表 …… (128)
2007年内蒙古自治区地市县财政一般预算收支平衡表 …… (163)
2007年辽宁省地市县财政一般预算收支平衡表 …… (191)
2007年吉林省地市县财政一般预算收支平衡表 …… (226)
2007年黑龙江省地市县财政一般预算收支平衡表 …… (247)
2007年上海市区县财政一般预算收支平衡表 …… (282)
2007年江苏省地市县财政一般预算收支平衡表 …… (289)
2007年浙江省地市县财政一般预算收支平衡表 …… (317)
2007年安徽省地市县财政一般预算收支平衡表 …… (345)
2007年福建省地市县财政一般预算收支平衡表 …… (380)
2007年江西省地市县财政一般预算收支平衡表 …… (408)
2007年山东省地市县财政一般预算收支平衡表 …… (443)
2007年河南省地市县财政一般预算收支平衡表 …… (485)
2007年湖北省地市县财政一般预算收支平衡表 …… (527)
2007年湖南省地市县财政一般预算收支平衡表 …… (555)
2007年广东省地市县财政一般预算收支平衡表 …… (590)
2007年广西壮族自治区地市县财政一般预算收支平衡表 …… (625)
2007年海南省地市县财政一般预算收支平衡表 …… (660)
2007年重庆市区县财政一般预算收支平衡表 …… (667)
2007年四川省地市县财政一般预算收支平衡表 …… (681)
2007年贵州省地市县财政一般预算收支平衡表 …… (730)
2007年云南省地市县财政一般预算收支平衡表 …… (758)
2007年西藏自治区地市县财政一般预算收支平衡表 …… (793)
2007年陕西省地市县财政一般预算收支平衡表 …… (814)
2007年甘肃省地市县财政一般预算收支平衡表 …… (842)
2007年青海省地市县财政一般预算收支平衡表 …… (870)
2007年宁夏回族自治区地市县财政一般预算收支平衡表 …… (884)
2007年新疆维吾尔自治区地市县财政一般预算收支平衡表 …… (891)

三、各省、自治区、直辖市地市县基金预算财政资料

2007年北京市区县财政基金预算收支平衡表 …… (921)
2007年天津市区县财政基金预算收支平衡表 …… (924)
2007年河北省地市县财政基金预算收支平衡表 …… (927)

2007 年山西省地市县财政基金预算收支平衡表……（948）
2007 年内蒙古自治区地市县财政基金预算收支平衡表……（963）
2007 年辽宁省地市县财政基金预算收支平衡表……（975）
2007 年吉林省地市县财政基金预算收支平衡表……（990）
2007 年黑龙江省地市县财政基金预算收支平衡表……（999）
2007 年上海市区县财政基金预算收支平衡表……（1014）
2007 年江苏省地市县财政基金预算收支平衡表……（1017）
2007 年浙江省地市县财政基金预算收支平衡表……（1029）
2007 年安徽省地市县财政基金预算收支平衡表……（1041）
2007 年福建省地市县财政基金预算收支平衡表……（1056）
2007 年江西省地市县财政基金预算收支平衡表……（1068）
2007 年山东省地市县财政基金预算收支平衡表……（1083）
2007 年河南省地市县财政基金预算收支平衡表……（1101）
2007 年湖北省地市县财政基金预算收支平衡表……（1119）
2007 年湖南省地市县财政基金预算收支平衡表……（1131）
2007 年广东省地市县财政基金预算收支平衡表……（1146）
2007 年广西壮族自治区地市县财政基金预算收支平衡表……（1161）
2007 年海南省地市县财政基金预算收支平衡表……（1176）
2007 年重庆市区县财政基金预算收支平衡表……（1179）
2007 年四川省地市县财政基金预算收支平衡表……（1185）
2007 年贵州省地市县财政基金预算收支平衡表……（1206）
2007 年云南省地市县财政基金预算收支平衡表……（1218）
2007 年西藏自治区地市县财政基金预算收支平衡表……（1233）
2007 年陕西省地市县财政基金预算收支平衡表……（1242）
2007 年甘肃省地市县财政基金预算收支平衡表……（1254）
2007 年青海省地市县财政基金预算收支平衡表……（1266）
2007 年宁夏回族自治区地市县财政基金预算收支平衡表……（1272）
2007 年新疆维吾尔自治区地市县财政基金预算收支平衡表……（1275）

四、各省、自治区、直辖市地市县预算外财政资料

2007 年北京市区县财政预算外收支平衡表……（1289）
2007 年天津市区县财政预算外收支平衡表……（1292）
2007 年河北省地市县财政预算外收支平衡表……（1295）
2007 年山西省地市县财政预算外收支平衡表……（1316）

2007 年内蒙古自治区地市县财政预算外收支平衡表……（1331）
2007 年辽宁省地市县财政预算外收支平衡表……（1343）
2007 年吉林省地市县财政预算外收支平衡表……（1358）
2007 年黑龙江省地市县财政预算外收支平衡表……（1367）
2007 年上海市区县财政预算外收支平衡表……（1382）
2007 年江苏省地市县财政预算外收支平衡表……（1385）
2007 年浙江省地市县财政预算外收支平衡表……（1400）
2007 年安徽省地市县财政预算外收支平衡表……（1412）
2007 年福建省地市县财政预算外收支平衡表……（1427）
2007 年江西省地市县财政预算外收支平衡表……（1439）
2007 年山东省地市县财政预算外收支平衡表……（1454）
2007 年河南省地市县财政预算外收支平衡表……（1472）
2007 年湖北省地市县财政预算外收支平衡表……（1490）
2007 年湖南省地市县财政预算外收支平衡表……（1502）
2007 年广东省地市县财政预算外收支平衡表……（1517）
2007 年广西壮族自治区地市县财政预算外收支平衡表……（1535）
2007 年海南省地市县财政预算外收支平衡表……（1550）
2007 年重庆市区县财政预算外收支平衡表……（1553）
2007 年四川省地市县财政预算外收支平衡表……（1559）
2007 年贵州省地市县财政预算外收支平衡表……（1580）
2007 年云南省地市县财政预算外收支平衡表……（1592）
2007 年西藏自治区地市县财政预算外收支平衡表……（1607）
2007 年陕西省地市县财政预算外收支平衡表……（1616）
2007 年甘肃省地市县财政预算外收支平衡表……（1628）
2007 年青海省地市县财政预算外收支平衡表……（1640）
2007 年宁夏回族自治区地市县财政预算外收支平衡表……（1649）
2007 年新疆维吾尔自治区地市县财政预算外收支平衡表……（1655）

五、专项资料

2007 年全国财政收入亿元县分县一般预算总表……（1669）
2007 年全国财政收入赤字县分县一般预算总表……（1700）

六、参考资料

2007 年北京市区县主要经济指标表……（1713）
2007 年天津市区县主要经济指标表……（1715）
2007 年河北省地市县主要经济指标表……（1717）
2007 年山西省地市县主要经济指标表……（1731）
2007 年内蒙古自治区地市县主要经济指标表……（1741）
2007 年辽宁省地市县主要经济指标表……（1749）
2007 年吉林省地市县主要经济指标表……（1759）
2007 年黑龙江省地市县主要经济指标表……（1765）
2007 年上海市区县主要经济指标表……（1775）
2007 年江苏省地市县主要经济指标表……（1777）
2007 年浙江省地市县主要经济指标表……（1785）
2007 年安徽省地市县主要经济指标表……（1793）
2007 年福建省地市县主要经济指标表……（1803）
2007 年江西省地市县主要经济指标表……（1811）
2007 年山东省地市县主要经济指标表……（1821）
2007 年河南省地市县主要经济指标表……（1833）
2007 年湖北省地市县主要经济指标表……（1845）
2007 年湖南省地市县主要经济指标表……（1853）
2007 年广东省地市县主要经济指标表……（1863）
2007 年广西壮族自治区地市县主要经济指标表……（1873）
2007 年海南省地市县主要经济指标表……（1883）
2007 年重庆市区县主要经济指标表……（1885）
2007 年四川省地市县主要经济指标表……（1889）
2007 年贵州省地市县主要经济指标表……（1903）
2007 年云南省地市县主要经济指标表……（1911）
2007 年西藏自治区地市县主要经济指标表……（1921）
2007 年陕西省地市县主要经济指标表……（1927）
2007 年甘肃省地市县主要经济指标表……（1935）
2007 年青海省地市县主要经济指标表……（1943）
2007 年宁夏回族自治区地市县主要经济指标表……（1947）
2007 年新疆维吾尔自治区地市县主要经济指标表……（1949）

一、综 合 资 料

一、综合资料

2007年全国行政区划基本情况表

1－1　　　　单位:个

地区	地级单位个数	其中:地级市	县级单位个数	其中:县级市	亿元县个数	赤字县个数
合计	**333**	**283**	**2859**	**368**	**1206**	**396**
北京市			18		2	
天津市			18		3	
河北省	11	11	172	22	67	15
山西省	11	11	119	11	58	17
内蒙古自治区	12	9	101	11	44	16
辽宁省	14	14	100	17	42	12
吉林省	9	8	60	20	34	
黑龙江省	13	12	128	18	21	6
上海市			19		1	
江苏省	13	13	106	27	52	
浙江省	11	11	90	22	58	16
安徽省	17	17	105	5	57	1
福建省	9	9	85	14	47	22
江西省	11	11	99	10	70	44
山东省	17	17	140	31	89	
河南省	17	17	159	21	98	21
湖北省	13	12	102	24	46	
湖南省	14	13	122	16	65	9
广东省	21	21	121	23	59	
广西壮族自治区	14	14	109	7	44	19
海南省	2	2	20	6	8	
重庆市			40		19	11
四川省	21	18	181	14	62	
贵州省	9	4	88	9	35	10
云南省	16	8	129	9	56	3
西藏自治区	7	1	73	1		
陕西省	10	10	107	3	23	44
甘肃省	14	12	86	4	6	43
青海省	8	1	43	2	2	29
宁夏回族自治区	5	5	21	2	7	
新疆维吾尔自治区	14	2	98	19	31	58

2007 年全国地市县财政一般预算收支平衡表

1－2－1

单位:万元

地区	收支部分								
	收入								
	收入合计	税收收入							
		小计	增值税	营业税	企业所得税	个人所得税	资源税	城市维护建设税	耕地占用税
地方合计	**175719678**	**144114107**	**30244264**	**44806478**	**19590680**	**7853550**	**2122708**	**10438571**	**1798294**
北京市	6453854	6107830	628790	2936472	1355467		3146	238521	13045
天津市	2955858	2638306	599425	639371	464054	122114	5765	168928	12689
河北省	5829174	4595677	1008473	1440086	441029	274608	240888	402442	41515
山西省	4394345	3111608	1022795	604820	574266	145198	181200	298619	17933
内蒙古自治区	3693759	2822879	618526	838674	325446	138960	131746	229416	37356
辽宁省	8659543	6567755	1020324	2012805	689557	336480	242627	515751	59680
其中:大连市	2679757	2211492	314137	829071	298536	134411	18495	108978	13341
吉林省	2392727	1701061	343787	410841	197470	108306	34794	187390	32771
黑龙江省	3030097	2298968	465300	627120	267950	143987	33635	341447	14806
上海市	10195805	9947514	1412891	3536783	1814209	946853		218840	
江苏省	20073808	17111974	4132742	4823476	2491030	896565	43206	1071142	147576
浙江省	14747026	13909584	2852281	4320764	2330047	889274	61092	948148	152882
其中:宁波市	3291218	3158756	720632	919845	609537	241527	5397	215002	21638
安徽省	4468640	3589347	823766	1319491	271980	112026	74296	300515	44679
福建省	6271445	5417052	1070785	1855340	729300	369712	43128	289034	65264
其中:厦门市	1865262	1670949	294899	659131	241239	102686	133	80954	6093
江西省	3258530	2472510	467639	954570	270605	109301	32216	168320	50805
山东省	14615305	11495192	2473819	2855694	1605546	399432	226678	922195	413826
其中:青岛市	2928037	2485062	404539	757862	381528	118242	4447	127231	81184
河南省	7865590	5954384	1251179	1804238	822417	302578	213059	427710	171054
湖北省	4285213	3181008	636741	958028	366660	114010	45550	355771	36241
湖南省	4830104	3216753	603982	1217228	201066	175027	13294	353621	98497
广东省	21603733	18633361	4591262	5450460	2667603	1340829	59392	942307	115810
其中:深圳市	6580555	6226027	1112545	2331429	1238350	672560		65035	
广西壮族自治区	3087368	1955681	400132	533449	207805	99547	31740	185412	39951
海南省	709022	579556	84200	203416	42503	21924	7705	46902	8647
重庆市	2407344	1732573	287598	499423	119430	76757	42580	111529	44941
四川省	6000118	4134528	697956	1362750	539566	231954	56992	397896	84706
贵州省	2145750	1632308	275646	575856	144267	129205	30236	188550	27885
云南省	3794260	3125978	857223	1007485	195743	63521	63030	372052	22185
西藏自治区	160901	105513	20855	58959	7859	5807	4009	5843	88
陕西省	3192333	2335097	591978	683532	232968	87613	101703	305671	33775
甘肃省	1207968	908164	190537	302717	58657	24612	41972	134029	5490
青海省	382597	311761	61804	114146	27023	16762	27063	34507	2008
宁夏回族自治区	576826	429165	85668	186909	22045	17553	6280	46764	699
新疆维吾尔自治区	2430635	2091020	666160	671575	107112	153035	23686	229299	1490

1－2－2

单位:万元

地区	收支部分									
	收入									
	税收收入			非税收入						
	契税	烟叶税	其他各项税收收入	小计	专项收入	行政事业性收费收入	罚没收入	国有资本经营收入	国有资源(资产)有偿使用收入	其他收入
地方合计	**10868676**	**478020**	**15912866**	**31605571**	**7334070**	**9497816**	**6707461**	**4989129**	**1775198**	**1301897**
北京市			932389	346024	147335	89375	57968	16968	33253	1125
天津市	317237		308723	317552	83550	125107	50398	38608	11881	8008
河北省	236519	628	509489	1233497	367872	245045	341677	190496	50858	37549
山西省	55753	874	210150	1282737	733297	251991	221235	18024	23009	35181
内蒙古自治区	97385	2099	403271	870880	236738	188647	139800	234394	24509	46792
辽宁省	647395	4614	1038522	2091788	395319	713864	276676	577905	98736	29288
其中:大连市	181270		313253	468265	67805	181856	37231	135924	35501	9948
吉林省	157483	3485	224734	691666	126014	218399	132253	162478	33086	19436
黑龙江省	137785	9461	257477	731129	204379	152453	152036	188041	18104	16116
上海市	982706		1035232	248291	11505	115264	137860	－59700	29495	13867
江苏省	1594174		1912063	2961834	680661	846562	641442	730916	50111	12142
浙江省	1081197	646	1273253	837442	485611	123644	622298	－452090	53701	4278
其中:宁波市	187134		238044	132462	112370	43818	88504	－121281	8488	563
安徽省	313501	3132	325961	879293	184174	395831	190248	24991	55036	29013
福建省	357151	27499	609839	854393	187983	246279	243879	101038	47130	28084
其中:厦门市	120356		165458	194313	46626	50075	30349	49738	14772	2753
江西省	261647	7585	149822	786020	122036	242928	220617	100540	38248	61651
山东省	924584	12319	1661099	3120113	588424	1145689	529565	556664	198803	100968
其中:青岛市	312939	236	296854	442975	72585	176445	46777	71872	63862	11434
河南省	350698	28947	582504	1911206	328537	650254	435698	316305	98657	81755
湖北省	270874	16180	380953	1104205	172815	409240	251292	145438	49342	76078
湖南省	307154	33696	213188	1613351	213960	571843	293552	97872	196238	239886
广东省	1523815	9012	1932871	2970372	665514	900980	669539	369467	218057	146815
其中:深圳市	291001		515107	354528	127697	103573	66777	5833	35176	15472
广西壮族自治区	184189	6703	266753	1131687	120389	260644	203861	374313	122995	49485
海南省	54973		109286	129466	31387	27076	20679	34994	12446	2884
重庆市	290834	10194	249287	674771	90187	232344	54876	229654	39754	27956
四川省	317917	28600	416191	1865590	307183	823434	249067	305083	132271	48552
贵州省	63436	62403	134824	513442	148469	102029	96885	64214	35053	66792
云南省	106035	201804	236900	668282	184331	132344	171517	109004	35547	35539
西藏自治区			2093	55388	636	7070	4622	2058	8352	32650
陕西省	86178	6863	204816	857236	197342	109682	138984	378100	22482	10646
甘肃省	30957	1056	118137	299804	84352	57722	48711	80658	8449	19912
青海省	8211		20237	70836	31549	12595	10104	4066	3936	8586
宁夏回族自治区	26087	61	37099	147661	79940	21259	22303	14108	5308	4743
新疆维吾尔自治区	82801	159	155703	339615	122581	78222	77819	34522	20351	6120

1－2－3

单位:万元

地区	收支部分									
	支出功能分类									
	支出合计	一般公共服务	外交	国防	公共安全	教育	科学技术	文化体育与传媒	社会保障和就业	医疗卫生
地方合计	**295181491**	**49612960**	**7401**	**468229**	**21850412**	**56582315**	**5209404**	**4998792**	**37492879**	**16128934**
北京市	8605126	1100738		16014	657645	1508789	100727	161073	1246928	643477
天津市	3589149	391696		2196	268653	723081	59670	57062	162221	214911
河北省	11816542	2108023		15677	839157	2608475	131104	147617	1374075	706332
山西省	7770394	1586173		8414	536161	1573636	91326	141944	1209859	437500
内蒙古自治区	9028237	1513081	120	6234	430407	1391612	73983	209408	1238307	371439
辽宁省	14634664	2293946		47719	1014736	2039446	284837	190599	3385636	577812
其中:大连市	3445728	638051		21993	176858	398115	118943	49164	606481	112807
吉林省	6361505	1033705		7067	461943	1209931	53162	134796	1288909	354214
黑龙江省	8106581	1285507	360	14835	604140	1667517	104297	145877	1025630	477789
上海市	14221935	1230726		4911	901356	1778054	402899	237300	1429416	583676
江苏省	21983426	3694520		32186	1783148	4050555	500351	377483	1936210	1021738
浙江省	15997247	3003650		35717	1433426	3368054	545507	393530	1042654	921650
其中:宁波市	3710400	633679		8550	309701	590599	152430	118483	253004	224949
安徽省	9496718	1467367		15934	519044	1915150	99808	134652	1620853	542226
福建省	7622658	1301596		26479	618375	1626874	155420	132190	757863	445878
其中:厦门市	1986559	343079		7027	135049	270357	64953	47649	144924	92202
江西省	7310348	1112483		10249	475711	1369423	55701	102889	1138559	523820
山东省	19779298	3503900		26171	1309739	4061889	383811	326735	2180856	912046
其中:青岛市	3211777	592630		4829	268921	576626	78716	77998	260711	90628
河南省	15475468	2915172		5562	1020705	3273224	201904	264668	2206682	843801
湖北省	9615883	1760362		10513	834658	1923681	156836	177869	1110357	570452
湖南省	11020522	2002488	750	25144	761885	2020079	155799	141735	1995669	542427
广东省	28192918	4345440	1389	46294	2985273	5091857	1029135	423072	2514520	1315828
其中:深圳市	7279677	961723	730	12175	660149	905646	500863	91236	251242	254677
广西壮族自治区	7256145	1415097	82	21573	520637	1607575	59345	103430	835446	419166
海南省	1681365	294804		4099	117137	319647	17247	24601	235763	88152
重庆市	5172693	799184		8392	312682	992330	70116	56313	835996	286476
四川省	14863415	2706025		23083	1031412	2636731	152688	213509	2389739	873882
贵州省	5598806	1162667		11924	356296	1451701	48611	90333	505713	386703
云南省	8750171	1466218	3229	20648	631633	1711514	66183	152331	1348980	632538
西藏自治区	1151894	329373	372	289	96769	251767	5227	25895	66124	100437
陕西省	6669474	1434150		7360	483215	1461402	67545	140786	633970	405144
甘肃省	5024724	841361	940	3445	273285	1079939	43161	95686	711317	344319
青海省	1580455	302098		901	97317	280053	12682	35883	282539	126871
宁夏回族自治区	1552891	222995		2154	99619	372476	10222	28571	178464	86001
新疆维吾尔自治区	5250839	988415	159	7045	374248	1215853	70100	130955	603624	372229

1-2-4

单位:万元

地区	收支部分						平衡部分		
	支出功能分类						收入		
	环境保护	城乡社区事务	农林水事务	交通运输	工业、商业、金融等事务	其他支出	收入合计	本年收入	返还性收入 小计
地方合计	**5385418**	**30452017**	**24306984**	**7200565**	**17726489**	**17758692**	**34637246**	**175719678**	**28859991**
北京市	121105	1217526	764377	17953	504968	543806	10600758	6453854	
天津市	23345	900900	105207	3594	405963	270650	4384746	2955858	367239
河北省	269236	948486	1030169	311258	458983	867950	13161547	5829174	1050205
山西省	359094	611243	654847	91827	250874	217496	9163582	4394345	480829
内蒙古自治区	498455	1214043	973051	459716	398831	249550	9980336	3693759	400503
辽宁省	191116	1714905	988722	222944	998990	683256	16704712	8659543	1924189
其中:大连市	43724	447788	177919	68411	365045	220429	4079277	2679757	452783
吉林省	101830	457597	624729	191259	358828	83535	7534252	2392727	668086
黑龙江省	94599	688289	885501	343252	583405	185583	8593516	3030097	689555
上海市	101487	3556222	437252	53969	2524971	979696	15712731	10195805	1747991
江苏省	424470	3105151	1621205	681718	1406392	1348299	29614230	20073808	3327482
浙江省	269726	1540882	1215706	394720	1159393	672632	23412525	14747026	2532963
其中:宁波市	42150	441354	245623	142597	375154	172127	4480941	3291218	584190
安徽省	166058	897774	742401	214117	736379	424955	10611392	4468640	734813
福建省	68088	612132	481772	173129	482112	740750	9704967	6271445	911295
其中:厦门市	12874	239065	58351	73744	175420	321865	2308098	1865262	311182
江西省	67333	511989	961097	268257	334951	377886	8551437	3258530	374834
山东省	270528	2665092	1501149	256111	1401156	980115	22942018	14615305	2551243
其中:青岛市	28897	517733	166542	43491	223637	280418	4310261	2928037	513387
河南省	414493	1110457	1235759	311955	909497	761589	17065165	7865590	1044077
湖北省	100843	544464	921948	242549	479585	781766	10877660	4285213	1144409
湖南省	122844	898860	1028044	391325	408138	525335	12515644	4830104	698775
广东省	251651	2399417	1564889	459967	1082388	4681798	33168335	21603733	3280626
其中:深圳市	34260	518392	107102	67282	243548	2670652	8203883	6580555	1013228
广西壮族自治区	67490	569851	629546	222794	411082	373031	8922490	3087368	683011
海南省	25188	116394	145392	21952	110676	160313	1897872	709022	98239
重庆市	226384	712903	445626	125307	242898	58086	5981611	2407344	382804
四川省	582751	1083607	1537812	377395	846343	408438	16256925	6000118	1155281
贵州省	67582	250977	665080	91636	186293	323290	5975956	2145750	429563
云南省	148703	447300	909537	532746	349068	329543	9701423	3794260	808157
西藏自治区	3075	42099	97859	7094	18462	107052	1177071	160901	52080
陕西省	78711	544248	599736	363147	280012	170048	8102892	3192333	545134
甘肃省	129025	274262	666406	258742	136651	166185	5147519	1207968	348663
青海省	38056	87804	194347	17290	53846	50768	1659049	382597	64980
宁夏回族自治区	36206	160572	189974	31619	58309	75709	1852074	576826	40063
新疆维吾尔自治区	65946	566571	487844	61223	147045	159582	5462811	2430635	322902

1－2－5

单位：万元

地区	平衡部分									
	收入									
	返还性收入		财力性转移支付收入							
	增值税和消费税税收返还	所得税基数返还	小计	体制补助	一般性转移支付补助	民族地区转移支付补助	调整工资转移支付补助	农村义务教育补助	农村税费改革补助	缓解县乡困难转移支付补助
地方合计	**20357436**	**8502555**	**69388824**	**7367106**	**16625804**	**880909**	**18968099**	**2301959**	**8162736**	**4115123**
北京市			1897167	1082352	103000		95583		12464	
天津市	167045	200194	557412	66652	165591		79880		10146	7303
河北省	793830	256375	3491312		560500	9548	1172584	107888	580825	199999
山西省	467016	13813	2009235	3380	872510		760637	76924	227494	67610
内蒙古自治区	298656	101847	3001196	144879	812334	285591	865214	71449	312391	162058
辽宁省	1470382	453807	1883901	22286	262972	24905	448433	29470	237380	101720
其中：大连市	331643	121140	70870				16642	1364	8203	847
吉林省	556917	111169	2218080	23322	599120		708606	63824	227609	215736
黑龙江省	542001	147554	2590074		424247		963080	62694	339139	222471
上海市	862555	885436	3047110	2057906	515842				31229	51488
江苏省	2466567	860915	1935727		177576		185590		376363	61972
浙江省	1677838	855125	1724508	630626	276404	2138	139710	34235	105445	11367
其中：宁波市	387366	196824	50235					4235		236
安徽省	551218	183595	2678051	2089268	178705					5778
福建省	524062	387233	1045371	18289	140582		197675	53666	215323	130505
其中：厦门市	208144	103038	84							
江西省	326310	48524	2563421	660	959606		744586	132461	408051	146103
山东省	1853919	697324	2063512		112137		399746	188022	688866	421037
其中：青岛市	392234	121153	32305					1248	21088	146
河南省	753876	290201	4715824		1713137	3319	1573239	195336	796566	324837
湖北省	956814	187595	3309747	6528	742679	38810	1082911	192089	568255	306719
湖南省	511496	187279	3644071	43518	1183935	50337	1214542	101978	588318	209097
广东省	1790904	1489722	2446486	307387	669957	1181	654861	210129	268826	105400
其中：深圳市	545100	468128	3487							
广西壮族自治区	499775	183236	2610944	31084	650000	40000	766642	108272	262115	104550
海南省	75629	22610	517079	44695	87363	25282	215356	31527	68416	26257
重庆市	265320	117484	1340929	42374	281525	9191	450269	68292	163082	75241
四川省	917272	238009	4639939	60182	1584220	90035	1513222	190878	553367	151333
贵州省	347792	81771	2162367	21600	344641	150440	769182	106267	200003	513047
云南省	635227	172930	2643364	263801	350349	100897	1013060	109250	263669	98279
西藏自治区	43787	8293	630475	101392	172706		156623		12172	
陕西省	422420	122714	2641605	30028	913111		813809		264181	154178
甘肃省	290826	57837	2103964	47147	779900	48717	645379	83003	165196	97813
青海省	56189	8791	742103	30899	170002	518	235170	9771	31227	38954
宁夏回族自治区	11293	28770	540729	28303	265146		168384	19320	26006	32447
新疆维吾尔自治区	220500	102402	1993121	168548	556007		934126	55214	158612	71824

1－2－6

单位：万元

地区	平衡部分									
	收入								支出	
	财力性转移支付收入			专项转移支付	省补助计划单列市收入	上年结余	调入资金	国债转贷收入、上年结余及转补助数	支出合计	本年支出
	结算补助	企事业单位预算划转补助	其他财力性转移支付							
地方合计	**6466754**	**993423**	**3506911**	**47399307**	**343791**	**21777877**	**2722189**	**225589**	**317264319**	**295181491**
北京市	224757	55934	323077	1646961		602629	147		9807568	8605126
天津市	227941	－101		178022		265960	59255	1000	3996545	3589149
河北省	800644	59324		1759923		905692	114656	10585	12196464	11816542
山西省	－65021	43441	22260	1335917		870747	68324	4185	7925705	7770394
内蒙古自治区	294321	48347	4612	2051671		723819	91809	17579	9113097	9028237
辽宁省	602602	90805	63328	2668395	197257	891446	437219	42762	15719451	14634664
其中：大连市	35922	2892	5000	189512	197257	308746	147984	32368	3769894	3445728
吉林省	372261	7602		1794744		392382	62242	5991	6977111	6361505
黑龙江省	562712		15731	1973924		293739	8207	7920	8241753	8106581
上海市	316776	66554	7315	241527		469788	10510		14873421	14221935
江苏省	216231	47789	870206	2131777		1760687	371588	13161	27172486	21983426
浙江省	241307	99876	183400	1464624	54699	2818491	56566	13648	19721124	15997247
其中：宁波市	45764			56148	54699	433056	12981	－1586	4026518	3710400
安徽省	295533	1847	106920	2213991		447702	68195		10042883	9496718
福建省	77002		212329	754509	12347	660117	44110	5773	8655487	7622658
其中：厦门市	－716		800	46844	12347	64931	1675	5773	2244265	1986559
江西省	162162		9792	1555902		726444	63522	8784	7622270	7310348
山东省	－104734	69077	289361	1824959	59775	1705013	88719	33492	20836436	19779298
其中：青岛市	8814	1009		125091	59775	641515	715	9436	3554725	3211777
河南省	78084	26912	4394	2889613		436660	110036	3365	16622059	15475468
湖北省	183390	35258	153108	1426801		658023	53467		10129683	9615883
湖南省	181250	54973	16123	2349761		871519	97258	24156	11421551	11020522
广东省	83519	28906	116320	2733858	19713	2628106	444531	11282	29759235	28192918
其中：深圳市	－3213		6700	46952	19713	319959	218195	1794	7783339	7279677
广西壮族自治区	53047	4994	590240	1596385		909821	34961		7566270	7256145
海南省	6527	1639	10017	389580		141274	42678		1702894	1681365
重庆市	224691		26264	1355895		445472	46876	2291	5347055	5172693
四川省	176060	60392	260250	3610865		816982	16914	16826	14974384	14863415
贵州省	31682	25505		1032791		196421	6485	2579	5654443	5598806
云南省	408933	11676	23450	1984725		317049	153868		9220184	8750171
西藏自治区			187582	312746		20869			1151894	1151894
陕西省	421731	44567		904701		719307	99812		6996489	6669474
甘肃省	175597	59301	1911	1486616		－25816	26124		5161414	5024724
青海省	216548		9014	438072		24007	7290		1580455	1580455
宁夏回族自治区	1123			533206		155644	5396	210	1569642	1552891
新疆维吾尔自治区	78	48805	－93	756846		－72117	31424		5504866	5250839

1－2－7

单位:万元

地区	平衡部分									
	支出								年终结余	其中:净结余
	财力性转移支付			专项上解	计划单列市上解省	增设预算周转金	调出资金	国债转贷收入、上年结余及转补助数		
	小计	体制上解	出口退税专项上解							
地方合计	**11407605**	**9322841**	**2084764**	**9479879**	**520799**	**226136**	**222820**	**225589**	**29172927**	**5093343**
北京市	1147966	1147966		49476		5000			793190	222701
天津市	246235	169790	76445	133861		26300		1000	388201	84466
河北省	15744		15744	346380		2790	4423	10585	965083	68385
山西省	127049	127049				2801	21276	4185	1237877	93303
内蒙古自治区	27722	21236	6486	38359		1200		17579	867239	102176
辽宁省	701939	644606	57333	264929	54932	3230	16995	42762	985261	37922
其中:大连市	232225	192728	39497	4641	54932			32368	309383	23276
吉林省	207423	207423		378597			23595	5991	557141	4645
黑龙江省	8934		8934	117234		50	1034	7920	351763	19377
上海市	529554	385894	143660	108932		13000			839310	839310
江苏省	1348524	1002927	345597	3799797		23530	4048	13161	2441744	442407
浙江省	1941985	1484165	457820	1705375	49348	8583	4938	13648	3691401	555069
其中:宁波市	256884	105571	151313	10472	49348	1000		－1586	454423	142681
安徽省	527684	498969	28715	11559		4210	2712		568509	111189
福建省	839304	765951	73353	58357	118843	4000	6552	5773	1049480	116346
其中:厦门市	127531	54178	73353	1559	118843	4000		5773	63833	30529
江西省	150915	128464	22451	148197		833	3193	8784	929167	－4732
山东省	841992	678034	163958	110932	51893	1471	17358	33492	2105582	45746
其中:青岛市	274737	221376	53361	2566	51893	1471	2845	9436	755536	11720
河南省	266967	246400	20567	856097		15575	4587	3365	443106	10409
湖北省	446079	431643	14436	66788		320	613		747977	288829
湖南省	145271	134559	10712	218951		3167	9484	24156	1094093	106447
广东省	1030532	421965	608567	171331	245783	51850	55539	11282	3409100	1181216
其中:深圳市	241409	30194	211215	12616	245783	2060		1794	420544	353349
广西壮族自治区	139399	129856	9543	142845		11000	16881		1356220	414639
海南省	2766	2290	476	12404		416	5943		194978	95627
重庆市	63340	63340		108731				2291	634556	－6354
四川省	11604		11604	44973		18740	18826	16826	1282541	178221
贵州省				50951		48	2059	2579	321513	166046
云南省	312353	312353		140102		17252	306		481239	277717
西藏自治区									25177	12696
陕西省	8363		8363	310860		7770	22		1106403	－49518
甘肃省	90815	90815		45875					－13895	－171300
青海省									78594	－15544
宁夏回族自治区	3011	3011		11094			2436	210	282432	7487
新疆维吾尔自治区	224135	224135		26892		3000			－42055	－141585

2007年全国地(市)本级财政一般预算收支平衡表

1-3-1　　　　单位:万元

地　　区	收支部分								
	收入								
	收入合计	税收收入							
		小计	增值税	营业税	企业所得税	个人所得税	资源税	城市维护建设税	耕地占用税
地方合计	**79323506**	**65849722**	**12644437**	**20482224**	**10141652**	**3825967**	**472580**	**5106931**	**282803**
北京市	6305067	5976409	616731	2864511	1335200		897	234300	12922
天津市	2807296	2525828	566554	616671	443830	118396	5765	158130	11778
河北省	1850664	1417150	381211	410122	199775	78976	38021	134676	59
山西省	1698785	1303103	403330	235396	308313	74124	79261	114550	103
内蒙古自治区	821739	468799	122779	113114	51537	27457	26550	46162	760
辽宁省	4090324	3059012	495540	956591	324488	166758	66927	355106	1651
其中:大连市	1212117	1015313	119808	435694	137300	73549		67551	
吉林省	1202098	839169	158468	157125	113888	48371	4985	123740	8062
黑龙江省	1706836	1262615	238808	330139	127839	71442	15697	264717	3559
上海市	10010645	9770106	1396395	3432664	1789445	936025		213767	
江苏省	4958599	3867181	978598	718539	530530	182086	7993	404614	9313
浙江省	3456897	3242165	506019	990802	533498	165068	11725	288427	37177
其中:宁波市	399960	360967	113400	44555	104830	12173		67510	
安徽省	2235973	1871947	466627	619771	171777	55038	20217	194755	17668
福建省	2601975	2258611	399962	813320	279119	177949	5199	142744	2746
其中:厦门市	1307062	1151007	217558	418418	164662	73560		57789	
江西省	939733	695117	102454	262991	93331	44490	1124	68190	3630
山东省	4502465	3576859	667302	1061284	701536	150381	19164	337128	40830
其中:青岛市	1223926	1059361	144013	396810	182902	61059		50289	
河南省	3235380	2499385	524641	798321	403882	137632	22145	197760	13677
湖北省	1947724	1486939	352349	408773	222982	53114	3338	204105	11458
湖南省	1975443	1280753	193048	298241	136436	94655	1311	240644	12937
广东省	11934087	10387093	2218454	3132127	1543268	917317	5781	393192	37283
其中:深圳市	4291995	4012850	565224	1595270	856955	424529		96	
广西壮族自治区	1338369	859578	164977	194158	115231	41776	1635	93226	9865
海南省	450722	381908	48795	133553	27318	11184	634	36497	2756
重庆市	1872611	1417770	211885	416156	94214	58622	19727	91652	35601
四川省	2176756	1388492	270297	393539	184410	66864	13375	171925	5009
贵州省	599951	437427	74685	125453	53694	34998	2788	78208	1527
云南省	1403267	1123012	370967	309717	127294	24706	5209	195129	379
西藏自治区	82337	60497	11827	31294	4306	4138	1506	5843	
陕西省	1288772	981414	282780	224614	134097	42466	51928	99844	1726
甘肃省	597870	447423	122160	129820	31492	8743	18547	79335	161
青海省	136964	102055	25019	25068	18952	3276	15677	5033	
宁夏回族自治区	315228	215611	37884	95926	13144	8931	1680	30164	88
新疆维吾尔自治区	778929	646294	233891	182424	26826	20984	3774	103368	78

1－3－2

单位:万元

地区	收支部分 收入 税收收入 契税	烟叶税	其他各项税收收入	非税收入 小计	专项收入	行政事业性收费收入	罚没收入	国有资本经营收入	国有资源(资产)有偿使用收入	其他收入
地方合计	**6303689**	**2299**	**6587140**	**13473784**	**3520856**	**4516954**	**2645851**	**1582604**	**834468**	**373051**
北京市			911848	328658	142420	86566	51150	15054	32352	1116
天津市	305844		298860	281468	75212	113395	35467	38608	11340	7446
河北省	117820		56490	433514	151806	69809	126488	65675	16014	3722
山西省	21576		66450	395682	229752	103862	45938	－3721	10407	9444
内蒙古自治区	13089		67351	352940	95215	81004	63955	87065	10343	15358
辽宁省	307947		384004	1031312	290086	483686	135726	70729	44185	6900
其中:大连市	93920		87491	196804	43850	123650	17862	1559	9033	850
吉林省	92639		131891	362929	79311	130863	53771	74007	17225	7752
黑龙江省	99088	47	111279	444221	151961	104809	67920	97332	11761	10438
上海市	977894		1023916	240539	10084	112384	134999	－59700	29386	13386
江苏省	633268		402240	1091418	231430	368471	262360	198154	25889	5114
浙江省	429256		280193	214732	129785	48711	187354	－171062	17845	2099
其中:宁波市			18499	38993	26536	22389	17512	－30962	3209	309
安徽省	186496	20	139578	364026	119599	154095	77438	－6641	12534	7001
福建省	231006		206566	343364	90848	87130	104765	35471	23083	2067
其中:厦门市	120356		98664	156055	46056	36761	26535	32819	13294	590
江西省	78787		40120	244616	45575	56753	57188	50127	11364	23609
山东省	260494	7	338733	925606	237533	376591	154788	52259	75297	29138
其中:青岛市	121780		102508	164565	34246	96738	16339	－9403	18130	8515
河南省	237087	2	164238	735995	164748	260046	105142	147096	44338	14625
湖北省	78953		151867	460785	98272	161620	96876	79773	16100	8144
湖南省	211962	42	91477	694690	130187	317172	94396	12723	79148	61064
广东省	1236057		903614	1546994	389181	481723	357421	133007	119704	65958
其中:深圳市	291001		279775	279145	123510	93698	36320		25277	340
广西壮族自治区	124158	129	114423	478791	53926	89802	83190	138985	106034	6854
海南省	41756		79415	68814	17275	12249	13318	18702	7405	－135
重庆市	269267	1677	218969	454841	68960	138513	30548	187428	12527	16865
四川省	152578		130495	788264	133238	426609	92736	82626	42126	10929
贵州省	21583	8	44483	162524	54842	38384	28675	28343	7249	5031
云南省	26117	367	63127	280255	63367	71798	63486	47985	14780	18839
西藏自治区			1583	21840	623	3188	2675	166	6124	9064
陕西省	58901		85058	307358	71247	67338	64184	90760	11334	2495
甘肃省	18573		38592	150447	47844	16980	16370	63505	4171	1577
青海省	4055		4975	34909	19071	4483	3435	2703	1196	4021
宁夏回族自治区	18192		9602	99617	68900	12356	11600	3011	2758	992
新疆维吾尔自治区	49246		25703	132635	58558	36564	22492	2434	10449	2138

1－3－3 单位:万元

地区	收支部分									
	支出功能分类									
	支出合计	一般公共服务	外交	国防	公共安全	教育	科学技术	文化体育与传媒	社会保障和就业	医疗卫生
地方合计	**110518993**	**16175900**	**3435**	**223531**	**10422568**	**13358127**	**2799104**	**2664862**	**15062016**	**5211468**
北京市	8051898	1019051		15126	626627	1416604	94123	146226	1193633	607921
天津市	3293590	345154		1909	244116	626558	56348	53688	147843	190883
河北省	2651630	437802		8901	331441	354614	39735	61973	336588	167163
山西省	2076035	357168		3888	232963	269414	29578	68957	388284	100443
内蒙古自治区	2510468	395242		3610	170297	203815	27338	108221	371820	95447
辽宁省	6990834	912381		34682	576848	545373	160227	92099	2208793	254710
其中:大连市	1705566	340664		20077	109140	109900	45109	26161	384903	58412
吉林省	2183722	372224		3587	234985	272307	29927	81503	450445	110688
黑龙江省	3076603	461311		8861	300194	425841	68610	71873	481223	166841
上海市	13627325	1184379		4911	880657	1706548	401199	231404	1372508	552305
江苏省	6702864	1045277		11500	759352	632511	191929	183862	533343	335713
浙江省	3991966	778008		10670	428995	598169	143702	150561	302834	235003
其中:宁波市	923963	120505		3209	83722	113334	23530	60117	69532	60298
安徽省	3261207	455854		10041	255223	262513	61438	71642	687516	112352
福建省	2561860	406531		8046	295879	256463	83974	64941	201350	119139
其中:厦门市	1257137	210084		1623	104242	74710	51608	33921	67575	55671
江西省	1349849	186913		4601	140136	162006	20379	34235	279537	79995
山东省	5612824	949735		12663	620881	664087	139915	181676	571155	208774
其中:青岛市	1196467	221087		2442	154530	97363	27721	60015	131012	25464
河南省	4531655	673502		1199	464136	622139	77376	122960	831249	195030
湖北省	2983111	546163		3714	339085	309723	86378	107364	360818	160866
湖南省	3196484	554541	429	12690	349421	315670	85532	59193	657359	92958
广东省	13154768	1780239	1389	18420	1415448	1598391	694249	245473	943261	443474
其中:深圳市	4457516	474258	730	5956	240535	386394	457728	42997	126135	98613
广西壮族自治区	2267727	354458	82	8514	247940	215711	30878	55437	300025	113068
海南省	643850	96492		1545	53674	89701	7013	10347	55244	22032
重庆市	3339321	483927		6107	224006	543937	61574	39223	515617	161260
四川省	3297902	677910		7347	356112	220336	70959	102017	698963	138841
贵州省	1055337	209962		5623	102799	129926	19678	42590	122754	67883
云南省	1944040	363347	66	7404	193033	194614	26368	71514	297209	110571
西藏自治区	424587	101355	372	128	48022	67776	3014	14360	27770	34576
陕西省	2161042	366502		4075	203952	171131	32244	63062	219085	102951
甘肃省	1315720	235086	940	1095	98067	166569	24509	44415	220219	68268
青海省	403454	97084		336	39523	45764	8489	19206	80579	33286
宁夏回族自治区	566555	100900		965	54194	95899	3383	18060	56183	26077
新疆维吾尔自治区	1290765	227402	157	1373	134562	174017	19038	46780	148809	102950

1－3－4

单位:万元

地区	收支部分						平衡部分		
	支出功能分类						收入		
	环境保护	城乡社区事务	农林水事务	交通运输	工业、商业、金融等事务	其他支出	收入合计	本年收入	返还性收入 小计
地方合计	**2018678**	**15630388**	**5548127**	**2796742**	**9457697**	**9146350**	**130599662**	**79323506**	**14848278**
北京市	102140	1172595	652155	15830	475808	514059	9986593	6305067	
天津市	20689	875046	71867	2431	399781	257277	4037591	2807296	344650
河北省	105924	225680	145158	101889	168247	166515	2819562	1850664	264841
山西省	90732	246755	89619	25014	111184	62036	2457710	1698785	129417
内蒙古自治区	69636	283443	204747	326905	127311	122636	2486626	821739	182127
辽宁省	145593	751040	325742	98676	589465	295205	8459580	4090324	1464546
其中:大连市	36879	183221	101722	49462	208876	31040	2202006	1212117	452783
吉林省	56519	176774	96383	38299	229645	30436	2795705	1202098	428379
黑龙江省	60460	324142	212767	69809	288372	136299	3360905	1706836	270134
上海市	99339	3530893	403831	52516	2339261	867574	15092422	10010645	1708330
江苏省	228940	1273067	280055	217719	517981	491615	7350809	4958599	1415760
浙江省	70877	385835	197739	188046	290129	211398	5282149	3456897	836466
其中:宁波市	5799	124772	27499	76826	87436	67384	505261	399960	129950
安徽省	76391	556399	126122	35834	389248	160634	3840155	2235973	460054
福建省	25846	233822	85141	100567	217333	462828	3347981	2601975	448730
其中:厦门市	12592	144710	30249	70352	112733	287067	1507262	1307062	241692
江西省	23923	153770	71075	31089	70936	91254	1809607	939733	147848
山东省	126798	911686	223395	134554	469205	398300	7088728	4502465	993450
其中:青岛市	15211	135243	32877	30691	67172	195639	2082919	1223926	298386
河南省	71048	437421	209986	54722	494415	276472	5331325	3235380	498369
湖北省	34377	274810	187615	70900	278996	222302	3663949	1947724	688121
湖南省	58149	416604	178911	90506	175497	149024	3700327	1975443	303714
广东省	130448	1184865	492895	325341	467643	3413232	16019018	11934087	1920162
其中:深圳市	17844	168521	53793	60928	205234	2117850	4964980	4291995	656989
广西壮族自治区	35528	264943	154103	127112	193760	166168	3157779	1338369	318580
海南省	6377	59286	36677	18874	75171	111417	693999	450722	23614
重庆市	100143	664822	204575	77465	198962	57703	3839092	1872611	289173
四川省	67474	348658	182361	105066	267333	54525	3888581	2176756	459292
贵州省	17772	69949	73600	30102	75037	87662	1162633	599951	226570
云南省	38030	137200	161616	130179	123997	88892	2364679	1403267	378167
西藏自治区	2055	20888	38253	4014	12713	49291	437631	82337	29459
陕西省	60890	270530	161023	233384	203952	68261	2396131	1288772	279372
甘肃省	37837	105113	123391	60011	81670	48530	1418550	597870	176213
青海省	5602	18733	23449	4678	16868	9857	298491	136964	19046
宁夏回族自治区	15815	72731	46636	11965	35158	28589	695074	315228	22761
新疆维吾尔自治区	33326	182888	87240	13245	72619	46359	1316280	778929	120933

1-3-5　　　　　　　　　　　　　　　　　　　　　　　　　　单位:万元

地区	平衡部分									
	收入									
	返还性收入		财力性转移支付收入							
	增值税和消费税税收返还	所得税基数返还	小计	体制补助	一般性转移支付补助	民族地区转移支付补助	调整工资转移支付补助	农村义务教育补助	农村税费改革补助	缓解县乡困难转移支付补助
地方合计	**10856732**	**3991546**	**10462476**	**3388897**	**1316362**	**232941**	**3007912**	**20307**	**50184**	**46693**
北京市			1638067	895176	85728		83048		11233	
天津市	153197	191453	445451	45778	149942		69487		5172	7303
河北省	300889	-36048	1864	-2728	-276450	6330	164246	1503	8525	1106
山西省	123167	6250	232180	-20572	111084		108052	-1841	-5925	-500
内蒙古自治区	141764	40363	440561	49377	86510	104470	148849	-261	9868	-7958
辽宁省	1224619	239927	25590	-267206	-28816		104043	2418	-45842	-1412
其中:大连市	331643	121140	-151064	-185197			16642	1364	-16186	-2820
吉林省	356645	71734	389003	-5451	123162		141719	873	6117	9040
黑龙江省	214399	55735	465614		19410		190866	1736	7812	5261
上海市	835168	873162	2668472	1995970	209997				21499	51488
江苏省	1108414	307346	-103192		168		3715		196	-2113
浙江省	615135	221331	489231	158595	80475		14369	6310	8797	2404
其中:宁波市	128555	1395	-66680	-78092					-2729	236
安徽省	369913	90141	154274	234196	-3304			-5826	-10314	
福建省	302109	146621	-96128	-42629	-6406		9280	-3178	-4674	-20581
其中:厦门市	172231	69461	-66252	-55475						
江西省	142458	5390	172940	-306	113805		113462	4766	-1331	163
山东省	810225	183225	-114195	28621	-12914		-7771	-15700	-31967	-76862
其中:青岛市	259202	39184	-58782	35894			-24400	1248	-20500	
河南省	384690	113679	407066		162750		224867	12210	5393	
湖北省	631062	57059	424595	4080	139025	8828	170336	1656	806	-359
湖南省	235305	68409	457648	-30824	200634	13548	203001	2789	24475	11006
广东省	1050621	869541	-144878	238263	-336286		62074	-4683	-6016	6303
其中:深圳市	397000	259989	-387744		-395313					
广西壮族自治区	237410	81170	275089	-986	37479	3968	116097	21	35	2849
海南省	24335	-721	22040	-2138	-1500	2868	15874	6170	2447	4569
重庆市	193054	96119	641008	25066	102529	2144	214838	23295	62435	23450
四川省	349911	109381	270170	10649	125185	21434	198874	-7173	-17716	-1
贵州省	201051	25519	150815	8669	-317	19775	76325	23	829	28315
云南省	311918	66249	116280	-13178	-40755	41250	113019	-4588	-1017	-4411
西藏自治区	24835	4624	233806	48751	51806		49455		2	
陕西省	238229	41143	153094	8835	43146		86505		-6482	5454
甘肃省	164978	11235	284918	9580	89196	8326	112868	-28	260	4076
青海省	15353	3693	63116	3847	180		24172	-1287	-2841	-7582
宁夏回族自治区	4899	17862	87412	-9508	51478		44981	2205	4524	5685
新疆维吾尔自治区	90979	29954	210565	18970	39421		151261	-1103	3884	

1-3-6

单位:万元

地区	平衡部分									
	收入								支出	
	财力性转移支付收入									
	结算补助	企事业单位预算划转补助	其他财力性转移支付	专项转移支付	省补助计划单列市收入	上年结余	调入资金	国债转贷收入、上年结余及转补助数	支出合计	本年支出
地方合计	**1553283**	**580304**	**265593**	**11637188**	**337782**	**12345490**	**1469172**	**175770**	**114269336**	**110518993**
北京市	219704	52130	291048	1486140		557172	147		9253177	8051898
天津市	167870	-101		147214		232725	59255	1000	3698095	3293590
河北省	52966	51238	-4872	198845	-4514	455004	48624	4234	2296318	2651630
山西省	13719	13603	14560	158796		212377	23979	2176	2044310	2076035
内蒙古自治区	50504	19679	-20477	541605		425962	58622	16010	1903412	2510468
辽宁省	165955	63730	32720	1636206	197257	670223	336481	38953	7722585	6990834
其中:大连市	27241	2892	5000	55290	197257	260124	143384	32115	1957419	1705566
吉林省	108047	10186	-4690	554763		188458	30942	2062	2515194	2183722
黑龙江省	240529			718835		191654	5372	2460	3114404	3076603
上海市	316189	66014	7315	230682		463783	10510		14258597	13627325
江苏省	-150603	14776	30669	138034		865038	65924	10646	6132688	6702864
浙江省	111717	49493	57071	-792067	54699	1218514	9271	9138	3821822	3991966
其中:宁波市	31184		-17279	-176847	54699	165307	918	-2046	338074	923963
安徽省	18548	101	-79127	792737		165953	31164		3631974	3261207
福建省	-25565		-2375	92785	12347	279834	2665	5773	3008523	2561860
其中:厦门市	-5692		-5085	-17729	12347	24369		5773	1497588	1257137
江西省	-37546		-20073	207091		325526	11069	5400	1359347	1349849
山东省	-48175	66455	-15882	284088	59775	1278764	55244	29137	5529263	5612824
其中:青岛市	-49977	1009	-2056	-44004	59775	594894		8724	1426788	1196467
河南省	-21513	24379	-1020	837367		313471	36617	3055	4996592	4531655
湖北省	42753	-559	58029	215548		371662	16299		3229034	2983111
湖南省	25787	27997	-20765	473899		402824	65317	21482	3231364	3196484
广东省	49080	17688	-171301	438179	18218	1503222	344164	5864	13875970	13154768
其中:深圳市	869		6700	46883	18218	127927	208918	1794	4814551	4457516
广西壮族自治区	-11843	164	127305	597057		601629	27055		2354323	2267727
海南省	-9666	1598	1818	139199		23258	35166		654345	643850
重庆市	181723		5528	725060		274555	34602	2083	3473520	3339321
四川省	-28712	17371	-49741	535503		422716	10336	13808	3282968	3297902
贵州省	14719	4029	-1552	81120		98898	2800	2479	984272	1055337
云南省	13727	-430	12663	161048		228353	77564		2028356	1944040
西藏自治区			83792	80696		11333			424587	424587
陕西省	9058	6578		282720		353354	38819		1847618	2161042
甘肃省	32498	30747	-2605	306298		44466	8785		1370232	1315720
青海省	49941		-3314	50427		27431	1507		373268	403454
宁夏回族自治区	676		-12629	187650		78774	3239	10	574802	566555
新疆维吾尔自治区	1196	43438	-46502	129663		58557	17633		1278376	1290765

1－3－7 单位:万元

地区	平衡部分									
	支出								年终结余	其中:净结余
	财力性转移支付			专项上解	计划单列市上解省	增设预算周转金	调出资金	国债转贷收入、上年结余及转补助数		
	小计	体制上解	出口退税专项上解							
地方合计	**4497676**	**3441796**	**1055880**	**－1613458**	**420736**	**123724**	**145895**	**175770**	**16330326**	**3120527**
北京市	1147966	1147966		48313		5000			733416	222701
天津市	244493	169790	74703	132712		26300		1000	339496	81198
河北省	－44076	－50774	6698	－320074	－9	200	4413	4234	523244	43515
山西省	－47987	－47987				1601	12485	2176	413400	48863
内蒙古自治区	－318076	－321265	3189	－305690		700		16010	583214	71901
辽宁省	598473	564275	34198	22398	54932		16995	38953	736995	－6498
其中:大连市	206389	180162	26227	－41583	54932			32115	244587	10191
吉林省	199121	199121		112490			17799	2062	280511	1279
黑龙江省	－2589	－8308	5719	36919		50	961	2460	246501	13812
上海市	512059	369456	142603	106213		13000			833825	833825
江苏省	147595	30762	116833	－746996		15300	3279	10646	1218121	254035
浙江省	－363856	－475548	111692	125533	49348	6755	2938	9138	1460327	94691
其中:宁波市	－568122	－596794	28672	－65069	49348			－2046	167187	34084
安徽省	409704	389730	19974	－40998		600	1461		208181	29027
福建省	328501	260798	67703	－12059	118843		5605	5773	339458	65631
其中:厦门市	121881	54178	67703	－6046	118843			5773	9674	2291
江西省	84798	66066	18732	－82052		200	1152	5400	450260	24982
山东省	227821	180935	46886	－400574	51893		8162	29137	1559465	19917
其中:青岛市	191203	171742	19461	－21499	51893			8724	656131	5514
河南省	104952	93958	10994	339183		14500	3247	3055	334733	4705
湖北省	331895	321545	10350	－86072		100			434915	148048
湖南省	31684	27615	4069	－27119		200	8633	21482	468963	38109
广东省	628726	264102	364624	－76046	145729	100	16829	5864	2143048	810628
其中:深圳市	203309	24750	178559	6203	145729			1794	150429	100427
广西壮族自治区	75773	70747	5026	－13821		9000	15644		803456	115299
海南省	2292	1931	361	2919			5284		39654	22274
重庆市	53472	53472		78644				2083	365572	21703
四川省	4808		4808	－68652		18303	16799	13808	605613	22471
贵州省	－64988	－64988		－10404			1848	2479	178361	109916
云南省	176410	176410		－102125		9815	216		336323	174774
西藏自治区									13044	4507
陕西省	827	－5891	6718	－314251					548513	4227
甘肃省	44531	44531		9981					48318	－12095
青海省	－28363	－28363		－1823					－74777	－137379
宁夏回族自治区	2155	2155		3937			2145	10	120272	5395
新疆维吾尔自治区	9555	9555		－23944		2000			37904	－10934

2007 年全国县级财政一般预算收支平衡表

1－4－1　　　　　　　　　　　　　　　　　　　　单位:万元

地区	收支部分								
	收入								
	收入合计	税收收入							
		小计	增值税	营业税	企业所得税	个人所得税	资源税	城市维护建设税	耕地占用税
地方合计	**96396172**	**78264385**	**17599827**	**24324254**	**9449028**	**4027583**	**1650128**	**5331640**	**1515491**
北京市	148787	131421	12059	71961	20267		2249	4221	123
天津市	148562	112478	32871	22700	20224	3718		10798	911
河北省	3978510	3178527	627262	1029964	241254	195632	202867	267766	41456
山西省	2695560	1808505	619465	369424	265953	71074	101939	184069	17830
内蒙古自治区	2872020	2354080	495747	725560	273909	111503	105196	183254	36596
辽宁省	4569219	3508743	524784	1056214	365069	169722	175700	160645	58029
其中:大连市	1467640	1196179	194329	393377	161236	60862	18495	41427	13341
吉林省	1190629	861892	185319	253716	83582	59935	29809	63650	24709
黑龙江省	1323261	1036353	226492	296981	140111	72545	17938	76730	11247
上海市	185160	177408	16496	104119	24764	10828		5073	
江苏省	15115209	13244793	3154144	4104937	1960500	714479	35213	666528	138263
浙江省	11290129	10667419	2346262	3329962	1796549	724206	49367	659721	115705
其中:宁波市	2891258	2797789	607232	875290	504707	229354	5397	147492	21638
安徽省	2232667	1717400	357139	699720	100203	56988	54079	105760	27011
福建省	3669470	3158441	670823	1042020	450181	191763	37929	146290	62518
其中:厦门市	558200	519942	77341	240713	76577	29126	133	23165	6093
江西省	2318797	1777393	365185	691579	177274	64811	31092	100130	47175
山东省	10112840	7918333	1806517	1794410	904010	249051	207514	585067	372996
其中:青岛市	1704111	1425701	260526	361052	198626	57183	4447	76942	81184
河南省	4630210	3454999	726538	1005917	418535	164946	190914	229950	157377
湖北省	2337489	1694069	284392	549255	143678	60896	42212	151666	24783
湖南省	2854661	1936000	410934	918987	64630	80372	11983	112977	85560
广东省	9669646	8246268	2372808	2318333	1124335	423512	53611	549115	78527
其中:深圳市	2288560	2213177	547321	736159	381395	248031		64939	
广西壮族自治区	1748999	1096103	235155	339291	92574	57771	30105	92186	30086
海南省	258300	197648	35405	69863	15185	10740	7071	10405	5891
重庆市	534733	314803	75713	83267	25216	18135	22853	19877	9340
四川省	3823362	2746036	427659	969211	355156	165090	43617	225971	79697
贵州省	1545799	1194881	200961	450403	90573	94207	27448	110342	26358
云南省	2390993	2002966	486256	697768	68449	38815	57821	176923	21806
西藏自治区	78564	45016	9028	27665	3553	1669	2503		88
陕西省	1903561	1353683	309198	458918	98871	45147	49775	205827	32049
甘肃省	610098	460741	68377	172897	27165	15869	23425	54694	5329
青海省	245633	209706	36785	89078	8071	13486	11386	29474	2008
宁夏回族自治区	261598	213554	47784	90983	8901	8622	4600	16600	611
新疆维吾尔自治区	1651706	1444726	432269	489151	80286	132051	19912	125931	1412

1-4-2　　　　单位:万元

地区	收支部分									
	收入									
	税收收入			非税收入						
	契税	烟叶税	其他各项税收收入	小计	专项收入	行政事业性收费收入	罚没收入	国有资本经营收入	国有资源(资产)有偿使用收入	其他收入
地方合计	**4564987**	**475721**	**9325726**	**18131787**	**3813214**	**4980862**	**4061610**	**3406525**	**940730**	**928846**
北京市			20541	17366	4915	2809	6818	1914	901	9
天津市	11393		9863	36084	8338	11712	14931		541	562
河北省	118699	628	452999	799983	216066	175236	215189	124821	34844	33827
山西省	34177	874	143700	887055	503545	148129	175297	21745	12602	25737
内蒙古自治区	84296	2099	335920	517940	141523	107643	75845	147329	14166	31434
辽宁省	339448	4614	654518	1060476	105233	230178	140950	507176	54551	22388
其中:大连市	87350		225762	271461	23955	58206	19369	134365	26468	9098
吉林省	64844	3485	92843	328737	46703	87536	78482	88471	15861	11684
黑龙江省	38697	9414	146198	286908	52418	47644	84116	90709	6343	5678
上海市	4812		11316	7752	1421	2880	2861		109	481
江苏省	960906		1509823	1870416	449231	478091	379082	532762	24222	7028
浙江省	651941	646	993060	622710	355826	74933	434944	-281028	35856	2179
其中:宁波市	187134		219545	93469	85834	21429	70992	-90319	5279	254
安徽省	127005	3112	186383	515267	64575	241736	112810	31632	42502	22012
福建省	126145	27499	403273	511029	97135	159149	139114	65567	24047	26017
其中:厦门市			66794	38258	570	13314	3814	16919	1478	2163
江西省	182860	7585	109702	541404	76461	186175	163429	50413	26884	38042
山东省	664090	12312	1322366	2194507	350891	769098	374777	504405	123506	71830
其中:青岛市	191159	236	194346	278410	38339	79707	30438	81275	45732	2919
河南省	113611	28945	418266	1175211	163789	390208	330556	169209	54319	67130
湖北省	191921	16180	229086	643420	74543	247620	154416	65665	33242	67934
湖南省	95192	33654	121711	918661	83773	254671	199156	85149	117090	178822
广东省	287758	9012	1029257	1423378	276333	419257	312118	236460	98353	80857
其中:深圳市			235332	75383	4187	9875	30457	5833	9899	15132
广西壮族自治区	60031	6574	152330	652896	66463	170842	120671	235328	16961	42631
海南省	13217		29871	60652	14112	14827	7361	16292	5041	3019
重庆市	21567	8517	30318	219930	21227	93831	24328	42226	27227	11091
四川省	165339	28600	285696	1077326	173945	396825	156331	222457	90145	37623
贵州省	41853	62395	90341	350918	93627	63645	68210	35871	27804	61761
云南省	79918	201437	173773	388027	120964	60546	108031	61019	20767	16700
西藏自治区			510	33548	13	3882	1947	1892	2228	23586
陕西省	27277	6863	119758	549878	126095	42344	74800	287340	11148	8151
甘肃省	12384	1056	79545	149357	36508	40742	32341	17153	4278	18335
青海省	4156		15262	35927	12478	8112	6669	1363	2740	4565
宁夏回族自治区	7895	61	27497	48044	11040	8903	10703	11097	2550	3751
新疆维吾尔自治区	33555	159	130000	206980	64023	41658	55327	32088	9902	3982

1－4－3

单位:万元

地区	收支部分									
	支出功能分类									
	支出合计	一般公共服务	外交	国防	公共安全	教育	科学技术	文化体育与传媒	社会保障和就业	医疗卫生
地方合计	**184662498**	**33437060**	**3966**	**244698**	**11427844**	**43224188**	**2410300**	**2333930**	**22430863**	**10917466**
北京市	553228	81687		888	31018	92185	6604	14847	53295	35556
天津市	295559	46542		287	24537	96523	3322	3374	14378	24028
河北省	9164912	1670221		6776	507716	2253861	91369	85644	1037487	539169
山西省	5694359	1229005		4526	303198	1304222	61748	72987	821575	337057
内蒙古自治区	6517769	1117839	120	2624	260110	1187797	46645	101187	866487	275992
辽宁省	7643830	1381565		13037	437888	1494073	124610	98500	1176843	323102
其中:大连市	1740162	297387		1916	67718	288215	73834	23003	221578	54395
吉林省	4177783	661481		3480	226958	937624	23235	53293	838464	243526
黑龙江省	5029978	824196	360	5974	303946	1241676	35687	74004	544407	310948
上海市	594610	46347			20699	71506	1700	5896	56908	31371
江苏省	15280562	2649243		20686	1023796	3418044	308422	193621	1402867	686025
浙江省	12005281	2225642		25047	1004431	2769885	401805	242969	739820	686647
其中:宁波市	2786437	513174		5341	225979	477265	128900	58366	183472	164651
安徽省	6235511	1011513		5893	263821	1652637	38370	63010	933337	429874
福建省	5060798	895065		18433	322496	1370411	71446	67249	556513	326739
其中:厦门市	729422	132995		5404	30807	195647	13345	13728	77349	36531
江西省	5960499	925570		5648	335575	1207417	35322	68654	859022	443825
山东省	14166474	2554165		13508	688858	3397802	243896	145059	1609701	703272
其中:青岛市	2015310	371543		2387	114391	479263	50995	17983	129699	65164
河南省	10943813	2241670		4363	556569	2651085	124528	141708	1375433	648771
湖北省	6632772	1214199		6799	495573	1613958	70458	70505	749539	409586
湖南省	7824038	1447947	321	12454	412464	1704409	70267	82542	1338310	449469
广东省	15038150	2565201		27874	1569825	3493466	334886	177599	1571259	872354
其中:深圳市	2822161	487465		6219	419614	519252	43135	48239	125107	156064
广西壮族自治区	4988418	1060639		13059	272697	1391864	28467	47993	535421	306098
海南省	1037515	198312		2554	63463	229946	10234	14254	180519	66120
重庆市	1833372	315257		2285	88676	448393	8542	17090	320379	125216
四川省	11565513	2028115		15736	675300	2416395	81729	111492	1690776	735041
贵州省	4543469	952705		6301	253497	1321775	28933	47743	382959	318820
云南省	6806131	1102871	3163	13244	438600	1516900	39815	80817	1051771	521967
西藏自治区	727307	228018		161	48747	183991	2213	11535	38354	65861
陕西省	4508432	1067648		3285	279263	1290271	35301	77724	414885	302193
甘肃省	3709004	606275		2350	175218	913370	18652	51271	491098	276051
青海省	1177001	205014		565	57794	234289	4193	16677	201960	93585
宁夏回族自治区	986336	122095		1189	45425	276577	6839	10511	122281	59924
新疆维吾尔自治区	3960074	761013	2	5672	239686	1041836	51062	84175	454815	269279

1－4－4

单位:万元

地区	收支部分						平衡部分		
	支出功能分类						收入		
	环境保护	城乡社区事务	农林水事务	交通运输	工业、商业、金融等事务	其他支出	收入合计	本年收入	返还性收入
									小计
地方合计	**3366740**	**14821629**	**18758857**	**4403823**	**8268792**	**8612342**	**215762488**	**96396172**	**14052144**
北京市	18965	44931	112222	2123	29160	29747	614165	148787	
天津市	2656	25854	33340	1163	6182	13373	347155	148562	22589
河北省	163312	722806	885011	209369	290736	701435	10341985	3978510	785364
山西省	268362	364488	565228	66813	139690	155460	6705872	2695560	351412
内蒙古自治区	428819	930600	768304	132811	271520	126914	7493710	2872020	218376
辽宁省	45523	963865	662980	124268	409525	388051	8246002	4569219	459643
其中:大连市	6845	264567	76197	18949	156169	189389	1878141	1467640	
吉林省	45311	280823	528346	152960	129183	53099	4738547	1190629	239707
黑龙江省	34139	364147	672734	273443	295033	49284	5232611	1323261	418784
上海市	2148	25329	33421	1453	185710	112122	620309	185160	39661
江苏省	195530	1832084	1341150	463999	888411	856684	22263421	15115209	1911722
浙江省	198849	1155047	1017967	206674	869264	461234	18130376	11290129	1696497
其中:宁波市	36351	316582	218124	65771	287718	104743	3975680	2891258	454240
安徽省	89667	341375	616279	178283	347131	264321	6772276	2232667	274759
福建省	42242	378310	396631	72562	264779	277922	6356986	3669470	462565
其中:厦门市	282	94355	28102	3392	62687	34798	800836	558200	69490
江西省	43410	358219	890022	237168	264015	286632	6742828	2318797	226986
山东省	143730	1753406	1277754	121557	931951	581815	15853710	10112840	1557793
其中:青岛市	13686	382490	133665	12800	156465	84779	2227342	1704111	215001
河南省	343445	673036	1025773	257233	415082	485117	11735140	4630210	545708
湖北省	66466	269654	734333	171649	200589	559464	7213711	2337489	456288
湖南省	64695	482256	849133	300819	232641	376311	8815317	2854661	395061
广东省	121203	1214552	1071994	134626	614745	1268566	17188458	9669646	1402675
其中:深圳市	16416	349871	53309	6354	38314	552802	3238903	2288560	356239
广西壮族自治区	31962	304908	475443	95682	217322	206863	5778067	1748999	365792
海南省	18811	57108	108715	3078	35505	48896	1203873	258300	74625
重庆市	126241	48081	241051	47842	43936	383	2142519	534733	93631
四川省	515277	734949	1355451	272329	579010	353913	12368773	3823362	695989
贵州省	49810	181028	591480	61534	111256	235628	4813323	1545799	202993
云南省	110673	310100	747921	402567	225071	240651	7336864	2390993	429990
西藏自治区	1020	21211	59606	3080	5749	57761	739440	78564	22621
陕西省	17821	273718	438713	129763	76060	101787	5706761	1903561	265762
甘肃省	91188	169149	543015	198731	54981	117655	3728969	610098	172450
青海省	32454	69071	170898	12612	36978	40911	1229081	245633	43843
宁夏回族自治区	20391	87841	143338	19654	23151	47120	1157000	261598	17302
新疆维吾尔自治区	32620	383683	400604	47978	74426	113223	4145239	1651706	201556

1－4－5

单位:万元

地区	平衡部分									
	收入									
	返还性收入		财力性转移支付收入							
	增值税和消费税税收返还	所得税基数返还	小计	体制补助	一般性转移支付补助	民族地区转移支付补助	调整工资转移支付补助	农村义务教育补助	农村税费改革补助	缓解县乡困难转移支付补助
地方合计	**9536812**	**4515332**	**58847515**	**4056961**	**15300988**	**647968**	**15993794**	**2280640**	**8060721**	**4056957**
北京市			259100	187176	17272		12535		1231	
天津市	13848	8741	111961	20874	15649		10393		4974	
河北省	492941	292423	3489448	2728	836950	3218	1008338	106385	572300	198893
山西省	343849	7563	1777055	23952	761426		652585	78765	233419	68110
内蒙古自治区	156892	61484	2560635	95502	725824	181121	716365	71710	302523	170016
辽宁省	245763	213880	1858311	289492	291788	24905	344390	27052	283222	103132
其中:大连市			221934	185197					24389	3667
吉林省	200272	39435	1829077	28773	475958		566887	62951	221492	206696
黑龙江省	326965	91819	2125097		404890		764706	60958	334084	217210
上海市	27387	12274	378638	61936	305845				9730	
江苏省	1358153	553569	2038919		177408		181875		376167	64085
浙江省	1062703	633794	1235277	472031	195929	2138	125341	27925	96648	8963
其中:宁波市	258811	195429	116915	78092				4235	2729	
安徽省	181305	93454	2611812	1855072	182009			5826	10314	5778
福建省	221953	240612	1141499	60918	146988		188395	56844	219997	151086
其中:厦门市	35913	33577	66336	55475						
江西省	183852	43134	2390481	966	845801		631124	127695	409382	145940
山东省	1043694	514099	2177707	－17923	125051		407517	203722	720833	497834
其中:青岛市	133032	81969	91087	－25196			24400		41588	81
河南省	369186	176522	4308758		1550387	3319	1348372	183126	791173	324837
湖北省	325752	130536	2885152	2448	603654	29982	912575	190433	567449	307078
湖南省	276191	118870	3186423	74342	983301	36789	1011541	99189	563843	198091
广东省	779424	623251	2499221	138654	1006243	1181	592787	214540	274842	99339
其中:深圳市	148100	208139	391231		395313					
广西壮族自治区	262094	103698	2346552	33480	621215	36032	729324	108804	212201	96545
海南省	51294	23331	495039	46833	88863	22414	199482	25357	65969	21688
重庆市	72266	21365	699921	17308	178996	7047	235431	44997	100647	51791
四川省	567361	128628	4369769	49533	1459035	68601	1314348	198051	571083	151334
贵州省	146741	56252	2011552	12931	344958	130665	692857	106244	199174	484732
云南省	323309	106681	2527204	277099	391104	59647	899173	113838	266819	102700
西藏自治区	18952	3669	396669	52641	120900		107168		12170	
陕西省	184191	81571	2488511	21193	869965		727304		270663	148724
甘肃省	125848	46602	1819046	37567	690704	40391	532511	83031	164936	93737
青海省	39124	4719	595611	24905	150950	518	174202	9765	30897	40032
宁夏回族自治区	6394	10908	453317	37811	213668		123403	17115	21482	26762
新疆维吾尔自治区	129108	72448	1779753	148719	518257		782865	56317	151057	71824

1－4－6

单位：万元

地区	平衡部分									
	收入								支出	
	财力性转移支付收入			专项转移支付	省补助计划单列市收入	上年结余	调入资金	国债转贷收入、上年结余及转补助数	支出合计	本年支出
	结算补助	企事业单位预算划转补助	其他财力性转移支付							
地方合计	**4955114**	**404208**	**3090164**	**35720729**	**6009**	**9432387**	**1253017**	**54515**	**20305179７**	**18466249８**
北京市	5053	3804	32029	160821		45457			554391	553228
天津市	60071			30808		33235			298450	295559
河北省	747678	8086	4872	1561078	4514	450688	66032	6351	9900146	9164912
山西省	－78740	29838	7700	1177121		658370	44345	2009	5881395	5694359
内蒙古自治区	243817	28668	25089	1510066		297857	33187	1569	7209685	6517769
辽宁省	436647	27075	30608	1032189		221223	100738	4679	7997736	7643830
其中：大连市	8681			134222		48622	4600	1123	1813345	1740162
吉林省	264214	－2584	4690	1239981		203924	31300	3929	4461917	4177783
黑龙江省	330275		12974	1255089		102085	2835	5460	5127349	5029978
上海市	587	540		10845		6005			614824	594610
江苏省	366723	33124	839537	1993743		895649	305664	2515	21039798	15280562
浙江省	129590	50383	126329	2256691		1599977	47295	4510	15899302	12005281
其中：宁波市	14580		17279	232995		267749	12063	460	3688444	2786437
安徽省	295942	1746	255125	1334258		281749	37031		6411948	6235511
福建省	102567		214704	661724		380283	41445		5646964	5060798
其中：厦门市	4976		5885	64573		40562	1675		746677	729422
江西省	199708		29865	1348811		400918	52453	4382	6263921	5960499
山东省	－56193	2622	294244	1540871		426249	33475	4775	15307593	14166474
其中：青岛市	59947		－9733	169095		46621	715	712	2127937	2015310
河南省	86252	2647	18645	2052246		123189	73419	1610	11626767	10943813
湖北省	140637	35817	95079	1211253		286361	37168		6900649	6632772
湖南省	155463	26976	36888	1875862		468695	31941	2674	8190187	7824038
广东省	35955	11658	124022	2384752	1495	1124884	100367	5418	15922406	15038150
其中：深圳市	－4082			69	1495	192032	9277		2968788	2822161
广西壮族自治区	87687	730	420534	999947		308192	7906	679	5225303	4988418
海南省	16193	41	8199	250381		118016	7512		1048549	1037515
重庆市	42968		20736	630835		170917	12274	208	1873535	1833372
四川省	204772	43021	309991	3075362		394266	6578	3447	11691845	11565513
贵州省	16963	21476	1552	951671		97523	3685	100	4670171	4543469
云南省	409974	6630	220	1823677		88696	76304		7191948	6806131
西藏自治区			103790	232050		9536			727307	727307
陕西省	412673	37989		621981		365953	60993		5148871	4508432
甘肃省	143099	28554	4516	1180318		－70282	17339		3791182	3709004
青海省	155055		9287	341635		－3424	5783		1207187	1177001
宁夏回族自治区	447		12629	345556		76870	2157	200	994840	986336
新疆维吾尔自治区	－963	5367	46310	629107		－130674	13791		4225631	3960074

1－4－7　　　　单位:万元

地　区	平衡部分									
	支出									
	财力性转移支付									
	小计	体制上解	出口退税专项上解	专项上解	计划单列市上解省	增设预算周转金	调出资金	国债转贷收入、上年结余及转补助数	年终结余	其中：净结余
地方合计	**6948021**	**5919681**	**1028340**	**11085630**	**121796**	**102412**	**76925**	**54515**	**12710691**	**1544081**
北京市				1163					59774	
天津市	1742		1742	1149					48705	3268
河北省	59820	50774	9046	666454	9	2590	10	6351	441839	24870
山西省	175036	175036				1200	8791	2009	824477	－36034
内蒙古自治区	345798	342501	3297	344049		500		1569	284025	30275
辽宁省	103466	80331	23135	242531		3230		4679	248266	44410
其中:大连市	25836	12566	13270	46224				1123	64796	13085
吉林省	8302	8302		266107			5796	3929	276630	3366
黑龙江省	12586	9407	3179	79252			73	5460	105262	4073
上海市	17495	16438	1057	2719					5485	5485
江苏省	1200929	972165	228764	4546793		8230	769	2515	1223623	188372
浙江省	2305841	1959713	346128	1560019	19823	1828	2000	4510	2231074	460378
其中:宁波市	825006	702365	122641	55718	19823	1000		460	287236	108597
安徽省	119017	110277	8740	52559		3610	1251		360328	82162
福建省	510803	505153	5650	70416		4000	947		710022	50715
其中:厦门市	5650		5650	7605		4000			54159	28238
江西省	66117	62398	3719	230249		633	2041	4382	478907	－39657
山东省	614171	497099	117072	509596	1910	1471	9196	4775	546117	25829
其中:青岛市	83534	49634	33900	22155	1910	1471	2845	712	99405	6206
河南省	161436	151863	9573	517493		1075	1340	1610	108373	5704
湖北省	114184	110098	4086	152860		220	613		313062	140781
湖南省	113587	106944	6643	246070		2967	851	2674	625130	64795
广东省	439997	196054	243943	248327	100054	51750	38710	5418	1266052	370588
其中:深圳市	37150	4494	32656	7363	100054	2060			270115	252922
广西壮族自治区	64528	60519	4009	168441		2000	1237	679	552764	77387
海南省	474	359	115	9485		416	659		155324	73353
重庆市	9868	9868		30087				208	268984	－28057
四川省	6797		6797	113624		437	2027	3447	676928	153505
贵州省	64988	64988		61355		48	211	100	143152	56130
云南省	136006	136006		242284		7437	90		144916	102495
西藏自治区									12133	7659
陕西省	7536	5891	1645	625111		7770	22		557890	－53745
甘肃省	46284	46284		35894					－62213	－135412
青海省	28363	28363		1823					21894	－9642
宁夏回族自治区	856	856		7157			291	200	162160	2092
新疆维吾尔自治区	211994	211994		52563		1000			－80392	－131064

一、综合资料

2007 年全国财政收入亿元县一般预算收支平衡表

1－5－1　　　　单位:万元

地区	收支部分								
	收入								
	收入合计	税收收入							
		小计	增值税	营业税	企业所得税	个人所得税	资源税	城市维护建设税	耕地占用税
地方合计	**48791383**	**37413450**	**9488160**	**10048124**	**4229595**	**1816657**	**1327800**	**2706470**	**917993**
北京市	148787	131421	12059	71961	20267		2249	4221	123
天津市	148562	112478	32871	22700	20224	3718		10798	911
河北省	2103098	1596528	385719	418073	131586	92253	179825	124259	24565
山西省	1803828	1133925	447976	157520	199876	41811	85411	111544	9420
内蒙古自治区	1418424	1178864	285491	345262	160664	49798	90595	81836	12027
辽宁省	1467512	1011452	149652	281243	63045	43289	127219	70997	30010
其中:大连市	362828	254230	33560	94818	20759	6160	15199	14330	4739
吉林省	807392	585987	147970	176089	49184	39052	21746	50900	12310
黑龙江省	446233	342783	100035	68179	77372	17137	11467	27573	4632
上海市	185160	177408	16496	104119	24764	10828		5073	
江苏省	7892644	6550885	1802368	1693038	926256	323404	26457	371203	71615
浙江省	5966618	5522269	1327627	1578283	801058	361820	40266	357292	84728
其中:宁波市	1009434	954878	254717	244505	152306	84020	2114	53143	12820
安徽省	1410742	995197	229898	379394	52122	36372	43819	65116	15615
福建省	2034846	1680318	412476	469773	236809	118554	31297	72129	42360
其中:厦门市									
江西省	1556760	1146270	255825	426958	107796	48567	26470	62789	28212
山东省	5902022	4379151	1011795	821330	442332	114284	165452	318976	292703
其中:青岛市	729621	618588	116512	110472	50582	16592	4243	25555	77371
河南省	3334682	2356239	571431	571946	315206	120025	175566	151065	118702
湖北省	955832	573098	136654	154474	43082	18092	29907	65222	13419
湖南省	1679583	1041313	268053	386521	28532	46102	10045	87721	47885
广东省	1876918	1411199	420873	349131	159576	56290	40050	94130	15394
其中:深圳市									
广西壮族自治区	922019	504339	119775	127373	38868	22029	20903	39742	21303
海南省	180818	140084	27945	43226	10773	6611	6749	8711	4874
重庆市	517974	304075	72669	80514	24030	17652	21945	19224	9301
四川省	1663626	1150969	218589	357476	137544	76451	30102	96285	23356
贵州省	828314	615090	124527	204538	37168	59282	23674	65429	9209
云南省	1415142	1176651	326494	361279	34420	19852	44466	104732	13896
西藏自治区									
陕西省	828572	481406	156125	91761	45180	9648	38433	100007	9265
甘肃省	91201	73944	18648	19496	3740	1832	6348	14081	542
青海省	65831	59463	16117	11737	3519	3475	5110	14371	
宁夏回族自治区	139933	106429	29037	39123	2914	3885	4115	12930	593
新疆维吾尔自治区	998310	874215	362965	235607	31688	54544	18114	98114	1023

1－5－2

单位:万元

地区	收支部分									
	收入									
	税收收入			非税收入						
	契税	烟叶税	其他各项税收收入	小计	专项收入	行政事业性收费收入	罚没收入	国有资本经营收入	国有资源(资产)有偿使用收入	其他收入
地方合计	**2508395**	**340904**	**4029352**	**11377933**	**2365070**	**3280326**	**2651024**	**2029484**	**514689**	**537340**
北京市			20541	17366	4915	2809	6818	1914	901	9
天津市	11393		9863	36084	8338	11712	14931		541	562
河北省	73681	526	166041	506570	125493	108283	131687	94958	16882	29267
山西省	10069	367	69931	669903	404649	101760	115632	18093	6691	23078
内蒙古自治区	22389	1421	129381	239560	83750	54802	36604	49994	8119	6291
辽宁省	72504	4588	168905	456060	60811	126588	97101	137083	23750	10727
其中:大连市	20425		44240	108598	11055	28889	10333	40372	13691	4258
吉林省	34793	3412	50531	221405	37430	66484	52092	51237	12681	1481
黑龙江省	11589	6372	18427	103450	23333	16217	29699	29350	2164	2687
上海市	4812		11316	7752	1421	2880	2861		109	481
江苏省	588471		748073	1341759	289783	336338	258587	437039	14430	5582
浙江省	413964	646	556585	444349	215760	63835	308153	－170505	25320	1786
其中:宁波市	61077		90176	54556	36132	13553	40401	－37785	2162	93
安徽省	88999	1256	82606	415545	48837	196917	90531	25931	34685	18644
福建省	89455	20455	187010	354528	58968	116964	108940	44709	7422	17525
其中:厦门市										
江西省	124889	5552	59212	410490	56265	146040	130552	39113	22426	16094
山东省	401031	11456	799792	1522871	216306	555763	267748	356484	73179	53391
其中:青岛市	123951	236	93074	111033	18649	33981	20392	19082	18929	
河南省	103470	26185	202643	978443	139938	312668	274519	160014	37433	53871
湖北省	28762	8305	75181	382734	34503	162431	89187	34509	26457	35647
湖南省	78782	24501	63171	638270	57376	208249	150670	26119	71000	124856
广东省	90087	8063	177605	465719	69691	151249	128008	52619	38391	25761
其中:深圳市										
广西壮族自治区	43669	4974	65703	417680	34525	106813	79227	169409	9940	17766
海南省	11827		19368	40734	11306	9613	4439	8130	4469	2777
重庆市	21320	7737	29683	213899	20610	92700	23377	41932	24189	11091
四川省	88353	22520	100293	512657	84407	217217	77242	97327	19948	16516
贵州省	14818	40749	35696	213224	66542	32487	39893	14281	12885	47136
云南省	45332	141022	85158	238491	77255	39844	63519	39429	11152	7292
西藏自治区										
陕西省	6100	400	24487	347166	69433	7548	26607	238335	3702	1541
甘肃省	693	344	8220	17257	6550	3516	3020	2820	282	1069
青海省	279		4855	6368	2288	1835	1381	170	121	573
宁夏回族自治区	4014		9818	33504	8903	5196	6538	9606	662	2599
新疆维吾尔自治区	22850	53	49257	124095	45684	21568	31461	19384	4758	1240

1－5－3 单位:万元

地区	收支部分									
	支出功能分类									
	支出合计	一般公共服务	外交	国防	公共安全	教育	科学技术	文化体育与传媒	社会保障和就业	医疗卫生
地方合计	**100569811**	**17766950**	**2591**	**114855**	**5933288**	**24135422**	**1166712**	**1340332**	**12218115**	**6118535**
北京市	553228	81687		888	31018	92185	6604	14847	53295	35556
天津市	295559	46542		287	24537	96523	3322	3374	14378	24028
河北省	4648012	832878		2444	266038	1160191	49601	51647	487392	283568
山西省	3166952	713707		2210	174940	717623	24983	44625	415623	183842
内蒙古自治区	3227493	551862	120	1233	125570	552365	21024	60135	390244	145087
辽宁省	3548351	605601		4812	212658	745532	17570	45423	548175	177488
其中：大连市	506981	91801		597	26281	104690	2753	6202	78063	17633
吉林省	2912544	391331		1871	159305	628645	14974	40598	613077	161831
黑龙江省	1527225	238802	16	1302	83460	357262	12021	22406	165330	82037
上海市	594610	46347			20699	71506	1700	5896	56908	31371
江苏省	9713447	1623116		12454	667630	2243227	190093	138312	887474	443210
浙江省	7357549	1463567		15832	644612	1887954	236005	160406	431411	449049
其中：宁波市	1162073	223940		2703	113279	253500	45359	26140	68536	80816
安徽省	4528836	703706		4217	198323	1175823	28166	49563	669729	314837
福建省	3136529	529510		8313	224282	845438	41327	40105	356626	214410
其中：厦门市										
江西省	4360407	658727		3900	251604	938452	20498	53959	608659	343337
山东省	9435958	1660728		7496	433414	2298870	145050	102900	1103213	499053
其中：青岛市	933181	183150		1125	46629	244824	14400	8464	61412	36976
河南省	8347466	1647192		2483	437465	2059534	95491	123109	994581	503139
湖北省	3488026	634037		1912	235157	846148	37946	43951	388382	225675
湖南省	5129257	919709	321	6343	287758	1154131	40748	54866	891410	307973
广东省	5019280	843939		7453	347837	1421574	42609	46577	672385	368557
其中：深圳市										
广西壮族自治区	2641451	528560		6102	150994	769558	14530	26102	250785	177610
海南省	555888	102029		1007	32851	125733	6690	8159	97972	33728
重庆市	1718344	298710		2160	84013	420535	7996	16188	301664	117524
四川省	5108142	862750		6324	276001	1121722	32757	50639	782897	338562
贵州省	2266630	462113		2201	124463	690684	12817	22221	202674	163440
云南省	3434377	557348	2134	7456	214351	796974	21931	39861	491589	254833
西藏自治区										
陕西省	1392451	342193		1221	70700	325770	13477	29401	89748	77668
甘肃省	291529	50238		221	14460	76636	1560	5690	26172	22789
青海省	137992	22532		32	6861	26267	690	1747	16470	13236
宁夏回族自治区	401103	52955		502	20539	104049	4588	4889	44008	23120
新疆维吾尔自治区	1631175	294534		2179	111748	384511	19944	32736	165844	101977

1－5－4

单位：万元

地区	收支部分						平衡部分		
	支出功能分类						收入		
									返还性收入
	环境保护	城乡社区事务	农林水事务	交通运输	工业、商业、金融等事务	其他支出	收入合计	本年收入	小计
地方合计	**2059213**	**6765454**	**11639999**	**2672432**	**4592479**	**4043434**	**114583365**	**48791383**	**7830890**
北京市	18965	44931	112222	2123	29160	29747	614165	148787	
天津市	2656	25854	33340	1163	6182	13373	347155	148562	22589
河北省	101120	303014	499971	129824	145412	334912	5090192	2103098	417995
山西省	169272	196747	316485	38282	84464	84149	3633901	1803828	147660
内蒙古自治区	226476	455877	435775	81882	131104	48739	3562978	1418424	107774
辽宁省	31125	300760	481161	89574	149919	138553	3758093	1467512	201047
其中：大连市	2152	40534	41203	5105	39768	50199	536165	362828	
吉林省	36542	190843	416004	119999	105598	31926	3316713	807392	167596
黑龙江省	13130	110754	209954	83302	135328	12121	1589865	446233	177647
上海市	2148	25329	33421	1453	185710	112122	620309	185160	39661
江苏省	136163	945365	962668	415295	530500	517940	12495811	7892644	1201322
浙江省	144499	408015	754750	140527	387377	233545	10344362	5966618	1175059
其中：宁波市	13797	73952	133832	24308	68552	33359	1490782	1009434	208302
安徽省	80373	239476	469088	142134	276363	177038	4787361	1410742	190859
福建省	31650	200075	286880	54457	141903	161553	3839102	2034846	293748
其中：厦门市									
江西省	35384	198475	732395	167575	162074	185368	4890859	1556760	157180
山东省	115711	991034	1006979	86558	658146	326806	10215069	5902022	1035637
其中：青岛市	9169	101679	93845	8429	69888	53191	1049803	729621	94089
河南省	295019	485317	832575	206996	333808	330757	8846516	3334682	389702
湖北省	37449	134085	455972	108173	126647	212492	3800221	955832	250744
湖南省	45354	208442	592574	220709	169501	229418	5809293	1679583	280379
广东省	43076	161281	626006	30401	154824	252761	5497726	1876918	276263
其中：深圳市									
广西壮族自治区	19992	156636	254079	55442	137660	93401	3012612	922019	203035
海南省	10040	25628	55170	1347	22189	33345	641124	180818	37492
重庆市	112120	46585	224152	40819	43313	2565	1999149	517974	90591
四川省	230060	271741	683713	129527	185079	136370	5493722	1663626	322918
贵州省	25157	82935	298720	32486	52904	93815	2367643	828314	114239
云南省	55367	167812	407058	180043	134071	103549	3728082	1415142	256707
西藏自治区									
陕西省	7763	126476	169685	57061	25232	56056	1618916	828572	120635
甘肃省	6582	15639	42456	12170	6611	10305	311284	91201	22298
青海省	5321	13258	17124	1087	7229	6138	140179	65831	5963
宁夏回族自治区	9984	33740	58156	13651	15817	15105	462558	139933	10165
新疆维吾尔自治区	10715	199330	171466	28372	48354	59465	1748405	998310	113985

1－5－5

单位:万元

地区	平衡部分									
	收入									
	返还性收入		财力性转移支付收入							
	增值税和消费税税收返还	所得税基数返还	小计	体制补助	一般性转移支付补助	民族地区转移支付补助	调整工资转移支付补助	农村义务教育补助	农村税费改革补助	缓解县乡困难转移支付补助
地方合计	**5681083**	**2149807**	**32017894**	**2440536**	**7531058**	**321962**	**8672978**	**1486091**	**5238380**	**2486679**
北京市			259100	187176	17272		12535		1231	
天津市	13848	8741	111961	20874	15649		10393		4974	
河北省	302900	115095	1562867	269	241691	1617	484456	57650	289164	90389
山西省	197342	－49682	802443	6643	280284		331161	44270	124829	29836
内蒙古自治区	76492	31282	1201186	50672	298607	114199	345124	33317	140932	85966
辽宁省	147339	53708	1211000	101228	215069	24905	255265	22494	240164	65341
其中:大连市			79698	49193					21703	3417
吉林省	147714	19882	1292833	16197	370552		409698	52622	183709	178062
黑龙江省	157461	20186	528662		53964		209522	21788	97074	63341
上海市	27387	12274	378638	61936	305845				9730	
江苏省	906762	294560	1205072		157155		160912		324753	48009
浙江省	752020	423039	1036133	317584	187324	2138	118777	25680	89353	8724
其中:宁波市	131158	77144	26829	4941				3000	2729	
安徽省	129696	61163	1937801	1433428	148496			2978	5157	4828
福建省	138091	155657	821382	7352	101991		143016	45638	177163	128068
其中:厦门市										
江西省	132888	24292	1802841	966	649218		493102	101150	342372	121311
山东省	697387	338250	1805186	7984	98392		322184	166226	598919	428253
其中:青岛市	68737	25352	71194	5568			22800		40875	203
河南省	264380	125322	3339110		1189652	750	1052022	149137	641320	272758
湖北省	200249	50495	1723509	385	368119	15392	526858	133534	387966	191497
湖南省	202939	77440	2217903	16368	714348	9693	720071	72658	431500	149581
广东省	214994	61269	1579928	51971	537375	821	457799	171473	217277	66827
其中:深圳市										
广西壮族自治区	152887	50148	1164814	7664	303917	11142	394034	67598	120721	64725
海南省	25576	11916	220435	8540	37312	9341	94822	16525	36078	10993
重庆市	69751	20840	648277	15482	162093	7047	218803	43083	94736	48255
四川省	259198	63720	1906188	7199	571554	15848	612296	107708	308859	84834
贵州省	86665	27574	917339	5074	119432	68616	350415	61744	103112	206513
云南省	185542	71165	1140828	84796	126509	40453	425261	59065	139200	62450
西藏自治区										
陕西省	83027	37608	454286	2757	85837		154674		47420	42486
甘肃省	17073	5225	97071		21682		36159	5753	10532	3477
青海省	4317	1646	32722	－1536	7596		11548	1062	3402	1184
宁夏回族自治区	5534	4631	158947	9330	70179		45917	5347	12434	15592
新疆维吾尔自治区	81624	32361	459432	20197	73944		276154	17591	54299	13379

1－5－6

单位:万元

地区	平衡部分									
	收入								支出	
	财力性转移支付收入			专项转移支付	省补助计划单列市收入	上年结余	调入资金	国债转贷收入、上年结余及转补助数	支出合计	本年支出
	结算补助	企事业单位预算划转补助	其他财力性转移支付							
地方合计	**2065682**	**131822**	**1642706**	**19747962**	**3443**	**5326790**	**824395**	**40608**	**107517455**	**100569811**
北京市	5053	3804	32029	160821		45457			554391	553228
天津市	60071			30808		33235			298450	295559
河北省	394965	1651	1015	736914	3443	218254	43457	4164	4855310	4648012
山西省	－30884	12194	4110	566955		278152	33572	1291	3255889	3166952
内蒙古自治区	111460	3852	17057	673610		149364	11670	950	3442554	3227493
辽宁省	262384	8038	16112	725656		87222	61800	3856	3658785	3548351
其中:大连市	5385			72265		18370	2504	500	517122	506981
吉林省	102446	－6731	－13722	907955		124879	13100	2958	3149868	2912544
黑龙江省	79467		3506	391949		39765	179	5430	1545988	1527225
上海市	587	540		10845		6005			614824	594610
江苏省	17969	16293	479981	1364787		570683	259993	1310	11735875	9713447
浙江省	121210	46908	118435	1075351		1064708	22243	4250	8924721	7357549
其中:宁波市	5324		10835	125478		114865	5414	460	1371305	1162073
安徽省	211863	1276	129775	1033504		198513	15942		4545468	4528836
福建省	57046		161108	435595		225063	28468		3399937	3136529
其中:厦门市										
江西省	87554		7168	1040776		302143	27813	3346	4527770	4360407
山东省	－48107	2031	229304	1122266		321144	24369	4445	9814138	9435958
其中:青岛市	790		958	113733		39319	715	1132	991299	933181
河南省	29006	1258	3207	1621788		93717	65907	1610	8773785	8347466
湖北省	58849	2853	38056	680419		167766	21951		3580478	3488026
湖南省	73744	15038	14902	1257507		354389	16858	2674	5319936	5129257
广东省	30284	5378	40723	1367183		339422	55612	2400	5175533	5019280
其中:深圳市										
广西壮族自治区	22927	108	171978	547418		171297	3629	400	2701828	2641451
海南省	1130	41	5653	136702		62275	3402		560756	555888
重庆市	39122		19656	578420		152022	11657	208	1757314	1718344
四川省	37602	5545	154743	1401990		195669	2315	1016	5166013	5108142
贵州省	－3253	5271	415	471228		33871	2552	100	2313016	2266630
云南省	199106	3928	60	821067		37650	56688		3667759	3434377
西藏自治区										
陕西省	120646	466		119816		70148	25459		1553836	1392451
甘肃省	15371	2080	2017	89243		7197	4274		299496	291529
青海省	9466			33905		458	1300		137992	137992
宁夏回族自治区	148			117389		33937	1987	200	404023	401103
新疆维吾尔自治区	－1550		5418	226095		－57615	8198		1781722	1631175

1－5－7 单位:万元

地区	平衡部分									
	支出								年终结余	其中:净结余
	财力性转移支付			专项上解	计划单列市上解省	增设预算周转金	调出资金	国债转贷收入、上年结余及转补助数		
	小计	体制上解	出口退税专项上解							
地方合计	**2632482**	**2134825**	**497657**	**4177676**	**7355**	**62433**	**27090**	**40608**	**7065910**	**458043**
北京市				1163					59774	
天津市	1742		1742	1149					48705	3268
河北省	31365	27124	4241	171759			10	4164	234882	17618
山西省	81989	81989		－30			5687	1291	378012	4897
内蒙古自治区	130268	128471	1797	83843				950	120424	－4041
辽宁省	12298	8982	3316	94050		230		3856	99308	－20350
其中:大连市	864		864	8777				500	19043	3841
吉林省	7101	7101		221876			5389	2958	166845	775
黑龙江省	2279		2279	11054				5430	43877	4138
上海市	17495	16438	1057	2719					5485	5485
江苏省	425184	288715	136469	1590684		4518	732	1310	759936	77805
浙江省	965522	746223	219299	586217	7355	1828	2000	4250	1419641	92056
其中:宁波市	191024	134665	56359	9393	7355	1000		460	119477	30394
安徽省	6946	912	6034	5474		3610	602		241893	43008
福建省	218508	218508		44109			791		439165	9147
其中:厦门市										
江西省	30404	28378	2026	132046		533	1034	3346	363089	－39794
山东省	254452	189174	65278	112745		1	6537	4445	400931	16057
其中:青岛市	43800	26267	17533	10340		1	2845	1132	58504	3901
河南省	82804	76938	5866	340485		500	920	1610	72731	－9982
湖北省	40961	37749	3212	51346		20	125		219743	86751
湖南省	52740	48873	3867	132158		2370	737	2674	489357	41614
广东省	71412	34346	37066	46192		36154	95	2400	322193	19425
其中:深圳市										
广西壮族自治区	2515	588	1927	55462		2000		400	310784	47667
海南省	415	306	109	3794			659		80368	40802
重庆市	9868	9868		28894				208	241835	－21211
四川省	1945		1945	52932		437	1541	1016	327709	48939
贵州省	9681	9681		36455			150	100	54627	11962
云南省	65136	65136		164533		3632	81		60323	42465
西藏自治区										
陕西省	1764	1637	127	153021		6600			65080	－8268
甘肃省	613	613		7354					11788	612
青海省									2187	1248
宁夏回族自治区				2720				200	58535	225
新疆维吾尔自治区	107075	107075		43472					－33317	－54275

2007 年全国财政赤字县一般预算收支平衡表

1－6－1 单位:万元

地区	收支部分								
	收入								
	收入合计	税收收入							
		小计	增值税	营业税	企业所得税	个人所得税	资源税	城市维护建设税	耕地占用税
地方合计	**4982237**	**3695165**	**884235**	**1230205**	**312264**	**206377**	**133078**	**294864**	**79392**
北京市									
天津市									
河北省	140327	104588	17159	35267	3847	4011	19583	8716	1468
山西省	239092	156521	55533	29870	22527	7175	8022	18484	1712
内蒙古自治区	213341	173482	43362	65060	11464	6133	6311	12609	423
辽宁省	254261	161519	19324	56383	9919	7787	11700	9054	7458
其中:大连市									
吉林省									
黑龙江省	17884	14557	4478	5445	870	837	70	1002	69
上海市									
江苏省									
浙江省	593228	530765	98637	186770	68281	32057	9177	36675	10547
其中:宁波市									
安徽省	13900	9812	2682	3051	311	350	109	1539	156
福建省	437787	349697	90773	113046	38094	19423	4435	15715	7499
其中:厦门市									
江西省	684061	481480	102560	175018	50215	25062	10547	28336	11800
山东省									
其中:青岛市									
河南省	611698	428400	111769	112536	52498	25078	21315	27642	19685
湖北省									
湖南省	82304	50732	11596	16456	1432	3976	270	3030	5043
广东省									
其中:深圳市									
广西壮族自治区	270660	136852	33160	43031	8725	6564	5283	10933	3019
海南省									
重庆市	213607	143495	35705	41383	13370	8064	9302	8366	1671
四川省									
贵州省	71468	57054	8231	23125	2954	4463	1131	3849	783
云南省	18427	16468	3060	6553	144	219	190	626	25
西藏自治区									
陕西省	258780	188935	42664	59070	4124	6308	7336	39288	4013
甘肃省	135822	83707	14621	37277	2987	2761	4780	8227	1318
青海省	74046	54937	7747	28364	1060	3797	3495	5827	1543
宁夏回族自治区									
新疆维吾尔自治区	651544	552164	181174	192500	19442	42312	10022	54946	1160

1－6－2 单位:万元

地区	收支部分									
	收入									
	税收收入			非税收入						
	契税	烟叶税	其他各项税收收入	小计	专项收入	行政事业性收费收入	罚没收入	国有资本经营收入	国有资源(资产)有偿使用收入	其他收入
地方合计	**200013**	**43438**	**311299**	**1287072**	**278020**	**343375**	**386465**	**184624**	**59510**	**35078**
北京市										
天津市										
河北省	5513	450	8574	35739	10397	9531	13767	1358	675	11
山西省	2997	10	10191	82571	45400	15804	19763	473	1054	77
内蒙古自治区	4818		23302	39859	13539	5749	6555	11906	1227	883
辽宁省	13191	1210	25493	92742	7025	15237	21095	45469	1918	1998
其中:大连市										
吉林省										
黑龙江省	583		1203	3327	829	901	2945	－1561	207	6
上海市										
江苏省										
浙江省	39318	122	49181	62463	22031	11008	37038	－10331	2705	12
其中:宁波市										
安徽省	572	47	995	4088	1105	1518	1272		193	
福建省	22626	6038	32048	88090	13751	25593	33903	13267	1250	326
其中:厦门市										
江西省	47740	4643	25559	202581	27326	68176	70702	16924	15115	4338
山东省										
其中:青岛市										
河南省	16084	2486	39307	183298	28552	57456	60065	30667	4667	1891
湖北省										
湖南省	2495	4096	2338	31572	2575	10133	11466	417	3316	3665
广东省										
其中:深圳市										
广西壮族自治区	10420	644	15073	133808	10179	42880	28443	44458	4698	3150
海南省										
重庆市	8205	6877	10552	70112	12082	27032	11075	6193	12382	1348
四川省										
贵州省	2654	6305	3559	14414	4795	1872	4850	571	636	1690
云南省	198	4953	500	1959	833	144	852	－49	179	
西藏自治区										
陕西省	4288	5007	16837	69845	34779	8538	16140	6167	2066	2155
甘肃省	2476	444	8816	52115	8485	16464	12059	4227	1466	9414
青海省	508		2596	19109	7229	3547	2935	602	1737	3059
宁夏回族自治区										
新疆维吾尔自治区	15327	106	35175	99380	27108	21792	31540	13866	4019	1055

1－6－3 单位:万元

地区	收支部分									
	支出功能分类									
	支出合计	一般公共服务	外交	国防	公共安全	教育	科学技术	文化体育与传媒	社会保障和就业	医疗卫生
地方合计	**18719897**	**3441703**	**354**	**19673**	**1045985**	**4756055**	**145674**	**267543**	**2368965**	**1300626**
北京市										
天津市										
河北省	650196	125675		676	34479	156261	2844	7287	74198	43637
山西省	721019	142026		835	42815	177977	4244	8987	113648	42283
内蒙古自治区	799848	127262		383	33743	136200	6025	14792	95098	35870
辽宁省	859658	139463		1543	51910	190715	3299	11290	139111	48222
其中:大连市										
吉林省										
黑龙江省	239314	35766	31	410	14185	59340	1156	4337	20862	16708
上海市										
江苏省										
浙江省	1229972	258178		2904	98855	303058	28501	33241	75035	80387
其中:宁波市										
安徽省	41773	7486		23	2518	11788	293	813	2688	3380
福建省	918353	154531		1968	66180	240587	8165	8846	140416	74898
其中:厦门市										
江西省	2386765	354824		1896	139978	525177	8476	30440	340638	186011
山东省										
其中:青岛市										
河南省	1693401	350668		835	93526	424630	24117	22065	216806	101413
湖北省										
湖南省	464390	86621	321	494	24279	105717	2248	4810	81335	32043
广东省										
其中:深圳市										
广西壮族自治区	987220	210064		2007	57625	305758	4694	8972	93549	67327
海南省										
重庆市	927774	150747		1276	43087	237775	3976	8050	161803	60902
四川省										
贵州省	434430	92387		347	21086	139026	1800	4478	32403	31885
云南省	92332	18167		167	4523	21767	452	1285	14078	7074
西藏自治区										
陕西省	1570897	375965		870	85792	518174	11863	28612	127715	112052
甘肃省	1851574	296860		730	70899	487541	7485	23624	239357	139972
青海省	729651	123324		313	34581	152326	1999	9918	134951	57750
宁夏回族自治区										
新疆维吾尔自治区	2121330	391689	2	1996	125924	562238	24037	35696	265274	158812

1－6－4

单位：万元

地区	收支部分						平衡部分		
	支出功能分类						收入		
	环境保护	城乡社区事务	农林水事务	交通运输	工业、商业、金融等事务	其他支出	收入合计	本年收入	返还性收入 小计
地方合计	**417327**	**884411**	**2446928**	**525426**	**554979**	**544248**	**19977316**	**4982237**	**880336**
北京市									
天津市									
河北省	12272	21606	71954	17761	19938	61608	681102	140327	46479
山西省	33106	31666	73835	7430	13709	28458	862913	239092	55261
内蒙古自治区	80942	92994	113731	17361	23293	22154	778665	213341	30679
辽宁省	7238	58775	125799	25198	42248	14847	853575	254261	35889
其中：大连市									
吉林省									
黑龙江省	1784	10214	40264	19862	11638	2757	239326	17884	17153
上海市									
江苏省									
浙江省	32756	47366	149923	23077	73523	23168	1545033	593228	116220
其中：宁波市									
安徽省	304	1584	4291	1662	3797	1146	42305	13900	2238
福建省	6978	50725	87797	9862	34298	33102	1094588	437787	59847
其中：厦门市									
江西省	17480	82826	430817	96374	82724	89104	2636319	684061	72726
山东省									
其中：青岛市									
河南省	59529	87291	170007	29639	59529	53346	1733933	611698	93139
湖北省									
湖南省	5781	11631	66902	15952	11524	14732	504386	82304	14071
广东省									
其中：深圳市									
广西壮族自治区	5476	34164	95664	19956	46195	35769	1066490	270660	68033
海南省									
重庆市	67060	17950	123754	27135	21641	2618	1053937	213607	47326
四川省									
贵州省	5821	9760	62749	5590	9790	17308	432263	71468	14168
云南省	1314	1119	12500	6593	1637	1656	91844	18427	2404
西藏自治区									
陕西省	5082	51707	161848	44068	25613	21536	1836167	258780	73407
甘肃省	40588	58657	295612	124143	24099	42007	1765718	135822	31617
青海省	20858	34398	116632	7091	9150	26360	722822	74046	16240
宁夏回族自治区									
新疆维吾尔自治区	12958	179978	242849	26672	40633	52572	2035930	651544	83439

1－6－5

单位:万元

地区	平衡部分									
	收入									
	返还性收入		财力性转移支付收入							
	增值税和消费税税收返还	所得税基数返还	小计	体制补助	一般性转移支付补助	民族地区转移支付补助	调整工资转移支付补助	农村义务教育补助	农村税费改革补助	缓解县乡困难转移支付补助
地方合计	**672326**	**208010**	**9255666**	**390422**	**3150873**	**95996**	**2778490**	**324763**	**1150725**	**639013**
北京市										
天津市										
河北省	31009	15470	304115	798	122814	2449	91684	8578	45032	19372
山西省	52323	2938	317540	2584	155013		102155	12095	37684	11506
内蒙古自治区	23712	6967	323780	20694	75765	17231	99752	7346	32129	30103
辽宁省	26420	9469	373375	28396	87622	18361	77954	5180	74669	19760
其中:大连市										
吉林省										
黑龙江省	16029	1124	136135		36845		40608	3038	21574	16886
上海市										
江苏省										
浙江省	78596	37624	391075	126587	75414		67370	8520	31090	4436
其中:宁波市										
安徽省	1743	495	16267	13324	725					
福建省	37395	22452	403067	6746	79213		70685	17609	77309	62607
其中:厦门市										
江西省	65688	7038	1085218	200	436512		286595	60925	194487	65390
山东省										
其中:青岛市										
河南省	66550	26589	755332		278567	200	232623	32290	141924	64228
湖北省										
湖南省	9751	4320	261964	10108	88754	12827	78654	8464	33208	12553
广东省										
其中:深圳市										
广西壮族自治区	50852	17181	511668	7175	172222	7570	163877	28568	40744	26857
海南省										
重庆市	39496	7830	388345	8797	99896	7047	125587	23395	47930	28391
四川省										
贵州省	11216	2952	247580	1627	54645	9930	75001	11928	24097	69557
云南省	1704	700	43111	5324	7149	1080	16222	1386	3549	1681
西藏自治区										
陕西省	64172	9235	1116648	11560	481399		339240		135320	63648
甘肃省	24635	6982	1078396	31143	476880	19301	296807	54074	98636	61480
青海省	14097	2143	420635	20200	108916		121036	6712	19652	31304
宁夏回族自治区										
新疆维吾尔自治区	56938	26501	1081415	95159	312522		492640	34655	91691	49254

1－6－6

单位:万元

地区	平衡部分									
	收入								支出	
	财力性转移支付收入			专项转移支付	省补助计划单列市收入	上年结余	调入资金	国债转贷收入、上年结余及转补助数	支出合计	本年支出
	结算补助	企事业单位预算划转补助	其他财力性转移支付							
地方合计	**483634**	**14201**	**227549**	**4518524**		**216916**	**119959**	**3678**	**19343246**	**18719897**
北京市										
天津市										
河北省	13327	54	7	143361		39320	6993	507	660690	650196
山西省	－5477	1055	925	163828		81014	5498	680	751669	721019
内蒙古自治区	23802	1223	15735	223072		－20250	7434	609	822294	799848
辽宁省	52346	2505	6582	208415		－27706	8741	600	881244	859658
其中:大连市										
吉林省										
黑龙江省	17184			69736		－1582			241253	239314
上海市										
江苏省										
浙江省	35269	8639	33750	317256		118682	8172	400	1345179	1229972
其中:宁波市										
安徽省	1270	274	674	10041		－141			42263	41773
福建省	17027		71871	174587		8965	10335		976256	918353
其中:厦门市										
江西省	39645		1464	615746		160536	17350	682	2447334	2386765
山东省										
其中:青岛市										
河南省	4883		617	323601		－59713	9876		1785233	1693401
湖北省										
湖南省	18394	－1684	686	124226		21295	526		476474	464390
广东省										
其中:深圳市										
广西壮族自治区	3758		60897	196976		15440	3713		1003904	987220
海南省										
重庆市	29676		17626	336092		62777	5590	200	947937	927774
四川省										
贵州省	627	168		105126		－6707	628		437035	434430
云南省	6638	82		27400		－983	1485		94002	92332
西藏自治区										
陕西省	82948	2533		263324		106124	17884		1653574	1570897
甘肃省	40564	－648	159	614923		－101100	6060		1860546	1851574
青海省	104420		8395	218137		－9672	3436		729651	729651
宁夏回族自治区										
新疆维吾尔自治区	－2667		8161	382677		－169383	6238		2186708	2121330

1－6－7

单位:万元

地区	平衡部分									
	支出								年终结余	其中:净结余
	财力性转移支付			专项上解	计划单列市上解省	增设预算周转金	调出资金	国债转贷收入、上年结余及转补助数		
	小计	体制上解	出口退税专项上解							
地方合计	**233356**	**217920**	**15436**	**383782**		**303**	**2230**	**3678**	**634070**	**－935795**
北京市										
天津市										
河北省	3042	2776	266	6945				507	20412	－6021
山西省	29307	29307					663	680	111244	－45582
内蒙古自治区	12225	12107	118	9612				609	－43629	－43629
辽宁省	1129	752	377	19857				600	－27669	－51735
其中:大连市										
吉林省										
黑龙江省	241		241	1698					－1927	－5448
上海市										
江苏省										
浙江省	60182	49137	11045	54625				400	199854	－29173
其中:宁波市										
安徽省	290		290	200					42	－801
福建省	35031	35031		22462			410		118332	－80288
其中:厦门市										
江西省	13400	12355	1045	45177		303	1007	682	188985	－57390
山东省										
其中:青岛市										
河南省	23112	21703	1409	68720					－51300	－76478
湖北省										
湖南省	58		58	12026					27912	－11585
广东省										
其中:深圳市										
广西壮族自治区	155		155	16529					62586	－37165
海南省										
重庆市	7259	7259		12704				200	106000	－34246
四川省										
贵州省				2455			150		－4772	－7381
云南省				1670					－2158	－4827
西藏自治区										
陕西省	2340	1908	432	80337					182593	－126191
甘肃省	3011	3011		5961					－94828	－122659
青海省									－6829	－24885
宁夏回族自治区										
新疆维吾尔自治区	42574	42574		22804					－150778	－170311

一、综合资料

2007 年全国地市县财政基金预算收支平衡表

1－7－1　　　　　　　　　　　　　　　　　　　　　　　　单位:万元

地　　区	收支部分							
	收入							
	收入合计	养路费收入	公路客货运附加费收入	国有土地使用权出让金收入	新增建设用地土地有偿使用费收入	地方水利建设基金收入	城市公用事业附加收入	其他各项基金收入
地方合计	**73097078**	**455610**	**68905**	**63461254**	**215743**	**1041007**	**1020915**	**6833644**
北京市	582405			461850			7380	113175
天津市	602350			525320			15264	61766
河北省	2266693		10	1955457	18	6458	75181	229569
山西省	1548105	24209	218	901523	2060	830	21179	598086
内蒙古自治区	1362237	45073		1209047	2039	2537	30979	72562
辽宁省	5336293			4792881	55985	37192	53523	396712
其中:大连市	1771119			1558638	55985	19249	12927	124320
吉林省	930840	332	52	734556		13463	27205	155232
黑龙江省	1078377	9958		955031		24998	14694	73696
上海市	1541863			1473095				68768
江苏省	6915364	800	33162	5895178	10710	39591	131036	804887
浙江省	9304775	10020		7923761	32256	447270	42381	849087
其中:宁波市	1087782			766166	31491	113463	9129	167533
安徽省	2991862	9179	582	2712512		2736	8923	257930
福建省	5521040	12370	17016	4998596	32439	43893	25493	391233
其中:厦门市	2751846	501	6541	2478810	23607		5803	236584
江西省	1982591	5933	673	1756493		15124	6793	197575
山东省	5839642	122650	14832	5054578	68355	100	113033	466094
其中:青岛市	1872425	62844	14485	1627299	67903		6509	93385
河南省	2006121	49495	8	1605417		4722	51329	295150
湖北省	1342683		41	1140946		6020	27391	168285
湖南省	1161318	12469	1181	964733	1120	29128	32601	120086
广东省	9651122	78966		8642450	－1152	298336	192527	439995
其中:深圳市	2141010			2082352		43814		14844
广西壮族自治区	1107928	45309	1001	855319		56991	11743	137565
海南省	185601			167090	10944	885		6682
重庆市	1193823			997599		168	12420	183636
四川省	5812130	16074	12	5305502		9926	48056	432560
贵州省	575804	1056		495169		164	12839	66576
云南省	805787	3184		719608	－1352		55	84292
西藏自治区								
陕西省	204108	3274		128487		31	18368	53948
甘肃省	320063	1003		284687	2127		7664	24582
青海省	57773	1648		50664		51	2239	3171
宁夏回族自治区	355157	2608	117	312254	663	393	25163	13959
新疆维吾尔自治区	513223			441451	－469		5456	66785

1－7－2　　　　　　　　　　单位:万元

地　　区	收支部分							
	支出							
	支出合计	养路费支出	公路客货运附加费支出	国有土地使用权出让金支出	新增建设用地土地有偿使用费支出	地方水利建设基金支出	城市公用事业附加支出	其他各项基金支出
地方合计	**69714509**	**1694998**	**220612**	**56852241**	**1643570**	**1441452**	**1006812**	**6854824**
北京市	1823285	2094		1699689	20	12200	9393	99889
天津市	535867			503824			13013	19030
河北省	2412412	212		1838093	130727	41287	74390	327703
山西省	1219740	24355	161	714421	38493	26402	15281	400627
内蒙古自治区	1557928	61742	3005	1247309	62384	32109	23607	127772
辽宁省	4456525			4053863	8313	57286	41274	295789
其中:大连市	1568940			1462400	8312	13093	10996	74139
吉林省	977115	644	86	732140	30753	52890	31279	129323
黑龙江省	1091907	9490		946603	4110	30404	14319	86981
上海市	830394			685215			94136	51043
江苏省	6524306	2216	33028	5434110	146271	112018	89186	707477
浙江省	8312426	273649	29824	6674464	61462	466755	41912	764360
其中:宁波市	1005491	8076	1206	692159	21637	112470	11604	158339
安徽省	3139420	9112	31482	2605886	184047	21374	7323	280196
福建省	4895765	11624	12173	4392618	46349	44125	39475	349401
其中:厦门市	2529347	425	4211	2304014	26777	40	5825	188055
江西省	1991013	5905	516	1667285	112636	25370	2822	176479
山东省	5212325	123049	14213	4296468	159010	35891	98008	485686
其中:青岛市	1496563	68159	13866	1269143	19837	22690	7423	95445
河南省	2417678	405610	54965	1531971	43064	18709	46872	316487
湖北省	1765708	207668	38122	1168846	132845	7580	30537	180110
湖南省	1269487	11907	1217	857500	28722	40238	28887	301016
广东省	7717377	468243		6382256	84624	262482	167503	352269
其中:深圳市	1988478	48913		1903130		18559		17876
广西壮族自治区	1010951	45266	1278	743341	833	67313	13966	138954
海南省	190469	147		161400	7584	4272		17066
重庆市	1712820	44	110	1319167	38011	3336	9809	342343
四川省	5541009	14135	12	4901361	87723	23443	53079	461256
贵州省	631872	783		494158	26202	3693	11102	95934
云南省	960031	2784		693701	141207	11629	2029	108681
西藏自治区								
陕西省	271815	3392		133981	12806	33688	9681	78267
甘肃省	328706	6679	420	224432	52916	50	4413	39796
青海省	63670	1291		39948		811	4887	16733
宁夏回族自治区	368238	2957		300880	2000	6097	24054	32250
新疆维吾尔自治区	484250			407311	458		4575	71906

1－7－3

单位:万元

地区	平衡部分											
	收入						支出					年终结余
	收入合计	本年收入	上年结余	补助收入	省补助计划单列市收入	调入资金	支出合计	本年支出	上解支出	单列市上解省支出	调出资金	
地方合计	**9130107**	**7309707**	**904901**	**817358**	**125793**	**855612**	**7055481**	**6971450**	**136475**		**703828**	**2074626**
北京市	2280767	582405	101155	1130877		466330	1823285	1823285				457482
天津市	653958	602350	40443	10487		678	584135	535867	7974		40294	69823
河北省	2900073	2266693	236054	392903		4423	2421907	2412412			9495	478166
山西省	2228228	1548105	413389	245386		21348	1268478	1219740			48738	959750
内蒙古自治区	1801684	1362237	201883	237564			1565274	1557928			7346	236410
辽宁省	6073195	5336293	565828	140274	13092	17708	4702337	4456525	586		245226	1370858
其中:大连市	2017150	1771119	212288	20598	13092	53	1650461	1568940			81521	366689
吉林省	1406548	930840	217228	234885		23595	980634	977115	2339		1180	425914
黑龙江省	1401375	1078377	168246	153718		1034	1091985	1091907			78	309390
上海市	1759105	1541863	117957	99285			830394	830394				928711
江苏省	7626862	6915364	404594	299179		7725	6592889	6524306	40390		28193	1033973
浙江省	10836955	9304775	964629	537758	18334	11459	8316341	8312426			3915	2520614
其中:宁波市	1321564	1087782	201521	8412	18334	5515	1009326	1005491			3835	312238
安徽省	3706873	2991862	337252	374870		2889	3140001	3139420	581			566872
福建省	6028860	5521040	346264	145567	9298	6691	4914328	4895765			18563	1114532
其中:厦门市	2779608	2751846	13033	5431	9298		2530321	2529347			974	249287
江西省	2617571	1982591	284218	336187		14575	2025338	1991013	11851		22474	592233
山东省	7136821	5839642	861275	380085	34053	21766	5255443	5212325	21731		21387	1881378
其中:青岛市	2135852	1872425	212446	12481	34053	4447	1496563	1496563				639289
河南省	2967579	2006121	294710	662131		4617	2442950	2417678			25272	524629
湖北省	1920491	1342683	171323	405271		1214	1768327	1765708			2619	152164
湖南省	1708134	1161318	194433	342627		9756	1348326	1269487	14588		64251	359808
广东省	11759663	9651122	1319739	546693	51016	191093	7788821	7717377			71444	3970842
其中:深圳市	2290285	2141010	89851	8408	51016		1988478	1988478				301807
广西壮族自治区	1361189	1107928	203689	32640		16932	1024329	1010951			13378	336860
海南省	235296	185601	18996	24077		6622	203168	190469			12699	32128
重庆市	2178245	1193823	439683	544711		28	1737928	1712820	23769		1339	440317
四川省	6601098	5812130	501225	268897		18846	5545792	5541009			4783	1055306
贵州省	818248	575804	125939	114328		2177	631872	631872				186376
云南省	1125535	805787	83658	235111		979	1004493	960031			44462	121042
西藏自治区												
陕西省	567216	204108	258976	103968		164	276763	271815			4948	290453
甘肃省	487356	320063	69973	96803		517	344055	328706	12666		2683	143301
青海省	84884	57773	11576	15525		10	67358	63670			3688	17526
宁夏回族自治区	418376	355157	23848	36935		2436	371738	368238			3500	46638
新疆维吾尔自治区	608892	513223	70831	24838			486123	484250			1873	122769

2007 年全国地(市)本级财政基金预算收支平衡表

1－8－1 单位:万元

地区	收支部分							
	收入							
	收入合计	养路费收入	公路客货运附加费收入	国有土地使用权出让金收入	新增建设用地土地有偿使用费收入	地方水利建设基金收入	城市公用事业附加收入	其他各项基金收入
地方合计	**45731715**	**376936**	**54317**	**39894687**	**169007**	**621868**	**620990**	**3993910**
北京市	564241			447875			6621	109745
天津市	538909			470326			12064	56519
河北省	1228686			1021470		6351	33450	167415
山西省	1002964	18507		609018	2046	722	9615	363056
内蒙古自治区	619766	42140		530723	1949	2367	16009	26578
辽宁省	3119731			2731658	55985	34152	38089	259847
其中:大连市	873454			717425	55985	19249	6537	74258
吉林省	724354		52	574904		10838	19971	118589
黑龙江省	762710	8753		661665		23682	12351	56259
上海市	1519311			1451885				67426
江苏省	4163833		20527	3603388	9358	29121	65441	435998
浙江省	3853646	1536		3462690		121513	16066	251841
其中:宁波市	230066			184448		14574	1588	29456
安徽省	2159962	3510		1992163		1304	7187	155798
福建省	3271096	5087	16808	2925442	27655	34529	15616	245959
其中:厦门市	1852275	175	6535	1655884	23607		5003	161071
江西省	985604	2957	222	873743		13753	6737	88192
山东省	3819793	120380	14485	3297553	67903	18	60242	259212
其中:青岛市	1109351	62844	14485	924680	67903		1623	37816
河南省	1450072	46265	8	1165682		4313	29321	204483
湖北省	1017898		41	857008		4484	20704	135661
湖南省	859963	12468	1181	746852	198	14343	26283	58638
广东省	7215298	64226		6425556	－1464	276615	123401	326964
其中:深圳市	2117100			2058442		43814		14844
广西壮族自治区	687426	42110	993	525171		35183	7996	75973
海南省	136526			128882	3448	142		4054
重庆市	929944			790826		128	6140	132850
四川省	3340502	1382		3072095		7889	31879	227257
贵州省	382085	1056		342515		5	9698	28811
云南省	569327	2103		528950	91			38183
西藏自治区								
陕西省	159704	3045		93545		23	14778	48313
甘肃省	200906	720		174100	1946		6768	17372
青海省	11347	29		9487			1259	572
宁夏回族自治区	221871	662		196298	9	393	20304	4205
新疆维吾尔自治区	214240			183217	－117		3000	28140

1－8－2

单位:万元

地区	收支部分							
	支出							
	支出合计	养路费支出	公路客货运附加费支出	国有土地使用权出让金支出	新增建设用地土地有偿使用费支出	地方水利建设基金支出	城市公用事业附加支出	其他各项基金支出
地方合计	**38513507**	**1205303**	**130047**	**32458717**	**486338**	**585796**	**610786**	**3036520**
北京市	1712068	2094		1598418	20	11900	8806	90830
天津市	477675			450026			9205	18444
河北省	1070530			867120	9332	13200	30804	150074
山西省	695198	17422		447230	8430	10001	3924	208191
内蒙古自治区	635222	58246	3005	492661	26849	9596	12846	32019
辽宁省	2312939			2093915	8056	51373	22295	137300
其中:大连市	757735			689455	8055	13093	387	46745
吉林省	657243	222		534797	10900	20789	23777	66758
黑龙江省	620665	8323		520658	283	18694	12732	59975
上海市	825720			685215			90919	49586
江苏省	3312881	731	21130	2822024	30544	59594	36333	342525
浙江省	3015342	89285	11188	2584995	5373	112355	11920	200226
其中:宁波市	179036	3164	878	128230	10	13029		33725
安徽省	2064945	3467	25564	1839159	42917	10623	5700	137515
福建省	2700874	4166	6724	2425512	33966	31665	27791	171050
其中:厦门市	1686633	180	110	1518642	26777		3375	137549
江西省	744427	2618	182	659861	1548	12742	2764	64712
山东省	2894776	118365	13866	2451204	52658	13175	50364	195144
其中:青岛市	750197	68159	13866	614068	31	7238	2537	44298
河南省	1471506	281305	18319	937729	30686	5356	26191	171920
湖北省	1183111	143318	27975	849205	15806	5361	23850	117596
湖南省	729154	11687	1217	607426	14058	18464	22624	53678
广东省	4888625	412966		4077048	60123	86179	89948	162361
其中:深圳市	1569088	48913		1484198		18559		17418
广西壮族自治区	572826	41956	877	400302	453	46168	11220	71850
海南省	134375			127453	2840	484		3598
重庆市	1320695	39		1110167	34456	1663	5159	169211
四川省	2826198	1441		2575450	23776	14849	36756	173926
贵州省	388462	733		344863	9847	680	8810	23529
云南省	539922	1743		451418	49571	1159		36031
西藏自治区								
陕西省	181702	3270		75282	2242	26172	6335	68401
甘肃省	151821	1043		122133	11157		3591	13897
青海省	11691			1967			4150	5574
宁夏回族自治区	190159	863		154613		3554	18972	12157
新疆维吾尔自治区	182755			150866	447		3000	28442

2007 年全国地市县财政统计资料

1－8－3 单位:万元

地区	平衡部分											
	收入						支出					年终结余
	收入合计	本年收入	上年结余	补助收入	省补助单列市收入	调入资金	支出合计	本年支出	上解支出	单列市解上省支出	调出资金	
地方合计	**51762226**	**45731715**	**5490710**	**－201209**	**120064**	**620946**	**38819245**	**38513507**	**－179424**		**485162**	**12942981**
北京市	2156734	564241	94131	1040754		457608	1712068	1712068				444666
天津市	582537	538909	33068	9882		678	525943	477675	7974		40294	56594
河北省	1343244	1228686	119650	－3776	－5729	4413	1072199	1070530	－52		1721	271045
山西省	1228012	1002964	204441	8120		12487	712469	695198			17271	515543
内蒙古自治区	779835	619766	114483	45586			635558	635222	－1012		1348	144277
辽宁省	3485363	3119731	392507	－57015	13092	17048	2516428	2312939	－4194		207683	968935
其中:大连市	1064069	873454	162447	15023	13092	53	837651	757735	－1605		81521	226418
吉林省	965031	724354	128340	94538		17799	660122	657243	2262		617	304909
黑龙江省	844606	762710	132620	－51685		961	620665	620665				223941
上海市	1730468	1519311	115200	95957			825720	825720				904748
江苏省	4027218	4163833	180951	－325217		7651	3313512	3312881	－5020		5651	713706
浙江省	3954672	3853646	334679	－260577	18334	8590	2946615	3015342	－68727			1008057
其中:宁波市	197417	230066	85493	－141976	18334	5500	110309	179036	－68727			87108
安徽省	2419280	2159962	233710	24124		1484	2065526	2064945	581			353754
福建省	3237504	3271096	188104	－236599	9298	5605	2700621	2700874	－689		436	536883
其中:厦门市	1772231	1852275	2463	－91805	9298		1686312	1686633	－321			85919
江西省	1047925	985604	148180	－87371		1512	748835	744427	－130		4538	299090
山东省	4324955	3819793	667140	－204193	34053	8162	2912274	2894776	－2177		19675	1412681
其中:青岛市	1180956	1109351	189806	－152254	34053		748314	750197	－1883			432642
河南省	1841425	1450072	197345	190760		3248	1481665	1471506			10159	359760
湖北省	1329901	1017898	167996	143406		601	1184961	1183111			1850	144940
湖南省	1023926	859963	130705	24625		8633	786900	729154	9231		48515	237026
广东省	7026375	7215298	817336	－1078565	51016	21290	4813898	4888625	－141896		67169	2212477
其中:深圳市	1735698	2117100	87099	－519517	51016		1569088	1569088				166610
广西壮族自治区	776067	687426	96927	－23930		15644	582866	572826	－1552		11592	193201
海南省	154712	136526	8091	4132		5963	146990	134375			12615	7722
重庆市	1609285	929944	229702	449639			1342311	1320695	21616			266974
四川省	3584854	3340502	321993	－94440		16799	2829555	2826198	－1059		4416	755299
贵州省	475216	382085	73800	17483		1848	388114	388462	－348			87102
云南省	639302	569327	38738	30460		777	565096	539922			25174	74206
西藏自治区												
陕西省	419757	159704	214286	45767			181531	181702	－171			238226
甘肃省	265014	200906	51948	12160			160570	151821	7053		1696	104444
青海省	19639	11347	3149	5143			11933	11691			242	7706
宁夏回族自治区	212697	221871	14719	－26038		2145	191868	190159	－291		2000	20829
新疆维吾尔自治区	256672	214240	36771	5661			182432	182755	－823		500	74240

2007年全国县级财政基金预算收支平衡表

1－9－1　　　　单位:万元

地　区	收支部分							
	收入							
	收入合计	养路费收入	公路客货运附加费收入	国有土地使用权出让金收入	新增建设用地土地有偿使用费收入	地方水利建设基金收入	城市公用事业附加收入	其他各项基金收入
地方合计	**27365363**	**78674**	**14588**	**23566567**	**46736**	**419139**	**399925**	**2839734**
北京市	18164			13975			759	3430
天津市	63441			54994			3200	5247
河北省	1038007		10	933987	18	107	41731	62154
山西省	545141	5702	218	292505	14	108	11564	235030
内蒙古自治区	742471	2933		678324	90	170	14970	45984
辽宁省	2216562			2061223		3040	15434	136865
其中:大连市	897665			841213			6390	50062
吉林省	206486	332		159652		2625	7234	36643
黑龙江省	315667	1205		293366		1316	2343	17437
上海市	22552			21210				1342
江苏省	2751531	800	12635	2291790	1352	10470	65595	368889
浙江省	5451129	8484		4461071	32256	325757	26315	597246
其中:宁波市	857716			581718	31491	98889	7541	138077
安徽省	831900	5669	582	720349		1432	1736	102132
福建省	2249944	7283	208	2073154	4784	9364	9877	145274
其中:厦门市	899571	326	6	822926			800	75513
江西省	996987	2976	451	882750		1371	56	109383
山东省	2019849	2270	347	1757025	452	82	52791	206882
其中:青岛市	763074			702619			4886	55569
河南省	556049	3230		439735		409	22008	90667
湖北省	324785			283938		1536	6687	32624
湖南省	301355	1		217881	922	14785	6318	61448
广东省	2435824	14740		2216894	312	21721	69126	113031
其中:深圳市	23910			23910				
广西壮族自治区	420502	3199	8	330148		21808	3747	61592
海南省	49075			38208	7496	743		2628
重庆市	263879			206773		40	6280	50786
四川省	2471628	14692	12	2233407		2037	16177	205303
贵州省	193719			152654		159	3141	37765
云南省	236460	1081		190658	－1443		55	46109
西藏自治区								
陕西省	44404	229		34942		8	3590	5635
甘肃省	119157	283		110587	181		896	7210
青海省	46426	1619		41177		51	980	2599
宁夏回族自治区	133286	1946	117	115956	654		4859	9754
新疆维吾尔自治区	298983			258234	－352		2456	38645

1－9－2

单位:万元

地区	收支部分							
	支出							
	支出合计	养路费支出	公路客货运附加费支出	国有土地使用权出让金支出	新增建设用地土地有偿使用费支出	地方水利建设基金支出	城市公用事业附加支出	其他各项基金支出
地方合计	**31201002**	**489695**	**90565**	**24393524**	**1157232**	**855656**	**396026**	**3818304**
北京市	111217			101271		300	587	9059
天津市	58192			53798			3808	586
河北省	1341882	212		970973	121395	28087	43586	177629
山西省	524542	6933	161	267191	30063	16401	11357	192436
内蒙古自治区	922706	3496		754648	35535	22513	10761	95753
辽宁省	2143586			1959948	257	5913	18979	158489
其中:大连市	811205			772945	257		10609	27394
吉林省	319872	422	86	197343	19853	32101	7502	62565
黑龙江省	471242	1167		425945	3827	11710	1587	27006
上海市	4674						3217	1457
江苏省	3211425	1485	11898	2612086	115727	52424	52853	364952
浙江省	5297084	184364	18636	4089469	56089	354400	29992	564134
其中:宁波市	826455	4912	328	563929	21627	99441	11604	124614
安徽省	1074475	5645	5918	766727	141130	10751	1623	142681
福建省	2194891	7458	5449	1967106	12383	12460	11684	178351
其中:厦门市	842714	245	4101	785372		40	2450	50506
江西省	1246586	3287	334	1007424	111088	12628	58	111767
山东省	2317549	4684	347	1845264	106352	22716	47644	290542
其中:青岛市	746366			655075	19806	15452	4886	51147
河南省	946172	124305	36646	594242	12378	13353	20681	144567
湖北省	582597	64350	10147	319641	117039	2219	6687	62514
湖南省	540333	220		250074	14664	21774	6263	247338
广东省	2828752	55277		2305208	24501	176303	77555	189908
其中:深圳市	419390			418932				458
广西壮族自治区	438125	3310	401	343039	380	21145	2746	67104
海南省	56094	147		33947	4744	3788		13468
重庆市	392125	5	110	209000	3555	1673	4650	173132
四川省	2714811	12694	12	2325911	63947	8594	16323	287330
贵州省	243410	50		149295	16355	3013	2292	72405
云南省	420109	1041		242283	91636	10470	2029	72650
西藏自治区								
陕西省	90113	122		58699	10564	7516	3346	9866
甘肃省	176885	5636	420	102299	41759	50	822	25899
青海省	51979	1291		37981		811	737	11159
宁夏回族自治区	178079	2094		146267	2000	2543	5082	20093
新疆维吾尔自治区	301495			256445	11		1575	43464

1－9－3

单位:万元

地区	平衡部分											
	收入						支出					年终结余
	收入合计	本年收入	上年结余	补助收入	省补助单列市收入	调入资金	支出合计	本年支出	上解支出	单列市上解省支出	调出资金	
地方合计	**3954260**	**2736536**	**355830**	**837496**	**5729**	**238238**	**3173931**	**3120100**	**316076**		**222238**	**7803284**
北京市	124033	18164	7024	90123		8722	111217	111217				12816
天津市	71421	63441	7375	605			58192	58192				13229
河北省	1556829	1038007	116404	396679	5729	10	1349708	1341882	52		7774	207121
山西省	1000216	545141	208948	237266		8861	556009	524542			31467	444207
内蒙古自治区	1021849	742471	87400	191978			929716	922706	1012		5998	92133
辽宁省	2587832	2216562	173321	197289		660	2185909	2143586	4780		37543	401923
其中:大连市	953081	897665	49841	5575			812810	811205	1605			140271
吉林省	441517	206486	88888	140347		5796	320512	319872	77		563	121005
黑龙江省	556769	315667	35626	205403		73	471320	471242			78	85449
上海市	28637	22552	2757	3328			4674	4674				23963
江苏省	3603216	2751531	223643	624396		3646	3282949	3211425	45410		26114	320267
浙江省	6882283	5451129	629950	798335		2869	5369726	5297084	68727		3915	1512557
其中:宁波市	1124147	857716	116028	150388		15	899017	826455	68727		3835	225130
安徽省	1287593	831900	103542	350746		1405	1074475	1074475				213118
福建省	2791356	2249944	158160	382166		1086	2213707	2194891	689		18127	577649
其中:厦门市	1007377	899571	10570	97236			844009	842714	321		974	163368
江西省	1569646	996987	136038	423558		13063	1276503	1246586	11981		17936	293143
山东省	2811866	2019849	194135	584278		13604	2343169	2317549	23908		1712	468697
其中:青岛市	954896	763074	22640	164735		4447	748249	746366	1883			206647
河南省	1126154	556049	97365	471371		1369	961285	946172			15113	164869
湖北省	590590	324785	3327	261865		613	583366	582597			769	7224
湖南省	684208	301355	63728	318002		1123	561426	540333	5357		15736	122782
广东省	4733288	2435824	502403	1625258		169803	2974923	2828752	141896		4275	1758365
其中:深圳市	554587	23910	2752	527925			419390	419390				135197
广西壮族自治区	585122	420502	106762	56570		1288	441463	438125	1552		1786	143659
海南省	80584	49075	10905	19945		659	56178	56094			84	24406
重庆市	568960	263879	209981	95072		28	395617	392125	2153		1339	173343
四川省	3016244	2471628	179232	363337		2047	2716237	2714811	1059		367	300007
贵州省	343032	193719	52139	96845		329	243758	243410	348			99274
云南省	486233	236460	44920	204651		202	439397	420109			19288	46836
西藏自治区												
陕西省	147459	44404	44690	58201		164	95232	90113	171		4948	52227
甘肃省	222342	119157	18025	84643		517	183485	176885	5613		987	38857
青海省	65245	46426	8427	10382		10	55425	51979			3446	9820
宁夏回族自治区	205679	133286	9129	62973		291	179870	178079	291		1500	25809
新疆维吾尔自治区	352397	298983	34060	19354			303868	301495	1000		1373	48529

2007 年全国地市县财政预算外收支平衡表

1－10－1 单位:万元

地区	收支部分									
	收入					支出				
	收入合计	彩票资金收入	行政事业性收费收入	国有资源(资产)有偿使用收入	其他收入	支出合计	一般公共服务	外交	国防	公共安全
地方合计	**41311360**	**459621**	**26100680**	**1723582**	**13027477**	**37476015**	**4702177**	**272**	**34982**	**878203**
北京市	729195	821	388759	33257	306358	685665	49613		3	6738
天津市	314787	93	202558	3575	108561	306789	45581		5	4159
河北省	1166179	2528	1059129	26434	78088	1104696	92381		728	32123
山西省	660326		491195	24008	145123	632784	75419		59	10546
内蒙古自治区	646190	802	596868	1814	46706	564515	54078			8117
辽宁省	1304080	90383	930624	98021	185052	1164222	121104		1828	29533
其中:大连市	279183	22924	160088	8901	87270	249361	28599		44	1364
吉林省	437603	8050	397647	7560	24346	432308	27245		1173	5373
黑龙江省	612984	4076	562655	10569	35684	632826	62468		5605	15176
上海市	1323244	1465	734275	46136	541368	1099719	100203		44	9777
江苏省	5386371	7256	2901522	149426	2328167	4949407	817674		3629	84874
浙江省	6448605	96574	2689541	229645	3432845	5450279	890574	66	9068	121976
其中:宁波市	1714772	21793	548193	18721	1126065	1294121	161598		606	20927
安徽省	978450	304	788813	43118	146215	911158	93267		2353	23277
福建省	1542191	211	737018	240412	564550	1527344	259427	103	3921	37478
其中:厦门市	263253		41270	139737	82246	498677	105418		45	1682
江西省	774758	56	598017	18944	157741	735487	91341			24109
山东省	2253781	92593	1899855	115437	145896	2075450	196571	8	1156	50200
其中:青岛市	508737	39994	442749	15228	10766	449576	24212		101	8156
河南省	1513761	1595	1275032	24346	212788	1459968	129942	9	42	36941
湖北省	1141333		1006692	13566	121075	1232426	113920	3	907	36195
湖南省	1273826	4181	944586	28415	296644	1242092	174171		354	49109
广东省	6369857	139736	3782174	262075	2185872	5282768	548285	68	2688	180249
其中:深圳市	1302773	52275	633419	160179	456900	818224	102470		1351	28928
广西壮族自治区	1243690	5716	623231	16332	598411	1211653	83846		83	25032
海南省	92708	20	78051	613	14024	92609	7935			4378
重庆市	543230		238151	6762	298317	481482	42315		64	5976
四川省	1857566		1094521	51005	712040	1676850	232013		38	12894
贵州省	443283		384405	11179	47699	416753	42784		88	10145
云南省	460241	55	350199	15410	94577	454479	46582		86	4930
西藏自治区	21120		17827	168	3125	16890	4564			1082
陕西省	828775		543297	212422	73056	725793	216059		86	30442
甘肃省	399178	1701	357015	15921	24541	404854	24563		852	4969
青海省	35809	340	31904	738	2827	35331	1445			863
宁夏回族自治区	99187		62879	3471	32837	82272	6564		112	822
新疆维吾尔自治区	409052	1065	332240	12803	62944	387146	50243	15	10	10720

1－10－2

单位：万元

地区	收支部分										
	支出										
	教育	科学技术	文化体育与传媒	社会保障和就业	医疗卫生	环境保护	城乡社区事务	农林水事务	交通运输	工业、商业、金融等事务	其他支出
地方合计	**1166791**	**58387**	**1453609**	**1364474**	**1858541**	**397181**	**7359161**	**1427812**	**2053403**	**797460**	**3422562**
北京市	255533	189	6139	32353	82760	5145	140704	21281	624	3958	80625
天津市	137776	259	2241	6309	12053	743	41708	3677	7338	1924	43016
河北省	497670	434	52673	31163	31872	1981	154106	23780	154558	6615	24612
山西省	307352	265	35787	18236	20675	3523	91708	14294	12318	32718	9884
内蒙古自治区	196568	139	16106	25012	20216	5504	115919	20118	52965	33524	16249
辽宁省	332966	666	103895	67595	21788	1921	272636	22016	127725	32132	28417
其中：大连市	69056	129	3083	9301	6497	15	20983	2324	85673	10147	12146
吉林省	181795	100	29809	39607	23447	376	53689	12913	49839	2591	4351
黑龙江省	201729	697	35719	43736	18383	484	169904	20450	47664	5750	5061
上海市	227116	685	43133	127379	77827	9065	361969	33783	13213	27274	68251
江苏省	1340106	8007	237885	204044	192689	36418	1216139	290486	115757	120380	281319
浙江省	1173201	17871	129197	124891	113336	33162	1438698	304919	273009	181053	639258
其中：宁波市	198997	10200	13494	36528	18022	4506	498622	65989	100696	66172	97764
安徽省	434409	544	38447	32599	47886	2998	137843	19153	36615	7689	34078
福建省	398714	2534	61203	29466	65735	8942	131254	48980	85068	47539	346980
其中：厦门市	14047	79	1171	3386	16530		11701	1902	8020	38551	296145
江西省	288669	294	30665	21815	83110	9101	84590	22576	40250	10234	28733
山东省	669417	7703	123630	76581	54513	16026	549307	71261	109856	65065	84156
其中：青岛市	89564	29	18159	12560	7535	411	121788	5091	62393	40220	59357
河南省	660549	936	68618	36153	65346	38504	195142	33261	121482	15763	57280
湖北省	523952	1132	41443	62431	77845	6211	168856	23923	116172	10772	48664
湖南省	487039	1733	27275	83909	83235	8940	95592	58466	14601	14046	143622
广东省	1432929	10718	135640	129563	409947	169902	935150	183528	326850	72244	745007
其中：深圳市	126091	2726	16947	15618	277123	58568	117957	18323	7007	4282	40833
广西壮族自治区	264644	429	18500	20479	68253	1228	120887	32894	47863	5404	522111
海南省	41828	91	2670	218	379	33	19916	4107	1347	2099	7608
重庆市	179769	139	13610	13555	20792	714	152447	6893	27139	5447	12622
四川省	534158	963	74053	58037	55960	1545	335870	58371	183347	49978	79623
贵州省	157454	107	17767	8812	17723	747	62436	18085	22018	25463	33124
云南省	190931	710	20404	20222	41833	9565	51536	19301	21981	4541	21857
西藏自治区	6218		120	239	454	45	379	814	5	30	2940
陕西省	215644	546	36894	7016	14294	14577	139020	14161	20776	5188	11090
甘肃省	145376	49	30850	8892	105426	559	31868	8877	14452	2330	25791
青海省	19456		475	769	3339	2886	837	1551	1939	144	1627
宁夏回族自治区	29178	1	3088	5766	4670	118	16287	2368	3795	765	8738
新疆维吾尔自治区	135645	446	15673	27627	22755	6218	72764	31525	2837	4800	5868

2007 年全国地市县财政统计资料

1－10－3　　　　单位:万元

地区	平衡部分										
	收入					支出					
	收入合计	本年收入	上年结余	补助收入	省补助计划单列市收入	支出合计	本年支出	上解上级支出	计划单列市上解省支出	政府调剂资金	年终结余
地方合计	**55114163**	**41311360**	**12704247**	**1092342**	**6214**	**38631471**	**37476015**	**17002**		**1138454**	**16482692**
北京市	1273793	729195	372794	171804		748534	685665			62869	525259
天津市	440545	314787	125758			307359	306789			570	133186
河北省	1494593	1166179	267468	60946		1153948	1104696			49252	340645
山西省	960262	660326	272831	27105		641180	632784			8396	319082
内蒙古自治区	773171	646190	109984	16997		623764	564515			59249	149407
辽宁省	1884058	1304080	578474	1338	166	1239112	1164222			74890	644946
其中:大连市	479281	279183	199932		166	262906	249361			13545	216375
吉林省	572911	437603	111435	23873		449766	432308			17458	123145
黑龙江省	895324	612984	230170	52170		637512	632826			4686	257812
上海市	2123543	1323244	743152	57147		1105103	1099719			5384	1018440
江苏省	6558742	5386371	1107083	65288		5118091	4949407			168684	1440651
浙江省	8086758	6448605	1632332	5227	594	5465126	5450279			14847	2621632
其中:宁波市	1966697	1714772	251331		594	1295446	1294121			1325	671251
安徽省	1256220	978450	241031	36739		926967	911158			15809	329253
福建省	2972938	1542191	1399900	26213	4634	1535311	1527344			7967	1437627
其中:厦门市	1220100	263253	952213		4634	498677	498677				721423
江西省	919772	774758	138927	6087		747779	735487			12292	171993
山东省	2701952	2253781	408182	39330	659	2124899	2075450			49449	577053
其中:青岛市	654355	508737	144959		659	449576	449576				204779
河南省	1893876	1513761	342187	37928		1486186	1459968			26218	407690
湖北省	1580108	1141333	228141	210634		1238408	1232426			5982	341700
湖南省	1442291	1273826	139841	28624		1248412	1242092			6320	193879
广东省	8874116	6369857	2483866	20232	161	5696737	5282768	17001		396968	3177379
其中:深圳市	1810880	1302773	507946		161	1049143	818224	17001		213918	761737
广西壮族自治区	1571642	1243690	320716	7236		1223688	1211653	1		12034	347954
海南省	152719	92708	50568	9443		93539	92609			930	59180
重庆市	711727	543230	150790	17707		523421	481482			41939	188306
四川省	2534695	1857566	608784	68345		1687376	1676850			10526	847319
贵州省	627726	443283	184443			420986	416753			4233	206740
云南省	614305	460241	111497	42567		481720	454479			27241	132585
西藏自治区	52681	21120	29701	1860		16890	16890				35791
陕西省	913742	828775	84967			750938	725793			25145	162804
甘肃省	483594	399178	66330	18086		413498	404854			8644	70096
青海省	45268	35809	8625	834		36501	35331			1170	8767
宁夏回族自治区	124202	99187	19587	5428		83561	82272			1289	40641
新疆维吾尔自治区	576889	409052	134683	33154		405159	387146			18013	171730

2007 年全国地(市)本级财政预算外收支平衡表

1-11-1 单位:万元

地区	收支部分									
	收入					支出				
	收入合计	彩票资金收入	行政事业性收费收入	国有资源(资产)有偿使用收入	其他收入	支出合计	一般公共服务	外交	国防	公共安全
地方合计	**21339155**	**414247**	**14118162**	**1204208**	**5602538**	**18857123**	**1794241**	**251**	**23557**	**442829**
北京市	712364	817	377311	33216	301020	653107	48394		3	6658
天津市	271814	93	174755	3077	93889	270943	35691		5	4042
河北省	645369	2278	618713	10008	14370	608729	32011		40	19512
山西省	329641		274077	10355	45209	323154	24217			6797
内蒙古自治区	321757	478	309064	583	11632	276258	22226			3120
辽宁省	829799	90064	568264	80830	90641	751845	65307		1584	20954
其中:大连市	173182	22924	77811	3972	68475	163786	14915			744
吉林省	235569	7840	203760	5716	18253	228660	11608		456	1315
黑龙江省	422742	4025	389145	9697	19875	436051	42112		5603	12180
上海市	1279193	1465	731139	46136	500453	1060543	92932		44	9140
江苏省	1688215	5878	1242079	87866	352392	1519543	135046		2868	18634
浙江省	2333986	75149	1108786	104832	1045219	1899805	225107	66	4136	41232
其中:宁波市	661559	19608	258101	4329	379521	423210	54183			3667
安徽省	501219	304	429722	22488	48705	461071	28837		2232	10599
福建省	719739	211	334138	170266	215124	627744	125263	103	3352	16781
其中:厦门市	178711		18026	133967	26718	235441	101091			1356
江西省	387195		302947	8431	75817	363186	25663			12204
山东省	1358785	89008	1143830	67876	58071	1207795	79195	8	770	20389
其中:青岛市	335549	39994	287004	4108	4443	296933	12629			2916
河南省	796599	368	652880	15544	127807	775326	38122	9	37	21672
湖北省	540185		498285	8350	33550	592756	30285		478	21542
湖南省	488775	2758	394967	12976	78074	492794	49079		136	23201
广东省	3432055	126462	2029281	216035	1060277	2675197	235871	50	861	101452
其中:深圳市	492908	52275	185605	147566	107462	118411	39834			8999
广西壮族自治区	915681	5381	337047	9001	564252	909537	47602		6	20029
海南省	54645	20	51986	173	2466	50370	1835			2946
重庆市	423067		160221	5370	257476	378683	27984		4	4600
四川省	1140396		723200	33824	383372	914135	114787			7052
贵州省	196823		160407	6163	30253	180252	8529			3957
云南省	199646	55	152701	7090	39800	203708	9631			1414
西藏自治区	18199		17008	151	1040	12296	2105			1044
陕西省	580459		316212	205838	58409	501168	197636		86	19224
甘肃省	212222	440	183903	14445	13434	223929	11925		785	2415
青海省	15247	165	14515	53	514	15531	729			643
宁夏回族自治区	71270		38950	3069	29251	51405	2508		66	620
新疆维吾尔自治区	216499	988	178869	4749	31893	191602	22004	15	5	7461

1－11－2

单位:万元

地区	收支部分										
	支出										
	教育	科学技术	文化体育与传媒	社会保障和就业	医疗卫生	环境保护	城乡社区事务	农林水事务	交通运输	工业、商业、金融等事务	其他支出
地方合计	**5265981**	**31011**	**912041**	**710678**	**754134**	**279846**	**4305343**	**359565**	**1568748**	**339838**	**2069060**
北京市	246719	189	5725	31623	78790	5145	139692	17044	566	3871	68688
天津市	120401	259	1681	6004	11089	608	38987	3497	5147	533	42999
河北省	239270	419	29886	13795	16435	191	88002	11708	137700	1729	18031
山西省	163572	48	23001	10662	10273	3204	45065	4474	7621	17635	6585
内蒙古自治区	98553	45	9951	15500	7904	679	30363	5686	47674	19832	14725
辽宁省	196352	485	77320	42609	8580	1169	177159	2521	119608	19271	18926
其中:大连市	45564		362	2732	1756		5938	130	82543	745	8357
吉林省	87195	55	21271	17567	12782	144	39747	2564	29473	909	3574
黑龙江省	113276	695	25376	25076	12061	309	140436	14702	35678	4111	4436
上海市	222682	648	41962	121352	74804	9005	355575	29018	12902	25453	65026
江苏省	422361	2751	146154	64819	62233	15652	446194	38070	40198	22718	101845
浙江省	500460	5273	50011	27419	28638	10241	604316	36418	150869	33962	181657
其中:宁波市	105053		678	3739	2972	350	135640	3457	85479	21885	6107
安徽省	184524	352	29010	16906	22617	2007	109746	6927	21758	3653	21903
福建省	147488	1033	19848	15022	17114	2643	82365	7473	58304	6173	124782
其中:厦门市	1162			2871	2892		9830	1651	5932	3338	105318
江西省	162899	217	21026	12112	25093	7348	37577	4992	29453	3136	21466
山东省	320407	7481	86059	48691	27471	13326	374954	37584	84409	44934	62117
其中:青岛市	33421	25	9808	9527	4055		84596	387	51557	31998	56014
河南省	333666	682	41743	14590	18824	34536	140373	12748	96252	6438	15634
湖北省	234279	341	23738	19468	32103	1369	106157	5442	80971	2682	33901
湖南省	188222	1555	9365	66088	17431	4010	49321	11165	6768	6286	60167
广东省	453629	6124	72693	46511	108093	135317	561401	62035	306224	50470	534466
其中:深圳市	1109	79				46247	16249		3380	2514	
广西壮族自治区	126311	392	14477	14457	32052	883	95061	8424	37598	3664	508581
海南省	21979	74	1847	60	98	30	13456	852	34	1741	5418
重庆市	129940	94	10626	9471	14153	225	145793	4649	18536	1717	10891
四川省	168609	627	54888	30177	19358	226	247789	3748	169493	34079	63302
贵州省	66431	8	11587	5166	4756	287	28281	8308	15076	13466	14400
云南省	74799	237	13682	7836	25465	8516	24561	3539	18999	1071	13958
西藏自治区	5650		113	81	249	45	358	541	5	30	2075
陕西省	78618	500	33065	3811	7759	14395	112060	2208	17132	3913	10761
甘肃省	71477	14	22647	5337	45561	76	17829	4388	14267	2000	25208
青海省	7906		184	243	310	2701	282	186	959		1388
宁夏回族自治区	15111		2462	2823	2769	112	12160	1432	3362	728	7252
新疆维吾尔自治区	63195	413	10643	15402	9269	5447	40283	7222	1712	3633	4898

1－11－3

单位:万元

地区	平衡部分										
	收入					支出					
	收入合计	本年收入	上年结余	补助收入	省补助计划单列市收入	支出合计	本年支出	上解上级支出	计划单列市上解省支出	政府调剂资金	年终结余
地方合计	**29973991**	**21339155**	**8079984**	**548638**	**6214**	**19486904**	**18857123**	**15929**		**613852**	**10487087**
北京市	1233627	712364	367140	154123		713628	653107			60521	519999
天津市	379275	271814	107461			271513	270943			570	107762
河北省	863809	645369	173948	44492		632209	608729	－273		23753	231600
山西省	525477	329641	173403	22433		324156	323154			1002	201321
内蒙古自治区	405063	321757	72013	11293		325864	276258			49606	79199
辽宁省	1268860	829799	439468	－573	166	806741	751845			54896	462119
其中:大连市	333881	173182	160533		166	176198	163786			12412	157683
吉林省	325505	235569	81166	8770		234625	228660			5965	90880
黑龙江省	650950	422742	196507	31701		439723	436051			3672	211227
上海市	2067585	1279193	731245	57147		1065927	1060543			5384	1001658
江苏省	2296485	1688215	559913	48357		1528128	1519543			8585	768357
浙江省	2893399	2333986	580422	－21603	594	1900074	1899805			269	993325
其中:宁波市	744771	661559	104736	－22118	594	423210	423210				321561
安徽省	697009	501219	174643	21147		466500	461071			5429	230509
福建省	1620567	719739	888214	7980	4634	628544	627744			800	992023
其中:厦门市	748053	178711	564708		4634	235441	235441				512612
江西省	466898	387195	76960	2743		367879	363186			4693	99019
山东省	1697939	1358785	325720	12775	659	1240245	1207795			32450	457694
其中:青岛市	435712	335549	99273	231	659	296933	296933				138779
河南省	1058676	796599	239534	22543		781567	775326			6241	277109
湖北省	818518	540185	145381	132952		596153	592756			3397	222365
湖南省	620123	488775	117981	13367		495818	492794			3024	124305
广东省	4741433	3432055	1349393	－40176	161	2945528	2675197	16724		253607	1795905
其中:深圳市	687187	492908	194118		161	344330	118411	17001		208918	342857
广西壮族自治区	1187392	915681	268359	3352		916743	909537	－22		7228	270649
海南省	103220	54645	44132	4443		51100	50370			730	52120
重庆市	570820	423067	137092	10661		413104	378683			34421	157716
四川省	1547425	1140396	448415	－41386		919453	914135			5318	627972
贵州省	294203	196823	100219	－2839		182139	180252			1887	112064
云南省	266708	199646	47252	19810		218121	203708			14413	48587
西藏自治区	46467	18199	27588	680		12296	12296				34171
陕西省	641967	580459	61508			507328	501168			6160	134639
甘肃省	271294	212222	50004	9068		227148	223929			3219	44146
青海省	19870	15247	4204	419		15871	15531			340	3999
宁夏回族自治区	85100	71270	13058	772		52644	51405			1239	32456
新疆维吾尔自治区	308327	216499	77641	14187		206135	191602	－500		15033	102192

2007 年全国县级财政预算外收支平衡表

1－12－1　　　　单位:万元

地区	收支部分									
	收入					支出				
	收入合计	彩票资金收入	行政事业性收费收入	国有资源(资产)有偿使用收入	其他收入	支出合计	一般公共服务	外交	国防	公共安全
地方合计	**19972205**	**45374**	**11982518**	**519374**	**7424939**	**18618892**	**2907936**	**21**	**11425**	**435374**
北京市	16831	4	11448	41	5338	32558	1219			80
天津市	42973		27803	498	14672	35846	9890			117
河北省	520810	250	440416	16426	63718	495967	60370		688	12611
山西省	330685		217118	13653	99914	309630	51202		59	3749
内蒙古自治区	324433	324	287804	1231	35074	288257	31852			4997
辽宁省	474281	319	362360	17191	94411	412377	55797		244	8579
其中:大连市	106001		82277	4929	18795	85575	13684		44	620
吉林省	202034	210	193887	1844	6093	203648	15637		717	4058
黑龙江省	190242	51	173510	872	15809	196775	20356		2	2996
上海市	44051		3136		40915	39176	7271			637
江苏省	3698156	1378	1659443	61560	1975775	3429864	682628		761	66240
浙江省	4114619	21425	1580755	124813	2387626	3550474	665467		4932	80744
其中:宁波市	1053213	2185	290092	14392	746544	870911	107415		606	17260
安徽省	477231		359091	20630	97510	450087	64430		121	12678
福建省	822452		402880	70146	349426	899600	134164		569	20697
其中:厦门市	84542		23244	5770	55528	263236	4327		45	326
江西省	387563	56	295070	10513	81924	372301	65678			11905
山东省	894996	3585	756025	47561	87825	867655	117376		386	29811
其中:青岛市	173188		155745	11120	6323	152643	11583		101	5240
河南省	717162	1227	622152	8802	84981	684642	91820		5	15269
湖北省	601148		508407	5216	87525	639670	83635	3	429	14653
湖南省	785051	1423	549619	15439	218570	749298	125092		218	25908
广东省	2937802	13274	1752893	46040	1125595	2607571	312414	18	1827	78797
其中:深圳市	809865		447814	12613	349438	699813	62636		1351	19929
广西壮族自治区	328009	335	286184	7331	34159	302116	36244		77	5003
海南省	38063		26065	440	11558	42239	6100			1432
重庆市	120163		77930	1392	40841	102799	14331		60	1376
四川省	717170		371321	17181	328668	762715	117226		38	5842
贵州省	246460		223998	5016	17446	236501	34255		88	6188
云南省	260595		197498	8320	54777	250771	36951		86	3516
西藏自治区	2921		819	17	2085	4594	2459			38
陕西省	248316		227085	6584	14647	224625	18423			11218
甘肃省	186956	1261	173112	1476	11107	180925	12638		67	2554
青海省	20562	175	17389	685	2313	19800	716			220
宁夏回族自治区	27917		23929	402	3586	30867	4056		46	202
新疆维吾尔自治区	192553	77	153371	8054	31051	195544	28239		5	3259

1-12-2

单位:万元

地区	收支部分 支出 教育	科学技术	文化体育与传媒	社会保障和就业	医疗卫生	环境保护	城乡社区事务	农林水事务	交通运输	工业、商业、金融等事务	其他支出
地方合计	**6401810**	**27376**	**541568**	**653796**	**1104407**	**117335**	**3053818**	**1068247**	**484655**	**457622**	**1353502**
北京市	8814		414	730	3970		1012	4237	58	87	11937
天津市	17375		560	305	964	135	2721	180	2191	1391	17
河北省	258400	15	22787	17368	15437	1790	66104	12072	16858	4886	6581
山西省	143780	217	12786	7574	10402	319	46643	9820	4697	15083	3299
内蒙古自治区	98015	94	6155	9512	12312	4825	85556	14432	5291	13692	1524
辽宁省	136614	181	26575	24986	13208	752	95477	19495	8117	12861	9491
其中:大连市	23492	129	2721	6569	4741	15	15045	2194	3130	9402	3789
吉林省	94600	45	8538	22040	10665	232	13942	10349	20366	1682	777
黑龙江省	88453	2	10343	18660	6322	175	29468	5748	11986	1639	625
上海市	4434	37	1171	6027	3023	60	6394	4765	311	1821	3225
江苏省	917745	5256	91731	139225	130456	20766	769945	252416	75559	97662	179474
浙江省	672741	12598	79186	97472	84698	22921	834382	268501	122140	147091	457601
其中:宁波市	93944	10200	12816	32789	15050	4156	362982	62532	15217	44287	91657
安徽省	249885	192	9437	15693	25269	991	28097	12226	14857	4036	12175
福建省	251226	1501	41355	14444	48621	6299	48889	41507	26764	41366	222198
其中:厦门市	12885	79	1171	515	13638		1871	251	2088	35213	190827
江西省	125770	77	9639	9703	58017	1753	47013	17584	10797	7098	7267
山东省	349010	222	37571	27890	27042	2700	174353	33677	25447	20131	22039
其中:青岛市	56143	4	8351	3033	3480	411	37192	4704	10836	8222	3343
河南省	326883	254	26875	21563	46522	3968	54769	20513	25230	9325	41646
湖北省	289673	791	17705	42963	45742	4842	62699	18481	35201	8090	14763
湖南省	298817	178	17910	17821	65804	4930	46271	47301	7833	7760	83455
广东省	979300	4594	62947	83052	301854	34585	373749	121493	20626	21774	210541
其中:深圳市	124982	2647	16947	15618	277123	12321	101708	18323	3627	1768	40833
广西壮族自治区	138333	37	4023	6022	36201	345	25826	24470	10265	1740	13530
海南省	19849	17	823	158	281	3	6460	3255	1313	358	2190
重庆市	49829	45	2984	4084	6639	489	6654	2244	8603	3730	1731
四川省	365549	336	19165	27860	36602	1319	88081	54623	13854	15899	16321
贵州省	91023	99	6180	3646	12967	460	34155	9777	6942	11997	18724
云南省	116132	473	6722	12386	16368	1049	26975	15762	2982	3470	7899
西藏自治区	568		7	158	205		21	273			865
陕西省	137026	46	3829	3205	6535	182	26960	11953	3644	1275	329
甘肃省	73899	35	8203	3555	59865	483	14039	4489	185	330	583
青海省	11550		291	526	3029	185	555	1365	980	144	239
宁夏回族自治区	14067	1	626	2943	1901	6	4127	936	433	37	1486
新疆维吾尔自治区	72450	33	5030	12225	13486	771	32481	24303	1125	1167	970

1－12－3　　　　单位：万元

地　区	平衡部分									
	收入					支出				
	收入合计	本年收入	上年结余	补助收入	省补助计划单列市收入	支出合计	本年支出	上解上级支出	计划单列市上解省支出	政府调剂资金	年终结余
地方合计	**25136966**	**19972205**	**4624266**	**540495**		**19141358**	**18618892**	**－2136**		**524602**	**5995608**
北京市	40166	16831	5654	17681		34906	32558			2348	5260
天津市	61270	42973	18297			35846	35846				25424
河北省	630784	520810	93520	16454		521739	495967	273		25499	109045
山西省	434785	330685	99428	4672		317024	309630			7394	117761
内蒙古自治区	368108	324433	37971	5704		297900	288257			9643	70208
辽宁省	615198	474281	139006	1911		432371	412377			19994	182827
其中：大连市	145400	106001	39399			86708	85575			1133	58692
吉林省	247406	202034	30269	15103		215141	203648			11493	32265
黑龙江省	244374	190242	33663	20469		197789	196775			1014	46585
上海市	55958	44051	11907			39176	39176				16782
江苏省	4262257	3698156	547170	16931		3589963	3429864			160099	672294
浙江省	5193359	4114619	1051910	26830		3565052	3550474			14578	1628307
其中：宁波市	1221926	1053213	146595	22118		872236	870911			1325	349690
安徽省	559211	477231	66388	15592		460467	450087			10380	98744
福建省	1352371	822452	511686	18233		906767	899600			7167	445604
其中：厦门市	472047	84542	387505			263236	263236				208811
江西省	452874	387563	61967	3344		379900	372301			7599	72974
山东省	1004013	894996	82462	26555		884654	867655			16999	119359
其中：青岛市	218643	173188	45686	－231		152643	152643				66000
河南省	835200	717162	102653	15385		704619	684642			19977	130581
湖北省	761590	601148	82760	77682		642255	639670			2585	119335
湖南省	822168	785051	21860	15257		752594	749298			3296	69574
广东省	4132683	2937802	1134473	60408		2751209	2607571	277		143361	1381474
其中：深圳市	1123693	809865	313828			704813	699813			5000	418880
广西壮族自治区	384250	328009	52357	3884		306945	302116	23		4806	77305
海南省	49499	38063	6436	5000		42439	42239			200	7060
重庆市	140907	120163	13698	7046		110317	102799			7518	30590
四川省	987270	717170	160369	109731		767923	762715			5208	219347
贵州省	333523	246460	84224	2839		238847	236501			2346	94676
云南省	346733	260595	64245	21893		262735	250771	－864		12828	83998
西藏自治区	6214	2921	2113	1180		4594	4594				1620
陕西省	271775	248316	23459			243610	224625			18985	28165
甘肃省	212300	186956	16326	9018		186350	180925			5425	25950
青海省	23056	20562	4424	－1930		18285	19800	－2345		830	4771
宁夏回族自治区	39102	27917	6529	4656		30917	30867			50	8185
新疆维吾尔自治区	268562	192553	57042	18967		199024	195544	500		2980	69538

2007 年全国地市县主要经济指标表

1－13－1　　　　单位:万元

地区	地方财政一般预算收入	国内增值税 75%	国内消费税	预算内基金收入	预算外财政专户收入	地区生产总值	第一产业增加值	第二产业增加值	第三产业增加值
地方合计	**175719678**	**107563465**	**20063505**	**73097078**	**41311360**	**2688146905**	**288063533**	**1347185857**	**1052897515**
北京市	6453854	2955622	291484	582405	729195	78498970	1012734	18688394	58797842
天津市	2955858	2141803	368302	602350	314787	32632580	1089729	17839716	13703135
河北省	5829174	5042353	474906	2266693	1166179	138635000	19712000	72525000	46398000
山西省	4394345	4383410	101330	1548105	660326	56962195	3130138	33947006	19885051
内蒙古自治区	3693759	2366771	173475	1362237	646190	76971904	7983200	36254118	32734586
辽宁省	8659543	4473220	937968	5336293	1304080	125435218	11519148	63992382	49923688
其中:大连市	2679757	942411	160222	1771119	279183	31310000	2470000	15370000	13470000
吉林省	2392727	1587652	740820	930840	437603	54123562	8391528	25935568	19796466
黑龙江省	3030097	3045863	381915	1078377	612984	70876838	12084230	33451499	25341109
上海市	10195805	4904090	124035	1541863	1323244	100811611	892262	47176182	52743167
江苏省	20073808	12398221	1362611	6915364	5386371	253882814	15231589	143501234	95149991
浙江省	14747026	8556840	1194185	9304775	6448605	186380000	10250000	100920000	75210000
其中:宁波市	3291218	2161904	541132	1087782	1714772	33055176	1538357	18102321	13414498
安徽省	4468640	2471298	773480	2991862	978450	76013382	12587330	34588732	28837320
福建省	6271445	3126814	611409	5521040	1542191	98736347	11060914	48962240	38713193
其中:厦门市	1865262	884696	218517	2751846	263253	13752609	174738	7353239	6224632
江西省	3258530	1591602	372512	1982591	774758	54692500	9100200	28272600	17319700
山东省	14615305	8002487	1051535	5839642	2253781	231284037	22277589	134842916	74163532
其中:青岛市	2928037	968352	275145	1872425	508737	3787	204	1954	1629
河南省	7865590	3875334	784007	2006121	1513761	149493882	23769430	82277336	43447116
湖北省	4285213	2809167	1093231	1342683	1141333	85288236	13331158	36597005	35360073
湖南省	4830104	2578503	1537212	1161318	1273826	93020498	16561047	39785419	36674032
广东省	21603733	14043251	1871155	9651122	6369857	319999461	17706736	162004952	140287773
其中:深圳市	6580555	3533246	105684	2141010	1302773	67654117	62333	34447387	33144397
广西壮族自治区	3087368	1765315	349978	1107928	1243690	52754292	12309255	22529640	17915397
海南省	709022	443936	159786	185601	92708	11790550	3354069	3587281	4849200
重庆市	2407344	1459161	424200	1193823	543230	41118200	5316500	18322200	17479500
四川省	6000118	3054943	584011	5812130	1857566	106705471	19552937	49540239	37612295
贵州省	2145750	1378257	570291	575804	443283	27841167	5416335	11963395	10461437
云南省	3794260	2571559	2539818	805787	460241	47497820	8371495	21767327	17358998
西藏自治区	160901	62553			21120	3305226	574022	909267	1821937
陕西省	3192333	2537389	527466	204108	828775	26122257	4011635	14279711	7830911
甘肃省	1207968	1157576	336909	320063	399178	24994976	3795311	11738465	9461200
青海省	382597	387826	21665	57773	35809	8382371	907610	4524278	2950483
宁夏回族自治区	576826	399208	35595	355157	99187	8516663	968657	4235962	3312044
新疆维吾尔自治区	2430635	1991441	268214	513223	409052	45378877	5794745	22225793	17358339

1－13－2　　　　单位：人

地　区	财政供养人口					自收自支单位年末人数
	小　计	在职人员	离休人员	退休人员	其他人员	
地　方　合　计	**41257490**	**30227740**	**457730**	**9670004**	**902016**	**1741904**
北京市	611817	374973	10310	201674	24860	18702
天津市	358146	236534	3932	113039	4641	5540
河北省	2054116	1553325	36256	441251	23284	150976
山西省	1317561	962681	24190	246120	84570	33928
内蒙古自治区	1182058	841440	13499	314425	12694	23767
辽宁省	1611568	1089431	32876	483069	6192	57651
其中：大连市	221146	138516	6523	74713	1394	3165
吉林省	1163059	877585	15141	264348	5985	30357
黑龙江省	1343640	927578	23138	379816	13108	43056
上海市	608093	355234	6431	221022	25406	22679
江苏省	2143427	1506206	30659	545785	60777	135398
浙江省	1335812	975697	13423	331615	15077	108753
其中：宁波市	185283	134629	1587	45375	3692	11070
安徽省	1523351	1084417	19447	390334	29153	48523
福建省	1149794	854980	9018	272129	13667	41609
其中：厦门市	70528	49999	747	18859	923	5938
江西省	1411715	1086916	8284	301101	15414	71803
山东省	2857965	2202697	55436	567754	32078	106396
其中：青岛市	254263	187023	6045	49600	11595	20143
河南省	3021819	2324879	37999	644390	14551	152357
湖北省	1765539	1322470	14594	428475		94636
湖南省	2316038	1754807	13578	521888	25765	112788
广东省	2448121	1786529	20714	534429	106449	205911
其中：深圳市	161962	115000	370	16146	30446	18094
广西壮族自治区	1505083	1110995	6984	359591	27513	36765
海南省	193673	160106	1456	14490	17621	56349
重庆市	727862	498147	2798	223857	3060	11601
四川省	2277265	1608899	9037	620712	38617	59674
贵州省	1163224	803413	6836	216678	136297	11394
云南省	1400446	1041584	12517	290974	55371	12515
西藏自治区	131130	103116	14	21093	6907	
陕西省	1434202	1108995	14188	271358	39661	42644
甘肃省	896541	706802	6295	156264	27180	21207
青海省	218507	164890	1692	48738	3187	1903
宁夏回族自治区	209046	155606	1811	42264	9365	5155
新疆维吾尔自治区	876872	646808	5177	201321	23566	17867

2007 年全国地(市)本级主要经济指标表

1－14－1　　单位:万元

地　区	地方财政一般预算收入	国内增值税 75 %	国内消费税	预算内基金收入	预算外财政专户收入	地区生产总值	第一产业增加值	第二产业增加值	第三产业增加值
地方合计	**79323506**	**43546544**	**13758693**	**45731715**	**21339155**	**490757754**	**12768493**	**246809259**	**231180002**
北京市	6305067	2883285	286987	564241	712364	77038270	816634	18174494	58047142
天津市	2807296	2010315	356463	538909	271814	29465301	586812	16292584	12585905
河北省	1850664	931096	219452	1228686	645369	5595985	1051961	2784616	1759408
山西省	1698785	930852	56122	1002964	329641				
内蒙古自治区	821739	335009	2285	619766	321757	13159199	651379	5916222	6591598
辽宁省	4090324	1756489	511583	3119731	829799	11075071	82408	7231285	3761378
其中:大连市	1212117	124851	126591	873454	173182				
吉林省	1202098	769050	690921	724354	235569	16491732	648858	10856353	4986521
黑龙江省	1706836	2078000	126913	762710	422742	268766	200428	68338	
上海市	10010645	4930393	124569	1519311	1279193	99583682	723854	46574488	52285340
江苏省	4958599	2935789	1192117	4163833	1688215	40278081	395091	28364857	11518133
浙江省	3456897	1518053	1069290	3853646	2333986	14053927	891109	7475498	5687320
其中:宁波市	399960	340201	508365	230066	661559				
安徽省	2235973	1399881	686391	2159962	501219	19058642	640596	11180667	7237379
福建省	2601975	1014992	495654	3271096	719739	10472325	119640	4666801	5685884
其中:厦门市	1307062	504298	201606	1852275	178711				
江西省	939733	439307	307184	985604	387195				
山东省	4502465	1675538	65738	3819793	1358785	15823901	151392	12032717	3639792
其中:青岛市	1223926			1109351	335549				
河南省	3235380	1260415	479349	1450072	796599	22660013	432081	13409110	8818822
湖北省	1947724	1185507	975322	1017898	540185	2683681	10592	1649418	1023671
湖南省	1975443	597342	53333	859963	488775	6167038	469005	3756484	1941549
广东省	11934087	8309955	1772120	7215298	3432055	54829719	899556	32350992	21579171
其中:深圳市	4291995	3533246	105684	2117100	492908				
广西壮族自治区	1338369	659971	319541	687426	915681				
海南省	450722	725149	158676	136526	54645	5928353	541616	2182893	3203844
重庆市	1872611	1232026	417982	929944	423067	29856505	2419152	14345105	13092248
四川省	2176756	737100	90790	3340502	1140396	391134	1342	172914	216878
贵州省	599951	372842	483035	382085	196823				
云南省	1403267	977407	2376459	569327	199646	1525298		1170310	354988
西藏自治区	82337	35484			18199	256946		93625	163321
陕西省	1288772	875240	335428	159704	580459	2983627	674497	1222160	1086970
甘肃省	597870	614795	96239	200906	212222	1204600	15100	983000	206500
青海省	136964	18651	1	11347	15247	343844	82214	152447	109183
宁夏回族自治区	315228	31603	6475	221871	71270	878564	155635	374916	348013
新疆维吾尔自治区	778929	305008	2274	214240	216499	8683550	107541	3326965	5249044

1－14－2

单位:人

地区	财政供养人口					自收自支单位年末人数
	小计	在职人员	离休人员	退休人员	其他人员	
地方合计	**8517204**	**5938011**	**152414**	**2220265**	**206514**	**685988**
北京市	569372	342342	9888	193334	23808	18042
天津市	299393	190964	3351	102148	2930	2826
河北省	303102	214929	9864	74064	4245	33560
山西省	218913	154900	5585	42540	15888	12527
内蒙古自治区	213529	150599	4383	55625	2922	15712
辽宁省	458169	313564	14573	127051	2981	32549
其中:大连市	73361	47167	3302	22280	612	1069
吉林省	252908	186126	5176	59742	1864	12972
黑龙江省	337591	239713	8048	85947	3883	17614
上海市	584264	340108	6273	212727	25156	21729
江苏省	375265	263964	8628	88231	14442	40304
浙江省	256361	183563	4514	65071	3213	32294
其中:宁波市	38157	27753	715	8931	758	2923
安徽省	265820	183827	6083	67084	8826	19717
福建省	171292	121660	3083	43721	2828	13403
其中:厦门市	33900	23419	578	9620	283	5635
江西省	186249	135688	2756	44214	3591	37117
山东省	452349	354657	10218	79155	8319	38901
其中:青岛市	62662	50749	1178	9848	887	7186
河南省	487745	370694	9361	102904	4786	53775
湖北省	323117	244604	4687	73826		45427
湖南省	354293	259012	4396	81688	9197	23804
广东省	533797	387578	6667	117286	22266	87003
其中:深圳市	49598	41133	277	6828	1360	2423
广西壮族自治区	219632	153616	2572	58328	5116	18506
海南省	34176	29169	281	3306	1420	15840
重庆市	377950	244939	1819	128712	2480	8030
四川省	323733	218611	3781	89698	11643	30353
贵州省	115285	77442	2304	32441	3098	6001
云南省	166300	118069	3964	42414	1853	7842
西藏自治区	38224	29350	11	7743	1120	
陕西省	203435	142929	4407	45670	10429	24540
甘肃省	143693	104975	2360	34144	2214	5004
青海省	41623	28690	678	11749	506	332
宁夏回族自治区	60918	45816	815	12878	1409	3830
新疆维吾尔自治区	148706	105913	1888	36824	4081	6434

一、综 合 资 料

2007 年全国县级主要经济指标表

1－15－1　　　　　　　　　　　　　　　　　　　　　　　　　　　　单位:万元

地　　区	地方财政一般预算收入	国内增值税 75 %	国内消费税	预算内基金收入	预算外财政专户收入	地区生产总值	第一产业增加值	第二产业增加值	第三产业增加值
地方合计	**96396172**	**64637922**	**6334416**	**27365363**	**19972205**	**215286920**	**28181696**	**107516737**	**79588515**
北京市	148787	72337	4497	18164	16831	1460700	196100	513900	750700
天津市	148562	131488	11839	63441	42973	3167279	502917	1547132	1117230
河北省	3978510	4111043	285999	1038007	520810	134416205	21490851	69545847	43379507
山西省	2695560	3452558	45208	545141	330685	56962195	3130138	33947006	19885051
内蒙古自治区	2872020	2031759	171190	742471	324433	63887233	7245545	30330852	26310836
辽宁省	4569219	2716727	424759	2216562	474281	95098516	11049755	45278367	38770394
其中:大连市	1467640	817560	33631	897665	106001	28361053	2291806	15242310	10826937
吉林省	1190629	818602	49899	206486	202034	37631830	7742670	15079215	14809945
黑龙江省	1323261	974070	256410	315667	190242	39180882	11491914	12691248	14997720
上海市	185160	49279	171	22552	44051	1227929	168408	601694	457827
江苏省	15115209	9462432	170494	2751531	3698156	212454246	17232546	115976723	79244977
浙江省	11290129	7038787	124895	5451129	4114619	171329966	9698945	95510216	66120805
其中:宁波市	2891258	1821703	32767	857716	1053213	33055176	1538357	18102321	13414498
安徽省	2232667	1066018	87069	831900	477231	52365244	12267240	20043697	20054307
福建省	3669470	2111822	115755	2249944	822452	88264022	10941274	44295439	33027309
其中:厦门市	558200	380398	16911	899571	84542	13752609	174738	7353239	6224632
江西省	2318797	1152295	65328	996987	387563	53394480	7702311	27096325	18595844
山东省	10112840	6390664	985804	2019849	894996	238451730	23709651	135576904	79165175
其中:青岛市	1704111	968352	275145	763074	173188	32368085	1767262	17034408	13566415
河南省	4630210	2613299	303215	556049	717162	122778559	23621541	66843498	32313520
湖北省	2337489	1619360	117910	324785	601148	72650019	13128921	31098840	28422258
湖南省	2854661	2019580	1483911	301355	785051	85825573	15833403	35690655	34301515
广东省	9669646	5733193	99035	2435824	2937802	269771806	16894994	132004926	120871886
其中:深圳市	2288560			23910	809865	67654117	62333	34447387	33144397
广西壮族自治区	1748999	1105344	30437	420502	328009	47050881	12017850	19174735	15858296
海南省	258300	120233	1110	49075	38063	5862197	2812453	1404388	1645356
重庆市	534733	227135	6218	263879	120163	12134116	2848408	5152754	4132954
四川省	3823362	2309496	493217	2471628	717170	105634439	19420228	49304749	36909462
贵州省	1545799	1005415	87256	193719	246460	28868352	5540768	12398633	10928951
云南省	2390993	1595454	163359	236460	260595	43750465	8507156	18580890	16662419
西藏自治区	78564	26921			2921	2339559	590836	668196	1080527
陕西省	1903561	1662143	192038	44404	248316	29993249	3988156	17904469	8100624
甘肃省	610098	597386	240670	119157	186956	26567162	4708429	11807332	10051401
青海省	245633	369174	21664	46426	20562	7497432	822777	3864775	2809880
宁夏回族自治区	261598	367605	29120	133286	27917	7638099	813022	3861046	2964031
新疆维吾尔自治区	1651706	1686303	265939	298983	192553	35214855	5697761	17372286	12144808

1－15－2 单位:人

地区	财政供养人口					自收自支单位年末人数
	小计	在职人员	离休人员	退休人员	其他人员	
地方合计	**32740286**	**24289729**	**305316**	**7449739**	**695502**	**1055916**
北京市	42445	32631	422	8340	1052	660
天津市	58753	45570	581	10891	1711	2714
河北省	1751014	1338396	26392	367187	19039	117416
山西省	1098648	807781	18605	203580	68682	21401
内蒙古自治区	968529	690841	9116	258800	9772	8055
辽宁省	1153399	775867	18303	356018	3211	25102
其中:大连市	147785	91349	3221	52433	782	2096
吉林省	910151	691459	9965	204606	4121	17385
黑龙江省	1006049	687865	15090	293869	9225	25442
上海市	23829	15126	158	8295	250	950
江苏省	1768162	1242242	22031	457554	46335	95094
浙江省	1079451	792134	8909	266544	11864	76459
其中:宁波市	147126	106876	872	36444	2934	8147
安徽省	1257531	900590	13364	323250	20327	28806
福建省	978502	733320	5935	228408	10839	28206
其中:厦门市	36628	26580	169	9239	640	303
江西省	1225466	951228	5528	256887	11823	34686
山东省	2405616	1848040	45218	488599	23759	67495
其中:青岛市	191601	136274	4867	39752	10708	12957
河南省	2534074	1954185	28638	541486	9765	98582
湖北省	1442422	1077866	9907	354649		49209
湖南省	1961745	1495795	9182	440200	16568	88984
广东省	1914324	1398951	14047	417143	84183	118908
其中:深圳市	112364	73867	93	9318	29086	15671
广西壮族自治区	1285451	957379	4412	301263	22397	18259
海南省	159497	130937	1175	11184	16201	40509
重庆市	349912	253208	979	95145	580	3571
四川省	1953532	1390288	5256	531014	26974	29321
贵州省	1047939	725971	4532	184237	133199	5393
云南省	1234146	923515	8553	248560	53518	4673
西藏自治区	92906	73766	3	13350	5787	
陕西省	1230767	966066	9781	225688	29232	18104
甘肃省	752848	601827	3935	122120	24966	16203
青海省	176884	136200	1014	36989	2681	1571
宁夏回族自治区	148128	109790	996	29386	7956	1325
新疆维吾尔自治区	728166	540895	3289	164497	19485	11433

二、各省、自治区、直辖市地市县
一般预算财政资料

一、综合资料

2007年全国县级主要经济指标表

1－15－1　　　　单位:万元

地　区	地方财政一般预算收入	国内增值税75%	国内消费税	预算内基金收入	预算外财政专户收入	地区生产总值	第一产业增加值	第二产业增加值	第三产业增加值
地方合计	**96396172**	**64637922**	**6334416**	**27365363**	**19972205**	**215286920**	**28181698**	**107516737**	**79588515**
北京市	148787	72337	4497	18164	16831	1460700	196100	513900	750700
天津市	148562	131488	11839	63441	42973	3167279	502917	1547132	1117230
河北省	3978510	4111043	285999	1038007	520810	134416205	21490851	69545847	43379507
山西省	2695560	3452558	45208	545141	330685	56962195	3130138	33947006	19885051
内蒙古自治区	2872020	2031759	171190	742471	324433	63887233	7245545	30330852	26310836
辽宁省	4569219	2716727	424759	2216562	474281	95098516	11049755	45278367	38770394
其中:大连市	1467640	817560	33631	897665	106001	28361053	2291806	15242310	10826937
吉林省	1190629	818602	49899	206486	202034	37631830	7742670	15079215	14809945
黑龙江省	1323261	974070	256410	315667	190242	39180882	11491914	12691248	14997720
上海市	185160	49279	171	22552	44051	1227929	168408	601694	457827
江苏省	15115209	9462432	170494	2751531	3698156	212454246	17232546	115976723	79244977
浙江省	11290129	7038787	124895	5451129	4114619	171329966	9698945	95510216	66120805
其中:宁波市	2891258	1821703	32767	857716	1053213	33055176	1538357	18102321	13414498
安徽省	2232667	1066018	87069	831900	477231	52365244	12267240	20043697	20054307
福建省	3669470	2111822	115755	2249944	822452	88264022	10941274	44295439	33027309
其中:厦门市	558200	380398	16911	899571	84542	13752609	174738	7353239	6224632
江西省	2318797	1152295	65328	996987	387563	53394480	7702311	27096325	18595844
山东省	10112840	6390664	985804	2019849	894996	238451730	23709651	135576904	79165175
其中:青岛市	1704111	968352	275145	763074	173188	32368085	1767262	17034408	13566415
河南省	4630210	2613299	303215	556049	717162	122778559	23621541	66843498	32313520
湖北省	2337489	1619360	117910	324785	601148	72650019	13128921	31098840	28422258
湖南省	2854661	2019580	1483911	301355	785051	85825573	15833403	35690655	34301515
广东省	9669646	5733193	99035	2435824	2937802	269771806	16894994	132004926	120871886
其中:深圳市	2288560			23910	809865	67654117	62333	34447387	33144397
广西壮族自治区	1748999	1105344	30437	420502	328009	47050881	12017850	19174735	15858296
海南省	258300	120233	1110	49075	38063	5862197	2812453	1404388	1645356
重庆市	534733	227135	6218	263879	120163	12134116	2848408	5152754	4132954
四川省	3823362	2309496	493217	2471628	717170	105634439	19420228	49304749	36909462
贵州省	1545799	1005415	87256	193719	246460	28868352	5540768	12398633	10928951
云南省	2390993	1595454	163359	236460	260595	43750465	8507156	18580890	16662419
西藏自治区	78564	26921			2921	2339559	590836	668196	1080527
陕西省	1903561	1662143	192038	44404	248316	29993249	3988156	17904469	8100624
甘肃省	610098	597386	240670	119157	186956	26567162	4708429	11807332	10051401
青海省	245633	369174	21664	46426	20562	7497432	822777	3864775	2809880
宁夏回族自治区	261598	367605	29120	133286	27917	7638099	813022	3861046	2964031
新疆维吾尔自治区	1651706	1686303	265939	298983	192553	35214855	5697761	17372286	12144808

1－15－2 单位:人

地区	财政供养人口					自收自支单位年末人数
	小计	在职人员	离休人员	退休人员	其他人员	
地方合计	**32740286**	**24289729**	**305316**	**7449739**	**695502**	**1055916**
北京市	42445	32631	422	8340	1052	660
天津市	58753	45570	581	10891	1711	2714
河北省	1751014	1338396	26392	367187	19039	117416
山西省	1098648	807781	18605	203580	68682	21401
内蒙古自治区	968529	690841	9116	258800	9772	8055
辽宁省	1153399	775867	18303	356018	3211	25102
其中:大连市	147785	91349	3221	52433	782	2096
吉林省	910151	691459	9965	204606	4121	17385
黑龙江省	1006049	687865	15090	293869	9225	25442
上海市	23829	15126	158	8295	250	950
江苏省	1768162	1242242	22031	457554	46335	95094
浙江省	1079451	792134	8909	266544	11864	76459
其中:宁波市	147126	106876	872	36444	2934	8147
安徽省	1257531	900590	13364	323250	20327	28806
福建省	978502	733320	5935	228408	10839	28206
其中:厦门市	36628	26580	169	9239	640	303
江西省	1225466	951228	5528	256887	11823	34686
山东省	2405616	1848040	45218	488599	23759	67495
其中:青岛市	191601	136274	4867	39752	10708	12957
河南省	2534074	1954185	28638	541486	9765	98582
湖北省	1442422	1077866	9907	354649		49209
湖南省	1961745	1495795	9182	440200	16568	88984
广东省	1914324	1398951	14047	417143	84183	118908
其中:深圳市	112364	73867	93	9318	29086	15671
广西壮族自治区	1285451	957379	4412	301263	22397	18259
海南省	159497	130937	1175	11184	16201	40509
重庆市	349912	253208	979	95145	580	3571
四川省	1953532	1390288	5256	531014	26974	29321
贵州省	1047939	725971	4532	184237	133199	5393
云南省	1234146	923515	8553	248560	53518	4673
西藏自治区	92906	73766	3	13350	5787	
陕西省	1230767	966066	9781	225688	29232	18104
甘肃省	752848	601827	3935	122120	24966	16203
青海省	176884	136200	1014	36989	2681	1571
宁夏回族自治区	148128	109790	996	29386	7956	1325
新疆维吾尔自治区	728166	540895	3289	164497	19485	11433

2007 年北京市区县财政一般预算收支平衡表

2－1－1 单位:万元

地区	收支部分								
	收入								
	收入合计	税收收入							
		小计	增值税	营业税	企业所得税	个人所得税	资源税	城市维护建设税	耕地占用税
区县级合计	**6453854**	**6107830**	**628790**	**2936472**	**1355467**		**3146**	**238521**	**13045**
东城区	512982	501534	29703	234153	135716			15681	
西城区	964846	937887	56570	425502	277182			34722	
崇文区	155523	137671	12408	62815	19223			5115	20
宣武区	380413	361088	33402	167748	103632			17376	
朝阳区	1396603	1354401	126364	679281	289534			37254	234
海淀区	1139346	1084803	120678	543891	213995			51406	1966
石景山区	136210	126976	37497	45189	22663			9870	76
丰台区	296905	280011	31928	137494	55025		4	12216	273
门头沟区	70370	63393	12215	24606	14930		278	3974	
房山区	145716	130172	24499	53535	15610		299	9890	83
通州区	181769	167134	26745	75406	29710			9094	3814
昌平区	212430	185358	26681	95629	25723		134	7888	1321
顺义区	330743	315137	36180	149647	76262		69	8023	3205
大兴区	167768	135067	17873	72978	18033			5135	1475
怀柔区	128548	117913	16054	54238	25595		113	3559	405
平谷区	84895	77864	7934	42399	12367			3097	50
密云县	87438	78108	9200	33034	15753		2248	2241	93
延庆县	61349	53313	2859	38927	4514		1	1980	30

2－1－2

单位:万元

地区	收支部分									
	收入									
	税收收入			非税收入						
	契税	烟叶税	其他各项税收收入	小计	专项收入	行政事业性收费收入	罚没收入	国有资本经营收入	国有资源(资产)有偿使用收入	其他收入
区县级合计			**932389**	**346024**	**147335**	**89375**	**57968**	**16968**	**33253**	**1125**
东城区			86281	11448	7919	1467	866		828	368
西城区			143911	26959	17595	5556	1627		2179	2
崇文区			38090	17852	2568	2363	708		11980	233
宣武区			38930	19325	8767	3691	827	4247	1656	137
朝阳区			221734	42202	20672	12080	6138		3280	32
海淀区			152867	54543	26748	14297	3044	8436	1923	95
石景山区			11681	9234	5451	2065	869		805	44
丰台区			43071	16894	6579	6313	2800		1202	
门头沟区			7390	6977	2552	1866	1794	188	526	51
房山区			26256	15544	7269	3975	3463	387	444	6
通州区			22365	14635	6921	3344	3009		1330	31
昌平区			27982	27072	9201	4241	12334		1229	67
顺义区			41751	15606	7799	2745	3582		1480	
大兴区			19573	32701	5936	16948	6132	1796	1872	17
怀柔区			17949	10635	3907	3428	2266		1034	
平谷区			12017	7031	2536	2187	1691		584	33
密云县			15539	9330	2885	1716	2334	1914	481	
延庆县			5002	8036	2030	1093	4484		420	9

二、各省、自治区、直辖市地市县一般预算财政资料

2－1－3　　　　单位：万元

地　　区	收支部分									
	支出功能分类									
	支出合计	一般公共服务	外交	国防	公共安全	教育	科学技术	文化体育与传媒	社会保障和就业	医疗卫生
区县级合计	**8605126**	**1100738**		**16014**	**657645**	**1508789**	**100727**	**161073**	**1246928**	**643477**
东城区	451550	63063		205	39288	87957	1617	20236	90477	52640
西城区	876389	178798			42036	114906	6913	6610	108038	74591
崇文区	270836	34843		205	21714	50359	723	11695	50177	22498
宣武区	366050	35437		173	29370	59405	1408	5943	64858	25405
朝阳区	1080832	114249		8949	130983	236392	12972	17385	173981	82026
海淀区	1303433	110305		1632	96521	219879	23177	14240	265206	75751
石景山区	225731	25228		100	25392	34625	3672	9515	46320	16016
丰台区	513999	56105		329	53408	104848	16701	7435	91460	45550
门头沟区	250822	33622			18497	37454	2058	4509	30138	17731
房山区	432404	67261		120	33257	90847	1459	12993	54623	40480
通州区	391222	43733		410	26919	66175	3254	4032	46713	25728
昌平区	370047	52356		896	25899	66763	9571	6899	43479	26671
顺义区	530062	68249		693	25062	78040	3873	7500	40742	33672
大兴区	380846	48917		672	25275	75265	2632	5987	34048	31359
怀柔区	335133	50618		465	16260	46141	2174	4593	24765	20958
平谷区	272542	36267		277	16746	47548	1919	6654	28608	16845
密云县	307384	51626		653	17067	53525	5563	5935	31294	17785
延庆县	245844	30061		235	13951	38660	1041	8912	22001	17771

2－1－4 单位:万元

地区	收支部分						平衡部分		
	支出功能分类						收入		
	环境保护	城乡社区事务	农林水事务	交通运输	工业、商业、金融等事务	其他支出	收入合计	本年收入	返还性收入 小计
区县级合计	**121105**	**1217526**	**764377**	**17953**	**504968**	**543806**	**10600758**	**6453854**	
东城区	10557	57756	160		4219	23375	673959	512982	
西城区	11187	255705	160		39170	38275	1247489	964846	
崇文区	522	28950	150		4359	44641	362699	155523	
宣武区	574	107356	150		7177	28794	558415	380413	
朝阳区	12586	119455	70231		37066	64557	1643926	1396603	
海淀区	7218	217881	42797		81036	147790	1450793	1139346	
石景山区	423	50972	8317		4952	199	249787	136210	
丰台区	4037	66405	29478		7314	30929	527197	296905	
门头沟区	10370	46466	43106	1200	4962	709	263991	70370	
房山区	7280	22412	63858	3117	32188	2509	441196	145716	
通州区	2001	39066	59480	2509	30911	40291	450206	181769	
昌平区	4510	29472	60520	1357	38783	2871	422021	212430	
顺义区	13272	63898	86097	1937	70934	36093	579377	330743	
大兴区	1454	38914	87794	3177	20929	4423	402174	167768	
怀柔区	11247	15580	51360	812	57278	32882	400951	128548	
平谷区	4902	12307	48497	1721	34530	15721	312412	84895	
密云县	9566	21680	65212	953	19427	7098	336863	87438	
延庆县	9399	23251	47010	1170	9733	22649	277302	61349	

二、各省、自治区、直辖市地市县一般预算财政资料

2－1－5

单位:万元

地区	平衡部分									
	收入									
	返还性收入		财力性转移支付收入							
	增值税和消费税税收返还	所得税基数返还	小计	体制补助	一般性转移支付补助	民族地区转移支付补助	调整工资转移支付补助	农村义务教育补助	农村税费改革补助	缓解县乡困难转移支付补助
区县级合计			**1897167**	**1082352**	**103000**		**95583**		**12464**	
东城区			38144	6925			2482			
西城区			57253	16232						
崇文区			78839	45836	9095		5624			
宣武区			55718	10663	9915		6516			
朝阳区			144731	18669	1000				151	
海淀区			87867	6973					106	
石景山区			51982	1843	4709		4379			
丰台区			125811	72371	5582		9924		223	
门头沟区			103902	77416	11223		4078		353	
房山区			176805	92878	11327		10042		2149	
通州区			123433	99279	5009		6995		1523	
昌平区			100509	65273	4866		7000		1030	
顺义区			111827	83374	7083		6694		1647	
大兴区			119771	91735	5096		7894		2237	
怀柔区			134710	108696	5120		4701		741	
平谷区			126765	97013	5703		6719		1073	
密云县			137569	96537	9934		7182		557	
延庆县			121531	90639	7338		5353		674	

2－1－6

单位:万元

地区	平衡部分									
	收入								支出	
	财力性转移支付收入									
	结算补助	企事业单位预算划转补助	其他财力性转移支付	专项转移支付	省补助计划单列市收入	上年结余	调入资金	国债转贷收入、上年结余及转补助数	支出合计	本年支出
区县级合计	**224757**	**55934**	**323077**	**1646961**		**602629**	**147**		**9807568**	**8605126**
东城区	13137	532	15068	88397		34436			614384	451550
西城区	24318	593	16110	190068		35322			1201188	876389
崇文区	2088	741	15455	83043		45294			271336	270836
宣武区	5012	4711	18901	58779		63505			454073	366050
朝阳区	76881	4467	43563	88424		14168			1631449	1080832
海淀区	66225	7359	7204	156529		67051			1357094	1303433
石景山区	423	2401	38227	42957		18638			228868	225731
丰台区	9532	7292	20887	98788		5693			515201	513999
门头沟区	1024	1334	8474	62487		27232			251258	250822
房山区	1705	4165	54539	107269		11279	127		432921	432404
通州区	2455	2437	5735	93884		51120			391693	391222
昌平区	8314	6984	7042	67783		41299			373041	370047
顺义区	4168	2356	6505	103108		33699			537797	530062
大兴区	2072	5548	5189	93904		20731			384015	380846
怀柔区	1441	875	13136	81311		56362	20		335825	335133
平谷区	909	335	15013	69409		31343			273034	272542
密云县	3696	3407	16256	87196		24660			307927	307384
延庆县	1357	397	15773	73625		20797			246464	245844

2－1－7

单位：万元

地区	平衡部分									
	支出								年终结余	其中：净结余
	财力性转移支付			专项上解	计划单列市上解省	增设预算周转金	调出资金	国债转贷拨付数及年终结余		
	小计	体制上解	出口退税专项上解							
区县级合计	**1147966**	**1147966**		**49476**		**5000**			**793190**	**222701**
东城区	161787	161787		1047					59575	30529
西城区	305721	305721		19078					46301	36025
崇文区				500					91363	10661
宣武区	87382	87382		641					104342	
朝阳区	547162	547162		3455					12477	12201
海淀区	44124	44124		6537		3000			93699	34690
石景山区	1790	1790		1347					20919	
丰台区				1202					11996	
门头沟区				436					12733	544
房山区				517					8275	485
通州区				471					58513	36684
昌平区				2994					48980	48980
顺义区				7735					41580	3521
大兴区				1169		2000			18159	1655
怀柔区				692					65126	6726
平谷区				492					39378	
密云县				543					28936	
延庆县				620					30838	

2007 年天津市区县财政一般预算收支平衡表

2－2－1

单位：万元

地区	收支部分								
	收入								
	收入合计	税收收入							
		小计	增值税	营业税	企业所得税	个人所得税	资源税	城市维护建设税	耕地占用税
区县级合计	**2955858**	**2638306**	**599425**	**639371**	**464054**	**122114**	**5765**	**168928**	**12689**
和平区	144457	134009	10472	38952	26513	6686		8767	
河北区	78012	72092	7437	20068	7463	2559		4924	
河东区	113531	105159	10256	36654	12392	4052		9519	
河西区	173629	162578	11629	51115	23995	6528		10059	
南开区	184532	171901	14605	54775	22016	5539		10497	
红桥区	47464	38970	4186	10054	4899	1356		3133	
塘沽区	243701	172965	18894	57939	21665	4006	1690	13134	
汉沽区	30666	26869	6733	6202	3191	614	843	3158	1585
大港区	71988	65445	13385	17206	9497	2786	3232	6595	
东丽区	186408	136882	38828	24941	19187	4526		21317	518
西青区	197935	177516	42815	32082	31154	5886		12146	1368
津南区	122599	111795	26057	18260	26942	2993		9277	3519
北辰区	150646	138643	41510	23579	21460	3706		12016	1949
武清区	153657	132805	26881	35045	27602	5255		9064	1380
宝坻区	66938	54985	8186	18686	5498	1592		4787	1459
蓟县	64323	47943	12932	8620	11881	1368		4538	565
宁河县	27711	20299	4795	5615	2425	1018		2208	346
静海县	56528	44236	15144	8465	5918	1332		4052	
开发区	600297	590065	233732	106587	125513	44468		8894	
保税区	136448	132556	26713	37731	35729	9087		4546	
园区	104388	100593	24235	26795	19114	6757		6297	

2－2－2 单位:万元

地区	收支部分									
	收入									
	税收收入			非税收入						
	契税	烟叶税	其他各项税收收入	小计	专项收入	行政事业性收费收入	罚没收入	国有资本经营收入	国有资源(资产)有偿使用收入	其他收入
区县级合计	**317237**		**308723**	**317552**	**83550**	**125107**	**50398**	**38608**	**11881**	**8008**
和平区	21716		20903	10448	3941	1332	429		1518	3228
河北区	13868		15773	5920	2286	702	901		245	1786
河东区	19463		12823	8372	4315	3061	912		84	
河西区	35077		24175	11051	4663	5837	390		161	
南开区	35545		28924	12631	4591	5516	598	1595	331	
红桥区	8666		6676	8494	1458	2480	4258		88	210
塘沽区	38614		17023	70736	7517	18691	6481	35923	2124	
汉沽区	1395		3148	3797	1834	336	1556		71	
大港区	5136		7608	6543	4057	994	1006	213	107	166
东丽区	11087		16478	49526	10225	37046	805	877	360	213
西青区	30999		21066	20419	5689	11764	1552		332	1082
津南区	14953		9794	10804	4295	5888	365		256	
北辰区	17176		17247	12003	5467	4247	1835		454	
武清区	10626		16952	20852	4026	10360	6292		174	
宝坻区	7949		6828	11953	2186	2674	6548		537	8
蓟县	4580		3459	16380	3960	5188	6827		405	
宁河县	1759		2133	7412	1638	2051	3117		44	562
静海县	5054		4271	12292	2740	4473	4987		92	
开发区	20006		50865	10232	3951	705	1525		4051	
保税区	3802		14948	3892	2014	1762	11		105	
园区	9766		7629	3795	2697		3		342	753

2-2-3 单位:万元

地区	收支部分									
	支出功能分类									
	支出合计	一般公共服务	外交	国防	公共安全	教育	科学技术	文化体育与传媒	社会保障和就业	医疗卫生
区县级合计	**3589149**	**391696**		**2196**	**268653**	**723081**	**59670**	**57062**	**162221**	**214911**
和平区	160938	22808			16117	46207	2016	1635	11021	10711
河北区	115333	12548			13418	41249	252	1015	15386	9949
河东区	129997	14058			15137	43609	1606	1310	19448	9590
河西区	155824	23099		192	15142	45620	1857	1392	13304	10937
南开区	184630	20255			23936	44188	3215	2229	13309	11899
红桥区	96540	11114			11993	34043	509	967	10065	9570
塘沽区	277318	30665			26590	69187	3635	4754	9380	16706
汉沽区	61555	8985			6572	16250	991	1746	4362	6828
大港区	113899	19611		197	12198	41464	448	2479	3599	6714
东丽区	193983	15775			14851	34928	2680	2230	14185	13390
西青区	219247	20686		441	16377	25775	3306	2453	9098	12508
津南区	170413	21558		69	12193	30576	2048	2312	4878	8808
北辰区	152322	24626		690	15554	33623	3296	2749	4529	10362
武清区	242107	17877			12485	56261	457	1846	6100	12027
宝坻区	130714	22905		320	9871	40404	1263	1098	5835	7628
蓟县	114546	17753		287	10852	42101	1639	1135	6188	10978
宁河县	68756	9953			5724	20565	596	794	2993	4718
静海县	112257	18836			7961	33857	1087	1445	5197	8332
开发区	635566	34830			16588	18035	10833	23295	2909	33192
保税区	167146	15127			2625	1946	1030		297	
园区	86058	8627			2469	3193	16906	178	138	64

二、各省、自治区、直辖市地市县一般预算财政资料

2－2－4　　　　单位:万元

地区	收支部分						平衡部分		
	支出功能分类						收入		
	环境保护	城乡社区事务	农林水事务	交通运输	工业、商业、金融等事务	其他支出	收入合计	本年收入	返还性收入 小计
区县级合计	**23345**	**900900**	**105207**	**3594**	**405963**	**270650**	**4384746**	**2955858**	**367239**
和平区	389	19235			12309	18490	189280	144457	14068
河北区	285	11371			6722	3138	138979	78012	4288
河东区	436	17968			5187	1648	165754	113531	6807
河西区	547	23901			1272	18561	224291	173629	5205
南开区	312	23605			21050	20632	238173	184532	6581
红桥区	629	14397			2937	316	110994	47464	4272
塘沽区	1683	13857	5231		57852	37778	347700	243701	13319
汉沽区	1641	8733	2976	89	980	1402	62917	30666	
大港区	2816	9759	5889	650	3568	4507	127400	71988	11922
东丽区	1513	33475	5186	561	19587	35622	237713	186408	16597
西青区	5049	98696	7028	142	11020	6668	250937	197935	21831
津南区	1121	47033	8840	294	21391	9292	204168	122599	14429
北辰区	1007	17020	6868	8	20360	11630	245206	150646	16430
武清区	1385	104548	18517		884	9720	255152	153657	18529
宝坻区	742	5462	11332	225	2519	21110	161600	66938	6879
蓟县	881	2700	15675	78	2264	2015	150127	64323	4648
宁河县	1250	4007	6016	571	1042	10527	76203	27711	6231
静海县	525	19147	11649	514	2876	831	120825	56528	11710
开发区	943	333145		462	117441	43893	773508	600297	161334
保税区	68	77848			60982	7223	189215	136448	13952
园区	123	14993			33720	5647	114604	104388	8207

2－2－5 单位:万元

地区	平衡部分									
	收入									
	返还性收入		财力性转移支付收入							
	增值税和消费税税收返还	所得税基数返还	小计	体制补助	一般性转移支付补助	民族地区转移支付补助	调整工资转移支付补助	农村义务教育补助	农村税费改革补助	缓解县乡困难转移支付补助
区县级合计	**167045**	**200194**	**557412**	**66652**	**165591**		**79880**		**10146**	**7303**
和平区	3518	10550	8572		1654		1230			
河北区	1756	2532	29530		880		14680			
河东区	2783	4024	18666		4054		4534			
河西区	2052	3153	24837		5194		7221			
南开区	2648	3933	27834		9246		6459			
红桥区	1771	2501	36721	5669	4913		11487			
塘沽区	4263	9056	46639	778	11593		1174		70	
汉沽区			17450	4522			3235		200	
大港区	4892	7030	30528	1093	4466				100	
东丽区	8996	7601	12194		4749				142	7303
西青区	10517	11314	12995		9832		324		70	
津南区	9737	4692	36468	7737	27789		1263		70	
北辰区	9519	6911	7068		3412		300		70	
武清区	9366	9163	68476	13461	42052		5205		2000	
宝坻区	4500	2379	58841	5121	20108		12375		2450	
蓟县	2317	2331	46654	10522						
宁河县	3465	2766	28324	4620	4520		4587		3474	
静海县	8066	3644	36983	5732	11129		5806		1500	
开发区	68657	92677	10491	7397						
保税区	4642	9310	931							
园区	3580	4627	－2790							

2－2－6

单位:万元

地区	平衡部分									
	收入								支出	
	财力性转移支付收入									
	结算补助	企事业单位预算划转补助	其他财力性转移支付	专项转移支付	省补助计划单列市收入	上年结余	调入资金	国债转贷收入、上年结余及转补助数	支出合计	本年支出
区县级合计	**227941**	**－101**		**178022**		**265960**	**59255**	**1000**	**3996545**	**3589149**
和平区	5688			11880		9902	401		178188	160938
河北区	13970			16537		10612			121095	115333
河东区	10078			17389		8573	788		152651	129997
河西区	12523	－101		14259		6361			221367	155824
南开区	12129			11439		7787			228287	184630
红桥区	14652			11417		10750	370		97494	96540
塘沽区	33024			8321		27468	8252		280994	277318
汉沽区	9493			6625		493	7683		62037	61555
大港区	24869			4427		7615	920		115524	113899
东丽区				6468		13664	2382		220997	193983
西青区	2769			4540		13636			236381	219247
津南区	－391			4543		24614	515	1000	173305	170413
北辰区	3286			5091		65971			164913	152322
武清区	5758			11944		2546			244350	242107
宝坻区	18787			12203		15555	1184		131917	130714
蓟县	36132			13520		20982			115597	114546
宁河县	11123			8791		5146			69097	68756
静海县	12816			8497		7107			113756	112257
开发区	3094			112		1274			771863	635566
保税区	931			17		1107	36760		186634	167146
园区	－2790			2		4797			110098	86058

2－2－7

单位:万元

地区	平衡部分								年终结余	其中:净结余
	支出									
	财力性转移支付			专项上解	计划单列市上解省	增设预算周转金	调出资金	国债转贷拨付数及年终结余		
	小计	体制上解	出口退税专项上解							
区县级合计	**246235**	**169790**	**76445**	**133861**		**26300**		**1000**	**388201**	**84466**
和平区	8877	7818	1059	8373					11092	10153
河北区	2177	1818	359	3585					17884	7894
河东区	8988	8482	506	13666					13103	12117
河西区	20905	20225	680	28638		16000			2924	2581
南开区	16739	15763	976	26918					9886	9886
红桥区	57		57	897					13500	1500
塘沽区	1253		1253	2423					66706	1900
汉沽区	253	45	208	229					880	
大港区	896		896	729					11876	6402
东丽区	10579	8091	2488	16435					16716	9594
西青区	4393	56	4337	2441		10300			14556	2556
津南区	1464		1464	428				1000	30863	5484
北辰区	9139	2038	7101	3452					80293	1534
武清区	1497		1497	746					10802	2920
宝坻区	979		979	224					29683	
蓟县	179		179	872					34530	
宁河县	251		251	90					7106	
静海县	1312		1312	187					7069	3268
开发区	133885	90168	43717	2412					1645	1645
保税区	7347	1309	6038	12141					2581	526
园区	15065	13977	1088	8975					4506	4506

2007 年河北省地市县财政一般预算收支平衡表

2-3-1 单位:万元

地区	收支部分								
	收入								
	收入合计	税收收入							
		小计	增值税	营业税	企业所得税	个人所得税	资源税	城市维护建设税	耕地占用税
地市县合计	**5829174**	**4595677**	**1008473**	**1440086**	**441029**	**274608**	**240888**	**402442**	**41515**
石家庄市小计	**958720**	**789327**	**132814**	**305224**	**74252**	**58089**	**3962**	**70548**	**7016**
本级	74712	29944	2808	421	12140				
区县级小计	884008	759383	130006	304803	62112	58089	3962	70548	7016
赞皇县	6791	4722	1329	1757	209	280	150	160	120
平山县	44107	33744	13088	7875	4647	983	99	4145	244
灵寿县	9133	4978	1428	1585	347	445	264	190	33
行唐县	10039	6379	1042	2892	158	652	199	480	513
井陉县	24186	16357	3533	8204	749	870	258	1166	50
鹿泉市	42441	37401	6875	12848	2250	1258	2161	2160	678
正定县	25210	19963	2728	10161	901	1183	20	1210	1326
栾城县	17931	14469	2956	4069	1494	1978		898	373
辛集市	33123	24716	6132	6903	1822	1487		2348	271
晋州市	21689	14116	3407	2821	1115	1533		1293	533
深泽县	8761	5730	764	2771	313	781		258	104
无极县	13914	10657	2024	4993	457	1227		428	244
藁城市	45410	33980	6147	8941	3226	2169		4070	1270
赵县	12504	9364	2211	3441	541	845		591	196
新乐市	16853	11560	2178	4940	848	1010	71	663	427
高邑县	6061	5037	968	1843	171	213	542	301	62
元氏县	12522	9983	2039	4452	799	817	15	585	198
长安区	108884	103707	19824	45277	5224	6817		9037	
桥东区	70091	67075	6829	31822	3607	6605		5720	91
桥西区	123524	115898	14575	45336	19120	8121		15966	
新华区	76339	72684	7642	33249	4184	10356		5500	
裕华区	83669	79636	8567	39974	5889	5228		7049	253
矿区	14467	10678	3869	2561	465	589	183	1643	21
高新区	56359	46549	9851	16088	3576	2642		4687	9
唐山市小计	**1192081**	**999136**	**275565**	**264503**	**93448**	**55037**	**84066**	**90239**	**7068**
本级	310683	250287	87384	47418	30594	9202	8992	30816	
区县级小计	881398	748849	188181	217085	62854	45835	75074	59423	7068
滦县	34487	28857	7597	7103	1747	2315	4234	1970	1150
滦南县	43188	26900	9245	5435	3202	1169	143	2250	924
乐亭县	32872	24086	6695	9653	941	2300	132	1145	503
迁西县	56125	50635	16439	5427	6382	4133	13673	1326	136
唐海县	22363	18007	3531	8176	522	989		1140	1022
迁安市	181420	158274	39799	28532	13589	10065	36093	10863	1107

2－3－2

单位：万元

地区	收支部分									
	收入									
	税收收入			非税收入						
	契税	烟叶税	其他各项税收收入	小计	专项收入	行政事业性收费收入	罚没收入	国有资本经营收入	国有资源(资产)有偿使用收入	其他收入
地市县合计	**236519**	**628**	**509489**	**1233497**	**367872**	**245045**	**341677**	**190496**	**50858**	**37549**
石家庄市小计	**29780**	**156**	**107486**	**169393**	**54401**	**36077**	**51882**	**17038**	**7999**	**1996**
本级	14350		225	44768	11341	8494	17545	5150	2238	
区县级小计	15430	156	107261	124625	43060	27583	34337	11888	5761	1996
赞皇县	130		587	2069	198	907	579		19	366
平山县	119		2544	10363	3119	962	5642		640	
灵寿县	59	80	547	4155	493	1135	1578		939	10
行唐县	103	76	264	3660	420	1119	1816		36	269
井陉县	153		1374	7829	2266	2634	2099	516	204	110
鹿泉市	4861		4310	5040	2415	814	1695		116	
正定县	350		2084	5247	1622	1504	1857		264	
栾城县	656		2045	3462	1014	1067	966	360	55	
辛集市	2562		3191	8407	1851	2128	2786	1424	218	
晋州市	402		3012	7573	1172	1680	2871	1623	54	173
深泽县	94		645	3031	278	1016	720	30	30	957
无极县	772		512	3257	503	1181	1428		145	
藁城市	1982		6175	11430	3241	3523	1996	2543	127	
赵县	160		1379	3140	983	1028	1033		96	
新乐市	103		1320	5293	585	2149	1475	977	23	84
高邑县	75		862	1024	330	80	590		7	17
元氏县	204		874	2539	565	553	631	686	94	10
长安区			17528	5177	3866	96	1179		36	
桥东区			12401	3016	2554		379		83	
桥西区			12780	7626	7155		413		58	
新华区			11753	3655	2316	353	875		111	
裕华区			12676	4033	3025	485	416		107	
矿区	113		1234	3789	825	220	855	1879	10	
高新区	2532		7164	9810	2264	2949	458	1850	2289	
唐山市小计	**40291**		**88919**	**192945**	**80358**	**41318**	**35187**	**26438**	**9433**	**211**
本级	13500		22381	60396	28245	17668	11767		2716	
区县级小计	26791		66538	132549	52113	23650	23420	26438	6717	211
滦县	550		2191	5630	2322	1607	1600		101	
滦南县	1987		2545	16288	2230	2570	2084	9096	308	
乐亭县	800		1917	8786	2080	1410	1623	3390	283	
迁西县	438		2681	5490	2524	593	946	1011	416	
唐海县	1430		1197	4356	1044	1850	1004	156	265	37
迁安市	7775		10451	23146	15244	4201	3106	14	581	

二、各省、自治区、直辖市地市县一般预算财政资料

2－3－3

单位:万元

地　　区	收支部分									
	支出功能分类									
	支出合计	一般公共服务	外交	国防	公共安全	教育	科学技术	文化体育与传媒	社会保障和就业	医疗卫生
地市县合计	**11816542**	**2108023**		**15677**	**839157**	**2608475**	**131104**	**147617**	**1374075**	**706332**
石家庄市小计	**1631692**	**270636**		**1518**	**133969**	**402666**	**31567**	**24316**	**140693**	**97313**
本级	489452	64072		100	76286	66196	10885	14741	46986	32226
区县级小计	1142240	206564		1418	57683	336470	20682	9575	93707	65087
赞皇县	27160	4420		27	1708	7291	320	226	2212	2331
平山县	98760	12293			3874	19783	1825	1385	14500	3889
灵寿县	39877	6475		292	2200	8826	282	330	5311	2514
行唐县	41873	8611		87	2427	13587	311	267	2787	3323
井陉县	42810	10818		64	2794	12103	628	410	2362	2410
鹿泉市	67369	11720			3302	20147	1084	613	3322	3718
正定县	51862	9546		99	3344	16639	646	540	2543	3279
栾城县	41443	6143		87	2074	12035	534	414	3110	2612
辛集市	71396	11305			4539	21081	888	520	7143	4462
晋州市	51019	12863		54	3269	17131	623	593	2562	3790
深泽县	25063	3126		29	1316	6444	337	101	2010	1615
无极县	41075	9523		46	2219	14131	532	296	3592	3009
藁城市	85733	13122			3885	22088	986	360	8341	6434
赵县	46664	7530		78	2455	17041	223	500	3107	3464
新乐市	43560	5988			2200	12182	947	613	6422	2807
高邑县	21922	3763		30	1211	5332	342	139	2599	1374
元氏县	37167	6889		14	2029	12741	423	214	2249	2491
长安区	41373	6463		162	2342	18639	1258	177	3874	2425
桥东区	43531	11773			2321	16623	617	306	4361	2164
桥西区	45691	6593		128	1300	16927	1123	170	3485	2036
新华区	51236	13666		132	2641	19177	2075	927	3238	1358
裕华区	47913	11454			1471	16973	508	241	2678	2224
矿区	22663	4881		84	1817	5279	308	159	1700	806
高新区	55080	7599		5	945	4270	3862	74	199	552
唐山市小计	**1929440**	**385360**		**2636**	**116876**	**358997**	**29494**	**18236**	**280341**	**119285**
本级	388606	98394		2634	40853	39812	7327	6015	63783	28120
区县级小计	1540834	286966		2	76023	319185	22167	12221	216558	91165
滦县	70700	12485			3774	19436	1127	450	14963	4820
滦南县	102188	17375			4531	29279	1616	801	15382	8065
乐亭县	79020	15161			4972	15120	1854	974	17126	4343
迁西县	103134	19412			3822	19269	2769	553	13668	8225
唐海县	52137	13336			6164	8240	1009	636	6781	3060
迁安市	256704	44337			10119	43236	3004	3075	26595	15124

2-3-4

单位:万元

地区	收支部分						平衡部分		
	支出功能分类						收入		
	环境保护	城乡社区事务	农林水事务	交通运输	工业、商业、金融等事务	其他支出	收入合计	本年收入	返还性收入 小计
地市县合计	**269236**	**948486**	**1030169**	**311258**	**458983**	**867950**	**13161547**	**5829174**	**1050205**
石家庄市小计	**28800**	**147290**	**118640**	**20496**	**61529**	**152259**	**1772845**	**958720**	**166920**
本级	14376	43381	22625	3830	33058	60690	202518	74712	56549
区县级小计	14424	103909	96015	16666	28471	91569	1570327	884008	110371
赞皇县	185	385	3219	202	263	4371	34187	6791	2136
平山县	1317	18229	12735	1809	1105	6016	103826	44107	3493
灵寿县	1038	978	6389	1254	879	3109	42151	9133	2355
行唐县	462	747	3730	944	321	4269	42360	10039	2123
井陉县	591	1871	5220	1260	1286	993	50624	24186	6699
鹿泉市	1987	5430	7684	2625	4507	1230	79913	42441	11017
正定县	777	1321	6206	1085	4607	1230	56843	25210	5436
栾城县	1762	443	4917	373	2675	4264	45745	17931	4273
辛集市	522	2489	5792	2858	3183	6614	78635	33123	9208
晋州市	447	2099	4321	630	690	1947	54005	21689	5710
深泽县	113	661	1228	267	162	7654	25486	8761	1851
无极县	526	554	4107	540	687	1313	42775	13914	3586
藁城市	1254	10018	10309	683	1697	6556	88231	45410	7123
赵县	702	2302	4639	524	353	3746	48147	12504	3132
新乐市	1220	1000	3762	298	1322	4799	45562	16853	4247
高邑县	226	699	1909	435	131	3732	22282	6061	1926
元氏县	1076	882	3877	779	676	2827	39808	12522	3415
长安区		2640	643		168	2582	130222	108884	3051
桥东区		3026	229		109	2002	91854	70091	4840
桥西区	8	4409	372		168	8972	149739	123524	4390
新华区		3182	499		534	3807	101180	76339	6407
裕华区		2416	655		264	9029	104450	83669	6721
矿区	184	1977	2489	100	2372	507	22912	14467	2585
高新区	27	36151	1084		312		69390	56359	4647
唐山市小计	**33322**	**234222**	**175162**	**59358**	**69720**	**46431**	**2073706**	**1192081**	**203907**
本级	9283	32024	18711	18412	16463	6775	400990	310683	78618
区县级小计	24039	202198	156451	40946	53257	39656	1672716	881398	125289
滦县	582	2567	5705	477	2593	1721	83210	34487	6330
滦南县	2609	2532	11476	1068	4783	2671	112991	43188	7438
乐亭县	441	1713	10430	779	4392	1715	85202	32872	5028
迁西县	2045	6320	10755	11394	1812	3090	106224	56125	11107
唐海县	331	3321	6440	1129	1219	471	55279	22363	2696
迁安市	5378	34339	43618	10562	14406	2911	273431	181420	17008

二、各省、自治区、直辖市地市县一般预算财政资料

2－3－5

单位：万元

地区	平衡部分									
	收入									
	返还性收入		财力性转移支付收入							
	增值税和消费税税收返还	所得税基数返还	小计	体制补助	一般性转移支付补助	民族地区转移支付补助	调整工资转移支付补助	农村义务教育补助	农村税费改革补助	缓解县乡困难转移支付补助
地市县合计	**793830**	**256375**	**3491312**		**560500**	**9548**	**1172584**	**107888**	**580825**	**199999**
石家庄市小计	**109817**	**57103**	**356504**		**19173**	**9**	**149525**	**14308**	**64875**	**27792**
本级	41539	15010	13894		－32832	9	26891	14	4	－665
区县级小计	68278	42093	342610		52005		122634	14294	64871	28457
赞皇县	1869	267	11107		2747		4505	450	1853	900
平山县	3122	371	35535		18101		8459	819	3289	3518
灵寿县	1539	816	16617		3344		4992	633	2789	1292
行唐县	1518	605	19310		4316		6301	825	4171	2224
井陉县	5926	773	9764		906		4704	594	1981	244
鹿泉市	7610	3407	14440		1453		5689	642	2257	630
正定县	4216	1220	14219		591		5915	735	3434	1415
栾城县	2885	1388	12645		822		4279	685	2674	1142
辛集市	6704	2504	22794		2790		8497	1153	4671	2343
晋州市	3987	1723	16211		713		6573	905	4745	1542
深泽县	1199	652	8953		1553		3419	420	2048	913
无极县	1486	2100	16040		1391		6384	821	4485	1706
藁城市	5300	1823	20012		1077		8610	1556	6655	1781
赵县	2161	971	22536		2293		7737	1291	7440	2911
新乐市	2470	1777	13627		421		5377	790	4587	1223
高邑县	1247	679	8387		1820		3272	289	1830	712
元氏县	1833	1582	14126		709		6027	833	3279	1948
长安区	－29	3080	11543		659		3761	179	779	1007
桥东区	2476	2364	11521		806		3795	67	196	405
桥西区	1402	2988	13504		1474		4520	109	326	114
新华区	1460	4947	10413		932		4171	120	434	173
裕华区	4595	2126	9826		1257		3323	271	656	252
矿区	2190	395	3987		519		1700	58	211	62
高新区	1112	3535	5493		1311		624	49	81	
唐山市小计	**154020**	**49887**	**403188**		**2540**	**9**	**133519**	**9045**	**73617**	**14709**
本级	59704	18914	－6035		－6255		22811		719	6499
区县级小计	94316	30973	409223		8795	9	110708	9045	72898	8210
滦县	5103	1227	23840		800		8882	848	4371	981
滦南县	4943	2495	31245		500		9135	904	6443	707
乐亭县	4061	967	25629		600		8693	718	7433	503
迁西县	8304	2803	23609		18		6422	555	3178	126
唐海县	2335	361	24048				2703	227	12742	407
迁安市	14085	2923	57130		160		8583	1222	4949	1183

2－3－6

单位:万元

地区	平衡部分									
	收入								支出	
	财力性转移支付收入									
	结算补助	企事业单位预算划转补助	其他财力性转移支付	专项转移支付	省补助计划单列市收入	上年结余	调入资金	国债转贷收入、上年结余及转补助数	支出合计	本年支出
地市县合计	**800644**	**59324**		**1759923**		**905692**	**114656**	**10585**	**12196464**	**11816542**
石家庄市小计	**75452**	**5370**		**227776**		**60067**		**2858**	**1710891**	**1631692**
本级	15791	5334	－652	25891	－2735	32649		1558	180435	489452
区县级小计	59661	36	652	201885	2735	27418		1300	1530456	1142240
赞皇县			652	9756		4397			27818	27160
平山县	1349			16455	2611	1625			103786	98760
灵寿县	3567			11804		2142		100	40481	39877
行唐县	1473			10631		257			42360	41873
井陉县	1335			7697		2278			46000	42810
鹿泉市	3769			10670		1345			71747	67369
正定县	2129			9540		2438			52172	51862
栾城县	3043			6948		3588		360	42349	41443
辛集市	3340			13159	124	227			78635	71396
晋州市	1733			9333		862		200	53552	51019
深泽县	600			5703		218			25486	25063
无极县	1253			8927		308			42775	41075
藁城市	333			15169		517			87674	85733
赵县	864			9620		355			48141	46664
新乐市	1229			9649		546		640	44665	43560
高邑县	464			5809		99			22272	21922
元氏县	1330			9420		325			38015	37167
长安区	5158			5341		1403			127567	41373
桥东区	6252			4330		1072			91383	43531
桥西区	6961			6637		1684			147158	45691
新华区	4583			7613		408			100772	51236
裕华区	4031	36		3802		432			104255	47913
矿区	1437			1671		202			22706	22663
高新区	3428			2201		690			68687	55080
唐山市小计	**164717**	**5032**		**181525**		**75453**	**17122**	**430**	**1980178**	**1929440**
本级	－31070	1846	－585	－2854		20578			382273	388606
区县级小计	195787	3186	585	184379		54875	17122	430	1597905	1540834
滦县	7943		15	11993		6160	400		73205	70700
滦南县	13296		260	20758		7300	3062		104132	102188
乐亭县	7622		60	14796		1835	5042		82461	79020
迁西县	13042	218	50	11396		3987			104659	103134
唐海县	7964		5	6162		10			52746	52137
迁安市	41033			14348		3525			269105	256704

二、各省、自治区、直辖市地市县一般预算财政资料

2－3－7　　　　　　　　　　　　　　　　　　　　　　　　　　单位:万元

地区	平衡部分									
	支出								年终结余	其中:净结余
	财力性转移支付			专项上解	计划单列市上解省	增设预算周转金	调出资金	国债转贷拨付数及年终结余		
	小计	体制上解	出口退税专项上解							
地市县合计	**15744**		**15744**	**346380**		**2790**	**4423**	**10585**	**965083**	**68385**
石家庄市小计	**2582**		**2582**	**71259**		**1500**	**1000**	**2858**	**61954**	**8167**
本级	－22068	－23164	1096	－289507			1000	1558	22083	2076
区县级小计	24650	23164	1486	360766		1500		1300	39871	6091
赞皇县	90	21	69	568					6369	69
平山县	50		50	4976					40	18
灵寿县	81		81	423				100	1670	92
行唐县	41	40	1	446						
井陉县	3048	3024	24	142					4624	9
鹿泉市	4087	3991	96	291					8166	2302
正定县	84		84	226					4671	154
栾城县	87		87	459				360	3396	160
辛集市				7239						
晋州市	1641	1515	126	692				200	453	6
深泽县	74	62	12	349						
无极县	19		19	1681						
藁城市	586	391	195	1355					557	69
赵县	343	299	44	1134					6	
新乐市	243	234	9	222				640	897	897
高邑县	107	78	29	243					10	10
元氏县	417	370	47	431					1793	60
长安区	3174	3067	107	83020					2655	67
桥东区	1545	1453	92	46307					471	466
桥西区	5238	5205	33	94729		1500			2581	200
新华区	1903	1736	167	47633					408	408
裕华区	40		40	56302					195	195
矿区	17		17	26					206	206
高新区	1735	1678	57	11872					703	703
唐山市小计	**1655**		**1655**	**48653**				**430**	**93528**	**1914**
本级	59		59	－6392					18717	77
区县级小计	1596		1596	55045				430	74811	1837
滦县				2505					10005	
滦南县	2		2	1942					8859	
乐亭县	132		132	3309					2741	
迁西县	46		46	1479					1565	58
唐海县	18		18	591					2533	
迁安市	2		2	12399					4326	501

2－3－8

单位:万元

地区	收支部分								
	收入								
	收入合计	税收收入							
		小计	增值税	营业税	企业所得税	个人所得税	资源税	城市维护建设税	耕地占用税
玉田县	25311	18915	4878	5522	2093	1807	294	1109	300
遵化市	81296	62692	20808	12333	4970	3446	10392	3920	962
路南区	25180	22729	4082	8152	2032	1471	1242	2606	
路北区	45511	43974	4199	22949	2372	4684		3418	
古冶区	29336	25986	6391	5765	1589	1843	3417	3857	150
开平区	33499	28383	8529	7712	1410	1156	909	4463	
丰润区	56712	46027	11281	13231	3365	3360	614	5222	254
丰南区	93612	81358	35393	16691	10405	3678	1782	5564	287
高新开发区	22718	21502	4015	7181	3767	1057		1256	252
海港开发区	33860	30995	2674	14728	2563	751		3510	
南堡开发区	18033	15972	942	4195	231	733	2149	3094	21
芦台开发区	2715	2246	580	743	203	63		177	
汉沽管理区	4377	3929	641	1554	559	64		303	
曹妃甸工业园区	38783	37382	462	32003	912	751		2230	
邯郸市小计	**694588**	**469699**	**136999**	**112322**	**55570**	**23512**	**16071**	**46259**	**5769**
本级	280689	213873	69436	44365	39579	9704	6166	22850	59
区县级小计	413899	255826	67563	67957	15991	13808	9905	23409	5710
大名县	5346	3729	452	1772	192	319		186	128
魏县	6289	3401	598	1712	96	189		150	106
曲周县	4352	2742	348	1246	141	191		212	40
邱县	3205	1596	224	718	47	116		98	55
鸡泽县	2741	1622	300	576	113	115		140	145
肥乡县	4676	2790	239	1935	23	109		96	166
广平县	4837	1975	419	667	61	120		144	68
成安县	5709	3619	663	1639	106	194		250	177
临漳县	6366	2268	232	1183	37	213		126	97
馆陶县	4269	2178	259	1087	35	218		123	89
磁县	46146	15459	3839	3435	2917	923	495	1247	600
涉县	42340	31154	9430	7686	489	1487	520	4657	380
永年县	37014	10729	2373	3177	933	712	34	1015	291
邯郸县	32417	24545	4488	11534	829	788	23	1287	871
武安市	129976	84688	39197	9739	9310	4258	7809	6937	27
邯山区	8214	6704		3032		519			
丛台区	15339	14393		5620		1743			
复兴区	6018	5053		1599		193			1790
峰峰矿区	34074	24443	3920	5163	244	1033	1024	5059	
开发区	10796	9547	582	3467	345	81		633	680

二、各省、自治区、直辖市地市县一般预算财政资料

2－3－9　　　　　　　　　　　　　　　　　　　　　　　　　单位:万元

地区	收支部分									
	收入									
	税收收入			非税收入						
	契税	烟叶税	其他各项税收收入	小计	专项收入	行政事业性收费收入	罚没收入	国有资本经营收入	国有资源(资产)有偿使用收入	其他收入
玉田县	664		2248	6396	1191	433	1630	3016	118	8
遵化市	1688		4173	18604	3978	1834	4004	8647	141	
路南区			3144	2451	1129	666	508		48	100
路北区	500		5852	1537	1456		23		58	
古冶区	571		2403	3350	1594	769	944		43	
开平区	800		3404	5116	1974	754	1193	79	1109	7
丰润区	2105		6595	10685	2976	3705	2640	151	1213	
丰南区	1424		6134	12254	6590	2307	1366	784	1207	
高新开发区	974		3000	1216	543	391	26		256	
海港开发区	2754		4015	2865	1909	221	301		384	50
南堡开发区	1701		2906	2061	1841	105	5	64	37	9
芦台开发区	120		360	469	140	152	131	30	16	
汉沽管理区	510		298	448	218	82	110		38	
曹妃甸工业园区			1024	1401	1130		176		95	
邯郸市小计	**13143**		**60054**	**224889**	**41356**	**29899**	**37708**	**78265**	**8650**	**29011**
本级	6095		15619	66816	21229	6535	13628	21000	1720	2704
区县级小计	7048		44435	158073	20127	23364	24080	57265	6930	26307
大名县	163		517	1617	234	463	752		166	2
魏县	40		510	2888	172	1075	200	1295	146	
曲周县	20		544	1610	165	175	216	1041	13	
邱县	54		284	1609	76	155	259	1092	27	
鸡泽县	16		217	1119	80	32	130	840	37	
肥乡县	31		191	1886	109	1065	493	86	12	121
广平县	10		486	2862	133	428	511	1700	31	59
成安县	54		536	2090	287	390	579	775	22	37
临漳县	78		302	4098	118	276	388	3291	25	
馆陶县	111		256	2091	129	400	304	1107	37	114
磁县	160		1843	30687	1383	530	1390	26898	48	438
涉县	634		5871	11186	2625	923	2635		5003	
永年县	615		1579	26285	970	7088	2984	12420	532	2291
邯郸县	692		4033	7872	1009	1020	1871	1028	51	2893
武安市	1466		5945	45288	8945	3575	7349	5000	532	19887
邯山区			3153	1510	6	307	305	600	16	276
丛台区			7030	946	22	323	256	90	76	179
复兴区			1471	965	38	304	602		11	10
峰峰矿区	553		7447	9631	2887	3916	2711	2	115	
开发区	2351		1408	1249	271	832	125		21	

2－3－10

单位:万元

地区	收支部分									
	支出功能分类									
	支出合计	一般公共服务	外交	国防	公共安全	教育	科学技术	文化体育与传媒	社会保障和就业	医疗卫生
玉田县	75461	11740			3310	20968	1534	580	12866	4833
遵化市	145018	28210			7506	30369	1497	1784	19946	9504
路南区	43868	6926			3957	11194	425	174	10728	2456
路北区	71073	9777			5408	21175	434	163	19429	5323
古冶区	59243	11789			3737	18883	715	277	9293	2688
开平区	51696	10848			3646	12447	1106	221	9180	2817
丰润区	116130	24388			6027	31379	2296	802	18902	8981
丰南区	160082	27660			4896	28222	909	1095	14853	8172
高新开发区	27395	5137		2	639	1120	1778	30	1953	308
海港开发区	37968	7310			1338	2650	2	105	160	711
南堡开发区	19269	3696			294	1954	55	160	398	508
芦台开发区	12444	5266			513	1562	25	201	2456	542
汉沽管理区	19393	5474			951	2637	12	138	1879	640
曹妃甸工业园区	37911	6639			419	45		2		45
邯郸市小计	**1303088**	**223460**		**2007**	**83593**	**311162**	**15761**	**18723**	**133161**	**75719**
本级	284365	44337		1225	34033	43063	2903	5017	35337	15864
区县级小计	1018723	179123		782	49560	268099	12858	13706	97824	59855
大名县	61437	7743		35	2574	14202	74	216	7823	4135
魏县	58978	10362		60	2672	18960	713	374	3723	5291
曲周县	38646	4919		88	1576	10256	210	499	5332	2902
邱县	23213	4452			1345	7254	308	117	1132	1361
鸡泽县	27836	3980			907	9077	268	159	3771	1192
肥乡县	30813	5721		63	1278	9046	436	216	2456	2060
广平县	29432	4039			1103	9227	446	83	1434	1741
成安县	34454	5929			2143	10851	340	324	5880	3138
临漳县	48381	9148		36	2139	15039	424	391	6599	3094
馆陶县	31726	5349		58	1211	6687	397	76	4400	1931
磁县	81122	22575		155	3813	24735	568	682	2730	5140
涉县	87548	17539			5742	18077	720	666	3199	4560
永年县	79127	12345		25	4895	29001	1885	797	4216	5281
邯郸县	58256	12150		92	3640	16097	1256	420	1847	3058
武安市	177752	18594			6008	36172	1838	8213	20410	6518
邯山区	20463	5000		41	1195	4694	422	52	3775	1365
丛台区	28470	5867			1327	4595	1165	83	4806	2035
复兴区	16901	6781		86	919	3327	246	37	2460	1301
峰峰矿区	63369	8944		43	3798	18453	439	301	10982	3146
开发区	14861	5419			833	654	693		110	194

二、各省、自治区、直辖市地市县一般预算财政资料

2-3-11

单位:万元

地区	收支部分						平衡部分		
	支出功能分类						收入		
	环境保护	城乡社区事务	农林水事务	交通运输	工业、商业、金融等事务	其他支出	收入合计	本年收入	返还性收入 小计
玉田县	935	1911	8853	298	4156	3477	79731	25311	10123
遵化市	3578	16375	17009	1209	3602	4429	160060	81296	17641
路南区		5643	215	30	70	2050	46384	25180	3208
路北区		7634	523	99	230	878	74256	45511	1837
古冶区	12	5873	1869	456	805	2846	60856	29336	2676
开平区	45	4462	1775	703	715	3731	58099	33499	2467
丰润区	446	7251	11611	858	1939	1250	127559	56712	12479
丰南区	3916	43533	18194	1047	4843	2742	182698	93612	20766
高新开发区	43	15228	220		817	120	32448	22718	3067
海港开发区	1767	10998	58	9547	3094	228	41597	33860	758
南堡开发区	1811	6723	1153	4	2296	217	20427	18033	230
芦台开发区	29	294	948		559	49	12712	2715	119
汉沽管理区	71	667	5599	1286	30	9	19399	4377	311
曹妃甸工业园区		24814			896	5051	40153	38783	
邯郸市小计	**29522**	**91456**	**108072**	**35107**	**79292**	**96053**	**1457651**	**694588**	**111756**
本级	11600	22253	19180	5711	38768	5074	340627	280689	26457
区县级小计	17922	69203	88892	29396	40524	90979	1117024	413899	85299
大名县	227	2066	5362	1333	1462	14185	61614	5346	2238
魏县	681	1549	7296	1626	996	4675	62645	6289	1947
曲周县	315	731	5272	1687	1803	3056	41143	4352	1919
邱县	446	2114	3148	193	293	1050	28324	3205	1529
鸡泽县	692	260	3622	126	424	3358	29258	2741	1582
肥乡县	14	1230	3758	1107	1997	1431	32771	4676	1133
广平县	195	794	3316	187	2273	4594	35036	4837	2088
成安县	327	499	3041	253	470	1259	36725	5709	1476
临漳县	207	843	5765	2688	1503	505	50661	6366	1640
馆陶县	821	1149	4453	1075	939	3180	33067	4269	1478
磁县	1336	9291	5442	903	2375	1377	89914	46146	9351
涉县	601	7031	10563	2164	6305	10381	96133	42340	9165
永年县	1577	8047	6492	1514	1234	1818	83674	37014	7545
邯郸县	458	1316	5066	1845	1158	9853	62159	32417	7096
武安市	9003	21847	12301	12022	8973	15853	204347	129976	18374
邯山区	177	899	226		456	2161	25747	8214	2645
丛台区	65	2788	180		177	5382	36493	15339	1758
复兴区	101	589	107		701	246	21033	6018	1345
峰峰矿区	679	5714	3083	673	1251	5863	67817	34074	9528
开发区		355	179		5731	693	12539	10796	1119

2－3－12

单位:万元

地区	平衡部分									
	收入									
	返还性收入		财力性转移支付收入							
	增值税和消费税税收返还	所得税基数返还	小计	体制补助	一般性转移支付补助	民族地区转移支付补助	调整工资转移支付补助	农村义务教育补助	农村税费改革补助	缓解县乡困难转移支付补助
玉田县	7719	2404	26856		1700		10361	953	6702	866
遵化市	14772	2869	33906		194	9	9265	977	6494	257
路南区	2115	1093	10330		421		4699	52	279	212
路北区	1799	38	15910		1300		7504	81	321	322
古冶区	2111	565	19467		1500		7011	114	847	20
开平区	1056	1411	12823		315		4553	188	932	42
丰润区	9990	2489	37145		1200		13263	1099	7172	1543
丰南区	15923	4843	41534		46		8118	856	4985	1021
高新开发区		3067	5874				150		90	
海港开发区		758	5407				114		5	
南堡开发区		230	1669		41		90		174	
芦台开发区		119	6247				552	131	2899	20
汉沽管理区		311	6524				610	120	2882	
曹妃甸工业园区			30							
邯郸市小计	**86577**	**25179**	**371654**		**86743**	**6**	**113700**	**15589**	**62852**	**19652**
本级	33181	－6724	－28445		－70587		17311		18	－1340
区县级小计	53396	31903	400099		157330	6	96389	15589	62834	20992
大名县	1528	710	34504		15525	3	7183	1455	6755	2775
魏县	920	1027	36337		13922		10002	1636	8006	2103
曲周县	1123	796	24642		12742		4687	851	4277	1664
邱县	674	855	13581		6889	3	2666	453	2545	719
鸡泽县	525	1057	16528		8801		3209	621	2715	830
肥乡县	515	618	17907		7402		4078	595	3350	2303
广平县	961	1127	16411		8879		2940	538	2385	1282
成安县	738	738	20977		9347		5039	600	3508	2141
临漳县	979	661	30468		13429		7413	1198	5517	2404
馆陶县	958	520	16202		6615		4707	496	3044	974
磁县	4563	4788	21129		6943		6048	1303	3866	1981
涉县	7947	1218	26791		16750		5330	814	1953	
永年县	4171	3374	24695		5211		8543	1991	6752	1031
邯郸县	4155	2941	13120		4323		4250	753	2452	311
武安市	15655	2719	37774		151		7736	1776	3496	379
邯山区	791	1854	9064		2868		1872	34	240	
丛台区	603	1155	13703		8887		2191		149	
复兴区	312	1033	9152		2895		1606	5	142	21
峰峰矿区	5473	4055	13198		2860		6671	353	1087	74
开发区	462	657	2597		2135		54	50	266	

二、各省、自治区、直辖市地市县一般预算财政资料

2－3－13

单位:万元

地区	平衡部分									
	收入								支出	
	财力性转移支付收入				省补助计划单列市收入	上年结余	调入资金	国债转贷收入、上年结余及转补助数	支出合计	本年支出
	结算补助	企事业单位预算划转补助	其他财力性转移支付	专项转移支付						
玉田县	6274			14821		477	2143		79592	75461
遵化市	16688	22		16578		6371	4268		151234	145018
路南区	4351	311	5	6016		1650			45154	43868
路北区	6174	203	5	10270		728			71596	71073
古冶区	9882	83	10	7466		1447	464		59562	59243
开平区	6524	264	5	5168		3664	478		52943	51696
丰润区	10668	2085	115	18244		2979			124018	116130
丰南区	26498		10	16868		9484	4	430	164074	160082
高新开发区	5634			724		65			31252	27395
海港开发区	5288			1540		32			41532	37968
南堡开发区	1364			481		14			20380	19269
芦台开发区	2640		5	3259		151	221		12588	12444
汉沽管理区	2902		10	3231		3916	1040		19399	19393
曹妃甸工业园区			30	260		1080			38273	37911
邯郸市小计	**65468**	**7644**		**182960**		**88879**	**7814**		**1358700**	**1303088**
本级	20875	6549	－1271	17386	－846	38242	7144		293859	284365
区县级小计	44593	1095	1271	165574	846	50637	670		1064841	1018723
大名县	808			13899	826	4801			60601	61437
魏县	604		64	15469		2603			60520	58978
曲周县	412		9	7976		2254			39809	38646
邱县	288		18	5634		4375			23922	23213
鸡泽县	326		26	6496		1911			28259	27836
肥乡县	148		31	6592		2463			31694	30813
广平县	384		3	6515		5185			29947	29432
成安县	319		23	7252		1311			35536	34454
临漳县	454		53	10411		1776			50661	48381
馆陶县	332		34	8663		2455			32291	31726
磁县	985		3	10197		3091			84365	81122
涉县	1731		213	12142		5695			90359	87548
永年县	1129		38	13388		362	670		83520	79127
邯郸县	813		218	7311		2215			59056	58256
武安市	23141	1095		15252	20	2951			199050	177752
邯山区	3875		175	3086		2738			21135	20463
丛台区	2304		172	2861		2832			30533	28470
复兴区	4321		162	3006		1512			17193	16901
峰峰矿区	2130		23	8040		2977			65485	63369
开发区	89		3	933		－2906			14981	14861

2－3－14　　　　　　　　　　　　　　　　单位:万元

地区	平衡部分									
	支出								年终结余	其中：净结余
	财力性转移支付			专项上解	计划单列市上解省	增设预算周转金	调出资金	国债转贷拨付数及年终结余		
	小计	体制上解	出口退税专项上解							
玉田县	107		107	4024					139	139
遵化市	224		224	5992					8826	302
路南区	44		44	1242					1230	
路北区	85		85	438					2660	
古冶区				319					1294	
开平区	17		17	1230					5156	300
丰润区	43		43	7845					3541	226
丰南区	659		659	2903				430	18624	150
高新开发区	53		53	3804					1196	45
海港开发区	12		12	3552					65	59
南堡开发区	17		17	1094					47	47
芦台开发区	135		135	9					124	
汉沽管理区				6						
曹妃甸工业园区				362					1880	10
邯郸市小计	**1078**		**1078**	**54534**					**98951**	**1702**
本级	446		446	9048					46768	
区县级小计	632		632	45486					52183	1702
大名县				－836					1013	
魏县	10		10	1532					2125	
曲周县	27		27	1136					1334	
邱县	9		9	700					4402	
鸡泽县	11		11	412					999	
肥乡县				881					1077	
广平县	13		13	502					5089	65
成安县	2		2	1080					1189	
临漳县	4		4	2276						
馆陶县				565					776	
磁县	38		38	3205					5549	841
涉县	1		1	2810					5774	
永年县	68		68	4325					154	55
邯郸县	7		7	793					3103	9
武安市	412		412	20886					5297	
邯山区				672					4612	3171
丛台区				2063					5960	
复兴区				292					3840	3
峰峰矿区	11		11	2105					2332	
开发区	19		19	101					－2442	－2442

二、各省、自治区、直辖市地市县一般预算财政资料

2－3－15

单位：万元

地区	收支部分								
	收入								
	收入合计	税收收入							
		小计	增值税	营业税	企业所得税	个人所得税	资源税	城市维护建设税	耕地占用税
马头工业园区	3775	3191		970	73	287		1049	
张家口市小计	**344730**	**274982**	**61985**	**91937**	**16962**	**11566**	**18940**	**33366**	**595**
本级	169351	138603	36899	51192	10173	6866		16034	
区县级小计	175379	136379	25086	40745	6789	4700	18940	17332	595
蔚县	15170	11345	1755	3949	228	292	2119	1175	97
阳原县	9386	8058	2526	3078	126	85	273	1016	60
张北县	10031	8473	1703	3893	734	403	129	432	15
康保县	2238	1756	280	845	40	66	115	120	
沽源县	2583	1748	116	1109	49	46	1	102	
尚义县	2275	1774	244	956	19	51	50	110	
怀安县	8319	7441	2472	2609	38	115	544	1055	6
赤城县	22900	17106	1803	1879	45	260	11962	275	29
崇礼县	8070	4315	356	1036	177	78	2139	145	25
万全县	5693	4694	1011	1768	232	116	121	475	1
宣化县	8617	6657	1711	2270	192	182	728	890	83
怀来县	22921	17405	2958	7072	2596	863	437	958	100
涿鹿县	6103	4415	1004	1681	150	138	256	384	1
宣化区	27655	21854	2391	2894	520	722	49	9336	
下花园区	3672	2601	434	208	34	146	13	781	
桥东区	7524	7500	2172	2149	484	716			
桥西区	5695	4989	1015	1884	786	286			
高新区	4397	3050	837	1073	297	123			178
察北区	1200	885	253	234	39	10		42	
塞北区	930	313	45	158	3	2	4	36	
保定市小计	**514843**	**348838**	**73435**	**113804**	**38060**	**24467**	**4234**	**31795**	**5918**
本级	214498	157773	38280	51557	20987	10634		17943	
区县级小计	300345	191065	35155	62247	17073	13833	4234	13852	5918
清苑县	11402	6981	1495	1941	809	402		549	68
满城县	9344	6598	1337	2156	626	397	16	823	379
安新县	9130	3671	742	1252	246	391		250	65
唐县	4402	3266	478	1300	110	366	61	162	496
顺平县	4468	2525	611	1192	125	171		135	74
博野县	3788	1784	474	404	232	184		145	57
曲阳县	7637	4846	1108	2125	82	367	35	355	330
涞源县	20343	13269	3194	1346	2602	329	3378	1313	12
阜平县	6667	2427	821	904	159	137	41	119	
易县	9221	5571	740	2272	361	351	626	345	404

2-3-16

单位:万元

地区	收支部分									
	收入									
	税收收入			非税收入						
	契税	烟叶税	其他各项税收收入	小计	专项收入	行政事业性收费收入	罚没收入	国有资本经营收入	国有资源(资产)有偿使用收入	其他收入
马头工业园区			812	584	468	87	20		9	
张家口市小计	**18444**	**450**	**20737**	**69748**	**26825**	**13897**	**24201**	**-731**	**4614**	**942**
本级	13914		3525	30748	13288	4772	10216	-833	2669	636
区县级小计	4530	450	17212	39000	13537	9125	13985	102	1945	306
蔚县	636	450	644	3825	801	1395	1549	-75	155	
阳原县	465		429	1328	1076	43	342	-151	18	
张北县	503		661	1558	551	408	662	-137	74	
康保县	52		238	482	107	89	402	-147	27	4
沽源县	220		105	835	87	268	586	-125	19	
尚义县	104		240	501	111	15	368		7	
怀安县	209		393	878	1017			-164	25	
赤城县	521		332	5794	1117	4064	642	-148	119	
崇礼县	219		140	3755	1220	390	703	1420	22	
万全县	429		541	999	585	71	497	-177	23	
宣化县	224		377	1960	750	171	719	121	14	185
怀来县	457		1964	5516	1130	457	4042	-183	70	
涿鹿县	404		397	1688	406	362	755	133	32	
宣化区			5942	5801	3950	545	1398	-149	57	
下花园区			985	1071	382	244	545	-116	16	
桥东区			1979	24			3		21	
桥西区			1018	706	94		595		14	3
高新区			542	1347	59	507	122		549	110
察北区	81		226	315	58	64	39		154	
塞北区	6		59	617	36	32	16		529	4
保定市小计	**22583**	**22**	**34520**	**166005**	**33325**	**42489**	**54958**	**25752**	**6811**	**2670**
本级	12232		6140	56725	19315	8930	19826	7306	1303	45
区县级小计	10351	22	28380	109280	14010	33559	35132	18446	5508	2625
清苑县	447		1270	4421	336	1977	2026		82	
满城县	159		705	2746	1176	694	826	30	20	
安新县	96		629	5459	524	2337	943	917	51	687
唐县	93		200	1136	251	417	453		15	
顺平县	26	2	189	1943	245	835	826	1	36	
博野县	4		284	2004	217	384	605		725	73
曲阳县	19	12	413	2791	338	1001	1334		118	
涞源县	445		650	7074	1063	1855	4070		86	
阜平县	24		222	4240	217	230	3535	180	78	
易县	3	8	461	3650	597	1009	1978		64	2

2-3-17

单位:万元

地区	收支部分									
	支出功能分类									
	支出合计	一般公共服务	外交	国防	公共安全	教育	科学技术	文化体育与传媒	社会保障和就业	医疗卫生
马头工业园区	5938	2267			442	1695	10		739	412
张家口市小计	**922461**	**150323**		**1906**	**59125**	**167675**	**4209**	**11904**	**150062**	**51941**
本级	225781	31087		725	19699	25403	1623	4208	39058	13888
区县级小计	696680	119236		1181	39426	142272	2586	7696	111004	38053
蔚县	63631	9306		64	3085	14918	163	692	8497	3569
阳原县	38177	5855		94	1445	8772	100	1679	4492	2882
张北县	47629	7985		79	2648	10061	112	429	7112	2436
康保县	33269	4817			1248	7643	68	311	6426	2772
沽源县	28191	5157		99	1752	6731	72	312	4766	2149
尚义县	27133	4396		54	1483	6262	55	257	5678	1927
怀安县	41083	8041		171	1443	6997	128	211	5804	2151
赤城县	51919	9433			2486	8744	45	480	7448	3083
崇礼县	25063	7288		90	1696	3443	80	424	3335	1598
万全县	30598	5251		131	1417	5984	272	150	5748	2223
宣化县	39962	7426		13	2579	8612	277	225	7673	2219
怀来县	53009	8901			4668	10283	111	431	7731	4319
涿鹿县	39075	6334			1860	8121	118	735	6715	2292
宣化区	72617	8775		318	4317	15656	325	1012	12474	1815
下花园区	11751	3002		68	1190	2481	18	52	1524	440
桥东区	41730	5494			2796	8737	521	56	5145	881
桥西区	26953	3945			2160	4637	38	212	7758	536
高新区	13627	5053			833	3160	76	2	1861	401
察北区	6706	1676			159	663	4	6	689	250
塞北区	4557	1101			161	367	3	20	128	110
保定市小计	**1309392**	**209840**		**1601**	**91050**	**290885**	**6225**	**12082**	**217790**	**89979**
本级	237441	31472		602	32747	28915	3081	3391	41242	26046
区县级小计	1071951	178368		999	58303	261970	3144	8691	176548	63933
清苑县	55270	7978			2704	16352	88	774	8749	2785
满城县	39570	6819		43	2176	11913	127	232	5364	2239
安新县	35400	6572			1277	9875	4	75	5229	2249
唐县	43933	5713			2008	11024	74	288	8050	3707
顺平县	31467	5410			1846	7586	53	139	5760	2396
博野县	23062	5166			1572	5502	11	97	4581	1703
曲阳县	40830	5358			1796	12426	68	418	6999	3174
涞源县	51852	7761		49	2177	10232	119	596	7017	2702
阜平县	33470	5311		77	1368	6700	80	233	5730	1475
易县	56325	9394		69	2983	13493	346	688	8563	3721

2－3－18

单位:万元

地区	收支部分						平衡部分		
	支出功能分类						收入		
	环境保护	城乡社区事务	农林水事务	交通运输	工业、商业、金融等事务	其他支出	收入合计	本年收入	返还性收入 小计
马头工业园区		91	220		3	59	5924	3775	343
张家口市小计	**54884**	**61586**	**86888**	**23577**	**58599**	**39782**	**1029788**	**344730**	**85418**
本级	29859	21674	17980	5272	14845	460	267861	169351	8628
区县级小计	25025	39912	68908	18305	43754	39322	761927	175379	76790
蔚县	872	4309	4542	3102	724	9788	64669	15170	8908
阳原县	1760	1967	3305	899	3130	1797	40114	9386	3750
张北县	2177	2033	6527	1309	1331	3390	49508	10031	1841
康保县	1613	499	4065	1001	802	2004	33696	2238	963
沽源县	1490	504	3998	663	328	170	33741	2583	412
尚义县	1255	264	3811	245	456	990	28693	2275	697
怀安县	1467	890	5624	1243	4960	1953	42375	8319	3412
赤城县	1030	3614	10082	2714	1096	1664	54059	22900	3184
崇礼县	873	657	3173	933	602	871	28375	8070	1075
万全县	1032	995	3342	1061	980	2012	31613	5693	3000
宣化县	1405	962	2700	1017	3069	1785	41598	8617	4569
怀来县	3410	2381	4681	2499	1356	2238	59636	22921	3990
涿鹿县	1597	780	4853	388	3087	2195	43270	6103	3248
宣化区	3390	10202	1971	754	6999	4609	82086	27655	20958
下花园区	925	441	470	108	380	652	15542	3672	1898
桥东区		6196	178		10237	1489	46080	7524	3005
桥西区	165	2405	616		3738	743	40444	5695	11219
高新区	245	169	863		467	497	14884	4397	661
察北区	236	592	1766	188	3	474	6828	1200	
塞北区	83	52	2341	181	9	1	4716	930	
保定市小计	**18237**	**49569**	**102977**	**39636**	**40278**	**139243**	**1508165**	**514843**	**103713**
本级	2463	13967	14326	3958	16178	19053	338702	214498	4913
区县级小计	15774	35602	88651	35678	24100	120190	1169463	300345	98800
清苑县	392	997	5429	643	451	7928	57606	11402	4448
满城县	858	725	2444	533	788	5309	40770	9344	4725
安新县	1284	456	2535	776	852	4216	38169	9130	3250
唐县	409	1135	5609	463	337	5116	45556	4402	1446
顺平县	277	213	3873	645	229	3040	32466	4468	1485
博野县	163	478	2174	401	205	1009	23905	3788	1323
曲阳县	392	471	3807	1147	526	4248	54032	7637	1930
涞源县	1174	923	6485	5355	2797	4465	58378	20343	2512
阜平县	384	212	5357	3095	328	3120	34086	6667	921
易县	986	1087	5690	2305	1241	5759	58871	9221	3040

二、各省、自治区、直辖市地市县一般预算财政资料

2－3－19

单位:万元

地区	平衡部分									
	收入									
	返还性收入		财力性转移支付收入							
	增值税和消费税税收返还	所得税基数返还	小计	体制补助	一般性转移支付补助	民族地区转移支付补助	调整工资转移支付补助	农村义务教育补助	农村税费改革补助	缓解县乡困难转移支付补助
马头工业园区	343		1319		756		164	67	329	
张家口市小计	**78633**	**6785**	**292904**		**56650**	**6**	**98761**	**6264**	**36324**	**17493**
本级	45839	－37211	8553	－2037	－40777	3	6905	1370	6708	－335
区县级小计	32794	43996	284351	2037	97427	3	91856	4894	29616	17828
蔚县	3090	5818	18601		2023		9903	913	4261	1445
阳原县	2580	1170	17052	207	7171		5595	592	1400	905
张北县	1650	191	21646		5491		5976	557	3326	2082
康保县	729	234	19471	275	7330		7805	390	1676	945
沽源县	247	165	18225	366	6826		6977		2242	1037
尚义县	520	177	16019	329	6064		6023	301	1580	1128
怀安县	2881	531	17742	232	8215		5540		1205	900
赤城县	1991	1193	15393	269	5880		6168	324	2022	470
崇礼县	543	532	10558	239	4079		3889	187	695	872
万全县	1610	1390	14354	120	7719		4103	355	1250	570
宣化县	3136	1433	16512		5166		4955		1279	1370
怀来县	3283	707	17657		619	3	5304	568	2842	2193
涿鹿县	2288	960	18810		5777		5131	505	3135	1121
宣化区	4608	16350	14135		1365		5869		375	544
下花园区	904	994	5989		2380		1436		261	600
桥东区	1183	1822	18837		11697		2658	22	19	538
桥西区	1354	9865	10507		4005		3725		90	649
高新区	197	464	7624		4318		511	172	833	300
察北区			3440		985		202		99	89
塞北区			1779		317		86	8	1026	70
保定市小计	**76277**	**27436**	**507400**		**105096**	**9**	**174450**	**16926**	**82176**	**33165**
本级	32310	－27397	22525		－12524		22913	109	50	－698
区县级小计	43967	54833	484875		117620	9	151537	16817	82126	33863
清苑县	2324	2124	30180		6803		9488	1080	5935	3102
满城县	2574	2151	18922		4403		5905	705	2730	1890
安新县	1149	2101	16904		6048		4697	787	3079	1306
唐县	834	612	24954		9640		7613	981	3504	1639
顺平县	871	614	16453		6406		4595	415	2443	815
博野县	585	738	12581		4703		4077	369	2067	594
曲阳县	1087	843	24319		9984		6122	985	2912	1854
涞源县	1649	863	19137		2563		5777	427	1941	270
阜平县	640	281	15204		5151		5723	318	1897	170
易县	1392	1648	27308		9309	3	8630	1039	4364	1609

2－3－20

单位:万元

地区	平衡部分									
	收入								支出	
	财力性转移支付收入									
	结算补助	企事业单位预算划转补助	其他财力性转移支付	专项转移支付	省补助计划单列市收入	上年结余	调入资金	国债转贷收入、上年结余及转补助数	支出合计	本年支出
马头工业园区			3	451		36			5924	5938
张家口市小计	**75248**	**2158**		**197304**		**93951**	**14414**	**1067**	**943888**	**922461**
本级	34579	2137		14718		54780	11831		225155	225781
区县级小计	40669	21		182586		39171	2583	1067	718733	696680
蔚县	56			11049		10756	185		63995	63631
阳原县	1182			8726		998	202		38822	38177
张北县	4214			14109		1572	309		47183	47629
康保县	1050			10355		669			33529	33269
沽源县	777			9825		2696			28485	28191
尚义县	594			8549		1053		100	27458	27133
怀安县	1650			10307		1602	913	80	41765	41083
赤城县	260			11043		1529		10	52617	51919
崇礼县	597			7453		1219			25314	25063
万全县	237			8328		－89	177	150	31449	30598
宣化县	3742			11254		490	156		41098	39962
怀来县	6107	21		11286		3751	31		55272	53009
涿鹿县	3141			11425		3363	194	127	40595	39075
宣化区	5982			16714		1774	250	600	80277	72617
下花园区	1312			2894		1089			13082	11751
桥东区	3903			14917		1797			43818	41730
桥西区	2038			8714		4309			28005	26953
高新区	1490			1927		275			14664	13627
察北区	2065			1751		271	166		6725	6706
塞北区	272			1960		47			4580	4557
保定市小计	**89306**	**6272**		**223880**		**147736**	**8219**	**2374**	**1351496**	**1309392**
本级	10539	3042	－906	32507	－688	62113	2834		252694	237441
区县级小计	78767	3230	906	191373	688	85623	5385	2374	1098802	1071951
清苑县	3712		60	8185		3261		130	56115	55270
满城县	3179		110	6382		590	807		40031	39570
安新县	937		50	5283		3602			35889	35400
唐县	1567		10	11300		3200	254		44489	43933
顺平县	1764		15	7652		2408			31706	31467
博野县	761		10	4986		1186	41		23400	23062
曲阳县	2462			9116		10930		100	41833	40830
涞源县	8149		10	9746		6460		180	52407	51852
阜平县	1925		20	10026		1268			33719	33470
易县	2324		30	13262		6040			56726	56325

二、各省、自治区、直辖市地市县一般预算财政资料

2-3-21　　　　　　　　　　　　　　　　　　　　　　　　　　单位:万元

地区	平衡部分									
	支出								年终结余	其中:净结余
	财力性转移支付			专项上解	计划单列市上解省	增设预算周转金	调出资金	国债转贷拨付数及年终结余		
	小计	体制上解	出口退税专项上解							
马头工业园区				-14						
张家口市小计	**507**		**507**	**19853**				**1067**	**85900**	**-959**
本级	-4178	-4529	351	3552					42706	356
区县级小计	4685	4529	156	16301				1067	43194	-1315
蔚县				364					674	-150
阳原县				645					1292	-355
张北县				-446					2325	
康保县				260					167	
沽源县	294	294							5256	
尚义县				225				100	1235	71
怀安县				602				80	610	-289
赤城县				688				10	1442	264
崇礼县	251	251							3061	-312
万全县	90		90	611				150	164	-327
宣化县	26	26		1110					500	
怀来县	4		4	2259					4364	168
涿鹿县	302	302		1091				127	2675	-226
宣化区	2022	2022		5038				600	1809	50
下花园区	359	359		972					2460	66
桥东区	918	876	42	1170					2262	-82
桥西区	399	399		653					12439	-193
高新区	20		20	1017					220	
察北区				19					103	
塞北区				23					136	
保定市小计	**3109**		**3109**	**35961**		**660**		**2374**	**156669**	**-856**
本级	2099		2099	13154					86008	-3726
区县级小计	1010		1010	22807		660		2374	70661	2870
清苑县	18		18	697				130	1491	
满城县	13		13	448					739	
安新县	10		10	479					2280	
唐县	5		5	551					1067	
顺平县	9		9	230					760	
博野县	5		5	333					505	
曲阳县	5		5	898				100	12199	
涞源县				375				180	5971	
阜平县				249					367	
易县	11		11	390					2145	

2－3－22 单位:万元

地区	收支部分								
	收入								
	收入合计	税收收入							
		小计	增值税	营业税	企业所得税	个人所得税	资源税	城市维护建设税	耕地占用税
定兴县	8622	5326	772	1744	684	324		415	19
徐水县	15460	11284	1697	2869	1330	906	29	737	356
容城县	7925	3773	808	1205	231	479		281	210
涿州市	50256	34853	8035	11639	1862	2189	15	3358	1416
涞水县	6830	3232	599	1440	139	204	19	238	200
高碑店市	14904	9523	1177	2438	731	819	14	1019	436
雄县	9455	4036	860	1037	596	286		382	43
望都县	5612	1847	314	908	37	208		146	118
高阳县	10268	6014	1398	1385	625	716		499	44
蠡县	8534	4891	1157	1073	649	545		295	344
安国市	12001	5749	1044	1483	483	628		524	9
定州市	27522	20375	6294	3942	4354	1490		1762	116
南市区	6645	5343		2514		277			
北市区	11733	7928		5050		389			459
新市区	12571	10696		5812		680			234
高新区	5605	5257		2816		598			29
沧州市小计	**472013**	**370691**	**87905**	**108199**	**28661**	**21592**	**20890**	**37438**	**3599**
本级	133958	103027	33793	28782	14633	8012	1280	8174	
区县级小计	338055	267664	54112	79417	14028	13580	19610	29264	3599
肃宁县	12635	10385	445	6705	293	399		843	119
献县	7804	4830	441	1867	211	357		384	157
盐山县	7894	4885	689	1742	360	218		630	35
孟村县	5965	2616	496	521	333	206		301	128
沧县	23394	15809	4244	3257	550	717	1728	2429	311
青县	11731	8864	1303	2232	948	796		634	
南皮县	6467	4597	1004	647	232	316	350	713	350
河间市	16869	9987	948	3077	543	758		876	165
任丘市	107422	87013	30389	11606	2070	4098	13484	17127	644
海兴县	4569	2586	277	1150	56	97	212	154	272
东光县	7624	5454	681	1418	773	368		510	97
泊头市	12991	9150	856	2424	512	517		1193	
吴桥县	4588	3337	218	1372	133	193		253	5
黄骅市	34785	29560	6826	10250	1306	1470	3140	1575	238
新华区	14346	13806	921	5581	795	1062			92
运河区	30564	29395	1782	16198	2001	1461			749
开发区	2818	2584	192	500	108	41		298	218
港口区	16093	14940	1006	6963	2364	297		331	

二、各省、自治区、直辖市地市县一般预算财政资料

2－3－23

单位:万元

地区	收支部分									
	收入									
	税收收入			非税收入						
	契税	烟叶税	其他各项税收收入	小计	专项收入	行政事业性收费收入	罚没收入	国有资本经营收入	国有资源(资产)有偿使用收入	其他收入
定兴县	537		831	3296	369	858	1245	788	36	
徐水县	1547		1813	4176	755	1992	1356		73	
容城县	124		435	4152	363	1186	1147	1180	32	244
涿州市	3507		2832	15403	1998	2310	1656	8513	259	667
涞水县	80		313	3598	421	1105	1924		38	110
高碑店市	968		1921	5381	719	2606	1999	1	45	11
雄县	183		649	5419	571	1810	744	1954	340	
望都县	9		107	3765	148	807	934	1865	11	
高阳县	508		839	4254	799	1772	1186	2	88	407
蠡县	87		741	3643	367	1267	1848	100	61	
安国市	656		922	6252	375	1979	1071	2330	497	
定州市	586		1831	7147	1905	2659	1949	464	101	69
南市区			2552	1302	82	448	622	120	30	
北市区	243		1787	3805	43	706	465		2591	
新市区			3970	1875	131	995	381	1	12	355
高新区			1814	348		320	9		19	
沧州市小计	**22342**		**40065**	**101322**	**33156**	**26616**	**34926**	**2410**	**2543**	**1671**
本级	8353			30931	10950	5352	13419	390	820	
区县级小计	13989		40065	70391	22206	21264	21507	2020	1723	1671
肃宁县	668		913	2250	763	397	1044		46	
献县	669		744	2974	350	1638	933		53	
盐山县	103		1108	3009	454	766	1727	24	27	11
孟村县	179		452	3349	292	710	2084	254	9	
沧县	882		1691	7585	2955	2446	2009	27	87	61
青县	869		2082	2867	610	1155	868	176	58	
南皮县	493		492	1870	847	246	697		80	
河间市	936		2684	6882	712	2815	2409	894	52	
任丘市	2092		5503	20409	9221	5161	3365	400	671	1591
海兴县	5		363	1983	154	1044	686	54	45	
东光县	587		1020	2170	561	860	691		58	
泊头市	1650		1998	3841	590	1329	1666	169	87	
吴桥县	571		592	1251	247	541	383	7	73	
黄骅市	1037		3718	5225	2159	778	2083		205	
新华区			5355	540	50	78	401		11	
运河区			7204	1169	46	736	330		57	
开发区	339		888	234	128	48	46		12	
港口区	1969		2010	1153	988	74	20		63	8

2－3－24

单位:万元

地区	收支部分									
	支出功能分类									
	支出合计	一般公共服务	外交	国防	公共安全	教育	科学技术	文化体育与传媒	社会保障和就业	医疗卫生
定兴县	43933	5434		45	2418	12566	219	229	7308	3163
徐水县	54738	9138		132	2862	14305	210	225	6793	3113
容城县	28581	5661			2272	6672	57	160	3730	1585
涿州市	82770	13751		66	5532	14985	723	1417	11096	4365
涞水县	39761	6015		88	3372	7954	60	236	5619	2052
高碑店市	44940	7681		76	3696	13176	160	202	7857	2074
雄县	31723	4578		53	1715	8100	43	122	5159	1707
望都县	27147	4149		34	1269	6454	59	98	4410	1805
高阳县	34613	6220		82	1497	7061	231	81	5834	1710
蠡县	40706	6608		23	2044	11495	15	268	6567	2910
安国市	39734	5952		89	2069	10524	78	768	7660	2641
定州市	92830	15886			5323	21222	135	938	20153	6731
南市区	27474	5444		30	1090	6963	20		5847	1747
北市区	28884	5173		43	1517	4775	7		5984	982
新市区	29743	8018			1587	9266	65	5	6306	1192
高新区	13195	3178			133	1349	92	402	183	5
沧州市小计	**1005753**	**200749**		**858**	**75709**	**267382**	**8082**	**9104**	**77961**	**69699**
本级	172197	25345		572	25682	38336	3115	2770	12640	11781
区县级小计	833556	175404		286	50027	229046	4967	6334	65321	57918
肃宁县	37910	8501			2359	12373	173	216	2255	3040
献县	54037	13488			3090	15568	216	186	3093	4392
盐山县	48676	10375			3079	11764	439	468	3479	4393
孟村县	29519	6062		77	1834	6862	197	453	5221	2631
沧县	69394	14317		70	3961	20696	170	395	2424	5112
青县	45979	8575		87	3576	12950	272	463	5761	2932
南皮县	43169	9787			2587	14816	140	467	2443	3362
河间市	71524	16439		3	4050	21836	263	295	7940	5150
任丘市	103508	19631			6630	28186	263	1085	4525	7113
海兴县	28437	5716		49	2052	6386	100	193	1870	1667
东光县	46206	9937			2366	13026	254	200	3475	3233
泊头市	59532	11737			4750	18584	175	624	5198	3897
吴桥县	32342	7483			2541	9995	119	284	1854	2119
黄骅市	64393	13362			2867	13206	213	667	7862	3914
新华区	17033	6045			975	4094	54	55	2017	717
运河区	26554	5123			1158	8210	126	65	2448	2432
开发区	4165	1435			108	309	1591		60	96
港口区	26343	3178			419	4047	15	107	445	238

2－3－25

单位：万元

地区	收支部分						平衡部分		
	支出功能分类						收入		
	环境保护	城乡社区事务	农林水事务	交通运输	工业、商业、金融等事务	其他支出	收入合计	本年收入	返还性收入 小计
定兴县	255	2383	3280	1507	262	4864	47624	8622	2912
徐水县	314	1348	4938	824	327	10209	57057	15460	6343
容城县	164	799	2941	789	1418	2333	29470	7925	3446
涿州市	1914	6277	7386	5915	3224	6119	91219	50256	5919
涞水县	529	944	3073	1640	429	7750	41673	6830	1491
高碑店市	1991	684	2675	2074	505	2089	55062	14904	6473
雄县	117	1542	2465	812	310	5000	33553	9455	3202
望都县	69	466	2027	809	508	4990	28448	5612	1898
高阳县	1806	2387	2026	648	1686	3344	36679	10268	4624
蠡县	613	628	2414	758	312	6051	45176	8534	8243
安国市	141	1134	2755	473	259	5191	42877	12001	2845
定州市	767	2716	7409	4066	1889	5595	105324	27522	7458
南市区	289	1373	658		67	3946	29002	6645	6956
北市区	153	1705	747		17	7781	34316	11733	2803
新市区	331	1885	415		32	641	31393	12571	4207
高新区	2	2634	39		5101	77	16751	5605	4900
沧州市小计	**8491**	**59593**	**89382**	**18348**	**23667**	**96728**	**1125512**	**472013**	**71986**
本级	1190	17233	7075	9528	7611	9319	197213	133958	1244
区县级小计	7301	42360	82307	8820	16056	87409	928299	338055	70742
肃宁县	743	941	3869	177	711	2552	42623	12635	2689
献县	483	4923	6303	166	1098	1031	54844	7804	2511
盐山县	439	447	6199	726	533	6335	49745	7894	2350
孟村县	261	641	3304	290	313	1373	29829	5965	1998
沧县	282	492	6764	571	407	13733	75020	23394	5760
青县	220	880	4837	33	635	4758	52385	11731	5300
南皮县	306	1050	5163	388	557	2103	44176	6467	2575
河间市	378	1058	5984	1945	390	5793	77052	16869	5584
任丘市	1275	7062	9066	2431	2293	13948	137832	107422	7643
海兴县	135	317	4347	549	408	4648	29031	4569	1763
东光县	1171	936	5932	85	974	4617	49141	7624	3169
泊头市	505	1810	5965	252	2790	3245	67134	12991	5871
吴桥县	241	483	3514	10	296	3403	36229	4588	1695
黄骅市	525	1808	5615	1080	3019	10255	74813	34785	7500
新华区		304	401		67	2304	20984	14346	1172
运河区		763	1171		106	4952	29669	30564	1443
开发区	5	177	132		22	230	4275	2818	237
港口区		14867	126	71	718	2112	28597	16093	11359

2－3－26 单位:万元

地　区	平衡部分									
	收入									
	返还性收入		财力性转移支付收入							
	增值税和消费税税收返还	所得税基数返还	小计	体制补助	一般性转移支付补助	民族地区转移支付补助	调整工资转移支付补助	农村义务教育补助	农村税费改革补助	缓解县乡困难转移支付补助
定兴县	1068	1844	24006		6329		6549	1002	6060	2618
徐水县	2919	3424	22641		3610		6979	808	4738	3111
容城县	1309	2137	12279		2296		4409	354	2092	1931
涿州市	5063	856	18971		174		6206	800	4409	1181
涞水县	932	559	19873		7807	3	5710	497	2707	1515
高碑店市	2402	4071	19126		3435		6762	933	4724	1274
雄县	1204	1998	14430		3321		5017	498	2823	1344
望都县	944	954	14438		4879		5643	380	2135	1002
高阳县	1850	2774	14251		3571		5014	462	2821	186
蠡县	2839	5404	18377		3453		7170	1056	3690	2008
安国市	1947	898	16173		2562		6168	555	3273	2158
定州市	6282	1176	42191		5961	3	13663	1999	9542	2141
南市区	768	6188	13295		1391		3093	111	696	
北市区	324	2479	11593		1326		3039	88	530	
新市区	426	3781	11841		2495		3488	164	991	145
高新区	585	4315	5428					4	23	
沧州市小计	**57404**	**14582**	**357004**		**65242**	**895**	**119759**	**11164**	**68498**	**28122**
本级	10987	－9743	31753	－691	－48024	3	18569		31	－606
区县级小计	46417	24325	325251	691	113266	892	101190	11164	68467	28728
肃宁县	2074	615	17525		7727		5049	533	2614	869
献县	1902	609	29102		11095	3	7959	1059	5631	2263
盐山县	1953	397	28330		12876		7896	860	4291	1792
孟村县	1392	606	16261		7984	868	3876	359	1870	811
沧县	4021	1739	32368		10704	12	8459	990	5784	4177
青县	3671	1629	24467		7693		6482	731	3962	2679
南皮县	1704	871	21695		9554		5411	685	4026	1406
河间市	4296	1288	33931		6917	3	10037	1248	7332	4317
任丘市	7057	586	1928		124		9036	1095	5221	1090
海兴县	1578	185	15490		7078		3823	442	2467	1179
东光县	2260	909	26153		10987		6365	559	4100	3129
泊头市	4352	1519	32249		11171		8553	959	6033	2473
吴桥县	1412	283	20940		8135		5084	412	4133	2182
黄骅市	6626	874	15404		3498	6	5881	875	3521	169
新华区	723	449	1787		－269		2686	63	276	65
运河区	1014	429	－5670		－6952		4027	98	795	75
开发区	143	94	1143	691			83	7	49	13
港口区	229	11130	153				89	21	26	13

2－3－27

单位:万元

地区	平衡部分									
	收入								支出	
	财力性转移支付收入									
	结算补助	企事业单位预算划转补助	其他财力性转移支付	专项转移支付	省补助计划单列市收入	上年结余	调入资金	国债转贷收入、上年结余及转补助数	支出合计	本年支出
定兴县	1408		40	7443		4641			44727	43933
徐水县	3325		70	8493		2705	1415		56367	54738
容城县	1169		28	4589		944	137	150	29470	28581
涿州市	6201			11806	522	2797	244	704	87001	82770
涞水县	1559		75	10100		3379			40053	39761
高碑店市	1792	198	8	7691		5878		990	48243	44940
雄县	1427			4557		1909			32302	31723
望都县	389		10	5359		1141			27790	27147
高阳县	2197			5911		1109	516		36045	34613
蠡县	970		30	6169		3733		120	42167	40706
安国市	1457			6974	100	4784			40462	39734
定州市	8882			18907	66	7209	1971		95054	92830
南市区	7984		20	2057		49			28283	27474
北市区	6402	80	128	2166		6021			28945	28884
新市区	1472	2952	134	2536		238			31393	29743
高新区	5353		48	677		141			14185	13195
沧州市小计	**45348**	**17976**		**135714**		**74208**	**14037**	**550**	**1042090**	**1005753**
本级	45031	17458	－18	8618		21475	165		161137	172197
区县级小计	317	518	18	127096		52733	13872	550	880953	833556
肃宁县	730	2	1	6625		2978	171		39176	37910
献县	1089	2	1	11995		2538	744	150	54844	54037
盐山县	612	2	1	9029		2142			49294	48676
孟村县	491	1	1	4811		794			29840	29519
沧县	2239	2	1	9057		3666	775		73121	69394
青县	2918	1	1	7019		3868			48573	45979
南皮县	609	3	1	7870		1183	4386		44492	43169
河间市	4073	3	1	9283		4894	6491		74405	71524
任丘市	－14638			9867		10623	349		118342	103508
海兴县	457	43	1	6454		755			28639	28437
东光县	1011	1	1	8285		3910			47408	46206
泊头市	2970	89	1	8584		6435	604	400	63597	59532
吴桥县	991	2	1	6173		2784	49		33263	32342
黄骅市	1454			12817		4307			71415	64393
新华区	－1317	282	1	2281		1398			19266	17033
运河区	－3799	85	1	2659		370	303		28417	26554
开发区	299		1	63		14			4270	4165
港口区	3		1	985		7			27728	26343

2－3－28

单位:万元

地区	平衡部分									
	支出								年终结余	其中:净结余
	财力性转移支付			专项上解	计划单列市上解省	增设预算周转金	调出资金	国债转贷拨付数及年终结余		
	小计	体制上解	出口退税专项上解							
定兴县	30		30	764					2897	
徐水县	48		48	1581					690	72
容城县	81		81	658				150		
涿州市	274		274	3253				704	4218	
涞水县	9		9	283					1620	
高碑店市	6		6	2307				990	6819	
雄县	15		15	564					1251	31
望都县	8		8	635					658	20
高阳县	60		60	1372					634	181
蠡县				1341				120	3009	
安国市				728					2415	
定州市	403		403	1821					10270	
南市区				149		660			719	
北市区				61					5371	
新市区				1650						
高新区				990					2566	2566
沧州市小计	**1950**		**1950**	**31958**		**400**	**1479**	**550**	**83422**	**25905**
本级	－21818	－23081	1263	9289			1469		36076	17082
区县级小计	23768	23081	687	22669		400	10	550	47346	8823
肃宁县	28	20	8	1238					3447	－457
献县	209	209		448				150		－187
盐山县	231	218	13	387					451	－66
孟村县	116	85	31	205					－11	－11
沧县	3240	3215	25	487					1899	
青县	2137	2070	67	457					3812	19
南皮县	980	972	8	343					－316	－316
河间市	2402	2387	15	479					2647	
任丘市	158		158	14676					19490	10008
海兴县	－57	－64	7	259					392	－115
东光县	783	783		419					1733	－106
泊头市	2990	2953	37	675				400	3537	19
吴桥县	539	539		382					2966	401
黄骅市	6762	6615	147	250			10		3398	
新华区	2019	2019		214					1718	
运河区	158		158	1705					1252	－408
开发区	103	92	11	2					5	5
港口区	975	975		10		400			869	

二、各省、自治区、直辖市地市县一般预算财政资料

2－3－29

单位:万元

地区	收支部分								
	收入								
	收入合计	税收收入							
		小计	增值税	营业税	企业所得税	个人所得税	资源税	城市维护建设税	耕地占用税
南大港	4058	3246	702	611	98	104	500	772	19
临港区	5438	4620	692	1296	342	105	196	241	
秦皇岛市小计	**416469**	**333807**	**44165**	**135142**	**26261**	**17717**	**14307**	**21680**	**1316**
本级	204854	149047	19393	61794	16872	10248		14630	
区县级小计	211615	184760	24772	73348	9389	7469	14307	7050	1316
青龙满族自治县	26455	21836	2576	4346	517	605	12232	617	112
昌黎县	24757	19270	4391	6876	1759	1067	25	752	45
卢龙县	8173	7131	1426	2750	121	621	1337	314	8
抚宁县	31006	25761	5590	10275	557	1054	713	1197	
山海关	10242	8460	958	4854	208	474			
海港区	46525	43168	4188	16790	2819	1566			64
北戴河	21125	18611	681	10773	934	566			395
秦皇岛经济开发区	43332	40523	4962	16684	2474	1516		4170	692
邢台市小计	**313552**	**238962**	**67658**	**59062**	**28281**	**15977**	**7734**	**19348**	**2546**
本级	138769	104474	34825	23189	16930	8061	585	10414	
区县级小计	174783	134488	32833	35873	11351	7916	7149	8934	2546
南宫市	5128	3917	672	1461	161	317		344	71
沙河市	25472	20548	6171	3736	764	899	2398	2528	489
邢台县	25866	18833	6447	3257	2038	740	1519	929	368
临城县	5424	4188	795	1195	264	182	1203	181	
内邱县	12352	10610	3010	2431	1316	564	1506	675	21
柏乡县	2090	1335	297	409	147	100		97	24
隆尧县	11215	7742	1706	1617	647	262	523	826	262
任县	2553	2135	357	859	133	168		111	20
南和县	3070	2583	234	1617	85	169		157	
宁晋县	25291	18039	5323	3149	3642	1272		879	520
巨鹿县	4123	3188	559	1256	258	188		409	
新河县	1273	1150	188	477	91	121		93	22
广宗县	1504	1140	203	573	44	77		60	29
平乡县	4919	2785	425	1068	125	325		155	50
威县	3272	2252	261	1004	68	198		123	21
清河县	11022	8609	3461	1501	931	801		655	280
临西县	4689	3336	424	1712	154	139		172	111
桥东区	7058	5937	773	3013	143	593			48
桥西区	11457	10250	925	2879	179	671			150
高开区	6258	5639	553	2552	146	109		524	60
大曹庄管理区	747	272	49	107	15	21		16	

2－3－30

单位:万元

地区	收支部分									
	收入									
	税收收入			非税收入						
	契税	烟叶税	其他各项税收收入	小计	专项收入	行政事业性收费收入	罚没收入	国有资本经营收入	国有资源(资产)有偿使用收入	其他收入
南大港	45		395	812	433	318	31	15	15	
临港区	895		853	818	646	124	34		14	
秦皇岛市小计	**29578**		**43641**	**82662**	**30669**	**12589**	**13886**	**22460**	**3054**	**4**
本级	20682		5428	55807	21996	4666	6334	21448	1363	
区县级小计	8896		38213	26855	8673	7923	7552	1012	1691	4
青龙满族自治县	331		500	4619	1352	1507	1669	40	51	
昌黎县	1578		2777	5487	1364	1303	1920	398	502	
卢龙县	116		438	1042	519	102	390		31	
抚宁县	2387		3988	5245	1454	1955	1082	78	672	4
山海关	366		1600	1782	532	768	445		37	
海港区			17741	3357	926	1302	1041		88	
北戴河	931		4331	2514	629	400	792	496	197	
秦皇岛经济开发区	3187		6838	2809	1897	586	213		113	
邢台市小计	**12689**		**25667**	**74590**	**19961**	**14994**	**30407**	**6735**	**2216**	**277**
本级	7445		3025	34295	9508	4933	19255		549	50
区县级小计	5244		22642	40295	10453	10061	11152	6735	1667	227
南宫市	199		692	1211	256	212	688		55	
沙河市	881		2682	4924	2981	559	1301		83	
邢台县	1045		2490	7033	1136	4243	1278	177	199	
临城县	10		358	1236	342	25	746		123	
内邱县	318		769	1742	1374	265	50		53	
柏乡县	34		227	755	96	181		453	25	
隆尧县	67		1832	3473	881	570	1178	633	211	
任县	95		392	418	155	62	155		46	
南和县	7		314	487	171	22	19	166	109	
宁晋县	682		2572	7252	925	1134	2864	2212	108	9
巨鹿县	50		468	935	281	99	100	336	119	
新河县	17		141	123	95		11	9	8	
广宗县	77		77	364	78	84	177		25	
平乡县	178		459	2134	158	76	55	1826	19	
威县	102		475	1020	133	297	431	87	72	
清河县	273		707	2413	680	555	648	286	244	
临西县	396		228	1353	205	83	339	409	99	218
桥东区			1367	1121	105	495	502		19	
桥西区			5446	1207	138	597	446		26	
高开区	801		894	619	223	251	135		10	
大曹庄管理区	12		52	475	40	251	29	141	14	

二、各省、自治区、直辖市地市县一般预算财政资料

2－3－31　　单位:万元

地区	收支部分									
	支出功能分类									
	支出合计	一般公共服务	外交	国防	公共安全	教育	科学技术	文化体育与传媒	社会保障和就业	医疗卫生
南大港	11158	1785			840	3129	34	51	1273	815
临港区	13677	2428			785	3009	153	60	1678	665
秦皇岛市小计	**723444**	**118932**		**951**	**57434**	**112702**	**5251**	**13031**	**75221**	**37773**
本级	233560	35344		568	27610	17889	2885	5455	25501	11352
区县级小计	489884	83588		383	29824	94813	2366	7576	49720	26421
青龙满族自治县	74508	11540			3774	15152	97	799	9533	4180
昌黎县	66055	13594			5021	18742	98	620	4236	5257
卢龙县	50107	8194			2392	12079	367	414	8238	2024
抚宁县	75922	12515		61	3606	15444	163	349	13046	5295
山海关	35763	6141		64	2939	6057	69	3535	5583	1571
海港区	74772	12388		142	6698	17787	227	207	5665	3962
北戴河	38637	6952		116	2944	4415	98	905	2067	2397
秦皇岛经济开发区	74120	12264			2450	5137	1247	747	1352	1735
邢台市小计	**833282**	**152246**		**961**	**60755**	**200739**	**5733**	**6745**	**93995**	**47810**
本级	173752	26963		441	24655	25324	795	2645	25827	6617
区县级小计	659530	125283		520	36100	175415	4938	4100	68168	41193
南宫市	38918	5494		15	1531	12342	232	234	6417	2272
沙河市	60553	11442		40	3058	17595	613	544	3301	3007
邢台县	65145	13568		73	2929	12338	716	486	6999	4086
临城县	25428	4230		32	1473	5156	247	136	3742	1969
内邱县	33254	7627			1684	8025	362	71	1435	2157
柏乡县	18794	4013		33	1381	6987	94	214	1346	1257
隆尧县	37492	5453		28	1850	11343	194	281	5268	2902
任县	25889	4524			1422	7071	91	105	3907	2098
南和县	26914	4386		12	1331	8330	242	96	4173	1554
宁晋县	65446	14187		56	3734	16184	557	381	9222	3751
巨鹿县	35544	4835		49	1874	9934	58	227	3383	2347
新河县	20440	4365			1606	5130	128	86	967	1093
广宗县	23407	3679			1590	6971	319	174	1001	1677
平乡县	27544	6455		76	1596	7478	222	266	1722	1674
威县	39848	6116			1685	9266	106	271	5004	3769
清河县	40232	8707		37	2587	11368	376	306	1717	1939
临西县	28947	4578		30	1703	10664	131	200	1342	1804
桥东区	14924	3784		32	1574	3060	94		2001	723
桥西区	16580	3900			1213	3327	142	10	3691	682
高开区	9826	2855		7	152	1672	14	12	1180	279
大曹庄管理区	4405	1085			127	1174			350	153

2－3－32

单位:万元

地区	收支部分						平衡部分		
	支出功能分类						收入		
	环境保护	城乡社区事务	农林水事务	交通运输	工业、商业、金融等事务	其他支出	收入合计	本年收入	返还性收入 小计
南大港	56	1374	1514	35	237	15	11205	4058	96
临港区	276	2027	2101	11	482	2	13715	5438	27
秦皇岛市小计	**26081**	**70368**	**49303**	**39787**	**30429**	**86181**	**793103**	**416469**	**62773**
本级	20432	15658	9826	23645	14002	23393	253792	204854	21532
区县级小计	5649	54710	39477	16142	16427	62788	539311	211615	41241
青龙满族自治县	614	1436	7769	5868	1405	12341	80622	26455	2688
昌黎县	1428	5617	5365	1541	3720	816	80546	24757	5809
卢龙县	519	1317	4229	1886	456	7992	50675	8173	3343
抚宁县	610	1047	8371	1709	1893	11813	86926	31006	10576
山海关	858	2796	2380	211	1201	2358	39447	10242	3554
海港区	464	7320	2763	582	779	15788	81103	46525	5134
北戴河	284	7035	2213	52	481	8678	40265	21125	2401
秦皇岛经济开发区	872	28142	6387	4293	6492	3002	79727	43332	7736
邢台市小计	**13609**	**37599**	**83403**	**22067**	**30226**	**77394**	**957196**	**313552**	**77300**
本级	5764	12283	10996	12087	9498	9857	243548	138769	25275
区县级小计	7845	25316	72407	9980	20728	67537	713648	174783	52025
南宫市	215	524	4049	441	588	4564	41742	5128	3291
沙河市	1204	3836	5458	3245	1327	5883	61183	25472	6625
邢台县	1340	2642	6763	1738	4796	6671	76378	25866	7502
临城县	214	1043	3985	203	1045	1953	27690	5424	1664
内邱县	557	1638	4032	526	1865	3275	36994	12352	2990
柏乡县	332	737	1453	102	489	356	19697	2090	996
隆尧县	403	1047	3528	431	561	4203	46708	11215	3013
任县	158	744	2559		283	2927	26324	2553	1329
南和县	117	968	2523	43	270	2869	27317	3070	981
宁晋县	999	3001	6231	788	1892	4463	68628	25291	5282
巨鹿县	591	493	7683	982	774	2314	38776	4123	1807
新河县	111	1042	3297	299	465	1851	20889	1273	970
广宗县	183	373	3839	174	298	3129	24750	1504	574
平乡县	167	1792	2182	359	317	3238	28564	4919	1468
威县	222	993	5662	10	1265	5479	41337	3272	1547
清河县	775	958	4417	525	2723	3797	42438	11022	6709
临西县	172	1288	2638	41	439	3917	31377	4689	2152
桥东区		227	559		22	2848	16112	7058	1104
桥西区		263	439		132	2781	21787	11457	1210
高开区	85	1369	400		1175	626	10537	6258	617
大曹庄管理区		338	710	73	2	393	4420	747	194

二、各省、自治区、直辖市地市县一般预算财政资料

2－3－33 单位:万元

地区	平衡部分									
	收入									
	返还性收入		财力性转移支付收入							
	增值税和消费税税收返还	所得税基数返还	小计	体制补助	一般性转移支付补助	民族地区转移支付补助	调整工资转移支付补助	农村义务教育补助	农村税费改革补助	缓解县乡困难转移支付补助
南大港	5	91	5857		2256		186	95	3247	13
临港区	5	22	6138		2688		208	73	3089	13
秦皇岛市小计	**50855**	**11918**	**148670**		**11356**	**1578**	**51590**	**3294**	**18539**	**5550**
本级	21689	－157	－22008		－45549		5452		10	－260
区县级小计	29166	12075	170678		56905	1578	46138	3294	18529	5810
青龙满族自治县	2092	596	26447		10339	1578	8979	832	3837	623
昌黎县	4503	1306	26460		2531		8735	819	5642	3081
卢龙县	3062	281	25995		10190		8165	697	4250	1487
抚宁县	8622	1954	26167		10502		7864	714	3848	24
山海关	3210	344	9746		2207		3105	49	282	87
海港区	2194	2940	21988		1155		6590	134	461	
北戴河	1125	1276	11719		5143		2017	24	139	248
秦皇岛经济开发区	4358	3378	22156		14838		683	25	70	260
邢台市小计	**55716**	**21584**	**315505**		**79077**		**104643**	**12149**	**56519**	**16737**
本级	21201	4074	－5755		－4146		19823		5	－390
区县级小计	34515	17510	321260		83223		84820	12149	56514	17127
南宫市	2976	315	22785		7946		6382	800	4674	1176
沙河市	4318	2307	20963		253		5845	1253	2732	303
邢台县	6500	1002	22924		296		6131	634	3545	577
临城县	1084	580	12319		3419		3651	351	1740	1069
内邱县	1781	1209	13744		1023		3891	481	1998	43
柏乡县	619	377	12066		4893		2909	349	2104	954
隆尧县	1740	1273	20185		2449		5965	1027	4247	2719
任县	958	371	16762		6855		3870	539	2670	1586
南和县	544	437	17187		7231		4078	628	2744	1369
宁晋县	3697	1585	26218		218		8533	1124	6214	2415
巨鹿县	1247	560	18080		7239		4654	701	3124	692
新河县	808	162	12073		5909		2951	309	1859	383
广宗县	289	285	14730		6851		3528	581	2737	145
平乡县	562	906	15464		6797		3426	566	2259	876
威县	803	744	24970		10351		5977	985	5995	736
清河县	3420	3289	16457		156		5089	764	2460	566
临西县	1238	914	18000		7455		3895	807	3373	1046
桥东区	634	470	5346		1406		1695	41	314	149
桥西区	789	421	5877		1409		1759	67	474	283
高开区	367	250	2670		115		317	66	287	20
大曹庄管理区	141	53	2440		952		274	76	964	20

2－3－34

单位:万元

地区	平衡部分									
	收入								支出	
	财力性转移支付收入			专项转移支付	省补助计划单列市收入	上年结余	调入资金	国债转贷收入、上年结余及转补助数	支出合计	本年支出
	结算补助	企事业单位预算划转补助	其他财力性转移支付							
南大港	59		1	1150		44			11185	11158
临港区	66		1	2089		23			13678	13677
秦皇岛市小计	**53176**	**3587**		**108288**		**50435**	**5292**	**1176**	**744234**	**723444**
本级	14752	3587		21972		23723	2643	1076	235328	233560
区县级小计	38424			86316		26712	2649	100	508906	489884
青龙满族自治县	259			18843		6168	21		73921	74508
昌黎县	5652			15329		7638	453	100	69565	66055
卢龙县	1206			12161		1003			51136	50107
抚宁县	3215			14791		4288	98		79865	75922
山海关	4016			10301		3527	2077		36113	35763
海港区	13648			6970		486			80334	74772
北戴河	4148			3557		1463			40046	38637
秦皇岛经济开发区	6280			4364		2139			77926	74120
邢台市小计	**43815**	**2565**		**148492**		**97492**	**3625**	**1230**	**864819**	**833282**
本级	－23612	2565		27788		54906	1865	700	183739	173752
区县级小计	67427			120704		42586	1760	530	681080	659530
南宫市	1807			7963		2575			40426	38918
沙河市	10577			7535		588			61065	60553
邢台县	11741			9823		9813		450	67193	65145
临城县	2089			6883		1400			25789	25428
内邱县	6308			6036		1872			34060	33254
柏乡县	857			3231		1314			19552	18794
隆尧县	3778			6508		5787			38620	37492
任县	1242			4367		1313			26322	25889
南和县	1137			4350		1729			27317	26914
宁晋县	7714			11330		507			68342	65446
巨鹿县	1670			9300		5466			36186	35544
新河县	662			4415		1012	1146		20889	20440
广宗县	888			6352		1510		80	23812	23407
平乡县	1540			4651		1448	614		27994	27544
威县	926			9483		2065			40547	39848
清河县	7422			7502		748			41348	40232
临西县	1424			4486		2050			29612	28947
桥东区	1741			2418		186			15775	14924
桥西区	1885			2311		932			21304	16580
高开区	1865			867		125			10522	9826
大曹庄管理区	154			893		146			4405	4405

二、各省、自治区、直辖市地市县一般预算财政资料

2－3－35

单位:万元

地区	平衡部分									
	支出								年终结余	其中：净结余
	财力性转移支付			专项上解	计划单列市上解省	增设预算周转金	调出资金	国债转贷拨付数及年终结余		
	小计	体制上解	出口退税专项上解							
南大港	6	4	2	21					20	
临港区	－11	－11		12					37	37
秦皇岛市小计	**1594**		**1594**	**17117**			**903**	**1176**	**48869**	**2056**
本级	554		554	－765			903	1076	18464	4196
区县级小计	1040		1040	17882				100	30405	－2140
青龙满族自治县	1		1	－588					6701	－2643
昌黎县	62		62	3348				100	10981	
卢龙县	108		108	921					－461	－461
抚宁县	31		31	3912					7061	5
山海关	3		3	347					3334	100
海港区	277		277	5285					769	196
北戴河	22		22	1387					219	94
秦皇岛经济开发区	536		536	3270					1801	569
邢台市小计	**778**		**778**	**28488**			**1041**	**1230**	**92377**	**192**
本级	278		278	7968			1041	700	59809	
区县级小计	500		500	20520				530	32568	192
南宫市				1508					1316	5
沙河市	10		10	502					118	
邢台县	56		56	1542				450	9185	
临城县				361					1901	
内邱县	2		2	804					2934	
柏乡县	3		3	755					145	29
隆尧县	18		18	1110					8088	
任县	7		7	426					2	2
南和县				403						
宁晋县	283		283	2613					286	9
巨鹿县	18		18	624					2590	6
新河县	15		15	434						
广宗县	14		14	311				80	938	
平乡县	47		47	403					570	9
威县				699					790	26
清河县				1116					1090	102
临西县	9		9	656					1765	
桥东区	4		4	847					337	
桥西区	6		6	4718					483	
高开区	8		8	688					15	4
大曹庄管理区									15	

2－3－36　　　　单位:万元

地区	收支部分								
	收入								
	收入合计	税收收入							
		小计	增值税	营业税	企业所得税	个人所得税	资源税	城市维护建设税	耕地占用税
廊坊市小计	**454411**	**367561**	**51047**	**144393**	**36031**	**19866**	**283**	**22014**	**4900**
本级	127957	101385	17267	49598	11953	6277		428	
区县级小计	326454	266176	33780	94795	24078	13589	283	21586	4900
三河市	100937	88616	7764	44296	9934	2983	283	4711	300
大厂县	9862	7513	976	1885	333	340		538	241
香河县	23859	21004	1819	9826	757	856		966	266
永清县	7231	4769	731	1682	172	253		357	33
固安县	11232	8503	759	4122	214	360		503	144
霸州市	59344	48217	11832	11285	6138	2616		4277	1688
文安县	17813	11645	2170	2759	938	1282		1184	663
大城县	11867	6662	1525	2020	539	511		455	4
安次区	10412	7667	545	2559	174	219		1093	853
广阳区	36349	30492	2059	9733	1044	2365		5380	708
开发区	37548	31088	3600	4628	3835	1804		2122	
承德市小计	**326717**	**294350**	**53095**	**72030**	**31931**	**17870**	**70401**	**20728**	**1996**
本级	142227	129725	29566	38384	19075	7528	20998	13387	
区县级小计	184490	164625	23529	33646	12856	10342	49403	7341	1996
宽城县	30432	27471	4931	3080	3320	898	12325	1296	144
滦平县	23709	21921	3453	4497	2630	1238	6734	873	43
丰宁县	23183	20657	3135	3764	2018	2856	6604	666	29
隆化县	12583	11723	1549	3090	660	468	4254	619	19
围场县	6364	5803	575	2632	290	280	280	417	32
承德县	27380	22513	3358	3473	1635	1138	9209	1170	276
兴隆县	13829	11351	2242	2565	409	771	2236	1419	77
平泉县	15605	14222	2264	2429	671	556	6164	881	63
双桥区	14043	12722	586	4441	505	1196	268		280
双滦区	10043	9655	704	2103	404	524	834		797
营子区	3039	2567	361	269	91	162	495		112
开发区	4280	4020	371	1303	223	255			143
衡水市小计	**141050**	**108324**	**23805**	**33470**	**11572**	**8915**		**9027**	**792**
本级	52966	39012	11560	13422	6839	2444			
区县级小计	88084	69312	12245	20048	4733	6471		9027	792
武邑县	4094	2604	413	1105	93	242		212	26
饶阳县	3195	2257	182	1196	20	201		150	50
安平县	8361	6874	2340	1585	772	653		530	59
冀州市	9697	7947	2019	1616	764	929		1026	399
枣强县	5340	3653	772	1260	147	374		304	39

二、各省、自治区、直辖市地市县一般预算财政资料

2－3－37　　　　　　　　　　　　　　　　　　　　　　　　　　　　单位:万元

地区	收支部分									
	收入									
	税收收入			非税收入						
	契税	烟叶税	其他各项税收收入	小计	专项收入	行政事业性收费收入	罚没收入	国有资本经营收入	国有资源(资产)有偿使用收入	其他收入
廊坊市小计	**36415**		**52612**	**86850**	**18158**	**16082**	**38316**	**11740**	**2057**	**497**
本级	15722		140	26572	3203	4879	6064	11205	1002	219
区县级小计	20693		52472	60278	14955	11203	32252	535	1055	278
三河市	5030		13315	12321	3717	4110	3853		393	248
大厂县	1415		1785	2349	372	599	1203	153	22	
香河县	1704		4810	2855	790	672	1333		60	
永清县	660		881	2462	414	601	1392		55	
固安县	1037		1364	2729	505	647	1442	26	109	
霸州市	3576		6805	11127	3385	155	7507		80	
文安县	596		2053	6168	532	1333	4251		52	
大城县	650		958	5205	542	1610	3019		34	
安次区	780		1444	2745	905	490	1289		61	
广阳区	561		8642	5857	2793	732	2204		98	30
开发区	4684		10415	6460	1000	254	4759	356	91	
承德市小计	**5061**		**21238**	**32367**	**20843**	**3469**	**6335**	**－126**	**1603**	**243**
本级	780		7	12502	10307	977	447	9	694	68
区县级小计	4281		21231	19865	10536	2492	5888	－135	909	175
宽城县	223		1254	2961	2531	363			67	
滦平县	714		1739	1788	1689	12	28		59	
丰宁县	926		659	2526	913		1510		103	
隆化县	82		1001	860	812		27		21	
围场县	198		1099	561	521		2	－5	43	
承德县	821		1433	4867	1420	1338	2128	－130	111	
兴隆县	509		1123	2478	1454	350	351		323	
平泉县	10		1184	1383	1196	71	75		41	
双桥区	1		5445	1321		50	1240		31	
双滦区	660		3629	388		308	66		14	
营子区	137		940	472			456		16	
开发区			1725	260			5		80	175
衡水市小计	**6193**		**14550**	**32726**	**8820**	**7615**	**13871**	**515**	**1878**	**27**
本级	4747			13954	2424	2603	7987		940	
区县级小计	1446		14550	18772	6396	5012	5884	515	938	27
武邑县	154		359	1490	289	627	540		34	
饶阳县	113		345	938	202	348	346		42	
安平县	60		875	1487	620	230	469	134	34	
冀州市	211		983	1750	771	273	305	319	82	
枣强县	158		599	1687	338	2	1168		152	27

2－3－38 单位:万元

地区	收支部分									
	支出功能分类									
	支出合计	一般公共服务	外交	国防	公共安全	教育	科学技术	文化体育与传媒	社会保障和就业	医疗卫生
廊坊市小计	**841708**	**157241**		**1037**	**74681**	**178608**	**13695**	**14789**	**83686**	**37648**
本级	186248	37822		791	22916	34353	3762	8296	16123	7165
区县级小计	655460	119419		246	51765	144255	9933	6493	67563	30483
三河市	143450	20724			9547	32114	2163	1266	13444	6708
大厂县	26661	5563		163	2499	5987	515	679	3735	1346
香河县	55292	12985			5622	11844	1171	533	6839	3164
永清县	40100	8924			3136	9798	182	244	5656	2425
固安县	42803	7471			3140	10330	706	317	6499	2045
霸州市	110388	20871			12666	26329	2760	2136	5672	3539
文安县	56073	9494		72	4542	14589	645	245	6077	3206
大城县	43934	6871			3033	15266	559	532	5934	3822
安次区	34413	9925			1574	7604	426	231	6445	2467
广阳区	36237	10393		11	2756	7705	626	198	7009	1178
开发区	66109	6198			3250	2689	180	112	253	583
承德市小计	**760474**	**135369**		**1443**	**46706**	**186999**	**7063**	**9024**	**58928**	**43446**
本级	154915	24534		714	10473	26807	2354	2684	25186	6986
区县级小计	605559	110835		729	36233	160192	4709	6340	33742	36460
宽城县	72282	11579		90	4253	16521	572	596	3604	3285
滦平县	68403	12697		91	2064	22134	766	1302	2976	3333
丰宁县	71368	16497		22	4499	15615	119	449	3322	3336
隆化县	64245	9238		103	3469	18451	715	700	4661	7939
围场县	61801	10228		78	2794	16907	186	463	3858	4016
承德县	69548	10997		16	5070	19532	1033	604	3045	4737
兴隆县	52029	9957		52	2493	11480	692	1531	3310	2379
平泉县	65517	10700		105	3750	19413	493	465	3571	4596
双桥区	26820	3403		47	3900	9924	39	64	2434	1197
双滦区	29960	5096		75	2579	7258	23	87	1339	988
营子区	12893	2843		46	1287	2957	21	79	1614	619
开发区	10693	7600		4	75		50		8	35
衡水市小计	**555808**	**103867**		**759**	**39259**	**130660**	**4024**	**9663**	**62237**	**35719**
本级	105313	18432		529	16487	8516	1005	6751	4905	7118
区县级小计	450495	85435		230	22772	122144	3019	2912	57332	28601
武邑县	33813	7110		30	1525	10826	166	238	2234	2070
饶阳县	29623	5445		8	1496	7299	304	111	5598	2443
安平县	33811	6341			1973	8458	196	123	4081	1975
冀州市	45311	8640		31	2618	13728	671	790	3649	3852
枣强县	43073	7077		49	2468	12293	437	174	7038	2593

二、各省、自治区、直辖市地市县一般预算财政资料

2－3－39　　　　单位：万元

地区	收支部分						平衡部分		
	支出功能分类						收入		
	环境保护	城乡社区事务	农林水事务	交通运输	工业、商业、金融等事务	其他支出	收入合计	本年收入	返还性收入 小计
廊坊市小计	**15707**	**128373**	**57794**	**19502**	**29811**	**29136**	**943410**	**454411**	**67868**
本级	3651	25666	8182	8148	7622	1751	201880	127957	12386
区县级小计	12056	102707	49612	11354	22189	27385	741530	326454	55482
三河市	5143	35584	10399	2008	2255	2095	156393	100937	9315
大厂县	296	1856	2620	194	489	719	27846	9862	3230
香河县	523	4139	5245	183	1160	1884	59814	23859	6387
永清县	858	1518	4665	646	365	1683	43915	7231	2893
固安县	235	1481	4626	91	4857	1005	54723	11232	2605
霸州市	3620	13016	5604	3853	1798	8524	119262	59344	12197
文安县	676	1187	5221	2381	902	6836	60480	17813	6690
大城县	387	983	3768	717	515	1547	52021	11867	3678
安次区	149	228	3743	289	506	826	39210	10412	2275
广阳区	96	10	3591	992	715	957	54445	36349	3244
开发区	73	42705	130		8627	1309	73421	37548	2968
承德市小计	**29873**	**45251**	**102653**	**18056**	**16971**	**58692**	**900043**	**326717**	**54901**
本级	3729	12536	9869	9503	5473	14067	271343	142227	19221
区县级小计	26144	32715	92784	8553	11498	44625	628700	184490	35680
宽城县	3616	6078	11315	2210	1448	7115	79259	30432	4226
滦平县	2167	673	16441	1240	539	1980	70553	23709	3611
丰宁县	3237	1003	10372	1745	1437	9715	71759	23183	2990
隆化县	2549	922	12659		651	2188	65373	12583	2239
围场县	3596	2240	13545		962	2928	62814	6364	2323
承德县	3073	1722	9985	2726	2373	4635	71608	27380	4965
兴隆县	3366	6096	3722	10	415	6526	53467	13829	5329
平泉县	3165	2059	10196	406	873	5725	67295	15605	5313
双桥区	405	1869	1006		80	2452	28851	14043	1662
双滦区	690	8178	2921	164	57	505	32656	10043	1387
营子区	280	1547	499	52	299	750	13387	3039	778
开发区		328	123		2364	106	11678	4280	857
衡水市小计	**10710**	**23179**	**55895**	**15324**	**18461**	**46051**	**600128**	**141050**	**43663**
本级	3577	9005	6388	1795	4729	16076	101088	52966	10018
区县级小计	7133	14174	49507	13529	13732	29975	499040	88084	33645
武邑县	275	915	6001	1090	853	480	37955	4094	1814
饶阳县	464	244	3525	804	355	1527	31733	3195	1471
安平县	453	1250	3020	904	559	4478	38111	8361	3075
冀州市	1545	2151	4341	821	885	1589	47358	9697	4973
枣强县	314	2562	4012	1456	1834	766	45383	5340	4460

2－3－40

单位:万元

地　区	平　衡　部　分									
	收　入									
	返还性收入		财力性转移支付收入							
	增值税和消费税税收返还	所得税基数返还	小计	体制补助	一般性转移支付补助	民族地区转移支付补助	调整工资转移支付补助	农村义务教育补助	农村税费改革补助	缓解县乡困难转移支付补助
廊坊市小计	**47658**	**20210**	**221503**		**20931**	**721**	**72229**	**6900**	**34748**	**8685**
本级	9339	3047	－2453		－3012		10565			－275
区县级小计	38319	17163	223956		23943	721	61664	6900	34748	8960
三河市	6131	3184	24813		119		7509	839	3150	742
大厂县	2246	984	8523		32	715	3301	162	1335	34
香河县	3676	2711	16978		90		6025	471	2708	659
永清县	2598	295	21038		5527	3	6441	682	4996	1243
固安县	1766	839	21730		4608		6255	705	4661	2672
霸州市	9412	2785	29328		115		8201	1392	4131	40
文安县	4496	2194	24019		2867	3	7926	1013	4084	1874
大城县	2987	691	23313		6159		6743	1032	4166	1356
安次区	1758	517	17438		4373		4408	365	3333	62
广阳区	2716	528	5882		47		4633	197	1964	278
开发区	533	2435	30894		6		222	42	220	
承德市小计	**45331**	**9570**	**259948**		**44999**	**6315**	**78472**	**5109**	**29427**	**8053**
本级	17102	2119	－22204		－3450	6315	1726	1	978	－475
区县级小计	28229	7451	282152		48449		76746	5108	28449	8528
宽城县	3487	739	34946		2311		5967	370	2239	151
滦平县	3276	335	32016		3117		6995	449	2634	212
丰宁县	2308	682	27276		6481		9489	592	3211	113
隆化县	1911	328	35771		10379		9446	709	3559	3962
围场县	2044	279	35030		10972		11507	850	4489	2059
承德县	3467	1498	22298		3743		9156	689	3626	355
兴隆县	4831	498	23411		2790		7702	431	3668	218
平泉县	4901	412	32533		7686		10602	763	4004	938
双桥区	1014	648	8457		15		2971	101	466	
双滦区	457	930	18208		30		1573	81	344	220
营子区	516	262	5917		925		1300	73	209	300
开发区	17	840	6289				38			
衡水市小计	**31542**	**12121**	**257032**		**68693**		**75936**	**7140**	**53250**	**20041**
本级	7998	2020	12039		－9294		11280	9	2	－349
区县级小计	23544	10101	244993		77987		64656	7131	53248	20390
武邑县	1351	463	19513		7712		4945	621	4696	1373
饶阳县	1018	453	16891		6827		4604	493	3648	1220
安平县	1515	1560	16683		4044		4702	486	2970	1843
冀州市	3224	1749	21583		5131		6271	666	5185	1930
枣强县	3739	721	23342		3543		7183	645	5345	1589

2-3-41 单位:万元

地区	平衡部分									
	收入								支出	
	财力性转移支付收入			专项转移支付	省补助计划单列市收入	上年结余	调入资金	国债转贷收入、上年结余及转补助数	支出合计	本年支出
	结算补助	企事业单位预算划转补助	其他财力性转移支付							
廊坊市小计	**71350**	**5939**		**87154**		**74237**	**38237**		**864953**	**841708**
本级	-15670	5939		4346		37705	21939		158769	186248
区县级小计	87020			82808		36532	16298		706184	655460
三河市	12454			9996		3917	7415		150882	143450
大厂县	2944			4393		788	1050		27255	26661
香河县	7025			8187		4173	230		57887	55292
永清县	2146			7668		3834	1251		41875	40100
固安县	2829			10245		8435	476		44726	42803
霸州市	15449			11463		2871	4059		117238	110388
文安县	6252			8422		2637	899		60025	56073
大城县	3857			8191		4445	527		46876	43934
安次区	4897			7201		1614	270		36698	34413
广阳区	-1237			5619		3230	121		50827	36237
开发区	30404			1423		588			71895	66109
承德市小计	**85174**	**2399**		**156961**		**98864**	**1752**	**900**	**769399**	**760474**
本级	-29698	2399		42580		88619		900	141543	154915
区县级小计	114872			114381		10245	1752		627856	605559
宽城县	23908			9212		443			79091	72282
滦平县	18609			10928		289			70553	68403
丰宁县	7390			17129		1181			71759	71368
隆化县	7716			12036		2111	633		65373	64245
围场县	5153			16855		2242			62814	61801
承德县	4729			15663		1302			71538	69548
兴隆县	8602			10437		461			53343	52029
平泉县	8540			12496		1348			67295	65517
双桥区	4904			3515		55	1119		28824	26820
双滦区	15960			2981		37			32656	29960
营子区	3110			3099		554			13387	12893
开发区	6251			30		222			11223	10693
衡水市小计	**31590**	**382**		**109869**		**44370**	**4144**		**565816**	**555808**
本级	11449	382	-1440	5893	-245	20214	203		81386	105313
区县级小计	20141		1440	103976	245	24156	3941		484430	450495
武邑县	151		15	10387		2098	49		35416	33813
饶阳县	99			8402		1514	260		31441	29623
安平县	2638			8447	98	1447			35228	33811
冀州市	2400			9340	147	1617	1		47204	45311
枣强县	5037			8498		270	3473		45274	43073

2 –3 –42

单位:万元

地区	平衡部分 支出 财力性转移支付 小计	体制上解	出口退税专项上解	专项上解	计划单列市上解省	增设预算周转金	调出资金	国债转贷拨付数及年终结余	年终结余	其中:净结余
廊坊市小计	**1292**		**1292**	**21953**					**78457**	**29254**
本级	408		408	–27887					43111	23288
区县级小计	884		884	49840					35346	5966
三河市	145		145	7287					5511	1114
大厂县	5		5	589					591	16
香河县	57		57	2538					1927	1927
永清县	12		12	1763					2040	
固安县	10		10	1913					9997	626
霸州市	362		362	6488					2024	412
文安县	49		49	3903					455	
大城县	1		1	2941					5145	
安次区	56		56	2229					2512	74
广阳区	22		22	14568					3618	347
开发区	165		165	5621					1526	1450
承德市小计	**141**		**141**	**7654**		**230**		**900**	**130644**	**1010**
本级	31		31	–14503		200		900	129800	166
区县级小计	110		110	22157		30			844	844
宽城县				6809					168	168
滦平县				2150						
丰宁县	2		2	389						
隆化县				1128						
围场县	3		3	1010						
承德县				1990					70	70
兴隆县	3		3	1311					124	124
平泉县	40		40	1738						
双桥区	38		38	1966					27	27
双滦区				2666		30				
营子区				494						
开发区	24		24	506					455	455
衡水市小计	**1058**		**1058**	**8950**					**34312**	
本级	113		113	–24031	–9				19702	
区县级小计	945		945	32981	9				14610	
武邑县	5		5	1598					2539	
饶阳县				1818					292	
安平县	651		651	766					2883	
冀州市	25		25	1859	9				154	
枣强县				2201					109	

2－3－43

单位:万元

地区	收支部分								
	收入								
	收入合计	税收收入							
		小计	增值税	营业税	企业所得税	个人所得税	资源税	城市维护建设税	耕地占用税
深州市	7415	5352	937	2259	199	505		531	3
武强县	2972	1978	441	735	112	188		147	35
故城县	5283	3745	776	1355	154	345		317	137
景县	7739	5994	1565	1717	574	495		685	17
阜城县	3448	2358	501	745	66	239		175	27
桃城区	26950	23142	2066	4573	1714	2264		4654	
高开区	3506	3333	233	1833	117	34		293	
衡水湖	84	75		69	1	2		3	

2－3－44 单位:万元

地区	收支部分									
	收入									
	税收收入			非税收入						
	契税	烟叶税	其他各项税收收入	小计	专项收入	行政事业性收费收入	罚没收入	国有资本经营收入	国有资源(资产)有偿使用收入	其他收入
深州市	117		801	2063	475	915	609	1	63	
武强县	53		267	994	273	175	519		27	
故城县	68		593	1538	275	635	499	30	99	
景县	199		742	1745	653	845	156	2	89	
阜城县	313		292	1090	193	372	449	29	47	
桃城区			7871	3808	2181	590	787		250	
高开区			823	173	123		34		16	
衡水湖				9	3		3		3	

2－3－45 单位:万元

地区	收支部分									
	支出功能分类									
	支出合计	一般公共服务	外交	国防	公共安全	教育	科学技术	文化体育与传媒	社会保障和就业	医疗卫生
深州市	51033	9832			2416	15352	77	303	6958	2698
武强县	26808	4700		5	1545	6297	175	395	1430	1986
故城县	43319	9670			2175	10302	111	211	7554	2816
景县	53747	8826		38	2626	15586	484	168	2845	4145
阜城县	35900	5531			1393	8778	99	122	6354	2304
桃城区	46644	9765		69	2448	12844	275	277	9502	1655
高开区	6070	1996			86	292	24		63	62
衡水湖	1343	502			3	89			26	2

2－3－46　　单位:万元

地区	收支部分						平衡部分		
	支出功能分类						收入		
	环境保护	城乡社区事务	农林水事务	交通运输	工业、商业、金融等事务	其他支出	收入合计	本年收入	返还性收入
									小计
深州市	1118	1304	4313	668	1136	4858	58448	7415	4066
武强县	847	225	4826	978	276	3123	29181	2972	1700
故城县	269	2454	3978	993	241	2545	46342	5283	2665
景县	1459	1474	6325	3870	1400	4501	58402	7739	3642
阜城县	231	639	5236	1272	3251	690	38871	3448	1591
桃城区	104	481	3246	673	2193	3112	59742	26950	3877
高开区	48	421	170		749	2159	6171	3506	311
衡水湖	6	54	514			147	1343	84	

2－3－47

单位:万元

地区	平衡部分									
	收入									
	返还性收入		财力性转移支付收入							
	增值税和消费税税收返还	所得税基数返还	小计	体制补助	一般性转移支付补助	民族地区转移支付补助	调整工资转移支付补助	农村义务教育补助	农村税费改革补助	缓解县乡困难转移支付补助
深州市	3102	964	30277		8757		8404	995	8234	2272
武强县	1400	300	14225		6626		3188	376	2874	1093
故城县	2053	612	27406		11412		5724	954	6206	2127
景县	2645	997	32309		11241		7056	979	6656	3355
阜城县	1269	322	19245		8092		4382	629	4614	1509
桃城区	2132	1745	21540		3737		8001	267	2726	1929
高开区	96	215	1438		843		196	15	35	
衡水湖			541		22			5	59	150

2-3-48

单位:万元

地区	平衡部分									
	收入								支出	
	财力性转移支付收入									
	结算补助	企事业单位预算划转补助	其他财力性转移支付	专项转移支付	省补助计划单列市收入	上年结余	调入资金	国债转贷收入、上年结余及转补助数	支出合计	本年支出
深州市	1615			10098		6592			54094	51033
武强县	68			8636		1622	26		28310	26808
故城县	983			8908		2080			46210	43319
景县	3022			12501		2211			56292	53747
阜城县	19			9909		4546	132		37705	35900
桃城区	3490		1390	7276		99			59742	46644
高开区	349			856		60			6171	6070
衡水湖	270		35	718					1343	1343

2－3－49

单位:万元

地区	平衡部分									
	支出								年终结余	其中:净结余
	财力性转移支付			专项上解	计划单列市上解省	增设预算周转金	调出资金	国债转贷拨付数及年终结余		
	小计	体制上解	出口退税专项上解							
深州市	91		91	2970					4354	
武强县	29		29	1473					871	
故城县	15		15	2876					132	
景县	25		25	2520					2110	
阜城县	40		40	1765					1166	
桃城区	64		64	13034						
高开区				101						
衡水湖										

2007 年山西省地市县财政一般预算收支平衡表

2－4－1 单位:万元

地区	收支部分								
	收入								
	收入合计	税收收入							
		小计	增值税	营业税	企业所得税	个人所得税	资源税	城市维护建设税	耕地占用税
地市县合计	**4394345**	**3111608**	**1022795**	**604820**	**574266**	**145198**	**181200**	**298619**	**17933**
太原市小计	**884170**	**737495**	**191380**	**186071**	**148439**	**36514**	**11651**	**78844**	**3870**
本级	508226	441742	100474	84045	127090	27147	7238	43747	
区县级小计	375944	295753	90906	102026	21349	9367	4413	35097	3870
清徐县	49003	29220	18864	4512	1334	1057	47	2365	210
阳曲县	14450	9356	3189	3659	759	106	78	876	250
娄烦县	19296	11864	3677	1419	231	407	2987	1812	152
古交市	40366	28647	15275	2452	2463	522	1162	3828	100
小店区	49069	42320	5948	20879	4137	1378	5	4965	300
尖草坪区	26202	20513	5580	7019	974	505	7	3739	56
迎泽区	44607	40150	6196	19721	4147	1704	16	4511	
杏花岭区	41293	34569	5807	14283	3137	689	5	7253	30
万柏林区	30599	26866	5881	13155	1056	1215	21	2899	130
晋源区	14096	8573	3637	2050	280	174	82	1327	200
太原高新区	21930	21381	8996	6769	1959	788			932
太原经济区	21274	18592	6460	4834	698	727	3	1226	1450
太原民营区	3759	3702	1396	1274	174	95		296	60
大同市小计	**367060**	**258479**	**88525**	**48776**	**29407**	**15682**	**17593**	**33920**	**859**
本级	227031	178194	60069	33009	19966	12905	12354	23738	
区县级小计	140029	80285	28456	15767	9441	2777	5239	10182	859
大同城区	11966	9822	2047	3629	768	320	154	1352	
大同矿区	5500	3683	1188	904	198	92	85	580	
大同南郊区	33029	20199	6239	3347	2658	614	1354	3692	581
大同新荣区	6356	4671	2207	268	712	127	546	257	
左云县	44423	15785	7372	1121	2860	436	2029	1425	68
阳高县	3388	2145	768	651	239	131	6	182	
天镇县	2126	1391	355	412	84	127	26	160	6
广灵县	2386	1745	692	478	129	135	6	180	2
灵丘县	9621	6895	2683	800	920	254	914	991	29
浑源县	8044	2949	1038	775	327	221	64	212	23
大同县	6818	5869	2949	1755	189	149	55	524	43
大同开发区	6372	5131	918	1627	357	171		627	107
阳泉市小计	**216204**	**162283**	**51845**	**31341**	**27008**	**8152**	**12817**	**14717**	**282**
本级	108885	80452	29181	6986	16862	4713	8548	7198	1
区县级小计	107319	81831	22664	24355	10146	3439	4269	7519	281
平定县	24713	20501	6697	4843	3107	675	669	2239	64
盂县	37443	23986	8184	4288	3463	1002	2501	1965	136

2-4-2　　　　　　　　　　　　　　　　　　　　单位:万元

地区	收支部分 收入 税收收入 契税	烟叶税	其他各项税收收入	非税收入 小计	专项收入	行政事业性收费收入	罚没收入	国有资本经营收入	国有资源(资产)有偿使用收入	其他收入
地市县合计	**55753**	**874**	**210150**	**1282737**	**733297**	**251991**	**221235**	**18024**	**23009**	**35181**
太原市小计	**22611**		**58115**	**146675**	**84076**	**43077**	**22351**	**-12249**	**3316**	**6104**
本级	19931		32070	66484	43087	27587	3432	-12280	2302	2356
区县级小计	2680		26045	80191	40989	15490	18919	31	1014	3748
清徐县	90		741	19783	11904	2335	2352		72	3120
阳曲县	80		359	5094	1996	248	2721	20	12	97
娄烦县	34		1145	7432	4462	1928	970		72	
古交市	50		2795	11719	8129	913	2596		81	
小店区			4708	6749	2479	1533	2652		85	
尖草坪区			2633	5689	1300	766	3554		69	
迎泽区			3855	4457	1824	2025	520		88	
杏花岭区			3365	6724	2570	1768	1499	11	345	531
万柏林区			2509	3733	1479	625	1538		91	
晋源区			823	5523	4700	361	447		15	
太原高新区	368		1569	549	28	424	41		56	
太原经济区	1998		1196	2682	73	2564	28		17	
太原民营区	60		347	57	45		1		11	
大同市小计	**4592**		**19125**	**108581**	**63933**	**21222**	**18586**	**2662**	**2178**	
本级	799		15354	48837	24078	11043	11342	1364	1010	
区县级小计	3793		3771	59744	39855	10179	7244	1298	1168	
大同城区	1055		497	2144	943	622	240		339	
大同矿区	514		122	1817	1692	34	229	-192	54	
大同南郊区	482		1232	12830	9108	1695	1950	-75	152	
大同新荣区	271		283	1685	589	147	127	803	19	
左云县	133		341	28638	20949	5061	1528	932	168	
阳高县	55		113	1243	267	402	566	-68	76	
天镇县	129		92	735	110	306	275	-36	80	
广灵县	59		64	641	152	237	310	-120	62	
灵丘县	52		252	2726	1443	443	794	-45	91	
浑源县	172		117	5095	3274	448	1082	200	91	
大同县	71		134	949	890		140	-103	22	
大同开发区	800		524	1241	438	784	3	2	14	
阳泉市小计	**2940**		**13181**	**53921**	**25063**	**11891**	**5939**	**2840**	**1303**	**6885**
本级	399		6564	28433	11903	5324	1473	2600	435	6698
区县级小计	2541		6617	25488	13160	6567	4466	240	868	187
平定县	496		1711	4212	1889	1198	1079		46	
盂县	464		1983	13457	7063	3211	2424	180	559	20

2－4－3

单位:万元

地区	收支部分									
	支出功能分类									
	支出合计	一般公共服务	外交	国防	公共安全	教育	科学技术	文化体育与传媒	社会保障和就业	医疗卫生
地市县合计	**7770394**	**1586173**		**8414**	**536161**	**1573636**	**91326**	**141944**	**1209859**	**437500**
太原市小计	**1156529**	**146420**		**2597**	**97576**	**199543**	**34608**	**17859**	**221695**	**56118**
本级	563029	44324		1815	72417	84512	12143	13413	126286	25149
区县级小计	593500	102096		782	25159	115031	22465	4446	95409	30969
清徐县	78326	11280		380	3383	17994	801	521	6686	5106
阳曲县	40338	5346			2462	6897	385	689	6004	1636
娄烦县	47236	10625			1695	6793	310	275	6053	1746
古交市	58404	7587			3089	14821	497	727	6542	3286
小店区	66053	9261		200	3091	13365	749	332	12951	3345
尖草坪区	42032	6433			1304	10870	441	237	8588	2877
迎泽区	54621	8067		106	2720	12778	603	84	13474	4427
杏花岭区	68624	13106			2977	14802	776	222	19731	3301
万柏林区	52491	10676		19	2832	8631	434	962	12181	3650
晋源区	28593	9913		70	715	6074	182	158	3104	1489
太原高新区	24483	2962			276	194	14272	164	44	66
太原经济区	27484	5313		7	447	1812	3015	75	51	31
太原民营区	4815	1527			168					9
大同市小计	**745717**	**151435**		**1220**	**59539**	**156559**	**6159**	**12143**	**126388**	**40266**
本级	305375	41331		892	37996	48618	2161	7460	60593	14992
区县级小计	440342	110104		328	21543	107941	3998	4683	65795	25274
大同城区	46750	7226			1686	15273	409	247	13798	1791
大同矿区	25639	9122			1478	2419	161	73	9252	569
大同南郊区	48076	18093			1420	12338	826	316	2095	3200
大同新荣区	20720	5151			424	5937	91	294	2752	1107
左云县	63246	28892			3511	10076	456	795	3859	2322
阳高县	42082	6259		61	2079	10937	376	525	7064	2978
天镇县	34595	5909			1830	10055	293	422	4121	2447
广灵县	33313	6476		53	2100	9330	156	712	3864	2309
灵丘县	38730	6854		49	2380	12505	357	623	3700	3201
浑源县	46709	6510		97	2873	10694	385	350	11664	3642
大同县	30558	6042		68	1651	7701	394	326	3058	1704
大同开发区	9924	3570			111	676	94		568	4
阳泉市小计	**335191**	**73143**		**776**	**24707**	**71346**	**4401**	**8840**	**54239**	**18737**
本级	139664	28393		432	13222	17068	2288	6645	29408	7044
区县级小计	195527	44750		344	11485	54278	2113	2195	24831	11693
平定县	49152	8444		102	3145	16369	386	789	6482	3193
盂县	64302	14079			3730	14460	687	700	10217	3765

二、各省、自治区、直辖市地市县一般预算财政资料

2－4－4

单位：万元

地区	收支部分						平衡部分		
	支出功能分类						收入		
	环境保护	城乡社区事务	农林水事务	交通运输	工业、商业、金融等事务	其他支出	收入合计	本年收入	返还性收入 小计
地市县合计	**359094**	**611243**	**654847**	**91827**	**250874**	**217496**	**9163582**	**4394345**	**480829**
太原市小计	**45904**	**202158**	**56873**	**10646**	**50702**	**13830**	**1329358**	**884170**	**63523**
本级	21337	113305	11180	1150	35967	31	677445	508226	9031
区县级小计	24567	88853	45693	9496	14735	13799	651913	375944	54492
清徐县	7564	8915	10056	1573	2424	1643	82258	49003	9759
阳曲县	3649	3823	5588	651	1610	1598	42154	14450	2179
娄烦县	3437	1433	8800	500	366	5203	48153	19296	881
古交市	7038	5854	3690	429	2453	2391	62455	40366	3302
小店区	107	11428	7806	2612	534	272	74383	49069	3442
尖草坪区	274	4966	2442	2858	470	272	49958	26202	5776
迎泽区	125	10042	1742	125	283	45	64488	44607	7926
杏花岭区	409	9115	1065	447	336	2337	75317	41293	8176
万柏林区	1243	6678	1621	255	3309		61937	30599	7501
晋源区	123	4530	1780	46	381	28	30888	14096	2101
太原高新区	83	4545	74		1803		27143	21930	3997
太原经济区	515	14486	1016		716		27844	21274	－548
太原民营区		3038	13		50	10	4935	3759	
大同市小计	**33412**	**42562**	**57241**	**12180**	**19663**	**26950**	**897570**	**367060**	**49142**
本级	14302	24212	16387	10702	11368	14361	348090	227031	5463
区县级小计	19110	18350	40854	1478	8295	12589	549480	140029	43679
大同城区	20	5872			385	43	56320	11966	7212
大同矿区	116	1642			284	523	35729	5500	3499
大同南郊区	978	937	3013	28	1441	3391	64291	33029	14570
大同新荣区	1536	436	1954	145	474	419	26567	6356	4174
左云县	3130	1679	4929	427	1828	1342	68925	44423	3531
阳高县	2789	761	6607	137	568	941	54378	3388	1292
天镇县	2697	430	4138	314	687	1252	44863	2126	1028
广灵县	1302	736	5172	181	591	331	41468	2386	1641
灵丘县	1075	1161	5957	105	435	328	51108	9621	459
浑源县	2944	453	5114	141	616	1226	64771	8044	2352
大同县	2010	584	3828		411	2781	30859	6818	2474
大同开发区	513	3659	142		575	12	10201	6372	1447
阳泉市小计	**13913**	**26594**	**17448**	**2548**	**10180**	**8319**	**376446**	**216204**	**25106**
本级	7805	12665	4613	1608	5899	2574	156191	108885	6139
区县级小计	6108	13929	12835	940	4281	5745	220255	107319	18967
平定县	1507	763	5277	58	1226	1411	58566	24713	－323
盂县	2974	5411	4408	677	1512	1682	69417	37443	7532

2-4-5

单位:万元

地区	平衡部分									
	收入									
	返还性收入		财力性转移支付收入							
	增值税和消费税税收返还	所得税基数返还	小计	体制补助	一般性转移支付补助	民族地区转移支付补助	调整工资转移支付补助	农村义务教育补助	农村税费改革补助	缓解县乡困难转移支付补助
地市县合计	**467016**	**13813**	**2009235**	**3380**	**872510**		**760637**	**76924**	**227494**	**67610**
太原市小计	**87582**	**-24059**	**84152**		**9038**		**60621**	**3552**	**7686**	**347**
本级	41097	-32066	13194	-1585			23032		-555	
区县级小计	46485	8007	70958	1585	9038		37589	3552	8241	347
清徐县	8445	1314	7275		445		4672	971	1846	78
阳曲县	1610	569	8572	428	3213		3488	367	1231	74
娄烦县	1061	-180	8180	1157	1742		3617	340	1105	54
古交市	4232	-930	7709		347		3776	486	938	54
小店区	4354	-912	5086		421		4351	416	755	17
尖草坪区	4721	1055	4918		328		3187	306	726	34
迎泽区	6229	1697	3586		452		4817	52	168	34
杏花岭区	5594	2582	7841		444		4689	80	277	-5
万柏林区	6111	1390	8547		284		3003	186	479	-9
晋源区	1663	438	4060		1362		1977	348	673	16
太原高新区	2465	1532	-517				12		8	
太原经济区		-548	5701						35	
太原民营区										
大同市小计	**45372**	**3770**	**223269**		**116796**		**80760**	**5773**	**16075**	**5841**
本级	21145	-15682	57811	-1664	25631		24372	-329	-278	
区县级小计	24227	19452	165458	1664	91165		56388	6102	16353	5841
大同城区	3589	3623	12311		8888		5123	10		20
大同矿区	1612	1887	7972		6780		2741			
大同南郊区	6419	8151	2912		1444		3915	708	1542	187
大同新荣区	2221	1953	6753		3133		2941	220	1030	74
左云县	3496	35	7786		2093		3749	574	1405	136
阳高县	1119	173	23560	170	13338		7111	908	2454	697
天镇县	460	568	22253	684	12145		6251	728	1974	649
广灵县	1007	634	20256	150	10637		6008	594	1504	1704
灵丘县	572	-113	20631	660	10326		6268	830	2046	636
浑源县	1780	572	27745		15178		8157	984	2860	820
大同县	1686	788	13436		7203		4096	546	1495	918
大同开发区	266	1181	-157				28		43	
阳泉市小计	**27250**	**-2144**	**62940**		**27405**		**27661**	**2160**	**6842**	**726**
本级	11102	-4963	13342		8400		6052	-130	-428	
区县级小计	16148	2819	49598		19005		21609	2290	7270	726
平定县	3947	-4270	18412		8669		7077	860	2761	169
盂县	4278	3254	13000		2725		6920	906	3006	168

二、各省、自治区、直辖市地市县一般预算财政资料

2-4-6

单位:万元

地区	平衡部分									
	收入								支出	
	财力性转移支付收入			专项转移支付	省补助计划单列市收入	上年结余	调入资金	国债转贷收入、上年结余及转补助数	支出合计	本年支出
	结算补助	企事业单位预算划转补助	其他财力性转移支付							
地市县合计	**-65021**	**43441**	**22260**	**1335917**		**870747**	**68324**	**4185**	**7925705**	**7770394**
太原市小计	**-32694**	**18602**	**17000**	**206694**		**73873**	**16946**		**1235493**	**1156529**
本级	-27107	2409	17000	75168		55040	16786		601984	563029
区县级小计	-5587	16193		131526		18833	160		633509	593500
清徐县	-773	36		16490		-269			81561	78326
阳曲县	-229			16457		496			40338	40338
娄烦县	39	126		18918		878			47508	47236
古交市	-638	2746		9474		1604			60808	58404
小店区	-1720	846		13350		3436			70723	66053
尖草坪区	-1366	1703		10165		2897			46026	42032
迎泽区	-1937			9589		-1220			65494	54621
杏花岭区	-958	3314		13738		4109	160		73725	68624
万柏林区	-2372	6976		11695		3595			59576	52491
晋源区	-762	446		8803		1828			29408	28593
太原高新区	-537			456		1277			26043	24483
太原经济区	5666			1215		202			27484	27484
太原民营区				1176					4815	4815
大同市小计	**-9627**	**4651**	**3000**	**157436**		**98298**	**2005**	**360**	**775444**	**745717**
本级	3721	3358	3000	44725		13060			317910	305375
区县级小计	-13348	1293		112711		85238	2005	360	457534	440342
大同城区	-3023	1293		15660		8566	605		48210	46750
大同矿区	-1549			9918		8840			26918	25639
大同南郊区	-4884			7625		5755	400		58007	48076
大同新荣区	-645			5161		4123			22348	20720
左云县	-171			8828		3557	800		65780	63246
阳高县	-1118			13438		12700			42082	42082
天镇县	-178			10838		8618			34595	34595
广灵县	-341			8289		8896			33313	33313
灵丘县	-135			8692		11345		360	39090	38730
浑源县	-254			13574		13056			46709	46709
大同县	-822			8427		-496	200		30558	30558
大同开发区	-228			2261		278			9924	9924
阳泉市小计	**-3513**	**1659**		**57636**		**9402**	**4841**	**317**	**354148**	**335191**
本级	-2211	1659		22956		4352	200	317	141030	139664
区县级小计	-1302			34680		5050	4641		213118	195527
平定县	-1124			9750		1814	4200		54290	49152
盂县	-725			9117		2289	36		68110	64302

2－4－7　　　　　　　　　　　　　　　　　　　　　　　　　　　　单位:万元

地　　区	平衡部分									
	支出								年终结余	其中:净结余
	财力性转移支付			专项上解	计划单列市上解省	增设预算周转金	调出资金	国债转贷拨付数及年终结余		
	小计	体制上解	出口退税专项上解							
地市县合计	**127049**	**127049**				**2801**	**21276**	**4185**	**1237877**	**93303**
太原市小计	**70337**	**70337**					**8627**		**93865**	**31957**
本级	32393	32393					6562		75461	
区县级小计	37944	37944					2065		18404	638
清徐县	2880	2880					355		697	39
阳曲县									1816	27
娄烦县							272		645	83
古交市	2404	2404							1647	36
小店区	4670	4670							3660	15
尖草坪区	3433	3433					561		3932	780
迎泽区	10196	10196					677		－1006	－1325
杏花岭区	4901	4901					200		1592	8
万柏林区	7085	7085							2361	761
晋源区	815	815							1480	45
太原高新区	1560	1560							1100	7
太原经济区									360	162
太原民营区									120	
大同市小计	**28020**	**28020**					**1347**	**360**	**122126**	**－9912**
本级	11188	11188					1347		30180	－290
区县级小计	16832	16832						360	91946	－9622
大同城区	1460	1460							8110	
大同矿区	1279	1279							8811	80
大同南郊区	9931	9931							6284	
大同新荣区	1628	1628							4219	－32
左云县	2534	2534							3145	538
阳高县									12296	
天镇县									10268	－727
广灵县									8155	－2407
灵丘县								360	12018	－78
浑源县									18062	－125
大同县									301	－6871
大同开发区									277	
阳泉市小计	**17180**	**17180**					**1460**	**317**	**22298**	**2036**
本级	－29	－29					1078	317	15161	11384
区县级小计	17209	17209					382		7137	－9348
平定县	5138	5138							4276	－3277
盂县	3808	3808							1307	

2－4－8　　　　　　　　　　　　　　　　　　　　　　　　单位:万元

地　区	收支部分								
	收入								
	收入合计	税收收入							
		小计	增值税	营业税	企业所得税	个人所得税	资源税	城市维护建设税	耕地占用税
阳泉郊区	17276	12540	4044	3031	1561	579	1039	772	81
阳泉城区	12548	11499	1245	5592	1463	647		904	
阳泉矿区	11135	9552	1940	4576	373	435	59	1395	
阳泉开发区	4204	3753	554	2025	179	101	1	244	
长治市小计	**497506**	**321904**	**98606**	**55432**	**83230**	**17085**	**17867**	**25645**	**2153**
本级	175387	129672	44169	28124	33706	7994	5631	10048	
区县级小计	322119	192232	54437	27308	49524	9091	12236	15597	2153
长治县	42359	28195	7132	2663	13125	788	2167	1429	91
潞城市	36291	22783	9773	2210	5284	505	94	3061	10
屯留县	23343	15715	3658	3215	1985	1179	2343	566	816
长子县	16421	8998	2771	1121	1693	760	1089	650	109
壶关县	11116	6808	2687	794	1177	577	388	493	103
平顺县	4657	3261	1055	418	453	395	582	228	10
黎城县	8153	6426	1951	1371	1236	406	400	617	22
武乡县	23671	13711	4272	3275	2782	326	770	1300	187
襄垣县	65075	34295	8604	4818	10721	1830	2414	4082	260
沁县	4380	1792	355	841	87	147		198	3
沁源县	39987	13952	4312	1034	5561	698	1374	461	86
长治城区	15459	13583	1292	3561	1197	737		798	79
长治郊区	24195	16133	4056	1448	1864	703	615	1552	377
长治高新区	7012	6580	2519	539	2359	40		162	
晋城市小计	**340783**	**273009**	**78303**	**39918**	**76776**	**12364**	**20576**	**22945**	**1017**
本级	134067	115436	28601	15426	37430	6868	9332	9243	
区县级小计	206716	157573	49702	24492	39346	5496	11244	13702	1017
阳城县	43650	31295	13148	3297	9880	992	1808	973	150
高平市	46972	36309	11656	4083	10423	1270	2884	3263	150
沁水县	32720	25519	8638	3141	5079	953	2836	3334	150
陵川县	7227	4298	1118	703	1296	212	291	293	40
晋城城区	20936	17273	2047	7520	1774	646	76	1390	100
泽州县	50232	38210	12024	4203	10273	1250	3349	4120	400
晋城开发区	4979	4669	1071	1545	621	173		329	27
朔州市小计	**302023**	**209660**	**75085**	**26063**	**39984**	**6568**	**28384**	**22594**	**844**
本级	138703	101829	37093	8239	28133	1991	20317	4451	
区县级小计	163320	107831	37992	17824	11851	4577	8067	18143	844
朔城区	28988	22425	5942	3570	2146	1177	600	5198	538
平鲁区	28866	23519	5317	5005	1548	524	2904	6417	42
山阴县	47595	26273	11269	3229	5242	1350	2202	2239	40

2－4－9

单位:万元

地区	收支部分									
	收入									
	税收收入			非税收入						
	契税	烟叶税	其他各项税收收入	小计	专项收入	行政事业性收费收入	罚没收入	国有资本经营收入	国有资源(资产)有偿使用收入	其他收入
阳泉郊区	370		1063	4736	2937	953	738	10	79	19
阳泉城区	700		948	1049	495	457	82		15	
阳泉矿区	171		603	1583	664	477	131	50	114	147
阳泉开发区	340		309	451	112	271	12		55	1
长治市小计	**3957**	**187**	**17742**	**175602**	**132010**	**22122**	**17635**	**1681**	**2020**	**134**
本级				45715	33598	7635	2886	652	852	92
区县级小计	3957	187	17742	129887	98412	14487	14749	1029	1168	42
长治县	82		718	14164	9985	2148	1692	24	283	32
潞城市	96		1750	13508	10051	1198	2169		90	
屯留县	292		1661	7628	5272	960	1380		16	
长子县	163	187	455	7423	6116	1086	136		85	
壶关县	116		473	4308	2790	534	736	175	73	
平顺县	33		87	1396	755	20	585		36	
黎城县	78		345	1727	594	352	734	11	36	
武乡县	100		699	9960	6982	1393	773	691	121	
襄垣县	153		1413	30780	27020	2103	1425	74	158	
沁县	36		125	2588	493	201	1849	21	24	
沁源县	74		352	26035	23522	1404	988	13	108	
长治城区	2200		3719	1876	440	709	688	20	19	
长治郊区	334		5184	8062	4329	2213	1421		89	10
长治高新区	200		761	432	63	166	173		30	
晋城市小计	**3255**		**17855**	**67774**	**28289**	**17741**	**14267**	**4691**	**2786**	
本级	350		8186	18631	8516	5433	3016	308	1358	
区县级小计	2905		9669	49143	19773	12308	11251	4383	1428	
阳城县	250		797	12355	6036	2428	2748	950	193	
高平市	550		2030	10663	4354	2357	2877	357	718	
沁水县	110		1278	7201	3095	2421	1461		224	
陵川县	125		220	2929	482	1027	1276		144	
晋城城区	1440		2280	3663	1614	1044	821	145	39	
泽州县	200		2391	12022	4051	2875	2065	2931	100	
晋城开发区	230		673	310	141	156	3		10	
朔州市小计	**2384**		**7754**	**92363**	**37958**	**19800**	**12441**	**60**	**2206**	**19898**
本级	97		1508	36874	23608	9378	3859	－881	910	
区县级小计	2287		6246	55489	14350	10422	8582	941	1296	19898
朔城区	945		2309	6563	5405	897	125	29	98	9
平鲁区	31		1731	5347	1460	1442	487	67	96	1795
山阴县	110		592	21322	3337	1204	2954	465	73	13289

2－4－10

单位:万元

地区	收支部分									
	支出功能分类									
	支出合计	一般公共服务	外交	国防	公共安全	教育	科学技术	文化体育与传媒	社会保障和就业	医疗卫生
阳泉郊区	38416	8882			2285	11631	536	405	2935	2447
阳泉城区	19367	4819		137	1096	7857	213	147	2214	1141
阳泉矿区	16197	6679		93	969	3141	280	111	2423	873
阳泉开发区	8093	1847		12	260	820	11	43	560	274
长治市小计	**788776**	**220787**			**50442**	**162429**	**9014**	**17447**	**85328**	**45341**
本级	199624	39251			21540	31235	3194	7622	35060	10561
区县级小计	589152	181536			28902	131194	5820	9825	50268	34780
长治县	61237	17936			3148	15840	612	1020	4231	3223
潞城市	49794	10117			3257	9849	519	1200	4337	2722
屯留县	44739	13767			2445	11399	487	1057	2861	2504
长子县	46652	12993			2449	12803	674	795	4046	3598
壶关县	45443	12137			1927	11936	71	441	4178	2927
平顺县	29159	7367			1818	6263	217	577	4376	2169
黎城县	27845	5897			1603	7401	220	540	3737	1580
武乡县	48698	16177			1800	12672	344	690	3769	2534
襄垣县	77671	32189			3427	11366	573	848	6835	3649
沁县	30818	6348			1477	7789	220	509	2843	2241
沁源县	58268	28384			2178	9202	654	1094	2684	2629
长治城区	24801	5885			1799	6013	260	412	3899	2236
长治郊区	37559	10777			1378	7660	482	642	2149	2463
长治高新区	6468	1562			196	1001	487		323	305
晋城市小计	**540495**	**105011**		**398**	**36202**	**108766**	**7115**	**10298**	**106053**	**30178**
本级	177989	35750			17880	15560	3191	4789	50447	7252
区县级小计	362506	69261		398	18322	93206	3924	5509	55606	22926
阳城县	73526	16017			4120	21239	785	718	10779	4432
高平市	75486	13115			3853	18682	869	1547	11923	5572
沁水县	52009	9973		149	2979	13074	406	712	8698	2219
陵川县	39547	7036			1536	10348	334	749	7241	2535
晋城城区	39083	8092		101	1428	8642	314	525	5533	2437
泽州县	79202	12823		148	4394	20735	1216	1181	11425	5694
晋城开发区	3653	2205			12	486		77	7	37
朔州市小计	**441174**	**90889**		**843**	**30402**	**90212**	**3456**	**16687**	**40150**	**22333**
本级	113032	30080		635	12898	15941	897	12551	5148	3101
区县级小计	328142	60809		208	17504	74271	2559	4136	35002	19232
朔城区	60427	11684		113	2156	16154	767	732	5737	6074
平鲁区	46612	9690		28	964	13306	341	470	5725	2722
山阴县	73459	12268			5011	15332	151	1082	5029	3511

2－4－11 单位:万元

地区	收支部分						平衡部分		
	支出功能分类						收入		
	环境保护	城乡社区事务	农林水事务	交通运输	工业、商业、金融等事务	其他支出	收入合计	本年收入	返还性收入 小计
阳泉郊区	878	1019	3134	205	1497	2562	44647	17276	6345
阳泉城区	113	1580			8	42	22000	12548	3076
阳泉矿区	95	1482			6	45	17246	11135	1757
阳泉开发区	541	3674	16		32	3	8379	4204	580
长治市小计	**35332**	**43045**	**72404**	**9442**	**26102**	**11663**	**902657**	**497506**	**57763**
本级	9600	17920	8713	4124	9660	1144	237046	175387	13622
区县级小计	25732	25125	63691	5318	16442	10519	665611	322119	44141
长治县	713	4486	6110	1233	1254	1431	69915	42359	5224
潞城市	8048	1812	5658	611	1064	600	53809	36291	4172
屯留县	1530	1984	4636	240	1622	207	53848	23343	1493
长子县	852	600	5713	190	653	1286	55501	16421	1952
壶关县	1624	1229	5768	343	2003	859	52650	11116	2377
平顺县	472	154	4560	220	671	295	35592	4657	965
黎城县	1237	851	3153	191	999	436	30179	8153	3677
武乡县	1990	783	6378	161	1039	361	56218	23671	1965
襄垣县	1842	4014	6928	62	2539	3399	84158	65075	1882
沁县	1077	678	4979	1362	1223	72	40954	4380	1310
沁源县	2963	2656	4457	327	831	209	60932	39987	2463
长治城区	239	1918	958		258	924	25797	15459	4943
长治郊区	3141	1701	4142	378	2238	408	39226	24195	12636
长治高新区	4	2259	251		48	32	6832	7012	－918
晋城市小计	**16753**	**26026**	**51622**	**5106**	**22076**	**14891**	**572448**	**340783**	**31063**
本级	5945	11855	7024	1634	10159	6503	189606	134067	28192
区县级小计	10808	14171	44598	3472	11917	8388	382842	206716	2871
阳城县	1488	1737	7697	858	2135	1521	77790	43650	6359
高平市	2015	3642	9000	181	1754	3333	80571	46972	5623
沁水县	1815	550	8191	538	2040	665	52054	32720	－7332
陵川县	804	1518	5739	646	682	379	44942	7227	2270
晋城城区	2305	4863	3229	153	1071	390	41264	20936	3085
泽州县	2161	1533	10730	1096	3991	2075	82386	50232	－7048
晋城开发区	220	328	12		244	25	3835	4979	－86
朔州市小计	**19793**	**37132**	**50511**	**7370**	**20320**	**11076**	**548786**	**302023**	**17459**
本级	4970	7912	7258	93	6517	5031	150885	138703	－13296
区县级小计	14823	29220	43253	7277	13803	6045	397901	163320	30755
朔城区	3363	3375	6769	466	2685	352	78986	28988	9968
平鲁区	2002	3351	4060	565	2260	1128	51903	28866	5578
山阴县	2970	8385	10895	3740	3553	1532	86956	47595	4894

二、各省、自治区、直辖市地市县一般预算财政资料

2－4－12　　　　　　　　　　　　　　　　　　　　　　　　单位:万元

地区	平衡部分									
	收入									
	返还性收入		财力性转移支付收入							
	增值税和消费税税收返还	所得税基数返还	小计	体制补助	一般性转移支付补助	民族地区转移支付补助	调整工资转移支付补助	农村义务教育补助	农村税费改革补助	缓解县乡困难转移支付补助
阳泉郊区	4820	1525	13494		7374		5098	518	1492	86
阳泉城区	1730	1346	2080		167		1836	6		169
阳泉矿区	1026	731	601		70		660			134
阳泉开发区	347	233	2011				18		11	
长治市小计	**52765**	**4998**	**163724**		**61040**		**67990**	**7961**	**21782**	**4353**
本级	7244	6378	31525	－2910	10000		8884	－2076	－935	
区县级小计	45521	－1380	132199	2910	51040		59106	10037	22717	4353
长治县	3489	1735	7377		427		5071	840	1722	120
潞城市	5493	－1321	3329		332		3278	715	1306	80
屯留县	1072	421	13788	500	3902		5084	873	2036	1145
长子县	1141	811	20229	500	9307		5843	1013	2526	987
壶关县	1394	983	19106	470	8035		6462	1017	2589	106
平顺县	757	208	16015	500	7378		4933	604	1687	313
黎城县	1831	1846	9753		4464		3847	512	1425	136
武乡县	1412	553	14587	470	5198		5427	726	2438	94
襄垣县	4611	－2729	6554		398		4218	723	2318	1052
沁县	726	584	18394	470	9612		5035	673	1902	125
沁源县	1730	733	8900		1489		4500	543	1602	110
长治城区	6486	－1543	－296		235		2522	948	191	－7
长治郊区	15379	－2743	－5769		263		2868	789	949	92
长治高新区		－918	232				18	61	26	
晋城市小计	**24413**	**6650**	**77181**		**20473**		**38432**	**4931**	**15839**	**2626**
本级	8026	20166	4576	－350	1550		4106	－299	－599	
区县级小计	16387	－13516	72605	350	18923		34326	5230	16438	2626
阳城县	4768	1591	11900		628		6451	1196	3041	106
高平市	3568	2055	11803		537		6150	1080	3062	734
沁水县	1458	－8790	7874	160	827		5258	563	1804	94
陵川县	1222	1048	20402	190	10078		6077	698	2642	836
晋城城区	1842	1243	7366		4542		3609	224	552	
泽州县	3379	－10427	14945		2311		6773	1466	5322	856
晋城开发区	150	－236	－1685				8	3	15	
朔州市小计	**18069**	**－610**	**99797**		**44804**		**35447**	**4042**	**12481**	**3110**
本级	1907	－15203	10978	－2917	5000		2946	4042	－339	－500
区县级小计	16162	14593	88819	2917	39804		32501		12820	3610
朔城区	4919	5049	16151		8167		7159		2345	74
平鲁区	2390	3188	5347		374		4540		2031	77
山阴县	3088	1806	14058		6488		5598		2070	60

2－4－13　　　　　　　　　　单位:万元

地区	平衡部分									
	收入								支出	
	财力性转移支付收入			专项转移支付	省补助计划单列市收入	上年结余	调入资金	国债转贷收入、上年结余及转补助数	支出合计	本年支出
	结算补助	企事业单位预算划转补助	其他财力性转移支付							
阳泉郊区	－1074			7503		－156	185		43894	38416
阳泉城区	－98			3818		354	124		21776	19367
阳泉矿区	－263			3044		652	57		16776	16197
阳泉开发区	1982			1448		97	39		8272	8093
长治市小计	**－2108**	**2706**		**111590**		**71592**	**21**	**461**	**792236**	**788776**
本级	19856	2706	－4000	2645		13867			200116	199624
区县级小计	－21964		4000	108945		57725	21	461	592120	589152
长治县	－803			9070		5885			61637	61237
潞城市	－2382			7944		2073			50693	49794
屯留县	－322		570	8288		6936			44739	44739
长子县	－417		470	8988		7911			46652	46652
壶关县	－193		620	12818		7233			45443	45443
平顺县			600	8023		5932			29193	29159
黎城县	－631			8280		316			27905	27845
武乡县	－306		540	10529		5466			48698	48698
襄垣县	－2155			7953		2233		461	78482	77671
沁县	－123		700	8557		8292	21		30848	30818
沁源县	156		500	6776		2806			58337	58268
长治城区	－4185			4626		1065			25201	24801
长治郊区	－10730			6695		1469			37724	37559
长治高新区	127			398		108			6568	6468
晋城市小计	**－5492**	**372**		**61705**		**35488**	**26228**		**546688**	**540495**
本级	168			－2955		25726			176185	177989
区县级小计	－5660	372		64660		9762	26228		370503	362506
阳城县	478			10718		2157	3006		76141	73526
高平市	240			12719		1289	2165		77707	75486
沁水县	－832			9097		350	9345		52009	52009
陵川县	－119			10209		3834	1000		39547	39547
晋城城区	－1561			8895		982			39898	39083
泽州县	－1995	212		12611		934	10712		81548	79202
晋城开发区	－1871	160		411		216			3653	3653
朔州市小计	**－3050**	**2963**		**67001**		**58263**	**4163**	**80**	**444995**	**441174**
本级	628	2118		－805		15305			104522	113032
区县级小计	－3678	845		67806		42958	4163	80	340473	328142
朔城区	－1594			13748		10131			65114	60427
平鲁区	－1675			8953		3079		80	47892	46612
山阴县	－209	51		13768		6641			76571	73459

2－4－14

单位：万元

地区	平衡部分									
	支出								年终结余	其中：净结余
	财力性转移支付			专项上解	计划单列市上解省	增设预算周转金	调出资金	国债转贷拨付数及年终结余		
	小计	体制上解	出口退税专项上解							
阳泉郊区	5478	5478							753	－6117
阳泉城区	2273	2273					136		224	16
阳泉矿区	370	370					209		470	
阳泉开发区	142	142					37		107	30
长治市小计						**900**	**2099**	**461**	**110421**	**24961**
本级	－1715	－1715				700	1507		36930	
区县级小计	1715	1715				200	592	461	73491	8280
长治县	400	400							8278	6423
潞城市	440	440					459		3116	492
屯留县									9109	64
长子县									8849	26
壶关县									7207	60
平顺县							34		6399	16
黎城县	60	60							2274	88
武乡县									7520	5
襄垣县	350	350						461	5676	528
沁县							30		10106	20
沁源县							69		2595	5
长治城区	200	200				200			596	88
长治郊区	165	165							1502	220
长治高新区	100	100							264	245
晋城市小计	**4604**	**4604**					**1589**		**25760**	**6360**
本级	－3190	－3190					1386		13421	6312
区县级小计	7794	7794					203		12339	48
阳城县	2615	2615							1649	
高平市	2221	2221							2864	1
沁水县									45	7
陵川县									5395	20
晋城城区	815	815							1366	20
泽州县	2143	2143					203		838	
晋城开发区									182	
朔州市小计	**1347**	**1347**				**1901**	**493**	**80**	**103791**	**18659**
本级	－9411	－9411				901			46363	
区县级小计	10758	10758				1000	493	80	57428	8124
朔城区	3687	3687				1000			13872	1732
平鲁区	1200	1200						80	4011	88
山阴县	3112	3112							10385	120

2－4－15 单位:万元

地区	收支部分								
	收入								
	收入合计	税收收入							
		小计	增值税	营业税	企业所得税	个人所得税	资源税	城市维护建设税	耕地占用税
怀仁县	43641	26164	13275	3239	2133	879	1637	3290	191
应县	5636	2987	783	1034	157	278	8	226	10
右玉县	6140	4587	1159	824	557	351	716	559	23
朔州开发区	2454	1876	247	923	68	18		214	
忻州市小计	**231768**	**148263**	**43724**	**29953**	**28020**	**8183**	**17142**	**8721**	**1426**
本级	60748	38842	11177	10774	7790	2325	3855	1552	
区县级小计	171020	109421	32547	19179	20230	5858	13287	7169	1426
五台县	8926	5016	781	2189	117	409	529	352	166
静乐县	7167	2358	875	536	285	138	90	284	25
河曲县	23813	13231	4786	1462	3994	402	428	1625	70
神池县	3424	2509	886	981	23	144	202	163	26
五寨县	4566	2742	813	1297	41	150		213	86
繁峙县	10243	6253	2039	1129	597	279	1414	369	62
岢岚县	2225	1646	402	603	45	111	89	196	85
偏关县	6734	4835	953	495	2492	188	58	501	4
代县	16391	12043	2587	828	1280	1139	5042	631	49
原平市	30049	20258	6138	2948	4880	829	2254	1140	495
忻府区	14043	10804	1857	2986	622	899	75		203
定襄县	7394	5302	1916	1157	264	418	133	559	129
宁武县	12137	7634	3126	1210	907	359	1097	601	17
保德县	22912	14011	5308	1015	4640	321	1876	535	9
忻州开发区	996	779	80	343	43	72			
晋中市小计	**410153**	**214990**	**73315**	**56419**	**24379**	**11104**	**8573**	**19181**	**1170**
本级	100211	39897	15711	12090	5224	2380	1837	2655	
区县级小计	309942	175093	57604	44329	19155	8724	6736	16526	1170
榆次区	46525	40135	7220	14113	5207	2272	354	1833	200
太谷县	12991	9022	2627	3082	485	521	5	991	124
祁县	12088	7297	2078	2461	279	431	8	897	20
平遥县	19120	11948	4465	2774	383	496	315	2081	75
介休市	62008	29574	13513	5307	2419	1548	574	3691	173
灵石县	55320	26832	12657	5428	2048	734	1862	2504	36
寿阳县	33611	13342	3789	3122	2340	807	1523	718	129
昔阳县	10619	7089	1953	1896	901	604	698	623	13
和顺县	11051	6302	2037	1035	1114	275	605	869	3
左权县	23996	6898	2414	1362	986	563	792	463	3
榆社县	13002	10019	3480	1387	2201	287		1155	191
晋中开发区	9611	6635	1371	2362	792	186		701	203

二、各省、自治区、直辖市地市县一般预算财政资料

2－4－16

单位：万元

地区	收支部分									
	收入									
	税收收入			非税收入						
	契税	烟叶税	其他各项税收收入	小计	专项收入	行政事业性收费收入	罚没收入	国有资本经营收入	国有资源(资产)有偿使用收入	其他收入
怀仁县	313		1207	17477	3575	5920	2750	319	113	4800
应县	243		248	2649	249	271	1224	60	845	
右玉县	277		121	1553	279	268	949		52	5
朔州开发区	368		38	578	45	420	93	1	19	
忻州市小计	**3592**		**7502**	**83505**	**40971**	**19729**	**20969**	**512**	**1214**	**110**
本级			1369	21906	11416	8040	1923		488	39
区县级小计	3592		6133	61599	29555	11689	19046	512	726	71
五台县	71		402	3910	674	1581	1575	3	77	
静乐县	40		85	4809	3918	152	697		40	2
河曲县	70		394	10582	7694	1743	1045		55	45
神池县	24		60	915	184	158	457	60	56	
五寨县	34		108	1824	280	252	1258		34	
繁峙县	88		276	3990	1221	525	2206		38	
岢岚县	35		80	579	112	100	327		40	
偏关县	61		83	1899	430	225	818	386	40	
代县	81		406	4348	1301	1031	1969		47	
原平市	591		983	9791	4036	1897	3772		86	
忻府区	1897		2265	3239	698	1162	1328		41	10
定襄县	191		535	2092	553	831	634	63	11	
宁武县	115		202	4503	872	1543	1966		108	14
保德县	94		213	8901	7530	326	994		51	
忻州开发区	200		41	217	52	163			2	
晋中市小计	**3852**		**16997**	**195163**	**128551**	**30658**	**27995**	**5714**	**1367**	**878**
本级				60314	41493	9170	5531	3511	380	229
区县级小计	3852		16997	134849	87058	21488	22464	2203	987	649
榆次区	2072		6864	6390	3135	2008	1038		108	101
太谷县	126		1061	3969	1152	662	2122		33	
祁县	129		994	4791	483	1945	2069	154	15	125
平遥县	425		934	7172	2158	1881	3090		31	12
介休市	267		2082	32434	25694	3788	2516		96	340
灵石县	146		1417	28488	22518	1091	4543	13	323	
寿阳县	111		803	20269	13758	2978	1661	1745	106	21
昔阳县	31		370	3530	644	1577	1221		88	
和顺县	48		316	4749	1035	1507	2151		56	
左权县	27		288	17098	15108	810	1110		70	
榆社县	70		1248	2983	1011	957	651	291	23	50
晋中开发区	400		620	2976	362	2284	292		38	

2－4－17　　单位:万元

地区	收支部分									
	支出功能分类									
	支出合计	一般公共服务	外交	国防	公共安全	教育	科学技术	文化体育与传媒	社会保障和就业	医疗卫生
怀仁县	69009	12197			4480	13294	784	1126	5763	3407
应县	42245	5670			2581	9982	325	316	9116	2040
右玉县	29317	6740		67	1605	5868	191	410	2829	1478
朔州开发区	7073	2560			707	335			803	
忻州市小计	**659877**	**147327**		**601**	**39082**	**133523**	**4657**	**9320**	**109349**	**38774**
本级	87309	19649			7221	13921	1211	2860	8884	5346
区县级小计	572568	127678		601	31861	119602	3446	6460	100465	33428
五台县	53339	9320		57	3248	15264	220	503	5989	3703
静乐县	35033	9682		1	1682	6252	133	423	5548	1165
河曲县	46538	13385			2124	9793	528	561	7900	2959
神池县	25015	5084			1260	5371	36	212	4496	1044
五寨县	28838	6842		1	2049	5707	238	343	2729	1522
繁峙县	42242	6729		16	2751	11587	63	272	7492	3260
岢岚县	30286	6402		49	1077	4277	165	536	6641	997
偏关县	31731	6840			1710	6042	113	364	5225	1203
代县	38161	7449		40	1982	8303	393	400	7887	2747
原平市	65589	11727		178	4367	12963	447	953	14684	4436
忻府区	58080	11560		192	3335	13649	595	630	10643	3949
定襄县	32800	8160			1907	5336	54	338	6562	1358
宁武县	37116	8067		9	2278	7259	79	218	7187	2819
保德县	46772	15777		58	2091	7799	382	707	7482	2266
忻州开发区	1028	654								
晋中市小计	**721064**	**197754**		**762**	**42272**	**125159**	**5866**	**9041**	**126741**	**36113**
本级	117913	39883		100	12669	6109	790	2406	21236	4890
区县级小计	603151	157871		662	29603	119050	5076	6635	105505	31223
榆次区	83041	11536		64	2317	17037	1023	1181	23161	7249
太谷县	44525	7832		71	2997	9167	348	453	9517	2247
祁县	37569	7188		80	2424	8166	416	414	7796	1570
平遥县	65319	11876		92	4257	15311	344	537	13943	3390
介休市	83884	27776		50	3469	14272	508	594	13430	2977
灵石县	67871	25312		171	2520	11875	643	710	6932	3178
寿阳县	59731	21471		41	2920	9630	529	810	7025	4198
昔阳县	37126	7084		49	2153	8850	175	447	6720	1057
和顺县	34804	6407			2083	7438	335	413	6375	1575
左权县	48783	21578			2265	8293	414	628	5819	1993
榆社县	29180	5309		44	1689	7073	228	442	4406	1557
晋中开发区	11318	4502			509	1938	113	6	381	232

二、各省、自治区、直辖市地市县一般预算财政资料

2－4－18

单位:万元

地区	收支部分						平衡部分		
	支出功能分类						收入		
	环境保护	城乡社区事务	农林水事务	交通运输	工业、商业、金融等事务	其他支出	收入合计	本年收入	返还性收入 小计
怀仁县	1791	10941	8880	1740	3245	1361	81474	43641	7158
应县	2733	1988	4909	423	696	1466	55612	5636	1993
右玉县	1964	773	5525	343	1364	160	35897	6140	1120
朔州开发区		407	2215			46	7073	2454	44
忻州市小计	**37665**	**25287**	**67564**	**9336**	**15922**	**21470**	**765446**	**231768**	**29084**
本级	4702	7299	7264	1282	4137	3533	107297	60748	－4377
区县级小计	32963	17988	60300	8054	11785	17937	658149	171020	33461
五台县	2214	1898	4985	1024	692	4222	60473	8926	1882
静乐县	2647	1477	5437		443	143	49094	7167	965
河曲县	2755	1148	3659	255	641	830	51293	23813	2429
神池县	1682	643	2865	333	484	1505	27622	3424	2071
五寨县	2790	1358	3648	90	385	1136	36240	4566	608
繁峙县	3693	492	4523	116	617	631	56491	10243	1826
岢岚县	2746	1535	3881	774	443	763	38604	2225	545
偏关县	2986	1009	4327	172	1319	421	34708	6734	746
代县	2180	502	4859	195	567	657	46902	16391	860
原平市	2420	3556	5352	1167	1254	2085	77545	30049	6862
忻府区	1766	1596	5531	1236	2358	1040	49461	14043	6588
定襄县	752	1122	2511	964	676	3060	30872	7394	2661
宁武县	1863	527	4717	252	1256	585	48455	12137	2887
保德县	2419	1125	4005	1476	570	615	49361	22912	2599
忻州开发区	50				80	244	1028	996	－68
晋中市小计	**22933**	**44558**	**56062**	**8541**	**18895**	**26367**	**833804**	**410153**	**50309**
本级	3936	9165	4026	1029	4008	7666	126400	100211	3737
区县级小计	18997	35393	52036	7512	14887	18701	707404	309942	46572
榆次区	860	3551	5808	874	873	7507	94152	46525	5398
太谷县	1985	3766	3694	1024	395	1029	53256	12991	4519
祁县	729	1522	3775	106	2480	903	43899	12088	4731
平遥县	1401	5677	5140	722	2049	580	80995	19120	4567
介休市	1217	9169	4581	2095	1888	1858	96563	62008	9501
灵石县	5202	2992	3854	371	1668	2443	76256	55320	5546
寿阳县	1388	2280	6735	299	1817	588	69605	33611	2906
昔阳县	2380	1601	4156	368	1268	818	47863	10619	2524
和顺县	950	884	5747	858	999	740	42878	11051	1971
左权县	791	987	4279	344	722	670	56615	23996	2339
榆社县	1942	1422	3463	451	343	811	32372	13002	1716
晋中开发区	152	1542	804		385	754	12950	9611	854

2－4－19 单位:万元

地区	平衡部分									
	收入									
	返还性收入		财力性转移支付收入							
	增值税和消费税税收返还	所得税基数返还	小计	体制补助	一般性转移支付补助	民族地区转移支付补助	调整工资转移支付补助	农村义务教育补助	农村税费改革补助	缓解县乡困难转移支付补助
怀仁县	4094	3064	13819		3460		5459		1798	2571
应县	1019	974	25103	1301	14468		5550		2702	683
右玉县	578	542	14209	1616	6847		4191		1788	145
朔州开发区	74	－30	132				4		86	
忻州市小计	**24238**	**4846**	**276531**	**1280**	**126831**		**87863**	**8054**	**31383**	**12641**
本级	2873	－7250	44610	1280	20727		8990	－947	－100	
区县级小计	21365	12096	231921		106104		78873	9001	31483	12641
五台县	903	979	28574		13021		8137	1054	3785	2165
静乐县	441	524	18362		8666		5226	660	2118	588
河曲县	1558	871	11859		3978		5362	524	1681	644
神池县	665	1406	14009		6611		3933	382	1448	1312
五寨县	241	367	15972		7724		4751	428	1490	1330
繁峙县	1098	728	18857		9832		6103	1040	2440	126
岢岚县	314	231	15434		7745		4308	324	1222	1196
偏关县	565	181	13624		6413		4697	475	1476	1261
代县	2222	－1362	13029		5092		5502	641	2613	119
原平市	4776	2086	24965		12465		8346	883	3725	994
忻府区	3067	3521	20265		9862		7357	771	3699	883
定襄县	1776	885	14216		7145		4846	541	1860	918
宁武县	1595	1292	12827		5117		5176	566	2144	488
保德县	2144	455	9958		2433		5129	712	1782	617
忻州开发区		－68	－30							
晋中市小计	**40145**	**10164**	**189669**		**93859**		**69051**	**6771**	**23208**	**2434**
本级	3217	520	4911		10000		5346	－126	－551	
区县级小计	36928	9644	184758		83859		63705	6897	23759	2434
榆次区	6424	－1026	26276		13871		8915	557	2212	34
太谷县	3127	1392	17546		8538		5402	733	2316	86
祁县	3020	1711	14758		6399		5645	684	1840	74
平遥县	2874	1693	29907		15381		8434	1564	3700	126
介休市	8059	1442	9632		506		5752	726	2421	134
灵石县	5077	469	7167		388		4154	755	2075	80
寿阳县	1878	1028	17192		7752		5296		2182	1534
昔阳县	1560	964	19341		9955		5617	546	2360	106
和顺县	1157	814	15966		8781		4766	379	1468	66
左权县	1385	954	16289		8571		5316	478	1470	26
榆社县	1694	22	9971		3674		3878	403	1523	168
晋中开发区	673	181	713		43		530	72	192	

二、各省、自治区、直辖市地市县一般预算财政资料

2－4－20　　　　　　　　　　　　　　　　　　　　单位:万元

地区	平衡部分									
	收入								支出	
	财力性转移支付收入				省补助计划单列市收入	上年结余	调入资金	国债转贷收入、上年结余及转补助数	支出合计	本年支出
	结算补助	企事业单位预算划转补助	其他财力性转移支付	专项转移支付						
怀仁县	－263	794		8674		8182			72261	69009
应县	399			12019		10861			42245	42245
右玉县	－378			10505		3923			29317	29317
朔州开发区	42			139		141	4163		7073	7073
忻州市小计	**5893**	**326**	**2260**	**157896**		**68547**	**1500**	**120**	**660654**	**659877**
本级	12400		2260	17097		－10781			80316	87309
区县级小计	－6507	326		140799		79328	1500	120	580338	572568
五台县	412			14605		5486	1000		53339	53339
静乐县	1104			9500		13100			35076	35033
河曲县	－330			8586		4606			46782	46538
神池县	323			6605		1513			25015	25015
五寨县	249			7339		7755			28870	28838
繁峙县	－684			12203		13362			42297	42242
岢岚县	639			8866		11534			30315	30286
偏关县	－698			8695		4409	500		31731	31731
代县	－989	51		10318		6304			38161	38161
原平市	－1663	215		12416		3253			69948	65589
忻府区	－2348	41		15364		－6799			59813	58080
定襄县	－1113	19		8555		－2074		120	33443	32800
宁武县	－664			9097		11507			37668	37116
保德县	－715			8520		5372			46852	46772
忻州开发区	－30			130					1028	1028
晋中市小计	**－8634**	**2980**		**118413**		**62811**	**2249**	**200**	**728289**	**721064**
本级	－9758			－1267		16698	2110		92817	117913
区县级小计	1124	2980		119680		46113	139	200	635472	603151
榆次区	－1731	2418		20592		－4639			97749	83041
太谷县	67	404		12667		5533			47148	44525
祁县	116			9041		3281			39050	37569
平遥县	702			17101		10200		100	66965	65319
介休市	－65	158		11759		3663			90393	83884
灵石县	－285			7447		776			70415	67871
寿阳县	428			8582		7314			60400	59731
昔阳县	757			7797		7582			37771	37126
和顺县	506			8442		5448			34934	34804
左权县	428			8464		5427		100	48883	48783
榆社县	325			6737		946			29353	29180
晋中开发区	－124			1051		582	139		12411	11318

2－4－21　　　　单位：万元

地区	平衡部分 支出 财力性转移支付 小计	体制上解	出口退税专项上解	专项上解	计划单列市上解省	增设预算周转金	调出资金	国债转贷拨付数及年终结余	年终结余	其中：净结余
怀仁县	2759	2759					493		9213	6158
应县									13367	26
右玉县									6580	
朔州开发区										
忻州市小计							**657**	**120**	**104792**	**－11495**
本级	－6993	－6993							26981	－1158
区县级小计	6993	6993					657	120	77811	－10337
五台县									7134	－4213
静乐县							43		14018	4767
河曲县							244		4511	1288
神池县									2607	－4057
五寨县							32		7370	600
繁峙县							55		14194	3463
岢岚县							29		8289	3260
偏关县									2977	
代县									8741	2930
原平市	4359	4359							7597	－4803
忻府区	1733	1733							－10352	－11972
定襄县	439	439					84	120	－2571	－4822
宁武县	462	462					90		10787	1713
保德县							80		2509	1509
忻州开发区										
晋中市小计	**5561**	**5561**					**1464**	**200**	**105515**	**－12241**
本级	－25096	－25096							33583	
区县级小计	30657	30657					1464	200	71932	－19886
榆次区	14433	14433					275		－3597	－13758
太谷县	2623	2623							6108	
祁县	1481	1481							4849	55
平遥县	1234	1234					312	100	14030	－2148
介休市	6509	6509							6170	86
灵石县	2169	2169					375		5841	
寿阳县	669	669							9205	98
昔阳县	551	551					94		10092	－798
和顺县							130		7944	
左权县								100	7732	－960
榆社县							173		3019	－2461
晋中开发区	988	988					105		539	

二、各省、自治区、直辖市地市县一般预算财政资料

2－4－22　　　　　　　　　　　　　　　　　　　　　　　　单位:万元

地区	收支部分								
	收入								
	收入合计	税收收入							
		小计	增值税	营业税	企业所得税	个人所得税	资源税	城市维护建设税	耕地占用税
吕梁市小计	**383317**	**242254**	**107120**	**35835**	**33653**	**8161**	**23000**	**19499**	**1504**
本级	64401	44522	22954	7679	7211	1749	4929		
区县级小计	318916	197732	84166	28156	26442	6412	18071	19499	1504
兴县	5767	3142	1290	573	274	113	497	251	33
岚县	5251	2621	818	460	423	174	307	239	28
交城县	31522	16901	10751	1528	1436	390	619	1156	118
文水县	12413	8543	4006	1497	437	337	9	999	88
汾阳市	38148	27149	10695	3174	6456	829	68	3485	375
孝义市	91475	56695	24491	7086	6194	1502	7220	5977	303
柳林县	50875	32595	12857	4724	5343	1319	4905	1769	163
中阳县	21492	11866	5160	1204	1756	360	991	1027	129
石楼县	1828	722	147	427	48	34	2	33	
交口县	15658	8006	3453	1007	535	306	1782	670	47
临县	8670	3449	1137	792	272	237	609	180	32
方山县	5502	3739	1434	1076	107	121	401	464	9
离石区	30315	22304	7927	4608	3161	690	661	3249	179
临汾市小计	**471259**	**315131**	**124063**	**58268**	**40988**	**13865**	**20028**	**32311**	**2724**
本级	110880	76201	31520	17874	10577	3912	4436	7882	
区县级小计	360379	238930	92543	40394	30411	9953	15592	24429	2724
尧都区	61431	39208	11685	12266	4349	2328	385		153
侯马市	21544	16146	4684	4559	927	878	13	2359	96
曲沃县	13822	9771	4405	1041	835	392	382	1418	537
翼城县	28291	15990	7244	2402	1792	424	381	2117	197
襄汾县	43949	26951	14536	2871	2379	845	1340	2802	1287
洪洞县	43513	34154	16083	4640	3267	939	1667	4557	119
霍州市	30022	20632	8367	2752	1541	1004	1297	4106	67
古县	16951	11673	5319	851	3001	170	1357	559	5
安泽县	9499	5885	1711	857	541	184	645	1759	17
浮山县	11021	9612	3434	1217	237	1008	2561	690	48
吉县	2241	687	61	330	57	45		92	6
乡宁县	36775	24214	7002	2064	9318	1130	3169	862	23
蒲县	21077	12573	5088	1288	1449	202	2258	1223	30
大宁县	949	561	132	144	54	28		166	2
永和县	684	351	24	187	19	31		51	5
隰县	2036	887	340	322	60	60	10	54	5
汾西县	7443	2636	952	502	150	103	127	508	6
临汾开发区	6336	4795	1024	1597	363	114		750	8

2－4－23

单位:万元

地区	收支部分									
	收入									
	税收收入			非税收入						
	契税	烟叶税	其他各项税收收入	小计	专项收入	行政事业性收费收入	罚没收入	国有资本经营收入	国有资源(资产)有偿使用收入	其他收入
吕梁市小计	**2362**		**11120**	**141063**	**70423**	**30637**	**28336**	**8362**	**2243**	**1062**
本级				19879	10027	6208	2218	543	857	26
区县级小计	2362		11120	121184	60396	24429	26118	7819	1386	1036
兴县	13		98	2625	1112	547	870		96	
岚县	14		158	2630	1403	420	710	3	94	
交城县	70		833	14621	11867	1677	969		108	
文水县	216		954	3870	1322	1431	1021		96	
汾阳市	481		1586	10999	7478	1922	1485		114	
孝义市	826		3096	34780	13762	6549	13118	1033	187	131
柳林县	137		1378	18280	5791	5122	939	6292	136	
中阳县	201		1038	9626	5485	2606	577		53	905
石楼县	2		29	1106	39	89	864		114	
交口县	7		199	7652	3490	1908	2213		41	
临县	70		120	5221	3591	775	607	93	155	
方山县	11		116	1763	408	357	888	21	89	
离石区	314		1515	8011	4648	1026	1857	377	103	
临汾市小计	**3922**	**211**	**18751**	**156128**	**79879**	**30858**	**39339**	**3720**	**2244**	**88**
本级				34679	11502	13944	8301	462	469	1
区县级小计	3922	211	18751	121449	68377	16914	31038	3258	1775	87
尧都区	1947		6095	22223	9138	4633	6977	1284	191	
侯马市	413		2217	5398	2476	1356	1480		86	
曲沃县	124		637	4051	1341	1005	1585	5	115	
翼城县	164		1269	12301	6464	3198	2153	381	105	
襄汾县	160		731	16998	11400	460	4619	457	48	14
洪洞县	281		2601	9359	8582	378	203		195	1
霍州市	102		1396	9390	5784	1505	1879	160	47	15
古县	5		406	5278	5150	45	2		81	
安泽县	23	6	142	3614	3330	6	200		78	
浮山县	17		400	1409	1097	83	218		11	
吉县	8	15	73	1554	29	266	574	520	154	11
乡宁县	86		560	12561	6643	1655	3680	400	155	28
蒲县	20	180	835	8504	3526	894	3939		145	
大宁县	13		22	388	62	64	196		66	
永和县	5	10	19	333	12	53	209		59	
隰县	5		31	1149	259	66	735	3	86	
汾西县	4		284	4807	2641	149	1854	48	115	
临汾开发区	223		716	1541	285	915	310		31	

二、各省、自治区、直辖市地市县一般预算财政资料

2－4－24　　　　单位:万元

地区	收支部分									
	支出功能分类									
	支出合计	一般公共服务	外交	国防	公共安全	教育	科学技术	文化体育与传媒	社会保障和就业	医疗卫生
吕梁市小计	**754600**	**153005**		**865**	**45440**	**186591**	**3400**	**15249**	**72279**	**50931**
本级	98304	25561		14	10062	11215	851	4614	7450	6502
区县级小计	656296	127444		851	35378	175376	2549	10635	64829	44429
兴县	42302	8638			2271	11134	75	646	5003	1842
岚县	29667	7415		68	1668	7783	250	223	3106	2283
交城县	58391	12530		103	2545	14835	299	733	4754	3480
文水县	50263	8755		2	2718	18238	208	728	4472	4956
汾阳市	68108	8942		46	4229	17846	287	973	8954	5137
孝义市	103624	16971		164	5624	25542	576	1947	8124	6818
柳林县	67136	12502		79	3084	17531	243	1737	8292	4598
中阳县	38526	8698		80	1765	8810	86	1158	3286	2250
石楼县	23657	4620		49	1382	3819	38	293	1654	1141
交口县	28524	8218		1	2225	7641	47	326	1448	1157
临县	72612	15514			2466	22635	111	779	9214	5529
方山县	29024	6271		83	1533	5503	176	254	3038	1852
离石区	44462	8370		176	3868	14059	153	838	3484	3386
临汾市小计	**904763**	**173405**			**71809**	**173253**	**7440**	**15251**	**153611**	**53129**
本级	157856	26630			19434	10943	1975	3215	32354	7942
区县级小计	746907	146775			52375	162310	5465	12036	121257	45187
尧都区	96727	17033			10943	25719	236	993	19976	5985
侯马市	46043	9197			4206	8512	155	818	8323	2350
曲沃县	40162	7560			2889	8656	443	666	8223	2857
翼城县	53926	11287			3575	12004	608	1444	9998	2878
襄汾县	75008	14514			4315	17227	897	644	10008	4937
洪洞县	83543	13184			4671	20628	435	2017	13951	6610
霍州市	42923	7133			2710	11634	61	521	6816	1404
古县	31584	5733			1905	6104	262	311	4803	1929
安泽县	27985	3832			1655	5905	340	280	4683	1815
浮山县	27050	5969			2090	7751	389	304	2573	2076
吉县	24955	4637			1452	5192	44	259	4811	1514
乡宁县	50642	12038			3464	10498	463	1409	4867	3733
蒲县	35044	7246			2866	4745	253	331	5770	1719
大宁县	20456	4109			1167	2778	65	373	2895	1198
永和县	19780	5578			751	3382	7	211	2370	708
隰县	27292	5258			1182	5096	188	1018	5339	1626
汾西县	31315	7359			1746	5835	72	422	5582	1816
临汾开发区	8410	1937			587	491	487	15	269	32

2－4－25

单位：万元

地区	收支部分						平衡部分		
	支出功能分类						收入		
	环境保护	城乡社区事务	农林水事务	交通运输	工业、商业、金融等事务	其他支出	收入合计	本年收入	返还性收入 小计
吕梁市小计	**42222**	**58812**	**69331**	**8824**	**22192**	**25459**	**952283**	**383317**	**62276**
本级	3954	14659	4856	475	5176	2915	131390	64401	17797
区县级小计	38268	44153	64475	8349	17016	22544	820893	318916	44479
兴县	1866	1562	6102	709	598	1856	58114	5767	866
岚县	989	735	4327	127	584	109	40698	5251	464
交城县	7899	3569	4704	32	2330	578	66889	31522	3775
文水县	599	1591	4997	320	1586	1093	64527	12413	5470
汾阳市	3641	4346	6104	791	1126	5686	83191	38148	23502
孝义市	3690	20103	5470	3320	3412	1863	120208	91475	2409
柳林县	3032	5494	5969	1006	1332	2237	78151	50875	1049
中阳县	3785	2711	3602	540	860	895	41367	21492	1864
石楼县	3347	166	3553	55	493	3047	39672	1828	228
交口县	3212	893	2031	134	1051	140	31563	15658	2009
临县	3234	1489	9237	340	1886	178	98817	8670	863
方山县	1408	1494	4696	532	733	1451	40259	5502	616
离石区	1566		3683	443	1025	3411	57437	30315	1364
临汾市小计	**59503**	**58646**	**77501**	**11868**	**29637**	**19710**	**1054705**	**471259**	**58935**
本级	7030	21358	7094	2484	13076	4321	179731	110880	32387
区县级小计	52473	37288	70407	9384	16561	15389	874974	360379	26548
尧都区	3537	1386	6797	361	2100	1661	111050	61431	12834
侯马市	2836	4109	2851	597	1245	844	56596	21544	4440
曲沃县	1125	1408	4637	176	601	921	49323	13822	3177
翼城县	2759	1650	5111	825	999	788	60044	28291	1853
襄汾县	9241	3649	7892	200	763	721	79102	43949	1183
洪洞县	5181	4160	5333	819	1968	4586	97434	43513	343
霍州市	2617	4796	2922	250	907	1152	47941	30022	－576
古县	5003	668	3107	221	712	826	35693	16951	－351
安泽县	3013	1177	3909	510	460	406	33291	9499	239
浮山县	751	860	3112	109	516	550	30413	11021	1147
吉县	1692	858	3715	281	428	72	33689	2241	137
乡宁县	5037	1261	4558	577	1841	896	56086	36775	76
蒲县	3718	1974	2864	1460	1542	556	40517	21077	27
大宁县	946	2457	2871	899	577	121	27784	949	331
永和县	1731	1491	2572	217	222	540	25789	684	82
隰县	1624	580	4229	169	649	334	36680	2036	433
汾西县	1581	872	3844	1507	427	252	39588	7443	398
临汾开发区	45	3533	83	206	572	153	9828	6336	542

二、各省、自治区、直辖市地市县一般预算财政资料

2－4－26　　　　单位：万元

地区	平衡部分									
	收入									
	返还性收入		财力性转移支付收入							
	增值税和消费税税收返还	所得税基数返还	小计	体制补助	一般性转移支付补助	民族地区转移支付补助	调整工资转移支付补助	农村义务教育补助	农村税费改革补助	缓解县乡困难转移支付补助
吕梁市小计	**59453**	**2823**	**243320**	**2100**	**101707**		**89442**	**11235**	**28779**	**8832**
本级	6256	11541	24115	－260	9760		7792	－657	－90	
区县级小计	53197	－8718	219205	2360	91947		81650	11892	28869	8832
兴县	782	84	27025	450	14884		6916	1033	2851	686
岚县	455	9	16282	400	8365		4763	554	1688	373
交城县	3777	－2	15471		6617		5892	773	1631	831
文水县	4696	774	24555		11661		8250	1484	2896	1087
汾阳市	25156	－1654	12962		3367		7394	997	3193	96
孝义市	7443	－5034	12255		923		8310	982	2937	269
柳林县	2440	－1391	10897		507		6452	1423	2146	1184
中阳县	1745	119	7443		1342		4025	629	997	649
石楼县	232	－4	15668	380	8182		3973	455	1188	1132
交口县	1973	36	7255		2347		3844	478	891	18
临县	828	35	43378	800	20999		11885	2126	5433	1253
方山县	835	－219	15354	330	7367		4277	534	1373	1187
离石区	2835	－1471	10660		5386		5669	424	1645	67
临汾市小计	**51673**	**7262**	**272400**		**120431**		**103271**	**10099**	**24333**	**11771**
本级	18905	13482	9722	－9819	10016		8122	－595	－708	
区县级小计	32768	－6220	262678	9819	110415		95149	10694	25041	11771
尧都区	5019	7815	20659		8835		9393	1117	2753	126
侯马市	3363	1077	15513		7248		5624	226	827	709
曲沃县	3984	－807	17268		8233		6413	699	1614	798
翼城县	2758	－905	15822		4787		7647	792	2061	891
襄汾县	3280	－2097	19630		4803		8352	1441	3387	2322
洪洞县	4096	－3753	30314	1200	10622		10876	2191	4416	2037
霍州市	2023	－2599	12300		4523		5143	507	1400	55
古县	1002	－1353	9598	700	4091		3729	299	718	368
安泽县	532	－293	12045	908	5520		3790	267	738	887
浮山县	1201	－54	9959	300	3743		4446	341	1245	100
吉县	106	31	15815	1379	8720		4007	372	793	129
乡宁县	2303	－2227	8783		2545		4703	787	1250	80
蒲县	1349	－1322	9120	500	3489		4107	358	682	359
大宁县	190	141	14124	1200	7080		3895	225	610	1100
永和县	59	23	12273	1090	6142		3254	198	580	644
隰县	371	62	18590	1152	10231		5004	351	692	682
汾西县	538	－140	18031	1390	9803		4727	496	1209	484
临汾开发区	384	158	2159				37	27	66	

2－4－27

单位:万元

地区	平衡部分									
	收入								支出	
	财力性转移支付收入									
	结算补助	企事业单位预算划转补助	其他财力性转移支付	专项转移支付	省补助计划单列市收入	上年结余	调入资金	国债转贷收入、上年结余及转补助数	支出合计	本年支出
吕梁市小计	**930**	**295**		**129627**		**131350**	**2248**	**145**	**755232**	**754600**
本级	7275	295		－4298		29230		145	78179	98304
区县级小计	－6345			133925		102120	2248		677053	656296
兴县	205			12212		12244			42302	42302
岚县	139			9745		8956			29667	29667
交城县	－273			9887		6234			58547	58391
文水县	－823			10602		11487			50657	50263
汾阳市	－2085			10617		－2136	98		84913	68108
孝义市	－1166			8714		5333	22		106345	103624
柳林县	－815			9046		6284			67136	67136
中阳县	－199			8956		1612			38526	38526
石楼县	358			10644		11304			23657	23657
交口县	－323			4294		2347			28524	28524
临县	882			22619		23287			72612	72612
方山县	286			9105		9682			29024	29024
离石区	－2531			7484		5486	2128		45143	44462
临汾市小计	**－244**	**2739**		**132665**		**111301**	**6957**	**1188**	**906812**	**904763**
本级	7061	－655	－3700	1885		19574	4883	400	147435	157856
区县级小计	－7305	3394	3700	130780		91727	2074	788	759377	746907
尧都区	－2340	425	350	14261		1807		58	101348	96727
侯马市	－1033	1662	250	8499		6051	549		48913	46043
曲沃县	－489			7822		6964		270	41192	40162
翼城县	－668	212	100	8491		5537		50	54276	53926
襄汾县	－725		50	10331		2484	1525		75308	75008
洪洞县	－1593	245	320	13277		9927		60	84286	83543
霍州市	－674	821	525	5504		691			43704	42923
古县	－357		50	4877		4618			31584	31584
安泽县	－208	3	140	6137		5371			27985	27985
浮山县	－257	26	15	5430		2706		150	27235	27050
吉县	－85		500	7456		8040			24969	24955
乡宁县	－582			7678		2674		100	51871	50642
蒲县	－475		100	5007		5286			35044	35044
大宁县	－236		250	5207		7073		100	20556	20456
永和县	－35		400	5857		6893			19780	19780
隰县	－72		550	7439		8182			27292	27292
汾西县	－178		100	6648		7068			31315	31315
临汾开发区	2029			468		323			8596	8410

2－4－28

单位:万元

地区	平衡部分									
	支出								年终结余	其中:净结余
	财力性转移支付			专项上解	计划单列市上解省	增设预算周转金	调出资金	国债转贷拨付数及年终结余		
	小计	体制上解	出口退税专项上解							
吕梁市小计							**487**	**145**	**197051**	**6660**
本级	－20270	－20270						145	53211	12917
区县级小计	20270	20270					487		143840	－6257
兴县									15812	7
岚县									11031	
交城县	156	156							8342	
文水县	394	394							13870	16
汾阳市	16805	16805							－1722	－6600
孝义市	2721	2721							13863	161
柳林县									11015	10
中阳县									2841	9
石楼县									16015	40
交口县									3039	80
临县									26205	12
方山县									11235	
离石区	194	194					487		12294	8
临汾市小计							**861**	**1188**	**147893**	**14717**
本级	－10821	－10821						400	32296	
区县级小计	10821	10821					861	788	115597	423
尧都区	4618	4618		－55				58	9702	
侯马市	2900	2900		－30					7683	
曲沃县	760	760						270	8131	10
翼城县	300	300						50	5768	329
襄汾县	300	300							3794	66
洪洞县							683	60	13148	
霍州市	781	781							4237	－1000
古县									4109	
安泽县									5306	
浮山县							35	150	3178	27
吉县							14		8720	62
乡宁县	1000	1000					129	100	4215	
蒲县									5473	54
大宁县								100	7228	48
永和县									6009	－235
隰县									9388	
汾西县									8273	223
临汾开发区	131	131		55					1232	839

2 4-29

单位:万元

地区	收支部分								
	收入								
	收入合计	税收收入							
		小计	增值税	营业税	企业所得税	个人所得税	资源税	城市维护建设税	耕地占用税
侯马开发区	2795	2204	452	504	72	68		356	113
运城市小计	**290102**	**228140**	**90829**	**36744**	**42382**	**7520**	**3569**	**20242**	**2084**
本级	70246	56316	22381	11150	14324	2140	784	4036	102
区县级小计	219856	171824	68448	25594	28058	5380	2785	16206	1982
盐湖区	20158	16790	4356	4596	1294	859	34		64
永济市	18426	15512	5121	2416	2665	388	17	2848	160
芮城县	3509	3410	1311	844	458	205		284	75
临猗县	7863	5458	1458	1093	1039	404	2	573	165
绛县	4338	3277	1271	721	173	262	22	276	87
河津市	103467	80677	34140	7821	19816	1605	1763	8298	268
新绛县	7574	4449	2077	886	247	200	48	297	70
垣曲县	6692	5681	3167	461	192	185	211	519	760
闻喜县	21133	18023	8486	2789	1270	431	271	687	80
万荣县	4299	2769	1014	557	277	234		328	50
稷山县	10136	6903	3180	1527	193	195	20	1271	88
平陆县	4772	4027	1446	921	161	172	245	509	55
夏县	3298	2416	671	509	145	174	152	187	50
运城经济开发区	2333	1291	137	301	88	19			
风陵渡开发区	988	422	110	92	39	34		91	
华信开发区	870	719	503	60	1	13		38	10

2-4-30 单位:万元

地区	收支部分									
	收入									
	税收收入			非税收入						
	契税	烟叶税	其他各项税收收入	小计	专项收入	行政事业性收费收入	罚没收入	国有资本经营收入	国有资源(资产)有偿使用收入	其他收入
侯马开发区	322		317	591	158	183	225		7	18
运城市小计	**2286**	**476**	**22008**	**61962**	**42144**	**4256**	**13377**	**31**	**2132**	**22**
本级			1399	13930	10524	100	1957		1346	3
区县级小计	2286	476	20609	48032	31620	4156	11420	31	786	19
盐湖区	1150		4437	3368	2259		1065		44	
永济市	130		1767	2914	1916	327	626		45	
芮城县	78		155	99	99					
临猗县	80		644	2405	610	159	1573		63	
绛县	43		422	1061	421	59	541		40	
河津市	132		6834	22790	18024	1980	2484	31	262	9
新绛县	50		574	3125	1856	435	790		44	
垣曲县	80	10	96	1011	711	98	157		45	
闻喜县	70		3939	3110	1814	452	815		21	8
万荣县	55	61	193	1530	455	422	635		18	
稷山县	52		377	3233	2444	21	717		49	2
平陆县	85	258	175	745	463		213		69	
夏县	75	147	306	882	202	181	457		42	
运城经济开发区	200		546	1042	39		1001		2	
风陵渡开发区			56	566	158	22	346		40	
华信开发区	6		88	151	149				2	

2－4－31

单位:万元

地区	收支部分									
	支出功能分类									
	支出合计	一般公共服务	外交	国防	公共安全	教育	科学技术	文化体育与传媒	社会保障和就业	医疗卫生
侯马开发区	4062	3171			201	153	60			
运城市小计	**722208**	**126997**		**352**	**38690**	**166255**	**5210**	**9809**	**114026**	**45580**
本级	115940	26316			7624	14292	877	3382	11418	7664
区县级小计	606268	100681		352	31066	151963	4333	6427	102608	37916
盐湖区	58671	12194		85	5344	12860	483	808	10808	3635
永济市	51205	7742			2335	14537	387	353	10239	2933
芮城县	38427	5779			1986	10099	161	375	7051	3474
临猗县	49020	6421		55	2723	13959	457	462	9613	3565
绛县	37413	7822		52	1841	8780	245	444	5104	2367
河津市	88248	12351			4644	21791	308	812	7266	4454
新绛县	36340	5115		35	1705	9782	519	445	7009	2379
垣曲县	35958	6597		47	1690	7432	161	394	7501	1994
闻喜县	48646	7060			2630	11977	778	534	9772	3068
万荣县	43407	8505			1776	11338	410	559	7713	3069
稷山县	36949	4764		57	1597	8504	299	293	6688	2594
平陆县	38268	6890		1	1332	11188	43	609	5015	2012
夏县	37532	6178		20	1463	9577	81	339	8706	2372
运城经济开发区	2717	2128				139				
风陵渡开发区	1935	635							70	
华信开发区	1532	500					1		53	

二、各省、自治区、直辖市地市县一般预算财政资料

2-4-32

单位:万元

地区	收支部分						平衡部分		
	支出功能分类						收入		
	环境保护	城乡社区事务	农林水事务	交通运输	工业、商业、金融等事务	其他支出	收入合计	本年收入	返还性收入 小计
侯马开发区	36	399			32	10	4126	2795	233
运城市小计	**31664**	**46423**	**78290**	**5966**	**15185**	**37761**	**930079**	**290102**	**36169**
本级	7151	6405	11204	433	5217	13957	153629	70246	30722
区县级小计	24513	40018	67086	5533	9968	23804	776450	219856	5447
盐湖区	2679	1674	6144		512	1445	75620	20158	10523
永济市	1698	3166	5144	76	882	1713	64440	18426	185
芮城县	1494	2250	3997	900	696	165	50307	3509	2535
临猗县	1735	894	5127	109	603	3297	60956	7863	1922
绛县	1761	3121	4434	116	1043	283	49113	4338	2334
河津市	5425	15419	11956	376	1974	1472	108869	103467	-23889
新绛县	1760	1289	3655	1056	386	1205	46539	7574	1682
垣曲县	882	2220	4051	672	410	1907	45578	6692	910
闻喜县	1897	2747	4774	331	648	2430	59245	21133	3000
万荣县	559	1172	5109	544	504	2149	56959	4299	811
稷山县	1710	2293	3019	388	493	4250	51763	10136	1141
平陆县	1663	1634	6076	124	1382	299	47904	4772	892
夏县	1041	891	3579	841	411	2033	51454	3298	801
运城经济开发区		450					4236	2333	1444
风陵渡开发区		97			12	1121	1935	988	620
华信开发区	209	701	21		12	35	1532	870	536

2－4－33

单位:万元

地区	平衡部分									
	收入									
	返还性收入		财力性转移支付收入							
	增值税和消费税税收返还	所得税基数返还	小计	体制补助	一般性转移支付补助	民族地区转移支付补助	调整工资转移支付补助	农村义务教育补助	农村税费改革补助	缓解县乡困难转移支付补助
侯马开发区	210	23	675				2			
运城市小计	**36056**	**113**	**316252**		**150126**		**100099**	**12346**	**39086**	**14929**
本级	1395	29327	17396	－2347	10000		8410	－724	－1342	
区县级小计	34661	－29214	298856	2347	140126		91689	13070	40428	14929
盐湖区	7653	2870	23448		10055		9360	880	3948	638
永济市	3761	－3576	23776		10656		7330	951	3541	1122
芮城县	2371	164	26074		13070		7182	1180	3210	1115
临猗县	1774	148	30232		13110		8364	1511	6925	1082
绛县	1785	549	23045		13146		6666	641	2135	570
河津市	4185	－28074	11882		556		6657	867	1711	361
新绛县	2039	－357	21952		11662		6258	1054	2465	1338
垣曲县	1997	－1087	20414		10162		6217	814	1910	1470
闻喜县	3991	－991	15967		4942		7021	1082	3009	387
万荣县	867	－56	30807	807	15476		7813	1215	3990	2124
稷山县	1826	－685	23206	258	11847		6197	1070	2611	1877
平陆县	1177	－285	21568	409	10629		5675	878	2400	1956
夏县	730	71	26324	873	14815		6700	927	2573	889
运城经济开发区	50	1394	－26				56			
风陵渡开发区	312	308	180				185			
华信开发区	143	393	7				8			

2－4－34　　单位：万元

地区	平衡部分									
	收入								支出	
	财力性转移支付收入			专项转移支付	省补助计划单列市收入	上年结余	调入资金	国债转贷收入、上年结余及转补助数	支出合计	本年支出
	结算补助	企事业单位预算划转补助	其他财力性转移支付							
侯马开发区	673			391		32			4123	4062
运城市小计	**－6482**	**6148**		**135254**		**149822**	**1166**	**1314**	**725714**	**722208**
本级	1686	1713		3645		30306		1314	103816	115940
区县级小计	－8168	4435		131609		119516	1166		621898	606268
盐湖区	－1433			13388		8103			65206	58671
永济市	－918	1094		12670		8637	746		53410	51205
芮城县	317			9639		8550			38592	38427
临猗县	－760			11365		9572	2		49570	49020
绛县	－113			10314		9082			37413	37413
河津市	－1375	3105		7446		9949	14		91593	88248
新绛县	－825			7136		8195			36648	36340
垣曲县	－159			8780		8782			36036	35958
闻喜县	－710	236		12639		6152	354		49352	48646
万荣县	－618			9938		11104			43407	43407
稷山县	－654			7004		10276			37140	36949
平陆县	－379			11601		9071			38268	38268
夏县	－453			8938		12043	50		37560	37532
运城经济开发区	－82			485					4236	2717
风陵渡开发区	－5			147					1935	1935
华信开发区	－1			119					1532	1532

2－4－35 单位:万元

地区	平衡部分									
	支出								年终结余	其中:净结余
	财力性转移支付			专项上解	计划单列市上解省	增设预算周转金	调出资金	国债转贷拨付数及年终结余		
	小计	体制上解	出口退税专项上解							
侯马开发区	31	31		30					3	
运城市小计							**2192**	**1314**	**204365**	**21601**
本级	－14043	－14043					605	1314	49813	19698
区县级小计	14043	14043					1587		154552	1903
盐湖区	6535	6535							10414	44
永济市	2205	2205							11030	31
芮城县	165	165							11715	32
临猗县	550	550							11386	18
绛县									11700	208
河津市	2100	2100					1245		17276	50
新绛县	263	263					45		9891	65
垣曲县							78		9542	148
闻喜县	706	706							9893	79
万荣县									13552	18
稷山县							191		14623	268
平陆县									9636	
夏县							28		13894	942
运城经济开发区	1519	1519								
风陵渡开发区										
华信开发区										

二、各省、自治区、直辖市地市县一般预算财政资料

2007年内蒙古自治区地市县财政一般预算收支平衡表

2－5－1　　　　单位：万元

地区	收支部分								
	收入								
	收入合计	税收收入							
		小计	增值税	营业税	企业所得税	个人所得税	资源税	城市维护建设税	耕地占用税
地市县合计	**3693759**	**2822879**	**618526**	**838674**	**325446**	**138960**	**131746**	**229416**	**37356**
呼伦贝尔市小计	**289980**	**201517**	**48481**	**55346**	**16156**	**13865**	**10322**	**16351**	**420**
本级	86524	55291	12046	14495	4316	5720	6421	4393	
区县级小计	203456	146226	36435	40851	11840	8145	3901	11958	420
海拉尔市	22450	18875	1762	6944	1277	1112	43	1110	25
满洲里市	86150	67734	18394	17741	5750	2330	1732	7883	
扎兰屯市	7848	5088	1172	1401	311	298	9	178	
牙克石市	19729	8109	1410	2549	732	422	193	323	
阿荣旗	8329	3734	163	1799	231	169	10	109	5
莫力达瓦自治旗	4700	2532	289	786	103	614	6	88	2
根河市	3060	2047	442	520	65	193	13	214	
额尔古纳市	2620	1801	387	510	123	244	21	83	
鄂伦春自治旗	3232	1957	287	625	103	143	5	84	
新巴尔虎左旗	2638	1826	424	984	39	72	20	52	
新巴尔虎右旗	13463	10963	4901	853	2443	1444	444	237	
陈巴尔虎旗	10227	7722	1247	3080	518	547	482	368	388
鄂温克自治旗	19010	13838	5557	3059	145	557	923	1229	
兴安盟小计	**40356**	**35031**	**6148**	**12224**	**1901**	**2157**	**173**	**3799**	**23**
本级	10344	8346	210	2411	1427	1002	20	2516	
区县级小计	30012	26685	5938	9813	474	1155	153	1283	23
乌兰浩特市	12491	12001	4528	3260	124	378	9	521	23
科右前旗	6021	4980	272	2567	44	222	30	288	
突泉县	2457	1865	291	606	207	109	47	77	
扎赉特旗	3881	3640	251	1828	79	236	20	152	
科右中旗	3133	2380	486	936	19	140	39	157	
阿尔山市	2029	1819	110	616	1	70	8	88	
通辽市小计	**236364**	**178214**	**36753**	**54947**	**10884**	**5969**	**7815**	**17302**	**1172**
本级	87799	64198	12269	23687	5913	3341	3912	3255	287
区县级小计	148565	114016	24484	31260	4971	2628	3903	14047	885
科尔沁区	53691	47428	9498	8240	3326	913	8	7519	
开鲁县	11591	6036	1576	1383	183	103	27	901	
科左中旗	6617	3601	517	894	34	128	6	489	
科左后旗	11361	8673	936	5772	55	100	139	614	200
奈曼旗	11773	7523	1329	4067	80	130	35	694	
库伦旗	5117	3491	645	822	9	57	25	504	670
扎鲁特旗	13710	8714	1650	3426	270	147	922	810	15
霍林郭勒市	34705	28550	8333	6656	1014	1050	2741	2516	

2－5－2

单位:万元

地区	收支部分									
	收入									
	税收收入			非税收入						
	契税	烟叶税	其他各项税收收入	小计	专项收入	行政事业性收费收入	罚没收入	国有资本经营收入	国有资源(资产)有偿使用收入	其他收入
地市县合计	**97385**	**2099**	**403271**	**870880**	**236738**	**188647**	**139800**	**234394**	**24509**	**46792**
呼伦贝尔市小计	**10235**		**30341**	**88463**	**17877**	**10525**	**8751**	**46214**	**3391**	**1705**
本级	90		7810	31233	6281	1651	2404	20227	667	3
区县级小计	10145		22531	57230	11596	8874	6347	25987	2724	1702
海拉尔市	2267		4335	3575	1384	668	526	911	86	
满洲里市	4663		9241	18416	3601	2545	702	10776	782	10
扎兰屯市	822		897	2760	293	1054	624	571	208	10
牙克石市	877		1603	11620	615	800	828	8440	936	1
阿荣旗	414		834	4595	180	810	670	2374	271	290
莫力达瓦自治旗	170		474	2168	261	1015	643	164	64	21
根河市	32		568	1013	174	147	310	208	73	101
额尔古纳市	64		369	819	147	217	253	101	101	
鄂伦春自治旗	66		644	1275	239	299	647		88	2
新巴尔虎左旗	59		176	812	263	331	213		5	
新巴尔虎右旗	331		310	2500	1988	161	166	172	13	
陈巴尔虎旗	190		902	2505	471	421	347		9	1257
鄂温克自治旗	190		2178	5172	1980	406	418	2270	88	10
兴安盟小计	**2498**		**6108**	**5325**	**2198**	**877**	**1369**	**43**	**811**	**27**
本级	9		751	1998	1287		70		622	19
区县级小计	2489		5357	3327	911	877	1299	43	189	8
乌兰浩特市	1350		1808	490	297	3	170		20	
科右前旗	634		923	1041	167	495	351		27	1
突泉县	59		469	592	90	150	285		67	
扎赉特旗	268		806	241	115	26	66		34	
科右中旗	129		474	753	178	170	326	35	37	7
阿尔山市	49		877	210	64	33	101	8	4	
通辽市小计	**8125**		**35247**	**58150**	**12925**	**15088**	**14517**	**9628**	**3788**	**2204**
本级	1044		10490	23601	6570	3855	4087	5245	2452	1392
区县级小计	7081		24757	34549	6355	11233	10430	4383	1336	812
科尔沁区	5561		12363	6263	2074	1859	1006	1027	297	
开鲁县	292		1571	5555	447	2244	1691	989	112	72
科左中旗	118		1415	3016	246	395	1936		96	343
科左后旗	133		724	2688	519	1001	439	638	31	60
奈曼旗	219		969	4250	575	971	1334	1137	233	
库伦旗	146		613	1626	288	275	561	278	82	142
扎鲁特旗	52		1422	4996	876	1356	1884	314	371	195
霍林郭勒市	560		5680	6155	1330	3132	1579		114	

二、各省、自治区、直辖市地市县一般预算财政资料

2－5－3

单位:万元

地区	收支部分									
	支出功能分类									
	支出合计	一般公共服务	外交	国防	公共安全	教育	科学技术	文化体育与传媒	社会保障和就业	医疗卫生
地市县合计	**9028237**	**1513081**	**120**	**6234**	**430407**	**1391612**	**73983**	**209408**	**1238307**	**371439**
呼伦贝尔市小计	**962616**	**164630**		**902**	**48322**	**137567**	**8131**	**26847**	**157102**	**45720**
本级	215479	32247		126	13434	18490	1939	8620	20961	8014
区县级小计	747137	132383		776	34888	119077	6192	18227	136141	37706
海拉尔市	57426	7839		68	1562	10230	556	1128	12242	2822
满洲里市	140877	28291			5491	12269	1211	3897	15269	4054
扎兰屯市	69504	9352		146	2789	12897	455	849	16635	4808
牙克石市	70410	12247			3792	9391	896	1280	20230	3331
阿荣旗	65349	11259			2793	16049	764	979	10106	3323
莫力达瓦自治旗	64833	10909			2826	13978	867	3254	10703	3899
根河市	39711	6419		47	2171	4265	35	785	9756	1727
额尔古纳市	31189	7464		49	1735	4911	215	513	6123	1859
鄂伦春自治旗	53699	10272		179	3421	10048	69	1319	9233	3161
新巴尔虎左旗	26788	6255		66	1744	3620	60	640	5063	1721
新巴尔虎右旗	34821	6815		71	1713	4210	156	997	5190	2262
陈巴尔虎旗	31351	6300		70	1708	3614	310	651	6248	1923
鄂温克自治旗	61179	8961		80	3143	13595	598	1935	9343	2816
兴安盟小计	**420066**	**70917**		**246**	**18109**	**77104**	**3766**	**11203**	**62982**	**14615**
本级	74693	16697		210	4636	4582	1148	4553	17705	2158
区县级小计	345373	54220		36	13473	72522	2618	6650	45277	12457
乌兰浩特市	57168	9021		9	3509	9398	466	1714	8501	1834
科右前旗	77242	10617		5	2766	20446	318	573	10402	2897
突泉县	59225	11388			1764	13805	195	601	8512	2436
扎赉特旗	78917	8127		22	2449	16752	1229	1217	9125	3432
科右中旗	61026	11361			1956	11390	323	2384	7805	1691
阿尔山市	11795	3706			1029	731	87	161	932	167
通辽市小计	**828681**	**141802**		**173**	**37216**	**143876**	**7649**	**14921**	**108010**	**38744**
本级	206418	39563			10861	19986	5394	7090	18931	6181
区县级小计	622263	102239		173	26355	123890	2255	7831	89079	32563
科尔沁区	118415	18411			4647	21886	198	708	22913	6168
开鲁县	75129	10853			3012	15007	875	824	10467	4202
科左中旗	84120	12771		7	3821	20656	170	864	12029	3870
科左后旗	76646	9674			2553	18099	106	2081	10338	3973
奈曼旗	83805	13625			2836	18548	246	999	9175	4610
库伦旗	45356	9689			1653	8306	105	622	5190	2182
扎鲁特旗	80604	16752			3902	13695	457	857	12102	4126
霍林郭勒市	58188	10464		166	3931	7693	98	876	6865	3432

2－5－4

单位:万元

地区	收支部分 支出功能分类 环境保护	城乡社区事务	农林水事务	交通运输	工业、商业、金融等事务	其他支出	平衡部分 收入 收入合计	本年收入	返还性收入 小计
地市县合计	**498455**	**1214043**	**973051**	**459716**	**398831**	**249550**	**9980336**	**3693759**	**400503**
呼伦贝尔市小计	**35133**	**121495**	**90916**	**56212**	**49911**	**19728**	**1005757**	**289980**	**38066**
本级	8958	5489	29401	45243	17414	5143	223694	86524	5178
区县级小计	26175	116006	61515	10969	32497	14585	782063	203456	32888
海拉尔市	1403	12279	2627	345	3061	1264	64244	22450	7205
满洲里市	999	41553	3556	4239	19060	988	143470	86150	9302
扎兰屯市	3832	6341	6573	1199	2553	1075	71657	7848	3861
牙克石市	2551	7594	6062	916	1313	807	77182	19729	2855
阿荣旗	2354	7418	7957	190	838	1319	66684	8329	1017
莫力达瓦自治旗	1975	3435	10473	862	984	668	73051	4700	1102
根河市	875	9313	1425	374	752	1767	40535	3060	1451
额尔古纳市	400	2154	3569	190	1205	802	32093	2620	756
鄂伦春自治旗	1048	5952	4851	1043	600	2503	56513	3232	1946
新巴尔虎左旗	2315	1209	2952	424	368	351	26805	2638	142
新巴尔虎右旗	2568	5819	2932	326	579	1183	36606	13463	288
陈巴尔虎旗	3335	2503	3058	613	534	484	31823	10227	711
鄂温克自治旗	2520	10436	5480	248	650	1374	61400	19010	2252
兴安盟小计	**25898**	**29931**	**61582**	**22882**	**9670**	**11161**	**443913**	**40356**	**18934**
本级	2719	2867	9826	4657	2044	891	98127	10344	2190
区县级小计	23179	27064	51756	18225	7626	10270	345786	30012	16744
乌兰浩特市	2917	9873	3942	107	1006	4871	53459	12491	12751
科右前旗	5104	6388	11342	4363	1113	908	80972	6021	1491
突泉县	5050	4543	8172	1655	268	836	60905	2457	702
扎赉特旗	4821	2541	18706	5706	3796	994	78903	3881	698
科右中旗	4946	3246	8717	5665	1234	308	62353	3133	716
阿尔山市	341	473	877	729	209	2353	9194	2029	386
通辽市小计	**44502**	**89578**	**108437**	**37843**	**45433**	**10497**	**893317**	**236364**	**30833**
本级	7720	20950	28542	26843	11523	2834	240824	87799	11130
区县级小计	36782	68628	79895	11000	33910	7663	652493	148565	19703
科尔沁区	2038	21116	8638	946	10246	500	122435	53691	6926
开鲁县	3193	7375	10173	374	7886	888	77064	11591	2057
科左中旗	8088	3139	11028	1487	4652	1538	92521	6617	1362
科左后旗	6579	9980	8429	240	3608	986	78631	11361	1335
奈曼旗	5914	978	22506	1954	1854	560	88522	11773	1849
库伦旗	3324	5363	5776	1382	1413	351	47422	5117	1015
扎鲁特旗	7119	5612	11985	939	1826	1232	86130	13710	1871
霍林郭勒市	527	15065	1360	3678	2425	1608	59768	34705	3288

二、各省、自治区、直辖市地市县一般预算财政资料

2-5-5 单位:万元

地区	平衡部分									
	收入									
	返还性收入		财力性转移支付收入							
	增值税和消费税税收返还	所得税基数返还	小计	体制补助	一般性转移支付补助	民族地区转移支付补助	调整工资转移支付补助	农村义务教育补助	农村税费改革补助	缓解县乡困难转移支付补助
地市县合计	**298656**	**101847**	**3001196**	**144879**	**812334**	**285591**	**865214**	**71449**	**312391**	**162058**
呼伦贝尔市小计	**29748**	**8318**	**399500**	**20838**	**119791**	**23018**	**114610**	**7552**	**58279**	**13622**
本级	4786	392	49118	11347	6201	4025	23136	18	4572	73
区县级小计	24962	7926	350382	9491	113590	18993	91474	7534	53707	13549
海拉尔市	5292	1913	15305		1850	426	7182	438	1648	56
满洲里市	6650	2652	22461		2761	7887	6272	766	43	107
扎兰屯市	3317	544	38692		14696	876	10626	1048	7656	1869
牙克石市	2245	610	35285		16777	995	8834	983	4173	599
阿荣旗	592	425	41205	1179	14098	256	9018	790	11474	3126
莫力达瓦自治旗	765	337	47321	1816	15230	432	10495	919	9663	3461
根河市	1186	265	28465		13593	201	6230	423	2085	1751
额尔古纳市	558	198	18468	36	7649	327	4590	257	4084	279
鄂伦春自治旗	1743	203	34443		14612	210	7131	825	5775	1786
新巴尔虎左旗	111	31	15235	2045	5602	182	4535	185	1780	209
新巴尔虎右旗	229	59	13309	1986	1591	3251	3816	159	1390	92
陈巴尔虎旗	563	148	12337	1208	1393	752	5028	249	2262	84
鄂温克自治旗	1711	541	27856	1221	3738	3198	7717	492	1674	130
兴安盟小计	**16850**	**2084**	**224613**	**14715**	**94457**	**-1011**	**54414**	**6052**	**26190**	**18874**
本级	1533	657	33552	6332	13218	-2567	7029	50	1335	43
区县级小计	15317	1427	191061	8383	81239	1556	47385	6002	24855	18831
乌兰浩特市	12058	693	17566		5512	-117	7876	1189	1114	971
科右前旗	1284	207	45880	1605	16594	907	10393	1365	6566	6556
突泉县	540	162	39126	2206	19584	224	8689	834	5138	2143
扎赉特旗	516	182	50040	2408	21174	605	10737	1216	7184	7169
科右中旗	587	129	35771	2164	17903	158	8811	1272	3715	1919
阿尔山市	332	54	2678		472	-221	879	126	1138	73
通辽市小计	**24210**	**6623**	**397950**	**19931**	**128722**	**19451**	**99285**	**11440**	**48723**	**37681**
本级	9440	1690	66549	8949	596	11160	15857	614	408	162
区县级小计	14770	4933	331401	10982	128126	8291	83428	10826	48315	37519
科尔沁区	5195	1731	39046		8153	4232	13560	2122	8285	3684
开鲁县	1783	274	47960	1269	25126	176	8751	1381	6937	6653
科左中旗	1094	268	56337	2055	26462	120	11240	1962	9529	6583
科左后旗	1104	231	44948	2130	14455	212	12302	1495	8092	6244
奈曼旗	1566	283	51270	2026	20539	439	14689	1620	5801	6504
库伦旗	878	137	27997	2048	11222	58	7235	746	3086	3456
扎鲁特旗	1599	272	46687	1507	21702	762	10425	1205	6462	4395
霍林郭勒市	1551	1737	17156	-53	467	2292	5226	295	123	

2－5－6 单位:万元

地区	平衡部分									
	收入								支出	
	财力性转移支付收入									
	结算补助	企事业单位预算划转补助	其他财力性转移支付	专项转移支付	省补助计划单列市收入	上年结余	调入资金	国债转贷收入、上年结余及转补助数	支出合计	本年支出
地市县合计	**294321**	**48347**	**4612**	**2051671**		**723819**	**91809**	**17579**	**9113097**	**9028237**
呼伦贝尔市小计	**37200**	**3868**	**722**	**237212**		**27131**	**13838**	**30**	**968682**	**962616**
本级	－5942	5626	62	69441		11238	2195		210505	215479
区县级小计	43142	－1758	660	167771		15893	11643	30	758177	747137
海拉尔市	4227	－541	19	16548		2460	276		59924	57426
满洲里市	4319	25	281	16113		9444			141410	140877
扎兰屯市	2148	－256	29	20487		348	421		71303	69504
牙克石市	3500	－605	29	20737		－2190	766		72014	70410
阿荣旗	1457	－238	45	15023		472	638		66538	65349
莫力达瓦自治旗	5559	－289	35	15124		3536	1268		66352	64833
根河市	4284	－128	26	6945		614			39822	39711
额尔古纳市	1511	－315	50	9173		412	634	30	32050	31189
鄂伦春自治旗	4429	－376	51	14890		－774	2776		54249	53699
新巴尔虎左旗	732	－58	23	8187		－761	1364		26800	26788
新巴尔虎右旗	1064	－63	23	7805		1468	273		34829	34821
陈巴尔虎旗	1416	－78	23	6845		994	709		31388	31351
鄂温克自治旗	8496	1164	26	9894		－130	2518		61498	61179
兴安盟小计	**10495**	**－11**	**438**	**132067**		**27334**		**609**	**426128**	**420066**
本级	7968	－11	155	24359		27682			68969	74693
区县级小计	2527		283	107708		－348		609	357159	345373
乌兰浩特市	968		53	13724		－3623		550	63361	57168
科右前旗	1802		92	24182		3398			78968	77242
突泉县	224		84	17200		1420			60306	59225
扎赉特旗	－497		44	25385		－1101			79980	78917
科右中旗	－176		5	22172		561			62573	61026
阿尔山市	206		5	5045		－1003		59	11971	11795
通辽市小计	**31889**	**444**	**384**	**195658**		**32382**		**130**	**840306**	**828681**
本级	28092	502	209	52626		22720			208118	206418
区县级小计	3797	－58	175	143032		9662		130	632188	622263
科尔沁区	－972	－18		22605		167			122230	118415
开鲁县	－2364	－9	40	14109		1347			76298	75129
科左中旗	－1657	－5	48	24265		3810		130	85682	84120
科左后旗	－25		43	20132		855			78160	76646
奈曼旗	－348	－18	18	23454		176			84515	83805
库伦旗	142	－5	9	12829		464			45689	45356
扎鲁特旗	215	－3	17	21806		2056			81211	80604
霍林郭勒市	8806			3832		787			58403	58188

二、各省、自治区、直辖市地市县一般预算财政资料

2-5-7　　　　单位:万元

地区	平衡部分									
	支出									
	财力性转移支付									
	小计	体制上解	出口退税专项上解	专项上解	计划单列市上解省	增设预算周转金	调出资金	国债转贷拨付数及年终结余	年终结余	其中:净结余
地市县合计	**27722**	**21236**	**6486**	**38359**		**1200**		**17579**	**867239**	**102176**
呼伦贝尔市小计	**368**		**368**	**5668**				**30**	**37075**	**10163**
本级				-4974					13189	280
区县级小计	368		368	10642				30	23886	9883
海拉尔市	18		18	2480					4320	18
满洲里市	293		293	240					2060	2060
扎兰屯市	2		2	1797					354	
牙克石市	11		11	1593					5168	1568
阿荣旗				1189					146	146
莫力达瓦自治旗				1519					6699	4606
根河市	20		20	91					713	638
额尔古纳市	21		21	810				30	43	43
鄂伦春自治旗				550					2264	70
新巴尔虎左旗				12					5	5
新巴尔虎右旗				8					1777	777
陈巴尔虎旗	3		3	34					435	50
鄂温克自治旗				319					-98	-98
兴安盟小计	**19**		**19**	**5434**				**609**	**17785**	**1175**
本级	-4880	-4880		-844					29158	12548
区县级小计	4899	4880	19	6278				609	-11373	-11373
乌兰浩特市	4880	4880		763				550	-9902	-9902
科右前旗	19		19	1707					2004	2004
突泉县				1081					599	599
扎赉特旗				1063					-1077	-1077
科右中旗				1547					-220	-220
阿尔山市				117				59	-2777	-2777
通辽市小计	**53**		**53**	**11442**				**130**	**53011**	**4206**
本级	-1714	-1714		3414					32706	428
区县级小计	1767	1714	53	8028				130	20305	3778
科尔沁区	1661	1608	53	2154					205	
开鲁县				1169					766	346
科左中旗				1432				130	6839	268
科左后旗				1514					471	71
奈曼旗				710					4007	107
库伦旗				333					1733	634
扎鲁特旗				607					4919	2129
霍林郭勒市	106	106		109					1365	223

2-5-8

单位:万元

地区	收支部分								
	收入								
	收入合计	税收收入							
		小计	增值税	营业税	企业所得税	个人所得税	资源税	城市维护建设税	耕地占用税
锡林郭勒盟小计	**182231**	**135243**	**30289**	**59583**	**7514**	**5941**	**7435**	**11183**	**100**
本级	9066	1484		777	123	20	153	188	
区县级小计	173165	133759	30289	58806	7391	5921	7282	10995	100
太仆寺旗	5273	4585	751	3029	11	135	6	320	
多伦县	16221	8279	721	5568	34	248	203	528	100
正蓝旗	18975	16040	4689	7880	30	320	12	1605	
正镶白旗	6989	6167	696	4404	50	235	55	495	
镶黄旗	5837	5134	924	3450	2	44	53	445	
苏尼特左旗	4834	3467	1055	961	112	721	357	122	
西乌珠穆沁旗	18640	14352	2490	4394	3109	828	1248	898	
东乌珠穆沁旗	20284	15113	2271	7507	1393	293	1509	949	
阿巴嘎旗	6355	4862	702	3271	17	108	82	361	
锡林浩特市	45910	39126	11463	13449	1028	1646	3436	3949	
苏尼特右旗	10265	8618	2990	2538	495	252	319	622	
二连市	13582	8016	1537	2355	1110	1091	2	701	
乌兰察布盟小计	**152285**	**115091**	**36841**	**40650**	**4339**	**4807**	**918**	**10314**	**1675**
本级	36007	23251	8090	9445	1773	1961	174	831	
区县级小计	116278	91840	28751	31205	2566	2846	744	9483	1675
集宁区	18638	16046	3310	6714	395	916		2111	81
察右前旗	9116	7624	3164	2470	478	59	86	551	1
察右中旗	3425	2939	1212	1217	104	71	34	178	
察右后旗	8054	6566	2300	2504	56	182	301	607	
丰镇市	26860	19642	7276	4346	941	641	24	3093	106
凉城县	21546	16443	5194	2828	234	648	2	982	1343
兴和县	8507	7602	1203	5016	138	48	85	640	34
卓资县	7042	5891	2327	2013	26	77	14	593	110
四子王旗	4979	2400	855	656	133	110	196	128	
商都县	5017	4105	1106	2247	47	60	1	337	
化德县	3094	2582	804	1194	14	34	1	263	
鄂尔多斯市小计	**770239**	**633630**	**145658**	**146839**	**128163**	**28882**	**49521**	**43999**	**8065**
本级	53949								
区县级小计	716290	633630	145658	146839	128163	28882	49521	43999	8065
准格尔旗	230183	203354	48607	32549	58279	7552	24460	11201	5531
达拉特旗	51209	45678	10950	12906	6353	1788	774	3165	35
东胜区	217333	199661	34102	55316	38549	12103	2430	14936	1715
伊金霍洛旗	118885	107210	28624	17362	22849	4148	19454	8199	519
鄂托克旗	46316	39672	14750	10451	1228	2357	2045	2987	

二、各省、自治区、直辖市地市县一般预算财政资料

2－5－9

单位:万元

地区	收支部分									
	收入									
	税收收入			非税收入						
	契税	烟叶税	其他各项税收收入	小计	专项收入	行政事业性收费收入	罚没收入	国有资本经营收入	国有资源(资产)有偿使用收入	其他收入
锡林郭勒盟小计	**2842**		**10356**	**46988**	**18109**	**11201**	**4459**	**10945**	**1492**	**782**
本级	23		200	7582	5020	1198	785	354	225	
区县级小计	2819		10156	39406	13089	10003	3674	10591	1267	782
太仆寺旗	79		254	688	164	133	280	102	9	
多伦县	256		621	7942	1241	292	402	5877	30	100
正蓝旗	66		1438	2935	1377	115	399	967	14	63
正镶白旗	41		191	822	266	350	92	108	6	
镶黄旗	25		191	703	584	32	33	32	22	
苏尼特左旗	17		122	1367	142	778	160	26	26	235
西乌珠穆沁旗	72		1313	4288	3254	510	249	30	245	
东乌珠穆沁旗	247		944	5171	1122	1045	365	2119	409	111
阿巴嘎旗	19		302	1493	400	486	215	53	195	144
锡林浩特市	1250		2905	6784	3633	1796	994	109	252	
苏尼特右旗	461		941	1647	558	581	276	93	10	129
二连市	286		934	5566	348	3885	209	1075	49	
乌兰察布盟小计	**949**	**45**	**14553**	**37194**	**11983**	**6725**	**8559**	**4409**	**2132**	**3386**
本级			977	12756	5352	1739	4505	447	711	2
区县级小计	949	45	13576	24438	6631	4986	4054	3962	1421	3384
集宁区	441		2078	2592	1101	675	616	140	60	
察右前旗	22		793	1492	551	625	215		97	4
察右中旗			123	486	141	47	79		38	181
察右后旗	58		558	1488	618	236	460	9	29	136
丰镇市	47		3168	7218	1873	799	710		785	3051
凉城县	145	45	5022	5103	663	1458	363	2580	39	
兴和县	35		403	905	470	200		217	18	
卓资县	70		661	1151	532	169	422	6	22	
四子王旗	80		242	2579	182	557	734	1010	96	
商都县	34		273	912	322	208	186		195	1
化德县	17		255	512	178	12	269		42	11
鄂尔多斯市小计	**18475**		**64028**	**136609**	**62433**	**23118**	**24930**	**18289**	**3412**	**4427**
本级				53949	22063	3726	14391	9200	1565	3004
区县级小计	18475		64028	82660	40370	19392	10539	9089	1847	1423
准格尔旗	1206		13969	26829	14214	8564	2729	433	819	70
达拉特旗	1201		8506	5531	2375	1151	1068	725	110	102
东胜区	14134		26376	17672	8897	3385	4159	467	434	330
伊金霍洛旗	234		5821	11675	9501	1468	383		223	100
鄂托克旗	570		5284	6644	3101	2345	1165		33	

2－5－10

单位:万元

地区	收支部分									
	支出功能分类									
	支出合计	一般公共服务	外交	国防	公共安全	教育	科学技术	文化体育与传媒	社会保障和就业	医疗卫生
锡林郭勒盟小计	**582348**	**101653**	**120**	**495**	**28987**	**80331**	**2997**	**13218**	**77392**	**24810**
本级	132241	23052		132	7029	15008	811	2842	22317	3855
区县级小计	450107	78601	120	363	21958	65323	2186	10376	55075	20955
太仆寺旗	42211	4745		5	1469	7481	53	324	7646	2034
多伦县	51325	4724		39	2372	4432	265	686	5893	1638
正蓝旗	41967	7866		72	1608	7457	208	1180	3686	1770
正镶白旗	28181	6262			1183	4679	58	264	4061	1179
镶黄旗	20223	4443			703	1836	38	376	3363	829
苏尼特左旗	23576	3521		69	895	3937	87	878	2998	1001
西乌珠穆沁旗	38201	6714			1912	7217	190	1442	4691	2807
东乌珠穆沁旗	47320	9003		9	2148	7980	349	1213	4877	1911
阿巴嘎旗	24201	4168		63	1101	2589	171	331	3404	1375
锡林浩特市	59093	9887		75	4089	10654	491	780	6071	2391
苏尼特右旗	32134	4904		23	1590	3504	168	1353	5894	2064
二连市	41675	12364	120	8	2888	3557	108	1549	2491	1956
乌兰察布盟小计	**682985**	**89658**			**30085**	**107322**	**4103**	**15813**	**129141**	**28330**
本级	136925	14760			9263	12820	953	10685	18022	5509
区县级小计	546060	74898			20822	94502	3150	5128	111119	22821
集宁区	59104	7712			3366	10888	432	684	15304	2674
察右前旗	44569	5778			1430	6244	181	466	9980	1703
察右中旗	42593	6940			1051	9564	82	346	9153	1641
察右后旗	43221	5451			1644	6970	71	411	8487	2011
丰镇市	65177	8022			2721	12022	462	709	11456	2917
凉城县	53554	7967			1897	8290	116	540	9150	2436
兴和县	45388	5779			1412	7417	429	259	8846	1615
卓资县	42019	7449			1759	7758	205	364	9690	2125
四子王旗	59408	8873			2079	8490	176	500	10998	1710
商都县	49672	6164			1774	10226	438	390	9816	2463
化德县	41355	4763			1689	6633	558	459	8239	1526
鄂尔多斯市小计	**1181999**	**202999**			**47742**	**148850**	**11335**	**59644**	**109779**	**46346**
本级	267400	42443			18954	13985	2414	36716	18888	9886
区县级小计	914599	160556			28788	134865	8921	22928	90891	36460
准格尔旗	249482	41517			5265	35822	2083	3083	21504	10130
达拉特旗	91417	13041			3033	19869	602	1063	12262	4712
东胜区	204710	41947			8855	27498	1792	3336	18615	4196
伊金霍洛旗	131403	17259			3061	17422	1979	10525	12051	6996
鄂托克旗	85282	16817			3385	11071	620	1757	7578	3351

二、各省、自治区、直辖市地市县一般预算财政资料

2－5－11

单位:万元

地区	收支部分						平衡部分		
	支出功能分类						收入		
	环境保护	城乡社区事务	农林水事务	交通运输	工业、商业、金融等事务	其他支出	收入合计	本年收入	返还性收入 小计
锡林郭勒盟小计	**54571**	**51746**	**55607**	**46414**	**31888**	**12119**	**600429**	**182231**	**13752**
本级	1245	1057	8783	40450	3133	2527	136970	9066	5421
区县级小计	53326	50689	46824	5964	28755	9592	463459	173165	8331
太仆寺旗	8404	3048	5212	102	1500	188	43322	5273	756
多伦县	9777	14588	5022	677	924	288	45295	16221	368
正蓝旗	4856	3201	4211	466	4996	390	39126	18975	313
正镶白旗	4134	2501	2822	537	208	293	27948	6989	205
镶黄旗	2040	996	2299	29	2965	306	16605	5837	260
苏尼特左旗	3910	830	3286	722	520	922	23943	4834	169
西乌珠穆沁旗	2676	1701	5472	743	2186	450	41141	18640	655
东乌珠穆沁旗	4678	3569	5897	1017	2414	2255	48975	20284	814
阿巴嘎旗	3265	1247	3175	111	2744	457	24811	6355	256
锡林浩特市	4278	9442	5253	571	4602	509	75009	45910	1227
苏尼特右旗	4071	1564	2615	55	3998	331	34119	10265	986
二连市	1237	8002	1560	934	1698	3203	43165	13582	2322
乌兰察布盟小计	**78001**	**39457**	**69528**	**46428**	**38251**	**6868**	**766078**	**152285**	**16414**
本级	1636	6450	10006	41937	2897	1987	168284	36007	1120
区县级小计	76365	33007	59522	4491	35354	4881	597794	116278	15294
集宁区	827	10602	2012		4410	193	65719	18638	3786
察右前旗	6792	2601	5554	248	3414	178	48373	9116	1503
察右中旗	6172	1139	4973	248	718	566	46746	3425	599
察右后旗	8041	1174	5725	170	1709	1357	48402	8054	725
丰镇市	6130	6302	5406	1688	7165	177	68968	26860	3743
凉城县	5848	2449	7684	676	5862	639	65336	21546	1098
兴和县	7881	939	4252	514	5897	148	48036	8507	924
卓资县	6309	1240	3726	253	911	230	45463	7042	730
四子王旗	13172	4408	7266	420	1068	248	67288	4979	693
商都县	7726	1452	6884	77	1356	906	49709	5017	973
化德县	7467	701	6040	197	2844	239	43754	3094	520
鄂尔多斯市小计	**71680**	**236917**	**117089**	**75137**	**24099**	**30382**	**1353890**	**770239**	**37265**
本级	3068	17960	18869	56004	13114	15099	155874	53949	13867
区县级小计	68612	218957	98220	19133	10985	15283	1198016	716290	23398
准格尔旗	24862	65877	31103	2302	2912	3022	330101	230183	3101
达拉特旗	6544	8039	13618	5282	1196	2156	96242	51209	2522
东胜区	5332	81733	6312	523	988	3583	341345	217333	9758
伊金霍洛旗	6756	34681	10055	3663	2091	4864	184068	118885	1822
鄂托克旗	8298	20471	8512	608	2197	617	94467	46316	2425

2-5-12

单位:万元

地区	平衡部分									
	收入									
	返还性收入		财力性转移支付收入							
	增值税和消费税税收返还	所得税基数返还	小计	体制补助	一般性转移支付补助	民族地区转移支付补助	调整工资转移支付补助	农村义务教育补助	农村税费改革补助	缓解县乡困难转移支付补助
锡林郭勒盟小计	**10080**	**3672**	**184717**	**17887**	**42767**	**18972**	**61056**	**3686**	**17983**	**7216**
本级	5146	275	31618	4288	7812	7194	7290		349	72
区县级小计	4934	3397	153099	13599	34955	11778	53766	3686	17634	7144
太仆寺旗	687	69	22409	1481	8177	280	7106	388	2702	2047
多伦县	267	101	16174	1219	4803	1474	5036	268	1633	1508
正蓝旗	273	40	12460	1195	2709	1078	3904	230	1382	958
正镶白旗	139	66	11485	1330	2997	554	4493	183	1201	512
镶黄旗	241	19	8141	1088	2149	491	3120	108	561	537
苏尼特左旗	134	35	10378	1137	2888	590	4079	152	1115	319
西乌珠穆沁旗	554	101	13716	1322	2703	1649	4775	290	2078	689
东乌珠穆沁旗	519	295	14073	1366	1874	2132	4655	390	3472	33
阿巴嘎旗	192	64	9880	1300	1566	886	3979	156	1703	127
锡林浩特市	738	489	14522	476	1161	1274	5234	914	628	37
苏尼特右旗	644	342	12202	1305	2263	530	5725	291	1155	299
二连市	546	1776	7659	380	1665	840	1660	316	4	78
乌兰察布盟小计	**13524**	**2890**	**317420**	**22121**	**120582**	**17409**	**95332**	**7146**	**29711**	**13971**
本级	971	149	40438	11623	28616	-3283	18997	56	-362	69
区县级小计	12553	2741	276982	10498	91966	20692	76335	7090	30073	13902
集宁区	2890	896	22717	28	5273	3776	6912	1319	406	279
察右前旗	1320	183	25320	954	10312	1495	5524	643	2588	754
察右中旗	442	157	27982	1117	13175	477	6263	396	3455	2034
察右后旗	488	237	23927	1129	9791	1251	6139	480	2390	133
丰镇市	3318	425	24451	367	3739	4451	8861	726	2344	173
凉城县	953	145	25506	1166	3661	5447	5733	607	2684	3177
兴和县	779	145	21772	1078	4863	716	6438	706	2845	2573
卓资县	590	140	22960	1021	8770	1582	5376	466	2383	841
四子王旗	471	222	33000	1460	13684	755	10118	640	4766	816
商都县	826	147	26911	1104	7954	478	8807	723	3927	2512
化德县	476	44	22436	1074	10744	264	6164	384	2285	610
鄂尔多斯市小计	**19937**	**17328**	**209542**	**12622**	**12980**	**76913**	**57632**	**4095**	**13384**	**5326**
本级	6830	7037	-1622	4360	-1099	31566	7899	186		-8500
区县级小计	13107	10291	211164	8262	14079	45347	49733	3909	13384	13826
准格尔旗	1242	1859	41757	1111	3065	13124	8501	853	1728	216
达拉特旗	850	1672	23800	1461	2183	2779	8442	824	3528	3024
东胜区	6561	3197	38545	-89	217	8299	5419	595	517	146
伊金霍洛旗	880	942	28067	825	292	10186	6212	359	1439	38
鄂托克旗	1820	605	19636	541	1567	5398	5478	378	1634	109

二、各省、自治区、直辖市地市县一般预算财政资料

2-5-13　　　　　　　　　　　　　　　　　　　　　　　　　　　单位:万元

地　　区	平衡部分									
	收入								支出	
	财力性转移支付收入			专项转移支付	省补助计划单列市收入	上年结余	调入资金	国债转贷收入、上年结余及转补助数	支出合计	本年支出
	结算补助	企事业单位预算划转补助	其他财力性转移支付							
锡林郭勒盟小计	**12841**	**1855**	**454**	**194226**		**19955**	**5148**	**400**	**584229**	**582348**
本级	3878	696	39	80531		5746	4588		109910	132241
区县级小计	8963	1159	415	113695		14209	560	400	474319	450107
太仆寺旗	149	54	25	15943		-1059			42536	42211
多伦县	215	-6	24	13867		-1335			50976	51325
正蓝旗	889	90	25	8617		-1239			45216	41967
正镶白旗	156	-6	65	7591		1472	206		28347	28181
镶黄旗	69	-4	22	3835		-1468			20355	20223
苏尼特左旗	72	-6	32	6277		2285			23888	23576
西乌珠穆沁旗	186	-6	30	6197		1933			39326	38201
东乌珠穆沁旗	123	-9	37	10331		3473			48140	47320
阿巴嘎旗	115	-6	54	6165		2155			24650	24201
锡林浩特市	3782	995	21	12099		497	354	400	74639	59093
苏尼特右旗	512	81	41	7991		2675			34112	32134
二连市	2695	-18	39	14782		4820			42134	41675
乌兰察布盟小计	**10700**	**15**	**433**	**227148**		**47039**	**5604**	**168**	**685018**	**682985**
本级	-15634	15	341	44875		43619	2057	168	121498	136925
区县级小计	26334		92	182273		3420	3547		563520	546060
集宁区	4723		1	18438		94	2046		62156	59104
察右前旗	3023		27	14333		-1899			45982	44569
察右中旗	1064		1	15870		-1881	751		43124	42593
察右后旗	2588		26	15497		199			44157	43221
丰镇市	3789		1	15772		-1858			67185	65177
凉城县	3030		1	15054		2132			59810	53554
兴和县	2547		6	15965		868			46490	45388
卓资县	2520		1	14414		317			43222	42019
四子王旗	760		1	24085		4531			59632	59408
商都县	1405		1	16862		-804	750		49916	49672
化德县	885		26	15983		1721			41846	41355
鄂尔多斯市小计	**22298**	**3984**	**308**	**154945**		**162345**	**4154**	**15400**	**1199750**	**1181999**
本级	-38806	2672	100	-24302		97945	1037	15000	47705	267400
区县级小计	61104	1312	208	179247		64400	3117	400	1152045	914599
准格尔旗	12191	948	20	19668		35392			319311	249482
达拉特旗	1546		13	19847		-1470	334		97439	91417
东胜区	23336	89	16	48944		26365		400	316470	204710
伊金霍洛旗	8433	263	20	32943		2351			170193	131403
鄂托克旗	4485	17	29	16786		9304			91290	85282

2－5－14　　单位:万元

地　区	平衡部分									
	支出								年终结余	其中:净结余
	财力性转移支付			专项上解	计划单列市上解省	增设预算周转金	调出资金	国债转贷拨付数及年终结余		
	小计	体制上解	出口退税专项上解							
锡林郭勒盟小计	**462**		**462**	**1019**				**400**	**16200**	**16**
本级	－169		－169	－22162					27060	12518
区县级小计	631		631	23181				400	－10860	－12502
太仆寺旗				325					786	715
多伦县				－349					－5681	－5681
正蓝旗				3249					－6090	－6090
正镶白旗				166					－399	－399
镶黄旗				132					－3750	－3750
苏尼特左旗				312					55	55
西乌珠穆沁旗	2		2	1123					1815	1415
东乌珠穆沁旗				820					835	835
阿巴嘎旗	203		203	246					161	5
锡林浩特市	8		8	15138				400	370	370
苏尼特右旗				1978					7	7
二连市	418		418	41					1031	16
乌兰察布盟小计	**49**		**49**	**1816**				**168**	**81060**	**7368**
本级				－15595				168	46786	298
区县级小计	49		49	17411					34274	7070
集宁区	20		20	3032					3563	778
察右前旗	22		22	1391					2391	
察右中旗				531					3622	634
察右后旗				936					4245	
丰镇市				2008					1783	
凉城县				6256					5526	3596
兴和县	7		7	1095					1546	
卓资县				1203					2241	
四子王旗				224					7656	2269
商都县				244					－207	－207
化德县				491					1908	
鄂尔多斯市小计				**2351**				**15400**	**154140**	**25170**
本级	－223087	－223002	－85	－11608				15000	108169	28553
区县级小计	223087	223002	85	13959				400	45971	－3383
准格尔旗	69140	69140		689					10790	85
达拉特旗	5446	5361	85	576					－1197	－1197
东胜区	104575	104575		6785				400	24875	6263
伊金霍洛旗	34155	34155		4635					13875	
鄂托克旗	5399	5399		609					3177	242

二、各省、自治区、直辖市地市县一般预算财政资料

2－5－15　　单位:万元

地区	收支部分								
	收入								
	收入合计	税收收入							
		小计	增值税	营业税	企业所得税	个人所得税	资源税	城市维护建设税	耕地占用税
乌审旗	30187	20561	5988	8702	241	582	113	2368	
杭锦旗	12807	10985	1666	5820	584	172	154	691	9
鄂托克前旗	9370	6509	971	3733	80	180	91	452	256
巴彦淖尔盟小计	**187938**	**145275**	**30831**	**44855**	**22048**	**7727**	**9441**	**8838**	**1054**
本级	25092	3457	621	1570	142	136	7	271	31
区县级小计	162846	141818	30210	43285	21906	7591	9434	8567	1023
磴口县	7587	5528	1288	1966	270	672	6	301	16
杭锦后旗	15539	13296	1824	6300	1520	535	7	1204	160
临河市	43873	38217	5324	16457	3055	2385	6	2616	664
五原县	12236	11761	918	6608	386	497	14	717	
乌拉特前旗	29700	26065	5979	5093	4241	1313	4627	1259	183
乌拉特中旗	12318	10425	2273	3389	350	645	1814	337	
乌拉特后旗	41593	36526	12604	3472	12084	1544	2960	2133	
阿拉善盟小计	**79944**	**64005**	**18115**	**17585**	**4157**	**2808**	**7714**	**4723**	
本级	39823	32161	9057	8938	2079	1403	3857	2363	
区县级小计	40121	31844	9058	8647	2078	1405	3857	2360	
阿左旗	27881	24292	7241	6328	1514	1001	2155	2008	
阿右旗	4088	2764	764	461	350	189	664	141	
额济纳旗	8152	4788	1053	1858	214	215	1038	211	
呼和浩特市小计	**579620**	**477550**	**68554**	**180444**	**44922**	**31334**	**1554**	**38719**	**10646**
本级	146245	76675	12543	28072	4417	6553		5666	130
区县级小计	433375	400875	56011	152372	40505	24781	1554	33053	10516
土左旗	54400	51199	1803	30657	735	1473	87	2307	188
托县	49551	45027	18206	10751	4489	1375	14	4263	246
赛罕区	95101	87989	3790	33167	13032	3408	31	7003	4835
新城区	82684	79245	6744	33428	9726	7226	18	4936	245
回民区	47483	44362	5906	17403	2864	1976	2	2991	1939
玉泉区	52817	47842	9513	8397	7986	2558	19	10022	2957
和林县	36502	33969	7225	15094	1027	6006	25	787	33
武川县	6474	5388	1260	1892	145	133	783	393	
清水河县	8363	5854	1564	1583	501	626	575	351	73
包头市小计	**767476**	**534824**	**115245**	**148355**	**50902**	**18490**	**21097**	**47745**	**11432**
本级	213470	148613	47784	16476	26593	4394	8361	19389	312
区县级小计	554006	386211	67461	131879	24309	14096	12736	28356	11120
东河区	91607	63609	11751	15933	4838	1921	187	6038	
青山区	120597	82769	16045	27531	3993	4259		7031	179
昆区	107223	72012	7924	25317	3403	4082	2	5138	708

2－5－16

单位:万元

地区	收支部分									
	收入									
	税收收入			非税收入						
	契税	烟叶税	其他各项税收收入	小计	专项收入	行政事业性收费收入	罚没收入	国有资本经营收入	国有资源(资产)有偿使用收入	其他收入
乌审旗	615		1952	9626	1502	674	421	6645	48	336
杭锦旗	405		1484	1822	505	67	406	819	25	
鄂托克前旗	110		636	2861	275	1738	208		155	485
巴彦淖尔盟小计	**3633**		**16848**	**42663**	**15421**	**5857**	**14526**	**2685**	**1163**	**3011**
本级	208		471	21635	6253	1708	9399	1116	532	2627
区县级小计	3425		16377	21028	9168	4149	5127	1569	631	384
磴口县	168		841	2059	287	354	716	608	94	
杭锦后旗	283		1463	2243	898	586	552	177	30	
临河市	2156		5554	5656	1616	2133	1666		241	
五原县	285		2336	475	407		42		26	
乌拉特前旗	368		3002	3635	1713	441	1089	90	92	210
乌拉特中旗	37		1580	1893	687	183	507	292	50	174
乌拉特后旗	128		1601	5067	3560	452	555	402	98	
阿拉善盟小计	**1223**		**7680**	**15939**	**9469**	**1662**	**2851**	**1186**	**627**	**144**
本级	611		3853	7662	5918	649	864	82	127	22
区县级小计	612		3827	8277	3551	1013	1987	1104	500	122
阿左旗	582		3463	3589	1352	63	1577	436	161	
阿右旗	9		186	1324	160	265	275	197	328	99
额济纳旗	21		178	3364	2039	685	135	471	11	23
呼和浩特市小计	**18170**		**83207**	**102070**	**22433**	**40677**	**14567**	**15295**	**2307**	**6791**
本级	7859		11435	69570	4733	36470	8304	12569	888	6606
区县级小计	10311		71772	32500	17700	4207	6263	2726	1419	185
土左旗	707		13242	3201	1449	606	993	8	40	105
托县	164		5519	4524	3495	231	587	150	31	30
赛罕区	3496		19227	7112	3202	2000	691	222	997	
新城区	1662		15260	3439	2200	214	903	14	58	50
回民区	2480		8801	3121	1328	453	310	967	63	
玉泉区	1556		4834	4975	4334	169	361		111	
和林县	204		3568	2533	676	216	372	1232	37	
武川县	38		744	1086	408	131	394	127	26	
清水河县	4		577	2509	608	187	1652	6	56	
包头市小计	**16041**		**105517**	**232652**	**36396**	**52980**	**18876**	**97025**	**3120**	**24255**
本级	1057		24247	64857	20225	18242	9081	13984	1642	1683
区县级小计	14984		81270	167795	16171	34738	9795	83041	1478	22572
东河区	3029		19912	27998	2493	153	2670	22629	31	22
青山区	2815		20916	37828	3068	20099	1133	11347	104	2077
昆区	5834		19604	35211	2204	406	562	21983	94	9962

2－5－17　　　　单位:万元

地区	收支部分								
	支出功能分类								
	支出合计	一般公共服务	外交	国防	公共安全	教育	科学技术	文化体育与传媒	社会保障和就业	医疗卫生
乌审旗	60812	14884			2022	7426	497	1219	7321	2703
杭锦旗	51534	8601			1877	9131	618	634	6525	2384
鄂托克前旗	39959	6490			1290	6626	730	1311	5035	1988
巴彦淖尔盟小计	**597620**	**100818**		**40**	**32086**	**79330**	**3190**	**8215**	**89984**	**25933**
本级	177872	35477			13344	11468	871	3104	24682	4264
区县级小计	419748	65341		40	18742	67862	2319	5111	65302	21669
磴口县	32973	6189			1031	3128	68	319	5964	1133
杭锦后旗	56509	7161		40	2437	10926	788	955	11469	2733
临河市	87624	11338			5135	15634	301	600	13374	4760
五原县	49033	9368			1947	9951	545	637	6339	3073
乌拉特前旗	75199	12223			3733	14690	204	834	11955	4672
乌拉特中旗	53433	8587			1917	6229	289	480	8576	2102
乌拉特后旗	64977	10475			2542	7304	124	1286	7625	3196
阿拉善盟小计	**227860**	**41997**		**5**	**12238**	**24560**	**1146**	**5786**	**16219**	**10967**
本级	70621	12738		5	4958	3952	535	3082	8243	3045
区县级小计	157239	29259			7280	20608	611	2704	7976	7922
阿左旗	88811	14739			4451	14457	283	928	4635	4459
阿右旗	31822	5913			1442	3199	251	804	1442	1963
额济纳旗	36606	8607			1387	2952	77	972	1899	1500
呼和浩特市小计	**1004158**	**178240**		**3166**	**53609**	**148773**	**7150**	**16444**	**113611**	**42769**
本级	465602	77154		3005	37450	25382	3157	12101	70126	18728
区县级小计	538556	101086		161	16159	123391	3993	4343	43485	24041
土左旗	97079	12497			2048	17080	717	585	2678	3467
托县	79498	20928		4	3087	19241	1136	998	4635	2867
赛罕区	78041	15839		100	2452	25752	791	682	4200	5230
新城区	63678	10039		20	1542	19364	350	273	3820	2805
回民区	40687	7180		16	1405	12050	270	192	7643	2260
玉泉区	41760	7874			1162	6825	319	133	7591	1790
和林县	69827	12518		21	1513	9074	137	692	4778	1596
武川县	37307	8261			1695	7748	156	520	4037	2326
清水河县	30679	5950			1255	6257	117	268	4103	1700
包头市小计	**1143996**	**201266**		**50**	**54797**	**149685**	**16705**	**11860**	**207235**	**37281**
本级	445373	58470			31439	33805	7000	6722	111013	20602
区县级小计	698623	142796		50	23358	115880	9705	5138	96222	16679
东河区	96328	9900			5086	14420	1196	169	23764	1209
青山区	115166	10847			3347	28678	3013	331	11851	1600
昆区	105387	10367			4884	21228	1755	387	14837	3017

2－5－18

单位:万元

地区	收支部分						平衡部分		
	支出功能分类						收入		
	环境保护	城乡社区事务	农林水事务	交通运输	工业、商业、金融等事务	其他支出	收入合计	本年收入	返还性收入
									小计
乌审旗	3876	4288	10639	5278	371	288	66745	30187	1617
杭锦旗	6555	2119	11748	149	830	363	47242	12807	1716
鄂托克前旗	6389	1749	6233	1328	400	390	37806	9370	437
巴彦淖尔盟小计	**37073**	**64274**	**102633**	**31089**	**12601**	**10354**	**668247**	**187938**	**21593**
本级	3761	4547	50070	19936	4567	1781	221047	25092	563
区县级小计	33312	59727	52563	11153	8034	8573	447200	162846	21030
磴口县	4425	3473	4517	625	1253	848	34998	7587	1427
杭锦后旗	3288	6149	8581	604	1310	68	58171	15539	3879
临河市	2689	18754	9200	3031	1510	1298	96086	43873	6262
五原县	1008	7335	7141	753	455	481	52221	12236	2076
乌拉特前旗	5523	7223	9566	1793	1081	1702	82512	29700	4781
乌拉特中旗	9534	4555	7812	884	865	1603	54573	12318	1176
乌拉特后旗	6845	12238	5746	3463	1560	2573	68639	41593	1429
阿拉善盟小计	**17938**	**27305**	**31126**	**23477**	**5084**	**10012**	**240568**	**79944**	**10323**
本级	1063	1398	4508	22361	2145	2588	83183	39823	4752
区县级小计	16875	25907	26618	1116	2939	7424	157385	40121	5571
阿左旗	7964	19700	13629	781	975	1810	88922	27881	4229
阿右旗	5760	1438	6903	250	1401	1056	31815	4088	690
额济纳旗	3151	4769	6086	85	563	4558	36648	8152	652
呼和浩特市小计	**21217**	**220477**	**90655**	**28301**	**38667**	**41079**	**1098928**	**579620**	**78202**
本级	14597	119208	15977	13419	17124	38174	332587	146245	61555
区县级小计	6620	101269	74678	14882	21543	2905	766341	433375	16647
土左旗	389	24563	22150	1839	8765	301	97639	54400	1802
托县	1064	13238	7728	1398	2789	385	98221	49551	3260
赛罕区	512	12057	8472	1614	269	71	130048	95101	1496
新城区	720	20799	2004	1337	103	502	123775	82684	2770
回民区	239	5866	1156	560	1850		74038	47483	1820
玉泉区	190	13718	661	600	119	778	84362	52817	1381
和林县	1099	5707	20762	5503	5886	541	79450	36502	2772
武川县	976	3950	5764	566	1096	212	44582	6474	521
清水河县	1431	1371	5981	1465	666	115	34226	8363	825
包头市小计	**25536**	**172279**	**83388**	**18981**	**104148**	**60785**	**1301904**	**767476**	**69383**
本级	20528	51390	14821	7272	42963	39348	453614	213470	47901
区县级小计	5008	120889	68567	11709	61185	21437	848290	554006	21482
东河区	32	26669	589		10847	2447	126534	91607	3483
青山区		23883	88		26941	4587	159909	120597	3406
昆区	55	38724	137		1138	8858	137842	107223	4579

二、各省、自治区、直辖市地市县一般预算财政资料

2－5－19　　　　单位:万元

地区	平衡部分 收入 返还性收入 增值税和消费税税收返还	所得税基数返还	财力性转移支付收入 小计	体制补助	一般性转移支付补助	民族地区转移支付补助	调整工资转移支付补助	农村义务教育补助	农村税费改革补助	缓解县乡困难转移支付补助
乌审旗	1088	529	19722	1040	1426	4442	5030	353	1494	669
杭锦旗	488	1228	23124	2080	2925	556	5327	317	1961	7112
鄂托克前旗	178	259	16513	1293	2404	563	5324	230	1083	2512
巴彦淖尔盟小计	**15534**	**6059**	**248825**	**13913**	**56921**	**21766**	**80538**	**5553**	**32469**	**14068**
本级	563		89966	8078	21901	8678	13569	48	1283	25
区县级小计	14971	6059	158859	5835	35020	13088	66969	5505	31186	14043
磴口县	1106	321	16018	616	5080	462	4983	389	1582	1259
杭锦后旗	2690	1189	27702	606	6561	465	11043	864	6105	1895
临河市	4373	1889	26405	198	3740	1742	13849	1882	6612	3445
五原县	1137	939	28091	1241	6534	81	10361	939	6384	2905
乌拉特前旗	3618	1163	26841		5045	2483	11843	988	6147	2987
乌拉特中旗	868	308	21780	2104	5546	1003	8695	319	3151	1040
乌拉特后旗	1179	250	12022	1070	2514	6852	6195	124	1205	512
阿拉善盟小计	**6908**	**3415**	**69821**	**3229**	**6863**	**6207**	**25512**	**701**	**2491**	**266**
本级	2799	1953	11320	－1938	540	1220	5652	25		6
区县级小计	4109	1462	58501	5167	6323	4987	19860	676	2491	260
阿左旗	3269	960	34595	2410	3377	3489	12586	530	1812	173
阿右旗	464	226	10898	1435	1455	312	4279	86	351	22
额济纳旗	376	276	13008	1322	1491	1186	2995	60	328	65
呼和浩特市小计	**58733**	**19469**	**177081**		**28064**	**24466**	**64864**	**5806**	**19892**	**6008**
本级	48181	13374	3065	－3490	－32	10570	15515	－1295	2178	
区县级小计	10552	6095	174016	3490	28096	13896	49349	7101	17714	6008
土左旗	1369	433	27118	1224	3221	2275	8419	1611	5062	2698
托县	2811	449	32023		1240	2949	5166	784	1729	94
赛罕区	989	507	16481		1754	87	7322	1036	1094	132
新城区	1685	1085	14168		1410	1764	5379	747	524	83
回民区	1069	751	11164		1470	860	3988	579	245	30
玉泉区	922	459	10400	201	3037	－76	3206	478	660	37
和林县	589	2183	24619		1607	4428	5762	759	4301	97
武川县	392	129	25020	1061	10423	1304	6232	518	2714	2476
清水河县	726	99	13023	1004	3934	305	3875	589	1385	361
包头市小计	**50787**	**18596**	**208277**		**15351**	**38973**	**57146**	**4837**	**12625**	**2637**
本级	37171	10730	64710	－4770	3080	19551	15150	－327	105	12
区县级小计	13616	7866	143567	4770	12271	19422	41996	5164	12520	2625
东河区	2388	1095	14368		1342	1716	5956	634	149	31
青山区	1739	1667	27268		1770	3136	4361	709	394	
昆区	2769	1810	11783		1525	1168	5026	1148	44	311

2 - 5 - 20

单位:万元

地区	平衡部分									
	收入								支出	
	财力性转移支付收入									
	结算补助	企事业单位预算划转补助	其他财力性转移支付	专项转移支付	省补助计划单列市收入	上年结余	调入资金	国债转贷收入、上年结余及转补助数	支出合计	本年支出
乌审旗	5250		18	12608		-172	2783		63518	60812
杭锦旗	2826	-5	25	16769		-7174			52831	51534
鄂托克前旗	3037		67	11682		-196			40993	39959
巴彦淖尔盟小计	**23045**	**193**	**359**	**151564**		**55514**	**2813**		**600170**	**597620**
本级	12911	193	23280	58753		43866	2807		178269	177872
区县级小计	10134		-22921	92811		11648	6		421901	419748
磴口县	2194		-547	9944		22			33189	32973
杭锦后旗	993		-830	10846		205			57025	56509
临河市	4310		-9373	13943		5603			88122	87624
五原县	1048		-1402	9611		207			49360	49033
乌拉特前旗	391		-3043	16289		4901			75634	75199
乌拉特中旗	637		-715	19282		17			53560	53433
乌拉特后旗	561		-7011	12896		693	6		65011	64977
阿拉善盟小计	**24463**	**-105**	**194**	**78819**		**1661**			**228000**	**227860**
本级	21087	-105	-15167	26230		1058			69618	70621
区县级小计	3376		15361	52589		603			158382	157239
阿左旗	1724		8494	22885		-668			89471	88811
阿右旗	769		2189	16234		-95			31891	31822
额济纳旗	883		4678	13470		1366			37020	36606
呼和浩特市小计	**23887**	**3823**	**271**	**152470**		**111555**			**1019122**	**1004158**
本级	-1483	2950	-21848	55747		65975			295121	465602
区县级小计	25370	873	22119	96723		45580			724001	538556
土左旗	2479	98	31	13283		1036			97327	97079
托县	4673		15388	6076		7311			94542	79498
赛罕区	4339	695	22	12009		4961			127731	78041
新城区	4162	80	19	17846		6307			119911	63678
回民区	3971		21	9066		4505			66715	40687
玉泉区	978		1879	10978		8786			76322	41760
和林县	2954		4711	10292		5265			73286	69827
武川县	270		22	9122		3445			37424	37307
清水河县	1544		26	8051		3964			30743	30679
包头市小计	**54152**	**22254**	**302**	**152683**		**101843**	**1500**	**742**	**1160844**	**1143996**
本级	29443	2865	-399	60894		64397	1500	742	349871	445373
区县级小计	24709	19389	701	91789		37446			810973	698623
东河区	2558	1791	191	15886		1190			124901	96328
青山区	4613	12085	200	5393		3245			157644	115166
昆区	1837	519	205	10212		4045			132516	105387

2－5－21

单位：万元

地区	平衡部分									
	支出								年终结余	其中：净结余
	财力性转移支付			专项上解	计划单列市上解省	增设预算周转金	调出资金	国债转贷拨付数及年终结余		
	小计	体制上解	出口退税专项上解							
乌审旗	2506	2506		200					3227	
杭锦旗	1023	1023		274					－5589	－5589
鄂托克前旗	843	843		191					－3187	－3187
巴彦淖尔盟小计	**347**		**347**	**2203**					**68077**	**2631**
本级				397					42778	1600
区县级小计	347		347	1806					25299	1031
磴口县	124		124	92					1809	8
杭锦后旗	146		146	370					1146	112
临河市				498					7964	57
五原县	31		31	296					2861	353
乌拉特前旗	46		46	389					6878	400
乌拉特中旗				127					1013	23
乌拉特后旗				34					3628	78
阿拉善盟小计	**33**		**33**	**107**					**12568**	**12568**
本级				－1003					13565	13565
区县级小计	33		33	1110					－997	－997
阿左旗	33		33	627					－549	－549
阿右旗				69					－76	－76
额济纳旗				414					－372	－372
呼和浩特市小计	**12636**	**10755**	**1881**	**2328**					**79806**	**30977**
本级	7878	7367	511	－178359					37466	778
区县级小计	4758	3388	1370	180687					42340	30199
土左旗	23		23	225					312	
托县	551		551	14493					3679	
赛罕区	1095	764	331	48595					2317	1859
新城区	1623	1584	39	54610					3864	3861
回民区	1315	1040	275	24713					7323	7025
玉泉区				34562					8040	5200
和林县	147		147	3312					6164	5826
武川县	2		2	115					7158	3117
清水河县	2		2	62					3483	3311
包头市小计	**13534**	**10278**	**3256**	**1372**		**1200**		**742**	**141060**	**3520**
本级	－95867	－98781	2914	－1077		700		742	103743	1003
区县级小计	109401	109059	342	2449		500			37317	2517
东河区	28330	27988	342	243					1633	
青山区	41460	41460		1018					2265	359
昆区	27049	27049		80					5326	759

2－5－22

单位:万元

地区	收支部分								
	收入								
	收入合计	税收收入							
		小计	增值税	营业税	企业所得税	个人所得税	资源税	城市维护建设税	耕地占用税
石拐区	11851	9186	3746	1964	133	246	382	1356	
白云区	9848	9241	2111	4202	99	238	137	685	
九原区	97209	53932	14979	10702	4992	1190	145	4179	7610
土右旗	39649	35322	4912	18934	1121	950	885	1459	2623
固阳县	29525	22230	2523	8336	2242	426	5888	788	
达茂旗	46497	37910	3470	18960	3488	784	5110	1682	
乌海市小计	**125501**	**104663**	**37079**	**18997**	**6558**	**6136**	**5312**	**12107**	
本级	63831	48768	20075	4140	4432	2914	3629	6979	
区县级小计	61670	55895	17004	14857	2126	3222	1683	5128	
乌达区	16673	14679	5305	3601	110	1165	860	1565	
海勃湾区	26421	24751	4964	7855	1031	965	154	1976	
海南区	18576	16465	6735	3401	985	1092	669	1587	
赤峰市小计	**281825**	**197836**	**44532**	**58849**	**27902**	**10844**	**10444**	**14336**	**2769**
本级	49589	6555	84	3103	322	13	16	311	
区县级小计	232236	191281	44448	55746	27580	10831	10428	14025	2769
红山区	47854	41403	8679	13243	2795	2971	10	3629	1005
松山区	20276	16949	2564	7327	1544	1784	272	854	28
元宝山区	41075	35027	11848	6089	2167	1367	4029	3379	1400
阿鲁科尔沁旗	6994	4742	1026	1822	257	267	262	404	11
巴林左旗	13809	10671	3028	1460	3362	574	907	760	
巴林右旗	9700	7827	760	4784	715	527	97	360	
林西县	9384	7443	2135	1642	1857	440	151	541	
克什克腾旗	28013	25204	4389	4872	12201	505	1358	571	296
翁牛特旗	12780	9741	1819	4695	926	664	133	601	
喀喇沁旗	11761	8421	2079	2418	126	536	225	1280	1
宁城县	15588	12532	3130	3605	547	770	1597	1084	24
敖汉旗	15002	11321	2991	3789	1083	426	1387	562	4

2-5-23

单位:万元

地区	收支部分									
	收入									
	税收收入			非税收入						
	契税	烟叶税	其他各项税收收入	小计	专项收入	行政事业性收费收入	罚没收入	国有资本经营收入	国有资源(资产)有偿使用收入	其他收入
石拐区	51		1308	2665	896	249	1121	30	59	310
白云区	55		1714	607	339	31	110		81	46
九原区	1513		8622	43277	2460	2992	627	26953	165	10080
土右旗	447		3991	4327	1504	996	1642	71	94	20
固阳县	232		1795	7295	1704	3433	1596	5	509	48
达茂旗	1008		3408	8587	1503	6379	334	23	341	7
乌海市小计	**4932**		**13542**	**20838**	**9865**	**2038**	**3999**	**4395**	**541**	
本级	184		6415	15063	7219	1412	2123	3917	392	
区县级小计	4748		7127	5775	2646	626	1876	478	149	
乌达区	514		1559	1994	756	186	751	253	48	
海勃湾区	3987		3819	1670	895	196	531	1	47	
海南区	247		1749	2111	995	244	594	224	54	
赤峰市小计	**10262**	**2054**	**15844**	**83989**	**17629**	**17899**	**22396**	**24280**	**1725**	**60**
本级	2004		702	43034	4294	10354	7942	19924	520	
区县级小计	8258	2054	15142	40955	13335	7545	14454	4356	1205	60
红山区	3412		5659	6451	1729	1126	1469	2105	22	
松山区	1111	605	860	3327	1199	401	1543		154	30
元宝山区	1077	73	3598	6048	2053	1037	2159	740	59	
阿鲁科尔沁旗	115		578	2252	331	1002	663	189	67	
巴林左旗	58		522	3138	683	550	946	896	63	
巴林右旗	306		278	1873	600	238	540	426	69	
林西县	211		466	1941	587	315	1019	-4	24	
克什克腾旗	452		560	2809	1648	301	796		64	
翁牛特旗	363	54	486	3039	711	936	1095		267	30
喀喇沁旗	119	905	732	3340	1041	521	1681	1	96	
宁城县	631	260	884	3056	1167	339	1316		234	
敖汉旗	403	157	519	3681	1586	779	1227	3	86	

2－5－24　　　　单位:万元

地区	收支部分								
	支出功能分类								
	支出合计	一般公共服务	外交	国防	公共安全	教育	科学技术	文化体育与传媒	社会保障和就业	医疗卫生
石拐区	25939	6410		50	964	4164	413	720	4689	650
白云区	15488	3206			756	1308	204	120	1553	368
九原区	125011	60636			3068	16564	1399	957	10202	2578
土右旗	83232	9281			2394	15882	115	1143	11280	2926
固阳县	54203	21748			1455	8050	157	533	9348	2607
达茂旗	77869	10401			1404	5586	1453	778	8698	1724
乌海市小计	**218415**	**37224**		**230**	**14531**	**37594**	**2861**	**5119**	**38672**	**7854**
本级	95413	17942		54	7599	9869	1317	4066	19722	4378
区县级小计	123002	19282		176	6932	27725	1544	1053	18950	3476
乌达区	38363	3676		94	2045	7419	484	186	5774	908
海勃湾区	45698	6277		82	2722	13680	594	800	7739	1314
海南区	38941	9329			2165	6626	466	67	5437	1254
赤峰市小计	**1177493**	**181877**		**927**	**52685**	**256620**	**4950**	**20338**	**128180**	**48070**
本级	222431	24699		78	11330	34468	1799	8640	21210	8827
区县级小计	955062	157178		849	41355	222152	3151	11698	106970	39243
红山区	56761	8738			3978	12963	440	429	9175	2698
松山区	95072	14489		88	4396	23680	418	572	9215	3437
元宝山区	90322	10238		54	3797	17742	764	360	8129	1555
阿鲁科尔沁旗	73433	15830			2465	18620	212	978	5093	2592
巴林左旗	74096	10203		202	2534	20445	148	589	10143	3145
巴林右旗	72933	11923			3042	15765	339	1760	3728	3289
林西县	59272	10597		161	2493	10860	77	1157	8580	2736
克什克腾旗	80575	17811		106	3328	17554	202	1009	8295	2977
翁牛特旗	96353	15663			3383	21049	165	957	10774	4962
喀喇沁旗	73229	9895			4681	20848	198	1316	12322	3653
宁城县	91555	15114		127	3820	20685	91	1667	11236	3180
敖汉旗	91461	16677		111	3438	21941	97	904	10280	5019

2－5－25

单位：万元

地区	收支部分						平衡部分		
	支出功能分类						收入		
	环境保护	城乡社区事务	农林水事务	交通运输	工业、商业、金融等事务	其他支出	收入合计	本年收入	返还性收入 小计
石拐区	165	1209	1082	761	1453	3209	29645	11851	893
白云区	375	1221	36	67	5891	383	17017	9848	266
九原区	201	13119	14323	299	638	1027	142865	97209	4672
土右旗	717	8173	24940	4203	1696	482	88188	39649	1552
固阳县	1103	1005	6099	1458	610	30	60660	29525	1045
达茂旗	2360	6886	21273	4921	11971	414	85630	46497	1586
乌海市小计	**2821**	**28732**	**12173**	**3488**	**18068**	**9048**	**261719**	**125501**	**17476**
本级	1094	8681	6205	3240	4103	7143	126482	63831	10823
区县级小计	1727	20051	5968	248	13965	1905	135237	61670	6653
乌达区	875	12572	1694		1540	1096	40862	16673	1751
海勃湾区	270	3534	2062	235	5903	486	53058	26421	3020
海南区	582	3945	2212	13	6522	323	41317	18576	1882
赤峰市小计	**84085**	**131852**	**149917**	**69464**	**21011**	**27517**	**1345586**	**281825**	**48262**
本级	3247	43446	7739	45543	6284	5121	245940	49589	17627
区县级小计	80838	88406	142178	23921	14727	22396	1099646	232236	30635
红山区	1815	11444	1983	339	652	2107	84312	47854	2915
松山区	5782	9242	22360	429	827	137	108091	20276	3341
元宝山区	1619	16604	9929	1810	1631	16090	115451	41075	4093
阿鲁科尔沁旗	11811	2468	11581	1076	507	200	79465	6994	1614
巴林左旗	8695	7068	8867	1283	731	43	87164	13809	2153
巴林右旗	7446	3505	18984	2818	334		79878	9700	1546
林西县	5447	9119	5271	910	1818	46	58351	9384	2227
克什克腾旗	7210	4680	10864	5060	1126	353	86515	28013	1794
翁牛特旗	12362	7991	14642	1624	387	2394	106421	12780	1605
喀喇沁旗	4682	2681	10064	700	1776	413	81343	11761	2009
宁城县	4624	9550	13151	4369	3417	524	102106	15588	5257
敖汉旗	9345	4054	14482	3503	1521	89	110549	15002	2081

2－5－26

单位:万元

地区	平衡部分									
	收入									
	返还性收入		财力性转移支付收入							
	增值税和消费税税收返还	所得税基数返还	小计	体制补助	一般性转移支付补助	民族地区转移支付补助	调整工资转移支付补助	农村义务教育补助	农村税费改革补助	缓解县乡困难转移支付补助
石拐区	803	90	8997		1127	1870	1860	39	133	16
白云区	166	100	4577		87	1807	1021	61		3
九原区	3521	1151	18857		1066	5650	5325	903	1789	381
土右旗	1056	496	24455	1610	1827	2008	7042	860	4726	1682
固阳县	565	480	15605	1760	2492	749	5384	483	2760	86
达茂旗	609	977	17657	1400	1035	1318	6021	327	2525	115
乌海市小计	**14080**	**3396**	**58392**		**5908**	**11060**	**16388**	**837**	**689**	**566**
本级	9342	1481	21341	－257	3886	6529	6581	332		
区县级小计	4738	1915	37051	257	2022	4531	9807	505	689	566
乌达区	1165	586	12277	131	618	711	3205	125	174	421
海勃湾区	2276	744	13166		631	1354	3786	240	196	107
海南区	1297	585	11608	126	773	2466	2816	140	319	38
赤峰市小计	**38265**	**9997**	**505058**	**19623**	**179928**	**28367**	**138437**	**13744**	**49955**	**41823**
本级	15002	2625	30506	4855	1791	9827	12174	32		80
区县级小计	23263	7372	474552	14768	178137	18540	126263	13712	49955	41743
红山区	2092	823	23304	－88	4049	2189	8442	645	814	138
松山区	2554	787	39103	1015	12183	820	10818	1433	5625	3652
元宝山区	3087	1006	27432	－46	7814	2648	6950	922	1621	20
阿鲁科尔沁旗	1219	395	41117	1162	18493	590	10538	1355	4629	3586
巴林左旗	1618	535	42695	1427	17660	1395	11230	1245	4915	3482
巴林右旗	1094	452	40091	1498	17665	595	10187	814	4224	3739
林西县	1724	503	28531	1128	10422	806	8230	764	3252	2825
克什克腾旗	1301	493	28574	2101	3942	3209	9343	768	3311	3875
翁牛特旗	1305	300	54607	2143	22924	1356	12886	1445	6585	6136
喀喇沁旗	1505	504	48154	1407	21643	2086	11711	854	3505	5064
宁城县	4158	1099	50319	814	19690	1465	13078	1566	5528	6024
敖汉旗	1606	475	50625	2207	21652	1381	12850	1901	5946	3202

二、各省、自治区、直辖市地市县一般预算财政资料

2－5－27

单位:万元

地区	平衡部分									
	收入								支出	
	财力性转移支付收入			专项转移支付	省补助计划单列市收入	上年结余	调入资金	国债转贷收入、上年结余及转补助数	支出合计	本年支出
	结算补助	企事业单位预算划转补助	其他财力性转移支付							
石拐区	586	3358	8	5321		2583			27743	25939
白云区	756	842		1886		440			16414	15488
九原区	3877	－218	84	12701		9426			130138	125011
土右旗	4153	545	2	16519		6013			85226	83232
固阳县	1432	448	11	10334		4151			56175	54203
达茂旗	4897	19		13537		6353			80216	77869
乌海市小计	**14034**	**8756**	**154**	**39628**		**19272**	**1350**	**100**	**218906**	**218415**
本级	8387	1274	－5391	19933		9104	1350	100	94554	95413
区县级小计	5647	7482	5545	19695		10168			124352	123002
乌达区	1585	4401	906	6454		3707			38455	38363
海勃湾区	2091	1135	3626	6566		3885			46700	45698
海南区	1971	1946	1013	6675		2576			39197	38941
赤峰市小计	**29317**	**3271**	**593**	**335251**		**117788**	**57402**		**1181942**	**1177493**
本级	603	3002	－1858	72518		32612	43088		149274	222431
区县级小计	28714	269	2451	262733		85176	14314		1032668	955062
红山区	6347		768	8769		514	956		83424	56761
松山区	3225		332	32364		10407	2600		98723	95072
元宝山区	6399	300	804	31054		8592	3205		112847	90322
阿鲁科尔沁旗	764			22141		7599			75110	73433
巴林左旗	928	－7	420	19039		9468			76555	74096
巴林右旗	1350		19	21062		7479			75021	72933
林西县	1110	－10	4	17365		－2782	3626		61029	59272
克什克腾旗	2025			22121		2330	3683		86185	80575
翁牛特旗	1137		－5	24651		12778			98975	96353
喀喇沁旗	1865		19	16143		3032	244		76220	73229
宁城县	2106	－6	54	22703		8239			94360	91555
敖汉旗	1458	－8	36	25321		17520			94219	91461

2－5－28　　　　单位：万元

地区	平衡部分									
	支出								年终结余	其中：净结余
	财力性转移支付			专项上解	计划单列市上解省	增设预算周转金	调出资金	国债转贷拨付数及年终结余		
	小计	体制上解	出口退税专项上解							
石拐区	976	976		828					1902	1147
白云区	923	923		3					603	66
九原区	4762	4762		－135		500			12727	101
土右旗	1945	1945		49					2962	10
固阳县	1659	1659		313					4485	20
达茂旗	2297	2297		50					5414	55
乌海市小计	**203**	**203**		**188**				**100**	**42813**	**330**
本级	－255	－255		－704				100	31928	330
区县级小计	458	458		892					10885	
乌达区	－200	－200		292					2407	
海勃湾区	658	658		344					6358	
海南区				256					2120	
赤峰市小计	**18**		**18**	**4431**					**163644**	**4052**
本级	18		18	－73175					96666	
区县级小计				77606					66978	4052
红山区				26663					888	38
松山区				3651					9368	926
元宝山区				22525					2604	1475
阿鲁科尔沁旗				1677					4355	
巴林左旗				2459					10609	750
巴林右旗				2088					4857	
林西县				1757					－2678	－2678
克什克腾旗				5610					330	
翁牛特旗				2622					7446	
喀喇沁旗				2991					5123	3541
宁城县				2805					7746	
敖汉旗				2758					16330	

2007 年辽宁省地市县财政一般预算收支平衡表

2－6－1　　　　　　　　　　　　　　　　　　单位:万元

地区	收支部分 收入 收入合计	税收收入 小计	增值税	营业税	企业所得税	个人所得税	资源税	城市维护建设税	耕地占用税
地市县合计	**8659543**	**6567755**	**1020324**	**2012805**	**689557**	**336480**	**242627**	**515751**	**59680**
沈阳市小计	**2308085**	**1628376**	**167666**	**553293**	**157687**	**77831**	**5771**	**98758**	**10184**
本级	1138589	809548	58915	303230	50692	34520	40	89296	1398
区县级小计	1169496	818828	108751	250063	106995	43311	5731	9462	8786
铁西区	140428	99347	13158	32606	10195	2985			85
和平区	182196	134608	15684	36559	32712	10068			
沈河区	164016	106359	12780	28912	19237	10815			
大东区	140299	91749	20902	23658	12634	4486	2		
皇姑区	85788	56014	9585	18960	4652	3787			51
苏家屯区	60008	41865	4051	10470	1775	1827	1067	2497	902
沈北新区	70692	58664	5821	18594	4725	1627	406	3896	310
东陵区	92837	77248	13725	21349	6998	3201	201		1532
于洪区	113230	85545	7820	31134	9931	2055	3		2323
辽中县	30319	14938	1304	4462	717	739	446	850	1919
新民市	40257	20971	1655	7788	1216	729	1693	1014	218
法库县	25688	15963	1647	7432	1058	437	272	607	900
康平县	23738	15557	619	8139	1145	555	1641	598	546
大连市小计	**2679757**	**2211492**	**314137**	**829071**	**298536**	**134411**	**18495**	**108978**	**13341**
本级	1212117	1015313	119808	435694	137300	73549		67551	
区县级小计	1467640	1196179	194329	393377	161236	60862	18495	41427	13341
瓦房店市	146058	111477	15779	37180	10004	2737	6839	6312	3638
普兰店市	108100	74099	10602	31932	6751	1579	2234	3548	865
庄河市	93369	63673	6772	23671	3664	1108	6125	4287	206
长海县	15301	4981	407	2035	340	736	1	183	30
金州区	142038	122699	18534	40466	16631	3781	918	6838	1123
旅顺口区	80033	73059	7904	24221	6746	1886	1038	4359	2430
甘井子区	161739	125194	25146	47767	17750	4415	1336		552
中山区	101518	97170	8453	38972	17749	8395	4		
西岗区	75586	70243	8919	23044	13749	5681			
沙河口区	87136	81046	10311	31632	12595	3382			
开发区	283691	229130	56952	52120	35719	15921		7577	3720
高新园区	110613	91588	14572	28012	10816	8895		5077	777
保税区	62458	51820	9978	12325	8722	2346		3246	
鞍山市小计	**745090**	**557536**	**122724**	**94772**	**87418**	**22713**	**47211**	**67653**	**1400**
本级	446074	320154	80463	28997	64289	10809	28404	62742	153
区县级小计	299016	237382	42261	65775	23129	11904	18807	4911	1247
海城市	100500	62348	15349	12877	4648	3513	5799	3464	319

2－6－2

单位:万元

地区	收支部分									
	收入									
	税收收入			非税收入						
	契税	烟叶税	其他各项税收收入	小计	专项收入	行政事业性收费收入	罚没收入	国有资本经营收入	国有资源(资产)有偿使用收入	其他收入
地市县合计	**647395**	**4614**	**1038522**	**2091788**	**395319**	**713864**	**276676**	**577905**	**98736**	**29288**
沈阳市小计	**283800**		**273386**	**679709**	**59139**	**216925**	**63192**	**323989**	**14792**	**1672**
本级	165713		105744	329041	56769	179068	43197	41466	8297	244
区县级小计	118087		167642	350668	2370	37857	19995	282523	6495	1428
铁西区	18887		21431	41081		3463	1286	33178	3154	
和平区	13568		26017	47588		776	1375	45023	414	
沈河区	11560		23055	57657		4241	1205	51233	244	734
大东区	9101		20966	48550		2039	837	45280	155	239
皇姑区	6552		12427	29774		583	1140	27994	48	9
苏家屯区	11233		8043	18143	144	11646	1757	4381	215	
沈北新区	11224		12061	12028	1144	2489	504	7679	212	
东陵区	12256		17986	15589		3527	1530	10048	484	
于洪区	17578		14701	27685		1036	1921	23400	1328	
辽中县	1202		3299	15381	140	3830	1380	9551	80	400
新民市	2858		3800	19286	559	1290	3847	13532	58	
法库县	1511		2099	9725	107	1737	1734	6101	46	
康平县	557		1757	8181	276	1200	1479	5123	57	46
大连市小计	**181270**		**313253**	**468265**	**67805**	**181856**	**37231**	**135924**	**35501**	**9948**
本级	93920		87491	196804	43850	123650	17862	1559	9033	850
区县级小计	87350		225762	271461	23955	58206	19369	134365	26468	9098
瓦房店市	6876		22112	34581	4884	10077	3122	13206	3292	
普兰店市	5665		10923	34001	2941	15156	4590	6687	466	4161
庄河市	7461		10379	29696	3054	2855	2231	20148	1408	
长海县	423		826	10320	176	801	390	331	8525	97
金州区	16392		18016	19339	4067	8059	1839	4568	806	
旅顺口区	12147		12328	6974	2373	2156	1896	－449	998	
甘井子区			28228	36545	1067	4153	1593	29106	626	
中山区			23597	4348		1420	950		193	1785
西岗区			18850	5343		2042	417	1430	36	1418
沙河口区			23126	6090		3391	560	1585	291	263
开发区	21152		35969	54561	4315	6256	1474	36573	4569	1374
高新园区	11299		12140	19025		1707	33	12051	5234	
保税区	5935		9268	10638	1078	133	274	9129	24	
鞍山市小计	**20511**	**110**	**93024**	**187554**	**85486**	**41224**	**18909**	**30550**	**10096**	**1289**
本级	230		44067	125920	78158	26083	7800	5338	8270	271
区县级小计	20281	110	48957	61634	7328	15141	11109	25212	1826	1018
海城市	3291		13088	38152	4965	9984	7328	14146	815	914

二、各省、自治区、直辖市地市县一般预算财政资料

2－6－3　　　　单位:万元

地区	收支部分									
	支出功能分类									
	支出合计	一般公共服务	外交	国防	公共安全	教育	科学技术	文化体育与传媒	社会保障和就业	医疗卫生
地市县合计	**14634664**	**2293946**		**47719**	**1014736**	**2039446**	**284837**	**190599**	**3385636**	**577812**
沈阳市小计	**3396754**	**420687**		**4900**	**266002**	**484603**	**99395**	**44547**	**758318**	**144603**
本级	1814555	182519		1340	136766	124532	79913	19720	547712	69437
区县级小计	1582199	238168		3560	129236	360071	19482	24827	210606	75166
铁西区	177141	12488		336	14561	46049	2850	6506	28673	11514
和平区	187409	32703		371	18270	38741	6108	3975	20476	10627
沈河区	190414	32860		254	15236	35495	1633	1238	37118	7217
大东区	166054	21690		379	16127	29819	2754	1598	58132	6980
皇姑区	104969	14036		161	12089	29963	1562	614	16298	3944
苏家屯区	79677	13635		730	8540	21698	271	963	7017	4053
沈北新区	101926	16692		238	5743	25283	586	622	5271	2527
东陵区	131797	21832		210	8449	25211	1921	2067	8764	5342
于洪区	152743	19669		275	10266	31885	883	3099	8386	5976
辽中县	73173	10067		161	4592	19388	301	1232	4079	3755
新民市	87277	14475		169	7446	23799	213	1332	7028	5224
法库县	68433	11867		165	4176	18457	303	715	5791	4178
康平县	61186	16154		111	3741	14283	97	866	3573	3829
大连市小计	**3445728**	**638051**		**21993**	**176858**	**398115**	**118943**	**49164**	**606481**	**112807**
本级	1705566	340664		20077	109140	109900	45109	26161	384903	58412
区县级小计	1740162	297387		1916	67718	288215	73834	23003	221578	54395
瓦房店市	193242	35609		154	8839	42169	502	2831	33568	6102
普兰店市	146733	19229		163	6995	27182	776	1480	18601	5022
庄河市	133626	28388		280	8253	29167	1074	1336	20721	4964
长海县	33380	8575			2194	6172	401	555	5173	1545
金州区	172272	27389		402	8345	34367	2318	2626	28078	6870
旅顺口区	94520	20077		167	2019	13167	1219	818	16325	4414
甘井子区	202946	52540			5388	40589	1666	1129	25251	6014
中山区	93900	14255			7244	17762	2189	2274	21081	3961
西岗区	80818	17136			2960	13755	1949	1941	19650	4172
沙河口区	100280	14376		394	2682	22610	1291	675	22604	4607
开发区	300741	35295		353	12688	41275	5103	7160	9573	6507
高新园区	121106	12952					55346		74	82
保税区	66598	11566		3	111			178	879	135
鞍山市小计	**1217194**	**202724**		**2482**	**78452**	**151105**	**14748**	**7620**	**332917**	**39443**
本级	652047	85800		1552	50917	45215	7537	3521	228464	21678
区县级小计	565147	116924		930	27535	105890	7211	4099	104453	17765
海城市	177526	32588		171	12416	34323	311	1701	22656	6453

2－6－4

单位:万元

地区	收支部分						平衡部分		
	支出功能分类						收入		
	环境保护	城乡社区事务	农林水事务	交通运输	工业、商业、金融等事务	其他支出	收入合计	本年收入	返还性收入 小计
地市县合计	**191116**	**1714905**	**988722**	**222944**	**998990**	**683256**	**16704712**	**8659543**	**1924189**
沈阳市小计	**46132**	**490929**	**174941**	**26447**	**315352**	**119898**	**3831785**	**2308085**	**513039**
本级	43355	250250	94286	12876	204870	46979	2213771	1138589	427150
区县级小计	2777	240679	80655	13571	110482	72919	1618014	1169496	85889
铁西区	653	42407	338	283	2795	7688	183085	140428	8811
和平区	93	34334	72		9524	12115	196543	182196	5076
沈河区	119	34263		13	16786	8182	208183	164016	12803
大东区	128	14070	26		4986	9365	170853	140299	13785
皇姑区	102	11152	20		1484	13544	108625	85788	6514
苏家屯区	187	5125	8713	2184	4037	2524	80330	60008	3864
沈北新区	163	17932	13742	873	10485	1769	105051	70692	2079
东陵区	135	13092	14864	2540	23840	3530	140659	92837	15608
于洪区	164	46990	12341	1281	8670	2858	160201	113230	13359
辽中县	476	4984	6312	947	7938	8941	73040	30319	712
新民市	261	4677	9276	2968	9172	1237	82677	40257	1139
法库县	119	6882	8160	1558	5520	542	59088	25688	1223
康平县	177	4771	6791	924	5245	624	49679	23738	916
大连市小计	**43724**	**447788**	**177919**	**68411**	**365045**	**220429**	**4079277**	**2679757**	**452783**
本级	36879	183221	101722	49462	208876	31040	2202006	1212117	452783
区县级小计	6845	264567	76197	18949	156169	189389	1878141	1467640	
瓦房店市	919	24008	19499	3005	8719	7318	206200	146058	
普兰店市	494	5888	8384	698	26868	24953	154639	108100	
庄河市	541	8866	10062	1079	3161	15734	140258	93369	
长海县	198	1772	3258	323	1020	2194	35068	15301	
金州区	2967	11821	13384	7684	18193	7828	179739	142038	
旅顺口区	846	19465	4768	253	3100	7882	100929	80033	
甘井子区	90	34243	11065	2119	3155	19697	215058	161739	
中山区		9017	377		5147	10593	111756	101518	
西岗区	20	5954			9214	4067	95869	75586	
沙河口区		16596			3160	11285	112970	87136	
开发区	770	120634	5400	1613	48253	6117	329611	283691	
高新园区		5609			24886	22157	126817	110613	
保税区		694		2175	1293	49564	69227	62458	
鞍山市小计	**13896**	**181886**	**59061**	**11793**	**52183**	**68884**	**1376811**	**745090**	**197990**
本级	9825	115161	8335	2441	30120	41481	764617	446074	117737
区县级小计	4071	66725	50726	9352	22063	27403	612194	299016	80253
海城市	2058	24004	21840	3798	2117	13090	193063	100500	29132

二、各省、自治区、直辖市地市县一般预算财政资料

2－6－5　　　　单位:万元

地区	平衡部分									
	收入									
	返还性收入		财力性转移支付收入							
	增值税和消费税税收返还	所得税基数返还	小计	体制补助	一般性转移支付补助	民族地区转移支付补助	调整工资转移支付补助	农村义务教育补助	农村税费改革补助	缓解县乡困难转移支付补助
地市县合计	**1470382**	**453807**	**1883901**	**22286**	**262972**	**24905**	**448433**	**29470**	**237380**	**101720**
沈阳市小计	**364569**	**148470**	**286920**		**12348**		**27749**	**2240**	**27022**	**20348**
本级	359161	67989	34528	－31689	－10000		1181	1040	－10083	
区县级小计	5408	80481	252392	31689	22348		26568	1200	37105	20348
铁西区	304	8507	28300				1573		304	863
和平区	－1671	6747	2986		8		382	16	67	691
沈河区	－616	13419	22325	821	436		392	8		423
大东区	784	13001	8994	531			330	10	21	2415
皇姑区	1790	4724	8191	1455			1536	14	13	1933
苏家屯区	47	3817	8449	464			1457	140	3189	1610
沈北新区	426	1653	15149	2700			1068	124	2114	1569
东陵区	2247	13361	23056	4143			224	184	2649	1099
于洪区	324	13035	18373	3240			224		1704	1261
辽中县	78	634	24862	3595	6042		4546		6256	2036
新民市	607	532	34054	3961	7795		5985	338	10211	2385
法库县	786	437	30262	5524	4384		4360	366	4723	2242
康平县	302	614	27391	5255	3683		4491		5854	1821
大连市小计	**331643**	**121140**	**70870**				**16642**	**1364**	**8203**	**847**
本级	331643	121140	－151064	－185197			16642	1364	－16186	－2820
区县级小计			221934	185197					24389	3667
瓦房店市			22943	14865					4518	700
普兰店市			21782	16430					3732	1105
庄河市			22192	13238					6082	1562
长海县			12781	4660					7371	50
金州区			24744	22904					1290	150
旅顺口区			11726	10038					888	100
甘井子区			30638	29900					388	
中山区			350							
西岗区			10164	9814						
沙河口区			4126	3726						
开发区			41435	40769					120	
高新园区			14464	14364						
保税区			4589	4489						
鞍山市小计	**170926**	**27064**	**116020**		**5405**	**4396**	**35717**	**1662**	**12638**	**5500**
本级	122975	－5238	2077	－3609	－19843		7648		－6963	
区县级小计	47951	32302	113943	3609	25248	4396	28069	1662	19601	5500
海城市	19606	9526	37494		2230		7648	1076	8652	1481

2－6－6 单位:万元

地区	平衡部分									
	收入								支出	
	财力性转移支付收入				省补助计划单列市收入	上年结余	调入资金	国债转贷收入、上年结余及转补助数	支出合计	本年支出
	结算补助	企事业单位预算划转补助	其他财力性转移支付	专项转移支付						
地市县合计	**602602**	**90805**	**63328**	**2668395**	**197257**	**891446**	**437219**	**42762**	**15719451**	**14634664**
沈阳市小计	**183256**	**10113**	**3844**	**519188**		**143500**	**59483**	**1570**	**3678126**	**3396754**
本级	85233	5957	－7111	436323		133781	41830	1570	2061944	1814555
区县级小计	98023	4156	10955	82865		9719	17653		1616182	1582199
铁西区	25560			4322		1224			182753	177141
和平区	1822			4361		1924			195086	187409
沈河区	20245			4134		4905			200374	190414
大东区	343	2611	2733	4373		2841	561		169013	166054
皇姑区	1695	1545		3978		2804	1350		107540	104969
苏家屯区	1589			4265		454	3290		80078	79677
沈北新区	5930		1644	2588		4797	9746		102786	101926
东陵区	13212		1545	4066		4476	616		133888	131797
于洪区	10786		1158	4582		10657			153516	152743
辽中县	1969		418	15581		303	1263		73408	73173
新民市	3379			12030		－5414	611		87543	87277
法库县	5206		3457	9799		－7884			68676	68433
康平县	6287			8786		－11368	216		61521	61186
大连市小计	**35922**	**2892**	**5000**	**189512**	**197257**	**308746**	**147984**	**32368**	**3769894**	**3445728**
本级	27241	2892	5000	55290	197257	260124	143384	32115	1957419	1705566
区县级小计	8681			134222		48622	4600	1123	1813345	1740162
瓦房店市	2860			27376		7676	2147		195848	193242
普兰店市	515			19994		4763			151219	146733
庄河市	1310			19471		4369	357	500	136015	133626
长海县	700			5424		1562			34040	33380
金州区	400			7359		3228	2000	370	177411	172272
旅顺口区	700			7774		1303	93		95774	94520
甘井子区	350			16582		6099			207207	202946
中山区	350			8795		1093			110327	93900
西岗区	350			7316		2803			84061	80818
沙河口区	400			11408		10300			102661	100280
开发区	546			581		3651		253	324764	300741
高新园区	100			71		1666	3		124900	121106
保税区	100			2071		109			69118	66598
鞍山市小计	**43742**	**5165**	**1795**	**168038**		**44931**	**104742**		**1322331**	**1217194**
本级	19106	5165	573	75516		36504	86709		718947	652047
区县级小计	24636		1222	92522		8427	18033		603384	565147
海城市	16307		100	17377		2805	5755		190498	177526

2－6－7　　　　单位:万元

地区	平衡部分									
	支出								年终结余	其中:净结余
	财力性转移支付			专项上解	计划单列市上解省	增设预算周转金	调出资金	国债转贷拨付数及年终结余		
	小计	体制上解	出口退税专项上解							
地市县合计	**701939**	**644606**	**57333**	**264929**	**54932**	**3230**	**16995**	**42762**	**985261**	**37922**
沈阳市小计	**196201**	**191370**	**4831**	**66631**			**16970**	**1570**	**153659**	**2837**
本级	186813	184828	1985	42036			16970	1570	151827	21574
区县级小计	9388	6542	2846	24595					1832	－18737
铁西区	3058	2589	469	2554					332	174
和平区	3644	3418	226	4033					1457	796
沈河区	859	535	324	9101					7809	1532
大东区	277		277	2682					1840	1840
皇姑区	132		132	2439					1085	1085
苏家屯区	139		139	262					252	－1563
沈北新区	422		422	438					2265	－378
东陵区	573		573	1518					6771	2896
于洪区	154		154	619					6685	6685
辽中县				235					－368	－1682
新民市	56		56	210					－4866	－7021
法库县	73		73	170					－9588	－10079
康平县	1		1	334					－11842	－13022
大连市小计	**232225**	**192728**	**39497**	**4641**	**54932**			**32368**	**309383**	**23276**
本级	206389	180162	26227	－41583	54932			32115	244587	10191
区县级小计	25836	12566	13270	46224				1123	64796	13085
瓦房店市	355		355	2251					10352	180
普兰店市	292		292	4194					3420	1730
庄河市	203		203	1686				500	4243	903
长海县	14		14	646					1028	1028
金州区	655		655	4114				370	2328	195
旅顺口区	259		259	995					5155	485
甘井子区	764		764	3497					7851	90
中山区	14051	12566	1485	2376					1429	838
西岗区	1652		1652	1591					11808	2220
沙河口区	246		246	2135					10309	1052
开发区	4630		4630	19140				253	4847	3163
高新园区	1444		1444	2350					1917	1192
保税区	1271		1271	1249					109	9
鞍山市小计	**71932**	**69002**	**2930**	**30205**		**3000**			**54480**	**750**
本级	66690	64712	1978	210					45670	2001
区县级小计	5242	4290	952	29995		3000			8810	－1251
海城市	2614	2191	423	10358					2565	10

2－6－8

单位:万元

地　　区	收支部分								
	收入								
	收入合计	税收收入							
		小　计	增值税	营业税	企业所得税	个人所得税	资源税	城市维护建设税	耕地占用税
台安县	15967	8923	1178	2429	329	525	1010	424	596
岫岩县	23388	13245	2856	3441	798	876	1707	1023	23
铁东区	48003	47931	3381	21452	2925	2948	5		
铁西区	20203	18860	2769	5893	1170	877	3		
立山区	27812	24572	3885	9005	2049	883	5		9
千山区	46088	45247	10098	6999	7845	1972	10278		
高新区	15455	14883	2250	3230	3173	259			300
风景区	1600	1373	495	449	192	51			
抚顺市小计	**367485**	**248488**	**44751**	**57279**	**21345**	**12775**	**13780**	**28830**	**7918**
本级	184860	106698	22614	23049	9838	7187	1243	12495	
区县级小计	182625	141790	22137	34230	11507	5588	12537	16335	7918
抚顺县	22988	17631	3252	2244	3149	1365	5936	884	148
清原县	21689	16812	2998	4085	2175	576	3592	910	355
新宾县	16788	12597	2787	4031	344	537	1704	822	279
顺城区	26822	22899	1398	6461	1106	561	404	1936	1536
新抚区	22430	17726	2548	4778	1217	843		4046	
东洲区	16140	12496	2955	2447	352	506	851	2276	824
望花区	21667	15237	3134	3076	1497	505	1	3133	10
抚顺经济开发区	30548	23553	2695	6096	1571	554	43	1344	4766
胜利开发区	3553	2839	370	1012	96	141	6	984	
本溪市小计	**337695**	**250036**	**57580**	**45418**	**18260**	**10939**	**31725**	**31361**	**428**
本级	218575	159967	44125	20805	12699	4991	17891	24653	
区县级小计	119120	90069	13455	24613	5561	5948	13834	6708	428
本溪县	27660	19977	3563	4000	2189	1640	3638	1460	
桓仁县	22531	16793	3251	4214	2070	1210	823	1127	121
平山区	20057	17129	1664	7237	512	1133	1692	1294	
明山区	20268	17155	1488	6317	422	471	832	1077	54
溪湖区	19299	13515	2418	1941	214	1311	4891	1147	127
南芬区	9305	5500	1071	904	154	183	1958	603	126
丹东市小计	**288727**	**195442**	**28746**	**56451**	**13420**	**9680**	**7884**	**12971**	**5288**
本级	94832	57114	6910	21699	3194	3963	91	8414	
区县级小计	193895	138328	21836	34752	10226	5717	7793	4557	5288
东港市	51818	32303	3664	9210	1460	1476	111	1494	3266
凤城市	53295	32064	6196	6664	1546	1301	4527	1957	178
宽甸县	26726	18670	3443	3857	582	1023	2969	1106	1626
振安区	11239	8662	1634	2918	620	194	172		86
元宝区	10227	8441	1435	2091	680	252	1		122

二、各省、自治区、直辖市地市县一般预算财政资料

2-6-9

单位:万元

地区	收支部分									
	收入									
	税收收入			非税收入						
	契税	烟叶税	其他各项税收收入	小计	专项收入	行政事业性收费收入	罚没收入	国有资本经营收入	国有资源(资产)有偿使用收入	其他收入
台安县	576		1856	7044	795	1372	1232	3488	70	87
岫岩县	486	110	1925	10143	1235	1532	1842	4767	767	
铁东区	8156		9064	72			41		31	
铁西区	2268		5880	1343		825	119	390	9	
立山区	3110		5626	3240	126	1194	277	1583	43	17
千山区	1432		6623	841	207	184	258	125	67	
高新区	955		4716	572			2	550	20	
风景区	7		179	227		50	10	163	4	
抚顺市小计	**17205**		**44605**	**118997**	**22398**	**53696**	**13777**	**25184**	**3258**	**684**
本级	6477		23795	78162	13367	37836	6067	18685	1627	580
区县级小计	10728		20810	40835	9031	15860	7710	6499	1631	104
抚顺县	49		604	5357	1160	1576	1240	1163	218	
清原县	823		1298	4877	796	1625	2157	182	117	
新宾县	840		1253	4191	716	1934	1502		39	
顺城区	4448		5049	3923	924	888	503	735	873	
新抚区	1423		2871	4704	1764	1248	1295		327	70
东洲区	630		1655	3644	1155	1633	591	250	15	
望花区	946		2935	6430	1454	959	380	3584	19	34
抚顺经济开发区	1567		4917	6995	637	5985	41	321	11	
胜利开发区	2		228	714	425	12	1	264	12	
本溪市小计	**13104**		**41221**	**87659**	**21104**	**35577**	**20273**	**7581**	**3017**	**107**
本级	1863		32940	58608	16262	27163	10712	3890	574	7
区县级小计	11241		8281	29051	4842	8414	9561	3691	2443	100
本溪县	1336		2151	7683	1286	1283	3334	169	1511	100
桓仁县	1674		2303	5738	1111	1872	2233	214	308	
平山区	2149		1448	2928	717	498	709	959	45	
明山区	5114		1380	3113	661	867	654	388	543	
溪湖区	651		815	5784	633	821	2349	1961	20	
南芬区	317		184	3805	434	3073	282		16	
丹东市小计	**17501**	**1713**	**41788**	**93285**	**12198**	**44617**	**13933**	**16266**	**3338**	**2933**
本级	6166		6677	37718	7031	18491	4088	4373	916	2819
区县级小计	11335	1713	35111	55567	5167	26126	9845	11893	2422	114
东港市	3391		8231	19515	1372	9086	3207	5727	123	
凤城市	2815	699	6181	21231	2174	12523	3437	2722	271	104
宽甸县	592	1014	2458	8056	1336	2106	1603	1228	1783	
振安区	524		2514	2577	284	574	579	1050	90	
元宝区	1069		2791	1786		419	144	1166	54	3

2－6－10

单位:万元

地区	收支部分									
	支出功能分类									
	支出合计	一般公共服务	外交	国防	公共安全	教育	科学技术	文化体育与传媒	社会保障和就业	医疗卫生
台安县	53775	10099		61	3514	10301	141	317	10323	3544
岫岩县	80888	13462		136	5265	12966	603	1048	16804	3988
铁东区	60629	16900		170	1594	15897	361	245	14706	1236
铁西区	34470	4979		105	1157	6808	36	144	15462	543
立山区	50230	7675		152	2213	10606	36	125	13345	634
千山区	75084	17183		135	1345	14803	254	519	10386	1338
高新区	28000	12453					5469		417	
风景区	4545	1585			31	186			354	29
抚顺市小计	**745803**	**102256**		**3518**	**50065**	**88627**	**6065**	**6138**	**233043**	**23963**
本级	369483	32034		2997	31427	26888	1813	2557	168345	9590
区县级小计	376320	70222		521	18638	61739	4252	3581	64698	14373
抚顺县	52381	10402		55	2387	7569	457	336	7644	2140
清原县	70116	11112		91	5088	12435	351	854	10372	2999
新宾县	63531	9305		117	3299	11180	189	1890	9876	3394
顺城区	46491	11396		61	1799	8601	94	211	10245	1939
新抚区	27168	4523		59	1607	7126	53	48	6779	1214
东洲区	30871	6316		82	1971	5183	439	108	8446	1304
望花区	34489	5206		56	1738	6999	131	106	8682	970
抚顺经济开发区	43622	8886			749	2238	2538	28	1431	357
胜利开发区	7651	3076				408			1223	56
本溪市小计	**632344**	**102495**		**640**	**55249**	**111033**	**6128**	**9394**	**145967**	**23341**
本级	392360	43401		559	38553	56321	3364	5474	123918	12814
区县级小计	239984	59094		81	16696	54712	2764	3920	22049	10527
本溪县	69966	11030			4253	16042	869	801	7923	4112
桓仁县	73548	11945			4555	16917	801	2251	3387	3260
平山区	27206	12117			2148	6334	350	206	2674	548
明山区	27707	9006		28	1623	7450	397	168	2366	937
溪湖区	25690	7825		27	3266	5072	263	192	4573	1203
南芬区	15867	7171		26	851	2897	84	302	1126	467
丹东市小计	**603625**	**82295**		**2356**	**51723**	**108863**	**6156**	**8188**	**144140**	**20913**
本级	203273	20849		1545	26906	19507	4513	4814	75489	6677
区县级小计	400352	61446		811	24817	89356	1643	3374	68651	14236
东港市	102201	14140		211	8279	25437	271	1316	13956	5017
凤城市	113813	15533		114	5567	26121	214	658	22572	3403
宽甸县	77908	11296		201	6271	19486	358	868	11233	2558
振安区	26785	5428		157	1488	6431	161	319	4286	1143
元宝区	19066	3714		50	1016	3743	43	86	5872	715

二、各省、自治区、直辖市地市县一般预算财政资料

2-6-11 单位:万元

地区	收支部分						平衡部分		
	支出功能分类						收入		
	环境保护	城乡社区事务	农林水事务	交通运输	工业、商业、金融等事务	其他支出	收入合计	本年收入	返还性收入 小计
台安县	239	4526	8780	722	1088	120	53547	15967	2545
岫岩县	1137	6213	13223	3486	1697	860	86348	23388	5308
铁东区	283	6251	1		240	2745	63808	48003	7114
铁西区	112	2908			332	1884	40622	20203	4622
立山区	72	7154	218	73	1308	6619	57186	27812	8598
千山区	170	5356	6228	1273	14164	1930	84240	46088	15301
高新区		8508	16		1117	20	28614	15455	5761
风景区		1805	420			135	4766	1600	1872
抚顺市小计	**11154**	**73830**	**51429**	**7296**	**34940**	**53479**	**879004**	**367485**	**136839**
本级	7255	17970	9941	2464	15897	40305	435562	184860	101229
区县级小计	3899	55860	41488	4832	19043	13174	443442	182625	35610
抚顺县	610	8344	8837	1702	1401	497	57366	22988	3875
清原县	470	2621	14166	1321	5448	2788	74301	21689	4180
新宾县	1195	3412	12673	1454	1075	4472	68255	16788	4004
顺城区	192	7012	2801	245	1160	735	57551	26822	5130
新抚区	183	3621	90		102	1763	44062	22430	3267
东洲区	124	4422	497	90	555	1334	42190	16140	3448
望花区	1086	2982	382	20	5773	358	44478	21667	2870
抚顺经济开发区	34	21648	2042		3529	142	46997	30548	7625
胜利开发区	5	1798				1085	8242	3553	1211
本溪市小计	**11944**	**60273**	**45879**	**8542**	**25813**	**25646**	**707350**	**337695**	**86104**
本级	7711	43065	13690	5204	15809	22477	445022	218575	69312
区县级小计	4233	17208	32189	3338	10004	3169	262328	119120	16792
本溪县	2271	6412	10983	959	4299	12	77795	27660	5197
桓仁县	1425	6881	14236	1957	3243	2690	78254	22531	3406
平山区	134	447	1474		600	174	30627	20057	2672
明山区	164	2828	1895	163	528	154	30442	20268	2577
溪湖区	109	368	2086		567	139	28269	19299	2057
南芬区	130	272	1515	259	767		16941	9305	883
丹东市小计	**7571**	**56710**	**54649**	**12492**	**35714**	**11855**	**691395**	**288727**	**72678**
本级	2144	9951	7832	4266	14241	4539	226156	94832	29957
区县级小计	5427	46759	46817	8226	21473	7316	465239	193895	42721
东港市	3355	9613	14683	1735	2517	1671	120764	51818	8735
凤城市	618	15086	12783	2921	6945	1278	124973	53295	9845
宽甸县	1021	5701	13946	2646	1233	1090	87020	26726	7012
振安区	124	964	3922	890	1285	187	31264	11239	3675
元宝区	81	732	532	20	174	2288	21827	10227	2160

2-6-12

单位:万元

地区	平衡部分									
	收入									
	返还性收入		财力性转移支付收入							
	增值税和消费税税收返还	所得税基数返还	小计	体制补助	一般性转移支付补助	民族地区转移支付补助	调整工资转移支付补助	农村义务教育补助	农村税费改革补助	缓解县乡困难转移支付补助
台安县	1954	591	22377	2084	6880		5248	206	4323	1560
岫岩县	4106	1202	30462	1525	7361	4396	6115	292	4835	405
铁东区	4634	2480	-2161		1620		2453		26	627
铁西区	2581	2041	4769		2093		2430			674
立山区	4620	3978	4897		1677		2249	4	118	417
千山区	6541	8760	10462		1787		1740	82	1534	336
高新区	2664	3097	4821		1250		104		50	
风景区	1245	627	822		350		82	2	63	
抚顺市小计	**114845**	**21994**	**111494**		**13959**	**1560**	**35761**	**964**	**10265**	**7457**
本级	96287	4942	-36816	-40764	-1780		8596		-2836	
区县级小计	18558	17052	148310	40764	15739	1560	27165	964	13101	7457
抚顺县	2309	1566	18532	4223	730		2941	162	2749	747
清原县	3223	957	28947	1486	3662	733	5658	322	4833	997
新宾县	2830	1174	25044	1598	4937	827	6640	336	3575	1002
顺城区	2233	2897	18345	10343			2154	36	568	1347
新抚区	1656	1611	15755	8629	1320		2782		49	813
东洲区	1959	1489	17160	4637	2988		3694	20	397	1229
望花区	1575	1295	16269	6397	2102		2727	18	292	1322
抚顺经济开发区	2494	5131	5349	2001			377	70	638	
胜利开发区	279	932	2909	1450			192			
本溪市小计	**63285**	**22819**	**69827**		**4636**	**2227**	**19451**	**672**	**6341**	**3053**
本级	53596	15716	4875	-2943	-4170		9084	14	-1309	-1
区县级小计	9689	7103	64952	2943	8806	2227	10367	658	7650	3054
本溪县	3204	1993	22656	894	1350	1194	3491	278	2823	397
桓仁县	2089	1317	24032	1872	1873	1033	3268	276	3360	729
平山区	1369	1303	5203		1966		1128	22	198	601
明山区	1461	1116	4458	103	780		1049	46	406	571
溪湖区	943	1114	4450	50	1507		856	20	326	487
南芬区	623	260	4153	24	1330		575	16	537	269
丹东市小计	**55595**	**17083**	**115009**		**9745**	**2201**	**33227**	**2314**	**17917**	**6631**
本级	28491	1466	21063	-1441	5730		9392		-1910	1026
区县级小计	27104	15617	93946	1441	4015	2201	23835	2314	19827	5605
东港市	5722	3013	24607	109	1324		5478	878	8558	1967
凤城市	7386	2459	27260	59	95	1784	6091	650	5122	1099
宽甸县	5710	1302	23285	1273	1303	417	7686	476	4732	725
振安区	2262	1413	9017				1572	222	970	466
元宝区	1437	723	3210		376		1381	34	126	863

二、各省、自治区、直辖市地市县一般预算财政资料

2－6－13　　　　单位：万元

地区	平衡部分									
	收入								支出	
	财力性转移支付收入			专项转移支付	省补助计划单列市收入	上年结余	调入资金	国债转贷收入、上年结余及转补助数	支出合计	本年支出
	结算补助	企事业单位预算划转补助	其他财力性转移支付							
台安县	1876		200	13503		－3265	2420		55821	53775
岫岩县	5333		200	20814		3876	2500		83475	80888
铁东区	－6987		100	10644		208			63629	60629
铁西区	－650		222	10934		94			40472	34470
立山区	232		200	12804		438	2637		56427	50230
千山区	4883		100	4936		2732	4721		80357	75084
高新区	3367		50	1311		1266			28152	28000
风景区	275		50	199		273			4553	4545
抚顺市小计	**27949**	**6554**	**7025**	**213876**		**44263**	**5047**		**818440**	**745803**
本级	－11269	4512	6725	157728		27938	623		395461	369483
区县级小计	39218	2042	300	56148		16325	4424		422979	376320
抚顺县	6950		30	10604		1367			54606	52381
清原县	11226		30	16778		2707			71137	70116
新宾县	6079		50	17478		2680	2261		64753	63531
顺城区	3909	－62	50	3120		3747	387		52980	46491
新抚区	2175	－43	30	1517		768	325		43175	27168
东洲区	2643	1522	30	3290		1150	1002		40782	30871
望花区	2756	625	30	1843		1565	264		42630	34489
抚顺经济开发区	2233		30	1122		2168	185		44869	43622
胜利开发区	1247		20	396		173			8047	7651
本溪市小计	**27235**	**3674**	**2538**	**179084**		**32821**	**1219**	**600**	**676455**	**632344**
本级	－251	3090	1361	131104		19944	1212		427225	392360
区县级小计	27486	584	1177	47980		12877	7	600	249230	239984
本溪县	11615		614	15128		7154			70665	69966
桓仁县	10850	584	187	24190		3495		600	74759	73548
平山区	1281		7	2035		660			29740	27206
明山区	1454		49	2135		1004			29438	27707
溪湖区	1176		28	1913		543	7		27708	25690
南芬区	1110		292	2579		21			16920	15867
丹东市小计	**39274**	**1072**	**2628**	**180022**		**32385**	**1038**	**1536**	**637042**	**603625**
本级	7146	－638	1758	87767		－7634	171		219900	203273
区县级小计	32128	1710	870	92255		40019	867	1536	417142	400352
东港市	5838		455	22542		11098	428	1536	107704	102201
凤城市	11798	562		27733		6840			115816	113813
宽甸县	6369		304	24317		5680			79576	77908
振安区	4876	800	111	5193		2140			28281	26785
元宝区	430			4295		1901	34		20149	19066

2－6－14　　　　单位:万元

地区	平衡部分									
	支出								年终结余	其中:净结余
	财力性转移支付			专项上解	计划单列市上解省	增设预算周转金	调出资金	国债转贷拨付数及年终结余		
	小计	体制上解	出口退税专项上解							
台安县	17		17	2029					－2274	－2737
岫岩县	43		43	2544					2873	－750
铁东区	115	57	58	2885					179	10
铁西区	184	100	84	5818					150	68
立山区	459	360	99	4738		1000			759	129
千山区	1670	1582	88	1603		2000			3883	1909
高新区	140		140	12					462	62
风景区				8					213	48
抚顺市小计	**56509**	**55726**	**783**	**16128**					**60564**	**5060**
本级	19710	19454	256	6268					40101	2271
区县级小计	36799	36272	527	9860					20463	2789
抚顺县	1653	1590	63	572					2760	410
清原县	15		15	1006					3164	233
新宾县	11	1	10	1211					3502	369
顺城区	4776	4595	181	1713					4571	705
新抚区	14575	14572	3	1432					887	458
东洲区	7664	7633	31	2247					1408	29
望花区	6816	6807	9	1325					1848	182
抚顺经济开发区	1050	859	191	197					2128	399
胜利开发区	239	215	24	157					195	4
本溪市小计	**29605**	**27408**	**2197**	**13906**				**600**	**30895**	**4307**
本级	29330	27133	2197	5535					17797	2027
区县级小计	275	275		8371				600	13098	2280
本溪县				699					7130	1233
桓仁县				611				600	3495	－105
平山区	275	275		2259					887	481
明山区				1731					1004	319
溪湖区				2018					561	331
南芬区				1053					21	21
丹东市小计	**18864**	**16694**	**2170**	**13017**				**1536**	**54353**	**－3606**
本级	14513	14615	－102	2114					6256	－27718
区县级小计	4351	2079	2272	10903				1536	48097	24112
东港市	594		594	3373				1536	13060	4564
凤城市	127		127	1876					9157	4247
宽甸县	12		12	1656					7444	2528
振安区	900	758	142	596					2983	710
元宝区	787	589	198	296					1678	578

二、各省、自治区、直辖市地市县一般预算财政资料

2－6－15

单位:万元

地区	收支部分								
	收入								
	收入合计	税收收入							
		小计	增值税	营业税	企业所得税	个人所得税	资源税	城市维护建设税	耕地占用税
振兴区	22829	21274	3602	6786	1728	677	13		10
合作区	17761	16914	1862	3226	3610	794			
锦州市小计	**259713**	**201125**	**32635**	**61350**	**13369**	**11318**	**5679**	**22563**	**1116**
本级	77722	56759	15777	10919	6482	4233		10109	
区县级小计	181991	144366	16858	50431	6887	7085	5679	12454	1116
凌海市	40915	27682	4955	7275	1182	2117	4032	2276	224
义县	7550	5293	1119	1427	223	347	598	311	415
北镇市	12360	8341	1140	2890	224	532	241	866	13
黑山县	12342	9412	1018	3108	704	552	725	509	27
古塔区	23353	21601	2125	9699	453	895		3193	
凌河区	26211	23212	1335	7465	946	1050	69	1560	
太和区	19588	18138	2070	7667	968	1085	12	1830	92
开发区	39672	30687	3096	10900	2187	507	2	1909	345
营口市小计	**290405**	**236212**	**43707**	**67048**	**20332**	**7793**	**3466**	**23291**	**3530**
本级	99545	82492	12118	21421	8558	2535	1018	7970	
区县级小计	190860	153720	31589	45627	11774	5258	2448	15321	3530
盖州市	22018	16289	2072	4650	560	740	333	1005	2946
大石桥市	58116	40851	11475	7306	2782	1847	2037	4270	190
老边区	35694	32755	10215	4641	3625	1026	16	5192	392
站前区	11501	9715	1427	4369	579	306	2	1033	
西市区	11069	10017	1459	3588	625	213	7	1122	
经济技术开发区	52462	44093	4941	21073	3603	1126	53	2699	2
阜新市小计	**109961**	**88050**	**16053**	**29827**	**3300**	**4308**	**7694**	**8388**	**192**
本级	49740	37519	8601	9751	1355	2492	2614	6294	
区县级小计	60221	50531	7452	20076	1945	1816	5080	2094	192
海州区	9682	8463	1003	3085	49	287	1498	39	
细河区	5529	5115	790	2824	78	127	2	156	43
太平区	4801	4157	619	2587	110	164	29	51	
新邱区	4041	2794	469	631	169	75	673	239	
清河门区	3498	3075	1224	656	193	112	69	516	
高新技术园区	2010	1747	212	882	43	46		62	
开发区	5007	4093	551	1581	205	113			
阜蒙县	16442	14047	2089	3374	777	669	2744	628	108
彰武县	9211	7040	495	4456	321	223	65	403	41
辽阳市小计	**280846**	**203177**	**30876**	**43257**	**7807**	**9340**	**41251**	**21577**	**2895**
本级	124711	81720	13963	24369	2076	6773	178	12829	100
区县级小计	156135	121457	16913	18888	5731	2567	41073	8748	2795

2－6－16

单位:万元

地区	收支部分									
	收入									
	税收收入			非税收入						
	契税	烟叶税	其他各项税收收入	小计	专项收入	行政事业性收费收入	罚没收入	国有资本经营收入	国有资源(资产)有偿使用收入	其他收入
振兴区	2010		6448	1555	1	654	871		22	7
合作区	934		6488	847		764	4		79	
锦州市小计	**16995**		**36100**	**58588**	**16538**	**14382**	**13912**	**6669**	**3164**	**3923**
本级	448		8791	20963	7239	4665	6877	511	1035	636
区县级小计	16547		27309	37625	9299	9717	7035	6158	2129	3287
凌海市	625		4996	13233	3937	3819	2062	3280	126	9
义县	222		631	2257	499	286	962		63	447
北镇市	449		1986	4019	646	42	1670		256	1405
黑山县	755		2014	2930	544	1050	1221	35	70	10
古塔区	2705		2531	1752	1355	88	303		6	
凌河区	5486		5301	2999	657	973	351	1000	11	7
太和区	1617		2797	1450	816	616			18	
开发区	4688		7053	8985	845	2843	466	1843	1579	1409
营口市小计	**28378**		**38667**	**54193**	**14229**	**16706**	**15112**	**6815**	**1223**	**108**
本级	16245		12627	17053	6188	5066	6011	－749	429	108
区县级小计	12133		26040	37140	8041	11640	9101	7564	794	
盖州市	1885		2098	5729	675	965	1359	2658	72	
大石桥市	2992		7952	17265	2210	7011	4128	3850	66	
老边区	730		6918	2939	2616	56	233	6	28	
站前区	374		1625	1786	438	175	140	1015	18	
西市区	818		2185	1052	458	300	98		196	
经济技术开发区	5334		5262	8369	1644	3133	3143	35	414	
阜新市小计	**6078**	**1100**	**11110**	**21911**	**6764**	**3977**	**8606**	**712**	**1119**	**733**
本级	1604		4808	12221	4536	1742	4383	318	822	420
区县级小计	4474	1100	6302	9690	2228	2235	4223	394	297	313
海州区	908		1594	1219	242	413	521		43	
细河区	570		525	414	244	113	42		15	
太平区	355		242	644	221	182	210	2	7	22
新邱区	47		491	1247	103	715	81	339	9	
清河门区	29		276	423	226		90		5	102
高新技术园区	286		216	263	72	8	165		5	13
开发区	1041		602	914	183	457	16	53	79	126
阜蒙县	631	1100	1927	2395	587	37	1669		52	50
彰武县	607		429	2171	350	310	1429		82	
辽阳市小计	**11801**		**34373**	**77669**	**19493**	**22580**	**15327**	**3337**	**11053**	**5879**
本级	4768		16664	42991	13227	12232	8327	－302	8856	651
区县级小计	7033		17709	34678	6266	10348	7000	3639	2197	5228

二、各省、自治区、直辖市地市县一般预算财政资料

2－6－17 单位:万元

地区	收支部分									
	支出功能分类									
	支出合计	一般公共服务	外交	国防	公共安全	教育	科学技术	文化体育与传媒	社会保障和就业	医疗卫生
振兴区	35925	8258		78	1807	7984	582	127	9938	1400
合作区	24654	3077			389	154	14		794	
锦州市小计	**627427**	**86433**		**851**	**44799**	**90787**	**5512**	**7623**	**186084**	**29786**
本级	218721	20571		258	24916	19658	2770	3276	92042	9652
区县级小计	408706	65862		593	19883	71129	2742	4347	94042	20134
凌海市	94801	11827		44	4658	15799	483	1900	18165	4533
义县	55996	6901		14	3411	10806	551	574	15236	3336
北镇市	62016	8872		150	3273	12629	354	529	14052	4754
黑山县	68701	7701		69	3689	13548	232	353	21321	3353
古塔区	24523	7256		155	877	3876	219	109	7228	848
凌河区	29025	7056		67	1365	5025	220	62	8639	1077
太和区	31883	7508		94	1165	5172	318	255	6105	1262
开发区	41761	8741			1445	4274	365	565	3296	971
营口市小计	**612601**	**90591**		**1796**	**49633**	**83677**	**2908**	**5400**	**170171**	**29708**
本级	219961	21757		541	23036	18369	1930	2801	70615	10936
区县级小计	392640	68834		1255	26597	65308	978	2599	99556	18772
盖州市	85578	11487		358	5123	15376	20	748	29132	4772
大石桥市	137553	20808		232	8570	23898	775	704	37926	9362
老边区	52922	11017		286	3070	7864	91	566	7175	1474
站前区	18700	4423		160	1075	2940	5	60	6823	352
西市区	20794	7967			1683	2377		55	5976	369
经济技术开发区	77093	13132		219	7076	12853	87	466	12524	2443
阜新市小计	**468033**	**63826**		**704**	**28717**	**63019**	**1432**	**5708**	**142717**	**16703**
本级	247005	19577		415	18039	12094	1135	3489	105681	5849
区县级小计	221028	44249		289	10678	50925	297	2219	37036	10854
海州区	22654	5713		57	1603	6457	6	28	4670	1507
细河区	12104	4444		33	566	2909	36	90	2378	547
太平区	12704	2543		25	537	3966		28	2919	519
新邱区	9970	2351		1	645	2383		66	1921	376
清河门区	9259	2565		10	672	1729	21	108	1255	274
高新技术园区	3716	1275				207			232	66
开发区	5538	2024			119	223			40	
阜蒙县	88821	14955		72	3570	22442	147	1283	14136	4661
彰武县	56262	8379		91	2966	10609	87	616	9485	2904
辽阳市小计	**510159**	**86381**		**1262**	**39874**	**68558**	**4525**	**10312**	**127818**	**24458**
本级	220054	24868		398	22533	21539	2170	4731	82396	13958
区县级小计	290105	61513		864	17341	47019	2355	5581	45422	10500

2－6－18

单位:万元

地区	收支部分						平衡部分		
	支出功能分类						收入		
	环境保护	城乡社区事务	农林水事务	交通运输	工业、商业、金融等事务	其他支出	收入合计	本年收入	返还性收入 小计
振兴区	228	3303	938	14	908	360	44322	22829	4792
合作区		11360	13		8411	442	35069	17761	6502
锦州市小计	**10511**	**55885**	**60426**	**15112**	**21158**	**12460**	**728106**	**259713**	**80637**
本级	8888	15120	7419	3954	7372	2825	286012	77722	43952
区县级小计	1623	40765	53007	11158	13786	9635	442094	181991	36685
凌海市	214	5684	17437	4004	6623	3430	104300	40915	9691
义县	304	3542	8728	2562	598	－567	59972	7550	2526
北镇市	449	2236	9607	2623	2733	－245	60898	12360	4407
黑山县	242	3660	10591	1021	1892	1029	69561	12342	4846
古塔区	77	3133	383		35	327	27109	23353	2919
凌河区	121	2750	80		771	1792	33113	26211	3902
太和区	138	2349	3482	589	803	2643	34534	19588	3255
开发区	78	17411	2699	359	331	1226	52607	39672	5139
营口市小计	**8088**	**77064**	**39316**	**7378**	**37299**	**9572**	**689013**	**290405**	**94501**
本级	6420	16042	8570	1075	32826	5043	267062	99545	55333
区县级小计	1668	61022	30746	6303	4473	4529	421951	190860	39168
盖州市	214	6052	8228	3048	689	331	88210	22018	5471
大石桥市	977	19260	10338	2603	1477	623	147681	58116	18753
老边区	149	13262	6364	400	718	486	60243	35694	6707
站前区	8	1531			19	1304	21096	11501	1780
西市区	22	2189			9	147	22627	11069	1527
经济技术开发区	298	18728	5816	252	1561	1638	82094	52462	4930
阜新市小计	**4669**	**28255**	**43402**	**6674**	**15694**	**46513**	**520905**	**109961**	**38977**
本级	2166	15072	9757	495	7225	46011	289425	49740	27215
区县级小计	2503	13183	33645	6179	8469	502	231480	60221	11762
海州区		983	331		1286	13	24124	9682	1511
细河区		314	465	76	82	164	13067	5529	787
太平区		779	398	71	521	398	12741	4801	824
新邱区		572	407		1218	30	10543	4041	1013
清河门区		233	1053	88	1035	216	8997	3498	988
高新技术园区		92	395		533	916	3831	2010	216
开发区	4	2317	1		763	47	5904	5007	507
阜蒙县	893	2802	19037	3649	1777	－603	91926	16442	3542
彰武县	1606	5091	11558	2295	1254	－679	60347	9211	2374
辽阳市小计	**5146**	**53112**	**30716**	**13524**	**16835**	**27638**	**576766**	**280846**	**49215**
本级	3292	18596	7898	4538	9763	3374	249943	124711	29669
区县级小计	1854	34516	22818	8986	7072	24264	326823	156135	19546

二、各省、自治区、直辖市地市县一般预算财政资料

2-6-19

单位:万元

地区	平衡部分									
	收入									
	返还性收入		财力性转移支付收入							
	增值税和消费税税收返还	所得税基数返还	小计	体制补助	一般性转移支付补助	民族地区转移支付补助	调整工资转移支付补助	农村义务教育补助	农村税费改革补助	缓解县乡困难转移支付补助
振兴区	2352	2440	3106		917		1587	54	276	485
合作区	2235	4267	3461				40		43	
锦州市小计	**67580**	**13057**	**164261**		**36276**	**5832**	**43676**	**3036**	**25132**	**6681**
本级	42376	1576	47762	-1768	2953		11082		-1286	-1
区县级小计	25204	11481	116499	1768	33323	5832	32594	3036	26418	6682
凌海市	8310	1381	24339		3023		5032	702	5544	2393
义县	2370	156	27284	1541	9891		7745	548	4277	821
北镇市	3469	938	29152	105	5017	5832	6829	624	7038	870
黑山县	3481	1365	31208	122	11125		7052	846	7313	1786
古塔区	1824	1095	-3695		810		1545		60	236
凌河区	1328	2574	-1413		3291		1329		24	183
太和区	2595	660	6959		166		2205	146	1065	293
开发区	1827	3312	2665				857	170	1097	100
营口市小计	**70540**	**23961**	**118971**		**19347**		**30404**	**2224**	**16149**	**3649**
本级	45279	10054	18028		29		7249		-1373	
区县级小计	25261	13907	100943		19318		23155	2224	17522	3649
盖州市	4231	1240	40866		13242		10565	644	9607	608
大石桥市	10701	8052	27851		627		6848	1122	5970	1510
老边区	5522	1185	11891		206		1700	152	686	588
站前区	1032	748	4610		2400		934			334
西市区	1007	520	4232		2161		851			161
经济技术开发区	2768	2162	11493		682		2257	306	1259	448
阜新市小计	**33812**	**5165**	**125987**	**7414**	**29322**	**7100**	**33830**	**1762**	**12357**	**8037**
本级	24893	2322	14977	2083	-6522		8770		41	
区县级小计	8919	2843	111010	5331	35844	7100	25060	1762	12316	8037
海州区	830	681	9861	220	6019		1409	46	184	698
细河区	540	247	5282	106	2284		956	28	162	426
太平区	507	317	7604	255	3785		1338	40	136	504
新邱区	757	256	4396	79	1895		1046	22	136	567
清河门区	715	273	4079	318	1555		614	38	220	396
高新技术园区	152	64	711		30		161		313	112
开发区	101	406	368		56		41		16	16
阜蒙县	3067	475	48325	2659	10100	7100	11321	1086	6901	3121
彰武县	2250	124	30384	1694	10120		8174	502	4248	2197
辽阳市小计	**34316**	**14899**	**92577**		**7121**		**20579**	**1280**	**11738**	**6346**
本级	25053	4616	7052		2821		7112		-1655	1
区县级小计	9263	10283	85525		4300		13467	1280	13393	6345

2－6－20　　　　单位:万元

地区	平衡部分									
	收入								支出	
	财力性转移支付收入			专项转移支付	省补助计划单列市收入	上年结余	调入资金	国债转贷收入、上年结余及补助转数	支出合计	本年支出
	结算补助	企事业单位预算划转补助	其他财力性转移支付							
振兴区	－561	348		8110		5080	405		38304	35925
合作区	3378			65		7280			27312	24654
锦州市小计	**30793**	**3602**	**9233**	**170686**		**48781**	**4028**		**661300**	**627427**
本级	25689	3577	7516	76552		39507	517		230267	218721
区县级小计	5104	25	1717	94134		9274	3511		431033	408706
凌海市	7308		337	21339		6548	1468		97085	94801
义县	2154		307	19659		2933	20		57027	55996
北镇市	2531		306	17914		－2935			63521	62016
黑山县	2662		302	22103		－1128	190		70455	68701
古塔区	－6414		68	3665		418	449		26691	24523
凌河区	－6363	25	98	3941		472			30948	29025
太和区	3026		58	4168		277	287		34257	31883
开发区	200		241	1345		2689	1097		51049	41761
营口市小计	**42967**	**2100**	**2131**	**135932**		**6500**	**42704**		**686826**	**612601**
本级	12973	－1131	281	66093		1956	26107		264859	219961
区县级小计	29994	3231	1850	69839		4544	16597		421967	392640
盖州市	2779	1921	1500	23549		－5235	1541		92499	85578
大石桥市	10909	865		24860		5300	12801		147128	137553
老边区	8545	14		4266		1685			59358	52922
站前区	942			2200		70	935		21026	18700
西市区	1044	15		4902		107	790		22546	20794
经济技术开发区	5775	416	350	10062		2617	530		79410	77093
阜新市小计	**19211**	**3241**	**3713**	**197651**		**43205**	**4014**	**1110**	**476861**	**468033**
本级	3663	3241	3701	151593		42280	2510	1110	247059	247005
区县级小计	15548		12	46058		925	1504		229802	221028
海州区	1285			1264		476	1330		23774	22654
细河区	1320			825		470	174		12782	12104
太平区	1546			767		－1255			13883	12704
新邱区	651			881		212			10389	9970
清河门区	938			1260		－828			9674	9259
高新技术园区	95			914		－20			3851	3716
开发区	239			1		21			5883	5538
阜蒙县	6030		7	23674		－57			91518	88821
彰武县	3444		5	16472		1906			58048	56262
辽阳市小计	**26629**	**15108**	**3776**	**106021**		**31162**	**16795**	**150**	**540146**	**510159**
本级	－6399	5339	－167	67442		13073	7846	150	231709	220054
区县级小计	33028	9769	3943	38579		18089	8949		308437	290105

二、各省、自治区、直辖市地市县一般预算财政资料

2－6－21 单位:万元

地区	平衡部分									
	支出								年终结余	其中:净结余
	财力性转移支付			专项上解	计划单列市上解省	增设预算周转金	调出资金	国债转贷拨付数及年终结余		
	小计	体制上解	出口退税专项上解							
振兴区	1251	732	519	1128					6018	3728
合作区	680		680	1978					7757	7757
锦州市小计	**19801**	**19341**	**460**	**14072**					**66806**	**8030**
本级	15577	15840	－263	－4031					55745	40
区县级小计	4224	3501	723	18103					11061	7990
凌海市	574	633	－59	1710					7215	6335
义县	－2		－2	1033					2945	2059
北镇市	16		16	1489					－2623	－3182
黑山县	14		14	1740					－894	－1552
古塔区	432	432		1736					418	418
凌河区	608	595	13	1315					2165	2135
太和区	1253	1213	40	1121					277	219
开发区	1329	628	701	7959					1558	1558
营口市小计	**36325**	**34517**	**1808**	**37900**					**2187**	**－23238**
本级	29204	28376	828	15694					2203	－17857
区县级小计	7121	6141	980	22206					－16	－5381
盖州市	881	752	129	6040					－4289	－7918
大石桥市	2325	2095	230	7250					553	478
老边区	2575	2470	105	3861					885	
站前区	584	520	64	1742					70	70
西市区	403	304	99	1349					81	81
经济技术开发区	353		353	1964					2684	1908
阜新市小计	**244**		**244**	**7474**				**1110**	**44044**	**－5579**
本级	201		201	－1257				1110	42366	209
区县级小计	43		43	8731					1678	－5788
海州区				1120					350	66
细河区	3		3	675					285	－72
太平区	3		3	1176					－1142	－1268
新邱区				419					154	
清河门区				415					－677	－828
高新技术园区				135					－20	－20
开发区	9		9	336					21	21
阜蒙县	22		22	2675					408	－2489
彰武县	6		6	1780					2299	－1198
辽阳市小计	**16183**	**15097**	**1086**	**13654**				**150**	**36620**	**3367**
本级	12438	12076	362	－933				150	18234	－3008
区县级小计	3745	3021	724	14587					18386	6375

2－6－22

单位:万元

地区	收支部分								
	收入								
	收入合计	税收收入							
		小计	增值税	营业税	企业所得税	个人所得税	资源税	城市维护建设税	耕地占用税
辽阳县	36141	26541	4112	2520	809	534	10666	3093	724
灯塔市	40933	29409	4014	2290	887	536	13380	2542	1726
太子河区	11076	8465	1758	1429	648	257	518		92
弓长岭区	26245	22633	1296	1791	407	186	16187	1665	243
白塔区	15257	13837	1612	5536	1600	574			
文圣区	10428	8553	1018	3041	694	293	299		10
宏伟区	16055	12019	3103	2281	686	187	23	1448	
铁岭市小计	**230458**	**164989**	**22485**	**41224**	**7258**	**6922**	**11811**	**13426**	**9684**
本级	72743	54872	19064	18746	4918	2823	4792	3728	
区县级小计	157715	110117	3421	22478	2340	4099	7019	9698	9684
铁岭县	30080	21320	982	5582	1016	1263	1401	455	3111
开原市	42685	25747	768	3570	416	595	3178	3535	1206
昌图县	13078	8867	283	1964	99	354	253	427	785
西丰县	11854	8770	222	1228	90	175	1878	354	1804
调兵山市	22066	17414	379	3109	200	808	22	4061	142
银州区	21247	14242	306	4230	269	625	1		1101
清河区	8035	6217	224	1303	74	189	203	418	48
开发区	8670	7540	257	1492	176	90	83	448	1487
朝阳市小计	**217956**	**173120**	**30989**	**42264**	**10700**	**8337**	**34206**	**14700**	**2316**
本级	59616	42000	10750	11007	4485	1593	14	3688	
区县级小计	158340	131120	20239	31257	6215	6744	34192	11012	2316
北票市	28566	22910	3999	3884	643	1219	8547	1355	388
朝阳县	21592	18955	2748	3361	2057	1190	5944	1017	105
凌源市	31152	22354	2784	7157	429	1371	718	4216	442
建平县	37948	31912	5451	4511	747	1389	15756	1642	232
喀左县	15786	13398	2735	2602	1571	527	3157	736	27
双塔区	10158	9322	1217	4171	493	563	56	893	421
龙城区	7367	6759	845	2906	140	330	14	632	548
开发区	5771	5510	460	2665	135	155		521	153
盘锦市小计	**296871**	**233199**	**71451**	**44334**	**15213**	**12066**	**10647**	**38824**	**694**
本级	201274	160143	59378	14383	10980	8640	10642	31333	
区县级小计	95597	73056	12073	29951	4233	3426	5	7491	694
盘山县	17869	13726	2533	6592	835	1141	3	732	10
大洼县	31658	22473	2668	11339	830	709	2	1015	243
双台子区	11318	9212	1508	3727	390	390		733	281
兴隆台区	34752	27645	5364	8293	2178	1186		5011	160
葫芦岛市小计	**246494**	**176513**	**36524**	**47217**	**14912**	**8047**	**3007**	**24431**	**694**

二、各省、自治区、直辖市地市县一般预算财政资料

2－6－23　　　　单位：万元

地区	收支部分									
	收入									
	税收收入			非税收入						
	契税	烟叶税	其他各项税收收入	小计	专项收入	行政事业性收费收入	罚没收入	国有资本经营收入	国有资源(资产)有偿使用收入	其他收入
辽阳县	734		3349	9600	2727	2671	3522	313	108	259
灯塔市	966		3068	11524	2497	4124	2036	482	86	2299
太子河区	485		3278	2611	108	285	155	1531	10	522
弓长岭区	324		534	3612	791	691	567		1562	1
白塔区	1954		2561	1420		474	53	699	194	
文圣区	1606		1592	1875		526	63	334	8	944
宏伟区	964		3327	4036	143	1577	604	280	229	1203
铁岭市小计	**16866**	**962**	**34351**	**65469**	**10440**	**22594**	**18806**	**10824**	**1512**	**1293**
本级	40		761	17871	4709	9966	2347	623	226	
区县级小计	16826	962	33590	47598	5731	12628	16459	10201	1286	1293
铁岭县	2680		4830	8760	826	784	2035	4602	38	475
开原市	3362	224	8893	16938	1332	6702	7408	385	1111	
昌图县	1608	325	2769	4211	472	186	3489	26	38	
西丰县	1444	387	1188	3084	267	764	1539	457	57	
调兵山市	1470		7223	4652	2193	731	1134	494	23	77
银州区	3559		4151	7005	10	2310	512	4168	5	
清河区	834	26	2898	1818	343	442	266	19	7	741
开发区	1869		1638	1130	288	709	76	50	7	
朝阳市小计	**10606**	**729**	**18273**	**44836**	**13834**	**12770**	**12870**	**3966**	**1077**	**319**
本级	4904		5559	17616	5636	6452	4361	513	340	314
区县级小计	5702	729	12714	27220	8198	6318	8509	3453	737	5
北票市	514	309	2052	5656	1573	1911	1954	177	41	
朝阳县	764		1769	2637	961	1074	536	5	61	
凌源市	1624		3613	8798	2320	1856	1102	3271	249	
建平县	468	420	1296	6036	1752	352	3799		133	
喀左县	715		1328	2388	659	844	694		191	
双塔区	541		967	836	428	113	267		23	5
龙城区	392		952	608	273	168	141		26	
开发区	684		737	261	232		16		13	
盘锦市小计	**8922**		**31048**	**63672**	**24375**	**21796**	**6146**	**2824**	**8192**	**339**
本级	1884		22903	41131	20946	17460	3781	－3916	2860	
区县级小计	7038		8145	22541	3429	4336	2365	6740	5332	339
盘山县	309		1571	4143	645	1270	981	1018	229	
大洼县	3552		2115	9185	978	1569	971	5116	373	178
双台子区	1117		1066	2106	330	621	170		985	
兴隆台区	2060		3393	7107	1476	876	243	606	3745	161
葫芦岛市小计	**14358**		**27323**	**69981**	**21516**	**25164**	**18582**	**3264**	**1394**	**61**

2－6－24 单位:万元

地区	收支部分									
	支出功能分类									
	支出合计	一般公共服务	外交	国防	公共安全	教育	科学技术	文化体育与传媒	社会保障和就业	医疗卫生
辽阳县	86807	15525		142	4996	13384	1114	790	16711	3155
灯塔市	79095	14238			4652	12673	72	542	12647	2789
太子河区	19211	5772		155	1302	3525	60	285	2008	999
弓长岭区	36315	9661		209	1653	5195	129	201	3221	1023
白塔区	17690	5481		223	922	4180	271	56	4151	796
文圣区	13447	4461		135	1049	1913	10	41	3147	632
宏伟区	37540	6375			2767	6149	699	3666	3537	1106
铁岭市小计	**598022**	**125457**		**1439**	**51012**	**110588**	**6181**	**8507**	**89399**	**25688**
本级	213412	31750		720	24569	20387	3483	4483	65410	8110
区县级小计	384610	93707		719	26443	90201	2698	4024	23989	17578
铁岭县	58493	13126		46	3610	13553	80	589	2834	2431
开原市	89972	17430		302	5889	13768	453	969	11854	3452
昌图县	89138	15766		118	6044	29070	384	824	3171	6912
西丰县	46798	10008		19	3350	11855	124	579	2726	1881
调兵山市	39935	10283		48	3468	11574	251	529	1154	1346
银州区	29626	17584		100	1854	5237	87	235	1081	1179
清河区	19215	6297		71	1769	3684	158	258	757	238
开发区	11433	3213		15	459	1460	1161	41	412	139
朝阳市小计	**696882**	**113566**		**3245**	**41588**	**122048**	**6495**	**8122**	**190064**	**33928**
本级	236440	25003		2748	15714	20048	2481	3273	121586	8607
区县级小计	460442	88563		497	25874	102000	4014	4849	68478	25321
北票市	81822	15483			5073	16509	295	385	12749	4634
朝阳县	80663	17255		74	4714	17550	857	623	13575	5192
凌源市	89173	18225		125	5915	18398	1354	1175	12306	4641
建平县	91297	14186		76	4949	20503	331	1169	13277	5224
喀左县	66806	9918			3224	18351	534	1035	9402	3164
双塔区	24784	6561		205	1229	6546	374	224	4186	1294
龙城区	19117	5160		17	736	3680	69	238	2791	1103
开发区	6780	1775			34	463	200		192	69
盘锦市小计	**479725**	**89221**		**1329**	**32463**	**73551**	**4145**	**10050**	**86254**	**22496**
本级	262682	28912		876	21380	37758	2568	5008	58922	12474
区县级小计	217043	60309		453	11083	35793	1577	5042	27332	10022
盘山县	64409	12886		210	4721	12126	761	860	9780	3600
大洼县	87195	19282		123	4132	15507	215	1213	8334	3905
双台子区	19873	7400		83	960	3087	132	53	3864	975
兴隆台区	45566	20741		37	1270	5073	469	2916	5354	1542
葫芦岛市小计	**600367**	**89963**		**1204**	**48301**	**84872**	**2204**	**9826**	**172263**	**29975**

二、各省、自治区、直辖市地市县一般预算财政资料

2-6-25

单位:万元

地区	收支部分						平衡部分		
	支出功能分类						收入		
	环境保护	城乡社区事务	农林水事务	交通运输	工业、商业、金融等事务	其他支出	收入合计	本年收入	返还性收入 小计
辽阳县	1119	3919	9550	2474	3198	10730	93957	36141	5181
灯塔市	389	10408	7038	4745	1719	7183	90038	40933	4306
太子河区	3	810	2844	246	1202		23983	11076	2997
弓长岭区	311	9908	1946	1410	651	797	42066	26245	-1779
白塔区	3	1337	240		30		20333	15257	2033
文圣区	5	1929	80		20	25	15434	10428	1650
宏伟区	24	6205	1120	111	252	5529	41012	16055	5158
铁岭市小计	**8168**	**56718**	**67820**	**6839**	**25975**	**14231**	**643055**	**230458**	**49577**
本级	5432	18757	12951	925	13923	2512	232207	72743	27666
区县级小计	2736	37961	54869	5914	12052	11719	410848	157715	21911
铁岭县	534	9526	9783	753	450	1178	62739	30080	2525
开原市	563	10295	12676	1380	7320	3621	95141	42685	5724
昌图县	482	4697	14495	2148	2065	2962	94569	13078	3752
西丰县	290	2931	11582	1008	445		50887	11854	1648
调兵山市	260	4874	1645	246	829	3428	45369	22066	2127
银州区		322	969	42	424	512	30055	21247	1524
清河区	607	1590	3126	188	454	18	20407	8035	4181
开发区		3726	593	149	65		11681	8670	430
朝阳市小计	**8225**	**36623**	**89538**	**19923**	**18804**	**4713**	**774287**	**217956**	**59451**
本级	3360	6289	15444	5698	5303	886	281351	59616	32969
区县级小计	4865	30334	74094	14225	13501	3827	492936	158340	26482
北票市	1200	3091	13817	3295	4198	1093	86631	28566	4957
朝阳县	1262	3821	12231	1046	1903	560	85757	21592	4113
凌源市	649	7048	14099	2779	1972	487	95209	31152	5744
建平县	972	7784	15647	5283	1200	696	99209	37948	4939
喀左县	582	3240	13738	1473	1579	566	69930	15786	3183
双塔区	70	1217	2130	64	482	202	27666	10158	2019
龙城区	66	1933	2384	220	502	218	21427	7367	1172
开发区	64	2200	48	65	1665	5	7107	5771	355
盘锦市小计	**5531**	**51171**	**43395**	**6626**	**9051**	**44442**	**537794**	**296871**	**31681**
本级	4706	23030	18979	3661	5857	38551	295905	201274	12670
区县级小计	825	28141	24416	2965	3194	5891	241889	95597	19011
盘山县	435	4944	9512	1537	1132	1905	70952	17869	4213
大洼县	258	15801	12668	1428	1949	2380	95584	31658	3387
双台子区	76	2809	434				21717	11318	2303
兴隆台区	56	4587	1802		113	1606	53636	34752	9108
葫芦岛市小计	**6357**	**44661**	**50231**	**11887**	**25127**	**23496**	**669164**	**246494**	**60717**

2 - 6 - 26

单位:万元

地区	平衡部分									
	收入									
	返还性收入		财力性转移支付收入							
	增值税和消费税税收返还	所得税基数返还	小计	体制补助	一般性转移支付补助	民族地区转移支付补助	调整工资转移支付补助	农村义务教育补助	农村税费改革补助	缓解县乡困难转移支付补助
辽阳县	3720	1461	27402		2375		4962	572	5851	1978
灯塔市	3066	1240	26327		546		4468	484	5682	2255
太子河区	1275	1722	5283				706	110	1229	442
弓长岭区	-1854	75	9903				654	46	244	333
白塔区	833	1200	2374		682		743	24	171	302
文圣区	875	775	2812		368		632	4	43	418
宏伟区	1348	3810	11424		329		1302	40	173	617
铁岭市小计	**37483**	**12094**	**180920**	**6879**	**40983**		**45505**	**3512**	**27517**	**12931**
本级	21672	5994	28207	4470	1271		6076		-158	
区县级小计	15811	6100	152713	2409	39712		39429	3512	27675	12931
铁岭县	2460	65	19874	56	1376		4377	490	4373	3453
开原市	4054	1670	25761	85	4401		6885	742	5716	2098
昌图县	2775	977	57636	192	22771		15094	1458	10912	4531
西丰县	1150	498	23108	945	6910		6687	394	4335	1210
调兵山市	1639	488	13186	898	2402		2922	288	677	451
银州区	1485	39	5594	87	1852		1946	38	203	755
清河区	2095	2086	5485	133			1284	86	714	433
开发区	153	277	2069	13			234	16	745	
朝阳市小计	**51974**	**7477**	**224515**	**7993**	**53017**	**1589**	**61712**	**4926**	**24613**	**7655**
本级	29362	3607	21044	-213	3244		6647		-931	
区县级小计	22612	3870	203471	8206	49773	1589	55065	4926	25544	7655
北票市	4338	619	34138	1299	8165		10754	834	4680	1045
朝阳县	3522	591	41657	1643	11268		10106	962	5381	832
凌源市	5026	718	38665	1253	10154		10725	1006	4423	1449
建平县	4339	600	35319	1510	7560		9693	974	5301	1948
喀左县	2675	508	32019	1780	7999	1589	8791	738	3871	800
双塔区	1413	606	11878	238	2929		2704	176	712	819
龙城区	961	211	9109	483	1698		2176	194	1124	462
开发区	338	17	686				116	42	52	300
盘锦市小计	**24532**	**7149**	**78651**		**5549**		**14337**	**648**	**17734**	**8532**
本级	11943	727	1874	-3224	-3195		-31		-4518	383
区县级小计	12589	6422	76777	3224	8744		14368	648	22252	8149
盘山县	3595	618	30676	1311	3467		5601	265	10108	4159
大洼县	2999	388	35175	1808	4638		5854	291	11556	3792
双台子区	1551	752	4165	100	464		1694	22	166	149
兴隆台区	4444	4664	6761	5	175		1219	70	422	49
葫芦岛市小计	**49282**	**11435**	**127879**		**25264**		**29843**	**2866**	**19754**	**4053**

二、各省、自治区、直辖市地市县一般预算财政资料

2－6－27 单位:万元

地区	平衡部分									
	收入								支出	
	财力性转移支付收入			专项转移支付	省补助计划单列市收入	上年结余	调入资金	国债转贷收入、上年结余及转补助数	支出合计	本年支出
	结算补助	企事业单位预算划转补助	其他财力性转移支付							
辽阳县	11189		475	14867		5530	4836		90039	86807
灯塔市	12221	136	535	12844		5628			81674	79095
太子河区	2161		635	1519		2833	275		22138	19211
弓长岭区	5615	2130	881	2909		3556	1232		38779	36315
白塔区	207		245	404		265			19760	17690
文圣区	649		698	478		66			15424	13447
宏伟区	986	7503	474	5558		211	2606		40623	37540
铁岭市小计	**37111**	**2909**	**3573**	**148779**		**22328**	**10373**	**620**	**612891**	**598022**
本级	12969	41	3538	89139		11487	2665	300	213455	213412
区县级小计	24142	2868	35	59640		10841	7708	320	399436	384610
铁岭县	5749			9467		495	298		61961	58493
开原市	5834			13221		2987	4763		92154	89972
昌图县	2678			16892		2356	735	120	92192	89138
西丰县	2627			11389		2317	571		48575	46798
调兵山市	3386	2127	35	5684		1896	410		43282	39935
银州区	713			658		438	594		29714	29626
清河区	2094	741		2114		55	337	200	20077	19215
开发区	1061			215		297			11481	11433
朝阳市小计	**52143**	**6499**	**4368**	**199526**		**68523**	**3601**	**715**	**705969**	**696882**
本级	4234	5417	2646	108712		54718	3577	715	232883	236440
区县级小计	47909	1082	1722	90814		13805	24		473086	460442
北票市	7006	125	230	16005		2965			83732	81822
朝阳县	11290		175	15855		2540			82135	80663
凌源市	8506	957	192	17031		2617			91849	89173
建平县	8133		200	18694		2309			92767	91297
喀左县	6166		285	17195		1723	24		68275	66806
双塔区	3895		405	2814		797			26311	24784
龙城区	2737		235	3053		726			20918	19117
开发区	176			167		128			7099	6780
盘锦市小计	**8833**	**20429**	**2589**	**81144**		**31267**	**18130**	**50**	**501678**	**479725**
本级	－9864	20429	1894	44750		21068	14219	50	270386	262682
区县级小计	18697		695	36394		10199	3911		231292	217043
盘山县	5450		315	14495		3129	570		67103	64409
大洼县	6936		300	16673		5654	3037		90584	87195
双台子区	1520		50	3295		636			20863	19873
兴隆台区	4791		30	1931		780	304		52742	45566
葫芦岛市小计	**27537**	**7447**	**11115**	**178936**		**33034**	**18061**	**4043**	**631492**	**600367**

2－6－28 单位:万元

地区	平衡部分									
	支出								年终结余	其中:净结余
	财力性转移支付			专项上解	计划单列市上解省	增设预算周转金	调出资金	国债转贷拨付数及年终结余		
	小计	体制上解	出口退税专项上解							
辽阳县	201		201	3031					3918	978
灯塔市	47		47	2532					8364	1114
太子河区	892	630	262	2035					1845	1344
弓长岭区	52	48	4	2412					3287	2716
白塔区	666	614	52	1404					573	
文圣区	744	723	21	1233					10	
宏伟区	1143	1006	137	1940					389	213
铁岭市小计	**659**		**659**	**13360**		**230**		**620**	**30164**	**460**
本级	659		659	－916				300	18752	160
区县级小计				14276		230		320	11412	300
铁岭县				3468					778	
开原市				2182					2987	85
昌图县				2704		230		120	2377	
西丰县				1777					2312	
调兵山市				3347					2087	
银州区				88					341	175
清河区				662				200	330	40
开发区				48					200	
朝阳市小计	**423**		**423**	**7924**			**25**	**715**	**68318**	**1800**
本级	141		141	－4438			25	715	48468	
区县级小计	282		282	12362					19850	1800
北票市				1910					2899	100
朝阳县	2		2	1470					3622	261
凌源市				2676					3360	315
建平县				1470					6442	701
喀左县	280		280	1189					1655	114
双塔区				1527					1355	182
龙城区				1801					509	127
开发区				319					8	
盘锦市小计	**7246**	**7018**	**228**	**14657**				**50**	**36116**	**5858**
本级	2250	2224	26	5404				50	25519	5312
区县级小计	4996	4794	202	9253					10597	546
盘山县	936	920	16	1758					3849	
大洼县	811	800	11	2578					5000	
双台子区	104	59	45	886					854	
兴隆台区	3145	3015	130	4031					894	546
葫芦岛市小计	**15722**	**15705**	**17**	**11360**				**4043**	**37672**	**14600**

2-6-29

单位:万元

地区	收支部分								
	收入								
	收入合计	税收收入							
		小计	增值税	营业税	企业所得税	个人所得税	资源税	城市维护建设税	耕地占用税
本级	109926	74713	23054	12521	7622	2650		14004	
区县级小计	136568	101800	13470	34696	7290	5397	3007	10427	694
兴城市	18126	12220	1434	4819	597	782	334	1012	233
绥中县	22088	14495	842	5671	396	920	152	1960	82
建昌县	17517	11297	3627	2750	1009	657	649	1221	9
连山区	40016	30600	3874	10840	3765	2058	999	2270	271
南票区	8008	6396	1740	730	801	182	868	741	79
龙港区	30813	26792	1953	9886	722	798	5	3223	20

2－6－30

单位:万元

地区	收支部分									
	收入									
	税收收入			非税收入						
	契税	烟叶税	其他各项税收收入	小计	专项收入	行政事业性收费收入	罚没收入	国有资本经营收入	国有资源(资产)有偿使用收入	其他收入
本级	3685		11177	35213	12168	13812	9913	－1580	900	
区县级小计	10673		16146	34768	9348	11352	8669	4844	494	61
兴城市	1301		1708	5906	1086	1824	2084	626	231	55
绥中县	788		3684	7593	1470	2988	2872	103	159	1
建昌县	442		933	6220	1371	2175	948	1700	26	
连山区	3824		2699	9416	3541	1513	2261	2058	38	5
南票区	547		708	1612	370	814	249	170	9	
龙港区	3771		6414	4021	1510	2038	255	187	31	

2-6-31 单位:万元

地区	收支部分									
	支出功能分类									
	支出合计	一般公共服务	外交	国防	公共安全	教育	科学技术	文化体育与传媒	社会保障和就业	医疗卫生
本级	235275	34676		656	32952	13157	1441	2791	83310	6516
区县级小计	365092	55287		548	15349	71715	763	7035	88953	23459
兴城市	64901	9266		75	4224	12988	85	607	15378	3575
绥中县	75088	12428		94	4183	13920	305	674	15235	4948
建昌县	86586	9370		75	3501	16717	112	4956	17030	9717
连山区	83445	11273		153	1785	18230	143	481	29208	3341
南票区	17361	4581		57	471	2878	59	125	4816	785
龙港区	37711	8369		94	1185	6982	59	192	7286	1093

2 6－32

单位:万元

地区	收支部分						平衡部分		
	支出功能分类						收入		
	环境保护	城乡社区事务	农林水事务	交通运输	工业、商业、金融等事务	其他支出	收入合计	本年收入	返还性收入 小计
本级	4160	18516	8918	1617	17383	9182	270541	109926	36904
区县级小计	2197	26145	41313	10270	7744	14314	398623	136568	23813
兴城市	515	3732	7098	2545	1484	3329	70026	18126	4784
绥中县	341	5131	11972	2347	2032	1478	78543	22088	3021
建昌县	701	5163	10480	3936	2547	2281	88641	17517	3504
连山区	393	4401	8788	1031	994	3224	99013	40016	7604
南票区	70	653	1950	315	425	176	19281	8008	2425
龙港区	177	7065	1025	96	262	3826	43119	30813	2475

2-6-33　　单位:万元

地区	平衡部分									
	收入									
	返还性收入		财力性转移支付收入							
	增值税和消费税税收返还	所得税基数返还	小计	体制补助	一般性转移支付补助	民族地区转移支付补助	调整工资转移支付补助	农村义务教育补助	农村税费改革补助	缓解县乡困难转移支付补助
本级	31888	5016	11983	-2911	646		4595		3325	
区县级小计	17394	6419	115896	2911	24618		25248	2866	16429	4053
兴城市	3997	787	23533	401	5794		6083	674	3438	748
绥中县	2155	866	28394	448	7611		6595	776	4918	730
建昌县	2658	846	35426	2062	10849		8375	866	4260	564
连山区	5277	2327	21309				2789	402	2799	1700
南票区	2009	416	3350		364		801	104	715	177
龙港区	1298	1177	3884				605	44	299	134

2－6－34 单位:万元

地区	平衡部分									
	收入								支出	
	财力性转移支付收入			专项转移支付	省补助计划单列市收入	上年结余	调入资金	国债转贷收入、上年结余及转补助数	支出合计	本年支出
	结算补助	企事业单位预算划转补助	其他财力性转移支付							
本级	－4516	5839	5005	88197		15477	5111	2943	251071	235275
区县级小计	32053	1608	6110	90739		17557	12950	1100	380421	365092
兴城市	3977	761	1657	17397		2295	2791	1100	67723	64901
绥中县	5062		2254	21727		1560	1753		76983	75088
建昌县	7488		962	23856		284	8054		88471	86586
连山区	11778	811	1030	19516		10568			87927	83445
南票区	1032		157	4337		809	352		18372	17361
龙港区	2716	36	50	3906		2041			40945	37711

2-6-35　　　　单位:万元

地区	平衡部分									
	支出								年终结余	其中:净结余
	财力性转移支付			专项上解	计划单列市上解省	增设预算周转金	调出资金	国债转贷拨付数及年终结余		
	小计	体制上解	出口退税专项上解							
本级	14558	14855	-297	-1705				2943	19470	-1700
区县级小计	1164	850	314	13065				1100	18202	16300
兴城市	96		96	1626				1100	2303	541
绥中县	13		13	1882					1560	1560
建昌县				1885					170	170
连山区				4482					11086	11086
南票区	17	17		994					909	769
龙港区	1038	833	205	2196					2174	2174

2007 年吉林省地市县财政一般预算收支平衡表

2－7－1

单位:万元

地区	收支部分								
	收入								
	收入合计	税收收入							
		小计	增值税	营业税	企业所得税	个人所得税	资源税	城市维护建设税	耕地占用税
地市县合计	**2392727**	**1701061**	**343787**	**410841**	**197470**	**108306**	**34794**	**187390**	**32771**
长春市小计	**932951**	**704123**	**111631**	**171214**	**108640**	**46243**	**2264**	**62360**	**16362**
本级	645469	509288	94366	101322	78455	31190	2	57404	4640
区县级小计	287482	194835	17265	69892	30185	15053	2262	4956	11722
榆树市	25753	13191	1003	6695	482	1125	21	793	124
德惠市	22954	16236	2973	5666	2036	1215	30	795	508
农安县	25533	16739	2023	6287	1020	1202	102	716	2012
九台市	35920	24788	2745	12086	2387	1683	555	1140	1300
南关区	30151	21467	981	6630	4819	1926			1708
宽城区	44907	19159	1210	6293	3877	1112	4		2298
朝阳区	45695	42899	2711	14359	11908	4715	8		102
二道区	22419	14571	1717	4567	2077	868	62		401
绿园区	24616	18551	1392	6281	1393	877	1		2624
双阳区	9534	7234	510	1028	186	330	1479	1512	645
吉林市小计	**408408**	**298185**	**57883**	**56564**	**36085**	**17856**	**5251**	**38442**	**7800**
本级	230111	164827	27724	28726	16459	9022	91	27059	1616
区县级小计	178297	133358	30159	27838	19626	8834	5160	11383	6184
永吉县	14283	11580	1839	3195	2118	832	443	405	1012
蛟河市	19805	14433	2288	5909	885	1007	136	943	440
舒兰市	16373	11983	2059	4046	959	1014	426	854	489
磐石市	45291	38197	13077	4448	8389	1922	1564	3375	806
桦甸市	32829	24344	4443	4809	5732	2195	2561	1148	340
昌邑区	15181	8607	1817	1614	347	492	1	1334	7
船营区	9139	6258	863	1514	247	443	7	698	930
丰满区	6499	3829	408	1016	325	295	5	357	33
龙潭区	18897	14127	3365	1287	624	634	17	2269	2127
四平市小计	**123973**	**87268**	**21468**	**22977**	**6831**	**6515**	**1435**	**9980**	**1412**
本级	38851	24730	5598	3452	2147	1341	10	5602	237
区县级小计	85122	62538	15870	19525	4684	5174	1425	4378	1175
梨树县	11749	8607	2211	2944	607	769	367	546	271
双辽市	20102	15315	6766	2649	645	720	69	1995	331
伊通县	11327	7321	1265	3315	263	474	493	308	331
公主岭市	30089	20239	4523	6643	1835	2035	400	1529	104
铁东区	6020	5500	703	1892	670	486	81		29
铁西区	5835	5556	402	2082	664	690	15		109
辽源市小计	**83633**	**37492**	**6173**	**10135**	**2791**	**2221**	**1399**	**4183**	**646**
本级	49627	15050	2524	2957	1544	1120	330	2963	88

二、各省、自治区、直辖市地市县一般预算财政资料

2－7－2　　　　　　　　　　　　　　　　　　　　　　　　　　　　　　单位：万元

地区	收支部分									
	收入									
	税收收入			非税收入						
	契税	烟叶税	其他各项税收收入	小计	专项收入	行政事业性收费收入	罚没收入	国有资本经营收入	国有资源(资产)有偿使用收入	其他收入
地市县合计	**157483**	**3485**	**224734**	**691666**	**126014**	**218399**	**132253**	**162478**	**33086**	**19436**
长春市小计	**82260**	**577**	**102572**	**228828**	**41392**	**80875**	**40175**	**48585**	**7758**	**10043**
本级	59593		82316	136181	35770	62128	24360	5343	6417	2163
区县级小计	22667	577	20256	92647	5622	18747	15815	43242	1341	7880
榆树市	1444	324	1180	12562	1177	3552	2572	5017	125	119
德惠市	847	206	1960	6718	829	1099	2461	2245	84	
农安县	1858	47	1472	8794	1210	3877	2203	1471	33	
九台市	707		2185	11132	1545	2986	1370	4840	391	
南关区	3071		2332	8684		2038	1226	981	439	4000
宽城区	2420		1945	25748		1350	1500	19316	79	3503
朝阳区	4244		4852	2796		253	1563	938	42	
二道区	2947		1932	7848		1834	1113	4866	20	15
绿园区	4560		1423	6065		1758	677	3568	62	
双阳区	569		975	2300	861		1130		66	243
吉林市小计	**30180**	**41**	**48083**	**110223**	**26225**	**33408**	**28001**	**12494**	**5170**	**4925**
本级	24417		29713	65284	18319	19554	10688	10167	3596	2960
区县级小计	5763	41	18370	44939	7906	13854	17313	2327	1574	1965
永吉县	830		906	2703	515	979	1110		39	60
蛟河市	1496	41	1288	5372	1021	1670	2043	513	125	
舒兰市	1055		1081	4390	659	2300	1341		90	
磐石市	1208		3408	7094	2431	2897	1662		104	
桦甸市	1174		1942	8485	1178	3849	2710	632	116	
昌邑区			2995	6574	572	497	5400	97	8	
船营区			1556	2881	299	507	1065		1010	
丰满区			1390	2670	201	284	865	1085	54	181
龙潭区			3804	4770	1030	871	1117		28	1724
四平市小计	**4598**		**12052**	**36705**	**9082**	**10732**	**9451**	**6737**	**692**	**11**
本级	2103		4240	14121	4244	3332	2532	3872	141	
区县级小计	2495		7812	22584	4838	7400	6919	2865	551	11
梨树县	169		723	3142	747	1501	826		57	11
双辽市	406		1734	4787	1792	1052	1725		218	
伊通县	369		503	4006	785	1684	1276	168	93	
公主岭市	882		2288	9850	1514	2832	2637	2697	170	
铁东区	394		1245	520		331	185		4	
铁西区	275		1319	279			270		9	
辽源市小计	**4528**		**5416**	**46141**	**3746**	**16515**	**8496**	**10790**	**4298**	**2296**
本级	661		2863	34577	2214	12163	4143	9788	3993	2276

2-7-3　　　　　　　　　　　　　　　　　　　　　　　　　　　　单位：万元

地区	收支部分 支出功能分类 支出合计	一般公共服务	外交	国防	公共安全	教育	科学技术	文化体育与传媒	社会保障和就业	医疗卫生
地市县合计	**6361505**	**1033705**		**7067**	**461943**	**1209931**	**53162**	**134796**	**1288909**	**354214**
长春市小计	**1815633**	**353409**		**2122**	**144725**	**324704**	**21955**	**47763**	**331459**	**100611**
本级	885322	155361		953	98117	100344	16170	38570	177193	40563
区县级小计	930311	198048		1169	46608	224360	5785	9193	154266	60048
榆树市	139800	12531		176	6426	37339	518	1775	35004	7100
德惠市	111071	13010		136	5903	23584	418	1248	24155	6771
农安县	117321	13507		13	5805	30652	507	994	30604	6053
九台市	125022	20413		224	7030	22758	571	1409	28717	7449
南关区	55687	11056		155	3254	19502	728	235	3701	6125
宽城区	99030	51333			3224	19641	658	1408	6975	6185
朝阳区	84370	28691		137	6429	20942	857	378	5377	5753
二道区	66994	17269		87	3398	17349	760	366	3934	4946
绿园区	66620	15617		149	4021	16673	658	341	7420	5377
双阳区	64396	14621		92	1118	15920	110	1039	8379	4289
吉林市小计	**987682**	**128553**		**551**	**78340**	**221599**	**8105**	**18471**	**215887**	**62399**
本级	405175	44876		373	48449	59353	4520	12324	104600	25794
区县级小计	582507	83677		178	29891	162246	3585	6147	111287	36605
永吉县	57690	9395		11	2968	15169	161	610	8696	4434
蛟河市	82063	8551		39	4647	15418	589	1213	24400	3720
舒兰市	94228	11792			4534	24083	652	850	21222	5249
磐石市	103245	12022			4973	24379	472	1283	23454	5769
桦甸市	90455	12168		42	4733	28095	481	1124	13287	5224
昌邑区	49238	7122		33	2860	19908	160	249	6752	3268
船营区	36080	5859		37	1136	13703	426	251	5578	2771
丰满区	29592	7428		15	2182	8969	282	290	2505	2419
龙潭区	39916	9340		1	1858	12522	362	277	5393	3751
四平市小计	**513936**	**69612**		**953**	**30315**	**96343**	**1593**	**8084**	**143754**	**31142**
本级	118955	17538		579	10268	13707	711	2465	33480	6675
区县级小计	394981	52074		374	20047	82636	882	5619	110274	24467
梨树县	90619	9989		40	3698	19648	159	1608	25520	5944
双辽市	72873	10693			3485	13079	202	1191	18464	4594
伊通县	66329	9970		94	3604	14124	195	1172	15159	4897
公主岭市	115999	14296		179	5322	21786	249	1452	36618	7220
铁东区	27705	4225		58	2327	7360	34	104	8154	1074
铁西区	21456	2901		3	1611	6639	43	92	6359	738
辽源市小计	**305329**	**41344**		**322**	**25697**	**61542**	**1170**	**4999**	**71354**	**17300**
本级	134264	16057		61	13808	19108	507	3086	36952	7326

二、各省、自治区、直辖市地市县一般预算财政资料

2-7-4

单位:万元

地区	收支部分						平衡部分		
	支出功能分类						收入		
	环境保护	城乡社区事务	农林水事务	交通运输	工业、商业、金融等事务	其他支出	收入合计	本年收入	返还性收入
									小计
地市县合计	**101830**	**457597**	**624729**	**191259**	**358828**	**83535**	**7534252**	**2392727**	**668086**
长春市小计	**37600**	**141780**	**126561**	**33154**	**128153**	**21637**	**2248136**	**932951**	**246233**
本级	34177	67934	29185	4990	104576	17189	1157717	645469	199397
区县级小计	3423	73846	97376	28164	23577	4448	1090419	287482	46836
榆树市	524	7223	20901	8314	1824	145	162891	25753	3927
德惠市	675	6947	20925	4070	3219	10	130610	22954	4928
农安县	571	3217	17030	5619	2308	441	136523	25533	7051
九台市	456	5260	16662	3682	10267	124	153502	35920	4437
南关区	36	9288	322			1285	63766	30151	4704
宽城区	138	7104	1188	752	207	217	121135	44907	4734
朝阳区	8	12133	1525	840	293	1007	90349	45695	6173
二道区	172	7827	6427	990	3396	73	83131	22419	6349
绿园区	245	12188	2846	280	348	457	72807	24616	2860
双阳区	598	2659	9550	3617	1715	689	75705	9534	1673
吉林市小计	**12655**	**82380**	**79854**	**18385**	**46383**	**14120**	**1252029**	**408408**	**158719**
本级	5265	49198	15205	2588	28679	3951	601981	230111	126425
区县级小计	7390	33182	64649	15797	17704	10169	650048	178297	32294
永吉县	371	2198	6559	2335	2326	2457	66093	14283	2689
蛟河市	1812	4801	8673	2268	2618	3314	92936	19805	2935
舒兰市	715	3661	15645	3457	2201	167	113860	16373	3844
磐石市	1573	6990	11602	2158	8267	303	115914	45291	9198
桦甸市	1985	5068	12246	2514	1647	1841	97937	32829	6797
昌邑区	207	3476	2772	1432		999	50704	15181	1708
船营区	235	3512	1461	738	34	339	39302	9139	1716
丰满区	204	1097	2728	695	409	369	31466	6499	1404
龙潭区	288	2379	2963	200	202	380	41836	18897	2003
四平市小计	**7475**	**33528**	**62251**	**10755**	**17411**	**720**	**607603**	**123973**	**42963**
本级	3672	11085	9810	1104	7770	91	144093	38851	24039
区县级小计	3803	22443	52441	9651	9641	629	463510	85122	18924
梨树县	763	3860	13173	3965	2163	89	115149	11749	4031
双辽市	614	4447	13204	1651	1020	229	85374	20102	3718
伊通县	1584	3598	9852	932	1148		75887	11327	1768
公主岭市	763	7125	14776	2638	3575		136204	30089	6982
铁东区	65	2086	906	348	713	251	28285	6020	1304
铁西区	14	1327	530	117	1022	60	22611	5835	1121
辽源市小计	**5456**	**11018**	**26428**	**16806**	**20166**	**1727**	**353524**	**83633**	**14959**
本级	2729	6792	5076	4431	17648	683	165172	49627	8237

2007 年全国地市县财政统计资料

2－7－5　　　　单位:万元

地区	平衡部分									
	收入									
	返还性收入		财力性转移支付收入							
	增值税和消费税税收返还	所得税基数返还	小计	体制补助	一般性转移支付补助	民族地区转移支付补助	调整工资转移支付补助	农村义务教育补助	农村税费改革补助	缓解县乡困难转移支付补助
地市县合计	**556917**	**111169**	**2218080**	**23322**	**599120**		**708606**	**63824**	**227609**	**215736**
长春市小计	**192223**	**54010**	**522294**	**3727**	**99341**		**162380**	**15922**	**52002**	**48005**
本级	158082	41315	74924		15675		35378	144	1184	1872
区县级小计	34141	12695	447370	3727	83666		127002	15778	50818	46133
榆树市	3676	251	85427	1012	18660		30481	3658	14935	11863
德惠市	4870	58	62893	639	17955		17773	3374	9242	8742
农安县	6278	773	65010	584	15250		19715	3910	11282	8715
九台市	4204	233	63329	797	18639		19794	2556	9224	11176
南关区	3520	1184	14090		205		6301	94	130	140
宽城区	2946	1788	41995		244		5816	187	556	
朝阳区	2765	3408	14776		267		5821	194	466	269
二道区	3046	3303	27623		381		5671	234	741	67
绿园区	1345	1515	30031		615		4471	290	687	20
双阳区	1491	182	42196	695	11450		11159	1281	3555	5141
吉林市小计	**143242**	**15477**	**342393**	**1269**	**77896**		**107265**	**8984**	**31987**	**33697**
本级	112525	13900	81922		20673		28046	－48	413	2885
区县级小计	30717	1577	260471	1269	57223		79219	9032	31574	30812
永吉县	2391	298	29636	545	10838		7588	1236	4044	4063
蛟河市	2761	174	36417		10569		10182	1514	4911	6127
舒兰市	3774	70	50841	588	13747		14622	1866	7414	10687
磐石市	8768	430	36968	136	9594		12802	1622	5271	5669
桦甸市	6192	605	33842		10485		11467	1548	4464	4073
昌邑区	1708		22257		1602		6663	338	1595	47
船营区	1716		19394		121		6109	279	1276	33
丰满区	1404		18639		36		4136	199	796	93
龙潭区	2003		12477		231		5650	430	1803	20
四平市小计	**38289**	**4674**	**240036**	**3077**	**66492**		**80798**	**7804**	**31742**	**30196**
本级	21947	2092	27858	－6458	15380		15598	340	3013	890
区县级小计	16342	2582	212178	9535	51112		65200	7464	28729	29306
梨树县	3817	214	54206	412	15285		16649	1856	8671	8150
双辽市	3314	404	33993	1088	9386		9657	1127	3576	5840
伊通县	1730	38	41279	1093	12694		11410	1204	5324	7107
公主岭市	5835	1147	54927		11001		18417	2994	10225	7518
铁东区	916	388	16086	4045	1478		5166	225	610	522
铁西区	730	391	11687	2897	1268		3901	58	323	169
辽源市小计	**13800**	**1159**	**111399**	**1362**	**38677**		**34966**	**2398**	**10462**	**12607**
本级	7592	645	29348		11706		9700	36	1	324

二、各省、自治区、直辖市地市县一般预算财政资料

2－7－6 单位:万元

地区	平衡部分									
	收入								支出	
	财力性转移支付收入			专项转移支付	省补助计划单列市收入	上年结余	调入资金	国债转贷收入、上年结余及转补助数	支出合计	本年支出
	结算补助	企事业单位预算划转补助	其他财力性转移支付							
地市县合计	**372261**	**7602**		**1794744**		**392382**	**62242**	**5991**	**6977111**	**6361505**
长春市小计	**127727**	**13299**	**－109**	**377363**		**156592**	**10416**	**2287**	**2024289**	**1815633**
本级	4110	13730	2831	155063		80307	2157	400	1033979	885322
区县级小计	123617	－431	－2940	222300		76285	8259	1887	990310	930311
榆树市	5187	－504	135	41213		5707	160	704	152519	139800
德惠市	5923	－413	－342	32431		7334	70		122148	111071
农安县	5896	－427	85	35838		1452	606	1033	131581	117321
九台市	4294	－333	－2818	34733		14933		150	136677	125022
南关区	7193	27		10836		3225	760		56586	55687
宽城区	34719	473		12141		16810	548		99666	99030
朝阳区	7923	－164		13524		4288	5893		85761	84370
二道区	20648	－119		13249		13481	10		67532	66994
绿园区	22743	1205		10531		4697	72		68021	66620
双阳区	9091	－176		17804		4358	140		69819	64396
吉林市小计	**78205**	**3090**		**248304**		**83003**	**11037**	**165**	**1136234**	**987682**
本级	31536	－838	－745	99561		56186	7616	160	521668	405175
区县级小计	46669	3928	745	148743		26817	3421	5	614566	582507
永吉县	1262	798	－738	16528		2957			61782	57690
蛟河市	3334	－220		26446		7328		5	86667	82063
舒兰市	1491	－273	699	30572		11950	280		100791	94228
磐石市	1996	－230	108	22783		1674			112017	103245
桦甸市	2034	－229		22771		191	1507		97540	90455
昌邑区	10354	1440	218	8795		1284	1479		49585	49238
船营区	11203	232	141	8612		286	155		36308	36080
丰满区	11541	1838		3777		1147			29760	29592
龙潭区	3454	572	317	8459					40116	39916
四平市小计	**21881**	**－2063**	**109**	**173512**		**25781**	**824**	**514**	**564953**	**513936**
本级	－94	－811		46892		5607	433	413	133459	118955
区县级小计	21975	－1252	109	126620		20174	391	101	431494	394981
梨树县	3440	－257		35067		10096			98790	90619
双辽市	3536	－217		24857		2704			80286	72873
伊通县	2685	－238		19394		2102	17		70027	66329
公主岭市	5092	－429	109	38934		4933	238	101	132031	115999
铁东区	4098	－58		4818		2	55		28282	27705
铁西区	3124	－53		3550		337	81		22078	21456
辽源市小计	**11709**	**－782**		**114827**		**23323**	**5358**	**25**	**322831**	**305329**
本级	7797	－342	126	58476		14886	4573	25	144132	134264

2－7－7

单位:万元

地区	平衡部分									
	支出								年终结余	其中:净结余
	财力性转移支付			专项上解	计划单列市上解省	增设预算周转金	调出资金	国债转贷拨付数及年终结余		
	小计	体制上解	出口退税专项上解							
地市县合计	**207423**	**207423**		**378597**			**23595**	**5991**	**557141**	**4645**
长春市小计	**82179**	**82179**		**115291**			**8899**	**2287**	**223847**	**3104**
本级	82179	82179		57468			8610	400	123738	518
区县级小计				57823			289	1887	100109	2586
榆树市				12015				704	10372	
德惠市				10958			119		8462	
农安县				13227				1033	4942	
九台市				11335			170	150	16825	42
南关区				899					7180	
宽城区				636					21469	668
朝阳区				1391					4588	888
二道区				538					15599	29
绿园区				1401					4786	959
双阳区				5423					5886	
吉林市小计	**96550**	**96550**		**47213**			**4624**	**165**	**115795**	**99**
本级	94492	94492		18187			3654	160	80313	
区县级小计	2058	2058		29026			970	5	35482	99
永吉县				4037			55		4311	
蛟河市	878	878		3580			141	5	6269	
舒兰市				6426			137		13069	
磐石市				8311			461		3897	99
桦甸市	1180	1180		5729			176		397	
昌邑区				347					1119	
船营区				228					2994	
丰满区				168					1706	
龙潭区				200					1720	
四平市小计	**8240**	**8240**		**40977**			**1286**	**514**	**42650**	**59**
本级	7518	7518		5805			768	413	10634	15
区县级小计	722	722		35172			518	101	32016	44
梨树县				8171					16359	
双辽市				7114			299		5088	
伊通县				3654			44		5860	30
公主岭市	722	722		15034			175	101	4173	9
铁东区				577					3	3
铁西区				622					533	2
辽源市小计	**3428**	**3428**		**13454**			**595**	**25**	**30693**	
本级	3428	3428		6001			414	25	21040	

二、各省、自治区、直辖市地市县一般预算财政资料

2－7－8 单位：万元

地区	收支部分								
	收入								
	收入合计	税收收入							
		小计	增值税	营业税	企业所得税	个人所得税	资源税	城市维护建设税	耕地占用税
区县级小计	34006	22442	3649	7178	1247	1101	1069	1220	558
东丰县	10979	7941	1667	2871	627	480	32	440	193
东辽县	10177	5877	1050	1490	216	341	958	780	365
龙山区	7202	5585	523	2000	212	231	10		
西安区	5648	3039	409	817	192	49	69		
通化市小计	**161817**	**123499**	**26968**	**32541**	**12528**	**8406**	**3233**	**13774**	**1516**
本级	42123	30384	9423	4583	3884	1543	15	7594	223
区县级小计	119694	93115	17545	27958	8644	6863	3218	6180	1293
通化县	19456	15958	4544	3638	2554	1936	908	666	94
集安市	12824	9692	1735	3435	912	722	237	697	33
柳河县	11226	9463	1980	2586	1182	612	514	548	9
辉南县	18073	12010	2165	5398	885	794	151	597	226
梅河口市	35861	27514	4676	9848	1818	1771	1112	1745	585
东昌区	14437	11763	831	2155	953	755	26	899	110
二道江区	7817	6715	1614	898	340	273	270	1028	236
白山市小计	**109670**	**74193**	**15058**	**20584**	**5668**	**5666**	**6043**	**6793**	**782**
本级	33080	19669	3138	4101	1666	969	1842	3243	
区县级小计	76590	54524	11920	16483	4002	4697	4201	3550	782
抚松县	19907	12345	2602	4607	539	994	232	647	242
靖宇县	7525	5264	1050	1889	679	344	290	228	20
长白县	7284	5312	921	2493	364	401	45	236	74
临江市	12072	9127	1863	2909	942	681	382	575	67
江源区	16410	13493	3870	2749	666	1788	2325	938	202
八道江区	13392	8983	1614	1836	812	489	927	926	177
白城市小计	**83609**	**59296**	**21051**	**14964**	**2466**	**3209**	**2301**	**5229**	**409**
本级	17989	10499	1999	3289	918	930	118	1132	150
区县级小计	65620	48797	19052	11675	1548	2279	2183	4097	259
洮南市	9854	5708	1266	1485	782	587	6	533	
大安市	20634	16898	9461	3003	191	536	1055	1282	12
镇赉县	17900	14200	7342	2349	344	479	1117	1359	
通榆县	8945	5712	512	3145	141	378	5	264	160
洮北区	8287	6279	471	1693	90	299		659	87
松原市小计	**210119**	**154040**	**52430**	**27380**	**9885**	**6704**	**10170**	**27515**	**2187**
本级	78342	53195	9148	7452	4957	2080	2548	18508	1097
区县级小计	131777	100845	43282	19928	4928	4624	7622	9007	1090
前郭县	51617	38957	16840	8862	1579	1902	2150	3851	268
长岭县	10200	6552	1213	2539	176	535	166	604	168

2-7-9　　　　单位:万元

地区	收支部分									
	收入									
	税收收入			非税收入						
	契税	烟叶税	其他各项税收收入	小计	专项收入	行政事业性收费收入	罚没收入	国有资本经营收入	国有资源(资产)有偿使用收入	其他收入
区县级小计	3867		2553	11564	1532	4352	4353	1002	305	20
东丰县	969		662	3038	712	964	1218		144	
东辽县	261		416	4300	820	2021	922	442	80	15
龙山区	1487		1122	1617		893	721		3	
西安区	1150		353	2609		474	1492	560	78	5
通化市小计	**8932**	**320**	**15281**	**38318**	**9539**	**12997**	**9718**	**5248**	**528**	**288**
本级	243		2876	11739	4633	4817	1994	60	235	
区县级小计	8689	320	12405	26579	4906	8180	7724	5188	293	288
通化县	758		860	3498	872	1115	1278	155	78	
集安市	1104		817	3132	501	1042	1375	195	19	
柳河县	452	320	1260	1763	505	262	946	20	30	
辉南县	658		1136	6063	514	1953	1097	2469	30	
梅河口市	2557		3402	8347	1567	2438	1901	2330	111	
东昌区	2318		3716	2674	457	1138	766	5	20	288
二道江区	842		1214	1102	490	232	361	14	5	
白山市小计	**5711**		**7888**	**35477**	**5194**	**14131**	**4626**	**8852**	**1894**	**780**
本级	1905		2805	13411	2041	7091	1239	2223	774	43
区县级小计	3806		5083	22066	3153	7040	3387	6629	1120	737
抚松县	1137		1345	7562	756	3070	799	2297	67	573
靖宇县	343		421	2261	305	535	523	-3	860	41
长白县	373		405	1972	250	453	556	663	43	7
临江市	830		878	2945	527	931	460	934	93	
江源区	241		714	2917	792	951	597	538	39	
八道江区	882		1320	4409	523	1100	452	2200	18	116
白城市小计	**3578**	**795**	**5294**	**24313**	**2718**	**9168**	**8629**	**2689**	**774**	**335**
本级	776		1187	7490	577	4252	2562	-81	180	
区县级小计	2802	795	4107	16823	2141	4916	6067	2770	594	335
洮南市	365		684	4146	462	177	1209	2264	34	
大安市	345	521	492	3736	369	1533	1290		371	173
镇赉县	471	201	538	3700	353	826	1796	498	73	154
通榆县	470		637	3233	369	1722	1053		86	3
洮北区	1151	73	1756	2008	588	658	719	8	30	5
松原市小计	**6242**	**383**	**11144**	**56079**	**14947**	**15690**	**10547**	**11954**	**2901**	**40**
本级	2281		5124	25147	10479	7003	3502	2473	1690	
区县级小计	3961	383	6020	30932	4468	8687	7045	9481	1211	40
前郭县	1522		1983	12660	1712	3082	2114	5669	83	
长岭县	642		509	3648	366	1394	1739	21	128	

二、各省、自治区、直辖市地市县一般预算财政资料

2－7－10　　　　单位：万元

地　　区	收支部分									
	支出功能分类									
	支出合计	一般公共服务	外交	国防	公共安全	教育	科学技术	文化体育与传媒	社会保障和就业	医疗卫生
区县级小计	171065	25287		261	11889	42434	663	1913	34402	9974
东丰县	71007	8567			4446	17330	207	1154	11982	5424
东辽县	62777	9885		88	3682	17794	246	647	9486	3426
龙山区	19148	4338		55	1504	4616	31	56	6198	629
西安区	18133	2497		118	2257	2694	179	56	6736	495
通化市小计	**493889**	**82532**		**1199**	**34587**	**90985**	**6887**	**6947**	**108301**	**24758**
本级	117020	20811		840	10674	19851	2299	2185	27059	6282
区县级小计	376869	61721		359	23913	71134	4588	4762	81242	18476
通化县	55788	9946		109	3025	11783	1352	848	8925	2631
集安市	54477	8779		1	3007	9170	470	1006	13182	2062
柳河县	59168	9030		6	3523	11623	104	623	12085	2541
辉南县	61175	8603		124	3615	12510	454	749	11141	3218
梅河口市	102677	15874		13	6659	16990	1797	1007	25644	5586
东昌区	22511	5869			2733	4293	46	149	4030	1425
二道江区	21073	3620		106	1351	4765	365	380	6235	1013
白山市小计	**419356**	**77766**		**684**	**25763**	**71665**	**2093**	**6815**	**100593**	**21120**
本级	101941	27819		247	9355	12027	816	2487	18147	5206
区县级小计	317415	49947		437	16408	59638	1277	4328	82446	15914
抚松县	77488	10835		115	3689	16507	494	1577	19522	4870
靖宇县	51461	9268		97	2854	7195	116	859	13375	2723
长白县	40408	6755		23	2384	4574	79	851	8687	1800
临江市	57195	8598		81	3085	9818	455	433	12774	2075
江源区	53063	7050			3101	9563	79	442	19177	2349
八道江区	37800	7441		121	1295	11981	54	166	8911	2097
白城市小计	**466428**	**52305**		**371**	**28297**	**98486**	**4445**	**7828**	**100347**	**31331**
本级	96480	15284		168	11459	8589	1765	2412	23424	4735
区县级小计	369948	37021		203	16838	89897	2680	5416	76923	26596
洮南市	75089	5811		1	3309	14329	1357	1131	23232	5131
大安市	94272	7703			5028	28472	736	1415	14033	9285
镇赉县	75610	6388		16	3132	15796	243	1352	17085	4018
通榆县	76689	10137		74	3620	20491	153	1171	9289	4589
洮北区	48288	6982		112	1749	10809	191	347	13284	3573
松原市小计	**552210**	**95960**		**699**	**36051**	**118900**	**1436**	**10351**	**87731**	**28489**
本级	116577	33936		331	14953	22155	364	3965	12458	4513
区县级小计	435633	62024		368	21098	96745	1072	6386	75273	23976
前郭县	122283	18192		34	6042	25390	575	2776	20310	4856
长岭县	90122	12084		81	3935	19422	92	1233	12299	4595

2－7－11

单位：万元

地区	收支部分						平衡部分		
	支出功能分类						收入		
	环境保护	城乡社区事务	农林水事务	交通运输	工业、商业、金融等事务	其他支出	收入合计	本年收入	返还性收入 小计
区县级小计	2727	4226	21352	12375	2518	1044	188352	34006	6722
东丰县	1811	3258	9581	5156	1320	771	76267	10979	2934
东辽县	888	837	9038	5702	1053	5	74135	10177	1519
龙山区	17	45	897	440	56	266	19586	7202	1505
西安区	11	86	1836	1077	89	2	18364	5648	764
通化市小计	**5810**	**27842**	**51816**	**12536**	**35783**	**3906**	**586222**	**161817**	**60810**
本级	1380	6589	3762	1104	13166	1018	148974	42123	21851
区县级小计	4430	21253	48054	11432	22617	2888	437248	119694	38959
通化县	465	3599	7013	2076	4008	8	61855	19456	7772
集安市	715	2804	8780	1579	1987	935	60992	12824	4300
柳河县	368	1897	9701	1931	5136	600	69123	11226	3394
辉南县	1233	7124	7730	1634	2519	521	69687	18073	4994
梅河口市	1404	4136	11666	3620	7774	507	116086	35861	8793
东昌区	128	368	1954	415	784	317	31248	14437	5366
二道江区	117	1325	1210	177	409		28257	7817	4340
白山市小计	**5775**	**25905**	**40123**	**12830**	**18052**	**10172**	**475674**	**109670**	**19202**
本级	1943	8880	3865	840	4271	6038	109647	33080	6040
区县级小计	3832	17025	36258	11990	13781	4134	366027	76590	13162
抚松县	1245	4491	8771	2294	2548	530	86159	19907	3423
靖宇县	545	886	6271	4320	2765	187	56126	7525	1149
长白县	140	3726	5111	2346	2463	1469	47881	7284	1236
临江市	1032	4949	8556	1559	3755	25	59426	12072	2120
江源区	737	2710	3657	1359	1487	1352	72299	16410	3321
八道江区	133	263	3892	112	763	571	44136	13392	1913
白城市小计	**6512**	**21592**	**79176**	**14595**	**11472**	**9671**	**510824**	**83609**	**20344**
本级	2585	2221	14887	2143	6610	198	109797	17989	7351
区县级小计	3927	19371	64289	12452	4862	9473	401027	65620	12993
洮南市	1016	2951	10004	686	1385	4746	82597	9854	3193
大安市	1132	3927	16605	3399	1008	1529	104050	20634	3525
镇赉县	728	5416	16054	3075	967	1340	83300	17900	3663
通榆县	793	4853	15730	3504	1222	1063	80411	8945	1097
洮北区	258	2224	5896	1788	280	795	50669	8287	1515
松原市小计	**7769**	**44517**	**79740**	**22646**	**16026**	**1895**	**626759**	**210119**	**26739**
本级	2546	10068	4491	556	6133	108	136892	78342	8131
区县级小计	5223	34449	75249	22090	9893	1787	489867	131777	18608
前郭县	955	8976	24295	4057	5301	524	137850	51617	8435
长岭县	708	7901	18213	7523	1828	208	104642	10200	1290

2－7－12

单位:万元

地区	平衡部分									
	收入									
	返还性收入		财力性转移支付收入							
	增值税和消费税税收返还	所得税基数返还	小计	体制补助	一般性转移支付补助	民族地区转移支付补助	调整工资转移支付补助	农村义务教育补助	农村税费改革补助	缓解县乡困难转移支付补助
区县级小计	6208	514	82051	1362	26971		25266	2362	10461	12283
东丰县	3027	－93	36641	422	11947		10362	1234	5315	5930
东辽县	1469	50	35352	940	11089		10758	1024	4602	6038
龙山区	1131	374	5616		2196		2443	64	380	78
西安区	581	183	4442		1739		1703	40	164	237
通化市小计	**45052**	**15758**	**163096**	**806**	**53022**		**58029**	**5644**	**18339**	**11462**
本级	16691	5160	29919		13629		10867	25	48	158
区县级小计	28361	10598	133177	806	39393		47162	5619	18291	11304
通化县	4471	3301	15468		3956		5457	716	3075	820
集安市	3267	1033	18375	131	7255		6301	694	2667	493
柳河县	2417	977	27897	675	8865		8382	1108	3897	2483
辉南县	4638	356	21854		5440		7709	1024	3285	3746
梅河口市	7829	964	40129		12946		13763	1878	4816	3532
东昌区	2924	2442	5184		237		3268	82	298	
二道江区	2815	1525	4270		694		2282	117	253	230
白山市小计	**16614**	**2588**	**144152**	**2065**	**65953**		**41985**	**3050**	**10897**	**6809**
本级	5184	856	20210		6758		8264		50	639
区县级小计	11430	1732	123942	2065	59195		33721	3050	10847	6170
抚松县	2896	527	32244		13340		10078	960	3803	600
靖宇县	822	327	23722	1450	9096		6847	410	1615	3221
长白县	1177	59	18166	615	9411		4600	274	2293	45
临江市	2052	68	17471		8295		4342	524	1315	1984
江源区	2927	394	19924		11934		3705	678	1052	320
八道江区	1556	357	12415		7119		4149	204	769	
白城市小计	**17761**	**2583**	**226648**	**5188**	**59552**		**76154**	**5384**	**21868**	**32134**
本级	5633	1718	34935	901	11524		11683	61	1032	2028
区县级小计	12128	865	191713	4287	48028		64471	5323	20836	30106
洮南市	2982	211	41961	812	14538		12680	1224	4459	6511
大安市	3486	39	44665	723	11332		14865	1298	3875	8757
镇赉县	3537	126	35269	1140	6666		12664	907	4609	6596
通榆县	1022	75	41926	1612	11737		13900	1416	5034	6145
洮北区	1101	414	27892		3755		10362	478	2859	2097
松原市小计	**23484**	**3255**	**231492**	**3671**	**53870**		**71156**	**7798**	**29860**	**34239**
本级	6074	2057	23893		7074		10315	47	356	244
区县级小计	17410	1198	207599	3671	46796		60841	7751	29504	33995
前郭县	7931	504	43362		7447		11476	2080	8339	5212
长岭县	1197	93	57190	2257	16495		17933	2148	5884	10217

2－7－13

单位:万元

地区	平衡部分									
	收入								支出	
	财力性转移支付收入									
	结算补助	企事业单位预算划转补助	其他财力性转移支付	专项转移支付	省补助计划单列市收入	上年结余	调入资金	国债转贷收入、上年结余及转补助数	支出合计	本年支出
区县级小计	3912	－440	－126	56351		8437	785		178699	171065
东丰县	1579	－188	40	23939		991	783		74636	71007
东辽县	1951	－176	－874	19969		7118			66113	62777
龙山区	134	－50	371	5263					19586	19148
西安区	248	－26	337	7180		328	2		18364	18133
通化市小计	**17097**	**－1303**		**155152**		**36429**	**8543**	**375**	**541151**	**493889**
本级	6123	－349	－582	34759		13292	7030		132506	117020
区县级小计	10974	－954	582	120393		23137	1513	375	408645	376869
通化县	1617	－193	20	17576		1543	40		59821	55788
集安市	1015	－196	15	21839		2343	1311		57525	54477
柳河县	2465	－8	30	22525		4081			63480	59168
辉南县	839	－189		19301		5465			66516	61175
梅河口市	3464	－270		27758		3156	14	375	111601	102677
东昌区	1000	－61	360	3914		2287	60		27099	22511
二道江区	574	－37	157	7480		4262	88		22603	21073
白山市小计	**15061**	**－1139**	**－529**	**174776**		**18328**	**9105**	**441**	**444947**	**419356**
本级	5403	－205	－699	43578		248	6171	320	109158	101941
区县级小计	9658	－934	170	131198		18080	2934	121	335789	317415
抚松县	4025	－287	－275	30285		137	63	100	84278	77488
靖宇县	851	－107	339	20804		2659	261	6	53245	51461
长白县	1099	－177	6	16186		4926	83		41192	40408
临江市	1036	－125	100	26919			844		59317	57195
江源区	2370	－135		24034		7895	700	15	59223	53063
八道江区	277	－103		12970		2463	983		38534	37800
白城市小计	**26942**	**－574**		**157412**		**18021**	**3740**	**1050**	**492730**	**466428**
本级	12093	－175	－4212	38294		10528	700		101202	96480
区县级小计	14849	－399	4212	119118		7493	3040	1050	391528	369948
洮南市	1878	－141		25125		2088	376		80457	75089
大安市	4006	－191		29349		3386	2491		99492	94272
镇赉县	3278	－170	－421	26068		300		100	81997	75610
通榆县	2174	－162	70	27124		369		950	80037	76689
洮北区	3513	265	4563	11452		1350	173		49545	48288
松原市小计	**32003**	**－1105**		**129111**		**22535**	**5729**	**1034**	**593778**	**552210**
本级	19023	－464	－12702	22680		2675	427	744	129754	116577
区县级小计	12980	－641	12702	106431		19860	5302	290	464024	435633
前郭县	6230	114	2464	30492		3944			133431	122283
长岭县	2474	－218		28100		7682		180	95219	90122

二、各省、自治区、直辖市地市县一般预算财政资料

2－7－14　　　　　　　　　　　　　　　　　　　　单位：万元

地区	平衡部分									
	支出								年终结余	其中：净结余
	财力性转移支付			专项上解	计划单列市上解省	增设预算周转金	调出资金	国债转贷拨付数及年终结余		
	小计	体制上解	出口退税专项上解							
区县级小计				7453			181		9653	
东丰县				3565			64		1631	
东辽县				3219			117		8022	
龙山区				438						
西安区				231						
通化市小计	**6538**	**6538**		**38637**			**1712**	**375**	**45071**	**288**
本级	5997	5997		8389			1100		16468	34
区县级小计	541	541		30248			612	375	28603	254
通化县				3939			94		2034	15
集安市				2944			104		3467	98
柳河县				4230			82		5643	6
辉南县				5251			90		3171	15
梅河口市	541	541		7766			242	375	4485	97
东昌区				4588					4149	17
二道江区				1530					5654	6
白山市小计	**4880**	**4880**		**19436**			**834**	**441**	**30727**	**514**
本级	1065	1065		5308			524	320	489	489
区县级小计	3815	3815		14128			310	121	30238	25
抚松县	2431	2431		4235			24	100	1881	7
靖宇县				1744			34	6	2881	18
长白县				759			25		6689	
临江市	183	183		1853			86		109	
江源区	1201	1201		4803			141	15	13076	
八道江区				734					5602	
白城市小计				**24997**			**255**	**1050**	**18094**	**27**
本级				4722					8595	27
区县级小计				20275			255	1050	9499	
洮南市				5288			80		2140	
大安市				5045			175		4558	
镇赉县				6287				100	1303	
通榆县				2398				950	374	
洮北区				1257					1124	
松原市小计	**5608**	**5608**		**32230**			**2696**	**1034**	**32981**	**298**
本级	4442	4442		5295			2696	744	7138	
区县级小计	1166	1166		26935				290	25843	298
前郭县	1166	1166		9982					4419	298
长岭县				4917				180	9423	

2－7－15

单位:万元

地区	收支部分								
	收入								
	收入合计	税收收入							
		小计	增值税	营业税	企业所得税	个人所得税	资源税	城市维护建设税	耕地占用税
乾安县	36368	29824	18293	1904	1479	466	3359	3690	125
扶余县	14531	8729	1273	3340	260	590	278	862	262
宁江区	19061	16783	5663	3283	1434	1131	1669		267
延边朝鲜族自治州小计	**275752**	**160589**	**31002**	**53329**	**12472**	**11328**	**2691**	**18893**	**1646**
本级	63711	9151	4425	90	3754	18	22	14	
区县级小计	212041	151438	26577	53239	8718	11310	2669	18879	1646
延吉市	84305	64888	6940	24230	3202	5239	64	12948	390
图们市	9088	6495	1410	2198	212	622	97	494	12
龙井市	18029	8469	1574	3817	206	508	116	501	38
和龙市	11879	9308	2657	2962	538	528	266	790	3
汪清县	9394	7016	1116	2423	384	668	644	375	41
安图县	11278	6911	1392	3400	580	520	78	231	4
珲春市	30054	22922	6454	6064	1899	1098	1357	1544	1020
敦化市	38014	25429	5034	8145	1697	2127	47	1996	138
长白山管委会	**2795**	**2376**	**123**	**1153**	**104**	**158**	**7**	**221**	**11**

2－7－16

单位：万元

地区	收支部分									
	收入									
	税收收入			非税收入						
	契税	烟叶税	其他各项税收收入	小计	专项收入	行政事业性收费收入	罚没收入	国有资本经营收入	国有资源(资产)有偿使用收入	其他收入
乾安县	197		311	6544	696	1825	932	2925	128	38
扶余县	589	383	892	5802	563	1983	1559	866	831	
宁江区	1011		2325	2278	1131	403	701		41	2
延边朝鲜族自治州小计	**11284**	**1369**	**16575**	**115163**	**12970**	**24724**	**12569**	**55129**	**9053**	**718**
本级	490		338	54560	833	10364	2710	40162	181	310
区县级小计	10794	1369	16237	60603	12137	14360	9859	14967	8872	408
延吉市	5165	12	6698	19417	6417	3079	3424	150	6341	6
图们市	582		868	2593	467	1582	365	104	75	
龙井市	728	124	857	9560	598	1433	725	6556	116	132
和龙市	521	168	875	2571	530	987	829	128	97	
汪清县	356		1009	2378	476	1011	764	30	27	70
安图县	290		416	4367	399	562	1096	2259	51	
珲春市	1311	3	2172	7132	1685	2332	1191	1478	246	200
敦化市	1841	1062	3342	12585	1565	3374	1465	4262	1919	
长白山管委会	**170**		**429**	**419**	**201**	**159**	**41**		**18**	

2－7－17

单位:万元

地区	收支部分									
	支出功能分类									
	支出合计	一般公共服务	外交	国防	公共安全	教育	科学技术	文化体育与传媒	社会保障和就业	医疗卫生
乾安县	87505	11708		142	5331	18451	136	1078	13269	5559
扶余县	77412	11142		1	4000	17385	131	920	15791	4879
宁江区	58311	8898		110	1790	16097	138	379	13604	4087
延边朝鲜族自治州小计	**778694**	**126097**		**131**	**57143**	**122385**	**5478**	**23239**	**127311**	**36796**
本级	179640	34415			16877	13851	2775	13710	14960	9326
区县级小计	599054	91682		131	40266	108534	2703	9529	112351	27470
延吉市	125423	19443		100	10866	31161	989	2832	17129	5805
图们市	45892	7434		24	2900	8179	193	730	9553	2038
龙井市	72670	9899		2	4117	11701	166	759	14076	3136
和龙市	63124	8241		1	3817	9345	110	1107	14534	2861
汪清县	56289	8588		1	3388	10265	202	948	12549	3050
安图县	54186	8700		1	3958	9823	201	920	9479	2520
珲春市	75446	14856		1	5267	12631	468	1340	10507	3315
敦化市	106024	14521		1	5953	15429	374	893	24524	4745
长白山管委会	**28348**	**6127**		**35**	**1025**	**3322**		**299**	**2172**	**268**

二、各省、自治区、直辖市地市县一般预算财政资料

2－7－18 单位:万元

地区	收支部分						平衡部分		
	支出功能分类						收入		
	环境保护	城乡社区事务	农林水事务	交通运输	工业、商业、金融等事务	其他支出	收入合计	本年收入	返还性收入 小计
乾安县	1282	11134	11996	5481	1468	470	93041	36368	2958
扶余县	841	3817	13366	3623	936	580	93705	14531	1309
宁江区	1437	2621	7379	1406	360	5	60629	19061	4616
延边朝鲜族自治州小计	**12583**	**56252**	**77189**	**48944**	**65202**	**19944**	**836778**	**275752**	**77729**
本级	2027	1224	8511	19935	40612	1417	184729	63711	26520
区县级小计	10556	55028	68678	29009	24590	18527	652049	212041	51209
延吉市	2225	19093	6525	2951	4264	2040	146584	84305	21848
图们市	834	2052	3775	3145	1453	3582	49217	9088	4027
龙井市	904	4910	9637	7636	2854	2873	75613	18029	3847
和龙市	745	3269	9971	3045	4743	1335	65588	11879	3533
汪清县	393	794	11512	2177	1730	692	59317	9394	2320
安图县	788	2441	9622	1573	1808	2352	57216	11278	2176
珲春市	788	8456	6667	2568	3103	5479	80724	30054	3819
敦化市	3879	14013	10969	5914	4635	174	117790	38014	9639
长白山管委会	**195**	**12783**	**1591**	**608**	**180**	**－257**	**36703**	**2795**	**388**

2－7－19

单位:万元

地区	平衡部分									
	收入									
	返还性收入		财力性转移支付收入							
	增值税和消费税税收返还	所得税基数返还	小计	体制补助	一般性转移支付补助	民族地区转移支付补助	调整工资转移支付补助	农村义务教育补助	农村税费改革补助	缓解县乡困难转移支付补助
乾安县	2841	117	37015	1414	8503		12059	932	4003	7779
扶余县	1301	8	48838		13885		11520	2178	9184	8543
宁江区	4140	476	21194		466		7853	413	2094	2244
延边朝鲜族自治州小计	**66064**	**11665**	**224856**	**2157**	**78977**		**74483**	**6572**	**20452**	**6587**
本级	22529	3991	54280	106	15403		10478		20	
区县级小计	43535	7674	170576	2051	63574		64005	6572	20432	6587
延吉市	19306	2542	13139		7760		10332	1482	593	53
图们市	3543	484	15323	100	6876		4865	428	531	224
龙井市	3685	162	23654	200	10411		8172	588	2584	1217
和龙市	3229	304	22602	350	8755		7558	598	2908	716
汪清县	2247	73	22958	350	7710		7668	692	3444	761
安图县	2090	86	22886	150	6738		7204	508	3194	639
珲春市	3320	499	22444	651	8038		7642	800	1621	1009
敦化市	6115	3524	27570	250	7286		10564	1476	5557	1968
长白山管委会	**388**		**11714**		**5340**		**1390**	**268**		

2-7-20

单位:万元

地区	平衡部分									
	收入								支出	
	财力性转移支付收入			专项转移支付	省补助计划单列市收入	上年结余	调入资金	国债转贷收入、上年结余及转补助数	支出合计	本年支出
	结算补助	企事业单位预算划转补助	其他财力性转移支付							
乾安县	2474	-159	10	16303		98	299		91313	87505
扶余县	3763	-354	119	21164		7753		110	83811	77412
宁江区	-1961	-24	10109	10372		383	5003		60250	58311
延边朝鲜族自治州小计	**36313**	**-1854**	**1169**	**246371**		**5980**	**5990**	**100**	**827817**	**778694**
本级	16733	-393	11933	37544		2339	335		180955	179640
区县级小计	19580	-1461	-10764	208827		3641	5655	100	646862	599054
延吉市	3877	-345	-10613	25050		2242			143908	125423
图们市	1372	-97	1024	19410		91	1278		49097	45892
龙井市	1727	-146	-1099	29587			396	100	75415	72670
和龙市	2086	-163	-206	27059		95	420		65588	63124
汪清县	2148	-215	400	24616		29			59303	56289
安图县	2440	70	1943	19736		9	1131		57198	54186
珲春市	1810	-163	1036	23884		94	429		80027	75446
敦化市	4120	-402	-3249	39485		1081	2001		116326	106024
长白山管委会	**5323**	**33**	**-640**	**17916**		**2390**	**1500**		**28381**	**28348**

2－7－21

单位:万元

地区	平衡部分									
	支出								年终结余	其中:净结余
	财力性转移支付			专项上解	计划单列市上解省	增设预算周转金	调出资金	国债转贷拨付数及年终结余		
	小计	体制上解	出口退税专项上解							
乾安县				3808					1728	
扶余县				6289				110	9894	
宁江区				1939					379	
延边朝鲜族自治州小计				**46362**			**2661**	**100**	**8961**	**248**
本级				1315					3774	188
区县级小计				45047			2661	100	5187	60
延吉市				16703			1782		2676	10
图们市				3131			74		120	1
龙井市				2578			67	100	198	2
和龙市				2345			119			
汪清县				2961			53		14	
安图县				2977			35		18	18
珲春市				4350			231		697	
敦化市				10002			300		1464	29
长白山管委会							**33**		**8322**	**8**

2007 年黑龙江省地市县财政一般预算收支平衡表

2-8-1

单位:万元

地区	收支部分								
	收入								
		税收收入							
	收入合计	小计	增值税	营业税	企业所得税	个人所得税	资源税	城市维护建设税	耕地占用税
地市县合计	**3030097**	**2298968**	**465300**	**627120**	**267950**	**143987**	**33635**	**341447**	**14806**
哈尔滨市小计	**1320495**	**1010400**	**168830**	**403101**	**119529**	**63946**	**2561**	**68025**	**5690**
本级	798192	603666	108105	247885	78105	36167		57927	1829
区县级小计	522303	406734	60725	155216	41424	27779	2561	10098	3861
阿城市	38508	31144	7784	6902	6986	2812	1124	2503	241
宾县	21761	16369	2515	4133	3592	2745	337	747	
方正县	7408	4641	527	2615	359	291	11	189	227
依兰县	17837	12389	2577	4287	601	354	1025	922	8
巴彦县	8759	5952	1287	2698	664	256	32	337	20
木兰县	5148	3305	1098	1252	300	162	1	238	
通河县	4857	3028	420	1610	217	194	12	127	
延寿县	7017	4576	1130	2423	212	142	3	348	
双城市	24943	19801	8181	6322	2417	589	2	704	244
五常市	17688	14294	3179	5746	2200	637	2	1024	350
尚志市	19299	13804	3389	6350	802	656	11	942	
道里区	83238	62023	5124	23384	4787	3465			936
南岗区	106359	75680	6334	25841	8092	9532			408
道外区	38243	36306	3946	13604	2755	1552			27
平房区	10384	8870	1143	2283	724	307			464
松北区	13048	11804	524	7624	1250	304			35
香坊区	53521	44513	4218	19242	3092	2853			719
呼兰区	44285	38235	7349	18900	2374	928	1	2017	182
齐齐哈尔市小计	**206787**	**131784**	**36765**	**31267**	**11885**	**8426**	**179**	**14508**	**383**
本级	112713	65191	15679	7151	9639	7115		11984	
区县级小计	94074	66593	21086	24116	2246	1311	179	2524	383
龙江县	6965	4703	1136	1441	362	133	47	342	53
讷河县	6533	4432	1032	1687	153	219	12	417	4
依安县	5924	3604	1504	904	221	95	20	484	1
泰来县	4625	3315	739	1327	194	91	54	307	66
甘南县	5058	3273	613	1172	236	170	2	250	59
富裕县	5833	4493	1476	1255	760	158	13	373	57
克山县	4865	2155	505	845	102	142	3	153	13
克东县	3290	2319	1293	484	167	62	2	77	
拜泉县	4493	2026	577	703	51	241	2	121	18
龙沙区	15558	11313	2974	5222					
建华区	8355	7184	1074	3669			12		97
铁锋区	10426	7715	2980	2682					9

2-8-2

单位:万元

地区	收支部分									
	收入									
	税收收入			非税收入						
	契税	烟叶税	其他各项税收收入	小计	专项收入	行政事业性收费收入	罚没收入	国有资本经营收入	国有资源(资产)有偿使用收入	其他收入
地市县合计	**137785**	**9461**	**257477**	**731129**	**204379**	**152453**	**152036**	**188041**	**18104**	**16116**
哈尔滨市小计	**70554**	**1809**	**106355**	**310095**	**46511**	**74512**	**51823**	**130107**	**6657**	**485**
本级	53803		19845	194526	37394	54900	24747	73302	4183	
区县级小计	16751	1809	86510	115569	9117	19612	27076	56805	2474	485
阿城市	1366		1426	7364	1595	1780	2357	1174	395	63
宾县	150	1626	524	5392	870	806	2103	1532	81	
方正县	150		272	2767	290	648	800	989	40	
依兰县	777	34	1804	5448	850	657	1509	2299	56	77
巴彦县	56	54	548	2807	560	916	658	540	43	90
木兰县	60		194	1843	158	505	691	467	22	
通河县	150	48	250	1829	151	505	898	56	113	106
延寿县	79	17	222	2441	327	456	723	815	120	
双城市	256	30	1056	5142	982	1126	1564	1313	69	88
五常市	228		928	3394	764	747	1784		99	
尚志市	515		1139	5495	863	1632	1354	1194	412	40
道里区	3034		21293	21215		3110	3971	14003	131	
南岗区	3775		21698	30679		2421	3061	24744	437	16
道外区	539		13883	1937		809	1070		58	
平房区	280		3669	1514		112	210	1138	54	
松北区	122		1945	1244		286	516	300	142	
香坊区	2076		12313	9008		1514	1144	6241	109	
呼兰区	3138		3346	6050	1707	1582	2663		93	5
齐齐哈尔市小计	**9450**		**18921**	**75003**	**8910**	**15229**	**12409**	**24341**	**4501**	**9613**
本级	3941		9682	47522	6799	8947	4952	15191	3824	7809
区县级小计	5509		9239	27481	2111	6282	7457	9150	677	1804
龙江县	558		631	2262	251	798	957		40	216
讷河县	504		404	2101	312	546	799	350	94	
依安县	54		321	2320	320	598	353	766	49	234
泰来县	197		340	1310	258	253	754		45	
甘南县	527		244	1785	224	513	577	355	116	
富裕县	86		315	1340	392	337	575	14	22	
克山县	122		270	2710	122	1258	680	3	26	621
克东县	64		170	971	115	154	337	301	58	6
拜泉县	120		193	2467	117	291	1148	275	128	508
龙沙区	1250		1867	4245		290	276	3673	6	
建华区	1253		1079	1171		188	83	802	29	69
铁锋区	488		1556	2711		359	391	1934	27	

二、各省、自治区、直辖市地市县一般预算财政资料

2-8-3 单位:万元

地区	收支部分									
	支出功能分类									
	支出合计	一般公共服务	外交	国防	公共安全	教育	科学技术	文化体育与传媒	社会保障和就业	医疗卫生
地市县合计	**8106581**	**1285507**	**360**	**14835**	**604140**	**1667517**	**104297**	**145877**	**1025630**	**477789**
哈尔滨市小计	**2323833**	**379094**		**5098**	**195563**	**450634**	**61695**	**47874**	**244125**	**152231**
本级	952698	172379		3373	93922	85073	45007	22939	119675	69515
区县级小计	1371135	206715		1725	101641	365561	16688	24935	124450	82716
阿城市	103909	12190		15	6066	23327	1015	1172	18674	5727
宾县	79583	11814		138	4430	20840	2416	572	6774	3577
方正县	40353	6332			2908	10275	527	542	4082	3144
依兰县	67969	10996			3478	18425	720	767	4883	4508
巴彦县	76923	10227		89	4193	24008	656	939	6249	4942
木兰县	41360	7102		65	2165	10731	610	492	3472	2633
通河县	45379	5045			1989	13078	570	567	3386	3883
延寿县	47528	8660		41	2306	12358	625	686	3588	2844
双城市	93910	14469		142	5538	24466	981	985	10388	5439
五常市	96100	11984		82	4485	26663	905	1009	7927	3444
尚志市	69461	11665		106	4162	19425	276	2320	4775	4118
道里区	115383	17754		185	11181	31366	1622	680	5841	7768
南岗区	137648	18618		156	15194	34459	1438	479	5627	8834
道外区	90626	13515		235	11741	31030	1180	643	6367	6182
平房区	26459	4643		52	2807	5997	366	177	5206	1619
松北区	51668	9313		73	2623	10456	607	11640	2148	1881
香坊区	100508	19302		201	10357	26190	1181	359	19927	6115
呼兰区	86368	13086		145	6018	22467	993	906	5136	6058
齐齐哈尔市小计	**928827**	**135768**		**344**	**65410**	**210359**	**5499**	**17535**	**143617**	**53159**
本级	269576	34988		246	32962	23107	2839	10529	71284	11001
区县级小计	659251	100780		98	32448	187252	2660	7006	72333	42158
龙江县	68417	10135			3115	19268	123	595	6727	4190
讷河县	67128	10115			3992	21749	91	878	6400	4811
依安县	59454	6218			2973	18944	101	656	4549	4139
泰来县	48796	8436			3072	12610	180	594	3117	3509
甘南县	57866	6473			2902	13293	478	797	4454	3755
富裕县	45490	5966			2582	9511	636	558	3981	3096
克山县	56796	9306			2712	16135	97	451	5722	2997
克东县	47212	5191			2410	12809	295	551	4964	3545
拜泉县	63392	11279			2944	16012	102	558	5599	5057
龙沙区	28497	5942			1066	12760	84	94	4035	949
建华区	21745	4979			1121	8429	69	92	3343	690
铁锋区	24642	4384		98	1125	5977	41	222	5896	938

2－8－4

单位:万元

地区	收支部分						平衡部分		
	支出功能分类						收入		
	环境保护	城乡社区事务	农林水事务	交通运输	工业、商业、金融等事务	其他支出	收入合计	本年收入	返还性收入 小计
地市县合计	**94599**	**688289**	**885501**	**343252**	**583405**	**185583**	**8593516**	**3030097**	**689555**
哈尔滨市小计	**23423**	**272568**	**200807**	**58180**	**227562**	**4979**	**2555087**	**1320495**	**206352**
本级	14531	133712	53633	6204	130680	2055	1133639	798192	116644
区县级小计	8892	138856	147174	51976	96882	2924	1421448	522303	89708
阿城市	2687	9810	10014	5276	7329	607	109012	38508	10412
宾县	392	6676	9769	7140	4901	144	89857	21761	5405
方正县	132	1226	8246	1925	957	57	40611	7408	1430
依兰县	679	5005	11694	3877	2883	54	68333	17837	3590
巴彦县	209	7050	10628	3174	3420	1139	82406	8759	3140
木兰县	257	3713	6545	1844	1699	32	45541	5148	3751
通河县	360	1052	12153	1930	1180	186	49481	4857	983
延寿县	401	3028	7980	3309	1620	82	47693	7017	3011
双城市	587	3513	18088	4526	4570	218	95354	24943	9400
五常市	412	8979	14280	9511	6419		103971	17688	3788
尚志市	1002	4080	9777	3083	4479	193	70186	19299	5760
道里区	43	20190	5245	318	13190		116078	83238	9912
南岗区	118	17505	3908	458	30789	65	138804	106359	9588
道外区	123	13529	2496	1159	2426		92003	38243	5480
平房区	57	2230	1342	82	1881		26506	10384	1105
松北区	604	3625	4660	1775	2253	10	56901	13048	789
香坊区	186	9512	2261	842	4075		101073	53521	5725
呼兰区	643	18133	8088	1747	2811	137	87638	44285	6439
齐齐哈尔市小计	**14315**	**69558**	**111013**	**57445**	**36341**	**8464**	**974841**	**206787**	**79978**
本级	8970	34656	15570	6371	15606	1447	287183	112713	40268
区县级小计	5345	34902	95443	51074	20735	7017	687658	94074	39710
龙江县	1255	2031	10609	6640	3405	324	75964	6965	4000
讷河县	636	2750	11400	2494	1812		74505	6533	3444
依安县	167	1863	9738	6273	3205	628	60371	5924	4015
泰来县	646	3404	7354	4825	862	187	50590	4625	3410
甘南县	717	3584	13482	6018	1562	351	60301	5058	2583
富裕县	348	2432	9385	4902	2083	10	46072	5833	3941
克山县	287	2324	7740	7699	1221	105	58183	4865	2903
克东县	334	1005	6427	5289	3680	712	46692	3290	4578
拜泉县	196	2761	8808	6836	2061	1179	66602	4493	2233
龙沙区	83	2391	818		200	75	28737	15558	1325
建华区	98	1857	680			387	22218	8355	3043
铁锋区	89	1989	1144	32	40	2667	26400	10426	1520

二、各省、自治区、直辖市地市县一般预算财政资料

2－8－5　　　　单位:万元

地　区	平衡部分									
	收入									
	返还性收入		财力性转移支付收入							
	增值税和消费税税收返还	所得税基数返还	小计	体制补助	一般性转移支付补助	民族地区转移支付补助	调整工资转移支付补助	农村义务教育补助	农村税费改革补助	缓解县乡困难转移支付补助
地市县合计	**542001**	**147554**	**2590074**		**424247**		**963080**	**62694**	**339139**	**222471**
哈尔滨市小计	**129376**	**76976**	**466330**		**57415**		**215974**	**18057**	**69571**	**41007**
本级	84166	32478	1990		－4000		27251			
区县级小计	45210	44498	464340		61415		188723	18057	69571	41007
阿城市	6871	3541	20656				10579	1122	3530	2603
宾县	4411	994	34098		7085		12597	1542	6203	3290
方正县	1119	311	20338		5805		6804	713	2897	1801
依兰县	3307	283	32064		7159		11282	1502	5498	3433
巴彦县	2375	765	48254		11186		15561	2359	9251	4930
木兰县	3511	240	23254		5988		9047	1065	3029	2165
通河县	768	215	25922		8583		9503	393	2614	2279
延寿县	2684	327	24307		6523		9101	562	2923	2150
双城市	8345	1055	31982				13871	1785	7387	5318
五常市	2346	1442	44694		5086		16968	1884	10580	5573
尚志市	4434	1326	24274				11022	1288	5146	2520
道里区		9912	11160				10668	506	902	48
南岗区		9588	11392				10221	236	440	30
道外区		5480	34701		2228		15103	458	742	158
平房区		1105	7427		558		3060	76	269	11
松北区		789	21880				1260	222	1365	46
香坊区		5725	24232		1214		10594	333	831	146
呼兰区	5039	1400	23705				11482	2011	5964	4506
齐齐哈尔市小计	**67713**	**12265**	**380795**		**79932**		**143850**	**8874**	**63578**	**31357**
本级	35451	4817	28091		－2200		24111			11
区县级小计	32262	7448	352704		82132		119739	8874	63578	31346
龙江县	3748	252	40458		11723		12033	1188	8441	3843
讷河县	3201	243	41068		6263		13388	1340	11629	4831
依安县	3628	387	34675		8120		11408	1065	6833	3692
泰来县	3322	88	26938		9509		7890	680	4084	2538
甘南县	2416	167	30916		8419		9268	660	6973	3437
富裕县	3358	583	19814		5261		7071	591	3045	1867
克山县	2608	295	33307		7580		12220	963	6874	3333
克东县	4423	155	25918		7657		8790	608	3981	1994
拜泉县	1815	418	38700		10385		12510	1238	8255	3646
龙沙区	146	1179	8611				4129	50	188	162
建华区	2251	792	7635		500		4155	18	130	128
铁锋区		1520	7337				3192	52	261	235

2－8－6　　　　单位:万元

地　区	平衡部分									
	收入								支出	
	财力性转移支付收入			专项转移支付	省补助计划单列市收入	上年结余	调入资金	国债转贷收入、上年结余及转补助数	支出合计	本年支出
	结算补助	企事业单位预算划转补助	其他财力性转移支付							
地市县合计	**562712**		**15731**	**1973924**		**293739**	**8207**	**7920**	**8241753**	**8106581**
哈尔滨市小计	**64306**			**409553**		**145670**	**245**	**6442**	**2381659**	**2323833**
本级	－21261			114033		101798		982	998771	952698
区县级小计	85567			295520		43872	245	5460	1382888	1371135
阿城市	2822			36153		3283			105182	103909
宾县	3381			21212		1951		5430	85416	79583
方正县	2318			11295		140			40611	40353
依兰县	3190			14475		367			68190	67969
巴彦县	4967			17763		4490			77188	76923
木兰县	1960			11459		1929			41467	41360
通河县	2550			11896		5823			45534	45379
延寿县	3048			13011		347			47674	47528
双城市	3621			28135		894			94771	93910
五常市	4603			24760		13041			96558	96100
尚志市	4298			20519		334			70100	69461
道里区	－964			10543		1225			115592	115383
南岗区	465			10029		1436			138071	137648
道外区	16012			11896		1683			90881	90626
平房区	3453			7201		389			26485	26459
松北区	18987			16793		4391			51668	51668
香坊区	11114			16361		1204		30	100705	100508
呼兰区	－258			12019		945	245		86795	86368
齐齐哈尔市小计	**43736**		**9468**	**285236**		**21904**		**141**	**942245**	**928827**
本级	6169			99183		6787		141	276771	269576
区县级小计	37567		9468	186053		15117			665474	659251
龙江县	3230			19283		5258			68960	68417
讷河县	3617			19699		3761			67526	67128
依安县	3557			15704		53			60129	59454
泰来县	2237			14376		1241			49138	48796
甘南县	2159			19318		2426			58377	57866
富裕县	1979			16474		10			46034	45490
克山县	2337			17108					57648	56796
克东县	2888			13804		－898			47571	47212
拜泉县	2666			19584		1592			63745	63392
龙沙区	2221		1861	3058		185			28737	28497
建华区	1824		880	3209		－24			21950	21745
铁锋区	2263		1334	6608		509			25686	24642

二、各省、自治区、直辖市地市县一般预算财政资料

2-8-7　　　　　　　　　　　　　　　　　　　　　　　　　　　　单位:万元

地区	平衡部分									
	支出								年终结余	其中:净结余
	财力性转移支付			专项上解	计划单列市上解省	增设预算周转金	调出资金	国债转贷拨付数及年终结余		
	小计	体制上解	出口退税专项上解							
地市县合计	**8934**		**8934**	**117234**		**50**	**1034**	**7920**	**351763**	**19377**
哈尔滨市小计	**4279**		**4279**	**47105**				**6442**	**173428**	**20588**
本级	3519		3519	41572				982	134868	16042
区县级小计	760		760	5533				5460	38560	4546
阿城市	66		66	1207					3830	515
宾县	57		57	346				5430	4441	28
方正县	22		22	236						
依兰县	2		2	219					143	143
巴彦县				265					5218	600
木兰县	16		16	91					4074	562
通河县	26		26	129					3947	148
延寿县	4		4	142					19	19
双城市	416		416	445					583	80
五常市	7		7	451					7413	483
尚志市	144		144	495					86	29
道里区				209					486	486
南岗区				423					733	733
道外区				255					1122	95
平房区				26					21	21
松北区									5233	87
香坊区				167				30	368	368
呼兰区				427					843	149
齐齐哈尔市小计	**770**		**770**	**12469**			**38**	**141**	**32596**	**-1054**
本级	742		742	6312				141	10412	
区县级小计	28		28	6157			38		22184	-2257
龙江县				543					7004	446
讷河县	1		1	397					6979	102
依安县	6		6	669					242	206
泰来县	2		2	340					1452	-1362
甘南县				473			38		1924	618
富裕县				544					38	38
克山县	19		19	833					535	6
克东县				359					-879	-1442
拜泉县				353					2857	257
龙沙区				240						
建华区				205					268	-256
铁锋区				1044					714	

2－8－8

单位:万元

地区	收支部分								
	收入								
	收入合计	税收收入							
		小计	增值税	营业税	企业所得税	个人所得税	资源税	城市维护建设税	耕地占用税
富拉尔基区	7745	6853	3495	1622					
昂昂溪区	1480	1072	533	354			1		
梅里斯达斡尔族区	1469	1075	703	302			1		6
碾子山区	1455	1061	452	447			10		
牡丹江市小计	**190513**	**138433**	**40864**	**27502**	**17791**	**8723**	**794**	**16278**	**557**
本级	52297	35199	7543	7136	5081	3183		3403	
区县级小计	138216	103234	33321	20366	12710	5540	794	12875	557
林口县	7917	5441	1378	1467	313	326	251	284	
穆棱市	10064	7292	2447	897	685	240	27	2210	
东宁县	17715	14304	5602	1912	1246	891	453	1051	82
宁安县	9887	7833	1160	2200	2558	295		538	5
海林市	15141	12383	3019	2392	1420	286	63	2488	362
绥芬河市	48705	31342	13148	4860	3083	1637		3883	7
东安区	7749	6651	1608	2057	544	520		575	100
西安区	8652	7029	1388	2570	812	554		654	1
爱民区	6629	5736	1834	1208	871	454		730	
阳明区	5757	5223	1737	803	1178	337		462	
佳木斯市小计	**81094**	**61689**	**16974**	**16893**	**6956**	**4426**	**559**	**5477**	**46**
本级	37454	27875	8706	4698	4488	1974	2	2741	
区县级小计	43640	33814	8268	12195	2468	2452	557	2736	46
桦南县	5929	4482	1270	1097	163	287	529	449	
桦川县	2791	2150	764	577	48	116	2	154	2
汤原县	3700	2686	788	774	182	138	10	202	
抚远县	4127	2581	526	890	164	158	1	119	2
富锦市	8553	6838	1276	2983	578	503	4	423	3
同江市	4300	3943	1304	1500	183	229	6	292	2
东风区	3608	2287	365	879	398	148		286	11
前进区	3432	2863	461	1221	339	339	1	263	
向阳区	3680	3194	705	1297	275	373	2	313	
郊区	3520	2790	809	977	138	161	2	235	26
鸡西市小计	**109650**	**82451**	**31080**	**16093**	**4610**	**5331**	**5388**	**9153**	**197**
本级	50594	34687	14989	3975	1778	1540	2846	4599	8
区县级小计	59056	47764	16091	12118	2832	3791	2542	4554	189
鸡东县	12901	8896	3412	1609	811	653	808	694	4
密山市	10480	8414	2911	2547	359	556	45	640	3
虎林市	8661	6722	1531	2225	372	573	28	516	21
鸡冠区	12846	11329	2624	4108	647	926	266	1408	

2－8－9

单位:万元

地区	收支部分									
	收入									
	税收收入			非税收入						
	契税	烟叶税	其他各项税收收入	小计	专项收入	行政事业性收费收入	罚没收入	国有资本经营收入	国有资源(资产)有偿使用收入	其他收入
富拉尔基区	217		1519	892		367	231	115	29	150
昂昂溪区	34		150	408		164	118	124	2	
梅里斯达斡尔族区	13		50	394		71	122	197	4	
碾子山区	22		130	394		95	56	241	2	
牡丹江市小计	**9664**	**2522**	**13738**	**52080**	**9720**	**13049**	**10625**	**17015**	**1209**	**462**
本级	4468		4385	17098	3128	6997	4041	2671	213	48
区县级小计	5196	2522	9353	34982	6592	6052	6584	14344	996	414
林口县	146	689	587	2476	343	327	740	1002	64	
穆棱市	197	192	397	2772	1131	743	865		33	
东宁县	900	1077	1090	3411	988	755	1223	422	23	
宁安县	444		633	2054	315	832	451		454	2
海林市	1047	380	926	2758	961	846	866	30	46	9
绥芬河市	2204		2520	17363	1792	2004	865	11942	366	394
东安区	90		1157	1098	272	135	688		3	
西安区	55	184	811	1623	284	186	343	798	3	9
爱民区	27		612	893	311	152	278	150	2	
阳明区	86		620	534	195	72	265		2	
佳木斯市小计	**3360**	**736**	**6262**	**19405**	**3456**	**4083**	**10297**	**1162**	**307**	**100**
本级	1600		3666	9579	1817	2273	4403	872	114	100
区县级小计	1760	736	2596	9826	1639	1810	5894	290	193	
桦南县	70	120	497	1447	140	86	1199	－4	26	
桦川县	201	8	278	641	137	53	442		9	
汤原县	118	281	193	1014	272	252	585	－135	40	
抚远县	584		137	1546	91	183	328	918	26	
富锦市	431	250	387	1715	337	627	1224	－500	27	
同江市	145		282	357	175	8	129	－2	47	
东风区	3		197	1321	116	71	1131		3	
前进区			239	569	113	147	306		3	
向阳区			229	486	140	203	126	13	4	
郊区	208	77	157	730	118	180	424		8	
鸡西市小计	**3588**	**790**	**6221**	**27199**	**6388**	**5472**	**7946**	**6845**	**470**	**78**
本级	2047	47	2858	15907	3192	4104	3349	4940	306	16
区县级小计	1541	743	3363	11292	3196	1368	4597	1905	164	62
鸡东县	435	151	319	4005	767	322	1071	1831	14	
密山市	244	449	660	2066	517	256	1287	－46	52	
虎林市	543	143	770	1939	375	790	508	120	84	62
鸡冠区	20		1330	1517	959		553		5	

2－8－10　　　　单位:万元

地区	收支部分									
	支出功能分类									
	支出合计	一般公共服务	外交	国防	公共安全	教育	科学技术	文化体育与传媒	社会保障和就业	医疗卫生
富拉尔基区	27414	4638			990	5704	329	318	8379	1046
昂昂溪区	10964	2260			409	3437		129	1176	834
梅里斯达斡尔族区	18387	3202			563	7470	6	242	731	1973
碾子山区	13051	2256			472	3144	28	271	3260	629
牡丹江市小计	**590641**	**103211**	**16**	**568**	**37585**	**112414**	**5587**	**8658**	**83847**	**31728**
本级	178883	23573		415	10661	29504	2009	3685	47265	12581
区县级小计	411758	79638	16	153	26924	82910	3578	4973	36582	19147
林口县	54723	9212		88	3259	14498	141	840	5693	3494
穆棱市	54188	8059	6		2499	14791	864	419	4054	3123
东宁县	51825	9235			3395	9436	528	1207	3882	2267
宁安县	60711	10116			3238	15064	517	707	6187	3194
海林市	58677	9077		61	3461	11239	186	452	5741	3137
绥芬河市	92053	21767	10		4490	9076	491	1195	5543	1916
东安区	10484	2742			1817	2055	812	24	1846	396
西安区	11548	4460			1655	2509	7	57	1678	637
爱民区	8622	2095			1526	1737	32	43	1712	491
阳明区	8927	2875		4	1584	2505		29	246	492
佳木斯市小计	**533671**	**67387**	**50**	**1123**	**36711**	**105861**	**2637**	**8874**	**101815**	**38247**
本级	161009	19053		183	17018	19205	1585	3681	50739	10288
区县级小计	372662	48334	50	940	19693	86656	1052	5193	51076	27959
桦南县	62243	6003			3573	18514	142	671	7148	5129
桦川县	44925	6831		18	2177	10178	273	687	3892	4015
汤原县	49758	5191			2328	11677	71	932	5838	4060
抚远县	44034	4246	33	450	1685	7576	63	902	6557	2303
富锦市	69027	5968		72	3846	13292	103	439	17747	5252
同江市	53044	7918	17	204	2747	10623	400	1370	4457	4157
东风区	7397	2988		25	790	1889		34	113	567
前进区	5284	1884		29	755	1987		16	56	329
向阳区	8046	2155		43	817	3446			67	551
郊区	28904	5150		99	975	7474		142	5201	1596
鸡西市小计	**391049**	**69468**		**2721**	**29237**	**85803**	**2452**	**5425**	**58702**	**18746**
本级	153324	24480		2034	17549	16032	1148	2351	38816	5796
区县级小计	237725	44988		687	11688	69771	1304	3074	19886	12950
鸡东县	57960	10575		155	3136	16659	299	685	5879	3771
密山市	68798	9092		122	3365	20527	138	1244	5625	4246
虎林市	50148	9828		393	2356	10917	702	1033	4274	2879
鸡冠区	14619	4628			952	6396		44	411	501

2－8－11

单位:万元

地区	收支部分						平衡部分		
	支出功能分类						收入		
									返还性收入
	环境保护	城乡社区事务	农林水事务	交通运输	工业、商业、金融等事务	其他支出	收入合计	本年收入	小计
富拉尔基区	105	3676	1542	40	423	224	28471	7745	2280
昂昂溪区	65	1067	1478	26	23	60	10984	1480	200
梅里斯达斡尔族区	191	424	3479		53	53	18409	1469	68
碾子山区	128	1344	1359		105	55	13159	1455	167
牡丹江市小计	**6320**	**54566**	**59123**	**20640**	**62396**	**3982**	**660567**	**190513**	**88447**
本级	2441	19411	11622	1212	13228	1276	215398	52297	18748
区县级小计	3879	35155	47501	19428	49168	2706	445169	138216	69699
林口县	374	2362	6039	6107	2207	409	58593	7917	5358
穆棱市	388	3620	7131	2954	6126	154	56004	10064	9061
东宁县	336	1736	8350	2588	8446	419	63791	17715	9203
宁安县	654	3084	12542	3315	1833	260	64841	9887	3050
海林市	1757	8394	7696	3851	3146	479	65086	15141	6039
绥芬河市	299	15729	3552	613	26544	828	93476	48705	28942
东安区	13		681			98	11809	7749	2531
西安区	9	4	450		82		12635	8652	2027
爱民区	25	19	439		503		9480	6629	1185
阳明区	24	207	621		281	59	9454	5757	1666
佳木斯市小计	**8439**	**25214**	**80473**	**28146**	**24654**	**4040**	**552952**	**81094**	**40581**
本级	5634	9680	8446	4339	9990	1168	178498	37454	16519
区县级小计	2805	15534	72027	23807	14664	2872	374454	43640	24062
桦南县	395	1509	13314	4623	1124	98	62380	5929	3089
桦川县	385	2528	9910	2580	1240	211	45110	2791	2771
汤原县	287	1741	11785	4155	1613	80	49977	3700	1801
抚远县	216	914	9891	5012	3282	904	44260	4127	1931
富锦市	1044	6506	10152	2932	1539	135	69576	8553	6165
同江市	356	1367	9808	4261	4400	959	53118	4300	3934
东风区	21	158	385	15	4	408	7457	3608	633
前进区		178	32		1	17	5384	3432	1027
向阳区		394	557		9	7	8245	3680	1566
郊区	101	239	6193	229	1452	53	28947	3520	1145
鸡西市小计	**6130**	**19686**	**39175**	**16480**	**36557**	**467**	**415473**	**109650**	**38868**
本级	5415	6515	10332	3238	19534	84	152961	50594	15190
区县级小计	715	13171	28843	13242	17023	383	262512	59056	23678
鸡东县	91	3309	7384	2960	3057		62358	12901	6195
密山市	429	3554	10589	7177	2620	70	72081	10480	4952
虎林市	182	4792	6433	3105	2941	313	53713	8661	2267
鸡冠区		261	913		513		22924	12846	4590

2－8－12　　　　单位:万元

地　　区	平衡部分									
	收入									
	返还性收入		财力性转移支付收入							
	增值税和消费税税收返还	所得税基数返还	小计	体制补助	一般性转移支付补助	民族地区转移支付补助	调整工资转移支付补助	农村义务教育补助	农村税费改革补助	缓解县乡困难转移支付补助
富拉尔基区	1346	934	8833				4584	72	397	60
昂昂溪区		200	6827		800		2147	47	367	392
梅里斯达斡尔族区		68	14321		5015		4494	271	1814	950
碾子山区		167	7346		900		2460	31	306	238
牡丹江市小计	**74815**	**13632**	**169858**		**24339**		**74033**	**3560**	**18529**	**10414**
本级	13071	5677	47814		4426		22637	7		256
区县级小计	61744	7955	122044		19913		51396	3553	18529	10158
林口县	4368	990	26220		7857		8543	708	4564	1992
穆棱市	8647	414	21772		2040		9477	567	2767	1850
东宁县	8464	739	13837				6208	449	1852	1099
宁安县	2822	228	28504		6613		9758	787	5065	2683
海林市	5603	436	23736		3403		9217	527	3057	1805
绥芬河市	26693	2249	7187				2098	280	145	445
东安区	1481	1050	173					52	252	78
西安区	1165	862						31	255	87
爱民区	746	439						44	252	51
阳明区	1118	548	1252					108	320	68
佳木斯市小计	**37222**	**3359**	**233784**		**57297**		**81058**	**4491**	**29017**	**25710**
本级	15736	783	38770		10545		17795	132		6
区县级小计	21486	2576	195014		46752		63263	4359	29017	25704
桦南县	2852	237	31143		8226		10874	999	4790	3219
桦川县	2620	151	23943		8188		6528	463	2968	3061
汤原县	1615	186	26438		8062		8486	575	3581	2881
抚远县	1888	43	21002		4474		4851	252	2882	2855
富锦市	5733	432	39252		6496		15285	1090	6885	5718
同江市	3697	237	29078		5344		7682	417	4884	5160
东风区	461	172	2756		257		1337		467	308
前进区	798	229	773		4		265		18	66
向阳区	914	652	2305		83		1508		57	125
郊区	908	237	18324		5671		5034	563	2485	2311
鸡西市小计	**35068**	**3800**	**125874**		**11599**		**52118**	**2183**	**17770**	**13879**
本级	14840	350	25042		－1280		12632		342	523
区县级小计	20228	3450	100832		12879		39486	2183	17428	13356
鸡东县	6017	178	26154		4642		9595	791	3466	2360
密山市	4360	592	34833		4891		12097	814	6875	4976
虎林市	1817	450	25888		2066		7043	426	6105	5500
鸡冠区	3212	1378	3000				2608	41	156	70

二、各省、自治区、直辖市地市县一般预算财政资料

2－8－13 单位:万元

地区	平衡部分									
	收入								支出	
	财力性转移支付收入			专项转移支付	省补助计划单列市收入	上年结余	调入资金	国债转贷收入、上年结余及转补助数	支出合计	本年支出
	结算补助	企事业单位预算划转补助	其他财力性转移支付							
富拉尔基区	1027		2693	8493		1120			27511	27414
昂昂溪区	2085		989	2281		196			10984	10964
梅里斯达斡尔族区	1289		488	2536		15			18409	18387
碾子山区	2188		1223	4518		－327			13069	13051
牡丹江市小计	**35477**		**3506**	**158767**		**51049**	**1933**		**600214**	**590641**
本级	20488			67890		28524	125		182568	178883
区县级小计	14989		3506	90877		22525	1808		417646	411758
林口县	2556			15548		3400	150		55079	54723
穆棱市	5071			13365		1742			55172	54188
东宁县	4229			14871		8165			52891	51825
宁安县	3598			19572		3828			61060	60711
海林市	5727			16997		3173			60054	58677
绥芬河市	713		3506	8079		563			93318	92053
东安区	－209			702		654			10605	10484
西安区	－373			580		638	738		11733	11548
爱民区	－347			490		256	920		8725	8622
阳明区	756			673		106			9009	8927
佳木斯市小计	**36211**			**184275**		**9434**	**3782**	**2**	**540285**	**533671**
本级	10292			73530		8551	3672	2	165363	161009
区县级小计	25919			110745		883	110		374922	372662
桦南县	3035			21881		228	110		62371	62243
桦川县	2735			15408		197			45102	44925
汤原县	2853			17857		181			49967	49758
抚远县	5688			16860		340			44260	44034
富锦市	3778			15520		86			69539	69027
同江市	5591			16172		－366			53657	53044
东风区	387			444		16			7456	7397
前进区	420			151		1			5383	5284
向阳区	532			692		2			8243	8046
郊区	2260			5760		198			28944	28904
鸡西市小计	**28325**			**116289**		**24419**		**373**	**396161**	**391049**
本级	12825			44888		16874		373	143796	153324
区县级小计	15500			71401		7545			252365	237725
鸡东县	5300			14881		2227			58289	57960
密山市	5180			19634		2182			69200	68798
虎林市	4748			13769		3128			50516	50148
鸡冠区	125			2488					22924	14619

2-8-14 单位:万元

地区	平衡部分									
	支出								年终结余	其中：净结余
	财力性转移支付			专项上解	计划单列市上解省	增设预算周转金	调出资金	国债转贷拨付数及年终结余		
	小计	体制上解	出口退税专项上解							
富拉尔基区				97					960	
昂昂溪区				20						
梅里斯达斡尔族区				22						
碾子山区				18					90	-870
牡丹江市小计	**1733**		**1733**	**7840**					**60353**	**424**
本级	102		102	3583					32830	37
区县级小计	1631		1631	4257					27523	387
林口县				356					3514	26
穆棱市	39		39	945					832	27
东宁县	633		633	433					10900	77
宁安县	46		46	303					3781	15
海林市	161		161	1216					5032	74
绥芬河市	636		636	629					158	158
东安区	21		21	100					1204	10
西安区	60		60	125					902	
爱民区	35		35	68					755	
阳明区				82					445	
佳木斯市小计	**481**		**481**	**6131**				**2**	**12667**	**-329**
本级	109		109	4243				2	13135	152
区县级小计	372		372	1888					-468	-481
桦南县	14		14	114					9	9
桦川县				177					8	8
汤原县	28		28	181					10	
抚远县	91		91	135						
富锦市				512					37	37
同江市	239		239	374					-539	-539
东风区				59					1	1
前进区				99					1	1
向阳区				197					2	2
郊区				40					3	
鸡西市小计	**54**		**54**	**3805**			**880**	**373**	**19312**	**683**
本级	-8326	-8308	-18	-2455			880	373	9165	10
区县级小计	9443	9407	36	5197					10147	673
鸡东县				329					4069	69
密山市	32		32	370					2881	583
虎林市	4		4	364					3197	21
鸡冠区	7647	7647		658						

二、各省、自治区、直辖市地市县一般预算财政资料

2－8－15

单位：万元

地区	收支部分								
	收入								
	收入合计	税收收入							
		小计	增值税	营业税	企业所得税	个人所得税	资源税	城市维护建设税	耕地占用税
恒山区	4844	4099	1904	237	212	509	655	483	
滴道区	3778	3385	1541	429	171	154	421	384	161
城子河区	3170	2786	1223	546	151	265	108	278	
梨树区	1376	1246	570	236	66	116	129	100	
麻山区	1000	887	375	181	43	39	82	51	
鹤岗市小计	**77755**	**64388**	**20625**	**11637**	**7457**	**4044**	**5313**	**7569**	**9**
本级	51830	40890	12537	5257	3122	1887	4826	7236	
区县级小计	25925	23498	8088	6380	4335	2157	487	333	9
萝北县	7138	5925	1133	2059	536	569	482	224	
绥滨县	2811	2178	380	907	192	140	5	109	
南山区	3141	3098	1472	569	816	206			
向阳区	1930	1803	649	561	317	236			
工农区	2729	2710	923	937	335	392			
兴山区	1387	1195	553	124	412	93			
东山区	5068	4933	2198	987	1313	326			9
兴安区	1721	1656	780	236	414	195			
双鸭山市小计	**84468**	**65593**	**21217**	**12552**	**4972**	**4213**	**5397**	**8238**	**414**
本级	44903	35398	13727	4302	2952	1350	4587	4764	
区县级小计	39565	30195	7490	8250	2020	2863	810	3474	414
集贤县	10208	6271	1769	1379	1004	345	346	265	148
宝清县	11123	8218	1789	2178	326	1045	441	326	51
友谊县	2822	2104	286	954	115	235	18	169	
饶河县	3101	2428	326	1200	217	320	5	114	1
尖山区	3636	3428	648	1216	97	450		777	44
岭东区	3076	2703	1240	94	94	41		770	113
四方台区	1890	1757	663	144	50	203		607	57
宝山区	3709	3286	769	1085	117	224		446	
七台河市小计	**85911**	**70762**	**26182**	**9122**	**7815**	**2394**	**5223**	**8239**	**756**
本级	52651	42846	16049	3644	4716	785	3127	5538	188
区县级小计	33260	27916	10133	5478	3099	1609	2096	2701	568
勃利县	12041	9507	4300	1297	1061	514	369	646	
新兴区	6299	5324	2030	677	607	327	568	827	
桃山区	7150	6425	1917	2282	365	544	315	700	
茄子河区	7770	6660	1886	1222	1066	224	844	528	568
黑河市小计	**47185**	**33456**	**8561**	**8432**	**3100**	**2575**	**679**	**2689**	**464**
本级	15569	11084	3773	2343	1907	772	78	702	
区县级小计	31616	22372	4788	6089	1193	1803	601	1987	464

2-8-16　　　　单位:万元

地区	收支部分									
	收入									
	税收收入				非税收入					
	契税	烟叶税	其他各项税收收入	小计	专项收入	行政事业性收费收入	罚没收入	国有资本经营收入	国有资源(资产)有偿使用收入	其他收入
恒山区	27		72	745	188		555		2	
滴道区	84		40	393	168		223		2	
城子河区	166		49	384	148		234		2	
梨树区	15		14	130	41		87		2	
麻山区	7		109	113	33		79		1	
鹤岗市小计	**2791**	**100**	**4843**	**13367**	**4489**	**3945**	**4773**	**-26**	**186**	
本级	2201		3824	10940	4032	3594	3175	2	137	
区县级小计	590	100	1019	2427	457	351	1598	-28	49	
萝北县	411		511	1213	337	310	545		21	
绥滨县	150	100	195	633	120	25	506	-30	12	
南山区			35	43		5	35		3	
向阳区			40	127			124	2	1	
工农区			123	19		4	12		3	
兴山区			13	192		2	190			
东山区	29		71	135		5	122		8	
兴安区			31	65			64		1	
双鸭山市小计	**2976**	**1160**	**4454**	**18875**	**5888**	**2988**	**8280**	**1011**	**342**	**366**
本级	1494		2222	9505	3753	2339	2852		199	362
区县级小计	1482	1160	2232	9370	2135	649	5428	1011	143	4
集贤县	260	404	351	3937	983	43	1976	877	58	
宝清县	992	756	314	2905	844	317	1472	227	45	
友谊县	85		242	718	176	69	469		4	
饶河县	125		120	673	132	129	480	-93	25	
尖山区	9		187	208		55	150		3	
岭东区			351	373		36	331		2	4
四方台区	11		22	133			131		2	
宝山区			645	423			419		4	
七台河市小计	**3934**	**660**	**6437**	**15149**	**6012**	**2730**	**5655**	**510**	**202**	**40**
本级	3700		5099	9805	4254	2238	3002	200	111	
区县级小计	234	660	1338	5344	1758	492	2653	310	91	40
勃利县	234	660	426	2534	797	402	917	300	78	40
新兴区			288	975	381	22	563	5	4	
桃山区			302	725	300	68	348	5	4	
茄子河区			322	1110	280		825		5	
黑河市小计	**2882**		**4074**	**13729**	**4311**	**3546**	**5305**	**204**	**358**	**5**
本级	466		1043	4485	645	1737	2010		88	5
区县级小计	2416		3031	9244	3666	1809	3295	204	270	

2－8－17

单位：万元

地区	收支部分									
	支出功能分类									
	支出合计	一般公共服务	外交	国防	公共安全	教育	科学技术	文化体育与传媒	社会保障和就业	医疗卫生
恒山区	12961	3570			547	4255		15	580	363
滴道区	11644	2714			409	3459	11	13	2138	519
城子河区	10840	1949		12	510	3896	41	30	254	364
梨树区	6816	1314		5	238	2277		10	613	162
麻山区	3939	1318			175	1385	113		112	145
鹤岗市小计	**244590**	**50723**	**16**	**627**	**20914**	**49631**	**1459**	**5913**	**28122**	**15691**
本级	146420	21085		324	14006	31432	878	3557	22390	9165
区县级小计	98170	29638	16	303	6908	18199	581	2356	5732	6526
萝北县	36883	7061		252	2289	7287	337	1198	2546	2420
绥滨县	35874	5053	16	51	2073	10882	244	984	2819	2230
南山区	4505	3078			465			40	56	394
向阳区	2954	2178			400			23	28	301
工农区	3673	2696			465			28	32	197
兴山区	2302	1559			324			30	11	157
东山区	9128	6356			502	30		34	205	512
兴安区	2851	1657			390			19	35	315
双鸭山市小计	**314192**	**48466**	**14**	**338**	**23364**	**74380**	**932**	**7095**	**47451**	**17003**
本级	117498	12777			9232	31507	403	2686	21953	5366
区县级小计	196694	35689	14	338	14132	42873	529	4409	25498	11637
集贤县	53161	7456			3654	14095	100	533	6656	3012
宝清县	60950	9225		67	3360	12068	76	2015	12099	3446
友谊县	22400	2722		50	2227	7791	230	579	2219	1580
饶河县	35718	5557	14	206	2269	6947	123	1153	1971	2237
尖山区	5960	3414			676	711		7	380	206
岭东区	7100	2978		15	650	268		37	1336	290
四方台区	4608	1954			420	327		30	622	396
宝山区	6797	2383			876	666		55	215	470
七台河市小计	**200779**	**41471**		**613**	**15780**	**41255**	**925**	**4245**	**22704**	**10158**
本级	100668	19575		514	9191	19357	792	3312	12271	3678
区县级小计	100111	21896		99	6589	21898	133	933	10433	6480
勃利县	60972	9614		57	2995	11485	127	858	9766	4657
新兴区	14579	3261		42	1497	3734	6	62	298	629
桃山区	10135	4739			1029	2054		13	87	346
茄子河区	14425	4282			1068	4625			282	848
黑河市小计	**364151**	**66424**	**214**	**595**	**22773**	**71095**	**2413**	**6413**	**51282**	**21631**
本级	69435	18472		110	7862	6698	835	2193	7897	3823
区县级小计	294716	47952	214	485	14911	64397	1578	4220	43385	17808

2－8－18

单位:万元

地区	收支部分						平衡部分		
	支出功能分类						收入		
	环境保护	城乡社区事务	农林水事务	交通运输	工业、商业、金融等事务	其他支出	收入合计	本年收入	返还性收入小计
恒山区	1	398	974		2258		14895	4844	1666
滴道区		211	1075		1095		13025	3778	1460
城子河区	12	312	576		2884		11789	3170	1387
梨树区		255	517		1425		7481	1376	744
麻山区		79	382		230		4246	1000	417
鹤岗市小计	**1131**	**11251**	**22449**	**7030**	**27096**	**2537**	**264536**	**77755**	**26198**
本级	758	6734	7677	3304	25035	75	164366	51830	14907
区县级小计	373	4517	14772	3726	2061	2462	100170	25925	11291
萝北县	197	2061	5701	2148	1373	2013	37276	7138	3262
绥滨县	176	713	8162	1578	634	259	36076	2811	1764
南山区		472					4850	3141	1220
向阳区		24					3098	1930	780
工农区		90				165	4589	2729	1497
兴山区		221					2302	1387	437
东山区		580	909				9128	5068	1651
兴安区		356			54	25	2851	1721	680
双鸭山市小计	**2559**	**26487**	**33538**	**9385**	**17580**	**5600**	**334850**	**84468**	**26770**
本级	1268	14702	4867	972	11205	560	138861	44903	10111
区县级小计	1291	11785	28671	8413	6375	5040	195989	39565	16659
集贤县	255	2039	9104	3504	2131	622	53736	10208	4288
宝清县	537	3001	8888	879	1865	3424	61269	11123	4365
友谊县	238	1398	1106	1426	824	10	22507	2822	1374
饶河县	233	2150	8338	2604	1017	899	34012	3101	2071
尖山区	7	288	271				5960	3636	1554
岭东区		947	398		108	73	7100	3076	1175
四方台区		357	340		150	12	4608	1890	699
宝山区	21	1605	226		280		6797	3709	1133
七台河市小计	**4138**	**14962**	**17853**	**5130**	**14996**	**6549**	**204053**	**85911**	**24082**
本级	3547	7189	7015	1838	8571	3818	103216	52651	13931
区县级小计	591	7773	10838	3292	6425	2731	100837	33260	10151
勃利县	472	3340	9011	3249	4883	458	61642	12041	9743
新兴区	17	2444	135		300	2154	14609	6299	96
桃山区	27	996	204		521	119	10158	7150	222
茄子河区	75	993	1488	43	721		14428	7770	90
黑河市小计	**3362**	**18135**	**56239**	**24442**	**14192**	**4941**	**381079**	**47185**	**22938**
本级	418	5944	6938	1051	5879	1315	81192	15569	7365
区县级小计	2944	12191	49301	23391	8313	3626	299887	31616	15573

2－8－19

单位:万元

地区	平衡部分									
	收入									
	返还性收入		财力性转移支付收入							
	增值税和消费税税收返还	所得税基数返还	小计	体制补助	一般性转移支付补助	民族地区转移支付补助	调整工资转移支付补助	农村义务教育补助	农村税费改革补助	缓解县乡困难转移支付补助
恒山区	1418	248	2754		80		2227	49	234	125
滴道区	1188	272	2613		150		2043	27	195	159
城子河区	1268	119	1986		80		1674	11	165	22
梨树区	621	123	1946		570		1249	3	83	16
麻山区	327	90	1658		400		950	21	149	128
鹤岗市小计	**23773**	**2425**	**69411**		**5076**		**30949**	**639**	**8205**	**9775**
本级	13552	1355	25938				15848	120	994	1164
区县级小计	10221	1070	43473		5076		15101	519	7211	8611
萝北县	2946	316	18344		903		5570	207	3393	4750
绥滨县	1569	195	20552		4173		6576	312	3622	3831
南山区	1171	49	489				489			
向阳区	699	81	388				388			
工农区	1283	214	363				363			
兴山区	425	12	478				351			
东山区	1475	176	2409				939		196	30
兴安区	653	27	450				425			
双鸭山市小计	**25407**	**1363**	**127116**		**20526**		**47906**	**1955**	**15238**	**16000**
本级	9663	448	28095				16942	82	146	556
区县级小计	15744	915	99021		20526		30964	1873	15092	15444
集贤县	3897	391	26739		5928		9189	667	4087	3706
宝清县	4145	220	32344		5997		10120	808	6158	5132
友谊县	1330	44	13901		4332		4309	173	1266	2246
饶河县	1932	139	20998		4269		5878	225	2897	4360
尖山区	1433	121	644				109		186	
岭东区	1175		1720				683		63	
四方台区	699		1242				127		200	
宝山区	1133		1433				549		235	
七台河市小计	**23234**	**848**	**44501**		**5805**		**21209**	**1014**	**5393**	**3023**
本级	13697	234	3451		－11105		9609	365		722
区县级小计	9537	614	41050		16910		11600	649	5393	2301
勃利县	9537	206	24906		5805		8700	649	4285	2183
新兴区		96	7985		6513		1002		153	20
桃山区		222	2597		1566		740		70	20
茄子河区		90	5562		3026		1158		885	78
黑河市小计	**19337**	**3601**	**186975**		**42910**		**60716**	**2993**	**24248**	**18107**
本级	6322	1043	33225		6638		9849	35	336	288
区县级小计	13015	2558	153750		36272		50867	2958	23912	17819

2－8－20

单位:万元

地区	平衡部分									
	收入								支出	
	财力性转移支付收入									
	结算补助	企事业单位预算划转补助	其他财力性转移支付	专项转移支付	省补助计划单列市收入	上年结余	调入资金	国债转贷收入、上年结余及转补助数	支出合计	本年支出
恒山区	39			5623		8			14895	12961
滴道区	39			5174					13025	11644
城子河区	34			5246					11789	10840
梨树区	25			3415					7481	6816
麻山区	10			1171					4246	3939
鹤岗市小计	**14767**			**75258**		**15189**	**725**		**246637**	**244590**
本级	7812			56247		14719	725		146573	146420
区县级小计	6955			19011		470			100064	98170
萝北县	3521			8321		211			37240	36883
绥滨县	2038			10690		259			36006	35874
南山区									4850	4505
向阳区									3098	2954
工农区									4589	3673
兴山区	127								2302	2302
东山区	1244								9128	9128
兴安区	25								2851	2851
双鸭山市小计	**25491**			**84251**		**12096**	**149**		**316645**	**314192**
本级	10369			42079		13673			118928	117498
区县级小计	15122			42172		－1577	149		197717	196694
集贤县	3162			12297		55	149		53681	53161
宝清县	4129			13289		148			61201	60950
友谊县	1575			4350		60			22507	22400
饶河县	3369			9682		－1840			35863	35718
尖山区	349			126					5960	5960
岭东区	974			1129					7100	7100
四方台区	915			777					4608	4608
宝山区	649			522					6797	6797
七台河市小计	**8057**			**47693**		**1266**		**600**	**203309**	**200779**
本级	3860			31938		645		600	102874	100668
区县级小计	4197			15755		621			100435	100111
勃利县	3284			14368		584			61296	60972
新兴区	297			207		22			14579	14579
桃山区	201			178		11			10135	10135
茄子河区	415			1002		4			14425	14425
黑河市小计	**38001**			**115977**		**7642**		**362**	**369448**	**364151**
本级	16079			23754		917		362	72252	69435
区县级小计	21922			92223		6725			297196	294716

2－8－21　　　　单位:万元

地区	平衡部分									
	支出								年终结余	其中:净结余
	财力性转移支付			专项上解	计划单列市上解省	增设预算周转金	调出资金	国债转贷拨付数及年终结余		
	小计	体制上解	出口退税专项上解							
恒山区	838	838		1096						
滴道区	97	97		1284						
城子河区	77	77		872						
梨树区	665	665								
麻山区	83	83		224						
鹤岗市小计	**13**		**13**	**2019**			**15**		**17899**	**9**
本级	4		4	149					17793	9
区县级小计	9		9	1870			15		106	
萝北县	9		9	333			15		36	
绥滨县				132					70	
南山区				345						
向阳区				144						
工农区				916						
兴山区										
东山区										
兴安区										
双鸭山市小计	**54**		**54**	**2399**					**18205**	**－1494**
本级				1430					19933	
区县级小计	54		54	969					－1728	－1783
集贤县				520					55	
宝清县	21		21	230					68	68
友谊县	33		33	74						
饶河县				145					－1851	－1851
尖山区										
岭东区										
四方台区										
宝山区										
七台河市小计	**27**		**27**	**1903**				**600**	**744**	**735**
本级	9		9	1597				600	342	342
区县级小计	18		18	306					402	393
勃利县	18		18	306					346	337
新兴区									30	30
桃山区									23	23
茄子河区									3	3
黑河市小计	**906**		**906**	**3928**			**101**	**362**	**11631**	**475**
本级	789		789	1585			81	362	8940	144
区县级小计	117		117	2343			20		2691	331

2－8－22

单位:万元

地区	收支部分								
	收入								
	收入合计	税收收入							
		小计	增值税	营业税	企业所得税	个人所得税	资源税	城市维护建设税	耕地占用税
北安市	9321	6709	1590	1705	153	557	4	1019	
嫩江县	9296	7236	1638	1871	663	606	310	415	405
五大连池市	3028	2151	275	1065	96	179	4	125	2
逊克县	4912	2481	584	563	12	160	219	231	19
孙吴县	1545	1072	210	374	12	89	7	63	10
爱辉区	3514	2723	491	511	257	212	57	134	28
伊春市小计	**37626**	**27303**	**7479**	**6350**	**2379**	**1699**	**468**	**3756**	**305**
本级	27731	21401	6527	4602	1684	1324	222	3228	188
区县级小计	9895	5902	952	1748	695	375	246	528	117
铁力市	5388	4004	827	1218	235	245	26	473	
嘉荫县	4507	1898	125	530	460	130	220	55	117
大庆市小计	**649118**	**507578**	**61780**	**60660**	**57251**	**32682**	**4567**	**188008**	**4956**
本级	440883	328736	28336	35628	12373	14213		159232	1346
区县级小计	208235	178842	33444	25032	44878	18469	4567	28776	3610
林甸县	10626	7749	3436	1225	29	143	891	1300	19
肇洲县	26474	23735	4640	1664	12824	535	1469	807	611
肇源县	32221	27157	5533	2747	13105	425	1560	1452	1774
杜尔伯特自治县	20533	17721	7071	2370	4742	638	647	1124	73
萨尔图区	27773	24943	3692	4928	5304	3329		2738	229
让胡路区	38154	34371	3951	6817	5546	7690		4916	518
龙凤区	27165	22180	2135	3454	1691	2192		8526	242
红岗区	7760	6960	1312	788	625	2475		859	144
大同区	17529	14026	1674	1039	1012	1042		7054	
大兴安岭地区小计	**19457**	**14851**	**3674**	**4258**	**707**	**1150**	**600**	**1164**	**8**
本级	3822	1783	424	563	33	96	8	167	
区县级小计	15635	13068	3250	3695	674	1054	592	997	8
加格达奇区	6565	5420	1106	1518	355	632	5	450	7
呼玛县	1841	1469	367	475	34	62	216	100	1
塔河县	2605	2060	446	826	23	92	18	124	
漠河县	4624	4119	1331	876	262	268	353	323	
绥化市小计	**120038**	**90280**	**21269**	**19253**	**23498**	**4378**	**1907**	**8343**	**1021**
本级	18197	13859	2413	2955	1961	1036	1	3196	
区县级小计	101841	76421	18856	16298	21537	3342	1906	5147	1021
安达市	30009	24335	7500	3709	8819	593	686	1800	73
肇东市	37956	27658	5833	3653	11260	843	1161	2045	582
兰西县	3502	2469	588	1148	209	228		118	
青冈县	2568	2552	816	934	109	135	3	212	

二、各省、自治区、直辖市地市县一般预算财政资料

2－8－23

单位：万元

地区	收支部分									
	收入									
	税收收入			非税收入						
	契税	烟叶税	其他各项税收收入	小计	专项收入	行政事业性收费收入	罚没收入	国有资本经营收入	国有资源(资产)有偿使用收入	其他收入
北安市	300		1381	2612	469	620	1268	201	54	
嫩江县	630		698	2060	608	535	855		62	
五大连池市	126		279	877	117	354	375	3	28	
逊克县	299		394	2431	2175	109	102		45	
孙吴县	161		146	473	51	100	308		14	
爱辉区	900		133	791	246	91	387		67	
伊春市小计	**1103**		**3764**	**10323**	**2134**	**2108**	**4498**	**1274**	**296**	**13**
本级	869		2757	6330	1523	1330	3626	－360	211	
区县级小计	234		1007	3993	611	778	872	1634	85	13
铁力市	201		779	1384	230	478	623		53	
嘉荫县	33		228	2609	381	300	249	1634	32	13
大庆市小计	**24320**	**613**	**72741**	**141540**	**99642**	**19916**	**12765**	**1695**	**2868**	**4654**
本级	23521		54087	112147	84235	15987	7324	414	2196	1991
区县级小计	799	613	18654	29393	15407	3929	5441	1281	672	2663
林甸县	284		422	2877	821	223	1308	28	103	394
肇洲县	12	613	560	2739	1252	375	1049		63	
肇源县	169		392	5064	2210	648	685		36	1485
杜尔伯特自治县	328		728	2812	919	351	734	763	45	
萨尔图区			4723	2830	1207	1026	315	218	55	9
让胡路区	4		4929	3783	2123	890	575		195	
龙凤区	2		3938	4985	3685	235	195	24	71	775
红岗区			757	800	397	136	251		16	
大同区			2205	3503	2793	45	329	248	88	
大兴安岭地区小计	**439**		**2851**	**4606**	**953**	**802**	**2362**	**216**	**253**	**20**
本级	52		440	2039	162	357	1339	100	81	
区县级小计	387		2411	2567	791	445	1023	116	172	20
加格达奇区	265		1082	1145	286	195	598		46	20
呼玛县	37		177	372	130	40	138	－4	68	
塔河县	60		471	545	128	94	182	120	21	
漠河县	25		681	505	247	116	105		37	
绥化市小计	**2724**	**1071**	**6816**	**29758**	**5965**	**4073**	**15298**	**3687**	**455**	**280**
本级	926		1371	4338	1027	6	3100		98	107
区县级小计	1798	1071	5445	25420	4938	4067	12198	3687	357	173
安达市	299		856	5674	1305	409	2722	1177	47	14
肇东市	692		1589	10298	2122	1775	1988	4287	43	83
兰西县	35		143	1033	107	41	862		23	
青冈县	52		291	16	149	357	1245	－1767	32	

2－8－24

单位：万元

地区	收支部分									
	支出功能分类									
	支出合计	一般公共服务	外交	国防	公共安全	教育	科学技术	文化体育与传媒	社会保障和就业	医疗卫生
北安市	83542	10627			3905	16497	1005	731	25485	3637
嫩江县	59173	9894		181	3938	15168	203	865	4745	3642
五大连池市	42608	7702			2242	11045	110	882	3949	3900
逊克县	38008	9333	17		2037	6375	71	637	2242	2085
孙吴县	31178	4206	197	81	1627	6581	86	636	2872	1867
爱辉区	40207	6190		223	1162	8731	103	469	4092	2677
伊春市小计	**285930**	**45043**		**542**	**21297**	**34321**	**2714**	**6598**	**52398**	**11053**
本级	203076	32302		202	17161	19378	2065	4948	42918	7040
区县级小计	82854	12741		340	4136	14943	649	1650	9480	4013
铁力市	46861	6493			2674	9648	243	971	7347	2281
嘉荫县	35993	6248		340	1462	5295	406	679	2133	1732
大庆市小计	**1012006**	**143859**		**1511**	**79919**	**213553**	**13799**	**13486**	**87505**	**54660**
本级	597367	59202		1159	59633	130473	10136	8678	33588	22837
区县级小计	414639	84657		352	20286	83080	3663	4808	53917	31823
林甸县	42351	6764		89	2881	8054	381	768	6656	2694
肇州县	65220	10612		59	2800	13921	651	563	13372	5115
肇源县	76690	9521		10	3207	18313	343	1056	14433	4527
杜尔伯特自治县	62044	12872			3454	13720	261	1705	4610	2928
萨尔图区	34341	7664			2196	5808	477	131	4129	3000
让胡路区	46450	13902			2119	4939	545	136	2763	6251
龙凤区	33282	8907		109	1391	5734	554	125	2724	2209
红岗区	16151	6934		85	1209	1702	20	40	345	1970
大同区	38110	7481			1029	10889	431	284	4885	3129
大兴安岭地区小计	**132346**	**23102**	**50**	**214**	**9471**	**11889**	**657**	**4048**	**18361**	**5602**
本级	61639	8704		129	3420	2750	498	2068	8350	1271
区县级小计	70707	14398	50	85	6051	9139	159	1980	10011	4331
加格达奇区	20668	3291		53	3088	5026	54	219	3007	1481
呼玛县	24929	6355	20		1490	3158	80	851	1548	1791
塔河县	11425	1991	15		437	656	7	379	2513	546
漠河县	13685	2761	15	32	1036	299	18	531	2943	513
绥化市小计	**784566**	**111491**		**541**	**46116**	**206322**	**3528**	**9713**	**85701**	**47880**
本级	65010	14721		172	7577	11325	415	1246	4077	4480
区县级小计	719556	96770		369	38539	194997	3113	8467	81624	43400
安达市	82661	12791		99	6027	21742	1024	1002	5800	4449
肇东市	128743	19024		100	6577	28990	239	1879	7793	5936
兰西县	58580	9364			2910	13095	65	572	13795	3994
青冈县	54544	8664			3687	16351	158	669	6353	3260

二、各省、自治区、直辖市地市县一般预算财政资料

2－8－25

单位:万元

地区	收支部分						平衡部分		
	支出功能分类						收入		
	环境保护	城乡社区事务	农林水事务	交通运输	工业、商业、金融等事务	其他支出	收入合计	本年收入	返还性收入 小计
北安市	1303	3752	8633	6029	1557	381	85085	9321	7121
嫩江县	363	2012	10566	5045	1545	1006	59589	9296	2239
五大连池市	226	1748	5839	3364	1179	422	43189	3028	1227
逊克县	138	2220	8310	2548	1371	624	38284	4912	2164
孙吴县	395	1332	6999	3125	594	580	31549	1545	1162
爱辉区	519	1127	8954	3280	2067	613	42191	3514	1660
伊春市小计	**4654**	**10982**	**63648**	**15781**	**15069**	**1830**	**285612**	**37626**	**9274**
本级	3800	5436	48410	7762	10436	1218	202145	27731	6481
区县级小计	854	5546	15238	8019	4633	612	83467	9895	2793
铁力市	195	3334	9028	3200	1434	13	47284	5388	1860
嘉荫县	659	2212	6210	4819	3199	599	36183	4507	933
大庆市小计	**11496**	**117254**	**73070**	**17006**	**52923**	**131965**	**1023330**	**649118**	**60546**
本级	8707	69196	28864	8210	34264	122420	572147	440883	－2547
区县级小计	2789	48058	44206	8796	18659	9545	451183	208235	63093
林甸县	723	1476	8249	1571	1461	584	42844	10626	4429
肇洲县	158	5282	5780	4089	2734	84	65698	26474	5665
肇源县	345	6801	10808	1853	4598	875	77287	32221	9090
杜尔伯特自治县	603	3340	11378	1283	5823	67	62180	20533	13766
萨尔图区	180	4488	523		50	5695	46699	27773	9618
让胡路区	197	8352	3498		2948	800	55420	38154	6998
龙凤区	424	9848	651		350	256	43044	27165	8346
红岗区	64	2570	904		101	207	17999	7760	3246
大同区	95	5901	2415		594	977	40012	17529	1935
大兴安岭地区小计	**1884**	**9943**	**16661**	**24995**	**3435**	**2034**	**144471**	**19457**	**5854**
本级	1626	1479	5241	23942	2131	30	63657	3822	180
区县级小计	258	8464	11420	1053	1304	2004	80814	15635	5674
加格达奇区	73	2830	1105	237	204		21146	6565	3513
呼玛县	109	2293	5239	339	487	1169	25123	1841	1042
塔河县	38	1052	2902	118	197	574	15553	2605	431
漠河县	38	2289	2174	359	416	261	18992	4624	688
绥化市小计	**6748**	**37683**	**111452**	**58592**	**50604**	**8195**	**796665**	**120038**	**59667**
本级	3345	9488	4152	1366	1813	833	67642	18197	12337
区县级小计	3403	28195	107300	57226	48791	7362	729023	101841	47330
安达市	256	5855	12409	7285	1526	2396	84063	30009	15598
肇东市	722	5215	16003	6033	29787	445	131637	37956	7956
兰西县	172	1183	8855	2743	1212	620	58813	3502	2758
青冈县	215	2288	8337	2883	1679		54914	2568	3160

2-8-26

单位:万元

地区	平衡部分									
	收入									
	返还性收入		财力性转移支付收入							
	增值税和消费税税收返还	所得税基数返还	小计	体制补助	一般性转移支付补助	民族地区转移支付补助	调整工资转移支付补助	农村义务教育补助	农村税费改革补助	缓解县乡困难转移支付补助
北安市	6131	990	31713		7031		11932	955	4347	3478
嫩江县	1581	658	32291		3033		10306	820	9234	5573
五大连池市	904	323	27591		7479		8702	551	4275	3847
逊克县	1969	195	20350		5805		6423	220	2287	2168
孙吴县	1000	162	19149		6771		6756	252	1734	1101
爱辉区	1430	230	22656		6153		6748	160	2035	1652
伊春市小计	**6908**	**2366**	**145520**		**22042**		**33967**	**1055**	**7097**	**4519**
本级	5042	1439	104420		10115		21548	319	3299	896
区县级小计	1866	927	41100		11927		12419	736	3798	3623
铁力市	994	866	26424		8217		8444	552	2127	2281
嘉荫县	872	61	14676		3710		3975	184	1671	1342
大庆市小计	**43738**	**16808**	**212575**		**1928**		**59621**	**4089**	**16956**	**10642**
本级	-9288	6741	85369				-1317	674	8	
区县级小计	53026	10067	127206		1928		60938	3415	16948	10642
林甸县	4054	375	14881		1277		5933	663	3352	1723
肇洲县	5233	432	22685		651		9962	1112	4306	2985
肇源县	8631	459	21174				9629	1066	4363	2721
杜尔伯特自治县	13302	464	14193				7363	574	2744	1543
萨尔图区	7287	2331	9258				6123		25	46
让胡路区	4341	2657	10136				4653		223	65
龙凤区	7110	1236	7483				4614		159	101
红岗区	1882	1364	6898				3803		240	113
大同区	1186	749	20498				8858		1536	1345
大兴安岭地区小计	**5214**	**640**	**57942**		**12238**		**13810**	**449**	**7730**	**2898**
本级	106	74	21685		802		4515	2	2687	834
区县级小计	5108	566	36257		11436		9295	447	5043	2064
加格达奇区	3158	355	7480		1038		4493	281	196	439
呼玛县	960	82	14209		5732		3439	123	1457	766
塔河县	370	61	7402		2674		692	31	1612	568
漠河县	620	68	7166		1992		671	12	1778	291
绥化市小计	**50196**	**9471**	**369393**		**83140**		**127869**	**13335**	**55807**	**35140**
本级	12041	296	21724		5469		9446			5
区县级小计	38155	9175	347669		77671		118423	13335	55807	35135
安达市	12009	3589	20511				10286	1176	3488	2554
肇东市	7155	801	35942				13329	2522	7785	5522
兰西县	2425	333	34577		10629		11413	1163	5650	2222
青冈县	2655	505	33203		10066		10368	1108	5728	2834

二、各省、自治区、直辖市地市县一般预算财政资料

2-8-27

单位:万元

地区	平衡部分									
	收入								支出	
	财力性转移支付收入									
	结算补助	企事业单位预算划转补助	其他财力性转移支付	专项转移支付	省补助计划单列市收入	上年结余	调入资金	国债转贷收入、上年结余及转补助数	支出合计	本年支出
北安市	3970			31170		5760			84453	83542
嫩江县	3325			15565		198			59589	59173
五大连池市	2737			11119		224			42948	42608
逊克县	3447			10694		164			38263	38008
孙吴县	2535			9599		94			31463	31178
爱辉区	5908			14076		285			40480	40207
伊春市小计	**76840**			**95826**		**-3484**	**850**		**290118**	**285930**
本级	68243			66391		-3728	850		206651	203076
区县级小计	8597			29435		244			83467	82854
铁力市	4803			13538		74			47284	46861
嘉荫县	3794			15897		170			36183	35993
大庆市小计	**119339**			**99518**		**1543**	**30**		**1021445**	**1012006**
本级	86004			47750		692			570587	597367
区县级小计	33335			51768		851	30		450858	414639
林甸县	1933			12796		82	30		42760	42351
肇洲县	3669			10794		80			65698	65220
肇源县	3395			14702		100			77188	76690
杜尔伯特自治县	1969			13476		212			62174	62044
萨尔图区	3064					50			46699	34341
让胡路区	5195					132			55284	46450
龙凤区	2609					50			43044	33282
红岗区	2742					95			17999	16151
大同区	8759					50			40012	38110
大兴安岭地区小计	**20817**			**56925**		**4293**			**141798**	**132346**
本级	12845			37231		739			63435	61639
区县级小计	7972			19694		3554			78363	70707
加格达奇区	1033			3305		283			20968	20668
呼玛县	2692			7181		850			25103	24929
塔河县	1825			4378		737			14658	11425
漠河县	2422			4830		1684			17634	13685
绥化市小计	**51345**		**2757**	**244356**		**2718**	**493**		**791789**	**784566**
本级	6804			13921		1463			65835	65010
区县级小计	44541		2757	230435		1255	493		725954	719556
安达市	3007			17945					83389	82661
肇东市	6784			49201		582			129460	128743
兰西县	3500			17685		91	200		58813	58580
青冈县	3099			15702		281			55024	54544

2－8－28 单位:万元

地区	平衡部分										
	支出									年终结余	其中:净结余
	财力性转移支付			专项上解	计划单列市上解省	增设预算周转金	调资	出金	国债转贷拨付数及年终结余		
	小计	体制上解	出口退税专项上解								
北安市	**24**		**24**	**887**						**632**	
嫩江县				416							
五大连池市	15		15	325						241	191
逊克县				255						21	21
孙吴县	78		78	207						86	86
爱辉区				253				20		1711	33
伊春市小计	**474**		**474**	**3714**						**－4506**	**－4506**
本级	418		418	3157						－4506	－4506
区县级小计	56		56	557							
铁力市	36		36	387							
嘉荫县	20		20	170							
大庆市小计	**47**		**47**	**9392**						**1885**	**1885**
本级				－26780						1560	1560
区县级小计	47		47	36172						325	325
林甸县	5		5	404						84	84
肇洲县				478							
肇源县	42		42	456						99	99
杜尔伯特自治县				130						6	6
萨尔图区				12358							
让胡路区				8834						136	136
龙凤区				9762							
红岗区				1848							
大同区				1902							
大兴安岭地区小计	**16**		**16**	**9436**						**2673**	**819**
本级	9		9	1787						222	2
区县级小计	7		7	7649						2451	817
加格达奇区	7		7	293						178	114
呼玛县				174						20	
塔河县				3233						895	703
漠河县				3949						1358	
绥化市小计	**80**		**80**	**7093**		**50**				**4876**	**1142**
本级	36		36	739		50				1807	20
区县级小计	44		44	6354						3069	1122
安达市				728						674	674
肇东市				717						2177	604
兰西县				233							
青冈县				480						－110	－254

二、各省、自治区、直辖市地市县一般预算财政资料

2－8－29

单位:万元

地区	收支部分								
	收入								
	收入合计	税收收入							
		小计	增值税	营业税	企业所得税	个人所得税	资源税	城市维护建设税	耕地占用税
明水县	3162	2087	650	595	31	146		225	
海伦市	5734	3612	681	1185	113	325		249	28
望奎县	3030	2052	446	870	116	110	2	135	
绥棱县	2844	1927	410	776	36	154		133	
庆安县	4058	2733	744	1103	89	203	5	171	
北林区	8978	6996	1188	2325	755	605	49	59	338

2－8－30 单位：万元

地区	收支部分									
	收入									
	税收收入			非税收入						
	契税	烟叶税	其他各项税收收入	小计	专项收入	行政事业性收费收入	罚没收入	国有资本经营收入	国有资源(资产)有偿使用收入	其他收入
明水县	21		419	1075	107	113	765		18	72
海伦市	277		754	2122	265	478	1300	35	44	
望奎县	171	50	152	978	108	174	721	－47	22	
绥棱县	124	21	273	917	96	48	730		43	
庆安县	95		323	1325	134	200	946		45	
北林区	32	1000	645	1982	545	472	919	2	40	4

2-8-31　　单位:万元

地区	收支部分									
	支出功能分类									
	支出合计	一般公共服务	外交	国防	公共安全	教育	科学技术	文化体育与传媒	社会保障和就业	医疗卫生
明水县	52762	6397			2971	14147	209	638	4737	3109
海伦市	83346	8982		34	4179	28297	418	851	9343	6124
望奎县	62751	8683			3158	18392	127	829	6437	4234
绥棱县	49543	5781		78	2767	11732	89	702	5689	3074
庆安县	61238	6937		58	3709	15898	581	838	5989	3692
北林区	85388	10147			2554	26353	203	487	15688	5528

2－8－32

单位:万元

地区	收支部分						平衡部分		
	支出功能分类						收入		
	环境保护	城乡社区事务	农林水事务	交通运输	工业、商业、金融等事务	其他支出	收入合计	本年收入	返还性收入 小计
明水县	391	1788	8715	3901	5568	191	53170	3162	2543
海伦市	523	2842	13159	6154	1487	953	84243	5734	3413
望奎县	310	2317	11762	5250	1243	9	63278	3030	2173
绥棱县	461	3051	8073	6018	2028		50097	2844	2158
庆安县	205	2101	7525	10577	2644	484	62372	4058	3205
北林区	148	1555	12462	6382	1617	2264	86436	8978	4366

2－8－33

单位:万元

地区	平衡部分									
	收入									
	返还性收入		财力性转移支付收入							
	增值税和消费税税收返还	所得税基数返还	小计	体制补助	一般性转移支付补助	民族地区转移支付补助	调整工资转移支付补助	农村义务教育补助	农村税费改革补助	缓解县乡困难转移支付补助
明水县	2093	450	29745		9125		9837	884	4573	2198
海伦市	2696	717	50686		11700		17593	1923	9500	4965
望奎县	1872	301	36661		11505		12013	1070	5566	3153
绥棱县	1608	550	27913		9024		8268	634	3890	2904
庆安县	2307	898	32082		7575		11220	953	5072	4074
北林区	3335	1031	46349		8047		14096	1902	7312	4709

2-8-34

单位:万元

地区	平衡部分									
	收入								支出	
	财力性转移支付收入									
	结算补助	企事业单位预算划转补助	其他财力性转移支付	专项转移支付	省补助计划单列市收入	上年结余	调入资金	国债转贷收入、上年结余及转补助数	支出合计	本年支出
明水县	3128			17632		88			53170	52762
海伦市	5005			24195			215		84225	83346
望奎县	3354			21265		149			63250	62751
绥棱县	3193			17118		64			50097	49543
庆安县	3188			22949			78		62133	61238
北林区	10283			26743					86393	85388

2－8－35　　　　单位:万元

地区	平衡部分 支出 财力性转移支付 小计	体制上解	出口退税专项上解	专项上解	计划单列市上解省	增设预算周转金	调出资金	国债转贷拨付数及年终结余	年终结余	其中:净结余
明水县				408						
海伦市				879					18	18
望奎县	1		1	498					28	28
绥棱县	1		1	553						
庆安县	6		6	889					239	9
北林区	36		36	969					43	43

2007 年上海市区县财政一般预算收支平衡表

2－9－1　　　　单位:万元

地区	收支部分								
	收入								
	收入合计	税收收入							
		小计	增值税	营业税	企业所得税	个人所得税	资源税	城市维护建设税	耕地占用税
区县级小计	**10195805**	**9947514**	**1412891**	**3536783**	**1814209**	**946853**		**218840**	
黄浦区	459638	444685	29163	169987	79639	55460		13935	
卢湾区	335042	328645	32407	125424	46217	55854		5942	
徐汇区	640163	623918	51063	247678	102962	81090		16996	
长宁区	460888	451942	25724	177881	58971	46476		10560	
普陀区	369800	354923	35488	127952	68988	22733		11595	
静安区	406818	399364	26763	143403	73147	55611		8434	
闸北区	301016	290435	30205	118413	43542	24464		12100	
虹口区	353508	331716	21324	133720	67114	22249		11896	
杨浦区	353407	336857	34091	130242	54130	23081		14136	
宝山区	521505	497776	61549	173580	92216	25478		20213	
闵行区	856592	832466	167179	245370	159663	66114		20266	
嘉定区	505185	488722	129203	139980	106593	30998		6168	
浦东新区	2607957	2635146	402357	914202	514825	320501		37326	
金山区	228167	216187	48455	73854	47590	12023		5795	
松江区	539962	525256	91094	182579	95737	31983		6257	
青浦区	397257	384135	96300	118138	88020	24393		3645	
南汇区	414384	390819	62382	132148	47611	19787		4679	
奉贤区	259356	237114	51648	78113	42480	17730		3824	
崇明县	185160	177408	16496	104119	24764	10828		5073	

2－9－2

单位:万元

地区	收支部分									
	收入									
	税收收入			非税收入						
	契税	烟叶税	其他各项税收收入	小计	专项收入	行政事业性收费收入	罚没收入	国有资本经营收入	国有资源(资产)有偿使用收入	其他收入
区县级小计	**982706**		**1035232**	**248291**	**11505**	**115264**	**137860**	**－59700**	**29495**	**13867**
黄浦区	31301		65200	14953	276	4985	3664		2506	3522
卢湾区	27992		34809	6397	93	2211	3342		758	－7
徐汇区	54549		69580	16245	279	7391	6789		1629	157
长宁区	69207		63123	8946	22	4259	1535		2102	1028
普陀区	44280		43887	14877	153	4857	9044		823	
静安区	33068		58938	7454	40	1968	2787		2256	403
闸北区	27469		34242	10581	62	6225	3888		406	
虹口区	36817		38596	21792	59	4119	6302		6843	4469
杨浦区	41723		39454	16550	552	5199	10724		75	
宝山区	54348		70392	23729	763	9215	9893		1910	1948
闵行区	102219		71655	24126	900	7560	11212		2953	1501
嘉定区	41431		34349	16463	477	4561	9971		1431	23
浦东新区	227761		218174	－27189	2663	17996	9635	－59700	2217	
金山区	12775		15695	11980	1242	3832	6499		360	47
松江区	70614		46992	14706	626	4942	7331		1773	34
青浦区	32950		20689	13122	541	3588	8018		806	169
南汇区	49024		75188	23565	1051	14106	8004		394	10
奉贤区	20366		22953	22242	285	5370	16361		144	82
崇明县	4812		11316	7752	1421	2880	2861		109	481

2－9－3 单位:万元

地区	收支部分									
	支出功能分类									
	支出合计	一般公共服务	外交	国防	公共安全	教育	科学技术	文化体育与传媒	社会保障和就业	医疗卫生
区县级小计	**14221935**	**1230726**		**4911**	**901356**	**1778054**	**402899**	**237300**	**1429416**	**583676**
黄浦区	634288	41184		1051	60093	106555	13752	6075	49332	21979
卢湾区	419090	36488			44128	65971	11219	17942	27776	19737
徐汇区	766896	42987		1389	48872	92777	32879	3945	78366	28912
长宁区	578945	36361		86	51114	67989	28198	11622	40011	25763
普陀区	556271	54921		410	58717	86899	8965	9434	41314	29851
静安区	490864	29446			31914	70710	14937	6897	26672	14177
闸北区	470327	54691			44891	65663	11468	10670	37920	20507
虹口区	552063	43669			48439	85144	7848	13636	35122	19384
杨浦区	572500	38070			52868	81617	22006	5648	66444	24568
宝山区	790673	61317			54431	129664	4742	12980	68996	38344
闵行区	1016083	118554			59509	127987	39849	26449	143470	41988
嘉定区	791388	93682			47309	84669	4787	11501	70461	27623
浦东新区	2871597	156000			117044	269374	160457	51724	306151	82030
金山区	474966	66889			28855	66519	1764	9102	51147	27873
松江区	807083	106467			39014	83437	7058	10863	141737	50019
青浦区	667137	75468		1137	31123	64629	13670	9363	69392	25476
南汇区	679433	69485			30822	83899	2703	9068	78740	34036
奉贤区	487721	58700		838	31514	73045	14897	4485	39457	20038
崇明县	594610	46347			20699	71506	1700	5896	56908	31371

二、各省、自治区、直辖市地市县一般预算财政资料

2-9-4

单位:万元

地区	收支部分						平衡部分		
	支出功能分类						收入		
	环境保护	城乡社区事务	农林水事务	交通运输	工业、商业、金融等事务	其他支出	收入合计	本年收入	返还性收入 小计
区县级小计	**101487**	**3556222**	**437252**	**53969**	**2524971**	**979696**	**15712731**	**10195805**	**1747991**
黄浦区	991	69420			106881	156975	715984	459638	125565
卢湾区	1201	75939			48884	69805	456022	335042	61093
徐汇区	12635	355340			53923	14871	813953	640163	70262
长宁区	1244	262305	1504		32100	20648	629961	460888	67310
普陀区	2900	179984	172	78	53296	29330	608626	369800	31769
静安区	1187	165048		364	70756	58756	544493	406818	65101
闸北区	849	130238	390		87862	5178	496470	301016	61623
虹口区	1496	203179		9510	72914	11722	587777	353508	67016
杨浦区	1530	194763	1210		71318	12458	602872	353407	61664
宝山区	5841	118137	34207	1725	183722	76567	829946	521505	87736
闵行区	30876	191362	34143	2936	167628	31332	1132822	856592	119982
嘉定区	9917	140904	23617	15938	225951	35029	864982	505185	121522
浦东新区	10699	1110609	107428	10342	445927	43812	3441585	2607957	385405
金山区	3744	30617	37646	1752	112966	36092	497943	228167	66523
松江区	2743	113000	51460	4055	138149	59081	912447	539962	78823
青浦区	6132	98842	32582	3965	196483	38875	701493	397257	97474
南汇区	2419	30898	44917	1851	135173	155422	734262	414384	72818
奉贤区	2935	60308	34555		135328	11621	520784	259356	66644
崇明县	2148	25329	33421	1453	185710	112122	620309	185160	39661

2－9－5

单位:万元

地区	平衡部分									
	收入									
	返还性收入		财力性转移支付收入							
	增值税和消费税税收返还	所得税基数返还	小计	体制补助	一般性转移支付补助	民族地区转移支付补助	调整工资转移支付补助	农村义务教育补助	农村税费改革补助	缓解县乡困难转移支付补助
区县级小计	**862555**	**885436**	**3047110**	**2057906**	**515842**				**31229**	**51488**
黄浦区	62734	62831	113171	98042	－378					
卢湾区	28121	32972	46193	40177	26					
徐汇区	29687	40575	67369	46073	393					
长宁区	25261	42049	57681	48417						
普陀区		31769	185457	144411	38335					
静安区	27884	37217	44526	40488	119					
闸北区	34989	26634	119766	78152	30518					
虹口区	31516	35500	107509	87912	6391					
杨浦区	37644	24020	156550	102998	30835					
宝山区	48017	39719	201363	190085					3061	
闵行区	61797	58185	101562	81586	553					
嘉定区	71334	50188	206069	163939	1869					
浦东新区	159062	226343	266458	206890	1015					
金山区	36676	29847	185326	95298					4725	51488
松江区	39643	39180	230014	173340	1296				2050	
青浦区	46881	50593	190774	169476	1488				1400	
南汇区	52797	20021	212788	122822	43763				4736	
奉贤区	41125	25519	175896	105864	53774				5527	
崇明县	27387	12274	378638	61936	305845				9730	

二、各省、自治区、直辖市地市县一般预算财政资料

2-9-6　　　　　　　　　　　　　　　　　　　　单位:万元

地区	平衡部分									
	收入								支出	
	财力性转移支付收入			专项转移支付	省补助计划单列市收入	上年结余	调入资金	国债转贷收入、上年结余及转补助数	支出合计	本年支出
	结算补助	企事业单位预算划转补助	其他财力性转移支付							
区县级小计	**316776**	**66554**	**7315**	**241527**		**469788**	**10510**		**14873421**	**14221935**
黄浦区	10780	4727		8937		8673			707247	634288
卢湾区	2979	3011		5146		8548			443338	419090
徐汇区	13909	6994		15432		20727			792012	766896
长宁区		4660	4604	10818		28138	5126		599345	578945
普陀区			2711	13967		7633			577070	556271
静安区	710	3209		6562		21486			515202	490864
闸北区	6739	4357		11653		2412			494024	470327
虹口区	5357	7849		15340		44404			580182	552063
杨浦区	18585	4132		20762		5325	5164		595470	572500
宝山区	3860	4357		14003		5339			821367	790673
闵行区	14473	4950		14425		40261			1053268	1016083
嘉定区	37994	2267		8439		23767			829934	791388
浦东新区	47480	11073		30037		151728			3008252	2871597
金山区	32667	1148		11274		6653			491198	474966
松江区	51996	1332		9728		53920			831445	807083
青浦区	17897	513		8636		7132	220		693027	667137
南汇区	40480	987		13923		20349			712791	679433
奉贤区	10283	448		11600		7288			513425	487721
崇明县	587	540		10845		6005			614824	594610

2－9－7 单位：万元

地区	平衡部分									
	支出								年终结余	其中：净结余
	财力性转移支付			专项上解	计划单列市上解省	增设预算周转金	调出资金	国债转贷拨付数及年终结余		
	小计	体制上解	出口退税专项上解							
区县级小计	**529554**	**385894**	**143660**	**108932**		**13000**			**839310**	**839310**
黄浦区	62638	62638		6321		4000			8737	8737
卢湾区	19167	17760	1407	5081					12684	12684
徐汇区	21263	19039	2224	3853					21941	21941
长宁区	13824	11229	2595	6576					30616	30616
普陀区	15756	15756		5043					31556	31556
静安区	20279	18248	2031	4059					29291	29291
闸北区	20453	18287	2166	3244					2446	2446
虹口区	18563	18563		2556		7000			7595	7595
杨浦区	18303	17334	969	2667		2000			7402	7402
宝山区	20832	20832		9862					8579	8579
闵行区	31987	19365	12622	5198					79554	79554
嘉定区	34520	20912	13608	4026					35048	35048
浦东新区	115798	35383	80415	20857					433333	433333
金山区	12789	9914	2875	3443					6745	6745
松江区	20929	12203	8726	3433					81002	81002
青浦区	12396	12396		13494					8466	8466
南汇区	29822	22674	7148	3536					21471	21471
奉贤区	22740	16923	5817	2964					7359	7359
崇明县	17495	16438	1057	2719					5485	5485

二、各省、自治区、直辖市地市县一般预算财政资料

2007 年江苏省地市县财政一般预算收支平衡表

2－10－1

单位:万元

地区	收支部分								
	收入								
	收入合计	税收收入							
		小计	增值税	营业税	企业所得税	个人所得税	资源税	城市维护建设税	耕地占用税
地市县合计	**20073808**	**17111974**	**4132742**	**4823476**	**2491030**	**896565**	**43206**	**1071142**	**147576**
南京市小计	**3301883**	**2884198**	**511363**	**941091**	**469437**	**163696**	**8685**	**201602**	**17953**
本级	1176732	920736	204125	47149	144905	22485	5845	164804	290
区县级小计	2125151	1963462	307238	893942	324532	141211	2840	36798	17663
玄武区	173293	163608	22101	82598	29531	17694			
白下区	181949	167502	26508	74885	29941	18375			
秦淮区	65480	60070	15627	26895	8677	4469			
建邺区	135545	132735	9734	90385	20605	6344			
鼓楼区	239047	235926	33565	107706	45784	30163			
下关区	94938	90977	15212	44086	21661	4870			
浦口区	189667	177366	15420	91933	30053	6790	260	7608	666
栖霞区	149671	142494	27279	68295	24587	7924			7940
雨花台区	120639	114775	38301	45420	14659	8979			2226
江宁区	450819	410628	58135	154897	64561	22770	2046	14573	3005
六合区	182920	148931	22630	63296	18657	7704	433	7855	423
溧水县	65008	52699	13503	14215	5957	2135	81	3227	3321
高淳县	76175	65751	9223	29331	9859	2994	20	3535	82
无锡市小计	**3005829**	**2608497**	**702815**	**618211**	**397530**	**153457**	**2102**	**155692**	**19435**
本级	755803	667943	166824	132887	97498	42635		26726	1325
区县级小计	2250026	1940554	535991	485324	300032	110822	2102	128966	18110
崇安区	141216	132734	17087	51270	27421	9469		7206	210
南长区	104986	98857	22796	37028	15093	5117		7517	173
北塘区	110562	93087	22575	31502	17260	4500		7286	168
锡山区	212843	186689	50292	39183	30593	10972		12147	2965
惠山区	271724	230441	67894	47391	33498	13038		15766	661
滨湖区	285202	268935	56681	92351	42448	14895		17480	3180
江阴市	823335	659088	218351	122237	105922	40054		37812	6071
宜兴市	300158	270723	80315	64362	27797	12777	2102	23752	4682
徐州市小计	**1003791**	**805707**	**196263**	**227805**	**92939**	**29356**	**11888**	**103337**	**1615**
本级	363739	262616	95051	41799	29454	9828	2267	66487	
区县级小计	640052	543091	101212	186006	63485	19528	9621	36850	1615
鼓楼区	42613	40497	4885	13671	4069	1931		2782	
云龙区	56486	53066	4363	21384	4002	1217		3056	
九里区	23708	22041	6136	5509	2488	1753	491	2713	
贾汪区	35542	27343	9282	6356	2245	1658	1295	2807	118
泉山区	84049	82075	5869	36637	5790	2283		5196	
丰县	34948	28302	6468	11181	2379	1116	327	1835	77

2－10－2　　　　单位:万元

地区	收支部分									
	收入									
	税收收入			非税收入						
	契税	烟叶税	其他各项税收收入	小计	专项收入	行政事业性收费收入	罚没收入	国有资本经营收入	国有资源(资产)有偿使用收入	其他收入
地市县合计	**1594174**		**1912063**	**2961834**	**680661**	**846562**	**641442**	**730916**	**50111**	**12142**
南京市小计	**258836**		**311535**	**417685**	**118206**	**140335**	**119357**	**30824**	**8893**	**70**
本级	203004		128129	255996	93189	84214	69233	3041	6305	14
区县级小计	55832		183406	161689	25017	56121	50124	27783	2588	56
玄武区			11684	9685		1556	4210	3472	447	
白下区			17793	14447		2277	4389	7425	356	
秦淮区			4402	5410		1052	2211	2126	21	
建邺区			5667	2810		941	1592	150	113	14
鼓楼区			18708	3121		1030	1956		135	
下关区			5148	3961		548	1292	2080	25	16
浦口区	500		24136	12301	4846	3876	3278		301	
栖霞区	46		6423	7177		1319	3316	2390	152	
雨花台区			5190	5864		1247	4488		103	26
江宁区	35000		55641	40191	10089	16338	10240	3082	442	
六合区	10986		16947	33989	4825	16294	6948	5679	243	
溧水县	3835		6425	12309	2605	5469	4099		136	
高淳县	5465		5242	10424	2652	4174	2105	1379	114	
无锡市小计	**249832**		**309423**	**397332**	**90730**	**91826**	**66121**	**141829**	**6826**	
本级	133473		66575	87860	16185	35160	26790	4465	5260	
区县级小计	116359		242848	309472	74545	56666	39331	137364	1566	
崇安区			20071	8482	3083	1639	1886	1860	14	
南长区			11133	6129	3209	1221	1300	390	9	
北塘区			9796	17475	3998	6004	2476	4980	17	
锡山区	16608		23929	26154	6558	7024	4309	8160	103	
惠山区	16800		35393	41283	8913	4944	3299	24080	47	
滨湖区	5900		36000	16267	8627	4734	2797		109	
江阴市	57823		70818	164247	25333	26900	16933	94074	1007	
宜兴市	19228		35708	29435	14824	4200	6331	3820	260	
徐州市小计	**76225**		**66279**	**198084**	**46952**	**57980**	**40371**	**49776**	**2671**	**334**
本级	3999		13731	101123	18666	26800	11958	42115	1369	215
区县级小计	72226		52548	96961	28286	31180	28413	7661	1302	119
鼓楼区	9862		3297	2116	487	822	744		28	35
云龙区	12593		6451	3420	868	502	368	1624	20	38
九里区	1411		1540	1667	1136	345	181		5	
贾汪区	903		2679	8199	3311	4114	744		30	
泉山区	18844		7456	1974	770	900	212		92	
丰县	2090		2829	6646	1041	3033	2475		97	

二、各省、自治区、直辖市地市县一般预算财政资料

2－10－3　　单位：万元

地区	收支部分									
	支出功能分类									
	支出合计	一般公共服务	外交	国防	公共安全	教育	科学技术	文化体育与传媒	社会保障和就业	医疗卫生
地市县合计	**21983426**	**3694520**		**32186**	**1783148**	**4050555**	**500351**	**377483**	**1936210**	**1021738**
南京市小计	**3429386**	**520514**		**2255**	**262820**	**455235**	**66156**	**46780**	**271630**	**173262**
本级	1527122	225325		1916	141763	77339	29780	28023	101436	81225
区县级小计	1902264	295189		339	121057	377896	36376	18757	170194	92037
玄武区	131383	24641			9767	27074	3011	1875	21542	6682
白下区	123844	22682			11457	33097	2593	669	20119	6277
秦淮区	59020	12602			4655	16227	1094	572	6772	3678
建邺区	111668	20862			5042	14779	3262	1212	8369	6105
鼓楼区	154187	26180			8861	35240	4629	1293	18170	5636
下关区	68291	13244			4273	20172	680	918	6216	3591
浦口区	189230	29352			13364	37411	2621	2268	12921	7253
栖霞区	119975	23311			7793	25028	2399	1136	9863	5365
雨花台区	104684	14266			6766	13703	1809	930	8824	5516
江宁区	419688	50721			23545	54304	7944	3664	28562	21944
六合区	222907	27624		339	12278	58998	2211	1921	14365	8290
溧水县	93039	17562			6824	22382	2119	1242	8513	5174
高淳县	104348	12142			6432	19481	2004	1057	5958	6526
无锡市小计	**2708203**	**380678**		**6491**	**230872**	**449236**	**62599**	**49305**	**211220**	**108897**
本级	927458	131298		2311	99612	85035	25334	35843	66824	46890
区县级小计	1780745	249380		4180	131260	364201	37265	13462	144396	62007
崇安区	51214	9494		165	10787	16852	604	130	1417	1666
南长区	47040	8027			8794	19001	276	247	2524	1269
北塘区	58000	14948		100	8999	18185	741	171	5420	1941
锡山区	190958	33520		2639	12145	35743	2737	1146	16244	6053
惠山区	235300	33168		110	13041	41064	5557	1395	32563	11689
滨湖区	179720	32038		182	15850	46117	6921	835	8193	5811
江阴市	740888	96377		984	44099	127330	14873	7529	55015	24285
宜兴市	277625	21808			17545	59909	5556	2009	23020	9293
徐州市小计	**1474369**	**242882**		**2451**	**118787**	**359331**	**19163**	**19619**	**221369**	**72415**
本级	450683	59155		1267	58869	56054	6579	8568	90493	23717
区县级小计	1023686	183727		1184	59918	303277	12584	11051	130876	48698
鼓楼区	24364	7141		53	2316	7111	138		1644	691
云龙区	32672	10205			2452	7227	97	84	6389	1861
九里区	17567	5591			1114	4686	298	194	743	403
贾汪区	54818	10516		149	3381	18231	404	670	2571	2015
泉山区	43011	14418		127	2852	5567	707	44	5777	1181
丰县	116415	16734		176	5194	34251	1810	1395	24087	4091

2 10 4

单位:万元

地区	收支部分						平衡部分		
	支出功能分类						收入		
	环境保护	城乡社区事务	农林水事务	交通运输	工业、商业、金融等事务	其他支出	收入合计	本年收入	返还性收入 小计
地市县合计	**424470**	**3105151**	**1621205**	**681718**	**1406392**	**1348299**	**29614230**	**20073808**	**3327482**
南京市小计	**52703**	**828071**	**169602**	**53448**	**318243**	**208667**	**4459820**	**3301883**	**575178**
本级	38242	532751	46889	36813	128746	56874	1555374	1176732	363508
区县级小计	14461	295320	122713	16635	189497	151793	2904446	2125151	211670
玄武区	1110	19289	642		8443	7307	239121	173293	17230
白下区	1007	11049	25		11032	3837	230866	181949	14470
秦淮区	525	7939	65		614	4277	101779	65480	8829
建邺区	962	14731	1751		16565	18028	204317	135545	10600
鼓楼区	910	24578	146		23300	5244	311419	239047	19130
下关区	623	10404			2590	5580	128829	94938	7930
浦口区	1257	14754	15786	1868	40773	9602	249262	189667	22978
栖霞区	668	7285	9534	3614	9553	14426	218559	149671	15680
雨花台区	647	15348	6395	662	12324	17494	189645	120639	11691
江宁区	3089	127596	42103	6546	20953	28717	529588	450819	38322
六合区	1381	31673	19572	1872	25842	16541	268846	182920	20646
溧水县	1077	5826	13936	549	6497	1338	111542	65008	12524
高淳县	1205	4848	12758	1524	11011	19402	120673	76175	11640
无锡市小计	**118800**	**302343**	**130500**	**120497**	**245344**	**291421**	**3861564**	**3005829**	**536877**
本级	89865	82476	43172	63937	60386	94475	1093544	755803	259860
区县级小计	28935	219867	87328	56560	184958	196946	2768020	2250026	277017
崇安区	388	4892	1		862	3956	170902	141216	2542
南长区	197	5233			756	716	134056	104986	1930
北塘区	191	2401	15		1484	3404	134205	110562	2716
锡山区	3854	54093	8038	1411	4768	8567	285942	212843	39244
惠山区	5010	21418	12259	13311	30347	14368	334323	271724	41837
滨湖区	841	20192	15726	2267	10761	13986	358641	285202	11822
江阴市	11318	104023	27902	38291	73544	115318	955552	823335	124995
宜兴市	7136	7615	23387	1280	62436	36631	394399	300158	51931
徐州市小计	**19990**	**87036**	**130008**	**20731**	**54678**	**105909**	**1993842**	**1003791**	**201133**
本级	5692	25149	18325	8813	20683	67319	618011	363739	120899
区县级小计	14298	61887	111683	11918	33995	38590	1375831	640052	80234
鼓楼区		3097	283	4	795	1091	53337	42613	3454
云龙区	3	2854	768		692	40	69997	56486	3757
九里区		1307	637		26	2568	35526	23708	3426
贾汪区	2430	3182	7401	264	2523	1081	74888	35542	7064
泉山区		4437	439		64	7398	99750	84049	4001
丰县	610	1896	13728	1288	5185	5970	139124	34948	7016

二、各省、自治区、直辖市地市县一般预算财政资料

2-10-5　　　　　　　　　　　　　　　　　　　　　　　　　单位:万元

地区	平衡部分 收入 返还性收入 增值税和消费税税收返还	所得税基数返还	财力性转移支付收入 小计	体制补助	一般性转移支付补助	民族地区转移支付补助	调整工资转移支付补助	农村义务教育补助	农村税费改革补助	缓解县乡困难转移支付补助
地市县合计	**2466567**	**860915**	**1935727**		**177576**		**185590**		**376363**	**61972**
南京市小计	**389163**	**186015**	**201718**						**2772**	**4054**
本级	278807	84701	-49006						-2080	
区县级小计	110356	101314	250724						4852	4054
玄武区	8495	8735	25201						10	155
白下区	8309	6161	9715						5	1530
秦淮区	5014	3815	15346						5	-6
建邺区	4595	6005	46947						25	
鼓楼区	8530	10600	23239						5	11
下关区	4567	3363	9527						5	17
浦口区	8721	14257	11802						523	328
栖霞区	8285	7395	35324						53	
雨花台区	5648	6043	39199						31	82
江宁区	21907	16415	7128						439	768
六合区	11452	9194	17815						2658	466
溧水县	9045	3479	4515						404	357
高淳县	5788	5852	4966						689	346
无锡市小计	**391831**	**145046**	**36784**						**1224**	**4254**
本级	204802	55058	-38908						44	
区县级小计	187029	89988	75692						1180	4254
崇安区		2542	13751						3	1141
南长区		1930	15197						3	780
北塘区		2716	12532						7	261
锡山区	28580	10664	14414						51	442
惠山区	33742	8095	8173						44	63
滨湖区		11822	24650						82	458
江阴市	82993	42002	-14223						178	562
宜兴市	41714	10217	1198						812	547
徐州市小计	**172309**	**28824**	**332483**		**46704**		**39828**		**70058**	**3797**
本级	109674	11225	12299		137		40		621	
区县级小计	62635	17599	320184		46567		39788		69437	3797
鼓楼区	2945	509	5038						68	
云龙区	2920	837	7499						131	37
九里区	2855	571	6208						118	59
贾汪区	6014	1050	9326						2918	19
泉山区	3118	883	9649						98	
丰县	6043	973	46287		8676		6740		10905	555

2－10－6　　单位:万元

地区	平衡部分									
	收入								支出	
	财力性转移支付收入			专项转移支付	省补助计划单列市收入	上年结余	调入资金	国债转贷收入、上年结余及转补助数	支出合计	本年支出
	结算补助	企事业单位预算划转补助	其他财力性转移支付							
地市县合计	**216231**	**47789**	**870206**	**2131777**		**1760687**	**371588**	**13161**	**27172486**	**21983426**
南京市小计	**123100**	**15041**	**56751**	**161169**		**209309**	**8701**	**1862**	**4233376**	**3429386**
本级	－76506	3686	25894	－125696		182322	5652	1862	1381488	1527122
区县级小计	199606	11355	30857	286865		26987	3049		2851888	1902264
玄武区	23664		1372	22985		412			237971	131383
白下区	6593		1587	23880		852			228813	123844
秦淮区	13149	142	2056	11752		372			101434	59020
建邺区	44004		2918	9928		1297			202252	111668
鼓楼区	21010	－92	2305	25858		4145			303249	154187
下关区	7331	630	1544	14800		1634			127316	68291
浦口区	7499	1524	1928	21092		3723			231905	189230
栖霞区	30761	2581	1929	17027		857			217583	119975
雨花台区	36746	355	1985	14821		3295			187464	104684
江宁区	1416		4505	27224		5769	326		522696	419688
六合区	2005	6215	6471	44367		3098			264097	222907
溧水县	2752		1002	27633		112	1750		107862	93039
高淳县	2676		1255	25498		1421	973		119246	104348
无锡市小计	**9176**	**－1266**	**23396**	**95037**		**181601**	**4976**	**460**	**3568234**	**2708203**
本级	－48193	－900	10141	－1434		113858	3965	400	910543	927458
区县级小计	57369	－366	13255	96471		67743	1011	60	2657691	1780745
崇安区	12607			6962		6431			165019	51214
南长区	14414			7710		4233			128948	47040
北塘区	12264			7496		599	300		133479	58000
锡山区	12627	－400	1694	8514		10327	600		268860	190958
惠山区	5875		2191	8372		4106	111		323302	235300
滨湖区	24076	34		17386		19581			326398	179720
江阴市	－21949		6986	15838		5607			945722	740888
宜兴市	－2545		2384	24193		16859		60	365963	277625
徐州市小计	**36527**	**15975**	**119594**	**283672**		**154020**	**14080**	**4663**	**1732233**	**1474369**
本级	2694	5244	3563	57240		60051		3783	483922	450683
区县级小计	33833	10731	116031	226432		93969	14080	880	1248311	1023686
鼓楼区	4729	2	239	2022		210			52732	24364
云龙区	6835	2	494	1921		334			67739	32672
九里区	4144	1775	112	1386		798			31785	17567
贾汪区	184	1213	4992	11497		7059	3890	510	64635	54818
泉山区	8347	679	525	1918		133			99307	43011
丰县	402	9	19000	36422		11403	3048		123197	116415

二、各省、自治区、直辖市地市县一般预算财政资料

2－10－7　　　　单位：万元

地区	平衡部分									
	支出								年终结余	其中：净结余
	财力性转移支付			专项上解	计划单列市上解省	增设预算周转金	调资出金	国债转贷拨付数及年终结余		
	小计	体制上解	出口退税专项上解							
地市县合计	**1348524**	**1002927**	**345597**	**3799797**		**23530**	**4048**	**13161**	**2441744**	**442407**
南京市小计	**188904**	**168882**	**20022**	**601714**		**10760**	**750**	**1862**	**226444**	**27850**
本级	139820	130467	9353	－298066		10000	750	1862	173886	3242
区县级小计	49084	38415	10669	899780		760			52558	24608
玄武区	3516	3196	320	103012		60			1150	1150
白下区	5338	3562	1776	99631					2053	2053
秦淮区	1928	1779	149	40486					345	345
建邺区	2194	1961	233	88190		200			2065	665
鼓楼区	4685	3804	881	144377					8170	2119
下关区	3144	2496	648	55881					1513	1513
浦口区	2667	1951	716	40008					17357	11909
栖霞区	5384	5394	－10	92224					976	900
雨花台区	3003	2893	110	79277		500			2181	790
江宁区	9895	5744	4151	93113					6892	468
六合区	4570	3744	826	36620					4749	2696
溧水县	1777	1077	700	13046					3680	
高淳县	983	814	169	13915					1427	
无锡市小计	**274252**	**207792**	**66460**	**579678**		**5300**	**341**	**460**	**293330**	**79967**
本级	153987	122791	31196	－176921		5300	319	400	183001	67835
区县级小计	120265	85001	35264	756599			22	60	110329	12132
崇安区	1573		1573	112232					5883	942
南长区	284		284	81624					5108	43
北塘区	641		641	74816			22		726	11
锡山区	21570	15466	6104	56332					17082	2770
惠山区	20534	16287	4247	67468					11021	3253
滨湖区	1764		1764	144914					32243	2821
江阴市	51871	34469	17402	152963					9830	1642
宜兴市	22028	18779	3249	66250				60	28436	650
徐州市小计	**60211**	**54619**	**5592**	**191875**			**1115**	**4663**	**261609**	**3518**
本级	48807	45918	2889	－20451			1100	3783	134089	372
区县级小计	11404	8701	2703	212326			15	880	127520	3146
鼓楼区	563	464	99	27805					605	39
云龙区	812	497	315	34255					2258	1254
九里区	1452	1452		12766					3741	33
贾汪区	2415	2349	66	6877			15	510	10253	1211
泉山区	1633	1041	592	54663					443	17
丰县	146		146	6636					15927	263

2－10－8

单位:万元

地　区	收支部分								
	收入								
	收入合计	税收收入							
		小　计	增值税	营业税	企业所得税	个人所得税	资源税	城市维护建设税	耕地占用税
沛县	82488	67943	16485	19708	13672	1999	2148	4435	653
铜山县	102280	82253	19536	21910	13517	2596	1291	5320	328
睢宁县	34312	26589	4696	11967	2944	1342	270	1244	17
新沂市	52141	41785	7487	12570	6904	1620	191	2705	198
邳州市	91485	71197	16005	25113	5475	2013	3608	4757	224
常州市小计	**1580688**	**1368490**	**307946**	**367036**	**194656**	**78396**	**4657**	**86862**	**16590**
本级	227303	141685	11823	31527	2459	6349		6958	
区县级小计	1353385	1226805	296123	335509	192197	72047	4657	79904	16590
天宁区	171079	159287	38366	55480	24977	9944		10809	290
钟楼区	150212	143006	26803	55221	24072	9283		8631	438
戚墅堰区	50070	47436	13973	7973	12430	2032		4272	
新北区	272821	258169	65882	60566	47060	13069		15159	1373
武进区	433880	390853	101322	87377	58164	23250		26011	12659
溧阳市	162588	138390	29202	41821	16874	8057	2574	9445	649
金坛市	112735	89664	20575	27071	8620	6412	2083	5577	1181
苏州市小计	**5418177**	**4877675**	**1318452**	**1328841**	**802678**	**268105**	**9**	**207321**	**36224**
本级	979089	889122	236501	260104	138949	55837		44753	2199
区县级小计	4439088	3988553	1081951	1068737	663729	212268	9	162568	34025
沧浪区	140993	139887	11922	75373	23801	9194			
平江区	81075	80290	14847	36773	14184	4190			
金阊区	87535	86749	11423	37404	19272	8196			
虎丘区	411596	398338	115992	109539	67259	26139	3	12249	629
吴中区	360769	347253	85752	105799	42126	14590	6	13759	7676
相城区	197583	186781	47300	50922	24006	8294		10898	2800
常熟市	600630	530994	135104	128199	74407	31110		28228	5635
张家港市	839800	651017	228697	115375	123238	33818		33059	9693
昆山市	865562	812478	208290	245812	145858	41692		27175	1734
吴江市	480957	436480	129466	93772	67008	21859		23511	4314
太仓市	372588	318286	93158	69769	62570	13186		13689	1544
南通市小计	**1276956**	**1083491**	**265210**	**314296**	**152077**	**56219**	**733**	**59080**	**8861**
本级	238938	167487	40014	44877	28776	11533		11220	537
区县级小计	1038018	916004	225196	269419	123301	44686	733	47860	8324
崇川区	252796	246034	34963	83912	41915	11888		11318	333
港闸区	93229	89606	34432	17313	13286	2896		5935	546
海安县	93588	77294	22407	22917	7848	3808	132	4300	2319
如东县	90188	74767	22387	18481	7875	4149	147	4347	452
启东市	122006	99636	22329	32254	11594	5726	209	5390	1092

2－10－9

单位:万元

地区	收支部分									
	收入									
	税收收入			非税收入						
	契税	烟叶税	其他各项税收收入	小计	专项收入	行政事业性收费收入	罚没收入	国有资本经营收入	国有资源(资产)有偿使用收入	其他收入
沛县	3502		5341	14545	4473	3948	2942	3037	145	
铜山县	10142		7613	20027	6894	5242	4230	3000	615	46
睢宁县	1583		2526	7723	1217	3305	3115		86	
新沂市	5957		4153	10356	2417	3979	3880		80	
邳州市	5339		8663	20288	5672	4990	9522		104	
常州市小计	**147727**		**164620**	**212198**	**55685**	**91319**	**48910**	**12298**	**3963**	**23**
本级	74888		7681	85618	9210	43710	21708	9447	1543	
区县级小计	72839		156939	126580	46475	47609	27202	2851	2420	23
天宁区	41		19380	11792	4605	5946	1214		27	
钟楼区	64		18494	7206	3706	1026	994		1457	23
戚墅堰区			6756	2634	1838	443	335		18	
新北区	25495		29565	14652	7405	4427	2708		112	
武进区	27000		55070	43027	18047	13383	11196		401	
溧阳市	12821		16947	24198	6533	7838	7544	1951	332	
金坛市	7418		10727	23071	4341	14546	3211	900	73	
苏州市小计	**350443**		**565602**	**540502**	**139069**	**93288**	**109656**	**188025**	**10210**	**254**
本级	53487		97292	89967	24125	26972	35599	278	2993	
区县级小计	296956		468310	450535	114944	66316	74057	187747	7217	254
沧浪区			19597	1106		704	272		130	
平江区			10296	785		492	240		53	
金阊区			10454	786		578	136		72	
虎丘区	20391		46137	13258	5475	538	6786		459	
吴中区	36535		41010	13516	9939	1237	1721		619	
相城区	20002		22559	10802	7710	910	1543		639	
常熟市	61380		66931	69636	20598	11062	12500	24000	1322	154
张家港市	39074		68063	188783	23029	22500	14254	128131	869	
昆山市	45971		95946	53084	17252	17656	11104	5116	1956	
吴江市	41501		55049	44477	22148	2589	11226	8000	514	
太仓市	32102		32268	54302	8793	8050	14275	22500	584	100
南通市小计	**105975**		**121040**	**193465**	**46245**	**78543**	**47779**	**19404**	**1494**	
本级	10000		20530	71451	9882	32386	18025	10387	771	
区县级小计	95975		100510	122014	36363	46157	29754	9017	723	
崇川区	38063		23642	6762	5149	983	600		30	
港闸区	6407		8791	3623	2687	909			27	
海安县	4839		8724	16294	4201	4627	5021	2325	120	
如东县	7358		9571	15421	4746	5248	4524	732	171	
启东市	8171		12871	22370	4573	12444	4340	979	34	

2-10-10

单位:万元

地区	收支部分									
	支出功能分类									
	支出合计	一般公共服务	外交	国防	公共安全	教育	科学技术	文化体育与传媒	社会保障和就业	医疗卫生
沛县	168273	24794		139	7242	45289	4134	2019	25695	9413
铜山县	162830	27359		97	11027	56110	1806	1839	12417	7972
睢宁县	117449	21543		107	6250	40850	1675	1551	11269	8239
新沂市	113104	15993		180	7867	38094	1020	1517	9664	5579
邳州市	173183	29433		156	10223	45861	495	1738	30620	7253
常州市小计	**1546367**	**242692**		**1694**	**131477**	**247345**	**45106**	**34074**	**147988**	**79809**
本级	481259	82481		610	61245	64659	9643	22745	63536	30975
区县级小计	1065108	160211		1084	70232	182686	35463	11329	84452	48834
天宁区	71619	18250		105	5994	10718	1691	174	10247	2823
钟楼区	87357	9960		166	4149	8479	3215	157	11774	2202
戚墅堰区	29702	5681		158	1591	5192	709	120	3629	1247
新北区	174120	23088			6196	23078	10941	708	17544	5887
武进区	406169	48666		513	26218	61351	10935	6293	27670	21585
溧阳市	175098	32404		142	14221	44064	4663	2044	7844	7490
金坛市	121043	22162			11863	29804	3309	1833	5744	7600
苏州市小计	**4969424**	**807017**		**4556**	**395018**	**726884**	**144946**	**104717**	**413419**	**203236**
本级	1267964	164193		1984	155111	141979	65090	34801	88510	52063
区县级小计	3701460	642824		2572	239907	584905	79856	69916	324909	151173
沧浪区	56556	17093			3961	12968	320	625	5364	2019
平江区	51158	7821			3004	9570	805	201	9168	2853
金阊区	47643	18348		216	3527	9020	442	471	2646	1736
虎丘区	257785	49637			8553	37039	13336	991	35083	6451
吴中区	311702	76193		744	16128	53189	4678	3531	28841	14267
相城区	163301	31961		243	6916	39759	2029	6105	11645	8818
常熟市	537613	83431			43241	89224	4339	5607	48152	20767
张家港市	787004	102543		440	38539	108995	9474	20978	34176	33118
昆山市	718040	102088		241	57381	88621	12106	14785	78787	25279
吴江市	420502	71977		577	31492	80491	23865	11828	45361	21307
太仓市	350156	81732		111	27165	56029	8462	4794	25686	14558
南通市小计	**1477089**	**289563**		**4106**	**128679**	**336445**	**42706**	**20608**	**140534**	**84695**
本级	387106	70888		27	43053	41756	13175	8660	35373	34626
区县级小计	1089983	218675		4079	85626	294689	29531	11948	105161	50069
崇川区	87722	15593			6023	22475	745	758	3731	2805
港闸区	45737	14289		15	3798	10341	790	699	2883	2080
海安县	142968	27251		384	9866	33240	5607	911	18846	5630
如东县	155875	38564		55	12243	38999	3587	2286	17212	6200
启东市	161705	28081			13478	45830	5424	1696	19235	9977

2-10-11

单位:万元

地区	收支部分						平衡部分		
	支出功能分类						收入		
	环境保护	城乡社区事务	农林水事务	交通运输	工业、商业、金融等事务	其他支出	收入合计	本年收入	返还性收入 小计
沛县	817	16155	20840	1265	9689	782	203345	82488	10836
铜山县	3540	6209	20661	2741	6391	4661	204051	102280	15671
睢宁县	812	1759	14382	1348	2368	5296	141749	34312	5586
新沂市	3892	5328	11648	1833	4349	6140	139382	52141	8915
邳州市	2194	15663	20896	3175	1913	3563	214682	91485	10508
常州市小计	**37526**	**222062**	**107709**	**8432**	**89319**	**151134**	**2129139**	**1580688**	**282075**
本级	19239	24755	8595	3098	25953	63725	305121	227303	149696
区县级小计	18287	197307	99114	5334	63366	87409	1824018	1353385	132379
天宁区	1168	6236	12132		316	1765	204053	171079	1547
钟楼区	1336	15289	2274		5483	22873	219549	150212	630
戚墅堰区	124	9085	1088		211	867	69816	50070	459
新北区	1031	17188	6078		45022	17359	402954	272821	15383
武进区	7954	129077	44071	1953	4114	15769	564697	433880	73175
溧阳市	4523	9441	19456	2308	6111	20387	212298	162588	24110
金坛市	2151	10991	14015	1073	2109	8389	150651	112735	17075
苏州市小计	**79306**	**1073930**	**314713**	**315392**	**205408**	**180882**	**6838291**	**5418177**	**689412**
本级	32875	386633	33202	22181	64253	25089	1399161	979089	153151
区县级小计	46431	687297	281511	293211	141155	155793	5439130	4439088	536261
沧浪区	246	10117	5		1779	2059	181601	140993	14752
平江区	175	12931			2892	1738	113749	81075	12916
金阊区	201	7606	505		541	2384	119589	87535	12880
虎丘区	1804	72595	16304	285	6740	8967	469353	411596	39308
吴中区	3099	66153	25055	1763	7636	10425	450139	360769	50581
相城区	1277	23378	27381	1321	1249	1219	241432	197583	22481
常熟市	4752	87076	44148	42133	23820	40923	823179	600630	102541
张家港市	9777	144939	48540	157889	51774	25822	997126	839800	101250
昆山市	14892	160907	59495	59445	14971	29042	984110	865562	70637
吴江市	7273	54094	32908	8606	8374	22349	579925	480957	62759
太仓市	2935	47501	27170	21769	21379	10865	478927	372588	46156
南通市小计	**23412**	**103614**	**120487**	**7022**	**58067**	**117151**	**2113875**	**1276956**	**244558**
本级	7699	18928	13958	1420	18958	78585	432863	238938	86465
区县级小计	15713	84686	106529	5602	39109	38566	1681012	1038018	158093
崇川区	2237	22335	3401		1198	6421	302373	252796	11246
港闸区	20	3328	3610		3186	698	125451	93229	6676
海安县	1932	12234	14524	1051	4184	7308	187843	93588	20662
如东县	2178	5367	17065	1252	7483	3384	205083	90188	18825
启东市	2497	8550	18600	373	6478	1486	201111	122006	23372

2－10－12　　　　单位:万元

地区	平衡部分									
	收入									
	返还性收入		财力性转移支付收入							
	增值税和消费税税收返还	所得税基数返还	小计	体制补助	一般性转移支付补助	民族地区转移支付补助	调整工资转移支付补助	农村义务教育补助	农村税费改革补助	缓解县乡困难转移支付补助
沛县	9818	1018	55237		8547		7160		10245	586
铜山县	10304	5367	36717		1797		5794		10337	678
睢宁县	4493	1093	50049		10208		7162		12537	609
新沂市	6587	2328	38924		8434		5300		8270	508
邳州市	7538	2970	55250		8905		7632		13810	746
常州市小计	**203677**	**78398**	**29112**						**1900**	**1907**
本级	118625	31071	－138135						－55	－2214
区县级小计	85052	47327	167247						1955	4121
天宁区		1547	20194						50	1800
钟楼区		630	53841							194
戚墅堰区		459	14337							400
新北区		15383	64966							92
武进区	54803	18372	11421						328	494
溧阳市	17635	6475	1716						807	699
金坛市	12614	4461	772						770	442
苏州市小计	**478592**	**210820**	**213494**						**1120**	**5254**
本级	120415	32736	153242						－45	13
区县级小计	358177	178084	60252						1165	5241
沧浪区	6739	8013	3172						5	－4
平江区	8231	4685	2831						6	
金阊区	7229	5651	2323						20	103
虎丘区	14422	24886	4061						180	123
吴中区	37689	12892	10362						108	314
相城区	17806	4675	2723						86	187
常熟市	73510	29031	7599						250	846
张家港市	68281	32969	7649						90	495
昆山市	45803	24834	8090						80	561
吴江市	44158	18601	7004						290	1729
太仓市	34309	11847	4438						50	887
南通市小计	**193063**	**51495**	**147836**		**20056**		**14922**		**42679**	**5222**
本级	64412	22053	－29710						197	
区县级小计	128651	29442	177546		20056		14922		42482	5222
崇川区	8728	2518	14256						133	38
港闸区	5769	907	16320						191	24
海安县	17789	2873	30689		3274		4404		7410	1039
如东县	14918	3907	39847		5797		4858		11616	1680
启东市	19219	4153	7767						4582	549

二、各省、自治区、直辖市地市县一般预算财政资料

2－10－13

单位:万元

地区	平衡部分									
	收入								支出	
	财力性转移支付收入			专项转移支付	省补助计划单列市收入	上年结余	调入资金	国债转贷收入、上年结余及补助数	支出合计	本年支出
	结算补助	企事业单位预算划转补助	其他财力性转移支付							
沛县	4244	5507	18948	35919		18285	430	150	185140	168273
铜山县	2961	1452	13698	35116		13889	378		183855	162830
睢宁县	1045	9	18479	35543		12289	3970		124512	117449
新沂市	382	8	16022	29668		9734			123626	113104
邳州市	560	75	23522	35020		19835	2364	220	191783	173183
常州市小计	**6270**	**2305**	**16730**	**87064**		**121714**	**27753**	**733**	**1992971**	**1546367**
本级	－8373	2300	－129793	－28692		85546	8670	733	209477	481259
区县级小计	14643	5	146523	115756		36168	19083		1783494	1065108
天宁区	1485		16859	11220		13			204040	71619
钟楼区	683		52964	10211		48	4607		219495	87357
戚墅堰区	2115		11822	3604		1346			67749	29702
新北区	5691		59183	35956		13828			389126	174120
武进区	6843		3756	17399		16972	11850		545273	406169
溧阳市	－1143	5	1348	21662		24	2198		211422	175098
金坛市	－1031		591	15704		3937	428		146389	121043
苏州市小计	**18283**	**99**	**188738**	**118927**		**318827**	**79454**		**6371230**	**4969424**
本级	－6740	14	160000	10828		76768	26083		1237963	1267964
区县级小计	25023	85	28738	108099		242059	53371		5133267	3701460
沧浪区	2253		918	3673		19011			151786	56556
平江区	2455		370	3029		13616	282		104084	51158
金阊区	1739		461	3166		13461	224		102187	47643
虎丘区	3758			7577		6584	227		451231	257785
吴中区	7923		2017	12088		16334	5		427495	311702
相城区	956		1494	5697		12948			219809	163301
常熟市	1477	42	4984	15139		97031	239		717971	537613
张家港市	1914		5150	18662		11745	18020		985342	787004
昆山市	394	43	7012	11508		23125	5188		956270	718040
吴江市	1146		3839	16098		12081	1026		565245	420502
太仓市	1008		2493	11462		16123	28160		451847	350156
南通市小计	**3601**	**672**	**60684**	**205724**		**189585**	**49216**		**1842507**	**1477089**
本级	－18721	369	－11555	22269		114201	700		279924	387106
区县级小计	22322	303	72239	183455		75384	48516		1562583	1089983
崇川区	21		14064	791		22698	586		285379	87722
港闸区	11253		4852	388		7587	1251		114689	45737
海安县	1192	30	13340	28974		13750	180		170238	142968
如东县	963	104	14829	39650		11308	5265		183143	155875
启东市	773	8	1855	31657		750	15559		197911	161705

2－10－14　　　　　　　　　　　　　　　　　　　　　　　　单位:万元

地区	平衡部分									
	支出								年终结余	其中:净结余
	财力性转移支付			专项上解	计划单列市上解省	增设预算周转金	调出资金	国债转贷拨付数及年终结余		
	小计	体制上解	出口退税专项上解							
沛县	57		57	16660				150	18205	37
铜山县	497	352	145	20528					20196	8
睢宁县	973	861	112	6090					17237	94
新沂市	975	761	214	9547					15756	68
邳州市	1881	924	957	16499				220	22899	122
常州市小计	**137912**	**111159**	**26753**	**307459**			**500**	**733**	**136168**	**49416**
本级	－418132	－428189	10057	145117			500	733	95644	33348
区县级小计	556044	539348	16696	162342					40524	16068
天宁区	131460	129588	1872	961					13	
钟楼区	130889	130121	768	1249					54	54
戚墅堰区	37627	37465	162	420					2067	
新北区	212932	209582	3350	2074					13828	13828
武进区	33957	25794	8163	105147					19424	
溧阳市	4511	3586	925	31813					876	
金坛市	4668	3212	1456	20678					4262	2186
苏州市小计	**353503**	**195978**	**157525**	**1041283**		**6470**	**550**		**467061**	**211443**
本级	86574	43034	43540	－117125			550		161198	111765
区县级小计	266929	152944	113985	1158408		6470			305863	99678
沧浪区	16102	15146	956	78728		400			29815	24438
平江区	8482	8316	166	44444					9665	2107
金阊区	8168	7322	846	46076		300			17402	7968
虎丘区	26608	3766	22842	166838					18122	2524
吴中区	24255	14929	9326	90286		1252			22644	558
相城区	6825	3939	2886	49683					21623	250
常熟市	47792	34443	13349	132566					105208	53450
张家港市	35202	23301	11901	161156		1980			11784	1300
昆山市	41539	10172	31367	196691					27840	1044
吴江市	31440	17477	13963	110765		2538			14680	5439
太仓市	20516	14133	6383	81175					27080	600
南通市小计	**115425**	**91844**	**23581**	**249943**			**50**		**271368**	**11089**
本级	47693	40611	7082	－154875					152939	8144
区县级小计	67732	51233	16499	404818			50		118429	2945
崇川区	1685		1685	195972					16994	818
港闸区	1036		1036	67916					10762	2127
海安县	7321	5538	1783	19949					17605	
如东县	8374	6187	2187	18894					21940	
启东市	13159	10631	2528	23047					3200	

二、各省、自治区、直辖市地市县一般预算财政资料

2－10－15

单位:万元

地区	收支部分								
	收入								
	收入合计	税收收入							
		小计	增值税	营业税	企业所得税	个人所得税	资源税	城市维护建设税	耕地占用税
如皋市	115089	98919	28283	29000	8556	4174	69	6703	914
通州市	140101	120294	33064	37574	14362	4779	53	4431	1355
海门市	131021	109454	27331	27968	17865	7266	123	5436	1313
连云港市小计	**487851**	**400043**	**71917**	**153948**	**39319**	**14875**	**2501**	**24379**	**3533**
本级	155298	122562	36926	18239	16354	5106	－359	10717	608
区县级小计	332553	277481	34991	135709	22965	9769	2860	13662	2925
连云区	44379	41183	2123	23362	4814	2032	82	1959	
新浦区	57229	55443	6525	30942	5019	2770	44	2911	101
海州区	18214	17021	4591	4941	2251	537	21	1308	376
赣榆县	63018	47607	5383	22182	2573	1169	1108	2259	684
东海县	63018	47205	6331	19730	3763	1128	1544	1632	748
灌云县	42133	32907	3191	16924	2193	1347	59	1344	689
灌南县	44562	36115	6847	17628	2352	786	2	2249	327
淮安市小计	**513956**	**408746**	**96943**	**118870**	**38450**	**16301**	**3806**	**41928**	**3920**
本级	201241	140851	50323	19290	10201	5158	37	23781	1067
区县级小计	312715	267895	46620	99580	28249	11143	3769	18147	2853
清河区	45913	43180	4153	23167	3358	1670		2720	505
楚州区	44741	36295	5483	12216	2838	1319	782	2392	740
淮阴区	53368	41393	7910	11998	5155	1562	1077	3867	210
清浦区	37341	35835	4468	16263	4637	1533	692	2276	177
涟水县	33444	27743	5732	9125	3181	1292	26	2447	362
洪泽县	31615	27845	6606	8475	3642	1186	571	1624	354
盱眙县	40079	32143	5023	11463	2855	1442	540	1375	286
金湖县	26214	23461	7245	6873	2583	1139	81	1446	219
盐城市小计	**654539**	**506304**	**105240**	**162415**	**45993**	**23887**	**1058**	**33310**	**7536**
本级	93834	64494	14556	16756	5395	3181		4972	641
区县级小计	560705	441810	90684	145659	40598	20706	1058	28338	6895
亭湖区	89492	82564	10234	36658	9051	4952	17	4376	1674
盐都区	72588	58700	12451	17014	4362	1856	61	4109	1548
响水县	31373	24270	5218	9188	2545	1263	403	1208	20
滨海县	43336	33365	7799	11519	3834	1532	52	2199	
阜宁县	47008	37399	8029	12841	2567	1836	40	1954	309
射阳县	58116	39683	7255	15295	2717	1806	58	2257	315
建湖县	63166	48019	12087	11812	3694	1823	34	4155	904
东台市	87460	65663	15905	18798	5693	2850	336	5153	1113
大丰市	68166	52147	11706	12534	6135	2788	57	2927	1012
扬州市小计	**856900**	**638116**	**170896**	**184796**	**65275**	**26738**	**1527**	**50668**	**11227**

2－10－16 单位:万元

地区	收支部分									
	收入									
	税收收入			非税收入						
	契税	烟叶税	其他各项税收收入	小计	专项收入	行政事业性收费收入	罚没收入	国有资本经营收入	国有资源(资产)有偿使用收入	其他收入
如皋市	11268		9952	16170	5192	4335	6581		62	
通州市	11621		13055	19807	5023	6389	3223	4981	191	
海门市	8248		13904	21567	4792	11222	5465		88	
连云港市小计	**48896**		**40675**	**87808**	**19171**	**37454**	**24062**	**1248**	**5456**	**417**
本级	25982		8989	32736	8136	12520	8107	1154	2819	
区县级小计	22914		31686	55072	11035	24934	15955	94	2637	417
连云区	3485		3326	3196	821	300	473		1602	
新浦区			7131	1786	1209	157	411		9	
海州区	1435		1561	1193	547	294	301		23	28
赣榆县	6357		5892	15411	2571	8957	3551		332	
东海县	6641		5688	15813	1838	8011	5866		98	
灌云县	2902		4258	9226	1672	3194	3360	94	517	389
灌南县	2094		3830	8447	2377	4021	1993		56	
淮安市小计	**52439**		**36089**	**105210**	**24477**	**22679**	**34124**	**21474**	**2454**	**2**
本级	20500		10494	60390	12254	16728	9052	20843	1513	
区县级小计	31939		25595	44820	12223	5951	25072	631	941	2
清河区	2533		5074	2733	1113	400	581	543	96	
楚州区	7565		2960	8446	1636	1427	5354		29	
淮阴区	6230		3384	11975	2471	1611	7700	88	105	
清浦区	2734		3055	1506	1098	65	310		33	
涟水县	3263		2315	5701	1937	405	3212		145	2
洪泽县	3000		2387	3770	1344		2348		78	
盱眙县	5011		4148	7936	1310	1906	4304		416	
金湖县	1603		2272	2753	1314	137	1263		39	
盐城市小计	**67908**		**58957**	**148235**	**29229**	**39679**	**28186**	**49149**	**1978**	**14**
本级	12556		6437	29340	3778	7729	7242	10199	392	
区县级小计	55352		52520	118895	25451	31950	20944	38950	1586	14
亭湖区	5482		10120	6928	2055	1623	1107	2121	22	
盐都区	10231		7068	13888	2420	4261	1896	5292	19	
响水县	1796		2629	7103	1462	3901	1292	381	67	
滨海县	2310		4120	9971	2360	2723	2786	1996	106	
阜宁县	5275		4548	9609	2009	4517	1998	928	157	
射阳县	5246		4734	18433	2479	4606	2796	7683	869	
建湖县	8859		4651	15147	3707	1432	2601	7359	34	14
东台市	8459		7356	21797	5777	5720	3156	6925	219	
大丰市	7694		7294	16019	3182	3167	3312	6265	93	
扬州市小计	**59705**		**67284**	**218784**	**35444**	**52700**	**40387**	**86923**	**2360**	**970**

2－10－17 单位：万元

地区	收支部分									
	支出功能分类									
	支出合计	一般公共服务	外交	国防	公共安全	教育	科学技术	文化体育与传媒	社会保障和就业	医疗卫生
如皋市	175866	29691		266	14591	50245	2689	1980	17882	7171
通州市	172228	37555		3359	13458	50869	4000	1606	19234	7018
海门市	147882	27651			12169	42690	6689	2012	6138	9188
连云港市小计	**806647**	**175847**		**1372**	**58504**	**185279**	**12556**	**8795**	**61452**	**33591**
本级	240680	41373		260	26026	22476	4735	3586	11224	7878
区县级小计	565967	134474		1112	32478	162803	7821	5209	50228	25713
连云区	28552	7160		153	1255	7639	279	242	1793	697
新浦区	39611	8850		154	2425	12149	223	183	2929	1478
海州区	18032	3969		105	1541	6020	189	81	919	497
赣榆县	138124	26300		150	6411	43427	1750	1348	9274	6082
东海县	132799	32870		209	9595	34586	1984	1407	18625	7588
灌云县	101374	19263		166	5459	32945	729	927	8385	5949
灌南县	107475	36062		175	5792	26037	2667	1021	8303	3422
淮安市小计	**836478**	**158257**		**1074**	**59333**	**189358**	**12640**	**16588**	**95130**	**38969**
本级	233582	45329		197	22694	20367	5252	7033	10499	8201
区县级小计	602896	112928		877	36639	168991	7388	9555	84631	30768
清河区	30711	7472		78	1567	6965	477	183	4072	1178
楚州区	113389	17048		190	6475	38484	225	2735	15245	6904
淮阴区	108018	21102		178	7538	30075	997	2036	17153	6562
清浦区	34358	6436		110	1210	11090	344	398	3298	2212
涟水县	109020	20126		81	5271	36025	1594	1580	13545	4994
洪泽县	68126	11697		91	5006	15342	1021	503	8353	2790
盱眙县	82814	17104		122	5577	18855	1838	1192	14578	3433
金湖县	56460	11943		27	3995	12155	892	928	8387	2695
盐城市小计	**1171809**	**223487**		**2431**	**85425**	**311295**	**22498**	**18312**	**101055**	**63461**
本级	171245	36380		621	20757	20399	4137	6195	10094	7912
区县级小计	1000564	187107		1810	64668	290896	18361	12117	90961	55549
亭湖区	60266	18541		200	2451	18612	937	359	3814	2756
盐都区	106168	16363		123	7367	28052	1636	1231	11001	5640
响水县	75526	15457		188	4786	20638	2723	1029	6955	4234
滨海县	116062	16486		186	5872	40160	1899	1267	12104	8018
阜宁县	128328	32055		484	6386	39440	1851	1445	12225	6127
射阳县	121852	21328		17	8610	35235	2367	1362	10360	5099
建湖县	118612	18937		151	9373	36828	2181	1393	11406	9221
东台市	156060	22536		384	10769	45926	2886	1542	15238	7592
大丰市	117690	25404		77	9054	26005	1881	2489	7858	6862
扬州市小计	**967100**	**201119**		**2042**	**100555**	**201874**	**23401**	**18323**	**74207**	**44078**

2－10－18

单位:万元

地区	收支部分						平衡部分		
	支出功能分类						收入		
	环境保护	城乡社区事务	农林水事务	交通运输	工业、商业、金融等事务	其他支出	收入合计	本年收入	返还性收入 小计
如皋市	2227	16422	16199	756	3282	12465	232185	115089	21226
通州市	2164	5936	18450	1149	5044	2386	226775	140101	30412
海门市	2458	10514	14680	1021	8254	4418	200191	131021	25674
连云港市小计	**8170**	**47217**	**74448**	**56491**	**47761**	**35164**	**1021780**	**487851**	**72908**
本级	2710	16221	11833	47771	24358	20229	248226	155298	45252
区县级小计	5460	30996	62615	8720	23403	14935	773554	332553	27656
连云区	70	4188	1003	348	2126	1599	69723	44379	
新浦区	332	2281	1849	151	791	5816	98840	57229	
海州区	221	1441	1385	366	558	740	35859	18214	
赣榆县	1260	1797	19127	1732	13866	5600	155188	63018	7951
东海县	1945	4969	14822	2792	1035	372	162106	63018	7499
灌云县	704	10753	10370	2078	2879	767	124285	42133	3974
灌南县	928	5567	14059	1253	2148	41	127553	44562	8232
淮安市小计	**11142**	**83683**	**78760**	**10090**	**49661**	**31793**	**1091932**	**513956**	**109725**
本级	3933	52150	20804	2130	25728	9265	340288	201241	66682
区县级小计	7209	31533	57956	7960	23933	22528	751644	312715	43043
清河区	434	6442	932			911	49735	45913	2622
楚州区	1829	2919	5848	1277	2245	11965	137077	44741	5925
淮阴区	1532	3333	9139	1813	4185	2375	129982	53368	5929
清浦区	250	2994	3078		206	2732	51593	37341	2128
涟水县	729	5731	11468	2819	4518	539	128550	33444	8933
洪泽县	898	6400	8088	496	4010	3431	79527	31615	5869
盱眙县	1074	1387	9943	1376	5822	513	106242	40079	5118
金湖县	463	2327	9460	179	2947	62	68938	26214	6519
盐城市小计	**12689**	**53037**	**139831**	**18432**	**64770**	**55086**	**1486409**	**654539**	**112646**
本级	3019	6365	20140	2249	22986	9991	188296	93834	27024
区县级小计	9670	46672	119691	16183	41784	45095	1298113	560705	85622
亭湖区	275	1652	6434	342	2836	1057	125507	89492	6326
盐都区	960	9582	11939	287	2073	9914	142195	72588	11931
响水县	406	3681	10743	1113	1816	1757	90458	31373	3183
滨海县	1462	1306	15283	2178	5257	4584	142140	43336	6922
阜宁县	916	3878	10445	2014	3828	7234	148535	47008	7932
射阳县	1435	9043	14466	4780	7724	26	157024	58116	8961
建湖县	896	7436	12586	717	5529	1958	146878	63166	12306
东台市	1330	7712	17955	1698	10036	10456	195175	87460	15455
大丰市	1990	2382	19840	3054	2685	8109	150201	68166	12606
扬州市小计	**17282**	**60679**	**97740**	**17155**	**71557**	**37088**	**1325671**	**856900**	**153456**

2－10－19　　　　单位:万元

地区	平衡部分									
	收入									
	返还性收入		财力性转移支付收入							
	增值税和消费税税收返还	所得税基数返还	小计	体制补助	一般性转移支付补助	民族地区转移支付补助	调整工资转移支付补助	农村义务教育补助	农村税费改革补助	缓解县乡困难转移支付补助
如皋市	18666	2560	48000		10985		5660		10369	956
通州市	23700	6712	13365						4650	598
海门市	19862	5812	7302						3531	338
连云港市小计	**57392**	**15516**	**154686**		**12532**		**20392**		**40261**	**5000**
本级	33961	11291	－58374		33		5		1214	
区县级小计	23431	4225	213060		12499		20387		39047	5000
连云区			19954						10	50
新浦区			34628						144	107
海州区			11235						24	20
赣榆县	6305	1646	38374		2990		5434		11939	497
东海县	6064	1435	41178		2816		5334		11578	2448
灌云县	3457	517	38381		2942		5769		8658	1070
灌南县	7605	627	29310		3751		3850		6694	808
淮安市小计	**94453**	**15272**	**174555**		**25981**		**25440**		**42115**	**6483**
本级	61219	5463	4911						－131	
区县级小计	33234	9809	169644		25981		25440		42246	6483
清河区	1848	774	－4364						119	
楚州区	4757	1168	40038		3552		5998		10140	1607
淮阴区	4178	1751	31906		5747		4528		6876	686
清浦区	1706	422	374						973	78
涟水县	7438	1495	45405		7989		6348		9581	1244
洪泽县	4385	1484	15448		2424		2470		3529	591
盱眙县	3956	1162	26764		3795		4060		7551	1423
金湖县	4966	1553	14073		2474		2036		3477	854
盐城市小计	**89384**	**23262**	**246211**		**29335**		**36096**		**72023**	**9928**
本级	19475	7549	4694						39	
区县级小计	69909	15713	241517		29335		36096		71984	9928
亭湖区	5072	1254	5763		272				2917	168
盐都区	10196	1735	26731		4111		4114		6867	928
响水县	2808	375	23575		4298		3428		4925	614
滨海县	6063	859	38854		6695		5512		8866	1535
阜宁县	6379	1553	37077		6431		5546		9387	1258
射阳县	6451	2510	33371		4355		5220		10932	1587
建湖县	9725	2581	20290				3818		6142	1051
东台市	12767	2688	31147		3173		4720		11609	1532
大丰市	10448	2158	24709				3738		10339	1255
扬州市小计	**130813**	**22643**	**77630**		**9145**		**8216**		**22530**	**4039**

2－10－20　　　　单位:万元

地区	平衡部分								支出	
	收入									
	财力性转移支付收入									
	结算补助	企事业单位预算划转补助	其他财力性转移支付	专项转移支付	省补助计划单列市收入	上年结余	调入资金	国债转贷收入、上年结余及转补助数	支出合计	本年支出
如皋市	964	8	19058	39612		6134	2124		208211	175866
通州市	6048	8	2061	25387		5994	11516		218153	172228
海门市	1108	145	2180	16996		7163	12035		184859	147882
连云港市小计	**1573**	**3751**	**71177**	**203315**		**76453**	**24269**	**2298**	**911685**	**806647**
本级	－4128	1030	－56528	62334		39235	2203	2278	191443	240680
区县级小计	5701	2721	127705	140981		37218	22066	20	720242	565967
连云区	500	266	19128	4648		722		20	68155	28552
新浦区	992	42	33343	5422		1171	390		97421	39611
海州区	500		10691	5260		1000	150		35021	18032
赣榆县	1054	172	16288	37419		5919	2507		149543	138124
东海县	980	998	17024	34328		8462	7621		144692	132799
灌云县	1259	1235	17448	29199		10199	399		109379	101374
灌南县	416	8	13783	24705		9745	10999		116031	107475
淮安市小计	**1699**	**1331**	**71506**	**178872**		**92841**	**21983**		**963722**	**836478**
本级	9316	735	－5009	23673		42554	1227		286060	233582
区县级小计	－7617	596	76515	155199		50287	20756		677662	602896
清河区	－8176	10	3683	4084		1080	400		46323	30711
楚州区	1161	99	17481	33058		12350	965		122663	113389
淮阴区	99	36	13934	22303		10049	6427		117823	108018
清浦区	－4152	19	3456	8896		1752	1102		47163	34358
涟水县	1757		18486	28282		11116	1370		115703	109020
洪泽县	404		6030	15386		4929	6280		74955	68126
盱眙县	928	224	8783	29329		4952			89699	82814
金湖县	362	208	4662	13861		4059	4212		63333	56460
盐城市小计	**2682**	**3337**	**92810**	**258650**		**150937**	**62706**	**720**	**1310369**	**1171809**
本级	2245	850	1560	23237		34215	4702	590	149827	171245
区县级小计	437	2487	91250	235413		116722	58004	130	1160542	1000564
亭湖区	73	6	2327	11674		7865	4387		113914	60266
盐都区	66	7	10638	19269		10147	1529		130166	106168
响水县	241	725	9344	21142		9446	1739		80753	75526
滨海县	290	326	15630	35818		12220	4990		123489	116062
阜宁县	－33	57	14431	27008		9706	19804		136296	128328
射阳县	1175	719	9383	32361		15869	8346		132499	121852
建湖县	－195	32	9442	25898		13568	11520	130	130965	118612
东台市	－651	566	10198	37416		21934	1763		177501	156060
大丰市	－529	49	9857	24827		15967	3926		134959	117690
扬州市小计	**3455**	**4942**	**25303**	**127586**		**97496**	**12473**	**130**	**1179628**	**967100**

二、各省、自治区、直辖市地市县一般预算财政资料

2-10-21

单位:万元

地区	平衡部分									
	支出									
	财力性转移支付			专项上解	计划单列市上解省	增设预算周转金	调出资金	国债转贷拨付数及年终结余	年终结余	其中:净结余
	小计	体制上解	出口退税专项上解							
如皋市	7457	5750	1707	24838			50		23974	
通州市	16515	13168	3347	29410					8622	
海门市	12185	9959	2226	24792					15332	
连云港市小计	**13943**	**9370**	**4573**	**88797**				**2298**	**110095**	**17007**
本级	11990	8711	3279	-63505				2278	56783	16792
区县级小计	1953	659	1294	152302				20	53312	215
连云区	330		330	39253				20	1568	
新浦区	133		133	57677					1419	
海州区	123		123	16866					838	15
赣榆县	568	493	75	10851					5645	
东海县	487	166	321	11406					17414	200
灌云县	243		243	7762					14906	
灌南县	69		69	8487					11522	
淮安市小计	**31203**	**28854**	**2349**	**95919**			**122**		**128210**	**6696**
本级	27888	26533	1355	24530			60		54228	2535
区县级小计	3315	2321	994	71389			62		73982	4161
清河区	385	239	146	15227					3412	
楚州区	1191	1055	136	8083					14414	
淮阴区	119		119	9686					12159	
清浦区	522	373	149	12283					4430	221
涟水县	155		155	6528					12847	
洪泽县	46		46	6783					4572	
盱眙县	43		43	6818			24		16543	3940
金湖县	854	654	200	5981			38		5605	
盐城市小计	**20054**	**14883**	**5171**	**117786**				**720**	**176040**	**2121**
本级	440	-213	653	-22448				590	38469	539
区县级小计	19614	15096	4518	140234				130	137571	1582
亭湖区	2877	1336	1541	50771					11593	68
盐都区	3025	2806	219	20973					12029	22
响水县	204		204	5023					9705	
滨海县	131		131	7296					18651	
阜宁县	243		243	7725					12239	67
射阳县	1041	951	90	9606					24525	
建湖县	912	416	496	11311				130	15913	68
东台市	6155	5395	760	15286					17674	984
大丰市	5026	4192	834	12243					15242	373
扬州市小计	**43578**	**33298**	**10280**	**167200**		**1000**	**620**	**130**	**146043**	**24036**

2－10－22

单位:万元

地区	收支部分								
	收入								
	收入合计	税收收入							
		小计	增值税	营业税	企业所得税	个人所得税	资源税	城市维护建设税	耕地占用税
本级	217734	121099	29179	27262	11863	5755		9111	982
区县级小计	639166	517017	141717	157534	53412	20983	1527	41557	10245
广陵区	91792	79683	20583	25476	13052	3283		6305	1017
邗江区	112188	90971	20761	33140	8704	4011	364	5506	997
维扬区	74445	68899	12098	28349	8321	2246		4359	1522
宝应县	62378	46207	11622	14562	5753	1868	7	2864	1699
仪征市	109588	83540	27299	16896	5765	3310	101	9730	1814
高邮市	64818	55478	19242	13645	3809	1460	500	4760	1660
江都市	123957	92239	30112	25466	8008	4805	555	8033	1536
镇江市小计	**802565**	**629336**	**167433**	**159286**	**83517**	**29184**	**2885**	**43766**	**10494**
本级	256480	152420	41330	25645	19917	5436	198	18413	237
区县级小计	546085	476916	126103	133641	63600	23748	2687	25353	10257
京口区	77175	76105	12535	32877	12161	5676			1194
润州区	64406	62134	14719	24835	8861	4101	45		532
丹徒区	82266	74545	18876	16424	12192	2105	247	6514	4093
丹阳市	167056	138629	43296	29366	19240	5058	189	9657	3579
扬中市	80124	64213	23987	12582	7079	4217		6068	635
句容市	75058	61290	12690	17557	4067	2591	2206	3114	224
泰州市小计	**841519**	**651500**	**186570**	**148993**	**85806**	**27228**	**2250**	**48095**	**7152**
本级	216547	158589	47496	34216	19779	6690	1	14145	797
区县级小计	624972	492911	139074	114777	66027	20538	2249	33950	6355
海陵区	66600	62497	11702	22653	7199	1949		2724	1513
高港区	47038	43013	13959	9394	4653	1385		5505	1300
兴化市	95838	79733	27938	15591	8390	3631	2006	5509	926
靖江市	149469	109670	30162	25675	17287	4633		7604	445
泰兴市	152559	106736	31102	22103	12280	5073	112	7008	1421
姜堰市	113468	91262	24211	19361	16218	3867	131	5600	750
宿迁市小计	**329154**	**249871**	**31694**	**97888**	**23353**	**9123**	**1105**	**15102**	**3036**
本级	75861	57577	4450	18788	4980	2093	4	2527	630
区县级小计	253293	192294	27244	79100	18373	7030	1101	12575	2406
宿城区	54271	46349	8678	17042	9213	1395	6	3785	57
宿豫区	32582	23632	4578	8818	2228	813	784	1676	613
沭阳县	80019	57624	6420	26660	4313	2663	193	2826	832
泗阳县	42074	31123	3481	11993	1199	973	45	1326	904
泗洪县	44347	33566	4087	14587	1420	1186	73	2962	

二、各省、自治区、直辖市地市县一般预算财政资料

2－10－23　　　　　　　　　　　　　　　　　　　　单位：万元

地　　区	收支部分									
	收入									
	税收收入			非税收入						
	契　税	烟叶税	其他各项税收收入	小　计	专项收入	行政事业性收费收入	罚没收入	国有资本经营收入	国有资源(资产)有偿使用收入	其他收入
本级	27027		9920	96635	10502	26256	23878	34880	1065	54
区县级小计	32678		57364	122149	24942	26444	16509	52043	1295	916
广陵区	3355		6612	12109	2982	270	528	8288	41	
邗江区	5692		11796	21217	3419	7884	3460	6050	404	
维扬区	3730		8274	5546	2110	494	625	1246	155	916
宝应县	3000		4832	16171	1978	2266	1000	10791	136	
仪征市	7482		11143	26048	6328	8076	4264	7235	145	
高邮市	5861		4541	9340	3052	2530	3532		226	
江都市	3558		10166	31718	5073	4924	3100	18433	188	
镇江市小计	**61456**		**71315**	**173229**	**29232**	**48098**	**30396**	**63911**	**766**	**826**
本级	28100		13144	104060	14931	29434	12380	46236	408	671
区县级小计	33356		58171	69169	14301	18664	18016	17675	358	155
京口区	23		11639	1070		1054			16	
润州区	114		8927	2272		850	430	959	33	
丹徒区	5844		8250	7721	3142	2300	1347	824	108	
丹阳市	11247		16997	28427	5933	6289	7690	8250	110	155
扬中市	3841		5804	15911	2906	2859	3103	6988	55	
句容市	12287		6554	13768	2320	5312	5446	654	36	
泰州市小计	**74543**		**70863**	**190019**	**35657**	**61920**	**26954**	**63847**	**1592**	**49**
本级	22046		13419	57958	8419	23526	10240	15109	664	
区县级小计	52497		57444	132061	27238	38394	16714	48738	928	49
海陵区	6291		8466	4103	1299	2392	388		13	11
高港区	2482		4335	4025	2774	463	168	606	14	
兴化市	6973		8769	16105	6977	5014	3823		291	
靖江市	11155		12709	39799	4555	10825	3707	20367	307	38
泰兴市	14086		13551	45823	7206	9079	6419	22930	189	
姜堰市	11510		9614	22206	4427	10621	2209	4835	114	
宿迁市小计	**40189**		**28381**	**79283**	**10564**	**30741**	**25139**	**2208**	**1448**	**9183**
本级	18206		5899	18284	2153	3036	8148		787	4160
区县级小计	21983		22482	60999	8411	27705	16991	2208	661	5023
宿城区	788		5385	7922	2043	2669	2263	500	113	334
宿豫区	970		3152	8950	1028	2936	3172	1708	101	5
沭阳县	7280		6437	22395	2328	12287	3011		85	4684
泗阳县	7835		3367	10951	1236	5479	4104		132	
泗洪县	5110		4141	10781	1776	4334	4441		230	

2－10－24

单位:万元

地区	收支部分									
	支出功能分类									
	支出合计	一般公共服务	外交	国防	公共安全	教育	科学技术	文化体育与传媒	社会保障和就业	医疗卫生
本级	296961	59190		772	48374	33526	10871	11114	14303	15681
区县级小计	670139	141929		1270	52181	168348	12530	7209	59904	28397
广陵区	42474	11675		100	2959	9588	445	229	2961	1464
邗江区	103311	29430			7685	23600	2979	1207	5089	4421
维扬区	31487	10538		165	2269	5433	716	433	2305	671
宝应县	126168	20482		304	6406	34404	4253	1344	28332	4899
仪征市	112886	25335		289	8369	25608	710	1582	5261	5485
高邮市	109815	19520		412	8314	30600	1856	1161	8844	5296
江都市	143998	24949			16179	39115	1571	1253	7112	6161
镇江市小计	**835754**	**151813**		**496**	**83349**	**158400**	**20096**	**14816**	**40931**	**37323**
本级	330901	56678		229	37829	36709	7824	8367	17087	17818
区县级小计	504853	95135		267	45520	121691	12272	6449	23844	19505
京口区	38712	9976			2717	11373	900	154	2180	1411
润州区	33449	7377		161	2758	9488	1220	188	2932	910
丹徒区	72782	16489			6894	17863	1635	1579	2778	2879
丹阳市	173796	26684			15856	39085	4645	1957	5843	7319
扬中市	83382	16121		106	7540	16216	2681	975	3252	2905
句容市	102732	18488			9755	27666	1191	1596	6859	4081
泰州市小计	**1031457**	**187939**		**2482**	**83056**	**220536**	**20067**	**15159**	**73662**	**47062**
本级	256522	43551		1206	30334	20323	8759	4263	20096	6573
区县级小计	774935	144388		1276	52722	200213	11308	10896	53566	40489
海陵区	63264	16585		171	2679	16217	638	216	5004	3413
高港区	46722	12138		130	2343	11219	1142	118	1932	1880
兴化市	172331	28553		344	10894	54270	2219	2212	21523	10514
靖江市	152193	27226		387	14277	30843	3003	4928	5996	7543
泰兴市	193227	30692		244	13785	50246	1268	2053	10352	9276
姜堰市	147198	29194			8744	37418	3038	1369	8759	7863
宿迁市小计	**729343**	**112712**		**736**	**45273**	**209337**	**8417**	**10387**	**83613**	**34940**
本级	131381	29436		100	13685	11889	750	4664	3868	2154
区县级小计	597962	83276		636	31588	197448	7667	5723	79745	32786
宿城区	82839	12213		108	4004	26566	1022	585	7495	4198
宿豫区	82858	11634		82	4439	25388	956	945	13060	3954
沭阳县	190597	21415		120	10275	67300	2569	1736	20701	10361
泗阳县	117422	21785		170	5906	35887	1527	881	19776	7271
泗洪县	124246	16229		156	6964	42307	1593	1576	18713	7002

二、各省、自治区、直辖市地市县一般预算财政资料

2－10－25

单位:万元

地区	收支部分						平衡部分		
	支出功能分类						收入		
	环境保护	城乡社区事务	农林水事务	交通运输	工业、商业、金融等事务	其他支出	收入合计	本年收入	返还性收入 小计
本级	8153	20526	15411	2390	44654	11996	339380	217734	52961
区县级小计	9129	40153	82329	14765	26903	25092	986291	639166	100495
广陵区	281	8810	1235		907	1820	118068	91792	6881
邗江区	982	5196	13653	2170	4839	2060	156552	112188	14412
维扬区	227	3592	1319		3818	1	93025	74445	4364
宝应县	1101	2805	14388	2149	4053	1248	144339	62378	11572
仪征市	2209	9526	18933	1067	2209	6303	155062	109588	26653
高邮市	2070	4024	16268	4143	4387	2920	138810	64818	12028
江都市	2259	6200	16533	5236	6690	10740	180435	123957	24585
镇江市小计	**17547**	**93391**	**62405**	**13740**	**84626**	**56821**	**1138213**	**802565**	**139625**
本级	9360	40755	15467	6558	45663	30557	360458	256480	34090
区县级小计	8187	52636	46938	7182	38963	26264	777755	546085	105535
京口区	11	2005	593	73	753	6566	99329	77175	11597
润州区		1875	1630	79	955	3876	88382	64406	13109
丹徒区	2518	4790	8178	2834	3120	1225	116590	82266	15262
丹阳市	2503	19623	15616	2056	26026	6583	238460	167056	36227
扬中市	1410	16523	6988	62	5421	3182	111618	80124	17587
句容市	1745	7820	13933	2078	2688	4832	123376	75058	11753
泰州市小计	**16901**	**100015**	**105513**	**10636**	**84186**	**64243**	**1310542**	**841519**	**153517**
本级	5521	52465	13141	1408	25463	23419	323992	216547	54166
区县级小计	11380	47550	92372	9228	58723	40824	986550	624972	99351
海陵区	300	4281	4572		6195	2993	88567	66600	9091
高港区	643	2185	5188	360	5952	1492	62506	47038	5408
兴化市	2658	6148	20198	3351	6231	3216	209329	95838	15420
靖江市	3065	14270	15554	2303	3291	19507	206685	149469	22986
泰兴市	2643	10351	27736	2195	25140	7246	240361	152559	27805
姜堰市	2071	10315	19124	1019	11914	6370	179102	113468	18641
宿迁市小计	**9002**	**50073**	**89489**	**29652**	**32772**	**12940**	**843152**	**329154**	**56372**
本级	2632	13893	19118	18951	10150	91	146095	75861	2006
区县级小计	6370	36180	70371	10701	22622	12849	697057	253293	54366
宿城区	796	9365	8483	809	6504	691	114332	54271	18794
宿豫区	1941	6718	8534	654	4414	139	101194	32582	5288
沭阳县	1280	9878	27559	4371	3464	9568	213262	80019	6898
泗阳县	1464	7056	8890	2217	3484	1108	127736	42074	6757
泗洪县	889	3163	16905	2650	4756	1343	140533	44347	16629

2－10－26 单位:万元

地区	平衡部分									
	收入									
	返还性收入		财力性转移支付收入							
	增值税和消费税税收返还	所得税基数返还	小计	体制补助	一般性转移支付补助	民族地区转移支付补助	调整工资转移支付补助	农村义务教育补助	农村税费改革补助	缓解县乡困难转移支付补助
本级	43016	9945	9093		－2				66	14
区县级小计	87797	12698	68537		9147		8216		22464	4025
广陵区	5135	1746	7774						75	－1
邗江区	11750	2662	5393						1177	464
维扬区	3406	958	3823						90	78
宝应县	9372	2200	27736		5973		4126		8576	1138
仪征市	25978	675	－7937						1689	447
高邮市	10987	1041	26192		3174		4090		7717	1283
江都市	21169	3416	5556						3140	616
镇江市小计	**103096**	**36529**	**22637**				**1328**		**5530**	**2365**
本级	18826	15264	45						－81	
区县级小计	84270	21265	22592				1328		5611	2365
京口区	10695	902	3072						168	58
润州区	11999	1110	2552						200	127
丹徒区	12056	3206	4668				548		1437	395
丹阳市	27714	8513	3659						807	855
扬中市	12209	5378	1588						292	368
句容市	9597	2156	7053				780		2707	562
泰州市小计	**115213**	**38304**	**87921**		**9397**		**8664**		**28230**	**4248**
本级	33846	20320	8559						271	
区县级小计	81367	17984	79362		9397		8664		27959	4248
海陵区	7620	1471	1529						223	3
高港区	2103	3305	2624		60				561	－30
兴化市	13195	2225	47058		7197		5316		15113	2215
靖江市	18043	4943	4031						1483	418
泰兴市	24607	3198	13208		1300		1822		6036	766
姜堰市	15799	2842	10912		840		1526		4543	876
宿迁市小计	**47581**	**8791**	**210660**		**24426**		**30704**		**45921**	**5421**
本级	1336	670	18098				3670		136	74
区县级小计	46245	8121	192562		24426		27034		45785	5347
宿城区	17167	1627	15602		1664		1360		5044	192
宿豫区	4590	698	32058		4847		4415		5980	770
沭阳县	4148	2750	63247		10498		9438		15938	1879
泗阳县	5695	1062	44224		5152		5679		8147	735
泗洪县	14645	1984	37431		2265		6142		10676	1771

二、各省、自治区、直辖市地市县一般预算财政资料

2-10-27 单位：万元

地区	平衡部分									
	收入								支出	
	财力性转移支付收入									
	结算补助	企事业单位预算划转补助	其他财力性转移支付	专项转移支付	省补助计划单列市收入	上年结余	调入资金	国债转贷收入、上年结余及转补助数	支出合计	本年支出
本级	7796	1995	-776	23073		36224	165	130	272925	296961
区县级小计	-4452	3058	26079	104513		61272	12308		906703	670139
广陵区	5842	110	1748	2879		8742			103413	42474
邗江区	1966	-262	2048	11487		12904	168		139900	103311
维扬区	1586	56	2013	1286		9107			75618	31487
宝应县	173	7	7743	26550		5350	10753		140149	126168
仪征市	-13543	2302	1168	12960		13210	588		143445	112886
高邮市	-323		10251	26766		8767	239		127115	109815
江都市	-153	845	1108	22585		3192	560		177063	143998
镇江市小计	**4652**	**362**	**8400**	**79958**		**64721**	**28357**	**350**	**1036309**	**835754**
本级	2131	-591	-1414	19407		45547	4889		293282	330901
区县级小计	2521	953	9814	60551		19174	23468	350	743027	504853
京口区	4	194	2648	4602		598	2285		98481	38712
润州区	1	203	2021	5879		2436			84555	33449
丹徒区	40	532	1716	7422		5114	1508	350	111314	72782
丹阳市	1015	8	974	16352		7164	8002		225356	173796
扬中市	476	8	444	8546		1972	1801		103953	83382
句容市	985	8	2011	17750		1890	9872		119368	102732
泰州市小计	**3742**	**-26**	**33666**	**135585**		**69098**	**22222**	**680**	**1229875**	**1031457**
本级	586	14	7688	24076		20290	34	320	302794	256522
区县级小计	3156	-40	25978	111509		48808	22188	360	927081	774935
海陵区	60	7	1236	4333		6912	102		80230	63264
高港区	1428	1	604	4156		1745	1535		60802	46722
兴化市	706	-69	16580	39832		8760	2421		195427	172331
靖江市	246	7	1877	14928		14216	1055		190141	152193
泰兴市	342	7	2935	26919		10556	8954	360	227286	193227
姜堰市	374	7	2746	21341		6619	8121		173195	147198
宿迁市小计	**1471**	**1266**	**101451**	**196218**		**34085**	**15398**	**1265**	**800347**	**729343**
本级	-12710	30	26898	27719		14227	7634	550	133040	131381
区县级小计	14181	1236	74553	168499		19858	7764	715	667307	597962
宿城区	-4116	15	11443	24137		1064	464		109516	82839
宿豫区	3425	830	11791	24444		6497		325	92118	82858
沭阳县	1501	77	23916	48424		8945	5339	390	203543	190597
泗阳县	11530	178	12803	32720			1961		127736	117422
泗洪县	1841	136	14600	38774		3352			134394	124246

2－10－28

单位:万元

地区	平衡部分									
	支出									
	财力性转移支付			专项上解	计划单列市上解省	增设预算周转金	调出资金	国债转贷拨付数及年终结余	年终结余	其中:净结余
	小计	体制上解	出口退税专项上解							
本级	12877	10892	1985	－37043				130	66455	7931
区县级小计	30701	22406	8295	204243		1000	620		79588	16105
广陵区	1635	694	941	59304					14655	12416
邗江区	6658	3730	2928	29931					16652	325
维扬区	3181	1499	1682	39950		1000			17407	837
宝应县	2075	1650	425	11906					4190	228
仪征市	3625	3104	521	26882			52		11617	88
高邮市	2805	2244	561	14495					11695	1896
江都市	10722	9485	1237	21775			568		3372	315
镇江市小计	**53553**	**44543**	**9010**	**146652**				**350**	**101904**	**3889**
本级	22004	19599	2405	－59623					67176	316
区县级小计	31549	24944	6605	206275				350	34728	3573
京口区	1829	1251	578	57940					848	28
润州区	2279	1671	608	48827					3827	1575
丹徒区	2486	2277	209	35696				350	5276	1698
丹阳市	17997	14154	3843	33563					13104	199
扬中市	4507	4149	358	16064					7665	63
句容市	2451	1442	1009	14185					4008	10
泰州市小计	**47895**	**34628**	**13267**	**149843**				**680**	**80667**	**2513**
本级	13341	10608	2733	32611				320	21198	216
区县级小计	34554	24020	10534	117232				360	59469	2297
海陵区	2283	1540	743	14683					8337	36
高港区	3441	1713	1728	10639					1704	
兴化市	4337	3716	621	18759					13902	
靖江市	13268	8593	4675	24680					16544	320
泰兴市	6939	5405	1534	26760				360	13075	78
姜堰市	4286	3053	1233	21711					5907	1863
宿迁市小计	**8091**	**7077**	**1014**	**61648**				**1265**	**42805**	**2862**
本级	306		306	803				550	13055	1000
区县级小计	7785	7077	708	60845				715	29750	1862
宿城区	2331	2184	147	24346					4816	
宿豫区	1326	1034	292	7609				325	9076	1652
沭阳县	110		110	12446				390	9719	
泗阳县	1886	1799	87	8428						
泗洪县	2132	2060	72	8016					6139	210

2007 年浙江省地市县财政一般预算收支平衡表

2－11－1　　　　　　　　　　　　　　　　　　　　单位:万元

地区	收支部分								
	收入								
		税收收入							
	收入合计	小计	增值税	营业税	企业所得税	个人所得税	资源税	城市维护建设税	耕地占用税
地市县合计	**14747026**	**13909584**	**2852281**	**4320764**	**2330047**	**889274**	**61092**	**948148**	**152882**
杭州市小计	**3916195**	**3813148**	**655322**	**1269437**	**720219**	**235178**	**7611**	**266253**	**19785**
本级	922319	913229	108820	248807	158079	38574		97870	4213
区县级小计	2993876	2899919	546502	1020630	562140	196604	7611	168383	15572
富阳市	204533	191972	44103	53395	22285	11373	2284	13096	3501
桐庐县	66815	61830	17174	17954	9016	4004	400	3514	392
临安市	97935	95093	20040	30809	12568	6573	322	7291	1791
建德市	84236	81166	17497	22753	15424	4942	2532	5689	1242
淳安县	41273	36934	5659	15373	5823	2114	105	1799	141
上城区	212112	193631	22005	71141	52545	22794		8210	
下城区	264336	259714	28513	109806	60408	23186		14075	
江干区	197776	197777	29553	92456	38640	7368		11084	
拱墅区	188524	186022	40044	72504	33702	5782		15143	
西湖区	268795	262552	30320	123618	52747	18731		14771	
滨江区	283249	279801	42720	95888	66305	39484		13749	
萧山区	538828	523992	131960	158387	88202	24882	1243	35264	3986
余杭区	367923	354853	56984	120434	61889	14040	725	20108	4519
开发区	158440	156053	59310	26266	38244	10083		3872	
西湖风景名胜区	19092	18529	620	9846	4342	1248		718	
临平工业园区	9								
嘉兴市小计	**1052352**	**1010191**	**245093**	**287872**	**143954**	**56178**	**2320**	**70536**	**20475**
本级	361196	334328	68609	104366	49309	16501		19591	9588
区县级小计	691156	675863	176484	183506	94645	39677	2320	50945	10887
海宁市	179028	172170	44055	46860	27736	8484	1731	11494	1671
桐乡市	170598	165196	43154	44415	24324	9854		10409	4005
平湖市	150646	154115	42197	43628	18528	8262		12588	3004
嘉善县	110227	106824	28996	27434	16058	5832		5986	1417
海盐县	80657	77558	18082	21169	7999	7245	589	10468	790
湖州市小计	**616780**	**562975**	**117333**	**165204**	**77120**	**32399**	**23376**	**31594**	**14546**
本级	289302	270278	52998	80485	40069	14587	8151	16512	7192
区县级小计	327478	292697	64335	84719	37051	17812	15225	15082	7354
长兴县	153620	135538	29271	39134	17236	8360	9987	6934	2399
德清县	111500	100471	23747	26460	13735	5988	4378	4831	3794
安吉县	62358	56688	11317	19125	6080	3464	860	3317	1161
吴兴区									
南浔区									
湖州经济开发区									

2－11－2

单位:万元

地区	收支部分									
	收入									
	税收收入			非税收入						
	契税	烟叶税	其他各项税收收入	小计	专项收入	行政事业性收费收入	罚没收入	国有资本经营收入	国有资源(资产)有偿使用收入	其他收入
地市县合计	**1081197**	**646**	**1273253**	**837442**	**485611**	**123644**	**622298**	**－452090**	**53701**	**4278**
杭州市小计	**325146**		**314197**	**103047**	**107867**	**3964**	**112303**	**－130220**	**8780**	**353**
本级	209348		47518	9090	33866		39991	－68200	3132	301
区县级小计	115798		266679	93957	74001	3964	72312	－62020	5648	52
富阳市	18220		23715	12561	7719	700	6659	－3000	468	15
桐庐县	3735		5641	4985	2427		2500	－150	208	
临安市	8049		7650	2842	3910	150	4494	－6000	288	
建德市	5436		5651	3070	3438	1198	2964	－4750	220	
淳安县	2804		3116	4339	1113	1027	2101		98	
上城区			16936	18481	3128		20211	－5000	142	
下城区			23726	4622	5103		1401	－2000	118	
江干区			18676	－1	4063		2387	－6800	349	
拱墅区			18847	2502	5508		1788	－5000	206	
西湖区			22365	6243	5385		3723	－3000	135	
滨江区			21655	3448	5058	439	1531	－4000	420	
萧山区	37048		43020	14836	16540	288	14929	－18320	1362	37
余杭区	40506		35648	13070	8949		6898	－4000	1223	
开发区			18278	2387	1400	162	469		356	
西湖风景名胜区			1755	563	260		257		46	
临平工业园区				9					9	
嘉兴市小计	**76844**	**57**	**106862**	**42161**	**44190**	**21881**	**39740**	**－66566**	**2907**	**9**
本级	29903		36461	26868	13773	12750	18801	－19500	1042	2
区县级小计	46941	57	70401	15293	30417	9131	20939	－47066	1865	7
海宁市	11678		18461	6858	6702	1899	5302	－7500	455	
桐乡市	10366	57	18612	5402	5861	1504	4561	－7000	476	
平湖市	11063		14845	－3469	6594	690	3862	－15000	380	5
嘉善县	8513		12588	3403	4535	2789	4676	－8980	381	2
海盐县	5321		5895	3099	6725	2249	2538	－8586	173	
湖州市小计	**48353**		**53050**	**53805**	**19222**	**700**	**48954**	**－16031**	**960**	
本级	28039		22245	19024	8269		24799	－14628	584	
区县级小计	20314		30805	34781	10953	700	24155	－1403	376	
长兴县	8253		13964	18082	5382		12605		95	
德清县	6450		11088	11029	3475	700	6717	－90	227	
安吉县	5611		5753	5670	2096		4833	－1313	54	
吴兴区										
南浔区										
湖州经济开发区										

二、各省、自治区、直辖市地市县一般预算财政资料

2－11－3

单位:万元

地区	收支部分									
	支出功能分类									
	支出合计	一般公共服务	外交	国防	公共安全	教育	科学技术	文化体育与传媒	社会保障和就业	医疗卫生
地市县合计	**15997247**	**3003650**		**35717**	**1433426**	**3368054**	**545507**	**393530**	**1042654**	**921650**
杭州市小计	**3357153**	**566081**		**5473**	**262153**	**627460**	**121559**	**72900**	**299432**	**197029**
本级	886843	196367		1774	85258	100226	47958	26860	121070	70228
区县级小计	2470310	369714		3699	176895	527234	73601	46040	178362	126801
富阳市	201098	32891			15036	59816	4659	4075	22325	15433
桐庐县	84761	15573		339	7771	21246	2895	2661	5576	7434
临安市	116018	28005		61	10005	30231	5792	2168	7866	7318
建德市	106541	19792		311	8287	27139	4978	2086	5861	8622
淳安县	101575	20786		40	6486	26712	1722	2017	5903	6964
上城区	96061	9154			9261	26376	3008	309	13791	5603
下城区	156259	22903		35	11784	31226	2745	2308	16569	9715
江干区	147543	17153		10	11026	24748	4625	871	7531	7187
拱墅区	92895	18271		13	10358	21346	2883	689	11095	6331
西湖区	168411	24817		270	15430	37636	2820	1482	20695	6539
滨江区	171672	12177		147	5305	17721	8337	809	9476	3815
萧山区	470138	75437		1531	31352	112485	14337	10881	32051	22698
余杭区	363008	53863		942	24957	84722	12795	9560	18596	18462
开发区	109209	15852			5384	4550	1858	2477	399	502
西湖风景名胜区	82997	1280			4453	1280	147	3647	628	178
临平工业园区	2124	1760								
嘉兴市小计	**1074227**	**218814**		**2619**	**104854**	**262182**	**41431**	**21356**	**49723**	**45387**
本级	373603	68746		1038	39100	70752	12213	6317	19654	11104
区县级小计	700624	150068		1581	65754	191430	29218	15039	30069	34283
海宁市	176278	43539		481	17826	45168	8417	3643	5978	6090
桐乡市	169753	29908		441	16405	48517	6914	4880	8258	10093
平湖市	157160	36590		587	12723	35754	6009	3386	6672	6999
嘉善县	107065	19974		33	10448	31968	3652	1457	5640	5866
海盐县	90368	20057		39	8352	30023	4226	1673	3521	5235
湖州市小计	**688180**	**133962**		**635**	**71355**	**153279**	**23294**	**14248**	**40658**	**40674**
本级	212422	37162		54	34661	29726	9205	6818	13054	12217
区县级小计	475758	96800		581	36694	123553	14089	7430	27604	28457
长兴县	164812	28698		92	13461	38764	5762	3127	8137	7144
德清县	117966	32377		89	9396	24555	2908	1998	7417	8121
安吉县	88802	18337		264	9178	23898	2801	1737	6408	5364
吴兴区	47858	8555		59	2668	18269	1209	245	2484	3882
南浔区	45028	7078		64	1907	16112	1151	293	2757	3843
湖州经济开发区	11292	1755		13	84	1955	258	30	401	103

2－11－1

单位:万元

地区	收支部分						平衡部分		
	支出功能分类						收入		
	环境保护	城乡社区事务	农林水事务	交通运输	工业、商业、金融等事务	其他支出	收入合计	本年收入	返还性收入 小计
地市县合计	**269726**	**1540882**	**1215706**	**394720**	**1159393**	**672632**	**23412525**	**14747026**	**2532963**
杭州市小计	**51936**	**541620**	**172820**	**26187**	**292398**	**120105**	**5301713**	**3916195**	**554403**
本级	15654	98325	22976	10763	88486	898	605457	922319	214000
区县级小计	36282	443295	149844	15424	203912	119207	4696256	2993876	340403
富阳市	5163	11118	22965	751	2471	4395	280420	204533	34793
桐庐县	2502	3739	10222	827	1931	2045	121636	66815	13964
临安市	4098	4511	10895	1065	2741	1262	175105	97935	20088
建德市	3112	5283	13645	662	1613	5150	150671	84236	19370
淳安县	7078	2518	14121	955	3631	2642	121380	41273	7854
上城区		15156			399	13004	443193	212112	25798
下城区		46472	11		12482	9	535948	264336	16877
江干区		15977	1938		24944	31533	299903	197776	15460
拱墅区	282	11488	740		2744	6655	311934	188524	22575
西湖区	215	25650	4414		9239	19204	406327	268795	19782
滨江区	775	75019	3348		34683	60	333069	283249	13432
萧山区	5065	75442	38499	8815	35064	6481	670358	538828	72347
余杭区	6758	44416	28378	2349	32294	24916	514874	367923	50811
开发区	1116	37000	268		39533	270	229338	158440	4844
西湖风景名胜区	118	69277	390		61	1538	92538	19092	2408
临平工业园区		229	10		82	43	9562	9	
嘉兴市小计	**29684**	**107857**	**72363**	**25590**	**48933**	**43434**	**1571013**	**1052352**	**225917**
本级	11780	58748	17744	13869	11752	30786	572226	361196	69763
区县级小计	17904	49109	54619	11721	37181	12648	998787	691156	156154
海宁市	4647	9078	15136	372	10803	5100	250917	179028	44104
桐乡市	4508	13481	13806	5022	4309	3211	236097	170598	39908
平湖市	3614	17692	8762	2816	14725	831	219515	150646	31386
嘉善县	2940	5277	10170	1974	4824	2842	165562	110227	22532
海盐县	2195	3581	6745	1537	2520	664	126696	80657	18224
湖州市小计	**14772**	**45393**	**60174**	**20744**	**53972**	**15020**	**1021302**	**616780**	**111066**
本级	4368	15523	17295	10410	15157	6772	381491	289302	58993
区县级小计	10404	29870	42879	10334	38815	8248	639811	327478	52073
长兴县	4058	11761	19578	6772	14660	2798	235670	153620	19023
德清县	3292	5339	7066	1589	13640	179	163791	111500	20935
安吉县	2803	2504	8975	750	5783		123828	62358	12115
吴兴区	36	2910	3622	396	2358	1165	51224		
南浔区	210	3162	3052	280	2251	2868	51554		
湖州经济开发区	5	4194	586	547	123	1238	13744		

二、各省、自治区、直辖市地市县一般预算财政资料

2－11－5　　　　单位：万元

地区	平衡部分									
	收入									
	返还性收入		财力性转移支付收入							
	增值税和消费税税收返还	所得税基数返还	小计	体制补助	一般性转移支付补助	民族地区转移支付补助	调整工资转移支付补助	农村义务教育补助	农村税费改革补助	缓解县乡困难转移支付补助
地市县合计	**1677838**	**855125**	**1724508**	**630626**	**276404**	**2138**	**139710**	**34235**	**105445**	**11367**
杭州市小计	**398923**	**155480**	**294733**	**114562**	**62166**		**10474**	**3150**	**8289**	**1414**
本级	172256	41744	175209	58395	37570			1380		
区县级小计	226667	113736	119524	56167	24596		10474	1770	8289	1414
富阳市	21612	13181	10862	4070	1909			300	875	165
桐庐县	9761	4203	11962	2479	4076		1336	290	1291	93
临安市	13833	6255	15796	3260	4544		1740	300	1963	184
建德市	13500	5870	13416	2872	4515		1634	300	1481	364
淳安县	4968	2886	34899	10897	9552		5764	580	2679	608
上城区	18167	7631	4472	4472						
下城区	9315	7562	3083	3083						
江干区	9471	5989	3253	3253						
拱墅区	18556	4019	2707	2707						
西湖区	10007	9775	3942	3942						
滨江区	3746	9686	3818	3818						
萧山区	57266	15081	6379	6379						
余杭区	36465	14346	4699	4699						
开发区		4844	185	185						
西湖风景名胜区		2408	51	51						
临平工业园区										
嘉兴市小计	**150154**	**75763**	**85907**	**34006**	**10392**			**1530**	**6440**	**1739**
本级	50104	19659	31502	18797	4303			360	889	634
区县级小计	100050	56104	54405	15209	6089			1170	5551	1105
海宁市	30326	13778	10068	3421	1987			260	1434	244
桐乡市	25700	14208	9933	3319	2121			290	1229	345
平湖市	18853	12533	13666	3284	473			200	1211	248
嘉善县	13486	9046	7493	2732	661			210	1007	219
海盐县	11685	6539	13245	2453	847			210	670	49
湖州市小计	**79618**	**31448**	**78399**	**26679**	**11094**		**2888**	**1440**	**6125**	
本级	43106	15887	28122	11746	2671			490	1074	
区县级小计	36512	15561	50277	14933	8423		2888	950	5051	
长兴县	12736	6287	18753	3024	3811		1424	320	2162	
德清县	14227	6708	7218	2472	615			210	844	
安吉县	9549	2566	24306	9437	3997		1464	420	2045	
吴兴区										
南浔区										
湖州经济开发区										

2－11－6　　　　　　　　　　　　　　　　　　　　单位:万元

地区	平衡部分									
	收入								支出	
	财力性转移支付收入			专项转移支付	省补助计划单列市收入	上年结余	调入资金	国债转贷收入、上年结余及转补助数	支出合计	本年支出
	结算补助	企事业单位预算划转补助	其他财力性转移支付							
地市县合计	**241307**	**99876**	**183400**	**1464624**	**54699**	**2818491**	**56566**	**13648**	**19721124**	**15997247**
杭州市小计	**40025**	**19253**	**35400**	**179000**		**344139**	**11205**	**2038**	**4691235**	**3357153**
本级	34166	15248	28450	－805744		97895		1778	478461	886843
区县级小计	5859	4005	6950	984744		246244	11205	260	4212774	2470310
富阳市	957	1986	600	12116		18116			251786	201098
桐庐县	1130	667	600	13898		14507	490		102437	84761
临安市	2191	664	950	18217		23069			144356	116018
建德市	1260	390	600	15193		18456			131021	106541
淳安县	321	298	4200	31071		6283			102888	101575
上城区				188356		12455			355674	96061
下城区				236565		15087			513137	156259
江干区				71861		11553			280122	147543
拱墅区				81570		16558			254490	92895
西湖区				100647		13161			383381	168411
滨江区				25799		6511		260	308595	171672
萧山区				35922		16882			631794	470138
余杭区				32877		56005	2559		462001	363008
开发区				53854		12015			197454	109209
西湖风景名胜区				61684		1147	8156		91509	82997
临平工业园区				5114		4439			2129	2124
嘉兴市小计	**20017**	**4933**	**6850**	**83588**		**118911**	**1938**	**2400**	**1419624**	**1074227**
本级	4142	1377	1000	39655		67710		2400	493279	373603
区县级小计	15875	3556	5850	43933		51201	1938		926345	700624
海宁市	1089	933	700	9192		6738	1787		239242	176278
桐乡市	948	981	700	7354		8304			223984	169753
平湖市	6717	783	750	10167		13499	151		205826	157160
嘉善县	1501	263	900	10092		15218			141395	107065
海盐县	5620	596	2800	7128		7442			115898	90368
湖州市小计	**13671**	**9402**	**7100**	**92829**		**119528**	**2700**		**876835**	**688180**
本级	4111	4930	3100	－65256		70330			302606	212422
区县级小计	9560	4472	4000	158085		49198	2700		574229	475758
长兴县	4604	2208	1200	21972		22302			209086	164812
德清县	1981	496	600	12041		12097			150746	117966
安吉县	2975	1768	2200	16373		8676			110219	88802
吴兴区				47271		1946	2007		47858	47858
南浔区				48217		2644	693		45028	45028
湖州经济开发区				12211		1533			11292	11292

2－11－7

单位：万元

地区	平衡部分									
	支出								年终结余	其中：净结余
	财力性转移支付			专项上解	计划单列市上解省	增设预算周转金	调出资金	国债转贷拨付数及年终结余		
	小计	体制上解	出口退税专项上解							
地市县合计	**1941985**	**1484165**	**457820**	**1705375**	**49348**	**8583**	**4938**	**13648**	**3691401**	**555069**
杭州市小计	**547379**	**479713**	**67666**	**784665**				**2038**	**610478**	**289933**
本级	－219954	－223746	3792	－190206				1778	126996	40000
区县级小计	767333	703459	63874	974871				260	483482	249933
富阳市	30006	27921	2085	20682					28634	627
桐庐县	9384	8223	1161	8292					19199	1360
临安市	15856	13854	2002	12482					30749	6538
建德市	12898	11583	1315	11582					19650	790
淳安县	146		146	1167					18492	－1476
上城区	84623	81682	2941	174990					87519	59745
下城区	81787	78058	3729	275091					22811	1271
江干区	69360	67061	2299	63219					19781	19055
拱墅区	43596	41774	1822	117999					57444	37216
西湖区	80783	75071	5712	134187					22946	17168
滨江区	91534	85230	6304	45129				260	24474	18835
萧山区	96225	77219	19006	65431					38564	20021
余杭区	65881	56603	9278	33112					52873	33850
开发区	81617	75791	5826	6628					31884	27920
西湖风景名胜区	3632	3384	248	4880					1029	780
临平工业园区	5	5							7433	6233
嘉兴市小计	**181198**	**146866**	**34332**	**154533**		**2328**	**4938**	**2400**	**151389**	**9088**
本级	62044	52676	9368	50794		1500	2938	2400	78947	2589
区县级小计	119154	94190	24964	103739		828	2000		72442	6499
海宁市	31572	23433	8139	31392					11675	1568
桐乡市	27306	23432	3874	26525		400			12113	
平湖市	27261	21727	5534	19405			2000		13689	570
嘉善县	20209	16030	4179	14121					24167	118
海盐县	12806	9568	3238	12296		428			10798	4243
湖州市小计	**100560**	**85955**	**14605**	**88095**					**144467**	**2660**
本级	45239	39868	5371	44945					78885	2660
区县级小计	55321	46087	9234	43150					65582	
长兴县	24498	22164	2334	19776					26584	
德清县	17934	15297	2637	14846					13045	
安吉县	12889	8626	4263	8528					13609	
吴兴区									3366	
南浔区									6526	
湖州经济开发区									2452	

2－11－8　　单位:万元

地区	收支部分								
	收入								
	收入合计	税收收入							
		小计	增值税	营业税	企业所得税	个人所得税	资源税	城市维护建设税	耕地占用税
舟山市小计	**350636**	**325024**	**32480**	**151164**	**35253**	**15177**	**7112**	**16811**	**2717**
本级	165687	149938	11869	65555	18924	6460	1633	8069	2424
区县级小计	184949	175086	20611	85609	16329	8717	5479	8742	293
岱山县	31000	32529	3609	15444	2652	1889	2047	1409	293
嵊泗县	29809	27167	1126	19553	1527	679	549	1170	
定海区	42011	37721	6615	16973	3495	2347	1454	2044	
普陀区	82129	77669	9261	33639	8655	3802	1429	4119	
金华市小计	**1019684**	**933011**	**187754**	**295384**	**126824**	**61798**	**3184**	**67743**	**16380**
本级	238792	212728	31875	83784	28075	13720	578	13804	4412
区县级小计	780892	720283	155879	211600	98749	48078	2606	53939	11968
兰溪市	69198	69637	15919	17481	11034	3116	1693	9050	2262
永康市	133528	117498	32897	26922	14914	7075	98	11133	2275
武义县	62661	51977	13811	14753	8048	2545	258	3987	1214
东阳市	113258	107494	20164	36792	15986	6277	126	6974	2888
磐安县	22518	18650	5431	6748	1655	1540	32	1042	563
义乌市	322806	304930	55585	93069	40732	24625	348	18617	2669
浦江县	56923	50097	12072	15835	6380	2900	51	3136	97
金东区									
婺城区									
开发区									
绍兴市小计	**1221169**	**1152970**	**267545**	**328324**	**166282**	**60262**	**2914**	**67486**	**18544**
本级	338583	326400	52505	104641	50124	16354	806	18845	2479
区县级小计	882586	826570	215040	223683	116158	43908	2108	48641	16065
绍兴县	327923	299867	86132	83877	40267	13923	599	16519	1266
上虞市	167056	163521	38412	49829	23235	8311	200	9414	3938
嵊州市	83830	78178	20072	21596	10082	4263	83	5423	1371
新昌县	76278	73915	23009	16187	12484	4449	11	4765	1971
诸暨市	227499	211089	47415	52194	30090	12962	1215	12520	7519
温州市小计	**1570271**	**1411742**	**299454**	**427503**	**217895**	**83311**	**573**	**104126**	**14295**
本级	410375	376572	21285	144668	48289	26270	14	24851	
区县级小计	1159896	1035170	278169	282835	169606	57041	559	79275	14295
平阳县	70746	61855	14859	19331	7438	3210	37	3423	1367
苍南县	100112	84781	15975	31431	9462	4458	27	4986	1615
瑞安市	211574	189601	41868	51528	30283	11561	94	13634	1399
永嘉县	92111	82176	22334	23244	11886	4302	67	5776	934
乐清市	216305	193972	57084	45340	36755	10774	281	16542	1066
文成县	19057	10893	1963	3732	1592	723	5	707	102

二、各省、自治区、直辖市地市县一般预算财政资料

2－11－9

单位:万元

地区	收支部分									
	收入									
	税收收入			非税收入						
	契税	烟叶税	其他各项税收收入	小计	专项收入	行政事业性收费收入	罚没收入	国有资本经营收入	国有资源(资产)有偿使用收入	其他收入
舟山市小计	**24195**		**40115**	**25612**	**12539**	**7147**	**14445**	**－12500**	**3298**	**683**
本级	15287		19717	15749	7294	5731	4543	－4000	1498	683
区县级小计	8908		20398	9863	5245	1416	9902	－8500	1800	
岱山县	2855		2331	－1529	1020	27	1830	－4500	94	
嵊泗县	1327		1236	2642	717	457	792		676	
定海区	286		4507	4290	1213	396	2938	－500	243	
普陀区	4440		12324	4460	2295	536	4342	－3500	787	
金华市小计	**88944**		**85000**	**86673**	**34103**	**17247**	**44143**	**－11378**	**2558**	
本级	19616		16864	26064	6967	5848	14566	－1923	606	
区县级小计	69328		68136	60609	27136	11399	29577	－9455	1952	
兰溪市	4005		5077	－439	3669	172	1180	－5580	120	
永康市	9813		12371	16030	5953	3339	6563	－354	529	
武义县	2787		4574	10684	2272	2400	5800		212	
东阳市	10166		8121	5764	3791	800	2895	－2000	278	
磐安县	438		1201	3868	708	1600	1487		73	
义乌市	37252		32033	17876	8833	2588	6348	－521	628	
浦江县	4867		4759	6826	1910	500	5304	－1000	112	
金东区										
婺城区										
开发区										
绍兴市小计	**88601**	**457**	**152555**	**68199**	**39172**	**9092**	**62289**	**－48560**	**6066**	**140**
本级	31812		48834	12183	10934		19598	－19962	1609	4
区县级小计	56789	457	103721	56016	28238	9092	42691	－28598	4457	136
绍兴县	18840		38444	28056	11179	3092	10873		2776	136
上虞市	11734		18448	3535	5036	1160	7151	－10178	366	
嵊州市	5864	204	9220	5652	2523	1720	7633	－6500	276	
新昌县	4249	253	6537	2363	2728	1200	4269	－5996	162	
诸暨市	16102		31072	16410	6772	1920	12765	－5924	877	
温州市小计	**121658**		**142927**	**158529**	**56255**	**5702**	**100061**	**－20441**	**14441**	**2511**
本级	70155		41040	33803	10079		25470	－7102	4556	800
区县级小计	51503		101887	124726	46176	5702	74591	－13339	9885	1711
平阳县	6313		5877	8891	2969	237	6955	－1599	324	5
苍南县	7347		9480	15331	3441	3190	10163	－1667	204	
瑞安市	14796		24438	21973	7699		19371	－6000	903	
永嘉县	6836		6797	9935	4293		6696	－1477	423	
乐清市	12185		13945	22333	8872		16161	－3500	800	
文成县	1370		699	8164	414	1450	1600	800	3359	541

2007 年全国地市县财政统计资料

2－11－10

单位:万元

地区	收支部分									
	支出功能分类									
	支出合计	一般公共服务	外交	国防	公共安全	教育	科学技术	文化体育与传媒	社会保障和就业	医疗卫生
舟山市小计	**565227**	**109948**		**1311**	**41843**	**82209**	**14826**	**13684**	**34048**	**35781**
本级	197022	45303		505	13659	23770	7913	5908	15085	13155
区县级小计	368205	64645		806	28184	58439	6913	7776	18963	22626
岱山县	81789	13948		276	4913	11727	1493	1788	3929	5673
嵊泗县	63052	15428		192	4694	8520	1490	1738	3875	4330
定海区	89188	15156		84	8993	15277	797	1749	4868	5410
普陀区	134176	20113		254	9584	22915	3133	2501	6291	7213
金华市小计	**1161504**	**223204**		**2567**	**121294**	**297397**	**43544**	**23815**	**64147**	**67029**
本级	177638	32019		623	25043	24155	5346	5115	5509	7173
区县级小计	983866	191185		1944	96251	273242	38198	18700	58638	59856
兰溪市	101272	16229		67	7232	31691	3366	1701	8507	8331
永康市	137403	24750		384	13988	44144	7589	1772	4987	9747
武义县	89126	16842		237	8216	23783	1541	1548	5815	4849
东阳市	127554	24791		280	12183	36690	6492	2437	6437	9066
磐安县	59770	11791		28	4730	14101	1591	1972	3130	2728
义乌市	274510	60414		357	30397	60949	12956	6237	17925	11044
浦江县	70485	13599		185	6878	21424	2430	1739	3655	4624
金东区	44773	8766		218	4392	12491	826	524	2521	3128
婺城区	64002	12115		188	5595	22851	1107	763	5092	5735
开发区	14971	1888			2640	5118	300	7	569	604
绍兴市小计	**1137609**	**215942**		**3323**	**116236**	**257402**	**44536**	**26204**	**62754**	**63410**
本级	298188	58175		861	40974	56522	8698	10181	14929	18055
区县级小计	839421	157767		2462	75262	200880	35838	16023	47825	45355
绍兴县	272671	45655		655	26052	47611	12331	6233	14372	12232
上虞市	168929	29288		701	13885	40044	5733	2002	11616	8675
嵊州市	101460	22241		310	7510	30044	4333	2234	5597	7664
新昌县	89938	20508		273	8788	23472	3315	1541	3487	3773
诸暨市	206423	40075		523	19027	59709	10126	4013	12753	13011
温州市小计	**1769850**	**333832**		**4189**	**165802**	**469567**	**41628**	**41075**	**102596**	**108053**
本级	388340	77549		966	45530	78985	15497	15026	20339	19469
区县级小计	1381510	256283		3223	120272	390582	26131	26049	82257	88584
平阳县	118819	19586		617	7664	35666	2092	3109	8586	7814
苍南县	156494	30073		263	12545	55371	2101	3428	9345	9275
瑞安市	211368	41462		342	20230	64379	5437	3251	10004	11247
永嘉县	135271	25630		425	13195	46074	2324	3715	6284	10582
乐清市	236311	34785		247	13592	77087	4816	3083	15717	13816
文成县	72311	15752		36	5247	17347	546	1836	7189	5482

二、各省、自治区、直辖市地市县一般预算财政资料

2－11－11　　　　单位：万元

地区	收支部分						平衡部分		
	支出功能分类						收入		
	环境保护	城乡社区事务	农林水事务	交通运输	工业、商业、金融等事务	其他支出	收入合计	本年收入	返还性收入 小计
舟山市小计	**8800**	**22640**	**56125**	**11954**	**69050**	**63008**	**662574**	**350636**	**45350**
本级	3688	2676	14580	7346	6748	36686	243431	165687	20340
区县级小计	5112	19964	41545	4608	62302	26322	419143	184949	25010
岱山县	824	5275	12345	465	17374	1759	91276	31000	6050
嵊泗县	917	3131	5075	698	11154	1810	72144	29809	2872
定海区	1260	8241	13226	830	10212	3085	97012	42011	6672
普陀区	2111	3317	10899	2615	23562	19668	158711	82129	9416
金华市小计	**19430**	**64284**	**115691**	**14071**	**46881**	**58150**	**1735670**	**1019684**	**159895**
本级	2772	5620	14997	1510	8633	39123	346410	238792	35404
区县级小计	16658	58664	100694	12561	38248	19027	1389260	780892	124491
兰溪市	887	3045	9759	255	5477	4725	139581	69198	21331
永康市	2712	6131	17016	202	3981		206206	133528	24331
武义县	2819	3368	11567	358	8121	62	124484	62661	8828
东阳市	2717	4868	12175	462	7328	1628	179607	113258	23695
磐安县	2546	1932	6767	259	1858	6337	66512	22518	3419
义乌市	3286	34318	19397	10002	5768	1460	400236	322806	32568
浦江县	1091	2311	10624	166	1688	71	101474	56923	10319
金东区	406	415	5607	369	1417	3693	63321		
婺城区	124	1293	7667	488	496	488	83268		
开发区	70	983	115		2114	563	24571		
绍兴市小计	**20261**	**82011**	**105933**	**16444**	**44547**	**78606**	**1929193**	**1221169**	**233243**
本级	7225	13348	27004	3943	11667	26606	577433	338583	67742
区县级小计	13036	68663	78929	12501	32880	52000	1351760	882586	165501
绍兴县	4013	45945	23962	2981	8081	22548	517109	327923	65927
上虞市	2333	4826	23120	3287	11320	12099	239524	167056	31049
嵊州市	1574	2648	10790	2654	2884	977	139904	83830	17985
新昌县	1327	6060	6629	1468	5202	4095	123096	76278	18720
诸暨市	3789	9184	14428	2111	5393	12281	332127	227499	31820
温州市小计	**28983**	**114890**	**143914**	**68673**	**76023**	**70625**	**3101184**	**1570271**	**289153**
本级	3668	29673	16898	43817	19876	1047	1128280	410375	129472
区县级小计	25315	85217	127016	24856	56147	69578	1972904	1159896	159681
平阳县	3241	2046	12157	4333	4209	7699	169377	70746	17138
苍南县	1968	5749	14910	842	9719	905	219923	100112	20975
瑞安市	2460	7927	18009	5462	12344	8814	362493	211574	43826
永嘉县	1797	3799	13874	4103	3115	354	186615	92111	19029
乐清市	2158	12747	23516	2688	6695	25364	331971	216305	47583
文成县	1662	3047	7093	3290	1934	1850	97199	19057	2766

2－11－12 单位:万元

地区	平衡部分									
	收入									
	返还性收入		财力性转移支付收入							
	增值税和消费税税收返还	所得税基数返还	小计	体制补助	一般性转移支付补助	民族地区转移支付补助	调整工资转移支付补助	农村义务教育补助	农村税费改革补助	缓解县乡困难转移支付补助
舟山市小计	**32190**	**13160**	**103499**	**41743**	**15480**		**9496**	**1400**	**11753**	**519**
本级	13099	7241	35100	16282	6425		2400	230	1544	110
区县级小计	19091	5919	68399	25461	9055		7096	1170	10209	409
岱山县	4210	1840	23738	10143	3098		2720	360	2284	73
嵊泗县	2078	794	17682	7333	2446		1391	250	1869	97
定海区	5243	1429	9256	2495	2017		1072	280	1273	186
普陀区	7560	1856	17723	5490	1494		1913	280	4783	53
金华市小计	**99707**	**60188**	**179094**	**68388**	**32702**		**18349**	**3380**	**11058**	**2527**
本级	21751	13653	65090	32942	7183		5197	890	3174	839
区县级小计	77956	46535	114004	35446	25519		13152	2490	7884	1688
兰溪市	14783	6548	21760	4440	3408		4414	490	1816	99
永康市	14325	10006	8443	2225	1324			250	633	729
武义县	6834	1994	21052	6961	3760		4656	420	2075	219
东阳市	14251	9444	14518	3484	5667			360	972	106
磐安县	2403	1016	20484	10003	3368		2517	370	1107	311
义乌市	18996	13572	15630	5269	5059			300	240	107
浦江县	6364	3955	12117	3064	2933		1565	300	1041	117
金东区										
婺城区										
开发区										
绍兴市小计	**156727**	**76516**	**93740**	**40221**	**17862**			**2050**	**7946**	**207**
本级	43338	24404	27822	19653	4497			280	160	
区县级小计	113389	52112	65918	20568	13365			1770	7786	207
绍兴县	48072	17855	11113	4214	1570			320	561	
上虞市	22104	8945	14329	2123	2840			340	3232	207
嵊州市	14445	3540	13733	4409	3739			440	1476	
新昌县	11756	6964	9178	3345	1094			240	602	
诸暨市	17012	14808	17565	6477	4122			430	1915	
温州市小计	**170301**	**118852**	**243751**	**80508**	**30994**		**27759**	**5180**	**16881**	
本级	69827	59645	60985	26971	4538			610	264	
区县级小计	100474	59207	182766	53537	26456		27759	4570	16617	
平阳县	12210	4928	25014	2732	4074		4586	790	2332	
苍南县	12739	8236	33192	5049	5479		7508	890	5983	
瑞安市	26260	17566	7525	1848	280			400	332	
永嘉县	13430	5599	22173	4169	4262		4645	660	3678	
乐清市	29911	17672	8440	2194	737			480	373	
文成县	1446	1320	34242	16682	4796		4735	500	1603	

2－11－13

单位:万元

地区	平衡部分									
	收入								支出	
	财力性转移支付收入									
	结算补助	企事业单位预算划转补助	其他财力性转移支付	专项转移支付	省补助计划单列市收入	上年结余	调入资金	国债转贷收入、上年结余及转补助数	支出合计	本年支出
舟山市小计	**8187**	**7171**	**7750**	**116104**		**45820**	**1165**		**584372**	**565227**
本级	3878	2031	2200	－1422		23726			203518	197022
区县级小计	4309	5140	5550	117526		22094	1165		380854	368205
岱山县	1507	1353	2200	28110		2378			84958	81789
嵊泗县	1647	499	2150	15357		6424			63278	63052
定海区	830	503	600	34579		3329	1165		91458	89188
普陀区	325	2785	600	39480		9963			141160	134176
金华市小计	**15511**	**13229**	**13950**	**149865**		**226931**	**51**	**150**	**1435704**	**1161504**
本级	3289	5226	6350	－89576		96700			242285	177638
区县级小计	12222	8003	7600	239441		130231	51	150	1193419	983866
兰溪市	3446	747	2900	19659		7633			126785	101272
永康市	1222	1460	600	9393		30511			179695	137403
武义县	1154	607	1200	14996		16896	51		101383	89126
东阳市	2285	1044	600	17124		10862		150	160923	127554
磐安县	806	602	1400	14525		5566			60295	59770
义乌市	1569	2786	300	10789		18443			354376	274510
浦江县	1740	757	600	11880		10235			86216	70485
金东区				54051		9270			44773	44773
婺城区				68575		14693			64002	64002
开发区				18449		6122			14971	14971
绍兴市小计	**15829**	**4775**	**4850**	**105938**		**272456**	**347**	**2300**	**1532088**	**1137609**
本级	2719	513		35037		106349		1900	410282	298188
区县级小计	13110	4262	4850	70901		166107	347	400	1121806	839421
绍兴县	3783	65	600	9949		101450	347	400	383701	272671
上虞市	977	3510	1100	15673		11417			219589	168929
嵊州市	2225	494	950	15851		8505			129801	101460
新昌县	2469	428	1000	12354		6566			115796	89938
诸暨市	3656	－235	1200	17074		38169			272919	206423
温州市小计	**19000**	**22029**	**41400**	**195942**		**789214**	**6472**	**6381**	**2189470**	**1769850**
本级	5490	12812	10300	83777		439013	745	3913	628496	388340
区县级小计	13510	9217	31100	112165		350201	5727	2468	1560974	1381510
平阳县	2142	3658	4700	30361		22720	1370	2028	137138	118819
苍南县	1801	482	6000	41263		24272	109		181092	156494
瑞安市	2469	1246	950	18995		80523		50	267805	211368
永嘉县	1055	1154	2550	29327		23975			157026	135271
乐清市	2360	1746	550	17238		42015		390	294349	236311
文成县	1615	411	3900	20088		21046			72454	72311

2－11－14

单位:万元

地区	平衡部分									
	支出								年终结余	其中:净结余
	财力性转移支付				计划单列市上解省	增设预算周转金	调出资金	国债转贷拨付数及年终结余		
	小计	体制上解	出口退税专项上解	专项上解						
舟山市小计	**5919**		**5919**	**13226**					**78202**	**10485**
本级	2008		2008	4488					39913	12311
区县级小计	3911		3911	8738					38289	－1826
岱山县	523		523	2646					6318	－4395
嵊泗县	6		6	220					8866	501
定海区	643		643	1627					5554	
普陀区	2739		2739	4245					17551	2068
金华市小计	**166341**	**132931**	**33410**	**107709**				**150**	**299966**	**－9345**
本级	37555	32897	4658	27092					104125	－6176
区县级小计	128786	100034	28752	80617				150	195841	－3169
兰溪市	9469	8174	1295	16044					12796	－3175
永康市	27282	17255	10027	15010					26511	300
武义县	8703	4582	4121	3554					23101	－480
东阳市	19132	15137	3995	14087				150	18684	66
磐安县	433		433	92					6217	
义乌市	53840	47168	6672	26026					45860	120
浦江县	9927	7718	2209	5804					15258	
金东区									18548	
婺城区									19266	
开发区									9600	
绍兴市小计	**223185**	**166588**	**56597**	**168994**				**2300**	**397105**	**44398**
本级	56657	45406	11251	53537				1900	167151	5154
区县级小计	166528	121182	45346	115457				400	229954	39244
绍兴县	64037	44628	19409	46593				400	133408	21151
上虞市	30398	24866	5532	20262					19935	11025
嵊州市	13416	9931	3485	14925					10103	80
新昌县	15522	9815	5707	10336					7300	69
诸暨市	43155	31942	11213	23341					59208	6919
温州市小计	**216234**	**172811**	**43423**	**191750**		**5255**		**6381**	**911714**	**78992**
本级	118022	88308	29714	112966		5255		3913	499784	1642
区县级小计	98212	84503	13709	78784				2468	411930	77350
平阳县	8388	7387	1001	7903				2028	32239	3472
苍南县	13408	12437	971	11190					38831	2392
瑞安市	32262	26680	5582	24125				50	94688	3681
永嘉县	12559	11113	1446	9196					29589	2124
乐清市	31439	26886	4553	26209				390	37622	19219
文成县	126		126	17					24745	3902

二、各省、自治区、直辖市地市县一般预算财政资料

2－11－15

单位:万元

地区	收支部分								
	收入								
	收入合计	税收收入							
		小计	增值税	营业税	企业所得税	个人所得税	资源税	城市维护建设税	耕地占用税
泰顺县	18688	11523	1653	4955	1603	673	19	612	95
洞头县	17652	15463	3626	5805	2042	743	2	1034	
鹿城区	142510	131872	32645	40852	21420	7984	9	10074	2562
瓯海区	97848	92020	30798	22298	16299	4221	15	8403	2150
龙湾区	100513	91293	35076	13363	18508	6349	3	9214	1862
开发区	72780	69721	20288	20956	12318	2043		4870	1143
台州市小计	**1088551**	**991572**	**233654**	**273535**	**175148**	**66079**	**3616**	**72070**	**12003**
本级	69953	57312	4827	25687	12633	4636		3732	
区县级小计	1018598	934260	228827	247848	162515	61443	3616	68338	12003
临海市	136172	122163	27423	33695	21665	6978	844	9565	709
温岭市	204069	192189	42442	50844	36236	14715	463	10886	2144
玉环县	137582	128805	42355	29521	20510	8379	426	8264	963
三门县	45679	40496	8374	13357	7091	2709	788	2043	1037
仙居县	40626	37607	9390	12987	5130	3114	109	2414	704
天台县	51610	43981	9435	14977	6512	2840	46	2804	509
椒江区	150971	138102	29903	38901	21369	9224	1	13160	1424
黄岩区	118769	107368	30805	22649	17332	6376	277	9583	3648
路桥区	133120	123549	28700	30917	26670	7108	662	9619	865
丽水市小计	**326640**	**288674**	**47617**	**106570**	**32651**	**24611**	**1983**	**17331**	**2706**
本级	116497	108347	14052	42806	10515	9530	132	6828	931
区县级小计	210143	180327	33565	63764	22136	15081	1851	10503	1775
缙云县	38384	33284	8878	9636	4224	2150	97	2512	556
景宁县	14071	10590	1918	3880	1016	1888	160	497	30
莲都区	1952								
龙泉市	21862	19602	3373	8075	1524	1236	123	1516	23
青田县	59802	53211	8215	18627	7510	3284	1322	2264	249
庆元县	11944	10165	1384	4203	1252	754	5	527	273
松阳县	17858	14941	2360	6148	1808	1599	70	814	7
遂昌县	27752	24188	4874	7528	3434	2875	63	1433	490
云和县	16518	14346	2563	5667	1368	1295	11	940	147
衢州市小计	**293530**	**261521**	**45397**	**95926**	**25164**	**12754**	**3006**	**19196**	**9793**
本级	144233	132066	25779	45448	12651	6263	411	10815	5938
区县级小计	149297	129455	19618	50478	12513	6491	2595	8381	3855
龙游县	40495	34777	4075	14350	3048	1745	94	1925	2145
常山县	29566	24332	3529	9750	1769	1220	1368	1486	1147
江山市	53703	48980	8246	17510	4852	2400	1074	3816	481
开化县	25533	21366	3768	8868	2844	1126	59	1154	82

2－11－16

单位:万元

地区	收支部分									
	收入									
	税收收入			非税收入						
	契税	烟叶税	其他各项税收收入	小计	专项收入	行政事业性收费收入	罚没收入	国有资本经营收入	国有资源(资产)有偿使用收入	其他收入
泰顺县	1216		697	7165	383	825	1403	917	2664	973
洞头县	1440		771	2189	666		1583	－170	110	
鹿城区			16326	10638	5621		4757		260	
瓯海区			7836	5828	3804		2641	－643	26	
龙湾区			6918	9220	5905		3040		275	
开发区			8103	3059	2109		221		537	192
台州市小计	**69976**		**85491**	**96979**	**38817**	**2400**	**74155**	**－21372**	**2971**	**8**
本级	449		5348	12641	3946		8840	－795	650	
区县级小计	69527		80143	84338	34871	2400	65315	－20577	2321	8
临海市	7721		13563	14009	4569		10940	－1702	202	
温岭市	17634		16825	11880	6042	2000	9405	－6000	429	4
玉环县	9238		9149	8777	5577		6854	－4091	437	
三门县	1803		3294	5183	1406		4199	－500	77	1
仙居县	954		2805	3019	1508		4403	－3058	166	
天台县	2537		4321	7629	1746		5749		134	
椒江区	13224		10896	12869	4772		9513	－1655	239	
黄岩区	8229		8469	11401	4397	400	8632	－2371	340	3
路桥区	8187		10821	9571	4854		5620	－1200	297	
丽水市小计	**26462**	**132**	**28611**	**37966**	**9946**	**6763**	**19629**	**332**	**1296**	
本级	12416		11137	8150	2843	923	4002		382	
区县级小计	14046	132	17474	29816	7103	5840	15627	332	914	
缙云县	2199		3032	5100	1610	390	3189	－156	67	
景宁县	635	10	556	3481	404	1317	1640		120	
莲都区				1952		1001	902		49	
龙泉市	1384		2348	2260	726	690	991	－225	78	
青田县	5736		6004	6591	1560	70	4734		227	
庆元县	846	92	829	1779	348	721	753	－155	112	
松阳县	783	30	1322	2917	615	974	1268		60	
遂昌县	1392		2099	3564	1289	290	998	868	119	
云和县	1071		1284	2172	551	387	1152		82	
衢州市小计	**23884**		**26401**	**32009**	**11130**	**4930**	**18075**	**－4073**	**1936**	**11**
本级	12231		12530	12167	5278	1070	9232	－3990	577	
区县级小计	11653		13871	19842	5852	3860	8843	－83	1359	11
龙游县	3337		4058	5718	1362	538	2802		1016	
常山县	1781		2282	5234	1282	1292	2490		170	
江山市	5067		5534	4723	2059	900	1714	－83	122	11
开化县	1468		1997	4167	1149	1130	1837		51	

二、各省、自治区、直辖市地市县一般预算财政资料

2－11－17

单位：万元

地区	收支部分									
	支出功能分类									
	支出合计	一般公共服务	外交	国防	公共安全	教育	科学技术	文化体育与传媒	社会保障和就业	医疗卫生
泰顺县	68858	14079		43	4474	17200	330	2279	5957	4636
洞头县	52618	9930		194	3483	8392	700	1107	2521	2563
鹿城区	108217	22476		418	19431	24603	2386	1775	6143	10294
瓯海区	87948	16866		577	10398	24705	1878	1602	6689	6781
龙湾区	78543	19505		61	8490	19721	2026	848	3536	5894
开发区	54752	6139			1523	37	1495	16	286	200
台州市小计	**1269285**	**287109**		**3705**	**124704**	**332682**	**32356**	**25615**	**61390**	**61049**
本级	163299	52870		624	18757	22773	4893	5864	5098	3449
区县级小计	1105986	234239		3081	105947	309909	27463	19751	56292	57600
临海市	168538	34722		216	16545	49359	5148	3109	9037	6433
温岭市	219287	43904		96	16293	64427	3013	3099	11492	11479
玉环县	150842	28566		484	12794	29950	4668	2590	9654	9614
三门县	91863	22847		497	9927	21705	1259	1971	4211	5361
仙居县	72694	14642		177	6246	20987	1330	1575	3535	6879
天台县	89716	21788		286	9436	30534	1529	2078	4043	4632
椒江区	108673	24336		458	13000	29910	3457	2018	3951	4686
黄岩区	116214	25049		867	11453	33110	3731	1788	5233	4895
路桥区	88159	18385			10253	29927	3328	1523	5136	3621
丽水市小计	**708755**	**166630**		**1995**	**67291**	**159172**	**16437**	**22962**	**40852**	**45307**
本级	119366	40168		484	16263	18044	3613	3545	5292	5842
区县级小计	589389	126462		1511	51028	141128	12824	19417	35560	39465
缙云县	79178	15904		149	7689	24919	2159	1860	4759	4924
景宁县	59560	12249		174	3714	10836	712	1957	2983	2781
莲都区	69257	11992		368	7398	19075	1622	1622	6685	6444
龙泉市	61862	13784		149	4395	15176	1064	3115	3388	3770
青田县	111980	25866		131	9836	25975	2845	3175	5987	9261
庆元县	46803	10904		45	4286	11973	1037	1850	2684	2954
松阳县	52408	11639		66	4170	12151	1178	1623	2647	2186
遂昌县	61769	13041		208	4977	13172	1216	2173	3916	3667
云和县	46572	11083		221	4563	7851	991	2042	2511	3478
衢州市小计	**555057**	**114449**		**1350**	**48193**	**136105**	**13466**	**13188**	**34050**	**32982**
本级	251282	49144		532	26028	59882	4836	4810	13272	14013
区县级小计	303775	65305		818	22165	76223	8630	8378	20778	18969
龙游县	74657	14851		164	6188	19677	1983	2096	5539	4872
常山县	69323	16117		190	5587	15391	2215	1715	4618	4718
江山市	90500	19856		203	6297	26272	2318	3009	5251	5531
开化县	69295	14481		261	4093	14883	2114	1558	5370	3848

2－11－18

单位:万元

地区	收支部分						平衡部分		
	支出功能分类						收入		
	环境保护	城乡社区事务	农林水事务	交通运输	工业、商业、金融等事务	其他支出	收入合计	本年收入	返还性收入 小计
泰顺县	1154	1732	7776	2602	1560	5036	91462	18688	2669
洞头县	853	3404	5421	829	5996	7225	75974	17652	5695
鹿城区	4080	6783	3747	18	2153	3910	136390	142510	
瓯海区	1522	1881	5825	689	3588	4947	95952	97848	
龙湾区	2251	5551	4555		2836	3269	100429	100513	
开发区	2169	30551	10133		1998	205	105119	72780	
台州市小计	**21753**	**60471**	**109810**	**39465**	**84898**	**24278**	**1985875**	**1088551**	**224991**
本级	5872	8812	11044	13300	9409	534	415582	69953	85436
区县级小计	15881	51659	98766	26165	75489	23744	1570293	1018598	139555
临海市	6827	7624	12768	2500	13083	1167	238341	136172	29499
温岭市	2194	7466	22633	7523	23242	2426	361461	204069	44880
玉环县	1600	7018	13655	6198	10982	13069	236924	137582	26429
三门县	621	5382	10241	866	6350	625	118792	45679	10588
仙居县	1014	3580	6915	2028	1394	2392	110051	40626	11961
天台县	767	3150	7932	1096	3693	－1248	116723	51610	16198
椒江区	168	8306	5852	1048	9421	2062	129791	150971	
黄岩区	1120	5899	13466	4224	2911	2468	155804	118769	
路桥区	1570	3234	5304	682	4413	783	102406	133120	
丽水市小计	**11448**	**30529**	**71818**	**20917**	**29011**	**24386**	**896277**	**326640**	**51240**
本级	2002	9583	5992	1894	5663	981	167416	116497	－1024
区县级小计	9446	20946	65826	19023	23348	23405	728861	210143	52264
缙云县	1131	2803	6371	1704	3854	952	92662	38384	8573
景宁县	1014	2690	6388	1221	2659	10182	82186	14071	2742
莲都区	365	1556	7273	1334	1343	2180	84776	1952	15078
龙泉市	1266	2462	9097	1626	2131	439	76101	21862	4334
青田县	583	3439	9579	5894	3548	5861	129086	59802	6827
庆元县	643	1517	5372	1703	1180	655	59504	11944	2705
松阳县	1086	2206	6930	3185	2287	1054	61139	17858	3549
遂昌县	2073	2881	8579	1173	4367	326	89130	27752	6239
云和县	1285	1392	6237	1183	1979	1756	54277	16518	2217
衢州市小计	**20509**	**29833**	**61435**	**8078**	**38526**	**2893**	**726783**	**293530**	**53515**
本级	8049	18755	21710	4368	25302	581	339162	144233	26390
区县级小计	12460	11078	39725	3710	13224	2312	387621	149297	27125
龙游县	2900	3049	8423	468	4010	437	88134	40495	5923
常山县	2769	2445	10438	542	2862	－284	84507	29566	5013
江山市	3541	2759	9872	864	4196	531	133916	53703	10696
开化县	3250	2825	10992	1836	2156	1628	81064	25533	5493

二、各省、自治区、直辖市地市县一般预算财政资料

2－11－19

单位:万元

地区	平衡部分									
	收入									
	返还性收入		财力性转移支付收入							
	增值税和消费税税收返还	所得税基数返还	小计	体制补助	一般性转移支付补助	民族地区转移支付补助	调整工资转移支付补助	农村义务教育补助	农村税费改革补助	缓解县乡困难转移支付补助
泰顺县	1564	1105	34060	15789	5327		4683	600	1605	
洞头县	2914	2781	18120	5074	1501		1602	250	711	
鹿城区										
瓯海区										
龙湾区										
开发区										
台州市小计	**131918**	**93073**	**156673**	**51846**	**23767**		**10689**	**3320**	**10800**	
本级	53390	32046	43682	20182	4342			560	632	
区县级小计	78528	61027	112991	31664	19425		10689	2760	10168	
临海市	18934	10565	21132	4297	5353		1722	530	2655	
温岭市	21650	23230	10340	3733	1901			330	377	
玉环县	17061	9368	14441	3031	1174			160	543	
三门县	5607	4981	23955	9485	2319		3081	440	2275	
仙居县	6970	4991	21321	5179	4824		2631	670	1936	
天台县	8306	7892	21802	5939	3854		3255	630	2382	
椒江区										
黄岩区										
路桥区										
丽水市小计	**31464**	**19776**	**266498**	**121833**	**44017**	**2138**	**32961**	**4990**	**13644**	**3303**
本级		－1024	15029	722	1577			350		309
区县级小计	31464	20800	251469	121111	42440	2138	32961	4640	13644	2994
缙云县	5858	2715	23838	8322	3745		4508	630	2262	198
景宁县	1797	945	34917	15571	4630	2138	2969	360	1164	703
莲都区	7234	7844	49490	40722	5094		3579	450	1239	
龙泉市	3271	1063	24415	6733	6255		4566	610	1852	327
青田县	4771	2056	32465	15852	5714		5395	420	1842	306
庆元县	1631	1074	26181	10914	4640		3979	670	1379	876
松阳县	2502	1047	20843	7795	3559		2964	630	1627	226
遂昌县	3163	3076	22433	7219	5154		2943	480	1632	160
云和县	1237	980	16887	7983	3649		2058	390	647	198
衢州市小计	**39470**	**14045**	**171979**	**50840**	**27930**		**27094**	**3560**	**12509**	**1422**
本级	19709	6681	73370	30997	7369		6772	1160	3789	276
区县级小计	19761	7364	98609	19843	20561		20322	2400	8720	1146
龙游县	4420	1503	22421	4898	4608		4204	540	2237	287
常山县	3386	1627	25897	6132	4761		5415	560	1588	233
江山市	7845	2851	23057	2608	5856		5524	650	2767	192
开化县	4110	1383	27234	6205	5336		5179	650	2128	434

2－11 20

单位:万元

地区	平衡部分									
	收入								支出	
	财力性转移支付收入			专项转移支付	省补助计划单列市收入	上年结余	调入资金	国债转贷收入、上年结余及转补助数	支出合计	本年支出
	结算补助	企事业单位预算划转补助	其他财力性转移支付							
泰顺县	1210	446	4400	21240		14430	375		68922	68858
洞头县	858	74	8050	17834		16623	50		52728	52618
鹿城区				－32831		26711			108217	108217
瓯海区				－15494		9855	3743		87948	87948
龙湾区				－22603		22439	80		78543	78543
开发区				－13253		45592			54752	54752
台州市小计	**19873**	**10728**	**25650**	**182723**		**325423**	**6449**	**1065**	**1569364**	**1269285**
本级	6354	4812	6800	117336		98882		293	291927	163299
区县级小计	13519	5916	18850	65387		226541	6449	772	1277437	1105986
临海市	2312	1463	2800	30980		20558			208453	168538
温岭市	1598	1601	800	35727		66182	263		280590	219287
玉环县	4455	878	4200	14504		42524	1444		187607	150842
三门县	680	575	5100	18856		16843	2471	400	99864	91863
仙居县	1974	557	3550	19904		16062	177		82862	72694
天台县	2500	842	2400	16609		8038	2094	372	105015	89716
椒江区				－36980		15800			108673	108673
黄岩区				4581		32454			116214	116214
路桥区				－38794		8080			88159	88159
丽水市小计	**11496**	**4816**	**27300**	**164594**		**87305**			**762582**	**708755**
本级	3733	838	7500	16326		20588			140516	119366
区县级小计	7763	3978	19800	148268		66717			622066	589389
缙云县	1842	931	1400	16634		5233			87676	79178
景宁县	916	566	5900	14835		15621			59611	59560
莲都区	－2031	187	250	12115		6141			74108	69257
龙泉市	1131	641	2300	21641		3849			66978	61862
青田县	938	598	1400	18266		11726			113036	111980
庆元县	1368	405	1950	14186		4488			49397	46803
松阳县	1567	275	2200	17241		1648			56036	52408
遂昌县	1178	167	3500	19821		12885			68616	61769
云和县	854	208	900	13529		5126			46608	46572
衢州市小计	**31934**	**3540**	**13150**	**137893**		**55708**	**13258**	**900**	**633332**	**555057**
本级	12651	1706	8650	54647		32014	7608	900	292378	251282
区县级小计	19283	1834	4500	83246		23694	5650		340954	303775
龙游县	4132	265	1250	19541		－246			85046	74657
常山县	5739	569	900	16409		6117	1505		75473	69323
江山市	4278	382	800	27070		15785	3605		104997	90500
开化县	5134	618	1550	20226		2038	540		75438	69295

二、各省、自治区、直辖市地市县一般预算财政资料

2－11－21　　　　单位:万元

地区	平衡部分									
	支出								年终结余	其中：净结余
	财力性转移支付			专项上解	计划单列市上解省	增设预算周转金	调出资金	国债转贷拨付数及年终结余		
	小计	体制上解	出口退税专项上解							
泰顺县	24		24	40					22540	
洞头县	6		6	104					23246	
鹿城区									28173	769
瓯海区									8004	1188
龙湾区									21886	77
开发区									50367	40526
台州市小计	**171506**	**126073**	**45433**	**127508**				**1065**	**416511**	**－3481**
本级	70864	55473	15391	57471				293	123655	
区县级小计	100642	70600	30042	70037				772	292856	－3481
临海市	21994	16883	5111	17921					29888	
温岭市	35399	25789	9610	25904					80871	
玉环县	25233	13615	11618	11532					49317	
三门县	4305	3000	1305	3296				400	18928	－3900
仙居县	5474	4805	669	4694					27189	
天台县	8237	6508	1729	6690				372	11708	
椒江区									21118	
黄岩区									39590	
路桥区									14247	419
丽水市小计	**32438**	**29768**	**2670**	**21389**					**133695**	**－112**
本级	11545	11172	373	9605					26900	5227
区县级小计	20893	18596	2297	11784					106795	－5339
缙云县	5594	4888	706	2904					4986	－635
景宁县				51					22575	
莲都区	3912	3912		939					10668	2978
龙泉市	2884	2666	218	2232					9123	－1319
青田县	986		986	70					16050	－700
庆元县	1699	1641	58	895					10107	－2446
松阳县	2306	2208	98	1322					5103	－1957
遂昌县	3512	3281	231	3335					20514	－948
云和县				36					7669	－312
衢州市小计	**40341**	**37889**	**2452**	**37034**				**900**	**93451**	**－10230**
本级	20286	19192	1094	19910				900	46784	－2800
区县级小计	20055	18697	1358	17124					46667	－7430
龙游县	5623	5120	503	4766					3088	－1548
常山县	4009	3761	248	2141					9034	－3432
江山市	6974	6654	320	7523					28919	－1750
开化县	3449	3162	287	2694					5626	－700

2－11－22

单位:万元

地区	收支部分								
	收入								
	收入合计	税收收入							
		小计	增值税	营业税	企业所得税	个人所得税	资源税	城市维护建设税	耕地占用税
宁波市小计	**3291218**	**3158756**	**720632**	**919845**	**609537**	**241527**	**5397**	**215002**	**21638**
本级	399960	360967	113400	44555	104830	12173		67510	
区县级小计	2891258	2797789	607232	875290	504707	229354	5397	147492	21638
慈溪市	355068	327222	92611	81168	52487	29808	408	19220	4025
余姚市	302937	286066	78474	67909	41277	24697	643	12836	5252
奉化市	108897	107276	28613	30037	13442	8740	164	7261	1447
象山县	113490	112522	23342	33445	22091	9655	817	5495	891
宁海县	129042	121792	31677	31946	23009	11120	82	8331	1205
鄞州区	430834	432279	95090	128756	85332	42824	1123	23605	3237
镇海区	162966	156184	40114	45222	25546	12708	242	9210	1696
北仑区	145333	136648	29049	47637	19696	12701	1413	8114	484
江东区	205410	199165	15493	87017	29637	14542		8770	836
江北区	196269	194312	26550	80392	32043	11061	161	11944	33
海曙区	259177	259125	19483	120597	41510	25129		12250	90
开发区	174429	171345	58057	39901	32726	9666		6121	2142
大榭开发区	125953	122182	44905	17921	42288	4923	215	6874	
宁波保税区	83335	76396	11510	21743	24922	6902		3688	
东钱湖区	27550	26256	4337	9386	4947	1487	129	540	300
高新开发区	70568	69019	7927	32213	13754	3391		3233	

二、各省、自治区、直辖市地市县一般预算财政资料

2－11－23 单位:万元

地区	收支部分									
	收入									
	税收收入			非税收入						
	契税	烟叶税	其他各项税收收入	小计	专项收入	行政事业性收费收入	罚没收入	国有资本经营收入	国有资源(资产)有偿使用收入	其他收入
宁波市小计	**187134**		**238044**	**132462**	**112370**	**43818**	**88504**	**－121281**	**8488**	**563**
本级			18499	38993	26536	22389	17512	－30962	3209	309
区县级小计	187134		219545	93469	85834	21429	70992	－90319	5279	254
慈溪市	16174		31321	27846	11286	4388	12429	－1000	743	
余姚市	22993		31985	16871	9124	7476	10001	－10400	670	
奉化市	8949		8623	1621	3708	1689	4337	－8400	287	
象山县	8650		8136	968	5645		5533	－10500	290	
宁海县	4311		10111	7250	6369		8101	－7485	172	93
鄞州区	25871		26441	－1445	13413	388	11638	－27786	902	
镇海区	8030		13416	6782	7326	1125	5181	－7200	265	85
北仑区	8404		9150	8685	4324	729	5986	－2446	92	
江东区	29415		13455	6245	3749		1877		619	
江北区	18033		14095	1957	4962		1715	－5000	280	
海曙区	21216		18850	52	5305		2428	－8000	319	
开发区	6027		16705	3084	3709		736	－1500	139	
大榭开发区	1944		3112	3771	3135	182	294		160	
宁波保税区	100		7531	6939	1615	4686	86	366	132	54
东钱湖区	3082		2048	1294	696	176	328		94	
高新开发区	3935		4566	1549	1468	590	322	－968	115	22

2－11－24

单位:万元

地区	收支部分									
	支出功能分类									
	支出合计	一般公共服务	外交	国防	公共安全	教育	科学技术	文化体育与传媒	社会保障和就业	医疗卫生
宁波市小计	**3710400**	**633679**		**8550**	**309701**	**590599**	**152430**	**118483**	**253004**	**224949**
本级	923963	120505		3209	83722	113334	23530	60117	69532	60298
区县级小计	2786437	513174		5341	225979	477265	128900	58366	183472	164651
慈溪市	378058	66092		674	41580	89394	18398	8240	19935	27597
余姚市	310030	61743		796	28073	60016	12105	7276	23139	22664
奉化市	139411	33387		175	13172	32833	3929	3141	9740	8496
象山县	164438	28183		532	13623	32736	5351	3228	6565	9896
宁海县	170136	34535		526	16831	38521	5576	4255	9157	12163
鄞州区	426379	66999		637	28275	79706	19786	16932	24874	31694
镇海区	156878	27914		490	14147	25714	6215	3535	11818	12508
北仑区	135833	22685		470	12323	30881	8036	2272	9661	8026
江东区	130349	20329		163	14427	23884	3778	2293	15281	6383
江北区	166043	55131		431	14771	22490	6342	1587	8060	10827
海曙区	126036	26677		379	16254	23493	6050	1271	12957	4882
开发区	159809	20760		40	6588	8168	9174	3640	5069	6403
大榭开发区	137834	9124		11	2251	3437	10048	341	22294	1725
宁波保税区	86463	10747			120		723		1359	
东钱湖区	25789	10178			1884	4197	102	191	1866	741
高新开发区	72951	18690		17	1660	1795	13287	164	1697	646

2－11－25

单位:万元

地区	收支部分 支出功能分类 环境保护	城乡社区事务	农林水事务	交通运输	工业、商业、金融等事务	其他支出	平衡部分 收入 收入合计	本年收入	返还性收入 小计
宁波市小计	**42150**	**441354**	**245623**	**142597**	**375154**	**172127**	**4480941**	**3291218**	**584190**
本级	5799	124772	27499	76826	87436	67384	505261	399960	129950
区县级小计	36351	316582	218124	65771	287718	104743	3975680	2891258	454240
慈溪市	2334	36559	36035	9681	16339	5200	496443	355068	67654
余姚市	2622	19702	34994	6821	17399	12680	396815	302937	57779
奉化市	3267	5541	16909	2487	7178	－844	184256	108897	26235
象山县	3305	4938	22819	2642	21610	9010	215104	113490	27419
宁海县	2269	7212	23075	2677	6026	7313	198164	129042	29215
鄞州区	4383	42661	42137	15767	38702	13826	614824	430834	74169
镇海区	2928	15164	7865	603	22717	5260	234189	162966	23620
北仑区	2861	10697	8726	1285	14227	3683	191936	145333	24901
江东区	78	22080	537		7236	13880	249678	205410	12705
江北区	727	14563	11001	3501	12782	3830	271480	196269	20195
海曙区	300	19543	885		10290	3055	317015	259177	16883
开发区	1709	53726	4963	8522	30641	406	213190	174429	31613
大榭开发区	9095	25010	6739	10065	33694	4000	152054	125953	19408
宁波保税区	27	32574		1720	37568	1625	117873	83335	15320
东钱湖区	40	2318	1307		650	2315	31521	27550	3534
高新开发区	406	4294	132		10659	19504	91138	70568	3590

2－11－26　　　　单位:万元

地区	平衡部分									
	收入									
	返还性收入		财力性转移支付收入							
	增值税和消费税税收返还	所得税基数返还	小计	体制补助	一般性转移支付补助	民族地区转移支付补助	调整工资转移支付补助	农村义务教育补助	农村税费改革补助	缓解县乡困难转移支付补助
宁波市小计	**387366**	**196824**	**50235**					**4235**		**236**
本级	128555	1395	－66680	－78092					－2729	236
区县级小计	258811	195429	116915	78092				4235	2729	
慈溪市	42398	25256	4003	874				1012		
余姚市	39049	18730	5438	1680				606	150	
奉化市	17267	8968	5588	716				310	586	
象山县	15354	12065	5962	748				491	1097	
宁海县	17090	12125	5838	923				581	896	
鄞州区	44426	29743	18715	14514				749		
镇海区	14358	9262	23716	22025				32		
北仑区	15055	9846	6591	5117				273		
江东区	6278	6427	9715	6070						
江北区	11277	8918	13761	9077				138		
海曙区	7769	9114	16459	11205						
开发区	17417	14196	－3892	3834						
大榭开发区	3387	16021	1885	889				12		
宁波保税区	3362	11958	7553	7038						
东钱湖区	2131	1403	－2522	－2792				26		
高新开发区	2193	1397	－1895	－3826				5		

2－11－27

单位:万元

地区	平衡部分									
	收入								支出	
	财力性转移支付收入									
	结算补助	企事业单位预算划转补助	其他财力性转移支付	专项转移支付	省补助计划单列市收入	上年结余	调入资金	国债转贷收入、上年结余及转补助数	支出合计	本年支出
宁波市小计	**45764**			**56148**	**54699**	**433056**	**12981**	**－1586**	**4026518**	**3710400**
本级	31184		－17279	－176847	54699	165307	918	－2046	338074	923963
区县级小计	14580		17279	232995		267749	12063	460	3688444	2786437
慈溪市	1752		365	17113		51661	944		453319	378058
余姚市	1572		1430	15024		15637			378228	310030
奉化市	796		3180	27988		15548			162954	139411
象山县	696		2930	40426		27347		460	185620	164438
宁海县	508		2930	24927		4672	4470		191184	170136
鄞州区	2685		767	30056		60644	406		537312	426379
镇海区	890		769	7751		16136			214236	156878
北仑区	711		490	6856		8255			175157	135833
江东区	2950		695	15313		6535			242003	130349
江北区	3731		815	17872		23363	20		257114	166043
海曙区	3069		2185	17224		7272			308372	126036
开发区	－8023		297	2369		8671			210414	159809
大榭开发区	964		20	763		2045	2000		150883	137834
宁波保税区	248		267	714		6939	4012		112903	86463
东钱湖区	224		20	360		2399	200		28482	25789
高新开发区	1807		119	8239		10625	11		80263	72951

2－11－28

单位:万元

地区	平衡部分									
	支出								年终结余	其中:净结余
	财力性转移支付			专项上解	计划单列市上解省	增设预算周转金	调出资金	国债转贷拨付数及年终结余		
	小计	体制上解	出口退税专项上解							
宁波市小计	**256884**	**105571**	**151313**	**10472**	**49348**	**1000**		**－1586**	**454423**	**142681**
本级	－568122	－596794	28672	－65069	49348			－2046	167187	34084
区县级小计	825006	702365	122641	55718	19823	1000		460	287236	108597
慈溪市	68823	45615	23208	2682	2756	1000			43124	11893
余姚市	63621	45718	17903	2581	1996				18587	9713
奉化市	21359	14445	6914	1428	756				21302	5245
象山县	18719	15077	3642	1092	911			460	29484	1685
宁海县	18502	13810	4692	1610	936				6980	1858
鄞州区	100075	76583	23492	7556	3302				77512	35563
镇海区	48436	42771	5665	7868	1054				19953	9268
北仑区	35343	32528	2815	2901	1080				16779	10696
江东区	109004	105378	3626	1811	839				7675	4830
江北区	84455	79976	4479	5807	809				14366	8955
海曙区	175578	173946	1632	5649	1109				8643	158
开发区	45888	28118	17770	3223	1494				2776	106
大榭开发区	2640	1678	962	9441	968				1171	674
宁波保税区	24871	20140	4731	840	729				4970	4702
东钱湖区	1887	1370	517	730	76				3039	1395
高新开发区	5805	5212	593	499	1008				10875	1856

二、各省、自治区、直辖市地市县一般预算财政资料

2007 年安徽省地市县财政一般预算收支平衡表

2－12－1　　　　　　　　　　　　　　　　　　　　　　　　　　　　　　单位:万元

地　　区	收支部分								
	收入								
	收入合计	税收收入							
		小计	增值税	营业税	企业所得税	个人所得税	资源税	城市维护建设税	耕地占用税
地市县合计	**4468640**	**3589347**	**823766**	**1319491**	**271980**	**112026**	**74296**	**300515**	**44679**
宣城市小计	**218634**	**156794**	**31370**	**57224**	**10709**	**5024**	**6496**	**11897**	**989**
本级	39120	20446	4259	8599	870	601	525	2168	92
区县级小计	179514	136348	27111	48625	9839	4423	5971	9729	897
宣州区	40101	24875	3329	8531	1694	835	474	1357	447
郎溪县	13900	9812	2682	3051	311	350	109	1539	156
广德县	34009	29903	5790	10944	2374	913	2682	1663	53
宁国市	57382	44143	9801	14793	4200	1157	2151	3014	66
泾县	17862	14932	2434	6583	618	520	431	907	9
旌德县	5804	4549	1115	1714	210	221	54	177	104
绩溪县	10456	8134	1960	3009	432	427	70	1072	62
宿州市小计	**118897**	**81555**	**20411**	**29922**	**3491**	**3629**	**1718**	**5352**	**4394**
本级	35179	26572	5171	10066	1757	622	339	2432	359
区县级小计	83718	54983	15240	19856	1734	3007	1379	2920	4035
埇桥区	37976	31012	10543	9853	963	1425	594	1739	3495
砀山县	10052	6112	1456	2221	122	419	101	295	200
萧县	15191	7666	1854	2800	356	530	381	454	96
灵璧县	9681	4977	588	2510	138	343	43	191	104
泗县	10818	5216	799	2472	155	290	260	241	140
滁州市小计	**221739**	**163784**	**40397**	**58461**	**9933**	**5410**	**3751**	**15042**	**1722**
本级	67023	52669	12795	16854	4232	1431	87	7967	407
区县级小计	154716	111115	27602	41607	5701	3979	3664	7075	1315
琅琊区	9631	8291	2277	3757	476	224		641	
南谯区	12168	9901	1550	5107	835	274	226	690	300
天长市	35838	27679	11610	7366	1174	857	187	2380	10
来安县	17772	12191	3235	4307	541	412	73	766	78
全椒县	21573	14034	2168	5697	930	662	79	642	
定远县	17205	11336	1808	4412	385	538	1201	421	698
凤阳县	23732	16546	3278	6142	1070	581	1489	892	118
明光市	16797	11137	1676	4819	290	431	409	643	111
池州市小计	**127660**	**85414**	**14268**	**38454**	**6569**	**2498**	**4510**	**3675**	**700**
本级	63607	42553	7058	18062	4262	751	1939	2369	371
区县级小计	64053	42861	7210	20392	2307	1747	2571	1306	329
贵池区	23695	16074	2423	7741	1265	690	1106	233	205
石台县	3569	2403	585	1103	88	110	21	114	15
青阳县	18767	12819	2320	5641	605	482	1118	521	24
东至县	18022	11565	1882	5907	349	465	326	438	85

2007 年全国地市县财政统计资料

2－12－2　　　　　　　　　　　　　　　　　　　　　　　　　　单位：万元

地区	收支部分									
	收入									
	税收收入			非税收入						
	契税	烟叶税	其他各项税收收入	小计	专项收入	行政事业性收费收入	罚没收入	国有资本经营收入	国有资源(资产)有偿使用收入	其他收入
地市县合计	**313501**	**3132**	**325961**	**879293**	**184174**	**395831**	**190248**	**24991**	**55036**	**29013**
宣城市小计	**14398**	**1119**	**17568**	**61840**	**8119**	**23162**	**14938**	**8969**	**5894**	**758**
本级	223		3109	18674	1753	8875	4273	3058	665	50
区县级小计	14175	1119	14459	43166	6366	14287	10665	5911	5229	708
宣州区	5006	1000	2202	15226	766	7018	1394	2586	2986	476
郎溪县	572	47	995	4088	1105	1518	1272		193	
广德县	2018		3466	4106	1660	1178	1258		10	
宁国市	4135	43	4783	13239	1329	3355	3395	3016	1919	225
泾县	1765	29	1636	2930	659	179	1744	300	47	1
旌德县	330		624	1255	142	335	735		37	6
绩溪县	349		753	2322	705	704	867	9	37	
宿州市小计	**5552**	**2**	**7084**	**37342**	**3557**	**13960**	**17931**	**605**	**1269**	**20**
本级	2947		2879	8607	1375	1698	4949		565	20
区县级小计	2605	2	4205	28735	2182	12262	12982	605	704	
埇桥区	215	2	2183	6964	989	3688	2194		93	
砀山县	619		679	3940	239	2055	1539		107	
萧县	616		579	7525	527	1832	5058		108	
灵璧县	553		507	4704	210	2085	2142	15	252	
泗县	602		257	5602	217	2602	2049	590	144	
滁州市小计	**12991**		**16077**	**57955**	**8227**	**23972**	**14099**	**6569**	**4646**	**442**
本级	4264		4632	14354	3409	5810	4878		240	17
区县级小计	8727		11445	43601	4818	18162	9221	6569	4406	425
琅琊区	238		678	1340	244	619	458		19	
南谯区	453		466	2267	275	292	931		751	18
天长市	1603		2492	8159	1463	4171	2298		227	
来安县	1531		1248	5581	712	1774	938	1372	623	162
全椒县	2006		1850	7539	655	2680	1193	2897	114	
定远县	803		1070	5869	364	1950	824	2200	531	
凤阳县	1035		1941	7186	779	2835	1291		2036	245
明光市	1058		1700	5660	326	3841	1288	100	105	
池州市小计	**8001**	**176**	**6563**	**42246**	**5825**	**26702**	**4981**	**1307**	**2398**	**1033**
本级	5016		2725	21054	3058	14122	1753	1000	121	1000
区县级小计	2985	176	3838	21192	2767	12580	3228	307	2277	33
贵池区	600		1811	7621	505	6447	449	173	47	
石台县	144		223	1166	89	298	514		265	
青阳县	1200		908	5948	1722	3039	1010	134	38	5
东至县	1041	176	896	6457	451	2796	1255		1927	28

二、各省、自治区、直辖市地市县一般预算财政资料

2－12－3　　单位:万元

地　　区	收	支	部	分					
	支出功能分类								
	支出合计	一般公共服务	外交	国防	公共安全	教育	科学技术	文化体育与传媒	社会保障和就业	医疗卫生
地市县合计	**9496718**	**1467367**		**15934**	**519044**	**1915150**	**99808**	**134652**	**1620853**	**542226**
宣城市小计	**467468**	**79534**		**627**	**28147**	**84112**	**4171**	**7620**	**75111**	**30624**
本级	74074	10467		118	8468	3403	430	1547	23151	2888
区县级小计	393394	69067		509	19679	80709	3741	6073	51960	27736
宣州区	82657	10774		125	1185	19702	958	408	15104	7030
郎溪县	41773	7486		23	2518	11788	293	813	2688	3380
广德县	73272	18546			4349	16770	850	1417	3823	4738
宁国市	91897	13815		174	5000	11774	968	1301	12470	4965
泾县	48036	8181		90	2630	8905	251	884	9912	3743
旌德县	23881	4135			1765	4063	69	417	5617	1428
绩溪县	31878	6130		97	2232	7707	352	833	2346	2452
宿州市小计	**508459**	**82304**		**318**	**29873**	**180748**	**2772**	**6795**	**46648**	**35061**
本级	72405	15911		140	12190	7273	1199	2788	4153	3426
区县级小计	436054	66393		178	17683	173475	1573	4007	42495	31635
埇桥区	127802	21683			2368	54759	901	921	13474	10067
砀山县	72432	11131		61	2947	25894	149	856	6943	6975
萧县	91677	13413		97	5400	38715	317	884	10701	2970
灵璧县	80636	10430		20	3650	32954	107	756	5962	4323
泗县	63507	9736			3318	21153	99	590	5415	7300
滁州市小计	**619492**	**90227**		**576**	**36971**	**123849**	**4521**	**7299**	**120586**	**39341**
本级	118382	15011		198	13692	13270	1194	2328	32845	5409
区县级小计	501110	75216		378	23279	110579	3327	4971	87741	33932
琅琊区	20233	3124			1483	3407	227	51	4818	893
南谯区	36383	6390			964	7544	305	142	5591	2665
天长市	78802	9369		125	5825	19618	896	1082	11840	6358
来安县	56710	7540		58	2629	13875	598	1183	8586	4661
全椒县	64178	8851		70	3311	13188	694	779	9587	5223
定远县	85750	19301		33	3676	21648	67	541	13504	4112
凤阳县	87966	10910		39	2813	17447	332	622	20649	4972
明光市	71088	9731		53	2578	13852	208	571	13166	5048
池州市小计	**292661**	**69465**		**1206**	**14063**	**47130**	**1381**	**5696**	**39509**	**18833**
本级	95513	24572		1166	6928	4704	213	3725	11983	3293
区县级小计	197148	44893		40	7135	42426	1168	1971	27526	15540
贵池区	64239	14197		40	1232	16628	346	412	9214	4884
石台县	23142	4224			1558	3657	60	402	4104	1839
青阳县	46318	12836			1639	6129	620	457	6617	2535
东至县	63449	13636			2706	16012	142	700	7591	6282

2－12－4　　　　单位:万元

地区	收支部分						平衡部分		
	支出功能分类						收入		
	环境保护	城乡社区事务	农林水事务	交通运输	工业、商业、金融等事务	其他支出	收入合计	本年收入	返还性收入 小计
地市县合计	**166058**	**897774**	**742401**	**214117**	**736379**	**424955**	**10611392**	**4468640**	**734813**
宣城市小计	**4340**	**35646**	**47160**	**17333**	**38127**	**14916**	**521246**	**218634**	**30238**
本级	1023	9141	5042	1401	6287	708	83101	39120	2720
区县级小计	3317	26505	42118	15932	31840	14208	438145	179514	27518
宣州区	184	9965	8890	2400	3637	2295	103752	40101	4641
郎溪县	304	1584	4291	1662	3797	1146	42305	13900	2238
广德县	835	3289	8994	5014	3695	952	81157	34009	3986
宁国市	1040	7622	8836	3337	12896	7699	98948	57382	9762
泾县	207	1362	4440	1491	4119	1821	51734	17862	3810
旌德县	91	691	2630	1322	1469	184	26011	5804	1090
绩溪县	656	1992	4037	706	2227	111	34238	10456	1991
宿州市小计	**13459**	**15080**	**45928**	**13627**	**30320**	**5526**	**551902**	**118897**	**17250**
本级	3541	6661	4837	358	8527	1401	84868	35179	3433
区县级小计	9918	8419	41091	13269	21793	4125	467034	83718	13817
埇桥区	552	1317	10227	3571	5075	2887	136350	37976	6535
砀山县	2394	608	7083	2367	4552	472	80778	10052	1867
萧县	3476	826	8860	2475	3329	214	95497	15191	2326
灵璧县	2176	3541	8793	3237	4542	145	82893	9681	1814
泗县	1320	2127	6128	1619	4295	407	71516	10818	1275
滁州市小计	**10971**	**42270**	**66502**	**16559**	**36545**	**23275**	**668584**	**221739**	**53571**
本级	1911	14558	10770	690	4657	1849	134307	67023	20824
区县级小计	9060	27712	55732	15869	31888	21426	534277	154716	32747
琅琊区		417	1061	74	3385	1293	20850	9631	2407
南谯区		1789	5260	1256	3935	542	37418	12168	1598
天长市	175	3079	7899	1769	6892	3875	93701	35838	6765
来安县	777	4076	5985	2349	2963	1430	62381	17772	3329
全椒县	576	3041	7946	2773	5665	2474	64377	21573	5701
定远县	1105	5420	8422	2107	2369	3445	92742	17205	2497
凤阳县	3329	6358	11583	2837	3792	2283	90537	23732	4161
明光市	3098	3532	7576	2704	2887	6084	72271	16797	6289
池州市小计	**4540**	**24670**	**27327**	**8011**	**19057**	**11773**	**307288**	**127660**	**10864**
本级	3893	14220	4308	1534	13159	1815	96161	63607	2558
区县级小计	647	10450	23019	6477	5898	9958	211127	64053	8306
贵池区		811	6520	2434	966	6555	70617	23695	3790
石台县	147	1605	3328	1121	849	248	27097	3569	720
青阳县	158	6025	5584	807	1633	1278	49513	18767	1345
东至县	342	2009	7587	2115	2450	1877	63900	18022	2451

二、各省、自治区、直辖市地市县一般预算财政资料

2－12－5　　　　单位：万元

地区	平衡部分									
	收入									
	返还性收入		财力性转移支付收入							
	增值税和消费税税收返还	所得税基数返还	小计	体制补助	一般性转移支付补助	民族地区转移支付补助	调整工资转移支付补助	农村义务教育补助	农村税费改革补助	缓解县乡困难转移支付补助
地市县合计	**551218**	**183595**	**2678051**	**2089268**	**178705**					**5778**
宣城市小计	**20627**	**9611**	**127589**	**102330**	**4796**					
本级	1574	1146	9009	9042						
区县级小计	19053	8465	136564	93288	4796					
宣州区	3065	1576	45437	20440	1464					
郎溪县	1743	495	16267	13324	725					
广德县	2653	1333	22367	17195	408					
宁国市	6672	3090	13747	9008	320					
泾县	2761	1049	16301	13756	693					
旌德县	682	408	10768	9501	515					
绩溪县	1477	514	11677	10064	671					
宿州市小计	**12699**	**4551**	**265589**	**214811**	**18404**					**250**
本级	1969	1464	8622	20516						
区县级小计	10730	3087	256967	194295	18404					250
埇桥区	5270	1265	61236	43651	3367					
砀山县	1714	153	47379	38943	300					250
萧县	1610	716	59487	46686	3704					
灵璧县	1217	597	50326	37301	5656					
泗县	919	356	38539	27714	5377					
滁州市小计	**37052**	**16519**	**191325**	**141212**	**17223**					**3550**
本级	16308	4516	13433	11786						
区县级小计	20744	12003	205219	129426	17223					3550
琅琊区	1775	632	8737	3669	300					
南谯区	752	846	21427	9790	1126					350
天长市	4215	2550	26904	16096	2781					650
来安县	2505	824	22352	16497	1877					300
全椒县	2280	3421	21791	15449	1585					350
定远县	1781	716	41169	29651	4714					750
凤阳县	2388	1773	37015	20309	3235					550
明光市	5048	1241	25824	17965	1605					600
池州市小计	**6136**	**4728**	**85071**	**69005**	**5671**					**1300**
本级	1413	1145	6350	6552						
区县级小计	4723	3583	78721	62453	5671					1300
贵池区	2098	1692	25056	19521	1666					350
石台县	466	254	11561	9319	1382					250
青阳县	782	563	14855	12213	569					
东至县	1377	1074	27249	21400	2054					700

2 - 12 - 6　　　　单位:万元

地区	平衡部分·收入·财力性转移支付收入·结算补助	平衡部分·收入·财力性转移支付收入·企事业单位预算划转补助	平衡部分·收入·财力性转移支付收入·其他财力性转移支付	平衡部分·收入·专项转移支付	平衡部分·收入·省补助计划单列市收入	平衡部分·收入·上年结余	平衡部分·收入·调入资金	平衡部分·收入·国债转贷收入、上年结余及转补助数	平衡部分·支出·支出合计	平衡部分·支出·本年支出
地市县合计	**295533**	**1847**	**106920**	**2213991**		**447702**	**68195**		**10042883**	**9496718**
宣城市小计	**11819**	**455**	**8189**	**105451**		**39138**	**196**		**467115**	**467468**
本级	1349		-1382	26999		5253			71911	74074
区县级小计	10470	455	27555	60468		33885	196		395204	393394
宣州区	3471	150	19912			13573			82940	82657
郎溪县	1270	274	674	10041		-141			42263	41773
广德县	2064	31	2669	14135		6660			73581	73272
宁国市	1377		3042	12220		5837			92460	91897
泾县	1142		710	10750		2815	196		48170	48036
旌德县	521		231	5439		2910			23909	23881
绩溪县	625		317	7883		2231			31881	31878
宿州市小计	**29447**	**87**	**2590**	**121670**		**27370**	**1126**		**507613**	**508459**
本级	555		-12449	27767		9641	226		71320	72405
区县级小计	28892	87	15039	93903		17729	900		436293	436054
埇桥区	7814	27	6377	20620		9983			127881	127802
砀山县	4862	60	2964	19988		1392	100		72540	72432
萧县	6727		2370	17560		133	800		91682	91677
灵璧县	5465		1904	18678		2394			80667	80636
泗县	4024		1424	17057		3827			63523	63507
滁州市小计	**22111**	**314**	**6915**	**171932**		**27616**	**2401**		**633791**	**619492**
本级	1093		554	31879		848	300		127424	118382
区县级小计	21018	314	33688	112726		26768	2101		506367	501110
琅琊区	461		4307			75			20427	20233
南谯区	1682		8479			2225			36428	36383
天长市	2693	64	4620	17746		6448			83591	78802
来安县	2461		1217	13525		5403			56844	56710
全椒县	2395		2012	15019		293			64185	64178
定远县	4401	30	1623	23211		7149	1511		85755	85750
凤阳县	4119	48	8754	22887		2742			87996	87966
明光市	2806	172	2676	20338		2433	590		71141	71088
池州市小计	**7069**		**2026**	**73971**		**9563**	**159**		**292692**	**292661**
本级	-345		143	20621		2866	159		94592	95513
区县级小计	7414		1883	53350		6697			198100	197148
贵池区	2845		674	15801		2275			65113	64239
石台县	443		167	8427		2820			23199	23142
青阳县	1531		542	13200		1346			46318	46318
东至县	2595		500	15922		256			63470	63449

二、各省、自治区、直辖市地市县一般预算财政资料

2－12－7　　　　　　　　　　　　　　　　　　　　　　　　　　　　　　单位:万元

地区	平衡部分									
	支出								年终结余	其中:净结余
	财力性转移支付			专项上解	计划单列市上解省	增设预算周转金	调出资金	国债转贷拨付数及年终结余		
	小计	体制上解	出口退税专项上解							
地市县合计	**527684**	**498969**	**28715**	**11559**		**4210**	**2712**		**568509**	**111189**
宣城市小计	**－733**	**－2306**	**1573**	**380**					**54131**	**2897**
本级	－2163	－2306	143						11190	336
区县级小计	1430		1430	380					42941	2561
宣州区	103		103	180					20812	2480
郎溪县	290		290	200					42	－801
广德县	309		309						7576	269
宁国市	563		563						6488	49
泾县	134		134						3564	564
旌德县	28		28						2102	
绩溪县	3		3						2357	
宿州市小计	**－898**	**－1085**	**187**	**52**					**44289**	**1105**
本级	－1085	－1085							13548	1022
区县级小计	187		187	52					30741	83
埇桥区	79		79						8469	
砀山县	74		74	34					8238	83
萧县	5		5						3815	
灵璧县	13		13	18					2226	
泗县	16		16						7993	
滁州市小计	**10303**	**8536**	**1767**	**386**		**3610**			**34793**	**－5716**
本级	8764	8536	228	278					6883	－6395
区县级小计	1539		1539	108		3610			27910	679
琅琊区	194		194						423	126
南谯区	45		45						990	
天长市	1124		1124	55		3610			10110	82
来安县	116		116	18					5537	16
全椒县				7					192	29
定远县	1		1	4					6987	405
凤阳县	30		30						2541	
明光市	29		29	24					1130	21
池州市小计	**31**	**－148**	**179**						**14596**	**972**
本级	－118	－148	30	－803					1569	59
区县级小计	149		149	803					13027	913
贵池区	71		71	803					5504	150
石台县	57		57						3898	177
青阳县									3195	156
东至县	21		21						430	430

2－12－8　　　　单位:万元

地区	收支部分								
	收入								
	收入合计	税收收入							
		小计	增值税	营业税	企业所得税	个人所得税	资源税	城市维护建设税	耕地占用税
阜阳市小计	**170333**	**148112**	**36261**	**58450**	**4723**	**5751**	**1078**	**12670**	**1233**
本级	59270	55312	11013	21466	1513	1290		7214	
区县级小计	111063	92800	25248	36984	3210	4461	1078	5456	1233
颍州区	13665	13367	2264	6800	479	584	1	544	
颍泉区	9390	8915	1317	3989	289	540		531	187
颍东区	8418	7620	1294	4187	236	233	5	347	111
临泉县	14059	8526	1854	3393	431	748	7	598	
太和县	15060	11616	3340	4652	398	721	3	732	2
颍上县	26520	23183	9346	7191	1143	695	1034	1440	304
阜南县	11913	8389	1173	3980	57	536	15	352	450
界首市	12038	11184	4660	2792	177	404	13	912	179
六安市小计	**203142**	**130920**	**21447**	**58743**	**4106**	**6465**	**3304**	**7245**	**1520**
本级	69510	45069	5620	20707	739	1252	9	2745	1018
区县级小计	133632	85851	15827	38036	3367	5213	3295	4500	502
金安区	20478	13173	1482	6634	473	768	136	603	66
裕安区	12833	7502	1141	3558	280	530	493	345	
寿县	16726	10380	1034	6001	279	747	135	396	
霍邱县	23131	16033	3919	4871	805	1357	2099	790	436
舒城县	20363	12970	1842	5716	373	802	147	661	
金寨县	13760	10124	1693	5788	381	480	83	523	
霍山县	26341	15669	4716	5468	776	529	202	1182	
巢湖市小计	**188369**	**144212**	**36893**	**50052**	**4262**	**5479**	**5247**	**12449**	**1003**
本级	52912	35226	6351	14247	1172	942	489	2041	389
区县级小计	135457	108986	30542	35805	3090	4537	4758	10408	614
居巢区	21602	17941	3011	7047	546	705	2001	950	213
庐江县	24319	18274	3950	6617	824	1029	1106	1102	79
含山县	17094	13816	3577	5131	285	440	1127	861	32
和县	23001	18143	2353	7687	715	724	423	860	57
无为县	49441	40812	17651	9323	720	1639	101	6635	233
合肥市小计	**1019846**	**916277**	**151441**	**392977**	**103912**	**27367**	**406**	**62050**	**6826**
本级	700498	655088	111076	282169	81821	20281	6	46414	5800
区县级小计	319348	261189	40365	110808	22091	7086	400	15636	1026
瑶海区	22076	20476	3574	9228	962	239	3	1472	
庐阳区	52370	51160	3396	17443	9230	2099		2293	
蜀山区	35442	34422	3684	14089	3959	739	1	1709	
包河区	48834	46594	10552	17401	2966	1517	211	3492	
肥东县	65586	41883	7467	20308	1881	837	109	1577	338

2－12－9 单位:万元

地区	收支部分									
	收入									
	税收收入			非税收入						
	契税	烟叶税	其他各项税收收入	小计	专项收入	行政事业性收费收入	罚没收入	国有资本经营收入	国有资源(资产)有偿使用收入	其他收入
阜阳市小计	**11358**	**46**	**16542**	**22221**	**7744**	**7170**	**5897**	**－153**	**1370**	**193**
本级	3800		9016	3958	3621	37	47	－293	546	
区县级小计	7558	46	7526	18263	4123	7133	5850	140	824	193
颍州区	1083		1612	298	263		6		29	
颍泉区	1101		961	475	246	11	166	3	49	
颍东区	131		1076	798	171	389	45	93	100	
临泉县	878		617	5533	513	2722	2170		128	
太和县	1100	17	651	3444	555	1501	1100	4	268	16
颍上县	1053	21	956	3337	1449	1177	559	40	109	3
阜南县	1206		620	3524	338	1333	1576		103	174
界首市	1006	8	1033	854	588		228		38	
六安市小计	**14422**	**20**	**13648**	**72222**	**5179**	**46465**	**15351**	**432**	**3036**	**1759**
本级	8707	20	4252	24441	1443	16579	5214	19	1076	110
区县级小计	5715		9396	47781	3736	29886	10137	413	1960	1649
金安区	323		2688	7305	615	4711	1178		276	525
裕安区	166		989	5331	363	3535	1103	138	92	100
寿县	700		1088	6346	339	3736	1820	172	237	42
霍邱县	801		955	7098	794	4262	1665		294	83
舒城县	2008		1421	7393	458	4037	1851		273	774
金寨县	517		659	3636	418	1646	784	103	685	
霍山县	1200		1596	10672	749	7959	1736		103	125
巢湖市小计	**17239**		**11588**	**44157**	**9339**	**20277**	**12121**	**173**	**2247**	
本级	6773		2822	17686	2814	8523	4778	150	1421	
区县级小计	10466		8766	26471	6525	11754	7343	23	826	
居巢区	1635		1833	3661	962	1850	803		46	
庐江县	2218		1349	6045	1212	3658	1073		102	
含山县	1217		1146	3278	1113	956	1162		47	
和县	3392		1932	4858	747	2435	1190	23	463	
无为县	2004		2506	8629	2491	2855	3115		168	
合肥市小计	**96965**		**74333**	**103569**	**33468**	**52248**	**22766**	**－22175**	**3705**	**13557**
本级	82961		24560	45410	28099	24473	10199	－22756	2126	3269
区县级小计	14004		49773	58159	5369	27775	12567	581	1579	10288
瑶海区			4998	1600		653	514	69	356	8
庐阳区			16699	1210		504	597	12	97	
蜀山区			10241	1020		513	426		81	
包河区			10455	2240	4	1017	659	500	60	
肥东县	6782		2584	23703	1405	13140	4809		149	4200

2－12－10　　　　单位:万元

地区	收支部分									
	支出功能分类									
	支出合计	一般公共服务	外交	国防	公共安全	教育	科学技术	文化体育与传媒	社会保障和就业	医疗卫生
阜阳市小计	**733023**	**116039**		**984**	**32398**	**200129**	**2987**	**6479**	**174938**	**45174**
本级	125032	26750		425	10858	10148	920	1737	38354	4978
区县级小计	607991	89289		559	21540	189981	2067	4742	136584	40196
颍州区	48746	8706			1332	17433	70	255	10956	1908
颍泉区	42166	5458			1171	15055	71	353	8893	2916
颍东区	44006	6238		64	1040	14448	79	250	10531	4478
临泉县	109932	17471		163	4137	37753	703	716	26773	8287
太和县	93056	13330		47	4180	33868	291	788	20243	5491
颍上县	116982	17239		215	4032	29904	143	1218	25750	10528
阜南县	97037	11058		70	3621	26265	232	636	18408	4197
界首市	56066	9789			2027	15255	478	526	15030	2391
六安市小计	**728301**	**125443**		**751**	**34335**	**184418**	**3228**	**11920**	**104019**	**50097**
本级	135880	32860		285	12717	10561	972	4512	27664	3248
区县级小计	592421	92583		466	21618	173857	2256	7408	76355	46849
金安区	75177	13644		103	1798	23046	102	828	8651	7346
裕安区	71081	13564		146	1935	22192	374	1005	7318	7516
寿县	98058	12627		93	3378	24084	96	1136	23476	7547
霍邱县	115662	19272			4006	38044	661	1363	9555	8737
舒城县	84383	11637		17	3754	23776	631	1085	15079	6362
金寨县	77967	12972		47	3311	22967	191	1098	5453	6237
霍山县	70093	8867		60	3436	19748	201	893	6823	3104
巢湖市小计	**538737**	**85494**		**1065**	**25665**	**125049**	**5246**	**5464**	**95073**	**35444**
本级	93850	16277		525	10653	6806	1125	1751	19751	3954
区县级小计	444887	69217		540	15012	118243	4121	3713	75322	31490
居巢区	84363	14810		127	1652	22752	357	566	18264	5728
庐江县	98566	15576		168	3451	26249	865	634	17170	8085
含山县	51171	7308		50	2796	11078	747	819	8317	3306
和县	67777	10807		66	2859	13824	518	737	11549	5199
无为县	143010	20716		129	4254	44340	1634	957	20022	9172
合肥市小计	**1322608**	**181005**		**939**	**86358**	**184910**	**22700**	**33959**	**157097**	**42373**
本级	769908	76880		472	62517	51583	19252	29107	107815	16574
区县级小计	552700	104125		467	23841	133327	3448	4852	49282	25799
瑶海区	42321	8350			2493	10533	152	283	6714	1593
庐阳区	61954	9078			2580	15933	450	346	5304	1475
蜀山区	50661	14412			1393	7288	307	246	8748	1233
包河区	52094	13172			2643	11510	333	522	7143	1890
肥东县	129404	20015		16	5772	40426	839	1436	8477	6739

2－12－11 单位:万元

地区	收支部分						平衡部分		
	支出功能分类						收入		
	环境保护	城乡社区事务	农林水事务	交通运输	工业、商业、金融等事务	其他支出	收入合计	本年收入	返还性收入 小计
阜阳市小计	**5963**	**25773**	**69549**	**16148**	**31262**	**5200**	**813785**	**170333**	**43982**
本级	918	8853	6214	5021	8389	1467	146693	59270	26652
区县级小计	5045	16920	63335	11127	22873	3733	667092	111063	17330
颍州区	271	980	3246	882	953	1754	52514	13665	1056
颍泉区	167	566	4542	859	848	1267	46924	9390	1533
颍东区	134	848	3344	602	911	1039	46919	8418	445
临泉县	963	2302	4911	221	5519	13	118295	14059	2392
太和县	885	2537	6305	2167	6928	－4004	114482	15060	3066
颍上县	820	2583	19691	2670	1739	450	120791	26520	1599
阜南县	780	4942	17144	2582	4329	2773	109077	11913	2212
界首市	1025	2162	4152	1144	1646	441	58090	12038	5027
六安市小计	**18335**	**31106**	**83057**	**23597**	**29501**	**28494**	**744902**	**203142**	**25225**
本级	5125	10213	10319	2927	6264	8213	141996	69510	4591
区县级小计	13210	20893	72738	20670	23237	20281	602906	133632	20634
金安区	899	627	7674	3615	1122	5722	75682	20478	2312
裕安区	173	1117	10262	3094	1248	1137	72093	12833	1582
寿县	2110	3219	10113	2272	4609	3298	99720	16726	2771
霍邱县	2548	2542	15970	3312	6200	3452	121636	23131	3261
舒城县	1058	2876	10033	3560	2060	2455	84469	20363	3997
金寨县	2426	3132	11923	2728	4910	572	79043	13760	2939
霍山县	3996	7380	6763	2089	3088	3645	70263	26341	3772
巢湖市小计	**15906**	**24716**	**54092**	**19854**	**39506**	**6163**	**572247**	**188369**	**29545**
本级	5431	12724	7429	1229	5243	952	110597	52912	7776
区县级小计	10475	11992	46663	18625	34263	5211	461650	135457	21769
居巢区	15	1687	9968	1801	6130	506	88010	21602	4275
庐江县	3890	3894	10105	3322	4557	600	105751	24319	4708
含山县	2202	2518	4958	3213	2717	1142	53256	17094	3469
和县	2245	1767	8926	3436	3972	1872	70937	23001	3023
无为县	2123	2126	12706	6853	16887	1091	143696	49441	6294
合肥市小计	**19340**	**296655**	**56146**	**17792**	**117553**	**105781**	**1518246**	**1019846**	**111658**
本级	15087	239514	19847	5587	100238	25435	906868	700498	85152
区县级小计	4253	57141	36299	12205	17315	80346	611378	319348	26506
瑶海区	8	8062	715	157	352	2909	47380	22076	3206
庐阳区	247	14081	836	178	1122	10324	72010	52370	6757
蜀山区	103	8226	911	497	339	6958	55086	35442	2547
包河区	500	3585	2830	589	581	6796	72705	48834	3694
肥东县	706	8835	11704	3313	5513	15613	138615	65586	3492

2 – 12 – 12

单位:万元

地区	平衡部分									
	收入									
	返还性收入		财力性转移支付收入							
	增值税和消费税税收返还	所得税基数返还	小计	体制补助	一般性转移支付补助	民族地区转移支付补助	调整工资转移支付补助	农村义务教育补助	农村税费改革补助	缓解县乡困难转移支付补助
阜阳市小计	**37555**	**6427**	**361876**	**273840**	**34213**					
本级	23459	3193	6552	5536						
区县级小计	14096	3234	355324	268304	34213					
颍州区	1004	52	28094	22953	879					
颍泉区	1145	388	27411	21518	1506					
颍东区	359	86	28053	21837	2563					
临泉县	1702	690	67979	48307	9488					
太和县	2028	1038	58673	46587	4031					
颍上县	1311	288	55692	38482	7721					
阜南县	1884	328	59127	43172	6655					
界首市	4663	364	30295	25448	1370					
六安市小计	**15196**	**10029**	**294543**	**233530**	**24968**					**190**
本级	3365	1226	18781	18587	150					
区县级小计	11831	8803	275762	214943	24818					190
金安区	1095	1217	33969	26275	3303					
裕安区	755	827	38129	28397	3499					
寿县	1319	1452	53224	40490	6575					
霍邱县	1767	1494	56591	41543	7743					
舒城县	2919	1078	37821	31452	1082					112
金寨县	1903	1036	34987	29491	2196					
霍山县	2073	1699	21041	17295	420					78
巢湖市小计	**18398**	**11147**	**175438**	**134350**	**6359**					
本级	4824	2952	–138	6289						
区县级小计	13574	8195	175576	128061	6359					
居巢区	2539	1736	41012	26331	875					
庐江县	2391	2317	43832	32809	2174					
含山县	2820	649	18797	14175	889					
和县	1707	1316	25397	19129	1257					
无为县	4117	2177	46538	35617	1164					
合肥市小计	**91356**	**20302**	**153538**	**113433**	**6197**					
本级	76476	8676	31096	29065						
区县级小计	14880	11626	122442	84368	6197					
瑶海区	2006	1200	7593	1960						
庐阳区	2910	3847	3							
蜀山区	1089	1458	4673	3632						
包河区	1799	1895	2168	1608						
肥东县	2410	1082	41217	29353	1799					

二、各省、自治区、直辖市地市县一般预算财政资料

2－12－13

单位：万元

地　区	平衡部分								平衡部分	
	收入								支出	
	财力性转移支付收入			专项转移支付	省补助计划单列市收入	上年结余	调入资金	国债转贷收入、上年结余及转补助数	支出合计	本年支出
	结算补助	企事业单位预算划转补助	其他财力性转移支付							
阜阳市小计	**47046**	**97**	**6680**	**186787**		**43696**	**7111**		**738283**	**733023**
本级	8		1008	38521		13198	2500		128465	125032
区县级小计	47038	97	5672	148266		30498	4611		609818	607991
颍州区	3652		610	7683		336	1680		49235	48746
颍泉区	4018		369	7187		1395	8		42213	42166
颍东区	3324		329	8406		950	647		44140	44006
临泉县	9767		417	30575		3290			109974	109932
太和县	7386		669	19719		16029	1935		93205	93056
颍上县	7484	30	1975	34375		2264	341		117888	116982
阜南县	8402	67	831	29825		6000			97091	97037
界首市	3005		472	10496		234			56072	56066
六安市小计	**27567**	**190**	**8098**	**210133**		**11532**	**327**		**732518**	**728301**
本级	626		－582	43634		5480			136264	135880
区县级小计	26941	190	8680	166499		6052	327		596254	592421
金安区	3725		666	18358		565			75272	75177
裕安区	3887		2346	18863		686			71424	71081
寿县	4988	190	981	26290		709			98862	98058
霍邱县	6363		942	36054		2599			117930	115662
舒城县	3806		1369	22282		6			84433	84383
金寨县	2766		534	25551		1479	327		78078	77967
霍山县	1406		1842	19101		8			70255	70093
巢湖市小计	**20337**		**14392**	**145603**		**31438**	**1854**		**541055**	**538737**
本级	－41		－6386	32124		17664	259		95032	93850
区县级小计	20378		20778	113479		13774	1595		446023	444887
居巢区	4060		9746	19169		1050	902		85106	84363
庐江县	5337		3512	26093		6799			98639	98566
含山县	2401		1332	12258		1638			51213	51171
和县	3126		1885	15781		3735			68009	67777
无为县	5454		4303	40178		552	693		143056	143010
合肥市小计	**15658**	**107**	**18143**	**179676**		**49811**	**3717**		**1463758**	**1322608**
本级	－4428		6459	76658		12600	864		888460	769908
区县级小计	20086	107	11684	103018		37211	2853		575298	552700
瑶海区	5601		32	13023		1482			43497	42321
庐阳区			3	9481		3399			70252	61954
蜀山区	1041			9658		2766			51116	50661
包河区	40	46	474	14018		3865	126		64314	52094
肥东县	5452		4613	20351		7969			129535	129404

2－12－14

单位:万元

地区	平衡部分									
	支出								年终结余	其中:净结余
	财力性转移支付			专项上解	计划单列市上解省	增设预算周转金	调资出金	国债转贷拨付数及年终结余		
	小计	体制上解	出口退税专项上解							
阜阳市小计	**3725**	**3347**	**378**	**1535**					**75502**	**2934**
本级	3428	3347	81	5					18228	978
区县级小计	297		297	1530					57274	1956
颍州区	21		21	468					3279	
颍泉区	31		31	16					4711	
颍东区	－9		－9	143					2779	
临泉县	42		42						8321	
太和县	147		147	2					21277	604
颍上县	6		6	900					2903	
阜南县	53		53	1					11986	
界首市	6		6						2018	1352
六安市小计	**510**	**－330**	**840**	**3107**		**600**			**12384**	**1896**
本级	－216	－330	114			600			5732	202
区县级小计	726		726	3107					6652	1694
金安区	95		95						410	
裕安区	43		43	300					669	669
寿县	3		3	801					858	858
霍邱县	268		268	2000					3706	68
舒城县	46		46	4					36	36
金寨县	109		109	2					965	55
霍山县	162		162						8	8
巢湖市小计	**2255**	**1422**	**833**	**63**					**31192**	**912**
本级	1687	1422	265	－505					15565	140
区县级小计	568		568	568					15627	772
居巢区	230		230	513					2904	4
庐江县	18		18	55					7112	8
含山县	42		42						2043	50
和县	232		232						2928	70
无为县	46		46						640	640
合肥市小计	**141150**	**132700**	**8450**						**54488**	**35640**
本级	134504	127187	7317	－15952					18408	10672
区县级小计	6646	5513	1133	15952					36080	24968
瑶海区				1176					3883	3663
庐阳区	5529	5513	16	2769					1758	1758
蜀山区				455					3970	3970
包河区	668		668	11552					8391	6586
肥东县	131		131						9080	3936

二、各省、自治区、直辖市地市县一般预算财政资料

2－12－15　　　　单位:万元

地区	收支部分								
	收入								
	收入合计	税收收入							
		小计	增值税	营业税	企业所得税	个人所得税	资源税	城市维护建设税	耕地占用税
长丰县	34711	25645	4767	12813	1434	729	42	1479	545
肥西县	60329	41009	6925	19526	1659	926	34	3614	143
蚌埠市小计	**226182**	**183469**	**36738**	**68404**	**9245**	**4355**	**156**	**24079**	**2397**
本级	140555	115081	26862	32296	6740	2420	2	19872	134
区县级小计	85627	68388	9876	36108	2505	1935	154	4207	2263
龙子湖区	12774	12398	1465	7085	620	325	1	828	396
蚌山区	8907	8568	909	5347	278	211	3	650	248
禹会区	8593	8166	1855	3932	449	213	1	803	
淮上区	10830	9257	1248	4973	300	168		506	787
怀远县	20488	15342	2894	7146	400	435	123	736	237
固镇县	10324	6562	654	3284	253	253	13	279	159
五河县	13711	8095	851	4341	205	330	13	405	436
淮南市小计	**232999**	**204311**	**60954**	**65815**	**13380**	**7152**	**10056**	**18076**	**2157**
本级	121474	104953	30253	26065	10081	4973	4338	9738	1600
区县级小计	111525	99358	30701	39750	3299	2179	5718	8338	557
田家庵区	28976	28757	5013	16937	1238	544	5	2408	
大通区	5192	4631	1917	1508	164	100	86	330	
谢家集区	6706	6069	2082	1784	249	114	263	626	
八公山区	4790	4371	1679	1507	187	63	267	409	
潘集区	9708	8793	2305	5238	228	78	114	553	
凤台县	56153	46737	17705	12776	1233	1280	4983	4012	557
铜陵市小计	**179052**	**160951**	**59865**	**39534**	**13547**	**3472**	**6905**	**13353**	**528**
本级	122537	109058	46862	17077	10741	2458	2840	12248	252
区县级小计	56515	51893	13003	22457	2806	1014	4065	1105	276
铜官山区	12184	12073	2600	7731	804	172	7		
狮子山区	6419	6314	2109	3261	344	218	98		
郊区	10384	9867	3268	4457	627	214	1009		
铜陵县	27528	23639	5026	7008	1031	410	2951	1105	276
马鞍山市小计	**413729**	**336519**	**114003**	**90314**	**20091**	**8839**	**8010**	**38627**	**1608**
本级	302157	242108	87177	55081	14239	6829	5717	30614	1600
区县级小计	111572	94411	26826	35233	5852	2010	2293	8013	8
花山区	19203	17988	3623	9242	1081	242	78	1296	
雨山区	17592	15681	4596	6658	906	371	305	1343	
金家庄区	14482	13635	4130	5413	1320	603	16	990	
当涂县	60295	47107	14477	13920	2545	794	1894	4384	8
淮北市小计	**156481**	**139650**	**46107**	**39618**	**9829**	**4487**	**6057**	**11991**	**3001**
本级	102849	94883	35938	19860	7386	2851	3873	10221	2301

2－12－16

单位:万元

地区	收支部分									
	收入									
	税收收入			非税收入						
	契税	烟叶税	其他各项税收收入	小计	专项收入	行政事业性收费收入	罚没收入	国有资本经营收入	国有资源(资产)有偿使用收入	其他收入
长丰县	1797		2039	9066	1258	4818	2827		163	
肥西县	5425		2757	19320	2702	7130	2735		673	6080
蚌埠市小计	**18288**	**149**	**19658**	**42713**	**11067**	**8792**	**18514**	**1980**	**1735**	**625**
本级	15144		11611	25474	8610	387	13962	1322	595	598
区县级小计	3144	149	8047	17239	2457	8405	4552	658	1140	27
龙子湖区			1678	376	357	4	5		10	
蚌山区			922	339	278	53	6		2	
禹会区			913	427	346	78	1		2	
淮上区			1275	1573	248	453	413		459	
怀远县	1618	46	1707	5146	627	2741	1721		57	
固镇县	676	103	888	3762	282	2382	1066		32	
五河县	850		664	5616	319	2694	1340	658	578	27
淮南市小计	**8834**		**17887**	**28688**	**13155**	**5208**	**9314**	**183**	**721**	**107**
本级	7504		10401	16521	9820	1505	5119	－450	527	
区县级小计	1330		7486	12167	3335	3703	4195	633	194	107
田家庵区			2612	219	2	200	5		12	
大通区			526	561		153	404		4	
谢家集区			951	637		218	309	3	5	102
八公山区			259	419		59	358		2	
潘集区			277	915	323	282	288		17	5
凤台县	1330		2861	9416	3010	2791	2831	630	154	
铜陵市小计	**12451**		**11296**	**18101**	**9196**	**4873**	**2810**	**－195**	**374**	**1043**
本级	9389		7191	13479	7925	2719	1875	－275	235	1000
区县级小计	3062		4105	4622	1271	2154	935	80	139	43
铜官山区			759	111			41		27	43
狮子山区	5		279	105		11	62	30	2	
郊区	21		271	517	500		3		14	
铜陵县	3036		2796	3889	771	2143	829	50	96	
马鞍山市小计	**24412**		**30615**	**77210**	**22164**	**35096**	**7936**	**8916**	**2149**	**949**
本级	18122		22729	60049	18202	30985	4618	3441	1933	870
区县级小计	6290		7886	17161	3962	4111	3318	5475	216	79
花山区			2426	1215	550	412	241		12	
雨山区			1502	1911	576	858	469		8	
金家庄区			1163	847	427	146	257		17	
当涂县	6290		2795	13188	2409	2695	2351	5475	179	79
淮北市小计	**6528**		**12032**	**16831**	**9313**	**4076**	**5842**	**－3000**	**600**	
本级	5651		6802	7966	7096		3470	－3000	400	

2－12－17　　单位:万元

地区	收支部分									
	支出功能分类									
	支出合计	一般公共服务	外交	国防	公共安全	教育	科学技术	文化体育与传媒	社会保障和就业	医疗卫生
长丰县	95196	13125		286	3817	26464	880	978	7206	5099
肥西县	121070	25973		165	5143	21173	487	1041	5690	7770
蚌埠市小计	**550000**	**58201**		**776**	**27188**	**91556**	**3494**	**4822**	**118419**	**25596**
本级	280596	20174		387	15976	20074	1615	2600	67924	6918
区县级小计	269404	38027		389	11212	71482	1879	2222	50495	18678
龙子湖区	12115	2190		80	401	3467		69	2703	757
蚌山区	10118	1760		54	356	2714	11	43	2767	721
禹会区	10477	1897		18	406	2600	1	36	2437	805
淮上区	19480	2560		98	502	3371	40	71	2420	1199
怀远县	95816	12881		14	3506	26855	1653	592	14760	6983
固镇县	58360	8352		77	2873	17116	97	919	10810	3966
五河县	63038	8387		48	3168	15359	77	492	14598	4247
淮南市小计	**410634**	**52640**		**754**	**26771**	**74440**	**4124**	**4247**	**104554**	**23046**
本级	206268	26616		521	16555	20814	1650	2730	68793	9429
区县级小计	204366	26024		233	10216	53626	2474	1517	35761	13617
田家庵区	29000	4564		105	2004	9579	359	312	4780	1107
大通区	12569	2739			797	3597	102	43	1556	798
谢家集区	16953	1822			1134	5781	69	100	4581	928
八公山区	9483	1917		45	648	3771	77	23	1350	364
潘集区	34970	4035		50	1396	11133	234	229	5836	3480
凤台县	101391	10947		33	4237	19765	1633	810	17658	6940
铜陵市小计	**261662**	**42006**		**771**	**17010**	**36945**	**4627**	**3748**	**42411**	**12343**
本级	161519	21488		627	10508	14254	3280	2672	33551	6801
区县级小计	100143	20518		144	6502	22691	1347	1076	8860	5542
铜官山区	19074	4365			1455	4331	147	48	2878	750
狮子山区	9326	2562			719	1459	100	30	1044	307
郊区	15356	4033		45	693	1673	70	67	2233	492
铜陵县	56387	9558		99	3635	15228	1030	931	2705	3993
马鞍山市小计	**501274**	**109201**		**129**	**26118**	**60368**	**10411**	**4628**	**75530**	**22337**
本级	333217	77719		77	17893	27758	8678	3629	53717	10788
区县级小计	168057	31482		52	8225	32610	1733	999	21813	11549
花山区	19762	4244			1259	4843	321	153	2758	1357
雨山区	23513	3307			1470	5255	103	171	4485	1897
金家庄区	15695	4207			789	2204	141	62	2033	841
当涂县	109087	19724		52	4707	20308	1168	613	12537	7454
淮北市小计	**300828**	**44104**			**16100**	**63445**	**2307**	**2540**	**59140**	**18289**
本级	138938	17235			10126	17748	1750	1761	32092	7087

2－12－18

单位：万元

地区	收支部分						平衡部分		
	支出功能分类						收入		
	环境保护	城乡社区事务	农林水事务	交通运输	工业、商业、金融等事务	其他支出	收入合计	本年收入	返还性收入 小计
长丰县	2359	7364	9754	4340	2572	10952	97829	34711	2236
肥西县	330	6988	9549	3131	6836	26794	127753	60329	4574
蚌埠市小计	**12209**	**49045**	**37966**	**5496**	**110543**	**4689**	**710266**	**226182**	**81440**
本级	5142	33403	6637	834	97539	1373	414081	140555	73637
区县级小计	7067	15642	31329	4662	13004	3316	296185	85627	7803
龙子湖区		966	509		515	458	15886	12774	
蚌山区		803	430		292	167	12818	8907	
禹会区	5	927	628		612	105	12395	8593	
淮上区		4175	1198	189	3343	314	20250	10830	
怀远县	2460	4943	14604	2465	3512	588	100908	20488	4258
固镇县	1879	2404	5733	951	2032	1151	61152	10324	1476
五河县	2723	1424	8227	1057	2698	533	72776	13711	2069
淮南市小计	**5675**	**49801**	**30105**	**2580**	**17050**	**14847**	**469429**	**232999**	**24768**
本级	4384	21181	6544	1146	13594	12311	229895	121474	15058
区县级小计	1291	28620	23561	1434	3456	2536	239534	111525	9710
田家庵区	37	2148	3292		697	16	45265	28976	2324
大通区		425	2282			230	15480	5192	1209
谢家集区	9	635	1127	31	633	103	20788	6706	1632
八公山区	10	401	457		110	310	11721	4790	869
潘集区	115	1480	6397	45	76	464	37077	9708	751
凤台县	1120	23531	10006	1358	1940	1413	109203	56153	2925
铜陵市小计	**4348**	**28548**	**14766**	**4767**	**30861**	**18511**	**290864**	**179052**	**23469**
本级	3964	23280	7431	3572	16882	13209	182098	122537	17269
区县级小计	384	5268	7335	1195	13979	5302	109805	56515	6200
铜官山区	114	1211	30	65	2859	821	20549	12184	843
狮子山区	18	572	309		1580	626	11277	6419	1046
郊区	25	1571	1025		2689	740	17028	10384	1179
铜陵县	227	1914	5971	1130	6851	3115	60951	27528	3132
马鞍山市小计	**8156**	**77905**	**18197**	**5642**	**49610**	**33042**	**595697**	**413729**	**55263**
本级	5164	58899	5534	4531	35851	22979	412703	302157	42686
区县级小计	2992	19006	12663	1111	13759	10063	182994	111572	12577
花山区	116	1132	1985		627	967	25541	19203	2835
雨山区	64	2398	1766		379	2218	28057	17592	3138
金家庄区	41	1592	640		171	2974	19907	14482	1818
当涂县	2771	13884	8272	1111	12582	3904	109489	60295	4786
淮北市小计	**5765**	**37116**	**20758**	**3977**	**14557**	**12730**	**324299**	**156481**	**25414**
本级	3428	29965	6650	470	6730	3896	156303	102849	19594

二、各省、自治区、直辖市地市县一般预算财政资料

2－12－19

单位:万元

地区	平衡部分									
	收入									
	返还性收入		财力性转移支付收入							
	增值税和消费税税收返还	所得税基数返还	小计	体制补助	一般性转移支付补助	民族地区转移支付补助	调整工资转移支付补助	农村义务教育补助	农村税费改革补助	缓解县乡困难转移支付补助
长丰县	1348	888	31726	23177	2782					
肥西县	3318	1256	35062	24638	1616					
蚌埠市小计	**73311**	**8129**	**133002**	**99101**	**12149**					
本级	66799	6838	26731	20622						
区县级小计	6512	1291	125228	78479	12149					
龙子湖区			2964							
蚌山区			3482							
禹会区			3651							
淮上区			8860							
怀远县	3442	816	45456	32803	5547					
固镇县	1264	212	31096	23991	3292					
五河县	1806	263	29719	21685	3310					
淮南市小计	**19052**	**5716**	**78804**	**61624**	**4197**					**50**
本级	12108	2950	18540	31827	－3454			－5826	－10314	
区县级小计	6944	2766	60265	29797	7651			5826	10314	50
田家庵区	1541	783	5563	3401	131			397	523	
大通区	842	367	3911	2080	172			298	598	
谢家集区	1378	254	5499	2943	169			393	694	
八公山区	684	185	2202	2016				47	139	
潘集区	396	355	14560	6247	1678			1713	3203	
凤台县	2103	822	28530	13110	5501			2978	5157	50
铜陵市小计	**12868**	**10601**	**21922**	**18317**	**300**					
本级	9157	8112	－15006	5858						
区县级小计	3711	2489	37967	12459	300					
铜官山区	265	578	6713	746						
狮子山区	483	563	2517	655						
郊区	649	530	4149	776						
铜陵县	2314	818	24588	10282	300					
马鞍山市小计	**40531**	**14732**	**47760**	**38592**	**1453**					
本级	30838	11848	13637	12823						
区县级小计	9693	2884	34123	25769	1453					
花山区	2134	701	2038	1782						
雨山区	2576	562	5101	4812						
金家庄区	1305	513	2594	2521						
当涂县	3678	1108	24390	16654	1453					
淮北市小计	**19950**	**5464**	**62465**	**48751**	**4179**					
本级	15198	4396	－10513	21203						

2－12－20 单位:万元

地区	平衡部分									
	收入								支出	
	财力性转移支付收入			专项转移支付	省补助计划单列市收入	上年结余	调入资金	国债转贷收入、上年结余及转补助数	支出合计	本年支出
	结算补助	企事业单位预算划转补助	其他财力性转移支付							
长丰县	3531	61	2175	18755		8202	2199		95309	95196
肥西县	4421		4387	17732		9528	528		121275	121070
蚌埠市小计	**19970**	**179**	**1603**	**214532**		**54130**	**980**		**633454**	**550000**
本级	5804		305	134010		38748	400		356239	280596
区县级小计	33123	179	1298	61565		15382	580		277215	269404
龙子湖区	2964					148			15508	12115
蚌山区	3482					329	100		12442	10118
禹会区	3651					－329	480		12387	10477
淮上区	8860					560			19615	19480
怀远县	6266	179	661	27234		3472			95850	95816
固镇县	3556		257	15172		3084			58361	58360
五河县	4344		380	19159		8118			63052	63038
淮南市小计	**7995**	**101**	**4837**	**90378**		**15063**	**27417**		**448635**	**410634**
本级	7462	101	－1256	44183		12008	18632		216632	206268
区县级小计	533		6094	46194		3055	8785		232003	204366
田家庵区	66		1045	6159		43	2200		44568	29000
大通区			763	4953		215			15121	12569
谢家集区			1300	3831		170	2950		20773	16953
八公山区				1807		22	2031		11706	9483
潘集区			1719	10385		69	1604		36879	34970
凤台县	467		1267	19059		2536			102956	101391
铜陵市小计	**1573**		**1732**	**48429**		**14652**	**3340**		**272925**	**261662**
本级	128		－20992	48429		8754	115		172408	161519
区县级小计	1445		23763			5898	3225		101556	100143
铜官山区			5967			809			19393	19074
狮子山区	24		1838			1295			9652	9326
郊区	74		3299			964	352		15661	15356
铜陵县	1347		12659			2830	2873		56850	56387
马鞍山市小计	**3707**		**4008**	**71184**		**7171**	**590**		**590029**	**501274**
本级	－132		946	47273		6450	500		408443	333217
区县级小计	3839		3062	23911		721	90		181586	168057
花山区	256			1352		53	60		24731	19762
雨山区	289			2146		50	30		27993	23513
金家庄区	73			786		227			19700	15695
当涂县	3221		3062	19627		391			109162	109087
淮北市小计	**7434**		**2101**	**60585**		**9134**	**10220**		**319764**	**300828**
本级	1019		－32735	37858		4176	2339		152541	138938

二、各省、自治区、直辖市地市县一般预算财政资料

2－12－21 单位：万元

地区	平衡部分									
	支出								年终结余	其中：净结余
	财力性转移支付			专项上解	计划单列市上解省	增设预算周转金	调出资金	国债转贷拨付数及年终结余		
	小计	体制上解	出口退税专项上解							
长丰县	113		113						2520	900
肥西县	205		205						6478	4155
蚌埠市小计	**83068**	**82678**	**390**	**386**					**76812**	**31432**
本级	83053	82678	375	－7410					57842	17678
区县级小计	15		15	7796					18970	13754
龙子湖区				3393					378	378
蚌山区				2324					376	204
禹会区				1910					8	8
淮上区				135					635	
怀远县	5		5	29					5058	2880
固镇县	1		1						2791	2660
五河县	9		9	5					9724	7624
淮南市小计	**34584**	**33802**	**782**	**705**			**2712**		**20794**	**3565**
本级	29066	28539	527	－20163			1461		13263	165
区县级小计	5516	5262	254	20870			1251		7531	3400
田家庵区	3652	3652		11555			361		697	697
大通区				2502			50		359	59
谢家集区	894	877	17	2832			94		15	15
八公山区	284	284		1878			61		15	15
潘集区	231		231	1595			83		198	
凤台县	455	449	6	508			602		6247	2614
铜陵市小计	**11263**	**9565**	**1698**						**17939**	**1319**
本级	10889	9236	1653						9690	348
区县级小计	1413	1368	45						8249	971
铜官山区	319	316	3						1156	173
狮子山区	326	284	42						1625	720
郊区	305	305							1367	28
铜陵县	463	463							4101	50
马鞍山市小计	**88755**	**86789**	**1966**						**5668**	**2324**
本级	75226	73474	1752						4260	1243
区县级小计	13529	13315	214						1408	1081
花山区	4969	4936	33						810	810
雨山区	4480	4436	44						64	64
金家庄区	4005	3943	62						207	207
当涂县	75		75						327	
淮北市小计	**18936**	**18936**							**4535**	**830**
本级	13603	13603							3762	236

2－12－22

单位:万元

地区	收支部分								
	收入								
	收入合计	税收收入							
		小计	增值税	营业税	企业所得税	个人所得税	资源税	城市维护建设税	耕地占用税
区县级小计	53632	44767	10169	19758	2443	1636	2184	1770	700
相山区	12049	11863	1551	6393	911	165	302		
杜集区	5877	5285	1455	2090	162	112	678		
烈山区	5317	4681	1623	1667	350	51	453		
濉溪县	30389	22938	5540	9608	1020	1308	751	1770	700
芜湖市小计	**439138**	**361710**	**79920**	**120100**	**35137**	**8362**	**9170**	**37048**	**4567**
本级	189627	136825	46193	31664	15132	3699	6	24465	731
区县级小计	249511	224885	33727	88436	20005	4663	9164	12583	3836
镜湖区	67553	64229	8015	30608	4066	1597	238	3595	101
弋江区	33225	32426	2704	15985	2568	190	278	1829	533
鸠江区	27529	25881	6910	6615	2975	422		2048	1793
三山区	16319	15923	413	3202	323	148	184	331	743
繁昌县	42706	37750	9781	9293	4825	660	6944	2257	86
南陵县	30008	20302	2109	9704	2422	505	525	915	393
芜湖县	32171	28374	3795	13029	2826	1141	995	1608	187
安庆市小计	**321964**	**210290**	**47078**	**77096**	**12346**	**7167**	**5948**	**17403**	**8455**
本级	104835	82997	23262	21989	5550	2744	47	11023	1901
区县级小计	217129	127293	23816	55107	6796	4423	5901	6380	6554
迎江区	10655	9677	1225	6184	322	265	12	682	
大观区	9472	8689	1198	5568	240	275	18	642	
宜秀区	5539	3600	593	2005	255	24	68	250	
怀宁县	41033	22185	4230	5714	1741	676	1633	709	4536
枞阳县	47289	19428	5839	5102	2392	669	3163	511	139
桐城市	36367	23179	4791	9188	1160	936	31	1755	796
潜山县	17172	9595	1536	4916	276	292	698	495	153
太湖县	12074	6839	812	3739	109	313	56	311	305
宿松县	14220	8887	1291	4527	132	440	112	311	180
望江县	11183	7169	999	3363	56	328	77	284	294
岳西县	12125	8045	1302	4801	113	205	33	430	151
黄山市小计	**131395**	**97690**	**11660**	**47228**	**6809**	**3463**	**736**	**4786**	**2450**
本级	40428	34781	2801	17360	3886	1085		1492	713
区县级小计	90967	62909	8859	29868	2923	2378	736	3294	1737
屯溪区	15728	12243	1367	7230	688	395	101	780	
黄山区	15840	13260	1789	6776	319	395	83	796	814
徽州区	8716	6894	1235	3030	309	253	89	383	280
祁门县	12103	6084	825	2266	295	283	62	265	12
黟县	6152	3564	585	1404	159	164	46	217	117

二、各省、自治区、直辖市地市县一般预算财政资料

2－12－23　　　　单位:万元

地区	收支部分									
	收入									
	税收收入			非税收入						
	契税	烟叶税	其他各项税收收入	小计	专项收入	行政事业性收费收入	罚没收入	国有资本经营收入	国有资源(资产)有偿使用收入	其他收入
区县级小计	877		5230	8865	2217	4076	2372		200	
相山区			2541	186	171		2		13	
杜集区			788	592	110	155	316		11	
烈山区			537	636	75	163	387		11	
濉溪县	877		1364	7451	1861	3758	1667		165	
芜湖市小计	**31802**	**685**	**34919**	**77428**	**19736**	**36617**	**6780**	**11279**	**1022**	**1994**
本级	2815		12120	52802	13237	26500	2021	10525	519	
区县级小计	28987	685	22799	24626	6499	10117	4759	754	503	1994
镜湖区	7725		8284	3324	1540	1335	445		4	
弋江区	4018		4321	799	780		13		6	
鸠江区	2114		3004	1648	881		236	527	4	
三山区	9822		757	396	140		245		11	
繁昌县	1524		2380	4956	1796	1682	1103		375	
南陵县	1631	127	1971	9706	520	5691	1562		70	1863
芜湖县	2153	558	2082	3797	842	1409	1155	227	33	131
安庆市小计	**15257**		**19540**	**111674**	**11535**	**60433**	**13411**	**2261**	**20651**	**3383**
本级	7525		8956	21838	7339	8284	4648	618	949	
区县级小计	7732		10584	89836	4196	52149	8763	1643	19702	3383
迎江区			987	978	288	11	665		14	
大观区			748	783	275	316	172		20	
宜秀区			405	1939	107	1692	69	6	32	33
怀宁县	1108		1838	18848	730	15598	1094	220	28	1178
枞阳县	930		683	27861	684	8477	1265		16297	1138
桐城市	1634		2888	13188	645	11737	739	－27	94	
潜山县	572		657	7577	356	2538	1735		2948	
太湖县	626		568	5235	288	4551	336		60	
宿松县	1212		682	5333	209	2718	1370	332	27	677
望江县	1212		556	4014	348	2101	554	929	71	11
岳西县	438		572	4080	266	2410	764	183	111	346
黄山市小计	**10649**	**57**	**9852**	**33705**	**3489**	**16996**	**5473**	**3615**	**1654**	**2478**
本级	3938		3506	5647	789	2642	1830		319	67
区县级小计	6711	57	6346	28058	2700	14354	3643	3615	1335	2411
屯溪区			1682	3485	356	846	449		64	1770
黄山区	1236		1052	2580	633	625	438	100	638	146
徽州区	620	1	694	1822	317	440	299	540	205	21
祁门县	1448		628	6019	400	4038	449	698	27	407
黟县	434		438	2588	140	1949	270	16	152	61

2－12－24 单位:万元

地区	收支部分									
	支出功能分类									
	支出合计	一般公共服务	外交	国防	公共安全	教育	科学技术	文化体育与传媒	社会保障和就业	医疗卫生
区县级小计	161890	26869			5974	45697	557	779	27048	11202
相山区	18639	5195			636	6385	134	32	2930	1272
杜集区	18845	2663			929	8770	27	28	2500	1161
烈山区	21604	3005			741	7684	15	88	3023	247
濉溪县	102802	16006			3668	22858	381	631	18595	8522
芜湖市小计	**663393**	**84360**		**1568**	**37204**	**91785**	**18770**	**5458**	**118474**	**31400**
本级	350655	29045		629	20939	24799	16462	3106	82594	13708
区县级小计	312738	55315		939	16265	66986	2308	2352	35880	17692
镜湖区	36944	5901		135	1952	12421	41	121	3292	2596
弋江区	24926	5444		8	923	5600	300	98	2471	1838
鸠江区	25654	4978		174	1741	4610	303	182	4842	1737
三山区	21247	6616		51	984	5393	3	39	1089	938
繁昌县	70343	12105		141	3176	11576	853	895	9326	3233
南陵县	69680	9179		293	3392	13487	469	454	11261	4174
芜湖县	63944	11092		137	4097	13899	339	563	3599	3176
安庆市小计	**824967**	**132253**		**4752**	**39321**	**199672**	**3413**	**13190**	**136790**	**57513**
本级	180869	21114		4271	12899	20150	1047	4376	54760	9907
区县级小计	644098	111139		481	26422	179522	2366	8814	82030	47606
迎江区	17480	5581			1397	4989	17	194	1996	339
大观区	17398	3527			654	4749	163	95	2513	1287
宜秀区	17742	3420		68	684	5140	150	197	1045	1630
怀宁县	91142	13951		27	3541	26726	597	1602	9133	6577
枞阳县	103142	15069		142	2579	22203	108	793	12504	7952
桐城市	93600	18743			3737	31522	367	1573	3596	6414
潜山县	65802	12161		25	3448	15129	234	1054	13180	4824
太湖县	59487	8124		24	2611	16916	89	684	10371	3910
宿松县	67074	12940			2836	22927	133	1069	7763	6056
望江县	56413	8426			2225	14781	229	660	10044	4645
岳西县	54818	9197		195	2710	14440	279	893	9885	3972
黄山市小计	**336059**	**60863**			**19445**	**44407**	**4281**	**6894**	**66517**	**19544**
本级	77753	16105			6351	6153	1058	2220	19755	2615
区县级小计	258306	44758			13094	38254	3223	4674	46762	16929
屯溪区	26120	5790			1297	2223	341	371	6370	1538
黄山区	41526	8362			2236	5901	494	646	6674	2486
徽州区	19518	3498			1604	2561	179	264	2667	1317
祁门县	38039	5811			1953	5951	542	589	5836	2481
黟县	23454	4868			1157	2847	504	962	4192	1377

2-12-25

单位:万元

地区	收支部分						平衡部分		
	支出功能分类						收入		
	环境保护	城乡社区事务	农林水事务	交通运输	工业、商业、金融等事务	其他支出	收入合计	本年收入	返还性收入 小计
区县级小计	2337	7151	14108	3507	7827	8834	167996	53632	5820
相山区	29	828	917	133	57	91	21392	12049	
杜集区	18	220	1719	361	351	98	20033	5877	
烈山区	17	366	2837	34	3091	456	23419	5317	
濉溪县	2273	5737	8635	2979	4328	8189	103152	30389	5820
芜湖市小计	**10306**	**70296**	**26334**	**13213**	**82724**	**71501**	**778135**	**439138**	**104807**
本级	8988	44520	4199	543	51747	49376	373875	189627	88036
区县级小计	1318	25776	22135	12670	30977	22125	404260	249511	16771
镜湖区		6296	109	20	1095	2965	81152	67553	2535
弋江区	10	1777	1132	462	5	4858	43985	33225	1437
鸠江区		1941	1552	540	2184	870	46924	27529	2135
三山区	1	2046	2028	786	253	1020	26143	16319	213
繁昌县	222	5114	4820	3969	11114	3799	72086	42706	5219
南陵县	477	6371	6499	4787	4504	4333	69867	30008	2092
芜湖县	608	2231	5995	2106	11822	4280	64103	32171	3140
安庆市小计	**12567**	**65616**	**72024**	**21991**	**38326**	**27539**	**899268**	**321964**	**54702**
本级	4900	22330	10026	3983	9307	1799	221015	104835	32168
区县级小计	7667	43286	61998	18008	29019	25740	678253	217129	22534
迎江区		976	930	478	100	483	18634	10655	993
大观区		1158	944	458	1111	739	18529	9472	613
宜秀区	40	271	1847	382	310	2558	20127	5539	1340
怀宁县	983	2200	7254	3487	3991	11073	97353	41033	4151
枞阳县	1054	22646	6674	2151	8557	710	114697	47289	2214
桐城市	1785	5787	9767	1453	6948	1908	95663	36367	5761
潜山县	816	3472	5169	1571	1266	3453	69436	17172	1961
太湖县	1348	900	7339	2490	1290	3391	61196	12074	1351
宿松县	129	2671	6243	2298	1899	110	71061	14220	1487
望江县	885	1195	9735	2005	1140	443	56433	11183	1440
岳西县	627	2010	6096	1235	2407	872	55124	12125	1223
黄山市小计	**5778**	**15225**	**32696**	**13443**	**16961**	**30005**	**344611**	**131395**	**19215**
本级	1274	4798	5635	1838	2428	7523	82024	40428	6197
区县级小计	4504	10427	27061	11605	14533	22482	262587	90967	13018
屯溪区	6	1178	1761	282	1319	3644	27467	15728	1641
黄山区	1214	1902	5292	583	2347	3389	41760	15840	1687
徽州区	698	631	2298	966	1852	983	20082	8716	792
祁门县	197	606	4064	2889	1094	6026	38330	12103	1786
黟县	331	1558	1942	1083	855	1778	23731	6152	810

2 12 – 26

单位:万元

地区	平衡部分									
	收入									
	返还性收入		财力性转移支付收入							
	增值税和消费税税收返还	所得税基数返还	小计	体制补助	一般性转移支付补助	民族地区转移支付补助	调整工资转移支付补助	农村义务教育补助	农村税费改革补助	缓解县乡困难转移支付补助
区县级小计	4752	1068	95705	27548	4179					
相山区			7474							
杜集区			10873							
烈山区			14482							
濉溪县	4752	1068	62876	27548	4179					
芜湖市小计	**81417**	**23390**	**83151**	**56956**	**2821**					
本级	71690	16346	－845	6297						
区县级小计	9727	7044	83996	50659	2821					
镜湖区	1410	1125	6575	2390						
弋江区	560	877	6085	1739						
鸠江区	1263	872	9564	4936						
三山区		213	7239	2693						
繁昌县	3032	2187	12645	8035	300					
南陵县	956	1136	22560	16676	1529					
芜湖县	2506	634	19328	14190	992					
安庆市小计	**39679**	**15023**	**285167**	**237137**	**12863**					
本级	24155	8013	17888	17448						
区县级小计	15524	7010	267279	219689	12863					
迎江区	745	248	1428	1229						
大观区	498	115	3548	3078						
宜秀区	1137	203	5606	4827						
怀宁县	3134	1017	30214	23940	600					
枞阳县	1640	574	34666	26841	1445					
桐城市	3394	2367	33599	26107	1312					
潜山县	1198	763	34772	28799	2896					
太湖县	950	401	31451	25506	3055					
宿松县	919	568	35556	30405	1014					
望江县	1140	300	29049	25539	754					
岳西县	769	454	27390	23418	1787					
黄山市小计	**8988**	**10227**	**91420**	**77733**	**3320**					**288**
本级	1762	4435	5862	6193						
区县级小计	7226	5792	85558	71540	3320					288
屯溪区	1042	599	4428	3053	300					
黄山区	862	825	11691	8708	356					
徽州区	425	367	4989	4008	300					
祁门县	1010	776	13758	11945	580					124
黟县	520	290	8255	7078	567					

二、各省、自治区、直辖市地市县一般预算财政资料

2－12－27

单位:万元

地区	平衡部分									
	收入								支出	
	财力性转移支付收入			专项转移支付	省补助计划单列市收入	上年结余	调入资金	国债转贷收入、上年结余及转补助数	支出合计	本年支出
	结算补助	企事业单位预算划转补助	其他财力性转移支付							
区县级小计	6415		57563			4958	7881		167223	161890
相山区			7474			152	1717		21301	18639
杜集区			10873			316	2967		19925	18845
烈山区			14482			423	3197		23195	21604
濉溪县	6415		24734			4067			102802	102802
芜湖市小计	**12461**	**88**	**10825**	**128595**		**19885**	**2559**		**764197**	**663393**
本级	4911		－12053	90045		7012			371450	350655
区县级小计	7550	88	22878	38550		12873	2559		392747	312738
镜湖区	41		4144	1785		2704			78380	36944
弋江区	477		3869	1718		1520			43524	24926
鸠江区	714	18	3896	2226		5470			41107	25654
三山区	644		3902	2288		84			25498	21247
繁昌县	1383	50	2877	8719		2797			70485	70343
南陵县	2457		1898	12411		237	2559		69711	69680
芜湖县	1834	20	2292	9403		61			64042	63944
安庆市小计	**26066**	**229**	**8872**	**194126**		**39084**	**4225**		**857262**	**824967**
本级	440			51123		10801	4200		211522	180869
区县级小计	25626	229	8872	143003		28283	25		645740	644098
迎江区	199			3795		1763			17503	17480
大观区	176	229	65	4289		607			17480	17398
宜秀区	627		152	5954		1663	25		17763	17742
怀宁县	3639		2035	14116		7839			91165	91142
枞阳县	4196		2184	24551		5977			103597	103142
桐城市	3802		2378	17654		2282			93952	93600
潜山县	2534		543	13177		2354			65911	65802
太湖县	2583		307	14146		2174			59488	59487
宿松县	3645		492	16357		3441			67563	67074
望江县	2452		304	14747		14			56414	56413
岳西县	1773		412	14217		169			54904	54818
黄山市小计	**6308**		**3771**	**94535**		**7363**	**683**		**337302**	**336059**
本级	36		－367	24666		4201	670		78145	77753
区县级小计	6272		4138	69869		3162	13		259157	258306
屯溪区	439		636	4885		772	13		26677	26120
黄山区	763		1864	12533		9			41552	41526
徽州区	368		313	5036		549			19561	19518
祁门县	865		244	10417		266			38069	38039
黟县	441		169	8266		248			23475	23454

2-12-28

单位:万元

地区	平衡部分									
	支出								年终结余	其中:净结余
	财力性转移支付			专项上解	计划单列市上解省	增设预算周转金	调出资金	国债转贷拨付数及年终结余		
	小计	体制上解	出口退税专项上解							
区县级小计	5333	5333							773	594
相山区	2662	2662							91	91
杜集区	1080	1080							108	
烈山区	1591	1591							224	224
濉溪县									350	279
芜湖市小计	**96804**	**89354**	**7450**	**4000**					**13938**	**9074**
本级	16795	9868	6927	4000					2425	72
区县级小计	80009	79486	523						11513	9002
镜湖区	41436	41280	156						2772	2772
弋江区	18598	18580	18						461	461
鸠江区	15453	15426	27						5817	5151
三山区	4251	4200	51						645	243
繁昌县	142		142						1601	268
南陵县	31		31						156	46
芜湖县	98		98						61	61
安庆市小计	**31877**	**30289**	**1588**	**418**					**42006**	**1721**
本级	30653	30289	364						9493	370
区县级小计	1224		1224	418					32513	1351
迎江区	23		23						1131	59
大观区	82		82						1049	98
宜秀区	10		10	11					2364	28
怀宁县	23		23						6188	588
枞阳县	455		455						11100	200
桐城市	352		352						1711	119
潜山县	109		109						3525	20
太湖县	1		1						1708	
宿松县	82		82	407					3498	
望江县	1		1						19	19
岳西县	86		86						220	220
黄山市小计	**1237**	**727**	**510**	**6**					**7309**	**16**
本级	840	727	113	-448					3879	
区县级小计	397		397	454					3430	16
屯溪区	108		108	449					790	16
黄山区	24		24	2					208	
徽州区	43		43						521	
祁门县	28		28	2					261	
黟县	21		21						256	

2-12-29　　　　单位:万元

地区	收支部分								
	收入								
	收入合计	税收收入							
		小计	增值税	营业税	企业所得税	个人所得税	资源税	城市维护建设税	耕地占用税
休宁县	13901	9575	1055	4607	399	368	181	325	198
歙县	18527	11289	2003	4555	754	520	174	528	316
亳州市小计	**99080**	**67689**	**14953**	**27099**	**3891**	**3106**	**748**	**4772**	**1129**
本级	24392	18326	3936	6209	1656	809		1732	
区县级小计	74688	49363	11017	20890	2235	2297	748	3040	1129
谯城区	17481	14168	3654	5804	550	448	88	921	337
涡阳县	23412	13138	3459	4700	706	738	178	1001	471
蒙城县	19876	13870	3172	5705	630	599	474	762	181
利辛县	13919	8187	732	4681	349	512	8	356	140

2－12－30

单位:万元

地区	收支部分									
	收入									
	税收收入			非税收入						
	契税	烟叶税	其他各项税收收入	小计	专项收入	行政事业性收费收入	罚没收入	国有资本经营收入	国有资源(资产)有偿使用收入	其他收入
休宁县	1603	26	813	4326	387	1176	683	2035	39	6
歙县	1370	30	1039	7238	467	5280	1055	226	210	
亳州市小计	**4354**	**878**	**6759**	**31391**	**3061**	**9784**	**12084**	**4225**	**1565**	**672**
本级	1717		2267	6066	1009	956	3804		297	
区县级小计	2637	878	4492	25325	2052	8828	8280	4225	1268	672
谯城区	33	853	1480	3313	474	395	1097	890	403	54
涡阳县	833	24	1028	10274	762	3094	2662	2906	381	469
蒙城县	1149		1198	6006	616	2520	2019	429	273	149
利辛县	622	1	786	5732	200	2819	2502		211	

2-12-31

单位:万元

地区	收支部分									
	支出功能分类									
	支出合计	一般公共服务	外交	国防	公共安全	教育	科学技术	文化体育与传媒	社会保障和就业	医疗卫生
休宁县	44532	6267			2275	6538	450	971	8932	3329
歙县	65117	10162			2572	12233	713	871	12091	4401
亳州市小计	**437152**	**54228**		**718**	**22077**	**122187**	**1375**	**3893**	**86037**	**35211**
本级	46348	7630		200	5953	3015	593	1053	8614	1329
区县级小计	390804	46598		518	16124	119172	782	2840	77423	33882
谯城区	86145	10368		120	2292	28859	490	510	17737	10259
涡阳县	109041	11355		197	5235	35009	78	1015	21654	7142
蒙城县	102299	12710			3998	29410	105	625	20634	6141
利辛县	93319	12165		201	4599	25894	109	690	17398	10340

2－12－32

单位:万元

地区	收支部分						平衡部分		
	支出功能分类						收入		
	环境保护	城乡社区事务	农林水事务	交通运输	工业、商业、金融等事务	其他支出	收入合计	本年收入	返还性收入 小计
休宁县	925	2339	5360	1786	1902	3458	45242	13901	2222
歙县	1133	2213	6344	4016	5164	3204	65975	18527	4080
亳州市小计	**8400**	**8306**	**39794**	**10087**	**33876**	**10963**	**500623**	**99080**	**23402**
本级	2218	2139	4700	170	2406	6328	63570	24392	11703
区县级小计	6182	6167	35094	9917	31470	4635	437053	74688	11699
谯城区	709	400	8771	1562	3791	277	103187	17481	2058
涡阳县	2151	1888	8007	3672	8901	2737	121572	23412	4546
蒙城县	1722	2170	8694	2080	13271	739	110800	19876	4095
利辛县	1600	1709	9622	2603	5507	882	101494	13919	1000

2－12－33

单位：万元

地区	平衡部分									
	收入									
	返还性收入		财力性转移支付收入							
	增值税和消费税税收返还	所得税基数返还	小计	体制补助	一般性转移支付补助	民族地区转移支付补助	调整工资转移支付补助	农村义务教育补助	农村税费改革补助	缓解县乡困难转移支付补助
休宁县	1353	869	16531	14129	797					
歙县	2014	2066	25906	22619	420					164
亳州市小计	**16403**	**6999**	**219391**	**168546**	**19592**					**150**
本级	8818	2885	4275	4552						
区县级小计	7585	4114	215116	163994	19592					150
谯城区	868	1190	52317	42223	1739					
涡阳县	2759	1787	53095	40263	5435					
蒙城县	3260	835	50003	36891	5142					
利辛县	698	302	59701	44617	7276					150

2 - 12 - 34

单位:万元

地区	平衡部分									
	收入								支出	
	财力性转移支付收入									
	结算补助	企事业单位预算划转补助	其他财力性转移支付	专项转移支付	省补助计划单列市收入	上年结余	调入资金	国债转贷收入、上年结余及转补助数	支出合计	本年支出
休宁县	1145		460	11910		678			44594	44532
歙县	2251		452	16822		640			65229	65117
亳州市小计	**28965**		**2138**	**116404**		**41056**	**1290**		**442490**	**437152**
本级	63		-340	16947		6253			51126	46348
区县级小计	28902		2478	99457		34803	1290		391364	390804
谯城区	7401		954	21749		9582			86277	86145
涡阳县	6862		535	24185		15910	424		109321	109041
蒙城县	7357		613	27538		9093	195		102378	102299
利辛县	7282		376	25985		218	671		93388	93319

2-12-35

单位:万元

地区	平衡部分									
	支出								年终结余	其中:净结余
	财力性转移支付			专项上解	计划单列市上解省	增设预算周转金	调出资金	国债转贷拨付数及年终结余		
	小计	体制上解	出口退税专项上解							
休宁县	61		61	1					648	
歙县	112		112						746	
亳州市小计	**4817**	**4693**	**124**	**521**					**58133**	**20268**
本级	4778	4693	85						12444	1901
区县级小计	39		39	521					45689	18367
谯城区	26		26	106					16910	7050
涡阳县				280					12251	4987
蒙城县	13		13	66					8422	4934
利辛县				69					8106	1396

2007 年福建省地市县财政一般预算收支平衡表

2－13－1　　　　单位:万元

地区	收支部分								
	收入								
	收入合计	税收收入							
		小计	增值税	营业税	企业所得税	个人所得税	资源税	城市维护建设税	耕地占用税
地市县合计	**6271445**	**5417052**	**1070785**	**1855340**	**729300**	**369712**	**43128**	**289034**	**65264**
福州市小计	**1465641**	**1297729**	**200564**	**485881**	**156305**	**89378**	**2691**	**62022**	**21103**
本级	621786	566550	46364	235655	50693	61998		29059	2401
区县级小计	843855	731179	154200	250226	105612	27380	2691	32963	18702
鼓楼区	109928	103234	12366	38637	21474		73	5328	
台江区	55354	51943	14177	15444	6956			3105	
仓山区	59316	53329	9873	19428	9474			2720	
晋安区	58560	53108	10835	18731	7682		20	3373	
马尾区	97382	91178	17977	35181	13968	6126		3398	218
琅岐经济区	9565	9232	242	6875	953	225		527	
保税区	8676	7818	497	4019	1764	176		307	
闽侯县	100750	82197	18137	24968	9167	3588	842	1962	12286
长乐市	88140	77409	21569	18321	13595	5522	72	3635	2255
福清市	136092	106359	27662	33472	9941	5537	47	3632	2623
连江县	49380	39533	6733	15924	4699	2563	297	2119	753
罗源县	19332	15734	3124	6218	1365	1530	601	492	220
闽清县	23457	17785	8504	2392	2099	1194	300	1579	28
永泰县	10376	7773	1493	3059	909	468	32	308	253
平潭县	17547	14547	1011	7557	1566	451	407	478	66
三明市小计	**274867**	**236410**	**64800**	**62876**	**23171**	**16313**	**6173**	**16478**	**2983**
本级	70181	57629	24129	12363	5011	3257	168	6602	
区县级小计	204686	178781	40671	50513	18160	13056	6005	9876	2983
三元区	11840	10762	1759	3769	966	742	146	709	38
梅列区	16639	14967	2236	5135	1702	1202	51	934	347
永安市	53691	47161	11770	13180	4287	3935	1701	3569	935
宁化县	11699	9734	902	2550	270	560	161	258	43
大田县	22026	18896	4920	5095	1838	1615	2202	1095	418
清流县	6458	6211	1641	1150	851	474	215	212	
明溪县	5300	4936	1066	1501	499	352	215	203	23
尤溪县	22632	19137	6032	4394	3448	1437	388	754	220
沙县	27469	23329	5259	7525	1900	1510	112	1207	409
将乐县	13899	12606	3358	2903	1697	573	774	477	529
泰宁县	7836	6789	1133	2240	478	383	24	314	21
建宁县	5197	4253	595	1071	224	273	16	144	
南平市小计	**238904**	**197015**	**40217**	**70464**	**19885**	**10584**	**2579**	**13252**	**2651**
本级	58221	45992	13775	11987	7777	3122	84	3890	
区县级小计	180683	151023	26442	58477	12108	7462	2495	9362	2651

二、各省、自治区、直辖市地市县一般预算财政资料

2－13－2　　　　　　　　　　　　　　　　　　　　　　　　　　　　　　　　　　单位:万元

地区	收支部分									
	收入									
	税收收入			非税收入						
	契税	烟叶税	其他各项税收收入	小计	专项收入	行政事业性收费收入	罚没收入	国有资本经营收入	国有资源(资产)有偿使用收入	其他收入
地市县合计	**357151**	**27499**	**609839**	**854393**	**187983**	**246279**	**243879**	**101038**	**47130**	**28084**
福州市小计	**113227**		**166558**	**167912**	**32975**	**69605**	**38595**	**15395**	**9454**	**1888**
本级	88116		52264	55236	11138	21986	16275	1363	4357	117
区县级小计	25111		114294	112676	21837	47619	22320	14032	5097	1771
鼓楼区			25356	6694	2478	1805	995	982	429	5
台江区			12261	3411	1320	1309	625		107	50
仓山区			11834	5987	1623	1234	1740	118	21	1251
晋安区			12467	5452	1897	1346	785	103	1314	7
马尾区	2035		12275	6204	1704	2316	1187	564	431	2
琅岐经济区	5		405	333	226	47	43		17	
保税区	37		1018	858	132	8		700	18	
闽侯县	2214		9033	18553	1841	11120	1970	3193	412	17
长乐市	4401		8039	10731	3190	4537	2370	109	319	206
福清市	10473		12972	29733	2846	14786	4320	6114	1527	140
连江县	2543		3902	9847	1288	3836	3871	624	187	41
罗源县	1330		854	3598	1192	895	1390	57	48	16
闽清县	255		1434	5672	1218	1822	1290	1194	115	33
永泰县	563		688	2603	418	1494	619	40	29	3
平潭县	1255		1756	3000	464	1064	1115	234	123	
三明市小计	**10424**	**12019**	**21173**	**38457**	**14481**	**4954**	**16223**	**905**	**591**	**1303**
本级			6099	12552	4604	1348	5611	256	286	447
区县级小计	10424	12019	15074	25905	9877	3606	10612	649	305	856
三元区	1331	122	1180	1078	669	39	321		18	31
梅列区	1700	36	1624	1672	939	160	551		22	
永安市	2320	803	4661	6530	3098	1051	2032	300	49	
宁化县	372	4029	589	1965	260	304	391	500	26	484
大田县	496	203	1014	3130	1214	556	1303		57	
清流县	113	1232	323	247	300	77	447	－926	9	340
明溪县	244	418	415	364	243	108	339	－350	24	
尤溪县	553	786	1125	3495	985	249	2250		11	
沙县	2433	262	2712	4140	1254	898	1305	655	27	1
将乐县	416	1115	764	1293	529	131	628		5	
泰宁县	264	1473	459	1047	266	29	252	470	30	
建宁县	182	1540	208	944	120	4	793		27	
南平市小计	**9563**	**8186**	**19634**	**41889**	**10593**	**10670**	**17202**	**2049**	**1315**	**60**
本级			5357	12229	3185	3411	4968		665	
区县级小计	9563	8186	14277	29660	7408	7259	12234	2049	650	60

2－13－3

单位:万元

地区	收支部分									
	支出功能分类									
	支出合计	一般公共服务	外交	国防	公共安全	教育	科学技术	文化体育与传媒	社会保障和就业	医疗卫生
地市县合计	**7622658**	**1301596**		**26479**	**618375**	**1626874**	**155420**	**132190**	**757863**	**445878**
福州市小计	**1430922**	**224470**		**3579**	**133474**	**313221**	**23736**	**17443**	**166982**	**80884**
本级	537397	51856		993	70346	69147	12782	7792	67864	19126
区县级小计	893525	172614		2586	63128	244074	10954	9651	99118	61758
鼓楼区	63709	11839		316	3180	16174	1035	371	4029	3092
台江区	47376	7299		320	3478	15786	434	317	4106	4323
仓山区	50978	10669		162	3182	15604	822	667	3809	3441
晋安区	47061	8711		208	2256	11017	721	541	7011	4191
马尾区	77636	15292		167	8047	13514	1752	2041	1975	2236
琅岐经济区	8907	1884		5	128	3020	17	28	238	531
保税区	6296	1384		1	10	50				
闽侯县	91099	18420		315	6502	28145	858	980	4944	10024
长乐市	95695	19841		343	7786	28463	1667	1201	12399	5659
福清市	158232	28876		145	11136	42665	1836	883	21261	12393
连江县	84795	17918		155	6378	21792	1015	771	12806	3998
罗源县	37626	9305		88	3148	9064	170	397	6682	2174
闽清县	38391	6406		82	2661	11746	333	342	8316	2577
永泰县	40282	7271		152	2876	14753	167	639	2714	3449
平潭县	45442	7499		127	2360	12281	127	473	8828	3670
三明市小计	**457014**	**93196**		**2363**	**39657**	**116526**	**7435**	**7263**	**39058**	**32335**
本级	81416	16387		722	12759	14296	1398	2418	3755	5447
区县级小计	375598	76809		1641	26898	102230	6037	4845	35303	26888
三元区	13483	2911		68	569	4802	415	195	858	1104
梅列区	16902	5279		647	802	4212	336	143	949	902
永安市	64145	12997		181	4820	11374	979	940	6857	4440
宁化县	39064	6830		77	2106	10977	608	375	6159	2883
大田县	42928	8221		100	2970	14318	664	373	4037	2946
清流县	23111	3731		13	1745	5438	146	229	3737	1592
明溪县	18972	3886		97	1830	4951	306	163	1444	1121
尤溪县	45765	8878		9	3330	16730	315	474	3165	4031
沙县	37687	9098		289	3121	11723	827	525	2150	2025
将乐县	26453	5618		43	1700	5668	544	249	3681	2179
泰宁县	24761	5182		68	2075	5720	587	587	1158	1865
建宁县	22327	4178		49	1830	6317	310	592	1108	1800
南平市小计	**419383**	**68105**		**985**	**36526**	**97400**	**6131**	**5321**	**67575**	**33047**
本级	69506	12896		503	10803	8602	1273	1762	8645	4558
区县级小计	349877	55209		482	25723	88798	4858	3559	58930	28489

二、各省、自治区、直辖市地市县一般预算财政资料

2－13－4

单位:万元

地区	收支部分						平衡部分		
	支出功能分类						收入		
	环境保护	城乡社区事务	农林水事务	交通运输	工业、商业、金融等事务	其他支出	收入合计	本年收入	返还性收入 小计
地市县合计	**68088**	**612132**	**481772**	**173129**	**482112**	**740750**	**9704967**	**6271445**	**911295**
福州市小计	**11404**	**79776**	**60591**	**8945**	**87572**	**218845**	**2145886**	**1465641**	**148014**
本级	4124	29134	9734	2390	48102	144007	861170	621786	89508
区县级小计	7280	50642	50857	6555	39470	74838	1284716	843855	58506
鼓楼区	400	8209	481	414	2818	11351	135397	109928	
台江区	210	4532	318	242	4495	1516	71073	55354	
仓山区	698	4237	1208	400	286	5793	77552	59316	
晋安区	607	4785	2165	1136	385	3327	80344	58560	
马尾区	585	14450	2334	1694	4029	9520	128549	97382	11270
琅岐经济区	25	799	652	15	567	998	11668	9565	1328
保税区		2761	10		4	2076	10199	8676	
闽侯县	650	1653	6794	486	1533	9795	142782	100750	6590
长乐市	1286	2277	7295	302	5667	1509	126900	88140	6696
福清市	772	3815	9911	975	4036	19528	194870	136092	14979
连江县	592	988	5488	360	8841	3693	99217	49380	4762
罗源县	672	510	3669	119	856	772	47029	19332	6441
闽清县	285	384	3525	37	631	1066	61412	23457	3672
永泰县	221	761	4120	248	616	2295	40118	10376	1555
平潭县	277	481	2887	127	4706	1599	57606	17547	1213
三明市小计	**6991**	**14669**	**54088**	**14560**	**19771**	**9102**	**580584**	**274867**	**44769**
本级	1523	2767	5825	7938	5720	461	117089	70181	11273
区县级小计	5468	11902	48263	6622	14051	8641	463495	204686	33496
三元区	182	596	1444	8	171	160	20588	11840	1590
梅列区	109	1349	1058	140	570	406	24274	16639	1232
永安市	1067	5087	6794	2395	5400	814	83317	53691	10075
宁化县	79	355	6658	20	1186	751	47936	11699	1668
大田县	278	711	5113	2052	846	299	51522	22026	3562
清流县	341	220	3182	368	551	1818	28134	6458	1685
明溪县	632	264	2606	34	487	1151	24520	5300	1535
尤溪县	267	959	6068	174	1069	296	55464	22632	3540
沙县	752	657	3963	117	1154	1286	45891	27469	3243
将乐县	686	446	4604	65	764	206	28926	13899	1988
泰宁县	632	807	3226	1061	927	866	28650	7836	2212
建宁县	443	451	3547	188	926	588	24273	5197	1166
南平市小计	**2956**	**11124**	**46924**	**10679**	**18226**	**14384**	**562959**	**238904**	**40976**
本级	597	3040	3719	7348	5145	615	113914	58221	16028
区县级小计	2359	8084	43205	3331	13081	13769	449045	180683	24948

2－13－5 单位:万元

地区	平衡部分									
	收入									
	返还性收入		财力性转移支付收入							
	增值税和消费税税收返还	所得税基数返还	小计	体制补助	一般性转移支付补助	民族地区转移支付补助	调整工资转移支付补助	农村义务教育补助	农村税费改革补助	缓解县乡困难转移支付补助
地市县合计	**524062**	**387233**	**1045371**	**18289**	**140582**		**197675**	**53666**	**215323**	**130505**
福州市小计	**80814**	**67200**	**122012**	**3007**	**6313**		**20000**	**6846**	**29026**	**10771**
本级	54485	35023	－11117		－3574			－890	－535	－9046
区县级小计	26329	32177	133129	3007	9887		20000	7736	29561	19817
鼓楼区			3214				211		25	
台江区			2631				220		19	
仓山区			2246				230	204	412	
晋安区			1717				209	33	365	
马尾区	4894	6376	2177					6	63	
琅岐经济区	1205	123	389				33	34	266	
保税区			5							
闽侯县	3181	3409	9134				1626	672	2971	500
长乐市	2593	4103	10157				1683	714	4134	400
福清市	4374	10605	17884				2802	2224	6538	400
连江县	1426	3336	11888				2357	855	4249	1374
罗源县	5022	1419	8490				1329	353	1700	621
闽清县	2103	1569	17943		799		2692	659	2085	5373
永泰县	845	710	22436	1273	4567		3330	833	2885	5464
平潭县	686	527	22818	1734	4521		3278	1149	3849	5685
三明市小计	**28854**	**15915**	**123708**	**290**	**23016**		**25836**	**4759**	**23418**	**16846**
本级	8162	3111	3673		－378		1610		－405	
区县级小计	20692	12804	120035	290	23394		24226	4759	23823	16846
三元区	944	646	2950				986	70	899	
梅列区	589	643	1947				364	32	471	
永安市	6664	3411	6292				1263	229	1730	400
宁化县	1078	590	19313	160	4633		3170	696	2891	3148
大田县	2295	1267	16231		4398		3227	989	3196	1745
清流县	1193	492	9726		2600		1819	225	1693	1337
明溪县	881	654	9412		3335		1714	243	1678	862
尤溪县	1663	1877	18026		2139		3603	1200	4125	3502
沙县	1717	1526	7193		295		2097	334	1995	1300
将乐县	1563	425	9065		599		2131	250	1899	1802
泰宁县	1410	802	9449		2169		1963	238	1598	1342
建宁县	695	471	10431	130	3226		1889	253	1648	1408
南平市小计	**26119**	**14857**	**153811**	**1065**	**30611**		**30032**	**5000**	**26341**	**26282**
本级	10434	5594	588				860	－114	－543	12
区县级小计	15685	9263	153223	1065	30611		29172	5114	26884	26270

二、各省、自治区、直辖市地市县一般预算财政资料

2-13-6　　　　单位:万元

地区	平衡部分									
	收入								支出	
	财力性转移支付收入									
	结算补助	企事业单位预算划转补助	其他财力性转移支付	专项转移支付	省补助计划单列市收入	上年结余	调入资金	国债转贷收入、上年结余及转补助数	支出合计	本年支出
地市县合计	**77002**		**212329**	**754509**	**12347**	**660117**	**44110**	**5773**	**8655487**	**7622658**
福州市小计	**7216**		**38833**	**128089**		**267047**	**15083**		**1748790**	**1430922**
本级	-4746		7674	33196		127797			697772	537397
区县级小计	11962		31159	94893		139250	15083		1051018	893525
鼓楼区	2209		769	3060		19029	166		116821	63709
台江区	355		2037	1870		9218	2000		61369	47376
仓山区	439		961	3884		12106			57515	50978
晋安区	709		401	3802		16265			53259	47061
马尾区	790		1318	1430		15964	326		109442	77636
琅岐经济区	50		6	365		21			10666	8907
保税区	5			47		1471			8093	6296
闽侯县	702		2663	8286		18022			95809	91099
长乐市	511		2715	7545		13183	1179		108743	95695
福清市	1034		4886	13791		11451	673		174237	158232
连江县	612		2441	17606		9581	6000		86013	84795
罗源县	2363		2124	6720		3846	2200		38753	37626
闽清县	754		5581	7472		8341	527		44574	38391
永泰县	550		3534	8248		-4509	2012		40282	40282
平潭县	879		1723	10767		5261			45442	45442
三明市小计	**8939**		**20604**	**84376**		**49639**	**3225**		**504568**	**457014**
本级	1321		1525	12014		19948			97002	81416
区县级小计	7618		19079	72362		29691	3225		407566	375598
三元区	6		989	2593		1615			16875	13483
梅列区	313		767	2683		1773			21445	16902
永安市	851		1819	7649		5060	550		77078	64145
宁化县	1304		3311	8802		6429	25		39188	39064
大田县	302		2374	6357		3125	221		44849	42928
清流县	686		1366	6196		2280	1789		23757	23111
明溪县	729		851	5198		2989	86		19989	18972
尤溪县	426		3031	8146		2566	554		47150	45765
沙县	326		846	4957		3029			41029	37687
将乐县	647		1737	5975		-2001			28182	26453
泰宁县	1184		955	7415		1738			25589	24761
建宁县	844		1033	6391		1088			22435	22327
南平市小计	**8947**		**25533**	**74357**		**51564**	**3347**		**461747**	**419383**
本级	1045		-672	9028		28797	1252		80417	69506
区县级小计	7902		26205	65329		22767	2095		381330	349877

2－13－7 单位:万元

地区	平衡部分									
	支出								年终结余	其中:净结余
	财力性转移支付			专项上解	计划单列市上解省	增设预算周转金	调出资金	国债转贷拨付数及年终结余		
	小计	体制上解	出口退税专项上解							
地市县合计	**839304**	**765951**	**73353**	**58357**	**118843**	**4000**	**6552**	**5773**	**1049480**	**116346**
福州市小计	**299609**	**299609**		**13640**			**4619**		**397096**	**135149**
本级	151735	151735		4281			4359		163398	41821
区县级小计	147874	147874		9359			260		233698	93328
鼓楼区	52385	52385		727					18576	2119
台江区	13495	13495		498					9704	2269
仓山区	5937	5937		600					20037	16237
晋安区	5660	5660		538					27085	20605
马尾区	31806	31806							19107	13083
琅岐经济区	1759	1759							1002	621
保税区	1797	1797							2106	2106
闽侯县	2886	2886		1824					46973	30878
长乐市	12826	12826		222					18157	3388
福清市	15745	15745					260		20633	7038
连江县	1069	1069		149					13204	5662
罗源县	1127	1127							8276	301
闽清县	1382	1382		4801					16838	465
永泰县									－164	－8109
平潭县									12164	－3335
三明市小计	**45120**	**45120**		**2365**			**69**		**76016**	**275**
本级	15230	15230		356					20087	1620
区县级小计	29890	29890		2009			69		55929	－1345
三元区	3131	3131		261					3713	47
梅列区	4307	4307		236					2829	
永安市	12823	12823		110					6239	270
宁化县				124					8748	615
大田县	1767	1767		154					6673	19
清流县	545	545		101					4377	148
明溪县	936	936		81					4531	275
尤溪县	1216	1216		169					8314	171
沙县	3138	3138		135			69		4862	257
将乐县	1314	1314		415					744	－3408
泰宁县	713	713		115					3061	212
建宁县				108					1838	49
南平市小计	**40037**	**40037**		**1596**			**731**		**101212**	**－5112**
本级	18562	18562		－8178			527		33497	5879
区县级小计	21475	21475		9774			204		67715	－10991

二、各省、自治区、直辖市地市县一般预算财政资料

2－13－8　　　　单位:万元

地区	收支部分								
	收入								
	收入合计	税收收入							
		小计	增值税	营业税	企业所得税	个人所得税	资源税	城市维护建设税	耕地占用税
延平区	26004	23381	2917	9895	2075	1238	45	1208	371
邵武市	31498	27088	6231	7882	2507	1147	277	2007	611
建阳市	21246	17664	3503	6675	1283	829	259	1063	504
顺昌县	13344	10620	3620	3011	683	530	437	610	34
建瓯市	26635	22245	3404	10360	1243	1301	321	2098	272
浦城县	17296	13028	2193	5308	781	569	240	573	453
武夷山市	26160	22355	1825	10482	2702	854	483	844	357
光泽县	7742	6356	1257	2008	475	542	51	295	
松溪县	5738	4639	806	1421	175	173	157	511	49
政和县	5020	3647	686	1435	184	279	225	153	
宁德市小计	**201849**	**167604**	**28775**	**64711**	**19238**	**10476**	**800**	**8544**	**4638**
本级	31355	23938	2706	13280	2086	1596	25	1466	276
区县级小计	170494	143666	26069	51431	17152	8880	775	7078	4362
蕉城区	19021	15961	1392	7572	1156	1219	97	757	783
东侨区	16129	15779	347	7276	2114	1084	67	522	74
福鼎市	33826	28934	3927	11421	2502	2189	175	1656	185
福安市	39158	33338	10083	8987	3185	1619	112	1870	1667
霞浦县	17075	13303	1235	5508	964	883	29	484	497
古田县	20501	16288	3251	4105	5178	958	169	555	71
屏南县	8085	6729	1596	2804	457	189	79	321	378
寿宁县	5711	4707	1535	1590	493	274	6	257	214
周宁县	6923	5308	1735	1146	940	236	37	398	275
柘荣县	4065	3319	968	1022	163	229	4	258	218
莆田市小计	**238181**	**192150**	**46232**	**60042**	**18633**	**19462**	**1463**	**7892**	**4555**
本级	75241	55232	12130	19883	2971	12670	370	2260	
区县级小计	162940	136918	34102	40159	15662	6792	1093	5632	4555
仙游县	28048	20938	5321	6542	2332	1090	151	844	671
荔城区	39351	35142	7652	10586	5148	1382	204	1438	1449
城厢区	33830	30077	3691	12509	3177	982	104	1323	1129
涵江区	37058	30334	9075	6961	3480	2374	84	1187	954
秀屿区	23558	19799	8348	3340	1399	915	547	819	307
湄洲岛管委会	1095	628	15	221	126	49	3	21	45
泉州市小计	**1146092**	**978924**	**231710**	**265582**	**154490**	**79635**	**10768**	**48066**	**11257**
本级	176758	152504	31117	49890	22987	10604	1610	8340	69
区县级小计	969334	826420	200593	215692	131503	69031	9158	39726	11188
泉港区	52159	44923	14655	10854	3400	1605	366	6377	981
鲤城区	51662	44999	10300	13268	7043	4509	134	2553	28

2－13－9　　　　单位:万元

地区	收支部分									
	收入									
	税收收入			非税收入						
	契税	烟叶税	其他各项税收收入	小计	专项收入	行政事业性收费收入	罚没收入	国有资本经营收入	国有资源(资产)有偿使用收入	其他收入
延平区	3025	188	2419	2623	1073	460	1075		11	4
邵武市	1357	2063	3006	4410	1629	983	1537	123	138	
建阳市	1030	1235	1283	3582	903	839	1728		67	45
顺昌县	517	269	909	2724	757	833	1058		75	1
建瓯市	1021	220	2005	4390	945	1356	2000		89	
浦城县	797	1164	950	4268	603	297	1629	1678	61	
武夷山市	1276	1012	2520	3805	753	1590	1170	170	121	1
光泽县	151	1129	448	1386	414	484	472		16	
松溪县	274	694	379	1099	124	244	689		37	5
政和县	115	212	358	1373	207	173	876	78	35	4
宁德市小计	**16100**		**14322**	**34245**	**8058**	**9689**	**15594**	**287**	**480**	**137**
本级	1037		1466	7417	2002	1926	3305		154	30
区县级小计	15063		12856	26828	6056	7763	12289	287	326	107
蕉城区	1231		1754	3060	812	1254	943		51	
东侨区	2385		1910	350	267		70		12	1
福鼎市	3834		3045	4892	1013	925	2869		76	9
福安市	3128		2687	5820	1244	1742	2446	250	47	91
霞浦县	2278		1425	3772	477	1420	1801	6	68	
古田县	1016		985	4213	884	1272	2012	10	29	6
屏南县	499		406	1356	325	297	720		14	
寿宁县	107		231	1004	439	254	288	10	13	
周宁县	344		197	1615	383	455	753	11	13	
柘荣县	241		216	746	212	144	387		3	
莆田市小计	**8850**		**25021**	**46031**	**8289**	**20764**	**15135**	**－70**	**1353**	**560**
本级	13		4935	20009	2187	8347	9536	－420	292	67
区县级小计	8837		20086	26022	6102	12417	5599	350	1061	493
仙游县	1281		2706	7110	1005	2884	2834	350	37	
荔城区	2613		4670	4209	1234	2458	443		74	
城厢区	2473		4689	3753	934	2234	519		35	31
涵江区	1502		4717	6724	2182	2520	1163		855	4
秀屿区	897		3227	3759	738	2321	640		60	
湄洲岛管委会	71		77	467	9					458
泉州市小计	**43589**		**133827**	**167168**	**28160**	**53931**	**44821**	**20003**	**4119**	**16134**
本级	8171		19716	24254	5019	8263	9924	－388	1332	104
区县级小计	35418		114111	142914	23141	45668	34897	20391	2787	16030
泉港区	800		5885	7236	3188	3596	418		34	
鲤城区	1336		5828	6663	2249	288	1826		365	1935

2－13－10　　　　单位:万元

地区	收支部分									
	支出功能分类									
	支出合计	一般公共服务	外交	国防	公共安全	教育	科学技术	文化体育与传媒	社会保障和就业	医疗卫生
延平区	40153	6312		51	1763	10831	760	283	7718	3564
邵武市	47292	8472		61	3901	10792	493	813	6897	2928
建阳市	39342	6453		36	3028	9902	549	279	7382	3327
顺昌县	29238	5683		32	2618	9938	306	397	2473	2387
建瓯市	49706	7729		92	3778	13065	708	395	8728	3828
浦城县	39165	4799		54	2549	10282	293	319	8370	4101
武夷山市	41002	5885		93	3254	7546	1123	496	5590	2527
光泽县	23855	3411		41	1592	5036	156	212	4086	1888
松溪县	18206	3246		22	1422	5000	157	171	3737	1599
政和县	21918	3219			1818	6406	313	194	3949	2340
宁德市小计	**430179**	**82313**		**2855**	**34085**	**99178**	**3945**	**5900**	**68192**	**32590**
本级	53567	13730		1347	7930	8970	1716	1476	6176	3518
区县级小计	376612	68583		1508	26155	90208	2229	4424	62016	29072
蕉城区	44995	9010		178	1856	10946	293	440	6785	3996
东侨区	10040	5936			571	228	4		36	28
福鼎市	64903	9797		387	4940	15278	323	893	10180	5124
福安市	68793	11792		133	4917	16734	450	669	12284	6057
霞浦县	51266	8534		160	3746	12694	222	492	8042	3408
古田县	47831	7644		411	3777	10862	353	563	8014	3954
屏南县	23734	4184		79	1759	5799	125	417	4137	1792
寿宁县	25909	3933		36	1900	7101	146	330	4655	2508
周宁县	22309	4218		58	1411	6172	57	250	4452	1338
柘荣县	16832	3535		66	1278	4394	256	370	3431	867
莆田市小计	**325365**	**60136**		**1387**	**26831**	**119017**	**5656**	**3609**	**24205**	**26776**
本级	80986	20700		664	17726	12249	2099	1836	4221	4200
区县级小计	244379	39436		723	9105	106768	3557	1773	19984	22576
仙游县	69131	11061			4243	30866	760	481	5718	7202
荔城区	42128	5820		16	680	22298	699	381	2512	4283
城厢区	36118	6045		133	1374	14405	664	273	2966	2899
涵江区	42656	7453		292	1614	18576	910	340	2917	3636
秀屿区	48736	7243		282	1148	19068	513	246	5697	4335
湄洲岛管委会	5610	1814			46	1555	11	52	174	221
泉州市小计	**1339436**	**220057**		**6119**	**108192**	**350867**	**29508**	**24676**	**92273**	**73187**
本级	186696	37088		1607	31622	34717	7541	8866	10779	10888
区县级小计	1152740	182969		4512	76570	316150	21967	15810	81494	62299
泉港区	49067	11435		246	3670	18826	833	384	5363	2238
鲤城区	44716	10338		180	1965	12298	1106	654	9675	1487

2－13－11

单位:万元

地区	收支部分						平衡部分		
	支出功能分类						收入		
									返还性收入
	环境保护	城乡社区事务	农林水事务	交通运输	工业、商业、金融等事务	其他支出	收入合计	本年收入	小计
延平区	144	868	5413	393	803	1250	44605	26004	3160
邵武市	396	1860	4476	851	5017	335	62816	31498	4863
建阳市	338	900	4419	249	1362	1118	52221	21246	3179
顺昌县	274	586	3054	173	854	463	39740	13344	3057
建瓯市	150	963	5082	55	1372	3761	64350	26635	3046
浦城县	154	541	4925	54	727	1997	49463	17296	2317
武夷山市	532	1319	7724	545	1565	2803	52604	26160	2218
光泽县	212	535	3583	915	850	1338	27617	7742	1358
松溪县	80	283	1992	21	183	293	25741	5738	848
政和县	79	229	2537	75	348	411	29888	5020	902
宁德市小计	**4152**	**10042**	**39604**	**7611**	**25182**	**14530**	**511463**	**201849**	**33492**
本级	538	959	2498	455	1549	2705	67300	31355	5782
区县级小计	3614	9083	37106	7156	23633	11825	444163	170494	27710
蕉城区	320	1301	5124	1267	2488	991	48979	19021	2805
东侨区	72	207	99		2761	98	17244	16129	
福鼎市	507	1910	6814	1312	4454	2984	81346	33826	6915
福安市	570	2191	6763	148	2943	3142	91970	39158	6586
霞浦县	501	852	4116	169	7918	412	54597	17075	2850
古田县	489	1251	5370	3934	857	352	53593	20501	3247
屏南县	606	355	2550	132	812	987	24662	8085	1351
寿宁县	159	204	2040	34	500	2363	27273	5711	1297
周宁县	263	357	2816	120	385	412	23678	6923	1335
柘荣县	127	455	1414	40	515	84	20821	4065	1324
莆田市小计	**2229**	**8032**	**24022**	**3066**	**15100**	**5299**	**401915**	**238181**	**28023**
本级	1110	3569	4140	1011	4958	2503	91685	75241	8968
区县级小计	1119	4463	19882	2055	10142	2796	310230	162940	19055
仙游县	207	833	6057	557	964	182	75694	28048	4518
荔城区	303	390	3352	309	1020	65	61215	39351	3882
城厢区	217	1035	3324	465	800	1518	50552	33830	1726
涵江区	251	1454	3692	276	1170	75	66472	37058	4597
秀屿区	141	410	2969	398	5390	896	50604	23558	4202
湄洲岛管委会		341	488	50	798	60	5693	1095	130
泉州市小计	**16185**	**132362**	**103401**	**33368**	**71017**	**78224**	**1616919**	**1146092**	**169516**
本级	2567	15727	11009	2987	7425	3873	187771	176758	21525
区县级小计	13618	116635	92392	30381	63592	74351	1429148	969334	147991
泉港区	442	846	2134	430	1642	578	79378	52159	2616
鲤城区	179	1750	739	1355	1788	1202	72575	51662	13417

2－13－12

单位：万元

地区	平衡部分									
	收入									
	返还性收入		财力性转移支付收入							
	增值税和消费税税收返还	所得税基数返还	小计	体制补助	一般性转移支付补助	民族地区转移支付补助	调整工资转移支付补助	农村义务教育补助	农村税费改革补助	缓解县乡困难转移支付补助
延平区	1836	1324	8913				3030	582	1789	
邵武市	3265	1598	14961		847		3408	437	2903	3869
建阳市	2309	870	17766		3128		2991	566	3287	4572
顺昌县	1926	1131	14413		1804		2777	491	2345	1911
建瓯市	2219	827	24155		4879		4300	874	5998	5200
浦城县	1292	1025	23032		4724		3497	658	3771	4157
武夷山市	812	1406	12585		3003		2968	325	1824	2237
光泽县	881	477	11608		4306		2018	292	1663	1268
松溪县	572	276	10975	550	3265		1823	307	1419	1141
政和县	573	329	14815	515	4655		2360	582	1885	1915
宁德市小计	**17797**	**15695**	**168372**	**9804**	**37864**		**30201**	**6245**	**28567**	**19126**
本级	383	5399	8229	7598	1830		1382			
区县级小计	17414	10296	160143	2206	36034		28819	6245	28567	19126
蕉城区	1671	1134	21287		4744		3610	615	2810	1907
东侨区			90						16	
福鼎市	4026	2889	22040		3377		4386	948	4104	2149
福安市	4076	2510	26509		4099		4759	1339	6108	3408
霞浦县	1770	1080	21619		4947		3882	1037	4117	2753
古田县	1937	1310	20870		5561		3804	695	4026	2824
屏南县	713	638	12137	532	3413		2181	339	1818	1901
寿宁县	1103	194	15840	723	4510		2561	648	2626	1846
周宁县	944	391	11657	473	3267		2190	418	1657	1578
柘荣县	1174	150	8094	478	2116		1446	206	1285	760
莆田市小计	**13091**	**14932**	**86303**		**8859**		**19784**	**6575**	**16387**	**9304**
本级	4224	4744	－9465	－3974	－98		2840	－340	－2035	234
区县级小计	8867	10188	95768	3974	8957		16944	6915	18422	9070
仙游县	2478	2040	34118	62	5566		6327	2648	7564	5931
荔城区	1210	2672	14873	595	1239		3161	905	2460	820
城厢区	552	1174	11300	2063	549		1881	509	1802	371
涵江区	2048	2549	14991	440	824		2581	834	2433	745
秀屿区	2569	1633	19307	510	779		2853	1916	3986	1203
湄洲岛管委会	10	120	1179	304			141	103	177	
泉州市小计	**56976**	**112540**	**95077**		**721**		**14497**	**9243**	**31618**	**5637**
本级	9556	11969	－25704	9345			103	－1834	－442	－11781
区县级小计	47420	100571	120781	－9345	721		14394	11077	32060	17418
泉港区		2616	8505				200	581	1368	1876
鲤城区	5313	8104	580	－1939			200	60	193	180

2－13－13

单位:万元

地区	平衡部分									
	收入								支出	
	财力性转移支付收入									
	结算补助	企事业单位预算划转补助	其他财力性转移支付	专项转移支付	省补助计划单列市收入	上年结余	调入资金	国债转贷收入、上年结余及转补助数	支出合计	本年支出
延平区	1410		2102	7946		－2495	1077		45021	40153
邵武市	811		2686	7821		3673			53957	47292
建阳市	383		2839	6754		3172	104		45133	39342
顺昌县	1245		3840	7874		1052			31411	29238
建瓯市	377		2527	8606		1642	266		56388	49706
浦城县	921		5304	6054		764			41699	39165
武夷山市	975		1253	6095		5516	30		42718	41002
光泽县	402		1659	5294		1263	352		24777	23855
松溪县	740		1730	4390		3623	167		18305	18206
政和县	638		2265	4495		4557	99		21921	21918
宁德市小计	**10052**		**26513**	**90400**		**9710**	**7640**		**452436**	**430179**
本级	－2821		240	2891		18430	613		49109	53567
区县级小计	12873		26273	87509		－8720	7027		403327	376612
蕉城区	5280		2321	11811		－5945			49390	44995
东侨区	74			442		583			16423	10040
福鼎市	1543		5533	13541		5024			69852	64903
福安市	1076		5720	14649		4568	500		75935	68793
霞浦县	1037		3846	16359		－6968	3662		52705	51266
古田县	1270		2690	8158		546	271		49417	47831
屏南县	441		1512	6650		－3561			23791	23734
寿宁县	777		2149	6316		－1891			26041	25909
周宁县	645		1429	5219		－2542	1086		22901	22309
柘荣县	730		1073	4364		1466	1508		16872	16832
莆田市小计	**12689**		**12705**	**52484**		**－5677**	**2601**		**371554**	**325365**
本级	2361		－8453	11001		5940			79853	80986
区县级小计	10328		21158	41483		－11617	2601		291701	244379
仙游县	856		5164	12799		－4056	267		72380	69131
荔城区	2523		3170	5376		－2267			55284	42128
城厢区	1742		2383	4230		－534			46849	36118
涵江区	2167		4967	6878		2516	432		57358	42656
秀屿区	2740		5320	10542		－7791	786		54633	48736
湄洲岛管委会	300		154	1658		515	1116		5197	5610
泉州市小计	**9740**		**23621**	**96888**		**106222**	**3124**		**1492947**	**1339436**
本级	－18744		－2351	－5409		20601			156764	186696
区县级小计	28484		25972	102297		85621	3124		1336183	1152740
泉港区	3859		621	4502		11494	102		64121	49067
鲤城区	1641		245	2223		4693			66464	44716

2－13－14

单位:万元

地区	平衡部分									
	支出								年终结余	其中:净结余
	财力性转移支付			专项上解	计划单列市上解省	增设预算周转金	调出资金	国债转贷拨付数及年终结余		
	小计	体制上解	出口退税专项上解							
延平区	4145	4145		723					－416	－4386
邵武市	6298	6298		367					8859	82
建阳市	3024	3024		2767					7088	－114
顺昌县	2141	2141		32					8329	－2697
建瓯市	3405	3405		3277					7962	－1520
浦城县	108	108		2426					7764	－932
武夷山市	1437	1437		152			127		9886	
光泽县	917	917		5					2840	－684
松溪县				22			77		7436	－214
政和县				3					7967	－526
宁德市小计	**18944**	**18944**		**3313**					**59027**	**－51270**
本级	2063	2063		－6521					18191	－4420
区县级小计	16881	16881		9834					40836	－46850
蕉城区	3384	3384		1011					－411	－12339
东侨区	3172	3172		3211					821	69
福鼎市	3637	3637		1312					11494	－1267
福安市	4013	4013		3129					16035	－2354
霞浦县	1176	1176		263					1892	－6489
古田县	1499	1499		87					4176	－5257
屏南县				57					871	－5279
寿宁县				132					1232	－5550
周宁县				592					777	－7636
柘荣县				40					3949	－748
莆田市小计	**42573**	**42573**		**3446**			**170**		**30361**	**－23792**
本级	－1169	－1169		36					11832	
区县级小计	43742	43742		3410			170		18529	－23792
仙游县	2979	2979		134			136		3314	－8983
荔城区	12183	12183		939			34		5931	607
城厢区	10095	10095		636					3703	－3126
涵江区	13162	13162		1540					9114	－242
秀屿区	5736	5736		161					－4029	－12198
湄洲岛管委会	－413	－413							496	150
泉州市小计	**136684**	**136684**		**16800**			**27**		**123972**	**5922**
本级	－36947	－36947		7015					31007	2730
区县级小计	173631	173631		9785			27		92965	3192
泉港区	15163	15163		－134			25		15257	1000
鲤城区	21559	21559		189					6111	281

2-13-15 单位:万元

地区	收支部分								
	收入								
	收入合计	税收收入							
		小计	增值税	营业税	企业所得税	个人所得税	资源税	城市维护建设税	耕地占用税
丰泽区	76412	69117	8507	25610	9948	5423	480	3025	51
洛江区	24271	23108	5073	6302	3297	1274	157	760	300
惠安县	122680	76853	13106	22455	13906	5539	1044	2994	2345
晋江市	264104	250807	75332	52436	47679	21579	1000	10014	3779
石狮市	116045	105023	21456	30843	16626	9824	398	3897	1253
南安市	112855	101540	24387	23975	15009	11027	1371	5566	1100
安溪县	72677	54197	14440	13893	6477	3500	1138	1727	817
永春县	42386	26587	5285	10011	2102	2453	1452	1367	330
德化县	34083	29266	8052	6045	6016	2298	1618	1446	204
漳州市小计	**474086**	**362373**	**85447**	**112852**	**48997**	**22061**	**2594**	**13679**	**9144**
本级	116233	84634	14996	24556	13123	5661	338	4791	
区县级小计	357853	277739	70451	88296	35874	16400	2256	8888	9144
芗城区	60146	50983	7221	18555	7744	4022	271	2765	2667
龙文区	16551	14720	3094	4804	1655	877	66	766	1037
漳州经济开发区	29364	22270	2451	9003	6490	922	9	289	
龙海市	106363	81991	33627	18345	11335	4504	492	1688	1000
长泰县	15533	14453	4282	5100	1129	965	233	543	96
东山县	16673	12819	1973	5038	986	393	355	473	47
南靖县	23489	17892	6843	4987	1675	1035	100	569	278
平和县	13656	7264	1882	2739	420	572	45	275	67
华安县	10005	7818	1836	2840	745	657	114	292	221
云霄县	13739	9694	863	4516	532	573	68	301	205
漳浦县	32266	23908	4722	8035	2462	1360	391	624	1497
诏安县	16392	12036	1368	3915	600	441	68	264	1603
常山开发区	3676	1891	289	419	101	79	44	39	426
龙岩市小计	**366563**	**313898**	**78141**	**73801**	**47342**	**19117**	**15927**	**38147**	**2840**
本级	145138	121125	37187	27288	9809	5481	2604	28547	
区县级小计	221425	192773	40954	46513	37533	13636	13323	9600	2840
新罗区	65073	56971	11361	18374	7716	4010	2470	3489	1290
长汀县	13808	11774	2469	4013	869	726	162	457	101
永定县	39301	32749	12529	5669	3670	2047	2880	2453	54
上杭县	46959	43694	4276	5020	19804	2972	5644	963	367
武平县	12630	10409	1725	2738	772	930	466	348	525
漳平市	24322	20588	4750	5649	2966	1743	1302	1136	60
连城县	13603	10955	2206	3672	888	964	367	563	51
开发区	5729	5633	1638	1378	848	244	32	191	392
厦门市小计	**1865262**	**1670949**	**294899**	**659131**	**241239**	**102686**	**133**	**80954**	**6093**

二、各省、自治区、直辖市地市县一般预算财政资料

2－13－16

单位:万元

地区	收支部分									
	收入									
	税收收入			非税收入						
	契税	烟叶税	其他各项税收收入	小计	专项收入	行政事业性收费收入	罚没收入	国有资本经营收入	国有资源(资产)有偿使用收入	其他收入
丰泽区	6034		10039	7295	1483	994	2216	2559	43	
洛江区	1100		4845	1163	181	352	590		34	6
惠安县	4577		10887	45827	2651	24804	5572	11252	884	664
晋江市	7221		31767	13297	5647	82	7687	－1000	878	3
石狮市	1202		19524	11022	1365	2666	6729		221	41
南安市	5800		13305	11315	2936	4857	3126		83	313
安溪县	5633		6572	18480	1918	4950	3610	4708	122	3172
永春县	1010		2577	15799	959	1985	1011	2571	48	9225
德化县	705		2882	4817	564	1094	2112	301	75	671
漳州市小计	**26600**	**24**	**40975**	**111713**	**13877**	**22528**	**43733**	**12581**	**13746**	**5248**
本级	11150		10019	31599	4600	4041	18388	1841	2017	712
区县级小计	15450	24	30956	80114	9277	18487	25345	10740	11729	4536
芗城区	939		6799	9163	1408	1285	1312		4120	1038
龙文区	561		1860	1831	722	418	192		34	465
漳州经济开发区	1374		1732	7094	303	101	49		6641	
龙海市	3036		7964	24372	1705	5889	6472	9920	350	36
长泰县	121		1984	1080	443	164	410		50	13
东山县	1738		1816	3854	607	1005	1364	140	38	700
南靖县	754	24	1627	5597	2110	719	2682		84	2
平和县	602		662	6392	257	3232	2097	680	13	113
华安县	437		676	2187	404	304	1471		8	
云霄县	1274		1362	4045	487	2105	823		279	351
漳浦县	2233		2584	8358	594	2690	4950		98	26
诏安县	2184		1593	4356	210	525	2509		12	1100
常山开发区	197		297	1785	27	50	1014		2	692
龙岩市小计	**8442**	**7270**	**22871**	**52665**	**24924**	**4063**	**22227**	**150**	**1300**	**1**
本级	2163		8046	24013	12057	1047	10223		686	
区县级小计	6279	7270	14825	28652	12867	3016	12004	150	614	1
新罗区	2163		6098	8102	6684	7	1627	－380	164	
长汀县	360	1296	1321	2034	415	54	1511		54	
永定县	750	932	1765	6552	2144	1949	2163	200	96	
上杭县	725	2420	1503	3265	845	173	2022		224	1
武平县	756	1345	804	2221	409	132	1329	330	21	
漳平市	718	433	1831	3734	1911	178	1614		31	
连城县	460	844	940	2648	377	523	1738		10	
开发区	347		563	96	82				14	
厦门市小计	**120356**		**165458**	**194313**	**46626**	**50075**	**30349**	**49738**	**14772**	**2753**

2－13－17 单位:万元

地区	收支部分									
	支出功能分类									
	支出合计	一般公共服务	外交	国防	公共安全	教育	科学技术	文化体育与传媒	社会保障和就业	医疗卫生
丰泽区	60567	12118		182	4056	13022	1263	706	2909	2178
洛江区	28837	7008		67	1544	8278	524	211	3187	1857
惠安县	162491	22077		1172	10770	48862	3587	2579	5192	9823
晋江市	283335	32029		1752	16618	61229	6863	5741	22325	11720
石狮市	130693	17655		171	12165	21228	2492	738	4807	4852
南安市	152756	22603		265	10619	44324	2252	1066	17816	13286
安溪县	116699	24472		159	7674	45459	513	1769	4931	7087
永春县	67330	12695		180	4231	26467	820	826	3107	4183
德化县	56249	10539		138	3258	16157	1714	1136	2182	3588
漳州市小计	**682974**	**126239**		**1672**	**68892**	**127179**	**8210**	**10430**	**88751**	**42007**
本级	145511	23128		551	25501	14072	3248	3219	17451	9350
区县级小计	537463	103111		1121	43391	113107	4962	7211	71300	32657
芗城区	50529	8819		272	2249	6833	156	671	8040	2763
龙文区	17039	5917		212	1541	3857	267	149	795	679
漳州经济开发区	27540	3243		17	698	941		22	112	4
龙海市	118139	17419			9129	20196	1467	502	12699	7275
长泰县	33127	8220			2352	6082	581	241	4413	2293
东山县	30845	7831			2835	6029	217	352	4794	1285
南靖县	43003	8724		83	4100	9582	598	1931	5889	2555
平和县	42772	9266		39	2987	12078	105	310	8443	4312
华安县	23629	4096		68	2316	4724	374	2078	3153	1223
云霄县	35499	7077		118	4670	10400	399	285	5971	2300
漳浦县	70673	12740		174	6758	18724	216	485	10027	5143
诏安县	39490	8179		130	3457	12976	582	184	6610	2470
常山开发区	5178	1580		8	299	685		1	354	355
龙岩市小计	**550826**	**84001**		**492**	**35669**	**133129**	**5846**	**9899**	**65903**	**32850**
本级	149644	20662		36	14950	19700	2309	3651	14884	6381
区县级小计	401182	63339		456	20719	113429	3537	6248	51019	26469
新罗区	61039	14128		157	2021	20166	655	785	4423	2730
长汀县	49495	6362		67	3125	14090	319	596	9794	4172
永定县	67461	8174		31	2033	17919	400	1593	15191	4164
上杭县	91472	10596		101	5053	23537	641	1579	6725	4788
武平县	40813	7747			2542	13392	193	487	4400	3541
漳平市	42759	9257			3462	11853	491	651	2992	2342
连城县	42526	6725		100	2483	12472	813	557	7488	4717
开发区	5617	350					25		6	15
厦门市小计	**1986559**	**343079**		**7027**	**135049**	**270357**	**64953**	**47649**	**144924**	**92202**

2－13－18

单位:万元

地区	收支部分						平衡部分		
	支出功能分类						收入		
	环境保护	城乡社区事务	农林水事务	交通运输	工业、商业、金融等事务	其他支出	收入合计	本年收入	返还性收入
									小计
丰泽区	324	2425	1397	354	3469	16164	88929	76412	9644
洛江区	197	927	3080	190	672	1095	36707	24271	2042
惠安县	1206	10623	13207	11451	8056	13886	176392	122680	18184
晋江市	2904	62309	27779	4135	14738	13193	350431	264104	39962
石狮市	4704	16022	5319	2000	17968	20572	167091	116045	18799
南安市	1844	14767	13891	765	8273	985	189788	112855	21749
安溪县	1230	3765	10367	4422	2274	2577	126357	72677	7421
永春县	286	1078	7928	950	2764	1815	76511	42386	6918
德化县	302	2123	6551	4329	1948	2284	64989	34083	7239
漳州市小计	**3759**	**73292**	**42313**	**10528**	**50814**	**28888**	**857973**	**474086**	**60512**
本级	1151	5221	9297	1267	25700	6355	193499	116233	18611
区县级小计	2608	68071	33016	9261	25114	22533	664474	357853	41901
芗城区	77	2339	1926	769	13337	2278	76280	60146	7704
龙文区	51	1005	1286	355	558	367	21238	16551	601
漳州经济开发区	356	20358	29	975	392	393	33734	29364	714
龙海市	427	35651	6146	1209	1191	4828	151445	106363	6083
长泰县	588	614	3032	67	1456	3188	34756	15533	2236
东山县	165	653	1631	575	1040	3438	36365	16673	2093
南靖县	175	671	3432	3099	1967	197	54468	23489	4790
平和县	63	327	3476	158	521	687	39083	13656	2642
华安县	92	860	2355	57	1898	335	29019	10005	1366
云霄县	162	749	1876	588	592	312	49534	13739	6229
漳浦县	360	4083	5243	913	1144	4663	83152	32266	4560
诏安县	88	350	2138	406	638	1282	50010	16392	2883
常山开发区	4	411	446	90	380	565	5390	3676	
龙岩市小计	**7538**	**43770**	**52478**	**10628**	**19010**	**49613**	**719170**	**366563**	**74811**
本级	1644	28695	8670	6819	6001	15242	208291	145138	35343
区县级小计	5894	15075	43808	3809	13009	34371	510879	221425	39468
新罗区	842	1755	6988		2835	3554	105251	65073	11626
长汀县	161	874	5799	310	2051	1775	62792	13808	2555
永定县	1520	1017	7314	2372	825	4908	81599	39301	7255
上杭县	1265	8789	8960	247	4032	15159	99682	46959	5836
武平县	350	656	5723	285	937	560	47865	12630	3323
漳平市	1558	1462	4885	557	1403	1846	56402	24322	5456
连城县	198	342	4139	38	849	1605	49987	13603	3389
开发区		180			77	4964	7301	5729	28
厦门市小计	**12874**	**239065**	**58351**	**73744**	**175420**	**321865**	**2308098**	**1865262**	**311182**

2－13－19　　　　单位:万元

地区	平衡部分									
	收入									
	返还性收入		财力性转移支付收入							
	增值税和消费税税收返还	所得税基数返还	小计	体制补助	一般性转移支付补助	民族地区转移支付补助	调整工资转移支付补助	农村义务教育补助	农村税费改革补助	缓解县乡困难转移支付补助
丰泽区	2793	6851	－5198	－7406			100	76	312	558
洛江区	489	1553	1794				300	245	825	
惠安县	4563	13621	15326				2093	1855	4338	500
晋江市	12927	27035	23155				600	929	4064	5946
石狮市	7898	10901	10012				211	219	426	4162
南安市	7302	14447	26216				3178	3123	8003	2037
安溪县	2200	5221	21826		721		4056	2397	7242	1382
永春县	1671	5247	12575				2336	1022	4146	477
德化县	2264	4975	5990				1120	570	1143	300
漳州市小计	**36212**	**24300**	**168350**	**406**	**13268**		**30554**	**9017**	**38772**	**23069**
本级	11829	6782	931		－3470		1437		－391	
区县级小计	24383	17518	167419	406	16738		29117	9017	39163	23069
芗城区	3375	4329	3310				874	171	840	
龙文区		601	1255				312	120	523	
漳州经济开发区		714	3401						1	
龙海市	2999	3084	24689		1125		4780	1785	6089	1685
长泰县	1456	780	11701		1531		1946	350	2027	1926
东山县	1238	855	8001		187		1655	451	1630	2443
南靖县	2751	2039	13729		260		2339	663	4180	2279
平和县	1853	789	22710	406	3253		3918	1194	6887	2731
华安县	789	577	9513		1881		1668	302	1773	1694
云霄县	5463	766	18691		2819		3031	889	2851	2782
漳浦县	2664	1896	29894		3284		4980	1750	7520	4582
诏安县	1795	1088	20131		2398		3413	1312	4700	2947
常山开发区			394				201	30	142	
龙岩市小计	**56055**	**18756**	**127654**	**3717**	**19930**		**26771**	**5981**	**21194**	**19470**
本级	30805	4538	2989	－123	－716		1048		－323	
区县级小计	25250	14218	124665	3840	20646		25723	5981	21517	19470
新罗区	8300	3326	6212				1718	329	1667	
长汀县	1870	685	27599	1629	6077		4448	1249	3305	3252
永定县	4910	2345	18160		1441		4331	972	3834	3247
上杭县	2878	2958	19113	854	2229		4596	1247	3693	3049
武平县	2059	1264	21375	684	4418		3759	798	3069	4810
漳平市	2885	2571	13514		2081		3370	543	2488	1687
连城县	2336	1053	18524	550	4400		3501	843	3461	3425
开发区	12	16	168	123						
厦门市小计	**208144**	**103038**	**84**							

二、各省、自治区、直辖市地市县一般预算财政资料

2－13－20 单位：万元

地区	平衡部分									
	收入								支出	
	财力性转移支付收入			专项转移支付	省补助计划单列市收入	上年结余	调入资金	国债转贷收入、上年结余及转补助数	支出合计	本年支出
	结算补助	企事业单位预算划转补助	其他财力性转移支付							
丰泽区	937		225	4400		3671			84995	60567
洛江区	55		369	3620		4960	20		31010	28837
惠安县	911		5629	11991		8209	2		164986	162491
晋江市	9904		1712	15090		8120			343769	283335
石狮市	4404		590	15031		4204	3000		160655	130693
南安市	4203		5672	15057		13911			178396	152756
安溪县	1139		4889	13199		11234			116994	116699
永春县	590		4004	8903		5729			67840	67330
德化县	841		2016	8281		9396			56953	56249
漳州市小计	**12503**		**40761**	**101877**		**46893**	**6255**		**764901**	**682974**
本级	572		2783	41886		15038	800		167840	145511
区县级小计	11931		37978	59991		31855	5455		597061	537463
芗城区	199		1226	2750		2188	182		72462	50529
龙文区			300	1616		1215			19593	17039
漳州经济开发区	3396		4	44		211			32065	27540
龙海市	589		8636	8096		6214			135598	118139
长泰县	447		3474	4173		1113			33918	33127
东山县	682		953	4453		4677	468		31704	30845
南靖县	797		3211	7111		4810	539		46259	43003
平和县	834		3487	5806		－5772	41		43306	42772
华安县	670		1525	4396		2462	1277		24161	23629
云霄县	1922		4397	5328		5547			40460	35499
漳浦县	1321		6457	8338		5154	2940		71778	70673
诏安县	1060		4301	6705		3899			39965	39490
常山开发区	14		7	1175		137	8		5792	5178
龙岩市小计	**7632**		**22959**	**79194**		**69788**	**1160**		**614279**	**550826**
本级	1139		1964	5907		18914			182178	149644
区县级小计	6493		20995	73287		50874	1160		432101	401182
新罗区	1471		1027	10267		12073			84923	61039
长汀县	1330		6309	13150		5680			49495	49495
永定县	757		3578	10028		6855			70448	67461
上杭县	567		2878	14886		12888			91576	91472
武平县	819		3018	8469		908	1160		40813	40813
漳平市	809		2536	8082		5028			45413	42759
连城县	695		1649	7991		6480			42526	42526
开发区	45			414		962			6907	5617
厦门市小计	**－716**		**800**	**46844**	**12347**	**64931**	**1675**	**5773**	**2244265**	**1986559**

2－13－21

单位:万元

地区	平衡部分									
	支出								年终结余	其中:净结余
	财力性转移支付			专项上解	计划单列市上解省	增设预算周转金	调出资金	国债转贷拨付数及年终结余		
	小计	体制上解	出口退税专项上解							
丰泽区	24269	24269		159					3934	64
洛江区	1734	1734		439					5697	
惠安县	2124	2124		369			2		11406	
晋江市	59224	59224		1210					6662	1309
石狮市	23608	23608		6354					6436	
南安市	24978	24978		662					11392	538
安溪县	17	17		278					9363	
永春县	417	417		93					8671	
德化县	538	538		166					8036	
漳州市小计	**68827**	**68827**		**12164**			**936**		**93072**	**4518**
本级	24917	24917		－3307			719		25659	4604
区县级小计	43910	43910		15471			217		67413	－86
芗城区	17554	17554		4379					3818	2084
龙文区	2484	2484		50			20		1645	82
漳州经济开发区	4525	4525							1669	1648
龙海市	10258	10258		7045			156		15847	－2500
长泰县	560	560		231					838	－4905
东山县	525	525		334					4661	
南靖县	2826	2826		430					8209	1680
平和县				493			41		－4223	－7781
华安县	376	376		156					4858	670
云霄县	3667	3667		1294					9074	4926
漳浦县	793	793		312					11374	3213
诏安县	120	120		355					10045	1394
常山开发区	222	222		392					－402	－597
龙岩市小计	**59979**	**59979**		**3474**					**104891**	**20127**
本级	32229	32229		305					26113	11106
区县级小计	27750	27750		3169					78778	9021
新罗区	22993	22993		891					20328	2761
长汀县									13297	316
永定县	1070	1070		1917					11151	2228
上杭县				104					8106	683
武平县									7052	625
漳平市	2397	2397		257					10989	650
连城县									7461	1420
开发区	1290	1290							394	338
厦门市小计	**127531**	**54178**	**73353**	**1559**	**118843**	**4000**		**5773**	**63833**	**30529**

二、各省、自治区、直辖市地市县一般预算财政资料

2-13-22 单位:万元

地区	收支部分								
	收入								
	收入合计	税收收入							
		小计	增值税	营业税	企业所得税	个人所得税	资源税	城市维护建设税	耕地占用税
本级	1307062	1151007	217558	418418	164662	73560		57789	
区县级小计	558200	519942	77341	240713	76577	29126	133	23165	6093
同安区	67118	58819	10442	25976	5928	3059	58	2894	2780
集美区	78049	74332	19976	24406	10669	5304	1	3538	3
翔安区	35317	29781	5062	13598	2894	1245	23	1306	3010
海沧区	111093	96241	18364	37288	18729	4521	50	3007	
思明区	181123	178008	13084	96538	27698	10957	1	8182	
湖里区	85500	82761	10413	42907	10659	4040		4238	300

2－13－23 单位:万元

地区	收支部分									
	收入									
	税收收入			非税收入						
	契税	烟叶税	其他各项税收收入	小计	专项收入	行政事业性收费收入	罚没收入	国有资本经营收入	国有资源(资产)有偿使用收入	其他收入
本级	120356		98664	156055	46056	36761	26535	32819	13294	590
区县级小计			66794	38258	570	13314	3814	16919	1478	2163
同安区			7682	8299	107	4206	597	2985	50	354
集美区			10435	3717		1861	722		620	514
翔安区			2643	5536	186	4626	458		234	32
海沧区			14282	14852	277	2099	517	10915	247	797
思明区			21548	3115		13	298	2530	271	3
湖里区			10204	2739		509	1222	489	56	463

2－13－24

单位:万元

地区	收支部分									
	支出功能分类									
	支出合计	一般公共服务	外交	国防	公共安全	教育	科学技术	文化体育与传媒	社会保障和就业	医疗卫生
本级	1257137	210084		1623	104242	74710	51608	33921	67575	55671
区县级小计	729422	132995		5404	30807	195647	13345	13728	77349	36531
同安区	99952	17664		370	4365	32645	1555	1235	12367	6643
集美区	107514	22065		405	5505	27119	1752	3608	15203	6668
翔安区	65712	14522		2479	3430	24354	510	360	4829	5063
海沧区	129463	21770		1036	2054	25207	2476	5280	4489	5242
思明区	216249	28896		662	10394	59998	4954	2343	30029	8634
湖里区	110532	28078		452	5059	26324	2098	902	10432	4281

2－13－25

单位:万元

地区	收支部分						平衡部分		
	支出功能分类						收入		
	环境保护	城乡社区事务	农林水事务	交通运输	工业、商业、金融等事务	其他支出	收入合计	本年收入	返还性收入 小计
本级	12592	144710	30249	70352	112733	287067	1507262	1307062	241692
区县级小计	282	94355	28102	3392	62687	34798	800836	558200	69490
同安区		3502	9078	773	633	9122	111530	67118	12127
集美区	54	11506	6944	1987	702	3996	117986	78049	14170
翔安区	11	2329	6583	319	923		74213	35317	2743
海沧区	84	37365	3900	313	5468	14779	142858	111093	4222
思明区	103	22744	1177		40423	5892	235509	181123	25902
湖里区	30	16909	420		14538	1009	118740	85500	10326

2－13－26 单位:万元

地区	平衡部分									
	收入									
	返还性收入		财力性转移支付收入							
	增值税和消费税税收返还	所得税基数返还	小计	体制补助	一般性转移支付补助	民族地区转移支付补助	调整工资转移支付补助	农村义务教育补助	农村税费改革补助	缓解县乡困难转移支付补助
本级	172231	69461	－66252	－55475						
区县级小计	35913	33577	66336	55475						
同安区	9050	3077	8993	6515						
集美区	6904	7266	4358	3756						
翔安区	2126	617	18736	17580						
海沧区	297	3925	14979	11917						
思明区	12516	13386	9190	7479						
湖里区	5020	5306	10080	8228						

2－13－27

单位:万元

地区	平衡部分									
	收入								支出	
	财力性转移支付收入									
	结算补助	企事业单位预算划转补助	其他财力性转移支付	专项转移支付	省补助计划单列市收入	上年结余	调入资金	国债转贷收入、上年结余及转补助数	支出合计	本年支出
本级	－5692		－5085	－17729	12347	24369		5773	1497588	1257137
区县级小计	4976		5885	64573		40562	1675		746677	729422
同安区	943		1535	16879		4858	1555		100760	99952
集美区			602	10240		11169			108995	107514
翔安区	953		203	11771		5646			67207	65712
海沧区	2080		982	5229		7215	120		131900	129463
思明区			1711	12046		7248			224614	216249
湖里区	1000		852	8408		4426			113201	110532

2－13－28

单位:万元

地区	平衡部分									
	支出								年终结余	其中:净结余
	财力性转移支付			专项上解	计划单列市上解省	增设预算周转金	调出资金	国债转贷拨付数及年终结余		
	小计	体制上解	出口退税专项上解							
本级	121881	54178	67703	－6046	118843			5773	9674	2291
区县级小计	5650		5650	7605		4000			54159	28238
同安区	302		302	506					10770	5073
集美区	314		314	1167					8991	
翔安区	32		32	1463					7006	675
海沧区	242		242	2195					10958	8493
思明区	2778		2778	1587		4000			10895	10895
湖里区	1982		1982	687					5539	3102

2007 年江西省地市县财政一般预算收支平衡表

2－14－1　　　　单位:万元

地区	收支部分								
	收入								
	收入合计	税收收入							
		小计	增值税	营业税	企业所得税	个人所得税	资源税	城市维护建设税	耕地占用税
地市县合计	**3258530**	**2472510**	**467639**	**954570**	**270605**	**109301**	**32216**	**168320**	**50805**
南昌市小计	**872199**	**714032**	**88111**	**331300**	**90568**	**33184**	**234**	**53412**	**1558**
本级	458741	351673	37991	146606	55364	29061	78	31947	
区县级小计	413458	362359	50120	184694	35204	4123	156	21465	1558
南昌县	83559	73419	8860	41912	6991	1340	78	3060	1064
新建县	47139	37811	2343	25889	2253	1129	15	1135	69
进贤县	24730	18586	3050	9434	786	794	20	1281	100
安义县	13391	11389	1430	7441	502	401	2	481	25
湾里区	13883	12068	2467	4843	980	425		1088	
青山湖区	37988	35100	7689	15584	5373		3	1475	100
东湖区	30217	28352		18168	2895			1191	
西湖区	36108	33340	40	21429	4106			1355	
青云谱区	21281	19050		11973	3574		24	1142	200
昌北区	28313	20613	7940	4583	2394		3	1696	
南昌高新区	35228	32356	15020	5451	3133			5758	
红谷滩区	34624	33639	363	14190	1601		1	1547	
桑海区	1109	938	672	155	22			29	
英雄区	5888	5698	246	3642	594	34	10	227	
景德镇市小计	**118966**	**86407**	**17934**	**33422**	**8327**	**3312**	**804**	**5346**	**2061**
本级	47129	33188	8211	10616	3000	1300	17	2546	
区县级小计	71837	53219	9723	22806	5327	2012	787	2800	2061
高新科技园	4103	3094	425	584	641	72	4	121	672
陶瓷科技园	1033	1011	183	364	30	17	3	30	133
乐平市	36026	21249	5921	6311	2246	929	475	1233	960
浮梁县	12388	10954	1332	6254	579	421	262	433	230
珠山区	9077	8289	1126	4407	733	393	21	537	
昌江区	9210	8622	736	4886	1098	180	22	446	66
萍乡市小计	**180296**	**139509**	**29932**	**48848**	**12270**	**3665**	**5004**	**9659**	**3120**
本级	38321	25717	6027	6859	4506	1364	413	3135	
区县级小计	141975	113792	23905	41989	7764	2301	4591	6524	3120
莲花县	8409	6226	1456	1890	444	326	771	212	5
上栗县	26584	21181	2825	9319	1469	322	1347	660	58
芦溪县	16033	13358	2596	4923	1599	297	1106	433	46
安源区	47010	37993	7899	12907	1722	765	752	2480	304
湘东区	20295	16834	4506	7306	1536	301	605	1022	61
萍乡开发区	23644	18200	4623	5644	994	290	10	1717	2646
九江市小计	**320749**	**230388**	**46288**	**86734**	**28142**	**9021**	**3283**	**16597**	**5629**

二、各省、自治区、直辖市地市县一般预算财政资料

2－14－2　　　　　　　　　　　　　　　　　　单位:万元

地区	收支部分									
	收入									
	税收收入			非税收入						
	契税	烟叶税	其他各项税收收入	小计	专项收入	行政事业性收费收入	罚没收入	国有资本经营收入	国有资源(资产)有偿使用收入	其他收入
地市县合计	**261647**	**7585**	**149822**	**786020**	**122036**	**242928**	**220617**	**100540**	**38248**	**61651**
南昌市小计	**72618**		**43047**	**158167**	**27185**	**41813**	**27163**	**46824**	**4157**	**11025**
本级	36000		14626	107068	17209	19293	11032	45529	3101	10904
区县级小计	36618		28421	51099	9976	22520	16131	1295	1056	121
南昌县	6724		3390	10140	1979	4553	3321		287	
新建县	3463		1515	9328	1000	5331	2234	641	122	
进贤县	2500		621	6144	623	3883	1562	14	62	
安义县	800		307	2002	339	603	944		16	100
湾里区	1490		775	1815	512	699	547		57	
青山湖区	1450		3426	2888	1264	170	1360		94	
东湖区			6098	1865	79	265	1428		93	
西湖区			6410	2768	52	220	2433		63	
青云谱区			2137	2231	33	650	1512		36	
昌北区	3090		907	7700	738	5626	642	640	33	21
南昌高新区	862		2132	2872	2482	223	70		97	
红谷滩区	15500		437	985	663	182	58		82	
桑海区	49		11	171	83	67	20		1	
英雄区	690		255	190	129	48			13	
景德镇市小计	**8565**		**6636**	**32559**	**4351**	**17309**	**8527**	**325**	**651**	**1396**
本级	4400		3098	13941	2133	5938	5188	120	562	
区县级小计	4165		3538	18618	2218	11371	3339	205	89	1396
高新科技园	183		392	1009	52				7	950
陶瓷科技园	175		76	22	18				4	
乐平市	2097		1077	14777	1139	10878	2171	120	23	446
浮梁县	1015		428	1434	479	296	633		26	
珠山区	155		917	788	272	113	303	85	15	
昌江区	540		648	588	258	84	232		14	
萍乡市小计	**19505**		**7506**	**40787**	**6822**	**13050**	**12804**	**312**	**1104**	**6695**
本级	1098		2315	12604	3158	3316	4945	312	873	
区县级小计	18407		5191	28183	3664	9734	7859		231	6695
莲花县	912		210	2183	312	588	1051		85	147
上栗县	4612		569	5403	498	506	3014		72	1313
芦溪县	1875		483	2675	453	743	1033		16	430
安源区	9232		1932	9017	1089	2062	1383		17	4466
湘东区	908		589	3461	630	1137	1344		11	339
萍乡开发区	868		1408	5444	682	4698	34		30	
九江市小计	**21612**		**13082**	**90361**	**16088**	**24958**	**22647**	**5432**	**9041**	**12195**

2-14-3 单位:万元

地区	收支部分									
	支出功能分类									
	支出合计	一般公共服务	外交	国防	公共安全	教育	科学技术	文化体育与传媒	社会保障和就业	医疗卫生
地市县合计	**7310348**	**1112483**		**10249**	**475711**	**1369423**	**55701**	**102889**	**1138559**	**523820**
南昌市小计	**1168596**	**158991**		**1954**	**88326**	**168681**	**20226**	**13285**	**194441**	**72731**
本级	394094	31519		675	34050	45626	8384	6525	95103	24147
区县级小计	774502	127472		1279	54276	123055	11842	6760	99338	48584
南昌县	149756	19047			7449	26292	1870	2714	19646	11871
新建县	102266	16027			7297	20623	833	756	18234	7970
进贤县	81659	13546		101	5263	20792	260	580	8686	8621
安义县	42824	8320		78	2660	8233	227	378	4757	3295
湾里区	26919	5830		85	1953	3087	254	214	5463	1385
青山湖区	63943	14950		363	6113	11662	809	1082	7664	3106
东湖区	52133	8680		288	8155	7160	280	305	8579	3305
西湖区	59011	10185		337	7065	8168	552	350	11623	4020
青云谱区	34392	6893			3836	5057	308	143	6344	1762
昌北区	45732	5397		9	1309	2619	3356	33	1379	739
南昌高新区	51690	10006		18	1485	5672	2793	143	1533	2036
红谷滩区	49750	4188			1431	2919	20	54	1329	417
桑海区	1830	615			260	424		8	140	35
英雄区	12597	3788				347	280		3961	22
景德镇市小计	**284360**	**51928**		**382**	**20575**	**56230**	**2500**	**4954**	**48728**	**17810**
本级	99241	15398		283	11019	15919	1789	2965	24808	5289
区县级小计	185119	36530		99	9556	40311	711	1989	23920	12521
高新科技园	5973	4411			19	329		6	132	55
陶瓷科技园	1481	416			15	261	5		164	43
乐平市	91582	15849			5264	23318	398	1279	10839	6163
浮梁县	47136	6881		99	2149	9119	140	453	4042	3398
珠山区	18039	4392			1158	3034	77	110	5169	1480
昌江区	20908	4581			951	4250	91	141	3574	1382
萍乡市小计	**351464**	**55200**		**363**	**21530**	**54901**	**2264**	**6439**	**60254**	**21259**
本级	85054	12545		232	10826	8687	900	4199	20960	4073
区县级小计	266410	42655		131	10704	46214	1364	2240	39294	17186
莲花县	37122	6016		17	2356	6813	124	529	6744	2329
上栗县	57169	6306			2813	9496	117	640	7995	4522
芦溪县	40105	4574		18	2282	7753	179	285	5388	3370
安源区	62293	13443		29	1903	8648	332	451	10031	2917
湘东区	49360	9664		62	1077	10988	326	292	8573	3860
萍乡开发区	20361	2652		5	273	2516	286	43	563	188
九江市小计	**778332**	**120918**		**1718**	**57668**	**156002**	**4270**	**10693**	**111524**	**67292**

二、各省、自治区、直辖市地市县一般预算财政资料

2-14-4 单位:万元

地区	收支部分						平衡部分		
	支出功能分类						收入		
	环境保护	城乡社区事务	农林水事务	交通运输	工业、商业、金融等事务	其他支出	收入合计	本年收入	返还性收入 小计
地市县合计	**67333**	**511989**	**961097**	**268257**	**334951**	**377886**	**8551437**	**3258530**	**374834**
南昌市小计	**5697**	**170094**	**95791**	**47205**	**51392**	**79782**	**1537370**	**872199**	**61549**
本级	3405	61076	17887	1665	19911	44121	621548	458741	25057
区县级小计	2292	109018	77904	45540	31481	35661	916820	413458	36492
南昌县	626	18591	27036	3715	3950	6949	182202	83559	7509
新建县	362	8427	12225	1298	2987	5227	119708	47139	2485
进贤县	254	2541	16850	1433	2487	245	93061	24730	3197
安义县	213	580	10019	1693	1465	906	44692	13391	1281
湾里区	137	965	2729	269	2832	1716	29548	13883	1318
青山湖区	212	7952	3906	399	1997	3728	77594	37988	4149
东湖区	276	8536	44		378	6147	65245	30217	2839
西湖区	133	13520	650		240	2168	69003	36108	3322
青云谱区	79	3174	270		1772	4754	37808	21281	1135
昌北区		22333	851	498	6281	928	51090	28313	5273
南昌高新区		18042	2261	168	6457	1076	68492	35228	2167
红谷滩区		2324	609	36000	402	57	56022	34624	13
桑海区		116	16	67	144	5	5057	1109	1620
英雄区		1917	438		89	1755	17298	5888	184
景德镇市小计	**3925**	**10134**	**30149**	**14142**	**11176**	**11727**	**334637**	**118966**	**22078**
本级	2008	3610	5053	1669	5072	4359	122909	47129	12481
区县级小计	1917	6524	25096	12473	6104	7368	211728	71837	9597
高新科技园	24	154	121		683	39	6553	4103	88
陶瓷科技园	7	200	243		1	126	1878	1033	6
乐平市	933	3149	12630	6462	4235	1063	106581	36026	5513
浮梁县	669	1377	9260	5409	946	3194	52650	12388	2052
珠山区	106	1209	2842		30	1274	20794	9077	1231
昌江区	178	435	2842	602	209	1672	23272	9210	707
萍乡市小计	**3500**	**21665**	**35951**	**9688**	**25366**	**33084**	**404753**	**180296**	**24655**
本级	1946	4597	6713	2792	5214	1370	104911	38321	7521
区县级小计	1554	17068	29238	6896	20152	31714	299842	141975	17134
莲花县	305	850	6853	668	631	2887	39454	8409	1344
上栗县	172	2300	5993	1290	3816	11709	60385	26584	5085
芦溪县	390	412	6711	1392	5560	1791	42280	16033	2677
安源区	199	2199	3323	1898	3743	13177	77007	47010	4273
湘东区	488	1128	5822	1483	3729	1868	53008	20295	3406
萍乡开发区		10179	536	165	2673	282	27708	23644	349
九江市小计	**8689**	**46124**	**108380**	**30926**	**27074**	**27054**	**951993**	**320749**	**38092**

2－14－5

单位:万元

地区	平衡部分									
	收入									
	返还性收入		财力性转移支付收入							
	增值税和消费税税收返还	所得税基数返还	小计	体制补助	一般性转移支付补助	民族地区转移支付补助	调整工资转移支付补助	农村义务教育补助	农村税费改革补助	缓解县乡困难转移支付补助
地市县合计	**326310**	**48524**	**2563421**	**660**	**959606**		**744586**	**132461**	**408051**	**146103**
南昌市小计	**56729**	**4820**	**248532**		**82420**		**70486**	**13156**	**36351**	**12312**
本级	32523	－7466	－18279		28860		20803	1474	2174	
区县级小计	24206	12286	266811		53560		49683	11682	34177	12312
南昌县	6934	575	45530		11925		10306	2484	9658	4467
新建县	2467	18	36506		8612		8830	2355	8629	2906
进贤县	2928	269	38793		9203		11620	1946	9111	4302
安义县	1013	268	14043		5227		4080	707	2534	236
湾里区	1288	30	7889		2644		1860	165	1021	88
青山湖区	2556	1593	19756		4296		2798	942	1208	125
东湖区		2839	19479		2211		3479	705	2	6
西湖区		3322	20994		3199		3157	884	130	33
青云谱区		1135	10495		2164		1716	596	246	22
昌北区	4879	394	13101		918		588	178	257	35
南昌高新区	325	1842	20221		1801		1036	420	1177	81
红谷滩区	12	1	18179		516		165	181	173	11
桑海区	1620		1179		420		26	63	31	
英雄区	184		646		424		22	56		
景德镇市小计	**20303**	**1775**	**93510**		**36426**		**29714**	**4472**	**10131**	**4570**
本级	11323	1158	26110		12486		10685	611	－126	
区县级小计	8980	617	67400		23940		19029	3861	10257	4570
高新科技园	88		761		116		99	29	117	15
陶瓷科技园	6		345		76		54	29	22	4
乐平市	5233	280	35709		10857		10849	2357	6000	3546
浮梁县	1919	133	19079		8823		4585	746	3169	915
珠山区	1137	94	5336		1850		1840	320		
昌江区	597	110	6170		2218		1602	380	949	90
萍乡市小计	**19428**	**5227**	**98951**		**35746**		**32703**	**4742**	**9997**	**2785**
本级	7154	367	18349		6654		9103	256	－289	
区县级小计	12274	4860	80602		29092		23600	4486	10286	2785
莲花县	1072	272	18223		7674		4821	725	2098	1763
上栗县	3775	1310	17268		5811		5265	1448	2663	294
芦溪县	1549	1128	13216		4243		4456	608	2297	300
安源区	3158	1115	13866		5607		3614	647	1006	117
湘东区	2567	839	15479		5305		5127	909	2096	297
萍乡开发区	153	196	2550		452		317	149	126	14
九江市小计	**34519**	**3573**	**299610**		**117436**		**83894**	**13977**	**50433**	**13454**

二、各省、自治区、直辖市地市县一般预算财政资料

2-14-6　　　　　　　　　　　　　　　　　　　　　　　　　　　　　　　　　　　　单位：万元

地区	平衡部分									
	收入								支出	
	财力性转移支付收入			专项转移支付	省补助计划单列市收入	上年结余	调入资金	国债转贷收入、上年结余及转补助数	支出合计	本年支出
	结算补助	企事业单位预算划转补助	其他财力性转移支付							
地市县合计	**162162**		**9792**	**1555902**		**726444**	**63522**	**8784**	**7622270**	**7310348**
南昌市小计	**28406**		**5401**	**178634**		**163682**	**11466**	**1308**	**1290918**	**1168596**
本级	-56912		-14678	64192		90611	128	1098	462155	394094
区县级小计	85318		20079	114442		73071	11338	1208	829761	774502
南昌县	5899		791	27903		16963		738	157264	149756
新建县	4029		1145	20909		12669			105797	102266
进贤县	2302		309	18497		6026	1658	160	84564	81659
安义县	1296		-37	11393		2225	2149	210	43740	42824
湾里区	1581		530	4256		2102		100	27785	26919
青山湖区	5446		4941	7396		8305			67274	63943
东湖区	8433		4643	4772		7906	32		56168	52133
西湖区	8978		4613	5624		2955			66326	59011
青云谱区	3329		2422	3281		1356	260		35323	34392
昌北区	10284		841	4031		372			50273	45732
南昌高新区	15719		-13	4986		5890			61136	51690
红谷滩区	16867		266	513		2693			53975	49750
桑海区	382		257	312		398	439		4344	1830
英雄区	773		-629	569		3211	6800		15792	12597
景德镇市小计	**6526**		**1671**	**75503**		**20339**	**3641**	**600**	**309896**	**284360**
本级	1349		1105	25780		7809	3000	600	109783	99241
区县级小计	5177		566	49723		12530	641		200113	185119
高新科技园	385			259		701	641		6541	5973
陶瓷科技园	160			393		101			1776	1481
乐平市	1920		180	19954		9379			98020	91582
浮梁县	685		156	18791		340			51309	47136
珠山区	1258		68	4922		228			20310	18039
昌江区	769		162	5404		1781			22157	20908
萍乡市小计	**10849**		**2129**	**69875**		**29054**	**1332**	**590**	**369776**	**351464**
本级	1531		1094	19563		20467	690		78681	85054
区县级小计	9318		1035	50312		8587	642	590	291095	266410
莲花县	985		157	10144		1334			37660	37122
上栗县	1493		294	9754		1694			58776	57169
芦溪县	1121		191	9081		1273			40958	40105
安源区	2941		-66	9225		1998	102	533	75408	62293
湘东区	1235		510	11149		2082	540	57	51298	49360
萍乡开发区	1543		-51	959		206			26995	20361
九江市小计	**15507**		**4909**	**179121**		**109386**	**4290**	**745**	**807259**	**778332**

2－14－7

单位:万元

地　　区	平衡部分									
	支出								年终结余	其中：净结余
	财力性转移支付				计划单列市上解省	增设预算周转金	调出资金	国债转贷拨付数及年终结余		
	小计	体制上解	出口退税专项上解	专项上解						
地市县合计	**150915**	**128464**	**22451**	**148197**		**833**	**3193**	**8784**	**929167**	**－4732**
南昌市小计	**79175**	**69479**	**9696**	**41639**		**200**		**1308**	**246452**	**13019**
本级	61106	52424	8682	5657		200		1098	159393	4263
区县级小计	18069	17055	1014	35982				1208	87059	8756
南昌县	3660	3436	224	3110				738	24938	580
新建县	2082	2076	6	1449					13911	1999
进贤县	1484	1462	22	1261				160	8497	165
安义县	82		82	624				210	952	
湾里区	3		3	763				100	1763	4
青山湖区	1789	1663	126	1542					10320	998
东湖区	1849	1849		2186					9077	887
西湖区	3561	3559	2	3754					2677	160
青云谱区	25		25	906					2485	58
昌北区	2798	2636	162	1743					817	503
南昌高新区	666	304	362	8780					7356	2223
红谷滩区	70	70		4155					2047	439
桑海区				2514					713	647
英雄区				3195					1506	93
景德镇市小计	**19463**	**18554**	**909**	**5473**				**600**	**24741**	**－4908**
本级	10693	9959	734	－751				600	13126	－3628
区县级小计	8770	8595	175	6224					11615	－1280
高新科技园	21		21	547					12	1
陶瓷科技园	12		12	283					102	49
乐平市	4707	4589	118	1731					8561	35
浮梁县	2268	2244	24	1905					1341	－1547
珠山区	1255	1255		1016					484	137
昌江区	507	507		742					1115	45
萍乡市小计	**5938**	**5399**	**539**	**11784**				**590**	**34977**	**7102**
本级	297	－187	484	－6670					26230	3960
区县级小计	5641	5586	55	18454				590	8747	3142
莲花县	2		2	536					1794	－241
上栗县	526	526		1081					1609	656
芦溪县	306	289	17	547					1322	492
安源区	3686	3686		8896				533	1599	1599
湘东区	1031	1018	13	850				57	1710	106
萍乡开发区	90	67	23	6544					713	530
九江市小计	**12635**	**11307**	**1328**	**14723**			**824**	**745**	**144734**	**－17024**

2-14-8 单位:万元

地区	收支部分								
	收入								
	收入合计	税收收入							
		小计	增值税	营业税	企业所得税	个人所得税	资源税	城市维护建设税	耕地占用税
本级	73488	55142	15566	11052	5171	1796	3	8159	
区县级小计	247261	175246	30722	75682	22971	7225	3280	8438	5629
修水县	28585	21305	3577	7102	6254	482	152	645	452
武宁县	17502	13009	1864	6345	1581	451	223	516	597
永修县	23728	15874	3887	6213	2191	565	179	795	123
德安县	13566	7770	1460	3159	721	393	257	331	201
瑞昌市	21415	16327	4286	5963	1115	723	958	731	530
都昌县	16048	8034	930	3083	936	460	774	307	413
湖口县	12541	8644	2662	2640	942	466	106	655	79
彭泽县	11710	7997	1176	3266	677	581	168	319	200
星子县	11563	7868	1001	3188	695	426	97	191	1089
九江县	15842	10659	2653	4198	716	587	301	650	328
庐山局	13387	3424	110	2247	503	160		173	
庐山区	17792	15040	1794	9073	1011	454	9	928	619
浔阳区	23765	21243	3225	10116	3983	1028	17	1298	
九江开发区	13458	12759	1209	7078	1409	182	25	686	929
共青城	6359	5293	888	2011	237	267	14	213	69
新余市小计	**192595**	**137525**	**23512**	**41825**	**14917**	**4464**	**2905**	**13830**	**9798**
本级	83970	53157	6789	17023	3058	2163	425	10604	1659
区县级小计	108625	84368	16723	24802	11859	2301	2480	3226	8139
分宜县	40379	29585	6565	7506	6018	678	1579	1413	952
渝水区	39367	31226	7385	10988	4261	771	589	1336	1677
仙女湖区	6689	5587	847	2247	461	237	302	167	671
新余高新区	22190	17970	1926	4061	1119	615	10	310	4839
鹰潭市小计	**125417**	**100674**	**46399**	**25385**	**5252**	**2908**	**271**	**6545**	**2132**
本级	14890	9900	1658	3327	1259	604		542	
区县级小计	110527	90774	44741	22058	3993	2304	271	6003	2132
贵溪市	75978	63112	39201	10201	1798	1503	192	3059	1295
余江县	10076	6933	1387	3512	422	262	26	351	290
月湖区	11915	10728	562	6569	1070	428	41	537	344
龙虎山风景区	2209	966	51	631	102	43	5	34	
鹰潭工业园	10349	9035	3540	1145	601	68	7	2022	203
赣州市小计	**389331**	**298757**	**69788**	**103683**	**34574**	**16519**	**3657**	**20667**	**4649**
本级	63134	53384	10201	19594	6122	3010	54	4954	400
区县级小计	326197	245373	59587	84089	28452	13509	3603	15713	4249
章贡区	34991	32366	6556	13681	7340	1626	141		
黄金开发区	19906	16467	3515	7792	2663	599	77	856	

2 14－9　　单位:万元

地　区	收支部分									
	收　入									
	税收收入			非税收入						
	契　税	烟叶税	其他各项税收收入	小　计	专项收入	行政事业性收费收入	罚没收入	国有资本经营收入	国有资源(资产)有偿使用收入	其　他收　入
本级	10081		3314	18346	8038	3906	5398	－17	521	500
区县级小计	11531		9768	72015	8050	21052	17249	5449	8520	11695
修水县	1815		826	7280	800	512	2981	1938	49	1000
武宁县	862		570	4493	535	927	1858	1038	135	
永修县	1305		616	7854	671	6219	899		65	
德安县	797		451	5796	336	1157	1083		3220	
瑞昌市	1120		901	5088	703	1426	2161	300	496	2
都昌县	865		266	8014	1852	3218	1403	300	941	300
湖口县	625		469	3897	528	681	780	1499	409	
彭泽县	1194		416	3713	264	1455	1835	－99	258	
星子县	817		364	3695	227	1578	697		1193	
九江县	805		421	5183	504	1531	1523		1330	295
庐山局	22		209	9963	102		90	8	8	9755
庐山区			1152	2752	406	910	714		379	343
浔阳区			1576	2522	600	730	1174		18	
九江开发区			1241	699	294	400	1	－3	7	
共青城	1304		290	1066	228	308	50	468	12	
新余市小计	**17781**		**8493**	**55070**	**8710**	**14634**	**7027**	**1520**	**3216**	**19963**
本级	6531		4905	30813	5887	8879	4067	739	510	10731
区县级小计	11250		3588	24257	2823	5755	2960	781	2706	9232
分宜县	3932		942	10794	1189	2773	1596		1080	4156
渝水区	2442		1777	8141	1040	2039	1205		1561	2296
仙女湖区	519		136	1102	375	130	9	580	8	
新余高新区	4357		733	4220	219	813	150	201	57	2780
鹰潭市小计	**5154**		**6628**	**24743**	**6679**	**5872**	**6460**	**3620**	**1421**	**691**
本级	2000		510	4990	1016	1480	2151		263	80
区县级小计	3154		6118	19753	5663	4392	4309	3620	1158	611
贵溪市	2742		3121	12866	4124	2576	2502	3407	88	169
余江县	339		344	3143	449	1477	1141		76	
月湖区			1177	1187	236	220	608		84	39
龙虎山风景区	73		27	1243	21	81	41	213	887	
鹰潭工业园			1449	1314	833	38	17		23	403
赣州市小计	**22722**	**3647**	**18851**	**90574**	**15612**	**26044**	**36736**	**8475**	**2837**	**870**
本级	6000		3049	9750	2031	697	5395	692	935	
区县级小计	16722	3647	15802	80824	13581	25347	31341	7783	1902	870
章贡区			3022	2625	1044	910	621		50	
黄金开发区			965	3439	509	1015	404	1416	95	

二、各省、自治区、直辖市地市县一般预算财政资料

2－14－10 单位:万元

地区	收支部分									
	支出功能分类									
	支出合计	一般公共服务	外交	国防	公共安全	教育	科学技术	文化体育与传媒	社会保障和就业	医疗卫生
本级	130144	17698		666	17724	19803	1452	3052	32110	10630
区县级小计	648188	103220		1052	39944	136199	2818	7641	79414	56662
修水县	85728	12775			5496	19457	576	943	8077	6675
武宁县	53660	9001		31	3299	10465	145	775	4366	2449
永修县	65200	9538		86	3471	13914	120	632	9995	6014
德安县	32593	4371		307	2289	5078	175	348	4361	2571
瑞昌市	61235	9469			3920	14441	144	861	7264	8123
都昌县	76433	9959		95	4700	20190	382	668	12468	5041
湖口县	39154	5655		129	2373	8558	136	470	4224	3494
彭泽县	43035	5991		145	2917	10598	171	464	4070	4279
星子县	38541	4895			2126	7701	236	434	6829	3565
九江县	48190	9256		173	3058	9907	263	557	5195	5963
庐山局	16271	2911		2	1420	1217	296	780	1679	1349
庐山区	28868	5468			1547	7869	58	162	2570	2697
浔阳区	24929	7404		83	1853	3189	94	318	5163	2786
九江开发区	18343	4244				1683	22		1680	574
共青城	16008	2283		1	1475	1932		229	1473	1082
新余市小计	**326478**	**55616**			**16726**	**47617**	**2812**	**3800**	**46437**	**15750**
本级	128778	19241			10404	18979	1212	2407	22145	5087
区县级小计	197700	36375			6322	28638	1600	1393	24292	10663
分宜县	74239	13494			3874	9700	297	677	9843	3581
渝水区	81796	13015			2155	15107	670	646	11595	5802
仙女湖区	11477	4763			62	1081	12	41	1006	324
新余高新区	30188	5103			231	2750	621	29	1848	956
鹰潭市小计	**242560**	**28677**		**323**	**13980**	**36852**	**2443**	**2721**	**38068**	**17555**
本级	60419	7784		242	5175	6018	842	1452	8424	3161
区县级小计	182141	20893		81	8805	30834	1601	1269	29644	14394
贵溪市	99134	7515			4568	17335	1198	687	16200	6800
余江县	47629	7091		73	2799	8978	186	367	9241	5710
月湖区	16883	3735		5	1070	3203	172	169	3286	1646
龙虎山风景区	5783	1036		3	301	705	45	44	684	139
鹰潭工业园	12712	1516			67	613		2	233	99
赣州市小计	**1111894**	**171832**		**1559**	**66984**	**219090**	**5394**	**15253**	**212281**	**74840**
本级	110918	25128		987	9120	7464	1618	3075	22386	5688
区县级小计	1000976	146704		572	57864	211626	3776	12178	189895	69152
章贡区	62915	8347			1960	9476	464	422	18158	4851
黄金开发区	26512	2547			211	2061	385	45	2210	946

2-14-11

单位:万元

地区	收支部分						平衡部分		
	支出功能分类						收入		
	环境保护	城乡社区事务	农林水事务	交通运输	工业、商业、金融等事务	其他支出	收入合计	本年收入	返还性收入 小计
本级	2871	5637	4954	4485	6222	2840	185153	73488	13956
区县级小计	5818	40487	103426	26441	20852	24214	766840	247261	24136
修水县	793	3448	18745	3381	1879	3483	108574	28585	1999
武宁县	578	1633	14535	2916	1388	2079	62819	17502	1645
永修县	988	665	14965	2476	1444	892	78218	23728	2200
德安县	312	4473	5151	1661	489	1007	37716	13566	1863
瑞昌市	769	3112	7978	2885	1101	1168	70764	21415	2142
都昌县	247	2381	12361	2366	1344	4231	85206	16048	1206
湖口县	313	1756	4459	2167	2564	2856	44943	12541	1481
彭泽县	285	1722	6419	2943	1122	1909	45283	11710	1498
星子县	275	1710	5404	1928	2119	1319	46401	11563	852
九江县	371	1510	6927	1997	2218	795	50537	15842	1938
庐山局	233	3096	1495	95	1444	254	22622	13387	273
庐山区	267	745	2316	891	1052	3226	36299	17792	1625
浔阳区	88	2876	216	43	741	75	37141	23765	3217
九江开发区		8825	285	85	146	799	21105	13458	942
共青城	299	2535	2170	607	1801	121	19212	6359	1255
新余市小计	**3402**	**42397**	**25796**	**9776**	**24438**	**31911**	**359944**	**192595**	**13941**
本级	2092	20590	6756	2390	5863	11612	151545	83970	6001
区县级小计	1310	21807	19040	7386	18575	20299	208399	108625	7940
分宜县	708	3705	6022	2942	3998	15398	77937	40379	3425
渝水区	554	5850	9014	3378	9889	4121	85769	39367	3476
仙女湖区	16	842	1417	590	858	465	12932	6689	158
新余高新区	32	11410	2587	476	3830	315	31761	22190	881
鹰潭市小计	**3446**	**35917**	**24974**	**8075**	**10180**	**19349**	**283711**	**125417**	**8571**
本级	1530	13722	1956	1949	1983	6181	50812	14890	3532
区县级小计	1916	22195	23018	6126	8197	13168	232899	110527	5039
贵溪市	1683	14643	12803	3295	2418	9989	133340	75978	3229
余江县	182	675	8423	2513	524	867	52346	10076	1108
月湖区		1212	662		139	1584	25494	11915	531
龙虎山风景区	51	795	908	318	295	459	7338	2209	123
鹰潭工业园		4870	222		4821	269	14381	10349	48
赣州市小计	**8561**	**44610**	**169206**	**33547**	**46569**	**42168**	**1214004**	**389331**	**59418**
本级	1614	14574	5787	2532	7517	3428	144156	63134	25651
区县级小计	6947	30036	163419	31015	39052	38740	1069848	326197	33767
章贡区	194	490	4181	309	5677	8386	70984	34991	4017
黄金开发区	2	1254	672	403	12302	3474	28139	19906	574

二、各省、自治区、直辖市地市县一般预算财政资料

2－14－12 单位:万元

地区	平衡部分									
	收入									
	返还性收入		财力性转移支付收入							
	增值税和消费税税收返还	所得税基数返还	小计	体制补助	一般性转移支付补助	民族地区转移支付补助	调整工资转移支付补助	农村义务教育补助	农村税费改革补助	缓解县乡困难转移支付补助
本级	12551	1405	29338		18647		12640	583	－480	
区县级小计	21968	2168	270272		98789		71254	13394	50913	13454
修水县	1714	285	37202		15073		9286	2376	7090	1455
武宁县	1340	305	19762		8247		5900	715	3284	486
永修县	2202	－2	29031		11862		6180	1293	6168	1838
德安县	1817	46	9819		3531		3926	317	1263	286
瑞昌市	1942	200	20630		6035		7052	1112	3984	457
都昌县	1074	132	41548		15300		9900	2605	8644	2800
湖口县	1368	113	18308		6656		4869	854	3536	1000
彭泽县	1410	88	22082		8157		6060	1073	4296	1337
星子县	745	107	16549		7326		4339	884	2767	231
九江县	1694	244	21461		8025		5527	939	3973	290
庐山局	201	72	3937		1150		1372	31	521	12
庐山区	1439	186	11571		3657		3438	581	1403	175
浔阳区	3018	199	6000		1593		2396	307	92	12
九江开发区	747	195	3105		806		169	116	127	17
共青城	1257	－2	9267		1371		840	191	3765	3058
新余市小计	**12160**	**1781**	**72306**		**23415**		**19670**	**2751**	**7632**	**2790**
本级	5244	757	25877		9196		6907	732	－290	3
区县级小计	6916	1024	46429		14219		12763	2019	7922	2787
分宜县	2730	695	16176		5367		4972	639	2679	287
渝水区	3183	293	25096		6756		6541	1081	3812	2390
仙女湖区	143	15	2268		595		486	81	707	44
新余高新区	860	21	2889		1501		764	218	724	66
鹰潭市小计	**6669**	**1902**	**68913**		**25531**		**20376**	**3216**	**11158**	**3431**
本级	2546	986	6243		4137		4423	211	－134	
区县级小计	4123	916	62670		21394		15953	3005	11292	3431
贵溪市	2651	578	27310		7382		8285	1532	5413	2143
余江县	1048	60	22585		9565		5163	1023	5161	1180
月湖区	356	175	7756		3412		1980	320	413	53
龙虎山风景区	20	103	2040		734		412	83	258	35
鹰潭工业园	48		2979		301		113	47	47	20
赣州市小计	**53636**	**5782**	**453653**		**184490**		**135507**	**28048**	**62771**	**21256**
本级	21885	3766	23645		9485		13138	95	－793	
区县级小计	31751	2016	430008		175005		122369	27953	63564	21256
章贡区	3875	142	18195		6061		5628	943	833	156
黄金开发区	526	48	6239		3958		862	229	480	53

2－14－13　　　　　　单位：万元

地区	平衡部分									
	收入								支出	
	财力性转移支付收入			专项转移支付	省补助计划单列市收入	上年结余	调入资金	国债转贷收入、上年结余及转补助数	支出合计	本年支出
	结算补助	企事业单位预算划转补助	其他财力性转移支付							
本级	－3734		1682	31394		36276	491	210	129382	130144
区县级小计	19241		3227	147727		73110	3799	535	677877	648188
修水县	1750		172	22616		18172			87204	85728
武宁县	1162		－32	16893		6922		95	54658	53660
永修县	995		695	17471		5508		280	68260	65200
德安县	628		－132	9247		3221			33494	32593
瑞昌市	1211		779	15541		11036			62821	61235
都昌县	1922		377	15446		10958			77492	76433
湖口县	1156		237	9384		3079		150	40291	39154
彭泽县	1196		－37	10986		－1003		10	44095	43035
星子县	807		195	8471		8966			39328	38541
九江县	2858		－151	9916		－69	1449		48990	48190
庐山局	833		18	1235		3790			16546	16271
庐山区	1593		724	4578		733			32671	28868
浔阳区	1080		520	2625		1534			34458	24929
九江开发区	1884		－14	1331		－81	2350		21222	18343
共青城	166		－124	1987		344			16347	16008
新余市小计	**15545**		**503**	**48737**		**29155**	**2395**	**815**	**335844**	**326478**
本级	8826		503	14447		20040	395	815	135374	128778
区县级小计	6719			34290		9115	2000		200470	197700
分宜县	2232			12642		3315	2000		75390	74239
渝水区	4516			14514		3316			82736	81796
仙女湖区	355			2674		1143			11669	11477
新余高新区	－384			4460		1341			30675	30188
鹰潭市小计	**5191**		**10**	**45182**		**33551**		**2077**	**249959**	**242560**
本级	－1490		－904	3300		20770		2077	31335	60419
区县级小计	6681		914	41882		12781			218624	182141
贵溪市	2555			21485		5338			127104	99134
余江县	282		211	14857		3720			48420	47629
月湖区	887		691	3346		1946			23331	16883
龙虎山风景区	506		12	1733		1233			5923	5783
鹰潭工业园	2451			461		544			13846	12712
赣州市小计	**21695**		**－114**	**255365**		**48391**	**7786**	**60**	**1145064**	**1111894**
本级	2211		－491	11265		20461			111072	110918
区县级小计	19484		377	244100		27930	7786	60	1033992	1000976
章贡区	4731		－157	13620		161			70772	62915
黄金开发区	671		－14	1054		366			27897	26512

2-14-14 单位:万元

地区	平衡部分									
	支出								年终结余	其中:净结余
	财力性转移支付			专项上解	计划单列市上解省	增设预算周转金	调出资金	国债转贷拨付数及年终结余		
	小计	体制上解	出口退税专项上解							
本级	841	-118	959	-2637			824	210	55771	809
区县级小计	11794	11425	369	17360				535	88963	-17833
修水县	120	115	5	1356					21370	-2299
武宁县	132	98	34	771				95	8161	-508
永修县	2044	2018	26	736				280	9958	-796
德安县	29		29	872					4222	-1443
瑞昌市	195	164	31	1391					7943	106
都昌县	93	93		966					7714	-2746
湖口县	94	78	16	893				150	4652	-1282
彭泽县	203	138	65	847				10	1188	-6119
星子县	106	73	33	681					7073	-230
九江县	63	59	4	737					1547	-2101
庐山局	28	28		247					6076	18
庐山区	1728	1648	80	2075					3628	155
浔阳区	5915	5913	2	3614					2683	89
九江开发区	1036	1000	36	1843					-117	-250
共青城	8		8	331					2865	-427
新余市小计	**1931**	**506**	**1425**	**6320**			**300**	**815**	**24100**	**16904**
本级	1438	122	1316	4043			300	815	16171	13136
区县级小计	493	384	109	2277					7929	3768
分宜县	390	384	6	761					2547	1164
渝水区	17		17	923					3033	1955
仙女湖区				192					1263	55
新余高新区	86		86	401					1086	594
鹰潭市小计	**1777**		**1777**	**3545**				**2077**	**33752**	**13348**
本级	1029	-748	1777	-32190				2077	19477	
区县级小计	748	748		35735					14275	3405
贵溪市	663	663		27307					6236	2563
余江县	85	85		706					3926	30
月湖区				6448					2163	356
龙虎山风景区				140					1415	84
鹰潭工业园				1134					535	372
赣州市小计	**13760**	**11181**	**2579**	**19060**		**290**		**60**	**68940**	**-2986**
本级	3742	2405	1337	-3588					33084	600
区县级小计	10018	8776	1242	22648		290		60	35856	-3586
章贡区	5312	5013	299	2545					212	-480
黄金开发区	222	66	156	1063		100			242	80

2－14－15

单位:万元

地区	收支部分								
	收入								
	收入合计	税收收入							
		小计	增值税	营业税	企业所得税	个人所得税	资源税	城市维护建设税	耕地占用税
赣县	22582	17247	5273	4721	2328	639	344	1065	778
南康市	28300	22929	5515	6634	1809	960	282	5056	50
信丰县	23309	14897	1951	5998	1317	1097	224	565	277
大余县	18833	15348	6262	3560	704	638	327	1424	508
上犹县	9856	6655	1436	2268	701	375	65	340	73
崇义县	12465	10888	4627	2162	1579	647	297	928	39
安远县	8309	6339	1272	2109	755	351	114	325	250
龙南县	23456	15919	4251	6240	1090	1143	232	788	449
定南县	11816	9385	4016	2182	706	631	162	841	43
全南县	10002	7003	2682	1806	717	432	154	323	120
宁都县	17771	10465	1246	5113	730	681	97	411	297
于都县	21608	15269	3345	4969	1199	891	335	696	338
兴国县	16640	10740	2157	3778	895	890	172	943	60
瑞金市	17363	13274	1953	4912	1190	733	185	529	582
会昌县	12698	8697	1443	2376	1324	565	176	228	175
寻乌县	9350	6205	1479	2109	729	263	207	207	160
石城县	6942	5280	608	1679	676	348	12	188	50
宜春市小计	**283630**	**233841**	**49687**	**75546**	**22733**	**8626**	**4178**	**13903**	**9711**
本级	31218	23948	2559	10682	3926	1089	37	1205	204
区县级小计	252412	209893	47128	64864	18807	7537	4141	12698	9507
丰城市	72113	64154	16511	15570	3310	1623	1082	4056	4859
高安市	31595	28612	4777	11815	3332	872	564	1492	
樟树市	39222	34623	7875	8300	4111	1014	799	2552	337
奉新县	19320	14179	2371	4734	1917	609	118	875	470
万载县	18914	14298	1879	5533	701	707	255	895	1248
上高县	23093	17141	3134	6326	1668	907	825	763	308
宜丰县	13149	9428	2387	4021	1071	333	72	521	235
靖安县	7556	6511	1463	2480	741	220	41	603	90
铜鼓县	7524	4597	1051	1418	704	351	230	291	141
袁州区	19926	16350	5680	4667	1252	901	155	650	1819
上饶市小计	**320595**	**234430**	**47254**	**86432**	**22932**	**10154**	**8531**	**12806**	**5959**
本级	40942	28228	4131	13132	4158	1425	25	2188	
区县级小计	279653	206202	43123	73300	18774	8729	8506	10618	5959
信州区	24428	20656	1465	7966	1806	820	35	919	439
上饶县	24159	20129	4740	7750	2332	596	189	1107	32
广丰县	52823	30829	5020	9494	4161	1127	920	2503	1311
玉山县	20601	15841	2750	6695	1594	642	598	667	225

2－14－16　　　　单位:万元

地　区	收支部分									
	收入									
	税收收入			非税收入						
	契税	烟叶税	其他各项税收收入	小计	专项收入	行政事业性收费收入	罚没收入	国有资本经营收入	国有资源(资产)有偿使用收入	其他收入
赣县	780	413	906	5335	755	1857	2668		55	
南康市	1151		1472	5371	2803	402	2075		91	
信丰县	1820	417	1231	8412	681	3731	3380	450	70	100
大余县	1170		755	3485	1240	350	1365		530	
上犹县	1003		394	3201	305	1689	1154		53	
崇义县	241		368	1577	710	285	546		36	
安远县	730		433	1970	203	686	941	100	40	
龙南县	895		831	7537	640	1001	2362	3490	44	
定南县	421		383	2431	633	211	1558	10	19	
全南县	302	28	439	2999	581	1307	1019	48	25	19
宁都县	1206	62	622	7306	486	1688	3330	1657	78	67
于都县	2134		1362	6339	744	2482	2820		293	
兴国县	780	359	706	5900	771	3673	1070	350	36	
瑞金市	2005	477	708	4089	482	1094	2325	122	66	
会昌县	1308	625	477	4001	358	1430	1302	40	237	634
寻乌县	586		465	3145	457	792	1718	100	28	50
石城县	190	1266	263	1662	179	744	683		56	
宜春市小计	**37563**		**11894**	**49789**	**9679**	**13538**	**18377**	**4290**	**1254**	**2651**
本级	2550		1696	7270	697		2059	2356	915	1243
区县级小计	35013		10198	42519	8982	13538	16318	1934	339	1408
丰城市	14986		2157	7959	2405	2260	2383	850	61	
高安市	4074		1686	2983	971		1576		44	392
樟树市	8266		1369	4599	1477	1960	1084		78	
奉新县	1957		1128	5141	1122	1095	1405	1000	28	491
万载县	1754		1326	4616	808	1572	2044		31	161
上高县	2219		991	5952	741	2474	2353		20	364
宜丰县	274		514	3721	431	1611	1585	82	12	
靖安县	595		278	1045	394		624		27	
铜鼓县	209		202	2927	243	1482	1184		18	
袁州区	679		547	3576	390	1084	2080	2	20	
上饶市小计	**24678**	**42**	**15642**	**86165**	**11020**	**29458**	**26892**	**13119**	**2698**	**2978**
本级	1016		2153	12714	1880	5254	5040		540	
区县级小计	23662	42	13489	73451	9140	24204	21852	13119	2158	2978
信州区	5091		2115	3772	416	1182	956	1120	10	88
上饶县	2379		1004	4030	1116	1267	1566		81	
广丰县	2518		3775	21994	1804	9263	2558	6332	530	1507
玉山县	1803		867	4760	786	1095	2769		110	

2－14－17　　　　单位:万元

地区	收支部分									
	支出功能分类									
	支出合计	一般公共服务	外交	国防	公共安全	教育	科学技术	文化体育与传媒	社会保障和就业	医疗卫生
赣县	67996	9952		42	4344	15296	132	676	12064	4380
南康市	73688	10884			4868	21895	156	755	13414	3561
信丰县	67159	12249		118	4170	14551	272	519	12116	5115
大余县	41716	7921		29	2552	8101	178	814	8403	2396
上犹县	40958	6103			2603	7170	76	475	6890	2632
崇义县	34810	5769			2111	5739	729	507	5766	1875
安远县	46536	5415		14	2556	10331	156	963	8962	3521
龙南县	44420	7629			4210	9770	123	370	6852	1911
定南县	35885	6160			2256	5996	95	812	9565	1338
全南县	32724	4652			2147	5856	138	357	6978	1974
宁都县	74760	8781			3282	15382	87	845	13697	6194
于都县	85409	12010		149	4202	21929	131	905	14627	6159
兴国县	72129	11319			3949	16675	92	861	12292	5788
瑞金市	62865	6986		88	3920	14728	168	916	14346	5035
会昌县	53128	9291			3047	10872	141	762	9712	4712
寻乌县	39456	5476		132	3168	7877	119	537	6226	3505
石城县	37910	5213			2308	7921	134	637	7617	3259
宜春市小计	**777441**	**111284**		**1799**	**46384**	**158134**	**3099**	**8273**	**145869**	**60624**
本级	79714	13413		516	8430	11446	944	1615	13861	4156
区县级小计	697727	97871		1283	37954	146688	2155	6658	132008	56468
丰城市	145188	21271		190	9686	33806	420	1392	22558	11335
高安市	86097	10331		572	6063	20989	131	787	14267	7422
樟树市	88098	13660		120	3279	23060	600	716	15600	10200
奉新县	51090	6691		94	2856	7888	123	502	9036	3793
万载县	57786	8064		25	3419	11245	155	752	11122	4764
上高县	58978	9304		100	3502	9583	239	515	10827	4147
宜丰县	53317	9072		113	2765	7631	131	607	11477	3671
靖安县	30987	4778		67	2066	5055	95	394	5944	2390
铜鼓县	30039	3724			2328	4207	154	591	8249	1655
袁州区	96147	10976		2	1990	23224	107	402	22928	7091
上饶市小计	**931552**	**161633**			**55692**	**208350**	**5248**	**13227**	**112564**	**80298**
本级	100979	18143			11437	11293	1171	1886	13900	6771
区县级小计	830573	143490			44255	197057	4077	11341	98664	73527
信州区	43386	7775			2349	7907	205	596	10447	3978
上饶县	80509	11900			3573	23676	164	593	9212	7345
广丰县	104597	27780			5393	26183	1195	1394	7631	8501
玉山县	62360	11782			4715	16938	166	708	6692	6194

2－14－18　　　　单位：万元

地区	收支部分						平衡部分		
	支出功能分类						收入		
	环境保护	城乡社区事务	农林水事务	交通运输	工业、商业、金融等事务	其他支出	收入合计	本年收入	返还性收入 小计
赣县	291	1783	12586	2839	1999	1612	75496	22582	2173
南康市	339	3320	9366	1833	2322	975	77957	28300	2687
信丰县	452	1601	10502	2520	1800	1174	71437	23309	2388
大余县	500	1569	6578	838	1518	319	44417	18833	2234
上犹县	182	822	9229	1233	992	2551	42793	9856	845
崇义县	242	1467	6417	2469	472	1247	37859	12465	2173
安远县	185	793	9873	2348	742	677	48406	8309	996
龙南县	326	1930	5692	1844	1636	2127	47365	23456	1427
定南县	285	1718	5291	1301	548	520	37585	11816	1083
全南县	1032	2035	5178	1260	364	753	34874	10002	1286
宁都县	310	2176	15746	2228	1177	4855	78108	17771	1219
于都县	426	2210	13529	2450	1861	4821	89746	21608	2574
兴国县	921	2014	13864	2808	1220	326	78488	16640	3413
瑞金市	423	983	10635	1312	2042	1283	66356	17363	1852
会昌县	429	1634	9287	404	862	1975	58963	12698	1372
寻乌县	238	1482	7650	1237	704	1105	41087	9350	828
石城县	170	755	7143	1379	814	560	39788	6942	626
宜春市小计	**7286**	**37322**	**110785**	**27195**	**28011**	**31376**	**883886**	**283630**	**46164**
本级	1941	10674	5747	2644	3416	911	114397	31218	28202
区县级小计	5345	26648	105038	24551	24595	30465	769489	252412	17962
丰城市	1178	9565	19106	7028	4354	3299	157710	72113	2904
高安市	489	1744	14635	2268	2153	4246	101638	31595	2200
樟树市	923	3977	11126	1986	1102	1749	92698	39222	2284
奉新县	193	2984	6310	1529	2505	6586	57020	19320	1379
万载县	262	1661	9521	2012	2009	2775	63981	18914	2185
上高县	595	2377	9820	2227	4057	1685	63073	23093	1604
宜丰县	444	769	11820	2221	1455	1141	57131	13149	1408
靖安县	118	556	5445	1026	606	2447	32840	7556	940
铜鼓县	862	1179	5315	905	378	492	33636	7524	493
袁州区	281	1836	11940	3349	5976	6045	109762	19926	2565
上饶市小计	**9143**	**37879**	**130454**	**37549**	**48347**	**31168**	**1033885**	**320595**	**45762**
本级	3466	6056	4136	4618	7097	11005	110929	40942	9077
区县级小计	5677	31823	126318	32931	41250	20163	922956	279653	36685
信州区	40	2651	3424	654	3214	146	52416	24428	2756
上饶县	306	816	11629	3388	4848	3059	90244	24159	2988
广丰县	246	3660	8296	3925	8100	2293	109640	52823	11226
玉山县	315	865	9621	1569	2185	610	70886	20601	2420

2－14－19

单位:万元

地区	平衡部分									
	收入									
	返还性收入		财力性转移支付收入							
	增值税和消费税税收返还	所得税基数返还	小计	体制补助	一般性转移支付补助	民族地区转移支付补助	调整工资转移支付补助	农村义务教育补助	农村税费改革补助	缓解县乡困难转移支付补助
赣县	2139	34	29034		12691		6896	1910	4686	1873
南康市	2649	38	30523		11247		9732	2798	4806	647
信丰县	2069	319	29349		10844		9133	2087	4937	1195
大余县	2226	8	13986		4402		5135	727	2401	314
上犹县	801	44	17498		8743		4406	803	2274	360
崇义县	2077	96	13114		4275		4107	560	3263	335
安远县	980	16	23314		10854		5651	1410	3613	1412
龙南县	1271	156	13666		4224		4978	929	1933	351
定南县	820	263	15015		6975		5001	503	1874	281
全南县	1206	80	14634		7132		3748	431	2354	273
宁都县	1184	35	36655		13830		9695	2151	6672	3734
于都县	2447	127	40881		15841		11029	3975	5620	2727
兴国县	3111	302	33805		13041		9875	2504	5150	2481
瑞金市	1755	97	28530		11018		8997	2030	4130	779
会昌县	1218	154	27273		11462		7585	1872	3681	2275
寻乌县	760	68	19611		9283		4868	1115	2634	1131
石城县	637	－11	18686		9124		5043	976	2223	879
宜春市小计	**40490**	**5674**	**302080**		**101113**		**90504**	**15059**	**57942**	**24321**
本级	27348	854	13870		3691		9502	291	－665	9
区县级小计	13142	4820	288210		97422		81002	14768	58607	24312
丰城市	2550	354	52512		17421		15081	4230	9175	4839
高安市	1458	742	38651		10411		11156	2369	9186	4402
樟树市	1819	465	30628		9127		9717	1407	6439	3168
奉新县	543	836	21140		7032		5604	661	5007	2053
万载县	1965	220	26652		10247		7221	1207	5118	1576
上高县	1157	447	23310		7290		6246	914	5195	2259
宜丰县	846	562	23576		8326		6422	647	5380	1997
靖安县	475	465	13492		6191		3550	325	2303	815
铜鼓县	101	392	14675		6220		3537	304	3096	1052
袁州区	2228	337	43574		15157		12468	2704	7708	2151
上饶市小计	**36505**	**9257**	**376677**		**143722**		**99467**	**21555**	**72645**	**16748**
本级	7656	1421	16458		4613		8461	162	－418	18
区县级小计	28849	7836	360219		139109		91006	21393	73063	16730
信州区	2563	193	16025		6485		5135	960	1238	146
上饶县	2619	369	30816		13055		8125	2681	5361	888
广丰县	6349	4877	29427		7918		9010	2554	6146	567
玉山县	2235	185	28340		10357		8572	1467	4022	2401

2-14-20

单位:万元

地区	平衡部分									
	收入								支出	
	财力性转移支付收入			专项转移支付	省补助计划单列市收入	上年结余	调入资金	国债转贷收入、上年结余及转补助数	支出合计	本年支出
	结算补助	企事业单位预算划转补助	其他财力性转移支付							
赣县	987		-9	18789		2835	83		69984	67996
南康市	1288		5	12447		1891	2109		76198	73688
信丰县	1164		-11	14331		2060			69507	67159
大余县	875		132	8932		432			43747	41716
上犹县	917		-5	13871		723			41835	40958
崇义县	642		-68	9386		721			36218	34810
安远县	380		-6	14556		1231			47497	46536
龙南县	1265		-14	7812		1004			46086	44420
定南县	440		-59	6877		777	2017		36705	35885
全南县	656		40	8139		605	208		34073	32724
宁都县	550		23	20502		1961			75974	74760
于都县	1310		379	21823		2560	300		86985	85409
兴国县	665		89	20523		3683	424		73386	72129
瑞金市	1453		123	16921		1690			64418	62865
会昌县	432		-34	14958		2602		60	54149	53128
寻乌县	598		-18	9724		1574			40007	39456
石城县	460		-19	9835		1054	2645		38554	37910
宜春市小计	**13989**		**-848**	**165237**		**72027**	**14258**	**490**	**799670**	**777441**
本级	6234		-5192	-2967		44074			63375	79714
区县级小计	7755		4344	168204		27953	14258	490	736295	697727
丰城市	1727		39	25961		4220			153657	145188
高安市	1114		13	21293		7889		10	89823	86097
樟树市	948		-178	16863		701	3000		92058	88098
奉新县	789		-6	11692		3418	71		52910	51090
万载县	943		340	13827		2403			59710	57786
上高县	1062		344	13327		1633	106		61484	58978
宜丰县	257		547	13627		2355	2636	380	54979	53317
靖安县	153		155	9098		910	744	100	32174	30987
铜鼓县	194		272	7753		3152	39		30812	30039
袁州区	568		2818	34763		1272	7662		108688	96147
上饶市小计	**21933**		**607**	**206334**		**78033**	**5714**	**770**	**946241**	**931552**
本级	1479		2143	12735		31229	288	200	81801	100979
区县级小计	20454		-1536	193599		46804	5426	570	864440	830573
信州区	2642		-581	7817		1390			48976	43386
上饶县	883		-177	21647		9293	1341		81845	80509
广丰县	3644		-412	13692		2472			106810	104597
玉山县	1688		-167	13465		4760	1300		64083	62360

2－14－21 单位:万元

地区	平衡部分									
	支出								年终结余	其中:净结余
	财力性转移支付			专项上解	计划单列市上解省	增设预算周转金	调出资金	国债转贷拨付数及年终结余		
	小计	体制上解	出口退税专项上解							
赣县	852	769	83	1136					5512	－176
南康市	221	209	12	2289					1759	－397
信丰县	861	829	32	1487					1930	－11
大余县	564	544	20	1467					670	－266
上犹县	189	147	42	688					958	－371
崇义县	505	443	62	903					1641	－190
安远县	125	123	2	836					909	－346
龙南县	255	96	159	1321		90			1279	303
定南县	12		12	808					880	－292
全南县	546	386	160	803					801	－135
宁都县	6		6	1208					2134	－450
于都县	37		37	1539					2761	－371
兴国县	10		10	1147		100			5102	55
瑞金市	220	113	107	1333					1938	35
会昌县	71	38	33	890				60	4814	－47
寻乌县	10		10	541					1080	－420
石城县				644					1234	－107
宜春市小计	**9237**	**8193**	**1044**	**12474**			**28**	**490**	**84216**	**3823**
本级	9068	8193	875	－25435			28		51022	1033
区县级小计	169		169	37909				490	33194	2790
丰城市				8469					4053	220
高安市				3716				10	11815	574
樟树市				3960					640	640
奉新县	21		21	1799					4110	333
万载县	13		13	1911					4271	50
上高县	27		27	2479					1589	66
宜丰县	6		6	1276				380	2152	74
靖安县	97		97	990				100	666	80
铜鼓县	5		5	768					2824	293
袁州区				12541					1074	460
上饶市小计	**2662**	**1309**	**1353**	**11257**				**770**	**87644**	**－20445**
本级	2007	898	1109	－21385				200	29128	4434
区县级小计	655	411	244	32642				570	58516	－24879
信州区	126	99	27	5464					3440	－370
上饶县	36	14	22	1300					8399	－2485
广丰县	74	69	5	2139					2830	130
玉山县	38	15	23	1685					6803	－861

二、各省、自治区、直辖市地市县一般预算财政资料

2－14－22

单位：万元

地区	收支部分								
	收入								
	收入合计	税收收入							
		小计	增值税	营业税	企业所得税	个人所得税	资源税	城市维护建设税	耕地占用税
铅山县	16446	12059	3537	3820	748	850	876	428	43
横峰县	11692	7626	2572	2678	381	292	80	724	230
弋阳县	16068	11807	2374	3802	1244	626	120	709	39
余干县	22490	12925	2520	5949	1012	364	4	744	250
鄱阳县	22027	18244	1027	8121	2141	713	133	512	1672
万年县	14806	12272	1661	4901	1173	377	272	500	430
德兴市	37632	30958	14210	4879	1197	1464	5221	1258	788
婺源县	16481	12856	1247	7245	985	858	58	547	500
吉安市小计	**253221**	**154976**	**31173**	**59437**	**14618**	**10629**	**2850**	**8769**	**3028**
本级	40553	25767	4642	10151	3389	1033	40	1055	
区县级小计	212668	129209	26531	49286	11229	9596	2810	7714	3028
吉安高新区	2507	2358	1169	588	223	94		209	
吉州区	15896	11698	1666	5431	1543	680	47	777	608
青原区	7781	6094	940	2741	410	409	39	426	614
吉安县	27085	17110	2894	6090	1544	1957	808	1627	300
吉水县	17213	9280	1260	3673	559	926	98	377	132
峡江县	10965	6616	1019	2387	613	547	96	252	78
新干县	15829	8833	2741	2751	836	463	281	487	275
永丰县	17816	8967	2590	3046	657	578	109	582	30
泰和县	23274	12906	2334	4927	1390	1027	208	633	252
遂川县	16930	8569	1500	3231	872	446	27	360	200
万安县	11619	8329	2839	2213	621	381	34	624	268
安福县	19011	12619	3652	4433	467	1280	871	505	69
永新县	12920	5773	1159	2298	549	402	100	408	102
井冈山市	13822	10057	768	5477	945	406	92	447	100
抚州市小计	**201531**	**141971**	**17561**	**61958**	**16272**	**6819**	**499**	**6786**	**3160**
本级	47347	35013	4679	13949	3378	1645	32	1855	1367
区县级小计	154184	106958	12882	48009	12894	5174	467	4931	1793
临川区	25135	15195	1955	6956	1611	1113	32	963	296
南城县	16926	12178	1378	5904	2113	430	64	579	143
南丰县	14508	10320	727	4606	1333	662	25	354	214
黎川县	11069	8165	929	3784	1003	298	16	292	133
崇仁县	13383	9241	1910	3556	1087	503	30	418	100
宜黄县	9066	6453	829	2921	606	267	122	272	380
乐安县	9336	6836	701	2492	403	606	44	206	215
金溪县	11106	7715	1076	3506	1130	372	44	290	2
资溪县	8628	6369	647	3151	688	165	13	332	290

2－14－23

单位:万元

地　区	收支部分									
	收入									
	税收收入			非税收入						
	契税	烟叶税	其他各项税收收入	小计	专项收入	行政事业性收费收入	罚没收入	国有资本经营收入	国有资源(资产)有偿使用收入	其他收入
铅山县	907		850	4387	516	2162	1641		68	
横峰县	499		170	4066	503	952	858	151	672	930
弋阳县	2139		754	4261	679	1931	1388		167	96
余干县	1488		594	9565	721	1903	2336	4381	67	157
鄱阳县	2995	42	888	3783	437	1193	1925		228	
万年县	2293		665	2534	477	1240	732		85	
德兴市	740		1201	6674	1269	1127	3123	1115	40	
婺源县	810		606	3625	416	889	2000	20	100	200
吉安市小计	**14058**	**1056**	**9358**	**98245**	**9172**	**34588**	**31035**	**11540**	**10350**	**1560**
本级	4285		1172	14786	1564	3665	6647	230	2644	36
区县级小计	9773	1056	8186	83459	7608	30923	24388	11310	7706	1524
吉安高新区			75	149	125		17		7	
吉州区			946	4198	433	962	528	2100	30	145
青原区			515	1687	227	788	658		14	
吉安县	800		1090	9975	1229	2772	3005	2680	67	222
吉水县	1475		780	7933	588	3499	3118	400	35	293
峡江县	505	833	286	4349	693	1290	1547	710	66	43
新干县	622		377	6996	709	3080	1876	35	1288	8
永丰县	758	33	584	8849	547	3536	2300	222	2062	182
泰和县	1323		812	10368	653	3081	2826	3234	89	485
遂川县	1130		803	8361	477	2592	1729	629	2933	1
万安县	961		388	3290	450	815	1358		667	
安福县	650	190	502	6392	753	2342	1893	1050	340	14
永新县	399		356	7147	357	4272	2093	250	44	131
井冈山市	1150		672	3765	367	1894	1440		64	
抚州市小计	**17391**	**2840**	**8685**	**59560**	**6718**	**21664**	**22949**	**5083**	**1519**	**1627**
本级	4826		3282	12334	1962	4325	5266	166	500	115
区县级小计	12565	2840	5403	47226	4756	17339	17683	4917	1019	1512
临川区	1334		935	9940	717	3195	1675	4270	45	38
南城县	1027		540	4748	507	1056	2176	582	110	317
南丰县	1828		571	4188	378	1084	1925	4	44	753
黎川县	845	487	378	2904	366	1171	1242		25	100
崇仁县	1145		492	4142	371	2163	1551		13	44
宜黄县	660	167	229	2613	334	910	1295		49	25
乐安县	1355	483	331	2500	248	1169	973		90	20
金溪县	860		435	3391	266	1266	1851	－8	16	
资溪县	718	117	248	2259	270	1026	890		30	43

2－14－24 单位:万元

地区	收支部分									
	支出功能分类									
	支出合计	一般公共服务	外交	国防	公共安全	教育	科学技术	文化体育与传媒	社会保障和就业	医疗卫生
铅山县	50928	7004			3626	12540	108	676	7691	4416
横峰县	35587	4724			2313	5583	96	617	4589	2660
弋阳县	55319	6761			2716	10323	173	566	7951	4008
余干县	98670	14295			4738	25695	88	1131	9535	10293
鄱阳县	132458	23617			5105	35678	334	1149	16031	14484
万年县	50624	7084			2920	11245	455	644	6133	4179
德兴市	64528	11706			3841	10572	657	582	7509	2940
婺源县	51607	9062			2966	10717	436	2685	5243	4529
吉安市小计	**741843**	**111085**		**1368**	**50118**	**153495**	**3527**	**16466**	**90025**	**54434**
本级	77866	10057		641	12133	8396	439	4923	12378	6526
区县级小计	663977	101028		727	37985	145099	3088	11543	77647	47908
吉安高新区	3081	310			95		338			
吉州区	42935	5909		94	1711	10474	160	511	10182	3043
青原区	26074	4728		2	1342	6426	92	291	2437	2163
吉安县	70262	8764		44	4178	14533	229	1634	7684	5625
吉水县	57336	9146		55	3312	13794	131	619	5656	4659
峡江县	31940	5502		20	2148	5622	152	759	3645	1868
新干县	47152	6049		110	3593	11193	237	1009	5092	3745
永丰县	56562	10446		102	2921	13300	243	777	5620	4019
泰和县	61954	10443		128	3184	14616	115	1019	6709	4216
遂川县	61566	8736			2897	13331	120	827	5708	5111
万安县	43541	6035		42	2361	9078	144	619	5658	2899
安福县	59017	8724		75	4132	12800	125	889	6461	3635
永新县	57665	7836			3123	13299	327	1434	8048	4206
井冈山市	44892	8400		55	2988	6633	675	1155	4747	2719
抚州市小计	**595828**	**85319**		**783**	**37728**	**110071**	**3918**	**7778**	**78368**	**41227**
本级	82642	15987		359	9818	8375	1628	2136	13462	4467
区县级小计	513186	69332		424	27910	101696	2290	5642	64906	36760
临川区	89128	10704		76	2538	25067	144	904	10761	8546
南城县	46783	5114			2612	8621	78	566	4320	3662
南丰县	42630	6239			2395	7873	264	515	4427	2870
黎川县	37700	6081			1576	8335	226	360	5972	3200
崇仁县	45561	4488		62	2674	8454	199	280	7768	3231
宜黄县	33772	5195		54	2558	5288	131	482	3470	2347
乐安县	47376	6234			2704	8655	63	655	9265	2780
金溪县	44595	6105		33	3705	7200	272	474	6254	3085
资溪县	26088	5824			1944	4523	118	466	2435	1246

2－14－25　　　　单位:万元

地区	收支部分						平衡部分		
	支出功能分类						收入		
	环境保护	城乡社区事务	农林水事务	交通运输	工业、商业、金融等事务	其他支出	收入合计	本年收入	返还性收入 小计
铅山县	299	627	7787	3064	1523	1567	59314	16446	1709
横峰县	157	1494	5554	752	1938	5110	44927	11692	1258
弋阳县	598	2895	10712	2506	3178	2932	63041	16068	2261
余干县	439	5585	19041	3522	3994	314	102497	22490	1511
鄱阳县	478	3048	19462	7189	5517	366	140789	22027	2486
万年县	474	2099	11239	1541	2259	352	51030	14806	1798
德兴市	1579	6682	9266	3559	3123	2512	79576	37632	4451
婺源县	746	1401	10287	1262	1371	902	58596	16481	1821
吉安市小计	**6385**	**37051**	**134703**	**26859**	**30764**	**25563**	**844113**	**253221**	**33919**
本级	1335	7376	5102	2727	2372	3461	100016	40553	9560
区县级小计	5050	29675	129601	24132	28392	22102	744097	212668	24359
吉安高新区		620			660	1058	3676	2507	24
吉州区	252	858	4026	704	2982	2029	47804	15896	3342
青原区	129	924	4575	826	1341	798	30271	7781	624
吉安县	374	7614	14497	1793	1729	1564	79279	27085	2949
吉水县	304	4885	10755	2702	1163	155	64327	17213	1301
峡江县	297	1543	6860	1096	2108	320	36289	10965	876
新干县	824	1334	10335	1524	1841	266	50056	15829	2168
永丰县	300	1747	9853	2751	3141	1342	59992	17816	2356
泰和县	284	1266	13467	2263	1705	2539	74051	23274	2244
遂川县	305	1579	14601	2793	3864	1694	66501	16930	1497
万安县	645	873	10895	1165	2173	954	50210	11619	1488
安福县	318	2564	11946	3949	2217	1182	65655	19011	2696
永新县	197	1238	10018	1885	1960	4094	62113	12920	1197
井冈山市	821	2630	7773	681	1508	4107	53873	13822	1597
抚州市小计	**7299**	**28796**	**94908**	**23295**	**31634**	**44704**	**703141**	**201531**	**20685**
本级	1715	5858	6984	3618	6269	1966	103231	47347	6810
区县级小计	5584	22938	87924	19677	25365	42738	599910	154184	13875
临川区	306	3976	12603	2954	4387	6162	104569	25135	2564
南城县	435	1326	9530	2680	1407	6432	63592	16926	1388
南丰县	770	913	9458	2098	2928	1880	51469	14508	1085
黎川县	674	1306	6416	1419	1738	397	42506	11069	1039
崇仁县	222	970	6780	1910	3475	5048	50812	13383	1649
宜黄县	366	745	5734	1027	521	5854	43610	9066	949
乐安县	241	1990	9997	1877	1942	973	51469	9336	764
金溪县	456	867	7976	2435	3578	2155	47502	11106	722
资溪县	776	524	3014	662	1396	3160	29834	8628	946

2－14－26 单位：万元

地区	平衡部分									
	收入									
	返还性收入		财力性转移支付收入							
	增值税和消费税税收返还	所得税基数返还	小计	体制补助	一般性转移支付补助	民族地区转移支付补助	调整工资转移支付补助	农村义务教育补助	农村税费改革补助	缓解县乡困难转移支付补助
铅山县	1569	140	24858		9812		5986	1287	6243	462
横峰县	1216	42	14255		7775		3836	520	1771	199
弋阳县	2032	229	22949		9447		6108	1039	4257	1221
余干县	1445	66	49406		19658		10021	3279	12795	2804
鄱阳县	1975	511	77238		28821		17388	4885	19091	6027
万年县	1625	173	23249		9692		5916	1101	4819	1248
德兴市	3766	685	22024		6421		5674	763	2555	294
婺源县	1455	366	21632		9668		5235	857	4765	473
吉安市小计	**29215**	**4704**	**291177**	**660**	**108180**		**85719**	**13998**	**49397**	**23551**
本级	8630	930	12411	－306	6832		9016	45	－478	
区县级小计	20585	3774	278766	966	101348		76703	13953	49875	23551
吉安高新区	24		133		83					
吉州区	2678	664	14878		6597		5803	833	1207	156
青原区	496	128	12430		5362		2148	623	1795	230
吉安县	2619	330	25506		8855		6588	1428	5231	2218
吉水县	998	303	26059		9501		6566	1317	4969	2782
峡江县	831	45	13580		4291		4218	504	2547	1535
新干县	2068	100	20006		5009		5171	825	5469	2945
永丰县	2038	318	24145		8167		6229	1555	4203	3204
泰和县	1754	490	25549		7060		8123	1376	5488	2419
遂川县	1264	233	27021		12229		7160	1727	4639	672
万安县	1358	130	18935		7588		5686	933	2741	1935
安福县	2257	439	23672		7154		6899	866	4811	2329
永新县	1035	162	27956	200	10777		7090	1454	4998	2850
井冈山市	1165	432	18896	766	8675		5022	512	1777	276
抚州市小计	**16656**	**4029**	**258012**		**101127**		**76546**	**11487**	**39594**	**20885**
本级	5598	1212	18918		9204		8784	306	168	133
区县级小计	11058	2817	239094		91923		67762	11181	39426	20752
临川区	1772	792	45273		14744		14513	2877	7653	4164
南城县	1079	309	20361		7621		6307	946	3104	1564
南丰县	941	144	17519		5880		4823	755	4039	1397
黎川县	850	189	17992		8001		4698	614	2693	1382
崇仁县	1229	420	21367		7865		6142	1131	3357	2117
宜黄县	740	209	16857		7318		4519	560	2405	1362
乐安县	700	64	24202		10974		6060	1074	3821	1547
金溪县	677	45	21393		7805		5860	769	3053	3306
资溪县	694	252	10981		5662		2999	375	1199	432

2－14－27

单位：万元

地区	平衡部分									
	收入								支出	
	财力性转移支付收入			专项转移支付	省补助计划单列市收入	上年结余	调入资金	国债转贷收入、上年结余及转补助数	支出合计	本年支出
	结算补助	企事业单位预算划转补助	其他财力性转移支付							
铅山县	1220		－152	11614		4687			52517	50928
横峰县	250		－96	9033		8689			36177	35587
弋阳县	817		60	14479		7284			56985	55319
余干县	729		120	25077		4013			100019	98670
鄱阳县	1161		－135	35747		3291			133950	132458
万年县	581		－108	11479		－2384	2082		52039	50624
德兴市	6112		205	12743		1453	703	570	76347	64528
婺源县	727		－93	16806		1856			54692	51607
吉安市小计	**13658**		**－3986**	**187591**		**71378**	**6773**	**54**	**755808**	**741843**
本级	1677		－4375	13446		21596	2450		76234	77866
区县级小计	11981		389	174145		49782	4323	54	679574	663977
吉安高新区	50			960		52			3291	3081
吉州区	1122		－840	11877		1434	377		45377	42935
青原区	831		1441	5915		2600	921		26685	26074
吉安县	1418		－232	18045		5633	61		72352	70262
吉水县	849		75	14982		4756	16		58296	57336
峡江县	518		－33	8224		2617	27		32605	31940
新干县	609		－22	11453		600			47833	47152
永丰县	790		－3	13621		2054			57388	56562
泰和县	1284		－201	15821		6890	223	50	63496	61954
遂川县	651		－57	15883		5121	49		62530	61566
万安县	54		－2	13859		4145	164		44331	43541
安福县	1536		77	14056		3936	2280	4	61376	59017
永新县	539		48	17169		2666	205		58300	57665
井冈山市	1730		138	12280		7278			45714	44892
抚州市小计	**8863**		**－490**	**144323**		**71448**	**5867**	**1275**	**611835**	**595828**
本级	1283		－960	13936		12193	3627	400	80155	82642
区县级小计	7580		470	130387		59255	2240	875	531680	513186
临川区	2406		－1084	20351		10615	385	246	92350	89128
南城县	470		349	10968		13949			48045	46783
南丰县	402		223	10989		6971	397		43918	42630
黎川县	354		250	10937		1469			38754	37700
崇仁县	708		47	11757		2246	327	83	47242	45561
宜黄县	532		161	8567		7468	703		34698	33772
乐安县	655		71	14789		2378			48828	47376
金溪县	573		27	10975		3306			45498	44595
资溪县	289		25	6346		2933			27745	26088

二、各省、自治区、直辖市地市县一般预算财政资料

2-14-28 单位:万元

地区	平衡部分									
	支出								年终结余	其中:净结余
	财力性转移支付			专项上解	计划单列市上解省	增设预算周转金	调出资金	国债转贷拨付数及年终结余		
	小计	体制上解	出口退税专项上解							
铅山县	35	30	5	1554					6797	-1448
横峰县	15	10	5	575					8750	-977
弋阳县	63	15	48	1603					6056	-1510
余干县	26	16	10	1323					2478	-3180
鄱阳县	38	17	21	1454					6839	-11249
万年县	22	5	17	1393					-1009	-3555
德兴市	142	100	42	11107				570	3229	260
婺源县	40	21	19	3045					3904	366
吉安市小计	**803**		**803**	**12765**		**343**		**54**	**88305**	**-5411**
本级	-3074	-3601	527	1442					23782	50
区县级小计	3877	3601	276	11323		343		54	64523	-5461
吉安高新区	24		24	186					385	9
吉州区	1246	1208	38	1196					2427	-1289
青原区	3		3	608					3586	14
吉安县	626	621	5	1331		133			6927	-56
吉水县	38		38	922					6031	605
峡江县	25		25	590		50			3684	-1557
新干县	89	51	38	592					2223	12
永丰县	13		13	813					2604	
泰和县	330	316	14	1122		40		50	10555	23
遂川县	181	130	51	683		100			3971	-853
万安县	2		2	788					5879	-664
安福县	1288	1275	13	1047		20		4	4279	-828
永新县	7		7	628					3813	-913
井冈山市	5		5	817					8159	36
抚州市小计	**3534**	**2536**	**998**	**9157**			**2041**	**1275**	**91306**	**-8154**
本级	-2349	-3281	932	-538				400	23076	325
区县级小计	5883	5817	66	9695			2041	875	68230	-8479
临川区	1037	1037		1939				246	12219	-5258
南城县	454	447	7	808					15547	217
南丰县	434	431	3	854					7551	6
黎川县	316	310	6	738					3752	878
崇仁县	453	428	25	1145				83	3570	-225
宜黄县	386	376	10	481			59		8912	-1157
乐安县	354	354		1098					2641	-1742
金溪县	258	251	7	645					2004	-741
资溪县	394	394		315			948		2089	-498

2 - 14 - 29

单位:万元

地　　区	收支部分								
	收入								
	收入合计	税收收入							
		小计	增值税	营业税	企业所得税	个人所得税	资源税	城市维护建设税	耕地占用税
广昌县	12429	9446	598	4801	932	412	25	310	6
东乡县	22598	15040	2132	6332	1988	346	52	915	14

2－14－30

单位：万元

地区	收支部分 收入 税收收入 契税	烟叶税	其他各项税收收入	非税收入 小计	专项收入	行政事业性收费收入	罚没收入	国有资本经营收入	国有资源(资产)有偿使用收入	其他收入
广昌县	360	1586	416	2983	283	1302	1303	69	26	
东乡县	2433		828	7558	1016	2997	2802		571	172

2－14－31 单位:万元

地区	收支部分									
	支出功能分类									
	支出合计	一般公共服务	外交	国防	公共安全	教育	科学技术	文化体育与传媒	社会保障和就业	医疗卫生
广昌县	38178	5173		85	2576	6998	230	420	3456	2741
东乡县	61375	8175		114	2628	10682	565	520	6778	3052

2－14－32　　　　单位:万元

地区	收支部分 支出功能分类 环境保护	城乡社区事务	农林水事务	交通运输	工业、商业、金融等事务	其他支出	平衡部分 收入 收入合计	本年收入	返还性收入 小计
广昌县	800	832	7108	726	1453	5580	47059	12429	779
东乡县	538	9489	9308	1889	2540	5097	67488	22598	1990

2－14－33　　　　　　　　　　　　　　　　单位:万元

地区	平衡部分									
	收入									
	返还性收入		财力性转移支付收入							
	增值税和消费税税收返还	所得税基数返还	小计	体制补助	一般性转移支付补助	民族地区转移支付补助	调整工资转移支付补助	农村义务教育补助	农村税费改革补助	缓解县乡困难转移支付补助
广昌县	620	159	17571		7492		5000	862	2472	1269
东乡县	1756	234	25578		8561		6841	1218	5630	2212

2－14－34 单位:万元

地区	平衡部分									
	收入								支出	
	财力性转移支付收入			专项转移支付	省补助计划单列市收入	上年结余	调入资金	国债转贷收入、上年结余及转补助数	支出合计	本年支出
	结算补助	企事业单位预算划转补助	其他财力性转移支付							
广昌县	476			10337		5255	428	260	40380	38178
东乡县	715		401	14371		2665		286	64222	61375

2－14－35 单位:万元

地区	平衡部分									
	支出								年终结余	其中:净结余
	财力性转移支付			专项上解	计划单列市上解省	增设预算周转金	调出资金	国债转贷拨付数及年终结余		
	小计	体制上解	出口退税专项上解							
广昌县	265	265		643			1034	260	6679	14
东乡县	1532	1524	8	1029				286	3266	27

二、各省、自治区、直辖市地市县一般预算财政资料

2007 年山东省地市县财政一般预算收支平衡表

2－15－1　　　　单位：万元

地区	收支部分								
	收入								
	收入合计	税收收入							
		小计	增值税	营业税	企业所得税	个人所得税	资源税	城市维护建设税	耕地占用税
地市县合计	**14615305**	**11495192**	**2473819**	**2855694**	**1605546**	**399432**	**226678**	**922195**	**413826**
青岛市小计	**2928037**	**2485062**	**404539**	**757862**	**381528**	**118242**	**4447**	**127231**	**81184**
本级	1223926	1059361	144013	396810	182902	61059		50289	
区县级小计	1704111	1425701	260526	361052	198626	57183	4447	76942	81184
即墨市	159920	141986	30226	32840	12351	4337	476	7052	16944
胶州市	147828	138652	32609	22371	14927	4016	357	5407	23484
胶南市	205560	186536	25838	29925	13368	3868	275	7352	23037
平度市	117537	81825	15316	11582	7120	2260	1479	3629	4628
莱西市	98776	69589	12523	13754	2816	2111	1656	2115	9278
崂山区	192157	177664	27042	41685	32884	5714	34	20911	1104
城阳区	120430	101629	24672	24400	12646	4675	165	5753	434
黄岛区	85025	79723	5574	19881	9896	3051		7959	991
开发区	108477	68941	23608	20258	11120	2208	5	3135	1066
市南区	199317	178482	19984	81224	33599	15373		4754	
市北区	104588	81581	8622	30050	27424	4128		2128	37
四方区	56021	41196	11868	12256	4959	1776		2227	181
李沧区	87923	59815	19227	18170	8348	2414		3609	
保税区	20552	18082	3417	2656	7168	1252		911	
济南市小计	**1570192**	**1227946**	**229376**	**422354**	**197704**	**61206**	**5158**	**109733**	**9331**
本级	796795	643130	135534	204694	126651	30048	54	68590	263
区县级小计	773397	584816	93842	217660	71053	31158	5104	41143	9068
历下区	125815	118329	10360	57717	7660	7710		7456	96
市中区	122901	117646	9213	49909	21955	9291	369	7487	4
天桥区	63009	56050	8429	24671	5237	2214		4100	412
槐荫区	48588	44042	8056	14516	3762	2194		3179	1062
历城区	135832	96198	20110	27304	13274	4233	292	7473	2334
长清区	34818	24742	4441	9032	1071	957	86	1662	1721
章丘市	161979	72032	19865	18088	8393	2622	2476	6422	2028
平阴县	30066	21060	5878	4784	2850	1333	1270	966	593
济阳县	35021	24113	5044	9263	4767	305	26	1316	578
商河县	15368	10604	2446	2376	2084	299	585	1082	240
淄博市小计	**978554**	**751565**	**188177**	**151340**	**120083**	**23405**	**9214**	**79293**	**21166**
本级	310138	220655	29720	67385	37971	8987	984	35499	804
区县级小计	668416	530910	158457	83955	82112	14418	8230	43794	20362
博山区	61768	48370	18580	5162	3151	1242	559	5284	3032
淄川区	90918	72196	23563	6702	10218	2674	3036	5401	4323
张店区	134377	106972	34410	23348	13622	1748	543	9363	1606

2 – 15 – 2

单位:万元

地区	收支部分									
	收入									
	税收收入			非税收入						
	契税	烟叶税	其他各项税收收入	小计	专项收入	行政事业性收费收入	罚没收入	国有资本经营收入	国有资源(资产)有偿使用收入	其他收入
地市县合计	**924584**	**12319**	**1661099**	**3120113**	**588424**	**1145689**	**529565**	**556664**	**198803**	**100968**
青岛市小计	**312939**	**236**	**296854**	**442975**	**72585**	**176445**	**46777**	**71872**	**63862**	**11434**
本级	121780		102508	164565	34246	96738	16339	–9403	18130	8515
区县级小计	191159	236	194346	278410	38339	79707	30438	81275	45732	2919
即墨市	14287		23473	17934	5898	6314	5436		286	
胶州市	13645	27	21809	9176	3262	2148	3539		227	
胶南市	58573	188	24112	19024	4445	8604	3869	2000	106	
平度市	21772	21	14018	35712	2993	10994	4486	17082	157	
莱西市	15674		9662	29187	2051	5921	3062		18153	
崂山区	32316		15974	14493	5017	6379	848	517	1732	
城阳区	12642		16242	18801	3672	10372	4626		131	
黄岛区	21830		10541	5302	3514	1717	8		63	
开发区			7541	39536	1422	5321	2904	25087	3248	1554
市南区			23548	20835	1743	1343	433	15775	1541	
市北区			9192	23007	1657	13260	528		6492	1070
四方区			7929	14825	1015	2826	324	10138	410	112
李沧区			8047	28108	1265	3185	371	10676	12611	
保税区	420		2258	2470	385	1323	4		575	183
济南市小计	**74249**		**118835**	**342246**	**58225**	**212111**	**60006**	**–4232**	**6035**	**10101**
本级	36780		40516	153665	35056	78003	43272	–6731	3638	427
区县级小计	37469		78319	188581	23169	134108	16734	2499	2397	9674
历下区	12739		14591	7486	3486	2572	482	10	113	823
市中区	4442		14976	5255	3400	1260	493		102	
天桥区	2730		8257	6959	1840	3772	1291		51	5
槐荫区	4405		6868	4546	1534	1832	1016	30	134	
历城区	6807		14371	39634	4446	26226	2546	399	1636	4381
长清区	1371		4401	10076	1366	5320	2337	862	49	142
章丘市	3762		8376	89947	4197	82950	2730		70	
平阴县	605		2781	9006	1140	2091	1810	6	136	3823
济阳县	456		2358	10908	903	5559	2688	1192	66	500
商河县	152		1340	4764	857	2526	1341		40	
淄博市小计	**57437**	**448**	**101002**	**226989**	**58265**	**60894**	**31700**	**27200**	**35935**	**12995**
本级	17106		22199	89483	27589	16723	13744	8489	22478	460
区县级小计	40331	448	78803	137506	30676	44171	17956	18711	13457	12535
博山区	4235	83	7042	13398	2803	2390	630		7492	83
淄川区	3733	172	12374	18722	4946	8156	4950		36	634
张店区	9837		12495	27405	5561	14584	1451	2540	246	3023

二、各省、自治区、直辖市地市县一般预算财政资料

2-15-3 单位:万元

地区	收支部分									
	支出功能分类									
	支出合计	一般公共服务	外交	国防	公共安全	教育	科学技术	文化体育与传媒	社会保障和就业	医疗卫生
地市县合计	**19779298**	**3503900**		**26171**	**1309739**	**4061889**	**383811**	**326735**	**2180856**	**912046**
青岛市小计	**3211777**	**592630**		**4829**	**268921**	**576626**	**78716**	**77998**	**260711**	**90628**
本级	1196467	221087		2442	154530	97363	27721	60015	131012	25464
区县级小计	2015310	371543		2387	114391	479263	50995	17983	129699	65164
即墨市	192438	39002		208	8894	56665	2385	997	14291	9377
胶州市	167568	43177		348	9530	42591	3656	1542	7983	5613
胶南市	236617	42197		226	12934	54398	4971	2846	17062	8988
平度市	188694	38471		257	8518	55887	2539	2322	15374	7958
莱西市	147864	20303		86	6753	35283	849	757	6702	5040
崂山区	193184	36071			11683	29242	6473	975	8499	6083
城阳区	160461	31843		409	13272	48073	5189	832	10818	3648
黄岛区	92786	21375		355	12972	25664	35	2770	12103	4319
开发区	137538	14388				6113	11018			
市南区	166729	22448			13940	35397	4975	2251	10988	3646
市北区	128246	25032			5841	36175	4122	885	11607	4784
四方区	69369	12883		342	4346	27332	2041	568	6733	3239
李沧区	107157	15512		156	5634	26353	2642	1238	7504	2469
保税区	26659	8841			74	90	100		35	
济南市小计	**1799787**	**352820**		**1726**	**174605**	**281659**	**40516**	**56982**	**254434**	**95534**
本级	811749	130969		985	91885	64581	25640	47209	120169	45920
区县级小计	988038	221851		741	82720	217078	14876	9773	134265	49614
历下区	96641	16824		82	12142	19435	3801	442	19454	4553
市中区	90375	22723		408	9225	22217	1684	1030	16790	5192
天桥区	79378	16314			7387	16948	1516	350	17618	4207
槐荫区	69678	18379		17	9744	14237	998	277	13568	3634
历城区	169712	30891		89	8540	39517	2452	3730	17516	8834
长清区	75866	15570			5437	19752	1071	1139	10271	5429
章丘市	223481	63481		70	21389	43847	1365	1154	18846	5904
平阴县	58619	11104		75	2924	12674	532	694	6218	3893
济阳县	69500	14240			3130	14082	710	329	9082	4384
商河县	54788	12325			2802	14369	747	628	4902	3584
淄博市小计	**1175987**	**213281**		**1915**	**76590**	**284839**	**28444**	**17329**	**132178**	**58883**
本级	379269	61408		528	36660	62582	12854	6326	38580	17221
区县级小计	796718	151873		1387	39930	222257	15590	11003	93598	41662
博山区	75147	8807		165	3018	15748	1048	1112	11721	2606
淄川区	107243	24058		379	8396	34026	1213	1495	8697	8693
张店区	124910	26863		111	7301	30180	2470	1896	14434	4096

2 – 15 – 4

单位:万元

地区	收支部分						平衡部分		
	支出功能分类						收入		
	环境保护	城乡社区事务	农林水事务	交通运输	工业、商业、金融等事务	其他支出	收入合计	本年收入	返还性收入 小计
地市县合计	**270528**	**2665092**	**1501149**	**256111**	**1401156**	**980115**	**22942018**	**14615305**	**2551243**
青岛市小计	**28897**	**517733**	**166542**	**43491**	**223637**	**280418**	**4310261**	**2928037**	**513387**
本级	15211	135243	32877	30691	67172	195639	2082919	1223926	298386
区县级小计	13686	382490	133665	12800	156465	84779	2227342	1704111	215001
即墨市	1711	16182	15550		22552	4624	217006	159920	22900
胶州市	1710	12783	17019	7560	13896	160	193273	147828	20853
胶南市	2386	43290	19660	220	23401	4038	286295	205560	22219
平度市	1983	22437	22799	510	8728	911	198772	117537	17071
莱西市	1379	6987	18817	139	1311	43458	154457	98776	11046
崂山区	3425	47880	17031	2319	21824	1679	206575	192157	23966
城阳区	47	24676	13106	1607	1370	5571	196175	120430	21480
黄岛区	940	3340	4113		4463	337	98748	85025	4684
开发区		85878		445	19696		146345	108477	24143
市南区	105	28364			28823	15792	175589	199317	9339
市北区		29907	80		3647	6166	135411	104588	13298
四方区		8850			3035		75853	56021	7725
李沧区		39439	5420		450	340	113917	87923	11834
保税区		12477	70		3269	1703	29346	20552	4443
济南市小计	**33891**	**236440**	**101843**	**16056**	**126819**	**26462**	**2137693**	**1570192**	**226887**
本级	14380	137482	19076	11072	101796	585	1058826	796795	111810
区县级小计	19511	98958	82767	4984	25023	25877	1078867	773397	115077
历下区	577	8849	285		1658	8539	109157	125815	9983
市中区	691	5670	2500	77	2113	55	101253	122901	8048
天桥区	502	5543	3827		3266	1900	88140	63009	9833
槐荫区	588	6027	1595		614		77147	48588	9466
历城区	970	36222	11017	1265	2631	6038	187622	135832	19160
长清区	384	4339	8984	641	992	1857	80511	34818	8485
章丘市	13757	19858	26545	1626	1657	3982	236880	161979	25924
平阴县	847	3317	9795	427	3144	2975	65165	30066	8466
济阳县	844	4626	9540	701	7311	521	76489	35021	11338
商河县	351	4507	8679	247	1637	10	56503	15368	4374
淄博市小计	**16267**	**101686**	**73767**	**17913**	**81559**	**71336**	**1375129**	**978554**	**160750**
本级	7685	49130	19554	2524	54808	9409	424175	310138	52936
区县级小计	8582	52556	54213	15389	26751	61927	950954	668416	107814
博山区	554	6315	2524	122	5210	16197	104437	61768	17315
淄川区	1688	7738	7721	1043	1836	260	132864	90918	18894
张店区	1147	9273	6457	139	4669	15874	168458	134377	13152

二、各省、自治区、直辖市地市县一般预算财政资料

2－15－5　　　　单位:万元

地区	平衡部分									
	收入									
	返还性收入		财力性转移支付收入							
	增值税和消费税税收返还	所得税基数返还	小计	体制补助	一般性转移支付补助	民族地区转移支付补助	调整工资转移支付补助	农村义务教育补助	农村税费改革补助	缓解县乡困难转移支付补助
地市县合计	**1853919**	**697324**	**2063512**		**112137**		**399746**	**188022**	**688866**	**421037**
青岛市小计	**392234**	**121153**	**32305**					**1248**	**21088**	**146**
本级	259202	39184	－58782	35894			－24400	1248	－20500	
区县级小计	133032	81969	91087	－25196			24400		41588	81
即墨市	17715	5185	5999	1871					5108	57
胶州市	16505	4348	5398	1573					3930	93
胶南市	15808	6411	6675	2124					4866	53
平度市	11272	5799	34853				14000		18060	
莱西市	7437	3609	18269				8800		8911	
崂山区	10984	12982	－19236	4222						
城阳区	11506	9974	40457	19644					713	
黄岛区	2485	2199	1141	729						
开发区	10527	13616	11650	9858						
市南区	5379	3960	－42370	－53039						
市北区	9270	4028	12256							
四方区	5623	2102	7210	－7139			1600			－60
李沧区	7666	4168	4931	－9050						－62
保税区	855	3588	3854	4011						
济南市小计	**175116**	**51771**	**22247**				**3180**	**5891**	**21802**	**4984**
本级	103492	8318	－25684				3180	25	－6828	
区县级小计	71624	43453	47931					5866	28630	4984
历下区	5988	3995	－36387					78	101	
市中区	4320	3728	－37999					163	400	
天桥区	6863	2970	6379					97	584	
槐荫区	6377	3089	10914					114	226	
历城区	13201	5959	14733					853	2638	352
长清区	6935	1550	18399					599	4265	392
章丘市	15986	9938	23321					1532	3824	719
平阴县	5959	2507	12685					627	3249	354
济阳县	3971	7367	13406					778	5574	940
商河县	2024	2350	22480					1025	7769	2227
淄博市小计	**120413**	**40337**	**43127**		**1493**		**8412**	**4769**	**17909**	**1628**
本级	36301	16635	－11338	－872	1493		－664	68	－3749	－3712
区县级小计	84112	23702	54465	872			9076	4701	21658	5340
博山区	13763	3552	5984				1372	261	1338	381
淄川区	15224	3670	7811				1484	852	1751	268
张店区	12518	634	4317				626	329	913	82

2-15-6　　　　　　　　　　　　　　　　　　　　　　　　　　　　　　　单位:万元

地区	平衡部分									
	收入								支出	
	财力性转移支付收入									
	结算补助	企事业单位预算划转补助	其他财力性转移支付	专项转移支付	省补助计划单列市收入	上年结余	调入资金	国债转贷收入、上年结余及转补助数	支出合计	本年支出
地市县合计	**-104734**	**69077**	**289361**	**1824959**	**59775**	**1705013**	**88719**	**33492**	**20836436**	**19779298**
青岛市小计	**8814**	**1009**		**125091**	**59775**	**641515**	**715**	**9436**	**3554725**	**3211777**
本级	-49977	1009	-2056	-44004	59775	594894		8724	1426788	1196467
区县级小计	59947		-9733	169095		46621	715	712	2127937	2015310
即墨市	-1037			20528		6527		1132	207261	192438
胶州市	-198			17376		1818			183178	167568
胶南市	-368			20986		30140	715		249538	236617
平度市	2756		37	28874		437			198307	188694
莱西市	-363		921	25969		397			153015	147864
崂山区	-23458			7996		1692			201469	193184
城阳区	20100			12377		1431			169349	160461
黄岛区	412			6132		1766			94060	92786
开发区	1810		-18	1759		316			145858	137538
市南区	10669			8858		445			175125	166729
市北区	24729		-12473	4381		888			134457	128246
四方区	11009		1800	4630		267			74362	69369
李沧区	14043			9033		196			113714	107157
保税区	-157			196		301			28664	26659
济南市小计	**-31715**	**2264**	**15841**	**185000**		**89980**	**41973**	**1414**	**1972660**	**1799787**
本级	-13243	-1323	-7495	67396		71237	35858	1414	924008	811749
区县级小计	-18472	3587	23336	117604		18743	6115		1048652	988038
历下区	-39610	1131	1913	8276		1470			108456	96641
市中区	-39526	321	643	8020		283			100878	90375
天桥区	2108	868	2722	8483		436			87567	79378
槐荫区	6522	889	3163	7275		904			76152	69678
历城区	8874	247	1769	14784		3113			182693	169712
长清区	9340		3803	13580		5214	15		76216	75866
章丘市	15259		1987	18153		1403	6100		231082	223481
平阴县	5632	131	2692	11650		2298			59537	58619
济阳县	3479		2635	13180		3544			70253	69500
商河县	9450		2009	14203		78			55818	54788
淄博市小计	**-12256**	**10373**	**10799**	**115772**		**64076**	**9601**	**3249**	**1266940**	**1175987**
本级	-9473	193	5378	30253		39157		3029	339498	379269
区县级小计	-2783	10180	5421	85519		24919	9601	220	927442	796718
博山区	1280	661	691	8464		7883	3023		97968	75147
淄川区	2782		674	12282		1247	1712		131608	107243
张店区	-1095	2920	542	10170		6442			164838	124910

二、各省、自治区、直辖市地市县一般预算财政资料

2－15－7 单位：万元

地区	平衡部分									
	支出								年终结余	其中：净结余
	财力性转移支付			专项上解	计划单列市上解省	增设预算周转金	调出资金	国债转贷拨付数及年终结余		
	小计	体制上解	出口退税专项上解							
地市县合计	**841992**	**678034**	**163958**	**110932**	**51893**	**1471**	**17358**	**33492**	**2105582**	**45746**
青岛市小计	**274737**	**221376**	**53361**	**2566**	**51893**	**1471**	**2845**	**9436**	**755536**	**11720**
本级	191203	171742	19461	－21499	51893			8724	656131	5514
区县级小计	83534	49634	33900	22155	1910	1471	2845	712	99405	6206
即墨市	10580	6220	4360	2052		1	1058	1132	9745	32
胶州市	12319	6414	5905	2480			811		10095	1717
胶南市	9681	6369	3312	2799			441		36757	1592
平度市	7363	5329	2034	2032			218		465	465
莱西市	3857	1935	1922	977			317		1442	95
崂山区	5490	3481	2009	1444	1351				5106	100
城阳区	6181	1746	4435	2707					26826	31
黄岛区	763	763		511					4688	160
开发区	6162	2086	4076	2158					487	215
市南区	6502	3202	3300	1894					464	464
市北区	4270	4063	207	328	559	1054			954	954
四方区	4203	3833	370	690		100			1491	120
李沧区	5327	4193	1134	914		316			203	203
保税区	836		836	1169					682	58
济南市小计	**161204**	**153902**	**7302**	**7997**			**2258**	**1414**	**165033**	**2534**
本级	118797	115191	3606	－7952				1414	134818	798
区县级小计	42407	38711	3696	15949			2258		30215	1736
历下区	6061	5708	353	5754					701	149
市中区	3874	2890	984	6629					375	100
天桥区	8076	7843	233	113					573	417
槐荫区	5576	5461	115	228			670		995	114
历城区	11400	10728	672	525			1056		4929	562
长清区	20		20	330					4295	95
章丘市	6791	6081	710	810					5798	296
平阴县	415		415	300			203		5628	3
济阳县	123		123	630					6236	
商河县	71		71	630			329		685	
淄博市小计	**77691**	**67685**	**10006**	**10013**				**3249**	**108189**	**7237**
本级	－40603	－42131	1528	－2197				3029	84677	3366
区县级小计	118294	109816	8478	12210				220	23512	3871
博山区	21376	19790	1586	1445					6469	
淄川区	20322	17442	2880	4043					1256	1256
张店区	38466	37225	1241	1462					3620	604

2-15-8 单位:万元

地区	收支部分								
	收入								
	收入合计	税收收入							
		小计	增值税	营业税	企业所得税	个人所得税	资源税	城市维护建设税	耕地占用税
周村区	55120	42862	11870	6622	2534	1090	81	3414	2674
临淄区	149260	119596	31321	19840	23806	3299	1399	10438	339
桓台县	89074	72270	22416	10089	15483	2494	105	4884	3061
高青县	35098	26779	5648	5201	5485	765	47	2833	2437
沂源县	52801	41865	10649	6991	7813	1106	2460	2177	2890
枣庄市小计	**452255**	**343338**	**68160**	**56556**	**49448**	**7215**	**15984**	**47921**	**1923**
本级	119254	103856	26433	17685	28398	2373	9951	7763	
区县级小计	333001	239482	41727	38871	21050	4842	6033	40158	1923
市中区	68138	50544	5850	8375	3007	849	881	1725	201
薛城区	45757	29551	5408	6715	1262	681	504	3573	656
峄城区	22280	15854	5269	1426	4978	238	826	1084	241
山亭区	12110	10367	2050	3178	763	288	188	1552	295
台儿庄区	24700	16700	4116	3055	2807	479	732	1410	58
滕州市	160016	116466	19034	16122	8233	2307	2902	30814	472
烟台市小计	**1408190**	**1074662**	**232612**	**248774**	**141471**	**31502**	**29280**	**65884**	**22889**
本级	225458	179816	35054	57371	39920	7452		13595	
区县级小计	1182732	894846	197558	191403	101551	24050	29280	52289	22889
芝罘区	90236	76962	14999	24588	11555	3194		5827	5482
福山区	63520	54016	12041	13305	4546	1249	1291	3244	501
龙口市	210600	153753	35071	25989	11752	3064	4606	13098	4077
莱阳市	67996	44197	12050	7105	3675	1097	1855	3050	231
蓬莱市	100168	65414	11487	14310	5653	1947	1332	3393	650
招远市	127500	90781	13079	12426	21804	1970	10514	3128	329
莱州市	138137	99431	18329	16875	8930	2847	6945	4691	1402
栖霞市	25602	22698	5691	4678	977	722	1399	2489	1870
海阳市	70009	50468	8657	11441	4860	1023	215	3194	3788
牟平区	56542	40830	10505	9082	3174	1317	438	2741	425
长岛县	6350	4266	508	1893	259	174	375	161	
开发区	160254	135112	45229	26354	19558	4240	9	4230	3425
莱山区	65818	56918	9912	23357	4808	1206	301	3043	709
潍坊市小计	**1105732**	**914531**	**230422**	**183914**	**99439**	**22651**	**39510**	**76787**	**21776**
本级	164130	145516	41791	27773	31526	2407	5263	13871	1353
区县级小计	941602	769015	188631	156141	67913	20244	34247	62916	20423
潍城区	49107	46665	9424	14042	2446	1971	98	5503	4390
坊子区	34330	29254	6843	6547	2345	638	3134	1514	154
寒亭区	60330	52407	10807	6108	2594	766	8468	3242	453
昌邑市	70434	61061	13696	12619	6309	1983	8971	4818	26

二、各省、自治区、直辖市地市县一般预算财政资料

2－15－9 单位：万元

地区	收支部分									
	收入									
	税收收入			非税收入						
	契税	烟叶税	其他各项税收收入	小计	专项收入	行政事业性收费收入	罚没收入	国有资本经营收入	国有资源(资产)有偿使用收入	其他收入
周村区	5523		9054	12258	2254	746	3440	197	5320	301
临淄区	2780		26374	29664	7066	10083	905	11200	113	297
桓台县	8063		5675	16804	3663	5947	5134	2000	60	
高青县	1360		3003	8319	2510	2265	653	2774	117	
沂源县	4800	193	2786	10936	1873		793		73	8197
枣庄市小计	**10849**		**85282**	**108917**	**17649**	**25199**	**27154**	**33040**	**1461**	**4414**
本级	2719		8534	15398	4438	5885	2146	2300	629	
区县级小计	8130		76748	93519	13211	19314	25008	30740	832	4414
市中区	943		28713	17594	952	1326	9652	5616	48	
薛城区	2089		8663	16206	1556	5634	3163	5836	17	
峄城区	646		1146	6426	522	89	2773	2823	19	200
山亭区	295		1758	1743	434	449	832		28	
台儿庄区	400		3643	8000	660	4138	2486	639	77	
滕州市	3757		32825	43550	9087	7678	6102	15826	643	4214
烟台市小计	**101748**		**200502**	**333528**	**42974**	**83164**	**35816**	**123686**	**44563**	**3325**
本级	9280		17144	45642	13212	19032	9570	985	2680	163
区县级小计	92468		183358	287886	29762	64132	26246	122701	41883	3162
芝罘区	3971		7346	13274	2502	1829	2553	5199	591	600
福山区	3214		14625	9504	1771	1326	1471	4576	264	96
龙口市	19416		36680	56847	7475	21023	3986	24116	247	
莱阳市	1714		13420	23799	1770	3144	2374	15927	51	533
蓬莱市	3890		22752	34754	2003	933	907	30797	114	
招远市	9974		17557	36719	3188	6336	2694	12035	12466	
莱州市	22438		16974	38706	2674	4799	5342	9504	16387	
栖霞市	501		4371	2904	1302	190	1399		13	
海阳市	5065		12225	19541	1371	5221	1569	1993	9387	
牟平区	5440		7708	15712	1564	1400	931	11110	105	602
长岛县	256		640	2084	109	343	87	218	20	1307
开发区	10825		21242	25142	2490	17113	2048	1290	2177	24
莱山区	5764		7818	8900	1543	475	885	5936	61	
潍坊市小计	**103199**	**4561**	**132272**	**191201**	**44083**	**40249**	**44050**	**43785**	**3574**	**15460**
本级	13010		8522	18614	8465	4855	7463	－2827	658	
区县级小计	90189	4561	123750	172587	35618	35394	36587	46612	2916	15460
潍城区	2350		6441	2442	2358		10		74	
坊子区	1235		6844	5076	656	1160	2282		978	
寒亭区	16920		3049	7923	1608	3309	2180		826	
昌邑市	5213		7426	9373	3471	2158	2862		622	260

2－15－10 单位:万元

地区	收支部分									
	支出功能分类									
	支出合计	一般公共服务	外交	国防	公共安全	教育	科学技术	文化体育与传媒	社会保障和就业	医疗卫生
周村区	63460	10472		152	3470	14500	1229	603	10282	3000
临淄区	158707	35308		120	6583	45473	1876	2864	18642	8079
桓台县	117325	21338		174	5371	39110	5662	1450	7758	6602
高青县	56759	10151		153	2565	16697	1113	470	7292	3173
沂源县	93167	14876		133	3226	26523	979	1113	14772	5413
枣庄市小计	**681516**	**152961**			**51741**	**134425**	**6920**	**8871**	**109148**	**35422**
本级	173082	28701			23023	16781	1383	4004	54610	7827
区县级小计	508434	124260			28718	117644	5537	4867	54538	27595
市中区	87876	20631			5546	13454	1469	551	7471	3394
薛城区	70560	16770			3655	15803	1770	681	8420	3632
峄城区	45551	11457			2862	10523	623	520	5356	2884
山亭区	38580	9912			1535	12203	529	296	4066	3006
台儿庄区	45478	12272			2638	9081	344	768	4137	1792
滕州市	220389	53218			12482	56580	802	2051	25088	12887
烟台市小计	**1744960**	**228531**		**2784**	**106457**	**314811**	**35410**	**23213**	**226882**	**69914**
本级	325920	33460		1280	47048	21691	8349	8445	26823	9157
区县级小计	1419040	195071		1504	59409	293120	27061	14768	200059	60757
芝罘区	112229	16139		117	7021	28218	1926	393	25475	5287
福山区	74286	10720		195	3422	14163	808	380	12407	2387
龙口市	222582	27458		167	6957	54620	6866	1616	23291	9143
莱阳市	89036	12800			5029	22786	495	949	18814	5230
蓬莱市	122392	16428		201	4881	19806	2197	1161	18593	6088
招远市	145791	26796		207	7957	26711	2614	6353	16172	7422
莱州市	158305	20786		140	9103	34144	3884	1162	27501	7016
栖霞市	58848	9756		159	2129	19723	407	535	11622	3960
海阳市	92120	14612		142	3690	22116	1244	660	18377	4307
牟平区	81057	12180		108	1743	22432	1876	655	15453	3426
长岛县	19635	4008		68	1100	2672	363	378	2407	1368
开发区	176561	12324			4990	17010	3065	412	6765	4093
莱山区	66198	11064			1387	8719	1316	114	3182	1030
潍坊市小计	**1487856**	**270244**		**2064**	**79125**	**386036**	**36847**	**15763**	**95980**	**60933**
本级	291874	53554		691	21162	45647	12518	5173	18781	8342
区县级小计	1195982	216690		1373	57963	340389	24329	10590	77199	52591
潍城区	46000	9890		113	1697	14420	126	294	3756	2347
坊子区	49031	9599		130	2111	10931	1962	512	3213	1713
寒亭区	67866	10884		144	2442	15622	1267	539	4696	3770
昌邑市	93656	13432		13	5441	25573	865	567	6091	5097

二、各省、自治区、直辖市地市县一般预算财政资料

2－15－11

单位:万元

地区	收支部分						平衡部分		
	支出功能分类						收入		
									返还性收入
	环境保护	城乡社区事务	农林水事务	交通运输	工业、商业、金融等事务	其他支出	收入合计	本年收入	小计
周村区	377	3377	5509	215	1280	8994	85107	55120	11899
临淄区	1274	10579	7270	11791	2533	6315	182415	149260	17013
桓台县	1853	5058	6014	933	3622	12380	125932	89074	15792
高青县	638	4491	7583		1464	969	57616	35098	2699
沂源县	1051	5725	11135	1146	6137	938	94125	52801	11050
枣庄市小计	**12791**	**41288**	**49054**	**6351**	**77664**	**－5120**	**750162**	**452255**	**69125**
本级	9273	7273	7972	2161	8506	1568	215621	119254	16196
区县级小计	3518	34015	41082	4190	69158	－6688	534541	333001	52929
市中区	488	2697	3304	945	27792	134	91050	68138	9155
薛城区	763	8152	6651	697	1996	1570	73462	45757	9020
峄城区	456	2996	3658	488	3168	560	46507	22280	4941
山亭区	376	1867	4470	84	2036	－1800	43774	12110	3489
台儿庄区	490	3155	3654	1000	6504	－357	46175	24700	4559
滕州市	945	15148	19345	976	27662	－6795	233573	160016	21765
烟台市小计	**14231**	**406836**	**91298**	**12614**	**71332**	**140647**	**2000859**	**1408190**	**276246**
本级	4249	71793	11696	7612	13776	60541	452896	225458	81824
区县级小计	9982	335043	79602	5002	57556	80106	1547963	1182732	194422
芝罘区	430	13546	1955		1268	10454	121794	90236	16816
福山区	261	22733	3966	134	1512	1198	81113	63520	10174
龙口市	1121	74720	10567	1959	3971	126	234919	210600	27708
莱阳市	775	11658	5423	76	2557	2444	99467	67996	11884
蓬莱市	628	39456	7769	288	2248	2648	131479	100168	17264
招远市	1868	21616	11450	1646	10628	4351	156037	127500	19191
莱州市	1355	18849	11283	237	3495	19350	185795	138137	25093
栖霞市	323	1606	4330		893	3405	68812	25602	8456
海阳市	261	15410	6556	52	2698	1995	98870	70009	7486
牟平区	718	2940	6573	125	2738	10090	84122	56542	14277
长岛县	137	1778	2738		1628	990	20218	6350	1857
开发区	976	94503	5084	445	22307	4587	190897	160254	28359
莱山区	1129	16228	1908	40	1613	18468	74440	65818	5857
潍坊市小计	**19295**	**205218**	**118954**	**16212**	**117948**	**63237**	**1684527**	**1105732**	**224606**
本级	7552	54958	13896	11178	29695	8727	305381	164130	67623
区县级小计	11743	150260	105058	5034	88253	54510	1379146	941602	156983
潍城区	10	2814	2336	56	757	7384	70232	49107	7853
坊子区	15	7635	4044	680	4598	1888	54447	34330	7955
寒亭区	494	5943	4672	530	14365	2498	80654	60330	5350
昌邑市	1361	2111	8048		6322	18735	108220	70434	14379

2－15－12　　　　　　　　　　　　　　　　　　　　　　　　单位:万元

地区	平衡部分									
	收入									
	返还性收入		财力性转移支付收入							
	增值税和消费税税收返还	所得税基数返还	小计	体制补助	一般性转移支付补助	民族地区转移支付补助	调整工资转移支付补助	农村义务教育补助	农村税费改革补助	缓解县乡困难转移支付补助
周村区	9816	2083	5424				800	213	1098	98
临淄区	11960	5053	3510				694	558	2972	577
桓台县	10550	5242	6416				570	835	3316	660
高青县	3368	－669	10029	615			1464	532	5129	1579
沂源县	6913	4137	10974	257			2066	1121	5141	1695
枣庄市小计	**54737**	**14388**	**89270**		**7093**		**27362**	**12599**	**23227**	**10478**
本级	14999	1197	－4564				3726	－810	42	－3710
区县级小计	39738	13191	93834		7093		23636	13409	23185	14188
市中区	6822	2333	6964		355		2693	712	1191	
薛城区	6900	2120	11898		755		3323	2014	2553	2435
峄城区	3305	1636	13766		1310		3321	1419	3073	3778
山亭区	2429	1060	18363		2127		3636	1792	4266	5105
台儿庄区	3254	1305	11551		1596		2661	1162	2706	2489
滕州市	17028	4737	31292		950		8002	6310	9396	381
烟台市小计	**172567**	**103679**	**67562**				**5242**	**6530**	**38537**	**4335**
本级	43153	38671	107324				－7118	12	5979	
区县级小计	129414	65008	－39762				12360	6518	32558	4335
芝罘区	11739	5077	4970					5	199	
福山区	7308	2866	－4460					184	1027	
龙口市	17442	10266	－20687					675	1677	351
莱阳市	8786	3098	－436				1780	997	4093	354
蓬莱市	10042	7222	－4695					492	2164	351
招远市	10747	8444	－8628					682	2373	370
莱州市	16728	8365	－13086					1110	4169	482
栖霞市	7263	1193	14523				4780	883	7333	2063
海阳市	6060	1426	3471				2700	734	3289	364
牟平区	8553	5724	－2776				2400	455	2667	
长岛县	1141	716	6193				700	90	2829	
开发区	20050	8309	－7402					101	422	
莱山区	3555	2302	－6749					110	316	
潍坊市小计	**158124**	**66482**	**148855**		**2540**		**27134**	**14939**	**72767**	**19673**
本级	50129	17494	－13086		2540		－2686	－7677	－814	－4124
区县级小计	107995	48988	161941				29820	22616	73581	23797
潍城区	4304	3549	6712				1694	579	2262	100
坊子区	5366	2589	5513				1106	639	2008	200
寒亭区	3203	2147	8174				1296	722	4279	230
昌邑市	10842	3537	12082				2456	1766	6755	577

二、各省、自治区、直辖市地市县一般预算财政资料

2－15－13

单位：万元

地区	平衡部分									
	收入								支出	
	财力性转移支付收入			专项转移支付	省补助计划单列市收入	上年结余	调入资金	国债转贷收入、上年结余及转补助数	支出合计	本年支出
	结算补助	企事业单位预算划转补助	其他财力性转移支付							
周村区	2402		813	9315		3349			81028	63460
临淄区	-8429	6599	539	7772		4860			176549	158707
桓台县	339		696	9626		1028	3996		123836	117325
高青县	51		659	8878		42	870		57568	56759
沂源县	-113		807	19012		68		220	94047	93167
枣庄市小计	**-8171**	**152**	**16530**	**95282**		**43768**	**462**		**687342**	**681516**
本级	-7948	366	3770	52732		32003			167262	173082
区县级小计	-223	-214	12760	42550		11765	462		520080	508434
市中区	260	453	1300	6664		129			90915	87876
薛城区	-433	-319	1570	6722		65			73373	70560
峄城区	-324	-314	1503	5146		345	29		45988	45551
山亭区	-159	-473	2069	6771		2962	79		38865	38580
台儿庄区	-51	-176	1164	4940		71	354		46043	45478
滕州市	484	615	5154	12307		8193			224896	220389
烟台市小计	**-3087**		**16005**	**146845**		**86874**	**324**	**14818**	**1889196**	**1744960**
本级	92210	5758	10483	-2290		26970		13610	428337	325920
区县级小计	-95297	-5758	5522	149135		59904	324	1208	1460859	1419040
芝罘区	6035	-1782	513	7813		1959			119778	112229
福山区	-4637	-1383	349	7103		4776			76115	74286
龙口市	-24313	107	816	12388		4322		588	228734	222582
莱阳市	-8236	92	484	15575		4448			92284	89036
蓬莱市	-8014	65	247	14538		4204			124720	122392
招远市	-12497	78	366	13890		4084			147636	145791
莱州市	-19541	104	590	15166		19975		510	162326	158305
栖霞市	-891	62	293	15313		4918			60083	58848
海阳市	-4052	52	384	15369		2535			93160	92120
牟平区	-6578	-2026	306	14526		1359	194		82757	81057
长岛县	1943	12	619	5583		105	130		19828	19635
开发区	-8435	34	476	6900		2786			185185	176561
莱山区	-6081	-1173	79	4971		4433		110	68253	66198
潍坊市小计	**-12960**		**24762**	**132975**		**70621**	**1496**	**242**	**1604104**	**1487856**
本级	-42		-283	20524		65129	1061		232082	291874
区县级小计	-12918		25045	112451		5492	435	242	1372022	1195982
潍城区	-1		2078	6155		405			69912	46000
坊子区	144		1416	6402		247			54325	49031
寒亭区	-153		1800	5923		877			80577	67866
昌邑市	-1221		1749	9221		1669	435		104548	93656

2－15－14

单位:万元

地区	平衡部分									
	支出								年终结余	其中:净结余
	财力性转移支付									
	小计	体制上解	出口退税专项上解	专项上解	计划单列市上解省	增设预算周转金	调出资金	国债转贷拨付数及年终结余		
周村区	16201	15622	579	1367					4079	
临淄区	15818	15273	545	2024					5866	1327
桓台县	5311	4464	847	1200					2096	558
高青县	354		354	455					48	48
沂源县	446		446	214				220	78	78
枣庄市小计	**1235**		**1235**	**4591**					**62820**	**1594**
本级	－7852	－7779	－73	2032					48359	758
区县级小计	9087	7779	1308	2559					14461	836
市中区	2802	2569	233	237					135	135
薛城区	2396	2350	46	417					89	65
峄城区	80		80	357					519	35
山亭区	75		75	210					4909	151
台儿庄区	145		145	420					132	64
滕州市	3589	2860	729	918					8677	386
烟台市小计	**122820**	**94355**	**28465**	**6598**				**14818**	**111663**	**2979**
本级	91187	87223	3964	－2380				13610	24559	1091
区县级小计	31633	7132	24501	8978				1208	87104	1888
芝罘区	7549	6023	1526						2016	126
福山区	1613		1613	216					4998	240
龙口市	3624		3624	1940				588	6185	117
莱阳市	1971		1971	1277					7183	216
蓬莱市	909		909	1419					6759	188
招远市	1365		1365	480					8401	256
莱州市	2567		2567	944				510	23469	157
栖霞市	173		173	1062					8729	188
海阳市	650		650	390					5710	85
牟平区	1268		1268	432					1365	48
长岛县	119		119	74					390	79
开发区	8552	1109	7443	72					5712	138
莱山区	1273		1273	672				110	6187	50
潍坊市小计	**108636**	**92076**	**16560**	**7370**				**242**	**80423**	**4406**
本级	43383	40032	3351	－103175					73299	1905
区县级小计	65253	52044	13209	110545				242	7124	2501
潍城区	890	732	158	23022					320	300
坊子区	1761	934	827	3533					122	72
寒亭区	576	255	321	12135					77	27
昌邑市	9278	7853	1425	1614					3672	458

二、各省、自治区、直辖市地市县一般预算财政资料

2－15－15　　　　单位：万元

地区	收支部分								
	收入								
	收入合计	税收收入							
		小计	增值税	营业税	企业所得税	个人所得税	资源税	城市维护建设税	耕地占用税
昌乐县	55100	36819	11046	7632	2811	798	1655	1888	403
安丘市	38307	34228	11535	8105	2971	1199	336	2983	194
寿光市	170016	132652	34598	18207	16304	3760	7496	8036	2878
青州市	97198	79430	22029	12151	6208	2342	1513	13698	963
高密市	95638	76671	19373	18560	7515	1440	1039	6254	4695
诸城市	163169	124337	26197	17545	12713	1856	1324	7185	5942
临朐县	25377	23308	6469	7083	1292	1003	203	1470	127
奎文区	82596	72183	16614	27542	4405	2488	10	6325	198
济宁市小计	**1012158**	**767167**	**202644**	**143174**	**152682**	**28192**	**40575**	**62535**	**29210**
本级	301178	247676	57242	32737	96419	6430	2337	10720	9311
区县级小计	710980	519491	145402	110437	56263	21762	38238	51815	19899
市中区	31240	27235	4049	13267	2572	639		1859	28
任城区	66366	55497	10753	9452	3241	2701	9306	10069	2801
兖州市	132390	88710	33045	13352	12098	3479	4308	7704	1056
曲阜市	70051	35420	7616	7704	6337	1517	997	2965	3648
泗水县	20006	16187	4742	2658	686	390	2553	629	1895
邹城市	193027	132969	39302	29699	7598	6160	7760	15940	2084
微山县	78086	64077	22514	9251	6311	3120	7628	6862	2853
鱼台县	22906	18638	4685	4432	4704	630	510	999	770
金乡县	17898	13790	3189	4652	1195	641	255	733	667
嘉祥县	33668	27367	6260	6001	3538	915	3148	1610	1230
汶上县	27057	25374	6001	4906	7023	909	1770	1574	1373
梁山县	18285	14227	3246	5063	960	661	3	871	1494
临沂市小计	**687497**	**511114**	**118732**	**127541**	**72400**	**15676**	**8664**	**34655**	**22537**
本级	241078	174551	39501	47090	28023	5182	137	13467	2049
区县级小计	446419	336563	79231	80451	44377	10494	8527	21188	20488
郯城县	40096	27199	6666	6899	4142	894	672	1335	1360
苍山县	26348	19874	4631	6123	1441	606	2740	899	563
莒南县	32925	22547	5149	6685	1706	802	330	1063	1759
沂水县	48450	35397	8583	7928	5581	1247	1963	1816	394
蒙阴县	15776	12136	3748	3558	929	446	177	626	95
平邑县	32326	21983	3666	5047	3003	685	1136	1014	2904
费县	35162	25323	5324	7542	1920	750	353	1534	1037
沂南县	24136	18198	3814	5083	1665	788	976	909	577
临沭县	27481	22635	5015	4894	3497	680	43	926	811
兰山区	101009	80730	15563	21473	9084	2346	39	7041	6202
罗庄区	41720	37448	14423	3075	10399	922	89	3296	996

2-15-16

单位:万元

地区	收支部分									
	收入									
	税收收入			非税收入						
	契税	烟叶税	其他各项税收收入	小计	专项收入	行政事业性收费收入	罚没收入	国有资本经营收入	国有资源(资产)有偿使用收入	其他收入
昌乐县	1759	283	8544	18281	1931	3863	3825		10	8652
安丘市	685	429	5791	4079	1770	493	1704		112	
寿光市	17800		23573	37364	5386	7052	9264	12800	40	2822
青州市	9046	25	11455	17768	6885	2000	5009	3330	123	421
高密市	667	384	16744	18967	3377	8270	2692	4236	31	361
诸城市	26400	2739	22436	38832	3939	4742	3884	26246	15	6
临朐县	662	701	4298	2069	1519	297	229		24	
奎文区	7452		7149	10413	2718	2050	2646		61	2938
济宁市小计	**25210**		**82945**	**244991**	**55533**	**129674**	**23569**	**18138**	**10712**	**7365**
本级	12002		20478	53502	13245	26975	4164	404	8371	343
区县级小计	13208		62467	191489	42288	102699	19405	17734	2341	7022
市中区			4821	4005	809	2455	670		71	
任城区	968		6206	10869	6637	3346	869	1	16	
兖州市	2929		10739	43680	4766	30873	1288	378	39	6336
曲阜市	949		3687	34631	8869	8547	1431	15740	44	
泗水县	891		1743	3819	827	376	930		1661	25
邹城市	3397		21029	60058	10311	46970	1996	615	166	
微山县	286		5252	14009	5228	4190	2863	1000	67	661
鱼台县	519		1389	4268	841	1566	1804		57	
金乡县	712		1746	4108	597	995	2491		25	
嘉祥县	1889		2776	6301	1369	2037	2863		32	
汶上县	331		1487	1683	1256	17	371		39	
梁山县	337		1592	4058	778	1327	1829		124	
临沂市小计	**23458**	**4594**	**82857**	**176383**	**31569**	**48343**	**47152**	**34046**	**15201**	**72**
本级	12883		26219	66527	7920	19610	6813	20570	11614	
区县级小计	10575	4594	56638	109856	23649	28733	40339	13476	3587	72
郯城县	881	44	4306	12897	1439	1232	2901	7282	43	
苍山县	449	207	2215	6474	1183	712	4397		182	
莒南县	804	283	3966	10378	2536	3167	3248	1401	26	
沂水县	765	1117	6003	13053	3995	4634	3643	716	65	
蒙阴县	301	367	1889	3640	787	415	2388		50	
平邑县	1213	538	2777	10343	1691	3502	3560	1375	215	
费县	36	1310	5517	9839	1638	415	2456	2686	2644	
沂南县	813	611	2962	5938	871	1745	3147		103	72
临沭县	214	117	6438	4846	1239	1305	2218		84	
兰山区	5099		13883	20279	6334	5832	7983		130	
罗庄区			4248	4272	1557	1667	1023		25	

二、各省、自治区、直辖市地市县一般预算财政资料

2－15－17

单位:万元

地区	收支部分									
	支出功能分类									
	支出合计	一般公共服务	外交	国防	公共安全	教育	科学技术	文化体育与传媒	社会保障和就业	医疗卫生
昌乐县	81219	19319		187	4563	21789	931	556	5393	4110
安丘市	90163	13034			5445	32399	2159	495	5745	6691
寿光市	202688	34607			9651	57873	3078	2179	8651	5467
青州市	120683	22906		110	6894	38281	2676	1454	9779	3902
高密市	123593	25470			6097	36185	3738	1141	5742	6607
诸城市	194325	30085		153	6837	47772	5136	1511	14977	7461
临朐县	70104	12399		364	3118	25956	1263	862	4765	3653
奎文区	56654	15065		159	3667	13588	1128	480	4391	1773
济宁市小计	**1429435**	**268669**		**1417**	**87698**	**348158**	**25917**	**24650**	**92552**	**66618**
本级	381066	55857		615	37203	43695	13943	8139	20251	11778
区县级小计	1048369	212812		802	50495	304463	11974	16511	72301	54840
市中区	38813	10470			2013	14347	510	736	5786	1377
任城区	82861	20074		143	2397	30299	1076	846	3679	6311
兖州市	153002	24386		86	6131	33538	1567	2027	11309	7640
曲阜市	96829	21650			4811	20464	708	3185	4124	4889
泗水县	53184	13212			2399	15386	991	662	3560	3478
邹城市	202940	38309		440	10084	63470	2269	4178	14744	8147
微山县	103209	20858			5809	32713	1398	993	6339	4588
鱼台县	49800	10315			3096	13966	715	680	2493	2850
金乡县	55261	11373			3125	16558	618	333	3306	2946
嘉祥县	78016	16029			4026	23413	1176	1072	4507	4237
汶上县	71273	15731		133	3183	24045	215	1254	2934	4567
梁山县	63181	10405			3421	16264	731	545	9520	3810
临沂市小计	**1271190**	**239247**		**2067**	**90136**	**328050**	**16782**	**18005**	**145836**	**79101**
本级	276246	36494		853	35623	37367	6005	9321	21121	9870
区县级小计	994944	202753		1214	54513	290683	10777	8684	124715	69231
郯城县	89235	16541		97	4553	25788	1182	695	10945	5898
苍山县	91190	21445		71	4967	25415	568	807	12844	6397
莒南县	89575	9962		88	3412	32197	1336	913	14075	6596
沂水县	108486	25276			5389	29632	910	931	14069	7670
蒙阴县	57788	11507			2788	15485	705	449	7681	3870
平邑县	83356	15459		62	5860	21341	769	823	10633	5459
费县	88674	16898			4041	24901	672	905	10090	6243
沂南县	77621	15046		115	4501	22318	1221	660	12504	9075
临沭县	64979	10547		81	4068	19245	1007	653	11261	5507
兰山区	129381	26240		189	7456	42594	642	1458	11934	6678
罗庄区	60880	15984		454	4023	17742	1227	208	4793	2598

2－15－18

单位:万元

地区	收支部分						平衡部分		
	支出功能分类						收入		
	环境保护	城乡社区事务	农林水事务	交通运输	工业、商业、金融等事务	其他支出	收入合计	本年收入	返还性收入 小计
昌乐县	1402	2040	7939	278	2430	10282	85524	55100	8880
安丘市	565	3156	13268	308	2740	4158	103425	38307	18069
寿光市	4485	30823	14908	1522	28696	748	219890	170016	23029
青州市	1603	19738	12484	721	3210	－3075	136886	97198	16053
高密市	419	11913	10593	92	11557	4039	135231	95638	15697
诸城市	793	53006	15621		8382	2591	210929	163169	20443
临朐县	566	4707	9450	541	2024	436	74221	25377	10308
奎文区	30	6374	1695	306	3172	4826	99487	82596	8967
济宁市小计	**24645**	**136325**	**130996**	**33273**	**74414**	**114103**	**1576118**	**1012158**	**153439**
本级	9952	70715	23398	18827	29014	37679	442784	301178	40617
区县级小计	14693	65610	107598	14446	45400	76424	1133334	710980	112822
市中区		1858	527	227	837	125	43337	31240	4998
任城区	1357	3712	9286	1077	1481	1123	84096	66366	6076
兖州市	1935	17829	13344	364	9086	23760	162195	132390	18517
曲阜市	607	2214	5237	125	1652	27163	111015	70051	17361
泗水县	982	2690	6280	572	2443	529	60436	20006	5940
邹城市	1989	17995	23546	2478	7091	8200	226401	193027	20306
微山县	1357	5780	9575	4583	4870	4346	104579	78086	9407
鱼台县	947	1619	5725	131	2888	4375	57241	22906	6167
金乡县	1076	973	7643	1112	2518	3680	58148	17898	6204
嘉祥县	1982	5967	8323	2372	4851	61	80845	33668	6285
汶上县	866	3929	9694	651	3633	438	78031	27057	5441
梁山县	1595	1044	8418	754	4050	2624	67010	18285	6120
临沂市小计	**20866**	**104463**	**125765**	**15451**	**54390**	**31031**	**1353510**	**687497**	**164928**
本级	6281	51845	9787	7512	26897	17270	348782	241078	64631
区县级小计	14585	52618	115978	7939	27493	13761	1004728	446419	100297
郯城县	1758	3546	8985	499	3326	5422	90735	40096	10318
苍山县	1002	3262	9734	1126	4131	－579	92386	26348	10033
莒南县	1366	2638	14804	1587	2650	－2049	91328	32925	8359
沂水县	2445	3466	17114	833	3341	－2590	109423	48450	10635
蒙阴县	1218	1276	9945	450	1176	1238	58619	15776	8356
平邑县	1926	6417	12033	367	2908	－701	84778	32326	8381
费县	1982	4032	13466	398	2173	2873	90150	35162	9867
沂南县	702	1969	7213	687	1601	9	78657	24136	9341
临沭县	1244	1485	9048	574	2464	－2205	66446	27481	8198
兰山区	440	17411	6044	272	1499	6524	132762	101009	7616
罗庄区	137	4162	4156		940	4456	61985	41720	6883

二、各省、自治区、直辖市地市县一般预算财政资料

2－15－19　　　　　　　　　　　　　　　　　　　　单位：万元

地区	平衡部分									
	收入									
	返还性收入		财力性转移支付收入							
	增值税和消费税税收返还	所得税基数返还	小计	体制补助	一般性转移支付补助	民族地区转移支付补助	调整工资转移支付补助	农村义务教育补助	农村税费改革补助	缓解县乡困难转移支付补助
昌乐县	6619	2261	13650				2816	2056	8209	253
安丘市	12978	5091	31669				6380	4369	10254	9960
寿光市	14543	8486	13352				1318	2147	8370	446
青州市	12519	3534	11775				1616	2285	7363	438
高密市	11330	4367	14764				3022	2099	8140	1026
诸城市	12503	7940	14238				1226	3009	7798	777
临朐县	6974	3334	26569				5804	2780	7352	9790
奎文区	6814	2153	3443				1086	165	791	
济宁市小计	**124072**	**29367**	**170452**		**6438**		**25722**	**18406**	**54784**	**47777**
本级	42779	－2162	－3471		－8886		－1000	－1726	1299	－17669
区县级小计	81293	31529	173923		15324		26722	20132	53485	65446
市中区	3637	1361	1723		500			62	106	
任城区	4348	1728	6244		400			974	3435	687
兖州市	12909	5608	2256					549	1929	647
曲阜市	12780	4581	4804					951	3969	498
泗水县	4379	1561	21219		1456		4156	1667	5131	8664
邹城市	15538	4768	－5447					1642	4184	597
微山县	7082	2325	7123		100			1756	3152	350
鱼台县	5162	1005	17143		1922		3270	1709	4551	9477
金乡县	3619	2585	25660		1389		4370	2031	8234	7884
嘉祥县	4455	1830	30888		2855		5132	3141	6129	13983
汶上县	3271	2170	31852		2902		4930	2915	6499	13430
梁山县	4113	2007	30458		3800		4864	2735	6166	9229
临沂市小计	**123319**	**41609**	**297977**		**14724**		**68132**	**29367**	**86699**	**61434**
本级	56666	7965	－22640		－1336		388	－2019	－620	－6078
区县级小计	66653	33644	320617		16060		67744	31386	87319	67512
郯城县	6868	3450	31554		1267		6334	3760	8900	7169
苍山县	8102	1931	41845		3054		7070	3793	12152	10696
莒南县	5961	2398	35444		2335		6788	3693	10676	8049
沂水县	7260	3375	35716		1530		7128	2859	9955	8982
蒙阴县	5849	2507	19071		665		3908	1438	4751	5651
平邑县	5912	2469	31038		1483		6252	2934	8368	8052
费县	7260	2607	31452		1635		6354	2932	9251	7346
沂南县	6899	2442	33573		1683		6382	2850	8870	9631
临沭县	5756	2442	19456		776		6590	1863	6149	1525
兰山区	2769	4847	17256		238		4650	2295	2754	
罗庄区	3195	3688	7570		236		1964	1294	1518	

2－15－20

单位:万元

地区	平衡部分									
	收入								支出	
	财力性转移支付收入			专项转移支付	省补助计划单列市收入	上年结余	调入资金	国债转贷收入、上年结余及转补助数	支出合计	本年支出
	结算补助	企事业单位预算划转补助	其他财力性转移支付							
昌乐县	－1149		1465	7704		190			85352	81219
安丘市	－2077		2783	14759		379		242	102723	90163
寿光市	－2037		3108	13243		250			219790	202688
青州市	－1975		2048	11235		625			136251	120683
高密市	－1881		2358	8834		298			134911	123593
诸城市	－1603		3031	12837		242			210650	194325
临朐县	－1140		1983	11667		300			73526	70104
奎文区	175		1226	4471		10			99457	56654
济宁市小计	**－6019**	**333**	**23011**	**101611**		**134048**	**4410**		**1454802**	**1429435**
本级	27813		－3302	19737		84723			383649	381066
区县级小计	－33832	333	26313	81874		49325	4410		1071153	1048369
市中区	473	19	563	1833		3543			39079	38813
任城区	－683		1431	4087		1048	275		83413	82861
兖州市	－2370	149	1352	6563		2437	32		158323	153002
曲阜市	－3098		2484	7904		9222	1673		99555	96829
泗水县	－2691		2836	6782		6369	120		53968	53184
邹城市	－14468	165	2433	6031		10649	1835		210957	202940
微山县	121		1644	9308		655			103888	103209
鱼台县	－5520		1734	5978		5047			50617	49800
金乡县	－1341		3093	7279		1107			56071	55261
嘉祥县	－3225		2873	7203		2801			78966	78016
汶上县	－1940		3116	7959		5247	475		72067	71273
梁山县	910		2754	10947		1200			64249	63181
临沂市小计	**－3241**	**85**	**40777**	**142408**		**54669**	**4966**	**1065**	**1287782**	**1271190**
本级	－13200	224	1	10901		53255	1152	405	283685	276246
区县级小计	9959	－139	40776	131507		1414	3814	660	1004097	994944
郯城县	324		3800	8146		621			90665	89235
苍山县	107		4973	14157		3			92222	91190
莒南县	－65		3968	14079		521			91228	89575
沂水县	465		4797	14610		10	2		109413	108486
蒙阴县	81		2577	13402			1929	85	58619	57788
平邑县	89		3860	13024		9			84749	83356
费县	－61		3995	13233			371	65	90150	88674
沂南县	－96		4253	11241			366		78636	77621
临沭县	－389		2942	10811		210		290	66249	64979
兰山区	4372	349	2598	6641		10	100	130	132752	129381
罗庄区	1664	－187	1081	5203		20	589		61965	60880

二、各省、自治区、直辖市地市县一般预算财政资料

2－15－21 单位:万元

地区	平衡部分									
	支出								年终结余	其中:净结余
	财力性转移支付			专项上解	计划单列市上解省	增设预算周转金	调出资金	国债转贷拨付数及年终结余		
	小计	体制上解	出口退税专项上解							
昌乐县	1253	718	535	2880					172	172
安丘市	9948	8181	1767	2370				242	702	220
寿光市	11901	9158	2743	5201					100	
青州市	4902	4301	601	10666					635	625
高密市	7611	5703	1908	3707					320	300
诸城市	10740	8549	2191	5585					279	219
临朐县	881	637	244	2541					695	98
奎文区	5512	5023	489	37291					30	10
济宁市小计	**12472**	**9292**	**3180**	**12895**					**121316**	**5187**
本级	－2250	－4154	1904	4833					59135	2270
区县级小计	14722	13446	1276	8062					62181	2917
市中区	266		266						4258	145
任城区				552					683	49
兖州市	4755	4755		566					3872	476
曲阜市	1830	1454	376	896					11460	462
泗水县	51		51	733					6468	146
邹城市	7237	7237		780					15444	1047
微山县	36		36	643					691	371
鱼台县	60		60	757					6624	36
金乡县	335		335	475					2077	
嘉祥县	126		126	824					1879	52
汶上县				794					5964	133
梁山县	26		26	1042					2761	
临沂市小计	**7843**		**7843**	**7684**				**1065**	**65728**	**1441**
本级	2025	－115	2140	5009				405	65097	1227
区县级小计	5818	115	5703	2675				660	631	214
郯城县	704	540	164	726					70	50
苍山县	197		197	835					164	3
莒南县	790		790	863					100	
沂水县	563		563	364					10	10
蒙阴县	563	490	73	183				85		
平邑县	359		359	1034					29	9
费县	725		725	686				65		
沂南县	173		173	842					21	
临沭县	496		496	484				290	197	102
兰山区	1415		1415	1826				130	10	10
罗庄区	605	212	393	480					20	20

2－15－22 单位:万元

地区	收支部分								
	收入								
	收入合计	税收收入							
		小计	增值税	营业税	企业所得税	个人所得税	资源税	城市维护建设税	耕地占用税
河东区	20990	13093	2649	2144	1010	328	9	729	3790
泰安市小计	**641950**	**467458**	**89739**	**84038**	**39158**	**12167**	**22294**	**30483**	**60016**
本级	176729	119233	15307	38529	20137	4379	8	6544	14923
区县级小计	465221	348225	74432	45509	19021	7788	22286	23939	45093
新泰市	162966	117759	22043	10116	7688	2446	6084	8572	25705
宁阳县	44966	36768	9845	4591	2777	1184	3476	1953	6674
东平县	37391	25799	3775	4296	628	588	5726	745	2047
肥城市	128116	92884	26054	11896	3114	2077	6049	7818	8126
泰山区	61066	50688	7221	8553	2416	816	22	2562	2309
岱岳区	30716	24327	5494	6057	2398	677	929	2289	232
聊城市小计	**423966**	**311476**	**94940**	**72286**	**51002**	**10250**	**1933**	**22083**	**6922**
本级	128716	103938	27207	35981	21832	3746		5531	550
区县级小计	295250	207538	67733	36305	29170	6504	1933	16552	6372
东昌府区	40020	31235	5065	8900	3387	2023	14	2191	330
临清市	44355	30061	9700	3569	1809	751	732	3695	1454
阳谷县	19533	13597	3446	3303	1090	575	19	888	1454
莘县	18775	13429	6021	1827	930	692	39	1563	261
茌平县	75100	65154	30527	8775	14031	1011	79	4596	191
东阿县	20240	14217	5535	3255	2126	418	10	1358	64
冠县	16517	11268	3950	2210	457	398	43	1002	1214
高唐县	60710	28577	3489	4466	5340	636	997	1259	1404
菏泽市小计	**421122**	**320507**	**53588**	**87685**	**28868**	**6924**	**29686**	**18043**	**15937**
本级	83654	50721	8922	11696	11886	1679	429	4053	4283
区县级小计	337468	269786	44666	75989	16982	5245	29257	13990	11654
牡丹区	56788	47773	6441	13868	3599	842	1331	2054	1891
曹县	40896	31829	8467	7088	1927	844	2385	1794	4615
定陶县	20700	16146	2108	3403	1641	346	3867	531	534
成武县	25231	19689	2633	3435	1130	295	3515	596	246
单县	38536	30165	3567	11790	844	753	3192	1190	614
巨野县	32598	25696	2044	9676	2686	418	1983	1100	2351
郓城县	53590	42725	5876	12386	2006	822	7578	1302	344
鄄城县	22511	19041	3012	7472	420	329	3182	600	17
东明县	46618	36722	10518	6871	2729	596	2224	4823	1042
德州市小计	**420074**	**299843**	**74120**	**70613**	**40202**	**9712**	**1629**	**24359**	**5571**
本级	113307	95586	32848	30663	15349	4158		11526	
区县级小计	306767	204257	41272	39950	24853	5554	1629	12833	5571
德城区	67576	59925	13138	15048	8908	2094	95		100

二、各省、自治区、直辖市地市县一般预算财政资料

2－15－23　　　　　　　　　　　　　　　　　　　　单位:万元

地区	收支部分									
	收入									
	税收收入			非税收入						
	契税	烟叶税	其他各项税收收入	小计	专项收入	行政事业性收费收入	罚没收入	国有资本经营收入	国有资源(资产)有偿使用收入	其他收入
河东区			2434	7897	379	4107	3375	16	20	
泰安市小计	**62630**		**66933**	**174492**	**25113**	**69417**	**26202**	**32096**	**3500**	**18164**
本级	6910		12496	57496	8694	30878	5483	3572	445	8424
区县级小计	55720		54437	116996	16419	38539	20719	28524	3055	9740
新泰市	11193		23912	45207	4314	5482	5993	24313	126	4979
宁阳县	3581		2687	8198	2116	1168	4343	1	570	
东平县	4906		3088	11592	1409	1984	4428	3428	340	3
肥城市	14460		13290	35232	5648	21279	2996	200	414	4695
泰山区	19709		7080	10378	1096	5625	1513	582	1562	
岱岳区	1871		4380	6389	1836	3001	1446		43	63
聊城市小计	**7364**		**44696**	**112490**	**16815**	**42332**	**29832**	**17609**	**2063**	**3839**
本级	896		8195	24778	3952	14943	5204		679	
区县级小计	6468		36501	87712	12863	27389	24628	17609	1384	3839
东昌府区	3133		6192	8785	2321	309	5463	680	12	
临清市	643		7708	14294	1993	2584	2411	7215	89	2
阳谷县	446		2376	5936	835	2905	1937	147	112	
莘县	131		1965	5346	1131	1735	2453		27	
茌平县	340		5604	9946	3473	1628	2720	－1719	741	3103
东阿县	82		1369	6023	1130	1339	1280	1865	367	42
冠县	191		1803	5249	875	1795	2021	530	28	
高唐县	1502		9484	32133	1105	15094	6343	8891	8	692
菏泽市小计	**9495**		**70281**	**100615**	**14751**	**31844**	**49719**	**498**	**1331**	**2472**
本级	2035		5738	32933	4921	10642	15428	266	152	1524
区县级小计	7460		64543	67682	9830	21202	34291	232	1179	948
牡丹区	2887		14860	9015	1000	3626	4225	50	114	
曹县	530		4179	9067	1235	2540	5138		104	50
定陶县	669		3047	4554	463	1500	2503		88	
成武县	463		7376	5542	520	2671	2733	－425	43	
单县	444		7771	8371	1394	2127	4782		68	
巨野县	1344		4094	6902	736	3567	2210	－22	400	11
郓城县	645		11766	10865	1275	2469	6877	213	31	
鄄城县	182		3827	3470	585	1032	1211		65	577
东明县	296		7623	9896	2622	1670	4612	416	266	310
德州市小计	**12965**		**60672**	**120231**	**16828**	**82583**	**17224**	**1839**	**1757**	
本级			1042	17721	8320	4684	3276		1441	
区县级小计	12965		59630	102510	8508	77899	13948	1839	316	
德城区	5413		15129	7651	27	4422	3149		53	

2－15－21

单位:万元

地区	收支部分 支出功能分类 支出合计	一般公共服务	外交	国防	公共安全	教育	科学技术	文化体育与传媒	社会保障和就业	医疗卫生
河东区	53779	17848		57	3455	14025	538	182	3886	3240
泰安市小计	**1045857**	**140377**		**4167**	**55736**	**165343**	**16443**	**8842**	**222568**	**48757**
本级	211036	41452		3000	28220	22113	3859	3886	26253	13602
区县级小计	834821	98925		1167	27516	143230	12584	4956	196315	35155
新泰市	236848	28463		495	9199	36142	3089	1899	52812	10103
宁阳县	92173	13447		98	5530	23136	1454	581	8752	6214
东平县	100144	15243		112	3709	16547	2167	719	13964	4523
肥城市	255776	17617		75	5859	30723	2732	861	102627	7136
泰山区	75700	12685		300	2224	16316	1998	357	6309	2418
岱岳区	74180	11470		87	995	20366	1144	539	11851	4761
聊城市小计	**750385**	**160931**		**827**	**52004**	**164740**	**11141**	**13252**	**69578**	**49420**
本级	137134	33430		176	23530	18419	2723	5334	7510	10409
区县级小计	613251	127501		651	28474	146321	8418	7918	62068	39011
东昌府区	79016	17099		117	4446	17891	1176	696	11742	5006
临清市	75389	15230		111	3658	16709	1103	766	10303	5237
阳谷县	64449	16088			4021	20997	989	746	6751	4278
莘县	66527	18737		146	3577	20331	1081	838	8129	4396
茌平县	117746	17746		136	2908	25927	1725	2612	6347	7338
东阿县	53377	15331			3527	14259	676	713	2886	3791
冠县	65004	13733			2692	19036	669	539	9729	4745
高唐县	91743	13537		141	3645	11171	999	1008	6181	4220
菏泽市小计	**955282**	**201047**			**49654**	**223304**	**11842**	**10262**	**148064**	**61540**
本级	124966	28342			21984	20144	909	1861	14683	5077
区县级小计	830316	172705			27670	203160	10933	8401	133381	56463
牡丹区	122617	26500			3278	31837	2608	732	22873	8118
曹县	113317	28192			3584	29321	1210	1350	15193	7192
定陶县	58350	11862			1874	16439	610	665	12255	3239
成武县	68463	11780			2685	16025	1842	600	11619	4936
单县	104962	19019			3380	24039	147	1131	16852	6944
巨野县	87416	23853			3034	18522	840	863	13857	5461
郓城县	112034	19699			4296	28368	1718	1183	17803	7519
鄄城县	68688	13350			2423	18169	728	1027	10445	4795
东明县	94469	18450			3116	20440	1230	850	12484	8259
德州市小计	**770284**	**121145**		**944**	**41979**	**158505**	**9699**	**12034**	**82489**	**45443**
本级	103337	13390		455	12449	14489	1124	2922	10521	3476
区县级小计	666947	107755		489	29530	144016	8575	9112	71968	41967
德城区	95008	19343		122	3608	15338	522	606	8408	3279

二、各省、自治区、直辖市地市县一般预算财政资料

2－15－25

单位:万元

地　　区	收支部分						平衡部分		
	支出功能分类						收入		
	环境保护	城乡社区事务	农林水事务	交通运输	工业、商业、金融等事务	其他支出	收入合计	本年收入	返还性收入 小计
河东区	365	2954	3436	1146	1284	1363	47459	20990	2310
泰安市小计	**10447**	**96633**	**86797**	**6136**	**120180**	**63431**	**1120829**	**641950**	**89277**
本级	4596	36666	8123	2545	18882	－2161	245913	176729	24134
区县级小计	5851	59967	78674	3591	101298	65592	874916	465221	65143
新泰市	1276	19010	15273	824	50760	7503	247127	162966	18947
宁阳县	1874	16159	9558	1131	7679	－3440	99303	44966	9332
东平县	464	2184	26988	59	4422	9043	101028	37391	6159
肥城市	1248	13287	17556	600	35991	19464	265792	128116	19891
泰山区	635	2089	2677	977	1808	24907	78238	61066	6421
岱岳区	354	7238	6622		638	8115	83428	30716	4393
聊城市小计	**10913**	**73283**	**70451**	**12819**	**56381**	**4645**	**872225**	**423966**	**119176**
本级	5046	14443	7099	3870	6960	－1815	172216	128716	22905
区县级小计	5867	58840	63352	8949	49421	6460	700009	295250	96271
东昌府区	203	4352	7972	1035	6311	970	90876	40020	15639
临清市	631	7456	7102	936	3298	2849	84769	44355	13335
阳谷县	768	1286	6311	65	2153	－4	76302	19533	9257
莘县	635	902	8381	527	1365	－2518	86657	18775	7659
茌平县	1827	18220	9751	4008	16055	3146	126516	75100	24092
东阿县	412	1386	8813	818	2339	－1574	59651	20240	6798
冠县	549	2292	7277	522	1312	1909	73762	16517	5766
高唐县	842	22946	7745	1038	16588	1682	101476	60710	13725
菏泽市小计	**14656**	**39049**	**103749**	**15329**	**60977**	**15809**	**1097485**	**421122**	**100330**
本级	3414	8848	7012	7162	6198	－668	189508	83654	46714
区县级小计	11242	30201	96737	8167	54779	16477	907977	337468	53616
牡丹区	1347	4857	9098	1095	7527	2747	130799	56788	8493
曹县	1568	5665	13509	1750	3164	1619	125641	40896	7725
定陶县	1269	1428	6409	551	676	1073	65454	20700	4026
成武县	1039	864	6594	1181	8244	1054	73150	25231	4932
单县	1639	5625	12190	467	12206	1323	113385	38536	5832
巨野县	870	4588	7399	883	3336	3910	95249	32598	4462
郓城县	968	1832	16269	505	9937	1937	123479	53590	4781
鄄城县	307	1604	10669	210	6811	－1850	80359	22511	4664
东明县	2235	3738	14600	1525	2878	4664	100461	46618	8701
德州市小计	**14136**	**77891**	**95749**	**7075**	**73856**	**29339**	**918888**	**420074**	**103400**
本级	6767	12020	7161	4506	7143	6914	225197	113307	30994
区县级小计	7369	65871	88588	2569	66713	22425	693691	306767	72406
德城区	800	26495	4724		5719	6044	104515	67576	7836

2－15－26　　　　　　　　　　　　　　　　　　　　　　单位:万元

地区	平衡部分									
	收入									
	返还性收入		财力性转移支付收入							
	增值税和消费税税收返还	所得税基数返还	小计	体制补助	一般性转移支付补助	民族地区转移支付补助	调整工资转移支付补助	农村义务教育补助	农村税费改革补助	缓解县乡困难转移支付补助
河东区	822	1488	16642		1158		4324	1675	3975	411
泰安市小计	**68208**	**21069**	**117750**		**4210**		**29988**	**8452**	**44252**	**26734**
本级	18139	5995	388	－1038	－934		5770	－1055	402	－2717
区县级小计	50069	15074	117362	1038	5144		24218	9507	43850	29451
新泰市	15768	3179	13848		260		3198	2148	7879	320
宁阳县	5849	3483	27814		1492		5242	1892	7782	9418
东平县	3115	3044	30023	380	2170		5132	1884	8618	8334
肥城市	17672	2219	12520		142		2832	1468	9483	695
泰山区	4540	1881	3351	213	225		2022	346	1272	32
岱岳区	3125	1268	29806	445	855		5792	1769	8816	10652
聊城市小计	**77475**	**41701**	**177003**		**12851**		**43648**	**15460**	**52945**	**36991**
本级	14222	8683	－11096		－1097		5580	－867	423	－5721
区县级小计	63253	33018	188099		13948		38068	16327	52522	42712
东昌府区	13554	2085	21245		1737		5798	1627	7453	2155
临清市	9101	4234	13811		335		4314	1522	6105	403
阳谷县	6133	3124	30759		1383		5320	2612	6524	9756
莘县	6277	1382	41616		4706		6678	3973	9938	13201
茌平县	13496	10596	15972		1247		4152	1715	5712	892
东阿县	4420	2378	19882		972		3428	1388	4321	4414
冠县	4964	802	33242		3568		5126	2336	7757	11173
高唐县	5308	8417	11572				3252	1154	4712	718
菏泽市小计	**85463**	**14867**	**365878**		**37103**		**61348**	**32291**	**92206**	**100084**
本级	43169	3545	－3612		126		4106	－618		－2067
区县级小计	42294	11322	369490		36977		57242	32909	92206	102151
牡丹区	7174	1319	44894		5193		8472	4672	11087	12242
曹县	6414	1311	56655		5332		7906	5821	15759	14810
定陶县	2854	1172	28218		2643		4384	2161	6878	8987
成武县	2778	2154	26862		2275		4532	2271	6812	7392
单县	4733	1099	51221		4601		7492	3854	12974	14736
巨野县	3447	1015	43718		5074		6428	3570	10586	11863
郓城县	3760	1021	50668		5748		7622	4798	11565	13342
鄄城县	4182	482	35856		4235		5426	3102	8434	9643
东明县	6952	1749	31398		1876		4980	2660	8111	9136
德州市小计	**61799**	**41601**	**195601**		**14086**		**46056**	**14711**	**55908**	**47975**
本级	21972	9022	－35480				5318	－300		－8170
区县级小计	39827	32579	231081		14086		40738	15011	55908	56145
德城区	3011	4825	13567		1195		3748	854	4419	750

二、各省、自治区、直辖市地市县一般预算财政资料

2－15－27

单位:万元

地区	平衡部分									
	收入								支出	
	财力性转移支付收入				省补助计划单列市收入	上年结余	调入资金	国债转贷收入、上年结余及转补助数	支出合计	本年支出
	结算补助	企事业单位预算划转补助	其他财力性转移支付	专项转移支付						
河东区	3468	－301	1932	6960		10	457	90	47449	53779
泰安市小计	**－11160**	**176**	**15098**	**189638**		**79592**	**2257**	**365**	**1054842**	**1045857**
本级	－2141	65	2036	16435		28227			199721	211036
区县级小计	－9049	111	13092	173203		51365	2257	365	855121	834821
新泰市	－2866		2909	16844		34522			244302	236848
宁阳县	－558		2546	10210		5296	1320	365	93751	92173
东平县	1065		2440	27029		426			100577	100144
肥城市	－4259		2159	102552		2256	457		262233	255776
泰山区	－1504	111	634	7210		190			77931	75700
岱岳区	－927		2404	9358		8675	480		76327	74180
聊城市小计	**－6559**		**21667**	**75815**		**74583**	**1682**		**764850**	**750385**
本级	－7610		－1804	9595		22096			135579	137134
区县级小计	1051		23471	66220		52487	1682		629271	613251
东昌府区	－1325		3800	6807		5496	1669		85869	79016
临清市	－651		1783	7445		5823			77574	75389
阳谷县	－8		5172	10641		6112			65532	64449
莘县	－813		3933	8447		10160			67653	66527
茌平县	－1		2255	7795		3557			119220	117746
东阿县	3508		1851	7585		5146			54391	53377
冠县	172		3110	9336		8888	13		66011	65004
高唐县	169		1567	8164		7305			93021	91743
菏泽市小计	**4569**	**271**	**38006**	**106778**		**99385**	**3017**	**975**	**968365**	**955282**
本级	－10598	5912	－473	17095		44032	1000	625	126901	124966
区县级小计	15167	－5641	38479	89683		55353	2017	350	841464	830316
牡丹区	2964	－6085	6349	13605		7019			124384	122617
曹县	1252	221	5554	12114		8131		120	115300	113317
定陶县	168		2997	7819		4691			58910	58350
成武县	567		3013	11002		4893		230	69714	68463
单县	2244		5320	9177		7448	1171		106812	104962
巨野县	2212	223	3762	8279		5439	753		88246	87416
郓城县	2816		4777	9235		5205			113053	112034
鄄城县	1682		3334	9642		7686			69790	68688
东明县	1262		3373	8810		4841	93		95255	94469
德州市小计	**－6625**	**443**	**23047**	**96494**		**103191**		**128**	**785375**	**770284**
本级	－35364		3036	21045		95331			106065	103337
区县级小计	28739	443	20011	75449		7860		128	679310	666947
德城区	－347	443	2505	10451		5085			98353	95008

2－15－28

单位:万元

地区	平衡部分									
	支出								年终结余	其中:净结余
	财力性转移支付				计划单列市上解省	增设预算周转金	调出资金	国债转贷拨付数及年终结余		
	小计	体制上解	出口退税专项上解	专项上解						
河东区	－772	－1127	355	－5648				90	10	10
泰安市小计	**2782**	**48**	**2734**	**5838**				**365**	**65987**	**1878**
本级	－9829	－10508	679	－1486					46192	1001
区县级小计	12611	10556	2055	7324				365	19795	877
新泰市	5971	5880	91	1483					2825	240
宁阳县	306	102	204	907				365	5552	35
东平县	59		59	374					451	169
肥城市	5268	4574	694	1189					3559	362
泰山区	602		602	1629					307	30
岱岳区	405		405	1742					7101	41
聊城市小计	**3138**		**3138**	**8015**			**3312**		**107375**	**1879**
本级	1755		1755	－4140			830		36637	329
区县级小计	1383		1383	12155			2482		70738	1550
东昌府区	38		38	6486			329		5007	49
临清市	519		519	1112			554		7195	402
阳谷县	202		202	748			133		10770	275
莘县	73		73	819			234		19004	50
茌平县	30		30	755			689		7296	158
东阿县	66		66	744			204		5260	279
冠县	94		94	763			150		7751	47
高唐县	361		361	728			189		8455	290
菏泽市小计	**2059**		**2059**	**9224**			**825**	**975**	**129120**	**271**
本级	63		63	730			517	625	62607	17
区县级小计	1996		1996	8494			308	350	66513	254
牡丹区	275		275	1184			308		6415	96
曹县	909		909	954				120	10341	95
定陶县	73		73	487					6544	4
成武县	45		45	976				230	3436	5
单县	121		121	1729					6573	11
巨野县	130		130	700					7003	23
郓城县	134		134	885					10426	1
鄄城县	241		241	861					10569	
东明县	68		68	718					5206	19
德州市小计	**3185**		**3185**	**10175**			**1603**	**128**	**133513**	**523**
本级	－224		－224	2152			800		119132	60
区县级小计	3409		3409	8023			803	128	14381	463
德城区	1366		1366	1979					6162	93

二、各省、自治区、直辖市地市县一般预算财政资料

2－15－29

单位:万元

地区	收支部分								
	收入								
	收入合计	税收收入							
		小计	增值税	营业税	企业所得税	个人所得税	资源税	城市维护建设税	耕地占用税
陵县	16130	13411	2016	3574	1063	283	69	941	1902
平原县	23459	15027	2405	3711	2279	352	41	951	2000
夏津县	12718	10206	2819	2110	1074	242	9	1092	93
武城县	14178	8901	1091	1457	668	273	142	672	
齐河县	51302	26692	7814	3413	5465	323	338	2627	266
禹城市	31876	18152	3968	3008	1718	335	373	2218	166
乐陵市	14331	9331	1930	1700	822	316	41	960	
临邑县	50900	27207	3532	2971	1550	795	458	2368	697
宁津县	17120	9811	1339	1660	714	399	35	459	
庆云县	7177	5594	1220	1298	592	142	28	545	347
滨州市小计	**593707**	**447930**	**147788**	**78950**	**55157**	**9975**	**4961**	**39385**	**18243**
本级	43579	25786	8448	2873	4868	413	1	2251	75
区县级小计	550128	422144	139340	76077	50289	9562	4960	37134	18168
惠民县	15396	13140	4286	2774	522	447	228	573	1107
阳信县	16000	12879	3387	3035	2090	235	159	621	1105
无棣县	60133	44479	5532	13277	5910	623	2750	1732	3848
沾化县	28630	22744	4062	4484	1976	404	1460	1177	3161
博兴县	71712	56536	10795	7990	5472	1145	42	4322	2999
邹平县	199391	139595	67002	18363	20769	1702	319	10606	2761
滨城区	158866	132771	44276	26154	13550	5006	2	18103	3187
东营市小计	**601223**	**476698**	**82419**	**110514**	**57617**	**16735**	**1297**	**100569**	**1595**
本级	282288	213897	20331	42187	22188	8037		83098	
区县级小计	318935	262801	62088	68327	35429	8698	1297	17471	1595
东营区	105567	86835	18047	26265	14594	2997	65	6334	122
河口区	45163	38420	5428	10630	6923	2649	705	2662	
广饶县	90688	74434	21091	15186	5971	1748	496	3747	1175
垦利县	49517	39437	10679	11318	5886	769		3129	138
利津县	28000	23675	6843	4928	2055	535	31	1599	160
威海市小计	**820170**	**619264**	**96559**	**133582**	**59186**	**14075**	**4966**	**40528**	**92812**
本级	182000	128787	31955	26182	20838	2843		6075	6865
区县级小计	638170	490477	64604	107400	38348	11232	4966	34453	85947
环翠区	146373	135440	21276	43888	16573	4863	25	9054	17493
乳山市	104868	76130	5878	22944	7519	1582	411	3310	11375
文登市	166508	116898	15772	14520	5360	1904	984	8421	20300
荣成市	220421	162009	21678	26048	8896	2883	3546	13668	36779
日照市小计	**289789**	**240611**	**63878**	**82244**	**30423**	**5912**	**1890**	**14205**	**2070**
本级	79440	42304	8811	15409	6320	779		3078	354

2 - 15 - 30 单位:万元

地区	收支部分									
	收入									
	税收收入			非税收入						
	契税	烟叶税	其他各项税收收入	小计	专项收入	行政事业性收费收入	罚没收入	国有资本经营收入	国有资源(资产)有偿使用收入	其他收入
陵县	180		3383	2719	787	400		1500	32	
平原县	650		2638	8432	682	6357	1034	339	20	
夏津县	452		2315	2512	787	465	1201		59	
武城县	1313		3285	5277	507	4751			19	
齐河县	910		5536	24610	1914	20087	2590		19	
禹城市	1073		5293	13724	825	10374	2476		49	
乐陵市	1442		2120	5000	672	3427	888		13	
临邑县	1136		13700	23693	1423	21031	1225		14	
宁津县	96		5109	7309	565	5375	1344		25	
庆云县	300		1122	1583	319	1210	41		13	
滨州市小计	**32637**		**60834**	**145777**	**25393**	**33658**	**41657**	**43759**	**683**	**627**
本级	1573		5284	17793	2488	10492	3383	871	247	312
区县级小计	31064		55550	127984	22905	23166	38274	42888	436	315
惠民县	637		2566	2256	373	526	1312		45	
阳信县	58		2189	3121	451	451	2166		53	
无棣县	3274		7533	15654	1404	3710	7018	3179	28	315
沾化县	3201		2819	5886	792	825	4224		45	
博兴县	15926		7845	15176	2777	5844	6421	80	54	
邹平县	3272		14801	59796	8729	2592	12224	36092	159	
滨城区	4696		17797	26095	8379	9218	4909	3537	52	
东营市小计	**22745**		**83207**	**124525**	**63153**	**26091**	**11905**	**17185**	**4460**	**1731**
本级	1544		36512	68391	51764	12589	3067	-525	1494	2
区县级小计	21201		46695	56134	11389	13502	8838	17710	2966	1729
东营区	10672		7739	18732	2736	1061	1004	13847	84	
河口区	1067		8356	6743	1169	819	1680	2863	212	
广饶县	3059		21961	16254	4267	5549	3326	583	2529	
垦利县	2663		4855	10080	2189	4221	1417	417	107	1729
利津县	3740		3784	4325	1028	1852	1411		34	
威海市小计	**45362**		**132194**	**200906**	**19796**	**64473**	**19779**	**95199**	**1659**	
本级	17264		16765	53213	5771	7970	4959	33355	1158	
区县级小计	28098		115429	147693	14025	56503	14820	61844	501	
环翠区	2702		19566	10933	3933	701	405	5660	234	
乳山市	8805		14306	28738	1885	12152	2041	12600	60	
文登市	8591		41046	49610	3378	10661	1420	33984	167	
荣成市	8000		40511	58412	4829	32989	10954	9600	40	
日照市小计	**16152**	**2121**	**21716**	**49178**	**9781**	**16446**	**12295**	**250**	**1437**	**8969**
本级	2828		4725	37136	4267	14735	7884	250	1032	8968

2－15－31 单位:万元

地区	收支部分									
	支出功能分类									
	支出合计	一般公共服务	外交	国防	公共安全	教育	科学技术	文化体育与传媒	社会保障和就业	医疗卫生
陵县	53681	6667		23	1211	15473	700	557	5173	6082
平原县	60066	9215		65	3110	14112	746	929	4336	2111
夏津县	46213	9841			2870	11312	621	535	3831	2309
武城县	41052	7202		99	2101	9953	441	319	8537	2356
齐河县	86543	11535		109	3613	14032	109	890	6032	3934
禹城市	70516	13338			3871	16704	2280	1182	7217	6777
乐陵市	56760	10239		32	2499	15642	1066	765	3224	4883
临邑县	81321	9085			2590	14201	1170	1627	9937	6070
宁津县	45821	6074		39	2219	9022	624	1383	10941	2284
庆云县	29966	5216			1838	8227	296	319	4332	1882
滨州市小计	**849383**	**147335**		**726**	**40852**	**161519**	**11164**	**12945**	**99216**	**40564**
本级	170713	36450		294	15389	28053	2093	5490	16601	5766
区县级小计	678670	110885		432	25463	133466	9071	7455	82615	34798
惠民县	65641	16553		49	2002	13916	759	826	10866	3531
阳信县	49572	7685			2750	11581	450	390	9149	3108
无棣县	88892	11962		105	2845	14991	1088	479	11916	4364
沾化县	67284	10439			3642	19121	1076	534	10638	3385
博兴县	93631	20420		197	4529	17131	593	1161	11478	5452
邹平县	219995	24631			6444	36907	3759	3605	17442	9491
滨城区	93655	19195		81	3251	19819	1346	460	11126	5467
东营市小计	**762821**	**137149**			**38392**	**177192**	**12079**	**8579**	**45024**	**34112**
本级	332075	53774			16452	88994	3145	3717	11401	9491
区县级小计	430746	83375			21940	88198	8934	4862	33623	24621
东营区	119412	24079			6179	15718	2237	998	10264	5013
河口区	53698	13211			4074	7211	970	573	4406	2849
广饶县	125869	21721			5114	33345	3254	1852	7401	9779
垦利县	69656	13015			3522	14893	1509	647	7572	3695
利津县	62111	11349			3051	17031	964	792	3980	3285
威海市小计	**1033613**	**144159**		**2293**	**48136**	**170000**	**29343**	**8433**	**118415**	**37808**
本级	318160	55731		1036	23263	39306	13092	2929	25948	9562
区县级小计	715453	88428		1257	24873	130694	16251	5504	92467	28246
环翠区	107894	17433		643	2421	16727	2748	381	13448	4747
乳山市	129891	19935			5651	30526	2313	1197	15844	6184
文登市	200136	21716		399	7500	46813	3469	2465	38804	9067
荣成市	277532	29344		215	9301	36628	7721	1461	24371	8248
日照市小计	**463847**	**87172**		**268**	**30148**	**102195**	**4803**	**5579**	**40558**	**20396**
本级	211459	41999		164	18990	19733	1394	4197	9382	7317

2－15－32　　　　单位:万元

地区	收支部分						平衡部分		
	支出功能分类						收入		
	环境保护	城乡社区事务	农林水事务	交通运输	工业、商业、金融等事务	其他支出	收入合计	本年收入	返还性收入 小计
陵县	268	2034	13461		1769	263	54661	16130	6588
平原县	756	5904	9644	1132	5285	2721	61101	23459	8100
夏津县	581	1203	8672		2206	2232	46756	12718	5482
武城县	580	2203	5069		1308	884	41821	14178	5483
齐河县	435	9540	6402	535	29377		90163	51302	9075
禹城市	1855	4755	8546		3349	642	73195	31876	8442
乐陵市	716	2605	9400	417	4880	392	59194	14331	6064
临邑县	890	9492	9248		8591	8420	85230	50900	7464
宁津县	353	1129	8597	116	2819	221	46567	17120	5314
庆云县	135	511	4825	369	1410	606	30488	7177	2558
滨州市小计	**10336**	**147656**	**70034**	**21051**	**59986**	**25999**	**952277**	**593707**	**92074**
本级	5236	18052	8937	11096	15216	2040	115812	43579	25566
区县级小计	5100	129604	61097	9955	44770	23959	836465	550128	66508
惠民县	207	831	8831	663	2346	4261	67988	15396	4915
阳信县	100	2666	7589	100	2017	1987	55644	16000	3027
无棣县	666	10610	11827	5988	10211	1840	101708	60133	6509
沾化县	235	1938	11108	951	3734	483	70755	28630	4469
博兴县	1396	10376	7893	789	9360	2856	105011	71712	12445
邹平县	2148	89946	8621	486	15223	1292	247682	199391	27472
滨城区	348	13237	5228	978	1879	11240	187677	158866	7671
东营市小计	**16526**	**153024**	**72793**	**7222**	**30949**	**29780**	**823949**	**601223**	**61230**
本级	12313	93381	17061	4397	11921	6028	370598	282288	21299
区县级小计	4213	59643	55732	2825	19028	23752	453351	318935	39931
东营区	446	31218	10741	858	5587	6074	129471	105567	10179
河口区	184	7404	5471	440	3828	3077	56983	45163	4658
广饶县	2370	13039	18511	624	4324	4535	131734	90688	13860
垦利县	656	6975	8485	364	4131	4192	71447	49517	5862
利津县	557	1007	12524	539	1158	5874	63716	28000	5372
威海市小计	**10305**	**232228**	**82633**	**18699**	**113033**	**18128**	**1115455**	**820170**	**121245**
本级	5763	86174	14569	4187	30174	6426	266967	182000	44031
区县级小计	4542	146054	68064	14512	82859	11702	848488	638170	77214
环翠区		28031	8074	456	9134	3651	174995	146373	8112
乳山市	1460	4112	8996	1314	29411	2948	141719	104868	11212
文登市	1360	19361	20132	4171	22982	1897	220157	166508	22569
荣成市	1722	94550	30862	8571	21332	3206	311617	220421	35321
日照市小计	**7835**	**23763**	**34072**	**3993**	**43502**	**59563**	**480714**	**289789**	**39790**
本级	5815	19107	7323	2985	31891	41162	116266	79440	18777

二、各省、自治区、直辖市地市县一般预算财政资料

2－15－33　　　　　　　　　　　　　　　　　　　　　　　　　　单位：万元

地区	平衡部分									
	收入									
	返还性收入		财力性转移支付收入							
	增值税和消费税税收返还	所得税基数返还	小计	体制补助	一般性转移支付补助	民族地区转移支付补助	调整工资转移支付补助	农村义务教育补助	农村税费改革补助	缓解县乡困难转移支付补助
陵县	3606	2982	26164		1411		4076	1630	5912	8000
平原县	3426	4674	21628		1642		3574	1283	5520	4782
夏津县	3398	2084	22327		1898		3808	1294	4815	6250
武城县	3151	2332	16768		1134		3060	1214	3819	4980
齐河县	5413	3662	24242		1109		3824	1607	6740	3108
禹城市	5146	3296	23896		1049		3956	1287	4733	7396
乐陵市	3297	2767	27806		1283		4726	1883	6809	9157
临邑县	4849	2615	18357		910		3736	1517	5240	1067
宁津县	2847	2467	19962		1022		3674	1474	4999	5264
庆云县	1683	875	16364		1433		2556	968	2902	5391
滨州市小计	**62061**	**30013**	**121392**		**6800**		**30068**	**10677**	**35677**	**24566**
本级	20627	4939	－8737		－1468		3694	－340	441	－8592
区县级小计	41434	25074	130129		8268		26374	11017	35236	33158
惠民县	3448	1467	33467		3234		5244	2136	8924	11214
阳信县	2151	876	24981		1954		4024	1652	4531	10397
无棣县	2677	3832	19956		1241		4674	1446	5213	4897
沾化县	3455	1014	25664		1124		3992	1537	5775	4628
博兴县	8178	4267	8750				2596	1665	3462	690
邹平县	16285	11187	9200				2170	1704	4239	886
滨城区	5240	2431	8111		715		3674	877	3092	446
东营市小计	**41060**	**20170**	**61130**				**776**	**2420**	**7408**	**713**
本级	14538	6761	－977				－4415		－9018	
区县级小计	26522	13409	62107				5191	2420	16426	713
东营区	8937	1242	7612				167	204	1790	
河口区	1732	2926	4483				90	225	1146	
广饶县	8217	5643	17732				713	879	6172	713
垦利县	4570	1292	8263				576	421	2595	
利津县	3066	2306	24017				3645	691	4723	
威海市小计	**68293**	**52952**	**42064**					**2430**	**29939**	**1295**
本级	25861	18170	4798					86	862	
区县级小计	42432	34782	37266					2344	29077	1295
环翠区	4510	3602	1469					216	2527	
乳山市	5785	5427	7878					617	4488	390
文登市	11224	11345	10069					635	7433	493
荣成市	20913	14408	17850					876	14629	412
日照市小计	**32831**	**6959**	**77099**		**2900**		**14966**	**5543**	**25748**	**19530**
本级	16979	1798	－11050	－3173	－876		34	－1108	554	－6902

2－15－34　　　　　　单位:万元

地区	平衡部分									
	收入								支出	
	财力性转移支付收入				省补助计划单列市收入	上年结余	调入资金	国债转贷收入、上年结余及转补助数	支出合计	本年支出
	结算补助	企事业单位预算划转补助	其他财力性转移支付	专项转移支付						
陵县	3024		2111	5758		21			54379	53681
平原县	3297		1530	7894		20			60765	60066
夏津县	2791		1471	6189		40			46524	46213
武城县	1300		1261	5392					41671	41052
齐河县	6042		1812	5287		129		128	87667	86543
禹城市	3200		2275	8872		109			72861	70516
乐陵市	1773		2175	9836		1157			57750	56760
临邑县	4292		1595	7211		1298			82529	81321
宁津县	1622		1907	4171					46449	45821
庆云县	1745		1369	4388		1			30362	29966
滨州市小计	**－2298**		**15902**	**74409**		**70197**	**498**		**861549**	**849383**
本级	－5329		2857	9607		45780	17		53604	170713
区县级小计	3031		13045	64802		24417	481		807945	678670
惠民县	－8		2723	10755		3050	405		67441	65641
阳信县	457		1966	7270		4290	76		51334	49572
无棣县	599		1886	10279		4831			95059	88892
沾化县	7039		1569	7391		4601			69605	67284
博兴县	－1072		1409	8284		3820			99650	93631
邹平县	－1655		1856	10627		992			242138	219995
滨城区	－2329		1636	10196		2833			182718	93655
东营市小计	**－6708**	**52679**	**3842**	**47202**		**36834**	**15000**	**1330**	**770373**	**762821**
本级	－4161	52694	－36077	18537		33121	15000	1330	324576	332075
区县级小计	－2547	－15	39919	28665		3713			445797	430746
东营区	－913		6364	5492		621			128769	119412
河口区	－404		3426	2398		281			56003	53698
广饶县	－835	－15	10105	8944		510			128244	125869
垦利县	－1093		5764	5559		2246			70274	69656
利津县	698		14260	6272		55			62507	62111
威海市小计	**－965**		**9365**	**101200**		**30306**		**470**	**1082762**	**1033613**
本级	－2584		6434	16657		19481			245691	318160
区县级小计	859		3691	84543		10825		470	837071	715453
环翠区	－1629		355	12760		6281			168892	107894
乳山市	1580		803	15335		2426			139165	129891
文登市	－201		1709	20249		762			219265	200136
荣成市	1109		824	36199		1356		470	309749	277532
日照市小计	**－1242**	**110**	**9544**	**62433**		**9285**	**2318**		**472766**	**463847**
本级	84	375	－38	19787		8156	1156		109657	211459

2-15-35

单位:万元

地区	平衡部分									
	支出								年终结余	其中:净结余
	财力性转移支付			专项上解	计划单列市上解省	增设预算周转金	调资出金	国债转贷拨付数及年终结余		
	小计	体制上解	出口退税专项上解							
陵县	176		176	522					282	21
平原县	92		92	464			143		336	20
夏津县	45		45	266					232	45
武城县	38		38	480			101		150	
齐河县	128		128	868				128	2496	129
禹城市	631		631	1381			333		334	116
乐陵市	264		264	582			144		1444	24
临邑县	324		324	884					2701	14
宁津县	224		224	404					118	
庆云县	121		121	193			82		126	1
滨州市小计	**3473**		**3473**	**8693**					**90728**	**732**
本级	-112951	-113578	627	-4158					62208	77
区县级小计	116424	113578	2846	12851					28520	655
惠民县	1020	1020		780					547	126
阳信县	573	236	337	1189					4310	
无棣县	3775	3735	40	2392					6649	286
沾化县	1782	1725	57	539					1150	
博兴县	3772	3350	422	2247					5361	35
邹平县	18010	16659	1351	4133					5544	100
滨城区	87492	86853	639	1571					4959	108
东营市小计	**3356**		**3356**	**2866**				**1330**	**53576**	**1153**
本级	-10308	-11167	859	1479				1330	46022	707
区县级小计	13664	11167	2497	1387					7554	446
东营区	9186	8186	1000	171					702	56
河口区	2269	2220	49	36					980	139
广饶县	1691	761	930	684					3490	190
垦利县	365		365	253					1173	35
利津县	153		153	243					1209	26
威海市小计	**45596**	**33178**	**12418**	**2730**			**353**	**470**	**32693**	**1320**
本级	-46403	-49735	3332	-26416			350		21276	375
区县级小计	91999	82913	9086	29146			3	470	11417	945
环翠区	33877	31237	2640	27118			3		6103	190
乳山市	8824	8136	688	450					2554	215
文登市	18391	16235	2156	738					892	177
荣成市	30907	27305	3602	840				470	1868	363
日照市小计	**4180**	**678**	**3502**	**2852**			**1887**		**7948**	**456**
本级	2425	470	1955	-105617			1390		6609	209

2－15－36　　单位：万元

地区	收支部分								
	收入								
	收入合计	税收收入							
		小计	增值税	营业税	企业所得税	个人所得税	资源税	城市维护建设税	耕地占用税
区县级小计	210349	198307	55067	66835	24103	5133	1890	11127	1716
莒县	25658	24266	5790	8357	2079	798	1086	1906	387
五莲县	23368	21589	5481	4488	5303	818	415	1059	112
东港区	93108	87514	8603	41457	9204	2866	22	6216	1217
岚山区	68215	64938	35193	12533	7517	651	367	1946	
莱芜市小计	**260689**	**236020**	**96126**	**44267**	**29178**	**5593**	**5190**	**28501**	**644**
本级	30795	22046	4185	6219	6308	409		1178	
区县级小计	229894	213974	91941	38048	22870	5184	5190	27323	644
莱城区	100420	94719	28414	25061	7007	3069	4110	12456	360
钢城区	129474	119255	63527	12987	15863	2115	1080	14867	284

2－15－37　　　　单位:万元

地区	收支部分									
	收入									
	税收收入			非税收入						
	契税	烟叶税	其他各项税收收入	小计	专项收入	行政事业性收费收入	罚没收入	国有资本经营收入	国有资源(资产)有偿使用收入	其他收入
区县级小计	13324	2121	16991	12042	5514	1711	4411		405	1
莒县	19	1233	2611	1392	1261	12	16		103	
五莲县	634	639	2640	1779	761		842		176	
东港区	11210	87	6632	5594	2673	1459	1408		53	1
岚山区	1461	162	5108	3277	819	240	2145		73	
莱芜市小计	**6145**	**359**	**20017**	**24669**	**15911**	**2766**	**4728**	**694**	**570**	
本级	1884	7	1856	8749	3185	1837	2593	683	451	
区县级小计	4261	352	18161	15920	12726	929	2135	11	119	
莱城区	3973	201	10068	5701	4779	716	165		41	
钢城区	288	151	8093	10219	7947	213	1970	11	78	

2 – 15 – 38　　　　　　　　　　　　　　　　单位:万元

地区	收支部分									
	支出功能分类									
	支出合计	一般公共服务	外交	国防	公共安全	教育	科学技术	文化体育与传媒	社会保障和就业	医疗卫生
区县级小计	252388	45173		104	11158	82462	3409	1382	31176	13079
莒县	86679	17458		104	2783	28152	430	438	13841	5368
五莲县	59908	11207			3505	20504	2278	596	3873	4127
东港区	59786	8243			2915	17780	234	189	9538	2103
岚山区	46015	8265			1955	16026	467	159	3924	1481
莱芜市小计	**345318**	**46202**		**144**	**17565**	**84487**	**7745**	**3998**	**37223**	**16973**
本级	168271	23637		144	13470	23129	3163	2708	17509	8495
区县级小计	177047	22565			4095	61358	4582	1290	19714	8478
莱城区	112285	11861			2557	50120	1592	719	17002	6607
钢城区	64762	10704			1538	11238	2990	571	2712	1871

2－15－39

单位:万元

地区	收支部分						平衡部分		
	支出功能分类						收入		
	环境保护	城乡社区事务	农林水事务	交通运输	工业、商业、金融等事务	其他支出	收入合计	本年收入	返还性收入 小计
区县级小计	2020	4656	26749	1008	11611	18401	364448	210349	21013
莒县	887	2162	10326	10	754	3966	91917	25658	7873
五莲县	1133	775	7544	320	1140	2906	61511	23368	7962
东港区		1086	5120	188	3298	9092	120246	93108	3105
岚山区		633	3759	490	6419	2437	90774	68215	2073
莱芜市小计	**4491**	**71576**	**26652**	**2426**	**14529**	**11307**	**371937**	**260689**	**35353**
本级	3265	44556	7854	2229	9156	8956	54867	30795	25007
区县级小计	1226	27020	18798	197	5373	2351	317070	229894	10346
莱城区	604	4753	13403	55	1473	1539	171334	100420	6327
钢城区	622	22267	5395	142	3900	812	145736	129474	4019

2－15－40

单位:万元

地区	平衡部分									
	收入									
	返还性收入		财力性转移支付收入							
	增值税和消费税税收返还	所得税基数返还	小计	体制补助	一般性转移支付补助	民族地区转移支付补助	调整工资转移支付补助	农村义务教育补助	农村税费改革补助	缓解县乡困难转移支付补助
区县级小计	15852	5161	88149	3173	3776		14932	6651	25194	26432
莒县	5846	2027	44842	1164	1000		6400	2895	10566	17412
五莲县	6129	1833	20249		520		3944	1492	5004	8664
东港区	2476	629	13061	1662	1437		2708	1197	5297	356
岚山区	1401	672	9997	347	819		1880	1067	4327	
莱芜市小计	**36147**	**－794**	**33800**		**1899**		**7712**	**2289**	**7970**	**12694**
本级	27997	－2990	－16188	－2190	－2476		716	－619	－440	－7400
区县级小计	8150	2196	49988	2190	4375		6996	2908	8410	20094
莱城区	5068	1259	42561	1499	3804		5880	2396	6998	20094
钢城区	3082	937	7427	691	571		1116	512	1412	

2－15－41 单位:万元

地区	平衡部分									
	收入								支出	
	财力性转移支付收入			专项转移支付	省补助计划单列市收入	上年结余	调入资金	国债转贷收入、上年结余及转补助数	支出合计	本年支出
	结算补助	企事业单位预算划转补助	其他财力性转移支付							
区县级小计	－1326	－265	9582	42646		1129	1162		363109	252388
莒县	－701	－8	6114	12496		1048			90754	86679
五莲县	－903	－10	1538	8732		38	1162		61391	59908
东港区	－461	－294	1159	10934		38			120206	59786
岚山区	739	47	771	10484		5			90758	46015
莱芜市小计	**－5111**	**1182**	**5165**	**26006**		**16089**			**358003**	**345318**
本级	－6612	1182	1651	81		15172			42160	168271
区县级小计	1501		3514	25925		917			315843	177047
莱城区	－1199		3089	21704		322			170842	112285
钢城区	2700		425	4221		595			145001	64762

2-15-42　　单位:万元

地区	平衡部分									
	支出								年终结余	其中:净结余
	财力性转移支付			专项上解	计划单列市上解省	增设预算周转金	调出资金	国债转贷拨付数及年终结余		
	小计	体制上解	出口退税专项上解							
区县级小计	1755	208	1547	108469			497		1339	247
莒县	439		439	3350			286		1163	165
五莲县	459	208	251	1024					120	39
东港区	670		670	59750					40	40
岚山区	187		187	44345			211		16	3
莱芜市小计	**7585**	**5444**	**2141**	**825**			**4275**		**13934**	**436**
本级	7403	5444	1959	-137789			4275		12707	213
区县级小计	182		182	138614					1227	223
莱城区	167		167	58390					492	180
钢城区	15		15	80224					735	43

2007年河南省地市县财政一般预算收支平衡表

2－16－1　　　　单位:万元

地区	收支部分								
	收入								
	收入合计	税收收入							
		小计	增值税	营业税	企业所得税	个人所得税	资源税	城市维护建设税	耕地占用税
地市县合计	**7865590**	**5954384**	**1251179**	**1804238**	**822417**	**302578**	**213059**	**427710**	**171054**
郑州市小计	**2195183**	**1760221**	**231170**	**644316**	**331307**	**90108**	**23865**	**102061**	**23014**
本级	1180345	950248	86292	395953	214435	56747		33394	2699
区县级小计	1014838	809973	144878	248363	116872	33361	23865	68667	20315
巩义市	126126	90631	30681	13064	22827	3919	5399	6611	360
荥阳市	76106	46591	10098	14158	6626	2255	2837	2174	2456
中牟县	51666	36228	2492	17571	1505	1442	1042	1192	5767
新郑市	82642	50121	7101	13142	3945	2337	313	8892	3016
登封市	112057	78899	28309	10318	19955	3283	9281	2323	1001
新密市	86148	64323	23247	12705	9159	4047	4763	4860	1318
二七区	85273	78195	5551	28736	8774	3627	133	6434	1050
金水区	161288	158947	9688	69509	18867	3809	1	13393	74
中原区	77041	72320	11177	25141	10867	2671		6261	2100
管城区	72753	68596	7098	22495	8122	2635		6605	1049
上街区	43955	38224	7142	11389	2874	2497	96	7822	255
惠济区	39783	26898	2294	10135	3351	839		2100	1869
开封市小计	**203160**	**137225**	**24268**	**49790**	**7982**	**10108**	**1587**	**7824**	**6834**
本级	90515	65651	10275	24499	4562	3922	61	4310	
区县级小计	112645	71574	13993	25291	3420	6186	1526	3514	6834
兰考县	13711	7604	1691	2328	198	570	131	278	746
杞县	17506	10709	1528	2879	229	3703	96	267	960
通许县	11286	7356	954	3226	105	374	124	265	1430
尉氏县	26516	16875	6605	3739	931	648	7	1227	1344
开封县	17068	9454	791	4180	285	391	1107	250	865
禹王台区	5675	4078	424	2011	430	124		245	197
鼓楼区	5735	4131	636	1960	298	156		282	92
龙亭区	4726	3298	271	1551	245	85		193	11
顺河区	5816	4273	536	1957	281	65		273	475
金明区	4606	3796	557	1460	418	70	61	234	714
洛阳市小计	**1001745**	**738601**	**163344**	**176863**	**140630**	**35973**	**37735**	**51539**	**34220**
本级	367677	277247	54695	83912	54558	17640	21	26885	2065
区县级小计	634068	461354	108649	92951	86072	18333	37714	24654	32155
偃师市	90169	56919	18243	7688	10610	2313	1287	4540	5746
孟津县	33621	26934	4293	7314	1006	870	2923	1383	4372
新安县	86077	61753	20190	5010	18586	1411	3579	4175	4300
伊川县	81169	47034	19183	8651	11141	1967	940	882	404
汝阳县	24068	19280	2777	4198	852	595	5969	480	1258

2－16－2 单位:万元

地区	收支部分									
	收入									
	税收收入			非税收入						
	契税	烟叶税	其他各项税收收入	小计	专项收入	行政事业性收费收入	罚没收入	国有资本经营收入	国有资源(资产)有偿使用收入	其他收入
地市县合计	**350698**	**28947**	**582504**	**1911206**	**328537**	**650254**	**435698**	**316305**	**98657**	**81755**
郑州市小计	**124590**	**225**	**189565**	**434962**	**66697**	**144876**	**59743**	**118053**	**27904**	**17689**
本级	112106		48622	230097	36019	111082	16341	60631	1350	4674
区县级小计	12484	225	140943	204865	30678	33794	43402	57422	26554	13015
巩义市	1603		6167	35495	5773	2552	5731	20060	1379	
荥阳市	2604		3383	29515	2128	6065	2976	17711	552	83
中牟县	1375		3842	15438	1151	5505	2865	1276	4400	241
新郑市	1626		9749	32521	5454	1551	3701	10419	137	11259
登封市	2596	225	1608	33158	4375	3584	9034	4953	11210	2
新密市	1476		2748	21825	7782	4941	5763	2051	49	1239
二七区			23890	7078	16	2033	3797	358	834	40
金水区			43606	2341		1896		205	240	
中原区			14103	4721		1223	3312	77	102	7
管城区			20592	4157		958	1772		1427	
上街区	1204		4945	5731	3999	1187	498		47	
惠济区			6310	12885		2299	3953	312	6177	144
开封市小计	**13162**		**15670**	**65935**	**6669**	**27549**	**17186**	**11779**	**648**	**2104**
本级	10118		7904	24864	4107	8904	4473	6602	293	485
区县级小计	3044		7766	41071	2562	18645	12713	5177	355	1619
兰考县	651		1011	6107	292	1688	2223	1840	64	
杞县	554		493	6797	349	4075	2247	98	27	1
通许县	419		459	3930	241	1531	1846	97	165	50
尉氏县	848		1526	9641	736	6380	2403		39	83
开封县	572		1013	7614	420	1765	2710	2691	13	15
禹王台区			647	1597	105	684	342	451	15	
鼓楼区			707	1604	120	599	167		9	709
龙亭区			942	1428	81	438	243		2	664
顺河区			686	1543	116	1039	285		6	97
金明区			282	810	102	446	247		15	
洛阳市小计	**33997**	**6746**	**57554**	**263144**	**45458**	**80443**	**49010**	**15327**	**34611**	**38295**
本级	27075		10396	90430	22171	18729	8788	3865	32088	4789
区县级小计	6922	6746	47158	172714	23287	61714	40222	11462	2523	33506
偃师市	1203		5289	33250	2880	23687	2179	2145	100	2259
孟津县	235	230	4308	6687	1408	1443	3426		119	291
新安县	1935	132	2435	24324	4715	8705	10259	151	142	352
伊川县	394	248	3224	34135	1605	4748	4467	37	861	22417
汝阳县	1923	823	405	4788	814	1371	1616	845	141	1

2－16－3　　　　　　　　　　　　　　　　　　　　　　　　　　　　　　单位：万元

地区	收支部分									
	支出功能分类									
	支出合计	一般公共服务	外交	国防	公共安全	教育	科学技术	文化体育与传媒	社会保障和就业	医疗卫生
地市县合计	**15475468**	**2915172**		**5562**	**1020705**	**3273224**	**201904**	**264668**	**2206682**	**843801**
郑州市小计	**2406758**	**453550**		**2173**	**182730**	**424217**	**41155**	**48637**	**306692**	**111605**
本级	1155983	170949		6	113475	184058	23843	20143	171049	50993
区县级小计	1250775	282601		2167	69255	240159	17312	28494	135643	60612
巩义市	158208	23311		432	8652	28592	2770	6098	16665	6709
荥阳市	114499	20402		65	7469	24203	1937	1831	14263	5995
中牟县	100505	27684			6536	22897	788	753	8182	5999
新郑市	130793	25189			7226	26485	1649	2130	13175	5807
登封市	148783	27395		237	7690	31732	1594	14658	13854	6271
新密市	123606	26043		188	9246	32216	1110	768	14444	6102
二七区	82218	20811			2887	13968	1393	491	10427	4239
金水区	145799	43679		312	3876	22621	2223	525	16125	7211
中原区	75100	22586		325	5696	11515	945	230	9335	3273
管城区	70436	21406		405	4082	9451	1222	257	8956	3482
上街区	49239	10840		92	3410	8766	891	419	4793	2703
惠济区	51589	13255		111	2485	7713	790	334	5424	2821
开封市小计	**600687**	**137935**		**332**	**39605**	**114789**	**6721**	**7878**	**133927**	**34647**
本级	186629	28087		123	18244	20890	2098	4648	62814	9600
区县级小计	414058	109848		209	21361	93899	4623	3230	71113	25047
兰考县	62937	16466			3322	16391	98	450	9238	4512
杞县	83566	20737			2891	17163	240	652	15952	6256
通许县	51708	12348		4	2906	14345	203	321	7976	3456
尉氏县	82656	18644			4785	17108	3349	843	11815	5541
开封县	61668	18038			3421	17494	198	652	9350	2017
禹王台区	12597	4126		38	541	2008	156	41	3315	514
鼓楼区	12578	4388		55	649	1910	104	9	3421	557
龙亭区	10599	3729		46	751	1496	101	17	2414	422
顺河区	14610	3285		66	993	3056	154	50	4287	546
金明区	21139	8087			1102	2928	20	195	3345	1226
洛阳市小计	**1463519**	**232765**		**1232**	**97510**	**278412**	**23785**	**41801**	**146890**	**67048**
本级	452142	46987		950	47665	62997	10704	31594	68478	20154
区县级小计	1011377	185778		282	49845	215415	13081	10207	78412	46894
偃师市	131839	22211			5031	23827	3259	994	12975	6242
孟津县	63994	14806			3286	16414	480	864	2845	2715
新安县	119925	12680			4159	20309	1137	2125	9604	4729
伊川县	119439	16697			4340	28014	1748	723	11071	4821
汝阳县	61721	10513			3062	16614	569	583	3019	2748

2－16－4

单位:万元

地区	收支部分						平衡部分		
	支出功能分类						收入		
	环境保护	城乡社区事务	农林水事务	交通运输	工业、商业、金融等事务	其他支出	收入合计	本年收入	返还性收入 小计
地市县合计	**414493**	**1110457**	**1235759**	**311955**	**909497**	**761589**	**17065165**	**7865590**	**1044077**
郑州市小计	**30163**	**305401**	**153132**	**19223**	**211456**	**116624**	**2951369**	**2195183**	**177171**
本级	8259	136940	54894	6141	155434	59799	1492365	1180345	84833
区县级小计	21904	168461	98238	13082	56022	56825	1459004	1014838	92338
巩义市	3633	32239	9082	4858	9188	5979	180470	126126	20861
荥阳市	3140	12256	11346	643	2752	8197	124275	76106	8585
中牟县	1700	4463	11588	512	705	8698	110626	51666	2399
新郑市	2661	22939	12609	2807	6721	1395	144534	82642	6197
登封市	3712	6863	15254	728	15820	2975	163821	112057	7481
新密市	5090	6462	14036	1114	3934	2853	127850	86148	8316
二七区	395	15577	3988	886	1988	5168	112428	85273	10711
金水区	260	32028	7846	351	1491	7251	198056	161288	8414
中原区	233	15786	1609	355	1559	1653	93553	77041	7233
管城区	57	6804	2238	78	2157	9841	90347	72753	7794
上街区	866	9119	1722	433	3181	2004	55816	43955	2407
惠济区	157	3925	6920	317	6526	811	57228	39783	1940
开封市小计	**17802**	**19680**	**48119**	**5905**	**19632**	**13715**	**617586**	**203160**	**35603**
本级	3995	7393	6108	1762	15021	5846	207950	90515	19812
区县级小计	13807	12287	42011	4143	4611	7869	409636	112645	15791
兰考县	3044	1432	5706	511	432	1335	64783	13711	1384
杞县	2946	1639	10174	1449	946	2521	86192	17506	2125
通许县	2244	877	5806	280	520	422	52377	11286	1207
尉氏县	3773	2849	10510	1332	1102	1005	85857	26516	4007
开封县	1512	1029	6516	571	591	279	59387	17068	1407
禹王台区	16	759	630		170	283	11204	5675	1225
鼓楼区	38	1201	159			87	11815	5735	1183
龙亭区	23	766	409			425	9471	4726	856
顺河区		867	611			695	13888	5816	1031
金明区	211	868	1490		850	817	14662	4606	1366
洛阳市小计	**48335**	**108663**	**109363**	**42008**	**103489**	**162218**	**1667538**	**1001745**	**122753**
本级	7441	45867	16319	4073	49873	39040	577392	367677	66401
区县级小计	40894	62796	93044	37935	53616	123178	1090146	634068	56352
偃师市	3401	6315	13373	1361	2420	30430	144368	90169	9118
孟津县	2799	4256	7426	641	6586	876	69020	33621	3476
新安县	6286	5580	10340	8311	1379	33286	128463	86077	8582
伊川县	6087	5911	9977	2968	24208	2874	132586	81169	7311
汝阳县	3545	582	6410	2214	1702	10160	63515	24068	4249

二、各省、自治区、直辖市地市县一般预算财政资料

2－16－5　　　　　　单位:万元

地区	平衡部分									
	收入									
	返还性收入		财力性转移支付收入							
	增值税和消费税税收返还	所得税基数返还	小计	体制补助	一般性转移支付补助	民族地区转移支付补助	调整工资转移支付补助	农村义务教育补助	农村税费改革补助	缓解县乡困难转移支付补助
地市县合计	**753876**	**290201**	**4715824**		**1713137**	**3319**	**1573239**	**195336**	**796566**	**324837**
郑州市小计	**101437**	**75734**	**184696**		**33108**	**350**	**97541**	**7833**	**27733**	**14912**
本级	51225	33608	6899		3522		25388	195	－458	
区县级小计	50212	42126	177797		29586	350	72153	7638	28191	14912
巩义市	13947	6914	21624		5155		9368	1280	3196	2284
荥阳市	4365	4220	22414		3763	50	9773	928	4245	3191
中牟县	1787	612	29732		7634		10183	1377	6368	3668
新郑市	2599	3598	21257		3914		8218	904	4462	1553
登封市	3175	4306	17964		3820		7499	892	3294	2176
新密市	4892	3424	21157		3956		9356	1401	3853	2040
二七区	5465	5246	6298		240		3526	163	423	
金水区	4257	4157	14013		334		4058	214	666	
中原区	3413	3820	3843		207		3162	129	285	
管城区	4882	2912	3789		225	300	3246	188	437	
上街区	440	1967	6304		150		1478	57	180	
惠济区	990	950	9402		188		2286	105	782	
开封市小计	**28782**	**6821**	**260825**		**106671**	**1269**	**86581**	**8988**	**40212**	**13915**
本级	17142	2670	44341		20621		20720	1179	10	
区县级小计	11640	4151	216484		86050	1269	65861	7809	40202	13915
兰考县	1008	376	37629		16032		11596	1594	6798	1568
杞县	1404	721	48669		19673		14259	2131	9301	3295
通许县	981	226	29180		11780		8637	1044	5790	1929
尉氏县	3192	815	38917		13760		11711	1459	8831	3047
开封县	1089	318	36447		13732		10922	1279	7326	3135
禹王台区	715	510	3068		727		1693	41	401	
鼓楼区	729	454	2604		511		1752	30	142	
龙亭区	565	291	2775		807		1438	53	389	
顺河区	671	360	4636		675	1269	1747	71	450	
金明区	1286	80	12559		8353		2106	107	774	941
洛阳市小计	**94601**	**28152**	**244540**		**68648**	**800**	**100597**	**11560**	**31270**	**17832**
本级	58590	7811	33091		3695		20395	1312	281	
区县级小计	36011	20341	211449		64953	800	80202	10248	30989	17832
偃师市	5885	3233	24566		4059		10585	1735	4929	2889
孟津县	2125	1351	19202		6132		7200	774	2495	2424
新安县	4710	3872	16028		4303		6360	995	2559	1650
伊川县	5025	2286	19493		4704		7509	1559	3385	1886
汝阳县	3903	346	20388		8153		6711	929	2651	1846

2－16－6 单位:万元

地区	平衡部分									
	收入								支出	
	财力性转移支付收入			专项转移支付	省补助计划单列市收入	上年结余	调入资金	国债转贷收入、上年结余及转补助数	支出合计	本年支出
	结算补助	企事业单位预算划转补助	其他财力性转移支付							
地市县合计	**78084**	**26912**	**4394**	**2889613**		**436660**	**110036**	**3365**	**16622059**	**15475468**
郑州市小计	**3219**			**225179**		**147270**	**20645**	**1225**	**2818137**	**2406758**
本级	－21748			80615		138396	52	1225	1384051	1155983
区县级小计	24967			144564		8874	20593		1434086	1250775
巩义市	341			16939		－5672	592		175852	158208
荥阳市	464			14531		2499	140		123942	114499
中牟县	502			23091		2558	1180		105577	100505
新郑市	2206			17874		3187	13377		141250	130793
登封市	283			18969		7079	271		160849	148783
新密市	551			20099		－11759	3889		135865	123606
二七区	1946			5479		4667			107080	82218
金水区	8741			9683		4658			190944	145799
中原区	60			4871		538	27		92104	75100
管城区	－607			5847		164			87994	70436
上街区	4439			2126		456	568		55427	49239
惠济区	6041			5055		499	549		57202	51589
开封市小计	**2141**	**1043**	**5**	**131722**		**－15742**	**2018**		**628911**	**600687**
本级	1035	776		52198		418	666		202728	186629
区县级小计	1106	267	5	79524		－16160	1352		426183	414058
兰考县	36		5	12583		－546	22		64589	62937
杞县	10			18162		－270			86180	83566
通许县				11815		－1111			53322	51708
尉氏县	109			16229		－271	459		87589	82656
开封县	53			8952		－4766	279		64149	61668
禹王台区	206			2142		－1035	129		12245	12597
鼓楼区	169			2186		107			11780	12578
龙亭区	88			1482		－368			9945	10599
顺河区	157	267		3266		－861			14740	14610
金明区	278			2707		－7039	463		21644	21139
洛阳市小计	**13833**			**246401**		**42623**	**9356**	**120**	**1614179**	**1463519**
本级	7408			86571		17699	5953		548693	452142
区县级小计	6425			159830		24924	3403	120	1065486	1011377
偃师市	369			17124		2791	600		139353	131839
孟津县	177			9104		2985	632		66632	63994
新安县	161			16284		1492			127121	119925
伊川县	450			16164		8230	219		125229	119439
汝阳县	98			14159		581		70	63125	61721

2-16-7

单位:万元

地区	平衡部分									
	支出									
	财力性转移支付			专项上解	计划单列市上解省	增设预算周转金	调出资金	国债转贷拨付数及年终结余	年终结余	其中：净结余
	小计	体制上解	出口退税专项上解							
地市县合计	**266967**	**246400**	**20567**	**856097**		**15575**	**4587**	**3365**	**443106**	**10409**
郑州市小计	**79507**	**72670**	**6837**	**330189**		**122**	**336**	**1225**	**133232**	**-16416**
本级	8057	4301	3756	218450			336	1225	108314	-10806
区县级小计	71450	68369	3081	111739		122			24918	-5610
巩义市	8585	8148	437	9059					4618	-7237
荥阳市	3038	2859	179	6405					333	
中牟县	358	294	64	4714					5049	2875
新郑市	2352	2319	33	8105					3284	100
登封市	2127	2077	50	9939					2972	1587
新密市	3343	3310	33	8916					-8015	-10064
二七区	15775	15713	62	9087					5348	5261
金水区	15068	13396	1672	30077					7112	1112
中原区	7511	7138	373	9493					1449	667
管城区	9060	9011	49	8498					2353	
上街区	1215	1098	117	4851		122			389	83
惠济区	3018	3006	12	2595					26	6
开封市小计	**4666**	**4372**	**294**	**23558**					**-11325**	**-33133**
本级	9501	9326	175	6598					5222	-15039
区县级小计	-4835	-4954	119	16960					-16547	-18094
兰考县	-174	-225	51	1826					194	-673
杞县	-285	-294	9	2899					12	-275
通许县	-207	-214	7	1821					-945	-945
尉氏县	-197	-198	1	5130					-1732	-1957
开封县	-110	-125	15	2591					-4762	-4930
禹王台区	-809	-821	12	457					-1041	-1041
鼓楼区	-1135	-1137	2	337					35	35
龙亭区	-1467	-1469	2	813					-474	-474
顺河区	-601	-618	17	731					-852	-852
金明区	150	147	3	355					-6982	-6982
洛阳市小计	**61753**	**59882**	**1871**	**85689**		**3000**	**98**	**120**	**53359**	**29400**
本级	41779	40650	1129	51772		3000			28699	15041
区县级小计	19974	19232	742	33917			98	120	24660	14359
偃师市	2640	2445	195	4776			98		5015	3432
孟津县	315	310	5	2323					2388	447
新安县	1423	1372	51	5773					1342	1046
伊川县	1310	1227	83	4480					7357	3178
汝阳县	-277	-277		1611				70	390	247

2－16－8　　　　　　　　　　　　　　　　　　　　　　　　　　　单位:万元

地区	收支部分								
	收入								
	收入合计	税收收入							
		小计	增值税	营业税	企业所得税	个人所得税	资源税	城市维护建设税	耕地占用税
嵩县	23169	14023	3046	3232	2145	730	2790	322	600
栾川县	101168	82017	14445	8705	28964	4558	18369	5027	93
宜阳县	26568	17563	5264	2673	1758	1086	794	733	1809
洛宁县	20018	12705	3518	2988	837	1016	467	207	703
洛龙区	30011	24225	1965	10024	856	481	41	1500	2866
吉利区	12361	9609	1626	2087	1129	420	47	637	1850
涧西区	40911	33595	8133	10896	3656	1076	2	1968	920
西工区	35728	30727	3845	12085	3127	1046	28	1663	1010
老城区	13983	11652	1278	4769	734	194		715	1999
廛河区	15047	13318	843	2631	671	570	478	422	4225
平顶山市小计	**501028**	**389471**	**101787**	**105252**	**51259**	**14350**	**34041**	**31053**	**8256**
本级	175770	130409	44456	23771	6492	6476	8651	16044	655
区县级小计	325258	259062	57331	81481	44767	7874	25390	15009	7601
鲁山县	29000	21417	5687	8888	1906	601	1766	922	903
宝丰县	31972	23979	3470	7249	2346	699	4407	1469	1296
叶县	25075	17238	2716	5455	1569	492	2965	777	1562
郏县	20099	15778	2710	3912	313	377	3193	1227	681
汝州市	47249	33994	7087	10241	2640	1053	4359	3762	2008
舞钢市	78286	71494	20442	8186	28954	1566	2493	5236	690
新华区	26628	22835	4779	12465	2329	938	942		118
卫东区	25103	20549	3154	11989	2235	1013	738		201
湛河区	22633	19581	4322	11215	1535	962	599		100
石龙区	19213	12197	2964	1881	940	173	3928	1616	42
安阳市小计	**424749**	**309499**	**102069**	**76049**	**23402**	**14006**	**2791**	**35965**	**8156**
本级	183845	124527	47174	21763	5472	4911		21380	2122
区县级小计	240904	184972	54895	54286	17930	9095	2791	14585	6034
安阳县	62893	45643	17226	5925	5959	2164	1674	4327	1736
林州市	52284	39374	15180	8824	3563	3069	296	3230	588
汤阴县	14614	11378	3254	3842	626	532	9	565	237
滑县	20282	13202	3075	5489	410	1052	490	420	649
内黄县	11118	7714	1594	3148	239	589	34	359	324
文峰区	21636	18040	2027	9492	1516	319		1103	911
北关区	15571	13031	1848	6076	1458	477		818	475
铁西区	21764	19392	4903	7764	1690	328		1737	508
龙安区	20742	17198	5788	3726	2469	565	288	2026	606
鹤壁市小计	**140021**	**89166**	**23187**	**23310**	**5743**	**4440**	**5213**	**6407**	**4041**
本级	76288	50590	16528	13170	3022	2676	3678	4770	

2－16－9 单位:万元

地区	收支部分									
	收入									
	税收收入			非税收入						
	契税	烟叶税	其他各项税收收入	小计	专项收入	行政事业性收费收入	罚没收入	国有资本经营收入	国有资源(资产)有偿使用收入	其他收入
嵩县	250	623	285	9146	875	2041	2086	3941	180	23
栾川县	403	60	1393	19151	7060	1299	5890	－38	142	4798
宜阳县	229	2311	906	9005	3169	1855	3521	307	153	
洛宁县	350	2319	300	7313	570	1121	1934	3617	31	40
洛龙区			6492	5786	68	3468	2012	32	206	
吉利区			1813	2752	105	1960	415	89	183	
涧西区			6944	7316		3831	871	156	168	2290
西工区			7923	5001	8	3230	707		21	1035
老城区			1963	2331	10	1512	739		70	
瀍河区			3478	1729		1443	100	180	6	
平顶山市小计	**10808**	**4052**	**28613**	**111557**	**28258**	**38169**	**29229**	**8914**	**3240**	**3747**
本级	7573		16291	45361	12272	16194	9521	5890	1188	296
区县级小计	3235	4052	12322	66196	15986	21975	19708	3024	2052	3451
鲁山县	397	49	298	7583	1501	1863	3805	353	61	
宝丰县	747	442	1854	7993	911	3131	2666	651	174	460
叶县	558	687	457	7837	1290	4681	1192	382	292	
郏县	619	2335	411	4321	883	1526	1802		110	
汝州市	618	493	1733	13255	3209	4963	3420	1406	243	14
舞钢市	215	46	3666	6792	3752	881	1979	13	167	
新华区			1264	3793	915	1642	1204	1	31	
卫东区			1219	4554	986	1062	1128		463	915
湛河区			848	3052	787	1461	309		495	
石龙区	81		572	7016	1752	765	2203	218	16	2062
安阳市小计	**16004**		**31057**	**115250**	**26673**	**38939**	**25195**	**17527**	**6455**	**461**
本级	11017		10688	59318	14944	19755	6353	16489	1712	65
区县级小计	4987		20369	55932	11729	19184	18842	1038	4743	396
安阳县	1815		4817	17250	4669	4803	3937	719	2842	280
林州市	1408		3216	12910	2927	5099	3963	183	654	84
汤阴县	608		1705	3236	582	1641	952		61	
滑县	718		899	7080	749	2522	3715	42	52	
内黄县	438		989	3404	532	843	1866	61	102	
文峰区			2672	3596	486	1552	1018		509	31
北关区			1879	2540	354	721	1410	3	52	
铁西区			2462	2372	774	479	679		439	1
龙安区			1730	3544	656	1524	1302	30	32	
鹤壁市小计	**7068**		**9757**	**50855**	**5554**	**14750**	**9641**	**13663**	**3425**	**3822**
本级	3452		3294	25698	4330	8389	3357	8947	675	

2－16－10　　　　单位:万元

地区	收支部分									
	支出功能分类									
	支出合计	一般公共服务	外交	国防	公共安全	教育	科学技术	文化体育与传媒	社会保障和就业	医疗卫生
嵩县	69486	11931			3933	17445	509	1009	3451	4445
栾川县	123456	19235			6906	30422	1513	1188	7829	3271
宜阳县	75378	19260			4836	19140	406	695	3988	5508
洛宁县	65152	13696		71	3901	15703	440	1075	4630	3021
洛龙区	47680	11397		123	1799	8124	1086	332	7143	2657
吉利区	19828	4260			1596	2637	336	295	1960	975
涧西区	41183	7816			2507	5359	503	87	3383	1657
西工区	33491	6578			1901	5065	519	121	2833	1894
老城区	19124	6854			1200	3296	204	55	1586	1098
瀍河区	19681	7844		88	1388	3046	372	61	2095	1113
平顶山市小计	**848493**	**187178**			**61553**	**155792**	**11480**	**15002**	**125549**	**50804**
本级	237168	50381			27094	26684	3812	7461	47993	10449
区县级小计	611325	136797			34459	129108	7668	7541	77556	40355
鲁山县	89023	19301			4150	20105	1389	1025	11623	5725
宝丰县	68338	17018			3958	13190	1581	1147	8234	3891
叶县	79671	19440			3330	17391	445	673	10957	6263
郏县	60131	11107			3429	13345	311	487	11357	3829
汝州市	105052	22501			6056	25520	1115	1056	12162	7079
舞钢市	100277	16126			5629	17541	1324	2493	10198	6347
新华区	31284	8909			2009	7751	456	58	3656	2315
卫东区	27519	7669			2273	5140	271	163	3441	2283
湛河区	28506	8121			1540	6670	419	166	4250	1967
石龙区	21524	6605			2085	2455	357	273	1678	656
安阳市小计	**803677**	**163196**		**287**	**69028**	**198475**	**13457**	**15360**	**83689**	**54037**
本级	284535	41641		19	37699	42221	6421	8906	45769	16449
区县级小计	519142	121555		268	31329	156254	7036	6454	37920	37588
安阳县	111276	23709		42	7200	34627	1531	2055	9439	8935
林州市	100502	19210			4886	32955	1425	1098	6102	7853
汤阴县	48465	11191			3270	14093	772	822	2411	2761
滑县	101373	22040			5859	35593	1129	1514	6548	7589
内黄县	60453	13643		82	4030	18232	723	753	4073	5120
文峰区	26829	8069			1687	7812	421	48	1691	1922
北关区	18314	7151		72	1274	4184	260	6	2061	661
铁西区	22072	8541		72	1117	3837	324	40	2430	898
龙安区	29858	8001			2006	4921	451	118	3165	1849
鹤壁市小计	**275606**	**47279**			**18810**	**50469**	**2913**	**4711**	**42040**	**14372**
本级	109418	15735			10800	13808	943	2263	19482	5787

二、各省、自治区、直辖市地市县一般预算财政资料

2-16-11　　　　　　　　　　　　　　　　　　　　　　　　单位:万元

地区	收支部分						平衡部分		
	支出功能分类						收入		
	环境保护	城乡社区事务	农林水事务	交通运输	工业、商业、金融等事务	其他支出	收入合计	本年收入	返还性收入 小计
嵩县	3786	2977	8594	3136	2316	5954	71006	23169	1894
栾川县	5496	15011	17565	7574	2833	4613	137084	101168	3499
宜阳县	3709	1918	7514	4984	1729	1691	78118	26568	2204
洛宁县	4430	2926	6682	5747	804	2026	66792	20018	942
洛龙区	172	2627	2521	270	1713	7716	43617	30011	3832
吉利区	1029	2568	1187	508	539	1938	17399	12361	2618
涧西区	45	4256	319	23	3684	11544	52829	40911	3526
西工区	50	4563	392	91	3650	5834	44384	35728	2749
老城区	43	1717	525	63	47	2436	19750	13983	1330
廛河区	16	1589	219	44	6	1800	21215	15047	1022
平顶山市小计	**22176**	**65823**	**63162**	**15662**	**46079**	**28233**	**934181**	**501028**	**75172**
本级	4979	27855	6284	3882	15379	4915	277065	175770	37379
区县级小计	17197	37968	56878	11780	30700	23318	657116	325258	37793
鲁山县	2407	5315	9320	2434	3535	2694	91149	29000	1727
宝丰县	2049	3231	7375	421	1376	4867	72123	31972	4081
叶县	3078	3737	9098	784	1031	3444	83823	25075	1070
郏县	1607	4764	5519	1446	1980	950	63061	20099	1239
汝州市	3634	3666	8404	1830	9992	2037	100428	47249	14060
舞钢市	2337	12716	10637	3227	8430	3272	120069	78286	8924
新华区	429	550	1992	299	1159	1701	37202	26628	1845
卫东区	724	3011	784	189	809	762	33218	25103	2211
湛河区	277	606	2543	579	543	825	33041	22633	2107
石龙区	655	372	1206	571	1845	2766	23002	19213	529
安阳市小计	**19233**	**51875**	**58570**	**9430**	**34529**	**32511**	**894520**	**424749**	**105123**
本级	7223	33007	11905	2701	17425	13149	330998	183845	74450
区县级小计	12010	18868	46665	6729	17104	19362	563522	240904	30673
安阳县	2402	1499	10346	2378	4708	2405	122432	62893	7795
林州市	2162	5343	8529	1079	5253	4607	114669	52284	8159
汤阴县	2015	948	5679	327	2902	1274	50538	14614	2350
滑县	2176	2893	12015	1331	1243	1443	101806	20282	3555
内黄县	2788	2014	5888	691	1515	901	57712	11118	1717
文峰区	126	1907	717	288	33	2108	31629	21636	1486
北关区	39	1705	579	75	90	157	21700	15571	1174
铁西区	74	1151	525	203	821	2039	27753	21764	1473
龙安区	228	1408	2387	357	539	4428	35283	20742	2964
鹤壁市小计	**8983**	**17905**	**26290**	**3382**	**20677**	**17775**	**294235**	**140021**	**14688**
本级	4546	6477	9142	1477	12070	6888	125293	76288	9136

2－16－12

单位:万元

地区	平衡部分									
	收入									
	返还性收入		财力性转移支付收入							
	增值税和消费税税收返还	所得税基数返还	小计	体制补助	一般性转移支付补助	民族地区转移支付补助	调整工资转移支付补助	农村义务教育补助	农村税费改革补助	缓解县乡困难转移支付补助
嵩县	772	1122	24101		9947		8015	1126	3316	1272
栾川县	2718	781	16143		5187		5930	627	1706	2377
宜阳县	1759	445	29164		10590		10831	1633	4410	1548
洛宁县	640	302	25000		10596	50	7524	870	3764	1940
洛龙区	2998	834	4940		482		3190		1227	
吉利区	951	1667	1396		150		958		164	
涧西区	2000	1526	3466		175		1438		31	
西工区	1215	1534	2056		175		1380		128	
老城区	864	466	2322		159		1375		148	
廛河区	446	576	3184		141	750	1196		76	
平顶山市小计	**63672**	**11500**	**208803**		**65848**	**100**	**83876**	**8502**	**27372**	**17771**
本级	31294	6085	17527		1902		14263	1100		
区县级小计	32378	5415	191276		63946	100	69613	7402	27372	17771
鲁山县	1209	518	38408		16732		12104	1480	4410	2874
宝丰县	3536	545	22553		6600		8480	796	2880	3605
叶县	858	212	37247		13595	50	11698	1729	6987	3055
郏县	839	400	28714		11151	50	9255	1132	4607	2403
汝州市	13579	481	33690		11660		11425	1618	5582	3175
舞钢市	7977	947	17597		3179		7060	333	1790	2659
新华区	1330	515	4071		314		3137	113	345	
卫东区	1445	766	3375		257		2574	31	177	
湛河区	1245	862	4603		353		3045	170	536	
石龙区	360	169	1018		105		835		58	
安阳市小计	**88938**	**16185**	**200805**		**53994**		**79730**	**9440**	**37751**	**16958**
本级	66043	8407	13509		3576		14060		207	
区县级小计	22895	7778	187296		50418		65670	9440	37544	16958
安阳县	5698	2097	28671		4618		13135	1431	5995	3353
林州市	5939	2220	27579		5753		12139	2338	5622	1664
汤阴县	1779	571	22180		7161		6930	743	4266	3033
滑县	2472	1083	56811		19472		15760	3059	12215	6217
内黄县	1266	451	34018		12897		9496	1589	7146	2691
文峰区	1248	238	5539		187		2712	135	1093	
北关区	909	265	2424		54		1715		291	
铁西区	1067	406	2154		75		1308		381	
龙安区	2517	447	7920		201		2475	145	535	
鹤壁市小计	**11745**	**2943**	**68101**		**21732**		**25602**	**2270**	**10140**	**6756**
本级	8001	1135	6522		－211		6725		250	

2-16-13　　　　单位:万元

地区	平衡部分									
	收入								支出	
	财力性转移支付收入			专项转移支付	省补助计划单列市收入	上年结余	调入资金	国债转贷收入、上年结余及转补助数	支出合计	本年支出
	结算补助	企事业单位预算划转补助	其他财力性转移支付							
嵩县	425			20896		400	546		70168	69486
栾川县	316			13521		2753			133361	123456
宜阳县	152			18253		529	1400		77670	75378
洛宁县	256			18556		2226		50	65871	65152
洛龙区	41			4165		669			43045	47680
吉利区	124			1784		-760			18137	19828
涧西区	1822			3476		1450			52394	41183
西工区	373			2783		1068			43834	33491
老城区	640			1792		317	6		19310	19124
廛河区	1021			1769		193			20236	19681
平顶山市小计	**3586**		**1748**	**140815**		**3055**	**5308**		**926408**	**848493**
本级	-633		895	35180		11209			258534	237168
区县级小计	4219		853	105635		-8154	5308		667874	611325
鲁山县	731		77	20965		1049			91952	89023
宝丰县	66		126	11492		2025			71466	68338
叶县	38		95	17000		415	3016		83509	79671
郏县	38		78	12519		490			62317	60131
汝州市	130		100	19539		-16402	2292		117820	105052
舞钢市	2545		31	13181		2081			116357	100277
新华区	45		117	3355		1303			36005	31284
卫东区	208		128	2343		186			32776	27519
湛河区	418		81	3208		490			32931	28506
石龙区			20	2033		209			22741	21524
安阳市小计	**291**		**2641**	**136506**		**19839**	**7308**	**190**	**879722**	**803677**
本级	-3643		-691	41729		10965	6500		320452	284535
区县级小计	3934		3332	94777		8874	808	190	559270	519142
安阳县	139			17235		5338	500		119173	111276
林州市	63			20951		5482	24	190	107974	100502
汤阴县	47			10846		548			50514	48465
滑县	88			21665		-507			104019	101373
内黄县	26		173	13549		-2754	64		61303	60453
文峰区	464		948	2718		250			31598	26829
北关区	364			2448		83			21683	18314
铁西区	390			2055		87	220		27753	22072
龙安区	2353		2211	3310		347			35253	29858
鹤壁市小计	**1601**			**60938**		**8528**	**1959**		**285470**	**275606**
本级	-242			24843		7938	566		116170	109418

2－16－14　　　　单位:万元

地区	平衡部分									
	支出								年终结余	其中：净结余
	财力性转移支付			专项上解	计划单列市上解省	增设预算周转金	调出资金	国债转贷拨付数及年终结余		
	小计	体制上解	出口退税专项上解							
嵩县	－900	－900		1582					838	838
栾川县	－388	－394	6	10293					3723	2294
宜阳县	273	271	2	2019					448	186
洛宁县	－714	－719	5	1383				50	921	866
洛龙区	715	657	58	－5350					572	560
吉利区	301	301		－1992					－738	－929
涧西区	6417	6194	223	4794					435	417
西工区	5196	5108	88	5147					550	408
老城区	1902	1894	8	－1716					440	390
瀍河区	1761	1743	18	－1206					979	979
平顶山市小计	**32277**	**30582**	**1695**	**44138**		**1500**			**7773**	**－25556**
本级	14124	12511	1613	5742		1500			18531	－7005
区县级小计	18153	18071	82	38396					－10758	－18551
鲁山县	－33	－61	28	2962					－803	－2525
宝丰县	323	323		2805					657	657
叶县	372	372		3466					314	
郏县	644	591	53	1542					744	6
汝州市	8109	8108	1	4659					－17392	－19182
舞钢市	6633	6633		9447					3712	760
新华区	490	490		4231					1197	978
卫东区	1069	1069		4188					442	428
湛河区	368	368		4057					110	110
石龙区	178	178		1039					261	217
安阳市小计	**32981**	**32834**	**147**	**39454**		**500**	**2920**	**190**	**14798**	**1858**
本级	29041	29041		4562			2314		10546	2047
区县级小计	3940	3793	147	34892		500	606	190	4252	－189
安阳县	2621	2621		5170			106		3259	1737
林州市	1227	1227		5255		500	300	190	6695	3806
汤阴县	301	188	113	1748					24	24
滑县	187	187		2459					－2213	－2213
内黄县	－698	－716	18	1548					－3591	－3591
文峰区	－836	－836		5605					31	31
北关区	303	288	15	3066					17	17
铁西区	399	398	1	5282						
龙安区	436	436		4759			200		30	
鹤壁市小计	**330**	**71**	**259**	**9534**					**8765**	**－1868**
本级	1478	1357	121	5274					9123	－1128

2－16－15

单位：万元

地区	收支部分								
	收入								
	收入合计	税收收入							
		小计	增值税	营业税	企业所得税	个人所得税	资源税	城市维护建设税	耕地占用税
区县级小计	63733	38576	6659	10140	2721	1764	1535	1637	4041
浚县	13496	7810	1584	2834	272	745	275	264	423
淇县	17051	9670	2117	2941	576	532	935	442	335
淇滨区	16857	11485	1076	2940	973	293	122	409	1434
山城区	10314	6142	1211	1171	171	143	60	354	1397
鹤山区	6015	3469	671	254	729	51	143	168	452
新乡市小计	**411351**	**294757**	**69014**	**85437**	**40133**	**14313**	**6462**	**15747**	**12959**
本级	165570	113071	30523	31836	18198	6281	15	6892	1435
区县级小计	245781	181686	38491	53601	21935	8032	6447	8855	11524
获嘉县	11563	8685	1571	2901	721	552	25	428	485
新乡县	41300	31390	9534	5958	8516	975	4	1424	630
原阳县	14486	9146	1018	3803	1054	482	219	273	864
延津县	15557	8111	1235	2541	820	469	302	271	679
封丘县	12008	8050	1084	3510	506	475	192	228	728
长垣县	32288	23407	4412	11016	1489	1103		1125	603
辉县市	53018	37961	9937	8980	4225	1707	2578	1738	4896
卫辉市	19672	14768	3252	2648	1045	614	3113	972	1772
卫滨区	11578	9861	1345	3290	662	493		557	128
红旗区	13962	12847	1544	4754	1247	519		680	342
牧野区	13766	12286	2578	3154	1121	518		778	237
凤泉区	6583	5174	981	1046	529	125	14	381	160
焦作市小计	**465258**	**346248**	**90294**	**77709**	**36628**	**12199**	**14102**	**28149**	**4795**
本级	158646	128844	49859	24252	17084	5578	889	11983	154
区县级小计	306612	217404	40435	53457	19544	6621	13213	16166	4641
修武县	30087	22211	3435	6197	2089	1220	1441	949	25
博爱县	45528	29731	4007	6275	1600	772	3224	3028	45
沁阳市	52403	35095	7933	6459	4468	863	4739	1970	383
温县	30096	19363	3287	4284	1588	697	1007	1846	200
孟州市	48596	32366	4834	7655	3486	954	62	3265	471
武陟县	40016	29552	4976	8770	2285	821	241	1404	402
解放区	20180	17429	3005	6466	1278	566	295	1015	1061
中站区	13369	10162	4385	1713	694	198	398	1100	575
马村区	12555	9572	2520	1351	570	165	1690	681	1157
山阳区	13782	11923	2053	4287	1486	365	116	908	322
濮阳市小计	**231540**	**174008**	**54544**	**43975**	**8513**	**9569**	**6078**	**16026**	**3047**
本级	133648	101595	37817	18667	3305	3196	5985	12095	408
区县级小计	97892	72413	16727	25308	5208	6373	93	3931	2639

2－16－16

单位:万元

地区	收支部分									
	收入									
	税收收入			非税收入						
	契税	烟叶税	其他各项税收收入	小计	专项收入	行政事业性收费收入	罚没收入	国有资本经营收入	国有资源(资产)有偿使用收入	其他收入
区县级小计	3616		6463	25157	1224	6361	6284	4716	2750	3822
浚县	749		664	5686	468	1968	2867		310	73
淇县	912		880	7381	440	1632	2600	442	2267	
淇滨区	1661		2577	5372	97	1549	375	792	144	2415
山城区	290		1345	4172	153	790	360	2376	19	474
鹤山区	4		997	2546	66	422	82	1106	10	860
新乡市小计	**18808**		**31884**	**116594**	**13836**	**37798**	**26857**	**35244**	**1510**	**1349**
本级	10794		7097	52499	6264	12810	6273	26260	842	50
区县级小计	8014		24787	64095	7572	24988	20584	8984	668	1299
获嘉县	710		1292	2878	447	1046	1365		11	9
新乡县	1069		3280	9910	1923	1446	2531	3913	97	
原阳县	600		833	5340	285	3478	1419	13	39	106
延津县	1273		521	7446	255	3698	2914	349	17	213
封丘县	559		768	3958	272	2512	737		66	371
长垣县	1199		2460	8881	938	3185	4299	164	86	209
辉县市	1893		2007	15057	2500	5550	2879	4043	81	4
卫辉市	711		641	4904	812	1321	2630		99	42
卫滨区			3386	1717		585	147	500	140	345
红旗区			3761	1115	10	905	183	2	15	
牧野区			3900	1480		877	597		6	
凤泉区			1938	1409	130	385	883		11	
焦作市小计	**19974**		**62398**	**119010**	**21918**	**26893**	**23331**	**40171**	**2472**	**4225**
本级	9307		9738	29802	10214	6401	5697	5790	1408	292
区县级小计	10667		52660	89208	11704	20492	17634	34381	1064	3933
修武县	160		6695	7876	1090	525	2209	3952	100	
博爱县	2115		8665	15797	1807	2070	4966	3154	22	3778
沁阳市	2035		6245	17308	1857	1021	2235	12087	71	37
温县	2478		3976	10733	529	2354	2328	5183	337	2
孟州市	1910		9729	16230	2162	3805	1800	8333	89	41
武陟县	1969		8684	10464	1493	5871	2686	307	107	
解放区			3743	2751	500	1735	290		223	3
中站区			1099	3207	745	1589	534	248	19	72
马村区			1438	2983	1050	963	321	587	62	
山阳区			2386	1859	471	559	265	530	34	
濮阳市小计	**12283**		**19973**	**57532**	**12052**	**24813**	**14310**	**2152**	**3048**	**1157**
本级	10025		10097	32053	9000	14354	6181	1007	905	606
区县级小计	2258		9876	25479	3052	10459	8129	1145	2143	551

二、各省、自治区、直辖市地市县一般预算财政资料

2－16－17

单位：万元

地区	收支部分									
	支出功能分类									
	支出合计	一般公共服务	外交	国防	公共安全	教育	科学技术	文化体育与传媒	社会保障和就业	医疗卫生
区县级小计	166188	31544			8010	36661	1970	2448	22558	8585
浚县	58967	9870			3084	15153	310	881	7906	4161
淇县	47346	7322			2577	9021	903	1357	5638	2176
淇滨区	24941	7769			1015	3270	96	118	2273	938
山城区	21223	3076			741	5943	566	54	4365	695
鹤山区	13711	3507			593	3274	95	38	2376	615
新乡市小计	**842296**	**167230**		**384**	**60632**	**182602**	**14296**	**8442**	**102274**	**48301**
本级	250593	35490		91	28303	40130	5038	2617	52466	10961
区县级小计	591703	131740		293	32329	142472	9258	5825	49808	37340
获嘉县	41920	9204		13	2806	11039	501	339	2898	2518
新乡县	65864	15081		94	3521	15170	2974	419	2396	4284
原阳县	64050	13549		67	2857	13691	875	238	9985	3194
延津县	49859	10632		72	2843	12290	591	739	3477	3746
封丘县	65605	14556		45	3866	19067	476	634	4023	5068
长垣县	78022	18680		2	3787	21295	828	635	4322	5175
辉县市	105881	16593			5718	22781	1207	2018	10887	6783
卫辉市	59759	14547			3321	12824	499	466	7360	3069
卫滨区	14444	4494			820	2907	422	20	1637	768
红旗区	15770	4444			1207	3791	251	43	1220	1004
牧野区	17645	5422			999	4424	461	162	1167	1128
凤泉区	12884	4538			584	3193	173	112	436	603
焦作市小计	**750338**	**163036**			**48088**	**128792**	**12588**	**20203**	**83968**	**37428**
本级	229903	32383			24607	25982	2687	4568	28299	8742
区县级小计	520435	130653			23481	102810	9901	15635	55669	28686
修武县	51386	8845			2848	11167	843	3188	7195	2884
博爱县	69613	10516			2512	13276	1139	3587	6383	6285
沁阳市	87967	29312			4001	14625	1246	1003	11961	3739
温县	64305	19247			2973	11508	1230	1513	6805	3197
孟州市	75404	20571			3138	10707	1509	4629	6574	4072
武陟县	80592	14578			3964	17227	2639	1320	8988	4662
解放区	29735	9947			1558	7994	407	87	1722	966
中站区	19537	5763			754	5716	349	108	1507	1041
马村区	19816	5456			756	4793	250	103	1756	1066
山阳区	22080	6418			977	5797	289	97	2778	774
濮阳市小计	**544546**	**109768**			**37945**	**135583**	**7023**	**8028**	**94638**	**33230**
本级	200122	37005			19600	49060	4303	4558	28262	8268
区县级小计	344424	72763			18345	86523	2720	3470	66376	24962

2－16－18

单位:万元

地区	收支部分						平衡部分		
	支出功能分类						收入		
	环境保护	城乡社区事务	农林水事务	交通运输	工业、商业、金融等事务	其他支出	收入合计	本年收入	返还性收入 小计
区县级小计	4437	11428	17148	1905	8607	10887	168942	63733	5552
浚县	1072	4620	5627	712	991	4580	60487	13496	1534
淇县	2136	1682	6196	903	4207	3228	48941	17051	2352
淇滨区	530	3823	2732	149	304	1924	24485	16857	491
山城区	410	1189	1199	84	2346	555	20934	10314	469
鹤山区	289	114	1394	57	759	600	14095	6015	706
新乡市小计	**25071**	**50028**	**65941**	**14639**	**67189**	**35267**	**929240**	**411351**	**65951**
本级	4504	9106	8403	3982	39040	10462	293343	165570	33809
区县级小计	20567	40922	57538	10657	28149	24805	635897	245781	32142
获嘉县	2760	1481	3942	214	2587	1618	43606	11563	1850
新乡县	2003	8854	6356	186	2472	2054	72716	41300	6740
原阳县	2659	3834	5803	1908	2642	2748	65876	14486	1501
延津县	1561	2973	6188	1462	705	2580	51606	15557	1945
封丘县	1963	3920	6620	1745	2969	653	66477	12008	856
长垣县	3357	4828	8269	1652	699	4493	82549	32288	1798
辉县市	3549	6502	11633	1598	12859	3753	114280	53018	6139
卫辉市	2242	4412	4983	1652	2502	1882	62424	19672	3058
卫滨区		825	833	57	2	1659	18524	11578	1892
红旗区		1765	532	35	450	1028	21178	13962	2774
牧野区		424	1375	56	207	1820	21952	13766	2165
凤泉区	473	1104	1004	92	55	517	14709	6583	1424
焦作市小计	**20323**	**71683**	**49768**	**14324**	**64151**	**35986**	**841978**	**465258**	**75598**
本级	6732	34624	8826	4907	30366	17180	278718	158646	41498
区县级小计	13591	37059	40942	9417	33785	18806	563260	306612	34100
修武县	871	4868	4600	1025	2495	557	56653	30087	2418
博爱县	1319	10357	7074	1854	4344	967	76243	45528	4388
沁阳市	2207	5749	6939	1039	4822	1324	94146	52403	7007
温县	1790	2032	4162	980	6617	2251	67485	30096	3337
孟州市	2112	4945	6963	2494	5364	2326	82010	48596	5678
武陟县	4148	3847	8766	1600	6658	2195	84769	40016	3466
解放区	301	903	282	121	11	5436	33393	20180	3015
中站区	275	2178	797	171	544	334	22359	13369	1571
马村区	326	1238	813	123	2896	240	21984	12555	1411
山阳区	242	942	546	10	34	3176	24218	13782	1809
濮阳市小计	**9759**	**25938**	**51663**	**5306**	**12719**	**12946**	**565948**	**231540**	**25320**
本级	956	15991	16349	2383	7974	5413	207444	133648	11470
区县级小计	8803	9947	35314	2923	4745	7533	358504	97892	13850

2－16－19　　　　单位:万元

地区	平衡部分									
	收入									
	返还性收入		财力性转移支付收入							
	增值税和消费税税收返还	所得税基数返还	小计	体制补助	一般性转移支付补助	民族地区转移支付补助	调整工资转移支付补助	农村义务教育补助	农村税费改革补助	缓解县乡困难转移支付补助
区县级小计	3744	1808	61579		21943		18877	2270	9890	6756
浚县	934	600	34330		13363		8798	1435	6314	4318
淇县	1610	742	16102		6394		4618	504	1759	2438
淇滨区	315	176	4092		780		1656	186	728	
山城区	331	138	4103		839		2362	70	582	
鹤山区	554	152	2952		567		1443	75	507	
新乡市小计	**48669**	**17282**	**252597**		**76796**	**50**	**91977**	**10080**	**41032**	**25524**
本级	27793	6016	16321		941		12582	773	53	
区县级小计	20876	11266	236276		75855	50	79395	9307	40979	25524
获嘉县	963	887	20159		7294		6323	702	3301	2415
新乡县	4309	2431	14374		3489		5493	530	2602	2204
原阳县	666	835	36733		14853		10018	1510	6005	4203
延津县	1039	906	23998		7802		7992	877	4507	2700
封丘县	580	276	40236		15871	50	11865	1616	6327	4402
长垣县	1137	661	33373		10952		11167	1687	5947	3541
辉县市	4051	2088	30203		5424		12998	1293	6627	2820
卫辉市	2510	548	25620		8986		8240	731	4123	3239
卫滨区	1316	576	2374		194		1327	52	183	
红旗区	1851	923	2589		357		1381	131	221	
牧野区	1614	551	2859		323		1570	113	478	
凤泉区	840	584	3758		310		1021	65	658	
焦作市小计	**53434**	**22164**	**131994**		**30375**		**57655**	**5402**	**22176**	**12792**
本级	31738	9760	1740		2461		10228	46	482	
区县级小计	21696	12404	130254		27914		47427	5356	21694	12792
修武县	1621	797	15307		3903		5570	579	2653	1927
博爱县	2563	1825	15250		3586		6256	768	2737	1655
沁阳市	3660	3347	17243		3739		6613	902	3173	2359
温县	2256	1081	20163		6015		6714	869	4186	1931
孟州市	3757	1921	14674		3315		5695	642	2890	1940
武陟县	1937	1529	25059		6638		9049	1329	4925	2980
解放区	2206	809	7468		143		2233	69	189	
中站区	1359	212	4592		190		1650	61	219	
马村区	925	486	4698		199		1732	97	530	
山阳区	1412	397	5800		186		1915	40	192	
濮阳市小计	**17726**	**7594**	**206058**		**66206**		**63319**	**8760**	**29033**	**13248**
本级	7996	3474	37660		－1517		12312	1649	1513	
区县级小计	9730	4120	168398		67723		51007	7111	27520	13248

2 – 16 – 20　　　　　　　　　　　　　　　　　　　　单位:万元

地区	平衡部分									
	收入								支出	
	财力性转移支付收入			专项转移支付	省补助计划单列市收入	上年结余	调入资金	国债转贷收入、上年结余及转补助数	支出合计	本年支出
	结算补助	企事业单位预算划转补助	其他财力性转移支付							
区县级小计	1843			36095		590	1393		169300	166188
浚县	102			10972		155			60627	58967
淇县	389			12504		379	553		48776	47346
淇滨区	742			3248		–203			24880	24941
山城区	250			5942		106			20930	21223
鹤山区	360			3429		153	840		14087	13711
新乡市小计	**7138**			**164583**		**31103**	**3655**		**898581**	**842296**
本级	1972			55944		19649	2050		270429	250593
区县级小计	5166			108639		11454	1605		628152	591703
获嘉县	124			9415		619			43401	41920
新乡县	56			8139		2163			71389	65864
原阳县	144			12756		400			64939	64050
延津县	120			9536		220	350		51570	49859
封丘县	105			11845		1017	515		66411	65605
长垣县	79			12794		2296			81401	78022
辉县市	1041			24142		768	10		112304	105881
卫辉市	301			11705		1968	401		61618	59759
卫滨区	618			1827		853			18443	14444
红旗区	499			1366		487			20922	15770
牧野区	375			2332		830			21542	17645
凤泉区	1704			2782		–167	329		14212	12884
焦作市小计	**1751**	**1843**		**109241**		**45044**	**14843**		**812275**	**750338**
本级	–11721	835	–591	33318		32639	10877		255351	229903
区县级小计	127	1122	13822	75923		12405	3966		556924	520435
修武县			675	7728		1113			55865	51386
博爱县	12		236	8516		2561			75060	69613
沁阳市			457	13113		2157	2223		93929	87967
温县	36		412	10308		2298	1283		67439	64305
孟州市	48		144	11592		1434	36		81196	75404
武陟县			138	15927		–123	424		84749	80592
解放区	7	1008	3819	2290		440			33020	29735
中站区	7	114	2351	2299		528			21146	19537
马村区	12		2128	1953		1367			20657	19816
山阳区	5		3462	2197		630			23863	22080
濮阳市小计	**2724**	**22768**		**98931**		**1101**	**2998**		**560695**	**544546**
本级	935	22768		22263		215	2188		204148	200122
区县级小计	1789			76668		886	810		356547	344424

2－16－21 单位:万元

地区	平衡部分									
	支出								年终结余	其中:净结余
	财力性转移支付			专项上解	计划单列市上解省	增设预算周转金	调出资金	国债转贷拨付数及年终结余		
	小计	体制上解	出口退税专项上解							
区县级小计	－1148	－1286	138	4260					－358	－740
浚县	294	294		1366					－140	－370
淇县	222	150	72	1208					165	13
淇滨区	－1126	－1155	29	1065					－395	－395
山城区	－649	－670	21	356					4	4
鹤山区	111	95	16	265					8	8
新乡市小计	**20433**	**18720**	**1713**	**35781**			**71**		**30659**	**11503**
本级	12583	11529	1054	7224			29		22914	7386
区县级小计	7850	7191	659	28557			42		7745	4117
获嘉县	144	139	5	1337					205	205
新乡县	1767	1332	435	3716			42		1327	409
原阳县	－633	－639	6	1522					937	103
延津县	－210	－210		1921					36	36
封丘县	－567	－567		1373					66	6
长垣县	－324	－344	20	3703					1148	1105
辉县市	1840	1803	37	4583					1976	856
卫辉市	360	345	15	1499					806	204
卫滨区	1378	1378		2621					81	81
红旗区	1921	1901	20	3231					256	207
牧野区	1465	1380	85	2432					410	410
凤泉区	709	673	36	619					497	495
焦作市小计	**20156**	**18581**	**1575**	**36328**		**5453**			**29703**	**19472**
本级	8622	8028	594	11826		5000			23367	18032
区县级小计	10955	9974	981	25081		453			6336	1440
修武县	849	830	19	3630					788	788
博爱县	2031	1941	90	3416					1183	25
沁阳市	2144	2030	114	3818					217	26
温县	1068	1046	22	2066					46	46
孟州市	1239	892	347	4553					814	86
武陟县	562	438	124	3595					20	－2761
解放区	1709	1652	57	1576					373	373
中站区	616	428	188	540		453			1213	1190
马村区	188	169	19	653					1327	1312
山阳区	549	548	1	1234					355	355
濮阳市小计	**－2010**	**－2766**	**756**	**18159**					**5253**	**－84**
本级	128	－336	464	3898					3296	－814
区县级小计	－2138	－2430	292	14261					1957	730

2－16－22　　　　　　　　　　　　　　　　　　　　　　单位:万元

地　区	收支部分								
	收入								
	收入合计	税收收入							
		小计	增值税	营业税	企业所得税	个人所得税	资源税	城市维护建设税	耕地占用税
濮阳县	31416	22532	6122	5020	1660	1640	25	1997	969
清丰县	12311	7236	1424	2753	256	803	42	419	367
南乐县	7955	4470	698	1947	245	278	16	150	572
范县	12347	8070	2465	2313	297	477		504	449
台前县	4683	3104	578	1680	84	299		100	88
华龙区	29180	27001	5440	11595	2666	2876	10	761	194
许昌市小计	**337625**	**272473**	**49371**	**73947**	**41493**	**10379**	**21704**	**27343**	**10158**
本级	92965	87901	12867	24385	22534	4080		15726	1357
区县级小计	244660	184572	36504	49562	18959	6299	21704	11617	8801
许昌县	30569	23005	4745	6833	4793	892	136	1795	611
长葛市	50009	38762	10304	6550	4326	1397	1477	2700	2599
鄢陵县	18483	13226	2071	4629	225	610	2	488	721
禹州市	100039	71859	11923	16722	8275	2090	15392	4469	4870
襄城县	28500	21078	3873	7626	340	806	4697	850	
魏都区	17060	16642	3588	7202	1000	504		1315	
漯河市小计	**181789**	**132691**	**32122**	**34024**	**19193**	**8588**	**3900**	**13124**	**690**
本级	114674	87527	25486	19719	15591	6806		9471	362
区县级小计	67115	45164	6636	14305	3602	1782	3900	3653	328
舞阳县	17406	11795	2550	2362	688	692	1746	675	8
临颍县	18441	13738	2279	4163	1234	619	479	1579	181
源汇区	13746	9114	611	3963	847	254	436	648	48
郾城区	10506	6499	607	2846	568	118	197	496	44
召陵区	7016	4018	589	971	265	99	1042	255	47
三门峡市小计	**293586**	**229315**	**69923**	**45969**	**27769**	**12972**	**26846**	**15061**	**4838**
本级	74358	56134	25381	10062	10558	2404		4581	
区县级小计	219228	173181	44542	35907	17211	10568	26846	10480	4838
义马市	32516	26685	10029	5049	981	1384	1834	3695	203
灵宝市	54488	39992	6535	8309	10685	3207	4199	1978	804
渑池县	61068	47757	15955	5878	2342	2604	10281	2415	3043
陕县	38217	31400	7996	6284	1760	1833	8680	1172	607
卢氏县	14069	9778	1722	3251	363	791	903	303	98
湖滨区	18870	17569	2305	7136	1080	749	949	917	83
南阳市小计	**448269**	**321458**	**77677**	**112306**	**21162**	**17415**	**9422**	**26657**	**12219**
本级	149320	117224	36394	34285	5314	6280	2467	14142	430
区县级小计	298949	204234	41283	78021	15848	11135	6955	12515	11789
邓州市	32086	18289	1958	7296	573	1623	352	801	2102
唐河县	29139	15614	1367	7752	226	1171	226	556	1666

二、各省、自治区、直辖市地市县一般预算财政资料

2－16－23

单位:万元

地区	收支部分									
	收入									
	税收收入			非税收入						
	契税	烟叶税	其他各项税收收入	小计	专项收入	行政事业性收费收入	罚没收入	国有资本经营收入	国有资源(资产)有偿使用收入	其他收入
濮阳县	833		4266	8884	676	4544	3406	38	208	12
清丰县	273		899	5075	598	1876	882	41	1572	106
南乐县	294		270	3485	214	1036	947	840	133	315
范县	750		815	4277	641	1720	1583	187	34	112
台前县	108		167	1579	248	708	557	28	38	
华龙区			3459	2179	675	575	754	11	158	6
许昌市小计	**10054**	**3394**	**24630**	**65152**	**17489**	**21968**	**24453**	**62**	**882**	**298**
本级	1782		5170	5064	8938	4396	3178	－11878	430	
区县级小计	8272	3394	19460	60088	8551	17572	21275	11940	452	298
许昌县	301	537	2362	7564	1118	3570	2561	8	38	269
长葛市	1633	1121	6655	11247	1606	4786	4669	117	69	
鄢陵县	2029	126	2325	5257	498	2489	2015	132	123	
禹州市	3751	509	3858	28180	4092	4351	7307	12300	110	20
襄城县	558	1101	1227	7422	655	2044	4614		100	9
魏都区			3033	418	582	332	109	－617	12	
漯河市小计	**4392**	**3237**	**13421**	**49098**	**7308**	**12254**	**11812**	**10857**	**3493**	**3374**
本级	3100		6992	27147	5158	4964	3706	10170	209	2940
区县级小计	1292	3237	6429	21951	2150	7290	8106	687	3284	434
舞阳县	1010	769	1295	5611	543	2594	2146	320	8	
临颍县	282	656	2266	4703	970	1799	1723	200	11	
源汇区		788	1519	4632	294	605	521		3212	
郾城区		650	973	4007	230	1512	1824	167	9	265
召陵区		374	376	2998	113	780	1892		44	169
三门峡市小计	**7789**	**4459**	**13689**	**64271**	**14127**	**15839**	**15060**	**16876**	**1212**	**1157**
本级	1499		1649	18224	4979	2441	2707	7670	300	127
区县级小计	6290	4459	12040	46047	9148	13398	12353	9206	912	1030
义马市	1711	49	1750	5831	1858	1550	1003	716	704	
灵宝市	810	1337	2128	14496	1902	5667	3275	3550	70	32
渑池县	1635	867	2737	13311	2581	2037	4565	4088	40	
陕县	1409	630	1029	6817	1765	2737	1439	846	30	
卢氏县	231	1566	550	4291	594	1088	1548	6	57	998
湖滨区	494	10	3846	1301	448	319	523		11	
南阳市小计	**16675**	**3237**	**24688**	**126811**	**22124**	**51797**	**39624**	**8754**	**2252**	**2260**
本级	7522		10390	32096	12488	6594	9774	2452	643	145
区县级小计	9153	3237	14298	94715	9636	45203	29850	6302	1609	2115
邓州市	2119	391	1074	13797	883	7054	5145	585	109	21
唐河县	1678	292	680	13525	592	6946	4325	778	49	835

2－16－24 单位:万元

地区	收支部分									
	支出功能分类									
	支出合计	一般公共服务	外交	国防	公共安全	教育	科学技术	文化体育与传媒	社会保障和就业	医疗卫生
濮阳县	99958	16354			5119	29311	938	643	19007	8182
清丰县	60568	14880			3216	13909	426	535	11895	4620
南乐县	48433	11003			2300	11241	269	920	8891	3508
范县	56689	13951			3137	13533	145	599	11273	3714
台前县	45481	6590			2887	11399	636	564	11555	2760
华龙区	33295	9985			1686	7130	306	209	3755	2178
许昌市小计	**636764**	**154790**			**42250**	**132412**	**8676**	**11227**	**72591**	**29896**
本级	147679	31108			15911	17682	2638	6780	23054	3591
区县级小计	489085	123682			26339	114730	6038	4447	49537	26305
许昌县	73886	22550			5007	19198	1261	1120	3034	4245
长葛市	92553	22040			5281	26183	2846	840	4292	3905
鄢陵县	70223	14982			4084	15769	802	800	9818	4420
禹州市	150150	38801			6656	28127	378	977	18122	8045
襄城县	74945	19100			3651	20502	361	473	11067	4225
魏都区	27328	6209			1660	4951	390	237	3204	1465
漯河市小计	**394357**	**80879**			**23983**	**70517**	**2917**	**6591**	**59881**	**21931**
本级	158067	29623			14430	18320	1327	5384	22721	6408
区县级小计	236290	51256			9553	52197	1590	1207	37160	15523
舞阳县	56936	11493			3552	11620	161	302	10657	3959
临颍县	68588	13281			2996	18235	1149	380	10763	4599
源汇区	32318	8656			929	4818	50	215	4562	1495
郾城区	45066	9733			1213	10161	196	231	7030	3191
召陵区	33382	8093			863	7363	34	79	4148	2279
三门峡市小计	**512502**	**91704**		**21**	**32959**	**97958**	**6495**	**7438**	**67779**	**26974**
本级	134325	18638			10902	15812	1026	1706	29003	4076
区县级小计	378177	73066		21	22057	82146	5469	5732	38776	22898
义马市	41484	7637			2845	8059	837	1690	2124	3760
灵宝市	99293	20132		21	5802	25791	2445	1183	6537	7201
渑池县	88633	18901			4798	18914	848	1287	4161	3627
陕县	68780	10783			4210	14282	618	772	10409	3457
卢氏县	54086	8288			2988	11013	237	728	11091	3536
湖滨区	25901	7325			1414	4087	484	72	4454	1317
南阳市小计	**1391552**	**220579**		**1**	**79214**	**287155**	**17355**	**13537**	**261222**	**80031**
本级	357869	34009			26385	32382	5242	3285	98955	9808
区县级小计	1033683	186570		1	52829	254773	12113	10252	162267	70223
邓州市	118116	22030			7688	30968	1234	1092	19632	11700
唐河县	111807	18284			4874	29698	2119	766	18011	6151

2-16-25

单位:万元

地区	收支部分						平衡部分		
	支出功能分类						收入		
	环境保护	城乡社区事务	农林水事务	交通运输	工业、商业、金融等事务	其他支出	收入合计	本年收入	返还性收入 小计
濮阳县	2313	2849	11785	820	1176	1461	104456	31416	3875
清丰县	998	1985	6720	617	438	329	61892	12311	2059
南乐县	1054	1293	5915	312	1119	608	48751	7955	1144
范县	2628	1703	4238	599	854	315	57109	12347	3313
台前县	1608	945	4933	345	801	458	44751	4683	662
华龙区	202	1172	1723	230	357	4362	41545	29180	2797
许昌市小计	**16175**	**54911**	**43887**	**7339**	**41047**	**21563**	**697567**	**337625**	**42770**
本级	3906	15253	5892	1640	13178	7046	167292	92965	17525
区县级小计	12269	39658	37995	5699	27869	14517	530275	244660	25245
许昌县	2367	2759	7629	806	3770	140	78467	30569	5244
长葛市	1750	3812	8132	1299	7521	4652	100298	50009	8236
鄢陵县	2776	4217	6840	1107	3762	846	72846	18483	1635
禹州市	3652	22689	7994	1668	8061	4980	167962	100039	6444
襄城县	1396	3798	6417	734	1834	1387	79909	28500	1084
魏都区	328	2383	983	85	2921	2512	30793	17060	2602
漯河市小计	**6158**	**27319**	**28574**	**4992**	**30432**	**30183**	**420068**	**181789**	**33244**
本级	1571	20498	7587	1356	13819	15023	168020	114674	20947
区县级小计	4587	6821	20987	3636	16613	15160	252048	67115	12297
舞阳县	1153	1096	4600	1352	613	6378	61252	17406	3827
临颍县	1552	824	6566	879	6583	781	73049	18441	3541
源汇区	485	909	1992	188	5911	2108	35631	13746	1889
郾城区	528	978	4249	1023	1873	4660	46497	10506	1765
召陵区	869	3014	3580	194	1633	1233	35619	7016	1275
三门峡市小计	**21862**	**39184**	**45299**	**7062**	**25835**	**41932**	**531560**	**293586**	**35584**
本级	2881	17777	5206	2358	7521	17419	109113	74358	11952
区县级小计	18981	21407	40093	4704	18314	24513	422447	219228	23632
义马市	1802	5376	2647	639	1722	2346	45445	32516	1767
灵宝市	4813	2347	12097	867	6083	3974	113226	54488	6804
渑池县	4331	3293	12110	1935	5817	8611	97646	61068	9506
陕县	4255	7219	6517	221	1404	4633	77441	38217	3072
卢氏县	3446	1643	4668	1001	1314	4133	56650	14069	1251
湖滨区	334	1529	2054	41	1974	816	32039	18870	1232
南阳市小计	**43523**	**51224**	**124979**	**47261**	**114854**	**50617**	**1491194**	**448269**	**68291**
本级	3421	15160	9656	7788	85922	25856	410042	149320	24829
区县级小计	40102	36064	115323	39473	28932	24761	1081152	298949	43462
邓州市	2520	3046	12734	1549	1807	2116	130053	32086	5621
唐河县	5493	4430	11649	6354	3213	765	115744	29139	2775

2－16－26

单位:万元

地区	平衡部分									
	收入									
	返还性收入		财力性转移支付收入							
	增值税和消费税税收返还	所得税基数返还	小计	体制补助	一般性转移支付补助	民族地区转移支付补助	调整工资转移支付补助	农村义务教育补助	农村税费改革补助	缓解县乡困难转移支付补助
濮阳县	2837	1038	45631		15357		13907	2421	8915	4458
清丰县	1420	639	33237		12759		9772	1416	5899	3211
南乐县	904	240	27382		11569		7384	1028	4891	2360
范县	2249	1064	28226		11025		8984	1225	4180	2360
台前县	430	232	30026		16563		8490	911	2955	859
华龙区	1890	907	3896		450		2470	110	680	
许昌市小计	**27275**	**15495**	**190041**		**47545**	**150**	**74733**	**6495**	**37463**	**20574**
本级	11213	6312	12131		2989		8893	4	788	
区县级小计	16062	9183	177910		44556	150	65840	6491	36675	20574
许昌县	3054	2190	30413		5789	50	11102	1315	7686	4164
长葛市	4770	3466	29579		5705		11548	948	5780	5377
鄢陵县	1261	374	36492		13794		10212	1048	7907	2984
禹州市	4253	2191	38139		6988	50	17167	1847	7431	4256
襄城县	718	366	37221		11920	50	12473	1333	7363	3793
魏都区	2006	596	6066		360		3338		508	
漯河市小计	**21752**	**11492**	**133397**		**45726**	**50**	**48240**	**4321**	**23724**	**9482**
本级	13881	7066	10206		1653		9454	245	179	
区县级小计	7871	4426	123191		44073	50	38786	4076	23545	9482
舞阳县	3069	758	29208		9772		9748	975	6307	2406
临颍县	2396	1145	33867		10151	50	12264	1455	7393	2054
源汇区	1048	841	14809		5823		3956	217	1799	1483
郾城区	783	982	25527		9550		8639	721	4591	2456
召陵区	575	700	19780		8777		4179	708	3455	1083
三门峡市小计	**18822**	**16762**	**106872**		**30469**		**40531**	**3344**	**16783**	**9444**
本级	8364	3588	9063		－141		7874	165	47	
区县级小计	10458	13174	97809		30610		32657	3179	16736	9444
义马市	1359	408	6744		3069		2074	58	251	1185
灵宝市	1719	5085	28102		6353		9896	1106	6646	2533
渑池县	4013	5493	15742		4165		5664	648	2676	1966
陕县	1974	1098	19943		5994		6435	665	3350	2337
卢氏县	924	327	23252		10703		6477	634	3163	1423
湖滨区	469	763	4026		326		2111	68	650	
南阳市小计	**54710**	**13581**	**510234**		**174850**	**100**	**168357**	**17874**	**101130**	**30831**
本级	20721	4108	47402		18765		17180	65	89	
区县级小计	33989	9473	462832		156085	100	151177	17809	101041	30831
邓州市	5059	562	63406		20959		18896	2181	17153	3391
唐河县	2090	685	56184		17059		15746	2097	16268	4810

二、各省、自治区、直辖市地市县一般预算财政资料

2-16-27　　　　　　　　　　　　　　　　　　　　　　　　　　单位:万元

地区	平衡部分									
	收入								支出	
	财力性转移支付收入			专项转移支付	省补助计划单列市收入	上年结余	调入资金	国债转贷收入、上年结余及转补助数	支出合计	本年支出
	结算补助	企事业单位预算划转补助	其他财力性转移支付							
濮阳县	573			21625		1689	220		102696	99958
清丰县	180			14893		-853	245		61625	60568
南乐县	150			12110		160			48708	48433
范县	452			12947		128	148		57102	56689
台前县	248			9578		-395	197		45065	45481
华龙区	186			5515		157			41351	33295
许昌市小计	**3081**			**107331**		**15038**	**4762**		**686494**	**636764**
本级	90		-633	30683		12799	1189		155938	147679
区县级小计	2991		633	76648		2239	3573		530556	489085
许昌县	194		113	14847		-2606			80738	73886
长葛市	210		11	12944		-470			101326	92553
鄢陵县	371		176	14132		2104			72799	70223
禹州市	240		160	18718		1622	3000		165320	150150
襄城县	289			11547		1557			79660	74945
魏都区	1687		173	4460		32	573		30713	27328
漯河市小计	**1854**			**61976**		**8844**	**818**		**414147**	**394357**
本级	-1325			18225		3968			168032	158067
区县级小计	3179			43751		4876	818		246115	236290
舞阳县				10581		230			58775	56936
临颍县	500			15123		2077			71611	68588
源汇区	1531			3463		1524	200		33677	32318
郾城区	-430			8170		260	269		46497	45066
召陵区	1578			6414		785	349		35555	33382
三门峡市小计	**6301**			**94179**		**-3481**	**4290**	**530**	**537344**	**512502**
本级	1118			21486		-8276		530	117025	134325
区县级小计	5183			72693		4795	4290		420319	378177
义马市	107			3917		501			45482	41484
灵宝市	1568			21711		1153	968		112652	99293
渑池县	623			10270		1060			97142	88633
陕县	1162			12750		1027	2432		76705	68780
卢氏县	852			17120		768	190		56294	54086
湖滨区	871			6925		286	700		32044	25901
南阳市小计	**17092**			**413515**		**43085**	**7800**		**1444776**	**1391552**
本级	11303			166723		20936	832		379819	357869
区县级小计	5789			246792		22149	6968		1064957	1033683
邓州市	826			24684		4256			123095	118116
唐河县	204			24618		3028			115104	111807

2－16－28

单位:万元

地区	平衡部分									
	支出								年终结余	其中:净结余
	财力性转移支付			专项上解	计划单列市上解省	增设预算周转金	调出资金	国债转贷拨付数及年终结余		
	小计	体制上解	出口退税专项上解							
濮阳县	10	－146	156	2728					1760	1760
清丰县	－309	－330	21	1366					267	－958
南乐县	－484	－535	51	759					43	43
范县	－574	－578	4	987					7	7
台前县	－1121	－1126	5	705					－314	－316
华龙区	340	285	55	7716					194	194
许昌市小计	**9189**	**7361**	**1828**	**40541**					**11073**	**8799**
本级	－863	－1533	670	9122					11354	9512
区县级小计	10052	8894	1158	31419					－281	－713
许昌县	2202	1741	461	4650					－2271	－2699
长葛市	2461	2300	161	6312					－1028	－1032
鄢陵县	－79	－88	9	2655					47	47
禹州市	3518	3197	321	11652					2642	2642
襄城县	1227	1227		3488					249	249
魏都区	723	517	206	2662					80	80
漯河市小计	**4171**	**3781**	**390**	**15619**					**5921**	**－9210**
本级	1524	1174	350	8441					－12	－12009
区县级小计	2647	2607	40	7178					5933	2799
舞阳县	180	180		1659					2477	1363
临颍县	437	418	19	2586					1438	153
源汇区	914	909	5	445					1954	1219
郾城区	1115	1100	15	316						
召陵区	1		1	2172					64	64
三门峡市小计	**2419**	**1725**	**694**	**21833**			**60**	**530**	**－5784**	**－8396**
本级	－6616	－6742	126	－11274			60	530	－7912	－9519
区县级小计	9035	8467	568	33107					2128	1123
义马市	431	265	166	3567					－37	－37
灵宝市	4995	4658	337	8364					574	388
渑池县	908	890	18	7601					504	463
陕县	1718	1712	6	6207					736	29
卢氏县	331	331		1877					356	314
湖滨区	652	611	41	5491					－5	－34
南阳市小计	**8962**	**7453**	**1509**	**43962**			**300**		**46418**	**6649**
本级	6625	5683	942	15025			300		30223	4949
区县级小计	2337	1770	567	28937					16195	1700
邓州市	2238	2238		2741					6958	2613
唐河县	579	562	17	2718					640	640

二、各省、自治区、直辖市地市县一般预算财政资料

2－16－29　　　　单位:万元

地区	收支部分								
	收入								
	收入合计	税收收入							
		小计	增值税	营业税	企业所得税	个人所得税	资源税	城市维护建设税	耕地占用税
方城县	19330	11069	1467	4551	280	750	132	602	1390
镇平县	24736	16107	2961	5961	1149	1140	633	932	1221
社旗县	11071	6013	670	2303	42	357	80	678	412
新野县	20069	13470	2674	5310	1928	781	117	700	277
内乡县	20008	11425	2227	4865	490	673	194	600	591
淅川县	23096	14715	4748	4942	1412	671	164	1086	105
西峡县	40039	34239	12040	8672	4471	899	101	3260	1302
南召县	18501	12012	2448	5232	324	741	796	486	781
桐柏县	23037	20180	4349	5414	2844	869	3906	1201	200
宛城区	17568	14928	2151	8173	752	629	21	745	982
卧龙区	20269	16173	2223	7550	1357	831	233	868	760
商丘市小计	**267114**	**202795**	**44928**	**62005**	**22891**	**11499**	**7206**	**13147**	**11919**
本级	94767	68163	20434	14301	16221	2480		2833	245
区县级小计	172347	134632	24494	47704	6670	9019	7206	10314	11674
永城市	82990	67229	13985	14908	4820	4226	6081	6854	9438
夏邑县	8758	6586	1496	2869	137	900	170	328	242
虞城县	13568	8126	1114	3305	164	565	322	249	819
柘城县	8038	6092	795	2559	112	458	65	246	102
宁陵县	7266	5907	581	2634	149	346	41	299	509
睢县	8518	5385	563	2967	104	521	89	185	63
民权县	8019	5188	722	3025	72	357	51	188	352
梁园区	21092	18605	3346	9420	607	962	244	1181	112
睢阳区	14098	11514	1892	6017	505	684	143	784	37
信阳市小计	**203629**	**144119**	**21836**	**64878**	**4480**	**10396**	**1649**	**7284**	**3184**
本级	58080	53279	10598	23085	1298	2894	376	3193	564
区县级小计	145549	90840	11238	41793	3182	7502	1273	4091	2620
罗山县	10360	8033	774	3570	369	728	97	275	220
光山县	15163	8428	1227	3561	252	703	57	380	440
潢川县	17826	10161	958	4814	147	847	159	300	563
固始县	28872	13679	1215	6186	239	1412	72	501	592
商城县	10798	6370	532	3006	96	722	290	192	20
新县	8810	5890	1203	1875	551	505	65	232	128
息县	12227	6966	685	2992	240	677	287	372	170
淮滨县	8081	5038	634	1989	71	384	80	255	62
浉河区	17773	13938	1555	7733	856	824	34	739	245
平桥区	15639	12337	2455	6067	361	700	132	845	180
周口市小计	**196481**	**132299**	**21599**	**50233**	**4593**	**10369**	**680**	**6132**	**10691**

2-16-30

单位:万元

地区	收支部分									
	收入									
	税收收入			非税收入						
	契税	烟叶税	其他各项税收收入	小计	专项收入	行政事业性收费收入	罚没收入	国有资本经营收入	国有资源(资产)有偿使用收入	其他收入
方城县	581	686	630	8261	457	5651	1245	490	103	315
镇平县	710	286	1114	8629	719	2216	4007	1457	230	
社旗县	503	643	325	5058	130	3644	916	350	18	
新野县	673		1010	6599	682	2391	2447	847	232	
内乡县	702	623	460	8583	1013	3600	2325	892	606	147
淅川县	493	199	895	8381	726	3618	3361	510	42	124
西峡县	475	117	2902	5800	2072	2481	1198	2	24	23
南召县	683		521	6489	437	3286	2339	391	13	23
桐柏县	536		861	2857	994	376	993		16	478
宛城区			1475	2640	518	1334	624		147	17
卧龙区			2351	4096	413	2606	925		20	132
商丘市小计	**13475**	**1034**	**14691**	**64319**	**11328**	**27183**	**23182**	**1020**	**1319**	**287**
本级	6930		4719	26604	5163	10360	9264	1000	675	142
区县级小计	6545	1034	9972	37715	6165	16823	13918	20	644	145
永城市	3638	12	3267	15761	3584	6393	5667		117	
夏邑县	10	71	363	2172	220	1355	429	10	48	110
虞城县	650	172	766	5442	318	2469	2618		37	
柘城县	1143	307	305	1946	159	1441	307		39	
宁陵县	668		680	1359	181	644	471	10	31	22
睢县	334	174	385	3133	217	1706	1122		81	7
民权县	62		359	2831	200	1069	1422		140	
梁园区			2733	2487	769	800	875		37	6
睢阳区	40	298	1114	2584	517	946	1007		114	
信阳市小计	**19212**	**151**	**11049**	**59510**	**5590**	**35007**	**15863**	**1268**	**1398**	**384**
本级	7394		3877	4801	1917	1979	317		588	
区县级小计	11818	151	7172	54709	3673	33028	15546	1268	810	384
罗山县	1351	49	600	2327	247	576	1450		54	
光山县	1281		527	6735	371	4201	1730		119	314
潢川县	1650		723	7665	526	3710	2523	775	131	
固始县	2616	18	828	15193	344	10912	3862		74	1
商城县	1057		455	4428	133	3689	561		22	23
新县	951		380	2920	216	1597	977		130	
息县	891		652	5261	239	3323	1449		250	
淮滨县	1188	30	345	3043	451	2113	423		10	46
浉河区	178		1774	3835	434	1070	1828	493	10	
平桥区	655	54	888	3302	712	1837	743		10	
周口市小计	**13523**	**803**	**13676**	**64182**	**6307**	**26688**	**24258**	**4614**	**1918**	**397**

2－16－31

单位:万元

地区	收支部分									
	支出功能分类									
	支出合计	一般公共服务	外交	国防	公共安全	教育	科学技术	文化体育与传媒	社会保障和就业	医疗卫生
方城县	88437	15438			5373	22103	576	917	13279	6713
镇平县	80256	12571			4355	19851	992	1051	15002	5295
社旗县	63434	10246			3072	14632	501	511	11185	4675
新野县	68315	10527			3660	17674	675	549	9717	3982
内乡县	66915	12893			4725	14130	683	1010	10680	3761
淅川县	88699	13801		1	4452	17308	918	755	13727	5397
西峡县	82004	17883			4163	19314	1241	650	9781	4906
南召县	64993	14404			3222	15812	415	701	9249	4277
桐柏县	60811	9861			2820	17772	1280	933	8065	3397
宛城区	70168	14164			2049	18354	786	730	11743	4934
卧龙区	69728	14468			2376	17157	693	587	12196	5035
商丘市小计	**938045**	**151495**		**10**	**52328**	**261034**	**7011**	**19679**	**162170**	**60470**
本级	174536	25228		10	21078	21876	2253	12687	30019	8667
区县级小计	763509	126267			31250	239158	4758	6992	132151	51803
永城市	150039	29213			8067	46398	485	1497	22134	11665
夏邑县	86908	14999			3388	25831	215	910	19181	5960
虞城县	95518	17893			3901	30588	424	757	13707	5460
柘城县	81566	14091			2750	26264	205	491	14644	4873
宁陵县	64650	7416			3036	19534	1398	560	13109	4686
睢县	75586	12821			3335	21787	462	1198	10674	5690
民权县	80008	8553			3267	33633	215	695	10891	4856
梁园区	62158	9361			1884	17265	667	456	14954	3874
睢阳区	67076	11920			1622	17858	687	428	12857	4739
信阳市小计	**951160**	**182513**		**286**	**50493**	**246181**	**6852**	**9657**	**139437**	**56333**
本级	159555	30459			14797	14779	1264	2095	41242	4683
区县级小计	791605	152054		286	35696	231402	5588	7562	98195	51650
罗山县	77509	12139			4288	19705	303	765	16601	4331
光山县	78603	19972		153	3405	23767	218	937	5834	6079
潢川县	79562	16083			3745	24153	1303	649	9070	4993
固始县	132113	20952		38	6334	41375	421	1142	17991	10852
商城县	78666	12622			3581	26688	635	871	6605	4447
新县	60205	15039			3273	15200	1510	1116	4783	2519
息县	84084	15070		20	3965	26064	176	517	7539	6284
淮滨县	71680	14303			3500	19830	185	754	8338	4711
浉河区	59969	11813		75	1858	13297	163	261	14061	3138
平桥区	69214	14061			1747	21323	674	550	7373	4296
周口市小计	**1010634**	**193280**		**235**	**56634**	**273564**	**7659**	**12226**	**146810**	**61345**

2－16－32

单位:万元

地区	收支部分						平衡部分		
	支出功能分类						收入		
	环境保护	城乡社区事务	农林水事务	交通运输	工业、商业、金融等事务	其他支出	收入合计	本年收入	返还性收入 小计
方城县	3104	3526	9124	5297	1334	1653	93008	19330	1957
镇平县	3341	1349	8533	3593	1091	3232	76052	24736	3545
社旗县	1981	3821	6375	1681	1588	3166	64733	11071	2000
新野县	1843	4519	7485	2991	3512	1181	73915	20069	2868
内乡县	3405	1151	9130	2010	3060	277	69767	20008	3073
淅川县	3592	2028	13749	5241	3812	3918	94176	23096	4732
西峡县	5946	3180	7789	3139	3685	327	86029	40039	4745
南召县	3077	1057	9049	1523	1152	1055	68026	18501	2993
桐柏县	4017	1855	7700	1403	993	715	63931	23037	1669
宛城区	417	3339	4615	2717	2279	4041	71956	17568	2627
卧龙区	1366	2763	7391	1975	1406	2315	73762	20269	4857
商丘市小计	**24408**	**42922**	**76611**	**27430**	**22477**	**30000**	**1001782**	**267114**	**45795**
本级	3132	14540	8253	2886	10323	13584	196622	94767	17330
区县级小计	21276	28382	68358	24544	12154	16416	805160	172347	28465
永城市	3312	9963	9962	694	5141	1508	160067	82990	4614
夏邑县	1068	2197	6265	3040	1617	2237	90200	8758	2291
虞城县	3412	5370	6972	4159	623	2252	98074	13568	2217
柘城县	2120	1869	6970	3434	1303	2552	84337	8038	2065
宁陵县	3651	647	6637	2029	371	1576	65007	7266	4784
睢县	2705	3315	7738	4442	731	688	77099	8518	2336
民权县	3657	1889	8092	2871	816	573	82094	8019	2034
梁园区	529	1934	6906	1384	464	2480	74009	21092	3900
睢阳区	822	1198	8816	2491	1088	2550	74273	14098	4224
信阳市小计	**34446**	**39557**	**99789**	**28814**	**24136**	**32666**	**992094**	**203629**	**31681**
本级	1980	10574	16621	2382	6050	12629	168389	58080	8719
区县级小计	32466	28983	83168	26432	18086	20037	823705	145549	22962
罗山县	3495	1653	7916	2769	1698	1846	79767	10360	1316
光山县	5503	597	7024	2847	1610	657	83021	15163	2539
潢川县	2750	1842	8454	2532	982	3006	82092	17826	1501
固始县	4891	5664	14683	1793	2754	3223	137732	28872	2088
商城县	4338	516	10333	3031	1632	3367	79444	10798	1035
新县	4399	1266	6546	2980	1110	464	60715	8810	1119
息县	1403	8289	5637	3087	1593	4440	85864	12227	1520
淮滨县	2756	5066	5854	2387	3166	830	74846	8081	4410
浉河区	1117	1402	6516	2874	2218	1176	66260	17773	3833
平桥区	1814	2688	10205	2132	1323	1028	73964	15639	3601
周口市小计	**24286**	**68331**	**80599**	**26204**	**28578**	**30883**	**1069250**	**196481**	**45515**

二、各省、自治区、直辖市地市县一般预算财政资料

2－16－33　　　　单位:万元

地区	平衡部分									
	收入									
	返还性收入		财力性转移支付收入							
	增值税和消费税税收返还	所得税基数返还	小计	体制补助	一般性转移支付补助	民族地区转移支付补助	调整工资转移支付补助	农村义务教育补助	农村税费改革补助	缓解县乡困难转移支付补助
方城县	1334	623	47267		19719	50	14024	1595	8749	2821
镇平县	2534	1011	37006		11944	50	13591	1348	7856	1925
社旗县	1835	165	33577		13103		10232	1327	6681	2129
新野县	1731	1137	31705		10012		10368	1380	7951	1854
内乡县	2542	531	28268		8455		10017	1049	6373	1350
淅川县	3175	1557	32095		11586		11001	1913	6100	1350
西峡县	3660	1085	21542		5359		8474	627	4161	2763
南召县	2674	319	26016		9574		10103	1330	3344	1164
桐柏县	1494	175	22387		7032		8875	1017	3334	2011
宛城区	2208	419	32780		10853		9679	1076	6999	3239
卧龙区	3653	1204	30599		10430		10171	869	6072	2024
商丘市小计	**36536**	**9259**	**492525**		**215472**	**200**	**138916**	**23887**	**80285**	**30348**
本级	13500	3830	34710		27899		12265	15	561	
区县级小计	23036	5429	457815		187573	200	126651	23872	79724	30348
永城市	3466	1148	49275		9688		18205	4496	13437	5384
夏邑县	1795	496	63501		29022		15646	3332	10726	4077
虞城县	1454	763	62142		25530		17544	3265	10951	3807
柘城县	1539	526	59265		27034		15417	2929	10448	1857
宁陵县	4410	374	40725		18173	50	10357	1868	5766	3425
睢县	1748	588	50006		22881	50	12396	2531	8205	2639
民权县	1771	263	54571		26676	100	13787	2927	7835	2288
梁园区	3065	835	36650		13668		11373	1057	4714	3460
睢阳区	3788	436	41680		14901		11926	1467	7642	3411
信阳市小计	**24720**	**6961**	**449761**		**207824**		**127130**	**18521**	**69884**	**22126**
本级	7275	1444	38506		26941		11260	83	689	
区县级小计	17445	5517	411255		180883		115870	18438	69195	22126
罗山县	944	372	44300		20580		11952	1668	6841	2736
光山县	2203	336	41403		17609		12344	2155	6963	2001
潢川县	1065	436	40316		15917		11869	1806	7567	2838
固始县	1357	731	69517		29408		19396	3845	12850	3127
商城县	631	404	41735		19056		12406	2007	6405	1641
新县	427	692	25375		11534		8391	753	3395	1103
息县	704	816	48902		20755		12409	2398	9313	3950
淮滨县	4032	378	38276		19437		8766	2144	5927	1486
浉河区	3119	714	27220		12687		7788	522	3582	1415
平桥区	2963	638	34211		13900		10549	1140	6352	1829
周口市小计	**33426**	**12089**	**585102**		**272204**	**150**	**148838**	**28385**	**104030**	**28882**

2－16－34　　　　单位:万元

地区	平衡部分 收入 财力性转移支付收入 结算补助	企事业单位预算划转补助	其他财力性转移支付	专项转移支付	省补助计划单列市收入	上年结余	调入资金	国债转贷收入、上年结余及转补助数	支出 支出合计	本年支出
方城县	309			21392		3062			90463	88437
镇平县	292			18082		－7414	97		82961	80256
社旗县	105			13189		196	4700		64647	63434
新野县	140			15859		3414			71154	68315
内乡县	1024			16970		1156	292		69044	66915
淅川县	145			28852		5130	271		90990	88699
西峡县	158			19050		653			85854	82004
南召县	501			17502		1630	1384		66872	64993
桐柏县	118			15808		906	124		63004	60811
宛城区	934			14910		3971	100		69817	70168
卧龙区	1033			15876		2161			71952	69728
商丘市小计	**3417**			**182945**		**13403**			**962493**	**938045**
本级	－6030			39245		10570			172595	174536
区县级小计	9447			143700		2833			789898	763509
永城市	－1935			23921		－733			156329	150039
夏邑县	698			15223		427			87865	86908
虞城县	1045			19325		822			96491	95518
柘城县	1580			14525		444			82348	81566
宁陵县	1086			12904		－672			65678	64650
睢县	1304			15635		604			76267	75586
民权县	958			16665		805			80515	80008
梁园区	2378			11604		763			70969	62158
睢阳区	2333			13898		373			73436	67076
信阳市小计	**4276**			**270724**		**25587**	**10712**		**971175**	**951160**
本级	－467			49927		10352	2805		156853	159555
区县级小计	4743			220797		15235	7907		814322	791605
罗山县	523			22748		943	100		79365	77509
光山县	331			23064		852			80885	78603
潢川县	319			21211		710	528		81979	79562
固始县	891			27374		8518	1363		133627	132113
商城县	220			25698		178			79434	78666
新县	199			24805		606			60240	60205
息县	77			18420		151	4644		85713	84084
淮滨县	516			21253		2476	350		73118	71680
浉河区	1226			16245		797	392		66008	59969
平桥区	441			19979		4	530		73953	69214
周口市小计	**2613**			**200582**		**32780**	**7490**	**1300**	**1041774**	**1010634**

二、各省、自治区、直辖市地市县一般预算财政资料

2－16－35

单位：万元

地区	平衡部分								年终结余	其中：净结余
	支出									
	财力性转移支付			专项上解	计划单列市上解省	增设预算周转金	调出资金	国债转贷拨付数及年终结余		
	小计	体制上解	出口退税专项上解							
方城县	210	182	28	1816					2545	566
镇平县	374	337	37	2331					－6909	－8454
社旗县	269	265	4	944					86	10
新野县	486	405	81	2353					2761	732
内乡县	307	300	7	1822					723	723
淅川县	286	284	2	2005					3186	824
西峡县	344	90	254	3506					175	175
南召县	84	78	6	1795					1154	311
桐柏县	－121	－128	7	2314					927	707
宛城区	－2778	－2843	65	2427					2139	1663
卧龙区	59		59	2165					1810	1190
商丘市小计	**－795**	**－795**		**25243**					**39289**	**8894**
本级	－772	－772		－1169					24027	－5
区县级小计	－23	－23		26412					15262	8899
永城市	－238	－238		6528					3738	2897
夏邑县	－447	－447		1404					2335	475
虞城县	－382	－382		1355					1583	1583
柘城县	－208	－208		990					1989	36
宁陵县	－2	－2		1030					－671	－671
睢县	－412	－412		1093					832	832
民权县	－706	－706		1213					1579	499
梁园区	539	539		8272					3040	2970
睢阳区	1833	1833		4527					837	278
信阳市小计	**－6598**	**－6598**		**21378**		**5000**	**235**		**20919**	**5990**
本级	－5808	－5808		－1894		5000			11536	3448
区县级小计	－790	－790		23272			235		9383	2542
罗山县	－363	－363		2219					402	402
光山县	－195	－195		2477					2136	933
潢川县	77	77		2325			15		113	113
固始县	－887	－887		2401					4105	66
商城县	－910	－910		1678					10	10
新县	－1159	－1159		1194					475	475
息县	－436	－436		2065					151	151
淮滨县	－173	－173		1391			220		1728	365
浉河区	2381	2381		3658					252	16
平桥区	875	875		3864					11	11
周口市小计	**783**	**783**		**29057**				**1300**	**27476**	**7640**

2－16－36

单位:万元

地区	收支部分								
	收入								
	收入合计	税收收入							
		小计	增值税	营业税	企业所得税	个人所得税	资源税	城市维护建设税	耕地占用税
本级	44787	30718	3609	15064	1072	2134		1918	
区县级小计	151694	101581	17990	35169	3521	8235	680	4214	10691
扶沟县	13036	8131	883	2297	179	906	1	318	1831
西华县	11133	7038	655	2983	56	665	1	182	708
商水县	12096	7346	1117	3262	171	691	99	171	730
太康县	12106	7428	973	2755	130	916	5	207	563
鹿邑县	18618	12283	2150	4053	702	754	393	593	1791
郸城县	15078	10282	1872	2840	396	790	51	422	860
淮阳县	14019	8622	1120	2966	309	856	35	262	1531
沈丘县	15666	10864	3227	3150	562	900	69	343	804
项城市	27310	18355	4581	4929	496	1253	23	1145	1042
川汇区	12632	11232	1412	5934	520	504	3	571	831
驻马店市小计	**212669**	**156736**	**29826**	**57057**	**9367**	**11945**	**6457**	**13475**	**8051**
本级	74125	56257	12253	19597	4166	3127	2	8143	1181
区县级小计	138544	100479	17573	37460	5201	8818	6455	5332	6870
确山县	12603	8698	1020	3139	534	621	1307	495	500
泌阳县	17000	13600	3745	3264	93	666	2570	666	1040
遂平县	13069	10328	2712	2524	817	1141	298	734	425
西平县	15006	11007	1510	5228	759	886	13	442	430
上蔡县	12666	8252	994	2398	441	1158	861	286	853
汝南县	11826	7096	720	3211	199	853	291	282	701
平舆县	13366	9023	1427	3747	270	930	8	728	909
新蔡县	9566	5507	793	2337	76	782	193	190	727
正阳县	9119	5758	642	1945	106	657	700	156	582
驿城区	24323	21210	4010	9667	1906	1124	214	1353	703
济源市	150393	123302	44220	21118	25872	3949	3321	10716	3982

二、各省、自治区、直辖市地市县一般预算财政资料

2－16－37

单位:万元

地区	收支部分									
	收入									
	税收收入			非税收入						
	契税	烟叶税	其他各项税收收入	小计	专项收入	行政事业性收费收入	罚没收入	国有资本经营收入	国有资源(资产)有偿使用收入	其他收入
本级	4500		2421	14069	2244	8303	2908	200	414	
区县级小计	9023	803	11255	50113	4063	18385	21350	4414	1504	397
扶沟县	1179		537	4905	384	731	3750		21	19
西华县	1254		534	4095	256	2560	1225		46	8
商水县	562	199	344	4750	267	2163	1983	24	313	
太康县	946		933	4678	326	1760	2416		55	121
鹿邑县	797	305	745	6335	715	1408	3101	1068	43	
郸城县	894	200	1957	4796	284	1871	1579	996	28	38
淮阳县	829	21	693	5397	296	2549	2337	100	72	43
沈丘县	727	23	1059	4802	312	2020	1526	88	856	
项城市	1835	55	2996	8955	977	2622	2998	2138	52	168
川汇区			1457	1400	246	701	435		18	
驻马店市小计	**6933**	**1209**	**12416**	**55933**	**7724**	**20592**	**23902**	**2103**	**1406**	**206**
本级	2893	2	4893	17868	4540	4391	6304	2001	618	14
区县级小计	4040	1207	7523	38065	3184	16201	17598	102	788	192
确山县	230	257	595	3905	455	1229	2153		68	
泌阳县	480	558	518	3400	174	1488	1572		164	2
遂平县	380	189	1108	2741	467	1387	826		61	
西平县	463	176	1100	3999	416	1843	1459	61	131	89
上蔡县	531		730	4414	201	1610	2462	2	103	36
汝南县	483	18	338	4730	173	2294	2139	4	55	65
平舆县	697	5	302	4343	166	1707	2415	35	20	
新蔡县	200		209	4059	153	1963	1886		57	
正阳县	511	4	455	3361	179	1603	1476		103	
驿城区	65		2168	3113	800	1077	1210		26	
济源市	1951	400	7773	27091	9425	4696	3042	7921	1464	543

2－16－38　　　　单位:万元

地区	收支部分									
	支出功能分类									
	支出合计	一般公共服务	外交	国防	公共安全	教育	科学技术	文化体育与传媒	社会保障和就业	医疗卫生
本级	131066	22053			15239	16835	1354	1722	30818	7481
区县级小计	879568	171227		235	41395	256729	6305	10504	115992	53864
扶沟县	77402	17202		129	3570	19645	985	500	5877	4825
西华县	81502	16153		96	3638	23548	177	1132	11061	2228
商水县	87157	17192		2	5334	25523	743	531	14991	3648
太康县	104078	14745		3	4878	29639	432	606	17525	7268
鹿邑县	104901	17605			3790	30124	991	1981	12403	7038
郸城县	94689	19650			4246	35013	1328	1101	7882	3369
淮阳县	101176	18018		2	3866	27459	195	1243	17150	7796
沈丘县	95560	27101		3	4558	29969	856	1103	6569	7218
项城市	94436	15630			6113	27534	439	1918	14351	8666
川汇区	38667	7931			1402	8275	159	389	8183	1808
驻马店市小计	**909533**	**143500**			**56531**	**200376**	**9700**	**10261**	**155409**	**47685**
本级	162065	23726			17907	18623	2423	2543	30825	8913
区县级小计	747468	119774			38624	181753	7277	7718	124584	38772
确山县	57066	8719			3809	11485	571	1817	8303	4360
泌阳县	94449	15394			5870	19082	1420	769	13493	6272
遂平县	61765	11504			2893	11725	552	497	10473	4272
西平县	87327	14719			3971	17639	627	937	14676	2691
上蔡县	95197	14137			4463	28248	485	736	16915	4270
汝南县	71819	10818			4244	16134	821	802	11668	4722
平舆县	76868	13380			3567	29478	1485	546	13241	4402
新蔡县	78796	9899			3808	19772	300	562	15302	2148
正阳县	72293	10186			3699	17528	420	479	10623	2732
驿城区	51888	11018			2300	10662	596	573	9890	2903
济源市	195001	34495		601	10412	34896	1821	3990	21716	7664

二、各省、自治区、直辖市地市县一般预算财政资料

2－16－39

单位:万元

地区	收支部分						平衡部分		
	支出功能分类						收入		
	环境保护	城乡社区事务	农林水事务	交通运输	工业、商业、金融等事务	其他支出	收入合计	本年收入	返还性收入 小计
本级	1860	10469	5387	2606	3032	12210	144419	44787	9884
区县级小计	22426	57862	75212	23598	25546	18673	926131	151694	35631
扶沟县	3244	5760	8692	983	3924	2066	75732	13036	2106
西华县	2360	7196	7514	2215	1565	2619	84542	11133	1653
商水县	1319	2232	6599	2294	5439	1310	92381	12096	1311
太康县	3892	4678	8703	5297	3563	2849	109821	12106	1766
鹿邑县	2259	11758	9970	2761	1189	3032	109926	18618	9536
郸城县	2709	6628	6831	2438	3285	209	100547	15078	2282
淮阳县	3138	7505	8009	4132	2537	126	105339	14019	2240
沈丘县	2627	1557	8890	1677	1188	2244	100087	15666	2315
项城市	878	4492	8220	1249	1145	3801	105509	27310	9138
川汇区		6056	1784	552	1711	417	42247	12632	3284
驻马店市小计	**35946**	**49653**	**92820**	**28405**	**28970**	**50277**	**948976**	**212669**	**30741**
本级	3662	15890	13154	2398	11988	10013	176860	74125	8395
区县级小计	32284	33763	79666	26007	16982	40264	772116	138544	22346
确山县	3856	1309	6429	2445	1182	2781	58222	12603	1403
泌阳县	3702	6595	11599	6233	1387	2633	96036	17000	2549
遂平县	3548	3265	6987	1494	2129	2426	64116	13069	2741
西平县	5292	3799	13610	2164	1601	5601	90115	15006	2652
上蔡县	4733	3291	8502	2860	4366	2191	97532	12666	2680
汝南县	2527	4590	8579	3917	1289	1708	73908	11826	1973
平舆县	1038	1282	5551	1318	954	626	78279	13366	1826
新蔡县	4103	1152	6881	1254	966	12649	78467	9566	1137
正阳县	3178	6334	7963	2481	1666	5004	74643	9119	1309
驿城区	307	2146	3565	1841	1442	4645	60798	24323	4076
济源市	5844	20360	17193	4569	13247	18193	216079	150393	13077

2－16－40 单位:万元

地区	平衡部分									
	收入									
	返还性收入		财力性转移支付收入							
	增值税和消费税税收返还	所得税基数返还	小计	体制补助	一般性转移支付补助	民族地区转移支付补助	调整工资转移支付补助	农村义务教育补助	农村税费改革补助	缓解县乡困难转移支付补助
本级	5568	4316	38106		25202		9590	3485	189	
区县级小计	27858	7773	546996		247002	150	139248	24900	103841	28882
扶沟县	1351	755	47287		21684		11785	1595	9259	2738
西华县	1268	385	53545		24390		12257	2198	11346	3138
商水县	1003	308	61351		28543		14808	3289	11500	3839
太康县	1006	760	70940		30929	50	17633	3433	14682	4072
鹿邑县	8940	596	55970		23485		14915	3069	11228	2892
郸城县	1828	454	64431		28573		16083	3176	13106	3223
淮阳县	1461	779	64749		30153	50	16887	3071	12449	2338
沈丘县	1620	695	60736		28639	50	15448	2680	10648	3013
项城市	6469	2669	48054		20869		13713	2091	8667	2264
川汇区	2912	372	19933		9737		5719	298	956	1365
驻马店市小计	**19286**	**11455**	**469344**		**191589**	**100**	**129999**	**18845**	**93387**	**33242**
本级	4346	4049	39332		24452		11678	1894	513	
区县级小计	14940	7406	430012		167137	100	118321	16951	92874	33242
确山县	821	582	28287		9951		8514	807	6203	2680
泌阳县	1912	637	49786		20375		14317	2105	9270	3539
遂平县	1649	1092	32404		10838		9918	861	6991	3708
西平县	1786	866	47147		16485	50	14262	1811	9798	4604
上蔡县	1449	1231	62148		25968		15436	3038	14099	3453
汝南县	1489	484	41772		15652		11553	1652	9518	3361
平舆县	1294	532	48168		20817		12623	2075	9896	2618
新蔡县	671	466	51120		21100	50	13497	2191	11036	2976
正阳县	903	406	44029		14725		11063	1847	12364	3829
驿城区	2966	1110	25151		11226		7138	564	3699	2474
济源市	8345	4732	20129		4080		9617	829	3161	200

二、各省、自治区、直辖市地市县一般预算财政资料

2－16－41　　　　单位:万元

地区	平衡部分									
	收入								支出	
	财力性转移支付收入			专项转移支付	省补助计划单列市收入	上年结余	调入资金	国债转贷收入、上年结余及转补助数	支出合计	本年支出
	结算补助	企事业单位预算划转补助	其他财力性转移支付							
本级	－360			31747		16470	2125	1300	126230	131066
区县级小计	2973			168835		16310	5365	1300	916844	879568
扶沟县	226			15448		－3419	1274		80397	77402
西华县	216			16702		1509			84189	81502
商水县	－628			16086		1431	106		90301	87157
太康县	141			22916		1276	817		107623	104078
鹿邑县	381			20340		3890	1572		109400	104901
郸城县	270			17908		－452		1300	100252	94689
淮阳县	－199			20976		1798	1557		104892	101176
沈丘县	258			16892		4478			99248	95560
项城市	450			16431		4537	39		98950	94436
川汇区	1858			5136		1262			41592	38667
驻马店市小计	**2182**			**218848**		**11480**	**5894**		**929700**	**909533**
本级	795			46670		7524	814		159544	162065
区县级小计	1387			172178		3956	5080		770156	747468
确山县	132			15499		430			58064	57066
泌阳县	180			23848		579	2274		96036	94449
遂平县	88			15279		623			64086	61765
西平县	137			24575		267	468		90070	87327
上蔡县	154			18050		388	1600		97267	95197
汝南县	36			17726		594	17		73892	71819
平舆县	139			13784		1135			77630	76868
新蔡县	270			17509		－907	42		79427	78796
正阳县	201			19358		149	679		73844	72293
驿城区	50			6550		698			59840	51888
济源市	984	1258		25197		7103	180		209778	195001

2－16－42 单位:万元

地区	平衡部分									
	支出								年终结余	其中:净结余
	财力性转移支付			专项上解	计划单列市上解省	增设预算周转金	调出资金	国债转贷拨付数及年终结余		
	小计	体制上解	出口退税专项上解							
本级	－8550	－8550		2414				1300	18189	489
区县级小计	9333	9333		26643				1300	9287	7151
扶沟县	754	754		2241					－4665	－4665
西华县	666	666		2021					353	353
商水县	462	462		2682					2080	1998
太康县	933	933		2612					2198	2198
鹿邑县	1446	1446		3053					526	526
郸城县	1360	1360		2903				1300	295	295
淮阳县	614	614		3102					447	293
沈丘县	49	49		3639					839	753
项城市	1857	1857		2657					6559	5361
川汇区	1192	1192		1733					655	39
驻马店市小计	**－4318**	**－4318**		**23918**			**567**		**19276**	**1814**
本级	－5901	－5901		3172			208		17316	126
区县级小计	1583	1583		20746			359		1960	1688
确山县	－497	－497		1495					158	9
泌阳县	－295	－295		1523			359			
遂平县	268	268		2053					30	6
西平县	410	410		2333					45	45
上蔡县	122	122		1948					265	213
汝南县	334	334		1739					16	
平舆县	－902	－902		1664					649	618
新蔡县	－623	－623		1254					－960	－960
正阳县	77	77		1474					799	799
驿城区	2689	2689		5263					958	958
济源市	3061	2062	999	11716					6301	3053

2007 年湖北省地市县财政一般预算收支平衡表

2－17－1　　　　单位:万元

地区	收支部分								
	收入								
	收入合计	税收收入							
		小计	增值税	营业税	企业所得税	个人所得税	资源税	城市维护建设税	耕地占用税
地市县合计	**4285213**	**3181008**	**636741**	**958028**	**366660**	**114010**	**45550**	**355771**	**36241**
武汉市小计	**2216754**	**1754359**	**301094**	**546526**	**254821**	**69261**	**188**	**186113**	**11691**
本级	1291913	974312	214210	273240	178245	38007		130627	6968
区县级小计	924841	780047	86884	273286	76576	31254	188	55486	4723
江岸区	110338	93269	5934	35490	8065	3665		4976	84
江汉区	111942	103165	10624	40325	10985	4777		7100	
硚口区	72954	61630	6972	20591	4827	2044		4341	136
武昌区	120186	110542	6241	41805	8110	7949		7146	
汉阳区	59443	45027	7105	13477	7356	1105		3415	117
青山区	76076	61051	16168	15996	4538	4070		8133	
洪山区	70768	65387	7419	21406	6312	2658		4679	317
东西湖区	101285	92621	10122	32333	11828	1892		4759	1919
汉南区	14805	13632	697	7910	2027	304		942	42
江夏区	51576	36322	4417	11199	3200	843	76	3227	531
蔡甸区	39921	31148	3752	10026	2339	289	71	2023	7
新洲区	46840	28629	5366	10516	1917	883	18	2599	1039
黄陂区	48707	37624	2067	12212	5072	775	23	2146	531
黄石市小计	**197136**	**143680**	**51731**	**29583**	**11193**	**3686**	**8331**	**15665**	**231**
本级	75245	53367	21105	9201	4094	1065	1042	6105	131
区县级小计	121891	90313	30626	20382	7099	2621	7289	9560	100
黄石港区	17910	14318	3217	5670	905	588		1430	
西塞山区	12161	10438	2599	3144	451	436	187	1107	
下陆区	11359	9947	4775	1901	619	388	56	550	
铁山区	6187	5093	1097	885	343	130	1413	391	
大冶市	51016	37154	14532	5974	3505	701	4041	4805	81
阳新县	23258	13363	4406	2808	1276	378	1592	1277	19
十堰市小计	**155892**	**126419**	**29961**	**35686**	**11801**	**5090**	**944**	**12716**	**2435**
本级	71829	64836	16467	14049	5264	2592	44	7975	907
区县级小计	84063	61583	13494	21637	6537	2498	900	4741	1528
张湾区	8256	8206	1361	3902	689	380			
茅箭区	9771	9427	1565	4588	1334	266			
丹江口市	25462	19558	6522	3039	3591	787	71	3146	123
郧县	10812	6719	1625	2535	300	252	483	697	100
郧西县	6900	4564	527	2360	78	175	134	196	110
竹山县	7666	4726	680	1803	326	190	75	270	454
竹溪县	7253	3677	653	1478	105	203	101	199	189
房县	7943	4706	561	1932	114	245	36	233	552

2－17－2　　　　　　　　　　　　　　　　　　　　单位：万元

地区	收支部分									
	收入									
	税收收入			非税收入						
	契税	烟叶税	其他各项税收收入	小计	专项收入	行政事业性收费收入	罚没收入	国有资本经营收入	国有资源(资产)有偿使用收入	其他收入
地市县合计	**270874**	**16180**	**380953**	**1104205**	**172815**	**409240**	**251292**	**145438**	**49342**	**76078**
武汉市小计	**183888**		**200777**	**462395**	**87008**	**162119**	**81501**	**108437**	**7577**	**15753**
本级	43438		89577	317601	60198	116853	50128	84109	4352	1961
区县级小计	140450		111200	144794	26810	45266	31373	24328	3225	13792
江岸区	23196		11859	17069	2185	3484	3127	8090	183	
江汉区	15617		13737	8777	3236	2702	2049	610	180	
硚口区	10267		12452	11324	2332	1944	1865	4270	855	58
武昌区	23036		16255	9644	3286	2157	1474		147	2580
汉阳区	6485		5967	14416	1592	1354	2077	8358	176	859
青山区	4502		7644	15025	3876	2135	1288		84	7642
洪山区	14574		8022	5381	2369	837	1826		349	
东西湖区	15137		14631	8664	2334	1972	3664		306	388
汉南区	694		1016	1173	423	501	213		12	24
江夏区	7689		5140	15254	1831	6242	5200		316	1665
蔡甸区	5458		7183	8773	1029	4776	2908		60	
新洲区	3482		2809	18211	1184	11903	2631	2000	78	415
黄陂区	10313		4485	11083	1133	5259	3051	1000	479	161
黄石市小计	**7438**		**15822**	**53456**	**7578**	**20195**	**14605**	**3894**	**4144**	**3040**
本级	6345		4279	21878	2643	9746	5957	3304	228	
区县级小计	1093		11543	31578	4935	10449	8648	590	3916	3040
黄石港区	57		2451	3592	596	1491	901	600	4	
西塞山区			2514	1723	456	703	557		7	
下陆区			1658	1412	147	340	344		7	574
铁山区			834	1094	170	137	777		2	8
大冶市	824		2691	13862	2521	1248	4869	－10	3780	1454
阳新县	212		1395	9895	1045	6530	1200		116	1004
十堰市小计	**5654**	**1108**	**21024**	**29473**	**7487**	**7414**	**9045**	**－1967**	**1479**	**6015**
本级	4384		13154	6993	3861	1326	4480	－3106	432	
区县级小计	1270	1108	7870	22480	3626	6088	4565	1139	1047	6015
张湾区			1874	50			32		18	
茅箭区			1674	344			326		18	
丹江口市	286	13	1980	5904	2101	1906	1480	2	415	
郧县	105		622	4093	647	646	855	79	471	1395
郧西县	305	252	427	2336	210	1385	723		18	
竹山县	201	319	408	2940	233	623	354	288	50	1392
竹溪县	149	218	382	3576	192	892	304	770	36	1382
房县	224	306	503	3237	243	636	491		21	1846

二、各省、自治区、直辖市地市县一般预算财政资料

2－17－3　　　　单位：万元

地区	收支部分									
	支出功能分类									
	支出合计	一般公共服务	外交	国防	公共安全	教育	科学技术	文化体育与传媒	社会保障和就业	医疗卫生
地市县合计	**9615883**	**1760362**		**10513**	**834658**	**1923681**	**156836**	**177869**	**1110357**	**570452**
武汉市小计	**3072345**	**513708**		**6412**	**329284**	**475197**	**72118**	**78776**	**347284**	**178089**
本级	1596617	262129		2802	176937	112794	55095	67250	222414	88431
区县级小计	1475728	251579		3610	152347	362403	17023	11526	124870	89658
江岸区	137600	20437		470	20530	37576	2861	847	10582	7781
江汉区	133070	14675		254	17995	27988	1762	808	23604	8601
硚口区	108350	18142		345	17457	32424	1395	625	9859	6146
武昌区	146242	21925		304	18540	40094	1865	847	9734	8680
汉阳区	82792	14474		264	13921	18042	898	1576	2597	4414
青山区	114532	19018		418	16578	37206	1084	741	3019	6045
洪山区	103699	18361		304	12155	21209	1368	804	4307	5723
东西湖区	133734	26956		588	6052	14828	1454	535	12199	6336
汉南区	27384	4882		67	1793	5049	298	215	1300	1177
江夏区	130921	24394		321	6720	27168	1437	1133	12467	9037
蔡甸区	90557	18583		178	5491	16302	955	917	11892	6347
新洲区	127997	26888		97	7458	47395	526	1306	5512	8404
黄陂区	138850	22844			7657	37122	1120	1172	17798	10967
黄石市小计	**409292**	**87836**		**508**	**38749**	**86583**	**6526**	**9157**	**31427**	**27005**
本级	147817	36830		220	17087	19740	3826	6954	11297	11105
区县级小计	261475	51006		288	21662	66843	2700	2203	20130	15900
黄石港区	15762	2806		84	3235	4325	82	1	1555	459
西塞山区	15649	4269		60	2408	4202	205	21	2324	519
下陆区	9504	3062		49	1335	2100	99	36	1391	290
铁山区	7038	2096			1355	2179	104	2	565	154
大冶市	119575	23131			7611	27881	1502	1292	7277	6935
阳新县	93947	15642		95	5718	26156	708	851	7018	7543
十堰市小计	**542612**	**98701**			**35816**	**109167**	**4918**	**9951**	**98763**	**32978**
本级	142597	26545			13393	26919	1916	5328	23177	10604
区县级小计	400015	72156			22423	82248	3002	4623	75586	22374
张湾区	16734	3917			566	4040	80	193	3576	790
茅箭区	15794	4449			975	3389	128	149	2688	919
丹江口市	72882	14904			5838	13974	815	1881	11279	3404
郧县	65655	10223			3813	16246	538	404	12505	4420
郧西县	56322	9327			2511	12697	418	430	11941	3483
竹山县	56519	9995			3077	11343	246	541	11403	3570
竹溪县	46509	8048			2241	8733	317	394	9722	2369
房县	69600	11293			3402	11826	460	631	12472	3419

2－17－4

单位:万元

地区	收支部分						平衡部分		
	支出功能分类						收入		
	环境保护	城乡社区事务	农林水事务	交通运输	工业、商业、金融等事务	其他支出	收入合计	本年收入	返还性收入 小计
地市县合计	**100843**	**544464**	**921948**	**242549**	**479585**	**781766**	**10877660**	**4285213**	**1144409**
武汉市小计	**20192**	**261354**	**160783**	**26797**	**206895**	**395456**	**3729076**	**2216754**	**537525**
本级	13099	168252	84806	20377	179788	142443	2160642	1291913	417643
区县级小计	7093	93102	75977	6420	27107	253013	1568434	924841	119882
江岸区	517	9660	262		2553	23524	148044	110338	11935
江汉区	712	12306	2		654	23709	151259	111942	15797
硚口区	797	7408	264		1920	11568	117804	72954	15325
武昌区	512	16164	1150		666	25761	162108	120186	14816
汉阳区	278	5612	1590		320	18806	89218	59443	7560
青山区	550	7723	1063	158	2604	18325	129455	76076	15864
洪山区	352	6094	6283	334	1329	25076	105788	70768	8288
东西湖区	435	4863	7387	339	1152	50610	138794	101285	11779
汉南区	95	231	2417	270	339	9251	28891	14805	1449
江夏区	1274	15780	15250	1050	4374	10516	132608	51576	4866
蔡甸区	328	2509	10021	1155	3110	12769	93567	39921	4775
新洲区	616	1804	14097	1111	5378	7405	131349	46840	4023
黄陂区	627	2948	16191	2003	2708	15693	139549	48707	3405
黄石市小计	**3737**	**33884**	**35526**	**8690**	**14012**	**25652**	**467671**	**197136**	**55446**
本级	2661	14046	6036	3014	8675	6326	159954	75245	39431
区县级小计	1076	19838	29490	5676	5337	19326	307717	121891	16015
黄石港区		1499	185		287	1244	24103	17910	
西塞山区		105	210		80	1246	21914	12161	
下陆区		723	220		26	173	17755	11359	
铁山区		234	88		103	158	10593	6187	
大冶市	870	15968	13514	3875	2413	7306	129533	51016	10968
阳新县	206	1309	15273	1801	2428	9199	103819	23258	5047
十堰市小计	**9699**	**18534**	**61885**	**22113**	**13473**	**26614**	**579070**	**155892**	**54291**
本级	2101	10194	5894	3863	6596	6067	164054	71829	33539
区县级小计	7598	8340	55991	18250	6877	20547	415016	84063	20752
张湾区	51	264	1529	562	84	1082	20005	8256	2731
茅箭区	67	312	1323	48	194	1153	18976	9771	2431
丹江口市	1024	4338	8425	3019	2473	1508	74872	25462	6842
郧县	646	476	7059	3020	623	5682	66123	10812	3851
郧西县	596	872	7604	3189	748	2506	57624	6900	1287
竹山县	1404	822	8033	2782	1028	2275	57077	7666	1212
竹溪县	1461	534	5718	2869	896	3207	48764	7253	882
房县	2349	722	16300	2761	831	3134	71575	7943	1516

二、各省、自治区、直辖市地市县一般预算财政资料

2－17－5

单位:万元

地区	平衡部分									
	收入									
	返还性收入		财力性转移支付收入							
	增值税和消费税税收返还	所得税基数返还	小计	体制补助	一般性转移支付补助	民族地区转移支付补助	调整工资转移支付补助	农村义务教育补助	农村税费改革补助	缓解县乡困难转移支付补助
地市县合计	**956814**	**187595**	**3309747**	**6528**	**742679**	**38810**	**1082911**	**192089**	**568255**	**306719**
武汉市小计	**451955**	**85570**	**463806**		**97436**		**144278**	**4220**	**29517**	**14662**
本级	392562	25081	152303	－418	44666		18485	478	－870	－5273
区县级小计	59393	60489	311503	418	52770		125793	3742	30387	19935
江岸区	5049	6886	13401		1238		10150		93	
江汉区	8131	7666	12220		799		8397		－187	
硚口区	6072	9253	17510		1884		9852		35	
武昌区	5486	9330	12667		1231		11085		1	
汉阳区	3683	3877	10738		1475		6210		261	
青山区	6312	9552	31104		812		6019			
洪山区	5098	3190	16981		1521		6496	111	894	520
东西湖区	5640	6139	18202		7570		4756	235	818	356
汉南区	891	558	8395		2410		2545	50	922	867
江夏区	3727	1139	48722		6315		14359	668	5416	4385
蔡甸区	3968	807	26976		5852		9030	361	3758	3053
新洲区	2935	1088	43495		10356		17243	1230	7979	5015
黄陂区	2401	1004	51092	418	11307		19651	1087	10397	5739
黄石市小计	**55446**		**141236**		**42497**		**44556**	**11188**	**15421**	**8829**
本级	39431		22462		8899		11861	34	－371	686
区县级小计	16015		118774		33598		32695	11154	15792	8143
黄石港区			3763		317		1905	28	64	104
西塞山区			7156		1095		2198	113	218	237
下陆区			4502		233		973	78	115	92
铁山区			3632		207		808	13	22	61
大冶市	10968		49038		16522		13141	4582	6625	3718
阳新县	5047		50683		15224		13670	6340	8748	3931
十堰市小计	**51478**	**2813**	**227666**	**978**	**54072**		**82722**	**12620**	**26836**	**15616**
本级	32408	1131	40087	652	7554		15398	2	－471	552
区县级小计	19070	1682	187579	326	46518		67324	12618	27307	15064
张湾区	2336	395	6370		368		2382	13	477	176
茅箭区	1923	508	4928		256		2083	20	214	156
丹江口市	6757	85	24670		6206		9577	1537	2849	1760
郧县	3734	117	32085		7980		11720	2859	4899	2828
郧西县	1145	142	31373	90	8616		11153	2414	5357	2366
竹山县	985	227	30638	107	8300		10471	1853	4895	2780
竹溪县	841	41	24768	2	6534		8564	1841	3776	2167
房县	1349	167	32747	127	8258		11374	2081	4840	2831

2－17－6 单位:万元

地区	平衡部分									
	收入								支出	
	财力性转移支付收入			专项转移支付	省补助计划单列市收入	上年结余	调入资金	国债转贷收入、上年结余及补助数	支出合计	本年支出
	结算补助	企事业单位预算划转补助	其他财力性转移支付							
地市县合计	**183390**	**35258**	**153108**	**1426801**		**658023**	**53467**		**10129683**	**9615883**
武汉市小计	**71267**	**20813**	**81613**	**156890**		**348548**	**5553**		**3360773**	**3072345**
本级	50839	－9718	54114	－13713		312496			1799574	1596617
区县级小计	20428	30531	27499	170603		36052	5553		1561199	1475728
江岸区	－464	789	1595	12333		37			148025	137600
江汉区	1272		1939	9787		1513			151010	133070
硚口区	690	704	4345	12011		4			117804	108350
武昌区	－608	2629	－1671	14087		352			161706	146242
汉阳区	－213	1434	1571	8854		2623			87437	82792
青山区	1536	23680	－943	6249		162			129277	114532
洪山区	874	266	6299	9751					105788	103699
东西湖区	－2		4469	7010		518			138794	133734
汉南区	623	58	920	4226		16			28873	27384
江夏区	14232	470	2877	18066		8023	1355		132319	130921
蔡甸区	1897	230	2795	15403		6492			92079	90557
新洲区	460		1212	25568		7835	3588		128726	127997
黄陂区	131	271	2091	27258		8477	610		139361	138850
黄石市小计	**4262**	**2900**	**11583**	**51499**		**19035**	**3319**		**438272**	**409292**
本级	－5894		7247	14037		5860	2919		147473	147817
区县级小计	10156	2900	4336	37462		13175	400		290799	261475
黄石港区	1345			1498		932			23707	15762
西塞山区	3073		222	2327		－30	300		21909	15649
下陆区	2556		455	1372		522			17120	9504
铁山区	519	1850	152	642		32	100		10540	7038
大冶市	1408	1050	1992	13319		5192			122474	119575
阳新县	1255		1515	18304		6527			95049	93947
十堰市小计	**28185**	**5064**	**1573**	**124741**		**11042**	**5438**		**570401**	**542612**
本级	16640	5000	－5240	15458		2930	211		161577	142597
区县级小计	11545	64	6813	109283		8112	5227		408824	400015
张湾区	701		2253	2387		261			19863	16734
茅箭区	414		1785	1650		196			18915	15794
丹江口市	2184	64	493	16919		357	622		73680	72882
郧县	1059		740	14854		2411	2110		66066	65655
郧西县	1068		309	17522		542			56633	56322
竹山县	1732		500	15249		647	1665		56849	56519
竹溪县	1595		289	13952		1823	86		46793	46509
房县	2792		444	26750		1875	744		70025	69600

二、各省、自治区、直辖市地市县一般预算财政资料

2－17－7

单位：万元

地区	平衡部分									
	支出								年终结余	其中：净结余
	财力性转移支付			专项上解	计划单列市上解省	增设预算周转金	调出资金	国债转贷拨付数及年终结余		
	小计	体制上解	出口退税专项上解							
地市县合计	**446079**	**431643**	**14436**	**66788**		**320**	**613**		**747977**	**288829**
武汉市小计	**287940**	**280576**	**7364**				**488**		**368303**	**106976**
本级	255249	247885	7364	－52292					361068	103708
区县级小计	32691	32691		52292			488		7235	3268
江岸区	4636	4636		5789					19	19
江汉区	6422	6422		11518					249	249
硚口区	6467	6467		2987						
武昌区	5651	5651		9813					402	402
汉阳区	1874	1874		2771					1781	1781
青山区	1357	1357		13388					178	178
洪山区	1116	1116		969			4			
东西湖区	2542	2542		2518						
汉南区	683	683		806					18	18
江夏区	729	729		185			484		289	289
蔡甸区	1095	1095		427					1488	96
新洲区	119	119		610					2623	48
黄陂区				511					188	188
黄石市小计	**24857**	**23511**	**1346**	**4123**					**29399**	**18241**
本级	－2034	－3362	1328	1690					12481	8109
区县级小计	26891	26873	18	2433					16918	10132
黄石港区	7835	7835		110					396	396
西塞山区	6167	6167		93					5	5
下陆区	7481	7481		135					635	635
铁山区	3445	3445		57					53	53
大冶市	1789	1789		1110					7059	5352
阳新县	174	156	18	928					8770	3691
十堰市小计	**23419**	**23419**		**4370**					**8669**	**4297**
本级	18775	18775		205					2477	2086
区县级小计	4644	4644		4165					6192	2211
张湾区	2261	2261		868					142	142
茅箭区	2263	2263		858					61	61
丹江口市	78	78		720					1192	855
郧县	42	42		369					57	57
郧西县				311					991	991
竹山县				330					228	64
竹溪县				284					1971	41
房县				425					1550	

2－17－8

单位:万元

地区	收支部分								
	收入								
	收入合计	税收收入							
		小计	增值税	营业税	企业所得税	个人所得税	资源税	城市维护建设税	耕地占用税
荆州市小计	**152426**	**102069**	**25433**	**36285**	**8691**	**3646**	**587**	**9843**	**1503**
本级	49339	38294	10065	16477	3877	1753	34	2955	801
区县级小计	103087	63775	15368	19808	4814	1893	553	6888	702
沙市区	9700	8379	1650	3460	286	264	21	1309	160
荆州区	12891	10640	1338	1592	286	169	50	959	437
江陵县	3982	1968	484	920	104	33	20	204	5
松滋市	18036	9637	2831	2654	897	348	246	1298	30
公安县	18112	9721	2660	3203	1264	303	10	897	9
石首市	17000	9155	3543	2076	1204	298	19	1083	
监利县	10575	7790	1223	3669	382	299	159	554	59
洪湖市	12791	6485	1639	2234	391	179	28	584	2
宜昌市小计	**355709**	**280173**	**50182**	**87602**	**27664**	**9074**	**8164**	**28113**	**6507**
本级	139228	118215	20646	41274	10842	3994	212	14932	348
区县级小计	216481	161958	29536	46328	16822	5080	7952	13181	6159
西陵区	12565	11736	1529	6611	1148	568			
伍家岗区	9196	7914	1117	4084	693	224			33
点军区	3198	2845	769	682	509	52	2		1
猇亭区	5021	3984	915	776	654	144	2		338
夷陵区	39128	32082	5945	9381	3906	1038	1623	4223	396
宜都市	37954	27119	4439	4181	3483	445	1406	2038	3085
枝江市	29618	17792	3780	3107	1881	549	93	2046	1228
当阳市	26588	17224	3345	3927	1047	521	612	1911	909
远安县	13056	10360	1802	1466	1433	481	2598	466	7
兴山县	10758	8691	2292	2301	928	244	498	680	1
秭归县	11261	7316	1200	2603	381	282	390	520	125
长阳县	13356	11063	1640	5998	535	409	484	1017	3
五峰县	4782	3832	763	1211	224	123	244	280	33
襄樊市小计	**240154**	**175582**	**42521**	**46979**	**16498**	**4584**	**1625**	**24005**	**1783**
本级	92266	78214	26831	11641	10072	1766		13880	706
区县级小计	147888	97368	15690	35338	6426	2818	1625	10125	1077
襄城区	15030	13690	1148	7323	1805	468	9	1210	41
樊城区	28034	26494	3611	12100	2074	836		2063	20
襄阳区	17295	11223	1485	3896	554	145	76	927	70
老河口市	18602	7373	1910	1930	281	165	208	805	161
枣阳市	23202	12036	1840	3071	402	387	547	1405	328
宜城市	17289	8208	1427	2505	338	243	112	860	264
南漳县	7619	5387	896	1593	248	121	389	602	133

二、各省、自治区、直辖市地市县一般预算财政资料

2－17－9　　　　单位:万元

地区	收支部分									
	收入									
	税收收入			非税收入						
	契税	烟叶税	其他各项税收收入	小计	专项收入	行政事业性收费收入	罚没收入	国有资本经营收入	国有资源(资产)有偿使用收入	其他收入
荆州市小计	**6604**		**9477**	**50357**	**4355**	**16035**	**24947**	**2090**	**1804**	**1126**
本级			2332	11045	1762	113	9561	－1064	653	20
区县级小计	6604		7145	39312	2593	15922	15386	3154	1151	1106
沙市区			1229	1321	574	403	863	－525	6	
荆州区	4862		947	2251	306	351	826	710	52	6
江陵县	48		150	2014	66	774	1103		71	
松滋市	412		921	8399	482	1000	3468	3169	140	140
公安县	452		923	8391	366	4890	3012		68	55
石首市	395		537	7845	247	4201	2738		409	250
监利县	360		1085	2785	279	1176	1249	－200	230	51
洪湖市	75		1353	6306	273	3127	2127		175	604
宜昌市小计	**23334**	**1811**	**37722**	**75536**	**17339**	**17961**	**11660**	**11757**	**11498**	**5321**
本级	11735		14232	21013	8464	8238	4085	－3960	3491	695
区县级小计	11599	1811	23490	54523	8875	9723	7575	15717	8007	4626
西陵区	165		1715	829	25	343	388	32	41	
伍家岗区	164		1599	1282		433	387		462	
点军区	140		690	353		169	173	6	5	
猇亭区	217		938	1037	12	67	74	587	114	183
夷陵区	3085		2485	7046	1571	583	1103	108	581	3100
宜都市	2875		5167	10835	1482	866	585	7557	320	25
枝江市	1207		3901	11826	1131	2285	1885	6091	402	32
当阳市	2584		2368	9364	1119	2663	997		4585	
远安县	88		2019	2696	471	698	562	422	543	
兴山县	66	871	810	2067	1173	142	258	226	70	198
秭归县	366	514	935	3945	438	922	438	688	742	717
长阳县	373	32	572	2293	1055	261	629		81	267
五峰县	269	394	291	950	398	291	96		61	104
襄樊市小计	**8098**	**1968**	**27521**	**64572**	**12575**	**34076**	**14271**	**－379**	**2733**	**1296**
本级	1007		12311	14052	6193	3391	2593	－832	1581	1126
区县级小计	7091	1968	15210	50520	6382	30685	11678	453	1152	170
襄城区	694		992	1340	536	267	527		10	
樊城区	2580		3210	1540	930	280	328		2	
襄阳区	1514	135	2421	6072	610	2579	2857		26	
老河口市	551	58	1304	11229	485	9051	1341	255	97	
枣阳市	637	79	3340	11166	730	7409	2384	91	475	77
宜城市	538		1921	9081	851	6204	1480	107	386	53
南漳县	176	556	673	2232	394	568	1186		44	40

2－17－10 单位:万元

地区	收支部分									
	支出功能分类									
	支出合计	一般公共服务	外交	国防	公共安全	教育	科学技术	文化体育与传媒	社会保障和就业	医疗卫生
荆州市小计	**658267**	**110969**		**76**	**51636**	**147370**	**6529**	**7686**	**59961**	**44226**
本级	128917	23669			16979	13465	3269	2817	9747	6899
区县级小计	529350	87300		76	34657	133905	3260	4869	50214	37327
沙市区	29585	5901			1686	9471	228	45	4397	597
荆州区	43739	9888			1546	12213	188	534	4661	3869
江陵县	36661	5195			2686	7964	235	118	2543	2893
松滋市	76467	12181		76	6137	18651	300	596	5514	5225
公安县	82149	12568			6381	18494	553	831	7957	5930
石首市	68872	8384			4699	15741	637	1303	5754	6551
监利县	103519	18688			5348	30561	338	703	7724	7406
洪湖市	88358	14495			6174	20810	781	739	11664	4856
宜昌市小计	**798234**	**151757**		**563**	**61376**	**160345**	**17610**	**13546**	**66562**	**46095**
本级	214595	37343			27192	29671	8841	6114	18256	11992
区县级小计	583639	114414		563	34184	130674	8769	7432	48306	34103
西陵区	22694	5256		87	1520	7666	416	171	1711	1044
伍家岗区	15211	3781		52	660	3757	471	204	1179	579
点军区	11280	4495		52	428	2895	194	35	863	284
猇亭区	10158	2055		22	478	2046	267	46	645	364
夷陵区	91753	20299			6263	19861	1320	1325	6637	5531
宜都市	73502	12684		188	4037	12944	1829	791	9033	3816
枝江市	70694	10569		162	4166	17692	865	665	4826	3600
当阳市	75214	11261			4386	16121	942	875	6899	4161
远安县	37080	8109			2307	8134	451	587	2622	2222
兴山县	34132	7085			2184	7456	837	593	2132	1955
秭归县	48945	9838			2760	11274	394	647	5534	3418
长阳县	55515	10345			3022	13986	435	915	3776	4575
五峰县	37461	8637			1973	6842	348	578	2449	2554
襄樊市小计	**715485**	**127678**		**787**	**57406**	**166837**	**9690**	**10326**	**102309**	**36578**
本级	212738	42826			25021	27682	5011	4665	29099	6559
区县级小计	502747	84852		787	32385	139155	4679	5661	73210	30019
襄城区	20518	3243		71	1258	9376	295	55	3617	884
樊城区	32377	6615		122	1749	13232	379	107	5133	1437
襄阳区	80172	10015		133	4855	22328	573	460	16061	5645
老河口市	56234	10338		231	3472	14560	1388	1443	5792	3451
枣阳市	95450	12725		112	6225	22960	339	1201	13604	6550
宜城市	62586	15077			4026	18542	508	859	8566	2339
南漳县	58700	8208		118	4136	16537	354	589	6480	4010

2－17－11

单位:万元

地区	收支部分						平衡部分		
	支出功能分类						收入		
	环境保护	城乡社区事务	农林水事务	交通运输	工业、商业、金融等事务	其他支出	收入合计	本年收入	返还性收入
									小计
荆州市小计	**4914**	**23223**	**94357**	**20603**	**35338**	**51379**	**732900**	**152426**	**54624**
本级	1538	6071	14902	4059	14870	10632	153527	49339	25955
区县级小计	3376	17152	79455	16544	20468	40747	579373	103087	28669
沙市区		966	2692	772	1332	1498	30766	9700	2184
荆州区		1170	5202	1161	729	2578	49330	12891	3140
江陵县	193	3380	7390	2137	468	1459	41820	3982	737
松滋市	398	801	10705	2029	2720	11134	84153	18036	4541
公安县	242	1340	10273	3044	5019	9517	93416	18112	7178
石首市	2235	1835	9165	1594	3791	7183	71663	17000	5278
监利县	99	3145	17376	3706	4358	4067	115574	10575	2560
洪湖市	209	4515	16652	2101	2051	3311	92651	12791	3051
宜昌市小计	**13269**	**51430**	**76010**	**29213**	**38757**	**71701**	**864429**	**355709**	**91965**
本级	2749	17146	9376	9796	13316	22803	235304	139228	30011
区县级小计	10520	34284	66634	19417	25441	48898	629125	216481	61954
西陵区	47	549	532		307	3388	24228	12565	1788
伍家岗区	154	568	696	75	80	2955	15996	9196	921
点军区	105		850	120	23	936	11800	3198	443
猇亭区	60	515	340	52	280	2988	10465	5021	350
夷陵区	1266	9157	10444	2625	4126	2899	103080	39128	17377
宜都市	2865	10091	9827	1591	2738	1068	78141	37954	6740
枝江市	594	6111	8319	1096	6762	5267	75865	29618	6408
当阳市	586	3199	8232	1660	1736	15156	79399	26588	14090
远安县	709	671	4256	1238	4603	1171	40425	13056	2852
兴山县	1271	368	4202	1943	1552	2554	39107	10758	4317
秭归县	1157	1209	6398	3850	1463	1003	53560	11261	2082
长阳县	974	1135	6436	2577	936	6403	57689	13356	3615
五峰县	732	711	6102	2590	835	3110	39370	4782	971
襄樊市小计	**8234**	**36926**	**73296**	**20614**	**38690**	**26114**	**801598**	**240154**	**90680**
本级	4027	21644	16334	5823	22068	1979	227169	92266	66394
区县级小计	4207	15282	56962	14791	16622	24135	574429	147888	24286
襄城区		520	995	46	158		29530	15030	1622
樊城区	95	835	2112	3	242	316	47509	28034	2435
襄阳区	408	890	8656	1602	4213	4333	89991	17295	2215
老河口市	338	2149	5761	1352	1868	4091	70380	18602	4662
枣阳市	520	5068	13398	2932	2951	6865	103796	23202	3836
宜城市	448	2246	7010	979	1313	673	67803	17289	3025
南漳县	515	797	9100	2979	2765	2112	63701	7619	1933

2－17－12

单位:万元

地　　区	平衡部分									
	收入									
	返还性收入		财力性转移支付收入							
	增值税和消费税税收返还	所得税基数返还	小计	体制补助	一般性转移支付补助	民族地区转移支付补助	调整工资转移支付补助	农村义务教育补助	农村税费改革补助	缓解县乡困难转移支付补助
荆州市小计	**41819**	**12805**	**356535**	**477**	**77675**		**106591**	**22916**	**94515**	**38907**
本级	18116	7839	53913	477	19448		24119	33	1695	246
区县级小计	23703	4966	302622		58227		82472	22883	92820	38661
沙市区	2184		12054		2273		4713	344	2004	731
荆州区	2787	353	21396		5258		7692	1217	7049	2830
江陵县	728	9	23931		4463		4145	1222	7492	5389
松滋市	4541		41430		7629		12266	2930	12620	4200
公安县	3391	3787	46922		6804		13615	3758	17337	4954
石首市	4461	817	31693		7244		9578	2499	8730	2507
监利县	2560		72047		12900		17304	6721	22441	11376
洪湖市	3051		53149		11656		13159	4192	15147	6674
宜昌市小计	**69355**	**22610**	**241455**	**645**	**58071**	**5510**	**80109**	**9384**	**36081**	**17405**
本级	22781	7230	25862	284	4775		15732	25	－382	1101
区县级小计	46574	15380	215593	361	53296	5510	64377	9359	36463	16304
西陵区	1788		8301		258		1625	18	150	188
伍家岗区	921		4481		136		1025	23	260	156
点军区	443		6067		457		1285	115	1040	311
猇亭区	350		3568		133		762	30	252	115
夷陵区	11457	5920	28168		9690		7342	1334	4778	2462
宜都市	4535	2205	20263		6943		6556	1097	2984	1369
枝江市	4599	1809	27104		5980		7555	1519	7017	2911
当阳市	11835	2255	25383		6263		6957	1022	6101	3383
远安县	2852		14522		3683		4146	554	1999	890
兴山县	2449	1868	12259		3294		5031	567	1732	798
秭归县	1498	584	21954		5805		7784	1196	3974	1343
长阳县	2876	739	25565	212	6530	2909	8465	1270	3727	1414
五峰县	971		17958	149	4124	2601	5844	614	2449	964
襄樊市小计	**81932**	**8748**	**298148**		**56561**		**108560**	**16452**	**59207**	**36149**
本级	61542	4852	20733		8841		21342	612	－2180	558
区县级小计	20390	3896	277415		47720		87218	15840	61387	35591
襄城区	1197	425	9929		679		3782	317	2874	632
樊城区	2023	412	12852		674		5700	360	2358	739
襄阳区	1662	553	51384		8151		15037	3361	12328	8373
老河口市	4452	210	29319		6477		9601	1634	5636	4242
枣阳市	3122	714	58971		6588		16275	3315	13760	6810
宜城市	2372	653	32538		6400		10040	1503	8859	4227
南漳县	1761	172	35415		7920		10614	2207	6992	6081

二、各省、自治区、直辖市地市县一般预算财政资料

2-17-13

单位:万元

地区	平衡部分									
	收入								支出	
	财力性转移支付收入			专项转移支付	省补助计划单列市收入	上年结余	调入资金	国债转贷收入、上年结余及转补助数	支出合计	本年支出
	结算补助	企事业单位预算划转补助	其他财力性转移支付							
荆州市小计	**6399**	**-106**	**9161**	**136686**		**30890**	**1739**		**690346**	**658267**
本级	8882	-106	-881	21030		2940	350		150670	128917
区县级小计	-2483		10042	115656		27950	1389		539676	529350
沙市区	-983		2972	6052		776			29625	29585
荆州区	-3489		839	7998		3905			43578	43739
江陵县	1196		24	10794		2376			36843	36661
松滋市	218		1567	17058		3088			78281	76467
公安县	-240		694	16801		4403			83870	82149
石首市	12		1123	14949		2743			70065	68872
监利县	276		1029	23827		6155	410		106573	103519
洪湖市	527		1794	18177		4504	979		90841	88358
宜昌市小计	**22629**	**3257**	**8364**	**133506**		**34612**	**7182**		**825127**	**798234**
本级	3415	2286	-1374	26927		7793	5483		225631	214595
区县级小计	19214	971	9738	106579		26819	1699		599496	583639
西陵区	4821		1241	1061		391	122		23850	22694
伍家岗区	1395		1486	1067		331			15778	15211
点军区	1750		1109	1787		-456	761		12158	11280
猇亭区	1999		277	1483		43			10270	10158
夷陵区	2393	169		14229		4178			94967	91753
宜都市	875	255	184	10104		2264	816		75384	73502
枝江市	686	363	1073	10051		2684			72571	70694
当阳市	789		868	12676		662			77711	75214
远安县	1673	184	1393	7812		2183			37995	37080
兴山县	539		298	7979		3794			35130	34132
秭归县	936		916	13782		4481			49591	48945
长阳县	896		142	11988		3165			56288	55515
五峰县	462		751	12560		3099			37803	37461
襄樊市小计	**14636**	**1143**	**5440**	**131440**		**39526**	**1650**		**754842**	**715485**
本级	-10580	729	1411	36823		10953			214503	212738
区县级小计	25216	414	4029	94617		28573	1650		540339	502747
襄城区	1688		-43	1470		1479			28385	20518
樊城区	1451	414	1156	1583		955	1650		47306	32377
襄阳区	3539		595	14285		4812			82271	80172
老河口市	1624		105	10585		7212			57853	56234
枣阳市	11650		573	16837		950			101669	95450
宜城市	1214		295	12413		2538			64574	62586
南漳县	1431		170	13985		4749			59923	58700

2－17－14　　　　　　　　　　　　　　　　　　　　　　　　　　单位:万元

地区	平衡部分									
	支出								年终结余	其中:净结余
	财力性转移支付			专项上解	计划单列市上解省	增设预算周转金	调出资金	国债转贷拨付数及年终结余		
	小计	体制上解	出口退税专项上解							
荆州市小计	**25008**	**24058**	**950**	**7051**		**20**			**42554**	**14391**
本级	21235	20901	334	518					2857	2857
区县级小计	3773	3157	616	6533		20			39697	11534
沙市区				40					1141	493
荆州区	138		138	－299					5752	4873
江陵县				182					4977	2440
松滋市	435	376	59	1379					5872	1477
公安县	346	185	161	1375					9546	2244
石首市	280	102	178	893		20			1598	7
监利县	1412	1390	22	1642					9001	
洪湖市	1162	1104	58	1321					1810	
宜昌市小计	**17519**	**16759**	**760**	**9174**		**200**			**39302**	**27306**
本级	12366	12194	172	－1330					9673	9513
区县级小计	5153	4565	588	10504		200			29629	17793
西陵区	458	398	60	498		200			378	378
伍家岗区	268	268		299					218	218
点军区	43		43	835					－358	－358
猇亭区	16		16	96					195	195
夷陵区	1333	1333		1881					8113	3738
宜都市	868	728	140	1014					2757	1459
枝江市	613	542	71	1264					3294	1862
当阳市	1107	1092	15	1390					1688	377
远安县	131	114	17	784					2430	1698
兴山县	284	69	215	714					3977	3063
秭归县	25	21	4	621					3969	2564
长阳县	3		3	770					1401	1401
五峰县	4		4	338					1567	1198
襄樊市小计	**31945**	**30994**	**951**	**7412**					**46756**	**28410**
本级	19561	18855	706	－17796					12666	12666
区县级小计	12384	12139	245	25208					34090	15744
襄城区	2033	2033		5834					1145	79
樊城区	2510	2510		12419					203	203
襄阳区	831	764	67	1268					7720	4589
老河口市	734	734		885					12527	3885
枣阳市	4497	4427	70	1722					2127	307
宜城市	1038	939	99	950					3229	2851
南漳县	313	313		910					3778	3082

二、各省、自治区、直辖市地市县一般预算财政资料

2－17－15　　　　　　　　　　　　　　　　　　　　　　　　　　　　单位:万元

地区	收支部分								
	收入								
	收入合计	税收收入							
		小计	增值税	营业税	企业所得税	个人所得税	资源税	城市维护建设税	耕地占用税
谷城县	12650	7914	2143	2044	293	325	73	1571	60
保康县	8167	5043	1230	876	431	128	211	682	
鄂州市小计	**85088**	**66722**	**21483**	**14165**	**3505**	**983**	**4432**	**8636**	**1297**
本级	48357	38149	16521	3982	2386	510	1615	5506	285
区县级小计	36731	28573	4962	10183	1119	473	2817	3130	1012
鄂城区	25480	20590	3583	7810	840	345	2466	1888	165
华容区	7443	5451	1082	1608	192	94	152	671	838
梁子湖区	3808	2532	297	765	87	34	199	571	9
荆门市小计	**120638**	**79162**	**17997**	**22319**	**6007**	**3142**	**4837**	**9405**	**1442**
本级	46860	34512	9214	10754	2213	1118	16	4934	
区县级小计	73778	44650	8783	11565	3794	2024	4821	4471	1442
掇刀区	6454	3963	950	621	414	219	326		287
东宝区	11650	8367	825	1155	1045	520	1464	1850	236
钟祥市	26066	12468	2921	3739	896	482	1755	995	425
京山县	19600	14496	3136	3653	1087	576	1162	1097	419
沙洋县	10008	5356	951	2397	352	227	114	529	75
孝感市小计	**166343**	**101497**	**20718**	**31003**	**6601**	**2819**	**6463**	**9607**	**1863**
本级	28600	20590	3236	7771	1223	774	200	1439	75
区县级小计	137743	80907	17482	23232	5378	2045	6263	8168	1788
孝南区	17156	10040	2064	4477	597	419	80	743	129
孝昌县	9358	3924	477	1634	296	109	647	196	29
大悟县	13151	6235	1238	2382	450	179	126	658	148
安陆市	15400	9384	1368	3237	573	225	31	641	509
云梦县	18947	10885	1726	2602	886	323	2553	775	69
应城市	28531	18150	3505	4343	1319	328	2790	1960	232
汉川市	35200	22289	7104	4557	1257	462	36	3195	672
黄冈市小计	**199325**	**90042**	**18960**	**27857**	**6458**	**3270**	**4374**	**10384**	**1550**
本级	27083	14582	3371	5523	1403	422		1443	84
区县级小计	172242	75460	15589	22334	5055	2848	4374	8941	1466
黄州区	11906	6852	1296	2453	278	262	791	544	114
团风县	7369	4595	725	1385	100	155	102	711	261
红安县	17381	7340	2326	1830	590	253	1	1740	16
麻城市	25242	11809	2112	4610	858	375	192	1473	56
罗田县	11154	5262	1413	1733	175	246	314	369	272
英山县	7961	3990	594	1462	156	157	64	359	179
浠水县	17957	7962	1404	1683	510	356	754	993	303
蕲春县	21224	8416	1570	2018	676	353	604	766	103

2－17－16　　单位:万元

地区	收支部分									
	收入									
	税收收入			非税收入						
	契税	烟叶税	其他各项税收收入	小计	专项收入	行政事业性收费收入	罚没收入	国有资本经营收入	国有资源(资产)有偿使用收入	其他收入
谷城县	374		1031	4736	878	2932	845		81	
保康县	27	1140	318	3124	968	1395	730		31	
鄂州市小计	**5364**		**6857**	**18366**	**4528**	**7789**	**4413**	**5**	**477**	**1154**
本级	3510		3834	10208	3703	1309	3644		400	1152
区县级小计	1854		3023	8158	825	6480	769	5	77	2
鄂城区	1160		2333	4890	701	4049	91		49	
华容区	463		351	1992	108	1408	453		23	
梁子湖区	231		339	1276	16	1023	225	5	5	2
荆门市小计	**4312**		**9701**	**41476**	**6123**	**12429**	**9580**	**560**	**2173**	**10611**
本级	1855		4408	12348	3900	4005	2378	536	1490	39
区县级小计	2457		5293	29128	2223	8424	7202	24	683	10572
掇刀区	507		639	2491	67	1226	592	15	91	500
东宝区	727		545	3283	140	1932	1012	9	82	108
钟祥市	110		1145	13598	965	1106	1805		90	9632
京山县	925		2441	5104	671	1753	2288		206	186
沙洋县	188		523	4652	380	2407	1505		214	146
孝感市小计	**8207**		**14216**	**64846**	**5563**	**20844**	**16860**	**3966**	**1937**	**15676**
本级	3775		2097	8010	752	806	4388		482	1582
区县级小计	4432		12119	56836	4811	20038	12472	3966	1455	14094
孝南区	641		890	7116	408	2044	1605	2194	238	627
孝昌县	313		223	5434	133	530	170	－205	32	4774
大悟县	369		685	6916	563	1736	1570	643	111	2293
安陆市	786		2014	6016	420	2657	2310	－368	775	222
云梦县	540		1411	8062	390	3432	1560	975	76	1629
应城市	924		2749	10381	1113	5959	2018		143	1148
汉川市	859		4147	12911	1784	3680	3239	727	80	3401
黄冈市小计	**4539**		**12650**	**109283**	**4112**	**61405**	**24012**	**4605**	**4834**	**10315**
本级	554		1782	12501	623	7344	3668		220	646
区县级小计	3985		10868	96782	3489	54061	20344	4605	4614	9669
黄州区	542		572	5054	70	1740	1138	－77	43	2140
团风县	66		1090	2774	135	1411	1079	－61	29	181
红安县	152		432	10041	437	7550	1582	80	219	173
麻城市	985		1148	13433	296	9259	1982	－321	125	2092
罗田县	304		436	5892	377	3241	1406	363	371	134
英山县	210		809	3971	248	2137	1414		55	117
浠水县	502		1457	9995	302	7053	2429	－346	113	444
蕲春县	313		2013	12808	220	4877	2779	－35	1322	3645

2－17－17　　单位:万元

地区	收支部分									
	支出功能分类									
	支出合计	一般公共服务	外交	国防	公共安全	教育	科学技术	文化体育与传媒	社会保障和就业	医疗卫生
谷城县	58780	7651			4169	14083	460	540	10912	3526
保康县	37930	10980			2495	7537	383	407	3045	2177
鄂州市小计	**178537**	**38021**		**394**	**16292**	**36053**	**2128**	**3318**	**13644**	**8139**
本级	102317	19841		364	10678	14886	2002	2945	7937	6213
区县级小计	76220	18180		30	5614	21167	126	373	5707	1926
鄂城区	42280	10470			3545	12123	21	144	2805	756
华容区	21426	4420		30	1278	5728	98	152	2157	766
梁子湖区	12514	3290			791	3316	7	77	745	404
荆门市小计	**386663**	**88047**		**615**	**29179**	**75001**	**4240**	**5095**	**52568**	**21560**
本级	91012	23180		179	9612	14136	1426	2516	12168	4560
区县级小计	295651	64867		436	19567	60865	2814	2579	40400	17000
掇刀区	20843	3310			1360	4433	226	22	1731	744
东宝区	34640	7041		83	3254	7760	318	186	4713	1664
钟祥市	109902	25903		136	6746	20614	996	1487	15911	6272
京山县	73661	19427		170	5081	12937	821	548	11374	4398
沙洋县	56605	9186		47	3126	15121	453	336	6671	3922
孝感市小计	**546189**	**108077**			**42712**	**133478**	**6018**	**6114**	**62774**	**32783**
本级	72440	19100			10401	10453	1039	1292	6002	3191
区县级小计	473749	88977			32311	123025	4979	4822	56772	29592
孝南区	68046	14950			4808	15798	645	529	15253	4715
孝昌县	52621	6818			3441	15692	533	496	8008	3107
大悟县	62717	11593			3812	18959	833	631	6287	3035
安陆市	60300	12155			4385	15056	638	753	6136	3326
云梦县	55012	9741			3553	16096	648	925	4834	3601
应城市	70227	16849			5389	17174	501	575	9114	2993
汉川市	104826	16871			6923	24250	1181	913	7140	8815
黄冈市小计	**762561**	**129485**		**108**	**55625**	**176199**	**9845**	**11463**	**112947**	**46980**
本级	89595	18169			10529	10978	1333	3668	7857	3653
区县级小计	672966	111316		108	45096	165221	8512	7795	105090	43327
黄州区	33542	7408		44	1464	8403	509	278	5998	2191
团风县	40326	4980			3236	10472	700	265	5438	2306
红安县	71850	12243			6051	20848	536	1140	7764	4582
麻城市	94442	14203			5038	21251	767	1194	16057	5945
罗田县	53904	7808			4001	12853	736	433	10766	3026
英山县	49446	7329			3051	9918	623	537	11788	2937
浠水县	76411	17434		64	5713	18184	735	743	10337	6118
蕲春县	86358	14453			5476	22595	542	840	6796	5669

2－17－18 单位:万元

地区	收支部分						平衡部分		
	支出功能分类						收入		
	环境保护	城乡社区事务	农林水事务	交通运输	工业、商业、金融等事务	其他支出	收入合计	本年收入	返还性收入 小计
谷城县	693	1412	5686	2378	2143	5127	60472	12650	3117
保康县	1190	1365	4244	2520	969	618	41247	8167	1441
鄂州市小计	**1943**	**17313**	**14299**	**2082**	**11768**	**13143**	**198281**	**85088**	**25228**
本级	1840	13038	8436	2069	9196	2872	112524	48357	19479
区县级小计	103	4275	5863	13	2572	10271	85757	36731	5749
鄂城区	103	2107	3197	5	1581	5423	50639	25480	3582
华容区		1979	1744	6	960	2108	22372	7443	1827
梁子湖区		189	922	2	31	2740	12746	3808	340
荆门市小计	**4552**	**12473**	**49386**	**11127**	**12690**	**20130**	**425741**	**120638**	**32968**
本级	2118	5394	6883	2555	4350	1935	103906	46860	17891
区县级小计	2434	7079	42503	8572	8340	18195	321835	73778	15077
掇刀区	206	130	2081	304	809	5487	22035	6454	409
东宝区	505	329	4530	1874	1376	1007	41771	11650	2163
钟祥市	830	2682	15056	3547	2567	7155	116070	26066	4740
京山县	435	1198	11836	1552	2481	1403	80819	19600	6762
沙洋县	458	2740	9000	1295	1107	3143	61140	10008	1003
孝感市小计	**5638**	**15928**	**64987**	**18237**	**20995**	**28448**	**594809**	**166343**	**33391**
本级	729	2522	5619	4160	4533	3399	72708	28600	4683
区县级小计	4909	13406	59368	14077	16462	25049	522101	137743	28708
孝南区	287	884	7884	110	1098	1085	73245	17156	2457
孝昌县	274	858	8054	1629	820	2891	58169	9358	566
大悟县	1255	583	8558	2354	2442	2375	67776	13151	2824
安陆市	397	2916	6874	2980	4295	389	66136	15400	5579
云梦县	352	2095	6466	1332	2154	3215	61501	18947	2706
应城市	1166	2503	6125	1611	2907	3320	80431	28531	5728
汉川市	1178	3567	15407	4061	2746	11774	114843	35200	8848
黄冈市小计	**6858**	**14212**	**102004**	**20266**	**27416**	**49153**	**821162**	**199325**	**50307**
本级	1020	3262	17532	3345	4460	3789	88237	27083	7726
区县级小计	5838	10950	84472	16921	22956	45364	732925	172242	42581
黄州区	123	330	3498	1585	1315	396	38896	11906	2997
团风县	385	451	7211	1592	1204	2086	43300	7369	1752
红安县	645	1371	8755	1541	1664	4710	74450	17381	12676
麻城市	539	1444	11988	1928	6847	7241	106808	25242	3022
罗田县	357	888	7695	1592	1218	2531	60778	11154	3272
英山县	250	323	7132	1307	1939	2312	50264	7961	2178
浠水县	843	1742	7329	2126	2307	2736	91054	17957	2165
蕲春县	621	1484	12244	2033	1672	11933	90680	21224	4861

二、各省、自治区、直辖市地市县一般预算财政资料

2-17-19

单位:万元

地区	平衡部分									
	收入									
	返还性收入		财力性转移支付收入							
	增值税和消费税税收返还	所得税基数返还	小计	体制补助	一般性转移支付补助	民族地区转移支付补助	调整工资转移支付补助	农村义务教育补助	农村税费改革补助	缓解县乡困难转移支付补助
谷城县	2700	417	29148		5736		10227	2168	5550	3015
保康县	1101	340	17859		5095		5942	975	3030	1472
鄂州市小计	**18521**	**6707**	**53139**		**15068**		**20017**	**3152**	**7264**	**4531**
本级	14686	4793	18856	-142	9170		9474	28	299	1393
区县级小计	3835	1914	34283	142	5898		10543	3124	6965	3138
鄂城区	2629	953	17253	132	3590		5047	1657	2987	1349
华容区	944	883	10599	10	1377		3582	831	2451	953
梁子湖区	262	78	6431		931		1914	636	1527	836
荆门市小计	**26232**	**6736**	**166110**		**39514**		**50465**	**8412**	**39230**	**22678**
本级	17337	554	14854		6201		11046	223	1180	168
区县级小计	8895	6182	151256		33313		39419	8189	38050	22510
掇刀区	409		9252		1230		1714	228	1873	1670
东宝区	705	1458	20213		6440		4357	557	3157	2602
钟祥市	3638	1102	54512		13204		15476	3426	13466	7907
京山县	3420	3342	33268		6371		10271	2328	8361	5239
沙洋县	723	280	34011		6068		7601	1650	11193	5092
孝感市小计	**27349**	**6042**	**263275**	**940**	**56924**		**85804**	**20016**	**52319**	**27496**
本级	4683		22650	272	6020		9857	51	60	43
区县级小计	22666	6042	240625	668	50904		75947	19965	52259	27453
孝南区	2457		39643	101	7974		12209	2603	7371	5886
孝昌县	566		33358	567	7490		8344	3392	7511	4399
大悟县	2824		32869		7116		10689	3291	6305	3018
安陆市	3421	2158	29492		6488		10360	2010	5995	3880
云梦县	2706		28978		4766		9876	2758	5553	2599
应城市	5728		31423		6480		9939	2433	6392	3703
汉川市	4964	3884	44862		10590		14530	3478	13132	3968
黄冈市小计	**34093**	**16214**	**368782**	**231**	**84327**		**117404**	**32078**	**72417**	**48278**
本级	3878	3848	19765	231	6731		11672	170	1337	120
区县级小计	30215	12366	349017		77596		105732	31908	71080	48158
黄州区	1617	1380	15570		3740		5254	781	2974	2551
团风县	1039	713	22209		7162		5350	1913	3945	2741
红安县	10604	2072	29097		5223		11038	3288	5601	3096
麻城市	3022		54675		11225		14951	4967	12379	7066
罗田县	2009	1263	30904		8170		9356	3113	5501	4177
英山县	1373	805	23005		6033		7751	1749	4166	2982
浠水县	2165		48456		9437		13673	4111	10177	8375
蕲春县	2104	2757	45343		10978		12948	4990	9521	6295

2－17－20

单位:万元

地区	平衡部分									
	收入								支出	
	财力性转移支付收入			专项转移支付	省补助计划单列市收入	上年结余	调入资金	国债转贷收入、上年结余及转补助数	支出合计	本年支出
	结算补助	企事业单位预算划转补助	其他财力性转移支付							
谷城县	1587		865	12065		3492			59837	58780
保康县	1032		313	11394		2386			38521	37930
鄂州市小计	**2140**	**962**	**5**	**24976**		**9850**			**185015**	**178537**
本级	－261	962	－2067	18987		6845			99841	102317
区县级小计	2401		2072	5989		3005			85174	76220
鄂城区	1124		1367	2709		1615			50282	42280
华容区	1187		208	1728		775			22188	21426
梁子湖区	90		497	1552		615			12704	12514
荆门市小计	**5523**	**288**		**77916**		**21505**	**6604**		**399659**	**386663**
本级	－4311	288	59	18072		6229			97361	91012
区县级小计	9834		－59	59844		15276	6604		302298	295651
掇刀区	2537			2796		3124			20983	20843
东宝区	3100			6017		1728			36675	34640
钟祥市	974		59	21292		3957	5503		112640	109902
京山县	816		－118	17841		3348			75216	73661
沙洋县	2407			11898		3119	1101		56784	56605
孝感市小计	**4822**	**220**	**14734**	**104597**		**21502**	**5701**		**556312**	**546189**
本级	1957		4390	14120		2655			68694	72440
区县级小计	2865	220	10344	90477		18847	5701		487618	473749
孝南区	434		3065	10959		1627	1403		70026	68046
孝昌县	394		1261	12345		2542			53367	52621
大悟县	577		1873	16547		2385			63698	62717
安陆市	509		250	10834		2455	2376		62241	60300
云梦县	252		3174	7882		2010	978		56377	55012
应城市	385		2091	12227		2522			73706	70227
汉川市	314	220	－1370	19683		5306	944		108203	104826
黄冈市小计	**5319**		**8728**	**160384**		**36099**	**6265**		**772599**	**762561**
本级	－511		15	29494		1519	2650		85374	89595
区县级小计	5830		8713	130890		34580	3615		687225	672966
黄州区	270			6632		1791			34818	33542
团风县	1098			9991		1979			40989	40326
红安县	451		400	13638		1658			73026	71850
麻城市	795		3292	18084		5785			96986	94442
罗田县	450		137	12075		3373			54725	53904
英山县	324			11370		4390	1360		50264	49446
浠水县	511		2172	15583		6893			78309	76411
蕲春县	611			15962		2207	1083		87830	86358

2－17－21 单位:万元

地区	平衡部分									
	支出								年终结余	其中:净结余
	财力性转移支付			专项上解	计划单列市上解省	增设预算周转金	调出资金	国债转贷拨付数及年终结余		
	小计	体制上解	出口退税专项上解							
谷城县	259	255	4	798					635	522
保康县	169	164	5	422					2726	226
鄂州市小计	**4774**	**4591**	**183**	**1704**					**13266**	**217**
本级	4404	4221	183	－6880					12683	217
区县级小计	370	370		8584					583	
鄂城区	219	219		7783					357	
华容区	151	151		611					184	
梁子湖区				190					42	
荆门市小计	**8459**	**8218**	**241**	**4537**					**26082**	**10634**
本级	6963	6950	13	－614					6545	2425
区县级小计	1496	1268	228	5151					19537	8209
掇刀区				140					1052	453
东宝区	87		87	1948					5096	4075
钟祥市	1162	1098	64	1576					3430	2344
京山县	247	170	77	1308					5603	508
沙洋县				179					4356	829
孝感市小计	**4216**	**3789**	**427**	**5907**					**38497**	**5076**
本级	－239	－239		－3507					4014	214
区县级小计	4455	4028	427	9414					34483	4862
孝南区	157	30	127	1823					3219	61
孝昌县	17		17	729					4802	2463
大悟县	78	72	6	903					4078	386
安陆市	899	861	38	1042					3895	857
云梦县	390	388	2	975					5124	49
应城市	1583	1571	12	1896					6725	1007
汉川市	1331	1106	225	2046					6640	39
黄冈市小计	**3057**	**2513**	**544**	**6981**					**48563**	**37371**
本级				－4221					2863	2355
区县级小计	3057	2513	544	11202					45700	35016
黄州区				1276					4078	3956
团风县				663					2311	2184
红安县	134	134		1042					1424	1424
麻城市	1306	940	366	1238					9822	6678
罗田县	59	34	25	762					6053	366
英山县	61	61		757						
浠水县	579	576	3	1319					12745	12745
蕲春县	5		5	1467					2850	2850

2-17-22 单位:万元

地区	收支部分								
	收入								
	收入合计	税收收入							
		小计	增值税	营业税	企业所得税	个人所得税	资源税	城市维护建设税	耕地占用税
武穴市	27028	12087	2788	3389	1251	354	492	1656	84
黄梅县	25020	7147	1361	1771	461	337	1060	330	78
咸宁市小计	**110960**	**57186**	**13335**	**17338**	**4399**	**1851**	**1073**	**4433**	**2150**
本级	25747	16200	3703	4679	1404	436	1	1563	881
区县级小计	85213	40986	9632	12659	2995	1415	1072	2870	1269
咸安区	14586	8699	1438	3301	472	193	189	609	352
嘉鱼县	13634	6667	838	1921	793	187	295	284	741
赤壁市	29733	14110	4525	3853	776	427	281	1002	77
通城县	10650	4039	1263	1086	546	116	33	370	3
崇阳县	8802	3263	715	1054	177	289	77	290	1
通山县	7808	4208	853	1444	231	203	197	315	95
恩施自治州小计	**130535**	**101208**	**12557**	**32036**	**2552**	**2632**	**2069**	**26854**	**2025**
本级	32101	23343	4068	5764	736	182	174	11614	
区县级小计	98434	77865	8489	26272	1816	2450	1895	15240	2025
恩施市	28967	24589	1774	10120	398	1107	289	3074	279
建始县	12455	9394	1265	2452	177	242	520	2424	416
巴东县	12644	8976	937	4322	268	212	256	843	303
利川市	19810	14411	1565	4757	168	421	528	4488	58
宣恩县	5270	4129	614	1126	160	94	44	293	210
咸丰县	6884	5745	887	919	207	171	108	1482	76
来凤县	6246	5578	715	1338	111	157	100	2396	14
鹤峰县	6158	5043	732	1238	327	46	50	240	669
随州市小计	**54742**	**33357**	**8328**	**11378**	**1778**	**1390**	**420**	**3984**	**615**
本级	19156	12325	2912	4418	1223	495		1132	272
区县级小计	35586	21032	5416	6960	555	895	420	2852	343
曾都区	14421	10248	2228	4330	220	563	74	688	4
广水市	21165	10784	3188	2630	335	332	346	2164	339
仙桃市	**33147**	**22858**	**7396**	**6677**	**1862**	**763**	**122**	**1742**	**334**
天门市	**21819**	**12474**	**2007**	**4930**	**1323**	**408**	**156**	**1105**	**235**
潜江市	**38503**	**30832**	**12174**	**6457**	**1283**	**1205**	**1427**	**2889**	**579**
神农架林区	**6042**	**3388**	**864**	**1207**	**224**	**206**	**338**	**277**	**1**

2－17－23

单位:万元

地区	收支部分									
	收入									
	税收收入			非税收入						
	契税	烟叶税	其他各项税收收入	小计	专项收入	行政事业性收费收入	罚没收入	国有资本经营收入	国有资源(资产)有偿使用收入	其他收入
武穴市	543		1530	14941	1160	6012	2555	4344	168	702
黄梅县	368		1381	17873	244	10781	3980	658	2169	41
咸宁市小计	**5986**		**6621**	**53774**	**2440**	**18617**	**18403**	**6395**	**3920**	**3999**
本级	1907		1626	9547	614	4095	3469	761	83	525
区县级小计	4079		4995	44227	1826	14522	14934	5634	3837	3474
咸安区	1021		1124	5887	150	1858	1679	1579	547	74
嘉鱼县	980		628	6967	427	2651	655	566	1608	1060
赤壁市	1380		1789	15623	541	5761	4271	3489	1328	233
通城县	121		501	6611	258	2170	2962		291	930
崇阳县	194		466	5539	109	718	3488		47	1177
通山县	383		487	3600	341	1364	1879		16	
恩施自治州小计	**2881**	**11293**	**6309**	**29327**	**8571**	**8868**	**6878**	**1393**	**2930**	**687**
本级	21		784	8758	4962	2261	783	28	724	
区县级小计	2860	11293	5525	20569	3609	6607	6095	1365	2206	687
恩施市	1988	2288	3272	4378	895	1924	952	130	265	212
建始县	234	1300	364	3061	393	608	648	726	686	
巴东县	33	1348	454	3668	549	1464	881		743	31
利川市	273	1802	351	5399	699	1770	1697	500	357	376
宣恩县	53	1385	150	1141	147	349	539	9	95	2
咸丰县	63	1446	386	1139	322	230	493		28	66
来凤县	152	321	274	668	244	87	324		13	
鹤峰县	64	1403	274	1115	360	175	561		19	
随州市小计	**1840**		**3624**	**21385**	**1585**	**8913**	**5062**	**2736**	**2301**	**788**
本级	422		1451	6831	597	2133	1742	－3	1964	398
区县级小计	1418		2173	14554	988	6780	3320	2739	337	390
曾都区	1014		1127	4173	313	1330	1465	784	191	90
广水市	404		1046	10381	675	5450	1855	1955	146	300
仙桃市	**1378**		**2584**	**10289**	**798**	**5013**	**3775**		**688**	**15**
天门市	**669**		**1641**	**9345**	**458**	**3993**	**3708**	**676**	**230**	**280**
潜江市	**654**		**4164**	**7671**	**1714**	**1967**	**2373**	**1270**	**347**	
神农架林区	**28**		**243**	**2654**	**581**	**1602**	**199**		**270**	**2**

2-17-24　　　　　　　　　　　　　　　　　　　　　　　　单位:万元

地区	收支部分									
	支出功能分类									
	支出合计	一般公共服务	外交	国防	公共安全	教育	科学技术	文化体育与传媒	社会保障和就业	医疗卫生
武穴市	81073	13006			4374	18278	2127	982	12986	4384
黄梅县	85614	12452			6692	22419	1237	1383	17160	6169
咸宁市小计	**378878**	**76071**		**142**	**35953**	**74401**	**4868**	**5037**	**40228**	**21319**
本级	59232	12790			8355	6419	582	1279	2201	2837
区县级小计	319646	63281		142	27598	67982	4286	3758	38027	18482
咸安区	58002	14218			5001	12498	520	521	8503	2857
嘉鱼县	42927	9023		105	3548	8167	1140	460	4773	3099
赤壁市	71449	10666			6358	15802	1098	1574	7713	4153
通城县	49463	8745			4254	8599	553	430	8562	2817
崇阳县	46959	9310		37	4425	10904	403	344	3761	2647
通山县	50846	11319			4012	12012	572	429	4715	2909
恩施自治州小计	**548876**	**115035**		**687**	**38342**	**133771**	**4375**	**8463**	**44905**	**37152**
本级	74675	14896		149	6333	16898	1143	1679	2577	2878
区县级小计	474201	100139		538	32009	116873	3232	6784	42328	34274
恩施市	95014	22436		76	7247	22776	347	1218	7033	5587
建始县	62790	14910		90	4064	16215	362	907	4000	5197
巴东县	61408	13936		110	4227	17071	170	635	4424	4482
利川市	83808	14684		85	5234	23652	786	1278	4031	7383
宣恩县	42871	7433		50	2512	8447	241	606	7964	2312
咸丰县	47239	8759		70	2920	11610	265	806	4558	3366
来凤县	40991	9497		57	3022	10268	426	794	2587	3432
鹤峰县	40080	8484			2783	6834	635	540	7731	2515
随州市小计	**231182**	**39045**			**13945**	**55447**	**2965**	**2718**	**39743**	**12501**
本级	50559	8845			6568	5682	895	857	8086	1944
区县级小计	180623	30200			7377	49765	2070	1861	31657	10557
曾都区	97388	17992			1866	29306	570	626	19057	5158
广水市	83235	12208			5511	20459	1500	1235	12600	5399
仙桃市	**133129**	**22382**		**74**	**10477**	**32998**	**2038**	**2511**	**10655**	**7370**
天门市	**107994**	**24419**		**91**	**8057**	**25121**	**1085**	**1112**	**15638**	**7828**
潜江市	**114351**	**21406**			**7347**	**32387**	**1496**	**1992**	**9232**	**8222**
神农架林区	**31288**	**7725**		**56**	**2462**	**3326**	**387**	**604**	**1717**	**1627**

2－17－25

单位:万元

地区	收支部分						平衡部分		
	支出功能分类						收入		
	环境保护	城乡社区事务	农林水事务	交通运输	工业、商业、金融等事务	其他支出	收入合计	本年收入	返还性收入 小计
武穴市	1463	1280	7388	1483	2644	10678	84843	27028	7279
黄梅县	612	1637	11232	1734	2146	741	91852	25020	2379
咸宁市小计	**4555**	**14039**	**42700**	**19703**	**15104**	**24758**	**397592**	**110960**	**23029**
本级	854	3332	4231	3142	3752	9458	58890	25747	8790
区县级小计	3701	10707	38469	16561	11352	15300	338702	85213	14239
咸安区	921	707	5532	3384	1797	1543	61053	14586	2595
嘉鱼县	235	3121	5379	1019	1282	1576	47007	13634	1887
赤壁市	1123	4265	10880	2731	4130	956	76454	29733	5038
通城县	613	953	5497	2231	1587	4622	52029	10650	1544
崇阳县	295	302	5373	3038	1174	4946	50794	8802	1343
通山县	514	1359	5808	4158	1382	1657	51365	7808	1832
恩施自治州小计	**10375**	**26582**	**64601**	**22247**	**12942**	**29399**	**588207**	**130535**	**45416**
本级	658	7488	4429	3255	2322	9970	76862	32101	8660
区县级小计	9717	19094	60172	18992	10620	19429	511345	98434	36756
恩施市	1923	8717	10893	2016	2136	2609	103399	28967	3904
建始县	1120	1871	7621	3465	1850	1118	68175	12455	8263
巴东县	1335	733	7898	1990	805	3592	65158	12644	2615
利川市	1642	4199	11121	4312	1796	3605	91056	19810	8549
宣恩县	738	590	5885	2346	739	3008	46495	5270	961
咸丰县	1399	660	6140	2646	860	3180	50731	6884	3028
来凤县	650	1697	5130	945	1653	833	44839	6246	7823
鹤峰县	910	627	5484	1272	781	1484	41492	6158	1613
随州市小计	**2156**	**7151**	**22063**	**8029**	**13775**	**11644**	**244234**	**54742**	**18521**
本级	983	2421	3137	5442	5070	629	50172	19156	7919
区县级小计	1173	4730	18926	2587	8705	11015	194062	35586	10602
曾都区	800	583	11072		5407	4951	104186	14421	
广水市	373	4147	7854	2587	3298	6064	89876	21165	10602
仙桃市	**803**	**3744**	**24454**	**4842**	**9191**	**1590**	**153006**	**33147**	**13752**
天门市	**373**	**3637**	**13706**	**3259**	**3311**	**357**	**122758**	**21819**	**4788**
潜江市	**674**	**3182**	**16749**	**2767**	**4123**	**4774**	**123681**	**38503**	**11898**
神农架林区	**2871**	**852**	**5142**	**1960**	**1105**	**1454**	**33445**	**6042**	**580**

2－17－26

单位:万元

地区	平衡部分									
	收入									
	返还性收入		财力性转移支付收入							
	增值税和消费税税收返还	所得税基数返还	小计	体制补助	一般性转移支付补助	民族地区转移支付补助	调整工资转移支付补助	农村义务教育补助	农村税费改革补助	缓解县乡困难转移支付补助
武穴市	3903	3376	33596		7044		12171	2751	7157	3461
黄梅县	2379		46162		8584		13240	4245	9659	7414
咸宁市小计	**20186**	**2843**	**165896**	**1188**	**41401**		**58256**	**12914**	**23394**	**19017**
本级	7969	821	7926	1188	5127		8131		－3	47
区县级小计	12217	2022	157970		36274		50125	12914	23397	18970
咸安区	2047	548	31519		5627		9185	2070	3795	3458
嘉鱼县	1887		21040		4345		6344	1730	4288	2411
赤壁市	3939	1099	27766		7412		9819	1885	4373	2495
通城县	1544		26118		6172		8372	2186	4215	3438
崇阳县	1343		26195		5732		8026	2435	3762	4145
通山县	1457	375	25332		6986		8379	2608	2964	3023
恩施自治州小计	**38286**	**7130**	**258552**	**2068**	**56755**	**33300**	**95907**	**14154**	**32898**	**18197**
本级	7750	910	16818	1536	7496	8828	6240		57	
区县级小计	30536	6220	241734	532	49259	24472	89667	14154	32841	18197
恩施市	2631	1273	48171	468	10373	3524	15567	2264	6030	3506
建始县	7755	508	30480	－79	6732	1838	12468	1837	4122	2529
巴东县	1733	882	32209	76	7222	3473	11517	1853	4496	2486
利川市	7687	862	41267	－292	7014	3648	16167	3198	6955	3819
宣恩县	552	409	25393	152	5453	4099	8667	1311	3526	1356
咸丰县	2179	849	25431	147	5134	2953	9876	1460	2946	2064
来凤县	7406	417	19211	－113	3513	2074	8059	1418	2169	1428
鹤峰县	593	1020	19572	173	3818	2863	7346	813	2597	1009
随州市小计	**18521**		**114156**		**24273**		**34842**	**9957**	**24283**	**14778**
本级	7919		8366		4097		6979		455	
区县级小计	10602		105790		20176		27863	9957	23828	14778
曾都区			65765		13362		13880	5841	15601	11191
广水市	10602		40025		6814		13983	4116	8227	3587
仙桃市	**8203**	**5549**	**65292**		**11115**		**19188**	**6224**	**20290**	**5799**
天门市	**3863**	**925**	**67371**		**14687**		**17397**	**5304**	**20463**	**8914**
潜江市	**8995**	**2903**	**47379**		**8625**		**13250**	**2835**	**13380**	**4873**
神农架林区	**580**		**10949**	**1**	**3678**		**3565**	**263**	**740**	**590**

二、各省、自治区、直辖市地市县一般预算财政资料

2－17－27 单位:万元

地区	平衡部分 收入 财力性转移支付收入 结算补助	企事业单位预算划转补助	其他财力性转移支付	专项转移支付	省补助计划单列市收入	上年结余	调入资金	国债转贷收入、上年结余及转补助数	支出 支出合计	本年支出
武穴市	595		417	13514		2254	1172		83204	81073
黄梅县	725		2295	14041		4250			87074	85614
咸宁市小计	**2827**	**248**	**6651**	**74972**		**21820**	**915**		**383287**	**378878**
本级	－6224		－340	8919		7508			55576	59232
区县级小计	9051	248	6991	66053		14312	915		327711	319646
咸安区	5614		1770	11297		622	434		61053	58002
嘉鱼县	327		1595	8078		2368			43688	42927
赤壁市	725	248	809	13038		879			73937	71449
通城县	699		1036	9849		3868			50124	49463
崇阳县	656		1439	11157		3297			47544	46959
通山县	1030		342	12634		3278	481		51365	50846
恩施自治州小计	**3112**		**2161**	**113350**		**38510**	**1844**		**551972**	**548876**
本级	－7476		137	9887		7710	1686		68823	74675
区县级小计	10588		2024	103463		30800	158		483149	474201
恩施市	5930		509	16726		5631			96348	95014
建始县	1041		－8	13028		3949			64475	62790
巴东县	437		649	13646		4044			62210	61408
利川市	483		275	16338		5092			86043	83808
宣恩县	706		123	10838		4033			43252	42871
咸丰县	736		115	12232		3156			47700	47239
来凤县	419		244	9135		2424			42576	40991
鹤峰县	836		117	11520		2471	158		40545	40080
随州市小计	**2009**		**4014**	**48564**		**3271**	**4980**		**238929**	**231182**
本级	－3723		558	15507		－3776	3000		53937	50559
区县级小计	5732		3456	33057		7047	1980		184992	180623
曾都区	4480		1410	18294		5306	400		97576	97388
广水市	1252		2046	14763		1741	1580		87416	83235
仙桃市	**516**		**2160**	**28091**		**10447**	**2277**		**139922**	**133129**
天门市	**606**			**23374**		**5406**			**113123**	**107994**
潜江市	**7293**	**469**	**－3346**	**21887**		**4014**			**117671**	**114351**
神农架林区	**1845**		**267**	**13928**		**1946**			**31433**	**31288**

2－17－28

单位:万元

地区	平衡部分									
	支出								年终结余	其中：净结余
	财力性转移支付			专项上解	计划单列市上解省	增设预算周转金	调出资金	国债转贷拨付数及年终结余		
	小计	体制上解	出口退税专项上解							
武穴市	913	768	145	1218					1639	35
黄梅县				1460					4778	4778
咸宁市小计	**1383**	**1323**	**60**	**3026**					**14305**	
本级				－3656					3314	
区县级小计	1383	1323	60	6682					10991	
咸安区	171	171		2880						
嘉鱼县	149	149		612					3319	
赤壁市	761	729	32	1727					2517	
通城县	126	106	20	535					1905	
崇阳县	91	91		494					3250	
通山县	85	77	8	434						
恩施自治州小计	**28**		**28**	**2968**		**100**			**36235**	**23010**
本级	－6320	－6320		368		100			8039	7663
区县级小计	6348	6320	28	2600					28196	15347
恩施市	784	783	1	550					7051	4541
建始县	1271	1271		414					3700	1908
巴东县	335	335		467					2948	1321
利川市	2313	2308	5	－78					5013	1946
宣恩县	110	109	1	271					3243	2066
咸丰县	183	181	2	278					3031	1653
来凤县	1211	1202	9	374					2263	965
鹤峰县	141	131	10	324					947	947
随州市小计	**4856**	**4409**	**447**	**2891**					**5305**	**3579**
本级	1935	1685	250	1443					－3765	－3765
区县级小计	2921	2724	197	1448					9070	7344
曾都区	167		167	21					6610	6610
广水市	2754	2724	30	1427					2460	734
仙桃市	**4027**	**3555**	**472**	**2641**			**125**		**13084**	**3414**
天门市	**2817**	**2704**	**113**	**2312**					**9635**	**4002**
潜江市	**1661**	**1224**	**437**	**1659**					**6010**	**318**
神农架林区	**113**		**113**	**32**					**2012**	**1587**

2007 年湖南省地市县财政一般预算收支平衡表

2－18－1　　　　单位:万元

地区	收支部分								
	收入								
		税收收入							
	收入合计	小计	增值税	营业税	企业所得税	个人所得税	资源税	城市维护建设税	耕地占用税
地市县合计	**4830104**	**3216753**	**603982**	**1217228**	**201066**	**175027**	**13294**	**353621**	**98497**
长沙市小计	**1745761**	**1273980**	**140000**	**573025**	**99142**	**68783**	**797**	**113326**	**24095**
本级	860087	568731	44215	120585	76461	53645	3	92168	1348
区县级小计	885674	705249	95785	452440	22681	15138	794	21158	22747
浏阳市	91506	71519	17053	27871	729	732	174	9898	3400
宁乡县	52421	40235	7631	20912	1177	647	375	2127	1675
长沙县	131923	112917	27493	53887	3449	2042	49	6864	2229
望城县	76365	57724	7797	27758	739	528	196	2269	4353
雨花区	126789	106843	8578	79212	8545	3042			2358
芙蓉区	114267	92309	9524	65936	2542	2212			858
天心区	102501	75027	7009	57649	2693	2536			1688
岳麓区	80764	66652	3484	56472	583	1283			3086
开福区	109138	82023	7216	62743	2224	2116			3100
株洲市小计	**375774**	**244145**	**73956**	**82152**	**14859**	**12238**	**620**	**22427**	**5364**
本级	124490	78709	19307	20562	7739	6665	26	8270	
区县级小计	251284	165436	54649	61590	7120	5573	594	14157	5364
株洲县	19984	9480	2041	5281	88	177	33	625	480
醴陵市	54898	30966	11322	10747	650	1003	59	3258	670
攸县	37186	17975	5661	7892	183	554	415	1041	240
茶陵县	20965	9509	2882	3441	206	526	50	601	233
炎陵县	11248	5321	1676	2203	123	184	20	411	83
天元区	60631	55264	20670	20954	1712	1259	2	3769	2269
芦淞区	15338	12738	2410	5248	1855	759	2	907	351
荷塘区	12775	10367	2826	3601	535	404	6	1341	693
石峰区	18259	13816	5161	2223	1768	707	7	2204	345
湘潭市小计	**241961**	**136188**	**32189**	**42860**	**8202**	**8719**	**429**	**14620**	**5531**
本级	128643	67837	15631	16273	5371	4388	5	9058	504
区县级小计	113318	68351	16558	26587	2831	4331	424	5562	5027
湘潭县	37226	17571	4936	5455	650	1034	201	1088	1861
湘乡市	29843	16051	3791	5489	749	1503	209	1740	562
韶山市	8274	3508	778	1257	143	281	2	196	364
雨湖区	19625	14745	2885	8100	484	672	7	1322	30
岳塘区	18350	16476	4168	6286	805	841	5	1216	2210
衡阳市小计	**310730**	**202623**	**42313**	**73961**	**10775**	**14721**	**1013**	**12800**	**14564**
本级	102085	76150	13214	33230	4179	5020	210	4444	811
区县级小计	208645	126473	29099	40731	6596	9701	803	8356	13753
衡南县	21622	12107	2670	2303	745	2580	28	547	650

2－18－2　　　　单位:万元

地区	收支部分									
	收入									
	税收收入			非税收入						
	契税	烟叶税	其他各项税收收入	小计	专项收入	行政事业性收费收入	罚没收入	国有资本经营收入	国有资源(资产)有偿使用收入	其他收入
地市县合计	**307154**	**33696**	**213188**	**1613351**	**213960**	**571843**	**293552**	**97872**	**196238**	**239886**
长沙市小计	**165395**	**3881**	**85536**	**471781**	**63525**	**258145**	**43540**	**55235**	**30806**	**20530**
本级	140271		40035	291356	48691	219110	18488	2443	2519	105
区县级小计	25124	3881	45501	180425	14834	39035	25052	52792	28287	20425
浏阳市	3600	3000	5062	19987	6618	5200	7400		769	
宁乡县	2470	881	2340	12186	1809	5498	3860		1019	
长沙县	7229		9675	19006	4703	11368	2549		386	
望城县	11796		2288	18641	1704	7673	3064		6200	
雨花区	24		5084	19946		1209	1253	4450	1207	11827
芙蓉区			11237	21958		1422	1225	13285	44	5982
天心区			3452	27474		1472	2240	22257	201	1304
岳麓区	5		1739	14112		3339	2477	7644	180	472
开福区			4624	27115		1854	984	5156	18281	840
株洲市小计	**15674**	**454**	**16401**	**131629**	**15673**	**25994**	**17740**	**8540**	**51750**	**11932**
本级	9513		6627	45781	8151	9358	8064		18174	2034
区县级小计	6161	454	9774	85848	7522	16636	9676	8540	33576	9898
株洲县	315		440	10504	560	1147	638	2954	4776	429
醴陵市	1600		1657	23932	1289	2515	3112		16903	113
攸县	913		1076	19211	930	9200	2003		5920	1158
茶陵县	660	454	456	11456	430	1050	1333	4828	193	3622
炎陵县	295		326	5927	333	423	486	30	2449	2206
天元区	2378		2251	5367	1785	359	677		2546	
芦淞区			1206	2600	407	504	627	310	31	721
荷塘区			961	2408	684	233	316		737	438
石峰区			1401	4443	1104	1205	484	418	21	1211
湘潭市小计	**12504**		**11134**	**105773**	**11354**	**29931**	**12394**	**7235**	**12871**	**31988**
本级	10014		6593	60806	7876	13109	7016	7216	9519	16070
区县级小计	2490		4541	44967	3478	16822	5378	19	3352	15918
湘潭县	1511		835	19655	975	3488	1649		2844	10699
湘乡市	704		1304	13792	1258	9627	1641		66	1200
韶山市	275		212	4766	151	573	442		31	3569
雨湖区			1245	4880	568	2677	861		324	450
岳塘区			945	1874	526	457	785	19	87	
衡阳市小计	**13841**	**3292**	**15343**	**108107**	**5893**	**38438**	**25102**	**3163**	**2147**	**33364**
本级	7680		7362	25935	2183	13967	7789	1230	766	
区县级小计	6161	3292	7981	82172	3710	24471	17313	1933	1381	33364
衡南县	1129	1254	201	9515	299	4588	1774	775	22	2057

2－18－3　　　　单位:万元

地　　区	收支部分									
	支出功能分类									
	支出合计	一般公共服务	外交	国防	公共安全	教育	科学技术	文化体育与传媒	社会保障和就业	医疗卫生
地市县合计	**11020522**	**2002488**	**750**	**25144**	**761885**	**2020079**	**155799**	**141735**	**1995669**	**542427**
长沙市小计	**2181733**	**364129**	**347**	**6404**	**173654**	**313728**	**74914**	**31331**	**246630**	**85072**
本级	871783	111713	347	2261	109076	87416	50197	19931	97429	27962
区县级小计	1309950	252416		4143	64578	226312	24717	11400	149201	57110
浏阳市	181868	33104			10231	37787	4005	2639	29095	8558
宁乡县	141267	25243			7850	29506	1660	1142	20167	8306
长沙县	208244	31090		1001	12632	35828	3903	1981	25174	9043
望城县	127568	23362		432	7740	22623	1401	2662	20978	8694
雨花区	147024	24642		670	4656	24492	1784	740	8753	4838
芙蓉区	134646	16212		807	6646	29054	6984	1134	9463	5155
天心区	125192	32457		880	6060	17390	1549	220	8562	4474
岳麓区	105075	24238		353	4358	12775	1447	450	10509	3812
开福区	139066	42068			4405	16857	1984	432	16500	4230
株洲市小计	**724845**	**135391**		**1514**	**51267**	**118545**	**11320**	**7254**	**142413**	**29871**
本级	265814	51843		975	29076	25431	3600	3713	70952	7137
区县级小计	459031	83548		539	22191	93114	7720	3541	71461	22734
株洲县	54092	6587			2662	12793	927	260	7280	2702
醴陵市	105988	17718		73	6149	22807	1448	867	18636	6064
攸县	73689	12262		105	3617	14909	1220	585	13321	3348
茶陵县	64895	9236		97	2967	11116	955	1016	12494	4355
炎陵县	31883	4423		39	1917	5166	583	307	5988	1602
天元区	44419	8870			1429	4966	646	185	3593	1332
芦淞区	26622	8080			1302	7938	699	111	2017	1108
荷塘区	27371	6475		100	1027	7563	600	133	2704	852
石峰区	30072	9897		125	1121	5856	642	77	5428	1371
湘潭市小计	**518250**	**102217**		**4059**	**38459**	**79569**	**12157**	**6881**	**107431**	**24218**
本级	238880	37739		3145	22573	20603	6571	4502	57252	7463
区县级小计	279370	64478		914	15886	58966	5586	2379	50179	16755
湘潭县	106364	30860		246	4356	22477	1970	865	18811	6757
湘乡市	88235	17282		323	5820	18872	1408	842	19418	5512
韶山市	21033	5422		70	1796	4004	308	349	2601	724
雨湖区	32850	5688		179	2111	7316	895	255	4982	1877
岳塘区	30888	5226		96	1803	6297	1005	68	4367	1885
衡阳市小计	**891057**	**176385**	**60**	**1673**	**67310**	**170024**	**5319**	**9714**	**185999**	**47477**
本级	235629	47333	60	824	30101	21552	2455	2996	67146	7177
区县级小计	655428	129052		849	37209	148472	2864	6718	118853	40300
衡南县	87917	22169		233	5072	18762	437	1456	16009	4699

2－18－4

单位:万元

地区	收支部分						平衡部分		
	支出功能分类						收入		
	环境保护	城乡社区事务	农林水事务	交通运输	工业、商业、金融等事务	其他支出	收入合计	本年收入	返还性收入 小计
地市县合计	**122844**	**898860**	**1028044**	**391325**	**408138**	**525335**	**12515644**	**4830104**	**698775**
长沙市小计	**25413**	**433968**	**147679**	**51447**	**120599**	**106418**	**2378968**	**1745761**	**170129**
本级	18703	197699	32755	15467	49921	50906	1005771	860087	72985
区县级小计	6710	236269	114924	35980	70678	55512	1373197	885674	97144
浏阳市	1216	12128	26237	7168	8794	906	201875	91506	24815
宁乡县	1249	7718	19006	6022	9473	3925	144808	52421	9633
长沙县	2078	19734	25934	10258	21028	8560	218252	131923	25589
望城县	590	8236	22982	2094	3734	2040	135709	76365	8076
雨花区	477	49447	2855	516	10400	12754	148425	126789	563
芙蓉区	321	42775	2705	431	3373	9586	140622	114267	8877
天心区	250	42815	1352	453	3456	5274	130904	102501	6831
岳麓区	255	34128	2013	20	3765	6952	107005	80764	4381
开福区	274	19288	11840	9018	6655	5515	145597	109138	8379
株洲市小计	**12596**	**84656**	**52429**	**15583**	**35049**	**26957**	**901583**	**375774**	**80445**
本级	9414	33377	7723	2455	16209	3909	287743	124490	54024
区县级小计	3182	51279	44706	13128	18840	23048	613840	251284	26421
株洲县	222	1150	11147	4685	1310	2367	61906	19984	2577
醴陵市	1337	13546	6657	1952	8718	16	130498	54898	13348
攸县	600	6487	6695	2571	3716	4253	102408	37186	5118
茶陵县	608	3193	13960	2833	1230	835	87771	20965	2963
炎陵县	150	716	3052	1064	401	6475	41452	11248	1844
天元区	99	14575	1014	23	958	6729	95042	60631	
芦淞区	8	3246	377		217	1519	30891	15338	182
荷塘区	8	5557	869		1386	97	30385	12775	171
石峰区	150	2809	935		904	757	33487	18259	218
湘潭市小计	**8009**	**35610**	**36955**	**15107**	**18127**	**29451**	**584528**	**241961**	**39484**
本级	5346	22029	12030	11597	14020	14010	283832	128643	22945
区县级小计	2663	13581	24925	3510	4107	15441	300696	113318	16539
湘潭县	907	5449	9977	2516	972	201	113351	37226	5167
湘乡市	1140	4102	9591	911	2025	989	95562	29843	4718
韶山市	94	636	2419	82	761	1767	22161	8274	977
雨湖区	256	1842	1693	1	239	5516	35729	19625	3068
岳塘区	266	1552	1245		110	6968	33893	18350	2609
衡阳市小计	**7833**	**43494**	**69072**	**33323**	**30936**	**42438**	**1056548**	**310730**	**54204**
本级	3167	18614	10868	2979	16934	3423	299956	102085	27827
区县级小计	4666	24880	58204	30344	14002	39015	756592	208645	26377
衡南县	646	1046	7555	4128	1887	3818	104379	21622	3497

二、各省、自治区、直辖市地市县一般预算财政资料

2－18－5　　　　　　　　　　　　　　　　　　　　　　　　　　　　单位:万元

地　区	平　衡　部　分									
	收　入									
	返还性收入		财力性转移支付收入							
	增值税和消费税税收返还	所得税基数返还	小计	体制补助	一般性转移支付补助	民族地区转移支付补助	调整工资转移支付补助	农村义务教育补助	农村税费改革补助	缓解县乡困难转移支付补助
地市县合计	**511496**	**187279**	**3644071**	**43518**	**1183935**	**50337**	**1214542**	**101978**	**588318**	**209097**
长沙市小计	**112606**	**57523**	**182819**		**19112**		**92365**	**5570**	**30008**	**9588**
本级	52785	20200	38824	－612	7957		21133		－110	55
区县级小计	59821	37323	143995	612	11155		71232	5570	30118	9533
浏阳市	16546	8269	33702		2837		17222	1580	8370	1663
宁乡县	6251	3382	39065		4242		19179	1615	9667	2993
长沙县	15166	10423	21736		1215		9754	946	5504	2300
望城县	4627	3449	20528		1936		8980	820	5147	2051
雨花区	2769	－2206	7768	612	574		2996	264	217	130
芙蓉区	4306	4571	5370		67		3409	49	130	150
天心区	3807	3024	4882		50		3232	68	130	150
岳麓区	2019	2362	4633		70		2604	37	191	50
开福区	4330	4049	6311		164		3856	191	762	46
株洲市小计	**59007**	**21438**	**168417**		**38959**		**60988**	**4472**	**26414**	**11035**
本级	39826	14198	8923	－22247	8637		12452		71	453
区县级小计	19181	7240	159494	22247	30322		48536	4472	26343	10582
株洲县	2001	576	19862	235	5900		6320	552	4074	2202
醴陵市	10501	2847	27666		5465		12030	1347	6120	1522
攸县	3720	1398	28671		4914		10539	1006	7232	3454
茶陵县	1562	1401	27230		9075		8865	842	5090	2197
炎陵县	1397	447	12230	226	3245		4122	263	2631	700
天元区			15847	12598	393		1217	153	320	171
芦淞区		182	9718	3254	413		1854	64	220	247
荷塘区		171	9195	3339	434		1895	109	361	50
石峰区		218	9075	2595	483		1694	136	295	39
湘潭市小计	**28422**	**11062**	**129033**	**1371**	**35523**		**51626**	**3250**	**20117**	**7940**
本级	16722	6223	40461		20773		16521	2130	－158	347
区县级小计	11700	4839	88572	1371	14750		35105	1120	20275	7593
湘潭县	4465	702	39483		8313		14221		11052	4391
湘乡市	3333	1385	35570		5150		13896	1120	7849	2502
韶山市	786	191	4940		1112		2006		887	297
雨湖区	1558	1510	4517	1371	77		2623		154	119
岳塘区	1558	1051	4062		98		2359		333	284
衡阳市小计	**43329**	**10875**	**344147**		**122981**		**116423**	**10935**	**52111**	**22538**
本级	21299	6528	39211	－108	17740		17825		－363	1295
区县级小计	22030	4347	304936	108	105241		98598	10935	52474	21243
衡南县	3274	223	47344	108	16845		15092	1489	9188	3577

2-18-6 单位:万元

地区	平衡部分 收入 财力性转移支付收入 结算补助	财力性转移支付收入 企事业单位预算划转补助	财力性转移支付收入 其他财力性转移支付	专项转移支付	省补助计划单列市收入	上年结余	调入资金	国债转贷收入、上年结余及转补助数	支出 支出合计	支出 本年支出
地市县合计	**181250**	**54973**	**16123**	**2349761**		**871519**	**97258**	**24156**	**11421551**	**11020522**
长沙市小计	**14430**	**7453**	**4293**	**218486**		**54517**	**6418**	**838**	**2316505**	**2181733**
本级	4772	5088	541	-4611		31258	6390	838	968786	871783
区县级小计	9658	2365	3752	223097		23259	28		1347719	1309950
浏阳市	1419		611	42566		9286			188152	181868
宁乡县	1024	26	319	42871		818			144317	141267
长沙县	734	444	839	32812		6192			215524	208244
望城县	682	752	160	28784		1956			129719	127568
雨花区	1132	952	891	12856		449			148394	147024
芙蓉区	1369	2	194	11543		565			140514	134646
天心区	1179	47	26	14980		1682	28		129372	125192
岳麓区	877	138	666	15576		1651			106796	105075
开福区	1242	4	46	21109		660			144931	139066
株洲市小计	**6735**	**19768**	**46**	**155088**		**96643**	**25216**		**770236**	**724845**
本级	2582	15902	-8927	35801		50002	14503		244499	265814
区县级小计	4153	3866	8973	119287		46641	10713		525737	459031
株洲县	514	-6	71	14260		5223			55702	54092
醴陵市	1068	61	53	26138		8448			113495	105988
攸县	785	419	322	19309		12124			76901	73689
茶陵县	702	403	56	26086		10185	342		66173	64895
炎陵县	990	3	50	12412		3716	2		32586	31883
天元区	20		975	4165		4030	10369		89356	44419
芦淞区	38	1207	2421	3935		1718			28823	26622
荷塘区	22	361	2624	7265		979			29534	27371
石峰区	14	1418	2401	5717		218			33167	30072
湘潭市小计	**6534**	**1895**	**777**	**122165**		**16491**	**13821**	**21573**	**569636**	**518250**
本级	-1061	1245	664	47981		14379	9407	20016	270319	238880
区县级小计	7595	650	113	74184		2112	4414	1557	299317	279370
湘潭县	1487	19		27585		492	1841	1557	113151	106364
湘乡市	5053			23417		693	1321		95020	88235
韶山市	638			7736		234			21887	21033
雨湖区	172	1		8308		135	76		35618	32850
岳塘区	245	630	113	7138		558	1176		33641	30888
衡阳市小计	**16304**	**2391**	**464**	**225228**		**109061**	**13065**	**113**	**919130**	**891057**
本级	7689	-2034	-2833	66862		54543	9428		236251	235629
区县级小计	8615	4425	3297	158366		54518	3637	113	682879	655428
衡南县	242	377	426	21764		10152			91541	87917

二、各省、自治区、直辖市地市县一般预算财政资料

2－18－7 单位：万元

地区	平衡部分									
	支出								年终结余	其中：净结余
	财力性转移支付			专项上解	计划单列市上解省	增设预算周转金	调出资金	国债转贷拨付数及年终结余		
	小计	体制上解	出口退税专项上解							
地市县合计	**145271**	**134559**	**10712**	**218951**		**3167**	**9484**	**24156**	**1094093**	**106447**
长沙市小计	**71395**	**67398**	**3997**	**56539**			**6000**	**838**	**62463**	**12647**
本级	48868	47077	1791	41297			6000	838	36985	6139
区县级小计	22527	20321	2206	15242					25478	6508
浏阳市	4403	3969	434	1881					13723	577
宁乡县	1533	1507	26	1517					491	491
长沙县	3411	2370	1041	3869					2728	2728
望城县	1065	915	150	1086					5990	463
雨花区	153		153	1217					31	31
芙蓉区	4526	4526		1342					108	108
天心区	2708	2574	134	1472					1532	1402
岳麓区	869	842	27	852					209	42
开福区	3859	3618	241	2006					666	666
株洲市小计	**33757**	**32990**	**767**	**11562**			**72**		**131347**	**9298**
本级	－2746	－3011	265	－18569					43244	270
区县级小计	36503	36001	502	30131			72		88103	9028
株洲县	41		41	1539			30		6204	20
醴陵市	5924	5629	295	1567			16		17003	1525
攸县	1447	1424	23	1747			18		25507	1857
茶陵县	2		2	1268			8		21598	2623
炎陵县				703					8866	96
天元区	28826	28826		16111					5686	1346
芦淞区				2201					2068	747
荷塘区	78		78	2085					851	814
石峰区	185	122	63	2910					320	
湘潭市小计	**14761**	**14147**	**614**	**13790**		**597**	**665**	**21573**	**14892**	**23**
本级	6838	6377	461	4585				20016	13513	13
区县级小计	7923	7770	153	9205		597	665	1557	1379	10
湘潭县	1683	1622	61	3547				1557	200	
湘乡市	3970	3970		2150			665		542	
韶山市				854					274	
雨湖区	874	850	24	1297		597			111	10
岳塘区	1396	1328	68	1357					252	
衡阳市小计	**7162**	**6611**	**551**	**20684**			**114**	**113**	**137418**	**15940**
本级	1755	1778	－23	－1133					63705	2297
区县级小计	5407	4833	574	21817			114	113	73713	13643
衡南县				3624					12838	295

2－18－8

单位:万元

地区	收支部分								
	收入								
	收入合计	税收收入							
		小计	增值税	营业税	企业所得税	个人所得税	资源税	城市维护建设税	耕地占用税
衡阳县	19702	9208	1389	3501	742	1053	217	10	1531
衡山县	14462	7450	1811	3149	351	472	132	701	302
衡东县	18482	11080	2979	3399	1151	695	26	1016	355
常宁市	24660	18008	7711	3361	925	848	56	1939	569
祁东县	23178	9219	1418	3375	486	1125	37	823	500
耒阳市	54307	35412	7217	10903	968	1340	282	3209	5730
南岳区	8560	2769	148	1781	132	181		111	211
珠晖区	5905	4987	800	2214	114	287	4		1278
雁峰区	5061	4158	1069	1109	347	264	8		790
石鼓区	6911	6597	1103	2921	395	501	13		1137
蒸湘区	5795	5478	784	2715	240	355			700
邵阳市小计	**190959**	**107081**	**23606**	**36437**	**5327**	**8876**	**761**	**8319**	**9401**
本级	28114	13908	6875	862	3209	835	5	38	320
区县级小计	162845	93173	16731	35575	2118	8041	756	8281	9081
双清区	13345	11304		4732	271	699	37	1509	2238
大祥区	11768	9891		5654	117	850	34	1279	732
北塔区	2883	2108		1097	40	135	13	299	186
邵东县	26941	16376	4791	4685	715	1642	137	1546	890
新邵县	14509	7902	1880	2985	305	546	80	584	462
隆回县	15736	8348	1440	3219	159	1139	76	357	398
洞口县	14654	6917	1495	2994	87	636	56	314	604
新宁县	13441	8205	930	2366	50	424	38	282	2446
邵阳县	13247	5734	1236	1678	21	622	161	563	515
绥宁县	11639	5293	1690	2303	101	332	12	276	190
武冈市	17858	7022	1417	2847	91	739	82	890	311
城步苗族自治县	6824	4073	1852	1015	161	277	30	382	109
岳阳市小计	**350996**	**206500**	**63612**	**72281**	**9076**	**8750**	**360**	**23044**	**4137**
本级	179881	107256	41183	21641	6759	3930	69	18204	866
区县级小计	171115	99244	22429	50640	2317	4820	291	4840	3271
汨罗市	36685	17987	7435	5107	165	681	37	2128	963
平江县	22927	10263	2337	4734	247	594	36	568	572
湘阴县	18182	10052	1136	6018	82	422	48	600	333
临湘市	15832	7834	1356	4280	203	480	62	426	166
华容县	17932	9609	1225	4625	32	708	28	430	442
岳阳县	14674	10029	1786	5874	138	472	18	501	242
岳阳楼区	28253	21927	2967	16074	227	894	34		21
云溪区	12172	8939	3752	2802	1186	440	16		160

二、各省、自治区、直辖市地市县一般预算财政资料

2－18－9

单位:万元

地区	收支部分									
	收入									
	税收收入			非税收入						
	契税	烟叶税	其他各项税收收入	小计	专项收入	行政事业性收费收入	罚没收入	国有资本经营收入	国有资源(资产)有偿使用收入	其他收入
衡阳县	244	92	429	10494	233	5540	3066		835	820
衡山县	226		306	7012	142	2818	1508		19	2525
衡东县	796		663	7402	169	3186	2089	543	51	1364
常宁市	369	415	1815	6652	1158	2516	1656		292	1030
祁东县	402	407	646	13959	277	2000	1700		45	9937
耒阳市	2950	1124	1689	18895	1369	2600	3884	575	50	10417
南岳区	45		160	5791	63	241	296		9	5182
珠晖区			290	918		334	534	40	10	
雁峰区			571	903		314	551		6	32
石鼓区			527	314		174	105		35	
蒸湘区			684	317		160	150		7	
邵阳市小计	**5842**	**1507**	**7005**	**83878**	**6408**	**27835**	**27901**	**771**	**4085**	**16878**
本级	1717		47	14206	1088	4509	6402	52	762	1393
区县级小计	4125	1507	6958	69672	5320	23326	21499	719	3323	15485
双清区	13		1805	2041	666	456	434	5	104	376
大祥区		4	1221	1877	509	741	566		61	
北塔区	97		241	775	146	184	439		6	
邵东县	960		1010	10565	1171	2686	3181	472	78	2977
新邵县	649		411	6607	396	3251	2066	－40	225	709
隆回县	341	605	614	7388	323	2609	3857	8	92	499
洞口县	417		314	7737	258	3201	2000	－5	245	2038
新宁县	1008	358	303	5236	224	2202	1620		1190	
邵阳县	96	540	302	7513	402	4003	2760		181	167
绥宁县	202		187	6346	387	702	1387	26	65	3779
武冈市	300		345	10836	416	2843	2396	250	1016	3915
城步苗族自治县	42		205	2751	422	448	793	3	60	1025
岳阳市小计	**11148**		**14092**	**144496**	**16717**	**43768**	**30856**	**1436**	**24755**	**26964**
本级	6001		8603	72625	11274	15725	7865	1336	17654	18771
区县级小计	5147		5489	71871	5443	28043	22991	100	7101	8193
汨罗市	848		623	18698	1267	7435	4635		2524	2837
平江县	638		537	12664	304	5180	3148		3502	530
湘阴县	726		687	8130	164	3224	4047		436	259
临湘市	410		451	7998	209	3285	2402	100	60	1942
华容县	1610		509	8323	294	3285	2295		137	2312
岳阳县	417		581	4645	273	1134	2875		191	172
岳阳楼区	204		1506	6326	2851	1159	2283		33	
云溪区	100		483	3233		2542	677		14	

2－18－10 单位:万元

地区	收支部分									
	支出功能分类									
	支出合计	一般公共服务	外交	国防	公共安全	教育	科学技术	文化体育与传媒	社会保障和就业	医疗卫生
衡阳县	91259	17151		116	4862	20198	557	574	15192	6687
衡山县	44860	6412		35	2218	8917	108	444	7579	2943
衡东县	64741	15190		121	3964	15840	452	638	7436	3349
常宁市	82471	13496		73	4311	17893	142	993	16619	6559
祁东县	82454	12669		105	3697	22944	346	1160	15874	5385
耒阳市	120133	21467		95	8273	27325	520	915	21737	6702
南岳区	16665	3865			1423	2168	102	350	2063	789
珠晖区	18598	5052			901	4864	16	35	4097	820
雁峰区	16226	4445		50	1154	3794	20	66	3850	708
石鼓区	14695	3659			797	2627	136	61	4228	866
蒸湘区	15409	3477		21	537	3140	28	26	4169	793
邵阳市小计	**817668**	**159666**	**343**	**841**	**51576**	**162200**	**3653**	**7362**	**172242**	**45507**
本级	172149	23963	22	240	15884	8807	967	1902	55891	4546
区县级小计	645519	135703	321	601	35692	153393	2686	5460	116351	40961
双清区	20923	4809		91	1062	4202	43	109	5050	471
大祥区	20902	6614			1013	3983	59	109	4832	887
北塔区	9131	2504		11	880	1613	19	52	1789	452
邵东县	86486	18414		185	6065	24062	306	866	15132	6354
新邵县	66398	12024			3493	17341	158	346	11380	4336
隆回县	83947	15610		30	4097	19683	299	818	13234	7144
洞口县	71708	13248		38	4096	19179	163	430	12482	4279
新宁县	58243	11488	321	100	2599	12844	704	651	9463	3667
邵阳县	77561	14137		94	4051	19836	153	516	15492	5222
绥宁县	45984	12624			2639	9309	320	680	7800	2162
武冈市	68509	17244			3617	13969	211	524	13205	3901
城步苗族自治县	35727	6987		52	2080	7372	251	359	6492	2086
岳阳市小计	**846754**	**148402**		**1704**	**60277**	**164261**	**11102**	**8362**	**134099**	**39826**
本级	282806	53915		1039	27874	41499	7691	3873	43297	7299
区县级小计	563948	94487		665	32403	122762	3411	4489	90802	32527
汨罗市	89988	12323		150	6124	18102	846	944	13414	3665
平江县	89122	15147			5002	22069	798	857	13378	5965
湘阴县	73048	6731		24	1719	12572	132	280	10384	4457
临湘市	56846	10226		23	4787	10460	357	477	10362	2938
华容县	71712	13725		96	4352	22375	421	608	7203	5405
岳阳县	74353	18109			5526	12755	179	554	11473	3735
岳阳楼区	46927	8861		137	2530	14708	247	474	8084	2299
云溪区	22253	4017		7	1395	4280	347	180	2862	1210

2－18－11

单位:万元

地区	收支部分						平衡部分		
	支出功能分类						收入		
	环境保护	城乡社区事务	农林水事务	交通运输	工业、商业、金融等事务	其他支出	收入合计	本年收入	返还性收入 小计
衡阳县	1019	1616	10813	4383	2234	5857	103153	19702	2765
衡山县	188	1303	2843	812	592	10466	53655	14462	1968
衡东县	367	2498	6806	3241	1757	3082	78396	18482	2917
常宁市	907	4607	8512	4459	2344	1556	94374	24660	2137
祁东县	661	1569	6210	4419	588	6827	97887	23178	1933
耒阳市	585	6231	10567	7278	3530	4908	129338	54307	4249
南岳区	141	1830	2192	646	891	205	19495	8560	213
珠晖区	20	829	1207	317	41	399	22321	5905	1536
雁峰区	42	1245	440	226	19	167	18412	5061	1787
石鼓区	51	1266	550	228	55	171	18436	6911	1945
蒸湘区	39	840	509	207	64	1559	16746	5795	1430
邵阳市小计	**4454**	**26203**	**79018**	**42934**	**19730**	**41939**	**952107**	**190959**	**39628**
本级	1081	7031	6295	29646	5852	10022	188763	28114	11750
区县级小计	3373	19172	72723	13288	13878	31917	763344	162845	27878
双清区	4	2967	1084	204	364	463	31267	13345	1050
大祥区	10	1175	1268	103	308	541	29891	11768	971
北塔区	9	285	1008	34	120	355	12350	2883	151
邵东县	450	2473	8065	1892	1229	993	101741	26941	7097
新邵县	437	851	6446	198	367	9021	78834	14509	1971
隆回县	912	1303	11261	946	2359	6251	95892	15736	4787
洞口县	279	2038	8276	1651	2229	3320	81841	14654	2537
新宁县	266	2767	7930	1923	2666	854	69431	13441	1152
邵阳县	240	2137	9358	1824	1159	3342	89971	13247	1787
绥宁县	273	1060	5581	1438	880	1218	53266	11639	2622
武冈市	393	1471	5983	1745	1624	4622	75117	17858	2142
城步苗族自治县	100	645	6463	1330	573	937	43743	6824	1611
岳阳市小计	**11595**	**55905**	**90249**	**30660**	**35194**	**55118**	**958412**	**350996**	**59107**
本级	5907	38184	23555	7272	14098	7303	313177	179881	27274
区县级小计	5688	17721	66694	23388	21096	47815	645235	171115	31833
汨罗市	1396	2871	10017	2884	10306	6946	99945	36685	6546
平江县	910	1046	15058	5407	2731	754	98863	22927	3721
湘阴县	250	739	6072	3176	2627	23885	83587	18182	3327
临湘市	702	2636	6967	2166	700	4045	69083	15832	2803
华容县	284	2370	8927	3682	726	1538	79924	17932	2956
岳阳县	1394	4341	9060	3474	1881	1872	77322	14674	2577
岳阳楼区		1168	1450	242	791	5936	55519	28253	4936
云溪区	230	1719	3794	966	884	362	27712	12172	3869

2－18－12

单位:万元

地区	平衡部分									
	收入									
	返还性收入		财力性转移支付收入							
	增值税和消费税税收返还	所得税基数返还	小计	体制补助	一般性转移支付补助	民族地区转移支付补助	调整工资转移支付补助	农村义务教育补助	农村税费改革补助	缓解县乡困难转移支付补助
衡阳县	2368	397	52369		20392		15550	1829	9512	4192
衡山县	1708	260	23844		10625		6989	688	3226	1849
衡东县	2392	525	33289		14190		9440	1132	5134	2751
常宁市	1832	305	40454		14217		13279	1381	7013	3427
祁东县	1468	465	47149		13984		14428	1492	7184	2353
耒阳市	3618	631	37932		8306		15362	1990	8949	1449
南岳区	163	50	3926		1156		1911	58	372	235
珠晖区	1290	246	6018		1541		2133	271	770	194
雁峰区	1047	740	4533		1817		1407	212	228	452
石鼓区	1638	307	3368		623		1736	181	424	150
蒸湘区	1232	198	4710		1545		1271	212	474	614
邵阳市小计	**30110**	**9518**	**418838**	**4820**	**186394**	**1659**	**124144**	**11524**	**52280**	**23349**
本级	11805	－55	51788	－4922	35127		18043		－518	1562
区县级小计	18305	9573	367050	9742	151267	1659	106101	11524	52798	21787
双清区		1050	10092	806	3326		3164	234	661	1106
大祥区		971	10187	836	3163		3047	337	1038	798
北塔区		151	5182	841	2218		988	95	440	397
邵东县	5258	1839	38868		13976		13144	1943	6878	1883
新邵县	1551	420	39372	1618	17677		10572	1302	4973	2550
隆回县	2687	2100	50944	600	22737		13850	1791	6296	2732
洞口县	1905	632	43667	437	19066		11421	1257	7449	3349
新宁县	1009	143	37142	840	14165		12794	879	5049	2684
邵阳县	1296	491	47776	1500	22341		12526	1676	6608	2188
绥宁县	1980	642	24660	89	9537	1033	7489	650	4383	880
武冈市	1434	708	38841	479	16683		11400	960	5842	2716
城步苗族自治县	1185	426	20319	1696	6378	626	5706	400	3181	504
岳阳市小计	**45423**	**13684**	**291338**		**80609**		**95014**	**8382**	**62750**	**22611**
本级	23716	3558	41177	－2856	8578		21760	336	4874	854
区县级小计	21707	10126	250161	2856	72031		73254	8046	57876	21757
汨罗市	5215	1331	30441		7557		10282	1044	5726	3734
平江县	2387	1334	41504	208	14640		12782	1681	7719	2736
湘阴县	2620	707	33396		9671		9349	1152	8598	3281
临湘市	2120	683	26681		6745		9653	819	6016	1902
华容县	2171	785	38685		11512		10647	1046	10403	3306
岳阳县	1785	792	39006	2648	10942		10855	1098	7743	3203
岳阳楼区	2835	2101	12212		3265		3766	528	394	1633
云溪区	1663	2206	5448		969		1870	318	1400	464

二、各省、自治区、直辖市地市县一般预算财政资料

2－18－13

单位：万元

地区	平衡部分 收入 财力性转移支付收入 结算补助	企事业单位预算划转补助	其他财力性转移支付	专项转移支付	省补助计划单列市收入	上年结余	调入资金	国债转贷收入、上年结余及转补助数	支出 支出合计	本年支出
衡阳县	233	177	484	22405		5662	250		94825	91259
衡山县	168	84	215	10187		3057	110	27	46999	44860
衡东县	191	145	306	14926		8696		86	67319	64741
常宁市	272	522	343	18780		8343			85070	82471
祁东县	6697	637	374	19096		6231	300		89061	82454
耒阳市	182	1302	392	24978		5011	2861		121879	120133
南岳区	131	14	49	5459		1337			17271	16665
珠晖区	99	870	140	5843		3019			19829	18598
雁峰区	4	282	131	5721		1310			17126	16226
石鼓区	122		132	4675		1537			15586	14695
蒸湘区	274	15	305	4532		163	116		16373	15409
邵阳市小计	**17025**	**－4715**	**2358**	**213158**		**80150**	**9374**		**831779**	**817668**
本级	7286	－3709	－1081	73324		23099	688		154363	172149
区县级小计	9739	－1006	3439	139834		57051	8686		677416	645519
双清区	235	17	543	4729		2011	40		26925	20923
大祥区	220	447	301	5252		1646	67		27159	20902
北塔区	39		164	3057		1077			10315	9131
邵东县	927		117	19967		7280	1588		90825	86486
新邵县	551		129	13979		8377	626		67999	66398
隆回县	4323	－1470	85	17806		6619			87119	83947
洞口县	556		132	14557		6316	110		73680	71708
新宁县	604		127	12351		5118	227		59705	58243
邵阳县	764		173	16377		4974	5810		79613	77561
绥宁县	496		103	9498		4847			47158	45984
武冈市	615		146	13144		3132			70262	68509
城步苗族自治县	409		1419	9117		5654	218		36656	35727
岳阳市小计	**7723**	**13361**	**888**	**196693**		**60278**			**868349**	**846754**
本级	2019	11686	－6074	40816		24029			276264	282806
区县级小计	5704	1675	6962	155877		36249			592085	563948
汨罗市	727	270	1101	20184		6089			93227	89988
平江县	1103	10	625	26366		4345			90699	89122
湘阴县	939	9	397	20276		8406			75867	73048
临湘市	656	511	379	15748		8019			59391	56846
华容县	805	12	954	20117		234			74112	71712
岳阳县	820	30	1667	19238		1827			76200	74353
岳阳楼区	371	826	1429	9909		209			55328	46927
云溪区	185	6	236	5708		515			26181	22253

2 – 18 – 14　　　　单位:万元

地区	平衡部分									
	支出								年终结余	其中:净结余
	财力性转移支付			专项上解	计划单列市上解省	增设预算周转金	调出资金	国债转贷拨付数及年终结余		
	小计	体制上解	出口退税专项上解							
衡阳县	379	375	4	3187					8328	775
衡山县	131	131		1981				27	6656	464
衡东县	224	224		2268				86	11077	993
常宁市	773	227	546	1826					9304	478
祁东县	3753	3752	1	2854					8826	691
耒阳市	129	124	5	1617					7459	5520
南岳区	2		2	490			114		2224	621
珠晖区	4		4	1227					2492	1775
雁峰区	6		6	894					1286	422
石鼓区	6		6	885					2850	1555
蒸湘区				964					373	54
邵阳市小计	**394**		**394**	**13717**					**120328**	**–15811**
本级	–684	–918	234	–17102					34400	–13698
区县级小计	1078	918	160	30819					85928	–2113
双清区				6002					4342	9
大祥区				6257					2732	1
北塔区				1184					2035	222
邵东县	1012	918	94	3327					10916	
新邵县				1601					10835	8
隆回县	4		4	3168					8773	–906
洞口县	52		52	1920					8161	–1234
新宁县	2		2	1460					9726	–346
邵阳县				2052					10358	65
绥宁县				1174					6108	57
武冈市	6		6	1747					4855	11
城步苗族自治县	2		2	927					7087	
岳阳市小计	**4453**	**4078**	**375**	**16239**		**570**	**333**		**90063**	**5627**
本级	–253	–477	224	–6822		200	333		36913	3287
区县级小计	4706	4555	151	23061		370			53150	2340
汨罗市	1286	1284	2	1583		370			6718	1
平江县	11		11	1566					8164	120
湘阴县	804	739	65	2015					7720	18
临湘市	852	833	19	1693					9692	105
华容县	672	662	10	1728					5812	89
岳阳县	11		11	1836					1122	1122
岳阳楼区	28		28	8373					191	191
云溪区	3		3	3925					1531	608

2-18-15 单位:万元

地区	收支部分								
	收入								
	收入合计	税收收入							
		小计	增值税	营业税	企业所得税	个人所得税	资源税	城市维护建设税	耕地占用税
君山区	4458	2604	435	1126	37	129	12	187	372
常德市小计	**380626**	**244352**	**31026**	**71509**	**12093**	**9460**	**764**	**81798**	**8119**
本级	182237	134681	11519	20612	8863	4308	74	73806	2077
区县级小计	198389	109671	19507	50897	3230	5152	690	7992	6042
津市市	15710	6615	1815	2068	72	411	11	1032	130
安乡县	14788	5460	917	2502	111	328	10	347	298
汉寿县	19771	8865	1628	3557	89	487	11	877	415
澧县	28648	14679	3249	6803	249	676	128	1230	270
临澧县	16893	8080	1653	4007	92	403	90	220	167
桃源县	26348	15097	3235	5585	1608	770	67	891	872
石门县	26993	14935	2254	6224	199	931	248	2001	606
武陵区	29730	21711	2452	12747	613	400	52		2858
鼎城区	19508	14229	2304	7404	197	746	73	1394	426
张家界市小计	**78719**	**48739**	**5602**	**24296**	**3946**	**2159**	**283**	**2604**	**1665**
本级	26948	10975	619	6261	868	465	47	884	119
区县级小计	51771	37764	4983	18035	3078	1694	236	1720	1546
永定区	13033	11871	1197	6333	130	458	43	373	653
武陵源区	15884	9966	152	5938	2031	239	23	398	138
慈利县	15022	10811	2354	4051	610	655	77	604	693
桑植县	7832	5116	1280	1713	307	342	93	345	62
益阳市小计	**152665**	**94058**	**21922**	**32121**	**8212**	**5697**	**273**	**6721**	**3079**
本级	61247	33000	5313	7421	5248	969	1	3360	1113
区县级小计	91418	61058	16609	24700	2964	4728	272	3361	1966
沅江市	19484	11150	3732	3964	276	630	1	1031	152
南县	11968	5677	1235	2718	216	542	1	358	60
桃江县	14738	9831	2627	3680	379	682	147	663	590
安化县	16046	11036	2859	4257	1283	808	121	935	236
资阳区	8756	6288	1607	2847	170	392		172	277
赫山区	20426	17076	4549	7234	640	1674	2	202	651
永州市小计	**181627**	**108616**	**17770**	**38231**	**6011**	**8108**	**575**	**11054**	**5527**
本级	53118	31633	4765	6618	3974	2271	15	6618	626
区县级小计	128509	76983	13005	31613	2037	5837	560	4436	4901
东安县	11892	6870	1036	3048	120	395	60	451	320
道县	13445	7021	1049	3322	88	369	30	288	542
宁远县	13765	7026	955	2383	66	615	70	281	338
江永县	5851	3885	995	1004	214	212	32	302	128
江华	8363	5526	1165	1655	65	491	28	325	374

2－18－16 单位:万元

地区	收支部分									
	收入									
	税收收入			非税收入						
	契税	烟叶税	其他各项税收收入	小计	专项收入	行政事业性收费收入	罚没收入	国有资本经营收入	国有资源(资产)有偿使用收入	其他收入
君山区	194		112	1854	81	799	629		204	141
常德市小计	**11431**	**822**	**17330**	**136274**	**35582**	**26434**	**22071**	**5930**	**22218**	**24039**
本级	7060		6362	47556	25517	2637	6425	－390	10158	3209
区县级小计	4371	822	10968	88718	10065	23797	15646	6320	12060	20830
津市市	193		883	9095	545	1493	1006	3439	481	2131
安乡县	256		691	9328	140	2644	873		2299	3372
汉寿县	865		936	10906	312	2591	1687	255	89	5972
澧县	1050		1024	13969	587	2218	3578		3746	3840
临澧县	421	169	858	8813	230	2969	1445	1569	761	1839
桃源县	716	220	1133	11251	339	4077	3268	973	67	2527
石门县	489	433	1550	12058	542	5935	1381	－200	4383	17
武陵区			2589	8019	7072	143	119	284	71	330
鼎城区	381		1304	5279	298	1727	2289		163	802
张家界市小计	**3597**	**1465**	**3122**	**29980**	**3700**	**7065**	**6174**	**234**	**9315**	**3492**
本级	783		929	15973	2256	4712	3361		4596	1048
区县级小计	2814	1465	2193	14007	1444	2353	2813	234	4719	2444
永定区	1686	241	757	1162	246	190	353		92	281
武陵源区	392	18	637	5918	173	304	579	234	4487	141
慈利县	630	564	573	4211	638	1381	885		81	1226
桑植县	106	642	226	2716	387	478	996		59	796
益阳市小计	**10648**		**5385**	**58607**	**5341**	**12806**	**12504**	**4659**	**6243**	**17054**
本级	8455		1120	28247	2076	7107	3777	1000	3531	10756
区县级小计	2193		4265	30360	3265	5699	8727	3659	2712	6298
沅江市	479		885	8334	820	666	1191	917	717	4023
南县	170		377	6291	236	1765	725	2260	1149	156
桃江县	470		593	4907	538	1250	1840		546	733
安化县	132		405	5010	653	921	2601	161	109	565
资阳区	274		549	2468	254	659	1174	351	30	
赫山区	668		1456	3350	764	438	1196	－30	161	821
永州市小计	**8888**	**6233**	**6219**	**73011**	**7030**	**21103**	**23365**	**1829**	**3900**	**15784**
本级	4413	42	2291	21485	4101	7693	4976	286	2640	1789
区县级小计	4475	6191	3928	51526	2929	13410	18389	1543	1260	13995
东安县	935	121	384	5022	323	1476	1174	1000	166	883
道县	471	527	335	6424	219	1265	1872	41	79	2948
宁远县	437	1570	311	6739	217	2222	1888		148	2264
江永县	85	726	187	1966	214	553	937		27	235
江华	328	883	212	2837	250	690	1775		122	

2－18－17 单位：万元

地区	收支部分									
	支出功能分类									
	支出合计	一般公共服务	外交	国防	公共安全	教育	科学技术	文化体育与传媒	社会保障和就业	医疗卫生
君山区	39699	5348		228	968	5441	84	115	13642	2853
常德市小计	**889717**	**135315**		**735**	**53847**	**178119**	**4621**	**10688**	**204169**	**48532**
本级	265387	35439		6	18982	36498	1739	3686	70463	5161
区县级小计	624330	99876		729	34865	141621	2882	7002	133706	43371
津市市	41148	7764		75	2925	6729	133	594	10765	2429
安乡县	61158	8937		90	3651	13058	194	605	12990	5004
汉寿县	86546	13702			3799	16860	290	717	16935	6470
澧县	85074	15351		72	6172	20252	733	1478	14272	6050
临澧县	51138	8701		92	2641	11405	200	612	11020	2729
桃源县	85178	13047		92	4863	16901	361	711	19284	6207
石门县	77079	10396		99	4900	19046	173	822	15452	4618
武陵区	50123	9965		72	1290	14651	519	182	14819	2490
鼎城区	86886	12013		137	4624	22719	279	1281	18169	7374
张家界市小计	**259632**	**47726**		**540**	**19187**	**47154**	**1272**	**3777**	**43667**	**14467**
本级	50875	11935		230	6397	2818	481	1082	5158	1304
区县级小计	208757	35791		310	12790	44336	791	2695	38509	13163
永定区	57054	9887			3174	12993	381	627	10322	3267
武陵源区	23657	4693			1822	2561	141	367	2337	1452
慈利县	71410	12355		146	4510	16580	159	1048	14276	4933
桑植县	56636	8856		164	3284	12202	110	653	11574	3511
益阳市小计	**607994**	**102259**		**477**	**34981**	**129916**	**6437**	**6798**	**119923**	**37844**
本级	164509	28098		277	14434	10662	4553	1858	46101	4588
区县级小计	443485	74161		200	20547	119254	1884	4940	73822	33256
沅江市	83842	13009			4869	25943	617	1566	11354	7441
南县	68674	9840		41	3742	18792	130	620	10334	7367
桃江县	73761	13680			3780	22999	247	829	10902	4364
安化县	88518	17553		79	4809	23824	381	847	9289	5520
资阳区	48871	7891		80	1806	8167	277	416	15960	3283
赫山区	79819	12188			1541	19529	232	662	15983	5281
永州市小计	**730973**	**129267**		**718**	**47946**	**163043**	**4561**	**8033**	**143989**	**41504**
本级	120274	23437		100	17515	8438	1219	2725	25675	4496
区县级小计	610699	105830		618	30431	154605	3342	5308	118314	37008
东安县	60474	9784			3212	15239	188	470	12728	3956
道县	64888	12577			3067	17023	200	333	12075	4262
宁远县	70924	11088		150	3813	17792	161	718	13919	4940
江永县	34008	6045		32	2414	6972	369	362	6390	1498
江华	53633	8376		42	3022	12125	119	661	8389	3456

2－18－18

单位:万元

地区	收支部分						平衡部分		
	支出功能分类						收入		
	环境保护	城乡社区事务	农林水事务	交通运输	工业、商业、金融等事务	其他支出	收入合计	本年收入	返还性收入 小计
君山区	522	831	5349	1391	450	2477	53280	4458	1098
常德市小计	**5353**	**70802**	**97244**	**32879**	**25353**	**22060**	**1079094**	**380626**	**47202**
本级	1730	48684	16121	3360	7961	15557	344946	182237	21222
区县级小计	3623	22118	81123	29519	17392	6503	734148	198389	25980
津市市	502	2714	2903	457	1438	1720	44497	15710	2752
安乡县	359	2525	9447	2706	1402	190	72927	14788	1752
汉寿县	405	6525	10148	3833	5369	1493	93122	19771	2403
澧县	526	2214	11133	3718	2859	244	106309	28648	3623
临澧县	457	878	9076	2296	746	285	67680	16893	2491
桃源县	619	2184	10963	6429	2352	1165	107785	26348	3262
石门县	470	1752	10895	6676	1684	96	86405	26993	3605
武陵区	7	1607	3144	511	298	568	56190	29730	2471
鼎城区	278	1719	13414	2893	1244	742	99233	19508	3621
张家界市小计	**3344**	**9264**	**28009**	**12567**	**7180**	**21478**	**313337**	**78719**	**8881**
本级	1196	4293	2902	2081	1460	9538	69358	26948	2388
区县级小计	2148	4971	25107	10486	5720	11940	243979	51771	6493
永定区	636	1053	6757	3450	1613	2894	63700	13033	1954
武陵源区	236	959	2300	511	409	5869	27501	15884	1247
慈利县	657	1801	8097	3611	1646	1591	84662	15022	2293
桑植县	619	1158	7953	2914	2052	1586	68116	7832	999
益阳市小计	**5808**	**12513**	**67168**	**20204**	**30319**	**33347**	**727564**	**152665**	**31386**
本级	1014	4320	18650	3631	20428	5895	185424	61247	7696
区县级小计	4794	8193	48518	16573	9891	27452	542140	91418	23690
沅江市	1587	2259	9399	2261	2245	1292	95379	19484	4458
南县	221	1394	6401	3056	4183	2553	87737	11968	2417
桃江县	1074	1019	9477	2656	673	2061	81942	14738	3678
安化县	1355	1139	11057	6743	1225	4697	113269	16046	3542
资阳区	118	992	5409	310	568	3594	58315	8756	2432
赫山区	439	1390	6775	1547	997	13255	105498	20426	7163
永州市小计	**5741**	**25272**	**81417**	**30876**	**13321**	**35285**	**758146**	**181627**	**31375**
本级	1721	8366	7078	2297	3091	14116	128941	53118	11605
区县级小计	4020	16906	74339	28579	10230	21169	629205	128509	19770
东安县	360	915	7597	3756	1209	1060	62024	11892	2148
道县	323	1676	5562	4272	1390	2128	66353	13445	1590
宁远县	318	1274	8510	3023	1970	3248	73319	13765	2141
江永县	493	763	5672	900	369	1729	34850	5851	1373
江华	285	1177	9270	2261	1037	3413	54693	8363	1763

二、各省、自治区、直辖市地市县一般预算财政资料

2－18－19

单位：万元

地区	平衡部分 收入 返还性收入 增值税和消费税税收返还	所得税基数返还	财力性转移支付收入 小计	体制补助	一般性转移支付补助	民族地区转移支付补助	调整工资转移支付补助	农村义务教育补助	农村税费改革补助	缓解县乡困难转移支付补助
君山区	911	187	22788		6730		4050	360	9877	1498
常德市小计	**36690**	**10512**	**332945**		**95377**	**633**	**102218**	**9526**	**88865**	**22454**
本级	16817	4405	35997	－325	12816		13797	129	9054	1011
区县级小计	19873	6107	296948	325	82561	633	88421	9397	79811	21443
津市市	2136	616	15067		4022		5065	374	3385	1021
安乡县	1320	432	35925	200	12148		9595	769	10348	1616
汉寿县	1843	560	45962		14729		13650	1217	11424	3587
澧县	3053	570	39487		10549		11164	1553	11741	2664
临澧县	2110	381	23725		6572		6961	780	5868	2325
桃源县	2339	923	47473		12958		12797	1208	15475	3207
石门县	2556	1049	32258		7614	633	11112	1392	7394	2396
武陵区	1737	734	10349		1301		4322	326	2246	723
鼎城区	2779	842	46702	125	12668		13755	1778	11930	3904
张家界市小计	**4455**	**4426**	**116849**	**8316**	**38787**	**6890**	**32909**	**2658**	**12735**	**5589**
本级	610	1778	17081	4513	7723	2060	3138		－81	381
区县级小计	3845	2648	99768	3803	31064	4830	29771	2658	12816	5208
永定区	1210	744	26134	1167	8077	1288	8176	648	3316	1503
武陵源区	67	1180	4030	240	939	191	1318	115	340	150
慈利县	1921	372	38296	213	14956	1649	11043	1026	5590	2491
桑植县	647	352	31308	2183	7092	1702	9234	869	3570	1064
益阳市小计	**26778**	**4608**	**291824**		**109909**		**96100**	**6087**	**57046**	**15515**
本级	7456	240	37870	－846	17459		14138	194	9053	836
区县级小计	19322	4368	253954	846	92450		81962	5893	47993	14679
沅江市	3732	726	44374		10128		17954	902	11978	2565
南县	1637	780	44167		18182		12303	856	9658	2287
桃江县	3149	529	42524		18123		13165	1118	6815	2220
安化县	2805	737	46784		19456		15130	1403	7119	2025
资阳区	1940	492	29479	846	9542		10004	510	4898	2238
赫山区	6059	1104	46626		17019		13406	1104	7525	3344
永州市小计	**24077**	**7298**	**359373**	**9472**	**136937**	**1740**	**108985**	**10045**	**56703**	**19943**
本级	10434	1171	35942	576	16706		15581		2536	1041
区县级小计	13643	6127	323431	8896	120231	1740	93404	10045	54167	18902
东安县	1528	620	34474	197	13854		10660	813	5582	2604
道县	1000	590	35049	745	13846		10010	1263	6382	1920
宁远县	1550	591	39766	600	16907		11477	1587	6664	1765
江永县	1091	282	17734	66	6220	933	4977	493	3452	1012
江华	1227	536	31587	1221	10290	807	8500	1094	5312	1303

2－18－20

单位:万元

地区	平衡部分									
	收入								支出	
	财力性转移支付收入									
	结算补助	企事业单位预算划转补助	其他财力性转移支付	专项转移支付	省补助计划单列市收入	上年结余	调入资金	国债转贷收入、上年结余及转补助数	支出合计	本年支出
君山区	98	1	174	18331		6605			41080	39699
常德市小计	**12008**	**1189**	**675**	**206037**		**110973**	**1311**		**920516**	**889717**
本级	－1801	1110	206	46869		57801	820		265976	265387
区县级小计	13809	79	469	159168		53172	491		654540	624330
津市市	1105	50	45	10818		150			44330	41148
安乡县	1154		95	14441		6021			63353	61158
汉寿县	1314		41	19094		5892			89287	86546
澧县	1746		70	24452		10099			88469	85074
临澧县	1173		46	14232		10119	220		53927	51138
桃源县	1782		46	23842		6860			90019	85178
石门县	1687		30	20943		2606			79411	77079
武陵区	1386	29	16	10083		3286	271		55396	50123
鼎城区	2462		80	21263		8139			90348	86886
张家界市小计	**8483**	**210**	**272**	**67247**		**39734**	**1300**	**607**	**263022**	**259632**
本级	949	210	－1812	8455		12579	1300	607	50281	50875
区县级小计	7534		2084	58792		27155			212741	208757
永定区	862		1097	16489		6090			58500	57054
武陵源区	400		337	4355		1985			23830	23657
慈利县	928		400	20254		8797			72809	71410
桑植县	5344		250	17694		10283			57602	56636
益阳市小计	**5411**	**1171**	**585**	**150719**		**92369**	**8066**	**535**	**622203**	**607994**
本级	－45	－3148	229	37539		33385	7666	21	150463	164509
区县级小计	5456	4319	356	113180		58984	400	514	471740	443485
沅江市	727	74	46	21349		5714			87454	83842
南县	831	10	40	16707		11964		514	72193	68674
桃江县	994	37	52	17708		3294			77028	73761
安化县	1528	7	116	25551		20946	400		91095	88518
资阳区	470	917	54	14476		3172			51583	48871
赫山区	906	3274	48	17389		13894			92387	79819
永州市小计	**13566**	**670**	**1312**	**171115**		**13198**	**1458**		**741698**	**730973**
本级	－1181	683		21667		6554	55		118464	120274
区县级小计	14747	－13	1312	149448		6644	1403		623234	610699
东安县	717	26	21	11991		1519			61644	60474
道县	839	37	7	16068		201			66080	64888
宁远县	715	32	19	16556		1091			71889	70924
江永县	561	18	2	9885		7			34752	34008
江华	1810	62	1188	13055		－75			54666	53633

二、各省、自治区、直辖市地市县一般预算财政资料

2－18－21

单位：万元

地区	平衡部分									
	支出								年终结余	其中：净结余
	财力性转移支付			专项上解	计划单列市上解省	增设预算周转金	调出资金	国债转贷拨付数及年终结余		
	小计	体制上解	出口退税专项上解							
君山区	1039	1037	2	342					12200	86
常德市小计	**8004**	**7629**	**375**	**20495**			**2300**		**158578**	**23734**
本级	2385	2179	206	－4096			2300		78970	22329
区县级小计	5619	5450	169	24591					79608	1405
津市市	1391	1326	65	1791					167	113
安乡县	2		2	2193					9574	274
汉寿县	595	575	20	2146					3835	369
澧县	894	893	1	2501					17840	82
临澧县	128	128		2661					13753	75
桃源县	1005	992	13	3836					17766	88
石门县	239	193	46	2093					6994	63
武陵区	1343	1343		3930					794	249
鼎城区	22		22	3440					8885	92
张家界市小计	**17**		**17**	**2766**				**607**	**50315**	**20522**
本级				－1201				607	19077	3477
区县级小计	17		17	3967					31238	17045
永定区				1446					5200	2265
武陵源区				173					3671	917
慈利县	17		17	1382					11853	7881
桑植县				966					10514	5982
益阳市小计	**2250**	**1706**	**544**	**11424**				**535**	**105361**	**10652**
本级	－10061	－10427	366	－4006				21	34961	2532
区县级小计	12311	12133	178	15430				514	70400	8120
沅江市	1192	1180	12	2420					7925	954
南县	661	658	3	2344				514	15544	3405
桃江县	806	786	20	2461					4914	6
安化县	100	100		2477					22174	723
资阳区	8		8	2704					6732	438
赫山区	9544	9409	135	3024					13111	2594
永州市小计	**556**		**556**	**10169**					**16448**	**2455**
本级	44		44	－1854					10477	2932
区县级小计	512		512	12023					5971	－477
东安县	3		3	1167					380	
道县				1192					273	
宁远县				965					1430	
江永县				744					98	
江华				1033					27	27

2007 年全国地市县财政统计资料

2－18－22　　　　单位:万元

地区	收支部分								
	收入								
	收入合计	税收收入							
		小计	增值税	营业税	企业所得税	个人所得税	资源税	城市维护建设税	耕地占用税
蓝山县	11999	4983	839	1662	39	414	56	154	438
新田县	8268	5686	590	1608	29	341	24	187	1007
双牌县	6620	4267	822	1530	605	524	10	333	147
祁阳县	19469	9286	2210	3003	403	933	138	651	366
零陵区	9820	7539	1745	2889	180	559	75	531	501
冷水滩区	19017	14894	1599	9509	228	984	37	933	740
郴州市小计	**340547**	**224881**	**64839**	**63438**	**10387**	**10700**	**3333**	**20249**	**4022**
本级	97645	66733	12583	17929	6956	5356	560	11367	1921
区县级小计	242902	158148	52256	45509	3431	5344	2773	8882	2101
北湖区	35708	18080	5068	9154	492	822	183		27
苏仙区	30731	17364	5750	6798	676	465	344		59
资兴市	36670	23244	7603	3898	521	1241	577	2060	669
桂阳县	36913	23972	7093	4380	284	644	290	1242	92
永兴县	31180	21548	8685	4268	304	446	387	2867	305
宜章县	25529	17468	4439	4142	249	542	338	804	600
嘉禾县	12318	9159	2374	2803	197	355	266	405	131
临武县	13142	11048	5018	4462	300	289	191	349	21
汝城县	9381	7961	3326	3027	317	243	145	493	30
桂东县	3790	2775	1059	1118	54	140	28	270	
安仁县	7540	5529	1841	1459	37	157	24	392	167
娄底市小计	**190475**	**127146**	**36176**	**35524**	**4999**	**6095**	**1860**	**20313**	**5270**
本级	67945	48199	11059	8809	3472	4013	257	10308	1921
区县级小计	122530	78947	25117	26715	1527	2082	1603	10005	3349
娄星区	14106	11688	2827	7385	263	329	52		
双峰县	16680	10483	3083	4492	261	249	237	1269	167
涟源市	30176	16717	6307	5228	145	376	421	1777	891
冷水江市	38351	27983	8790	5702	588	784	543	5993	1617
新化县	23217	12076	4110	3908	270	344	350	966	674
怀化市小计	**172120**	**111928**	**21760**	**45806**	**4881**	**5544**	**897**	**8449**	**6415**
本级	45789	32466	3607	13506	2372	1696	15	2119	1311
区县级小计	126331	79462	18153	32300	2509	3848	882	6330	5104
沅陵县	20080	13230	3833	3882	728	485	101	2256	337
辰溪县	15327	8408	1799	4174	176	430	199	516	61
溆浦县	16001	9123	2742	2805	413	497	105	679	506
麻阳苗族自治县	5526	3389	617	1670	11	195	12	233	41
新晃侗族自治县	4402	2908	630	1322	29	167	67	193	2
芷江侗族自治县	7882	5651	1026	2303	285	266	34	380	297

二、各省、自治区、直辖市地市县一般预算财政资料

2-18-23　　　　　　　　　　　　　　　　　　　　　　　　　　单位:万元

地区	收支部分									
	收入									
	税收收入			非税收入						
	契税	烟叶税	其他各项税收收入	小计	专项收入	行政事业性收费收入	罚没收入	国有资本经营收入	国有资源(资产)有偿使用收入	其他收入
蓝山县	204	1000	177	7016	150	1323	1581		20	3942
新田县	272	1352	276	2582	124	625	1074	62	494	203
双牌县	83		213	2353	242	378	1229	393	29	82
祁阳县	1003	3	576	10183	423	2735	5007		76	1942
零陵区	453	4	602	2281	329	995	866		78	13
冷水滩区	204	5	655	4123	438	1148	986	47	21	1483
郴州市小计	**26062**	**11097**	**10754**	**115666**	**14255**	**34062**	**25209**	**5576**	**15332**	**21232**
本级	5851		4210	30912	5415	11280	7407		5930	880
区县级小计	20211	11097	6544	84754	8840	22782	17802	5576	9402	20352
北湖区	980	142	1212	17628	495	1282	2139	1800	2052	9860
苏仙区	2570	89	613	13367	717	2218	851	1597	6406	1578
资兴市	5282		1393	13426	1072	6060	2112	1383	302	2497
桂阳县	970	8286	691	12941	1299	3467	2999		76	5100
永兴县	2860	550	876	9632	2955	3082	2914	635	46	
宜章县	5254	499	601	8061	888	3050	2659		296	1168
嘉禾县	1267	1043	318	3159	378	740	2005		32	4
临武县	40	37	341	2094	360	1292	427		15	
汝城县	130		250	1420	333	790	201	60	36	
桂东县	10		96	1015	169	101	665		5	75
安仁县	848	451	153	2011	174	700	830	101	136	70
娄底市小计	**8168**		**8741**	**63329**	**12996**	**20337**	**17832**	**1437**	**2514**	**8213**
本级	4398		3962	19746	6371	4503	3742		1666	3464
区县级小计	3770		4779	43583	6625	15834	14090	1437	848	4749
娄星区			832	2418	512	705	1134	60	7	
双峰县	286		439	6197	908	2486	2748		55	
涟源市	616		956	13459	1016	5479	3824	1350	41	1749
冷水江市	2112		1854	10368	3531	3603	2562		667	5
新化县	756		698	11141	658	3561	3822	27	78	2995
怀化市小计	**9822**	**300**	**8054**	**60192**	**7591**	**20679**	**18037**	**2233**	**6232**	**5420**
本级	5551		2289	13323	2461	3462	5826		830	744
区县级小计	4271	300	5765	46869	5130	17217	12211	2233	5402	4676
沅陵县	189		1419	6850	1373	4028	1151		83	215
辰溪县	528	12	513	6919	666	2557	2099	4	572	1021
溆浦县	621		755	6878	765	2605	1976		635	897
麻阳苗族自治县	275	25	310	2137	155	807	790		10	375
新晃侗族自治县	205	81	212	1494	150	650	676		18	
芷江侗族自治县	663	157	240	2231	259	469	727		776	

2－18－24

单位:万元

地区	收支部分									
	支出功能分类									
	支出合计	一般公共服务	外交	国防	公共安全	教育	科学技术	文化体育与传媒	社会保障和就业	医疗卫生
蓝山县	40885	7642		109	1957	9377	531	532	7275	2331
新田县	43469	7691			2615	11728	405	280	7830	2829
双牌县	29325	5765		101	2447	5619	126	225	5343	1151
祁阳县	91855	12343			4824	29908	1011	805	18095	5218
零陵区	59672	10425		57	1243	14460	98	424	14028	3365
冷水滩区	61566	14094		127	1817	14362	134	498	12242	4002
郴州市小计	**778374**	**140071**		**2918**	**57026**	**158557**	**11321**	**9531**	**150154**	**36892**
本级	186540	43924		2173	25332	18294	2287	3990	36631	4712
区县级小计	591834	96147		745	31694	140263	9034	5541	113523	32180
北湖区	59796	10107			2515	16298	1128	600	12743	2428
苏仙区	56982	9703			1439	12809	898	249	8542	2420
资兴市	73800	9279		329	3705	12760	1112	820	13369	3376
桂阳县	76777	14223		239	4921	17688	985	713	12250	6151
永兴县	72488	12326			3802	19758	940	805	16045	2811
宜章县	60001	8868			4261	14418	1341	306	10821	3338
嘉禾县	39153	6400		76	2576	9920	380	374	9362	1946
临武县	40568	6382			2737	7247	807	418	9774	2368
汝城县	43203	4888			1920	14112	611	383	6174	3093
桂东县	25865	5984			1395	4749	332	478	5809	1497
安仁县	43201	7987		101	2423	10504	500	395	8634	2752
娄底市小计	**550618**	**118143**		**291**	**33363**	**107690**	**3205**	**6931**	**109721**	**24790**
本级	122657	29938		60	10257	11595	1810	1734	35991	3299
区县级小计	427961	88205		231	23106	96095	1395	5197	73730	21491
娄星区	40970	9700			1491	8225	252	736	10094	1301
双峰县	88915	19212		231	4936	22358	227	1447	15981	4753
涟源市	114265	20467			5829	25509	143	1206	18820	6260
冷水江市	78640	19821			4587	14709	323	754	12176	1757
新化县	105171	19005			6263	25294	450	1054	16659	7420
怀化市小计	**707205**	**141801**		**2350**	**42931**	**131070**	**3230**	**12019**	**148963**	**31908**
本级	125564	28097		1098	12438	11324	724	3509	28216	3019
区县级小计	581641	113704		1252	30493	119746	2506	8510	120747	28889
沅陵县	72455	15955		91	3368	16212	202	1073	13809	4388
辰溪县	55182	12381		101	2351	11074	133	632	11247	1473
溆浦县	76599	15126			3656	15284	150	1046	15174	2057
麻阳苗族自治县	41078	7902		130	2708	7866	168	778	9256	1744
新晃侗族自治县	35105	7829			2075	6576	283	487	5136	2092
芷江侗族自治县	44206	7344		118	2319	7441	103	644	7781	2855

2－18－25 单位:万元

地区	收支部分						平衡部分		
	支出功能分类						收入		
	环境保护	城乡社区事务	农林水事务	交通运输	工业、商业、金融等事务	其他支出	收入合计	本年收入	返还性收入
									小计
蓝山县	263	2866	5433	1233	391	945	41588	11999	1409
新田县	206	1267	5325	2434	359	500	45329	8268	956
双牌县	182	492	4335	1793	655	1091	28310	6620	1070
祁阳县	841	2241	10278	3266	1411	1614	94051	19469	3277
零陵区	356	1898	6223	2463	476	4156	64767	9820	2151
冷水滩区	393	2337	6134	3178	963	1285	63921	19017	1892
郴州市小计	**9464**	**34300**	**86178**	**21970**	**26778**	**33214**	**815042**	**340547**	**44455**
本级	3103	16281	12189	2253	13332	2039	181968	97645	10079
区县级小计	6361	18019	73989	19717	13446	31175	633074	242902	34376
北湖区	1534	2795	5903	2464	970	311	62850	35708	3443
苏仙区	193	2217	4873	2228	573	10838	60772	30731	3220
资兴市	1264	3253	6122	2307	1881	14223	78812	36670	7308
桂阳县	854	2385	8329	3143	3211	1685	81404	36913	3632
永兴县	535	2981	5517	2029	3144	1795	77719	31180	3399
宜章县	426	1620	10263	2397	1060	882	68199	25529	4587
嘉禾县	298	637	5743	620	633	188	42594	12318	1743
临武县	370	779	8076	923	512	175	41660	13142	2515
汝城县	449	505	9083	1392	343	250	44492	9381	2621
桂东县	117	167	4531	164	409	233	26664	3790	837
安仁县	321	680	5549	2050	710	595	47908	7540	1071
娄底市小计	**5977**	**23077**	**44037**	**23672**	**15161**	**34560**	**640071**	**190475**	**32671**
本级	2210	8524	8372	1192	3241	4434	143177	67945	8449
区县级小计	3767	14553	35665	22480	11920	30126	496894	122530	24222
娄星区	53	950	3564	1807	769	2028	45386	14106	1637
双峰县	595	2227	9757	5223	1882	86	101302	16680	4382
涟源市	541	2481	9426	5862	5180	12541	133070	30176	6686
冷水江市	1747	5989	3559	2106	1083	10029	97225	38351	6398
新化县	831	2906	9359	7482	3006	5442	119911	23217	5119
怀化市小计	**8103**	**27268**	**75928**	**41285**	**16016**	**24333**	**765678**	**172120**	**34335**
本级	2386	8178	11906	4659	4265	5745	148230	45789	10674
区县级小计	5717	19090	64022	36626	11751	18588	617448	126331	23661
沅陵县	1064	2030	7037	4636	1281	1309	75922	20080	2605
辰溪县	509	921	6481	1766	1556	4557	56973	15327	2650
溆浦县	1013	3529	8432	9234	1021	877	84300	16001	2844
麻阳苗族自治县	391	995	5241	2001	856	1042	43268	5526	1128
新晃侗族自治县	549	509	4464	1873	726	2506	37924	4402	815
芷江侗族自治县	316	2395	6030	2389	647	3824	47177	7882	1970

2－18－26

单位:万元

地区	平衡部分									
	收入									
	返还性收入		财力性转移支付收入							
	增值税和消费税税收返还	所得税基数返还	小计	体制补助	一般性转移支付补助	民族地区转移支付补助	调整工资转移支付补助	农村义务教育补助	农村税费改革补助	缓解县乡困难转移支付补助
蓝山县	873	536	19527	205	7806		5730	658	3849	690
新田县	501	455	22843		8755		5944	806	3159	741
双牌县	895	175	11379	284	4168		3578	277	2247	447
祁阳县	2297	980	50942	952	18250		15780	1689	8753	3558
零陵区	1392	759	32898	2022	11761		9285	738	5089	2348
冷水滩区	1289	603	27232	2604	8374		7463	627	3678	2514
郴州市小计	**31064**	**13391**	**234929**	**4072**	**54689**		**85614**	**7753**	**51525**	**14356**
本级	6688	3391	20139	256	2454		12656		37	782
区县级小计	24376	10000	214790	3816	52235		72958	7753	51488	13574
北湖区	2143	1300	13703	2023	1872		5779	483	2719	93
苏仙区	2061	1159	15502	345	1789		6141	427	5447	602
资兴市	5775	1533	17182		1927		7240	525	3708	824
桂阳县	2499	1133	24978		3810		9774	1401	7981	896
永兴县	2241	1158	23759		3373		9364	983	6082	1786
宜章县	3527	1060	24781		5287		7978	1175	7312	1928
嘉禾县	1111	632	19015	34	6828		6098	637	3125	1489
临武县	1661	854	16190	8	3275		5835	510	5082	801
汝城县	1905	716	21321		8667		4460	666	3736	2060
桂东县	589	248	13024	1017	5032		3792	303	1840	645
安仁县	864	207	25335	389	10375		6497	643	4456	2450
娄底市小计	**24632**	**8039**	**186645**	**2211**	**67344**		**62190**	**6362**	**23858**	**12634**
本级	7440	1009	13249	574	6736		8221		117	695
区县级小计	17192	7030	173396	1637	60608		53969	6362	23741	11939
娄星区	796	841	15263		1971		4685	320	948	374
双峰县	3059	1323	46268	32	16396		14302	1348	7529	5260
涟源市	5334	1352	44359	150	17115		13410	1931	6394	3199
冷水江市	4429	1969	15728	1255	3465		7045	411	930	443
新化县	3574	1545	51778	200	21661		14527	2352	7940	2663
怀化市小计	**25442**	**8893**	**338531**	**3470**	**144155**	**5873**	**109569**	**7309**	**36838**	**15777**
本级	7836	2838	35074	－4310	21177		16404		217	1078
区县级小计	17606	6055	303457	7780	122978	5873	93165	7309	36621	14699
沅陵县	1774	831	33795		9846	1571	11838	942	5035	2238
辰溪县	2266	384	27636	233	11714		9099	771	3361	1526
溆浦县	2653	191	41798		17490		13268	1225	6131	2259
麻阳苗族自治县	959	169	26628	1630	10475	830	8269	689	2726	1330
新晃侗族自治县	570	245	21178		6332	633	6088	388	1831	548
芷江侗族自治县	1150	820	23512	145	9423	812	7309	622	3104	1389

2－18－27　　　　单位:万元

地区	平衡部分									
	收入								支出	
	财力性转移支付收入			专项转移支付	省补助计划单列市收入	上年结余	调入资金	国债转贷收入、上年结余及转补助数	支出合计	本年支出
	结算补助	企事业单位预算划转补助	其他财力性转移支付							
蓝山县	508	32	49	8531		122			41522	40885
新田县	3696	－263	5	10958		2304			44191	43469
双牌县	326	49	3	8886		166	189		29909	29325
祁阳县	1917	39	4	20307		－144	200		93975	91855
零陵区	1743	－88		18701		1197			60685	59672
冷水滩区	1915	43	14	14510		256	1014		63921	61566
郴州市小计	**8031**	**6139**	**2750**	**157580**		**23181**	**14350**		**793309**	**778374**
本级	4406	－266	－186	31867		8738	13500		177382	186540
区县级小计	3625	6405	2936	125713		14443	850		615927	591834
北湖区	182	284	268	9486		310	200		62346	59796
苏仙区	264	388	99	11184		135			60639	56982
资兴市	343	2282	333	15865		1787			76249	73800
桂阳县	514	455	147	14759		1122			79855	76777
永兴县	432	1478	261	16094		3287			75281	72488
宜章县	430	474	197	11498		1804			65079	60001
嘉禾县	277	385	142	7102		2416			40281	39153
临武县	304	217	158	9013		150	650		41482	40568
汝城县	393	264	1075	11025		144			44092	43203
桂东县	200	70	125	8772		241			26275	25865
安仁县	286	108	131	10915		3047			44348	43201
娄底市小计	**7029**	**4695**	**322**	**149428**		**78509**	**1853**	**490**	**562725**	**550618**
本级	－3143	239	－190	19117		33529	888		113352	122657
区县级小计	10172	4456	512	130311		44980	965	490	449373	427961
娄星区	6239	567	159	12666		749	965		43573	40970
双峰县	944	340	117	28426		5546			91382	88915
涟源市	583	1507	70	32886		18963			119187	114265
冷水江市	1117	996	66	22817		13441		490	86419	78640
新化县	1289	1046	100	33516		6281			108812	105171
怀化市小计	**14425**	**445**	**670**	**176809**		**42859**	**1024**		**721285**	**707205**
本级	1046	690	－1228	35150		20873	670		122504	125564
区县级小计	13379	－245	1898	141659		21986	354		598781	581641
沅陵县	2048	104	173	18269		1173			74122	72455
辰溪县	581	151	200	11015		345			56496	55182
溆浦县	970	218	237	18184		5473			78698	76599
麻阳苗族自治县	528	73	78	9266		720			41674	41078
新晃侗族自治县	6454	－1226	130	9026		2203	300		35884	35105
芷江侗族自治县	570	34	104	11946		1867			45000	44206

2－18－28

单位:万元

地区	平衡部分									
	支出								年终结余	其中:净结余
	财力性转移支付			专项上解	计划单列市上解省	增设预算周转金	调出资金	国债转贷拨付数及年终结余		
	小计	体制上解	出口退税专项上解							
蓝山县	2		2	635					66	
新田县				722					1138	－1098
双牌县				584					－1599	－1599
祁阳县	57		57	2063					76	76
零陵区				1013					4082	296
冷水滩区	450		450	1905						
郴州市小计	**2500**		**2500**	**10435**		**2000**			**21733**	**10153**
本级	－1879	－2364	485	－7279					4586	2324
区县级小计	4379	2364	2015	17714		2000			17147	7829
北湖区	457		457	2093					504	
苏仙区	862		862	2795					133	
资兴市	287	287		2162					2563	360
桂阳县	1124	1124		1954					1549	480
永兴县	696		696	2097					2438	
宜章县	853	853		2225		2000			3120	1277
嘉禾县				1128					2313	58
临武县				914					178	154
汝城县	100	100		789					400	400
桂东县				410					389	
安仁县				1147					3560	3378
娄底市小计	**22**		**22**	**11595**				**490**	**77346**	**3499**
本级	－6302	－6318	16	－3003					29825	925
区县级小计	6324	6318	6	14598				490	47521	2574
娄星区	1		1	2602					1813	49
双峰县	542	538	4	1925					9920	273
涟源市	1918	1918		3004					13883	1032
冷水江市	2902	2902		4387				490	10806	1117
新化县	961	960	1	2680					11099	103
怀化市小计				**14080**					**44393**	**9648**
本级	－3245	－3245		185					25726	2867
区县级小计	3245	3245		13895					18667	6781
沅陵县	287	287		1380					1800	1800
辰溪县				1314					477	477
溆浦县	435	435		1664					5602	150
麻阳苗族自治县				596					1594	1153
新晃侗族自治县	222	222		557					2040	168
芷江侗族自治县				794					2177	425

2－18－29　　　　单位:万元

地区	收支部分								
	收入								
	收入合计	税收收入							
		小计	增值税	营业税	企业所得税	个人所得税	资源税	城市维护建设税	耕地占用税
鹤城区	13006	9805	1441	5249	160	527	4		1514
中方县	8538	5123	660	2378	40	79	121	325	1009
洪江市	15876	10186	2843	2647	296	537	198	1122	1143
会同县	8218	4552	1035	2224	170	334	10	260	
靖州自治县	7204	4464	919	2262	101	178	23	278	103
通道侗族自治县	4271	2623	608	1384	100	153	8	88	91
湘西自治州小计	**117144**	**86516**	**29211**	**25587**	**3156**	**5177**	**1329**	**7897**	**1308**
本级	17214	10475	3158	3932	965	1094	24		
区县级小计	99930	76041	26053	21655	2191	4083	1305	7897	1308
吉首市	24499	19387	2695	9104	129	911	77	2959	113
泸溪县	7968	5945	2567	1668	97	242	18	684	270
凤凰县	9475	5803	806	2644	107	346	50	296	210
花垣县	32410	26536	15360	3150	1264	1443	1069	2811	108
保靖县	7348	5473	2768	927	286	238	8	630	44
古丈县	2316	1696	416	710	19	141	14	79	3
永顺县	5953	4195	568	1434	100	291	26	164	124
龙山县	9961	7006	873	2018	189	471	43	274	436

2－18－30

单位:万元

地区	收支部分									
	收入									
	税收收入			非税收入						
	契税	烟叶税	其他各项税收收入	小计	专项收入	行政事业性收费收入	罚没收入	国有资本经营收入	国有资源(资产)有偿使用收入	其他收入
鹤城区	22		888	3201		2106	576		324	195
中方县	385		126	3415	278	1041	630	197	1269	
洪江市	797		603	5690	927	1164	1273	1640	151	535
会同县	200	5	314	3666	196	769	668		1406	627
靖州自治县	300	20	280	2740	244	800	1040	－10	130	536
通道侗族自治县	86		105	1648	117	221	605	402	28	275
湘西自治州小计	**4134**	**4645**	**4072**	**30628**	**7895**	**5246**	**10827**	**－406**	**4070**	**2996**
本级	255		1047	6739	2727		3258	－450	403	801
区县级小计	3879	4645	3025	23889	5168	5246	7569	44	3667	2195
吉首市	2077		1322	5112	1297	1513	1395	161	169	577
泸溪县	76	65	258	2023	592	611	307	－41	12	542
凤凰县	556	512	276	3672	257	361	932	－39	2100	61
花垣县	375	337	619	5874	2027	1154	2621	－12	84	
保靖县	164	204	204	1875	500	211	433		590	141
古丈县	21	241	52	620	120	41	284		54	121
永顺县	113	1271	104	1758	192	255	662		610	39
龙山县	497	2015	190	2955	183	1100	935	－25	48	714

2－18－31

单位:万元

地区	收支部分									
	支出功能分类									
	支出合计	一般公共服务	外交	国防	公共安全	教育	科学技术	文化体育与传媒	社会保障和就业	医疗卫生
鹤城区	33450	8019		97	1106	6904	82	426	10309	1134
中方县	34428	7195		286	2135	7645	126	487	4430	2256
洪江市	74969	11955		161	3992	15803	365	669	21971	3938
会同县	43818	8657		141	2332	8943	394	1220	7929	2564
靖州自治县	36906	5748		127	2294	9588	371	450	7396	2021
通道侗族自治县	33445	5593			2157	6410	129	598	6309	2367
湘西自治州小计	**515702**	**101716**		**920**	**30061**	**96203**	**2687**	**13054**	**86269**	**34519**
本级	93617	27167		262	9482	10733	1238	3692	17157	4795
区县级小计	422085	74549		658	20579	85470	1449	9362	69112	29724
吉首市	59363	6507		75	3007	9616	260	762	8190	2752
泸溪县	44251	6965		125	1966	10962	168	538	7927	3385
凤凰县	48763	9368		100	2063	10732	270	705	8287	3964
花垣县	66526	13262		161	3728	14434	132	1583	8587	4851
保靖县	44130	10963		3	2390	8263	177	776	8540	2814
古丈县	27617	5355		93	1346	4402	90	371	4647	1812
永顺县	61700	9536		4	2723	13037	116	721	11869	4962
龙山县	69735	12593		97	3356	14024	236	3906	11065	5184

2－18－32

单位:万元

地区	收支部分						平衡部分		
	支出功能分类						收入		
	环境保护	城乡社区事务	农林水事务	交通运输	工业、商业、金融等事务	其他支出	收入合计	本年收入	返还性收入 小计
鹤城区	35	385	2474	873	705	901	38749	13006	1338
中方县	273	817	4456	2069	1354	899	35513	8538	304
洪江市	491	3253	4789	4772	1634	1176	79208	15876	5196
会同县	448	2199	4521	3204	1041	225	45508	8218	1928
靖州自治县	462	914	5327	1770	394	44	37953	7204	1588
通道侗族自治县	166	1143	4770	2039	536	1228	34953	4271	1295
湘西自治州小计	**9154**	**16528**	**72661**	**18818**	**14375**	**18737**	**584566**	**117144**	**25473**
本级	1171	1024	8467	1617	4685	2127	119041	17214	14796
区县级小计	7983	15504	64194	17201	9690	16610	465525	99930	10677
吉首市	552	5931	6869	1239	1340	12263	72814	24499	1696
泸溪县	738	695	7083	1397	1319	983	43708	7968	1551
凤凰县	853	1045	7383	1657	1213	1123	58140	9475	359
花垣县	1271	2712	8894	3778	3067	66	69540	32410	3439
保靖县	872	617	6490	1145	671	409	45557	7348	1203
古丈县	768	377	6436	1071	453	396	30579	2316	347
永顺县	1558	2075	9766	3592	813	928	63739	5953	468
龙山县	1371	2052	11273	3322	814	442	81448	9961	1614

2－18－33　　　　单位:万元

地区	平衡部分									
	收入									
	返还性收入		财力性转移支付收入							
	增值税和消费税税收返还	所得税基数返还	小计	体制补助	一般性转移支付补助	民族地区转移支付补助	调整工资转移支付补助	农村义务教育补助	农村税费改革补助	缓解县乡困难转移支付补助
鹤城区	659	679	14776	1438	5848		4847	304	956	680
中方县	270	34	17970	3955	6254		4544	329	1912	850
洪江市	4174	1022	35786		17769		10375	707	3515	2111
会同县	1094	834	23679		11909	900	6332	526	2734	700
靖州自治县	1145	443	18881		8057	549	5789	420	2772	774
通道侗族自治县	892	403	17818	379	7861	578	5407	386	2544	294
湘西自治州小计	**19461**	**6012**	**248383**	**9786**	**53159**	**33542**	**76397**	**8105**	**17068**	**5768**
本级	11871	2925	41912	－517	16751	11488	11332		－254	616
区县级小计	7590	3087	206471	10303	36408	22054	65065	8105	17322	5152
吉首市	867	829	19800		2641	1630	7250	867	1072	180
泸溪县	1407	144	22283	1749	5219	3739	6470	954	2031	557
凤凰县	162	197	29708		3900	940	7935	1139	2006	801
花垣县	2499	940	20143	2356	3551	3177	7040	875	1653	320
保靖县	789	414	22452	2738	4258	3243	7757	724	2243	253
古丈县	274	73	15635	1992	3583	2039	5668	350	1370	134
永顺县	284	184	35619	1468	6803	3806	11172	1426	3364	1656
龙山县	1308	306	40831		6453	3480	11773	1770	3583	1251

2－18－34

单位:万元

地区	平衡部分								支出	
	收入									
	财力性转移支付收入			专项转移支付	省补助计划单列市收入	上年结余	调入资金	国债转贷收入、上年结余及转补助数	支出合计	本年支出
	结算补助	企事业单位预算划转补助	其他财力性转移支付							
鹤城区	205	63	435	8241		1388			36618	33450
中方县	74	3	49	7452		1249			34869	34428
洪江市	795	304	210	19149		3201			78681	74969
会同县	478	14	86	10999		684			45004	43818
靖州自治县	391	9	120	10128		152			37794	36906
通道侗族自治县	285	8	76	7984		3531	54		33941	33445
湘西自治州小计	**43546**	**301**	**711**	**140008**		**53556**	**2**		**521158**	**515702**
本级	2269	301	－74	13062		32055	2		82460	93617
区县级小计	41277		785	126946		21501			438698	422085
吉首市	6105		55	15748		11071			62230	59363
泸溪县	1458		106	13393		－1487			45089	44251
凤凰县	12871		116	14142		4456			52049	48763
花垣县	1018		153	12338		1210			67906	66526
保靖县	1168		68	13645		909			45362	44130
古丈县	444		55	11141		1140			27849	27617
永顺县	5819		105	21489		210			63570	61700
龙山县	12394		127	25050		3992			74643	69735

2-18-35　　单位:万元

地区	平衡部分									
	支出								年终结余	其中:净结余
	财力性转移支付			专项上解	计划单列市上解省	增设预算周转金	调出资金	国债转贷拨付数及年终结余		
	小计	体制上解	出口退税专项上解							
鹤城区				3168					2131	793
中方县				441					644	644
洪江市	1871	1871		1841					527	527
会同县	261	261		925					504	504
靖州自治县	169	169		719					159	114
通道侗族自治县				496					1012	26
湘西自治州小计				**5456**					**63408**	**-1940**
本级	-3036	-3036		-8121					36581	2415
区县级小计	3036	3036		13577					26827	-4355
吉首市	192	192		2675					10584	804
泸溪县				838					-1381	-1475
凤凰县	638	638		2648					6091	590
花垣县				1380					1634	187
保靖县				1232					195	-750
古丈县				232					2730	-500
永顺县				1870					169	-3677
龙山县	2206	2206		2702					6805	466

2007 年广东省地市县财政一般预算收支平衡表

2－19－1　　　　　　　　　　　　　　　　　　　　　　　　　　　　　　单位:万元

地　区	收　支　部　分								
	收　入								
	收入合计	税收收入							
		小计	增值税	营业税	企业所得税	个人所得税	资源税	城市维护建设税	耕地占用税
地市县合计	**21603733**	**18633361**	**4591262**	**5450460**	**2667603**	**1340829**	**59392**	**942307**	**115810**
广州市小计	**5237862**	**4382891**	**1115007**	**1235374**	**596693**	**295316**	**2917**	**325208**	**11257**
本级	2410203	1994457	375042	520857	250069	284454		97106	
区县级小计	2827659	2388434	739965	714517	346624	10862	2917	228102	11257
越秀区	264275	227023	23321	75486	46960			39893	
海珠区	206058	158614	26570	69247	18247			21012	294
荔湾区	207619	184128	59077	41332	14728			33867	123
天河区	232659	201797	30380	76210	28175			28179	135
白云区	211235	175718	40745	66721	16255		153	21626	2057
黄埔区	90164	76760	28765	9718	11819			11734	679
花都区	249730	218793	75013	79253	23650		2642	14218	1123
番禺区	371983	311577	90889	117291	43671			25341	3193
南沙区	144483	124782	63026	34039	12170			5262	1510
萝岗区	550945	453935	243712	63241	96976			13211	920
从化市	91946	74880	11627	25782	11936	3240	84	4085	490
增城市	206562	180427	46840	56197	22037	7622	38	9674	733
深圳市小计	**6580555**	**6226027**	**1112545**	**2331429**	**1238350**	**672560**		**65035**	
本级	4291995	4012850	565224	1595270	856955	424529		96	
区县级小计	2288560	2213177	547321	736159	381395	248031		64939	
福田区	342267	332310	30619	100920	80641	37589		13554	
罗湖区	283087	271562	23615	76902	75791	33587		7720	
盐田区	101138	99990	11536	55566	15016	10084		1301	
南山区	290663	281535	60943	102690	38842	28479		12381	
宝安区	704730	673927	256392	231841	72071	57596		18028	
龙岗区	566675	553853	164216	168240	99034	80696		11955	
珠海市小计	**758242**	**627264**	**178589**	**170104**	**70105**	**33186**		**43295**	
本级	523627	427220	113297	113096	47661	22294		30968	
区县级小计	234615	200044	65292	57008	22444	10892		12327	
香洲区	100295	88170	24062	28926	11703	5474		7829	
金湾区	60464	50628	21978	11796	4466	1970		1627	
斗门区	73856	61246	19252	16286	6275	3448		2871	
汕头市小计	**424883**	**317034**	**93630**	**67653**	**37374**	**13240**	**950**	**22862**	**2399**
本级	190474	138815	35560	30704	10860	5846	4	8579	
区县级小计	234409	178219	58070	36949	26514	7394	946	14283	2399
金平区	40674	31991	9841	7636	3098	2190	302	2766	
龙湖区	37677	33462	9207	10919	2825	1439	218	2524	50
澄海区	62413	43350	14783	7001	7875	1549	121	3688	432

二、各省、自治区、直辖市地市县一般预算财政资料

2－19－2　　　　单位:万元

地区	收支部分									
	收入									
	税收收入			非税收入						
	契税	烟叶税	其他各项税收收入	小计	专项收入	行政事业性收费收入	罚没收入	国有资本经营收入	国有资源(资产)有偿使用收入	其他收入
地市县合计	**1523815**	**9012**	**1932871**	**2970372**	**665514**	**900980**	**669539**	**369467**	**218057**	**146815**
广州市小计	**306940**		**494179**	**854971**	**181970**	**253000**	**165166**	**173772**	**71351**	**9712**
本级	278982		187947	415746	78930	139580	97426	44972	52984	1854
区县级小计	27958		306232	439225	103040	113420	67740	128800	18367	7858
越秀区			41363	37252	14556	10481	2419	8695	1088	13
海珠区			23244	47444	8120	19290	9515	5961	4281	277
荔湾区			35001	23491	12113	6494	3067	1265	549	3
天河区			38718	30862	10305	9499	3977	4992	1673	416
白云区			28161	35517	12318	9227	9553	2804	1601	14
黄埔区			14045	13404	4651	1527	5216	1271	726	13
花都区			22894	30937	8061	15379	6704	2	791	
番禺区			31192	60406	15125	14424	12858	10872	3163	3964
南沙区			8775	19701	3714	1277	2957	10852	901	
萝岗区			35875	97010	3741	8798	3408	79262	440	1361
从化市	7458		10178	17066	2774	5971	2600	2768	1660	1293
增城市	20500		16786	26135	7562	11053	5466	56	1494	504
深圳市小计	**291001**		**515107**	**354528**	**127697**	**103573**	**66777**	**5833**	**35176**	**15472**
本级	291001		279775	279145	123510	93698	36320		25277	340
区县级小计			235332	75383	4187	9875	30457	5833	9899	15132
福田区			68987	9957	393	3075	1000	3000	646	1843
罗湖区			53947	11525	594		50		1625	9256
盐田区			6487	1148	83	411	385		254	15
南山区			38200	9128	671	1389	1497	619	4906	46
宝安区			37999	30803	1343	5000	18500	2214	1809	1937
龙岗区			29712	12822	1103		9025		659	2035
珠海市小计	**67534**		**64451**	**130978**	**25733**	**42768**	**22745**	**18705**	**11924**	**9103**
本级	57050		42854	96407	18402	29756	17804	16653	6875	6917
区县级小计	10484		21597	34571	7331	13012	4941	2052	5049	2186
香洲区			10176	12125	3800	3103	2463	432	1295	1032
金湾区	4660		4131	9836	1185	2797	1006	1620	3123	105
斗门区	5824		7290	12610	2346	7112	1472		631	1049
汕头市小计	**23676**		**55250**	**107849**	**15756**	**27138**	**16473**	**16402**	**2455**	**29625**
本级	21393		25869	51659	8242	15761	9704	3068	438	14446
区县级小计	2283		29381	56190	7514	11377	6769	13334	2017	15179
金平区			6158	8683	1181	955	271		157	6119
龙湖区			6280	4215	1079	666		1151	1309	10
澄海区	1310		6591	19063	2391	2613	1881	5250	207	6721

2－19－3　　　　　　　　　　　　　　　　　　　　　　　　　　　单位:万元

地　区	收支部分									
	支出功能分类									
	支出合计	一般公共服务	外交	国防	公共安全	教育	科学技术	文化体育与传媒	社会保障和就业	医疗卫生
地市县合计	**28192918**	**4345440**	**1389**	**46294**	**2985273**	**5091857**	**1029135**	**423072**	**2514520**	**1315828**
广州市小计	**6236917**	**832122**		**6932**	**728236**	**807715**	**211587**	**136110**	**721587**	**327795**
本级	2624694	278093			246298	183825	54865	94009	294539	151668
区县级小计	3612223	554029		6932	481938	623890	156722	42101	427048	176127
越秀区	346845	35008		590	60724	66706	8745	1777	84927	20732
海珠区	257347	40542		191	44799	43838	7729	2904	50243	14255
荔湾区	268907	34625		542	38983	44651	5998	2395	56298	15866
天河区	283543	40268		626	50680	47641	29144	3700	29526	16318
白云区	300347	48989		296	47645	65683	6902	1128	43422	14060
黄埔区	124336	20357		529	19798	24904	3193	1793	19184	4837
花都区	277519	72801			32040	51906	6471	3718	22937	12972
番禺区	532628	93968		2374	78458	111582	12786	6813	47897	34438
南沙区	157033	40003		621	20627	18346	2940	1762	6660	8263
萝岗区	657322	75752		564	39672	40849	67758	11582	16924	12624
从化市	159157	18102		118	18791	45752	1123	1001	21946	11415
增城市	247239	33614		481	29721	62032	3933	3528	27084	10347
深圳市小计	**7279677**	**961723**	**730**	**12175**	**660149**	**905646**	**500863**	**91236**	**251242**	**254677**
本级	4457516	474258	730	5956	240535	386394	457728	42997	126135	98613
区县级小计	2822161	487465		6219	419614	519252	43135	48239	125107	156064
福田区	405667	45765		612	66055	101777	8497	6773	18546	22804
罗湖区	377642	52192		1921	59076	83176	3449	3379	18607	20382
盐田区	125845	23338			18820	16297	2665	3266	6556	5452
南山区	400413	36946			46551	80248	6043	9448	12464	19358
宝安区	845481	186840		1479	131795	130518	14851	11328	41097	44871
龙岗区	667113	142384		2207	97317	107236	7630	14045	27837	43197
珠海市小计	**828160**	**159888**	**555**	**8615**	**129304**	**166040**	**20801**	**14154**	**81354**	**37736**
本级	530140	106200	555	6624	114823	71127	12713	10665	43251	23619
区县级小计	298020	53688		1991	14481	94913	8088	3489	38103	14117
香洲区	127591	20490		393	6710	40090	4993	1323	15270	4764
金湾区	68864	18000		1394	3960	19460	1742	1064	7608	3059
斗门区	101565	15198		204	3811	35363	1353	1102	15225	6294
汕头市小计	**728928**	**153223**		**1941**	**80702**	**175944**	**10475**	**8822**	**54988**	**48048**
本级	236496	57600		803	49653	22104	2614	5347	23595	11195
区县级小计	492432	95623		1138	31049	153840	7861	3475	31393	36853
金平区	69357	13634		172	3058	24184	2351	148	5171	3871
龙湖区	59202	16770		345	2871	16952	1498	515	3265	2947
澄海区	109198	26438		284	9639	25919	2290	1037	6711	8698

二、各省、自治区、直辖市地市县一般预算财政资料

2－19－4　　　　　　　　　　　　　　　　　　　　　　　　　单位：万元

地　　区	收支部分						平衡部分		
	支出功能分类						收入		
	环境保护	城乡社区事务	农林水事务	交通运输	工业、商业、金融等事务	其他支出	收入合计	本年收入	返还性收入 小计
地市县合计	**251651**	**2399417**	**1564889**	**459967**	**1082388**	**4681798**	**33168335**	**21603733**	**3280626**
广州市小计	**48558**	**734027**	**172272**	**113680**	**318874**	**1077422**	**7891182**	**5237862**	**913312**
本级	18585	302801	41115	88207	61362	809327	3614597	2410203	552616
区县级小计	29973	431226	131157	25473	257512	268095	4276585	2827659	363766
越秀区	2916	29227		270	3157	32066	425314	264275	50315
海珠区	710	30728	1287	162	5884	14075	305503	206058	26143
荔湾区	1689	37145	2096	656	4363	23600	314128	207619	32908
天河区	1286	43475	2514	554	5583	12228	338903	232659	32170
白云区	1912	24901	21326	8836	2686	12561	355506	211235	30567
黄埔区	776	10387	2388	806	580	14804	148136	90164	15046
花都区	1472	23564	10396	1631	29263	8348	328436	249730	14758
番禺区	6351	56884	40135	8631	14649	17662	635357	371983	65120
南沙区	1967	37915	11518	394	3617	2400	237702	144483	3070
萝岗区	8062	124289	12474	1119	175524	70129	705918	550945	72842
从化市	949	6617	16953	873	2863	12654	177111	91946	8540
增城市	1883	6094	10070	1541	9343	47568	304571	206562	12287
深圳市小计	**34260**	**518392**	**107102**	**67282**	**243548**	**2670652**	**8203883**	**6580555**	**1013228**
本级	17844	168521	53793	60928	205234	2117850	4964980	4291995	656989
区县级小计	16416	349871	53309	6354	38314	552802	3238903	2288560	356239
福田区	1389	58860	1993	22	12574	60000	535814	342267	55034
罗湖区	3623	34179	2113		1883	93662	418575	283087	26180
盐田区	506	10347	1496		1257	35845	150397	101138	19277
南山区	3412	53469	11132	2000	1277	118065	454108	290663	67202
宝安区	5585	118574	14301	2675	14301	127266	944965	704730	107017
龙岗区	1901	74442	22274	1657	7022	117964	735044	566675	81529
珠海市小计	**9700**	**48027**	**32368**	**8558**	**32512**	**78548**	**974643**	**758242**	**104228**
本级	7214	24681	21250	8065	29460	49893	647469	523627	79097
区县级小计	2486	23346	11118	493	3052	28655	327174	234615	25131
香洲区	833	15836	894		1053	14942	141039	100295	12218
金湾区	371	4994	4375		472	2365	75922	60464	6462
斗门区	1282	2516	5849	493	1527	11348	110213	73856	6451
汕头市小计	**13085**	**49513**	**59433**	**8336**	**25808**	**38610**	**777642**	**424883**	**92725**
本级	6751	21059	12715	5653	10910	6497	269691	190474	60364
区县级小计	6334	28454	46718	2683	14898	32113	507951	234409	32361
金平区	4	8057	1255		579	6873	71328	40674	6974
龙湖区	5	5803	3114		613	4504	61199	37677	4355
澄海区	2086	3949	14048	630	3729	3740	112850	62413	3522

2－19－5 单位:万元

地区	平衡部分									
	收入									
	返还性收入		财力性转移支付收入							
	增值税和消费税税收返还	所得税基数返还	小计	体制补助	一般性转移支付补助	民族地区转移支付补助	调整工资转移支付补助	农村义务教育补助	农村税费改革补助	缓解县乡困难转移支付补助
地市县合计	**1790904**	**1489722**	**2446486**	**307387**	**669957**	**1181**	**654861**	**210129**	**268826**	**105400**
广州市小计	**406982**	**506330**	**290211**	**210736**				**1199**	**2716**	**673**
本级	250285	302331	80658	199449				1	－3807	473
区县级小计	156697	207069	107243	80817				926	6523	442
越秀区	18197	32118	176							
海珠区	15371	10772	15409	15409						
荔湾区	14751	18157	479							
天河区	13772	18398	336							
白云区	15695	14872	11086					187		
黄埔区	4117	10929	2432	157						
花都区	9477	5281	1717					166	1357	33
番禺区	21929	43191	54121	54121						
南沙区		3070	110							
萝岗区	31680	41162	9865	9643				55		17
从化市	4235	4305	8491	1178				205	3051	200
增城市	7473	4814	3021	309				313	2115	192
深圳市小计	**545100**	**468128**	**3487**							
本级	397000	259989	－387744		－395313					
区县级小计	148100	208139	391231		395313					
福田区	13000	42034	80418		80679					
罗湖区	8000	18180	87977		88432					
盐田区	7200	12077	15589		16155					
南山区	27500	39702	64838		65114					
宝安区	52400	54617	83929		85221					
龙岗区	40000	41529	58480		59712					
珠海市小计	**46053**	**58175**	**27581**	**1975**	**854**			**201**	**830**	**40**
本级	31666	47431	25941	1975	474				50	
区县级小计	14387	10744	1640		380			201	780	40
香洲区	4801	7417	173		85			37		
金湾区	4336	2126	251		48			46		20
斗门区	5250	1201	1216		247			118	780	20
汕头市小计	**62586**	**30139**	**91044**	**599**	**4336**		**45903**	**16795**	**13593**	**6085**
本级	44525	15839	1402	599	729		6750	－3015	－5533	
区县级小计	18061	14300	89642		3607		39153	19810	19126	6085
金平区	3550	3424	8010				6318	331	680	578
龙湖区	664	3691	4950				2419	704	1116	291
澄海区	1514	2008	17076		2155		7094	2373	4242	827

二、各省、自治区、直辖市地市县一般预算财政资料

2－19－6　　　　　　　　　　　　　　　　　　　　　　　　　　单位：万元

地区	平衡部分									
	收入								支出	
	财力性转移支付收入			专项转移支付	省补助计划单列市收入	上年结余	调入资金	国债转贷收入、上年结余及转补助数	支出合计	本年支出
	结算补助	企事业单位预算划转补助	其他财力性转移支付							
地市县合计	**83519**	**28906**	**116320**	**2733858**	**19713**	**2628106**	**444531**	**11282**	**29759235**	**28192918**
广州市小计	**13510**	**7917**	**53460**	**340321**		**1100902**	**6529**	**2045**	**6601162**	**6236917**
本级	10306	7917	－133681	－89342		660385	77		2799772	2624694
区县级小计	4720	534	13281	528903		440517	6452	2045	3801390	3612223
越秀区	176			72963		35165	2420		377497	346845
海珠区				38777		18616	500		273373	257347
荔湾区	479			55346		17566	210		282313	268907
天河区	336			50554		23184			302151	283543
白云区	56		10843	42568		60050			315602	300347
黄埔区	2275			22238		14956	3300		129240	124336
花都区	55	106		44146		18085			292884	277519
番禺区				32550		109516	22	2045	561115	532628
南沙区	110			39752		50287			162739	157033
萝岗区	150			48526		23740			683959	657322
从化市	992	427	2438	45609		22525			163610	159157
增城市	91	1		35874		46827			256907	247239
深圳市小计	**－3213**		**6700**	**46952**	**19713**	**319959**	**218195**	**1794**	**7783339**	**7279677**
本级	869		6700	46883	18218	127927	208918	1794	4814551	4457516
区县级小计	－4082			69	1495	192032	9277		2968788	2822161
福田区	－261			17	42	58036			423444	405667
罗湖区	－455			11	218	21102			397105	377642
盐田区	－566			8	57	14328			133354	125845
南山区	－276			10	48	27070	4277		426234	400413
宝安区	－1292			14	248	44027	5000		882713	845481
龙岗区	－1232			9	882	27469			705938	667113
珠海市小计	**1251**	**180**	**22250**	**26086**		**47963**	**9010**	**1533**	**879071**	**828160**
本级	1098		22344	－22149		39255	165	1533	555132	530140
区县级小计	153	86		48235		8708	8845		323939	298020
香洲区	51			23032		1821	3500		138346	127591
金湾区	52	85		7591		304	850		75601	68864
斗门区	50	1		17612		6583	4495		109992	101565
汕头市小计	**1207**	**26**	**2500**	**139144**		**23520**	**5668**	**658**	**754151**	**728928**
本级	146	26	1700	8163		8379	601	308	249153	236496
区县级小计	1061		800	130981		15141	5067	350	504998	492432
金平区	103			12324		3346			70714	69357
龙湖区	420			9547		4670			61091	59202
澄海区	85		300	23486		1453	4900		111951	109198

2－19－7　　　　　　　　　　　　　　　　　　　　单位:万元

地区	平衡部分									
	支出								年终结余	其中:净结余
	财力性转移支付			专项上解	计划单列市上解省	增设预算周转金	调出资金	国债转贷拨付数及年终结余		
	小计	体制上解	出口退税专项上解							
地市县合计	**1030532**	**421965**	**608567**	**171331**	**245783**	**51850**	**55539**	**11282**	**3409100**	**1181216**
广州市小计	**238624**	**151603**	**87021**	**72843**		**8834**	**41899**	**2045**	**1290020**	**400959**
本级	149808	122241	27567	13183			12087		814825	343709
区县级小计	88816	29362	59454	59660		8834	29812	2045	475195	57250
越秀区	12192	6019	6173	8614		4000	5846		47817	285
海珠区	7578	5880	1698	5296			3152		32130	1631
荔湾区	3896	2303	1593	3407		1000	5103		31815	19838
天河区	6061	3453	2608	6587		1750	4210		36752	1502
白云区	5633	3831	1802	6454			3168		39904	38
黄埔区	679		679	2465			1760		18896	290
花都区	5465	1441	4024	9266		634			35552	969
番禺区	20643	6435	14208	1998			3801	2045	74242	1266
南沙区	4308		4308	609			789		74963	22999
萝岗区	13446		13446	11208			1983		21959	7766
从化市	1282		1282	1721		1450			13501	328
增城市	7633		7633	2035					47664	338
深圳市小计	**241409**	**30194**	**211215**	**12616**	**245783**	**2060**		**1794**	**420544**	**353349**
本级	203309	24750	178559	6203	145729			1794	150429	100427
区县级小计	37150	4494	32656	7363	100054	2060			270115	252922
福田区	2723	605	2118	806	14248				112370	98106
罗湖区	5599	512	5087	950	12914				21470	21470
盐田区	1450	769	681	490	4969	600			17043	17043
南山区	6074	527	5547	1354	18393				27874	27874
宝安区	6598	1041	5557	1795	28839				62252	59323
龙岗区	14706	1040	13666	1968	20691	1460			29106	29106
珠海市小计	**39522**	**13680**	**25842**	**9856**				**1533**	**95572**	**28008**
本级	24740	13178	11562	－1281				1533	92337	24773
区县级小计	14782	502	14280	11137					3235	3235
香洲区	3473	－418	3891	7282					2693	2693
金湾区	4803	587	4216	1934					321	321
斗门区	6506	333	6173	1921					221	221
汕头市小计	**18219**	**5481**	**12738**	**6101**		**245**		**658**	**23491**	**11696**
本级	9461	5272	4189	2888				308	20538	9893
区县级小计	8758	209	8549	3213		245		350	2953	1803
金平区	939		939	418					614	117
龙湖区	1708		1708	181					108	108
澄海区	1917		1917	836					899	899

二、各省、自治区、直辖市地市县一般预算财政资料

2－19－8

单位:万元

地区	收支部分								
	收入								
	收入合计	税收收入							
		小计	增值税	营业税	企业所得税	个人所得税	资源税	城市维护建设税	耕地占用税
濠江区	12142	9171	4096	1829	1102	249	117	324	746
朝阳区	47449	36367	11045	6470	9541	1027	111	2893	350
潮南区	30738	21568	8661	2341	1731	858	60	1971	821
南澳县	3316	2310	437	753	342	82	17	117	
佛山市小计	**1945430**	**1628905**	**458272**	**370119**	**190561**	**82800**	**1997**	**120289**	**40181**
本级	263686	210061	52141	45156	27236	13198		16038	6078
区县级小计	1681744	1418844	406131	324963	163325	69602	1997	104251	34103
禅城区	169421	125905	32766	28412	17065	8220		10097	4887
南海区	630036	515380	136276	135287	67585	25448	13	43279	1785
顺德区	683922	613024	191320	123749	63530	28691	340	38945	26645
高明区	77877	61272	17577	14363	5046	2670	333	4248	614
三水区	120488	103263	28192	23152	10099	4573	1311	7682	172
韶关市小计	**300412**	**241033**	**85811**	**45247**	**17499**	**8572**	**4672**	**33381**	**1552**
本级	152137	114102	43790	17405	5928	3829	568	22566	13
区县级小计	148275	126931	42021	27842	11571	4743	4104	10815	1539
浈江区	11782	10918	2797	4728	885	569	29	1134	
武江区	13946	11882	2433	4506	1036	657	1171	1015	
曲江区	30661	27965	11986	4218	1829	963	181	3229	
乐昌市	14915	13980	4260	3328	1794	524	302	955	214
南雄市	14297	12697	2080	1524	1672	388	131	698	
仁化县	17707	15359	8565	1761	464	394	1050	1651	
始兴县	8019	6141	1489	1141	416	224	51	296	580
翁源县	8604	6915	1721	2119	400	368	308	465	27
新丰县	8308	6389	2346	1563	422	226	798	486	
乳源瑶族自治县	20036	14685	4344	2954	2653	430	83	886	718
河源市小计	**151558**	**117882**	**26501**	**38071**	**10863**	**4491**	**6557**	**7502**	**2095**
本级	41314	37549	8468	11688	5163	1762	393	2352	
区县级小计	110244	80333	18033	26383	5700	2729	6164	5150	2095
源城区	20158	16207	3021	6072	640	592	172	963	
东源县	20166	15111	3752	5658	1142	418	897	858	50
和平县	10032	8301	1686	3098	718	193	567	522	306
龙川县	21887	13779	2351	4321	1122	498	974	843	856
紫金县	17758	10644	2364	3278	907	440	494	642	782
连平县	20243	16291	4859	3956	1171	588	3060	1322	101
梅州市小计	**229705**	**184226**	**58669**	**32474**	**19629**	**7799**	**5806**	**28496**	**551**
本级	88491	64253	22533	4464	6221	2820	68	19547	
区县级小计	141214	119973	36136	28010	13408	4979	5738	8949	551

2－19－9

单位:万元

地区	收支部分									
	收入									
	税收收入			非税收入						
	契税	烟叶税	其他各项税收收入	小计	专项收入	行政事业性收费收入	罚没收入	国有资本经营收入	国有资源(资产)有偿使用收入	其他收入
濠江区			708	2971	140	596	52	53	46	2084
朝阳区	507		4423	11082	1501	862	1674	6851	194	
潮南区	313		4812	9170	1128	5450	2557		35	
南澳县	153		409	1006	94	235	334	29	69	245
佛山市小计	**153883**		**210803**	**316525**	**70467**	**108549**	**63152**	**28123**	**27172**	**19062**
本级	20914		29300	53625	2856	15190	12171	8785	3582	11041
区县级小计	132969		181503	262900	67611	93359	50981	19338	23590	8021
禅城区	6051		18407	43516	14527	12217	3927		12491	354
南海区	40806		64901	114656	26041	45651	14859	15988	4450	7667
顺德区	65855		73949	70898	19880	26783	21277	1850	1108	
高明区	7116		9305	16605	2555	3310	7446	1500	1794	
三水区	13141		14941	17225	4608	5398	3472		3747	
韶关市小计	**12709**	**5991**	**25599**	**59379**	**20519**	**14006**	**11551**	**5623**	**2897**	**4783**
本级	8016		11987	38035	13353	8610	6845	4433	733	4061
区县级小计	4693	5991	13612	21344	7166	5396	4706	1190	2164	722
浈江区			776	864		400	450		14	
武江区			1064	2064	1033	542	173		46	270
曲江区	1230		4329	2696	1614	479	213		70	320
乐昌市	710	790	1103	935	731	10	111		83	
南雄市	1240	4009	955	1600	445	625	302	90	138	
仁化县	159		1315	2348	1276	635	404		33	
始兴县	331	949	664	1878	305	446	277	500	322	28
翁源县	382		1125	1689	362	251	721	200	51	104
新丰县	133		415	1919	323	143	1025	400	28	
乳源瑶族自治县	508	243	1866	5351	1077	1865	1030		1379	
河源市小计	**8094**		**13708**	**33676**	**4659**	**10686**	**6149**	**3798**	**2140**	**6244**
本级	3290		4433	3765	1327	560	1516		362	
区县级小计	4804		9275	29911	3332	10126	4633	3798	1778	6244
源城区	2000		2747	3951	426	197	240		20	3068
东源县	430		1906	5055	559	2874	1034		588	
和平县	450		761	1731	333	618	470		310	
龙川县	950		1864	8108	558	2755	1152	3170	465	8
紫金县	673		1064	7114	734	1583	978	628	23	3168
连平县	301		933	3952	722	2099	759		372	
梅州市小计	**7957**	**2765**	**20080**	**45479**	**15048**	**8381**	**9692**	**11151**	**656**	**551**
本级	3023		5577	24238	9402	3619	2303	8661	253	
区县级小计	4934	2765	14503	21241	5646	4762	7389	2490	403	551

2－19－10

单位:万元

地区	收支部分									
	支出功能分类									
	支出合计	一般公共服务	外交	国防	公共安全	教育	科学技术	文化体育与传媒	社会保障和就业	医疗卫生
濠江区	29915	5075		134	1585	8521	503	179	2568	1824
朝阳区	119896	15651			5875	43702	414	963	7603	10569
潮南区	84145	13983		149	6598	31838	468	397	4850	7989
南澳县	20719	4072		54	1423	2724	337	236	1225	955
佛山市小计	**2066701**	**319251**		**1854**	**269845**	**439656**	**73738**	**36506**	**154503**	**70666**
本级	353368	45269		506	55855	36953	11953	11998	23446	13404
区县级小计	1713333	273982		1348	213990	402703	61785	24508	131057	57262
禅城区	205546	42733		391	25507	64406	6988	1597	20242	9107
南海区	595485	88585			81308	137812	21898	6069	45129	20269
顺德区	692491	102089		310	79448	141365	26063	13909	46605	16876
高明区	82629	16033			12193	24458	3411	1311	6088	3800
三水区	137182	24542		647	15534	34662	3425	1622	12993	7210
韶关市小计	**586146**	**106485**		**1320**	**46615**	**130901**	**6258**	**5930**	**94624**	**39181**
本级	170857	30773		318	21352	18213	2787	2415	28270	9076
区县级小计	415289	75712		1002	25263	112688	3471	3515	66354	30105
浈江区	32446	4803		108	3785	11944	91	73	5974	1502
武江区	26411	6226		118	2399	9206	396	27	3873	1070
曲江区	54217	11645		103	2063	11497	378	571	10749	2643
乐昌市	55701	9105		74	2667	16102	1234	485	9497	4739
南雄市	51694	9495		133	3017	14379	350	414	7572	4772
仁化县	38046	7794		73	1822	10094	100	276	4943	3124
始兴县	33793	5759		140	1460	8417	182	299	5683	3222
翁源县	41631	8027			2570	10479	119	338	7113	4023
新丰县	34944	5461		97	2554	9677	66	213	5627	2333
乳源瑶族自治县	46406	7397		156	2926	10893	555	819	5323	2677
河源市小计	**558471**	**99576**		**777**	**36364**	**137016**	**3806**	**6215**	**84109**	**35192**
本级	90388	21201		617	12713	12546	1219	1254	8249	2760
区县级小计	468083	78375		160	23651	124470	2587	4961	75860	32432
源城区	47033	11210			1964	9138	265	1188	6181	1977
东源县	97459	17128			4396	21043	382	453	13419	6019
和平县	67231	13560			3492	17850	836	432	11792	6066
龙川县	108104	12604			5246	32675	476	1435	20845	7572
紫金县	82828	11530		160	5038	26248	306	685	13568	7090
连平县	65428	12343			3515	17516	322	768	10055	3708
梅州市小计	**720855**	**114164**		**50**	**38563**	**162398**	**6449**	**8164**	**116959**	**50049**
本级	136729	25170		50	12366	20903	2384	2781	19561	5791
区县级小计	584126	88994			26197	141495	4065	5383	97398	44258

2－19－11　　　　单位：万元

地区	收支部分：支出功能分类：环境保护	城乡社区事务	农林水事务	交通运输	工业、商业、金融等事务	其他支出	平衡部分：收入：收入合计	本年收入	返还性收入：小计
濠江区		4462	2537		794	1733	30414	12142	1747
朝阳区	3086	3673	13785	350	3865	10360	123334	47449	9148
潮南区	1109	669	10033	655	1847	3560	87262	30738	5668
南澳县	44	1841	1946	1048	3471	1343	21564	3316	947
佛山市小计	**18392**	**210716**	**100229**	**127416**	**119818**	**124111**	**2624877**	**1945430**	**350236**
本级	2566	38697	6153	65846	12823	27899	467385	263686	83873
区县级小计	15826	172019	94076	61570	106995	96212	2157492	1681744	266363
禅城区	1527	19893	2069	1159	1842	8085	251495	169421	23501
南海区	4705	98550	40132	4845	10593	35590	793861	630036	96821
顺德区	6324	47554	38622	50713	86961	35652	859148	683922	112746
高明区	1287	3328	4767	421	1659	3873	91762	77877	7229
三水区	1983	2694	8486	4432	5940	13012	161226	120488	26066
韶关市小计	**9882**	**38970**	**54292**	**4966**	**28649**	**18073**	**722694**	**300412**	**74050**
本级	5710	27674	5365	3654	10060	5190	254028	152137	44929
区县级小计	4172	11296	48927	1312	18589	12883	468666	148275	29121
浈江区		922	1197		434	1613	36765	11782	1788
武江区		698	1357		368	673	29686	13946	1213
曲江区	504	3085	3998	308	3001	3672	61282	30661	5080
乐昌市	449	1452	7892	356	1055	594	61537	14915	2560
南雄市	239	2052	6451	28	1617	1175	56274	14297	8779
仁化县	881	608	5174	15	1438	1704	44951	17707	2809
始兴县	666	465	4468	258	2104	670	35830	8019	1199
翁源县	200	837	5391	96	1693	745	45055	8604	2172
新丰县	1099	461	4591	67	1919	779	38564	8308	1455
乳源瑶族自治县	134	716	8408	184	4960	1258	58722	20036	2066
河源市小计	**5708**	**33635**	**75972**	**3245**	**13647**	**23209**	**626463**	**151558**	**11122**
本级	2846	9417	13100	489	3198	779	130045	41314	3527
区县级小计	2862	24218	62872	2756	10449	22430	496418	110244	7595
源城区	18	3333	7833	88	2088	1750	47926	20158	740
东源县	815	3784	19466	1031	2108	7415	99418	20166	1189
和平县	274	3728	6552	257	968	1424	71444	10032	917
龙川县	849	6590	13896	701	2286	2929	112671	21887	1678
紫金县	532	2081	7006	150	1737	6697	96512	17758	1854
连平县	374	4702	8119	529	1262	2215	68447	20243	1217
梅州市小计	**9031**	**33116**	**108231**	**3031**	**26337**	**44313**	**750327**	**229705**	**62697**
本级	2570	14356	12047	1042	7803	9905	154918	88491	24244
区县级小计	6461	18760	96184	1989	18534	34408	595409	141214	38453

2-19-12

单位:万元

地区	平衡部分									
	收入									
	返还性收入		财力性转移支付收入							
	增值税和消费税税收返还	所得税基数返还	小计	体制补助	一般性转移支付补助	民族地区转移支付补助	调整工资转移支付补助	农村义务教育补助	农村税费改革补助	缓解县乡困难转移支付补助
濠江区	525	1222	4929				1996	922	1270	670
朝阳区	6791	2357	29120		515		12487	8410	6114	1345
潮南区	4208	1460	20824		326		7407	6871	4918	1125
南澳县	809	138	4733		611		1432	199	786	1249
佛山市小计	**212453**	**137783**	**28418**	**320**	**1898**			**992**	**2100**	**1047**
本级	49075	34798	-31283	320	153					
区县级小计	163378	102985	59701		1745			992	2100	1047
禅城区	15671	7830	41932					74		575
南海区	55629	41192	9174		952			379	500	
顺德区	68243	44503	4210		713			433		
高明区	4868	2361	1687		30			45	900	258
三水区	18967	7099	2698		50			61	700	214
韶关市小计	**58041**	**16009**	**127853**	**1079**	**39514**	**821**	**44897**	**7630**	**16406**	**9393**
本级	33247	11682	14222	1079	3730		5118			1489
区县级小计	24794	4327	113631		35784	821	39779	7630	16406	7904
浈江区	1452	336	5006		298		1753	160	446	776
武江区	816	397	2489		200		1043	179	413	569
曲江区	4525	555	10507		3055		4113	587	1941	760
乐昌市	2231	329	20321		7799		6073	1319	2358	1199
南雄市	8109	670	13898		1504		6687	1319	2832	1156
仁化县	2392	417	7634		1655		2874	552	1167	915
始兴县	1095	104	12096		4469		3921	655	2135	761
翁源县	1947	225	16655		6449		5265	1234	2658	736
新丰县	1121	334	13780		6306		4292	835	1597	462
乳源瑶族自治县	1106	960	11245		4049	821	3758	790	859	570
河源市小计	**7465**	**3657**	**235267**	**16332**	**123182**		**48935**	**13185**	**18633**	**6314**
本级	1670	1857	19844	2934	8483		2952	1		
区县级小计	5795	1800	215423	13398	114699		45983	13184	18633	6314
源城区	406	334	12602	800	7725		2378	223	532	877
东源县	991	198	40975	2486	22396		8633	2069	3552	989
和平县	787	130	37769	2529	20737		7944	2006	3128	904
龙川县	1219	459	55838	3949	29909		11515	3670	4869	1314
紫金县	1484	370	41516	2465	19110		9882	3706	4249	1540
连平县	908	309	26723	1169	14822		5631	1510	2303	690
梅州市小计	**45779**	**16918**	**212295**	**20098**	**66582**		**68295**	**18202**	**22812**	**10710**
本级	14264	9980	-5610	2981	1583		3798		400	1060
区县级小计	31515	6938	217905	17117	64999		64497	18202	22412	9650

2－19－13 单位:万元

地区	平衡部分									
	收入								支出	
	财力性转移支付收入									
	结算补助	企事业单位预算划转补助	其他财力性转移支付	专项转移支付	省补助计划单列市收入	上年结余	调入资金	国债转贷收入、上年结余及转补助数	支出合计	本年支出
濠江区	71			10139		1457			30294	29915
朝阳区	63		186	35575		1875	167		122583	119896
潮南区	63		114	28960		1072			86906	84145
南澳县	256		200	10950		1268		350	21459	20719
佛山市小计	**8733**	**5928**	**7400**	**104976**		**195817**			**2292904**	**2066701**
本级	7239	2587	－41582	78760		72349			318463	353368
区县级小计	1494	3341	48982	26216		123468			1974441	1713333
禅城区	295	6	40982	4571		12070			225311	205546
南海区	172	3071	4100	6567		51263			687401	595485
顺德区	855	109	2100	7565		50705			814433	692491
高明区	52	2	400	3039		1930			90607	82629
三水区	120	153	1400	4474		7500			156689	137182
韶关市小计	**3394**	**4269**	**450**	**143128**		**77178**	**73**		**603902**	**586146**
本级	1227	1129	450	438		42258	44		171955	170857
区县级小计	2167	3140		142690		34920	29		431947	415289
浈江区	50	1523		14859		3330			33503	32446
武江区		85		9532		2506			26690	26411
曲江区	50	1		13210		1824			60891	54217
乐昌市	151	1422		19358		4383			56850	55701
南雄市	400			18204		1096			56063	51694
仁化县	362	109		13308		3493			39750	38046
始兴县	155			12798		1689	29		34089	33793
翁源县	313			13847		3777			41793	41631
新丰县	288			13433		1588			34998	34944
乳源瑶族自治县	398			14141		11234			47320	46406
河源市小计	**3681**	**5**	**5000**	**162771**		**57640**	**8105**		**566477**	**558471**
本级	469	5	5000	35801		22718	6841		92267	90388
区县级小计	3212			126970		34922	1264		474210	468083
源城区	67			11192		3234			47758	47033
东源县	850			30893		6195			99115	97459
和平县	521			17343		4643	740		67993	67231
龙川县	612			28066		5202			109346	108104
紫金县	564			23682		11702			83780	82828
连平县	598			15794		3946	524		66218	65428
梅州市小计	**4811**	**425**	**360**	**213205**		**20621**	**11804**		**730758**	**720855**
本级	1149	45	－16626	42302		5491			137204	136729
区县级小计	3662	380	16986	170903		15130	11804		593554	584126

二、各省、自治区、直辖市地市县一般预算财政资料

2－19－14

单位:万元

地区	平衡部分									
	支出								年终结余	其中:净结余
	财力性转移支付			专项上解	计划单列市上解省	增设预算周转金	调出资金	国债转贷拨付数及年终结余		
	小计	体制上解	出口退税专项上解							
濠江区	143		143	236					120	120
朝阳区	1790	130	1660	897					751	98
潮南区	2255	79	2176	506					356	356
南澳县	6		6	139		245		350	105	105
佛山市小计	**207948**	**123066**	**84882**	**6291**		**756**	**11208**		**331973**	**67829**
本级	29969	19836	10133	－67279			2405		148922	38657
区县级小计	177979	103230	74749	73570		756	8803		183051	29172
禅城区	15968	8927	7041	2638			1159		26184	168
南海区	57574	35630	21944	27850			6492		106460	4573
顺德区	89055	47678	41377	32887					44715	23824
高明区	4501	2341	2160	3477					1155	237
三水区	10881	8654	2227	6718		756	1152		4537	370
韶关市小计	**12711**	**10508**	**2203**	**2339**		**2706**			**118792**	**22525**
本级	10478	9718	760	－9380					82073	19902
区县级小计	2233	790	1443	11719		2706			36719	2623
浈江区	－301	－301		958		400			3262	448
武江区	－339	－339		618					2996	283
曲江区	4007	3265	742	2667					391	391
乐昌市	－264	－317	53	1328		85			4687	118
南雄市	2594	2545	49	1275		500			211	211
仁化县	269	211	58	998		437			5201	218
始兴县	－812	－876	64	849		259			1741	130
翁源县	－1191	－1191		997		356			3262	383
新丰县	－1001	－1013	12	803		252			3566	255
乳源瑶族自治县	－729	－1194	465	1226		417			11402	186
河源市小计	**1840**	**287**	**1553**	**2559**		**3357**	**250**		**59986**	**10520**
本级	1287	287	1000	342			250		37778	6176
区县级小计	553		553	2217		3357			22208	4344
源城区	245		245	480					168	168
东源县	225		225	371		1060			303	162
和平县	39		39	254		469			3451	239
龙川县	28		28	556		658			3325	3325
紫金县	16		16	305		631			12732	239
连平县				251		539			2229	211
梅州市小计	**1559**		**1559**	**3672**		**4672**			**19569**	**19569**
本级	－491	－869	378	966					17714	17714
区县级小计	2050	869	1181	2706		4672			1855	1855

2－19－15

单位:万元

地区	收支部分								
	收入								
	收入合计	税收收入							
		小计	增值税	营业税	企业所得税	个人所得税	资源税	城市维护建设税	耕地占用税
梅江区	12884	11192	2480	4202	929	389	188	946	216
兴宁市	20069	16334	4663	4821	2162	493	139	1204	9
梅县	41324	35476	10984	7274	4440	2271	831	2350	195
平远县	10261	8288	3816	1572	624	258	286	656	11
蕉岭县	15415	13457	4743	1954	1114	351	2615	951	30
大埔县	16470	13952	3091	3476	721	384	1125	833	27
丰顺县	14388	12536	4052	1978	2486	581	517	1459	20
五华县	10403	8738	2307	2733	932	252	37	550	43
惠州市小计	**620602**	**512617**	**146040**	**149621**	**40072**	**28726**	**3966**	**23220**	**2224**
本级	301083	244674	78223	64208	19464	14129	872	10026	547
区县级小计	319519	267943	67817	85413	20608	14597	3094	13194	1677
惠城区	104202	96482	24700	27520	8776	6253	416	4273	324
惠阳区	76679	68092	11380	27281	5473	2979	191	3592	636
惠东县	46168	33225	7992	10665	1903	2110	380	1947	186
博罗县	75369	56816	19721	16410	3495	2703	377	2583	527
龙门县	17101	13328	4024	3537	961	552	1730	799	4
汕尾市小计	**121584**	**75635**	**18157**	**16713**	**6462**	**2399**	**941**	**5209**	**1931**
本级	32465	21109	5780	4037	1859	758	329	1348	
区县级小计	89119	54526	12377	12676	4603	1641	612	3861	1931
城区	13441	10459	3092	2032	662	415	174	653	79
陆丰市	33564	15414	2506	2502	1095	259	282	1869	1178
海丰县	33968	24034	5758	5785	2596	850	133	960	672
陆河县	8146	4619	1021	2357	250	117	23	379	2
东莞市小计	**1864468**	**1652620**	**474288**	**380958**	**173566**	**75765**	**107**	**72482**	**6246**
本级	1864468	1652620	474288	380958	173566	75765	107	72482	6246
中山市小计	**861171**	**782315**	**231380**	**184844**	**82853**	**37080**	**87**	**41329**	**14122**
本级	861171	782315	231380	184844	82853	37080	87	41329	14122
江门市小计	**624301**	**530946**	**176355**	**105464**	**67264**	**19437**	**3554**	**32927**	**10285**
本级	147326	122538	35414	26638	14451	4989	133	7193	3698
区县级小计	476975	408408	140941	78826	52813	14448	3421	25734	6587
蓬江区	64202	61139	16094	14253	7606	2649	55	3602	1061
江海区	23576	22169	8753	3348	2019	649		1282	2039
新会区	140740	114367	47394	17815	10324	4037	2124	6548	1103
台山市	88882	79256	26633	12465	20103	2359	77	5979	29
开平市	71858	61454	18994	12940	7105	2411	15	3641	2285
鹤山市	61809	52058	18436	13524	4603	1726	150	3514	52
恩平市	25908	17965	4637	4481	1053	617	1000	1168	18

二、各省、自治区、直辖市地市县一般预算财政资料

2-19-16　　　　　　　　　　　　　　　　　　　　　　　　　　　　　　　　　　单位:万元

地区	收支部分									
	收入									
	税收收入			非税收入						
	契税	烟叶税	其他各项税收收入	小计	专项收入	行政事业性收费收入	罚没收入	国有资本经营收入	国有资源(资产)有偿使用收入	其他收入
梅江区			1842	1692	473	240	106	770	23	80
兴宁市	718	67	2058	3735	821	490	1184	1162	78	
梅县	2296	445	4390	5848	1726	2318	1659		40	105
平远县	106	346	613	1973	455	73	619	794	32	
蕉岭县	360	323	1016	1958	684	111	755	15	27	366
大埔县	975	666	2654	2518	517	660	1260	-1	82	
丰顺县	157	136	1150	1852	557	829	406		60	
五华县	322	782	780	1665	413	41	1400	-250	61	
惠州市小计	**52197**		**66551**	**107985**	**19517**	**38669**	**45899**	**-293**	**3176**	**1017**
本级	27048		30157	56409	8159	22824	23959	-393	1823	37
区县级小计	25149		36394	51576	11358	15845	21940	100	1353	980
惠城区	10713		13507	7720	3995	2374	1040		303	8
惠阳区	6636		9924	8587	2480	912	4985		210	
惠东县	3935		4107	12943	1616	7152	3623		480	72
博罗县	3522		7478	18553	2467	4917	10852	200	117	
龙门县	343		1378	3773	800	490	1440	-100	243	900
汕尾市小计	**5734**		**18089**	**45949**	**3420**	**11882**	**4208**	**3167**	**11309**	**11963**
本级	1884		5114	11356	649	4361	575	327	320	5124
区县级小计	3850		12975	34593	2771	7521	3633	2840	10989	6839
城区	320		3032	2982	274	767	268		59	1614
陆丰市	2118		3605	18150	776	2788	980	763	9712	3131
海丰县	1337		5943	9934	1486	2740	1528	1980	1133	1067
陆河县	75		395	3527	235	1226	857	97	85	1027
东莞市小计	**355039**		**114169**	**211848**	**55863**	**64031**	**81766**	**5544**	**4075**	**569**
本级	355039		114169	211848	55863	64031	81766	5544	4075	569
中山市小计	**113519**		**77101**	**78856**	**26301**	**11235**	**27892**	**10078**	**2697**	**653**
本级	113519		77101	78856	26301	11235	27892	10078	2697	653
江门市小计	**34339**		**81321**	**93355**	**23578**	**23328**	**37204**	**7124**	**2121**	
本级	11230		18792	24788	6334	7864	8543	1030	1017	
区县级小计	23109		62529	68567	17244	15464	28661	6094	1104	
蓬江区	6199		9620	3063	1556	803	669		35	
江海区	1129		2950	1407	557	400	286		164	
新会区	5709		19313	26373	4858	8120	7746	5287	362	
台山市	2305		9306	9626	3798	987	4684	-75	232	
开平市	4201		9862	10404	2842	1768	5592		202	
鹤山市	1856		8197	9751	2028	957	6521	180	65	
恩平市	1710		3281	7943	1605	2429	3163	702	44	

2－19－17

单位:万元

地区	收支部分									
	支出功能分类									
	支出合计	一般公共服务	外交	国防	公共安全	教育	科学技术	文化体育与传媒	社会保障和就业	医疗卫生
梅江区	35279	3854			662	9430	64	122	7695	2743
兴宁市	124209	14303			3756	29236	537	846	20301	7567
梅县	101941	14234			3300	19848	919	1163	16135	7746
平远县	41770	8769			2645	8118	714	392	6771	3505
蕉岭县	41350	9925			2819	7834	365	670	7077	2759
大埔县	63531	11024			4081	14853	522	789	11164	5259
丰顺县	72806	12294			3952	18818	250	855	12361	6765
五华县	103240	14591			4982	33358	694	546	15894	7914
惠州市小计	**860589**	**192235**		**1694**	**101038**	**156265**	**10308**	**10777**	**68422**	**50566**
本级	332027	73022			54131	26273	5971	3568	22935	18324
区县级小计	528562	119213		1694	46907	129992	4337	7209	45487	32242
惠城区	128001	33220		273	6075	33048	2048	1969	16119	6816
惠阳区	108265	26149		361	13527	24988	603	1937	4543	5088
惠东县	114751	21830		501	11335	27111	589	1643	11620	7564
博罗县	121617	27581		306	11063	30541	871	1106	9121	9005
龙门县	55928	10433		253	4907	14304	226	554	4084	3769
汕尾市小计	**311127**	**62204**			**23648**	**88647**	**2534**	**3599**	**41376**	**18301**
本级	67212	15232			9386	9241	503	1671	6818	2094
区县级小计	243915	46972			14262	79406	2031	1928	34558	16207
城区	29012	5651			824	10521	348	222	4387	1448
陆丰市	99812	20837			5702	33203	590	701	13751	7792
海丰县	76269	13429			5851	23290	929	725	12295	3677
陆河县	38822	7055			1885	12392	164	280	4125	3290
东莞市小计	**1930968**	**220367**			**324714**	**412347**	**91232**	**23957**	**104264**	**16119**
本级	1930968	220367			324714	412347	91232	23957	104264	16119
中山市小计	**877559**	**161064**			**95749**	**211779**	**26534**	**13628**	**76834**	**28831**
本级	877559	161064			95749	211779	26534	13628	76834	28831
江门市小计	**763994**	**131838**		**2125**	**93752**	**170347**	**18776**	**7428**	**91813**	**40758**
本级	166073	25174		234	38385	25994	6125	2861	18590	8298
区县级小计	597921	106664		1891	55367	144353	12651	4567	73223	32460
蓬江区	72087	16537		383	2891	15326	2714	572	8347	2199
江海区	28672	9949		187	2369	5219	573	225	3320	1414
新会区	162865	24026		296	16015	38518	5865	1027	16089	7386
台山市	119707	16305		294	9766	27608	1122	715	18425	7252
开平市	84340	14996		242	9154	28471	1107	825	8160	5062
鹤山市	71979	14410		318	8722	15891	1088	788	9924	4560
恩平市	58271	10441		171	6450	13320	182	415	8958	4587

二、各省、自治区、直辖市地市县一般预算财政资料

2－19－18　　　　　　　　单位:万元

地区	收支部分						平衡部分		
	支出功能分类						收入		
	环境保护	城乡社区事务	农林水事务	交通运输	工业、商业、金融等事务	其他支出	收入合计	本年收入	返还性收入 小计
梅江区	67	753	1799	30	352	7708	36855	12884	2795
兴宁市	1906	2832	33441	1184	2361	5939	126517	20069	5589
梅县	867	4820	19332	64	3473	10040	103848	41324	11737
平远县	1418	705	6331	182	2059	161	42659	10261	3108
蕉岭县	547	1356	6000	80	1770	148	42055	15415	4937
大埔县	513	1766	7898	367	1767	3528	64553	16470	3830
丰顺县	421	1205	8374	39	2642	4830	74457	14388	3062
五华县	722	5323	13009	43	4110	2054	104465	10403	3395
惠州市小计	**12977**	**47843**	**90885**	**20152**	**26375**	**71052**	**1037393**	**620602**	**53856**
本级	6754	24855	22187	10022	12232	51753	440814	301083	32952
区县级小计	6223	22988	68698	10130	14143	19299	596579	319519	20904
惠城区	1129	3413	10462	5485	2724	5220	154156	104202	7166
惠阳区	2000	8913	9986	797	2468	6905	115568	76679	4463
惠东县	792	4911	20418	503	3855	2079	126961	46168	1338
博罗县	1448	4673	18306	2986	3418	1192	133069	75369	4011
龙门县	854	1078	9526	359	1678	3903	66825	17101	3926
汕尾市小计	**3004**	**8972**	**24886**	**1069**	**16259**	**16628**	**447627**	**121584**	**11812**
本级	2062	1623	3853	438	6072	8219	125858	32465	3221
区县级小计	942	7349	21033	631	10187	8409	321769	89119	8591
城区		801	2101	9	1303	1397	42690	13441	1193
陆丰市	232	5027	5568	281	5878	250	127739	33564	2928
海丰县	425	595	8330	194	1824	4705	101985	33968	3952
陆河县	285	926	5034	147	1182	2057	49355	8146	518
东莞市小计	**19624**	**350732**	**116452**	**54144**	**35546**	**161470**	**2073860**	**1864468**	**131434**
本级	19624	350732	116452	54144	35546	161470	2073860	1864468	131434
中山市小计	**13497**	**69595**	**106734**	**4914**	**14452**	**53948**	**1097334**	**861171**	**39797**
本级	13497	69595	106734	4914	14452	53948	1136475	861171	78938
江门市小计	**10565**	**26858**	**75830**	**3125**	**24741**	**66038**	**900872**	**624301**	**101838**
本级	4089	10032	8470	1079	5469	11273	200605	147326	28437
区县级小计	6476	16826	67360	2046	19272	54765	700267	476975	73401
蓬江区	697	5052	2353		2641	12375	88363	64202	10148
江海区	235	1160	2201	120	514	1186	32111	23576	3701
新会区	2008	2707	23969	848	4236	19875	193170	140740	20147
台山市	1434	800	13014	238	7228	15506	137110	88882	11401
开平市	937	2631	7191	355	1874	3335	95242	71858	13112
鹤山市	786	2859	9413	186	1051	1983	85857	61809	9846
恩平市	379	1617	9219	299	1728	505	68414	25908	5046

2－19－19　　　　单位:万元

地区	平衡部分									
	收入									
	返还性收入		财力性转移支付收入							
	增值税和消费税税收返还	所得税基数返还	小计	体制补助	一般性转移支付补助	民族地区转移支付补助	调整工资转移支付补助	农村义务教育补助	农村税费改革补助	缓解县乡困难转移支付补助
梅江区	2424	371	11532	1237			3286	487	44	1875
兴宁市	4467	1122	46051	2369	15733		13454	3395	6079	1490
梅县	8485	3252	22469	2509	1792		8141	1521	3074	1240
平远县	2885	223	13056	807	2784		4779	709	1475	880
蕉岭县	4522	415	8714	748	401		4007	438	948	1020
大埔县	3402	428	25133	2352	8622		7529	1438	2451	1070
丰顺县	2194	868	34571	3014	14516		9270	2642	2543	820
五华县	3136	259	56379	4081	21151		14031	7572	5798	1255
惠州市小计	**25304**	**28552**	**96125**	**6420**	**18015**		**34271**	**7788**	**11730**	**7843**
本级	14389	18563	15880	6125	318		3927		281	20
区县级小计	10915	9989	80245	295	17697		30344	7788	11449	7823
惠城区	3530	3636	8917	295	97		4502	600	1585	1635
惠阳区	1482	2981	9267		123		4779	1430	1210	384
惠东县	314	1024	24589		7369		8311	2717	3158	1472
博罗县	2060	1951	21611		4152		7939	2135	3403	2741
龙门县	3529	397	15861		5956		4813	906	2093	1591
汕尾市小计	**8064**	**3748**	**99237**	**9176**	**30065**		**30716**	**12286**	**8896**	**5731**
本级	1512	1709	11830	3285	2011		2936	507	355	884
区县级小计	6552	2039	101941	5891	28054		27780	11779	8541	4847
城区	905	288	9914	715	216		3800	516	1008	1324
陆丰市	2593	335	44240	1792	14065		10923	6784	3426	785
海丰县	2649	1303	26216	2009	4561		8694	2672	2823	1758
陆河县	405	113	21571	1375	9212		4363	1807	1284	980
东莞市小计	**43055**	**88379**	**15983**	**1305**	**404**			**683**		
本级	43055	88379	15983	1305	404			683		
中山市小计	**10237**	**29560**	**9887**	**1588**	**688**			**485**		
本级	49378	29560	9887	1588	688			485		
江门市小计	**75249**	**26589**	**32890**		**5659**		**6169**	**2243**	**10407**	**3477**
本级	19469	8968	3447		743			1		
区县级小计	55780	17621	29443		4916		6169	2242	10407	3477
蓬江区	7351	2797	591					76	213	236
江海区	2555	1146	183					38		86
新会区	16425	3722	2351					228	1517	149
台山市	8560	2841	6080		38			299	4459	801
开平市	8333	4779	2520		60			224	1300	515
鹤山市	8199	1647	2593		52			113	1220	791
恩平市	4357	689	15125		4766		6169	1264	1698	899

二、各省、自治区、直辖市地市县一般预算财政资料

2－19－20 单位:万元

地区	平衡部分									
	收入								支出	
	财力性转移支付收入				省补助计划单列市收入	上年结余	调入资金	国债转贷收入、上年结余及转补助数	支出合计	本年支出
	结算补助	企事业单位预算划转补助	其他财力性转移支付	专项转移支付						
梅江区	61		4542	6618		502	2524		36774	35279
兴宁市	951	307	2273	51110		3652	46		126349	124209
梅县	603	58	3531	20015		1281	7022		103370	101941
平远县	351		1271	14142		1103	989		42491	41770
蕉岭县	337		815	10616		1167	1206		41867	41350
大埔县	345	3	1323	17349		1771			64264	63531
丰顺县	469	2	1295	19810		2626			74167	72806
五华县	545	10	1936	31243		3028	17		104272	103240
惠州市小计	**5027**	**201**	**4830**	**123969**		**123409**	**19432**		**889316**	**860589**
本级	2932	116	2161	8345		82554			327947	332027
区县级小计	2095	85	2669	115624		40855	19432		561369	528562
惠城区	181	22		23239		9638	994		147586	128001
惠阳区	65	2	1274	18733		6426			112073	108265
惠东县	901	1	660	27714		9039	18113		118727	114751
博罗县	521	60	660	24491		7262	325		126054	121617
龙门县	427		75	21447		8490			56929	55928
汕尾市小计	**2151**	**36**	**180**	**134788**		**77284**	**2908**	**14**	**319440**	**311127**
本级	560	36	1256	40907		35016	2408	11	69563	67212
区县级小计	1591		13458	79347		42268	500	3	249877	243915
城区	50		2285	10975		7164		3	30435	29012
陆丰市	678		5787	31938		15069			102052	99812
海丰县	579		3120	22544		14805	500		77966	76269
陆河县	284		2266	13890		5230			39424	38822
东莞市小计	**8860**	**31**	**4700**	**29287**		**32688**			**2017987**	**1930968**
本级	8860	31	4700	29287		32688			2017987	1930968
中山市小计	**2411**	**15**	**4700**	**21296**		**153891**	**11292**		**930004**	**877559**
本级	2411	15	4700	21296		153891	11292		969145	877559
江门市小计	**2881**	**154**	**1900**	**82729**		**41316**	**17798**		**847753**	**763994**
本级	2205	28	470	3996		13399	4000		179473	166073
区县级小计	676	126	1430	78733		27917	13798		668280	597921
蓬江区	65	1		9697		3725			83637	72087
江海区	59			4145		506			31752	28672
新会区	99	18	340	14785		5132	10015		183985	162865
台山市	131	22	330	25195		5435	117		131166	119707
开平市	89	22	310	5748		674	1330		94569	84340
鹤山市	115	42	260	4115		5658	1836		80360	71979
恩平市	118	21	190	15048		6787	500		62811	58271

2－19－21　　　　单位:万元

地区	平衡部分									
	支出								年终结余	其中:净结余
	财力性转移支付			专项上解	计划单列市上解省	增设预算周转金	调出资金	国债转贷拨付数及年终结余		
	小计	体制上解	出口退税专项上解							
梅江区	855	813	42	106		534			81	81
兴宁市	162	1	161	625		1353			168	168
梅县	391	37	354	380		658			478	478
平远县	103	1	102	237		381			168	168
蕉岭县	9	5	4	187		321			188	188
大埔县	93	3	90	312		328			289	289
丰顺县	422	3	419	415		524			290	290
五华县	15	6	9	444		573			193	193
惠州市小计	**19497**	**2106**	**17391**	**3840**		**3844**	**1546**		**148077**	**14615**
本级	8846	2106	6740	－14472			1546		112867	13304
区县级小计	10651		10651	18312		3844			35210	1311
惠城区	5566		5566	14019					6570	200
惠阳区	1281		1281	1327		1200			3495	368
惠东县	1380		1380	1301		1295			8234	339
博罗县	2397		2397	1231		809			7015	106
龙门县	27		27	434		540			9896	298
汕尾市小计	**2569**		**2569**	**3635**		**2095**		**14**	**128187**	**4993**
本级	1240		1240	1000		100		11	56295	4076
区县级小计	1329		1329	2635		1995		3	71892	917
城区	624		624	796				3	12255	276
陆丰市	133		133	968		1139			25687	267
海丰县	479		479	601		617			24019	238
陆河县	93		93	270		239			9931	136
东莞市小计	**80143**	**24168**	**55975**	**6876**					**55873**	**44276**
本级	80143	24168	55975	6876					55873	44276
中山市小计	**46566**		**46566**	**5879**					**167330**	**85311**
本级	85707	39141	46566	5879					167330	85311
江门市小计	**76540**	**47916**	**28624**	**5169**		**2050**			**53119**	**13981**
本级	16828	9304	7524	－3428					21132	8552
区县级小计	59712	38612	21100	8597		2050			31987	5429
蓬江区	7516	3673	3843	3784		250			4726	356
江海区	1673	462	1211	1407					359	359
新会区	19035	12058	6977	1085		1000			9185	1133
台山市	10561	7417	3144	598		300			5944	1878
开平市	9540	6513	3027	689					673	568
鹤山市	7345	5005	2340	536		500			5497	450
恩平市	4042	3484	558	498					5603	685

2－19－22

单位:万元

地区	收支部分								
	收入								
	收入合计	税收收入							
		小计	增值税	营业税	企业所得税	个人所得税	资源税	城市维护建设税	耕地占用税
阳江市小计	**129683**	**104549**	**30249**	**28016**	**10519**	**4726**	**877**	**7958**	**928**
本级	49631	38481	7087	11759	4137	2124	45	3090	469
区县级小计	80052	66068	23162	16257	6382	2602	832	4868	459
江城区	15069	10894	3684	3348	884	608	13	932	
阳春市	26162	23035	8443	4698	2052	945	487	2138	257
阳东县	29652	24432	9300	5583	2808	701	87	1338	202
阳西县	9169	7707	1735	2628	638	348	245	460	
湛江市小计	**382406**	**259533**	**77499**	**69498**	**15141**	**13698**	**482**	**24367**	**10463**
本级	216334	138288	45104	36855	6001	7324	5	14365	1984
区县级小计	166072	121245	32395	32643	9140	6374	477	10002	8479
赤坎区	23283	16884	4617	2990	675	739		1485	3353
霞山区	26551	20459	3159	5819	1941	1566		1647	2664
麻章区	11736	8981	3443	1586	528	429	3	878	260
坡头区	7952	6323	1519	1437	226	263	36	391	1465
雷州市	20153	14883	4381	4749	1123	784	169	1288	104
廉江市	23530	16669	5155	4823	1151	610	185	1295	197
吴川市	19125	13388	3463	3575	1957	615	14	1214	163
遂溪县	17307	13578	4244	4169	894	726	12	1121	198
徐闻县	16435	10080	2414	3495	645	642	58	683	75
茂名市小计	**316625**	**204248**	**75702**	**37949**	**8384**	**6297**	**2856**	**34436**	**340**
本级	164493	118112	56517	11769	4120	3149	226	26164	16
区县级小计	152132	86136	19185	26180	4264	3148	2630	8272	324
茂南区	21689	16555	2809	6187	1479	882	58	1380	6
茂港区	9327	6720	2042	2013	259	163	14	583	2
信宜市	27460	14702	3564	3404	769	385	917	1481	77
高州市	38435	17641	4658	4838	768	784	454	1496	44
化州市	25610	14755	2694	4409	501	325	1020	1966	3
电白县	29611	15763	3418	5329	488	609	167	1366	192
肇庆市小计	**327411**	**217107**	**54451**	**61948**	**17865**	**8956**	**3842**	**15024**	**1866**
本级	95869	73293	14352	24399	5886	3126	8	5027	358
区县级小计	231542	143814	40099	37549	11979	5830	3834	9997	1508
端州区	40300	33315	5794	9907	2543	1413		2202	474
鼎湖区	13614	11241	3332	2957	883	321	7	831	210
四会市	43683	27220	8679	6057	1975	881	26	2270	445
高要市	51833	30511	10343	7645	2657	1241	1002	2255	215
广宁县	18958	9049	2837	2339	1206	503	121	456	58
德庆县	19496	10896	2972	3328	895	402	579	651	

2－19－23　　　　　　　　　　　　　　　　　　　　　　　　　　单位:万元

地区	收支部分									
	收入									
	税收收入			非税收入						
	契税	烟叶税	其他各项税收收入	小计	专项收入	行政事业性收费收入	罚没收入	国有资本经营收入	国有资源(资产)有偿使用收入	其他收入
阳江市小计	**8581**		**12695**	**25134**	**5183**	**9237**	**4798**	**5335**	**562**	**19**
本级	4410		5360	11150	1994	3067	2363	3321	386	19
区县级小计	4171		7335	13984	3189	6170	2435	2014	176	
江城区			1425	4175	394	1882	183	1686	30	
阳春市	1536		2479	3127	1548	1188	316		75	
阳东县	2345		2068	5220	903	2664	1295	328	30	
阳西县	290		1363	1462	344	436	641		41	
湛江市小计	**13750**	**32**	**34603**	**122873**	**17545**	**53435**	**25316**	**9444**	**10728**	**6405**
本级	9938		16712	78046	10927	34401	10090	8177	9492	4959
区县级小计	3812	32	17891	44827	6618	19034	15226	1267	1236	1446
赤坎区			3025	6399	1023	2649	2193	－18	384	168
霞山区			3663	6092	604	4607	525		326	30
麻章区	315		1539	2755	461	1554	452		24	264
坡头区	201		785	1629	244	1079	261		45	
雷州市	666		1619	5270	1038	818	3694	－467	187	
廉江市	703	32	2518	6861	857	3097	2673	150	84	
吴川市	721		1666	5737	721	2488	2285	160	83	
遂溪县	616		1598	3729	1100	1114	1140		75	300
徐闻县	590		1478	6355	570	1628	2003	1442	28	684
茂名市小计	**7306**		**30978**	**112377**	**14205**	**45871**	**15303**	**20183**	**5294**	**11521**
本级	2565		13586	46381	10747	11239	3814	7300	2368	10913
区县级小计	4741		17392	65996	3458	34632	11489	12883	2926	608
茂南区	1031		2723	5134	601	1922	857	1715	32	7
茂港区	423		1221	2607	281	1662	392	2	85	185
信宜市	1009		3096	12758	755	5128	2658	3992	43	182
高州市	1090		3509	20794	787	12926	3215	3019	847	
化州市	289		3548	10855	500	7378	1853	1100	24	
电白县	899		3295	13848	534	5616	2514	3055	1895	234
肇庆市小计	**24850**		**28305**	**110304**	**10299**	**32915**	**28155**	**21465**	**13740**	**3730**
本级	9671		10466	22576	2867	5827	5394	5936	749	1803
区县级小计	15179		17839	87728	7432	27088	22761	15529	12991	1927
端州区	6214		4768	6985	1196	3696	738	1343	12	
鼎湖区	970		1730	2373	542	1010	610	177	34	
四会市	4041		2846	16463	1442	3273	4408	6053	1260	27
高要市	1555		3598	21322	1905	5603	9501	1716	2587	10
广宁县	397		1132	9909	444	2732	1665	3965	17	1086
德庆县	660		1409	8600	513	2552	1921	1186	2428	

2-19-24 单位:万元

地区	收支部分									
	支出功能分类									
	支出合计	一般公共服务	外交	国防	公共安全	教育	科学技术	文化体育与传媒	社会保障和就业	医疗卫生
阳江市小计	**356811**	**78648**			**24777**	**78192**	**5422**	**4235**	**43601**	**23408**
本级	97329	23044			11683	11623	2344	2179	13513	4351
区县级小计	259482	55604			13094	66569	3078	2056	30088	19057
江城区	41453	8630			1733	11507	387	289	6196	2608
阳春市	94221	18291			4263	27852	1003	607	12815	8229
阳东县	72060	20097			4696	13890	1269	704	6169	4225
阳西县	51748	8586			2402	13320	419	456	4908	3995
湛江市小计	**942136**	**155532**		**2194**	**79443**	**224879**	**5150**	**12015**	**141060**	**60277**
本级	357148	55011		815	45798	41969	2075	7965	51907	15645
区县级小计	584988	100521		1379	33645	182910	3075	4050	89153	44632
赤坎区	32523	10853		239	2114	8430	348	145	4573	1132
霞山区	40448	7961		145	2139	10892	798	228	6342	1285
麻章区	30909	7794		56	1130	8017	217	107	2885	1989
坡头区	30371	6257		146	1239	10374	149	183	3601	2687
雷州市	105469	12797		139	5694	36012	131	743	20412	8474
廉江市	120877	16215		203	6873	39737	245	892	19319	10048
吴川市	70163	12783		211	4688	25750	182	594	9792	5908
遂溪县	84200	11782		136	5124	25958	703	431	11651	7709
徐闻县	70028	14079		104	4644	17740	302	727	10578	5400
茂名市小计	**699654**	**123258**	**104**		**55870**	**206281**	**4545**	**9783**	**97501**	**46297**
本级	189349	35161	104		23233	30902	2022	5404	28127	6424
区县级小计	510305	88097			32637	175379	2523	4379	69374	39873
茂南区	47085	12094			4586	13299	245	330	6441	3948
茂港区	33238	4899			2043	11133	120	125	3707	2638
信宜市	103064	17779			5914	36580	437	583	15111	9627
高州市	121246	20158			7136	43211	383	1124	15930	9856
化州市	103636	15996			5631	39879	236	708	13641	7863
电白县	102036	17171			7327	31277	1102	1509	14544	5941
肇庆市小计	**613473**	**123312**		**2746**	**59014**	**136168**	**13345**	**10576**	**78284**	**36423**
本级	145786	30274		829	17172	20326	4768	3520	17634	8422
区县级小计	467687	93038		1917	41842	115842	8577	7056	60650	28001
端州区	52733	11755		407	7866	14506	1088	628	9233	1394
鼎湖区	22759	5825		147	1907	4214	413	169	2294	997
四会市	67665	13341		206	6719	14776	1331	969	7616	3066
高要市	85808	15874		479	6016	18479	1937	1317	9675	5142
广宁县	53053	9639		236	4377	14120	778	1029	8703	3860
德庆县	55295	9978			4264	11486	1574	1312	7288	3048

2－19－25

单位:万元

地区	收支部分						平衡部分		
	支出功能分类						收入		
	环境保护	城乡社区事务	农林水事务	交通运输	工业、商业、金融等事务	其他支出	收入合计	本年收入	返还性收入 小计
阳江市小计	**4179**	**16763**	**43418**	**1269**	**23365**	**9534**	**378544**	**129683**	**26590**
本级	2932	8894	7696	541	5120	3409	102815	49631	7145
区县级小计	1247	7869	35722	728	18245	6125	275729	80052	19445
江城区	7	838	3977	5	4114	1162	45678	15069	5580
阳春市	426	4475	13216	459	1574	1011	98693	26162	8069
阳东县	684	1395	12080	29	5057	1765	77397	29652	3287
阳西县	130	1161	6449	235	7500	2187	53961	9169	2509
湛江市小计	**9171**	**49924**	**76816**	**14706**	**42192**	**68777**	**1167463**	**382406**	**86361**
本级	6466	26331	13809	12254	20425	56678	493902	216334	66494
区县级小计	2705	23593	63007	2452	21767	12099	673561	166072	19867
赤坎区		2771	531		516	871	37060	23283	1985
霞山区	3	3697	1116		1019	4823	48510	26551	1604
麻章区	215	1090	4619	365	1117	1308	33459	11736	1892
坡头区	3	1119	2745	106	1427	335	32268	7952	2030
雷州市	525	4342	11990	1042	1676	1492	140045	20153	1098
廉江市	367	2567	18220	409	4664	1118	125438	23530	3466
吴川市	454	1476	5417	295	1676	937	92641	19125	4877
遂溪县	511	4600	9664	117	5512	302	87694	17307	770
徐闻县	627	1931	8705	118	4160	913	76446	16435	2145
茂名市小计	**6054**	**38190**	**69777**	**4535**	**21495**	**15964**	**765623**	**316625**	**41846**
本级	2524	24628	13192	2310	4507	10811	235131	164493	13065
区县级小计	3530	13562	56585	2225	16988	5153	530492	152132	28781
茂南区	54	751	4151	52	846	288	49831	21689	4140
茂港区	2	1157	5154	13	2131	116	34196	9327	1384
信宜市	449	1553	9276	378	2786	2591	105006	27460	5228
高州市	1403	3066	14348	783	3207	641	128669	38435	6244
化州市	395	1666	13895	363	1874	1489	107204	25610	5515
电白县	1227	5369	9761	636	6144	28	105586	29611	6270
肇庆市小计	**5898**	**29831**	**56471**	**6128**	**17738**	**37539**	**661095**	**327411**	**47353**
本级	1897	14257	11451	1041	5261	8934	176207	95869	15358
区县级小计	4001	15574	45020	5087	12477	28605	484888	231542	31995
端州区	96	2442	407		1107	1804	55417	40300	4206
鼎湖区	247	900	2804	324	535	1983	23850	13614	1064
四会市	683	4738	8731	1359	2904	1226	70692	43683	4597
高要市	884	1743	9416	495	1514	12837	90314	51833	7168
广宁县	626	2054	4435	194	1148	1854	54288	18958	3958
德庆县	459	1134	7049	629	2233	4841	56977	19496	3293

二、各省、自治区、直辖市地市县一般预算财政资料

2-19-26 单位:万元

地区	平衡部分									
	收入									
	返还性收入		财力性转移支付收入							
	增值税和消费税税收返还	所得税基数返还	小计	体制补助	一般性转移支付补助	民族地区转移支付补助	调整工资转移支付补助	农村义务教育补助	农村税费改革补助	缓解县乡困难转移支付补助
阳江市小计	**19709**	**6881**	**92185**	**224**	**30461**		**31370**	**7187**	**15472**	**4818**
本级	3776	3369	12864	224	5984		5109		465	232
区县级小计	15933	3512	79321		24477		26261	7187	15007	4586
江城区	4355	1225	9616		1334		4394	751	1610	1446
阳春市	6993	1076	32226		10301		11090	3299	5817	939
阳东县	2524	763	18267		7071		4708	1358	3668	981
阳西县	2061	448	19212		5771		6069	1779	3912	1220
湛江市小计	**70662**	**15699**	**217273**	**92**	**67385**		**71460**	**26522**	**33024**	**8829**
本级	55898	10596	13759	92	167		7352	420	1023	258
区县级小计	14764	5103	203514		67218		64108	26102	32001	8571
赤坎区	1185	800	2742				2073	62	52	216
霞山区	641	963	4104				2950	137	158	362
麻章区	1729	163	4343				2503	484	847	450
坡头区	1879	151	6096				3065	757	1328	886
雷州市	559	539	43624		13399		11792	7253	9093	1357
廉江市	2666	800	47482		18533		12948	6057	7488	1720
吴川市	3899	978	31622		11423		10568	4429	3460	1210
遂溪县	490	280	33463		10698		10186	4190	4999	1400
徐闻县	1716	429	30038		13165		8023	2733	4576	970
茂名市小计	**29961**	**11885**	**188627**	**135**	**51920**		**60672**	**26571**	**29317**	**9660**
本级	6629	6436	-2734	135	352		3592	-4159		
区县级小计	23332	5449	189162	5760	51568		57080	30070	29787	9660
茂南区	3325	815	11507		1171		3229	2242	1326	1400
茂港区	1182	202	9935		841		2852	2299	1559	982
信宜市	4104	1124	44737		16182		12897	6017	6360	1575
高州市	4561	1683	46570		9127		15229	7406	8361	2370
化州市	4804	711	42693		16254		10669	6553	6078	1611
电白县	5356	914	35919		7993		12204	6213	5633	1722
肇庆市小计	**35235**	**12118**	**120352**	**5811**	**25111**		**44231**	**13054**	**19914**	**7058**
本级	9051	6307	14260	3241	4364		3829	89	74	529
区县级小计	26184	5811	106092	2570	20747		40402	12965	19840	6529
端州区	3090	1116	3705	416	313		2286	116	252	230
鼎湖区	865	199	3136	154	326		1077	225	870	333
四会市	3644	953	9714	134	471		4835	951	2260	650
高要市	5632	1536	14142	-411	368		6683	2491	3501	849
广宁县	3562	396	16209	273	4336		5773	1430	2830	1200
德庆县	2777	516	14153	703	3407		4687	1227	2459	1214

2－19－27

单位:万元

地区	平衡部分 收入 财力性转移支付收入 结算补助	企事业单位预算划转补助	其他财力性转移支付	专项转移支付	省补助计划单列市收入	上年结余	调入资金	国债转贷收入、上年结余及转补助数	支出 支出合计	本年支出
阳江市小计	**2341**	**32**	**280**	**114767**		**12204**	**3050**	**65**	**364615**	**356811**
本级	712	32	106	27295		2765	3050	65	89563	97329
区县级小计	1629		174	87472		9439			275052	259482
江城区	81			14508		905			45618	41453
阳春市	712		68	28699		3537			98563	94221
阳东县	428		53	23295		2896			77023	72060
阳西县	408		53	20970		2101			53848	51748
湛江市小计	**4072**	**5409**	**480**	**247344**		**138640**	**94414**	**1025**	**969961**	**942136**
本级	936	3201	310	6053		98552	92035	675	355267	357148
区县级小计	3136	2208	170	241291		40088	2379	350	614694	584988
赤坎区	69	270		8433		577	40		36007	32523
霞山区	80	417		15373		878			45990	40448
麻章区	59			15145		327	16		33409	30909
坡头区	60			15686		154		350	32218	30371
雷州市	641	51	38	58215		15100	1855		109137	105469
廉江市	698		38	48015		2945			125348	120877
吴川市	502		30	24571		12345	101		72938	70163
遂溪县	553	1403	34	33875		2279			87393	84200
徐闻县	474	67	30	21978		5483	367		72254	70028
茂名市小计	**6632**	**3440**	**280**	**168597**		**41419**	**6389**	**2120**	**713097**	**699654**
本级	2454	2606	－7714	33676		26481		150	191832	189349
区县级小计	4178	834	225	137120		14938	6389	1970	521265	510305
茂南区	50	2	2087	10771		1604		120	48760	47085
茂港区	62		1340	12457		943		150	33877	33238
信宜市	905	21	780	23452		2884	1245		104856	103064
高州市	2428	808	841	30707		4104	2209	400	123494	121246
化州市	647	1	880	27928		3696	462	1300	106828	103636
电白县	86	2	2066	29606		1707	2473		103450	102036
肇庆市小计	**4696**	**217**	**260**	**126260**		**26000**	**13719**		**625080**	**613473**
本级	1908	196	30	27141		15811	7768		142325	145786
区县级小计	2788	21	230	99119		10189	5951		482755	467687
端州区	79	13		6945		261			54874	52733
鼎湖区	101		50	5630		406			23768	22759
四会市	371	2	40	11841		817	40		70116	67665
高要市	620	1	40	16398		773			90184	85808
广宁县	342		25	13109		1588	466		54108	53053
德庆县	431		25	13493		1774	4768		56776	55295

二、各省、自治区、直辖市地市县一般预算财政资料

2－19－28

单位:万元

地区	平衡部分									
	支出								年终结余	其中:净结余
	财力性转移支付			专项上解	计划单列市上解省	增设预算周转金	调出资金	国债转贷拨付数及年终结余		
	小计	体制上解	出口退税专项上解							
阳江市小计	**3922**	**241**	**3681**	**1676**		**2141**		**65**	**13929**	**9949**
本级	－8568	－11220	2652	737				65	13252	9272
区县级小计	12490	11461	1029	939		2141			677	677
江城区	4039	4020	19	126					60	60
阳春市	3029	3029		388		925			130	130
阳东县	4083	3203	880	230		650			374	374
阳西县	1339	1209	130	195		566			113	113
湛江市小计	**11177**	**5281**	**5896**	**11055**		**4568**		**1025**	**197502**	**13962**
本级	5579	2811	2768	－8135				675	138635	12931
区县级小计	5598	2470	3128	19190		4568		350	58867	1031
赤坎区	305	171	134	3179					1053	50
霞山区	634	154	480	4908					2520	66
麻章区	778	39	739	1722					50	50
坡头区	383	6	377	1114				350	50	50
雷州市	747	559	188	1921		1000			30908	250
廉江市	1392	632	760	1879		1200			90	90
吴川市	362	231	131	1633		780			19703	88
遂溪县	664	490	174	1625		904			301	301
徐闻县	333	188	145	1209		684			4192	86
茂名市小计	**5172**	**5172**		**3385**		**2766**		**2120**	**52526**	**12160**
本级	1117	1117		1216				150	43299	8691
区县级小计	4055	4055		2169		2766		1970	9227	3469
茂南区	1390	1390		165				120	1071	1071
茂港区	371	371		118				150	319	171
信宜市	309	309		593		890			150	150
高州市	510	510		438		900		400	5175	1600
化州市	452	452		464		976		1300	376	376
电白县	1023	1023		391					2136	101
肇庆市小计	**5132**		**5132**	**3159**		**3316**			**36015**	**15527**
本级	2099		2099	－5560					33882	14231
区县级小计	3033		3033	8719		3316			2133	1296
端州区	637		637	1504					543	109
鼎湖区	143		143	866					82	82
四会市	552		552	1342		557			576	175
高要市	1061		1061	2475		840			130	130
广宁县				679		376			180	180
德庆县	397		397	538		546			201	201

2－19－29　　　　单位:万元

地区	收支部分								
	收入								
	收入合计	税收收入							
		小计	增值税	营业税	企业所得税	个人所得税	资源税	城市维护建设税	耕地占用税
封开县	18155	8010	1953	1830	501	290	1203	470	
怀集县	25503	13572	4189	3486	1319	779	896	862	106
清远市小计	**278895**	**228053**	**55944**	**67684**	**18662**	**7444**	**13152**	**13087**	**3772**
本级	76888	69012	10839	24290	4852	2320	538	4300	2263
区县级小计	202007	159041	45105	43394	13810	5124	12614	8787	1509
清城区	40007	33990	5339	11964	2390	1143	265	2118	1115
英德市	45023	38288	13753	8151	2457	884	7969	2154	12
连州市	23878	17714	6737	3740	2196	685	629	912	
佛冈县	29513	21165	6926	4589	1863	901	696	689	
清新县	31756	26211	6319	9254	2711	891	850	1320	12
连山自治县	4115	2801	801	866	308	95	61	223	62
连南瑶族自治县	7707	4719	1438	1145	366	146	551	320	4
阳山县	20008	14153	3792	3685	1519	379	1593	1051	304
潮州市小计	**134987**	**126606**	**51158**	**17479**	**15735**	**6770**	**3284**	**9402**	**565**
本级	70094	65532	25977	10471	8554	4185	1671	3976	38
区县级小计	64893	61074	25181	7008	7181	2585	1613	5426	527
湘桥区	13268	11946	4229	1809	903	525	389	1005	74
饶平县	17169	16221	7006	2419	1997	355	319	1726	11
潮安县	34456	32907	13946	2780	4281	1705	905	2695	442
揭阳市小计	**173237**	**129647**	**47248**	**20166**	**22810**	**4943**	**315**	**10615**	**3811**
本级	52556	40161	12222	8131	5818	1957	99	3609	1451
区县级小计	120681	89486	35026	12035	16992	2986	216	7006	2360
榕城区	20952	15712	6632	1470	2015	821	18	1524	731
普宁市	49977	34058	13572	3956	7045	1137	29	2552	1095
揭东县	25856	21690	8779	2502	4432	415	34	1462	511
揭西县	11137	8272	2789	1550	1678	316	83	669	23
惠来县	12759	9754	3254	2557	1822	297	52	799	
云浮市小计	**139716**	**84223**	**23767**	**19649**	**7196**	**6624**	**3030**	**6183**	**1222**
本级	39782	21651	5216	5128	1614	1679	628	3031	
区县级小计	99934	62572	18551	14521	5582	4945	2402	3152	1222
云城区	14162	8475	2343	2304	725	754	282		110
罗定市	27065	16250	5948	3621	1436	785	302	1123	36
新兴县	30041	19783	4713	4362	2138	2602	66	959	188
郁南县	14533	9373	2821	2336	698	459	96	633	888
云安县	14133	8691	2726	1898	585	345	1656	437	

二、各省、自治区、直辖市地市县一般预算财政资料

2－19－30 单位:万元

地区	收支部分									
	收入									
	税收收入			非税收入						
	契税	烟叶税	其他各项税收收入	小计	专项收入	行政事业性收费收入	罚没收入	国有资本经营收入	国有资源(资产)有偿使用收入	其他收入
封开县	738		1025	10145	474	2270	1715	979	4707	
怀集县	604		1331	11931	916	5952	2203	110	1946	804
清远市小计	**23107**	**224**	**24977**	**50842**	**9126**	**12682**	**14387**	**1720**	**1662**	**11265**
本级	11160		8450	7876	2625	1210	1083		358	2600
区县级小计	11947	224	16527	42966	6501	11472	13304	1720	1304	8665
清城区	5497		4159	6017	1005	1130	1870	1720	292	
英德市	1488		1420	6735	1222	2561	2110		120	722
连州市	718	224	1873	6164	775	1123	1799		150	2317
佛冈县	1090		4411	8348	586	967	1226		496	5073
清新县	2157		2697	5545	1043	1902	2000		71	529
连山自治县	52		333	1314	241	532	505		36	
连南瑶族自治县	273		476	2988	378	1003	1538		45	24
阳山县	672		1158	5855	1251	2254	2256		94	
潮州市小计	**3519**		**18694**	**8381**	**5853**	**2408**	**2062**	**－2831**	**889**	
本级	2437		8223	4562	2646	1144	1154	－848	466	
区县级小计	1082		10471	3819	3207	1264	908	－1983	423	
湘桥区	365		2647	1322	431	949	230	－300	12	
饶平县	267		2121	948	1014	57	552	－768	93	
潮安县	450		5703	1549	1762	258	126	－915	318	
揭阳市小计	**4905**		**14834**	**43590**	**6661**	**13332**	**14088**	**5544**	**1754**	**2211**
本级	2004		4870	12395	1820	3037	4853	1471	592	622
区县级小计	2901		9964	31195	4841	10295	9235	4073	1162	1589
榕城区	781		1720	5240	648	1639	671	1365	912	5
普宁市	1391		3281	15919	1591	4531	5179	3543	51	1024
揭东县	502		3053	4166	1279	1831	1197	－200	59	
揭西县	157		1007	2865	593	1363	1214	－395	90	
惠来县	70		903	3005	730	931	974	－240	50	560
云浮市小计	**5175**		**11377**	**55493**	**6114**	**13854**	**6756**	**19580**	**6279**	**2910**
本级	1483		2872	18131	2227	4709	1846	4492	4857	
区县级小计	3692		8505	37362	3887	9145	4910	15088	1422	2910
云城区	666		1291	5687	411	939	566	2364	92	1315
罗定市	1005		1994	10815	1046	3282	1159	3695	38	1595
新兴县	1465		3290	10258	789	1436	1013	5784	1236	
郁南县	204		1238	5160	727	1705	849	1839	40	
云安县	352		692	5442	914	1783	1323	1406	16	

2－19－31

单位:万元

地区	收支部分									
	支出功能分类									
	支出合计	一般公共服务	外交	国防	公共安全	教育	科学技术	文化体育与传媒	社会保障和就业	医疗卫生
封开县	51014	11603		347	4157	12962	432	670	7224	3692
怀集县	79360	15023		95	6536	25299	1024	962	8617	6802
清远市小计	**619490**	**125559**		**1404**	**48340**	**150563**	**3062**	**5168**	**76624**	**44082**
本级	103783	32391		893	8356	13759	1395	2091	9483	6871
区县级小计	515707	93168		511	39984	136804	1667	3077	67141	37211
清城区	72793	12558			9287	21589	303	426	7115	3372
英德市	108203	14060		141	7216	32964	146	396	15857	8437
连州市	70574	12386			3894	16333	177	300	9486	5090
佛冈县	52174	14252		41	4421	11652	241	411	7456	3957
清新县	86617	16552		285	6975	23658	431	373	9468	6200
连山自治县	24893	5617		44	1833	5253	61	362	4327	1757
连南瑶族自治县	33044	6176			1938	6745	68	430	4975	2373
阳山县	67409	11567			4420	18610	240	379	8457	6025
潮州市小计	**335441**	**57575**		**412**	**20781**	**84186**	**3506**	**4509**	**39650**	**23986**
本级	106752	24690		201	9937	17237	1628	3330	10962	4291
区县级小计	228689	32885		211	10844	66949	1878	1179	28688	19695
湘桥区	28783	6412		10	3103	7637	159	138	5759	2225
饶平县	94643	12051			3866	25335	778	537	10673	6339
潮安县	105263	14422		201	3875	33977	941	504	12256	11131
揭阳市小计	**514841**	**96076**		**1031**	**39900**	**164424**	**4569**	**5588**	**50704**	**39035**
本级	112412	27780		33	13930	17054	2094	1740	9905	5197
区县级小计	402429	68296		998	25970	147370	2475	3848	40799	33838
榕城区	37590	7606			3028	10069	324	471	7907	2938
普宁市	126280	19626		373	10117	49551	1401	1003	14570	10167
揭东县	72286	12220		176	3730	31500	310	564	4715	7531
揭西县	76195	15183		348	4668	26992	186	763	4667	6425
惠来县	90078	13661		101	4427	29258	254	1047	8940	6777
云浮市小计	**360980**	**71340**		**1024**	**28469**	**82463**	**6175**	**4672**	**45021**	**24401**
本级	68182	18465		541	9379	7822	1295	2093	5243	2481
区县级小计	292798	52875		483	19090	74641	4880	2579	39778	21920
云城区	33249	5596		132	2037	8293	767	189	5108	2644
罗定市	93982	14284			6594	28336	1411	505	14630	8045
新兴县	67913	11885		351	3969	15663	1019	614	8197	4621
郁南县	56979	10277			3557	13516	966	871	8001	3867
云安县	40675	10833			2933	8833	717	400	3842	2743

2－19－32

单位:万元

地区	收支部分						平衡部分		
	支出功能分类						收入		
	环境保护	城乡社区事务	农林水事务	交通运输	工业、商业、金融等事务	其他支出	收入合计	本年收入	返还性收入 小计
封开县	155	881	6013	535	1193	1150	52099	18155	4129
怀集县	851	1682	6165	1551	1843	2910	81251	25503	3580
清远市小计	**5601**	**30489**	**64275**	**4375**	**11682**	**48266**	**708176**	**278895**	**24544**
本级	2419	12840	3848	1298	3217	4922	159610	76888	7976
区县级小计	3182	17649	60427	3077	8465	43344	548566	202007	16568
清城区		3390	3835		1108	9810	78166	40007	1314
英德市	343	3073	13510	624	2497	8939	123455	45023	4101
连州市	1619	1950	9507	513	822	8497	71942	23878	2843
佛冈县	184	2810	2684	1444	789	1832	57700	29513	2138
清新县	451	2720	11976	120	1346	6062	89014	31756	1716
连山自治县	83	1362	3384	119	426	265	25196	4115	755
连南瑶族自治县	158	538	5426	132	654	3431	34138	7707	1233
阳山县	344	1806	10105	125	823	4508	68955	20008	2468
潮州市小计	**3070**	**19668**	**39020**	**579**	**12943**	**25556**	**380196**	**134987**	**30580**
本级	1362	11301	5348	321	6357	9787	142379	70094	11962
区县级小计	1708	8367	33672	258	6586	15769	237817	64893	18618
湘桥区		1690	782		388	480	30610	13268	4563
饶平县	876	2031	18453	57	4429	9218	98226	17169	6492
潮安县	832	4646	14437	201	1769	6071	108981	34456	7563
揭阳市小计	**5240**	**28153**	**51875**	**2800**	**15955**	**9491**	**604448**	**173237**	**40345**
本级	1271	14397	10302		4839	3870	154312	52556	12640
区县级小计	3969	13756	41573	2800	11116	5621	450136	120681	27705
榕城区	5	3360	954		617	311	40854	20952	3589
普宁市	1743	2777	9901	407	2490	2154	136025	49977	14618
揭东县	460	1454	5888	187	855	2696	78307	25856	4493
揭西县	1291	2012	10343	910	2312	95	92918	11137	2721
惠来县	470	4153	14487	1296	4842	365	102032	12759	2284
云浮市小计	**4155**	**16003**	**38551**	**5657**	**10452**	**22597**	**373993**	**139716**	**22672**
本级	1465	8174	4015	3095	3296	818	73937	39782	4901
区县级小计	2690	7829	34536	2562	7156	21779	300056	99934	17771
云城区	13	1274	3559	462	824	2351	33739	14162	1753
罗定市	799	2018	10413	146	1420	5381	95575	27065	6108
新兴县	790	2941	9412	173	1825	6453	69450	30041	5136
郁南县	506	762	6650	1571	1690	4745	59382	14533	3970
云安县	582	834	4502	210	1397	2849	41910	14133	804

2-19-33 单位:万元

地区	平衡部分 收入 返还性收入		财力性转移支付收入								
	增值税和消费税税收返还	所得税基数返还	小计	体制补助	一般性转移支付补助	民族地区转移支付补助	调整工资转移支付补助	农村义务教育补助	农村税费改革补助	缓解县乡困难转移支付补助
封开县	3777	352	15205	292	2871		6059	1947	2762	923
怀集县	2837	743	29828	1009	8655		9002	4578	4906	1130
清远市小计	**16996**	**7548**	**210264**	**15262**	**94415**	**360**	**52526**	**13108**	**19609**	**9927**
本级	4622	3354	19572	5797	21383		4702			30
区县级小计	12374	4194	190692	9465	73032	360	47824	13108	19609	9897
清城区	963	351	25044	896	8631		5527	688	1354	995
英德市	3628	473	40802	1109	16192		10064	3304	5245	1926
连州市	1583	1260	25424	1600	10203		7256	1388	2626	824
佛冈县	1476	662	14307	965	4875		4194	953	1349	1120
清新县	1343	373	34313	1515	13761		7848	3129	3799	1737
连山自治县	619	136	11401	827	4678	143	2817	489	978	960
连南瑶族自治县	951	282	13161	965	5181	217	3523	637	1130	900
阳山县	1811	657	26240	1588	9511		6595	2520	3128	1435
潮州市小计	**23474**	**7106**	**81449**	**3446**	**25441**		**28306**	**7257**	**12101**	**2399**
本级	9931	2031	5620	1168	2262		3254	-255	-240	
区县级小计	13543	5075	75829	2278	23179		25052	7512	12341	2399
湘桥区	2791	1772	4618	-406	325		2895	330	675	400
饶平县	5068	1424	35967	1645	12841		11214	3151	5220	1172
潮安县	5684	1879	35244	1039	10013		10943	4031	6446	827
揭阳市小计	**30366**	**9979**	**165383**	**11739**	**47064**		**53178**	**24693**	**20837**	**6207**
本级	7928	4712	14712	3640	4052		6432	559	916	1318
区县级小计	22438	5267	150671	8099	43012		46746	24134	19921	4889
榕城区	2146	1443	7011	109	140		3934	728	810	540
普宁市	11958	2660	32397	774	356		13853	9504	6022	1319
揭东县	3922	571	26964	3462	2436		8446	4853	5232	1330
揭西县	2342	379	43574	2703	20521		10655	4056	3738	870
惠来县	2070	214	40725	1051	19559		9858	4993	4119	830
云浮市小计	**18133**	**4539**	**100675**	**1050**	**36963**		**33932**	**10048**	**10429**	**5189**
本级	3251	1650	2612	2326	1147		2323			10
区县级小计	14882	2889	93696	-1276	35816		31609	10048	10429	5179
云城区	1294	459	8256	-30	962		3146	877	758	2360
罗定市	5323	785	34199	-1210	13213		11989	4623	3795	1189
新兴县	4034	1102	15260	67	4282		6171	1649	2035	551
郁南县	3618	352	20670	-114	9312		6412	1657	2407	713
云安县	613	191	15311	11	8047		3891	1242	1434	366

二、各省、自治区、直辖市地市县一般预算财政资料

2－19－34

单位:万元

地区	平衡部分									
	收入								支出	
	财力性转移支付收入			专项转移支付	省补助计划单列市收入	上年结余	调入资金	国债转贷收入、上年结余及转补助数	支出合计	本年支出
	结算补助	企事业单位预算划转补助	其他财力性转移支付							
封开县	322	4	25	12869		1418	323		51986	51014
怀集县	522	1	25	18834		3152	354		80943	79360
清远市小计	**4930**	**127**		**138567**		**53316**	**1612**	**978**	**630240**	**619490**
本级	2002	59	－14401	25426		27963	1157	628	101275	103783
区县级小计	2928	68	14401	113141		25353	455	350	528965	515707
清城区	50	2	6901	7125		4295	381		77600	72793
英德市	512	40	2410	27671		5858			110168	108203
连州市	491		1036	16343		3454			71824	70574
佛冈县	329		522	9495		2214	33		53510	52174
清新县	737	26	1761	17054		4149	26		88728	86617
连山自治县	137		372	7766		1159			25063	24893
连南瑶族自治县	125		483	10187		1850			33240	33044
阳山县	547		916	17500		2374	15	350	68832	67409
潮州市小计	**2030**	**319**	**150**	**105114**		**25320**	**2396**	**350**	**345817**	**335441**
本级	538	317	－1424	37372		15973	1358		110579	106752
区县级小计	1492	2	1574	67742		9347	1038	350	235238	228689
湘桥区	50		349	5270		1981	910		29786	28783
饶平县	670	2	52	34179		3947	122	350	96935	94643
潮安县	772		1173	28293		3419	6		108517	105263
揭阳市小计	**1392**	**123**	**150**	**173330**		**49750**	**1703**	**700**	**528409**	**514841**
本级	88	－710	－1583	54546		18295	863	700	113870	112412
区县级小计	1304	833	1733	118784		31455	840		414539	402429
榕城区	53	391	306	8750		552			40756	37590
普宁市	123	8	438	32269		6621	143		130188	126280
揭东县	489	387	329	19169		1498	327		75311	72286
揭西县	559		472	24245		10871	370		77686	76195
惠来县	80	47	188	34351		11913			90598	90078
云浮市小计	**2722**	**52**	**290**	**91227**		**9269**	**10434**		**365752**	**360980**
本级	971	52	－4217	21983		1072	3587		68647	68182
区县级小计	1751		140	73611		8197	6847		297105	292798
云城区	157		26	8679		684	205		33632	33249
罗定市	560		40	23337		2287	2579		95393	93982
新兴县	480		25	16869		1736	408		69282	67913
郁南县	258		25	14518		2036	3655		57617	56979
云安县	296		24	10208		1454			41181	40675

2 - 19 - 35

单位:万元

地区	平衡部分									
	支出								年终结余	其中：净结余
	财力性转移支付			专项上解	计划单列市上解省	增设预算周转金	调出资金	国债转贷拨付数及年终结余		
	小计	体制上解	出口退税专项上解							
封开县	69		69	565		338			113	113
怀集县	174		174	750		659			308	306
清远市小计	**3689**	**1579**	**2110**	**2983**		**3100**		**978**	**77936**	**25743**
本级	1973	1579	394	-5109				628	58335	24734
区县级小计	1716		1716	8092		3100		350	19601	1009
清城区	214		214	4593					566	66
英德市	83		83	1237		645			13287	218
连州市	193		193	457		600			118	118
佛冈县	724		724	257		355			4190	62
清新县	500		500	711		900			286	166
连山自治县				170					133	133
连南瑶族自治县				196					898	123
阳山县	2		2	471		600		350	123	123
潮州市小计	**5060**	**114**	**4946**	**2475**		**2070**	**421**	**350**	**34379**	**8201**
本级	2568	114	2454	838			421		31800	7771
区县级小计	2492		2492	1637		2070		350	2579	430
湘桥区	604		604	399					824	131
饶平县	437		437	555		950		350	1291	138
潮安县	1451		1451	683		1120			464	161
揭阳市小计	**8297**	**569**	**7728**	**3090**		**1361**	**120**	**700**	**76039**	**11435**
本级	2633	569	2064	-1995			120	700	40442	10938
区县级小计	5664		5664	5085		1361			35597	497
榕城区	1727		1727	1439					98	98
普宁市	2541		2541	1367					5837	102
揭东县	1305		1305	920		800			2996	88
揭西县	77		77	853		561			15232	120
惠来县	14		14	506					11434	89
云浮市小计	**936**		**936**	**1832**		**1909**	**95**		**8241**	**6608**
本级				465					5290	5290
区县级小计	936		936	1367		1909	95		2951	1318
云城区	200		200	88		95			107	107
罗定市	206		206	476		729			182	182
新兴县	530		530	322		517			168	168
郁南县				293		250	95		1765	632
云安县				188		318			729	229

2007年广西壮族自治区地市县财政一般预算收支平衡表

2-20-1 单位:万元

地区	收支部分								
	收入								
	收入合计	税收收入							
		小计	增值税	营业税	企业所得税	个人所得税	资源税	城市维护建设税	耕地占用税
地市县合计	**3087368**	**1955681**	**400132**	**533449**	**207805**	**99547**	**31740**	**185412**	**39951**
南宁市小计	**701510**	**541848**	**61021**	**169814**	**75139**	**32908**	**1775**	**50016**	**5194**
本级	410488	321501	31886	77262	56215	16758		28956	2832
区县级小计	291022	220347	29135	92552	18924	16150	1775	21060	2362
兴宁区	25495	21121	2009	9883	3021	1449	112	2041	
青秀区	52998	46553	3356	22783	3405	5474		5450	
江南区	13499	9846	2027	3800	972	1040	17	1204	
西乡塘区	23264	20308	2906	7954	1925	1930	23	3134	
良庆区	7959	4537	1059	1679	499	537	88	381	
邕宁区	5819	2567	914	552	233	247	197	270	
武鸣县	18635	10632	2205	3185	490	507	148	693	700
横县	25622	14487	3251	4206	823	591	265	1020	534
宾阳县	22646	11537	2672	3333	537	621	558	744	370
上林县	7990	3766	1022	1032	353	176	229	288	51
马山县	6916	3596	647	1077	606	128	24	255	163
隆安县	10278	5618	1401	2168	353	215	109	414	133
高新区	36311	34671	3498	14833	2934	2070	1	2729	
经开区	17898	17114	1714	8612	1662	595		1592	
华侨区	5622	4273	377	1319	312	83	1	81	411
相思湖区	1523	1448	41	791	41	343	3	139	
风景区	8547	8273	36	5345	758	144		625	
柳州市小计	**403696**	**301765**	**88628**	**63603**	**32335**	**12780**	**1329**	**40259**	**2978**
本级	260873	192249	62951	30378	21998	7904	916	27931	1894
区县级小计	142823	109516	25677	33225	10337	4876	413	12328	1084
柳江县	25685	17773	4982	3870	2753	626	44	1352	249
柳城县	9903	6929	2731	1335	1135	361	25	585	1
鹿寨县	20036	13819	3390	3857	953	456	128	1225	697
融安县	7598	4778	1181	1324	471	224	91	338	2
三江县	5216	1984	337	786	84	149	13	110	13
融水县	9534	4921	1237	1353	386	344	51	471	122
城中区	10385	9510	316	4216	1018	445		1271	
鱼峰区	12735	11620	2909	3757	646	505	4	1655	
柳南区	16902	15119	3109	5106	1035	693	17	2187	
柳北区	15321	13779	2604	4700	743	524	23	2397	
高新开发区	6096	6091	1850	2287	428	391	2	675	
阳和工业新区	3412	3193	1031	634	685	158	15	62	
桂林市小计	**363167**	**246536**	**38798**	**71605**	**24843**	**15024**	**3277**	**18628**	**3432**

2－20－2

单位:万元

地区	收支部分									
	收入									
	税收收入			非税收入						
	契税	烟叶税	其他各项税收收入	小计	专项收入	行政事业性收费收入	罚没收入	国有资本经营收入	国有资源(资产)有偿使用收入	其他收入
地市县合计	**184189**	**6703**	**266753**	**1131687**	**120389**	**260644**	**203861**	**374313**	**122995**	**49485**
南宁市小计	**62765**	**77**	**83139**	**159662**	**25844**	**78560**	**21710**	**23730**	**7156**	**2662**
本级	56968	61	50563	88987	14504	48079	9927	11508	4969	
区县级小计	5797	16	32576	70675	11340	30481	11783	12222	2187	2662
兴宁区			2606	4374	880	2746	744		4	
青秀区			6085	6445	2388	3574	467		16	
江南区			786	3653	544	2655	444		6	4
西乡塘区			2436	2956	1376	1202	369		9	
良庆区			294	3422	221	2896	199	100	6	
邕宁区			154	3252	161	2780	300		11	
武鸣县	1427		1277	8003	772	1538	1277	2453	13	1950
横县	1711		2086	11135	1036	4343	1569	3797	114	276
宾阳县	1218		1484	11109	687	3490	4194	2422	72	244
上林县	260		355	4224	233	1719	592	898	594	188
马山县	202		494	3320	175	1429	457		1259	
隆安县	429	16	380	4660	522	1597	951	1573	17	
高新区			8606	1640	1170	340	103		27	
经开区			2939	784	686	10	65		23	
华侨区	550		1139	1349	162	162	42	979	4	
相思湖区			90	75	60		9		6	
风景区			1365	274	267		1		6	
柳州市小计	**21725**		**38128**	**101931**	**23029**	**18794**	**14286**	**40349**	**4235**	**1238**
本级	17735		20542	68624	15062	9992	6897	33435	3022	216
区县级小计	3990		17586	33307	7967	8802	7389	6914	1213	1022
柳江县	1431		2466	7912	1398	1867	1511	2401	79	656
柳城县	217		539	2974	818	1005	937	186	28	
鹿寨县	1227		1886	6217	1366	1645	1075	1899	28	204
融安县	483		664	2820	353	771	710	967	19	
三江县	219		273	3232	196	1275	820	227	714	
融水县	413		544	4613	422	1268	1219	1234	308	162
城中区			2244	875	547	178	144		6	
鱼峰区			2144	1115	709	241	161		4	
柳南区			2972	1783	964	238	577		4	
柳北区			2788	1542	1040	261	231		10	
高新开发区			458	5					5	
阳和工业新区			608	219	154	53	4		8	
桂林市小计	**34692**	**50**	**36187**	**116631**	**11709**	**19732**	**27207**	**39167**	**7121**	**11695**

二、各省、自治区、直辖市地市县一般预算财政资料

2－20－3　　　　单位:万元

地　　区	收支部分									
	支出功能分类									
	支出合计	一般公共服务	外交	国防	公共安全	教育	科学技术	文化体育与传媒	社会保障和就业	医疗卫生
地市县合计	**7256145**	**1415097**	**82**	**21573**	**520637**	**1607575**	**59345**	**103430**	**835446**	**419166**
南宁市小计	**1180007**	**232910**		**1876**	**107993**	**201205**	**17063**	**23274**	**162319**	**67148**
本级	504330	71884		166	65976	44609	10222	18225	68609	29783
区县级小计	675677	161026		1710	42017	156596	6841	5049	93710	37365
兴宁区	37765	11990		139	4056	5733	409	323	4825	1384
青秀区	53228	11566		165	6998	12061	652	420	4995	1966
江南区	27345	4635		131	2217	8882	488	95	3973	2052
西乡塘区	52120	10019		92	4017	15605	779	202	9647	1630
良庆区	28089	6875		82	1400	6694	278	187	3241	1712
邕宁区	31851	5334		67	1024	9373	376	275	6558	2767
武鸣县	67156	8870		151	3426	16707	933	614	9636	5048
横县	82776	17659		139	4928	23361	984	640	15151	5964
宾阳县	69522	13382		40	4380	19655	884	515	11858	5879
上林县	38840	9833		330	2687	9999	298	210	8084	2247
马山县	50447	10320		85	2360	12440	348	892	7206	3064
隆安县	47034	10417		279	2786	9801	412	441	6733	2983
高新区	44322	31935		1	628	2131		222	246	278
经开区	20085	3885		9	348	1844			237	165
华侨区	15085	2211			316	2065		13	1260	218
相思湖区	1354	1002								
风景区	8658	1093			446	245			60	8
柳州市小计	**749327**	**115685**		**2604**	**56741**	**147218**	**11191**	**12028**	**110838**	**42642**
本级	350890	35197		1839	32871	39442	7178	8958	49366	18168
区县级小计	398437	80488		765	23870	107776	4013	3070	61472	24474
柳江县	57788	10636		83	3588	14687	359	605	9443	3892
柳城县	44402	7382		36	3757	11728	292	477	8145	3620
鹿寨县	51045	6665		128	3383	12063	468	505	7915	3717
融安县	37237	6937		85	2199	9448	392	320	6904	2894
三江县	38742	7266		72	2193	12828	259	506	2580	2515
融水县	52000	8718		90	2663	15908	370	435	8311	4551
城中区	17486	3981			1079	5045	187	42	3791	605
鱼峰区	20489	4012		103	1461	5856	229	24	4211	592
柳南区	29992	4652		98	1910	10676	514	59	5039	1015
柳北区	28359	6238		70	1478	8764	317	54	4943	998
高新开发区	14455	12637			21		577	40	38	
阳和工业新区	6442	1364			138	773	49	3	152	75
桂林市小计	**846653**	**177707**		**2303**	**64017**	**191172**	**10340**	**13241**	**99016**	**54543**

2 -20 -4　　单位:万元

地区	收支部分						平衡部分		
	支出功能分类						收入		
	环境保护	城乡社区事务	农林水事务	交通运输	工业、商业、金融等事务	其他支出	收入合计	本年收入	返还性收入 小计
地市县合计	**67490**	**569851**	**629546**	**222794**	**411082**	**373031**	**8922490**	**3087368**	**683011**
南宁市小计	**10961**	**117546**	**103869**	**9603**	**66462**	**57778**	**1567478**	**701510**	**123355**
本级	7398	61588	47850	3588	42323	32109	770036	410488	65990
区县级小计	3563	55958	56019	6015	24139	25669	797442	291022	57365
兴宁区	37	5760	3081			28	41568	25495	4500
青秀区	114	8302	3973	20	192	1804	74383	52998	4665
江南区	40	2071	1466		273	1022	35647	13499	4300
西乡塘区	23	4997	2020	920	460	1709	56363	23264	4983
良庆区	58	1391	5133	46	325	667	30468	7959	3138
邕宁区	41	604	4729	76	229	398	34698	5819	3288
武鸣县	186	1913	10569	44	881	8178	79843	18635	10789
横县	352	2674	6218	659	1982	2065	87499	25622	7857
宾阳县	281	3621	4488	1404	1520	1615	79563	22646	6090
上林县	269	852	2540	324	1097	70	55937	7990	1903
马山县	164	3922	6093	2517	861	175	57047	6916	1423
隆安县	210	1125	4942	5	268	6632	53347	10278	2928
高新区	7	1152	70		7191	461	61082	36311	1176
经开区	15	5362	164		7570	486	23206	17898	122
华侨区	64	7082	353		1246	257	15778	5622	203
相思湖区		330				22	1800	1523	
风景区	1702	4800	180		44	80	9213	8547	
柳州市小计	**7826**	**88312**	**49362**	**14988**	**51961**	**37931**	**971712**	**403696**	**123401**
本级	6037	60628	8992	13971	44774	23469	535856	260873	100372
区县级小计	1789	27684	40370	1017	7187	14462	435856	142823	23029
柳江县	289	3392	6466	104	289	3955	62700	25685	5486
柳城县	239	506	5974	50	303	1893	50594	9903	6146
鹿寨县	643	3075	8172	55	1512	2744	57385	20036	4984
融安县	208	661	4915	31	539	1704	42948	7598	2099
三江县	154	1275	6621	448	1483	542	44466	5216	943
融水县	241	2050	5742	329	1086	1506	54899	9534	2707
城中区		2548	146			62	17947	10385	
鱼峰区		3137	130		74	660	21095	12735	
柳南区		5092	529		52	356	30541	16902	
柳北区	10	3416	1550		165	356	29204	15321	
高新开发区		443	10		453	236	15847	6096	342
阳和工业新区	5	2089	115		1231	448	8230	3412	322
桂林市小计	**8274**	**51565**	**78079**	**15969**	**50649**	**29778**	**1132311**	**363167**	**93562**

二、各省、自治区、直辖市地市县一般预算财政资料

2－20－5

单位:万元

地区	平衡部分									
	收入									
	返还性收入		财力性转移支付收入							
	增值税和消费税税收返还	所得税基数返还	小计	体制补助	一般性转移支付补助	民族地区转移支付补助	调整工资转移支付补助	农村义务教育补助	农村税费改革补助	缓解县乡困难转移支付补助
地市县合计	**499775**	**183236**	**2610944**	**31084**	**650000**	**40000**	**766642**	**108272**	**262115**	**104550**
南宁市小计	**85596**	**37759**	**338342**		**63226**	**3399**	**93469**	**12032**	**29884**	**10501**
本级	44313	21677	8164	－4735			15908	13		294
区县级小计	41283	16082	330178	4735	63226	3399	77561	12019	29884	10207
兴宁区	2551	1949	15473				2340	228	932	170
青秀区	2509	2156	18050				2590	265	913	371
江南区	2284	2016	14584				2469	432	1598	7
西乡塘区	2923	2060	24469	2626			3918	713	1569	209
良庆区	2187	951	18634				2165	576	1194	670
邕宁区	2600	688	22301				4132	558	1565	336
武鸣县	9336	1453	27739		3246	406	7986	1214	4632	1622
横县	6746	1111	43022		12260		14674	2412	5364	3264
宾阳县	4992	1098	36476		11707		11810	2595	4225	1651
上林县	1471	432	30040	892	12464	1084	8507	1067	2521	1148
马山县	1017	406	35654	1190	13907	1063	8893	1089	2323	351
隆安县	2482	446	29994	27	9642	846	7440	699	2613	404
高新区	185	991	7560				26	53	74	
经开区		122	2566				16	71	46	
华侨区		203	3012				453	47	315	
相思湖区			78				14			4
风景区			526				128			
柳州市小计	**101167**	**22234**	**220404**		**43465**	**3588**	**63019**	**5417**	**18955**	**2629**
本级	83582	16790	24757	－2015			11388	4		101
区县级小计	17585	5444	195647	2015	43465	3588	51631	5413	18955	2528
柳江县	4329	1157	20578	67	30	88	7572	1158	4080	436
柳城县	4714	1432	21780		5680	623	6767	733	4479	91
鹿寨县	4042	942	19930		1963	529	7284	797	3345	154
融安县	1687	412	24896	398	11579		7041	633	1806	469
三江县	539	404	27770	764	12076	1154	7533	774	1717	314
融水县	2274	433	32421	786	12137	1194	10292	958	2760	833
城中区			6812				1022	29	63	75
鱼峰区			7053				1026	22	48	53
柳南区			12167				1380	113	205	20
柳北区			12022				1538	196	425	83
高新开发区		342	7120				16			
阳和工业新区		322	3098				160		27	
桂林市小计	**64511**	**29051**	**311890**		**82092**	**2443**	**100178**	**7335**	**27619**	**23825**

2－20－6 单位:万元

地区	平衡部分									
	收入								支出	
	财力性转移支付收入			专项转移支付	省补助计划单列市收入	上年结余	调入资金	国债转贷收入、上年结余及转补助数	支出合计	本年支出
	结算补助	企事业单位预算划转补助	其他财力性转移支付							
地市县合计	**53047**	**4994**	**590240**	**1596385**		**909821**	**34961**		**7566270**	**7256145**
南宁市小计	**15576**	**472**	**109783**	**161544**		**242727**			**1263406**	**1180007**
本级	－23238	111	19811	85185		200209			527121	504330
区县级小计	38814	361	89972	76359		42518			736285	675677
兴宁区	4555		7248	2738		－6638			48018	37765
青秀区	3146		10765	1976		－3306			76195	53228
江南区	3865		6213	2925		339			33266	27345
西乡塘区	6517		8917	3965		－318			60226	52120
良庆区	7469	361	6199	3545		－2808			30763	28089
邕宁区	10284		5426	3822		－532			34672	31851
武鸣县	1540		7093	12227		10453			67867	67156
横县	144		4904	10016		982			83973	82776
宾阳县	154		4334	9104		5247			70631	69522
上林县	48		2309	6668		9336			39295	38840
马山县	64		6774	10081		2973			50894	50447
隆安县	893		7430	7751		2396			47614	47034
高新区			7407	580		15455			46741	44322
经开区			2433	81		2539			20536	20085
华侨区	135		2062	846		6095			15206	15085
相思湖区			60	10		189			1422	1354
风景区			398	24		116			8966	8658
柳州市小计	**14540**		**68791**	**111657**		**105394**	**7160**		**835906**	**749327**
本级	13861		1418	53970		91426	4458		428721	350890
区县级小计	679		67373	57687		13968	2702		407185	398437
柳江县	84		7063	8887		2064			59187	57788
柳城县	173		3234	10969		1796			45237	44402
鹿寨县	111		5747	8663		3540	232		52081	51045
融安县	122		2848	7019		1336			37852	37237
三江县	63		3375	7903		1584	1050		39202	38742
融水县	97		3364	10311		－74			52647	52000
城中区			5623	489		261			17837	17486
鱼峰区			5904	1051		256			21086	20489
柳南区			10449	1087		385			30524	29992
柳北区			9780	1208		262	391		29148	28359
高新开发区			7104			1260	1029		15816	14455
阳和工业新区	29		2882	100		1298			6568	6442
桂林市小计	**8139**		**60259**	**186671**		**174022**	**2999**		**883300**	**846653**

2-20-7 单位:万元

地区	平衡部分									
	支出								年终结余	其中：净结余
	财力性转移支付			专项上解	计划单列市上解省	增设预算周转金	调出资金	国债转贷拨付数及年终结余		
	小计	体制上解	出口退税专项上解							
地市县合计	**139399**	**129856**	**9543**	**142845**		**11000**	**16881**		**1356220**	**414639**
南宁市小计	**39587**	**37879**	**1708**	**25912**		**9000**	**8900**		**304072**	**126244**
本级	18191	17601	590	-13300		9000	8900		242915	
区县级小计	21386	20278	1108	39222					61157	18400
兴宁区	5509	5490	19	4744					-6450	-8197
青秀区	10453	10197	256	12514					-1812	-4223
江南区	2348	2269	79	3573					2381	1165
西乡塘区	107		107	7999					-3863	-5737
良庆区	1269	1199	70	1405					-295	-568
邕宁区	828	819	9	1993					26	-269
武鸣县	10		10	701					11976	3461
横县				1197					3526	1361
宾阳县	25		25	1084					8932	3029
上林县				455					16642	8422
马山县				447					6153	235
隆安县	2		2	578					5733	2405
高新区	705	304	401	1714					14341	14341
经开区	83		83	368					2670	2670
华侨区	47		47	74					572	81
相思湖区				68					378	206
风景区				308					247	18
柳州市小计	**55709**	**54036**	**1673**	**25443**			**5427**		**135806**	**55902**
本级	55700	54036	1664	17941			4190		107135	50630
区县级小计	9		9	7502			1237		28671	5272
柳江县	7		7	1392					3513	1028
柳城县				835					5357	766
鹿寨县				1036					5304	1764
融安县	2		2	613					5096	130
三江县				460					5264	-814
融水县				647					2252	1021
城中区				160			191		110	110
鱼峰区				349			248		9	9
柳南区				204			328		17	17
柳北区				429			360		56	
高新开发区				1260			101		31	31
阳和工业新区				117			9		1662	1210
桂林市小计	**18379**	**17380**	**999**	**14346**		**2000**	**1922**		**249011**	**154841**

2－20－8 单位:万元

地区	收支部分								
	收入								
	收入合计	税收收入							
		小计	增值税	营业税	企业所得税	个人所得税	资源税	城市维护建设税	耕地占用税
本级	134008	88273	11045	22852	9561	5442		7881	194
区县级小计	229159	158263	27753	48753	15282	9582	3277	10747	3238
临桂县	32821	22626	2820	5509	1769	1175	316	945	1284
阳朔县	17486	9693	742	4374	644	660	115	405	69
灵川县	23129	16262	2341	5452	1386	511	446	884	399
全州县	12245	7595	1884	2442	292	549	298	686	114
兴安县	20556	12803	2176	2882	297	534	1066	715	1187
永福县	13064	6421	2368	1629	159	318	94	754	27
荔浦县	13030	9193	2457	2014	836	599	121	641	77
平乐县	8216	4208	878	1542	117	353	309	292	9
恭城县	6915	4472	1160	959	562	683	162	313	1
灌阳县	7247	3390	722	1078	141	305	33	178	63
龙胜县	6235	4600	1381	1187	649	384	213	236	6
资源县	5458	2361	530	893	47	198	66	138	2
秀峰区	12208	9546	1208	3510	1312	519	7	724	
象山区	19616	17813	2131	6404	3573	750	30	1319	
叠彩区	10112	7387	741	2960	702	362		507	
七星高新区	18880	18493	3974	5328	2713	1573		1843	
雁山区	1941	1400	240	590	83	109	1	167	
梧州市小计	**152702**	**77555**	**15228**	**25356**	**6062**	**3851**	**1283**	**6384**	**703**
本级	77980	35004	6132	8427	2707	1528		4465	283
区县级小计	74722	42551	9096	16929	3355	2323	1283	1919	420
岑溪市	18758	10363	2331	3591	990	503	654	626	85
苍梧县	13604	8093	1934	2787	650	326	137	610	19
藤县	19484	8117	1578	2778	433	473	367	431	66
蒙山县	7134	3351	714	989	127	228	98	191	250
万秀区	4255	3441	717	1677	342	307	7		
蝶山区	4530	3729	784	1905	343	266	8		
长洲区	5435	4711	950	2824	409	200	12		
工业园区	1522	746	88	378	61	20		61	
北海市小计	**190245**	**80929**	**13334**	**23181**	**4940**	**2438**	**490**	**7276**	**1411**
本级	141167	48091	6742	12206	2593	1142	184	3810	1328
区县级小计	49078	32838	6592	10975	2347	1296	306	3466	83
合浦县	13854	10702	2331	3257	703	574	189	1056	65
海城区	14354	9855	1895	3433	732	321	52	1072	18
银海区	11664	6857	1322	2393	509	224	36	747	
铁山港区	9206	5424	1044	1892	403	177	29	591	

2-20-9

单位:万元

地区	收支部分									
	收入									
	税收收入			非税收入						
	契税	烟叶税	其他各项税收收入	小计	专项收入	行政事业性收费收入	罚没收入	国有资本经营收入	国有资源(资产)有偿使用收入	其他收入
本级	20017		11281	45735	5903	4288	7010	22188	5777	569
区县级小计	14675	50	24906	70896	5806	15444	20197	16979	1344	11126
临桂县	6155	17	2636	10195	703	887	1880	5326	36	1363
阳朔县	1162		1522	7793	358	3185	467	3429	343	11
灵川县	2201		2642	6867	670	213	2333	370	30	3251
全州县	443	33	854	4650	536	535	2337	700	22	520
兴安县	2235		1711	7753	587	1680	4531	878	8	69
永福县	233		839	6643	1013	3222	1308		22	1078
荔浦县	1195		1253	3837	568	1635	1111	502	15	6
平乐县	234		474	4008	401	360	1420	400	15	1412
恭城县	267		365	2443	279	25	1327	602	14	196
灌阳县	292		578	3857	143	952	709	1890	7	156
龙胜县	125		419	1635	253	173	134	500	15	560
资源县	133		354	3097	295	952	853	272	246	479
秀峰区			2266	2662		420	344	905	259	734
象山区			3606	1803		103	351		58	1291
叠彩区			2115	2725		623	833	1063	206	
七星高新区			3062	387		209	153	-15	40	
雁山区			210	541		270	106	157	8	
梧州市小计	**10307**		**8381**	**75147**	**4625**	**18059**	**11896**	**37062**	**2305**	**1200**
本级	7567		3895	42976	2129	4171	5344	29566	1711	55
区县级小计	2740		4486	32171	2496	13888	6552	7496	594	1145
岑溪市	798		785	8395	803	3878	3041	528	34	111
苍梧县	816		814	5511	473	3500	890	512	26	110
藤县	736		1255	11367	393	3895	1754	4906	399	20
蒙山县	390		364	3783	202	1445	567	1550	19	
万秀区			391	814	165	428	92		110	19
蝶山区			423	801	181	461	121		2	36
长洲区			316	724	253	281	87		3	100
工业园区			138	776	26				1	749
北海市小计	**12734**		**15125**	**109316**	**4082**	**5433**	**4736**	**1808**	**82562**	**10695**
本级	11792		8294	93076	1967	2001	3280	1288	81732	2808
区县级小计	942		6831	16240	2115	3432	1456	520	830	7887
合浦县	942		1585	3152	650	824	1084		197	397
海城区			2332	4499	618	1286	274	512	532	1277
银海区			1626	4807	458	489	35		90	3735
铁山港区			1288	3782	389	833	63	8	11	2478

2－20－10　　　　　　　　　　　　　　　　　　　　　　　　　　　　　　　单位:万元

地区	收支部分									
	支出功能分类									
	支出合计	一般公共服务	外交	国防	公共安全	教育	科学技术	文化体育与传媒	社会保障和就业	医疗卫生
本级	244925	47382		474	23452	28072	5382	6602	47761	17238
区县级小计	601728	130325		1829	40565	163100	4958	6639	51255	37305
临桂县	55355	12565		105	4854	17201	339	559	3055	3435
阳朔县	47989	11673		161	3490	11931	409	616	2618	2726
灵川县	48693	10098		79	2315	10575	122	463	9135	4239
全州县	63509	11929		75	3593	21721	183	581	4606	2053
兴安县	51674	9510		117	3318	11661	583	517	4088	3862
永福县	35529	6600		110	2238	10294	125	442	2775	3874
荔浦县	41672	11013		127	2916	13451	467	479	2259	2899
平乐县	41589	7616		99	2660	14445	101	843	3043	1928
恭城县	35672	7628		75	2670	8602	165	324	6337	2592
灌阳县	34685	7413		86	1776	9038	412	460	2221	2642
龙胜县	30324	7271		96	1609	8587	83	527	1884	1734
资源县	30423	6640			1521	5713	418	296	3419	1820
秀峰区	12679	3614		68	1438	3364	140	46	1105	505
象山区	19669	3878		119	1908	5663	224	144	1432	822
叠彩区	13751	3609		78	1222	2568	135	62	1249	687
七星高新区	28105	6350		401	2435	4458	965	200	1539	850
雁山区	10410	2918		33	602	3828	87	80	490	637
梧州市小计	**436568**	**75935**		**820**	**30644**	**98313**	**1841**	**4767**	**49453**	**25301**
本级	181496	19403		321	15415	19328	745	2495	28178	9239
区县级小计	255072	56532		499	15229	78985	1096	2272	21275	16062
岑溪市	65010	13143		63	4453	24546	271	495	3396	3606
苍梧县	53674	11844		3	3681	14736	343	450	7925	4248
藤县	71374	15501		73	3503	23186	207	870	3794	5970
蒙山县	29388	5720		54	1679	6218	59	416	4696	1443
万秀区	9549	3043		137	689	3538	25	14	527	251
蝶山区	10059	2974		94	603	3254	87	27	538	221
长洲区	10821	4056		75	611	3507	104		399	323
工业园区	5197	251			10					
北海市小计	**335882**	**55652**	**82**	**1242**	**19504**	**62736**	**2183**	**3355**	**26040**	**15078**
本级	208341	35303	82	990	11986	14515	1939	2540	16656	7510
区县级小计	127541	20349		252	7518	48221	244	815	9384	7568
合浦县	71332	9348		102	4615	29216	149	569	5207	5267
海城区	18685	3526		65	1601	7243	32	85	2225	783
银海区	21218	4286		36	692	5225	46	67	908	850
铁山港区	16306	3189		49	610	6537	17	94	1044	668

二、各省、自治区、直辖市地市县一般预算财政资料

2－20－11

单位:万元

地区	收支部分						平衡部分		
	支出功能分类						收入		
	环境保护	城乡社区事务	农林水事务	交通运输	工业、商业、金融等事务	其他支出	收入合计	本年收入	返还性收入 小计
本级	1847	22627	15429	4817	22137	1705	354620	134008	35088
区县级小计	6427	28938	62650	11152	28512	28073	778370	229159	58474
临桂县	357	719	5927	754	812	4673	77689	32821	4645
阳朔县	2390	3424	4770	203	1645	1933	55742	17486	1379
灵川县	243	1327	5213	729	1102	3053	63659	23129	6133
全州县	464	1432	7422	4260	4727	463	74619	12245	5250
兴安县	418	1509	6303	2970	6545	273	64001	20556	4051
永福县	781	854	4178	278	1213	1767	41255	13064	3224
荔浦县	181	797	4235	210	2191	447	53633	13030	4568
平乐县	287	889	4533	533	1686	2926	49096	8216	2212
恭城县	381	742	5339	111	232	474	47400	6915	2707
灌阳县	475	1166	5769	257	1036	1934	35965	7247	1518
龙胜县	103	1249	2729	158	719	3575	36258	6235	1761
资源县	242	2710	3593	658	466	2927	30874	5458	784
秀峰区		1652	320		8	419	21711	12208	3198
象山区		3476	494		709	800	40845	19616	5414
叠彩区		2176	439		45	1481	18486	10112	1842
七星高新区	5	4378	706		5312	506	55747	18880	9042
雁山区	100	438	680	31	64	422	11390	1941	746
梧州市小计	**3214**	**22774**	**35255**	**26121**	**15619**	**46511**	**474385**	**152702**	**35832**
本级	2459	6506	14408	21742	4487	36770	213476	77980	14845
区县级小计	755	16268	20847	4379	11132	9741	262317	74722	22619
岑溪市	294	4644	5355	169	3096	1479	66189	18758	4869
苍梧县	139	1349	4596	233	2450	1677	55057	13604	4368
藤县	145	1220	6296	3535	4366	2708	73336	19484	4779
蒙山县	175	3096	3099	269	424	2040	29245	7134	1520
万秀区		647	172	21		485	8640	4255	2432
蝶山区	1	658	734	6		862	12265	4530	2557
长洲区	1	52	595	146	746	206	12025	5435	1965
工业园区		4602			50	284	5560	1522	129
北海市小计	**1249**	**55534**	**20016**	**3427**	**33588**	**36196**	**361321**	**190245**	**24156**
本级	996	51879	10014	3074	26437	24420	217265	141167	11069
区县级小计	253	3655	10002	353	7151	11776	144056	49078	12817
合浦县	243	1426	6344	185	7015	1646	74249	13854	7513
海城区		1671	779		44	631	24933	14354	2402
银海区	10	289	1137			7672	25849	11664	1869
铁山港区		269	1742	168	92	1827	19025	9206	1033

2－20－12 单位:万元

地区	平衡部分									
	收入									
	返还性收入		财力性转移支付收入							
	增值税和消费税税收返还	所得税基数返还	小计	体制补助	一般性转移支付补助	民族地区转移支付补助	调整工资转移支付补助	农村义务教育补助	农村税费改革补助	缓解县乡困难转移支付补助
本级	23170	11918	27726	－5862	300		13156	9		526
区县级小计	41341	17133	283544	5862	81792	2443	87022	7326	27530	23184
临桂县	2648	1997	22206	613	3534		8037	969	2897	887
阳朔县	799	580	19921	503	6704		5619	535	1918	2052
灵川县	5126	1007	16771				6276	510	1875	4515
全州县	4003	1247	34880		9843		12209	1301	4555	4239
兴安县	3234	817	18731		2059		6629	486	2572	3653
永福县	2658	566	13969	59	4887		4731	467	1669	505
荔浦县	3446	1122	22833		8911		6536	557	2407	1461
平乐县	1453	759	26342	72	11294		7634	816	2485	1126
恭城县	1857	850	21336	243	8685	901	6487	505	2199	1042
灌阳县	1090	428	20912	586	9435		6492	446	1698	1268
龙胜县	1175	586	18247	574	7062	743	5923	250	1314	861
资源县	479	305	18666	427	9378	799	5263	244	1177	535
秀峰区	2063	1135	3781				934	2	72	184
象山区	3573	1841	5832				1191	31	88	217
叠彩区	1208	634	2858				809	31	109	57
七星高新区	6067	2975	10488				1002	41	135	238
雁山区	462	284	5771	2785			1250	135	360	344
梧州市小计	**26051**	**9781**	**153224**		**45306**		**49388**	**8531**	**9545**	**6836**
本级	11054	3791	21999		443		8897			276
区县级小计	14997	7622	131001	1328	44863		40491	8531	9768	6358
岑溪市	3321	1548	33722	214	10143		11248	2607	2925	2611
苍梧县	1926	2442	30055	298	12772		8693	1764	2005	2514
藤县	3476	1303	35959	314	13802		10901	3136	2950	600
蒙山县	1088	432	17344	475	8088		5436	469	788	573
万秀区	1855	577	3547	9	19		1727	143	317	7
蝶山区	1796	761	3881	11	23		1353	173	242	
长洲区	1406	559	3318	7	16		1133	239	541	53
工业园区	129		3175							
北海市小计	**17932**	**6224**	**71182**		**11317**		**25186**	**3563**	**8680**	**1897**
本级	7583	3486	22288		11317		8649	－16		189
区县级小计	10079	2738	49164		8694		16537	3579	5543	145
合浦县	6471	1042	35505		8694		10957	2670	2509	100
海城区	1587	815	4750				1901	75	818	19
银海区	1299	570	4881				1855	386	1252	16
铁山港区	722	311	4028				1824	448	964	10

二、各省、自治区、直辖市地市县一般预算财政资料

2-20-13

单位:万元

地区	平衡部分									
	收入								支出	
	财力性转移支付收入									
	结算补助	企事业单位预算划转补助	其他财力性转移支付	专项转移支付	省补助计划单列市收入	上年结余	调入资金	国债转贷收入、上年结余及转补助数	支出合计	本年支出
本级	-4414		24011	62010		93416	2372		233430	244925
区县级小计	11933		36452	125281		80606	627	679	650549	601728
临桂县	1561		3708	9179		8738		100	56321	55355
阳朔县	1125		1465	10547		6409			48567	47989
灵川县	705		2890	9141		8485			51997	48693
全州县	313		2420	16931		5313			64697	63509
兴安县	1167		2165	15341		5322			52650	51674
永福县	74		1577	9087		1911			36143	35529
荔浦县	820		2141	9321		3581		300	42617	41672
平乐县	784		2131	7953		4373			42209	41589
恭城县	161		1113	8888		7275		279	36557	35672
灌阳县	122		865	8827		-2539			35166	34685
龙胜县	140		1380	7530		2485			30686	30324
资源县	75		768	6496		-530			30713	30423
秀峰区	103		2486	588		1936			19702	12679
象山区	167		4138	1510		8473			34415	19669
叠彩区	52		1800	835		2839			17873	13751
七星高新区	4140		4932	1668		15669			39224	28105
雁山区	424		473	1439		866	627		11012	10410
梧州市小计	**493**		**33125**	**106587**		**11820**	**14220**		**453856**	**436568**
本级	-292		12675	70724		15833	12095		191775	181496
区县级小计	865		18797	35863		-4013	2125		263489	255072
岑溪市	120		3854	9342		-502			66155	65010
苍梧县	94		1915	7417		-387			54720	53674
藤县	161		4095	10874		115	2125		72531	71374
蒙山县	49		1466	3833		-586			29828	29388
万秀区	152		1173	1111		-2705			11134	9549
蝶山区	205		1874	1384		-87			12136	10059
长洲区	107		1222	1211		96			11774	10821
工业园区	-23		3198	691		43			5211	5197
北海市小计	**2803**	**32**	**17704**	**78873**		**-3135**			**352914**	**335882**
本级	2655		-506	45618		-2877			210747	208341
区县级小计	187	32	14447	33255		-258			142167	127541
合浦县	187		10388	19089		-1712			72912	71332
海城区			1937	3515		-88			25584	18685
银海区			1372	7603		-168			25451	21218
铁山港区		32	750	3048		1710			18220	16306

2－20－14　　　　单位:万元

地区	平衡部分									
	支出								年终结余	其中：净结余
	财力性转移支付			专项上解	计划单列市上解省	增设预算周转金	调出资金	国债转贷拨付数及年终结余		
	小计	体制上解	出口退税专项上解							
本级	－13038	－13038		－379			1922		121190	
区县级小计	30418	30418		15724		2000		679	127821	70962
临桂县				866				100	21368	17741
阳朔县				578					7175	4387
灵川县	506	506		798		2000			11662	6450
全州县				1188					9922	2414
兴安县				976					11351	2063
永福县				614					5112	370
荔浦县				645				300	11016	4855
平乐县				620					6887	2534
恭城县				606				279	10843	7187
灌阳县				481					799	－1416
龙胜县				362					5572	1439
资源县				290					161	－169
秀峰区	5583	5583		1440					2009	1761
象山区	12229	12229		2517					6430	5678
叠彩区	3087	3087		1035					613	257
七星高新区	8620	8620		2499					16523	15411
雁山区	393	393		209					378	
梧州市小计	**7156**	**6762**	**394**	**9500**			**632**		**20529**	**1851**
本级	5124	5124		4523			632		21701	8041
区县级小计	3279	2966	313	5138					－1172	－6190
岑溪市	37		37	1108					34	－642
苍梧县	55		55	991					337	－1495
藤县	94		94	1063					805	－797
蒙山县				440					－583	－1033
万秀区	789	758	31	796					－2494	－2628
蝶山区	1507	1457	50	570					129	
长洲区	791	751	40	162					251	56
工业园区	6		6	8					349	349
北海市小计	**12116**	**11722**	**394**	**4916**					**8407**	**－37669**
本级	6596	6202	394	－4190					6518	－21862
区县级小计	5520	5520		9106					1889	－15807
合浦县				1580					1337	－10085
海城区	3510	3510		3389					－651	－1861
银海区	1844	1844		2389					398	－3258
铁山港区	166	166		1748					805	－603

2－20－15　　　　单位：万元

地　区	收支部分								
	收入								
	收入合计	税收收入							
		小计	增值税	营业税	企业所得税	个人所得税	资源税	城市维护建设税	耕地占用税
防城港市小计	**77448**	**48553**	**11283**	**15655**	**3881**	**1728**	**105**	**4749**	**2064**
本级	24374	15976	3381	6149	2217	742		1382	
区县级小计	53074	32577	7902	9506	1664	986	105	3367	2064
港口区	8476	6975	2136	2213	407	313	21	549	23
防城区	16112	7569	1934	2627	363	189	29	638	65
东兴市	16434	11990	2324	3214	487	338	11	1132	1813
上思县	12052	6043	1508	1452	407	146	44	1048	163
钦州市小计	**130438**	**69904**	**12958**	**19868**	**3979**	**2423**	**1104**	**4707**	**7387**
本级	34430	21633	1974	7715	2011	947	8	1783	811
区县级小计	96008	48271	10984	12153	1968	1476	1096	2924	6576
浦北县	23111	9126	1463	1733	447	302	423	824	2626
灵山县	30819	14488	1593	3017	363	584	162	568	2028
钦州港区	15643	14839	6035	4861	736	306	12	1052	74
钦南区	13287	5040	1002	1570	334	163	179	276	826
钦北区	13148	4778	891	972	88	121	320	204	1022
贵港市小计	**122881**	**64129**	**14951**	**20164**	**4514**	**2808**	**3142**	**6162**	**820**
本级	42276	22249	5660	7837	2108	602	53	2447	
区县级小计	80605	41880	9291	12327	2406	2206	3089	3715	820
港北区	13781	10651	1900	2457	1297	704	309	1253	181
港南区	5789	3518	962	1132	100	188	97	359	173
覃塘区	6727	4766	1290	1512	193	200	985	196	54
平南县	23320	10809	2372	3519	342	490	1271	529	168
桂平市	30988	12136	2767	3707	474	624	427	1378	244
玉林市小计	**208776**	**122273**	**27339**	**34147**	**6782**	**7288**	**2082**	**8700**	**4988**
本级	51507	37355	11041	9201	3990	3726		2979	
区县级小计	157269	84918	16298	24946	2792	3562	2082	5721	4988
容县	21249	9188	2099	3390	752	470	35	625	61
陆川县	19605	9611	1967	2098	437	468	391	398	561
博白县	25496	12563	2407	2635	91	440	41	650	617
兴业县	15194	6101	1347	2363	87	214	631	489	240
北流市	32095	17726	4235	4694	826	780	638	1221	981
玉州区	36707	26469	3594	8316	446	956	341	2106	2063
福绵区	6923	3260	649	1450	153	234	5	232	465
百色市小计	**267892**	**134494**	**35192**	**30133**	**10251**	**4636**	**7946**	**12689**	**6508**
本级	31898	21235	4117	4387	2717	986	275	3409	1130
区县级小计	235994	113259	31075	25746	7534	3650	7671	9280	5378
右江区	17418	10844	2827	4544	511	438	20		254

2－20－16　　　　单位:万元

地区	收支部分									
	收入									
	税收收入			非税收入						
	契税	烟叶税	其他各项税收收入	小计	专项收入	行政事业性收费收入	罚没收入	国有资本经营收入	国有资源(资产)有偿使用收入	其他收入
防城港市小计	**2946**		**6142**	**28895**	**3013**	**6149**	**11246**	**873**	**1909**	**5705**
本级			2105	8398	992	1741	4819	17	829	
区县级小计	2946		4037	20497	2021	4408	6427	856	1080	5705
港口区	880		433	1501	289	486	548	129	49	
防城区	567		1157	8543	455	910	2853		17	4308
东兴市	1302		1369	4444	565	1174	2292	66	27	320
上思县	197		1078	6009	712	1838	734	661	987	1077
钦州市小计	**8537**	**1**	**8940**	**60534**	**3034**	**20210**	**8132**	**21076**	**6401**	**1681**
本级	3421	1	2962	12797	1072	2369	3349		6007	
区县级小计	5116		5978	47737	1962	17841	4783	21076	394	1681
浦北县	437		871	13985	561	6579	1217	5574	54	
灵山县	2587		3586	16331	421	7168	1629	6135	48	930
钦州港区	667		1096	804	578	92	45	10	79	
钦南区	523		167	8247	242	1168	924	5276	176	461
钦北区	902		258	8370	160	2834	968	4081	37	290
贵港市小计	**4309**	**200**	**7059**	**58752**	**7715**	**15899**	**14137**	**18683**	**684**	**1634**
本级	1948		1594	20027	3803	2799	6567	5672	340	846
区县级小计	2361	200	5465	38725	3912	13100	7570	13011	344	788
港北区	83		2467	3130	607	1533	735	110	98	47
港南区	170		337	2271	203	1511	353	196	7	1
覃塘区	89		247	1961	123	1599	83	45	18	93
平南县	884	200	1034	12511	1623	2963	2932	4820	52	121
桂平市	1135		1380	18852	1356	5494	3467	7840	169	526
玉林市小计	**8091**	**30**	**22826**	**86503**	**5850**	**33103**	**20209**	**26041**	**1036**	**264**
本级	89	10	6319	14152	1750	4437	6315	1278	363	9
区县级小计	8002	20	16507	72351	4100	28666	13894	24763	673	255
容县	657	2	1097	12061	635	4826	1758	4787	55	
陆川县	433		2858	9994	404	3719	1793	3860	18	200
博白县	752		4930	12933	553	4103	2686	5464	72	55
兴业县	320	18	392	9093	392	5149	2200	1333	19	
北流市	1958		2393	14369	1039	5959	3839	3226	306	
玉州区	3882		4765	10238	942	2992	1153	5065	86	
福绵区			72	3663	135	1918	465	1028	117	
百色市小计	**8010**	**3646**	**15483**	**133398**	**10577**	**12272**	**16934**	**86644**	**4757**	**2214**
本级	1818	40	2356	10663	2880	1826	1783	3968	206	
区县级小计	6192	3606	13127	122735	7697	10446	15151	82676	4551	2214
右江区	679		1571	6574	425	425	2081	3522	119	2

2－20－17 单位:万元

地区	收支部分									
	支出功能分类									
	支出合计	一般公共服务	外交	国防	公共安全	教育	科学技术	文化体育与传媒	社会保障和就业	医疗卫生
防城港市小计	**190839**	**37512**		**563**	**16837**	**33583**	**479**	**2299**	**25799**	**7897**
本级	55626	11132		132	9186	3081	316	903	5266	1574
区县级小计	135213	26380		431	7651	30502	163	1396	20533	6323
港口区	17275	3963		133	855	3347	23	179	2013	584
防城区	47068	6977		83	1189	13095	43	380	9774	2504
东兴市	34137	10116		187	3417	5908	60	585	2759	1404
上思县	36733	5324		28	2190	8152	37	252	5987	1831
钦州市小计	**328656**	**62553**		**688**	**19722**	**89626**	**863**	**2767**	**40983**	**18201**
本级	85116	20049		294	10463	9491	411	1012	13499	2965
区县级小计	243540	42504		394	9259	80135	452	1755	27484	15236
浦北县	65785	10213		127	2821	21750	121	638	7074	4476
灵山县	92435	16167		83	3831	36590	203	633	5456	5863
钦州港区	9951	2150		7	826	1170	2	108	267	120
钦南区	37151	7776		87	875	8216	75	264	6906	1824
钦北区	38218	6198		90	906	12409	51	112	7781	2953
贵港市小计	**353113**	**72604**		**996**	**27740**	**122515**	**1823**	**2785**	**23664**	**18384**
本级	86441	16237		262	14141	7582	1274	1677	7301	1164
区县级小计	266672	56367		734	13599	114933	549	1108	16363	17220
港北区	30498	9516		110	1452	13785	17	61	1813	1346
港南区	27230	5869		49	805	13886	2	89	1798	614
覃塘区	28333	6149		237	688	12619		80	1707	2395
平南县	78114	15073		178	5146	32444	115	430	4309	5695
桂平市	102497	19760		160	5508	42199	415	448	6736	7170
玉林市小计	**548853**	**119504**		**1146**	**34870**	**160448**	**2103**	**9412**	**57259**	**34200**
本级	108628	22653		460	14102	11614	757	5111	14190	5565
区县级小计	440225	96851		686	20768	148834	1346	4301	43069	28635
容县	61426	14887		102	3176	20808	388	636	3041	4072
陆川县	63219	9499		175	3407	17870	65	453	9830	4630
博白县	101051	14447		47	4588	37780	65	1417	11202	6379
兴业县	47083	15391		143	2520	12821	30	238	7528	2045
北流市	87153	19157		39	5485	35859	599	820	4730	8938
玉州区	57878	16443		168	1504	17660	170	707	3780	2240
福绵区	22415	7027		12	88	6036	29	30	2958	331
百色市小计	**676443**	**127183**		**2746**	**37274**	**139331**	**3081**	**7650**	**63221**	**39320**
本级	82582	16038		1139	6908	6736	1054	1511	15164	3267
区县级小计	593861	111145		1607	30366	132595	2027	6139	48057	36053
右江区	40482	9450		101	1542	12536	433	492	2692	2305

2-20-18

单位:万元

地区	收支部分						平衡部分		
	支出功能分类						收入		
	环境保护	城乡社区事务	农林水事务	交通运输	工业、商业、金融等事务	其他支出	收入合计	本年收入	返还性收入 小计
防城港市小计	**2127**	**21133**	**17910**	**3809**	**8325**	**12566**	**233640**	**77448**	**22160**
本级	1439	5110	4646	2921	4115	5805	77065	24374	8700
区县级小计	688	16023	13264	888	4210	6761	156575	53074	13460
港口区	49	1564	1822	260	551	1932	20238	8476	1830
防城区	134	3231	4425	72	1049	4112	55110	16112	4359
东兴市	131	5035	2396	322	1311	506	40787	16434	3476
上思县	374	6193	4621	234	1299	211	40440	12052	3795
钦州市小计	**2146**	**21255**	**29793**	**5998**	**16810**	**17251**	**402734**	**130438**	**23820**
本级	1229	2457	6647	3583	6363	6653	121420	34430	8457
区县级小计	917	18798	23146	2415	10447	10598	281314	96008	15363
浦北县	460	3490	6750	800	2715	4350	71728	23111	4788
灵山县	204	11242	7968	962	2827	406	100540	30819	5131
钦州港区	1	1354	138	4	1300	2504	19648	15643	748
钦南区	51	1057	5336	452	3274	958	46694	13287	2079
钦北区	201	1655	2954	197	331	2380	42704	13148	2617
贵港市小计	**3515**	**14329**	**26957**	**9077**	**12427**	**16297**	**486782**	**122881**	**28657**
本级	2759	10061	6938	6601	3403	7041	154685	42276	14392
区县级小计	756	4268	20019	2476	9024	9256	332097	80605	14265
港北区		168	1799	83	81	267	33448	13781	1787
港南区	24	193	2191	10	239	1461	30418	5789	712
覃塘区		418	2375	35	107	1523	34137	6727	756
平南县	204	2131	5101	1719	5200	369	99366	23320	4511
桂平市	528	1358	8553	629	3397	5636	134728	30988	6499
玉林市小计	**4318**	**14779**	**47199**	**13108**	**37685**	**12822**	**635774**	**208776**	**51092**
本级	917	3919	7073	11795	6459	4013	165964	51507	18279
区县级小计	3401	10860	40126	1313	31226	8809	469810	157269	32813
容县	456	605	5718	115	7383	39	63902	21249	5492
陆川县	1449	4352	5999	335	3618	1537	74156	19605	4118
博白县	619	1639	11673	294	7264	3637	116834	25496	5392
兴业县	119	704	4167	401	976		51524	15194	2688
北流市	633	2569	6511	105	1508	200	86619	32095	8712
玉州区		518	3679	47	10271	691	55681	36707	5560
福绵区	125	473	2379	16	206	2705	21094	6923	851
百色市小计	**7123**	**78887**	**64628**	**27813**	**54447**	**23739**	**763997**	**267892**	**32825**
本级	2413	8847	6674	1958	9010	1863	89628	31898	8711
区县级小计	4710	70040	57954	25855	45437	21876	674369	235994	24114
右江区	55	942	4033	894	4345	662	42661	17418	3293

二、各省、自治区、直辖市地市县一般预算财政资料

2－20－19　　　　　　　　　　　　　　　　　　　　　　单位:万元

地区	平衡部分									
	收入									
	返还性收入		财力性转移支付收入							
	增值税和消费税税收返还	所得税基数返还	小计	体制补助	一般性转移支付补助	民族地区转移支付补助	调整工资转移支付补助	农村义务教育补助	农村税费改革补助	缓解县乡困难转移支付补助
防城港市小计	**17400**	**4760**	**54639**	**564**	**5315**	**1615**	**22451**	**1973**	**5657**	**594**
本级	6110	2590	15002	112	525	694	3685			150
区县级小计	11290	2170	39637	452	4790	921	18766	1973	5657	444
港口区	1461	369	4504	361		192	1917	198	623	
防城区	3752	607	15301	33	1200	229	8706	831	1913	258
东兴市	2936	540	5767	10			2892	350	609	
上思县	3141	654	14065	48	3590	500	5251	594	2512	186
钦州市小计	**19082**	**4738**	**113637**	**2246**	**22783**		**40976**	**8526**	**10299**	**4120**
本级	6892	1565	10577	1894	942		5447	6	35	94
区县级小计	12190	3173	103060	352	21841		35529	8520	11372	4044
浦北县	3480	1308	29544		9057		10724	2125	2964	256
灵山县	3785	1346	40754		11284		13675	3719	4080	2759
钦州港区	660	88	1914				235	3	10	161
钦南区	1844	235	15351	352	700		5149	1083	1138	54
钦北区	2421	196	15497		800		5746	1590	3180	814
贵港市小计	**21793**	**6864**	**161909**		**43181**		**51970**	**13260**	**22467**	**9495**
本级	11325	3067	14425		－5954		11117			275
区县级小计	10468	3797	147484		49135		40853	13812	14338	5166
港北区	1137	650	11725		800		3218	1679	1577	581
港南区	566	146	15314		6900		3228	1929		81
覃塘区	562	194	15353		5850		3016	1483	3818	355
平南县	3373	1138	48380		17676		13849	3719	4089	
桂平市	4830	1669	56712		17909		17542	5002	4854	4149
玉林市小计	**37232**	**13860**	**211517**		**42242**		**70897**	**16656**	**18052**	**16053**
本级	12884	5395	15380	－3735	300		5390	5		459
区县级小计	24348	8465	196137	3735	41942		65507	16651	18052	15594
容县	3670	1822	27618	155	7379		9587	1940	2396	1564
陆川县	3052	1066	34399	130	10235		10495	2682	2712	3410
博白县	4271	1121	52020	245	15181		15754	4986	4361	4691
兴业县	2219	469	22663	1949	5944		7027	1728	2129	753
北流市	6684	2028	34341		2559		13374	3744	4106	4770
玉州区	3859	1701	15742				6575	805	1281	281
福绵区	593	258	9354	1256	644		2695	766	1067	125
百色市小计	**24570**	**8255**	**257727**	**8635**	**84999**	**9218**	**92762**	**7714**	**19099**	**4017**
本级	7025	1686	21465	3439	4163	479	7562			－409
区县级小计	17545	6569	236262	5196	80836	8739	85200	7714	19099	4426
右江区	2165	1128	15829			486	6764	365	1620	214

2007 年全国地市县财政统计资料

2－20－20　　　　单位:万元

地区	平衡部分									
	收入								支出	
	财力性转移支付收入									
	结算补助	企事业单位预算划转补助	其他财力性转移支付	专项转移支付	省补助计划单列市收入	上年结余	调入资金	国债转贷收入、上年结余及转补助数	支出合计	本年支出
防城港市小计	**2077**		**14393**	**53764**		**24941**	**688**		**195380**	**190839**
本级	1682		8154	19517		9072	400		57182	55626
区县级小计	395		6239	34247		15869	288		138198	135213
港口区	168		1045	2632		2796			17877	17275
防城区	128		2003	14252		5086			47677	47068
东兴市			1906	10266		4556	288		35437	34137
上思县	99		1285	7097		3431			37207	36733
钦州市小计	**1299**	**222**	**23166**	**97531**		**32708**	**4600**		**333333**	**328656**
本级	－6789	53	8895	42949		20407	4600		78415	85116
区县级小计	9974	111	11317	54582		12301			254918	243540
浦北县	785		3633	12503		1782			66764	65785
灵山县	411		4826	19604		4232			93541	92435
钦州港区	201		1304	521		822			17375	9951
钦南区	5917	111	847	13092		2885			38320	37151
钦北区	2660		707	8862		2580			38918	38218
贵港市小计	**990**		**20546**	**94346**		**78989**			**359477**	**353113**
本级	－846		9833	32098		51494			87380	86441
区县级小计	1283		22897	62248		27495			272097	266672
港北区	601		3269	6625		－470			32146	30498
港南区	137		3039	7243		1360			27620	27230
覃塘区	154		677	6957		4344			28794	28333
平南县	135		8912	18543		4612			79633	78114
桂平市	256		7000	22880		17649			103904	102497
玉林市小计	**2385**		**45232**	**117842**		**45034**	**1513**		**564651**	**548853**
本级	－17		12978	30820		48878	1100		110381	108628
区县级小计	2402		32254	87022		－3844	413		454270	440225
容县	410		4187	11570		－2027			62708	61426
陆川县	104		4631	15581		453			64702	63219
博白县	1257		5545	25093		8833			102875	101051
兴业县	24		3109	10020		638	321		47617	47083
北流市	250		5538	15110		－3639			89315	87153
玉州区	272		6528	5705		－8063	30		64403	57878
福绵区	85		2716	3943		－39	62		22650	22415
百色市小计	**1975**		**29308**	**153601**		**51402**	**550**		**685200**	**676443**
本级	－2414		8645	16258		10796	500		75059	82582
区县级小计	4389		20663	137343		40606	50		610141	593861
右江区	3364		3016	8305		－2184			42446	40482

二、各省、自治区、直辖市地市县一般预算财政资料

2－20－21

单位：万元

地区	平衡部分									
	支出								年终结余	其中：净结余
	财力性转移支付			专项上解	计划单列市上解省	增设预算周转金	调出资金	国债转贷拨付数及年终结余		
	小计	体制上解	出口退税专项上解							
防城港市小计	**1759**		**1759**	**2782**					**38260**	**11205**
本级	1367		1367	189					19883	10682
区县级小计	392		392	2593					18377	523
港口区	97		97	505					2361	39
防城区	37		37	572					7433	18
东兴市	252		252	1048					5350	281
上思县	6		6	468					3233	185
钦州市小计	**253**		**253**	**4424**					**69401**	**19345**
本级	－34	－163	129	－6667					43005	12644
区县级小计	287	163	124	11091					26396	6701
浦北县	16		16	963					4964	1943
灵山县	36		36	1070					6999	
钦州港区	232	163	69	7192					2273	1883
钦南区	－2		－2	1171					8374	39
钦北区	5		5	695					3786	1296
贵港市小计	**554**		**554**	**5810**					**127305**	**20196**
本级	554		554	385					67305	
区县级小计	584		584	4841					60000	2274
港北区	157		157	1491					1302	1302
港南区	7		7	383					2798	－1697
覃塘区	186		186	275					5343	550
平南县	234		234	1285					19733	3387
桂平市				1407					30824	－1268
玉林市小计	**2362**	**2077**	**285**	**13436**					**71123**	**13291**
本级	1726	1653	73	27					55583	36447
区县级小计	636	424	212	13409					15540	－23156
容县	16		16	1266					1194	－1556
陆川县	121		121	1362					9454	96
博白县	23		23	1801					13959	2408
兴业县				534					3907	－4254
北流市				2162					－2696	－6350
玉州区	470	424	46	6055					－8722	－11127
福绵区	6		6	229					－1556	－2373
百色市小计	**236**		**236**	**8521**					**78797**	**21091**
本级	1		1	－7524					14569	
区县级小计	235		235	16045					64228	10323
右江区	8		8	1956					215	－4064

2－20－22

单位:万元

地区	收支部分								
	收入								
	收入合计	税收收入							
		小计	增值税	营业税	企业所得税	个人所得税	资源税	城市维护建设税	耕地占用税
田阳县	20497	7704	1618	2789	331	338	276	621	331
田东县	31678	15056	4501	2875	1160	654	944	1409	1144
平果县	90054	42009	11569	4912	4145	799	5821	3685	2219
德保县	14109	7987	1105	4044	236	301	158	407	294
靖西县	16283	8111	1959	2115	226	283	293	551	18
那坡县	3635	1602	277	615	28	116	9	104	44
凌云县	4017	1768	322	540	22	101	40	143	226
乐业县	5221	2052	162	500	32	128	13	81	515
田林县	10351	3793	740	1366	126	163	74	300	241
隆林县	18256	10363	5286	698	699	219	22	1730	87
西林县	4475	1970	709	748	18	110	1	249	5
贺州市小计	**97168**	**38819**	**8783**	**9853**	**2828**	**1630**	**1002**	**3480**	**1805**
本级	40613	11748	2932	2744	1439	450	34	1188	394
区县级小计	56555	27071	5851	7109	1389	1180	968	2292	1411
昭平县	11552	4905	758	1596	112	192	74	318	540
钟山县	10436	5680	1554	1251	298	349	559	848	67
富川县	8024	4001	930	775	534	144	101	152	19
八步区	26543	12485	2609	3487	445	495	234	974	785
河池市小计	**144548**	**95221**	**28688**	**23252**	**8942**	**7036**	**4057**	**9811**	**828**
本级	29705	14911	3373	3442	1692	1244	92	1983	
区县级小计	114843	80310	25315	19810	7250	5792	3965	7828	828
金城江区	12271	9491	2877	3321	486	513	84	800	125
宜州市	18602	13564	3192	3387	2281	953	407	1050	56
罗城仫佬族自治县	5015	3632	968	927	324	260	240	269	73
环江毛南族自治县	8293	6536	2195	997	1222	691	557	416	66
南丹县	28658	21157	8177	3617	1185	1931	1446	2717	34
天峨县	9249	8546	2593	2892	103	456	865	1023	8
凤山县	3189	1606	195	526	25	102	197	81	223
东兰县	4598	1880	552	562	308	109	15	93	9
巴马瑶族自治县	5296	2827	675	1050	161	158	23	211	193
都安瑶族自治县	9255	4030	1446	1500	38	249	69	175	26
大化瑶族自治县	10417	7041	2445	1031	1117	370	62	993	15
来宾市小计	**103875**	**67103**	**24579**	**13452**	**8261**	**2592**	**1936**	**8017**	**318**
本级	43687	23278	12552		5007			4347	227
区县级小计	60188	43825	12027	13452	3254	2592	1936	3670	91
来宾市兴宾区	20586	14886	2274	6963	808	1259	235		
象州县	9053	5555	1914	1216	578	439	270	364	

二、各省、自治区、直辖市地市县一般预算财政资料

2－20－23　　　　单位:万元

地区	收支部分									
	收入									
	税收收入			非税收入						
	契税	烟叶税	其他各项税收收入	小计	专项收入	行政事业性收费收入	罚没收入	国有资本经营收入	国有资源(资产)有偿使用收入	其他收入
田阳县	599		801	12793	524	1014	2019	7939	1023	274
田东县	1172		1197	16622	1449	1415	1460	12222	42	34
平果县	2003		6856	48045	2675	1042	2281	41688	16	343
德保县	646	480	316	6122	444	746	1110	2922	311	589
靖西县	325	1979	362	8172	500	917	1210	5271	91	183
那坡县	110	24	275	2033	120	469	766	664	14	
凌云县	114	92	168	2249	122	1183	249	577	118	
乐业县	44	120	457	3169	68	187	487	2144	23	260
田林县	248	96	439	6558	279	900	1472	3604	21	282
隆林县	224	777	621	7893	909	1689	1457	930	2671	237
西林县	28	38	64	2505	182	459	559	1193	102	10
贺州市小计	**2858**	**1947**	**4633**	**58349**	**2481**	**7758**	**8163**	**38602**	**492**	**853**
本级	702		1865	28865	887	3287	4755	19083	182	671
区县级小计	2156	1947	2768	29484	1594	4471	3408	19519	310	182
昭平县	286	693	336	6647	367	521	560	4803	225	171
钟山县	206	71	477	4756	551	533	1418	2201	53	
富川县	161	714	471	4023	114	776	614	2505	14	
八步区	1503	469	1484	14058	562	2641	816	10010	18	11
河池市小计	**2917**	**694**	**8996**	**49327**	**7894**	**7728**	**18853**	**8401**	**1370**	**5081**
本级	850	14	2221	14794	1040	1561	9006	3000	187	
区县级小计	2067	680	6775	34533	6854	6167	9847	5401	1183	5081
金城江区	152		1133	2780	1098	302	1292		10	78
宜州市	763	15	1460	5038	807	1130	2203	546	9	343
罗城仫佬族自治县	141	90	340	1383	396	343	307	210	16	111
环江毛南族自治县	80	2	310	1757	510	691	485	49	22	
南丹县	212	520	1318	7501	2014	994	2742	1581	80	90
天峨县	134	29	443	703	639	24	15		23	2
凤山县	119	9	129	1583	74	338	255		21	895
东兰县	72		160	2718	90	719	200	1494	14	201
巴马瑶族自治县	108	1	247	2469	210	348	452	35	49	1375
都安瑶族自治县	116	12	399	5225	184	447	1357	1180	155	1902
大化瑶族自治县	170	2	836	3376	832	831	539	306	784	84
来宾市小计	**1932**		**6016**	**36772**	**6637**	**5868**	**12191**	**8503**	**1238**	**2335**
本级	1145			20409	1363	2263	7150	7530	523	1580
区县级小计	787		6016	16363	5274	3605	5041	973	715	755
来宾市兴宾区	77		3270	5700	2374	1036	1153	302	408	427
象州县	191		583	3498	514	906	1178	780	16	104

2－20－24　　　　单位:万元

地区	收支部分									
	支出功能分类									
	支出合计	一般公共服务	外交	国防	公共安全	教育	科学技术	文化体育与传媒	社会保障和就业	医疗卫生
田阳县	50417	9775		88	2951	12495	539	459	2792	3286
田东县	62880	9527		95	2689	16463	128	495	2717	3976
平果县	112849	13143		460	3759	20250	216	1146	2904	8774
德保县	50720	8328		161	3269	10739	165	319	7501	2268
靖西县	60295	14124		163	3616	15319	77	468	10048	3309
那坡县	32772	6585		81	2124	6282	49	554	5499	2402
凌云县	31063	8213		55	1423	5953	54	381	3936	1828
乐业县	29781	7501		53	1632	5636	63	532	3675	1549
田林县	42263	8812		97	2815	8811	167	348	1505	1841
隆林县	49263	10417		130	3126	12848	96	569	1599	3059
西林县	31076	5270		123	1420	5263	40	376	3189	1456
贺州市小计	**284330**	**54396**		**1002**	**18364**	**76508**	**1226**	**4616**	**18968**	**16786**
本级	81525	13504		296	9550	8885	276	2360	6704	4765
区县级小计	202805	40892		706	8814	67623	950	2256	12264	12021
昭平县	47064	7122		198	2134	14088	587	568	2568	3035
钟山县	50826	13003		196	3210	17248	146	658	3095	3814
富川县	38726	8604		169	1868	12143	82	632	2663	3159
八步区	66189	12163		143	1602	24144	135	398	3938	2013
河池市小计	**586437**	**117405**		**1755**	**38633**	**138220**	**3957**	**8158**	**55730**	**36225**
本级	90053	9499		518	10970	5665	455	1105	7749	2068
区县级小计	496384	107906		1237	27663	132555	3502	7053	47981	34157
金城江区	35941	7171		85	1587	13167	155	426	1625	1923
宜州市	59496	12842		142	3374	19375	822	654	2325	4662
罗城仫佬族自治县	37506	10299		48	2302	11387	210	531	2094	3466
环江毛南族自治县	51215	7507		73	2668	10958	474	803	7161	2960
南丹县	53769	14508		113	3535	16404	876	1253	2618	2937
天峨县	30644	6854		112	1876	6689	268	358	4117	1683
凤山县	27074	7376		159	1728	7650	94	356	1557	1960
东兰县	37103	8782		109	2503	9855	80	635	3301	2355
巴马瑶族自治县	33505	7879		130	1791	7607	67	454	4757	2332
都安瑶族自治县	68224	11953		107	3104	17601	58	720	9707	5984
大化瑶族自治县	61907	12735		159	3195	11862	398	863	8719	3895
来宾市小计	**340693**	**66924**		**2220**	**25736**	**75857**	**906**	**3547**	**44819**	**21888**
本级	117073	20908		1421	14960	10699	438	1406	5619	6082
区县级小计	223620	46016		799	10776	65158	468	2141	39200	15806
来宾市兴宾区	60801	9640		183	1182	24106	65	364	9839	5224
象州县	39834	9018		134	2093	10936	201	431	5899	2342

2－20－25

单位:万元

地区	收支部分						平衡部分		
	支出功能分类						收入		
	环境保护	城乡社区事务	农林水事务	交通运输	工业、商业、金融等事务	其他支出	收入合计	本年收入	返还性收入 小计
田阳县	319	2661	5068	819	4986	4179	51890	20497	3669
田东县	642	2119	5926	761	12983	4359	69793	31678	4852
平果县	761	45338	4856	574	9524	1144	138303	90054	2359
德保县	257	2909	6896	2373	2158	3377	55034	14109	1630
靖西县	170	3434	5209	935	2854	569	73886	16283	1540
那坡县	236	1914	3481	1820	418	1327	37951	3635	453
凌云县	347	1388	5624	678	957	226	36975	4017	500
乐业县	354	1906	3048	1288	1185	1359	33043	5221	388
田林县	350	1109	4391	7477	814	3726	45208	10351	1507
隆林县	952	2188	5621	4264	3948	446	55554	18256	3216
西林县	267	4132	3801	3972	1265	502	34071	4475	707
贺州市小计	**2796**	**12644**	**28979**	**11348**	**22447**	**14250**	**339059**	**97168**	**19159**
本级	1780	7914	5121	9104	9751	1515	114318	40613	8406
区县级小计	1016	4730	23858	2244	12696	12735	228627	56555	10753
昭平县	464	1267	5208	1444	8242	139	51549	11552	2170
钟山县	207	1947	5035	74	2132	61	60852	10436	2488
富川县	240	1397	5426	225	326	1792	43580	8024	1793
八步区	105	119	8189	501	1996	10743	72646	26543	4302
河池市小计	**7999**	**21654**	**62338**	**49275**	**13972**	**31116**	**693556**	**144548**	**45920**
本级	3162	5628	4659	24086	4253	10236	114412	29705	10593
区县级小计	4837	16026	57679	25189	9719	20880	579144	114843	35327
金城江区	302	674	4076	1790	478	2482	41943	12271	2555
宜州市	536	2816	4194	1392	1424	4938	67428	18602	7147
罗城仫佬族自治县	155	2284	3864	331	491	44	45443	5015	2692
环江毛南族自治县	199	501	6294	2355	634	8628	57468	8293	4359
南丹县	1056	780	5842	2583	1264		64769	28658	8786
天峨县	448	795	3941	2641	674	188	33515	9249	1985
凤山县	543	479	3993	599	490	90	34677	3189	338
东兰县	339	1570	3467	190	1976	1941	44582	4598	1175
巴马瑶族自治县	780	1288	4347	488	761	824	42014	5296	1301
都安瑶族自治县	247	2614	8103	6225	839	962	79935	9255	2141
大化瑶族自治县	232	2225	9558	6595	688	783	67370	10417	2848
来宾市小计	**3366**	**17616**	**31644**	**18777**	**15438**	**11955**	**404120**	**103875**	**26439**
本级	2261	10725	12233	17042	9066	4213	152447	43687	10422
区县级小计	1105	6891	19411	1735	6372	7742	258974	60188	16017
来宾市兴宾区	218	342	5930	347	1504	1857	76369	20586	2542
象州县	285	2121	3705	326	353	1990	43901	9053	3606

2－20－26

单位:万元

地区	平衡部分									
	收入									
	返还性收入		财力性转移支付收入							
	增值税和消费税税收返还	所得税基数返还	小计	体制补助	一般性转移支付补助	民族地区转移支付补助	调整工资转移支付补助	农村义务教育补助	农村税费改革补助	缓解县乡困难转移支付补助
田阳县	2965	704	18932		6403	589	7103	521	2049	190
田东县	3834	1018	17556		2500	671	8301	804	2324	248
平果县	1815	544	13799	88			8036	1029	1821	92
德保县	1470	160	22787	833	7284	1119	7318	575	1662	1919
靖西县	1126	414	33377	1252	13202	1168	11414	1228	2533	420
那坡县	363	90	21534	833	11243	899	6421	332	1070	238
凌云县	346	154	19567	776	10306	900	5243	550	1050	74
乐业县	240	148	18513	588	9701	785	5378	506	1072	63
田林县	960	547	19046	51	9066	807	5923	518	1469	188
隆林县	1672	1544	18332	77	3231	529	8280	905	1510	162
西林县	589	118	16990	698	7900	786	5019	381	919	618
贺州市小计	**12166**	**6993**	**128383**	**1570**	**43965**	**845**	**41400**	**6142**	**7299**	**3983**
本级	4822	3584	19432	1411	5831		4935			130
区县级小计	7344	3409	112837	159	38134	845	36465	6142	7299	3853
昭平县	1485	685	23864	16	9916		7941	1059	1585	1179
钟山县	1742	746	33019	84	12723		8869	1509	1519	595
富川县	1531	262	25896	59	9395	845	8021	872	1210	1034
八步区	2586	1716	30058		6100		11634	2702	2985	1045
河池市小计	**27347**	**18573**	**270561**	**10106**	**83498**	**9196**	**86767**	**8095**	**13125**	**9979**
本级	6243	4350	17009	3019	3687	544	6211			232
区县级小计	21104	14223	253552	7087	79811	8652	80556	8095	13125	9747
金城江区	1151	1404	16720		2000	350	5774	345	750	125
宜州市	5112	2035	24538		3646	498	8914	1040	1480	1944
罗城仫佬族自治县	2022	670	26884	1075	12718	1171	7533	704	1305	264
环江毛南族自治县	2453	1906	22836	101	8091	939	7501	757	1254	1175
南丹县	5140	3646	14815	434	200	709	5314	746	924	416
天峨县	940	1045	11444	618	2071	313	4922	421	727	
凤山县	153	185	20554	844	10961	798	5543	532	817	68
东兰县	550	625	24248	1094	10972	785	7212	602	1183	535
巴马瑶族自治县	756	545	21509	903	9763	902	6697	560	953	403
都安瑶族自治县	1107	1034	41710	1821	12102	1190	12277	1454	2278	2559
大化瑶族自治县	1720	1128	28294	197	7287	997	8869	934	1454	2258
来宾市小计	**20048**	**6391**	**156124**	**3877**	**44036**	**4837**	**50861**	**5020**	**8202**	**7446**
本级	9311	1111	28603	2372	6000	702	6843			378
区县级小计	10737	5280	134822	1505	38036	4135	44018	5020	8202	7068
来宾市兴宾区	639	1903	35672		1723	527	12820	2186	3073	1849
象州县	2171	1435	22338	396	7583	713	6972	644	1174	1723

2－20－27 单位:万元

地区	平衡部分									
	收入								支出	
	财力性转移支付收入				省补助计划单列市收入	上年结余	调入资金	国债转贷收入、上年结余及转补助数	支出合计	本年支出
	结算补助	企事业单位预算划转补助	其他财力性转移支付	专项转移支付						
田阳县	126		1951	8571		221			51457	50417
田东县	337		2371	12112		3595			63860	62880
平果县	213		2520	14979		17112			121764	112849
德保县	43		2034	12678		3830			51135	50720
靖西县	19		2141	16074		6612			60839	60295
那坡县	25		473	9915		2414			33002	32772
凌云县	19		649	8955		3886	50		31367	31063
乐业县	22		398	7644		1277			30080	29781
田林县	111		913	13995		309			42765	42263
隆林县	88		3550	13696		2054			50104	49263
西林县	22		647	10419		1480			31322	31076
贺州市小计	**6908**	**226**	**16045**	**69306**		**22860**	**2183**		**289532**	**284330**
本级	－972		8097	28691		15656	1520		86727	81525
区县级小计	7880	226	11834	40615		7204	663		206691	202805
昭平县	113	69	1986	9708		3592	663		47773	47064
钟山县	5226	39	2455	9450		5459			51708	50826
富川县	2433	79	1948	9467		－1600			39345	38726
八步区	108	39	5445	11990		－247			67865	66189
河池市小计	**6505**		**43290**	**168923**		**62804**	**800**		**597905**	**586437**
本级	839		2477	37219		19886			90145	90053
区县级小计	5666		40813	131704		42918	800		507760	496384
金城江区	145		7231	7088		3309			38144	35941
宜州市	221		6795	11655		5486			61007	59496
罗城仫佬族自治县	85		2029	9102		1750			38032	37506
环江毛南族自治县	1265		1753	16491		4689	800		51953	51215
南丹县	2275		3797	9381		3129			57074	53769
天峨县	968		1404	8577		2260			31168	30644
凤山县	54		937	7826		2770			27364	27074
东兰县	41		1824	9082		5479			37454	37103
巴马瑶族自治县	55		1273	9377		4531			33855	33505
都安瑶族自治县	69		7960	21958		4871			68780	68224
大化瑶族自治县	488		5810	21167		4644			62929	61907
来宾市小计	**6325**		**25520**	**84712**		**32732**	**238**		**346012**	**340693**
本级	4059		8249	48015		21720			118830	117073
区县级小计	2266		24572	36697		11012	238		234483	223620
来宾市兴宾区	166		13328	11494		6075			68380	60801
象州县	61		3072	6471		2412	21		40575	39834

2－20－28　　　　　　　　　　　　　　　　　　　　　　　　单位:万元

地区	平衡部分									
	支出								年终结余	其中:净结余
	财力性转移支付			专项上解	计划单列市上解省	增设预算周转金	调出资金	国债转贷拨付数及年终结余		
	小计	体制上解	出口退税专项上解							
田阳县				1040					433	－871
田东县				980					5933	222
平果县	227		227	8688					16539	2840
德保县				415					3899	－428
靖西县				544					13047	1497
那坡县				230					4949	2152
凌云县				304					5608	3097
乐业县				299					2963	1880
田林县				502					2443	－76
隆林县				841					5450	4065
西林县				246					2749	9
贺州市小计				**5202**					**49527**	**8112**
本级				5202					27591	2713
区县级小计				3886					21936	5399
昭平县				709					3776	149
钟山县				882					9144	3883
富川县				619					4235	2028
八步区				1676					4781	－661
河池市小计	**459**		**459**	**11009**					**95651**	**13865**
本级	67		67	25					24267	10594
区县级小计	390		390	10986					71384	3271
金城江区	239		239	1964					3799	197
宜州市	9		9	1502					6421	
罗城仫佬族自治县				526					7411	193
环江毛南族自治县	7		7	731					5515	31
南丹县	115		115	3190					7695	1686
天峨县				524					2347	9
凤山县				290					7313	465
东兰县				351					7128	230
巴马瑶族自治县				350					8159	100
都安瑶族自治县	20		20	536					11155	359
大化瑶族自治县				1022					4441	1
来宾市小计				**5319**					**58108**	**3561**
本级				1757					33617	7804
区县级小计				10863					24491	－4243
来宾市兴宾区				7579					7989	89
象州县				741					3326	18

二、各省、自治区、直辖市地市县一般预算财政资料

2－20－29

单位:万元

地区	收支部分								
	收入								
	收入合计	税收收入							
		小计	增值税	营业税	企业所得税	个人所得税	资源税	城市维护建设税	耕地占用税
武宣县	8682	6274	2456	1363	912	255	358	323	3
金秀瑶族自治县	3045	1820	508	595	36	171	80	194	1
忻城县	7475	5550	1624	816	846	206	369	1036	
合山市	9838	8083	3155	1399	61	237	624	1644	
来宾华侨投资区	1509	1657	96	1100	13	25		109	87
崇左市小计	**123022**	**66552**	**19350**	**13366**	**15048**	**2405**	**2212**	**4534**	**1515**
本级	15363	6075	1191	1558	976	305	73	665	772
区县级小计	107659	60477	18159	11808	14072	2100	2139	3869	743
扶绥县	19961	15081	4517	2241	4535	429	801	1031	133
大新县	16220	10212	4184	1745	924	286	680	999	60
天等县	5552	3475	891	880	438	207	406	219	20
宁明县	14326	6541	2061	1235	2150	263	100	206	8
龙州县	9985	5579	1876	987	1140	196	39	600	43
凭祥市	19323	9620	1164	3315	562	405	57	814	479
江州区	22292	9969	3466	1405	4323	314	56		

2－20－30 单位:万元

地区	收支部分									
	收入									
	税收收入			非税收入						
	契税	烟叶税	其他各项税收收入	小计	专项收入	行政事业性收费收入	罚没收入	国有资本经营收入	国有资源(资产)有偿使用收入	其他收入
武宣县	67		537	2408	710	713	792		173	20
金秀瑶族自治县	64		171	1225	147	193	835	3	47	
忻城县	59		594	1925	784	382	495	39	50	175
合山市	162		801	1755	745	375	588		18	29
来宾华侨投资区	167		60	－148				－151	3	
崇左市小计	**2366**	**58**	**5698**	**56470**	**3899**	**11079**	**14161**	**23374**	**1729**	**2228**
本级	106	3	426	9288	574	988	6988	452	186	100
区县级小计	2260	55	5272	47182	3325	10091	7173	22922	1543	2128
扶绥县	370	3	1021	4880	942	1562	1603	701	72	
大新县	341	48	945	6008	714	783	738	2880	882	11
天等县	172		242	2077	207	618	822	411	19	
宁明县	128	4	386	7785	279	2028	1520	3935	23	
龙州县	251		447	4406	422	507	987	1976	27	487
凭祥市	955		1869	9703	443	3802	1035	2418	375	1630
江州区	43		362	12323	318	791	468	10601	145	

2－20－31

单位：万元

地区	收支部分									
	支出功能分类									
	支出合计	一般公共服务	外交	国防	公共安全	教育	科学技术	文化体育与传媒	社会保障和就业	医疗卫生
武宣县	39912	8054		142	2269	11568	67	467	8263	3470
金秀瑶族自治县	24485	5881		132	1774	5474	33	287	4676	1253
忻城县	38002	7976		118	1985	9163	50	308	7126	2528
合山市	18531	4131		90	1458	3911	52	284	3267	969
来宾华侨投资区	2055	1316			15				130	20
崇左市小计	**398344**	**99127**		**1612**	**22562**	**70843**	**2289**	**5531**	**57337**	**21553**
本级	70701	15269		202	7960	5992	431	1532	13963	3680
区县级小计	327643	83858		1410	14602	64851	1858	3999	43374	17873
扶绥县	54776	12468		370	2391	11280	348	505	7442	3687
大新县	48634	15168		372	2452	10340	123	580	6413	2945
天等县	55708	12802		35	2224	10076	129	607	7267	3198
宁明县	49496	11759		104	2794	9895	425	934	6765	2413
龙州县	43282	7564		125	1621	7715	288	657	5880	2247
凭祥市	36031	13942		150	2128	5168	81	372	3528	1544
江州区	39716	10155		254	992	10377	464	344	6079	1839

2－20－32 单位:万元

地区	收支部分						平衡部分		
	支出功能分类						收入		
	环境保护	城乡社区事务	农林水事务	交通运输	工业、商业、金融等事务	其他支出	收入合计	本年收入	返还性收入 小计
武宣县	148	955	3226	504	269	510	44343	8682	3898
金秀瑶族自治县	121	686	2814	171	662	521	27815	3045	1146
忻城县	233	1671	2478	86	3167	1113	41700	7475	2557
合山市	100	871	1181	301	417	1499	22173	9838	2251
来宾华侨投资区		245	77			252	2673	1509	17
崇左市小计	**2576**	**31823**	**33517**	**13481**	**11252**	**24841**	**455621**	**123022**	**32632**
本级	831	7054	3419	2830	1182	6356	76587	15363	3256
区县级小计	1745	24769	30098	10651	10070	18485	379116	107659	29376
扶绥县	226	4519	6090	1025	3330	1095	59867	19961	6286
大新县	445	2051	4169	1522	539	1515	54346	16220	3941
天等县	234	6106	6596	4869	1202	363	62380	5552	1156
宁明县	513	3687	3864	1664	2011	2668	53155	14326	5212
龙州县	178	2430	3385	724	960	9508	50522	9985	3914
凭祥市	69	3767	1201	227	1651	2203	43218	19323	1869
江州区	80	2209	4793	620	377	1133	55628	22292	6998

2-20-33 单位:万元

地区	平衡部分									
	收入									
	返还性收入		财力性转移支付收入							
	增值税和消费税税收返还	所得税基数返还	小计	体制补助	一般性转移支付补助	民族地区转移支付补助	调整工资转移支付补助	农村义务教育补助	农村税费改革补助	缓解县乡困难转移支付补助
武宣县	3426	472	24892	105	9211	883	7519	980	1340	1274
金秀瑶族自治县	835	311	19466	574	8554	861	5922	241	787	1014
忻城县	2048	509	24684	430	9797	964	7902	697	1498	1025
合山市	1601	650	7078		1168	187	2857	272	330	78
来宾华侨投资区	17		692				26			105
崇左市小计	**24879**	**7753**	**161407**	**4086**	**34575**	**4859**	**56097**	**4009**	**23377**	**3935**
本级	3096	160	28262	3114	9925	1549	6909			154
区县级小计	21783	7593	133227	1054	24650	3310	49188	4009	23377	3781
扶绥县	5005	1281	17735			468	8349	736	4166	304
大新县	3355	586	20594		3728	394	8137	512	2685	1496
天等县	830	326	34756	919	13746	1085	7654	626	1962	1193
宁明县	3812	1400	20072		3720	588	9199	775	3688	108
龙州县	2785	1129	16169		3456	539	6847	471	3244	300
凭祥市	1198	671	9500			236	3295	241	2499	
江州区	4798	2200	14401	135			5707	648	5133	380

2－20－34 单位:万元

地区	平衡部分 收入 财力性转移支付收入 结算补助	企事业单位预算划转补助	其他财力性转移支付	专项转移支付	省补助计划单列市收入	上年结余	调入资金	国债转贷收入、上年结余及转补助数	支出 支出合计	本年支出
武宣县	1014		2566	5946		925			40692	39912
金秀瑶族自治县	551		962	4370		－212			24856	24485
忻城县	28		2343	5816		951	217		38666	38002
合山市	310		1876	2367		639			19232	18531
来宾华侨投资区	136		425	233		222			2082	2055
崇左市小计	**4997**		**25472**	**111027**		**27523**	**10**		**405398**	**398344**
本级	4043		2568	23983		5713	10		58410	70701
区县级小计	954		22904	87044		21810			347070	327643
扶绥县	383		3329	11200		4685			56740	54776
大新县	74		3568	12239		1352			49562	48634
天等县	128		7443	18799		2117			56158	55708
宁明县	213		1781	11581		1964			50612	49496
龙州县	14		1298	16753		3701			44015	43282
凭祥市	13		3216	7748		4778			38133	36031
江州区	129		2269	8724		3213			51850	39716

2－20－35　　　　单位:万元

地区	平衡部分									
	支出								年终结余	其中：净结余
	财力性转移支付			专项上解	计划单列市上解省	增设预算周转金	调出资金	国债转贷拨付数及年终结余		
	小计	体制上解	出口退税专项上解							
武宣县				780					3651	－423
金秀瑶族自治县				371					2959	－2036
忻城县				664					3034	－1974
合山市				701					2941	55
来宾华侨投资区				27					591	28
崇左市小计	**829**		**829**	**6225**					**50223**	**2804**
本级	－481	－668	187	－11810					18177	－2394
区县级小计	1392	750	642	18035					32046	5198
扶绥县	82	82		1882					3127	947
大新县	－47		－47	975					4784	－1478
天等县				450					6222	68
宁明县	71		71	1045					2543	82
龙州县				733					6507	2360
凭祥市	618		618	1484					5085	1967
江州区	668	668		11466					3778	1252

2007 年海南省地市县财政一般预算收支平衡表

2－21－1　　　　单位：万元

地区	收支部分								
	收入								
	收入合计	税收收入							
		小计	增值税	营业税	企业所得税	个人所得税	资源税	城市维护建设税	耕地占用税
地市县合计	**709022**	**579556**	**84200**	**203416**	**42503**	**21924**	**7705**	**46902**	**8647**
海口市小计	**243471**	**192534**	**14778**	**47237**	**12928**	**6944**	**501**	**26772**	**2703**
本级	210758	162579	10816	33412	9306	4972	501	26772	2703
区县级小计	32713	29955	3962	13825	3622	1972			
龙华区	14909	13798	2112	5877	1656	1082			
美兰区	12029	11408	891	5919	1355	598			
秀英区	2994	2632	520	1112	325	173			
琼山区	2781	2117	439	917	286	119			
三亚市小计	**154160**	**135514**	**3418**	**71031**	**8332**	**3247**	**133**	**5426**	**53**
本级	154160	135514	3418	71031	8332	3247	133	5426	53
洋浦经济开发区	**85804**	**83815**	**34561**	**29110**	**9680**	**2965**		**4299**	
本级	85804	83815	34561	29110	9680	2965		4299	
琼海市	30461	27973	2782	10665	1566	1220	62	1139	755
儋州市	23326	14733	3155	4110	539	1088	228	1075	1165
文昌市	24964	19377	2129	8324	1281	1217	461	809	207
万宁市	17246	12134	1239	3800	208	554	141	717	1749
东方市	21662	18324	4981	6144	3753	671	92	670	222
五指山市	4872	3424	249	1499	184	235	21	145	
屯昌县	5791	2411	278	992	33	183	7	133	133
澄迈县	26538	22222	7918	5156	2106	662	517	2458	
临高县	7365	4503	744	1650	126	308	52	299	297
白沙县	3824	2695	419	1451	73	222	51	181	9
昌江县	26403	16860	5369	1825	1020	879	5239	1559	
乐东县	6902	4428	422	2499	131	417	155	273	3
陵水县	10218	8461	372	3202	300	320	9	284	776
保亭县	3434	2137	156	1193	8	238	21	114	33
琼中县	4070	2882	343	1695	86	241	6	201	3
定安县	8511	5129	887	1833	149	313	9	348	539

二、各省、自治区、直辖市地市县一般预算财政资料

2－21－2 单位：万元

地区	收支部分									
	收入									
	税收收入			非税收入						
	契税	烟叶税	其他各项税收收入	小计	专项收入	行政事业性收费收入	罚没收入	国有资本经营收入	国有资源(资产)有偿使用收入	其他收入
地市县合计	**54973**		**109286**	**129466**	**31387**	**27076**	**20679**	**34994**	**12446**	**2884**
海口市小计	**24214**		**56457**	**50937**	**12562**	**10202**	**9735**	**13722**	**4844**	**－128**
本级	24214		49883	48179	12562	8591	8693	13719	4784	－170
区县级小计			6574	2758		1611	1042	3	60	42
龙华区			3071	1111		796	273			42
美兰区			2645	621		295	313		13	
秀英区			502	362		166	178	3	15	
琼山区			356	664		354	278		32	
三亚市小计	**16334**		**27540**	**18646**	**2873**	**3658**	**4625**	**4910**	**2545**	**35**
本级	16334		27540	18646	2873	3658	4625	4910	2545	35
洋浦经济开发区	**1208**		**1992**	**1989**	**1840**			**73**	**76**	
本级	1208		1992	1989	1840			73	76	
琼海市	2283		7501	2488	780	830	687	107	82	2
儋州市	1003		2370	8593	852	1342	939	4449	1011	
文昌市	1907		3042	5587	1719	926	599	700	126	1517
万宁市	1961		1765	5112	503	2344	624	1103	204	334
东方市	375		1416	3338	687	995	337	570	71	678
五指山市	524		567	1448	152	246	92	927	31	
屯昌县	69		583	3380	121	1107	249	1870	30	3
澄迈县	1522		1883	4316	1686	1368	601	473	188	
临高县	300		727	2862	238	667	307	1583	67	
白沙县	29		260	1129	163	140	111	638	77	
昌江县	88		881	9543	4777	1186	391	321	2622	246
乐东县	94		434	2474	1492	553	134	165	99	31
陵水县	2688		510	1757	302	622	261	407	165	
保亭县	95		279	1297	159	208	262	632	36	
琼中县	42		265	1188	209	156	131	537	102	53
定安县	237		814	3382	272	526	594	1807	70	113

2－21－3　　　　　　　　　　　　　　　　　　　　　　　　单位:万元

地区	收支部分									
	支出功能分类									
	支出合计	一般公共服务	外交	国防	公共安全	教育	科学技术	文化体育与传媒	社会保障和就业	医疗卫生
地市县合计	**1681365**	**294804**		**4099**	**117137**	**319647**	**17247**	**24601**	**235763**	**88152**
海口市小计	**423211**	**92445**		**1390**	**48088**	**83154**	**5078**	**6590**	**56774**	**24530**
本级	278235	57942		626	36130	49467	4035	5376	35311	11848
区县级小计	144976	34503		764	11958	33687	1043	1214	21463	12682
龙华区	36170	8736		360	3086	7835	360	225	5174	2796
美兰区	35981	10247		145	2634	7991	78	319	4292	2980
秀英区	22497	5078		145	1163	6771	212	125	2718	2066
琼山区	50328	10442		114	5075	11090	393	545	9279	4840
三亚市小计	**187344**	**33431**		**908**	**14699**	**32665**	**2978**	**4971**	**17227**	**9770**
本级	187344	33431		908	14699	32665	2978	4971	17227	9770
洋浦经济开发区	**178271**	**5119**		**11**	**2845**	**7569**			**2706**	**414**
本级	178271	5119		11	2845	7569			2706	414
琼海市	72733	13597		200	4720	14567	273	823	14901	5026
儋州市	94863	16806		169	5580	24481	182	911	16486	5221
文昌市	85037	16873		79	4661	18037	644	2252	17340	4892
万宁市	62535	10792		85	3432	14371	856	709	12224	3686
东方市	62243	10621		135	4116	15754	2099	625	7809	3768
五指山市	32345	6230		99	1889	4657	199	341	4695	1660
屯昌县	35715	6822		63	1691	8212	48	589	7010	2034
澄迈县	72326	13448		152	3584	15554	1812	656	16642	4131
临高县	53579	10844			2443	10696	115	730	11314	2730
白沙县	35510	8510			2354	5644	672	457	6671	1550
昌江县	60753	9175		104	3822	10764	795	1409	7186	4847
乐东县	65619	10001		265	3934	17578	39	746	11601	5792
陵水县	45398	10717		83	2936	12205	29	774	5384	2157
保亭县	32308	4845		111	1847	6056	231	565	5329	1502
琼中县	40936	7314		173	1990	6423	775	587	6651	2218
定安县	40639	7214		72	2506	11260	422	866	7813	2224

二、各省、自治区、直辖市地市县一般预算财政资料

2－21－4　　　　　　　　　　　　　　　　　　单位:万元

地区	收支部分						平衡部分		
	支出功能分类						收入		
	环境保护	城乡社区事务	农林水事务	交通运输	工业、商业、金融等事务	其他支出	收入合计	本年收入	返还性收入 小计
地市县合计	**25188**	**116394**	**145392**	**21952**	**110676**	**160313**	**1897872**	**709022**	**98239**
海口市小计	**2533**	**46905**	**20523**	**5376**	**16430**	**13395**	**448495**	**243471**	**41009**
本级	2530	31375	13496	5316	16070	8713	293806	210758	13974
区县级小计	3	15530	7027	60	360	4682	154689	32713	27035
龙华区		5864	965		52	717	40458	14909	5460
美兰区	3	5100	1669	10	47	466	36113	12029	3849
秀英区		1604	1258		42	1315	22498	2994	2373
琼山区		2962	3135	50	219	2184	55620	2781	15353
三亚市小计	**3516**	**14206**	**22955**	**13556**	**6754**	**9708**	**219153**	**154160**	**6321**
本级	3516	14206	22955	13556	6754	9708	219153	154160	6321
洋浦经济开发区	**331**	**13705**	**226**	**2**	**52347**	**92996**	**181040**	**85804**	**3319**
本级	331	13705	226	2	52347	92996	181040	85804	3319
琼海市	2630	3401	6084	65	3596	2850	80318	30461	5423
儋州市	1352	4417	8074	209	6049	4926	102950	23326	5869
文昌市	1483	5048	6959	162	4135	2472	87992	24964	4574
万宁市	599	1314	7270	124	2528	4545	77314	17246	1670
东方市	1351	3809	7097	235	1345	3479	76297	21662	6268
五指山市	1749	2798	5614	128	591	1695	36545	4872	726
屯昌县	659	1211	4296	79	1545	1456	42054	5791	848
澄迈县	1034	576	5326	246	2025	7140	77961	26538	8052
临高县	792	2272	5482	151	5191	819	66194	7365	2399
白沙县	710	1199	5852	485	436	970	49870	3824	1264
昌江县	1311	5943	7465	137	453	7342	70811	26403	4548
乐东县	1852	4297	6281	318	1795	1120	76962	6902	1674
陵水县	280	1120	6895	169	2058	591	67481	10218	1088
保亭县	622	1393	6127	45	778	2857	37560	3434	607
琼中县	1667	2274	8371	416	1255	822	49027	4070	688
定安县	717	506	4495	49	1365	1130	49848	8511	1892

2－21－5　　　　　　　　　　　　　　　　单位:万元

地　区	平衡部分									
	收入									
	返还性收入		财力性转移支付收入							
	增值税和消费税税收返还	所得税基数返还	小计	体制补助	一般性转移支付补助	民族地区转移支付补助	调整工资转移支付补助	农村义务教育补助	农村税费改革补助	缓解县乡困难转移支付补助
地市县合计	**75629**	**22610**	**517079**	**44695**	**87363**	**25282**	**215356**	**31527**	**68416**	**26257**
海口市小计	**39047**	**1962**	**68595**	**27135**		**283**	**26469**	**4292**	**2729**	**2219**
本级	19936	－5962	－1495	－2906	－1500	149	6334	4292	－162	1465
区县级小计	19111	7924	70090	30041	1500	134	20135		2891	754
龙华区	2133	3327	11231	1862	8	32	2536		481	161
美兰区	1557	2292	13688	4230	209	34	3525		689	183
秀英区	1832	541	13815	6322	776	23	3332		566	148
琼山区	13589	1764	31356	17627	507	45	10742		1155	262
三亚市小计	**2281**	**4040**	**21291**	**768**		**2719**	**9070**	**1710**	**2609**	**2243**
本级	2281	4040	21291	768		2719	9070	1710	2609	2243
洋浦经济开发区	**2118**	**1201**	**2244**				**470**	**168**		**861**
本级	2118	1201	2244				470	168		861
琼海市	3106	2317	21780	717	3006	263	9546	1642	5122	1116
儋州市	4285	1584	39799	750	8456	1112	15130	4074	8792	877
文昌市	2262	2312	34213	1069	6639	27	16934	2118	4892	2115
万宁市	760	910	34765	701	9008	1489	14228	2034	5672	1369
东方市	5533	735	25155	1521	2113	1529	10208	1993	3249	629
五指山市	434	292	17904	804	5027	1784	7064	424	920	1333
屯昌县	482	366	21483	956	5208	400	10012	1009	3214	481
澄迈县	4860	3192	22596	1561	1382	60	11041	2026	3880	2146
临高县	1574	825	31922	1668	8563	8	13857	1881	4328	1300
白沙县	1002	262	24680	730	6148	2650	8300	702	4179	1580
昌江县	4259	289	13604	557	1037	1648	5916	1098	1859	943
乐东县	1071	603	42070	1666	9689	3211	16742	2443	5773	1992
陵水县	511	577	28523	1664	5671	3213	11819	1540	2612	1798
保亭县	298	309	19322	861	5246	2277	7578	520	1997	627
琼中县	400	288	23186	804	5531	2549	8582	662	3768	766
定安县	1346	546	23947	763	4639	60	12390	1191	2821	1862

二、各省、自治区、直辖市地市县一般预算财政资料

2－21－6 单位:万元

地区	平衡部分									
	收入								支出	
	财力性转移支付收入									
	结算补助	企事业单位预算划转补助	其他财力性转移支付	专项转移支付	省补助计划单列市收入	上年结余	调入资金	国债转贷收入、上年余及补助结转数	支出合计	本年支出
地市县合计	**6527**	**1639**	**10017**	**389580**		**141274**	**42678**		**1702894**	**1681365**
海口市小计	**4158**	**1199**	**111**	**47972**		**8250**	**39198**		**432058**	**423211**
本级	－10477	1199	111	29947		5456	35166		283086	278235
区县级小计	14635			18025		2794	4032		148972	144976
龙华区	6151			4819		7	4032		36586	36170
美兰区	4818			5396		1151			35981	35981
秀英区	2648			3316					22497	22497
琼山区	1018			4494		1636			53908	50328
三亚市小计	**205**	**260**	**1707**	**16430**		**20951**			**191884**	**187344**
本级	205	260	1707	16430		20951			191884	187344
洋浦经济开发区	**606**	**139**		**92822**		**－3149**			**179375**	**178271**
本级	606	139		92822		－3149			179375	178271
琼海市	242		126	16882		5772			73144	72733
儋州市	205		403	25115		8341	500		95327	94863
文昌市	139		280	21177		3064			86691	85037
万宁市	99		165	18232		5401			62841	62535
东方市	22		3891	14469		8743			63105	62243
五指山市	38		510	9764		3279			32868	32345
屯昌县	55		148	9039		4893			36095	35715
澄迈县	270		230	14521		6050	204		72763	72326
临高县	91		226	16095		8413			53791	53579
白沙县	19		372	10234		9868			35642	35510
昌江县	94	41	411	11135		12423	2698		61173	60753
乐东县	74		480	17459		8857			66066	65619
陵水县	59		147	15171		12481			45712	45398
保亭县	15		201	10034		4163			32437	32308
琼中县	38		486	12433		8639	11		41050	40936
定安县	98		123	10596		4835	67		40872	40639

2－21－7

单位:万元

地区	平衡部分									
	支出								年终结余	其中:净结余
	财力性转移支付			专项上解	计划单列市上解省	增设预算周转金	调出资金	国债转贷拨付数及年终结余		
	小计	体制上解	出口退税专项上解							
地市县合计	**2766**	**2290**	**476**	**12404**		**416**	**5943**		**194978**	**95627**
海口市小计	**328**	**58**	**270**	**2819**		**416**	**5284**		**16437**	**2469**
本级	328	58	270	－761			5284		10720	158
区县级小计				3580		416			5717	2311
龙华区						416			3872	889
美兰区									132	132
秀英区									1	1
琼山区				3580					1712	1289
三亚市小计	**923**	**905**	**18**	**3617**					**27269**	**20451**
本级	923	905	18	3617					27269	20451
洋浦经济开发区	**1041**	**968**	**73**	**63**					**1665**	**1665**
本级	1041	968	73	63					1665	1665
琼海市	116	106	10	295					7174	5214
儋州市	27	20	7	437					7623	606
文昌市	59	48	11	936			659		1301	665
万宁市	52	49	3	254					14473	3451
东方市	72	2	70	790					13192	11065
五指山市	20	20		503					3677	16
屯昌县	10	10		370					5959	3752
澄迈县	16	11	5	421					5198	1268
临高县	11	11		201					12403	2345
白沙县				132					14228	813
昌江县	5	5		415					9638	1481
乐东县	3	2	1	444					10896	3392
陵水县	68	65	3	246					21769	17052
保亭县	1	1		128					5123	3992
琼中县				114					7977	7065
定安县	14	9	5	219					8976	8865

二、各省、自治区、直辖市地市县一般预算财政资料

2007 年重庆市区县财政一般预算收支平衡表

2－22－1　　　　　　　　　　　　　　　　　　　　　　　　单位：万元

地区	收支部分								
	收入								
	收入合计	税收收入							
		小计	增值税	营业税	企业所得税	个人所得税	资源税	城市维护建设税	耕地占用税
区县级小计	**2407344**	**1732573**	**287598**	**499423**	**119430**	**76757**	**42580**	**111529**	**44941**
渝中区	155376	144411	11636	63868	12001	11631	3	7310	
江北区	186421	130296	12040	38949	10298	4452	167	5857	4299
沙坪坝区	201953	108876	11704	28803	4577	3529	868	4765	4753
九龙坡区	105798	84957	14448	22968	4123	3020	1328	4425	612
大渡口区	57182	41144	10357	9094	995	1097	808	1631	2048
南岸区	95875	81670	6111	21356	2277	2307	1267	5125	1739
北碚区	57276	38926	5291	9769	1662	1929	1830	2222	2008
万盛区	17766	15258	5057	3053	1462	495	1182	1638	8
双桥区	11662	8955	4330	1091	379	201	40	1074	720
巴南区	74225	47744	6806	10222	1586	1243	2032	2168	2278
渝北区	147504	124768	5690	43742	4553	4365	1001	5164	2983
涪陵区	92737	66978	16629	16834	5922	2635	911	12033	549
万州区	66282	52127	8967	15582	4618	2978	2030	4337	535
黔江区	34238	27099	8068	6272	817	1256	1222	6776	27
江津区	77724	59446	16746	12368	6198	2672	545	4078	3079
合川区	65555	38129	7367	10803	2463	2076	1542	3268	1697
永川区	69241	42800	8825	12914	3063	2263	1356	4106	1186
綦江县	38302	28972	8937	6546	2243	1205	2245	2450	317
长寿区	63221	53175	15310	10191	3743	2036	626	4718	2273
潼南县	19254	10652	1968	2436	459	703	2145	484	287
铜梁县	50542	20898	3479	4432	1246	1176	915	978	4374
大足县	31960	17784	3352	3942	1766	844	417	806	857
荣昌县	39866	22456	5937	5284	2006	1199	799	1692	524
璧山县	52788	30485	7703	6558	2510	1395	234	2240	1786
梁平县	27610	13858	3099	3318	519	1053	2998	1005	43
城口县	9829	5560	1959	1385	552	213	655	345	23
南川区	36151	21769	6010	4875	3373	784	903	2249	369
丰都县	18217	9443	1784	3158	569	754	574	568	
垫江县	29777	16714	3883	3753	1299	1051	1966	1053	470
武隆县	20235	14798	3959	3662	1122	611	881	1090	19
忠县	27332	11033	2237	3608	748	857	932	803	20
开县	35505	20971	5959	5675	1368	1272	2107	1598	146
云阳县	15776	10539	2114	3468	503	877	1120	558	140
奉节县	22920	11420	3329	3315	1038	576	832	727	42
巫山县	13688	9996	2043	2572	1293	542	714	498	1
巫溪县	6930	5168	1085	1368	634	270	253	308	16

2－22－2 单位:万元

地区	收支部分									
	收入									
	税收收入			非税收入						
	契税	烟叶税	其他各项税收收入	小计	专项收入	行政事业性收费收入	罚没收入	国有资本经营收入	国有资源(资产)有偿使用收入	其他收入
区县级小计	**290834**	**10194**	**249287**	**674771**	**90187**	**232344**	**54876**	**229654**	**39754**	**27956**
渝中区	21102		16860	10965	6363	2757	974	77	772	22
江北区	34141		20093	56125	5815	2936	1064	45559	635	116
沙坪坝区	27957		21920	93077	4959	4188	1693	77365	1526	3346
九龙坡区	15880		18153	20841	4491	6504	1382	7300	93	1071
大渡口区	6430		8684	16038	1682	1083	327	9979	25	2942
南岸区	31788		9700	14205	5394	3697	1273	2955	348	538
北碚区	7442		6773	18350	2446	7331	1260	935	3795	2583
万盛区	753		1610	2508	1032	876	575		25	
双桥区	167		953	2707	455	1375	224	576	76	1
巴南区	12233		9176	26481	2186	4225	1571	18388	111	
渝北区	38119		19151	22736	5442	12283	1136	1538	2266	71
涪陵区	3725	115	7625	25759	5704	12067	4327	3338	318	5
万州区	5695	291	7094	14155	2046	3813	4664	3286	337	9
黔江区	370	1061	1230	7139	2972	2041	934	622	124	446
江津区	6233		7527	18278	2574	10431	2020	3064	189	
合川区	3621		5292	27426	1951	18905	1133	988	444	4005
永川区	4412		4675	26441	1913	15121	1528	7545	87	247
綦江县	1603	4	3422	9330	2727	3657	1244	728	515	459
长寿区	4938		9340	10046	2307	6671	843	57	168	
潼南县	918		1252	8602	461	4967	769	646	193	1566
铜梁县	2155		2143	29644	1028	9109	575	13309	4188	1435
大足县	4097		1703	14176	710	9051	1164	2862	389	
荣昌县	2328		2687	17410	1337	6312	1251	7450	784	276
璧山县	3549		4510	22303	1381	9249	1216		8007	2450
梁平县	577		1246	13752	770	7255	2300	3296	67	64
城口县	85		343	4269	415	519	287	150	2898	
南川区	901	210	2095	14382	1792	6390	2295	3630	262	13
丰都县	444	513	1079	8774	489	1714	786	1790	67	3928
垫江县	904		2335	13063	875	8206	2062	1364	543	13
武隆县	210	1120	2124	5437	793	2265	1101	1123	155	
忠县	790		1038	16299	533	11931	969	2432	434	
开县	1487	7	1352	14534	1478	5791	2224	4623	407	11
云阳县	675		1084	5237	454	3241	1512	－151	181	
奉节县	552	195	814	11500	1481	3134	1470		5415	
巫山县	171	1679	483	3692	561	1281	1042	327	481	
巫溪县	162	780	292	1762	202	612	664	144	140	

2－22－3

单位:万元

地区	收支部分									
	支出功能分类									
	支出合计	一般公共服务	外交	国防	公共安全	教育	科学技术	文化体育与传媒	社会保障和就业	医疗卫生
区县级小计	**5172693**	**799184**		**8392**	**312682**	**992330**	**70116**	**56313**	**835996**	**286476**
渝中区	223319	19362		259	23794	27303	2565	6498	39048	7785
江北区	244549	26886		469	12576	39281	1776	1598	27080	10288
沙坪坝区	266723	39753		1422	18634	35886	2724	3436	46516	7805
九龙坡区	172499	24159		293	14597	23089	1651	1382	25994	9688
大渡口区	75914	12908		154	7311	9167	855	942	14314	2833
南岸区	192440	21849		165	12814	28215	1306	1161	28388	9335
北碚区	111687	18161			10061	21374	732	1144	19524	4868
万盛区	45725	6533		104	3570	9205	254	684	12567	2550
双桥区	16928	4247		120	1766	2943	126	165	2141	981
巴南区	151540	33099		901	14113	33825	1938	1721	27668	7025
渝北区	250999	37460		425	14626	30675	2004	4557	27703	10486
涪陵区	202305	42174			12468	36032	2335	2001	35392	11501
万州区	212983	35846		349	12271	45421	2554	2236	49791	14836
黔江区	122063	17327		164	6430	22559	760	1548	13173	6347
江津区	174719	25387		265	11463	37840	1257	1767	37845	12441
合川区	150534	30146		138	9072	27911	990	1375	29567	11165
永川区	151214	20438		376	9413	39040	1157	2346	24818	11761
綦江县	109661	19261		13	5860	25274	477	909	23162	6926
长寿区	123950	21815		366	7688	25852	1067	1165	27626	9356
潼南县	84977	15564			4454	22618	170	735	15253	5239
铜梁县	93655	19553		187	5181	18835	743	1337	17238	5816
大足县	85134	16461		360	5243	20349	798	654	15335	5279
荣昌县	89818	16654		222	3924	19554	652	566	14496	5829
璧山县	82724	14014		127	4713	16795	362	1303	15848	5353
梁平县	82500	15675		76	5122	18964	431	455	12546	7037
城口县	49606	8364		69	2344	9497	180	338	8109	3001
南川区	89998	18556		79	6487	18226	590	814	14065	5963
丰都县	79362	15703		112	4351	16282	414	660	15801	6648
垫江县	82564	16786		116	4434	23680	277	749	12434	6446
武隆县	74233	11184		77	2801	11905	323	1466	10372	4503
忠县	93271	19909		72	3787	20387	492	684	17815	7271
开县	142494	19468		20	6822	41598	702	1085	26773	10172
云阳县	113423	16181		65	4096	36505	103	614	20665	8722
奉节县	90897	14397		75	4729	27916	359	733	20161	5595
巫山县	78039	11253		88	3006	17521	183	547	16597	3735
巫溪县	65422	8183		56	2319	18361	366	564	10606	4691

2－22－4

单位:万元

地区	收支部分						平衡部分		
	支出功能分类						收入		
	环境保护	城乡社区事务	农林水事务	交通运输	工业、商业、金融等事务	其他支出	收入合计	本年收入	返还性收入 小计
区县级小计	**226384**	**712903**	**445626**	**125307**	**242898**	**58086**	**5981611**	**2407344**	**382804**
渝中区	480	51654	554	112	12686	31219	245442	155376	31631
江北区	1205	57461	6101	1600	51485	6743	283954	186421	14550
沙坪坝区	2219	78434	10506	6534	13719	－865	325204	201953	20536
九龙坡区	3198	54754	5023	893	4547	3231	205690	105798	20002
大渡口区	590	15731	1771	5532	1488	2318	82570	57182	1187
南岸区	2088	71274	6713	3104	2692	3336	225365	95875	14518
北碚区	3014	13542	11341	747	4061	3118	130999	57276	13189
万盛区	3380	1578	4696	61	868	－325	42365	17766	2179
双桥区	517	1871	1460	394	229	－32	18493	11662	66
巴南区	5090	10218	11712	963	3033	234	174619	74225	7513
渝北区	8169	81181	15677	6065	11087	884	268624	147504	13995
涪陵区	9571	12493	20626	9166	10598	－2052	246868	92737	33985
万州区	15297	7763	21279	3726	7563	－5949	253102	66282	16812
黔江区	8766	13182	14404	7793	6678	2932	138571	34238	31344
江津区	11000	7535	15284	6364	9291	－3020	187061	77724	8602
合川区	8981	9572	15367	1906	3376	968	165218	65555	8403
永川区	6878	14095	15112	3230	3610	－1060	170799	69241	10167
綦江县	5018	3306	11793	2067	4603	992	116729	38302	13394
长寿区	4178	2481	14404	735	7217		143317	63221	16144
潼南县	4085	2188	10530	2351	943	847	90545	19254	2607
铜梁县	4677	2416	10394	4324	2445	509	113026	50542	5624
大足县	4260	518	9364	1722	3693	1098	98770	31960	5071
荣昌县	6710	3108	11108	182	4714	2099	109313	39866	5431
璧山县	3501	8049	8632	870	2457	700	115812	52788	6484
梁平县	3519	5368	10037	791	2913	－434	98712	27610	4359
城口县	7509	461	7076	2937	504	－783	67522	9829	1360
南川区	5365	3373	10740	1615	4563	－438	99162	36151	6832
丰都县	5108	1270	9810	2568	1366	－731	91011	18217	2892
垫江县	3553	1851	10280	2374	1202	－1618	89487	29777	5191
武隆县	6908	3349	14970	2576	2954	845	76016	20235	3542
忠县	8898	1259	12519	1144	1041	－2007	133111	27332	3794
开县	12222	1273	19017	3527	2260	－2445	171549	35505	6381
云阳县	5521	1448	18189	3327	1598	－3611	123469	15776	3224
奉节县	3200	2273	9476	1667	1436	－1120	123718	22920	3951
巫山县	9474	759	10778	2250	1093	755	93782	13688	6116
巫溪县	6612	1035	9823	4086	119	－1399	75848	6930	1680

二、各省、自治区、直辖市地市县一般预算财政资料

2－22－5

单位：万元

地区	平衡部分									
	收入									
	返还性收入		财力性转移支付收入							
	增值税和消费税税收返还	所得税基数返还	小计	体制补助	一般性转移支付补助	民族地区转移支付补助	调整工资转移支付补助	农村义务教育补助	农村税费改革补助	缓解县乡困难转移支付补助
区县级小计	**265320**	**117484**	**1340929**	**42374**	**281525**	**9191**	**450269**	**68292**	**163082**	**75241**
渝中区	13623	18008	21766		10007		10039	7	5	220
江北区	7947	6603	20126		3640		6671	97	282	211
沙坪坝区	13685	6851	19889		5709		9930	280	1007	222
九龙坡区	14703	5299	32393		4689		6745	410	1110	179
大渡口区	64	1123	8947		2723		3480	33	222	197
南岸区	7925	6593	58167		3825		7844	344	445	203
北碚区	9079	4110	21772		5997		10368	630	2201	151
万盛区	1051	1128	11662	728	3984		4463	607	871	145
双桥区	－307	373	2914		1286		963	122	143	193
巴南区	5738	1775	34929	987	7994		13633	1143	3361	2361
渝北区	8311	5684	34461	2675	6377		10562	873	2578	1139
涪陵区	24019	9966	52704	7206	7033		20169	2592	6754	1421
万州区	11726	5086	69925	8995	7986		27973	3647	8141	1425
黔江区	29326	2018	24517		2400	2144	9434	1437	2575	1321
江津区	4572	4030	40160		6367		17163	2760	8471	3591
合川区	5690	2713	40007		6917		16737	2965	9241	3703
永川区	7361	2806	31570		5497		14100	1960	5619	2995
綦江县	11737	1657	36613		10621		13619	2185	5366	2944
长寿区	14024	2120	28726		4221		12189	1835	5104	1783
潼南县	1852	755	35316	437	12638		11023	2640	5599	2841
铜梁县	3362	2262	25196		3842		10911	1855	6195	2391
大足县	3154	1917	32884		8915		12162	2593	6055	2949
荣昌县	3973	1458	28775		7220		10695	1677	5186	2553
璧山县	4239	2245	18673		3156		8699	1204	3308	1812
梁平县	3508	851	29390	1081	7281		10898	2087	5097	2260
城口县	1164	196	18218	882	5819		6688	553	1834	1375
南川区	5562	1270	23730		5713		10094	1437	4076	1990
丰都县	1921	971	32767	1402	8800		10095	1859	5420	2161
垫江县	3194	1997	27610	832	5835		10296	2448	5453	2147
武隆县	2839	703	20255	859	4852		7969	928	2416	1706
忠县	2955	839	38832	1974	10562		12264	2166	5849	2821
开县	4927	1454	54762	1926	14914		16994	4738	8194	2708
云阳县	2196	1028	53878	2420	11434		14623	4118	6698	3461
奉节县	2981	970	40547	2272	8903		13934	3160	5803	2522
巫山县	5480	636	25577	398	5588		8999	1661	4234	1966
巫溪县	1351	329	33426	944	11084		9940	1361	4077	2161

2－22－6　　　　单位：万元

地区	平衡部分								支出	
	收入								支出	
	财力性转移支付收入			专项转移支付	省补助计划单列市收入	上年结余	调入资金	国债转贷收入、上年结余及转补助数	支出合计	本年支出
	结算补助	企事业单位预算划转补助	其他财力性转移支付							
区县级小计	**224691**		**26264**	**1355895**		**445472**	**46876**	**2291**	**5347055**	**5172693**
渝中区	1488			32777		3892			237896	223319
江北区	9225			47356		15501			260861	244549
沙坪坝区	2741			55752		27074			280703	266723
九龙坡区	19260			40333		6051		1113	191626	172499
大渡口区	2292			14382		317	555		79267	75914
南岸区	45506			42518		14287			201910	192440
北碚区	2425			30166		8526		70	115386	111687
万盛区	364		500	15031		－4273			46619	45725
双桥区	207			3519		332			17513	16928
巴南区	5450			43899		8772	5281		154554	151540
渝北区	10257			50472		21992		200	255228	250999
涪陵区	7529			41801		25641			208117	202305
万州区	11058		700	70951		28332	500	300	218518	212983
黔江区	2006		3200	36819		11653			124578	122063
江津区	1308		500	41262		8325	10788	200	179869	174719
合川区	444			37368		12509	1376		155428	150534
永川区	1399			33679		10040	16102		158004	151214
綦江县	1378		500	29404		－2468	1484		118785	109661
长寿区	2966		628	25319		9707		200	132817	123950
潼南县	138			28616		3560	1192		86069	84977
铜梁县	2			21494		10139	23	8	96887	93655
大足县	210			23675		4758	422		87592	85134
荣昌县	1444			22840		12401			92143	89818
璧山县	494			21519		14310	2038		86105	82724
梁平县	256		430	25769		10584	1000		83869	82500
城口县	637		430	23929		13606	580		50030	49606
南川区	420			23967		8482			91768	89998
丰都县	2680		350	29862		7273			81200	79362
垫江县	249		350	24103		2806			84850	82564
武隆县	525		1000	29832		525	1627		75124	74233
忠县	2846		350	38566		23783	804		95072	93271
开县	4658		630	52142		22759			144279	142494
云阳县	10774		350	47552		3039			115320	113423
奉节县	3603		350	40354		12879	3067		91933	90897
巫山县	2381		350	31720		16681			79234	78039
巫溪县	3209		650	28486		5289	37		66191	65422

2－22－7

单位:万元

地区	平衡部分									
	支出								年终结余	其中:净结余
	财力性转移支付			专项上解	计划单列市上解省	增设预算周转金	调出资金	国债转贷拨付数及年终结余		
	小计	体制上解	出口退税专项上解							
区县级小计	**63340**	**63340**		**108731**				**2291**	**634556**	**－6354**
渝中区	7454	7454		7123					7546	462
江北区	6941	6941		9371					23093	858
沙坪坝区	4342	4342		9638					44501	15607
九龙坡区	14105	14105		3909				1113	14064	1396
大渡口区	1021	1021		2332					3303	30
南岸区	2388	2388		7082					23455	1587
北碚区	60	60		3569				70	15613	
万盛区				894					－4254	－4254
双桥区	224	224		361					980	54
巴南区				3014					20065	－1536
渝北区				4029				200	13396	2465
涪陵区				5812					38751	－1419
万州区				5235				300	34584	－4800
黔江区	214	214		2301					13993	2277
江津区	3627	3627		1323				200	7192	1714
合川区	3070	3070		1824					9790	－87
永川区	2868	2868		3922					12795	68
綦江县	7170	7170		1954					－2056	－2699
长寿区	7049	7049		1618				200	10500	1042
潼南县				1092					4476	173
铜梁县	1088	1088		2136				8	16139	2056
大足县	89	89		2369					11178	－875
荣昌县	785	785		1540					17170	1210
璧山县	736	736		2645					29707	408
梁平县				1369					14843	28
城口县				424					17492	－1046
南川区	109	109		1661					7394	50
丰都县				1838					9811	608
垫江县				2286					4637	618
武隆县				891					892	4
忠县				1801					38039	888
开县				1785					27270	196
云阳县				1897					8149	－6397
奉节县				1036					31785	－2293
巫山县				1195					14548	－1433
巫溪县				769					9657	－5800

2－22－8 单位:万元

地区	收支部分								
	收入								
	收入合计	税收收入							
		小计	增值税	营业税	企业所得税	个人所得税	资源税	城市维护建设税	耕地占用税
石柱县	15553	10820	2104	3800	879	1075	816	505	72
彭水县	21843	16173	1968	7805	1508	730	681	543	12
酉阳县	13363	9662	1983	3210	1140	695	343	413	8
秀山县	23443	17401	6831	3972	1814	1037	1226	1213	183
高新区	137243	120381	9250	39716	10834	4158	5	5029	4438
经开区	119181	108861	21243	33686	9270	3495	61	3679	

2－22－9　　　　　　　　　　　　　　　　　　　　　　单位:万元

地区	收支部分									
	收入									
	税收收入			非税收入						
	契税	烟叶税	其他各项税收收入	小计	专项收入	行政事业性收费收入	罚没收入	国有资本经营收入	国有资源(资产)有偿使用收入	其他收入
石柱县	258	648	663	4733	833	2065	973		862	
彭水县	232	2127	567	5670	847	1110	981	1968	340	424
酉阳县	143	1287	440	3701	425	1064	482	165	1100	465
秀山县	227	157	741	6042	3427	1298	1256		61	
高新区	28211		18740	16862	4312	9991	780		329	1450
经开区	15149		22278	10320	3124	5828	545	226	597	

2－22－10 单位:万元

地区	收支部分 支出功能分类 支出合计	一般公共服务	外交	国防	公共安全	教育	科学技术	文化体育与传媒	社会保障和就业	医疗卫生
石柱县	72832	11792		73	3425	14957	674	1319	9771	5034
彭水县	79429	13584		105	3933	19594	265	594	12209	5500
酉阳县	94611	15713		186	4222	26886	238	956	13016	6508
秀山县	88720	15558		186	3910	20915	333	822	12172	5911
高新区	219209	17996		58	11839	23807	16157	2401	8277	3365
经开区	140023	9825			3013	6286	18776	282	4120	881

2－22－11

单位:万元

地区	收支部分						平衡部分		
	支出功能分类						收入		
	环境保护	城乡社区事务	农林水事务	交通运输	工业、商业、金融等事务	其他支出	收入合计	本年收入	返还性收入 小计
石柱县	7249	3216	9273	3204	1647	1198	93963	15553	3762
彭水县	3819	1055	12820	2092	3464	395	80751	21843	2895
酉阳县	8813	1035	12097	2206	1638	1097	91162	13363	2522
秀山县	5585	2844	13065	1577	1846	3996	88223	23443	3351
高新区	156	74673	618	16854	40056	2952	247885	137243	16005
经开区	1	81957	1187	71	115	13509	183784	119181	1513

2－22－12 单位:万元

地区	平衡部分									
	收入									
	返还性收入		财力性转移支付收入							
	增值税和消费税税收返还	所得税基数返还	小计	体制补助	一般性转移支付补助	民族地区转移支付补助	调整工资转移支付补助	农村义务教育补助	农村税费改革补助	缓解县乡困难转移支付补助
石柱县	3502	260	33017	444	7438	1550	10574	1435	3068	2643
彭水县	2689	206	28487	116	6300	1304	10113	1945	3271	2593
酉阳县	2130	392	49933	886	16201	1411	14096	2379	4300	3279
秀山县	3112	239	35765	435	7593	2782	10839	2005	3224	2498
高新区	8955	7050	44187	2232	130		1717	91	80	
经开区		1513	18456	2243	34		564	25	149	

2－22－13　　　　单位:万元

地区	平衡部分									
	收入								支出	
	财力性转移支付收入			专项转移支付	省补助计划单列市收入	上年结余	调入资金	国债转贷收入、上年结余及转补助数	支出合计	本年支出
	结算补助	企事业单位预算划转补助	其他财力性转移支付							
石柱县	987		4878	25978		15453		200	73699	72832
彭水县	295		2550	27320		206			80237	79429
酉阳县	3448		3933	30957		－5613			95408	94611
秀山县	2754		3635	26717		－1053			89508	88720
高新区	39937			19987		30463			221313	219209
经开区	15441			17702		26932			141545	140023

2－22－14 单位:万元

地区	平衡部分										
	支出									年终结余	其中：净结余
	财力性转移支付			专项上解	计划单列市上解省	增设预算周转金	调出资金	国债转贷拨付数及年终结余			
	小计	体制上解	出口退税专项上解								
石柱县				667				200		20264	－3648
彭水县				808						514	－672
酉阳县				797						－4246	－6388
秀山县				788						－1285	－2995
高新区				2104						26572	2289
经开区				1522						42239	3900

二、各省、自治区、直辖市地市县一般预算财政资料

2007年四川省地市县财政一般预算收支平衡表

2－23－1 单位：万元

地区	收支部分								
	收入								
	收入合计	税收收入							
		小计	增值税	营业税	企业所得税	个人所得税	资源税	城市维护建设税	耕地占用税
地市县合计	**6000118**	**4134528**	**697956**	**1362750**	**539566**	**231954**	**56992**	**397896**	**84706**
成都市小计	**2863772**	**2016175**	**225315**	**753361**	**284071**	**91816**	**2592**	**179060**	**62713**
本级	955873	602844	75302	184827	67536	23830		77585	
区县级小计	1907899	1413331	150013	568534	216535	67986	2592	101475	62713
锦江区	153641	80458	6535	37722	10591	5672		5747	458
青羊区	132341	105219	7095	49675	12929	7777		8389	4257
金牛区	144095	122551	10814	46317	23920	7318		9695	5835
武侯区	157891	137834	10895	54571	25313	5509		9423	13050
成华区	130951	86355	9009	42344	14020	4139		6951	2053
龙泉驿区	107973	87607	13995	27066	15627	3167	282	7892	1501
青白江区	51282	38004	7398	9470	6240	1431	62	3899	3586
都江堰市	75828	60220	7753	19503	8060	2629	426	4134	971
金堂县	32293	20369	2724	8828	1416	723	77	1517	584
双流县	217079	165113	12124	84165	10169	6603	51	7837	4526
温江区	143084	95061	6521	41259	9334	2412	12	6443	9250
郫县	99135	72516	5157	27925	14516	2167		3567	3597
新都区	104863	72784	10671	24474	10063	2383	55	6532	4972
彭州市	35484	23944	6071	6880	2905	1304	624	1397	592
崇州市	25558	16279	3540	5129	1571	1187	45	1375	454
大邑县	19358	12537	2833	2681	2145	1050	86	923	216
邛崃市	24042	15396	2248	3593	1533	939	701	1534	1858
蒲江县	9347	4385	838	1407	216	340	65	315	37
新津县	39497	25113	3533	4210	8864	1068	106	1662	2164
高新区	204157	171586	20259	71315	37103	10168		12243	2752
自贡市小计	**137241**	**90972**	**18783**	**22985**	**8469**	**5499**	**1852**	**10981**	**4605**
本级	96118	69841	14719	16946	6331	4034	1337	8997	3885
区县级小计	41123	21131	4064	6039	2138	1465	515	1984	720
自流井区	3546	1462	422	245	68	111	48	294	12
贡井区	3417	2090	538	564	309	91	3	195	43
大安区	5861	3836	1025	631	691	127	18	380	121
沿滩区	3253	1712	277	456	224	82	5	206	177
荣县	9360	4341	702	1417	337	308	336	246	126
富顺县	15686	7690	1100	2726	509	746	105	663	241
攀枝花市小计	**258239**	**204004**	**61344**	**42433**	**15547**	**10275**	**17513**	**25776**	**1345**
本级	147164	110894	41151	13810	4602	5645	10126	16915	
区县级小计	111075	93110	20193	28623	10945	4630	7387	8861	1345
东区	28403	26278	3412	10509	3690	1238	183	4174	863

2-23-2　　　　　　　　　　　　　　　　　　　　单位:万元

地区	收支部分									
	收入									
	税收收入			非税收入						
	契税	烟叶税	其他各项税收收入	小计	专项收入	行政事业性收费收入	罚没收入	国有资本经营收入	国有资源(资产)有偿使用收入	其他收入
地市县合计	**317917**	**28600**	**416191**	**1865590**	**307183**	**823434**	**249067**	**305083**	**132271**	**48552**
成都市小计	**190958**		**226289**	**847597**	**98874**	**428357**	**100694**	**130886**	**70006**	**18780**
本级	109663		64101	353029	43571	237519	39308	19116	12058	1457
区县级小计	81295		162188	494568	55303	190838	61386	111770	57948	17323
锦江区			13733	73183	2528	1503	7810	60020	1262	60
青羊区			15097	27122	3929	2026	1157	11110	756	8144
金牛区			18652	21544	4216	1771	1281	5863	7265	1148
武侯区			19073	20057	4119	3111	1218	8562	1921	1126
成华区			7839	44596	3161	1593	3671		36171	
龙泉驿区	9625		8452	20366	3699	12796	1876	1769	226	
青白江区	2547		3371	13278	2671	6565	3258	614	51	119
都江堰市	7057		9687	15608	2578	5596	2350	4029	406	649
金堂县	2478		2022	11924	1141	6890	807	3003	83	
双流县	26396		13242	51966	6232	36122	6570	950	1888	204
温江区	10338		9492	48023	3355	32360	10088	1138	842	240
郫县	9599		5988	26619	2354	16542	2298	5081	144	200
新都区	6047		7587	32079	3372	19162	3043	3772	1760	970
彭州市	1583		2588	11540	1696	6110	3391	138	106	99
崇州市	1096		1882	9279	1493	3943	1687	902	647	607
大邑县	1173		1430	6821	840	2757	2176	954	94	
邛崃市	1227		1763	8646	854	4490	2165	242	101	794
蒲江县	486		681	4962	232	920	506	3102	127	75
新津县	1643		1863	14384	1286	5771	5168		1846	313
高新区			17746	32571	5547	20810	866	521	2252	2575
自贡市小计	**5918**		**11880**	**46269**	**7451**	**27396**	**7630**	**878**	**2542**	**372**
本级	4109		9483	26277	5901	14854	3255	593	1593	81
区县级小计	1809		2397	19992	1550	12542	4375	285	949	291
自流井区	44		218	2084	273	847	468		304	192
贡井区	147		200	1327	49	914	323	25	13	3
大安区	205		638	2025	117	1123	776		9	
沿滩区	106		179	1541	37	683	794		18	9
荣县	360		509	5019	578	3279	514	115	495	38
富顺县	947		653	7996	496	5696	1500	145	110	49
攀枝花市小计	**9230**	**2198**	**18343**	**54235**	**25294**	**13672**	**9755**	**4049**	**837**	**628**
本级	5355		13290	36270	18453	10254	6319	900	206	138
区县级小计	3875	2198	5053	17965	6841	3418	3436	3149	631	490
东区			2209	2125		1047	661	1	415	1

二、各省、自治区、直辖市地市县一般预算财政资料

2－23－3

单位:万元

地区	收支部分									
	支出功能分类									
	支出合计	一般公共服务	外交	国防	公共安全	教育	科学技术	文化体育与传媒	社会保障和就业	医疗卫生
地市县合计	**14863415**	**2706025**		**23083**	**1031412**	**2636731**	**152688**	**213509**	**2389739**	**873882**
成都市小计	**3560453**	**784633**		**5510**	**305634**	**494837**	**61930**	**73933**	**321478**	**162278**
本级	937190	288810		1529	84443	45725	21484	45938	132721	40064
区县级小计	2623263	495823		3981	221191	449112	40446	27995	188757	122214
锦江区	174176	36693		1	17121	22457	2694	1585	12975	5031
青羊区	150329	32618		378	17381	26246	1808	2016	14953	5582
金牛区	178500	29786		400	19883	24750	3874	1975	14473	5365
武侯区	209642	47576		559	24330	24755	2869	1558	21673	7745
成华区	154362	27020			14398	19747	1189	625	9655	4027
龙泉驿区	142346	27512		313	9163	34132	1321	1701	8488	6215
青白江区	86207	15650		151	5079	16918	302	691	5164	5349
都江堰市	117984	31690		511	11252	26447	2896	2600	10032	6029
金堂县	96502	15302		128	4943	23981	716	818	7850	6174
双流县	264689	44822		36	17737	48137	3729	3285	17372	15202
温江区	129696	27221		1	10617	15742	1400	2078	7335	7160
郫县	121943	17074		664	7959	20472	1805	960	6052	5064
新都区	140340	28951		2	10436	28458	1586	1760	10599	12090
彭州市	81807	15627		56	7821	25099	997	905	7730	6741
崇州市	87718	16403		170	6583	20075	1148	1502	6517	6004
大邑县	64381	16764		98	4107	14970	697	1081	7177	4864
邛崃市	79476	16512		54	5522	19885	455	855	5535	4103
蒲江县	39516	7245			2893	9893	423	357	2824	2652
新津县	70615	14905		211	5675	14296	677	735	5465	4206
高新区	233034	26452		248	18291	12652	9860	908	6888	2611
自贡市小计	**443917**	**71073**		**944**	**29924**	**72158**	**4444**	**7056**	**114208**	**27823**
本级	162138	25072		321	12645	12518	3533	5114	55939	7144
区县级小计	281779	46001		623	17279	59640	911	1942	58269	20679
自流井区	25183	4249		28	2812	4035	124	129	5898	2117
贡井区	28060	4272		281	1980	6185	49	188	7244	1842
大安区	38015	6381		81	2846	10368	50	107	7969	3265
沿滩区	28210	4437		87	2101	5857	60	172	5270	2726
荣县	72245	13011		3	3565	12794	93	528	13075	4045
富顺县	90066	13651		143	3975	20401	535	818	18813	6684
攀枝花市小计	**469946**	**77064**		**1**	**37432**	**63068**	**5568**	**7857**	**95398**	**24791**
本级	238245	27666			26574	21019	4267	3552	63792	12327
区县级小计	231701	49398		1	10858	42049	1301	4305	31606	12464
东区	51355	9208			1719	12353	533	548	9182	2232

2－23－4

单位:万元

地区	收支部分						平衡部分		
	支出功能分类						收入		
	环境保护	城乡社区事务	农林水事务	交通运输	工业、商业、金融等事务	其他支出	收入合计	本年收入	返还性收入 小计
地市县合计	**582751**	**1083607**	**1537812**	**377395**	**846343**	**408438**	**16256925**	**6000118**	**1155281**
成都市小计	**62395**	**523878**	**217180**	**47530**	**467626**	**31611**	**4198473**	**2863772**	**336385**
本级	5227	122809	34913	5460	123124	－15057	1187902	955873	104074
区县级小计	57168	401069	182267	42070	344502	46668	3010571	1907899	232311
锦江区	736	42020	5893	3139	10635	13196	187399	153641	7966
青羊区	453	30153	1238	1544	14769	1190	169410	132341	8145
金牛区	546	40573	4954	2795	21500	7626	208513	144095	27147
武侯区	737	42777	6325	2883	28656	－2801	227936	157891	28132
成华区	864	48468	2416	4494	18313	3146	171570	130951	17561
龙泉驿区	2439	17181	13353	1784	20746	－2002	162569	107973	10478
青白江区	1860	15529	6022	1918	9058	2516	102744	51282	4252
都江堰市	5405	4729	11385	1092	6263	－2347	142225	75828	8855
金堂县	2438	9239	12116	2822	9346	629	109408	32293	6912
双流县	10411	32142	31977	7625	24225	7989	296548	217079	20238
温江区	2414	24385	12275	827	8320	9921	169479	143084	6956
郫县	1769	32247	8907	653	13182	5135	137312	99135	9805
新都区	6851	18106	12565	3817	5181	－62	148868	104863	10192
彭州市	3619	2746	8149	684	2819	－1186	110006	35484	8044
崇州市	5550	9779	10128	3503	3142	－2786	107913	25558	8061
大邑县	3175	1892	8959	276	2632	－2311	82328	19358	7079
邛崃市	2918	8585	10162	1024	2603	1263	98186	24042	7821
蒲江县	1689	1145	6458	287	4430	－780	54278	9347	4108
新津县	2792	3297	6753	821	4925	5857	77610	39497	6216
高新区	502	16076	2232	82	133757	2475	246269	204157	24343
自贡市小计	**13826**	**30454**	**37244**	**8224**	**15295**	**11244**	**475919**	**137241**	**11685**
本级	2971	18745	4454	1896	8641	3145	153510	96118	7851
区县级小计	10855	11709	32790	6328	6654	8099	322409	41123	3834
自流井区	299	2231	2124	459	398	280	26155	3546	391
贡井区	802	1837	3086	832	71	－609	34813	3417	520
大安区	630	3108	2706	250	680	－426	41457	5861	811
沿滩区	1005	1958	3057	46	179	1255	33709	3253	449
荣县	2650	1337	10924	2512	1735	5973	80292	9360	756
富顺县	5469	1238	10893	2229	3591	1626	105983	15686	907
攀枝花市小计	**18946**	**53325**	**38556**	**10873**	**21114**	**15953**	**482550**	**258239**	**45036**
本级	9504	36302	7772	8123	10825	6522	241637	147164	25793
区县级小计	9442	17023	30784	2750	10289	9431	240913	111075	19243
东区	263	5747	2683	27	3970	2890	53312	28403	1763

二、各省、自治区、直辖市地市县一般预算财政资料

2－23－5　　　　　　　　　　　　　　　　　　　　单位：万元

地区	平衡部分									
	收入									
	返还性收入		财力性转移支付收入							
	增值税和消费税税收返还	所得税基数返还	小计	体制补助	一般性转移支付补助	民族地区转移支付补助	调整工资转移支付补助	农村义务教育补助	农村税费改革补助	缓解县乡困难转移支付补助
地市县合计	**917272**	**238009**	**4639939**	**60182**	**1584220**	**90035**	**1513222**	**190878**	**553367**	**151333**
成都市小计	**254694**	**81691**	**260265**		**13539**		**171240**	**16849**	**39772**	**8997**
本级	81087	22987	－100779		－19344		31652	－7622	－7810	
区县级小计	173607	58704	361044		32883		139588	24471	47582	8997
锦江区	4743	3223	8041		19		3993			48
青羊区	3151	4994	9513		18		4489			39
金牛区	19654	7493	9553		14		4752			79
武侯区	22628	5504	6570		8		3467			109
成华区	13112	4449	10243		12		4714			
龙泉驿区	8811	1667	18241		24		6602	1786	2269	－35
青白江区	3696	556	23364		46		6254	1167	1789	
都江堰市	7257	1598	19941		259		9437	1846	2969	454
金堂县	5366	1546	35296		7180		12354	2882	5041	866
双流县	16786	3452	18946		61		8765	2821	3772	571
温江区	5708	1248	10493		28		6151	953	1796	
郫县	5460	4345	14097		36		5412	1313	3188	487
新都区	8701	1491	15920		48		7077	1717	3470	472
彭州市	7001	1043	32207		4988		11253	2487	5233	1353
崇州市	6555	1506	36520		6233		12395	1968	5482	1572
大邑县	4991	2088	29371		5515		8917	1620	3959	1341
邛崃市	6103	1718	32415		5707		11443	2059	5098	1497
蒲江县	3730	378	18655		2425		5198	841	1853	
新津县	5020	1196	13992		262		5901	1011	1663	144
高新区	15134	9209	－2334				1014			
自贡市小计	**6218**	**5467**	**171857**		**72021**		**53967**	**5840**	**19684**	**7712**
本级	3697	4154	10745	－16107	14128		14473	92	19	
区县级小计	2521	1313	161112	16107	57893		39494	5748	19665	7712
自流井区	319	72	15019	3541	5135		3308	160	562	202
贡井区	444	76	16099	1897	5812		4148	366	1903	959
大安区	586	225	23190	5652	5811		4957	699	2098	578
沿滩区	257	192	16341	2412	4776		3996	712	2228	501
荣县	490	266	42384	2605	15440		11063	1392	6422	2955
富顺县	425	482	48079		20919		12022	2419	6452	2517
攀枝花市小计	**41185**	**3851**	**70301**		**4446**		**29047**	**1717**	**4030**	**151**
本级	23858	1935	24910		308		11145	1	－306	
区县级小计	17327	1916	45391		4138		17902	1716	4336	151
东区	891	872	14933		7		2147	12	26	－154

2－23－6 单位:万元

地区	平衡部分									
	收入								支出	
	财力性转移支付收入									
	结算补助	企事业单位预算划转补助	其他财力性转移支付	专项转移支付	省补助计划单列市收入	上年结余	调入资金	国债转贷收入、上年结余及转补助数	支出合计	本年支出
地市县合计	**176060**	**60392**	**260250**	**3610865**		**816982**	**16914**	**16826**	**14974384**	**14863415**
成都市小计	**－24994**	**18477**	**16385**	**348028**		**389203**	**20**	**800**	**3612420**	**3560453**
本级	－46247	1623	－53031	30795		197139		800	952520	937190
区县级小计	21253	16854	69416	317233		192064	20		2659900	2623263
锦江区	3179	426	376	10334		7417			175062	174176
青羊区	1794	2939	234	13073		6338			151573	150329
金牛区	2316	2272	120	14216		13502			180231	178500
武侯区	2340	176	470	23298		12045			211448	209642
成华区	2031	3073	413	10477		2338			158060	154362
龙泉驿区	441	4758	2396	13977		11900			146886	142346
青白江区	6812	233	7063	15256		8590			87123	86207
都江堰市	－794	798	4972	17614		19987			118932	117984
金堂县	339		6634	22918		11989			97361	96502
双流县	1145	343	1468	24101		16164	20		268672	264689
温江区	329	416	820	6962		1984			131678	129696
郫县	2105	473	1083	8824		5451			123533	121943
新都区	495	106	2535	16867		1026			143363	140340
彭州市	610	197	6086	23618		10653			82681	81807
崇州市	424		8446	24160		13614			88188	87718
大邑县	430		7589	16268		10252			64831	64381
邛崃市	482		6129	21985		11923			79835	79476
蒲江县	546		7792	10905		11263			39738	39516
新津县	241		4770	9797		8108			70844	70615
高新区	－4012	644	20	12583		7520			239861	233034
自贡市小计	**1578**	**1511**	**9544**	**138380**		**15018**	**1598**	**140**	**447612**	**443917**
本级	－3296	866	570	53554		－15489	731		163139	162138
区县级小计	4874	645	8974	84826		30507	867	140	284473	281779
自流井区	1394	385	332	6442		757			25344	25183
贡井区	75		939	9416		5167	114	80	28357	28060
大安区	1407	6	1982	9258		2084	253		38435	38015
沿滩区	253		1463	9399		4207		60	28564	28210
荣县	897		1610	20160		7632			72743	72245
富顺县	848	254	2648	30151		10660	500		91030	90066
攀枝花市小计	**7537**	**17994**	**5379**	**97791**		**11183**			**471856**	**469946**
本级	7722	4595	1445	39821		3949			237020	238245
区县级小计	－185	13399	3934	57970		7234			234836	231701
东区	101	12517	277	4942		3271			51871	51355

二、各省、自治区、直辖市地市县一般预算财政资料

2－23－7

单位:万元

地　　区	平衡部分									
	支出								年终结余	其中：净结余
	财力性转移支付			专项上解	计划单列市上解省	增设预算周转金	调出资金	国债转贷拨付数及年终结余		
	小计	体制上解	出口退税专项上解							
地市县合计	**11604**		**11604**	**44973**		**18740**	**18826**	**16826**	**1282541**	**178221**
成都市小计	**5712**		**5712**	**22738**		**13800**	**8917**	**800**	**586053**	**69076**
本级	1528		1528	－9415		13500	8917	800	235382	7236
区县级小计	4184		4184	32153		300			350671	61840
锦江区	89		89	797					12337	6638
青羊区	196		196	1048					17837	935
金牛区	567		567	1164					28282	22381
武侯区	401		401	1405					16488	6100
成华区	107		107	3591					13510	3669
龙泉驿区	533		533	4007					15683	5551
青白江区	84		84	832					15621	
都江堰市	61		61	887					23293	1513
金堂县	20		20	839					12047	402
双流县	350		350	3333		300			27876	440
温江区	67		67	1915					37801	3483
郫县				1590					13779	7836
新都区	235		235	2788					5505	1090
彭州市	135		135	739					27325	
崇州市	35		35	435					19725	183
大邑县	47		47	403					17497	85
邛崃市				359					18351	243
蒲江县	39		39	183					14540	233
新津县				229					6766	799
高新区	1218		1218	5609					6408	259
自贡市小计	**417**		**417**	**838**			**2300**	**140**	**28307**	**1251**
本级	15		15	－1314			2300		－9629	－18891
区县级小计	402		402	2152				140	37936	20142
自流井区	20		20	141					811	434
贡井区	44		44	173				80	6456	4564
大安区	193		193	227					3022	1621
沿滩区	60		60	234				60	5145	1870
荣县	56		56	442					7549	5604
富顺县	29		29	935					14953	6049
攀枝花市小计				**1910**					**10694**	**2683**
本级	－25		－25	－1200					4617	
区县级小计	25		25	3110					6077	2683
东区	4		4	512					1441	889

2－23－8 单位:万元

地区	收支部分								
	收入								
	收入合计	税收收入							
		小计	增值税	营业税	企业所得税	个人所得税	资源税	城市维护建设税	耕地占用税
西区	9194	7588	2786	1569	754	167	362	1321	150
仁和区	31311	27902	7374	8004	3090	928	1262	2014	303
米易县	19420	14180	2708	4998	556	792	2408	664	17
盐边县	22747	17162	3913	3543	2855	1505	3172	688	12
泸州市小计	**192904**	**134224**	**29625**	**36680**	**20362**	**7845**	**1648**	**14255**	**1345**
本级	84373	55334	13135	12244	12015	2938	42	6271	
区县级小计	108531	78890	16490	24436	8347	4907	1606	7984	1345
江阳区	20808	15182	2175	5880	1235	866	128	1428	903
龙马潭区	12312	9917	1696	3863	1047	425	46	1242	
泸县	19307	12391	2680	3652	1857	1109	388	1197	33
纳溪区	11203	8629	1828	2917	685	474	110	819	279
合江县	14189	12085	3151	4650	1150	725	217	915	70
叙永县	14068	8945	1419	2145	829	409	409	783	60
古蔺县	16644	11741	3541	1329	1544	899	308	1600	
德阳市小计	**293577**	**205932**	**47719**	**41302**	**36278**	**21803**	**1314**	**27697**	**978**
本级	83522	53840	10740	17975	4678	3109	218	6998	165
区县级小计	210055	152092	36979	23327	31600	18694	1096	20699	813
旌阳区	30475	24858	3298	6900	5455	624	539	2084	120
广汉市	38358	29459	8723	5514	5249	1818	7	2749	548
绵竹市	60253	40225	12116	4328	14729	1502	325	4202	122
中江县	13147	6422	990	2146	678	866	33	485	5
什邡市	59954	45272	9797	3584	4417	13694	169	10306	11
罗江县	7868	5856	2055	855	1072	190	23	873	7
绵阳市小计	**281173**	**185449**	**34045**	**63387**	**14425**	**13435**	**1355**	**18830**	**1228**
本级	133092	72037	11849	24356	8242	5663	－54	7725	
区县级小计	148081	113412	22196	39031	6183	7772	1409	11105	1228
涪城区	35262	26561	2459	10375	1695	1750	25	2054	514
游仙区	10619	8901	1371	3177	556	422	12	1115	5
江油市	39355	31003	8618	8767	949	2184	695	4455	22
安县	11208	8875	2172	2399	830	707	160	839	15
梓潼县	4686	3409	518	1444	166	297	33	163	2
平武县	7566	5814	1573	2693	236	496	204	231	5
北川县	5178	3665	1145	1163	381	325	67	230	26
三台县	15211	9758	1581	3678	374	899	71	714	144
盐亭县	5661	4238	739	2034	108	343	140	194	65
高新区	13335	11188	2020	3301	888	349	2	1110	430
广元市小计	**67747**	**47458**	**9668**	**16088**	**3261**	**3941**	**1050**	**4652**	**584**

2－23－9

单位:万元

地区	收支部分									
	收入									
	税收收入			非税收入						
	契税	烟叶税	其他各项税收收入	小计	专项收入	行政事业性收费收入	罚没收入	国有资本经营收入	国有资源(资产)有偿使用收入	其他收入
西区			479	1606	8	308	1006		41	243
仁和区	3225	292	1410	3409	2002	527	716	53	111	
米易县	511	1055	471	5240	626	727	520	3095	36	236
盐边县	139	851	484	5585	4205	809	533		28	10
泸州市小计	**8159**	**3806**	**10499**	**58680**	**11629**	**18895**	**13872**	**11741**	**2021**	**522**
本级	3913		4776	29039	5345	7337	4908	9658	1619	172
区县级小计	4246	3806	5723	29641	6284	11558	8964	2083	402	350
江阳区	897		1670	5626	793	3853	926		49	5
龙马潭区	640		958	2395	651	645	1083		16	
泸县	613		862	6916	876	2355	1932	1610	13	130
纳溪区	892		625	2574	541	1534	444	6	46	3
合江县	464		743	2104	779	501	734		74	16
叙永县	526	1876	489	5123	712	1668	2529		71	143
古蔺县	214	1930	376	4903	1932	1002	1316	467	133	53
德阳市小计	**13137**	**70**	**15634**	**87645**	**18964**	**32562**	**4701**	**20103**	**4634**	**6681**
本级	4585		5372	29682	5553	16845	668	2197	3594	825
区县级小计	8552	70	10262	57963	13411	15717	4033	17906	1040	5856
旌阳区	3083		2755	5617	1344	1833	342	1843	94	161
广汉市	2208		2643	8899	1852	4391	851	1447	239	119
绵竹市	1155		1746	20028	3712	2123	947	13002	96	148
中江县	606		613	6725	415	3425	993	1324	257	311
什邡市	1248	70	1976	14682	5387	3102	527	262	347	5057
罗江县	252		529	2012	701	843	373	28	7	60
绵阳市小计	**16969**		**21775**	**95724**	**13081**	**38622**	**5532**	**25238**	**9629**	**3622**
本级	5990		8266	61055	6417	26925	1204	19623	6154	732
区县级小计	10979		13509	34669	6664	11697	4328	5615	3475	2890
涪城区	4155		3534	8701	945	1524	464	4529	915	324
游仙区	1181		1062	1718	529	438	143	402	109	97
江油市	1954		3359	8352	2576	2718	828	282	82	1866
安县	568		1185	2333	684	630	577	360	39	43
梓潼县	369		417	1277	143	810	199		71	54
平武县	182		194	1752	368	303	207		767	107
北川县	82		246	1513	223	848	232	78	29	103
三台县	862		1435	5453	534	3527	1152	－38	121	157
盐亭县	339		276	1423	158	676	422	2	38	127
高新区	1287		1801	2147	504	223	104		1304	12
广元市小计	**3185**	**974**	**4055**	**20289**	**6593**	**9069**	**3504**	**384**	**721**	**18**

2－23－10 单位:万元

地区	收支部分 支出功能分类 支出合计	一般公共服务	外交	国防	公共安全	教育	科学技术	文化体育与传媒	社会保障和就业	医疗卫生
西区	18588	5400			1603	2560	87	200	3566	985
仁和区	61257	14467			1664	8731	355	967	6867	2471
米易县	48941	11364			2980	9704	201	895	6043	2869
盐边县	51560	8959		1	2892	8701	125	1695	5948	3907
泸州市小计	**586808**	**88369**		**478**	**42181**	**118469**	**2162**	**6251**	**116441**	**38605**
本级	144635	17400		103	21939	7850	1220	3357	39043	6878
区县级小计	442173	70969		375	20242	110619	942	2894	77398	31727
江阳区	54288	11486		127	1563	14630	220	483	10458	2684
龙马潭区	32909	7306			1527	7576	64	203	7124	1846
泸县	86530	12242		28	3824	22972	288	853	14698	7059
纳溪区	46314	8893		104	1555	10382	154	293	7777	3690
合江县	74483	10665		116	3495	19004	91	287	13128	5504
叙永县	71687	8682			4948	16704	66	400	13107	5701
古蔺县	75962	11695			3330	19351	59	375	11106	5243
德阳市小计	**580563**	**102509**		**1528**	**43039**	**99535**	**7888**	**8815**	**112749**	**38653**
本级	130085	19657		146	15834	8814	2636	2329	43154	4350
区县级小计	450478	82852		1382	27205	90721	5252	6486	69595	34303
旌阳区	63336	13761		154	4042	13434	538	452	12154	5290
广汉市	72267	10324		89	4417	14222	1055	1786	12070	5993
绵竹市	91091	14389		816	6278	16147	1311	2195	12101	6466
中江县	106531	18104		129	4581	24963	378	795	21526	8862
什邡市	86803	20638		87	5688	16446	1772	1012	7810	4886
罗江县	30450	5636		107	2199	5509	198	246	3934	2806
绵阳市小计	**811716**	**131048**		**1509**	**48860**	**137767**	**18092**	**6377**	**171214**	**43265**
本级	204063	27185		586	17789	13818	14747	2633	43890	7400
区县级小计	607653	103863		923	31071	123949	3345	3744	127324	35865
涪城区	79922	16490		139	4384	14137	572	225	15118	3364
游仙区	43870	9205		90	2467	10112	158	263	8788	2977
江油市	108482	14671		113	5332	19444	452	774	33101	5389
安县	52800	8709		91	2933	10861	283	360	8214	3848
梓潼县	39996	7665		120	2215	8698	72	162	7513	2846
平武县	39808	7840		66	1988	6657	139	484	4648	2020
北川县	36776	8311		85	1949	6761	199	337	4546	1452
三台县	127816	18570		91	5835	33692	573	744	26093	9644
盐亭县	59213	8945		114	3038	11500	420	377	17686	3950
高新区	18970	3457		14	930	2087	477	18	1617	375
广元市小计	**479489**	**83378**		**418**	**32739**	**101746**	**2558**	**5794**	**79686**	**31166**

2-23-11

单位:万元

地区	收支部分						平衡部分		
	支出功能分类						收入		
	环境保护	城乡社区事务	农林水事务	交通运输	工业、商业、金融等事务	其他支出	收入合计	本年收入	返还性收入
									小计
西区	370	1718	937		258	904	19600	9194	3197
仁和区	2923	7102	8337	1137	4904	1332	64555	31311	6746
米易县	1903	1149	8227	227	530	2849	49807	19420	4227
盐边县	3983	1307	10600	1359	627	1456	53639	22747	3310
泸州市小计	**20645**	**23394**	**62300**	**20108**	**24095**	**23310**	**635138**	**192904**	**44775**
本级	1658	12162	5744	8789	13126	5366	169104	84373	17657
区县级小计	18987	11232	56556	11319	10969	17944	466034	108531	27118
江阳区	583	1297	6995	1897	768	1097	56125	20808	4450
龙马潭区	421	1607	3001	201	539	1494	34694	12312	2220
泸县	2286	1787	11678	1708	1026	6081	89553	19307	2300
纳溪区	2037	1177	5607	553	2143	1949	47991	11203	2884
合江县	2819	2210	8494	2913	3337	2420	78061	14189	4840
叙永县	5513	2065	9592	1294	1138	2477	74451	14068	3932
古蔺县	5328	1089	11189	2753	2018	2426	85159	16644	6492
德阳市小计	**10790**	**37452**	**60141**	**15966**	**28425**	**13073**	**650310**	**293577**	**78540**
本级	1434	13025	3676	1290	14543	-803	143093	83522	22805
区县级小计	9356	24427	56465	14676	13882	13876	507217	210055	55735
旌阳区	627	840	7627	675	2283	1459	68614	30475	5388
广汉市	837	4514	7954	646	1364	6996	81256	38358	7045
绵竹市	2292	9765	13937	3434	1687	273	107282	60253	12674
中江县	2322	2296	15203	3946	2361	1065	112236	13147	9395
什邡市	2428	6103	7634	4464	5706	2129	105308	59954	18400
罗江县	850	909	4110	1511	481	1954	32521	7868	2833
绵阳市小计	**25628**	**44440**	**103746**	**22192**	**30913**	**26665**	**862720**	**281173**	**87428**
本级	2397	10308	21746	8984	15627	16953	240603	133092	44684
区县级小计	23231	34132	82000	13208	15286	9712	622117	148081	42744
涪城区	620	7106	8840	3105	2196	3626	83389	35262	13175
游仙区	780	2228	5987	192	658	-35	46889	10619	5177
江油市	3793	3485	15276	211	1073	5368	111155	39355	1432
安县	5391	2425	7766	589	1284	46	53334	11208	4053
梓潼县	1306	1966	6022	983	1072	-644	40317	4686	1943
平武县	4189	745	6038	2153	1801	1040	40992	7566	2758
北川县	3462	539	5159	930	1119	1927	37416	5178	2182
三台县	2243	8203	16553	2964	4607	-1996	128785	15211	5039
盐亭县	1447	1261	9809	1890	777	-2001	59989	5661	4408
高新区		6174	550	191	699	2381	19851	13335	2577
广元市小计	**28156**	**18494**	**58559**	**16173**	**12646**	**7976**	**487881**	**67747**	**28041**

2－23－12

单位:万元

地　区	平衡部分									
	收入									
	返还性收入		财力性转移支付收入							
	增值税和消费税税收返还	所得税基数返还	小计	体制补助	一般性转移支付补助	民族地区转移支付补助	调整工资转移支付补助	农村义务教育补助	农村税费改革补助	缓解县乡困难转移支付补助
西区	2763	434	2502		11		944	27	25	114
仁和区	6402	344	8552		729		4246	506	1252	53
米易县	4061	166	10400		1621		4814	592	1620	91
盐边县	3210	100	9004		1770		5751	579	1413	47
泸州市小计	**32960**	**11815**	**197643**		**61033**		**64539**	**10567**	**27849**	**9603**
本级	10411	7246	9435	－450	132		7580		－880	
区县级小计	22549	4569	188208	450	60901		56959	10567	28729	9603
江阳区	3878	572	17765	100	4224		6386	766	2367	1043
龙马潭区	1772	448	11098	100	3166		3967	688	1367	341
泸县	1585	715	40725	200	11425		11598	2154	6907	3128
纳溪区	2644	240	19617	50	6866		6250	902	3031	1176
合江县	4180	660	34687		11626		10134	1688	5415	2345
叙永县	3670	262	31877		11269		9361	1769	5285	776
古蔺县	4820	1672	32439		12325		9263	2600	4357	794
德阳市小计	**57654**	**20886**	**127976**		**18297**		**46388**	**6731**	**26852**	**9756**
本级	20711	2094	7649	－4610	－1320		5426		－2465	
区县级小计	36943	18792	120327	4610	19617		40962	6731	29317	9756
旌阳区	3726	1662	15651	728	82		5553	591	3199	1335
广汉市	3407	3638	17115	1163	570		7671	1160	4425	1671
绵竹市	6420	6254	13014	1060	40		5920	889	3634	1485
中江县	8402	993	55404	547	18357		13532	2806	12992	4095
什邡市	12313	6087	11128	913	34		5688	852	2943	921
罗江县	2675	158	8015	199	534		2598	433	2124	249
绵阳市小计	**67537**	**19891**	**238462**		**81264**	**878**	**78782**	**10996**	**31873**	**9826**
本级	29262	15422	271		26		8935	88	－1194	－1
区县级小计	38275	4469	238191		81238	878	69847	10908	33067	9827
涪城区	12786	389	17192		95		5386	633	1423	74
游仙区	5148	29	16801		4516		4665	703	3065	661
江油市	285	1147	24271		3154		11389	1801	4316	1525
安县	3325	728	18989		5354		6549	995	3518	1300
梓潼县	1742	201	22526		10566		5931	811	3190	976
平武县	2662	96	17551		8244		4980	500	1125	
北川县	1953	229	15989		7684	878	4700	405	894	13
三台县	3818	1221	71593		26486		16721	3680	10957	3874
盐亭县	4326	82	32346		15139		9098	1257	4519	1404
高新区	2230	347	933				428	123	60	
广元市小计	**27026**	**1015**	**231361**		**109508**		**62605**	**7058**	**28699**	**5280**

二、各省、自治区、直辖市地市县一般预算财政资料

2-23-13　　　　单位：万元

地区	平衡部分									
	收入								支出	
	财力性转移支付收入									
	结算补助	企事业单位预算划转补助	其他财力性转移支付	专项转移支付	省补助计划单列市收入	上年结余	调入资金	国债转贷收入、上年结余及转补助数	支出合计	本年支出
西区	135	967	279	3892		815			18606	18588
仁和区	778	-85	1073	16774		1172			62581	61257
米易县	346		1316	14939		821			49125	48941
盐边县	-1545		989	17423		1155			52653	51560
泸州市小计	**5470**	**1636**	**16946**	**166124**		**24207**	**1235**	**8250**	**597723**	**586808**
本级	2136	912	5	39520		9027	842	8250	152562	144635
区县级小计	3334	724	16941	126604		15180	393		445161	442173
江阳区	750	573	1556	12094		1008			54751	54288
龙马潭区	10	35	1424	7219		1452	393		33648	32909
泸县	747		4566	26700		521			86705	86530
纳溪区	-68	116	1294	13291		996			46573	46314
合江县	660		2819	22693		1652			74892	74483
叙永县	996		2421	21654		2920			71934	71687
古蔺县	239		2861	22953		6631			76658	75962
德阳市小计	**5169**	**6679**	**8104**	**126915**		**23202**		**100**	**590811**	**580563**
本级	6856	4155	-393	16885		12232			115289	130085
区县级小计	-1687	2524	8497	110030		10970		100	475522	450478
旌阳区	1386	835	1942	15586		1514			66338	63336
广汉市	-1685	365	1775	19384		-646			74902	72267
绵竹市	-2350	1267	1069	17003		4238		100	94499	91091
中江县	1185		1890	32811		1479			108508	106531
什邡市	-1659	57	1379	13501		2325			100718	86803
罗江县	1436		442	11745		2060			30557	30450
绵阳市小计	**9151**	**1216**	**14476**	**225193**		**28838**	**48**	**1578**	**818239**	**811716**
本级	1876	-509	-8950	41057		20466		1033	206334	204063
区县级小计	7275	1725	23426	184136		8372	48	545	611905	607653
涪城区	1858	469	7254	16131		1581	48		80766	79922
游仙区	94	197	2900	13110		1182			44178	43870
江油市	-1066	823	2329	44502		1595			110240	108482
安县	347		926	17358		1726			52995	52800
梓潼县	70		982	10911		251			40053	39996
平武县	1097		1605	12357		632		128	40006	39808
北川县	845		570	13444		547		76	36885	36776
三台县	4026		5849	36515		427			127892	127816
盐亭县	4		925	17133		100		341	59693	59213
高新区		236	86	2675		331			19197	18970
广元市小计	**2471**	**2031**	**13709**	**156560**		**3996**		**176**	**480429**	**479489**

2－23－14

单位:万元

地区	平衡部分									
	支出								年终结余	其中：净结余
	财力性转移支付			专项上解	计划单列市上解省	增设预算周转金	调出资金	国债转贷拨付数及年终结余		
	小计	体制上解	出口退税专项上解							
西区				18					994	756
仁和区	21		21	1303					1974	691
米易县				184					682	
盐边县				1093					986	347
泸州市小计	**240**		**240**	**1872**			**553**	**8250**	**37415**	**6210**
本级	199		199	－836			314	8250	16542	1625
区县级小计	41		41	2708			239		20873	4585
江阳区	9		9	411			43		1374	760
龙马潭区	1		1	701			37		1046	676
泸县	15		15	124			36		2848	878
纳溪区	2		2	232			25		1418	475
合江县	11		11	371			27		3169	763
叙永县				224			23		2517	482
古蔺县	3		3	645			48		8501	551
德阳市小计	**1737**		**1737**	**2085**		**4803**	**1523**	**100**	**59499**	**10459**
本级	1025		1025	－21417		4803	793		27804	
区县级小计	714		714	23500			730	100	31695	8214
旌阳区	53		53	2949					2276	1748
广汉市	365		365	2170			100		6354	2089
绵竹市	147		147	2531			630	100	12783	2423
中江县				1977					3728	126
什邡市	108		108	13807					4590	1551
罗江县	41		41	66					1964	277
绵阳市小计	**100**		**100**	**3423**			**1422**	**1578**	**44481**	**－1239**
本级				78			1160	1033	34269	－4924
区县级小计	100		100	3345			262	545	10212	3685
涪城区				844					2623	
游仙区				141			167		2711	1900
江油市	26		26	1732					915	519
安县				100			95		339	77
梓潼县				57					264	
平武县				70				128	986	130
北川县				33				76	531	250
三台县	74		74	2					893	628
盐亭县				139				341	296	12
高新区				227					654	169
广元市小计	**230**		**230**	**534**				**176**	**7452**	**4179**

二、各省、自治区、直辖市地市县一般预算财政资料

2－23－15

单位:万元

地区	收支部分								
	收入								
	收入合计	税收收入							
		小计	增值税	营业税	企业所得税	个人所得税	资源税	城市维护建设税	耕地占用税
本级	35511	23259	5405	6864	2794	2045	70	2885	292
区县级小计	32236	24199	4263	9224	467	1896	980	1767	292
利州区	6716	6216	831	2147	97	367	113	382	
元坝区	2155	1438	205	497	15	127	24	111	37
朝天区	3165	1217	193	641	42	98	28	114	13
剑阁县	3927	3194	372	1177	26	315	24	160	125
旺苍县	6739	5607	1723	1529	175	400	593	613	117
青川县	2115	1591	308	689	27	118	152	130	
苍溪县	7419	4936	631	2544	85	471	46	257	
遂宁市小计	**82657**	**50642**	**7602**	**20029**	**3518**	**3990**	**483**	**4342**	**473**
本级	32265	17346	1926	8562	580	1773	56	1393	5
区县级小计	50392	33296	5676	11467	2938	2217	427	2949	468
船山区	12622	10527	983	4693	638	259	45	805	77
蓬溪县	5143	2925	296	1268	47	308	13	235	277
射洪县	23244	14222	3161	3644	2086	1338	39	1270	31
大英县	6247	3865	992	1066	162	218	75	509	3
安居区	3136	1757	244	796	5	94	255	130	80
内江市小计	**114095**	**76535**	**19617**	**20764**	**6815**	**5350**	**1834**	**7938**	**76**
本级	35817	20431	4515	6273	1607	1658	27	2519	
区县级小计	78278	56104	15102	14491	5208	3692	1807	5419	76
市中区	8451	5781	558	2441	374	282	20	545	14
东兴区	10030	7036	623	2290	883	517	1	567	39
资中县	17285	11027	2050	3524	1098	870	785	782	1
威远县	30066	23468	10152	4040	1998	1092	871	2403	2
隆昌县	12446	8792	1719	2196	855	931	130	1122	20
乐山市小计	**232128**	**168012**	**39245**	**45409**	**22322**	**8336**	**4744**	**18976**	**943**
本级	87896	58414	10682	20115	9339	2815	821	4530	34
区县级小计	144232	109598	28563	25294	12983	5521	3923	14446	909
市中区	20719	15046	1261	5067	879	566	11		305
五通桥区	12812	9987	2515	1210	1081	376	373	2701	167
沙湾区	16100	12155	3886	1656	869	474	182	3576	6
金口河区	5664	4933	2249	763	692	260	23	634	
峨眉山市	35545	28970	6938	7680	5138	1509	915	3848	127
犍为县	12180	9681	2003	2289	1406	550	1095	789	88
井研县	5280	3096	486	839	221	306	199	256	151
夹江县	14866	10836	3063	2835	907	581	803	1065	49
沐川县	5861	3559	1172	858	330	217	165	470	

2007 年全国地市县财政统计资料

2－23－16 单位:万元

地区	收支部分									
	收入									
	税收收入			非税收入						
	契税	烟叶税	其他各项税收收入	小计	专项收入	行政事业性收费收入	罚没收入	国有资本经营收入	国有资源(资产)有偿使用收入	其他收入
本级	411		2493	12252	3399	6734	1704	－51	466	
区县级小计	2774	974	1562	8037	3194	2335	1800	435	255	18
利州区	1752		527	500	421	9	29		41	
元坝区	28	290	104	717	136	268	265		48	
朝天区	51		37	1948	1218	461	153	108	8	
剑阁县	149	631	215	733	118	262	81	217	55	
旺苍县	153	53	251	1132	977	61	70		24	
青川县	49		118	524	99	41	330		54	
苍溪县	592		310	2483	225	1233	872	110	25	18
遂宁市小计	**4838**		**5367**	**32015**	**3660**	**17850**	**4470**	**5219**	**707**	**109**
本级	1222		1829	14919	2075	11489	937		418	
区县级小计	3616		3538	17096	1585	6361	3533	5219	289	109
船山区	1864		1163	2095	368	882	817		28	
蓬溪县	220		261	2218	210	865	440	411	183	109
射洪县	1074		1579	9022	801	2720	708	4762	31	
大英县	422		418	2382	114	1247	945	46	30	
安居区	36		117	1379	92	647	623		17	
内江市小计	**5944**		**8197**	**37560**	**7402**	**17075**	**11137**	**654**	**913**	**379**
本级	1316		2516	15386	3262	6890	5108	－354	453	27
区县级小计	4628		5681	22174	4140	10185	6029	1008	460	352
市中区	819		728	2670	389	1474	764		39	4
东兴区	1244		872	2994	385	1100	1419		90	
资中县	893		1024	6258	646	4014	1439	1	156	2
威远县	730		2180	6598	1921	2221	1390	1007	55	4
隆昌县	942		877	3654	799	1376	1017		120	342
乐山市小计	**11835**		**16202**	**64116**	**18607**	**22920**	**6720**	**10480**	**3462**	**1927**
本级	6183		3895	29482	6325	13628	2619	4605	1672	633
区县级小计	5652		12307	34634	12282	9292	4101	5875	1790	1294
市中区	1516		5441	5673	1820	1293	164	2005	289	102
五通桥区	520		1044	2825	1050	909	333	216	186	131
沙湾区	375		1131	3945	2105	557	101	1078	82	22
金口河区	63		249	731	471	60	190		9	1
峨眉山市	1374		1441	6575	2096	2047	1117	880	216	219
犍为县	696		765	2499	842	1361	401	－124	19	
井研县	188		450	2184	213	1290	487	131	63	
夹江县	539		994	4030	783	1132	627	860	21	607
沐川县	153		194	2302	1013	323	123	829	14	

二、各省、自治区、直辖市地市县一般预算财政资料

2－23－17

单位:万元

地区	收支部分									
	支出功能分类									
	支出合计	一般公共服务	外交	国防	公共安全	教育	科学技术	文化体育与传媒	社会保障和就业	医疗卫生
本级	106805	20552		120	13541	8688	1224	1700	28711	3941
区县级小计	372684	62826		298	19198	93058	1334	4094	50975	27225
利州区	44670	10455		80	2632	8181	37	266	8532	2633
元坝区	29568	5233		5	1628	6920	79	420	3453	2075
朝天区	29453	6463		10	1552	7720	38	279	2845	1779
剑阁县	74387	10342		20	3470	19125	93	755	11586	6116
旺苍县	62712	11696		95	3693	14444	287	543	10758	3548
青川县	46141	6533		88	1669	9389	113	522	7095	3312
苍溪县	85753	12104			4554	27279	687	1309	6706	7762
遂宁市小计	**429741**	**72463**		**1165**	**25314**	**85464**	**2666**	**3935**	**94583**	**22719**
本级	87677	16705		510	11539	5099	624	1864	22127	3399
区县级小计	342064	55758		655	13775	80365	2042	2071	72456	19320
船山区	51681	9162		109	2816	12041	150	344	13967	2255
蓬溪县	75539	14358		105	2486	17305	377	706	15537	3655
射洪县	102435	12753		127	3833	23337	1226	484	23283	6153
大英县	51080	6520		188	1997	12470	208	343	10986	2968
安居区	61329	12965		126	2643	15212	81	194	8683	4289
内江市小计	**499009**	**74326**		**948**	**29887**	**103453**	**1893**	**4463**	**124501**	**31500**
本级	107133	12962		303	10954	8890	926	1507	43463	4275
区县级小计	391876	61364		645	18933	94563	967	2956	81038	27225
市中区	46211	7888		64	3641	11004	165	280	11735	2437
东兴区	69331	11540		110	3389	18144	111	531	12575	5467
资中县	114626	15160		223	4158	26816	134	925	24904	7876
威远县	85975	14615		125	3821	19061	341	695	16216	5248
隆昌县	75733	12161		123	3924	19538	216	525	15608	6197
乐山市小计	**579250**	**97900**		**1366**	**41924**	**91280**	**5010**	**7200**	**110438**	**35636**
本级	129985	20629		686	18672	10244	2232	2682	28220	4832
区县级小计	449265	77271		680	23252	81036	2778	4518	82218	30804
市中区	54187	11753		78	1834	10971	273	288	12865	3607
五通桥区	40969	5214		28	2131	7119	513	382	11081	2836
沙湾区	35095	7434		113	1949	4731	271	755	6466	2256
金口河区	17010	4720		87	1344	2023	53	546	1918	649
峨眉山市	61736	9190		46	4063	10988	487	615	10420	4082
犍为县	58245	9695		93	2320	11627	563	527	12009	5177
井研县	46606	7043		72	2035	8074	130	345	8515	3579
夹江县	39092	6174		95	2540	7610	139	426	6498	3028
沐川县	33852	4975		15	1545	5326	135	181	5139	1675

2－23－18 单位:万元

地区	收支部分						平衡部分		
	支出功能分类						收入		
	环境保护	城乡社区事务	农林水事务	交通运输	工业、商业、金融等事务	其他支出	收入合计	本年收入	返还性收入 小计
本级	3864	7618	7816	2024	5576	1430	110177	35511	12969
区县级小计	24292	10876	50743	14149	7070	6546	377704	32236	15072
利州区	3180	1502	4747	540	636	1249	45304	6716	1776
元坝区	2125	1069	4042	1345	465	709	30207	2155	964
朝天区	3139	292	3713	575	184	864	30055	3165	994
剑阁县	2564	1083	12296	4016	1988	933	75035	3927	2351
旺苍县	4541	3195	6980	1283	958	691	63644	6739	3485
青川县	5625	1760	5195	4026	641	173	46924	2115	1623
苍溪县	3118	1975	13770	2364	2198	1927	86535	7419	3879
遂宁市小计	**17507**	**15993**	**57384**	**7966**	**10757**	**11825**	**435708**	**82657**	**28670**
本级	5112	6054	6728	1573	4197	2146	89579	32265	9722
区县级小计	12395	9939	50656	6393	6560	9679	346129	50392	18948
船山区	1150	1835	5538	345	669	1300	52805	12622	2180
蓬溪县	2304	1482	13336	1063	1600	1225	75855	5143	1552
射洪县	4440	4453	14302	1397	2220	4427	104020	23244	11279
大英县	2415	1233	6799	1912	1040	2001	51611	6247	2565
安居区	2086	936	10681	1676	1031	726	61838	3136	1372
内江市小计	**15965**	**23117**	**58643**	**18200**	**11484**	**629**	**520435**	**114095**	**32340**
本级	4310	8047	5125	1945	3446	980	112695	35817	8427
区县级小计	11655	15070	53518	16255	8038	－351	407740	78278	23913
市中区	794	1699	4974	955	786	－211	47474	8451	2034
东兴区	1528	1524	9024	3467	807	1114	72481	10030	2530
资中县	3079	5393	20192	5373	2461	－2068	122407	17285	3673
威远县	3078	3064	9324	5800	2472	2115	89017	30066	10733
隆昌县	3176	3390	10004	660	1512	－1301	76361	12446	4943
乐山市小计	**32646**	**27877**	**63388**	**19519**	**21940**	**23126**	**630001**	**232128**	**42102**
本级	1916	12736	7800	5766	10581	2989	148951	87896	15949
区县级小计	30730	15141	55588	13753	11359	20137	481050	144232	26153
市中区	2011	1339	6085	1350	301	1432	58498	20719	3152
五通桥区	1067	2884	4378	306	1610	1420	41730	12812	3275
沙湾区	2538	1010	2724	730	1359	2759	36594	16100	2283
金口河区	1455	458	1538	1446	158	615	17451	5664	511
峨眉山市	4990	4073	7210	935	2204	2433	69654	35545	4732
犍为县	4622	724	7851	1108	748	1181	59783	12180	2927
井研县	812	1125	8403	1409	603	4461	48236	5280	1964
夹江县	1429	961	6470	696	588	2438	44771	14866	4533
沐川县	3519	947	3717	1995	3137	1546	36337	5861	1885

二、各省、自治区、直辖市地市县一般预算财政资料

2－23－19

单位:万元

地区	平衡部分									
	收入									
	返还性收入		财力性转移支付收入							
	增值税和消费税税收返还	所得税基数返还	小计	体制补助	一般性转移支付补助	民族地区转移支付补助	调整工资转移支付补助	农村义务教育补助	农村税费改革补助	缓解县乡困难转移支付补助
本级	12631	338	24853		14208		10322		50	
区县级小计	14395	677	206508		95300		52283	7058	28649	5280
利州区	1612	164	22652		10753		5387	516	1387	268
元坝区	953	11	15750		6418		4097	527	2908	343
朝天区	984	10	15219		7261		3587	593	1960	212
剑阁县	2175	176	43254		19569		9882	1735	7597	1688
旺苍县	3419	66	33834		15798		10090	1189	3213	885
青川县	1606	17	26296		14241		7101	652	2281	21
苍溪县	3646	233	49503		21260		12139	1846	9303	1863
遂宁市小计	**23187**	**5483**	**169968**		**70717**		**50270**	**8424**	**26134**	**5042**
本级	7872	1850	16532		6587		8025			
区县级小计	15315	3633	153436		64130		42245	8424	26134	5042
船山区	2029	151	20889		8615		6418	925	3560	63
蓬溪县	1396	156	44184		20955		10844	1942	6803	1480
射洪县	8266	3013	32139		11744		11489	2371	4760	1768
大英县	2401	164	22889		8623		6757	1362	3703	768
安居区	1223	149	33335		14193		6737	1824	7308	963
内江市小计	**27826**	**4514**	**207273**		**84285**		**67162**	**8083**	**24427**	**8818**
本级	7364	1063	24137		10193		9365		－45	
区县级小计	20462	3451	183136		74092		57797	8083	24472	8818
市中区	1671	363	25168		12160		7625	683	2232	635
东兴区	2115	415	38271		17098		10573	1644	5461	1519
资中县	3345	328	62158		27873		17413	2764	9449	2604
威远县	9568	1165	21113		3264		10644	1532	3447	1792
隆昌县	3763	1180	36426		13697		11542	1460	3883	2268
乐山市小计	**32036**	**10066**	**160741**		**39886**	**1338**	**68921**	**6768**	**18710**	**2737**
本级	9892	6057	11394		6041		10234	4	－600	
区县级小计	22144	4009	149347		33845	1338	58687	6764	19310	2737
市中区	2783	369	17798		2407		7689	639	2472	227
五通桥区	3168	107	12312		2580		5183	552	1530	10
沙湾区	1984	299	6378		376		2881	376	947	1
金口河区	301	210	4098		1225		1796	152	138	7
峨眉山市	3455	1277	7569		26		6351	884	1497	62
犍为县	2361	566	24574		5170		7826	1151	4397	807
井研县	1855	109	26097		10654		7445	782	3663	1160
夹江县	4139	394	10506		1169		5681	690	1538	252
沐川县	1684	201	12374		4154		3803	580	2239	62

2-23-20

单位:万元

地区	平衡部分									
	收入								支出	
	财力性转移支付收入									
	结算补助	企事业单位预算划转补助	其他财力性转移支付	专项转移支付	省补助计划单列市收入	上年结余	调入资金	国债转贷收入、上年结余及转补助数	支出合计	本年支出
本级	-2157	2031	399	36745		-77		176	106684	106805
区县级小计	4628		13310	119815		4073			373745	372684
利州区	2392		1949	13623		537			44866	44670
元坝区	295		1162	10887		451			29702	29568
朝天区	304		1302	10166		511			29532	29453
剑阁县	68		2715	25551		-48			74597	74387
旺苍县	796		1863	18833		753			62873	62712
青川县	681		1319	15912		978			46183	46141
苍溪县	92		3000	24843		891			85992	85753
遂宁市小计	**159**	**443**	**8779**	**145943**		**1278**	**7192**		**430730**	**429741**
本级	877	443	600	26050		818	4192		86671	87677
区县级小计	-718		8179	119893		460	3000		344059	342064
船山区	34		1274	16706		-153	561		52457	51681
蓬溪县	27		2133	24925		-52	103		75712	75539
射洪县	-886		893	35693		269	1396		103084	102435
大英县	37		1639	19598		310	2		51258	51080
安居区	70		2240	22971		86	938		61548	61329
内江市小计	**1772**	**1593**	**11133**	**157374**		**9254**	**99**		**500175**	**499009**
本级	3579	265	780	39858		4456			106602	107133
区县级小计	-1807	1328	10353	117516		4798	99		393573	391876
市中区	289	782	762	11040		781			46403	46211
东兴区	103	56	1817	19777		1873			69487	69331
资中县	85	64	1906	37415		1777	99		114978	114626
威远县	-2358		2792	26070		1035			86796	85975
隆昌县	74	426	3076	23214		-668			75909	75733
乐山市小计	**9089**	**1567**	**11725**	**162173**		**32013**	**743**	**101**	**581048**	**579250**
本级	-6031	926	820	17660		16052			126002	129985
区县级小计	15120	641	10905	144513		15961	743	101	455046	449265
市中区	3154	124	1086	16670		159			55546	54187
五通桥区	1424	344	689	12282		1049			41099	40969
沙湾区	836		961	10511		1322			35656	35095
金口河区	477		303	6598		580			17048	17010
峨眉山市	-3010	173	1586	16507		5301			64595	61736
犍为县	4188		1035	20890		-788			58302	58245
井研县	1086		1307	13990		905			46667	46606
夹江县	-136		1312	12592		2274			39659	39092
沐川县	1129		407	13735		1638	743	101	33971	33852

二、各省、自治区、直辖市地市县一般预算财政资料

2－23－21　　　　　　　　　　　　　　　　　　　　　　　　　　　　单位:万元

地区	平衡部分									
	支出								年终结余	其中：净结余
	财力性转移支付			专项上解	计划单列市上解省	增设预算周转金	调出资金	国债转贷拨付数及年终结余		
	小计	体制上解	出口退税专项上解							
本级	199		199	－496				176	3493	220
区县级小计	30		30	1031					3959	3959
利州区	27		27	169					438	438
元坝区	3		3	131					505	505
朝天区				79					523	523
剑阁县				210					438	438
旺苍县				161					771	771
青川县				42					741	741
苍溪县				239					543	543
遂宁市小计	**244**		**244**	**608**		**137**			**4978**	**1987**
本级	189		189	－1195					2908	177
区县级小计	55		55	1803		137			2070	1810
船山区	2		2	774					348	188
蓬溪县	1		1	172					143	143
射洪县	41		41	471		137			936	836
大英县	6		6	172					353	353
安居区	5		5	214					290	290
内江市小计	**348**		**348**	**818**					**20260**	**5504**
本级	142		142	－673					6093	1394
区县级小计	206		206	1491					14167	4110
市中区	24		24	168					1071	151
东兴区	38		38	118					2994	1349
资中县	47		47	305					7429	915
威远县	22		22	799					2221	1673
隆昌县	75		75	101					452	22
乐山市小计	**651**		**651**	**1046**				**101**	**48953**	**7260**
本级	456		456	－4439					22949	344
区县级小计	195		195	5485				101	26004	6916
市中区	120		120	1239					2952	308
五通桥区	32		32	98					631	262
沙湾区	5		5	556					938	397
金口河区				38					403	96
峨眉山市				2859					5059	1476
犍为县				57					1481	192
井研县	23		23	38					1569	266
夹江县	15		15	552					5112	730
沐川县				18				101	2366	363

2-23-22　　单位:万元

地区	收支部分								
	收入								
	收入合计	税收收入							
		小计	增值税	营业税	企业所得税	个人所得税	资源税	城市维护建设税	耕地占用税
峨边县	10501	7499	3664	993	1072	286	71	831	
马边县	4704	3836	1326	1104	388	396	86	276	16
南充市小计	**150148**	**92834**	**9564**	**34630**	**6280**	**6945**	**372**	**11319**	**1213**
本级	45040	27339	2628	10771	2106	1800	94	2651	63
区县级小计	105108	65495	6936	23859	4174	5145	278	8668	1150
顺庆区	21532	18064	1684	6952	1243	1450	17	1902	
高坪区	5962	3714	584	1369	346	180	71	339	14
嘉陵区	10166	5406	361	2450	516	169	6	410	
南部县	16296	9429	1100	2641	411	652	91	1702	529
营山县	9636	4768	420	1662	175	545	8	1216	73
蓬安县	11395	5714	786	1325	262	435	18	1424	354
仪陇县	7959	5530	780	2760	344	482	2	401	2
西充县	6492	3523	277	1567	174	486	47	200	10
阆中市	15670	9347	944	3133	703	746	18	1074	168
宜宾市小计	**249170**	**190985**	**46911**	**36956**	**47459**	**7940**	**3388**	**25778**	**1139**
本级	124097	99114	31751	8111	39601			19347	101
区县级小计	125073	91871	15160	28845	7858	7940	3388	6431	1038
翠屏区	50797	41390	5955	13648	3107	4879	74	179	332
宜宾县	20019	13612	2514	4783	1859	782	147	1726	122
南溪县	5650	3616	430	1478	147	289	38	414	39
江安县	7077	4448	431	1907	233	302	102	570	55
长宁县	6547	4776	911	1506	409	228	334	571	28
高县	10147	6969	1387	1848	358	342	862	1017	338
筠连县	8184	5544	1341	652	791	317	599	597	90
珙县	8446	5737	1068	1416	407	413	877	757	3
兴文县	5060	3641	782	706	481	196	300	347	1
屏山县	3146	2138	341	901	66	192	55	253	30
广安市小计	**115777**	**56764**	**11993**	**15678**	**5832**	**4044**	**1741**	**5062**	**1119**
本级	34352	18622	5518	6079	895	824	466	2039	
区县级小计	81425	38142	6475	9599	4937	3220	1275	3023	1119
岳池县	18263	8242	646	1955	742	701	37	509	513
武胜县	17209	7765	1684	2187	1204	582	23	751	18
广安区	19345	8104	1321	2294	803	817	357	532	330
邻水县	16568	7932	1887	1719	1336	672	478	367	1
华蓥市	10040	6099	937	1444	852	448	380	864	257
达州市小计	**158321**	**104527**	**23095**	**34964**	**6032**	**8591**	**5300**	**9235**	**1133**
本级	51189	31400	6640	12524	1211	2006	49	4280	

二、各省、自治区、直辖市地市县一般预算财政资料

2－23－23

单位：万元

地区	收支部分									
	收入									
	税收收入			非税收入						
	契税	烟叶税	其他各项税收收入	小计	专项收入	行政事业性收费收入	罚没收入	国有资本经营收入	国有资源（资产）有偿使用收入	其他收入
峨边县	153		429	3002	1575	171	175		869	212
马边县	75		169	868	314	149	383		22	
南充市小计	**9058**		**13453**	**57314**	**6791**	**31516**	**10924**	**1770**	**4872**	**1441**
本级	3302		3924	17701	3155	7348	3479	687	2511	521
区县级小计	5756		9529	39613	3636	24168	7445	1083	2361	920
顺庆区	2100		2716	3468	933	1538	371	70	35	521
高坪区	379		432	2248	315	1271	537	105	20	
嘉陵区	823		671	4760	270	3772	537		153	28
南部县	508		1795	6867	444	3938	1271	283	617	314
营山县	291		378	4868	256	4110	246		203	53
蓬安县	233		877	5681	373	3108	1321		878	1
仪陇县	272		487	2429	340	1030	1000	9	50	
西充县	383		379	2969	189	1529	615	562	71	3
阆中市	767		1794	6323	516	3872	1547	54	334	
宜宾市小计	**7507**	**1778**	**12129**	**58185**	**15836**	**27075**	**10454**	**1323**	**1421**	**2076**
本级			203	24983	4522	14696	3221	154	883	1507
区县级小计	7507	1778	11926	33202	11314	12379	7233	1169	538	569
翠屏区	5345		7871	9407	6550	1838	666	195	131	27
宜宾县	659		1020	6407	1064	3952	1326	－12	77	
南溪县	388		393	2034	393	1134	441	－4	52	18
江安县	379		469	2629	454	1656	412	72	35	
长宁县	230		559	1771	469	621	648		24	9
高县	133		684	3178	590	1251	1033	227	19	58
筠连县	117	710	330	2640	375	969	950	141	42	163
珙县	144	259	393	2709	844	657	860	292	52	4
兴文县	104	589	135	1419	411	88	717	143	60	
屏山县	8	220	72	1008	164	213	180	115	46	290
广安市小计	**4004**		**7291**	**59013**	**5723**	**34103**	**7715**	**8721**	**1890**	**861**
本级	727		2074	15730	2990	10900	1043		795	2
区县级小计	3277		5217	43283	2733	23203	6672	8721	1095	859
岳池县	879		2260	10021	215	6498	1494	1268	314	232
武胜县	676		640	9444	353	6235	229	1950	75	602
广安区	732		918	11241	529	2491	3326	4746	124	25
邻水县	798		674	8636	687	6164	845	757	183	
华蓥市	192		725	3941	949	1815	778		399	
达州市小计	**6796**	**339**	**9042**	**53794**	**8519**	**28343**	**12501**	**2651**	**1365**	**415**
本级	1916		2774	19789	3448	11418	4137	－150	646	290

2－23－24

单位:万元

地区	收支部分 支出功能分类 支出合计	一般公共服务	外交	国防	公共安全	教育	科学技术	文化体育与传媒	社会保障和就业	医疗卫生
峨边县	31196	5979			1978	6286	113	343	3953	1848
马边县	31277	5094		53	1513	6281	101	110	3354	2067
南充市小计	**871256**	**149867**		**450**	**50048**	**206874**	**4185**	**10404**	**147683**	**51548**
本级	115232	23531		363	14304	8804	2081	2435	32836	4968
区县级小计	756024	126336		87	35744	198070	2104	7969	114847	46580
顺庆区	69690	12076		4	5146	18979	229	588	10152	2586
高坪区	62265	10280		3	3017	18056	99	309	10890	3968
嘉陵区	71090	12039		3	4051	18819	184	623	11393	4637
南部县	121951	17679		46	5659	30179	123	1446	22625	7946
营山县	90240	14996		16	3789	28440	129	1145	9542	6377
蓬安县	69787	12223		3	3451	18841	77	1072	9468	2587
仪陇县	94596	16921		5	3787	27817	699	1029	9243	7987
西充县	71011	14281		3	2730	17193	405	669	6720	5295
阆中市	105394	15841		4	4114	19746	159	1088	24814	5197
宜宾市小计	**719644**	**103812**		**1275**	**41320**	**144571**	**8777**	**8923**	**127574**	**45864**
本级	177138	21550		526	15281	11501	5015	4759	32098	5702
区县级小计	542506	82262		749	26039	133070	3762	4164	95476	40162
翠屏区	101427	14604		178	2546	22358	1203	513	19209	8057
宜宾县	96495	14674		131	4681	22621	509	436	16133	7008
南溪县	46010	6719		92	2373	12789	251	470	8230	3245
江安县	48741	7773		99	2188	13366	348	604	8404	4325
长宁县	45022	7529			2464	9315	155	392	7889	3799
高县	45563	6673		115	2880	11084	302	453	7220	3631
筠连县	38437	4965		20	1761	10670	134	307	6762	1629
珙县	45192	7382			2676	10927	523	320	8433	3644
兴文县	44049	6675		114	2522	11481	189	330	7658	3188
屏山县	31570	5268			1948	8459	148	339	5538	1636
广安市小计	**481239**	**82998**		**78**	**31582**	**111015**	**1230**	**3749**	**70785**	**28223**
本级	60458	17931		60	7464	4888	415	1290	9143	2115
区县级小计	420781	65067		18	24118	106127	815	2459	61642	26108
岳池县	98296	21020		6	5064	26171	111	570	15132	3775
武胜县	75751	10769		3	3672	20445	189	427	11590	5356
广安区	104127	12988		4	5930	25083	209	475	13546	7470
邻水县	94366	13382		3	5594	23889	132	710	13118	7155
华蓥市	48241	6908		2	3858	10539	174	277	8256	2352
达州市小计	**785697**	**127082**		**145**	**40393**	**157241**	**4543**	**9814**	**164667**	**48841**
本级	130805	22105			12663	10283	1284	3960	35994	4685

2－23－25

单位:万元

地区	收支部分						平衡部分		
	支出功能分类						收入		
	环境保护	城乡社区事务	农林水事务	交通运输	工业、商业、金融等事务	其他支出	收入合计	本年收入	返还性收入
									小计
峨边县	4442	948	3570	194	391	1151	33012	10501	723
马边县	3845	672	3642	3584	260	701	34984	4704	168
南充市小计	**29924**	**35882**	**107731**	**26468**	**24724**	**25468**	**921211**	**150148**	**47816**
本级	1707	5885	7086	5772	6409	－949	146732	45040	17715
区县级小计	28217	29997	100645	20696	18315	26417	774479	105108	30101
顺庆区	2213	3185	8499	2499	1702	1832	72335	21532	6462
高坪区	2477	2842	6614	454	1199	2057	63268	5962	1626
嘉陵区	2724	3257	8345	976	1448	2591	72635	10166	1938
南部县	4868	4621	19152	4249	1830	1528	126318	16296	3901
营山县	2150	4891	11295	2605	3242	1623	92922	9636	2566
蓬安县	3207	1690	10386	2002	2927	1853	70677	11395	3639
仪陇县	4039	1689	14700	1898	2857	1925	97959	7959	3703
西充县	3008	2993	9495	773	1150	6296	72297	6492	2047
阆中市	3531	4829	12159	5240	1960	6712	106068	15670	4219
宜宾市小计	**35101**	**59364**	**68357**	**47550**	**17010**	**10146**	**805230**	**249170**	**111725**
本级	5005	37975	8368	19382	7404	2572	235869	124097	71976
区县级小计	30096	21389	59989	28168	9606	7574	569361	125073	39749
翠屏区	1531	7581	8994	11508	1478	1667	111918	50797	13260
宜宾县	3413	1481	11275	10118	1747	2268	100898	20019	4976
南溪县	3029	1188	4807	577	582	1658	47089	5650	3363
江安县	1477	1270	6135	217	1306	1229	49394	7077	1777
长宁县	5106	841	5769	1059	479	225	45982	6547	2923
高县	4204	580	4852	1293	1301	975	47465	10147	3349
筠连县	2635	3290	4158	460	420	1226	39056	8184	2042
珙县	2661	3847	4148	882	704	－955	49919	8446	4399
兴文县	3665	1090	5183	498	1240	216	45030	5060	2451
屏山县	2375	221	4668	1556	349	－935	32610	3146	1209
广安市小计	**21827**	**13992**	**64993**	**13757**	**15382**	**21628**	**497587**	**115777**	**29868**
本级	2283	3175	3140	5546	1758	1250	65990	34352	6574
区县级小计	19544	10817	61853	8211	13624	20378	431597	81425	23294
岳池县	3009	2337	15236	1430	2277	2158	101119	18263	2376
武胜县	2921	1962	11186	928	2331	3972	77507	17209	4397
广安区	4639	2651	15567	3181	3719	8665	107774	19345	5846
邻水县	4332	2113	14793	1789	3621	3735	95900	16568	4784
华蓥市	4643	1754	5071	883	1676	1848	49297	10040	5891
达州市小计	**24770**	**34788**	**96336**	**21463**	**22048**	**33566**	**827338**	**158321**	**52682**
本级	1617	12005	6619	6528	8171	4891	155474	51189	22006

2-23-26

单位:万元

地区	平衡部分									
	收入									
	返还性收入		财力性转移支付收入							
	增值税和消费税税收返还	所得税基数返还	小计	体制补助	一般性转移支付补助	民族地区转移支付补助	调整工资转移支付补助	农村义务教育补助	农村税费改革补助	缓解县乡困难转移支付补助
峨边县	266	457	11391		1184	951	4761	421	383	69
马边县	148	20	16250		4900	387	5271	537	506	80
南充市小计	**44292**	**3524**	**434003**		**190784**		**114177**	**17645**	**58236**	**20593**
本级	17368	347	29313		18665		10793	11	-300	
区县级小计	26924	3177	404690		172119		103384	17634	58536	20593
顺庆区	5895	567	22289		10437		8638	697	2292	1105
高坪区	1469	157	38450		16095		9309	1380	4332	1962
嘉陵区	1586	352	41604		16645		9183	1799	5751	2667
南部县	3431	470	65698		26568		17077	3420	11380	2521
营山县	2133	433	55109		25484		12719	2120	7159	2756
蓬安县	3424	215	38038		13930		11021	1647	5493	2276
仪陇县	3462	241	51448		22870		11688	3378	8756	1932
西充县	1737	310	46946		20122		10712	1442	6830	3509
阆中市	3787	432	45108		19968		13037	1751	6543	1865
宜宾市小计	**66810**	**44915**	**217690**		**68232**		**78969**	**12670**	**29702**	**8758**
本级	31400	40576	-4013		-7040		8478		-3958	
区县级小计	35410	4339	221703		75272		70491	12670	33660	8758
翠屏区	11765	1495	19036		440		9633	1126	2218	589
宜宾县	4353	623	38540		10515		12261	2336	6959	1983
南溪县	3092	271	22006		9229		5851	1073	2411	998
江安县	1623	154	25541		10692		6325	1389	4119	941
长宁县	2422	501	18133		7003		5862	1085	2594	968
高县	2794	555	17223		3936		6140	1200	3651	1059
筠连县	1906	136	20352		7896		6048	1275	3540	523
珙县	4184	215	19114		7244		6674	1203	2802	203
兴文县	2180	271	22837		9829		6775	1161	3029	1047
屏山县	1091	118	18921		8488		4922	822	2337	447
广安市小计	**28525**	**1343**	**194377**		**71555**		**57081**	**12461**	**32564**	**5554**
本级	6337	237	7067		10024		2064	91	-270	
区县级小计	22188	1106	187310		61531		55017	12370	32834	5554
岳池县	2311	65	46933		16385		13115	2907	9289	1826
武胜县	4244	153	31733		9458		10448	2197	5872	1316
广安区	5261	585	50184		17484		13592	3221	8476	795
邻水县	4600	184	46094		16051		13253	3012	7469	1597
华蓥市	5772	119	12366		2153		4609	1033	1728	20
达州市小计	**50353**	**2329**	**364506**		**160134**		**107759**	**16335**	**46525**	**16417**
本级	21109	897	29664		17804		12820		-60	

二、各省、自治区、直辖市地市县一般预算财政资料

2－23－27 单位:万元

地区	平衡部分									
	收入								支出	
	财力性转移支付收入									
	结算补助	企事业单位预算划转补助	其他财力性转移支付	专项转移支付	省补助计划单列市收入	上年结余	调入资金	国债转贷收入、上年结余及转补助数	支出合计	本年支出
峨边县	2662		960	9042		1355			31217	31196
马边县	3310		1259	11696		2166			31286	31277
南充市小计	**1607**	**1174**	**29787**	**269227**		**20017**			**872666**	**871256**
本级	－944	180	908	39432		15232			114446	115232
区县级小计	2551	994	28879	229795		4785			758220	756024
顺庆区	－3330	918	1532	21046		1006			70138	69690
高坪区	1889	76	3407	17364		－134			62667	62265
嘉陵区	1512		4047	18090		837			71488	71090
南部县	367		4365	39611		812			122168	121951
营山县	72		4799	24382		1229			90422	90240
蓬安县	641		3030	18174		－569			70001	69787
仪陇县	1145		1679	32169		2680			94666	94596
西充县	69		4262	17684		－872			71134	71011
阆中市	186		1758	41275		－204			105536	105394
宜宾市小计	**4041**	**3136**	**12182**	**165118**		**59383**	**1003**	**1141**	**725244**	**719644**
本级	－2996	1403	100	－3940		47749			177717	177138
区县级小计	7037	1733	12082	169058		11634	1003	1141	547527	542506
翠屏区	2757	1363	910	23172		5653			104360	101427
宜宾县	2023		2463	35575		1488		300	97449	96495
南溪县	598	370	1476	13978		2092			46052	46010
江安县	－55		2130	14306		693			48792	48741
长宁县	224		397	17432		947			45095	45022
高县	283		954	15498		1248			45662	45563
筠连县	183		887	10360		－2885	1003		38461	38437
珙县	297		691	13775		3406		779	46080	45192
兴文县	293		703	13700		982			44086	44049
屏山县	434		1471	11262		－1990		62	31490	31570
广安市小计	**761**		**14401**	**143973**		**13236**	**356**		**482281**	**481239**
本级	－5712		870	8175		9766	56		57740	60458
区县级小计	6473		13531	135798		3470	300		424541	420781
岳池县	451		2960	33041		506			98386	98296
武胜县	784		1658	22599		1569			76760	75751
广安区	3206		3410	31507		892			105823	104127
邻水县	827		3885	27831		623			95268	94366
华蓥市	1205		1618	20820		－120	300		48304	48241
达州市小计	**2178**	**222**	**14936**	**225176**		**26260**		**393**	**788824**	**785697**
本级	－1805		905	32815		19800			129325	130805

2－23－28

单位:万元

地区	平衡部分									
	支出								年终结余	其中:净结余
	财力性转移支付			专项上解	计划单列市上解省	增设预算周转金	调出资金	国债转贷拨付数及年终结余		
	小计	体制上解	出口退税专项上解							
峨边县				21					1795	648
马边县				9					3698	2178
南充市小计	**425**		**425**	**935**			**50**		**48545**	**4853**
本级	175		175	－1011			50		32286	263
区县级小计	250		250	1946					16259	4590
顺庆区	111		111	337					2197	332
高坪区	38		38	364					601	381
嘉陵区	38		38	360					1147	723
南部县	37		37	180					4150	176
营山县				182					2500	660
蓬安县				214					676	345
仪陇县				70					3293	831
西充县	1		1	122					1163	943
阆中市	25		25	117					532	199
宜宾市小计	**708**		**708**	**1571**			**2180**	**1141**	**79986**	**23568**
本级	575		575	－2176			2180		58152	20898
区县级小计	133		133	3747				1141	21834	2670
翠屏区	71		71	2862					7558	839
宜宾县	10		10	644				300	3449	298
南溪县	13		13	29					1037	587
江安县				51					602	226
长宁县	19		19	54					887	320
高县	13		13	86					1803	7
筠连县				24					595	5
珙县	6		6	103				779	3839	374
兴文县				37					944	9
屏山县	1		1	－143				62	1120	5
广安市小计	**45**		**45**	**471**			**526**		**15306**	**2234**
本级				－3058			340		8250	435
区县级小计	45		45	3529			186		7056	1799
岳池县				14			76		2733	920
武胜县	15		15	994					747	11
广安区	24		24	1592			80		1951	70
邻水县				902					632	20
华蓥市	6		6	27			30		993	778
达州市小计	**67**		**67**	**1415**			**1252**	**393**	**38514**	**3362**
本级	63		63	－2185			642		26149	860

二、各省、自治区、直辖市地市县一般预算财政资料

2－23－29　　　　单位:万元

地区	收支部分								
	收入								
	收入合计	税收收入							
		小计	增值税	营业税	企业所得税	个人所得税	资源税	城市维护建设税	耕地占用税
区县级小计	107132	73127	16455	22440	4821	6585	5251	4955	1133
通川区	14274	9963	1786	4329	484	975	59		
达县	21510	15201	3884	4003	944	1214	1564	1102	301
开江县	9623	5109	903	1370	387	601	649	300	77
宣汉县	16115	12046	3239	4075	782	963	842	823	7
万源市	8002	5732	1403	2227	154	436	180	593	1
大竹县	22322	14409	2494	3343	1782	1321	1659	881	600
渠县	15286	10667	2746	3093	288	1075	298	1256	147
资阳市小计	**141826**	**48129**	**7526**	**15373**	**3141**	**3952**	**142**	**5830**	**1207**
本级	39866	8501	1238	2921	712	481		1193	86
区县级小计	101960	39628	6288	12452	2429	3471	142	4637	1121
雁江区	22157	10930	1462	3491	670	757	61	1465	173
简阳市	42196	15899	3305	4654	1048	1257	24	1803	769
安岳县	22047	7822	1000	2836	479	879	41	814	47
乐至县	15560	4977	521	1471	232	578	16	555	132
眉山市小计	**119289**	**80630**	**16299**	**21797**	**10531**	**4457**	**1212**	**7732**	**2886**
本级	39051	22601	6501	5679	3559	885	119	2732	246
区县级小计	80238	58029	9798	16118	6972	3572	1093	5000	2640
东坡区	23813	18295	1914	5859	2945	1034	68	1286	87
仁寿县	17591	10986	1674	3810	1043	1220	494	645	11
彭山县	14495	11427	2208	3237	1465	487	272	789	263
洪雅县	15068	10184	2289	2113	894	469	146	1365	1656
丹棱县	4102	3146	674	531	256	159	104	396	418
青神县	5169	3991	1039	568	369	203	9	519	205
巴中市小计	**36209**	**24495**	**2924**	**11320**	**1869**	**2110**	**576**	**2007**	**124**
本级	9815	5698	379	2931	263	514	1	472	
区县级小计	26394	18797	2545	8389	1606	1596	575	1535	124
巴州区	8113	5868	507	3089	258	463	51	512	34
南江县	6703	5182	1030	1461	1136	471	393	338	8
通江县	4671	3428	434	1780	80	353	98	251	1
平昌县	6907	4319	574	2059	132	309	33	434	81
雅安市小计	**75488**	**57216**	**16231**	**20165**	**6433**	**3769**	**901**	**4665**	**248**
本级	27386	17824	4135	5841	2925	1087	1	1710	26
区县级小计	48102	39392	12096	14324	3508	2682	900	2955	222
雨城区	5082	4614	612	2635	239	263	138	213	
名山县	3350	2649	782	718	154	149	19	357	30
荥经县	6111	4842	1753	859	974	283	236	458	3

2－23－30 单位:万元

地区	收支部分									
	收入									
	税收收入			非税收入						
	契税	烟叶税	其他各项税收收入	小计	专项收入	行政事业性收费收入	罚没收入	国有资本经营收入	国有资源(资产)有偿使用收入	其他收入
区县级小计	4880	339	6268	34005	5071	16925	8364	2801	719	125
通川区	1278		1052	4311	544	1846	443	1368	14	96
达县	811	28	1350	6309	924	4254	1088	－53	70	26
开江县	271	60	491	4514	267	1617	1641	911	75	3
宣汉县	491	239	585	4069	1065	1322	1588	－35	129	
万源市	270	12	456	2270	426	889	832	59	64	
大竹县	843		1486	7913	848	4486	1751	681	147	
渠县	916		848	4619	997	2511	1021	－130	220	
资阳市小计	**4770**		**6188**	**93697**	**4023**	**27802**	**8713**	**45347**	**6971**	**841**
本级	912		958	31365	1849	6606	3088	17930	1384	508
区县级小计	3858		5230	62332	2174	21196	5625	27417	5587	333
雁江区	1231		1620	11227	605	3957	1706	262	4505	192
简阳市	1476		1563	26297	897	5472	1685	17853	321	69
安岳县	598		1128	14225	374	7194	1497	4948	156	56
乐至县	553		919	10583	298	4573	737	4354	605	16
眉山市小计	**6134**		**9582**	**38659**	**6525**	**17912**	**6915**	**4704**	**1729**	**874**
本级	1178		1702	16450	2323	9485	2596	292	1061	693
区县级小计	4956		7880	22209	4202	8427	4319	4412	668	181
东坡区	2038		3064	5518	1273	1634	1106	1198	307	
仁寿县	857		1232	6605	929	3006	1587	854	154	75
彭山县	1394		1312	3068	669	1728	530	81	60	
洪雅县	338		914	4884	785	1103	583	2258	59	96
丹棱县	105		503	956	267	424	190	20	45	10
青神县	224		855	1178	279	532	323	1	43	
巴中市小计	**1534**		**2031**	**11714**	**3144**	**4723**	**2622**	**260**	**743**	**222**
本级	450		688	4117	1485	1434	549	55	444	150
区县级小计	1084		1343	7597	1659	3289	2073	205	299	72
巴州区	462		492	2245	426	978	730	49	62	
南江县	96		249	1521	637	411	386		87	
通江县	166		265	1243	211	749	229		54	
平昌县	360		337	2588	385	1151	728	156	96	72
雅安市小计	**2079**		**2725**	**18272**	**6354**	**5771**	**4948**	**－67**	**914**	**352**
本级	1078		1021	9562	2957	3986	1594	－2	712	315
区县级小计	1001		1704	8710	3397	1785	3354	－65	202	37
雨城区	133		381	468	221		287	－65	25	
名山县	200		240	701	195	239	250		17	
荥经县	131		145	1269	772	79	366		29	23

二、各省、自治区、直辖市地市县一般预算财政资料

2-23-31 单位:万元

地区	收支部分									
	支出功能分类									
	支出合计	一般公共服务	外交	国防	公共安全	教育	科学技术	文化体育与传媒	社会保障和就业	医疗卫生
区县级小计	654892	104977		145	27730	146958	3259	5854	128673	44156
通川区	47709	7200		105	3460	10628	316	565	13199	1789
达县	121125	22167			4354	25020	376	1378	24691	7694
开江县	63990	9827			3106	13508	368	424	13321	4849
宣汉县	110600	17551		28	4304	27135	302	861	20866	8427
万源市	71800	11201			3372	15552	416	645	13436	4807
大竹县	110200	19102		5	4559	22618	1136	993	19407	7653
渠县	129468	17929		7	4575	32497	345	988	23753	8937
资阳市小计	**541787**	**78499**		**271**	**27061**	**100371**	**4036**	**4212**	**95670**	**34008**
本级	74410	11887		263	12338	1247	1568	1484	3559	1307
区县级小计	467377	66612		8	14723	99124	2468	2728	92111	32701
雁江区	95678	14825			2091	20754	204	580	20144	6694
简阳市	154753	16316			5016	29896	1568	737	29970	11185
安岳县	135623	22742		8	4988	30368	410	987	27471	10137
乐至县	81323	12729			2628	18106	286	424	14526	4685
眉山市小计	**450229**	**83636**		**305**	**32410**	**82755**	**2112**	**5973**	**61285**	**29361**
本级	82930	16252		275	12569	7798	641	3381	7818	1669
区县级小计	367299	67384		30	19841	74957	1471	2592	53467	27692
东坡区	85353	13755			5310	17389	623	621	12031	7047
仁寿县	141258	22005		10	6488	32592	142	785	24407	11508
彭山县	44010	10886		10	2505	6794	155	381	6029	3516
洪雅县	46962	9842			2353	7830	332	422	5213	2611
丹棱县	23808	5404		10	1525	5099	91	155	1968	1643
青神县	25908	5492			1660	5253	128	228	3819	1367
巴中市小计	**438179**	**72018**		**440**	**20380**	**89678**	**1809**	**3938**	**85833**	**28378**
本级	50439	14254		153	5189	3977	318	1213	4848	2233
区县级小计	387740	57764		287	15191	85701	1491	2725	80985	26145
巴州区	111836	14542		6	4987	23969	316	585	26348	9402
南江县	81370	12189		2	3331	16883	563	470	17870	4918
通江县	95338	15850		115	3297	21548	311	1005	17011	4811
平昌县	99196	15183		164	3576	23301	301	665	19756	7014
雅安市小计	**290558**	**48876**		**787**	**20064**	**48949**	**3024**	**3035**	**59297**	**20921**
本级	62207	10233		210	9585	2817	1006	753	20641	3194
区县级小计	228351	38643		577	10479	46132	2018	2282	38656	17727
雨城区	38559	4838		96	863	8398	286	382	9282	2806
名山县	30018	4720		54	1243	5990	327	190	5206	2054
荥经县	25198	3987		102	1310	5719	320	243	4474	2498

2－23－32

单位:万元

地区	收支部分						平衡部分		
	支出功能分类						收入		
	环境保护	城乡社区事务	农林水事务	交通运输	工业、商业、金融等事务	其他支出	收入合计	本年收入	返还性收入 小计
区县级小计	23153	22783	89717	14935	13877	28675	671864	107132	30676
通川区	985	1735	4385	1087	530	1725	48444	14274	4315
达县	3787	4111	18945	2654	3308	2640	126108	21510	6254
开江县	3823	1491	7263	439	847	4724	65869	9623	2747
宣汉县	4811	1608	12329	2951	1798	7629	113399	16115	5717
万源市	3876	2555	8753	1439	1481	4267	74574	8002	3472
大竹县	3185	3718	18826	993	2747	5258	112137	22322	4393
渠县	2686	7565	19216	5372	3166	2432	131333	15286	3778
资阳市小计	**19588**	**39087**	**89176**	**11462**	**23806**	**14540**	**550707**	**141826**	**20712**
本级	1209	21539	9912	1625	3108	3364	74027	39866	7986
区县级小计	18379	17548	79264	9837	20698	11176	476680	101960	12726
雁江区	2000	2119	13490	2649	7885	2243	101333	22157	6100
简阳市	7455	7479	26025	1574	6256	11276	156258	42196	2534
安岳县	5387	3732	25046	4812	2561	－3026	136720	22047	2496
乐至县	3537	4218	14703	802	3996	683	82369	15560	1596
眉山市小计	**22051**	**24416**	**62611**	**7164**	**29975**	**6175**	**467176**	**119289**	**34874**
本级	1793	11089	6434	1470	10302	1439	81016	39051	16921
区县级小计	20258	13327	56177	5694	19673	4736	386160	80238	17953
东坡区	3862	562	16429	793	5114	1817	91788	23813	1477
仁寿县	4603	7336	21660	2888	7949	－1115	146558	17591	5146
彭山县	2537	2244	5160	787	2056	950	47426	14495	3566
洪雅县	6576	1621	5640	938	2399	1185	49110	15068	3942
丹棱县	1709	846	3694	117	1098	449	24817	4102	1538
青神县	971	718	3594	171	1057	1450	26461	5169	2284
巴中市小计	**19378**	**9601**	**55854**	**8372**	**12710**	**29790**	**446104**	**36209**	**16402**
本级	3399	2928	3800	1797	2065	4265	53839	9815	4488
区县级小计	15979	6673	52054	6575	10645	25525	392265	26394	11914
巴州区	2727	2130	14257	1851	2820	7896	114280	8113	3580
南江县	4731	1653	9268	1490	3313	4689	82101	6703	2849
通江县	4167	1593	14698	1574	2331	7027	95897	4671	2466
平昌县	4354	1297	13831	1660	2181	5913	99987	6907	3019
雅安市小计	**28110**	**12316**	**28589**	**5789**	**4640**	**6161**	**330225**	**75488**	**28542**
本级	1357	3876	4231	1334	1502	1468	78302	27386	9996
区县级小计	26753	8440	24358	4455	3138	4693	251923	48102	18546
雨城区	5191	1194	3836	915	609	－137	43441	5082	3155
名山县	2813	2151	4561	376	378	－45	32822	3350	1823
荥经县	2586	459	2843	508	293	－144	27837	6111	2796

二、各省、自治区、直辖市地市县一般预算财政资料

2－23－33

单位:万元

地区	平衡部分									
	收入									
	返还性收入		财力性转移支付收入							
	增值税和消费税税收返还	所得税基数返还	小计	体制补助	一般性转移支付补助	民族地区转移支付补助	调整工资转移支付补助	农村义务教育补助	农村税费改革补助	缓解县乡困难转移支付补助
区县级小计	29244	1432	334842		142330		94939	16335	46585	16417
通川区	4102	213	15632		6187		6042	297	947	1132
达县	5918	336	60824		25329		16512	2823	9338	3076
开江县	2723	24	34014		15125		9229	1589	3853	1939
宣汉县	5542	175	58199		24708		16923	3257	9092	2523
万源市	3361	111	41489		20092		11075	1736	4130	1252
大竹县	3769	624	52236		20344		15288	2473	7914	3387
渠县	3829	－51	72448		30545		19870	4160	11311	3108
资阳市小计	**20062**	**650**	**231373**		**87034**		**63548**	**9543**	**42468**	**9128**
本级	7806	180	7721		1495		3113		－160	
区县级小计	12256	470	223652		85539		60435	9543	42628	9128
雁江区	5890	210	45917		15089		12972	1765	7497	2803
简阳市	2531	3	64527		23558		18774	3070	12680	2355
安岳县	2372	124	72644		29065		17745	3066	14974	3030
乐至县	1463	133	40564		17827		10944	1642	7477	940
眉山市小计	**31528**	**3346**	**170440**		**59679**		**55130**	**7038**	**26534**	**10370**
本级	16629	292	3657		6169		4108		－86	
区县级小计	14899	3054	166783		53510		51022	7038	26620	10370
东坡区	159	1318	38682		9261		11028	1331	5844	2532
仁寿县	4549	597	80046		30647		20951	3608	13952	5776
彭山县	3150	416	13341		3110		5615	618	1862	1121
洪雅县	3665	277	12548		1921		6103	746	2146	38
丹棱县	1308	230	10780		4133		3213	351	1494	407
青神县	2068	216	11386		4438		4112	384	1322	496
巴中市小计	**15482**	**920**	**231899**		**117830**		**56103**	**10429**	**29419**	**6156**
本级	4363	125	19945		17110		2960	14	21	
区县级小计	11119	795	211954		100720		53143	10415	29398	6156
巴州区	3288	292	64545		30406		15780	2973	9649	2622
南江县	2600	249	40754		18015		10946	1912	6284	1236
通江县	2356	110	53044		27386		12901	2332	6409	907
平昌县	2875	144	53611		24913		13516	3198	7056	1391
雅安市小计	**25891**	**2651**	**103674**		**41164**		**37876**	**3587**	**7277**	**1772**
本级	9369	627	6953		4584		5259			
区县级小计	16522	2024	96721		36580		32617	3587	7277	1772
雨城区	2984	171	17561		6409		5585	498	1052	432
名山县	1772	51	15826		7437		4643	540	2057	36
荥经县	2436	360	8645		2689		3328	398	532	467

2-23-34

单位:万元

地区	平衡部分									
	收入								支出	
	财力性转移支付收入									
	结算补助	企事业单位预算划转补助	其他财力性转移支付	专项转移支付	省补助计划单列市收入	上年结余	调入资金	国债转贷收入、上年结余及转补助数	支出合计	本年支出
区县级小计	3983	222	14031	192361		6460		393	659499	654892
通川区	473		554	13980		243			48041	47709
达县	525		3221	35338		2182			122242	121125
开江县	434		1845	19053		432			64464	63990
宣汉县	508		1188	32460		750		158	110980	110600
万源市	1455		1749	21575		1		35	73594	71800
大竹县	622		2208	32392		794			110294	110200
渠县	-34	222	3266	37563		2058		200	129884	129468
资阳市小计	**7865**	**1485**	**10302**	**155423**		**1009**	**264**	**100**	**542910**	**541787**
本级	2773		500	15734		2356	264	100	70058	74410
区县级小计	5092	1485	9802	139689		-1347			472852	467377
雁江区	2871	1402	1518	26442		717			100091	95678
简阳市	935	83	3072	47402		-401			155071	154753
安岳县	1162		3602	40615		-1082			135740	135623
乐至县	124		1610	25230		-581			81950	81323
眉山市小计	**2024**	**1126**	**8539**	**132209**		**10364**			**451334**	**450229**
本级	-7444		910	15710		5677			72968	82930
区县级小计	9468	1126	7629	116499		4687			378366	367299
东坡区	5897	1126	1663	27561		255			90083	85353
仁寿县	1672		3440	40092		3683			141853	141258
彭山县	202		813	15325		699			46325	44010
洪雅县	943		651	17257		295			48982	46962
丹棱县	544		638	8783		-386			24707	23808
青神县	210		424	7481		141			26416	25908
巴中市小计	**1281**		**10681**	**156172**		**1909**	**513**	**3000**	**441611**	**438179**
本级	-965		805	14281		1797	513	3000	51035	50439
区县级小计	2246		9876	141891		112			390576	387740
巴州区	208		2907	38842		-800			113935	111836
南江县	629		1732	31841		-46			81815	81370
通江县	983		2126	34894		822			95592	95338
平昌县	426		3111	36314		136			99234	99196
雅安市小计	**4249**	**78**	**7671**	**100735**		**21723**		**63**	**291009**	**290558**
本级	-4069	78	1101	26705		7262			59767	62207
区县级小计	8318		6570	74030		14461		63	231242	228351
雨城区	2769		816	14330		3313			38799	38559
名山县	465		648	10187		1636			30360	30018
荥经县	661		570	7692		2593			25532	25198

二、各省、自治区、直辖市地市县一般预算财政资料

2-23-35

单位:万元

地　　区	平衡部分									
	支出								年终结余	其中:净结余
	财力性转移支付			专项上解	计划单列市上解省	增设预算周转金	调出资金	国债转贷拨付数及年终结余		
	小计	体制上解	出口退税专项上解							
区县级小计	4		4	3600			610	393	12365	2502
通川区				332					403	23
达县				952			165		3866	241
开江县				429			45		1405	205
宣汉县				99			123	158	2419	695
万源市				1670			89	35	980	301
大竹县	4		4	90					1843	644
渠县				28			188	200	1449	393
资阳市小计	**371**		**371**	**652**				**100**	**7797**	**2371**
本级	143		143	-4595				100	3969	37
区县级小计	228		228	5247					3828	2334
雁江区	39		39	4374					1242	926
简阳市	175		175	143					1187	814
安岳县	14		14	103					980	487
乐至县				627					419	107
眉山市小计	**277**		**277**	**828**					**15842**	**7722**
本级	116		116	-10078					8048	5277
区县级小计	161		161	10906					7794	2445
东坡区	55		55	4675					1705	257
仁寿县				595					4705	984
彭山县	9		9	2306					1101	921
洪雅县	11		11	2009					128	128
丹棱县	1		1	898					110	110
青神县	85		85	423					45	45
巴中市小计	**24**		**24**	**408**				**3000**	**4493**	**603**
本级				-2404				3000	2804	29
区县级小计	24		24	2812					1689	574
巴州区				2099					345	20
南江县				445					286	2
通江县				254					305	38
平昌县	24		24	14					753	514
雅安市小计				**388**				**63**	**39216**	**1819**
本级				-2440					18535	
区县级小计				2828				63	20681	1819
雨城区				240					4642	295
名山县				342					2462	309
荥经县				334					2305	155

2－23－36 单位:万元

地区	收支部分								
	收入								
	收入合计	税收收入							
		小计	增值税	营业税	企业所得税	个人所得税	资源税	城市维护建设税	耕地占用税
汉源县	5396	4484	1117	1427	679	510	241	361	
石棉县	17632	15008	5630	6365	556	811	36	900	2
天全县	5771	4124	1239	1135	334	239	165	436	148
芦山县	2198	1554	482	391	225	217	13	88	30
宝兴县	2562	2117	481	794	347	210	52	142	9
阿坝州小计	**87761**	**63197**	**16664**	**28208**	**7296**	**3192**	**538**	**2954**	**300**
本级	37082	29170	8332	14104	3649	1595		1477	
区县级小计	50679	34027	8332	14104	3647	1597	538	1477	300
汶川县	12302	10187	5081	1462	1602	352	127	762	229
理县	2701	2196	729	1054	105	76	18	81	40
茂县	4099	3278	1314	1140	96	128	80	152	18
松潘县	5100	2373	155	1421	356	98	35	41	1
九寨沟县	15898	8540	259	4431	1344	370	158	210	
金川县	727	534	40	337		56	29	19	1
小金县	1388	661	81	411	13	42	18	21	
黑水县	2604	1839	244	1401	9	70	36	34	
马尔康县	2907	2555	187	1445	47	210	12	83	11
壤塘县	477	303	22	196	29	24		8	
阿坝县	732	447	50	240	17	61	1	20	
若尔盖县	793	486	50	279	19	52	21	16	
红原县	515	305	36	151	2	31	1	17	
卧龙特区	436	323	84	136	8	27	2	13	
甘孜州小计	**66509**	**44118**	**9306**	**21259**	**5617**	**3716**	**648**	**1225**	**80**
本级	19901	9989	3347	3537	2307	195	2	126	9
区县级小计	46608	34129	5959	17722	3310	3521	646	1099	71
康定县	13530	11644	1862	6535	526	1701	108	332	20
泸定县	4547	3472	667	1563	382	137	33	118	2
丹巴县	3381	2268	279	1369	199	151	90	110	
九龙县	11428	6731	1441	2585	1890	302	219	179	49
雅江县	1193	1042	36	858	6	40	1	28	
道孚县	1567	1383	221	792	39	109	129	49	
炉霍县	387	354	31	216	1	41		17	
甘孜县	596	488	68	276	1	65		18	
新龙县	199	152	14	96	1	18		6	
德格县	427	379	30	231	13	60		13	
白玉县	1974	1797	810	442	32	388	46	52	
石渠县	400	293	17	188		67		11	

2-23-37

单位:万元

地区	收支部分									
	收入									
	税收收入			非税收入						
	契税	烟叶税	其他各项税收收入	小计	专项收入	行政事业性收费收入	罚没收入	国有资本经营收入	国有资源(资产)有偿使用收入	其他收入
汉源县	11		138	912	364	142	347		45	14
石棉县	194		514	2624	1072	579	916		57	
天全县	222		206	1647	462	473	705		7	
芦山县	64		44	644	166	125	343		10	
宝兴县	46		36	445	145	148	140		12	
阿坝州小计	**1070**		**2975**	**24564**	**4405**	**2838**	**3265**	**6793**	**6757**	**506**
本级			13	7912	1566	1218	989	3124	978	37
区县级小计	1070		2962	16652	2839	1620	2276	3669	5779	469
汶川县	146		426	2115	1179	250	652		34	
理县	14		79	505	222	73	123		34	53
茂县	121		229	821	379	77	309		12	44
松潘县	97		169	2727	133	152	220	2159	51	12
九寨沟县	444		1324	7358	404	158	166	1257	5149	224
金川县	31		21	193	36	36	49		56	16
小金县	1		74	727	41	410	100		176	
黑水县	6		39	765	149	87	148	212	109	60
马尔康县	150		410	352	164	113	47		27	1
壤塘县	9		15	174	22	70	11	2	39	30
阿坝县	5		53	285	27	74	139		25	20
若尔盖县			49	307	29	60	159	38	21	
红原县	5		62	210	25	60	71	1	44	9
卧龙特区	41		12	113	29		82		2	
甘孜州小计	**792**		**1475**	**22391**	**7506**	**2153**	**2076**	**4694**	**4002**	**1960**
本级	105		361	9912	2392	1459	1162	1688	3211	
区县级小计	687		1114	12479	5114	694	914	3006	791	1960
康定县	143		417	1886	906	299	95	329	61	196
泸定县	317		253	1075	277	157	236		355	50
丹巴县	42		28	1113	93	39	26		13	942
九龙县	31		35	4697	1381	31	77	2472	18	718
雅江县	15		58	151	37	20	38		10	46
道孚县	20		24	184	92	26	51		7	8
炉霍县			48	33	11	6	7		9	
甘孜县	10		50	108	12	13	26		57	
新龙县	3		14	47	5	11	24		7	
德格县	10		22	48	12		7	24	5	
白玉县	3		24	177	102	14	1	26	34	
石渠县			10	107	8	4	20	15	60	

2－23－38 单位:万元

地区	收支部分									
	支出功能分类									
	支出合计	一般公共服务	外交	国防	公共安全	教育	科学技术	文化体育与传媒	社会保障和就业	医疗卫生
汉源县	38164	7614		90	1905	9670	151	283	5202	3661
石棉县	34587	6853		88	2038	5068	285	392	5108	2080
天全县	26770	4364			1289	4561	207	314	3996	1737
芦山县	21427	3376		74	1029	4246	300	281	3286	1651
宝兴县	13628	2891		73	802	2480	142	197	2102	1240
阿坝州小计	**447732**	**102195**		**1851**	**34655**	**88092**	**3625**	**9523**	**30949**	**35663**
本级	81231	21382		359	9563	9534	2198	4338	7634	5602
区县级小计	366501	80813		1492	25092	78558	1427	5185	23315	30061
汶川县	33278	6795		74	2427	9952	121	476	2164	3010
理县	18941	4806		78	1456	3638	95	377	1478	1747
茂县	31960	5597		95	2647	7364	187	384	1814	2408
松潘县	29568	6173		170	2241	5472	126	384	1374	2970
九寨沟县	35796	11982		181	2352	5633	151	462	1921	2256
金川县	25836	5526		107	1814	6348	91	569	1343	2699
小金县	24449	5269		65	1762	5851	97	314	2567	2166
黑水县	24478	6054		150	1628	4130	91	314	1414	1808
马尔康县	24604	5393		158	1799	4135	68	350	1916	1675
壤塘县	27030	5280		94	1418	5189	82	395	2555	2388
阿坝县	29269	5912		144	2131	7057	147	270	1714	2564
若尔盖县	34254	6357		115	1890	7862	72	567	1752	2510
红原县	26346	5627		61	1463	5866	99	317	1292	1855
卧龙特区	692	42			64	61		6	11	5
甘孜州小计	**513409**	**102529**		**1312**	**39070**	**68625**	**2173**	**10188**	**86817**	**32793**
本级	85010	15789		217	9244	8669	1433	3263	15010	6222
区县级小计	428399	86740		1095	29826	59956	740	6925	71807	26571
康定县	38088	6622		78	2420	4873	64	376	6190	1438
泸定县	24597	4225		45	1900	4620	107	547	4195	1576
丹巴县	21980	3766		72	1410	3404	14	368	3489	1649
九龙县	31708	7133		147	1922	4580	55	383	4899	1998
雅江县	20713	4668		32	1569	3478	24	698	3953	1144
道孚县	21368	3954		48	1826	2496	75	427	3847	1174
炉霍县	20588	4799		33	1581	2703	34	225	3102	1235
甘孜县	24743	4526		58	2044	3674	30	223	4758	1749
新龙县	20863	4549		90	1231	3575	32	464	3828	1720
德格县	23037	3807		64	1558	3850	21	340	4360	1471
白玉县	25284	4602		62	1390	3580	35	619	3047	1579
石渠县	25588	6634		33	1702	3094	7	387	5047	1752

二、各省、自治区、直辖市地市县一般预算财政资料

2－23－39　　　　　　　　　　　　　　　　　　　　　　　　　　单位：万元

地区	收支部分						平衡部分		
	支出功能分类						收入		
	环境保护	城乡社区事务	农林水事务	交通运输	工业、商业、金融等事务	其他支出	收入合计	本年收入	返还性收入 小计
汉源县	2971	391	3730	867	356	1273	42420	5396	2879
石棉县	3699	2770	3559	571	560	1516	39425	17632	2404
天全县	5061	418	2554	549	364	1356	27280	5771	2530
芦山县	2805	812	2263	309	344	651	22583	2198	1375
宝兴县	1627	245	1012	360	234	223	16115	2562	1584
阿坝州小计	**33863**	**15533**	**48915**	**10155**	**14686**	**18027**	**487881**	**87761**	**16575**
本级	3654	421	5244	2577	4769	3956	96675	37082	8717
区县级小计	30209	15112	43671	7578	9917	14071	391206	50679	7858
汶川县	2086	1648	2980	155	437	953	36432	12302	2972
理县	876	519	2086	134	299	1352	19814	2701	694
茂县	4543	763	3280	888	445	1545	34889	4099	672
松潘县	2067	2955	3673	708	407	848	30459	5100	690
九寨沟县	2502	1892	3505	1090	862	1007	38749	15898	1145
金川县	1460	462	2978	189	252	1998	26813	727	147
小金县	1164	347	3389	191	706	561	26713	1388	168
黑水县	2543	1503	3547	467	392	437	25607	2604	45
马尔康县	1478	1458	2429	1833	767	1145	28085	2907	476
壤塘县	2257	146	3478	806	1035	1907	27452	477	65
阿坝县	3429	746	3582	380	755	438	30644	732	264
若尔盖县	3273	1979	5327	615	1226	709	36274	793	335
红原县	2531	424	3384	122	2334	971	28132	515	122
卧龙特区		270	33			200	1143	436	63
甘孜州小计	**46500**	**8642**	**49085**	**19242**	**9084**	**37349**	**571288**	**66509**	**5082**
本级	2549	847	6406	9590	2080	3691	126448	19901	455
区县级小计	43951	7795	42679	9652	7004	33658	445269	46608	4627
康定县	5492	872	3115	1485	514	4549	39863	13530	1379
泸定县	2235	394	2163	223	666	1701	25270	4547	706
丹巴县	2220	424	2346	303	343	2172	23216	3381	161
九龙县	1694	46	2948	2350	1337	2216	32871	11428	833
雅江县	1546	222	2475	81	223	600	22303	1193	89
道孚县	2230	1226	2036	45	370	1614	21937	1567	324
炉霍县	1575	1616	2227	86	115	1257	20761	387	126
甘孜县	2844	361	2110	171	788	1407	25763	596	99
新龙县	2586	286	1166	71	129	1136	21185	199	73
德格县	2911	252	1394	788	204	2017	23327	427	51
白玉县	3326	460	1895	1429	298	2962	26189	1974	279
石渠县	3029	30	1991	172	127	1583	26898	400	8

2－23－40

单位:万元

地区	平衡部分									
	收入									
	返还性收入		财力性转移支付收入							
	增值税和消费税税收返还	所得税基数返还	小计	体制补助	一般性转移支付补助	民族地区转移支付补助	调整工资转移支付补助	农村义务教育补助	农村税费改革补助	缓解县乡困难转移支付补助
汉源县	2584	295	20694		8929		6271	941	1624	309
石棉县	2143	261	7485		1590		3783	291	541	40
天全县	2035	495	9368		2840		3515	407	588	372
芦山县	1328	47	11115		5031		3480	345	658	15
宝兴县	1240	344	6027		1655		2012	167	225	101
阿坝州小计	**12238**	**4337**	**203627**	**9383**	**57778**	**23409**	**58431**	**2562**	**3046**	**1254**
本级	6785	1932	28163	6517	8587	6328	7517	46		
区县级小计	5453	2405	175464	2866	49191	17081	50914	2516	3046	1254
汶川县	2726	246	9063	60	655	1558	4219	272	261	
理县	553	141	9128	220	2036	822	2868	113	230	
茂县	479	193	14446	322	3515	1381	4000	355	361	295
松潘县	238	452	14073	195	4112	1042	3832	230	238	32
九寨沟县	96	1049	10458	176	474	717	3348	229	238	143
金川县	111	36	16167	359	4643	1098	4641	204	272	393
小金县	168		15799	323	5073	1334	4119	245	288	6
黑水县	38	7	13399	237	3219	1223	3829	166	347	68
马尔康县	393	83	11433	79	3086	1020	3415	93	238	
壤塘县	44	21	12872	250	4311	1564	3560	87	107	51
阿坝县	159	105	15690	262	5611	1567	4353	176	135	52
若尔盖县	308	27	20090	153	8230	2490	4872	230	184	45
红原县	94	28	12720	230	4224	1205	3858	108	131	169
卧龙特区	46	17	126		2	60		8	16	
甘孜州小计	**3867**	**1215**	**275921**	**20682**	**83371**	**31896**	**69179**	**2256**	**2641**	**651**
本级	73	382	59633	11237	10725	9760	8847	59	98	
区县级小计	3794	833	216288	9445	72646	22136	60332	2197	2543	651
康定县	1202	177	10264	161	1973	391	4453	267	212	120
泸定县	655	51	10402	491	2921	780	3464	211	187	
丹巴县	128	33	11447	537	3156	852	3427	156	149	14
九龙县	755	78	9803	547	2129	817	3061	167	108	
雅江县	64	25	13459	386	5067	1671	3322	129	172	2
道孚县	314	10	11163	258	3790	1183	3172	107	112	
炉霍县	94	32	12561	44	4386	1597	3215	112	115	2
甘孜县	28	71	15119	875	5497	1422	4013	161	163	98
新龙县	56	17	11356	45	4316	1699	2443	92	119	－1
德格县	9	42	11839	789	4172	1231	2566	117	222	107
白玉县	247	32	12285	544	5401	1598	2269	88	106	63
石渠县	－17	25	16468	923	5447	1788	4858	100	103	21

2-23-41

单位:万元

地区	平衡部分									
	收入								支出	
	财力性转移支付收入			专项转移支付	省补助计划单列市收入	上年结余	调入资金	国债转贷收入、上年结余及转补助数	支出合计	本年支出
	结算补助	企事业单位预算划转补助	其他财力性转移支付							
汉源县	916		1704	10369		3082			38262	38164
石棉县	79		1161	9724		2117		63	36324	34587
天全县	1077		569	9361		250			26829	26770
芦山县	844		742	7205		690			21457	21427
宝兴县	1507		360	5162		780			13679	13628
阿坝州小计	**41393**	**24**	**6347**	**145360**		**31105**	**3000**	**453**	**448820**	**447732**
本级	-1187		355	6882		12831	3000		81285	81231
区县级小计	42580	24	5992	138478		18274		453	367535	366501
汶川县	1115		923	8739		3201		155	33476	33278
理县	2314		525	6634		657			18978	18941
茂县	3545		672	12918		2456		298	32309	31960
松潘县	3819	24	549	10220		376			29603	29568
九寨沟县	4537		596	9286		1962			35977	35796
金川县	4061		496	8609		1163			25866	25836
小金县	4100		311	8148		1210			24479	24449
黑水县	3724		586	8825		734			24554	24478
马尔康县	3169		333	11393		1876			24645	24604
壤塘县	2715		227	13413		625			27039	27030
阿坝县	3374		160	13366		592			29276	29269
若尔盖县	3470		416	13428		1628			34266	34254
红原县	2607		188	13374		1401			26363	26346
卧龙特区	30		10	125		393			704	692
甘孜州小计	**57714**		**7531**	**176843**		**46239**	**163**	**531**	**514830**	**513409**
本级	17504	403	1000	18212		27740	58	449	85444	85010
区县级小计	40210	-403	6531	158631		18499	105	511	429815	428399
康定县	1818		869	13727		963			38387	38088
泸定县	2416	-403	335	8180		1415		20	24650	24597
丹巴县	2524		632	7258		844	105	20	22038	21980
九龙县	2315		659	7282		3485		40	31885	31708
雅江县	2201		509	6444		1098		20	20755	20713
道孚县	2423		118	8288		545		50	21448	21368
炉霍县	2886		204	6925		742		20	20623	20588
甘孜县	2626		264	8946		963		40	24800	24743
新龙县	2505		138	8852		705			20885	20863
德格县	2393		242	10052		898		60	23119	23037
白玉县	1797		419	10720		911		20	25368	25284
石渠县	2564		664	9144		858		20	25627	25588

2－23－42

单位:万元

地区	平衡部分									
	支出								年终结余	其中:净结余
	财力性转移支付			专项上解	计划单列市上解省	增设预算周转金	调出资金	国债转贷拨付数及年终结余		
	小计	体制上解	出口退税专项上解							
汉源县				98					4158	502
石棉县				1674				63	3101	167
天全县				59					451	49
芦山县				30					1126	113
宝兴县				51					2436	229
阿坝州小计	**8**		**8**	**627**				**453**	**39061**	**8663**
本级	8		8	46					15390	1213
区县级小计				581				453	23671	7450
汶川县				43				155	2956	1437
理县				37					836	566
茂县				51				298	2580	1108
松潘县				35					856	264
九寨沟县				181					2772	629
金川县				30					947	392
小金县				30					2234	284
黑水县				76					1053	698
马尔康县				41					3440	583
壤塘县				9					413	148
阿坝县				7					1368	172
若尔盖县				12					2008	628
红原县				17					1769	190
卧龙特区				12					439	351
甘孜州小计				**890**				**531**	**56458**	**3237**
本级				－15				449	41004	140
区县级小计				905				511	15454	3097
康定县				299					1476	189
泸定县				33				20	620	62
丹巴县				38				20	1178	108
九龙县				137				40	986	475
雅江县				22				20	1548	443
道孚县				30				50	489	124
炉霍县				15				20	138	1
甘孜县				17				40	963	34
新龙县				22					300	61
德格县				22				60	208	200
白玉县				64				20	821	62
石渠县				19				20	1271	75

2－23－43　　　　单位:万元

地区	收支部分								
	收入								
	收入合计	税收收入							
		小计	增值税	营业税	企业所得税	个人所得税	资源税	城市维护建设税	耕地占用税
色达县	372	327	20	199		85	1	12	
理塘县	567	521	48	319	4	96		26	
巴塘县	1658	1551	342	766	212	86	19	80	
乡城县	875	771	21	638	3	74		20	
稻城县	2704	571	34	388		55		17	
得荣县	803	385	18	261	1	46		11	
凉山州小计	**276087**	**192230**	**44480**	**59962**	**24008**	**10948**	**7789**	**9582**	**967**
本级	57346	33994	10404	9069	9458	3967		80	97
区县级小计	218741	158236	34076	50893	14550	6981	7789	9502	870
西昌市	52606	46743	9905	20253	1446	1057	1716	4351	3
木里县	5303	3855	100	2944	61	119	25	71	98
盐源县	15869	11827	1665	3290	3156	435	1026	697	25
德昌县	12499	10016	1570	2613	673	527	56	538	86
会理县	35145	27240	7901	3680	2021	1662	2405	924	9
会东县	32619	14612	2969	2027	1411	869	926	934	60
宁南县	9282	4777	1257	676	920	154	71	237	13
普格县	3761	3270	893	766	223	101	13	89	14
布拖县	3009	2234	660	1003	212	66	119	124	
金阳县	3367	1237	154	782	4	108	36	53	4
昭觉县	1941	1498	243	762	84	49	34	42	225
喜德县	3764	2766	1007	441	201	251	538	207	
冕宁县	10868	9050	1672	4002	850	444	327	426	49
越西县	7018	3860	1023	1481	102	99	57	278	
甘洛县	11479	9454	2147	2989	3120	416	296	249	11
美姑县	2510	1630	278	1085	16	133	1	60	3
雷波县	7701	4167	632	2099	50	491	143	222	270

2－23－44 单位:万元

地区	收支部分									
	收入									
	税收收入			非税收入						
	契税	烟叶税	其他各项税收收入	小计	专项收入	行政事业性收费收入	罚没收入	国有资本经营收入	国有资源(资产)有偿使用收入	其他收入
色达县	1		9	45	7	14	19		5	
理塘县	4		24	46	15	5	10		16	
巴塘县	6		40	107	48	6	38		15	
乡城县	3		12	104	21	22	18	7	36	
稻城县	65		12	2133	2078	17	4	19	15	
得荣县	14		34	418	9	10	217	114	68	
凉山州小计	**4000**	**19435**	**11059**	**83857**	**26802**	**14780**	**10919**	**19255**	**6135**	**5966**
本级	163		756	23352	6250	5584	4848	2561	1268	2841
区县级小计	3837	19435	10303	60505	20552	9196	6071	16694	4867	3125
西昌市	2433	634	4945	5863	2344	2507	622		341	49
木里县	1		436	1448	465	81	111	100	85	606
盐源县	31	1169	333	4042	1159	405	455	1289	151	583
德昌县	380	2885	688	2483	473	607	800	110	393	100
会理县	382	6155	2101	7905	4925	1899	659	197	171	54
会东县	175	5003	238	18007	3212	1392	1663	11545	180	15
宁南县	42	1207	200	4505	464	392	336	1649	1560	104
普格县	13	1085	73	491	316	75	48	8	44	
布拖县	4	1	45	775	199	140	90	66	167	113
金阳县	30	20	46	2130	1796	93	77	32	132	
昭觉县	2		57	443	221	130	56	－11	47	
喜德县	45		76	998	316	132	95	259	116	80
冕宁县	120	625	535	1818	517	504	409		52	336
越西县	80	651	89	3158	1181	151	110	750	893	73
甘洛县	84		142	2025	1135	167	392	149	76	106
美姑县			54	880	86	214	25	123	418	14
雷波县	15		245	3534	1743	307	123	428	41	892

2－23－45

单位:万元

地区	收支部分									
	支出功能分类									
	支出合计	一般公共服务	外交	国防	公共安全	教育	科学技术	文化体育与传媒	社会保障和就业	医疗卫生
色达县	22807	5201		83	1640	2609	32	304	3931	1308
理塘县	30110	6348		8	2349	3254	6	356	6375	1868
巴塘县	19101	4280		73	1381	3279	54	377	3418	1222
乡城县	20080	3948		90	1188	2505	39	170	2582	1437
稻城县	20720	3841		8	1571	2381	46	367	2931	1208
得荣县	17024	3837		71	1144	2001	65	294	1855	1043
凉山州小计	**882793**	**171750**		**2302**	**57495**	**170783**	**4963**	**12069**	**118483**	**61846**
本级	130086	26358		617	13982	8153	2107	4465	28322	6534
区县级小计	752707	145392		1685	43513	162630	2856	7604	90161	55312
西昌市	99254	16859		195	8791	22154	577	702	15201	6491
木里县	37995	6481		108	1514	10609	47	370	4751	2806
盐源县	47892	9065		90	2325	9862	186	496	5987	3349
德昌县	34747	4516		171	1883	6718	35	445	4426	2821
会理县	68029	12288		251	3131	14336	82	905	7607	3310
会东县	66719	15235		76	2976	12565	618	603	2674	2722
宁南县	32943	5138		68	1707	6523	200	227	4410	2890
普格县	25228	4406		37	1536	6441	57	213	3084	2245
布拖县	27857	6790		78	1568	4127	57	348	3908	2047
金阳县	34189	9825		83	1513	7846	48	435	3515	2236
昭觉县	41832	6543		102	2380	11069	30	295	5590	3920
喜德县	30395	6245		75	1724	6103	64	548	4023	2033
冕宁县	45655	8408		126	3069	10176	106	354	7241	3962
越西县	42936	7722		90	2665	9544	49	284	7391	3524
甘洛县	42051	9067		2	3180	8197	121	340	4411	3714
美姑县	35875	10265		2	1512	7619	51	298	1431	3954
雷波县	39110	6539		131	2039	8741	528	741	4511	3288

2－23－46

单位:万元

地区	收支部分						平衡部分		
	支出功能分类						收入		
	环境保护	城乡社区事务	农林水事务	交通运输	工业、商业、金融等事务	其他支出	收入合计	本年收入	返还性收入 小计
色达县	2448	316	2619	649	284	1383	23450	372	39
理塘县	3074	304	3421	356	592	1799	30618	567	74
巴塘县	1977	124	1371	46	117	1382	20384	1658	213
乡城县	988	67	5823	85	522	636	21596	875	61
稻城县	1777	398	1265	635	224	4068	21307	2704	71
得荣县	1999	397	2314	677	151	1176	18331	803	41
凉山州小计	**55135**	**31562**	**109024**	**19222**	**27983**	**40176**	**973043**	**276087**	**56001**
本级	4508	1112	15347	3595	10079	4907	176958	57346	22527
区县级小计	50627	30450	93677	15627	17904	35269	796085	218741	33474
西昌市	5408	8427	9004	642	2450	2353	105151	52606	10683
木里县	3732	492	3677	636	391	2381	38773	5303	211
盐源县	3012	1149	6010	3140	795	2426	54099	15869	962
德昌县	3058	1570	6256	803	600	1445	36524	12499	2298
会理县	2576	5401	11376	2877	1508	2381	79867	35145	4654
会东县	2489	6011	11478	619	6879	1774	67957	32619	3163
宁南县	1530	1105	4440	1324	293	3088	33830	9282	2298
普格县	2547	215	3068	167	410	802	31816	3761	878
布拖县	2521	102	3538	619	159	1995	28991	3009	276
金阳县	2765	543	3805	292	173	1110	35170	3367	262
昭觉县	3561	864	4696	483	601	1698	43245	1941	450
喜德县	3054	185	3580	885	493	1383	31348	3764	919
冕宁县	2528	994	4759	459	574	2899	47072	10868	2499
越西县	3625	1226	5041	852	1042	－119	43289	7018	712
甘洛县	2884	664	4608	233	575	4055	42475	11479	2352
美姑县	2869	465	4132	1035	295	1947	36379	2510	373
雷波县	2468	1037	4209	561	666	3651	40099	7701	484

2－23－47

单位:万元

地区	平衡部分									
	收入									
	返还性收入		财力性转移支付收入							
	增值税和消费税税收返还	所得税基数返还	小计	体制补助	一般性转移支付补助	民族地区转移支付补助	调整工资转移支付补助	农村义务教育补助	农村税费改革补助	缓解县乡困难转移支付补助
色达县	9	30	12193	632	4398	1312	3463	71	98	11
理塘县	52	22	17903	772	6328	1611	5729	102	137	
巴塘县	113	100	11453	756	3629	1244	3093	98	123	159
乡城县	32	29	9357	511	3135	757	2483	77	154	42
稻城县	33	38	10584	574	3875	1355	2854	65	157	13
得荣县	20	21	8632	600	3026	828	2447	77	106	
凉山州小计	**47901**	**8100**	**376582**	**30117**	**91663**	**32514**	**122048**	**13319**	**26925**	**2758**
本级	21887	640	52920	14062	6103	5346	15758	43	230	
区县级小计	26014	7460	323662	16055	85560	27168	106290	13276	26695	2758
西昌市	9713	970	20958		34	917	12671	2048	3481	722
木里县	132	79	20409	819	7465	1823	5544	323	284	211
盐源县	770	192	24033	1112	5231	1957	7438	1212	1195	11
德昌县	1672	626	10402		529	610	4221	621	2366	
会理县	3983	671	20852		1676	2985	7092	1406	5028	908
会东县	2451	712	18304		2132	1141	6622	1115	4659	268
宁南县	1377	921	13105		3188	1121	4028	530	2536	20
普格县	489	389	15765	1247	5768	1438	4168	451	708	
布拖县	189	87	15868	1724	4641	930	5284	378	579	63
金阳县	210	52	20580	1651	7759	1584	5835	457	680	
昭觉县	359	91	24657	2207	9429	2088	6764	593	679	35
喜德县	793	126	14863	1545	5015	1287	4210	454	460	62
冕宁县	1164	1335	23016	1260	4549	2431	7835	1198	1292	329
越西县	536	176	24247	1904	8825	2477	6103	747	942	86
甘洛县	1396	956	15054		5246	1373	5870	652	355	
美姑县	342	31	21484	1449	8109	1638	6529	430	537	
雷波县	438	46	20065	1137	5964	1368	6076	661	914	43

2－23－48 单位:万元

地区	平衡部分									
	收入								支出	
	财力性转移支付收入			专项转移支付	省补助计划单列市收入	上年结余	调入资金	国债转贷收入、上年结余及转补助数	支出合计	本年支出
	结算补助	企事业单位预算划转补助	其他财力性转移支付							
色达县	2052		156	9795		959		92	22920	22807
理塘县	2997		227	11136		918		20	30154	30110
巴塘县	2069		282	6324		736			19161	19101
乡城县	1826		372	10346		937		20	20132	20080
稻城县	1538		153	7030		869		49	20785	20720
得荣县	1260		288	8182		653		20	17078	17024
凉山州小计	**35545**		**21693**	**216148**		**47545**	**680**		**883812**	**882793**
本级	10818		560	19552		23933	680		130360	130086
区县级小计	24727		21133	196596		23612			753452	752707
西昌市	－1761		2846	18234		2670			99457	99254
木里县	3188		752	12333		517			38022	37995
盐源县	4191		1686	12056		1179			47919	47892
德昌县	1304		751	10377		948			34822	34747
会理县	338		1419	12477		6739			68131	68029
会东县	－2		2369	10889		2982			66751	66719
宁南县	258		1424	8506		639			32957	32943
普格县	962		1023	9129		2283			25248	25228
布拖县	1490		779	8877		961			27875	27857
金阳县	1880		734	10739		222			34201	34189
昭觉县	1922		940	15368		829			41845	41832
喜德县	790		1040	10905		897			30407	30395
冕宁县	3122		1000	10029		660			45737	45655
越西县	1836		1327	11174		138			42949	42936
甘洛县	430		1128	12777		813			42124	42051
美姑县	2088		704	11624		388			35881	35875
雷波县	2691		1211	11102		747			39126	39110

2-23-49

单位:万元

地　　区	平衡部分									
	支出								年终结余	其中:净结余
	财力性转移支付			专项上解	计划单列市上解省	增设预算周转金	调出资金	国债转贷拨付数及年终结余		
	小计	体制上解	出口退税专项上解							
色达县				21				92	530	63
理塘县				24				20	464	206
巴塘县				60					1223	501
乡城县				32				20	1464	280
稻城县				16				49	522	64
得荣县				34				20	1253	149
凉山州小计				**916**			**103**		**89231**	**12419**
本级				171			103		46598	6138
区县级小计				745					42633	6281
西昌市				203					5694	1077
木里县				27					751	398
盐源县				27					6180	462
德昌县				75					1702	120
会理县				102					11736	520
会东县				32					1206	780
宁南县				14					873	429
普格县				20					6568	193
布拖县				18					1116	169
金阳县				12					969	189
昭觉县				13					1400	222
喜德县				12					941	402
冕宁县				82					1335	136
越西县				13					340	123
甘洛县				73					351	303
美姑县				6					498	372
雷波县				16					973	386

2007 年贵州省地市县财政一般预算收支平衡表

2－24－1 单位:万元

地区	收支部分								
	收入								
	收入合计	税收收入							
		小计	增值税	营业税	企业所得税	个人所得税	资源税	城市维护建设税	耕地占用税
地市县合计	**2145750**	**1632308**	**275646**	**575856**	**144267**	**129205**	**30236**	**188550**	**27885**
贵阳市小计	**759154**	**638290**	**82031**	**234679**	**90706**	**49593**	**4592**	**67187**	**11541**
本级	345857	289708	32303	92873	48204	27059	733	42521	547
区县级小计	413297	348582	49728	141806	42502	22534	3859	24666	10994
乌当区	50876	40912	4766	15064	4808	2321	267	2341	3941
花溪区	28067	23010	2307	7699	2314	1353	135	1076	4086
白云区	44146	39454	12704	10721	2164	1867	133	4329	310
南明区	78777	72797	5149	39596	9653	5000	2	4710	318
云岩区	80647	74754	7877	35163	12473	5099		4792	827
小河区	34455	29101	3532	10976	3491	1944	10	1796	108
清镇市	32020	23254	5567	6819	1646	1222	1218	2724	155
开阳县	30333	20740	3920	6795	3380	1519	1247	1425	12
修文县	15791	11050	2192	3390	962	962	692	739	660
息烽县	18185	13510	1714	5583	1611	1247	155	734	577
六盘水市小计	**216064**	**165866**	**42806**	**41611**	**9964**	**18425**	**10918**	**22639**	**1054**
本级	58840	41320	13265	9148	737	1198	1286	7285	
区县级小计	157224	124546	29541	32463	9227	17227	9632	15354	1054
六枝特区	13640	10010	1729	3906	358	993	621	867	161
盘县	81659	67024	18803	10965	6232	11893	7193	7834	439
水城县	25532	18038	4380	4996	1034	2892	1282	1320	245
钟山区	36393	29474	4629	12596	1603	1449	536	5333	209
遵义市小计	**340718**	**256610**	**50481**	**82092**	**15261**	**18008**	**3860**	**37478**	**1348**
本级	88365	42507	10740	8459	2064	3364	19	12320	
区县级小计	252353	214103	39741	73633	13197	14644	3841	25158	1348
红花岗区	41360	35375	4401	15179	3933	2192	269	1998	33
汇川区	27900	25291	2105	12135	3439	1154	321	1715	46
遵义县	40100	33646	6935	9906	2027	2886	1492	3024	405
桐梓县	14094	11185	2248	4026	215	978	458	1084	153
绥阳县	8467	6633	637	3066	58	115	34	821	16
湄潭县	9066	7802	677	2772	547	522	98	445	91
凤冈县	5350	4363	285	1513	231	298	41	166	87
余庆县	10758	9006	533	4936	161	537	37	279	14
仁怀市	55306	46027	16985	6966	1117	3032	312	13201	198
赤水市	10007	8625	707	4880	316	664	76	562	121
习水县	13030	10602	2975	2384	995	1518	613	1196	62
正安县	6797	6206	345	3411	48	220	21	221	96
道真自治县	4465	4234	466	1253	61	365	50	219	9

二、各省、自治区、直辖市地市县一般预算财政资料

2－24－2　　　　单位:万元

地区	收支部分									
	收入									
	税收收入			非税收入						
	契税	烟叶税	其他各项税收收入	小计	专项收入	行政事业性收费收入	罚没收入	国有资本经营收入	国有资源(资产)有偿使用收入	其他收入
地市县合计	**63436**	**62403**	**134824**	**513442**	**148469**	**102029**	**96885**	**64214**	**35053**	**66792**
贵阳市小计	**35391**	**3263**	**59307**	**120864**	**38658**	**35479**	**22135**	**7296**	**11591**	**5705**
本级	18124	8	27336	56149	21775	22024	11156	－600	1507	287
区县级小计	17267	3255	31971	64715	16883	13455	10979	7896	10084	5418
乌当区	4137		3267	9964	1861	1598	1065	5	5382	53
花溪区	2201		1839	5057	1244	542	1173	1873	69	156
白云区	1660		5566	4692	3318	744	517	47	66	
南明区	2330		6039	5980	2160	563	2886	320	51	
云岩区	1058		7465	5893	2292	2565	716	10	293	17
小河区	4130		3114	5354	856	1707	612	1444	348	387
清镇市	725	804	2374	8766	1805	1613	872	593	646	3237
开阳县	215	1482	745	9593	2011	2959	689	3184	667	83
修文县	164	488	801	4741	708	315	1584	420	510	1204
息烽县	647	481	761	4675	628	849	865		2052	281
六盘水市小计	**1360**	**2132**	**14957**	**50198**	**22277**	**10270**	**9872**	**4125**	**1372**	**2282**
本级	925		7476	17520	7113	4985	2668	2433	275	46
区县级小计	435	2132	7481	32678	15164	5285	7204	1692	1097	2236
六枝特区	239		1136	3630	1060	574	618	998	292	88
盘县	61	1203	2401	14635	8457	1299	4079	46	595	159
水城县	100	929	860	7494	3381	1752	416	105	91	1749
钟山区	35		3084	6919	2266	1660	2091	543	119	240
遵义市小计	**8143**	**16768**	**23171**	**84108**	**24716**	**15126**	**17438**	**20173**	**4486**	**2169**
本级	1600		3941	45858	10397	7236	6282	19476	1703	764
区县级小计	6543	16768	19230	38250	14319	7890	11156	697	2783	1405
红花岗区	1614		5756	5985	859	2028	1275		1723	100
汇川区	1188	433	2755	2609	817	247	1508		37	
遵义县	1063	2911	2997	6454	2565	960	2109		85	735
桐梓县	209	1293	521	2909	1157	884	697	116	55	
绥阳县	107	1433	346	1834	245	543	562	374	71	39
湄潭县	649	1515	486	1264	274	112	516		52	310
凤冈县	124	1339	279	987	173	65	686		32	31
余庆县	210	1958	341	1752	252	627	790		65	18
仁怀市	638	450	3128	9279	6037	1477	1127	180	403	55
赤水市	483		816	1382	424	390	368		88	112
习水县	111		748	2428	1186	3	1192		47	
正安县	22	1369	453	591	76	308	152	27	28	
道真自治县	40	1566	205	231	137		69		25	

2－24－3　　　　　　单位:万元

地区	收支部分									
	支出功能分类									
	支出合计	一般公共服务	外交	国防	公共安全	教育	科学技术	文化体育与传媒	社会保障和就业	医疗卫生
地市县合计	**5598806**	**1162667**		**11924**	**356296**	**1451701**	**48611**	**90333**	**505713**	**386703**
贵阳市小计	**1064287**	**203684**		**5620**	**97553**	**194975**	**22130**	**19344**	**115089**	**65712**
本级	446474	66088		4255	45991	44179	11810	13203	67625	25028
区县级小计	617813	137596		1365	51562	150796	10320	6141	47464	40684
乌当区	78604	17071		78	4287	13739	2387	887	3878	4521
花溪区	45615	9930			3589	11817	610	704	2805	3775
白云区	50915	13595		222	4080	14366	830	947	2509	3403
南明区	89225	22254		268	11704	20663	1183	1078	11445	4763
云岩区	102569	23469		174	11582	27468	1721	205	9971	6365
小河区	42280	6638		108	3907	7826	1300	197	1749	724
清镇市	61288	12482		133	4295	19514	1000	539	4871	5238
开阳县	59974	13226		138	2980	15265	706	719	3488	4765
修文县	41828	8628		124	3004	10941	332	468	2794	3608
息烽县	45515	10303		120	2134	9197	251	397	3954	3522
六盘水市小计	**434385**	**111189**		**542**	**24491**	**101938**	**3138**	**6688**	**30976**	**30509**
本级	108501	46985		170	8414	12744	538	2111	4241	5026
区县级小计	325884	64204		372	16077	89194	2600	4577	26735	25483
六枝特区	59240	9922		107	2843	18044	203	591	5788	5197
盘县	140519	22575			5214	40116	1262	3274	11891	11460
水城县	72166	18074		88	3294	20984	249	527	5884	6504
钟山区	53959	13633		177	4726	10050	886	185	3172	2322
遵义市小计	**948951**	**176508**		**1057**	**53504**	**264382**	**5803**	**14193**	**88066**	**66415**
本级	134058	17735		358	15773	13010	1181	5874	16229	10793
区县级小计	814893	158773		699	37731	251372	4622	8319	71837	55622
红花岗区	68861	10433		157	2177	16732	1079	1140	8954	6669
汇川区	47664	7426		71	2492	13679	387	143	3347	2182
遵义县	116306	23195		26	6452	43854	809	852	7143	8555
桐梓县	62656	10899		38	2786	15495	234	512	12752	3396
绥阳县	53789	11508			2367	15699	83	1088	2852	3375
湄潭县	51624	12906			2134	17013	174	387	2454	3855
凤冈县	42773	9079			2179	12563	60	352	3532	2852
余庆县	40067	9357		90	2147	11398	123	367	2263	3027
仁怀市	89299	15589			4158	26327	759	740	12387	4407
赤水市	39476	7757		54	2003	10664	581	540	3081	3228
习水县	66696	12948			2768	24320	118	678	3936	4970
正安县	55185	10000		215	2175	16571	71	950	3994	3291
道真自治县	37877	8221			1830	13321	82	221	2295	2772

2－24－4

单位：万元

地区	收支部分 支出功能分类 环境保护	城乡社区事务	农林水事务	交通运输	工业、商业、金融等事务	其他支出	平衡部分 收入 收入合计	本年收入	返还性收入 小计
地市县合计	**67582**	**250977**	**665080**	**91636**	**186293**	**323290**	**5975956**	**2145750**	**429563**
贵阳市小计	**10290**	**88293**	**73295**	**11022**	**67167**	**90113**	**1198300**	**759154**	**90818**
本级	5099	47841	19531	9532	52031	34261	477902	345857	52341
区县级小计	5191	40452	53764	1490	15136	55852	720398	413297	38477
乌当区	609	10503	9018	365	3562	7699	84921	50876	6477
花溪区	423	1434	5603	77	659	4189	60071	28067	3969
白云区	757	3531	4315	100	1521	739	68871	44146	3943
南明区	438	5806	1669		1989	5965	111844	78777	5434
云岩区	256	7460	2466		462	10970	128721	80647	7304
小河区	427	5938	1622		3039	8805	48401	34455	2201
清镇市	739	1972	7730	270	1393	1112	63956	32020	3001
开阳县	980	940	8144	294	1282	7047	61161	30333	2849
修文县	169	1274	5795	244	637	3810	45456	15791	1687
息烽县	393	1594	7402	140	592	5516	46996	18185	1612
六盘水市小计	**7972**	**17409**	**47979**	**13025**	**10004**	**28525**	**444721**	**216064**	**55839**
本级	3553	4165	3632	4578	3092	9252	103120	58840	37221
区县级小计	4419	13244	44347	8447	6912	19273	341601	157224	18618
六枝特区	521	1212	8359	570	1799	4084	60729	13640	3266
盘县	2318	4858	20128	6843	2260	8320	148754	81659	8959
水城县	905	713	12217	432	1145	1150	74556	25532	2574
钟山区	675	6461	3643	602	1708	5719	57562	36393	3819
遵义市小计	**12900**	**39780**	**114321**	**14809**	**20398**	**76815**	**985907**	**340718**	**71885**
本级	3316	10844	10141	4359	4333	20112	160435	88365	36205
区县级小计	9584	28936	104180	10450	16065	56703	825472	252353	35680
红花岗区	166	4144	4231	97	2351	10531	74993	41360	2388
汇川区	256	4843	3555	25	566	8692	48587	27900	830
遵义县	1611	2433	12239	2401	1952	4784	117628	40100	7800
桐梓县	877	1026	7979	901	1428	4333	63642	14094	2767
绥阳县	449	522	7456	397	965	7028	54309	8467	1445
湄潭县	540	757	7826	568	759	2251	51539	9066	1490
凤冈县	480	732	8060	757	1036	1091	42768	5350	705
余庆县	505	1085	7145	527	1192	841	40456	10758	1109
仁怀市	927	9145	9443	1453	1955	2009	90626	55306	9342
赤水市	1153	825	4620	198	1127	3645	39462	10007	1198
习水县	954	889	8798	103	1134	5080	65671	13030	4016
正安县	653	1091	9352	1144	709	4969	55289	6797	978
道真自治县	522	608	6733	217	408	647	37407	4465	894

2－24－5　　　　　　　　　　　　　　　　　　　　　　　　单位:万元

地区	平衡部分									
	收入									
	返还性收入		财力性转移支付收入							
	增值税和消费税税收返还	所得税基数返还	小计	体制补助	一般性转移支付补助	民族地区转移支付补助	调整工资转移支付补助	农村义务教育补助	农村税费改革补助	缓解县乡困难转移支付补助
地市县合计	**347792**	**81771**	**2162367**	**21600**	**344641**	**150440**	**769182**	**106267**	**200003**	**513047**
贵阳市小计	**55096**	**35722**	**158340**		**5011**	**19321**	**72527**	**5201**	**14143**	**16682**
本级	33660	18681	24403		－179	5334	18020		372	200
区县级小计	21436	17041	133937		5190	13987	54507	5201	13771	16482
乌当区	3644	2833	12039		114	1135	5727	582	2620	817
花溪区	3004	965	12870		161	867	5388	629	1521	2448
白云区	1969	1974	10159		24	2401	3295	227	905	395
南明区	1736	3698	13777		20	803	5961	31	550	554
云岩区	3577	3727	17058		20	1879	6540	83	541	630
小河区	506	1695	6525		10	1340	653	104	119	506
清镇市	2210	791	14798		174	2165	6466	993	1978	1366
开阳县	2011	838	14286		204	1517	6799	1181	2496	2010
修文县	1429	258	17196		2776	872	6999	739	1657	4020
息烽县	1350	262	15229		1687	1008	6679	632	1384	3736
六盘水市小计	**49823**	**6016**	**105629**		**8434**	**11023**	**45867**	**8705**	**11258**	**14936**
本级	35638	1583	6229		－3035	2763	6847			200
区县级小计	14185	4433	99400		11469	8260	39020	8705	11258	14736
六枝特区	2613	653	28500		4499	377	9890	1877	3028	7011
盘县	6355	2604	32325		460	3547	13667	4035	4396	4061
水城县	2070	504	28962		6412	2577	11484	2174	2907	3104
钟山区	3147	672	9613		98	1759	3979	619	927	560
遵义市小计	**62281**	**9604**	**380017**		**58207**	**21047**	**132742**	**20133**	**42885**	**99108**
本级	34730	1475	17186		－3349	2015	6678			325
区县级小计	27551	8129	362831		61556	19032	126064	20133	42885	98783
红花岗区	1068	1320	13518		31	1724	7625	463	1319	1092
汇川区	224	606	10303		10	1277	2644	603	1191	624
遵义县	5756	2044	49140		4954	2331	21402	3463	7504	12567
桐梓县	2439	328	31744		5032	1861	10008	2103	3603	9088
绥阳县	1243	202	33091		7116	528	9866	1438	3613	10057
湄潭县	1146	344	30585		6347	673	9290	1342	3522	9293
凤冈县	605	100	26675		6745	478	7327	1351	2745	7916
余庆县	972	137	19407		3241	897	6505	704	2318	5706
仁怀市	8155	1187	12148		108	5263	8771	2041	2968	2414
赤水市	527	671	18968		2004	267	6446	613	2575	6703
习水县	3510	506	34497		6708	1657	10854	2173	3727	9693
正安县	623	355	34399		7947	431	10025	1655	3157	10743
道真自治县	695	199	22087		5302	629	6982	782	2257	6056

二、各省、自治区、直辖市地市县一般预算财政资料

2－24－6　　　　单位：万元

地区	平衡部分									
	收入								支出	
	财力性转移支付收入									
	结算补助	企事业单位预算划转补助	其他财力性转移支付	专项转移支付	省补助计划单列市收入	上年结余	调入资金	国债转贷收入、上年结余及补助数	支出合计	本年支出
地市县合计	**31682**	**25505**		**1032791**		**196421**	**6485**	**2579**	**5654443**	**5598806**
贵阳市小计	**11379**	**14076**		**126451**		**61231**		**2306**	**1083311**	**1064287**
本级	－2412	3068		22160		30835		2306	402274	446474
区县级小计	13791	11008		104291		30396			681037	617813
乌当区	303	741		11870		3659			79619	78604
花溪区	1512	344		15008		157			51638	45615
白云区	291	2621		5256		5367			63284	50915
南明区	3984	1874		11056		2800			108166	89225
云岩区	6501	864		10841		12871			119846	102569
小河区	752	3041		4070		1150			47901	42280
清镇市	133	1523		12984		1153			61789	61288
开阳县	79			13006		687			60591	59974
修文县	133			9271		1511			42158	41828
息烽县	103			10929		1041			46045	45515
六盘水市小计	**5303**	**103**		**63015**		**4001**		**173**	**440526**	**434385**
本级	1006		－1552	－2094		2751		173	102413	108501
区县级小计	4297	103	1552	65109		1250			338113	325884
六枝特区	1642	103	73	15320		3			60106	59240
盘县	1909		250	25522		289			147588	140519
水城县	212		92	17429		59			73817	72166
钟山区	534		1137	6838		899			56602	53959
遵义市小计	**1279**	**4616**		**163094**		**26177**	**4016**		**956537**	**948951**
本级	11265	252		－348		18322	705		136128	134058
区县级小计	－9986	4364		163442		7855	3311		820409	814893
红花岗区	815	449		13248		4159	320		70048	68861
汇川区	924	3030		8092		1117	345		48304	47664
遵义县	－3457	376		20561		－473	500		117021	116306
桐梓县	－80	129		12941		795	1301		62904	62656
绥阳县	93	380		10609		462	235		54013	53789
湄潭县	118			10368		30			51818	51624
凤冈县	113			10068		－145	115		42900	42773
余庆县	36			8875		307			40272	40067
仁怀市	－9417			10811		3019			90507	89299
赤水市	360			9254		－460	495		39751	39476
习水县	－315			15492		－1364			66929	66696
正安县	441			12946		169			55289	55185
道真自治县	79			10111		－150			37951	37877

2－24－7 单位:万元

地区	平衡部分									
	支出								年终结余	其中:净结余
	财力性转移支付			专项上解	计划单列市上解省	增设预算周转金	调出资金	国债转贷拨付数及年终结余		
	小计	体制上解	出口退税专项上解							
地市县合计				**50951**		**48**	**2059**	**2579**	**321513**	**166046**
贵阳市小计				**16718**				**2306**	**114989**	**97578**
本级	－53749	－53749		7243				2306	75628	70662
区县级小计	53749	53749		9475					39361	26916
乌当区				1015					5302	5302
花溪区	5308	5308		715					8433	8433
白云区	11349	11349		1020					5587	5464
南明区	16953	16953		1988					3678	3678
云岩区	15396	15396		1881					8875	712
小河区	4743	4743		878					500	417
清镇市				501					2167	1266
开阳县				617					570	312
修文县				330					3298	381
息烽县				530					951	951
六盘水市小计				**5968**				**173**	**4195**	**3037**
本级				－6261				173	707	445
区县级小计				12229					3488	2592
六枝特区				866					623	623
盘县				7069					1166	1009
水城县				1651					739	
钟山区				2643					960	960
遵义市小计				**5527**			**2059**		**29370**	**27023**
本级				222			1848		24307	22777
区县级小计				5305			211		5063	4246
红花岗区				1187					4945	4128
汇川区				579			61		283	283
遵义县				715					607	607
桐梓县				248					738	738
绥阳县				224					296	296
湄潭县				194					－279	－279
凤冈县				127					－132	－132
余庆县				205					184	184
仁怀市				1208					119	119
赤水市				125			150		－289	－289
习水县				233					－1258	－1258
正安县				104						
道真自治县				74					－544	－544

二、各省、自治区、直辖市地市县一般预算财政资料

2－24－8

单位:万元

地区	收支部分								
	收入								
	收入合计	税收收入							
		小计	增值税	营业税	企业所得税	个人所得税	资源税	城市维护建设税	耕地占用税
务川自治县	5653	5108	442	1206	49	163	19	227	17
安顺市小计	**121081**	**81233**	**12324**	**33820**	**3182**	**4533**	**1304**	**10007**	**540**
本级	23538	10007	1731	2320	854	723	559	856	162
区县级小计	97543	71226	10593	31500	2328	3810	745	9151	378
西秀区	46725	35494	4599	14017	1045	1861	413	4397	129
平坝县	15064	11967	2082	6925	132	322	77	1400	19
普定县	13761	9766	2285	2605	362	884	197	2277	106
镇宁自治县	9587	6014	760	3391	616	394	24	342	54
关岭自治县	8044	5224	526	3170	122	290	22	573	63
紫云自治县	4362	2761	341	1392	51	59	12	162	7
黔南自治州小计	**132133**	**98645**	**17109**	**33461**	**8285**	**8089**	**2520**	**11575**	**3037**
本级	17899	12227	4520	3442	193	366		3170	
区县级小计	114234	86418	12589	30019	8092	7723	2520	8405	3037
都匀市	26590	21671	2337	10373	2066	1566	174	1746	23
独山县	7227	5017	793	2000	696	375	55	284	51
平塘县	5245	2779	227	1212	97	231	36	88	64
荔波县	6944	4495	948	1126	452	1023	225	391	26
三都水族自治县	3463	2164	199	1207	63	294	42	129	12
福泉市	16920	14532	1951	4707	941	1002	837	2388	465
瓮安县	11605	9425	1587	2088	872	1446	875	938	17
贵定县	8199	6436	988	2239	347	522	95	1012	70
龙里县	8575	6479	1246	1287	1591	398	74	712	287
惠水县	7372	5044	1133	1721	447	363	39	264	248
长顺县	5324	3007	420	682	115	245	48	130	13
罗甸县	6770	5369	760	1377	405	258	20	323	1761
黔东南自治州小计	**108229**	**80171**	**11566**	**38637**	**2280**	**5808**	**812**	**6022**	**1869**
本级	14310	11805	1463	5501	203	909	127	945	818
区县级小计	93919	68366	10103	33136	2077	4899	685	5077	1051
凯里市	27175	23178	3243	10789	1211	1770	191	2044	111
黄平县	4377	2625	222	1237	47	243	13	117	79
麻江县	3777	2786	593	1060	61	249	51	211	110
丹寨县	2429	1618	285	721	38	167	41	102	47
雷山县	2493	1770	302	966	28	87	31	142	28
施秉县	7096	4238	792	1323	98	188	13	410	104
镇远县	9255	6573	1080	3172	189	372	43	569	74
三穗县	3466	2144	180	1392	31	117	2	72	32
岑巩县	3142	2343	681	912	33	89	14	171	18

2－24－9 单位:万元

地区	收支部分									
	收入									
	税收收入			非税收入						
	契税	烟叶税	其他各项税收收入	小计	专项收入	行政事业性收费收入	罚没收入	国有资本经营收入	国有资源(资产)有偿使用收入	其他收入
务川自治县	85	2501	399	545	117	246	105		72	5
安顺市小计	**2832**	**2799**	**9892**	**39848**	**7477**	**5115**	**5650**	**14533**	**3228**	**3845**
本级			2802	13531	1984	1450	2936	5569	1581	11
区县级小计	2832	2799	7090	26317	5493	3665	2714	8964	1647	3834
西秀区	1817	2064	5152	11231	1695	565	468	5500	49	2954
平坝县	345	246	419	3097	1086	570	738		53	650
普定县	252	26	772	3995	1769	681	421	996	104	24
镇宁自治县	68	11	354	3573	370	742	371	1680	390	20
关岭自治县	180	32	246	2820	454	680	570	175	786	155
紫云自治县	170	420	147	1601	119	427	146	613	265	31
黔南自治州小计	**2671**	**5075**	**6823**	**33488**	**8042**	**7976**	**8633**	**2203**	**2835**	**3799**
本级			536	5672	2278	754	2228	2	410	
区县级小计	2671	5075	6287	27816	5764	7222	6405	2201	2425	3799
都匀市	1180	297	1909	4919	964	884	1140	251	1623	57
独山县	102	387	274	2210	261	693	885	323	48	
平塘县	100	635	89	2466	63	956	347		15	1085
荔波县	84		220	2449	498	511	326		67	1047
三都水族自治县	90		128	1299	87	465	389	220	27	111
福泉市	463	615	1163	2388	1276	493	500		119	
瓮安县	81	1042	479	2180	844	436	483		289	128
贵定县	155	287	721	1763	659	158	305		76	565
龙里县	135	339	410	2096	471	280	714	582	47	2
惠水县	217	305	307	2328	273	1493	537		25	
长顺县	41	1168	145	2317	121	515	434	461	62	724
罗甸县	23		442	1401	247	338	345	364	27	80
黔东南自治州小计	**4702**	**2765**	**5710**	**28058**	**4408**	**8163**	**6530**	**2507**	**2606**	**3844**
本级	934		905	2505	672	360	568	106	792	7
区县级小计	3768	2765	4805	25553	3736	7803	5962	2401	1814	3837
凯里市	1307	226	2286	3997	1142	1638	1172		35	10
黄平县	148	348	171	1752	130	631	257	285	122	327
麻江县	75	232	144	991	160	386	206	172	26	41
丹寨县	77	28	112	811	81	120	311	242	57	
雷山县	41		145	723	391	48	88	22	23	151
施秉县	72	1065	173	2858	228	355	224	106	21	1924
镇远县	113	583	378	2682	415	624	550	934	49	110
三穗县	180	33	105	1322	67	359	461	356	62	17
岑巩县	80	118	227	799	127	110	224		119	219

二、各省、自治区、直辖市地市县一般预算财政资料

2－24－10

单位:万元

地区	收支部分									
	支出功能分类									
	支出合计	一般公共服务	外交	国防	公共安全	教育	科学技术	文化体育与传媒	社会保障和就业	医疗卫生
务川自治县	42620	9455		48	2063	13736	62	349	2847	3043
安顺市小计	**355232**	**75832**		**849**	**24042**	**88291**	**2748**	**5995**	**42173**	**28091**
本级	59569	13558		244	11105	6992	1158	2723	7534	4941
区县级小计	295663	62274		605	12937	81299	1590	3272	34639	23150
西秀区	92423	20092		9	2536	27922	759	711	11167	5892
平坝县	49175	9127		185	3278	11056	119	352	8430	3668
普定县	43520	10411		156	1979	10803	308	438	6029	4439
镇宁自治县	39972	8558		140	1983	10849	139	307	2602	3628
关岭自治县	38186	6930		87	1680	9878	145	1100	4082	2803
紫云自治县	32387	7156		28	1481	10791	120	364	2329	2720
黔南自治州小计	**570829**	**114106**		**785**	**31815**	**152520**	**3315**	**9531**	**51865**	**38358**
本级	70609	12615		100	5017	12244	853	3011	5993	5298
区县级小计	500220	101491		685	26798	140276	2462	6520	45872	33060
都匀市	68989	16010		125	4959	16715	631	930	5728	4545
独山县	45502	7563			2110	12071	195	686	3557	3136
平塘县	38613	9400		302	1730	9629	60	414	3529	2274
荔波县	27517	5328			1172	7230	47	252	1632	2129
三都水族自治县	42470	8805		8	1758	14264	64	694	4609	2331
福泉市	41986	9589		74	2801	12314	455	543	2459	3248
瓮安县	47202	7407		44	2354	14657	51	177	9311	2839
贵定县	40661	8235			2260	11176	243	720	3777	2853
龙里县	31400	6376		67	1869	9182	254	319	2391	2046
惠水县	47851	9234		47	2417	14475	111	359	3273	3332
长顺县	30802	6274		18	1418	8912	110	231	2926	1949
罗甸县	37227	7270			1950	9651	241	1195	2680	2378
黔东南自治州小计	**603188**	**130574**		**1400**	**32583**	**170022**	**3418**	**10461**	**49587**	**47497**
本级	50935	12840		81	3492	9020	1167	4199	3225	4395
区县级小计	552253	117734		1319	29091	161002	2251	6262	46362	43102
凯里市	56133	11138		38	4277	17814	573	423	6569	4877
黄平县	37514	7311		70	1900	11535	213	837	2990	2979
麻江县	26349	5850		62	1306	7197	91	242	2246	1948
丹寨县	25055	4476			1188	7514	56	224	2634	2146
雷山县	25673	4837			1184	8139	68	392	2276	2048
施秉县	24361	6666		53	1390	5682	152	201	1922	1209
镇远县	34228	6441			1581	8332	53	388	2734	2055
三穗县	28786	6942		187	1764	8573	174	275	2099	2696
岑巩县	26564	5077			1494	7457	51	272	2136	2288

2－24－11

单位:万元

地区	收支部分						平衡部分		
	支出功能分类						收入		
	环境保护	城乡社区事务	农林水事务	交通运输	工业、商业、金融等事务	其他支出	收入合计	本年收入	返还性收入 小计
务川自治县	491	836	6743	1662	483	802	43095	5653	718
安顺市小计	**3350**	**9302**	**43113**	**4058**	**11648**	**15740**	**402534**	**121081**	**32567**
本级	798	1961	3879	718	2798	1160	82084	23538	17928
区县级小计	2552	7341	39234	3340	8850	14580	320450	97543	14639
西秀区	473	1927	11632	631	3761	4911	97019	46725	4144
平坝县	744	1120	6689	527	1199	2681	52313	15064	2712
普定县	537	693	5842	595	1190	100	47068	13761	1870
镇宁自治县	252	2124	5489	824	801	2276	43581	9587	3055
关岭自治县	313	999	4586	247	1189	4147	42235	8044	1595
紫云自治县	233	478	4996	516	710	465	38234	4362	1263
黔南自治州小计	**6096**	**19529**	**78942**	**13392**	**17184**	**33391**	**604581**	**132133**	**49261**
本级	1048	1060	9456	5423	1873	6618	77803	17899	22423
区县级小计	5048	18469	69486	7969	15311	26773	526778	114234	26838
都匀市	964	4272	7478	1400	4171	1061	73393	26590	5120
独山县	348	1855	6491	773	2413	4304	46680	7227	1669
平塘县	216	1150	6119	846	504	2440	40229	5245	518
荔波县	215	776	3586	171	1225	3754	30447	6944	1974
三都水族自治县	212	1389	6715	245	349	1027	45375	3463	412
福泉市	738	2561	5107	751	616	730	43198	16920	2211
瓮安县	454	527	6101	389	732	2159	48330	11605	2313
贵定县	414	2589	4268	1112	2138	876	44105	8199	6187
龙里县	578	713	3706	446	838	2615	33677	8575	1954
惠水县	321	1130	7208	365	1073	4506	49594	7372	2461
长顺县	326	717	4024	1003	286	2608	31150	5324	884
罗甸县	262	790	8683	468	966	693	40600	6770	1135
黔东南自治州小计	**10721**	**17714**	**83972**	**11010**	**18808**	**15421**	**632035**	**108229**	**23402**
本级	1485	915	5071	762	2365	1918	58811	14310	9193
区县级小计	9236	16799	78901	10248	16443	13503	573224	93919	14209
凯里市	591	2536	5188	185	1609	315	60418	27175	4062
黄平县	624	1011	5620	772	1021	631	37801	4377	661
麻江县	475	580	4295	156	1278	623	26856	3777	588
丹寨县	327	340	5125	85	483	457	25058	2429	478
雷山县	264	650	5000	196	484	135	25807	2493	448
施秉县	320	499	4123	222	1402	520	24792	7096	701
镇远县	972	922	3995	2311	973	3471	37725	9255	1584
三穗县	304	680	4171	279	591	51	30031	3466	364
岑巩县	336	1304	4706	141	1008	294	28330	3142	589

二、各省、自治区、直辖市地市县一般预算财政资料

2－24－12 单位:万元

地区	平衡部分									
	收入									
	返还性收入		财力性转移支付收入							
	增值税和消费税税收返还	所得税基数返还	小计	体制补助	一般性转移支付补助	民族地区转移支付补助	调整工资转移支付补助	农村义务教育补助	农村税费改革补助	缓解县乡困难转移支付补助
务川自治县	588	130	26269		6011	1016	8319	1402	2386	6831
安顺市小计	**28454**	**4113**	**152326**		**22098**	**8088**	**54932**	**7428**	**15010**	**38256**
本级	17105	823	16875		233	536	7630		38	5200
区县级小计	11349	3290	135451		21865	7552	47302	7428	14972	33056
西秀区	2995	1149	24224		342	1826	12667	1791	4607	2434
平坝县	2462	250	25019		4376	1301	7833	980	1863	5906
普定县	1621	249	20701		3120	1500	6791	1330	2198	5799
镇宁自治县	1748	1307	21719		3510	1006	7318	1074	2119	6724
关岭自治县	1360	235	23158		5535	988	6943	1090	2005	6568
紫云自治县	1163	100	20630		4982	931	5750	1163	2180	5625
黔南自治州小计	**42664**	**6597**	**279509**	**657**	**49244**	**21786**	**94924**	**10519**	**22804**	**77831**
本级	21239	1184	14904	－1168	1100	2701	7511		8	4600
区县级小计	21425	5413	264605	1825	48144	19085	87413	10519	22796	73231
都匀市	4132	988	28367		2722	2322	11651	741	2329	8061
独山县	1417	252	27085		6672	1720	8340	1069	2086	7045
平塘县	416	102	23861	292	6413	966	7673	896	1963	5535
荔波县	1133	841	11921	240	970	577	4839	476	1341	3443
三都水族自治县	305	107	28317	541	7290	1498	7689	1008	1892	8324
福泉市	1660	551	15758		932	1925	5491	714	1566	4708
瓮安县	1800	513	25577		3999	2238	7406	1229	3196	7530
贵定县	5401	786	19570		2307	2021	6229	829	1573	6695
龙里县	1644	310	15627	146	2535	1683	5879	586	1336	3452
惠水县	2089	372	28330		5816	1809	9302	1326	2423	7535
长顺县	626	258	17336	252	3509	883	5593	733	1238	5009
罗甸县	802	333	22856	354	4979	1443	7321	912	1853	5894
黔东南自治州小计	**19572**	**3830**	**349598**	**5820**	**80437**	**18884**	**106500**	**11449**	**26252**	**97213**
本级	8700	493	21174	2401	2300	1297	8561	22	142	5900
区县级小计	10872	3337	328424	3419	78137	17587	97939	11427	26110	91313
凯里市	2858	1204	16121		58	2214	8404	697	1542	2785
黄平县	475	186	23598	677	6064	852	6511	906	1989	6717
麻江县	447	141	15125	23	3334	624	4389	581	1457	4738
丹寨县	332	146	16081	263	4567	753	4272	411	1055	4671
雷山县	311	137	16393	335	4431	796	4399	385	849	5141
施秉县	455	246	10939	202	2379	385	4234	438	870	2446
镇远县	1227	357	16114	265	1610	1673	5421	601	1450	5158
三穗县	272	92	18893	291	5310	701	4933	509	1181	5869
岑巩县	485	104	18096	206	4925	913	4806	646	1335	5234

2－24－13

单位:万元

地区	平衡部分 收入 财力性转移支付收入 结算补助	企事业单位预算划转补助	其他财力性转移支付	专项转移支付	省补助计划单列市收入	上年结余	调入资金	国债转贷收入、上年结余及转补助数	支出 支出合计	本年支出
务川自治县	304			10066		389			42702	42620
安顺市小计	**446**	**6068**		**71211**		**25159**	**150**	**40**	**360295**	**355232**
本级	2529	709		9771		13922	50		59024	59569
区县级小计	－2083	5359		61440		11237	100	40	301271	295663
西秀区	－2109	2666		19064		2862			95209	92423
平坝县	67	2693		9147		331		40	49474	49175
普定县	－37			8878		1858			44443	43520
镇宁自治县	－32			8011		1109	100		40807	39972
关岭自治县	29			7439		1999			38486	38186
紫云自治县	－1			8901		3078			32852	32387
黔南自治州小计	**1465**	**279**		**124299**		**19379**			**575757**	**570829**
本级	152			13622		8955			66452	70609
区县级小计	1313	279		110677		10424			509305	500220
都匀市	262	279		13179		137			72180	68989
独山县	153			9711		988			45957	45502
平塘县	123			9086		1519			38788	38613
荔波县	35			8361		1247			27923	27517
三都水族自治县	75			11345		1838			42555	42470
福泉市	422			7504		805			42991	41986
瓮安县	－21			9402		－567			48091	47202
贵定县	－84			8697		1452			41870	40661
龙里县	10			6845		676			32251	31400
惠水县	119			10286		1145			48271	47851
长顺县	119			7600		6			30954	30802
罗甸县	100			8661		1178			37474	37227
黔东南自治州小计	**3043**			**139768**		**10862**	**176**		**607988**	**603188**
本级	551			9880		4096	158		50336	50935
区县级小计	2492			129888		6766	18		557652	552253
凯里市	421			12481		579			58326	56133
黄平县	－118			9152		13			37667	37514
麻江县	－21			7209		157			26549	26349
丹寨县	89			6175		－105			25182	25055
雷山县	57			6470		3			25807	25673
施秉县	－15			5880		176			24522	24361
镇远县	－64			7219		3553			34746	34228
三穗县	99			6810		498			28879	28786
岑巩县	31			6931		－446	18		26737	26564

二、各省、自治区、直辖市地市县一般预算财政资料

2-24-14

单位:万元

地区	平衡部分									
	支出								年终结余	其中:净结余
	财力性转移支付			专项上解	计划单列市上解省	增设预算周转金	调出资金	国债转贷拨付数及年终结余		
	小计	体制上解	出口退税专项上解							
务川自治县				82					393	393
安顺市小计				**5023**				**40**	**42239**	**16048**
本级				-545					23060	13690
区县级小计				5568				40	19179	2358
西秀区				2786					1810	262
平坝县				259				40	2839	98
普定县				923					2625	1142
镇宁自治县				835					2774	792
关岭自治县				300					3749	64
紫云自治县				465					5382	
黔南自治州小计				**4880**		**48**			**28824**	**20874**
本级	-4044	-4044		-113					11351	11057
区县级小计	4044	4044		4993		48			17473	9817
都匀市	2398	2398		793					1213	984
独山县				455					723	214
平塘县				175					1441	1411
荔波县				358		48			2524	981
三都水族自治县				85					2820	2527
福泉市	401	401		604					207	147
瓮安县	393	393		496					239	16
贵定县	852	852		357					2235	1421
龙里县				851					1426	976
惠水县				420					1323	725
长顺县				152					196	82
罗甸县				247					3126	333
黔东南自治州小计				**4800**					**24047**	**-2595**
本级	-727	-727		128					8475	-3519
区县级小计	727	727		4672					15572	924
凯里市	727	727		1466					2092	98
黄平县				153					134	-262
麻江县				200					307	7
丹寨县				127					-124	-124
雷山县				134						
施秉县				161					270	
镇远县				518					2979	1322
三穗县				93					1152	185
岑巩县				173					1593	-620

2－24－15 单位:万元

地区	收支部分 收入 收入合计	税收收入 小计	增值税	营业税	企业所得税	个人所得税	资源税	城市维护建设税	耕地占用税
天柱县	7104	5173	485	2840	83	225	43	139	201
锦屏县	4575	3267	524	1786	70	273	31	236	
黎平县	5069	3459	511	1684	60	352	68	293	8
榕江县	3737	2579	263	1623	39	208	18	126	74
从江县	3663	2081	308	943	69	275	62	131	59
剑河县	3761	2901	410	1688	16	211	56	208	5
台江县	2800	1631	224	1000	4	73	8	106	101
毕节地区小计	**237643**	**151782**	**32926**	**45728**	**5530**	**15039**	**4029**	**18998**	**2244**
本级	28503	14915	5125	658	91	268	47	8006	
区县级小计	209140	136867	27801	45070	5439	14771	3982	10992	2244
毕节市	30367	17280	1085	7599	875	1088	96	695	329
大方县	27956	21097	3163	8275	1203	1525	513	1389	84
黔西县	26857	17950	5388	5496	445	1364	532	935	68
金沙县	37324	23462	6515	3428	978	6370	1279	2359	21
织金县	30682	16590	2640	7900	93	1345	290	1234	1537
纳雍县	22427	16738	5717	4071	390	1759	842	2140	37
威宁县	21029	14081	1845	3688	852	948	288	1508	100
赫章县	12498	9669	1448	4613	603	372	142	732	68
铜仁地区小计	**103181**	**64082**	**10512**	**26762**	**1648**	**1764**	**215**	**5818**	**3396**
本级	14391	10049	3516	2728	171	480	17	2468	
区县级小计	88790	54033	6996	24034	1477	1284	198	3350	3396
铜仁市	20073	11372	1011	6011	239	91	21	843	730
松桃苗族自治县	9726	7442	2158	2653	227	241	91	816	281
玉屏侗族自治县	7198	5800	1685	1363	659	162	19	847	46
万山特区	3002	1304	389	345	125	63	6	263	22
江口县	4443	2772	186	1741	16	34	13	49	80
石阡县	7518	3514	189	1505	15	48	4	45	201
印江自治县	6600	3438	263	1433	29	164	4	120	256
思南县	11186	5860	386	3034	95	254	10	163	350
德江县	8861	4763	384	1946	44	87	12	118	505
沿河土家族自治县	10183	7768	345	4003	28	140	18	86	925
黔西南自治州小计	**127547**	**95629**	**15891**	**39066**	**7411**	**7946**	**1986**	**8826**	**2856**
本级	8248	4889	2022	324	1177	631		637	
区县级小计	119299	90740	13869	38742	6234	7315	1986	8189	2856
兴义市	48307	37856	6310	15441	2476	2951	282	3932	489
兴仁县	18335	12413	1457	6142	463	856	597	1275	5
贞丰县	12993	10114	1015	4334	2077	791	167	380	403

二、各省、自治区、直辖市地市县一般预算财政资料

2－24－16　　　　单位:万元

地区	收支部分									
	收入									
	税收收入			非税收入						
	契税	烟叶税	其他各项税收收入	小计	专项收入	行政事业性收费收入	罚没收入	国有资本经营收入	国有资源(资产)有偿使用收入	其他收入
天柱县	866	127	164	1931	186	405	579	44	27	690
锦屏县	110		237	1308	185	479	398		188	58
黎平县	303		180	1610	183	871	247		253	56
榕江县	62		166	1158	112	330	431	15	120	150
从江县	41		193	1582	116	702	372		392	
剑河县	256	5	46	860	133	405	214	1	105	2
台江县	37		78	1169	80	340	228	224	215	82
毕节地区小计	**1806**	**18666**	**6816**	**85861**	**29978**	**8250**	**14771**	**6588**	**2167**	**24107**
本级			720	13588	8139	1077	1092	1310	237	1733
区县级小计	1806	18666	6096	72273	21839	7173	13679	5278	1930	22374
毕节市	627	3558	1328	13087	1726	4209	3338	655	835	2324
大方县	98	4245	602	6859	2325	392	1926		284	1932
黔西县	106	2628	988	8907	2044	422	680	4642	224	895
金沙县	95	1446	971	13862	4166	179	768		97	8652
织金县	276	1016	259	14092	3032	1347	1489		159	8065
纳雍县	328	578	876	5689	4287		1265		57	80
威宁县	200	3931	721	6948	2182	588	3565	－19	207	425
赫章县	76	1264	351	2829	2077	36	648		67	1
铜仁地区小计	**4549**	**4977**	**4441**	**39099**	**3965**	**7021**	**6171**	**6659**	**5614**	**9669**
本级			669	4342	1208	63	885	47	456	1683
区县级小计	4549	4977	3772	34757	2757	6958	5286	6612	5158	7986
铜仁市	1300	8	1118	8701	429	1159	790		1123	5200
松桃苗族自治县	541	207	227	2284	529	254	420		1045	36
玉屏侗族自治县	110	8	901	1398	676	264	400	50	8	
万山特区	13		78	1698	126	278	102	705	70	417
江口县	120	269	264	1671	91	646	528	335	69	2
石阡县	373	811	323	4004	240	971	568	1807	169	249
印江自治县	392	650	127	3162	159	323	372	776	446	1086
思南县	222	1005	341	5326	185	1317	643	1751	938	492
德江县	348	1101	218	4098	138	835	894	945	912	374
沿河土家族自治县	1130	918	175	2415	184	911	569	243	378	130
黔西南自治州小计	**1982**	**5958**	**3707**	**31918**	**8948**	**4629**	**5685**	**130**	**1154**	**11372**
本级			98	3359	1276	435	860		288	500
区县级小计	1982	5958	3609	28559	7672	4194	4825	130	866	10872
兴义市	1345	2128	2502	10451	2318	1811	2133	24	253	3912
兴仁县	99	1282	237	5922	1411		944		42	3525
贞丰县	138	579	230	2879	723	870	237		288	761

2－24－17 单位:万元

地区	收支部分									
	支出功能分类									
	支出合计	一般公共服务	外交	国防	公共安全	教育	科学技术	文化体育与传媒	社会保障和就业	医疗卫生
天柱县	44998	8725		223	2343	14310	339	309	4326	3063
锦屏县	37340	8133			1846	9860	97	626	2275	2711
黎平县	52449	10141			2037	15551	83	636	4220	4886
榕江县	37424	8207		58	1898	12137	62	281	2575	3293
从江县	36477	9759		418	1610	10591	79	458	2560	2875
剑河县	34248	8511		68	1764	10166	83	379	2502	2658
台江县	24654	5520		142	1509	6144	77	319	2298	1370
毕节地区小计	**729708**	**146540**		**125**	**43436**	**230077**	**3469**	**10233**	**53586**	**50023**
本级	85263	16183			5769	15981	1620	5065	7854	5832
区县级小计	644445	130357		125	37667	214096	1849	5168	45732	44191
毕节市	101074	18234			6006	31820	284	622	10564	7227
大方县	87213	18669		122	5613	28373	113	865	5044	5798
黔西县	79421	15195		3	4042	25607	159	472	5050	4280
金沙县	74013	14803			3938	24150	708	641	3522	5138
织金县	85371	18925			4618	27868	105	577	5344	6267
纳雍县	66362	12086			4066	23154	86	750	5364	5554
威宁县	89138	16558			6137	32795	268	583	5825	6195
赫章县	61853	15887			3247	20329	126	658	5019	3732
铜仁地区小计	**505803**	**114549**		**707**	**25139**	**141340**	**2458**	**7439**	**41487**	**34858**
本级	53391	11372		140	3523	9761	1022	3314	4345	2731
区县级小计	452412	103177		567	21616	131579	1436	4125	37142	32127
铜仁市	47091	10886		116	3086	11634	410	349	4871	2768
松桃苗族自治县	61764	13421			2622	21204	133	452	4390	5158
玉屏侗族自治县	25588	6271		78	1390	6493	27	344	1635	1902
万山特区	16965	4187		67	1060	3619	141	161	1843	937
江口县	31021	7310		83	1809	8072	79	449	2037	2206
石阡县	46274	11453			2277	11491	43	398	2835	3271
印江自治县	46372	9929		85	1730	14298	237	429	3590	2856
思南县	66732	14925			2135	20474	47	556	6187	4472
德江县	48769	10185		68	1937	14796	160	437	4169	3696
沿河土家族自治县	61836	14610		70	3570	19498	159	550	5585	4861
黔西南自治州小计	**386423**	**89685**		**839**	**23733**	**108156**	**2132**	**6449**	**32884**	**25240**
本级	46537	12586		275	3715	5995	329	3090	5708	3839
区县级小计	339886	77099		564	20018	102161	1803	3359	27176	21401
兴义市	83935	16585		19	5679	23707	979	918	11317	5065
兴仁县	46942	11806		184	2946	15242	384	467	2363	3261
贞丰县	39480	8261		74	2085	12422	64	430	2963	2540

二、各省、自治区、直辖市地市县一般预算财政资料

2－24－18　　单位:万元

地区	收支部分						平衡部分		
	支出功能分类						收入		
	环境保护	城乡社区事务	农林水事务	交通运输	工业、商业、金融等事务	其他支出	收入合计	本年收入	返还性收入 小计
天柱县	671	1206	4845	2024	1697	917	44838	7104	895
锦屏县	615	1506	5814	2185	739	933	38216	4575	816
黎平县	1578	2055	7585	596	1052	2029	54367	5069	1040
榕江县	952	984	4219	188	2115	455	38779	3737	709
从江县	102	1175	5245	229	666	710	39243	3663	417
剑河县	619	938	4937	150	466	1007	35979	3761	503
台江县	486	413	4033	529	859	955	24984	2800	354
毕节地区小计	**7235**	**29212**	**92911**	**15009**	**20736**	**27116**	**766252**	**237643**	**61272**
本级	1158	2480	9815	4192	4970	4344	99816	28503	35271
区县级小计	6077	26732	83096	10817	15766	22772	666436	209140	26001
毕节市	979	9584	11304	160	1301	2989	101918	30367	3855
大方县	1069	1804	13701	252	1908	3882	89769	27956	3537
黔西县	932	4316	11241	3510	1824	2790	82136	26857	2981
金沙县	771	2767	7877	2402	2276	5020	80524	37324	4587
织金县	667	2500	10335	2867	2753	2545	90781	30682	2360
纳雍县	542	955	10045	449	1750	1561	71460	22427	2296
威宁县	903	2718	12177	452	2837	1690	90459	21029	3143
赫章县	214	2088	6416	725	1117	2295	59389	12498	3242
铜仁地区小计	**6176**	**19239**	**75686**	**5739**	**10704**	**20282**	**506715**	**103181**	**19551**
本级	809	499	6834	231	1118	7692	50516	14391	10020
区县级小计	5367	18740	68852	5508	9586	12590	456199	88790	9531
铜仁市	507	2453	7053	443	1529	986	47587	20073	2218
松桃苗族自治县	902	1054	9556	944	694	1234	62746	9726	1551
玉屏侗族自治县	353	1327	3521	127	303	1817	25903	7198	1636
万山特区	189	1393	2422	42	312	592	17446	3002	412
江口县	617	1116	5992	197	680	374	31158	4443	388
石阡县	702	2457	7181	2377	1372	417	46354	7518	568
印江自治县	469	2350	8614	251	887	647	46469	6600	540
思南县	406	3906	9065	152	1447	2960	66999	11186	672
德江县	641	1417	6504	519	1272	2968	48860	8861	924
沿河土家族自治县	581	1267	8944	456	1090	595	62677	10183	622
黔西南自治州小计	**2842**	**10499**	**54861**	**3572**	**9644**	**15887**	**434911**	**127547**	**24968**
本级	506	184	5241	307	2457	2305	52146	8248	5968
区县级小计	2336	10315	49620	3265	7187	13582	382765	119299	19000
兴义市	552	6207	9603	153	1268	1883	91179	48307	9595
兴仁县	189	869	7043	627	1233	328	49196	18335	1954
贞丰县	273	501	5362	1136	1541	1828	49774	12993	1098

2－24－19　　　　单位:万元

地区	平衡部分									
	收入									
	返还性收入		财力性转移支付收入							
	增值税和消费税税收返还	所得税基数返还	小计	体制补助	一般性转移支付补助	民族地区转移支付补助	调整工资转移支付补助	农村义务教育补助	农村税费改革补助	缓解县乡困难转移支付补助
天柱县	659	236	27193	149	6097	1234	8472	1103	2318	7680
锦屏县	698	118	24276	66	6566	1451	6690	621	1512	7129
黎平县	871	169	34255	102	8578	1446	9811	1522	3337	9040
榕江县	632	77	25698	162	6998	998	7324	1004	1918	6874
从江县	362	55	25867	244	6455	1170	7351	984	2696	6801
剑河县	481	22	23777	210	6518	1821	6440	633	1721	6136
台江县	307	47	15998	224	4247	556	4482	386	880	4894
毕节地区小计	**52522**	**8750**	**294438**	**6087**	**33707**	**19357**	**118665**	**22053**	**29751**	**61328**
本级	34388	883	12933	3050	－214	150	8527		148	831
区县级小计	18134	7867	281505	3037	33921	19207	110138	22053	29603	60497
毕节市	2934	921	41947	162	3252	307	17029	3386	4953	12437
大方县	2315	1222	38908	424	4394	3311	13646	3067	4232	9407
黔西县	2521	460	35748	101	4124	3689	12797	2384	3482	9198
金沙县	2916	1671	24250	287	902	1772	12622	1497	2933	4120
织金县	1398	962	37043	433	6153	2465	15314	2856	3822	4945
纳雍县	1205	1091	30615	527	4744	2404	13234	2511	2655	4486
威宁县	2063	1080	43194	771	4466	2785	15455	3751	4952	10310
赫章县	2782	460	29800	332	5886	2474	10041	2601	2574	5594
铜仁地区小计	**18279**	**1272**	**266984**	**4325**	**58529**	**17979**	**80514**	**11330**	**22570**	**67200**
本级	9774	246	18582	2126	1611	2590	6211	1	44	5100
区县级小计	8505	1026	248402	2199	56918	15389	74303	11329	22526	62100
铜仁市	1933	285	13602		318	2085	5999	548	1829	2140
松桃苗族自治县	1465	86	36409	382	8336	2771	9603	2116	3278	9692
玉屏侗族自治县	1507	129	11186	141	1560	1736	3617	345	791	2297
万山特区	394	18	9100	49	2557	598	2278	131	328	1891
江口县	323	65	18391	203	5306	860	5046	623	1263	4954
石阡县	505	63	28348	200	7468	1091	8205	1129	2503	7655
印江自治县	445	95	26988	240	7025	1297	8416	1154	2678	6058
思南县	551	121	40803	263	10034	1613	11857	1945	4369	10688
德江县	816	108	26807	255	5754	1175	8636	1470	2577	6794
沿河土家族自治县	566	56	36768	466	8560	2163	10646	1868	2910	9931
黔西南自治州小计	**19101**	**5867**	**175526**	**4711**	**28974**	**12955**	**62511**	**9449**	**15330**	**40493**
本级	5817	151	18529	2260	1216	2389	6340		77	5959
区县级小计	13284	5716	156997	2451	27758	10566	56171	9449	15253	34534
兴义市	6969	2626	19505	－111	93	2549	9838	1768	3432	1756
兴仁县	1263	691	20525	402	3856	1222	8329	1534	2353	2789
贞丰县	829	269	19605	258	4392	823	6455	1167	1712	4625

二、各省、自治区、直辖市地市县一般预算财政资料

2－24－20

单位:万元

地区	平衡部分									
	收入								支出	
	财力性转移支付收入			专项转移支付	省补助计划单列市收入	上年结余	调入资金	国债转贷收入、上年结余及转补助数	支出合计	本年支出
	结算补助	企事业单位预算划转补助	其他财力性转移支付							
天柱县	140			9909		－263			45261	44998
锦屏县	241			8264		285			37639	37340
黎平县	419			13441		562			52697	52449
榕江县	420			8051		584			37643	37424
从江县	166			8543		753			36732	36477
剑河县	298			7623		315			34524	34248
台江县	329			5730		102			24741	24654
毕节地区小计	**3322**	**168**		**150560**		**22339**			**732542**	**729708**
本级	441			3742		19367			73921	85263
区县级小计	2881	168		146818		2972			658621	644445
毕节市	421			25219		530			101718	101074
大方县	427			19292		76			89769	87213
黔西县	－27			15790		760			82136	79421
金沙县	117			12264		2099			76733	74013
织金县	1055			18052		2644			86007	85371
纳雍县	54			16122					69330	66362
威宁县	704			22413		680			90089	89138
赫章县	130	168		17666		－3817			62839	61853
铜仁地区小计	**4342**	**195**		**117122**		**－123**			**507384**	**505803**
本级	899			9651		－2128			53501	53391
区县级小计	3443	195		107471		2005			453883	452412
铜仁市	683			11022		672			47410	47091
松桃苗族自治县	231			15518		－458			61996	61764
玉屏侗族自治县	642	57		5357		526			25805	25588
万山特区	1130	138		5092		－160			17037	16965
江口县	136			7918		18			31113	31021
石阡县	97			9777		143			46338	46274
印江自治县	120			12261		80			46457	46372
思南县	34			14292		46			66899	66732
德江县	146			11824		444			48849	48769
沿河土家族自治县	224			14410		694			61979	61836
黔西南自治州小计	**1103**			**77271**		**27396**	**2143**	**60**	**390103**	**386423**
本级	288			14736		2778	1887		40223	46537
区县级小计	815			62535		24618	256	60	349880	339886
兴义市	180			11516		2056	200		88450	83935
兴仁县	40			8030		292		60	48157	46942
贞丰县	173			7674		8348	56		40336	39480

2-24-21 单位:万元

地区	平衡部分									
	支出									
	财力性转移支付			专项上解	计划单列市上解省	增设预算周转金	调出资金	国债转贷拨付数及年终结余	年终结余	其中:净结余
	小计	体制上解	出口退税专项上解							
天柱县				263					-423	-423
锦屏县				299					577	249
黎平县				248					1670	234
榕江县				219					1136	21
从江县				255					2511	175
剑河县				276					1455	62
台江县				87					243	
毕节地区小计				**2834**					**33710**	**-2311**
本级				-11342					25895	176
区县级小计				14176					7815	-2487
毕节市				644					200	
大方县				2556						
黔西县				2715						
金沙县				2720					3791	298
织金县				636					4774	216
纳雍县				2968					2130	430
威宁县				951					370	19
赫章县				986					-3450	-3450
铜仁地区小计				**1581**					**-669**	**-3101**
本级				110					-2985	-5417
区县级小计				1471					2316	2316
铜仁市				319					177	177
松桃苗族自治县				232					750	750
玉屏侗族自治县				217					98	98
万山特区				72					409	409
江口县				92					45	45
石阡县				64					16	16
印江自治县				85					12	12
思南县				167					100	100
德江县				80					11	11
沿河土家族自治县				143					698	698
黔西南自治州小计				**3620**				**60**	**44808**	**9493**
本级	-6468	-6468		154					11923	45
区县级小计	6468	6468		3466				60	32885	9448
兴义市	3119	3119		1396					2729	1573
兴仁县	760	760		395				60	1039	352
贞丰县	450	450		406					9438	1549

2－24－22

单位：万元

地区	收支部分								
	收入								
	收入合计	税收收入							
		小计	增值税	营业税	企业所得税	个人所得税	资源税	城市维护建设税	耕地占用税
册亨县	2974	2528	338	1270	47	179	9	245	334
望谟县	3653	3133	130	939	66	186	13	93	1491
普安县	15331	11161	1591	5194	101	1662	503	598	95
晴隆县	6510	5112	590	3152	392	257	68	288	14
安龙县	11196	8423	2438	2270	612	433	347	1378	25

2 - 24 - 23　　单位:万元

地区	收支部分									
	收入									
	税收收入			非税收入						
	契税	烟叶税	其他各项税收收入	小计	专项收入	行政事业性收费收入	罚没收入	国有资本经营收入	国有资源(资产)有偿使用收入	其他收入
册亨县	47		59	446	206	77	55		108	
望谟县	57		158	520	80	96	157	11	29	147
普安县	2	1268	147	4170	1589	713	392		40	1436
晴隆县	11	257	83	1398	233	498	261	-1	32	375
安龙县	283	444	193	2773	1112	129	646	96	74	716

2－24－24

单位:万元

地区	收支部分									
	支出功能分类									
	支出合计	一般公共服务	外交	国防	公共安全	教育	科学技术	文化体育与传媒	社会保障和就业	医疗卫生
册亨县	29137	7818		7	1943	6578	53	295	2027	1552
望谟县	32856	8865		110	2190	10529	85	285	1805	1968
普安县	38150	9196		73	1790	11115	104	351	2077	2481
晴隆县	33402	7718		97	1606	9550	77	248	1803	2226
安龙县	35984	6850			1779	13018	57	365	2821	2308

2－24－25

单位:万元

地区	收支部分 支出功能分类 环境保护	城乡社区事务	农林水事务	交通运输	工业、商业、金融等事务	其他支出	平衡部分 收入 收入合计	本年收入	返还性收入 小计
册亨县	250	254	4924	350	339	2747	33047	2974	544
望谟县	344	642	5079	137	372	445	34439	3653	549
普安县	254	703	5758	255	766	3227	41026	15331	1003
晴隆县	236	517	5459	383	817	2665	35148	6510	1649
安龙县	238	622	6392	224	851	459	48956	11196	2608

2－24－26

单位:万元

地区	平衡部分									
	收入									
	返还性收入		财力性转移支付收入							
	增值税和消费税税收返还	所得税基数返还	小计	体制补助	一般性转移支付补助	民族地区转移支付补助	调整工资转移支付补助	农村义务教育补助	农村税费改革补助	缓解县乡困难转移支付补助
册亨县	413	131	19705	420	5125	996	5158	729	1167	5994
望谟县	427	122	22008	406	5604	839	5940	933	1430	6677
普安县	739	264	15014	343	2824	530	6533	1020	1556	2123
晴隆县	893	756	19366	317	3896	1022	6844	876	1490	4874
安龙县	1751	857	21269	416	1968	2585	7074	1422	2113	5696

2-24-27

单位:万元

地区	平衡部分									
	收入								支出	
	财力性转移支付收入			专项转移支付	省补助计划单列市收入	上年结余	调入资金	国债转贷收入、上年结余及转补助数	支出合计	本年支出
	结算补助	企事业单位预算划转补助	其他财力性转移支付							
册亨县	116			6381		3443			29438	29137
望谟县	179			7669		560			33475	32856
普安县	85			6285		3393			39247	38150
晴隆县	47			6785		838			33843	33402
安龙县	-5			8195		5688			36934	35984

二、各省、自治区、直辖市地市县一般预算财政资料

2－24－28

单位：万元

地　区	平衡部分										
	支出									年终结余	其中：净结余
	财力性转移支付			专项上解	计划单列市上解省	增设预算周转金	调出资金	国债转贷拨付数及年终结余			
	小计	体制上解	出口退税专项上解								
册亨县	129	129		172						3609	2232
望谟县	460	460		159						964	469
普安县	683	683		414						1779	1326
晴隆县	117	117		324						1305	401
安龙县	750	750		200						12022	1546

2007 年云南省地市县财政一般预算收支平衡表

2－25－1　　　　单位：万元

地区	收支部分								
	收入								
	收入合计	税收收入							
		小计	增值税	营业税	企业所得税	个人所得税	资源税	城市维护建设税	耕地占用税
地市县合计	**3794260**	**3125978**	**857223**	**1007485**	**195743**	**63521**	**63030**	**372052**	**22185**
昆明市小计	**1330993**	**1148229**	**296479**	**433141**	**79630**	**28684**	**11092**	**109746**	**7828**
本级	675229	561799	172670	212592	51553	15923	120	47325	24
区县级小计	655764	586430	123809	220549	28077	12761	10972	62421	7804
盘龙区	78928	70542	8150	34881	3054	2707	135	8463	
五华区	107705	99125	14519	42614	5075	3041	37	13495	49
西山区	86263	76148	9329	31789	2667	1121	2096	11239	10
官渡区	101699	91885	8057	45024	7845	2059	304	10011	
呈贡县	43198	35214	7905	13605	606	524	156	806	5644
安宁市	85353	78945	36971	15661	2560	1126	2105	9992	615
富民县	8200	6971	1386	2927	358	89	89	358	150
晋宁县	24500	20818	5690	5942	663	352	3074	1165	75
宜良县	24814	20804	4429	6351	926	223	447	1053	141
石林彝族自治县	14215	13134	1504	3837	768	151	360	463	350
嵩明县	15969	14702	2339	6125	570	158	44	488	322
禄劝自治县	12503	11179	1405	3690	388	134	738	308	201
东川区	37043	32808	19533	4352	1779	901	1006	4099	8
寻甸回族自治县	15374	14155	2592	3751	818	175	381	481	239
昭通市小计	**128874**	**108549**	**32510**	**34335**	**6084**	**1830**	**4229**	**11488**	**875**
本级	39727	34157	13599	10016	2458	233		6700	
区县级小计	89147	74392	18911	24319	3626	1597	4229	4788	875
昭阳区	22166	17951	3627	7136	643	478	303	1204	127
鲁甸县	8166	7460	3750	1046	317	57	242	249	6
巧家县	6014	4208	1357	835	286	84	229	186	4
盐津县	5167	4544	1154	2176	100	73	315	446	22
大关县	2796	2082	738	640	58	32	69	162	
永善县	6738	5797	726	3397	228	216	47	338	204
绥江县	2626	2243	475	849	92	48	323	143	214
镇雄县	11699	9600	1554	2527	271	56	1088	409	57
彝良县	8153	7215	2524	1658	335	203	298	653	1
威信县	5389	4334	880	977	119	30	1202	193	66
水富县	10233	8958	2126	3078	1177	320	113	805	174
曲靖市小计	**464868**	**408008**	**122021**	**104033**	**22425**	**5769**	**11981**	**60770**	**2011**
本级	139396	128033	43970	21907	16139	2040	2417	31046	148
区县级小计	325472	279975	78051	82126	6286	3729	9564	29724	1863
麒麟区	49976	44683	7366	22227	1143	729	772	3073	257
沾益县	36139	31637	10288	10488	593	278	301	1718	270

二、各省、自治区、直辖市地市县一般预算财政资料

2－25－2　　　　　　　　　　　　　　　　　　　　　单位：万元

地区	收支部分									
	收入									
	税收收入			非税收入						
	契税	烟叶税	其他各项税收收入	小计	专项收入	行政事业性收费收入	罚没收入	国有资本经营收入	国有资源(资产)有偿使用收入	其他收入
地市县合计	**106035**	**201804**	**236900**	**668282**	**184331**	**132344**	**171517**	**109004**	**35547**	**35539**
昆明市小计	**44109**	**24001**	**113519**	**182764**	**53916**	**53720**	**40369**	**27352**	**6621**	**786**
本级	17712	16	43864	113430	22969	44730	13666	26957	4759	349
区县级小计	26397	23985	69655	69334	30947	8990	26703	395	1862	437
盘龙区	301	255	12596	8386	3610	1693	2871	42	170	
五华区	3328	383	16584	8580	5738	948	1729		165	
西山区	6800	276	10821	10115	4977	1180	3753	34	171	
官渡区	5214	331	13040	9814	4257	2402	2934		220	1
呈贡县	3695	2	2271	7984	1484	535	5900		65	
安宁市	1499	1276	7140	6408	4648	914	485	111	239	11
富民县	267	762	585	1229	310	383	308	200	7	21
晋宁县	1390	1307	1160	3682	926		2660	8	81	7
宜良县	1664	3814	1756	4010	983	258	2343		370	56
石林彝族自治县	412	4333	956	1081	366	154	408		152	1
嵩明县	832	3012	812	1267	385	221	644		17	
禄劝自治县	576	3282	457	1324	356	196	741		31	
东川区	117		1013	4235	2338	106	1342		109	340
寻甸回族自治县	302	4952	464	1219	569		585		65	
昭通市小计	**1201**	**10960**	**5037**	**20325**	**6851**	**3509**	**8332**	**180**	**1423**	**30**
本级			1151	5570	2477	700	1867		526	
区县级小计	1201	10960	3886	14755	4374	2809	6465	180	897	30
昭阳区	336	2913	1184	4215	730	750	2326		401	8
鲁甸县	21	1638	134	706	120	195	365		26	
巧家县	78	961	188	1806	998	426	318		64	
盐津县	76		182	623	362	136	86	8	31	
大关县	13	300	70	714	188	7	474		45	
永善县	54	264	323	941	325	312	283		21	
绥江县	2		97	383	114	153	76		30	10
镇雄县	150	3197	291	2099	280	537	1063		208	11
彝良县	246	1018	279	938	423	50	439		26	
威信县	43	669	155	1055	219	118	699		18	1
水富县	182		983	1275	615	125	336	172	27	
曲靖市小计	**7706**	**49473**	**21819**	**56860**	**29790**	**10333**	**22595**	**－7458**	**1550**	**50**
本级	3915	208	6243	11363	8236	3845	4436	－6052	898	
区县级小计	3791	49265	15576	45497	21554	6488	18159	－1406	652	50
麒麟区	991	4156	3969	5293	2182	1853	1266	－113	105	
沾益县	451	4714	2536	4502	2155	1194	1112	－12	53	

2－25－3 单位:万元

地区	收支部分									
	支出功能分类									
	支出合计	一般公共服务	外交	国防	公共安全	教育	科学技术	文化体育与传媒	社会保障和就业	医疗卫生
地市县合计	**8750171**	**1466218**	**3229**	**20648**	**631633**	**1711514**	**66183**	**152331**	**1348980**	**632538**
昆明市小计	**1646540**	**271845**		**2417**	**164873**	**248315**	**23627**	**23310**	**238857**	**81818**
本级	606792	102995		839	65073	46467	12251	10433	116743	20241
区县级小计	1039748	168850		1578	99800	201848	11376	12877	122114	61577
盘龙区	92191	20366		82	13165	20751	1709	1199	8817	8007
五华区	117093	14787		249	16011	17072	1435	1130	24555	8145
西山区	91872	12980		95	13529	15002	1082	614	14004	6525
官渡区	105100	17034		15	14528	21782	1483	2805	13046	5293
呈贡县	49611	9996		130	7000	9184	243	497	5387	2212
安宁市	116264	17122		315	8020	19255	3930	1684	4574	2703
富民县	30891	6614		88	2473	6915	56	409	1305	2051
晋宁县	50699	9648		76	3298	10047	93	431	5984	2361
宜良县	49464	6435		53	3179	10612	270	300	8603	4178
石林彝族自治县	40219	5450		48	3010	10397	136	588	6477	3261
嵩明县	53947	9891		50	3478	13153	398	393	5663	3122
禄劝自治县	57621	12420		156	3930	15728	103	652	3795	4271
东川区	119985	14452		206	4692	13232	174	1646	11786	4972
寻甸回族自治县	64791	11655		15	3487	18718	264	529	8118	4476
昭通市小计	**630555**	**101212**		**885**	**38857**	**164151**	**2755**	**15467**	**96553**	**54841**
本级	72812	15046		30	7087	7969	1248	10190	10352	4928
区县级小计	557743	86166		855	31770	156182	1507	5277	86201	49913
昭阳区	80270	12089		33	5496	20720	143	526	15638	8097
鲁甸县	47633	9893		99	2560	11192	109	415	5938	4527
巧家县	57800	7551		56	2646	15013	45	829	9024	4582
盐津县	42318	6943		58	2646	11364	70	310	7554	3243
大关县	35882	6660		52	1625	9655	110	174	4939	2403
永善县	48438	7060		74	2692	13377	86	498	7453	4714
绥江县	24292	4248		71	1331	5169	93	256	5037	1980
镇雄县	100633	11936		102	5289	35247	524	504	16172	10034
彝良县	51707	7036		41	2418	15696	113	773	7783	5010
威信县	42668	7784		69	2782	14692	108	665	3318	3987
水富县	26102	4966		200	2285	4057	106	327	3345	1336
曲靖市小计	**901592**	**141676**		**3302**	**55765**	**236328**	**5302**	**10163**	**124551**	**65946**
本级	171052	28028		1408	13691	28489	721	3052	19648	7368
区县级小计	730540	113648		1894	42074	207839	4581	7111	104903	58578
麒麟区	84704	13023		158	5878	21399	298	1011	13596	6626
沾益县	59927	9401		227	3613	14898	637	714	7880	4362

二、各省、自治区、直辖市地市县一般预算财政资料

2－25－4

单位:万元

地区	收支部分						平衡部分		
	支出功能分类						收入		
	环境保护	城乡社区事务	农林水事务	交通运输	工业、商业、金融等事务	其他支出	收入合计	本年收入	返还性收入 小计
地市县合计	**148703**	**447300**	**909537**	**532746**	**349068**	**329543**	**9701423**	**3794260**	**808157**
昆明市小计	**25834**	**155999**	**118732**	**54887**	**109255**	**126771**	**2168882**	**1330993**	**252126**
本级	15733	67587	22829	31773	50323	43505	906793	675229	124580
区县级小计	10101	88412	95903	23114	58932	83266	1262089	655764	127546
盘龙区	574	11321	3378	884	1938		102801	78928	6376
五华区	338	25488	2720	110	2311	2742	166377	107705	28293
西山区	459	9309	4642	1590	2257	9784	122584	86263	9548
官渡区	891	9207	5085	558	3077	10296	137655	101699	10760
呈贡县	862	3611	4775	690	1214	3810	68416	43198	6991
安宁市	1748	10343	13543	1731	29255	2041	149416	85353	37897
富民县	245	554	5899	1851	770	1661	31722	8200	2157
晋宁县	822	3043	6460	3846	1738	2852	57297	24500	6747
宜良县	263	1515	7538	2774	765	2979	58407	24814	1894
石林彝族自治县	360	1234	6382	1587	1254	35	41762	14215	2720
嵩明县	498	1822	10854	1416	2149	1060	55132	15969	3277
禄劝自治县	638	1249	7841	2233	1629	2976	61437	12503	1049
东川区	1564	8402	7680	2542	9429	39208	142785	37043	7434
寻甸回族自治县	839	1314	9106	1302	1146	3822	66298	15374	2403
昭通市小计	**9561**	**18681**	**57298**	**47795**	**11415**	**11084**	**650634**	**128874**	**76148**
本级	1861	2378	5229	2285	3372	837	80505	39727	54823
区县级小计	7700	16303	52069	45510	8043	10247	570129	89147	21325
昭阳区	616	4582	6109	3306	1514	1401	83287	22166	6729
鲁甸县	449	2272	4540	4456	506	677	48848	8166	1517
巧家县	1361	867	7238	7563	238	787	59195	6014	1674
盐津县	706	881	3585	3621	743	594	43022	5167	953
大关县	550	528	4431	3777	366	612	36327	2796	676
永善县	921	931	5223	4227	441	741	49574	6738	853
绥江县	498	548	2149	2111	355	446	24642	2626	629
镇雄县	1135	1762	7344	7169	1276	2139	101947	11699	2454
彝良县	578	618	4893	5009	777	962	52975	8153	2052
威信县	598	826	3760	2259	984	836	43276	5389	1041
水富县	288	2488	2797	2012	843	1052	27036	10233	2747
曲靖市小计	**16247**	**48671**	**102902**	**36224**	**35840**	**18675**	**975944**	**464868**	**84787**
本级	1192	25772	14809	10086	12447	4341	193409	139396	38174
区县级小计	15055	22899	88093	26138	23393	14334	782535	325472	46613
麒麟区	1162	4235	8013	1775	3849	3681	92396	49976	4222
沾益县	1088	2636	7434	2273	1702	3062	66397	36139	2027

2-25-5

单位:万元

地区	平衡部分									
	收入									
	返还性收入		财力性转移支付收入							
	增值税和消费税税收返还	所得税基数返还	小计	体制补助	一般性转移支付补助	民族地区转移支付补助	调整工资转移支付补助	农村义务教育补助	农村税费改革补助	缓解县乡困难转移支付补助
地市县合计	**635227**	**172930**	**2643364**	**263801**	**350349**	**100897**	**1013060**	**109250**	**263669**	**98279**
昆明市小计	**180064**	**72062**	**177152**		**969**	**623**	**85928**	**6592**	**12825**	**8483**
本级	61743	62837	-37839	-12733	-39339		22067		1311	3030
区县级小计	118321	9225	214991	12733	40308	623	63861	6592	11514	5453
盘龙区	6376		5375		12		3870	122	15	304
五华区	28293		8565		12		4608	150		
西山区	9548		11327		22		3000	274	257	
官渡区	10760		10218		22		4214	434	100	
呈贡县	5464	1527	5573		26		2521	319	710	
安宁市	36109	1788	12536		18		3261	486	344	800
富民县	1210	947	10954	2553	3193		2785	221	562	216
晋宁县	5426	1321	11138		1790		3769	458	1112	534
宜良县	1811	83	12112		28		4560	672	2196	1044
石林彝族自治县	929	1791	13065		3460	172	4266	492	938	1052
嵩明县	2335	942	16409		5840		4654	596	1571	876
禄劝自治县	1109	-60	26921	4498	9824	152	6170	816	1460	517
东川区	7010	424	43671	4866	5120		7588	514	713	
寻甸回族自治县	1941	462	27127	816	10941	299	8595	1038	1536	110
昭通市小计	**69397**	**6751**	**284582**	**10797**	**87031**		**101853**	**18954**	**21412**	**12483**
本级	52825	1998	-15485	-18779	-2383		4220	28	-196	571
区县级小计	16572	4753	300067	29576	89414		97633	18926	21608	11922
昭阳区	4514	2215	32124	1739	5998		13170	2669	2701	2023
鲁甸县	1347	170	27031	2585	10934		7993	1304	1362	921
巧家县	1260	414	32024	4136	8464		11470	1462	2450	1434
盐津县	664	289	23958	3574	7036		7439	1331	1876	575
大关县	608	68	20998	2319	7207		6191	992	1271	1173
永善县	658	195	28033	5066	7180		9422	1137	1743	1108
绥江县	508	121	13178		2182		4062	534	723	267
镇雄县	2184	270	61465	3533	21299		18873	5519	5485	2128
彝良县	1701	351	28365	3403	8750		8468	1921	1990	937
威信县	844	197	25230	3037	7401		7717	1764	1637	1234
水富县	2284	463	7661	184	2963		2828	293	370	122
曲靖市小计	**65287**	**19500**	**233078**		**22347**		**106005**	**16086**	**28532**	**16340**
本级	38502	-328	-8096		-4596		8325	-2348		2132
区县级小计	26785	19828	241174		26943		97680	18434	28532	14208
麒麟区	1487	2735	23900		242		10084	1376	2808	830
沾益县	1298	729	14845		282		6828	1112	2008	1324

二、各省、自治区、直辖市地市县一般预算财政资料

2－25－6

单位:万元

地区	平衡部分									
	收入								支出	
	财力性转移支付收入			专项转移支付	省补助计划单列市收入	上年结余	调入资金	国债转贷收入、上年结余及转补助数	支出合计	本年支出
	结算补助	企事业单位预算划转补助	其他财力性转移支付							
地市县合计	**408933**	**11676**	**23450**	**1984725**		**317049**	**153868**		**9220184**	**8750171**
昆明市小计	**45747**	**5418**	**10567**	**234851**		**161325**	**12435**		**1918455**	**1646540**
本级	－12175			30377		114366	80		731854	606792
区县级小计	73907			204474		46959	12355		1186601	1039748
盘龙区	1048		4	11943		179			101836	92191
五华区	3792		3	17353		4461			156469	117093
西山区	7777		－3	13203		2243			109801	91872
官渡区	5452		－4	12399		2579			127111	105100
呈贡县	1997			5057		1119	6478		66303	49611
安宁市	7627			9646		3304	680		143068	116264
富民县	1424			9976		435			31567	30891
晋宁县	3475			12870		1682	360		54774	50699
宜良县	3612			12705		4684	2198		54368	49464
石林彝族自治县	2685			10642		902	218		41297	40219
嵩明县	2872			19137		340			54912	53947
禄劝自治县	3484			18483		1574	907		58570	57621
东川区	24870			30407		22965	1265		120744	119985
寻甸回族自治县	3792			20653		492	249		65781	64791
昭通市小计	**31907**	**145**		**153133**		**5660**	**2237**		**640570**	**630555**
本级	1054			－2055		3495			74662	72812
区县级小计	30901	87		155188		2165	2237		565908	557743
昭阳区	3824			21583		65	620		82458	80270
鲁甸县	1932			11793		306	35		48225	47633
巧家县	2550	58		18925		403	155		58459	57800
盐津县	2127			12210		159	575		42847	42318
大关县	1845			11540		317			36205	35882
永善县	2377			13603		257	90		48851	48438
绥江县	5410			7772		427	10		24555	24292
镇雄县	4628			26294		35			101755	100633
彝良县	2867	29		14320		35	50		52505	51707
威信县	2440			11429		115	72		43181	42668
水富县	901			5719		46	630		26867	26102
曲靖市小计	**41871**	**1897**		**159864**		**20434**	**12913**		**963474**	**901592**
本级	－9239	－2370		5482		16453	2000		189275	171052
区县级小计	51110	4267		154382		3981	10913		774199	730540
麒麟区	7012	1548		14136		62	100		92321	84704
沾益县	3278	13		12872		246	268		66329	59927

2－25－7　　　　　　　　　　　　　　　　　　　　　　　　　　单位:万元

地区	平衡部分									
	支出								年终结余	其中:净结余
	财力性转移支付			专项上解	计划单列市上解省	增设预算周转金	调出资金	国债转贷拨付数及年终结余		
	小计	体制上解	出口退税专项上解							
地市县合计	**312353**	**312353**		**140102**		**17252**	**306**		**481239**	**277717**
昆明市小计	**237157**	**237157**		**34238**		**520**			**250427**	**148425**
本级	139869	139869		－14807					174939	92023
区县级小计	97288	97288		49045		520			75488	56402
盘龙区	4736	4736		4909					965	832
五华区	33389	33389		5987					9908	8697
西山区	11214	11214		6715					12783	8848
官渡区	16272	16272		5739					10544	6934
呈贡县	3622	3622		13070					2113	2113
安宁市	22126	22126		4158		520			6348	6348
富民县				676					155	111
晋宁县	2645	2645		1430					2523	39
宜良县	3284	3284		1620					4039	747
石林彝族自治县				1078					465	465
嵩明县				965					220	205
禄劝自治县				949					2867	91
东川区				759					22041	20455
寻甸回族自治县				990					517	517
昭通市小计				**7541**		**2474**			**10064**	**89**
本级				550		1300			5843	18
区县级小计				6991		1174			4221	71
昭阳区				1928		260			829	4
鲁甸县				592					623	1
巧家县				568		91			736	2
盐津县				399		130			175	2
大关县				323					122	14
永善县				413					723	20
绥江县				263					87	
镇雄县				992		130			192	23
彝良县				538		260			470	2
威信县				470		43			95	2
水富县				505		260			169	1
曲靖市小计	**41138**	**41138**		**16844**		**3900**			**12470**	**7889**
本级	15847	15847		－1524		3900			4134	2222
区县级小计	25291	25291		18368					8336	5667
麒麟区	4509	4509		3108					75	75
沾益县	3134	3134		3268					68	68

2－25－8

单位:万元

地区	收支部分								
	收入								
	收入合计	税收收入							
		小计	增值税	营业税	企业所得税	个人所得税	资源税	城市维护建设税	耕地占用税
马龙县	12656	11627	2127	4656	83	82	9	468	13
宣威市	63166	54093	17503	10905	889	815	2477	5392	762
富源县	57494	46489	13336	14579	303	418	4312	6951	25
罗平县	21226	18590	5316	3687	371	411	264	1289	44
师宗县	18293	15658	3586	3907	208	212	664	882	159
陆良县	25200	21777	4930	6423	420	324	104	1131	53
会泽县	41322	35421	13599	5254	2276	460	661	8820	280
玉溪市小计	**388965**	**346135**	**120647**	**58081**	**32645**	**4119**	**8096**	**69641**	**2357**
本级	211186	187444	76768	9962	26266	1768	2	62493	
区县级小计	177779	158691	43879	48119	6379	2351	8094	7148	2357
红塔区	48906	45520	14875	16527	1901	896	224	2064	1672
通海县	17490	15706	3315	5783	832	197	70	785	216
江川县	16339	14280	2559	4351	744	220	195	528	132
澄江县	11168	9905	2345	2507	441	214	339	278	66
华宁县	12022	9758	1196	2656	401	105	247	164	42
易门县	16281	14635	4715	3488	684	138	355	1023	83
峨山彝族自治县	18023	16122	3969	5056	509	232	1936	1094	7
新平自治县	26339	24347	8664	5778	615	205	4195	959	72
元江自治县	11211	8418	2241	1973	252	144	533	253	67
红河自治州小计	**377116**	**289225**	**95600**	**72600**	**17682**	**4486**	**7364**	**48252**	**659**
本级	116269	87645	30449	8691	13269	2262	1841	30618	
区县级小计	260847	201580	65151	63909	4413	2224	5523	17634	659
个旧市	58926	52444	30234	10082	1069	312	845	5940	47
开远市	37574	32389	9295	10316	432	446	2066	4470	79
蒙自县	39150	28187	5470	13046	667	497	584	1478	179
建水县	26976	21445	4547	8542	522	114	541	1219	1
石屏县	12168	10098	1275	3491	220	134	234	420	34
弥勒县	39010	25252	5521	7636	472	439	238	2172	79
泸西县	15478	13890	3063	3190	357	73	372	867	12
屏边苗族自治县	3534	2392	496	1026	126	36	2	80	181
河口瑶族自治县	6289	3848	936	1503	99	43	2	579	
金平自治县	9566	6745	3398	1973	267	59	548	200	45
元阳县	5209	1891	394	1065	108	26	61	90	2
红河县	2217	1220	304	675	41	17	19	60	
绿春县	4750	1779	218	1364	33	28	11	59	
文山自治州小计	**126000**	**109267**	**22228**	**46084**	**4078**	**1805**	**4598**	**6053**	**768**
本级	17853	10707	722	9123	805			38	

2－25－9 单位:万元

地区	收支部分									
	收入									
	税收收入			非税收入						
	契税	烟叶税	其他各项税收收入	小计	专项收入	行政事业性收费收入	罚没收入	国有资本经营收入	国有资源(资产)有偿使用收入	其他收入
马龙县	135	3784	270	1029	632	19	506	－154	26	
宣威市	357	11785	3208	9073	4304	1420	3992	－920	277	
富源县	249	4677	1639	11005	5973	194	4898	－130	20	50
罗平县	191	6138	879	2636	1118	506	1017	－24	19	
师宗县	341	5097	602	2635	945	110	1557	－7	30	
陆良县	718	6218	1456	3423	1136	515	1735	－38	75	
会泽县	358	2696	1017	5901	3109	677	2076	－8	47	
玉溪市小计	**6976**	**26819**	**16754**	**42830**	**22913**	**5689**	**8544**	**1909**	**3554**	**221**
本级	2290	80	7815	23742	15640	3781	3998		323	
区县级小计	4686	26739	8939	19088	7273	1908	4546	1909	3231	221
红塔区	2070	1862	3429	3386	2311	332	429		314	
通海县	599	2642	1267	1784	589	179	858	51	17	90
江川县	366	4259	926	2059	505	555	510	475	14	
澄江县	579	2712	424	1263	451	131	647	22	7	5
华宁县	99	4481	367	2264	262	58	347	47	1550	
易门县	140	3226	783	1646	712	82	212	629	11	
峨山彝族自治县	252	2443	624	1901	815	280	444	213	149	
新平自治县	399	2881	579	1992	1209	110	388	242	43	
元江自治县	182	2233	540	2793	419	181	711	230	1126	126
红河自治州小计	**6053**	**20994**	**15535**	**87891**	**20092**	**6422**	**15373**	**26331**	**3559**	**16114**
本级			515	28624	2229	1277	7317	7032	924	9845
区县级小计	6053	20994	15020	59267	17863	5145	8056	19299	2635	6269
个旧市	315	692	2908	6482	4715	629	659	10	463	6
开远市	698	1093	3494	5185	2223	704	1082	－291	67	1400
蒙自县	2000	2112	2154	10963	1385	448	1737	5916	62	1415
建水县	971	3283	1705	5531	868	578	877	1866	1241	101
石屏县	472	3055	763	2070	311	235	467	640	68	349
弥勒县	742	5570	2383	13758	6179	494	1110	5113	428	434
泸西县	303	5006	647	1588	599	270	340	7	25	347
屏边苗族自治县	57	183	205	1142	200	285	651		6	
河口瑶族自治县	341		345	2441	450	422	228	267	24	1050
金平自治县	98		157	2821	683	252	577	750	39	520
元阳县	27		118	3318	97	402	150	2030	25	614
红河县	17		87	997	71	226	55	536	76	33
绿春县	12		54	2971	82	200	123	2455	111	
文山自治州小计	**5595**	**10023**	**8035**	**16733**	**4623**	**1913**	**8605**	**424**	**548**	**620**
本级			19	7146	263	1163	5445		275	

2－25－10　　　　单位:万元

地区	收支部分									
	支出功能分类									
	支出合计	一般公共服务	外交	国防	公共安全	教育	科学技术	文化体育与传媒	社会保障和就业	医疗卫生
马龙县	33307	6976		98	1818	8704	219	403	4284	1775
宣威市	145827	20497		140	7839	48185	218	896	19509	12898
富源县	102060	22845		546	6657	29499	889	968	12844	5330
罗平县	65668	8425		189	3602	17874	237	563	9284	5530
师宗县	53288	7721		132	2464	14250	127	504	7348	4305
陆良县	73205	7967		180	3742	23367	750	858	13423	5533
会泽县	112554	16793		224	6461	29663	1206	1194	16735	12219
玉溪市小计	**604191**	**104625**		**1860**	**40566**	**111985**	**4910**	**11747**	**88979**	**45786**
本级	191552	30681		540	13234	24430	2159	4859	21439	10406
区县级小计	412639	73944		1320	27332	87555	2751	6888	67540	35380
红塔区	87055	14004		200	6562	16197	365	1831	11620	7947
通海县	40546	6434		162	3317	9785	661	512	8252	3667
江川县	39188	4682		98	2599	10560	264	678	6322	3453
澄江县	28381	5543		116	2016	6354	123	409	4975	2880
华宁县	31610	5690		113	1983	7218	183	250	5487	2999
易门县	36658	7706		139	2446	7562	146	657	6088	3172
峨山彝族自治县	40293	8378		208	2657	7687	697	714	6420	3469
新平自治县	67940	12717		189	3057	12134	201	1288	11955	4404
元江自治县	40968	8790		95	2695	10058	111	549	6421	3389
红河自治州小计	**819795**	**150173**		**1594**	**52258**	**159721**	**3890**	**15157**	**136972**	**56951**
本级	145857	31170		535	13520	8680	1310	6443	25037	8882
区县级小计	673938	119003		1059	38738	151041	2580	8714	111935	48069
个旧市	97674	14680		144	6462	16769	808	1189	20689	9045
开远市	62070	9183		38	5726	11812	180	1338	11307	4732
蒙自县	71042	17006		125	4455	17221	159	1018	9497	4624
建水县	68277	11292		66	2706	18615	123	910	13368	4476
石屏县	42461	7794		96	1682	9973	147	572	7323	3054
弥勒县	79273	11835		188	4393	15831	207	565	9339	4829
泸西县	47104	7544		11	2984	13038	182	452	6512	2849
屏边苗族自治县	25273	4581		2	1074	5382	74	316	4123	1712
河口瑶族自治县	25494	5489		44	2017	4664	93	368	3606	1906
金平自治县	46724	8065		92	2284	10834	120	530	7318	2806
元阳县	39490	5769		126	1822	11148	160	422	7937	3214
红河县	33985	6494		65	1918	8649	192	388	5817	2506
绿春县	35071	9271		62	1215	7105	135	646	5099	2316
文山自治州小计	**525324**	**77980**	**66**	**885**	**37607**	**128260**	**2095**	**7473**	**81732**	**41709**
本级	88384	14726	66	412	11551	7530	660	2493	11318	8170

2－25－11

单位：万元

地区	收支部分						平衡部分		
	支出功能分类						收入		
	环境保护	城乡社区事务	农林水事务	交通运输	工业、商业、金融等事务	其他支出	收入合计	本年收入	返还性收入 小计
马龙县	588	505	5084	1457	308	1088	32844	12656	1060
宣威市	3495	6638	16867	3304	3853	1488	157316	63166	6674
富源县	1816	2019	11351	1748	4920	628	112426	57494	4347
罗平县	1980	1907	8425	4848	1333	1471	68681	21226	2641
师宗县	1854	1615	6966	2258	2611	1133	55696	18293	1663
陆良县	300	1528	10138	2781	2241	397	76948	25200	3688
会泽县	2772	1816	13815	5694	2576	1386	119951	41322	20291
玉溪市小计	**9604**	**39574**	**84991**	**25444**	**17887**	**16233**	**662500**	**388965**	**23943**
本级	3812	23937	30145	18740	4768	2402	236551	211186	－10228
区县级小计	5792	15637	54846	6704	13119	13831	425949	177779	34171
红塔区	897	7932	10320	486	6220	2474	89799	48906	9465
通海县	213	807	3945	498	438	1855	43775	17490	3176
江川县	1484	949	6356	327	649	767	40824	16339	2564
澄江县	493	743	3414	113	388	814	29258	11168	3058
华宁县	216	370	4566	1409	243	883	32638	12022	2077
易门县	144	850	5452	426	473	1397	37745	16281	3030
峨山彝族自治县	442	495	5643	913	1342	1228	41003	18023	3126
新平自治县	1695	3029	9353	2420	2710	2788	69018	26339	4194
元江自治县	208	462	5797	112	656	1625	41889	11211	3481
红河自治州小计	**9064**	**42653**	**77805**	**65010**	**29446**	**19101**	**883006**	**377116**	**79183**
本级	1528	3431	8355	24506	10088	2372	154919	116269	47112
区县级小计	7536	39222	69450	40504	19358	16729	728087	260847	32071
个旧市	690	10741	6780	2633	3282	3762	114212	58926	6741
开远市	932	7571	5941	2007	1086	217	72348	37574	4944
蒙自县	261	2613	7888	4716	1403	56	77971	39150	4370
建水县	650	2353	6531	3173	1758	2256	72841	26976	3587
石屏县	815	1316	5887	1984	823	995	43809	12168	1804
弥勒县	2323	8698	9649	3313	3793	4310	88844	39010	4096
泸西县	247	580	6546	3568	1324	1267	47980	15478	2180
屏边苗族自治县	194	491	3162	3592	570		25871	3534	584
河口瑶族自治县	133	732	3347	2146	487	462	26219	6289	933
金平自治县	250	1110	3634	5660	1024	2997	47437	9566	1589
元阳县	578	884	3624	1508	2091	207	40342	5209	553
红河县	157	967	3488	2116	1078	150	34596	2217	365
绿春县	306	1166	2973	4088	639	50	35617	4750	325
文山自治州小计	**6669**	**15619**	**48786**	**34440**	**15522**	**26481**	**544524**	**126000**	**23521**
本级	698	868	3704	5657	3928	16603	85358	17853	6588

二、各省、自治区、直辖市地市县一般预算财政资料

2－25－12　　　　单位:万元

地区	平衡部分									
	收入									
	返还性收入		财力性转移支付收入							
	增值税和消费税税收返还	所得税基数返还	小计	体制补助	一般性转移支付补助	民族地区转移支付补助	调整工资转移支付补助	农村义务教育补助	农村税费改革补助	缓解县乡困难转移支付补助
马龙县	767	293	10999	120	864		5233	705	978	787
宣威市	3089	3585	56088		7426		20745	4549	6045	3592
富源县	1879	2468	29845		1403		11951	2692	3410	2492
罗平县	585	2056	28105		6259		10488	2054	2895	2001
师宗县	379	1284	17806		3133		7214	1374	2214	875
陆良县	1490	2198	30182		6677		11146	2255	4488	1397
会泽县	15811	4480	29524		657		13991	2317	3686	910
玉溪市小计	**22887**	**1056**	**86115**		**292**	**4725**	**41637**	**3603**	**14329**	**3259**
本级	－2043	－8185	－45810	－4396	12		－4961	27	－6922	－21819
区县级小计	24930	9241	131925	4396	280	4725	46598	3576	21251	25078
红塔区	5251	4214	20351	2086	50		4755	519	4073	327
通海县	1508	1668	12436		44		5455	542	1692	2029
江川县	1734	830	13569		40		5868	551	2248	2802
澄江县	2276	782	8692		16		4030	288	1304	1720
华宁县	1649	428	10718		22		4614	351	1509	2846
易门县	2979	51	10746		32		4349	280	1248	2535
峨山彝族自治县	2711	415	13344	623	24	796	5165	257	1500	2991
新平自治县	3961	233	23671	950	28	3453	6718	398	3154	5507
元江自治县	2861	620	18398	737	24	476	5644	390	4523	4321
红河自治州小计	**71625**	**7558**	**227722**	**27183**	**3171**	**27166**	**95472**	**9934**	**22802**	**9392**
本级	50038	－2926	－23629	－7427	－998	7281	1070	－2534		921
区县级小计	21587	10484	251351	34610	4169	19885	94402	12468	22802	8471
个旧市	4671	2070	29175	2458	12	8958	7815	606	948	278
开远市	3154	1790	15656	863	8	3179	6163	540	852	55
蒙自县	3181	1189	21184	1883	22	1918	6619	1077	1605	19
建水县	2715	872	26851	2949	60	1208	10702	1510	2746	1812
石屏县	1285	519	17566	3027	68	271	8199	816	2390	180
弥勒县	2129	1967	24934	2600	50	1080	10096	1543	3418	1100
泸西县	1419	761	16958	2123	76	497	8479	1255	1754	285
屏边苗族自治县	376	208	11982	2617	194	304	4745	462	1024	78
河口瑶族自治县	749	184	9671	1434	34	190	3545	262	1812	318
金平自治县	1092	497	20563	3768	454	1491	6947	1228	1792	1125
元阳县	318	235	22271	4313	1071	220	8729	1243	1770	1127
红河县	253	112	19742	3676	1285	273	7360	1008	1488	1272
绿春县	245	80	14798	2899	835	296	5003	918	1203	822
文山自治州小计	**11829**	**11692**	**263908**	**42319**	**49463**	**10360**	**82463**	**10574**	**18335**	**9174**
本级	3516	3072	39708	7449	1006	3810	9816		72	3146

2－25－13　　　　　　　　　　单位:万元

地区	平衡部分									
	收入								支出	
	财力性转移支付收入									
	结算补助	企事业单位预算划转补助	其他财力性转移支付	专项转移支付	省补助计划单列市收入	上年结余	调入资金	国债转贷收入、上年结余及转补助数	支出合计	本年支出
马龙县	2307	5		8181		－127	75		34180	33307
宣威市	11816	1915		30364		1024			153565	145827
富源县	7865	32		17855		60	2825		109396	102060
罗平县	4385	23		16599		110			68486	65668
师宗县	2989	7		13628		17	4289		55691	53288
陆良县	3723	496		14486		36	3356		76913	73205
会泽县	7735	228		26261		2553			117438	112554
玉溪市小计	**10960**	**115**	**7195**	**94228**		**8005**	**61244**		**648606**	**604191**
本级	－14901	－45	7195	30283		7770	43350		222910	191552
区县级小计	25861	160		63945		235	17894		425696	412639
红塔区	8441	100		7816		10	3251		89789	87055
通海县	2674			6337		10	4326		43664	40546
江川县	2060			8328		24			40817	39188
澄江县	1334			4874		10	1456		29248	28381
华宁县	1376			6897		24	900		32579	31610
易门县	2302			6234		10	1444		37738	36658
峨山彝族自治县	1988			5446		43	1021		40996	40293
新平自治县	3410	53		9960		9	4845		69013	67940
元江自治县	2276	7		8053		95	651		41852	40968
红河自治州小计	**31916**	**686**		**167084**		**31186**	**715**		**833082**	**819795**
本级	－21916	－26		－4109		19276			124882	145857
区县级小计	53832	712		171193		11910	715		708200	673938
个旧市	8100			15367		4003			108407	97674
开远市	3742	254		11572		2386	216		67230	62070
蒙自县	8041			11901		1366			75452	71042
建水县	5781	83		14510		917			71143	68277
石屏县	2615			11369		403	499		43266	42461
弥勒县	5047			19523		1281			86783	79273
泸西县	2489			13954		－590			47980	47104
屏边苗族自治县	2502	56		9511		260			25580	25273
河口瑶族自治县	2015	61		9134		192			25811	25494
金平自治县	3624	134		15181		538			47137	46724
元阳县	3798			11869		440			39824	39490
红河县	3380			11913		359			34259	33985
绿春县	2698	124		15389		355			35328	35071
文山自治州小计	**41111**	**109**		**126065**		**3092**	**1938**		**534711**	**525324**
本级	14383	26		17614		1888	1707		80765	88384

二、各省、自治区、直辖市地市县一般预算财政资料

2－25－14　　　　单位:万元

地区	平衡部分									
	支出								年终结余	其中：净结余
	财力性转移支付			专项上解	计划单列市上解省	增设预算周转金	调出资金	国债转贷拨付数及年终结余		
	小计	体制上解	出口退税专项上解							
马龙县				873					－1336	－4005
宣威市	4413	4413		3325					3751	3751
富源县	5727	5727		1609					3030	3030
罗平县	1388	1388		1430					195	195
师宗县	1024	1024		1379					5	5
陆良县	1914	1914		1794					35	35
会泽县	3302	3302		1582					2513	2513
玉溪市小计	**34058**	**34058**		**10248**		**109**			**13894**	**11309**
本级	30656	30656		702					13641	11056
区县级小计	3402	3402		9546		109			253	253
红塔区				2734					10	10
通海县	2248	2248		818		52			111	111
江川县	338	338		1234		57			7	7
澄江县	247	247		620					10	10
华宁县	179	179		790					59	59
易门县	390	390		690					7	7
峨山彝族自治县				703					7	7
新平自治县				1073					5	5
元江自治县				884					37	37
红河自治州小计				**12507**		**780**			**49924**	**39705**
本级				－20975					30037	19818
区县级小计				33482		780			19887	19887
个旧市				10603		130			5805	5805
开远市				5160					5118	5118
蒙自县				4410					2519	2519
建水县				2866					1698	1698
石屏县				805					543	543
弥勒县				6860		650			2061	2061
泸西县				876						
屏边苗族自治县				307					291	291
河口瑶族自治县				317					408	408
金平自治县				413					300	300
元阳县				334					518	518
红河县				274					337	337
绿春县				257					289	289
文山自治州小计				**7799**		**1300**	**288**		**9813**	**9813**
本级				－8736		910	207		4593	4593

2-25-15

单位:万元

地区	收支部分								
	收入								
	收入合计	税收收入							
		小计	增值税	营业税	企业所得税	个人所得税	资源税	城市维护建设税	耕地占用税
区县级小计	108147	98560	21506	36961	3273	1805	4598	6015	768
文山县	35666	34196	5229	15493	1081	496	273	2082	47
砚山县	15551	13782	3783	3662	368	292	659	843	205
西畴县	2711	2603	751	541	106	50	151	206	
麻栗坡县	11190	10051	2025	5708	207	260	184	272	184
马关县	15007	13437	5938	2355	659	235	1523	1252	4
丘北县	7818	6649	636	2186	303	111	57	229	51
广南县	9398	8145	1325	2839	391	245	492	401	43
富宁县	10806	9697	1819	4177	158	116	1259	730	234
普洱市小计	**110983**	**78187**	**17368**	**36105**	**2087**	**2073**	**1405**	**4916**	**816**
本级	25006	13005	2291	5186	509	513	178	1551	70
区县级小计	85977	65182	15077	30919	1578	1560	1227	3365	746
思茅区	23866	20290	3683	12058	471	418	379	905	319
宁洱自治县	9322	6018	1531	2694	67	76	254	360	19
墨江哈尼族自治县	7828	5778	713	2684	290	165	62	129	
景谷自治县	12516	7891	2581	2891	139	200	118	517	132
镇沅县	4301	3737	619	1283	57	84	181	97	5
景东彝族自治县	11438	7717	2998	1826	133	126	44	813	20
江城自治县	3428	2783	429	1904	127	117	14	56	
澜沧拉祜族自治县	8449	6775	1688	3380	114	201	135	296	195
孟连县	3551	3133	692	1494	177	132	32	155	56
西盟佤族自治县	1278	1060	143	705	3	41	8	37	
版纳州小计	**60687**	**51707**	**7724**	**28142**	**1512**	**1119**	**3339**	**2850**	**382**
本级	14968	11664	241	9554	344	99	1	435	137
区县级小计	45719	40043	7483	18588	1168	1020	3338	2415	245
景洪市	25834	22241	3043	11161	615	534	511	1472	232
勐海县	6839	5841	2607	1721	75	144	91	560	13
勐腊县	13046	11961	1833	5706	478	342	2736	383	
楚雄彝族自治州小计	**179503**	**144244**	**38889**	**32724**	**9178**	**3659**	**1992**	**23649**	**522**
本级	44411	35707	15070	3340	7292			9996	
区县级小计	135092	108537	23819	29384	1886	3659	1992	13653	522
楚雄市	58336	48866	7855	16493	1055	1539	86	9548	386
双柏县	4925	3546	483	753	30	57	3	107	
牟定县	4898	4188	655	1044	16	42	136	185	8
南华县	7711	6457	793	1095	51	193	162	903	1
姚安县	4326	3572	364	817	11	35	96	101	7
大姚县	8008	6691	1743	1487	59	131	155	376	12

2－25－16

单位:万元

地区	收支部分									
	收入									
	税收收入			非税收入						
	契税	烟叶税	其他各项税收收入	小计	专项收入	行政事业性收费收入	罚没收入	国有资本经营收入	国有资源(资产)有偿使用收入	其他收入
区县级小计	5595	10023	8016	9587	4360	750	3160	424	273	620
文山县	3465	1794	4236	1470	1245		199		26	
砚山县	630	2353	987	1769	784		463		22	500
西畴县	24	589	185	108	67		10		31	
麻栗坡县	67	750	394	1139	583	193	343		20	
马关县	90	836	545	1570	768	114	677		11	
丘北县	801	1788	487	1169	165	245	607		32	120
广南县	130	1913	366	1253	362	122	264	424	81	
富宁县	388		816	1109	386	76	597		50	
普洱市小计	**3561**	**4298**	**5558**	**32796**	**6742**	**4123**	**8579**	**3728**	**6611**	**3013**
本级	1730		977	12001	2699	681	4062	400	3215	944
区县级小计	1831	4298	4581	20795	4043	3442	4517	3328	3396	2069
思茅区	404	281	1372	3576	540	588	676		59	1713
宁洱自治县	188	367	462	3304	251	205	603	1820	270	155
墨江哈尼族自治县	272	889	574	2050	153	232	355		1249	61
景谷自治县	311	238	764	4625	451	1358	1253	1476	22	65
镇沅县	57	1169	185	564	85	37	265	32	145	
景东彝族自治县	133	1353	271	3721	1914	19	542		1243	3
江城自治县	36		100	645	94	89	234		224	4
澜沧拉祜族自治县	260	1	505	1674	419	859	199		132	65
孟连县	145		250	418	103	13	288		13	1
西盟佤族自治县	25		98	218	33	42	102		39	2
版纳州小计	**2159**		**4480**	**8980**	**2120**	**1867**	**3447**	**463**	**1053**	**30**
本级	170		683	3304	287	535	1896	463	93	30
区县级小计	1989		3797	5676	1833	1332	1551		960	
景洪市	1714		2959	3593	856	1094	788		855	
勐海县	208		422	998	429	39	511		19	
勐腊县	67		416	1085	548	199	252		86	
楚雄彝族自治州小计	**4229**	**19547**	**9855**	**35259**	**10073**	**6452**	**5564**	**7551**	**2511**	**3108**
本级		9		8704	2784	2940	761	1108	798	313
区县级小计	4229	19538	9855	26555	7289	3512	4803	6443	1713	2795
楚雄市	3293	3854	4757	9470	2818	1549	831	2846	366	1060
双柏县	47	1883	183	1379	119	57	605	1	220	377
牟定县	67	1645	390	710	139	66	221	107	22	155
南华县	61	2464	734	1254	518	71	261	255	147	2
姚安县	74	1727	340	754	91	10	72	545	28	8
大姚县	196	1644	888	1317	257	111	296	388	55	210

2-25-17 单位:万元

地区	收支部分									
	支出功能分类									
	支出合计	一般公共服务	外交	国防	公共安全	教育	科学技术	文化体育与传媒	社会保障和就业	医疗卫生
区县级小计	436940	63254		473	26056	120730	1435	4980	70414	33539
文山县	69120	10775		32	4790	15224	106	570	10329	4806
砚山县	52438	9984			3170	15282	111	622	7523	4352
西畴县	37286	4870			1935	10254	116	448	7628	2683
麻栗坡县	47999	5131		117	3058	13011	177	767	8412	3026
马关县	52998	6756		41	2932	13402	118	739	8842	3915
丘北县	54774	7484		143	3589	14665	254	428	9247	4227
广南县	68162	9581		109	3622	24455	226	722	9979	6254
富宁县	54163	8673		31	2960	14437	327	684	8454	4276
普洱市小计	**558022**	**84108**	**73**	**1094**	**32240**	**93140**	**2622**	**7245**	**147144**	**44793**
本级	92263	18842		530	8837	7327	1069	2411	19390	7553
区县级小计	465759	65266	73	564	23403	85813	1553	4834	127754	37240
思茅区	59815	6680		91	3729	10354	185	271	18836	4308
宁洱自治县	82631	7044		83	2297	7605	361	381	48446	3358
墨江哈尼族自治县	50257	8831		78	2313	10864	115	532	9945	4196
景谷自治县	45755	6725			2378	9764	66	535	9436	4097
镇沅县	34834	6506		10	1430	7939	188	420	5838	2814
景东彝族自治县	47392	6450		38	2549	9878	125	526	10298	4443
江城自治县	27501	4081	3	82	1479	4336	105	251	4523	1677
澜沧拉祜族自治县	69281	10321	3	84	3397	16802	179	649	12784	8554
孟连县	25884	4334	43	49	2185	4438	138	477	3815	1908
西盟佤族自治县	22409	4294	24	49	1646	3833	91	792	3833	1885
版纳州小计	**207656**	**31131**		**415**	**15697**	**39991**	**1310**	**3303**	**32183**	**15675**
本级	49228	11809		123	6544	5410	533	1725	6327	4313
区县级小计	158428	19322		292	9153	34581	777	1578	25856	11362
景洪市	68077	7747		187	3969	14878	327	487	9824	5104
勐海县	47292	5565		40	2654	10123	177	467	9377	3463
勐腊县	43059	6010		65	2530	9580	273	624	6655	2795
楚雄彝族自治州小计	**570960**	**102523**		**2208**	**34000**	**104618**	**2702**	**14383**	**73233**	**48490**
本级	127256	19337		1059	7559	17219	1168	8667	17553	9320
区县级小计	443704	83186		1149	26441	87399	1534	5716	55680	39170
楚雄市	101620	17532		387	6672	18036	283	1031	6472	7681
双柏县	30087	6263		16	1653	5321	124	533	5178	1551
牟定县	30022	6715		87	1868	7129	130	431	1989	3296
南华县	38365	7137		25	2450	6528	192	338	6302	3854
姚安县	31318	6472		99	1812	5805	85	623	5520	3253
大姚县	41338	7292		118	2112	10134	109	412	6337	4025

2－25－18

单位：万元

地区	收支部分						平衡部分		
	支出功能分类						收入		
	环境保护	城乡社区事务	农林水事务	交通运输	工业、商业、金融等事务	其他支出	收入合计	本年收入	返还性收入 小计
区县级小计	5971	14751	45082	28783	11594	9878	459166	108147	16933
文山县	369	6727	7303	2723	5153	213	74358	35666	5968
砚山县	256	1162	4999	3448	1057	472	55956	15551	2364
西畴县	185	1111	4576	2534	375	571	39156	2711	1105
麻栗坡县	249	453	5654	3790	331	3823	50078	11190	1316
马关县	287	3192	5304	3381	1251	2838	55559	15007	2081
丘北县	2778	478	5609	4267	1294	311	57078	7818	1105
广南县	1235	939	5195	3810	1299	736	70229	9398	1567
富宁县	612	689	6442	4830	834	914	56752	10806	1427
普洱市小计	**7238**	**12428**	**57537**	**38363**	**14224**	**15773**	**575693**	**110983**	**22244**
本级	4528	1364	6306	2429	7422	4255	101683	25006	3151
区县级小计	2710	11064	51231	35934	6802	11518	474010	85977	19093
思茅区	174	3543	4754	3516	736	2638	62371	23866	3943
宁洱自治县	494	2307	6026	2354	816	1059	83573	9322	2360
墨江哈尼族自治县	188	549	6393	3919	715	1619	51157	7828	2312
景谷自治县	632	721	4836	4878	816	871	46918	12516	3027
镇沅县	149	423	4754	3200	1090	73	34743	4301	1123
景东彝族自治县	236	1578	6873	3478	432	488	48426	11438	2822
江城自治县	112	192	3616	4651	271	2122	27811	3428	476
澜沧拉祜族自治县	502	554	7301	5857	769	1525	70221	8449	1791
孟连县	128	768	4022	2045	732	802	26239	3551	911
西盟佤族自治县	95	429	2656	2036	425	321	22551	1278	328
版纳州小计	**3280**	**6824**	**26570**	**14028**	**6915**	**10334**	**216080**	**60687**	**11108**
本级	1250	1423	4246	507	3979	1039	50809	14968	1565
区县级小计	2030	5401	22324	13521	2936	9295	165271	45719	9543
景洪市	612	3307	10921	3498	1014	6202	72754	25834	4341
勐海县	509	478	6152	6104	1180	1003	48118	6839	3372
勐腊县	909	1616	5251	3919	742	2090	44399	13046	1830
楚雄彝族自治州小计	**9191**	**32345**	**64571**	**42420**	**27772**	**12504**	**592106**	**179503**	**87591**
本级	1295	2123	25189	9960	4734	2073	129441	44411	61299
区县级小计	7896	30222	39382	32460	23038	10431	462665	135092	26292
楚雄市	283	20676	8635	4377	7393	2162	111472	58336	8709
双柏县	1905	492	2812	3555	684		30580	4925	948
牟定县	242	731	2786	2664	1225	729	30834	4898	892
南华县	981	793	2942	4248	1962	613	39052	7711	1731
姚安县	579	386	2575	2310	952	847	32014	4326	811
大姚县	662	854	3300	2752	2121	1110	41985	8008	1498

2－23－19

单位:万元

地区	平衡部分									
	收入									
	返还性收入		财力性转移支付收入							
	增值税和消费税税收返还	所得税基数返还	小计	体制补助	一般性转移支付补助	民族地区转移支付补助	调整工资转移支付补助	农村义务教育补助	农村税费改革补助	缓解县乡困难转移支付补助
区县级小计	8313	8620	224200	34870	48457	6550	72647	10574	18263	6028
文山县	2079	3889	22571	3906	1219	824	8914	1385	2426	601
砚山县	1694	670	25178	4099	2563	997	9072	1557	3208	356
西畴县	480	625	24462	3690	6315	743	8021	630	1262	834
麻栗坡县	820	496	23448	4283	3816	945	8275	866	1457	749
马关县	1325	756	26638	5036	4325	1464	9390	906	1983	177
丘北县	494	611	32365	4077	10820	420	9137	1636	2299	445
广南县	868	699	41446	5215	11694	430	11866	2344	3225	2201
富宁县	553	874	28092	4564	7705	727	7972	1250	2403	665
普洱市小计	**13576**	**8668**	**219743**	**36155**	**34140**	**6205**	**74654**	**5662**	**23741**	**5780**
本级	1044	2107	38044	9284	610	4329	14025	47	142	472
区县级小计	12532	6561	181699	26871	33530	1876	63573	5615	23599	5308
思茅区	2543	1400	12349	1603	512		5113	446	2373	442
宁洱自治县	1707	653	15688	2385	1087	638	6195	456	2645	399
墨江哈尼族自治县	890	1422	24606	3515	5262	174	7953	836	2304	1390
景谷自治县	2093	934	15723	2202	559	254	5773	669	4356	173
镇沅县	806	317	18276	2429	3379	386	6627	431	2204	734
景东彝族自治县	2029	793	21711	3193	3686	20	8323	744	2611	800
江城自治县	365	111	11206	2211	2036	72	3955	308	1072	179
澜沧拉祜族自治县	1365	426	37449	5384	12237	180	10929	1010	3520	279
孟连县	515	396	11645	2072	1612	70	4260	414	1675	427
西盟佤族自治县	219	109	13046	1877	3160	82	4445	301	839	485
版纳州小计	**6814**	**4294**	**82451**	**7948**	**1673**	**4473**	**24354**	**2417**	**22086**	**4235**
本级	30	1535	24792	6297	200	2496	7208	28	2195	
区县级小计	6784	2759	57659	1651	1473	1977	17146	2389	19891	4235
景洪市	2690	1651	21690	80	106	650	6074	880	8067	1613
勐海县	2773	599	18297	879	1359	1029	5654	837	5180	1697
勐腊县	1321	509	17672	692	8	298	5418	672	6644	925
楚雄彝族自治州小计	**80983**	**6608**	**157224**	**300**	**18780**	**8790**	**71990**	**5896**	**15380**	**3621**
本级	62219	－920	1048	－21913	－1200	3605	10781	19		370
区县级小计	18764	7528	156176	22213	19980	5185	61209	5877	15380	3251
楚雄市	4938	3771	21153		83	1911	9062	1048	2231	1160
双柏县	766	182	11711	1873	2227	80	4601	369	1119	245
牟定县	560	332	14367	2700	1841	213	5759	407	1375	62
南华县	1156	575	14331	2320	2771	125	5522	568	1504	94
姚安县	578	233	15438	3120	2920	75	5412	484	1233	274
大姚县	1092	406	18559	3143	3058	317	7236	668	1977	241

二、各省、自治区、直辖市地市县一般预算财政资料

2－25－20

单位:万元

地区	平衡部分									
	收入								支出	
	财力性转移支付收入			专项转移支付	省补助计划单列市收入	上年结余	调入资金	国债转贷收入、上年结余及转补助数	支出合计	本年支出
	结算补助	企事业单位预算划转补助	其他财力性转移支付							
区县级小计	26728	83		108451		1204	231		453946	436940
文山县	3296			9973		99	81		74185	69120
砚山县	3326			12677		186			54611	52438
西畴县	2922	45		10572		306			37721	37286
麻栗坡县	3039	18		13954		170			49912	47999
马关县	3337	20		11640		43	150		55345	52998
丘北县	3531			15754		36			56218	54774
广南县	4471			17651		167			69834	68162
富宁县	2806			16230		197			56120	54163
普洱市小计	**33073**	**333**		**194105**		**6615**	**22003**		**565372**	**558022**
本级	9108	27		14293		5768	15421		91438	92263
区县级小计	21021	306		179812		847	6582		473934	465759
思茅区	1828	32		21135		1078			61918	59815
宁洱自治县	1879	4		54046		285	1872		83573	82631
墨江哈尼族自治县	3168	4		15217		－265	1459		51157	50257
景谷自治县	1665	72		15507		35	110		46785	45755
镇沅县	2045	41		10405		－772	1410		35481	34834
景东彝族自治县	2182	152		11758		6	691		48325	47392
江城自治县	1373			12196		135	370		27757	27501
澜沧拉祜族自治县	3910			22215		317			70148	69281
孟连县	1114	1		9499		66	567		26239	25884
西盟佤族自治县	1857			7834		－38	103		22551	22409
版纳州小计	**14431**	**834**		**58514**		**3077**	**243**		**212230**	**207656**
本级	5534	834		6606		2635	243		47854	49228
区县级小计	8897			51908		442			164376	158428
景洪市	4220			20469		420			71901	68077
勐海县	1662			19600		10			48094	47292
勐腊县	3015			11839		12			44381	43059
楚雄彝族自治州小计	**32280**	**187**		**147066**		**10554**	**10168**		**578988**	**570960**
本级	9199	187		7809		6849	8025		119272	127256
区县级小计	23081			139257		3705	2143		459716	443704
楚雄市	5658			22090		1184			110550	101620
双柏县	1197			12287		648	61		30524	30087
牟定县	2010			10250		144	283		30461	30022
南华县	1427			15108		171			38982	38365
姚安县	1920			11234		205			31788	31318
大姚县	1919			13513		250	157		41904	41338

2－25－21

单位:万元

地区	平衡部分 支出 财力性转移支付 小计	体制上解	出口退税专项上解	专项上解	计划单列市上解省	增设预算周转金	调出资金	国债转贷拨付数及年终结余	年终结余	其中:净结余
区县级小计				16535		390	81		5220	5220
文山县				4984			81		173	173
砚山县				2173					1345	1345
西畴县				435					1435	1435
麻栗坡县				1913					166	166
马关县				1957		390			214	214
丘北县				1444					860	860
广南县				1672					395	395
富宁县				1957					632	632
普洱市小计				**7200**		**150**			**10321**	**4479**
本级				－955		130			10245	4403
区县级小计				8155		20			76	76
思茅区				2103					453	453
宁洱自治县				922		20				
墨江哈尼族自治县				900						
景谷自治县				1030					133	133
镇沅县				647					－738	－738
景东彝族自治县				933					101	101
江城自治县				256					54	54
澜沧拉祜族自治县				867					73	73
孟连县				355						
西盟佤族自治县				142						
版纳州小计				**4565**			**9**		**3850**	**3550**
本级				－1383			9		2955	2655
区县级小计				5948					895	895
景洪市				3824					853	853
勐海县				802					24	24
勐腊县				1322					18	18
楚雄彝族自治州小计				**8028**					**13118**	**4299**
本级	－8648	－8648		664					10169	2095
区县级小计	8648	8648		7364					2949	2204
楚雄市	6604	6604		2326					922	302
双柏县				437					56	56
牟定县				439					373	367
南华县				617					70	45
姚安县				470					226	198
大姚县				566					81	81

二、各省、自治区、直辖市地市县一般预算财政资料

2－25－22

单位:万元

地区	收支部分								
	收入								
	收入合计	税收收入							
		小计	增值税	营业税	企业所得税	个人所得税	资源税	城市维护建设税	耕地占用税
永仁县	3629	2547	430	839	14	54	27	101	36
元谋县	6788	3270	554	1175	41	84	87	145	4
武定县	7553	5833	1561	1367	38	96	164	326	20
禄丰县	28918	23567	9381	4314	571	1428	1076	1861	48
大理白族自治州小计	**227817**	**156829**	**33953**	**48502**	**9221**	**3006**	**2067**	**15906**	**2509**
本级	40781	20982	9749	4308	3513	21		3179	
区县级小计	187036	135847	24204	44194	5708	2985	2067	12727	2509
大理市	90122	66983	9217	25578	2507	1624	558	9163	937
漾濞彝族自治县	5042	2912	780	1065	87	78	5	159	7
祥云县	20379	16004	5285	3185	633	232	273	1599	181
宾川县	11682	8085	577	2467	324	136	57	257	82
弥渡县	6688	5621	703	1568	250	121	147	149	31
南涧彝族自治县	9916	6872	659	2580	227	152	1	179	303
巍山自治县	6681	5131	870	866	231	105	26	134	532
永平县	6133	3995	537	1054	111	71	118	105	367
云龙县	5778	4352	1331	1291	199	57	254	234	40
洱源县	8556	4993	831	1303	497	116	71	208	20
剑川县	6202	4399	2109	632	233	87	269	323	3
鹤庆县	9857	6500	1305	2605	409	206	288	217	6
保山市小计	**105761**	**82258**	**17393**	**28463**	**4066**	**1977**	**1847**	**4449**	**1157**
本级	14866	7930	2532	507	2955	1047		559	
区县级小计	90895	74328	14861	27956	1111	930	1847	3890	1157
隆阳区	32741	28138	4461	11470	275	346	351	1703	489
施甸县	6117	5187	1053	1191	199	38	11	133	83
腾冲县	32341	24389	4525	10973	329	316	1123	1053	155
昌宁县	9195	7867	1473	1584	130	73	119	292	313
龙陵县	10501	8747	3349	2738	178	157	243	709	117
德宏自治州小计	**78953**	**46956**	**11873**	**21076**	**1506**	**1247**	**311**	**3275**	**315**
本级	21121	958		692	28	92		40	
区县级小计	57832	45998	11873	20384	1478	1155	311	3235	315
潞西市	17440	12622	2743	5703	363	324	187	792	58
梁河县	3700	2394	786	1178	14	41	24	94	
盈江县	14621	13346	3815	6969	239	280	65	562	146
陇川县	5252	4037	1968	1089	290	90	1	359	
瑞丽市	16819	13599	2561	5445	572	420	34	1428	111
丽江市小计	**72831**	**61476**	**8336**	**29377**	**1791**	**1414**	**2601**	**3781**	**959**
本级	10752	7650		6330	1319			1	

2-25-23

单位:万元

地区	收支部分									
	收入									
	税收收入			非税收入						
	契税	烟叶税	其他各项税收收入	小计	专项收入	行政事业性收费收入	罚没收入	国有资本经营收入	国有资源(资产)有偿使用收入	其他收入
永仁县	41	792	213	1082	82	80	300	94	31	495
元谋县	131	462	587	3518	1327	194	151	1054	713	79
武定县	82	1769	410	1720	402	243	549	73	89	364
禄丰县	237	3298	1353	5351	1536	1131	1517	1080	42	45
大理白族自治州小计	**8517**	**18542**	**14606**	**70988**	**8363**	**19817**	**13904**	**16544**	**2006**	**10354**
本级		54	158	19799	1836	4718	2336	3216	531	7162
区县级小计	8517	18488	14448	51189	6527	15099	11568	13328	1475	3192
大理市	6849	624	9926	23139	3086	13562	2972	3026	128	365
漾濞彝族自治县	37	510	184	2130	192	170	474	1159	101	34
祥云县	355	2949	1312	4375	1075	272	1314	855	285	574
宾川县	305	3258	622	3597	277	377	1130	1128	452	233
弥渡县	78	2242	332	1067	147	70	717	81	40	12
南涧彝族自治县	191	2335	245	3044	431	95	1070	1101	69	278
巍山自治县	57	2055	255	1550	221	108	684	372	50	115
永平县	69	1394	169	2138	128	122	849	999	16	24
云龙县	58	730	158	1426	212	75	570	488	81	
洱源县	97	1139	711	3563	181	21	864	1901	102	494
剑川县	21	599	123	1803	292	19	605	563	24	300
鹤庆县	400	653	411	3357	285	208	319	1655	127	763
保山市小计	**4213**	**11564**	**7129**	**23503**	**4276**	**3708**	**11527**	**3525**	**374**	**93**
本级			330	6936	817	884	5045		130	60
区县级小计	4213	11564	6799	16567	3459	2824	6482	3525	244	33
隆阳区	2225	3098	3720	4603	1007	544	2964		75	13
施甸县	74	2175	230	930	149	134	487	128	32	
腾冲县	1549	2547	1819	7952	886	1547	2210	3252	57	
昌宁县	230	3135	518	1328	358	236	547	145	22	20
龙陵县	135	609	512	1754	1059	363	274		58	
德宏自治州小计	**3353**	**195**	**3805**	**31997**	**3223**	**7142**	**11856**	**8370**	**1280**	**126**
本级	44		62	20163	688	3402	7910	6993	1084	86
区县级小计	3309	195	3743	11834	2535	3740	3946	1377	196	40
潞西市	1273	161	1018	4818	708	2317	981	800	12	
梁河县	101		156	1306	179	218	296	538	35	40
盈江县	554	34	682	1275	644	234	377		20	
陇川县	49		191	1215	284	152	757		22	
瑞丽市	1332		1696	3220	720	819	1535	39	107	
丽江市小计	**5579**	**3520**	**4118**	**11355**	**2296**	**2775**	**2472**	**2906**	**394**	**512**
本级				3102	250	858	380	1406	208	

2-25-24

单位:万元

地区	收支部分									
	支出功能分类									
	支出合计	一般公共服务	外交	国防	公共安全	教育	科学技术	文化体育与传媒	社会保障和就业	医疗卫生
永仁县	25075	5446		46	1863	4530	64	327	1660	2147
元谋县	34081	6351		51	1754	6258	347	745	5700	3343
武定县	40210	7428		147	2273	10125	87	693	2948	4208
禄丰县	71588	12550		173	3984	13533	113	583	13574	5812
大理白族自治州小计	**607140**	**106555**		**2023**	**41752**	**122139**	**6573**	**9427**	**77733**	**48274**
本级	77262	18688		711	8944	9504	1362	3131	3897	6184
区县级小计	529878	87867		1312	32808	112635	5211	6296	73836	42090
大理市	123929	18754		382	9339	23062	2224	1587	15492	8420
漾濞彝族自治县	24822	4310		76	1617	4242	106	388	3542	1792
祥云县	52676	8747		197	3220	12844	690	504	4703	4877
宾川县	52717	10822		31	2925	10359	469	772	8329	3232
弥渡县	35041	5310		110	2024	8286	239	309	7150	2747
南涧彝族自治县	31822	5958		82	1857	6632	220	253	4565	2778
巍山自治县	37874	5167		48	2431	8446	116	565	6508	3694
永平县	29716	5859		98	1973	6803	159	293	2646	2566
云龙县	34408	5931		43	1537	7256	176	399	5873	2500
洱源县	37633	5511		99	2113	7743	80	458	6756	3819
剑川县	31809	5668		94	1637	6615	244	427	5326	2508
鹤庆县	37431	5830		52	2135	10347	488	341	2946	3157
保山市小计	**364118**	**61830**		**1034**	**25196**	**74036**	**2172**	**5170**	**54042**	**29123**
本级	41155	10371		430	6347	3135	320	1555	7259	3073
区县级小计	322963	51459		604	18849	70901	1852	3615	46783	26050
隆阳区	91204	12528		221	6419	21574	950	711	14403	7969
施甸县	41861	6578		55	2475	9534	166	397	6420	3529
腾冲县	102392	17515		156	5967	20740	198	1406	13565	7732
昌宁县	42732	7289		71	1890	9119	402	549	6731	3142
龙陵县	44774	7549		101	2098	9934	136	552	5664	3678
德宏自治州小计	**280082**	**46040**	**2134**	**865**	**29135**	**44545**	**1462**	**9488**	**42923**	**20425**
本级	76321	11425		417	12250	5873	754	5973	9234	6253
区县级小计	203761	34615	2134	448	16885	38672	708	3515	33689	14172
潞西市	53660	8127	19	40	4006	11126	163	815	9284	3928
梁河县	27573	4414		94	1843	5666	110	613	5418	2069
盈江县	51213	8527	1530	115	3907	9888	259	898	8039	3378
陇川县	32018	5040		78	2886	6684	63	506	5359	2518
瑞丽市	39297	8507	585	121	4243	5308	113	683	5589	2279
丽江市小计	**287181**	**50174**		**702**	**17247**	**50279**	**2733**	**3782**	**44022**	**20000**
本级	39890	10721			4296	3557	732	1045	6812	2877

2－25－25 单位:万元

地区	收支部分						平衡部分		
	支出功能分类						收入		
	环境保护	城乡社区事务	农林水事务	交通运输	工业、商业、金融等事务	其他支出	收入合计	本年收入	返还性收入 小计
永仁县	1180	812	2572	2889	983	556	25649	3629	834
元谋县	684	1495	2826	2529	1131	867	34556	6788	1547
武定县	729	394	4920	3813	1100	1345	40959	7553	1332
禄丰县	651	3589	6014	3323	5487	2202	75564	28918	7990
大理白族自治州小计	**17115**	**23654**	**71952**	**44792**	**27970**	**7181**	**653056**	**227817**	**67623**
本级	1494	783	9254	6906	5045	1359	83675	40781	39936
区县级小计	15621	22871	62698	37886	22925	5822	569381	187036	27687
大理市	4976	10486	11230	2826	14221	930	150017	90122	14245
漾濞彝族自治县	729	751	3773	2494	403	599	25304	5042	440
祥云县	1946	3544	5534	3711	1322	837	56680	20379	2790
宾川县	749	1529	5388	5961	1442	709	54334	11682	1292
弥渡县	526	582	4122	2890	385	361	35813	6688	1055
南涧彝族自治县	470	905	4578	2944	557	23	32808	9916	846
巍山自治县	1422	604	3973	4071	538	291	38749	6681	1045
永平县	521	500	4432	2956	492	418	30440	6133	580
云龙县	574	1300	4514	2662	380	1263	35675	5778	996
洱源县	1600	836	5116	2157	1046	299	38463	8556	1679
剑川县	1026	474	4038	2784	927	41	32495	6202	1181
鹤庆县	1082	1360	6000	2430	1212	51	38603	9857	1538
保山市小计	**2318**	**7445**	**46864**	**29177**	**13099**	**12612**	**396329**	**105761**	**23382**
本级	587	572	3622	726	2072	1086	50781	14866	3316
区县级小计	1731	6873	43242	28451	11027	11526	345548	90895	20066
隆阳区	364	2920	12160	2863	4548	3574	99657	32741	7171
施甸县	89	848	6490	2853	1298	1129	44099	6117	1401
腾冲县	375	1934	11153	13661	3232	4758	108339	32341	6080
昌宁县	782	588	6918	3098	605	1548	47517	9195	2817
龙陵县	121	583	6521	5976	1344	517	45936	10501	2597
德宏自治州小计	**3057**	**5944**	**41754**	**18858**	**5925**	**7527**	**306892**	**78953**	**17570**
本级	677	517	13068	6963	2399	518	80955	21121	921
区县级小计	2380	5427	28686	11895	3526	7009	225937	57832	16649
潞西市	978	3032	6961	2844	885	1452	58994	17440	4114
梁河县	182	346	4484	1578	520	236	28916	3700	1453
盈江县	207	923	8108	4096	1031	307	56221	14621	4102
陇川县	772	127	4476	2896	395	218	34088	5252	2395
瑞丽市	241	999	4657	481	695	4796	47718	16819	4585
丽江市小计	**13964**	**8082**	**32131**	**18454**	**10302**	**15309**	**299738**	**72831**	**11705**
本级	778	932	2992	197	2190	2761	40399	10752	2384

2－25－26

单位:万元

地区	平衡部分									
	收入									
	返还性收入		财力性转移支付收入							
	增值税和消费税税收返还	所得税基数返还	小计	体制补助	一般性转移支付补助	民族地区转移支付补助	调整工资转移支付补助	农村义务教育补助	农村税费改革补助	缓解县乡困难转移支付补助
永仁县	613	221	11243	2707	1535	154	3871	257	805	84
元谋县	988	559	14867	2480	2017	70	5412	499	1632	12
武定县	963	369	17551	3870	3425	513	6000	668	1403	179
禄丰县	7110	880	16956		103	1727	8334	909	2101	900
大理白族自治州小计	**55374**	**12249**	**183683**	**15084**	**20076**	**8591**	**81729**	**7675**	**20483**	**5168**
本级	37731	2205	3244	－7616	－7158	5192	7997	24	1	1939
区县级小计	17643	10044	180439	22700	27234	3399	73732	7651	20482	3229
大理市	8572	5673	13866		154	876	6060	915	1262	191
漾濞彝族自治县	332	108	11039	1896	2057	142	4451	252	985	273
祥云县	2077	713	17435		1344	1231	7646	996	2391	424
宾川县	679	613	21715	1963	4536	19	8256	849	4322	－247
弥渡县	668	387	16288	1834	4305	69	6302	785	1748	24
南涧彝族自治县	416	430	11046	2105	620	26	5202	492	1157	460
巍山自治县	824	221	16569	2675	3688	125	6363	769	1471	121
永平县	333	247	13188	2337	1786	108	4659	450	1420	575
云龙县	820	176	18293	3062	5111	276	6188	444	1269	225
洱源县	1030	649	13930	1434	1568	26	6794	643	1542	493
剑川县	790	391	13051	2924	1277	487	5540	488	1021	3
鹤庆县	1102	436	14019	2470	788	14	6271	568	1894	687
保山市小计	**17260**	**6122**	**144406**	**24401**	**14041**	**5424**	**51557**	**6674**	**19263**	**6541**
本级	2951	365	20279	8917	1200	1252	5086		98	1615
区县级小计	14309	5757	124127	15484	12841	4172	46471	6674	19165	4926
隆阳区	5417	1754	31077	2366	1296	1141	12079	2209	5355	1525
施甸县	998	403	23222	2820	6134	572	7615	884	2428	689
腾冲县	4064	2016	32561	5343	1571	1062	12983	1860	4153	1947
昌宁县	1811	1006	20214	1973	3200	565	6900	959	4334	437
龙陵县	2019	578	17053	2982	640	832	6894	762	2895	328
德宏自治州小计	**14955**	**2615**	**105206**	**18506**	**10606**	**5511**	**39233**	**3204**	**12646**	**1651**
本级	510	411	27445	7161	1064	4031	8517	41	29	260
区县级小计	14445	2204	77761	11345	9542	1480	30716	3163	12617	1391
潞西市	3712	402	20978	2527	4236	200	7564	961	3727	237
梁河县	1337	116	13985	2991	2209	230	5339	465	1305	264
盈江县	3304	798	18022	3330	1250	200	7495	960	2697	364
陇川县	2283	112	15187	2497	1837	600	5615	512	2537	340
瑞丽市	3809	776	9589		10	250	4703	265	2351	186
丽江市小计	**6574**	**5131**	**114437**	**19966**	**16901**	**3664**	**41454**	**3401**	**4863**	**2097**
本级		2384	14538	4357	300		4272	1		550

2－25－27　　　　单位:万元

地区	平衡部分									
	收入								支出	
	财力性转移支付收入			专项转移支付	省补助计划单列市收入	上年结余	调入资金	国债转贷收入、上年结余及转补助数	支出合计	本年支出
	结算补助	企事业单位预算划转补助	其他财力性转移支付							
永仁县	1830			9632		311			25454	25075
元谋县	2745			11166		188			34526	34081
武定县	1493			14108		415			40746	40210
禄丰县	2882			19869		189	1642		74781	71588
大理白族自治州小计	**20881**	**446**	**3550**	**148340**		**24221**	**1372**		**622421**	**607140**
本级	－836	151	3550	－21662		21270	106		56062	77262
区县级小计	21717	295		170002		2951	1266		566359	529878
大理市	4185	223		30742		689	353		149244	123929
漾濞彝族自治县	983			8708		54	21		25220	24822
祥云县	3403			15483		56	537		56562	52676
宾川县	2017			19236		409			53984	52717
弥渡县	1221			11635		46	101		35688	35041
南涧彝族自治县	984			10837		163			32657	31822
巍山自治县	1357			14326		128			38536	37874
永平县	1853			10387		152			30352	29716
云龙县	1646	72		10476		132			35491	34408
洱源县	1430			14026		272			38044	37633
剑川县	1311			11559		248	254		32287	31809
鹤庆县	1327			12587		602			38294	37431
保山市小计	**16280**	**225**		**105167**		**14174**	**3439**		**370300**	**364118**
本级	1888	223		4138		8182			36680	41155
区县级小计	14392	2		101029		5992	3439		333620	322963
隆阳区	5106			22950		3649	2069		94924	91204
施甸县	2080			13104		143	112		42851	41861
腾冲县	3642			34989		1256	1112		106091	102392
昌宁县	1844	2		14499		681	111		43934	42732
龙陵县	1720			15487		263	35		45820	44774
德宏自治州小计	**13672**	**177**		**84820**		**9808**	**10535**		**284969**	**280082**
本级	6306	36		21987		6935	2546		63349	76321
区县级小计	7366	141		62833		2873	7989		221620	203761
潞西市	1526			14059		403	2000		58186	53660
梁河县	1182			9240		107	431		28786	27573
盈江县	1644	82		14806		468	4202		56177	51213
陇川县	1222	27		11155		69	30		33721	32018
瑞丽市	1792	32		13573		1826	1326		44750	39297
丽江市小计	**19798**	**155**	**2138**	**84578**		**5748**	**10439**		**291374**	**287181**
本级	3125	15	1918	6093		4262	2370		36920	39890

二、各省、自治区、直辖市地市县一般预算财政资料

2－25－28　　　　　　　　　　　　　　　　　　　　　　　　　　　　单位:万元

地区	平衡部分									
	支出								年终结余	其中:净结余
	财力性转移支付			专项上解	计划单列市上解省	增设预算周转金	调出资金	国债转贷拨付数及年终结余		
	小计	体制上解	出口退税专项上解							
永仁县				379					195	154
元谋县				445					30	5
武定县				536					213	213
禄丰县	2044	2044		1149					783	783
大理白族自治州小计				**10394**		**4878**	**9**		**30635**	**20329**
本级				－23800		2600			27613	17795
区县级小计				34194		2278	9		3022	2534
大理市				25315					773	773
漾濞彝族自治县				268		130			84	84
祥云县				3886					118	118
宾川县				747		520			350	350
弥渡县				647					125	125
南涧彝族自治县				680		155			151	79
巍山自治县				532		130			213	111
永平县				376		260			88	88
云龙县				554		520	9		184	70
洱源县				411					419	279
剑川县				348		130			208	208
鹤庆县				430		433			309	249
保山市小计				**5961**		**221**			**26029**	**8701**
本级				－4475					14101	5585
区县级小计				10436		221			11928	3116
隆阳区				3720					4733	1003
施甸县				769		221			1248	178
腾冲县				3699					2248	973
昌宁县				1202					3583	962
龙陵县				1046					116	
德宏自治州小计				**3846**		**1041**			**21923**	**4686**
本级				－13232		260			17606	3720
区县级小计				17078		781			4317	966
潞西市				4526					808	335
梁河县				1082		131			130	63
盈江县				4834		130			44	44
陇川县				1703					367	367
瑞丽市				4933		520			2968	157
丽江市小计				**3868**		**325**			**8364**	**4395**
本级				－2970					3479	1696

2－25－29　　　　　　　　　　　　　　　　　　　　　　　　单位:万元

地区	收支部分								
	收入								
	收入合计	税收收入							
		小计	增值税	营业税	企业所得税	个人所得税	资源税	城市维护建设税	耕地占用税
区县级小计	62079	53826	8336	23047	472	1414	2601	3780	959
古城区	28109	26763	1945	14559	97	737	54	1894	487
永胜县	6069	4662	1053	1433	12	76	93	180	8
华坪县	16037	11448	4302	2099	74	449	2298	1253	25
宁蒗彝族自治县	3049	2738	524	1482	39	85	137	85	41
玉龙纳西族自治县	8815	8215	512	3474	250	67	19	368	398
怒江傈僳族自治州小计	**47789**	**27026**	**12352**	**6953**	**1538**	**551**	**1264**	**2621**	**19**
本级	8222	3348		1594	447	110	620	221	
区县级小计	39567	23678	12352	5359	1091	441	644	2400	19
兰坪自治县	29599	18303	10968	2518	1024	235	618	2153	3
福贡县	1470	1104	314	614	4	53		61	7
贡山自治县	1309	874	188	494	7	56	16	54	
泸水县	7189	3397	882	1733	56	97	10	132	9
迪庆藏族自治州小计	**23566**	**17502**	**4540**	**8991**	**621**	**522**	**454**	**906**	**50**
本级	9244	5646	2822	1859	231	217		322	
区县级小计	14322	11856	1718	7132	390	305	454	584	50
香格里拉县	10188	8729	1309	4982	380	186	341	447	44
维西傈僳族自治县	2126	1508	161	1087	6	35	14	79	6
德钦县	2008	1619	248	1063	4	84	99	58	
临沧市小计	**69554**	**50380**	**15310**	**18878**	**1679**	**1260**	**390**	**3749**	**958**
本级	14236	6337	84	4056	166	381	30	605	
区县级小计	55318	44043	15226	14822	1513	879	360	3144	958
凤庆县	8300	7309	922	3541	229	86	16	267	724
云县	15596	11313	5749	2475	226	236	152	1272	5
临翔区	9660	8339	2104	3402	275	134	23	371	42
永德县	4649	3471	1128	1179	208	123	31	214	
镇康县	4699	3777	1680	1158	131	86	69	240	67
双江县	2840	2236	894	651	95	51	5	210	4
耿马自治县	6084	4722	1598	1514	204	101	4	352	113
沧源佤族自治县	3490	2876	1151	902	145	62	60	218	3

2－25－30

单位:万元

地区	收支部分									
	收入									
	税收收入			非税收入						
	契税	烟叶税	其他各项税收收入	小计	专项收入	行政事业性收费收入	罚没收入	国有资本经营收入	国有资源(资产)有偿使用收入	其他收入
区县级小计	5579	3520	4118	8253	2046	1917	2092	1500	186	512
古城区	3803	189	2998	1346	755	105	454		32	
永胜县	102	1491	214	1407	161	261	373	123	14	475
华坪县	368	182	398	4589	871	1436	760	1377	108	37
宁蒗彝族自治县	34	197	114	311	77	12	208		14	
玉龙纳西族自治县	1272	1461	394	600	182	103	297		18	
怒江傈僳族自治州小计	**461**	**59**	**1208**	**20763**	**2085**	**740**	**1189**	**13678**	**3027**	**44**
本级	97		259	4874	229	172	305	3918	250	
区县级小计	364	59	949	15889	1856	568	884	9760	2777	44
兰坪自治县	89		695	11296	1533	125	604	9000	34	
福贡县	6		45	366	116	88	81	73	8	
贡山自治县	17		42	435	66	72	69	181	3	44
泸水县	252	59	167	3792	141	283	130	506	2732	
迪庆藏族自治州小计	**289**		**1129**	**6064**	**969**	**1619**	**865**	**1686**	**706**	**219**
本级	9		186	3598	282	1108	224	1381	553	50
区县级小计	280		943	2466	687	511	641	305	153	169
香格里拉县	257		783	1459	540	335	357	172	55	
维西傈僳族自治县	18		102	618	78	53	189	133	32	133
德钦县	5		58	389	69	123	95		66	36
临沧市小计	**2034**	**1809**	**4313**	**19174**	**5999**	**2515**	**8296**	**1815**	**330**	**219**
本级	150		865	7899	1681	1004	3838	1163	213	
区县级小计	1884	1809	3448	11275	4318	1511	4458	652	117	219
凤庆县	391	826	307	991	276	250	194	250	16	5
云县	252	210	736	4283	2741	215	1096	210	20	1
临翔区	821	426	741	1321	227	155	901	15	23	
永德县	62	282	244	1178	201	176	418	177	8	198
镇康县	41	17	288	922	210	349	337		21	5
双江县	41	9	276	604	177	56	358		13	
耿马自治县	234	24	578	1362	271	216	867		8	
沧源佤族自治县	42	15	278	614	215	94	287		8	10

2-25-31　　　　单位:万元

地区	收支部分									
	支出功能分类									
	支出合计	一般公共服务	外交	国防	公共安全	教育	科学技术	文化体育与传媒	社会保障和就业	医疗卫生
区县级小计	247291	39453		702	12951	46722	2001	2737	37210	17123
古城区	46726	10046		201	3599	6798	507	783	6871	1935
永胜县	58983	6423		75	2448	13169	456	432	9606	5907
华坪县	52499	8557		323	3008	8490	734	589	6317	2756
宁蒗彝族自治县	48291	7509		43	2174	9373	64	303	8782	2878
玉龙纳西族自治县	40792	6918		60	1722	8892	240	630	5634	3647
怒江傈僳族自治州小计	**174157**	**38783**		**270**	**10670**	**31230**	**634**	**3525**	**23424**	**14288**
本级	35407	14018		102	3126	3463	407	1132	4356	2561
区县级小计	138750	24765		168	7544	27767	227	2393	19068	11727
兰坪自治县	58620	9879		15	2920	11187	68	996	6784	4868
福贡县	24191	4685		59	1275	5124	45	462	3956	2485
贡山自治县	18788	4571		17	1261	2824	49	342	2608	1347
泸水县	37151	5630		77	2088	8632	65	593	5720	3027
迪庆藏族自治州小计	**186863**	**33658**		**293**	**9657**	**28421**	**1191**	**8037**	**25532**	**14059**
本级	68395	13473		63	3925	9903	695	6693	5607	4142
区县级小计	118468	20185		230	5732	18518	496	1344	19925	9917
香格里拉县	49936	6704		129	2445	8065	96	484	7680	3754
维西傈僳族自治县	35804	5072		52	1730	6296	324	393	7353	3811
德钦县	32728	8409		49	1557	4157	76	467	4892	2352
临沧市小计	**385995**	**63905**	**956**	**801**	**26113**	**74355**	**2205**	**4654**	**61100**	**30360**
本级	60414	12017		205	7049	5658	979	1712	12237	4300
区县级小计	325581	51888	956	596	19064	68697	1226	2942	48863	26060
凤庆县	49888	7620		120	2225	11580	174	489	8085	3937
云县	49783	5909		106	2931	11491	213	301	6944	4676
临翔区	45218	5811		35	3072	8477	103	357	7480	4273
永德县	42822	8286		53	2052	10128	141	234	5600	2930
镇康县	33083	5442	453	75	2238	6581	167	382	4297	2006
双江县	29832	6373		82	2119	5965	89	323	4808	2108
耿马自治县	40667	6027	218	68	2778	8511	193	445	5373	3666
沧源佤族自治县	34288	6420	285	57	1649	5964	146	411	6276	2464

二、各省、自治区、直辖市地市县一般预算财政资料

2－25－32

单位:万元

地区	收支部分						平衡部分		
	支出功能分类						收入		
	环境保护	城乡社区事务	农林水事务	交通运输	工业、商业、金融等事务	其他支出	收入合计	本年收入	返还性收入 小计
区县级小计	13186	7150	29139	18257	8112	12548	259339	62079	9321
古城区	762	2867	4315	2960	1011	4071	50104	28109	2789
永胜县	4137	534	6028	4737	2156	2875	60798	6069	1511
华坪县	2878	2987	7002	5703	1596	1559	54629	16037	3013
宁蒗彝族自治县	3393	329	6131	2540	1474	3298	50071	3049	778
玉龙纳西族自治县	2016	433	5663	2317	1875	745	43737	8815	1230
怒江傈僳族自治州小计	**5899**	**7374**	**16267**	**14911**	**3483**	**3399**	**186168**	**47789**	**6973**
本级	1242	677	1716	955	1103	549	37873	8222	735
区县级小计	4657	6697	14551	13956	2380	2850	148295	39567	6238
兰坪自治县	2133	4767	5114	8102	588	1199	66376	29599	4408
福贡县	577	191	2662	1936	239	495	24257	1470	221
贡山自治县	952	267	2445	1235	518	352	19202	1309	407
泸水县	995	1472	4330	2683	1035	804	38460	7189	1202
迪庆藏族自治州小计	**7212**	**7962**	**16300**	**12485**	**10358**	**11698**	**192193**	**23566**	**3246**
本级	943	2909	3596	6806	7644	1996	69946	9244	958
区县级小计	6269	5053	12704	5679	2714	9702	122247	14322	2288
香格里拉县	3188	2586	5587	2499	1203	5516	52335	10188	1599
维西傈僳族自治县	1473	176	3605	1951	595	2973	36252	2126	358
德钦县	1608	2291	3512	1229	916	1213	33660	2008	331
临沧市小计	**2450**	**14045**	**45077**	**35458**	**9655**	**14861**	**397678**	**69554**	**17007**
本级	412	1927	6556	1683	2483	3196	61582	14236	2853
区县级小计	2038	12118	38521	33775	7172	11665	336096	55318	14154
凤庆县	254	1077	4019	6226	677	3405	51412	8300	1560
云县	320	2110	7103	5803	821	1055	52705	15596	3009
临翔区	367	3953	4788	3698	1438	1366	47255	9660	2273
永德县	244	1602	5177	4620	1193	562	43722	4649	1171
镇康县	177	194	4769	3993	321	1988	33792	4699	1070
双江县	187	423	4016	2540	491	308	30427	2840	1059
耿马自治县	284	2332	4920	3507	524	1821	41465	6084	2859
沧源佤族自治县	205	427	3729	3388	1707	1160	35318	3490	1153

2-25-33 单位:万元

地区	平衡部分									
	收入									
	返还性收入		财力性转移支付收入							
	增值税和消费税税收返还	所得税基数返还	小计	体制补助	一般性转移支付补助	民族地区转移支付补助	调整工资转移支付补助	农村义务教育补助	农村税费改革补助	缓解县乡困难转移支付补助
区县级小计	6574	2747	99899	15609	16601	3664	37182	3400	4863	1547
古城区	1982	807	8554	70	32	736	4750	401	438	195
永胜县	1297	214	31251	4706	7599	764	10654	1124	1774	492
华坪县	1981	1032	13947	2581	24	1088	6098	433	849	139
宁蒗彝族自治县	634	144	27265	4352	7241	559	8321	870	764	663
玉龙纳西族自治县	680	550	18882	3900	1705	517	7359	572	1038	58
怒江傈僳族自治州小计	**4609**	**2364**	**72848**	**15247**	**7772**	**4423**	**24425**	**1430**	**3716**	**3166**
本级	623	112	17421	3675	800	1629	440	22	2133	2010
区县级小计	3986	2252	55427	11572	6972	2794	20173	1408	3716	1156
兰坪自治县	2942	1466	15924	3810	28	1676	6962	587	644	499
福贡县	131	90	13836	2775	2906	694	4362	250	367	160
贡山自治县	161	246	8654	1550	2163	224	2748	87	299	
泸水县	752	450	17013	3437	1875	200	6101	484	2406	497
迪庆藏族自治州小计	**1784**	**1462**	**105739**	**16089**	**27343**	**4280**	**29949**	**822**	**2247**	**1813**
本级	651	307	34795	4304	9329	3736	5551	32	4	
区县级小计	1133	1155	70944	11785	18014	544	24398	790	2243	1813
香格里拉县	708	891	25278	3995	3619	405	10672	327	1044	708
维西傈僳族自治县	228	130	24610	4140	6806	39	7281	349	734	700
德钦县	197	134	21056	3650	7589	100	6445	114	465	405
临沧市小计	**12209**	**4798**	**185070**	**29806**	**35744**	**6662**	**60357**	**6326**	**21009**	**5076**
本级	1578	1275	25825	8242	398	3889	8605	25	116	392
区县级小计	10631	3523	159245	21564	35346	2773	51752	6301	20893	4684
凤庆县	1083	477	25152	3426	5922	225	8528	1194	3444	265
云县	1900	1109	18329	2846	1508	338	6312	1113	3041	514
临翔区	1745	528	21519	3371	5467	570	6662	642	1648	608
永德县	987	184	24286	2718	8416	18	6464	967	2577	1254
镇康县	793	277	15832	2597	2159	746	5916	567	1305	922
双江县	867	192	16197	2330	3796	257	5540	488	2295	121
耿马自治县	2336	523	19791	1603	3315	288	6180	811	4999	465
沧源佤族自治县	920	233	18139	2673	4763	331	6150	519	1584	535

2－25－34　　　　单位:万元

地区	平衡部分									
	收入								支出	
	财力性转移支付收入			专项转移支付	省补助计划单列市收入	上年结余	调入资金	国债转贷收入、上年结余及转补助数	支出合计	本年支出
	结算补助	企事业单位预算划转补助	其他财力性转移支付							
区县级小计	16673	140	220	78485		1486	8069		254454	247291
古城区	1917		15	9453		257	942		49109	46726
永胜县	4123		15	21366		466	135		60204	58983
华坪县	2657	18	60	14875		267	6490		53639	52499
宁蒗彝族自治县	4360	55	80	18686		293			49139	48291
玉龙纳西族自治县	3616	67	50	14105		203	502		42363	40792
怒江傈僳族自治州小计	**12416**	**253**		**50724**		**6634**	**1200**		**175599**	**174157**
本级	6701	11		6272		5223			27938	35407
区县级小计	7394	242		44452		1411	1200		147661	138750
兰坪自治县	1718			15611		834			66144	58620
福贡县	2286	36		8814		－84			24341	24191
贡山自治县	1473	110		8574		258			18896	18788
泸水县	1917	96		11453		403	1200		38280	37151
迪庆藏族自治州小计	**22738**	**458**		**57290**		**2352**			**189183**	**186863**
本级	11576	263		23315		1634			68079	68395
区县级小计	11162	195		33975		718			121104	118468
香格里拉县	4313	195		14923		347			51830	49936
维西傈僳族自治县	4561			9008		150			36161	35804
德钦县	2288			10044		221			33113	32728
临沧市小计	**19852**	**238**		**118896**		**4164**	**2987**		**390850**	**385995**
本级	3920	238		14605		2347	1716		56416	60414
区县级小计	15932			104291		1817	1271		334434	325581
凤庆县	2148			16229		171			51222	49888
云县	2657			15500		203	68		52575	49783
临翔区	2551			12300		311	1192		47083	45218
永德县	1872			13216		400			43528	42822
镇康县	1620			11989		202			33586	33083
双江县	1370			10170		150	11		30206	29832
耿马自治县	2130			12563		168			41360	40667
沧源佤族自治县	1584			12324		212			34874	34288

2－25－35　　　　　　　　　　　　　　　　　　　　　　　　　单位:万元

地区	平衡部分									
	支出								年终结余	其中：净结余
	财力性转移支付			专项上解	计划单列市上解省	增设预算周转金	调出资金	国债转贷拨付数及年终结余		
	小计	体制上解	出口退税专项上解							
区县级小计				6838		325			4885	2699
古城区				2383					995	845
永胜县				1221					594	
华坪县				1140					990	
宁蒗彝族自治县				588		260			932	332
玉龙纳西族自治县				1506		65			1374	1074
怒江傈僳族自治州小计				**1364**		**78**			**10569**	**210**
本级				－7534		65			9935	62
区县级小计	1144	1144		7754		13			634	148
兰坪自治县	507	507		7004		13			232	232
福贡县				150					－84	－84
贡山自治县				108					306	
泸水县	750	750		379					180	
迪庆藏族自治州小计				**1267**		**1053**			**3010**	**3010**
本级	－1314	－1314		348		650			1867	1867
区县级小计				2233		403			1143	1143
香格里拉县				1634		260			505	505
维西傈僳族自治县				292		65			91	91
德钦县				307		78			547	547
临沧市小计				**4432**		**423**			**6828**	**6828**
本级				－3998					5166	5166
区县级小计				8430		423			1662	1662
凤庆县				1334					190	190
云县				2792					130	130
临翔区				1670		195			172	172
永德县				680		26			194	194
镇康县				503					206	206
双江县				309		65			221	221
耿马自治县				693					105	105
沧源佤族自治县				449		137			444	444

2007 年西藏自治区地市县财政一般预算收支平衡表

2－26－1　　　　单位:万元

地区	收支部分								
	收入								
	收入合计	税收收入							
		小计	增值税	营业税	企业所得税	个人所得税	资源税	城市维护建设税	耕地占用税
地市县合计	**160901**	**105513**	**20855**	**58959**	**7859**	**5807**	**4009**	**5843**	**88**
拉萨市小计	**57466**	**53329**	**11955**	**27593**	**3214**	**3730**	**1052**	**4113**	
本级	35861	34294	6940	16949	1669	2860	394	4113	
区县级小计	21605	19035	5015	10644	1545	870	658		
当雄县	1200	735	361	288	18	21	41		
尼木县	425	283	85	158	14	6	16		
曲水县	980	493	271	148	26	11	35		
堆龙德庆县	4650	3973	1228	2245	249	87	78		
城关区	10000	9746	1158	6884	879	676	1		
达孜县	750	416	143	172	87	3	5		
墨竹工卡县	2600	2524	1540	382	216	26	317		
林周县	1000	865	229	367	56	40	165		
日喀则地区小计	**21553**	**10295**	**1587**	**6485**	**851**	**521**	**350**	**346**	**64**
本级	8774	4500	696	2597	368	327	132	346	
区县级小计	12779	5795	891	3888	483	194	218		64
日喀则市	3826	1736	236	1246	105	71	4		62
江孜县	1208	353	51	212	61	17	9		
南木林县	543	189	3	146	31	4	3		
白朗县	408	156	5	120	19	8	2		
拉孜县	502	250	16	196	28	7			
谢通门县	1064	880	384	301	35	18	138		
萨迦县	379	217	5	170	25	6	8		
仁布县	254	104	4	87	8	2	1		
定日县	1144	250	4	222	21	2			
康马县	366	102	4	78	13	6			
昂仁县	396	193	25	140	15	4	5		
定结县	144	83	4	65	10	3			
吉隆县	206	155	4	122	23	4			
岗巴县	200	116	11	84	14	3			2
聂拉木县	785	318	90	186	17	19			
亚东县	510	210	16	140	22	14	16		
萨嘎县	303	216	3	182	24	5			
仲巴县	541	267	26	191	12	1	32		
山南地区小计	**20766**	**13137**	**3129**	**7024**	**1291**	**535**	**527**	**528**	**24**
本级	9795	7039	1867	3254	801	361	198	528	
区县级小计	10971	6098	1262	3770	490	174	329		24
洛扎县	461	183	6	146	22	5	2		

2－26－2　　　　单位:万元

地区	收支部分									
	收入									
	税收收入			非税收入						
	契税	烟叶税	其他各项税收收入	小计	专项收入	行政事业性收费收入	罚没收入	国有资本经营收入	国有资源(资产)有偿使用收入	其他收入
地市县合计			**2093**	**55388**	**636**	**7070**	**4622**	**2058**	**8352**	**32650**
拉萨市小计			**1672**	**4137**	**391**	**580**	**1365**	**－20**	**271**	**1550**
本级			1369	1567	378		988	－20	137	84
区县级小计			303	2570	13	580	377		134	1466
当雄县			6	465			88			377
尼木县			4	142			14		13	115
曲水县			2	487	13	424	40		10	
堆龙德庆县			86	677		5	70		75	527
城关区			148	254		151	92		11	
达孜县			6	334			26			308
墨竹工卡县			43	76			40		25	11
林周县			8	135			7			128
日喀则地区小计			**91**	**11258**		**2328**	**517**		**1348**	**7065**
本级			34	4274		219	396		1135	2524
区县级小计			57	6984		2109	121		213	4541
日喀则市			12	2090		2039	44		7	
江孜县			3	855			26		3	826
南木林县			2	354			4		4	346
白朗县			2	252		1			11	240
拉孜县			3	252			15		6	231
谢通门县			4	184					34	150
萨迦县			3	162			2		104	56
仁布县			2	150			5		4	141
定日县			1	894			1			893
康马县			1	264			8		6	250
昂仁县			4	203			1		3	199
定结县			1	61						61
吉隆县			2	51			3		5	43
岗巴县			2	84					1	83
聂拉木县			6	467		64	4		9	390
亚东县			2	300			1		9	290
萨嘎县			2	87		5	7		4	71
仲巴县			5	274					3	271
山南地区小计			**79**	**7629**		**23**	**309**	**347**	**2113**	**4837**
本级			30	2756			262	186	1175	1133
区县级小计			49	4873		23	47	161	938	3704
洛扎县			2	278					4	274

二、各省、自治区、直辖市地市县一般预算财政资料

2－26－3

单位:万元

地区	收支部分									
	支出功能分类									
	支出合计	一般公共服务	外交	国防	公共安全	教育	科学技术	文化体育与传媒	社会保障和就业	医疗卫生
地市县合计	**1151894**	**329373**	**372**	**289**	**96769**	**251767**	**5227**	**25895**	**66124**	**100437**
拉萨市小计	**246227**	**60622**	**372**	**42**	**24855**	**55041**	**1682**	**4325**	**16300**	**14877**
本级	123602	26281	372	18	17234	22382	968	3225	9174	5695
区县级小计	122625	34341		24	7621	32659	714	1100	7126	9182
当雄县	12060	3260			796	3730	221	229	853	1136
尼木县	8600	2678			495	2445		135	442	769
曲水县	10764	2578			762	2753	245	173	347	860
堆龙德庆县	17590	7809			1343	3763	72	96	296	1277
城关区	30321	7693		10	2031	8230	20	151	4165	1181
达孜县	10336	2627		5	711	2391	102	72	386	826
墨竹工卡县	16311	3579		9	660	3974	54	104	498	1110
林周县	16643	4117			823	5373		140	139	2023
日喀则地区小计	**232001**	**74421**			**17120**	**60417**	**765**	**5526**	**10648**	**21180**
本级	59991	15778			6486	9622	426	2702	1856	5480
区县级小计	172010	58643			10634	50795	339	2824	8792	15700
日喀则市	22892	4243			1816	7204	65	158	3111	1668
江孜县	16182	3534			765	5599	42	500	1932	1806
南木林县	13418	3418			602	5140	67	196	300	1415
白朗县	8832	2740			607	2893	32	144	236	1035
拉孜县	9945	3286			596	3426	24	181	308	984
谢通门县	11225	4781			448	3642	24	134	262	850
萨迦县	8495	2679			464	2869	31	80	247	994
仁布县	7051	3183			439	1727		97	105	755
定日县	10942	3505			508	3467		197	276	1103
康马县	7707	2857			502	2274		196	249	734
昂仁县	9872	3353			486	3241	17	169	296	1061
定结县	6688	3049			362	1522		82	48	491
吉隆县	5950	2684			426	1186		98	303	477
岗巴县	5320	2645			531	1033	37	94	177	443
聂拉木县	7903	3344			568	1469		137	273	647
亚东县	6658	2696			511	1477		173	166	530
萨嘎县	5749	3087			458	1082		112	296	313
仲巴县	7181	3559			545	1544		76	207	394
山南地区小计	**164612**	**50401**		**21**	**11178**	**34925**	**726**	**3566**	**4986**	**16924**
本级	60010	12061			4764	10880	319	1985	2651	6695
区县级小计	104602	38340		21	6414	24045	407	1581	2335	10229
洛扎县	6958	3149			330	1361		141	52	773

2－26－4

单位:万元

地区	收支部分						平衡部分		
	支出功能分类						收入		
	环境保护	城乡社区事务	农林水事务	交通运输	工业、商业、金融等事务	其他支出	收入合计	本年收入	返还性收入 小计
地市县合计	**3075**	**42099**	**97859**	**7094**	**18462**	**107052**	**1177071**	**160901**	**52080**
拉萨市小计	**1212**	**19090**	**19540**	**781**	**2030**	**25458**	**250398**	**57466**	**30124**
本级	715	15743	7079	744	1411	12561	125938	35861	18102
区县级小计	497	3347	12461	37	619	12897	124460	21605	12022
当雄县			617		121	1097	12089	1200	788
尼木县		10	913	3	15	695	8790	425	189
曲水县		169	1489	5	33	1350	10849	980	594
堆龙德庆县	74	202	1726	5		927	18213	4650	2799
城关区	402	2718	793		334	2593	31012	10000	3432
达孜县	21		1947	5		1243	10403	750	350
墨竹工卡县		199	2009	5	116	3994	16416	2600	3334
林周县		49	2967	14		998	16688	1000	536
日喀则地区小计	**653**	**4132**	**18055**	**1555**	**2083**	**15446**	**238447**	**21553**	**4328**
本级	465	1902	6444	745	1483	6602	63637	8774	1795
区县级小计	188	2230	11611	810	600	8844	174810	12779	2533
日喀则市		1474	2122	38	102	891	23049	3826	727
江孜县		112	1174	27	94	597	16184	1208	165
南木林县		54	1009	34	11	1172	13418	543	38
白朗县		84	972	40	10	39	9143	408	31
拉孜县		64	775	30	11	260	10247	502	56
谢通门县			718	45	188	133	11820	1064	833
萨迦县		45	506	28	42	510	8658	379	38
仁布县	3	52	116	114	1	459	7055	254	19
定日县	113	77	825	21	27	823	11172	1144	38
康马县			407	31	6	451	7726	366	22
昂仁县		55	529	49	7	609	9933	396	73
定结县			284	128		722	6782	144	20
吉隆县	36		545	70	12	113	6186	206	42
岗巴县			189	27		144	5452	200	41
聂拉木县	36	57	491	25	43	813	7921	785	228
亚东县		119	451	38	44	453	7051	510	64
萨嘎县			316	27	2	56	5832	303	32
仲巴县		37	182	38		599	7181	541	66
山南地区小计	**266**	**1443**	**17007**	**436**	**5679**	**17054**	**165232**	**20766**	**7571**
本级	266	919	7305	436	3772	7957	60615	9795	3926
区县级小计		524	9702		1907	9097	104617	10971	3645
洛扎县		73	360			719	6958	461	53

二、各省、自治区、直辖市地市县一般预算财政资料

2－26－5 单位：万元

地区	平衡部分									
	收入									
	返还性收入		财力性转移支付收入							
	增值税和消费税税收返还	所得税基数返还	小计	体制补助	一般性转移支付补助	民族地区转移支付补助	调整工资转移支付补助	农村义务教育补助	农村税费改革补助	缓解县乡困难转移支付补助
地市县合计	**43787**	**8293**	**630475**	**101392**	**172706**		**156623**		**12172**	
拉萨市小计	**25104**	**5020**	**102520**	**15251**	**24681**		**26349**		**995**	
本级	14572	3530	48358	7518	10134		12837			
区县级小计	10532	1490	54162	7733	14547		13512		995	
当雄县	758	30	6161	908	1789		1520		143	
尼木县	179	10	5212	751	1771		1211		117	
曲水县	569	25	5478	828	1617		1357		109	
堆龙德庆县	2579	220	6552	785	1542		1796		139	
城关区	2432	1000	9529	746	1703		2703		67	
达孜县	300	50	5386	766	1875		1183		88	
墨竹工卡县	3234	100	6307	873	1980		1413		151	
林周县	481	55	9537	2076	2270		2329		181	
日喀则地区小计	**3328**	**1000**	**140026**	**22264**	**43791**		**32941**		**3042**	
本级	1460	335	40021	8906	11392		9685			
区县级小计	1868	665	100005	13358	32399		23256		3042	
日喀则市	496	231	10878	1717	2082		3173		295	
江孜县	107	58	9098	1473	2109		2535		243	
南木林县	6	32	6941	878	1936		1658		304	
白朗县	10	21	5269	631	1782		1215		185	
拉孜县	33	23	5683	762	1698		1319		197	
谢通门县	807	26	5287	652	1795		1106		188	
萨迦县	11	27	5027	625	1670		1106		208	
仁布县	8	11	4486	523	1674		986		133	
定日县	7	31	5898	875	1864		1277		307	
康马县	8	14	5095	642	1747		1200		95	
昂仁县	53	20	5657	734	1729		1297		270	
定结县	8	12	4659	548	1809		996		109	
吉隆县	7	35	4095	497	1731		794		80	
岗巴县	23	18	3918	456	1687		782		59	
聂拉木县	189	39	4547	572	1945		857		80	
亚东县	33	31	4626	658	1594		1085		53	
萨嘎县	7	25	4231	527	1740		858		83	
仲巴县	55	11	4610	588	1807		1012		153	
山南地区小计	**6571**	**1000**	**83569**	**14015**	**16471**		**23634**		**1573**	
本级	3921	5	30841	7004						
区县级小计	2650	995	52728	7011	16471		23634		1573	
洛扎县	13	40	2790	518			1910		92	

2－26－6 单位:万元

地区	平衡部分									
	收入								支出	
	财力性转移支付收入									
	结算补助	企事业单位预算划转补助	其他财力性转移支付	专项转移支付	省补助计划单列市收入	上年结余	调入资金	国债转贷收入、上年结余及转补助数	支出合计	本年支出
地市县合计			**187582**	**312746**		**20869**			**1151894**	**1151894**
拉萨市小计			**35244**	**57077**		**3211**			**246227**	**246227**
本级			17869	21679		1938			123602	123602
区县级小计			17375	35398		1273			122625	122625
当雄县			1801	3913		27			12060	12060
尼木县			1362	2774		190			8600	8600
曲水县			1567	3718		79			10764	10764
堆龙德庆县			2290	3784		428			17590	17590
城关区			4310	7669		382			30321	30321
达孜县			1474	3882		35			10336	10336
墨竹工卡县			1890	4078		97			16311	16311
林周县			2681	5580		35			16643	16643
日喀则地区小计			**37988**	**65929**		**6611**			**232001**	**232001**
本级			10038	8956		4091			59991	59991
区县级小计			27950	56973		2520			172010	172010
日喀则市			3611	7133		485			22892	22892
江孜县			2738	5711		2			16182	16182
南木林县			2165	5838		58			13418	13418
白朗县			1456	3411		24			8832	8832
拉孜县			1707	3962		44			9945	9945
谢通门县			1546	4200		436			11225	11225
萨迦县			1418	3214					8495	8495
仁布县			1170	2286		10			7051	7051
定日县			1575	3863		229			10942	10942
康马县			1411	2224		19			7707	7707
昂仁县			1627	3676		131			9872	9872
定结县			1197	1839		120			6688	6688
吉隆县			993	1562		281			5950	5950
岗巴县			934	1137		156			5320	5320
聂拉木县			1093	2312		49			7903	7903
亚东县			1236	1551		300			6658	6658
萨嘎县			1023	1181		85			5749	5749
仲巴县			1050	1873		91			7181	7181
山南地区小计			**27876**	**52706**		**620**			**164612**	**164612**
本级			23837	15448		605			60010	60010
区县级小计			4039	37258		15			104602	104602
洛扎县			270	3654					6958	6958

2－26－7　　　　　　　　　　　　　　　　单位:万元

地区	平衡部分									
	支出								年终结余	其中:净结余
	财力性转移支付			专项上解	计划单列市上解省	增设预算周转金	调出资金	国债转贷拨付数及年终结余		
	小计	体制上解	出口退税专项上解							
地市县合计									**25177**	**12696**
拉萨市小计									**4171**	**2335**
本级									2336	530
区县级小计									1835	1805
当雄县									29	29
尼木县									190	190
曲水县									85	85
堆龙德庆县									623	623
城关区									691	691
达孜县									67	67
墨竹工卡县									105	75
林周县									45	45
日喀则地区小计									**6446**	**1631**
本级									3646	491
区县级小计									2800	1140
日喀则市									157	157
江孜县									2	2
南木林县										
白朗县									311	24
拉孜县									302	47
谢通门县									595	
萨迦县									163	3
仁布县									4	4
定日县									230	230
康马县									19	19
昂仁县									61	28
定结县									94	94
吉隆县									236	166
岗巴县									132	82
聂拉木县									18	3
亚东县									393	248
萨嘎县									83	33
仲巴县										
山南地区小计									**620**	**620**
本级									605	605
区县级小计									15	15
洛扎县										

2－26－8 单位:万元

地区	收支部分								
	收入								
	收入合计	税收收入							
		小计	增值税	营业税	企业所得税	个人所得税	资源税	城市维护建设税	耕地占用税
浪卡子县	380	94	2	79	10	2			
贡嘎县	2308	1550	255	1205	38	44			
扎囊县	452	166	9	127	22	4	2		1
乃东县	2799	1569	133	1258	96	72			
琼结县	456	155	4	97	13	4			23
措美县	381	171	14	132	16	2	6		
隆子县	461	431	126	242	26	10	23		
错那县	347	186	8	147	15	7	7		
桑日县	1240	903	533	108	206	5	47		
曲松县	1171	484	167	53	13	10	240		
加查县	515	206	5	176	13	9	2		
昌都地区小计	**18331**	**9030**	**1243**	**5867**	**1191**	**364**	**106**	**191**	
本级	7111	4750	780	2696	816	197	41	191	
区县级小计	11220	4280	463	3171	375	167	65		
昌都县	2252	1530	97	1189	55	143	37		
江达县	850	480	19	392	55	2	9		
贡觉县	600	146	11	118	14	2			
类乌齐县	1683	262	98	136	9	2	15		
丁青县	1382	286	5	227	47	3			
察雅县	611	161	3	130	23	3			
八宿县	730	250	13	193	34	3	4		
左贡县	797	246	3	178	61	2			
芒康县	1252	452	200	212	28	3			
洛隆县	533	224	10	185	25	2			
边坝县	530	243	4	211	24	2			
林芝地区小计	**20321**	**9471**	**1613**	**5286**	**654**	**307**	**1170**	**355**	
本级	10218	5671	1117	3105	396	201	439	355	
区县级小计	10103	3800	496	2181	258	106	731		
林芝县	2508	1128	156	551	51	52	312		
波密县	2010	747	193	342	30	16	165		
察隅县	919	413	23	289	37	5	54		
工布江达县	2400	644	24	476	93	15	34		
米林县	1654	604	93	299	27	11	163		
朗县	412	162	7	132	14	4	3		
墨脱县	200	102		92	6	3			
那曲地区小计	**14383**	**5694**	**809**	**3724**	**361**	**151**	**401**	**185**	
本级	7223	2337	200	1519	133	105	151	185	

二、各省、自治区、直辖市地市县一般预算财政资料

2－26－9　　　　单位:万元

地区	收支部分									
	收入									
	税收收入			非税收入						
	契税	烟叶税	其他各项税收收入	小计	专项收入	行政事业性收费收入	罚没收入	国有资本经营收入	国有资源(资产)有偿使用收入	其他收入
浪卡子县			1	286					3	283
贡嘎县			8	758					14	744
扎囊县			1	286		18	7	32	94	135
乃东县			10	1230		1	14		798	417
琼结县			14	301			9	36	3	253
措美县			1	210					2	208
隆子县			4	30			6	15	1	8
错那县			2	161				29	2	130
桑日县			4	337			1		5	331
曲松县			1	687		4	8	49	3	623
加查县			1	309			2		9	298
昌都地区小计			**68**	**9301**		**2355**	**356**	**494**	**107**	**5989**
本级			29	2361		1993	198		64	106
区县级小计			39	6940		362	158	494	43	5883
昌都县			9	722		19	40		4	659
江达县			3	370			16		7	347
贡觉县			1	454		4			3	447
类乌齐县			2	1421		38	10	494	1	878
丁青县			4	1096			42		2	1052
察雅县			2	450			2		6	442
八宿县			3	480			4		3	473
左贡县			2	551			6		4	541
芒康县			9	800		301	18		3	478
洛隆县			2	309			17		9	283
边坝县			2	287			3		1	283
林芝地区小计			**86**	**10850**	**245**	**255**	**1366**	**761**	**4208**	**4015**
本级			58	4547	245	68	524		3401	309
区县级小计			28	6303		187	842	761	807	3706
林芝县			6	1380			466		10	904
波密县			1	1263		139	131	682	31	280
察隅县			5	506			35		6	465
工布江达县			2	1756			76	50	2	1628
米林县			11	1050		31	125	16	698	180
朗县			2	250		1	8		5	236
墨脱县			1	98		16	1	13	55	13
那曲地区小计			**63**	**8689**		**1253**	**584**		**140**	**6712**
本级			44	4886		632	219		61	3974

2－26－10 单位:万元

地区	收支部分									
	支出功能分类									
	支出合计	一般公共服务	外交	国防	公共安全	教育	科学技术	文化体育与传媒	社会保障和就业	医疗卫生
浪卡子县	9329	3186			405	2727	3	157	130	1220
贡嘎县	13048	4041			841	3682		135	53	1064
扎囊县	9592	3351			640	2727		129	355	994
乃东县	12823	4887		11	1294	2828	404	109	433	884
琼结县	7206	3042			349	1414		131	69	737
措美县	6006	2528			329	1144		156	407	655
隆子县	8930	2921		10	429	2371		120	239	1003
错那县	7383	2837			343	1501		74	221	652
桑日县	9022	2518			422	1427		104	106	723
曲松县	7320	3569			462	1424		168	115	659
加查县	6985	2311			570	1439		157	155	865
昌都地区小计	**172591**	**31476**		**60**	**14352**	**42624**	**410**	**3591**	**14347**	**16587**
本级	50400	13726			6188	8584	228	1719	2285	5824
区县级小计	122191	17750		60	8164	34040	182	1872	12062	10763
昌都县	17128	2645		25	1835	4449	79	235	2122	1360
江达县	12186	1950			744	3462		56	1393	1251
贡觉县	8943	1028		25	518	2392	2	68	967	771
类乌齐县	11320	1462			611	3393	17	150	491	915
丁青县	11838	2326			675	3221		263	1202	1073
察雅县	11115	1416			642	3290	19	210	1233	973
八宿县	9442	1115			662	2873		177	794	982
左贡县	9264	1357			489	2671		154	925	741
芒康县	14156	2117		8	940	3806	34	300	916	1210
洛隆县	8983	920			540	2497	15	125	1057	822
边坝县	7816	1414		2	508	1986	16	134	962	665
林芝地区小计	**112025**	**37615**		**75**	**10560**	**19253**	**575**	**2332**	**6946**	**8396**
本级	39858	11086		60	4663	4771	296	1336	3390	2394
区县级小计	72167	26529		15	5897	14482	279	996	3556	6002
林芝县	12892	4333			1433	2646		123	459	745
波密县	12369	4299			1019	2623	236	98	738	1067
察隅县	9710	3380		1	629	2202	8	156	667	1239
工布江达县	11526	4164			946	2176		214	458	908
米林县	10830	3985			876	2145	9	166	522	798
朗县	7626	3080			539	1427	23	113	285	630
墨脱县	7214	3288		14	455	1263	3	126	427	615
那曲地区小计	**148637**	**45729**		**31**	**11581**	**29912**	**713**	**3887**	**8646**	**14937**
本级	56450	11817		8	4955	7850	421	1750	5480	5240

二、各省、自治区、直辖市地市县一般预算财政资料

2－26－11　　　　　　　　　　　　　　　　　　　　　　　　单位：万元

地区	收支部分						平衡部分		
	支出功能分类						收入		
	环境保护	城乡社区事务	农林水事务	交通运输	工业、商业、金融等事务	其他支出	收入合计	本年收入	返还性收入 小计
浪卡子县		94	664		129	614	9329	380	24
贡嘎县		10	1351			1871	13063	2308	658
扎囊县		48	1041		10	297	9592	452	58
乃东县			1601		14	358	12823	2799	531
琼结县		104	1106		72	182	7206	456	33
措美县			265		5	517	6006	381	56
隆子县		112	843		4	878	8930	461	318
错那县		83	692		3	977	7383	347	51
桑日县			949		1660	1113	9022	1240	1436
曲松县			399		3	521	7320	1171	384
加查县			431		7	1050	6985	515	43
昌都地区小计	**276**	**13702**	**13808**	**959**	**2645**	**17754**	**176743**	**18331**	**3610**
本级	135		4873	547	1867	4424	51196	7111	2291
区县级小计	141	13702	8935	412	778	13330	125547	11220	1319
昌都县		1778	1650	78	125	747	17703	2252	331
江达县		1525	338	21	50	1396	12488	850	75
贡觉县	99	1315	546	60	84	1068	9062	600	33
类乌齐县	42	1190	427	18	60	2544	11618	1683	213
丁青县		1144	1032	42	42	818	12089	1382	43
察雅县		1269	448	32	89	1494	11196	611	22
八宿县		1142	522	14	52	1109	9780	730	51
左贡县		983	870	29	54	991	9436	797	47
芒康县		1274	2078	78	115	1280	15038	1252	440
洛隆县		1086	535	5	32	1349	9126	533	38
边坝县		996	489	35	75	534	8011	530	26
林芝地区小计	**277**	**1327**	**14418**	**664**	**2720**	**6867**	**113915**	**20321**	**3387**
本级	245	1123	5507	289	1237	3461	41469	10218	2346
区县级小计	32	204	8911	375	1483	3406	72446	10103	1041
林芝县			2003	92	264	794	12914	2508	328
波密县		105	1438	9	59	678	12427	2010	404
察隅县			947	49	1	431	9832	919	49
工布江达县		56	1169	79	669	687	11553	2400	50
米林县	32		1603	39	208	447	10851	1654	195
朗县			1140	33	115	241	7641	412	15
墨脱县		43	611	74	167	128	7228	200	
那曲地区小计	**234**	**2219**	**8840**	**1885**	**1596**	**18427**	**149726**	**14383**	**1695**
本级	214	1040	4161	701	1423	11390	56924	7223	420

2－26－12　　　　　　　　　　　　　　　　　　　　　　单位：万元

地区	平衡部分									
	收入									
	返还性收入		财力性转移支付收入							
	增值税和消费税税收返还	所得税基数返还	小计	体制补助	一般性转移支付补助	民族地区转移支付补助	调整工资转移支付补助	农村义务教育补助	农村税费改革补助	缓解县乡困难转移支付补助
浪卡子县	5	19	4080	631			2872		207	
贡嘎县	535	123	1493	805	70				186	
扎囊县	18	40	2901	571	1741				179	
乃东县	280	251	6255	740	1607		3275		185	
琼结县	8	25	5324	648	1821		2453		78	
措美县	29	27	4455	521	1619		1966		70	
隆子县	264	54	5702	546	2015		2684		179	
错那县	17	34	5407	579	2196		2192		78	
桑日县	1120	316	4852	477	1930		2071		102	
曲松县	351	33	4459	451	1519		2126		90	
加查县	10	33	5010	524	1953		2085		127	
昌都地区小计	**2610**	**1000**	**87808**	**16820**	**16348**		**23959**		**2606**	
本级	1639	652	30627	7300	5419		7432			
区县级小计	971	348	57181	9520	10929		16527		2606	
昌都县	204	127	7773	1295	1150		2457		363	
江达县	39	36	5445	952	1027		1535		296	
贡觉县	23	10	4681	831	982		1193		249	
类乌齐县	206	7	4781	741	848		1502		182	
丁青县	11	32	5239	893	1004		1505		217	
察雅县	6	16	5440	852	1116		1583		300	
八宿县	27	24	4664	750	960		1371		189	
左贡县	6	41	4693	804	938		1242		230	
芒康县	420	20	5809	1015	1006		1791		245	
洛隆县	20	18	4615	777	975		1256		173	
边坝县	9	17	4041	610	923		1092		162	
林芝地区小计	**3387**		**64283**	**9030**	**21182**		**14511**		**1006**	
本级	2346		22454	3731	7682		4666			
区县级小计	1041		41829	5299	13500		9845		1006	
林芝县	328		6500	941	1815		1593		144	
波密县	404		6451	871	1676		1661		166	
察隅县	49		5947	765	2040		1339		155	
工布江达县	50		6471	820	1797		1603		179	
米林县	195		6547	807	1932		1668		151	
朗县	15		5208	598	1994		1127		132	
墨脱县			4705	497	2246		854		79	
那曲地区小计	**1695**		**97931**	**16326**	**29626**		**23511**		**2347**	
本级	420		37120	9668	9180		9282			

2－26－13　　　　单位:万元

地区	平衡部分									
	收入								支出	
	财力性转移支付收入									
	结算补助	企事业单位预算划转补助	其他财力性转移支付	专项转移支付	省补助计划单列市收入	上年结余	调入资金	国债转贷收入、上年结余及转补助数	支出合计	本年支出
浪卡子县			370	4845					9329	9329
贡嘎县			432	8589		15			13048	13048
扎囊县			410	6181					9592	9592
乃东县			448	3238					12823	12823
琼结县			324	1393					7206	7206
措美县			279	1114					6006	6006
隆子县			278	2449					8930	8930
错那县			362	1578					7383	7383
桑日县			272	1494					9022	9022
曲松县			273	1306					7320	7320
加查县			321	1417					6985	6985
昌都地区小计			**28075**	**63951**		**3043**			**172591**	**172591**
本级			10476	10817		350			50400	50400
区县级小计			17599	53134		2693			122191	122191
昌都县			2508	6782		565			17128	17128
江达县			1635	5866		252			12186	12186
贡觉县			1426	3665		83			8943	8943
类乌齐县			1508	4653		288			11320	11320
丁青县			1620	5259		166			11838	11838
察雅县			1589	5092		31			11115	11115
八宿县			1394	4254		81			9442	9442
左贡县			1479	3787		112			9264	9264
芒康县			1752	6732		805			14156	14156
洛隆县			1434	3807		133			8983	8983
边坝县			1254	3237		177			7816	7816
林芝地区小计			**18554**	**24821**		**1103**			**112025**	**112025**
本级			6375	5485		966			39858	39858
区县级小计			12179	19336		137			72167	72167
林芝县			2007	3578					12892	12892
波密县			2077	3524		38			12369	12369
察隅县			1648	2820		97			9710	9710
工布江达县			2072	2632					11526	11526
米林县			1989	2453		2			10830	10830
朗县			1357	2006					7626	7626
墨脱县			1029	2323					7214	7214
那曲地区小计			**26121**	**34671**		**1046**			**148637**	**148637**
本级			8990	11747		414			56450	56450

2 – 26 – 14

单位:万元

地　　区	平衡部分 支出 财力性转移支付 小计	体制上解	出口退税专项上解	专项上解	计划单列市上解省	增设预算周转金	调出资金	国债转贷拨付数及年终结余	年终结余	其中:净结余
浪卡子县										
贡嘎县									15	15
扎囊县										
乃东县										
琼结县										
措美县										
隆子县										
错那县										
桑日县										
曲松县										
加查县										
昌都地区小计									**4152**	**3861**
本级									796	796
区县级小计									3356	3065
昌都县									575	575
江达县									302	302
贡觉县									119	83
类乌齐县									298	298
丁青县									251	251
察雅县									81	31
八宿县									338	133
左贡县									172	172
芒康县									882	882
洛隆县									143	143
边坝县									195	195
林芝地区小计									**1890**	**1890**
本级									1611	1611
区县级小计									279	279
林芝县									22	22
波密县									58	58
察隅县									122	122
工布江达县									27	27
米林县									21	21
朗县									15	15
墨脱县									14	14
那曲地区小计									**1089**	**1089**
本级									474	474

2－26－15　　单位:万元

地区	收支部分								
	收入								
	收入合计	税收收入							
		小计	增值税	营业税	企业所得税	个人所得税	资源税	城市维护建设税	耕地占用税
区县级小计	7160	3357	609	2205	228	46	250		
那曲县	1888	1014	210	714	48	17	19		
安多县	808	298	52	179	21	8	36		
聂荣县	286	171	19	138	12	1			
班嘎县	387	170	22	128	17	2			
申扎县	564	85	18	48	8	2	9		
巴青县	309	255	10	213	28	2			
索县	531	250	10	201	35	2			
比如县	326	210	14	168	19	8			
嘉黎县	849	639	247	192	11	2	186		
尼玛县	547	171	6	143	19	1			
双湖区	665	94	1	81	10	1			
阿里地区小计	**8081**	**4557**	**519**	**2980**	**297**	**199**	**403**	**125**	
本级	3355	1906	227	1174	123	87	151	125	
区县级小计	4726	2651	292	1806	174	112	252		
噶尔县	1129	930	84	721	68	52	2		
革吉县	831	731	157	310	45	14	202		
改则县	1008	339	31	258	29	7	10		
措勤县	402	172	2	145	10	12			
普兰县	372	181	3	131		9	38		
札达县	242	157	3	129	11	13			
日土县	742	141	12	112	11	5			

2－26－16

单位:万元

地区	收支部分									
	收入									
	税收收入			非税收入						
	契税	烟叶税	其他各项税收收入	小计	专项收入	行政事业性收费收入	罚没收入	国有资本经营收入	国有资源(资产)有偿使用收入	其他收入
区县级小计			19	3803		621	365		79	2738
那曲县			6	874		611	254		9	
安多县			2	510			51		9	450
聂荣县			1	115			1		5	109
班嘎县			1	217			12		2	203
申扎县				479		6	5		4	464
巴青县			2	54			6		24	24
索县			2	281		2	17		9	253
比如县			1	116		2	12		4	98
嘉黎县			1	210			4		6	200
尼玛县			2	376			3		4	369
双湖区			1	571					3	568
阿里地区小计			**34**	**3524**		**276**	**125**	**476**	**165**	**2482**
本级			19	1449		276	88		151	934
区县级小计			15	2075			37	476	14	1548
噶尔县			3	199			16		2	181
革吉县			3	100			1		3	96
改则县			4	669			2	394	2	271
措勤县			3	230						230
普兰县				191					3	188
札达县			1	85				82	3	
日土县			1	601			18		1	582

2－26－17

单位:万元

地区	收支部分									
	支出功能分类									
	支出合计	一般公共服务	外交	国防	公共安全	教育	科学技术	文化体育与传媒	社会保障和就业	医疗卫生
区县级小计	92187	33912		23	6626	22062	292	2137	3166	9697
那曲县	15580	6641		18	1745	4166	292	156	130	1100
安多县	8582	3118		5	899	1863		272	318	984
聂荣县	7222	2895			494	1635		163	133	784
班嘎县	8297	2809			497	2119		149	290	947
申扎县	6320	2730			370	1449		155	328	585
巴青县	7781	1608			460	1799		152	620	1026
索县	8099	2745			559	1948		243	322	1118
比如县	8888	2825			615	2316		214	331	1165
嘉黎县	9526	3665			441	2117		279	245	864
尼玛县	6901	2478			361	1711		223	275	709
双湖区	4991	2398			185	939		131	174	415
阿里地区小计	**75801**	**29109**		**60**	**7123**	**9595**	**356**	**2668**	**4251**	**7536**
本级	34276	10606		42	3732	3687	356	1643	2934	3248
区县级小计	41525	18503		18	3391	5908		1025	1317	4288
噶尔县	5764	2288			841	863		157	163	593
革吉县	6002	2635			454	925		98	160	705
改则县	6657	2895		1	442	1078		167	210	826
措勤县	5945	2528		6	369	893		126	215	777
普兰县	5502	2303		4	487	818		201	175	729
札达县	5441	3073		7	355	691		127	278	327
日土县	6214	2781			443	640		149	116	331

2－26－18 单位:万元

地区	收支部分						平衡部分		
	支出功能分类						收入		
									返还性收入
	环境保护	城乡社区事务	农林水事务	交通运输	工业、商业、金融等事务	其他支出	收入合计	本年收入	小计
区县级小计	20	1179	4679	1184	173	7037	92802	7160	1275
那曲县			242	838		252	15585	1888	441
安多县			485	61	74	503	8589	808	108
聂荣县			452	55	27	584	7314	286	38
班嘎县	20		528	40	39	859	8372	387	46
申扎县		63	331	46		263	6414	564	38
巴青县		1047	469	45	20	535	7795	309	20
索县			315	34	13	802	8143	531	22
比如县		39	581	38		764	8908	326	30
嘉黎县			558			1357	9658	849	518
尼玛县		30	403	27		684	6931	547	12
双湖区			315			434	5093	665	2
阿里地区小计	**157**	**186**	**6191**	**814**	**1709**	**6046**	**82610**	**8081**	**1365**
本级	15	161	2884	552	1520	2896	37852	3355	579
区县级小计	142	25	3307	262	189	3150	44758	4726	786
噶尔县	131	3	596	35	55	39	6833	1129	243
革吉县			537			488	6497	831	362
改则县			555	46		437	6995	1008	85
措勤县			410	36	22	563	6065	402	16
普兰县		22	446	55	14	248	6058	372	11
札达县			437	40		106	6042	242	20
日土县	11		326	50	98	1269	6268	742	49

二、各省、自治区、直辖市地市县一般预算财政资料

2－26－19

单位:万元

地区	平衡部分									
	收入									
	返还性收入		财力性转移支付收入							
	增值税和消费税税收返还	所得税基数返还	小计	体制补助	一般性转移支付补助	民族地区转移支付补助	调整工资转移支付补助	农村义务教育补助	农村税费改革补助	缓解县乡困难转移支付补助
区县级小计	1275		60811	6658	20446		14229		2347	
那曲县	441		8231	934	1987		2215		318	
安多县	108		5676	605	1722		1391		231	
聂荣县	38		5299	618	1946		1135		219	
班嘎县	46		5912	654	1968		1389		242	
申扎县	38		4442	386	1668		1033		133	
巴青县	20		5563	656	2059		1199		239	
索县	22		5532	623	2018		1197		232	
比如县	30		6081	716	1951		1392		268	
嘉黎县	518		5886	568	1863		1556		187	
尼玛县	12		4773	605	1643		1066		207	
双湖区	2		3416	293	1621		656		71	
阿里地区小计	**1092**	**273**	**54338**	**7686**	**20607**		**11718**		**603**	
本级	477	102	24385	4624	7999		5553		2	
区县级小计	615	171	29953	3062	12608		6165		601	
噶尔县	178	65	4251	345	1663		959		73	
革吉县	329	33	4081	402	1653		842		158	
改则县	65	20	4235	440	1667		876		118	
措勤县	4	12	4124	426	1891		769		69	
普兰县	6	5	4396	473	1884		949		49	
札达县	7	13	4550	502	2032		900		83	
日土县	26	23	4316	474	1818		870		51	

2－26－20　　　　单位:万元

地区	平衡部分									
	收入								支出	
	财力性转移支付收入									
	结算补助	企事业单位预算划转补助	其他财力性转移支付	专项转移支付	省补助计划单列市收入	上年结余	调入资金	国债转贷收入、上年结余及转补助数	支出合计	本年支出
区县级小计			17131	22924		632			92187	92187
那曲县			2777	5020		5			15580	15580
安多县			1727	1992		5			8582	8582
聂荣县			1381	1599		92			7222	7222
班嘎县			1659	1952		75			8297	8297
申扎县			1222	1276		94			6320	6320
巴青县			1410	1860		43			7781	7781
索县			1462	2044		14			8099	8099
比如县			1754	2461		10			8888	8888
嘉黎县			1712	2272		133			9526	9526
尼玛县			1252	1569		30			6901	6901
双湖区			775	879		131			4991	4991
阿里地区小计			**13724**	**13591**		**5235**			**75801**	**75801**
本级			6207	6564		2969			34276	34276
区县级小计			7517	7027		2266			41525	41525
噶尔县			1211	825		385			5764	5764
革吉县			1026	1008		215			6002	6002
改则县			1134	1239		428			6657	6657
措勤县			969	1041		482			5945	5945
普兰县			1041	1070		209			5502	5502
札达县			1033	847		383			5441	5441
日土县			1103	997		164			6214	6214

2－26－21

单位:万元

地区	平衡部分									
	支出								年终结余	其中：净结余
	财力性转移支付			专项上解	计划单列市上解省	增设预算周转金	调出资金	国债转贷拨付数及年终结余		
	小计	体制上解	出口退税专项上解							
区县级小计									615	615
那曲县									5	5
安多县									7	7
聂荣县									92	92
班嘎县									75	75
申扎县									94	94
巴青县									14	14
索县									44	44
比如县									20	20
嘉黎县									132	132
尼玛县									30	30
双湖区									102	102
阿里地区小计									**6809**	**1270**
本级									3576	
区县级小计									3233	740
噶尔县									1069	208
革吉县									495	148
改则县									338	248
措勤县									120	59
普兰县									556	14
札达县									601	9
日土县									54	54

2007 年陕西省地市县财政一般预算收支平衡表

2－27－1　　　　单位：万元

地　区	收　支　部　分								
	收　入								
	收入合计	税　收　收　入							
		小　计	增值税	营业税	企业所得税	个人所得税	资源税	城市维护建设税	耕地占用税
地市县合计	**3192333**	**2335097**	**591978**	**683532**	**232968**	**87613**	**101703**	**305671**	**33775**
西安市小计	**1129189**	**937322**	**136682**	**363961**	**104614**	**46805**	**184**	**87442**	**18550**
本级	486440	374608	48871	108513	63664	25772	7	20549	
区县级小计	642749	562714	87811	255448	40950	21033	177	66893	18550
新城区	93033	79436	10032	37436	7915	4412		9125	150
碑林区	109759	98786	11800	49948	10192	6030	5	8635	
莲湖区	115475	103454	20794	44223	9693	3248	1	13469	
雁塔区	85606	77777	8315	46486	3151	2929	1	6839	2200
灞桥区	32921	29902	3725	15592	748	314	6	2986	4430
未央区	62928	56095	13232	19718	3920	1524	3	8501	3155
阎良区	23558	20084	1367	3199	1263	203		5609	3478
长安区	44828	36690	3745	19135	1308	672	1	2562	2520
临潼区	25627	20586	6772	4720	1889	1185	17	4291	135
蓝田县	6234	4139	568	2743	35	52	83	281	110
周至县	4186	2924	266	2045	50	56	39	190	22
户县	17417	14517	4222	5812	498	255	12	1496	530
高陵县	21177	18324	2973	4391	288	153	9	2909	1820
铜川市小计	**60036**	**36288**	**9815**	**8557**	**940**	**1149**	**4030**	**7792**	**99**
本级	37715	21614	7120	5033	527	580	2357	3946	87
区县级小计	22321	14674	2695	3524	413	569	1673	3846	12
耀州区	10418	6192	1108	1451	54	233	868	2082	2
宜君县	3020	2566	523	406	167	67	395	556	
印台区	3875	2285	308	633	15	88	276	247	10
王益区	5008	3631	756	1034	177	181	134	961	
宝鸡市小计	**196012**	**164684**	**45087**	**33372**	**12171**	**4933**	**1484**	**39264**	**1276**
本级	108016	90430	22140	16007	9765	3168	276	24836	492
区县级小计	87996	74254	22947	17365	2406	1765	1208	14428	784
太白县	1104	939	74	227	175	31	106	39	5
宝鸡县	13925	9300	2666	1949	69	175	18	2330	355
凤翔县	11100	9759	3674	1356	71	143	99	2845	117
岐山县	9223	8570	2899	995	54	212	198	3228	16
麟游县	1638	1460	130	197	8	14	48	306	14
陇县	4501	3577	511	379	6	46	92	1340	
千阳县	2430	1669	78	853	5	28	16	530	10
凤县	10084	8461	3905	1235	654	158	370	1879	9
扶风县	3760	3182	1010	953	22	134	239	502	56
眉县	4451	3965	1053	376	10	68	21	1429	83

二、各省、自治区、直辖市地市县一般预算财政资料

2-27-2　　　　单位:万元

地区	收支部分									
	收入									
	税收收入			非税收入						
	契税	烟叶税	其他各项税收收入	小计	专项收入	行政事业性收费收入	罚没收入	国有资本经营收入	国有资源(资产)有偿使用收入	其他收入
地市县合计	**86178**	**6863**	**204816**	**857236**	**197342**	**109682**	**138984**	**378100**	**22482**	**10646**
西安市小计	**57030**		**122054**	**191867**	**43438**	**70026**	**54625**	**12753**	**9870**	**1155**
本级	50050		57182	111832	16387	48004	30420	10971	6030	20
区县级小计	6980		64872	80035	27051	22022	24205	1782	3840	1135
新城区			10366	13597	3869	2671	3972	1545	1540	
碑林区			12176	10973	3697	3085	4155		36	
莲湖区			12026	12021	5864	2134	2580	2	866	575
雁塔区			7856	7829	2919	2414	2416		80	
灞桥区			2101	3019	1296	1030	679		14	
未央区			6042	6833	3561	1255	1977		40	
阎良区	1699		3266	3474	376	2542	517		39	
长安区	3000		3747	8138	1059	4164	2181		194	540
临潼区	195		1382	5041	2114	794	1190		943	
蓝田县	67		200	2095	135	184	1731	35	10	
周至县	64		192	1262	121	576	501		44	20
户县	460		1232	2900	944	621	1322		13	
高陵县	1495		4286	2853	1096	552	984	200	21	
铜川市小计	**891**	**238**	**2777**	**23748**	**2799**	**3823**	**4796**	**7757**	**234**	**4339**
本级	51		1913	16101	2053	2441	3332	5972	133	2170
区县级小计	840	238	864	7647	746	1382	1464	1785	101	2169
耀州区	98		296	4226	246	502	901	1751	19	807
宜君县	240		212	454	121	137	169		27	
印台区	370	238	100	1590	118	612	354		26	480
王益区	132		256	1377	261	131	40	34	29	882
宝鸡市小计	**5648**	**1660**	**19789**	**31328**	**16985**	**4654**	**9702**	**-1140**	**561**	**566**
本级	4768		8978	17586	8809	3191	5434	-55	207	
区县级小计	880	1660	10811	13742	8176	1463	4268	-1085	354	566
太白县	13		269	165	22	17	116		10	
宝鸡县	287		1451	4625	2555	247	1450	87	74	212
凤翔县	93		1361	1341	802	337	188		14	
岐山县	70		898	653	422	85	345	-220	21	
麟游县	13	637	93	178	32	56	61		26	3
陇县	55	1023	125	924	72	220	514		118	
千阳县	33		116	761	543	90	93		5	30
凤县	128		123	1623	891	370	348		14	
扶风县	40		226	578	172	16	121		41	228
眉县	111		814	486	334	25	24		10	93

2－27－3　　　　　　　　　　　　　　　　　　　　单位:万元

地区	收支部分									
	支出功能分类									
	支出合计	一般公共服务	外交	国防	公共安全	教育	科学技术	文化体育与传媒	社会保障和就业	医疗卫生
地市县合计	**6669474**	**1434150**		**7360**	**483215**	**1461402**	**67545**	**140786**	**633970**	**405144**
西安市小计	**1612536**	**303948**		**2830**	**170614**	**257324**	**23556**	**28959**	**220386**	**88965**
本级	860505	144521		2215	94316	50746	18168	22193	103880	34682
区县级小计	752031	159427		615	76298	206578	5388	6766	116506	54283
新城区	64032	10073		63	9521	16378	592	213	12353	4465
碑林区	64902	13092		182	11203	13089	506	314	13335	4668
莲湖区	79982	20723		35	9417	16142	516	216	18183	6213
雁塔区	69138	15543		30	8905	14314	610	401	9236	5388
灞桥区	44198	8614		20	3961	15855	512	301	7869	2565
未央区	60393	15227		22	7217	17044	431	300	6681	4265
阎良区	38190	8045			2366	11128	301	402	5207	1758
长安区	84980	20241		68	6754	23425	758	1155	12617	4793
临潼区	61673	10566			3813	21277	154	758	9396	4576
蓝田县	45315	7591		63	2970	13389	142	495	6577	4387
周至县	49277	9644		55	3002	17688	89	822	6700	4121
户县	47987	10037		77	4197	14744	354	572	5253	4351
高陵县	41964	10031			2972	12105	423	817	3099	2733
铜川市小计	**166967**	**41651**		**378**	**17137**	**33769**	**1027**	**4497**	**16845**	**10126**
本级	68010	15478		252	10723	7517	212	2840	5767	3216
区县级小计	98957	26173		126	6414	26252	815	1657	11078	6910
耀州区	35560	6963		82	3491	8724	281	617	4296	2670
宜君县	21492	6529		40	1037	5804	316	527	2002	1483
印台区	22904	7957		4	859	5355	164	266	2725	1721
王益区	19001	4724			1027	6369	54	247	2055	1036
宝鸡市小计	**535552**	**85915**		**704**	**31426**	**134292**	**6226**	**6847**	**75920**	**37890**
本级	171229	21437		180	15504	14040	3555	3050	26505	18810
区县级小计	364323	64478		524	15922	120252	2671	3797	49415	19080
太白县	15711	2932		48	1225	2563	232	393	1854	832
宝鸡县	51674	9891		12	1249	16003	485	586	6632	1959
凤翔县	41781	6538		37	1628	15135	95	358	6657	2443
岐山县	41509	7259		37	1795	15590	279	440	6743	1455
麟游县	15099	2418			839	4959	103	165	2101	652
陇县	26613	4394		44	1675	8639	40	273	3052	1136
千阳县	17811	3984		117	942	4517	156	276	2562	1216
凤县	24212	4097		34	1418	5468	149	253	2597	1785
扶风县	36833	5581		42	1684	12976	96	273	5475	1689
眉县	27306	4706		16	1349	9189	298	211	3663	1907

2－27－4 单位:万元

地区	收支部分						平衡部分		
	支出功能分类						收入		
	环境保护	城乡社区事务	农林水事务	交通运输	工业、商业、金融等事务	其他支出	收入合计	本年收入	返还性收入 小计
地市县合计	**78711**	**544248**	**599736**	**363147**	**280012**	**170048**	**8102892**	**3192333**	**545134**
西安市小计	**21255**	**190065**	**85544**	**20409**	**143599**	**55082**	**1973664**	**1129189**	**165012**
本级	19795	131381	52154	8393	136026	42035	792724	486440	112949
区县级小计	1460	58684	33390	12016	7573	13047	1180940	642749	52063
新城区		6623	104	879	232	2536	134903	93033	9805
碑林区	145	6628		447	114	1179	151348	109759	8239
莲湖区		6360	4	510	133	1530	166508	115475	6872
雁塔区	290	9958	2585	613	170	1095	137331	85606	5180
灞桥区	50	2633	1244	168	189	217	67351	32921	2438
未央区	180	4047	3188	432	398	961	111515	62928	4080
阎良区	56	5078	2080	543	1071	155	40537	23558	2359
长安区	201	5227	6147	1527	962	1105	96016	44828	2654
临潼区	345	3593	3572	1022	1023	1578	63424	25627	3733
蓝田县	93	1044	3770	4105	469	220	56724	6234	800
周至县	33	1603	3450	581	410	1079	57317	4186	813
户县	67	2610	3666	243	1271	545	51419	17417	3772
高陵县		3280	3580	946	1131	847	46547	21177	1318
铜川市小计	**2259**	**11714**	**11923**	**5671**	**6351**	**3619**	**195044**	**60036**	**9365**
本级	2210	5306	3853	3990	4198	2448	73854	37715	6830
区县级小计	49	6408	8070	1681	2153	1171	121190	22321	2535
耀州区	18	3817	3181	453	782	185	43300	10418	1014
宜君县	17	538	2456	472	271		25907	3020	332
印台区		765	1849	526	118	595	28239	3875	459
王益区	14	1288	584	230	982	391	23744	5008	730
宝鸡市小计	**10224**	**46645**	**45302**	**27009**	**17385**	**9767**	**631170**	**196012**	**57471**
本级	6528	25587	7587	12478	13036	2932	210892	108016	34130
区县级小计	3696	21058	37715	14531	4349	6835	420278	87996	23341
太白县	134	1886	2342	956	227	87	17582	1104	227
宝鸡县	500	1259	7628	3545	416	1509	61051	13925	3912
凤翔县	500	2837	3946	421	471	715	45556	11100	2916
岐山县		1727	3254	1887	371	672	46607	9223	2252
麟游县	509	256	2360	230	85	422	17770	1638	172
陇县	390	1474	2727	2243	180	346	29908	4501	866
千阳县	245	631	2400	348	300	117	19016	2430	304
凤县	704	2660	3714	1050	215	68	25111	10084	2078
扶风县	691	2322	3569	985	678	772	46363	3760	1039
眉县	4	486	2134	2278	327	738	30051	4451	1942

2－27－5 单位:万元

地区	平衡部分									
	收入									
	返还性收入		财力性转移支付收入							
	增值税和消费税税收返还	所得税基数返还	小计	体制补助	一般性转移支付补助	民族地区转移支付补助	调整工资转移支付补助	农村义务教育补助	农村税费改革补助	缓解县乡困难转移支付补助
地市县合计	**422420**	**122714**	**2641605**	**30028**	**913111**		**813809**		**264181**	**154178**
西安市小计	**112100**	**52912**	**388634**	**2500**	**28026**		**97440**		**20235**	**20862**
本级	87397	25552	37542	2500	－11284		18577		－5153	536
区县级小计	24703	27360	351092		39310		78863		25388	20326
新城区	3263	6542	24502				4632		26	455
碑林区	3910	4329	24101				4002		24	922
莲湖区	3381	3491	31158				5278		105	1027
雁塔区	2077	3103	37248				2484		696	961
灞桥区	1619	819	26810				3984		1656	1249
未央区	2393	1687	38804				3584		1206	429
阎良区	1187	1172	9582				2346		1515	892
长安区	1656	998	29266				12289		4390	1658
临潼区	2039	1694	21234		1842		8326		3164	2531
蓝田县	492	308	34551		15135		9259		3292	1946
周至县	487	326	35409		16594		10322		3994	1786
户县	1926	1846	23227		5739		7572		3336	3970
高陵县	273	1045	15200				4785		1984	2500
铜川市小计	**8756**	**609**	**92097**	**172**	**51311**		**25749**		**5047**	**4065**
本级	6321	509	19002	－880	12983		6775		213	513
区县级小计	2435	100	73095	1052	38328		18974		4834	3552
耀州区	964	50	22570	151	8950		7174		1838	1176
宜君县	291	41	17658	386	8997		4510		1307	1587
印台区	467	－8	18596	480	10829		4497		1142	370
王益区	713	17	14271	35	9552		2793		547	419
宝鸡市小计	**53314**	**4157**	**252379**	**480**	**106524**		**71210**		**21995**	**24005**
本级	33110	1020	14778		6959		8991		35	580
区县级小计	20204	3137	237601	480	99565		62219		21960	23425
太白县	167	60	11014		5262		2885		552	595
宝鸡县	3484	428	33432		13641		9655		3166	4296
凤翔县	2824	92	25989		9338		7518		3049	3380
岐山县	2111	141	27028		11623		7691		2596	3499
麟游县	156	16	11305	369	6328		2350		1008	891
陇县	648	218	16792		6688		5244		2556	1058
千阳县	273	31	12883	111	6407		3272		1161	874
凤县	1562	516	10044		1224		2833		852	1630
扶风县	975	64	26518		12786		6873		3065	2219
眉县	1807	135	18174		7739		5661		2158	1366

二、各省、自治区、直辖市地市县一般预算财政资料

2-27-6 单位:万元

地区	平衡部分									
	收入								支出	
	财力性转移支付收入			专项转移支付	省补助计划单列市收入	上年结余	调入资金	国债转贷收入、上年结余及转补助数	支出合计	本年支出
	结算补助	企事业单位预算划转补助	其他财力性转移支付							
地市县合计	**421731**	**44567**		**904701**		**719307**	**99812**		**6996489**	**6669474**
西安市小计	**191351**	**28220**		**154270**		**134479**	**2080**		**1782738**	**1612536**
本级	32293	73		62170		93623			668889	860505
区县级小计	159058	28147		92100		40856	2080		1113849	752031
新城区	13151	6238		4816		2574	173		128463	64032
碑林区	17617	1536		4521		4728			143316	64902
莲湖区	20452	4296		3712		8791	500		163487	79982
雁塔区	30815	2292		3442		5855			129229	69138
灞桥区	14902	5019		4016		1166			64550	44198
未央区	28761	4824		3495		2208			103800	60393
阎良区	2027	2802		4961		77			40114	38190
长安区	10604	325		12648		6620			88212	84980
临潼区	5139	232		13393		-563			63360	61673
蓝田县	4866	53		12375		2764			46832	45315
周至县	2649	64		9587		7322			50013	49277
户县	2194	416		9325		-3729	1407		49701	47987
高陵县	5881	50		5809		3043			42772	41964
铜川市小计	**5753**			**21632**		**11808**	**106**		**170756**	**166967**
本级	-602			9285		916	106		68529	68010
区县级小计	6355			12347		10892			102227	98957
耀州区	3281			4512		4786			36603	35560
宜君县	871			2616		2281			21708	21492
印台区	1278			3407		1902			23650	22904
王益区	925			1812		1923			20266	19001
宝鸡市小计	**24554**	**3611**		**84110**		**17655**	**23543**		**591184**	**535552**
本级	-1787			25877		10685	17406		194587	171229
区县级小计	26341	3611		58233		6970	6137		396597	364323
太白县	1720			4246		691	300		15918	15711
宝鸡县	2674			7971		1811			58494	51674
凤翔县	2704			6201		-1839	1189		44554	41781
岐山县	1619			6582		972	550		44521	41509
麟游县	359			2646		1883	126		15270	15099
陇县	1246			5485		1907	357		27161	26613
千阳县	1058			3428		-89	60		18104	17811
凤县	3505			2953		-178	130		24499	24212
扶风县	1575			5605		8743	698		37452	36833
眉县	1250			5234		-77	327		28980	27306

2－27－7　　　　　　　　　　　　　　　　　　　　　　　　　　　　单位:万元

地区	平衡部分									
	支出								年终结余	其中:净结余
	财力性转移支付			专项上解	计划单列市上解省	增设预算周转金	调出资金	国债转贷拨付数及年终结余		
	小计	体制上解	出口退税专项上解							
地市县合计	**8363**		**8363**	**310860**		**7770**	**22**		**1106403**	**－49518**
西安市小计	**3864**		**3864**	**166316**			**22**		**190926**	**57456**
本级	3095		3095	－194711					123835	11305
区县级小计	769		769	361027			22		67091	46151
新城区				64431					6440	4846
碑林区	29		29	78385					8032	7519
莲湖区	83		83	83422					3021	3021
雁塔区	292		292	59799					8102	8102
灞桥区	2		2	20350					2801	2546
未央区	108		108	43299					7715	7372
阎良区	143		143	1781					423	423
长安区	78		78	3154					7804	1941
临潼区				1687					64	64
蓝田县				1495			22		9892	5040
周至县				736					7304	1655
户县	17		17	1697					1718	832
高陵县	17		17	791					3775	2790
铜川市小计	**358**		**358**	**3431**					**24288**	**－18123**
本级	358		358	161					5325	－11215
区县级小计				3270					18963	－6908
耀州区				1043					6697	－808
宜君县				216					4199	－2013
印台区				746					4589	－2165
王益区				1265					3478	－1922
宝鸡市小计	**2213**		**2213**	**53419**					**39986**	**－22461**
本级	2213		2213	21145					16305	1978
区县级小计				32274					23681	－24439
太白县				207					1664	－1056
宝鸡县				6820					2557	－3133
凤翔县				2773					1002	－4301
岐山县				3012					2086	－4735
麟游县				171					2500	－246
陇县				548					2747	－52
千阳县				293					912	－1943
凤县				287					612	2
扶风县				619					8911	1603
眉县				1674					1071	－2633

2－27－8

单位:万元

地区	收支部分								
	收入								
	收入合计	税收收入							
		小计	增值税	营业税	企业所得税	个人所得税	资源税	城市维护建设税	耕地占用税
金台区	10759	8818	2687	3363	392	263			56
渭滨区	15021	14554	4260	5482	940	493	1		63
咸阳市小计	**194588**	**125263**	**29310**	**40960**	**6595**	**5146**	**3724**	**17025**	**2384**
本级	80157	55197	15077	18829	3652	2186	526	7171	51
区县级小计	114431	70066	14233	22131	2943	2960	3198	9854	2333
兴平市	9508	8259	2715	2150	469	507		1467	54
武功县	3011	1866	222	698	6	169		490	101
三原县	7418	4544	884	2236	35	223	9	551	67
泾阳县	6364	4971	963	1501	136	176	120	1359	281
礼泉县	4164	3232	470	1774	14	168	4	370	84
乾县	5530	3842	360	1418	52	173	6	865	294
永寿县	2318	1810	77	1126	5	64	42	130	23
彬县	19340	9615	2766	2213	689	294	2017	1198	57
长武县	16809	2186	479	1056	2	97	122	212	34
旬邑县	3741	3378	957	527	171	114	874	171	24
淳化县	1823	948	117	474	4	56	4	103	10
秦都区	20137	14947	2581	3769	824	625		1325	771
渭城区	14268	10468	1642	3189	536	294		1613	533
渭南市小计	**160550**	**137875**	**51063**	**27757**	**17877**	**4572**	**4422**	**22982**	**556**
本级	45288	39220	15755	9179	4100	1005	2211	4507	
区县级小计	115262	98655	35308	18578	13777	3567	2211	18475	556
临渭区	11530	8705	1234	2937	637	657		1592	300
华县	30349	29364	9498	1844	11845	234	1102	4239	20
华阴市	6101	4893	1251	1557	298	180	5	1280	7
潼关县	4103	1523	316	675	140	169	63	95	
大荔县	3671	3371	409	1374	4	258		437	30
蒲城县	8822	6700	1897	2569	94	309	202	1101	110
澄城县	6738	5544	2156	961	16	224	134	1577	4
白水县	4100	3249	1029	413	127	117	185	1192	
韩城市	31459	28767	15700	3843	539	1052	370	6026	
合阳县	3272	2466	501	838	5	160	82	462	35
富平县	5117	4073	1317	1567	72	207	68	474	50
汉中市小计	**102358**	**77526**	**18845**	**24897**	**3859**	**3370**	**1478**	**13292**	**759**
本级	24711	10885	3400	3987	975	46	3	1571	
区县级小计	77647	66641	15445	20910	2884	3324	1475	11721	759
汉台区	25808	24635	3643	9393	2094	1396	74	2743	169
南郑县	15089	11814	2962	1601	46	331	130	5537	57

2－27－9 单位:万元

地区	收支部分									
	收入									
	税收收入			非税收入						
	契税	烟叶税	其他各项税收收入	小计	专项收入	行政事业性收费收入	罚没收入	国有资本经营收入	国有资源(资产)有偿使用收入	其他收入
金台区	34		2023	1941	922		1002	8	9	
渭滨区	3		3312	467	1409		6	－960	12	
咸阳市小计	**5810**	**939**	**13370**	**69325**	**47239**	**8114**	**9910**	**1112**	**1482**	**1468**
本级	168		7537	24960	20260	3201	2798	－1500	196	5
区县级小计	5642	939	5833	44365	26979	4913	7112	2612	1286	1463
兴平市	170		727	1249	616	239	373	6	15	
武功县	38		142	1145	72	628	410		35	
三原县	230		309	2874	452	600	1024	663	135	
泾阳县	144		291	1393	229	465	514	107	60	18
礼泉县	61		287	932	163	107	644		18	
乾县	99	247	328	1688	230	315	350	235	8	550
永寿县	23	108	212	508	54	75	358		14	7
彬县	83		298	9725	9455	173	72		25	
长武县	11	100	73	14623	14109	180	295	21	18	
旬邑县	10	484	46	363	205	15	134		9	
淳化县	45		135	875	40	133	497	15	19	171
秦都区	3168		1884	5190	600	919	1357	1565	32	717
渭城区	1560		1101	3800	754	1064	1084		898	
渭南市小计	**768**	**273**	**7605**	**22675**	**15719**	**1934**	**4739**	**－1445**	**827**	**901**
本级			2463	6068	2875	162	3109	－388	310	
区县级小计	768	273	5142	16607	12844	1772	1630	－1057	517	901
临渭区	212		1136	2825	2648	35	72		70	
华县	26		556	985	624		282		69	10
华阴市	29		286	1208	984	15	110	－103	34	168
潼关县			65	2580	83	260	250	1730	27	230
大荔县	73		786	300	287	100	246	－370	37	
蒲城县	90		328	2122	1400	495	213		10	4
澄城县	115	127	230	1194	1348	30	209	－400	7	
白水县	30		156	851	152	690		1	8	
韩城市	20		1217	2692	4323	40	30	－1800	99	
合阳县	125	146	112	806	623	15	130	－115	113	40
富平县	48		270	1044	372	92	88		43	449
汉中市小计	**4035**	**513**	**6478**	**24832**	**9480**	**4126**	**8592**	**1905**	**714**	**15**
本级	80		823	13826	3110	2939	5199	2232	346	
区县级小计	3955	513	5655	11006	6370	1187	3393	－327	368	15
汉台区	2092		3031	1173	1318		25	－204	34	
南郑县	411	300	439	3275	2794	67	386		28	

二、各省、自治区、直辖市地市县一般预算财政资料

2－27－10

单位:万元

地区	收支部分									
	支出功能分类									
	支出合计	一般公共服务	外交	国防	公共安全	教育	科学技术	文化体育与传媒	社会保障和就业	医疗卫生
金台区	31040	4984		28	1004	10564	331	158	6529	1657
渭滨区	34734	7694		109	1114	14649	407	411	1550	2349
咸阳市小计	**606372**	**156794**		**333**	**39665**	**161857**	**3937**	**10232**	**50846**	**41547**
本级	133103	38422		154	15749	11853	884	2879	8644	6413
区县级小计	473269	118372		179	23916	150004	3053	7353	42202	35134
兴平市	45989	9502			2694	15649	124	725	1931	4097
武功县	34721	8138		60	2165	12199	289	365	1330	3740
三原县	42666	7002			2664	13380	195	1208	6799	2865
泾阳县	40819	7449		7	2065	11425	668	759	5872	3350
礼泉县	40757	7731			1489	11988	190	497	8061	3099
乾县	41997	8380			2019	22079	358	463	1276	2450
永寿县	26857	5746			1243	9869	197	311	704	2266
彬县	49722	16386		8	1756	13815	391	605	3471	3726
长武县	34017	19243		43	1074	6118	51	417	789	2233
旬邑县	30920	9002			1304	9157	119	655	1147	3199
淳化县	23458	6568			1189	6432	81	494	571	1460
秦都区	30404	6804		61	2447	8451	332	325	5364	1003
渭城区	30942	6421			1807	9442	58	529	4887	1646
渭南市小计	**578809**	**119132**		**625**	**35853**	**157443**	**2833**	**9665**	**75323**	**38873**
本级	97042	19625		214	11013	6270	643	1765	8403	2178
区县级小计	481767	99507		411	24840	151173	2190	7900	66920	36695
临渭区	62413	11644		47	1373	21086	224	506	11210	6108
华县	53939	10369		25	3318	11264	123	1260	6519	3277
华阴市	25096	6351			1840	7418	87	373	3239	1593
潼关县	19508	6044			1267	5277	76	374	940	1174
大荔县	51552	10104		45	3606	17069	52	613	7800	3912
蒲城县	49637	10675		85	1771	15939	73	724	8143	4194
澄城县	37889	6731		36	2560	12509	115	587	5561	3285
白水县	31521	8995		74	1531	9831	111	793	1764	2143
韩城市	57623	11342		99	3052	16073	638	1227	7172	4101
合阳县	39558	9309			1878	13077	123	643	5879	2458
富平县	53031	7943			2644	21630	568	800	8693	4450
汉中市小计	**484121**	**111677**		**668**	**32116**	**119225**	**3264**	**7687**	**49491**	**35867**
本级	133782	19313		256	10455	12386	439	1499	21384	14511
区县级小计	350339	92364		412	21661	106839	2825	6188	28107	21356
汉台区	45615	9889		102	1090	11454	158	700	9329	2633
南郑县	48996	12712		49	3110	14533	530	936	3899	3178

2－27－11 单位:万元

地区	收支部分						平衡部分		
	支出功能分类						收入		
	环境保护	城乡社区事务	农林水事务	交通运输	工业、商业、金融等事务	其他支出	收入合计	本年收入	返还性收入 小计
金台区	17	2312	1462	266	374	1354	37656	10759	2379
渭滨区	2	3208	2179	322	705	35	43607	15021	5254
咸阳市小计	**7502**	**30377**	**50918**	**28116**	**13910**	**10338**	**699802**	**194588**	**34819**
本级	5304	6688	9935	17500	6303	2375	158627	80157	18587
区县级小计	2198	23689	40983	10616	7607	7963	541175	114431	16232
兴平市	165	4706	4462	374	947	613	52554	9508	1791
武功县	10	2204	2868	614	660	79	39490	3011	777
三原县		2156	3597	1925	604	271	45254	7418	1748
泾阳县	302	2464	3648	1698	498	614	41589	6364	1666
礼泉县	278	1348	3606	1028	1050	392	48172	4164	287
乾县	95	766	2702	533	126	750	44555	5530	1164
永寿县	85	1756	3561	669	185	265	33324	2318	210
彬县	404	2896	4391	670	401	802	56145	19340	1606
长武县	11	524	2154	661	351	348	37404	16809	385
旬邑县		630	3283	182	300	1942	37720	3741	585
淳化县		1220	3301	1454	366	322	26989	1823	270
秦都区		1248	1678	246	880	1565	38762	20137	3397
渭城区	848	1771	1732	562	1239		39217	14268	2346
渭南市小计	**8741**	**29979**	**47792**	**32214**	**13692**	**6644**	**691666**	**160550**	**35718**
本级	7702	5371	8063	20800	2655	2340	120713	45288	13591
区县级小计	1039	24608	39729	11414	11037	4304	570953	115262	22127
临渭区	198	2046	2714	1092	3788	377	92109	11530	1165
华县	35	6070	5895	3045	1109	1630	57286	30349	2982
华阴市		1421	2091	185	425	73	33677	6101	1550
潼关县		943	1658	336	1295	124	24000	4103	431
大荔县	118	2363	3835	1661	374		60059	3671	544
蒲城县	148	2176	3669	1140	761	139	55691	8822	1597
澄城县	104	1149	3225	1315	685	27	43004	6738	4032
白水县		817	3544	846	729	343	36589	4100	1438
韩城市	382	5621	4760	994	681	1481	61176	31459	6830
合阳县		1095	4175	361	480	80	52234	3272	871
富平县	54	907	4163	439	710	30	55128	5117	687
汉中市小计	**4414**	**21065**	**41062**	**40759**	**9944**	**6882**	**537310**	**102358**	**48759**
本级	4135	3370	9073	32742	2929	1290	121380	24711	4284
区县级小计	279	17695	31989	8017	7015	5592	415930	77647	44475
汉台区	3	4220	2639	471	735	2192	54854	25808	6827
南郑县	30	3013	4440	1261	1105	200	60240	15089	22994

2－27－12

单位:万元

地区	平衡部分									
	收入									
	返还性收入		财力性转移支付收入							
	增值税和消费税税收返还	所得税基数返还	小计	体制补助	一般性转移支付补助	民族地区转移支付补助	调整工资转移支付补助	农村义务教育补助	农村税费改革补助	缓解县乡困难转移支付补助
金台区	2057	322	20107		8128		3890		891	1992
渭滨区	4140	1114	24315		10401		4347		906	1625
咸阳市小计	**31304**	**3515**	**351726**	**419**	**144212**		**115193**		**48424**	**22382**
本级	18207	380	20731	419	10954		9458		16	513
区县级小计	13097	3135	330995		133258		105735		48408	21869
兴平市	1929	－138	32170		11593		11035		3560	3152
武功县	744	33	27833		14186		8471		3403	930
三原县	1334	414	28848		11087		10364		3490	1420
泾阳县	1265	401	30404		13817		8792		3758	2343
礼泉县	246	41	35064		12588		11935		7507	1734
乾县	887	277	31700		12512		9244		6597	1788
永寿县	144	66	22735		11245		6499		2661	1248
彬县	1466	140	26885		8510		9359		3947	3055
长武县	372	13	16256		6972		5120		2333	1156
旬邑县	596	－11	24736		10686		7924		4046	1190
淳化县	280	－10	21080		10081		5812		4290	411
秦都区	2072	1325	14698		5280		4933		1217	1235
渭城区	1762	584	18586		4701		6247		1599	2207
渭南市小计	**31525**	**4193**	**327508**	**1741**	**136668**		**97829**		**49282**	**18207**
本级	13374	217	12360	1741	14833		6729		1	611
区县级小计	18151	3976	315148		121835		91100		49281	17596
临渭区	963	202	46486		18100		13553		6135	1922
华县	2918	64	15665		2580		7017		2455	1794
华阴市	686	864	19206		9474		4958		1395	1595
潼关县	63	368	12772		6724		3018		717	663
大荔县	291	253	43479		17318		12215		7937	1473
蒲城县	924	673	40323		15331		10221		6937	3245
澄城县	3971	61	22965		8359		6354		4016	1308
白水县	1147	291	23020		8240		7086		4612	1311
韩城市	5736	1094	17008		915		7181		2444	1140
合阳县	851	20	33117		15192		8153		6278	1187
富平县	601	86	41107		19602		11344		6355	1958
汉中市小计	**47363**	**1396**	**254835**		**104198**		**85527**		**27773**	**11822**
本级	3981	303	19709		10214		7452		101	419
区县级小计	43382	1093	235126		93984		78075		27672	11403
汉台区	6201	626	21351		4999		8229		1953	1319
南郑县	22986	8	28200		9053		10383		3600	1896

2－27－13 单位:万元

地区	平衡部分									
	收入								支出	
	财力性转移支付收入									
	结算补助	企事业单位预算划转补助	其他财力性转移支付	专项转移支付	省补助计划单列市收入	上年结余	调入资金	国债转贷收入、上年结余及转补助数	支出合计	本年支出
金台区	3855	1351		4263		148			35607	31040
渭滨区	4776	2260		3619		－7002	2400		46037	34734
咸阳市小计	**15797**	**5299**		**86563**		**29932**	**2174**		**637131**	**606372**
本级	－629			26615		12537			141030	133103
区县级小计	16426	5299		59948		17395	2174		496101	473269
兴平市	1080	1750		5694		3332	59		48163	45989
武功县	697	146		5382		2487			35237	34721
三原县	1850	637		5093		1544	603		44124	42666
泾阳县	1694			6482		－3977	650		42969	40819
礼泉县	1300			6384		2273			42355	40757
乾县	1559			6629		－793	325		43268	41997
永寿县	1082			3116		4611	334		27685	26857
彬县	2014			4779		3535			50926	49722
长武县	675			2414		1537	3		34630	34017
旬邑县	890			4450		4008	200		31665	30920
淳化县	486			3922		－106			24332	23458
秦都区	566	1467		3265		－2735			35816	30404
渭城区	2533	1299		2338		1679			34931	30942
渭南市小计	**21383**	**2398**		**107383**		**58636**	**1871**		**597091**	**578809**
本级	－13953	2398		34692		14782			93290	97042
区县级小计	35336			72691		43854	1871		503801	481767
临渭区	6776			12063		20865			65364	62413
华县	1819			4750		3540			55360	53939
华阴市	1784			3653		3167			27256	25096
潼关县	1650			2663		4031			20375	19508
大荔县	4536			9188		2072	1105		53955	51552
蒲城县	4589			9810		－4861			53031	49637
澄城县	2928			5415		3754	100		39170	37889
白水县	1771			4363		3668			32727	31521
韩城市	5328			5162		717			60259	57623
合阳县	2307			6095		8879			41068	39558
富平县	1848			9529		－1978	666		55236	53031
汉中市小计	**21405**	**4110**		**91232**		**31411**	**8715**		**493123**	**484121**
本级	－2587	4110		53060		18826	790		100361	133782
区县级小计	23992			38172		12585	7925		392762	350339
汉台区	4851			3036		－2323	155		55123	45615
南郑县	3268			4586		－10928	299		71016	48996

二、各省、自治区、直辖市地市县一般预算财政资料

2－27－14

单位：万元

地区	平衡部分									
	支出								年终结余	其中：净结余
	财力性转移支付			专项上解	计划单列市上解省	增设预算周转金	调出资金	国债转贷拨付数及年终结余		
	小计	体制上解	出口退税专项上解							
金台区				4567					2049	－1091
渭滨区				11303					－2430	－6854
咸阳市小计	**977**		**977**	**29782**					**62671**	**－29973**
本级	385		385	7542					17597	－271
区县级小计	592		592	22240					45074	－29702
兴平市	15		15	2159					4391	－2295
武功县				516					4253	－3282
三原县	26		26	1432					1130	－4183
泾阳县	170		170	1980					－1380	－7771
礼泉县	145		145	1453					5817	－2726
乾县				1271					1287	－3991
永寿县	105		105	723					5639	374
彬县				1204					5219	116
长武县				613					2774	－998
旬邑县				745					6055	－942
淳化县				874					2657	－3119
秦都区	76		76	5336					2946	－1773
渭城区	55		55	3934					4286	888
渭南市小计				**18282**					**94575**	**6529**
本级	－6076	－5891	－185	2324					27423	580
区县级小计	6076	5891	185	15958					67152	5949
临渭区	876	820	56	2075					26745	18462
华县	542	542		879					1926	493
华阴市	521	519	2	1639					6421	2271
潼关县	229	229		638					3625	587
大荔县	470	470		1933					6104	－4018
蒲城县	497	497		2897					2660	－3916
澄城县	295	295		986					3834	30
白水县	433	372	61	773					3862	－549
韩城市	1161	1095	66	1475					917	18
合阳县	483	483		1027					11166	1424
富平县	569	569		1636					－108	－8853
汉中市小计	**39**		**39**	**8463**		**500**			**44187**	**－13846**
本级	1		1	－33422					21019	6708
区县级小计	38		38	41885		500			23168	－20554
汉台区	26		26	9482					－269	－2305
南郑县	6		6	22014					－10776	－14787

2－27－15　　　　单位:万元

地区	收支部分								
	收入								
	收入合计	税收收入							
		小计	增值税	营业税	企业所得税	个人所得税	资源税	城市维护建设税	耕地占用税
城固县	4721	3394	535	1425	80	283	31	368	92
洋县	4228	3255	363	1704	32	256	64	295	41
西乡县	3505	2528	273	985	48	169	70	151	77
勉县	10098	9221	4347	1634	254	386	39	1408	180
宁强县	3600	3140	779	1474	151	136	132	252	27
略阳县	7560	6692	2286	1573	172	280	814	830	45
镇巴县	1700	1013	195	423	4	51	115	93	30
留坝县	461	346	29	237	3	23	4	20	8
佛坪县	877	603	33	461		13	2	24	33
安康市小计	**58112**	**45773**	**8376**	**20906**	**2512**	**2016**	**559**	**4601**	**1202**
本级	17351	15415	1025	8598	1246	946	19	1847	106
区县级小计	40761	30358	7351	12308	1266	1070	540	2754	1096
汉滨区	12650	10622	1854	4960	710	541	46	510	293
岚皋县	1802	1560	371	668	3	86	10	157	50
汉阴县	3002	1465	222	632	11	52	27	198	73
石泉县	2923	1827	545	527	5	46	3	332	105
宁陕县	1201	951	166	560	7	44	64	48	
紫阳县	3258	2111	314	1117	6	50	36	247	154
平利县	2599	1716	301	781	13	50	87	115	169
镇坪县	1500	650	119	337		17	42	76	
旬阳县	8618	7864	2920	2156	492	131	194	890	209
白河县	3208	1592	539	570	19	53	31	181	43
商洛市小计	**49401**	**39657**	**7068**	**16220**	**1499**	**2003**	**1753**	**4081**	**571**
本级	11195	9475	2111	3815	794	813	362	1285	
区县级小计	38206	30182	4957	12405	705	1190	1391	2796	571
商州市	8236	6895	1398	2165	385	294	20		284
洛南县	7542	5911	1196	1079	164	190	669	642	79
山阳县	4728	3024	488	1563	86	150	236	241	33
丹凤县	4724	3652	350	2720	19	230	35	108	
商南县	3990	3217	303	2060	2	89	72	227	
镇安县	4918	4216	593	1473	30	147	80	1063	33
柞水县	4068	3267	629	1345	19	90	279	515	142
延安市小计	**726947**	**331457**	**131588**	**58989**	**32246**	**6222**	**28225**	**56867**	**4853**
本级	211501	129353	54474	9959	23849	2382	6855	29103	171
区县级小计	515446	202104	77114	49030	8397	3840	21370	27764	4682
宝塔区	65595	19858	5243	8606	1276	1241	1184	559	469
延长县	18918	5973	2023	1776	338	235	550	698	18

二、各省、自治区、直辖市地市县一般预算财政资料

2－27－16　　　　单位：万元

地区	收支部分									
	收入									
	税收收入			非税收入						
	契税	烟叶税	其他各项税收收入	小计	专项收入	行政事业性收费收入	罚没收入	国有资本经营收入	国有资源(资产)有偿使用收入	其他收入
城固县	195		385	1327	172	214	888	6	35	12
洋县	230	54	216	973	166	300	427		80	
西乡县	452	90	213	977	103	233	368	226	47	
勉县	379		594	877	951	34	27	－190	55	
宁强县	67		122	460	224		312	－95	19	
略阳县	108	69	515	868	561	26	309	－50	22	
镇巴县	15		87	687	45	278	338		23	3
留坝县	4		18	115	11	30	66		8	
佛坪县	2		35	274	25	5	247	－20	17	
安康市小计	**1459**	**729**	**3413**	**12339**	**2832**	**2083**	**4948**	**886**	**1017**	**573**
本级	1049		579	1936	591	52	904		389	
区县级小计	410	729	2834	10403	2241	2031	4044	886	628	573
汉滨区	7	108	1593	2028	607	82	1449	－200	90	
岚皋县	50	30	135	242	64	45	37	81	13	2
汉阴县	93	50	107	1537	172	463	628	45	18	211
石泉县	7	87	170	1096	28	181	465	235	23	164
宁陕县	22		40	250	30	23	163		12	22
紫阳县	24	34	129	1147	114	567	410		26	30
平利县	13	67	120	883	358	51	84		290	100
镇坪县	23		36	850	19	273	178	373	7	
旬阳县	99	334	439	754	739				15	
白河县	72	19	65	1616	110	346	630	352	134	44
商洛市小计	**565**	**1883**	**4014**	**9744**	**2437**	**1347**	**5174**	**177**	**604**	**5**
本级			295	1720	370	7	917		426	
区县级小计	565	1883	3719	8024	2067	1340	4257	177	178	5
商州市	208	91	2050	1341	752	219	291	52	22	5
洛南县	134	1532	226	1631	291	45	1238	42	15	
山阳县	13		214	1704	210	524	894	43	33	
丹凤县	15	20	155	1072	139	115	774	25	19	
商南县	50		414	773	188	57	501		27	
镇安县	72	207	518	702	143	175	341	15	28	
柞水县	73	33	142	801	344	205	218		34	
延安市小计	**2749**	**628**	**9090**	**395490**	**29562**	**5260**	**9350**	**345379**	**4620**	**1319**
本级	1050		1510	82148	11844	797	2898	64500	1809	300
区县级小计	1699	628	7580	313342	17718	4463	6452	280879	2811	1019
宝塔区	344		936	45737	2372	508	200	42428	229	
延长县	58		277	12945	901	14	57	11935	38	

2－27－17 单位:万元

地区	收支部分									
	支出功能分类									
	支出合计	一般公共服务	外交	国防	公共安全	教育	科学技术	文化体育与传媒	社会保障和就业	医疗卫生
城固县	39768	8777		66	2918	16098	534	810	1524	2717
洋县	35632	8029			2146	14619	162	597	1054	3275
西乡县	33061	10111			2062	9337	160	404	1320	1481
勉县	39853	10013		58	2772	14487	236	634	1906	2302
宁强县	31083	9548			2203	10123	426	651	981	1953
略阳县	27086	9882		81	1927	5386	236	483	3791	1281
镇巴县	28724	6716		29	1808	7302	279	698	2213	1266
留坝县	10450	3986		27	706	1827	39	83	1105	666
佛坪县	10071	2701			919	1673	65	192	985	604
安康市小计	**349048**	**97001**		**283**	**26652**	**96087**	**2360**	**6321**	**21010**	**27575**
本级	46582	10654		170	3307	5845	766	1813	2802	2815
区县级小计	302466	86347		113	23345	90242	1594	4508	18208	24760
汉滨区	72260	19644		43	5302	24930	158	765	4420	5723
岚皋县	25920	9937			1798	5848	37	343	1190	1275
汉阴县	30073	8481			2261	9049	50	456	2091	2154
石泉县	22100	5734			1835	6485	206	306	962	1953
宁陕县	15225	5649			1557	2890	106	162	928	1317
紫阳县	31057	7699		22	2189	9916	68	470	1253	2891
平利县	26202	7737			1772	8166	461	416	1730	2002
镇坪县	12142	3875		5	1173	3450	51	186	389	897
旬阳县	43605	10553			4060	13306	319	1049	3328	4848
白河县	23882	7038		43	1398	6202	138	355	1917	1700
商洛市小计	**321615**	**80614**		**25**	**22522**	**97594**	**1679**	**6389**	**12422**	**24648**
本级	57495	12874			6909	3609	277	1272	1431	2397
区县级小计	264120	67740		25	15613	93985	1402	5117	10991	22251
商州市	44798	10420			1197	20292	116	631	1779	4651
洛南县	44916	13566		25	2764	14108	310	820	1603	4501
山阳县	42408	11469			2967	13704	539	773	1832	3603
丹凤县	34131	6549			1747	16009	106	529	1704	2360
商南县	31072	7737			2251	9959	104	742	1166	2537
镇安县	38639	10098			2433	11677	99	867	1815	2330
柞水县	28156	7901			2254	8236	128	755	1092	2269
延安市小计	**1010691**	**231360**		**1489**	**47805**	**169432**	**10032**	**35219**	**54939**	**51340**
本级	271779	36175		634	15450	27502	2387	15753	18444	10345
区县级小计	738912	195185		855	32355	141930	7645	19466	36495	40995
宝塔区	72612	19503			2762	18860	1142	1588	3235	5216
延长县	36019	8666			2064	9610	606	650	2040	2437

2－27－18

单位:万元

地区	收支部分						平衡部分		
	支出功能分类						收入		
	环境保护	城乡社区事务	农林水事务	交通运输	工业、商业、金融等事务	其他支出	收入合计	本年收入	返还性收入 小计
城固县	52	158	3936	802	891	485	49301	4721	5403
洋县		679	3931	457	683		40256	4228	1605
西乡县		3499	3385	755	547		38425	3505	618
勉县	54	2132	3890	1300	818	－749	44556	10098	3277
宁强县		768	3050	849	426	105	36157	3600	821
略阳县	5	471	2258	632	563	90	30913	7560	2259
镇巴县		1657	2649	663	297	3147	34592	1700	394
留坝县	41	537	807	378	536	－288	13926	461	176
佛坪县	94	561	1004	449	414	410	12710	877	101
安康市小计	**1582**	**18755**	**33534**	**8514**	**5303**	**4071**	**462754**	**58112**	**16733**
本级	550	11774	4035	731	1292	28	80316	17351	2393
区县级小计	1032	6981	29499	7783	4011	4043	382438	40761	14340
汉滨区	152	1157	5649	1724	672	1921	86839	12650	3440
岚皋县	51	391	2411	2356	263	20	31708	1802	650
汉阴县	124	981	2658	819	331	618	41281	3002	643
石泉县	63	801	3080	373	285	17	33243	2923	786
宁陕县	125	365	1519	330	226	51	18703	1201	335
紫阳县	111	1372	2358	874	1136	698	42269	3258	710
平利县	77	374	2852	324	158	133	32334	2599	497
镇坪县	31	197	1333	379	109	67	13947	1500	333
旬阳县	188	766	4442	422	324		53584	8618	6367
白河县	110	577	3197	182	507	518	28530	3208	579
商洛市小计	**2268**	**6008**	**27476**	**30057**	**7658**	**2255**	**393807**	**49401**	**7876**
本级	1442	1302	2725	21172	1825	260	76205	11195	2161
区县级小计	826	4706	24751	8885	5833	1995	317602	38206	5715
商州市	13	234	3263	889	976	337	54627	8236	694
洛南县	179	614	4420	1181	822	3	52724	7542	2167
山阳县	275	1153	3551	1673	461	408	49277	4728	720
丹凤县	58	337	3112	843	363	414	41557	4724	495
商南县	22	559	3831	985	731	448	37985	3990	511
镇安县	243	1410	3672	2232	1378	385	46489	4918	640
柞水县	36	399	2902	1082	1102		34943	4068	488
延安市小计	**12229**	**104214**	**142663**	**82875**	**36443**	**30651**	**1313954**	**726947**	**109000**
本级	6694	44504	24419	38359	25442	5671	368174	211501	53308
区县级小计	5535	59710	118244	44516	11001	24980	945780	515446	55692
宝塔区	50	3740	11001	4261	1033	221	110793	65595	5580
延长县	10	918	6652	230	548	1588	45505	18918	2638

2－27－19

单位：万元

地区	平衡部分									
	收入									
	返还性收入		财力性转移支付收入							
	增值税和消费税税收返还	所得税基数返还	小计	体制补助	一般性转移支付补助	民族地区转移支付补助	调整工资转移支付补助	农村义务教育补助	农村税费改革补助	缓解县乡困难转移支付补助
城固县	5260	143	31636		14215		10557		4171	1006
洋县	1757	－152	27227		12188		8911		3345	1111
西乡县	659	－41	23322		9586		7229		3468	848
勉县	3150	127	22533		7412		7775		3142	1815
宁强县	753	68	24101		11537		7078		2506	637
略阳县	2013	246	16239		6878		6075		1593	957
镇巴县	380	14	22861		10708		7188		2463	587
留坝县	132	44	9580		4062		2550		798	573
佛坪县	91	10	8076		3346		2100		633	654
安康市小计	**13444**	**3289**	**247348**	**5404**	**112941**		**69555**		**26323**	**13354**
本级	1972	421	30946	283	20825		6397			512
区县级小计	11472	2868	216402	5121	92116		63158		26323	12842
汉滨区	2510	930	49987	1628	19362		13907		5732	5181
岚皋县	435	215	18140	417	8371		5175		2001	778
汉阴县	465	178	23504	369	11615		7420		2686	833
石泉县	646	140	18020	423	9078		5407		1732	609
宁陕县	257	78	12227	128	3768		3037		1293	986
紫阳县	514	196	25297	576	12195		7277		3156	1217
平利县	331	166	19881	378	8925		6182		2559	925
镇坪县	155	178	9111	451	4625		2626		771	435
旬阳县	5691	676	22454	380	6391		6480		4371	477
白河县	468	111	17781	371	7786		5647		2022	1401
商洛市小计	**5982**	**1894**	**222563**	**5675**	**106159**		**65099**		**18501**	**10558**
本级	1887	274	27297	629	18048		4975		252	434
区县级小计	4095	1620	195266	5046	88111		60124		18249	10124
商州市	556	138	33444	1147	13279		11490		3146	2237
洛南县	1544	623	33339	586	15577		10094		3758	1034
山阳县	546	174	32840	804	15402		10198		3286	1321
丹凤县	349	146	24683	570	11470		6796		2137	1578
商南县	385	126	21678	707	8668		7304		2041	1276
镇安县	400	240	29114	739	13903		8347		2542	1674
柞水县	315	173	20168	493	9812		5895		1339	1004
延安市小计	**67385**	**41615**	**193744**	**5637**	**34243**		**81442**		**20769**	**15686**
本级	42765	10543	－14528	2239	－35313		7560		－1947	476
区县级小计	24620	31072	208272	3398	69556		73882		22716	15210
宝塔区	2328	3252	15830	724	1041		6838		2373	1208
延长县	2133	505	13153	361	2467		5206		1557	1954

2－27－20

单位:万元

地区	平衡部分									
	收入								支出	
	财力性转移支付收入			专项转移支付	省补助计划单列市收入	上年结余	调入资金	国债转贷收入、上年结余及转补助数	支出合计	本年支出
	结算补助	企事业单位预算划转补助	其他财力性转移支付							
城固县	1687			4273		2711	557		45105	39768
洋县	1672			4570		1954	672		36980	35632
西乡县	2191			5295		3767	1918		33593	33061
勉县	2389			3724		2301	2623		41189	39853
宁强县	2343			3547		3566	522		31528	31083
略阳县	736			2325		1654	876		27717	27086
镇巴县	1915			3258		6098	281		29146	28724
留坝县	1597			1709		2000			10634	10450
佛坪县	1343			1849		1785	22		10731	10071
安康市小计	**18842**	**929**		**85249**		**42065**	**13247**		**356525**	**349048**
本级	2929			13868		13859	1899		46899	46582
区县级小计	15913	929		71381		28206	11348		309626	302466
汉滨区	3248	929		18501		－1116	3377		75000	72260
岚皋县	1398			6056		3932	1128		26192	25920
汉阴县	581			6932		7193	7		30472	30073
石泉县	771			6626		4757	131		22487	22100
宁陕县	3015			3067		1214	659		15441	15225
紫阳县	876			8156		4848			32648	31057
平利县	912			6228		2139	990		26499	26202
镇坪县	203			1709		1294			12290	12142
旬阳县	4355			10112		1068	4965		44447	43605
白河县	554			3994		2877	91		24150	23882
商洛市小计	**16571**			**63514**		**48195**	**2258**		**325119**	**321615**
本级	2962	－3		22853		11496	1203		54719	57495
区县级小计	13609	3		40661		36699	1055		270400	264120
商州市	2145			6936		5301	16		47526	44798
洛南县	2290			6699		2977			45838	44916
山阳县	1829			6740		4249			42966	42408
丹凤县	2129	3		5574		5379	702		34583	34131
商南县	1682			5883		5853	70		31577	31072
镇安县	1909			5398		6419			39368	38639
柞水县	1625			3431		6521	267		28542	28156
延安市小计	**35967**			**68436**		**200791**	**15036**		**1020888**	**1010691**
本级	12457			－11961		129786	68		159900	271779
区县级小计	23510			80397		71005	14968		860988	738912
宝塔区	4687			11486		12302			89044	72612
延长县	1608			7978		1318	1500		43115	36019

2－27－21 单位:万元

地区	平衡部分									
	支出								年终结余	其中:净结余
	财力性转移支付			专项上解	计划单列市上解省	增设预算周转金	调出资金	国债转贷拨付数及年终结余		
	小计	体制上解	出口退税专项上解							
城固县	6		6	5331					4196	－2387
洋县				1348					3276	－2416
西乡县				532					4832	456
勉县				1336					3367	116
宁强县				445					4629	－596
略阳县				631					3196	289
镇巴县				422					5446	581
留坝县				184					3292	486
佛坪县				160		500			1979	9
安康市小计	**8**		**8**	**6799**		**670**			**106229**	**－14506**
本级	8		8	309					33417	－7930
区县级小计				6490		670			72812	－6576
汉滨区				2740					11839	－5993
岚皋县				272					5516	1212
汉阴县				399					10809	1179
石泉县				387					10756	－83
宁陕县				216					3262	166
紫阳县				921		670			9621	56
平利县				297					5835	－1093
镇坪县				148					1657	－986
旬阳县				842					9137	178
白河县				268					4380	－1212
商洛市小计				**3504**					**68688**	**－21600**
本级				－2776					21486	－1795
区县级小计				6280					47202	－19805
商州市				2728					7101	－3936
洛南县				922					6886	－7079
山阳县				558					6311	－5090
丹凤县				452					6974	180
商南县				505					6408	－662
镇安县				729					7121	－2458
柞水县				386					6401	－760
延安市小计	**35**		**35**	**5362**		**4800**			**293066**	**6108**
本级				－111879					208274	1940
区县级小计	35		35	117241		4800			84792	4168
宝塔区				16432					21749	780
延长县				7096					2390	77

2－27－22

单位:万元

地区	收支部分								
	收入								
	收入合计	税收收入							
		小计	增值税	营业税	企业所得税	个人所得税	资源税	城市维护建设税	耕地占用税
延川县	15316	6213	1239	2189	106	313	203	436	77
子长县	35032	10089	2592	4233	187	295	759	940	635
安塞县	66824	32765	17779	3050	1878	113	3811	5317	411
吴旗县	136888	42172	14343	10020	1808	503	5783	6487	1467
志丹县	113642	50433	24133	7192	1439	327	5748	10006	1155
甘泉县	29080	8325	2759	2763	292	149	805	794	385
富县	4505	3297	770	1399	19	68	99	328	
洛川县	7661	4894	218	2921	55	201		233	12
黄陵县	19099	16242	5905	3813	989	322	2393	1862	52
宜川县	2106	1308	77	800	6	40	34	73	1
黄龙县	780	535	33	268	4	33	1	31	
榆林市小计	**501227**	**428115**	**152553**	**84028**	**50486**	**11095**	**55844**	**51675**	**2506**
本级	257782	228470	111500	38677	25436	5481	39312	4599	
区县级小计	243445	199645	41053	45351	25050	5614	16532	47076	2506
榆阳区	31281	28694	6302	10724	1569	1223	1617	1012	106
神木县	100120	77614	16046	10738	18072	2486	6973	19873	8
府谷县	33851	25157	6065	4172	1781	1050	4518	4535	636
横山县	5189	5031	1079	466	159	59	735	1629	370
靖边县	36175	31205	5356	4829	2390	346	755	13978	664
定边县	26780	23890	4693	10052	945	231	1847	5002	578
绥德县	2956	2934	537	1814	18	72		333	25
米脂县	2015	1742	588	480	60	43	29	331	
佳县	1158	678	42	434	8	41		51	7
吴堡县	1025	820	35	682	1	20		60	
清涧县	1129	310	34	192	6	17		36	
子洲县	1766	1570	276	768	41	26	58	236	112
杨凌示范区小计	**13913**	**11137**	**1591**	**3885**	**169**	**302**		**650**	**1019**
本级	8616	6747	1307	2017	89	87		430	819
区县级小计	5297	4390	284	1868	80	215		220	200
杨陵区	5297	4390	284	1868	80	215		220	200

2 27－23

单位:万元

地区	收支部分									
	收入									
	税收收入			非税收入						
	契税	烟叶税	其他各项税收收入	小计	专项收入	行政事业性收费收入	罚没收入	国有资本经营收入	国有资源(资产)有偿使用收入	其他收入
延川县	77		1573	9103	3416		550	5122	15	
子长县	16		432	24943	558	232	613	23483	57	
安塞县	183		223	34059	1477	66	1270	31030	216	
吴旗县	501		1260	94716	1628	1916	418	89342	1412	
志丹县	6		427	63209	2892	1151	813	57400	484	469
甘泉县	167		211	20755	508	56	281	19677	183	50
富县	75	313	226	1208	161	30	246	737	34	
洛川县	64	25	1165	2767	2563	17	613	－458	32	
黄陵县	165		741	2857	1178	417	727		35	500
宜川县	35	164	78	798	46	30	434	246	42	
黄龙县	8	126	31	245	18	26	230	－63	34	
榆林市小计	**4323**		**15605**	**73112**	**26576**	**6533**	**26980**	**10264**	**2454**	**305**
本级			3465	29312	4767	5374	9171	8608	1392	
区县级小计	4323		12140	43800	21809	1159	17809	1656	1062	305
榆阳区	2413		3728	2587	2474	2	54		55	2
神木县	636		2782	22506	11001	527	10042	700	236	
府谷县	179		2221	8694	2535	48	4685	1328	98	
横山县	136		398	158	501		89	－450	18	
靖边县	402		2485	4970	3399		1467		104	
定边县	317		225	2890	1396	500	300		394	300
绥德县	50		85	22	1				21	
米脂县	150		61	273	228		10	－10	45	
佳县	3		92	480	20	82	360		18	
吴堡县	10		12	205	63		131		11	
清涧县	12		13	819	21		671	88	36	3
子洲县	15		38	196	170				26	
杨凌示范区小计	**2900**		**621**	**2776**	**275**	**1782**	**168**	**452**	**99**	
本级	1685		313	1869	181	1170	2	420	96	
区县级小计	1215		308	907	94	612	166	32	3	
杨陵区	1215		308	907	94	612	166	32	3	

2－27－24

单位:万元

地区	收支部分									
	支出功能分类									
	支出合计	一般公共服务	外交	国防	公共安全	教育	科学技术	文化体育与传媒	社会保障和就业	医疗卫生
延川县	44568	9880			2540	11556	529	735	1836	2087
子长县	56381	11960			3470	12534	669	1370	2949	4589
安塞县	75735	16338		411	3648	13806	910	1564	2974	4803
吴旗县	124045	42496		136	2591	12717	920	1624	6976	4399
志丹县	146404	38073		114	3579	19233	1418	7653	6729	4188
甘泉县	35456	10947		31	2162	7349	74	1210	1617	1937
富县	30026	7406		59	1661	8136	239	744	3247	2766
洛川县	34566	8588			2321	9629	283	616	1082	2493
黄陵县	35667	9201		87	2832	9020	360	786	1305	3183
宜川县	28423	6675			1556	5767	373	437	1714	1620
黄龙县	19010	5452		17	1169	3713	122	489	791	1277
榆林市小计	**967520**	**200332**			**57137**	**229386**	**10949**	**24742**	**54872**	**47314**
本级	300428	44965			19481	30849	3318	9930	21758	7320
区县级小计	667092	155367			37656	198537	7631	14812	33114	39994
榆阳区	67258	14831			1987	24047	676	1515	2542	5545
神木县	156056	24245			9263	33772	1875	1593	5816	5304
府谷县	57971	16197			4128	17791	585	1153	2850	5327
横山县	42913	11330			2075	14815	569	796	3667	1989
靖边县	72304	16880			4790	17037	1369	2310	4265	3504
定边县	60077	16651			3087	21600	687	1088	2397	3822
绥德县	46772	10617			2432	19174	467	1157	1769	4402
米脂县	36455	8178			2001	11613	438	1565	2628	1964
佳县	35875	10717			1964	11215	87	1200	1765	2206
吴堡县	21462	6029			1363	4842	255	673	1170	994
清涧县	34597	10576			2417	11090	346	767	2568	2473
子洲县	35352	9116			2149	11541	277	995	1677	2464
杨凌示范区小计	**36243**	**5726**		**25**	**2288**	**4993**	**1682**	**228**	**1916**	**999**
本级	21087	3038			1045	514	1595	68	67	264
区县级小计	15156	2688		25	1243	4479	87	160	1849	735
杨陵区	15156	2688		25	1243	4479	87	160	1849	735

2－27－25

单位:万元

地区	收支部分						平衡部分		
	支出功能分类						收入		
	环境保护	城乡社区事务	农林水事务	交通运输	工业、商业、金融等事务	其他支出	收入合计	本年收入	返还性收入 小计
延川县		1365	6749	2119	300	4872	47722	15316	2512
子长县	218	4311	7958	2775	1648	1930	69065	35032	6048
安塞县	3185	6201	14220	5689	756	1230	92038	66824	9310
吴旗县	380	15483	20286	6899	1457	7681	161613	136888	8772
志丹县	561	21048	21433	18729	2092	1554	172890	113642	13299
甘泉县	253	933	5528	1806	384	1225	45894	29080	3272
富县	160	771	3760	289	211	577	44188	4505	690
洛川县	20	692	6857	404	233	1348	47987	7661	917
黄陵县	375	1181	4529	447	1178	1183	41462	19099	2372
宜川县		1826	5433	615	928	1479	43282	2106	176
黄龙县	323	1241	3838	253	233	92	23341	780	106
榆林市小计	**7428**	**78534**	**110291**	**86799**	**24442**	**35294**	**1163199**	**501227**	**58952**
本级	5785	29739	37517	76979	9225	3562	369783	257782	30132
区县级小计	1643	48795	72774	9820	15217	31732	793416	243445	28820
榆阳区	1398	1019	10158	775	1499	1266	74999	31281	3782
神木县	2	36122	5883	2346	4627	25208	173508	100120	7504
府谷县		2156	4184	785	1825	990	68183	33851	5104
横山县		33	4240	222	377	2800	47244	5189	1405
靖边县	92	2378	16199	961	1384	1135	85421	36175	5203
定边县		1478	8000	139	1064	64	69124	26780	2531
绥德县	138	927	4693	617	379		57895	2956	1547
米脂县	10	1277	4484	486	1811		50976	2015	552
佳县		439	3842	1785	519	136	49028	1158	358
吴堡县	3	1880	3180	476	481	116	28610	1025	277
清涧县		450	3446	385	79		42286	1129	261
子洲县		636	4465	843	1172	17	46142	1766	296
杨凌示范区小计	**809**	**6892**	**3231**	**724**	**1285**	**5445**	**40522**	**13913**	**1429**
本级	745	5508	1662	240	1021	5320	23463	8616	1007
区县级小计	64	1384	1569	484	264	125	17059	5297	422
杨陵区	64	1384	1569	484	264	125	17059	5297	422

二、各省、自治区、直辖市地市县一般预算财政资料

2－27－26

单位：万元

地区	平衡部分									
	收入									
	返还性收入		财力性转移支付收入							
	增值税和消费税税收返还	所得税基数返还	小计	体制补助	一般性转移支付补助	民族地区转移支付补助	调整工资转移支付补助	农村义务教育补助	农村税费改革补助	缓解县乡困难转移支付补助
延川县	641	1871	22704	754	10564		6812		1545	804
子长县	986	5062	14528	503	18		9380		1490	1096
安塞县	4161	5149	6872				4407		1114	1256
吴旗县	3778	4994	10984				5430		1109	1625
志丹县	5943	7356	7830		40		4174		980	1284
甘泉县	1104	2168	9285	294	144		4833		758	1179
富县	655	35	27089	267	15184		6665		3021	574
洛川县	450	467	27571		13535		5862		4577	1761
黄陵县	2241	131	13847		4799		5118		1506	986
宜川县	116	60	23746	256	14457		5622		1852	683
黄龙县	84	22	14833	239	8348		3535		834	800
榆林市小计	**50492**	**8460**	**299246**	**7698**	**86364**		**100995**		**25139**	**12331**
本级	28774	1358	－17803	1904	－5073		9328			423
区县级小计	21718	7102	317049	5794	91437		91667		25139	11908
榆阳区	2892	890	19821	616	1119		8864		2938	1262
神木县	6606	898	45712				7111		2420	1677
府谷县	3494	1610	21516				5775		1545	1192
横山县	929	476	24145	624	9704		7282		2189	702
靖边县	3385	1818	28406	588	887		7795		1235	1170
定边县	1858	673	25010	257	1534		9435		1853	1631
绥德县	1297	250	30810	676	14540		9356		2604	1102
米脂县	415	137	26970	612	13230		8981		1714	775
佳县	236	122	28836	721	15737		7890		2632	603
吴堡县	225	52	14500	384	7822		4042		871	394
清涧县	148	113	24818	604	13206		7655		2385	392
子洲县	233	63	26505	712	13658		7481		2753	1008
杨凌示范区小计	**755**	**674**	**11525**	**302**	**2465**		**3770**		**693**	**906**
本级	441	566	3060				263			437
区县级小计	314	108	8465	302	2465		3507		693	469
杨陵区	314	108	8465	302	2465		3507		693	469

2－27－7

单位:万元

地区	平衡部分									
	收入								支出	
	财力性转移支付收入			专项转移支付	省补助计划单列市收入	上年结余	调入资金	国债转贷收入、上年结余及转补助数	支出合计	本年支出
	结算补助	企事业单位预算划转补助	其他财力性转移支付							
延川县	2225			7480		－290			46682	44568
子长县	2041			5343		2606	5508		66393	56381
安塞县	95			3973		5059			89428	75735
吴旗县	2820			3244		1725			159918	124045
志丹县	1352			3666		26653	7800		171652	146404
甘泉县	2077			3364		893			44303	35456
富县	1378			5457		6447			31242	30026
洛川县	1836			9063		2615	160		34898	34566
黄陵县	1438			4828		1316			36116	35667
宜川县	876			8221		9033			29050	28423
黄龙县	1077			6294		1328			19147	19010
榆林市小计	**66719**			**130731**		**142261**	**30782**		**984511**	**967520**
本级	－24385			36881		45444	17347		297401	300428
区县级小计	91104			93850		96817	13435		687110	667092
榆阳区	5022			9020		5409	5686		68595	67258
神木县	34504			5678		14494			161520	156056
府谷县	13004			4030		3682			61542	57971
横山县	3644			8789		5733	1983		43390	42913
靖边县	16731			5614		10023			73475	72304
定边县	10300			6944		2859	5000		66292	60077
绥德县	2532			13172		9410			47180	46772
米脂县	1658			9086		12148	205		36850	36455
佳县	1253			7838		10838			36089	35875
吴堡县	987			5745		7063			21636	21462
清涧县	576			8582		7496			34871	34597
子洲县	893			9352		7662	561		35670	35352
杨凌示范区小计	**3389**			**11581**		**2074**			**37423**	**36243**
本级	2360			9380		1400			22013	21087
区县级小计	1029			2201		674			15410	15156
杨陵区	1029			2201		674			15410	15156

二、各省、自治区、直辖市地市县一般预算财政资料

2－27－28

单位:万元

地 区	平衡部分									
	支出								年终结余	其中:净结余
	财力性转移支付			专项上解	计划单列市上解省	增设预算周转金	调出资金	国债转贷拨付数及年终结余		
	小计	体制上解	出口退税专项上解							
延川县	2		2	2112					1040	－647
子长县				10012					2672	999
安塞县				12693		1000			2610	1091
吴旗县				32073		3800			1695	775
志丹县				25248					1238	8
甘泉县				8847					1591	290
富县	2		2	1214					12946	581
洛川县	31		31	301					13089	61
黄陵县				449					5346	435
宜川县				627					14232	296
黄龙县				137					4194	－578
榆林市小计	**193**		**193**	**14998**		**1800**			**178688**	**－1050**
本级	173		173	－3200					72382	1678
区县级小计	20		20	18198		1800			106306	－2728
榆阳区				1337					6404	582
神木县				5464					11988	5140
府谷县	19		19	1752		1800			6641	3994
横山县	1		1	476					3854	－3557
靖边县				1171					11946	1873
定边县				6215					2832	－3451
绥德县				408					10715	－1457
米脂县				395					14126	－2232
佳县				214					12939	－1058
吴堡县				174					6974	124
清涧县				274					7415	225
子洲县				318					10472	－2911
杨凌示范区小计	**676**		**676**	**504**					**3099**	**1948**
本级	670		670	256					1450	1249
区县级小计	6		6	248					1649	699
杨陵区	6		6	248					1649	699

2007 年甘肃省地市县财政一般预算收支平衡表

2－28－1　　　　单位:万元

地区	收支部分								
	收入								
	收入合计	税收收入							
		小计	增值税	营业税	企业所得税	个人所得税	资源税	城市维护建设税	耕地占用税
地市县合计	**1207968**	**908164**	**190537**	**302717**	**58657**	**24612**	**41972**	**134029**	**5490**
兰州市小计	**466256**	**344345**	**33588**	**139944**	**23123**	**9917**	**1806**	**56368**	**2041**
本级	281567	187848	17295	79286	14097	5220		32946	161
区县级小计	184689	156497	16293	60658	9026	4697	1806	23422	1880
永登县	19557	16179	3405	6830	368	355	491	2494	
榆中县	13354	10612	1904	3239	874	111	286	1672	226
皋兰县	5009	4436	552	2268	183	21		461	
城关区	67139	60514	2526	25862	5503	2513		9483	
七里河区	28299	23054	3442	8822	1102	676	169	3421	
西固区	25006	21973	3334	6424	266	718		3263	100
安宁区	20008	14781	589	5672	659	224		1960	1424
红古区	6317	4948	541	1541	71	79	860	668	130
嘉峪关市小计	**55814**	**49758**	**12493**	**13247**	**4995**	**1685**	**2107**	**10098**	
本级	55814	49758	12493	13247	4995	1685	2107	10098	
金昌市小计	**84249**	**72506**	**22580**	**12456**	**2458**	**1462**	**9028**	**14748**	**332**
本级	60716	52274	21867	3559	1137	623	7847	13948	
区县级小计	23533	20232	713	8897	1321	839	1181	800	332
永昌县	8780	6254	666	1500	184	216	1181	800	
金川区	14753	13978	47	7397	1137	623			332
白银市小计	**70393**	**54922**	**10452**	**13601**	**7434**	**1432**	**3547**	**10515**	**211**
本级	36078	26873	7182	3775	5924	24	535	6004	
区县级小计	34315	28049	3270	9826	1510	1408	3012	4511	211
景泰县	4450	2864	313	968	44	81	443	647	
靖远县	4088	2999	316	1124	75	90	234	614	166
会宁县	1981	1273	46	984	10	39		84	18
平川区	10652	9309	1797	2068	410	576	2001	1243	27
白银区	13144	11604	798	4682	971	622	334	1923	
天水市小计	**76459**	**53769**	**10933**	**20675**	**2641**	**1076**	**467**	**9845**	**329**
本级	28967	22232	6481	6532	1324	193		7110	
区县级小计	47492	31537	4452	14143	1317	883	467	2735	329
清水县	1993	1336	270	742	9	12	20	113	5
秦安县	4453	2056	206	1153	27	56		98	39
甘谷县	4716	2786	310	1713	29	91	47	185	58
武山县	3045	1973	406	858	41	41	130	171	
张家川回族自治县	2331	1265	220	475	44	36	262	101	3
秦州区	18257	13382	1732	4961	633	416	8	1217	104
麦积区	12697	8739	1308	4241	534	231		850	120

二、各省、自治区、直辖市地市县一般预算财政资料

2－28－2　　　　单位:万元

地区	收支部分									
	收入									
	税收收入			非税收入						
	契税	烟叶税	其他各项税收收入	小计	专项收入	行政事业性收费收入	罚没收入	国有资本经营收入	国有资源(资产)有偿使用收入	其他收入
地市县合计	**30957**	**1056**	**118137**	**299804**	**84352**	**57722**	**48711**	**80658**	**8449**	**19912**
兰州市小计	**19297**		**58261**	**121911**	**30380**	**17012**	**10821**	**60783**	**1751**	**1164**
本级	15750		23093	93719	18956	7632	5085	60583	1114	349
区县级小计	3547		35168	28192	11424	9380	5736	200	637	815
永登县	120		2116	3378	1697	394	435		68	784
榆中县	349		1951	2742	1109	1004	529	11	89	
皋兰县	30		921	573	320	64	165		24	
城关区	470		14157	6625	3979	1328	1234		57	27
七里河区			5422	5245	1449	2122	1644		30	
西固区			7868	3033	1670	322	1005		36	
安宁区	2145		2108	5227	781	3630	319	189	304	4
红古区	433		625	1369	419	516	405		29	
嘉峪关市小计	**196**		**4937**	**6056**	**5556**		**332**	**36**	**132**	
本级	196		4937	6056	5556		332	36	132	
金昌市小计	**660**		**8782**	**11743**	**8560**	**1356**	**940**	**572**	**300**	**15**
本级			3293	8442	7665	224	245	32	261	15
区县级小计	660		5489	3301	895	1132	695	540	39	
永昌县	186		1521	2526	619	811	664	408	24	
金川区	474		3968	775	276	321	31	132	15	
白银市小计	**301**		**7429**	**15471**	**7230**	**3195**	**3321**	**1334**	**322**	**69**
本级			3429	9205	4457	1502	2040	1004	174	28
区县级小计	301		4000	6266	2773	1693	1281	330	148	41
景泰县	45		323	1586	523	598	433		32	
靖远县	36		344	1089	552	177	311		25	24
会宁县	8		84	708	58	125	171	330	24	
平川区	212		975	1343	810	284	200		32	17
白银区			2274	1540	830	509	166		35	
天水市小计	**2565**		**5238**	**22690**	**5064**	**8593**	**5654**	**1181**	**1269**	**929**
本级			592	6735	2854	2161	868		852	
区县级小计	2565		4646	15955	2210	6432	4786	1181	417	929
清水县	89		76	657	96	239	258	47	16	1
秦安县	348		129	2397	100	1191	850	221	35	
甘谷县	152		201	1930	154	579	240	432	29	496
武山县	64		262	1072	105	509	98	295	35	30
张家川回族自治县	31		93	1066	72	328	299	176	21	170
秦州区	1600		2711	4875	956	2650	999		51	219
麦积区	281		1174	3958	727	936	2042	10	230	13

2－28－3　　　　单位:万元

地区	收支部分									
	支出功能分类									
	支出合计	一般公共服务	外交	国防	公共安全	教育	科学技术	文化体育与传媒	社会保障和就业	医疗卫生
地市县合计	**5024724**	**841361**	**940**	**3445**	**273285**	**1079939**	**43161**	**95686**	**711317**	**344319**
兰州市小计	**832982**	**144351**		**951**	**67155**	**181881**	**13625**	**17512**	**90416**	**60501**
本级	394536	64187		237	32654	65724	9780	11566	47894	20837
区县级小计	438446	80164		714	34501	116157	3845	5946	42522	39664
永登县	62475	8207		35	3311	22495	340	668	3971	5582
榆中县	58262	10563		53	2247	20136	467	1128	3263	5392
皋兰县	30245	6014		56	1112	9324	367	273	2099	2192
城关区	115706	17848		387	11483	28518	990	2580	15415	12894
七里河区	63690	10453		40	6883	14227	576	301	6207	5278
西固区	45052	9819		48	3599	9549	467	439	5113	4543
安宁区	34542	11400		91	3842	5164	355	246	2743	2376
红古区	28474	5860		4	2024	6744	283	311	3711	1407
嘉峪关市小计	**78577**	**13759**	**900**	**246**	**4757**	**11197**	**623**	**1734**	**9994**	**4441**
本级	78577	13759	900	246	4757	11197	623	1734	9994	4441
金昌市小计	**159367**	**23760**		**6**	**9649**	**26228**	**774**	**5067**	**15033**	**7355**
本级	88782	15291			5901	13120	528	4775	5166	3389
区县级小计	70585	8469		6	3748	13108	246	292	9867	3966
永昌县	39335	5016			2038	9837	136	226	5633	2781
金川区	31250	3453		6	1710	3271	110	66	4234	1185
白银市小计	**320246**	**44392**		**210**	**17586**	**86125**	**2164**	**5501**	**49332**	**19865**
本级	84524	15592		103	9664	11724	1494	3051	16307	2573
区县级小计	235722	28800		107	7922	74401	670	2450	33025	17292
景泰县	41142	6192		25	1833	11031	75	403	4912	3100
靖远县	54200	5798			1635	16452	213	477	9404	4092
会宁县	66419	6985			1569	26220	86	738	4331	5735
平川区	32027	5203		32	1037	9669	159	535	4464	2115
白银区	41934	4622		50	1848	11029	137	297	9914	2250
天水市小计	**493836**	**65300**		**362**	**22319**	**113705**	**4525**	**10007**	**105057**	**36175**
本级	125025	21342		221	6438	7393	2792	4890	44216	5988
区县级小计	368811	43958		141	15881	106312	1733	5117	60841	30187
清水县	40667	4830		39	1350	9751	222	1036	5356	3185
秦安县	52936	7156		2	1913	17445	259	863	7637	4610
甘谷县	53463	6023		39	1984	19494	136	326	8955	4427
武山县	43173	5197		17	1533	12127	126	548	6506	3328
张家川回族自治县	41920	5831		2	1439	11085	93	741	4934	3495
秦州区	68788	7456			2936	19158	661	766	15728	5086
麦积区	67864	7465		42	4726	17252	236	837	11725	6056

二、各省、自治区、直辖市地市县一般预算财政资料

2－28－4　　　　单位:万元

地区	收支部分						平衡部分		
	支出功能分类						收入		
	环境保护	城乡社区事务	农林水事务	交通运输	工业、商业、金融等事务	其他支出	收入合计	本年收入	返还性收入 小计
地市县合计	**129025**	**274262**	**666406**	**258742**	**136651**	**166185**	**5147519**	**1207968**	**348663**
兰州市小计	**16457**	**76188**	**58211**	**13790**	**55395**	**36549**	**981128**	**466256**	**138360**
本级	9623	37842	15334	12328	49564	16966	465697	281567	68644
区县级小计	6834	38346	42877	1462	5831	19583	515431	184689	69716
永登县	1903	2880	9646	971	1926	540	72541	19557	7334
榆中县	765	2755	9277	212	1042	962	60057	13354	4338
皋兰县	334	1237	5835	108	489	805	30741	5009	1980
城关区	407	14915	5456	14	1312	3487	146098	67139	26068
七里河区	1985	5846	4352	72	440	7030	76298	28299	11699
西固区	569	5122	3689	65	279	1751	53311	25006	9427
安宁区	394	4140	2158		69	1564	42895	20008	4640
红古区	477	1451	2464	20	274	3444	33490	6317	4230
嘉峪关市小计	**2354**	**13767**	**2637**	**4989**	**4917**	**2262**	**89493**	**55814**	**4698**
本级	2354	13767	2637	4989	4917	2262	89493	55814	4698
金昌市小计	**8104**	**24398**	**13910**	**7753**	**4200**	**13130**	**162800**	**84249**	**26210**
本级	6415	14912	3914	2592	3510	9269	89977	60716	20643
区县级小计	1689	9486	9996	5161	690	3861	72823	23533	5567
永昌县	1500	2267	6420	1845	487	1149	39851	8780	3302
金川区	189	7219	3576	3316	203	2712	32972	14753	2265
白银市小计	**10832**	**13387**	**44683**	**14958**	**4617**	**6594**	**334065**	**70393**	**23735**
本级	4548	5137	9688	386	2235	2022	90441	36078	17344
区县级小计	6284	8250	34995	14572	2382	4572	243624	34315	6391
景泰县	1452	1387	6535	2714	447	1036	43025	4450	1444
靖远县	1047	2362	8295	3493	280	652	52399	4088	944
会宁县	2151	332	12020	5333	485	434	63226	1981	385
平川区	405	1660	3428	1512	507	1301	34373	10652	1473
白银区	1229	2509	4717	1520	663	1149	50601	13144	2145
天水市小计	**7325**	**24228**	**65569**	**21945**	**10398**	**6921**	**487446**	**76459**	**38900**
本级	2188	7952	10875	2858	6722	1150	124822	28967	28486
区县级小计	5137	16276	54694	19087	3676	5771	362624	47492	10414
清水县	1275	1687	7524	3861	337	214	39126	1993	360
秦安县	466	1142	7814	2823	488	318	51557	4453	641
甘谷县	575	1337	7070	2467	601	29	50587	4716	1124
武山县	488	1538	7771	2786	808	400	41366	3045	1033
张家川回族自治县	647	4600	5991	2103	378	581	40512	2331	430
秦州区	797	2146	7379	2468	597	3610	70490	18257	4014
麦积区	889	3826	11145	2579	467	619	68986	12697	2812

2－28－5

单位:万元

地区	平衡部分									
	收入									
	返还性收入		财力性转移支付收入							
	增值税和消费税税收返还	所得税基数返还	小计	体制补助	一般性转移支付补助	民族地区转移支付补助	调整工资转移支付补助	农村义务教育补助	农村税费改革补助	缓解县乡困难转移支付补助
地市县合计	**290826**	**57837**	**2103964**	**47147**	**779900**	**48717**	**645379**	**83003**	**165196**	**97813**
兰州市小计	**117584**	**20776**	**152059**		**9732**		**56327**	**4543**	**7612**	**2543**
本级	64155	4489	22401		－5446		16417	105		292
区县级小计	53429	16287	129658		15178		39910	4438	7612	2251
永登县	6244	1090	23551		3371		8921	1592	2520	790
榆中县	3506	832	22630		5320		8178	1309	2386	384
皋兰县	1344	636	10902		3126		3863	613	927	146
城关区	19397	6671	27204		1383		7100	153	301	186
七里河区	9025	2674	13812		686		4188	233	567	231
西固区	6511	2916	9840		583		3457	190	358	124
安宁区	3818	822	8974		512		1829	83	223	107
红古区	3584	646	12745		197		2374	265	330	283
嘉峪关市小计	**3706**	**992**	**16204**		**339**		**3022**	**61**	**260**	**153**
本级	3706	992	16204		339		3022	61	260	153
金昌市小计	**23586**	**2624**	**18243**		**608**		**9834**	**826**	**2682**	**1283**
本级	19837	806	2050		179		3786	29		122
区县级小计	3749	1818	16193		429		6048	797	2682	1161
永昌县	2631	671	10823		278		4235	690	2028	1054
金川区	1118	1147	5370		151		1813	107	654	107
白银市小计	**18159**	**5576**	**127791**		**39640**		**37255**	**6930**	**10506**	**6511**
本级	14570	2774	8179	－2496	852		3562	55		46
区县级小计	3589	2802	119612	2496	38788		33693	6875	10506	6465
景泰县	1257	187	21339		8531		6404	972	2134	1442
靖远县	573	371	31689	960	12486		9343	2068	3255	2425
会宁县	336	49	38236	1536	16025		10518	2874	4025	2310
平川区	970	503	12299		1034		3415	643	654	185
白银区	453	1692	16049		712		4013	318	438	103
天水市小计	**37128**	**1772**	**220901**		**91032**	**3124**	**65256**	**12319**	**21202**	**11373**
本级	28230	256	23882	－1890	9411		9904	8		354
区县级小计	8898	1516	197019	1890	81621	3124	55352	12311	21202	11019
清水县	331	29	24853	406	12489		6487	1147	2498	1502
秦安县	461	180	31507	575	13501		8551	2550	3839	1880
甘谷县	1026	98	31123	199	13251		8243	2454	3791	2032
武山县	998	35	24139	206	11474		6278	1612	2708	1603
张家川回族自治县	374	56	26443	504	10569	3124	7336	1301	1797	1084
秦州区	3234	780	27105		9124		8711	1668	3206	912
麦积区	2474	338	31849		11213		9746	1579	3363	2006

二、各省、自治区、直辖市地市县一般预算财政资料

2－28－6　　　　　　　　　　　　　　　　　　　　　　　　　　　　　　单位:万元

地区	平衡部分									
	收入								支出	
	财力性转移支付收入			专项转移支付	省补助计划单列市收入	上年结余	调入资金	国债转贷收入、上年结余及转补助数	支出合计	本年支出
	结算补助	企事业单位预算划转补助	其他财力性转移支付							
地市县合计	**175597**	**59301**	**1911**	**1486616**		**-25816**	**26124**		**5161414**	**5024724**
兰州市小计	**40183**	**29497**	**1622**	**178100**		**43059**	**3294**		**932895**	**832982**
本级	44	14113	-3124	68427		23934	724		438664	394536
区县级小计	40139	15384	4746	109673		19125	2570		494231	438446
永登县	3774	1793	790	18204		3887	8		66846	62475
榆中县	4242	-21	832	18373		1350	12		59052	58262
皋兰县	926	-11	1312	12599		251			30327	30245
城关区	17233	848		19395		3742	2550		143569	115706
七里河区	3722	3505	680	19943		2545			73493	63690
西固区	2763	1865	500	8259		779			53041	45052
安宁区	4487	1733		4694		4579			37281	34542
红古区	2992	5672	632	8206		1992			30622	28474
嘉峪关市小计	**5609**	**6760**		**11997**		**732**	**48**		**89267**	**78577**
本级	5609	6760		11997		732	48		89267	78577
金昌市小计	**-923**	**3933**		**25897**		**7496**	**705**		**161250**	**159367**
本级	-4283	2555	-338	886		5658	24		89065	88782
区县级小计	3360	1378	338	25011		1838	681		72185	70585
永昌县	1716	537	285	14848		1417	681		39429	39335
金川区	1644	841	53	10163		421			32756	31250
白银市小计	**12846**	**14103**		**101985**		**9895**	**266**		**323790**	**320246**
本级	104	6056		22152		6471	217		86412	84524
区县级小计	12742	8047		79833		3424	49		237378	235722
景泰县	1385	471		12633		3156	3		41217	41142
靖远县	1257	-105		18243		-2571	6		54235	54200
会宁县	1038	-90		26666		-4047	5		66703	66419
平川区	3458	2910		9534		404	11		32086	32027
白银区	5604	4861		12757		6482	24		43137	41934
天水市小计	**14959**	**1636**		**165924**		**-15131**	**393**		**495327**	**493836**
本级	6573	-403	-75	47337		-3851	1		124491	125025
区县级小计	8386	2039	75	118587		-11280	392		370836	368811
清水县	415	-95	4	13900		-1983	3		40784	40667
秦安县	755	-174	30	17130		-2179	5		53089	52936
甘谷县	900	232	21	17168		-3549	5		53620	53463
武山县	121	134	3	15402		-2257	4		43322	43173
张家川回族自治县	826	-98		12989		-1683	2		42071	41920
秦州区	2036	1434	14	20200		855	59		69101	68788
麦积区	3333	606	3	21798		-484	314		68849	67864

2－28－7 单位:万元

地区	平衡部分									
	支出								年终结余	其中:净结余
	财力性转移支付			专项上解	计划单列市上解省	增设预算周转金	调出资金	国债转贷拨付数及年终结余		
	小计	体制上解	出口退税专项上解							
地市县合计	**90815**	**90815**		**45875**					**－13895**	**－171300**
兰州市小计	**76846**	**76846**		**23067**					**48233**	**9561**
本级	40576	40576		3552					27033	1016
区县级小计	36270	36270		19515					21200	8545
永登县	613	613		3758					5695	112
榆中县				790					1005	
皋兰县				82					414	82
城关区	20587	20587		7276					2529	317
七里河区	7352	7352		2451					2805	1658
西固区	4211	4211		3778					270	10
安宁区	2251	2251		488					5614	4327
红古区	1256	1256		892					2868	1989
嘉峪关市小计	**10630**	**10630**		**60**					**226**	**226**
本级	10630	10630		60					226	226
金昌市小计	**1726**	**1726**		**157**					**1550**	**677**
本级	220	220		63					912	
区县级小计	1506	1506		94					638	87
永昌县				94					422	33
金川区	1506	1506							216	54
白银市小计	**1360**	**1360**		**2184**					**10275**	**－1853**
本级	290	290		1598					4029	10
区县级小计	1070	1070		586					6246	－1863
景泰县				75					1808	－472
靖远县				35					－1836	－2497
会宁县				284					－3477	－5177
平川区				59					2287	－455
白银区	1070	1070		133					7464	
天水市小计	**253**	**253**		**1238**					**－7881**	**－22302**
本级	253	253		－787					331	
区县级小计				2025					－8212	－13185
清水县				117					－1658	－1731
秦安县				153					－1532	－2279
甘谷县				157					－3033	－3134
武山县				149					－1956	－2025
张家川回族自治县				151					－1559	－1702
秦州区				313					1389	－771
麦积区				985					137	－1543

二、各省、自治区、直辖市地市县一般预算财政资料

2－28－8　　　　单位：万元

地　　区	收　支　部　分								
	收　入								
	收入合计	税收收入							
		小　计	增值税	营业税	企业所得税	个人所得税	资源税	城市维护建设税	耕地占用税
酒泉市小计	**61583**	**42777**	**4354**	**16791**	**1903**	**1176**	**3645**	**6072**	
本级	19928	15501	1599	8594	14	48		2906	
区县级小计	41655	27276	2755	8197	1889	1128	3645	3166	
肃州区	7715	6386	661	2402	516	392		336	
玉门市	8008	6583	643	1306	117	193	1435	1874	
金塔县	2872	2282	181	974	210	52	150	137	
瓜州县	3646	3061	366	675	275	121	433	130	
敦煌市	10982	6247	485	2520	610	240	240	570	
肃北蒙古族自治县	6281	1397	238	217	97	100	570	64	
阿克塞自治县	2151	1320	181	103	64	30	817	55	
张掖市小计	**47429**	**36531**	**8037**	**14099**	**1317**	**1136**	**3766**	**2301**	**8**
本级	10943	8454	3457	2648				1339	
区县级小计	36486	28077	4580	11451	1317	1136	3766	962	8
山丹县	4298	3255	396	1363	17	74	470	116	
民乐县	3851	2265	364	1314	56	76	66	113	
甘州区	13009	10725	1597	5092	666	624	1	201	8
临泽县	4232	2891	531	1120	176	118	169	264	
高台县	4410	3240	482	1572	188	131	60	197	
肃南裕固族自治县	6686	5701	1210	990	214	113	3000	71	
武威市小计	**35189**	**27977**	**4996**	**12871**	**933**	**1106**	**394**	**2509**	**10**
本级	11095	8970	1728	5091				1319	
区县级小计	24094	19007	3268	7780	933	1106	394	1190	10
民勤县	3218	2041	340	1033	49	102	29	226	
古浪县	2740	1862	336	1260	24	74	11	65	10
天祝藏族自治县	4748	3682	864	1500	81	185	326	334	
凉州区	13388	11422	1728	3987	779	745	28	565	
定西市小计	**32397**	**22678**	**4270**	**10848**	**823**	**819**	**142**	**1899**	**114**
本级	6541	5543	1544	2474	491	163		812	
区县级小计	25856	17135	2726	8374	332	656	142	1087	114
安定区	6530	4932	529	2667	116	222		284	
通渭县	1623	846	65	537	17	30		28	
陇西县	5555	3814	882	1512	95	130		266	
渭源县	1202	721	82	411	11	33		27	
临洮县	6931	4825	839	2190	54	165	6	406	110
漳县	1150	616	91	338	1	27	40	27	4
岷县	2865	1381	238	719	38	49	96	49	
陇南市小计	**57684**	**44082**	**17724**	**7845**	**5320**	**1206**	**3831**	**4884**	**132**

2－28－9　　　　单位：万元

地区	收支部分									
	收入									
	税收收入			非税收入						
	契税	烟叶税	其他各项税收收入	小计	专项收入	行政事业性收费收入	罚没收入	国有资本经营收入	国有资源(资产)有偿使用收入	其他收入
酒泉市小计	**1419**		**7417**	**18806**	**3857**	**3213**	**4060**	**3532**	**339**	**3805**
本级	904		1436	4427	1195	965	2115		152	
区县级小计	515		5981	14379	2662	2248	1945	3532	187	3805
肃州区	268		1811	1329	293	555	457		20	4
玉门市	31		984	1425	1113	117	135	50	9	1
金塔县	13		565	590	132	277	160		21	
瓜州县	110		951	585	202	142	224		17	
敦煌市	87		1495	4735	561	701	645	2809	19	
肃北蒙古族自治县	5		106	4884	201	252	201	632	59	3539
阿克塞自治县	1		69	831	160	204	123	41	42	261
张掖市小计	**1215**		**4652**	**10898**	**2930**	**3096**	**3285**	**567**	**313**	**707**
本级	1010			2489	396	1025	884	56	128	
区县级小计	205		4652	8409	2534	2071	2401	511	185	707
山丹县	61		758	1043	235	172	539	68	26	3
民乐县	6		270	1586	189	506	477		41	373
甘州区			2536	2284	1154	559	315		17	239
临泽县	41		472	1341	227	440	297	307	18	52
高台县	96		514	1170	239	335	580		16	
肃南裕固族自治县	1		102	985	490	59	193	136	67	40
武威市小计	**791**		**4367**	**7212**	**2014**	**2059**	**2799**	**63**	**275**	**2**
本级			832	2125	194	728	1053		150	
区县级小计	791		3535	5087	1820	1331	1746	63	125	2
民勤县	10		252	1177	388	320	434	10	25	
古浪县	15		67	878	168	250	394	40	25	1
天祝藏族自治县	27		365	1066	291	238	505		32	
凉州区	739		2851	1966	973	523	413	13	43	1
定西市小计	**1199**		**2564**	**9719**	**1467**	**4178**	**2440**	**978**	**468**	**188**
本级			59	998	137	230	359	54	189	29
区县级小计	1199		2505	8721	1330	3948	2081	924	279	159
安定区	378		736	1598	323	636	521	73	26	19
通渭县	27		142	777	71	337	172	177	11	9
陇西县	182		747	1741	438	467	376	355	88	17
渭源县	56		101	481	64	192	197		28	
临洮县	495		560	2106	298	1018	469	220	88	13
漳县	38		50	534	52	361	58	13	19	31
岷县	23		169	1484	84	937	288	86	19	70
陇南市小计	**327**	**534**	**2279**	**13602**	**3695**	**3612**	**2707**	**256**	**670**	**2662**

2－28－10

单位:万元

地区	收支部分									
	支出功能分类									
	支出合计	一般公共服务	外交	国防	公共安全	教育	科学技术	文化体育与传媒	社会保障和就业	医疗卫生
酒泉市小计	**272357**	**54610**	**40**	**207**	**16766**	**46400**	**2033**	**5187**	**35716**	**16558**
本级	66763	15106	40	71	5647	7816	1054	1905	7644	4375
区县级小计	205594	39504		136	11119	38584	979	3282	28072	12183
肃州区	49313	7746			2789	11386	355	739	9460	3244
玉门市	33584	7346			1827	6412	127	425	5352	1990
金塔县	28874	5072			1137	6236	52	198	3941	1555
瓜州县	25377	5480		36	1340	5051	52	311	3194	1319
敦煌市	38102	7252		24	1865	7037	199	639	4502	2234
肃北蒙古族自治县	18934	4342		54	1416	1551	170	792	443	1269
阿克塞自治县	11410	2266		22	745	911	24	178	1180	572
张掖市小计	**269554**	**42482**		**14**	**14792**	**49091**	**2746**	**4264**	**48165**	**18066**
本级	64224	8466		1	3924	4227	1602	1113	15439	3293
区县级小计	205330	34016		13	10868	44864	1144	3151	32726	14773
山丹县	31930	5256		7	1567	7071	108	346	5224	2431
民乐县	30638	5621		2	1496	7594	171	281	5159	2081
甘州区	60452	7465		2	3535	15353	625	708	11648	4663
临泽县	27078	4460			1787	5678	119	250	4396	1820
高台县	27311	4364			1511	6457	76	433	3750	2431
肃南裕固族自治县	27921	6850		2	972	2711	45	1133	2549	1347
武威市小计	**300389**	**43055**		**581**	**15389**	**75909**	**1398**	**3199**	**44970**	**20882**
本级	49618	11096		71	5035	6143	587	1145	7914	2304
区县级小计	250771	31959		510	10354	69766	811	2054	37056	18578
民勤县	50361	7443		154	1560	13050	280	439	7036	3014
古浪县	50182	5928		120	2091	14295	101	404	6436	3612
天祝藏族自治县	52842	7990		54	1769	11125	139	540	7346	3191
凉州区	97386	10598		182	4934	31296	291	671	16238	8761
定西市小计	**381405**	**53222**		**187**	**15300**	**97477**	**3396**	**4561**	**53834**	**29333**
本级	46639	7776		45	3388	5420	1063	955	7348	2592
区县级小计	334766	45446		142	11912	92057	2333	3606	46486	26741
安定区	62995	6243			2188	17841	810	620	8701	4184
通渭县	51096	7003		20	1356	15282	54	668	6637	3943
陇西县	54620	7221			2417	16102	416	697	7370	5195
渭源县	42228	4508		16	1086	10701	329	291	4606	3810
临洮县	55201	6186			1549	16233	136	581	9411	4519
漳县	26497	4586		63	1694	6042	40	266	3629	1596
岷县	42129	9699		43	1622	9856	548	483	6132	3494
陇南市小计	**428932**	**82998**			**20395**	**95110**	**2650**	**7802**	**43141**	**32798**

2－28－11

单位:万元

地区	收支部分						平衡部分		
	支出功能分类						收入		
	环境保护	城乡社区事务	农林水事务	交通运输	工业、商业、金融等事务	其他支出	收入合计	本年收入	返还性收入 小计
酒泉市小计	**8920**	**13419**	**36350**	**14073**	**6250**	**15828**	**288675**	**61583**	**18733**
本级	1591	3854	4845	8946	2204	1665	74323	19928	2851
区县级小计	7329	9565	31505	5127	4046	14163	214352	41655	15882
肃州区	369	1269	7473	964	1051	2468	51058	7715	4509
玉门市	1273	1568	4893	94	645	1632	35623	8008	4375
金塔县	272	2048	5026	1375	369	1593	30110	2872	1409
瓜州县	367	1176	4480	1079	861	631	25748	3646	1689
敦煌市	453	1894	5385	1499	603	4516	41140	10982	2126
肃北蒙古族自治县	2440	1552	2470	47	331	2057	19115	6281	662
阿克塞自治县	2155	58	1778	69	186	1266	11558	2151	1112
张掖市小计	**12046**	**12442**	**38402**	**16044**	**6819**	**4181**	**271832**	**47429**	**13727**
本级	1042	3884	6537	12681	1874	141	61041	10943	2632
区县级小计	11004	8558	31865	3363	4945	4040	210791	36486	11095
山丹县	3066	1004	4900	78	819	53	32204	4298	1294
民乐县	1050	1183	4116	600	1114	170	30875	3851	1167
甘州区	905	3345	8752	289	1690	1472	63391	13009	5527
临泽县	959	654	3996	1373	446	1140	28114	4232	1423
高台县	255	1283	4732	557	556	906	28120	4410	1198
肃南裕固族自治县	4769	1089	5369	466	320	299	28087	6686	486
武威市小计	**6738**	**9341**	**51034**	**11540**	**8207**	**8146**	**292634**	**35189**	**12169**
本级	976	3861	6344	559	2261	1322	45524	11095	1638
区县级小计	5762	5480	44690	10981	5946	6824	247110	24094	10531
民勤县	3286	697	10284	2323	342	453	50129	3218	715
古浪县	308	1126	10518	1826	914	2503	47620	2740	493
天祝藏族自治县	1480	2069	12500	2860	934	845	52191	4748	878
凉州区	688	1588	11388	3972	3756	3023	97170	13388	8445
定西市小计	**9108**	**20381**	**61582**	**22761**	**3964**	**6299**	**368460**	**32397**	**8288**
本级	321	5355	8226	462	823	2865	44238	6541	2293
区县级小计	8787	15026	53356	22299	3141	3434	324222	25856	5995
安定区	2603	4718	11338	3215	384	150	60928	6530	1735
通渭县	573	2005	7938	4262	433	922	47440	1623	401
陇西县	801	1150	7780	4035	752	684	52793	5555	2025
渭源县	2017	3688	7459	3149	243	325	40027	1202	287
临洮县	1397	1684	8785	3400	385	935	55436	6931	851
漳县	633	322	4683	2453	273	217	26406	1150	202
岷县	763	1459	5373	1785	671	201	41192	2865	494
陇南市小计	**8583**	**12381**	**65812**	**35166**	**7944**	**14152**	**412801**	**57684**	**15034**

2－28－12

单位:万元

地　区	平衡部分									
	收入									
	返还性收入		财力性转移支付收入							
	增值税和消费税税收返还	所得税基数返还	小计	体制补助	一般性转移支付补助	民族地区转移支付补助	调整工资转移支付补助	农村义务教育补助	农村税费改革补助	缓解县乡困难转移支付补助
酒泉市小计	**12792**	**5941**	**107126**	**312**	**33892**	**1106**	**36270**	**2220**	**8891**	**3514**
本级	1752	1099	23372	－354	7615		10044	－47		165
区县级小计	11040	4842	83754	666	26277	1106	26226	2267	8891	3349
肃州区	3080	1429	22950		7001		7107	697	3029	1067
玉门市	3672	703	13788		4955		4440	328	1420	353
金塔县	624	785	14356	70	5814		4063	500	1831	601
瓜州县	1027	662	11293		3963		3294	369	993	425
敦煌市	1369	757	11952		3210		3780	320	1281	263
肃北蒙古族自治县	399	263	5463	414	754	481	2109	30	223	323
阿克塞自治县	869	243	3952	182	580	625	1433	23	114	317
张掖市小计	**10631**	**3096**	**112205**	**1852**	**38972**	**1436**	**37988**	**3140**	**12759**	**5368**
本级	2631	1	17158	735	9454		6770			202
区县级小计	8000	3095	95047	1117	29518	1436	31218	3140	12759	5166
山丹县	1004	290	15409		5620		4426	530	1484	588
民乐县	912	255	16656	446	5498		5038	739	2424	1564
甘州区	4151	1376	27572		6893		9826	1015	4231	1579
临泽县	789	634	12908		5006		3818	366	1951	703
高台县	905	293	13654		5343		4464	403	1886	509
肃南裕固族自治县	239	247	8848	671	1158	1436	3646	87	783	223
武威市小计	**7685**	**4484**	**162131**	**4154**	**61790**	**3259**	**51959**	**6020**	**15350**	**9205**
本级	1638		24375	893	10882		9695	－57		360
区县级小计	6047	4484	137756	3261	50908	3259	42264	6077	15350	8845
民勤县	503	212	28151	843	11554		7681	1150	3715	2307
古浪县	372	121	31375	1378	13974		8296	1576	2455	2044
天祝藏族自治县	730	148	31276	1040	10502	3259	10517	694	1393	1320
凉州区	4442	4003	46954		14878		15770	2657	7787	3174
定西市小计	**6492**	**1796**	**211873**	**6519**	**95645**		**58449**	**10882**	**19399**	**11597**
本级	2085	208	23036	1654	10090		7095			1277
区县级小计	4407	1588	188837	4865	85555		51354	10882	19399	10320
安定区	1219	516	32112		15670		9649	1353	2888	1564
通渭县	321	80	31108	1021	15224		8022	1996	3348	1755
陇西县	1723	302	28583		10792		8303	2083	2816	2125
渭源县	168	119	25132	887	13599		5930	1239	2498	1259
临洮县	502	349	31010	1253	11416		9389	1853	3506	995
漳县	162	40	13908	566	6271		3518	807	1534	859
岷县	312	182	26984	1138	12583		6543	1551	2809	1763
陇南市小计	**12891**	**2143**	**224631**	**6790**	**106586**		**64616**	**10243**	**16123**	**11119**

2－28－13

单位:万元

地区	平衡部分									
	收入								支出	
	财力性转移支付收入			专项转移支付	省补助计划单列市收入	上年结余	调入资金	国债转贷收入、上年结余及转补助数	支出合计	本年支出
	结算补助	企事业单位预算划转补助	其他财力性转移支付							
酒泉市小计	**16810**	**4111**		**92566**		**7890**	**777**		**278610**	**272357**
本级	3955	1994		22595		5577			66466	66763
区县级小计	12855	2117		69971		2313	777		212144	205594
肃州区	3829	220		15496		388			50147	49313
玉门市	966	1326		10483		－1143	112		36947	33584
金塔县	1420	57		10396		1077			29456	28874
瓜州县	2032	217		8370		737	13		25419	25377
敦煌市	2888	210		14462		968	650		39822	38102
肃北蒙古族自治县	1042	87		6508		199	2		18938	18934
阿克塞自治县	678			4256		87			11415	11410
张掖市小计	**9538**	**1152**		**88470**		**8881**	**1120**		**271784**	**269554**
本级	－740	737		25289		4686	333		60630	64224
区县级小计	10278	415		63181		4195	787		211154	205330
山丹县	1180	1581		9432		1771			31978	31930
民乐县	1036	－89		8515		686			30727	30638
甘州区	5098	－1070		16156		1127			65071	60452
临泽县	1024	40		8603		359	589		27587	27078
高台县	1098	－49		8809		29	20		27859	27311
肃南裕固族自治县	842	2		11666		223	178		27932	27921
武威市小计	**10023**	**371**		**90533**		**－10013**	**2625**		**301386**	**300389**
本级	2800	－198		14650		－7299	1065		49878	49618
区县级小计	7223	569		75883		－2714	1560		251508	250771
民勤县	895	6		18029		10	6		50648	50361
古浪县	1731	－79		15876		－2990	126		50227	50182
天祝藏族自治县	2378	173		16057		－768			52872	52842
凉州区	2219	469		25921		1034	1428		97761	97386
定西市小计	**9612**	**－219**	**－11**	**123918**		**－14529**	**6513**		**382927**	**381405**
本级	2710	215	－5	13773		－4386	2981		46734	46639
区县级小计	6902	－434	－6	110145		－10143	3532		336193	334766
安定区	1111	－124	1	20833		－305	23		63102	62995
通渭县	－146	－112		16102		－2689	895		51156	51096
陇西县	2470	－6		17605		－1517	542		54725	54620
渭源县	－201	－79		15292		－1888	2		42286	42228
临洮县	2512	88	－2	17608		－1395	431		56206	55201
漳县	409	－53	－3	10317		－522	1351		26532	26497
岷县	747	－148	－2	12388		－1827	288		42186	42129
陇南市小计	**9743**	**－589**		**131500**		**－23557**	**7509**		**431772**	**428932**

2－28－14 单位:万元

地区	平衡部分									
	支出								年终结余	其中:净结余
	财力性转移支付			专项上解	计划单列市上解省	增设预算周转金	调出资金	国债转贷拨付数及年终结余		
	小计	体制上解	出口退税专项上解							
酒泉市小计				**6253**					**10065**	**－1460**
本级	－2953	－2953		2656					7857	36
区县级小计	2953	2953		3597					2208	－1496
肃州区				834					911	
玉门市	2953	2953		410					－1324	－1445
金塔县				582					654	－205
瓜州县				42					329	3
敦煌市				1720					1318	
肃北蒙古族自治县				4					177	
阿克塞自治县				5					143	87
张掖市小计				**2230**					**48**	**－5072**
本级	－4427	－4427		833					411	
区县级小计	4427	4427		1397					－363	－2691
山丹县				48					226	47
民乐县				89					148	－318
甘州区	4427	4427		192					－1680	－2509
临泽县				509					527	
高台县				548					261	36
肃南裕固族自治县				11					155	53
武威市小计				**997**					**－8752**	**－19042**
本级				260					－4354	－7236
区县级小计				737					－4398	－11806
民勤县				287					－519	－2052
古浪县				45					－2607	－5333
天祝藏族自治县				30					－681	－2199
凉州区				375					－591	－2222
定西市小计				**1522**					**－14467**	**－21497**
本级	－58	－58		153					－2496	－6147
区县级小计	58	58		1369					－11971	－15350
安定区				107					－2174	－2775
通渭县				60					－3716	－3716
陇西县	58	58		47					－1932	－1998
渭源县				58					－2259	－2786
临洮县				1005					－770	－770
漳县				35					－126	－1421
岷县				57					－994	－1884
陇南市小计				**2840**					**－18971**	**－23729**

2－28－15　　　　　　　　　　　　　　　　　　　　　　　　单位:万元

地区	收支部分								
	收入								
	收入合计	税收收入							
		小计	增值税	营业税	企业所得税	个人所得税	资源税	城市维护建设税	耕地占用税
本级	11687	8927	4649	822	1694	277	1044	316	
区县级小计	45997	35155	13075	7023	3626	929	2787	4568	132
成县	14728	12443	5901	1117	758	95	1061	2470	19
文县	4122	2785	1044	850	22	47	185	335	76
康县	1601	1457	724	394	96	14	16	71	
宕昌县	1488	771	173	362	40	32	23	55	
西和县	6117	5208	2044	802	1247	281	426	212	9
礼县	4560	1367	257	448	90	27	400	58	11
徽县	8586	7466	2534	993	1219	264	655	1210	5
两当县	645	405	54	191		18	21	25	1
武都区	4150	3253	344	1866	154	151		132	11
平凉市小计	**69615**	**53557**	**14066**	**14043**	**4191**	**1104**	**5688**	**5862**	**671**
本级	17938	13727	7291	2281	505	311	4	2019	
区县级小计	51677	39830	6775	11762	3686	793	5684	3843	671
泾川县	3520	2146	150	1162	42	49		243	84
灵台县	2640	1078	55	623	7	29		111	6
崇信县	4386	3747	1236	665	101	48	1058	360	11
华亭县	17699	15423	3699	3021	941	434	4270	1841	12
庄浪县	2918	1639	100	384	64	4	10	355	40
静宁县	3411	2492	200	1613	19	13	14	189	19
崆峒区	17103	13305	1335	4294	2512	216	332	744	499
庆阳市小计	**104172**	**78250**	**41006**	**14564**	**1065**	**1578**	**7278**	**6701**	**1305**
本级	49438	42370	34882	155	174	1	7000	125	
区县级小计	54734	35880	6124	14409	891	1577	278	6576	1305
庆城县	14881	13040	3254	2769	189	597		5034	285
镇原县	5976	2608	470	1319	45	88	272	163	39
宁县	3712	1898	371	970	53	96		120	32
正宁县	3035	1391	111	630	59	57		58	13
合水县	2538	1513	229	799	10	84		71	187
华池县	4321	1643	383	721	72	77	6	87	129
环县	4110	2652	314	1904	27	140		159	1
西峰区	16161	11135	992	5297	436	438		884	619
临夏回族自治州小计	**27199**	**17268**	**4685**	**6876**	**850**	**620**	**18**	**1577**	**334**
本级	3880	2283	1255	126	338	50		392	
区县级小计	23319	14985	3430	6750	512	570	18	1185	334
临夏市	7254	4433	439	2501	55	113	6	387	61
临夏县	1568	701	110	475	2	31	5	28	20

2－28－16

单位:万元

地区	收支部分									
	收入									
	税收收入			非税收入						
	契税	烟叶税	其他各项税收收入	小计	专项收入	行政事业性收费收入	罚没收入	国有资本经营收入	国有资源(资产)有偿使用收入	其他收入
本级			125	2760	136	460	1240		216	708
区县级小计	327	534	2154	10842	3559	3152	1467	256	454	1954
成县		344	678	2285	1574	374	30		24	283
文县	3		223	1337	294	286	251	186	262	58
康县	61	8	73	144	103		6		20	15
宕昌县	13		73	717	62	402	186		9	58
西和县	28		159	909	517	65	291	2	33	1
礼县	9		67	3193	37	1412	182		29	1533
徽县	6	127	453	1120	821		265		34	
两当县	16	55	24	240	18	157	45	13	7	
武都区	191		404	897	133	456	211	55	36	6
平凉市小计	**1182**		**6750**	**16058**	**4223**	**3743**	**5661**	**887**	**361**	**1183**
本级	713		603	4211	1126	1282	1394	181	228	
区县级小计	469		6147	11847	3097	2461	4267	706	133	1183
泾川县	61		355	1374	110	513	714	16	15	6
灵台县	30		217	1562	79	277	142	305	11	748
崇信县	10		258	639	262	205	146		15	11
华亭县	118		1087	2276	1131	313	803		29	
庄浪县	43		639	1279	230	419	322	279	29	
静宁县	207		218	919	142	338	312	106	20	1
崆峒区			3373	3798	1143	396	1828		14	417
庆阳市小计	**1327**	**522**	**2904**	**25922**	**7416**	**5161**	**4590**	**1040**	**1641**	**6074**
本级			33	7068	4716	662	428	861	228	173
区县级小计	1327	522	2871	18854	2700	4499	4162	179	1413	5901
庆城县	19		893	1841	478	730	578		53	2
镇原县	24	66	122	3368	128	352	677	57	110	2044
宁县	44	46	166	1814	90	987	473		64	200
正宁县	100	269	94	1644	970	170	344		47	113
合水县	52		81	1025	105	217	358	32	13	300
华池县	23		145	2678	153	304	415	83	28	1695
环县	34		73	1458	180	426	320	7	28	497
西峰区	1031	141	1297	5026	596	1313	997		1070	1050
临夏回族自治州小计	**457**		**1851**	**9931**	**1251**	**2245**	**1045**	**3063**	**277**	**2050**
本级			122	1597	365	64	100	663	130	275
区县级小计	457		1729	8334	886	2181	945	2400	147	1775
临夏市	164		707	2821	199	282	331	1480	29	500
临夏县			30	867	52	278	97	16	14	410

2－28－17

单位:万元

地区	收支部分									
	支出功能分类									
	支出合计	一般公共服务	外交	国防	公共安全	教育	科学技术	文化体育与传媒	社会保障和就业	医疗卫生
本级	50656	9676			3637	7692	1178	1176	5349	2351
区县级小计	378276	73322			16758	87418	1472	6626	37792	30447
成县	46622	8690			2462	8174	145	1549	4275	3758
文县	36756	6578			1782	8315	71	357	4847	2967
康县	31355	6462			1284	6760	530	217	3495	2250
宕昌县	39821	9284			1648	7988	93	412	5062	3640
西和县	47602	8529			1639	15243	94	684	3018	3914
礼县	57587	11829			2295	15737	94	1770	3489	5331
徽县	37395	6860			1980	7417	93	571	4729	2713
两当县	18129	4628			837	3073	62	418	874	1255
武都区	63009	10462			2831	14711	290	648	8003	4619
平凉市小计	**373337**	**54266**		**187**	**15358**	**87998**	**2468**	**6192**	**64888**	**26219**
本级	58439	8845		3	3686	7314	1106	1982	18832	2847
区县级小计	314898	45421		184	11672	80684	1362	4210	46056	23372
泾川县	41930	4861		32	2036	10524	332	937	6982	3789
灵台县	34090	3920			1303	9143	72	617	4649	2263
崇信县	20688	4143		2	873	3814	26	336	2254	1430
华亭县	41687	7469		68	1778	8961	78	871	4583	2717
庄浪县	52006	5601			1649	17198	82	590	7129	3782
静宁县	61631	7478			2063	19305	260	571	8009	5197
崆峒区	62866	11949		82	1970	11739	512	288	12450	4194
庆阳市小计	**484592**	**90479**		**137**	**22973**	**107889**	**3551**	**12503**	**69467**	**30893**
本级	96909	19208		19	4654	9372	937	5403	14215	4020
区县级小计	387683	71271		118	18319	98517	2614	7100	55252	26873
庆城县	44381	8057		41	2797	9833	331	835	5578	3106
镇原县	63669	8091		75	2448	20675	486	631	9191	6162
宁县	54681	8196			2060	16667	197	517	8731	4276
正宁县	36292	7154			1625	10448	159	528	5621	2264
合水县	35233	6551			1950	7452	250	642	4620	1904
华池县	34979	9777		2	1406	6083	364	534	3839	2515
环县	57999	13472			2132	12322	324	784	8149	2786
西峰区	60449	9973			3901	15037	503	2629	9523	3860
临夏回族自治州小计	**367571**	**78240**		**48**	**18065**	**65652**	**2126**	**7146**	**44659**	**24946**
本级	64141	14147			5287	4679	1010	2543	11174	6107
区县级小计	303430	64093		48	12778	60973	1116	4603	33485	18839
临夏市	40406	6716		29	2246	6065	348	422	7982	2077
临夏县	41399	10913			1901	10838	93	299	2168	3392

二、各省、自治区、直辖市地市县一般预算财政资料

2－28－18

单位:万元

地区	收支部分						平衡部分		
	支出功能分类						收入		
	环境保护	城乡社区事务	农林水事务	交通运输	工业、商业、金融等事务	其他支出	收入合计	本年收入	返还性收入 小计
本级	1545	1205	4715	9715	1072	1345	51697	11687	3776
区县级小计	7038	11176	61097	25451	6872	12807	361104	45997	11258
成县	1033	1831	8079	3259	1324	2043	47674	14728	2810
文县	728	850	5560	3341	241	1119	34437	4122	1149
康县	365	1452	5031	2462	593	454	29147	1601	485
宕昌县	634	1015	4579	2583	579	2304	37589	1488	268
西和县	869	954	9297	1998	701	662	45151	6117	1535
礼县	596	222	7986	3118	1412	3708	53046	4560	274
徽县	950	1030	6160	1807	1178	1907	37688	8586	3627
两当县	330	417	4393	1428	233	181	17224	645	139
武都区	1533	3405	10012	5455	611	429	59148	4150	971
平凉市小计	**12359**	**13371**	**50897**	**22204**	**6196**	**10734**	**367002**	**69615**	**12493**
本级	1762	2167	6956	577	1627	735	60808	17938	4018
区县级小计	10597	11204	43941	21627	4569	9999	306194	51677	8475
泾川县	2173	667	5563	2932	552	550	41840	3520	571
灵台县	850	696	6285	2478	933	881	33034	2640	347
崇信县	773	1442	3432	1636	253	274	20978	4386	741
华亭县	1682	3228	5095	2999	968	1190	43119	17699	3614
庄浪县	867	894	8303	3772	433	1706	47921	2918	423
静宁县	1179	2014	8432	4438	578	2107	57174	3411	838
崆峒区	3073	2263	6831	3372	852	3291	62128	17103	1941
庆阳市小计	**9788**	**20006**	**74868**	**25844**	**6247**	**9947**	**454131**	**104172**	**26516**
本级	2674	4340	25203	830	1987	4047	109109	49438	18093
区县级小计	7114	15666	49665	25014	4260	5900	345022	54734	8423
庆城县	746	3051	4974	3230	748	1054	46753	14881	2076
镇原县	1447	2157	6697	3575	1345	689	52883	5976	883
宁县	1041	1209	8027	2414	244	1102	44276	3712	743
正宁县	366	1103	4980	1421	272	351	29302	3035	285
合水县	674	1201	6064	2956	191	778	30952	2538	1510
华池县	518	280	4072	3133	693	1763	35684	4321	523
环县	811	1470	9314	6119	316		51315	4110	617
西峰区	1511	5195	5537	2166	451	163	53857	16161	1786
临夏回族自治州小计	**6174**	**10932**	**66090**	**20955**	**4946**	**17592**	**369162**	**27199**	**5045**
本级	1357	252	11659	706	1698	3522	56942	3880	153
区县级小计	4817	10680	54431	20249	3248	14070	312220	23319	4892
临夏市	399	3058	3701	700	679	5984	42390	7254	1304
临夏县	529	43	6694	3050	293	1186	41463	1568	290

2－28－19 单位:万元

地区	平衡部分									
	收入									
	返还性收入		财力性转移支付收入							
	增值税和消费税税收返还	所得税基数返还	小计	体制补助	一般性转移支付补助	民族地区转移支付补助	调整工资转移支付补助	农村义务教育补助	农村税费改革补助	缓解县乡困难转移支付补助
本级	3698	78	19155	1454	8713		6411			196
区县级小计	9193	2065	205476	5336	97873		58205	10243	16123	10923
成县	2206	604	15833		4638		6713	888	1530	1431
文县	976	173	18715	177	8748		5897	869	1386	718
康县	457	28	18547	664	9205		5059	648	1506	698
宕昌县	251	17	24221	833	13107		6020	1068	1511	1146
西和县	906	629	27622	758	11255		7602	1786	2025	1885
礼县	178	96	37535	1465	18984		9261	1981	3087	2163
徽县	3265	362	14198		4851		5540	643	1598	1093
两当县	127	12	10849	397	6262		2719	174	533	434
武都区	827	144	37956	1042	20823		9394	2186	2947	1355
平凉市小计	**9354**	**3139**	**168482**	**5556**	**67353**		**51524**	**7782**	**17522**	**9786**
本级	3648	370	17005	1624	6943		6473			322
区县级小计	5706	2769	151477	3932	60410		45051	7782	17522	9464
泾川县	368	203	22163	748	8606		5924	1287	3023	1845
灵台县	216	131	20368	778	9174		4971	770	2883	1398
崇信县	643	98	8379		3739		2078	367	1167	528
华亭县	2303	1311	8493		412		3262	579	1030	393
庄浪县	207	216	33611	1355	15259		9495	1858	2941	2259
静宁县	545	293	36814	1051	16071		10948	1894	3469	2374
崆峒区	1424	517	21649		7149		8373	1027	3009	667
庆阳市小计	**24766**	**1750**	**213894**	**4934**	**94170**		**67174**	**9343**	**18734**	**9863**
本级	18075	18	10171	1475	523		9177	－285		123
区县级小计	6691	1732	203723	3459	93647		57997	9628	18734	9740
庆城县	1445	631	14612		4731		5305	1065	1785	216
镇原县	717	166	38232	696	17362		11303	1862	3898	1906
宁县	612	131	33885	846	16098		8507	1973	3802	1840
正宁县	226	59	24172	453	13320		5524	1097	1878	1232
合水县	1451	59	17515		9857		4249	614	1327	867
华池县	376	147	18742	766	9036		5599	453	1319	889
环县	524	93	31811	698	13491		9932	1632	2759	1977
西峰区	1340	446	24754		9752		7578	932	1966	813
临夏回族自治州小计	**4305**	**740**	**228012**	**9578**	**88681**	**24133**	**65928**	**6331**	**9850**	**11605**
本级	143	10	43336	3140	19045	3812	10973	4		359
区县级小计	4162	730	184676	6438	69636	20321	54955	6327	9850	11246
临夏市	993	311	21850		6906	2537	7725	663	503	1856
临夏县	260	30	28505	1319	11035	2447	8348	1301	2092	1664

二、各省、自治区、直辖市地市县一般预算财政资料

2－28－20

单位:万元

地区	平衡部分									
	收入								支出	
	财力性转移支付收入									
	结算补助	企事业单位预算划转补助	其他财力性转移支付	专项转移支付	省补助计划单列市收入	上年结余	调入资金	国债转贷收入、上年结余及转补助数	支出合计	本年支出
本级	1930	451		13771		2480	828		51554	50656
区县级小计	7813	－1040		117729		－26037	6681		380218	378276
成县	800	－167		11636		－910	3577		47589	46622
文县	1039	－119		13478		－3027			36939	36756
康县	847	－80		11659		－3145			31389	31355
宕昌县	619	－83		12758		－2442	1296		39917	39821
西和县	2440	－129		13311		－3693	259		47712	47602
礼县	708	－114		16206		－6036	507		57831	57587
徽县	643	－170		10861		341	75		37467	37395
两当县	378	－48		6857		－1457	191		18142	18129
武都区	339	－130		20963		－5668	776		63232	63009
平凉市小计	**8843**	**116**		**125350**		**－8980**	**42**		**374753**	**373337**
本级	1101	－95	637	20351		1482	14		58271	58439
区县级小计	7742	211	－637	104999		－10462	28		316482	314898
泾川县	686	－4	48	15638		－55	3		42038	41930
灵台县	410	－38	22	11426		－1749	2		34173	34090
崇信县	466	34		7463		6	3		20908	20688
华亭县	1979	443	395	12382		921	10		41727	41687
庄浪县	506	－100	38	16470		－5501			52149	52006
静宁县	1129	－122		21301		－5191	1		61792	61631
崆峒区	2566	－2	－1140	20319		1107	9		63695	62866
庆阳市小计	**10288**	**－912**	**300**	**135553**		**－28581**	**2577**		**486445**	**484592**
本级	－409	－733	300	16347		12510	2550		98275	96909
区县级小计	10697	－179		119206		－41091	27		388170	387683
庆城县	1688	－178		14186		981	17		44460	44381
镇原县	1357	－152		17027		－9237	2		63732	63669
宁县	851	－32		16737		－10803	2		54767	54681
正宁县	765	－97		9646		－7839	3		36346	36292
合水县	715	－114		12153		－2764			35258	35233
华池县	750	－70		11506		589	3		35032	34979
环县	1439	－117		20534		－5757			58045	57999
西峰区	3132	581		17417		－6261			60530	60449
临夏回族自治州小计	**11940**	**－34**		**109901**		**－1250**	**255**		**368656**	**367571**
本级	6496	－493		16998		－7425			64800	64141
区县级小计	5444	459		92903		6175	255		303856	303430
临夏市	1751	－91		10031		1776	175		40499	40406
临夏县	429	－130		11205		－110	5		41482	41399

2－28－21　　　　单位:万元

地区	平衡部分									
	支出								年终结余	其中:净结余
	财力性转移支付			专项上解	计划单列市上解省	增设预算周转金	调出资金	国债转贷拨付数及年终结余		
	小计	体制上解	出口退税专项上解							
本级				898					143	
区县级小计				1942					－19114	－22685
成县				967					85	
文县				183					－2502	－3299
康县				34					－2242	－2673
宕昌县				96					－2328	－2465
西和县				110					－2561	－3060
礼县				244					－4785	－5404
徽县				72					221	
两当县				13					－918	－941
武都区				223					－4084	－4843
平凉市小计				**1416**					**－7751**	**－14552**
本级				－168					2537	
区县级小计				1584					－10288	－14552
泾川县				108					－198	－1026
灵台县				83					－1139	－1658
崇信县				220					70	
华亭县				40					1392	162
庄浪县				143					－4228	－4796
静宁县				161					－4618	－4846
崆峒区				829					－1567	－2388
庆阳市小计				**1853**					**－32314**	**－49879**
本级				1366					10834	
区县级小计				487					－43148	－49967
庆城县				79					2293	338
镇原县				63					－10849	－12261
宁县				86					－10491	－10674
正宁县				54					－7044	－7044
合水县				25					－4306	－4384
华池县				53					652	－1160
环县				46					－6730	－7462
西峰区				81					－6673	－7320
临夏回族自治州小计				**1085**					**506**	**－12481**
本级				659					－7858	
区县级小计				426					8364	1800
临夏市				93					1891	70
临夏县				83					－19	－414

2-28-22 单位:万元

地区	收支部分								
	收入								
	收入合计	税收收入							
		小计	增值税	营业税	企业所得税	个人所得税	资源税	城市维护建设税	耕地占用税
积石山县	1337	622	51	483		20		38	
永靖县	7447	6158	2233	1557	437	293	7	554	2
和政县	1235	644	60	461	5	30		43	6
康乐县	1631	888	44	485	2	22		44	238
广河县	1877	880	347	399	10	24		47	
东乡族自治县	970	659	146	389	1	37		44	7
甘南藏族自治州小计	**19529**	**9744**	**1353**	**4857**	**1604**	**295**	**255**	**650**	**3**
本级	3278	2663	437	1230	799	148	10	1	
区县级小计	16251	7081	916	3627	805	147	245	649	3
夏河县	1236	818	67	555	35	19	31	41	
临潭县	1228	702	130	426	6	11	15	60	
卓尼县	633	479	89	269	1	18	2	62	
舟曲县	1115	716	143	385	6	18	59	68	
迭部县	1581	1014	161	721	10	10		62	
碌曲县	2432	485	60	273	73	4	22	30	
玛曲县	5570	1080	53	207	585	16	95	36	
合作市	2456	1787	213	791	89	51	21	290	3

2 – 28 – 23

单位:万元

地区	收支部分									
	收入									
	税收收入			非税收入						
	契税	烟叶税	其他各项税收收入	小计	专项收入	行政事业性收费收入	罚没收入	国有资本经营收入	国有资源(资产)有偿使用收入	其他收入
积石山县			30	715	32	151	87		21	424
永靖县	265		810	1289	479	242	124	65	23	356
和政县	6		33	591	26	115	53	382	10	5
康乐县	8		45	743	37	361	58	250	17	20
广河县	14		39	997	31	586	157	207	16	
东乡族自治县			35	311	30	166	38		17	60
甘南藏族自治州小计	**21**		**706**	**9785**	**709**	**259**	**1056**	**6366**	**331**	**1064**
本级			38	615	91	45	227	35	217	
区县级小计	21		668	9170	618	214	829	6331	114	1064
夏河县	5		65	418	45	27	129	198	19	
临潭县			54	526	65	80	108	18	10	245
卓尼县			38	154	37	3	28		10	76
舟曲县	5		32	399	52	38	119		32	158
迭部县			50	567	67	13	102	115	6	264
碌曲县			23	1947	120		122	1694	11	
玛曲县	2		86	4490	88		92	4296	14	
合作市	9		320	669	144	53	129	10	12	321

2－28－24

单位:万元

地区	收支部分									
	支出功能分类									
	支出合计	一般公共服务	外交	国防	公共安全	教育	科学技术	文化体育与传媒	社会保障和就业	医疗卫生
积石山县	35793	9101			1442	6910	228	654	3908	2134
永靖县	44664	8640		15	1797	10782	26	579	4764	1962
和政县	32728	6179		4	1020	5997	72	1097	3663	1925
康乐县	33147	6782			1201	7008	98	413	3542	2484
广河县	32487	7289			1765	6491	72	357	3380	1918
东乡族自治县	42806	8473			1406	6882	179	782	4078	2947
甘南藏族自治州小计	**261579**	**50447**		**309**	**12781**	**35277**	**1082**	**5011**	**36645**	**16287**
本级	46887	10595		78	3395	4748	755	2177	8727	3151
区县级小计	214692	39852		231	9386	30529	327	2834	27918	13136
夏河县	30037	5095		25	1327	3812	39	671	4254	1830
临潭县	35236	5175			1288	6007	42	666	5193	2285
卓尼县	29399	5793			1322	4389	4	238	3854	1608
舟曲县	33937	6787			1078	5530	64	366	4171	2188
迭部县	20374	4347		69	915	2745	16	180	2454	1190
碌曲县	17113	3905		7	877	2131	18	169	1859	1088
玛曲县	28273	5355		54	1001	3437	112	395	3177	1887
合作市	20323	3395		76	1578	2478	32	149	2956	1060

2－28－25 单位:万元

地区	收支部分						平衡部分		
	支出功能分类						收入		
	环境保护	城乡社区事务	农林水事务	交通运输	工业、商业、金融等事务	其他支出	收入合计	本年收入	返还性收入 小计
积石山县	413	883	7560	1982	445	133	38603	1337	80
永靖县	1970	1265	6714	2948	601	2601	45752	7447	2366
和政县	577	1222	7944	2435	237	356	33863	1235	193
康乐县	198	2194	6027	2009	448	743	33457	1631	112
广河县	392	996	7122	2461	205	39	33176	1877	433
东乡族自治县	339	1019	8669	4664	340	3028	43516	970	114
甘南藏族自治州小计	**10237**	**10021**	**36361**	**26720**	**6551**	**13850**	**267890**	**19529**	**4755**
本级	1441	585	6458	2382	1176	1219	54438	3278	944
区县级小计	8796	9436	29903	24338	5375	12631	213452	16251	3811
夏河县	1946	1921	3723	3808	681	905	29444	1236	185
临潭县	102	711	6055	2857	767	4088	33310	1228	149
卓尼县	1314	1260	4094	3312	622	1589	29345	633	82
舟曲县	705	1547	4939	4736	868	958	32908	1115	118
迭部县	1347	202	3260	1698	1077	874	20535	1581	263
碌曲县	297	1257	2715	1226	626	938	17565	2432	117
玛曲县	1137	1769	3085	5563	335	966	29677	5570	2509
合作市	1948	769	2032	1138	399	2313	20668	2456	388

2－28－26　　　　单位：万元

地区	平衡部分									
	收入									
	返还性收入		财力性转移支付收入							
	增值税和消费税税收返还	所得税基数返还	小计	体制补助	一般性转移支付补助	民族地区转移支付补助	调整工资转移支付补助	农村义务教育补助	农村税费改革补助	缓解县乡困难转移支付补助
积石山县	74	6	25584	1074	9633	2870	8008	771	1360	1433
永靖县	2076	290	20005		6182	2492	6165	642	1032	1424
和政县	172	21	19460	863	8245	2058	5169	569	1042	1244
康乐县	101	11	22081	1155	8689	2325	6210	880	1422	1176
广河县	398	35	20487	845	8070	2392	6130	747	1014	1024
东乡族自治县	88	26	26704	1182	10876	3200	7200	754	1385	1425
甘南藏族自治州小计	**1747**	**3008**	**140412**	**7452**	**51460**	**15659**	**39777**	**2363**	**4306**	**3893**
本级	810	134	34594	3345	10596	4514	9539	99		105
区县级小计	937	2874	105818	4107	40864	11145	30238	2264	4306	3788
夏河县	117	68	14559	312	6161	1174	4500	249	647	521
临潭县	111	38	20116	1084	9712	1634	4497	612	867	961
卓尼县	73	9	17054	807	7632	1599	4591	345	618	605
舟曲县	81	37	19136	908	9238	1347	4621	480	833	675
迭部县	211	52	9346	147	1396	1663	2762	206	253	302
碌曲县	71	46	8438	588	3101	890	2735	89	343	257
玛曲县	65	2444	7857		584	1429	3611	119	473	121
合作市	208	180	9312	261	3040	1409	2921	164	272	346

2－28－27　　　　单位:万元

地区	平衡部分 收入 财力性转移支付收入 结算补助	企事业单位预算划转补助	其他财力性转移支付	专项转移支付	省补助计划单列市收入	上年结余	调入资金	国债转贷收入、上年结余及转补助数	支出 支出合计	本年支出
积石山县	507	－72		9870		1732			35801	35793
永靖县	990	1078		14633		1301			44714	44664
和政县	332	－62		11683		1292			32775	32728
康乐县	324	－100		9822		－189			33209	33147
广河县	365	－100		9583		796			32534	32487
东乡族自治县	746	－64		16076		－423	75		42842	42806
甘南藏族自治州小计	**16126**	**－624**		**104922**		**－1728**			**262552**	**261579**
本级	6608	－212		11725		3897			45725	46887
区县级小计	9518	－412		93197		－5625			216827	214692
夏河县	1070	－75		14869		－1405			30342	30037
临潭县	820	－71		13957		－2140			35357	35236
卓尼县	905	－48		11583		－7			29401	29399
舟曲县	1098	－64		14398		－1859			33950	33937
迭部县	2662	－45		9341		4			20377	20374
碌曲县	475	－40		6796		－218			17181	17113
玛曲县	1568	－48		13741					29605	28273
合作市	920	－21		8512					20614	20323

2-28-28 单位:万元

地区	平衡部分									
	支出									
	财力性转移支付									
	小计	体制上解	出口退税专项上解	专项上解	计划单列市上解省	增设预算周转金	调出资金	国债转贷拨付数及年终结余	年终结余	其中:净结余
积石山县				8					2802	1576
永靖县				50					1038	850
和政县				47					1088	269
康乐县				62					248	-126
广河县				47					642	-425
东乡族自治县				36					674	
甘南藏族自治州小计				**973**					**5338**	**-9897**
本级				-1162					8713	
区县级小计				2135					-3375	-5397
夏河县				305					-898	-975
临潭县				121					-2047	-2228
卓尼县				2					-56	-916
舟曲县				13					-1042	-1278
迭部县				3					158	
碌曲县				68					384	
玛曲县				1332					72	
合作市				291					54	

2007 年青海省地市县财政一般预算收支平衡表

2－29－1　　　　　　　　　　　　　　　　　　　　　　　单位：万元

地区	收支部分								
	收入								
	收入合计	税收收入							
		小计	增值税	营业税	企业所得税	个人所得税	资源税	城市维护建设税	耕地占用税
地市县合计	**382597**	**311761**	**61804**	**114146**	**27023**	**16762**	**27063**	**34507**	**2008**
西宁市小计	**184123**	**153844**	**30516**	**68761**	**6020**	**8774**	**539**	**16419**	**465**
本级	74299	52251	13148	21580	2402	2718	1	4199	
区县级小计	109824	101593	17368	47181	3618	6056	538	12220	465
大通县	21598	20147	7019	3614	268	898	438	4520	
湟中县	3907	2116	228	1285	9	143	30	153	68
湟源县	3934	2891	440	1818	21	84	50	235	30
城中区	10158	9822	395	5757	326	633		889	
城西区	21836	21186	1797	11660	810	1664		2070	
城北区	13214	12430	2521	4577	1024	605		2214	12
城东区	12030	11562	490	6786	225	739	1	1038	355
城南新区	2024	1942	64	1221	2	27	10	116	
甘河工业园区	5619	5172	1897	2172	11	362	9	495	
生物产业园区	4504	4148	1177	2150	118	246		151	
经济开发区东川园区	11000	10177	1340	6141	804	655		339	
海东地区小计	**30247**	**22609**	**2580**	**12202**	**173**	**1168**	**595**	**2982**	**1112**
本级	2152	733	169	435	13	50	14	11	
区县级小计	28095	21876	2411	11767	160	1118	581	2971	1112
民和县	5873	4501	341	3127	18	150	136	364	36
乐都县	4021	2949	389	1453	28	206	229	216	48
平安县	3735	3412	507	1892	37	245	4	356	
互助县	6430	4253	305	2106	21	337	202	887	7
化隆县	4286	3727	842	1235	17	112	3	822	484
循化县	3750	3034	27	1954	39	68	7	326	537
海西州小计	**127272**	**105921**	**23216**	**17818**	**20231**	**4836**	**24930**	**12297**	
本级	48691	40417	8878		16308		15043	188	
区县级小计	78581	65504	14338	17818	3923	4836	9887	12109	
都兰县	2771	2294	228	681	431	290	489	88	
乌兰县	2387	1759	231	706	2	157	551	75	
天峻县	8585	5475	983	1992	5	525	1453	440	
德令哈市	6280	5190	1252	2637	133	458	75	363	
格尔木市	44233	39316	9098	8123	3251	2577	4672	9851	
柴旦行委	8021	6533	2272	2218	29	526	442	850	
冷湖行委	2046	1287	9	416	20	90	571	150	
茫崖行委	4258	3650	265	1045	52	213	1634	292	
海南州小计	**15951**	**11020**	**2072**	**6196**	**309**	**575**	**216**	**799**	**72**
本级	5471	4315	1521	1851	116	216		278	
区县级小计	10480	6705	551	4345	193	359	216	521	72

二、各省、自治区、直辖市地市县一般预算财政资料

2－29－2

单位:万元

地区	收支部分									
	收入									
	税收收入			非税收入						
	契税	烟叶税	其他各项税收收入	小计	专项收入	行政事业性收费收入	罚没收入	国有资本经营收入	国有资源(资产)有偿使用收入	其他收入
地市县合计	**8211**		**20237**	**70836**	**31549**	**12595**	**10104**	**4066**	**3936**	**8586**
西宁市小计	**7470**		**14880**	**30279**	**12546**	**6276**	**3664**	**3030**	**955**	**3808**
本级	4055		4148	22048	10354	3545	2093	2460	291	3305
区县级小计	3415		10732	8231	2192	2731	1571	570	664	503
大通县	49		3341	1451	761	510	142		38	
湟中县	135		65	1791	276	976	247		23	269
湟源县	61		152	1043	296	84	431		10	222
城中区	534		1288	336		183	42		111	
城西区	1072		2113	650		332	270		40	8
城北区	378		1099	784	422	175	167		20	
城东区	481		1447	468		250	197		18	3
城南新区	397		105	82		9	64		8	1
甘河工业园区			226	447	437				10	
生物产业园区	57		249	356					356	
经济开发区东川园区	251		647	823		212	11	570	30	
海东地区小计	**287**		**1510**	**7638**	**2560**	**1132**	**1364**	**267**	**683**	**1632**
本级			41	1419	546	425	239	40	169	
区县级小计	287		1469	6219	2014	707	1125	227	514	1632
民和县	94		235	1372	562	173	421		22	194
乐都县	109		271	1072	473	150	212	212	23	2
平安县			371	323	275	5	9		34	
互助县	71		317	2177	448	295	258		31	1145
化隆县	4		208	559	197	43	131		29	159
循化县	9		67	716	59	41	94	15	375	132
海西州小计	**247**		**2346**	**21351**	**13769**	**2624**	**3111**	**191**	**694**	**962**
本级				8274	7550	241	109	21	345	8
区县级小计	247		2346	13077	6219	2383	3002	170	349	954
都兰县			87	477	142	8	315		11	1
乌兰县	1		36	628	160	89	318		61	
天峻县	1		76	3110	2922	69	107		12	
德令哈市	15		257	1090	188	511	376		15	
格尔木市	230		1514	4917	1527	1325	1239	170	83	573
柴旦行委			196	1488	998	266	204		17	3
冷湖行委			31	759	107	40	186		50	376
茫崖行委			149	608	175	75	257		100	1
海南州小计	**132**		**649**	**4931**	**1149**	**723**	**993**	**134**	**899**	**1033**
本级			333	1156	360	41	580		72	103
区县级小计	132		316	3775	789	682	413	134	827	930

2－29－3

单位:万元

地区	收支部分									
	支出功能分类									
	支出合计	一般公共服务	外交	国防	公共安全	教育	科学技术	文化体育与传媒	社会保障和就业	医疗卫生
地市县合计	**1580455**	**302098**		**901**	**97317**	**280053**	**12682**	**35883**	**282539**	**126871**
西宁市小计	**450463**	**73373**		**319**	**33354**	**88631**	**8182**	**6898**	**68812**	**37096**
本级	179446	31540		148	22423	29613	6433	2238	30456	13832
区县级小计	271017	41833		171	10931	59018	1749	4660	38356	23264
大通县	67311	9260			2630	18035	269	642	7626	7995
湟中县	64634	6056		20	2112	18908	103	2232	8081	6403
湟源县	34803	4709		4	1596	6305	1041	909	5208	4064
城中区	14133	2553		42	914	3254	11	128	4007	898
城西区	24245	4623		28	1589	4430	107	287	4961	1216
城北区	17101	3013		35	999	3675	102	123	3437	1557
城东区	18612	4289		42	1012	3798	16	115	5017	1129
城南新区	3492	821			12	518		11		1
甘河工业园区	5792	1160								
生物产业园区	5894	633			10		100	210		
经济开发区东川园区	15000	4716			57	95		3	19	1
海东地区小计	**300408**	**42141**		**225**	**13632**	**71767**	**1184**	**4600**	**52903**	**26474**
本级	18920	5727		89	3148	383	116	229	2902	2404
区县级小计	281488	36414		136	10484	71384	1068	4371	50001	24070
民和县	50809	5996		56	1883	15686	94	393	8656	4959
乐都县	56346	5774		47	1963	15216	386	1152	10219	4946
平安县	30701	4682		33	1577	6562	66	491	4510	2947
互助县	64141	7654			1816	17217	234	647	11704	6324
化隆县	45081	6974			1911	10102	163	521	10426	2419
循化县	34410	5334			1334	6601	125	1167	4486	2475
海西州小计	**263755**	**70382**		**89**	**16952**	**28040**	**1075**	**11590**	**38133**	**15943**
本级	70303	28771		10	4349	2933	481	9187	8478	4579
区县级小计	193452	41611		79	12603	25107	594	2403	29655	11364
都兰县	24592	4912			1301	4377	19	393	4343	1749
乌兰县	19860	2927			1065	3273	39	216	4372	1140
天峻县	20657	5548			1188	2214	32	143	3542	1211
德令哈市	35219	6806		47	1752	5446	80	226	5876	863
格尔木市	70681	13272		32	4231	8232	421	1105	8844	5241
柴旦行委	9226	3403			963	564	2	271	1072	636
冷湖行委	5647	1577			1014	335		26	915	179
茫崖行委	7570	3166			1089	666	1	23	691	345
海南州小计	**147255**	**25014**		**76**	**8107**	**25404**	**743**	**3173**	**31019**	**13177**
本级	33160	5830		35	2205	2755	311	1717	13096	3211
区县级小计	114095	19184		41	5902	22649	432	1456	17923	9966

二、各省、自治区、直辖市地市县一般预算财政资料

2－29－4

单位:万元

地区	收支部分						平衡部分		
	支出功能分类						收入		
	环境保护	城乡社区事务	农林水事务	交通运输	工业、商业、金融等事务	其他支出	收入合计	本年收入	返还性收入 小计
地市县合计	**38056**	**87804**	**194347**	**17290**	**53846**	**50768**	**1659049**	**382597**	**64980**
西宁市小计	**8303**	**28460**	**47857**	**4039**	**35054**	**10085**	**498784**	**184123**	**29271**
本级	3627	12065	10304	1161	12060	3546	176108	74299	7127
区县级小计	4676	16395	37553	2878	22994	6539	322676	109824	22144
大通县	2142	1853	11212	579	3045	2023	68758	21598	2862
湟中县	1198	1215	15119	650	697	1840	66708	3907	2681
湟源县	438	2430	6390	355	447	907	36596	3934	1005
城中区	83	1466	339	43	45	350	20076	10158	3732
城西区	115	4078	1129		1220	462	35329	21836	4739
城北区	221	1216	2027	20	211	465	24582	13214	3101
城东区	173	1671	451		435	464	29811	12030	3914
城南新区	302	966	137		719	5	4051	2024	4
甘河工业园区		300		1231	3101		8370	5619	
生物产业园区		400	655		3871	15	8287	4504	84
经济开发区东川园区	4	800	94		9203	8	20713	11000	22
海东地区小计	**7478**	**11030**	**51461**	**2919**	**3453**	**11141**	**308815**	**30247**	**11800**
本级	275	1037	1690	239	66	615	21953	2152	1813
区县级小计	7203	9993	49771	2680	3387	10526	286862	28095	9987
民和县	1316	997	8171	486	345	1771	54152	5873	1699
乐都县	1369	1025	11138	477	601	2033	56811	4021	3428
平安县	655	2211	4914	294	173	1586	32436	3735	998
互助县	2158	1519	11135	375	1082	2276	65725	6430	2813
化隆县	877	1004	8458	529	179	1518	44054	4286	700
循化县	828	3237	5955	519	1007	1342	33684	3750	349
海西州小计	**4446**	**23729**	**29766**	**3657**	**11575**	**8378**	**281797**	**127272**	**15623**
本级	451	904	4439	2071	3103	547	88844	48691	9542
区县级小计	3995	22825	25327	1586	8472	7831	192953	78581	6081
都兰县	232	1090	5581		50	545	24013	2771	237
乌兰县	106	922	4757	32	305	706	19531	2387	257
天峻县	48	442	3100	177	2598	414	20488	8585	318
德令哈市	370	5852	5147	78	982	1694	33787	6280	686
格尔木市	3179	11405	5912	508	4184	4115	71421	44233	3101
柴旦行委	8	1448	700	18	31	110	10496	8021	423
冷湖行委		1398	10		78	115	5135	2046	378
茫崖行委	52	268	120	773	244	132	8082	4258	681
海南州小计	**5558**	**7149**	**20623**	**1368**	**805**	**5039**	**138599**	**15951**	**2091**
本级	18	1057	1094	198	490	1143	－102057	5471	－1298
区县级小计	5540	6092	19529	1170	315	3896	108574	10480	1298

2－29－5　　　　单位:万元

地区	平衡部分									
	收入									
	返还性收入		财力性转移支付收入							
	增值税和消费税税收返还	所得税基数返还	小计	体制补助	一般性转移支付补助	民族地区转移支付补助	调整工资转移支付补助	农村义务教育补助	农村税费改革补助	缓解县乡困难转移支付补助
地市县合计	**56189**	**8791**	**742103**	**30899**	**170002**	**518**	**235170**	**9771**	**31227**	**38954**
西宁市小计	**25999**	**3272**	**141739**	**3519**	**21641**		**49999**	**2240**	**6548**	**4395**
本级	4566	2561	32861	－85	－3		15533			
区县级小计	21433	711	108878	3604	21644		34466	2240	6548	4395
大通县	2731	131	26244	474	3087		9957	906	2052	440
湟中县	2531	150	37610	1711	7798		9960	850	2726	2260
湟源县	862	143	19722	869	5769		5370	265	886	1245
城中区	3859	－127	5873	228	1854		2142	11	39	
城西区	4114	625	4726	335	61		2378	43	158	
城北区	3101		4089	－363	20		2074	120	298	
城东区	4125	－211	8714	268	3055		2573	39	389	450
城南新区	4									
甘河工业园区										
生物产业园区	84		1237							
经济开发区东川园区	22		1268	82			6			
海东地区小计	**10272**	**1528**	**172981**	**7331**	**41394**		**49548**	**2976**	**5263**	**11070**
本级	1371	442	9732	557	1590		3811			
区县级小计	8901	1086	163249	6774	39804		45737	2976	5263	11070
民和县	1608	91	31369	1421	7194		8347	816	1312	2634
乐都县	3137	291	32526	1080	7176		9552	515	996	2017
平安县	891	107	17534	409	4898		4703	229	401	1208
互助县	2366	447	37612	1407	8703		10965	720	1269	2553
化隆县	649	51	26401	1592	6208		7622	446	844	1838
循化县	250	99	17807	865	5625		4548	250	441	820
海西州小计	**13613**	**2010**	**63631**	**－894**	**13289**		**19800**	**623**	**6224**	**4760**
本级	9420	122	10706	73	－2188		5440		281	－1078
区县级小计	4193	1888	52925	－967	15477		14360	623	5943	5838
都兰县	194	43	12188	565	2795		2902	163	1776	1230
乌兰县	244	13	10572	148	3175		2849	87	732	1099
天峻县	313	5	8192	459	1809		2240	49	894	925
德令哈市	616	70	11206	176	3077		2954	127	1015	1372
格尔木市	1586	1515	6478	－2010	4509		1591	156	1350	744
柴旦行委	334	89	759	22	50		633	13	111	219
冷湖行委	343	35	1394	57	40		527	4	21	110
茫崖行委	563	118	2136	－384	22		664	24	44	139
海南州小计	**1712**	**379**	**83981**	**2147**	**24301**		**32690**	**1287**	**3171**	**5175**
本级	－1133	－165	－66914	－1503	－17214		－24858	－1287	－3169	－6504
区县级小计	1133	165	66914	1503	18543		24858	1287	3169	5175

二、各省、自治区、直辖市地市县一般预算财政资料

2－29－6　　　　单位:万元

地区	平衡部分									
	收入								支出	
	财力性转移支付收入			专项转移支付	省补助计划单列市收入	上年结余	调入资金	国债转贷收入、上年结余及转补助数	支出合计	本年支出
	结算补助	企事业单位预算划转补助	其他财力性转移支付							
地市县合计	**216548**		**9014**	**438072**		**24007**	**7290**		**1580455**	**1580455**
西宁市小计	**53397**			**134542**		**7809**	**1300**		**450463**	**450463**
本级	17416			58075		3746			149260	179446
区县级小计	35981			76467		4063	1300		301203	271017
大通县	9328			16028		726	1300		67311	67311
湟中县	12305			21505		1005			64634	64634
湟源县	5318			11033		902			34803	34803
城中区	1599			2560		－2247			21517	14133
城西区	1751			3406		622			33725	24245
城北区	1940			4305		－127			23765	17101
城东区	1940			4427		726			25270	18612
城南新区				1450		573			3492	3492
甘河工业园区				2751					5792	5792
生物产业园区	1237			2157		305			5894	5894
经济开发区东川园区	1180			6845		1578			15000	15000
海东地区小计	**51687**		**3712**	**92931**		**856**			**300408**	**300408**
本级	3774			6505		1751			18920	18920
区县级小计	47913		3712	86426		－895			281488	281488
民和县	8873		772	16692		－1481			50809	50809
乐都县	10412		778	16769		67			56346	56346
平安县	5436		250	8528		1641			30701	30701
互助县	10929		1066	18766		104			64141	64141
化隆县	7263		588	12505		162			45081	45081
循化县	5000		258	13166		－1388			34410	34410
海西州小计	**19829**			**53096**		**19942**	**2233**		**263755**	**263755**
本级	8178			－1479		21044	340		70303	70303
区县级小计	11651			54575		－1102	1893		193452	193452
都兰县	2757			8971		－154			24592	24592
乌兰县	2482			6696		－381			19860	19860
天峻县	1816			3587		－194			20657	20657
德令哈市	2485			13598		124	1893		35219	35219
格尔木市	138			17877		－268			70681	70681
柴旦行委	－289			1319		－26			9226	9226
冷湖行委	635			1491		－174			5647	5647
茫崖行委	1627			1036		－29			7570	7570
海南州小计	**12169**		**3041**	**46010**		**－10391**	**957**		**147255**	**147255**
本级	－9338		－3041	－34133		－5383	200		33160	33160
区县级小计	9338		3041	34133		－5008	757		114095	114095

2－29－7

单位:万元

地区	平衡部分									
	支出								年终结余	其中:净结余
	财力性转移支付			专项上解	计划单列市上解省	增设预算周转金	调出资金	国债转贷拨付数及年终结余		
	小计	体制上解	出口退税专项上解							
地市县合计									**78594**	**－15544**
西宁市小计									**48321**	**4301**
本级	－28363	－28363		－1823					26848	－7145
区县级小计	28363	28363		1823					21473	11446
大通县									1447	508
湟中县									2074	868
湟源县									1793	347
城中区	7291	7291		93					－1441	－2047
城西区	8724	8724		756					1604	700
城北区	5652	5652		1012					817	810
城东区	6696	6696		－38					4541	3979
城南新区									559	554
甘河工业园区									2578	2578
生物产业园区									2393	43
经济开发区东川园区									5713	3711
海东地区小计									**8407**	**－4646**
本级									3033	112
区县级小计									5374	－4758
民和县									3343	－345
乐都县									465	－624
平安县									1735	－525
互助县									1584	－1340
化隆县									－1027	－1123
循化县									－726	－801
海西州小计									**18042**	**16258**
本级									18541	16757
区县级小计									－499	－499
都兰县									－579	－579
乌兰县									－329	－329
天峻县									－169	－169
德令哈市									－1432	－1432
格尔木市									740	740
柴旦行委									1270	1270
冷湖行委									－512	－512
茫崖行委									512	512
海南州小计									**－8656**	**－11597**
本级									－135217	－138158
区县级小计									－5521	－5521

2－29－8　　　　　　　　　　　　　　　　　　　　　　单位：万元

地区	收支部分								
	收入								
	收入合计	税收收入							
		小计	增值税	营业税	企业所得税	个人所得税	资源税	城市维护建设税	耕地占用税
共和县	2607	1741	75	1008	43	149	16	230	
贵德县	4118	2971	222	2055	25	115	120	203	72
贵南县	766	533	14	450	6	22	1	19	
同德县	586	337	11	270	1	23	1	19	
兴海县	2403	1123	229	562	118	50	78	50	
海北州小计	**10302**	**7252**	**991**	**4039**	**88**	**456**	**721**	**649**	
本级	3313	2602	991	628	10	139	619	77	
区县级小计	6989	4650		3411	78	317	102	572	
海晏县	840	704		534	10	44	1	102	
刚察县	1390	1044		724	41	59	1	188	
祁连县	1705	1285		852	11	99	85	178	
门源县	3054	1617		1301	16	115	15	104	
黄南州小计	**8090**	**6440**	**2118**	**1886**	**183**	**365**	**29**	**1059**	**356**
本级	1485	1109	145	234	99	69		279	
区县级小计	6605	5331	1973	1652	84	296	29	780	356
同仁县	1277	776	48	509	8	97	8	59	4
尖扎县	4466	3981	1911	757	76	164	21	597	352
泽库县	218	155	5	128		8		7	
河南县	644	419	9	258		27		117	
玉树州小计	**3514**	**2560**	**144**	**1711**	**15**	**325**	**33**	**205**	**3**
本级	398								
区县级小计	3116	2560	144	1711	15	325	33	205	3
玉树县	1747	1434	109	862	15	173		157	3
称多县	335	272	4	193		63		9	
昂欠县	315	253	8	195		3	32	13	
杂多县	209	143	9	64		61		8	
治多县	211	192	9	158		14	1	9	
曲麻莱县	299	266	5	239		11		9	
果洛州小计	**3098**	**2115**	**167**	**1533**	**4**	**263**		**97**	
本级	1155	628	167	340	4	84		1	
区县级小计	1943	1487		1193		179		96	
玛沁	812	601		459		73		59	
甘德	193	157		134		16		5	
达日	273	215		171		32		11	
玛多	213	188		173		4		10	
班玛	268	157		131		17		7	
久治	184	169		125		37		4	

2－29－9

单位:万元

地区	收支部分									
	收入									
	税收收入			非税收入						
	契税	烟叶税	其他各项税收收入	小计	专项收入	行政事业性收费收入	罚没收入	国有资本经营收入	国有资源(资产)有偿使用收入	其他收入
共和县	36		184	866	233	133	113		14	373
贵德县	78		81	1147	232	178	38		644	55
贵南县	7		14	233	17	44	61	99	12	
同德县	6		6	249	16	39	119	25	50	
兴海县	5		31	1280	291	288	82	10	107	502
海北州小计	**13**		**295**	**3050**	**699**	**1147**	**347**	**406**	**154**	**297**
本级			138	711	185	74	109	145	56	142
区县级小计	13		157	2339	514	1073	238	261	98	155
海晏县	4		9	136	47	84	2		3	
刚察县	2		29	346	156	60	98	21	8	3
祁连县			60	420	98	71	7	172	72	
门源县	7		59	1437	213	858	131	68	15	152
黄南州小计	**53**		**391**	**1650**	**598**	**359**	**206**	**37**	**232**	**218**
本级			283	376	53	82	132	37	72	
区县级小计	53		108	1274	545	277	74		160	218
同仁县	20		23	501	164	156	25		111	45
尖扎县	33		70	485	343	58	28		6	50
泽库县			7	63	4	25	16		4	14
河南县			8	225	34	38	5		39	109
玉树州小计	**9**		**115**	**954**	**123**	**206**	**206**	**1**	**139**	**279**
本级				398	14	6	107		89	182
区县级小计	9		115	556	109	200	99	1	50	97
玉树县	7		108	313	76	146	10		8	73
称多县			3	63	7	14	16		7	19
昂欠县			2	62	8	11	32		6	5
杂多县	1			66	5	25	26		10	
治多县			1	19	6		1		12	
曲麻莱县	1		1	33	7	4	14	1	7	
果洛州小计			**51**	**983**	**105**	**128**	**213**		**180**	**357**
本级			32	527	9	69	66		102	281
区县级小计			19	456	96	59	147		78	76
玛沁			10	211	23	26	119		42	1
甘德			2	36	4	21	3		8	
达日			1	58	7	1	15		5	30
玛多			1	25	6	5	9		5	
班玛			2	111	52	6	1		11	41
久治			3	15	4				7	4

2－29－10　　　　　　　　　　　　　　　　单位:万元

地区	收支部分									
	支出功能分类									
	支出合计	一般公共服务	外交	国防	公共安全	教育	科学技术	文化体育与传媒	社会保障和就业	医疗卫生
共和县	31099	4217		1	1701	6113	64	517	4636	3617
贵德县	24673	4483		3	1599	4838	224	424	4658	1643
贵南县	21736	3031			958	4659	6	194	3371	1245
同德县	16581	2901			769	3524	67	119	2183	1450
兴海县	20006	4552		37	875	3515	71	202	3075	2011
海北州小计	**104533**	**19600**		**119**	**6039**	**16376**	**488**	**2789**	**20102**	**10785**
本级	28058	6062		15	2242	2940	386	1923	5482	2993
区县级小计	76475	13538		104	3797	13436	102	866	14620	7792
海晏县	12959	2545		43	648	1774	10	163	2518	1352
刚察县	16970	3152		49	970	2693	3	120	3367	1848
祁连县	16788	3425			882	2718	15	306	3466	1599
门源县	29758	4416		12	1297	6251	74	277	5269	2993
黄南州小计	**101099**	**18366**			**5514**	**17424**	**225**	**2363**	**23448**	**9622**
本级	20441	4790			1365	2098	180	1093	4653	2510
区县级小计	80658	13576			4149	15326	45	1270	18795	7112
同仁县	27179	4046			1260	5557	40	356	6081	2840
尖扎县	21972	3580			1229	3801		554	5554	1357
泽库县	17374	2955			802	3791		107	4281	990
河南县	14133	2995			858	2177	5	253	2879	1925
玉树州小计	**123399**	**29253**		**16**	**7334**	**20472**	**402**	**2525**	**28957**	**6961**
本级	30421	7566		16	1891	3206	212	1685	9270	2192
区县级小计	92978	21687			5443	17266	190	840	19687	4769
玉树县	24062	4486			1396	5404		126	4572	1077
称多县	16688	4419			839	3429	185	347	3238	903
昂欠县	17351	4004			1040	3454		145	3640	974
杂多县	11749	2255			770	1904	5	72	2635	654
治多县	11315	3325			699	1484		88	2657	604
曲麻莱县	11813	3198			699	1591		62	2945	557
果洛州小计	**89543**	**23969**		**57**	**6385**	**11939**	**383**	**1945**	**19165**	**6813**
本级	22705	6798		23	1900	1836	370	1134	6242	1565
区县级小计	66838	17171		34	4485	10103	13	811	12923	5248
玛沁	12630	2896			832	1997	13	121	2392	1451
甘德	9712	3032			720	1667		139	1604	1002
达日	11608	3004			847	1814		159	2604	692
玛多	9450	2812		34	774	1499		163	2221	537
班玛	13194	2807			674	1616		128	2440	639
久治	10244	2620			638	1510		101	1662	927

2－29－11

单位:万元

地区	收支部分						平衡部分		
	支出功能分类						收入		
	环境保护	城乡社区事务	农林水事务	交通运输	工业、商业、金融等事务	其他支出	收入合计	本年收入	返还性收入 小计
共和县	2363	1562	4886	332	135	955	29108	2607	693
贵德县	323	973	4212	248	129	916	23060	4118	249
贵南县	1083	1538	4471	336	10	834	21012	766	83
同德县	924	694	3209	218	10	513	16143	586	139
兴海县	847	1325	2751	36	31	678	19251	2403	134
海北州小计	**3271**	**5864**	**13601**	**858**	**1518**	**3123**	**106012**	**10302**	**2630**
本级	578	2396	1189	221	608	1023	30018	3313	894
区县级小计	2693	3468	12412	637	910	2100	75994	6989	1736
海晏县	259	573	2197	66	353	458	12562	840	371
刚察县	604	880	2562	128	190	404	17034	1390	430
祁连县	229	674	2747	163	153	411	16548	1705	524
门源县	1601	1341	4906	280	214	827	29850	3054	411
黄南州小计	**2550**	**3557**	**10561**	**2091**	**569**	**4809**	**100278**	**8090**	**1681**
本级	423	191	1422	147	52	1517	21119	1485	300
区县级小计	2127	3366	9139	1944	517	3292	79159	6605	1381
同仁县	694	1455	2469	1425	58	898	26892	1277	850
尖扎县	500	1101	2852	203	431	810	21597	4466	325
泽库县	790	503	1975	263	11	906	16829	218	107
河南县	143	307	1843	53	17	678	13841	644	99
玉树州小计	**3753**	**6392**	**12790**	**863**	**491**	**3190**	**129740**	**3514**	**1015**
本级	132	637	1964	582	267	801	35672	398	336
区县级小计	3621	5755	10826	281	224	2389	94068	3116	679
玉树县	819	2571	2691	113	170	637	24039	1747	210
称多县	272	797	1802		8	449	16535	335	100
昂欠县	698	662	2261		39	434	17901	315	109
杂多县	500	1457	1208	53		236	12271	209	80
治多县	578	203	1290	48	3	336	11642	211	79
曲麻莱县	754	65	1574	67	4	297	11680	299	101
果洛州小计	**2697**	**1623**	**7688**	**1495**	**381**	**5003**	**95024**	**3098**	**869**
本级	98	446	1347	59	222	665	26834	1155	332
区县级小计	2599	1177	6341	1436	159	4338	68190	1943	537
玛沁	495	153	1132	61	39	1048	13592	812	126
甘德	138	68	955	81	15	291	9861	193	88
达日	455	204	1376	67	31	355	9586	273	80
玛多	296	115	517	133	48	301	9431	213	120
班玛	806	404	1518	1054	26	1082	15404	268	52
久治	409	233	843	40		1261	10316	184	71

二、各省、自治区、直辖市地市县一般预算财政资料

2－29－12 单位:万元

地区	平衡部分									
	收入									
	返还性收入		财力性转移支付收入							
	增值税和消费税税收返还	所得税基数返还	小计	体制补助	一般性转移支付补助	民族地区转移支付补助	调整工资转移支付补助	农村义务教育补助	农村税费改革补助	缓解县乡困难转移支付补助
共和县	619	74	18399	121	5111		6738	418	946	1701
贵德县	213	36	13925	402	4793		5749	208	476	
贵南县	59	24	12528	271	3051		4319	224	732	1154
同德县	122	17	10530	350	2887		3561	204	451	1258
兴海县	120	14	11532	359	2701		4491	233	564	1062
海北州小计	**2106**	**524**	**60824**	**2335**	**16803**	**518**	**17372**	**597**	**1815**	**3486**
本级	682	212	16562	1148	3468		5755		47	
区县级小计	1424	312	44262	1187	13335	518	11617	597	1768	3486
海晏县	334	37	8042	238	2825		1994	87	240	564
刚察县	322	108	9274	245	2422	518	2592	67	435	973
祁连县	394	130	9937	256	3107		2406	127	447	714
门源县	374	37	17009	448	4981		4625	316	646	1235
黄南州小计	**1025**	**656**	**64850**	**5568**	**14300**		**17066**	**568**	**2708**	**5072**
本级	196	104	14782	582	3082		5230			
区县级小计	829	552	50068	4986	11218		11836	568	2708	5072
同仁县	388	462	17252	1521	3953		4309	254	659	1941
尖扎县	271	54	11294	1024	1858		2754	117	378	1842
泽库县	85	22	11345	1104	3012		2416	117	908	916
河南县	85	14	10177	1337	2395		2357	80	763	373
玉树州小计	**751**	**264**	**88656**	**5727**	**24207**		**26727**	**882**	**3710**	**2534**
本级	72	264	27860	1661	5815		8211		－5	
区县级小计	679		60796	4066	18392		18516	882	3715	2534
玉树县	210		13125	955	3849		4027	313	827	423
称多县	100		11610	733	3153		3845	167	533	420
昂欠县	109		11303	1035	3737		3086	150	793	432
杂多县	80		8308	486	2845		2488	95	644	413
治多县	79		8287	433	2607		2521	78	508	433
曲麻莱县	101		8163	424	2201		2549	79	410	413
果洛州小计	**711**	**158**	**65441**	**5166**	**18167**		**17868**	**598**	**1788**	**2462**
本级	179	153	17527	1414	5630		5050		5	
区县级小计	532	5	47914	3752	12537		12818	598	1783	2462
玛沁	126		9233	425	2230		2517	132	526	436
甘德	83	5	7545	797	1827		2024	116	288	411
达日	80		8353	673	2404		2338	98	220	368
玛多	120		7167	360	2205		1866	60	213	524
班玛	52		8321	792	1928		2087	100	265	434
久治	71		7295	705	1943		1986	92	271	289

2－29－13

单位:万元

地区	平衡部分									
	收入								支出	
	财力性转移支付收入			专项转移支付	省补助计划单列市收入	上年结余	调入资金	国债转贷收入、上年结余及转补助数	支出合计	本年支出
	结算补助	企事业单位预算划转补助	其他财力性转移支付							
共和县	2559		805	9401		－1992			31099	31099
贵德县	1906		391	6028		－1621	361		24673	24673
贵南县	2163		614	7565		－177	247		21736	21736
同德县	1336		483	5451		－563			16581	16581
兴海县	1374		748	5688		－655	149		20006	20006
海北州小计	**16366**		**1532**	**28801**		**991**	**2464**		**104533**	**104533**
本级	6144			6839		1547	863		28058	28058
区县级小计	10222		1532	21962		－556	1601		76475	76475
海晏县	1817		277	3613		－389	85		12959	12959
刚察县	2022			4679		214	1047		16970	16970
祁连县	2335		545	4292		－371	461		16788	16788
门源县	4048		710	9378		－10	8		29758	29758
黄南州小计	**19568**			**27383**		**－1861**	**135**		**101099**	**101099**
本级	5888			6136		－1688	104		20441	20441
区县级小计	13680			21247		－173	31		80658	80658
同仁县	4615			6859		623	31		27179	27179
尖扎县	3321			5312		200			21972	21972
泽库县	2872			6324		－1165			17374	17374
河南县	2872			2752		169			14133	14133
玉树州小计	**24869**			**31267**		**5288**			**123399**	**123399**
本级	12178			2022		5056			30421	30421
区县级小计	12691			29245		232			92978	92978
玉树县	2731			9029		－72			24062	24062
称多县	2759			4831		－341			16688	16688
昂欠县	2070			5793		381			17351	17351
杂多县	1337			3412		262			11749	11749
治多县	1707			2883		182			11315	11315
曲麻莱县	2087			3297		－180			11813	11813
果洛州小计	**18663**		**729**	**24042**		**1373**	**201**		**89543**	**89543**
本级	5701		－273	6462		1358			22705	22705
区县级小计	12962		1002	17580		15	201		66838	66838
玛沁	2693		274	3119		302			12630	12630
甘德	2054		28	1852		183			9712	9712
达日	2217		35	2832		－1952			11608	11608
玛多	1916		23	1655		75	201		9450	9450
班玛	2097		618	5422		1341			13194	13194
久治	1985		24	2700		66			10244	10244

2－29－14　　　　单位：万元

地　　区	平　衡　部　分									
	支　出								年　终 结　余	其中： 净结余
	财力性转移支付			专　项 上　解	计划单 列市上 解　省	增　设 预　算 周转金	调　出 资　金	国债转 贷拨付 数及年 终结余		
	小　计	体　制 上　解	出口退 税专项 上　解							
共和县									－1991	－1991
贵德县									－1613	－1613
贵南县									－724	－724
同德县									－438	－438
兴海县									－755	－755
海北州小计									**1479**	**－854**
本级									1960	17
区县级小计									－481	－871
海晏县									－397	－637
刚察县									64	14
祁连县									－240	－240
门源县									92	－8
黄南州小计									**－821**	**－12465**
本级									678	－4582
区县级小计									－1499	－7883
同仁县									－287	－2076
尖扎县									－375	－2200
泽库县									－545	－2626
河南县									－292	－981
玉树州小计									**6341**	**－3526**
本级									5251	－3506
区县级小计									1090	－20
玉树县									－23	－880
称多县									－153	－153
昂欠县									550	426
杂多县									522	393
治多县									327	327
曲麻莱县									－133	－133
果洛州小计									**5481**	**－3015**
本级									4129	－874
区县级小计									1352	－2141
玛沁									962	19
甘德									149	－48
达日									－2022	－2037
玛多									－19	－19
班玛									2210	3
久治									72	－59

2007 年宁夏回族自治区地市县财政一般预算收支平衡表

2－30－1　　　　　　　　　　　　　　　　　　　　　　　　单位：万元

地　区	收支部分								
	收入								
	收入合计	税收收入							
		小计	增值税	营业税	企业所得税	个人所得税	资源税	城市维护建设税	耕地占用税
地市县合计	**576826**	**429165**	**85668**	**186909**	**22045**	**17553**	**6280**	**46764**	**699**
银川市小计	**217706**	**194484**	**21454**	**100968**	**14488**	**9004**	**371**	**16242**	
本级	148755	129336	11667	69325	10474	6611		14301	
区县级小计	68951	65148	9787	31643	4014	2393	371	1941	
兴庆区	27717	25347	2760	11720	2334	1247			
金凤区	7150	6462	1232	3163	96	177			
西夏区	7833	7202	1008	1991	177	213	371		
高新区	26251	26137	4787	14769	1407	756		1941	
永宁县	14250	9478	3431	2898	185	419	1	832	
贺兰县	13279	10720	1468	5549	203	252	7	722	
灵武市	31149	26671	3595	12695	295	502	3272	3426	380
石嘴山市小计	**88028**	**70586**	**22673**	**18964**	**2957**	**2266**	**1595**	**12595**	
本级	61723	46151	15880	11080	1543	495	1594	11455	
区县级小计	26305	24435	6793	7884	1414	1771	1	1140	
大武口区	11528	10839	1325	4638	464	1043			
惠农区	11029	10143	4076	2749	899	695			
隆湖区	3748	3453	1392	497	51	33	1	1140	
平罗县	27119	17576	7315	5385	249	561	196	2191	
吴忠市小计	**77314**	**20943**	**4602**	**9390**	**528**	**814**	**10**	**2149**	
本级	72438	16248	4602	4695	528	814	10	2149	
区县级小计	4876	4695		4695					
利通区	4876	4695		4695					
青铜峡市	30813	25141	7486	6239	1546	1315	223	4242	105
盐池县	10267	8221	3916	2363	185	346	218	923	28
同心县	4118	2841	1020	1378	97	72	21	184	
红寺堡	3390	835	151	526	26	33		40	
中卫市小计	**23493**	**17970**	**5319**	**7429**	**441**	**698**	**70**	**1734**	**88**
本级	23493	17970	5319	7429	441	698	70	1734	88
区县级小计	15076								
中宁县	13056	8622	1826	3994	251	490	198	594	80
海原县	2020	1254	123	867	58	81		75	
固原市小计	**12897**	**8240**	**638**	**4884**	**248**	**408**	**7**	**525**	**9**
本级	8819	5906	416	3397	158	313	6	525	
区县级小计	4078	2334	222	1487	90	95	1		9
原州区	4078	2334	222	1487	90	95	1		9
西吉县	2318	1517	120	1076	45	77		79	
隆德县	1698	1039	72	734	36	69	1	48	
泾源县	1545	966	83	680	28	71	16	46	2
彭阳县	2366	2061	376	890	179	75	74	117	7

二、各省、自治区、直辖市地市县一般预算财政资料

2－30－2

单位:万元

地区	收支部分									
	收入									
	税收收入			非税收入						
	契税	烟叶税	其他各项税收收入	小计	专项收入	行政事业性收费收入	罚没收入	国有资本经营收入	国有资源(资产)有偿使用收入	其他收入
地市县合计	**26087**	**61**	**37099**	**147661**	**79940**	**21259**	**22303**	**14108**	**5308**	**4743**
银川市小计	**14688**		**17269**	**23222**	**8504**	**6377**	**3949**	**1208**	**2316**	**868**
本级	14688		2270	19419	8504	4904	3113	426	2166	306
区县级小计			14999	3803		1473	836	782	150	562
兴庆区			7286	2370		1087	443	782	58	
金凤区			1794	688		172	79		67	370
西夏区			3442	631		212	252		5	162
高新区			2477	114		2	62		20	30
永宁县	458		1254	4772	1553	635	1258	1312	14	
贺兰县	1037		1482	2559	412	947	888	257	17	38
灵武市	879		1627	4478	1873	1232	1176		197	
石嘴山市小计	**3569**		**5967**	**17442**	**8441**	**4212**	**2816**	**1521**	**452**	
本级			4104	15572	8267	3430	2472	1145	258	
区县级小计	3569		1863	1870	174	782	344	376	194	
大武口区	2458		911	689		284	129	239	37	
惠农区	1111		613	886		495	202	137	52	
隆湖区			339	295	174	3	13		105	
平罗县	415		1264	9543	1186	649	939	6635	30	104
吴忠市小计	**1496**		**1954**	**56371**	**50737**	**2265**	**2563**		**210**	**596**
本级	1496		1954	56190	50737	2144	2507		206	596
区县级小计				181		121	56		4	
利通区				181		121	56		4	
青铜峡市	533		3452	5672	2803	873	731	982	63	220
盐池县	114		128	2046	368	291	876	420	89	2
同心县	12		57	1277	170	120	873	20	87	7
红寺堡	49		10	2555	1438	217	509	17	44	330
中卫市小计	**1377**		**814**	**5523**	**1177**	**947**	**2661**	**682**	**56**	
本级	1377		814	5523	1177	947	2661	682	56	
区县级小计										
中宁县	578		611	4434	708	569	670		252	2235
海原县	7		43	766	56	211	420	20	59	
固原市小计	**631**		**890**	**4657**	**311**	**1166**	**1157**	**758**	**1167**	**98**
本级	631		460	2913	215	931	847	758	72	90
区县级小计			430	1744	96	235	310		1095	8
原州区			430	1744	96	235	310		1095	8
西吉县	47		73	801	49	280	165		62	245
隆德县	33		46	659	37	59	273	248	42	
泾源县	3		37	579	36	99	301	28	115	
彭阳县	161	61	121	305	81	110	78		36	

2－30－3

单位:万元

地区	收支部分									
	支出功能分类									
	支出合计	一般公共服务	外交	国防	公共安全	教育	科学技术	文化体育与传媒	社会保障和就业	医疗卫生
地市县合计	**1552891**	**222995**		**2154**	**99619**	**372476**	**10222**	**28571**	**178464**	**86001**
银川市小计	**327780**	**37841**		**463**	**28828**	**52926**	**2306**	**9338**	**39571**	**12882**
本级	202317	22809		463	23341	20662	1384	9004	21642	9572
区县级小计	125463	15032			5487	32264	922	334	17929	3310
兴庆区	48348	4413			2816	17403	457	140	9027	1516
金凤区	24243	4151			1134	6950	262	68	4175	974
西夏区	24245	3703			1388	7911	203	126	4727	820
高新区	28627	2765			149					
永宁县	43134	5446		191	2566	12133	732	285	4572	3148
贺兰县	42609	6770			2637	10609	332	528	5834	1541
灵武市	71185	9662		108	2864	18897	1571	755	6766	3890
石嘴山市小计	**150285**	**20547**		**753**	**13539**	**34648**	**639**	**2077**	**17779**	**7051**
本级	90788	11800		298	10444	19787	416	1622	8389	4308
区县级小计	59497	8747		455	3095	14861	223	455	9390	2743
大武口区	22830	3991		355	1530	5066	62	130	3794	576
惠农区	32737	4265		99	1555	8215	161	290	5463	2010
隆湖区	3930	491		1	10	1580		35	133	157
平罗县	73366	8989			3508	17716	181	840	8739	3754
吴忠市小计	**146327**	**54562**		**154**	**8966**	**22815**	**590**	**3094**	**12275**	**5870**
本级	130221	52068		104	7947	22360	590	2978	10286	5750
区县级小计	16106	2494		50	1019	455		116	1989	120
利通区	16106	2494		50	1019	455		116	1989	120
青铜峡市	66480	10774		88	4149	17824	720	1358	6379	4645
盐池县	45075	4562		53	2094	11618	462	612	5128	2690
同心县	58786	6192		57	3183	20119	18	635	9025	3993
红寺堡	17015	2076		2	1158	5069	50	243	1292	1640
中卫市小计	**83943**	**7927**			**6679**	**18812**	**388**	**1845**	**8294**	**4330**
本级	83943	7927			6679	18812	388	1845	8294	4330
区县级小计										
中宁县	59254	6752		62	2721	15252	590	511	6590	3452
海原县	59353	7264			2453	15928	86	811	9117	4392
固原市小计	**122625**	**11715**		**100**	**6858**	**35699**	**871**	**3236**	**17824**	**7727**
本级	59286	6296		100	5783	14278	605	2611	7572	2117
区县级小计	63339	5419			1075	21421	266	625	10252	5610
原州区	63339	5419			1075	21421	266	625	10252	5610
西吉县	70373	6927		50	2234	25406	415	1065	7462	5383
隆德县	39297	5417		48	1872	13755	10	469	3006	3128
泾源县	32343	5112			1788	8933	111	301	4249	3267
彭阳县	43661	4460		25	1522	14317	150	568	4562	3218

二、各省、自治区、直辖市地市县一般预算财政资料

2－30－4 单位:万元

地区	收支部分						平衡部分		
	支出功能分类						收入		
	环境保护	城乡社区事务	农林水事务	交通运输	工业、商业、金融等事务	其他支出	收入合计	本年收入	返还性收入 小计
地市县合计	**36206**	**160572**	**189974**	**31619**	**58309**	**75709**	**1852074**	**576826**	**40063**
银川市小计	**4803**	**72882**	**15675**	**3337**	**22733**	**24195**	**395864**	**217706**	**16003**
本级	4748	40724	10533	2933	18109	16393	262520	148755	10799
区县级小计	55	32158	5142	404	4624	7802	133344	68951	5204
兴庆区	48	3738	2864	340	1391	4195	50808	27717	851
金凤区	3	2403	1132		797	2194	26169	7150	1077
西夏区	4	3172	1146	64	235	746	26029	7833	846
高新区		22845			2201	667	30338	26251	2430
永宁县	1750	2653	5516	1384	1672	1086	49446	14250	1119
贺兰县	855	3578	7607	599	704	1015	51879	13279	1152
灵武市	1490	9343	8238	2012	3325	2264	76254	31149	926
石嘴山市小计	**5466**	**18545**	**10794**	**2840**	**8999**	**6608**	**178176**	**88028**	**5461**
本级	4960	9735	5643	1755	8629	3002	108695	61723	5461
区县级小计	506	8810	5151	1085	370	3606	69481	26305	
大武口区	422	4424	687	420	88	1285	26744	11528	
惠农区	84	3493	4029	655	282	2136	38245	11029	
隆湖区		893	435	10		185	4492	3748	
平罗县	1250	5848	10116	4553	3711	4161	85257	27119	2470
吴忠市小计	**2227**	**8159**	**12800**	**2667**	**2789**	**9359**	**175745**	**77314**	**3673**
本级	2147	7522	10033	2505	2789	3142	159639	72438	3673
区县级小计	80	637	2767	162		6217	16106	4876	
利通区	80	637	2767	162		6217	16106	4876	
青铜峡市	1942	3605	9576	1864	2325	1231	74245	30813	2654
盐池县	1090	4682	7563	1304	747	2470	59705	10267	410
同心县	1321	2547	8079	410	690	2517	67332	4118	263
红寺堡	639	250	3021	407	117	1051	27724	3390	
中卫市小计	**3004**	**10297**	**11888**	**3182**	**2376**	**4921**	**93055**	**23493**	**2771**
本级	3004	10297	11888	3182	2376	4921	93055	23493	2771
区县级小计									
中宁县	1607	4031	9540	1935	3333	2878	65772	13056	1434
海原县	1006	2193	13116	480	336	2171	70742	2020	203
固原市小计	**2486**	**4845**	**22202**	**2109**	**3527**	**3426**	**151580**	**12897**	**819**
本级	956	4453	8539	1590	3255	1131	71165	8819	57
区县级小计	1530	392	13663	519	272	2295	80415	4078	762
原州区	1530	392	13663	519	272	2295	80415	4078	762
西吉县	2139	2422	12418	1366	270	2816	85951	2318	176
隆德县	640	2150	7568	171	276	787	51985	1698	363
泾源县	594	1247	6042	273	127	299	41497	1545	60
彭阳县	1897	1295	8215	726	252	2454	49865	2366	106

2－30－5　　　　单位:万元

地区	平衡部分									
	收入									
	返还性收入		财力性转移支付收入							
	增值税和消费税税收返还	所得税基数返还	小计	体制补助	一般性转移支付补助	民族地区转移支付补助	调整工资转移支付补助	农村义务教育补助	农村税费改革补助	缓解县乡困难转移支付补助
地市县合计	**11293**	**28770**	**540729**	**28303**	**265146**		**168384**	**19320**	**26006**	**32447**
银川市小计		**16003**	**24840**	**2072**	**2379**		**16602**	**1965**	**1178**	**200**
本级		10799	－1786	2072	－11069		7734	－997		30
区县级小计		5204	26626		13448		8868	2962	1178	170
兴庆区		851	10332		4641		3483	1539	610	59
金凤区		1077	7773		4008		2735	565	417	48
西夏区		846	8287		4799		2416	858	151	63
高新区		2430	234				234			
永宁县	715	404	17639	999	7226		4746	716	2004	1940
贺兰县	853	299	16697	383	7083		4731	556	2022	1906
灵武市	606	320	25395	2465	10684		7384	723	1291	2828
石嘴山市小计	**1498**	**3963**	**25068**		**11978**		**10566**	**1098**	**765**	**596**
本级	1498	3963	5049	－17564	11978		10566	1098	765	596
区县级小计			20019	17564						
大武口区			6051	5263						
惠农区			13655	12116						
隆湖区			313	185						
平罗县	1996	474	26997	1387	12344		8100	826	2053	2273
吴忠市小计	**2025**	**1648**	**39022**	**908**	**21780**		**11628**	**956**	**1708**	**1986**
本级	2025	1648	28848	908	21780		11628	956	1708	1986
区县级小计			10174							
利通区			10174							
青铜峡市	661	1993	20246	388	7532		7296	801	2191	1962
盐池县	229	181	23423	1938	9926		6813	571	876	3297
同心县	126	137	33582	807	18197		10570	1325	1411	1264
红寺堡			7609		6529			386	184	510
中卫市小计	**1372**	**1399**	**28627**	**2066**	**13622**		**7908**	**1028**	**2051**	**1920**
本级	1372	1399	28627	2066	13622		7908	1028	2051	1920
区县级小计										
中宁县	474	960	28550	1770	15384		6847	1154	1997	1386
海原县	106	97	40360	2175	22291		11708	1501	1275	1410
固原市小计	**437**	**382**	**68486**	**3758**	**36528**		**21060**	**1835**	**1602**	**3616**
本级	4	53	26674	3010	15167		7145	120		1153
区县级小计	433	329	41812	748	21361		13915	1715	1602	2463
原州区	433	329	41812	748	21361		13915	1715	1602	2463
西吉县	122	54	43374	2424	23845		12585	1809	1142	1569
隆德县		363	26917	1868	14009		8003	791	716	1248
泾源县	31	29	16905	1380	9198		4278	389	620	1040
彭阳县	42	64	26992	1515	14611		7559	890	920	1496

二、各省、自治区、直辖市地市县一般预算财政资料

2－30－6

单位:万元

地区	平衡部分									
	收入								支出	
	财力性转移支付收入			专项转移支付	省补助计划单列市收入	上年结余	调入资金	国债转贷收入、上年结余及转补助数	支出合计	本年支出
	结算补助	企事业单位预算划转补助	其他财力性转移支付							
地市县合计	**1123**			**533206**		**155644**	**5396**	**210**	**1569642**	**1552891**
银川市小计	**444**			**94198**		**40517**	**2600**		**335650**	**327780**
本级	444			63933		38219	2600		205803	202317
区县级小计				30265		2298			129847	125463
兴庆区				11362		546			49947	48348
金凤区				9418		751			25145	24243
西夏区				8846		217			25620	24245
高新区				639		784			29135	28627
永宁县	8			12066		4372			43414	43134
贺兰县	16			13645		5506	1500	100	43060	42609
灵武市	20			20180		－1496		100	71535	71185
石嘴山市小计	**65**			**37848**		**21771**			**152697**	**150285**
本级	65		－2455	20556		15906			92190	90788
区县级小计			2455	17292		5865			60507	59497
大武口区			788	7451		1714			22954	22830
惠农区			1539	9454		4107			33178	32737
隆湖区			128	387		44			4375	3930
平罗县	14			20270		7914	487		73931	73366
吴忠市小计	**56**			**44964**		**10762**		**10**	**149382**	**146327**
本级	56		－10174	43252		11418		10	133276	130221
区县级小计			10174	1712		－656			16106	16106
利通区			10174	1712		－656			16106	16106
青铜峡市	76			16459		4073			67669	66480
盐池县	2			16973		8632			45103	45075
同心县	8			27644		1725			58791	58786
红寺堡				9910		6765	50		17016	17015
中卫市小计	**32**			**31598**		**6566**			**84148**	**83943**
本级	32			31598		6566			84148	83943
区县级小计										
中宁县	12			17796		4936			59311	59254
海原县				23505		4654			59358	59353
固原市小计	**87**			**58856**		**9883**	**639**		**122724**	**122625**
本级	79			28311		6665	639		59385	59286
区县级小计	8			30545		3218			63339	63339
原州区	8			30545		3218			63339	63339
西吉县				34063		6020			70383	70373
隆德县	282			17983		5024			39380	39297
泾源县				16408		6579			32369	32343
彭阳县	1			18840		1441	120		43721	43661

2 -30 -7 单位:万元

地区	平衡部分：支出：财力性转移支付：小计	体制上解	出口退税专项上解	专项上解	计划单列市上解省	增设预算周转金	调出资金	国债转贷拨付数及年终结余	年终结余	其中：净结余
地市县合计	**3011**	**3011**		**11094**			**2436**	**210**	**282432**	**7487**
银川市小计	**2470**	**2470**		**2964**			**2436**		**60214**	**7169**
本级	2470	2470		-1129			2145		56717	5346
区县级小计				4093			291		3497	1823
兴庆区				1599					861	525
金凤区				902					1024	89
西夏区				1375					409	6
高新区				217			291		1203	1203
永宁县				280					6032	
贺兰县				351				100	8819	
灵武市				250				100	4719	
石嘴山市小计	**475**	**475**		**1937**					**25479**	**84**
本级	-315	-315		1717					16505	40
区县级小计	790	790		220					8974	44
大武口区	124	124							3790	19
惠农区	221	221		220					5067	25
隆湖区	445	445							117	
平罗县				565					11326	39
吴忠市小计				**3045**				**10**	**26363**	
本级				3045				10	26363	
区县级小计										
利通区										
青铜峡市				1189					6576	58
盐池县				28					14602	96
同心县				5					8541	
红寺堡				1					10708	
中卫市小计				**205**					**8907**	**9**
本级				205					8907	9
区县级小计										
中宁县				57					6461	32
海原县				5					11384	
固原市小计				**99**					**28856**	
本级				99					11780	
区县级小计									17076	
原州区									17076	
西吉县				10					15568	
隆德县	66	66		17					12605	
泾源县				26					9128	
彭阳县				60					6144	

二、各省、自治区、直辖市地市县一般预算财政资料

2007 年新疆维吾尔自治区地市县财政一般预算收支平衡表

2－31－1　　　　单位：万元

地区	收支部分								
	收入								
	收入合计	税收收入							
		小计	增值税	营业税	企业所得税	个人所得税	资源税	城市维护建设税	耕地占用税
地市县合计	**2430635**	**2091020**	**666160**	**671575**	**107112**	**153035**	**23686**	**229299**	**1490**
乌鲁木齐市小计	**734279**	**663424**	**111119**	**270232**	**46261**	**56035**	**277**	**46263**	**55**
本级	432317	382259	79630	164355	14800	17656		38528	35
区县级小计	301962	281165	31489	105877	31461	38379	277	7735	20
乌鲁木齐县	8038	5718	920	2761	94	310	38	124	
天山区	72107	68163	2681	21328	10827	14740	5		
沙依巴克区	51071	48597	5752	17197	5284	6401	13		
新市区	45618	42774	2965	16760	4843	5341			
水磨沟区	38258	37246	1889	19281	5505	2731	19		
头屯河区	20137	19549	4693	5835	1971	2792	2		
米东区	60705	53541	10611	21395	2261	5675	83	7194	20
达坂城区	6028	5577	1978	1320	676	389	117	417	
克拉玛依市小计	**364826**	**326953**	**129926**	**67722**	**14720**	**22805**	**3750**	**71575**	
本级	246384	216315	129926	7534	6076	1673	3750	62701	
区县级小计	118442	110638		60188	8644	21132		8874	
克拉玛依区	64500	61604		31500	6108	12943		4235	
独山子区	38042	34519		21162	1348	3861		3716	
白碱滩区	12604	11472		5830	816	3598		755	
乌尔禾区	3296	3043		1696	372	730		168	
石河子市	66656	58911	13799	22756	2966	4756	5	5170	
伊犁州小计	**146961**	**118460**	**31758**	**46663**	**8070**	**10279**	**433**	**8036**	**255**
本级	19790	11360	6805	1644	1803	163	1	290	
区县级小计	127171	107100	24953	45019	6267	10116	432	7746	255
奎屯市	32388	27925	7857	10000	873	2311	3	3814	
伊宁市	39531	34626	4296	16722	1446	3507	18	1924	16
伊宁县	9419	6571	2009	2408	1008	527	68	210	95
察布查尔自治县	4726	3492	815	1815	90	300	24	102	21
霍城县	9318	7882	2194	3851	162	742	37	368	92
尼勒克县	7919	6901	2278	2680	833	651	57	265	17
巩留县	4702	3739	861	2033	186	350	18	102	1
新源县	13854	12165	3926	3463	1600	1235	185	814	5
特克斯县	2720	1760	412	938	13	182	8	66	8
昭苏县	2594	2039	305	1109	56	311	14	81	
塔城地区小计	**125913**	**104086**	**58575**	**19308**	**1962**	**3630**	**2710**	**12739**	
本级	2720	14	14						
区县级小计	123193	104072	58561	19308	1962	3630	2710	12739	
塔城市	8602	7234	834	3599	304	730	5	493	

2－31－2 单位:万元

地区	收支部分									
	收入									
	税收收入			非税收入						
	契税	烟叶税	其他各项税收收入	小计	专项收入	行政事业性收费收入	罚没收入	国有资本经营收入	国有资源(资产)有偿使用收入	其他收入
地市县合计	**82801**	**159**	**155703**	**339615**	**122581**	**78222**	**77819**	**34522**	**20351**	**6120**
乌鲁木齐市小计	**52994**		**80188**	**70855**	**24248**	**19440**	**16058**	**3565**	**7179**	**365**
本级	48847		18408	50058	18110	13546	11654	109	6449	190
区县级小计	4147		61780	20797	6138	5894	4404	3456	730	175
乌鲁木齐县	956		515	2320	173	311	204	1593	11	28
天山区			18582	3944	455	1298	484	1660	42	5
沙依巴克区			13950	2474	330	1378	512		112	142
新市区			12865	2844	336	837	1565		106	
水磨沟区			7821	1012	138	571	273		30	
头屯河区			4256	588	85	270	153	63	17	
米东区	2903		3399	7164	4382	1131	1107	140	404	
达坂城区	288		392	451	239	98	106		8	
克拉玛依市小计	**3086**		**13369**	**37873**	**26631**	**3424**	**2012**	**514**	**2527**	**2765**
本级			4655	30069	22532	2790	987	246	1571	1943
区县级小计	3086		8714	7804	4099	634	1025	268	956	822
克拉玛依区	1807		5011	2896	1835	205	265	92	441	58
独山子区	1187		3245	3523	1734	347	514	11	173	744
白碱滩区	92		381	1132	322	73	226	157	334	20
乌尔禾区			77	253	208	9	20	8	8	
石河子市	4158		5301	7745	2765	2728	1892		324	36
伊犁州小计	**4532**	**106**	**8328**	**28501**	**7491**	**10090**	**7536**	**1329**	**1511**	**544**
本级	158		496	8430	1793	3938	2352	3	344	
区县级小计	4374	106	7832	20071	5698	6152	5184	1326	1167	544
奎屯市	930		2137	4463	2953	813	578	81	38	
伊宁市	2647		4050	4905	967	2641	890	301	106	
伊宁县	85		161	2848	282	448	897	199	593	429
察布查尔自治县	128	106	91	1234	152	462	530		87	3
霍城县	203		233	1436	298	460	626	1	47	4
尼勒克县	30		90	1018	393	204	351	30	40	
巩留县	52		136	963	178	205	321	139	12	108
新源县	204		733	1689	311	533	410	364	71	
特克斯县	50		83	960	63	197	362	211	127	
昭苏县	45		118	555	101	189	219		46	
塔城地区小计	**1138**		**4024**	**21827**	**7546**	**4612**	**3548**	**4514**	**1604**	**3**
本级				2706	506	1614	338	15	233	
区县级小计	1138		4024	19121	7040	2998	3210	4499	1371	3
塔城市	119		1150	1368	370	421	363	183	31	

二、各省、自治区、直辖市地市县一般预算财政资料

2－31－3

单位：万元

地区	收支部分									
	支出功能分类									
	支出合计	一般公共服务	外交	国防	公共安全	教育	科学技术	文化体育与传媒	社会保障和就业	医疗卫生
地市县合计	**5250839**	**988415**	**159**	**7045**	**374248**	**1215853**	**70100**	**130955**	**603624**	**372229**
乌鲁木齐市小计	**683153**	**139906**	**5**	**1512**	**79283**	**129694**	**9553**	**12943**	**60648**	**30691**
本级	352283	47833	5	383	58417	40046	5450	8883	28566	16120
区县级小计	330870	92073		1129	20866	89648	4103	4060	32082	14571
乌鲁木齐县	23417	6891		72	1970	7121	269	281	620	1667
天山区	58946	12842		223	3822	17853	830	492	9907	1403
沙依巴克区	50763	12137		366	2986	16330	611	929	4458	2138
新市区	42344	12281		229	3138	11901	501	334	3227	1696
水磨沟区	39212	14894		30	2872	9481	607	637	4273	1005
头屯河区	19874	7038		64	976	4156	229	116	2256	1735
米东区	83928	22437		145	4629	20829	961	1115	5068	4410
达坂城区	12386	3553			473	1977	95	156	2273	517
克拉玛依市小计	**428248**	**51841**		**1061**	**31338**	**91034**	**13963**	**21682**	**17716**	**28610**
本级	246707	25123		270	22879	39990	3870	5896	11906	23951
区县级小计	181541	26718		791	8459	51044	10093	15786	5810	4659
克拉玛依区	78993	11811			2463	26965	7916	2099	3033	1453
独山子区	58843	9629			3720	13655	991	9363	1769	2235
白碱滩区	30926	2683		757	1910	8718	1054	4159	779	604
乌尔禾区	12779	2595		34	366	1706	132	165	229	367
石河子市	84440	10948			10396	12451	1223	2984	2487	4614
伊犁州小计	**555788**	**97604**		**954**	**32249**	**123564**	**8653**	**13036**	**109493**	**42164**
本级	107516	31942		50	6878	8088	3864	5260	17909	8216
区县级小计	448272	65662		904	25371	115476	4789	7776	91584	33948
奎屯市	40629	4997		40	2748	10185	492	674	4892	611
伊宁市	76354	11863		89	6038	15687	644	718	18789	6581
伊宁县	58833	8799		286	3310	16748	681	1436	10890	5137
察布查尔自治县	37469	4145		20	2192	10576	316	1233	8365	2459
霍城县	47355	7496		90	2235	13583	729	513	7699	4257
尼勒克县	36367	5822		30	1675	8921	337	845	7417	3527
巩留县	33875	5025		34	1717	8900	144	420	7614	2718
新源县	44572	7761		116	2433	12517	644	835	8129	3671
特克斯县	38145	5122		73	1757	8801	289	691	11298	2163
昭苏县	34673	4632		126	1266	9558	513	411	6491	2824
塔城地区小计	**323630**	**85390**		**128**	**17550**	**76331**	**2717**	**11973**	**19735**	**20082**
本级	37498	8887		40	3099	5192	243	2043	5279	3065
区县级小计	286132	76503		88	14451	71139	2474	9930	14456	17017
塔城市	36025	5844		27	2070	10450	160	552	2252	2608

2－31－4

单位:万元

地区	收支部分						平衡部分		
	支出功能分类						收入		
	环境保护	城乡社区事务	农林水事务	交通运输	工业、商业、金融等事务	其他支出	收入合计	本年收入	返还性收入小计
地市县合计	**65946**	**566571**	**487844**	**61223**	**147045**	**159582**	**5462811**	**2430635**	**322902**
乌鲁木齐市小计	**8220**	**127352**	**24943**	**1943**	**32860**	**23600**	**892705**	**734279**	**109664**
本级	5875	79121	13363	1323	28593	18305	451254	432317	71697
区县级小计	2345	48231	11580	620	4267	5295	440592	301962	37967
乌鲁木齐县	266	119	3308	93	740		26356	8038	887
天山区	248	10680	254		197	195	90533	72107	8027
沙依巴克区	311	6362			633	3502	72268	51071	11588
新市区	244	7808	432		291	262	55511	45618	4685
水磨沟区	192	4336	88		582	215	47356	38258	4405
头屯河区	417	1771	238		660	218	30306	20137	3352
米东区	636	16895	4950	527	1097	229	102953	60705	4817
达坂城区	31	260	2310		67	674	15309	6028	206
克拉玛依市小计	**22535**	**111558**	**9561**	**10204**	**16489**	**656**	**457575**	**364826**	**31807**
本级	12603	78489	4855	5456	11419		259233	246384	20794
区县级小计	9932	33069	4706	4748	5070	656	198342	118442	11013
克拉玛依区	160	18031	3302		1760		94303	64500	6685
独山子区	3061	5932	385	4724	3165	214	59386	38042	2556
白碱滩区	4644	4998	197		28	395	31788	12604	1637
乌尔禾区	2067	4108	822	24	117	47	12865	3296	135
石河子市	781	10037	1093	247	2165	25014	94790	66656	9141
伊犁州小计	**4674**	**36467**	**46050**	**9061**	**21927**	**9892**	**560318**	**146961**	**40374**
本级	1306	8254	6499	696	5922	2632	77484	19790	2051
区县级小计	3368	28213	39551	8365	16005	7260	482834	127171	38323
奎屯市	1130	4154	954	439	8475	838	68496	32388	17418
伊宁市	524	5704	3676	3069	1866	1106	82331	39531	8199
伊宁县	209	1900	6609	1089	516	1223	59152	9419	2330
察布查尔自治县	739	1212	4347	295	1082	488	34388	4726	634
霍城县	170	3998	4268	407	693	1217	47576	9318	1494
尼勒克县	191	2438	3712	350	598	504	37155	7919	1118
巩留县	81	1983	3899	390	913	37	33898	4702	706
新源县	122	2924	3407	683	574	756	46294	13854	5440
特克斯县	150	1640	4130	463	1056	512	39543	2720	515
昭苏县	52	2260	4549	1180	232	579	34001	2594	469
塔城地区小计	**2849**	**19618**	**52255**	**4031**	**3683**	**7288**	**347343**	**125913**	**14345**
本级	1007	10	5135	96	2153	1249	46236	2720	3896
区县级小计	1842	19608	47120	3935	1530	6039	301107	123193	10449
塔城市	340	3397	7078	328	346	573	36681	8602	1109

二、各省、自治区、直辖市地市县一般预算财政资料

2－31－5

单位：万元

地区	平衡部分									
	收入									
	返还性收入		财力性转移支付收入							
	增值税和消费税税收返还	所得税基数返还	小计	体制补助	一般性转移支付补助	民族地区转移支付补助	调整工资转移支付补助	农村义务教育补助	农村税费改革补助	缓解县乡困难转移支付补助
地市县合计	**220500**	**102402**	**1993121**	**168548**	**556007**		**934126**	**55214**	**158612**	**71824**
乌鲁木齐市小计	**66515**	**43149**	**15927**				**28838**	**645**	**3413**	
本级	46718	24979	－45244	－10341			8923	23	141	
区县级小计	19797	18170	60312	9482			19915	622	3219	
乌鲁木齐县	718	169	11615	7137			3034	324	1050	
天山区	4250	3777	3439				3036		338	
沙依巴克区	5289	6299	3022				2909		48	
新市区	2899	1786	1639				1433		152	
水磨沟区	1671	2734	1220				1138		42	
头屯河区	2029	1323	4038				944		15	
米东区	2823	1994	30704				6349	249	1370	
达坂城区	118	88	4635	2345			1072	49	204	
克拉玛依市小计	**21281**	**10526**	**35669**				**3154**	**2**	**221**	
本级	21281	－487	－11024	－40	－29982		3154		118	
区县级小计		11013	46693	40	29982			2	103	
克拉玛依区		6685	20850		17535			1	69	
独山子区		2556	11141		3174					
白碱滩区		1637	10475		7869					
乌尔禾区		135	4227	40	1404			1	34	
石河子市	6795	2346	13848		464		11488	35	1711	
伊犁州小计	**31919**	**8455**	**262000**	**13275**	**82068**		**126412**	**6637**	**19921**	**12588**
本级	1289	762	26148	－4199	10846		18973	23	1553	
区县级小计	30630	7693	233928	17474	71222		107439	6614	18368	12588
奎屯市	15611	1807	4349		24		4309	1	172	
伊宁市	5249	2950	18884		623		16604	479	1172	
伊宁县	1706	624	39471	2387	13349		15575	1113	3579	3455
察布查尔自治县	469	165	25547	3745	7251		9716	837	1888	2196
霍城县	854	640	27125	1160	10195		10709	1185	2602	877
尼勒克县	905	213	22409	2735	7481		9440	555	1841	357
巩留县	544	162	23568	2586	8371		8943	520	1589	1547
新源县	4590	850	19511	491	4867		10748	924	2138	339
特克斯县	394	121	27660	2807	10136		10920	506	1406	1868
昭苏县	308	161	25404	1563	8925		10475	494	1981	1949
塔城地区小计	**11732**	**2613**	**136785**	**10585**	**32455**		**65982**	**2866**	**19473**	**5347**
本级	3752	144	17369	3474	5372		9073	1		
区县级小计	7980	2469	119416	7111	27083		56909	2865	19473	5347
塔城市	571	538	16757	507	3255		8604	135	2515	1580

2－31－6　　　　　　　　　　　　　　　　单位：万元

地　区	平衡部分									
	收入								支出	
	财力性转移支付收入									
	结算补助	企事业单位预算划转补助	其他财力性转移支付	专项转移支付	省补助计划单列市收入	上年结余	调入资金	国债转贷收入、上年结余及转补助数	支出合计	本年支出
地市县合计	**78**	**48805**	**－93**	**756846**		**－72117**	**31424**		**5504866**	**5250839**
乌鲁木齐市小计	**1518**	**4348**	**－22835**	**49107**		**－17329**	**1057**		**902855**	**683153**
本级	－2539	2844	－44295	17695		－25754	543		472778	352283
区县级小计	4232	1504	21338	31412		8425	514		429218	330870
乌鲁木齐县	70			4627		1175	14		23417	23417
天山区			65	5150		1810			88086	58946
沙依巴克区	65			5300		1287			70851	50763
新市区			54	3542		27			54884	42344
水磨沟区	40			2307		1166			46628	39212
头屯河区	3000		79	2137		142	500		30171	19874
米东区	132	1504	21100	5434		1293			101628	83928
达坂城区	925		40	2915		1525			13553	12386
克拉玛依市小计	**465**	**31827**		**6688**		**1546**	**17039**		**457165**	**428248**
本级	465	27964	－12703	－12393		2113	13359		259011	246707
区县级小计		3863	12703	19081		－567	3680		198154	181541
克拉玛依区			3245	2174		94			94175	78993
独山子区		3863	4104	4567		－600	3680		59386	58843
白碱滩区			2606	7064		8			31781	30926
乌尔禾区			2748	5276		－69			12812	12779
石河子市	150			4573		572			89848	84440
伊犁州小计	**1192**		**－93**	**105380**		**4663**	**940**		**555788**	**555788**
本级	1371		－2419	31141		－1646			82151	107516
区县级小计	－179		402	76163		6309	940		473637	448272
奎屯市	－157			6937		7404			59403	40629
伊宁市	6			15466		－649	900		82945	76354
伊宁县	13			7812		120			58833	58833
察布查尔自治县	－86			6140		－2659			37469	37469
霍城县	－5		402	9452		187			47355	47355
尼勒克县				5298		411			36367	36367
巩留县	12			4900		22			33875	33875
新源县	4			5757		1692	40		44572	44572
特克斯县	17			8106		542			38145	38145
昭苏县	17			6295		－761			34673	34673
塔城地区小计	**77**			**46572**		**21386**	**2342**		**323630**	**323630**
本级	60		－611	4972		15998	1281		31949	37498
区县级小计	17		611	41600		5388	1061		291681	286132
塔城市	6		155	9285		908	20		36066	36025

2－31－7　　　　单位：万元

地区	平衡部分									
	支出								年终结余	其中：净结余
	财力性转移支付			专项上解	计划单列市上解省	增设预算周转金	调出资金	国债转贷拨付数及年终结余		
	小计	体制上解	出口退税专项上解							
地市县合计	**224135**	**224135**		**26892**		**3000**			**－42055**	**－141585**
乌鲁木齐市小计	**197385**	**197385**		**22317**					**－10150**	**－32327**
本级	104783	104783		15712					－21524	－34722
区县级小计	92611	92611		5737					11374	2395
乌鲁木齐县									2939	223
天山区	28996	28996		144					2447	567
沙依巴克区	20063	20063		25					1417	1417
新市区	13604	13604		－1064					627	269
水磨沟区	5390	5390		2026					728	628
头屯河区	7258	7258		3039					135	
米东区	17300	17300		400					1325	
达坂城区				1167					1756	－709
克拉玛依市小计	**22146**	**22146**		**3771**		**3000**			**410**	**410**
本级	9838	9838		466		2000			222	222
区县级小计	12308	12308		3305		1000			188	188
克拉玛依区	11167	11167		3015		1000			128	128
独山子区	420	420		123						
白碱滩区	721	721		134					7	7
乌尔禾区				33					53	53
石河子市	4604	4604		804					4942	362
伊犁州小计									**4530**	**949**
本级	－24865	－24865		－500					－4667	－8248
区县级小计	24865	24865		500					9197	9197
奎屯市	18274	18274		500					9093	9093
伊宁市	6591	6591							－614	－614
伊宁县									319	319
察布查尔自治县									－3081	－3081
霍城县									221	221
尼勒克县									788	788
巩留县									23	23
新源县									1722	1722
特克斯县									1398	1398
昭苏县									－672	－672
塔城地区小计									**23713**	**15070**
本级				－5549					14287	11252
区县级小计				5549					9426	3818
塔城市				41					615	－16

2 31-8

单位:万元

地区	收支部分								
	收入								
	收入合计	税收收入							
		小计	增值税	营业税	企业所得税	个人所得税	资源税	城市维护建设税	耕地占用税
额敏县	6523	5370	1321	2211	102	458	6	406	
乌苏市	16999	13526	5456	3973	338	801	177	1697	
沙湾县	16609	12014	3182	4990	410	821	50	1228	
托里县	6403	3491	1041	1490	173	255	37	239	
裕民县	1527	913	74	567	51	91		36	
和布克赛尔自治县	66530	61524	46653	2478	584	474	2435	8640	
阿勒泰地区小计	**62343**	**45412**	**13889**	**18182**	**2107**	**3837**	**1069**	**3625**	
本级	5583	2731	278	1638	27	385	3	138	
区县级小计	56760	42681	13611	16544	2080	3452	1066	3487	
阿勒泰市	7524	6897	797	3207	424	1098	15	334	
布尔津县	5124	4667	258	3246	232	277	9	249	
哈巴河县	18555	8909	4699	1642	514	465	86	1294	
吉木乃县	1241	749	128	490	8	65	1	35	
福海县	6312	5312	1413	2768	180	283	83	327	
富蕴县	16505	15090	6127	4547	697	1182	871	1201	
青河县	1499	1057	189	644	25	82	1	47	
博尔塔拉州小计	**48082**	**40360**	**16984**	**13470**	**2936**	**2283**	**22**	**1832**	**5**
本级	25521	21690	14148	3060	2594	413		654	
区县级小计	22561	18670	2836	10410	342	1870	22	1178	5
博乐市	14371	12582	2247	6204	292	1322	5	890	5
精河县	6346	4907	459	3398	47	412	17	248	
温泉县	1844	1181	130	808	3	136		40	
昌吉州小计	**138018**	**115446**	**37836**	**38383**	**5846**	**8777**	**1251**	**10516**	**158**
本级	7880	2954	728	790	469	259		190	43
区县级小计	130138	112492	37108	37593	5377	8518	1251	10326	115
玛纳斯县	18865	16883	6970	4713	1195	1015	33	1618	20
呼图壁县	13337	10999	4131	3621	383	800	146	1067	5
昌吉市	46226	40282	6755	17558	2257	3589	60	2898	87
阜康市	31525	28256	13227	6159	1298	1928	662	3100	
吉木萨尔县	11401	9053	4960	1793	51	317	316	1286	3
奇台县	6641	5638	890	2978	123	675	21	299	
木垒哈萨克自治县	2143	1381	175	771	70	194	13	58	
巴音郭楞州小计	**196444**	**170320**	**60005**	**54536**	**5073**	**12211**	**2793**	**19714**	**778**
本级	13117	7609	2134	3198	348	362	20	858	
区县级小计	183327	162711	57871	51338	4725	11849	2773	18856	778
库尔勒市	76699	68739	10222	30243	3389	8276	37	5211	112
轮台县	47251	42956	27240	4758	349	1098	1380	7018	

二、各省、自治区、直辖市地市县一般预算财政资料

2－31－9

单位:万元

地区	收支部分									
	收入									
	税收收入			非税收入						
	契税	烟叶税	其他各项税收收入	小计	专项收入	行政事业性收费收入	罚没收入	国有资本经营收入	国有资源(资产)有偿使用收入	其他收入
额敏县	103		763	1153	350	271	266	223	43	
乌苏市	378		706	3473	701	991	536	109	1133	3
沙湾县	449		884	4595	1448	856	1261	1014	16	
托里县	16		240	2912	213	99	300	2277	23	
裕民县	35		59	614	29	133	135	277	40	
和布克赛尔自治县	38		222	5006	3929	227	349	416	85	
阿勒泰地区小计	**664**		**2039**	**16931**	**3355**	**2117**	**1905**	**8523**	**1020**	**11**
本级			262	2852	1359	1043	239	30	181	
区县级小计	664		1777	14079	1996	1074	1666	8493	839	11
阿勒泰市	361		661	627	136	267	200		24	
布尔津县	42		354	457	143	143	130		41	
哈巴河县	18		191	9646	859	153	255	8342	37	
吉木乃县	11		11	492	26	41	242	151	32	
福海县	62		196	1000	162	200	405		222	11
富蕴县	109		356	1415	628	102	211		474	
青河县	61		8	442	42	168	223		9	
博尔塔拉州小计	**689**		**2139**	**7722**	**2523**	**1683**	**2763**	**558**	**195**	
本级	28		793	3831	1954	834	918		125	
区县级小计	661		1346	3891	569	849	1845	558	70	
博乐市	563		1054	1789	384	342	908	121	34	
精河县	74		252	1439	154	373	709	190	13	
温泉县	24		40	663	31	134	228	247	23	
昌吉州小计	**4344**	**53**	**8282**	**22572**	**6428**	**6314**	**8619**	**587**	**624**	
本级	78		397	4926	569	2209	2069		79	
区县级小计	4266	53	7885	17646	5859	4105	6550	587	545	
玛纳斯县	280		1039	1982	900	429	602	39	12	
呼图壁县	219	53	574	2338	503	381	1373	57	24	
昌吉市	2743		4335	5944	1658	1735	1744	491	316	
阜康市	619		1263	3269	1832	394	907		136	
吉木萨尔县	152		175	2348	654	687	967		40	
奇台县	237		415	1003	251	259	480		13	
木垒哈萨克自治县	16		84	762	61	220	477		4	
巴音郭楞州小计	**4444**		**10766**	**26124**	**10608**	**6453**	**7930**	**688**	**445**	
本级	135		554	5508	1960	2698	735		115	
区县级小计	4309		10212	20616	8648	3755	7195	688	330	
库尔勒市	3638		7611	7960	2353	1773	3347	396	91	
轮台县	103		1010	4295	3156	268	847		24	

2－31－10 单位:万元

地区	收支部分									
	支出功能分类									
	支出合计	一般公共服务	外交	国防	公共安全	教育	科学技术	文化体育与传媒	社会保障和就业	医疗卫生
额敏县	36406	6839		6	1979	11874	305	673	2103	2599
乌苏市	43424	11077		17	2238	11775	608	504	2466	2218
沙湾县	41039	9466		9	2569	13760	476	630	1835	2838
托里县	29929	6903		20	1534	8568	63	498	1556	2086
裕民县	22513	6051		5	1022	4970	265	425	859	1294
和布克赛尔自治县	76796	30323		4	3039	9742	597	6648	3385	3374
阿勒泰地区小计	**254934**	**57959**		**287**	**13179**	**47752**	**2422**	**6392**	**46055**	**14431**
本级	42724	9446		50	2544	4468	208	1618	6904	2852
区县级小计	212210	48513		237	10635	43284	2214	4774	39151	11579
阿勒泰市	44892	8678		33	2451	10833	492	545	9660	2761
布尔津县	24404	5332		25	1348	5794	291	322	4663	1346
哈巴河县	37836	10212		163	1963	6254	430	1861	5380	2038
吉木乃县	18327	4449		3	763	2617	93	346	4688	856
福海县	26361	5264			1251	5110	300	338	4716	1545
富蕴县	37206	9620			1724	8044	438	903	5687	1703
青河县	23184	4958		13	1135	4632	170	459	4357	1330
博尔塔拉州小计	**153008**	**31022**		**122**	**9271**	**35257**	**1831**	**5448**	**8923**	**8784**
本级	56396	12606		55	3264	3931	739	3884	2749	2949
区县级小计	96612	18416		67	6007	31326	1092	1564	6174	5835
博乐市	41559	7433		3	2760	12807	486	567	2370	1942
精河县	32958	5601		6	2099	11940	565	506	2237	2498
温泉县	22095	5382		58	1148	6579	41	491	1567	1395
昌吉州小计	**344146**	**61836**		**671**	**23333**	**72011**	**5831**	**7005**	**43445**	**27676**
本级	78663	16031		205	6394	10853	1709	2433	13440	7780
区县级小计	265483	45805		466	16939	61158	4122	4572	30005	19896
玛纳斯县	32815	5193		53	2040	7068	543	354	4272	1693
呼图壁县	30482	4803		72	2618	8831	284	318	2432	1485
昌吉市	68818	15129		192	4869	12576	1885	747	6523	4495
阜康市	33030	5236		30	2508	7593	512	416	3541	2582
吉木萨尔县	32174	4606		62	1547	6535	388	821	5172	2408
奇台县	40497	6384		24	1924	12649	443	1278	2276	4415
木垒哈萨克自治县	27667	4454		33	1433	5906	67	638	5789	2818
巴音郭楞州小计	**396809**	**70752**		**371**	**25901**	**84222**	**4757**	**8544**	**47830**	**29277**
本级	74758	14659		56	5685	11714	720	3128	12083	4943
区县级小计	322051	56093		315	20216	72508	4037	5416	35747	24334
库尔勒市	84621	9900		203	6433	19453	1301	972	8378	7119
轮台县	55303	8619		35	2999	8844	597	1277	4867	2820

二、各省、自治区、直辖市地市县一般预算财政资料

2－31－11

单位:万元

地区	收支部分						平衡部分		
	支出功能分类						收入		
	环境保护	城乡社区事务	农林水事务	交通运输	工业、商业、金融等事务	其他支出	收入合计	本年收入	返还性收入 小计
额敏县	143	2037	6324	46	88	1390	39560	6523	890
乌苏市	675	2313	7339	821	259	1114	48809	16999	2532
沙湾县	141	2496	5057	591	318	853	38154	16609	2456
托里县	162	2984	4306	354	322	573	31948	6403	575
裕民县	267	1430	5391	30	112	392	23029	1527	186
和布克赛尔自治县	114	4951	11625	1765	85	1144	82926	66530	2701
阿勒泰地区小计	**1760**	**8761**	**39475**	**3804**	**5554**	**7103**	**266679**	**62343**	**6654**
本级	411	296	8433	205	2636	2653	51604	5583	1537
区县级小计	1349	8465	31042	3599	2918	4450	215075	56760	5117
阿勒泰市	344	1546	6146	709	204	490	44267	7524	1195
布尔津县	158	893	3605	183	227	217	24697	5124	514
哈巴河县	203	3189	5057	754	236	96	40534	18555	877
吉木乃县	102	550	2396	149	212	1103	18657	1241	340
福海县	209	728	5021	102	767	1010	25897	6312	720
富蕴县	187	853	5138	1555	1172	182	38023	16505	1277
青河县	146	706	3679	147	100	1352	23000	1499	194
博尔塔拉州小计	**1812**	**9927**	**24991**	**2576**	**3107**	**9937**	**155407**	**48082**	**6754**
本级	1088	3534	9180	1732	2312	8373	57825	25521	3431
区县级小计	724	6393	15811	844	795	1564	97582	22561	3323
博乐市	417	4166	6948	113	435	1112	40767	14371	2203
精河县	191	853	6033	34	288	107	32776	6346	752
温泉县	116	1374	2830	697	72	345	24039	1844	368
昌吉州小计	**3428**	**30337**	**37670**	**3806**	**15297**	**11800**	**341160**	**138018**	**19002**
本级	1655	2342	7176	280	4548	3817	68740	7880	3742
区县级小计	1773	27995	30494	3526	10749	7983	272420	130138	15260
玛纳斯县	295	6043	4159	19	724	359	35065	18865	2539
呼图壁县	119	3329	4582	329	930	350	31554	13337	2102
昌吉市	494	7861	5774	1140	3678	3455	68903	46226	5746
阜康市	176	4781	4259		1114	282	44391	31525	1931
吉木萨尔县	228	3613	3457	729	2608		32457	11401	1386
奇台县	329	1572	4709	1054	1438	2002	37969	6641	1228
木垒哈萨克自治县	132	796	3554	255	257	1535	22081	2143	328
巴音郭楞州小计	**3870**	**50627**	**48552**	**4727**	**10398**	**6981**	**358436**	**196444**	**26010**
本级	2514	5687	7167	1605	3938	859	45087	13117	3194
区县级小计	1356	44940	41385	3122	6460	6122	313349	183327	22816
库尔勒市	312	17563	7327	1388	1256	3016	101590	76699	10477
轮台县	102	14603	7649	16	2509	366	49844	47251	1274

2－31－12

单位:万元

地区	平衡部分 收入 返还性收入 增值税和消费税税收返还	所得税基数返还	财力性转移支付收入 小计	体制补助	一般性转移支付补助	民族地区转移支付补助	调整工资转移支付补助	农村义务教育补助	农村税费改革补助	缓解县乡困难转移支付补助
额敏县	571	319	23819	1695	6682		9551	738	4181	804
乌苏市	1802	730	19185	－296	5186		9257	734	3909	327
沙湾县	1857	599	15677	－729	2215		9179	557	3328	1054
托里县	479	96	18022	2360	5518		8118	350	897	719
裕民县	191	－5	16645	2362	4213		5976	189	2984	863
和布克赛尔自治县	2509	192	9311	1212	14		6224	162	1659	
阿勒泰地区小计	**5535**	**1119**	**133261**	**18035**	**40023**		**61714**	**2132**	**6505**	**4691**
本级	1360	177	25803	3629	11428		10528		3	
区县级小计	4175	942	107458	14406	28595		51186	2132	6502	4691
阿勒泰市	849	346	27426	2939	8609		12786	257	1914	1093
布尔津县	393	121	12671	1759	3331		6004	387	749	416
哈巴河县	749	128	14257	2050	3456		6813	439	868	616
吉木乃县	328	12	12075	2234	3781		5085	114	418	428
福海县	539	181	12173	1681	1675		6373	383	1146	885
富蕴县	1156	121	13031	1473	3072		7068	314	807	282
青河县	161	33	15825	2270	4671		7057	238	600	971
博尔塔拉州小计	**5258**	**1496**	**64807**	**4737**	**17939**		**31679**	**1098**	**6315**	**2868**
本级	2921	510	5455	2944	694		6911	12	13	
区县级小计	2337	986	59352	1793	17245		24768	1086	6302	2868
博乐市	1668	535	19634	－264	3949		9855	402	3241	126
精河县	424	328	21388	474	7715		8527	513	1550	1716
温泉县	245	123	18330	1583	5581		6386	171	1511	1026
昌吉州小计	**11464**	**7538**	**128055**	**5331**	**20178**		**59039**	**2951**	**11974**	**4688**
本级	2023	1719	35728	1304	3461		10962	12	8	
区县级小计	9441	5819	92327	4027	17823		48077	2939	10463	4688
玛纳斯县	1825	714	8854	225	647		5487	374	2060	20
呼图壁县	1685	417	10742	1125			6180	392	2087	920
昌吉市	2219	3527	9858	99	1106		7652	298	645	
阜康市	1486	445	5759				4726	126	458	
吉木萨尔县	1175	211	13115	12	2677		6920	649	1484	216
奇台县	789	439	24170	1611	6130		9683	859	2453	2012
木垒哈萨克自治县	262	66	19829	2080	6138		7429	241	1276	1520
巴音郭楞州小计	**17628**	**8382**	**127011**	**9753**	**24968**		**68599**	**2791**	**11725**	**3490**
本级	2338	856	18227	92	700		10605	83	1227	
区县级小计	15290	7526	108784	9661	24268		57994	2708	10498	3490
库尔勒市	5151	5326	13633		326		11028	301	1986	
轮台县	935	339	9461	1751	937		5476	455	594	

二、各省、自治区、直辖市地市县一般预算财政资料

2－31－13

单位：万元

地区	平衡部分									
	收入								支出	
	财力性转移支付收入			专项转移支付	省补助计划单列市收入	上年结余	调入资金	国债转贷收入、上年结余及补助数	支出合计	本年支出
	结算补助	企事业单位预算划转补助	其他财力性转移支付							
额敏县	12		156	6247		2081			36406	36406
乌苏市	－2		70	6925		3168			43424	43424
沙湾县	－17		90	6593		－3181			41039	41039
托里县	10		50	5510		1438			29937	29929
裕民县	8		50	3809		489	373		22513	22513
和布克赛尔自治县			40	3231		485	668		82296	76796
阿勒泰地区小计	**161**			**55544**		**8121**	**756**		**254934**	**254934**
本级	215			10719		7914	48		41724	42724
区县级小计	－54			44825		207	708		213210	212210
阿勒泰市	－172			8261		－639	500		44892	44892
布尔津县	25			5960		379	49		24404	24404
哈巴河县	15			5329		1516			37836	37836
吉木乃县	15			4530		326	145		18327	18327
福海县	30			7181		－503	14		26361	26361
富蕴县	15			7872		－662			38206	37206
青河县	18			5692		－210			23184	23184
博尔塔拉州小计	**171**			**35330**		**27**	**407**		**153008**	**153008**
本级	126		－5245	17994		5424			56396	56396
区县级小计	45		5245	17336		－5397	407		96612	96612
博乐市	25		2300	7452		－3300	407		41559	41559
精河县			893	5357		－1067			32958	32958
温泉县	20		2052	4527		－1030			22095	22095
昌吉州小计	**－49**	**1108**	**22835**	**52944**		**1668**	**1473**		**344146**	**344146**
本级	2	1108	18871	3505		17209	676		60673	78663
区县级小计	－51		4361	49439		－15541	797		283473	265483
玛纳斯县	－9		50	4728		－718	797		34537	32815
呼图壁县	－7		45	4733		640			30802	30482
昌吉市	－12		70	12907		－5834			75589	68818
阜康市	7		442	4092		1084			42207	33030
吉木萨尔县	－9		1166	6678		－123			32174	32174
奇台县	－12		1434	9964		－4034			40497	40497
木垒哈萨克自治县	－9		1154	6337		－6556			27667	27667
巴音郭楞州小计	**－66**	**5751**		**51695**		**－42724**			**396809**	**396809**
本级	－131	5751	－100	8289		2260			40679	74758
区县级小计	65		100	43406		－44984			356130	322051
库尔勒市	－8			8142		－7361			108869	84621
轮台县	4		244	4796		－12938			61604	55303

2－31－14 单位:万元

地区	平衡部分									
	支出									
	财力性转移支付									
	小计	体制上解	出口退税专项上解	专项上解	计划单列市上解省	增设预算周转金	调出资金	国债转贷拨付数及年终结余	年终结余	其中：净结余
额敏县									3154	715
乌苏市									5385	4319
沙湾县									－2885	－3161
托里县				8					2011	1279
裕民县									516	52
和布克赛尔自治县				5500					630	630
阿勒泰地区小计									**11745**	**2010**
本级				－1000					9880	4092
区县级小计				1000					1865	－2082
阿勒泰市									－625	－723
布尔津县									293	29
哈巴河县									2698	18
吉木乃县									330	－187
福海县									－464	－464
富蕴县				1000					－183	－571
青河县									－184	－184
博尔塔拉州小计									**2399**	**16**
本级									1429	569
区县级小计									970	－553
博乐市									－792	－926
精河县									－182	－264
温泉县									1944	637
昌吉州小计									**－2986**	**－17693**
本级				－17990					8067	671
区县级小计	8493	8493		9497					－11053	－18364
玛纳斯县	1722	1722							528	－406
呼图壁县				320					752	483
昌吉市	6771	6771							－6686	－6742
阜康市				9177					2184	51
吉木萨尔县									283	－971
奇台县									－2528	－3483
木垒哈萨克自治县									－5586	－7296
巴音郭楞州小计									**－38373**	**－42493**
本级	－24248	－24248		－9831					4408	288
区县级小计	21202	21202		12877					－42781	－42781
库尔勒市	21202	21202		3046					－7279	－7279
轮台县				6301					－11760	－11760

二、各省、自治区、直辖市地市县一般预算财政资料

2－31－15

单位：万元

地区	收支部分								
	收入								
	收入合计	税收收入							
		小计	增值税	营业税	企业所得税	个人所得税	资源税	城市维护建设税	耕地占用税
尉犁县	8863	7467	3422	2318	205	316	104	718	
且末县	20191	18171	10708	2075	53	295	878	3960	
若羌县	3860	3432	202	2399	28	250	158	280	
焉耆回族自治县	9217	7939	2072	3827	139	521	71	785	
和静县	10193	9211	2763	3479	436	681	100	531	666
和硕县	3865	2521	526	1348	48	206	17	167	
博湖县	3188	2275	716	891	78	206	28	186	
阿克苏地区小计	**255818**	**221814**	**121254**	**37995**	**6286**	**7392**	**7925**	**31349**	**24**
本级	11036	384	15		369				
区县级小计	244782	221430	121239	37995	5917	7392	7925	31349	24
阿克苏市	38026	34117	3449	16624	2611	3634	28	2220	
库车县	102595	95454	61646	9682	1747	1789	3060	15252	
拜城县	27548	25524	17113	2413	687	536	2445	1911	17
新和县	13921	12507	7059	1514	187	205	574	2756	
沙雅县	44507	42167	28780	2809	163	328	1678	8068	
温宿县	11947	6648	2727	2051	196	362	136	938	7
乌什县	1566	1210	189	657	78	138	4	56	
阿瓦提县	4100	3345	205	1948	240	360		123	
柯坪县	572	458	71	297	8	40		25	
克孜勒苏州小计	**12294**	**8938**	**1784**	**4742**	**360**	**934**	**78**	**431**	
本级	1803	370	43	205	37	73		9	
区县级小计	10491	8568	1741	4537	323	861	78	422	
阿图什市	4970	4191	591	2308	76	510	22	237	
阿克陶县	2371	1854	507	782	209	174	23	59	
乌恰县	2303	1751	615	792	33	129	33	91	
阿合奇县	847	772	28	655	5	48		35	
喀什地区小计	**81220**	**56768**	**9766**	**25460**	**2926**	**7067**	**400**	**4221**	**177**
本级	3995	305	170						
区县级小计	77225	56463	9596	25460	2926	7067	400	4221	177
喀什市	30647	25111	3676	11390	1124	2857	3	1844	61
莎车县	7878	4805	598	2450	192	710	6	267	5
疏勒县	4125	1903	274	987	97	295	1	119	2
疏附县	2327	1706	283	1043	19	228	2	67	1
叶城县	7724	5626	2449	1229	74	502	367	754	
伽师县	2910	1936	405	1099	33	264	2	79	
巴楚县	6480	3514	288	2006	115	500	3	175	
麦盖提县	4042	3170	245	1197	1101	365		70	

2-31-16

单位：万元

地区	收支部分									
	收入									
	税收收入			非税收入						
	契税	烟叶税	其他各项税收收入	小计	专项收入	行政事业性收费收入	罚没收入	国有资本经营收入	国有资源(资产)有偿使用收入	其他收入
尉犁县	132		252	1396	364	475	549		8	
且末县	31		171	2020	1725	150	125		20	
若羌县	34		81	428	127	97	169		35	
焉耆回族自治县	156		368	1278	420	193	648	7	10	
和静县	82		473	982	268	180	332	109	93	
和硕县	103		106	1344	117	122	1053	35	17	
博湖县	30		140	913	118	497	125	141	32	
阿克苏地区小计	**2885**		**6704**	**34004**	**15949**	**4953**	**6528**	**5269**	**1165**	**140**
本级				10652	6713	1684	746	1042	467	
区县级小计	2885		6704	23352	9236	3269	5782	4227	698	140
阿克苏市	1741		3810	3909	906	1037	1211	391	229	135
库车县	445		1833	7141	4538	763	1593		247	
拜城县	98		304	2024	756	327	867		74	
新和县	61		151	1414	628	221	550		15	
沙雅县	161		180	2340	1839	255	196		50	
温宿县	26		205	5299	429	282	739	3836	13	
乌什县	41		47	356	30	140	180		6	
阿瓦提县	301		168	755	95	236	356		63	5
柯坪县	11		6	114	15	8	90		1	
克孜勒苏州小计	**118**		**491**	**3356**	**484**	**1469**	**781**	**321**	**144**	**157**
本级			3	1433	107	954	131	173	68	
区县级小计	118		488	1923	377	515	650	148	76	157
阿图什市	76		371	779	224	260	277	4	14	
阿克陶县	35		65	517	79	151	251		36	
乌恰县	7		51	552	53	92	83	144	23	157
阿合奇县			1	75	21	12	39		3	
喀什地区小计	**1442**		**5309**	**24452**	**3370**	**7467**	**5823**	**4451**	**2567**	**774**
本级			135	3690	498	2357	389	31	415	
区县级小计	1442		5174	20762	2872	5110	5434	4420	2152	774
喀什市	1036		3120	5536	1066	966	1401	1388	715	
莎车县	68		509	3073	354	610	432	1536	131	10
疏勒县	56		72	2222	158	955	464		618	27
疏附县	16		47	621	111	179	221	84	23	3
叶城县	50		201	2098	420	728	700		67	183
伽师县	14		40	974	82	323	255	285	24	5
巴楚县	51		376	2966	95	424	807	766	407	467
麦盖提县	24		168	872	40	447	278	49	58	

2－31－17

单位:万元

地区	收支部分									
	支出功能分类									
	支出合计	一般公共服务	外交	国防	公共安全	教育	科学技术	文化体育与传媒	社会保障和就业	医疗卫生
尉犁县	28021	5614		5	1647	6669	340	444	2961	2259
且末县	29201	6591		41	1302	5931	345	620	4256	2142
若羌县	17049	4736		9	1008	1889	195	255	2110	1330
焉耆回族自治县	28218	5410		6	1820	8148	325	297	4235	2244
和静县	41343	7583		5	2353	11519	452	1065	4285	3216
和硕县	20253	4390		5	1622	4477	253	222	2395	1597
博湖县	18042	3250		6	1032	5578	229	264	2260	1607
阿克苏地区小计	**538450**	**97909**		**956**	**36470**	**129632**	**6058**	**13755**	**55561**	**34174**
本级	74255	15508		85	5745	13038	706	5616	11266	5693
区县级小计	464195	82401		871	30725	116594	5352	8139	44295	28481
阿克苏市	66594	9968		87	5959	15133	747	581	8635	3525
库车县	120544	18278		499	10220	26682	1290	1489	12791	7866
拜城县	57357	13183			2518	14393	721	859	8085	3422
新和县	37708	6431		78	1772	6972	489	532	5121	1984
沙雅县	57715	10637		85	2999	12984	658	2110	1890	2876
温宿县	43176	7043		93	2321	13119	565	533	2583	2850
乌什县	31236	5802		5	1974	11658	216	833	2392	2525
阿瓦提县	32562	6625			1891	11026	666	694	2023	2519
柯坪县	17303	4434		24	1071	4627		508	775	914
克孜勒苏州小计	**178392**	**34279**	**135**	**165**	**9894**	**41129**	**566**	**3696**	**43397**	**11427**
本级	50172	8986	133	50	2969	8373	186	1224	14918	5768
区县级小计	128220	25293	2	115	6925	32756	380	2472	28479	5659
阿图什市	43875	7296		59	2417	12264	271	841	8157	1883
阿克陶县	38566	7887		16	2098	13508	43	660	7160	1736
乌恰县	25703	5831		19	1509	3873	64	559	6701	1153
阿合奇县	20076	4279	2	21	901	3111	2	412	6461	887
喀什地区小计	**607616**	**122952**	**19**	**181**	**40929**	**208907**	**7252**	**10416**	**55463**	**53319**
本级	55200	10878	19	12	6940	10745	273	1760	6739	9360
区县级小计	552416	112074		169	33989	198162	6979	8656	48724	43959
喀什市	69234	9812			6465	27787	929	963	8171	3563
莎车县	88699	15950		18	4467	33182	496	1094	7981	8134
疏勒县	42871	8299		5	2522	15513	330	1468	3227	3409
疏附县	43860	8726		5	2214	16198	1757	413	3713	3430
叶城县	64811	12324		2	4244	25703	583	743	5389	5035
伽师县	47476	11367		30	2611	17342	409	415	3593	3485
巴楚县	48261	8976		26	2586	15248	1142	989	3829	5187
麦盖提县	33829	7614		29	2183	11789	502	667	3144	2769

2－31－18 单位:万元

地区	收支部分						平衡部分		
	支出功能分类						收入		
	环境保护	城乡社区事务	农林水事务	交通运输	工业、商业、金融等事务	其他支出	收入合计	本年收入	返还性收入 小计
尉犁县	123	1887	4716	400	458	498	21787	8863	1143
且末县	185	2231	4295	253	575	434	29294	20191	3025
若羌县	167	2236	2353	373	54	334	16109	3860	1746
焉耆回族自治县	95	1689	3355	206	238	150	23679	9217	1507
和静县	131	3630	5140	405	881	678	40057	10193	1989
和硕县	164	711	3749	24	321	323	16374	3865	755
博湖县	77	390	2801	57	168	323	14615	3188	900
阿克苏地区小计	**5454**	**66454**	**56341**	**11421**	**18745**	**5520**	**524125**	**255818**	**20803**
本级	1711	3682	6611	400	3170	1024	57295	11036	6567
区县级小计	3743	62772	49730	11021	15575	4496	466830	244782	14236
阿克苏市	670	15129	3802	306	2052		73893	38026	4225
库车县	486	19936	10904	5121	2259	2723	138818	102595	3708
拜城县	300	5892	5100	491	1183	1210	47790	27548	1595
新和县	204	8377	4968	622	46	112	36337	13921	1481
沙雅县	1128	6431	6966	3328	5232	391	59619	44507	1233
温宿县	402	2511	5996	644	4485	31	39668	11947	1044
乌什县	266	1680	3349	401	135		29589	1566	237
阿瓦提县	157	1133	5601	76	123	28	23909	4100	504
柯坪县	130	1683	3044	32	60	1	17207	572	209
克孜勒苏州小计	**1839**	**5011**	**17933**	**477**	**852**	**7592**	**172912**	**12294**	**3170**
本级	1165	123	3407	147	530	2193	45505	1803	518
区县级小计	674	4888	14526	330	322	5399	127407	10491	2652
阿图什市	288	1127	6597	136	183	2356	42765	4970	1059
阿克陶县	185	337	3679	51	123	1083	39632	2371	807
乌恰县	131	1883	3020	70		890	25433	2303	544
阿合奇县	70	1541	1230	73	16	1070	19577	847	242
喀什地区小计	**2416**	**32953**	**49820**	**4042**	**5723**	**13224**	**626466**	**81220**	**11642**
本级	920	243	4261	644	464	1942	70616	3995	217
区县级小计	1496	32710	45559	3398	5259	11282	555850	77225	11425
喀什市	173	6872	2101	140	1133	1125	69934	30647	3589
莎车县	340	4842	9300	1372	33	1490	87388	7878	1120
疏勒县	81	2763	4036	194	130	894	45414	4125	707
疏附县	139	3155	3158	218		734	44338	2327	582
叶城县	61	3456	4899	272	60	2040	69668	7724	816
伽师县	47	3372	3406	469	148	782	46509	2910	470
巴楚县	117	2516	4652	232	2417	344	43990	6480	748
麦盖提县	113	1416	2954		54	595	33227	4042	959

2－31－19

单位:万元

地区	平衡部分									
	收入									
	返还性收入		财力性转移支付收入							
	增值税和消费税税收返还	所得税基数返还	小计	体制补助	一般性转移支付补助	民族地区转移支付补助	调整工资转移支付补助	农村义务教育补助	农村税费改革补助	缓解县乡困难转移支付补助
尉犁县	894	249	13382	1103	5060		5428	424	1135	228
且末县	2694	331	6939	360	－77		5657	237	638	
若羌县	1637	109	7586	869	1988		4215	66	343	98
焉耆回族自治县	1136	371	12597	1324	2681		6909	302	1149	238
和静县	1664	325	23217	1673	6904		10434	603	2205	1383
和硕县	519	236	11977	1453	4004		4528	179	1102	701
博湖县	660	240	9992	1128	2445		4319	141	1102	842
阿克苏地区小计	**16190**	**4613**	**202518**	**23656**	**41476**		**101146**	**8015**	**18862**	**9415**
本级	6235	332	26205	2422	6044		16319	10	344	
区县级小计	9955	4281	176313	21234	35432		84827	8005	18518	9415
阿克苏市	1977	2248	16807	－251	3849		10812	840	1936	
库车县	2928	780	23685	2836	1249		14407	1729	2907	1062
拜城县	1270	325	24206	3003	5215		10840	923	2139	2010
新和县	1342	139	17113	2701	3674		7120	574	1495	1555
沙雅县	1027	206	14313	2193	－186		8869	909	2089	602
温宿县	759	285	21393	2930	3196		9441	1157	3477	1255
乌什县	224	13	22086	2927	7301		8780	803	1502	788
阿瓦提县	238	266	23110	2577	6045		9469	897	2562	1583
柯坪县	190	19	13600	2318	5089		5089	173	411	560
克孜勒苏州小计	**2770**	**400**	**128730**	**16752**	**46345**		**55103**	**2018**	**5187**	**4932**
本级	669	－151	27927	6080	9488		12331			
区县级小计	2101	551	100803	10672	36857		42772	2018	5187	4932
阿图什市	738	321	32818	3340	11760		14055	871	1676	2255
阿克陶县	688	119	31487	3052	12133		13196	775	2050	787
乌恰县	440	104	19460	2297	6849		8389	210	746	964
阿合奇县	235	7	17038	1983	6115		7132	162	715	926
喀什地区小计	**7052**	**4590**	**401859**	**36755**	**144095**		**159212**	**16446**	**29322**	**16282**
本级	－173	390	37461	7062	11294		19611	－1304		
区县级小计	7225	4200	364398	29693	132801		139601	17750	29322	16282
喀什市	2454	1135	24297		6136		15435	818	1760	133
莎车县	502	618	61329	4217	26329		20090	3115	5571	2477
疏勒县	545	162	31556	2616	12342		11051	1397	2716	1652
疏附县	435	147	31823	4369	8477		13064	1380	2808	1961
叶城县	431	385	44062	3095	15952		16614	3378	3234	1774
伽师县	315	155	35037	3742	13597		11585	1539	2944	1620
巴楚县	484	264	33414	1950	14271		11752	1326	2370	1740
麦盖提县	412	547	23472	1847	7576		8839	1448	2244	1503

2－31－20　　　　单位:万元

地区	平衡部分									
	收入								支出	
	财力性转移支付收入			专项转移支付	省补助计划单列市收入	上年结余	调入资金	国债转贷收入、上年结余及转补助数	支出合计	本年支出
	结算补助	企事业单位预算划转补助	其他财力性转移支付							
尉犁县	4			4860		－6461			28021	28021
且末县	24		100	2656		－3517			32731	29201
若羌县	7			4005		－1088			17049	17049
焉耆回族自治县	－6			4952		－4594			28218	28218
和静县	15			6049		－1391			41343	41343
和硕县	10			3881		－4104			20253	20253
博湖县	15			4065		－3530			18042	18042
阿克苏地区小计	**－52**			**62440**		**－20372**	**2918**		**538450**	**538450**
本级	1066			－850		14337			44271	74255
区县级小计	－1118			63290		－34709	2918		494179	464195
阿克苏市	－379			11889		1840	1106		72546	66594
库车县	－505			9696		－866			134934	120544
拜城县	76			6322		－12021	140		58957	57357
新和县	－6			4895		－2359	1286		37708	37708
沙雅县	－163			5795		－6385	156		65757	57715
温宿县	－63			8606		－3552	230		43176	43176
乌什县	－15			7360		－1660			31236	31236
阿瓦提县	－23			5519		－9324			32562	32562
柯坪县	－40			3208		－382			17303	17303
克孜勒苏州小计	**－1607**			**29827**		**－1139**	**30**		**178392**	**178392**
本级	28			14443		814			50172	50172
区县级小计	－1635			15384		－1953	30		128220	128220
阿图什市	－1139			5047		－1129			43875	43875
阿克陶县	－506			4935		32			38566	38566
乌恰县	5			3379		－283	30		25703	25703
阿合奇县	5			2023		－573			20076	20076
喀什地区小计	**－948**	**695**		**124622**		**6688**	**435**		**607616**	**607616**
本级	103	695		11487		17456			54137	55200
区县级小计	－1051			113135		－10768	435		553479	552416
喀什市	15			12050		－999	350		70297	69234
莎车县	－470			18683		－1622			88699	88699
疏勒县	－218			8814		212			42871	42871
疏附县	－236			10035		－459	30		43860	43860
叶城县	15			13120		3946			64811	64811
伽师县	10			9728		－1636			47476	47476
巴楚县	5			9315		－5967			48261	48261
麦盖提县	15			5502		－748			33829	33829

二、各省、自治区、直辖市地市县一般预算财政资料

2－31－21 单位:万元

地区	平衡部分									
	支出								年终结余	其中:净结余
	财力性转移支付			专项上解	计划单列市上解省	增设预算周转金	调出资金	国债转贷拨付数及年终结余		
	小计	体制上解	出口退税专项上解							
尉犁县									－6234	－6234
且末县				3530					－3437	－3437
若羌县									－940	－940
焉耆回族自治县									－4539	－4539
和静县									－1286	－1286
和硕县									－3879	－3879
博湖县									－3427	－3427
阿克苏地区小计									**－14325**	**－17371**
本级	－29984	－29984							13024	11624
区县级小计	21942	21942		8042					－27349	－28995
阿克苏市	5952	5952							1347	174
库车县	14390	14390							3884	3788
拜城县	1600	1600							－11167	－11167
新和县									－1371	－1517
沙雅县				8042					－6138	－6138
温宿县									－3508	－3508
乌什县									－1647	－1647
阿瓦提县									－8653	－8884
柯坪县									－96	－96
克孜勒苏州小计									**－5480**	**－5480**
本级									－4667	－4667
区县级小计									－813	－813
阿图什市									－1110	－1110
阿克陶县									1066	1066
乌恰县									－270	－270
阿合奇县									－499	－499
喀什地区小计									**18850**	**－3378**
本级	－219	－219		－844					16479	10145
区县级小计	219	219		844					2371	－13523
喀什市	219	219		844					－363	－5052
莎车县									－1311	－1607
疏勒县									2543	1558
疏附县									478	－757
叶城县									4857	2629
伽师县									－967	－2002
巴楚县									－4271	－4400
麦盖提县									－602	－671

2－31－22　　　　　　　　　　　　　　　　　　　　单位:万元

地区	收支部分								
	收入								
		税收收入							
	收入合计	小计	增值税	营业税	企业所得税	个人所得税	资源税	城市维护建设税	耕地占用税
泽普县	6191	5271	1041	1791	97	954	13	702	
英吉沙县	1547	1019	142	597	32	148	3	55	1
岳普湖县	1501	891	98	557	24	133		48	
塔什库尔干自治县	1853	1511	97	1114	18	111		41	107
和田地区小计	**31843**	**21702**	**3212**	**11415**	**478**	**2802**	**96**	**1382**	**25**
本级	1998								
区县级小计	29845	21702	3212	11415	478	2802	96	1382	25
皮山县	2293	1467	251	736	25	233	5	82	
墨玉县	3770	2173	289	1201	17	331	7	134	
和田县	2824	2069	316	1275	34	214	8	103	2
洛浦县	2942	2229	260	1228	191	292	17	110	7
策勒县	1593	945	100	558	14	153	1	43	6
于田县	2396	1498	159	850	7	292	2	66	3
民丰县	1489	1164	570	211	2	79	54	231	1
和田市	12538	10157	1267	5356	188	1208	2	613	6
吐鲁番地区小计	**93214**	**77515**	**39495**	**16133**	**3236**	**5097**	**2312**	**8089**	**13**
本级	2282	303			303				
区县级小计	90932	77212	39495	16133	2933	5097	2312	8089	13
吐鲁番市	24552	20365	9073	5971	210	1099	442	2402	13
鄯善县	54701	49482	27889	8141	1898	3108	1755	5101	
托克逊县	11679	7365	2533	2021	825	890	115	586	
哈密地区小计	**60955**	**49856**	**15361**	**18184**	**3377**	**3947**	**565**	**3657**	
本级	4503								
区县级小计	56452	49856	15361	18184	3377	3947	565	3657	
伊吾县	3655	2860	1221	772	342	114	89	279	
巴里坤自治县	4834	3500	1605	951	314	178	47	316	
哈密市	**47963**	**43496**	**12535**	**16461**	**2721**	**3655**	**429**	**3062**	
五家渠市	**6051**	**5755**	**717**	**3131**	**223**	**589**		**398**	
阿拉尔市	**4112**	**3792**	**521**	**2287**	**241**	**393**		**237**	
图木舒克市	**1606**	**1508**	**159**	**976**	**44**	**201**		**65**	

2-31-23

单位:万元

地区	收支部分									
	收入									
	税收收入			非税收入						
	契税	烟叶税	其他各项税收收入	小计	专项收入	行政事业性收费收入	罚没收入	国有资本经营收入	国有资源(资产)有偿使用收入	其他收入
泽普县	118		555	920	422	149	324	4	19	2
英吉沙县	6		35	528	43	123	244	53	33	32
岳普湖县	1		30	610	28	177	243	142	20	
塔什库尔干自治县	2		21	342	53	29	65	113	37	45
和田地区小计	**432**		**1860**	**10141**	**1273**	**3803**	**3380**	**1271**	**405**	**9**
本级				1998	452	1017	282	112	135	
区县级小计	432		1860	8143	821	2786	3098	1159	270	9
皮山县	23		112	826	51	465	255	27	26	2
墨玉县	43		151	1597	72	299	577	597	52	
和田县	9		108	755	81	259	285	77	51	2
洛浦县	15		109	713	210	212	239		52	
策勒县	10		60	648	29	223	131	245	20	
于田县	38		81	898	45	448	293	80	32	
民丰县	10		6	325	64	47	199	1	10	4
和田市	284		1233	2381	269	833	1119	132	27	1
吐鲁番地区小计	**325**		**2815**	**15699**	**6908**	**1878**	**3732**	**1797**	**319**	**1065**
本级				1979	1102	538	311		28	
区县级小计	325		2815	13720	5806	1340	3421	1797	291	1065
吐鲁番市	121		1034	4187	2234	683	645	287	246	92
鄯善县	93		1497	5219	3147	384	441	239	35	973
托克逊县	111		284	4314	425	273	2335	1271	10	
哈密地区小计	**1326**		**3439**	**11099**	**2703**	**1732**	**4987**	**1135**	**292**	**250**
本级				4503	903	1342	1341	673	239	5
区县级小计	1326		3439	6596	1800	390	3646	462	53	245
伊吾县			43	795	170	83	86	360	1	95
巴里坤自治县	14		75	1334	177	146	730	102	29	150
哈密市	**1312**		**3321**	**4467**	**1453**	**161**	**2830**		**23**	
五家渠市	**221**		**476**	**296**	**169**		**122**		**5**	
阿拉尔市			**113**	**320**	**105**	**43**	**156**		**16**	
图木舒克市	**3**		**60**	**98**	**25**	**16**	**47**		**9**	**1**

2－31－24

单位:万元

地区	收支部分									
	支出功能分类									
	支出合计	一般公共服务	外交	国防	公共安全	教育	科学技术	文化体育与传媒	社会保障和就业	医疗卫生
泽普县	30284	6512		37	1698	10198	324	390	2400	2290
英吉沙县	36626	9312		5	2151	12218	35	456	3782	2758
岳普湖县	25911	6966		3	1661	8334	217	426	1843	2338
塔什库尔干自治县	20554	6216		9	1187	4650	255	632	1652	1561
和田地区小计	**351057**	**64027**		**247**	**19122**	**78836**	**1392**	**5208**	**72052**	**41872**
本级	38751	8426		91	3436	3899	229	1419	9975	5757
区县级小计	312306	55601		156	15686	74937	1163	3789	62077	36115
皮山县	39076	6522		64	1956	8906	139	415	10091	3799
墨玉县	60972	11110		6	2309	16413	170	807	10847	8327
和田县	39598	6620		43	1962	10391	142	386	7167	4548
洛浦县	37560	5776		6	2092	8218	117	598	7384	4992
策勒县	30144	5340		7	1282	7033	104	357	5775	3829
于田县	43806	8597		9	1900	10129	191	530	8177	4489
民丰县	15527	4328		15	845	2948	99	382	2751	1469
和田市	45623	7308		6	3340	10899	201	314	9885	4662
吐鲁番地区小计	**165740**	**28601**		**205**	**12114**	**39450**	**1483**	**3377**	**8461**	**12624**
本级	29088	8600		12	3494	3117	317	1723	2283	2244
区县级小计	136652	20001		193	8620	36333	1166	1654	6178	10380
吐鲁番市	42173	6150		125	3664	14061	305	637	1952	3496
鄯善县	59144	9374		56	3027	13980	759	731	2306	4338
托克逊县	35335	4477		12	1929	8292	102	286	1920	2546
哈密地区小计	**163823**	**28990**		**116**	**10325**	**41843**	**2091**	**4035**	**11612**	**10821**
本级	46754	8477		14	2818	10563	524	1893	4792	4252
区县级小计	117069	20513		102	7507	31280	1567	2142	6820	6569
伊吾县	17739	3306		90	901	3152	316	563	1346	1287
巴里坤自治县	34400	6694		8	1649	9491	418	792	2115	1983
哈密市	**64930**	**10513**		**4**	**4957**	**18637**	**833**	**787**	**3359**	**3299**
五家渠市	**7784**	**1450**		**45**	**672**	**2002**	**60**	**233**	**97**	**678**
阿拉尔市	**6738**	**1827**		**12**	**1303**	**1045**	**248**	**128**		**643**
图木舒克市	**7083**	**1122**		**12**	**919**	**693**		**100**	**649**	**342**

二、各省、自治区、直辖市地市县一般预算财政资料

2－31－25

单位:万元

地区	收支部分						平衡部分		
	支出功能分类						收入		
	环境保护	城乡社区事务	农林水事务	交通运输	工业、商业、金融等事务	其他支出	收入合计	本年收入	返还性收入 小计
泽普县	152	1832	2729	281	852	589	30121	6191	1510
英吉沙县	162	1332	3705	7	77	626	38008	1547	357
岳普湖县	66	685	2354	157	256	605	24411	1501	335
塔什库尔干自治县	45	469	2265	56	99	1458	22842	1853	232
和田地区小计	**1928**	**22373**	**28588**	**714**	**1985**	**12713**	**343711**	**31843**	**5127**
本级	731	381	2485	170	725	1027	38736	1998	－384
区县级小计	1197	21992	26103	544	1260	11686	304975	29845	5511
皮山县	99	2646	2693	37	121	1588	37968	2293	590
墨玉县	229	3828	4618	112	268	1928	61067	3770	573
和田县	119	2216	4196	42	124	1642	38174	2824	838
洛浦县	160	2714	4218	48	175	1062	36198	2942	502
策勒县	196	2397	2685	53	17	1069	31145	1593	301
于田县	254	2696	3161	27	99	3547	43700	2396	330
民丰县	34	791	1458	33	33	341	15334	1489	477
和田市	106	4704	3074	192	423	509	41389	12538	1900
吐鲁番地区小计	**2110**	**18514**	**26768**	**3309**	**2447**	**6277**	**158455**	**93214**	**9285**
本级	1392	253	3047	122	994	1490	10919	2282	347
区县级小计	718	18261	23721	3187	1453	4787	147536	90932	8938
吐鲁番市	465	3707	4918	197	573	1923	42386	24552	3999
鄯善县	156	10096	11853	750	807	911	75197	54701	3246
托克逊县	97	4458	6950	2240	73	1953	29953	11679	1693
哈密地区小计	**2227**	**11191**	**23344**	**753**	**5779**	**10696**	**165784**	**60955**	**8413**
本级	948	473	5621	369	5215	795	35746	4503	3326
区县级小计	1279	10718	17723	384	564	9901	130038	56452	5087
伊吾县	196	969	3990	221	163	1239	16401	3655	301
巴里坤自治县	891	2973	5835	138	173	1240	34062	4834	814
哈密市	**192**	**6776**	**7898**	**25**	**228**	**7422**	**79142**	**47963**	**3559**
五家渠市	**36**	**2099**	**277**	**93**	**34**	**8**	**5756**	**6051**	**389**
阿拉尔市		**1151**	**101**			**280**	**－4456**	**4112**	**142**
图木舒克市	**7**	**2141**	**82**	**15**		**1001**	**－4355**	**1606**	**180**

2－31－26

单位:万元

地区	平衡部分									
	收入									
	返还性收入		财力性转移支付收入							
	增值税和消费税税收返还	所得税基数返还	小计	体制补助	一般性转移支付补助	民族地区转移支付补助	调整工资转移支付补助	农村义务教育补助	农村税费改革补助	缓解县乡困难转移支付补助
泽普县	963	547	17426	357	5326		7942	1162	1970	654
英吉沙县	240	117	26131	2480	10915		8685	1107	1776	1416
岳普湖县	249	86	20723	3144	6437		7626	766	1660	1245
塔什库尔干自治县	195	37	15128	1876	5443		6918	314	269	107
和田地区小计	**3340**	**1787**	**233610**	**23376**	**91575**		**95506**	**6706**	**12804**	**4261**
本级	－409	25	23614	4197	7951		11176			
区县级小计	3749	1762	209996	19179	83624		84330	6706	12804	4261
皮山县	393	197	27991	2899	10887		11761	814	1662	67
墨玉县	369	204	43261	4231	18586		15399	1601	3040	1261
和田县	698	140	26537	2912	9981		10276	1088	1779	509
洛浦县	296	206	26010	3092	9854		10451	802	1758	20
策勒县	200	101	23268	2206	9563		9235	614	1143	484
于田县	211	119	31655	2749	13012		12420	780	1822	883
民丰县	448	29	11044	1482	3278		4925	214	386	745
和田市	1134	766	20230	－392	8463		9863	793	1214	292
吐鲁番地区小计	**6004**	**3281**	**39300**	**385**	**4700**		**25357**	**1995**	**5258**	**1187**
本级		347	7376	1265	1038		4089			
区县级小计	6004	2934	31924	－880	3662		21268	1995	5258	1187
吐鲁番市	2883	1116	10463	－796	664		7946	762	2345	
鄯善县	1577	1669	8195	－1118			6550	699	2039	
托克逊县	1544	149	13266	1034	2998		6772	534	874	1187
哈密地区小计	**6306**	**2107**	**64836**	**5657**	**9402**		**38505**	**866**	**4126**	**2028**
本级	2975	351	15520	1081	1087		8606	37	477	
区县级小计	3331	1756	49316	4576	8315		29899	829	3649	2028
伊吾县	291	10	10895	1690	2463		5788	52	243	364
巴里坤自治县	718	96	22202	2886	5246		11117	406	673	1664
哈密市	**1909**	**1650**	**16199**		**1171**		**12994**	**371**	**862**	
五家渠市	**389**		**1300**				**960**		**292**	**18**
阿拉尔市	**142**		**2501**	**251**	**224**		**1017**	**11**	**959**	**9**
图木舒克市	**180**		**1104**		**95**		**415**		**544**	**20**

2-31-27

单位:万元

地区	平衡部分									
	收入								支出	
	财力性转移支付收入									
	结算补助	企事业单位预算划转补助	其他财力性转移支付	专项转移支付	省补助计划单列市收入	上年结余	调入资金	国债转贷收入、上年结余及转补助数	支出合计	本年支出
泽普县	15			5605		-666	55		30284	30284
英吉沙县	-248			8487		1486			36626	36626
岳普湖县	-155			5013		-3161			25911	25911
塔什库尔干自治县	201			6783		-1154			20554	20554
和田地区小计	**-618**			**81285**		**-8154**			**351057**	**351057**
本级	290			12822		686			38751	38751
区县级小计	-908			68463		-8840			312306	312306
皮山县	-99			8579		-1485			39076	39076
墨玉县	-857			13902		-439			60972	60972
和田县	-8			9603		-1628			39598	39598
洛浦县	33			7868		-1124			37560	37560
策勒县	23			5916		67			30144	30144
于田县	-11			9690		-371			43806	43806
民丰县	14			2354		-30			15527	15527
和田市	-3			10551		-3830			45623	45623
吐鲁番地区小计	**-491**	**909**		**23887**		**-8619**	**1388**		**165740**	**165740**
本级	75	909		1074		-553	393		11338	29088
区县级小计	-566			22813		-8066	995		154402	136652
吐鲁番市	-458			7541		-4487	318		46642	42173
鄯善县	25			7418		1637			72425	59144
托克逊县	-133			7854		-5216	677		35335	35335
哈密地区小计	**85**	**4167**		**26880**		**2174**	**2526**		**163823**	**163823**
本级	65	4167		8765		2299	1333		34346	46754
区县级小计	20			18115		-125	1193		129477	117069
伊吾县			295	2865		-1385	70		17739	17739
巴里坤自治县			210	6688		-476			34400	34400
哈密市			**801**	**8562**		**1736**	**1123**		**77338**	**64930**
五家渠市	**30**			**41**		**-2029**	**4**		**7784**	**7784**
阿拉尔市	**30**			**16**		**-11227**			**6738**	**6738**
图木舒克市	**30**			**15**		**-7369**	**109**		**7083**	**7083**

2－31－28 单位:万元

地区	平衡部分									
	支出								年终结余	其中:净结余
	财力性转移支付			专项上解	计划单列市上解省	增设预算周转金	调出资金	国债转贷拨付数及年终结余		
	小计	体制上解	出口退税专项上解							
泽普县									－163	－568
英吉沙县									1382	722
岳普湖县									－1500	－2621
塔什库尔干自治县									2288	－754
和田地区小计									**－7346**	**－9441**
本级									－15	－2110
区县级小计									－7331	－7331
皮山县									－1108	－1108
墨玉县									95	95
和田县									－1424	－1424
洛浦县									－1362	－1362
策勒县									1001	1001
于田县									－106	－106
民丰县									－193	－193
和田市									－4234	－4234
吐鲁番地区小计									**－7285**	**－7285**
本级	－17750	－17750							－419	－419
区县级小计	17750	17750							－6866	－6866
吐鲁番市	4469	4469							－4256	－4256
鄯善县	13281	13281							2772	2772
托克逊县									－5382	－5382
哈密地区小计									**1961**	**－241**
本级	－8000	－8000		－4408					1400	369
区县级小计	8000	8000		4408					561	－610
伊吾县									－1338	－1344
巴里坤自治县									－338	－399
哈密市	**8000**	**8000**		**4408**					**1804**	**720**
五家渠市									**－2028**	**－2028**
阿拉尔市									**－11194**	**－11227**
图木舒克市									**－11438**	**－11438**

三、各省、自治区、直辖市地市县基金预算财政资料

三、各省、自治区、直辖市地市县基金预算财政资料

2007 年北京市区县财政基金预算收支平衡表

3－1－1　　　　　　　　　　　　　　　　　　　　　　　　　单位:万元

地　　区	收支部分							
	收入							
	收　入 合　计	养路费 收　入	公路客货 运附加费 收　　入	国有土地 使用权出 让金收入	新增建设用 地土地有偿 使用费收入	地方水利 建设基金 收　　入	城市公用 事业附加 收　　入	其他各项 基金收入
区县级合计	**582405**			**461850**			**7380**	**113175**
东城区	5163							5163
西城区	6434							6434
崇文区	1428							1428
宣武区	2172						9	2163
朝阳区	18873							18873
海淀区	17446							17446
石景山区	1417							1417
丰台区	6400							6400
门头沟区	5604			3113			457	2034
房山区	86510			81333			300	4877
通州区	61202			54198				7004
昌平区	114853			105607			2000	7246
顺义区	110117			93149			1371	15597
大兴区	109789			101866			1588	6335
怀柔区	11128			4910			597	5621
平谷区	5705			3699			299	1707
密云县	10992			7940			759	2293
延庆县	7172			6035				1137

3－1－2　　　　单位：万元

地　　区	收	支	部	分			
	支			出			
	支出合计	养路费支出	公路客货运附加费支出	国有土地使用权出让金支出	新增建设用地土地有偿使用费支出	地方水利建设基金支出	城市公用事业附加支出	其他各项基金支出
区县级合计	**1823285**	**2094**		**1699689**	**20**	**12200**	**9393**	**99889**
东城区	177585			175858			－10	1737
西城区	47601			46308				1293
崇文区	47958			47388				570
宣武区	19403			18534			14	855
朝阳区	225442			196325		7950		21167
海淀区	190634			166454			109	24071
石景山区	14980			14145			21	814
丰台区	106217			95014			2405	8798
门头沟区	22873			17404		300	305	4864
房山区	126577			120481			310	5786
通州区	161449			159151		543	67	1688
昌平区	144033	100		139514			1547	2872
顺义区	155807	321		151127			1425	2934
大兴区	164867	318		153660		950	1920	8019
怀柔区	70984			68486		697	390	1411
平谷区	35658	1355		28569	20	1460	303	3951
密云县	66801			60353		300	587	5561
延庆县	44416			40918				3498

三、各省、自治区、直辖市地市县基金预算财政资料

3－1－3 单位:万元

地区	平衡部分											
	收入						支出					年终结余
	收入合计	本年收入	上年结余	补助收入	省补助单列市收入	调入资金	支出合计	本年支出	上解支出	单列市上解省支出	调出资金	
区县级合计	**2280767**	**582405**	**101155**	**1130877**		**466330**	**1823285**	**1823285**				**457482**
东城区	186845	5163	4224	67887		109571	177585	177585				9260
西城区	69219	6434	6887	54898		1000	47601	47601				21618
崇文区	94935	1428	1455	92052			47958	47958				46977
宣武区	57275	2172	2452	52651			19403	19403				37872
朝阳区	225442	18873		111789		94780	225442	225442				
海淀区	209676	17446	21025	169415		1790	190634	190634				19042
石景山区	17823	1417	1671	14735			14980	14980				2843
丰台区	110373	6400	5190	63613		35170	106217	106217				4156
门头沟区	31827	5604	4781	17611		3831	22873	22873				8954
房山区	150183	86510	1176	62497			126577	126577				23606
通州区	198289	61202	8299	74329		54459	161449	161449				36840
昌平区	319738	114853	11687	47720		145478	144033	144033				175705
顺义区	183806	110117	5629	68060			155807	155807				27999
大兴区	174500	109789	9346	52836		2529	164867	164867				9633
怀柔区	83619	11128	4909	61347		6235	70984	70984				12635
平谷区	43184	5705	5400	29314		2765	35658	35658				7526
密云县	76722	10992	4513	54843		6374	66801	66801				9921
延庆县	47311	7172	2511	35280		2348	44416	44416				2895

2007 年天津市区县财政基金预算收支平衡表

3－2－1　　　　单位:万元

地　　区	收支部分							
	收入							
	收　入 合　计	养路费 收　入	公路客货 运附加费 收　　入	国有土地 使用权出 让金收入	新增建设用 地土地有偿 使用费收入	地方水利 建设基金 收　　入	城市公用 事业附加 收　　入	其他各项 基金收入
区县级合计	**602350**			**525320**			**15264**	**61766**
和平区	41							41
河北区	38							38
河东区	94							94
河西区	19							19
南开区	43							43
红桥区	18							18
塘沽区	24673			18000			6193	480
汉沽区	3690			2850			698	142
大港区	6521			4094			2400	27
东丽区	26620			26407				213
西青区	14301			14299				2
津南区	22393			22131			262	
北辰区	60478			60279				199
武清区	24781			22522			1781	478
宝坻区	19318			18480			730	108
蓟县	15391			15319				72
宁河县	38007			29632			3200	5175
静海县	10043			10043				
开发区	161929			158723				3206
保税区	58301			11429				46872
园区	115651			111112				4539

3－2－2　　　　单位:万元

地区	收支部分							
	支出							
	支出合计	养路费支出	公路客货运附加费支出	国有土地使用权出让金支出	新增建设用地土地有偿使用费支出	地方水利建设基金支出	城市公用事业附加支出	其他各项基金支出
区县级合计	**535867**			**503824**			**13013**	**19030**
和平区	284							284
河北区	379							379
河东区	198							198
河西区	972							972
南开区	2675							2675
红桥区	36							36
塘沽区	22910			18000			4259	651
汉沽区	286						158	128
大港区	6559			4094			2311	154
东丽区	26881			26299				582
西青区	14268			14266				2
津南区	15760			14624				1136
北辰区	52504			51704				800
武清区	23473			21473			1781	219
宝坻区	19649			18606			696	347
蓟县	14524			14400				124
宁河县	33305			29355			3808	142
静海县	10363			10043				320
开发区	158723			158723				
保税区	21310			11429				9881
园区	110808			110808				

3－2－3

单位:万元

地区	平衡部分											
	收入						支出					年终结余
	收入合计	本年收入	上年结余	补助收入	省补助单列市收入	调入资金	支出合计	本年支出	上解支出	单列市上解省支出	调出资金	
区县级合计	**653958**	**602350**	**40443**	**10487**		**678**	**584135**	**535867**	**7974**		**40294**	**69823**
和平区	2616	41	1502	1073			284	284				2332
河北区	1092	38	760	294			379	379				713
河东区	1668	94	1069	505			198	198				1470
河西区	972	19		953			972	972				
南开区	3951	43	2812	1096			2675	2675				1276
红桥区	602	18	548	36			36	36				566
塘沽区	29514	24673	4190	651			22910	22910				6604
汉沽区	3820	3690	55	75			3820	286			3534	
大港区	8926	6521	1654	751			6559	6559				2367
东丽区	34303	26620	6334	671		678	26881	26881				7422
西青区	18844	14301	3840	703			14268	14268				4576
津南区	27295	22393	3579	1323			15760	15760				11535
北辰区	66340	60478	5109	753			52504	52504				13836
武清区	25687	24781	467	439			23473	23473				2214
宝坻区	21026	19318	1149	559			19649	19649				1377
蓟县	15532	15391	43	98			14524	14524				1008
宁河县	45394	38007	7299	88			33305	33305				12089
静海县	10495	10043	33	419			10363	10363				132
开发区	161929	161929					161929	158723	3206			
保税区	58301	58301					58301	21310	231		36760	
园区	115651	115651					115345	110808	4537			306

2007 年河北省地市县财政基金预算收支平衡表

3－3－1

单位:万元

地区	收支部分							
	收入							
	收入合计	养路费收入	公路客货运附加费收入	国有土地使用权出让金收入	新增建设用地土地有偿使用费收入	地方水利建设基金收入	城市公用事业附加收入	其他各项基金收入
地市县合计	**2266693**		**10**	**1955457**	**18**	**6458**	**75181**	**229569**
石家庄市小计	**370364**			**239906**		**1052**	**12272**	**117134**
本级	307656			186903		956	7450	112347
区县级小计	62708			53003		96	4822	4787
赞皇县	444			385				59
平山县	2734			2024		70	600	40
灵寿县	352			126		5	160	61
行唐县	945			793			112	40
井陉县	9206			9075				131
鹿泉市	1762			1584				178
正定县	12370			11731			480	159
栾城县	3897			3100			421	376
辛集市	7184			5724		10	564	886
晋州市	5749			4600			1070	79
深泽县	278			53			155	70
无极县	1629			1310		2	240	77
藁城市	2030			1823				207
赵县	420					9	382	29
新乐市	1366			1047			189	130
高邑县	412			262			130	20
元氏县	661			113			200	348
长安区	382							382
桥东区	261							261
桥西区	264							264
新华区	332							332
裕华区	192							192
矿区	3135			2973			119	43
高新区	6703			6280				423
唐山市小计	**424217**			**377070**			**29176**	**17971**
本级	162102			148417			10254	3431
区县级小计	262115			228653			18922	14540
滦县	2059			403			1436	220
滦南县	21340			20174			983	183
乐亭县	2504			2328				176
迁西县	4766			267			4406	93
唐海县	52859			50577			288	1994
迁安市	45224			39941			4277	1006

3－3－2

单位:万元

地区	收支部分							
	支出							
	支出合计	养路费支出	公路客货运附加费支出	国有土地使用权出让金支出	新增建设用地土地有偿使用费支出	地方水利建设基金支出	城市公用事业附加支出	其他各项基金支出
地市县合计	**2412412**	**212**		**1838093**	**130727**	**41287**	**74390**	**327703**
石家庄市小计	**363445**			**206111**	**13170**	**5070**	**9954**	**129140**
本级	266590			153906		2025	5187	105472
区县级小计	96855			52205	13170	3045	4767	23668
赞皇县	1741			842		379		520
平山县	11339			2024	1659	817	600	6239
灵寿县	3011			101	128	111	182	2489
行唐县	2995			793	814	286	112	990
井陉县	9891			9075	192	130		494
鹿泉市	3735			1198	67	118	39	2313
正定县	12486			11514		42	480	450
栾城县	2678			1599	216	73	413	377
辛集市	10987			5724	3007	84	564	1608
晋州市	6363			4600	112	60	1070	521
深泽县	595			53	36	90	155	261
无极县	2185			1310	41	154	240	440
藁城市	2774			1823	56	57		838
赵县	4871				3775	86	382	628
新乐市	3037			1024	1294	67	150	502
高邑县	605			262	26	19	130	168
元氏县	3996			2092		147	200	1557
长安区	804					6		798
桥东区	533							533
桥西区	551							551
新华区	2490				1747	15		728
裕华区	521							521
矿区	2912			2768		39	50	55
高新区	5755			5403		265		87
唐山市小计	**440376**			**362121**	**9113**	**2482**	**33041**	**33619**
本级	106555			91510	1968		9371	3706
区县级小计	333821			270611	7145	2482	23670	29913
滦县	3637			416	331	108	1436	1346
滦南县	19092			15155	1495	232	968	1242
乐亭县	10887			8632	760	94		1401
迁西县	7899			307	234	333	4406	2619
唐海县	57367			52432	1969	66	288	2612
迁安市	46973			40239	206	60	4409	2059

三、各省、自治区、直辖市地市县基金预算财政资料

3－3－3　　　　　　　　　　　　　　　　　　　　　　　　　　　　单位：万元

地区	平衡部分											
	收入						支出					年终结余
	收入合计	本年收入	上年结余	补助收入	省补助单列市收入	调入资金	支出合计	本年支出	上解支出	单列市上解省支出	调出资金	
地市县合计	**2900073**	**2266693**	**236054**	**392903**		**4423**	**2421907**	**2412412**			**9495**	**478166**
石家庄市小计	**427432**	**370364**	**8069**	**47999**		**1000**	**363445**	**363445**				**63987**
本级	319086	307656	3562	12571	－5703	1000	266590	266590				52496
区县级小计	108346	62708	4507	35428	5703		96855	96855				11491
赞皇县	2624	444	1289	891			1741	1741				883
平山县	11339	2734		2904	5701		11339	11339				
灵寿县	3096	352	152	2592			3011	3011				85
行唐县	2995	945		2050			2995	2995				
井陉县	9891	9206		685			9891	9891				
鹿泉市	5090	1762	979	2349			3735	3735				1355
正定县	13892	12370	312	1210			12486	12486				1406
栾城县	7567	3897	346	3324			2678	2678				4889
辛集市	10987	7184		3801	2		10987	10987				
晋州市	6363	5749		614			6363	6363				
深泽县	963	278	368	317			595	595				368
无极县	2185	1629		556			2185	2185				
藁城市	2774	2030		744			2774	2774				
赵县	4871	420		4451			4871	4871				
新乐市	3447	1366	290	1791			3037	3037				410
高邑县	605	412		193			605	605				
元氏县	3996	661		3335			3996	3996				
长安区	804	382	4	418			804	804				
桥东区	533	261		272			533	533				
桥西区	556	264	5	287			551	551				5
新华区	2490	332		2158			2490	2490				
裕华区	521	192		329			521	521				
矿区	3205	3135		70			2912	2912				293
高新区	7552	6703	762	87			5755	5755				1797
唐山市小计	**509235**	**424217**	**42812**	**42206**			**440376**	**440376**				**68859**
本级	125463	162102	3146	－39785			106555	106555				18908
区县级小计	383772	262115	39666	81991			333821	333821				49951
滦县	6838	2059	1376	3403			3637	3637				3201
滦南县	29987	21340	4409	4238			19092	19092				10895
乐亭县	14599	2504	10178	1917			10887	10887				3712
迁西县	8054	4766	192	3096			7899	7899				155
唐海县	57367	52859		4508			57367	57367				
迁安市	47505	45224	884	1397			46973	46973				532

3－3－4　　　　单位:万元

地　　区	收支部分							
	收入							
	收　入 合　计	养路费 收　入	公路客货 运附加费 收　　入	国有土地 使用权出 让金收入	新增建设用 地土地有偿 使用费收入	地方水利 建设基金 收　　入	城市公用 事业附加 收　　入	其他各项 基金收入
玉田县	5285			5135				150
遵化市	3731			2596			588	547
路南区	181							181
路北区	152							152
古冶区	139						45	94
开平区	104							104
丰润区	20416			11203			3101	6112
丰南区	43272			38530			3564	1178
高新开发区	5518			5472				46
海港开发区	27601			26596				1005
南堡开发区	18648			17207			234	1207
芦台开发区	1103			1019				84
汉沽管理区	7213			7205				8
曹妃甸工业园区								
邯郸市小计	**177151**		**10**	**157367**		**694**	**6959**	**12121**
本级	108926			95839		694	3870	8523
区县级小计	68225		10	61528			3089	3598
大名县	44						10	34
魏县	1135			1110				25
曲周县	521			499				22
邱县	1531			1386			136	9
鸡泽县	316			232			42	42
肥乡县	588			537			20	31
广平县	513			472			5	36
成安县	36							36
临漳县	19							19
馆陶县	85			40			20	25
磁县	136							136
涉县	15614			15102			376	136
永年县	3234			3000			164	70
邯郸县	1565			1172			301	92
武安市	4153		10	1644			1550	949
邯山区	103							103
丛台区	121							121
复兴区	98							98
峰峰矿区	1672			1129			465	78
开发区	36741			35205				1536

3-3-5 单位:万元

地区	收支部分 支出 支出合计	养路费支出	公路客货运附加费支出	国有土地使用权出让金支出	新增建设用地土地有偿使用费支出	地方水利建设基金支出	城市公用事业附加支出	其他各项基金支出
玉田县	6295			5136	65	209		885
遵化市	3070			794	377	442	734	723
路南区	17070			16664	10		45	351
路北区	21937			20754	10		690	483
古冶区	651				10	66	107	468
开平区	3412			1857	10	39	45	1461
丰润区	32714			21520	85	629	2427	8053
丰南区	41393			29064	1405	136	7840	2948
高新开发区	9315			9265				50
海港开发区	28387			26596				1791
南堡开发区	18696			17219			225	1252
芦台开发区	1601			1499	30	30	20	22
汉沽管理区	3425			3062	148	38	30	147
曹妃甸工业园区								
邯郸市小计	**187505**			**140041**	**13281**	**4342**	**6416**	**23425**
本级	88151			78601	170	1124	3494	4762
区县级小计	99354			61440	13111	3218	2922	18663
大名县	1362				324	252	10	776
魏县	9567			1119	7376	349		723
曲周县	1811			499	483	168		661
邱县	2499			1428	278	239	136	418
鸡泽县	3340			392	2164	163	42	579
肥乡县	1369			607		232	20	510
广平县	1312			472	39	238	25	538
成安县	818				112	105		601
临漳县	2054				1266	102		686
馆陶县	1116			40	225	199	20	632
磁县	5236			31		173		5032
涉县	16531			15141		230	376	784
永年县	5385			2743	740	191	170	1541
邯郸县	2289			1119		248	202	720
武安市	5074			1650	104	177	1550	1593
邯山区	290					30		260
丛台区	202							202
复兴区	164							164
峰峰矿区	2674			1005		117	371	1181
开发区	36239			35194				1045

3－3－6 单位:万元

地区	平衡部分											
	收入						支出					
	收入合计	本年收入	上年结余	补助收入	省补助单列市收入	调入资金	支出合计	本年支出	上解支出	单列市上解省支出	调出资金	年终结余
玉田县	6791	5285	529	977			6295	6295				496
遵化市	7217	3731	1879	1607			3070	3070				4147
路南区	17074	181	32	16861			17070	17070				4
路北区	21951	152	3	21796			21937	21937				14
古冶区	726	139	142	445			651	651				75
开平区	4496	104	1093	3299			3412	3412				1084
丰润区	33819	20416	3109	10294			32714	32714				1105
丰南区	61506	43272	14405	3829			41393	41393				20113
高新开发区	9315	5518		3797			9315	9315				
海港开发区	28387	27601	783	3			28387	28387				
南堡开发区	18743	18648	62	33			18696	18696				47
芦台开发区	1786	1103	570	113			1601	1601				185
汉沽管理区	7611	7213	20	378			3425	3425				4186
曹妃甸工业园区												
邯郸市小计	**235071**	**177151**	**19144**	**38776**			**187505**	**187505**				**47566**
本级	129657	108926	14730	6001			88151	88151				41506
区县级小计	105414	68225	4414	32775			99354	99354				6060
大名县	1514	44	32	1438			1362	1362				152
魏县	9570	1135	36	8399			9567	9567				3
曲周县	1831	521		1310			1811	1811				20
邱县	2885	1531	460	894			2499	2499				386
鸡泽县	3652	316	522	2814			3340	3340				312
肥乡县	1799	588	412	799			1369	1369				430
广平县	1688	513	686	489			1312	1312				376
成安县	823	36		787			818	818				5
临漳县	2537	19	231	2287			2054	2054				483
馆陶县	1146	85	46	1015			1116	1116				30
磁县	5644	136	41	5467			5236	5236				408
涉县	16622	15614	245	763			16531	16531				91
永年县	5444	3234	53	2157			5385	5385				59
邯郸县	2834	1565	304	965			2289	2289				545
武安市	5954	4153	338	1463			5074	5074				880
邯山区	290	103	60	127			290	290				
丛台区	308	121	60	127			202	202				106
复兴区	330	98	114	118			164	164				166
峰峰矿区	3692	1672	701	1319			2674	2674				1018
开发区	36829	36741	73	15			36239	36239				590

3－3－7

单位:万元

地区	收支部分							
	收入							
	收入合计	养路费收入	公路客货运附加费收入	国有土地使用权出让金收入	新增建设用地土地有偿使用费收入	地方水利建设基金收入	城市公用事业附加收入	其他各项基金收入
马头工业园区								
张家口市小计	**126643**			**114477**			**3906**	**8260**
本级	59914			52618			3691	3605
区县级小计	66729			61859			215	4655
蔚县	237			103			90	44
阳原县	1050			1033				17
张北县	276			173				103
康保县	7							7
沽源县	6							6
尚义县	400			394				6
怀安县	286			272				14
赤城县	1397							1397
崇礼县	11							11
万全县	27							27
宣化县	515			446				69
怀来县	2046							2046
涿鹿县	2830			2646			125	59
宣化区	55954			55283				671
下花园区	698			685				13
桥东区	81							81
桥西区	28							28
高新区	42							42
察北区	465			453				12
塞北区	373			371				2
保定市小计	**162891**			**140677**		**257**	**3997**	**17960**
本级	68906			52917		246	630	15113
区县级小计	93985			87760		11	3367	2847
清苑县	5330			4801			411	118
满城县	2870			2233			249	388
安新县	5394			5296			67	31
唐县	998			775			215	8
顺平县	14							14
博野县	338			205			53	80
曲阳县	530			393			105	32
涞源县	89			22				67
阜平县	731			699				32
易县	516			354				162

3 3 8

单位：万元

地　区	收支部分							
	支出							
	支出合计	养路费支出	公路客货运附加费支出	国有土地使用权出让金支出	新增建设用地土地有偿使用费支出	地方水利建设基金支出	城市公用事业附加支出	其他各项基金支出
马头工业园区	22					5		17
张家口市小计	**165750**	**212**		**129392**	**8668**	**2297**	**6080**	**19101**
本级	70268			57030		795	5990	6453
区县级小计	95482	212		72362	8668	1502	90	12648
蔚县	6252	20		624	4442	15	90	1061
阳原县	2455	20		1867		17		551
张北县	3488			2597		348		543
康保县	2020	35		25	1303	28		629
沽源县	2715	20		2111		90		494
尚义县	1749	20		1126		68		535
怀安县	2743			2141		69		533
赤城县	2929			57	720	231		1921
崇礼县	1225			449		275		501
万全县	2100	20			1772	49		259
宣化县	1635	40		358	431	15		791
怀来县	4554			1881		118		2555
涿鹿县	4263	37		3399				827
宣化区	52992			52347		45		600
下花园区	478			304				174
桥东区	376							376
桥西区	84							84
高新区	305			125		10		170
察北区	1064			942		82		40
塞北区	2055			2009		42		4
保定市小计	**195813**			**142559**	**8861**	**5210**	**3866**	**35317**
本级	75953			62432	164	2648	786	9923
区县级小计	119860			80127	8697	2562	3080	25394
清苑县	2487			289	1314	62	119	703
满城县	2399			860	107	60	235	1137
安新县	5843			4928	197	129	67	522
唐县	4449			815		131	215	3288
顺平县	2080				968	200		912
博野县	936			532		100	53	251
曲阳县	2977			114	89	82		2692
涞源县	654				205	183		266
阜平县	3313			747		167		2399
易县	4290			272	1313	252		2453

3-3-9 单位:万元

地区	平衡部分											
	收入						支出					年终结余
	收入合计	本年收入	上年结余	补助收入	省补助单列市收入	调入资金	支出合计	本年支出	上解支出	单列市上解省支出	调出资金	
马头工业园区	22			22			22	22				
张家口市小计	**191511**	**126643**	**21901**	**42967**			**166106**	**165750**			**356**	**25405**
本级	85411	59914	16038	9459			70268	70268				15143
区县级小计	106100	66729	5863	33508			95838	95482			356	10262
蔚县	6252	237	503	5512			6252	6252				
阳原县	3653	1050	483	2120			2455	2455				1198
张北县	3760	276	79	3405			3488	3488				272
康保县	2020	7		2013			2020	2020				
沽源县	3110	6	236	2868			2715	2715				395
尚义县	1888	400	131	1357			1749	1749				139
怀安县	4539	286	263	3990			2749	2743			6	1790
赤城县	3809	1397	899	1513			2929	2929				880
崇礼县	1345	11	271	1063			1225	1225				120
万全县	2403	27	1634	742			2100	2100				303
宣化县	1791	515		1276			1791	1635			156	
怀来县	4586	2046	82	2458			4554	4554				32
涿鹿县	5199	2830	810	1559			4457	4263			194	742
宣化区	56465	55954	127	384			52992	52992				3473
下花园区	895	698	34	163			478	478				417
桥东区	401	81	166	154			376	376				25
桥西区	368	28	125	215			84	84				284
高新区	331	42	20	269			305	305				26
察北区	1064	465		599			1064	1064				
塞北区	2221	373		1848			2055	2055				166
保定市小计	**259663**	**162891**	**51659**	**45113**			**198153**	**195813**			**2340**	**61510**
本级	103764	68906	32069	2789			77622	75953	-52		1721	26142
区县级小计	155899	93985	19590	42324			120531	119860	52		619	35368
清苑县	8403	5330	577	2496			2487	2487				5916
满城县	4812	2870	233	1709			2399	2399				2413
安新县	6273	5394	304	575			5843	5843				430
唐县	5752	998	801	3953			4449	4449				1303
顺平县	4006	14	1353	2639			2080	2080				1926
博野县	1266	338	267	661			977	936			41	289
曲阳县	4286	530	1043	2713			2977	2977				1309
涞源县	2412	89	514	1809			654	654				1758
阜平县	3757	731	434	2592			3318	3313	5			439
易县	6019	516	2878	2625			4290	4290				1729

3－3－10

单位:万元

地区	收支部分							
	收入							
	收入合计	养路费收入	公路客货运附加费收入	国有土地使用权出让金收入	新增建设用地土地有偿使用费收入	地方水利建设基金收入	城市公用事业附加收入	其他各项基金收入
定兴县	3092			2600			147	345
徐水县	14902			14687				215
容城县	929			786			99	44
涿州市	10947			9711			840	396
涞水县	605			480			41	84
高碑店市	8098			8030				68
雄县	12524			12146			360	18
望都县	50							50
高阳县	483			446				37
蠡县	224					11	150	63
安国市	13915			13728			140	47
定州市	11118			10368			490	260
南市区	101							101
北市区	56							56
新市区	119							119
高新区	12							12
沧州市小计	**203326**			**183901**			**2881**	**16544**
本级	69840			65485			367	3988
区县级小计	133486			118416			2514	12556
肃宁县	7735			7682				53
献县	7642			2422			284	4936
盐山县	9493			9175				318
孟村县	3957			3884				73
沧县	2734			2518				216
青县	357						129	228
南皮县	4901			4518			73	310
河间市	9248			8168			848	232
任丘市	32165			29740			409	2016
海兴县	8299			7545				754
东光县	1393			881			350	162
泊头市	17586			16301			91	1194
吴桥县	2036			1758			100	178
黄骅市	17127			15669			230	1228
新华区	457			344				113
运河区	493			351				142
开发区	1543			1533				10
港口区	2368			2233				135

3－3－11 单位:万元

地区	收支部分							
	支出							
	支出合计	养路费支出	公路客货运附加费支出	国有土地使用权出让金支出	新增建设用地土地有偿使用费支出	地方水利建设基金支出	城市公用事业附加支出	其他各项基金支出
定兴县	5852			2611	1817	90	113	1221
徐水县	15668			13857	48	41		1722
容城县	1340			797		115	99	329
涿州市	12270			10180	154	77	774	1085
涞水县	2225			489		214	268	1254
高碑店市	9344			6950	1750	143		501
雄县	12719			12045		149	270	255
望都县	578			26	205	19		328
高阳县	719			8	132	169		410
蠡县	1757			801		119	45	792
安国市	11136			10019	298	22	198	599
定州市	12531			10911	100		286	1234
南市区	1578			1181				397
北市区	2210			1695			338	177
新市区	405					38		367
高新区	100							100
沧州市小计	**171069**			**139059**	**9971**	**3927**	**2630**	**15482**
本级	33502			32093	180	239		990
区县级小计	137567			106966	9791	3688	2630	14492
肃宁县	8349			7689	85	151		424
献县	8317			2460	51	408	283	5115
盐山县	10391			9186	400	197		608
孟村县	6443			5926		288		229
沧县	3202			1788	339	330		745
青县	3397			2375		298	129	595
南皮县	3833			3280		186	21	346
河间市	4332			2980		87	848	417
任丘市	35794			32517	246	91	266	2674
海兴县	1120			698		231		191
东光县	2046			775		466	350	455
泊头市	15673			14624		152	490	407
吴桥县	10462			2655	7089	189	153	376
黄骅市	18354			15430	1581	343	90	910
新华区	460			332		42		86
运河区	279			30		51		198
开发区	1038			1000		4		34
港口区	7							7

3－3－12 单位:万元

地区	平衡部分 收入 收入合计	本年收入	上年结余	补助收入	省补助单列市收入	调入资金	支出 支出合计	本年支出	上解支出	单列市上解省支出	调出资金	年终结余
定兴县	6250	3092	463	2695			5852	5852				398
徐水县	17312	14902	679	1731			15668	15668				1644
容城县	1513	929	137	447			1487	1340	10		137	26
涿州市	12839	10947	883	1009			12270	12270				569
涞水县	2378	605	388	1385			2225	2225				153
高碑店市	16477	8098	4076	4303			9366	9344	22			7111
雄县	13298	12524	323	451			12719	12719				579
望都县	843	50	220	573			585	578	7			258
高阳县	1164	483	201	480			1160	719			441	4
蠡县	2740	224	1842	674			1765	1757	8			975
安国市	14832	13915	101	816			11136	11136				3696
定州市	13696	11118	1238	1340			12531	12531				1165
南市区	1897	101	339	1457			1578	1578				319
北市区	3145	56	276	2813			2210	2210				935
新市区	405	119		286			405	405				
高新区	124	12	20	92			100	100				24
沧州市小计	**259858**	**203326**	**26983**	**28070**		**1479**	**177818**	**171069**			**6749**	**82040**
本级	83498	69840	10853	1336		1469	33502	33502				49996
区县级小计	176360	133486	16130	26734		10	144316	137567			6749	32044
肃宁县	9090	7735	728	627			8349	8349				741
献县	8576	7642		934			8575	8317			258	1
盐山县	10391	9493		898			10391	10391				
孟村县	6443	3957		2486			6443	6443				
沧县	4288	2734	266	1288			3202	3202				1086
青县	3397	357		3040			3397	3397				
南皮县	5729	4901	180	648			3833	3833				1896
河间市	13944	9248	3324	1372			10823	4332			6491	3121
任丘市	37766	32165	4098	1503			35794	35794				1972
海兴县	8748	8299		449			1120	1120				7628
东光县	3415	1393	889	1133			2046	2046				1369
泊头市	19278	17586	1061	631			15673	15673				3605
吴桥县	11370	2036	1713	7621			10462	10462				908
黄骅市	21786	17127	1400	3249		10	18354	18354				3432
新华区	760	457	142	161			460	460				300
运河区	767	493	60	214			279	279				488
开发区	1607	1543	30	34			1038	1038				569
港口区	2411	2368	36	7			7	7				2404

三、各省、自治区、直辖市地市县基金预算财政资料

3－3－13

单位:万元

地区	收支部分							
	收入							
	收入合计	养路费收入	公路客货运附加费收入	国有土地使用权出让金收入	新增建设用地土地有偿使用费收入	地方水利建设基金收入	城市公用事业附加收入	其他各项基金收入
南大港	1286			1081				205
临港区	2666			2613				53
秦皇岛市小计	**261941**			**247042**		**3309**	**5939**	**5651**
本级	193721			185016		3309	2360	3036
区县级小计	68220			62026			3579	2615
青龙满族自治县	1008			94			527	387
昌黎县	5425			4562			487	376
卢龙县	650						579	71
抚宁县	25359			23961			1175	223
山海关	62							62
海港区	260							260
北戴河	1312			1183				129
秦皇岛经济开发区	34144			32226			811	1107
邢台市小计	**129790**			**117370**		**261**	**2609**	**9550**
本级	65716			57948		261	1597	5910
区县级小计	64074			59422			1012	3640
南宫市	3905			3796				109
沙河市	574							574
邢台县	8835			8301			322	212
临城县	2417			1658				759
内邱县	2124			726			375	1023
柏乡县	1966			1691			156	119
隆尧县	71			23				48
任县	1078			1057				21
南和县	310			7				303
宁晋县	12469			12388				81
巨鹿县	1022			995				27
新河县	353			337				16
广宗县	698			560				138
平乡县	31							31
威县	4092			4000			42	50
清河县	10332			10306				26
临西县	5401			5288			103	10
桥东区								
桥西区								
高开区	8013			7959				54
大曹庄管理区	383			330			14	39

3－3－14

单位:万元

地区	收支部分							
	支出							
	支出合计	养路费支出	公路客货运附加费支出	国有土地使用权出让金支出	新增建设用地土地有偿使用费支出	地方水利建设基金支出	城市公用事业附加支出	其他各项基金支出
南大港	1438			1280		100		58
临港区	2632			1941		74		617
秦皇岛市小计	**262253**			**233479**	**10871**	**4413**	**3650**	**9840**
本级	168232			157564	3372	2984	2360	1952
区县级小计	94021			75915	7499	1429	1290	7888
青龙满族自治县	1788			193		243	211	1141
昌黎县	5648			4599		263		786
卢龙县	9640			23	7459	308	579	1271
抚宁县	25951			23813	40	319		1779
山海关	2217					56		2161
海港区	9864			9185		164		515
北戴河	6150			5876		76		198
秦皇岛经济开发区	32763			32226			500	37
邢台市小计	**167307**			**111099**	**31114**	**5243**	**1742**	**18109**
本级	64142			54796	3330	1442	683	3891
区县级小计	103165			56303	27784	3801	1059	14218
南宫市	7553			3412	3404	137		600
沙河市	1805				393	218		1194
邢台县	8183			5842	614	185	342	1200
临城县	5161			1749	1287	212		1913
内邱县	2493			1310	45	205	375	558
柏乡县	4831			1405	2961	49	160	256
隆尧县	928			10		215		703
任县	1755			1027	267	70		391
南和县	4662			101	3362	92		1107
宁晋县	14515			12388	457	394	111	1165
巨鹿县	6019			748	3277	820		1174
新河县	1198			338	60	185		615
广宗县	974			468	30	222		254
平乡县	3791				3266	92		433
威县	8484			4012	3487	224		761
清河县	14589			10254	3296	285		754
临西县	5687			4924	45	150	61	507
桥东区	252					24		228
桥西区	1706				1513			193
高开区	8107			7959				148
大曹庄管理区	472			356	20	22	10	64

三、各省、自治区、直辖市地市县基金预算财政资料

3－3－15　　　　　　　　　　　　　　　　　　　　　　　　　　　单位:万元

地区	平衡部分											年终结余
	收入						支出					
	收入合计	本年收入	上年结余	补助收入	省补助单列市收入	调入资金	支出合计	本年支出	上解支出	单列市上解省支出	调出资金	
南大港	1617	1286		331			1438	1438				179
临港区	4977	2666	2203	108			2632	2632				2345
秦皇岛市小计	**306236**	**261941**	**16294**	**27098**		**903**	**262253**	**262253**				**43983**
本级	197094	193721	13139	-10669		903	168232	168232				28862
区县级小计	109142	68220	3155	37767			94021	94021				15121
青龙满族自治县	3639	1008	505	2126			1788	1788				1851
昌黎县	9082	5425	1441	2216			5648	5648				3434
卢龙县	9640	650		8990			9640	9640				
抚宁县	27334	25359	14	1961			25951	25951				1383
山海关	4247	62	42	4143			2217	2217				2030
海港区	14384	260		14124			9864	9864				4520
北戴河	6255	1312	773	4170			6150	6150				105
秦皇岛经济开发区	34561	34144	380	37			32763	32763				1798
邢台市小计	**202686**	**129790**	**22361**	**49494**		**1041**	**167307**	**167307**				**35379**
本级	84810	65716	11868	6185		1041	64142	64142				20668
区县级小计	117876	64074	10493	43309			103165	103165				14711
南宫市	8074	3905	39	4130			7553	7553				521
沙河市	2648	574	403	1671			1805	1805				843
邢台县	12184	8835	1588	1761			8183	8183				4001
临城县	5602	2417	435	2750			5161	5161				441
内邱县	3707	2124	945	638			2493	2493				1214
柏乡县	5480	1966	299	3215			4831	4831				649
隆尧县	4056	71	1734	2251			928	928				3128
任县	1857	1078	59	720			1755	1755				102
南和县	4662	310	550	3802			4662	4662				
宁晋县	14795	12469	1159	1167			14515	14515				280
巨鹿县	6493	1022	931	4540			6019	6019				474
新河县	1221	353	24	844			1198	1198				23
广宗县	1411	698	244	469			974	974				437
平乡县	4001	31	210	3760			3791	3791				210
威县	9558	4092	973	4493			8484	8484				1074
清河县	14801	10332	220	4249			14589	14589				212
临西县	6587	5401	484	702			5687	5687				900
桥东区	252			252			252	252				
桥西区	1706			1706			1706	1706				
高开区	8147	8013	38	96			8107	8107				40
大曹庄管理区	634	383	158	93			472	472				162

3－3－16

单位:万元

地　　区	收支部分							
	收入							
	收　入 合　计	养路费 收　入	公路客货 运附加费 收　　入	国有土地 使用权出 让金收入	新增建设用 地土地有偿 使用费收入	地方水利 建设基金 收　　入	城市公用 事业附加 收　　入	其他各项 基金收入
廊坊市小计	**307889**			**286924**		**148**	**2365**	**18452**
本级	179637			168766		148	410	10313
区县级小计	128252			118158			1955	8139
三河市	32834			29970			1531	1333
大厂县	2842			2376			424	42
香河县	13296			13216				80
永清县	23065			22625				440
固安县	27871			26102				1769
霸州市	486							486
文安县	1718			304				1414
大城县	7298			4927				2371
安次区	1385			1320				65
广阳区	467			328				139
开发区	16990			16990				
承德市小计	**54734**			**48150**	**18**	**615**	**3615**	**2336**
本级	4467			1585		615	2040	227
区县级小计	50267			46565	18		1575	2109
宽城县	2787			2383				404
滦平县	16031			15203			746	82
丰宁县	10222			10064			63	95
隆化县	4352			3520			766	66
围场县	81				18			63
承德县	9159			8575				584
兴隆县	62							62
平泉县	4141			3776				365
双桥区	821			665				156
双滦区	2057			1904				153
营子区	54							54
开发区	500			475				25
衡水市小计	**47747**			**42573**		**122**	**1462**	**3590**
本级	7801			5976		122	781	922
区县级小计	39946			36597			681	2668
武邑县	1716			1549				167
饶阳县	375			329				46
安平县	2385			1963			300	122
冀州市	4283			4026			135	122
枣强县	4859			4775			46	38

三、各省、自治区、直辖市地市县基金预算财政资料

3－3－17　　　　单位:万元

地区	收支部分							
	支出							
	支出合计	养路费支出	公路客货运附加费支出	国有土地使用权出让金支出	新增建设用地土地有偿使用费支出	地方水利建设基金支出	城市公用事业附加支出	其他各项基金支出
廊坊市小计	**315553**			**283833**	**6407**	**2445**	**2362**	**20506**
本级	182247			170758		870	410	10209
区县级小计	133306			113075	6407	1575	1952	10297
三河市	33952			29970	872	76	1454	1580
大厂县	3090			2411		69	470	140
香河县	16416			13216	2168	110		922
永清县	23460			21268	1020	289		883
固安县	20585			19650	70	348		517
霸州市	5833			2770	1464	140	28	1431
文安县	2988			304	549	153		1982
大城县	7848			5345	254	307		1942
安次区	1360			1048		6		306
广阳区	633			103		77		453
开发区	17141			16990	10			141
承德市小计	**80251**			**53230**	**7003**	**2924**	**3615**	**13479**
本级	6477			2192		665	2040	1580
区县级小计	73774			51038	7003	2259	1575	11899
宽城县	5330			2423	172	218		2517
滦平县	17857			15233	866	247	746	765
丰宁县	11648			10064	805	35	63	681
隆化县	7957			3610	2537	123	766	921
围场县	4752			2289	18	232		2213
承德县	12097			8575	1379	720		1423
兴隆县	1728			13	379	129		1207
平泉县	8058			5787	847	173		1251
双桥区	1236			665		250		321
双滦区	2442			1904		91		447
营子区	169					41		128
开发区	500			475				25
衡水市小计	**63090**			**37169**	**12268**	**2934**	**1034**	**9685**
本级	8413			6238	148	408	483	1136
区县级小计	54677			30931	12120	2526	551	8549
武邑县	1196			677		95		424
饶阳县	3004			178	1945	259		622
安平县	4911			2075	1750	258	170	658
冀州市	8342			4026	2964	224	135	993
枣强县	1992			779	784	127	46	256

3－3－18

单位:万元

地区	平衡部分											
	收入						支出					年终结余
	收入合计	本年收入	上年结余	补助收入	省补助单列市收入	调入资金	支出合计	本年支出	上解支出	单列市上解省支出	调出资金	
廊坊市小计	**336353**	**307889**	**10616**	**17848**			**315553**	**315553**				**20800**
本级	186151	179637	2119	4395			182247	182247				3904
区县级小计	150202	128252	8497	13453			133306	133306				16896
三河市	34461	32834	328	1299			33952	33952				509
大厂县	3167	2842	117	208			3090	3090				77
香河县	16416	13296	957	2163			16416	16416				
永清县	26162	23065	278	2819			23460	23460				2702
固安县	30839	27871	1814	1154			20585	20585				10254
霸州市	5856	486	2967	2403			5833	5833				23
文安县	2988	1718	81	1189			2988	2988				
大城县	9316	7298	890	1128			7848	7848				1468
安次区	1937	1385	261	291			1360	1360				577
广阳区	1776	467	759	550			633	633				1143
开发区	17284	16990	45	249			17141	17141				143
承德市小计	**89078**	**54734**	**7846**	**26498**			**80251**	**80251**				**8827**
本级	15304	4467	7846	2991			6477	6477				8827
区县级小计	73774	50267		23507			73774	73774				
宽城县	5330	2787		2543			5330	5330				
滦平县	17857	16031		1826			17857	17857				
丰宁县	11648	10222		1426			11648	11648				
隆化县	7957	4352		3605			7957	7957				
围场县	4752	81		4671			4752	4752				
承德县	12097	9159		2938			12097	12097				
兴隆县	1728	62		1666			1728	1728				
平泉县	8058	4141		3917			8058	8058				
双桥区	1236	821		415			1236	1236				
双滦区	2442	2057		385			2442	2442				
营子区	169	54		115			169	169				
开发区	500	500					500	500				
衡水市小计	**82950**	**47747**	**8369**	**26834**			**63140**	**63090**			**50**	**19810**
本级	13006	7801	4280	951	－26		8413	8413				4593
区县级小计	69944	39946	4089	25883	26		54727	54677			50	15217
武邑县	5043	1716	506	2821			1245	1196			49	3798
饶阳县	3938	375	770	2793			3004	3004				934
安平县	5633	2385	557	2685	6		4911	4911				722
冀州市	8343	4283		4040	20		8343	8342			1	
枣强县	6096	4859	20	1217			1992	1992				4104

3－3－19

单位:万元

地区	收支部分							
	收入							
	收入合计	养路费收入	公路客货运附加费收入	国有土地使用权出让金收入	新增建设用地土地有偿使用费收入	地方水利建设基金收入	城市公用事业附加收入	其他各项基金收入
深州市	1803						200	1603
武强县	923			894				29
故城县	4118			3970				148
景县	1822			1793				29
阜城县	14063			13858				205
桃城区	1999			1840				159
高开区								
衡水湖	1600			1600				

3－3－20

单位：万元

地区	收支部分							
	支出							
	支出合计	养路费支出	公路客货运附加费支出	国有土地使用权出让金支出	新增建设用地土地有偿使用费支出	地方水利建设基金支出	城市公用事业附加支出	其他各项基金支出
深州市	4094			32	1707	162	200	1993
武强县	2118			1190	41	168		719
故城县	5679			3928	443	460		848
景县	3601			1444	1383	168		606
阜城县	16035			13873	1103	391		668
桃城区	3200			2229		214		757
高开区	5							5
衡水湖	500			500				

3－3－21

单位:万元

地区	平衡部分											
	收入						支出					年终结余
	收入合计	本年收入	上年结余	补助收入	省补助单列市收入	调入资金	支出合计	本年支出	上解支出	单列市上解省支出	调出资金	
深州市	4958	1803	740	2415			4094	4094				864
武强县	2405	923	538	944			2118	2118				287
故城县	6091	4118	362	1611			5679	5679				412
景县	4104	1822	154	2128			3601	3601				503
阜城县	18518	14063	432	4023			16035	16035				2483
桃城区	3200	1999		1201			3200	3200				
高开区	15		10	5			5	5				10
衡水湖	1600	1600					500	500				1100

2007 年山西省地市县财政基金预算收支平衡表

3－4－1

单位:万元

地区	收支部分 收入：收入合计	养路费收入	公路客货运附加费收入	国有土地使用权出让金收入	新增建设用地土地有偿使用费收入	地方水利建设基金收入	城市公用事业附加收入	其他各项基金收入
地市县合计	**1548105**	**24209**	**218**	**901523**	**2060**	**830**	**21179**	**598086**
太原市小计	**611993**	**1583**		**531405**			**3863**	**75142**
本级	553726	1583		490713			3116	58314
区县级小计	58267			40692			747	16828
清徐县	3996			502			339	3155
阳曲县	1312			851				461
娄烦县	1558			70				1488
古交市	5701			1163			99	4439
小店区	1085						89	996
尖草坪区	1240						220	1020
迎泽区	281							281
杏花岭区	626							626
万柏林区	2075							2075
晋源区	635							635
太原高新区	16637			15049				1588
太原经济区	22018			22018				
太原民营区	1103			1039				64
大同市小计	**98629**	**1506**	**216**	**27317**	**2046**	**20**	**2361**	**65163**
本级	71227	599		19612	2046		1870	47100
区县级小计	27402	907	216	7705		20	491	18063
大同城区	1301			90				1211
大同矿区	768			12				756
大同南郊区	8508	110	202	1676		10	180	6330
大同新荣区	1483	59				2	83	1339
左云县	6079	120		1839			51	4069
阳高县	1049	118					28	903
天镇县	682	127		358				197
广灵县	479	95	14	283			23	64
灵丘县	1497	155		822		8	101	411
浑源县	960	123		452			25	360
大同县	2749			946				1803
大同开发区	1847			1227				620
阳泉市小计	**53536**	**631**		**11707**		**152**	**986**	**40060**
本级	30378	631		3674		152	699	25222
区县级小计	23158			8033			287	14838
平定县	3194			1417			103	1674
盂县	15562			5668			109	9785

三、各省、自治区、直辖市地市县基金预算财政资料

3－4－2

单位:万元

地区	收支部分 支出							
	支出合计	养路费支出	公路客货运附加费支出	国有土地使用权出让金支出	新增建设用地土地有偿使用费支出	地方水利建设基金支出	城市公用事业附加支出	其他各项基金支出
地市县合计	**1219740**	**24355**	**161**	**714421**	**38493**	**26402**	**15281**	**400627**
太原市小计	**457822**	**1994**		**396035**	**5752**	**4630**	**924**	**48487**
本级	384977	1994		348957	4310	2719	313	26684
区县级小计	72845			47078	1442	1911	611	21803
清徐县	1494			193	211	220	346	524
阳曲县	1542			999		50		493
娄烦县	2009			83	68	63		1795
古交市	7475			85	163	10	93	7124
小店区	12723			12191		50	94	388
尖草坪区	2096			1220		394	78	404
迎泽区	5702			4432		794		476
杏花岭区	722			144				578
万柏林区	8345							8345
晋源区	1445					313		1132
太原高新区	15507			14963				544
太原经济区	12747			11730	1000	17		
太原民营区	1038			1038				
大同市小计	**78274**	**1508**	**159**	**28643**	**3959**	**1551**	**1987**	**40467**
本级	57179	582		21339		734	1469	33055
区县级小计	21095	926	159	7304	3959	817	518	7412
大同城区	70			56				14
大同矿区	687							687
大同南郊区	2832	110	145	200	1307	110	190	770
大同新荣区	1003	55		339		15	87	507
左云县	3088	120		1978			169	821
阳高县	1549	118		599		38	28	766
天镇县	1454	127		742		203		382
广灵县	3469	95	14	531	2459	16	22	332
灵丘县	2145	155		55	89	415		1431
浑源县	1050	146		239	104	10	22	529
大同县	3036			1858		10		1168
大同开发区	712			707				5
阳泉市小计	**58527**	**586**		**10995**	**362**	**1962**	**846**	**43776**
本级	32352	586		5364		1560	600	24242
区县级小计	26175			5631	362	402	246	19534
平定县	629			252		7	50	320
盂县	15227			5023		342	111	9751

3－4－3　　　　单位:万元

地区	平衡部分											
	收入						支出					年终结余
	收入合计	本年收入	上年结余	补助收入	省补助单列市收入	调入资金	支出合计	本年支出	上解支出	单列市上解省支出	调出资金	
地市县合计	**2228228**	**1548105**	**413389**	**245386**		**21348**	**1268478**	**1219740**			**48738**	**959750**
太原市小计	**740580**	**611993**	**93561**	**26399**		**8627**	**474608**	**457822**			**16786**	**265972**
本级	606972	553726	61479	－14795		6562	401763	384977			16786	205209
区县级小计	133608	58267	32082	41194		2065	72845	72845				60763
清徐县	14288	3996	7476	2461		355	1494	1494				12794
阳曲县	2733	1312	482	939			1542	1542				1191
娄烦县	6092	1558	2224	2038		272	2009	2009				4083
古交市	11537	5701	555	5281			7475	7475				4062
小店区	16411	1085	2249	13077			12723	12723				3688
尖草坪区	6561	1240	1250	3510		561	2096	2096				4465
迎泽区	7559	281	2099	4502		677	5702	5702				1857
杏花岭区	1338	626	61	451		200	722	722				616
万柏林区	14151	2075	3953	8123			8345	8345				5806
晋源区	1848	635	445	768			1445	1445				403
太原高新区	17061	16637	380	44			15507	15507				1554
太原经济区	32926	22018	10908				12747	12747				20179
太原民营区	1103	1103					1038	1038				65
大同市小计	**155874**	**98629**	**41438**	**14460**		**1347**	**78310**	**78274**			**36**	**77564**
本级	98109	71227	23675	1860		1347	57179	57179				40930
区县级小计	57765	27402	17763	12600			21131	21095			36	36634
大同城区	2193	1301	892				106	70			36	2087
大同矿区	1522	768	753	1			687	687				835
大同南郊区	14869	8508	5122	1239			2832	2832				12037
大同新荣区	2585	1483	683	419			1003	1003				1582
左云县	8095	6079	1497	519			3088	3088				5007
阳高县	3749	1049	1362	1338			1549	1549				2200
天镇县	3120	682	1562	876			1454	1454				1666
广灵县	3960	479	828	2653			3469	3469				491
灵丘县	7146	1497	3490	2159			2145	2145				5001
浑源县	3082	960	493	1629			1050	1050				2032
大同县	5528	2749	1012	1767			3036	3036				2492
大同开发区	1916	1847	69				712	712				1204
阳泉市小计	**80850**	**53536**	**11181**	**14673**		**1460**	**62132**	**58527**			**3605**	**18718**
本级	44318	30378	7778	5084		1078	32352	32352				11966
区县级小计	36532	23158	3403	9589		382	29780	26175			3605	6752
平定县	4601	3194	913	494			3829	629			3200	772
盂县	16720	15562	584	574			15227	15227				1493

三、各省、自治区、直辖市地市县基金预算财政资料

3－4－4

单位:万元

地区	收支部分							
	收入							
	收入合计	养路费收入	公路客货运附加费收入	国有土地使用权出让金收入	新增建设用地土地有偿使用费收入	地方水利建设基金收入	城市公用事业附加收入	其他各项基金收入
阳泉郊区	3378			948			75	2355
阳泉城区	346							346
阳泉矿区	234							234
阳泉开发区	444							444
长治市小计	**167715**	**2558**	**2**	**73875**	**14**	**147**	**2716**	**88403**
本级	85583	796		30793		76	2250	51668
区县级小计	82132	1762	2	43082	14	71	466	36735
长治县	8932	158		4017	14	5		4738
潞城市	4844	96		2824		6	114	1804
屯留县	2342	202		435		28		1677
长子县	12373	172		8296		5	46	3854
壶关县	4716	199		2794		6	124	1593
平顺县	491	60		212		2		217
黎城县	2338	87		1418		3	58	772
武乡县	3771	158	2	1157			14	2440
襄垣县	14986	80		9256		2	50	5598
沁县	520	127		152		2		239
沁源县	4390	149		918		4	60	3259
长治城区	1973			853				1120
长治郊区	5738	274		1816		8		3640
长治高新区	14718			8934				5784
晋城市小计	**121931**	**1388**		**53172**		**2**	**1275**	**66094**
本级	59968	485		13329			1000	45154
区县级小计	61963	903		39843		2	275	20940
阳城县	17845	132		12231			258	5224
高平市	5460	149						5311
沁水县	15498	102		11386				4010
陵川县	4024	88		2381		2	17	1536
晋城城区	667	225						442
泽州县	18351	207		13845				4299
晋城开发区	118							118
朔州市小计	**161678**	**2449**		**93562**		**58**	**352**	**65257**
本级	50709	319		12998		58	300	37034
区县级小计	110969	2130		80564			52	28223
朔城区	6614	1906						4708
平鲁区	4116			331			50	3735
山阴县	14139			5332				8807

3－4－5　　　　单位:万元

地　　区	收支部分 支出 支出合计	养路费支出	公路客货运附加费支出	国有土地使用权出让金支出	新增建设用地土地有偿使用费支出	地方水利建设基金支出	城市公用事业附加支出	其他各项基金支出
阳泉郊区	1879			276			85	1518
阳泉城区	75					50		25
阳泉矿区	7545							7545
阳泉开发区	820			80	362	3		375
长治市小计	**107962**	**2457**	**2**	**61303**	**2396**	**3515**	**1470**	**36819**
本级	54416	617		33689		1013	396	18701
区县级小计	53546	1840	2	27614	2396	2502	1074	18118
长治县	2100	168		645		163	111	1013
潞城市	4542	98		2295	397	418	148	1186
屯留县	3218	180		733		126	22	2157
长子县	6577	214		4780		178	114	1291
壶关县	4979	224		2834	60	667	172	1022
平顺县	1548	83		167	156	105	48	989
黎城县	1518	66		256	560	138	115	383
武乡县	2592	158	2	1153		196	72	1011
襄垣县	8445	72		5636	331	102	105	2199
沁县	1163	127		245	37	128	52	574
沁源县	2835	159		706		141	69	1760
长治城区	1446			724		36	10	676
长治郊区	7001	291		2050	855	104	36	3665
长治高新区	5582			5390				192
晋城市小计	**59379**	**1349**		**25109**	**1897**	**2221**	**1359**	**27444**
本级	22662	470		4664	1567	1300	565	14096
区县级小计	36717	879		20445	330	921	794	13348
阳城县	17020	127		11404		128	786	4575
高平市	1925	145		750		180		850
沁水县	3205	99		1533	130	74		1369
陵川县	4152	88		2406	200	180		1278
晋城城区	3633	219		123				3291
泽州县	6566	201		4099		359	8	1899
晋城开发区	216			130				86
朔州市小计	**140303**	**2479**		**86603**	**5910**	**96**	**350**	**44865**
本级	37819	318		6517	2459	26	300	28199
区县级小计	102484	2161		80086	3451	70	50	16666
朔城区	5122	1906		33				3183
平鲁区	4538			104			50	4384
山阴县	7566			2185				5381

三、各省、自治区、直辖市地市县基金预算财政资料

3－4－6

单位:万元

地区	平衡部分											
	收入						支出					年终结余
	收入合计	本年收入	上年结余	补助收入	省补助单列市收入	调入资金	支出合计	本年支出	上解支出	单列市上解省支出	调出资金	
阳泉郊区	4176	3378	389	409			2064	1879			185	2112
阳泉城区	714	346	232			136	199	75			124	515
阳泉矿区	9045	234	490	8112		209	7602	7545			57	1443
阳泉开发区	1276	444	795			37	859	820			39	417
长治市小计	**240517**	**167715**	**54388**	**16315**		**2099**	**107962**	**107962**				**132555**
本级	98548	85583	16177	－4719		1507	54416	54416				44132
区县级小计	141969	82132	38211	21034		592	53546	53546				88423
长治县	28029	8932	16900	2197			2100	2100				25929
潞城市	9082	4844	2528	1251		459	4542	4542				4540
屯留县	5007	2342	1121	1544			3218	3218				1789
长子县	16452	12373	1955	2124			6577	6577				9875
壶关县	6929	4716	340	1873			4979	4979				1950
平顺县	2164	491	328	1311		34	1548	1548				616
黎城县	6478	2338	2580	1560			1518	1518				4960
武乡县	7087	3771	903	2413			2592	2592				4495
襄垣县	21747	14986	4817	1944			8445	8445				13302
沁县	2489	520	436	1503		30	1163	1163				1326
沁源县	7284	4390	1211	1614		69	2835	2835				4449
长治城区	3179	1973	776	430			1446	1446				1733
长治郊区	10360	5738	3410	1212			7001	7001				3359
长治高新区	15682	14718	906	58			5582	5582				10100
晋城市小计	**181656**	**121931**	**41571**	**16565**		**1589**	**82442**	**59379**			**23063**	**99214**
本级	88057	59968	25353	1350		1386	22662	22662				65395
区县级小计	93599	61963	16218	15215		203	59780	36717			23063	33819
阳城县	30877	17845	9370	3662			19026	17020			2006	11851
高平市	9199	5460	2012	1727			1925	1925				7274
沁水县	18018	15498	977	1543			12550	3205			9345	5468
陵川县	7171	4024	1661	1486			5152	4152			1000	2019
晋城城区	4271	667	111	3493			3633	3633				638
泽州县	23468	18351	1666	3248		203	17278	6566			10712	6190
晋城开发区	595	118	421	56			216	216				379
朔州市小计	**197163**	**161678**	**21088**	**13904**		**493**	**144466**	**140303**			**4163**	**52697**
本级	58755	50709	5029	3017			37819	37819				20936
区县级小计	138408	110969	16059	10887		493	106647	102484			4163	31761
朔城区	9647	6614	1488	1545			5122	5122				4525
平鲁区	6458	4116	1763	579			4538	4538				1920
山阴县	17873	14139	1981	1753			7566	7566				10307

3－4－7　　　　单位:万元

地　　区	收支部分							
	收入							
	收入合计	养路费收入	公路客货运附加费收入	国有土地使用权出让金收入	新增建设用地土地有偿使用费收入	地方水利建设基金收入	城市公用事业附加收入	其他各项基金收入
怀仁县	16707	131		7330				9246
应县	3328	93		2561			2	672
右玉县	1097			60				1037
朔州开发区	64968			64950				18
忻州市小计	**48185**	**1713**		**11081**		**88**	**1146**	**34157**
本级	32668	1713		8201		83		22671
区县级小计	15517			2880		5	1146	11486
五台县	543			397				146
静乐县	426			26				400
河曲县	1791						272	1519
神池县	199			8				191
五寨县	1023			382				641
繁峙县	486			37			153	296
岢岚县	238							238
偏关县	247			22				225
代县	859			58			208	593
原平市	3222			805			363	2054
忻府区	1369			801		5		563
定襄县	180						32	148
宁武县	2396			255			13	2128
保德县	2534			89			105	2340
忻州开发区	4							4
晋中市小计	**98639**	**2932**		**38994**		**91**	**1280**	**55342**
本级	48409	2932		16450		91	280	28656
区县级小计	50230			22544			1000	26686
榆次区	1811							1811
太谷县	3392			2528			30	834
祁县	1843			812			98	933
平遥县	1391			654			124	613
介休市	5217			1887			331	2999
灵石县	6760			553				6207
寿阳县	6270			593			37	5640
昔阳县	2368			308			40	2020
和顺县	3257			1041			142	2074
左权县	2331			886			55	1390
榆社县	3771			2846			143	782
晋中开发区	11819			10436				1383

3－4－8

单位:万元

地区	收支部分							
	支出							
	支出合计	养路费支出	公路客货运附加费支出	国有土地使用权出让金支出	新增建设用地土地有偿使用费支出	地方水利建设基金支出	城市公用事业附加支出	其他各项基金支出
怀仁县	10982	131		8614	1491	10		736
应县	5586	124		2491	1960	60		951
右玉县	2031							2031
朔州开发区	66659			66659				
忻州市小计	**46827**	**1500**		**3986**	**4563**	**1731**	**943**	**34104**
本级	22309	1500		1083		82		19644
区县级小计	24518			2903	4563	1649	943	14460
五台县	4973			337	166	8		4462
静乐县	628				60	63		505
河曲县	1448					284	182	982
神池县	397			7	73	8		309
五寨县	630			168		3		459
繁峙县	2744			193	1570	8	153	820
岢岚县	461							461
偏关县	218				30	20		168
代县	1151				301	10	200	640
原平市	4013			269	1366	25	323	2030
忻府区	2103			591	235	318		959
定襄县	1161			274		285	25	577
宁武县	2189			665		249	13	1262
保德县	2377			399	762	368	47	801
忻州开发区	25							25
晋中市小计	**86696**	**3049**		**35938**	**2658**	**2176**	**1141**	**41734**
本级	31986	3049		6785	11	651	280	21210
区县级小计	54710			29153	2647	1525	861	20524
榆次区	6525			5434				1091
太谷县	5510			2668	486	23	60	2273
祁县	2575			860	32	75	20	1588
平遥县	3662			1130		592	154	1786
介休市	3435			432		25	322	2656
灵石县	2181			535		57		1589
寿阳县	5767			688		10	16	5053
昔阳县	2611			1800		94	32	685
和顺县	3856			685	2129	38	142	862
左权县	2732			1799		57	55	821
榆社县	4990			2822		501	60	1607
晋中开发区	10866			10300		53		513

3－4－9　　　　　　　　　　　　　　　　　　　　　　　　　　　　　单位：万元

地区	平衡部分											
	收入						支出					年终结余
	收入合计	本年收入	上年结余	补助收入	省补助单列市收入	调入资金	支出合计	本年支出	上解支出	单列市上解省支出	调出资金	
怀仁县	22596	16707	2890	2506		493	10982	10982				11614
应县	6226	3328	425	2473			5586	5586				640
右玉县	3358	1097	230	2031			2031	2031				1327
朔州开发区	72250	64968	7282				70822	66659			4163	1428
忻州市小计	**100256**	**48185**	**22773**	**28641**		**657**	**46827**	**46827**				**53429**
本级	49637	32668	9380	7589			22309	22309				27328
区县级小计	50619	15517	13393	21052		657	24518	24518				26101
五台县	5229	543		4686			4973	4973				256
静乐县	1211	426	251	491		43	628	628				583
河曲县	4089	1791	1786	268		244	1448	1448				2641
神池县	930	199	347	384			397	397				533
五寨县	2737	1023	398	1284		32	630	630				2107
繁峙县	3881	486	1037	2303		55	2744	2744				1137
岢岚县	1795	238	527	1001		29	461	461				1334
偏关县	2815	247	117	2451			218	218				2597
代县	2432	859	607	966			1151	1151				1281
原平市	5576	3222		2354			4013	4013				1563
忻府区	8019	1369	4955	1695			2103	2103				5916
定襄县	2555	180	1131	1160		84	1161	1161				1394
宁武县	4319	2396	1258	575		90	2189	2189				2130
保德县	5002	2534	979	1409		80	2377	2377				2625
忻州开发区	29	4		25			25	25				4
晋中市小计	**151993**	**98639**	**27409**	**24481**		**1464**	**87181**	**86696**			**485**	**64812**
本级	51392	48409	7588	－4605			32471	31986			485	18921
区县级小计	100601	50230	19821	29086		1464	54710	54710				45891
榆次区	12077	1811	4230	5761		275	6525	6525				5552
太谷县	7424	3392	477	3555			5510	5510				1914
祁县	3590	1843	245	1502			2575	2575				1015
平遥县	6354	1391	1498	3153		312	3662	3662				2692
介休市	9813	5217	2175	2421			3435	3435				6378
灵石县	10391	6760	2214	1042		375	2181	2181				8210
寿阳县	8326	6270	1218	838			5767	5767				2559
昔阳县	6261	2368	2500	1299		94	2611	2611				3650
和顺县	7238	3257	1232	2619		130	3856	3856				3382
左权县	7094	2331	2117	2646			2732	2732				4362
榆社县	9445	3771	1343	4158		173	4990	4990				4455
晋中开发区	12588	11819	572	92		105	10866	10866				1722

3－4－10

单位：万元

地区	收支部分							
	收入							
	收入合计	养路费收入	公路客货运附加费收入	国有土地使用权出让金收入	新增建设用地土地有偿使用费收入	地方水利建设基金收入	城市公用事业附加收入	其他各项基金收入
吕梁市小计	**57100**	**2424**		**5431**			**1804**	**47441**
本级	26813	2424		1728				22661
区县级小计	30287			3703			1804	24780
兴县	735			11				724
岚县	428			70				358
交城县	1608			147			800	661
文水县	1132			129			570	433
汾阳市	1625			257			102	1266
孝义市	9495			263			332	8900
柳林县	5952			732				5220
中阳县	2134			137				1997
石楼县	116			92				24
交口县	1134			79				1055
临县	1349			478				871
方山县	862			384				478
离石区	3717			924				2793
临汾市小计	**95942**	**4362**		**38876**		**141**	**2422**	**50141**
本级	26798	4362		1004		136		21296
区县级小计	69144			37872		5	2422	28845
尧都区	8596			5093				3503
侯马市	2893			1714			178	1001
曲沃县	1481			461			455	565
翼城县	3340			829			557	1954
襄汾县	3274			1225		3	436	1610
洪洞县	7459			2266			556	4637
霍州市	2573			393			50	2130
古县	2620			2				2618
安泽县	772							772
浮山县	828			391				437
吉县	28			17				11
乡宁县	4109			304			97	3708
蒲县	2735			328				2407
大宁县	57							57
永和县	13			8				5
隰县	57			6		2		49
汾西县	837			49			93	695
临汾开发区	25484			22960				2524

3－4－11 单位:万元

地区	收支部分							
	支出							
	支出合计	养路费支出	公路客货运附加费支出	国有土地使用权出让金支出	新增建设用地土地有偿使用费支出	地方水利建设基金支出	城市公用事业附加支出	其他各项基金支出
吕梁市小计	**41339**	**2700**		**10389**	**348**	**2755**	**1412**	**23735**
本级	10029	1823		624	83	46		7453
区县级小计	31310	877		9765	265	2709	1412	16282
兴县	748	16		220		361		151
岚县	1820	96		1548		3		173
交城县	2580	23		514			475	1568
文水县	1174	170		260		1	278	465
汾阳市	1792	207		440			132	1013
孝义市	10075	65		1403	170	3	527	7907
柳林县	3197	62		1609		5		1521
中阳县	964	41		468		1		454
石楼县	382	9		246				127
交口县	1098	31		55	95	3		914
临县	895	95		372		105		323
方山县	2398	3		662		1439		294
离石区	4187	59		1968		788		1372
临汾市小计	**81851**	**4040**		**38617**		**1167**	**2128**	**35899**
本级	23661	4040		6667		439		12515
区县级小计	58190			31950		728	2128	23384
尧都区	6098			2960		73		3065
侯马市	4548			2734		45	182	1587
曲沃县	1947			1259		11	335	342
翼城县	3911			1113			722	2076
襄汾县	1259			203		26	185	845
洪洞县	4719			2015		373	486	1845
霍州市	4989			264		10	50	4665
古县	2584			11		12		2561
安泽县	1039			8		9		1022
浮山县	970			270		39		661
吉县	195			42		7		146
乡宁县	872			596		14	75	187
蒲县	492			152		7		333
大宁县	393			98		26		269
永和县	504			2		18		484
隰县	280			7		43		230
汾西县	938			81		15	93	749
临汾开发区	20875			18663				2212

三、各省、自治区、直辖市地市县基金预算财政资料

3－4－12

单位:万元

地区	平衡部分 收入 收入合计	收入 本年收入	收入 上年结余	收入 补助收入	收入 省补助单列市收入	收入 调入资金	支出 支出合计	支出 本年支出	支出 上解支出	支出 单列市上解省支出	支出 调出资金	年终结余
吕梁市小计	**132531**	**57100**	**48339**	**26535**		**557**	**41339**	**41339**				**91192**
本级	64240	26813	25725	11702			10029	10029				54211
区县级小计	68291	30287	22614	14833		557	31310	31310				36981
兴县	3195	735	823	1637			748	748				2447
岚县	2927	428	617	1882			1820	1820				1107
交城县	4452	1608	2277	528		39	2580	2580				1872
文水县	3202	1132	1332	738			1174	1174				2028
汾阳市	3929	1625	1648	656			1792	1792				2137
孝义市	15866	9495	3575	2796			10075	10075				5791
柳林县	8852	5952	2002	898			3197	3197				5655
中阳县	3107	2134	591	382			964	964				2143
石楼县	1369	116	594	659			382	382				987
交口县	1908	1134	548	195		31	1098	1098				810
临县	3719	1349	943	1427			895	895				2824
方山县	5177	862	1774	2541			2398	2398				2779
离石区	10588	3717	5890	494		487	4187	4187				6401
临汾市小计	**149379**	**95942**	**29990**	**22586**		**861**	**81851**	**81851**				**67528**
本级	40117	26798	14369	－1050			23661	23661				16456
区县级小计	109262	69144	15621	23636		861	58190	58190				51072
尧都区	16694	8596	1356	6742			6098	6098				10596
侯马市	6289	2893	2475	921			4548	4548				1741
曲沃县	6471	1481	1553	3437			1947	1947				4524
翼城县	7693	3340	1611	2742			3911	3911				3782
襄汾县	5560	3274	1421	865			1259	1259				4301
洪洞县	12054	7459	2830	1082		683	4719	4719				7335
霍州市	5885	2573	326	2986			4989	4989				896
古县	3050	2620	231	199			2584	2584				466
安泽县	1089	772		317			1039	1039				50
浮山县	1245	828	136	246		35	970	970				275
吉县	548	28	178	328		14	195	195				353
乡宁县	6839	4109	2252	349		129	872	872				5967
蒲县	3437	2735	287	415			492	492				2945
大宁县	555	57	66	432			393	393				162
永和县	1362	13	165	1184			504	504				858
隰县	572	57	8	507			280	280				292
汾西县	1782	837	64	881			938	938				844
临汾开发区	26149	25484	662	3			20875	20875				5274

3－4－13

单位：万元

地区	收支部分							
	收入							
	收入合计	养路费收入	公路客货运附加费收入	国有土地使用权出让金收入	新增建设用地土地有偿使用费收入	地方水利建设基金收入	城市公用事业附加收入	其他各项基金收入
侯马开发区	1988			1826				162
运城市小计	**32757**	**2663**		**16103**		**131**	**2974**	**10886**
本级	16685	2663		10516		126	100	3280
区县级小计	16072			5587		5	2874	7606
盐湖区	348							348
永济市	3728			2517			205	1006
芮城县	254			120			40	94
临猗县	1066			355			300	411
绛县	450			246			80	124
河津市	6360			1443			1215	3702
新绛县	564			205			204	155
垣曲县	234			15		3	40	176
闻喜县	1522			135		2	505	880
万荣县	118						37	81
稷山县	1169			551			224	394
平陆县	204						24	180
夏县	22							22
运城经济开发区	17							17
风陵渡开发区								
华信开发区	16							16

3－4－14

单位:万元

地区	收支部分							
	支出							
	支出合计	养路费支出	公路客货运附加费支出	国有土地使用权出让金支出	新增建设用地土地有偿使用费支出	地方水利建设基金支出	城市公用事业附加支出	其他各项基金支出
侯马开发区	1577			1472				105
运城市小计	**60760**	**2693**		**16803**	**10648**	**4598**	**2721**	**23297**
本级	17808	2443		11541		1431	1	2392
区县级小计	42952	250		5262	10648	3167	2720	20905
盐湖区	2880	45		1334	168	63	155	1115
永济市	5072	5		1864	644		205	2354
芮城县	4295	45		62	86	5	54	4043
临猗县	3240	55		510	763	485	345	1082
绛县	746			138	150		29	429
河津市	3321	15		366		1252	832	856
新绛县	2749	10		148	1449	141	135	866
垣曲县	5368			216	2373	100	50	2629
闻喜县	2078	5		225		100	633	1115
万荣县	2733	20		115	2227	10	37	324
稷山县	2412	5		196	1343	259	224	385
平陆县	6107	20		88	1445	25	21	4508
夏县	1918	25				727		1166
运城经济开发区	17							17
风陵渡开发区								
华信开发区	16							16

3-4-15 单位:万元

地区	平衡部分											
	收入						支出					年终结余
	收入合计	本年收入	上年结余	补助收入	省补助单列市收入	调入资金	支出合计	本年支出	上解支出	单列市上解省支出	调出资金	
侯马开发区	1988	1988					1577	1577				411
运城市小计	**97429**	**32757**	**21651**	**40827**		**2194**	**61360**	**60760**			**600**	**36069**
本级	27867	16685	7888	2687		607	17808	17808				10059
区县级小计	69562	16072	13763	38140		1587	43552	42952			600	26010
盐湖区	5153	348	2276	2529			2880	2880				2273
永济市	8113	3728	1047	3338			5672	5072			600	2441
芮城县	5238	254	769	4215			4295	4295				943
临猗县	4208	1066	779	2363			3240	3240				968
绛县	1505	450	420	635			746	746				759
河津市	12263	6360	4123	535		1245	3321	3321				8942
新绛县	3218	564	563	2046		45	2749	2749				469
垣曲县	5851	234	550	4989		78	5368	5368				483
闻喜县	7809	1522	921	5366			2078	2078				5731
万荣县	3044	118	311	2615			2733	2733				311
稷山县	4079	1169	979	1740		191	2412	2412				1667
平陆县	6496	204	440	5852			6107	6107				389
夏县	2552	22	585	1917		28	1918	1918				634
运城经济开发区	17	17					17	17				
风陵渡开发区												
华信开发区	16	16					16	16				

2007 年内蒙古自治区地市县财政基金预算收支平衡表

3－5－1　　　　单位:万元

地　　区	收支部分							
	收入							
	收　入 合　计	养路费 收　入	公路客货 运附加费 收　　入	国有土地 使用权出 让金收入	新增建设用 地土地有偿 使用费收入	地方水利 建设基金 收　　入	城市公用 事业附加 收　　入	其他各项 基金收入
地市县合计	**1362237**	**45073**		**1209047**	**2039**	**2537**	**30979**	**72562**
呼伦贝尔市小计	**127566**	**24350**		**95690**		**994**	**1677**	**4855**
本级	32629	24350		4462		844	979	1994
区县级小计	94937			91228		150	698	2861
海拉尔市	19010			18541		50	380	39
满洲里市	16993			15932			318	743
扎兰屯市	14058			12971		100		987
牙克石市	15154			15061				93
阿荣旗	6781			6076				705
莫力达瓦自治旗	661			645				16
根河市	583			563				20
额尔古纳市	1651			1625				26
鄂伦春自治旗	415			366				49
新巴尔虎左旗	3075			3067				8
新巴尔虎右旗	7190			7179				11
陈巴尔虎旗	1803			1789				14
鄂温克自治旗	7563			7413				150
兴安盟小计	**2830**	**422**		**1640**				**768**
本级	280							280
区县级小计	2550	422		1640				488
乌兰浩特市	499	193		140				166
科右前旗	203			69				134
突泉县	191	110		51				30
扎赉特旗	1222	15		1171				36
科右中旗	227	90		85				52
阿尔山市	208	14		124				70
通辽市小计	**108970**	**2341**		**74799**		**1277**	**460**	**30093**
本级	55897	2341		47183		1257	460	4656
区县级小计	53073			27616		20		25437
科尔沁区	20205			1990				18215
开鲁县	3527			3313				214
科左中旗	3458			986				2472
科左后旗	860			36				824
奈曼旗	6976			6427		10		539
库伦旗	2900			2545				355
扎鲁特旗	4700			1897		10		2793
霍林郭勒市	10447			10422				25

3－5－2　　　　单位:万元

地　　区	收	支	部				分	
	支				出			
	支出合计	养路费支出	公路客货运附加费支出	国有土地使用权出让金支出	新增建设用地土地有偿使用费支出	地方水利建设基金支出	城市公用事业附加支出	其他各项基金支出
地市县合计	**1557928**	**61742**	**3005**	**1247309**	**62384**	**32109**	**23607**	**127772**
呼伦贝尔市小计	**141308**	**25491**	**90**	**100369**	**739**	**3949**	**966**	**9704**
本级	33684	25423	90	4761		195	268	2947
区县级小计	107624	68		95608	739	3754	698	6757
海拉尔市	19731			19144		90	380	117
满洲里市	19891	68		15932		2021	318	1552
扎兰屯市	14309			13101		84		1124
牙克石市	15971			15587	95	55		234
阿荣旗	7178			6287		107		784
莫力达瓦自治旗	5686			3223		955		1508
根河市	830			563		30		237
额尔古纳市	2651			1775	644	44		188
鄂伦春自治旗	634			366		118		150
新巴尔虎左旗	3592			3067		41		484
新巴尔虎右旗	7329			7179		30		120
陈巴尔虎旗	1815			1728		87		
鄂温克自治旗	8007			7656		92		259
兴安盟小计	**19233**	**1768**		**1982**	**11160**	**1516**		**2807**
本级	13811	1186		400	10360	800		1065
区县级小计	5422	582		1582	800	716		1742
乌兰浩特市	852	193		140		348		171
科右前旗	784			69		44		671
突泉县	754	110		51		238		355
扎赉特旗	2228	75		1171	800	46		136
科右中旗	597	193		65		40		299
阿尔山市	207	11		86				110
通辽市小计	**130969**	**4632**		**73792**	**12613**	**3206**	**460**	**36266**
本级	61719	4632		44682	1453	2557	460	7935
区县级小计	69250			29110	11160	649		28331
科尔沁区	23789			3140	1593	550		18506
开鲁县	6266			3313	2096	17		840
科左中旗	6878			986	3199			2693
科左后旗	2080			280	700	50		1050
奈曼旗	9888			6427	2222	10		1229
库伦旗	3594			2545	500			549
扎鲁特旗	5689			1997	700	22		2970
霍林郭勒市	11066			10422	150			494

三、各省、自治区、直辖市地市县基金预算财政资料

3－5－3

单位:万元

地区	平衡部分											
	收入						支出					年终结余
	收入合计	本年收入	上年结余	补助收入	省补助单列市收入	调入资金	支出合计	本年支出	上解支出	单列市上解省支出	调出资金	
地市县合计	**1801684**	**1362237**	**201883**	**237564**			**1565274**	**1557928**			**7346**	**236410**
呼伦贝尔市小计	**161428**	**127566**	**5250**	**28612**			**148559**	**141308**			**7251**	**12869**
本级	39133	32629	2200	4304			34937	33684			1253	4196
区县级小计	122295	94937	3050	24308			113622	107624			5998	8673
海拉尔市	20342	19010	681	651			20007	19731			276	335
满洲里市	23302	16993	269	6040			19891	19891				3411
扎兰屯市	15904	14058	92	1754			14694	14309			385	1210
牙克石市	18245	15154	1320	1771			16737	15971			766	1508
阿荣旗	7756	6781	20	955			7686	7178			508	70
莫力达瓦自治旗	6293	661		5632			6293	5686			607	
根河市	890	583	60	247			830	830				60
额尔古纳市	3331	1651	214	1466			3285	2651			634	46
鄂伦春自治旗	2323	415		1908			1287	634			653	1036
新巴尔虎左旗	3697	3075	96	526			3697	3592			105	
新巴尔虎右旗	7352	7190	51	111			7352	7329			23	
陈巴尔虎旗	2598	1803	120	675			2374	1815			559	224
鄂温克自治旗	10262	7563	127	2572			9489	8007			1482	773
兴安盟小计	**22467**	**2830**	**1743**	**17894**			**19233**	**19233**				**3234**
本级	16680	280	1293	15107			13811	13811				2869
区县级小计	5787	2550	450	2787			5422	5422				365
乌兰浩特市	1090	499	143	448			852	852				238
科右前旗	784	203	5	576			784	784				
突泉县	790	191	291	308			754	754				36
扎赉特旗	2228	1222		1006			2228	2228				
科右中旗	597	227		370			597	597				
阿尔山市	298	208	11	79			207	207				91
通辽市小计	**142948**	**108970**	**8824**	**25154**			**130969**	**130969**				**11979**
本级	72781	55897	7765	9119			61719	61719				11062
区县级小计	70167	53073	1059	16035			69250	69250				917
科尔沁区	23789	20205		3584			23789	23789				
开鲁县	6266	3527	17	2722			6266	6266				
科左中旗	6878	3458		3420			6878	6878				
科左后旗	2449	860	457	1132			2080	2080				369
奈曼旗	9888	6976		2912			9888	9888				
库伦旗	4088	2900	413	775			3594	3594				494
扎鲁特旗	5743	4700	172	871			5689	5689				54
霍林郭勒市	11066	10447		619			11066	11066				

3－5－4 单位:万元

地区	收支部分							
	收入							
	收入合计	养路费收入	公路客货运附加费收入	国有土地使用权出让金收入	新增建设用地土地有偿使用费收入	地方水利建设基金收入	城市公用事业附加收入	其他各项基金收入
锡林郭勒盟小计	**74390**	**1287**		**71565**			**331**	**1207**
本级	2605	1287		238			95	985
区县级小计	71785			71327			236	222
太仆寺旗	842			831				11
多伦县	6725			6698				27
正蓝旗	7463			7444				19
正镶白旗	35							35
镶黄旗	1773			1770				3
苏尼特左旗	476			471				5
西乌珠穆沁旗	11291			11274				17
东乌珠穆沁旗	12071			12032				39
阿巴嘎旗	242			237			1	4
锡林浩特市	12221			11986			235	
苏尼特右旗	2407			2396				11
二连市	16239			16188				51
乌兰察布盟小计	**43276**	**1794**		**25177**		**141**	**8696**	**7468**
本级	6656	1794		3253		141		1468
区县级小计	36620			21924			8696	6000
集宁区	11979			11779			200	
察右前旗	952			240			187	525
察右中旗	1128			227			874	27
察右后旗	4651			3399			1188	64
丰镇市	7253			4263				2990
凉城县	2370			1208				1162
兴和县	4381						4281	100
卓资县	2072			164			918	990
四子王旗	84							84
商都县	282			237				45
化德县	1468			407			1048	13
鄂尔多斯市小计	**250678**	**2511**		**241461**				**6706**
本级	4953			1715				3238
区县级小计	245725	2511		239746				3468
准格尔旗	16757	278		16343				136
达拉特旗	23074	409		22502				163
东胜区	165109	397		164537				175
伊金霍洛旗	7160	50		5205				1905
鄂托克旗	17248	470		16692				86

3－5－5

单位：万元

地区	收支部分							
	支出							
	支出合计	养路费支出	公路客货运附加费支出	国有土地使用权出让金支出	新增建设用地土地有偿使用费支出	地方水利建设基金支出	城市公用事业附加支出	其他各项基金支出
锡林郭勒盟小计	**86924**	**2151**	**440**	**76527**		**3440**	**236**	**4130**
本级	4510	2151	440	238		1000		681
区县级小计	82414			76289		2440	236	3449
太仆寺旗	3662			3356		124		182
多伦县	8519			7824		71		624
正蓝旗	7553			7369		60		124
正镶白旗	1071			682		108		281
镶黄旗	2216			1970		60		186
苏尼特左旗	860			606		68		186
西乌珠穆沁旗	11959			11747		106		106
东乌珠穆沁旗	12636			12032		285		319
阿巴嘎旗	1826			237		1402	1	186
锡林浩特市	12779			11986		79	235	479
苏尼特右旗	2488			2292		77		119
二连市	16845			16188				657
乌兰察布盟小计	**52328**	**1943**	**370**	**27132**	**518**	**2662**	**8543**	**11160**
本级	7633	1916	370	3848		159		1340
区县级小计	44695	27		23284	518	2503	8543	9820
集宁区	12132			11616		64	200	252
察右前旗	1389			230		81	187	891
察右中旗	1405			62		407	874	62
察右后旗	4583	10		3130		323	1035	85
丰镇市	7548			4342	30	25		3151
凉城县	4826			3122	100	15		1589
兴和县	6223					20	4281	1922
卓资县	2260	12		150	30	68	918	1082
四子王旗	722					453		269
商都县	1882			225	328	987		342
化德县	1725	5		407	30	60	1048	175
鄂尔多斯市小计	**289453**	**4371**	**70**	**256832**	**10038**	**3785**		**14357**
本级	9958	1642	70		5650			2596
区县级小计	279495	2729		256832	4388	3785		11761
准格尔旗	20239	278		16343		1104		2514
达拉特旗	33008	402		30758	233	400		1215
东胜区	166143	432		164729		12		970
伊金霍洛旗	7314	238		4587		1		2488
鄂托克旗	35130	470		33211		339		1110

3－5－6

单位:万元

地区	平衡部分											
	收入						支出					年终结余
	收入合计	本年收入	上年结余	补助收入	省补助单列市收入	调入资金	支出合计	本年支出	上解支出	单列市上解省支出	调出资金	
锡林郭勒盟小计	**92618**	**74390**	**4677**	**13551**			**87019**	**86924**			**95**	**5599**
本级	7968	2605	3511	1852			4605	4510			95	3363
区县级小计	84650	71785	1166	11699			82414	82414				2236
太仆寺旗	4425	842	87	3496			3662	3662				763
多伦县	8519	6725		1794			8519	8519				
正蓝旗	8448	7463	106	879			7553	7553				895
正镶白旗	1102	35	13	1054			1071	1071				31
镶黄旗	2284	1773	53	458			2216	2216				68
苏尼特左旗	928	476	204	248			860	860				68
西乌珠穆沁旗	12093	11291	522	280			11959	11959				134
东乌珠穆沁旗	12639	12071	12	556			12636	12636				3
阿巴嘎旗	1826	242		1584			1826	1826				
锡林浩特市	12779	12221		558			12779	12779				
苏尼特右旗	2760	2407	168	185			2488	2488				272
二连市	16847	16239	1	607			16845	16845				2
乌兰察布盟小计	**65368**	**43276**	**8385**	**13707**			**52328**	**52328**				**13040**
本级	18123	6656	3160	8307			6938	7633	－695			11185
区县级小计	47245	36620	5225	5400			45390	44695	695			1855
集宁区	12479	11979	1	499			12295	12132	163			184
察右前旗	1827	952	425	450			1437	1389	48			390
察右中旗	1591	1128	100	363			1450	1405	45			141
察右后旗	5190	4651	66	473			4633	4583	50			557
丰镇市	7856	7253	310	293			7669	7548	121			187
凉城县	5068	2370	2156	542			5068	4826	242			
兴和县	6273	4381	900	992			6223	6223				50
卓资县	2426	2072	73	281			2274	2260	14			152
四子王旗	722	84	276	362			722	722				
商都县	2088	282	908	898			1894	1882	12			194
化德县	1725	1468	10	247			1725	1725				
鄂尔多斯市小计	**316134**	**250678**	**40305**	**25151**			**289453**	**289453**				**26681**
本级	13066	4953	3274	4839			9958	9958				3108
区县级小计	303068	245725	37031	20312			279495	279495				23573
准格尔旗	20264	16757	25	3482			20239	20239				25
达拉特旗	35229	23074	10254	1901			33008	33008				2221
东胜区	172762	165109	5585	2068			166143	166143				6619
伊金霍洛旗	12021	7160	2489	2372			7314	7314				4707
鄂托克旗	35130	17248	16519	1363			35130	35130				

三、各省、自治区、直辖市地市县基金预算财政资料

3－5－7

单位:万元

地区	收支部分							
	收入							
	收入合计	养路费收入	公路客货运附加费收入	国有土地使用权出让金收入	新增建设用地土地有偿使用费收入	地方水利建设基金收入	城市公用事业附加收入	其他各项基金收入
乌审旗	13493	219		12361				913
杭锦旗	2433	474		1913				46
鄂托克前旗	451	214		193				44
巴彦淖尔盟小计	**55656**	**2829**		**50444**	**282**		**804**	**1297**
本级	32179	2829		27992	282			1076
区县级小计	23477			22452			804	221
磴口县	2208			2178				30
杭锦后旗	2779			2707			20	52
临河市	3973			3727			235	11
五原县	5603			5488			70	45
乌拉特前旗	5740			5483			203	54
乌拉特中旗	2075			2025			35	15
乌拉特后旗	1099			844			241	14
阿拉善盟小计	**10424**	**401**		**9463**			**25**	**535**
本级	6798	401		6005				392
区县级小计	3626			3458			25	143
阿左旗	2499			2426				73
阿右旗	103			53			25	25
额济纳旗	1024			979				45
呼和浩特市小计	**354682**	**2494**		**339587**	**1757**	**125**	**1700**	**9019**
本级	208155	2494		195900	1667	125	1670	6299
区县级小计	146527			143687	90		30	2720
土左旗	17617			15598	90		30	1899
托县	34327			34279				48
赛罕区	53214			53057				157
新城区	3999			3800				199
回民区	13917			13764				153
玉泉区	571			519				52
和林县	19575			19525				50
武川县	2115			1970				145
清水河县	1192			1175				17
包头市小计	**192366**	**2000**		**181467**			**3035**	**5864**
本级	158648	2000		149470			3035	4143
区县级小计	33718			31997				1721
东河区	53							53
青山区	190							190
昆区	190							190

3－5－8

单位:万元

地区	收支部分							
	支出							
	支出合计	养路费支出	公路客货运附加费支出	国有土地使用权出让金支出	新增建设用地土地有偿使用费支出	地方水利建设基金支出	城市公用事业附加支出	其他各项基金支出
乌审旗	7944	221		4989		1025		1709
杭锦旗	7973	474		1609	4155	805		930
鄂托克前旗	1744	214		606		99		825
巴彦淖尔盟小计	**79557**	**4314**	**270**	**64301**	**26**	**3381**	**788**	**6477**
本级	51049	4314	270	42197		1679		2589
区县级小计	28508			22104	26	1702	788	3888
磴口县	2762			1988		56	7	711
杭锦后旗	2988			2549		50	20	369
临河市	4847			3727		581	235	304
五原县	5788			5488			70	230
乌拉特前旗	6879			5483		617	203	576
乌拉特中旗	3390			2025	26	368	35	936
乌拉特后旗	1854			844		30	218	762
阿拉善盟小计	**15753**	**606**	**130**	**11930**		**1123**	**25**	**1939**
本级	10073	606	130	7155		1098		1084
区县级小计	5680			4775		25	25	855
阿左旗	3205			2558		25		622
阿右旗	522			458			25	39
额济纳旗	1953			1759				194
呼和浩特市小计	**400619**	**3179**	**925**	**371115**	**9532**	**2154**	**1669**	**12045**
本级	223011	3159	925	210898	705	1500	1669	4155
区县级小计	177608	20		160217	8827	654		7890
土左旗	20967			17078	1242			2647
托县	38431	20		36946		260		1205
赛罕区	64940			56798	7585	9		548
新城区	6871			6450		28		393
回民区	16423			15901		27		495
玉泉区	1739			1551				188
和林县	21673			20524		288		861
武川县	3708			3550		9		149
清水河县	2856			1419		33		1404
包头市小计	**201369**	**2140**		**177336**	**7950**	**2862**	**1043**	**10038**
本级	139503	2140		132708	50	8	1043	3554
区县级小计	61866			44628	7900	2854		6484
东河区	5294			5273				21
青山区	2614			2526				88
昆区	4114			1100				3014

三、各省、自治区、直辖市地市县基金预算财政资料

3－5－9　　　　　　　　　　　　　　　　　　　　　　　　　　　　单位:万元

地区	平衡部分											
	收入						支出					年终结余
	收入合计	本年收入	上年结余	补助收入	省补助单列市收入	调入资金	支出合计	本年支出	上解支出	单列市上解省支出	调出资金	
乌审旗	17130	13493	1736	1901			7944	7944				9186
杭锦旗	8388	2433		5955			7973	7973				415
鄂托克前旗	2144	451	423	1270			1744	1744				400
巴彦淖尔盟小计	**83984**	**55656**	**5712**	**22616**			**79557**	**79557**				**4427**
本级	54457	32179	5285	16993			51049	51049				3408
区县级小计	29527	23477	427	5623			28508	28508				1019
磴口县	3032	2208	144	680			2762	2762				270
杭锦后旗	3203	2779	77	347			2988	2988				215
临河市	4847	3973	54	820			4847	4847				
五原县	6127	5603	8	516			5788	5788				339
乌拉特前旗	6971	5740		1231			6879	6879				92
乌拉特中旗	3405	2075	80	1250			3390	3390				15
乌拉特后旗	1942	1099	64	779			1854	1854				88
阿拉善盟小计	**16323**	**10424**	**265**	**5634**			**15753**	**15753**				**570**
本级	10642	6798	240	3604			10073	10073				569
区县级小计	5681	3626	25	2030			5680	5680				1
阿左旗	3206	2499	20	687			3205	3205				1
阿右旗	522	103	5	414			522	522				
额济纳旗	1953	1024		929			1953	1953				
呼和浩特市小计	**423867**	**354682**	**48830**	**20355**			**400619**	**400619**				**23248**
本级	235536	208155	26636	745			223011	223011				12525
区县级小计	188331	146527	22194	19610			177608	177608				10723
土左旗	23981	17617	2416	3948			20967	20967				3014
托县	38437	34327	406	3704			38431	38431				6
赛罕区	67613	53214	11484	2915			64940	64940				2673
新城区	6883	3999	1034	1850			6871	6871				12
回民区	16745	13917	2468	360			16423	16423				322
玉泉区	4361	571	2627	1163			1739	1739				2622
和林县	22655	19575	394	2686			21673	21673				982
武川县	4613	2115	504	1994			3708	3708				905
清水河县	3043	1192	861	990			2856	2856				187
包头市小计	**254265**	**192366**	**48898**	**13001**			**201369**	**201369**				**52896**
本级	182615	158648	41143	－17176			139503	139503				43112
区县级小计	71650	33718	7755	30177			61866	61866				9784
东河区	6893	53	3048	3792			5294	5294				1599
青山区	2951	190	103	2658			2614	2614				337
昆区	5117	190	1849	3078			4114	4114				1003

3－5－10 单位:万元

地区	收支部分 收入 收入合计	养路费收入	公路客货运附加费收入	国有土地使用权出让金收入	新增建设用地土地有偿使用费收入	地方水利建设基金收入	城市公用事业附加收入	其他各项基金收入
石拐区	67			62				5
白云区	1509			1508				1
九原区	95							95
土右旗	12726			11621				1105
固阳县	5671			5634				37
达茂旗	13217			13172				45
乌海市小计	**80599**	**407**		**78471**			**620**	**1101**
本级	80241	407		78471			620	743
区县级小计	358							358
乌达区	100							100
海勃湾区	147							147
海南区	111							111
赤峰市小计	**60800**	**4237**		**39283**			**13631**	**3649**
本级	30725	4237		16034			9150	1304
区县级小计	30075			23249			4481	2345
红山区	2903			2220				683
松山区	258			40			8	210
元宝山区	4482			4299				183
阿鲁科尔沁旗	7092			6936				156
巴林左旗	4784			305			4429	50
巴林右旗	2644			2591				53
林西县	43							43
克什克腾旗	156							156
翁牛特旗	332			222			44	66
喀喇沁旗	4645			4258				387
宁城县	1305			1242				63
敖汉旗	1431			1136				295

三、各省、自治区、直辖市地市县基金预算财政资料

3－5－11

单位:万元

地区	收支部分							
	支出							
	支出合计	养路费支出	公路客货运附加费支出	国有土地使用权出让金支出	新增建设用地土地有偿使用费支出	地方水利建设基金支出	城市公用事业附加支出	其他各项基金支出
石拐区	226			64	150			12
白云区	2654			1429	100	1000		125
九原区	8761			3721	3896	252		892
土右旗	18900			12192	3039	1574		2095
固阳县	4809			4389	287	28		105
达茂旗	14494			13934	428			132
乌海市小计	**58801**	**219**	**310**	**53853**	**1897**	**13**	**606**	**1903**
本级	37124	159	310	34660	800		470	725
区县级小计	21677	60		19193	1097	13	136	1178
乌达区	4155			3388		3	37	727
海勃湾区	13490			13121	200			169
海南区	4032	60		2684	897	10	99	282
赤峰市小计	**81614**	**10928**	**400**	**32140**	**7911**	**4018**	**9271**	**16946**
本级	43147	10918	400	11114	7831	600	8936	3348
区县级小计	38467	10		21026	80	3418	335	13598
红山区	4518			2303		591		1624
松山区	1887	10		40		393	139	1305
元宝山区	6302			4923	80	500	53	746
阿鲁科尔沁旗	7465			7016		145		304
巴林左旗	689			305		120	99	165
巴林右旗	710			132		130		448
林西县	1086			788		120		178
克什克腾旗	4240			1689		162		2389
翁牛特旗	2199			319		390	44	1446
喀喇沁旗	3172			2223		457		492
宁城县	792			19		132		641
敖汉旗	5407			1269		278		3860

3－5－12

单位:万元

地区	平衡部分 收入 收入合计	本年收入	上年结余	补助收入	省补助单列市收入	调入资金	支出 支出合计	本年支出	上解支出	单列市上解省支出	调出资金	年终结余
石拐区	241	67		174			226	226				15
白云区	2987	1509	100	1378			2654	2654				333
九原区	9061	95	200	8766			8761	8761				300
土右旗	19292	12726	631	5935			18900	18900				392
固阳县	7955	5671	507	1777			4809	4809				3146
达茂旗	17153	13217	1317	2619			14494	14494				2659
乌海市小计	**90952**	**80599**	**5091**	**5262**			**58801**	**58801**				**32151**
本级	64053	80241	4810	－20998			37124	37124				26929
区县级小计	26899	358	281	26260			21677	21677				5222
乌达区	7366	100	195	7071			4155	4155				3211
海勃湾区	14399	147	31	14221			13490	13490				909
海南区	5134	111	55	4968			4032	4032				1102
赤峰市小计	**131330**	**60800**	**23903**	**46627**			**81614**	**81614**				**49716**
本级	64781	30725	15166	18890			42830	43147	－317			21951
区县级小计	66549	30075	8737	27737			38784	38467	317			27765
红山区	4612	2903		1709			4612	4518	94			
松山区	4641	258	121	4262			1901	1887	14			2740
元宝山区	12057	4482	3349	4226			6410	6302	108			5647
阿鲁科尔沁旗	7572	7092	25	455			7468	7465	3			104
巴林左旗	5320	4784		536			699	689	10			4621
巴林右旗	4320	2644	335	1341			716	710	6			3604
林西县	1426	43	957	426			1092	1086	6			334
克什克腾旗	4256	156		4100			4256	4240	16			
翁牛特旗	3540	332	335	2873			2208	2199	9			1332
喀喇沁旗	5396	4645	47	704			3188	3172	16			2208
宁城县	5066	1305	2747	1014			805	792	13			4261
敖汉旗	8343	1431	821	6091			5429	5407	22			2914

2007 年辽宁省地市县财政基金预算收支平衡表

3－6－1　　单位:万元

地区	收支部分							
	收入							
	收入合计	养路费收入	公路客货运附加费收入	国有土地使用权出让金收入	新增建设用地土地有偿使用费收入	地方水利建设基金收入	城市公用事业附加收入	其他各项基金收入
地市县合计	**5336293**			**4792881**	**55985**	**37192**	**53523**	**396712**
沈阳市小计	**2146834**			**2022557**		**17943**	**6727**	**99607**
本级	1390734			1284545		14903	6500	84786
区县级小计	756100			738012		3040	227	14821
铁西区	101007			98161				2846
和平区	181660			178281				3379
沈河区	29780			29409				371
大东区	9767			9767				
皇姑区	14416			14416				
苏家屯区	41514			41251		148		115
沈北新区	283832			278264		469		5099
东陵区	36779			35247		860		672
于洪区	14908			13782		1126		
辽中县	14695			14273		114		308
新民市	11713			11188		134	227	164
法库县	10662			9635		98		929
康平县	5367			4338		91		938
大连市小计	**1771119**			**1558638**	**55985**	**19249**	**12927**	**124320**
本级	873454			717425	55985	19249	6537	74258
区县级小计	897665			841213			6390	50062
瓦房店市	136160			127537			672	7951
普兰店市	31795			30615			224	956
庄河市	57503			54126			280	3097
长海县	804			700				104
金州区	150392			133554			603	16235
旅顺口区	173465			163826				9639
甘井子区	4781			4363				418
中山区	123							123
西岗区								
沙河口区								
开发区	266611			250579			4611	11421
高新园区	33800			33730				70
保税区	42231			42183				48
鞍山市小计	**286888**			**242801**			**9249**	**34838**
本级	239849			203932			6542	29375
区县级小计	47039			38869			2707	5463
海城市	27504			23448			1660	2396

3－6－2 单位:万元

地　　区	收支部分：支出：支出合计	养路费支出	公路客货运附加费支出	国有土地使用权出让金支出	新增建设用地土地有偿使用费支出	地方水利建设基金支出	城市公用事业附加支出	其他各项基金支出
地市县合计	**4456525**			**4053863**	**8313**	**57286**	**41274**	**295789**
沈阳市小计	**1736557**			**1625365**		**40387**	**6847**	**63958**
本级	1042118			949072		38091	6620	48335
区县级小计	694439			676293		2296	227	15623
铁西区	91648			90403				1245
和平区	176965			173586				3379
沈河区	29780			29409				371
大东区	8167			6662				1505
皇姑区	19042			16625				2417
苏家屯区	27306			25949		148		1209
沈北新区	253563			252027		79		1457
东陵区	28407			27718		437		252
于洪区	15282			13867		1126		289
辽中县	17184			16552		137		495
新民市	11907			11188		134	227	358
法库县	10718			8879		87		1752
康平县	4470			3428		148		894
大连市小计	**1568940**			**1462400**	**8312**	**13093**	**10996**	**74139**
本级	757735			689455	8055	13093	387	46745
区县级小计	811205			772945	257		10609	27394
瓦房店市	141955			132712			3013	6230
普兰店市	31725			30615	154		224	732
庄河市	48048			46779			366	903
长海县	793			700				93
金州区	130554			122692	103		2439	5320
旅顺口区	150193			149122				1071
甘井子区	6879			6474				405
中山区	277							277
西岗区								
沙河口区								
开发区	267071			250141			4567	12363
高新园区	33710			33710				
保税区								
鞍山市小计	**168604**			**144068**		**140**	**4082**	**20314**
本级	62368			51758			2106	8504
区县级小计	106236			92310		140	1976	11810
海城市	28972			23394		105	1169	4304

三、各省、自治区、直辖市地市县基金预算财政资料

3－6－3

单位：万元

地区	平衡部分											
	收入						支出					年终结余
	收入合计	本年收入	上年结余	补助收入	省补助单列市收入	调入资金	支出合计	本年支出	上解支出	单列市上解省支出	调出资金	
地市县合计	**6073195**	**5336293**	**565828**	**140274**	**13092**	**17708**	**4702337**	**4456525**	**586**		**245226**	**1370858**
沈阳市小计	**2237855**	**2146834**	**52947**	**21104**		**16970**	**1785970**	**1736557**	**586**		**48827**	**451885**
本级	1442787	1390734	38746	－3663		16970	1082499	1042118	586		39795	360288
区县级小计	795068	756100	14201	24767			703471	694439			9032	91597
铁西区	102252	101007		1245			91648	91648				10604
和平区	192387	181660		10727			176965	176965				15422
沈河区	29780	29780					29780	29780				
大东区	11272	9767		1505			8167	8167				3105
皇姑区	20517	14416	1794	4307			19042	19042				1475
苏家屯区	46687	41514	3888	1285			30306	27306			3000	16381
沈北新区	289433	283832	4227	1374			259563	253563			6000	29870
东陵区	38012	36779	62	1171			28407	28407				9605
于洪区	15282	14908		374			15282	15282				
辽中县	18589	14695	3386	508			17184	17184				1405
新民市	12060	11713		347			11907	11907				153
法库县	12309	10662	824	823			10718	10718				1591
康平县	6488	5367	20	1101			4502	4470			32	1986
大连市小计	**2017150**	**1771119**	**212288**	**20598**	**13092**	**53**	**1650461**	**1568940**			**81521**	**366689**
本级	1064069	873454	162447	15023	13092	53	837651	757735	－1605		81521	226418
区县级小计	953081	897665	49841	5575			812810	811205	1605			140271
瓦房店市	157563	136160	21226	177			142219	141955	264			15344
普兰店市	31949	31795		154			31949	31725	224			
庄河市	58074	57503	380	191			48214	48048	166			9860
长海县	804	804					804	793	11			
金州区	168455	150392	17960	103			130844	130554	290			37611
旅顺口区	178438	173465	123	4850			150556	150193	363			27882
甘井子区	9547	4781	4766				6879	6879				2668
中山区	1354	123	1131	100			277	277				1077
西岗区	703		703									703
沙河口区												
开发区	270148	266611	3537				267221	267071	150			2927
高新园区	33815	33800	15				33799	33710	89			16
保税区	42231	42231					48		48			42183
鞍山市小计	**365973**	**286888**	**73190**	**5895**			**241046**	**168604**			**72442**	**124927**
本级	223228	239849	63197	－79818			120576	62368	－90		58298	102652
区县级小计	142745	47039	9993	85713			120470	106236	90		14144	22275
海城市	35547	27504	594	7449			33594	28972			4622	1953

3－6－4

单位:万元

地区	收支部分							
	收入							
	收入合计	养路费收入	公路客货运附加费收入	国有土地使用权出让金收入	新增建设用地土地有偿使用费收入	地方水利建设基金收入	城市公用事业附加收入	其他各项基金收入
台安县	4051			2332			807	912
岫岩县	4670			4065			240	365
铁东区	78							78
铁西区	3							3
立山区	5							5
千山区	10711			9024				1687
高新区	1							1
风景区	16							16
抚顺市小计	**163328**			**146013**			**4472**	**12843**
本级	98353			83814			4472	10067
区县级小计	64975			62199				2776
抚顺县	7519			7230				289
清原县	7562			5722				1840
新宾县	3347			3347				
顺城区	990			980				10
新抚区	1842			1842				
东洲区	2							2
望花区								
抚顺经济开发区	43533			42898				635
胜利开发区	180			180				
本溪市小计	**74230**			**56236**			**4801**	**13193**
本级	56828			42591			4700	9537
区县级小计	17402			13645			101	3656
本溪县	12936			11678			101	1157
桓仁县	3541			1967				1574
平山区	276							276
明山区	251							251
溪湖区	270							270
南芬区	128							128
丹东市小计	**90751**			**59431**			**1967**	**29353**
本级	61749			51840			1454	8455
区县级小计	29002			7591			513	20898
东港市	18021			259			168	17594
凤城市	5856			4409			230	1217
宽甸县	4980			2923			70	1987
振安区	141						45	96
元宝区								

3－6－5

单位：万元

地区	收支部分							
	支出							
	支出合计	养路费支出	公路客货运附加费支出	国有土地使用权出让金支出	新增建设用地土地有偿使用费支出	地方水利建设基金支出	城市公用事业附加支出	其他各项基金支出
台安县	8862			3876		5	807	4174
岫岩县	5908			4479		15		1414
铁东区	20880			20877				3
铁西区	7063			7043				20
立山区	6669			6651				18
千山区	6831			4965		15		1851
高新区	21006			21000				6
风景区	45			25				20
抚顺市小计	**166538**			**145756**		**10**	**3228**	**17544**
本级	89168			79954			3228	5986
区县级小计	77370			65802		10		11558
抚顺县	8269			6393		5		1871
清原县	9841			5895				3946
新宾县	5362			3227		5		2130
顺城区	1303			980				323
新抚区	2076			1842				234
东洲区	1280			5				1275
望花区	1325							1325
抚顺经济开发区	47587			47410				177
胜利开发区	327			50				277
本溪市小计	**71579**			**48339**		**20**	**4805**	**18415**
本级	45046			35989			4785	4272
区县级小计	26533			12350		20	20	14143
本溪县	13818			9795		5	20	3998
桓仁县	9854			1053		15		8786
平山区	460							460
明山区	924			502				422
溪湖区	1255			1000				255
南芬区	222							222
丹东市小计	**81375**			**52901**		**10**	**1479**	**26985**
本级	48510			43905			1181	3424
区县级小计	32865			8996		10	298	23561
东港市	12195						188	12007
凤城市	6745			4608		5	84	2048
宽甸县	11633			2608		5	4	9016
振安区	245			100			22	123
元宝区	126							126

3-6-6 单位:万元

地区	平衡部分											
	收入						支出					
	收入合计	本年收入	上年结余	补助收入	省补助单列市收入	调入资金	支出合计	本年支出	上解支出	单列市上解省支出	调出资金	年终结余
台安县	9346	4051	226	5069			9108	8862			246	238
岫岩县	8836	4670	1740	2426			8408	5908			2500	428
铁东区	20958	78		20880			20958	20880	78			
铁西区	7066	3	174	6889			7066	7063	3			
立山区	9351	5	20	9326			9311	6669	5		2637	40
千山区	30586	10711	7238	12637			10970	6831			4139	19616
高新区	21007	1		21006			21007	21006	1			
风景区	48	16	1	31			48	45	3			
抚顺市小计	**205623**	**163328**	**36174**	**6121**			**166538**	**166538**				**39085**
本级	115204	98353	21121	-4270			89168	89168				26036
区县级小计	90419	64975	15053	10391			77370	77370				13049
抚顺县	9422	7519	74	1829			8269	8269				1153
清原县	9921	7562	85	2274			9841	9841				80
新宾县	5686	3347	30	2309			5362	5362				324
顺城区	2037	990	608	439			1303	1303				734
新抚区	2124	1842	29	253			2076	2076				48
东洲区	1518	2	24	1492			1280	1280				238
望花区	1352			1352			1325	1325				27
抚顺经济开发区	57736	43533	14020	183			47587	47587				10149
胜利开发区	623	180	183	260			327	327				296
本溪市小计	**123526**	**74230**	**36447**	**12849**			**71579**	**71579**				**51947**
本级	85663	56828	30118	-1283			44460	45046	-586			41203
区县级小计	37863	17402	6329	14132			27119	26533	586			10744
本溪县	18880	12936	2146	3798			13818	13818				5062
桓仁县	15277	3541	3939	7797			9854	9854				5423
平山区	699	276	104	319			643	460	183			56
明山区	1157	251	75	831			1082	924	158			75
溪湖区	1494	270	32	1192			1417	1255	162			77
南芬区	356	128	33	195			305	222	83			51
丹东市小计	**137068**	**90751**	**35154**	**11163**			**81375**	**81375**				**55693**
本级	81286	61749	22703	-3166			48510	48510				32776
区县级小计	55782	29002	12451	14329			32865	32865				22917
东港市	25714	18021	5578	2115			12195	12195				13519
凤城市	10377	5856	3247	1274			6745	6745				3632
宽甸县	14516	4980	1012	8524			11633	11633				2883
振安区	2452	141	2088	223			245	245				2207
元宝区	176		6	170			126	126				50

3－6－7　　　　单位：万元

地区	收支部分							
	收入							
	收入合计	养路费收入	公路客货运附加费收入	国有土地使用权出让金收入	新增建设用地土地有偿使用费收入	地方水利建设基金收入	城市公用事业附加收入	其他各项基金收入
振兴区	4							4
合作区								
锦州市小计	**140103**			**132253**			**1283**	**6567**
本级	76098			71433			1200	3465
区县级小计	64005			60820			83	3102
凌海市	5710			5110				600
义县	3335			2882				453
北镇市	2543			2376			41	126
黑山县	697			500			42	155
古塔区	488							488
凌河区	267							267
太和区	2090			1774				316
开发区	48875			48178				697
营口市小计	**89467**			**77452**			**1233**	**10782**
本级	44815			37078			800	6937
区县级小计	44652			40374			433	3845
盖州市	7367			6776			200	391
大石桥市	934						179	755
老边区	1958			983				975
站前区	254							254
西市区	225							225
经济技术开发区	33914			32615			54	1245
阜新市小计	**76118**			**71922**			**1360**	**2836**
本级	18286			16049			1360	877
区县级小计	57832			55873				1959
海州区	89							89
细河区	73							73
太平区	68							68
新邱区	33							33
清河门区	143			45				98
高新技术园区	8893			8870				23
开发区	36003			35941				62
阜蒙县	2826			2349				477
彰武县	9704			8668				1036
辽阳市小计	**87829**			**63856**			**5809**	**18164**
本级	65334			48761			1269	15304
区县级小计	22495			15095			4540	2860

3－6－8 单位:万元

地区	收支部分							
	支出							
	支出合计	养路费支出	公路客货运附加费支出	国有土地使用权出让金支出	新增建设用地土地有偿使用费支出	地方水利建设基金支出	城市公用事业附加支出	其他各项基金支出
振兴区	469			430				39
合作区	1452			1250				202
锦州市小计	**123192**			**114676**		**115**	**1168**	**7233**
本级	61404			58131			1027	2246
区县级小计	61788			56545		115	141	4987
凌海市	6127			4353		5		1769
义县	3904			2969				935
北镇市	1386			301		45	113	927
黑山县	979					65	28	886
古塔区	44							44
凌河区	40							40
太和区	1947			1774				173
开发区	47361			47148				213
营口市小计	**55504**			**47377**		**90**	**243**	**7794**
本级	19879			17903			20	1956
区县级小计	35625			29474		90	223	5838
盖州市	8929			7041		35	171	1682
大石桥市	2074					55		2019
老边区	1165							1165
站前区	116							116
西市区	836			700				136
经济技术开发区	22505			21733			52	720
阜新市小计	**71759**			**66940**		**400**	**745**	**3674**
本级	15883			14319			716	848
区县级小计	55876			52621		400	29	2826
海州区	161			32			16	113
细河区	70			11			6	53
太平区	113			29			5	79
新邱区	85					20		65
清河门区	184			45				139
高新技术园区	8893			8870				23
开发区	36009			35945			2	62
阜蒙县	3595			2203		60		1332
彰武县	6766			5486		320		960
辽阳市小计	**62701**			**46540**		**45**	**5106**	**11010**
本级	40132			34109			797	5226
区县级小计	22569			12431		45	4309	5784

三、各省、自治区、直辖市地市县基金预算财政资料

3－6－9　　　　单位:万元

地区	平衡部分											
	收入						支出					年终结余
	收入合计	本年收入	上年结余	补助收入	省补助单列市收入	调入资金	支出合计	本年支出	上解支出	单列市上解省支出	调出资金	
振兴区	567	4	24	539			469	469				98
合作区	1980		496	1484			1452	1452				528
锦州市小计	**166272**	**140103**	**21511**	**4658**			**124111**	**123192**			**919**	**42161**
本级	93877	76098	16972	807			61511	61404			107	32366
区县级小计	72395	64005	4539	3851			62600	61788			812	9795
凌海市	6884	5710	200	974			6127	6127				757
义县	4359	3335	203	821			3913	3904			9	446
北镇市	5924	2543	2590	791			1386	1386				4538
黑山县	2838	697	1017	1124			979	979				1859
古塔区	510	488	17	5			493	44			449	17
凌河区	347	267	79	1			40	40				307
太和区	2204	2090		114			2204	1947			257	
开发区	49329	48875	433	21			47458	47361			97	1871
营口市小计	**104811**	**89467**	**9921**	**5423**			**65553**	**55504**			**10049**	**39258**
本级	46305	44815	1517	－27			29928	19879			10049	16377
区县级小计	58506	44652	8404	5450			35625	35625				22881
盖州市	10602	7367	1748	1487			8929	8929				1673
大石桥市	4237	934	1499	1804			2074	2074				2163
老边区	3029	1958	558	513			1165	1165				1864
站前区	455	254	142	59			116	116				339
西市区	1365	225	267	873			836	836				529
经济技术开发区	38818	33914	4190	714			22505	22505				16313
阜新市小计	**89522**	**76118**	**4972**	**8432**			**71831**	**71759**			**72**	**17691**
本级	26669	18286	2489	5894			15883	15883				10786
区县级小计	62853	57832	2483	2538			55948	55876			72	6905
海州区	161	89		72			161	161				
细河区	142	73		69			142	70			72	
太平区	113	68		45			113	113				
新邱区	85	33		52			85	85				
清河门区	338	143		195			184	184				154
高新技术园区	8893	8893					8893	8893				
开发区	36009	36003		6			36009	36009				
阜蒙县	4432	2826	352	1254			3595	3595				837
彰武县	12680	9704	2131	845			6766	6766				5914
辽阳市小计	**117297**	**87829**	**24216**	**5252**			**69309**	**62701**			**6608**	**47988**
本级	69106	65334	8262	－4490			42532	40132			2400	26574
区县级小计	48191	22495	15954	9742			26777	22569			4208	21414

3－6－10　　单位:万元

地区	收支部分							
	收入							
	收入合计	养路费收入	公路客货运附加费收入	国有土地使用权出让金收入	新增建设用地土地有偿使用费收入	地方水利建设基金收入	城市公用事业附加收入	其他各项基金收入
辽阳县	6770			5144			650	976
灯塔市	11031			9951			208	872
太子河区	201						200	1
弓长岭区	1244						765	479
白塔区								
文圣区								
宏伟区	3249						2717	532
铁岭市小计	**154626**			**143574**			**385**	**10667**
本级	78907			71883				7024
区县级小计	75719			71691			385	3643
铁岭县	13571			12911				660
开原市	11169			10405			227	537
昌图县	12020			11116			5	899
西丰县	360			255			30	75
调兵山市	12448			11460			58	930
银州区								
清河区	4375			3868			65	442
开发区	21776			21676				100
朝阳市小计	**40826**			**22648**			**1260**	**16918**
本级	10616			8060			1205	1351
区县级小计	30210			14588			55	15567
北票市	13709			13259				450
朝阳县	1533							1533
凌源市	12830			109				12721
建平县	1601			1220				381
喀左县	244						55	189
双塔区	128							128
龙城区	91							91
开发区	74							74
盘锦市小计	**104826**			**98822**			**978**	**5026**
本级	78377			73949			978	3450
区县级小计	26449			24873				1576
盘山县	2352			2109				243
大洼县	21743			21364				379
双台子区	179							179
兴隆台区	2175			1400				775
葫芦岛市小计	**109348**			**96678**			**1072**	**11598**

3－6－11 单位:万元

地区	收支部分 支出 支出合计	养路费支出	公路客货运附加费支出	国有土地使用权出让金支出	新增建设用地土地有偿使用费支出	地方水利建设基金支出	城市公用事业附加支出	其他各项基金支出
辽阳县	5549			3400		5	268	1876
灯塔市	6106			4307		40	31	1728
太子河区	603			330				273
弓长岭区	3525			1592			798	1135
白塔区	93							93
文圣区	1280			697				583
宏伟区	5413			2105			3212	96
铁岭市小计	**144211**			**134087**	**1**	**458**	**391**	**9274**
本级	64425			60980	1	65		3379
区县级小计	79786			73107		393	391	5895
铁岭县	12796			11072		30		1694
开原市	11359			9382		110	162	1705
昌图县	12757			11263		153	4	1337
西丰县	798			207		55	15	521
调兵山市	14495			14240		30	58	167
银州区	18							18
清河区	4468			3890		15	152	411
开发区	23095			23053				42
朝阳市小计	**52798**			**27080**		**1313**	**794**	**23611**
本级	14042			11274		19	62	2687
区县级小计	38756			15806		1294	732	20924
北票市	16080			13259		305	140	2376
朝阳县	2000					180		1820
凌源市	15122			1327		139	359	13297
建平县	3265			1220		205	153	1687
喀左县	969					405	80	484
双塔区	361							361
龙城区	856					60		796
开发区	103							103
盘锦市小计	**58652**			**53447**		**335**	**318**	**4552**
本级	31827			29948		60	294	1525
区县级小计	26825			23499		275	24	3027
盘山县	3679			2319		245		1115
大洼县	21219			19780		30	24	1385
双台子区	97							97
兴隆台区	1830			1400				430
葫芦岛市小计	**94115**			**84887**		**870**	**1072**	**7286**

3－6－12　　　　单位:万元

地区	平衡部分											
	收入						支出					年终结余
	收入合计	本年收入	上年结余	补助收入	省补助单列市收入	调入资金	支出合计	本年支出	上解支出	单列市上解省支出	调出资金	
辽阳县	9545	6770	834	1941			8955	5549			3406	590
灯塔市	23077	11031	10234	1812			6106	6106				16971
太子河区	1849	201	777	871			873	603			270	976
弓长岭区	5118	1244	2239	1635			4057	3525			532	1061
白塔区	549		359	190			93	93				456
文圣区	1310		183	1127			1280	1280				30
宏伟区	6743	3249	1328	2166			5413	5413				1330
铁岭市小计	**190385**	**154626**	**22486**	**13273**			**147976**	**144211**			**3765**	**42409**
本级	91591	78907	4777	7907			64396	64425	－29			27195
区县级小计	98794	75719	17709	5366			83580	79786	29		3765	15214
铁岭县	18251	13571	3066	1614			12796	12796				5455
开原市	18853	11169	6105	1579			14763	11359	13		3391	4090
昌图县	13501	12020	431	1050			12757	12757				744
西丰县	1032	360	89	583			814	798	16			218
调兵山市	18096	12448	5477	171			14869	14495			374	3227
银州区	337		263	74			18	18				319
清河区	4913	4375	285	253			4468	4468				445
开发区	23811	21776	1993	42			23095	23095				716
朝阳市小计	**67424**	**40826**	**17088**	**9485**		**25**	**53075**	**52798**			**277**	**14349**
本级	23402	10616	12103	658		25	14319	14042			277	9083
区县级小计	44022	30210	4985	8827			38756	38756				5266
北票市	16285	13709	331	2245			16080	16080				205
朝阳县	3145	1533	488	1124			2000	2000				1145
凌源市	16491	12830	2076	1585			15122	15122				1369
建平县	3265	1601		1664			3265	3265				
喀左县	2429	244	1296	889			969	969				1460
双塔区	743	128	254	361			361	361				382
龙城区	1392	91	445	856			856	856				536
开发区	272	74	95	103			103	103				169
盘锦市小计	**128971**	**104826**	**12650**	**11495**			**71090**	**58652**			**12438**	**57881**
本级	93141	78377	5734	9030			42223	31827			10396	50918
区县级小计	35830	26449	6916	2465			28867	26825			2042	6963
盘山县	4268	2352	641	1275			3837	3679			158	431
大洼县	26367	21743	3572	1052			22799	21219			1580	3568
双台子区	587	179	389	19			97	97				490
兴隆台区	4608	2175	2314	119			2134	1830			304	2474
葫芦岛市小计	**121318**	**109348**	**6784**	**4526**		**660**	**102423**	**94115**			**8308**	**18895**

三、各省、自治区、直辖市地市县基金预算财政资料

3－6－13　　　　单位:万元

地　区	收支部分							
	收入							
	收　入 合　计	养路费 收　入	公路客货 运附加费 收　入	国有土地 使用权出 让金收入	新增建设用 地土地有偿 使用费收入	地方水利 建设基金 收　入	城市公用 事业附加 收　入	其他各项 基金收入
本级	26331			20298			1072	4961
区县级小计	83017			76380				6637
兴城市	31731			31043				688
绥中县	2780			1735				1045
建昌县	615							615
连山区	4799			1408				3391
南票区	150			5				145
龙港区	42942			42189				753

3－6－14　　　　单位:万元

地　　区	收支部分							
	支出							
	支出合计	养路费支出	公路客货运附加费支出	国有土地使用权出让金支出	新增建设用地土地有偿使用费支出	地方水利建设基金支出	城市公用事业附加支出	其他各项基金支出
本级	20402			17118		45	1072	2167
区县级小计	73713			67769		825		5119
兴城市	22755			21727		220		808
绥中县	3200			2035		230		935
建昌县	1412					130		1282
连山区	2670			1570		150		950
南票区	674			248		95		331
龙港区	43002			42189				813

三、各省、自治区、直辖市地市县基金预算财政资料

3－6－15

单位:万元

地区	平衡部分											
	收入						支出					年终结余
	收入合计	本年收入	上年结余	补助收入	省补助单列市收入	调入资金	支出合计	本年支出	上解支出	单列市上解省支出	调出资金	
本级	29035	26331	2321	383			22772	20402	－2470		4840	6263
区县级小计	92283	83017	4463	4143		660	79651	73713	2470		3468	12632
兴城市	33884	31731	1335	818			25546	22755			2791	8338
绥中县	4757	2780	985	992			4117	3200	488		429	640
建昌县	1472	615		857			1472	1412	60			
连山区	7807	4799	2024	984			4176	2670	1506			3631
南票区	949	150	119	432		248	926	674	4		248	23
龙港区	43414	42942		60		412	43414	43002	412			

2007 年吉林省地市县财政基金预算收支平衡表

3 –7 –1　　　　　　　　　　　　　　　　　　　　单位:万元

地　　区	收支部分							
	收入							
	收入合计	养路费收入	公路客货运附加费收入	国有土地使用权出让金收入	新增建设用地土地有偿使用费收入	地方水利建设基金收入	城市公用事业附加收入	其他各项基金收入
地市县合计	**930840**	**332**	**52**	**734556**		**13463**	**27205**	**155232**
长春市小计	**541706**	**116**	**52**	**424968**		**8147**	**19201**	**89222**
本级	500842		52	395825		7768	13856	83341
区县级小计	40864	116		29143		379	5345	5881
榆树市	6469	110		4026		100	380	1853
德惠市	4917			4285		92		540
农安县	9927			8683		47	256	941
九台市	8150	6		6241		140		1763
南关区								
宽城区	295			280				15
朝阳区	684			555				129
二道区	77			47				30
绿园区	6160			1280			4709	171
双阳区	4185			3746				439
吉林市小计	**102954**	**7**		**81664**		**2324**	**4132**	**14827**
本级	72548			58224		1909	3063	9352
区县级小计	30406	7		23440		415	1069	5475
永吉县	3028			2049		82	91	806
蛟河市	4474			3621				853
舒兰市	5068			4166		130		772
磐石市	6326	2		4957		99	564	704
桦甸市	6679			5344		104	414	817
昌邑区	333			79				254
船营区	541			412				129
丰满区	2304	5		2083				216
龙潭区	1653			729				924
四平市小计	**30394**	**76**		**25832**		**229**	**657**	**3600**
本级	12639			10245			410	1984
区县级小计	17755	76		15587		229	247	1616
梨树县	1614			1476		20	61	57
双辽市	704			476			58	170
伊通县	397			267				130
公主岭市	15040	76		13368		209	128	1259
铁东区								
铁西区								
辽源市小计	**19224**			**17407**		**190**	**2**	**1625**
本级	16326			15081		139		1106

3－7－2

单位:万元

地区	收支部分：支出：支出合计	养路费支出	公路客货运附加费支出	国有土地使用权出让金支出	新增建设用地土地有偿使用费支出	地方水利建设基金支出	城市公用事业附加支出	其他各项基金支出
地市县合计	**977115**	**644**	**86**	**732140**	**30753**	**52890**	**31279**	**129323**
长春市小计	**504613**	**94**		**402815**	**20760**	**11271**	**22381**	**47292**
本级	434431			362919	10285	5579	17383	38265
区县级小计	70182	94		39896	10475	5692	4998	9027
榆树市	8325	89		5382	1031	971	80	772
德惠市	5482			4412		636		434
农安县	11557			10671		85	209	592
九台市	12840	5		12072		317		446
南关区	794			234				560
宽城区	2328			177	1881			270
朝阳区	2923			921		1160		842
二道区	1003			125	138	470		270
绿园区	17630			1607	7425	152	4709	3737
双阳区	7300			4295		1901		1104
吉林市小计	**102235**	**121**		**69856**	**615**	**9208**	**4042**	**18393**
本级	62269	103		47379	615	5019	2993	6160
区县级小计	39966	18		22477		4189	1049	12233
永吉县	3861	3		1962		377	91	1428
蛟河市	9522	5		3924		841		4752
舒兰市	2780			1412		493		875
磐石市	8379	2		6269		1278	450	380
桦甸市	9571	8		5843		910	508	2302
昌邑区	252			87		50		115
船营区	176			30				146
丰满区	3621			2172		190		1259
龙潭区	1804			778		50		976
四平市小计	**28492**	**134**	**3**	**19914**		**4693**	**566**	**3182**
本级	12994	22		9656		1661	388	1267
区县级小计	15498	112	3	10258		3032	178	1915
梨树县	2283	30	3	1516		264		470
双辽市	3322	2		1293		1846	50	131
伊通县	986	2		363		417		204
公主岭市	8571	78		6815		505	128	1045
铁东区	183			154				29
铁西区	153			117				36
辽源市小计	**22446**			**18296**		**1700**	**157**	**2293**
本级	15633			13766		477	157	1233

3－7－3 单位:万元

地区	平衡部分											
	收入						支出					年终结余
	收入合计	本年收入	上年结余	补助收入	省补助单列市收入	调入资金	支出合计	本年支出	上解支出	单列市上解省支出	调出资金	
地市县合计	**1406548**	**930840**	**217228**	**234885**		**23595**	**980634**	**977115**	**2339**		**1180**	**425914**
长春市小计	**762792**	**541706**	**129096**	**83091**		**8899**	**506191**	**504613**	**1578**			**256601**
本级	652736	500842	88033	55251		8610	436009	434431	1578			216727
区县级小计	110056	40864	41063	27840		289	70182	70182				39874
榆树市	14099	6469	5585	2045			8325	8325				5774
德惠市	10071	4917	3536	1499		119	5482	5482				4589
农安县	17919	9927	4758	3234			11557	11557				6362
九台市	20193	8150	8226	3647		170	12840	12840				7353
南关区	1526		804	722			794	794				732
宽城区	3449	295	289	2865			2328	2328				1121
朝阳区	4062	684	1276	2102			2923	2923				1139
二道区	2904	77	753	2074			1003	1003				1901
绿园区	23856	6160	12396	5300			17630	17630				6226
双阳区	11977	4185	3440	4352			7300	7300				4677
吉林市小计	**161845**	**102954**	**19490**	**34777**		**4624**	**102927**	**102235**	**683**		**9**	**58918**
本级	98857	72548	12352	10303		3654	62914	62269	645			35943
区县级小计	62988	30406	7138	24474		970	40013	39966	38		9	22975
永吉县	6333	3028	1247	2003		55	3861	3861				2472
蛟河市	10541	4474	385	5541		141	9522	9522				1019
舒兰市	8976	5068	1235	2536		137	2818	2780	38			6158
磐石市	10974	6326	1715	2472		461	8379	8379				2595
桦甸市	16266	6679	873	8538		176	9580	9571			9	6686
昌邑区	441	333		108			252	252				189
船营区	1310	541	247	522			176	176				1134
丰满区	6343	2304	1436	2603			3621	3621				2722
龙潭区	1804	1653		151			1804	1804				
四平市小计	**53960**	**30394**	**13391**	**8889**		**1286**	**28492**	**28492**				**25468**
本级	22236	12639	5941	2888		768	12994	12994				9242
区县级小计	31724	17755	7450	6001		518	15498	15498				16226
梨树县	5153	1614	2647	892			2283	2283				2870
双辽市	4463	704	1931	1529		299	3322	3322				1141
伊通县	2220	397	338	1441		44	986	986				1234
公主岭市	19280	15040	2270	1795		175	8571	8571				10709
铁东区	194		11	183			183	183				11
铁西区	414		253	161			153	153				261
辽源市小计	**30659**	**19224**	**5652**	**5188**		**595**	**22446**	**22446**				**8213**
本级	20515	16326	1522	2253		414	15633	15633				4882

3－7－4

单位：万元

地区	收支部分							
	收入							
	收入合计	养路费收入	公路客货运附加费收入	国有土地使用权出让金收入	新增建设用地土地有偿使用费收入	地方水利建设基金收入	城市公用事业附加收入	其他各项基金收入
区县级小计	2898			2326		51	2	519
东丰县	1068			776		8		284
东辽县	1813			1550		43	2	218
龙山区								
西安区	17							17
通化市小计	**43549**	**24**		**32081**		**566**	**1722**	**9156**
本级	10301			6613		287	1722	1679
区县级小计	33248	24		25468		279		7477
通化县	8626	24		6666		72		1864
集安市	8470			6326		70		2074
柳河县	3001			1901				1100
辉南县	4122			3492		43		587
梅河口市	8502			6733		94		1675
东昌区	399			300				99
二道江区	128			50				78
白山市小计	**28056**	**5**		**23910**		**482**	**298**	**3361**
本级	19338			17806		213	266	1053
区县级小计	8718	5		6104		269	32	2308
抚松县	3698			2829		70	32	767
靖宇县	1407			913		61		433
长白县	876			474		22		380
临江市	1865	1		1386		95		383
江源区	800	4		502		21		273
八道江区	72							72
白城市小计	**30358**			**27448**		**80**	**150**	**2680**
本级	21723			20936				787
区县级小计	8635			6512		80	150	1893
洮南市	2946			2535		33		378
大安市	1510			1303		25		182
镇赉县	1473			1111		5		357
通榆县	2527			1563		17		947
洮北区	179						150	29
松原市小计	**70587**	**100**		**53113**		**464**	**654**	**16256**
本级	56916			42942		182	654	13138
区县级小计	13671	100		10171		282		3118
前郭县	5625	50		4142		151		1282
长岭县	3170	1		2763		15		391

3－7－5

单位:万元

地　　区	收支部分							
	支出							
	支出合计	养路费支出	公路客货运附加费支出	国有土地使用权出让金支出	新增建设用地土地有偿使用费支出	地方水利建设基金支出	城市公用事业附加支出	其他各项基金支出
区县级小计	6813			4530		1223		1060
东丰县	3826			2574		973		279
东辽县	2957			1956		250		751
龙山区	12							12
西安区	18							18
通化市小计	**62019**	**74**		**35928**	**1825**	**6087**	**1053**	**17052**
本级	10138	20		5608		2285	1033	1192
区县级小计	51881	54		30320	1825	3802	20	15860
通化县	11814	26		7392		925		3471
集安市	14936	19		6731		574		7612
柳河县	4526			2633		486		1407
辉南县	4023	6		3175		276		566
梅河口市	12854	3		7571	1825	1136		2319
东昌区	2079			1698		70		311
二道江区	1649			1120		335	20	174
白山市小计	**33754**	**63**		**23270**		**3532**	**258**	**6631**
本级	17098	41		14794		1118	196	949
区县级小计	16656	22		8476		2414	62	5682
抚松县	4627	14		2581		404	62	1566
靖宇县	3730	2		1403		291		2034
长白县	1529	3		998		100		428
临江市	4297	3		2086		801		1407
江源区	1689			1018		513		158
八道江区	784			390		305		89
白城市小计	**45238**		**83**	**35092**		**2948**	**1597**	**5518**
本级	25416			22039		1165	755	1457
区县级小计	19822		83	13053		1783	842	4061
洮南市	6770			5387		418		965
大安市	2401			1487		525	12	377
镇赉县	4265			3136		540		589
通榆县	4648		3	3040		300	10	1295
洮北区	1738		80	3			820	835
松原市小计	**88820**	**111**		**65566**	**7553**	**4906**	**872**	**9812**
本级	62903	15		52102		3053	872	6861
区县级小计	25917	96		13464	7553	1853		2951
前郭县	11383	50		6815	2757	453		1308
长岭县	3124			702	1655	289		478

三、各省、自治区、直辖市地市县基金预算财政资料

3－7－6

单位:万元

地区	平衡部分											
	收入						支出					年终结余
	收入合计	本年收入	上年结余	补助收入	省补助单列市收入	调入资金	支出合计	本年支出	上解支出	单列市上解省支出	调出资金	
区县级小计	10144	2898	4130	2935		181	6813	6813				3331
东丰县	5733	1068	3047	1554		64	3826	3826				1907
东辽县	4381	1813	1083	1368		117	2957	2957				1424
龙山区	12			12			12	12				
西安区	18	17		1			18	18				
通化市小计	**76357**	**43549**	**7308**	**23788**		**1712**	**62657**	**62019**	**21**		**617**	**13700**
本级	16031	10301	3219	1411		1100	10771	10138	16		617	5260
区县级小计	60326	33248	4089	22377		612	51886	51881	5			8440
通化县	12953	8626	912	3321		94	11815	11814	1			1138
集安市	14936	8470		6362		104	14936	14936				
柳河县	5331	3001	589	1659		82	4530	4526	4			801
辉南县	5695	4122	38	1445		90	4023	4023				1672
梅河口市	15406	8502	1179	5483		242	12854	12854				2552
东昌区	3922	399	1009	2514			2079	2079				1843
二道江区	2083	128	362	1593			1649	1649				434
白山市小计	**58272**	**28056**	**12027**	**17355**		**834**	**33754**	**33754**				**24518**
本级	32162	19338	5140	7160		524	17098	17098				15064
区县级小计	26110	8718	6887	10195		310	16656	16656				9454
抚松县	9801	3698	3383	2696		24	4627	4627				5174
靖宇县	4474	1407	659	2374		34	3730	3730				744
长白县	3501	876	1321	1279		25	1529	1529				1972
临江市	4321	1865		2370		86	4297	4297				24
江源区	2500	800	640	919		141	1689	1689				811
八道江区	1513	72	884	557			784	784				729
白城市小计	**51066**	**30358**	**8369**	**12084**		**255**	**45283**	**45238**	**45**			**5783**
本级	25479	21723	2461	1295			25439	25416	23			40
区县级小计	25587	8635	5908	10789		255	19844	19822	22			5743
洮南市	7082	2946	310	3746		80	6770	6770				312
大安市	4969	1510	378	2906		175	2401	2401				2568
镇赉县	5387	1473	2732	1182			4287	4265	22			1100
通榆县	6078	2527	2387	1164			4648	4648				1430
洮北区	2071	179	101	1791			1738	1738				333
松原市小计	**108392**	**70587**	**15110**	**19999**		**2696**	**88832**	**88820**	**12**			**19560**
本级	75422	56916	6474	9336		2696	62903	62903				12519
区县级小计	32970	13671	8636	10663			25929	25917	12			7041
前郭县	13218	5625	5874	1719			11387	11383	4			1831
长岭县	6896	3170	534	3192			3124	3124				3772

3－7－7

单位:万元

地　　区	收支部分							
	收入							
	收　入 合　计	养路费 收　入	公路客货 运附加费 收　　入	国有土地 使用权出 让金收入	新增建设用 地土地有偿 使用费收入	地方水利 建设基金 收　　入	城市公用 事业附加 收　　入	其他各项 基金收入
乾安县	1266			810		24		432
扶余县	3215	11		2456		39		709
宁江区	395	38				53		304
延边自治州小计	**59903**	**4**		**44805**		**956**	**389**	**13749**
本级	9612			3904		315		5393
区县级小计	50291	4		40901		641	389	8356
延吉市	21450			18065		219	31	3135
图们市	4916			2834		6	75	2001
龙井市	3750			3275				475
和龙市	1063			673		45	54	291
汪清县	1655			1162		67	76	350
安图县	2002			1604		26		372
珲春市	9740	4		8230		99	86	1321
敦化市	5715			5058		179	67	411
长白山管委会小计	**4109**			**3328**		**25**		**756**
本级	4109			3328		25		756

3－7－8

单位:万元

地区	收支部分							
	支出							
	支出合计	养路费支出	公路客货运附加费支出	国有土地使用权出让金支出	新增建设用地土地有偿使用费支出	地方水利建设基金支出	城市公用事业附加支出	其他各项基金支出
乾安县	4449			2908	1095	143		303
扶余县	6347	8		2846	2046	915		532
宁江区	614	38		193		53		330
延边自治州小计	**86277**	**47**		**58228**		**8545**	**353**	**19104**
本级	13140	21		3359		432		9328
区县级小计	73137	26		54869		8113	353	9776
延吉市	26641			22744		2644		1253
图们市	7119	5		3838		560	75	2641
龙井市	5036	1		4148		606	1	280
和龙市	2345	5		1013		834	54	439
汪清县	2976	7		1548		530	76	815
安图县	3148	3		2095		616		434
珲春市	14883	5		10987		1835	84	1972
敦化市	10989			8496		488	63	1942
长白山管委会小计	**3221**			**3175**				**46**
本级	3221			3175				46

3－7－9 单位:万元

地区	平衡部分											
	收入						支出					年终结余
	收入合计	本年收入	上年结余	补助收入	省补助单列市收入	调入资金	支出合计	本年支出	上解支出	单列市上解省支出	调出资金	
乾安县	4958	1266	2217	1475			4449	4449				509
扶余县	7284	3215	11	4058			6355	6347	8			929
宁江区	614	395		219			614	614				
延边自治州小计	**97694**	**59903**	**6567**	**28563**		**2661**	**86831**	**86277**			**554**	**10863**
本级	16082	9612	2980	3490			13140	13140				2942
区县级小计	81612	50291	3587	25073		2661	73691	73137			554	7921
延吉市	31643	21450	2977	5434		1782	26641	26641				5002
图们市	7140	4916		2150		74	7119	7119				21
龙井市	5764	3750	294	1653		67	5036	5036				728
和龙市	2345	1063		1163		119	2345	2345				
汪清县	2983	1655	7	1268		53	2976	2976				7
安图县	3379	2002	93	1249		35	3148	3148				231
珲春市	15049	9740	135	4943		231	14883	14883				166
敦化市	13309	5715	81	7213		300	11543	10989			554	1766
长白山管委会小计	**5511**	**4109**	**218**	**1151**		**33**	**3221**	**3221**				**2290**
本级	5511	4109	218	1151		33	3221	3221				2290

2007 年黑龙江省地市县财政基金预算收支平衡表

3-8-1　　　　单位:万元

地区	收支部分							
	收入							
	收入合计	养路费收入	公路客货运附加费收入	国有土地使用权出让金收入	新增建设用地土地有偿使用费收入	地方水利建设基金收入	城市公用事业附加收入	其他各项基金收入
地市县合计	**1078377**	**9958**		**955031**		**24998**	**14694**	**73696**
哈尔滨市小计	**512382**	**2111**		**470664**		**19038**	**6984**	**13585**
本级	346102	2111		310069		18567	5856	9499
区县级小计	166280			160595		471	1128	4086
阿城市	21906			21174		128	407	197
宾县	2576			2561				15
方正县	2541			2531		5		5
依兰县	3254			2913				341
巴彦县	669			669				
木兰县	923			923				
通河县	1336			1270				66
延寿县	2913			2913				
双城市	14696			14328		119	92	157
五常市	11406			10577		113	16	700
尚志市	3806			2922			366	518
道里区								
南岗区								
道外区								
平房区	11					11		
松北区	89693			88017		6		1670
香坊区	1							1
呼兰区	10549			9797		89	247	416
齐齐哈尔市小计	**72922**	**1309**		**64767**		**1401**	**1685**	**3760**
本级	48088	1309		43310		1184	1620	665
区县级小计	24834			21457		217	65	3095
龙江县	5136			4958		66		112
讷河县	3238			2955		41	22	220
依安县	1662			1571		10	10	71
泰来县	1691			794			7	890
甘南县	2165			2033		22		110
富裕县	2731			2611		27	26	67
克山县	2280			1660		21		599
克东县	1716			1549				167
拜泉县	4215			3326		30		859
龙沙区								
建华区								
铁锋区								

3－8－2 单位:万元

地区	收支部分							
	支出							
	支出合计	养路费支出	公路客货运附加费支出	国有土地使用权出让金支出	新增建设用地土地有偿使用费支出	地方水利建设基金支出	城市公用事业附加支出	其他各项基金支出
地市县合计	**1091907**	**9490**		**946603**	**4110**	**30404**	**14319**	**86981**
哈尔滨市小计	**442098**	**2054**		**393262**		**19327**	**8593**	**18862**
本级	184542	2054		149446		12175	8015	12852
区县级小计	257556			243816		7152	578	6010
阿城市	21533			19899		798	135	701
宾县	4116			3439		485		192
方正县	4648			4325		296		27
依兰县	4992			4380		213		399
巴彦县	896			553		298		45
木兰县	1050			651		233		166
通河县	2016			1117		843		56
延寿县	10460			9915		530		15
双城市	12253			11018		953	77	205
五常市	8298			6836		592		870
尚志市	4474			3279		604	366	225
道里区	3385			2502		546		337
南岗区	66080			65412		93		575
道外区	5851			5623		118		110
平房区	1371			1277		43		51
松北区	84825			83753		133		939
香坊区	9959			9341		68		550
呼兰区	11349			10496		306		547
齐齐哈尔市小计	**82883**	**928**		**72970**	**506**	**2166**	**1663**	**4650**
本级	51098	928		46301		1439	1620	810
区县级小计	31785			26669	506	727	43	3840
龙江县	5400			4670	506	106		118
讷河县	6472			5753		100		619
依安县	2440			2246		50	10	134
泰来县	2433			1278		40	7	1108
甘南县	1386			1238		43		105
富裕县	4522			4351		67	26	78
克山县	2326			1660		21		645
克东县	2366			2147		50		169
拜泉县	4440			3326		250		864
龙沙区								
建华区								
铁锋区								

三、各省、自治区、直辖市地市县基金预算财政资料

3－8－3

单位:万元

地区	平衡部分											
	收入						支出					年终结余
	收入合计	本年收入	上年结余	补助收入	省补助单列市收入	调入资金	支出合计	本年支出	上解支出	单列市上解省支出	调出资金	
地市县合计	**1401375**	**1078377**	**168246**	**153718**		**1034**	**1091985**	**1091907**			**78**	**309390**
哈尔滨市小计	**681407**	**512382**	**116526**	**52499**			**442098**	**442098**				**239309**
本级	372809	346102	102598	－75891			184542	184542				188267
区县级小计	308598	166280	13928	128390			257556	257556				51042
阿城市	24060	21906	874	1280			21533	21533				2527
宾县	6385	2576	949	2860			4116	4116				2269
方正县	4648	2541		2107			4648	4648				
依兰县	4992	3254		1738			4992	4992				
巴彦县	5678	669	230	4779			896	896				4782
木兰县	8882	923	131	7828			1050	1050				7832
通河县	4169	1336	316	2517			2016	2016				2153
延寿县	10461	2913	1	7547			10460	10460				1
双城市	16416	14696	25	1695			12253	12253				4163
五常市	19067	11406	3448	4213			8298	8298				10769
尚志市	6314	3806	977	1531			4474	4474				1840
道里区	3385		90	3295			3385	3385				
南岗区	66881		801	66080			66080	66080				801
道外区	6172		240	5932			5851	5851				321
平房区	1595	11	164	1420			1371	1371				224
松北区	94687	89693	3495	1499			84825	84825				9862
香坊区	11073	1	914	10158			9959	9959				1114
呼兰区	13733	10549	1273	1911			11349	11349				2384
齐齐哈尔市小计	**92183**	**72922**	**8314**	**10909**		**38**	**82883**	**82883**				**9300**
本级	52742	48088	1374	3280			51098	51098				1644
区县级小计	39441	24834	6940	7629		38	31785	31785				7656
龙江县	6780	5136	1589	55			5400	5400				1380
讷河县	9887	3238	2848	3801			6472	6472				3415
依安县	2792	1662	637	493			2440	2440				352
泰来县	2444	1691	28	725			2433	2433				11
甘南县	3884	2165	1638	43		38	1386	1386				2498
富裕县	4522	2731		1791			4522	4522				
克山县	2326	2280		46			2326	2326				
克东县	2366	1716		650			2366	2366				
拜泉县	4440	4215	200	25			4440	4440				
龙沙区												
建华区												
铁锋区												

3－8－4　　　　　　　　　　　　　　　　　　　　　　　　　　　　　　单位:万元

地区	收支部分 收入 收入合计	养路费收入	公路客货运附加费收入	国有土地使用权出让金收入	新增建设用地土地有偿使用费收入	地方水利建设基金收入	城市公用事业附加收入	其他各项基金收入
富拉尔基区								
昂昂溪区								
梅里斯达斡尔族区								
碾子山区								
牡丹江市小计	**125604**	**914**		**116740**		**1207**	**1714**	**5029**
本级	73364	914		66181		1079	1170	4020
区县级小计	52240			50559		128	544	1009
林口县	1264			1021		18	105	120
穆棱市	4040			3942		29		69
东宁县	7442			7419				23
宁安县	2638			2217			106	315
海林市	14322			13642		80	119	481
绥芬河市	22534			22318		1	214	1
东安区								
西安区								
爱民区								
阳明区								
佳木斯市小计	**8260**	**329**		**6497**		**70**	**946**	**418**
本级	2561			1400		70	833	258
区县级小计	5699	329		5097			113	160
桦南县	85						85	
桦川县	3492			3492				
汤原县	432	50		303			28	51
抚远县	959			931				28
富锦市	664	216		371				77
同江市	63	63						
东风区								
前进区								
向阳区								
郊区	4							4
鸡西市小计	**20639**	**873**		**10380**		**82**	**320**	**8984**
本级	15492	873		7507			320	6792
区县级小计	5147			2873		82		2192
鸡东县	550			550				
密山市	2282			248				2034
虎林市	2315			2075		82		158
鸡冠区								

3－8－5

单位:万元

地区	收支部分							
	支出							
	支出合计	养路费支出	公路客货运附加费支出	国有土地使用权出让金支出	新增建设用地土地有偿使用费支出	地方水利建设基金支出	城市公用事业附加支出	其他各项基金支出
富拉尔基区								
昂昂溪区								
梅里斯达斡尔族区								
碾子山区								
牡丹江市小计	**131194**	**915**		**116406**	**863**	**2469**	**1204**	**9337**
本级	73115	915		65941	283	1656	842	3478
区县级小计	58079			50465	580	813	362	5859
林口县	2025			1710		18		297
穆棱市	4722			4147		249		326
东宁县	8194			6766		151		1277
宁安县	1739			1225		269	106	139
海林市	15230			13210	580	125	42	1273
绥芬河市	26135			23407		1	214	2513
东安区	16							16
西安区	4							4
爱民区	7							7
阳明区	7							7
佳木斯市小计	**14498**	**329**		**11209**		**250**	**946**	**1764**
本级	3187			1969			833	385
区县级小计	11311	329		9240		250	113	1379
桦南县	142					50	85	7
桦川县	6317			6249		60		8
汤原县	575	50		303			28	194
抚远县	1889			1453		25		411
富锦市	1518	216		1235				67
同江市	816	63				75		678
东风区	10							10
前进区								
向阳区								
郊区	44					40		4
鸡西市小计	**27717**	**873**		**19720**		**535**		**6589**
本级	19159	873		13129		282		4875
区县级小计	8558			6591		253		1714
鸡东县	1461			1312		90		59
密山市	4582			3025		50		1507
虎林市	2505			2254		113		138
鸡冠区	10							10

3-8-6

单位:万元

地区	平衡部分											
	收入						支出					年终结余
	收入合计	本年收入	上年结余	补助收入	省补助单列市收入	调入资金	支出合计	本年支出	上解支出	单列市上解省支出	调出资金	
富拉尔基区												
昂昂溪区												
梅里斯达斡尔族区												
碾子山区												
牡丹江市小计	**150730**	**125604**	**15265**	**9861**			**131194**	**131194**				**19536**
本级	84541	73364	9680	1497			73115	73115				11426
区县级小计	66189	52240	5585	8364			58079	58079				8110
林口县	2155	1264	689	202			2025	2025				130
穆棱市	4751	4040	234	477			4722	4722				29
东宁县	11061	7442	2315	1304			8194	8194				2867
宁安县	3458	2638	331	489			1739	1739				1719
海林市	18382	14322	2016	2044			15230	15230				3152
绥芬河市	26348	22534		3814			26135	26135				213
东安区	16			16			16	16				
西安区	4			4			4	4				
爱民区	7			7			7	7				
阳明区	7			7			7	7				
佳木斯市小计	**17393**	**8260**	**3158**	**5975**			**14498**	**14498**				**2895**
本级	5857	2561	3013	283			3187	3187				2670
区县级小计	11536	5699	145	5692			11311	11311				225
桦南县	142	85		57			142	142				
桦川县	6317	3492		2825			6317	6317				
汤原县	576	432		144			575	575				1
抚远县	2007	959	50	998			1889	1889				118
富锦市	1529	664		865			1518	1518				11
同江市	909	63	93	753			816	816				93
东风区	10			10			10	10				
前进区	2		2									2
向阳区												
郊区	44	4		40			44	44				
鸡西市小计	**39818**	**20639**	**7263**	**11036**		**880**	**27717**	**27717**				**12101**
本级	24141	15492	3922	3847		880	19159	19159				4982
区县级小计	15677	5147	3341	7189			8558	8558				7119
鸡东县	1581	550	834	197			1461	1461				120
密山市	6337	2282	1050	3005			4582	4582				1755
虎林市	7749	2315	1457	3977			2505	2505				5244
鸡冠区	10			10			10	10				

三、各省、自治区、直辖市地市县基金预算财政资料

3－8－7

单位:万元

地　　区	收支部分							
	收入							
	收　入 合　计	养路费 收　入	公路客货 运附加费 收　　入	国有土地 使用权出 让金收入	新增建设用 地土地有偿 使用费收入	地方水利 建设基金 收　　入	城市公用 事业附加 收　　入	其他各项 基金收入
恒山区								
滴道区								
城子河区								
梨树区								
麻山区								
鹤岗市小计	**7510**	**620**		**5140**		**38**	**650**	**1062**
本级	5347	620		3500		19	650	558
区县级小计	2163			1640		19		504
萝北县	1774			1269		19		486
绥滨县	389			371				18
南山区								
向阳区								
工农区								
兴山区								
东山区								
兴安区								
双鸭山市小计	**4892**	**702**		**2579**		**100**	**569**	**942**
本级	4872	702		2579		92	569	930
区县级小计	20					8		12
集贤县								
宝清县								
友谊县								
饶河县	20					8		12
尖山区								
岭东区								
四方台区								
宝山区								
七台河市小计	**11281**	**597**		**10059**		**161**	**120**	**344**
本级	8209	412		7327		44	120	306
区县级小计	3072	185		2732		117		38
勃利县	1993	185		1653		117		38
新兴区	1079			1079				
桃山区								
茄子河区								
黑河市小计	**20095**	**296**		**17591**		**211**		**1997**
本级	7830	296		6281		70		1183
区县级小计	12265			11310		141		814

3－8－8 单位：万元

地区	收支部分							
	支出							
	支出合计	养路费支出	公路客货运附加费支出	国有土地使用权出让金支出	新增建设用地土地有偿使用费支出	地方水利建设基金支出	城市公用事业附加支出	其他各项基金支出
恒山区								
滴道区								
城子河区								
梨树区								
麻山区								
鹤岗市小计	**9608**	**619**		**7287**		**354**	**20**	**1328**
本级	5322	619		3728		230	20	725
区县级小计	4286			3559		124		603
萝北县	3473			2918		34		521
绥滨县	813			641		90		82
南山区								
向阳区								
工农区								
兴山区								
东山区								
兴安区								
双鸭山市小计	**2359**	**702**		**737**		**177**	**147**	**596**
本级	1875	702		737		59	147	230
区县级小计	484					118		366
集贤县	17							17
宝清县	34							34
友谊县	13							13
饶河县	350					58		292
尖山区								
岭东区	70					60		10
四方台区								
宝山区								
七台河市小计	**14402**	**597**		**11861**	**854**	**635**	**12**	**443**
本级	10680	412		9967		20	12	269
区县级小计	3722	185		1894	854	615		174
勃利县	3123	185		1375	854	615		94
新兴区	519			519				
桃山区								
茄子河区	80							80
黑河市小计	**33833**	**296**		**29261**		**388**		**3888**
本级	9501	296		7184		71		1950
区县级小计	24332			22077		317		1938

三、各省、自治区、直辖市地市县基金预算财政资料

3－8－9

单位：万元

地区	平衡部分											
	收入						支出					年终结余
	收入合计	本年收入	上年结余	补助收入	省补助单列市收入	调入资金	支出合计	本年支出	上解支出	单列市上解省支出	调出资金	
恒山区												
滴道区												
城子河区												
梨树区												
麻山区												
鹤岗市小计	**12953**	**7510**	**1719**	**3709**		**15**	**9608**	**9608**				**3345**
本级	8308	5347	1717	1244			5322	5322				2986
区县级小计	4645	2163	2	2465		15	4286	4286				359
萝北县	3832	1774	1	2042		15	3473	3473				359
绥滨县	813	389	1	423			813	813				
南山区												
向阳区												
工农区												
兴山区												
东山区												
兴安区												
双鸭山市小计	**9121**	**4892**	**722**	**3507**			**2359**	**2359**				**6762**
本级	5756	4872	511	373			1875	1875				3881
区县级小计	3365	20	211	3134			484	484				2881
集贤县	2898		211	2687			17	17				2881
宝清县	34			34			34	34				
友谊县	13			13			13	13				
饶河县	350	20		330			350	350				
尖山区												
岭东区	70			70			70	70				
四方台区												
宝山区												
七台河市小计	**19498**	**11281**	**5640**	**2577**			**14402**	**14402**				**5096**
本级	14911	8209	5638	1064			10680	10680				4231
区县级小计	4587	3072	2	1513			3722	3722				865
勃利县	3426	1993	2	1431			3123	3123				303
新兴区	1079	1079					519	519				560
桃山区												
茄子河区	82			82			80	80				2
黑河市小计	**36006**	**20095**	**2184**	**13626**		**101**	**33833**	**33833**				**2173**
本级	11019	7830	638	2470		81	9501	9501				1518
区县级小计	24987	12265	1546	11156		20	24332	24332				655

3－8－10

单位:万元

地区	收支部分							
	收入							
	收入合计	养路费收入	公路客货运附加费收入	国有土地使用权出让金收入	新增建设用地土地有偿使用费收入	地方水利建设基金收入	城市公用事业附加收入	其他各项基金收入
北安市	6089			5860		3		226
嫩江县	4163			3542		137		484
五大连池市	34							34
逊克县	610			583		1		26
孙吴县	1066			1066				
爱辉区	303			259				44
伊春市小计	**7643**	**535**		**4465**		**117**	**1136**	**1390**
本级	3989	535		1670		117	1108	559
区县级小计	3654			2795			28	831
铁力市	1553			1089			28	436
嘉荫县	2101			1706				395
大庆市小计	**248454**	**901**		**212352**		**2230**		**32971**
本级	231664	901		198450		2158		30155
区县级小计	16790			13902		72		2816
林甸县	5719			3691				2028
肇洲县	1960			1570		42		348
肇源县	6437			6335		30		72
杜尔伯特蒙古族自治县	1402			1034				368
萨尔图区	244			244				
让胡路区								
龙凤区	28			28				
红岗区								
大同区	1000			1000				
大兴安岭地区小计	**1321**	**80**		**994**		**40**		**207**
本级	257	80		81		17		79
区县级小计	1064			913		23		128
加格达奇区	505			472		13		20
呼玛县	8			8				
塔河县	322			208		10		104
漠河县	229			225				4
绥化市小计	**37374**	**691**		**32803**		**303**	**570**	**3007**
本级	14935			13310		265	105	1255
区县级小计	22439	691		19493		38	465	1752
安达市	3298			2827			51	420
肇东市	8951	160		8032			269	490
兰西县	1436			1349			20	67
青冈县	2629	291		2050		10	41	237

三、各省、自治区、直辖市地市县基金预算财政资料

3－8－11

单位：万元

地区	收支部分							
	支出							
	支出合计	养路费支出	公路客货运附加费支出	国有土地使用权出让金支出	新增建设用地土地有偿使用费支出	地方水利建设基金支出	城市公用事业附加支出	其他各项基金支出
北安市	6191			5860		3		328
嫩江县	10227			8929		193		1105
五大连池市	2956			2800		50		106
逊克县	3445			3286		21		138
孙吴县	1221			1066				155
爱辉区	292			136		50		106
伊春市小计	**17253**	**535**		**11880**	**1286**	**587**	**1136**	**1829**
本级	8892	535		6105		337	1108	807
区县级小计	8361			5775	1286	250	28	1022
铁力市	4606			4069		60	28	449
嘉荫县	3755			1706	1286	190		573
大庆市小计	**258821**	**901**		**221738**		**2480**		**33702**
本级	237514	901		202787		2158		31668
区县级小计	21307			18951		322		2034
林甸县	6072			4619				1453
肇州县	1983			1570		42		371
肇源县	8351			8188		70		93
杜尔伯特蒙古族自治县	3629			3302		210		117
萨尔图区	244			244				
让胡路区								
龙凤区	28			28				
红岗区								
大同区	1000			1000				
大兴安岭地区小计	**3260**	**88**		**1700**	**601**	**231**		**640**
本级	776	88		159		37		492
区县级小计	2484			1541	601	194		148
加格达奇区	666			641		24		1
呼玛县	886			173	601	40		72
塔河县	237			142		90		5
漠河县	695			585		40		70
绥化市小计	**53981**	**653**		**48572**		**805**	**598**	**3353**
本级	15004			13205		230	135	1434
区县级小计	38977	653		35367		575	463	1919
安达市	5081			4847			51	183
肇东市	9098	160		8110			269	559
兰西县	1886			1764			20	102
青冈县	3961	291		3389		10	39	232

3-8-12 单位:万元

地区	平衡部分 收入 收入合计	本年收入	上年结余	补助收入	省补助单列市收入	调入资金	支出 支出合计	本年支出	上解支出	单列市上解省支出	调出资金	年终结余
北安市	6501	6089		412			6191	6191				310
嫩江县	10229	4163	1390	4676			10227	10227				2
五大连池市	2956	34		2922			2956	2956				
逊克县	3445	610		2835			3445	3445				
孙吴县	1221	1066		155			1221	1221				
爱辉区	635	303	156	156		20	292	292				343
伊春市小计	**17253**	**7643**		**9610**			**17253**	**17253**				
本级	8892	3989		4903			8892	8892				
区县级小计	8361	3654		4707			8361	8361				
铁力市	4606	1553		3053			4606	4606				
嘉荫县	3755	2101		1654			3755	3755				
大庆市小计	**260461**	**248454**	**434**	**11573**			**258821**	**258821**				**1640**
本级	237734	231664	220	5850			237514	237514				220
区县级小计	22727	16790	214	5723			21307	21307				1420
林甸县	6963	5719	70	1174			6072	6072				891
肇洲县	1983	1960		23			1983	1983				
肇源县	8351	6437		1914			8351	8351				
杜尔伯特蒙古族自治县	4158	1402	144	2612			3629	3629				529
萨尔图区	244	244					244	244				
让胡路区												
龙凤区	28	28					28	28				
红岗区												
大同区	1000	1000					1000	1000				
大兴安岭地区小计	**5293**	**1321**	**2116**	**1856**			**3260**	**3260**				**2033**
本级	1026	257	348	421			776	776				250
区县级小计	4267	1064	1768	1435			2484	2484				1783
加格达奇区	889	505	383	1			666	666				223
呼玛县	2014	8	778	1228			886	886				1128
塔河县	612	322	195	95			237	237				375
漠河县	752	229	412	111			695	695				57
绥化市小计	**59259**	**37374**	**4905**	**16980**			**54059**	**53981**			**78**	**5200**
本级	16870	14935	2961	-1026			15004	15004				1866
区县级小计	42389	22439	1944	18006			39055	38977			78	3334
安达市	6002	3298	991	1713			5081	5081				921
肇东市	9994	8951	21	1022			9098	9098				896
兰西县	1886	1436		450			1886	1886				
青冈县	4306	2629		1677			3961	3961				345

3－8－13

单位:万元

地区	收支部分							
	收入							
	收入合计	养路费收入	公路客货运附加费收入	国有土地使用权出让金收入	新增建设用地土地有偿使用费收入	地方水利建设基金收入	城市公用事业附加收入	其他各项基金收入
明水县	2648			2214				434
海伦市	700			678		9	13	
望奎县	2164			2136			28	
绥棱县	5					5		
庆安县	447	107		207		8	43	82
北林区	161	133				6		22

3－8－14 单位:万元

地区	收支部分							
	支出							
	支出合计	养路费支出	公路客货运附加费支出	国有土地使用权出让金支出	新增建设用地土地有偿使用费支出	地方水利建设基金支出	城市公用事业附加支出	其他各项基金支出
明水县	2676			2171				505
海伦市	4595			4475		49	13	58
望奎县	2426			2113		175	28	110
绥棱县	2315			2279				36
庆安县	2859	107		2558		46	43	105
北林区	4080	95		3661		295		29

3－8－15

单位:万元

地区	平衡部分											年终结余
	收入						支出					
	收入合计	本年收入	上年结余	补助收入	省补助单列市收入	调入资金	支出合计	本年支出	上解支出	单列市上解省支出	调出资金	
明水县	3414	2648	369	397			2676	2676				738
海伦市	4595	700		3895			4595	4595				
望奎县	2464	2164	15	285			2426	2426				38
绥棱县	2364	5	44	2315			2315	2315				49
庆安县	2937	447		2490			2937	2859			78	
北林区	4427	161	504	3762			4080	4080				347

2007 年上海市区县财政基金预算收支平衡表

3－9－1　　单位:万元

地　　区	收支部分							
	收入							
	收　入 合　计	养路费 收　入	公路客货 运附加费 收　入	国有土地 使用权出 让金收入	新增建设用 地土地有偿 使用费收入	地方水利 建设基金 收　入	城市公用 事业附加 收　入	其他各项 基金收入
区县级小计	**1541863**			**1473095**				**68768**
黄浦区	10801			10801				
卢湾区	20402			20402				
徐汇区	51198			51198				
长宁区	81248			81248				
普陀区	37842			37842				
静安区	8365			8365				
闸北区	27062			27062				
虹口区	25826			25826				
杨浦区	146809			146809				
宝山区	175244			173016				2228
闵行区	114967			112897				2070
嘉定区	223476			187749				35727
浦东新区	262632			258281				4351
金山区	38999			35744				3255
松江区	85606			80301				5305
青浦区	28391			24697				3694
南汇区	80836			73309				7527
奉贤区	99607			96338				3269
崇明县	22552			21210				1342

3－9－2 单位:万元

地区	收支部分							
	支出							
	支出合计	养路费支出	公路客货运附加费支出	国有土地使用权出让金支出	新增建设用地土地有偿使用费支出	地方水利建设基金支出	城市公用事业附加支出	其他各项基金支出
区县级小计	**830394**			**685215**			**94136**	**51043**
黄浦区	7543						7543	
卢湾区	15231			13626			1605	
徐汇区	36279			24442			11837	
长宁区	50937			43626			7311	
普陀区	21957			13230			8727	
静安区	3358						3358	
闸北区	8427			605			7822	
虹口区	34314			25826			8488	
杨浦区	68684			56619			12065	
宝山区	118839			116043			1830	966
闵行区	19597			14980			4617	
嘉定区	152862			125243			3000	24619
浦东新区	10510						770	9740
金山区	41033			35744			1970	3319
松江区	60002			53686			2557	3759
青浦区	30435			24697			1993	3745
南汇区	43797			40513			3188	96
奉贤区	101915			96335			2238	3342
崇明县	4674						3217	1457

3－9－3　　　　　　　　　　　　　　　　　　　　单位:万元

地区	平衡部分											
	收入						支出					年终结余
	收入合计	本年收入	上年结余	补助收入	省补助单列市收入	调入资金	支出合计	本年支出	上解支出	单列市上解省支出	调出资金	
区县级小计	**1759105**	**1541863**	**117957**	**99285**			**830394**	**830394**				**928711**
黄浦区	18666	10801	322	7543			7543	7543				11123
卢湾区	26500	20402	2636	3462			15231	15231				11269
徐汇区	63622	51198	587	11837			36279	36279				27343
长宁区	89465	81248	906	7311			50937	50937				38528
普陀区	47720	37842	1151	8727			21957	21957				25763
静安区	11785	8365	62	3358			3358	3358				8427
闸北区	34911	27062	27	7822			8427	8427				26484
虹口区	34314	25826		8488			34314	34314				
杨浦区	158877	146809	3	12065			68684	68684				90193
宝山区	187898	175244	7630	5024			118839	118839				69059
闵行区	144182	114967	24598	4617			19597	19597				124585
嘉定区	231673	223476	5667	2530			152862	152862				78811
浦东新区	299150	262632	35628	890			10510	10510				288640
金山区	41794	38999	758	2037			41033	41033				761
松江区	107920	85606	19691	2623			60002	60002				47918
青浦区	31101	28391	649	2061			30435	30435				666
南汇区	97398	80836	13311	3251			43797	43797				53601
奉贤区	103492	99607	1574	2311			101915	101915				1577
崇明县	28637	22552	2757	3328			4674	4674				23963

2007 年江苏省地市县财政基金预算收支平衡表

3－10－1　　　　单位：万元

地　区	收支部分							
	收入							
	收　入 合　计	养路费 收　入	公路客货 运附加费 收　入	国有土地 使用权出 让金收入	新增建设用 地土地有偿 使用费收入	地方水利 建设基金 收　入	城市公用 事业附加 收　入	其他各项 基金收入
地市县合计	**6915364**	**800**	**33162**	**5895178**	**10710**	**39591**	**131036**	**804887**
南京市小计	**3094885**			**2841415**		**150**	**23050**	**230270**
本级	2318814			2137857		150	20174	160633
区县级小计	776071			703558			2876	69637
玄武区	15							15
白下区	22							22
秦淮区								
建邺区	7							7
鼓楼区	20							20
下关区	2							2
浦口区	211991			195770				16221
栖霞区	39							39
雨花台区	15							15
江宁区	327499			297265			200	30034
六合区	81781			67682			2286	11813
溧水县	123154			113387			390	9377
高淳县	31526			29454				2072
无锡市小计	**271458**		**8921**	**72308**		**22140**	**19297**	**148792**
本级	156690		4481	67		22140	18065	111937
区县级小计	114768		4440	72241			1232	36855
崇安区	2452			952				1500
南长区	1568							1568
北塘区	1343							1343
锡山区	61306		1138	56000				4168
惠山区	3898							3898
滨湖区	5922		47					5875
江阴市	11282						1232	10050
宜兴市	26997		3255	15289				8453
徐州市小计	**532889**			**487809**		**170**	**5212**	**39698**
本级	377524			345992			3008	28524
区县级小计	155365			141817		170	2204	11174
鼓楼区	120							120
云龙区	472			297				175
九里区	96							96
贾汪区	637			622				15
泉山区	258							258
丰县	12656			9578		96	510	2472

3－10－2　　　　　　　　　　　　　　　　　　　　　　　　　　　　单位:万元

地　　区	收	支	部	分				
	支			出				
	支　出 合　计	养路费 支　出	公路客货 运附加费 支　　出	国有土地 使用权出 让金支出	新增建设用 地土地有偿 使用费支出	地方水利 建设基金 支　　出	城市公用 事业附加 支　　出	其他各项 基金支出
地市县合计	**6524306**	**2216**	**33028**	**5434110**	**146271**	**112018**	**89186**	**707477**
南京市小计	**2657707**	**131**		**2443865**		**6100**	**23050**	**184561**
本级	1524367			1402055		2620	14123	105569
区县级小计	1133340	131		1041810		3480	8927	78992
玄武区	51580			50770				810
白下区	30569			23373			6000	1196
秦淮区	22237			21682				555
建邺区	49135			48620				515
鼓楼区	49252			48414				838
下关区	18686			17925				761
浦口区	214611			195926		608		18077
栖霞区	27982			26912				1070
雨花台区	108050			107229				821
江宁区	322724			289238		1276	200	32010
六合区	86056			68451		863	2338	14404
溧水县	118877	76		112728		324	389	5360
高淳县	33581	55		30542		409		2575
无锡市小计	**274774**	**12**	**8874**	**75941**	**12441**	**26915**	**6005**	**144586**
本级	153009	10	4481	3680	7792	22944	3255	110847
区县级小计	121765	2	4393	72261	4649	3971	2750	33739
崇安区	1794			952			172	670
南长区	1028						267	761
北塘区	793						223	570
锡山区	62672		1138	56000		1254		4280
惠山区	4771					121	692	3958
滨湖区	5116					171	164	4781
江阴市	12349	2			545	1119	1232	9451
宜兴市	33242		3255	15309	4104	1306		9268
徐州市小计	**527051**			**467963**	**17001**	**10584**	**4630**	**26873**
本级	365375			336341	5810	1781	3030	18413
区县级小计	161676			131622	11191	8803	1600	8460
鼓楼区	384					19	1	364
云龙区	147					5		142
九里区	1636			417	1155	7		57
贾汪区	1463			487	637	281		58
泉山区	74					8		66
丰县	12857			9072	2237	1031	194	323

三、各省、自治区、直辖市地市县基金预算财政资料

3-10-3

单位:万元

地区	平衡部分 收入 收入合计	本年收入	上年结余	补助收入	省补助单列市收入	调入资金	支出 支出合计	本年支出	上解支出	单列市上解省支出	调出资金	年终结余
地市县合计	**7626862**	**6915364**	**404594**	**299179**		**7725**	**6592889**	**6524306**	**40390**		**28193**	**1033973**
南京市小计	**3126617**	**3094885**	**14416**	**16566**		**750**	**2666128**	**2657707**	**8421**			**460489**
本级	1970733	2318814	11686	-360517		750	1530409	1524367	6042			440324
区县级小计	1155884	776071	2730	377083			1135719	1133340	2379			20165
玄武区	51580	15		51565			51580	51580				
白下区	30569	22		30547			30569	30569				
秦淮区	22237			22237			22237	22237				
建邺区	49144	7	42	49095			49135	49135				9
鼓楼区	49252	20		49232			49252	49252				
下关区	18686	2	2	18682			18686	18686				
浦口区	217845	211991	1587	4267			215002	214611	391			2843
栖霞区	27986	39	5	27942			27982	27982				4
雨花台区	108160	15	95	108050			108050	108050				110
江宁区	332660	327499	401	4760			323410	322724	686			9250
六合区	87530	81781	222	5527			86915	86056	859			615
溧水县	126346	123154	375	2817			119024	118877	147			7322
高淳县	33889	31526	1	2362			33877	33581	296			12
无锡市小计	**317886**	**271458**	**23202**	**22448**		**778**	**280396**	**274774**	**5622**			**37490**
本级	175820	156690	19227	-416		319	149972	153009	-3037			25848
区县级小计	142066	114768	3975	22864		459	130424	121765	8659			11642
崇安区	3615	2452	463	700			2928	1794	1134			687
南长区	2889	1568	351	970			2285	1028	1257			604
北塘区	2718	1343	476	877		22	1971	793	1178			747
锡山区	65987	61306	1189	3492			63068	62672	396			2919
惠山区	6522	3898	998	1626			5237	4771	466			1285
滨湖区	8288	5922	402	1964			6947	5116	1831			1341
江阴市	14190	11282		2471		437	14139	12349	1790			51
宜兴市	37857	26997	96	10764			33849	33242	607			4008
徐州市小计	**598245**	**532889**	**45729**	**18512**		**1115**	**529579**	**527051**	**2513**		**15**	**68666**
本级	400203	377524	20051	1528		1100	367035	365375	1660			33168
区县级小计	198042	155365	25678	16984		15	162544	161676	853		15	35498
鼓楼区	481	120	343	18			431	384	47			50
云龙区	631	472	157	2			203	147	56			428
九里区	1711	96	1193	422			1684	1636	48			27
贾汪区	3377	637	2270	455		15	1523	1463	45		15	1854
泉山区	990	258	701	31			133	74	59			857
丰县	16818	12656	3080	1082			12905	12857	48			3913

3－10－4

单位:万元

地区	收支部分 收入							
	收入合计	养路费收入	公路客货运附加费收入	国有土地使用权出让金收入	新增建设用地土地有偿使用费收入	地方水利建设基金收入	城市公用事业附加收入	其他各项基金收入
沛县	4297			3463				834
铜山县	48675			45032		74	600	2969
睢宁县	10083			8246			392	1445
新沂市	21763			20534			702	527
邳州市	56308			54045				2263
常州市小计	**828533**		**5385**	**714347**		**2676**	**12047**	**94078**
本级	368192		2273	318713			4900	42306
区县级小计	460341		3112	395634		2676	7147	51772
天宁区	52599			46444				6155
钟楼区	3335			1268				2067
戚墅堰区	6736			6012				724
新北区	62049			52165		2337		7547
武进区	171166		1857	146385			4389	18535
溧阳市	94230		500	81503		339	1804	10084
金坛市	70226		755	61857			954	6660
苏州市小计	**147955**			**18665**		**2518**	**37830**	**88942**
本级	28763						6106	22657
区县级小计	119192			18665		2518	31724	66285
沧浪区	973							973
平江区	255							255
金阊区	77							77
虎丘区	8204						2808	5396
吴中区	14048						2337	11711
相城区	4818						1425	3393
常熟市	32621			18665		2518		11438
张家港市	24714						13098	11616
昆山市	20349						6394	13955
吴江市	8355						5662	2693
太仓市	4778							4778
南通市小计	**277190**		**2835**	**216182**		**550**	**11549**	**46074**
本级	110624		2612	83886			4732	19394
区县级小计	166566		223	132296		550	6817	26680
崇川区	3910							3910
港闸区	22527			21000				1527
海安县	12823			10028		550	926	1319
如东县	12691			9972			861	1858
启东市	23246			20093			990	2163

3－10－5

单位:万元

地区	收支部分							
	支出							
	支出合计	养路费支出	公路客货运附加费支出	国有土地使用权出让金支出	新增建设用地土地有偿使用费支出	地方水利建设基金支出	城市公用事业附加支出	其他各项基金支出
沛县	6721			3535	1883	354		949
铜山县	48244			41603	740	1669	229	4003
睢宁县	14821			8725	755	4014	376	951
新沂市	17708			12211	3269	271	800	1157
邳州市	57621			55572	515	1144		390
常州市小计	**808284**	**80**	**4251**	**712019**	**3708**	**5652**	**1654**	**80920**
本级	354415	12	1303	318789		422		33889
区县级小计	453869	68	2948	393230	3708	5230	1654	47031
天宁区	51700			46444		54		5202
钟楼区	2489			1268		38		1183
戚墅堰区	6197			6012		1		184
新北区	61131			52165		2437		6529
武进区	165688		1723	146385		930	700	15950
溧阳市	98133	38	500	81503	2273	1274		12545
金坛市	68531	30	725	59453	1435	496	954	5438
苏州市小计	**142180**	**50**		**23715**	**6996**	**14366**	**22621**	**74432**
本级	27875	41				4341	3128	20365
区县级小计	114305	9		23715	6996	10025	19493	54067
沧浪区	1435						1345	90
平江区	402							402
金阊区	693						552	141
虎丘区	8816				166	852	2808	4990
吴中区	10423					856	2564	7003
相城区	4913				1665	10	986	2252
常熟市	31470			18116	571	2619		10164
张家港市	18708	2		5599		1998		11109
昆山市	19931					498	6394	13039
吴江市	11418	7			2514	2225	4844	1828
太仓市	6096				2080	967		3049
南通市小计	**257668**	**68**	**2987**	**183673**	**14757**	**6164**	**12253**	**37766**
本级	75416		2755	49959		1905	5950	14847
区县级小计	182252	68	232	133714	14757	4259	6303	22919
崇川区	3518				1687	1	708	1122
港闸区	23318			23000	318			
海安县	17375			10028	4526	835	187	1799
如东县	17194	2		10972	1269	2195	1186	1570
启东市	24916			20173	756	355	990	2642

3－10－6 单位:万元

地区	平衡部分											
	收入						支出					年终结余
	收入合计	本年收入	上年结余	补助收入	省补助单列市收入	调入资金	支出合计	本年支出	上解支出	单列市上解省支出	调出资金	
沛县	8380	4297	2093	1990			6837	6721	116			1543
铜山县	54423	48675	3389	2359			48413	48244	169			6010
睢宁县	17217	10083	3978	3156			14875	14821	54			2342
新沂市	31771	21763	4790	5218			17787	17708	79			13984
邳州市	62243	56308	3684	2251			57753	57621	132			4490
常州市小计	**856455**	**828533**	**13678**	**13743**		**501**	**819940**	**808284**	**3067**		**8589**	**36515**
本级	377473	368192	9137	－356		500	352476	354415	－6839		4900	24997
区县级小计	478982	460341	4541	14099		1	467464	453869	9906		3689	11518
天宁区	54889	52599	865	1425			53947	51700	2247			942
钟楼区	4489	3335		1154			4489	2489	2000			
戚墅堰区	7167	6736	1	430			6921	6197	724			246
新北区	64747	62049		2698			64747	61131	3616			
武进区	173689	171166	1508	1015			170233	165688	856		3689	3456
溧阳市	100340	94230		6109		1	98393	98133	260			1947
金坛市	73661	70226	2167	1268			68734	68531	203			4927
苏州市小计	**220494**	**147955**	**42666**	**29136**		**737**	**170298**	**142180**	**9280**		**18838**	**50196**
本级	38328	28763	3265	5750		550	29524	27875	1649			8804
区县级小计	182166	119192	39401	23386		187	140774	114305	7631		18838	41392
沧浪区	2579	973	163	1443			2071	1435	636			508
平江区	1091	255	71	578		187	553	402	151			538
金阊区	855	77	117	661			734	693	41			121
虎丘区	9565	8204	35	1326			9522	8816	706			43
吴中区	22965	14048	7623	1294			11030	10423	607			11935
相城区	13040	4818	7674	548			5210	4913	297			7830
常熟市	46107	32621	10892	2594			32565	31470	1095			13542
张家港市	40405	24714	10719	4972			38089	18708	1361		18020	2316
昆山市	21392	20349		1043			21359	19931	1428			33
吴江市	15867	8355	1851	5661			12992	11418	756		818	2875
太仓市	8300	4778	256	3266			6649	6096	553			1651
南通市小计	**362468**	**277190**	**53952**	**31276**		**50**	**260235**	**257668**	**2567**			**102233**
本级	130325	110624	19560	141			73131	75416	－2285			57194
区县级小计	232143	166566	34392	31135		50	187104	182252	4852			45039
崇川区	8283	3910	3193	1180			5408	3518	1890			2875
港闸区	28014	22527	4416	1071			24216	23318	898			3798
海安县	18762	12823	1275	4664			17661	17375	286			1101
如东县	34240	12691	10358	11191			17479	17194	285			16761
启东市	26726	23246	618	2862			25242	24916	326			1484

3－10－7

单位:万元

地区	收支部分							
	收入							
	收入合计	养路费收入	公路客货运附加费收入	国有土地使用权出让金收入	新增建设用地土地有偿使用费收入	地方水利建设基金收入	城市公用事业附加收入	其他各项基金收入
如皋市	22457			16860			1818	3779
通州市	36936		223	30172			1232	5309
海门市	31976			24171			990	6815
连云港市小计	**308572**		**4068**	**287484**		**438**	**2023**	**14559**
本级	131725		2414	119289		151	1191	8680
区县级小计	176847		1654	168195		287	832	5879
连云区	36327			35600				727
新浦区	666							666
海州区	214							214
赣榆县	41512		665	39117		30	374	1326
东海县	41717		763	40019			370	565
灌云县	21874			20125		257	88	1404
灌南县	34537		226	33334				977
淮安市小计	**196882**		**5100**	**171064**	**5982**	**1459**	**812**	**12465**
本级	167911		5100	146791	4818	1179	812	9211
区县级小计	28971			24273	1164	280		3254
清河区	228							228
楚州区	11985			10997				988
淮阴区	1795				445	221		1129
清浦区	944			845				99
涟水县	8015			7288	719			8
洪泽县	176			111				65
盱眙县	5823			5032		59		732
金湖县	5							5
盐城市小计	**208030**			**180079**		**4226**	**4654**	**19071**
本级	14228			5045		2420	700	6063
区县级小计	193802			175034		1806	3954	13008
亭湖区	341			300				41
盐都区	8575			6826				1749
响水县	5148			4606			332	210
滨海县	5343			4819			283	241
阜宁县	8419			5884		754	327	1454
射阳县	33455			31429		340	483	1203
建湖县	3972			2372		229	521	850
东台市	41060			36863			1650	2547
大丰市	87489			81935		483	358	4713
扬州市小计	**312010**		**796**	**251399**		**1769**	**3275**	**54771**

3-10-8 单位:万元

地区	收支部分 支出 支出合计	养路费支出	公路客货运附加费支出	国有土地使用权出让金支出	新增建设用地土地有偿使用费支出	地方水利建设基金支出	城市公用事业附加支出	其他各项基金支出
如皋市	20734	66		16931	229	25	1530	1953
通州市	35958		232	28620	435	273	1317	5081
海门市	39239			23990	5537	575	385	8752
连云港市小计	**337411**	**37**	**4771**	**283650**	**11022**	**17817**	**1511**	**18603**
本级	141936	9	3307	116761		13761	301	7797
区县级小计	195475	28	1464	166889	11022	4056	1210	10806
连云区	36790			35880			100	810
新浦区	2561			1272	396	178	319	396
海州区	1879			1430			100	349
赣榆县	44752		665	31538	7440	843	273	3993
东海县	51491		553	43790	1940	2292	330	2586
灌云县	23172	20		19918	881	221	88	2044
灌南县	34830	8	246	33061	365	522		628
淮安市小计	**193447**	**68**	**3792**	**163202**	**15507**	**4357**	**649**	**5872**
本级	146816	19	3792	134560	4221	2053	649	1522
区县级小计	46631	49		28642	11286	2304		4350
清河区	1096			1090				6
楚州区	13170			10446	1491	106		1127
淮阴区	2964				2000	97		867
清浦区	1102			845				257
涟水县	10076			6462	2972	557		85
洪泽县	4322	5		111	3823	165		218
盱眙县	12459	38		9681		1205		1535
金湖县	1442	6		7	1000	174		255
盐城市小计	**227935**	**100**		**176576**	**19564**	**4452**	**3317**	**23926**
本级	14281	10		4823	1050	2361	700	5337
区县级小计	213654	90		171753	18514	2091	2617	18589
亭湖区	618			300	223			95
盐都区	9003			6013	1113	2		1875
响水县	5920	5		4521	900		174	320
滨海县	6626			4819	1028	15	283	481
阜宁县	12167	14		6167	3617	647	323	1399
射阳县	35066			28336	4792	321	438	1179
建湖县	5066			3725	217	239	530	355
东台市	46080	18		36860	3402	28	829	4943
大丰市	93108	53		81012	3222	839	40	7942
扬州市小计	**322825**	**655**	**2022**	**244789**	**15045**	**3250**	**3954**	**53110**

3－10－9

单位:万元

地区	平衡部分											
	收入						支出					年终结余
	收入合计	本年收入	上年结余	补助收入	省补助单列市收入	调入资金	支出合计	本年支出	上解支出	单列市上解省支出	调出资金	
如皋市	31407	22457	1391	7509		50	21053	20734	319			10354
通州市	39276	36936	1711	629			36418	35958	460			2858
海门市	45435	31976	11430	2029			39627	39239	388			5808
连云港市小计	**372449**	**308572**	**29458**	**33619**		**800**	**338160**	**337411**	**749**			**34289**
本级	158644	131725	14879	11240		800	141270	141936	－666			17374
区县级小计	213805	176847	14579	22379			196890	195475	1415			16915
连云区	37169	36327		842			37138	36790	348			31
新浦区	3198	666	1	2531			3169	2561	608			29
海州区	2093	214		1879			2093	1879	214			
赣榆县	55021	41512	5285	8224			44820	44752	68			10201
东海县	56562	41717	7428	7417			51557	51491	66			5005
灌云县	23819	21874	1030	915			23225	23172	53			594
灌南县	35943	34537	835	571			34888	34830	58			1055
淮安市小计	**252795**	**196882**	**29364**	**26290**		**259**	**195642**	**193447**	**1478**		**717**	**57153**
本级	179347	167911	8725	2651		60	148526	146816	993		717	30821
区县级小计	73448	28971	20639	23639		199	47116	46631	485			26332
清河区	1381	228	63	1090			1147	1096	51			234
楚州区	14666	11985	2024	657			13255	13170	85			1411
淮阴区	12668	1795	5431	5442			3036	2964	72			9632
清浦区	1370	944	121	305			1140	1102	38			230
涟水县	15479	8015	2006	5387		71	10141	10076	65			5338
洪泽县	4942	176	432	4334			4374	4322	52			568
盱眙县	15772	5823	6226	3699		24	12515	12459	56			3257
金湖县	7170	5	4336	2725		104	1508	1442	66			5662
盐城市小计	**299782**	**208030**	**45292**	**45768**		**692**	**229249**	**227935**	**1314**			**70533**
本级	24624	14228	4659	5737			13907	14281	－374			10717
区县级小计	275158	193802	40633	40031		692	215342	213654	1688			59816
亭湖区	1909	341	1053	418		97	722	618	104			1187
盐都区	10510	8575	1409	375		151	9160	9003	157			1350
响水县	10532	5148	3410	1974			6002	5920	82			4530
滨海县	11849	5343	954	5521		31	6760	6626	134			5089
阜宁县	19147	8419	6519	4172		37	12321	12167	154			6826
射阳县	47409	33455	6577	7377			35306	35066	240			12103
建湖县	12074	3972	5381	2721			5312	5066	246			6762
东台市	55763	41060	8523	5906		274	46419	46080	339			9344
大丰市	105965	87489	6807	11567		102	93340	93108	232			12625
扬州市小计	**362237**	**312010**	**26064**	**22480**		**1683**	**324507**	**322825**	**1682**			**37730**

3－10－10 单位:万元

地区	收入合计	养路费收入	公路客货运附加费收入	国有土地使用权出让金收入	新增建设用地土地有偿使用费收入	地方水利建设基金收入	城市公用事业附加收入	其他各项基金收入
	收支部分							
	收入							
本级	151766		796	142422		1503	1699	5346
区县级小计	160244			108977		266	1576	49425
广陵区	18285			17150				1135
邗江区	28821			22958			853	5010
维扬区	719							719
宝应县	28231			27191				1040
仪征市	22118			16185		266	723	4944
高邮市	26707			25493				1214
江都市	35363							35363
镇江市小计	**348768**		**2569**	**308031**	**4084**	**2349**	**4801**	**26934**
本级	252332		1121	227891	4084	813	2586	15837
区县级小计	96436		1448	80140		1536	2215	11097
京口区	303		290					13
润州区	116							116
丹徒区	20177			17734			320	2123
丹阳市	29310			22722			1540	5048
扬中市	17708		544	13427		1036	355	2346
句容市	28822		614	26257		500		1451
泰州市小计	**329778**	**800**	**3488**	**294718**	**644**	**937**	**4797**	**24394**
本级	78522		1730	70185	456	765	952	4434
区县级小计	251256	800	1758	224533	188	172	3845	19960
海陵区	19090			18228				862
高港区	15613			12889		172	187	2365
兴化市	16409			12578	188		1095	2548
靖江市	70967		324	65433			1488	3722
泰兴市	83125	800	894	74030			925	6476
姜堰市	46052		540	41375			150	3987
宿迁市小计	**58414**			**51677**		**209**	**1689**	**4839**
本级	6742			5250			516	976
区县级小计	51672			46427		209	1173	3863
宿城区	3181			2000		89		1092
宿豫区	3494			2539			321	634
沭阳县	27545			25788			570	1187
泗阳县	12629			12100			282	247
泗洪县	4823			4000		120		703

3－10－11

单位:万元

地区	收支部分							
	支出							
	支出合计	养路费支出	公路客货运附加费支出	国有土地使用权出让金支出	新增建设用地土地有偿使用费支出	地方水利建设基金支出	城市公用事业附加支出	其他各项基金支出
本级	152061	533	2022	138399	586	2011	2282	6228
区县级小计	170764	122		106390	14459	1239	1672	46882
广陵区	17224			17162				62
邗江区	31342	14		22958	2230	2	853	5285
维扬区	627			10	37	1		579
宝应县	32597	11		27191	3881	302		1212
仪征市	19529	8		13576	2159	399	819	2568
高邮市	30571	32		25493	3253	36		1757
江都市	38874	57			2899	499		35419
镇江市小计	**381419**	**85**	**3188**	**332553**	**10382**	**3014**	**4295**	**27902**
本级	281700	85	1740	252889	10122	833	2279	13752
区县级小计	99719		1448	79664	260	2181	2016	14150
京口区	904		290		10	123		481
润州区	507							507
丹徒区	20321			17406	250	209	320	2136
丹阳市	30026			22731		61	1352	5882
扬中市	17732		544	13460		1102	344	2282
句容市	30229		614	26067		686		2862
泰州市小计	**330479**	**866**	**3143**	**280302**	**14243**	**4468**	**4102**	**23355**
本级	67497	2	1730	58518	963	2232	636	3416
区县级小计	262982	864	1413	221784	13280	2236	3466	19939
海陵区	19561			16785	1882			894
高港区	15926			12888	7	530	164	2337
兴化市	21306			12578	4671	272	1161	2624
靖江市	69641	9	224	64473	1249	255	1219	2212
泰兴市	88715	855	738	73503	4653	209	866	7891
姜堰市	47833		451	41557	818	970	56	3981
宿迁市小计	**63126**	**64**		**45862**	**5605**	**4879**	**1145**	**5571**
本级	8133	10		5250		2330		543
区县级小计	54993	54		40612	5605	2549	1145	5028
宿城区	3705			2090		143		1472
宿豫区	4151			2539		508	321	783
沭阳县	28004	16		21842	3646	544	542	1414
泗阳县	12821	26		12100		93	282	320
泗洪县	6312	12		2041	1959	1261		1039

3－10－12

单位:万元

地区	平衡部分											年终结余
	收入						支出					
	收入合计	本年收入	上年结余	补助收入	省补助单列市收入	调入资金	支出合计	本年支出	上解支出	单列市上解省支出	调出资金	
本级	173993	151766	16749	1906		3572	149355	152061	－2706			24638
区县级小计	191816	160244	9315	20574		1683	178724	170764	4388		3572	13092
广陵区	18659	18285	284	90			18326	17224	1102			333
邗江区	37570	28821	4017	4732			31540	31342	198			6030
维扬区	1850	719	721	410			1338	627	711			512
宝应县	33091	28231	164	4429		267	32995	32597	398			96
仪征市	28791	22118	3178	3141		354	23653	19529	552		3572	5138
高邮市	32107	26707	905	4001		494	31149	30571	578			958
江都市	39748	35363	46	3771		568	39723	38874	849			25
镇江市小计	**403173**	**348768**	**45506**	**8829**		**70**	**383116**	**381419**	**1697**			**20057**
本级	291970	252332	39041	597			282559	281700	859			9411
区县级小计	111203	96436	6465	8232		70	100557	99719	838			10646
京口区	1050	303	173	504		70	907	904	3			143
润州区	821	116	44	661			510	507	3			311
丹徒区	21266	20177	744	345			20435	20321	114			831
丹阳市	37422	29310	4236	3876			30395	30026	369			7027
扬中市	18892	17708	507	677			17958	17732	226			934
句容市	31752	28822	761	2169			30352	30229	123			1400
泰州市小计	**379023**	**329778**	**32766**	**16479**			**332121**	**330479**	**1608**		**34**	**46902**
本级	93044	78522	12446	2076			67652	67497	121		34	25392
区县级小计	285979	251256	20320	14403			264469	262982	1487			21510
海陵区	21764	19090	2426	248			19692	19561	131			2072
高港区	16251	15613	299	339			16027	15926	101			224
兴化市	22247	16409	731	5107			21505	21306	199			742
靖江市	74688	70967	2549	1172			70092	69641	451			4596
泰兴市	101951	83125	12832	5994			89094	88715	379			12857
姜堰市	49078	46052	1483	1543			48059	47833	226			1019
宿迁市小计	**75238**	**58414**	**2501**	**14033**		**290**	**63518**	**63126**	**392**			**11720**
本级	12714	6742	1526	4446			7696	8133	－437			5018
区县级小计	62524	51672	975	9587		290	55822	54993	829			6702
宿城区	3833	3181	211	441			3749	3705	44			84
宿豫区	4571	3494	71	1006			4178	4151	27			393
沭阳县	32538	27545	675	4158		160	28290	28004	286			4248
泗阳县	13051	12629		292		130	13051	12821	230			
泗洪县	8531	4823	18	3690			6554	6312	242			1977

2007 年浙江省地市县财政基金预算收支平衡表

3－11－1 单位:万元

地区	收支部分							
	收入							
	收入合计	养路费收入	公路客货运附加费收入	国有土地使用权出让金收入	新增建设用地土地有偿使用费收入	地方水利建设基金收入	城市公用事业附加收入	其他各项基金收入
地市县合计	**9304775**	**10020**		**7923761**	**32256**	**447270**	**42381**	**849087**
杭州市小计	**3187784**	**1814**		**2839524**		**100259**	**19249**	**226938**
本级	2177094			2042937		30704	9519	93934
区县级小计	1010690	1814		796587		69555	9730	133004
富阳市	50355	450		31704		7694	1718	8789
桐庐县	46131			38264		2140	450	5277
临安市	16757			8045		3166	756	4790
建德市	17565			10221		2643		4701
淳安县	13513			10917		728	185	1683
上城区	5895					2301		3594
下城区	7933					2847		5086
江干区	7210					2466		4744
拱墅区	8955					2883		6072
西湖区	9773					2962		6811
滨江区	12416					3165		9251
萧山区	269198	1364		211803		23032	4538	28461
余杭区	535221			485541		9120	2083	38477
开发区	9144					4279		4865
西湖风景名胜区	624			92		129		403
临平工业园区								
嘉兴市小计	**725645**	**3093**		**598336**		**40001**	**5081**	**79134**
本级	256588	503		207323		22197	1708	24857
区县级小计	469057	2590		391013		17804	3373	54277
海宁市	165468	1775		139469		5375	1694	17155
桐乡市	108876	815		94516		4289		9256
平湖市	109186			92087		3426	802	12871
嘉善县	37111			26113		2348	877	7773
海盐县	48416			38828		2366		7222
湖州市小计	**205746**	**1033**		**155878**		**17769**	**3551**	**27515**
本级	159178	1033		130206		13084	1931	12924
区县级小计	46568			25672		4685	1620	14591
长兴县	35894			25461		1834	920	7679
德清县	6904			211		1944	700	4049
安吉县	3770					907		2863
吴兴区								
南浔区								
湖州经济开发区								

3－11－2　　　　　　　　　　　　　　　　　　　　　单位:万元

地区	收支部分							
	支出							
	支出合计	养路费支出	公路客货运附加费支出	国有土地使用权出让金支出	新增建设用地土地有偿使用费支出	地方水利建设基金支出	城市公用事业附加支出	其他各项基金支出
地市县合计	**8312426**	**273649**	**29824**	**6674464**	**61462**	**466755**	**41912**	**764360**
杭州市小计	**2754077**	**41790**	**2043**	**2395842**	**3454**	**87488**	**17083**	**206377**
本级	1718653	16041	1360	1574140	10	26096	7110	93896
区县级小计	1035424	25749	683	821702	3444	61392	9973	112481
富阳市	50782	2691		30406		6047	2177	9461
桐庐县	43158	2260	70	26673	1178	3556	450	8971
临安市	25372	4822	30	6555	519	4086	754	8606
建德市	27013	2549	533	10219	251	2876		10585
淳安县	26576	4201	50	10917	24	1543	109	9732
上城区	5434			549		2000		2885
下城区	13015			7831		4432		752
江干区	12165			8759		558		2848
拱墅区	8064			282	675	2447		4660
西湖区	18371			16519		310		1542
滨江区	11664			10808		520		336
萧山区	221221	5187		175754	428	13029	4400	22423
余杭区	522242	4039		477218	369	11149	2083	27384
开发区	50147			39125		8839		2183
西湖风景名胜区	200			87				113
临平工业园区								
嘉兴市小计	**658357**	**18786**	**1886**	**518775**	**5313**	**40685**	**5353**	**67559**
本级	197613	7724	1653	146441	4540	20554	2056	14645
区县级小计	460744	11062	233	372334	773	20131	3297	52914
海宁市	155281	3122	10	132015	25	5621	1695	12793
桐乡市	111523	2981		94516	94	4289		9643
平湖市	103674	1554	68	83676	381	5889	802	11304
嘉善县	43098	1940	145	25600	1008	2504	800	11101
海盐县	47168	1465	10	36527	－735	1828		8073
湖州市小计	**228322**	**14837**	**900**	**149120**	**521**	**27090**	**3611**	**32243**
本级	77085	8402	846	39781	3	18719	1931	7403
区县级小计	151237	6435	54	109339	518	8371	1680	24840
长兴县	37340	3340		20032	363	2105	980	10520
德清县	8702	980	17		155	2181	700	4669
安吉县	10373	1561	37			3586		5189
吴兴区	26593	38		23722		359		2474
南浔区	8641	516		6038		140		1947
湖州经济开发区	59588			59547				41

三、各省、自治区、直辖市地市县基金预算财政资料

3－11－3

单位:万元

地区	平衡部分											
	收入						支出					年终结余
	收入合计	本年收入	上年结余	补助收入	省补助单列市收入	调入资金	支出合计	本年支出	上解支出	单列市上解省支出	调出资金	
地市县合计	**10836955**	**9304775**	**964629**	**537758**	**18334**	**11459**	**8316341**	**8312426**			**3915**	**2520614**
杭州市小计	**3440924**	**3187784**	**165669**	**87471**			**2754077**	**2754077**				**686847**
本级	2108552	2177094	40203	－108745			1718653	1718653				389899
区县级小计	1332372	1010690	125466	196216			1035424	1035424				296948
富阳市	61728	50355	4262	7111			50782	50782				10946
桐庐县	58449	46131	3707	8611			43158	43158				15291
临安市	30116	16757	4548	8811			25372	25372				4744
建德市	34899	17565	6524	10810			27013	27013				7886
淳安县	29938	13513	2378	14047			26576	26576				3362
上城区	11051	5895	3465	1691			5434	5434				5617
下城区	23660	7933	7414	8313			13015	13015				10645
江干区	25694	7210	9314	9170			12165	12165				13529
拱墅区	22025	8955	10488	2582			8064	8064				13961
西湖区	57601	9773	8684	39144			18371	18371				39230
滨江区	34709	12416	11194	11099			11664	11664				23045
萧山区	311340	269198	34803	7339			221221	221221				90119
余杭区	548207	535221	6591	6395			522242	522242				25965
开发区	81240	9144	11005	61091			50147	50147				31093
西湖风景名胜区	1715	624	1089	2			200	200				1515
临平工业园区												
嘉兴市小计	**856371**	**725645**	**90120**	**35668**		**4938**	**658357**	**658357**				**198014**
本级	335158	256588	55371	20261		2938	197613	197613				137545
区县级小计	521213	469057	34749	15407		2000	460744	460744				60469
海宁市	176673	165468	8479	2726			155281	155281				21392
桐乡市	121076	108876	8906	3294			111523	111523				9553
平湖市	120127	109186	6431	2510		2000	103674	103674				16453
嘉善县	47941	37111	7004	3826			43098	43098				4843
海盐县	55396	48416	3929	3051			47168	47168				8228
湖州市小计	**273394**	**205746**	**35733**	**31915**			**228322**	**228322**				**45072**
本级	100780	159178	21854	－80252			77085	77085				23695
区县级小计	172614	46568	13879	112167			151237	151237				21377
长兴县	48068	35894	5900	6274			37340	37340				10728
德清县	12313	6904	2225	3184			8702	8702				3611
安吉县	14478	3770	3601	7107			10373	10373				4105
吴兴区	28202		1686	26516			26593	26593				1609
南浔区	9965		467	9498			8641	8641				1324
湖州经济开发区	59588			59588			59588	59588				

3－11－4　　　　单位:万元

地区	收支部分							
	收入							
	收入合计	养路费收入	公路客货运附加费收入	国有土地使用权出让金收入	新增建设用地土地有偿使用费收入	地方水利建设基金收入	城市公用事业附加收入	其他各项基金收入
舟山市小计	**172161**			**142534**		**8581**		**21046**
本级	89988			74039		3861		12088
区县级小计	82173			68495		4720		8958
岱山县	48656			44613		890		3153
嵊泗县	26349			23882		435		2032
定海区	2097					996		1101
普陀区	5071					2399		2672
金华市小计	**450043**	**2802**		**371016**		**28556**		**47669**
本级	40523			22815		7767		9941
区县级小计	409520	2802		348201		20789		37728
兰溪市	36398	740		28186		2997		4475
永康市	58472	500		47927		4612		5433
武义县	23996			18554		1982		3460
东阳市	30956	854		22750		1930		5422
磐安县	3654			2263		578		813
义乌市	234758	708		211048		7110		15892
浦江县	21286			17473		1580		2233
金东区								
婺城区								
开发区								
绍兴市小计	**1534853**	**440**		**1365674**		**46846**	**4526**	**117367**
本级	470791			424018		12566	1000	33207
区县级小计	1064062	440		941656		34280	3526	84160
绍兴县	565164			506848		14477	2975	40864
上虞市	124903	440		103272		6356		14835
嵊州市	57316			49520		2864	109	4823
新昌县	64786			57392		2556	442	4396
诸暨市	251893			224624		8027		19242
温州市小计	**882545**			**756228**		**43982**	**100**	**82235**
本级	152895			126017		9063		17815
区县级小计	729650			630211		34919	100	64420
平阳县	73058			69057		1760		2241
苍南县	126430			114038		2350		10042
瑞安市	179114			158389		5873		14852
永嘉县	33827			25992		2519		5316
乐清市	206788			181503		7816		17469
文成县	16951			15644		339	100	868

3－11－5

单位:万元

地区	收支部分							
	支出							
	支出合计	养路费支出	公路客货运附加费支出	国有土地使用权出让金支出	新增建设用地土地有偿使用费支出	地方水利建设基金支出	城市公用事业附加支出	其他各项基金支出
舟山市小计	**167427**	**9803**	**1121**	**125422**	**1422**	**13743**		**15916**
本级	59037	3767	714	46102	45	3784		4625
区县级小计	108390	6036	407	79320	1377	9959		11291
岱山县	54365	1435	407	44613	751	3073		4086
嵊泗县	26157	588		23038	154	1067		1310
定海区	10461	1641		3731	164	2577		2348
普陀区	17407	2372		7938	308	3242		3547
金华市小计	**467040**	**30755**	**3438**	**347605**	**5069**	**32454**		**47719**
本级	30422	8688	957	11138	173	5124		4342
区县级小计	436618	22067	2481	336467	4896	27330		43377
兰溪市	37625	2497	40	25550	15	4134		5389
永康市	50734	3606		37580		4267		5281
武义县	30006	2174	892	18554	2060	4843		1483
东阳市	37520	4990	80	21301	159	2904		8086
磐安县	8854	2451	1461	2263		1564		1115
义乌市	232852	2277	2	210148	30	4325		16070
浦江县	27993	1697	6	17473	2545	2401		3871
金东区	3567	1141			28	1404		994
婺城区	4984	1234		1133	59	1488		1070
开发区	2483			2465				18
绍兴市小计	**1316798**	**20654**	**2014**	**1133208**	**3599**	**46430**	**3368**	**107525**
本级	443690	6372	909	404186	29	6166	410	25618
区县级小计	873108	14282	1105	729022	3570	40264	2958	81907
绍兴县	384360	3536	138	326496	972	16517	2265	34436
上虞市	126732	2117	16	103272	237	6690		14400
嵊州市	55648	2645	8	44214	1090	3912	185	3594
新昌县	71325	2254	943	57002	505	4019	508	6094
诸暨市	235043	3730		198038	766	9126		23383
温州市小计	**677356**	**33363**	**13833**	**524727**	**3512**	**49006**	**573**	**52342**
本级	32573	8273	1209	9813		9914	413	2951
区县级小计	644783	25090	12624	514914	3512	39092	160	49391
平阳县	71242	1883	3104	62182	580	371		3122
苍南县	99902	2731	184	85931	1304	2992	30	6730
瑞安市	132272	6702	585	104389	46	8965		11585
永嘉县	34402	4634	3494	20010	30	3332		2902
乐清市	205819	2740	1002	180665	823	7234	30	13325
文成县	20758	2812	1671	13707	203	526	100	1739

3－11－6 单位:万元

地区	平衡部分											
	收入						支出					年终结余
	收入合计	本年收入	上年结余	补助收入	省补助单列市收入	调入资金	支出合计	本年支出	上解支出	单列市上解省支出	调出资金	
舟山市小计	**235884**	**172161**	**44163**	**19560**			**167427**	**167427**				**68457**
本级	113995	89988	32376	－8369			59037	59037				54958
区县级小计	121889	82173	11787	27929			108390	108390				13499
岱山县	55456	48656	2324	4476			54365	54365				1091
嵊泗县	30770	26349	3497	924			26157	26157				4613
定海区	13253	2097	3311	7845			10461	10461				2792
普陀区	22410	5071	2655	14684			17407	17407				5003
金华市小计	**602277**	**450043**	**84952**	**67282**			**467040**	**467040**				**135237**
本级	54218	40523	15489	－1794			30422	30422				23796
区县级小计	548059	409520	69463	69076			436618	436618				111441
兰溪市	44690	36398	2348	5944			37625	37625				7065
永康市	80793	58472	14878	7443			50734	50734				30059
武义县	35494	23996	3256	8242			30006	30006				5488
东阳市	45149	30956	6168	8025			37520	37520				7629
磐安县	10402	3654	1738	5010			8854	8854				1548
义乌市	275682	234758	35863	5061			232852	232852				42830
浦江县	30142	21286	1890	6966			27993	27993				2149
金东区	11998		999	10999			3567	3567				8431
婺城区	9217		1932	7285			4984	4984				4233
开发区	4492		391	4101			2483	2483				2009
绍兴市小计	**1663061**	**1534853**	**87675**	**40533**			**1316798**	**1316798**				**346263**
本级	508784	470791	28758	9235			443690	443690				65094
区县级小计	1154277	1064062	58917	31298			873108	873108				281169
绍兴县	596049	565164	25403	5482			384360	384360				211689
上虞市	141280	124903	11096	5281			126732	126732				14548
嵊州市	68008	57316	4210	6482			55648	55648				12360
新昌县	76595	64786	6009	5800			71325	71325				5270
诸暨市	272345	251893	12199	8253			235043	235043				37302
温州市小计	**1091827**	**882545**	**136386**	**72877**		**19**	**677436**	**677356**			**80**	**414391**
本级	197663	152895	31355	13413			32573	32573				165090
区县级小计	894164	729650	105031	59464		19	644863	644783			80	249301
平阳县	84339	73058	4186	7095			71242	71242				13097
苍南县	160332	126430	26491	7411			99902	99902				60430
瑞安市	208649	179114	22665	6870			132272	132272				76377
永嘉县	51599	33827	7545	10227			34402	34402				17197
乐清市	227029	206788	14828	5413			205819	205819				21210
文成县	23769	16951	459	6359			20758	20758				3011

3－11－7 单位:万元

地区	收支部分							
	收入							
	收入合计	养路费收入	公路客货运附加费收入	国有土地使用权出让金收入	新增建设用地土地有偿使用费收入	地方水利建设基金收入	城市公用事业附加收入	其他各项基金收入
泰顺县	10491			9171		243		1077
洞头县	1745			1100		171		474
鹿城区	7802					4834		2968
瓯海区	5536					2928		2608
龙湾区	6306					3720		2586
开发区	61602			55317		2366		3919
台州市小计	**637941**	**672**		**554670**	**765**	**33600**	**160**	**48074**
本级	65121			59457		1807		3857
区县级小计	572820	672		495213	765	31793	160	44217
临海市	35319	234		26519		4053		4513
温岭市	126198			113212		5730		7256
玉环县	44161			29579		5090		9492
三门县	49444	74		44933		1314		3123
仙居县	24148	171		20036		1002	160	2779
天台县	16526	193		13206		1275		1852
椒江区	34716			24773	765	4666		4512
黄岩区	115359			105083		3232		7044
路桥区	126949			117872		5431		3646
丽水市小计	**283409**			**265041**		**6393**	**265**	**11710**
本级	145153			139685		1569		3899
区县级小计	138256			125356		4824	265	7811
缙云县	14187			11379		952		1856
景宁县	1961			1294		333		334
莲都区								
龙泉市	30455			29337		459		659
青田县	50207			47265		1225	260	1457
庆元县	8361			7357		232		772
松阳县	4111			2967		457		687
遂昌县	20567			18127		942	5	1493
云和县	8407			7630		224		553
衢州市小计	**136866**	**166**		**108694**		**7820**	**320**	**19866**
本级	66249			51745		4321	320	9863
区县级小计	70617	166		56949		3499		10003
龙游县	20491			17077		1197		2217
常山县	8239	166		4725		692		2656
江山市	20405			15610		1148		3647
开化县	21482			19537		462		1483

3－11－8 单位:万元

地　　区	收支部分							
	支出							
	支出合计	养路费支出	公路客货运附加费支出	国有土地使用权出让金支出	新增建设用地土地有偿使用费支出	地方水利建设基金支出	城市公用事业附加支出	其他各项基金支出
泰顺县	10988	1993	2564	3755	305	581		1790
洞头县	4746	229		1000	100	3170		247
鹿城区	11132	230				7098		3804
瓯海区	5034	866	20		63	623		3462
龙湾区	5211	270			58	4200		683
开发区	43277			43275				2
台州市小计	**543842**	**29992**	**1421**	**436730**	**4466**	**31010**	**60**	**40163**
本级	58657	7026	858	48140	208	844		1581
区县级小计	485185	22966	563	388590	4258	30166	60	38582
临海市	35099	4407	90	21000	1571	5058		2973
温岭市	79228	2809		64439	586	6600		4794
玉环县	27887	1597	272	12579	1317	3433		8689
三门县	37086	1820		30137	740	3456		933
仙居县	14138	5064	29	5788		1054	60	2143
天台县	20007	2116	50	13206	44	1612		2979
椒江区	31106	1410	72	23570		1799		4255
黄岩区	119703	2411		105083		3881		8328
路桥区	120931	1332	50	112788		3273		3488
丽水市小计	**321764**	**43915**	**1260**	**247963**	**1720**	**12323**	**260**	**14323**
本级	141463	8976	1138	125279	222	1725		4123
区县级小计	180301	34939	122	122684	1498	10598	260	10200
缙云县	20078	4168	20	11502	7	1686		2695
景宁县	6796	5073	20	978	15	506		204
莲都区	2495	1884		190		199		222
龙泉市	39196	6187		29337	307	1559		1806
青田县	56299	5016		47265	84	1665	260	2009
庆元县	13067	3349	20	7365	719	1066		548
松阳县	8566	3239	40	2766	141	1565		815
遂昌县	25069	3932	2	18040	209	1607		1279
云和县	8735	2091	20	5241	16	745		622
衢州市小计	**171952**	**21678**	**702**	**102913**	**10749**	**14056**		**21854**
本级	77113	10852	666	51745	133	6400		7317
区县级小计	94839	10826	36	51168	10616	7656		14537
龙游县	24268	2177		14602	1053	3721		2715
常山县	14788	1483	16	3029	5518	1035		3707
江山市	23088	2897		14000	2609	657		2925
开化县	32695	4269	20	19537	1436	2243		5190

三、各省、自治区、直辖市地市县基金预算财政资料

3－11－9　　　　单位:万元

地区	平衡部分											
	收入						支出					年终结余
	收入合计	本年收入	上年结余	补助收入	省补助单列市收入	调入资金	支出合计	本年支出	上解支出	单列市上解省支出	调出资金	
泰顺县	19858	10491	2383	6967		17	10988	10988				8870
洞头县	7687	1745	1582	4360			4746	4746				2941
鹿城区	17904	7802	8806	1296			11132	11132				6772
瓯海区	11782	5536	4443	1803			5034	5034				6748
龙湾区	13137	6306	5174	1657			5291	5211			80	7846
开发区	68079	61602	6469	6		2	43277	43277				24802
台州市小计	**779681**	**637941**	**80882**	**60023**		**835**	**543842**	**543842**				**235839**
本级	84711	65121	13418	6172			58657	58657				26054
区县级小计	694970	572820	67464	53851		835	485185	485185				209785
临海市	51121	35319	7869	7933			35099	35099				16022
温岭市	151045	126198	18714	6133			79228	79228				71817
玉环县	60920	44161	10614	5530		615	27887	27887				33033
三门县	58275	49444	3244	5587			37086	37086				21189
仙居县	36754	24148	4464	8142			14138	14138				22616
天台县	22877	16526	877	5474			20007	20007				2870
椒江区	52146	34716	11295	6135			31106	31106				21040
黄岩区	124364	115359	3067	5718		220	119703	119703				4661
路桥区	137468	126949	7320	3199			120931	120931				16537
丽水市小计	**357737**	**283409**	**16042**	**58286**			**321764**	**321764**				**35973**
本级	159240	145153	3360	10727			141463	141463				17777
区县级小计	198497	138256	12682	47559			180301	180301				18196
缙云县	20855	14187	1265	5403			20078	20078				777
景宁县	10956	1961	1842	7153			6796	6796				4160
莲都区	4943		1877	3066			2495	2495				2448
龙泉市	39420	30455	1061	7904			39196	39196				224
青田县	57255	50207	1213	5835			56299	56299				956
庆元县	14868	8361	815	5692			13067	13067				1801
松阳县	9373	4111	744	4518			8566	8566				807
遂昌县	28732	20567	2633	5532			25069	25069				3663
云和县	12095	8407	1232	2456			8735	8735				3360
衢州市小计	**214235**	**136866**	**21486**	**55731**		**152**	**171952**	**171952**				**42283**
本级	94154	66249	7002	20751		152	77113	77113				17041
区县级小计	120081	70617	14484	34980			94839	94839				25242
龙游县	28547	20491	1552	6504			24268	24268				4279
常山县	19812	8239	5629	5944			14788	14788				5024
江山市	38127	20405	6221	11501			23088	23088				15039
开化县	33595	21482	1082	11031			32695	32695				900

3－11－10　　　　单位:万元

地区	收支部分							
	收入							
	收入合计	养路费收入	公路客货运附加费收入	国有土地使用权出让金收入	新增建设用地土地有偿使用费收入	地方水利建设基金收入	城市公用事业附加收入	其他各项基金收入
宁波市小计	**1087782**			**766166**	**31491**	**113463**	**9129**	**167533**
本级	230066			184448		14574	1588	29456
区县级小计	857716			581718	31491	98889	7541	138077
慈溪市	200602			163062	2934	13895		20711
余姚市	108508			76189	2058	11560	1877	16824
奉化市	56940			44762	196	4030		7952
象山县	15585			5000	1329	3801		5455
宁海县	51196			37908	2094	4911	97	6186
鄞州区	211493			160954	1558	19286	2700	26995
镇海区	34437			15138	3157	6460	1152	8530
北仑区	28963			10218	5243	3251	1715	8536
江东区	9530					4623		4907
江北区	22986			6091	4624	5870		6401
海曙区	13702					7201		6501
开发区	60569			39176	7571	5875		7947
大榭开发区	7038					2870		4168
宁波保税区	22358			18027		2112		2219
东钱湖区	8470			5193	375	784		2118
高新开发区	5339				352	2360		2627

3－11－11　　　　单位:万元

地区	收支部分							
	支出							
	支出合计	养路费支出	公路客货运附加费支出	国有土地使用权出让金支出	新增建设用地土地有偿使用费支出	地方水利建设基金支出	城市公用事业附加支出	其他各项基金支出
宁波市小计	**1005491**	**8076**	**1206**	**692159**	**21637**	**112470**	**11604**	**158339**
本级	179036	3164	878	128230	10	13029		33725
区县级小计	826455	4912	328	563929	21627	99441	11604	124614
慈溪市	186542	500		147218	3077	17020		18727
余姚市	109816	1038		71075	2050	15344	1593	18716
奉化市	50034	657	66	37051	73	3343		8844
象山县	20828	268	97	4533	40	6601		9289
宁海县	49723	645		31507		8171		9400
鄞州区	197401	390		155540	1114	16770	2664	20923
镇海区	27712	338	105	13000	12	5166	1027	8064
北仑区	30623	623	60	10023	6934	4564	3900	4519
江东区	2473			29		307		2137
江北区	10441	34		1128		5189		4090
海曙区	10419					5079	2420	2920
开发区	61217			38583	7343	6506		8785
大榭开发区	4311	419				2498		1394
宁波保税区	18679			18027		200		452
东钱湖区	7055			4993		555		1507
高新开发区	39181			31222	984	2128		4847

3－11－12

单位:万元

地区	平衡部分											
	收入						支出					年终结余
	收入合计	本年收入	上年结余	补助收入	省补助单列市收入	调入资金	支出合计	本年支出	上解支出	单列市上解省支出	调出资金	
宁波市小计	**1321564**	**1087782**	**201521**	**8412**	**18334**	**5515**	**1009326**	**1005491**			**3835**	**312238**
本级	197417	230066	85493	－141976	18334	5500	110309	179036	－68727			87108
区县级小计	1124147	857716	116028	150388		15	899017	826455	68727		3835	225130
慈溪市	227828	200602	14897	12329			191900	186542	5358			35928
余姚市	135177	108508	10964	15705			114247	109816	4431			20930
奉化市	69907	56940	6412	6555			50982	50034	948			18925
象山县	32301	15585	7252	9464			22847	20828	2019			9454
宁海县	65841	51196	2820	11825			52709	49723	2986			13132
鄞州区	223948	211493	4543	7902		10	206275	197401	8834		40	17673
镇海区	55185	34437	12251	8497			33716	27712	6004			21469
北仑区	50925	28963	11834	10128			36920	30623	6297			14005
江东区	28007	9530	17053	1424			5514	2473	3041			22493
江北区	38148	22986	7794	7368			18503	10441	8062			19645
海曙区	24538	13702	7078	3758			17421	10419	7002			7117
开发区	78441	60569	4956	12916			70738	61217	9521			7703
大榭开发区	7929	7038	588	303			7480	4311	1169		2000	449
宁波保税区	24841	22358	2106	377			21222	18679	948		1595	3619
东钱湖区	9968	8470	937	561			8000	7055	745		200	1968
高新开发区	51163	5339	4543	41276		5	40543	39181	1362			10620

2007年安徽省地市县财政基金预算收支平衡表

3－12－1　　　　单位:万元

地区	收支部分							
	收入							
	收入合计	养路费收入	公路客货运附加费收入	国有土地使用权出让金收入	新增建设用地土地有偿使用费收入	地方水利建设基金收入	城市公用事业附加收入	其他各项基金收入
地市县合计	**2991862**	**9179**	**582**	**2712512**		**2736**	**8923**	**257930**
宣城市小计	**153155**	**367**	**582**	**146228**		**49**	**377**	**5552**
本级	72734	225		70825		8		1676
区县级小计	80421	142	582	75403		41	377	3876
宣州区	7503			7120		15		368
郎溪县	1372	142	522	200		10		498
广德县	3669		60	3098				511
宁国市	42265			40410			245	1610
泾县	15050			14816				234
旌德县	2064			1914		7	72	71
绩溪县	8498			7845		9	60	584
宿州市小计	**98567**			**96405**		**309**	**389**	**1464**
本级	44392			43402		14	389	587
区县级小计	54175			53003		295		877
埇桥区	2069			1643		84		342
砀山县	9120			8882		28		210
萧县	14395			14192		106		97
灵璧县	18818			18629		77		112
泗县	9773			9657				116
滁州市小计	**72745**			**67314**		**118**	**39**	**5274**
本级	2149			30		10		2109
区县级小计	70596			67284		108	39	3165
琅琊区	120					27		93
南谯区	839			667		13		159
天长市	5187			4774				413
来安县	8423			8144		3	15	261
全椒县	21094			19568		15		1511
定远县	13568			13329				239
凤阳县	11106			10843		34		229
明光市	10259			9959		16	24	260
池州市小计	**48495**			**44324**		**10**	**189**	**3972**
本级	24116			22800		8	147	1161
区县级小计	24379			21524		2	42	2811
贵池区	575							575
石台县	401			304				97
青阳县	8628			8516				112
东至县	14775			12704		2	42	2027

3－12－2　　　　单位:万元

地　区	收支部分							
	支出							
	支出合计	养路费支出	公路客货运附加费支出	国有土地使用权出让金支出	新增建设用地土地有偿使用费支出	地方水利建设基金支出	城市公用事业附加支出	其他各项基金支出
地市县合计	**3139420**	**9112**	**31482**	**2605886**	**184047**	**21374**	**7323**	**280196**
宣城市小计	**163480**	**367**	**2658**	**139303**	**9847**	**1141**	**377**	**9787**
本级	66189	225	2068	62098	698	165		935
区县级小计	97291	142	590	77205	9149	976	377	8852
宣州区	8757			7338	659	180		580
郎溪县	3971	142	530		1632	225		1442
广德县	6767		60	3374	1978	61		1294
宁国市	44930			40928	982		245	2775
泾县	16148			15704		80		364
旌德县	4418			1737	1398	98	72	1113
绩溪县	12300			8124	2500	332	60	1284
宿州市小计	**88884**		**2355**	**76485**	**7516**	**443**	**435**	**1650**
本级	25108		91	23212	291	338	435	741
区县级小计	63776		2264	53273	7225	105		909
埇桥区	8987		1189	3843	3808			147
砀山县	9658		119	8882	342	28		287
萧县	12319			12229				90
灵璧县	21665		712	18442	2248	77		186
泗县	11147		244	9877	827			199
滁州市小计	**84023**		**2589**	**53007**	**12996**	**489**	**92**	**14850**
本级	3452		1536	130		225	68	1493
区县级小计	80571		1053	52877	12996	264	24	13357
琅琊区	169					27		142
南谯区	2968			568	1634			766
天长市	6202		137	4770	100			1195
来安县	12071		125	7370	2263			2313
全椒县	27573		108	20361	3871	1		3232
定远县	7675		192	3520	999			2964
凤阳县	12997		360	9175	1779			1683
明光市	10916		131	7113	2350	236	24	1062
池州市小计	**57726**		**650**	**44013**	**6087**	**1142**	**199**	**5635**
本级	29164		650	22708	3550	606	157	1493
区县级小计	28562			21305	2537	536	42	4142
贵池区	854				267			587
石台县	1509			304	100	225		880
青阳县	9404			8552	307			545
东至县	16795			12449	1863	311	42	2130

三、各省、自治区、直辖市地市县基金预算财政资料

3－12－3　　　　　　　　　　　　　　　　　　　　　　　　　　　　单位：万元

地区	平衡部分											
	收入						支出					年终结余
	收入合计	本年收入	上年结余	补助收入	省补助单列市收入	调入资金	支出合计	本年支出	上解支出	单列市上解省支出	调出资金	
地市县合计	**3706873**	**2991862**	**337252**	**374870**		**2889**	**3140001**	**3139420**	**581**			**566872**
宣城市小计	**191473**	**153155**	**11968**	**26350**			**163480**	**163480**				**27993**
本级	80559	72734	3648	4177			66189	66189				14370
区县级小计	110914	80421	8320	22173			97291	97291				13623
宣州区	11946	7503	1988	2455			8757	8757				3189
郎溪县	4931	1372	641	2918			3971	3971				960
广德县	7928	3669	651	3608			6767	6767				1161
宁国市	46946	42265	1581	3100			44930	44930				2016
泾县	21958	15050	3034	3874			16148	16148				5810
旌德县	4769	2064	66	2639			4418	4418				351
绩溪县	12436	8498	359	3579			12300	12300				136
宿州市小计	**125669**	**98567**	**11448**	**15631**		**23**	**88884**	**88884**				**36785**
本级	49359	44392	7839	－2895		23	25108	25108				24251
区县级小计	76310	54175	3609	18526			63776	63776				12534
埇桥区	10327	2069	10	8248			8987	8987				1340
砀山县	12531	9120	533	2878			9658	9658				2873
萧县	16342	14395	1269	678			12319	12319				4023
灵璧县	21924	18818	50	3056			21665	21665				259
泗县	15186	9773	1747	3666			11147	11147				4039
滁州市小计	**115846**	**72745**	**12045**	**31056**			**84023**	**84023**				**31823**
本级	11740	2149	5520	4071			3452	3452				8288
区县级小计	104106	70596	6525	26985			80571	80571				23535
琅琊区	169	120		49			169	169				
南谯区	3365	839	248	2278			2968	2968				397
天长市	7973	5187	401	2385			6202	6202				1771
来安县	13516	8423	462	4631			12071	12071				1445
全椒县	30202	21094	3242	5866			27573	27573				2629
定远县	18010	13568	89	4353			7675	7675				10335
凤阳县	16990	11106	1964	3920			12997	12997				3993
明光市	13881	10259	119	3503			10916	10916				2965
池州市小计	**60429**	**48495**	**1776**	**10158**			**57726**	**57726**				**2703**
本级	29582	24116	350	5116			29164	29164				418
区县级小计	30847	24379	1426	5042			28562	28562				2285
贵池区	1471	575	378	518			854	854				617
石台县	1757	401	104	1252			1509	1509				248
青阳县	10198	8628	712	858			9404	9404				794
东至县	17421	14775	232	2414			16795	16795				626

3－12－4

单位:万元

地区	收支部分							
	收入							
	收入合计	养路费收入	公路客货运附加费收入	国有土地使用权出让金收入	新增建设用地土地有偿使用费收入	地方水利建设基金收入	城市公用事业附加收入	其他各项基金收入
阜阳市小计	**107622**	**3259**		**98569**		**321**	**1056**	**4417**
本级	9512			7500			1056	956
区县级小计	98110	3259		91069		321		3461
颍州区	102							102
颍泉区	3842			3751				91
颍东区	2620			2297				323
临泉县	8091			7778		161		152
太和县	25798	1568		22569		136		1525
颍上县	39418	901		38141				376
阜南县	14826	790		13565		24		447
界首市	3413			2968				445
六安市小计	**139105**	**150**		**134919**		**93**		**3943**
本级	75337			74762		10		565
区县级小计	63768	150		60157		83		3378
金安区	1563	150		1216				197
裕安区	1100			1000		25		75
寿县	9113			8609		12		492
霍邱县	16928			16431		28		469
舒城县	1196			1068				128
金寨县	13646			11909		18		1719
霍山县	20222			19924				298
巢湖市小计	**72637**			**65762**		**128**	**231**	**6516**
本级	64575			60551		18		4006
区县级小计	8062			5211		110	231	2510
居巢区	257							257
庐江县	5196			4600		86	57	453
含山县	1224			500		1	114	609
和县	509			111		23		375
无为县	876						60	816
合肥市小计	**1406917**	**910**		**1229648**		**97**	**3180**	**173082**
本级	1281481	338		1166005		45	3180	111913
区县级小计	125436	572		63643		52		61169
瑶海区	412							412
庐阳区	473							473
蜀山区	635							635
包河区	908	140						768
肥东县	36649			27543				9106

三、各省、自治区、直辖市地市县基金预算财政资料

3－12－5 　　单位:万元

地区	收支部分							
	支出							
	支出合计	养路费支出	公路客货运附加费支出	国有土地使用权出让金支出	新增建设用地土地有偿使用费支出	地方水利建设基金支出	城市公用事业附加支出	其他各项基金支出
阜阳市小计	**105716**	**3379**	**4256**	**92071**		**40**	**749**	**5221**
本级	12379		4256	5994			749	1380
区县级小计	93337	3379		86077		40		3841
颍州区	57							57
颍泉区	3999			3901				98
颍东区	2648			2295				353
临泉县	8172			7778		38		356
太和县	25197	1768		22247				1182
颍上县	35887	901		34129				857
阜南县	14891	710		13693		2		486
界首市	2486			2034				452
六安市小计	**190855**	**100**	**3588**	**137633**	**22389**	**1048**		**26097**
本级	79192		2968	74577	1083	10		554
区县级小计	111663	100	620	63056	21306	1038		25543
金安区	6034	100	258	3334	1994	58		290
裕安区	5223		362	1912	2219	31		699
寿县	14622			8970	4812	182		658
霍邱县	17818			13883	3098	28		809
舒城县	11837			1068	5564	370		4835
金寨县	30120			13965	1839	285		14031
霍山县	26009			19924	1780	84		4221
巢湖市小计	**52292**		**1122**	**31953**	**11023**	**1205**	**123**	**6866**
本级	32235		1047	27255	1331	1		2601
区县级小计	20057		75	4698	9692	1204	123	4265
居巢区	3551		75		2664	450		362
庐江县	8395			4600	2688	304		803
含山县	5252			28	4055		62	1107
和县	1258			56	81	225		896
无为县	1601			14	204	225	61	1097
合肥市小计	**1405781**	**857**	**2741**	**1236211**	**14258**	**2082**	**2822**	**146810**
本级	1231845	295	2741	1107623	8238	1650	2822	108476
区县级小计	173936	562		128588	6020	432		38334
瑶海区	14044			12227				1817
庐阳区	5368			4773				595
蜀山区	8642			7414				1228
包河区	36654	130		34302		104		2118
肥东县	30806			24771	1445	10		4580

3－12－6 单位:万元

地区	平衡部分											年终结余
	收入						支出					
	收入合计	本年收入	上年结余	补助收入	省补助单列市收入	调入资金	支出合计	本年支出	上解支出	单列市上解省支出	调出资金	
阜阳市小计	**137105**	**107622**	**9999**	**19484**			**105716**	**105716**				**31389**
本级	21405	9512	5021	6872			12379	12379				9026
区县级小计	115700	98110	4978	12612			93337	93337				22363
颍州区	330	102	163	65			57	57				273
颍泉区	4072	3842	37	193			3999	3999				73
颍东区	2906	2620	231	55			2648	2648				258
临泉县	10568	8091	320	2157			8172	8172				2396
太和县	29839	25798	1409	2632			25197	25197				4642
颍上县	44080	39418	1289	3373			35887	35887				8193
阜南县	18726	14826	943	2957			14891	14891				3835
界首市	5179	3413	586	1180			2486	2486				2693
六安市小计	**217122**	**139105**	**27954**	**50051**		**12**	**190855**	**190855**				**26267**
本级	91616	75337	14140	2139			79192	79192				12424
区县级小计	125506	63768	13814	47912		12	111663	111663				13843
金安区	6350	1563	321	4454		12	6034	6034				316
裕安区	5296	1100	500	3696			5223	5223				73
寿县	16870	9113	2557	5200			14622	14622				2248
霍邱县	24031	16928	3365	3738			17818	17818				6213
舒城县	11838	1196		10642			11837	11837				1
金寨县	35112	13646	7071	14395			30120	30120				4992
霍山县	26009	20222		5787			26009	26009				
巢湖市小计	**97807**	**72637**	**7532**	**17638**			**52292**	**52292**				**45515**
本级	73507	64575	5869	3063			32235	32235				41272
区县级小计	24300	8062	1663	14575			20057	20057				4243
居巢区	4060	257	181	3622			3551	3551				509
庐江县	9714	5196	230	4288			8395	8395				1319
含山县	7119	1224	888	5007			5252	5252				1867
和县	1729	509	273	947			1258	1258				471
无为县	1678	876	91	711			1601	1601				77
合肥市小计	**1574257**	**1406917**	**116081**	**51259**			**1406351**	**1405781**	**570**			**167906**
本级	1348125	1281481	90376	－23732			1232415	1231845	570			115710
区县级小计	226132	125436	25705	74991			173936	173936				52196
瑶海区	14665	412	333	13920			14044	14044				621
庐阳区	6575	473	886	5216			5368	5368				1207
蜀山区	9555	635	541	8379			8642	8642				913
包河区	39162	908	5215	33039			36654	36654				2508
肥东县	45302	36649	2070	6583			30806	30806				14496

三、各省、自治区、直辖市地市县基金预算财政资料

3－12－7　　　　单位:万元

地区	收支部分 收入 收入合计	养路费收入	公路客货运附加费收入	国有土地使用权出让金收入	新增建设用地土地有偿使用费收入	地方水利建设基金收入	城市公用事业附加收入	其他各项基金收入
长丰县	16767			13731		43		2993
肥西县	69592	432		22369		9		46782
蚌埠市小计	**140114**			**132299**		**27**		**7788**
本级	121577			115141				6436
区县级小计	18537			17158		27		1352
龙子湖区	149							149
蚌山区	134							134
禹会区	159							159
淮上区	6069			5854				215
怀远县	4623			4353				270
固镇县	7014			6717		27		270
五河县	389			234				155
淮南市小计	**59234**			**53090**		**1178**	**1252**	**3714**
本级	47536			43070		1146	1050	2270
区县级小计	11698			10020		32	202	1444
田家庵区								
大通区								
谢家集区								
八公山区								
潘集区								
凤台县	11698			10020		32	202	1444
铜陵市小计	**7461**			**2913**			**556**	**3992**
本级	4005						390	3615
区县级小计	3456			2913			166	377
铜官山区								
狮子山区	2							2
郊区								
铜陵县	3454			2913			166	375
马鞍山市小计	**57365**			**50867**		**18**		**6480**
本级	38807			33080				5727
区县级小计	18558			17787		18		753
花山区								
雨山区								
金家庄区								
当涂县	18558			17787		18		753
淮北市小计	**23194**			**17103**				**6091**
本级	6467			4000				2467

3-12-8

单位:万元

地区	收支部分							
	支出							
	支出合计	养路费支出	公路客货运附加费支出	国有土地使用权出让金支出	新增建设用地土地有偿使用费支出	地方水利建设基金支出	城市公用事业附加支出	其他各项基金支出
长丰县	23867			18057	2439	318		3053
肥西县	54555	432		27044	2136			24943
蚌埠市小计	**139340**		**1617**	**128087**	**5509**			**4127**
本级	118540		1617	114271	100			2552
区县级小计	20800			13816	5409			1575
龙子湖区	173							173
蚌山区	135							135
禹会区	130							130
淮上区	6124			5854				270
怀远县	3012			2735				277
固镇县	9971			4849	4999			123
五河县	1255			378	410			467
淮南市小计	**60544**		**1417**	**41085**	**9767**	**3527**	**1250**	**3498**
本级	45053		1417	34572	5239	2340	1050	435
区县级小计	15491			6513	4528	1187	200	3063
田家庵区	846			366		361		119
大通区	112					50		62
谢家集区	1524					94		1430
八公山区	629					61		568
潘集区	2659			2315		83		261
凤台县	9721			3832	4528	538	200	623
铜陵市小计	**8562**		**749**	**1569**	**3342**	**156**	**537**	**2209**
本级	5195		749	980	903	156	390	2017
区县级小计	3367			589	2439		147	192
铜官山区	88			10				78
狮子山区	6							6
郊区	9							9
铜陵县	3264			579	2439		147	99
马鞍山市小计	**57412**		**554**	**44496**	**2780**	**2204**		**7378**
本级	39855		554	28931	2500	1922		5948
区县级小计	17557			15565	280	282		1430
花山区	1262			852		221		189
雨山区	377			194				183
金家庄区	113							113
当涂县	15805			14519	280	61		945
淮北市小计	**25195**		**626**	**17098**	**4291**			**3180**
本级	11023		626	3920	4291			2186

三、各省、自治区、直辖市地市县基金预算财政资料

3－12－9　　　　　　　　　　　　　　　　　　　　　　　　　　　　　　　　　　　　单位:万元

地区	平衡部分											
	收入						支出					年终结余
	收入合计	本年收入	上年结余	补助收入	省补助单列市收入	调入资金	支出合计	本年支出	上解支出	单列市上解省支出	调出资金	
长丰县	32039	16767	10219	5053			23867	23867				8172
肥西县	78834	69592	6441	2801			54555	54555				24279
蚌埠市小计	**162381**	**140114**	**14070**	**8077**		**120**	**139340**	**139340**				**23041**
本级	134089	121577	10023	2489			118540	118540				15549
区县级小计	28292	18537	4047	5588		120	20800	20800				7492
龙子湖区	212	149	53	10			173	173				39
蚌山区	135	134		1			135	135				
禹会区	171	159		12			130	130				41
淮上区	6405	6069	165	51		120	6124	6124				281
怀远县	7125	4623	1844	658			3012	3012				4113
固镇县	12675	7014	1531	4130			9971	9971				2704
五河县	1569	389	454	726			1255	1255				314
淮南市小计	**93598**	**59234**	**17818**	**13834**		**2712**	**60544**	**60544**				**33054**
本级	67141	47536	14034	4110		1461	45053	45053				22088
区县级小计	26457	11698	3784	9724		1251	15491	15491				10966
田家庵区	846			485		361	846	846				
大通区	112			62		50	112	112				
谢家集区	1524			1430		94	1524	1524				
八公山区	629			568		61	629	629				
潘集区	2659			2576		83	2659	2659				
凤台县	20687	11698	3784	4603		602	9721	9721				10966
铜陵市小计	**23481**	**7461**	**13799**	**2199**		**22**	**8573**	**8562**	**11**			**14908**
本级	16711	4005	10667	2039			5206	5195	11			11505
区县级小计	6770	3456	3132	160		22	3367	3367				3403
铜官山区	90		10	78		2	88	88				2
狮子山区	18	2	7	9			6	6				12
郊区	10			10			9	9				1
铜陵县	6652	3454	3115	63		20	3264	3264				3388
马鞍山市小计	**79264**	**57365**	**13348**	**8551**			**57412**	**57412**				**21852**
本级	56319	38807	11440	6072			39855	39855				16464
区县级小计	22945	18558	1908	2479			17557	17557				5388
花山区	1262			1262			1262	1262				
雨山区	377			377			377	377				
金家庄区	113		56	57			113	113				
当涂县	21193	18558	1852	783			15805	15805				5388
淮北市小计	**34180**	**23194**	**5626**	**5360**			**25195**	**25195**				**8985**
本级	14294	6467	3212	4615			11023	11023				3271

3－12－10

单位:万元

地　　区	收支部分							
	收入							
	收　入 合　计	养路费 收　入	公路客货 运附加费 收　　入	国有土地 使用权出 让金收入	新增建设用 地土地有偿 使用费收入	地方水利 建设基金 收　　入	城市公用 事业附加 收　　入	其他各项 基金收入
区县级小计	16727			13103				3624
相山区								
杜集区								
烈山区								
濉溪县	16727			13103				3624
芜湖市小计	**336834**			**331275**		**17**	**513**	**5029**
本级	250906			247921				2985
区县级小计	85928			83354		17	513	2044
镜湖区	420							420
弋江区	223							223
鸠江区	471			200				271
三山区	42							42
繁昌县	26235			25409			313	513
南陵县	6870			6687				183
芜湖县	51667			51058		17	200	392
安庆市小计	**95284**	**3272**		**84033**		**74**	**766**	**7139**
本级	21792	2947		16442		30	749	1624
区县级小计	73492	325		67591		44	17	5515
迎江区	124							124
大观区	97							97
宜秀区	9509			9430				79
怀宁县	1470			1033				437
枞阳县	8682			8369				313
桐城市	21315			19745		30		1540
潜山县	3112			2281		10		821
太湖县	2525			1748		4		773
宿松县	6652			6154				498
望江县	15001	325		14561				115
岳西县	5005			4270			17	718
黄山市小计	**116428**	**483**		**106335**		**142**	**375**	**9093**
本级	82094			75560		15	226	6293
区县级小计	34334	483		30775		127	149	2800
屯溪区	439	220				50		169
黄山区	2132			1503				629
徽州区	5157			4814		20	60	263
祁门县	1462			1064		9	43	346
黟县	3465	36		2726		6	23	674

3－12－11

单位:万元

地区	收支部分 支出 支出合计	养路费支出	公路客货运附加费支出	国有土地使用权出让金支出	新增建设用地土地有偿使用费支出	地方水利建设基金支出	城市公用事业附加支出	其他各项基金支出
区县级小计	14172			13178				994
相山区								
杜集区								
烈山区								
濉溪县	14172			13178				994
芜湖市小计	**368726**		**1344**	**337061**	**20285**	**3722**	**513**	**5801**
本级	273041		1344	253707	12860	2578		2552
区县级小计	95685			83354	7425	1144	513	3249
镜湖区	820							820
弋江区	346							346
鸠江区	674			200				474
三山区	133							133
繁昌县	30758			25409	3719	630	313	687
南陵县	10141			6687	3046	140		268
芜湖县	52813			51058	660	374	200	521
安庆市小计	**144676**	**3272**	**2049**	**79660**	**37428**	**2981**	**46**	**19240**
本级	23476	2947	2049	14558	1833	567	29	1493
区县级小计	121200	325		65102	35595	2414	17	17747
迎江区	2382			581	1618	36		147
大观区	1940				1755	34		151
宜秀区	11124			8934	2072	43		75
怀宁县	6392			1033	3422	514		1423
枞阳县	11972			7700	4116			156
桐城市	27727			19745	4800	673		2509
潜山县	8569			2405	4746	235		1183
太湖县	15887			1748	5350	292		8497
宿松县	8177			4125	2329	274		1449
望江县	19800	325		14561	4248	254		412
岳西县	7230			4270	1139	59	17	1745
黄山市小计	**122853**	**436**	**1091**	**101830**	**4245**	**1106**	**180**	**13965**
本级	60339		778	57904		65		1592
区县级小计	62514	436	313	43926	4245	1041	180	12373
屯溪区	16734	220	169	15793	12	112		428
黄山区	9753		26	1508	3028	200		4991
徽州区	6307		41	4814	16	4	103	1329
祁门县	2554		20	1032	684	264	2	552
黟县	4099	26	10	2913	36	38	19	1057

3－12－12

单位:万元

地区	平衡部分											年终结余
	收入						支出					
	收入合计	本年收入	上年结余	补助收入	省补助单列市收入	调入资金	支出合计	本年支出	上解支出	单列市上解省支出	调出资金	
区县级小计	19886	16727	2414	745			14172	14172				5714
相山区												
杜集区												
烈山区												
濉溪县	19886	16727	2414	745			14172	14172				5714
芜湖市小计	**385458**	**336834**	**22539**	**26085**			**368726**	**368726**				**16732**
本级	289238	250906	21997	16335			273041	273041				16197
区县级小计	96220	85928	542	9750			95685	95685				535
镜湖区	1074	420	254	400			820	820				254
弋江区	346	223	6	117			346	346				
鸠江区	674	471		203			674	674				
三山区	133	42		91			133	133				
繁昌县	30758	26235	1	4522			30758	30758				
南陵县	10422	6870	281	3271			10141	10141				281
芜湖县	52813	51667		1146			52813	52813				
安庆市小计	**169680**	**95284**	**17385**	**57011**			**144676**	**144676**				**25004**
本级	39214	21792	11857	5565			23476	23476				15738
区县级小计	130466	73492	5528	51446			121200	121200				9266
迎江区	2383	124	604	1655			2382	2382				1
大观区	1993	97	41	1855			1940	1940				53
宜秀区	13209	9509	1574	2126			11124	11124				2085
怀宁县	6392	1470		4922			6392	6392				
枞阳县	15299	8682	2028	4589			11972	11972				3327
桐城市	27727	21315		6412			27727	27727				
潜山县	10046	3112	1198	5736			8569	8569				1477
太湖县	15956	2525	83	13348			15887	15887				69
宿松县	10431	6652		3779			8177	8177				2254
望江县	19800	15001		4799			19800	19800				
岳西县	7230	5005		2225			7230	7230				
黄山市小计	**145177**	**116428**	**11603**	**17146**			**122853**	**122853**				**22324**
本级	76599	82094	8720	－14215			60339	60339				16260
区县级小计	68578	34334	2883	31361			62514	62514				6064
屯溪区	16845	439	193	16213			16734	16734				111
黄山区	10168	2132	159	7877			9753	9753				415
徽州区	6697	5157	383	1157			6307	6307				390
祁门县	3429	1462	716	1251			2554	2554				875
黟县	4442	3465	356	621			4099	4099				343

3－12－13

单位:万元

地区	收支部分 收入 收入合计	养路费收入	公路客货运附加费收入	国有土地使用权出让金收入	新增建设用地土地有偿使用费收入	地方水利建设基金收入	城市公用事业附加收入	其他各项基金收入
休宁县	7748			7600		26		122
歙县	13931	227		13068		16	23	597
亳州市小计	**56705**	**738**		**51428**		**155**		**4384**
本级	12482			11074				1408
区县级小计	44223	738		40354		155		2976
谯城区	713			484		63		166
涡阳县	14399			12675		14		1710
蒙城县	9191			8525		54		612
利辛县	19920	738		18670		24		488

3－12－14

单位:万元

地　　区	收支部分 支出 支出合计	养路费支出	公路客货运附加费支出	国有土地使用权出让金支出	新增建设用地土地有偿使用费支出	地方水利建设基金支出	城市公用事业附加支出	其他各项基金支出
休宁县	8311			7600	71	332		308
歙县	14756	190	47	10266	398	91	56	3708
亳州市小计	**63355**	**701**	**2076**	**44324**	**12284**	**88**		**3882**
本级	8859		1073	6719				1067
区县级小计	54496	701	1003	37605	12284	88		2815
谯城区	6411		67	4714	1126			504
涡阳县	10741		228	7334	2341	15		823
蒙城县	14424		457	6464	7011	3		489
利辛县	22920	701	251	19093	1806	70		999

3－12－15

单位:万元

地区	平衡部分											
	收入						支出					年终结余
	收入合计	本年收入	上年结余	补助收入	省补助单列市收入	调入资金	支出合计	本年支出	上解支出	单列市上解省支出	调出资金	
休宁县	8344	7748	33	563			8311	8311				33
歙县	18653	13931	1043	3679			14756	14756				3897
亳州市小计	**93946**	**56705**	**22261**	**14980**			**63355**	**63355**				**30591**
本级	19782	12482	8997	－1697			8859	8859				10923
区县级小计	74164	44223	13264	16677			54496	54496				19668
谯城区	11010	713	5937	4360			6411	6411				4599
涡阳县	22269	14399	5232	2638			10741	10741				11528
蒙城县	17134	9191	463	7480			14424	14424				2710
利辛县	23751	19920	1632	2199			22920	22920				831

2007 年福建省地市县财政基金预算收支平衡表

3－13－1

单位:万元

地　　区	收支部分							
	收入							
	收　入 合　计	养路费 收　入	公路客货 运附加费 收　入	国有土地 使用权出 让金收入	新增建设用 地土地有偿 使用费收入	地方水利 建设基金 收　入	城市公用 事业附加 收　入	其他各项 基金收入
地市县合计	**5521040**	**12370**	**17016**	**4998596**	**32439**	**43893**	**25493**	**391233**
福州市小计	**1355644**	**1385**	**155**	**1257959**	**4032**	**21681**	**6520**	**63912**
本级	818828	1		742209	3668	17269	3618	52063
区县级小计	536816	1384	155	515750	364	4412	2902	11849
鼓楼区	7							7
台江区								
仓山区	738	7						731
晋安区	657	139						518
马尾区	68109	5		67142	40	838		84
琅岐经济区								
保税区	748			721		27		
闽侯县	142332	166		139424		984		1758
长乐市	80008			75544	305	1830		2329
福清市	111346	559	155	107318		495	1602	1217
连江县	61749	58		60602		13		1076
罗源县	50471	113		47641		186	656	1875
闽清县	6033	187		4808		14	487	537
永泰县	9987	150		8923	19			895
平潭县	4631			3627		25	157	822
三明市小计	**52949**	**1110**		**37066**		**3767**	**2340**	**8666**
本级	21480	500		13442		2684	900	3954
区县级小计	31469	610		23624		1083	1440	4712
三元区	143	67						76
梅列区	162	63						99
永安市	3834	306				680	714	2134
宁化县	347	47		288		3		9
大田县	1294			775		336		183
清流县	700			577				123
明溪县	112			30		6		76
尤溪县	1703			1000		47	443	213
沙县	18305			18305				
将乐县	1168	98		1069				1
泰宁县	2866	29		1180			194	1463
建宁县	835			400		11	89	335
南平市小计	**156360**	**1340**	**2340**	**128607**		**234**	**1771**	**22068**
本级	42448	499	2340	33816		124	700	4969
区县级小计	113912	841		94791		110	1071	17099

三、各省、自治区、直辖市地市县基金预算财政资料

3－13－2　　　　　　　　　　　　　　　　　　　　单位:万元

地　　区	收支部分							
	支出							
	支　出 合　计	养路费 支　出	公路客货 运附加费 支　　出	国有土地 使用权出 让金支出	新增建设用 地土地有偿 使用费支出	地方水利 建设基金 支　　出	城市公用 事业附加 支　　出	其他各项 基金支出
地市县合计	**4895765**	**11624**	**12173**	**4392618**	**46349**	**44125**	**39475**	**349401**
福州市小计	**1114478**	**1464**	**140**	**1039756**	**2707**	**25304**	**22792**	**22315**
本级	600788			554659	1228	19260	19094	6547
区县级小计	513690	1464	140	485097	1479	6044	3698	15768
鼓楼区	21079			20528				551
台江区	39771			39482				289
仓山区	1375				1	380		994
晋安区	2824	138		764	310	936		676
马尾区	44135	5		42080		1272	260	518
琅岐经济区	79			14		24		41
保税区	971			971				
闽侯县	111691	297		108120	55	569	656	1994
长乐市	70560			66906	798	943		1913
福清市	108479	545	140	101746	255	1085	1757	2951
连江县	48999	69		47563	55	300		1012
罗源县	42977	100		40582		390	576	1329
闽清县	7778	176		5785	5	69	292	1451
永泰县	7244	134		5584		29		1497
平潭县	5728			4972		47	157	552
三明市小计	**61291**	**1026**		**32012**	**1404**	**1163**	**1927**	**23759**
本级	15563	436		9329	483	589	763	3963
区县级小计	45728	590		22683	921	574	1164	19796
三元区	854	80				4		770
梅列区	1038	63					10	965
永安市	6280	306			488	445	714	4327
宁化县	1343	20		207	39			1077
大田县	2119			465	140	92		1422
清流县	2270			240				2030
明溪县	650					3	17	630
尤溪县	3457			867	132	14	157	2287
沙县	19993			18267				1726
将乐县	1930	92		1064	24			750
泰宁县	4343	29		1181	44	3	177	2909
建宁县	1451			392	54	13	89	903
南平市小计	**131370**	**1243**	**2296**	**90905**	**406**	**682**	**1952**	**33886**
本级	31829	457	2296	23832	146	513	753	3832
区县级小计	99541	786		67073	260	169	1199	30054

3－13－3　　　　　　单位:万元

地区	平衡部分											
	收入						支出					年终结余
	收入合计	本年收入	上年结余	补助收入	省补助单列市收入	调入资金	支出合计	本年支出	上解支出	单列市上解省支出	调出资金	
地市县合计	**6028860**	**5521040**	**346264**	**145567**	**9298**	**6691**	**4914328**	**4895765**			**18563**	**1114532**
福州市小计	**1558980**	**1355644**	**181982**	**16735**		**4619**	**1125078**	**1114478**			**10600**	**433902**
本级	877433	818828	125156	－70910		4359	600788	600788				276645
区县级小计	681547	536816	56826	87645		260	524290	513690			10600	157257
鼓楼区	28287	7	2284	25996			21079	21079				7208
台江区	39973		226	39747			39771	39771				202
仓山区	3143	738	1683	722			1375	1375				1768
晋安区	5121	657	935	3529			2824	2824				2297
马尾区	71334	68109	1601	1624			44135	44135				27199
琅岐经济区	191		175	16			79	79				112
保税区	1176	748	428				971	971				205
闽侯县	157026	142332	12725	1969			111691	111691				45335
长乐市	94249	80008	11880	2361			71160	70560			600	23089
福清市	127115	111346	10745	4764		260	108479	108479				18636
连江县	64398	61749	1422	1227			54999	48999			6000	9399
罗源县	53324	50471	1637	1216			44977	42977			2000	8347
闽清县	10353	6033	2718	1602			7778	7778				2575
永泰县	16506	9987	4551	1968			9244	7244			2000	7262
平潭县	9351	4631	3816	904			5728	5728				3623
三明市小计	**87916**	**52949**	**10573**	**24325**		**69**	**62641**	**61291**			**1350**	**25275**
本级	32337	21480	6998	3859			15563	15563				16774
区县级小计	55579	31469	3575	20466		69	47078	45728			1350	8501
三元区	1459	143	284	1032			854	854				605
梅列区	1330	162	120	1048			1038	1038				292
永安市	8151	3834	738	3579			6830	6280			550	1321
宁化县	2248	347	554	1347			1343	1343				905
大田县	3003	1294	137	1572			2119	2119				884
清流县	2978	700	165	2113			2570	2270			300	408
明溪县	1835	112	851	872			650	650				1185
尤溪县	4461	1703	193	2565			3957	3457			500	504
沙县	21472	18305	49	3049		69	19993	19993				1479
将乐县	2541	1168	360	1013			1930	1930				611
泰宁县	4576	2866	93	1617			4343	4343				233
建宁县	1525	835	31	659			1451	1451				74
南平市小计	**203890**	**156360**	**29902**	**16897**		**731**	**131660**	**131370**			**290**	**72230**
本级	48487	42448	5333	179		527	31979	31829			150	16508
区县级小计	155403	113912	24569	16718		204	99681	99541			140	55722

3－13－4

单位：万元

地区	收支部分 收入 收入合计	养路费收入	公路客货运附加费收入	国有土地使用权出让金收入	新增建设用地土地有偿使用费收入	地方水利建设基金收入	城市公用事业附加收入	其他各项基金收入
延平区	7726	269		4737			30	2690
邵武市	15352	224		11883		45	510	2690
建阳市	20034			18148				1886
顺昌县	7722	90		7275			200	157
建瓯市	19541	165		14269			77	5030
浦城县	30160			29819			160	181
武夷山市	5034	32		2737		46		2219
光泽县	4547	45		2874			94	1534
松溪县	915	16		208		8		683
政和县	2881			2841		11		29
宁德市小计	**98715**	**391**	**47**	**87007**		**1457**		**9813**
本级	49849			48297		706		846
区县级小计	48866	391	47	38710		751		8967
蕉城区	1233	103		654				476
东侨区								
福鼎市	30567			24658		158		5751
福安市	3912			2766		359		787
霞浦县	4844			4232		47		565
古田县	1070	238	36			98		698
屏南县	5829			5442		29		358
寿宁县	262							262
周宁县	1100	50	11	958		22		59
柘荣县	49					38		11
莆田市小计	**286523**	**1159**	**534**	**266026**		**3511**	**1400**	**13893**
本级	224464	572	534	211295		3275	1400	7388
区县级小计	62059	587		54731		236		6505
仙游县	20626	182		19324		220		900
荔城区	2114	59		346		9		1700
城厢区	2828	73		1600		2		1153
涵江区	14568	119		13637				812
秀屿区	21918	154		19824		5		1935
湄洲岛管委会	5							5
泉州市小计	**392600**	**2770**	**5122**	**361922**	**205**	**8975**	**4934**	**8672**
本级	120191	716	5122	101432		7649	2232	3040
区县级小计	272409	2054		260490	205	1326	2702	5632
泉港区	5058	120		4192			300	446
鲤城区	146	90						56

3－13－5 单位:万元

地区	收支部分 支出 支出合计	养路费支出	公路客货运附加费支出	国有土地使用权出让金支出	新增建设用地土地有偿使用费支出	地方水利建设基金支出	城市公用事业附加支出	其他各项基金支出
延平区	13799	322		5049		5	12	8411
邵武市	9823	222		5308		3	531	3759
建阳市	21782			19090	20	12	14	2646
顺昌县	5393	30		3767	124		202	1270
建瓯市	15961	155		10432	5	18	191	5160
浦城县	17638			16414		8	129	1087
武夷山市	7017			2737	111	15	6	4148
光泽县	3915	44		1788		3	95	1985
松溪县	1090	13		38		87	7	945
政和县	3123			2450		18	12	643
宁德市小计	**99871**	**394**	**70**	**77671**	**950**	**1271**	**9**	**19506**
本级	47393			44698	786	339		1570
区县级小计	52478	394	70	32973	164	932	9	17936
蕉城区	2387	85		465	26	65		1746
东侨区								
福鼎市	30512			24738		211		5563
福安市	4052			2936	21	396	9	690
霞浦县	1649				53	76		1520
古田县	6610	258	59	26	14	106		6147
屏南县	5096			4349		36		711
寿宁县	1205			10	50			1145
周宁县	761	51	11	435		22		242
柘荣县	206			14		20		172
莆田市小计	**269771**	**984**	**516**	**249769**	**157**	**3118**	**1220**	**14007**
本级	181257	381	516	168016		2131	1220	8993
区县级小计	88514	603		81753	157	987		5014
仙游县	19445	189		17561	62	897		736
荔城区	9151	68		8088	7	34		954
城厢区	8206	73		6340	30			1763
涵江区	28078	119		26676	58			1225
秀屿区	23563	154		23088		6		315
湄洲岛管委会	71					50		21
泉州市小计	**316878**	**2636**	**2585**	**281136**	**7928**	**7651**	**3046**	**11896**
本级	56224	223	1447	45895	1107	5163	1023	1366
区县级小计	260654	2413	1138	235241	6821	2488	2023	10530
泉港区	2329	125	50	1169		70	171	744
鲤城区	19815	70		19636		2		107

3－13－6

单位：万元

地区	平衡部分											
	收入						支出					年终结余
	收入合计	本年收入	上年结余	补助收入	省补助单列市收入	调入资金	支出合计	本年支出	上解支出	单列市上解省支出	调出资金	
延平区	19565	7726	4950	6889			13939	13799			140	5626
邵武市	18720	15352	1706	1662			9823	9823				8897
建阳市	26371	20034	5198	1139			21782	21782				4589
顺昌县	10450	7722	1552	1176			5393	5393				5057
建瓯市	21798	19541	775	1482			15961	15961				5837
浦城县	34184	30160	2860	1164			17638	17638				16546
武夷山市	10548	5034	4223	1164		127	7017	7017				3531
光泽县	7266	4547	2050	669			3915	3915				3351
松溪县	1842	915	334	516		77	1090	1090				752
政和县	4659	2881	921	857			3123	3123				1536
宁德市小计	**135847**	**98715**	**19540**	**17592**			**103739**	**99871**			**3868**	**32108**
本级	57589	49849	5567	2173			47679	47393			286	9910
区县级小计	78258	48866	13973	15419			56060	52478			3582	22198
蕉城区	5884	1233	3291	1360			2387	2387				3497
东侨区	1		1									1
福鼎市	34170	30567	1796	1807			30512	30512				3658
福安市	8239	3912	2845	1482			4052	4052				4187
霞浦县	7240	4844	944	1452			5031	1649			3382	2209
古田县	8477	1070	1353	6054			6610	6610				1867
屏南县	8279	5829	1804	646			5096	5096				3183
寿宁县	2447	262	983	1202			1205	1205				1242
周宁县	2544	1100	606	838			761	761				1783
柘荣县	977	49	350	578			406	206			200	571
莆田市小计	**305586**	**286523**	**10306**	**8587**		**170**	**269771**	**269771**				**35815**
本级	194498	224464	3164	－33130			181257	181257				13241
区县级小计	111088	62059	7142	41717		170	88514	88514				22574
仙游县	23192	20626	1526	904		136	19445	19445				3747
荔城区	17979	2114	1299	14532		34	9151	9151				8828
城厢区	11286	2828	1238	7220			8206	8206				3080
涵江区	28779	14568	1127	13084			28078	28078				701
秀屿区	29766	21918	1942	5906			23563	23563				6203
湄洲岛管委会	86	5	10	71			71	71				15
泉州市小计	**433619**	**392600**	**23029**	**17963**		**27**	**316982**	**316878**			**104**	**116637**
本级	102814	120191	12073	－29450			56224	56224				46590
区县级小计	330805	272409	10956	47413		27	260758	260654			104	70047
泉港区	7602	5058	511	2008		25	2431	2329			102	5171
鲤城区	20234	146	352	19736			19815	19815				419

3－13－7

单位:万元

地区	收支部分 收入 收入合计	养路费收入	公路客货运附加费收入	国有土地使用权出让金收入	新增建设用地土地有偿使用费收入	地方水利建设基金收入	城市公用事业附加收入	其他各项基金收入
丰泽区	6	6						
洛江区	406							406
惠安县	45817	710		43459			500	1148
晋江市	155348			153500				1848
石狮市	133							133
南安市	23750	562		21302		644	532	710
安溪县	24440	227		22510		676	750	277
永春县	10833	179		10007	205	6	200	236
德化县	6472	160		5520			420	372
漳州市小计	**257864**	**1188**		**232521**	**4595**	**1241**	**2493**	**15826**
本级	67594	480		58561	380	793	1763	5617
区县级小计	190270	708		173960	4215	448	730	10209
芗城区	12094	165		11706				223
龙文区	8123	44		3740	3106	317		916
漳州经济开发区	19368			18549				819
龙海市	72758	121		70468	99			2070
长泰县	12224	23		11558				643
东山县	6326	3		6140		20		163
南靖县	3039	94		1717	117			1111
平和县	1079			672				407
华安县	3902			3849				53
云霄县	10837	129		9498	60		730	420
漳浦县	31035	129		26853	602	111		3340
诏安县	6574			6530				44
常山开发区	2911			2680	231			
龙岩市小计	**168539**	**2526**	**2277**	**148678**		**3027**	**232**	**11799**
本级	73967	2144	2277	60506		2029		7011
区县级小计	94572	382		88172		998	232	4788
新罗区	33643	382		30292		959		2010
长汀县	9705			9403		26		276
永定县	4863			3721				1142
上杭县	20402			19638			196	568
武平县	8270			7630		10		630
漳平市	10026			9828			36	162
连城县	7660			7660				
开发区	3					3		
厦门市小计	**2751846**	**501**	**6541**	**2478810**	**23607**		**5803**	**236584**

三、各省、自治区、直辖市地市县基金预算财政资料

3－13－8　　　　单位：万元

地区	收支部分							
	支出							
	支出合计	养路费支出	公路客货运附加费支出	国有土地使用权出让金支出	新增建设用地土地有偿使用费支出	地方水利建设基金支出	城市公用事业附加支出	其他各项基金支出
丰泽区	2021	18		1654		16	100	233
洛江区	1576	25	116		642	99		694
惠安县	24748	752	47	22544	9	246	85	1065
晋江市	141446	33	150	135795	4525	115		828
石狮市	350	10	20		185	15		120
南安市	26904	672	121	21332	487	1036	532	2724
安溪县	25293	280	282	21333	140	571	714	1973
永春县	12206	190	204	9778	573	229	203	1029
德化县	3966	238	148	2000	260	89	218	1013
漳州市小计	**221085**	**947**		**199009**	**1977**	**1803**	**2470**	**14879**
本级	29956	379		23437	86	1512	1563	2979
区县级小计	191129	568		175572	1891	291	907	11900
芗城区	28800	141		28478				181
龙文区	5894	18		4002	1190	37		647
漳州经济开发区	15022			14785				237
龙海市	72925	91		71066	436	125		1207
长泰县	12810	26		11579				1205
东山县	4646			4460	13	18		155
南靖县	3551	46		1348				2157
平和县	1504	8		537	60			899
华安县	4692			3811			117	764
云霄县	11460	129		8823	20		790	1698
漳浦县	19725	109		17561		111		1944
诏安县	7213			6398	34			781
常山开发区	2887			2724	138			25
龙岩市小计	**151674**	**2505**	**2355**	**118346**	**4043**	**3093**	**234**	**21098**
本级	51231	2110	2355	37004	3353	2158		4251
区县级小计	100443	395		81342	690	935	234	16847
新罗区	33650	360		29137		772		3381
长汀县	8773			7206	304			1263
永定县	4947			375				4572
上杭县	24623	35		19867	360		198	4163
武平县	9494			7640		163		1691
漳平市	10558			9421	26		36	1075
连城县	8398			7696				702
开发区								
厦门市小计	**2529347**	**425**	**4211**	**2304014**	**26777**	**40**	**5825**	**188055**

3－13－9　　　　单位：万元

地区	平衡部分：收入：收入合计	收入：本年收入	收入：上年结余	收入：补助收入	收入：省补助单列市收入	收入：调入资金	支出：支出合计	支出：本年支出	支出：上解支出	支出：单列市上解省支出	支出：调出资金	年终结余
丰泽区	5354	6	361	4987			2021	2021				3333
洛江区	3328	406	154	2768			1576	1576				1752
惠安县	49666	45817	2227	1620		2	24750	24748			2	24916
晋江市	161988	155348	2505	4135			141446	141446				20542
石狮市	1691	133	631	927			350	350				1341
南安市	29657	23750	684	5223			26904	26904				2753
安溪县	28622	24440	2013	2169			25293	25293				3329
永春县	13824	10833	981	2010			12206	12206				1618
德化县	8839	6472	537	1830			3966	3966				4873
漳州市小计	**309951**	**257864**	**31163**	**19849**		**1075**	**222462**	**221085**			**1377**	**87489**
本级	58314	67594	10164	－20163		719	29928	29956	－28			28386
区县级小计	251637	190270	20999	40012		356	192534	191129	28		1377	59103
芗城区	34705	12094	554	22057			28982	28800			182	5723
龙文区	11353	8123	1073	2137		20	5894	5894				5459
漳州经济开发区	19368	19368					15050	15022	28			4318
龙海市	87404	72758	12325	2165		156	72925	72925				14479
长泰县	14518	12224	862	1432			12810	12810				1708
东山县	6776	6326	129	315		6	4646	4646				2130
南靖县	7096	3039	918	3139			3634	3551			83	3462
平和县	5004	1079	2541	1343		41	1545	1504			41	3459
华安县	5682	3902	433	1347			4692	4692				990
云霄县	13361	10837	578	1886		60	11460	11460				1901
漳浦县	34680	31035	1036	2609			20796	19725			1071	13884
诏安县	7909	6574	497	765		73	7213	7213				696
常山开发区	3781	2911	53	817			2887	2887				894
龙岩市小计	**213463**	**168539**	**26736**	**18188**			**151674**	**151674**				**61789**
本级	93801	73967	17186	2648			50891	51231	－340			42910
区县级小计	119662	94572	9550	15540			100783	100443	340			18879
新罗区	36966	33643	1341	1982			33987	33650	337			2979
长汀县	14706	9705	3482	1519			8773	8773				5933
永定县	9637	4863	755	4019			4947	4947				4690
上杭县	25360	20402	1089	3869			24623	24623				737
武平县	9999	8270	248	1481			9494	9494				505
漳平市	13898	10026	2307	1565			10558	10558				3340
连城县	9093	7660	328	1105			8398	8398				695
开发区	3	3					3		3			
厦门市小计	**2779608**	**2751846**	**13033**	**5431**	**9298**		**2530321**	**2529347**			**974**	**249287**

3－13－10

单位:万元

地区	收支部分							
	收入							
	收入合计	养路费收入	公路客货运附加费收入	国有土地使用权出让金收入	新增建设用地土地有偿使用费收入	地方水利建设基金收入	城市公用事业附加收入	其他各项基金收入
本级	1852275	175	6535	1655884	23607		5003	161071
区县级小计	899571	326	6	822926			800	75513
同安区	130516	187	3	111596			600	18130
集美区	555642			517042				38600
翔安区	93479	139	3	83049			200	10088
海沧区	119934			111239				8695
思明区								
湖里区								

3－13－11　　单位:万元

地　区	收支部分							
	支出							
	支出合计	养路费支出	公路客货运附加费支出	国有土地使用权出让金支出	新增建设用地土地有偿使用费支出	地方水利建设基金支出	城市公用事业附加支出	其他各项基金支出
本级	1686633	180	110	1518642	26777		3375	137549
区县级小计	842714	245	4101	785372		40	2450	50506
同安区	137412	170	1244	113091			1960	20947
集美区	466418		220	452157		40		14001
翔安区	53398	75	2637	46040			490	4156
海沧区	113315			111232				2083
思明区	64448			57852				6596
湖里区	7723			5000				2723

三、各省、自治区、直辖市地市县基金预算财政资料

3－13－12　　　　单位：万元

地区	平衡部分											
	收入						支出					年终结余
	收入合计	本年收入	上年结余	补助收入	省补助单列市收入	调入资金	支出合计	本年支出	上解支出	单列市上解省支出	调出资金	
本级	1772231	1852275	2463	－91805	9298		1686312	1686633	－321			85919
区县级小计	1007377	899571	10570	97236			844009	842714	321		974	163368
同安区	141927	130516	3324	8087			138386	137412			974	3541
集美区	564300	555642	629	8029			466418	466418				97882
翔安区	101159	93479	565	7115			53719	53398	321			47440
海沧区	126279	119934	4509	1836			113315	113315				12964
思明区	65520		1073	64447			64448	64448				1072
湖里区	8192		470	7722			7723	7723				469

2007 年江西省地市县财政基金预算收支平衡表

3－14－1　　　　单位:万元

地　　区	收支部分 收入 收入合计	养路费收入	公路客货运附加费收入	国有土地使用权出让金收入	新增建设用地土地有偿使用费收入	地方水利建设基金收入	城市公用事业附加收入	其他各项基金收入
地市县合计	**1982591**	**5933**	**673**	**1756493**		**15124**	**6793**	**197575**
南昌市小计	**470441**	**480**		**404028**		**7000**	**1750**	**57183**
本级	239908	180		200294		7000	1750	30684
区县级小计	230533	300		203734				26499
南昌县	70586	300		59713				10573
新建县	32426			27307				5119
进贤县	12696			11257				1439
安义县	6435			5997				438
湾里区	8993			8227				766
青山湖区								
东湖区								
西湖区								
青云谱区								
昌北区	24930			22824				2106
南昌高新区	17889			15192				2697
红谷滩区	54930			51826				3104
桑海区	326			295				31
英雄区	1322			1096				226
景德镇市小计	**110838**			**104254**		**639**	**24**	**5921**
本级	74062			69517		600	24	3921
区县级小计	36776			34737		39		2000
高新科技园	4383			4383				
陶瓷科技园	3154			3154				
乐平市	10233			9955				278
浮梁县	18896			17245				1651
珠山区	39							39
昌江区	71					39		32
萍乡市小计	**27235**	**730**	**40**	**18954**		**1382**	**1615**	**4514**
本级	5846	640	40	1339		1135	1615	1077
区县级小计	21389	90		17615		247		3437
莲花县	3238	90		2581		38		529
上栗县	1013			921				92
芦溪县	2631			2496				135
安源区	5222			4545				677
湘东区	3258			2554		209		495
萍乡开发区	6027			4518				1509
九江市小计	**193931**			**175894**		**2409**	**500**	**15128**

3－14－2

单位：万元

地区	收支部分							
	支出							
	支出合计	养路费支出	公路客货运附加费支出	国有土地使用权出让金支出	新增建设用地土地有偿使用费支出	地方水利建设基金支出	城市公用事业附加支出	其他各项基金支出
地市县合计	**1991013**	**5905**	**516**	**1667285**	**112636**	**25370**	**2822**	**176479**
南昌市小计	**472711**	**1006**	**69**	**377420**	**40726**	**8495**	**21**	**44974**
本级	215041	176		181934		7147	21	25763
区县级小计	257670	830	69	195486	40726	1348		19211
南昌县	62643	150		58466	1885	111		2031
新建县	32258			24417	1425	456		5960
进贤县	11344			10047		421		876
安义县	7589	680		5100	1204	152		453
湾里区	6425			6034		144		247
青山湖区	1682			1487		34		161
东湖区	668							668
西湖区	111							111
青云谱区	784					2		782
昌北区	42462		69	22824	17407	11		2151
南昌高新区	34763			15192	16908	17		2646
红谷滩区	54946			51826				3120
桑海区								
英雄区	1995			93	1897			5
景德镇市小计	**98806**			**91543**	**532**	**167**		**6564**
本级	60383			55880		9		4494
区县级小计	38423			35663	532	158		2070
高新科技园	3958			3958				
陶瓷科技园	3177			3000	177			
乐平市	11047			9946	355	64		682
浮梁县	20036			18759		12		1265
珠山区	30							30
昌江区	175					82		93
萍乡市小计	**33404**	**791**		**17046**	**9309**	**1608**	**1668**	**2982**
本级	5982	701		1857		818	1658	948
区县级小计	27422	90		15189	9309	790	10	2034
莲花县	5054	90		2085	1966	116		797
上栗县	1269			136	789	58		286
芦溪县	2571			2205		52		314
安源区	5083			4979		16	10	78
湘东区	7373			3599	2701	546		527
萍乡开发区	6072			2185	3853	2		32
九江市小计	**202252**			**175623**	**6504**	**3780**	**217**	**16128**

3－14－3

单位:万元

地区	平衡部分											
	收入						支出					年终结余
	收入合计	本年收入	上年结余	补助收入	省补助单列市收入	调入资金	支出合计	本年支出	上解支出	单列市上解省支出	调出资金	
地市县合计	**2617571**	**1982591**	**284218**	**336187**		**14575**	**2025338**	**1991013**	**11851**		**22474**	**592233**
南昌市小计	**651810**	**470441**	**87743**	**93626**			**479477**	**472711**	**1213**		**5553**	**172333**
本级	312911	239908	55261	17742			215375	215041	334			97536
区县级小计	338899	230533	32482	75884			264102	257670	879		5553	74797
南昌县	84144	70586	7110	6448			62966	62643	323			21178
新建县	46296	32426	5448	8422			32404	32258	146			13892
进贤县	17906	12696	2369	2841			12868	11344	324		1200	5038
安义县	10228	6435	1257	2536			9418	7589	76		1753	810
湾里区	15908	8993	3777	3138			6435	6425	10			9473
青山湖区	2547		2163	384			1682	1682				865
东湖区	915		268	647			668	668				247
西湖区	980		276	704			111	111				869
青云谱区	960		138	822			784	784				176
昌北区	46033	24930	85	21018			42462	42462				3571
南昌高新区	49088	17889	7107	24092			34763	34763				14325
红谷滩区	58655	54930	807	2918			54946	54946				3709
桑海区	796	326	462	8			400				400	396
英雄区	4443	1322	1215	1906			4195	1995			2200	248
景德镇市小计	**126254**	**110838**	**8317**	**6739**		**360**	**102789**	**98806**	**342**		**3641**	**23465**
本级	82338	74062	5937	1979		360	63563	60383	180		3000	18775
区县级小计	43916	36776	2380	4760			39226	38423	162		641	4690
高新科技园	4599	4383	36	180			4599	3958			641	
陶瓷科技园	3694	3154	189	351			3177	3177				517
乐平市	11667	10233	590	844			11074	11047	27			593
浮梁县	23180	18896	1171	3113			20171	20036	135			3009
珠山区	146	39	107				30	30				116
昌江区	630	71	287	272			175	175				455
萍乡市小计	**48017**	**27235**	**9791**	**10974**		**17**	**33520**	**33404**	**116**			**14497**
本级	10119	5846	4336	－63			5911	5982	－71			4208
区县级小计	37898	21389	5455	11037		17	27609	27422	187			10289
莲花县	6459	3238	729	2492			5079	5054	25			1380
上栗县	2486	1013	455	1010		8	1275	1269	6			1211
芦溪县	3224	2631	13	571		9	2582	2571	11			642
安源区	6403	5222	610	571			5163	5083	80			1240
湘东区	8302	3258	1468	3576			7393	7373	20			909
萍乡开发区	11024	6027	2180	2817			6117	6072	45			4907
九江市小计	**253378**	**193931**	**21542**	**29056**		**8849**	**203377**	**202252**	**1125**			**50001**

三、各省、自治区、直辖市地市县基金预算财政资料

3－14－4 单位:万元

地区	收支部分							
	收入							
	收入合计	养路费收入	公路客货运附加费收入	国有土地使用权出让金收入	新增建设用地土地有偿使用费收入	地方水利建设基金收入	城市公用事业附加收入	其他各项基金收入
本级	70627			59138		2409	500	8580
区县级小计	123304			116756				6548
修水县	6932			6475				457
武宁县	3237			2581				656
永修县	22081			20110				1971
德安县	5989			5552				437
瑞昌市	12408			11346				1062
都昌县	11328			10684				644
湖口县	3404			3298				106
彭泽县	8022			7553				469
星子县	3366			3210				156
九江县	38297			38049				248
庐山局	23							23
庐山区	4763			4733				30
浔阳区	678			664				14
九江开发区	100							100
共青城	2676			2501				175
新余市小计	**201496**	**387**		**195018**			**856**	**5235**
本级	196386	317		190325			800	4944
区县级小计	5110	70		4693			56	291
分宜县	4823			4693				130
渝水区	131							131
仙女湖区	19							19
新余高新区	137	70					56	11
鹰潭市小计	**56662**	**311**		**50600**				**5751**
本级	12891	176		11270				1445
区县级小计	43771	135		39330				4306
贵溪市	27580			24117				3463
余江县	5994	135		5471				388
月湖区	12							12
龙虎山风景区	3323			3074				249
鹰潭工业园	6862			6668				194
赣州市小计	**223158**	**971**	**196**	**197016**			**974**	**24001**
本级	100382			91024			974	8384
区县级小计	122776	971	196	105992				15617
章贡区	2629	20	42	2267				300
黄金开发区	24143			23138				1005

3－14－5 单位:万元

地区	收支部分							
	支出							
	支出合计	养路费支出	公路客货运附加费支出	国有土地使用权出让金支出	新增建设用地土地有偿使用费支出	地方水利建设基金支出	城市公用事业附加支出	其他各项基金支出
本级	59415			52612		1570	169	5064
区县级小计	142837			123011	6504	2210	48	11064
修水县	8243			5838	968	288		1149
武宁县	6578			2581		79		3918
永修县	20986			16150	2445	38		2353
德安县	5291			4279	200	234		578
瑞昌市	8396			7719	100	34		543
都昌县	14868			13975		270		623
湖口县	3852			3689		80		83
彭泽县	10956			8544	1697	91		624
星子县	4524			2216	1094	907		307
九江县	37498			37004		106		388
庐山局	96			28				68
庐山区	8783			8473		68		242
浔阳区	1267			1253				14
九江开发区	9887			9818		3	48	18
共青城	1612			1444		12		156
新余市小计	**197903**	**317**		**187006**	**2822**	**905**		**6853**
本级	89600	317		84713	400	300		3870
区县级小计	108303			102293	2422	605		2983
分宜县	5439			2957	1279	166		1037
渝水区	15377			12880	1143	439		915
仙女湖区	769			264				505
新余高新区	86718			86192				526
鹰潭市小计	**47725**	**311**		**39712**	**3553**	**73**		**4076**
本级	2003	176		997				830
区县级小计	45722	135		38715	3553	73		3246
贵溪市	26464			24304				2160
余江县	7268	135		4592	1787	73		681
月湖区	434			375				59
龙虎山风景区	4614			2885	1383			346
鹰潭工业园	6942			6559	383			
赣州市小计	**234160**	**696**	**95**	**184099**	**25004**	**1829**	**100**	**22337**
本级	91870	162		84881			100	6727
区县级小计	142290	534	95	99218	25004	1829		15610
章贡区	2035	4	37	100	1380			514
黄金开发区	35222			23118	11435			669

3－14－6

单位：万元

地区	平衡部分											年终结余
	收入						支出					
	收入合计	本年收入	上年结余	补助收入	省补助单列市收入	调入资金	支出合计	本年支出	上解支出	单列市上解省支出	调出资金	
本级	70948	70627	4036	－4539		824	59690	59415	275			11258
区县级小计	182430	123304	17506	33595		8025	143687	142837	850			38743
修水县	9912	6932	1152	1828			8369	8243	126			1543
武宁县	8684	3237	739	4708			6644	6578	66			2040
永修县	27329	22081	1618	3630			21113	20986	127			6216
德安县	9390	5989	332	3069			5397	5291	106			3993
瑞昌市	16844	12408	1190	3246			8429	8396	33			8415
都昌县	16017	11328	1436	3253			14956	14868	88			1061
湖口县	4640	3404	574	662			3894	3852	42			746
彭泽县	11129	8022	1755	1352			11055	10956	99			74
星子县	6850	3366	677	2807			4610	4524	86			2240
九江县	40081	38297	503	1265		16	37573	37498	75			2508
庐山局	119	23	25	71			96	96				23
庐山区	13992	4763	4840	4389			8785	8783	2			5207
浔阳区	1335	678	339	318			1267	1267				68
九江开发区	12153	100	1741	2303		8009	9887	9887				2266
共青城	3955	2676	585	694			1612	1612				2343
新余市小计	**243726**	**201496**	**20267**	**21663**		**300**	**200299**	**197903**	**396**		**2000**	**43427**
本级	126562	196386	16308	－86432		300	89982	89600	382			36580
区县级小计	117164	5110	3959	108095			110317	108303	14		2000	6847
分宜县	8353	4823	421	3109			7439	5439			2000	914
渝水区	20874	131	2089	18654			15389	15377	12			5485
仙女湖区	902	19	391	492			771	769	2			131
新余高新区	87035	137	1058	85840			86718	86718				317
鹰潭市小计	**79989**	**56662**	**10234**	**13093**			**47965**	**47725**	**240**			**32024**
本级	18568	12891	4638	1039			1169	2003	－834			17399
区县级小计	61421	43771	5596	12054			46796	45722	1074			14625
贵溪市	37453	27580	3503	6370			27286	26464	822			10167
余江县	10201	5994	1233	2974			7342	7268	74			2859
月湖区	980	12	83	885			434	434				546
龙虎山风景区	5404	3323	686	1395			4672	4614	58			732
鹰潭工业园	7383	6862	91	430			7062	6942	120			321
赣州市小计	**289005**	**223158**	**32908**	**32939**			**235902**	**234160**	**1659**		**83**	**53103**
本级	116686	100382	17516	－1212			91280	91870	－590			25406
区县级小计	172319	122776	15392	34151			144622	142290	2249		83	27697
章贡区	4974	2629	365	1980			2111	2035	76			2863
黄金开发区	37727	24143	5139	8445			35222	35222				2505

3－14－7 单位:万元

地区	收支部分							
	收入							
	收入合计	养路费收入	公路客货运附加费收入	国有土地使用权出让金收入	新增建设用地土地有偿使用费收入	地方水利建设基金收入	城市公用事业附加收入	其他各项基金收入
赣县	3285	45	3	2650				587
南康市	12021	153	25	10960				883
信丰县	6574	140	27	5522				885
大余县	5431	50	12	4317				1052
上犹县	5153	47	12	4109				985
崇义县	6998	103	18	4721				2156
安远县	1538	19	4	1374				141
龙南县	11878	28	7	10235				1608
定南县	4527	10	10	3862				645
全南县	2622	22		2090				510
宁都县	3152	23	5	2672				452
于都县	6280	183	9	4439				1649
兴国县	1507	33	6	964				504
瑞金市	9432	13	5	9091				323
会昌县	6621	14	7	5928				672
寻乌县	5545	26	4	4714				801
石城县	3440	42		2939				459
宜春市小计	**164062**			**151320**		**1122**		**11620**
本级	52015			47976		998		3041
区县级小计	112047			103344		124		8579
丰城市	17845			17236				609
高安市	26954			26168				786
樟树市	27296			25484				1812
奉新县	9779			9268				511
万载县	2930			2587				343
上高县	7831			7013		60		758
宜丰县	6693			6620		64		9
靖安县	7020			5784				1236
铜鼓县	5169			3184				1985
袁州区	530							530
上饶市小计	**158133**	**880**	**60**	**137344**		**1449**	**311**	**18089**
本级	47575	880	60	38534		776	311	7014
区县级小计	110558			98810		673		11075
信州区	517			150		184		183
上饶县	17390			16161				1229
广丰县	13669			12240		275		1154
玉山县	13767			13032				735

3－14－8

单位:万元

地区	收支部分							
	支出							
	支出合计	养路费支出	公路客货运附加费支出	国有土地使用权出让金支出	新增建设用地土地有偿使用费支出	地方水利建设基金支出	城市公用事业附加支出	其他各项基金支出
赣县	2710			1785		66		859
南康市	9882	93	9	8531	354	20		875
信丰县	9179	97	9	5583	1400	800		1290
大余县	5452	26	6	4314		17		1089
上犹县	6085	36	9	4144	171	104		1621
崇义县	7004	67	8	5123	233			1573
安远县	3678			1373	2015	62		228
龙南县	8721			8354				367
定南县	5050	2	8	3862	502	68		608
全南县	2882	6		2090	252			534
宁都县	3000		2	1517	585	428		468
于都县	8638	156	7	5306	1724			1445
兴国县	2604			857	427	264		1056
瑞金市	12656			9965	1983			708
会昌县	7061			5996	523			542
寻乌县	6188	24		4707	807			650
石城县	4243	23		2493	1213			514
宜春市小计	**185860**			**161650**	**7582**	**2099**		**14529**
本级	50114			47851		303		1960
区县级小计	135746			113799	7582	1796		12569
丰城市	22196			19489	700	140		1867
高安市	31926			25926	5011	425		564
樟树市	32371			29637		166		2568
奉新县	10156			9578		111		467
万载县	3597			2775		96		726
上高县	9444			7225	1018	286		915
宜丰县	4777			4113		152		512
靖安县	7591			5784		115		1692
铜鼓县	5085			3072		10		2003
袁州区	8603			6200	853	295		1255
上饶市小计	**160749**	**753**	**60**	**135867**	**5249**	**1564**	**327**	**16929**
本级	39006	394	60	33393		294	327	4538
区县级小计	121743	359		102474	5249	1270		12391
信州区	1978	32		1484		173		289
上饶县	15463			14670		116		677
广丰县	13680			12223	154	349		954
玉山县	12387	60		10718	499			1110

3－14－9　　　　　　　　　　　　　　　　　　　　　　　　　　　　　　单位:万元

地区	平衡部分											
	收入						支出					年终结余
	收入合计	本年收入	上年结余	补助收入	省补助单列市收入	调入资金	支出合计	本年支出	上解支出	单列市上解省支出	调出资金	
赣县	4921	3285	551	1085			2824	2710	31		83	2097
南康市	14123	12021	31	2071			10017	9882	135			4106
信丰县	9609	6574	315	2720			9340	9179	161			269
大余县	6250	5431	373	446			5692	5452	240			558
上犹县	6446	5153	142	1151			6159	6085	74			287
崇义县	9908	6998	649	2261			7373	7004	369			2535
安远县	3760	1538	44	2178			3727	3678	49			33
龙南县	13062	11878	911	273			8784	8721	63			4278
定南县	5886	4527	803	556			5168	5050	118			718
全南县	3265	2622	97	546			2939	2882	57			326
宁都县	5067	3152	750	1165			3162	3000	162			1905
于都县	10536	6280	2863	1393			8712	8638	74			1824
兴国县	3948	1507	771	1670			2746	2604	142			1202
瑞金市	13319	9432	1333	2554			12787	12656	131			532
会昌县	8047	6621	167	1259			7171	7061	110			876
寻乌县	6620	5545	83	992			6345	6188	157			275
石城县	4851	3440	5	1406			4343	4243	100			508
宜春市小计	**220236**	**164062**	**20682**	**32589**		**2903**	**190157**	**185860**	**1767**		**2530**	**30079**
本级	65619	52015	10292	3284		28	50137	50114	23			15482
区县级小计	154617	112047	10390	29305		2875	140020	135746	1744		2530	14597
丰城市	24386	17845	730	5811			22370	22196	174			2016
高安市	37877	26954	5461	5462			32199	31926	273			5678
樟树市	33510	27296	390	3202		2622	32521	32371	150			989
奉新县	12593	9779	855	1959			10407	10156	180		71	2186
万载县	4389	2930	578	826		55	3749	3597	152			640
上高县	11061	7831	1649	1581			9598	9444	154			1463
宜丰县	7944	6693	291	843		117	7421	4777	185		2459	523
靖安县	8025	7020	148	857			7673	7591	82			352
铜鼓县	5961	5169	188	604			5211	5085	126			750
袁州区	8871	530	100	8160		81	8871	8603	268			
上饶市小计	**234937**	**158133**	**31672**	**45132**			**166971**	**160749**	**1211**		**5011**	**67966**
本级	56257	47575	6994	1688			39121	39006	－173		288	17136
区县级小计	178680	110558	24678	43444			127850	121743	1384		4723	50830
信州区	4955	517	3389	1049			2035	1978	57			2920
上饶县	22897	17390	3610	1897			16929	15463	125		1341	5968
广丰县	18603	13669	2945	1989			13709	13680	29			4894
玉山县	16820	13767	1542	1511			13791	12387	104		1300	3029

三、各省、自治区、直辖市地市县基金预算财政资料

3－14－10 单位:万元

地区	收支部分							
	收入							
	收入合计	养路费收入	公路客货运附加费收入	国有土地使用权出让金收入	新增建设用地土地有偿使用费收入	地方水利建设基金收入	城市公用事业附加收入	其他各项基金收入
铅山县	12793			11460				1333
横峰县	5083			4755				328
弋阳县	8556			7671				885
余干县	4131			3624				507
鄱阳县	9986			9352				634
万年县	10937			9966		22		949
德兴市	12617			10155		192		2270
婺源县	1112			244				868
吉安市小计	**113466**	**1607**	**138**	**89413**		**448**	**478**	**21382**
本级	56623	677	32	49373		251	478	5812
区县级小计	56843	930	106	40040		197		15570
吉安高新区	6165			5366				799
吉州区	260	13				87		160
青原区	224	23	3					198
吉安县	1594	113		636		110		735
吉水县	4262	72	12	2547				1631
峡江县	2243	39	6	1731				467
新干县	3024	96	12	1338				1578
永丰县	1608	93	10	103				1402
泰和县	16981	85	9	14375				2512
遂川县	4644	188	27	2054				2375
万安县	1159	30	5	741				383
安福县	7497	105	12	5641				1739
永新县	2195	41	8	1488				658
井冈山市	4987	32	2	4020				933
抚州市小计	**263169**	**567**	**239**	**232652**		**675**	**285**	**28751**
本级	129289	87	90	114953		584	285	13290
区县级小计	133880	480	149	117699		91		15461
临川区	27150	150		25400				1600
南城县	11246	35		10234				977
南丰县	18495	101	24	16591				1779
黎川县	7618	36		6464				1118
崇仁县	12181	33	33	10317		50		1748
宜黄县	14680	62		11546		41		3031
乐安县	10960	63	92	9832				973
金溪县	6740			5952				788
资溪县	8744			7349				1395

3－14－11

单位:万元

地区	收支部分							
	支出							
	支出合计	养路费支出	公路客货运附加费支出	国有土地使用权出让金支出	新增建设用地土地有偿使用费支出	地方水利建设基金支出	城市公用事业附加支出	其他各项基金支出
铅山县	10701	5		9526				1170
横峰县	6580	4		4582	1612	73		309
弋阳县	6436	14		5720				702
余干县	16275	59		14849		121		1246
鄱阳县	12644	75		11362		206		1001
万年县	10779	66		8315	1089	22		1287
德兴市	12113	32		8830	712	210		2329
婺源县	2707	12		195	1183			1317
吉安市小计	**103601**	**1574**	**117**	**75878**	**7031**	**2353**	**451**	**16197**
本级	17390	676	32	14174	258	148	451	1651
区县级小计	86211	898	85	61704	6773	2205		14546
吉安高新区	5550			5450				100
吉州区	18922	13		18422		88		399
青原区	6127	23	3	4698	910	3		490
吉安县	4388	113		2082		643		1550
吉水县	6463	72		5190		94		1107
峡江县	3727	39	5	1731	965	18		969
新干县	4121	94	12	1338	1506	235		936
永丰县	2227	72	8	978		10		1159
泰和县	12983	85	9	10804	120	782		1183
遂川县	4909	177	20	2126	631	31		1924
万安县	2102	29	4	603		127		1339
安福县	7425	105	12	5208		42		2058
永新县	2362	41	8	1396		81		836
井冈山市	4905	35	4	1678	2641	51		496
抚州市小计	**253842**	**457**	**175**	**221441**	**4324**	**2497**	**38**	**24910**
本级	113623	16	90	101569	890	2153	38	8867
区县级小计	140219	441	85	119872	3434	344		16043
临川区	26689	150		25838	138	20		543
南城县	12171	34		10180		114		1843
南丰县	17104	62	52	15700		56		1234
黎川县	9094	36		6464	1046			1548
崇仁县	12776	41	33	9716		50		2936
宜黄县	12938	68		10668	724	51		1427
乐安县	11124	50		8744	1450	14		866
金溪县	7890			6745		39		1106
资溪县	11687			8706				2981

3－14－12 单位:万元

地区	平衡部分 收入 收入合计	本年收入	上年结余	补助收入	省补助单列市收入	调入资金	支出 支出合计	本年支出	上解支出	单列市上解省支出	调出资金	年终结余
铅山县	17573	12793	3752	1028			10793	10701	92			6780
横峰县	7380	5083	698	1599			6642	6580	62			738
弋阳县	10993	8556	1878	559			6574	6436	138			4419
余干县	27807	4131	1481	22195			16406	16275	131			11401
鄱阳县	15360	9986	1001	4373			12781	12644	137			2579
万年县	13176	10937	377	1862			12978	10779	117		2082	198
德兴市	18378	12617	1997	3764			12357	12113	244			6021
婺源县	4738	1112	2008	1618			2855	2707	148			1883
吉安市小计	**165308**	**113466**	**23335**	**28427**		**80**	**107784**	**103601**	**2256**		**1927**	**57524**
本级	44553	56623	10899	－22969			18381	17390	99		892	26172
区县级小计	120755	56843	12436	51396		80	89403	86211	2157		1035	31352
吉安高新区	7140	6165	6	969			5550	5550				1590
吉州区	21413	260	1373	19780			18997	18922	75			2416
青原区	8520	224	1591	6705			7146	6127	118		901	1374
吉安县	7816	1594	2363	3858		1	4528	4388	139		1	3288
吉水县	10490	4262	165	6063			6644	6463	181			3846
峡江县	4375	2243	187	1945			3812	3727	85			563
新干县	5746	3024	563	2159			4264	4121	143			1482
永丰县	3524	1608	261	1655			2422	2227	195			1102
泰和县	19309	16981	1265	1063			13258	12983	221		54	6051
遂川县	6516	4644	885	987			5169	4909	260			1347
万安县	3139	1159	318	1662			2228	2102	126			911
安福县	9490	7497	694	1299			7725	7425	300			1765
永新县	3397	2195	744	379		79	2605	2362	164		79	792
井冈山市	9880	4987	2021	2872			5055	4905	150			4825
抚州市小计	**304911**	**263169**	**17727**	**21949**		**2066**	**257097**	**253842**	**1526**		**1729**	**47814**
本级	143364	129289	11963	2112			114226	113623	245		358	29138
区县级小计	161547	133880	5764	19837		2066	142871	140219	1281		1371	18676
临川区	30482	27150	1669	1663			27103	26689	157		257	3379
南城县	13042	11246	509	1287			12299	12171	128			743
南丰县	20141	18495	458	1171		17	17254	17104	150			2887
黎川县	9960	7618	178	2156		8	9134	9094	40			826
崇仁县	14794	12181	1332	1281			13192	12776	116		300	1602
宜黄县	17013	14680	472	1802		59	13729	12938	139		652	3284
乐安县	13132	10960	218	1954			11284	11124	160			1848
金溪县	8963	6740	158	2065			7981	7890	91			982
资溪县	12186	8744	140	2354		948	11767	11687	80			419

3－14－13 单位:万元

地区	收支部分 收入 收入合计	养路费收入	公路客货运附加费收入	国有土地使用权出让金收入	新增建设用地土地有偿使用费收入	地方水利建设基金收入	城市公用事业附加收入	其他各项基金收入
广昌县	2347			1536				811
东乡县	13719			12478				1241

3－14－14

单位:万元

地区	收支部分							
	支出							
	支出合计	养路费支出	公路客货运附加费支出	国有土地使用权出让金支出	新增建设用地土地有偿使用费支出	地方水利建设基金支出	城市公用事业附加支出	其他各项基金支出
广昌县	3099			2417	76			606
东乡县	15647			14694				953

3-14-15 单位:万元

地区	平衡部分											
	收入						支出					年终结余
	收入合计	本年收入	上年结余	补助收入	省补助单列市收入	调入资金	支出合计	本年支出	上解支出	单列市上解省支出	调出资金	
广昌县	4842	2347	394	1067		1034	3375	3099	114		162	1467
东乡县	16992	13719	236	3037			15753	15647	106			1239

2007 年山东省地市县财政基金预算收支平衡表

3－15－1

单位：万元

地　区	收支部分							
	收入							
	收入合计	养路费收入	公路客货运附加费收入	国有土地使用权出让金收入	新增建设用地土地有偿使用费收入	地方水利建设基金收入	城市公用事业附加收入	其他各项基金收入
地市县合计	**5839642**	**122650**	**14832**	**5054578**	**68355**	**100**	**113033**	**466094**
青岛市小计	**1872425**	**62844**	**14485**	**1627299**	**67903**		**6509**	**93385**
本级	1109351	62844	14485	924680	67903		1623	37816
区县级小计	763074			702619			4886	55569
即墨市	43785			38094			1544	4147
胶州市	25204			21715				3489
胶南市	101638			90480			1289	9869
平度市	4058			2471			753	834
莱西市	3392			2086			900	406
崂山区	124610			117444				7166
城阳区	222782			214177				8605
黄岛区	1786							1786
开发区	233720			216152			400	17168
市南区	553							553
市北区	557							557
四方区	435							435
李沧区	417							417
保税区	137							137
济南市小计	**1235229**	**2385**		**1126100**			**12480**	**94264**
本级	1200150	2385		1103415			11657	82693
区县级小计	35079			22685			823	11571
历下区	1064							1064
市中区	1059							1059
天桥区	582							582
槐荫区	459							459
历城区	1474							1474
长清区	468			3			58	407
章丘市	11471			9237				2234
平阴县	5489			4243			642	604
济阳县	9226			5585			123	3518
商河县	3787			3617				170
淄博市小计	**182618**	**3100**		**151149**			**12621**	**15748**
本级	46934	3100		26478			11000	6356
区县级小计	135684			124671			1621	9392
博山区	766							766
淄川区	10107			8995				1112
张店区	2739			1084				1655

3－15－2 单位:万元

地区	收支部分							
	支出							
	支出合计	养路费支出	公路客货运附加费支出	国有土地使用权出让金支出	新增建设用地土地有偿使用费支出	地方水利建设基金支出	城市公用事业附加支出	其他各项基金支出
地市县合计	**5212325**	**123049**	**14213**	**4296468**	**159010**	**35891**	**98008**	**485686**
青岛市小计	**1496563**	**68159**	**13866**	**1269143**	**19837**	**22690**	**7423**	**95445**
本级	750197	68159	13866	614068	31	7238	2537	44298
区县级小计	746366			655075	19806	15452	4886	51147
即墨市	31846			19698	5348	1542	1544	3714
胶州市	28886			22289		2051		4546
胶南市	88559			71088	3683	1447	1289	11052
平度市	15464			2471	3397	2761	753	6082
莱西市	19933			2880	6918	4561	900	4674
崂山区	34381			33187		256		938
城阳区	192312			189783		794		1735
黄岛区	577					34		543
开发区	230025			216152	460		400	13013
市南区	83118			81615				1503
市北区	2555			885				1670
四方区	818			127				691
李沧区	17661			14900		1785		976
保税区	231					221		10
济南市小计	**1034652**	**1900**		**931021**	**19861**	**2200**	**10948**	**68722**
本级	940743	1900		860405	18118		10766	49554
区县级小计	93909			70616	1743	2200	182	19168
历下区	2877			1673				1204
市中区	2827			1217				1610
天桥区	1830			596	114			1120
槐荫区	16414			14780		670		964
历城区	16078			11413	340	1056		3269
长清区	25047			23247	260		58	1482
章丘市	7268			4306	301			2661
平阴县	6381			3573	130	145		2533
济阳县	8723			5294	248		124	3057
商河县	6464			4517	350	329		1268
淄博市小计	**186419**	**3100**		**156635**	**1176**		**9088**	**16420**
本级	45657	3100		29241			7467	5849
区县级小计	140762			127394	1176		1621	10571
博山区	432			170				262
淄川区	9236			7595				1641
张店区	3697			1551				2146

三、各省、自治区、直辖市地市县基金预算财政资料

3－15－3

单位:万元

地区	平衡部分 收入 收入合计	本年收入	上年结余	补助收入	省补助单列市收入	调入资金	支出 支出合计	本年支出	上解支出	单列市上解省支出	调出资金	年终结余
地市县合计	**7136821**	**5839642**	**861275**	**380085**	**34053**	**21766**	**5255443**	**5212325**	**21731**		**21387**	**1881378**
青岛市小计	**2135852**	**1872425**	**212446**	**12481**	**34053**	**4447**	**1496563**	**1496563**				**639289**
本级	1180956	1109351	189806	－152254	34053		748314	750197	－1883			432642
区县级小计	954896	763074	22640	164735		4447	748249	746366	1883			206647
即墨市	56332	43785	3110	8379		1058	32308	31846	462			24024
胶州市	33644	25204		7629		811	29227	28886	341			4417
胶南市	114796	101638	5378	5737		2043	89024	88559	465			25772
平度市	15697	4058		11421		218	15697	15464	233			
莱西市	20116	3392		16407		317	20066	19933	133			50
崂山区	127469	124610	1386	1473			34429	34381	48			93040
城阳区	229798	222782		7016			192327	192312	15			37471
黄岛区	3257	1786	916	555			606	577	29			2651
开发区	248374	233720	11535	3119			230051	230025	26			18323
市南区	83118	553		82565			83118	83118				
市北区	2555	557		1998			2555	2555				
四方区	1717	435	94	1188			818	818				899
李沧区	17661	417		17244			17661	17661				
保税区	362	137	221	4			362	231	131			
济南市小计	**1474074**	**1235229**	**201424**	**35163**		**2258**	**1057710**	**1034652**	**3400**		**19658**	**416364**
本级	1361663	1200150	194669	－33156			962323	940743	1922		19658	399340
区县级小计	112411	35079	6755	68319		2258	95387	93909	1478			17024
历下区	3132	1064		2068			3132	2877	255			
市中区	3081	1059		2022			3081	2827	254			
天桥区	1975	582		1393			1975	1830	145			
槐荫区	16539	459	15	15395		670	16524	16414	110			15
历城区	16632	1474		14102		1056	16347	16078	269			285
长清区	25111	468		24643			25111	25047	64			
章丘市	18910	11471	4854	2585			7488	7268	220			11422
平阴县	9147	5489	1635	1820		203	6448	6381	67			2699
济阳县	11391	9226	251	1914			8788	8723	65			2603
商河县	6493	3787		2377		329	6493	6464	29			
淄博市小计	**227813**	**182618**	**32877**	**12318**			**190505**	**186419**	**2374**		**1712**	**37308**
本级	75802	46934	24497	4371			46868	45657	1211			28934
区县级小计	152011	135684	8380	7947			143637	140762	1163		1712	8374
博山区	3329	766	2382	181			576	432	144			2753
淄川区	11178	10107	22	1049			11156	9236	208		1712	22
张店区	4795	2739	1809	247			3863	3697	166			932

3－15－4

单位:万元

地区	收支部分 收入 收入合计	养路费收入	公路客货运附加费收入	国有土地使用权出让金收入	新增建设用地土地有偿使用费收入	地方水利建设基金收入	城市公用事业附加收入	其他各项基金收入
周村区	9405			8823				582
临淄区	13814			11824				1990
桓台县	71052			69061			861	1130
高青县	16327			16007				320
沂源县	11474			8877			760	1837
枣庄市小计	**115515**	**1387**		**101270**			**3873**	**8985**
本级	22813	1250		12800			2857	5906
区县级小计	92702	137		88470			1016	3079
市中区	4695	137		4249				309
薛城区	288							288
峄城区	5300			5119				181
山亭区	220			132				88
台儿庄区	1768			1570				198
滕州市	80431			77400			1016	2015
烟台市小计	**263863**	**6667**		**217770**			**13705**	**25721**
本级	79957	6667		65966			2338	4986
区县级小计	183906			151804			11367	20735
芝罘区	1238							1238
福山区	73878			69008			687	4183
龙口市	4238						1713	2525
莱阳市	3705			3226				479
蓬莱市	3111			100			851	2160
招远市	9166			7686			926	554
莱州市	8655			6155			894	1606
栖霞市	9776			3858			5739	179
海阳市	14621			13184				1437
牟平区	986						550	436
长岛县	4077			3969			7	101
开发区	49882			44618				5264
莱山区	573							573
潍坊市小计	**417042**	**12946**		**332744**			**17847**	**53505**
本级	170565	12946		123816			2400	31403
区县级小计	246477			208928			15447	22102
潍城区	810							810
坊子区	584						300	284
寒亭区	784						300	484
昌邑市	16791			13982			960	1849

3－15－5

单位:万元

地区	收支部分							
	支出							
	支出合计	养路费支出	公路客货运附加费支出	国有土地使用权出让金支出	新增建设用地土地有偿使用费支出	地方水利建设基金支出	城市公用事业附加支出	其他各项基金支出
周村区	9519			8884				635
临淄区	14371			12479				1892
桓台县	72413			70421			861	1131
高青县	17717			16007	1176			534
沂源县	13377			10287			760	2330
枣庄市小计	**121324**	**1437**		**87451**	**17067**		**3825**	**11544**
本级	38597	1300		12685	17067		2809	4736
区县级小计	82727	137		74766			1016	6808
市中区	5197	137		4286				774
薛城区	542			19				523
峄城区	5662			5131				531
山亭区	2253			267				1986
台儿庄区	1970			1585				385
滕州市	67103			63478			1016	2609
烟台市小计	**281190**	**6000**		**223795**	**9149**		**10221**	**32025**
本级	76315	6000		65860	28		1850	2577
区县级小计	204875			157935	9121		8371	29448
芝罘区	1753							1753
福山区	78106			70008	1746		696	5656
龙口市	5706			1453			740	3513
莱阳市	6124			3226	596			2302
蓬莱市	5763			640	742		447	3934
招远市	11499			9230			926	1343
莱州市	9722			6155	741		621	2205
栖霞市	10145			4342	1125		4384	294
海阳市	15985			14294				1691
牟平区	3271				1717		550	1004
长岛县	4244			3969	107		7	161
开发区	51999			44618	2347			5034
莱山区	558							558
潍坊市小计	**420940**	**12946**		**319405**	**4237**		**17684**	**66668**
本级	142631	12946		96542	854		2400	29889
区县级小计	278309			222863	3383		15284	36779
潍城区	2378				879			1499
坊子区	1248			300			300	648
寒亭区	2720			2009			300	411
昌邑市	17358			13524	318		797	2719

3－15－6

单位:万元

地区	平衡部分											
	收入						支出					年终结余
	收入合计	本年收入	上年结余	补助收入	省补助单列市收入	调入资金	支出合计	本年支出	上解支出	单列市上解省支出	调出资金	
周村区	11237	9405	1187	645			9618	9519	99			1619
临淄区	16181	13814	1523	844			14590	14371	219			1591
桓台县	73461	71052	854	1555			72607	72413	194			854
高青县	17771	16327		1444			17771	17717	54			
沂源县	14059	11474	603	1982			13456	13377	79			603
枣庄市小计	**145239**	**115515**	**7764**	**21960**			**122086**	**121324**	**762**			**23153**
本级	45068	22813	5911	16344			38877	38597	280			6191
区县级小计	100171	92702	1853	5616			83209	82727	482			16962
市中区	5244	4695		549			5244	5197	47			
薛城区	600	288		312			600	542	58			
峄城区	5733	5300	40	393			5693	5662	31			40
山亭区	2514	220	168	2126			2268	2253	15			246
台儿庄区	2008	1768		240			2008	1970	38			
滕州市	84072	80431	1645	1996			67396	67103	293			16676
烟台市小计	**336538**	**263863**	**42267**	**30408**			**282761**	**281190**	**1571**			**53777**
本级	89878	79957	8703	1218			76711	76315	396			13167
区县级小计	246660	183906	33564	29190			206050	204875	1175			40610
芝罘区	1915	1238		677			1915	1753	162			
福山区	79742	73878	1766	4098			78163	78106	57			1579
龙口市	11059	4238	5195	1626			5909	5706	203			5150
莱阳市	6308	3705	14	2589			6173	6124	49			135
蓬莱市	13176	3111	8858	1207			5859	5763	96			7317
招远市	13681	9166	2085	2430			11583	11499	84			2098
莱州市	16749	8655	4345	3749			9846	9722	124			6903
栖霞市	18722	9776	6508	2438			10181	10145	36			8541
海阳市	20382	14621	2308	3453			16065	15985	80			4317
牟平区	3699	986	350	2363			3348	3271	77			351
长岛县	4360	4077	173	110			4250	4244	6			110
开发区	53588	49882	44	3662			52116	51999	117			1472
莱山区	3279	573	1918	788			642	558	84			2637
潍坊市小计	**485939**	**417042**	**21491**	**47406**			**423179**	**420940**	**2239**			**62760**
本级	197010	170565	18429	8016			140843	142631	－1788			56167
区县级小计	288929	246477	3062	39390			282336	278309	4027			6593
潍城区	3102	810	100	2192			3002	2378	624			100
坊子区	1355	584		771			1355	1248	107			
寒亭区	2912	784		2128			2912	2720	192			
昌邑市	20540	16791	1725	2024			17598	17358	240			2942

3－15－7

单位：万元

地区	收支部分							
	收入							
	收入合计	养路费收入	公路客货运附加费收入	国有土地使用权出让金收入	新增建设用地土地有偿使用费收入	地方水利建设基金收入	城市公用事业附加收入	其他各项基金收入
昌乐县	642						100	542
安丘市	9970			8384			400	1186
寿光市	69817			64960			1606	3251
青州市	22278			14676			760	6842
高密市	8679			6558				2121
诸城市	25637			22463				3174
临朐县	23468			11778			11021	669
奎文区	67017			66127				890
济宁市小计	**187090**	**6212**		**146381**			**6867**	**27630**
本级	87434	6212		65954			2789	12479
区县级小计	99656			80427			4078	15151
市中区	325							325
任城区	1677							1677
兖州市	26306			23060			632	2614
曲阜市	3487			1981			723	783
泗水县	12346			11346			294	706
邹城市	3440						987	2453
微山县	2278			416			320	1542
鱼台县	7018			6015			248	755
金乡县	10751			9833				918
嘉祥县	2763			2045			370	348
汶上县	27718			24857			196	2665
梁山县	1547			874			308	365
临沂市小计	**603762**	**833**	**347**	**566254**			**10654**	**25674**
本级	502145			479623			7445	15077
区县级小计	101617	833	347	86631			3209	10597
郯城县	8719			8150				569
苍山县	13234			12674				560
莒南县	10896			9672			224	1000
沂水县	17270			15740			747	783
蒙阴县	4892			1597			173	3122
平邑县	14715			13770			436	509
费县	4880	833	347	2580			400	720
沂南县	5239			4568			221	450
临沭县	19504			17880			1008	616
兰山区	1083							1083
罗庄区	885							885

3－15－8　　　　单位:万元

地　　区	收支部分							
	支出							
	支　出 合　计	养路费 支　出	公路客货 运附加费 支　　出	国有土地 使用权出 让金支出	新增建设用 地土地有偿 使用费支出	地方水利 建设基金 支　　出	城市公用 事业附加 支　　出	其他各项 基金支出
昌乐县	3106			1529			100	1477
安丘市	17677			8384	2186		400	6707
寿光市	73520			68225			1606	3689
青州市	25531			18127			760	6644
高密市	10974			7146				3828
诸城市	29648			24133				5515
临朐县	27018			13359			11021	2638
奎文区	67131			66127				1004
济宁市小计	**169777**	**6212**		**118814**	**6629**		**3308**	**34814**
本级	68991	6212		50685			1671	10423
区县级小计	100786			68129	6629		1637	24391
市中区	335							335
任城区	3731				978			2753
兖州市	21756			19101	110		4	2541
曲阜市	2952			822	882			1248
泗水县	14457			12238	629		112	1478
邹城市	4894				1582		266	3046
微山县	2252			416	64		320	1452
鱼台县	7499			6159			248	1092
金乡县	8458			6147	845			1466
嘉祥县	4012			1875	1197		305	635
汶上县	23602			20497			74	3031
梁山县	6838			874	342		308	5314
临沂市小计	**557918**	**833**	**347**	**474191**	**23361**		**11515**	**47671**
本级	396158			363411	7086		7994	17667
区县级小计	161760	833	347	110780	16275		3521	30004
郯城县	9885			8150	602		60	1073
苍山县	16244			12674	250		60	3260
莒南县	14648			9672	1798		316	2862
沂水县	21240			15740	817		747	3936
蒙阴县	7555			1597	1323		173	4462
平邑县	19144			13770	3474		436	1464
费县	8355	833	347	2676	2124		400	1975
沂南县	7263			4568	1285		221	1189
临沭县	22049			17880	1900		1108	1161
兰山区	7686			4891	259			2536
罗庄区	9236			4581	1381			3274

3－15－9

单位:万元

地区	平衡部分											
	收入						支出					年终结余
	收入合计	本年收入	上年结余	补助收入	省补助单列市收入	调入资金	支出合计	本年支出	上解支出	单列市上解省支出	调出资金	
昌乐县	3236	642	3	2591			3233	3106	127			3
安丘市	17837	9970		7867			17837	17677	160			
寿光市	76635	69817	454	6364			73867	73520	347			2768
青州市	26481	22278		4203			26481	25531	950			
高密市	11275	8679		2596			11275	10974	301			
诸城市	30008	25637		4371			30008	29648	360			
临朐县	27892	23468	780	3644			27112	27018	94			780
奎文区	67656	67017		639			67656	67131	525			
济宁市小计	**250206**	**187090**	**40296**	**22820**			**171694**	**169777**	**1917**			**78512**
本级	105755	87434	18332	－11			69312	68991	321			36443
区县级小计	144451	99656	21964	22831			102382	100786	1596			42069
市中区	1437	325	78	1034			387	335	52			1050
任城区	4310	1677	2482	151			4029	3731	298			281
兖州市	28801	26306	1594	901			21967	21756	211			6834
曲阜市	11008	3487	5300	2221			3037	2952	85			7971
泗水县	16379	12346	2418	1615			14482	14457	25			1897
邹城市	9180	3440	3779	1961			5332	4894	438			3848
微山县	2506	2278		228			2506	2252	254			
鱼台县	7933	7018	583	332			7541	7499	42			392
金乡县	13325	10751	1028	1546			8486	8458	28			4839
嘉祥县	8055	2763	3746	1546			4078	4012	66			3977
汶上县	30965	27718	956	2291			23663	23602	61			7302
梁山县	10552	1547		9005			6874	6838	36			3678
临沂市小计	**699131**	**603762**	**63669**	**31700**			**558963**	**557918**	**1045**			**140168**
本级	535798	502145	62460	－28807			396537	396158	379			139261
区县级小计	163333	101617	1209	60507			162426	161760	666			907
郯城县	9937	8719	107	1111			9937	9885	52			
苍山县	16277	13234		3043			16277	16244	33			
莒南县	15602	10896	1102	3604			14695	14648	47			907
沂水县	21304	17270		4034			21304	21240	64			
蒙阴县	7580	4892		2688			7580	7555	25			
平邑县	19176	14715		4461			19176	19144	32			
费县	8416	4880		3536			8416	8355	61			
沂南县	7299	5239		2060			7299	7263	36			
临沭县	22088	19504		2584			22088	22049	39			
兰山区	7837	1083		6754			7837	7686	151			
罗庄区	9338	885		8453			9338	9236	102			

3－15－10

单位:万元

地区	收支部分 收入 收入合计	养路费收入	公路客货运附加费收入	国有土地使用权出让金收入	新增建设用地土地有偿使用费收入	地方水利建设基金收入	城市公用事业附加收入	其他各项基金收入
河东区	300							300
泰安市小计	**175760**	**6137**		**146283**			**4837**	**18503**
本级	99293	6137		83306			1800	8050
区县级小计	76467			62977			3037	10453
新泰市	18662			12689			2094	3879
宁阳县	11252			10221			59	972
东平县	16817			16322				495
肥城市	23531			20566			884	2081
泰山区	1361			591				770
岱岳区	4844			2588				2256
聊城市小计	**108823**	**3986**		**88742**			**4640**	**11455**
本级	83279	3986		71698			2642	4953
区县级小计	25544			17044			1998	6502
东昌府区	696							696
临清市	1731			560			571	600
阳谷县	9294			6385			536	2373
莘县	1313			897			160	256
茌平县	3147			1551				1596
东阿县	4767			4072			250	445
冠县	4314			3579			481	254
高唐县	282							282
菏泽市小计	**108860**	**5789**		**89034**			**1359**	**12678**
本级	56631	5789		44692			522	5628
区县级小计	52229			44342			837	7050
牡丹区	352							352
曹县	9387			7962			370	1055
定陶县	3785			3349				436
成武县	4027			3375				652
单县	18554			16228			384	1942
巨野县	4651			3263				1388
郓城县	7717			7100			83	534
鄄城县	2045			1832				213
东明县	1711			1233				478
德州市小计	**24434**			**20498**				**3936**
本级	1567			116				1451
区县级小计	22867			20382				2485
德城区								

三、各省、自治区、直辖市地市县基金预算财政资料

3－15－11

单位:万元

地区	收支部分							
	支出							
	支出合计	养路费支出	公路客货运附加费支出	国有土地使用权出让金支出	新增建设用地土地有偿使用费支出	地方水利建设基金支出	城市公用事业附加支出	其他各项基金支出
河东区	18455			14581	1062			2812
泰安市小计	**179408**	**6137**		**137862**	**13329**	**665**	**4481**	**16934**
本级	76763	6137		60273	2438		2592	5323
区县级小计	102645			77589	10891	665	1889	11611
新泰市	25783			20438	2487		995	1863
宁阳县	13125			10539	1585	303	10	688
东平县	20443			15806	1341	292		3004
肥城市	29115			20566	5278		884	2387
泰山区	5068			3890	100			1078
岱岳区	9111			6350	100	70		2591
聊城市小计	**80847**	**3867**		**61734**	**3150**	**424**	**4162**	**7510**
本级	52193	3867		42590	542		2374	2820
区县级小计	28654			19144	2608	424	1788	4690
东昌府区	704			120		47		537
临清市	1857			267	285	214	577	514
阳谷县	6918			5600		1	730	587
莘县	3173			2774		31		368
茌平县	4279			2906		1		1372
东阿县	4743			4168				575
冠县	4886			1592	2323	130	481	360
高唐县	2094			1717				377
菏泽市小计	**109544**	**3567**		**77350**	**7846**	**85**	**1393**	**19303**
本级	49429	3567		39027	208	85	604	5938
区县级小计	60115			38323	7638		789	13365
牡丹区	3271			2324	181			766
曹县	13529			6010	214		405	6900
定陶县	3010			2124	540			346
成武县	4195			2896	386			913
单县	13733			11421	1006		384	922
巨野县	4873			3439	748			686
郓城县	9962			7100	1886			976
鄄城县	2897			1832	523			542
东明县	4645			1177	2154			1314
德州市小计	**38109**			**23670**	**6805**	**1173**		**6461**
本级	879			96		200		583
区县级小计	37230			23574	6805	973		5878
德城区	1247				50	100		1097

3－15－12

单位:万元

地区	平衡部分											
	收入						支出					年终结余
	收入合计	本年收入	上年结余	补助收入	省补助单列市收入	调入资金	支出合计	本年支出	上解支出	单列市上解省支出	调出资金	
河东区	18479	300		18179			18479	18455	24			
泰安市小计	**247987**	**175760**	**51408**	**20819**			**180332**	**179408**	**924**			**67655**
本级	118625	99293	22850	－3518			77003	76763	240			41622
区县级小计	129362	76467	28558	24337			103329	102645	684			26033
新泰市	38052	18662	15975	3415			25988	25783	205			12064
宁阳县	21334	11252	8321	1761			13211	13125	86			8123
东平县	21816	16817	826	4173			20474	20443	31			1342
肥城市	29336	23531		5805			29336	29115	221			
泰山区	5208	1361	63	3784			5145	5068	77			63
岱岳区	13616	4844	3373	5399			9175	9111	64			4441
聊城市小计	**183448**	**108823**	**50008**	**21305**		**3312**	**81691**	**80847**	**844**			**101757**
本级	101198	83279	14025	3064		830	52377	52193	184			48821
区县级小计	82250	25544	35983	18241		2482	29314	28654	660			52936
东昌府区	2735	696	1064	646		329	843	704	139			1892
临清市	8392	1731	5277	830		554	1962	1857	105			6430
阳谷县	16689	9294	4402	2860		133	6959	6918	41			9730
莘县	8313	1313	2593	4173		234	3205	3173	32			5108
茌平县	14680	3147	8317	2527		689	4465	4279	186			10215
东阿县	11737	4767	4686	2080		204	4807	4743	64			6930
冠县	12084	4314	4376	3244		150	4927	4886	41			7157
高唐县	7620	282	5268	1881		189	2146	2094	52			5474
菏泽市小计	**179470**	**108860**	**37344**	**32441**		**825**	**110129**	**109544**	**585**			**69341**
本级	92032	56631	24354	10530		517	49568	49429	139			42464
区县级小计	87438	52229	12990	21911		308	60561	60115	446			26877
牡丹区	5278	352	1500	3118		308	3323	3271	52			1955
曹县	21606	9387	2575	9644			13599	13529	70			8007
定陶县	6255	3785	1598	872			3034	3010	24			3221
成武县	5854	4027	1183	644			4223	4195	28			1631
单县	22906	18554	932	3420			13783	13733	50			9123
巨野县	7423	4651	1573	1199			4917	4873	44			2506
郓城县	10369	7717	1578	1074			10025	9962	63			344
鄄城县	2931	2045		886			2931	2897	34			
东明县	4816	1711	2051	1054			4726	4645	81			90
德州市小计	**57759**	**24434**	**16288**	**15434**		**1603**	**38843**	**38109**	**734**			**18916**
本级	17428	1567	12351	2710		800	1141	879	262			16287
区县级小计	40331	22867	3937	12724		803	37702	37230	472			2629
德城区	1326		237	1089			1247	1247				79

3－15－13 单位:万元

地区	收支部分							
	收入							
	收入合计	养路费收入	公路客货运附加费收入	国有土地使用权出让金收入	新增建设用地土地有偿使用费收入	地方水利建设基金收入	城市公用事业附加收入	其他各项基金收入
陵县	196							196
平原县	3693			3500				193
夏津县	4140			3917				223
武城县	153							153
齐河县	2251			1616				635
禹城市	7413			7197				216
乐陵市	4313			4152				161
临邑县	508							508
宁津县	96							96
庆云县	104							104
滨州市小计	**91341**	**1486**		**74528**			**1811**	**13516**
本级	4004	1486		82			1324	1112
区县级小计	87337			74446			487	12404
惠民县	121							121
阳信县	8790			8193				597
无棣县	29122			28665				457
沾化县	3248			2374				874
博兴县	29146			23314			89	5743
邹平县	13631			11900			173	1558
滨城区	3279						225	3054
东营市小计	**225521**	**2726**		**192541**			**2344**	**27910**
本级	170060	2726		144780			1832	20722
区县级小计	55461			47761			512	7188
东营区	967							967
河口区	6574			5345				1229
广饶县	12500			10354				2146
垦利县	25625			23041			201	2383
利津县	9795			9021			311	463
威海市小计	**51571**	**2641**		**31219**	**452**		**4662**	**12597**
本级	23133	1341		12000			3330	6462
区县级小计	28438	1300		19219	452		1332	6135
环翠区	22368			19219				3149
乳山市	2515	1300					616	599
文登市	1871						716	1155
荣成市	1684				452			1232
日照市小计	**125477**	**2311**		**106451**		**100**	**4694**	**11921**
本级	120601	2311		105893		18	2553	9826

3－15－14　　　　单位:万元

地　　区	收支部分							
	支出							
	支　出 合　计	养路费 支　出	公路客货 运附加费 支　　出	国有土地 使用权出 让金支出	新增建设用 地土地有偿 使用费支出	地方水利 建设基金 支　　出	城市公用 事业附加 支　　出	其他各项 基金支出
陵县	1304				921			383
平原县	5997			3500	1975	173		349
夏津县	7681			6851	714			116
武城县	344					101		243
齐河县	2192			1615				577
禹城市	9138			7197	922	333		686
乐陵市	6372			4411	1202	184		575
临邑县	735							735
宁津县	356							356
庆云县	1864				1021	82		761
滨州市小计	**93846**	**1486**		**72403**	**7853**		**1907**	**10197**
本级	5053	1486			559		953	2055
区县级小计	88793			72403	7294		954	8142
惠民县	1401				1171			230
阳信县	10310			7269	2290			751
无棣县	29817			28687				1130
沾化县	4260			2374	965			921
博兴县	29733			24988	1400		89	3256
邹平县	11481			8962	1468		173	878
滨城区	1791			123			692	976
东营市小计	**209633**	**2930**		**182414**	**7464**		**515**	**16310**
本级	84085	516		80547			120	2902
区县级小计	125548	2414		101867	7464		395	13408
东营区	53141	304		49086	2011			1740
河口区	9354	296		5497	1891			1670
广饶县	16706	882		10489	1655			3680
垦利县	32599	382		28021			201	3995
利津县	13748	550		8774	1907		194	2323
威海市小计	**59680**	**2055**		**29568**	**8591**		**4653**	**14813**
本级	27420	755		12000	5484		3321	5860
区县级小计	32260	1300		17568	3107		1332	8953
环翠区	21942			17568	1097			3277
乳山市	3914	1300			612		616	1386
文登市	3500				508		716	2276
荣成市	2904				890			2014
日照市小计	**128540**	**1220**		**102974**	**1157**	**4610**	**4862**	**13717**
本级	109836	1220		102416	243	2672	1883	1402

3－15－15

单位:万元

地区	平衡部分											
	收入						支出					年终结余
	收入合计	本年收入	上年结余	补助收入	省补助单列市收入	调入资金	支出合计	本年支出	上解支出	单列市上解省支出	调出资金	
陵县	1343	196		1147			1343	1304	39			
平原县	6036	3693		2200		143	6036	5997	39			
夏津县	8118	4140	3148	830			7726	7681	45			392
武城县	375	153		121		101	375	344	31			
齐河县	4215	2251		1964			2300	2192	108			1915
禹城市	9181	7413		1435		333	9181	9138	43			
乐陵市	6404	4313	330	1617		144	6404	6372	32			
临邑县	1073	508	222	343			830	735	95			243
宁津县	375	96		279			375	356	19			
庆云县	1885	104		1699		82	1885	1864	21			
滨州市小计	**127587**	**91341**	**16213**	**17227**		**2806**	**95030**	**93846**	**1167**		**17**	**32557**
本级	24310	4004	11524	8782			3630	5053	－1440		17	20680
区县级小计	103277	87337	4689	8445		2806	91400	88793	2607			11877
惠民县	1459	121	39	1299			1420	1401	19			39
阳信县	10382	8790	－3109	2064		2637	10381	10310	71			1
无棣县	30465	29122	218	956		169	29892	29817	75			573
沾化县	4310	3248		1062			4310	4260	50			
博兴县	33974	29146	3533	1295			29861	29733	128			4113
邹平县	16054	13631	783	1640			11679	11481	198			4375
滨城区	6633	3279	3225	129			3857	1791	2066			2776
东营市小计	**278832**	**225521**	**30776**	**22535**			**211476**	**209633**	**1843**			**67356**
本级	150057	170060	27403	－47406			85398	84085	1313			64659
区县级小计	128775	55461	3373	69941			126078	125548	530			2697
东营区	53325	967	19	52339			53308	53141	167			17
河口区	9523	6574	127	2822			9426	9354	72			97
广饶县	16897	12500	43	4354			16854	16706	148			43
垦利县	32710	25625	1687	5398			32710	32599	111			
利津县	16320	9795	1497	5028			13780	13748	32			2540
威海市小计	**81368**	**51571**	**15919**	**13525**		**353**	**60674**	**59680**	**994**			**20694**
本级	42161	23133	11491	7187		350	27185	27420	－235			14976
区县级小计	39207	28438	4428	6338		3	33489	32260	1229			5718
环翠区	25892	22368	2403	1118		3	22199	21942	257			3693
乳山市	6014	2515	2009	1490			4005	3914	91			2009
文登市	3724	1871	16	1837			3708	3500	208			16
荣成市	3577	1684		1893			3577	2904	673			
日照市小计	**159460**	**125477**	**14482**	**17614**		**1887**	**128970**	**128540**	**430**			**30490**
本级	139005	120601	13816	3198		1390	109181	109836	－655			29824

3－15－16　　　　单位：万元

地　区	收支部分							
	收入							
	收入合计	养路费收入	公路客货运附加费收入	国有土地使用权出让金收入	新增建设用地土地有偿使用费收入	地方水利建设基金收入	城市公用事业附加收入	其他各项基金收入
区县级小计	4876			558		82	2141	2095
莒县	2026						1499	527
五莲县	992					82	642	268
东港区	1583			558				1025
岚山区	275							275
莱芜市小计	**50311**	**1200**		**36315**			**4130**	**8666**
本级	41876	1200		32254			4130	4292
区县级小计	8435			4061				4374
莱城区	1992			396				1596
钢城区	6443			3665				2778

3-15-17

单位:万元

地区	收支部分							
	支出							
	支出合计	养路费支出	公路客货运附加费支出	国有土地使用权出让金支出	新增建设用地土地有偿使用费支出	地方水利建设基金支出	城市公用事业附加支出	其他各项基金支出
区县级小计	18704			558	914	1938	2979	12315
莒县	7930				223	1008	1499	5200
五莲县	4501				147	355	642	3357
东港区	3810			558	297	190		2765
岚山区	2463				247	385	838	993
莱芜市小计	**43935**	**1200**		**28038**	**1498**	**4044**	**2023**	**7132**
本级	29829	1200		21358		2980	1023	3268
区县级小计	14106			6680	1498	1064	1000	3864
莱城区	7697			3015	1061	313		3308
钢城区	6409			3665	437	751	1000	556

3-15-18

单位:万元

地区	平衡部分											
	收入						支出					
	收入合计	本年收入	上年结余	补助收入	省补助单列市收入	调入资金	支出合计	本年支出	上解支出	单列市上解省支出	调出资金	年终结余
区县级小计	20455	4876	666	14416		497	19789	18704	1085			666
莒县	8495	2026	436	5747		286	8059	7930	129			436
五莲县	4803	992	212	3599			4591	4501	90			212
东港区	4521	1583		2938			4521	3810	711			
岚山区	2636	275	18	2132		211	2618	2463	155			18
莱芜市小计	**66118**	**50311**	**6603**	**4929**		**4275**	**44837**	**43935**	**902**			**21281**
本级	48209	41876	6519	-4461		4275	27006	29829	-2823			21203
区县级小计	17909	8435	84	9390			17831	14106	3725			78
莱城区	8878	1992		6886			8874	7697	1177			4
钢城区	9031	6443	84	2504			8957	6409	2548			74

2007年河南省地市县财政基金预算收支平衡表

3－16－1　　　　　　　　　　　　　　　　　　　　单位：万元

地　　区	收支部分							
	收入							
	收入合计	养路费收入	公路客货运附加费收入	国有土地使用权出让金收入	新增建设用地土地有偿使用费收入	地方水利建设基金收入	城市公用事业附加收入	其他各项基金收入
地市县合计	**2006121**	**49495**	**8**	**1605417**		**4722**	**51329**	**295150**
郑州市小计	**581258**	**5314**		**534606**		**132**	**10296**	**30910**
本级	442444	4383		418441			4500	15120
区县级小计	138814	931		116165		132	5796	15790
巩义市	29678	931		23688			3924	1135
荥阳市	25562			18446		97	370	6649
中牟县	4594			2935			149	1510
新郑市	22524			21806			264	454
登封市	20012			18911		35	409	657
新密市	20819			16079			680	4060
二七区	117							117
金水区	530							530
中原区	200							200
管城区	84							84
上街区	12053			11700				353
惠济区	2641			2600				41
开封市小计	**57136**	**2659**		**13044**		**250**	**569**	**40614**
本级	44621	2659		1884		250	342	39486
区县级小计	12515			11160			227	1128
兰考县	1392			1005				387
杞县	454			44				410
通许县	4917			4813			7	97
尉氏县	1888			1636			220	32
开封县	3840			3662				178
禹王台区								
鼓楼区								
龙亭区								
顺河区	24							24
金明区								
洛阳市小计	**251417**	**4950**		**186857**		**426**	**5844**	**53340**
本级	224742	4950		164374		426	4640	50352
区县级小计	26675			22483			1204	2988
偃师市	2517			2268			100	149
孟津县	2570			2523				47
新安县	1440			1113				327
伊川县	1667			1014			149	504
汝阳县	3249			3030				219

3－16－2

单位:万元

地区	收支部分							
	支出							
	支出合计	养路费支出	公路客货运附加费支出	国有土地使用权出让金支出	新增建设用地土地有偿使用费支出	地方水利建设基金支出	城市公用事业附加支出	其他各项基金支出
地市县合计	**2417678**	**405610**	**54965**	**1531971**	**43064**	**18709**	**46872**	**316487**
郑州市小计	**586172**	**35191**	**1073**	**511537**	**332**	**2388**	**10151**	**25500**
本级	409034	21237		367818		75	4435	15469
区县级小计	177138	13954	1073	143719	332	2313	5716	10031
巩义市	24789	3137	613	16190			3924	925
荥阳市	27452	750	140	24778		1146	340	298
中牟县	9424	3077	250	4067		60	149	1821
新郑市	14802	3159	5	10458		232	264	684
登封市	25603	1964	25	20117	332	570	409	2186
新密市	22035	1103	40	17065		285	630	2912
二七区	565	56		389				120
金水区	644	147		16		10		471
中原区	231	115		15				101
管城区	1721	59		1431				231
上街区	12206	219		11860				127
惠济区	37666	168		37333		10		155
开封市小计	**75333**	**14922**	**4992**	**16814**		**250**	**672**	**37683**
本级	60039	12005	4927	5776		250	445	36636
区县级小计	15294	2917	65	11038			227	1047
兰考县	2021	463	30	1005				523
杞县	708	627	10	65				6
通许县	4613	510	10	3983			7	103
尉氏县	2441	636		1554			220	31
开封县	5487	681	15	4431				360
禹王台区								
鼓楼区								
龙亭区								
顺河区	24							24
金明区								
洛阳市小计	**311256**	**41282**	**7942**	**190736**	**1047**	**1114**	**6695**	**62440**
本级	252490	27914	882	167864		258	5368	50204
区县级小计	58766	13368	7060	22872	1047	856	1327	12236
偃师市	5666	1023	1170	2174		39	218	1042
孟津县	3044	763	315	967		26		973
新安县	5535	1314	982	1335		244		1660
伊川县	7308	1038	1100	2153	1047	252	154	1564
汝阳县	6285	818	876	3910		129		552

三、各省、自治区、直辖市地市县基金预算财政资料

3－16－3

单位:万元

地区	平衡部分											
	收入						支出					年终结余
	收入合计	本年收入	上年结余	补助收入	省补助单列市收入	调入资金	支出合计	本年支出	上解支出	单列市上解省支出	调出资金	
地市县合计	**2967579**	**2006121**	**294710**	**662131**		**4617**	**2442950**	**2417678**			**25272**	**524629**
郑州市小计	**674989**	**581258**	**41157**	**52237**		**337**	**598549**	**586172**			**12377**	**76440**
本级	457528	442444	26374	－11626		336	409034	409034				48494
区县级小计	217461	138814	14783	63863		1	189515	177138			12377	27946
巩义市	37003	29678	4039	3286			24789	24789				12214
荥阳市	30456	25562	1013	3881			27452	27452				3004
中牟县	10375	4594	574	5207			9424	9424				951
新郑市	27179	22524	3	4652			27179	14802			12377	
登封市	27264	20012	2158	5094			25603	25603				1661
新密市	29604	20819	4307	4478			22035	22035				7569
二七区	755	117	133	505			565	565				190
金水区	1558	530	611	417			644	644				914
中原区	628	200	251	177			231	231				397
管城区	2104	84	1128	892			1721	1721				383
上街区	12869	12053	566	250			12206	12206				663
惠济区	37666	2641		35024		1	37666	37666				
开封市小计	**82947**	**57136**	**2278**	**23533**			**75333**	**75333**				**7614**
本级	65122	44621	808	19693			60039	60039				5083
区县级小计	17825	12515	1470	3840			15294	15294				2531
兰考县	2187	1392		795			2021	2021				166
杞县	1146	454	49	643			708	708				438
通许县	5833	4917	375	541			4613	4613				1220
尉氏县	2887	1888	15	984			2441	2441				446
开封县	5748	3840	1031	877			5487	5487				261
禹王台区												
鼓楼区												
龙亭区												
顺河区	24	24					24	24				
金明区												
洛阳市小计	**345211**	**251417**	**31779**	**61917**		**98**	**311498**	**311256**			**242**	**33713**
本级	268058	224742	22897	20419			252725	252490			235	15333
区县级小计	77153	26675	8882	41498		98	58773	58766			7	18380
偃师市	7000	2517	905	3480		98	5666	5666				1334
孟津县	12099	2570	3778	5751			3044	3044				9055
新安县	5761	1440	140	4181			5535	5535				226
伊川县	9000	1667	2080	5253			7308	7308				1692
汝阳县	6300	3249	716	2335			6285	6285				15

3－16－4　　单位:万元

地　　区	收支部分							
	收入							
	收　入 合　计	养路费 收　入	公路客货 运附加费 收　　入	国有土地 使用权出 让金收入	新增建设用 地土地有偿 使用费收入	地方水利 建设基金 收　　入	城市公用 事业附加 收　　入	其他各项 基金收入
嵩县	4142			3578				564
栾川县	5710			4471			867	372
宜阳县	609						88	521
洛宁县	3649			3628				21
洛龙区	97							97
吉利区	861			858				3
涧西区	51							51
西工区	102							102
老城区	6							6
廛河区	5							5
平顶山市小计	**75967**	**3626**		**61834**		**179**	**2765**	**7563**
本级	48488	3626		38055		179	1700	4928
区县级小计	27479			23779			1065	2635
鲁山县	2000			1653			121	226
宝丰县	6635			6248			21	366
叶县	3664			3383			51	230
郏县	3711			3590				121
汝州市	2909			1896			169	844
舞钢市	4383			3103			700	580
新华区	30							30
卫东区	44							44
湛河区	33							33
石龙区	4070			3906			3	161
安阳市小计	**188217**	**3400**		**150353**		**530**	**5185**	**28749**
本级	151783	3400		135874		471	3634	8404
区县级小计	36434			14479		59	1551	20345
安阳县	4259			2805		16	750	688
林州市	18778			73		24	478	18203
汤阴县	6960			5707			323	930
滑县	5787			5613		19		155
内黄县	317			281				36
文峰区	81							81
北关区	65							65
铁西区	110							110
龙安区	77							77
鹤壁市小计	**58006**	**1152**		**50848**		**36**	**1580**	**4390**
本级	51048	1152		44467		36	1450	3943

3－16－5

单位:万元

地区	收支部分							
	支出							
	支出合计	养路费支出	公路客货运附加费支出	国有土地使用权出让金支出	新增建设用地土地有偿使用费支出	地方水利建设基金支出	城市公用事业附加支出	其他各项基金支出
嵩县	10693	2048	1049	3716		36		3844
栾川县	8375	1306	300	4837		20	867	1045
宜阳县	3152	1666	500	261		30	88	607
洛宁县	4467	2924	527	330		50		636
洛龙区	2982	137	61	2578		15		191
吉利区	968	245	68	611		5		39
涧西区	14	8						6
西工区	127	31	41					55
老城区	123	37	71					15
廛河区	27	10				10		7
平顶山市小计	**113338**	**22042**	**7742**	**68078**		**873**	**3176**	**11427**
本级	61486	15305	489	41045		9	2158	2480
区县级小计	51852	6737	7253	27033		864	1018	8947
鲁山县	8476	2252	1187	1567		169	121	3180
宝丰县	8319	887	736	5920		97	21	658
叶县	7859	1127	2100	3297		147	51	1137
郏县	5203	407	838	3661		74	1	222
汝州市	7203	1119	880	3166		121	120	1797
舞钢市	5378	713	276	2925		211	701	552
新华区	3225	26	528	1831		23		817
卫东区	988	18	170	760				40
湛河区	1042	44	467			22		509
石龙区	4159	144	71	3906			3	35
安阳市小计	**142893**	**24978**	**4079**	**89054**		**5000**	**1742**	**18040**
本级	95377	20341	653	69153		2124	811	2295
区县级小计	47516	4637	3426	19901		2876	931	15745
安阳县	7248	1025	532	4047		400	482	762
林州市	17349	1155	667	100		1668	413	13346
汤阴县	6554	404	329	5146		15	36	624
滑县	7733	1120	721	5634		72		186
内黄县	6103	827	518	4703		15		40
文峰区	255	33	161					61
北关区	644	15	87	87		394		61
铁西区	409	15	52	184		9		149
龙安区	1221	43	359			303		516
鹤壁市小计	**68614**	**5304**	**3932**	**47644**	**3853**	**99**	**1490**	**6292**
本级	35266	4074	293	21708	3853		1450	3888

3－16－6

单位:万元

地区	平衡部分											年终结余
	收入						支出					
	收入合计	本年收入	上年结余	补助收入	省补助单列市收入	调入资金	支出合计	本年支出	上解支出	单列市上解省支出	调出资金	
嵩县	10694	4142		6552			10694	10693			1	
栾川县	9471	5710	489	3272			8375	8375				1096
宜阳县	3250	609	58	2583			3152	3152				98
洛宁县	8189	3649	242	4298			4467	4467				3722
洛龙区	2982	97		2885			2982	2982				
吉利区	1746	861	245	640			968	968				778
涧西区	220	51	130	39			14	14				206
西工区	267	102	86	79			127	127				140
老城区	129	6		123			129	123			6	
廛河区	45	5	13	27			27	27				18
平顶山市小计	**132104**	**75967**	**10235**	**45902**			**113338**	**113338**				**18766**
本级	75312	48488	6607	20217			61486	61486				13826
区县级小计	56792	27479	3628	25685			51852	51852				4940
鲁山县	9296	2000	110	7186			8476	8476				820
宝丰县	9112	6635		2477			8319	8319				793
叶县	9060	3664	1104	4292			7859	7859				1201
郏县	5472	3711	175	1586			5203	5203				269
汝州市	7894	2909	1816	3169			7203	7203				691
舞钢市	6265	4383	352	1530			5378	5378				887
新华区	3231	30	1	3200			3225	3225				6
卫东区	1005	44	8	953			988	988				17
湛河区	1042	33		1009			1042	1042				
石龙区	4415	4070	62	283			4159	4159				256
安阳市小计	**258430**	**188217**	**31610**	**35665**		**2938**	**145399**	**142893**			**2506**	**113031**
本级	186858	151783	25467	7294		2314	97359	95377			1982	89499
区县级小计	71572	36434	6143	28371		624	48040	47516			524	23532
安阳县	11859	4259	2484	5010		106	7748	7248			500	4111
林州市	25811	18778	2719	4014		300	17373	17349			24	8438
汤阴县	8218	6960	156	1102			6554	6554				1664
滑县	7997	5787	165	2045			7733	7733				264
内黄县	6274	317	153	5786		18	6103	6103				171
文峰区	302	81	22	199			255	255				47
北关区	656	65		591			644	644				12
铁西区	409	110		299			409	409				
龙安区	10046	77	444	9325		200	1221	1221				8825
鹤壁市小计	**75779**	**58006**	**3396**	**14377**			**68614**	**68614**				**7165**
本级	40349	51048	2917	－13616			35266	35266				5083

3－16－7　　　　单位:万元

地区	收支部分							
	收入							
	收入合计	养路费收入	公路客货运附加费收入	国有土地使用权出让金收入	新增建设用地土地有偿使用费收入	地方水利建设基金收入	城市公用事业附加收入	其他各项基金收入
区县级小计	6958			6381			130	447
浚县	3716			3329			130	257
淇县	3242			3052				190
淇滨区								
山城区								
鹤山区								
新乡市小计	**75918**	**4001**	**8**	**57949**		**447**	**3635**	**9878**
本级	54761	4001	8	41212		434	2443	6663
区县级小计	21157			16737		13	1192	3215
获嘉县	579			500			53	26
新乡县	8215			6002			619	1594
原阳县	2845			2460			50	335
延津县	2431			1731			133	567
封丘县	190			8				182
长垣县	1946			1555		13	206	172
辉县市	306						26	280
卫辉市	4617			4481			105	31
卫滨区	16							16
红旗区								
牧野区	4							4
凤泉区	8							8
焦作市小计	**100991**	**3578**		**61108**		**223**	**4122**	**31960**
本级	87018	3578		50528		204	2943	29765
区县级小计	13973			10580		19	1179	2195
修武县	5532			5036			453	43
博爱县	370			4			202	164
沁阳市	723			342			180	201
温县	2366			2004				362
孟州市	1972			1698		19	100	155
武陟县	2734			1496			244	994
解放区	86							86
中站区	29							29
马村区	18							18
山阳区	143							143
濮阳市小计	**52433**	**1606**		**41991**		**165**	**2661**	**6010**
本级	40458	1606		34710		165	2346	1631
区县级小计	11975			7281			315	4379

3－16－8　　　　单位:万元

地　区	收支部分							
	支出							
	支出合计	养路费支出	公路客货运附加费支出	国有土地使用权出让金支出	新增建设用地土地有偿使用费支出	地方水利建设基金支出	城市公用事业附加支出	其他各项基金支出
区县级小计	33348	1230	3639	25936		99	40	2404
浚县	5327	765	1431	2250			40	841
淇县	5126	465	770	3180				711
淇滨区	19935		786	18756				393
山城区	2479		322	1750				407
鹤山区	481		330			99		52
新乡市小计	**104120**	**21320**	**5035**	**62145**	**4366**	**511**	**3884**	**6859**
本级	45010	8846	3661	27805	411	158	2652	1477
区县级小计	59110	12474	1374	34340	3955	353	1232	5382
获嘉县	3696	1276	93	538	1567	3	53	166
新乡县	10426	949	131	7502		46	724	1074
原阳县	5414	1694	256	2539		64		861
延津县	5531	1307	28	1687	1746	65	133	565
封丘县	7317	1809	115	5043		81		269
长垣县	7008	1765	255	4394		65	206	323
辉县市	5037	1534	282	1283	578	24	11	1325
卫辉市	6908	1126	109	5135		5	105	428
卫滨区	770	107	16	538				109
红旗区	2827	223	28	2546				30
牧野区	1326	314	30	826				156
凤泉区	2850	370	31	2309	64			76
焦作市小计	**115791**	**27179**	**4082**	**54924**		**581**	**3465**	**25560**
本级	84955	23366	1192	37279		186	2931	20001
区县级小计	30836	3813	2890	17645		395	534	5559
修武县	5703	1148	203	3853			129	370
博爱县	1605	397	697	120			205	186
沁阳市	2387	626	639	457		203	72	390
温县	4051	540	325	1922				1264
孟州市	5951	318	624	1813		192	100	2904
武陟县	2233	784	392	888			28	141
解放区	90							90
中站区	314			278				36
马村区	46		10					36
山阳区	8456			8314				142
濮阳市小计	**80779**	**19760**	**4293**	**40058**	**8249**	**165**	**1925**	**6329**
本级	57253	14431	501	30818	8249	165	1612	1477
区县级小计	23526	5329	3792	9240			313	4852

3－16－9 单位:万元

地区	平衡部分											
	收入						支出					年终结余
	收入合计	本年收入	上年结余	补助收入	省补助单列市收入	调入资金	支出合计	本年支出	上解支出	单列市上解省支出	调出资金	
区县级小计	35430	6958	479	27993			33348	33348				2082
浚县	7376	3716	438	3222			5327	5327				2049
淇县	5159	3242	41	1876			5126	5126				33
淇滨区	19935			19935			19935	19935				
山城区	2479			2479			2479	2479				
鹤山区	481			481			481	481				
新乡市小计	**140687**	**75918**	**30345**	**34344**		**80**	**104128**	**104120**			**8**	**36559**
本级	69688	54761	25051	－10153		29	45018	45010			8	24670
区县级小计	70999	21157	5294	44497		51	59110	59110				11889
获嘉县	3705	579	44	3082			3696	3696				9
新乡县	12601	8215	1767	2577		42	10426	10426				2175
原阳县	8434	2845	187	5402			5414	5414				3020
延津县	8832	2431	331	6070			5531	5531				3301
封丘县	7369	190	242	6937			7317	7317				52
长垣县	7186	1946	125	5107		8	7008	7008				178
辉县市	5747	306	1645	3796			5037	5037				710
卫辉市	7805	4617	416	2772			6908	6908				897
卫滨区	861	16	104	741			770	770				91
红旗区	2895		58	2837			2827	2827				68
牧野区	1326	4		1321		1	1326	1326				
凤泉区	4238	8	375	3855			2850	2850				1388
焦作市小计	**149764**	**100991**	**13293**	**35480**			**123099**	**115791**			**7308**	**26665**
本级	113671	87018	12261	14392			92155	84955			7200	21516
区县级小计	36093	13973	1032	21088			30944	30836			108	5149
修武县	7898	5532	156	2210			5703	5703				2195
博爱县	1719	370	70	1279			1605	1605				114
沁阳市	2509	723	12	1774			2495	2387			108	14
温县	4452	2366	181	1905			4051	4051				401
孟州市	5991	1972	31	3988			5951	5951				40
武陟县	4544	2734	540	1270			2233	2233				2311
解放区	90	86		4			90	90				
中站区	336	29	13	294			314	314				22
马村区	66	18	7	41			46	46				20
山阳区	8488	143	22	8323			8456	8456				32
濮阳市小计	**86786**	**52433**	**4868**	**29485**			**81513**	**80779**			**734**	**5273**
本级	62855	40458	4584	17813			57987	57253			734	4868
区县级小计	23931	11975	284	11672			23526	23526				405

3－16－10 单位:万元

地区	收支部分							
	收入							
	收入合计	养路费收入	公路客货运附加费收入	国有土地使用权出让金收入	新增建设用地土地有偿使用费收入	地方水利建设基金收入	城市公用事业附加收入	其他各项基金收入
濮阳县	6285			3407			150	2728
清丰县	969			766			65	138
南乐县	1201			1160				41
范县	1992			1535			100	357
台前县	489			413				76
华龙区	1039							1039
许昌市小计	**60575**			**49083**		**296**	**2979**	**8217**
本级	24619			21161		296	886	2276
区县级小计	35956			27922			2093	5941
许昌县	6317			5845			157	315
长葛市	4300			2352			1590	358
鄢陵县	4805			2280				2525
禹州市	16565			14288			346	1931
襄城县	3884			3157				727
魏都区	85							85
漯河市小计	**42281**	**1663**		**36527**		**279**	**1081**	**2731**
本级	29757	1663		25518		279	819	1478
区县级小计	12524			11009			262	1253
舞阳县	10143			9275			130	738
临颍县	2303			1734			132	437
源汇区	7							7
郾城区	24							24
召陵区	47							47
三门峡市小计	**78492**	**1491**		**63149**		**46**	**1637**	**12169**
本级	46329	1491		35639		46	399	8754
区县级小计	32163			27510			1238	3415
义马市	7925			7318			82	525
灵宝市	18949			16493			818	1638
渑池县	3607			2883			281	443
陕县	977			583				394
卢氏县	640			233			57	350
湖滨区	65							65
南阳市小计	**73362**	**4809**		**57322**		**390**	**3410**	**7431**
本级	24921	4045		18967		344		1565
区县级小计	48441	764		38355		46	3410	5866
邓州市	11305	764		9702		46	164	629
唐河县	4119			3978				141

三、各省、自治区、直辖市地市县基金预算财政资料

3－16－11　　　　单位:万元

地区	收支部分							
	支出							
	支出合计	养路费支出	公路客货运附加费支出	国有土地使用权出让金支出	新增建设用地土地有偿使用费支出	地方水利建设基金支出	城市公用事业附加支出	其他各项基金支出
濮阳县	10419	1781	2065	3407			150	3016
清丰县	2483	785	598	936			63	101
南乐县	2890	1081	361	1300				148
范县	3619	761	626	1675			100	457
台前县	1122	452	25	563				82
华龙区	2993	469	117	1359				1048
许昌市小计	**93659**	**21700**	**334**	**51120**	**9640**	**279**	**2615**	**7971**
本级	46394	15947	114	17952	9640	159	558	2024
区县级小计	47265	5753	220	33168		120	2057	5947
许昌县	7951	1432	20	5912			157	430
长葛市	5733	1002	15	2457			1590	669
鄢陵县	5152	217	20	2280				2635
禹州市	20394	2093	165	16353		120	310	1353
襄城县	4901	988		3157				756
魏都区	3134	21		3009				104
漯河市小计	**50029**	**10060**	**1354**	**32696**	**2704**	**58**	**481**	**2676**
本级	30681	8275	339	18431	2704		219	713
区县级小计	19348	1785	1015	14265		58	262	1963
舞阳县	11309	455	415	9420			130	889
临颍县	3570	631	240	2071		50	132	446
源汇区	2234	122		1792				320
郾城区	862	257	335	153				117
召陵区	1373	320	25	829		8		191
三门峡市小计	**93017**	**14885**	**304**	**60059**		**490**	**1556**	**15723**
本级	35437	11370	304	18971		4	60	4728
区县级小计	57580	3515		41088		486	1496	10995
义马市	8190	125		7443			82	540
灵宝市	25128	624		17876		97	1061	5470
渑池县	5548	506		3281		135	312	1314
陕县	4581	622		2210		76		1673
卢氏县	3767	1553		1085		83	41	1005
湖滨区	10366	85		9193		95		993
南阳市小计	**133523**	**42190**	**2340**	**63401**	**971**	**1182**	**3461**	**19978**
本级	57168	36754	1044	17705		60		1605
区县级小计	76355	5436	1296	45696	971	1122	3461	18373
邓州市	15333	3408	914	9551		46	164	1250
唐河县	6790	56		5956		48	184	546

3－16－12　　　　　　　　　　　　　　　　　　　　　　　　　　单位:万元

地区	平衡部分											
	收入						支出					年终结余
	收入合计	本年收入	上年结余	补助收入	省补助单列市收入	调入资金	支出合计	本年支出	上解支出	单列市上解省支出	调出资金	
濮阳县	10419	6285		4134			10419	10419				
清丰县	2888	969	174	1745			2483	2483				405
南乐县	2890	1201		1689			2890	2890				
范县	3619	1992	10	1617			3619	3619				
台前县	1122	489		633			1122	1122				
华龙区	2993	1039	100	1854			2993	2993				
许昌市小计	**106289**	**60575**	**12509**	**33204**		**1**	**93659**	**93659**				**12630**
本级	54664	24619	7986	22058		1	46394	46394				8270
区县级小计	51625	35956	4523	11146			47265	47265				4360
许昌县	7951	6317		1634			7951	7951				
长葛市	5733	4300		1433			5733	5733				
鄢陵县	5152	4805		347			5152	5152				
禹州市	24566	16565	4335	3666			20394	20394				4172
襄城县	5089	3884	188	1017			4901	4901				188
魏都区	3134	85		3049			3134	3134				
漯河市小计	**63827**	**42281**	**9570**	**11976**			**50052**	**50029**			**23**	**13775**
本级	41312	29757	7519	4036			30681	30681				10631
区县级小计	22515	12524	2051	7940			19371	19348			23	3144
舞阳县	11430	10143	39	1248			11309	11309				121
临颍县	4313	2303	535	1475			3570	3570				743
源汇区	2996	7	250	2739			2234	2234				762
郾城区	2098	24	1210	864			862	862				1236
召陵区	1678	47	17	1614			1396	1373			23	282
三门峡市小计	**117244**	**78492**	**7912**	**30780**		**60**	**93449**	**93017**			**432**	**23795**
本级	54652	46329	5567	2696		60	35437	35437				19215
区县级小计	62592	32163	2345	28084			58012	57580			432	4580
义马市	8190	7925		265			8190	8190				
灵宝市	28116	18949	1462	7705			25560	25128			432	2556
渑池县	6649	3607	344	2698			5548	5548				1101
陕县	5000	977	224	3799			4581	4581				419
卢氏县	4140	640	265	3235			3767	3767				373
湖滨区	10497	65	50	10382			10366	10366				131
南阳市小计	**171495**	**73362**	**24437**	**73396**		**300**	**133647**	**133523**			**124**	**37848**
本级	79437	24921	8690	45526		300	57168	57168				22269
区县级小计	92058	48441	15747	27870			76479	76355			124	15579
邓州市	24290	11305	6030	6955			15333	15333				8957
唐河县	7454	4119	2703	632			6790	6790				664

三、各省、自治区、直辖市地市县基金预算财政资料

3－16－13

单位：万元

地区	收支部分							
	收入							
	收入合计	养路费收入	公路客货运附加费收入	国有土地使用权出让金收入	新增建设用地土地有偿使用费收入	地方水利建设基金收入	城市公用事业附加收入	其他各项基金收入
方城县	3339			3276				63
镇平县	11136			8075			510	2551
社旗县	127							127
新野县	960			606			256	98
内乡县	5115			4178				937
淅川县	2570			37			2480	53
西峡县	4633			4020				613
南召县	1905			1870				35
桐柏县	652			616				36
宛城区	2171			1716				455
卧龙区	409			281				128
商丘市小计	**88967**	**3701**		**76406**		**352**	**1721**	**6787**
本级	58784	2968		50629		329	1540	3318
区县级小计	30183	733		25777		23	181	3469
永城市	22812	733		19852		23		2204
夏邑县	1166			941				225
虞城县	3111			2703				408
柘城县	405			401				4
宁陵县	2071			1848			152	71
睢县	470			32				438
民权县	49						29	20
梁园区	53							53
睢阳区	46							46
信阳市小计	**6023**			**4498**		**325**	**111**	**1089**
本级	2681			2154		325		202
区县级小计	3342			2344			111	887
罗山县	955			843			88	24
光山县	843			434				409
潢川县	625			485			23	117
固始县	127							127
商城县	5							5
新县	13							13
息县	196			194				2
淮滨县	552			388				164
浉河区	18							18
平桥区	8							8
周口市小计	**118156**	**2445**		**77018**		**196**	**707**	**37790**

3－16－14　　　　单位:万元

地区	收支部分							
	支出							
	支出合计	养路费支出	公路客货运附加费支出	国有土地使用权出让金支出	新增建设用地土地有偿使用费支出	地方水利建设基金支出	城市公用事业附加支出	其他各项基金支出
方城县	4258	213		3204		88	4	749
镇平县	12710	445		8187		127	400	3551
社旗县	504	10		170		106		218
新野县	1345	50		746		41	256	252
内乡县	5940	110		4313		223		1294
淅川县	8347		116	125	971	37	2453	4645
西峡县	5171	128		4145		56		842
南召县	5655	625	266	2010		85		2669
桐柏县	3221	90		2058		140		933
宛城区	3831	142		3123		14		552
卧龙区	3250	159		2108		111		872
商丘市小计	**110892**	**27866**	**1270**	**65840**	**5829**	**110**	**2100**	**7877**
本级	54356	18442	734	25391	5829	110	1919	1931
区县级小计	56536	9424	536	40449			181	5946
永城市	19955	1846	91	15883				2135
夏邑县	2890	1267	20	1091				512
虞城县	4311	1419	10	2521				361
柘城县	1633	903	160	510				60
宁陵县	3290	795	105	1998			152	240
睢县	1630	888	10	156				576
民权县	2374	893	115				29	1337
梁园区	16368	626	10	15199				533
睢阳区	4085	787	15	3091				192
信阳市小计	**45849**	**20282**	**1050**	**10361**	**3364**	**2141**	**81**	**8570**
本级	13845	10178	481	2388		128		670
区县级小计	32004	10104	569	7973	3364	2013	81	7900
罗山县	6622	1270	10	3551		202	73	1516
光山县	3710	973	25	1022		639		1051
潢川县	5318	960	10	599	3364	160	8	217
固始县	2464	1616	419	150				279
商城县	3649	909	10	415		140		2175
新县	2661	673	10	1115		416		447
息县	1224	1007		150				67
淮滨县	1920	652	75	941				252
浉河区	2554	831		30		361		1332
平桥区	1882	1213	10			95		564
周口市小计	**149514**	**27648**	**3807**	**84184**		**270**	**525**	**33080**

三、各省、自治区、直辖市地市县基金预算财政资料

3－16－15

单位:万元

地区	平衡部分											
	收入						支出					年终结余
	收入合计	本年收入	上年结余	补助收入	省补助单列市收入	调入资金	支出合计	本年支出	上解支出	单列市上解省支出	调出资金	
方城县	5795	3339	1302	1154			4258	4258				1537
镇平县	13820	11136	966	1718			12710	12710				1110
社旗县	705	127	213	365			504	504				201
新野县	1345	960		385			1345	1345				
内乡县	5940	5115		825			5940	5940				
淅川县	10843	2570	3021	5252			8347	8347				2496
西峡县	5171	4633		538			5171	5171				
南召县	6007	1905	1111	2991			5655	5655				352
桐柏县	3505	652	160	2693			3345	3221			124	160
宛城区	3933	2171	241	1521			3831	3831				102
卧龙区	3250	409		2841			3250	3250				
商丘市小计	**149369**	**88967**	**16796**	**43606**			**110892**	**110892**				**38477**
本级	84621	58784	14310	11527			54356	54356				30265
区县级小计	64748	30183	2486	32079			56536	56536				8212
永城市	25985	22812	1701	1472			19955	19955				6030
夏邑县	2893	1166		1727			2890	2890				3
虞城县	5008	3111	2	1895			4311	4311				697
柘城县	2226	405	289	1532			1633	1633				593
宁陵县	3291	2071	1	1219			3290	3290				1
睢县	1630	470		1160			1630	1630				
民权县	2480	49		2431			2374	2374				106
梁园区	16602	53	234	16315			16368	16368				234
睢阳区	4633	46	259	4328			4085	4085				548
信阳市小计	**54589**	**6023**	**6712**	**41619**		**235**	**45867**	**45849**			**18**	**8722**
本级	18417	2681	2945	12791			13845	13845				4572
区县级小计	36172	3342	3767	28828		235	32022	32004			18	4150
罗山县	6643	955		5688			6622	6622				21
光山县	4289	843	240	3206			3710	3710				579
潢川县	5947	625	506	4801		15	5318	5318				629
固始县	4527	127	2310	2090			2464	2464				2063
商城县	3649	5		3644			3649	3649				
新县	2844	13	183	2648			2661	2661				183
息县	1771	196	351	1224			1224	1224				547
淮滨县	2048	552	177	1099		220	1920	1920				128
浉河区	2572	18		2554			2572	2554			18	
平桥区	1882	8		1874			1882	1882				
周口市小计	**178950**	**118156**	**24734**	**36060**			**151014**	**149514**			**1500**	**27936**

3－16－16　　　　单位:万元

地　　区	收支部分							
	收入							
	收　入 合　计	养路费 收　入	公路客货 运附加费 收　入	国有土地 使用权出 让金收入	新增建设用 地土地有偿 使用费收入	地方水利 建设基金 收　入	城市公用 事业附加 收　入	其他各项 基金收入
本级	56271	2445		28269		196	588	24773
区县级小计	61885			48749			119	13017
扶沟县	7593			2573				5020
西华县	8111			7903				208
商水县	3771			1604				2167
太康县	3482			3309				173
鹿邑县	2604			2513				91
郸城县	2507			2212				295
淮阳县	10037			9313				724
沈丘县	11341			8413			119	2809
项城市	10917			9979				938
川汇区	1522			930				592
驻马店市小计	**80285**	**4298**		**70238**		**333**	**1152**	**4264**
本级	61347	4298		53800		333	1091	1825
区县级小计	18938			16438			61	2439
确山县	1200			968			27	205
泌阳县	496			388				108
遂平县	5986			5950				36
西平县	2620			2385				235
上蔡县	1459			1054				405
汝南县	1525			1345			17	163
平舆县	899			859				40
新蔡县	1796			1771				25
正阳县	1979			1057			17	905
驿城区	978			661				317
济源市小计	**16637**	**802**		**12586**		**117**	**1874**	**1258**

3－16－17　　　　单位:万元

地区	收支部分							
	支出							
	支出合计	养路费支出	公路客货运附加费支出	国有土地使用权出让金支出	新增建设用地土地有偿使用费支出	地方水利建设基金支出	城市公用事业附加支出	其他各项基金支出
本级	60112	15369	2546	17487		20	482	24208
区县级小计	89402	12279	1261	66697		250	43	8872
扶沟县	9517	1039	507	2943		15		5013
西华县	9599	1107	173	8179		29		111
商水县	4961	1354	174	2481		59		893
太康县	6226	1174	155	4671		61		165
鹿邑县	6966	1636	5	5027		44		254
郸城县	4031	1343	4	2366				318
淮阳县	10707	1166	170	8916		20		435
沈丘县	12077	1842	19	9951		16	43	206
项城市	16849	1270	49	14631				899
川汇区	8469	348	5	7532		6		578
驻马店市小计	**118108**	**23829**	**1273**	**70550**	**2709**	**3198**	**1161**	**15388**
本级	72603	17451	159	50138		1650	1091	2114
区县级小计	45505	6378	1114	20412	2709	1548	70	13274
确山县	2749	455	45	1014		79	27	1129
泌阳县	8471	971	45	3001	792	118	9	3535
遂平县	10576	385	12	7492	1897	244		546
西平县	4459	588	204	2510		728		429
上蔡县	3212	1493	98	1176				445
汝南县	6673	1029	200	1265		10	17	4152
平舆县	1406	313	176	846				71
新蔡县	1743	350	149	1218				26
正阳县	3138	355	125	1229		216	17	1196
驿城区	3078	439	60	661	20	153		1745
济源市小计	**24791**	**5172**	**63**	**12770**			**1692**	**5094**

3－16－18 单位:万元

地区	平衡部分											
	收入						支出					年终结余
	收入合计	本年收入	上年结余	补助收入	省补助单列市收入	调入资金	支出合计	本年支出	上解支出	单列市上解省支出	调出资金	
本级	68486	56271	12080	135			60112	60112				8374
区县级小计	110464	61885	12654	35925			90902	89402			1500	19562
扶沟县	10188	7593	1295	1300			9517	9517				671
西华县	12663	8111	650	3902			9599	9599				3064
商水县	7102	3771	1583	1748			4961	4961				2141
太康县	6253	3482	1124	1647			6226	6226				27
鹿邑县	6966	2604	86	4276			6966	6966				
郸城县	4031	2507		1524			4031	4031				
淮阳县	14022	10037	729	3256			12207	10707			1500	1815
沈丘县	18780	11341	4495	2944			12077	12077				6703
项城市	17280	10917	2655	3708			16849	16849				431
川汇区	13179	1522	37	11620			8469	8469				4710
驻马店市小计	**150658**	**80285**	**18911**	**50894**		**568**	**118108**	**118108**				**32550**
本级	100395	61347	11282	27558		208	72603	72603				27792
区县级小计	50263	18938	7629	23336		360	45505	45505				4758
确山县	2803	1200	15	1587		1	2749	2749				54
泌阳县	8477	496	2819	4803		359	8471	8471				6
遂平县	10775	5986	1009	3780			10576	10576				199
西平县	4459	2620		1839			4459	4459				
上蔡县	4636	1459	1246	1931			3212	3212				1424
汝南县	6987	1525	795	4667			6673	6673				314
平舆县	2122	899	659	564			1406	1406				716
新蔡县	2588	1796	257	535			1743	1743				845
正阳县	4338	1979	829	1530			3138	3138				1200
驿城区	3078	978		2100			3078	3078				
济源市小计	**28461**	**16637**	**4168**	**7656**			**24791**	**24791**				**3670**

2007 年湖北省地市县财政基金预算收支平衡表

3－17－1　　　　　　　　　　　　　　　　　　　　　　　　　　　　　　　单位:万元

地区	收支部分							
	收入							
	收入合计	养路费收入	公路客货运附加费收入	国有土地使用权出让金收入	新增建设用地土地有偿使用费收入	地方水利建设基金收入	城市公用事业附加收入	其他各项基金收入
地市县合计	**1342683**		**41**	**1140946**		**6020**	**27391**	**168285**
武汉市小计	**747040**			**609410**		**4643**	**21119**	**111868**
本级	604625			476115		3819	18139	106552
区县级小计	142415			133295		824	2980	5316
江岸区	686			686				
江汉区	2000			2000				
硚口区	569			569				
武昌区								
汉阳区	4265			4265				
青山区	1218			1218				
洪山区	1106			1092				14
东西湖区	16718			11438				5280
汉南区	3435			3289			124	22
江夏区	25974			25074			900	
蔡甸区	29195			28795			400	
新洲区	21188			20769		124	295	
黄陂区	36061			34100		700	1261	
黄石市小计	**29090**		**41**	**22101**			**458**	**6490**
本级	28088		41	21814				6233
区县级小计	1002			287			458	257
黄石港区								
西塞山区								
下陆区								
铁山区								
大冶市	928			287			458	183
阳新县	74							74
十堰市小计	**25475**			**21878**			**2241**	**1356**
本级	17261			14754			1505	1002
区县级小计	8214			7124			736	354
张湾区								
茅箭区								
丹江口市	5358			4492			721	145
郧县	530			397				133
郧西县	467			456				11
竹山县	1627			1595			15	17
竹溪县	225			184				41
房县	7							7

3－17－2　　　　单位:万元

地　　区	收支部分							
	支出							
	支出合计	养路费支出	公路客货运附加费支出	国有土地使用权出让金支出	新增建设用地土地有偿使用费支出	地方水利建设基金支出	城市公用事业附加支出	其他各项基金支出
地市县合计	**1765708**	**207668**	**38122**	**1168846**	**132845**	**7580**	**30537**	**180110**
武汉市小计	**804848**	**18798**	**497**	**634496**	**10060**	**5863**	**23992**	**111142**
本级	610497	16349	497	474357	10060	4551	21012	83671
区县级小计	194351	2449		160139		1312	2980	27471
江岸区	5368			2738				2630
江汉区	5686			5071				615
硚口区	4421			2189				2232
武昌区	5406							5406
汉阳区	9993			8035				1958
青山区	4332			2002				2330
洪山区	5702			4228		4		1470
东西湖区	18774			11454				7320
汉南区	4793			4269			124	400
江夏区	29810	607		26982		484	900	837
蔡甸区	32963	547		31262			400	754
新洲区	27690	604		25836		124	295	831
黄陂区	39413	691		36073		700	1261	688
黄石市小计	**38994**	**7028**	**668**	**21330**	**2682**		**458**	**6828**
本级	33938	5756	628	20923				6631
区县级小计	5056	1272	40	407	2682		458	197
黄石港区								
西塞山区								
下陆区								
铁山区								
大冶市	1814	629	10	287	240		458	190
阳新县	3242	643	30	120	2442			7
十堰市小计	**49581**	**20024**	**2504**	**21878**	**537**		**2241**	**2397**
本级	34710	14528	2008	14754			1505	1915
区县级小计	14871	5496	496	7124	537		736	482
张湾区								
茅箭区								
丹江口市	6308	634	5	4492	211		721	245
郧县	1545	684	33	397	296			135
郧西县	2967	2452	48	456				11
竹山县	2288	595	25	1595	30		15	28
竹溪县	800	558	10	184				48
房县	963	573	375					15

三、各省、自治区、直辖市地市县基金预算财政资料

3－17－3 单位：万元

地区	平衡部分											
	收入						支出					年终结余
	收入合计	本年收入	上年结余	补助收入	省补助单列市收入	调入资金	支出合计	本年支出	上解支出	单列市上解省支出	调出资金	
地市县合计	**1920491**	**1342683**	**171323**	**405271**		**1214**	**1768327**	**1765708**			**2619**	**152164**
武汉市小计	**868096**	**747040**	**85766**	**34802**		**488**	**804848**	**804848**				**63248**
本级	673551	604625	83631	－14705			610497	610497				63054
区县级小计	194545	142415	2135	49507		488	194351	194351				194
江岸区	5368	686		4682			5368	5368				
江汉区	5686	2000		3686			5686	5686				
硚口区	4421	569		3852			4421	4421				
武昌区	5406			5406			5406	5406				
汉阳区	9993	4265	2135	3593			9993	9993				
青山区	4332	1218		3114			4332	4332				
洪山区	5702	1106		4592		4	5702	5702				
东西湖区	18774	16718		2056			18774	18774				
汉南区	4793	3435		1358			4793	4793				
江夏区	29810	25974		3352		484	29810	29810				
蔡甸区	32963	29195		3768			32963	32963				
新洲区	27884	21188		6696			27690	27690				194
黄陂区	39413	36061		3352			39413	39413				
黄石市小计	**41649**	**29090**	**1201**	**11358**			**40494**	**38994**			**1500**	**1155**
本级	36113	28088	675	7350			35438	33938			1500	675
区县级小计	5536	1002	526	4008			5056	5056				480
黄石港区												
西塞山区												
下陆区												
铁山区												
大冶市	1814	928		886			1814	1814				
阳新县	3722	74	526	3122			3242	3242				480
十堰市小计	**49581**	**25475**		**24106**			**49581**	**49581**				
本级	34710	17261		17449			34710	34710				
区县级小计	14871	8214		6657			14871	14871				
张湾区												
茅箭区												
丹江口市	6308	5358		950			6308	6308				
郧县	1545	530		1015			1545	1545				
郧西县	2967	467		2500			2967	2967				
竹山县	2288	1627		661			2288	2288				
竹溪县	800	225		575			800	800				
房县	963	7		956			963	963				

3－17－4

单位:万元

地区	收支部分							
	收入							
	收入合计	养路费收入	公路客货运附加费收入	国有土地使用权出让金收入	新增建设用地土地有偿使用费收入	地方水利建设基金收入	城市公用事业附加收入	其他各项基金收入
荆州市小计	**5700**			**4461**			**850**	**389**
本级	2619			1595			850	174
区县级小计	3081			2866				215
沙市区	57							57
荆州区	38			16				22
江陵县	712			704				8
松滋市	313			270				43
公安县	124			100				24
石首市	674			659				15
监利县	384			378				6
洪湖市	779			739				40
宜昌市小计	**128105**			**109833**		**364**	**1993**	**15915**
本级	83105			77515		255	210	5125
区县级小计	45000			32318		109	1783	10790
西陵区								
伍家岗区								
点军区								
猇亭区	819			814				5
夷陵区	3119			3000				119
宜都市	12785			10454			938	1393
枝江市	7290			6635		39	279	337
当阳市	8674			610		68	25	7971
远安县	583			70			227	286
兴山县	1172			745			303	124
秭归县	1301			1015		2	11	273
长阳县	7689			7625				64
五峰县	1568			1350				218
襄樊市小计	**90260**			**87317**		**310**		**2633**
本级	79057			76465		310		2282
区县级小计	11203			10852				351
襄城区	19							19
樊城区	42							42
襄阳区	3456			3417				39
老河口市	1620			1600				20
枣阳市	3408			3264				144
宜城市	1958			1938				20
南漳县	490			459				31

3－17－5

单位:万元

地区	收支部分							
	支出							
	支出合计	养路费支出	公路客货运附加费支出	国有土地使用权出让金支出	新增建设用地土地有偿使用费支出	地方水利建设基金支出	城市公用事业附加支出	其他各项基金支出
荆州市小计	**54761**	**18094**	**3527**	**3884**	**26926**		**1000**	**1330**
本级	17322	13126	902	1018	374		1000	902
区县级小计	37439	4968	2625	2866	26552			428
沙市区	2481	477			1947			57
荆州区	3214	504		16	2673			21
江陵县	4708	169	19	704	3808			8
松滋市	4169	839	852	270	2157			51
公安县	5941	758	543	100	4410			130
石首市	5593	784	200	659	3852			98
监利县	5403	837	879	378	3295			14
洪湖市	5930	600	132	739	4410			49
宜昌市小计	**170037**	**21854**	**1549**	**117254**	**8808**	**569**	**2116**	**17887**
本级	99703	17857	1508	75396		400	333	4209
区县级小计	70334	3997	41	41858	8808	169	1783	13678
西陵区	1234			1234				
伍家岗区	7907			7907				
点军区	371			351		20		
猇亭区	859			814		40		5
夷陵区	4971			3000	732			1239
宜都市	13957	859		10454			938	1706
枝江市	11149	630		6635	3223	39	279	343
当阳市	12108	613	15	610	2802	68	25	7975
远安县	1008	417		70			227	294
兴山县	2197	367		745	252		303	530
秭归县	4442	466		1015	1799	2	11	1149
长阳县	8563	645	26	7673				219
五峰县	1568			1350				218
襄樊市小计	**128977**	**20856**	**666**	**87317**	**15707**	**310**		**4121**
本级	96399	16239	581	76465		310		2804
区县级小计	32578	4617	85	10852	15707			1317
襄城区	19							19
樊城区	42							42
襄阳区	7779	173		3417	3627			562
老河口市	5611	449		1600	3538			24
枣阳市	5509	861		3264	1235			149
宜城市	5733	715	20	1938	2819			241
南漳县	4304	689	20	459	2902			234

3－17－6 单位:万元

地区	平衡部分											
	收入						支出					年终结余
	收入合计	本年收入	上年结余	补助收入	省补助单列市收入	调入资金	支出合计	本年支出	上解支出	单列市上解省支出	调出资金	
荆州市小计	**55189**	**5700**		**49489**			**55111**	**54761**			**350**	**78**
本级	17749	2619		15130			17672	17322			350	77
区县级小计	37440	3081		34359			37439	37439				1
沙市区	2481	57		2424			2481	2481				
荆州区	3215	38		3177			3214	3214				1
江陵县	4708	712		3996			4708	4708				
松滋市	4169	313		3856			4169	4169				
公安县	5941	124		5817			5941	5941				
石首市	5593	674		4919			5593	5593				
监利县	5403	384		5019			5403	5403				
洪湖市	5930	779		5151			5930	5930				
宜昌市小计	**236825**	**128105**	**71125**	**37595**			**170106**	**170037**			**69**	**66719**
本级	165263	83105	70996	11162			99703	99703				65560
区县级小计	71562	45000	129	26433			70403	70334			69	1159
西陵区	1303		69	1234			1303	1234			69	
伍家岗区	7907			7907			7907	7907				
点军区	371			371			371	371				
猇亭区	859	819		40			859	859				
夷陵区	4971	3119		1852			4971	4971				
宜都市	13957	12785		1172			13957	13957				
枝江市	11149	7290		3859			11149	11149				
当阳市	12108	8674		3434			12108	12108				
远安县	1008	583		425			1008	1008				
兴山县	2197	1172		1025			2197	2197				
秭归县	4442	1301		3141			4442	4442				
长阳县	8575	7689	60	826			8563	8563				12
五峰县	2715	1568		1147			1568	1568				1147
襄樊市小计	**128977**	**90260**		**38717**			**128977**	**128977**				
本级	96399	79057		17342			96399	96399				
区县级小计	32578	11203		21375			32578	32578				
襄城区	19	19					19	19				
樊城区	42	42					42	42				
襄阳区	7779	3456		4323			7779	7779				
老河口市	5611	1620		3991			5611	5611				
枣阳市	5509	3408		2101			5509	5509				
宜城市	5733	1958		3775			5733	5733				
南漳县	4304	490		3814			4304	4304				

3－17－7

单位：万元

地区	收支部分							
	收入							
	收入合计	养路费收入	公路客货运附加费收入	国有土地使用权出让金收入	新增建设用地土地有偿使用费收入	地方水利建设基金收入	城市公用事业附加收入	其他各项基金收入
谷城县	22							22
保康县	188			174				14
鄂州市小计	**16409**			**15324**				**1085**
本级	16358			15324				1034
区县级小计	51							51
鄂城区	35							35
华容区	11							11
梁子湖区	5							5
荆门市小计	**9388**			**7676**				**1712**
本级	6928			5858				1070
区县级小计	2460			1818				642
掇刀区	268			225				43
东宝区	113			86				27
钟祥市	1175			1060				115
京山县	604			161				443
沙洋县	300			286				14
孝感市小计	**37492**			**20537**		**560**		**16395**
本级	16597			5567				11030
区县级小计	20895			14970		560		5365
孝南区	4195			4153				42
孝昌县	5							5
大悟县	1286			1052				234
安陆市	2502			2376				126
云梦县	997			990				7
应城市	5471					560		4911
汉川市	6439			6399				40
黄冈市小计	**18455**			**17173**		**125**	**237**	**920**
本级	6947			6647		100		200
区县级小计	11508			10526		25	237	720
黄州区	15							15
团风县	409			399				10
红安县	1478			1437				41
麻城市	161			100				61
罗田县	661			631				30
英山县	214			200				14
浠水县	9							9
蕲春县	4247			4162		17		68

3－17－8

单位:万元

地区	收支部分							
	支出							
	支出合计	养路费支出	公路客货运附加费支出	国有土地使用权出让金支出	新增建设用地土地有偿使用费支出	地方水利建设基金支出	城市公用事业附加支出	其他各项基金支出
谷城县	2239	599	25		1586			29
保康县	1342	1131	20	174				17
鄂州市小计	**19201**	**3578**	**1463**	**10383**	**2822**			**955**
本级	19150	3578	1463	10383	2822			904
区县级小计	51							51
鄂城区	35							35
华容区	11							11
梁子湖区	5							5
荆门市小计	**37179**	**13517**	**5238**	**8629**	**7635**			**2160**
本级	21560	11303	1963	6811				1483
区县级小计	15619	2214	3275	1818	7635			677
掇刀区	1107		243	225	596			43
东宝区	1124		205	86	806			27
钟祥市	6516	776	1003	1060	3549			128
京山县	3498	965	1179	161	733			460
沙洋县	3374	473	645	286	1951			19
孝感市小计	**68684**	**13891**	**2368**	**20005**	**14288**	**572**		**17560**
本级	29893	10555	2240	5015				12083
区县级小计	38791	3336	128	14990	14288	572		5477
孝南区	7441			4153	3246			42
孝昌县	1467	527	15		916			9
大悟县	3014	592	43	1072	1055	12		240
安陆市	4958	509	25	2376	1896			152
云梦县	3190	480		990	1706			14
应城市	7634	511	10		1585	560		4968
汉川市	11087	717	35	6399	3884			52
黄冈市小计	**50184**	**18334**	**2793**	**16473**	**10017**	**125**	**237**	**2205**
本级	25773	14192	2585	6647	1454	100		795
区县级小计	24411	4142	208	9826	8563	25	237	1410
黄州区	41		20					21
团风县	2651	505	45	399	1687			15
红安县	1478			1437				41
麻城市	3532	751	35	100	2583			63
罗田县	2362	566		631	780			385
英山县	929	491	20	200				218
浠水县	9							9
蕲春县	5000	653	15	4162	80	17		73

3－17－9　　　　单位:万元

地区	平衡部分											
	收入						支出					年终结余
	收入合计	本年收入	上年结余	补助收入	省补助单列市收入	调入资金	支出合计	本年支出	上解支出	单列市上解省支出	调出资金	
谷城县	2239	22		2217			2239	2239				
保康县	1342	188		1154			1342	1342				
鄂州市小计	**32206**	**16409**	**7422**	**8375**			**19201**	**19201**				**13005**
本级	32155	16358	7422	8375			19150	19150				13005
区县级小计	51	51					51	51				
鄂城区	35	35					35	35				
华容区	11	11					11	11				
梁子湖区	5	5					5	5				
荆门市小计	**39148**	**9388**	**2071**	**27689**			**37179**	**37179**				**1969**
本级	23529	6928	2071	14530			21560	21560				1969
区县级小计	15619	2460		13159			15619	15619				
掇刀区	1107	268		839			1107	1107				
东宝区	1124	113		1011			1124	1124				
钟祥市	6516	1175		5341			6516	6516				
京山县	3498	604		2894			3498	3498				
沙洋县	3374	300		3074			3374	3374				
孝感市小计	**69455**	**37492**	**201**	**31162**		**600**	**68684**	**68684**				**771**
本级	30493	16597	－1	13297		600	29893	29893				600
区县级小计	38962	20895	202	17865			38791	38791				171
孝南区	7441	4195		3246			7441	7441				
孝昌县	1469	5	2	1462			1467	1467				2
大悟县	3014	1286	32	1696			3014	3014				
安陆市	4958	2502		2456			4958	4958				
云梦县	3190	997		2193			3190	3190				
应城市	7803	5471	168	2164			7634	7634				169
汉川市	11087	6439		4648			11087	11087				
黄冈市小计	**54619**	**18455**	**104**	**36059**		**1**	**50884**	**50184**			**700**	**3735**
本级	25773	6947		18825		1	25773	25773				
区县级小计	28846	11508	104	17234			25111	24411			700	3735
黄州区	41	15		26			41	41				
团风县	2651	409		2242			2651	2651				
红安县	2142	1478		664			1478	1478				664
麻城市	3636	161	104	3371			3532	3532				104
罗田县	2362	661		1701			2362	2362				
英山县	929	214		715			929	929				
浠水县	2975	9		2966			9	9				2966
蕲春县	5001	4247		754			5000	5000				1

3－17－10

单位:万元

地区	收支部分							
	收入							
	收入合计	养路费收入	公路客货运附加费收入	国有土地使用权出让金收入	新增建设用地土地有偿使用费收入	地方水利建设基金收入	城市公用事业附加收入	其他各项基金收入
武穴市	3553			3517				36
黄梅县	761			80		8	237	436
咸宁市小计	**116918**			**115382**		**16**	**60**	**1460**
本级	94798			94218				580
区县级小计	22120			21164		16	60	880
咸安区	698			650				48
嘉鱼县	907			855				52
赤壁市	14926			14903				23
通城县	976			937		9		30
崇阳县	3322			2617				705
通山县	1291			1202		7	60	22
恩施自治州小计	**25274**			**23832**			**433**	**1009**
本级	749			540				209
区县级小计	24525			23292			433	800
恩施市	19176			18612			328	236
建始县	946			879				67
巴东县	116			40				76
利川市	1432			1227			105	100
宣恩县	38							38
咸丰县	1931			1725				206
来凤县	19							19
鹤峰县	867			809				58
随州市小计	**69199**			**63616**				**5583**
本级	60766			60596				170
区县级小计	8433			3020				5413
曾都区	3051			3020				31
广水市	5382							5382
仙桃市	**9311**			**8377**				**934**
天门市	**1443**			**1252**				**191**
潜江市	**12654**			**12559**				**95**
神农架林区	**470**			**218**		**2**		**250**

3－17－11

单位:万元

地区	收支部分							
	支出							
	支出合计	养路费支出	公路客货运附加费支出	国有土地使用权出让金支出	新增建设用地土地有偿使用费支出	地方水利建设基金支出	城市公用事业附加支出	其他各项基金支出
武穴市	6931	588	33	2817	3353			140
黄梅县	1478	588	40	80	80	8	237	445
咸宁市小计	**145463**	**12969**	**2668**	**117463**	**10084**	**16**	**60**	**2203**
本级	110286	9731	2036	96300	1086			1133
区县级小计	35177	3238	632	21163	8998	16	60	1070
咸安区	1081		383	650				48
嘉鱼县	4397	453	61	855	2972			56
赤壁市	20051	611	10	14903	4343			184
通城县	1451	456	10	936		9		40
崇阳县	5155	547	10	2617	1268			713
通山县	3042	1171	158	1202	415	7	60	29
恩施自治州小计	**53807**	**16525**	**10562**	**23832**	**710**		**433**	**1745**
本级	14142	2895	10394	540				313
区县级小计	39665	13630	168	23292	710		433	1432
恩施市	21993	2765	28	18612			328	260
建始县	2574	1565	43	879				87
巴东县	3342	2050	23	40	680			549
利川市	3811	2309		1227			105	170
宣恩县	1851	1779	23					49
咸丰县	3086	1138	4	1725				219
来凤县	777	683	29		30			35
鹤峰县	2231	1341	18	809				63
随州市小计	**85698**	**9279**	**1170**	**63616**	**4522**			**7111**
本级	69738	7209	1170	60596	10			753
区县级小计	15960	2070		3020	4512			6358
曾都区	5863			3020	1932			911
广水市	10097	2070			2580			5447
仙桃市	**19070**	**3485**	**1146**	**8377**	**4336**	**125**		**1601**
天门市	**14335**	**3532**	**1225**	**1252**	**8043**			**283**
潜江市	**21903**	**3394**	**61**	**12559**	**5668**			**221**
神农架林区	**2986**	**2510**	**17**	**98**				**361**

3－17－12

单位:万元

地区	平衡部分											
	收入						支出					年终结余
	收入合计	本年收入	上年结余	补助收入	省补助单列市收入	调入资金	支出合计	本年支出	上解支出	单列市上解省支出	调出资金	
武穴市	7631	3553		4078			7631	6931			700	
黄梅县	1478	761		717			1478	1478				
咸宁市小计	**146438**	**116918**	**3202**	**26318**			**145463**	**145463**				**975**
本级	110286	94798	3202	12286			110286	110286				
区县级小计	36152	22120		14032			35177	35177				975
咸安区	1971	698		1273			1081	1081				890
嘉鱼县	4405	907		3498			4397	4397				8
赤壁市	20072	14926		5146			20051	20051				21
通城县	1472	976		496			1451	1451				21
崇阳县	5180	3322		1858			5155	5155				25
通山县	3052	1291		1761			3042	3042				10
恩施自治州小计	**53807**	**25274**		**28533**			**53807**	**53807**				
本级	14142	749		13393			14142	14142				
区县级小计	39665	24525		15140			39665	39665				
恩施市	21993	19176		2817			21993	21993				
建始县	2574	946		1628			2574	2574				
巴东县	3342	116		3226			3342	3342				
利川市	3811	1432		2379			3811	3811				
宣恩县	1851	38		1813			1851	1851				
咸丰县	3086	1931		1155			3086	3086				
来凤县	777	19		758			777	777				
鹤峰县	2231	867		1364			2231	2231				
随州市小计	**85698**	**69199**		**16499**			**85698**	**85698**				
本级	69738	60766		8972			69738	69738				
区县级小计	15960	8433		7527			15960	15960				
曾都区	5863	3051		2812			5863	5863				
广水市	10097	5382		4715			10097	10097				
仙桃市	**19070**	**9311**		**9634**		**125**	**19070**	**19070**				
天门市	**14395**	**1443**	**60**	**12892**			**14335**	**14335**				**60**
潜江市	**21903**	**12654**		**9249**			**21903**	**21903**				
神农架林区	**3435**	**470**	**171**	**2794**			**2986**	**2986**				**449**

2007年湖南省地市县财政基金预算收支平衡表

3－18－1 单位:万元

地区	收支部分							
	收入							
	收入合计	养路费收入	公路客货运附加费收入	国有土地使用权出让金收入	新增建设用地土地有偿使用费收入	地方水利建设基金收入	城市公用事业附加收入	其他各项基金收入
地市县合计	**1161318**	**12469**	**1181**	**964733**	**1120**	**29128**	**32601**	**120086**
长沙市小计	**586000**	**3800**		**537861**		**7739**	**640**	**35960**
本级	492450	3800		455531		4523		28596
区县级小计	93550			82330		3216	640	7364
浏阳市	29403			25927		700	640	2136
宁乡县	16410			15000		500		910
长沙县	36512			31828		1200		3484
望城县	10542			9575		816		151
雨花区	202							202
芙蓉区	143							143
天心区	217							217
岳麓区	39							39
开福区	82							82
株洲市小计	**72045**			**41446**		**3034**	**13818**	**13747**
本级	49229			29765		2451	13232	3781
区县级小计	22816			11681		583	586	9966
株洲县	654					123	20	511
醴陵市	3433			1993		280	316	844
攸县	3870						250	3620
茶陵县	21							21
炎陵县	1581			207		107		1267
天元区	12911			9481		12		3418
芦淞区	152					20		132
荷塘区	123					23		100
石峰区	71					18		53
湘潭市小计	**39348**	**432**		**30600**		**1946**	**1969**	**4401**
本级	36419	432		29466		1572	1580	3369
区县级小计	2929			1134		374	389	1032
湘潭县	1431					241	389	801
湘乡市	382			334				48
韶山市	915			800		86		29
雨湖区	114					41		73
岳塘区	87					6		81
衡阳市小计	**106558**			**92937**		**1226**	**3753**	**8642**
本级	82245			73160			3305	5780
区县级小计	24313			19777		1226	448	2862
衡南县	3933			3760				173

3－18－2 单位:万元

地区	收支部分							
	支出							
	支出合计	养路费支出	公路客货运附加费支出	国有土地使用权出让金支出	新增建设用地土地有偿使用费支出	地方水利建设基金支出	城市公用事业附加支出	其他各项基金支出
地市县合计	**1269487**	**11907**	**1217**	**857500**	**28722**	**40238**	**28887**	**301016**
长沙市小计	**572367**	**4173**		**497621**	**11041**	**13559**	**300**	**45673**
本级	411533	3953		378109		9060		20411
区县级小计	160834	220		119512	11041	4499	300	25262
浏阳市	36922			28771	872	768	300	6211
宁乡县	25482	220		15000	2270	724		7268
长沙县	35485			22946	5063	1344		6132
望城县	13823			6815	2836	928		3244
雨花区	15789			15266		59		464
芙蓉区	14255			13700		241		314
天心区	7473			6957		50		466
岳麓区	3669			3000		191		478
开福区	7936			7057		194		685
株洲市小计	**55855**			**26681**	**32**	**2811**	**12793**	**13538**
本级	36301			19043		1705	11804	3749
区县级小计	19554			7638	32	1106	989	9789
株洲县	1599			12		143	21	1423
醴陵市	5172			2000	24	336	296	2516
攸县	3569			147		279	305	2838
茶陵县	606			55		15	42	494
炎陵县	2109			174	8	128	8	1791
天元区	5659			5242		120	73	224
芦淞区	156					33		123
荷塘区	475					34	233	208
石峰区	209			8		18	11	172
湘潭市小计	**55861**	**432**		**30680**	**8478**	**2811**	**313**	**13147**
本级	42871	432		29466	8387	823		3763
区县级小计	12990			1214	91	1988	313	9384
湘潭县	3429			130	3	800	313	2183
湘乡市	8157			334	38	948		6837
韶山市	1125			750	50	124		201
雨湖区	175					59		116
岳塘区	104					57		47
衡阳市小计	**100400**			**68411**	**1890**	**1491**	**3454**	**25154**
本级	60765			52049	1802	16	2920	3978
区县级小计	39635			16362	88	1475	534	21176
衡南县	8602			3587		19		4996

三、各省、自治区、直辖市地市县基金预算财政资料

3－18－3　　　　单位:万元

地区	平衡部分											
	收入						支出					年终结余
	收入合计	本年收入	上年结余	补助收入	省补助单列市收入	调入资金	支出合计	本年支出	上解支出	单列市上解省支出	调出资金	
地市县合计	**1708134**	**1161318**	**194433**	**342627**		**9756**	**1348326**	**1269487**	**14588**		**64251**	**359808**
长沙市小计	**696791**	**586000**	**47422**	**57369**		**6000**	**583043**	**572367**	**6176**		**4500**	**113748**
本级	504605	492450	34659	－28504		6000	420548	411533	4515		4500	84057
区县级小计	192186	93550	12763	85873			162495	160834	1661			29691
浏阳市	47299	29403	7625	10271			37016	36922	94			10283
宁乡县	25763	16410	78	9275			25701	25482	219			62
长沙县	47234	36512	963	9759			36288	35485	803			10946
望城县	21789	10542	3247	8000			14368	13823	545			7421
雨花区	16409	202	556	15651			15789	15789				620
芙蓉区	14255	143		14112			14255	14255				
天心区	7579	217	96	7266			7473	7473				106
岳麓区	3739	39	72	3628			3669	3669				70
开福区	8119	82	126	7911			7936	7936				183
株洲市小计	**94929**	**72045**	**10980**	**11832**		**72**	**74848**	**55855**	**2946**		**16047**	**20081**
本级	56438	49229	5972	1237			47691	36301	2872		8518	8747
区县级小计	38491	22816	5008	10595		72	27157	19554	74		7529	11334
株洲县	2561	654	399	1478		30	1629	1599	30			932
醴陵市	7867	3433	2202	2216		16	5188	5172	16			2679
攸县	5852	3870	484	1480		18	3587	3569	18			2265
茶陵县	1515	21	519	967		8	614	606	8			901
炎陵县	3026	1581	983	462			2113	2109	2		2	913
天元区	16699	12911	338	3450			13186	5659			7527	3513
芦淞区	287	152	69	66			156	156				131
荷塘区	475	123	3	349			475	475				
石峰区	209	71	11	127			209	209				
湘潭市小计	**62495**	**39348**	**2432**	**20050**		**665**	**60168**	**55861**	**909**		**3398**	**2327**
本级	47289	36419	1265	9605			45177	42871	749		1557	2112
区县级小计	15206	2929	1167	10445		665	14991	12990	160		1841	215
湘潭县	5366	1431	1029	2906			5366	3429	96		1841	
湘乡市	8181	382		7134		665	8181	8157	24			
韶山市	1233	915	35	283			1165	1125	40			68
雨湖区	190	114	26	50			175	175				15
岳塘区	236	87	77	72			104	104				132
衡阳市小计	**177029**	**106558**	**34732**	**35486**		**253**	**113330**	**100400**	**1566**		**11364**	**63699**
本级	123265	82245	26767	14253			71513	60765	1320		9428	51752
区县级小计	53764	24313	7965	21233		253	41817	39635	246		1936	11947
衡南县	11096	3933	1699	5424		40	8642	8602	40			2454

3－18－4

单位:万元

地区	收支部分							
	收入							
	收入合计	养路费收入	公路客货运附加费收入	国有土地使用权出让金收入	新增建设用地土地有偿使用费收入	地方水利建设基金收入	城市公用事业附加收入	其他各项基金收入
衡阳县	976					223		753
衡山县	15							15
衡东县	6298			5604		173	229	292
常宁市	9376			8317		213	219	627
祁东县	177					97		80
耒阳市	2151			1591		520		40
南岳区	616			505				111
珠晖区	38							38
雁峰区	20							20
石鼓区	698							698
蒸湘区	15							15
邵阳市小计	**39746**	**1317**		**26037**		**1568**	**1112**	**9712**
本级	12326	1317		7995		115	625	2274
区县级小计	27420			18042		1453	487	7438
双清区	105					70		35
大祥区	104					72		32
北塔区								
邵东县	7128			6148		293	215	472
新邵县	5955			5290		168	115	382
隆回县	262					201		61
洞口县	5880			3926		157		1797
新宁县	2282			366		148	137	1631
邵阳县	1494			25		16	20	1433
绥宁县	215			85				130
武冈市	3065			2001		321		743
城步苗族自治县	930			201		7		722
岳阳市小计	**25832**	**2657**		**14279**	**198**	**2578**	**2552**	**3568**
本级	18158	2657		10497	198	1531	2098	1177
区县级小计	7674			3782		1047	454	2391
汨罗市	354					273	56	25
平江县	471					185	110	176
湘阴县	788			519		237		32
临湘市	374					160	66	148
华容县	1615			1351			172	92
岳阳县	2056			1727		150	50	129
岳阳楼区	255			128				127
云溪区	1703					42		1661

3－18－5　　单位:万元

地区	收支部分							
	支出							
	支出合计	养路费支出	公路客货运附加费支出	国有土地使用权出让金支出	新增建设用地土地有偿使用费支出	地方水利建设基金支出	城市公用事业附加支出	其他各项基金支出
衡阳县	4242				30	249	38	3925
衡山县	915			39		8		868
衡东县	7163			3755	15	204	300	2889
常宁市	10565			8234		234	138	1959
祁东县	2244			55	35	160		1994
耒阳市	4387			537	3	593		3254
南岳区	322			75			58	189
珠晖区	811							811
雁峰区	78				5	8		65
石鼓区	130							130
蒸湘区	176			80				96
邵阳市小计	**47763**	**900**		**22814**		**1608**	**1196**	**21245**
本级	9354	900		6152		120	700	1482
区县级小计	38409			16662		1488	496	19763
双清区	303			93		64		146
大祥区	473			369		23		81
北塔区	2084			1957		49		78
邵东县	9190			5497		281	215	3197
新邵县	8715			4823		213	109	3570
隆回县	1858			158		299		1401
洞口县	3148			997		21		2130
新宁县	2937			590		191	152	2004
邵阳县	1606			25		15	20	1546
绥宁县	2254			38				2216
武冈市	3484			2021		316		1147
城步苗族自治县	2357			94		16		2247
岳阳市小计	**44493**	**2641**		**10263**	**1076**	**3807**	**2776**	**23930**
本级	18593	2641		8454	1066	1972	2244	2216
区县级小计	25900			1809	10	1835	532	21714
汨罗市	2985				10	385	56	2534
平江县	3232			135		241	62	2794
湘阴县	2895					242	95	2558
临湘市	1798					273	70	1455
华容县	2602			1314		45	170	1073
岳阳县	6006			260		400	19	5327
岳阳楼区	1389					145	60	1184
云溪区	2475					99		2376

3－18－6　　　　单位:万元

地区	平衡部分											
	收入						支出					
	收入合计	本年收入	上年结余	补助收入	省补助单列市收入	调入资金	支出合计	本年支出	上解支出	单列市上解省支出	调出资金	年终结余
衡阳县	4973	976	759	3238			4506	4242	14		250	467
衡山县	1843	15	334	1494			921	915	6			922
衡东县	11058	6298	1972	2788			7165	7163	2			3893
常宁市	11023	9376	160	1487			10648	10565	83			375
祁东县	2479	177	186	2017		99	2259	2244	15			220
耒阳市	7215	2151	1609	3455			6034	4387	77		1570	1181
南岳区	842	616	20	92		114	331	322	9			511
珠晖区	811	38	28	745			811	811				
雁峰区	114	20	13	81			78	78				36
石鼓区	1985	698	1169	118			130	130				1855
蒸湘区	325	15	16	294			292	176			116	33
邵阳市小计	**76763**	**39746**	**12893**	**24088**		**36**	**51873**	**47763**	**307**		**3803**	**24890**
本级	16750	12326	3194	1230			9841	9354	151		336	6909
区县级小计	60013	27420	9699	22858		36	42032	38409	156		3467	17981
双清区	421	105	49	267			343	303			40	78
大祥区	767	104	163	500			540	473			67	227
北塔区	2211		183	2028			2084	2084				127
邵东县	12257	7128	832	4297			10477	9190	87		1200	1780
新邵县	9690	5955	256	3479			8723	8715	8			967
隆回县	2720	262	649	1809			1873	1858	15			847
洞口县	11464	5880	4018	1566			3267	3148	9		110	8197
新宁县	5282	2282	1138	1862			2946	2937	9			2336
邵阳县	4720	1494	1421	1805			3471	1606	16		1849	1249
绥宁县	3144	215	281	2648			2255	2254	1			889
武冈市	3861	3065	4	792			3493	3484	9			368
城步苗族自治县	3476	930	705	1805		36	2560	2357	2		201	916
岳阳市小计	**62700**	**25832**	**8208**	**28327**		**333**	**45089**	**44493**	**596**			**17611**
本级	31525	18158	7070	5964		333	18995	18593	402			12530
区县级小计	31175	7674	1138	22363			26094	25900	194			5081
汨罗市	3030	354	24	2652			2986	2985	1			44
平江县	3313	471	86	2756			3233	3232	1			80
湘阴县	4476	788	380	3308			3051	2895	156			1425
临湘市	2592	374	246	1972			1809	1798	11			783
华容县	3006	1615	31	1360			2622	2602	20			384
岳阳县	7816	2056	60	5700			6008	6006	2			1808
岳阳楼区	1672	255	28	1389			1389	1389				283
云溪区	2650	1703	135	812			2478	2475	3			172

3－18－7 单位:万元

地区	收支部分							
	收入							
	收入合计	养路费收入	公路客货运附加费收入	国有土地使用权出让金收入	新增建设用地土地有偿使用费收入	地方水利建设基金收入	城市公用事业附加收入	其他各项基金收入
君山区	58			57				1
常德市小计	**20692**	**1**		**9420**	**921**	**2954**	**3263**	**4133**
本级	7458			4123		1110	2050	175
区县级小计	13234	1		5297	921	1844	1213	3958
津市市	415			23		225	30	137
安乡县	879			553		142		184
汉寿县	2482			1500		266	281	435
澧县	1539			448		422		669
临澧县	1391			604		228	333	226
桃源县	3104	1		849	1	436	161	1656
石门县	1624				920	125	196	383
武陵区	27							27
鼎城区	1773			1320			212	241
张家界市小计	**8894**			**4672**		**559**	**169**	**3494**
本级	2663			501		160		2002
区县级小计	6231			4171		399	169	1492
永定区	21							21
武陵源区	2276			1726		399	93	58
慈利县	3223			1783			76	1364
桑植县	711			662				49
益阳市小计	**117464**			**109297**		**1159**	**802**	**6206**
本级	100958			96128		650	603	3577
区县级小计	16506			13169		509	199	2629
沅江市	10239			9389		220	199	431
南县	1622			1488		62		72
桃江县	115							115
安化县	2915			993		149		1773
资阳区	1591			1299		78		214
赫山区	24							24
永州市小计	**21803**	**2599**		**5895**	**1**	**1190**	**957**	**11161**
本级	5256	2599				450	438	1769
区县级小计	16547			5895	1	740	519	9392
东安县	329							329
道县	972			500				472
宁远县	2430					140	78	2212
江永县	1747			1			32	1714
江华	1947							1947

3－18－8 单位:万元

地区	收支部分 支出 支出合计	养路费支出	公路客货运附加费支出	国有土地使用权出让金支出	新增建设用地土地有偿使用费支出	地方水利建设基金支出	城市公用事业附加支出	其他各项基金支出
君山区	2518			100		5		2413
常德市小计	**30745**			**6535**	**1433**	**5444**	**3314**	**14019**
本级	10817			1375	1383	2489	2181	3389
区县级小计	19928			5160	50	2955	1133	10630
津市市	765			20	12	255	30	448
安乡县	1012			457	3	229		323
汉寿县	2908			1426	11	427	196	848
澧县	3346			446		657		2243
临澧县	2077			386		440	337	914
桃源县	3410			286		449	165	2510
石门县	2952			776	24	189	195	1768
武陵区	121					37		84
鼎城区	3337			1363		272	210	1492
张家界市小计	**11571**			**4390**		**709**	**169**	**6303**
本级	1359			355		102		902
区县级小计	10212			4035		607	169	5401
永定区	882			206		78		598
武陵源区	1900			1220		412	93	175
慈利县	5269			1901		70	76	3222
桑植县	2161			708		47		1406
益阳市小计	**123350**			**105239**		**1320**	**802**	**15989**
本级	92344			87979		521	603	3241
区县级小计	31006			17260		799	199	12748
沅江市	12722			9397		220	199	2906
南县	2095			1759		100		236
桃江县	2124			13		53		2058
安化县	7314			945		131		6238
资阳区	3993			3272		174		547
赫山区	2758			1874		121		763
永州市小计	**44600**	**2613**		**7704**	**1309**	**1514**	**993**	**30467**
本级	6802	2613		417		522	550	2700
区县级小计	37798			7287	1309	992	443	27767
东安县	1457			421		13		1023
道县	7752			858	284	17		6593
宁远县	3818			413		175	58	3172
江永县	2417			132		42	32	2211
江华	3182				464	5		2713

3-18-9　　　　单位:万元

地区	平衡部分											
	收入						支出					年终结余
	收入合计	本年收入	上年结余	补助收入	省补助单列市收入	调入资金	支出合计	本年支出	上解支出	单列市上解省支出	调出资金	
君山区	2620	58	148	2414			2518	2518				102
常德市小计	**60871**	**20692**	**14546**	**23333**		**2300**	**32037**	**30745**	**252**		**1040**	**28834**
本级	29676	7458	8473	11445		2300	11137	10817	-500		820	18539
区县级小计	31195	13234	6073	11888			20900	19928	752		220	10295
津市市	965	415	197	353			768	765	3			197
安乡县	1287	879	179	229			1108	1012	96			179
汉寿县	4492	2482	543	1467			3071	2908	163			1421
澧县	4186	1539	173	2474			3403	3346	57			783
临澧县	3543	1391	718	1434			2388	2077	91		220	1155
桃源县	8384	3104	3114	2166			3517	3410	107			4867
石门县	3927	1624	364	1939			3096	2952	144			831
武陵区	127	27	6	94			121	121				6
鼎城区	4284	1773	779	1732			3428	3337	91			856
张家界市小计	**17081**	**8894**	**1726**	**6461**			**12961**	**11571**	**90**		**1300**	**4120**
本级	4161	2663	485	1013			2749	1359	90		1300	1412
区县级小计	12920	6231	1241	5448			10212	10212				2708
永定区	1290	21	410	859			882	882				408
武陵源区	2561	2276	26	259			1900	1900				661
慈利县	6612	3223	582	2807			5269	5269				1343
桑植县	2457	711	223	1523			2161	2161				296
益阳市小计	**154134**	**117464**	**19358**	**17302**		**10**	**131179**	**123350**	**163**		**7666**	**22955**
本级	117401	100958	16674	-231			100037	92344	27		7666	17364
区县级小计	36733	16506	2684	17533		10	31142	31006	136			5591
沅江市	13401	10239		3162			12756	12722	34			645
南县	2322	1622	531	169			2098	2095	3			224
桃江县	2193	115	66	2012			2127	2124	3			66
安化县	9530	2915	577	6028		10	7327	7314	13			2203
资阳区	6520	1591	1501	3428			4070	3993	77			2450
赫山区	2767	24	9	2734			2764	2758	6			3
永州市小计	**52663**	**21803**	**4524**	**26289**		**47**	**45121**	**44600**	**332**		**189**	**7542**
本级	10557	5256	2649	2652			7054	6802	252			3503
区县级小计	42106	16547	1875	23637		47	38067	37798	80		189	4039
东安县	1476	329		1130		17	1474	1457	17			2
道县	7790	972	10	6808			7755	7752	3			35
宁远县	5188	2430	813	1945			3831	3818	13			1357
江永县	2427	1747	1	670		9	2426	2417	9			1
江华	3202	1947		1235		20	3202	3182	20			

3－18－10　　　　单位：万元

地区	收支部分							
	收入							
	收入合计	养路费收入	公路客货运附加费收入	国有土地使用权出让金收入	新增建设用地土地有偿使用费收入	地方水利建设基金收入	城市公用事业附加收入	其他各项基金收入
蓝山县	9			5				4
新田县	408					52		356
双牌县	1988			497	1	82	104	1304
祁阳县	524							524
零陵区	6031			4892		316	305	518
冷水滩区	162					150		12
郴州市小计	**43305**		**1148**	**31888**		**2019**	**1323**	**6927**
本级	19766		1148	13923		670	1108	2917
区县级小计	23539			17965		1349	215	4010
北湖区	918					256		662
苏仙区	1525			379		180		966
资兴市	13323			12563		298	190	272
桂阳县	3723			3383		300		40
永兴县	1407					203		1204
宜章县	554			520				34
嘉禾县	844			674			25	145
临武县	17							17
汝城县	50			24				26
桂东县	54					13		41
安仁县	1124			422		99		603
娄底市小计	**33921**	**1663**	**33**	**22115**		**1840**	**1564**	**6706**
本级	22594	1663	33	16207		1111	1244	2336
区县级小计	11327			5908		729	320	4370
娄星区	357							357
双峰县	1246					299	235	712
涟源市	1218			1033				185
冷水江市	6757			4738				2019
新化县	1749			137		430	85	1097
怀化市小计	**13486**			**8454**		**781**	**514**	**3737**
本级	6390			6253				137
区县级小计	7096			2201		781	514	3600
沅陵县	2383			956		60		1367
辰溪县	304			140		152		12
溆浦县	1000			284		346	350	20
麻阳苗族自治县	586					82		504
新晃侗族自治县	506			500				6
芷江侗族自治县	1042					71	85	886

3－18－11

单位:万元

地　区	收支部分							
	支出							
	支出合计	养路费支出	公路客货运附加费支出	国有土地使用权出让金支出	新增建设用地土地有偿使用费支出	地方水利建设基金支出	城市公用事业附加支出	其他各项基金支出
蓝山县	1007			326		10		671
新田县	1650			230		76		1344
双牌县	5003			757	1	134	104	4007
祁阳县	3687			534		32		3121
零陵区	6705			3616	560	307	249	1973
冷水滩区	1120					181		939
郴州市小计	**53214**		**1148**	**26544**	**213**	**1644**	**744**	**22921**
本级	11379		1148	6536		234	529	2932
区县级小计	41835			20008	213	1410	215	19989
北湖区	1457			100		249		1108
苏仙区	2698			1049		109		1540
资兴市	19799			12859		298	190	6452
桂阳县	6347			3577		248		2522
永兴县	3390			318	167	237		2668
宜章县	841			438				403
嘉禾县	1561			425		17	25	1094
临武县	657			99		19		539
汝城县	2525			326		16		2183
桂东县	292					118		174
安仁县	2268			817	46	99		1306
娄底市小计	**53191**	**1148**	**69**	**20234**	**10**	**1733**	**1444**	**28553**
本级	19328	1148	69	13946	10	696	1093	2366
区县级小计	33863			6288		1037	351	26187
娄星区	1676			1133		36		507
双峰县	3238			10		498	266	2464
涟源市	2599					110		2489
冷水江市	5652			4289		47		1316
新化县	20698			856		346	85	19411
怀化市小计	**29605**			**2323**	**1927**	**931**	**424**	**24000**
本级	3064			963	499	77		1525
区县级小计	26541			1360	1428	854	424	22475
沅陵县	11433			797		73		10563
辰溪县	813			112	10	121		570
溆浦县	2165			11	293	302	241	1318
麻阳苗族自治县	1555				20	83		1452
新晃侗族自治县	783			215		21		547
芷江侗族自治县	2956				358	95	85	2418

3－18－12 单位:万元

地区	平衡部分											
	收入						支出					年终结余
	收入合计	本年收入	上年结余	补助收入	省补助单列市收入	调入资金	支出合计	本年支出	上解支出	单列市上解省支出	调出资金	
蓝山县	1012	9		1003			1010	1007	3			2
新田县	1651	408		1242		1	1651	1650	1			
双牌县	5196	1988	4	3204			5193	5003	1		189	3
祁阳县	3692	524	5	3163			3687	3687				5
零陵区	9319	6031	1021	2267			6718	6705	13			2601
冷水滩区	1153	162	21	970			1120	1120				33
郴州市小计	**80175**	**43305**	**11435**	**25404**		**31**	**67373**	**53214**	**459**		**13700**	**12802**
本级	29880	19766	7076	3038			24162	11379	－717		13500	5718
区县级小计	50295	23539	4359	22366		31	43211	41835	1176		200	7084
北湖区	2625	918	558	1149			1707	1457	50		200	918
苏仙区	3324	1525	590	1209			2739	2698	41			585
资兴市	20210	13323	40	6847			19942	19799	143			268
桂阳县	8390	3723	1174	3493			6625	6347	278			1765
永兴县	3858	1407	468	1983			3550	3390	160			308
宜章县	1888	554	149	1185			1038	841	197			850
嘉禾县	2600	844	133	1623			1597	1561	36			1003
临武县	691	17	4	639		31	687	657	30			4
汝城县	2763	50	198	2515			2654	2525	129			109
桂东县	786	54	211	521			363	292	71			423
安仁县	3160	1124	834	1202			2309	2268	41			851
娄底市小计	**70169**	**33921**	**9316**	**26932**			**54344**	**53191**	**265**		**888**	**15825**
本级	27274	22594	4867	－187			20366	19328	150		888	6908
区县级小计	42895	11327	4449	27119			33978	33863	115			8917
娄星区	3171	357	272	2542			1676	1676				1495
双峰县	4373	1246	828	2299			3251	3238	13			1122
涟源市	4697	1218	633	2846			2602	2599	3			2095
冷水江市	9122	6757	1460	905			5748	5652	96			3374
新化县	21532	1749	1256	18527			20701	20698	3			831
怀化市小计	**46669**	**13486**	**11783**	**21391**		**9**	**30446**	**29605**	**487**		**354**	**16223**
本级	17167	6390	9791	986			2971	3064	－93			14196
区县级小计	29502	7096	1992	20405		9	27475	26541	580		354	2027
沅陵县	11672	2383	42	9247			11636	11433	203			36
辰溪县	1211	304	318	589			844	813	31			367
溆浦县	3297	1000	450	1847			2251	2165	86			1046
麻阳苗族自治县	1619	586	49	977		7	1562	1555	7			57
新晃侗族自治县	1502	506	314	682			1185	783	102		300	317
芷江侗族自治县	3074	1042	583	1449			2963	2956	7			111

三、各省、自治区、直辖市地市县基金预算财政资料

3－18－13

单位:万元

地区	收支部分							
	收入							
	收入合计	养路费收入	公路客货运附加费收入	国有土地使用权出让金收入	新增建设用地土地有偿使用费收入	地方水利建设基金收入	城市公用事业附加收入	其他各项基金收入
鹤城区								
中方县	725							725
洪江市	345			137		70	79	59
会同县	45			40				5
靖州自治县	83			75				8
通道侗族自治县	77			69				8
湘西自治州小计	**32224**			**29832**		**535**	**165**	**1692**
本级	4051			3303				748
区县级小计	28173			26529		535	165	944
吉首市	23213			22602		110		501
泸溪县	123			15			90	18
凤凰县	2139			1884		161	75	19
花垣县	120			79				41
保靖县	248			112		80		56
古丈县	242			25		11		206
永顺县	50			36				14
龙山县	2038			1776		173		89

3－18－14 单位:万元

地区	收支部分							
	支出							
	支出合计	养路费支出	公路客货运附加费支出	国有土地使用权出让金支出	新增建设用地土地有偿使用费支出	地方水利建设基金支出	城市公用事业附加支出	其他各项基金支出
鹤城区	291					10		281
中方县	1680				266	13	10	1391
洪江市	2439			130	248	78	88	1895
会同县	866			32	63	30		741
靖州自治县	1225			60	170	8		987
通道侗族自治县	335			3		20		312
湘西自治州小计	**46472**			**28061**	**1313**	**856**	**165**	**16077**
本级	4644			2582	911	127		1024
区县级小计	41828			25479	402	729	165	15053
吉首市	23336			22285		118		933
泸溪县	3173				149	15	90	2919
凤凰县	2752			1536	18	219	75	904
花垣县	1128			25		15		1088
保靖县	3236				200	110		2926
古丈县	2244			24		66		2154
永顺县	2144				17	4		2123
龙山县	3815			1609	18	182		2006

3-18-15

单位:万元

地区	平衡部分											
	收入						支出					年终结余
	收入合计	本年收入	上年结余	补助收入	省补助单列市收入	调入资金	支出合计	本年支出	上解支出	单列市上解省支出	调出资金	
鹤城区	333		7	326			291	291				42
中方县	1759	725	98	936			1725	1680	45			34
洪江市	2503	345	63	2095			2492	2439	53			11
会同县	876	45		829		2	876	866	10			
靖州自治县	1244	83	4	1157			1241	1225	16			3
通道侗族自治县	412	77	64	271			409	335	20		54	3
湘西自治州小计	**55665**	**32224**	**5078**	**18363**			**46514**	**46472**	**40**		**2**	**9151**
本级	7938	4051	1763	2124			4659	4644	13		2	3279
区县级小计	47727	28173	3315	16239			41855	41828	27			5872
吉首市	26289	23213	1718	1358			23336	23336				2953
泸溪县	3192	123	2	3067			3176	3173	3			16
凤凰县	3780	2139	425	1216			2762	2752	10			1018
花垣县	1571	120	266	1185			1134	1128	6			437
保靖县	3453	248	249	2956			3239	3236	3			214
古丈县	2727	242	329	2156			2245	2244	1			482
永顺县	2434	50	253	2131			2145	2144	1			289
龙山县	4281	2038	73	2170			3818	3815	3			463

2007 年广东省地市县财政基金预算收支平衡表

3－19－1 单位:万元

地　　区	收支部分 收入 收　入 合　计	养路费 收　入	公路客货 运附加费 收　　入	国有土地 使用权出 让金收入	新增建设用 地土地有偿 使用费收入	地方水利 建设基金 收　　入	城市公用 事业附加 收　　入	其他各项 基金收入
地市县合计	**9651122**	**78966**		**8642450**	**－1152**	**298336**	**192527**	**439995**
广州市小计	**3152063**	**6512**		**2682053**		**220489**	**50499**	**192510**
本级	2426112	6512		2016401		206126	35296	161777
区县级小计	725951			665652		14363	15203	30733
越秀区	3435							3435
海珠区	873							873
荔湾区	608							608
天河区	2725							2725
白云区	1083					42		1041
黄埔区	443							443
花都区	895							895
番禺区	10184						8040	2144
南沙区	144741			142555			1575	611
萝岗区	302756			295883				6873
从化市	86355			74436		3778	1351	6790
增城市	171853			152778		10543	4237	4295
深圳市小计	**2141010**			**2082352**		**43814**		**14844**
本级	2117100			2058442		43814		14844
区县级小计	23910			23910				
福田区								
罗湖区								
盐田区								
南山区								
宝安区	23910			23910				
龙岗区								
珠海市小计	**384572**	**305**		**362916**		**14782**		**6569**
本级	342490	305		326162		11605		4418
区县级小计	42082			36754		3177		2151
香洲区	12634			12132				502
金湾区	8872			7321		1491		60
斗门区	20576			17301		1686		1589
汕头市小计	**25723**	**4609**		**15872**		**667**	**2723**	**1852**
本级	19846	3117		15000		667		1062
区县级小计	5877	1492		872			2723	790
金平区								
龙湖区								
澄海区	3945	685		10			2723	527

三、各省、自治区、直辖市地市县基金预算财政资料

3－19－2

单位:万元

地区	收支部分							
	支出							
	支出合计	养路费支出	公路客货运附加费支出	国有土地使用权出让金支出	新增建设用地土地有偿使用费支出	地方水利建设基金支出	城市公用事业附加支出	其他各项基金支出
地市县合计	**7717377**	**468243**		**6382256**	**84624**	**262482**	**167503**	**352269**
广州市小计	**2263202**	**82067**		**1903127**	**−785**	**170895**	**45129**	**62769**
本级	1291677	68162		1131718		44189	22113	25495
区县级小计	971525	13905		771409	−785	126706	23016	37274
越秀区	4318			18		1414		2886
海珠区	10310			457		7551		2302
荔湾区	20444			5115	40	14229	16	1044
天河区	55446	223		50481		2183	343	2216
白云区	58527	1209		31895		21525	492	3406
黄埔区	3943			124		3405		414
花都区	48561	3498		33220		10329		1514
番禺区	98617	3187		54833	−2218	26376	13815	2624
南沙区	144978	278		131432		10225	3	3040
萝岗区	301632			295954		4610	62	1006
从化市	86082	2596		66773		10621	494	5598
增城市	138667	2914		101107	1393	14238	7791	11224
深圳市小计	**1988478**	**48913**		**1903130**		**18559**		**17876**
本级	1569088	48913		1484198		18559		17418
区县级小计	419390			418932				458
福田区	4							4
罗湖区	3425			3424				1
盐田区	7							7
南山区	1544			1428				116
宝安区	267875			267545				330
龙岗区	146535			146535				
珠海市小计	**107968**	**7833**		**86345**		**11770**		**2020**
本级	72937	7833		56764		7464		876
区县级小计	35031			29581		4306		1144
香洲区	12783			12134		82		567
金湾区	9180			7321		1748		111
斗门区	13068			10126		2476		466
汕头市小计	**32203**	**12144**		**8317**	**80**	**3980**	**2723**	**4959**
本级	18554	8851		7023		14		2666
区县级小计	13649	3293		1294	80	3966	2723	2293
金平区	115			65				50
龙湖区	823			199		585		39
澄海区	4463	1129		10			2723	601

3－19－3 单位:万元

地区	平衡部分											年终结余
	收入						支出					
	收入合计	本年收入	上年结余	补助收入	省补助单列市收入	调入资金	支出合计	本年支出	上解支出	单列市上解省支出	调出资金	
地市县合计	**11759663**	**9651122**	**1319739**	**546693**	**51016**	**191093**	**7788821**	**7717377**			**71444**	**3970842**
广州市小计	**3928729**	**3152063**	**534892**	**70718**		**171056**	**2263202**	**2263202**				**1665527**
本级	1932995	2426112	234209	－79413		12087	1291677	1291677				641318
区县级小计	1995734	725951	300683	810131		158969	971525	971525				1024209
越秀区	49504	3435	16262	4044		25763	4318	4318				45186
海珠区	27524	873	15885	6724		4042	10310	10310				17214
荔湾区	29928	608	8081	11885		9354	20444	20444				9484
天河区	244761	2725	19085	214332		8619	55446	55446				189315
白云区	159644	1083	21904	79282		57375	58527	58527				101117
黄埔区	19306	443	12268	4835		1760	3943	3943				15363
花都区	225632	895	14704	195830		14203	48561	48561				177071
番禺区	313677	10184	36733	231679		35081	98617	98617				215060
南沙区	191211	144741	32294	13387		789	144978	144978				46233
萝岗区	370732	302756	57906	8087		1983	301632	301632				69100
从化市	117697	86355	14670	16672			86082	86082				31615
增城市	246118	171853	50891	23374			138667	138667				107451
深圳市小计	**2290285**	**2141010**	**89851**	**8408**	**51016**		**1988478**	**1988478**				**301807**
本级	1735698	2117100	87099	－519517	51016		1569088	1569088				166610
区县级小计	554587	23910	2752	527925			419390	419390				135197
福田区	178		174	4			4	4				174
罗湖区	3805		380	3425			3425	3425				380
盐田区	132276			132276			7	7				132269
南山区	2077		533	1544			1544	1544				533
宝安区	268214	23910	339	243965			267875	267875				339
龙岗区	148037		1326	146711			146535	146535				1502
珠海市小计	**399415**	**384572**	**5198**	**9180**		**465**	**107968**	**107968**				**291447**
本级	353430	342490	2909	7570		461	72937	72937				280493
区县级小计	45985	42082	2289	1610		4	35031	35031				10954
香洲区	12788	12634	5	149			12783	12783				5
金湾区	9180	8872		308			9180	9180				
斗门区	24017	20576	2284	1153		4	13068	13068				10949
汕头市小计	**50991**	**25723**	**11095**	**14173**			**32370**	**32203**			**167**	**18621**
本级	35972	19846	9891	6235			18554	18554				17418
区县级小计	15019	5877	1204	7938			13816	13649			167	1203
金平区	115			115			115	115				
龙湖区	823			823			823	823				
澄海区	4463	3945		518			4463	4463				

3－19－4

单位:万元

地区	收支部分							
	收入							
	收入合计	养路费收入	公路客货运附加费收入	国有土地使用权出让金收入	新增建设用地土地有偿使用费收入	地方水利建设基金收入	城市公用事业附加收入	其他各项基金收入
濠江区								
朝阳区	479	424						55
潮南区	1035	361		495				179
南澳县	418	22		367				29
佛山市小计	**1604653**	**16714**		**1500324**		**2926**	**44048**	**40641**
本级	395254	16714		370387		2790		5363
区县级小计	1209399			1129937		136	44048	35278
禅城区	65532			52915		136	9566	2915
南海区	606021			576342			16169	13510
顺德区	423524			402616			11625	9283
高明区	14033			10078			2526	1429
三水区	100289			87986			4162	8141
韶关市小计	**32218**	**1617**		**21501**		**320**	**2609**	**6171**
本级	20553	1617		11799		320	2609	4208
区县级小计	11665			9702				1963
浈江区								
武江区								
曲江区	4213			4111				102
乐昌市	1814			189				1625
南雄市	2937			2923				14
仁化县	9							9
始兴县	21			14				7
翁源县	1645			1638				7
新丰县	240			213				27
乳源瑶族自治县	786			614				172
河源市小计	**3804**	**799**		**357**		**1186**		**1462**
本级	2408	743				1157		508
区县级小计	1396	56		357		29		954
源城区	60					29		31
东源县	3							3
和平县	301			299				2
龙川县	90			58				32
紫金县	923	56						867
连平县	19							19
梅州市小计	**18328**			**17750**	**98**	**28**		**452**
本级	12271			12046	98			127
区县级小计	6057			5704		28		325

3－19－5 单位:万元

地区	收支部分：支出							
	支出合计	养路费支出	公路客货运附加费支出	国有土地使用权出让金支出	新增建设用地土地有偿使用费支出	地方水利建设基金支出	城市公用事业附加支出	其他各项基金支出
濠江区	622				80	515		27
朝阳区	3252	842		105		2205		100
潮南区	3501	1000		495		661		1345
南澳县	873	322		420				131
佛山市小计	**1292330**	**48309**		**1144378**	**5202**	**9858**	**42372**	**42211**
本级	415080	34408		372082	235	1902		6453
区县级小计	877250	13901		772296	4967	7956	42372	35758
禅城区	88437	1691		75174		1473	9104	995
南海区	318320	4511		268148	4737	6253	17989	16682
顺德区	377104	5664		352240	50		11246	7904
高明区	7205	423		3385	180		2090	1127
三水区	86184	1612		73349		230	1943	9050
韶关市小计	**39022**	**20096**		**9592**	**130**	**1715**	**33**	**7456**
本级	22352	19738		1423		20		1171
区县级小计	16670	358		8169	130	1695	33	6285
浈江区	164			64		28		72
武江区	276			148		7		121
曲江区	5977	65		4211	130	919		652
乐昌市	1672	76		66		47	33	1450
南雄市	2091	31		1202		10		848
仁化县	1240	34		131		47		1028
始兴县	307	13		51		133		110
翁源县	1921	35		1514		28		344
新丰县	921	31		102		430		358
乳源瑶族自治县	2101	73		680		46		1302
河源市小计	**36824**	**14512**		**605**	**2058**	**1009**	**10**	**18630**
本级	12098	11119				169	10	800
区县级小计	24726	3393		605	2058	840		17830
源城区	6384	225			50	57		6052
东源县	9146	371			1208	40		7527
和平县	1658	668		400	300	115		175
龙川县	3371	441		14	360	387		2169
紫金县	2557	1172			140	100		1145
连平县	1610	516		191		141		762
梅州市小计	**52063**	**14556**		**14565**	**2242**	**8960**		**11740**
本级	27808	14259		11167	60	1020		1302
区县级小计	24255	297		3398	2182	7940		10438

三、各省、自治区、直辖市地市县基金预算财政资料

3－19－6

单位：万元

地区	平衡部分：收入：收入合计	收入：本年收入	收入：上年结余	收入：补助收入	收入：省补助单列市收入	收入：调入资金	支出：支出合计	支出：本年支出	支出：上解支出	支出：单列市上解省支出	支出：调出资金	年终结余
濠江区	622			622			622	622				
朝阳区	4300	479	882	2939			3419	3252			167	881
潮南区	3501	1035		2466			3501	3501				
南澳县	1195	418	322	455			873	873				322
佛山市小计	**1922110**	**1604653**	**271923**	**34326**		**11208**	**1292330**	**1292330**				**629780**
本级	514248	395254	150434	－33845		2405	273184	415080	－141896			241064
区县级小计	1407862	1209399	121489	68171		8803	1019146	877250	141896			388716
禅城区	132131	65532	13304	52136		1159	113833	88437	25396			18298
南海区	669893	606021	51551	5829		6492	368320	318320	50000			301573
顺德区	465324	423524	35346	6454			427104	377104	50000			38220
高明区	16131	14033	343	1755			12205	7205	5000			3926
三水区	124383	100289	20945	1997		1152	97684	86184	11500			26699
韶关市小计	**68723**	**32218**	**10916**	**25589**			**39022**	**39022**				**29701**
本级	45762	20553	9047	16162			22352	22352				23410
区县级小计	22961	11665	1869	9427			16670	16670				6291
浈江区	961		52	909			164	164				797
武江区	830		309	521			276	276				554
曲江区	5977	4213		1764			5977	5977				
乐昌市	2817	1814	191	812			1672	1672				1145
南雄市	3950	2937	2	1011			2091	2091				1859
仁化县	1240	9		1231			1240	1240				
始兴县	307	21		286			307	307				
翁源县	2432	1645	290	497			1921	1921				511
新丰县	1409	240	258	911			921	921				488
乳源瑶族自治县	3038	786	767	1485			2101	2101				937
河源市小计	**56647**	**3804**	**18834**	**33759**		**250**	**37725**	**36824**			**901**	**18922**
本级	23566	2408	15911	4997		250	12999	12098			901	10567
区县级小计	33081	1396	2923	28762			24726	24726				8355
源城区	6384	60		6324			6384	6384				
东源县	12610	3	156	12451			9146	9146				3464
和平县	2121	301	210	1610			1658	1658				463
龙川县	3587	90	140	3357			3371	3371				216
紫金县	5780	923	1450	3407			2557	2557				3223
连平县	2599	19	967	1613			1610	1610				989
梅州市小计	**62570**	**18328**	**6745**	**37497**			**54300**	**52063**			**2237**	**8270**
本级	33723	12271	5041	16411			27808	27808				5915
区县级小计	28847	6057	1704	21086			26492	24255			2237	2355

3 - 19 - 7

单位:万元

地区	收支部分							
	收入							
	收入合计	养路费收入	公路客货运附加费收入	国有土地使用权出让金收入	新增建设用地土地有偿使用费收入	地方水利建设基金收入	城市公用事业附加收入	其他各项基金收入
梅江区	60							60
兴宁市	1064			1048				16
梅县	2733			2714				19
平远县	242			238				4
蕉岭县	32			23				9
大埔县	794			676		28		90
丰顺县	239			120				119
五华县	893			885				8
惠州市小计	**877156**	**5021**		**814653**		**3374**	**3629**	**50479**
本级	765346	5021		716834		148	3079	40264
区县级小计	111810			97819		3226	550	10215
惠城区	3061					3000		61
惠阳区	38148			35821				2327
惠东县	57544			50060		218		7266
博罗县	11875			10923			550	402
龙门县	1182			1015		8		159
汕尾市小计	**23731**			**23224**		**129**		**378**
本级	19265			19231		11		23
区县级小计	4466			3993		118		355
城区	22							22
陆丰市	47					27		20
海丰县	4003			3683		55		265
陆河县	394			310		36		48
东莞市小计	**618856**	**3994**		**493408**		**2521**	**57636**	**61297**
本级	618856	3994		493408		2521	57636	61297
中山市小计	**116807**			**86708**	**-1591**	**3743**	**16197**	**11750**
本级	116807			86708	-1591	3743	16197	11750
江门市小计	**251508**	**11053**		**213969**		**525**	**5853**	**20108**
本级	120002	4683		110353		265	2552	2149
区县级小计	131506	6370		103616		260	3301	17959
蓬江区	40					40		
江海区								
新会区	42031	2694		36516		130	1335	1356
台山市	24848	1566		6941			1775	14566
开平市	8201			6995			71	1135
鹤山市	41739	1048		40126		37	120	408
恩平市	14647	1062		13038		53		494

3－19－8　　单位:万元

地区	收支部分							
	支出							
	支出合计	养路费支出	公路客货运附加费支出	国有土地使用权出让金支出	新增建设用地土地有偿使用费支出	地方水利建设基金支出	城市公用事业附加支出	其他各项基金支出
梅江区	480			150		220		110
兴宁市	10061	66		1048	240	5598		3109
梅县	4225			220				4005
平远县	860	42		397		150		271
蕉岭县	526	39			202			285
大埔县	3058	36		676	540	607		1199
丰顺县	2516	45		120	850	1020		481
五华县	2529	69		787	350	345		978
惠州市小计	**748113**	**23632**		**660418**	**1594**	**5027**	**5131**	**52311**
本级	625339	23063		563360	125	557	2398	35836
区县级小计	122774	569		97058	1469	4470	2733	16475
惠城区	30330	26		20885	1414	3192	2061	2752
惠阳区	38964	151		35631	55	186		2941
惠东县	37551	130		31497		458		5466
博罗县	13002	229		8049		417	672	3635
龙门县	2927	33		996		217		1681
汕尾市小计	**30933**	**6098**		**21738**	**826**	**673**		**1598**
本级	22172	4551		17126		96		399
区县级小计	8761	1547		4612	826	577		1199
城区	357					199		158
陆丰市	783	98			310	165		210
海丰县	5036	43		4318		144		531
陆河县	2585	1406		294	516	69		300
东莞市小计	**350619**	**25863**		**176359**	**51148**	**473**	**48480**	**48296**
本级	350619	25863		176359	51148	473	48480	48296
中山市小计	**122242**	**8005**		**83522**	**7704**	**5834**	**14288**	**2889**
本级	122242	8005		83522	7704	5834	14288	2889
江门市小计	**209219**	**34970**		**157427**	**2661**	**481**	**4792**	**8888**
本级	125527	27961		95067		100	1494	905
区县级小计	83692	7009		62360	2661	381	3298	7983
蓬江区	2439				2064	61		314
江海区	77							77
新会区	35045	2952		29798	421		1311	563
台山市	9747	1631		2385		200	1775	3756
开平市	6097	68		3802	176		71	1980
鹤山市	22171	1213		19989		100	141	728
恩平市	8116	1145		6386		20		565

3-19-9 单位:万元

地区	平衡部分											
	收入						支出					年终结余
	收入合计	本年收入	上年结余	补助收入	省补助单列市收入	调入资金	支出合计	本年支出	上解支出	单列市上解省支出	调出资金	
梅江区	480	60		420			480	480				
兴宁市	10067	1064	6	8997			10061	10061				6
梅县	8000	2733	1000	4267			6462	4225			2237	1538
平远县	992	242	37	713			860	860				132
蕉岭县	591	32	41	518			526	526				65
大埔县	3058	794	112	2152			3058	3058				
丰顺县	2516	239		2277			2516	2516				
五华县	3143	893	508	1742			2529	2529				614
惠州市小计	**955582**	**877156**	**40404**	**36476**		**1546**	**748113**	**748113**				**207469**
本级	792589	765346	30495	-4798		1546	625339	625339				167250
区县级小计	162993	111810	9909	41274			122774	122774				40219
惠城区	30786	3061	181	27544			30330	30330				456
惠阳区	41123	38148	1238	1737			38964	38964				2159
惠东县	64395	57544	2265	4586			37551	37551				26844
博罗县	19542	11875	2680	4987			13002	13002				6540
龙门县	7147	1182	3545	2420			2927	2927				4220
汕尾市小计	**54704**	**23731**	**14054**	**16919**			**30933**	**30933**				**23771**
本级	31753	19265	3763	8725			22172	22172				9581
区县级小计	22951	4466	10291	8194			8761	8761				14190
城区	2986	22	2735	229			357	357				2629
陆丰市	5769	47	765	4957			783	783				4986
海丰县	9997	4003	4427	1567			5036	5036				4961
陆河县	4199	394	2364	1441			2585	2585				1614
东莞市小计	**762101**	**618856**	**118211**	**25034**			**350619**	**350619**				**411482**
本级	762101	618856	118211	25034			350619	350619				411482
中山市小计	**203456**	**116807**	**74666**	**11983**			**122242**	**122242**				**81214**
本级	203456	116807	74666	11983			122242	122242				81214
江门市小计	**322754**	**251508**	**34235**	**31181**		**5830**	**215049**	**209219**			**5830**	**107705**
本级	166780	120002	18176	24602		4000	129527	125527			4000	37253
区县级小计	155974	131506	16059	6579		1830	85522	83692			1830	70452
蓬江区	3199	40	2624	535			2439	2439				760
江海区	103		25	78			77	77				26
新会区	49091	42031	6410	650			35045	35045				14046
台山市	27267	24848	1146	1273			9747	9747				17520
开平市	12065	8201	799	1735		1330	7427	6097			1330	4638
鹤山市	43403	41739	1159	505			22171	22171				21232
恩平市	20846	14647	3896	1803		500	8616	8116			500	12230

3－19－10　　　　单位:万元

地　　区	收支部分							
	收入							
	收　入合　计	养路费收　入	公路客货运附加费收　入	国有土地使用权出让金收入	新增建设用地土地有偿使用费收入	地方水利建设基金收　入	城市公用事业附加收　入	其他各项基金收入
阳江市小计	**31391**	**5936**		**21223**		**379**	**1682**	**2171**
本级	18726	5936		9252		364	1682	1492
区县级小计	12665			11971		15		679
江城区	1120			1012				108
阳春市	822			568		15		239
阳东县	7842			7685				157
阳西县	2881			2706				175
湛江市小计	**140796**	**5406**		**123948**		**710**	**4518**	**6214**
本级	130644	5406		115096		710	4350	5082
区县级小计	10152			8852			168	1132
赤坎区	21							21
霞山区	68							68
麻章区	1							1
坡头区	65							65
雷州市	387							387
廉江市	258			252				6
吴川市	8162			7965				197
遂溪县	768			500				268
徐闻县	422			135			168	119
茂名市小计	**16517**	**6228**		**7898**	**140**	**158**		**2093**
本级	11228	6228		3731		158		1111
区县级小计	5289			4167	140			982
茂南区	2038			1942				96
茂港区	198			49				149
信宜市	563			327	140			96
高州市	705			691				14
化州市	199							199
电白县	1586			1158				428
肇庆市小计	**103271**	**2443**		**91533**		**98**	**1863**	**7334**
本级	13237	72		10626				2539
区县级小计	90034	2371		80907		98	1863	4795
端州区	298			167				131
鼎湖区	11370			10852				518
四会市	39371			37686			1655	30
高要市	29316	1474		26541				1301
广宁县	3296	413		1886		60		937
德庆县	2199			1952				247

3－19－11　　　　　　　　　　　　　　　　　　　　　　　　　　单位:万元

地区	收支部分							
	支出							
	支出合计	养路费支出	公路客货运附加费支出	国有土地使用权出让金支出	新增建设用地土地有偿使用费支出	地方水利建设基金支出	城市公用事业附加支出	其他各项基金支出
阳江市小计	**45224**	**14022**		**20998**	**1316**	**1103**	**1145**	**6640**
本级	26544	13917		8264	851	234	1145	2133
区县级小计	18680	105		12734	465	869		4507
江城区	2035			1276	80	56		623
阳春市	3268	45		1037	192	115		1879
阳东县	9648	39		7681	98	660		1170
阳西县	3729	21		2740	95	38		835
湛江市小计	**81632**	**20839**		**32968**	**1882**	**7654**	**299**	**17990**
本级	44069	19243		18545		1407	20	4854
区县级小计	37563	1596		14423	1882	6247	279	13136
赤坎区	651			560		4		87
霞山区	6758			6216	50	319		173
麻章区	608			30	90	62		426
坡头区	2026	148		100	95	1138		545
雷州市	2314	180		96		250		1788
廉江市	11262	315				4207		6740
吴川市	7402	470		6445		160		327
遂溪县	3788	366		500	589	59		2274
徐闻县	2754	117		476	1058	48	279	776
茂名市小计	**47385**	**19026**		**11720**	**1291**	**6495**		**8853**
本级	27908	18649		8109		850		300
区县级小计	19477	377		3611	1291	5645		8553
茂南区	1392			1194		61		137
茂港区	264			9	60	83		112
信宜市	2398	62		467	270	333		1266
高州市	6342	137		943		532		4730
化州市	7599	72			961	4280		2286
电白县	1482	106		998		356		22
肇庆市小计	**112702**	**16256**		**81193**	**411**	**3195**	**1722**	**9925**
本级	25186	13708		7248		2723		1507
区县级小计	87516	2548		73945	411	472	1722	8418
端州区	776			168				608
鼎湖区	3055			2614		7		434
四会市	40285	44		37829		32	1655	725
高要市	30785	1474		26980				2331
广宁县	3970	443		1886	167	243		1231
德庆县	3257	25		2132		130		970

3－19－12

单位:万元

地区	平衡部分											
	收入						支出					年终结余
	收入合计	本年收入	上年结余	补助收入	省补助单列市收入	调入资金	支出合计	本年支出	上解支出	单列市上解省支出	调出资金	
阳江市小计	**47388**	**31391**	**1114**	**14883**			**45224**	**45224**				**2164**
本级	27600	18726	433	8441			26544	26544				1056
区县级小计	19788	12665	681	6442			18680	18680				1108
江城区	2049	1120	50	879			2035	2035				14
阳春市	3268	822		2446			3268	3268				
阳东县	10547	7842	631	2074			9648	9648				899
阳西县	3924	2881		1043			3729	3729				195
湛江市小计	**240183**	**140796**	**48827**	**50560**			**143900**	**81632**			**62268**	**96283**
本级	181822	130644	35690	15488			106337	44069			62268	75485
区县级小计	58361	10152	13137	35072			37563	37563				20798
赤坎区	813	21	74	718			651	651				162
霞山区	7592	68	800	6724			6758	6758				834
麻章区	613	1	4	608			608	608				5
坡头区	2108	65	67	1976			2026	2026				82
雷州市	8978	387	2165	6426			2314	2314				6664
廉江市	11942	258	428	11256			11262	11262				680
吴川市	16155	8162	6466	1527			7402	7402				8753
遂溪县	3788	768		3020			3788	3788				
徐闻县	6372	422	3133	2817			2754	2754				3618
茂名市小计	**55925**	**16517**	**7279**	**32129**			**47385**	**47385**				**8540**
本级	29575	11228	4930	13417			27908	27908				1667
区县级小计	26350	5289	2349	18712			19477	19477				6873
茂南区	2954	2038	574	342			1392	1392				1562
茂港区	389	198		191			264	264				125
信宜市	2398	563	1	1834			2398	2398				
高州市	6483	705	302	5476			6342	6342				141
化州市	8163	199	565	7399			7599	7599				564
电白县	5963	1586	907	3470			1482	1482				4481
肇庆市小计	**135420**	**103271**	**8655**	**23494**			**112702**	**112702**				**22718**
本级	35437	13237	4972	17228			25186	25186				10251
区县级小计	99983	90034	3683	6266			87516	87516				12467
端州区	782	298	6	478			776	776				6
鼎湖区	12529	11370	636	523			3055	3055				9474
四会市	40306	39371	21	914			40285	40285				21
高要市	32864	29316	2383	1165			30785	30785				2079
广宁县	3970	3296		674			3970	3970				
德庆县	3259	2199	2	1058			3257	3257				2

3－19－13

单位:万元

地区	收支部分：收入：收入合计	养路费收入	公路客货运附加费收入	国有土地使用权出让金收入	新增建设用地土地有偿使用费收入	地方水利建设基金收入	城市公用事业附加收入	其他各项基金收入
封开县	882	484		99				299
怀集县	3302			1724		38	208	1332
清远市小计	**40536**	**187**		**38608**	**201**	**613**		**927**
本级	37354			36388	29	613		324
区县级小计	3182	187		2220	172			603
清城区	167							167
英德市	202				172			30
连州市	416	173		142				101
佛冈县	1964			1846				118
清新县	30							30
连山自治县	1							1
连南瑶族自治县	294	14		130				150
阳山县	108			102				6
潮州市小计	**21567**	**1459**		**10840**		**833**	**366**	**8069**
本级	19340	1459		9218		833		7830
区县级小计	2227			1622			366	239
湘桥区	18							18
饶平县	1103			530			366	207
潮安县	1106			1092				14
揭阳市小计	**16754**	**2485**		**11654**		**161**	**893**	**1561**
本级	4819	1500		2940		161		218
区县级小计	11935	985		8714			893	1343
榕城区	4							4
普宁市	7981	377		6444			893	267
揭东县	1877	339		526				1012
揭西县	2051	269		1738				44
惠来县	22			6				16
云浮市小计	**29861**	**4198**		**21659**		**880**	**11**	**3113**
本级	3640	919		1534		609		578
区县级小计	26221	3279		20125		271	11	2535
云城区	68							68
罗定市	5650	1160		3211		121	11	1147
新兴县	17233	1200		15199		125		709
郁南县	2155	390		1237				528
云安县	1115	529		478		25		83

3－19－14　　单位:万元

地区	收支部分 支出 支出合计	养路费支出	公路客货运附加费支出	国有土地使用权出让金支出	新增建设用地土地有偿使用费支出	地方水利建设基金支出	城市公用事业附加支出	其他各项基金支出
封开县	1447	530		201		40		676
怀集县	3941	32		2135	244	20	67	1443
清远市小计	**53764**	**17445**		**26842**	**1070**	**1925**		**6482**
本级	40194	15453		24285		62		394
区县级小计	13570	1992		2557	1070	1863		6088
清城区	1565			1	100	804		660
英德市	4686	66		1	350	937		3332
连州市	1643	481		283	155	58		666
佛冈县	1985	56		1866		5		58
清新县	1716	738		41	120	19		798
连山自治县	485	188		91	100	14		92
连南瑶族自治县	639	109		171	125	10		224
阳山县	851	354		103	120	16		258
潮州市小计	**29675**	**9124**		**8523**		**1219**	**472**	**10337**
本级	24922	9024		7917		400		7581
区县级小计	4753	100		606		819	472	2756
湘桥区	194							194
饶平县	3232	64		606		544	472	1546
潮安县	1327	36				275		1016
揭阳市小计	**30020**	**12343**		**10560**	**1341**	**823**	**907**	**4046**
本级	14228	11284		2353		62		529
区县级小计	15792	1059		8207	1341	761	907	3517
榕城区	165				70	53		42
普宁市	8272	485		5920	200	188	907	572
揭东县	2408	299		511	405	48		1145
揭西县	2983	267		1773	406	51		486
惠来县	1964	8		3	260	421		1272
云浮市小计	**43759**	**12190**		**19929**	**4453**	**834**		**6353**
本级	10081	8962		518		44		557
区县级小计	33678	3228		19411	4453	790		5796
云城区	798	6		382	70	74		266
罗定市	8234	944		3221	2053	205		1811
新兴县	19069	1261		15235	1069	177		1327
郁南县	3143	463		52	354	230		2044
云安县	2434	554		521	907	104		348

3－19－15　　　　单位:万元

地区	平衡部分 收入 收入合计	本年收入	上年结余	补助收入	省补助单列市收入	调入资金	支出 支出合计	本年支出	上解支出	单列市上解省支出	调出资金	年终结余
封开县	1447	882		565			1447	1447				
怀集县	4826	3302	635	889			3941	3941				885
清远市小计	**69151**	**40536**	**2297**	**26318**			**53764**	**53764**				**15387**
本级	55017	37354	2036	15627			40194	40194				14823
区县级小计	14134	3182	261	10691			13570	13570				564
清城区	1565	167		1398			1565	1565				
英德市	4880	202	242	4436			4686	4686				194
连州市	1643	416		1227			1643	1643				
佛冈县	2355	1964	17	374			1985	1985				370
清新县	1716	30		1686			1716	1716				
连山自治县	485	1	2	482			485	485				
连南瑶族自治县	639	294		345			639	639				
阳山县	851	108		743			851	851				
潮州市小计	**37780**	**21567**	**4676**	**11116**		**421**	**29675**	**29675**				**8105**
本级	29788	19340	2579	7448		421	24922	24922				4866
区县级小计	7992	2227	2097	3668			4753	4753				3239
湘桥区	285	18	85	182			194	194				91
饶平县	4076	1103	805	2168			3232	3232				844
潮安县	3631	1106	1207	1318			1327	1327				2304
揭阳市小计	**48509**	**16754**	**15143**	**16492**		**120**	**30060**	**30020**			**40**	**18449**
本级	23516	4819	6120	12457		120	14228	14228				9288
区县级小计	24993	11935	9023	4035			15832	15792			40	9161
榕城区	197	4	28	165			165	165				32
普宁市	12123	7981	3187	955			8312	8272			40	3811
揭东县	2520	1877	231	412			2408	2408				112
揭西县	4966	2051	1435	1480			2983	2983				1983
惠来县	5187	22	4142	1023			1964	1964				3223
云浮市小计	**47240**	**29861**	**724**	**16458**		**197**	**43760**	**43759**			**1**	**3480**
本级	11547	3640	724	7183			10081	10081				1466
区县级小计	35693	26221		9275		197	33679	33678			1	2014
云城区	798	68		730			798	798				
罗定市	8903	5650		3253			8234	8234				669
新兴县	19069	17233		1836			19069	19069				
郁南县	4489	2155		2137		197	3144	3143			1	1345
云安县	2434	1115		1319			2434	2434				

2007年广西壮族自治区地市县财政基金预算收支平衡表

3－20－1　　　　　　　　　　　　　　　　　　　　　　　　　　单位:万元

地区	收支部分							
	收入							
	收入合计	养路费收入	公路客货运附加费收入	国有土地使用权出让金收入	新增建设用地土地有偿使用费收入	地方水利建设基金收入	城市公用事业附加收入	其他各项基金收入
地市县合计	**1107928**	**45309**	**1001**	**855319**		**56991**	**11743**	**137565**
南宁市小计	**61962**			**19809**		**15651**	**3012**	**23490**
本级	29612					13940	2700	12972
区县级小计	32350			19809		1711	312	10518
兴宁区	81							81
青秀区								
江南区								
西乡塘区								
良庆区								
邕宁区								
武鸣县	924			67		327	111	419
横县	8397					484	110	7803
宾阳县	5682			4280		409	80	913
上林县	915			267		129		519
马山县	479					94	11	374
隆安县	5817			5325		152		340
高新区	12							12
经开区								
华侨区	10043			9870		116		57
相思湖区								
风景区								
柳州市小计	**204409**	**6451**	**8**	**157622**		**11513**	**1937**	**26878**
本级	161228	3252		129084		9601	1620	17671
区县级小计	43181	3199	8	28538		1912	317	9207
柳江县	4720	974		1682		737		1327
柳城县	6997	542		5116		368		971
鹿寨县	16562	878		13689		449	230	1316
融安县	6613	304		4548		117	41	1603
三江县	2117	172	8	830		72		1035
融水县	6172	329		2673		169	46	2955
城中区								
鱼峰区								
柳南区								
柳北区								
高新开发区								
阳和工业新区								
桂林市小计	**61934**			**41189**		**5997**	**1864**	**12884**

3－20－2　　　　单位:万元

地　　区	收支部分 支出 支　出 合　计	养路费 支　出	公路客货 运附加费 支　　出	国有土地 使用权出 让金支出	新增建设用 地土地有偿 使用费支出	地方水利 建设基金 支　　出	城市公用 事业附加 支　　出	其他各项 基金支出
地市县合计	**1010951**	**45266**	**1278**	**743341**	**833**	**67313**	**13966**	**138954**
南宁市小计	**79019**			**20868**	**4**	**20080**	**7348**	**30719**
本级	44909				4	18624	7031	19250
区县级小计	34110			20868		1456	317	11469
兴宁区	54							54
青秀区	337							337
江南区	8							8
西乡塘区								
良庆区	111							111
邕宁区	132							132
武鸣县	939					130	121	688
横县	8381					501	103	7777
宾阳县	6335			5211		409	80	635
上林县	1106			470		106		530
马山县	639					62	13	564
隆安县	6114			5438		157		519
高新区								
经开区								
华侨区	9954			9749		91		114
相思湖区								
风景区								
柳州市小计	**161844**	**6724**	**18**	**114164**		**16631**	**2193**	**22114**
本级	118274	3414		85441		13805	2012	13602
区县级小计	43570	3310	18	28723		2826	181	8512
柳江县	4966	471		3043		576		876
柳城县	6975	951	18	4881		306		819
鹿寨县	15785	893		13587		452	86	767
融安县	5396	276		3123		117	29	1851
三江县	2900	560		1016		65		1259
融水县	6216	159		3073		85	66	2833
城中区	208					183		25
鱼峰区	254					248		6
柳南区	373					328		45
柳北区	391					360		31
高新开发区	101					101		
阳和工业新区	5					5		
桂林市小计	**63690**			**42444**	**380**	**7572**	**999**	**12295**

三、各省、自治区、直辖市地市县基金预算财政资料

3－20－3　　单位:万元

地区	平衡部分											
	收入						支出					年终结余
	收入合计	本年收入	上年结余	补助收入	省补助单列市收入	调入资金	支出合计	本年支出	上解支出	单列市上解省支出	调出资金	
地市县合计	**1361189**	**1107928**	**203689**	**32640**		**16932**	**1024329**	**1010951**			**13378**	**336860**
南宁市小计	**103894**	**61962**	**30916**	**2116**		**8900**	**79019**	**79019**				**24875**
本级	54578	29612	15529	537		8900	44909	44909				9669
区县级小计	49316	32350	15387	1579			34110	34110				15206
兴宁区	206	81	81	44			54	54				152
青秀区	555		483	72			337	337				218
江南区	260		220	40			8	8				252
西乡塘区	135		64	71								135
良庆区	812		355	457			111	111				701
邕宁区	678		612	66			132	132				546
武鸣县	4602	924	3531	147			939	939				3663
横县	12020	8397	3483	140			8381	8381				3639
宾阳县	7898	5682	2188	28			6335	6335				1563
上林县	2463	915	1473	75			1106	1106				1357
马山县	958	479	278	201			639	639				319
隆安县	6542	5817	598	127			6114	6114				428
高新区	12	12										12
经开区	150		39	111								150
华侨区	12025	10043	1982				9954	9954				2071
相思湖区												
风景区												
柳州市小计	**246565**	**204409**	**35878**	**803**		**5475**	**163003**	**161844**			**1159**	**83562**
本级	188505	161228	23496	－409		4190	117054	118274	－1220			71451
区县级小计	58060	43181	12382	1212		1285	45949	43570	1220		1159	12111
柳江县	7181	4720	2427	34			5520	4966	554			1661
柳城县	8380	6997	1360	23			7237	6975	262			1143
鹿寨县	17759	16562	1153	44			15844	15785	59			1915
融安县	7853	6613	1091	149			5458	5396	62			2395
三江县	3973	2117	1078	730		48	3142	2900	112		130	831
融水县	10541	6172	4244	125			6387	6216	171			4154
城中区	216			25		191	208	208				8
鱼峰区	254			6		248	254	254				
柳南区	373			45		328	373	373				
柳北区	391			31		360	391	391				
高新开发区	1130		1029			101	1130	101			1029	
阳和工业新区	9					9	5	5				4
桂林市小计	**90854**	**61934**	**23284**	**3711**		**1925**	**64317**	**63690**			**627**	**26537**

3－20－4

单位:万元

地区	收支部分							
	收入							
	收入合计	养路费收入	公路客货运附加费收入	国有土地使用权出让金收入	新增建设用地土地有偿使用费收入	地方水利建设基金收入	城市公用事业附加收入	其他各项基金收入
本级	41055			26392		3612	1013	10038
区县级小计	20879			14797		2385	851	2846
临桂县	720					422		298
阳朔县	1267					144	812	311
灵川县	783					408		375
全州县	1584			1143		224		217
兴安县	3978			3443		213	39	283
永福县	2340			1821		210		309
荔浦县	559					265		294
平乐县	3132			2859		112		161
恭城县	213					133		80
灌阳县	1763			1494		90		179
龙胜县	2708			2381		109		218
资源县	1061			971		55		35
秀峰区								
象山区	76							76
叠彩区	165			165				
七星高新区								
雁山区	530			520				10
梧州市小计	**110784**	**5125**		**82029**		**2292**	**410**	**20928**
本级	65221	5125		41243		1374	280	17199
区县级小计	45563			40786		918	130	3729
岑溪市	6907			4684		285	130	1808
苍梧县	9914			9321		316		277
藤县	7515			6190		227		1098
蒙山县	5658			5077		90		491
万秀区								
蝶山区								
长洲区	55							55
工业园区	15514			15514				
北海市小计	**37126**	**383**		**31660**		**1440**	**337**	**3306**
本级	15120	383		10585		1080	337	2735
区县级小计	22006			21075		360		571
合浦县	21741			21075		360		306
海城区	117							117
银海区	92							92
铁山港区	56							56

3－20－5

单位:万元

地区	收支部分							
	支出							
	支出合计	养路费支出	公路客货运附加费支出	国有土地使用权出让金支出	新增建设用地土地有偿使用费支出	地方水利建设基金支出	城市公用事业附加支出	其他各项基金支出
本级	41638			29092		5282	46	7218
区县级小计	22052			13352	380	2290	953	5077
临桂县	782					316		466
阳朔县	1269					3	910	356
灵川县	689					376		313
全州县	2714			1429	380	180		725
兴安县	4122			3329		271	37	485
永福县	2540			1783		215		542
荔浦县	442					260		182
平乐县	2609			2203		146		260
恭城县	210					157		53
灌阳县	1202			1032		90		80
龙胜县	3109			2602		221		286
资源县	1093			974		55		64
秀峰区	368							368
象山区	218						6	212
叠彩区	126							126
七星高新区	463							463
雁山区	96							96
梧州市小计	**96082**	**4564**		**66047**		**2566**	**509**	**22396**
本级	53676	4564		30556		1806	410	16340
区县级小计	42406			35491		760	99	6056
岑溪市	6035			4353		285	99	1298
苍梧县	10050			8252		306		1492
藤县	5024			3318		79		1627
蒙山县	3893			3153		90		650
万秀区	942			901				41
蝶山区	118							118
长洲区	139							139
工业园区	16205			15514				691
北海市小计	**26332**	**383**		**21638**		**1415**	**6**	**2890**
本级	4661	383		1115		1004	6	2153
区县级小计	21671			20523		411		737
合浦县	21336			20523		411		402
海城区	232							232
银海区	84							84
铁山港区	19							19

3－20－6

单位:万元

地区	平衡部分											
	收入						支出					
	收入合计	本年收入	上年结余	补助收入	省补助单列市收入	调入资金	支出合计	本年支出	上解支出	单列市上解省支出	调出资金	年终结余
本级	53456	41055	10342	137		1922	41638	41638				11818
区县级小计	37398	20879	12942	3574		3	22679	22052			627	14719
临桂县	1960	720	1006	234			782	782				1178
阳朔县	2055	1267	692	96			1269	1269				786
灵川县	1493	783	642	68			689	689				804
全州县	5088	1584	1988	1516			2714	2714				2374
兴安县	5130	3978	1070	82			4122	4122				1008
永福县	3290	2340	708	242			2540	2540				750
荔浦县	1611	559	981	71			442	442				1169
平乐县	4491	3132	1256	103			2609	2609				1882
恭城县	440	213	177	50			210	210				230
灌阳县	2659	1763	873	23			1202	1202				1457
龙胜县	4250	2708	868	674			3109	3109				1141
资源县	1107	1061	2	41		3	1093	1093				14
秀峰区	368		367	1			368	368				
象山区	778	76	701	1			218	218				560
叠彩区	452	165	286	1			126	126				326
七星高新区	463		462	1			463	463				
雁山区	1763	530	863	370			723	96			627	1040
梧州市小计	**125167**	**110784**	**9767**	**3984**		**632**	**103664**	**96082**			**7582**	**21503**
本级	71928	65221	6541	－466		632	61258	53676			7582	10670
区县级小计	53239	45563	3226	4450			42406	42406				10833
岑溪市	8505	6907	1504	94			6035	6035				2470
苍梧县	11869	9914	901	1054			10050	10050				1819
藤县	8704	7515	503	686			5024	5024				3680
蒙山县	6076	5658	230	188			3893	3893				2183
万秀区	1338		17	1321			942	942				396
蝶山区	200		41	159			118	118				82
长洲区	342	55	30	257			139	139				203
工业园区	16205	15514		691			16205	16205				
北海市小计	**41750**	**37126**	**4223**	**401**			**26332**	**26332**				**15418**
本级	18443	15120	3233	90			4661	4661				13782
区县级小计	23307	22006	990	311			21671	21671				1636
合浦县	22645	21741	809	95			21336	21336				1309
海城区	297	117	40	140			232	232				65
银海区	266	92	141	33			84	84				182
铁山港区	99	56		43			19	19				80

三、各省、自治区、直辖市地市县基金预算财政资料

3－20－7　　　　单位:万元

地　　区	收支部分							
	收入							
	收　入合　计	养路费收　入	公路客货运附加费收　入	国有土地使用权出让金收入	新增建设用地土地有偿使用费收入	地方水利建设基金收　入	城市公用事业附加收　入	其他各项基金收入
防城港市小计	**58258**	**1362**	**60**	**51772**		**1992**		**3072**
本级	24921	1362	60	21777		1021		701
区县级小计	33337			29995		971		2371
港口区	8077			7646		303		128
防城区	5796			5140		238		418
东兴市	16032			14891		275		866
上思县	3432			2318		155		959
钦州市小计	**77283**			**71490**		**1983**	**298**	**3512**
本级	44129			41607		475	298	1749
区县级小计	33154			29883		1508		1763
浦北县	2095			1862		124		109
灵山县	3421			2655		314		452
钦州港区	10888			9838		846		204
钦南区	5580			5369		96		115
钦北区	11170			10159		128		883
贵港市小计	**48779**	**2614**		**38916**		**2138**	**716**	**4395**
本级	40361	2614		35684		333	501	1229
区县级小计	8418			3232		1805	215	3166
港北区	1047					624		423
港南区	502					180		322
覃塘区	529					184		345
平南县	1466			115		350	63	938
桂平市	4874			3117		467	152	1138
玉林市小计	**176926**	**14148**	**315**	**150410**		**3718**	**710**	**7625**
本级	128674	14148	315	109817		1667	397	2330
区县级小计	48252			40593		2051	313	5295
容县	5976			4621		292	99	964
陆川县	1532			756		301		475
博白县	4869			3854		292		723
兴业县	2663			1854		162	30	617
北流市	31718			28983		460	184	2091
玉州区	1341			525		475		341
福绵区	153					69		84
百色市小计	**73917**	**2158**	**14**	**59950**		**2730**	**526**	**8539**
本级	45542	2158	14	40143		951	108	2168
区县级小计	28375			19807		1779	418	6371
右江区	628							628

3－20－8　　　　单位:万元

地　　区	收支部分 支出 支出合计	养路费支出	公路客货运附加费支出	国有土地使用权出让金支出	新增建设用地土地有偿使用费支出	地方水利建设基金支出	城市公用事业附加支出	其他各项基金支出
防城港市小计	**56913**	**1250**	**45**	**51111**		**1931**		**2576**
本级	24523	1250	45	21372		845		1011
区县级小计	32390			29739		1086		1565
港口区	8203			7745		313		145
防城区	6143			5290		248		605
东兴市	14925			14515		271		139
上思县	3119			2189		254		676
钦州市小计	**70892**			**65379**		**1983**	**341**	**3189**
本级	37234			35151		475	341	1267
区县级小计	33658			30228		1508		1922
浦北县	2168			1862		124		182
灵山县	4315			3194		314		807
钦州港区	10900			9792		846		262
钦南区	5972			5576		96		300
钦北区	10303			9804		128		371
贵港市小计	**38675**	**2948**		**29733**		**1797**	**602**	**3595**
本级	31869	2948		26704		526	443	1248
区县级小计	6806			3029		1271	159	2347
港北区	844			3		406		435
港南区	311			20		82		209
覃塘区	347					178		169
平南县	1218			61		495	6	656
桂平市	4086			2945		110	153	878
玉林市小计	**171901**	**15275**	**275**	**147026**		**4251**	**801**	**4273**
本级	125618	15275	275	106336		2126	525	1081
区县级小计	46283			40690		2125	276	3192
容县	5707			4255		247	90	1115
陆川县	1609			766		361		482
博白县	3948			2881		472		595
兴业县	2613			2283		163		167
北流市	29749			28167		700	186	696
玉州区	2562			2338		114		110
福绵区	95					68		27
百色市小计	**74792**	**2157**		**59628**		**2224**	**38**	**10745**
本级	26576	2157		21136		950		2333
区县级小计	48216			38492		1274	38	8412
右江区	20981			20030				951

3－20－9　　单位：万元

地区	平衡部分											
	收入						支出					年终结余
	收入合计	本年收入	上年结余	补助收入	省补助单列市收入	调入资金	支出合计	本年支出	上解支出	单列市上解省支出	调出资金	
防城港市小计	**63453**	**58258**	**4427**	**768**			**56913**	**56913**				**6540**
本级	26073	24921	2153	－1001			24523	24523				1550
区县级小计	37380	33337	2274	1769			32390	32390				4990
港口区	9937	8077	855	1005			8203	8203				1734
防城区	6901	5796	505	600			6143	6143				758
东兴市	16622	16032	519	71			14925	14925				1697
上思县	3920	3432	395	93			3119	3119				801
钦州市小计	**87087**	**77283**	**6305**	**3499**			**74892**	**70892**			**4000**	**12195**
本级	50777	44129	3359	3289			41234	37234			4000	9543
区县级小计	36310	33154	2946	210			33658	33658				2652
浦北县	2180	2095	42	43			2168	2168				12
灵山县	4630	3421	1180	29			4315	4315				315
钦州港区	11228	10888	340				10900	10900				328
钦南区	7036	5580	1352	104			5972	5972				1064
钦北区	11236	11170	32	34			10303	10303				933
贵港市小计	**71195**	**48779**	**20665**	**1751**			**38675**	**38675**				**32520**
本级	53224	40361	12861	2			31869	31869				21355
区县级小计	17971	8418	7804	1749			6806	6806				11165
港北区	2335	1047	1229	59			844	844				1491
港南区	2363	502	1222	639			311	311				2052
覃塘区	1599	529	421	649			347	347				1252
平南县	3528	1466	1810	252			1218	1218				2310
桂平市	8146	4874	3122	150			4086	4086				4060
玉林市小计	**192829**	**176926**	**15073**	**830**			**171901**	**171901**				**20928**
本级	129933	128674	6262	－5003			125286	125618	－332			4647
区县级小计	62896	48252	8811	5833			46615	46283	332			16281
容县	8558	5976	2414	168			5707	5707				2851
陆川县	2430	1532	573	325			1609	1609				821
博白县	6020	4869	1072	79			3948	3948				2072
兴业县	4461	2663	1691	107			2613	2613				1848
北流市	33647	31718	1826	103			29749	29749				3898
玉州区	7554	1341	1188	5025			2894	2562	332			4660
福绵区	226	153	47	26			95	95				131
百色市小计	**95961**	**73917**	**15620**	**6424**			**74792**	**74792**				**21169**
本级	28814	45542	2818	－19546			26576	26576				2238
区县级小计	67147	28375	12802	25970			48216	48216				18931
右江区	21986	628	1219	20139			20981	20981				1005

3 20 10

单位:万元

地区	收支部分							
	收入							
	收入合计	养路费收入	公路客货运附加费收入	国有土地使用权出让金收入	新增建设用地土地有偿使用费收入	地方水利建设基金收入	城市公用事业附加收入	其他各项基金收入
田阳县	1781			1248		195		338
田东县	1551			597		297		657
平果县	7369			4792		376	380	1821
德保县	2478			1916		204	38	320
靖西县	8544			8075		227		242
那坡县	314					51		263
凌云县	940			517		50		373
乐业县	1252			746		41		465
田林县	1161			708		112		341
隆林县	1235			721		185		329
西林县	1122			487		41		594
贺州市小计	**16285**	**3085**	**154**	**9015**		**1344**	**105**	**2582**
本级	9729	3085	154	5006		209	105	1170
区县级小计	6556			4009		1135		1412
昭平县	1076			764		112		200
钟山县	3410			2393		400		617
富川县	1228			852		98		278
八步区	842					525		317
河池市小计	**60858**	**5261**	**241**	**42604**		**2689**	**1276**	**8787**
本级	24936	5261	241	16073		558	370	2433
区县级小计	35922			26531		2131	906	6354
金城江区	1061					399		662
宜州市	17896			16313		378		1205
罗城仫佬族自治县	2895			1774		125		996
环江毛南族自治县	2141			1368		197	136	440
南丹县	3567			1111		531	691	1234
天峨县	1312			912		109		291
凤山县	106					60		46
东兰县	284			32		48		204
巴马瑶族自治县	1979			1374		100		505
都安瑶族自治县	1829			1427		119	79	204
大化瑶族自治县	2852			2220		65		567
来宾市小计	**70701**	**4205**	**189**	**57417**		**1628**	**267**	**6995**
本级	42816	4205	189	35302		187	267	2666
区县级小计	27885			22115		1441		4329
兴宾区	2033					728		1305
象州县	8881			7590		185		1106

3－20－11　　　　　　　　　　　　　　　　　　　　　　　　单位:万元

地　　区	收	支	部				分	
	支					出		
	支出合计	养路费支出	公路客货运附加费支出	国有土地使用权出让金支出	新增建设用地土地有偿使用费支出	地方水利建设基金支出	城市公用事业附加支出	其他各项基金支出
田阳县	1848			1230		148		470
田东县	2129			624		77		1428
平果县	6309			3189		307		2813
德保县	1631			1078		168	38	347
靖西县	8592			7841		227		524
那坡县	575			381		51		143
凌云县	806			366		68		372
乐业县	1540			1250				290
田林县	785			393		112		280
隆林县	1880			1401		75		404
西林县	1140			709		41		390
贺州市小计	**14487**	**2888**	**180**	**6657**	**449**	**1111**		**3202**
本级	7197	2888	180	2909	449			771
区县级小计	7290			3748		1111		2431
昭平县	1893			1082		100		711
钟山县	2677			1836		398		443
富川县	1200			830		96		274
八步区	1520					517		1003
河池市小计	**51027**	**4813**		**33661**		**2454**	**526**	**9573**
本级	15242	4813		7623		343	124	2339
区县级小计	35785			26038		2111	402	7234
金城江区	628					387		241
宜州市	17975			16318		317	1	1339
罗城仫佬族自治县	2376			1261		125	34	956
环江毛南族自治县	2471			1372		335	136	628
南丹县	2238			2		529	152	1555
天峨县	1162			912		33		217
凤山县	103					60		43
东兰县	404			135		67		202
巴马瑶族自治县	2113			1578		54		481
都安瑶族自治县	2665			1557		119	79	910
大化瑶族自治县	3650			2903		85		662
来宾市小计	**54423**	**3835**	**359**	**42055**		**1421**	**282**	**6471**
本级	29696	3835	359	22533		210	282	2477
区县级小计	24727			19522		1211		3994
兴宾区	1681					658		1023
象州县	7649			6787		250		612

3－20－12　　　　单位:万元

地区	平衡部分											
	收入						支出					年终结余
	收入合计	本年收入	上年结余	补助收入	省补助单列市收入	调入资金	支出合计	本年支出	上解支出	单列市上解省支出	调出资金	
田阳县	3625	1781	213	1631			1848	1848				1777
田东县	4148	1551	1737	860			2129	2129				2019
平果县	12918	7369	3846	1703			6309	6309				6609
德保县	3323	2478	806	39			1631	1631				1692
靖西县	9847	8544	803	500			8592	8592				1255
那坡县	1094	314	659	121			575	575				519
凌云县	1336	940	238	158			806	806				530
乐业县	2688	1252	821	615			1540	1540				1148
田林县	2277	1161	1035	81			785	785				1492
隆林县	2342	1235	1042	65			1880	1880				462
西林县	1563	1122	383	58			1140	1140				423
贺州市小计	**23894**	**16285**	**4889**	**2720**			**14487**	**14487**				**9407**
本级	13298	9729	2918	651			7197	7197				6101
区县级小计	10596	6556	1971	2069			7290	7290				3306
昭平县	2373	1076	959	338			1893	1893				480
钟山县	3543	3410	121	12			2677	2677				866
富川县	1308	1228	49	31			1200	1200				108
八步区	3372	842	842	1688			1520	1520				1852
河池市小计	**78657**	**60858**	**14791**	**3008**			**51027**	**51027**				**27630**
本级	29860	24936	4840	84			15242	15242				14618
区县级小计	48797	35922	9951	2924			35785	35785				13012
金城江区	1858	1061	772	25			628	628				1230
宜州市	20855	17896	2798	161			17975	17975				2880
罗城仫佬族自治县	5409	2895	1236	1278			2376	2376				3033
环江毛南族自治县	3977	2141	1115	721			2471	2471				1506
南丹县	4426	3567	520	339			2238	2238				2188
天峨县	2111	1312	766	33			1162	1162				949
凤山县	269	106	158	5			103	103				166
东兰县	633	284	341	8			404	404				229
巴马瑶族自治县	2444	1979	429	36			2113	2113				331
都安瑶族自治县	2996	1829	913	254			2665	2665				331
大化瑶族自治县	3819	2852	903	64			3650	3650				169
来宾市小计	**78652**	**70701**	**6402**	**1549**			**54423**	**54423**				**24229**
本级	42148	42816	1396	－2064			29696	29696				12452
区县级小计	36504	27885	5006	3613			24727	24727				11777
兴宾区	3132	2033	1083	16			1681	1681				1451
象州县	9790	8881	874	35			7649	7649				2141

三、各省、自治区、直辖市地市县基金预算财政资料

3-20-13 单位:万元

地区	收支部分 收入 收入合计	养路费收入	公路客货运附加费收入	国有土地使用权出让金收入	新增建设用地土地有偿使用费收入	地方水利建设基金收入	城市公用事业附加收入	其他各项基金收入
武宣县	2331			1453		229		649
金秀瑶族自治县	4264			3755		55		454
忻城县	1521			995		95		431
合山市	3852			3319		149		384
来宾华侨投资区	5003			5003				
崇左市小计	**48706**	**517**	**20**	**41436**		**1876**	**285**	**4572**
本级	14082	517	20	12458		175		912
区县级小计	34624			28978		1701	285	3660
扶绥县	9007			7921		359		727
大新县	1075			6		353	168	548
天等县	1759			1612		75		72
宁明县	2368			1575		181		612
龙州县	4968			4163		167	49	589
凭祥市	14731			13701		276		754
江州区	716					290	68	358

3－20－14　　　　单位:万元

地区	收支部分							
	支出							
	支出合计	养路费支出	公路客货运附加费支出	国有土地使用权出让金支出	新增建设用地土地有偿使用费支出	地方水利建设基金支出	城市公用事业附加支出	其他各项基金支出
武宣县	964			19				945
金秀瑶族自治县	4089			3036		55		998
忻城县	1174			751		99		324
合山市	2589			2348		149		92
来宾华侨投资区	6581			6581				
崇左市小计	**50874**	**429**	**401**	**42930**		**1877**	**321**	**4916**
本级	11713	429	18	10334		172		760
区县级小计	39161		383	32596		1705	321	4156
扶绥县	12871			11647		430		794
大新县	1193		383	10		122	188	490
天等县	2120			1603		70		447
宁明县	2308			1226		171		911
龙州县	4672			4124		49	45	454
凭祥市	14994			13599		574		821
江州区	1003			387		289	88	239

3－20－15

单位:万元

地区	平衡部分											
	收入						支出					年终结余
	收入合计	本年收入	上年结余	补助收入	省补助单列市收入	调入资金	支出合计	本年支出	上解支出	单列市上解省支出	调出资金	
武宣县	4289	2331	1878	80			964	964				3325
金秀瑶族自治县	4978	4264	67	647			4089	4089				889
忻城县	2028	1521	449	58			1174	1174				854
合山市	4538	3852	655	31			2589	2589				1949
来宾华侨投资区	7749	5003		2746			6581	6581				1168
崇左市小计	**61231**	**48706**	**11449**	**1076**			**50884**	**50874**			**10**	**10347**
本级	15030	14082	1179	－231			11723	11713			10	3307
区县级小计	46201	34624	10270	1307			39161	39161				7040
扶绥县	14061	9007	4855	199			12871	12871				1190
大新县	2369	1075	1282	12			1193	1193				1176
天等县	2599	1759	389	451			2120	2120				479
宁明县	3650	2368	1262	20			2308	2308				1342
龙州县	5804	4968	787	49			4672	4672				1132
凭祥市	15990	14731	1221	38			14994	14994				996
江州区	1728	716	474	538			1003	1003				725

2007 年海南省地市县财政基金预算收支平衡表

3－21－1　　　　单位:万元

地区	收支部分							
	收入							
	收入合计	养路费收入	公路客货运附加费收入	国有土地使用权出让金收入	新增建设用地土地有偿使用费收入	地方水利建设基金收入	城市公用事业附加收入	其他各项基金收入
地市县合计	**185601**			**167090**	**10944**	**885**		**6682**
海口市小计	**69417**			**66334**		**13**		**3070**
本级	69413			66334		13		3066
区县级小计	4							4
龙华区								
美兰区	4							4
秀英区								
琼山区								
三亚市小计	**66774**			**62548**	**3448**	**129**		**649**
本级	66774			62548	3448	129		649
洋浦经济开发区	**339**							**339**
本级	339							339
其他各市县级小计								
琼海市	1811			69	1607	19		116
儋州市	4014			2865	571			578
文昌市	12590			11082	379	718		411
万宁市	4721			2276	2026			419
东方市	351			329				22
五指山市	1182			1145	1			36
屯昌县	2225			1709	366			150
澄迈县	9110			8178	820			112
临高县	3679			3055	277			347
白沙县	588			541	9	2		36
昌江县	573			245	268			60
乐东县	1117			984	3			130
陵水县	2867			1740	1115			12
保亭县	1777			1676	50	4		47
琼中县	557			498	4			55
定安县	1909			1816				93

3－21－2

单位:万元

地区	收支部分：支出：支出合计	养路费支出	公路客货运附加费支出	国有土地使用权出让金支出	新增建设用地土地有偿使用费支出	地方水利建设基金支出	城市公用事业附加支出	其他各项基金支出
地市县合计	**190469**	**147**		**161400**	**7584**	**4272**		**17066**
海口市小计	**66692**			**66108**		**151**		**433**
本级	66485			66108		107		270
区县级小计	207					44		163
龙华区								
美兰区	122					44		78
秀英区	32							32
琼山区	53							53
三亚市小计	**67540**			**61345**	**2840**	**377**		**2978**
本级	67540			61345	2840	377		2978
洋浦经济开发区	**350**							**350**
本级	350							350
其他各市县级小计								
琼海市	691	18		108				565
儋州市	5960	28		2865	885	489		1693
文昌市	14497	15		11913		943		1626
万宁市	7231			2233	2026	578		2394
东方市	2114	28		47		474		1565
五指山市	1155			939		71		145
屯昌县	1463			1189		48		226
澄迈县	9496			8767	430	4		295
临高县	1590			916	170	64		440
白沙县	1155			193	384			578
昌江县	1114	11		277	268	203		355
乐东县	2444	34		1089		251		1070
陵水县	2215			29	581	41		1564
保亭县	2131			1592		342		197
琼中县	651			40		221		390
定安县	1980	13		1750		15		202

3－21－3 单位:万元

地区	平衡部分											
	收入						支出					年终结余
	收入合计	本年收入	上年结余	补助收入	省补助单列市收入	调入资金	支出合计	本年支出	上解支出	单列市上解省支出	调出资金	
地市县合计	**235296**	**185601**	**18996**	**24077**		**6622**	**203168**	**190469**			**12699**	**32128**
海口市小计	**80051**	**69417**	**2551**	**2120**		**5963**	**79307**	**66692**			**12615**	**744**
本级	79844	69413	2551	1917		5963	79100	66485			12615	744
区县级小计	207	4		203			207	207				
龙华区												
美兰区	122	4		118			122	122				
秀英区	32			32			32	32				
琼山区	53			53			53	53				
三亚市小计	**73927**	**66774**	**4973**	**2180**			**67540**	**67540**				**6387**
本级	73927	66774	4973	2180			67540	67540				6387
洋浦经济开发区	**941**	**339**	**567**	**35**			**350**	**350**				**591**
本级	941	339	567	35			350	350				591
其他各市县级小计												
琼海市	4751	1811	2173	767			691	691				4060
儋州市	6878	4014	400	2464			5960	5960				918
文昌市	15402	12590	1393	760		659	14497	14497				905
万宁市	7897	4721	729	2447			7231	7231				666
东方市	2618	351	492	1775			2114	2114				504
五指山市	1646	1182	254	210			1155	1155				491
屯昌县	3028	2225	631	172			1463	1463				1565
澄迈县	11423	9110	1320	993			9496	9496				1927
临高县	4928	3679	379	870			1590	1590				3338
白沙县	1721	588	231	902			1155	1155				566
昌江县	3007	573	457	1977			1142	1114			28	1865
乐东县	3535	1117	800	1618			2444	2444				1091
陵水县	6152	2867	489	2796			2215	2215				3937
保亭县	3311	1777	323	1211			2131	2131				1180
琼中县	1357	557	210	590			662	651			11	695
定安县	2723	1909	624	190			2025	1980			45	698

2007年重庆市区县财政基金预算收支平衡表

3－22－1　　　　单位:万元

地　　区	收支部分							
	收入							
	收　入 合　计	养路费 收　入	公路客货 运附加费 收　入	国有土地 使用权出 让金收入	新增建设用 地土地有偿 使用费收入	地方水利 建设基金 收　入	城市公用 事业附加 收　入	其他各项 基金收入
区县级小计	**1193823**			**997599**		**168**	**12420**	**183636**
渝中区	7155			5660				1495
江北区	26697			26188				509
沙坪坝区	12005			11084				921
九龙坡区	62437			61994				443
大渡口区	3662			3304				358
南岸区	30187			29774				413
北碚区	10071			9513				558
万盛区	16176			14504				1672
双桥区	4084			3525			152	407
巴南区	10601			10070			75	456
渝北区	17589			14483				3106
涪陵区	50982			41770		128	751	8333
万州区	20176			14845			1035	4296
黔江区	12288			11532				756
江津区	50910			40630			1848	8432
合川区	43663			36185			1669	5809
永川区	33447			27764			150	5533
綦江县	28491			24751			822	2918
长寿区	31762			25035				6727
潼南县	11208			7060			1570	2578
铜梁县	40593			34728			21	5844
大足县	23894			19474			586	3834
荣昌县	27302			24540			491	2271
璧山县	55545			46651			934	7960
梁平县	2759			773		40	400	1546
城口县	479			198			57	224
南川区	12902			10867			460	1575
丰都县	6424			5128			140	1156
垫江县	15973			13300			639	2034
武隆县	6920			4045			425	2450
忠县	15810			12997			195	2618
开县	6001			799				5202
云阳县	3639			1911				1728
奉节县	1718			541				1177
巫山县	3117			2207				910
巫溪县	4038			2604				1434

3－22－2　　　　单位：万元

地区	收支部分							
	支出							
	支出合计	养路费支出	公路客货运附加费支出	国有土地使用权出让金支出	新增建设用地土地有偿使用费支出	地方水利建设基金支出	城市公用事业附加支出	其他各项基金支出
区县级小计	**1712820**	**44**	**110**	**1319167**	**38011**	**3336**	**9809**	**342343**
渝中区	28114			26066		230		1818
江北区	94670			89360	4066	250		994
沙坪坝区	65112			60124	4285			703
九龙坡区	87533			81776	4746			1011
大渡口区	22605			21298	908			399
南岸区	112473			105648	6059			766
北碚区	17702			16260	159	4		1279
万盛区	19482			17038	273	2		2169
双桥区	4895			3630	440		152	673
巴南区	40206			33338	782		645	5441
渝北区	68669			61013	2809	74		4773
涪陵区	59478			36165	443	126	23	22721
万州区	53150	39		17917	1484	21	1062	32627
黔江区	13821			12469	160	333		859
江津区	59231			41428	5080	200	1400	11123
合川区	46558			35074		394	415	10675
永川区	35485			27521	536	4	150	7274
綦江县	29656			25103	246	4	864	3439
长寿区	45963			25024	200	2	1124	19613
潼南县	11956			7646	174	302	378	3456
铜梁县	41059			34596	409	16	21	6017
大足县	25601			19505		4	691	5401
荣昌县	27856			24487	11	29	489	2840
璧山县	55241			47981	657	35	981	5587
梁平县	3029			848		20	25	2136
城口县	482			163			83	236
南川区	13783			11362	166	23	188	2044
丰都县	23789			6643		14	148	16984
垫江县	13878			9081		240	485	4072
武隆县	9277		110	4293	162	159	425	4128
忠县	25482			10461	663	109	60	14189
开县	28854			1840	183			26831
云阳县	30854			2717		32		28105
奉节县	26969			2648				24321
巫山县	15257			2190	852	200		12015
巫溪县	6785			2760				4025

3－22－3

单位:万元

地区	平衡部分											
	收入						支出					年终结余
	收入合计	本年收入	上年结余	补助收入	省补助单列市收入	调入资金	支出合计	本年支出	上解支出	单列市上解省支出	调出资金	
区县级小计	**2178245**	**1193823**	**439683**	**544711**		**28**	**1737928**	**1712820**	**23769**		**1339**	**440317**
渝中区	28705	7155	916	20634			28118	28114	4			587
江北区	106987	26697	13816	66474			94676	94670	6			12311
沙坪坝区	69783	12005	8517	49261			65145	65112	33			4638
九龙坡区	123338	62437	6355	54546			87533	87533				35805
大渡口区	26278	3662	3223	19393			22614	22605	9			3664
南岸区	135318	30187	31058	74073			112673	112473	200			22645
北碚区	26555	10071	3510	12974			18002	17702	300			8553
万盛区	20062	16176	10	3876			19576	19482	94			486
双桥区	4925	4084	1	840			4925	4895	30			
巴南区	41850	10601	11963	19286			40411	40206	205			1439
渝北区	92600	17589	15294	59717			68669	68669				23931
涪陵区	94113	50982	26926	16205			59484	59478	6			34629
万州区	94547	20176	51809	22562			53150	53150				41397
黔江区	15037	12288	1034	1715			13984	13821	163			1053
江津区	65063	50910	8144	6009			59267	59231	36			5796
合川区	70239	43663	21783	4793			46644	46558	86			23595
永川区	36508	33447	349	2712			35700	35485	215			808
綦江县	29879	28491	291	1069		28	29756	29656	100			123
长寿区	61820	31762	13934	16124			46169	45963	206			15651
潼南县	13873	11208	4	2661			13256	11956	108		1192	617
铜梁县	44693	40593	1683	2417			41235	41059	153		23	3458
大足县	26792	23894	203	2695			25711	25601	110			1081
荣昌县	33785	27302	5207	1276			28012	27856	156			5773
璧山县	65695	55545	8245	1905			55352	55241	111			10343
梁平县	6675	2759	915	3001			3129	3029	100			3546
城口县	2461	479	1552	430			542	482	60			1919
南川区	16207	12902	679	2626			13933	13783	150			2274
丰都县	35748	6424	20609	8715			23889	23789	100			11859
垫江县	20709	15973	1167	3569			14032	13878	154			6677
武隆县	18466	6920	9020	2526			9556	9277	155		124	8910
忠县	55189	15810	29504	9875			25634	25482	152			29555
开县	53666	6001	25212	22453			29004	28854	150			24662
云阳县	33474	3639	19261	10574			30954	30854	100			2520
奉节县	56378	1718	45276	9384			27029	26969	60			29349
巫山县	36446	3117	28894	4435			15357	15257	100			21089
巫溪县	9766	4038	4746	982			6815	6785	30			2951

3－22－4

单位:万元

地区	收支部分							
	收入							
	收入合计	养路费收入	公路客货运附加费收入	国有土地使用权出让金收入	新增建设用地土地有偿使用费收入	地方水利建设基金收入	城市公用事业附加收入	其他各项基金收入
石柱县	2468			2167				301
彭水县	2758			1302				1456
酉阳县	1814			401				1413
秀山县	2928			1196				1732
高新区	266727			216488				50239
经开区	206423			175611				30812

3－22－5　　　　单位:万元

地区	收支部分							
	支出							
	支出合计	养路费支出	公路客货运附加费支出	国有土地使用权出让金支出	新增建设用地土地有偿使用费支出	地方水利建设基金支出	城市公用事业附加支出	其他各项基金支出
石柱县	5443	5		2634	70	15		2719
彭水县	3387			1318		267		1802
酉阳县	3353			653		217		2483
秀山县	3917			1433	128	10		2346
高新区	256222			215145				41077
经开区	175543			172511	1860			1172

3－22－6

单位:万元

地区	平衡部分											
	收入						支出					
	收入合计	本年收入	上年结余	补助收入	省补助单列市收入	调入资金	支出合计	本年支出	上解支出	单列市上解省支出	调出资金	年终结余
石柱县	11719	2468	6527	2724			5543	5443	100			6176
彭水县	5059	2758	723	1578			3447	3387	60			1612
酉阳县	4405	1814	885	1706			3383	3353	30			1022
秀山县	4082	2928	57	1097			3981	3917	64			101
高新区	267817	266727	3547	－2457			265095	256222	8873			2722
经开区	211533	206423	6834	－1724			186543	175543	11000			24990

2007 年四川省地市县财政基金预算收支平衡表

3－23－1 单位:万元

地区	收支部分							
	收入							
	收入合计	养路费收入	公路客货运附加费收入	国有土地使用权出让金收入	新增建设用地土地有偿使用费收入	地方水利建设基金收入	城市公用事业附加收入	其他各项基金收入
地市县合计	**5812130**	**16074**	**12**	**5305502**		**9926**	**48056**	**432560**
成都市小计	**4304025**	**5586**		**4015519**		**8981**	**27755**	**246184**
本级	2555656			2389992		7889	20012	137763
区县级小计	1748369	5586		1625527		1092	7743	108421
锦江区	1032	173						859
青羊区	38093	84		36919				1090
金牛区	29271	114		27855		4		1298
武侯区	3712	75		2000				1637
成华区	1049	114						935
龙泉驿区	162922	431		148317		135	942	13097
青白江区	36915	380		30477			2221	3837
都江堰市	158943	146		151468				7329
金堂县	19118	186		17525			325	1082
双流县	402720	729		373583			1129	27279
温江区	97691	134		88561			181	8815
郫县	120179	265		114767			600	4547
新都区	105403	471		97781		327	1000	5824
彭州市	31644	431		28351		57	220	2585
崇州市	29883	372		26292		40	377	2802
大邑县	27723	513		26036			451	723
邛崃市	51008	547		47339				3122
蒲江县	3975	181		3370			102	322
新津县	36962	166		34762			195	1839
高新区	390126	74		370124		529		19399
自贡市小计	**95001**	**237**		**84141**			**1896**	**8727**
本级	81088			72111			1746	7231
区县级小计	13913	237		12030			150	1496
自流井区	135	41						94
贡井区	61	50						11
大安区	92							92
沿滩区	10							10
荣县	7443	146		6770				527
富顺县	6172			5260			150	762
攀枝花市小计	**95416**	**176**		**75337**			**1200**	**18703**
本级	77614			62000			1200	14414
区县级小计	17802	176		13337				4289
东区	657	8						649

3－23－2 单位:万元

地区	收支部分							
	支出							
	支出合计	养路费支出	公路客货运附加费支出	国有土地使用权出让金支出	新增建设用地土地有偿使用费支出	地方水利建设基金支出	城市公用事业附加支出	其他各项基金支出
地市县合计	**5541009**	**14135**	**12**	**4901361**	**87723**	**23443**	**53079**	**461256**
成都市小计	**3975770**	**4357**		**3693137**	**12797**	**13450**	**35187**	**216842**
本级	2205945			2051999	2356	11040	28530	112020
区县级小计	1769825	4357		1641138	10441	2410	6657	104822
锦江区	1209	13		576				620
青羊区	44159	7		43015		196		941
金牛区	36071	20		34867		290		894
武侯区	17023			14572				2451
成华区	4827	89		2507				2231
龙泉驿区	170186	430		157164	4021	100	722	7749
青白江区	36240	342		30370		15	2046	3467
都江堰市	156884			149303	602			6979
金堂县	21445	80		19466		320	325	1254
双流县	408899	500		378203	3400		1000	25796
温江区	100156	120		88716	659	180	181	10300
郫县	110906	255		108063		170	500	1918
新都区	107277	472		98013	1405	327	938	6122
彭州市	30940	300		27202		102	220	3116
崇州市	36032	358		31305	354	139	330	3546
大邑县	19342	513		17286		93	283	1167
邛崃市	49567	531		45574				3462
蒲江县	4660	177		3644			104	735
新津县	39930	150		36191		99	8	3482
高新区	374072			355101		379		18592
自贡市小计	**57882**	**237**		**44125**	**5672**	**59**	**2346**	**5443**
本级	34814			25242	4796		2046	2730
区县级小计	23068	237		18883	876	59	300	2713
自流井区	1645	41		1358				246
贡井区	2788	50		2528				210
大安区	4192			3967				225
沿滩区	1905			1758				147
荣县	6791	146		5860	64			721
富顺县	5747			3412	812	59	300	1164
攀枝花市小计	**102619**	**151**		**74365**	**5247**	**70**	**1200**	**21586**
本级	51144	1		34720	2374		1200	12849
区县级小计	51475	150		39645	2873	70		8737
东区	2917			1729				1188

三、各省、自治区、直辖市地市县基金预算财政资料

3－23－3

单位:万元

地区	平衡部分											年终结余
	收入						支出					
	收入合计	本年收入	上年结余	补助收入	省补助单列市收入	调入资金	支出合计	本年支出	上解支出	单列市上解省支出	调出资金	
地市县合计	**6601098**	**5812130**	**501225**	**268897**		**18846**	**5545792**	**5541009**			**4783**	**1055306**
成都市小计	**4640284**	**4304025**	**284934**	**42408**		**8917**	**3975770**	**3975770**				**664514**
本级	2706639	2555656	185119	－43053		8917	2205945	2205945				500694
区县级小计	1933645	1748369	99815	85461			1769825	1769825				163820
锦江区	2583	1032	848	703			1209	1209				1374
青羊区	53484	38093	8295	7096			44159	44159				9325
金牛区	49476	29271	5452	14753			36071	36071				13405
武侯区	20590	3712	3838	13040			17023	17023				3567
成华区	6810	1049	2474	3287			4827	4827				1983
龙泉驿区	182716	162922	7143	12651			170186	170186				12530
青白江区	38729	36915	896	918			36240	36240				2489
都江堰市	166675	158943	5288	2444			156884	156884				9791
金堂县	21806	19118	1464	1224			21445	21445				361
双流县	422115	402720	14906	4489			408899	408899				13216
温江区	100838	97691	2096	1051			100156	100156				682
郫县	124039	120179	2186	1674			110906	110906				13133
新都区	108152	105403	676	2073			107277	107277				875
彭州市	37084	31644	2909	2531			30940	30940				6144
崇州市	37502	29883	725	6894			36032	36032				1470
大邑县	29160	27723	212	1225			19342	19342				9818
邛崃市	55463	51008	3060	1395			49567	49567				5896
蒲江县	7000	3975	774	2251			4660	4660				2340
新津县	41813	36962	3794	1057			39930	39930				1883
高新区	427610	390126	32779	4705			374072	374072				53538
自贡市小计	**120295**	**95001**	**18478**	**4516**		**2300**	**58473**	**57882**			**591**	**61822**
本级	86660	81088	11403	－8131		2300	35038	34814			224	51622
区县级小计	33635	13913	7075	12647			23435	23068			367	10200
自流井区	1688	135	72	1481			1645	1645				43
贡井区	3530	61	489	2980			2902	2788			114	628
大安区	4902	92	774	4036			4445	4192			253	457
沿滩区	3722	10	1535	2177			1905	1905				1817
荣县	9459	7443	1378	638			6791	6791				2668
富顺县	10334	6172	2827	1335			5747	5747				4587
攀枝花市小计	**108074**	**95416**	**5254**	**7404**			**102619**	**102619**				**5455**
本级	53137	77614	3068	－27545			50997	51144	－147			2140
区县级小计	54937	17802	2186	34949			51622	51475	147			3315
东区	4135	657	274	3204			2918	2917	1			1217

3－23－4　　　　　　　　　　　　　　　　　　　　　　　　　　单位:万元

地区	收支部分 收入 收入合计	养路费收入	公路客货运附加费收入	国有土地使用权出让金收入	新增建设用地土地有偿使用费收入	地方水利建设基金收入	城市公用事业附加收入	其他各项基金收入
西区	822	45						777
仁和区	1255	105						1150
米易县	11797			11568				229
盐边县	3271	18		1769				1484
泸州市小计	**86324**	**140**		**79569**				**6615**
本级	76217			72840				3377
区县级小计	10107	140		6729				3238
江阳区	336	99						237
龙马潭区	192							192
泸县	652			434				218
纳溪区	232	41						191
合江县	4041			3245				796
叙永县	2669			1745				924
古蔺县	1985			1305				680
德阳市小计	**197136**	**2106**		**172920**		**64**	**3355**	**18691**
本级	73056			64780			1119	7157
区县级小计	124080	2106		108140		64	2236	11534
旌阳区	43051	486		39214		24		3327
广汉市	35008	316		30763			655	3274
绵竹市	17236	188		15759			150	1139
中江县	7487	619		6343				525
什邡市	16188	185		12163		35	1080	2725
罗江县	5110	312		3898		5	351	544
绵阳市小计	**147182**	**822**		**124261**		**6**	**3659**	**18434**
本级	119730			106609			2570	10551
区县级小计	27452	822		17652		6	1089	7883
涪城区	1151	61						1090
游仙区	507	222						285
江油市	6955			4506			699	1750
安县	7261	162		5467			320	1312
梓潼县	2676			2224		6	20	426
平武县	651	10		350				291
北川县	1729			847				882
三台县	3666	193		2513			50	910
盐亭县	2123			1745				378
高新区	733	174						559
广元市小计	**24893**	**377**		**18646**			**317**	**5553**

3－23－5　　　　　　　　　　　　　　　　　　　　　　　单位:万元

地　　区	收支部分							
	支出							
	支出合计	养路费支出	公路客货运附加费支出	国有土地使用权出让金支出	新增建设用地土地有偿使用费支出	地方水利建设基金支出	城市公用事业附加支出	其他各项基金支出
西区	8292	34		7048				1210
仁和区	22098	116		17243	2341	60		2338
米易县	13336			11671	524			1141
盐边县	4832			1954	8	10		2860
泸州市小计	**82781**	**140**		**70507**	**4436**	**646**	**38**	**7014**
本级	63093			59133	2226	101	30	1603
区县级小计	19688	140		11374	2210	545	8	5411
江阳区	1684	99		1088		66		431
龙马潭区	1294			989		53		252
泸县	2543			439	701	36		1367
纳溪区	991	41		320		81	8	541
合江县	7329			4875	1509	48		897
叙永县	2807			2130		27		650
古蔺县	3040			1533		234		1273
德阳市小计	**201041**	**2102**		**175868**	**2740**	**978**	**2972**	**16381**
本级	73894			69342		112	700	3740
区县级小计	127147	2102		106526	2740	866	2272	12641
旌阳区	42992	486		38657	600	21		3228
广汉市	36036	315		30994	741	113	467	3406
绵竹市	16631	188		13367	1097	635	150	1194
中江县	9160	619		7187	220	33		1101
什邡市	16563	182		12269	82	24	1007	2999
罗江县	5765	312		4052		40	648	713
绵阳市小计	**145607**	**992**		**107864**	**14143**	**425**	**1797**	**20386**
本级	85675			73606	5880		712	5477
区县级小计	59932	992		34258	8263	425	1085	14909
涪城区	7203	62		4299				2842
游仙区	5311	230		3522				1559
江油市	10116			4666	2214	72	699	2465
安县	9758	208		6175	1172	40	316	1847
梓潼县	4938	15		2697	1294	66	20	846
平武县	1230	13		539		60		618
北川县	2651	59		1061	898	79		554
三台县	7238	193		2662	1655	48	50	2630
盐亭县	4060	12		2264	1030	60		694
高新区	7427	200		6373				854
广元市小计	**35605**	**377**		**19800**	**5214**	**325**	**317**	**9572**

3-23-6

单位:万元

地区	平衡部分											
	收入						支出					年终结余
	收入合计	本年收入	上年结余	补助收入	省补助单列市收入	调入资金	支出合计	本年支出	上解支出	单列市上解省支出	调出资金	
西区	8851	822	197	7832			8335	8292	43			516
仁和区	23548	1255	893	21400			22197	22098	99			1351
米易县	13340	11797	525	1018			13340	13336	4			
盐边县	5063	3271	297	1495			4832	4832				231
泸州市小计	**103996**	**86324**	**6916**	**10203**		**553**	**82781**	**82781**				**21215**
本级	80330	76217	4089	-290		314	63093	63093				17237
区县级小计	23666	10107	2827	10493		239	19688	19688				3978
江阳区	2359	336	72	1908		43	1684	1684				675
龙马潭区	1378	192	34	1115		37	1294	1294				84
泸县	2545	652	1	1856		36	2543	2543				2
纳溪区	1633	232	709	667		25	991	991				642
合江县	7448	4041	67	3313		27	7329	7329				119
叙永县	4303	2669	361	1250		23	2807	2807				1496
古蔺县	4000	1985	1583	384		48	3040	3040				960
德阳市小计	**231552**	**197136**	**24033**	**8860**		**1523**	**201041**	**201041**				**30511**
本级	92276	73056	20214	-1787		793	73894	73894				18382
区县级小计	139276	124080	3819	10647		730	127147	127147				12129
旌阳区	44353	43051	173	1129			42992	42992				1361
广汉市	37980	35008	1118	1754		100	36036	36036				1944
绵竹市	20791	17236	1005	1920		630	16631	16631				4160
中江县	10250	7487	398	2365			9160	9160				1090
什邡市	18301	16188	730	1383			16563	16563				1738
罗江县	7601	5110	395	2096			5765	5765				1836
绵阳市小计	**194176**	**147182**	**28135**	**17437**		**1422**	**145607**	**145607**				**48569**
本级	130372	119730	25202	-15720		1160	85675	85675				44697
区县级小计	63804	27452	2933	33157		262	59932	59932				3872
涪城区	8057	1151	635	6271			7203	7203				854
游仙区	5767	507	535	4558		167	5311	5311				456
江油市	10140	6955	14	3171			10116	10116				24
安县	10719	7261	1258	2105		95	9758	9758				961
梓潼县	5137	2676	9	2452			4938	4938				199
平武县	1555	651	153	751			1230	1230				325
北川县	3506	1729	275	1502			2651	2651				855
三台县	7256	3666	6	3584			7238	7238				18
盐亭县	4142	2123	10	2009			4060	4060				82
高新区	7525	733	38	6754			7427	7427				98
广元市小计	**36893**	**24893**	**2378**	**9622**			**35605**	**35605**				**1288**

3－23－7 单位：万元

地区	收支部分							
	收入							
	收入合计	养路费收入	公路客货运附加费收入	国有土地使用权出让金收入	新增建设用地土地有偿使用费收入	地方水利建设基金收入	城市公用事业附加收入	其他各项基金收入
本级	18227			15125			300	2802
区县级小计	6666	377		3521			17	2751
利州区	359	186						173
元坝区	301	82		24				195
朝天区	113						17	96
剑阁县	2614	109		1561				944
旺苍县	316							316
青川县	28							28
苍溪县	2935			1936				999
遂宁市小计	**34170**	**199**		**26519**			**330**	**7122**
本级	15950	1		10601			220	5128
区县级小计	18220	198		15918			110	1994
船山区	1233	31		873			80	249
蓬溪县	41							41
射洪县	12008	167		10202			30	1609
大英县	3778			3696				82
安居区	1160			1147				13
内江市小计	**53001**	**477**		**45741**			**1859**	**4924**
本级	28961			25647			492	2822
区县级小计	24040	477		20094			1367	2102
市中区	465	9		319				137
东兴区	312						140	172
资中县	9306	222		8139			456	489
威远县	3985	64		2531			575	815
隆昌县	9972	182		9105			196	489
乐山市小计	**111406**	**1431**		**94124**			**3208**	**12643**
本级	33924			30209			668	3047
区县级小计	77482	1431		63915			2540	9596
市中区	2664	500		1434				730
五通桥区	4055	222		2688			588	557
沙湾区	8049			5187			799	2063
金口河区	389						133	256
峨眉山市	41793	163		37889			576	3165
犍为县	6623			5023			190	1410
井研县	6190	195		5303			254	438
夹江县	4517	213		3835				469
沐川县	1007	120		747				140

3-23-8　　　　单位:万元

地区	收支部分 支出 支出合计	养路费支出	公路客货运附加费支出	国有土地使用权出让金支出	新增建设用地土地有偿使用费支出	地方水利建设基金支出	城市公用事业附加支出	其他各项基金支出
本级	21371			16280	1396		300	3395
区县级小计	14234	377		3520	3818	325	17	6177
利州区	1091	186			65	60		780
元坝区	1800	82		24	846	64		784
朝天区	1472				1292	10	17	153
剑阁县	3676	109		1561	188	52		1766
旺苍县	822				122	72		628
青川县	831				54			777
苍溪县	4542			1935	1251	67		1289
遂宁市小计	**47859**	**198**		**34953**	**2860**	**312**	**270**	**9266**
本级	7377			5598	320		160	1299
区县级小计	40482	198		29355	2540	312	110	7967
船山区	6026	31		4793		64	80	1058
蓬溪县	4346			646	2540	84		1076
射洪县	17574	167		14561		98	30	2718
大英县	7365			6154		66		1145
安居区	5171			3201				1970
内江市小计	**56893**	**425**		**46079**	**825**		**1419**	**8145**
本级	29331			26165			355	2811
区县级小计	27562	425		19914	825		1064	5334
市中区	1232	8		598				626
东兴区	1409			726			140	543
资中县	9949	189		7140	825		226	1569
威远县	3832	46		2105			502	1179
隆昌县	11140	182		9345			196	1417
乐山市小计	**108492**	**1253**		**85906**	**1738**	**55**	**3011**	**16529**
本级	25066			22212			400	2454
区县级小计	83426	1253		63694	1738	55	2611	14075
市中区	1872	367		1132				373
五通桥区	3986	208		2842			483	453
沙湾区	8085			5213			799	2073
金口河区	405			14			100	291
峨眉山市	44569	132		37917	1738		785	3997
犍为县	7436			5088		27	190	2131
井研县	6956	195		5405		1	254	1101
夹江县	4888	213		3303				1372
沐川县	1699	120		759				820

三、各省、自治区、直辖市地市县基金预算财政资料

3－23－9　　　　单位:万元

地区	平衡部分											
	收入						支出					年终结余
	收入合计	本年收入	上年结余	补助收入	省补助单列市收入	调入资金	支出合计	本年支出	上解支出	单列市上解省支出	调出资金	
本级	22388	18227	2112	2049			21371	21371				1017
区县级小计	14505	6666	266	7573			14234	14234				271
利州区	1091	359		732			1091	1091				
元坝区	1982	301	266	1415			1800	1800				182
朝天区	1472	113		1359			1472	1472				
剑阁县	3676	2614		1062			3676	3676				
旺苍县	890	316		574			822	822				68
青川县	831	28		803			831	831				
苍溪县	4563	2935		1628			4542	4542				21
遂宁市小计	**60670**	**34170**	**7602**	**18898**			**52051**	**47859**			**4192**	**8619**
本级	20150	15950	7566	－3366			11569	7377			4192	8581
区县级小计	40520	18220	36	22264			40482	40482				38
船山区	6034	1233	6	4795			6026	6026				8
蓬溪县	4346	41		4305			4346	4346				
射洪县	17604	12008	29	5567			17574	17574				30
大英县	7365	3778		3587			7365	7365				
安居区	5171	1160	1	4010			5171	5171				
内江市小计	**77528**	**53001**	**14483**	**10044**			**56893**	**56893**				**20635**
本级	39585	28961	6147	4477			29331	29331				10254
区县级小计	37943	24040	8336	5567			27562	27562				10381
市中区	1409	465	185	759			1232	1232				177
东兴区	1534	312	122	1100			1409	1409				125
资中县	13670	9306	2507	1857			9949	9949				3721
威远县	10115	3985	5522	608			3832	3832				6283
隆昌县	11215	9972		1243			11140	11140				75
乐山市小计	**132310**	**111406**	**13769**	**7115**		**20**	**108492**	**108492**				**23818**
本级	37732	33924	5011	－1203			24924	25066	－142			12808
区县级小计	94578	77482	8758	8318		20	83568	83426	142			11010
市中区	5584	2664	2240	680			2014	1872	142			3570
五通桥区	4436	4055		381			3986	3986				450
沙湾区	9227	8049	208	970			8085	8085				1142
金口河区	636	389	159	88			405	405				231
峨眉山市	45971	41793	3121	1057			44569	44569				1402
犍为县	7436	6623		813			7436	7436				
井研县	7350	6190	495	665			6956	6956				394
夹江县	7805	4517	2260	1028			4888	4888				2917
沐川县	1715	1007	31	677			1699	1699				16

3－23－10　　　　单位:万元

地　　区	收支部分 收入 收入合计	养路费收入	公路客货运附加费收入	国有土地使用权出让金收入	新增建设用地土地有偿使用费收入	地方水利建设基金收入	城市公用事业附加收入	其他各项基金收入
峨边县	1670	18		1360				292
马边县	525			449				76
南充市小计	**112061**	**434**	**12**	**104360**			**576**	**6679**
本级	53276			50010			429	2837
区县级小计	58785	434	12	54350			147	3842
顺庆区	17678	110		16596				972
高坪区	6894			6240				654
嘉陵区	4641	37		4456				148
南部县	11487			11268			69	150
营山县	3754			3546				208
蓬安县	4762			4055			42	665
仪陇县	4208	164		3815			36	193
西充县	3581	123		2830				628
阆中市	1780		12	1544				224
宜宾市小计	**86222**	**730**		**73738**			**939**	**10815**
本级	47084	158		42179			900	3847
区县级小计	39138	572		31559			39	6968
翠屏区	2488	33						2455
宜宾县	5426	194		4413				819
南溪县	4904	12		4312			27	553
江安县	6332			5771				561
长宁县	1397	128		742				527
高县	1262			906			12	344
筠连县	3302	32		2822				448
珙县	6983	86		6345				552
兴文县	6355	30		5904				421
屏山县	689	57		344				288
广安市小计	**66732**	**305**		**60371**			**128**	**5928**
本级	26638			23823				2815
区县级小计	40094	305		36548			128	3113
岳池县	14264			14187				77
武胜县	10705			8967			4	1734
广安区	6101	174		5208				719
邻水县	5874	131		5162			124	457
华蓥市	3150			3024				126
达州市小计	**136290**	**104**		**118548**		**712**	**1454**	**15472**
本级	39886			34217			1250	4419

3－23－11

单位：万元

地　　区	收支部分							
	支出							
	支出合计	养路费支出	公路客货运附加费支出	国有土地使用权出让金支出	新增建设用地土地有偿使用费支出	地方水利建设基金支出	城市公用事业附加支出	其他各项基金支出
峨边县	2700	18		1364		27		1291
马边县	830			657				173
南充市小计	**109229**	**434**	**12**	**91282**	**3484**	**77**	**1005**	**12935**
本级	40101			37660	965		272	1204
区县级小计	69128	434	12	53622	2519	77	733	11731
顺庆区	12826	110		11731				985
高坪区	8014			6616		27	130	1241
嘉陵区	6553	37		5531		10	30	945
南部县	15722			11833	936	30	73	2850
营山县	5125			3719	150		422	834
蓬安县	6154			4055	961	10	42	1086
仪陇县	7357	164		5763	146		36	1248
西充县	4025	123		2830	198			874
阆中市	3352		12	1544	128			1668
宜宾市小计	**92108**	**614**		**75322**	**1451**	**2180**	**459**	**12082**
本级	45909	229		39088	663	2180	206	3543
区县级小计	46199	385		36234	788		253	8539
翠屏区	11437			8655	250			2532
宜宾县	8203	174		6456	100			1473
南溪县	5303			4374			225	704
江安县	6395			5455	318			622
长宁县	1514	128		658	85			643
高县	1494			627	35		28	804
筠连县	3873	32		3097				744
珙县	4191			3611				580
兴文县	3123			2973				150
屏山县	666	51		328				287
广安市小计	**81172**	**281**		**59256**	**2684**	**878**	**459**	**17614**
本级	23799			22408		87		1304
区县级小计	57373	281		36848	2684	791	459	16310
岳池县	19020			14334	388	403		3895
武胜县	15324			9628	929	80	335	4352
广安区	5316	150		3720	159	138		1149
邻水县	13221	131		5430	1208	92	124	6236
华蓥市	4492			3736		78		678
达州市小计	**140860**	**40**		**110369**	**7485**	**3000**	**1438**	**18528**
本级	33933			28863	208	1196	1250	2416

3－23－12

单位:万元

地区	平衡部分											年终结余
	收入						支出					
	收入合计	本年收入	上年结余	补助收入	省补助单列市收入	调入资金	支出合计	本年支出	上解支出	单列市上解省支出	调出资金	
峨边县	2712	1670		1042			2700	2700				12
马边县	1706	525	244	917		20	830	830				876
南充市小计	**130362**	**112061**	**4482**	**13769**		**50**	**109229**	**109229**				**21133**
本级	55832	53276	1197	1309		50	40018	40101	－83			15814
区县级小计	74530	58785	3285	12460			69211	69128	83			5319
顺庆区	18208	17678	28	502			12908	12826	82			5300
高坪区	8015	6894		1121			8015	8014	1			
嘉陵区	6553	4641	1	1911			6553	6553				
南部县	15728	11487	570	3671			15722	15722				6
营山县	5125	3754	738	633			5125	5125				
蓬安县	6154	4762		1392			6154	6154				
仪陇县	7362	4208	1948	1206			7357	7357				5
西充县	4025	3581		444			4025	4025				
阆中市	3360	1780		1580			3352	3352				8
宜宾市小计	**126171**	**86222**	**31122**	**6647**		**2180**	**92108**	**92108**				**34063**
本级	61098	47084	19998	－8164		2180	45274	45909	－635			15824
区县级小计	65073	39138	11124	14811			46834	46199	635			18239
翠屏区	15684	2488	2498	10698			12072	11437	635			3612
宜宾县	12477	5426	5067	1984			8203	8203				4274
南溪县	6086	4904	592	590			5303	5303				783
江安县	7286	6332	573	381			6395	6395				891
长宁县	1638	1397	36	205			1514	1514				124
高县	1914	1262	130	522			1494	1494				420
筠连县	4168	3302	802	64			3873	3873				295
珙县	7372	6983	221	168			4191	4191				3181
兴文县	7349	6355	938	56			3123	3123				4226
屏山县	1099	689	267	143			666	666				433
广安市小计	**94790**	**66732**	**6252**	**21280**		**526**	**81172**	**81172**				**13618**
本级	33864	26638	3241	3645		340	23799	23799				10065
区县级小计	60926	40094	3011	17635		186	57373	57373				3553
岳池县	19060	14264	942	3778		76	19020	19020				40
武胜县	15407	10705	956	3746			15324	15324				83
广安区	8738	6101	1113	1444		80	5316	5316				3422
邻水县	13221	5874		7347			13221	13221				
华蓥市	4500	3150		1320		30	4492	4492				8
达州市小计	**160190**	**136290**	**10336**	**12312**		**1252**	**140860**	**140860**				**19330**
本级	44174	39886	7022	－3376		642	33881	33933	－52			10293

3－23－13

单位:万元

地区	收支部分							
	收入							
	收入合计	养路费收入	公路客货运附加费收入	国有土地使用权出让金收入	新增建设用地土地有偿使用费收入	地方水利建设基金收入	城市公用事业附加收入	其他各项基金收入
区县级小计	96404	104		84331		712	204	11053
通川区	11442			9354				2088
达县	19441			16887		712	131	1711
开江县	3991			2903				1088
宣汉县	25716			22648			73	2995
万源市	2664			1927				737
大竹县	14925			13896				1029
渠县	18225	104		16716				1405
资阳市小计	**80675**	**1318**		**72605**				**6752**
本级	24448	1180		22492				776
区县级小计	56227	138		50113				5976
雁江区	331							331
简阳市	43144			38274				4870
安岳县	7072	104		6818				150
乐至县	5680	34		5021				625
眉山市小计	**68273**	**388**		**57232**		**63**	**1155**	**9435**
本级	33564			28508			905	4151
区县级小计	34709	388		28724		63	250	5284
东坡区	793			470		63		260
仁寿县	10335	370		6839			239	2887
彭山县	10673			9360				1313
洪雅县	10137			9681				456
丹棱县	640	18		515				107
青神县	2131			1859			11	261
巴中市小计	**32899**	**157**		**21711**			**212**	**10819**
本级	17698			10473			68	7157
区县级小计	15201	157		11238			144	3662
巴州区	1058						104	954
南江县	6359			5619			40	700
通江县	2584	91		1983				510
平昌县	5200	66		3636				1498
雅安市小计	**7185**	**412**		**3344**				**3429**
本级	1895	43		697				1155
区县级小计	5290	369		2647				2274
雨城区	653	127						526
名山县	879			552				327
荥经县	396			62				334

3－23－14　　　　单位:万元

地区	收支部分 支出 支出合计	养路费支出	公路客货运附加费支出	国有土地使用权出让金支出	新增建设用地土地有偿使用费支出	地方水利建设基金支出	城市公用事业附加支出	其他各项基金支出
区县级小计	106927	40		81506	7277	1804	188	16112
通川区	16534			11772	1698	100		2964
达县	21264			17017	535	1009	131	2572
开江县	6587			2903	1677	96		1911
宣汉县	24216			18995	1318	122	57	3724
万源市	3063			1927	57	116		963
大竹县	18185			13896	1157	12		3120
渠县	17078	40		14996	835	349		858
资阳市小计	**101461**	**1421**		**76110**	**7342**	**30**		**16558**
本级	26480	1180		21840	2592			868
区县级小计	74981	241		54270	4750	30		15690
雁江区	2131			512	66			1553
简阳市	49810			38274	1841			9695
安岳县	13663	221		7889	2843			2710
乐至县	9377	20		7595		30		1732
眉山市小计	**64545**	**111**		**50142**	**1391**	**289**	**795**	**11817**
本级	28667			26013		30	545	2079
区县级小计	35878	111		24129	1391	259	250	9738
东坡区	3052			2017	427	190		418
仁寿县	13797	111		6120	964	42	239	6321
彭山县	2737			2268				469
洪雅县	13135			11459				1676
丹棱县	1128			727		27		374
青神县	2029			1538			11	480
巴中市小计	**58617**	**157**		**36163**	**8214**	**15**	**194**	**13874**
本级	19466			12347			50	7069
区县级小计	39151	157		23816	8214	15	144	6805
巴州区	6964			4872			104	1988
南江县	11185			9913		15	40	1217
通江县	11149	91		1991	8214			853
平昌县	9853	66		7040				2747
雅安市小计	**11170**	**434**		**4796**				**5940**
本级	2591	31		1317				1243
区县级小计	8579	403		3479				4697
雨城区	757	151		33				573
名山县	1777	9		1115				653
荥经县	517			59				458

3－23－15

单位:万元

地区	平衡部分											
	收入						支出					年终结余
	收入合计	本年收入	上年结余	补助收入	省补助单列市收入	调入资金	支出合计	本年支出	上解支出	单列市上解省支出	调出资金	
区县级小计	116016	96404	3314	15688		610	106979	106927	52			9037
通川区	16541	11442	1331	3768			16534	16534				7
达县	21298	19441	18	1674		165	21281	21264	17			17
开江县	7112	3991	495	2581		45	6592	6587	5			520
宣汉县	28504	25716	5	2660		123	24225	24216	9			4279
万源市	3214	2664	57	404		89	3072	3063	9			142
大竹县	18445	14925	218	3302			18185	18185				260
渠县	20902	18225	1190	1299		188	17090	17078	12			3812
资阳市小计	**106394**	**80675**	**5416**	**20303**			**101461**	**101461**				**4933**
本级	28770	24448	1493	2829			26480	26480				2290
区县级小计	77624	56227	3923	17474			74981	74981				2643
雁江区	3479	331	1377	1771			2131	2131				1348
简阳市	49810	43144		6666			49810	49810				
安岳县	13738	7072	1480	5186			13663	13663				75
乐至县	10597	5680	1066	3851			9377	9377				1220
眉山市小计	**88504**	**68273**	**6892**	**13339**			**64545**	**64545**				**23959**
本级	33562	33564	1777	－1779			28667	28667				4895
区县级小计	54942	34709	5115	15118			35878	35878				19064
东坡区	4706	793	1065	2848			3052	3052				1654
仁寿县	16540	10335	1978	4227			13797	13797				2743
彭山县	11758	10673	623	462			2737	2737				9021
洪雅县	13785	10137	648	3000			13135	13135				650
丹棱县	1762	640	528	594			1128	1128				634
青神县	6391	2131	273	3987			2029	2029				4362
巴中市小计	**60767**	**32899**	**1900**	**25968**			**58617**	**58617**				**2150**
本级	21504	17698	1791	2015			19466	19466				2038
区县级小计	39263	15201	109	23953			39151	39151				112
巴州区	6964	1058		5906			6964	6964				
南江县	11279	6359	94	4826			11185	11185				94
通江县	11160	2584	11	8565			11149	11149				11
平昌县	9860	5200	4	4656			9853	9853				7
雅安市小计	**19110**	**7185**	**6528**	**5397**			**11170**	**11170**				**7940**
本级	5704	1895	2934	875			2591	2591				3113
区县级小计	13406	5290	3594	4522			8579	8579				4827
雨城区	1747	653	636	458			757	757				990
名山县	2160	879	381	900			1777	1777				383
荥经县	723	396	178	149			517	517				206

3－23－16　　　　单位:万元

地　　区	收支部分 收入 收　入合　计	养路费收　入	公路客货运附加费收　　入	国有土地使用权出让金收入	新增建设用地土地有偿使用费收入	地方水利建设基金收　　入	城市公用事业附加收　　入	其他各项基金收入
汉源县	469	242		98				129
石棉县	477			186				291
天全县	615			281				334
芦山县	538			293				245
宝兴县	1263			1175				88
阿坝州小计	**11878**	**6**		**8227**				**3645**
本级	1016			314				702
区县级小计	10862	6		7913				2943
汶川县	794			249				545
理县	160			60				100
茂县	792			526				266
松潘县	159			87				72
九寨沟县	7542			6065				1477
金川县	75			48				27
小金县	204			155				49
黑水县	302			187				115
马尔康县	430			301				129
壤塘县	24	6		7				11
阿坝县	180			118				62
若尔盖县	117			61				56
红原县	73			49				24
卧龙特区	10							10
甘孜州小计	**2180**	**40**		**1169**				**971**
本级	243			122				121
区县级小计	1937	40		1047				850
康定县	596			333				263
泸定县	281	40		141				100
丹巴县	289			244				45
九龙县	236			50				186
雅江县	19			7				12
道孚县	18			4				14
炉霍县	43			9				34
甘孜县	9							9
新龙县	47			9				38
德格县	19			12				7
白玉县	76			42				34
石渠县	33			30				3

3－23－17

单位：万元

地区	收支部分							
	支出							
	支出合计	养路费支出	公路客货运附加费支出	国有土地使用权出让金支出	新增建设用地土地有偿使用费支出	地方水利建设基金支出	城市公用事业附加支出	其他各项基金支出
汉源县	560	239		49				272
石棉县	1891	4		92				1795
天全县	1254			944				310
芦山县	321			53				268
宝兴县	1502			1134				368
阿坝州小计	**8935**	**6**		**5641**		**22**		**3266**
本级	450							450
区县级小计	8485	6		5641		22		2816
汶川县	1017			40				977
理县	200			44				156
茂县	1056			605				451
松潘县	268			53				215
九寨沟县	4105			3926		7		172
金川县	182			58				124
小金县	281			168				113
黑水县	502			224				278
马尔康县	431			277				154
壤塘县	70	6		10		15		39
阿坝县	210			174				36
若尔盖县	82			37				45
红原县	61			25				36
卧龙特区	20							20
甘孜州小计	**4074**	**12**		**2296**		**50**		**1716**
本级	161							161
区县级小计	3913	12		2296		50		1555
康定县	1909			1544				365
泸定县	409	12		160				237
丹巴县	264			182				82
九龙县	250					20		230
雅江县	51							51
道孚县	61			16		10		35
炉霍县	107			9				98
甘孜县	51							51
新龙县	78			9				69
德格县	25			12		10		3
白玉县	131							131
石渠县	33			30				3

3－23－18

单位:万元

地区	平衡部分											
	收入						支出					年终结余
	收入合计	本年收入	上年结余	补助收入	省补助单列市收入	调入资金	支出合计	本年支出	上解支出	单列市上解省支出	调出资金	
汉源县	1172	469	589	114			560	560				612
石棉县	2029	477	241	1311			1891	1891				138
天全县	2074	615	530	929			1254	1254				820
芦山县	876	538	140	198			321	321				555
宝兴县	2625	1263	899	463			1502	1502				1123
阿坝州小计	**19643**	**11878**	**4951**	**2814**			**8935**	**8935**				**10708**
本级	3498	1016	2006	476			450	450				3048
区县级小计	16145	10862	2945	2338			8485	8485				7660
汶川县	1975	794	844	337			1017	1017				958
理县	375	160	124	91			200	200				175
茂县	1078	792	55	231			1056	1056				22
松潘县	481	159	97	225			268	268				213
九寨沟县	9653	7542	1371	740			4105	4105				5548
金川县	182	75		107			182	182				
小金县	281	204		77			281	281				
黑水县	502	302	34	166			502	502				
马尔康县	843	430	262	151			431	431				412
壤塘县	70	24		46			70	70				
阿坝县	343	180	113	50			210	210				133
若尔盖县	213	117	30	66			82	82				131
红原县	124	73		51			61	61				63
卧龙特区	25	10	15				20	20				5
甘孜州小计	**9064**	**2180**	**3029**	**3855**			**4074**	**4074**				**4990**
本级	3643	243	1623	1777			161	161				3482
区县级小计	5421	1937	1406	2078			3913	3913				1508
康定县	1910	596		1314			1909	1909				1
泸定县	590	281	183	126			409	409				181
丹巴县	465	289	140	36			264	264				201
九龙县	943	236	547	160			250	250				693
雅江县	61	19	7	35			51	51				10
道孚县	84	18	26	40			61	61				23
炉霍县	107	43		64			107	107				
甘孜县	85	9	25	51			51	51				34
新龙县	78	47		31			78	78				
德格县	34	19	5	10			25	25				9
白玉县	174	76	37	61			131	131				43
石渠县	33	33					33	33				

3－23－19

单位:万元

地区	收支部分							
	收入							
	收入合计	养路费收入	公路客货运附加费收入	国有土地使用权出让金收入	新增建设用地土地有偿使用费收入	地方水利建设基金收入	城市公用事业附加收入	其他各项基金收入
色达县	6			4				2
理塘县	5							5
巴塘县	28			6				22
乡城县	110			85				25
稻城县	37			14				23
得荣县	85			57				28
凉山州小计	**59181**	**629**		**47420**		**100**	**13**	**11019**
本级	14331			9346				4985
区县级小计	44850	629		38074		100	13	6034
西昌市	36884	200		34013		100	13	2558
木里县	62			2				60
盐源县	868	76		177				615
德昌县	699	71		335				293
会理县	1087			642				445
会东县	693			228				465
宁南县	822	164		480				178
普格县	161	32		40				89
布拖县	126			9				117
金阳县	434	18		278				138
昭觉县	196			48				148
喜德县	73			6				67
冕宁县	663	65		386				212
越西县	129			60				69
甘洛县	1510			1200				310
美姑县	129	3		3				123
雷波县	314			167				147

3－23－20　　　　单位:万元

地　　区	收支部分							
	支出							
	支　出 合　计	养路费 支　出	公路客货 运附加费 支　出	国有土地 使用权出 让金支出	新增建设用 地土地有偿 使用费支出	地方水利 建设基金 支　出	城市公用 事业附加 支　出	其他各项 基金支出
色达县								
理塘县	17							17
巴塘县	107			4				103
乡城县	165			144				21
稻城县	127			79		10		38
得荣县	128			107				21
凉山州小计	**54289**	**393**		**37380**		**582**	**172**	**15762**
本级	6931			1617		103		5211
区县级小计	47358	393		35763		479	172	10551
西昌市	37518	90		33767		107	172	3382
木里县	614							614
盐源县	747			35		5		707
德昌县	810			196				614
会理县	928			3		15		910
会东县	1586			626		322		638
宁南县	1130	164		530				436
普格县	189	37		14		15		123
布拖县	274			12				262
金阳县	467	12		281				174
昭觉县	397			4				393
喜德县	57			3				54
冕宁县	1625	90		39				1496
越西县	162			9				153
甘洛县	228			64				164
美姑县	182			4				178
雷波县	444			176		15		253

3－23－21

单位:万元

地区	平衡部分 收入 收入合计	本年收入	上年结余	补助收入	省补助单列市收入	调入资金	支出 支出合计	本年支出	上解支出	单列市上解省支出	调出资金	年终结余
色达县	25	6	19									25
理塘县	17	5		12			17	17				
巴塘县	135	28	20	87			107	107				28
乡城县	180	110	59	11			165	165				15
稻城县	250	37	183	30			127	127				123
得荣县	250	85	155	10			128	128				122
凉山州小计	**80325**	**59181**	**14335**	**6706**		**103**	**54289**	**54289**				**26036**
本级	23936	14331	8980	522		103	6931	6931				17005
区县级小计	56389	44850	5355	6184			47358	47358				9031
西昌市	38321	36884	389	1048			37518	37518				803
木里县	860	62	178	620			614	614				246
盐源县	1642	868	316	458			747	747				895
德昌县	1346	699	299	348			810	810				536
会理县	1922	1087	320	515			928	928				994
会东县	2213	693	1003	517			1586	1586				627
宁南县	1449	822	427	200			1130	1130				319
普格县	449	161	223	65			189	189				260
布拖县	415	126	86	203			274	274				141
金阳县	607	434	19	154			467	467				140
昭觉县	467	196	35	236			397	397				70
喜德县	243	73	128	42			57	57				186
冕宁县	3022	663	1170	1189			1625	1625				1397
越西县	395	129	168	98			162	162				233
甘洛县	2183	1510	538	135			228	228				1955
美姑县	327	129	16	182			182	182				145
雷波县	528	314	40	174			444	444				84

2007 年贵州省地市县财政基金预算收支平衡表

3－24－1

单位:万元

地　　区	收支部分							
	收入							
	收　入 合　计	养路费 收　入	公路客货 运附加费 收　　入	国有土地 使用权出 让金收入	新增建设用 地土地有偿 使用费收入	地方水利 建设基金 收　　入	城市公用 事业附加 收　　入	其他各项 基金收入
地市县合计	**575804**	**1056**		**495169**		**164**	**12839**	**66576**
贵阳市小计	**400396**	**337**		**367798**			**7576**	**24685**
本级	331664	337		309106			6660	15561
区县级小计	68732			58692			916	9124
乌当区	20369			18635			252	1482
花溪区	321							321
白云区	24706			22725			240	1741
南明区	1102							1102
云岩区	1397							1397
小河区	9367			8665				702
清镇市	5561			4749			1	811
开阳县	3512			2762				750
修文县	1152			323			423	406
息烽县	1245			833				412
六盘水市小计	**7500**	**38**		**2207**			**300**	**4955**
本级	3500	38		1424			300	1738
区县级小计	4000			783				3217
六枝特区	684			362				322
盘县	1995			319				1676
水城县	754			102				652
钟山区	567							567
遵义市小计	**62205**	**153**		**46315**		**59**	**3229**	**12449**
本级	17230	153		10687		5	2000	4385
区县级小计	44975			35628		54	1229	8064
红花岗区	319							319
汇川区	232							232
遵义县	12170			10943			256	971
桐梓县	6498			5001				1497
绥阳县	732			489				243
湄潭县	73			13				60
凤冈县	3394			3364				30
余庆县	3641			3279		2	83	277
仁怀市	9893			6298		52	55	3488
赤水市	4702			3603			702	397
习水县	294						83	211
正安县	1031			1017				14
道真自治县	249							249

三、各省、自治区、直辖市地市县基金预算财政资料

3－24－2　　　　　　　　　　　　　　　　　　　　单位:万元

地区	收支部分							
	支出							
	支出合计	养路费支出	公路客货运附加费支出	国有土地使用权出让金支出	新增建设用地土地有偿使用费支出	地方水利建设基金支出	城市公用事业附加支出	其他各项基金支出
地市县合计	**631872**	**783**		**494158**	**26202**	**3693**	**11102**	**95934**
贵阳市小计	**421568**			**384612**	**2314**	**184**	**6481**	**27977**
本级	339462			320104	430		5775	13153
区县级小计	82106			64508	1884	184	706	14824
乌当区	22073			19319	1010		80	1664
花溪区	2915			1610		165		1140
白云区	25567			23187	144			2236
南明区	4043			3261				782
云岩区	2443			1306				1137
小河区	10082			8855				1227
清镇市	5907			2210	571			3126
开阳县	4615			2641		4		1970
修文县	2540			1326			626	588
息烽县	1921			793	159	15		954
六盘水市小计	**10344**	**74**		**2286**	**2500**		**300**	**5184**
本级	6530	24		1963	2500		300	1743
区县级小计	3814	50		323				3441
六枝特区	546			239				307
盘县	2270	50		32				2188
水城县	344			52				292
钟山区	654							654
遵义市小计	**68445**	**173**		**39487**	**7010**	**2267**	**2978**	**16530**
本级	13346	173		6615		514	2000	4044
区县级小计	55099			32872	7010	1753	978	12486
红花岗区	1277			487		28		762
汇川区	1070			211	416	133		310
遵义县	15996			10026	2678	420	256	2616
桐梓县	6395			5476		141		778
绥阳县	586			157				429
湄潭县	1030			24	392	49		565
凤冈县	2467			2032	310	43		82
余庆县	3489			2768		57	45	619
仁怀市	10678			5631	896	419		3732
赤水市	5340			3585	522	150	608	475
习水县	296					141	19	136
正安县	2304			1017	1150	33		104
道真自治县	1370				269	98		1003

3-24-3

单位:万元

地区	平衡部分											
	收入						支出					年终结余
	收入合计	本年收入	上年结余	补助收入	省补助单列市收入	调入资金	支出合计	本年支出	上解支出	单列市上解省支出	调出资金	
地市县合计	**818248**	**575804**	**125939**	**114328**		**2177**	**631872**	**631872**				**186376**
贵阳市小计	**515171**	**400396**	**85807**	**28968**			**421568**	**421568**				**93603**
本级	394864	331664	65478	-2278			339462	339462				55402
区县级小计	120307	68732	20329	31246			82106	82106				38201
乌当区	28630	20369	2437	5824			22073	22073				6557
花溪区	5453	321	1028	4104			2915	2915				2538
白云区	26940	24706	1333	901			25567	25567				1373
南明区	17827	1102	5971	10754			4043	4043				13784
云岩区	6387	1397	2269	2721			2443	2443				3944
小河区	10869	9367	996	506			10082	10082				787
清镇市	10844	5561	1109	4174			5907	5907				4937
开阳县	5395	3512	1025	858			4615	4615				780
修文县	2950	1152	1128	670			2540	2540				410
息烽县	5012	1245	3033	734			1921	1921				3091
六盘水市小计	**14664**	**7500**	**3735**	**3429**			**10344**	**10344**				**4320**
本级	7096	3500	1156	2440			6182	6530	-348			914
区县级小计	7568	4000	2579	989			4162	3814	348			3406
六枝特区	1204	684	408	112			707	546	161			497
盘县	2826	1995	234	597			2412	2270	142			414
水城县	2339	754	1332	253			389	344	45			1950
钟山区	1199	567	605	27			654	654				545
遵义市小计	**93624**	**62205**	**12147**	**17187**		**2085**	**68445**	**68445**				**25179**
本级	19256	17230	1782	-1604		1848	13346	13346				5910
区县级小计	74368	44975	10365	18791		237	55099	55099				19269
红花岗区	3016	319	919	1778			1277	1277				1739
汇川区	2293	232	1184	816		61	1070	1070				1223
遵义县	19154	12170	2138	4846			15996	15996				3158
桐梓县	8541	6498	833	1210			6395	6395				2146
绥阳县	2792	732	476	1584			586	586				2206
湄潭县	1463	73	387	1003			1030	1030				433
凤冈县	4538	3394	572	572			2467	2467				2071
余庆县	5505	3641	955	909			3489	3489				2016
仁怀市	11915	9893	663	1359			10678	10678				1237
赤水市	5678	4702	467	333		176	5340	5340				338
习水县	2730	294	843	1593			296	296				2434
正安县	2311	1031	7	1273			2304	2304				7
道真自治县	1423	249	745	429			1370	1370				53

3－24－4

单位:万元

地区	收支部分							
	收入							
	收入合计	养路费收入	公路客货运附加费收入	国有土地使用权出让金收入	新增建设用地土地有偿使用费收入	地方水利建设基金收入	城市公用事业附加收入	其他各项基金收入
务川自治县	1747			1621			50	76
安顺市小计	**29448**	**47**		**24532**			**751**	**4118**
本级	13329	47		9987			738	2557
区县级小计	16119			14545			13	1561
西秀区	10598			9884				714
平坝县	406			325				81
普定县	861			655				206
镇宁自治县	1592			1275				317
关岭自治县	1950			1811				139
紫云自治县	712			595			13	104
黔南自治州小计	**19309**			**15513**		**42**	**856**	**2898**
本级	4067			3029				1038
区县级小计	15242			12484		42	856	1860
都匀市	1805			698		42	667	398
独山县	1112			915				197
平塘县	362			295				67
荔波县	418			310				108
三都水族自治县	44			16				28
福泉市	575			228			114	233
瓮安县	187			71				116
贵定县	4412			4245			10	157
龙里县	4798			4589				209
惠水县	391			233			65	93
长顺县	387			242				145
罗甸县	751			642				109
黔东南自治州小计	**14004**	**298**		**9161**		**4**	**113**	**4428**
本级	4789	298		4244				247
区县级小计	9215			4917		4	113	4181
凯里市	1574			808				766
黄平县	377			49			63	265
麻江县	687			359				328
丹寨县	470			219				251
雷山县	54			9				45
施秉县	37							37
镇远县	239			100				139
三穗县	1995			1788		4		203
岑巩县	133			30				103

3－24－5　　　　单位:万元

地区	收支部分							
	支出							
	支出合计	养路费支出	公路客货运附加费支出	国有土地使用权出让金支出	新增建设用地土地有偿使用费支出	地方水利建设基金支出	城市公用事业附加支出	其他各项基金支出
务川自治县	2801			1458	377	41	50	875
安顺市小计	**32848**	**75**		**23986**	**859**		**756**	**7172**
本级	10951	75		8882			735	1259
区县级小计	21897			15104	859		21	5913
西秀区	11204			10249			10	945
平坝县	1901			386	259			1256
普定县	2206			899				1307
镇宁自治县	3002			1427				1575
关岭自治县	2244			1676				568
紫云自治县	1340			467	600		11	262
黔南自治州小计	**22844**			**13327**	**2111**	**167**	**478**	**6761**
本级	4069			2433	20	58		1558
区县级小计	18775			10894	2091	109	478	5203
都匀市	2158			1282		45	318	513
独山县	1282			109	847			326
平塘县	406			294				112
荔波县	481			235		64		182
三都水族自治县	213							213
福泉市	555			14			100	441
瓮安县	691			22				669
贵定县	4898			4245			10	643
龙里县	4836			3968				868
惠水县	461			50			50	361
长顺县	1630			249	1244			137
罗甸县	1164			426				738
黔东南自治州小计	**18777**	**238**		**7530**	**2938**	**174**	**69**	**7828**
本级	6365	238		2835	2938			354
区县级小计	12412			4695		174	69	7474
凯里市	1590			740				850
黄平县	687			11		50	50	576
麻江县	570			341				229
丹寨县	840			583		35		222
雷山县	155			7		84		64
施秉县	72			1				71
镇远县	50			1				49
三穗县	2045			1763		5		277
岑巩县	245			31				214

3－24－6

单位:万元

地区	平衡部分											
	收入						支出					年终结余
	收入合计	本年收入	上年结余	补助收入	省补助单列市收入	调入资金	支出合计	本年支出	上解支出	单列市上解省支出	调出资金	
务川自治县	3009	1747	176	1086			2801	2801				208
安顺市小计	**38144**	**29448**	**1745**	**6951**			**32848**	**32848**				**5296**
本级	13178	13329	87	－238			10951	10951				2227
区县级小计	24966	16119	1658	7189			21897	21897				3069
西秀区	13006	10598	875	1533			11204	11204				1802
平坝县	1901	406		1495			1901	1901				
普定县	2245	861	182	1202			2206	2206				39
镇宁自治县	3263	1592	317	1354			3002	3002				261
关岭自治县	2474	1950	47	477			2244	2244				230
紫云自治县	2077	712	237	1128			1340	1340				737
黔南自治州小计	**37076**	**19309**	**7035**	**10732**			**22844**	**22844**				**14232**
本级	9468	4067	1160	4241			4069	4069				5399
区县级小计	27608	15242	5875	6491			18775	18775				8833
都匀市	3698	1805	1685	208			2158	2158				1540
独山县	2998	1112	898	988			1282	1282				1716
平塘县	561	362	131	68			406	406				155
荔波县	891	418	329	144			481	481				410
三都水族自治县	732	44	499	189			213	213				519
福泉市	1430	575	815	40			555	555				875
瓮安县	782	187		595			691	691				91
贵定县	5255	4412	357	486			4898	4898				357
龙里县	5649	4798	305	546			4836	4836				813
惠水县	880	391	339	150			461	461				419
长顺县	1958	387	191	1380			1630	1630				328
罗甸县	2774	751	326	1697			1164	1164				1610
黔东南自治州小计	**31004**	**14004**	**5430**	**11548**		**22**	**18777**	**18777**				**12227**
本级	11097	4789	1391	4917			6365	6365				4732
区县级小计	19907	9215	4039	6631		22	12412	12412				7495
凯里市	2369	1574	556	239			1590	1590				779
黄平县	1042	377	195	470			687	687				355
麻江县	1495	687	382	426			570	570				925
丹寨县	1029	470	67	492			840	840				189
雷山县	188	54	40	94			155	155				33
施秉县	177	37	87	53			72	72				105
镇远县	712	239	429	44			50	50				662
三穗县	2745	1995	277	473			2045	2045				700
岑巩县	448	133	58	257			245	245				203

3－24－7 单位:万元

地区	收支部分							
	收入							
	收入合计	养路费收入	公路客货运附加费收入	国有土地使用权出让金收入	新增建设用地土地有偿使用费收入	地方水利建设基金收入	城市公用事业附加收入	其他各项基金收入
天柱县	282			134				148
锦屏县	330			6				324
黎平县	122			106				16
榕江县	1059			88				971
从江县	135							135
剑河县	428			6			50	372
台江县	1293			1215				78
毕节地区小计	**18274**			**9113**				**9161**
本级	4545			3040				1505
区县级小计	13729			6073				7656
毕节市	4102			3596				506
大方县	1888			471				1417
黔西县	524							524
金沙县	832			213				619
织金县	1782			1200				582
纳雍县	618							618
威宁自治县	989			593				396
赫章县	2994							2994
铜仁地区小计	**9084**			**6992**		**50**		**2042**
本级	1044							1044
区县级小计	8040			6992		50		998
铜仁市	34							34
松桃苗族自治县	222					50		172
玉屏侗族自治县	637			472				165
万山特区	204			116				88
江口县	2689			2590				99
石阡县	98							98
印江自治县	1182			1172				10
思南县	2483			2299				184
德江县	456			343				113
沿河土家族自治县	35							35
黔西南自治州小计	**15584**	**183**		**13538**		**9**	**14**	**1840**
本级	1917	183		998				736
区县级小计	13667			12540		9	14	1104
兴义市	10193			9600		9		584
兴仁县	63							63
贞丰县	473			364				109

3－24－8

单位:万元

地区	收支部分							
	支出							
	支出合计	养路费支出	公路客货运附加费支出	国有土地使用权出让金支出	新增建设用地土地有偿使用费支出	地方水利建设基金支出	城市公用事业附加支出	其他各项基金支出
天柱县	758			205				553
锦屏县	1237			1				1236
黎平县	323			46				277
榕江县	843			52				791
从江县	118			1				117
剑河县	1901			1			19	1881
台江县	978			911				67
毕节地区小计	**20007**			**6320**	**784**	**193**		**12710**
本级	1941			1169		8		764
区县级小计	18066			5151	784	185		11946
毕节市	4303			3596		65		642
大方县	2927			482		30		2415
黔西县	3445				784	20		2641
金沙县	684							684
织金县	1802			480				1322
纳雍县	775					70		705
威宁自治县	1080			593				487
赫章县	3050							3050
铜仁地区小计	**16497**			**6029**	**4023**	**698**	**17**	**5730**
本级	2011			3	1394	100		514
区县级小计	14486			6026	2629	598	17	5216
铜仁市	613							613
松桃苗族自治县	573				150	273		150
玉屏侗族自治县	1769			492	930	30	4	313
万山特区	242			41	100			101
江口县	2355			2060	110	88	13	84
石阡县	203				150			53
印江自治县	1511			1172	110	207		22
思南县	2887			1751	929			207
德江县	670			510				160
沿河土家族自治县	3663				150			3513
黔西南自治州小计	**20542**	**223**		**10581**	**3663**	**10**	**23**	**6042**
本级	3787	223		859	2565			140
区县级小计	16755			9722	1098	10	23	5902
兴义市	10957			6741	1098	10		3108
兴仁县	101							101
贞丰县	900			506				394

3－24－9 单位:万元

地区	平衡部分											年终结余
	收入						支出					
	收入合计	本年收入	上年结余	补助收入	省补助单列市收入	调入资金	支出合计	本年支出	上解支出	单列市上解省支出	调出资金	
天柱县	889	282	210	397			758	758				131
锦屏县	1471	330	265	854		22	1237	1237				234
黎平县	1004	122	260	622			323	323				681
榕江县	1637	1059	511	67			843	843				794
从江县	296	135	125	36			118	118				178
剑河县	2679	428	539	1712			1901	1901				778
台江县	1726	1293	38	395			978	978				748
毕节地区小计	**33180**	**18274**	**2040**	**12866**			**20007**	**20007**				**13173**
本级	10223	4545	912	4766			1941	1941				8282
区县级小计	22957	13729	1128	8100			18066	18066				4891
毕节市	4356	4102		254			4303	4303				53
大方县	2927	1888	11	1028			2927	2927				
黔西县	4047	524	502	3021			3445	3445				602
金沙县	1654	832		822			684	684				970
织金县	3527	1782	217	1528			1802	1802				1725
纳雍县	1977	618	146	1213			775	775				1202
威宁自治县	1419	989	283	147			1080	1080				339
赫章县	3050	2994	－31	87			3050	3050				
铜仁地区小计	**22139**	**9084**	**2143**	**10912**			**16497**	**16497**				**5642**
本级	2740	1044	－119	1815			2011	2011				729
区县级小计	19399	8040	2262	9097			14486	14486				4913
铜仁市	1536	34	839	663			613	613				923
松桃苗族自治县	1015	222	245	548			573	573				442
玉屏侗族自治县	1789	637	53	1099			1769	1769				20
万山特区	484	204	121	159			242	242				242
江口县	3402	2689	126	587			2355	2355				1047
石阡县	250	98	2	150			203	203				47
印江自治县	1609	1182		427			1511	1511				98
思南县	4303	2483	533	1287			2887	2887				1416
德江县	1297	456	309	532			670	670				627
沿河土家族自治县	3714	35	34	3645			3663	3663				51
黔西南自治州小计	**33246**	**15584**	**5857**	**11735**		**70**	**20542**	**20542**				**12704**
本级	7294	1917	1953	3424			3787	3787				3507
区县级小计	25952	13667	3904	8311		70	16755	16755				9197
兴义市	15056	10193	1442	3351		70	10957	10957				4099
兴仁县	227	63	112	52			101	101				126
贞丰县	1780	473	762	545			900	900				880

3－24－10　　　　单位:万元

地　区	收支部分							
	收入							
	收　入合　计	养路费收　入	公路客货运附加费收　入	国有土地使用权出让金收入	新增建设用地土地有偿使用费收入	地方水利建设基金收　入	城市公用事业附加收　入	其他各项基金收入
册亨县	212			67				145
望谟县	18						14	4
普安县	137			59				78
晴隆县	6			2				4
安龙县	2565			2448				117

3－24－11　　　　单位:万元

地区	收支部分							
	支出							
	支出合计	养路费支出	公路客货运附加费支出	国有土地使用权出让金支出	新增建设用地土地有偿使用费支出	地方水利建设基金支出	城市公用事业附加支出	其他各项基金支出
册亨县	748			48				700
望谟县	508						23	485
普安县	266							266
晴隆县	326			40				286
安龙县	2949			2387				562

3－24－12　　　　单位:万元

地区	平衡部分 收入 收入合计	本年收入	上年结余	补助收入	省补助单列市收入	调入资金	支出 支出合计	本年支出	上解支出	单列市上解省支出	调出资金	年终结余
册亨县	1597	212	148	1237			748	748				849
望谟县	1438	18	234	1186			508	508				930
普安县	752	137	396	219			266	266				486
晴隆县	438	6	66	366			326	326				112
安龙县	4664	2565	744	1355			2949	2949				1715

2007 年云南省地市县财政基金预算收支平衡表

3－25－1　　　　单位:万元

地　　区	收支部分							
	收入							
	收　入 合　计	养路费 收　入	公路客货 运附加费 收　　入	国有土地 使用权出 让金收入	新增建设用 地土地有偿 使用费收入	地方水利 建设基金 收　　入	城市公用 事业附加 收　　入	其他各项 基金收入
地市县合计	**805787**	**3184**		**719608**	**－1352**		**55**	**84292**
昆明市小计	**607664**			**591848**				**15816**
本级	500741			489945				10796
区县级小计	106923			101903				5020
盘龙区	15323			14673				650
五华区	11703			10853				850
西山区	24569			24231				338
官渡区	10600			10600				
呈贡县	12772			10346				2426
安宁市	18945			18478				467
富民县	2871			2834				37
晋宁县								
宜良县	2198			2170				28
石林彝族自治县	2913			2851				62
嵩明县								
禄劝自治县	1285			1125				160
东川区	1265			1265				
寻甸回族自治县	2479			2477				2
昭通市小计	**2227**			**944**	**85**			**1198**
本级	693			305				388
区县级小计	1534			639	85			810
昭阳区	776			465				311
鲁甸县	200			100	85			15
巧家县	65			65				
盐津县								
大关县	9							9
永善县								
绥江县	79			9				70
镇雄县	59							59
彝良县								
威信县	39							39
水富县	307							307
曲靖市小计	**9085**	**221**		**2813**	**－1633**			**7684**
本级	6172	221		47				5904
区县级小计	2913			2766	－1633			1780
麒麟区	592			488				104
沾益县	－1051				－1633			582

3－25－2

单位:万元

地区	收支部分							
	支出							
	支出合计	养路费支出	公路客货运附加费支出	国有土地使用权出让金支出	新增建设用地土地有偿使用费支出	地方水利建设基金支出	城市公用事业附加支出	其他各项基金支出
地市县合计	**960031**	**2784**		**693701**	**141207**	**11629**	**2029**	**108681**
昆明市小计	**630996**			**580778**	**39614**	**753**	**29**	**9822**
本级	475923			435340	37823	10		2750
区县级小计	155073			145438	1791	743	29	7072
盘龙区	15782			15205		50		527
五华区	11419			10700				719
西山区	29177			28426		171		580
官渡区	40679			39416				1263
呈贡县	8078			7729		96		253
安宁市	20876			19548		30		1298
富民县	3579			3405		25	29	120
晋宁县	848			511		25		312
宜良县	1320			1193		10		117
石林彝族自治县	4140			3857		70		213
嵩明县	2103			3	1791	190		119
禄劝自治县	5849			5780		20		49
东川区	4626			3343				1283
寻甸回族自治县	6597			6322		56		219
昭通市小计	**9891**			**312**	**4965**	**1448**		**3166**
本级	766			38		40		688
区县级小计	9125			274	4965	1408		2478
昭阳区	883			53		65		765
鲁甸县	1149			18	905	35		191
巧家县	391			100	79	101		111
盐津县	220			7	8	89		116
大关县	568				456	83		29
永善县	590			14	332	121		123
绥江县	399				7	96		296
镇雄县	1885			50	1018	526		291
彝良县	1552				1451	30		71
威信县	898				693	156		49
水富县	590			32	16	106		436
曲靖市小计	**28065**	**221**		**4867**	**13259**	**919**		**8799**
本级	12523	221		906	5290	85		6021
区县级小计	15542			3961	7969	834		2778
麒麟区	1518			495	622	65		336
沾益县	1790			174	1328	45		243

3－25－3

单位:万元

地区	平衡部分											年终结余
	收入						支出					
	收入合计	本年收入	上年结余	补助收入	省补助单列市收入	调入资金	支出合计	本年支出	上解支出	单列市上解省支出	调出资金	
地市县合计	**1125535**	**805787**	**83658**	**235111**		**979**	**1004493**	**960031**			**44462**	**121042**
昆明市小计	**700071**	**607664**	**30799**	**61608**			**642093**	**630996**			**11097**	**57978**
本级	518107	500741	8282	9084			475923	475923				42184
区县级小计	181964	106923	22517	52524			166170	155073			11097	15794
盘龙区	16041	15323	94	624			15782	15782				259
五华区	11838	11703	30	105			11419	11419				419
西山区	31868	24569	6371	928			29177	29177				2691
官渡区	47256	10600	14521	22135			40679	40679				6577
呈贡县	14556	12772		1784			14556	8078			6478	
安宁市	20877	18945	1	1931			20876	20876				1
富民县	3703	2871	127	705			3579	3579				124
晋宁县	1694			1694			848	848				846
宜良县	8250	2198	1222	4830			3518	1320			2198	4732
石林彝族自治县	4140	2913		1227			4140	4140				
嵩明县	2103			2103			2103	2103				
禄劝自治县	6816	1285	135	5396			6756	5849			907	60
东川区	5976	1265	16	4695			5891	4626			1265	85
寻甸回族自治县	6846	2479		4367			6846	6597			249	
昭通市小计	**15459**	**2227**	**4799**	**8433**			**10955**	**9891**			**1064**	**4504**
本级	2655	693	2105	－143			766	766				1889
区县级小计	12804	1534	2694	8576			10189	9125			1064	2615
昭阳区	3150	776	1769	605			1270	883			387	1880
鲁甸县	1316	200	88	1028			1184	1149			35	132
巧家县	486	65	30	391			486	391			95	
盐津县	220			220			220	220				
大关县	928	9	356	563			568	568				360
永善县	646		115	531			590	590				56
绥江县	496	79	65	352			409	399			10	87
镇雄县	1936	59	19	1858			1885	1885				51
彝良县	1567			1567			1552	1552				15
威信县	915	39		876			915	898			17	
水富县	1144	307	252	585			1110	590			520	34
曲靖市小计	**34551**	**9085**	**7674**	**17792**			**28065**	**28065**				**6486**
本级	13324	6172	647	6505			12523	12523				801
区县级小计	21227	2913	7027	11287			15542	15542				5685
麒麟区	1518	592		926			1518	1518				
沾益县	3047	－1051	2455	1643			1790	1790				1257

3－25－4

单位:万元

地　　区	收支部分 收入 收入合计	养路费收入	公路客货运附加费收入	国有土地使用权出让金收入	新增建设用地土地有偿使用费收入	地方水利建设基金收入	城市公用事业附加收入	其他各项基金收入
马龙县								
宣威市	1483			1367				116
富源县	406			406				
罗平县	223			223				
师宗县	728							728
陆良县	201			149				52
会泽县	331			133				198
玉溪市小计	**51370**	**421**		**45463**				**5486**
本级	37115	159		33235				3721
区县级小计	14255	262		12228				1765
红塔区	3718	2		3446				270
通海县	848	74		658				116
江川县	749	61		415				273
澄江县	3312			3310				2
华宁县	1744			1744				
易门县	1342	19		1270				53
峨山彝族自治县	993	90						903
新平自治县	560			425				135
元江自治县	989	16		960				13
红河自治州小计	**24813**	**819**		**13144**			**55**	**10795**
本级	9015	321						8694
区县级小计	15798	498		13144			55	2101
个旧市	357	43		13			55	246
开远市	12980	151		12568				261
蒙自县	596	72						524
建水县	398			173				225
石屏县	64	16						48
弥勒县	534	73		245				216
泸西县	384	137		144				103
屏边苗族自治县	17	4						13
河口瑶族自治县	127	2						125
金平自治县	187							187
元阳县	92							92
红河县	12			1				11
绿春县	50							50
文山自治州小计	**27**							**27**
本级	－6							－6

3－25－5

单位:万元

地区	收支部分							
	支出							
	支出合计	养路费支出	公路客货运附加费支出	国有土地使用权出让金支出	新增建设用地土地有偿使用费支出	地方水利建设基金支出	城市公用事业附加支出	其他各项基金支出
马龙县	208				10	6		192
宣威市	3317			2265	287	403		362
富源县	540			416		35		89
罗平县	2890			263	2511	55		61
师宗县	1225			175	113	105		832
陆良县	2043			53	1453	90		447
会泽县	2011			120	1645	30		216
玉溪市小计	**33601**	**319**		**23836**	**1964**	**730**		**6752**
本级	15638	122		11573	455	330		3158
区县级小计	17963	197		12263	1509	400		3594
红塔区	3867	2		3446		20		399
通海县	1097	74		661	140	10		212
江川县	890	61		421	25	35		348
澄江县	3603			3313		15		275
华宁县	2040			1745		55		240
易门县	2735	19		1271	1261	20		164
峨山彝族自治县	1237	25		6		120		1086
新平自治县	1060			434	29	110		487
元江自治县	1434	16		966	54	15		383
红河自治州小计	**40959**	**712**		**13453**	**9380**	**1315**	**59**	**16040**
本级	9979	242		115	47	30		9545
区县级小计	30980	470		13338	9333	1285	59	6495
个旧市	756	43		45	117	60	55	436
开远市	13462	121		12237	204	50		850
蒙自县	2027	72		169	973	180		633
建水县	1667			150	552	90	4	871
石屏县	2669	16		71	2167	110		305
弥勒县	2687	76		423	1807	15		366
泸西县	3722	137		167	2968	180		270
屏边苗族自治县	274	3		6	13	70		182
河口瑶族自治县	980	2		18	269	150		541
金平自治县	643			25	89	105		424
元阳县	655			6	95	100		454
红河县	189			21	71	45		52
绿春县	1249				8	130		1111
文山自治州小计	**12242**			**262**	**5517**	**824**		**5639**
本级	6998			2	5435			1561

3－25－6

单位：万元

地区	平衡部分											
	收入						支出					年终结余
	收入合计	本年收入	上年结余	补助收入	省补助单列市收入	调入资金	支出合计	本年支出	上解支出	单列市上解省支出	调出资金	
马龙县	335		74	261			208	208				127
宣威市	7039	1483	3775	1781			3317	3317				3722
富源县	557	406		151			540	540				17
罗平县	2913	223		2690			2890	2890				23
师宗县	1278	728	171	379			1225	1225				53
陆良县	2208	201	62	1945			2043	2043				165
会泽县	2332	331	490	1511			2011	2011				321
玉溪市小计	**58894**	**51370**	**2646**	**4878**			**56991**	**33601**			**23390**	**1903**
本级	40852	37115	2623	1114			39028	15638			23390	1824
区县级小计	18042	14255	23	3764			17963	17963				79
红塔区	3867	3718		149			3867	3867				
通海县	1097	848		249			1097	1097				
江川县	890	749		141			890	890				
澄江县	3603	3312		291			3603	3603				
华宁县	2040	1744		296			2040	2040				
易门县	2735	1342		1393			2735	2735				
峨山彝族自治县	1314	993	22	299			1237	1237				77
新平自治县	1062	560	1	501			1060	1060				2
元江自治县	1434	989		445			1434	1434				
红河自治州小计	**44632**	**24813**	**3980**	**15839**			**41654**	**40959**			**695**	**2978**
本级	11294	9015	1984	295			9979	9979				1315
区县级小计	33338	15798	1996	15544			31675	30980			695	1663
个旧市	756	357		399			756	756				
开远市	14125	12980	375	770			13658	13462			196	467
蒙自县	2160	596	95	1469			2027	2027				133
建水县	1960	398	183	1379			1667	1667				293
石屏县	3382	64	713	2605			3168	2669			499	214
弥勒县	3065	534	268	2263			2687	2687				378
泸西县	3841	384	225	3232			3722	3722				119
屏边苗族自治县	329	17	84	228			274	274				55
河口瑶族自治县	980	127		853			980	980				
金平自治县	643	187	20	436			643	643				
元阳县	655	92		563			655	655				
红河县	193	12	33	148			189	189				4
绿春县	1249	50		1199			1249	1249				
文山自治州小计	**14711**	**27**	**1027**	**13369**		**288**	**14030**	**12242**			**1788**	**681**
本级	8869	－6	477	8191		207	8705	6998			1707	164

3－25－7 单位:万元

地　　区	收　支　部　分							
	收　入							
	收　入 合　计	养路费 收　入	公路客货 运附加费 收　入	国有土地 使用权出 让金收入	新增建设用 地土地有偿 使用费收入	地方水利 建设基金 收　入	城市公用 事业附加 收　入	其他各项 基金收入
区县级小计	33							33
文山县								
砚山县								
西畴县								
麻栗坡县								
马关县	33							33
丘北县								
广南县								
富宁县								
普洱市小计	**13930**	**8**		**988**	**195**			**12739**
本级	2756			664	91			2001
区县级小计	11174	8		324	104			10738
思茅区	2440	8						2432
宁洱自治县	3324			1	6			3317
墨江自治县	1352							1352
景谷自治县	216			216				
镇沅自治县	1843			107	15			1721
景东彝族自治县	839							839
江城自治县	140							140
澜沧拉祜族自治县	937				16			921
孟连自治县								
西盟自治县	83				67			16
版纳州小计	**2930**	**238**		**1386**				**1306**
本级	522							522
区县级小计	2408	238		1386				784
景洪市	1623	140		1386				97
勐海县	288	35						253
勐腊县	497	63						434
楚雄彝族自治州小计	**13249**	**212**		**9076**				**3961**
本级	5532	212		3961				1359
区县级小计	7717			5115				2602
楚雄市	3647			3348				299
双柏县	105							105
牟定县	1308			25				1283
南华县	79							79
姚安县	93			20				73
大姚县	508			327				181

3－25－8　　　　　　　　　　　　　　　　　　　　　　　　　　单位:万元

地　　区	收	支	部	分				
	支			出				
	支出合计	养路费支出	公路客货运附加费支出	国有土地使用权出让金支出	新增建设用地土地有偿使用费支出	地方水利建设基金支出	城市公用事业附加支出	其他各项基金支出
区县级小计	5244			260	82	824		4078
文山县	345			91	10	75		169
砚山县	188			43	11	60		74
西畴县	337			23		200		114
麻栗坡县	512			32	8	50		422
马关县	192			11	10	30		141
丘北县	441			10	11	87		333
广南县	590				22	200		368
富宁县	2639			50	10	122		2457
普洱市小计	**26992**	**64**		**1248**	**7370**	**550**	**1909**	**15851**
本级	4397			651	125	90		3531
区县级小计	22595	64		597	7245	460	1909	12320
思茅区	3999	8		1	415	35		3540
宁洱自治县	3449			1		53	1813	1582
墨江自治县	1382			3	80	30		1269
景谷自治县	3835			242	3374	155		64
镇沅自治县	2103			35	60	25	91	1892
景东彝族自治县	1562	56		278	764		5	459
江城自治县	2415			2	456	25		1932
澜沧拉祜族自治县	2073			18	445	94		1516
孟连自治县	1211			14	1176			21
西盟自治县	566			3	475	43		45
版纳州小计	**9333**	**238**		**1662**	**4935**	**300**		**2198**
本级	1193			202	40			951
区县级小计	8140	238		1460	4895	300		1247
景洪市	3686	140		1423	1623	120		380
勐海县	2913	35		34	2341	140		363
勐腊县	1541	63		3	931	40		504
楚雄彝族自治州小计	**27369**	**115**		**7062**	**15694**	**1116**		**3382**
本级	2986	115		2061	76			734
区县级小计	24383			5001	15618	1116		2648
楚雄市	6252			3657	1782	100		713
双柏县	1167				634	62		471
牟定县	3012			905	1874	182		51
南华县	1642			27	1200	145		270
姚安县	3594			28	3225	138		203
大姚县	2448			149	1816	108		375

3－25－9

单位:万元

地区	平衡部分											
	收入						支出					
	收入合计	本年收入	上年结余	补助收入	省补助单列市收入	调资入金	支出合计	本年支出	上解支出	单列市上解省支出	调资出金	年终结余
区县级小计	5842	33	550	5178		81	5325	5244			81	517
文山县	706		361	264		81	426	345			81	280
砚山县	194		6	188			188	188				6
西畴县	502		150	352			337	337				165
麻栗坡县	515		3	512			512	512				3
马关县	253	33	28	192			192	192				61
丘北县	441			441			441	441				
广南县	592		2	590			590	590				2
富宁县	2639			2639			2639	2639				
普洱市小计	**33836**	**13930**	**4596**	**15310**			**29323**	**26992**			**2331**	**4513**
本级	8510	2756	4533	1221			4397	4397				4113
区县级小计	25326	11174	63	14089			24926	22595			2331	400
思茅区	3999	2440		1559			3999	3999				
宁洱自治县	4474	3324		1150			4474	3449			1025	
墨江自治县	2605	1352		1253			2605	1382			1223	
景谷自治县	3835	216		3619			3835	3835				
镇沅自治县	2115	1843	4	268			2103	2103				12
景东彝族自治县	1934	839	43	1052			1562	1562				372
江城自治县	2415	140		2275			2415	2415				
澜沧拉祜族自治县	2073	937		1136			2073	2073				
孟连自治县	1227		16	1211			1211	1211				16
西盟自治县	649	83		566			649	566			83	
版纳州小计	**9334**	**2930**	**18**	**6386**			**9333**	**9333**				**1**
本级	1194	522	18	654			1193	1193				1
区县级小计	8140	2408		5732			8140	8140				
景洪市	3686	1623		2063			3686	3686				
勐海县	2913	288		2625			2913	2913				
勐腊县	1541	497		1044			1541	1541				
楚雄彝族自治州小计	**34301**	**13249**	**2748**	**17734**		**570**	**29256**	**27369**			**1887**	**5045**
本级	7074	5532	2184	－1212		570	2986	2986				4088
区县级小计	27227	7717	564	18946			26270	24383			1887	957
楚雄市	6252	3647		2605			6252	6252				
双柏县	1167	105	35	1027			1167	1167				
牟定县	3538	1308	136	2094			3257	3012			245	281
南华县	1650	79	1	1570			1642	1642				8
姚安县	3594	93	3	3498			3594	3594				
大姚县	2982	508	334	2140			2448	2448				534

3－25－10

单位:万元

地区	收支部分 收入 收入合计	养路费收入	公路客货运附加费收入	国有土地使用权出让金收入	新增建设用地土地有偿使用费收入	地方水利建设基金收入	城市公用事业附加收入	其他各项基金收入
永仁县	210			198				12
元谋县	18							18
武定县	115							115
禄丰县	1634			1197				437
大理白族自治州小计	**65403**	**75**		**51434**				**13894**
本级	774			296				478
区县级小计	64629	75		51138				13416
大理市	61526			49498				12028
漾濞彝族自治县	45							45
祥云县	1194	18		1067				109
宾川县	302	52		124				126
弥渡县	342							342
南涧彝族自治县	236			165				71
巍山自治县	103			57				46
永平县	72			36				36
云龙县	120			61				59
洱源县	300							300
剑川县	254							254
鹤庆县	135	5		130				
保山市小计	**4088**	**885**		**1220**				**1983**
本级	1426	885		166				375
区县级小计	2662			1054				1608
隆阳区	365							365
施甸县	156			44				112
腾冲县	1371			710				661
昌宁县	427			197				230
龙陵县	343			103				240
德宏自治州小计	**4962**			**681**				**4281**
本级	2289			331				1958
区县级小计	2673			350				2323
潞西市	276							276
梁河县	265			92				173
盈江县	817			126				691
陇川县	372							372
瑞丽市	943			132				811
丽江市小计	**1677**			**93**				**1584**
本级	1244							1244

3－25－11

单位:万元

地　　区	收支部分：支出：支出合计	养路费支出	公路客货运附加费支出	国有土地使用权出让金支出	新增建设用地土地有偿使用费支出	地方水利建设基金支出	城市公用事业附加支出	其他各项基金支出
永仁县	703			201	240	113		149
元谋县	844			13	646	76		109
武定县	551			5	345	91		110
禄丰县	4170			16	3856	101		197
大理白族自治州小计	**76795**	**52**		**48522**	**11260**	**725**		**16236**
本级	1606			108	66			1432
区县级小计	75189	52		48414	11194	725		14804
大理市	63223			47628	4610	65		10920
漾濞彝族自治县	323			79	8	55		181
祥云县	4057			436	3184	135		302
宾川县	907	52		132	8	80		635
弥渡县	1887			48	1317	25		497
南涧彝族自治县	398			11	108			279
巍山自治县	161			4	9	15		133
永平县	296			20	8	10		258
云龙县	618			8	9	70		531
洱源县	1467			16	987	185		279
剑川县	1172			3	777	65		327
鹤庆县	680			29	169	20		462
保山市小计	**18127**	**732**		**10519**		**346**		**6530**
本级	1642	732		99		23		788
区县级小计	16485			10420		323		5742
隆阳区	1244			296				948
施甸县	2951			2503		60		388
腾冲县	5395			2223		48		3124
昌宁县	3764			3016		45		703
龙陵县	3131			2382		170		579
德宏自治州小计	**16041**			**375**	**11647**	**205**		**3814**
本级	1386			195	93			1098
区县级小计	14655			180	11554	205		2716
潞西市	5782			3	5321	50		408
梁河县	1341			2	1015	40		284
盈江县	3746			141	2758	35		812
陇川县	3090			6	2380	15		689
瑞丽市	696			28	80	65		523
丽江市小计	**10808**	**31**		**122**	**5916**	**443**		**4296**
本级	1749	31		41	42			1635

3－25－12

单位:万元

地区	平衡部分											
	收入						支出					年终结余
	收入合计	本年收入	上年结余	补助收入	省补助单列市收入	调入资金	支出合计	本年支出	上解支出	单列市上解省支出	调出资金	
永仁县	755	210	52	493			703	703				52
元谋县	844	18	3	823			844	844				
武定县	633	115		518			551	551				82
禄丰县	5812	1634		4178			5812	4170			1642	
大理白族自治州小计	**88593**	**65403**	**6537**	**16653**			**77363**	**76795**			**568**	**11230**
本级	5085	774	3107	1204			1647	1606			41	3438
区县级小计	83508	64629	3430	15449			75716	75189			527	7792
大理市	68440	61526	1637	5277			63359	63223			136	5081
漾濞彝族自治县	351	45	98	208			344	323			21	7
祥云县	5051	1194	264	3593			4173	4057			116	878
宾川县	911	302	2	607			907	907				4
弥渡县	2041	342	280	1419			1887	1887				154
南涧彝族自治县	738	236	247	255			398	398				340
巍山自治县	399	103	163	133			161	161				238
永平县	366	72	48	246			296	296				70
云龙县	845	120	132	593			618	618				227
洱源县	1592	300	17	1275			1467	1467				125
剑川县	1426	254		1172			1426	1172			254	
鹤庆县	1348	135	542	671			680	680				668
保山市小计	**23094**	**4088**	**7173**	**11822**		**11**	**18214**	**18127**			**87**	**4880**
本级	3713	1426	3668	－1381			1642	1642				2071
区县级小计	19381	2662	3505	13203		11	16572	16485			87	2809
隆阳区	1288	365	329	594			1244	1244				44
施甸县	3641	156	709	2776			2951	2951				690
腾冲县	6897	1371	1975	3540		11	5482	5395			87	1415
昌宁县	3835	427	264	3144			3764	3764				71
龙陵县	3720	343	228	3149			3131	3131				589
德宏自治州小计	**27455**	**4962**	**1866**	**20627**			**16225**	**16041**			**184**	**11230**
本级	9251	2289	771	6191			1386	1386				7865
区县级小计	18204	2673	1095	14436			14839	14655			184	3365
潞西市	7302	276		7026			5782	5782				1520
梁河县	1619	265	117	1237			1360	1341			19	259
盈江县	4067	817	193	3057			3911	3746			165	156
陇川县	3267	372	119	2776			3090	3090				177
瑞丽市	1949	943	666	340			696	696				1253
丽江市小计	**11962**	**1677**	**466**	**9709**		**110**	**10943**	**10808**			**135**	**1019**
本级	2448	1244	144	1060			1749	1749				699

3-25-13

单位:万元

地区	收支部分 收入 收入合计	养路费收入	公路客货运附加费收入	国有土地使用权出让金收入	新增建设用地土地有偿使用费收入	地方水利建设基金收入	城市公用事业附加收入	其他各项基金收入
区县级小计	433			93				340
古城区	52							52
永胜县	180			93				87
华坪县	59							59
宁蒗彝族自治县								
玉龙纳西族自治县	142							142
怒江傈僳族自治州小计	**2245**			**121**	**1**			**2123**
本级	169							169
区县级小计	2076			121	1			1954
兰坪自治县	148			14				134
福贡县	10							10
贡山自治县	206			107	1			98
泸水县	1712							1712
迪庆藏族自治州小计	**30**							**30**
本级	25							25
区县级小计	5							5
香格里拉县								
维西傈僳族自治县	5							5
德钦县								
临沧市小计	**2087**	**305**		**397**				**1385**
本级	860	305						555
区县级小计	1227			397				830
凤庆县	122							122
云县	168			70				98
临翔区	158			50				108
永德县	31							31
镇康县	27							27
双江自治县	514			277				237
耿马自治县	161							161
沧源佤族自治县	46							46

3－25－14　　单位:万元

地区	收支部分 支出 支出合计	养路费支出	公路客货运附加费支出	国有土地使用权出让金支出	新增建设用地土地有偿使用费支出	地方水利建设基金支出	城市公用事业附加支出	其他各项基金支出
区县级小计	9059			81	5874	443		2661
古城区	968			15	526	118		309
永胜县	2032			23	1748	20		241
华坪县	1142			12	814	43		273
宁蒗彝族自治县	1505			5	1007	205		288
玉龙纳西族自治县	3412			26	1779	57		1550
怒江傈僳族自治州小计	**3040**			**337**	**871**	**274**		**1558**
本级	482			42		20		420
区县级小计	2558			295	871	254		1138
兰坪自治县	1386			63	782	30		511
福贡县	328			3	89	69		167
贡山自治县	349			123		45		181
泸水县	495			106		110		279
迪庆藏族自治州小计	**1862**			**33**	**84**	**486**		**1259**
本级	1169			19	46	311		793
区县级小计	693			14	38	175		466
香格里拉县	420			6	20	40		354
维西傈僳族自治县	169			5		70		94
德钦县	104			3	18	65		18
临沧市小计	**13910**	**300**		**313**	**8731**	**1195**	**32**	**3339**
本级	1485	280		26	33	220		926
区县级小计	12425	20		287	8698	975	32	2413
凤庆县	1292	20		8	746	225		293
云县	1394			73	733	75		513
临翔区	3052			46	2532	115	32	327
永德县	335			4	8	140		183
镇康县	1615			11	1338	105		161
双江自治县	1473			130	915	65		363
耿马自治县	2676			9	2218	125		324
沧源佤族自治县	588			6	208	125		249

3-25-15 单位:万元

地区	平衡部分											
	收入						支出					
	收入合计	本年收入	上年结余	补助收入	省补助单列市收入	调入资金	支出合计	本年支出	上解支出	单列市上解省支出	调出资金	年终结余
区县级小计	9514	433	322	8649		110	9194	9059			135	320
古城区	968	52		916			968	968				
永胜县	2264	180	109	1975			2167	2032			135	97
华坪县	1142	59		973		110	1142	1142				
宁蒗彝族自治县	1728		213	1515			1505	1505				223
玉龙纳西族自治县	3412	142		3270			3412	3412				
怒江傈僳族自治州小计	**6149**	**2245**	**1768**	**2136**			**4240**	**3040**			**1200**	**1909**
本级	1127	169	1213	-255			482	482				645
区县级小计	5022	2076	555	2391			3758	2558			1200	1264
兰坪自治县	1655	148	238	1269			1386	1386				269
福贡县	431	10	79	342			328	328				103
贡山自治县	503	206	43	254			349	349				154
泸水县	2433	1712	195	526			1695	495			1200	738
迪庆藏族自治州小计	**2036**	**30**	**157**	**1849**			**1862**	**1862**				**174**
本级	1289	25	109	1155			1169	1169				120
区县级小计	747	5	48	694			693	693				54
香格里拉县	421			421			420	420				1
维西傈僳族自治县	222	5	48	169			169	169				53
德钦县	104			104			104	104				
临沧市小计	**20457**	**2087**	**7404**	**10966**			**13946**	**13910**			**36**	**6511**
本级	4510	860	6873	-3223			1521	1485			36	2989
区县级小计	15947	1227	531	14189			12425	12425				3522
凤庆县	1292	122	17	1153			1292	1292				
云县	1468	168	24	1276			1394	1394				74
临翔区	3141	158	17	2966			3052	3052				89
永德县	345	31		314			335	335				10
镇康县	1651	27	20	1604			1615	1615				36
双江自治县	2027	514	373	1140			1473	1473				554
耿马自治县	5411	161	57	5193			2676	2676				2735
沧源佤族自治县	612	46	23	543			588	588				24

2007年西藏自治区地市县财政基金预算收支平衡表

3－26－1

单位:万元

地区	收支部分							
	收入							
	收入合计	养路费收入	公路客货运附加费收入	国有土地使用权出让金收入	新增建设用地土地有偿使用费收入	地方水利建设基金收入	城市公用事业附加收入	其他各项基金收入
地市县合计								
拉萨市小计								
本级								
区县级小计								
当雄县								
尼木县								
曲水县								
堆龙德庆县								
城关区								
达孜县								
墨竹工卡县								
林周县								
日喀则地区小计								
本级								
区县级小计								
日喀则市								
江孜县								
南木林县								
白朗县								
拉孜县								
谢通门县								
萨迦县								
仁布县								
定日县								
康马县								
昂仁县								
定结县								
吉隆县								
岗巴县								
聂拉木县								
亚东县								
萨嘎县								
仲巴县								
山南地区小计								
本级								
区县级小计								
洛扎县								

3-26-2

单位:万元

地区	收支部分 支出 支出合计	养路费支出	公路客货运附加费支出	国有土地使用权出让金支出	新增建设用地土地有偿使用费支出	地方水利建设基金支出	城市公用事业附加支出	其他各项基金支出
地市县合计								
拉萨市小计								
本级								
区县级小计								
当雄县								
尼木县								
曲水县								
堆龙德庆县								
城关区								
达孜县								
墨竹工卡县								
林周县								
日喀则地区小计								
本级								
区县级小计								
日喀则市								
江孜县								
南木林县								
白朗县								
拉孜县								
谢通门县								
萨迦县								
仁布县								
定日县								
康马县								
昂仁县								
定结县								
吉隆县								
岗巴县								
聂拉木县								
亚东县								
萨嘎县								
仲巴县								
山南地区小计								
本级								
区县级小计								
洛扎县								

三、各省、自治区、直辖市地市县基金预算财政资料

3-26-3

单位:万元

地区	平衡部分											
	收入						支出					
	收入合计	本年收入	上年结余	补助收入	省补助单列市收入	调入资金	支出合计	本年支出	上解支出	单列市上解省支出	调出资金	年终结余
地市县合计												
拉萨市小计												
本级												
区县级小计												
当雄县												
尼木县												
曲水县												
堆龙德庆县												
城关区												
达孜县												
墨竹工卡县												
林周县												
日喀则地区小计												
本级												
区县级小计												
日喀则市												
江孜县												
南木林县												
白朗县												
拉孜县												
谢通门县												
萨迦县												
仁布县												
定日县												
康马县												
昂仁县												
定结县												
吉隆县												
岗巴县												
聂拉木县												
亚东县												
萨嘎县												
仲巴县												
山南地区小计												
本级												
区县级小计												
洛扎县												

3－26－4 单位:万元

地区	收支部分							
	收入							
	收入合计	养路费收入	公路客货运附加费收入	国有土地使用权出让金收入	新增建设用地土地有偿使用费收入	地方水利建设基金收入	城市公用事业附加收入	其他各项基金收入
浪卡子县								
贡嘎县								
扎囊县								
乃东县								
琼结县								
措美县								
隆子县								
错那县								
桑日县								
曲松县								
加查县								
昌都地区小计								
本级								
区县级小计								
昌都县								
江达县								
贡觉县								
类乌齐县								
丁青县								
察雅县								
八宿县								
左贡县								
芒康县								
洛隆县								
边坝县								
林芝地区小计								
本级								
区县级小计								
林芝县								
波密县								
察隅县								
工布江达县								
米林县								
朗县								
墨脱县								
那曲地区小计								
本级								

3－26－5

单位:万元

地区	收支部分							
	支出							
	支出合计	养路费支出	公路客货运附加费支出	国有土地使用权出让金支出	新增建设用地土地有偿使用费支出	地方水利建设基金支出	城市公用事业附加支出	其他各项基金支出
浪卡子县								
贡嘎县								
扎囊县								
乃东县								
琼结县								
措美县								
隆子县								
错那县								
桑日县								
曲松县								
加查县								
昌都地区小计								
本级								
区县级小计								
昌都县								
江达县								
贡觉县								
类乌齐县								
丁青县								
察雅县								
八宿县								
左贡县								
芒康县								
洛隆县								
边坝县								
林芝地区小计								
本级								
区县级小计								
林芝县								
波密县								
察隅县								
工布江达县								
米林县								
朗县								
墨脱县								
那曲地区小计								
本级								

3－26－6

单位:万元

地区	平衡部分											
	收入						支出					年终结余
	收入合计	本年收入	上年结余	补助收入	省补助单列市收入	调入资金	支出合计	本年支出	上解支出	单列市上解省支出	调出资金	
浪卡子县												
贡嘎县												
扎囊县												
乃东县												
琼结县												
措美县												
隆子县												
错那县												
桑日县												
曲松县												
加查县												
昌都地区小计												
本级												
区县级小计												
昌都县												
江达县												
贡觉县												
类乌齐县												
丁青县												
察雅县												
八宿县												
左贡县												
芒康县												
洛隆县												
边坝县												
林芝地区小计												
本级												
区县级小计												
林芝县												
波密县												
察隅县												
工布江达县												
米林县												
朗县												
墨脱县												
那曲地区小计												
本级												

3-26-7

单位:万元

地区	收支部分							
	收入							
	收入合计	养路费收入	公路客货运附加费收入	国有土地使用权出让金收入	新增建设用地土地有偿使用费收入	地方水利建设基金收入	城市公用事业附加收入	其他各项基金收入
区县级小计								
那曲县								
安多县								
聂荣县								
班嘎县								
申扎县								
巴青县								
索县								
比如县								
嘉黎县								
尼玛县								
双湖区								
阿里地区小计								
本级								
区县级小计								
噶尔县								
革吉县								
改则县								
措勤县								
普兰县								
札达县								
日土县								

3－26－8 单位:万元

地区	收支部分							
	支出							
	支出合计	养路费支出	公路客货运附加费支出	国有土地使用权出让金支出	新增建设用地土地有偿使用费支出	地方水利建设基金支出	城市公用事业附加支出	其他各项基金支出
区县级小计								
那曲县								
安多县								
聂荣县								
班嘎县								
申扎县								
巴青县								
索县								
比如县								
嘉黎县								
尼玛县								
双湖区								
阿里地区小计								
本级								
区县级小计								
噶尔县								
革吉县								
改则县								
措勤县								
普兰县								
札达县								
日土县								

3－26－9

单位:万元

地区	平衡部分										
	收入					支出					年终结余
	收入合计	本年收入	上年结余	补助收入	省补助单列市收入	调入资金	支出合计	本年支出	上解支出	单列市上解省支出	调出资金	
区县级小计											
那曲县											
安多县											
聂荣县											
班嘎县											
申扎县											
巴青县											
索县											
比如县											
嘉黎县											
尼玛县											
双湖区											
阿里地区小计											
本级											
区县级小计											
噶尔县											
革吉县											
改则县											
措勤县											
普兰县											
札达县											
日土县											

2007 年陕西省地市县财政基金预算收支平衡表

3－27－1　　　　　　　　　　　　　　　　　　　　　　　　　　单位:万元

地区	收支部分							
	收入							
	收入合计	养路费收入	公路客货运附加费收入	国有土地使用权出让金收入	新增建设用地土地有偿使用费收入	地方水利建设基金收入	城市公用事业附加收入	其他各项基金收入
地市县合计	**204108**	**3274**		**128487**		**31**	**18368**	**53948**
西安市小计	**124089**	**1474**		**83086**			**10571**	**28958**
本级	104928	1245		65000			10000	28683
区县级小计	19161	229		18086			571	275
新城区								
碑林区								
莲湖区								
雁塔区								
灞桥区								
未央区	5	5						
阎良区	746			375			365	6
长安区	8960	100		8800			60	
临潼区	1761			1700			13	48
蓝田县	95	31		64				
周至县	391	55		312			24	
户县	2606	32		2555			19	
高陵县	4597	6		4280			90	221
铜川市小计	**1772**			**173**			**828**	**771**
本级	1229			168			415	646
区县级小计	543			5			413	125
耀州区	538						413	125
宜君县	5			5				
印台区								
王益区								
宝鸡市小计	**4007**			**1967**			**1509**	**531**
本级	3135			1394			1269	472
区县级小计	872			573			240	59
太白县	31			8				23
宝鸡县	267			167			100	
凤翔县								
岐山县	25			25				
麟游县								
陇县	152			91			35	26
千阳县	4						4	
凤县	244			214			20	10
扶风县	81						81	
眉县	35			35				

3－27－2

单位:万元

地区	收支部分							
	支出							
	支出合计	养路费支出	公路客货运附加费支出	国有土地使用权出让金支出	新增建设用地土地有偿使用费支出	地方水利建设基金支出	城市公用事业附加支出	其他各项基金支出
地市县合计	**271815**	**3392**		**133981**	**12806**	**33688**	**9681**	**78267**
西安市小计	**129036**	**1592**		**68282**	**6499**	**12418**	**5012**	**35233**
本级	103602	1470		49967	369	12346	4600	34850
区县级小计	25434	122		18315	6130	72	412	383
新城区	15							15
碑林区	23							23
莲湖区								
雁塔区	1034			1015				19
灞桥区	847			741	84			22
未央区	4698	4		4686				8
阎良区	874			375	87		365	47
长安区	6674			6601		50	23	
临潼区	2340			1700	566			74
蓝田县	643	31		566		22		24
周至县	667	55		312	228		24	48
户县	277	32			175			70
高陵县	7342			2319	4990			33
铜川市小计	**4084**			**543**	**155**	**1884**	**808**	**694**
本级	2708			213		1660	387	448
区县级小计	1376			330	155	224	421	246
耀州区	866			194		30	421	221
宜君县	299			136	138			25
印台区	161				17	144		
王益区	50					50		
宝鸡市小计	**6864**			**2668**		**1458**	**371**	**2367**
本级	3238			247		1458	68	1465
区县级小计	3626			2421			303	902
太白县	243			78				165
宝鸡县	108						108	
凤翔县	413			398				15
岐山县	308			262				46
麟游县	182			179				3
陇县	481			130			28	323
千阳县	90			43				47
凤县	102			46			20	36
扶风县	147						147	
眉县	219			197				22

3－27－3

单位:万元

地区	平衡部分											
	收入						支出					
	收入合计	本年收入	上年结余	补助收入	省补助单列市收入	调入资金	支出合计	本年支出	上解支出	单列市上解省支出	调出资金	年终结余
地市县合计	**567216**	**204108**	**258976**	**103968**		**164**	**276763**	**271815**			**4948**	**290453**
西安市小计	**324743**	**124089**	**175064**	**25568**		**22**	**129948**	**129036**			**912**	**194795**
本级	281972	104928	161738	15306			103602	103602				178370
区县级小计	42771	19161	13326	10262		22	26346	25434			912	16425
新城区	429		199	230			15	15				414
碑林区	35		12	23			23	23				12
莲湖区	12			12			12				12	
雁塔区	1201		167	1034			1034	1034				167
灞桥区	2063		39	2024			847	847				1216
未央区	4712	5	13	4694			4698	4698				14
阎良区	874	746	15	113			874	874				
长安区	13763	8960	4573	230			6674	6674				7089
临潼区	2363	1761		602			2340	2340				23
蓝田县	781	95	120	544		22	643	643				138
周至县	1609	391	942	276			667	667				942
户县	3845	2606	857	382			1177	277			900	2668
高陵县	11084	4597	6389	98			7342	7342				3742
铜川市小计	**7675**	**1772**	**1447**	**4456**			**4084**	**4084**				**3591**
本级	4090	1229	704	2157			2708	2708				1382
区县级小计	3585	543	743	2299			1376	1376				2209
耀州区	1296	538	499	259			866	866				430
宜君县	1883	5	158	1720			299	299				1584
印台区	164		3	161			161	161				3
王益区	242		83	159			50	50				192
宝鸡市小计	**23468**	**4007**	**10469**	**8850**		**142**	**7734**	**6864**			**870**	**15734**
本级	13973	3135	8077	2761			3159	3238	－79			10814
区县级小计	9495	872	2392	6089		142	4575	3626	79		870	4920
太白县	342	31	87	224			243	243				99
宝鸡县	2239	267	291	1681			108	108				2131
凤翔县	604		191	413			413	413				191
岐山县	2199	25	647	1527			858	308			550	1341
麟游县	182			182			182	182				
陇县	1082	152	674	114		142	481	481				601
千阳县	118	4	24	90			90	90				28
凤县	326	244		82			181	102	79			145
扶风县	474	81	250	143			467	147			320	7
眉县	257	35		222			219	219				38

三、各省、自治区、直辖市地市县基金预算财政资料

3－27－4　　　　单位:万元

地区	收支部分 收入 收入合计	养路费收入	公路客货运附加费收入	国有土地使用权出让金收入	新增建设用地土地有偿使用费收入	地方水利建设基金收入	城市公用事业附加收入	其他各项基金收入
金台区	33			33				
渭滨区								
咸阳市小计	**12951**	**1800**		**7280**			**1602**	**2269**
本级	10030	1800		6996				1234
区县级小计	2921			284			1602	1035
兴平市	500							500
武功县	20						20	
三原县	440						440	
泾阳县	766			189			102	475
礼泉县	155			95				60
乾县	840						840	
永寿县								
彬县								
长武县								
旬邑县	200						200	
淳化县								
秦都区								
渭城区								
渭南市小计	**2066**			**220**			**1768**	**78**
本级	1400			210			1173	17
区县级小计	666			10			595	61
临渭区								
华县								
华阴市								
潼关县	46							46
大荔县								
蒲城县	180						180	
澄城县								
白水县								
韩城市	415						415	
合阳县	25			10				15
富平县								
汉中市小计	**5221**			**4616**			**32**	**573**
本级	1150			988				162
区县级小计	4071			3628			32	411
汉台区	2369			2312				57
南郑县	174			174				

3－27－5

单位:万元

地区	收支部分							
	支出							
	支出合计	养路费支出	公路客货运附加费支出	国有土地使用权出让金支出	新增建设用地土地有偿使用费支出	地方水利建设基金支出	城市公用事业附加支出	其他各项基金支出
金台区	151			60				91
渭滨区	1182			1028				154
咸阳市小计	**17127**	**1800**		**7197**	**976**	**4637**	**1321**	**1196**
本级	12520	1800		6106		4178		436
区县级小计	4607			1091	976	459	1321	760
兴平市	669			60			461	148
武功县	1324			388	817		20	99
三原县	25							25
泾阳县	232			139	57			36
礼泉县	139			97				42
乾县	1052			98		110	840	4
永寿县	108			2	59			47
彬县	505			109		300		96
长武县	74			41				33
旬邑县	319			116				203
淳化县								
秦都区	21			21				
渭城区	139			20	43	49		27
渭南市小计	**16637**			**10148**	**167**	**2429**	**1637**	**2256**
本级	5561			305	10	2429	1072	1745
区县级小计	11076			9843	157		565	511
临渭区	2868			2868				
华县	355			355				
华阴市	523			523				
潼关县	237			164				73
大荔县	338			190				148
蒲城县	445			142	148		155	
澄城县	149			125	4			20
白水县	2054			2032	2			20
韩城市	501			91			410	
合阳县	3457			3247				210
富平县	149			106	3			40
汉中市小计	**11112**			**4269**	**1965**	**2889**	**112**	**1877**
本级	2229			55		1563		611
区县级小计	8883			4214	1965	1326	112	1266
汉台区	3530			2240	879	215	80	116
南郑县	1704			154	1086	93		371

三、各省、自治区、直辖市地市县基金预算财政资料

3－27－6　　　　　　　　　　　　　　　　　　　　　　　　　　　单位:万元

地区	平衡部分											
	收入						支出					年终结余
	收入合计	本年收入	上年结余	补助收入	省补助单列市收入	调入资金	支出合计	本年支出	上解支出	单列市上解省支出	调出资金	
金台区	378	33	196	149			151	151				227
渭滨区	1294		32	1262			1182	1182				112
咸阳市小计	**26315**	**12951**	**5205**	**8159**			**18914**	**17127**			**1787**	**7401**
本级	16374	10030	1779	4565			12520	12520				3854
区县级小计	9941	2921	3426	3594			6394	4607			1787	3547
兴平市	1380	500	711	169			669	669				711
武功县	1408	20	84	1304			1324	1324				84
三原县	1128	440	565	123			628	25			603	500
泾阳县	1093	766	164	163			882	232			650	211
礼泉县	413	155	82	176			139	139				274
乾县	1052	840		212			1052	1052				
永寿县	444		124	320			442	108			334	2
彬县	505			505			505	505				
长武县	188		114	74			74	74				114
旬邑县	1643	200	1235	208			519	319			200	1124
淳化县	197			197								197
秦都区	351		285	66			21	21				330
渭城区	139		62	77			139	139				
渭南市小计	**22246**	**2066**	**6954**	**13226**			**16637**	**16637**				**5609**
本级	7141	1400	382	5359			5561	5561				1580
区县级小计	15105	666	6572	7867			11076	11076				4029
临渭区	2960		2843	117			2868	2868				92
华县	440		85	355			355	355				85
华阴市	2001		587	1414			523	523				1478
潼关县	246	46	116	84			237	237				9
大荔县	874		536	338			338	338				536
蒲城县	1743	180	379	1184			445	445				1298
澄城县	149			149			149	149				
白水县	2061		7	2054			2054	2054				7
韩城市	512	415	6	91			501	501				11
合阳县	3970	25	2013	1932			3457	3457				513
富平县	149			149			149	149				
汉中市小计	**16626**	**5221**	**3526**	**7879**			**11934**	**11112**			**822**	**4692**
本级	4658	1150	1293	2215			2229	2229				2429
区县级小计	11968	4071	2233	5664			9705	8883			822	2263
汉台区	3704	2369	100	1235			3530	3530				174
南郑县	2092	174	291	1627			1704	1704				388

3－27－7　　　　　　　　　　　　　　　　　　　　　　　　单位:万元

地　　区	收支部分							
	收入							
	收　入 合　计	养路费 收　入	公路客货 运附加费 收　　入	国有土地 使用权出 让金收入	新增建设用 地土地有偿 使用费收入	地方水利 建设基金 收　　入	城市公用 事业附加 收　　入	其他各项 基金收入
城固县	92			75				17
洋县	129			112				17
西乡县	475			451				24
勉县	325			220				105
宁强县	79			79				
略阳县	122			101				21
镇巴县	274			91			32	151
留坝县	8			8				
佛坪县	24			5				19
安康市小计	**17857**			**14958**		**23**	**1650**	**1226**
本级	14838			13044		23	1635	136
区县级小计	3019			1914			15	1090
汉滨区	164			106				58
岚皋县	123			114				9
汉阴县	67			47				20
石泉县	112			112				
宁陕县	36			24				12
紫阳县	170			120				50
平利县	40			40				
镇坪县	259			232			11	16
旬阳县	2007			1078			4	925
白河县	41			41				
商洛市小计	**871**			**89**				**782**
本级	114							114
区县级小计	757			89				668
商州市	57			4				53
洛南县								
山阳县	84							84
丹凤县	5							5
商南县	198			85				113
镇安县	90							90
柞水县	323							323
延安市小计	**3748**			**1643**				**2105**
本级	2465			1534				931
区县级小计	1283			109				1174
宝塔区	59							59
延长县	17							17

3－27－8 单位:万元

地区	收支部分							
	支出							
	支出合计	养路费支出	公路客货运附加费支出	国有土地使用权出让金支出	新增建设用地土地有偿使用费支出	地方水利建设基金支出	城市公用事业附加支出	其他各项基金支出
城固县	330			134		108		88
洋县	995			376		563		56
西乡县	685			600		39		46
勉县	747			214		257		276
宁强县	224			87		37		100
略阳县	141			100				41
镇巴县	312			123		14	32	143
留坝县	26			26				
佛坪县	189			160				29
安康市小计	**16133**			**12075**	**1046**	**1936**	**90**	**986**
本级	8702			8475		21		206
区县级小计	7431			3600	1046	1915	90	780
汉滨区	1554			564		933		57
岚皋县	269			94	58	25		92
汉阴县	254			108	50	50		46
石泉县	511			158		74		279
宁陕县	109			45	43	8		13
紫阳县	658			84		347		227
平利县	273			211		60		2
镇坪县	520			487		4	11	18
旬阳县	1912			1557		236	79	40
白河县	1371			292	895	178		6
商洛市小计	**9505**			**5913**		**1889**		**1703**
本级	1562			94		1242		226
区县级小计	7943			5819		647		1477
商州市	589			433		22		134
洛南县	327			227		45		55
山阳县	2430			2302		24		104
丹凤县	902			148		416		338
商南县	495			331		57		107
镇安县	723			378		44		301
柞水县	2477			2000		39		438
延安市小计	**16994**			**12823**	**91**	**1697**		**2383**
本级	11494			9820		1107		567
区县级小计	5500			3003	91	590		1816
宝塔区	273			182		11		80
延长县	144			130		10		4

3－27－9 单位:万元

地区	平衡部分											
	收入						支出					年终结余
	收入合计	本年收入	上年结余	补助收入	省补助单列市收入	调入资金	支出合计	本年支出	上解支出	单列市上解省支出	调出资金	
城固县	890	92	543	255			330	330				560
洋县	1142	129	32	981			1142	995			147	
西乡县	696	475	27	194			685	685				11
勉县	1467	325	644	498			1422	747			675	45
宁强县	364	79	61	224			224	224				140
略阳县	687	122	320	245			141	141				546
镇巴县	541	274	150	117			312	312				229
留坝县	158	8	32	118			26	26				132
佛坪县	227	24	33	170			189	189				38
安康市小计	**40939**	**17857**	**14275**	**8807**			**16475**	**16133**			**342**	**24464**
本级	26839	14838	7751	4250			8610	8702	－92			18229
区县级小计	14100	3019	6524	4557			7865	7431	92		342	6235
汉滨区	4572	164	2993	1415			1578	1554	24			2994
岚皋县	446	123	1	322			443	269			174	3
汉阴县	630	67	278	285			270	254	16			360
石泉县	1034	112	333	589			642	511			131	392
宁陕县	308	36	158	114			146	109			37	162
紫阳县	1243	170	455	618			670	658	12			573
平利县	458	40	185	233			281	273	8			177
镇坪县	936	259	532	145			524	520	4			412
旬阳县	2930	2007	419	504			1940	1912	28			990
白河县	1543	41	1170	332			1371	1371				172
商洛市小计	**10940**	**871**	**3286**	**6783**			**9505**	**9505**				**1435**
本级	1853	114	175	1564			1562	1562				291
区县级小计	9087	757	3111	5219			7943	7943				1144
商州市	1038	57	645	336			589	589				449
洛南县	327			327			327	327				
山阳县	2553	84	83	2386			2430	2430				123
丹凤县	921	5	44	872			902	902				19
商南县	835	198	180	457			495	495				340
镇安县	910	90	301	519			723	723				187
柞水县	2503	323	1858	322			2477	2477				26
延安市小计	**30982**	**3748**	**17347**	**9887**			**16994**	**16994**				**13988**
本级	21062	2465	14720	3877			11494	11494				9568
区县级小计	9920	1283	2627	6010			5500	5500				4420
宝塔区	389	59	211	119			273	273				116
延长县	331	17	155	159			144	144				187

三、各省、自治区、直辖市地市县基金预算财政资料

3－27－10　　　　单位:万元

地　　区	收支部分							
	收入							
	收　入 合　计	养路费 收　入	公路客货 运附加费 收　　入	国有土地 使用权出 让金收入	新增建设用 地土地有偿 使用费收入	地方水利 建设基金 收　　入	城市公用 事业附加 收　　入	其他各项 基金收入
延川县								
子长县	60							60
安塞县	693			12				681
吴旗县	81							81
志丹县	60			55				5
甘泉县	39			27				12
富县	4							4
洛川县	87			1				86
黄陵县	45			14				31
宜川县	137							137
黄龙县	1							1
榆林市小计	**31126**			**14455**		**8**	**408**	**16255**
本级	20415			4211			286	15918
区县级小计	10711			10244		8	122	337
榆阳区	458						122	336
神木县	8358			8358				
府谷县	1412			1412				
横山县								
靖边县	380			380				
定边县								
绥德县	9			9				
米脂县								
佳县								
吴堡县	60			51		8		1
清涧县								
子洲县	34			34				
杨凌示范区小计	**400**							**400**
本级								
区县级小计	400							400
杨陵区	400							400

3－27－11　　　　单位:万元

地　　区	收支部分							
	支出							
	支出合计	养路费支出	公路客货运附加费支出	国有土地使用权出让金支出	新增建设用地土地有偿使用费支出	地方水利建设基金支出	城市公用事业附加支出	其他各项基金支出
延川县	913			815		11		87
子长县	160			93		21		46
安塞县	842			12	76	30		724
吴旗县	938			349		242		347
志丹县	765			525		193		47
甘泉县	155			25		15		115
富县								
洛川县	139			29		15		95
黄陵县	194			75	15	24		80
宜川县	846			688		11		147
黄龙县	131			80		7		44
榆林市小计	**41681**			**10063**	**44**	**2304**	**330**	**28940**
本级	27987					130	208	27649
区县级小计	13694			10063	44	2174	122	1291
榆阳区	864			137		251	122	354
神木县	8784			8368	44	319		53
府谷县	1203			313		189		701
横山县								
靖边县	1575			1213		277		85
定边县	150					150		
绥德县	152					152		
米脂县								
佳县	258			32		141		85
吴堡县	188					183		5
清涧县	300					298		2
子洲县	220					214		6
杨凌示范区小计	**2642**				**1863**	**147**		**632**
本级	2099				1863	38		198
区县级小计	543					109		434
杨陵区	543					109		434

3－27－12

单位:万元

地区	平衡部分											
	收入						支出					年终结余
	收入合计	本年收入	上年结余	补助收入	省补助单列市收入	调入资金	支出合计	本年支出	上解支出	单列市上解省支出	调出资金	
延川县	913			913			913	913				
子长县	441	60	142	239			160	160				281
安塞县	882	693	76	113			842	842				40
吴旗县	2728	81	822	1825			938	938				1790
志丹县	1147	60	783	304			765	765				382
甘泉县	308	39	203	66			155	155				153
富县	1349	4	65	1280								1349
洛川县	171	87	36	48			139	139				32
黄陵县	284	45	81	158			194	194				90
宜川县	846	137	53	656			846	846				
黄龙县	131	1		130			131	131				
榆林市小计	**60640**	**31126**	**21403**	**8111**			**41896**	**41681**			**215**	**18744**
本级	39696	20415	17667	1614			27987	27987				11709
区县级小计	20944	10711	3736	6497			13909	13694			215	7035
榆阳区	1045	458	144	443			874	864			10	171
神木县	9038	8358	362	318			8784	8784				254
府谷县	1745	1412	62	271			1203	1203				542
横山县	560		111	449								560
靖边县	2722	380	1969	373			1575	1575				1147
定边县	3701		456	3245			150	150				3551
绥德县	430	9	166	255			152	152				278
米脂县	209		4	205			205				205	4
佳县	439		231	208			258	258				181
吴堡县	301	60	82	159			188	188				113
清涧县	300			300			300	300				
子洲县	454	34	149	271			220	220				234
杨凌示范区小计	**2642**	**400**		**2242**			**2642**	**2642**				
本级	2099			2099			2099	2099				
区县级小计	543	400		143			543	543				
杨陵区	543	400		143			543	543				

2007 年甘肃省地市县财政基金预算收支平衡表

3－28－1　　　　单位:万元

地　　区	收支部分							
	收入							
	收　入 合　计	养路费 收　入	公路客货 运附加费 收　入	国有土地 使用权出 让金收入	新增建设用 地土地有偿 使用费收入	地方水利 建设基金 收　入	城市公用 事业附加 收　入	其他各项 基金收入
地市县合计	**320063**	**1003**		**284687**	**2127**		**7664**	**24582**
兰州市小计	**142824**	**422**		**128667**			**2440**	**11295**
本级	103412	422		91461			2290	9239
区县级小计	39412			37206			150	2056
永登县	3723			3484			150	89
榆中县	374			31				343
皋兰县	3568			3548				20
城关区	2291			1312				979
七里河区	354							354
西固区								
安宁区	22680			22538				142
红古区	6422			6293				129
嘉峪关市小计	**2313**			**102**	**1946**			**265**
本级	2313			102	1946			265
金昌市小计	**4211**	**50**		**3473**			**388**	**300**
本级	3116			2553			346	217
区县级小计	1095	50		920			42	83
永昌县	1028			920			42	66
金川区	67	50						17
白银市小计	**24379**			**23305**			**200**	**874**
本级	16196			15769			200	227
区县级小计	8183			7536				647
景泰县	55							55
靖远县	5469			5436				33
会宁县	1541			1350				191
平川区	979			750				229
白银区	139							139
天水市小计	**30018**			**24174**			**4034**	**1810**
本级	25556			20538			3865	1153
区县级小计	4462			3636			169	657
清水县	184			170				14
秦安县	433			374				59
甘谷县	341			293			20	28
武山县	198			167				31
张家川回族自治县	69			52				17
秦州区	3027			2580			86	361
麦积区	210						63	147

三、各省、自治区、直辖市地市县基金预算财政资料

3－28－2　　单位：万元

地区	收支部分							
	支出							
	支出合计	养路费支出	公路客货运附加费支出	国有土地使用权出让金支出	新增建设用地土地有偿使用费支出	地方水利建设基金支出	城市公用事业附加支出	其他各项基金支出
地市县合计	**328706**	**6679**	**420**	**224432**	**52916**	**50**	**4413**	**39796**
兰州市小计	**93865**	**780**		**83986**	**824**		**929**	**7346**
本级	59492	700		52308	90		763	5631
区县级小计	34373	80		31678	734		166	1715
永登县	1819	80		1392	34		150	163
榆中县	782			30	480			272
皋兰县	4409			3609	193			607
城关区	288						3	285
七里河区	187			60			5	122
西固区	97			30			8	59
安宁区	20752			20706	27			19
红古区	6039			5851				188
嘉峪关市小计	**2569**			**40**	**2253**			**276**
本级	2569			40	2253			276
金昌市小计	**3759**	**80**		**1866**	**1192**		**41**	**580**
本级	2144			1428	528			188
区县级小计	1615	80		438	664		41	392
永昌县	1549	30		438	664		41	376
金川区	66	50						16
白银市小计	**28886**	**90**		**23987**	**3843**		**170**	**796**
本级	17687			16284	1023		170	210
区县级小计	11199	90		7703	2820			586
景泰县	2139			529	1530			80
靖远县	4457	60		3753	491			153
会宁县	2216	30		1223	799			164
平川区	2362			2188				174
白银区	25			10				15
天水市小计	**27783**	**365**		**20959**	**1566**		**2590**	**2303**
本级	17112			13728	171		2504	709
区县级小计	10671	365		7231	1395		86	1594
清水县	1415	30		122	1209			54
秦安县	707			346	47			314
甘谷县	532			356	47			129
武山县	666			183	46			437
张家川回族自治县	652	335		171	46			100
秦州区	4190			3772			86	332
麦积区	2509			2281				228

3－28－3

单位:万元

地区	平衡部分：收入：收入合计	本年收入	上年结余	补助收入	省补助单列市收入	调入资金	支出：支出合计	本年支出	上解支出	单列市上解省支出	调出资金	年终结余
地市县合计	**487356**	**320063**	**69973**	**96803**		**517**	**344055**	**328706**	**12666**		**2683**	**143301**
兰州市小计	**183788**	**142824**	**37263**	**3701**			**100901**	**93865**	**6292**		**744**	**82887**
本级	138686	103412	35288	－14			65139	59492	4923		724	73547
区县级小计	45102	39412	1975	3715			35762	34373	1369		20	9340
永登县	4721	3723	471	527			1992	1819	165		8	2729
榆中县	1537	374	460	703			796	782	2		12	741
皋兰县	4609	3568	2	1039			4586	4409	177			23
城关区	2531	2291	217	23			354	288	66			2177
七里河区	571	354	60	157			187	187				384
西固区	97			97			97	97				
安宁区	22747	22680	19	48			21666	20752	914			1081
红古区	8289	6422	746	1121			6084	6039	45			2205
嘉峪关市小计	**3518**	**2313**	**13**	**1192**			**2719**	**2569**	**102**		**48**	**799**
本级	3518	2313	13	1192			2719	2569	102		48	799
金昌市小计	**8952**	**4211**	**2616**	**2125**			**3967**	**3759**	**174**		**34**	**4985**
本级	5981	3116	2180	685			2296	2144	128		24	3685
区县级小计	2971	1095	436	1440			1671	1615	46		10	1300
永昌县	2899	1028	436	1435			1605	1549	46		10	1294
金川区	72	67		5			66	66				6
白银市小计	**34965**	**24379**	**5710**	**4876**			**29655**	**28886**	**703**		**66**	**5310**
本级	18783	16196	3102	－515			18106	17687	402		17	677
区县级小计	16182	8183	2608	5391			11549	11199	301		49	4633
景泰县	2781	55	794	1932			2142	2139			3	639
靖远县	6659	5469	492	698			4735	4457	272		6	1924
会宁县	3660	1541	1080	1039			2250	2216	29		5	1410
平川区	2808	979	132	1697			2373	2362			11	435
白银区	274	139	110	25			49	25			24	225
天水市小计	**41102**	**30018**	**8465**	**2619**			**29099**	**27783**	**1214**		**102**	**12003**
本级	26508	25556	5291	－4339			18144	17112	1031		1	8364
区县级小计	14594	4462	3174	6958			10955	10671	183		101	3639
清水县	1757	184	275	1298			1427	1415	9		3	330
秦安县	1172	433	624	115			731	707	19		5	441
甘谷县	654	341	100	213			552	532	15		5	102
武山县	970	198	592	180			678	666	8		4	292
张家川回族自治县	657	69	124	464			657	652	3		2	
秦州区	6453	3027	985	2441			4378	4190	129		59	2075
麦积区	2931	210	474	2247			2532	2509			23	399

3－28－4　　　　单位:万元

地　　区	收支部分							
	收入							
	收　入 合　计	养路费 收　入	公路客货 运附加费 收　　入	国有土地 使用权出 让金收入	新增建设用 地土地有偿 使用费收入	地方水利 建设基金 收　　入	城市公用 事业附加 收　　入	其他各项 基金收入
酒泉市小计	**14425**			**13850**				**575**
本级	12093			11993				100
区县级小计	2332			1857				475
肃州区	84							84
玉门市	226			100				126
金塔县	157			157				
瓜州县	50			50				
敦煌市	1606			1369				237
肃北蒙古族自治县	198			177				21
阿克塞哈萨克族自治县	11			4				7
张掖市小计	**9110**			**7630**			**23**	**1457**
本级	4992			3971			23	998
区县级小计	4118			3659				459
山丹县	737			652				85
民乐县	207			192				15
甘州区	182							182
临泽县	453			375				78
高台县	1819			1731				88
肃南裕固族自治县	720			709				11
武威市小计	**6368**			**5952**				**416**
本级	5530			5407				123
区县级小计	838			545				293
民勤县	457			429				28
古浪县	96			84				12
天祝藏族自治县	64			32				32
凉州区	221							221
定西市小计	**27722**			**26627**			**40**	**1055**
本级	5033			4965				68
区县级小计	22689			21662			40	987
安定区	215			34				181
通渭县	1478			1387				91
陇西县	11756			11565			40	151
渭源县	846			791				55
临洮县	5296			4975				321
漳县	1568			1419				149
岷县	1530			1491				39
陇南市小计	**8606**			**8236**				**370**

3－28－5

单位:万元

地　　区	收支部分							
	支出							
	支出合计	养路费支出	公路客货运附加费支出	国有土地使用权出让金支出	新增建设用地土地有偿使用费支出	地方水利建设基金支出	城市公用事业附加支出	其他各项基金支出
酒泉市小计	**24556**	**731**		**13454**	**8129**			**2242**
本级	15271			11566	3005			700
区县级小计	9285	731		1888	5124			1542
肃州区	442	20		141	50			231
玉门市	1723			20	1415			288
金塔县	3690			233	3137			320
瓜州县	574	25		90	65			394
敦煌市	1855			1214	352			289
肃北蒙古族自治县	646	413		156	64			13
阿克塞哈萨克族自治县	355	273		34	41			7
张掖市小计	**16567**	**450**		**6493**	**6624**			**3000**
本级	5160			3803	5			1352
区县级小计	11407	450		2690	6619			1648
山丹县	704			408	126			170
民乐县	2060			172	1541			347
甘州区	3504	25		161	3005			313
临泽县	893	25		323	371			174
高台县	2216			1574	152			490
肃南裕固族自治县	2030	400		52	1424			154
武威市小计	**12909**	**164**		**4218**	**7624**		**50**	**853**
本级	7159			3884	3022			253
区县级小计	5750	164		334	4602		50	600
民勤县	2524			267	2002			255
古浪县	598	25		30	498			45
天祝藏族自治县	2185	139			2018			28
凉州区	443			37	84		50	272
定西市小计	**30822**			**25674**	**3437**			**1711**
本级	4471			4249	87			135
区县级小计	26351			21425	3350			1576
安定区	2698			289	1636			773
通渭县	1165			1091	40			34
陇西县	11799			11612	53			134
渭源县	2308			724	1533			51
临洮县	5380			4889				491
漳县	1545			1418	41			86
岷县	1456			1402	47			7
陇南市小计	**12392**	**495**		**7586**	**2150**			**2161**

3－28－6

单位:万元

地区	平衡部分											
	收入						支出					年终结余
	收入合计	本年收入	上年结余	补助收入	省补助单列市收入	调入资金	支出合计	本年支出	上解支出	单列市上解省支出	调出资金	
酒泉市小计	**26433**	**14425**	**768**	**11240**			**25033**	**24556**	**313**		**164**	**1400**
本级	16301	12093	624	3584			15418	15271	147			883
区县级小计	10132	2332	144	7656			9615	9285	166		164	517
肃州区	471	84		387			442	442				29
玉门市	1835	226		1609			1835	1723			112	
金塔县	3815	157	80	3578			3724	3690	34			91
瓜州县	589	50		539			574	574				15
敦煌市	2345	1606	17	722			2034	1855	129		50	311
肃北蒙古族自治县	722	198	47	477			651	646	3		2	71
阿克塞哈萨克族自治县	355	11		344			355	355				
张掖市小计	**20204**	**9110**	**1560**	**9534**			**17136**	**16567**	**536**		**33**	**3068**
本级	6114	4992	735	387			5432	5160	239		33	682
区县级小计	14090	4118	825	9147			11704	11407	297			2386
山丹县	1448	737	279	432			756	704	52			692
民乐县	2075	207		1868			2075	2060	15			
甘州区	3782	182	224	3376			3596	3504	92			186
临泽县	1058	453	6	599			912	893	19			146
高台县	2874	1819	223	832			2266	2216	50			608
肃南裕固族自治县	2853	720	93	2040			2099	2030	69			754
武威市小计	**16410**	**6368**	**802**	**9240**			**14104**	**12909**	**266**		**929**	**2306**
本级	8825	5530	83	3212			8233	7159	239		835	592
区县级小计	7585	838	719	6028			5871	5750	27		94	1714
民勤县	2738	457	12	2269			2551	2524	21		6	187
古浪县	1050	96	321	633			602	598	4			448
天祝藏族自治县	2844	64	93	2687			2187	2185	2			657
凉州区	953	221	293	439			531	443			88	422
定西市小计	**34857**	**27722**	**1936**	**5197**		**2**	**31360**	**30822**	**509**		**29**	**3497**
本级	5315	5033	225	57			4616	4471	145			699
区县级小计	29542	22689	1711	5140		2	26744	26351	364		29	2798
安定区	3491	215	989	2310		－23	2698	2698				793
通渭县	2039	1478	44	517			1234	1165	64		5	805
陇西县	12009	11756	134	94		25	11828	11799	29			181
渭源县	2549	846	113	1590			2316	2308	6		2	233
临洮县	5926	5296	146	484			5590	5380	197		13	336
漳县	1728	1568	88	72			1555	1545	9		1	173
岷县	1800	1530	197	73			1523	1456	59		8	277
陇南市小计	**14333**	**8606**	**905**	**4357**		**465**	**13180**	**12392**	**493**		**295**	**1153**

3－28－7

单位:万元

地区	收支部分							
	收入							
	收入合计	养路费收入	公路客货运附加费收入	国有土地使用权出让金收入	新增建设用地土地有偿使用费收入	地方水利建设基金收入	城市公用事业附加收入	其他各项基金收入
本级	3289			3002				287
区县级小计	5317			5234				83
成县	1694			1694				
文县	162			161				1
康县	675			673				2
宕昌县	6							6
西和县	690			656				34
礼县	217			208				9
徽县	502			472				30
两当县	1							1
武都区	1370			1370				
平凉市小计	**24777**	**185**		**23950**	**181**		**44**	**417**
本级	3670			3559			44	67
区县级小计	21107	185		20391	181			350
泾川县	3297	40		3217				40
灵台县	200	36		116				48
崇信县	254			241				13
华亭县	4602	46		4273	181			102
庄浪县	263	63		188				12
静宁县	12411			12356				55
崆峒区	80							80
庆阳市小计	**17472**	**48**		**11845**			**495**	**5084**
本级	15133			10624				4509
区县级小计	2339	48		1221			495	575
庆城县	413			218				195
镇原县	509			446				63
宁县	321			312				9
正宁县	192			175				17
合水县	45			15				30
华池县	66			52				14
环县	72	48		3				21
西峰区	721						495	226
临夏回族自治州小计	**6583**	**298**		**6031**				**254**
本级	337	298						39
区县级小计	6246			6031				215
临夏市	2084			1994				90
临夏县	53			48				5

3－28－8

单位:万元

地区	收支部分							
	支出							
	支出合计	养路费支出	公路客货运附加费支出	国有土地使用权出让金支出	新增建设用地土地有偿使用费支出	地方水利建设基金支出	城市公用事业附加支出	其他各项基金支出
本级	3685			3150				535
区县级小计	8707	495		4436	2150			1626
成县	1086			891	181			14
文县	1417	200		70	109			1038
康县	999	100		713	125			61
宕昌县	405	25		52	103			225
西和县	1517	40		692	639			146
礼县	1003			248	674			81
徽县	599			450	138			11
两当县	197	100		30	56			11
武都区	1484	30		1290	125			39
平凉市小计	**30699**	**1303**		**18680**	**9060**		**44**	**1612**
本级	3244	20		2732	92		44	356
区县级小计	27455	1283		15948	8968			1256
泾川县	6890	1040		3609	2020			221
灵台县	2466	66		163	2037			200
崇信县	86			40	37			9
华亭县	5623	72		4340	1126			85
庄浪县	2873	105			2660			108
静宁县	9227			7655	1088			484
崆峒区	290			141				149
庆阳市小计	**19320**	**252**		**11390**	**5040**		**589**	**2049**
本级	11054	25		8859	862		110	1198
区县级小计	8266	227		2531	4178		479	851
庆城县	474	23		128	47			276
镇原县	687	38		498	41			110
宁县	1262	33		289	851			89
正宁县	1787			90	1691			6
合水县	137	17		73	47			
华池县	139	2		105	20			12
环县	1628	96			1481			51
西峰区	2152	18		1348			479	307
临夏回族自治州小计	**21994**	**1273**		**5563**	**841**	**50**		**14267**
本级	2286	298		45				1943
区县级小计	19708	975		5518	841	50		12324
临夏市	1941			1902	29			10
临夏县	3552				35			3517

3－28－9

单位:万元

地区	平衡部分											
	收入						支出					年终结余
	收入合计	本年收入	上年结余	补助收入	省补助单列市收入	调入资金	支出合计	本年支出	上解支出	单列市上解省支出	调出资金	
本级	3777	3289	639	－151			2937	3685	－748			840
区县级小计	10556	5317	266	4508		465	10243	8707	1241		295	313
成县	1889	1694		195			1889	1086	508		295	
文县	1586	162	7	1417			1465	1417	48			121
康县	1293	675	121	301		196	1201	999	202			92
宕昌县	418	6	19	393			405	405				13
西和县	1721	690		827		204	1721	1517	204			
礼县	1105	217	64	795		29	1055	1003	52			50
徽县	742	502	55	149		36	706	599	107			36
两当县	198	1		197			197	197				1
武都区	1604	1370		234			1604	1484	120			
平凉市小计	**40206**	**24777**	**3591**	**11838**			**31730**	**30699**	**989**		**42**	**8476**
本级	5188	3670	1042	476			3266	3244	8		14	1922
区县级小计	35018	21107	2549	11362			28464	27455	981		28	6554
泾川县	7388	3297	765	3326			7033	6890	140		3	355
灵台县	2514	200	200	2114			2474	2466	6		2	40
崇信县	370	254	34	82			101	86	12		3	269
华亭县	6333	4602	489	1242			5856	5623	223		10	477
庄浪县	3077	263	1	2813			2881	2873	8			196
静宁县	13996	12411	21	1564			9820	9227	592		1	4176
崆峒区	1340	80	1039	221			299	290			9	1041
庆阳市小计	**27922**	**17472**	**2941**	**7509**			**20070**	**19320**	**723**		**27**	**7852**
本级	16976	15133	1153	690			11752	11054	698			5224
区县级小计	10946	2339	1788	6819			8318	8266	25		27	2628
庆城县	862	413	249	200			491	474			17	371
镇原县	931	509	156	266			714	687	25		2	217
宁县	1362	321	35	1006			1264	1262			2	98
正宁县	2358	192	408	1758			1790	1787			3	568
合水县	190	45	8	137			137	137				53
华池县	250	66	53	131			142	139			3	108
环县	1672	72	25	1575			1628	1628				44
西峰区	3321	721	854	1746			2152	2152				1169
临夏回族自治州小计	**29713**	**6583**	**1741**	**21339**		**50**	**22468**	**21994**	**304**		**170**	**7245**
本级	7468	337	517	6614			1979	2286	－307			5489
区县级小计	22245	6246	1224	14725		50	20489	19708	611		170	1756
临夏市	2468	2084	345	39			2390	1941	359		90	78
临夏县	3631	53	26	3552			3611	3552	54		5	20

3－28－10

单位:万元

地　　区	收支部分							
	收入							
	收　入 合　计	养路费 收　入	公路客货 运附加费 收　入	国有土地 使用权出 让金收入	新增建设用 地土地有偿 使用费收入	地方水利 建设基金 收　入	城市公用 事业附加 收　入	其他各项 基金收入
积石山县	82			75				7
永靖县	3708			3638				70
和政县	213			196				17
康乐县	91			80				11
广河县	5							5
东乡族自治县	10							10
甘南藏族自治州小计	**1255**			**845**				**410**
本级	236			156				80
区县级小计	1019			689				330
夏河县	85			43				42
临潭县	476			446				30
卓尼县	32							32
舟曲县	6							6
迭部县	139			94				45
碌曲县	19			4				15
玛曲县	173			44				129
合作市	89			58				31

3－28－11 单位:万元

地区	收支部分							
	支出							
	支出合计	养路费支出	公路客货运附加费支出	国有土地使用权出让金支出	新增建设用地土地有偿使用费支出	地方水利建设基金支出	城市公用事业附加支出	其他各项基金支出
积石山县	1182	510		159	130			383
永靖县	7955	45		2793	145			4972
和政县	1121			604	453	50		14
康乐县	99	20		30	20			29
广河县	250							250
东乡族自治县	3608	400		30	29			3149
甘南藏族自治州小计	**2585**	**696**	**420**	**536**	**333**			**600**
本级	487			57	19			411
区县级小计	2098	696	420	479	314			189
夏河县	77	25			35			17
临潭县	378	56		269	45			8
卓尼县	358	255		2	45			56
舟曲县	375	80	210	40	45			
迭部县	427	125	210	19	45			28
碌曲县	176	75		40	33			28
玛曲县	137			69	33			35
合作市	170	80		40	33			17

3－28－12

单位:万元

地区	平衡部分											
	收入						支出					年终结余
	收入合计	本年收入	上年结余	补助收入	省补助单列市收入	调入资金	支出合计	本年支出	上解支出	单列市上解省支出	调出资金	
积石山县	1556	82	138	1336			1203	1182	21			353
永靖县	9017	3708	132	5177			8051	7955	96			966
和政县	1249	213	513	473		50	1126	1121	5			123
康乐县	262	91	52	119			172	99	73			90
广河县	379	5	7	367			253	250	3			126
东乡族自治县	3683	10	11	3662			3683	3608			75	
甘南藏族自治州小计	**4953**	**1255**	**1662**	**2036**			**2633**	**2585**	**48**			**2320**
本级	1574	236	1056	282			533	487	46			1041
区县级小计	3379	1019	606	1754			2100	2098	2			1279
夏河县	155	85		70			79	77	2			76
临潭县	651	476	55	120			378	378				273
卓尼县	432	32	25	375			358	358				74
舟曲县	395	6	14	375			375	375				20
迭部县	777	139	229	409			427	427				350
碌曲县	412	19	217	176			176	176				236
玛曲县	250	173	1	76			137	137				113
合作市	307	89	65	153			170	170				137

2007 年青海省地市县财政基金预算收支平衡表

3－29－1　　　　　　　　　　　　　　　　　　　　单位：万元

地区	收支部分 收入 收入合计	养路费收入	公路客货运附加费收入	国有土地使用权出让金收入	新增建设用地土地有偿使用费收入	地方水利建设基金收入	城市公用事业附加收入	其他各项基金收入
地市县合计	**57773**	**1648**		**50664**		**51**	**2239**	**3171**
西宁市小计	**45100**	**1017**		**40709**			**2157**	**1217**
本级	10786	29		8992			1259	506
区县级小计	34314	988		31717			898	711
大通县	1447	265					898	284
湟中县	1235	551		640				44
湟源县	203	172						31
城中区	43							43
城西区	89							89
城北区	86							86
城东区	53							53
城南新区	4265			4265				
甘河工业园区	81							81
生物产业园区								
东川工业园区	26812			26812				
海东地区小计	**3138**	**521**		**2209**				**408**
本级	291			290				1
区县级小计	2847	521		1919				407
民和县	725	72		586				67
乐都县	368	110		148				110
平安县	1321	143		1104				74
互助县	227	161						66
化隆县	56	5						51
循化县	150	30		81				39
海西州小计	**6503**	**5**		**5292**		**51**	**82**	**1073**
本级	30			30				
区县级小计	6473	5		5262		51	82	1073
都兰县	87			72				15
乌兰县	85			71				14
天峻县	697	5		647				45
德令哈市	3050			2957				93
格尔木市	1936			1091		51	82	712
柴旦行委	141			84				57
冷湖行委	235			199				36
茫崖行委	242			141				101
海南州小计	**2191**			**2107**				**84**
本级	186			170				16
区县级小计	2005			1937				68

三、各省、自治区、直辖市地市县基金预算财政资料

3－29－2 单位：万元

地区	收支部分							
	支出							
	支出合计	养路费支出	公路客货运附加费支出	国有土地使用权出让金支出	新增建设用地土地有偿使用费支出	地方水利建设基金支出	城市公用事业附加支出	其他各项基金支出
地市县合计	**63670**	**1291**		**39948**		**811**	**4887**	**16733**
西宁市小计	**46683**	**782**		**33495**			**4805**	**7601**
本级	10972			1924			4150	4898
区县级小计	35711	782		31571			655	2703
大通县	1374	59		61			655	599
湟中县	1329	551		440				338
湟源县	418	172						246
城中区	37							37
城西区	63							63
城北区	252							252
城东区	33							33
城南新区	4258			4258				
甘河工业园区								
生物产业园区	503							503
东川工业园区	27444			26812				632
海东地区小计	**4578**	**465**		**1816**		**270**		**2027**
本级	116			38				78
区县级小计	4462	465		1778		270		1949
民和县	789	72		584				133
乐都县	1024	99		481		150		294
平安县	995	128		689				178
互助县	574	161				50		363
化隆县	512	5				70		437
循化县	568			24				544
海西州小计	**4540**			**2738**		**491**	**82**	**1229**
本级	72							72
区县级小计	4468			2738		491	82	1157
都兰县	70					40		30
乌兰县	61			47				14
天峻县	772			772				
德令哈市	1123			625		400		98
格尔木市	2134			1080		51	82	921
柴旦行委	51			15				36
冷湖行委	229			199				30
茫崖行委	28							28
海南州小计	**6356**			**1666**		**50**		**4640**
本级	203							203
区县级小计	6153			1666		50		4437

3－29－3

单位:万元

地区	平衡部分											
	收入						支出					年终结余
	收入合计	本年收入	上年结余	补助收入	省补助单列市收入	调入资金	支出合计	本年支出	上解支出	单列市上解省支出	调出资金	
地市县合计	**84884**	**57773**	**11576**	**15525**		**10**	**67358**	**63670**			**3688**	**17526**
西宁市小计	**59763**	**45100**	**8198**	**6465**			**47983**	**46683**			**1300**	**11780**
本级	17669	10786	2404	4479			10972	10972				6697
区县级小计	42094	34314	5794	1986			37011	35711			1300	5083
大通县	6230	1447	4395	388			2674	1374			1300	3556
湟中县	2675	1235	1167	273			1329	1329				1346
湟源县	389	203	－4	190			418	418				－29
城中区	－86	43	－129				37	37				－123
城西区	92	89	3				63	63				29
城北区	398	86	312				252	252				146
城东区	103	53	50				33	33				70
城南新区	4265	4265					4258	4258				7
甘河工业园区	81	81										81
生物产业园区	503			503			503	503				
东川工业园区	27444	26812		632			27444	27444				
海东地区小计	**7761**	**3138**	**1960**	**2653**		**10**	**4578**	**4578**				**3183**
本级	369	291		78			116	116				253
区县级小计	7392	2847	1960	2575		10	4462	4462				2930
民和县	1065	725	254	86			789	789				276
乐都县	1361	368	351	642			1024	1024				337
平安县	1704	1321	366	17			995	995				709
互助县	1143	227	509	407			574	574				569
化隆县	1235	56	272	897		10	512	512				723
循化县	884	150	208	526			568	568				316
海西州小计	**7841**	**6503**	**524**	**814**			**6433**	**4540**			**1893**	**1408**
本级	400	30	298	72			72	72				328
区县级小计	7441	6473	226	742			6361	4468			1893	1080
都兰县	161	87	4	70			70	70				91
乌兰县	108	85	18	5			61	61				47
天峻县	852	697	155				772	772				80
德令哈市	3465	3050	10	405			3016	1123			1893	449
格尔木市	2221	1936	23	262			2134	2134				87
柴旦行委	157	141	16				51	51				106
冷湖行委	235	235					229	229				6
茫崖行委	242	242					28	28				214
海南州小计	**7404**	**2191**	**609**	**4604**			**6583**	**6356**			**227**	**821**
本级	626	186	283	157			403	203			200	223
区县级小计	6778	2005	326	4447			6180	6153			27	598

3－29－4

单位:万元

地区	收支部分							
	收入							
	收入合计	养路费收入	公路客货运附加费收入	国有土地使用权出让金收入	新增建设用地土地有偿使用费收入	地方水利建设基金收入	城市公用事业附加收入	其他各项基金收入
共和县	655			646				9
贵德县	1275			1243				32
贵南县	27			21				6
同德县	27			27				
兴海县	21							21
海北州小计	**797**	**97**		**347**				**353**
本级	42			5				37
区县级小计	755	97		342				316
海晏县	566	43		232				291
刚察县	166	54		110				2
祁连县	4							4
门源县	19							19
黄南州小计	**38**	**8**						**30**
本级	11							11
区县级小计	27	8						19
同仁县	11	8						3
尖扎县	15							15
泽库县								
河南县	1							1
玉树州小计	**6**							**6**
本级	1							1
区县级小计	5							5
玉树县	4							4
称多县	1							1
昂欠县								
杂多县								
治多县								
曲麻莱县								
果洛州小计								
本级								
区县级小计								
玛沁								
甘德								
达日								
玛多								
班玛								
久治								

3－29－5 单位:万元

地区	收支部分							
	支出							
	支出合计	养路费支出	公路客货运附加费支出	国有土地使用权出让金支出	新增建设用地土地有偿使用费支出	地方水利建设基金支出	城市公用事业附加支出	其他各项基金支出
共和县	2524			528				1996
贵德县	1806			1132				674
贵南县	1731			6				1725
同德县	57					50		7
兴海县	35							35
海北州小计	**871**	**44**		**233**				**594**
本级	238			5				233
区县级小计	633	44		228				361
海晏县	544	12		227				305
刚察县	33	32		1				
祁连县	10							10
门源县	46							46
黄南州小计	**600**							**600**
本级	53							53
区县级小计	547							547
同仁县	38							38
尖扎县	508							508
泽库县								
河南县	1							1
玉树州小计	**42**							**42**
本级	37							37
区县级小计	5							5
玉树县	4							4
称多县	1							1
昂欠县								
杂多县								
治多县								
曲麻莱县								
果洛州小计								
本级								
区县级小计								
玛沁								
甘德								
达日								
玛多								
班玛								
久治								

3-29-6

单位:万元

地区	平衡部分											
	收入						支出					年终结余
	收入合计	本年收入	上年结余	补助收入	省补助单列市收入	调入资金	支出合计	本年支出	上解支出	单列市上解省支出	调出资金	
共和县	2765	655	133	1977			2524	2524				241
贵德县	2107	1275	158	674			1806	1806				301
贵南县	1758	27	6	1725			1758	1731			27	
同德县	113	27	29	57			57	57				56
兴海县	35	21		14			35	35				
海北州小计	**1159**	**797**	**56**	**306**			**1139**	**871**			**268**	**20**
本级	280	42	33	205			280	238			42	
区县级小计	879	755	23	101			859	633			226	20
海晏县	629	566		63			629	544			85	
刚察县	176	166		10			166	33			133	10
祁连县	20	4	6	10			10	10				10
门源县	54	19	17	18			54	46			8	
黄南州小计	**741**	**38**	**56**	**647**			**600**	**600**				**141**
本级	131	11	4	116			53	53				78
区县级小计	610	27	52	531			547	547				63
同仁县	101	11	52	38			38	38				63
尖扎县	508	15		493			508	508				
泽库县												
河南县	1	1					1	1				
玉树州小计	**42**	**6**		**36**			**42**	**42**				
本级	37	1		36			37	37				
区县级小计	5	5					5	5				
玉树县	4	4					4	4				
称多县	1	1					1	1				
昂欠县												
杂多县												
治多县												
曲麻莱县												
果洛州小计	**173**		**173**									**173**
本级	127		127									127
区县级小计	46		46									46
玛沁	46		46									46
甘德												
达日												
玛多												
班玛												
久治												

2007年宁夏回族自治区地市县财政基金预算收支平衡表

3－30－1

单位:万元

地区	收支部分							
	收入							
	收入合计	养路费收入	公路客货运附加费收入	国有土地使用权出让金收入	新增建设用地土地有偿使用费收入	地方水利建设基金收入	城市公用事业附加收入	其他各项基金收入
地市县合计	**355157**	**2608**	**117**	**312254**	**663**	**393**	**25163**	**13959**
银川市小计	**171306**	**59**		**152888**		**357**	**15829**	**2173**
本级	167740	59		149548		357	15829	1947
区县级小计	3566			3340				226
兴庆区	171							171
金凤区	2325			2300				25
西夏区	30							30
高新区	1040			1040				
永宁县	7269	251		6345			560	113
贺兰县	45763	151		45049			300	263
灵武市	39004	235	117	36476	779		526	871
石嘴山市小计	**13345**	**255**		**10302**		**36**	**1960**	**792**
本级	10479	170		7613		36	1960	700
区县级小计	2866	85		2689				92
大武口区	961			961				
惠农区	1868	85		1728				55
隆湖区	37							37
平罗县	15197	131		12727			1185	1154
吴忠市小计	**7384**	**271**		**5963**	**9**		**420**	**721**
本级	7384	271		5963	9		420	721
区县级小计								
利通区								
青铜峡市	7851	121		200			2100	5430
盐池县	1466	78		1173	－126		108	233
同心县	1146	55		987			69	35
红寺堡	604	83		423				98
中卫市小计	**18185**	**162**		**15421**			**2000**	**602**
本级	18185	162		15421			2000	602
中宁县	2281	123		2143				15
海原县	356	104		216	1			35
固原市小计	**18248**	**154**		**17754**			**95**	**245**
本级	18083			17753			95	235
区县级小计	165	154		1				10
原州区	165	154		1				10
西吉县	1592	130		1458				4
隆德县	1727	92		1630				5
泾源县	200	92		99				9
彭阳县	2233	61		1000			11	1161

三、各省、自治区、直辖市地市县基金预算财政资料

3－30－2

单位：万元

地　　区	收	支	部	分				
	支			出				
	支出 合计	养路费 支出	公路客货 运附加费 支出	国有土地 使用权出 让金支出	新增建设用 地土地有偿 使用费支出	地方水利 建设基金 支出	城市公用 事业附加 支出	其他各项 基金支出
地市县合计	**368238**	**2957**		**300880**	**2000**	**6097**	**24054**	**32250**
银川市小计	**171757**	**114**		**146356**		**4236**	**14840**	**6211**
本级	131117	114		109859		3183	14263	3698
区县级小计	40640			36497		1053	577	2513
兴庆区	14530			14047		50	100	333
金凤区	20887			19154		1003	100	630
西夏区	4223			2296			377	1550
高新区	1000			1000				
永宁县	7916	302		6321		150	88	1055
贺兰县	44591	144		43223		259	387	578
灵武市	35507	238		34069		53	447	700
石嘴山市小计	**21756**	**384**		**11977**		**139**	**2119**	**7137**
本级	14632	291		6640		53	2119	5529
区县级小计	7124	93		5337		86		1608
大武口区	2844			2134		1		709
惠农区	4087	93		3053		85		856
隆湖区	193			150				43
平罗县	16141	133		12763		81	1581	1583
吴忠市小计	**7444**	**282**		**5573**		**90**	**489**	**1010**
本级	7444	282		5573		90	489	1010
区县级小计								
利通区								
青铜峡市	9730	119		200		163	1880	7368
盐池县	1575	80		1266		90		139
同心县	537	57		291		35	69	85
红寺堡	930	92		393				445
中卫市小计	**18902**	**167**		**15435**		**228**	**2000**	**1072**
本级	18902	167		15435		228	2000	1072
中宁县	6182	161		2397	2000	170		1454
海原县	654	114		116		24		400
固原市小计	**18783**	**163**		**17492**		**84**	**101**	**943**
本级	18064	9		17106			101	848
区县级小计	719	154		386		84		95
原州区	719	154		386		84		95
西吉县	1594	178		1114		157		145
隆德县	1570	105		1401				64
泾源县	412	75		127		40	22	148
彭阳县	2257	49		366		98	31	1713

3－30－3 单位:万元

地区	平衡部分											
	收入						支出					年终结余
	收入合计	本年收入	上年结余	补助收入	省补助单列市收入	调入资金	支出合计	本年支出	上解支出	单列市上解省支出	调出资金	
地市县合计	**418376**	**355157**	**23848**	**36935**		**2436**	**371738**	**368238**			**3500**	**46638**
银川市小计	**187537**	**171306**	**9632**	**4163**		**2436**	**173757**	**171757**			**2000**	**13780**
本级	144413	167740	9418	－34890		2145	132826	131117	－291		2000	11587
区县级小计	43124	3566	214	39053		291	40931	40640	291			2193
兴庆区	14621	171	10	14440			14530	14530				91
金凤区	22520	2325	186	20009			20887	20887				1633
西夏区	4652	30	18	4604			4223	4223				429
高新区	1331	1040				291	1291	1000	291			40
永宁县	8815	7269	516	1030			7916	7916				899
贺兰县	46933	45763	269	901			46091	44591			1500	842
灵武市	42442	39004	1773	1665			35507	35507				6935
石嘴山市小计	**24121**	**13345**	**5296**	**5480**			**21756**	**21756**				**2365**
本级	15764	10479	3719	1566			14632	14632				1132
区县级小计	8357	2866	1577	3914			7124	7124				1233
大武口区	3927	961	669	2297			2844	2844				1083
惠农区	4200	1868	815	1517			4087	4087				113
隆湖区	230	37	93	100			193	193				37
平罗县	18794	15197	832	2765			16141	16141				2653
吴忠市小计	**12630**	**7384**	**1076**	**4170**			**7444**	**7444**				**5186**
本级	12630	7384	1076	4170			7444	7444				5186
区县级小计												
利通区												
青铜峡市	12821	7851	949	4021			9730	9730				3091
盐池县	3022	1466	740	816			1575	1575				1447
同心县	1560	1146	74	340			537	537				1023
红寺堡	1567	604	173	790			930	930				637
中卫市小计	**21276**	**18185**	**179**	**2912**			**18902**	**18902**				**2374**
本级	21276	18185	179	2912			18902	18902				2374
中宁县	6930	2281	749	3900			6182	6182				748
海原县	1653	356	45	1252			654	654				999
固原市小计	**19764**	**18248**	**440**	**1076**			**18783**	**18783**				**981**
本级	18614	18083	327	204			18064	18064				550
区县级小计	1150	165	113	872			719	719				431
原州区	1150	165	113	872			719	719				431
西吉县	2123	1592	283	248			1594	1594				529
隆德县	2135	1727	327	81			1570	1570				565
泾源县	791	200	102	489			412	412				379
彭阳县	3462	2233	393	836			2257	2257				1205

2007 年新疆维吾尔自治区地市县财政基金预算收支平衡表

3－31－1　　　　　　　　　　　　　　　　　　　　　　单位:万元

地　　区	收支部分							
	收入							
	收　入 合　计	养路费 收　入	公路客货 运附加费 收　　入	国有土地 使用权出 让金收入	新增建设用 地土地有偿 使用费收入	地方水利 建设基金 收　　入	城市公用 事业附加 收　　入	其他各项 基金收入
地市县合计	**513223**			**441451**	**－469**		**5456**	**66785**
乌鲁木齐市小计	**223733**			**192044**			**3435**	**28254**
本级	171993			154405			3000	14588
区县级小计	51740			37639			435	13666
乌鲁木齐县	5306			5088				218
天山区	3057							3057
沙依巴克区	2739							2739
新市区	2367							2367
水磨沟区	8659			7606				1053
头屯河区	2976			1900				1076
米东区	26238			22740			435	3063
达坂城区	398			305				93
克拉玛依市小计	**24932**			**17628**				**7304**
本级	16303			10245				6058
区县级小计	8629			7383				1246
克拉玛依区	2971			2519				452
独山子区	5354			4658				696
白碱滩区	232			153				79
乌尔禾区	72			53				19
石河子市小计	**8983**			**6413**			**430**	**2140**
伊犁州小计	**70565**			**65170**			**133**	**5262**
本级	5322			4794				528
区县级小计	65243			60376			133	4734
奎屯市	4503			3687			133	683
伊宁市	55303			53022				2281
伊宁县	2235			1951				284
察布查尔自治县	584			361				223
霍城县	609			377				232
尼勒克县	223							223
巩留县	342			180				162
新源县	945			544				401
特克斯县	333			214				119
昭苏县	166			40				126
塔城地区小计	**18323**			**16324**				**1999**
本级	499			31				468
区县级小计	17824			16293				1531
塔城市	1117			919				198

3－31－2　　　　单位:万元

地区	收支部分 支出 支出合计	养路费支出	公路客货运附加费支出	国有土地使用权出让金支出	新增建设用地土地有偿使用费支出	地方水利建设基金支出	城市公用事业附加支出	其他各项基金支出
地市县合计	**484250**			**407311**	**458**		**4575**	**71906**
乌鲁木齐市小计	**190906**			**164267**			**3435**	**23204**
本级	133018			121302			3000	8716
区县级小计	57888			42965			435	14488
乌鲁木齐县	5751			5532				219
天山区	3075			505				2570
沙依巴克区	3378			646				2732
新市区	3275			445				2830
水磨沟区	9153			8105				1048
头屯河区	3970			2379				1591
米东区	28319			24430			435	3454
达坂城区	967			923				44
克拉玛依市小计	**22827**			**17561**				**5266**
本级	12180			10000				2180
区县级小计	10647			7561				3086
克拉玛依区	2481			2197				284
独山子区	6323			5158				1165
白碱滩区	1649			153				1496
乌尔禾区	194			53				141
石河子市小计	**8052**			**6878**			**35**	**1139**
伊犁州小计	**78190**			**61364**	**224**		**133**	**16469**
本级	16231			4911	214			11106
区县级小计	61959			56453	10		133	5363
奎屯市	4604			3787	1		133	683
伊宁市	50953			49017	1			1935
伊宁县	2220			1968	1			251
察布查尔自治县	791			361	1			429
霍城县	538			337	1			200
尼勒克县	471			69	1			401
巩留县	723			185	1			537
新源县	1089			544	1			544
特克斯县	388			144	1			243
昭苏县	182			41	1			140
塔城地区小计	**16459**			**14395**	**5**		**4**	**2055**
本级	809				5			804
区县级小计	15650			14395			4	1251
塔城市	1037			768				269

三、各省、自治区、直辖市地市县基金预算财政资料

3－31－3

单位：万元

地区	平衡部分											
	收入						支出					年终结余
	收入合计	本年收入	上年结余	补助收入	省补助单列市收入	调入资金	支出合计	本年支出	上解支出	单列市上解省支出	调出资金	
地市县合计	**608892**	**513223**	**70831**	**24838**			**486123**	**484250**			**1873**	**122769**
乌鲁木齐市小计	**241274**	**223733**	**16106**	**1435**			**190906**	**190906**				**50368**
本级	180572	171993	11686	－3107			133195	133018	177			47377
区县级小计	60879	51740	4420	4719			57888	57888				2991
乌鲁木齐县	6519	5306	343	870			5751	5751				768
天山区	4314	3057	396	861			3075	3075				1239
沙依巴克区	3385	2739		646			3378	3378				7
新市区	3289	2367	477	445			3275	3275				14
水磨沟区	9158	8659		499			9153	9153				5
头屯河区	4098	2976	632	490			3970	3970				128
米东区	28319	26238	1824	257			28319	28319				
达坂城区	1797	398	748	651			967	967				830
克拉玛依市小计	**35881**	**24932**	**10910**	**39**			**22827**	**22827**				**13054**
本级	24417	16303	10536	－2422			12180	12180				12237
区县级小计	11464	8629	374	2461			10647	10647				817
克拉玛依区	3275	2971	153	151			2481	2481				794
独山子区	6323	5354	198	771			6323	6323				
白碱滩区	1649	232		1417			1649	1649				
乌尔禾区	217	72	23	122			194	194				23
石河子市小计	**10855**	**8983**	**1742**	**130**			**8052**	**8052**				**2803**
伊犁州小计	**85226**	**70565**	**2530**	**12131**			**78190**	**78190**				**7036**
本级	17985	5322	1745	10918			16231	16231				1754
区县级小计	67241	65243	785	1213			61959	61959				5282
奎屯市	4604	4503		101			4604	4604				
伊宁市	55569	55303	265	1			50953	50953				4616
伊宁县	2366	2235	130	1			2220	2220				146
察布查尔自治县	792	584		208			791	791				1
霍城县	764	609	105	50			538	538				226
尼勒克县	577	223	169	185			471	471				106
巩留县	727	342	6	379			723	723				4
新源县	1089	945		144			1089	1089				
特克斯县	552	333	86	133			388	388				164
昭苏县	201	166	24	11			182	182				19
塔城地区小计	**22375**	**18323**	**3395**	**657**			**16459**	**16459**				**5916**
本级	1405	499	424	482			809	809				596
区县级小计	20970	17824	2971	175			15650	15650				5320
塔城市	1479	1117	344	18			1037	1037				442

3－31－4

单位:万元

地区	收支部分							
	收入							
	收入合计	养路费收入	公路客货运附加费收入	国有土地使用权出让金收入	新增建设用地土地有偿使用费收入	地方水利建设基金收入	城市公用事业附加收入	其他各项基金收入
额敏县	1651			1433				218
乌苏市	4931			4644				287
沙湾县	7998			7654				344
托里县	437			244				193
裕民县	897			812				85
和布克赛尔自治县	793			587				206
阿勒泰地区小计	**3616**			**2607**				**1009**
本级	178			45				133
区县级小计	3438			2562				876
阿勒泰市	884			588				296
布尔津县	376			306				70
哈巴河县	489			383				106
吉木乃县	156			119				37
福海县	775			601				174
富蕴县	611			495				116
青河县	147			70				77
博尔塔拉州小计	**6386**			**5557**				**829**
本级	804			588				216
区县级小计	5582			4969				613
博乐市	1992			1571				421
精河县	2964			2851				113
温泉县	626			547				79
昌吉州小计	**39920**			**33789**			**1115**	**5016**
本级	5226			3179				2047
区县级小计	34694			30610			1115	2969
玛纳斯县	1423			617			344	462
呼图壁县	2287			1700			149	438
昌吉市	28233			26868			150	1215
阜康市	1434			754			384	296
吉木萨尔县	906			560			88	258
奇台县	248			63				185
木垒哈萨克自治县	163			48				115
巴音郭楞州小计	**32754**			**29623**				**3131**
本级	3227			2644				583
区县级小计	29527			26979				2548
库尔勒市	25104			23558				1546
轮台县	877			713				164

三、各省、自治区、直辖市地市县基金预算财政资料

3－31－5

单位:万元

地　　区	收支部分							
	支出							
	支　出 合　计	养路费 支　出	公路客货 运附加费 支　　出	国有土地 使用权出 让金支出	新增建设用 地土地有偿 使用费支出	地方水利 建设基金 支　　出	城市公用 事业附加 支　　出	其他各项 基金支出
额敏县	440			337			4	99
乌苏市	4885			4639				246
沙湾县	7683			7362				321
托里县	407			222				185
裕民县	756			694				62
和布克赛尔自治县	442			373				69
阿勒泰地区小计	**3161**			**1681**	**6**			**1474**
本级	131				5			126
区县级小计	3030			1681	1			1348
阿勒泰市	894			121				773
布尔津县	350			287				63
哈巴河县	140			73				67
吉木乃县	85			34				51
福海县	786			601				185
富蕴县	628			495				133
青河县	147			70	1			76
博尔塔拉州小计	**7158**			**6118**	**47**			**993**
本级	1269			933	47			289
区县级小计	5889			5185				704
博乐市	2208			1694				514
精河县	2964			2851				113
温泉县	717			640				77
昌吉州小计	**36416**			**30757**	**20**		**625**	**5014**
本级	4311			1950	20			2341
区县级小计	32105			28807			625	2673
玛纳斯县	1127			677			158	292
呼图壁县	2393			1890			149	354
昌吉市	26016			24269			270	1477
阜康市	1409			1247				162
吉木萨尔县	432			349			48	35
奇台县	261			63				198
木垒哈萨克自治县	467			312				155
巴音郭楞州小计	**33090**			**29562**	**89**			**3439**
本级	3146			2617	89			440
区县级小计	29944			26945				2999
库尔勒市	25336			23636				1700
轮台县	941			804				137

3－31－6 单位:万元

地区	平衡部分											
	收入						支出					年终结余
	收入合计	本年收入	上年结余	补助收入	省补助单列市收入	调入资金	支出合计	本年支出	上解支出	单列市上解省支出	调出资金	
额敏县	1897	1651	239	7			440	440				1457
乌苏市	5893	4931	844	118			4885	4885				1008
沙湾县	8285	7998	273	14			7683	7683				602
托里县	488	437	41	10			407	407				81
裕民县	1360	897	455	8			756	756				604
和布克赛尔自治县	1568	793	775				442	442				1126
阿勒泰地区小计	**5117**	**3616**	**520**	**981**			**3797**	**3161**			**636**	**1320**
本级	899	178	348	373			131	131				768
区县级小计	4218	3438	172	608			3666	3030			636	552
阿勒泰市	1475	884	38	553			1394	894			500	81
布尔津县	382	376		6			350	350				32
哈巴河县	529	489	24	16			140	140				389
吉木乃县	257	156	89	12			221	85			136	36
福海县	787	775	5	7			786	786				1
富蕴县	628	611	10	7			628	628				
青河县	160	147	6	7			147	147				13
博尔塔拉州小计	**8664**	**6386**	**1962**	**316**			**7158**	**7158**				**1506**
本级	1645	804	1571	－730			1269	1269				376
区县级小计	7019	5582	391	1046			5889	5889				1130
博乐市	3058	1992	347	719			2208	2208				850
精河县	2979	2964		15			2964	2964				15
温泉县	982	626	44	312			717	717				265
昌吉州小计	**44818**	**39920**	**3155**	**1743**			**36416**	**36416**				**8402**
本级	6664	5226	763	675			4311	4311				2353
区县级小计	38154	34694	2392	1068			32105	32105				6049
玛纳斯县	1792	1423	353	16			1127	1127				665
呼图壁县	2513	2287	214	12			2393	2393				120
昌吉市	28780	28233	159	388			26016	26016				2764
阜康市	2391	1434	942	15			1409	1409				982
吉木萨尔县	1291	906	375	10			432	432				859
奇台县	905	248	316	341			261	261				644
木垒哈萨克自治县	482	163	33	286			467	467				15
巴音郭楞州小计	**35853**	**32754**	**2476**	**623**			**33090**	**33090**				**2763**
本级	4029	3227	726	76			3146	3146				883
区县级小计	31824	29527	1750	547			29944	29944				1880
库尔勒市	25566	25104	230	232			25336	25336				230
轮台县	1183	877	289	17			941	941				242

3－31－7　　　单位：万元

地　　区	收支部分 收入 收入合计	养路费收入	公路客货运附加费收入	国有土地使用权出让金收入	新增建设用地土地有偿使用费收入	地方水利建设基金收入	城市公用事业附加收入	其他各项基金收入
尉犁县	226			102				124
且末县	453			330				123
若羌县	545			473				72
焉耆回族自治县	465			337				128
和静县	934			732				202
和硕县	784			688				96
博湖县	139			46				93
阿克苏地区小计	**36431**			**31535**	**－469**		**343**	**5022**
本级	4971			2636	－117			2452
区县级小计	31460			28899	－352		343	2570
阿克苏市	20004			19559	－352		339	458
库车县	4880			3825				1055
拜城县	1243			874				369
新和县	301			170				131
沙雅县	1640			1545				95
温宿县	1035			845				190
乌什县	558			465			4	89
阿瓦提县	1721			1576				145
柯坪县	78			40				38
克孜勒苏州小计	**1256**			**550**				**706**
本级	304			170				134
区县级小计	952			380				572
阿图什市	337			107				230
阿克陶县	276			15				261
乌恰县	300			251				49
阿合奇县	39			7				32
喀什地区小计	**26393**			**23609**				**2784**
本级	465			183				282
区县级小计	25928			23426				2502
喀什市	11628			10884				744
莎车县	1523			1208				315
疏勒县	4001			3865				136
疏附县	825			625				200
叶城县	1510			1295				215
伽师县	1625			1431				194
巴楚县	2665			2494				171
麦盖提县	377			253				124

3－31－8

单位：万元

地区	收支部分						
	支出						
	支出合计	养路费支出	公路客货运附加费支出	国有土地使用权出让金支出	新增建设用地土地有偿使用费支出	地方水利建设基金支出	城市公用事业附加支出	其他各项基金支出
尉犁县	324			161				163
且末县	441			352				89
若羌县	690			473				217
焉耆回族自治县	522			337				185
和静县	1009			732				277
和硕县	507			438				69
博湖县	174			12				162
阿克苏地区小计	**37409**			**31827**	**34**		**343**	**5205**
本级	3670			2434	34			1202
区县级小计	33739			29393			343	4003
阿克苏市	20334			19309			343	682
库车县	4845			3985				860
拜城县	1600			874				726
新和县	461			170				291
沙雅县	2227			1968				259
温宿县	1251			704				547
乌什县	338			281				57
阿瓦提县	2375			2062				313
柯坪县	308			40				268
克孜勒苏州小计	**2698**			**1885**				**813**
本级	759			500				259
区县级小计	1939			1385				554
阿图什市	1154			942				212
阿克陶县	446			185				261
乌恰县	300			251				49
阿合奇县	39			7				32
喀什地区小计	**22450**			**19703**				**2747**
本级	627			266				361
区县级小计	21823			19437				2386
喀什市	8263			7549				714
莎车县	1477			1125				352
疏勒县	3752			3642				110
疏附县	804			625				179
叶城县	1000			826				174
伽师县	1627			1431				196
巴楚县	2694			2494				200
麦盖提县	393			291				102

3-31-9 单位:万元

地区	平衡部分											年终结余
	收入						支出					
	收入合计	本年收入	上年结余	补助收入	省补助单列市收入	调入资金	支出合计	本年支出	上解支出	单列市上解省支出	调出资金	
尉犁县	445	226	197	22			324	324				121
且末县	670	453	207	10			441	441				229
若羌县	690	545		145			690	690				
焉耆回族自治县	776	465	254	57			522	522				254
和静县	1101	934	133	34			1009	1009				92
和硕县	1084	784	290	10			507	507				577
博湖县	309	139	150	20			174	174				135
阿克苏地区小计	**44082**	**36431**	**6135**	**1516**			**37628**	**37409**			**219**	**6454**
本级	6581	4971	3632	-2022			2670	3670	-1000			3911
区县级小计	37501	31460	2503	3538			34958	33739	1000		219	2543
阿克苏市	21821	20004	497	1320			21334	20334	1000			487
库车县	5760	4880	439	441			4845	4845				915
拜城县	1740	1243	140	357			1740	1600			140	
新和县	591	301	130	160			540	461			79	51
沙雅县	2270	1640	140	490			2227	2227				43
温宿县	1942	1035	537	370			1251	1251				691
乌什县	655	558	92	5			338	338				317
阿瓦提县	2375	1721	489	165			2375	2375				
柯坪县	347	78	39	230			308	308				39
克孜勒苏州小计	**3517**	**1256**	**1054**	**1207**			**2698**	**2698**				**819**
本级	1147	304	515	328			759	759				388
区县级小计	2370	952	539	879			1939	1939				431
阿图什市	1585	337	369	879			1154	1154				431
阿克陶县	446	276	170				446	446				
乌恰县	300	300					300	300				
阿合奇县	39	39					39	39				
喀什地区小计	**37773**	**26393**	**8690**	**2690**			**22855**	**22450**			**405**	**14918**
本级	2438	465	1554	419			627	627				1811
区县级小计	35335	25928	7136	2271			22228	21823			405	13107
喀什市	16844	11628	3107	2109			8613	8263			350	8231
莎车县	2201	1523	675	3			1477	1477				724
疏勒县	4452	4001	451				3752	3752				700
疏附县	1518	825	691	2			804	804				714
叶城县	1780	1510	266	4			1000	1000				780
伽师县	1946	1625	319	2			1627	1627				319
巴楚县	2699	2665	31	3			2694	2694				5
麦盖提县	439	377	62				393	393				46

3－31－10 单位:万元

地　　区	收　支　部　分							
	收　入							
	收入合计	养路费收入	公路客货运附加费收入	国有土地使用权出让金收入	新增建设用地土地有偿使用费收入	地方水利建设基金收入	城市公用事业附加收入	其他各项基金收入
泽普县	927			823				104
英吉沙县	197			75				122
岳普湖县	316			216				100
塔什库尔干自治县	334			257				77
和田地区小计	**6987**			**5476**				**1511**
本级	323			82				241
区县级小计	6664			5394				1270
皮山县	348			169				179
墨玉县	1361			1150				211
和田县	333			148				185
洛浦县	387			261				126
策勒县	266			143				123
于田县	414			231				183
民丰县	23			15				8
和田市	3532			3277				255
吐鲁番地区小计	**4132**			**3111**				**1021**
本级	272							272
区县级小计	3860			3111				749
吐鲁番市	2161			1782				379
鄯善县	862			620				242
托克逊县	837			709				128
哈密地区小计	**7154**			**6418**				**736**
本级	4353			4215				138
区县级小计	2801			2203				598
伊吾县	20			20				
巴里坤自治县	172			90				82
哈密市	**2609**			**2093**				**516**
五家渠市小计	**61**							**61**
阿拉尔市	**1394**			**1394**				
图木舒克市	**203**			**203**				

3－31－11

单位:万元

地　区	收支部分 支出 支出合计	养路费支出	公路客货运附加费支出	国有土地使用权出让金支出	新增建设用地土地有偿使用费支出	地方水利建设基金支出	城市公用事业附加支出	其他各项基金支出
泽普县	883			792				91
英吉沙县	248			128				120
岳普湖县	346			277				69
塔什库尔干自治县	336			257				79
和田地区小计	**7721**			**5916**				**1805**
本级	379			104				275
区县级小计	7342			5812				1530
皮山县	384			195				189
墨玉县	1365			1136				229
和田县	277			121				156
洛浦县	695			471				224
策勒县	235			103				132
于田县	437			231				206
民丰县	316			273				43
和田市	3633			3282				351
吐鲁番地区小计	**5713**			**4303**				**1410**
本级	177			47				130
区县级小计	5536			4256				1280
吐鲁番市	3646			2744				902
鄯善县	1001			737				264
托克逊县	889			775				114
哈密地区小计	**8955**			**8078**	**33**			**844**
本级	6048			5802	33			213
区县级小计	2907			2276				631
伊吾县	20			13				7
巴里坤自治县	227			90				137
哈密市	**2660**			**2173**				**487**
五家渠市小计	**29**							**29**
阿拉尔市	**2830**			**2830**				
图木舒克市	**186**			**186**				

3－31－12　　　　　　　　　　　　　　　　　　　　　　　　　　单位:万元

地区	平衡部分											年终结余
	收入						支出					
	收入合计	本年收入	上年结余	补助收入	省补助单列市收入	调入资金	支出合计	本年支出	上解支出	单列市上解省支出	调出资金	
泽普县	1837	927	910				938	883			55	899
英吉沙县	714	197	515	2			248	248				466
岳普湖县	569	316	109	144			346	346				223
塔什库尔干自治县	336	334		2			336	336				
和田地区小计	**9480**	**6987**	**1653**	**840**			**7721**	**7721**				**1759**
本级	1099	323	523	253			379	379				720
区县级小计	8381	6664	1130	587			7342	7342				1039
皮山县	710	348	285	77			384	384				326
墨玉县	1483	1361	84	38			1365	1365				118
和田县	531	333	178	20			277	277				254
洛浦县	711	387	284	40			695	695				16
策勒县	400	266	111	23			235	235				165
于田县	534	414	90	30			437	437				97
民丰县	338	23	58	257			316	316				22
和田市	3674	3532	40	102			3633	3633				41
吐鲁番地区小计	**10112**	**4132**	**5749**	**231**			**5713**	**5713**				**4399**
本级	570	272	112	186			177	177				393
区县级小计	9542	3860	5637	45			5536	5536				4006
吐鲁番市	6845	2161	4669	15			3646	3646				3199
鄯善县	1348	862	462	24			1001	1001				347
托克逊县	1349	837	506	6			889	889				460
哈密地区小计	**10610**	**7154**	**3157**	**299**			**9455**	**8955**			**500**	**1155**
本级	7221	4353	2636	232			6548	6048			500	673
区县级小计	3389	2801	521	67			2907	2907				482
伊吾县	27	20		7			20	20				7
巴里坤自治县	227	172		55			227	227				
哈密市	**3135**	**2609**	**521**	**5**			**2660**	**2660**				**475**
五家渠市小计	**90**	**61**	**29**				**33**	**29**			**4**	**57**
阿拉尔市	**2870**	**1394**	**1476**				**2830**	**2830**				**40**
图木舒克市	**295**	**203**	**92**				**295**	**186**			**109**	

四、各省、自治区、直辖市地市县预算外财政资料

2007 年北京市区县财政预算外收支平衡表

4－1－1　　　　　　　　　　　　　　　　　　　　　　单位:万元

地区	收支部分									
	收入					支出				
	收入合计	彩票资金收入	行政事业性收费收入	国有资源（资产）有偿使用收入	其他收入	支出合计	一般公共服务	外交	国防	公共安全
区县级合计	**729195**	**821**	**388759**	**33257**	**306358**	**685665**	**49613**		**3**	**6738**
东城区	34405	40	24308	7650	2407	32418	395			800
西城区	25307	58	12302	171	12776	32174	611			21
崇文区	13725	26	7474	53	6172	14082				
宣武区	26107	37	10941	540	14589	21853	2010			
朝阳区	41172	178	15673	2357	22964	46760	5065			644
海淀区	198641	151	33040	10598	154852	150034	14064		3	389
石景山区	6577	32	3485	126	2934	8259	1732			
丰台区	58796	106	10991	2969	44730	58468	1562			932
门头沟区	7904	9	6505	148	1242	21070	973			
房山区	60768		52440		8328	68398	5266			
通州区	50365	133	49019	866	347	42243	411			1017
昌平区	10516		10516			8934	224			
顺义区	52038	40	33073	850	18075	53677	8784			262
大兴区	108986		99305	4576	5105	61022	5478			1273
怀柔区	5998		3990	7	2001	9554	1490			
平谷区	11059	7	4249	2305	4498	24161	329			1320
密云县	8056		6466	15	1575	19673	163			50
延庆县	8775	4	4982	26	3763	12885	1056			30

4－1－2

单位:万元

地区	收支部分										
	支出										
	教育	科学技术	文化体育与传媒	社会保障和就业	医疗卫生	环境保护	城乡社区事务	农林水事务	交通运输	工业、商业、金融等事务	其他支出
区县级合计	**255533**	**189**	**6139**	**32353**	**82760**	**5145**	**140704**	**21281**	**624**	**3958**	**80625**
东城区	27840		569	374	1660		728	40		12	
西城区	27543		62	802	1718		907				510
崇文区	11134		574	795	958		233				388
宣武区	12633			25	6588		597				
朝阳区	25801			147	1412		6809	1619		6	5257
海淀区	67856	185	1831	8331	5311	568	43233	5091		2116	1056
石景山区	6423			46			4				54
丰台区	12972		850	695	113		12423	53			28868
门头沟区	2873		2	2306	1080	1838	9098	2019	92		789
房山区	7602			612	43910		6756	697		1500	2055
通州区	8405		114	1955	4978	1512	11095	3908		23	8825
昌平区	6287		138	2255						30	
顺义区	12991		50	5159	3245	90	20467	12		95	2522
大兴区	8029		216	7532	5887	450	25132	2676	440		3909
怀柔区	3554		913	131		674	2030	762			
平谷区	4776	4	406	458	1930	13	180	167	34	89	14455
密云县	5516		174	201	1283		262			87	11937
延庆县	3298		240	529	2687		750	4237	58		

四、各省、自治区、直辖市地市县预算外财政资料

4－1－3　　　　　　　　　　　　　　　　　　　　　　　　单位:万元

地区	平衡部分										
	收入					支出					年终结余
	收入合计	本年收入	上年结余	补助收入	省补助计划单列市收入	支出合计	本年支出	上解上级支出	计划单列市上解省支出	政府调剂资金	
区县级合计	**1273793**	**729195**	**372794**	**171804**		**748534**	**685665**			**62869**	**525259**
东城区	39803	34405	1240	4158		32418	32418				7385
西城区	56916	25307	27442	4167		32174	32174				24742
崇文区	23105	13725	4884	4496		14082	14082				9023
宣武区	46541	26107	13924	6510		21853	21853				24688
朝阳区	81622	41172	32706	7744		46760	46760				34862
海淀区	348852	198641	143267	6944		150034	150034				198818
石景山区	17546	6577	9700	1269		8259	8259				9287
丰台区	110030	58796	20927	30307		58468	58468				51562
门头沟区	27924	7904	6922	13098		24603	21070			3533	3321
房山区	74441	60768	6131	7542		68398	68398				6043
通州区	98205	50365	38360	9480		96702	42243			54459	1503
昌平区	18015	10516	1396	6103		8934	8934				9081
顺义区	112249	52038	37953	22258		53677	53677				58572
大兴区	139000	108986	19066	10948		63551	61022			2529	75449
怀柔区	11840	5998	1813	4029		9554	9554				2286
平谷区	27538	11059	1409	15070		24161	24161				3377
密云县	20975	8056	1165	11754		19673	19673				1302
延庆县	19191	8775	4489	5927		15233	12885			2348	3958

2007 年天津市区县财政预算外收支平衡表

4－2－1 单位:万元

地区	收支部分									
	收入					支出				
	收入合计	彩票资金收入	行政事业性收费收入	国有资源(资产)有偿使用收入	其他收入	支出合计	一般公共服务	外交	国防	公共安全
区县级合计	**314787**	**93**	**202558**	**3575**	**108561**	**306789**	**45581**		**5**	**4159**
和平区	14105		11796		2309	13465	882			594
河北区	16825		13220		3605	16855	1194			954
河东区	17281		14898	16	2367	17837	1320			124
河西区	19414	93	16711	949	1661	22075	1626			
南开区	17329		15087	112	2130	17318	578			389
红桥区	17539		10539	648	6352	19264	1555			586
塘沽区	21420		21420			20212	459			
汉沽区	5299		5299			3922	967			
大港区	43961		16342	302	27317	47938	210			30
东丽区	20996		9635	111	11250	21074	6091			
西青区	16579		5510	256	10813	13357	4731			175
津南区	10376		8498	504	1374	8091	598			905
北辰区	12515		4523	135	7857	11820	3858		5	2
武清区	19618		7717		11901	18977	9802			183
宝坻区	15264		10454	7	4803	17056	1429			100
蓟县	15005		9153		5852	14741	4427			
宁河县	6493		5023	2	1468	6931	1485			39
静海县	21475		13627	496	7352	14174	3978			78
开发区										
保税区	166			16	150	1291				
园区	3127		3106	21		391	391			

4－2－2

单位:万元

地区	收支部分										
	支出										
	教育	科学技术	文化体育与传媒	社会保障和就业	医疗卫生	环境保护	城乡社区事务	农林水事务	交通运输	工业、商业、金融等事务	其他支出
区县级合计	**137776**	**259**	**2241**	**6309**	**12053**	**743**	**41708**	**3677**	**7338**	**1924**	**43016**
和平区	10170	54			626		457				682
河北区	10367	47		79	1037		3157			20	
河东区	11388	21	312	32	1215	166	3202				57
河西区	15801	10	20	211	756		3310				341
南开区	11975		9	876	1268		2173				50
红桥区	11228	123	119	5	526	75	4644				403
塘沽区	11400			2487	542		3678	17			1629
汉沽区	1587			793	114		148	47	142	16	108
大港区	4389			158	177		6435	1135	779		34625
东丽区	4561		50	15	1368		5974	247	1023	11	1734
西青区	2874		83	698	814		2460	490	957	75	
津南区	4298	2	136	44	355		1289	39	149	170	106
北辰区	3864	2	101	200	782		680	244		148	1934
武清区	5904		96	214	971	172	48	984	510	93	
宝坻区	10595		755	192	538	195	1332	294	1587		39
蓟县	7827			4			56	92	944	1391	
宁河县	4325			171	225		246	11	429		
静海县	5223		560	130	739	135	2419	77	818		17
开发区											
保税区											1291
园区											

4－2－3

单位:万元

地区	平衡部分										
	收入					支出					
	收入合计	本年收入	上年结余	补助收入	省补助计划单列市收入	支出合计	本年支出	上解上级支出	计划单列市上解省支出	政府调剂资金	年终结余
区县级合计	**440545**	**314787**	**125758**			**307359**	**306789**			**570**	**133186**
和平区	19288	14105	5183			13465	13465				5823
河北区	18918	16825	2093			16855	16855				2063
河东区	19058	17281	1777			17837	17837				1221
河西区	33571	19414	14157			22075	22075				11496
南开区	18616	17329	1287			17318	17318				1298
红桥区	22883	17539	5344			19264	19264				3619
塘沽区	26208	21420	4788			20212	20212				5996
汉沽区	5779	5299	480			4222	3922			300	1557
大港区	80709	43961	36748			48208	47938			270	32501
东丽区	23246	20996	2250			21074	21074				2172
西青区	30413	16579	13834			13357	13357				17056
津南区	12546	10376	2170			8091	8091				4455
北辰区	17314	12515	4799			11820	11820				5494
武清区	20120	19618	502			18977	18977				1143
宝坻区	22087	15264	6823			17056	17056				5031
蓟县	15965	15005	960			14741	14741				1224
宁河县	7977	6493	1484			6931	6931				1046
静海县	37328	21475	15853			14174	14174				23154
开发区											
保税区	4692	166	4526			1291	1291				3401
园区	3827	3127	700			391	391				3436

2007年河北省地市县财政预算外收支平衡表

4－3－1　　　　单位：万元

地区	收支部分									
	收入					支出				
	收入合计	彩票资金收入	行政事业性收费收入	国有资源（资产）有偿使用收入	其他收入	支出合计	一般公共服务	外交	国防	公共安全
地市县合计	**1166179**	**2528**	**1059129**	**26434**	**78088**	**1104696**	**92381**		**728**	**32123**
石家庄市小计	**215078**	**461**	**209494**	**2931**	**2192**	**213314**	**13230**		**285**	**15005**
本级	137873	461	136487	679	246	141728	9835			13101
区县级小计	77205		73007	2252	1946	71586	3395		285	1904
赞皇县	354		354			259				6
平山县	3253		3253			797	16			
灵寿县	1682		1682			1682	29			18
行唐县	1016		1016			1124	72			5
井陉县	5296		5264	32		5296	221			23
鹿泉市	6090		5945	36	109	5264	51			307
正定县	4706		3728	759	219	4723	216			54
栾城县	4760		4647		113	4522	52			
辛集市	4398		3985	413		4398	26			
晋州市	2771		2659	8	104	2727	60			
深泽县	1376		1287	63	26	822	199			211
无极县	1835		1702		133	1593	113			
藁城市	4541		4055	303	183	4541	88			56
赵县	2398		2398			2398	20			1
新乐市	2331		2331			2331	24			
高邑县	908		908			908	53			81
元氏县	2023		1905	39	79	2023	117			42
长安区	4136		4118		18	4157	5		195	171
桥东区	3458		3162	296		3457	206			387
桥西区	5671		5155	201	315	5447	80		90	515
新华区	5132		5132			4672	23			
裕华区	5865		5237	83	545	6246	387			27
矿区	696		575	19	102	647	112			
高新区	2509		2509			1552	1225			
唐山市小计	**175975**		**143310**	**5278**	**27387**	**169745**	**15718**			**2323**
本级	78733		78618	75	40	78442	2785			314
区县级小计	97242		64692	5203	27347	91303	12933			2009
滦县	4700		4600	100		4700	30			
滦南县	5891		2564	2650	677	5911	784			79
乐亭县	3074		3063	11		3109	21			
迁西县	3299		3299			3385				80
唐海县	3676		3299		377	3756	477			42

4－3－2

单位:万元

地区	收支部分										
	支出										
	教育	科学技术	文化体育与传媒	社会保障和就业	医疗卫生	环境保护	城乡社区事务	农林水事务	交通运输	工业、商业、金融等事务	其他支出
地市县合计	**497670**	**434**	**52673**	**31163**	**31872**	**1981**	**154106**	**23780**	**154558**	**6615**	**24612**
石家庄市小计	**87055**	**148**	**18731**	**4779**	**4370**	**114**	**46764**	**2750**	**11610**	**2097**	**6376**
本级	39036	148	16811	3463	1595	40	39842	1865	8823	836	6333
区县级小计	48019		1920	1316	2775	74	6922	885	2787	1261	43
赞皇县	228									25	
平山县	636				49		59	37			
灵寿县	1088		191	46	137	38	55	77		3	
行唐县	955			22			20	50			
井陉县	1648		219	72	6	12	1332	239	927	597	
鹿泉市	3960			138	159		382	242		25	
正定县	2727		476	13			1086	12		139	
栾城县	1474		267		9		797	20	1860	2	41
辛集市	2830		281	154	14		1074	19			
晋州市	1770		323		36		510	26			2
深泽县	192		79	1	38	3	71	12		16	
无极县	811			172	45	21	367	14		50	
藁城市	3425		303	144	78			45		402	
赵县	2342				21			14			
新乐市	2028				232			47			
高邑县	583			28	44		88	31			
元氏县	1490		39		1		334				
长安区	3240			85	231		230				
桥东区	2745			5	114						
桥西区	4033			122	404		203				
新华区	4213			9	377		50				
裕华区	4964			10	780		76			2	
矿区	487		9	28			11				
高新区	150						177				
唐山市小计	**78743**	**89**	**6073**	**6464**	**5480**	**327**	**15079**	**7627**	**31086**	**511**	**225**
本级	34877	88	948	2615	4168	6	399	5172	26997	33	40
区县级小计	43866	1	5125	3849	1312	321	14680	2455	4089	478	185
滦县	1535		100	120			1301	10	1604		
滦南县	2945		719	341	15		214	789		25	
乐亭县	2614			171			185	118			
迁西县	1434		3	179	134		352		978	225	
唐海县	1516		267	304	50		138	32	911	9	10

4－3－3

单位:万元

地区	平衡部分										
	收入					支出					
	收入合计	本年收入	上年结余	补助收入	省补助计划单列市收入	支出合计	本年支出	上解上级支出	计划单列市上解省支出	政府调剂资金	年终结余
地市县合计	**1494593**	**1166179**	**267468**	**60946**		**1153948**	**1104696**			**49252**	**340645**
石家庄市小计	**293057**	**215078**	**69983**	**7996**		**213314**	**213314**				**79743**
本级	198656	137873	53484	7299		141728	141728				56928
区县级小计	94401	77205	16499	697		71586	71586				22815
赞皇县	577	354	223			259	259				318
平山县	3539	3253		286		797	797				2742
灵寿县	1682	1682				1682	1682				
行唐县	1295	1016	279			1124	1124				171
井陉县	5296	5296				5296	5296				
鹿泉市	6345	6090	255			5264	5264				1081
正定县	5532	4706	773	53		4723	4723				809
栾城县	4939	4760	179			4522	4522				417
辛集市	4756	4398		358		4398	4398				358
晋州市	2771	2771				2727	2727				44
深泽县	1435	1376	59			822	822				613
无极县	2355	1835	520			1593	1593				762
藁城市	4661	4541	120			4541	4541				120
赵县	2398	2398				2398	2398				
新乐市	3951	2331	1620			2331	2331				1620
高邑县	908	908				908	908				
元氏县	2607	2023	584			2023	2023				584
长安区	4197	4136	61			4157	4157				40
桥东区	3524	3458	66			3457	3457				67
桥西区	6246	5671	575			5447	5447				799
新华区	5415	5132	283			4672	4672				743
裕华区	6246	5865	381			6246	6246				
矿区	775	696	79			647	647				128
高新区	12951	2509	10442			1552	1552				11399
唐山市小计	**211459**	**175975**	**27102**	**8382**		**174716**	**169745**			**4971**	**36743**
本级	94328	78733	10613	4982		78442	78442				15886
区县级小计	117131	97242	16489	3400		96274	91303			4971	20857
滦县	4818	4700	2	116		4700	4700				118
滦南县	6192	5891	95	206		5911	5911				281
乐亭县	3164	3074		90		3109	3109				55
迁西县	3385	3299		86		3385	3385				
唐海县	5200	3676	1407	117		3756	3756				1444

4－3－4

单位:万元

地区	收支部分									
	收入					支出				
	收入合计	彩票资金收入	行政事业性收费收入	国有资源(资产)有偿使用收入	其他收入	支出合计	一般公共服务	外交	国防	公共安全
迁安市	13301		6444	80	6777	12952	6330			121
玉田县	6985		5208	4	1773	6745	343			584
遵化市	7566		7566			5796	186			110
路南区	4506		3080	1272	154	4706	539			5
路北区	2761		2761			3098	9			64
古冶区	6458		5457	47	954	5487	60			422
开平区	3596		3180		416	3660	419			196
丰润区	7697		6566	879	252	9278	491			147
丰南区	22004		6611	84	15309	17750	2946			159
高新开发区	741		36	59	646	130	81			
海港开发区	92		87	5		101	16			
南堡开发区	692		690		2	616	201			
芦台开发区	170		148	12	10	90				
汉沽管理区	33		33			33				
曹妃甸工业园区										
邯郸市小计	**92756**	**400**	**88339**	**929**	**3088**	**87570**	**10442**			**634**
本级	50645	400	49024	435	786	50947	5660			223
区县级小计	42111		39315	494	2302	36623	4782			411
大名县	1248		1248			1248	74			13
魏县	3299		3076		223	3278	604			17
曲周县	1612		1431	174	7	1612	12			
邱县	939		939			939	82			5
鸡泽县	417		416		1	417	30			
肥乡县	765		704	47	14	757	64			21
广平县	775		775			773	110			23
成安县	392		392			392	24			
临漳县										
馆陶县	1166		912	238	16	1144	85			
磁县	1769		1684		85	1769	486			82
涉县	4783		4128		655	4743	522			22
永年县	4597		4173	20	404	3961	132			1
邯郸县	1595		1551		44	1705	16			5
武安市	9703		9703			6148	167			
邯山区	1141		745		396	1114	59			
丛台区	1029		1017		12	1259	15			
复兴区	685		539		146	632	190			

4－3－5

单位:万元

地区	收支部分									
	支出									
	教育	科学技术	文化体育与传媒	社会保障和就业	医疗卫生	环境保护	城乡社区事务	农林水事务	交通运输	工业、商业、金融等事务	其他支出
迁安市	5728		509	53	1	2	173	12			23
玉田县	4454	1	23	471	18	4	629	109	4	105	
遵化市	4196		805	438			60	1			
路南区	3372		8		500		281				1
路北区	2041			364	231		356			28	5
古冶区	2653		743	257	110		1054	7	60	60	61
开平区	1974		399	77	191		357	21	19	2	5
丰润区	5793		600	826	62		1288	26		12	33
丰南区	3413		949	236			8235	1240	513	12	47
高新开发区	49										
海港开发区	31			6			48				
南堡开发区	85			6		315	9				
芦台开发区								90			
汉沽管理区	33										
曹妃甸工业园区											
邯郸市小计	**52651**		**2464**	**1659**	**2123**		**14474**	**760**	**477**	**259**	**1627**
本级	30115		274	881	430		11950	7	201	231	975
区县级小计	22536		2190	778	1693		2524	753	276	28	652
大名县	791		5	32			326	7			
魏县	1646		225	105	378		242	61			
曲周县	1261		110	32	26		161	10			
邱县	809			7	7		16			13	
鸡泽县	331			5	14		37				
肥乡县	570			2	9		91				
广平县	370			30	52		162	24		2	
成安县	270		65				18	15			
临漳县											
馆陶县	548		261	26	25		132	67			
磁县	631						570				
涉县	2635		805	120	23		66	92	275		183
永年县	2237		439	53	665		21	38	1		374
邯郸县	1527		19	13	52		48	25			
武安市	5028		209	200	126		47	371			
邯山区	652		7		146		248	2			
丛台区	909				3		315	13			4
复兴区	424			12	3						3

4－3－6 单位:万元

地区	平衡部分										
	收入					支出					年终结余
	收入合计	本年收入	上年结余	补助收入	省补助计划单列市收入	支出合计	本年支出	上解上级支出	计划单列市上解省支出	政府调剂资金	
迁安市	14595	13301	868	426		12952	12952				1643
玉田县	7836	6985	675	176		6745	6745				1091
遵化市	13618	7566	5248	804		10064	5796			4268	3554
路南区	5411	4506	661	244		4706	4706				705
路北区	3103	2761		342		3098	3098				5
古冶区	7536	6458	909	169		5487	5487				2049
开平区	4211	3596	484	131		4138	3660			478	73
丰润区	11071	7697	3102	272		9278	9278				1793
丰南区	24323	22004	2121	198		17754	17750			4	6569
高新开发区	1041	741	289	11		130	130				911
海港开发区	132	92	34	6		101	101				31
南堡开发区	1150	692	452	6		616	616				534
芦台开发区	312	170	142			311	90			221	1
汉沽管理区	33	33				33	33				
曹妃甸工业园区											
邯郸市小计	**124849**	**92756**	**25463**	**6630**		**87570**	**87570**				**37279**
本级	72972	50645	17268	5059		50947	50947				22025
区县级小计	51877	42111	8195	1571		36623	36623				15254
大名县	1372	1248		124		1248	1248				124
魏县	3299	3299				3278	3278				21
曲周县	1612	1612				1612	1612				
邱县	1028	939	89			939	939				89
鸡泽县	417	417				417	417				
肥乡县	765	765				757	757				8
广平县	775	775				773	773				2
成安县	392	392				392	392				
临漳县											
馆陶县	1166	1166				1144	1144				22
磁县	1845	1769	76			1769	1769				76
涉县	7995	4783	3212			4743	4743				3252
永年县	5711	4597	1114			3961	3961				1750
邯郸县	2160	1595	565			1705	1705				455
武安市	11231	9703	81	1447		6148	6148				5083
邯山区	1141	1141				1114	1114				27
丛台区	1895	1029	866			1259	1259				636
复兴区	685	685				632	632				53

4－3－7

单位:万元

地区	收支部分									
	收入					支出				
	收入合计	彩票资金收入	行政事业性收费收入	国有资源(资产)有偿使用收入	其他收入	支出合计	一般公共服务	外交	国防	公共安全
峰峰矿区	3108		2794	15	299	4689	2109			222
开发区	3047		3047			2				
马头工业园区	41		41			41	1			
张家口市小计	**110300**		**96858**	**2960**	**10482**	**110780**	**8727**		**100**	**1437**
本级	72296		68487	72	3737	71834	465			117
区县级小计	38004		28371	2888	6745	38946	8262		100	1320
蔚县	2102		1478		624	2283	322			
阳原县	924		918	4	2	865	292			51
张北县	2348		2209	139		2246	216			16
康保县	716		687		29	678	102			46
沽源县	543		542		1	581	24			4
尚义县	414		402	12		414	27			
怀安县	984		984			984	225			
赤城县	5907		4194	482	1231	8903	3639			44
崇礼县	720		718	2		717	284			28
万全县	1699		1699			1597	147			178
宣化县	2464		1987		477	2594	562			243
怀来县	3571		3161	8	402	3561	162			
涿鹿县	1726		1567	42	117	1749	269			
宣化区	7720		4013	1281	2426	6303	848		33	33
下花园区	466		367		99	479	124		67	13
桥东区	2297		1899		398	1863	212			404
桥西区	2499		1058	917	524	2365	322			177
高新区	707		291	1	415	733	485			83
察北区	195		195			29				
塞北区	2		2			2				
保定市小计	**124237**		**117265**	**883**	**6089**	**117740**	**6194**		**127**	**255**
本级	46818		44144	150	2524	42597	946			88
区县级小计	77419		73121	733	3565	75143	5248		127	167
清苑县	4239		4216		23	4116	109			10
满城县	1042		1042			452	344			
安新县	1709		1709			1808	58			70
唐县	2274		2212	62		2274	384			
顺平县	1424		1424			1424	7			
博野县	839		839			823				
曲阳县	2060		2060			2179	155			

4－3－8

单位:万元

地区	收支部分										
	支出										
	教育	科学技术	文化体育与传媒	社会保障和就业	医疗卫生	环境保护	城乡社区事务	农林水事务	交通运输	工业、商业、金融等事务	其他支出
峰峰矿区	1888		45	141	155			28		13	88
开发区							2				
马头工业园区	9				9		22				
张家口市小计	**25766**		**4470**	**3674**	**3821**	**182**	**4473**	**2177**	**52543**	**1465**	**1945**
本级	10749		2850	1243	2678	2	1033	118	51136	1	1442
区县级小计	15017		1620	2431	1143	180	3440	2059	1407	1464	503
蔚县	971						80	31		698	181
阳原县	247		100		21		148	6			
张北县	939		326	98	1	2	632		1	15	
康保县	342			62	25		47	54			
沽源县	417			26			110				
尚义县	239			12			99	37			
怀安县	568			48	44		80	19			
赤城县	561		160	244	142		284	1781	1406	522	120
崇礼县	243			2	30		128	2			
万全县	834		194	33	55	34	84	38			
宣化县	1193		151	25	59	110	76	20			155
怀来县	2535		405		309		147	3			
涿鹿县	888			166	130	8	150	40		89	9
宣化区	3383		220	1354	195		218	17		2	
下花园区	92		14	27	14	4	6			118	
桥东区	711		9	174	42	21	281	9			
桥西区	759		12	151	64	1	847			20	12
高新区	93			9	12		23	2			26
察北区			29								
塞北区	2										
保定市小计	**69196**		**5797**	**3918**	**5017**	**48**	**7837**	**2052**	**14835**	**104**	**2360**
本级	24663		3403	1864	2610		1460	674	6662		227
区县级小计	44533		2394	2054	2407	48	6377	1378	8173	104	2133
清苑县	3332		1	108	288		52	20			196
满城县											108
安新县	715			48	43	14	76	82	563	40	99
唐县	1687		59	38			106				
顺平县	1012		182	165	6		42	10			
博野县	822			1							
曲阳县	1574			87	54		262	4		1	42

四、各省、自治区、直辖市地市县预算外财政资料

4－3－9

单位:万元

地区	平衡部分										
	收入					支出					
	收入合计	本年收入	上年结余	补助收入	省补助计划单列市收入	支出合计	本年支出	上解上级支出	计划单列市上解省支出	政府调剂资金	年终结余
峰峰矿区	4999	3108	1891			4689	4689				310
开发区	3348	3047	301			2	2				3346
马头工业园区	41	41				41	41				
张家口市小计	**133137**	**110300**	**19797**	**3040**		**111194**	**110780**			**414**	**21943**
本级	85898	72296	11878	1724		71834	71834				14064
区县级小计	47239	38004	7919	1316		39360	38946			414	7879
蔚县	2283	2102		181		2283	2283				
阳原县	1365	924	326	115		1067	865			202	298
张北县	2436	2348	3	85		2246	2246				190
康保县	716	716				678	678				38
沽源县	718	543	79	96		581	581				137
尚义县	414	414				414	414				
怀安县	1054	984	15	55		999	984			15	55
赤城县	10975	5907	4857	211		8903	8903				2072
崇礼县	720	720				717	717				3
万全县	1971	1699	272			1597	1597				374
宣化县	2594	2464		130		2594	2594				
怀来县	4630	3571	661	398		3592	3561			31	1038
涿鹿县	1820	1726	94			1749	1749				71
宣化区	8137	7720	388	29		6303	6303				1834
下花园区	555	466	85	4		479	479				76
桥东区	2844	2297	547			1863	1863				981
桥西区	2724	2499	225			2365	2365				359
高新区	1086	707	367	12		733	733				353
察北区	195	195				195	29			166	
塞北区	2	2				2	2				
保定市小计	**156057**	**124237**	**24688**	**7132**		**119547**	**117740**			**1807**	**36510**
本级	66216	46818	14752	4646		42597	42597				23619
区县级小计	89841	77419	9936	2486		76950	75143			1807	12891
清苑县	5362	4239	927	196		4116	4116				1246
满城县	1259	1042	109	108		1259	452			807	
安新县	1820	1709	12	99		1808	1808				12
唐县	2274	2274				2274	2274				
顺平县	1424	1424				1424	1424				
博野县	1235	839	396			823	823				412
曲阳县	3564	2060	1378	126		2179	2179				1385

4－3－10

单位:万元

地区	收支部分									
	收入					支出				
	收入合计	彩票资金收入	行政事业性收费收入	国有资源(资产)有偿使用收入	其他收入	支出合计	一般公共服务	外交	国防	公共安全
涞源县	5458		5324		134	3642	1623			
阜平县	6061		6061			6073	20			
易县	8187		5970	199	2018	7733	871			36
定兴县	3454		3293	122	39	3430	199			
徐水县	5547		4745	268	534	5677	60			
容城县										
涿州市	8402		8402			8960	81			
涞水县	1364		1288	76		1435	62			
高碑店市	4202		3675		527	4122	574		127	15
雄县	1399		1336		63	1431	104			21
望都县	1359		1359			1472				
高阳县	2819		2813	6		2816	190			7
蠡县	3078		3078			3018				
安国市	1625		1625			2182	113			
定州市	6612		6595		17	5518	37			8
南市区	1302		1302			1284	34			
北市区	1532		1322		210	1352	220			
新市区	1431		1431			1577	3			
高新区						345				
沧州市小计	**101344**		**90006**	**4198**	**7140**	**93098**	**3467**			**1641**
本级	54844		49810	3349	1685	54651	339			126
区县级小计	46500		40196	849	5455	38447	3128			1515
肃宁县	2323		2210		113	1955	106			5
献县	4092		4092			3723	338			326
盐山县	1617		1617			1617	150			59
孟村县	962		962			962	136			50
沧县	4653		2931		1722	4098	982			504
青县	3931		3903	20	8	3712	131			50
南皮县	4413		2960		1453	26				
河间市	3555		3555			3417				
任丘市	6349		5737		612	4420	406			147
海兴县	1093		1046		47	1108	248			
东光县	820		610	210		885	5			
泊头市	5747		5154		593	5473	265			102
吴桥县	1239		1160		79	1102	45			10
黄骅市	2344		2069	264	11	2785	79			

4-3-11　　　　　　　　　　　　　　　　　　　　　　　　　　单位:万元

地区	收支部分									
	支出									
	教育	科学技术	文化体育与传媒	社会保障和就业	医疗卫生	环境保护	城乡社区事务	农林水事务	交通运输	工业、商业、金融等事务	其他支出
涞源县	1040		630	207	2		117	23			
阜平县	482						206		5353		12
易县	2816		730	218	930	34	311	853		17	917
定兴县	2828		122	83	18		109	71			
徐水县	4266		243	273	419		364	52			
容城县											
涿州市	5063			162	150		1725	9	1770		
涞水县	867		75	42	61		108	64		34	122
高碑店市	1885		71	90	84		1128	136		12	
雄县	1157		38		24			13			74
望都县	1126			54	139		14	3			136
高阳县	1970		230	38			287	22			72
蠡县	2810			27			181				
安国市	2052		13		4						
定州市	3700			297	26		937	16	487		10
南市区	1018			51			181				
北市区	874			57	30		171				
新市区	1437			8	129						
高新区											345
沧州市小计	**41473**	**4**	**7869**	**3269**	**3158**	**140**	**8973**	**618**	**19097**	**158**	**3231**
本级	22355	4	3037	1399	1612		3998	36	19013	8	2724
区县级小计	19118		4832	1870	1546	140	4975	582	84	150	507
肃宁县	1144		388	59	64	1	178	10			
献县	2335		445	24	55		110	35	55		
盐山县	748		126				438	91		5	
孟村县	570		36	9	35		111	15			
沧县	1476		352	177	313	115	41	115	19	4	
青县	2333		661	94	83		288	54	3	15	
南皮县	5									21	
河间市	2405						1006	6			
任丘市	2124		570	409	33		183	73	7	5	463
海兴县	462		131	107	2	1	107	50			
东光县	465		214	68			105	28			
泊头市	1951		1429	248	635	23	819	1			
吴桥县	633		126	32	9		211	36			
黄骅市	1081		354	409	42		730	5		85	

4－3－12

单位:万元

地区	平衡部分										
	收入					支出					
	收入合计	本年收入	上年结余	补助收入	省补助计划单列市收入	支出合计	本年支出	上解上级支出	计划单列市上解省支出	政府调剂资金	年终结余
涞源县	8507	5458	2954	95		3642	3642				4865
阜平县	6073	6061		12		6073	6073				
易县	8633	8187	408	38		7733	7733				900
定兴县	3454	3454				3430	3430				24
徐水县	6415	5547	684	184		5677	5677				738
容城县											
涿州市	9719	8402	776	541		8960	8960				759
涞水县	1505	1364	49	92		1435	1435				70
高碑店市	4416	4202	214			4122	4122				294
雄县	1976	1399	503	74		1431	1431				545
望都县	1495	1359		136		1472	1472				23
高阳县	2891	2819		72		2891	2816			75	
蠡县	3078	3078				3018	3018				60
安国市	2434	1625	682	127		2182	2182				252
定州市	7149	6612		537		6443	5518			925	706
南市区	1305	1302	3			1284	1284				21
北市区	1931	1532	379	20		1352	1352				579
新市区	1577	1431	117	29		1577	1577				
高新区	345		345			345	345				
沧州市小计	**121726**	**101344**	**15350**	**5032**		**99416**	**93098**			**6318**	**22310**
本级	65600	54844	7582	3174		54816	54651			165	10784
区县级小计	56126	46500	7768	1858		44600	38447			6153	11526
肃宁县	2323	2323				1955	1955				368
献县	4092	4092				4092	3723			369	
盐山县	1617	1617				1617	1617				
孟村县	962	962				962	962				
沧县	5404	4653	650	101		4873	4098			775	531
青县	3998	3931	47	20		3712	3712				286
南皮县	4551	4413	138			4412	26			4386	139
河间市	3555	3555				3417	3417				138
任丘市	13390	6349	6200	841		4769	4420			349	8621
海兴县	1454	1093	306	55		1108	1108				346
东光县	885	820	28	37		885	885				
泊头市	5747	5747				5747	5473			274	
吴桥县	1337	1239	98			1102	1102				235
黄骅市	3175	2344	210	621		2785	2785				390

四、各省、自治区、直辖市地市县预算外财政资料

4－3－13 单位:万元

地区	收支部分									
	收入					支出				
	收入合计	彩票资金收入	行政事业性收费收入	国有资源(资产)有偿使用收入	其他收入	支出合计	一般公共服务	外交	国防	公共安全
新华区	1141		809	323	9	930	111			158
运河区	1271		918	10	343	1326	105			20
开发区	21		21							
港口区	597		132		465	591	15			63
南大港	177		159	18		180	6			21
临港区	155		151	4		137				
秦皇岛市小计	**49398**		**42106**	**1863**	**5429**	**49120**	**4049**		**136**	**1260**
本级	23270		23111	42	117	25967	1508			616
区县级小计	26128		18995	1821	5312	23153	2541		136	644
青龙满族自治县	2268		2253		15	2238	222			63
昌黎县	5381		4639	481	261	4242	121			35
卢龙县	3191		3191			3174	297			32
抚宁县	4124		4124			4248	147			50
山海关	4202		564	7	3631	1708	366			40
海港区	5476		2759	1322	1395	6360	1376		136	306
北戴河	904		894		10	713	12			36
秦皇岛经济开发区	582		571	11		470				82
邢台市小计	**68346**	**598**	**62057**	**921**	**4770**	**75706**	**14759**		**40**	**1183**
本级	37333	598	31657	365	4713	45159	5506		40	648
区县级小计	31013		30400	556	57	30547	9253			535
南宫市	2031		1817	214		2031	15			97
沙河市	521		521			552	14			
邢台县	2832		2832			2797	160			
临城县	2107		2095	12		1843	32			3
内邱县	2516		2516			2516	100			24
柏乡县	541		541			541	30			
隆尧县	3766		3632	134		3479	1265			65
任县	830		830			739	107			
南和县	269		269			269	48			
宁晋县	10640		10588	52		10606	6949			254
巨鹿县	581		581			581	106			
新河县	490		490			490	7			
广宗县	229		229			215	12			7
平乡县	572		572			539	9			
威县	1047		903	144		1067	9			
清河县	660		639		21	981	373			80

4－3－14

单位:万元

地区	收支部分									
	支出									
	教育	科学技术	文化体育与传媒	社会保障和就业	医疗卫生	环境保护	城乡社区事务	农林水事务	交通运输	工业、商业、金融等事务	其他支出
新华区	410			2	143		74	17		15	
运河区	718			197	132		102	8			44
开发区											
港口区	6						469	38			
南大港	126			27							
临港区	126			8			3				
秦皇岛市小计	**24814**	**3**	**27**	**1288**	**1882**		**5239**	**835**	**1889**	**781**	**6917**
本级	13768	3	7	578	1214		885	203	1883		5302
区县级小计	11046		20	710	668		4354	632	6	781	1615
青龙满族自治县	1639			30			180	73		31	
昌黎县	2804		3	227			560	109		49	334
卢龙县	1726			59	261		639	155		5	
抚宁县	1703			286	1		1801	59	1	110	90
山海关	275		15	74	16		180	151	5	586	
海港区	2146			5	389		914	85			1003
北戴河	369		2	29			80				185
秦皇岛经济开发区	384				1						3
邢台市小计	**39872**	**18**	**3400**	**1483**	**750**	**83**	**6127**	**622**	**6689**	**629**	**51**
本级	24113	4	2530	1014	230		3719	230	6653	472	
区县级小计	15759	14	870	469	520	83	2408	392	36	157	51
南宫市	1397		165	3	56	17	257	15		9	
沙河市	279			13	43		191	12			
邢台县	2301		214	62	47			13			
临城县	1637			35	22		83	2		29	
内邱县	1930		90	48	41	43	111	60		69	
柏乡县	463			5			43				
隆尧县	1431	14	118	2	39		318	184		43	
任县	515			4			113				
南和县	206				2		3	10			
宁晋县	2189		29	243	126	23	672	78	36	7	
巨鹿县	212						260				3
新河县	440			13	10		20				
广宗县	131				2		58	5			
平乡县	420		52				58				
威县	759		134	4	44		56	13			48
清河县	364				52		112				

四、各省、自治区、直辖市地市县预算外财政资料

4－3－15

单位：万元

地区	平衡部分										
	收入					支出					年终结余
	收入合计	本年收入	上年结余	补助收入	省补助计划单列市收入	支出合计	本年支出	上解上级支出	计划单列市上解省支出	政府调剂资金	
新华区	1141	1141				930	930				211
运河区	1410	1271		139		1326	1326				84
开发区	76	21	55								76
港口区	625	597	12	16		591	591				34
南大港	201	177		24		180	180				21
临港区	183	155	24	4		137	137				46
秦皇岛市小计	**86058**	**49398**	**32618**	**4042**		**51943**	**49120**			**2823**	**34115**
本级	53830	23270	26852	3708		27516	25967			1549	26314
区县级小计	32228	26128	5766	334		24427	23153			1274	7801
青龙满族自治县	2268	2268				2259	2238			21	9
昌黎县	6711	5381	996	334		4695	4242			453	2016
卢龙县	3206	3191	15			3174	3174				32
抚宁县	4854	4124	730			4248	4248				606
山海关	4912	4202	710			2508	1708			800	2404
海港区	7656	5476	2180			6360	6360				1296
北戴河	915	904	11			713	713				202
秦皇岛经济开发区	1706	582	1124			470	470				1236
邢台市小计	**91511**	**68346**	**18783**	**4382**		**75739**	**75706**			**33**	**15772**
本级	58028	37333	16704	3991		45159	45159				12869
区县级小计	33483	31013	2079	391		30580	30547			33	2903
南宫市	2031	2031				2031	2031				
沙河市	552	521	31			552	552				
邢台县	2832	2832				2797	2797				35
临城县	2107	2107				1843	1843				264
内邱县	2909	2516	393			2516	2516				393
柏乡县	541	541				541	541				
隆尧县	4296	3766	530			3479	3479				817
任县	868	830	38			739	739				129
南和县	269	269				269	269				
宁晋县	11300	10640	504	156		10606	10606				694
巨鹿县	581	581				581	581				
新河县	490	490				490	490				
广宗县	229	229				215	215				14
平乡县	572	572				572	539			33	
威县	1105	1047	58			1067	1067				38
清河县	1301	660	406	235		981	981				320

4－3－16

单位:万元

地区	收支部分									
	收入					支出				
	收入合计	彩票资金收入	行政事业性收费收入	国有资源(资产)有偿使用收入	其他收入	支出合计	一般公共服务	外交	国防	公共安全
临西县	258		258			258	12			
桥东区	538		513		25	539	5			5
桥西区	295		295			297				
高开区	225		225			142				
大曹庄管理区	65		54		11	65				
廊坊市小计	**112916**	**915**	**103828**	**1273**	**6900**	**74984**	**6241**			**1392**
本级	71723	665	71047		11	30632	87			260
区县级小计	41193	250	32781	1273	6889	44352	6154			1132
三河市	7807	111	7117	241	338	1478	676			
大厂县	1050		1050			3				
香河县	6565		5033	599	933	6346	1491			190
永清县	2334		2334			2334	199			323
固安县	2085		2085			1478	69			14
霸州市	7320	139	5674	405	1102	7561	537			472
文安县	5503		2328	4	3171	4573	2232			68
大城县	3645		3000		645	3670	125			23
安次区	1584		1270	24	290	1494	500			9
广阳区	1601		1202		399	2291	325			33
开发区	1699		1688		11	13124				
承德市小计	**66019**		**57463**	**4942**	**3614**	**61048**	**6051**		**40**	**6342**
本级	43610		38381	4727	502	38227	3000			3823
区县级小计	22409		19082	215	3112	22821	3051		40	2519
宽城县	724		724			724	4			
滦平县	3039		2956		83	3039	261			169
丰宁县	3578		3542	8	28	3578	66			1432
隆化县	1056		961	95		1056	59			
围场县	3248		3248			3248	221		40	167
承德县	1476		1454		22	1891	28			
兴隆县	4335		1590		2745	4335	2179			688
平泉县	988		988			988				
双桥区	1280		1055		225	1280	113			
双滦区	2435		2314	112	9	2379	111			63
营子区	250		250			303	9			
开发区										
衡水市小计	**49810**	**154**	**48403**	**256**	**997**	**51591**	**3503**			**651**
本级	28224	154	27947	114	9	28545	1880			196

4－3－17

单位:万元

地区	收支部分										
	支出										
	教育	科学技术	文化体育与传媒	社会保障和就业	医疗卫生	环境保护	城乡社区事务	农林水事务	交通运输	工业、商业、金融等事务	其他支出
临西县	158		68		10		10				
桥东区	462			25	24		18				
桥西区	270			12			15				
高开区	142										
大曹庄管理区	53				2		10				
廊坊市小计	**16565**		**1456**	**2275**	**1354**	**597**	**34375**	**1513**	**7594**	**94**	**1528**
本级	3249						18599	165	7594		678
区县级小计	13316		1456	2275	1354	597	15776	1348		94	850
三河市			83	692	14						13
大厂县											3
香河县	2560		617	343	534		308	117		5	181
永清县	702		117	41	90	17	410	405		30	
固安县	1000		11	30	5		300	49			
霸州市	2926		418	824	686	568	504	519		35	72
文安县	997		22	148	5		771	158			172
大城县	2955		131	124		9	274	6		23	
安次区	825		13	3	17		85	33			9
广阳区	1351		44	70	3	3		61		1	400
开发区							13124				
承德市小计	**26734**	**170**	**372**	**873**	**2430**	**239**	**5091**	**3633**	**8631**	**192**	**250**
本级	15059	170	18	506	1839	143	2435	2385	8631	10	208
区县级小计	11675		354	367	591	96	2656	1248		182	42
宽城县	670			6			44				
滦平县	1462		64	30	57	31	800	165			
丰宁县	1818							262			
隆化县	682		95	1	10		82	127			
围场县	1776			21	109	9	585	320			
承德县	1179		114	303	13	56	178	20			
兴隆县	1156		81		12		23	67		129	
平泉县	693						295				
双桥区	517				235		225	190			
双滦区	1567			6	155		338	97			42
营子区	155						86			53	
开发区											
衡水市小计	**34801**	**2**	**2014**	**1481**	**1487**	**251**	**5674**	**1193**	**107**	**325**	**102**
本级	21286	2	8	232	59		3682	853	107	138	102

4－3－18　　　　单位:万元

地区	平衡部分									
	收入					支出				
	收入合计	本年收入	上年结余	补助收入	省补助计划单列市收入	支出合计	本年支出	上解上级支出	计划单列市上解省支出	政府调剂资金	年终结余
临西县	258	258				258	258				
桥东区	610	538	72			539	539				71
桥西区	317	295	22			297	297				20
高开区	250	225	25			142	142				108
大曹庄管理区	65	65				65	65				
廊坊市小计	**136112**	**112916**	**16887**	**6309**		**107510**	**74984**			**32526**	**28602**
本级	75946	71723		4223		52571	30632			21939	23375
区县级小计	60166	41193	16887	2086		54939	44352			10587	5227
三河市	9911	7807	792	1312		8893	1478			7415	1018
大厂县	1053	1050	3			1053	3			1050	
香河县	6882	6565	317			6346	6346				536
永清县	2444	2334	110			2334	2334				110
固安县	2645	2085	560			1774	1478			296	871
霸州市	8279	7320	452	507		8110	7561			549	169
文安县	6180	5503	565	112		5472	4573			899	708
大城县	4052	3645	372	35		3906	3670			236	146
安次区	1584	1584				1584	1494			90	
广阳区	2347	1601	626	120		2343	2291			52	4
开发区	14789	1699	13090			13124	13124				1665
承德市小计	**79699**	**66019**	**9363**	**4317**		**61048**	**61048**				**18651**
本级	55805	43610	8548	3647		37954	38227	－273			17851
区县级小计	23894	22409	815	670		23094	22821	273			800
宽城县	724	724				724	724				
滦平县	3040	3039	1			3039	3039				1
丰宁县	3912	3578	71	263		3851	3578	273			61
隆化县	1056	1056				1056	1056				
围场县	3604	3248	356			3248	3248				356
承德县	1891	1476	8	407		1891	1891				
兴隆县	4542	4335	207			4335	4335				207
平泉县	988	988				988	988				
双桥区	1280	1280				1280	1280				
双滦区	2512	2435	77			2379	2379				133
营子区	345	250	95			303	303				42
开发区											
衡水市小计	**60928**	**49810**	**7434**	**3684**		**51951**	**51591**			**360**	**8977**
本级	36530	28224	6267	2039		28645	28545			100	7885

4－3－19

单位:万元

地区	收支部分									
	收入					支出				
	收入合计	彩票资金收入	行政事业性收费收入	国有资源（资产）有偿使用收入	其他收入	支出合计	一般公共服务	外交	国防	公共安全
区县级小计	21586		20456	142	988	23046	1623			455
武邑县	1009		1009			998	80			
饶阳县	2911		2240		671	2388	193			41
安平县	2898		2883		15	3866	191			
冀州市	2336		2195	141		2481	138			
枣强县	581		581			656				150
深州市	4213		4213			4406	276			159
武强县	3170		2868		302	3127	417			92
故城县	1089		1089			1230	157			5
景县	220		220			313	59			
阜城县	1118		1118			1432	47			
桃城区	2033		2033			2138	57			8
高开区						6	4			
衡水湖	8		7	1		5	4			

4－3－20　　单位:万元

地区	收支部分									
	支出									
	教育	科学技术	文化体育与传媒	社会保障和就业	医疗卫生	环境保护	城乡社区事务	农林水事务	交通运输	工业、商业、金融等事务	其他支出
区县级小计	13515		2006	1249	1428	251	1992	340		187	
武邑县	441		127	106	9		41	8		186	
饶阳县	1334		200	176	10	121	114	199			
安平县	2180		580	150	10		755				
冀州市	2165		141	1	36						
枣强县	247			105	27		127				
深州市	2364		640	31	26	69	813	28			
武强县	1208		78	13	1205		35	79			
故城县	656		120	108	81	17	82	4			
景县				199	11	44					
阜城县	977		120	251	11		25			1	
桃城区	1943			108				22			
高开区				1	1						
衡水湖					1						

四、各省、自治区、直辖市地市县预算外财政资料

4－3－21　　　　单位:万元

地区	平衡部分										
	收入					支出					
	收入合计	本年收入	上年结余	补助收入	省补助计划单列市收入	支出合计	本年支出	上解上级支出	计划单列市上解省支出	政府调剂资金	年终结余
区县级小计	24398	21586	1167	1645		23306	23046			260	1092
武邑县	1065	1009		56		998	998				67
饶阳县	3152	2911	199	42		2648	2388			260	504
安平县	4013	2898	813	302		3866	3866				147
冀州市	2481	2336		145		2481	2481				
枣强县	726	581		145		656	656				70
深州市	4406	4213	34	159		4406	4406				
武强县	3279	3170	23	86		3127	3127				152
故城县	1378	1089	98	191		1230	1230				148
景县	313	220		93		313	313				
阜城县	1432	1118		314		1432	1432				
桃城区	2138	2033		105		2138	2138				
高开区	6			6		6	6				
衡水湖	9	8		1		5	5				4

2007 年山西省地市县财政预算外收支平衡表

4－4－1

单位:万元

地区	收支部分：收入：收入合计	收支部分：收入：彩票资金收入	收支部分：收入：行政事业性收费收入	收支部分：收入：国有资源(资产)有偿使用收入	收支部分：收入：其他收入	收支部分：支出：支出合计	收支部分：支出：一般公共服务	收支部分：支出：外交	收支部分：支出：国防	收支部分：支出：公共安全
地市县合计	**660326**		**491195**	**24008**	**145123**	**632784**	**75419**		**59**	**10546**
太原市小计	**104073**		**91525**	**6040**	**6508**	**100525**	**9093**			**3811**
本级	77778		72466	4757	555	77582	7632			3751
区县级小计	26295		19059	1283	5953	22943	1461			60
清徐县	3056		2957	99		2882	49			10
阳曲县	2115		2109	6		2112	33			15
娄烦县	288		288			288				
古交市	764		762	2		697	1			19
小店区	5957		3603	312	2042	3039	457			3
尖草坪区	3020		2385	613	22	3134	160			
迎泽区	3998		2090		1908	4452	32			8
杏花岭区	3420		2537	156	727	2885	49			1
万柏林区	1789		1789			1821	19			
晋源区	1866		520	92	1254	1595	645			4
太原高新区						19	10			
太原经济区	22		19	3		19	6			
太原民营区										
大同市小计	**59423**		**25669**	**1901**	**31853**	**57649**	**4792**		**22**	**805**
本级	41103		15955	965	24183	40836	2723			350
区县级小计	18320		9714	936	7670	16813	2069		22	455
大同城区	2675		1961	162	552	1934	27			
大同矿区	655		361	79	215	622	66			75
大同南郊区	1517		953		564	1375	138			25
大同新荣区	4611		637	40	3934	4816	1381		22	177
左云县	520		520			566	4			
阳高县	3179		1580	297	1302	2786	234			67
天镇县	1281		1193	49	39	1187	183			5
广灵县	628		333	198	97	611	16			73
灵丘县	762		579	15	168	469	12			27
浑源县	1948		1053	96	799	1900	2			6
大同县	481		481			484	6			
大同开发区	63		63			63				
阳泉市小计	**39293**		**24349**	**79**	**14865**	**46380**	**11313**			**183**
本级	20906		13973	42	6891	26765	3130			129
区县级小计	18387		10376	37	7974	19615	8183			54
平定县	5131		2286		2845	4958	2518			2

4－4－2

单位:万元

地区	收支部分										
	支出										
	教育	科学技术	文化体育与传媒	社会保障和就业	医疗卫生	环境保护	城乡社区事务	农林水事务	交通运输	工业、商业、金融等事务	其他支出
地市县合计	**307352**	**265**	**35787**	**18236**	**20675**	**3523**	**91708**	**14294**	**12318**	**32718**	**9884**
太原市小计	**43743**	**20**	**2389**	**6791**	**1345**	**295**	**25373**	**305**	**1961**	**661**	**4738**
本级	29300	20	2050	6233	165	295	21790	130	1203	617	4396
区县级小计	14443		339	558	1180		3583	175	758	44	342
清徐县	2235			112	57		405	6	8		
阳曲县	236		4	18	11		1732	59	2	2	
娄烦县	274						14				
古交市	654		7	1	5			4			6
小店区	1530		64	16	668		138	96	15		52
尖草坪区	1994		19	63	93		784	9		12	
迎泽区	4168		60	68	93		23				
杏花岭区	1355		53	78	152		451	1	733	12	
万柏林区	1604			198							
晋源区	393		132	4	101		14			18	284
太原高新区							9				
太原经济区							13				
太原民营区											
大同市小计	**23679**	**201**	**9653**	**1250**	**2481**	**1750**	**5617**	**1616**	**1891**	**2202**	**1690**
本级	16113	2	9141	965	1911	1721	3722	900	1385	1184	719
区县级小计	7566	199	512	285	570	29	1895	716	506	1018	971
大同城区	723		30	23	160		207			14	750
大同矿区	247		2	15	12		45			131	29
大同南郊区	677		150	19	128		160	4			74
大同新荣区	662	198	49	96	71	10	911	461	351	427	
左云县	516			20	26						
阳高县	1474		170	29	145	19	355	124	155	14	
天镇县	932		15	22			9	15		6	
广灵县	329	1	17	50	11		112			2	
灵丘县	377		35		8		2	4		4	
浑源县	1155		11	8	9		94	77		420	118
大同县	436		11					31			
大同开发区	38		22	3							
阳泉市小计	**19392**	**3**	**2447**	**835**	**2159**	**10**	**3814**	**80**	**2302**	**2726**	**1116**
本级	12872	1	2137	624	1753		2829	9	1914	908	459
区县级小计	6520	2	310	211	406	10	985	71	388	1818	657
平定县	1254		222	53	181		118	50	368	186	6

4－4－3

单位:万元

地区	平衡部分										
	收入					支出					
	收入合计	本年收入	上年结余	补助收入	省补助计划单列市收入	支出合计	本年支出	上解上级支出	计划单列市上解省支出	政府调剂资金	年终结余
地市县合计	**960262**	**660326**	**272831**	**27105**		**641180**	**632784**			**8396**	**319082**
太原市小计	**141550**	**104073**	**28617**	**8860**		**100685**	**100525**			**160**	**40865**
本级	109220	77778	22603	8839		77582	77582				31638
区县级小计	32330	26295	6014	21		23103	22943			160	9227
清徐县	3498	3056	442			2882	2882				616
阳曲县	2220	2115	105			2112	2112				108
娄烦县	461	288	173			288	288				173
古交市	1718	764	954			697	697				1021
小店区	8031	5957	2074			3039	3039				4992
尖草坪区	3411	3020	391			3134	3134				277
迎泽区	4516	3998	518			4452	4452				64
杏花岭区	4159	3420	739			3045	2885			160	1114
万柏林区	1963	1789	174			1821	1821				142
晋源区	2108	1866	242			1595	1595				513
太原高新区	189		168	21		19	19				170
太原经济区	56	22	34			19	19				37
太原民营区											
大同市小计	**84977**	**59423**	**24525**	**1029**		**58032**	**57649**			**383**	**26945**
本级	61552	41103	19420	1029		40836	40836				20716
区县级小计	23425	18320	5105			17196	16813			383	6229
大同城区	2935	2675	260			2317	1934			383	618
大同矿区	744	655	89			622	622				122
大同南郊区	1645	1517	128			1375	1375				270
大同新荣区	8131	4611	3520			4816	4816				3315
左云县	650	520	130			566	566				84
阳高县	3497	3179	318			2786	2786				711
天镇县	1713	1281	432			1187	1187				526
广灵县	628	628				611	611				17
灵丘县	826	762	64			469	469				357
浑源县	1980	1948	32			1900	1900				80
大同县	611	481	130			484	484				127
大同开发区	65	63	2			63	63				2
阳泉市小计	**100722**	**39293**	**60634**	**795**		**46655**	**46380**			**275**	**54067**
本级	42514	20906	20813	795		26765	26765				15749
区县级小计	58208	18387	39821			19890	19615			275	38318
平定县	5439	5131	308			5197	4958			239	242

4－4－4

单位:万元

地区	收支部分									
	收入					支出				
	收入合计	彩票资金收入	行政事业性收费收入	国有资源(资产)有偿使用收入	其他收入	支出合计	一般公共服务	外交	国防	公共安全
盂县	4122		2891		1231	2785	253			19
阳泉郊区	5052		1633	16	3403	7939	5161			7
阳泉城区	1811		1510	9	292	1898	166			16
阳泉矿区	1959		1773	12	174	1835	31			10
阳泉开发区	312		283		29	200	54			
长治市小计	**82192**		**46452**	**6203**	**29537**	**77366**	**16952**			**1712**
本级	30546		22280	3120	5146	36597	4377			807
区县级小计	51646		24172	3083	24391	40769	12575			905
长治县	16205		3565	1944	10696	11029	2240			497
潞城市	2185		1490	136	559	2250	78			56
屯留县	2053		2025	3	25	2066	16			6
长子县	1482		997	43	442	1545	186			3
壶关县	725		607	101	17	641				
平顺县	560		546	14		489	17			20
黎城县	811		625	95	91	802	78			19
武乡县	641		641			1199	95			22
襄垣县	15883		5202	375	10306	10602	6331			205
沁县	974		830	102	42	927	6			27
沁源县	1908		1701		207	2042	109			16
长治城区	2372		1821	124	427	2111	196			7
长治郊区	5711		3986	146	1579	4943	3223			27
长治高新区	136		136			123				
晋城市小计	**38362**		**25902**	**1147**	**11313**	**36713**	**9443**			**802**
本级	11564		10322	175	1067	13018	938			153
区县级小计	26798		15580	972	10246	23695	8505			649
阳城县	4207		3074	27	1106	3243	1257			143
高平市	11395		7693	168	3534	8816	2412			139
沁水县	1228		729	389	110	1402	157			
陵川县	840		661	63	116	1053	74			3
晋城城区	3139		2368	277	494	3235	513			364
泽州县	5986		1052	48	4886	5943	4092			
晋城开发区	3		3			3				
朔州市小计	**25625**		**21660**	**27**	**3938**	**23809**	**1907**		**3**	**447**
本级	7616		6203		1413	6164	1052			276
区县级小计	18009		15457	27	2525	17645	855		3	171
朔城区	5924		3659		2265	3453	42			12

4－4－5

单位:万元

地区	收支部分									
	支出									
	教育	科学技术	文化体育与传媒	社会保障和就业	医疗卫生	环境保护	城乡社区事务	农林水事务	交通运输	工业、商业、金融等事务	其他支出
盂县	1096		20	84	12	8	334	7		952	
阳泉郊区	1144		67	52	84		59	14	20	680	651
阳泉城区	1308		1	3	9		395				
阳泉矿区	1653	2		19	120						
阳泉开发区	65					2	79				
长治市小计	**29825**	**25**	**5695**	**1671**	**2293**	**111**	**6093**	**3197**	**512**	**8866**	**414**
本级	18562	21	3424	997	1174	10	2402	444	73	3959	347
区县级小计	11263	4	2271	674	1119	101	3691	2753	439	4907	67
长治县	1956	3	669	68	558		1177	960	325	2576	
潞城市	1347		131	169	94		182	32		161	
屯留县	1299		215	109	35		118	187		81	
长子县	932	1	24	8	61		51	20	1	258	
壶关县	558		38					28		17	
平顺县	205		63	4			38	58	10	74	
黎城县	517		44	24	30		71	2	17		
武乡县	571		169	5			32	23		282	
襄垣县	860		189	143	136	70	863	1379	9	350	67
沁县	724		17	10	35		81	27			
沁源县	701		96	43	17		25	2		1033	
长治城区	1143		118	18	12		617				
长治郊区	363		498	73	105	31	436	35	77	75	
长治高新区	87				36						
晋城市小计	**15782**	**7**	**2315**	**1549**	**1267**	**37**	**1098**	**1055**	**131**	**2835**	**392**
本级	8150		1659	346	250		650	218	42	220	392
区县级小计	7632	7	656	1203	1017	37	448	837	89	2615	
阳城县	927		105	187	103		152	93	48	228	
高平市	2466		387	771	577		116	69	25	1854	
沁水县	951		4	8	24	3		44		211	
陵川县	654		33	74			49	18		148	
晋城城区	1574	7	15	119	263	34	121	51	16	158	
泽州县	1057		112	44	50		10	562		16	
晋城开发区	3										
朔州市小计	**9967**		**1342**	**496**	**342**	**93**	**7552**	**450**	**54**	**781**	**375**
本级	3267		454	93	187			305		530	
区县级小计	6700		888	403	155	93	7552	145	54	251	375
朔城区	2410		39	13	47	42	444	15		14	375

4－4－6

单位:万元

地区	平衡部分										
	收入					支出					年终结余
	收入合计	本年收入	上年结余	补助收入	省补助计划单列市收入	支出合计	本年支出	上解上级支出	计划单列市上解省支出	政府调剂资金	
盂县	36504	4122	32382			2821	2785			36	33683
阳泉郊区	11251	5052	6199			7939	7939				3312
阳泉城区	1980	1811	169			1898	1898				82
阳泉矿区	2506	1959	547			1835	1835				671
阳泉开发区	528	312	216			200	200				328
长治市小计	**139824**	**82192**	**55663**	**1969**		**77366**	**77366**				**62458**
本级	64123	30546	31608	1969		36597	36597				27526
区县级小计	75701	51646	24055			40769	40769				34932
长治县	29255	16205	13050			11029	11029				18226
潞城市	3337	2185	1152			2250	2250				1087
屯留县	2400	2053	347			2066	2066				334
长子县	2369	1482	887			1545	1545				824
壶关县	983	725	258			641	641				342
平顺县	1007	560	447			489	489				518
黎城县	977	811	166			802	802				175
武乡县	1558	641	917			1199	1199				359
襄垣县	19336	15883	3453			10602	10602				8734
沁县	1164	974	190			927	927				237
沁源县	3756	1908	1848			2042	2042				1714
长治城区	2932	2372	560			2111	2111				821
长治郊区	6365	5711	654			4943	4943				1422
长治高新区	262	136	126			123	123				139
晋城市小计	**45211**	**38362**	**5177**	**1672**		**39878**	**36713**			**3165**	**5333**
本级	16566	11564	3630	1372		13018	13018				3548
区县级小计	28645	26798	1547	300		26860	23695			3165	1785
阳城县	4292	4207	21	64		4243	3243			1000	49
高平市	11549	11395	91	63		10981	8816			2165	568
沁水县	1549	1228	265	56		1402	1402				147
陵川县	1129	840	225	64		1053	1053				76
晋城城区	3818	3139	659	20		3235	3235				583
泽州县	6305	5986	286	33		5943	5943				362
晋城开发区	3	3				3	3				
朔州市小计	**42332**	**25625**	**16374**	**333**		**23809**	**23809**				**18523**
本级	18523	7616	10687	220		6164	6164				12359
区县级小计	23809	18009	5687	113		17645	17645				6164
朔城区	7992	5924	1955	113		3453	3453				4539

4－4－7

单位:万元

地区	收支部分									
	收入					支出				
	收入合计	彩票资金收入	行政事业性收费收入	国有资源(资产)有偿使用收入	其他收入	支出合计	一般公共服务	外交	国防	公共安全
平鲁区	760		760			696	5			
山阴县	2045		1922	21	102	1918	533			71
怀仁县	2710		2613	2	95	2957	136			51
应县	2230		2172	4	54	1853	3			25
右玉县	644		635		9	943	136		3	12
朔州开发区	3696		3696			5825				
忻州市小计	**40172**		**38960**	**138**	**1074**	**40009**	**1730**			**115**
本级	18022		17782	81	159	18572	831			13
区县级小计	22150		21178	57	915	21437	899			102
五台县	10655		10655			9655				
静乐县	510		424		86	559	81			31
河曲县	654		654			770	21			2
神池县	532		532			560	53			4
五寨县	666		666			693	27			
繁峙县	639		639			667	28			
岢岚县	183		183			200	17			1
偏关县	914		315	8	591	708	57			13
代县	540		540			622	112			
原平市	2869		2816	45	8	2899	101			43
忻府区	1842		1639		203	1852	127			
定襄县	713		713			754	120			8
宁武县	1009		1009			1039	41			
保德县	393		393			437	92			
忻州开发区	31			4	27	22	22			
晋中市小计	**53773**		**44220**	**4470**	**5083**	**51932**	**6752**			**525**
本级	13586		13551		35	11578	586			147
区县级小计	40187		30669	4470	5048	40354	6166			378
榆次区	10924		4504	3606	2814	11033	4886			57
太谷县	4101		3341	275	485	4428	450			38
祁县	4690		4659		31	4563	20			47
平遥县	4754		4483	180	91	5158	137			12
介休市	4346		4218	8	120	4305	69			41
灵石县	4406		4229	6	171	4300	39			21
寿阳县	1844		1111	226	507	1754	124			66
昔阳县	2499		1763	76	660	2341	400			18
和顺县	913		832		81	867	14			17

4－4－8　　　　单位:万元

地区	收支部分										
	支出										
	教育	科学技术	文化体育与传媒	社会保障和就业	医疗卫生	环境保护	城乡社区事务	农林水事务	交通运输	工业、商业、金融等事务	其他支出
平鲁区	566		110	15							
山阴县	545		44	164	24	1	362	48	29	97	
怀仁县	1567		280	131	32		672	30		58	
应县	1273		356	13	34		105			44	
右玉县	339		59	67	18	50	144	52	25	38	
朔州开发区							5825				
忻州市小计	**24795**		**1174**	**336**	**1392**		**8739**	**407**	**101**	**1088**	**132**
本级	15114		1079	23	1285		3		100		124
区县级小计	9681		95	313	107		8736	407	1	1088	8
五台县	1039						8616				
静乐县	398		20	2			8	5		14	
河曲县	529			5				213			
神池县	441		4				11	43		4	
五寨县	666										
繁峙县	639										
岢岚县	180			2							
偏关县	477		12	15	10			43	1	80	
代县	494		11					5			
原平市	2362		19	93			17	10		246	8
忻府区	1293		8	144	92		84	84		20	
定襄县	619			2						5	
宁武县	199		21	50	5			4		719	
保德县	345										
忻州开发区											
晋中市小计	**26368**	**5**	**4500**	**2217**	**5684**	**22**	**3103**	**1117**	**333**	**1252**	**54**
本级	6382		577	889	1744		870	145	82	130	26
区县级小计	19986	5	3923	1328	3940	22	2233	972	251	1122	28
榆次区	4218		426	186	576		85	75	135	376	13
太谷县	3149	5	163	106	205		276	4		32	
祁县	1688		1092	13	1464		202	23		14	
平遥县	3015		29	11	1518		382	9		45	
介休市	2136		114	381			690	398	92	383	1
灵石县	1566		1784	168	21		300	393			8
寿阳县	1113		72	116	10		135	11		107	
昔阳县	1533		43	109	104		98	36			
和顺县	547		32	171			4			82	

4－4－9

单位:万元

地区	平衡部分 收入 收入合计	本年收入	上年结余	补助收入	省补助计划单列市收入	支出 支出合计	本年支出	上解上级支出	计划单列市上解省支出	政府调剂资金	年终结余
平鲁区	881	760	121			696	696				185
山阴县	2492	2045	447			1918	1918				574
怀仁县	3144	2710	434			2957	2957				187
应县	2329	2230	99			1853	1853				476
右玉县	1146	644	502			943	943				203
朔州开发区	5825	3696	2129			5825	5825				
忻州市小计	**44878**	**40172**	**3763**	**943**		**41009**	**40009**			**1000**	**3869**
本级	21366	18022	2857	487		18572	18572				2794
区县级小计	23512	22150	906	456		22437	21437			1000	1075
五台县	10655	10655				10655	9655			1000	
静乐县	602	510	39	53		559	559				43
河曲县	908	654	233	21		770	770				138
神池县	560	532		28		560	560				
五寨县	693	666		27		693	693				
繁峙县	712	639	45	28		667	667				45
岢岚县	221	183	21	17		200	200				21
偏关县	960	914		46		708	708				252
代县	622	540		82		622	622				
原平市	3386	2869	488	29		2899	2899				487
忻府区	1852	1842		10		1852	1852				
定襄县	819	713	65	41		754	754				65
宁武县	1047	1009	8	30		1039	1039				8
保德县	444	393	7	44		437	437				7
忻州开发区	31	31				22	22				9
晋中市小计	**64691**	**53773**	**10918**			**53071**	**51932**			**1139**	**11620**
本级	21566	13586	7980			12578	11578			1000	8988
区县级小计	43125	40187	2938			40493	40354			139	2632
榆次区	11043	10924	119			11033	11033				10
太谷县	4539	4101	438			4428	4428				111
祁县	4851	4690	161			4563	4563				288
平遥县	5269	4754	515			5158	5158				111
介休市	4442	4346	96			4305	4305				137
灵石县	5191	4406	785			4300	4300				891
寿阳县	1980	1844	136			1754	1754				226
昔阳县	2787	2499	288			2341	2341				446
和顺县	931	913	18			867	867				64

4－4－10　　　　　　　　　　　　　　　　　　　　　　　　　　　　单位:万元

地区	收支部分									
	收入					支出				
	收入合计	彩票资金收入	行政事业性收费收入	国有资源（资产）有偿使用收入	其他收入	支出合计	一般公共服务	外交	国防	公共安全
左权县	709		709			840	15			48
榆社县	675		675			728	6			13
晋中开发区	326		145	93	88	37	6			
吕梁市小计	**64001**		**34610**	**2370**	**27021**	**64459**	**5498**		**34**	**923**
本级	18390		16330	435	1625	18210	695			555
区县级小计	45611		18280	1935	25396	46249	4803		34	368
兴县	503		460		43	585	5			
岚县	857		857			888	8			4
交城县	1861		1398	8	455	2103	61			62
文水县	4181		2599	1575	7	4457	57			108
汾阳市	2381		2283		98	2385	143		4	99
孝义市	25945		4848	101	20996	25804	1912			44
柳林县	3850		1814		2036	3841	2054			11
中阳县	1791		562		1229	2227	165			28
石楼县	322		312	10		341	7			
交口县	858		553		305	867	309			
临县	1271		1239	5	27	1251	49			12
方山县	568		492	76		601				
离石区	1223		863	160	200	899	33		30	
临汾市小计	**101438**		**86184**	**1569**	**13685**	**86191**	**5393**			**1040**
本级	67474		62559	780	4135	54324	894			616
区县级小计	33964		23625	789	9550	31867	4499			424
尧都区	4723		4024	260	439	5023	575			142
侯马市	2528		2528			2038	18			7
曲沃县	1349		989	114	246	1502	14			21
翼城县	1300		1267	33		1556	89			
襄汾县	3838		2313		1525	1991	17			116
洪洞县	4473		4080	190	203	4556	837			34
霍州市	2262		2204	13	45	1951	40			27
古县	385		365		20	379	27			
安泽县	616		616			663	177			15
浮山县	540		242	8	290	463	44			
吉县	883		883			929	46			
乡宁县	8633		2877	114	5642	8292	2317			1
蒲县	761		363		398	761	52			5
大宁县	143		143			154	12			

4－4－11

单位:万元

地区	收支部分										
	支出										
	教育	科学技术	文化体育与传媒	社会保障和就业	医疗卫生	环境保护	城乡社区事务	农林水事务	交通运输	工业、商业、金融等事务	其他支出
左权县	388		150	49	18	19	30	23	21	79	
榆社县	608		18	18	24	3	31		3	4	
晋中开发区	25										6
吕梁市小计	**30427**	**2**	**1345**	**965**	**1131**	**165**	**17774**	**1443**	**3658**	**1012**	**82**
本级	10624	2	665	248	546	139	2478	256	1634	368	
区县级小计	19803		680	717	585	26	15296	1187	2024	644	82
兴县	445			22			75	35		3	
岚县	734			84	33		25				
交城县	1579		175	64	3	6	86	37	30		
文水县	2341		66	35	15		923	756	144	12	
汾阳市	2011		42	65			13	8			
孝义市	6982		286	79	421	20	13785	245	1844	186	
柳林县	1652		45	44	11		21	3			
中阳县	1204		20	147	1		180	63		419	
石楼县	288			10	24		7	5			
交口县	503			11	9		35				
临县	907		23	91	41		92	7		24	5
方山县	428		1	8	27		54		6		77
离石区	729		22	57				28			
临汾市小计	**44791**	**2**	**3752**	**1468**	**1104**	**1040**	**10422**	**4043**	**1224**	**11295**	**617**
本级	28336	2	1473	113	91	1039	9048	1683	1188	9719	122
区县级小计	16455		2279	1355	1013	1	1374	2360	36	1576	495
尧都区	3289		73	129			35	12	16	275	477
侯马市	1433		323	159			98				
曲沃县	1020		155	112			180				
翼城县	1165		257				45				
襄汾县	1755			83				20			
洪洞县	1765		303	158	82		462	366	15	534	
霍州市	1647		26	147	36	1		27			
古县	245		40	64			1	2			
安泽县	166		115	23			55	112			
浮山县	304		10	59	28		12	6			
吉县	246		83	18	8		103	2		423	
乡宁县	2704		686	232	294		291	1590	5	172	
蒲县	227		110	127	1		5	62		172	
大宁县	110		11		8		13				

4－4－12

单位:万元

地区	平衡部分										
	收入					支出					
	收入合计	本年收入	上年结余	补助收入	省补助计划单列市收入	支出合计	本年支出	上解上级支出	计划单列市上解省支出	政府调剂资金	年终结余
左权县	858	709	149			840	840				18
榆社县	859	675	184			728	728				131
晋中开发区	375	326	49			176	37			139	199
吕梁市小计	**72973**	**64001**	**6720**	**2252**		**64557**	**64459**			**98**	**8416**
本级	23104	18390	3475	1239		18210	18210				4894
区县级小计	49869	45611	3245	1013		46347	46249			98	3522
兴县	610	503	101	6		585	585				25
岚县	923	857	31	35		888	888				35
交城县	2120	1861	255	4		2103	2103				17
文水县	5239	4181	645	413		4457	4457				782
汾阳市	2826	2381	373	72		2483	2385			98	343
孝义市	26468	25945	463	60		25804	25804				664
柳林县	4145	3850	269	26		3841	3841				304
中阳县	2343	1791	472	80		2227	2227				116
石楼县	416	322		94		341	341				75
交口县	867	858		9		867	867				
临县	1482	1271	50	161		1251	1251				231
方山县	606	568	1	37		601	601				5
离石区	1824	1223	585	16		899	899				925
临汾市小计	**143948**	**101438**	**37592**	**4918**		**88265**	**86191**			**2074**	**55683**
本级	104967	67474	33282	4211		54324	54324				50643
区县级小计	38981	33964	4310	707		33941	31867			2074	5040
尧都区	6305	4723	1545	37		5023	5023				1282
侯马市	2750	2528	129	93		2587	2038			549	163
曲沃县	1677	1349	278	50		1502	1502				175
翼城县	1637	1300	248	89		1556	1556				81
襄汾县	3865	3838	10	17		3516	1991			1525	349
洪洞县	5454	4473	848	133		4556	4556				898
霍州市	2500	2262	217	21		1951	1951				549
古县	459	385	20	54		379	379				80
安泽县	663	616		47		663	663				
浮山县	623	540	59	24		463	463				160
吉县	929	883		46		929	929				
乡宁县	9234	8633	579	22		8292	8292				942
蒲县	1060	761	299			761	761				299
大宁县	191	143	37	11		154	154				37

4－4－13

单位:万元

地区	收支部分									
	收入					支出				
	收入合计	彩票资金收入	行政事业性收费收入	国有资源(资产)有偿使用收入	其他收入	支出合计	一般公共服务	外交	国防	公共安全
永和县	289		110	54	125	293	26			4
隰县	915		323		592	941	120			17
汾西县	298		298			337	88			35
临汾开发区	28			3	25	20				
侯马开发区						18				
运城市小计	**51974**		**51664**	**64**	**246**	**47751**	**2546**			**183**
本级	22656		22656			19508	1359			
区县级小计	29318		29008	64	246	28243	1187			183
盐湖区	4881		4881			4905	341			83
永济市	3141		3141			3269	44			
芮城县	2986		2986			2967	56			
临猗县	4850		4850			3356	120			1
绛县	1039		1039			1037	243			41
河津市	2076		2076			2036	32			15
新绛县	2244		2244			2166	84			
垣曲县	547		547			748	73			20
闻喜县	1961		1961			2421				
万荣县	1694		1612	62	20	1776				14
稷山县	1028		1028			970	30			2
平陆县	1011		1011			1125	74			
夏县	1860		1632	2	226	1467	90			7
运城经济开发区										
风陵渡开发区										
华信开发区										

4－4－14　　　　单位：万元

地区	收支部分									
	支出									
	教育	科学技术	文化体育与传媒	社会保障和就业	医疗卫生	环境保护	城乡社区事务	农林水事务	交通运输	工业、商业、金融等事务	其他支出
永和县	121		6	15	16			105			
隰县	132		81	8	540		21	22			
汾西县	121			21			38	34			
临汾开发区	5						15				
侯马开发区											18
运城市小计	**38583**		**1175**	**658**	**1477**		**2123**	**581**	**151**		**274**
本级	14852		342	131	1167		1273	384			
区县级小计	23731		833	527	310		850	197	151		274
盐湖区	4227		72	144				38			
永济市	2642		118	12			429	24			
芮城县	2837		24	6				44			
临猗县	2665		237	150	37		146				
绛县	521		88	48			57	39			
河津市	1647		254	18	54			16			
新绛县	2054				28						
垣曲县	628			2	18			7			
闻喜县	1892			37			218				274
万荣县	1618				140			4			
稷山县	740			14	33				151		
平陆县	1051										
夏县	1209		40	96				25			
运城经济开发区											
风陵渡开发区											
华信开发区											

4－4－15

单位:万元

地区	平衡部分										
	收入					支出					年终结余
	收入合计	本年收入	上年结余	补助收入	省补助计划单列市收入	支出合计	本年支出	上解上级支出	计划单列市上解省支出	政府调剂资金	
永和县	298	289	5	4		293	293				5
隰县	941	915		26		941	941				
汾西县	337	298	6	33		337	337				
临汾开发区	40	28	12			20	20				20
侯马开发区	18		18			18	18				
运城市小计	**79156**	**51974**	**22848**	**4334**		**47853**	**47751**			**102**	**31303**
本级	41976	22656	17048	2272		19510	19508			2	22466
区县级小计	37180	29318	5800	2062		28343	28243			100	8837
盐湖区	5532	4881	377	274		4905	4905				627
永济市	4212	3141	885	186		3369	3269			100	843
芮城县	3851	2986	641	224		2967	2967				884
临猗县	6650	4850	1576	224		3356	3356				3294
绛县	1206	1039	80	87		1037	1037				169
河津市	2613	2076	489	48		2036	2036				577
新绛县	2769	2244	403	122		2166	2166				603
垣曲县	748	547		201		748	748				
闻喜县	2788	1961	584	243		2421	2421				367
万荣县	1973	1694	202	77		1776	1776				197
稷山县	1361	1028	263	70		970	970				391
平陆县	1125	1011		114		1125	1125				
夏县	2352	1860	300	192		1467	1467				885
运城经济开发区											
风陵渡开发区											
华信开发区											

2007年内蒙古自治区地市县财政预算外收支平衡表

4－5－1　　　　单位：万元

地区	收支部分									
	收入					支出				
	收入合计	彩票收入	行政事业性收费收入	国有资源（资产）有偿使用收入	其他收入	支出合计	一般公共服务	外交	国防	公共安全
地市县合计	**646190**	**802**	**596868**	**1814**	**46706**	**564515**	**54078**			**8117**
呼伦贝尔市小计	**55716**	**149**	**53348**	**363**	**1856**	**51734**	**3136**			**624**
本级	27512		26874	30	608	24591	1182			57
区县级小计	28204	149	26474	333	1248	27143	1954			567
海拉尔市	4528		4528			4764	42			
满洲里市	5279		5276	3		5416	358			123
扎兰屯市	2199		2173		26	2202	56			83
牙克石市	3477	149	3207		121	3895	89			13
阿荣旗	1788		1788			2008	58			53
莫力达瓦自治旗	1175		1175			991	11			24
根河市	671		634		37	662	19			48
额尔古纳市	818		818			900	103			
鄂伦春自治旗	1693		1347	330	16	1453	132			114
新巴尔虎左旗	3422		2452		970	2113	653			90
新巴尔虎右旗	1419		1419			1179	36			3
陈巴尔虎旗	497		419		78	537	389			1
鄂温克自治旗	1238		1238			1023	8			15
兴安盟小计	**19711**		**19333**	**21**	**357**	**20362**	**1109**			**349**
本级	8072		7937	20	115	8037	262			48
区县级小计	11639		11396	1	242	12325	847			301
乌兰浩特市	5673		5673			6037	571			201
科右前旗	1156		1104		52	1284	153			29
突泉县	1248		1248			1345	4			
扎赉特旗	1329		1140		189	1348	11			33
科右中旗	1265		1265			1374	33			38
阿尔山市	968		966	1	1	937	75			
通辽市小计	**76015**	**44**	**69413**	**400**	**6158**	**76196**	**16469**			**2023**
本级	41817		41309		508	42573	7686			772
区县级小计	34198	44	28104	400	5650	33623	8783			1251
科尔沁区	3367		3367			3263	56			39
开鲁县	1058		1058			903	43			2
科左中旗	2351		2351			2271	31			53
科左后旗	11961		11961			11961	7725			962
奈曼旗	10087		4037	400	5650	9908	391			48
库伦旗	1004		1004			1004	10			3
扎鲁特旗	2709		2709			2563	212			42

4－5－2

单位:万元

地区	收支部分										
	支出										
	教育	科学技术	文化体育与传媒	社会保障和就业	医疗卫生	环境保护	城乡社区事务	农林水事务	交通运输	工业、商业、金融等事务	其他支出
地市县合计	**196568**	**139**	**16106**	**25012**	**20216**	**5504**	**115919**	**20118**	**52965**	**33524**	**16249**
呼伦贝尔市小计	**22386**	**1**	**1189**	**2075**	**1137**	**433**	**12039**	**2089**	**6454**	**154**	**17**
本级	11538		403	154	352		4883	106	5865	48	3
区县级小计	10848	1	786	1921	785	433	7156	1983	589	106	14
海拉尔市	2692		1	755	37	276	916	2	39	4	
满洲里市	1036		314	299	121	12	2825	131	191	6	
扎兰屯市	1181		28	205	95		273	71	210		
牙克石市	1374		55	344	66		1795	35	110		14
阿荣旗	1626	1	35	56			39	90		50	
莫力达瓦自治旗	683			35	129	9	40	60			
根河市	386		37	33	72		55	12			
额尔古纳市	441		8	93	37		171	47			
鄂伦春自治旗	754		123	4	82	35	195	8	1	5	
新巴尔虎左旗	48		96	42	39	31	477	577	20	40	
新巴尔虎右旗	65		5	1	34	8	109	918			
陈巴尔虎旗	53		4	19	12		35	23		1	
鄂温克自治旗	509		80	35	61	62	226	9	18		
兴安盟小计	**9845**		**669**	**1695**	**624**	**5**	**3222**	**1033**	**1516**	**122**	**173**
本级	3830		209	561	119		1448	33	1516	11	
区县级小计	6015		460	1134	505	5	1774	1000		111	173
乌兰浩特市	2532			609	293	5	1503	57		93	173
科右前旗	760		3	155	32			152			
突泉县	1014		31	145	122		22	7			
扎赉特旗	918		193	160	11		13	9			
科右中旗	767		195	37	14		214	66		10	
阿尔山市	24		38	28	33		22	709		8	
通辽市小计	**22646**	**30**	**2644**	**6981**	**10654**	**209**	**3628**	**2433**	**7629**	**791**	**59**
本级	11275	18	1406	5892	3431	138	2602	1146	7489	718	
区县级小计	11371	12	1238	1089	7223	71	1026	1287	140	73	59
科尔沁区	2226	2	23	460	368		22	53		14	
开鲁县	462		1	261	55		24	48	7		
科左中旗	1369		193	23	2	26	384	187		3	
科左后旗	1654	2	305	112	219	10	319	503	74	18	58
奈曼旗	2436	8	229	107	6290		32	329		38	
库伦旗	834		21		61	4	42	29			
扎鲁特旗	1491		249	91	223	31	96	111	17		

4－5－3 单位:万元

地区	平衡部分										
	收入					支出					
	收入合计	本年收入	上年结余	补助收入	省补助计划单列市收入	支出合计	本年支出	上解上级支出	计划单列市上解省支出	政府调剂资金	年终结余
地市县合计	**773171**	**646190**	**109984**	**16997**		**623764**	**564515**			**59249**	**149407**
呼伦贝尔市小计	**67133**	**55716**	**8966**	**2451**		**55439**	**51734**			**3705**	**11694**
本级	31876	27512	4071	293		25533	24591			942	6343
区县级小计	35257	28204	4895	2158		29906	27143			2763	5351
海拉尔市	6180	4528	1550	102		4764	4764				1416
满洲里市	5699	5279	137	283		5416	5416				283
扎兰屯市	2708	2199	401	108		2202	2202				506
牙克石市	3970	3477	343	150		3895	3895				75
阿荣旗	2371	1788	323	260		2008	2008				363
莫力达瓦自治旗	2324	1175	693	456		1652	991			661	672
根河市	709	671	8	30		662	662				47
额尔古纳市	1044	818	169	57		900	900				144
鄂伦春自治旗	2300	1693	546	61		2046	1453			593	254
新巴尔虎左旗	3920	3422	196	302		3372	2113			1259	548
新巴尔虎右旗	1696	1419	211	66		1429	1179			250	267
陈巴尔虎旗	880	497	276	107		537	537				343
鄂温克自治旗	1456	1238	42	176		1023	1023				433
兴安盟小计	**24418**	**19711**	**3355**	**1352**		**20362**	**20362**				**4056**
本级	10428	8072	1802	554		8037	8037				2391
区县级小计	13990	11639	1553	798		12325	12325				1665
乌兰浩特市	6784	5673	872	239		6037	6037				747
科右前旗	1305	1156	39	110		1284	1284				21
突泉县	1670	1248	250	172		1345	1345				325
扎赉特旗	1656	1329	244	83		1348	1348				308
科右中旗	1565	1265	143	157		1374	1374				191
阿尔山市	1010	968	5	37		937	937				73
通辽市小计	**85428**	**76015**	**7571**	**1842**		**76196**	**76196**				**9232**
本级	49860	41817	6201	1842		42573	42573				7287
区县级小计	35568	34198	1370			33623	33623				1945
科尔沁区	3367	3367				3263	3263				104
开鲁县	1058	1058				903	903				155
科左中旗	2844	2351	493			2271	2271				573
科左后旗	12222	11961	261			11961	11961				261
奈曼旗	10438	10087	351			9908	9908				530
库伦旗	1056	1004	52			1004	1004				52
扎鲁特旗	2857	2709	148			2563	2563				294

4－5－4

单位:万元

地区	收支部分									
	收入					支出				
	收入合计	彩票资金收入	行政事业性收费收入	国有资源（资产）有偿使用收入	其他收入	支出合计	一般公共服务	外交	国防	公共安全
霍林郭勒市	1661	44	1617			1750	315			102
锡林郭勒盟小计	**23618**		**23147**	**12**	**459**	**22291**	**1620**			**139**
本级	15707		15705		2	15219	363			
区县级小计	7911		7442	12	457	7072	1257			139
太仆寺旗	580		580			580	3			
多伦县	848		848			848	15			
正蓝旗	287		287			287				
正镶白旗	392		347		45	248	25			20
镶黄旗	194		194			194	41			3
苏尼特左旗	118		105	3	10	115	15			4
西乌珠穆沁旗	376		376			406	83			
东乌珠穆沁旗	593		448		145	502	143			3
阿巴嘎旗	33		33			30				
锡林浩特市	1806		1806			1497	163			109
苏尼特右旗	385		385			370	31			
二连市	2299		2033	9	257	1995	738			
乌兰察布盟小计	**28989**		**28770**	**38**	**181**	**27116**	**1298**			**442**
本级	16216		16130		86	14435	413			128
区县级小计	12773		12640	38	95	12681	885			314
集宁区	5025		4899	38	88	4307	112			88
察右前旗	731		731			806	40			
察右中旗	371		371			439	63			
察右后旗	664		657		7	655	66			
丰镇市	219		219			328	60			
凉城县	750		750			938	135			71
兴和县	971		971			1001	209			89
卓资县	993		993			1021	55			8
四子王旗	425		425			464	24			58
商都县	1735		1735			1812	64			
化德县	889		889			910	57			
鄂尔多斯市小计	**151675**		**135246**		**16429**	**122040**	**6664**			**486**
本级	31148		30431		717	28702	563			50
区县级小计	120527		104815		15712	93338	6101			436
准格尔旗	17990		17906		84	10286	243			45
达拉特旗	3764		3764			3333	27			10
东胜区	71963		66546		5417	54344	116			162

4－5－5

单位：万元

地区	收支部分										
	支出										
	教育	科学技术	文化体育与传媒	社会保障和就业	医疗卫生	环境保护	城乡社区事务	农林水事务	交通运输	工业、商业、金融等事务	其他支出
霍林郭勒市	899		217	35	5		107	27	42		1
锡林郭勒盟小计	**7517**	**29**	**268**	**482**	**356**	**50**	**2947**	**741**	**7548**	**1**	**593**
本级	4015		165	310	174		2260	391	7541		
区县级小计	3502	29	103	172	182	50	687	350	7	1	593
太仆寺旗	552						25				
多伦县	504	29		56			217	27			
正蓝旗	62		1		70	39	19	96			
正镶白旗	86		4	14	14		74	9	1	1	
镶黄旗	126				24						
苏尼特左旗	31		1	11	11		32	10			
西乌珠穆沁旗	143		35	31	4	7	54	49			
东乌珠穆沁旗	224		30	49		1	47	5			
阿巴嘎旗							25	5			
锡林浩特市	926		20	7	16	3	153	94	6		
苏尼特右旗	240			3			41	55			
二连市	608		12	1	43						593
乌兰察布盟小计	**16905**		**633**	**838**	**932**	**201**	**4562**	**247**	**1045**	**13**	
本级	9820		315	95	456	57	2183	8	956	4	
区县级小计	7085		318	743	476	144	2379	239	89	9	
集宁区	1793			584	24	132	1490	68	16		
察右前旗	731				35						
察右中旗	285				71		20				
察右后旗	290		74		53	12	111	42		7	
丰镇市	170				51				47		
凉城县	235		57	74	36		321	9			
兴和县	436			28	65		97	77			
卓资县	832		81	10	28		7				
四子王旗	81		106	11	39		115	30			
商都县	1509			5	48		158		26	2	
化德县	723			31	26		60	13			
鄂尔多斯市小计	**11948**	**16**	**1924**	**1367**	**1135**	**3776**	**53043**	**7343**	**6731**	**27540**	**67**
本级	5180		745	35	549		755	344	3936	16543	2
区县级小计	6768	16	1179	1332	586	3776	52288	6999	2795	10997	65
准格尔旗	971			161			1298	43	1258	6267	
达拉特旗	2320				27		695	35	134	85	
东胜区	1164		533	751	36	25	47906	1		3650	

4－5－6

单位:万元

地区	平衡部分										
	收入					支出					年终结余
	收入合计	本年收入	上年结余	补助收入	省补助计划单列市收入	支出合计	本年支出	上解上级支出	计划单列市上解省支出	政府调剂资金	
霍林郭勒市	1726	1661	65			1750	1750				－24
锡林郭勒盟小计	**27449**	**23618**	**2801**	**1030**		**23286**	**22291**			**995**	**4163**
本级	17709	15707	1095	907		15654	15219			435	2055
区县级小计	9740	7911	1706	123		7632	7072			560	2108
太仆寺旗	580	580				580	580				
多伦县	1166	848	318			848	848				318
正蓝旗	287	287				287	287				
正镶白旗	454	392	62			454	248			206	
镶黄旗	413	194	219			194	194				219
苏尼特左旗	176	118	58			115	115				61
西乌珠穆沁旗	468	376	57	35		406	406				62
东乌珠穆沁旗	747	593	116	38		502	502				245
阿巴嘎旗	70	33	7	30		30	30				40
锡林浩特市	1975	1806	149	20		1851	1497			354	124
苏尼特右旗	416	385	31			370	370				46
二连市	2988	2299	689			1995	1995				993
乌兰察布盟小计	**33367**	**28989**	**3351**	**1027**		**27407**	**27116**			**291**	**5960**
本级	19501	16216	2933	352		14726	14435			291	4775
区县级小计	13866	12773	418	675		12681	12681				1185
集宁区	5272	5025	196	51		4307	4307				965
察右前旗	806	731		75		806	806				
察右中旗	459	371	20	68		439	439				20
察右后旗	754	664	50	40		655	655				99
丰镇市	331	219	1	111		328	328				3
凉城县	967	750	142	75		938	938				29
兴和县	1001	971		30		1001	1001				
卓资县	1022	993	1	28		1021	1021				1
四子王旗	524	425		99		464	464				60
商都县	1812	1735		77		1812	1812				
化德县	918	889	8	21		910	910				8
鄂尔多斯市小计	**169147**	**151675**	**16636**	**836**		**122471**	**122040**			**431**	**46676**
本级	38821	31148	6837	836		28702	28702				10119
区县级小计	130326	120527	9799			93769	93338			431	36557
准格尔旗	23359	17990	5369			10286	10286				13073
达拉特旗	4157	3764	393			3639	3333			306	518
东胜区	74371	71963	2408			54344	54344				20027

四、各省、自治区、直辖市地市县预算外财政资料

4－5－7

单位:万元

地区	收支部分									
	收入					支出				
	收入合计	彩票资金收入	行政事业性收费收入	国有资源(资产)有偿使用收入	其他收入	支出合计	一般公共服务	外交	国防	公共安全
伊金霍洛旗	1461		1461			1461	272			40
鄂托克旗	10310		10310			9183	903			9
乌审旗	3615		3567		48	3718	2159			15
杭锦旗	11424		1261		10163	11013	2381			155
鄂托克前旗										
巴彦淖尔盟小计	**27416**		**25049**	**140**	**2227**	**34474**	**1844**			**742**
本级	13015		10895	137	1983	20533	928			326
区县级小计	14401		14154	3	244	13941	916			416
磴口县	985		985			926	108			4
杭锦后旗	2685		2655		30	2731	61			79
临河市	1864		1864			1864	52			11
五原县	3195		3156	1	38	3248	47			8
乌拉特前旗	3475		3475			3083	25			31
乌拉特中旗	1782		1665		117	1680	555			197
乌拉特后旗	415		354	2	59	409	68			86
阿拉善盟小计	**31690**	**272**	**20836**	**205**	**10377**	**31638**	**3264**			**850**
本级	9857	141	4000	35	5681	9729	117			100
区县级小计	21833	131	16836	170	4696	21909	3147			750
阿左旗	20889	67	16075	70	4677	20978	3041			747
阿右旗	670	2	549	100	19	678	93			1
额济纳旗	274	62	212			253	13			2
呼和浩特市小计	**60850**	**337**	**57661**	**208**	**2644**	**61824**	**8202**			**843**
本级	44600	337	42285	167	1811	42282	4497			244
区县级小计	16250		15376	41	833	19542	3705			599
土左旗	1252		1252			3904	2728			28
托县	1516		1514	2		1460	20			16
赛罕区	2464		2454	10		1676	88			
新城区	3262		3218		44	4635	144			217
回民区	2772		2410		362	2570	63			135
玉泉区	1038		630	29	379	1362	30			153
和林县	1259		1215		44	1265	117			11
武川县	1967		1967			1950	405			25
清水河县	720		716		4	720	110			14
包头市小计	**69651**		**68692**	**205**	**754**	**71444**	**6522**			**1214**
本级	57984		57790	194		59616	5692			1165
区县级小计	11667		10902	11	754	11828	830			49

4－5－8

单位:万元

地区	收支部分										
	支出										
	教育	科学技术	文化体育与传媒	社会保障和就业	医疗卫生	环境保护	城乡社区事务	农林水事务	交通运输	工业、商业、金融等事务	其他支出
伊金霍洛旗	726		17	11	74		87	42	176		16
鄂托克旗	423		80	62		395	135	6348	70	758	
乌审旗	528		281	1	72		38	228	396		
杭锦旗	636	16	268	346	377	3356	2129	302	761	237	49
鄂托克前旗											
巴彦淖尔盟小计	**16959**	**30**	**1047**	**729**	**649**	**154**	**2018**	**408**	**9475**	**58**	**361**
本级	6420	27	786	205	477	39	1451	75	9475	24	300
区县级小计	10539	3	261	524	172	115	567	333		34	61
磴口县	801						8	2		3	
杭锦后旗	2346		46	21	35		75	7		15	46
临河市	1762			19				20			
五原县	2711		153	145	14		141	24		5	
乌拉特前旗	2470			272	78		92	113		2	
乌拉特中旗	348	3	61		30	114	201	156			15
乌拉特后旗	101		1	67	15	1	50	11		9	
阿拉善盟小计	**2209**	**33**	**147**	**158**	**107**	**34**	**13647**	**1124**	**2993**	**3557**	**3515**
本级	1183		144	12	20	4	901		2566	1340	3342
区县级小计	1026	33	3	146	87	30	12746	1124	427	2217	173
阿左旗	708	33	1	79	87	30	12643	1016	417	2135	41
阿右旗	188		2	16			103	108	10	65	92
额济纳旗	130			51						17	40
呼和浩特市小计	**23329**		**2605**	**3191**	**1871**	**32**	**12099**	**3650**	**5321**	**73**	**608**
本级	13135		2407	2768	1118		8986	3283	5268	71	505
区县级小计	10194		198	423	753	32	3113	367	53	2	103
土左旗	985						163				
托县	1145		4	70	110		32	10	53		
赛罕区	939		10	65	5		510				59
新城区	2624		9	9	307	10	1315				
回民区	1933		9	15	61		332	20		2	
玉泉区	635		1	17	224		296	6			
和林县	759			6	27		1	300			44
武川县	732		101	238			422	27			
清水河县	442		64	3	19	22	42	4			
包头市小计	**36472**		**3351**	**3835**	**1633**	**10**	**4930**	**253**	**3089**	**20**	**10115**
本级	27706		3154	3651	1032	9	4076	180	2955	20	9976
区县级小计	8766		197	184	601	1	854	73	134		139

4－5－9

单位：万元

地区	平衡部分										
	收入					支出					年终结余
	收入合计	本年收入	上年结余	补助收入	省补助计划单列市收入	支出合计	本年支出	上解上级支出	计划单列市上解省支出	政府调剂资金	
伊金霍洛旗	1461	1461				1461	1461				
鄂托克旗	11340	10310	1030			9183	9183				2157
乌审旗	4034	3615	419			3843	3718			125	191
杭锦旗	11604	11424	180			11013	11013				591
鄂托克前旗											
巴彦淖尔盟小计	**39085**	**27416**	**10739**	**930**		**36912**	**34474**			**2438**	**2173**
本级	24453	13015	10533	905		22965	20533			2432	1488
区县级小计	14632	14401	206	25		13947	13941			6	685
磴口县	985	985				926	926				59
杭锦后旗	2744	2685	49	10		2731	2731				13
临河市	1864	1864				1864	1864				
五原县	3372	3195	177			3248	3248				124
乌拉特前旗	3543	3475	68			3083	3083				460
乌拉特中旗	1709	1782	－88	15		1680	1680				29
乌拉特后旗	415	415				415	409			6	
阿拉善盟小计	**37243**	**31690**	**5281**	**272**		**31638**	**31638**				**5605**
本级	13456	9857	3458	141		9729	9729				3727
区县级小计	23787	21833	1823	131		21909	21909				1878
阿左旗	22608	20889	1662	57		20978	20978				1630
阿右旗	717	670	45	2		678	678				39
额济纳旗	462	274	116	72		253	253				209
呼和浩特市小计	**82840**	**60850**	**20064**	**1926**		**61824**	**61824**				**21016**
本级	60103	44600	13577	1926		42282	42282				17821
区县级小计	22737	16250	6487			19542	19542				3195
土左旗	4041	1252	2789			3904	3904				137
托县	1516	1516				1460	1460				56
赛罕区	2489	2464	25			1676	1676				813
新城区	5182	3262	1920			4635	4635				547
回民区	3776	2772	1004			2570	2570				1206
玉泉区	1683	1038	645			1362	1362				321
和林县	1311	1259	52			1265	1265				46
武川县	2019	1967	52			1950	1950				69
清水河县	720	720				720	720				
包头市小计	**94025**	**69651**	**22727**	**1647**		**72944**	**71444**			**1500**	**21081**
本级	77942	57984	19071	887		61116	59616			1500	16826
区县级小计	16083	11667	3656	760		11828	11828				4255

4－5－10

单位:万元

地区	收支部分									
	收入					支出				
	收入合计	彩票资金收入	行政事业性收费收入	国有资源（资产）有偿使用收入	其他收入	支出合计	一般公共服务	外交	国防	公共安全
东河区	2392		2390	2		2274	40			
青山区						899	80			
昆区	4757		4431	9	317	4244	96			29
石拐区	166		166			321	152			10
白云区	237		119		118	237				2
九原区						90	90			
土右旗	2792		2473		319	2332	187			
固阳县	735		735			835	114			8
达茂旗	588		588			596	71			
乌海市小计	**14306**		**13756**	**57**	**493**	**11147**	**477**			**325**
本级	11709		11588		121	8461	356			230
区县级小计	2597		2168	57	372	2686	121			95
乌达区	1059		1030	29		854	12			20
海勃湾区	1236		844	20	372	1533	95			45
海南区	302		294	8		299	14			30
赤峰市小计	**86553**		**81617**	**165**	**4771**	**34249**	**3473**			**80**
本级	44120		44120			2080	167			
区县级小计	42433		37497	165	4771	32169	3306			80
红山区	4115		4115			4310	7			44
松山区	6067		4411		1656	184	23			
元宝山区	7795		4827		2968	6267	2448			
阿鲁科尔沁旗	2220		2220			2220	91			12
巴林左旗	2945		2945			2945	44			
巴林右旗	966		966			966	3			
林西县	3039		3039							
克什克腾旗	1820		1820			1935	145			15
翁牛特旗	2945		2780	165		2998	9			3
喀喇沁旗	1210		1210			1083	57			
宁城县	5096		4949		147	5096	56			
敖汉旗	4215		4215			4165	423			6

4－5－11

单位:万元

地区	收支部分										
	支出										
	教育	科学技术	文化体育与传媒	社会保障和就业	医疗卫生	环境保护	城乡社区事务	农林水事务	交通运输	工业、商业、金融等事务	其他支出
东河区	1837			47	249			4			97
青山区	819										
昆区	3670		3		252		193	1			
石拐区	112		8	20	10	1	7	1			
白云区	94			13	8		118	2			
九原区											
土右旗	1468			86	76		381		134		
固阳县	455		86	8	6		74	58			26
达茂旗	311		100	10			81	7			16
乌海市小计	**5576**		**227**	**1120**	**307**	**445**	**579**	**243**	**110**	**1113**	**625**
本级	4260		44	981	176	432	105	120	107	1053	597
区县级小计	1316		183	139	131	13	474	123	3	60	28
乌达区	573			39	41		155	8		6	
海勃湾区	644		183	81	73	13	278	69		52	
海南区	99			19	17		41	46	3	2	28
赤峰市小计	**20776**		**1402**	**2541**	**811**	**155**	**3205**	**554**	**1054**	**82**	**116**
本级	191		173	836			713				
区县级小计	20585		1229	1705	811	155	2492	554	1054	82	116
红山区	3219		50	506	103		375				6
松山区			88				73				
元宝山区	3039		169	182	49	155	33	110		82	
阿鲁科尔沁旗	1373		308	113			288	34	1		
巴林左旗	2374		218	110			199				
巴林右旗	650		147	98	68						
林西县											
克什克腾旗	1281		18	97			239	30			110
翁牛特旗	2097		2	165	401		261	60			
喀喇沁旗	760		15	182	6		25	13	25		
宁城县	3287		214	187	15		476	163	698		
敖汉旗	2505			65	169		523	144	330		

4－5－12　　　　　　　　　　　　　　　　　　　　　　　　　　　　　　　　　单位:万元

地区	平衡部分										
	收入					支出					
	收入合计	本年收入	上年结余	补助收入	省补助计划单列市收入	支出合计	本年支出	上解上级支出	计划单列市上解省支出	政府调剂资金	年终结余
东河区	3425	2392	993	40		2274	2274				1151
青山区	899		819	80		899	899				
昆区	6349	4757	1562	30		4244	4244				2105
石拐区	330	166	54	110		321	321				9
白云区	307	237		70		237	237				70
九原区	120			120		90	90				30
土右旗	3113	2792	191	130		2332	2332				781
固阳县	835	735		100		835	835				
达茂旗	705	588	37	80		596	596				109
乌海市小计	**17039**	**14306**	**2381**	**352**		**12497**	**11147**			**1350**	**4542**
本级	13316	11709	1255	352		9811	8461			1350	3505
区县级小计	3723	2597	1126			2686	2686				1037
乌达区	1066	1059	7			854	854				212
海勃湾区	2275	1236	1039			1533	1533				742
海南区	382	302	80			299	299				83
赤峰市小计	**95997**	**86553**	**6112**	**3332**		**82788**	**34249**			**48539**	**13209**
本级	47598	44120	1180	2298		44736	2080			42656	2862
区县级小计	48399	42433	4932	1034		38052	32169			5883	10347
红山区	4310	4115		195		4310	4310				
松山区	9135	6067	2914	154		2784	184			2600	6351
元宝山区	9701	7795	1827	79		6267	6267				3434
阿鲁科尔沁旗	2220	2220				2220	2220				
巴林左旗	2945	2945				2945	2945				
巴林右旗	966	966				966	966				
林西县	3154	3039	115			3039				3039	115
克什克腾旗	1935	1820		115		1935	1935				
翁牛特旗	3241	2945		296		2998	2998				243
喀喇沁旗	1327	1210		117		1327	1083			244	
宁城县	5096	5096				5096	5096				
敖汉旗	4369	4215	76	78		4165	4165				204

2007 年辽宁省地市县财政预算外收支平衡表

4－6－1　　　　　　　　　　　　　　　　单位:万元

地区	收支部分									
	收入					支出				
	收入合计	彩票资金收入	行政事业性收费收入	国有资源（资产）有偿使用收入	其他收入	支出合计	一般公共服务	外交	国防	公共安全
地市县合计	**1304080**	**90383**	**930624**	**98021**	**185052**	**1164222**	**121104**		**1828**	**29533**
沈阳市小计	**399238**	**22573**	**296945**	**46983**	**32737**	**414209**	**12583**		**28**	**10793**
本级	277226	22254	208367	44844	1761	296974	5698			9843
区县级小计	122012	319	88578	2139	30976	117235	6885		28	950
铁西区	4400		4400			3842				
和平区	23176		18414	1353	3409	26659	1654			145
沈河区	8699		8689	10		8461	1733			113
大东区	3739		3739			3680				13
皇姑区	8001	315	7522	164		4773	397			
苏家屯区	11830		11782	48		10415	86			10
沈北新区	9567		7777	114	1676	7852	26			
东陵区	27301		1573	450	25278	27754	1457		28	398
于洪区	12099		11578		521	11978	411			6
辽中县	3296		3296			2034	202			
新民市	6589	4	6585			6589	564			264
法库县	1777		1777			1777	282			1
康平县	1538		1446		92	1421	73			
大连市小计	**279183**	**22924**	**160088**	**8901**	**87270**	**249361**	**28599**		**44**	**1364**
本级	173182	22924	77811	3972	68475	163786	14915			744
区县级小计	106001		82277	4929	18795	85575	13684		44	620
瓦房店市	4959		2796	9	2154	2106				
普兰店市	6909		6715		194	6409	1309		44	
庄河市	18244		11164	954	6126	14226	3779			
长海县	3263		1524	1128	611	3288	2241			36
金州区	16751		16721	30		10457	1362			263
旅顺口区	21465		19144	755	1566	17679	4344			25
甘井子区	6078		6030	48		6420	69			
中山区	6811		3090	603	3118	4799	285			
西岗区	3503		3130		373	2722	152			
沙河口区	6788		6788			6290	143			296
开发区	9635		5175	5	4455	9584				
高新园区										
保税区	1595			1397	198	1595				
鞍山市小计	**108244**	**6406**	**89771**	**2631**	**9436**	**63822**	**12580**		**7**	**773**
本级	75302	6406	67178	761	957	36134	6780			142
区县级小计	32942		22593	1870	8479	27688	5800		7	631

4－6－2

单位:万元

地区	收支部分										
	支出										
	教育	科学技术	文化体育与传媒	社会保障和就业	医疗卫生	环境保护	城乡社区事务	农林水事务	交通运输	工业、商业、金融等事务	其他支出
地市县合计	**332966**	**666**	**103895**	**67595**	**21788**	**1921**	**272636**	**22016**	**127725**	**32132**	**28417**
沈阳市小计	**92535**	**234**	**43647**	**26280**	**3486**	**981**	**174605**	**3619**	**26271**	**13004**	**6143**
本级	59482	222	39161	18947	2119	568	120495	93	24034	11769	4543
区县级小计	33053	12	4486	7333	1367	413	54110	3526	2237	1235	1600
铁西区	3766			74							2
和平区	6926		95	417	131	140	16090			234	827
沈河区	4509		63	86	460	101	975			6	415
大东区	3662		5								
皇姑区	2790	2	146	422	73		835			108	
苏家屯区	1738			662	3		6959	898	7	52	
沈北新区	2127		565	285	29		4436		35	339	10
东陵区	2478	10	581	310	231	72	18452	2012	1500	60	165
于洪区	1354		848	3358	324		4956	153	128	259	181
辽中县	584		395	434	60	15	224	110		10	
新民市	1902		1162	986	34		656	291	563	167	
法库县	368		420	199			503		4		
康平县	849		206	100	22	85	24	62			
大连市小计	**69056**	**129**	**3083**	**9301**	**6497**	**15**	**20983**	**2324**	**85673**	**10147**	**12146**
本级	45564		362	2732	1756		5938	130	82543	745	8357
区县级小计	23492	129	2721	6569	4741	15	15045	2194	3130	9402	3789
瓦房店市	2106										
普兰店市	1353		31	609	21		636	5	2122	7	272
庄河市	2312		943	565	171		4055	1376	16	51	958
长海县		2	22	18		15	407	419	35	52	41
金州区	1207		683	2810	516		1969	268	627	14	738
旅顺口区	2129		627	2002	1527		6552	126	330		17
甘井子区	4712		93	80	1367		43				56
中山区	2025		272	333	703		1106			4	71
西岗区	1883	127	5	79	342		93				41
沙河口区	5455		45	73	94		184				
开发区	310									9274	
高新园区											
保税区											1595
鞍山市小计	**24989**		**1447**	**4012**	**1071**	**3**	**12160**	**1831**	**842**	**1386**	**2721**
本级	16675		55	2393			6474	331		1311	1973
区县级小计	8314		1392	1619	1071	3	5686	1500	842	75	748

4－6－3

单位:万元

地区	平衡部分										
	收入					支出					
	收入合计	本年收入	上年结余	补助收入	省补助计划单列市收入	支出合计	本年支出	上解上级支出	计划单列市上解省支出	政府调剂资金	年终结余
地市县合计	**1884058**	**1304080**	**578474**	**1338**	**166**	**1239112**	**1164222**			**74890**	**644946**
沈阳市小计	**634848**	**399238**	**235460**	**150**		**417778**	**414209**			**3569**	**217070**
本级	437758	277226	160382	150		296974	296974				140784
区县级小计	197090	122012	75078			120804	117235			3569	76286
铁西区	6172	4400	1772			3842	3842				2330
和平区	35257	23176	12081			26659	26659				8598
沈河区	37919	8699	29220			8461	8461				29458
大东区	4698	3739	959			3680	3680				1018
皇姑区	8885	8001	884			6123	4773			1350	2762
苏家屯区	12622	11830	792			10571	10415			156	2051
沈北新区	11736	9567	2169			7852	7852				3884
东陵区	47373	27301	20072			28370	27754			616	19003
于洪区	18690	12099	6591			11978	11978				6712
辽中县	3619	3296	323			3297	2034			1263	322
新民市	6589	6589				6589	6589				
法库县	1777	1777				1777	1777				
康平县	1753	1538	215			1605	1421			184	148
大连市小计	**479281**	**279183**	**199932**		**166**	**262906**	**249361**			**13545**	**216375**
本级	333881	173182	160533		166	176198	163786			12412	157683
区县级小计	145400	106001	39399			86708	85575			1133	58692
瓦房店市	16672	4959	11713			3082	2106			976	13590
普兰店市	8421	6909	1512			6409	6409				2012
庄河市	21084	18244	2840			14290	14226			64	6794
长海县	4766	3263	1503			3288	3288				1478
金州区	22404	16751	5653			10457	10457				11947
旅顺口区	26534	21465	5069			17772	17679			93	8762
甘井子区	8211	6078	2133			6420	6420				1791
中山区	9715	6811	2904			4799	4799				4916
西岗区	9199	3503	5696			2722	2722				6477
沙河口区	7164	6788	376			6290	6290				874
开发区	9635	9635				9584	9584				51
高新园区											
保税区	1595	1595				1595	1595				
鞍山市小计	**130632**	**108244**	**22267**	**121**		**93629**	**63822**			**29807**	**37003**
本级	96778	75302	21355	121		63745	36134			27611	33033
区县级小计	33854	32942	912			29884	27688			2196	3970

4－6－4　　　　　　　　　　　　　　　　　　　　　　　　　　　　　单位:万元

地区	收支部分									
	收入					支出				
	收入合计	彩票资金收入	行政事业性收费收入	国有资源(资产)有偿使用收入	其他收入	支出合计	一般公共服务	外交	国防	公共安全
海城市	14500		10488	1125	2887	13197	2922		7	81
台安县	3118		1593	163	1362	2107	293			184
岫岩县	5009		1639		3370	5127	1762			47
铁东区	3844		3559	121	164	2044	169			248
铁西区	1392		1338		54	1007	111			
立山区	1506		761	373	372	928	397			
千山区	3413		3062	88	263	3092	146			71
高新区	160		153		7	186				
风景区										
抚顺市小计	**35003**	**5292**	**27444**	**445**	**1822**	**29940**	**6447**			**135**
本级	21551	5292	14488	233	1538	18704	4216			
区县级小计	13452		12956	212	284	11236	2231			135
抚顺县	4316		4180	54	82	4058	1718			40
清原县	2736		2629	12	95	1978				
新宾县	2846		2846			2392	271			94
顺城区	1523		1523			1451	124			
新抚区	758		573	146	39	429	27			
东洲区	90		22		68	92	73			1
望花区	1146		1146			805	15			
抚顺经济开发区										
胜利开发区	37		37			31	3			
本溪市小计	**33688**	**2893**	**17612**	**11380**	**1803**	**28621**	**1717**			**111**
本级	24655	2893	9973	9986	1803	20858	1515			86
区县级小计	9033		7639	1394		7763	202			25
本溪县	2462		2462			2462	45			
桓仁县	5044		3650	1394		4275	103			25
平山区	775		775			431	54			
明山区	456		456			299				
溪湖区	213		213			213				
南芬区	83		83			83				
丹东市小计	**43006**	**4360**	**29133**	**7552**	**1961**	**42927**	**7253**			**2167**
本级	26153	4360	14820	6141	832	27167	5246			2019
区县级小计	16853		14313	1411	1129	15760	2007			148
东港市	8466		6789	613	1064	8505	1787			45
凤城市	3685		3680	5		3376	6			95
宽甸县	2711		2413	265	33	2650	22			6

4－6－5

单位:万元

地区	收支部分										
	支出										
	教育	科学技术	文化体育与传媒	社会保障和就业	医疗卫生	环境保护	城乡社区事务	农林水事务	交通运输	工业、商业、金融等事务	其他支出
海城市	2307		817	900	791		3814	850	39	12	657
台安县	1113		185	137	46		46	60	43		
岫岩县	1375		377	402	14	3	565	348	203	31	
铁东区	881		12	59	92		516		62		5
铁西区	665						3		220		8
立山区	410		1	7			70			32	11
千山区	1563			114	128		486	242	275		67
高新区							186				
风景区											
抚顺市小计	**13829**	**76**	**1672**	**3624**	**559**	**26**	**1302**	**1064**	**258**	**672**	**276**
本级	10500	76	37	2688	33	26	74	36	258	644	116
区县级小计	3329		1635	936	526		1228	1028		28	160
抚顺县	390		572	687	71		108	444			28
清原县	1266		41	162	40		206	132		5	126
新宾县	793		585	47	93		89	407		13	
顺城区	7		428	25	246		575	40		2	4
新抚区	400										2
东洲区	8		1	1						8	
望花区	442		8	14	71		250	5			
抚顺经济开发区											
胜利开发区	23				5						
本溪市小计	**8818**		**11126**	**3228**	**27**		**1312**	**143**	**202**	**1937**	
本级	5795		8395	3108				1	24	1934	
区县级小计	3023		2731	120	27		1312	142	178	3	
本溪县	1215		1156	46							
桓仁县	1528		1260	74	27		937	140	178	3	
平山区							375	2			
明山区	177		122								
溪湖区	20		193								
南芬区	83										
丹东市小计	**14224**	**96**	**10024**	**4152**	**609**		**2842**	**452**		**476**	**632**
本级	5304	96	7792	3288	506		2552	214		79	71
区县级小计	8920		2232	864	103		290	238		397	561
东港市	4015		1418	376	21		173	153			517
凤城市	2499		152	177			57	4		386	
宽甸县	1650		636	288	4			33		11	

4－6－6 单位:万元

地区	平衡部分										
	收入					支出					
	收入合计	本年收入	上年结余	补助收入	省补助计划单列市收入	支出合计	本年支出	上解上级支出	计划单列市上解省支出	政府调剂资金	年终结余
海城市	7428	14500	－7072			14152	13197			955	－6724
台安县	3580	3118	462			2771	2107			664	809
岫岩县	5702	5009	693			5127	5127				575
铁东区	4221	3844	377			2044	2044				2177
铁西区	1757	1392	365			1007	1007				750
立山区	4257	1506	2751			928	928				3329
千山区	5713	3413	2300			3669	3092			577	2044
高新区	1102	160	942			186	186				916
风景区	94		94								94
抚顺市小计	**62274**	**35003**	**27186**	**85**		**33723**	**29940**			**3783**	**28551**
本级	39164	21551	17528	85		19327	18704			623	19837
区县级小计	23110	13452	9658			14396	11236			3160	8714
抚顺县	4995	4316	679			4058	4058				937
清原县	5694	2736	2958			1978	1978				3716
新宾县	5602	2846	2756			4653	2392			2261	949
顺城区	3003	1523	1480			1838	1451			387	1165
新抚区	1058	758	300			754	429			325	304
东洲区	238	90	148			94	92			2	144
望花区	2085	1146	939			805	805				1280
抚顺经济开发区	385		385			185				185	200
胜利开发区	50	37	13			31	31				19
本溪市小计	**58384**	**33688**	**24604**	**92**		**28621**	**28621**				**29763**
本级	48857	24655	24110	92		20858	20858				27999
区县级小计	9527	9033	494			7763	7763				1764
本溪县	2462	2462				2462	2462				
桓仁县	5044	5044				4275	4275				769
平山区	893	775	118			431	431				462
明山区	646	456	190			299	299				347
溪湖区	429	213	216			213	213				216
南芬区	53	83	－30			83	83				－30
丹东市小计	**60086**	**43006**	**16990**	**90**		**43334**	**42927**			**407**	**16752**
本级	37673	26153	11430	90		27167	27167				10506
区县级小计	22413	16853	5560			16167	15760			407	6246
东港市	11524	8466	3058			8878	8505			373	2646
凤城市	4188	3685	503			3376	3376				812
宽甸县	3294	2711	583			2650	2650				644

4－6－7

单位:万元

地区	收支部分									
	收入					支出				
	收入合计	彩票资金收入	行政事业性收费收入	国有资源(资产)有偿使用收入	其他收入	支出合计	一般公共服务	外交	国防	公共安全
振安区	155		141	14		147	25			
元宝区	804		426	346	32	643	151			2
振兴区	1032		864	168		439	16			
合作区										
锦州市小计	**67632**	**3744**	**51750**	**4987**	**7151**	**58397**	**7244**			**1435**
本级	42265	3744	30948	4218	3355	32779	3891			11
区县级小计	25367		20802	769	3796	25618	3353			1424
凌海市	5535		2883		2652	6930	1730			24
义县	4365		4103	262		4003	668			207
北镇市	6432		5975	405	52	6319	186			297
黑山县	4560		4560			4560	685			452
古塔区	914		914			914	23			130
凌河区	1511		1058	69	384	1298	14			314
太和区	1269		805	33	431	776	45			
开发区	781		504		277	818	2			
营口市小计	**69294**	**4518**	**56843**	**245**	**7688**	**51569**	**10874**		**1574**	**3732**
本级	39453	4518	33075		1860	32514	9107		1574	3069
区县级小计	29841		23768	245	5828	19055	1767			663
盖州市	6558		5185		1373	5616	611			59
大石桥市	9264		6443		2821	2016	93			219
老边区	2477		1821		656	2166	661			85
站前区	1012		462	167	383	248	103			
西市区	298		265		33	298	11			
经济技术开发区	10232		9592	78	562	8711	288			300
阜新市小计	**39527**	**1311**	**29312**	**2154**	**6750**	**32353**	**3565**			**3798**
本级	30459	1311	20755	1983	6410	23391	3058			2450
区县级小计	9068		8557	171	340	8962	507			1348
海州区	780		627	111	42	751	164			36
细河区	760		739	12	9	662	51			153
太平区	594		441		153	499	14			
新邱区	761		760	1		882				
清河门区	571		438		133	566				
高新技术园区										
开发区										
阜蒙县	3699		3699			3699	42			1159
彰武县	1903		1853	47	3	1903	236			

4－6－8

单位:万元

地区	收支部分										
	支出										
	教育	科学技术	文化体育与传媒	社会保障和就业	医疗卫生	环境保护	城乡社区事务	农林水事务	交通运输	工业、商业、金融等事务	其他支出
振安区	102		18	1				1			
元宝区	370		6	19	78		17				
振兴区	284		2	3			43	47			44
合作区											
锦州市小计	**15713**	**14**	**5239**	**4036**	**2616**	**77**	**14243**	**2453**	**2158**	**558**	**2611**
本级	6632	1	4335	2533	1883	2	9964	515	1309	141	1562
区县级小计	9081	13	904	1503	733	75	4279	1938	849	417	1049
凌海市	1872			120	20		1867	741	19		537
义县	1003		693	408	69	15	433	278	222	7	
北镇市	3442	13	154	44	219	1	827	382	375	379	
黑山县	1429		6	789	156	57	410	415	133	28	
古塔区	418			46	229		68				
凌河区	272		9	10	4	2	161				512
太和区	429		42	1	36		116	4	100	3	
开发区	216			85			397	118			
营口市小计	**14217**	**11**	**6650**	**1626**	**2720**	**132**	**4587**	**995**	**3757**	**241**	**453**
本级	5481	11	4259	677	1319	118	2648	117	3655	140	339
区县级小计	8736		2391	949	1401	14	1939	878	102	101	114
盖州市	2736		589	587	96		518	318	102		
大石桥市	249			27	935		444	49			
老边区	329		367	141	61	14	222	272		14	
站前区	71			4	62					8	
西市区	124			40	123						
经济技术开发区	5227		1435	150	124		755	239		79	114
阜新市小计	**12464**	**69**	**3156**	**1662**	**638**	**180**	**4417**	**689**	**714**	**950**	**51**
本级	7953	69	2439	1429	390	128	3979	510	659	283	44
区县级小计	4511		717	233	248	52	438	179	55	667	7
海州区	448		10		16		77				
细河区	340			1	59		46	7	1	4	
太平区	330		1	84						70	
新邱区	86		291	47			26	2		430	
清河门区	130		105				50	57	54	163	7
高新技术园区											
开发区											
阜蒙县	1929				165	52	239	113			
彰武县	1248		310	101	8						

四、各省、自治区、直辖市地市县预算外财政资料

4－6－9　　　　单位：万元

地区	平衡部分										
	收入					支出					年终结余
	收入合计	本年收入	上年结余	补助收入	省补助计划单列市收入	支出合计	本年支出	上解上级支出	计划单列市上解省支出	政府调剂资金	
振安区	1060	155	905			147	147				913
元宝区	917	804	113			677	643			34	240
振兴区	1430	1032	398			439	439				991
合作区											
锦州市小计	**79602**	**67632**	**11872**	**98**		**59491**	**58397**			**1094**	**20111**
本级	50807	42265	8444	98		32819	32779			40	17988
区县级小计	28795	25367	3428			26672	25618			1054	2123
凌海市	7628	5535	2093			7943	6930			1013	－315
义县	3033	4365	－1332			4014	4003			11	－981
北镇市	7474	6432	1042			6319	6319				1155
黑山县	4560	4560				4560	4560				
古塔区	914	914				914	914				
凌河区	3096	1511	1585			1298	1298				1798
太和区	1615	1269	346			806	776			30	809
开发区	475	781	－306			818	818				－343
营口市小计	**74598**	**69294**	**5211**	**93**		**57891**	**51569**			**6322**	**16707**
本级	43389	39453	3843	93		37904	32514			5390	5485
区县级小计	31209	29841	1368			19987	19055			932	11222
盖州市	10644	6558	4086			6018	5616			402	4626
大石桥市	1089	9264	－8175			2016	2016				－927
老边区	3938	2477	1461			2166	2166				1772
站前区	1561	1012	549			248	248				1313
西市区	316	298	18			298	298				18
经济技术开发区	13661	10232	3429			9241	8711			530	4420
阜新市小计	**48690**	**39527**	**9050**	**113**		**34582**	**32353**			**2229**	**14108**
本级	37146	30459	6574	113		25518	23391			2127	11628
区县级小计	11544	9068	2476			9064	8962			102	2480
海州区	801	780	21			751	751				50
细河区	778	760	18			764	662			102	14
太平区	628	594	34			499	499				129
新邱区	1015	761	254			882	882				133
清河门区	1077	571	506			566	566				511
高新技术园区											
开发区											
阜蒙县	4215	3699	516			3699	3699				516
彰武县	3030	1903	1127			1903	1903				1127

4－6－10　　　　单位:万元

地区	收支部分									
	收入					支出				
	收入合计	彩票资金收入	行政事业性收费收入	国有资源（资产）有偿使用收入	其他收入	支出合计	一般公共服务	外交	国防	公共安全
辽阳市小计	**30789**	**3143**	**25530**	**925**	**1191**	**23046**	**1221**			**957**
本级	21984	3143	17239	922	680	16068	659			930
区县级小计	8805		8291	3	511	6978	562			27
辽阳县	2450		2449		1	2266				
灯塔市	3339		2837	1	501	3213	546			9
太子河区	164		162	2		153	9			
弓长岭区	1302		1302			1021				
白塔区	293		293			230	2			18
文圣区										
宏伟区	1257		1248		9	95	5			
铁岭市小计	**71104**	**2861**	**64657**	**299**	**3287**	**63878**	**6846**		**165**	**1736**
本级	39716	2861	36819	36		35182	2307			4
区县级小计	31388		27838	263	3287	28696	4539		165	1732
铁岭县	3330		2975	47	308	3168	314			148
开原市	6882		5453		1429	6219	880			211
昌图县	12045		10300	205	1540	11486	2050			1001
西丰县	1896		1896			1777	237			109
调兵山市	3904		3904			3096	332		165	208
银州区	1597		1597			1383	303			37
清河区	1461		1456		5	1214	222			18
开发区	273		257	11	5	353	201			
朝阳市小计	**54369**	**2395**	**38601**	**2958**	**10415**	**41205**	**3019**		**10**	**2327**
本级	23669	2395	17007	1794	2473	17899	2007		10	1572
区县级小计	30700		21594	1164	7942	23306	1012			755
北票市	5190		3864	926	400	5068	290			14
朝阳县	1518		1518			1505	2			3
凌源市	11755		7201	151	4403	7185	118			
建平县	4797		4797			4797				
喀左县	3182		3182			3182	125			586
双塔区	1200		698	87	415	1228	434			
龙城区	3012		290		2722	241	7			152
开发区	46		44		2	100	36			
盘锦市小计	**26130**	**4746**	**18166**	**2663**	**555**	**24828**	**6336**			**122**
本级	18737	4746	11318	2379	294	16713	4068			84
区县级小计	7393		6848	284	261	8115	2268			38
盘山县	2033		1920	113		2384	1210			31

4－6－11

单位:万元

地区	收支部分									
	支出									
	教育	科学技术	文化体育与传媒	社会保障和就业	医疗卫生	环境保护	城乡社区事务	农林水事务	交通运输	工业、商业、金融等事务	其他支出
辽阳市小计	**10677**		**3939**	**548**	**184**	**244**	**2756**	**32**	**879**	**1260**	**349**
本级	6823		2748	147	3	244	2291	3	879	995	346
区县级小计	3854		1191	401	181		465	29		265	3
辽阳县	1710		156	246	113		39			2	
灯塔市	1612		576	79	61		60	7		263	
太子河区	44		93	3	4						
弓长岭区	261		366		3		366	22			3
白塔区	209			1							
文圣区											
宏伟区	18			72							
铁岭市小计	**14888**	**19**	**5328**	**3269**	**2424**	**142**	**23026**	**2387**	**2790**	**456**	**402**
本级	6042		3371	1264	571		18467	3	2749	404	
区县级小计	8846	19	1957	2005	1853	142	4559	2384	41	52	402
铁岭县	773		69	14	247	12	532	1059			
开原市	2301		620	458	200	14	975	180	7		373
昌图县	3119	19	699	697	709	89	2303	750	34	16	
西丰县	804		45	96	122		157	172		35	
调兵山市	879		283	626	114	25	342	121		1	
银州区	554		5	8	398		21	28			29
清河区	349		170	104	61	2	218	70			
开发区	67		66	2	2		11	4			
朝阳市小计	**17424**	**18**	**2949**	**2886**	**636**	**105**	**8372**	**1429**	**736**	**944**	**350**
本级	5337	10	1493	1779		83	3754	251	657	766	180
区县级小计	12087	8	1456	1107	636	22	4618	1178	79	178	170
北票市	2116		917	754			831	16		130	
朝阳县	1390		27	17			10	12		44	
凌源市	3643	8	458	206	439		1164	913	79	4	153
建平县	3433			45	60		1183	59			17
喀左县	1157		12	28	118	22	1051	83			
双塔区	345		27	3	19		376	24			
龙城区	1		11	54			3	13			
开发区	2		4					58			
盘锦市小计	**8633**		**2378**	**1502**	**191**	**16**	**547**	**2706**	**675**	**68**	**1654**
本级	6852		1930	1026			452	317	529	60	1395
区县级小计	1781		448	476	191	16	95	2389	146	8	259
盘山县	514		113		1		90	417		8	

4－6－12

单位:万元

地区	平衡部分										
	收入					支出					年终结余
	收入合计	本年收入	上年结余	补助收入	省补助计划单列市收入	支出合计	本年支出	上解上级支出	计划单列市上解省支出	政府调剂资金	
辽阳市小计	**33879**	**30789**	**2996**	**94**		**27253**	**23046**			**4207**	**6626**
本级	28077	21984	5999	94		17355	16068			1287	10722
区县级小计	5802	8805	－3003			9898	6978			2920	－4096
辽阳县	2544	2450	94			2450	2266			184	94
灯塔市	－3527	3339	－6866			3213	3213				－6740
太子河区	374	164	210			153	153				221
弓长岭区	2079	1302	777			1721	1021			700	358
白塔区	776	293	483			230	230				546
文圣区	311		311								311
宏伟区	3245	1257	1988			2131	95			2036	1114
铁岭市小计	**90512**	**71104**	**19308**	**100**		**65673**	**63878**			**1795**	**24839**
本级	48749	39716	8933	100		36437	35182			1255	12312
区县级小计	41763	31388	10375			29236	28696			540	12527
铁岭县	3743	3330	413			3310	3168			142	433
开原市	8241	6882	1359			6332	6219			113	1909
昌图县	14877	12045	2832			11716	11486			230	3161
西丰县	3334	1896	1438			1777	1777				1557
调兵山市	7189	3904	3285			3096	3096				4093
银州区	2119	1597	522			1383	1383				736
清河区	1582	1461	121			1269	1214			55	313
开发区	678	273	405			353	353				325
朝阳市小计	**59134**	**54369**	**4655**	**110**		**44505**	**41205**			**3300**	**14629**
本级	29592	23669	5813	110		21199	17899			3300	8393
区县级小计	29542	30700	－1158			23306	23306				6236
北票市	6080	5190	890			5068	5068				1012
朝阳县	1579	1518	61			1505	1505				74
凌源市	11814	11755	59			7185	7185				4629
建平县	4797	4797				4797	4797				
喀左县	3215	3182	33			3182	3182				33
双塔区	1490	1200	290			1228	1228				262
龙城区	379	3012	－2633			241	241				138
开发区	188	46	142			100	100				88
盘锦市小计	**32574**	**26130**	**6357**	**87**		**26153**	**24828**			**1325**	**6421**
本级	20916	18737	3245	－1066		17293	16713			580	3623
区县级小计	11658	7393	3112	1153		8860	8115			745	2798
盘山县	2436	2033		403		2436	2384			52	

4－6－13　　单位:万元

地区	收支部分									
	收入					支出				
	收入合计	彩票资金收入	行政事业性收费收入	国有资源（资产）有偿使用收入	其他收入	支出合计	一般公共服务	外交	国防	公共安全
大洼县	4732		4561	171		5034	960			7
双台子区	290		290			340	78			
兴隆台区	338		77		261	357	20			
葫芦岛市小计	**46873**	**3217**	**24772**	**5898**	**12986**	**40066**	**12820**			**83**
本级	15447	3217	8466	3561	203	13676	1840			
区县级小计	31426		16306	2337	12783	26390	10980			83
兴城市	12074		6582	1123	4369	9954	3271			82
绥中县	5309		3304	973	1032	4057	72			1
建昌县	3910		3878	32		2063	65			
连山区	8739		1716	199	6824	8905	6987			
南票区	438		69		369	460	391			
龙港区	956		757	10	189	951	194			

4－6 14

单位:万元

地区	收支部分										
	支出										
	教育	科学技术	文化体育与传媒	社会保障和就业	医疗卫生	环境保护	城乡社区事务	农林水事务	交通运输	工业、商业、金融等事务	其他支出
大洼县	1060		335	453	190	16	5	1919	89		
双台子区	133			19				53	57		
兴隆台区	74			4							259
葫芦岛市小计	**15499**		**3257**	**1469**	**130**		**1484**	**1892**	**2770**	**33**	**629**
本级	7912		943	598			71		2312		
区县级小计	7587		2314	871	130		1413	1892	458	33	629
兴城市	1900		1013	220	109		1412	842	458	22	625
绥中县	2454		349	126				1040		11	4
建昌县	1953		34	11							
连山区	679		742	466	21			10			
南票区	49			19			1				
龙港区	552		176	29							

4－6－15

单位:万元

地区	平衡部分										
	收入					支出					年终结余
	收入合计	本年收入	上年结余	补助收入	省补助计划单列市收入	支出合计	本年支出	上解上级支出	计划单列市上解省支出	政府调剂资金	
大洼县	6785	4732	1373	680		5727	5034			693	1058
双台子区	340	290		50		340	340				
兴隆台区	2097	338	1739	20		357	357				1740
葫芦岛市小计	**39564**	**46873**	**－7414**	**105**		**43573**	**40066**			**3507**	**－4009**
本级	16073	15447	1279	－653		13947	13676			271	2126
区县级小计	23491	31426	－8693	758		29626	26390			3236	－6135
兴城市	12531	12074	29	428		9954	9954				2577
绥中县	3449	5309	－1932	72		5381	4057			1324	－1932
建昌县	－1176	3910	－5151	65		3975	2063			1912	－5151
连山区	4118	8739	－4787	166		8905	8905				－4787
南票区	553	438	93	22		460	460				93
龙港区	4016	956	3055	5		951	951				3065

2007 年吉林省地市县财政预算外收支平衡表

4－7－1　　　　　　　　　　　　　　　　　　　　　　　　单位:万元

地区	收支部分									
	收入					支出				
	收入合计	彩票资金收入	行政事业性收费收入	国有资源（资产）有偿使用收入	其他收入	支出合计	一般公共服务	外交	国防	公共安全
地市县合计	**437603**	**8050**	**397647**	**7560**	**24346**	**432308**	**27245**		**1173**	**5373**
长春市小计	**170859**	**3073**	**161793**	**1087**	**4906**	**164972**	**6197**			**1109**
本级	107751	3073	100079	803	3796	107208	2302			369
区县级小计	63108		61714	284	1110	57764	3895			740
榆树市	8517		8412		105	9334	29			
德惠市	4385		4371	14		4819	155			19
农安县	4108		4108			4268	15			
九台市	4927		4534	59	334	4164				
南关区	6018		5926		92	5043	522			
宽城区	4472		4441	31		4840	89			70
朝阳区	10256		9880	73	303	5524	1288			1
二道区	9883		9865	17	1	10028	14			
绿园区	3597		3232	90	275	3575	371			
双阳区	6945		6945			6169	1412			650
吉林市小计	**88708**	**1616**	**66319**	**4958**	**15815**	**83039**	**7732**			**1282**
本级	52988	1616	33859	4717	12796	46095	2843			164
区县级小计	35720		32460	241	3019	36944	4889			1118
永吉县	4050		3779	124	147	4219	15			
蛟河市	10562		10351	32	179	11592	3574			298
舒兰市	5327		4474	18	835	6054	109			174
磐石市	2897		2897			3263	21			500
桦甸市	4637		3940		697	5034	121			87
昌邑区	2329		2141		188	920	335			
船营区	2681		1820	67	794	2613	491			8
丰满区	1335		1329		6	1393	27			
龙潭区	1902		1729		173	1856	196			51
四平市小计	**35381**	**554**	**33599**	**986**	**242**	**36808**	**2617**		**393**	**938**
本级	19106	554	18431	121		19185	1109		393	365
区县级小计	16275		15168	865	242	17623	1508			573
梨树县	3046		3046			3160	97			32
双辽市	2782		2312	470		3404	791			16
伊通县	2770		2134	394	242	3170	500			
公主岭市	4823		4823			5171	37			
铁东区	1521		1521			1466	44			261
铁西区	1333		1332	1		1252	39			264
辽源市小计	**3951**	**351**	**3592**	**8**		**5593**	**283**			**27**

4－7－2

单位：万元

地区	收支部分 支出 教育	科学技术	文化体育与传媒	社会保障和就业	医疗卫生	环境保护	城乡社区事务	农林水事务	交通运输	工业、商业、金融等事务	其他支出
地市县合计	**181795**	**100**	**29809**	**39607**	**23447**	**376**	**53689**	**12913**	**49839**	**2591**	**4351**
长春市小计	**79553**	**4**	**16560**	**9268**	**4771**	**24**	**33840**	**2201**	**7133**	**1446**	**2866**
本级	38756		15296	5409	3401		32042	89	6571	342	2631
区县级小计	40797	4	1264	3859	1370	24	1798	2112	562	1104	235
榆树市	7440		705	1126			34				
德惠市	3084		130	453	628			270	80		
农安县	2455		196	1096	54		139	277	12	24	
九台市	2672		119	159	124		1	1089			
南关区	4067			78			376				
宽城区	3545		5	48			44	20		1010	9
朝阳区	3786		4	71	278		73	12		10	1
二道区	9214			46	1		526	2			225
绿园区	2671		3	245	163		122				
双阳区	1863	4	102	537	122	24	483	442	470	60	
吉林市小计	**32844**		**6781**	**10040**	**6395**	**118**	**5587**	**3565**	**8223**	**388**	**84**
本级	20238		4681	6488	3182	96	4175	483	3429	316	
区县级小计	12606		2100	3552	3213	22	1412	3082	4794	72	84
永吉县	2575		158	345	284			219	623		
蛟河市	2036		1611	825	305	22	574	489	1778	24	56
舒兰市	1771		113	867	197		310	664	1801	48	
磐石市	1400			366				976			
桦甸市	2439		202	452	725		203	397	403		5
昌邑区			2	50	226		217	90			
船营区	1184		8	298	422		41	5	133		23
丰满区	700		3	159	427		21		56		
龙潭区	501		3	190	627		46	242			
四平市小计	**15620**	**40**	**409**	**4693**	**2395**	**49**	**1514**	**1660**	**6453**	**12**	**15**
本级	7048	40	6	1527	1529	48	334	548	6235	3	
区县级小计	8572		403	3166	866	1	1180	1112	218	9	15
梨树县	1515			773	381		145	203			14
双辽市	1451		322	202	194	1	375	43		9	
伊通县	1448		78	847	62		1	234			
公主岭市	2776			1156	184		272	528	218		
铁东区	807		3	70	5		213	63			
铁西区	575			118	40		174	41			1
辽源市小计	**1333**		**28**	**1244**	**202**		**8**	**582**	**928**	**16**	**942**

4－7－3 单位:万元

地区	平衡部分										
	收入					支出					
	收入合计	本年收入	上年结余	补助收入	省补助计划单列市收入	支出合计	本年支出	上解上级支出	计划单列市上解省支出	政府调剂资金	年终结余
地市县合计	**572911**	**437603**	**111435**	**23873**		**449766**	**432308**			**17458**	**123145**
长春市小计	**243702**	**170859**	**64615**	**8228**		**174296**	**164972**			**9324**	**69406**
本级	161295	107751	50175	3369		108629	107208			1421	52666
区县级小计	82407	63108	14440	4859		65667	57764			7903	16740
榆树市	9955	8517	313	1125		9494	9334			160	461
德惠市	5029	4385		644		4889	4819			70	140
农安县	5495	4108	704	683		4518	4268			250	977
九台市	6273	4927	803	543		4164	4164				2109
南关区	7229	6018	1158	53		5803	5043			760	1426
宽城区	6499	4472	1240	787		5388	4840			548	1111
朝阳区	16984	10256	6547	181		11417	5524			5893	5567
二道区	11650	9883	1658	109		10038	10028			10	1612
绿园区	4400	3597	662	141		3647	3575			72	753
双阳区	8893	6945	1355	593		6309	6169			140	2584
吉林市小计	**114147**	**88708**	**21225**	**4214**		**86464**	**83039**			**3425**	**27683**
本级	70628	52988	15867	1773		47449	46095			1354	23179
区县级小计	43519	35720	5358	2441		39015	36944			2071	4504
永吉县	4695	4050	359	286		4219	4219				476
蛟河市	12132	10562	1334	236		11592	11592				540
舒兰市	7301	5327	1386	588		6334	6054			280	967
磐石市	3343	2897	80	366		3263	3263				80
桦甸市	5636	4637	671	328		5191	5034			157	445
昌邑区	2916	2329	435	152		2399	920			1479	517
船营区	3129	2681	277	171		2768	2613			155	361
丰满区	1808	1335	322	151		1393	1393				415
龙潭区	2559	1902	494	163		1856	1856				703
四平市小计	**44625**	**35381**	**6884**	**2360**		**37585**	**36808**			**777**	**7040**
本级	25147	19106	5385	656		19618	19185			433	5529
区县级小计	19478	16275	1499	1704		17967	17623			344	1511
梨树县	3391	3046		345		3160	3160				231
双辽市	3535	2782	466	287		3404	3404				131
伊通县	3620	2770	390	460		3187	3170			17	433
公主岭市	6078	4823	643	612		5362	5171			191	716
铁东区	1521	1521				1521	1466			55	
铁西区	1333	1333				1333	1252			81	
辽源市小计	**5850**	**3951**	**1157**	**742**		**5595**	**5593**			**2**	**255**

四、各省、自治区、直辖市地市县预算外财政资料

4－7－4

单位:万元

地区	收支部分									
	收入					支出				
	收入合计	彩票资金收入	行政事业性收费收入	国有资源(资产)有偿使用收入	其他收入	支出合计	一般公共服务	外交	国防	公共安全
本级	748	351	389	8		1175	135			5
区县级小计	3203		3203			4418	148			22
东丰县	2602		2602			3193	16			21
东辽县	394		394			603				
龙山区	146		146			366	125			1
西安区	61		61			256	7			
通化市小计	**27817**		**26730**	**79**	**1008**	**28767**	**1166**		**63**	**460**
本级	6642		6459	67	116	6327	142		63	43
区县级小计	21175		20271	12	892	22440	1024			417
通化县	3317		3082		235	3390	32			
集安市	4109		3452		657	4193	197			14
柳河县	3716		3716			3671	337			317
辉南县	1784		1782	2		2032	7			
梅河口市	7045		7035	10		8038	184			46
东昌区	421		421			421				33
二道江区	783		783			695	267			7
白山市小计	**18804**	**284**	**18408**	**5**	**107**	**18377**	**909**			**310**
本级	7068	284	6784			5901	448			160
区县级小计	11736		11624	5	107	12476	461			150
抚松县	2338		2323	5	10	2246	82			27
靖宇县	3713		3626		87	3845	179			36
长白县	1828		1828			2212	74			17
临江市	1559		1559			1664	36			31
江源区	2298		2288		10	2509	90			39
八道江区										
白城市小计	**22443**		**22335**	**108**		**23564**	**310**			**180**
本级	13211		13211			13669	15			
区县级小计	9232		9124	108		9895	295			180
洮南市	2093		2093			2182	173			128
大安市	1350		1350			1579	12			52
镇赉县	1792		1792			2017				
通榆县	2074		1966	108		2367	35			
洮北区	1923		1923			1750	75			
松原市小计	**31338**	**1491**	**29277**	**301**	**269**	**31027**	**3015**			**316**
本级	19960	1491	18445		24	19360	2310			103
区县级小计	11378		10832	301	245	11667	705			213

4－7－5　　　　　　　　　　　　　　　　　　　　　　　　　　　　　　单位:万元

地区	收支部分										
	支出										
	教育	科学技术	文化体育与传媒	社会保障和就业	医疗卫生	环境保护	城乡社区事务	农林水事务	交通运输	工业、商业、金融等事务	其他支出
本级			27						66		942
区县级小计	1333		1	1244	202		8	582	862	16	
东丰县	1047			630	195		5	562	717		
东辽县	252			189			1	5	145	11	
龙山区	34			197			2	2		5	
西安区			1	228	7			13			
通化市小计	**11348**	**5**	**1249**	**3679**	**1267**	**164**	**2545**	**1185**	**5404**	**82**	**150**
本级	4095			494	697		708	78	7		
区县级小计	7253	5	1249	3185	570	164	1837	1107	5397	82	150
通化县	1167		3	317	43		100	29	1661		38
集安市	1542	5	399	559	155		43	449	830		
柳河县	1238		6	386	77	126	257	370	557		
辉南县	1084		40	376	37			30	447	11	
梅河口市	1770		798	1476	246		1299	137	1900	70	112
东昌区	334		1	10		1	2	40			
二道江区	118		2	61	12	37	136	52	2	1	
白山市小计	**3654**		**517**	**2201**	**3049**	**17**	**578**	**480**	**6398**	**264**	
本级	879		134	795	100		446	28	2691	220	
区县级小计	2775		383	1406	2949	17	132	452	3707	44	
抚松县	614		4	160	99			32	1228		
靖宇县	401		69	268	1943		10	36	903		
长白县	378		134	573	101	17	112	73	727	6	
临江市	791		176	152	9		2	1	466		
江源区	591			253	797		8	310	383	38	
八道江区											
白城市小计	**9514**		**135**	**1927**	**3118**	**4**	**418**	**1280**	**6482**	**196**	
本级	4638			472	2428		8		6108		
区县级小计	4876		135	1455	690	4	410	1280	374	196	
洮南市	964			180	185	4	90	387	70	1	
大安市	714		1	315	95		30	356	4		
镇赉县	1192			345	180				300		
通榆县	1014		108	482	171			362		195	
洮北区	992		26	133	59		290	175			
松原市小计	**11011**		**2370**	**4699**	**1140**		**2326**	**1535**	**4519**	**93**	**3**
本级	4932		1025	2342	1006		2003	1294	4323	22	
区县级小计	6079		1345	2357	134		323	241	196	71	3

4－7－6　　　　　　　　　　　　　　　　　　　　　　　　　　　　单位：万元

地区	平衡部分										
	收入					支出					年终结余
	收入合计	本年收入	上年结余	补助收入	省补助计划单列市收入	支出合计	本年支出	上解上级支出	计划单列市上解省支出	政府调剂资金	
本级	1294	748	610	－64		1175	1175				119
区县级小计	4556	3203	547	806		4420	4418			2	136
东丰县	3202	2602	350	250		3193	3193				9
东辽县	702	394	167	141		603	603				99
龙山区	366	146		220		366	366				
西安区	286	61	30	195		258	256			2	28
通化市小计	**33445**	**27817**	**4103**	**1525**		**29098**	**28767**			**331**	**4347**
本级	8501	6642	1463	396		6427	6327			100	2074
区县级小计	24944	21175	2640	1129		22671	22440			231	2273
通化县	4122	3317	665	140		3430	3390			40	692
集安市	4869	4109	587	173		4282	4193			89	587
柳河县	4009	3716	62	231		3671	3671				338
辉南县	2543	1784	512	247		2032	2032				511
梅河口市	8123	7045	740	338		8052	8038			14	71
东昌区	495	421	74			421	421				74
二道江区	783	783				783	695			88	
白山市小计	**22335**	**18804**	**2244**	**1287**		**18529**	**18377**			**152**	**3806**
本级	8766	7068	1305	393		5931	5901			30	2835
区县级小计	13569	11736	939	894		12598	12476			122	971
抚松县	2695	2338	165	192		2285	2246			39	410
靖宇县	3897	3713	109	75		3845	3845				52
长白县	2702	1828	430	444		2295	2212			83	407
临江市	1706	1559	42	105		1664	1664				42
江源区	2569	2298	193	78		2509	2509				60
八道江区											
白城市小计	**25212**	**22443**	**1222**	**1547**		**24631**	**23564**			**1067**	**581**
本级	14698	13211	919	568		14369	13669			700	329
区县级小计	10514	9232	303	979		10262	9895			367	252
洮南市	2359	2093	62	204		2292	2182			110	67
大安市	1683	1350	104	229		1663	1579			84	20
镇赉县	2017	1792		225		2017	2017				
通榆县	2532	2074	137	321		2367	2367				165
洮北区	1923	1923				1923	1750			173	
松原市小计	**35657**	**31338**	**2206**	**2113**		**31693**	**31027**			**666**	**3964**
本级	22745	19960	1737	1048		19773	19360			413	2972
区县级小计	12912	11378	469	1065		11920	11667			253	992

4－7－7　　　　单位:万元

地区	收支部分									
	收入					支出				
	收入合计	彩票资金收入	行政事业性收费收入	国有资源（资产）有偿使用收入	其他收入	支出合计	一般公共服务	外交	国防	公共安全
前郭县	4168		4053	115		4230	469			21
长岭县	2866		2494	182	190	2872	178			163
乾安县	895		837	3	55	878	58			29
扶余县	1898		1897	1		2136				
宁江区	1551		1551			1551				
延边朝鲜族自治州小计	**36168**	**681**	**34981**	**28**	**478**	**39802**	**4996**		**717**	**751**
本级	5961	471	5490			9381	2284			106
区县级小计	30207	210	29491	28	478	30421	2712		717	645
延吉市	9460		9432	28		9561	471		717	403
图们市	253		253			419	156			3
龙井市	2518		2518			2536	179			9
和龙市	2327		2252		75	2060	161			219
汪清县	3270	210	3060			3270	405			11
安图县	2501		2501			2616	251			
珲春市	3997		3594		403	4200	846			
敦化市	5881		5881			5759	243			
长白山管委会小计	**2134**		**613**		**1521**	**359**	**20**			
本级	2134		613		1521	359	20			

4－7－8

单位:万元

地区	收支部分										
	支出										
	教育	科学技术	文化体育与传媒	社会保障和就业	医疗卫生	环境保护	城乡社区事务	农林水事务	交通运输	工业、商业、金融等事务	其他支出
前郭县	1464		683	992	68		216	88	196	33	
长岭县	1435		662	320	61			51		2	
乾安县	474			219	5		40	44		6	3
扶余县	1565			458			67	31		15	
宁江区	1141			368				27		15	
延边朝鲜族自治州小计	**16622**	**36**	**1759**	**1856**	**1110**		**6847**	**425**	**4299**	**94**	**290**
本级	6313		101	40	439		5	44	43	6	
区县级小计	10309	36	1658	1816	671		6842	381	4256	88	290
延吉市	2893		64	683	48		4164	82			36
图们市	127		11	18	39		60	4	1		
龙井市	1204		327	186			324		267	1	39
和龙市	604		12	95	68		347	64	430		60
汪清县	908		190		49		490		1217		
安图县	675		324	145	90		258	75	741	2	55
珲春市	1067	36	543	164	331		656	136	242	79	100
敦化市	2831		187	525	46		543	20	1358	6	
长白山管委会小计	**296**	**15**	**1**				**26**				**1**
本级	296	15	1				26				1

4－7－9

单位:万元

地区	平衡部分										
	收入					支出					
	收入合计	本年收入	上年结余	补助收入	省补助计划单列市收入	支出合计	本年支出	上解上级支出	计划单列市上解省支出	政府调剂资金	年终结余
前郭县	4687	4168	119	400		4230	4230				457
长岭县	3081	2866	36	179		2872	2872				209
乾安县	1205	895	63	247		888	878			10	317
扶余县	2137	1898		239		2136	2136				1
宁江区	1802	1551	251			1794	1551			243	8
延边朝鲜族自治州小计	**45804**	**36168**	**7779**	**1857**		**40016**	**39802**			**214**	**5788**
本级	10297	5961	3705	631		9395	9381			14	902
区县级小计	35507	30207	4074	1226		30621	30421			200	4886
延吉市	11257	9460	1548	249		9561	9561				1696
图们市	463	253	142	68		419	419				44
龙井市	3162	2518	543	101		2536	2536				626
和龙市	2980	2327	513	140		2060	2060				920
汪清县	3890	3270	422	198		3270	3270				620
安图县	2623	2501	7	115		2616	2616				7
珲春市	4547	3997	407	143		4400	4200			200	147
敦化市	6585	5881	492	212		5759	5759				826
长白山管委会小计	**2134**	**2134**				**1859**	**359**			**1500**	**275**
本级	2134	2134				1859	359			1500	275

2007 年黑龙江省地市县财政预算外收支平衡表

4－8－1

单位：万元

地区	收支部分									
	收入					支出				
	收入合计	彩票资金收入	行政事业性收费收入	国有资源（资产）有偿使用收入	其他收入	支出合计	一般公共服务	外交	国防	公共安全
地市县合计	**612984**	**4076**	**562655**	**10569**	**35684**	**632826**	**62468**		**5605**	**15176**
哈尔滨市小计	**257573**	**2247**	**230632**	**7255**	**17439**	**276914**	**14200**		**5002**	**1515**
本级	178420	2247	164926	6695	4552	198280	9210		5000	728
区县级小计	79153		65706	560	12887	78634	4990		2	787
阿城市	2416		2416			2968				
宾县	2330		2215	115		2744	225			12
方正县	450		450			539	89			
依兰县	2027		2027			2119	116			83
巴彦县	1765		1765			2401	160		2	
木兰县	557		557			637	17			
通河县	1209		1209			1600				
延寿县	752		752			869	9			
双城市	7666		6570		1096	7101	545			
五常市	2627		2570	36	21	2829	126			27
尚志市	4265		4262	3		4647	904			39
道里区	10432		9786		646	10399	1613			309
南岗区	16176		15027		1149	14348	390			264
道外区	10240		7408	116	2716	8755	215			17
平房区	2013		1929		84	2014				36
松北区	543		532	11		260	3			
香坊区	11118		3994	241	6883	12183	248			
呼兰区	2567		2237	38	292	2221	330			
齐齐哈尔市小计	**53530**		**53199**	**159**	**172**	**51209**	**4033**			**1299**
本级	33546		33546			32036	2700			1213
区县级小计	19984		19653	159	172	19173	1333			86
龙江县	2678		2506		172	2455	52			1
讷河县	665		665			665				
依安县	1985		1985			1803	11			2
泰来县	2328		2328			1976	250			1
甘南县	1269		1118	151		1272	190			5
富裕县	852		850	2		1048	355			3
克山县	677		677			677				
克东县	1122		1120	2		1285	312			45
拜泉县	904		904			1002	147			29
龙沙区	1225		1221	4		1313	2			
建华区	1442		1442			1369				

4－8－2

单位:万元

地区	收支部分										
	支出										
	教育	科学技术	文化体育与传媒	社会保障和就业	医疗卫生	环境保护	城乡社区事务	农林水事务	交通运输	工业、商业、金融等事务	其他支出
地市县合计	**201729**	**697**	**35719**	**43736**	**18383**	**484**	**169904**	**20450**	**47664**	**5750**	**5061**
哈尔滨市小计	**81393**	**597**	**20013**	**17415**	**10398**	**3**	**112882**	**5177**	**5562**	**1846**	**911**
本级	33558	597	18640	10460	7906		101318	3345	4952	1710	856
区县级小计	47835		1373	6955	2492	3	11564	1832	610	136	55
阿城市	1675		59	1071	95			68			
宾县	1363		73	430	332		270	12			27
方正县	316							134			
依兰县	757		449	421	29		243	21			
巴彦县	1068		34	788	33		234	82			
木兰县	348		25	84			76	87			
通河县	234		177	329	843			17			
延寿县	319		17	291			92	135	6		
双城市	3062		163	29	131	3	2420	671		49	28
五常市	1249		63	696	87		481	79		21	
尚志市	2336		13	354	34		181	121	600	65	
道里区	4445		21	159	259		3300	292		1	
南岗区	10650		106	1688	128		1122				
道外区	6996		68	343	2		1067	43	4		
平房区	1735		62	50	65		66				
松北区	207			24				26			
香坊区	9829		2	21	451		1632				
呼兰区	1246		41	177	3		380	44			
齐齐哈尔市小计	**19155**	**64**	**3012**	**2352**	**1821**		**11788**	**979**	**6556**	**32**	**118**
本级	9845	62	30	1410	1246		8600	816	6101	13	
区县级小计	9310	2	2982	942	575		3188	163	455	19	118
龙江县	1475	2	44	233			187		328	15	118
讷河县	491		174								
依安县	794		569	36	168		221	2			
泰来县	422		733	142	48		234	25	121		
甘南县	744			152	55		126				
富裕县	567			74	1		18	30			
克山县	302		375								
克东县	574		217	33	11		90	3			
拜泉县	562		61	42			150	1	6	4	
龙沙区	874			9	120		259	49			
建华区	1073				112		184				

四、各省、自治区、直辖市地市县预算外财政资料

4－8－3　　　　单位:万元

地区	平衡部分										
	收入					支出					年终结余
	收入合计	本年收入	上年结余	补助收入	省补助计划单列市收入	支出合计	本年支出	上解上级支出	计划单列市上解省支出	政府调剂资金	
地市县合计	**895324**	**612984**	**230170**	**52170**		**637512**	**632826**			**4686**	**257812**
哈尔滨市小计	**414430**	**257573**	**141273**	**15584**		**277159**	**276914**			**245**	**137271**
本级	311504	178420	124147	8937		198280	198280				113224
区县级小计	102926	79153	17126	6647		78879	78634			245	24047
阿城市	3269	2416	202	651		2968	2968				301
宾县	3314	2330	246	738		2744	2744				570
方正县	539	450		89		539	539				
依兰县	2249	2027	26	196		2119	2119				130
巴彦县	2401	1765	54	582		2401	2401				
木兰县	956	557	225	174		637	637				319
通河县	1600	1209	21	370		1600	1600				
延寿县	869	752		117		869	869				
双城市	8626	7666	472	488		7101	7101				1525
五常市	5274	2627	1619	1028		2829	2829				2445
尚志市	5015	4265	74	676		4647	4647				368
道里区	13866	10432	2401	1033		10399	10399				3467
南岗区	19302	16176	2845	281		14348	14348				4954
道外区	14395	10240	4149	6		8755	8755				5640
平房区	2731	2013	717	1		2014	2014				717
松北区	617	543	65	9		260	260				357
香坊区	14614	11118	3492	4		12183	12183				2431
呼兰区	3289	2567	518	204		2466	2221			245	823
齐齐哈尔市小计	**70726**	**53530**	**12878**	**4318**		**51209**	**51209**				**19517**
本级	44013	33546	7921	2546		32036	32036				11977
区县级小计	26713	19984	4957	1772		19173	19173				7540
龙江县	2977	2678	185	114		2455	2455				522
讷河县	893	665		228		665	665				228
依安县	2379	1985	292	102		1803	1803				576
泰来县	3185	2328	683	174		1976	1976				1209
甘南县	1610	1269	189	152		1272	1272				338
富裕县	1999	852	933	214		1048	1048				951
克山县	830	677	10	143		677	677				153
克东县	1640	1122	292	226		1285	1285				355
拜泉县	1342	904	376	62		1002	1002				340
龙沙区	1505	1225	218	62		1313	1313				192
建华区	1655	1442	190	23		1369	1369				286

4－8－4

单位:万元

地区	收支部分									
	收入					支出				
	收入合计	彩票资金收入	行政事业性收费收入	国有资源(资产)有偿使用收入	其他收入	支出合计	一般公共服务	外交	国防	公共安全
铁锋区	602		602			588				
富拉尔基区	2692		2692			2319				
昂昂溪区	538		538			429				
梅里斯达斡尔族区	406		406			405				
碾子山区	599		599			567	14			
牡丹江市小计	**56248**	**534**	**44179**	**2054**	**9481**	**57143**	**8605**			**360**
本级	37658	534	25620	2047	9457	38127	6341			261
区县级小计	18590		18559	7	24	19016	2264			99
林口县	2880		2880			2992	272			31
穆棱市	1672		1672			1855	280			6
东宁县	1992		1992			1984	224			53
宁安县	4556		4556			4774	498			
海林市	2530		2522		8	2909	478			5
绥芬河市	3899		3898		1	3645	480			4
东安区	261		246		15	261				
西安区	402		402			258	32			
爱民区	291		284	7		208				
阳明区	107		107			130				
佳木斯市小计	**30457**	**51**	**30385**	**21**		**28920**	**1487**			**584**
本级	23595		23574	21		21031	684			537
区县级小计	6862	51	6811			7889	803			47
桦南县	1350		1350			1542				
桦川县	892	51	841			1110	341			5
汤原县	208		208			539				
抚远县	1458		1458			1455	332			36
富锦市	767		767			929	6			
同江市	110		110			275	25			6
东风区	79		79			79	5			
前进区	486		486			448	49			
向阳区	124		124			124				
郊区	1388		1388			1388	45			
鸡西市小计	**39764**	**319**	**39240**	**205**		**40415**	**3657**		**508**	**812**
本级	28475	319	27979	177		29529	2313		508	311
区县级小计	11289		11261	28		10886	1344			501
鸡东县	2772		2772			2766	92			294
密山市	1420		1420			1776	356			

4-8-5

单位:万元

地区	收支部分									
	支出									
	教育	科学技术	文化体育与传媒	社会保障和就业	医疗卫生	环境保护	城乡社区事务	农林水事务	交通运输	工业、商业、金融等事务	其他支出
铁锋区	412				8		168				
富拉尔基区	521		343	109			1346				
昂昂溪区	152		176		27		74				
梅里斯达斡尔族区	150		29	69	3		104	50			
碾子山区	197		261	43	22		27	3			
牡丹江市小计	**20280**	**35**	**2975**	**5455**	**641**	**29**	**12371**	**650**	**4935**	**273**	**534**
本级	14718	35	1447	1418	561	8	10048	87	2439	230	534
区县级小计	5562		1528	4037	80	21	2323	563	2496	43	
林口县	894		368	48			94	35	1250		
穆棱市	454		2	1006			44	63			
东宁县	678			233	17		610	166		3	
宁安县	1091			2342			154	258	431		
海林市	993			312	25		250	31	811	4	
绥芬河市	829		1158	94	28		1002	10	4	36	
东安区	185						76				
西安区	181				10		35				
爱民区	162					21	25				
阳明区	95			2			33				
佳木斯市小计	**9087**		**1571**	**3743**	**458**	**96**	**4997**	**1006**	**5362**	**292**	**237**
本级	6488		1255	2643	192	34	3949	334	4695	38	182
区县级小计	2599		316	1100	266	62	1048	672	667	254	55
桦南县	793		149	243			134	168			55
桦川县	463			95			153	53			
汤原县	115		19	201	117		56	31			
抚远县	110		17	44	14	17	175	167	289	254	
富锦市	353		30	287	4	43	203	3			
同江市	10		93	92	7		20	22			
东风区	41				31	2					
前进区	331			3	40		25				
向阳区	124										
郊区	259		8	135	53		282	228	378		
鸡西市小计	**15124**		**1442**	**2055**	**336**		**7465**	**925**	**7130**	**961**	
本级	11935		986	1547	117		6402	445	4042	923	
区县级小计	3189		456	508	219		1063	480	3088	38	
鸡东县	592		56	165	98		267	66	1136		
密山市	656								764		

4-8-6　　单位:万元

地区	平衡部分										
	收入					支出					
	收入合计	本年收入	上年结余	补助收入	省补助计划单列市收入	支出合计	本年支出	上解上级支出	计划单列市上解省支出	政府调剂资金	年终结余
铁锋区	763	602	24	137		588	588				175
富拉尔基区	4004	2692	1230	82		2319	2319				1685
昂昂溪区	770	538	203	29		429	429				341
梅里斯达斡尔族区	482	406	71	5		405	405				77
碾子山区	679	599	61	19		567	567				112
牡丹江市小计	**75037**	**56248**	**13579**	**5210**		**57323**	**57143**			**180**	**17714**
本级	51139	37658	9876	3605		38127	38127				13012
区县级小计	23898	18590	3703	1605		19196	19016			180	4702
林口县	3253	2880	20	353		3142	2992			150	111
穆棱市	1948	1672		276		1855	1855				93
东宁县	2753	1992	659	102		1984	1984				769
宁安县	5139	4556	239	344		4774	4774				365
海林市	4609	2530	1804	275		2909	2909				1700
绥芬河市	4746	3899	592	255		3645	3645				1101
东安区	304	261	43			261	261				43
西安区	679	402	277			258	258				421
爱民区	297	291	6			238	208			30	59
阳明区	170	107	63			130	130				40
佳木斯市小计	**38075**	**30457**	**3832**	**3786**		**32702**	**28920**			**3782**	**5373**
本级	29894	23595	3751	2548		24703	21031			3672	5191
区县级小计	8181	6862	81	1238		7999	7889			110	182
桦南县	1652	1350		302		1652	1542			110	
桦川县	1110	892		218		1110	1110				
汤原县	539	208		331		539	539				
抚远县	1532	1458	14	60		1455	1455				77
富锦市	929	767		162		929	929				
同江市	294	110	19	165		275	275				19
东风区	79	79				79	79				
前进区	509	486	23			448	448				61
向阳区	124	124				124	124				
郊区	1413	1388	25			1388	1388				25
鸡西市小计	**49953**	**39764**	**7566**	**2623**		**40415**	**40415**				**9538**
本级	37304	28475	7063	1766		29529	29529				7775
区县级小计	12649	11289	503	857		10886	10886				1763
鸡东县	3115	2772	84	259		2766	2766				349
密山市	1776	1420		356		1776	1776				

四、各省、自治区、直辖市地市县预算外财政资料

4－8－7　　单位：万元

地区	收支部分								
	收入					支出			
	收入合计	彩票资金收入	行政事业性收费收入	国有资源（资产）有偿使用收入	其他收入	支出合计	一般公共服务	外交	国防	公共安全
虎林市	4708		4708			3955	289			28
鸡冠区	543		515	28		543	28			
恒山区	730		730			730	544			58
滴道区	170		170			170				
城子河区	438		438			438				90
梨树区	310		310			310	35			26
麻山区	198		198			198				5
鹤岗市小计	**14379**		**14087**	**30**	**262**	**17083**	**1225**			**695**
本级	12116		11876	30	210	14493	899			490
区县级小计	2263		2211		52	2590	326			205
萝北县	1219		1167		52	1433	156			2
绥滨县	520		520			633	18			40
南山区	93		93			93				
向阳区	5		5			5	1			
工农区	181		181			181				163
兴山区	35		35			35				
东山区	210		210			210	151			
兴安区										
双鸭山市小计	**7510**		**7510**			**8771**	**550**			
本级	1881		1881			2706				
区县级小计	5629		5629			6065	550			
集贤县	1490		1490			1564	454			
宝清县	1756		1756			1865				
友谊县	1677		1677			1850				
饶河县	706		706			786	96			
尖山区										
岭东区										
四方台区										
宝山区										
七台河市小计	**13412**		**13412**			**14260**	**1631**		**34**	**864**
本级	11116		11116			11580	1166		34	809
区县级小计	2296		2296			2680	465			55
勃利县	1302		1302			1706	405			12
新兴区	381		381			361	60			43
桃山区	260		260			260				
茄子河区	353		353			353				

4－8－8　　　　单位:万元

地区	收支部分										
	支出										
	教育	科学技术	文化体育与传媒	社会保障和就业	医疗卫生	环境保护	城乡社区事务	农林水事务	交通运输	工业、商业、金融等事务	其他支出
虎林市	731		400	324	90		486	381	1188	38	
鸡冠区	515										
恒山区	110				10		8				
滴道区	170										
城子河区	124			16	14		194				
梨树区	221			3	7		15	3			
麻山区	70						93	30			
鹤岗市小计	**5773**		**1558**	**2836**	**484**		**2652**	**418**	**396**	**1013**	**33**
本级	5188		1486	2423	319		2277	169	206	1003	33
区县级小计	585		72	413	165		375	249	190	10	
萝北县	292		65	264	64		160	237	190	3	
绥滨县	293		7	149	68		39	12		7	
南山区					7		86				
向阳区					4						
工农区					18						
兴山区					2		33				
东山区					2		57				
兴安区											
双鸭山市小计	**2860**		**979**	**1412**	**105**		**366**	**40**	**2459**		
本级	1881			825							
区县级小计	979		979	587	105		366	40	2459		
集贤县	246				46		28		790		
宝清县	377		580	223			197		488		
友谊县	147		285	237					1181		
饶河县	209		114	127	59		141	40			
尖山区											
岭东区											
四方台区											
宝山区											
七台河市小计	**3559**		**255**	**1265**	**303**		**295**	**61**	**5382**	**611**	
本级	2982			898	213		96		5382		
区县级小计	577		255	367	90		199	61		611	
勃利县	463		255	343			71	61		96	
新兴区	74						22			162	
桃山区	40			24	90		106				
茄子河区										353	

四、各省、自治区、直辖市地市县预算外财政资料

4－8－9

单位:万元

地区	平衡部分										
	收入					支出					
	收入合计	本年收入	上年结余	补助收入	省补助计划单列市收入	支出合计	本年支出	上解上级支出	计划单列市上解省支出	政府调剂资金	年终结余
虎林市	5369	4708	419	242		3955	3955				1414
鸡冠区	543	543				543	543				
恒山区	730	730				730	730				
滴道区	170	170				170	170				
城子河区	438	438				438	438				
梨树区	310	310				310	310				
麻山区	198	198				198	198				
鹤岗市小计	**18082**	**14379**	**2426**	**1277**		**17083**	**17083**				**999**
本级	15451	12116	2405	930		14493	14493				958
区县级小计	2631	2263	21	347		2590	2590				41
萝北县	1433	1219		214		1433	1433				
绥滨县	674	520	21	133		633	633				41
南山区	93	93				93	93				
向阳区	5	5				5	5				
工农区	181	181				181	181				
兴山区	35	35				35	35				
东山区	210	210				210	210				
兴安区											
双鸭山市小计	**9174**	**7510**	**242**	**1422**		**8920**	**8771**			**149**	**254**
本级	2706	1881		825		2706	2706				
区县级小计	6468	5629	242	597		6214	6065			149	254
集贤县	1713	1490		223		1713	1564			149	
宝清县	1865	1756		109		1865	1865				
友谊县	1870	1677	20	173		1850	1850				20
饶河县	1020	706	222	92		786	786				234
尖山区											
岭东区											
四方台区											
宝山区											
七台河市小计	**15526**	**13412**	**613**	**1501**		**14260**	**14260**				**1266**
本级	12822	11116	609	1097		11580	11580				1242
区县级小计	2704	2296	4	404		2680	2680				24
勃利县	1706	1302		404		1706	1706				
新兴区	385	381	4			361	361				24
桃山区	260	260				260	260				
茄子河区	353	353				353	353				

4－8－10　　　　单位:万元

地区	收支部分 收入 收入合计	彩票资金收入	行政事业性收费收入	国有资源（资产）有偿使用收入	其他收入	支出 支出合计	一般公共服务	外交	国防	公共安全
黑河市小计	**6847**		**6816**	**31**		**9981**	**2558**			**110**
本级	2262		2231	31		4419	1357			2
区县级小计	4585		4585			5562	1201			108
北安市	2467		2467			2694	499			105
嫩江县	850		850			1074	224			
五大连池市	317		317			517	203			
逊克县	332		332			524	140			
孙吴县	410		410			462	28			3
爱辉区	209		209			291	107			
伊春市小计	**17312**	**925**	**16387**			**18407**	**3116**		**61**	**910**
本级	16354	925	15429			17029	2694		61	910
区县级小计	958		958			1378	422			
铁力市	752		752			1033	283			
嘉荫县	206		206			345	139			
大庆市小计	**80219**		**71809**	**747**	**7663**	**69480**	**9927**			**4518**
本级	60433		54142	664	5627	49863	8274			3971
区县级小计	19786		17667	83	2036	19617	1653			547
林甸县	1330		1280	1	49	1501	244			135
肇洲县	2995		2045	6	944	3417	216			412
肇源县	2120		1641	72	407	2104	407			
杜尔伯特自治县	3238		3229	4	5	3138	697			
萨尔图区	1536		1536			1536	9			
让胡路区	6324		6324			6324	17			
龙凤区	543		543			543	45			
红岗区	742		111		631	96	18			
大同区	958		958			958				
大兴安岭地区小计	**4620**		**4283**	**59**	**278**	**4754**	**1939**			**322**
本级	2776		2715	32	29	2589	1439			301
区县级小计	1844		1568	27	249	2165	500			21
加格达奇区	490		383	25	82	622	108			9
呼玛县	522		368		154	683	323			
塔河县	483		479	2	2	516	8			9
漠河县	349		338		11	344	61			3
绥化市小计	**31113**		**30716**	**8**	**389**	**35489**	**9540**			**3187**
本级	14110		14110			14369	5035			2647
区县级小计	17003		16606	8	389	21120	4505			540

4－8－11　　　　单位:万元

地区	收支部分										
	支出										
	教育	科学技术	文化体育与传媒	社会保障和就业	医疗卫生	环境保护	城乡社区事务	农林水事务	交通运输	工业、商业、金融等事务	其他支出
黑河市小计	**2494**		**1032**	**618**	**263**	**8**	**2697**	**189**		**12**	
本级	785		57	5	41	8	2103	49		12	
区县级小计	1709		975	613	222		594	140			
北安市	783		605	325	10		358	9			
嫩江县	163		248	168	200		71				
五大连池市	220			62	12		20				
逊克县	314						70				
孙吴县	76		122	58			75	100			
爱辉区	153							31			
伊春市小计	**5795**	**1**	**533**	**1343**	**630**		**675**	**1314**	**3369**	**6**	**654**
本级	5033	1	533	1150	630		675	1313	3369	6	654
区县级小计	762			193				1			
铁力市	557			193							
嘉荫县	205							1			
大庆市小计	**26137**		**517**	**1529**	**1123**	**195**	**11174**	**8534**	**3822**	**175**	**1829**
本级	18229		113	891	709	185	4220	8010	3537	175	1549
区县级小计	7908		404	638	414	10	6954	524	285		280
林甸县	711			108	14		176	104	9		
肇州县	1856		49	357	127		224	76	100		
肇源县	1011			102			157	18	129		280
杜尔伯特自治县	1500		355	48	12	10	255	214	47		
萨尔图区	1378			21	71		57				
让胡路区	58				182		6017	50			
龙凤区	420			2			22	54			
红岗区	24						46	8			
大同区	950				8						
大兴安岭地区小计	**615**		**843**	**303**	**86**		**505**	**98**	**42**	**1**	
本级	114		368	20	61		216	27	42	1	
区县级小计	501		475	283	25		289	71			
加格达奇区	81		48	187			188	1			
呼玛县	142		114	11	25		23	45			
塔河县	150		209	80			43	17			
漠河县	128		104	5			35	8			
绥化市小计	**9457**		**989**	**3410**	**1735**	**153**	**2037**	**1059**	**2649**	**528**	**745**
本级	2520		461	1386	66	74	532	107	913		628
区县级小计	6937		528	2024	1669	79	1505	952	1736	528	117

4－8－12

单位:万元

地区	平衡部分										年终结余
	收入					支出					
	收入合计	本年收入	上年结余	补助收入	省补助计划单列市收入	支出合计	本年支出	上解上级支出	计划单列市上解省支出	政府调剂资金	
黑河市小计	**12172**	**6847**	**3716**	**1609**		**9981**	**9981**				**2191**
本级	4651	2262	1755	634		4419	4419				232
区县级小计	7521	4585	1961	975		5562	5562				1959
北安市	4205	2467	1565	173		2694	2694				1511
嫩江县	1110	850	36	224		1074	1074				36
五大连池市	630	317	113	200		517	517				113
逊克县	524	332	52	140		524	524				
孙吴县	570	410	22	138		462	462				108
爱辉区	482	209	173	100		291	291				191
伊春市小计	**22919**	**17312**	**3401**	**2206**		**18407**	**18407**				**4512**
本级	21541	16354	3401	1786		17029	17029				4512
区县级小计	1378	958		420		1378	1378				
铁力市	1033	752		281		1033	1033				
嘉荫县	345	206		139		345	345				
大庆市小计	**119482**	**80219**	**33520**	**5743**		**69510**	**69480**			**30**	**49972**
本级	95525	60433	30733	4359		49863	49863				45662
区县级小计	23957	19786	2787	1384		19647	19617			30	4310
林甸县	1598	1330	26	242		1531	1501			30	67
肇洲县	4521	2995	1026	500		3417	3417				1104
肇源县	3386	2120	842	424		2104	2104				1282
杜尔伯特自治县	3456	3238		218		3138	3138				318
萨尔图区	1541	1536	5			1536	1536				5
让胡路区	6569	6324	245			6324	6324				245
龙凤区	543	543				543	543				
红岗区	1385	742	643			96	96				1289
大同区	958	958				958	958				
大兴安岭地区小计	**9505**	**4620**	**3531**	**1354**		**4754**	**4754**				**4751**
本级	6549	2776	2531	1242		2589	2589				3960
区县级小计	2956	1844	1000	112		2165	2165				791
加格达奇区	921	490	431			622	622				299
呼玛县	768	522	227	19		683	683				85
塔河县	810	483	261	66		516	516				294
漠河县	457	349	81	27		344	344				113
绥化市小计	**40243**	**31113**	**3593**	**5537**		**35789**	**35489**			**300**	**4454**
本级	17851	14110	2315	1426		14369	14369				3482
区县级小计	22392	17003	1278	4111		21420	21120			300	972

4-8-13

单位:万元

地区	收支部分									
	收入					支出				
	收入合计	彩票资金收入	行政事业性收费收入	国有资源(资产)有偿使用收入	其他收入	支出合计	一般公共服务	外交	国防	公共安全
安达市	2244		1942	8	294	2759	720			
肇东市	5518		5518			6322	2240			81
兰西县	1230		1230			1841	197			
青冈县	1642		1642			2088	439			
明水县	650		650			696	56			89
海伦市	779		779			1737				
望奎县	1850		1755		95	2309	533			50
绥棱县	741		741			874	216			45
庆安县	378		378			589				
北林区	1971		1971			1905	104			275

4－8－14 单位:万元

地区	收支部分										
	支出										
	教育	科学技术	文化体育与传媒	社会保障和就业	医疗卫生	环境保护	城乡社区事务	农林水事务	交通运输	工业、商业、金融等事务	其他支出
安达市	911			277	6	9	34	360		442	
肇东市	1926		265	215	71		506	255	698	65	
兰西县	193		5	356	594	34	442	20			
青冈县	1262			110			124	138		15	
明水县	370		16	25	5		105	30			
海伦市	589		54	565	521		8				
望奎县	1030		95	153	63		138	130			117
绥棱县	186		54	47	82	36	126	17	65		
庆安县	281		37	271							
北林区	189		2	5	327		22	2	973	6	

四、各省、自治区、直辖市地市县预算外财政资料

4－8－15

单位:万元

地区	平衡部分										
	收入					支出					
	收入合计	本年收入	上年结余	补助收入	省补助计划单列市收入	支出合计	本年支出	上解上级支出	计划单列市上解省支出	政府调剂资金	年终结余
安达市	2497	2244	－280	533		2759	2759				－262
肇东市	6744	5518	563	663		6322	6322				422
兰西县	1850	1230	9	611		2041	1841			200	－191
青冈县	2088	1642	12	434		2088	2088				
明水县	696	650		46		696	696				
海伦市	1885	779	103	1003		1837	1737			100	48
望奎县	2380	1850	71	459		2309	2309				71
绥棱县	1024	741	132	151		874	874				150
庆安县	620	378	31	211		589	589				31
北林区	2608	1971	637			1905	1905				703

2007 年上海市区县财政预算外收支平衡表

4－9－1　　　　单位:万元

地区	收支部分									
	收入					支出				
	收入合计	彩票资金收入	行政事业性收费收入	国有资源（资产）有偿使用收入	其他收入	支出合计	一般公共服务	外交	国防	公共安全
区县级小计	**1323244**	**1465**	**734275**	**46136**	**541368**	**1099719**	**100203**		**44**	**9777**
黄浦区	33617	204	33072	152	189	33176	544			
卢湾区	20470		10228	2244	7998	17347	1901			
徐汇区	76556		13046	6123	57387	63995	14260		44	2499
长宁区	22376	74	16663	9	5630	22927	4005			128
普陀区	44832		27842	3659	13331	38567	3615			
静安区	21756		12088	970	8698	21017	1479			1042
闸北区	19373		16825		2548	18588	2574			64
虹口区	18836		16836		2000	17698	1963			58
杨浦区	41751	709	21741	4134	15167	29987	4707			
宝山区	62964		35957	3540	23467	56591	3135			72
闵行区	72788		16240	8220	48328	64725	7209			
嘉定区	274383		57209	5493	211681	184030	9256			2192
浦东新区	179356	165	159266	7547	12378	178039	4248			176
金山区	41720		31575	99	10046	34322	9418			1352
松江区	125993		123427	2566		108167	3057			23
青浦区	56833	241	36079	105	20408	51511	1499			
南汇区	110905	72	75903	1055	33875	73691	13342			200
奉贤区	54684		27142	220	27322	46165	6720			1334
崇明县	44051		3136		40915	39176	7271			637

4－9－2

单位:万元

地区	收支部分										
	支出										
	教育	科学技术	文化体育与传媒	社会保障和就业	医疗卫生	环境保护	城乡社区事务	农林水事务	交通运输	工业、商业、金融等事务	其他支出
区县级小计	**227116**	**685**	**43133**	**127379**	**77827**	**9065**	**361969**	**33783**	**13213**	**27274**	**68251**
黄浦区	7039		4256	760	17357		3220				
卢湾区	6569		213	866	1431		4741				1626
徐汇区	16701	71	6525	7003	6180	277	9961	231		3	240
长宁区	10062			3064	3555		1577				536
普陀区	13063		6	2135	678		18208			131	731
静安区	7599	63	684	1236	619	116	5422			40	2717
闸北区	12427		2	981	319		2028				193
虹口区	6633		347	3267	2389		2931				110
杨浦区	9122	59	2481	4592	3173	15	5578				260
宝山区	12187		265	9630	8350		10048	672	2900	5929	3403
闵行区	18232		12854	7077	421	1575	7925	288	1598	7314	232
嘉定区	17157	109	5248	39026	11134	6752	68469	7177	7872	2081	7557
浦东新区	36436	10	2505	15938	8722		105000	4091	28	423	462
金山区	8767	41	1722	2283	3764	40	3739	2406	130	513	147
松江区	8966		400	7303	1875		64573	4073	314	1090	16493
青浦区	10256		33	3823	314		16216	1246			18124
南汇区	12790		4158	5083	2152	20	19367	3872	60	5793	6854
奉贤区	8676	295	263	7285	2371	210	6572	4962		2136	5341
崇明县	4434	37	1171	6027	3023	60	6394	4765	311	1821	3225

4－9－3 单位:万元

地区	平衡部分										
	收入					支出					
	收入合计	本年收入	上年结余	补助收入	省补助计划单列市收入	支出合计	本年支出	上解上级支出	计划单列市上解省支出	政府调剂资金	年终结余
区县级小计	**2123543**	**1323244**	**743152**	**57147**		**1105103**	**1099719**			**5384**	**1018440**
黄浦区	45126	33617	10795	714		33176	33176				11950
卢湾区	29085	20470	8352	263		17347	17347				11738
徐汇区	140404	76556	63309	539		63995	63995				76409
长宁区	28097	22376	5721			22927	22927				5170
普陀区	94170	44832	49338			38567	38567				55603
静安区	26210	21756	4096	358		21017	21017				5193
闸北区	21443	19373	2374	－304		18588	18588				2855
虹口区	21723	18836	2225	662		17698	17698				4025
杨浦区	71323	41751	29572			35151	29987			5164	36172
宝山区	139084	62964	75156	964		56591	56591				82493
闵行区	138475	72788	65687			64725	64725				73750
嘉定区	291472	274383	13244	3845		184030	184030				107442
浦东新区	483645	179356	254952	49337		178039	178039				305606
金山区	81516	41720	39796			34322	34322				47194
松江区	162822	125993	36829			108167	108167				54655
青浦区	71596	56833	14400	363		51731	51511			220	19865
南汇区	159909	110905	48865	139		73691	73691				86218
奉贤区	61485	54684	6534	267		46165	46165				15320
崇明县	55958	44051	11907			39176	39176				16782

2007 年江苏省地市县财政预算外收支平衡表

4－10－1 单位：万元

地区	收支部分									
	收入					支出				
	收入合计	彩票资金收入	行政事业性收费收入	国有资源（资产）有偿使用收入	其他收入	支出合计	一般公共服务	外交	国防	公共安全
地市县合计	**5386371**	**7256**	**2901522**	**149426**	**2328167**	**4949407**	**817674**		**3629**	**84874**
南京市小计	**760508**	**2187**	**541406**	**8339**	**208576**	**673765**	**95269**			**5966**
本级	366847	2168	322642	6146	35891	289965	16528			188
区县级小计	393661	19	218764	2193	172685	383800	78741			5778
玄武区	17079		16991	78	10	13569	314			20
白下区	11483		8141	279	3063	18582	1587			155
秦淮区	11746		7230	106	4410	10449	3328			73
建邺区	29473		3766		25707	24834	18851			
鼓楼区	18394		5535	74	12785	15409	700			
下关区	12402		2947	247	9208	11892	1274			160
浦口区	58694		26484		32210	61361	9314			408
栖霞区	19863		6886	57	12920	21031	8888			380
雨花台区	23725		2807	89	20829	23581	9029			257
江宁区	110733		74624	1066	35043	107179	10884			2511
六合区	36666		25164	39	11463	36247	11085			1275
溧水县	19596		17120	15	2461	17638	2690			521
高淳县	23807	19	21069	143	2576	22028	797			18
无锡市小计	**760356**		**277846**	**3980**	**478530**	**730849**	**102153**		**3107**	**21842**
本级	185903		101845	1364	82694	186498	18783		2868	3988
区县级小计	574453		176001	2616	395836	544351	83370		239	17854
崇安区	11296		3722		7574	11178	2950			245
南长区	8497		2131		6366	8774	45			21
北塘区	10887		3883	359	6645	11246	2113			176
锡山区	83951		20531	356	63064	77694	14828		170	3349
惠山区	47600		10521		37079	43768	8804			3237
滨湖区	77495		35665		41830	79855	10379			762
江阴市	273133		66776	1739	204618	250471	29131		69	6645
宜兴市	61594		32772	162	28660	61365	15120			3419
徐州市小计	**281024**		**187369**	**2897**	**90758**	**278331**	**38309**		**178**	**7358**
本级	99003		64479	2181	32343	92458	4560			3252
区县级小计	182021		122890	716	58415	185873	33749		178	4106
鼓楼区	5952		2838		3114	5868	1829			5
云龙区	7794		7758		36	7603	1082			
九里区	2170		1580		590	2085	867			9
贾汪区	12579		9523		3056	13662	3805			881
泉山区	1300				1300	8354	2868		42	

4－10－2

单位:万元

地区	收支部分										
	支出										
	教育	科学技术	文化体育与传媒	社会保障和就业	医疗卫生	环境保护	城乡社区事务	农林水事务	交通运输	工业、商业、金融等事务	其他支出
地市县合计	**1340106**	**8007**	**237885**	**204044**	**192689**	**36418**	**1216139**	**290486**	**115757**	**120380**	**281319**
南京市小计	**163914**	**1579**	**36228**	**11306**	**21550**	**1811**	**237292**	**15801**	**32069**	**24148**	**26832**
本级	58447	1317	31252	4352	8125	928	127168	3059	17065	12083	9453
区县级小计	105467	262	4976	6954	13425	883	110124	12742	15004	12065	17379
玄武区	11329		8	53	54		683				1108
白下区	10828	81	100	274	1211		4040			100	206
秦淮区	4622	51	68	199	577	1	1412			52	66
建邺区	2677		260	63	479		830	518			1156
鼓楼区	11196		19	800	900	28	1639			1	126
下关区	6553	14	327	63	791	55	1998			10	647
浦口区	7840		496	422	2114		22471	3015		6888	8393
栖霞区	4076	110	1316	491	1083	544	2587	455	522	225	354
雨花台区	4008		725	640	591		4112	769	535	1694	1221
江宁区	20050	6	471	2879	3567		58441	5006	1826	926	612
六合区	12566		757	748	1322		3742	1944	442	1685	681
溧水县	9618		26	226			626	198	688	305	2740
高淳县	104		403	96	736	255	7543	837	10991	179	69
无锡市小计	**153406**	**493**	**40320**	**43705**	**18450**	**3525**	**207135**	**35919**	**11326**	**18331**	**71137**
本级	42312	33	36205	10139	5746	1124	52627	4148	625	4771	3129
区县级小计	111094	460	4115	33566	12704	2401	154508	31771	10701	13560	68008
崇安区	5772				524		1667	19			1
南长区	4279			33	292		3386				718
北塘区	7382	4	8	140	27	50	445	56		92	753
锡山区	11877	153	421	8153	3165	247	22678	4492	105	2435	5621
惠山区	5175		532	10567	1551	468	9530	2907	300		697
滨湖区	9119		106	455	1460	207	5355	152	1237	1650	48973
江阴市	42562	143	2444	12823	5164	1311	105148	20265	9059	7803	7904
宜兴市	24928	160	604	1395	521	118	6299	3880		1580	3341
徐州市小计	**103125**	**155**	**7717**	**16071**	**38552**	**1291**	**31597**	**7627**	**9775**	**2628**	**13948**
本级	43359	80	2615	8305	4574	725	11414	1030	2163	143	10238
区县级小计	59766	75	5102	7766	33978	566	20183	6597	7612	2485	3710
鼓楼区	1307	19		247	1250		924	36	125	14	112
云龙区	1804		673	20	837		2156	73			958
九里区	277	18		24	142		407	148		167	26
贾汪区	4317	5	331	1070	347	249	1946	372	41	229	69
泉山区	1132	3	4	1932	1098		896	213		6	160

四、各省、自治区、直辖市地市县预算外财政资料

4－10－3　　　　　　　　　　　　　　　　　　　　单位:万元

地区	平衡部分										
	收入					支出					
	收入合计	本年收入	上年结余	补助收入	省补助计划单列市收入	支出合计	本年支出	上解上级支出	计划单列市上解省支出	政府调剂资金	年终结余
地市县合计	**6558742**	**5386371**	**1107083**	**65288**		**5118091**	**4949407**			**168684**	**1440651**
南京市小计	**953727**	**760508**	**182491**	**10728**		**682466**	**673765**			**8701**	**271261**
本级	497706	366847	120131	10728		295617	289965			5652	202089
区县级小计	456021	393661	62360			386849	383800			3049	69172
玄武区	19224	17079	2145			13569	13569				5655
白下区	21258	11483	9775			18582	18582				2676
秦淮区	16402	11746	4656			10449	10449				5953
建邺区	30945	29473	1472			24834	24834				6111
鼓楼区	36977	18394	18583			15409	15409				21568
下关区	18188	12402	5786			11892	11892				6296
浦口区	63403	58694	4709			61361	61361				2042
栖霞区	21851	19863	1988			21031	21031				820
雨花台区	25713	23725	1988			23581	23581				2132
江宁区	115201	110733	4468			107505	107179			326	7696
六合区	41261	36666	4595			36247	36247				5014
溧水县	21545	19596	1949			19388	17638			1750	2157
高淳县	24053	23807	246			23001	22028			973	1052
无锡市小计	**876766**	**760356**	**108223**	**8187**		**731449**	**730849**			**600**	**145317**
本级	204713	185903	14476	4334		186498	186498				18215
区县级小计	672053	574453	93747	3853		544951	544351			600	127102
崇安区	13031	11296	1735			11178	11178				1853
南长区	8862	8497	365			8774	8774				88
北塘区	12740	10887	1853			11246	11246				1494
锡山区	84724	83951	209	564		78294	77694			600	6430
惠山区	59213	47600	11275	338		43768	43768				15445
滨湖区	124356	77495	46861			79855	79855				44501
江阴市	289780	273133	15053	1594		250471	250471				39309
宜兴市	79347	61594	16396	1357		61365	61365				17982
徐州市小计	**415194**	**281024**	**130035**	**4135**		**288970**	**278331**			**10639**	**126224**
本级	215313	99003	113226	3084		92458	92458				122855
区县级小计	199881	182021	16809	1051		196512	185873			10639	3369
鼓楼区	6375	5952	423			5868	5868				507
云龙区	7981	7794	187			7603	7603				378
九里区	3087	2170	917			2085	2085				1002
贾汪区	9083	12579	－3601	105		17537	13662			3875	－8454
泉山区	1030	1300	－270			8354	8354				－7324

4－10－4　　　　单位:万元

地　区	收支部分									
	收入					支出				
	收入合计	彩票资金收入	行政事业性收费收入	国有资源(资产)有偿使用收入	其他收入	支出合计	一般公共服务	外交	国防	公共安全
丰县	15688		14669	473	546	13686	554		112	206
沛县	17900		14693		3207	18034	3812			6
铜山县	30134		24313	191	5630	32927	6568			37
睢宁县	17483		13640		3843	13929	3457			
新沂市	45995		14793	22	31180	47157	5111			2362
邳州市	25026		19083	30	5913	22568	3796		24	600
常州市小计	**576013**	**1085**	**254003**	**12723**	**308202**	**571295**	**122487**		**57**	**6074**
本级	171083	990	147703	6536	15854	184736	15200			64
区县级小计	404930	95	106300	6187	292348	386559	107287		57	6010
天宁区	63386		5722	4415	53249	62729	11650			3462
钟楼区	28841		6110	523	22208	22912	9112			
戚墅堰区	18747		4280	8	14459	18561	2223			
新北区	10599		2860	25	7714	10522	5165			25
武进区	181788	95	49885	966	130842	170505	49838			2012
溧阳市	67821		21299	126	46396	67514	18179		57	321
金坛市	33748		16144	124	17480	33816	11120			190
苏州市小计	**875650**	**3323**	**392301**	**31583**	**448443**	**774908**	**102199**		**54**	**8046**
本级	160743	2103	114310	2099	42231	127096	11584			680
区县级小计	714907	1220	277991	29484	406212	647812	90615		54	7366
沧浪区	5568		2008	1351	2209	5181	1998			5
平江区	7800	5	3586	3103	1106	7215	1127			
金阊区	5080		3731	245	1104	5134	37			25
虎丘区	11874		10580		1294	11820	1408			
吴中区	95918	132	41745	2220	51821	84055	14809		3	2853
相城区	40825	24	14941		25860	39700	4795		51	751
常熟市	218279	118	60091	9355	148715	217972	17206			1579
张家港市	56195	256	28422	3708	23809	55770	10021			
昆山市	79750	406	35479	1039	42826	64062	10916			1042
吴江市	104198	199	41242	1157	61600	93413	18771			1101
太仓市	89420	80	36166	7306	45868	63490	9527			10
南通市小计	**443822**		**274263**	**13495**	**156064**	**394416**	**83951**		**173**	**4993**
本级	100046		53456	3724	42866	87845	14684			2807
区县级小计	343776		220807	9771	113198	306571	69267		173	2186
崇川区	20967		16214	2013	2740	19973	5090		2	391
港闸区	2963		1029		1934	1764	425			108
海安县	25123		12393	80	12650	22321	5657			73

4－10－5

单位：万元

地区	收支部分										
	支出										
	教育	科学技术	文化体育与传媒	社会保障和就业	医疗卫生	环境保护	城乡社区事务	农林水事务	交通运输	工业、商业、金融等事务	其他支出
丰县	8448		12	459	593	138	1722	117	1135	190	
沛县	6305	30	622	1006	1461	15	1447	1953	784	593	
铜山县	13370		1060	1230	3	85	5408	1753	1762	842	809
睢宁县	7004		327	203	130		826	365	1450	12	155
新沂市	5250		1873	641	26967	52	1268	735	1846	258	794
邳州市	10552		200	934	1150	27	3183	832	469	174	627
常州市小计	**116215**	**499**	**13519**	**38048**	**27209**	**826**	**121370**	**60962**	**14674**	**6298**	**43057**
本级	42728	60	4011	13636	15986		57361	2092	8121	181	25296
区县级小计	73487	439	9508	24412	11223	826	64009	58870	6553	6117	17761
天宁区	5902	70	10	13988	1046		1430	24727		55	389
钟楼区	6760			1171	680	56	2546	2469			118
戚墅堰区	606		30	618	355		13544	390		2	793
新北区	1795		107	436	826	1	771	483			913
武进区	37088	341	2686	6241	4480		26400	22691	5315	2448	10965
溧阳市	15665		4547	1255	1769	724	9648	6584	1078	3258	4429
金坛市	5671	28	2128	703	2067	45	9670	1526	160	354	154
苏州市小计	**191519**	**3252**	**23260**	**31386**	**25732**	**14674**	**231671**	**73178**	**18583**	**13302**	**38052**
本级	49839	616	649	4907	7908	24	22459	15403	3526	704	8797
区县级小计	141680	2636	22611	26479	17824	14650	209212	57775	15057	12598	29255
沧浪区	1910		10	179	206		873				
平江区	2016		48	181	5		3837				1
金阊区	2867			152	668		1301	70			14
虎丘区	4103	1635		390	737	70	3411	66			
吴中区	15002	8	367	4115	2630	8586	20501	3977	2739	1766	6699
相城区	7169	22	285	862	11	1451	6099	12039	1981	271	3913
常熟市	46927	49	8625	6301	2539	1026	97469	21576	3237	6466	4972
张家港市	22257	157	3999	2260	2908	172	9265	2486	388	1346	511
昆山市	13059	765	1682	2927	3142	49	23669	4397	684	925	805
吴江市	15430		490	3716	2508	3296	28335	6759	2526	1172	9309
太仓市	10940		7105	5396	2470		14452	6405	3502	652	3031
南通市小计	**147564**	**584**	**15370**	**15959**	**14233**	**987**	**53226**	**32538**	**8477**	**8112**	**8249**
本级	37565	121	2532	6828	5591	626	11783	914	2737	469	1188
区县级小计	109999	463	12838	9131	8642	361	41443	31624	5740	7643	7061
崇川区	4842	40	6	1356	1099	24	5164	302		1566	91
港闸区	699			3	316		112	51			50
海安县	9540	79	195	709	125	97	1152	3259	120	59	1256

4－10－6　　　　　　　　　　　　　　　　　　　　　　　　　　单位:万元

地区	平衡部分										
	收入					支出					
	收入合计	本年收入	上年结余	补助收入	省补助计划单列市收入	支出合计	本年支出	上解上级支出	计划单列市上解省支出	政府调剂资金	年终结余
丰县	15325	15688	－504	141		16734	13686			3048	－1409
沛县	20688	17900	2574	214		18464	18034			430	2224
铜山县	35329	30134	5063	132		32927	32927				2402
睢宁县	23519	17483	5966	70		17215	13929			3286	6304
新沂市	50412	45995	4262	155		47157	47157				3255
邳州市	27052	25026	1792	234		22568	22568				4484
常州市小计	**824068**	**576013**	**242992**	**5063**		**584063**	**571295**			**12768**	**240005**
本级	268267	171083	92479	4705		184736	184736				83531
区县级小计	555801	404930	150513	358		399327	386559			12768	156474
天宁区	63731	63386	345			62729	62729				1002
钟楼区	29180	28841	339			27519	22912			4607	1661
戚墅堰区	18747	18747				18561	18561				186
新北区	58295	10599	47696			10522	10522				47773
武进区	190178	181788	8194	196		178666	170505			8161	11512
溧阳市	108166	67821	40230	115		67514	67514				40652
金坛市	87504	33748	53709	47		33816	33816				53688
苏州市小计	**1080477**	**875650**	**194096**	**10731**		**793179**	**774908**			**18271**	**287298**
本级	201434	160743	34567	6124		127096	127096				74338
区县级小计	879043	714907	159529	4607		666083	647812			18271	212960
沧浪区	6947	5568	1379			5181	5181				1766
平江区	10016	7800	2216			7215	7215				2801
金阊区	9283	5080	4203			5134	5134				4149
虎丘区	50193	11874	38319			11820	11820				38373
吴中区	130826	95918	34472	436		84055	84055				46771
相城区	44560	40825	3415	320		39700	39700				4860
常熟市	249303	218279	30224	800		217972	217972				31331
张家港市	66822	56195	9664	963		55770	55770				11052
昆山市	88987	79750	8245	992		69250	64062			5188	19737
吴江市	132289	104198	27392	699		93513	93413			100	38776
太仓市	89817	89420		397		76473	63490			12983	13344
南通市小计	**503323**	**443822**	**54766**	**4735**		**434574**	**394416**			**40158**	**68749**
本级	139944	100046	37032	2866		88545	87845			700	51399
区县级小计	363379	343776	17734	1869		346029	306571			39458	17350
崇川区	21105	20967	138			20559	19973			586	546
港闸区	3027	2963	64			3015	1764			1251	12
海安县	25912	25123	463	326		22501	22321			180	3411

四、各省、自治区、直辖市地市县预算外财政资料

4－10－7　　　　单位:万元

地区	收支部分								
	收入					支出			
	收入合计	彩票资金收入	行政事业性收费收入	国有资源（资产）有偿使用收入	其他收入	支出合计	一般公共服务	外交	国防	公共安全
如东县	39879		30714	501	8664	38205	6749			135
启东市	69522		40740	4266	24516	55891	17959			441
如皋市	41611		31391		10220	38091	5157			
通州市	71125		50788	2555	17782	69333	9502		171	518
海门市	72586		37538	356	34692	60993	18728			520
连云港市小计	**215956**		**158330**	**6298**	**51328**	**206110**	**32585**		**39**	**2826**
本级	114066		83241	6262	24563	114799	13832			585
区县级小计	101890		75089	36	26765	91311	18753		39	2241
连云区	12513		10430	27	2056	12948	1766			344
新浦区	11796		6717		5079	10203	3388		39	74
海州区	3123		750		2373	3123	912			186
赣榆县	29157		16673		12484	26930	5057			423
东海县	26087		23705	9	2373	19568	5172			5
灌云县	9066		8888		178	9066	663			420
灌南县	10148		7926		2222	9473	1795			789
淮安市小计	**202404**	**533**	**155551**	**8990**	**37330**	**167362**	**34513**		**1**	**8405**
本级	86378	533	76227	4071	5547	63960	10224			2579
区县级小计	116026		79324	4919	31783	103402	24289		1	5826
清河区	4662		3310	297	1055	7934	278			1307
楚州区	26675		17125		9550	25896	7737			2009
淮阴区	16081		12716	1226	2139	4783	1463			1
清浦区	10798		6259	2621	1918	10748	957		1	437
涟水县	12132		8551		3581	12132	4059			676
洪泽县	13495		6931	7	6557	10606	3424			
盱眙县	15053		9514	768	4771	14173	4380			733
金湖县	17130		14918		2212	17130	1991			663
盐城市小计	**289922**		**152601**	**45969**	**91352**	**259610**	**37024**		**4**	**2148**
本级	84138		38675	44345	1118	93205	2783			130
区县级小计	205784		113926	1624	90234	166405	34241		4	2018
亭湖区	11250		3672		7578	9124	1989			83
盐都区	49806		13617		36189	46640	8044			9
响水县	6034		4405		1629	3992				
滨海县	11583		8737	62	2784	7991	2244			391
阜宁县	28903		14757	1030	13116	8922	1046			170
射阳县	9017		7775	280	962	7423	2564			181
建湖县	25078		16169	5	8904	20878	7065		1	31

4－10－8　　单位:万元

地区	收支部分										
	支出										
	教育	科学技术	文化体育与传媒	社会保障和就业	医疗卫生	环境保护	城乡社区事务	农林水事务	交通运输	工业、商业、金融等事务	其他支出
如东县	19750	55	2265	1168	1332	23	1914	2935	1225	194	460
启东市	19359	9	2950	1436	1080	16	2402	5341	1742	281	2875
如皋市	21944		98	1269	1757	21	4683	2708			454
通州市	17008	280	430	982	76	55	23472	13224	1228	740	1647
海门市	16857		6894	2208	2857	125	2544	3804	1425	4803	228
连云港市小计	**63012**	**97**	**11080**	**3832**	**5360**	**9334**	**48646**	**5747**	**1890**	**1353**	**20309**
本级	25742	88	9801	1512	1779	9278	28965	2507	1890	396	18424
区县级小计	37270	9	1279	2320	3581	56	19681	3240		957	1885
连云区	815	1	44	195	506	2	9099	50		7	119
新浦区	2027	1	314	419	381	24	3120	293		13	110
海州区	689		6	148	143		408	597			34
赣榆县	15384	7	204	407	221		2114	765		731	1617
东海县	6433		711	304	1649	30	4235	839		185	5
灌云县	6681			381	229		60	617		15	
灌南县	5241			466	452		645	79		6	
淮安市小计	**56491**	**72**	**9650**	**3382**	**13510**	**2886**	**19384**	**5927**	**3638**	**1846**	**7657**
本级	23482	49	6486	1784	3399	2771	11262	979	140	405	400
区县级小计	33009	23	3164	1598	10111	115	8122	4948	3498	1441	7257
清河区	3579		20	72	1076		1536	66			
楚州区	6203		722	717	990		1858	1392	1432	128	2708
淮阴区	2934		10	13			193	169			
清浦区	3858		139	89	1924		178	505	94		2566
涟水县	4915		62	30	50	36	1239	583	430	52	
洪泽县	2387	23	784	344	300	10	1071	504	187	526	1046
盱眙县	4039		428	32	940	4	1147	892	230	509	839
金湖县	5094		999	301	4831	65	900	837	1125	226	98
盐城市小计	**84754**	**30**	**13544**	**5018**	**2682**	**103**	**75873**	**11966**	**2573**	**11826**	**12065**
本级	24413	23	8216	570	249		49215	1872	554	193	4987
区县级小计	60341	7	5328	4448	2433	103	26658	10094	2019	11633	7078
亭湖区	4730	3	182	354	252	30	902	418		42	139
盐都区	8617		768	266	420		19674	1688		1967	5187
响水县	3940				36		16				
滨海县	4572			305	113			366			
阜宁县	2962		1375	172	345		460	1627	140	625	
射阳县	2498		486	475	411	23	417	287	66	15	
建湖县	10427		183	126	96	6	771	1711	460	1	

4－10－9 单位：万元

地区	平衡部分										
	收入					支出					年终结余
	收入合计	本年收入	上年结余	补助收入	省补助计划单列市收入	支出合计	本年支出	上解上支出	计划单列市上解省支出	政府调剂资金	
如东县	44430	39879	4033	518		43470	38205			5265	960
启东市	79798	69522	10037	239		71450	55891			15559	8348
如皋市	43211	41611	1363	237		38755	38091			664	4456
通州市	72492	71125	1034	333		76351	69333			7018	－3859
海门市	73404	72586	602	216		69928	60993			8935	3476
连云港市小计	**262362**	**215956**	**44089**	**2317**		**217502**	**206110**			**11392**	**44860**
本级	157387	114066	41004	2317		115002	114799			203	42385
区县级小计	104975	101890	3085			102500	91311			11189	2475
连云区	14175	12513	1662			12948	12948				1227
新浦区	11559	11796	－237			10593	10203			390	966
海州区	3980	3123	857			3123	3123				857
赣榆县	33209	29157	4052			28096	26930			1166	5113
东海县	35810	26087	9723			27189	19568			7621	8621
灌云县	7829	9066	－1237			9066	9066				－1237
灌南县	－1587	10148	－11735			11485	9473			2012	－13072
淮安市小计	**178497**	**202404**	**－25962**	**2055**		**178609**	**167362**			**11247**	**－112**
本级	79378	86378	－8973	1973		64375	63960			415	15003
区县级小计	99119	116026	－16989	82		114234	103402			10832	－15115
清河区	5656	4662	994			8334	7934			400	－2678
楚州区	15963	26675	－10794	82		25959	25896			63	－9996
淮阴区	17326	16081	1245			11210	4783			6427	6116
清浦区	11114	10798	316			10983	10748			235	131
涟水县	10825	12132	－1307			12132	12132				－1307
洪泽县	13556	13495	61			14313	10606			3707	－757
盱眙县	10023	15053	－5030			14173	14173				－4150
金湖县	14656	17130	－2474			17130	17130				－2474
盐城市小计	**325686**	**289922**	**30686**	**5078**		**296849**	**259610**			**37239**	**28837**
本级	105356	84138	16918	4300		93244	93205			39	12112
区县级小计	220330	205784	13768	778		203605	166405			37200	16725
亭湖区	12263	11250	1013			12263	9124			3139	
盐都区	49935	49806		129		47955	46640			1315	1980
响水县	7854	6034	1820			3992	3992				3862
滨海县	12487	11583	746	158		11381	7991			3390	1106
阜宁县	28903	28903				28726	8922			19804	177
射阳县	11655	9017	2369	269		10732	7423			3309	923
建湖县	25300	25078		222		23093	20878			2215	2207

4－10－10 单位:万元

地区	收支部分									
	收入					支出				
	收入合计	彩票资金收入	行政事业性收费收入	国有资源（资产）有偿使用收入	其他收入	支出合计	一般公共服务	外交	国防	公共安全
东台市	39632		21924		17708	40699	6406		3	10
大丰市	24481		22870	247	1364	20736	4883			1143
扬州市小计	**276413**		**142576**	**9967**	**123870**	**238319**	**54399**		**12**	**6071**
本级	94884		64634	9809	20441	71558	6159			608
区县级小计	181529		77942	158	103429	166761	48240		12	5463
广陵区	31098		650		30448	31153	25162			38
邗江区	35528		17679	100	17749	34664	6723			2496
维扬区	10590		8224	9	2357	8915	1702			344
宝应县	21328		6864		14464	16821	5453			120
仪征市	21410		12666	23	8721	20980	3172		10	247
高邮市	31056		16166		14890	24195	4189		2	816
江都市	30519		15693	26	14800	30033	1839			1402
镇江市小计	**351451**		**174728**	**892**	**175831**	**336503**	**44492**			**6837**
本级	140674		117789	124	22761	133216	11208			3550
区县级小计	210777		56939	768	153070	203287	33284			3287
京口区	12931		8908	678	3345	12224	2296			184
润州区	7353		4253		3100	7361	2608			128
丹徒区	24425		6533		17892	25053	4540			1148
丹阳市	120342		27650	20	92672	117984	16077			643
扬中市	15672		6090	70	9512	15140	3034			1060
句容市	30054		3505		26549	25525	4729			124
泰州市小计	**290319**		**136931**	**1414**	**151974**	**265958**	**58032**		**3**	**3795**
本级	58424		35001	628	22795	57760	6480			11
区县级小计	231895		101930	786	129179	208198	51552		3	3784
海陵区	5953		4787	308	858	5990	147			536
高港区	13776		2732		11044	12479	5629			84
兴化市	59873		9762	327	49784	55355	18674		2	2001
靖江市	34808		22454	13	12341	31413	2490			427
泰兴市	81789		42930	77	38782	66660	13879		1	360
姜堰市	35696		19265	61	16370	36301	10733			376
宿迁市小计	**62533**	**128**	**53617**	**2879**	**5909**	**51981**	**12261**		**1**	**513**
本级	26026	84	22077	577	3288	16447	3021			192
区县级小计	36507	44	31540	2302	2621	35534	9240		1	321
宿城区	4321		2637		1684	4321	1545		1	315
宿豫区	6591		5926	53	612	6149	1569			6
沭阳县	7320		7285		35	6432				

四、各省、自治区、直辖市地市县预算外财政资料

4－10－11

单位：万元

地区	收支部分										
	支出										
	教育	科学技术	文化体育与传媒	社会保障和就业	医疗卫生	环境保护	城乡社区事务	农林水事务	交通运输	工业、商业、金融等事务	其他支出
东台市	14150	3	2316	1608	202		3107	993	1305	8952	1644
大丰市	8445	1	18	1142	558	44	1311	3004	48	31	108
扬州市小计	**73479**	**360**	**19194**	**9368**	**9404**	**597**	**45883**	**7052**	**3507**	**2947**	**6046**
本级	26075	44	10174	1944	3013	24	22256	241	97	312	611
区县级小计	47404	316	9020	7424	6391	573	23627	6811	3410	2635	5435
广陵区	2803		177	463	524	92	1802	92			
邗江区	12373		223	991	1182	84	7417	1898	77	812	388
维扬区	1403	92		2520	359	248	1414	561		11	261
宝应县	2958	149	903	19		56	3127	892	1340	123	1681
仪征市	8503		180	405	102		4408	1641	1005	59	1248
高邮市	6136	10	1152	933	3930	93	3428	1309	988	1042	167
江都市	13228	65	6385	2093	294		2031	418		588	1690
镇江市小计	**58491**	**330**	**22600**	**15721**	**6659**	**350**	**116020**	**12407**	**3913**	**24670**	**24013**
本级	21666	320	16689	8333	3379	152	44816	3437	661	2354	16651
区县级小计	36825	10	5911	7388	3280	198	71204	8970	3252	22316	7362
京口区	5258	5	595	310	158	96	1793	336	5	559	629
润州区	1604		310	141	384		534	864		715	73
丹徒区	3901	1	639	1142	592	12	8503	1019	1440	741	1375
丹阳市	15491		513	4064	740	84	54404	3548	46	19722	2652
扬中市	4322	1	1560	921	301	6	1098	530	468	316	1523
句容市	6249	3	2294	810	1105		4872	2673	1293	263	1110
泰州市小计	**106461**	**544**	**25285**	**8696**	**5905**	**34**	**23382**	**18085**	**1798**	**4500**	**9438**
本级	21004		17509	2335	2018		5128	311	377	432	2155
区县级小计	85457	544	7776	6361	3887	34	18254	17774	1421	4068	7283
海陵区	1088			169	638		2696	497		69	150
高港区	1646	79	36	694	119		1397	1336	3	985	471
兴化市	17883	14	3605	838	170	5	3593	6570		1007	993
靖江市	14187	372	174	1771	441		4585	2692	125	1180	2969
泰兴市	32954	58	2737	1990	2009	29	4874	4583	5	481	2700
姜堰市	17699	21	1224	899	510		1109	2096	1288	346	
宿迁市小计	**21675**	**12**	**118**	**1552**	**3443**		**4660**	**3277**	**3534**	**419**	**516**
本级	5729		15	174	466		1740	2077	2242	275	516
区县级小计	15946	12	103	1378	2977		2920	1200	1292	144	
宿城区	1607	12	14	158	81		49	384	155		
宿豫区	3823		89	74			437	147		4	
沭阳县	4665			88	426		816	166	131	140	

4－10－12　　　　单位:万元

地区	平衡部分										
	收入					支出					
	收入合计	本年收入	上年结余	补助收入	省补助计划单列市收入	支出合计	本年支出	上解上级支出	计划单列市上解省支出	政府调剂资金	年终结余
东台市	46700	39632	7068			40699	40699				6001
大丰市	25233	24481	752			24764	20736			4028	469
扬州市小计	**285268**	**276413**	**5766**	**3089**		**243934**	**238319**			**5615**	**41334**
本级	98924	94884	2243	1797		71558	71558				27366
区县级小计	186344	181529	3523	1292		172376	166761			5615	13968
广陵区	32168	31098	978	92		31153	31153				1015
邗江区	37599	35528	1896	175		34832	34664			168	2767
维扬区	10632	10590		42		8915	8915				1717
宝应县	21469	21328		141		21469	16821			4648	
仪征市	21639	21410	63	166		20980	20980				659
高邮市	31804	31056	572	176		24434	24195			239	7370
江都市	31033	30519	14	500		30593	30033			560	440
镇江市小计	**470666**	**351451**	**115649**	**3566**		**341402**	**336503**			**4899**	**129264**
本级	230926	140674	88282	1970		134792	133216			1576	96134
区县级小计	239740	210777	27367	1596		206610	203287			3323	33130
京口区	15054	12931	2045	78		12259	12224			35	2795
润州区	8400	7353	944	103		7361	7361				1039
丹徒区	29953	24425	5419	109		26561	25053			1508	3392
丹阳市	144194	120342	23265	587		118161	117984			177	26033
扬中市	18463	15672	2426	365		15316	15140			176	3147
句容市	23676	30054	－6732	354		26952	25525			1427	－3276
泰州市小计	**318811**	**290319**	**24551**	**3941**		**269173**	**265958**			**3215**	**49638**
本级	69111	58424	8191	2496		57760	57760				11351
区县级小计	249700	231895	16360	1445		211413	208198			3215	38287
海陵区	6662	5953	672	37		5990	5990				672
高港区	20802	13776	6994	32		14014	12479			1535	6788
兴化市	64573	59873	4387	313		56871	55355			1516	7702
靖江市	41214	34808	6055	351		31413	31413				9801
泰兴市	78970	81789	－3269	450		66824	66660			164	12146
姜堰市	37479	35696	1521	262		36301	36301				1178
宿迁市小计	**63897**	**62533**	**－299**	**1663**		**55921**	**51981**			**3940**	**7976**
本级	28026	26026	337	1663		16447	16447				11579
区县级小计	35871	36507	－636			39474	35534			3940	－3603
宿城区	4261	4321	－60			4321	4321				－60
宿豫区	6359	6591	－232			6149	6149				210
沭阳县	5158	7320	－2162			10372	6432			3940	－5214

4-10-13

单位:万元

地区	收支部分									
	收入					支出				
	收入合计	彩票资金收入	行政事业性收费收入	国有资源(资产)有偿使用收入	其他收入	支出合计	一般公共服务	外交	国防	公共安全
泗阳县	11107	44	10871		192	10971	1065			
泗洪县	7168		4821	2249	98	7661	5061			

4－10－14 单位:万元

地区	收支部分									
	支出									
	教育	科学技术	文化体育与传媒	社会保障和就业	医疗卫生	环境保护	城乡社区事务	农林水事务	交通运输	工业、商业、金融等事务	其他支出
泗阳县	5851			150	1435		972	492	1006		
泗洪县				908	1035		646	11			

4－10－15

单位:万元

地区	平衡部分 收入 收入合计	本年收入	上年结余	补助收入	省补助计划单列市收入	支出 支出合计	本年支出	上解上级支出	计划单列市上解省支出	政府调剂资金	年终结余
泗阳县	10971	11107	－136			10971	10971				
泗洪县	9122	7168	1954			7661	7661				1461

2007 年浙江省地市县财政预算外收支平衡表

4－11－1 单位:万元

地区	收支部分									
	收入					支出				
	收入合计	彩票资金收入	行政事业性收费收入	国有资源（资产）有偿使用收入	其他收入	支出合计	一般公共服务	外交	国防	公共安全
地市县合计	**6448605**	**96574**	**2689541**	**229645**	**3432845**	**5450279**	**890574**	**66**	**9068**	**121976**
杭州市小计	**851479**	**19894**	**484084**	**55787**	**291714**	**865409**	**120843**		**1471**	**19247**
本级	301593	18721	261235	7668	13969	356575	23833			5090
区县级小计	549886	1173	222849	48119	277745	508834	97010		1471	14157
富阳市	38500	325	9345	4484	24346	33354	5905			625
桐庐县	24669		8169	219	16281	22454	5051		30	623
临安市	36752		17971	2060	16721	28278	6145			640
建德市	46120	91	15775	7498	22756	47331	17974		930	316
淳安县	16714	96	9403	1217	5998	16521	4709			206
上城区	31694	179	3224	2875	25416	28360	6422			2264
下城区	14632	244	14388			14248	1336		46	814
江干区	17136		13670	1837	1629	19056	4967			1251
拱墅区	15364	238	7361	2292	5473	13787	2038			600
西湖区	14890		8733	1971	4186	18767	4647		112	1766
滨江区	26637		10786	1515	14336	12338	5084		47	640
萧山区	119097		77808	14121	27168	102281	14642		6	2757
余杭区	135540		24553	1890	109097	145643	17316		300	1651
开发区	1151		713	421	17	40	40			
西湖风景名胜区	5566		950	295	4321	1271				4
临平工业园区	5424			5424		5105	734			
嘉兴市小计	**1007915**	**6362**	**163072**	**10641**	**827840**	**735249**	**55708**			**4913**
本级	578304	4060	46564	4203	523477	379386	19014			3676
区县级小计	429611	2302	116508	6438	304363	355863	36694			1237
海宁市	40713	849	18417	2727	18720	35442	7077			
桐乡市	163903	414	31804	1879	129806	124566	8547			35
平湖市	110591	359	28332	1492	80408	97844	7436			540
嘉善县	52792	227	17882	40	34643	41661	5805			58
海盐县	61612	453	20073	300	40786	56350	7829			604
湖州市小计	**313706**	**5925**	**125245**	**10944**	**171592**	**338168**	**58671**		**4**	**9470**
本级	71269	3419	52539	4677	10634	69486	13195			1218
区县级小计	242437	2506	72706	6267	160958	268682	45476		4	8252
长兴县	56794	733	20029	420	35612	63530	12487			482
德清县	55255	608	12702		41945	63505	7453			2339
安吉县	84941	1165	31567	5125	47084	97590	12202			1511
吴兴区	22398		5391	542	16465	22017	3855			3117
南浔区	18930		3017	180	15733	18465	7335		4	607

四、各省、自治区、直辖市地市县预算外财政资料

4－11－2　　　　单位：万元

地区	收支部分										
	支出										
	教育	科学技术	文化体育与传媒	社会保障和就业	医疗卫生	环境保护	城乡社区事务	农林水事务	交通运输	工业、商业、金融等事务	其他支出
地市县合计	**1173201**	**17871**	**129197**	**124891**	**113336**	**33162**	**1438698**	**304919**	**273009**	**181053**	**639258**
杭州市小计	**179153**	**910**	**17250**	**23110**	**18117**	**4228**	**209989**	**41006**	**30072**	**21548**	**178465**
本级	69182	21	2660	6167	1094	134	87493	1498	16166	1557	141680
区县级小计	109971	889	14590	16943	17023	4094	122496	39508	13906	19991	36785
富阳市	6321	47	417	697	200	440	4254	5861	3146	2027	3414
桐庐县	4085		64	151	1293	170	3028	2695	544	4589	131
临安市	4881	79	1608	1100	1275	976	3167	3881	412	312	3802
建德市	4859	353	683	1409	758	450	5256	8968	1221	894	3260
淳安县	5358		567	610	521	64	1429	1424	907	713	13
上城区	4101	288	233	4087	2075		6059			33	2798
下城区	3745		199	516	3902		3669	21			
江干区	5659	48	479	586	1452		3698	94			822
拱墅区	5046	58	651	231	1152		3227	335		350	99
西湖区	6437		374	336	388		2901	216		24	1566
滨江区	851	13	231	642	1348		1811	565		805	301
萧山区	39811		4161	2282	703	1430	5303	6956	5588	848	17794
余杭区	18817	3	4613	4296	1956	564	77334	8492	2088	5796	2417
开发区											
西湖风景名胜区			295				604				368
临平工业园区			15				756			3600	
嘉兴市小计	**83191**	**4740**	**12671**	**10326**	**10424**	**6947**	**338358**	**32092**	**39036**	**45111**	**91732**
本级	26509	4227	3392	2088	6011	6297	276650	10365	12977	5465	2715
区县级小计	56682	513	9279	8238	4413	650	61708	21727	26059	39646	89017
海宁市	11149	21	2669	893	982	182	4600	2538	527	1596	3208
桐乡市	14950	298	5501	955	1947	302	34437	8377	10327	6326	32564
平湖市	14274		508	2560	222	25	5337	4063	6809	16378	39692
嘉善县	8974	20	257	711	858	140	7946	3263	962	9291	3376
海盐县	7335	174	344	3119	404	1	9388	3486	7434	6055	10177
湖州市小计	**83196**	**555**	**5755**	**11012**	**6585**	**1478**	**41234**	**30791**	**19060**	**19467**	**50890**
本级	31580	463	4200	4096	1469	388	2081	2331	1973	1190	5302
区县级小计	51616	92	1555	6916	5116	1090	39153	28460	17087	18277	45588
长兴县	11264	5	89	1424	1046	35	12814	9250	4606	8673	1355
德清县	13164	42	338	1693	1580	300	8298	10935	4506	5599	7258
安吉县	16517	23	761	2531	508	705	13364	4298	6839	2901	35430
吴兴区	7297	2	187	537	908		2522	1781	903	12	896
南浔区	2999	20	122	663	999	50	2153	1539	233	1092	649

4－11－3 单位:万元

地区	平衡部分										
	收入					支出					
	收入合计	本年收入	上年结余	补助收入	省补助计划单列市收入	支出合计	本年支出	上解上级支出	计划单列市上解省支出	政府调剂资金	年终结余
地市县合计	**8086758**	**6448605**	**1632332**	**5227**	**594**	**5465126**	**5450279**			**14847**	**2621632**
杭州市小计	**1299163**	**851479**	**446622**	**1062**		**872459**	**865409**			**7050**	**426704**
本级	477973	301593	175622	758		356575	356575				121398
区县级小计	821190	549886	271000	304		515884	508834			7050	305306
富阳市	87812	38500	49180	132		33354	33354				54458
桐庐县	26248	24669	1497	82		22944	22454			490	3304
临安市	41325	36752	4543	30		28278	28278				13047
建德市	51449	46120	5299	30		47331	47331				4118
淳安县	25414	16714	8670	30		16521	16521				8893
上城区	61480	31694	29786			28360	28360				33120
下城区	22575	14632	7943			14248	14248				8327
江干区	27654	17136	10518			19056	19056				8598
拱墅区	17074	15364	1710			13787	13787				3287
西湖区	21134	14890	6244			18767	18767				2367
滨江区	75784	26637	49147			12338	12338				63446
萧山区	168685	119097	49588			102281	102281				66404
余杭区	176145	135540	40605			148202	145643			2559	27943
开发区	1800	1151	649			40	40				1760
西湖风景名胜区	8912	5566	3346			5272	1271			4001	3640
临平工业园区	7699	5424	2275			5105	5105				2594
嘉兴市小计	**1093207**	**1007915**	**84963**	**329**		**735249**	**735249**				**357958**
本级	607761	578304	29580	－123		379386	379386				228375
区县级小计	485446	429611	55383	452		355863	355863				129583
海宁市	58009	40713	17266	30		35442	35442				22567
桐乡市	173975	163903	9992	80		124566	124566				49409
平湖市	116172	110591	5469	112		97844	97844				18328
嘉善县	63710	52792	10788	130		41661	41661				22049
海盐县	73580	61612	11868	100		56350	56350				17230
湖州市小计	**357050**	**313706**	**42913**	**431**		**338168**	**338168**				**18882**
本级	93179	71269	21623	287		69486	69486				23693
区县级小计	263871	242437	21290	144		268682	268682				－4811
长兴县	68679	56794	11831	54		63530	63530				5149
德清县	61513	55255	6228	30		63505	63505				－1992
安吉县	83155	84941	－1846	60		97590	97590				－14435
吴兴区	24935	22398	2537			22017	22017				2918
南浔区	20162	18930	1232			18465	18465				1697

4－11－4

单位:万元

地区	收支部分									
	收入					支出				
	收入合计	彩票资金收入	行政事业性收费收入	国有资源(资产)有偿使用收入	其他收入	支出合计	一般公共服务	外交	国防	公共安全
湖州经济开发区	4119				4119	3575	2144			196
舟山市小计	**132211**	**478**	**67620**	**18862**	**45251**	**173645**	**27280**		**42**	**1840**
本级	62556	478	46054	15274	750	116888	14358			1143
区县级小计	69655		21566	3588	44501	56757	12922		42	697
岱山县	11705		8384	104	3217	11352	2771		20	146
嵊泗县	4031		3008	90	933	3497	599		19	13
定海区	29649		3845	1020	24784	24327	5821		3	278
普陀区	24270		6329	2374	15567	17581	3731			260
金华市小计	**215997**	**8696**	**140025**	**16243**	**51033**	**213431**	**63673**		**129**	**9532**
本级	49871	4587	38257	6806	221	47171	10758			664
区县级小计	166126	4109	101768	9437	50812	166260	52915		129	8868
兰溪市	17600	139	13368	1054	3039	17795	4618			88
永康市	14460	413	13064	585	398	16890	1595		111	300
武义县	6151	292	5859			5795	894			40
东阳市	22399	534	14152	976	6737	21484	8853			1633
磐安县	11371	257	7191	339	3584	11233	3247			
义乌市	60731	2074	30356	5376	22925	57953	15127		18	4566
浦江县	18160	148	10177	353	7482	18333	9963			872
金东区	4084	191	1223	59	2611	5338	3562			252
婺城区	9798	61	5216	485	4036	10210	4838			1005
开发区	1372		1162	210		1229	218			112
绍兴市小计	**575731**	**7337**	**230730**	**12794**	**324870**	**480428**	**108483**		**4422**	**10831**
本级	110968	4679	81316		24973	86133	14645		4136	5565
区县级小计	464763	2658	149414	12794	299897	394295	93838		286	5266
绍兴县	110397	497	44711	4229	60960	94181	27891			1296
上虞市	93914	388	38859	4205	50462	87111	21966		224	2054
嵊州市	47009	791	22918	269	23031	45421	15300			6
新昌县	32564	360	12481	785	18938	28098	6189			837
诸暨市	180879	622	30445	3306	146506	139484	22492		62	1073
温州市小计	**775769**	**14297**	**499055**	**44160**	**218257**	**613521**	**131879**	**66**	**299**	**17385**
本级	300506	10306	213994	32883	43323	241425	36647	66		5688
区县级小计	475263	3991	285061	11277	174934	372096	95232		299	11697
平阳县	22445	397	22048			30534	15166			968
苍南县	62655	628	45579	1141	15307	60653	10296			147
瑞安市	102360	1052	67352	2492	31464	48538	11748			2254
永嘉县	68206	135	30220	1365	36486	62520	12256		234	1656

4－11 5 　　　　　　单位:万元

地区	收支部分 支出 教育	科学技术	文化体育与传媒	社会保障和就业	医疗卫生	环境保护	城乡社区事务	农林水事务	交通运输	工业、商业、金融等事务	其他支出
湖州经济开发区	375		58	68	75		2	657			
舟山市小计	**44679**	**157**	**9096**	**4327**	**1866**	**1985**	**36665**	**15325**	**22049**	**2288**	**6046**
本级	35248	132	7998	1993	828	1635	26045	4905	21357	241	1005
区县级小计	9431	25	1098	2334	1038	350	10620	10420	692	2047	5041
岱山县	2712	8	624	156	186	4	2453	1239	57	493	483
嵊泗县	1048	3	97	71	143	20	556	537	19	87	285
定海区	2081	10	117	1491	328	98	3976	5084	245	1052	3743
普陀区	3590	4	260	616	381	228	3635	3560	371	415	530
金华市小计	**68543**	**233**	**1773**	**6014**	**5970**	**295**	**24191**	**11794**	**11907**	**1443**	**7934**
本级	22436	51	492	2038	1592	66	2166	2614	1650	708	1936
区县级小计	46107	182	1281	3976	4378	229	22025	9180	10257	735	5998
兰溪市	5311	89	99	358	181		1902	1302	783	87	2977
永康市	7691	20	60	1439	60	20	4080	473	1021	20	
武义县	2502		8	133	117	8	802	924	367		
东阳市	3307	27	160	431	1097	59	3165	1055	818	105	774
磐安县	4712	19	240	171	450	15	429	364	212	26	1348
义乌市	14850	27	552	550	2327	65	9899	2061	6863	317	731
浦江县	3944		123	758	68	47	920	1378	83	177	
金东区	42		27	27	26	15	442	890	52	3	
婺城区	3330		12	99	52		255	458	58		103
开发区	418			10			131	275			65
绍兴市小计	**136898**	**344**	**14133**	**10696**	**17794**	**7224**	**73913**	**34883**	**22046**	**10753**	**28008**
本级	44734		2852	1937	742	400	2580	3283	1236	1056	2967
区县级小计	92164	344	11281	8759	17052	6824	71333	31600	20810	9697	25041
绍兴县	18186	191	809	2106	2129	248	23931	2977	3674	5630	5113
上虞市	27646	61	340	2558	1652	941	17616	7081	973	529	3470
嵊州市	7169	22	2639	422	1292	246	8044	3415	1514	1457	3895
新昌县	11407	18	536	743	899	27	2832	3011	844	419	336
诸暨市	27756	52	6957	2930	11080	5362	18910	15116	13805	1662	12227
温州市小计	**204169**	**470**	**17470**	**7701**	**17943**	**4047**	**114612**	**11842**	**8821**	**5599**	**71218**
本级	101144	358	7488	1497	7638	431	60585	559	3752	1419	14153
区县级小计	103025	112	9982	6204	10305	3616	54027	11283	5069	4180	57065
平阳县	5762		3265	500	1059		2245	806	290	88	385
苍南县	12874	20	3518	1501	191	143	29440	1735	600	98	90
瑞安市	14955		823	1046	2009		5057	1370	1567	279	7430
永嘉县	13250	24	331	206	327	53	1280	746	580	380	31197

四、各省、自治区、直辖市地市县预算外财政资料

4－11－6

单位：万元

地区	平衡部分										
	收入					支出					
	收入合计	本年收入	上年结余	补助收入	省补助计划单列市收入	支出合计	本年支出	上解上级支出	计划单列市上解省支出	政府调剂资金	年终结余
湖州经济开发区	5427	4119	1308			3575	3575				1852
舟山市小计	**226862**	**132211**	**94387**	**264**		**174810**	**173645**			**1165**	**52052**
本级	145194	62556	82434	204		116888	116888				28306
区县级小计	81668	69655	11953	60		57922	56757			1165	23746
岱山县	15547	11705	3812	30		11352	11352				4195
嵊泗县	5333	4031	1272	30		3497	3497				1836
定海区	30684	29649	1035			25492	24327			1165	5192
普陀区	30104	24270	5834			17581	17581				12523
金华市小计	**253470**	**215997**	**37003**	**470**		**213431**	**213431**				**40039**
本级	53794	49871	3831	92		47171	47171				6623
区县级小计	199676	166126	33172	378		166260	166260				33416
兰溪市	20472	17600	2822	50		17795	17795				2677
永康市	25521	14460	11011	50		16890	16890				8631
武义县	9602	6151	3351	100		5795	5795				3807
东阳市	23638	22399	1209	30		21484	21484				2154
磐安县	11413	11371	10	32		11233	11233				180
义乌市	68102	60731	7337	34		57953	57953				10149
浦江县	19329	18160	1139	30		18333	18333				996
金东区	7569	4084	3448	37		5338	5338				2231
婺城区	11921	9798	2108	15		10210	10210				1711
开发区	2109	1372	737			1229	1229				880
绍兴市小计	**632486**	**575731**	**56321**	**434**		**480775**	**480428**			**347**	**151711**
本级	122629	110968	11546	115		86133	86133				36496
区县级小计	509857	464763	44775	319		394642	394295			347	115215
绍兴县	120223	110397	9796	30		94528	94181			347	25695
上虞市	97471	93914	3474	83		87111	87111				10360
嵊州市	58122	47009	11049	64		45421	45421				12701
新昌县	33890	32564	1264	62		28098	28098				5792
诸暨市	200151	180879	19192	80		139484	139484				60667
温州市小计	**1144639**	**775769**	**367975**	**895**		**617535**	**613521**			**4014**	**527104**
本级	381263	300506	81904	－1147		241694	241425			269	139569
区县级小计	763376	475263	286071	2042		375841	372096			3745	387535
平阳县	76776	22445	53979	352		30534	30534				46242
苍南县	75071	62655	12210	206		60653	60653				14418
瑞安市	223283	102360	120600	323		48538	48538				174745
永嘉县	84956	68206	16476	274		62520	62520				22436

4－11－7　　　　单位:万元

地区	收支部分									
	收入					支出				
	收入合计	彩票资金收入	行政事业性收费收入	国有资源(资产)有偿使用收入	其他收入	支出合计	一般公共服务	外交	国防	公共安全
乐清市	72158	794	42343	2096	26925	61501	23347			2011
文成县	5435	124	5067	218	26	4235	1723			148
泰顺县	6036	45	4848	291	852	3980	410			138
洞头县	4780	153	4193	186	248	3067	708		21	79
鹿城区	42622	480	32178	309	9655	32623	5533			1092
瓯海区	40206	87	12306	1945	25868	29935	8971		22	2922
龙湾区	37323	96	8615	509	28103	30278	4842		22	282
开发区	11037		10312	725		4232	232			
台州市小计	**476597**	**5016**	**250638**	**29601**	**191342**	**434192**	**98422**		**2015**	**14149**
本级	68182	3934	37871	25003	1374	61602	7790			5559
区县级小计	408415	1082	212767	4598	189968	372590	90632		2015	8590
临海市	63484	39	41480	415	21550	63580	15202		365	684
温岭市	147385	423	44822	1585	100555	116046	18032			2723
玉环县	42893		22316	828	19749	43512	9563		1114	571
三门县	21120		17599	187	3334	23432	4087			403
仙居县	25522	31	14433	40	11018	26730	14747		103	402
天台县	21000	172	17097	394	3337	22927	2988			347
椒江区	15364		12644	245	2475	12930	4427			536
黄岩区	39304		19986	589	18729	33794	10679		321	96
路桥区	32343	417	22390	315	9221	29639	10907		112	2828
丽水市小计	**257083**	**3090**	**96633**	**7885**	**149475**	**189704**	**30774**		**80**	**5250**
本级	57121	2401	32618	2523	19579	46626	5099			3655
区县级小计	199962	689	64015	5362	129896	143078	25675		80	1595
缙云县	16736	70	13031	1033	2602	17597	4621		80	80
景宁县	8718	18	4984	104	3612	2349	783			231
莲都区	22006		5090	864	16052	17350	2961			146
龙泉市	22289	40	7565	312	14372	20442	674			56
青田县	79233	150	11388	1648	66047	32195	10089			627
庆元县	7863	50	4764	193	2856	6786	1754			164
松阳县	8840	67	8432	209	132	9018	2710			63
遂昌县	28747	97	4468	950	23232	32921	1486			69
云和县	5530	197	4293	49	991	4420	597			159
衢州市小计	**127345**	**3686**	**84246**	**4007**	**35406**	**112411**	**33243**			**8432**
本级	72057	2956	40237	1466	27398	71303	25585			5307
区县级小计	55288	730	44009	2541	8008	41108	7658			3125
龙游县	21259	454	18871	1934		12787	1761			1100

4－11－8 单位:万元

地区	收支部分										
	支出										
	教育	科学技术	文化体育与传媒	社会保障和就业	医疗卫生	环境保护	城乡社区事务	农林水事务	交通运输	工业、商业、金融等事务	其他支出
乐清市	15059	26	1219	1657	3510	341	5820	3391	722	2245	2153
文成县	1594		18	48	234	4	165	191	110		
泰顺县	2759		62	196	75		334	6			
洞头县	1533		130	113	61	45	150	78	55		94
鹿城区	18691	24	48	392	688	798	2933	1267		244	913
瓯海区	8442	12	325	341	1022	1666	1955	1088	1085	637	1447
龙湾区	8106	6	243	204	1129	566	648	605	60	209	13356
开发区							4000				
台州市小计	**80891**	**96**	**22855**	**8342**	**9150**	**1283**	**85442**	**40358**	**12461**	**6627**	**52101**
本级	17554		12276	2479	2444	186	4437	1187	2166	216	5308
区县级小计	63337	96	10579	5863	6706	1097	81005	39171	10295	6411	46793
临海市	5375	27	4908	187	929		6344	2810	495	6	26248
温岭市	18185		2348	2393	2906	908	37151	18516	3770	5252	3862
玉环县	3421	15	19	705	146	20	19393	2195	888	24	5438
三门县	6967		1609	507	185	12	1476	3197	497	96	4396
仙居县	4641	23	131	329	247	17	2770	1729	558	222	811
天台县	10481		576	301	88		2434	3654	1443	435	180
椒江区	3891	10	89	125	1327		922	598	183	59	763
黄岩区	7429		254	1089	830	106	3814	6199	1428	54	1495
路桥区	2947	21	645	227	48	34	6701	273	1033	263	3600
丽水市小计	**55441**	**145**	**8757**	**4079**	**4174**	**822**	**10744**	**9836**	**4033**	**1277**	**54292**
本级	25189	21	3522	263	1200	146	3879	649	3003		
区县级小计	30252	124	5235	3816	2974	676	6865	9187	1030	1277	54292
缙云县	6936		17	936	214	35	2135	1296	150	931	166
景宁县	457		151	72	183	20	165	172	63	52	
莲都区	5227	17	120	504	198		225	1251	3	54	6644
龙泉市	4471	1	866	1010	111		1127	868			11258
青田县	2854		2192	630	933	443	1533	630	293	40	11931
庆元县	2121		470	232	343	11	285	1268	138		
松阳县	2425	103	954	230	563	156	366	1139	180	5	124
遂昌县	3638	3	465	202	406	11	431	1857	165	195	23993
云和县	2123				23		598	706	38		176
衢州市小计	**38043**	**21**	**5943**	**2756**	**3291**	**347**	**4928**	**11003**	**2828**	**768**	**808**
本级	21831		4453	1122	2648	208	2760	5570	1110	225	484
区县级小计	16212	21	1490	1634	643	139	2168	5433	1718	543	324
龙游县	6650		100	256	31	45	568	1621	474	18	163

4－11－9

单位:万元

地区	平衡部分										
	收入					支出					
	收入合计	本年收入	上年结余	补助收入	省补助计划单列市收入	支出合计	本年支出	上解上级支出	计划单列市上解省支出	政府调剂资金	年终结余
乐清市	94450	72158	21998	294		61501	61501				32949
文成县	6396	5435	856	105		4235	4235				2161
泰顺县	7555	6036	1298	221		3980	3980				3575
洞头县	9161	4780	4306	75		3067	3067				6094
鹿城区	62260	42622	19567	71		32623	32623				29637
瓯海区	52719	40206	12421	92		33678	29935			3743	19041
龙湾区	54351	37323	16999	29		30278	30278				24073
开发区	16398	11037	5361			4234	4232			2	12164
台州市小计	**599285**	**476597**	**122242**	**446**		**434192**	**434192**				**165093**
本级	93874	68182	25622	70		61602	61602				32272
区县级小计	505411	408415	96620	376		372590	372590				132821
临海市	66978	63484	3464	30		63580	63580				3398
温岭市	165012	147385	17597	30		116046	116046				48966
玉环县	51070	42893	8147	30		43512	43512				7558
三门县	36221	21120	15071	30		23432	23432				12789
仙居县	33834	25522	8176	136		26730	26730				7104
天台县	28020	21000	6990	30		22927	22927				5093
椒江区	24322	15364	8918	40		12930	12930				11392
黄岩区	54540	39304	15201	35		33794	33794				20746
路桥区	45414	32343	13056	15		29639	29639				15775
丽水市小计	**365570**	**257083**	**107949**	**538**		**189704**	**189704**				**175866**
本级	84204	57121	26998	85		46626	46626				37578
区县级小计	281366	199962	80951	453		143078	143078				138288
缙云县	24272	16736	7506	30		17597	17597				6675
景宁县	11075	8718	2243	114		2349	2349				8726
莲都区	24358	22006	2352			17350	17350				7008
龙泉市	24496	22289	2177	30		20442	20442				4054
青田县	125998	79233	46735	30		32195	32195				93803
庆元县	11470	7863	3465	142		6786	6786				4684
松阳县	12468	8840	3598	30		9018	9018				3450
遂昌县	38227	28747	9450	30		32921	32921				5306
云和县	9002	5530	3425	47		4420	4420				4582
衢州市小计	**148329**	**127345**	**20626**	**358**		**113357**	**112411**			**946**	**34972**
本级	88757	72057	16526	174		71303	71303				17454
区县级小计	59572	55288	4100	184		42054	41108			946	17518
龙游县	22528	21259	1221	48		12787	12787				9741

四、各省、自治区、直辖市地市县预算外财政资料

4－11－10　　　　　　　　　　　　　　　　单位：万元

地　　区	收支部分									
	收入					支出				
	收入合计	彩票资金收入	行政事业性收费收入	国有资源（资产）有偿使用收入	其他收入	支出合计	一般公共服务	外交	国防	公共安全
常山县	7407	32	7144	156	75	5335	969			341
江山市	15098	140	12126	279	2553	15192	3576			740
开化县	11524	104	5868	172	5380	7794	1352			944
宁波市小计	**1714772**	**21793**	**548193**	**18721**	**1126065**	**1294121**	**161598**		**606**	**20927**
本级	661559	19608	258101	4329	379521	423210	54183			3667
区县级小计	1053213	2185	290092	14392	746544	870911	107415		606	17260
慈溪市	192823		28937		163886	181762	18525		273	3774
余姚市	148710		26632	202	121876	145454	11628		25	2254
奉化市	56909		32793	5821	18295	34931	5569		3	1756
象山县	124628	612	43718	400	79898	92330	14494		179	816
宁海县	86326	673	15757	1764	68132	63011	38172		19	1731
鄞州区	192577		53365	3929	135283	167905	4356			2410
镇海区	53297	421	10381	377	42118	36153	3646			515
北仑区	42535	479	19331		22725	34543	5172			1547
江东区	9790		9790			8409	1673			614
江北区	15540		12471	920	2149	10524	1413			787
海曙区	12631		11905	726		11925	2053			1056
开发区										
大榭开发区	1592		1517	75		10	10			
宁波保税区	364		213	31	120	92	92			
东钱湖区	96826		11925	50	84851	83695	612		107	
高新开发区	18665		11357	97	7211	167				

4－11－11 单位:万元

地区	收支部分										
	支出										
	教育	科学技术	文化体育与传媒	社会保障和就业	医疗卫生	环境保护	城乡社区事务	农林水事务	交通运输	工业、商业、金融等事务	其他支出
常山县	1438	21	229	342	347	26	372	729	329	31	161
江山市	5953			557	34	63	790	2289	696	494	
开化县	2171		1161	479	231	5	438	794	219		
宁波市小计	**198997**	**10200**	**13494**	**36528**	**18022**	**4506**	**498622**	**65989**	**100696**	**66172**	**97764**
本级	105053		678	3739	2972	350	135640	3457	85479	21885	6107
区县级小计	93944	10200	12816	32789	15050	4156	362982	62532	15217	44287	91657
慈溪市	20599	763	1878	4033	2145	575	89291	16539	2176	16755	4436
余姚市	14746		563	2367	1191	376	34016	8057	24	2208	67999
奉化市	6960	20	3186	1206	193	70	6931	3327	2942	488	2280
象山县	12476		3868	2127	3263	1429	24761	13090	6783	2682	6362
宁海县	5371	163	477	800	417	5	12087	2391	349	757	272
鄞州区	14778	9252	2228	15472	4271	452	78702	12734		20034	3216
镇海区	5078	2	115	3690	11	900	19332	794	1346	455	269
北仑区	4727		316	2073	1271	249	10363	4199	1331	392	2903
江东区	3024		25	422	103		2461	72			15
江北区	1939		43	106	1175	100	3009	1153	229	516	54
海曙区	3875		66	131	993		3598	25			128
开发区											
大榭开发区											
宁波保税区											
东钱湖区	214		51	362	17		78421	151	37		3723
高新开发区	157						10				

4-11-12

单位:万元

地区	平衡部分										
	收入					支出					
	收入合计	本年收入	上年结余	补助收入	省补助计划单列市收入	支出合计	本年支出	上解上级支出	计划单列市上解省支出	政府调剂资金	年终结余
常山县	7486	7407	45	34		5741	5335			406	1745
江山市	18672	15098	3504	70		15192	15192				3480
开化县	10886	11524	-670	32		8334	7794			540	2552
宁波市小计	**1966697**	**1714772**	**251331**		**594**	**1295446**	**1294121**			**1325**	**671251**
本级	744771	661559	104736	-22118	594	423210	423210				321561
区县级小计	1221926	1053213	146595	22118		872236	870911			1325	349690
慈溪市	203569	192823	4288	6458		182706	181762			944	20863
余姚市	152812	148710		4102		145454	145454				7358
奉化市	70597	56909	13688			34931	34931				35666
象山县	126693	124628	2065			92330	92330				34363
宁海县	90483	86326	4157			63011	63011				27472
鄞州区	257508	192577	58623	6308		168281	167905			376	89227
镇海区	86580	53297	30930	2353		36153	36153				50427
北仑区	51259	42535	5827	2897		34543	34543				16716
江东区	13133	9790	3343			8409	8409				4724
江北区	18629	15540	3089			10524	10524				8105
海曙区	27958	12631	15327			11925	11925				16033
开发区											
大榭开发区	2726	1592	1134			10	10				2716
宁波保税区	855	364	491			92	92				763
东钱湖区	100459	96826	3633			83695	83695				16764
高新开发区	18665	18665				172	167			5	18493

2007 年安徽省地市县财政预算外收支平衡表

4－12－1　　　　单位:万元

地区	收支部分									
	收入					支出				
	收入合计	彩票资金收入	行政事业性收费收入	国有资源(资产)有偿使用收入	其他收入	支出合计	一般公共服务	外交	国防	公共安全
地市县合计	**978450**	**304**	**788813**	**43118**	**146215**	**911158**	**93267**		**2353**	**23277**
宣城市小计	**45022**		**29694**	**1277**	**14051**	**45249**	**6599**			**2111**
本级	6884		6754	105	25	7427	818			174
区县级小计	38138		22940	1172	14026	37822	5781			1937
宣州区	6793		4828	212	1753	6715	413			283
郎溪县	3033		2335	124	574	3096	816			163
广德县	3518		3508		10	3731	458			257
宁国市	9524		6070		3454	10058	1232			
泾县	10077		2602	536	6939	9575	2090			651
旌德县	2276		1527	296	453	2323	154			583
绩溪县	2917		2070	4	843	2324	618			
宿州市小计	**60534**	**154**	**48878**	**2187**	**9315**	**52906**	**5138**			**214**
本级	28687	154	20615	2157	5761	22383	1811			45
区县级小计	31847		28263	30	3554	30523	3327			169
埇桥区	9273		6861		2412	9281	2492			
砀山县	6000		5997	3		5993	171			
萧县	5080		3938		1142	4051	111			17
灵璧县	5657		5630	27		5365	23			30
泗县	5837		5837			5833	530			122
滁州市小计	**59604**		**45605**	**2699**	**11300**	**57227**	**7233**			**114**
本级	23425		13224	2262	7939	21433	460			45
区县级小计	36179		32381	437	3361	35794	6773			69
琅琊区	626		446	168	12	606	49			
南谯区	6419		6291	33	95	6627	4295			30
天长市	2482		2445	37		2753	116			
来安县	2244		2244			2320	85			
全椒县	4587		4394		193	4001	109			
定远县	7618		7618			6411	2			
凤阳县	6001		3352	59	2590	7227	1512			15
明光市	6202		5591	140	471	5849	605			24
池州市小计	**28249**		**11418**	**26**	**16805**	**28860**	**4003**			**158**
本级	12618		2295	26	10297	13479	50			125
区县级小计	15631		9123		6508	15381	3953			33
贵池区	7398		3930		3468	7574	3081			2
石台县	618		445		173	610	6			1
青阳县	4815		1948		2867	4397	866			30

四、各省、自治区、直辖市地市县预算外财政资料

4－12－2

单位:万元

地区	收支部分										
	支出										
	教育	科学技术	文化体育与传媒	社会保障和就业	医疗卫生	环境保护	城乡社区事务	农林水事务	交通运输	工业、商业、金融等事务	其他支出
地市县合计	**434409**	**544**	**38447**	**32599**	**47886**	**2998**	**137843**	**19153**	**36615**	**7689**	**34078**
宣城市小计	**18987**	**32**	**1641**	**1311**	**4389**	**246**	**3205**	**3822**	**2044**	**361**	**501**
本级	3156	9	313	74	1396	121	661	531	174		
区县级小计	15831	23	1328	1237	2993	125	2544	3291	1870	361	501
宣州区	3359			390	451	50	95	834	820		20
郎溪县	1393		2	89	212		302	77	42		
广德县	1891	23	150	20	123	10	105	694			
宁国市	4867		443	531	1215		1151	457	145		17
泾县	2775		676	147	325	38	828	1141	543	361	
旌德县	789		57	26	135	27		88			464
绩溪县	757			34	532		63		320		
宿州市小计	**32834**		**2076**	**1963**	**1105**	**987**	**5937**	**1150**	**1104**	**364**	**34**
本级	12202		1343	493	84	872	3835	507	994	197	
区县级小计	20632		733	1470	1021	115	2102	643	110	167	34
埇桥区	4932		203	897		100	136	377	110		34
砀山县	4942		252	262	125		194	47			
萧县	3327						437			159	
灵璧县	3545		240	120	62		1253	92			
泗县	3886		38	191	834	15	82	127		8	
滁州市小计	**31087**	**138**	**1319**	**2667**	**1703**	**33**	**2498**	**2112**	**6445**	**989**	**889**
本级	10021	128	887	947	616	1	189	925	6336	878	
区县级小计	21066	10	432	1720	1087	32	2309	1187	109	111	889
琅琊区	445		14	28	3		3	10		17	37
南谯区	1358		2	50	1		8	164	13	39	667
天长市	1812		160	202	103		135	194		31	
来安县	1937		34	174	22		68				
全椒县	3333		50	78	141			22	96		172
定远县	6256			152	1						
凤阳县	2548	10	57	378	603	32	1602	433		24	13
明光市	3377		115	658	213		493	364			
池州市小计	**11466**	**67**	**1372**	**171**	**7347**	**42**	**874**	**789**	**356**	**153**	**2062**
本级	3291	3	1144	22	6459	12	373	75		13	1912
区县级小计	8175	64	228	149	888	30	501	714	356	140	150
贵池区	3129	61	30	40	763		53	339		76	
石台县	483		13		14			78		5	10
青阳县	1763	3	185	109	111	30	448	297	356	59	140

4－12－3

单位:万元

地区	平衡部分										
	收入					支出					年终结余
	收入合计	本年收入	上年结余	补助收入	省补助计划单列市收入	支出合计	本年支出	上解上级支出	计划单列市上解省支出	政府调剂资金	
地市县合计	**1256220**	**978450**	**241031**	**36739**		**926967**	**911158**			**15809**	**329253**
宣城市小计	**54043**	**45022**	**7334**	**1687**		**45445**	**45249**			**196**	**8598**
本级	8203	6884	960	359		7427	7427				776
区县级小计	45840	38138	6374	1328		38018	37822			196	7822
宣州区	6920	6793	59	68		6715	6715				205
郎溪县	3412	3033	256	123		3096	3096				316
广德县	3811	3518		293		3731	3731				80
宁国市	10908	9524	850	534		10058	10058				850
泾县	14254	10077	4019	158		9771	9575			196	4483
旌德县	3278	2276	944	58		2323	2323				955
绩溪县	3257	2917	246	94		2324	2324				933
宿州市小计	**72688**	**60534**	**10723**	**1431**		**53806**	**52906**			**900**	**18882**
本级	37897	28687	8375	835		22383	22383				15514
区县级小计	34791	31847	2348	596		31423	30523			900	3368
埇桥区	9719	9273	430	16		9281	9281				438
砀山县	7551	6000	1380	171		6093	5993			100	1458
萧县	5232	5080		152		4851	4051			800	381
灵璧县	6049	5657	246	146		5365	5365				684
泗县	6240	5837	292	111		5833	5833				407
滁州市小计	**70919**	**59604**	**9683**	**1632**		**59628**	**57227**			**2401**	**11291**
本级	28019	23425	4024	570		21733	21433			300	6286
区县级小计	42900	36179	5659	1062		37895	35794			2101	5005
琅琊区	850	626	222	2		606	606				244
南谯区	6681	6419	252	10		6627	6627				54
天长市	3828	2482	966	380		2753	2753				1075
来安县	2376	2244		132		2320	2320				56
全椒县	5576	4587	872	117		4001	4001				1575
定远县	8932	7618	1214	100		7922	6411			1511	1010
凤阳县	7824	6001	1669	154		7227	7227				597
明光市	6833	6202	464	167		6439	5849			590	394
池州市小计	**30773**	**28249**	**1630**	**894**		**28860**	**28860**				**1913**
本级	14483	12618	1303	562		13479	13479				1004
区县级小计	16290	15631	327	332		15381	15381				909
贵池区	7584	7398	176	10		7574	7574				10
石台县	680	618		62		610	610				70
青阳县	5018	4815	95	108		4397	4397				621

4－12－4

单位:万元

地区	收支部分									
	收入					支出				
	收入合计	彩票资金收入	行政事业性收费收入	国有资源（资产）有偿使用收入	其他收入	支出合计	一般公共服务	外交	国防	公共安全
东至县	2800		2800			2800				
阜阳市小计	**72149**		**68971**	**1243**	**1935**	**70955**	**7553**			**3928**
本级	27446		26875	571		26267	2772			2447
区县级小计	44703		42096	672	1935	44688	4781			1481
颍州区	2519		2449	70		3469	72			181
颍泉区	2937		2606	46	285	2995	119			
颍东区	2409		2405	4		2486	150			18
临泉县	6240		6240			7028	1805			4
太和县	7988		7988			7239	270			79
颍上县	7859		7859			7343	320			168
阜南县	8181		5986	545	1650	7363	976			31
界首市	6570		6563	7		6765	1069			1000
六安市小计	**41656**		**39403**	**510**	**1743**	**43323**	**2732**			**825**
本级	18046		16399	40	1607	19413	890			453
区县级小计	23610		23004	470	136	23910	1842			372
金安区	878		875	3		866	122			41
裕安区	6938		6909	29		6897	272			
寿县	2518		2141	377		2798	214			63
霍邱县	6117		6086	31		6382	257			20
舒城县	1143		1093	30	20	1143	55			1
金寨县	2380		2380			2188	93			
霍山县	3636		3520		116	3636	829			247
巢湖市小计	**46046**		**34070**	**244**	**11732**	**44820**	**6866**			**1672**
本级	10380		9067		1313	11745	244			563
区县级小计	35666		25003	244	10419	33075	6622			1109
居巢区	12097		5742	40	6315	12508	4773			44
庐江县	4730		4657	35	38	4499	93			
含山县	5496		2774	38	2684	3600	1020			300
和县	5028		3542	104	1382	4194	361			765
无为县	8315		8288	27		8274	375			
合肥市小计	**235148**		**191649**	**18651**	**24848**	**193072**	**18142**			**2812**
本级	162731		152518	8223	1990	132349	9337			65
区县级小计	72417		39131	10428	22858	60723	8805			2747
瑶海区	7879		2484	15	5380	7928	1404			939
庐阳区	10866		2920	3465	4481	10190	1850			
蜀山区	6798		3354	779	2665	1397	5			2

4－12－5 单位：万元

地区	收支部分：支出：教育	科学技术	文化体育与传媒	社会保障和就业	医疗卫生	环境保护	城乡社区事务	农林水事务	交通运输	工业、商业、金融等事务	其他支出
东至县	2800										
阜阳市小计	**41312**	**1**	**550**	**1712**	**2401**	**291**	**8695**	**1717**	**2716**	**21**	**58**
本级	12148		129	526	767	263	5900	1248		12	55
区县级小计	29164	1	421	1186	1634	28	2795	469	2716	9	3
颍州区	2924				237		1	54			
颍泉区	2699		14	38	59	2	8	47		9	
颍东区	2061				222		8	27			
临泉县	4373			107	60			19	660		
太和县	5885		14	268	215		470	38			
颍上县	3652			150	495		1448		1110		
阜南县	4512	1	111	267	262	14	650	186	350		3
界首市	3058		282	356	84	12	210	98	596		
六安市小计	**29249**		**1075**	**1781**	**2442**	**128**	**3147**	**879**	**835**	**220**	**10**
本级	11773		293	772	1876	62	2679	145	342	128	
区县级小计	17476		782	1009	566	66	468	734	493	92	10
金安区	305		3	47	223	26	8	81			10
裕安区	5719				86		20	335	445	20	
寿县	1420		614	213			143	116	2	13	
霍邱县	5253		108	332	64	40	210	95	3		
舒城县	558			257	162			60		50	
金寨县	1722		57	120	10		87	47	43	9	
霍山县	2499			40	21						
巢湖市小计	**21441**	**16**	**1981**	**2248**	**1939**	**17**	**4585**	**1298**	**2407**	**75**	**275**
本级	5615	16	1608	134	377		2033	817	282	56	
区县级小计	15826		373	2114	1562	17	2552	481	2125	19	275
居巢区	4819		17	498	878		640	181	639	19	
庐江县	3498			374	327			62	145		
含山县	1679		143	3	62		96	60			237
和县	17		213	936	295	17	722	128	702		38
无为县	5813			303			1094	50	639		
合肥市小计	**59401**	**152**	**5256**	**7006**	**8455**	**5**	**78562**	**502**	**142**	**902**	**11735**
本级	28117	113	4110	4871	3518	5	73484		132	833	7764
区县级小计	31284	39	1146	2135	4937		5078	502	10	69	3971
瑶海区	2368		37	158	1031		997	27		2	965
庐阳区	6458		38	99	415		630				700
蜀山区	514		161	1	518		196				

4－12－6　　单位:万元

地区	平衡部分										
	收入					支出					年终结余
	收入合计	本年收入	上年结余	补助收入	省补助计划单列市收入	支出合计	本年支出	上解上级支出	计划单列市上解省支出	政府调剂资金	
东至县	3008	2800	56	152		2800	2800				208
阜阳市小计	**107585**	**72149**	**32490**	**2946**		**71981**	**70955**			**1026**	**35604**
本级	45904	27446	17007	1451		26267	26267				19637
区县级小计	61681	44703	15483	1495		45714	44688			1026	15967
颍州区	4658	2519	2124	15		3469	3469				1189
颍泉区	3567	2937	610	20		2995	2995				572
颍东区	2984	2409	560	15		2639	2486			153	345
临泉县	11344	6240	4898	206		7028	7028				4316
太和县	12458	7988	3989	481		8112	7239			873	4346
颍上县	10146	7859	1992	295		7343	7343				2803
阜南县	9145	8181	675	289		7363	7363				1782
界首市	7379	6570	635	174		6765	6765				614
六安市小计	**48099**	**41656**	**3645**	**2798**		**43662**	**43323**			**339**	**4437**
本级	22664	18046	3057	1561		19413	19413				3251
区县级小计	25435	23610	588	1237		24249	23910			339	1186
金安区	888	878		10		878	866			12	10
裕安区	7017	6938	69	10		6897	6897				120
寿县	3116	2518	302	296		2798	2798				318
霍邱县	6476	6117	31	328		6382	6382				94
舒城县	1418	1143		275		1143	1143				275
金寨县	2564	2380	36	148		2515	2188			327	49
霍山县	3956	3636	150	170		3636	3636				320
巢湖市小计	**51868**	**46046**	**4392**	**1430**		**45079**	**44820**			**259**	**6789**
本级	14873	10380	3983	510		12004	11745			259	2869
区县级小计	36995	35666	409	920		33075	33075				3920
居巢区	12553	12097	446	10		12508	12508				45
庐江县	5650	4730	604	316		4499	4499				1151
含山县	5722	5496	106	120		3600	3600				2122
和县	4313	5028	－924	209		4194	4194				119
无为县	8757	8315	177	265		8274	8274				483
合肥市小计	**297221**	**235148**	**54508**	**7565**		**195271**	**193072**			**2199**	**101950**
本级	217723	162731	48673	6319		132349	132349				85374
区县级小计	79498	72417	5835	1246		62922	60723			2199	16576
瑶海区	9481	7879	1602			7928	7928				1553
庐阳区	12569	10866	1703			10190	10190				2379
蜀山区	8624	6798	1826			1397	1397				7227

4－12－7

单位:万元

地区	收支部分									
	收入					支出				
	收入合计	彩票资金收入	行政事业性收费收入	国有资源（资产）有偿使用收入	其他收入	支出合计	一般公共服务	外交	国防	公共安全
包河区	9029		2376	3727	2926	8958	3441			927
肥东县	15922		10575	2037	3310	12794	468			318
长丰县	10407		7714	138	2555	8307	622			229
肥西县	11516		9708	267	1541	11149	1015			332
蚌埠市小计	**43735**		**37503**	**4054**	**2178**	**38403**	**1040**		**31**	**2195**
本级	32908		28121	3177	1610	25785	517			1443
区县级小计	10827		9382	877	568	12618	523		31	752
龙子湖区	381		381			381	13			72
蚌山区	1027		242	265	520	931	277		30	313
禹会区	393		245	100	48	340	13		1	104
淮上区	98		98			137	10			126
怀远县	4273		4254	19		5080	47			118
固镇县	1583		1583			1651				
五河县	3072		2579	493		4098	163			19
淮南市小计	**47963**		**39111**	**1065**	**7787**	**45638**	**7241**		**1367**	**966**
本级	32364		31830	534		28163	553		1279	728
区县级小计	15599		7281	531	7787	17475	6688		88	238
田家庵区	1354		700		654	1354	609			
大通区	393		276		117	393	240			
谢家集区	1072		270		802	1072	802			
八公山区	3705		120		3585	4067	1907		88	152
潘集区	1250		1250			1250	48			22
凤台县	7825		4665	531	2629	9339	3082			64
铜陵市小计	**23103**		**20983**	**427**	**1693**	**28046**	**2038**			**1680**
本级	15086		14810	276		21411	920			1277
区县级小计	8017		6173	151	1693	6635	1118			403
铜官山区	1105		739	151	215	788	177			161
狮子山区	1105		103		1002	622	432			54
郊区	695		219		476					
铜陵县	5112		5112			5225	509			188
马鞍山市小计	**23468**		**20403**	**873**	**2192**	**21785**	**1363**			**148**
本级	14969		12526	515	1928	14485	621			
区县级小计	8499		7877	358	264	7300	742			148
花山区	461		109	216	136	495	3			
雨山区	487		229	130	128	444	109			
金家庄区	289		289			311				

4－12－8

单位:万元

地区	收支部分 支出 教育	科学技术	文化体育与传媒	社会保障和就业	医疗卫生	环境保护	城乡社区事务	农林水事务	交通运输	工业、商业、金融等事务	其他支出
包河区	2594	10	4	528	878		315	175	10	36	40
肥东县	7516	12	616	745	906		1987	123		19	84
长丰县	4629	17	168	288	597		90	82		2	1583
肥西县	7205		122	316	592		863	95		10	599
蚌埠市小计	**22069**	**48**	**3965**	**1358**	**1957**	**110**	**3816**	**296**	**1423**	**95**	
本级	13271	48	3044	1135	1257	110	3280	162	1423	95	
区县级小计	8798		921	223	700		536	134			
龙子湖区	176		6	29	55		27	3			
蚌山区	90		11	25	107		74	4			
禹会区	110		21	17	25		49				
淮上区								1			
怀远县	4493		212		19		126	65			
固镇县	1483		168								
五河县	2446		503	152	494		260	61			
淮南市小计	**19057**	**14**	**5689**	**977**	**2449**	**305**	**2062**	**1074**	**2221**	**410**	**1806**
本级	16506		5284	62	1433	96	663	436	1021	102	
区县级小计	2551	14	405	915	1016	209	1399	638	1200	308	1806
田家庵区	68		7	34	362		140	75		59	
大通区				15	97		12	29			
谢家集区	187		3		58		22				
八公山区	62	7	72	62	74	158	355	166	45	93	826
潘集区				3	372	9	298	98	400		
凤台县	2234	7	323	801	53	42	572	270	755	156	980
铜陵市小计	**8904**	**15**	**1373**	**1688**	**704**	**240**	**1524**	**171**	**8090**	**84**	**1535**
本级	6797	15	1273	1579	254	235	938	15	7687	64	357
区县级小计	2107		100	109	450	5	586	156	403	20	1178
铜官山区	408			24	6	4	8				
狮子山区	61			3	24	1	14	5		20	8
郊区											
铜陵县	1638		100	82	420		564	151	403		1170
马鞍山市小计	**13831**	**3**	**2413**	**243**	**1423**	**116**	**1232**	**250**	**560**	**17**	**186**
本级	9991	3	1880	46	1106		780				58
区县级小计	3840		533	197	317	116	452	250	560	17	128
花山区	173		2	7			310				
雨山区	268			2	2		61	2			
金家庄区	177		19				11				104

4-12-9 单位:万元

地区	平衡部分										
	收入					支出					年终结余
	收入合计	本年收入	上年结余	补助收入	省补助计划单列市收入	支出合计	本年支出	上解上级支出	计划单列市上解省支出	政府调剂资金	
包河区	11904	9029	2875			8958	8958				2946
肥东县	16707	15922	485	300		12794	12794				3913
长丰县	7576	10407	-3461	630		10506	8307			2199	-2930
肥西县	12637	11516	805	316		11149	11149				1488
蚌埠市小计	**90548**	**43735**	**43366**	**3447**		**38403**	**38403**				**52145**
本级	68841	32908	34832	1101		25785	25785				43056
区县级小计	21707	10827	8534	2346		12618	12618				9089
龙子湖区	455	381	74			381	381				74
蚌山区	1407	1027	380			931	931				476
禹会区	342	393	-51			340	340				2
淮上区	286	98	188			137	137				149
怀远县	9635	4273	4458	904		5080	5080				4555
固镇县	2403	1583	370	450		1651	1651				752
五河县	7179	3072	3115	992		4098	4098				3081
淮南市小计	**64095**	**47963**	**13328**	**2804**		**45638**	**45638**				**18457**
本级	43772	32364	9607	1801		28163	28163				15609
区县级小计	20323	15599	3721	1003		17475	17475				2848
田家庵区	1362	1354	8			1354	1354				8
大通区	393	393				393	393				
谢家集区	1618	1072	546			1072	1072				546
八公山区	4258	3705	553			4067	4067				191
潘集区	1250	1250				1250	1250				
凤台县	11442	7825	2614	1003		9339	9339				2103
铜陵市小计	**34329**	**23103**	**10425**	**801**		**28398**	**28046**			**352**	**5931**
本级	25430	15086	9677	667		21411	21411				4019
区县级小计	8899	8017	748	134		6987	6635			352	1912
铜官山区	1385	1105	280			788	788				597
狮子山区	1317	1105	212			622	622				695
郊区	704	695	9			352				352	352
铜陵县	5493	5112	247	134		5225	5225				268
马鞍山市小计	**27105**	**23468**	**2612**	**1025**		**21815**	**21785**			**30**	**5290**
本级	15928	14969	89	870		14485	14485				1443
区县级小计	11177	8499	2523	155		7330	7300			30	3847
花山区	515	461	54			495	495				20
雨山区	641	487	154			474	444			30	167
金家庄区	311	289	22			311	311				

四、各省、自治区、直辖市地市县预算外财政资料

4－12－10

单位:万元

地区	收支部分									
	收入					支出				
	收入合计	彩票资金收入	行政事业性收费收入	国有资源（资产）有偿使用收入	其他收入	支出合计	一般公共服务	外交	国防	公共安全
当涂县	7262		7250	12		6050	630			148
淮北市小计	**32512**		**29657**	**1341**	**1514**	**34245**	**3605**			**988**
本级	24234		22062	1118	1054	25727	3387			622
区县级小计	8278		7595	223	460	8518	218			366
相山区	793		692		101	793				250
杜集区	449		187		262	449	115			14
烈山区	1224		1060	67	97	1261	103			102
濉溪县	5812		5656	156		6015				
芜湖市小计	**58759**		**44304**	**1919**	**12536**	**58180**	**6184**		**951**	**2013**
本级	35174		32645	582	1947	39168	3623		949	1306
区县级小计	23585		11659	1337	10589	19012	2561		2	707
镜湖区	266		266			266	37			22
弋江区	710		710			585	24			95
鸠江区	1958		1641		317	1958	541			361
三山区	784		540	5	239	783	389			144
繁昌县	12340		3444	69	8827	10129	1366		2	82
南陵县	4236		1767	1263	1206	1871	180			
芜湖县	3291		3291			3420	24			3
安庆市小计	**81431**		**67364**	**3770**	**10297**	**74173**	**4055**		**4**	**2095**
本级	21788		18755	1478	1555	19984	516		4	396
区县级小计	59643		48609	2292	8742	54189	3539			1699
迎江区	667		301	339	27	749	120			10
大观区	696		696			765	59			1
宜秀区	1110		1110			732	93			
怀宁县	7347		7099	222	26	6787	160			376
枞阳县	7652		7217	99	336	7830	925			
桐城市	539		539			539				
潜山县	14002		4562	1108	8332	14002	927			377
太湖县	7447		7412	14	21	5686	99			21
宿松县	11887		11386	501		9337	956			914
望江县	5806		5806			5260	139			
岳西县	2490		2481	9		2502	61			
黄山市小计	**22731**		**19663**	**1532**	**1536**	**20651**	**4459**			**622**
本级	10430		9389	1041		7871	1799			228
区县级小计	12301		10274	491	1536	12780	2660			394
屯溪区	710		219	257	234	788	301			21

4－12－11

单位:万元

地区	收支部分										
	支出										
	教育	科学技术	文化体育与传媒	社会保障和就业	医疗卫生	环境保护	城乡社区事务	农林水事务	交通运输	工业、商业、金融等事务	其他支出
当涂县	3222		512	188	315	116	70	248	560	17	24
淮北市小计	**19026**	**11**	**1391**	**1032**	**1323**	**133**	**3294**	**1723**	**1447**	**209**	**63**
本级	13285	11	1282	501	1252	75	2672	1592	839	209	
区县级小计	5741		109	531	71	58	622	131	608		63
相山区	543										
杜集区	307										13
烈山区	882			9		58	37	20			50
濉溪县	4009		109	522	71		585	111	608		
芜湖市小计	**21242**	**3**	**4385**	**3366**	**1468**	**106**	**10646**	**1286**	**1307**	**2186**	**3037**
本级	15515		4003	2838	512	106	7248	137	608	244	2079
区县级小计	5727	3	382	528	956		3398	1149	699	1942	958
镜湖区				3	7		197				
弋江区			4	1	27		244	13	177		
鸠江区	62		3	30	228		77	274	371	1	10
三山区	19			1	48		23	8	151		
繁昌县	2065	3	218	233	388		2216	753		1861	942
南陵县	686		138		258		538	71			
芜湖县	2895		19	260			103	30		80	6
安庆市小计	**49000**	**8**	**3119**	**3331**	**6335**	**175**	**3262**	**1321**	**69**	**1319**	**80**
本级	11449	6	2294	2522	147		1740	99	69	742	
区县级小计	37551	2	825	809	6188	175	1522	1222		577	80
迎江区	473						113	30			3
大观区	308			1	216		170	10			
宜秀区	240		3	1	134	7	47	207			
怀宁县	5510		138	33	72		177	291			30
枞阳县	6494		9	95	159	52		96			
桐城市	479			44	16						
潜山县	6375		447	336	4517	7	370	120		479	47
太湖县	5076		12	34	43	55	61	255		30	
宿松县	6531	2	182	162	99		345	80		66	
望江县	3766			72	919	54	195	113		2	
岳西县	2299		34	31	13		44	20			
黄山市小计	**10365**	**34**	**436**	**340**	**868**	**5**	**1136**	**274**	**1613**	**222**	**277**
本级	3821		32	63	624	5	526	65	581	80	47
区县级小计	6544	34	404	277	244		610	209	1032	142	230
屯溪区	191		32	37	48		65	22		12	59

四、各省、自治区、直辖市地市县预算外财政资料

4－12－12

单位:万元

地区	平衡部分									
	收入					支出				年终结余
	收入合计	本年收入	上年结余	补助收入	省补助计划单列市收入	支出合计	本年支出	上解上级支出	计划单列市上解省支出	政府调剂资金	
当涂县	9710	7262	2293	155		6050	6050				3660
淮北市小计	**39319**	**32512**	**5871**	**936**		**34245**	**34245**				**5074**
本级	30505	24234	5514	757		25727	25727				4778
区县级小计	8814	8278	357	179		8518	8518				296
相山区	793	793				793	793				
杜集区	449	449				449	449				
烈山区	1345	1224	121			1261	1261				84
濉溪县	6227	5812	236	179		6015	6015				212
芜湖市小计	**68500**	**58759**	**7343**	**2398**		**60739**	**58180**			**2559**	**7761**
本级	42210	35174	5300	1736		39168	39168				3042
区县级小计	26290	23585	2043	662		21571	19012			2559	4719
镜湖区	272	266	6			266	266				6
弋江区	978	710	268			585	585				393
鸠江区	1958	1958				1958	1958				
三山区	784	784				783	783				1
繁昌县	14293	12340	1600	353		10129	10129				4164
南陵县	4585	4236	169	180		4430	1871			2559	155
芜湖县	3420	3291		129		3420	3420				
安庆市小计	**106181**	**81431**	**22498**	**2252**		**78373**	**74173**			**4200**	**27808**
本级	37642	21788	14924	930		24184	19984			4200	13458
区县级小计	68539	59643	7574	1322		54189	54189				14350
迎江区	750	667	83			749	749				1
大观区	1096	696	400			765	765				331
宜秀区	1211	1110	101			732	732				479
怀宁县	8163	7347	661	155		6787	6787				1376
枞阳县	8083	7652	272	159		7830	7830				253
桐城市	940	539	166	235		539	539				401
潜山县	14836	14002	627	207		14002	14002				834
太湖县	7781	7447	80	254		5686	5686				2095
宿松县	14275	11887	2302	86		9337	9337				4938
望江县	8393	5806	2506	81		5260	5260				3133
岳西县	3011	2490	376	145		2502	2502				509
黄山市小计	**31608**	**22731**	**7772**	**1105**		**21321**	**20651**			**670**	**10287**
本级	16955	10430	5790	735		8541	7871			670	8414
区县级小计	14653	12301	1982	370		12780	12780				1873
屯溪区	798	710	78	10		788	788				10

4－12－13

单位:万元

地区	收支部分									
	收入					支出				
	收入合计	彩票资金收入	行政事业性收费收入	国有资源(资产)有偿使用收入	其他收入	支出合计	一般公共服务	外交	国防	公共安全
黄山区	1342		1147	45	150	1446	291			
徽州区	1860		1421	152	287	2019	256			206
祁门县	1855		1450		405	1848	501			32
黟县	1206		1206			1169	683			
休宁县	1271		1271			1269	35			
歙县	4057		3560	37	460	4241	593			135
亳州市小计	**56340**	**150**	**40137**	**1300**	**14753**	**53625**	**5016**			**736**
本级	24049	150	11837	383	11679	23981	519			682
区县级小计	32291		28300	917	3074	29644	4497			54
谯城区	8361		8124	237		7849	2544			5
涡阳县	9039		6461	632	1946	7547	547			34
蒙城县	9453		8770		683	9464	1256			
利辛县	5438		4945	48	445	4784	150			15

4－12－14

单位:万元

地区	收支部分 支出 教育	科学技术	文化体育与传媒	社会保障和就业	医疗卫生	环境保护	城乡社区事务	农林水事务	交通运输	工业、商业、金融等事务	其他支出
黄山区	905		44	2	38		160	6			
徽州区	599		44	138			166	114	418	1	77
祁门县	746	8	108	54	120		139	44	53	1	42
黟县	457			21			8				
休宁县	1203				5						26
歙县	2443	26	176	25	33		72	23	561	128	26
亳州市小计	**25138**	**2**	**406**	**1405**	**1578**	**59**	**3368**	**489**	**3836**	**62**	**11530**
本级	7566		91	321	939	44	2745	173	1270		9631
区县级小计	17572	2	315	1084	639	15	623	316	2566	62	1899
谯城区	3714		14	257	98	12	275	142	787	1	
涡阳县	4983	2	31	410	172		348	45	914	61	
蒙城县	5329		67	52	273			57	865		1565
利辛县	3546		203	365	96	3		72			334

4－12－15

单位:万元

地区	平衡部分										
	收入					支出					
	收入合计	本年收入	上年结余	补助收入	省补助计划单列市收入	支出合计	本年支出	上解上级支出	计划单列市上解省支出	政府调剂资金	年终结余
黄山区	1456	1342	104	10		1446	1446				10
徽州区	2038	1860	168	10		2019	2019				19
祁门县	2109	1855	159	95		1848	1848				261
黟县	1373	1206	96	71		1169	1169				204
休宁县	1774	1271	433	70		1269	1269				505
歙县	5105	4057	944	104		4241	4241				864
亳州市小计	**61339**	**56340**	**3411**	**1588**		**54303**	**53625**			**678**	**7036**
本级	25960	24049	1528	383		23981	23981				1979
区县级小计	35379	32291	1883	1205		30322	29644			678	5057
谯城区	9508	8361	868	279		7849	7849				1659
涡阳县	9611	9039	261	311		7971	7547			424	1640
蒙城县	10059	9453	330	276		9659	9464			195	400
利辛县	6201	5438	424	339		4843	4784			59	1358

2007 年福建省地市县财政预算外收支平衡表

4－13－1　　　　单位:万元

地区	收支部分									
	收入					支出				
	收入合计	彩票资金收入	行政事业性收费收入	国有资源（资产）有偿使用收入	其他收入	支出合计	一般公共服务	外交	国防	公共安全
地市县合计	**1542191**	**211**	**737018**	**240412**	**564550**	**1527344**	**259427**	**103**	**3921**	**37478**
福州市小计	**390434**	**211**	**157577**	**73518**	**159128**	**239583**	**37700**	**103**	**3335**	**2796**
本级	206208	211	73806	27925	104266	117380	8838	103	3324	1092
区县级小计	184226		83771	45593	54862	122203	28862		11	1704
鼓楼区	12357		3683	308	8366	12904	4971		10	2
台江区	10769		2979	1282	6508	5822	1774			
仓山区	12731		2612	352	9767	6914	3211			
晋安区	9746		3325	537	5884	9553	2172		1	115
马尾区	6647		3548	480	2619	5103	863			104
琅岐经济区	552		340		212	526	173			
保税区										
闽侯县	47848		6099	39609	2140	9000	1581			4
长乐市	20325		12971	146	7208	12767	3640			73
福清市	22276		17956		4320	21898	2041			612
连江县	12351		7583	2591	2177	11423	2111			319
罗源县	6491		5023	91	1377	5637	997			171
闽清县	7711		6202	8	1501	5328	157			23
永泰县	7888		5846	29	2013	7626	2011			83
平潭县	6534		5604	160	770	7702	3160			198
三明市小计	**97150**		**57095**	**5257**	**34798**	**94725**	**13859**		**11**	**5942**
本级	26018		20384	1885	3749	25131	2177			2600
区县级小计	71132		36711	3372	31049	69594	11682		11	3342
三元区	2726		1991	108	627	3544	511			195
梅列区	2986		2621	335	30	2211	123			341
永安市	14637		7330	217	7090	13882	1636			300
宁化县	5400		3839	309	1252	5111	291			230
大田县	13324		6359	182	6783	14094	3321			791
清流县	3503		1484	47	1972	3414	474			223
明溪县	3212		2079	62	1071	3212	786			67
尤溪县	7319		1464	161	5694	7213	880		11	543
沙县	6726		3633	1232	1861	7406	1835			436
将乐县	7140		3161	303	3676	5073	893			97
泰宁县	1722		788	197	737	2233	552			42
建宁县	2437		1962	219	256	2201	380			77
南平市小计	**80547**		**56907**	**4793**	**18847**	**77678**	**9749**		**28**	**2030**
本级	30436		23308	1786	5342	30054	1081		28	628

4－13－2

单位:万元

地区	收支部分										
	支出										
	教育	科学技术	文化体育与传媒	社会保障和就业	医疗卫生	环境保护	城乡社区事务	农林水事务	交通运输	工业、商业、金融等事务	其他支出
地市县合计	**398714**	**2534**	**61203**	**29466**	**65735**	**8942**	**131254**	**48980**	**85068**	**47539**	**346980**
福州市小计	**78899**	**521**	**15179**	**6425**	**6608**	**900**	**39620**	**3528**	**18062**	**1328**	**24579**
本级	31075	425	4358	4348	3816		30265	1840	15032	183	12681
区县级小计	47824	96	10821	2077	2792	900	9355	1688	3030	1145	11898
鼓楼区	3312		117	389			1983		3	125	1992
台江区	2805		12	65	30	18	190		128	150	650
仓山区	3105		5	62	289		188	34	15		5
晋安区	4918	5	25	304	46	6	1070	68	35	217	571
马尾区	1715	6	836	33	56	705	686	76	16	7	
琅岐经济区	216								110		27
保税区											
闽侯县	3839	5	1396	377	159	88	934	53	248	41	275
长乐市	3988		2258	321	403	15	731	362	81	210	685
福清市	8363		3681	140	233		859	147	5	58	5759
连江县	5007		186	50	292	25	899	502	752	139	1141
罗源县	1913	4	584	226	420	3	690	146	263	50	170
闽清县	2897	76	698	63	224	3	374	45	631		137
永泰县	3396		501	26	384		277	165	526		257
平潭县	2350		522	21	256	37	474	90	217	148	229
三明市小计	**35476**	**175**	**3975**	**3077**	**4754**	**348**	**4067**	**16332**	**3928**	**1586**	**1195**
本级	11691	150	2616	1330	2678	264	1031	169	91	239	95
区县级小计	23785	25	1359	1747	2076	84	3036	16163	3837	1347	1100
三元区	1628		2		183	1	397	173	391	5	58
梅列区	1085			71	246	1	108	13	171	7	45
永安市	4853		24	162	102		792	4449	451	657	456
宁化县	2329		2	31	255		249	1395	287	42	
大田县	4309		574	408	603	75	541	1981	1069	326	96
清流县	1223	12	15	55	102		91	821	207	53	138
明溪县	1122	5	261	36	27		45	683	175	5	
尤溪县	1802		68	90	128		145	3009	346	27	164
沙县	2319		72	627	72		176	1463	257	20	129
将乐县	1838	3	222	200	233	7	298	953	225	104	
泰宁县	812		68	9	41		161	369	78	101	
建宁县	465	5	51	58	84		33	854	180		14
南平市小计	**32043**	**27**	**5478**	**3179**	**1512**	**215**	**7578**	**2925**	**11070**	**1043**	**801**
本级	12325	7	3018	1851	113	97	2692	763	6966	208	277

四、各省、自治区、直辖市地市县预算外财政资料

4－13－3

单位:万元

地区	平衡部分										
	收入					支出					
	收入合计	本年收入	上年结余	补助收入	省补助计划单列市收入	支出合计	本年支出	上解上级支出	计划单列市上解省支出	政府调剂资金	年终结余
地市县合计	**2972938**	**1542191**	**1399900**	**26213**	**4634**	**1535311**	**1527344**			**7967**	**1437627**
福州市小计	**644889**	**390434**	**247363**	**7092**		**242423**	**239583**			**2840**	**402466**
本级	404240	206208	192925	5107		117380	117380				286860
区县级小计	240649	184226	54438	1985		125043	122203			2840	115606
鼓楼区	17500	12357	5070	73		12904	12904				4596
台江区	11153	10769	372	12		7822	5822			2000	3331
仓山区	15936	12731	3205			6914	6914				9022
晋安区	13447	9746	3698	3		9553	9553				3894
马尾区	11573	6647	4903	23		5103	5103				6470
琅岐经济区	847	552	295			526	526				321
保税区											
闽侯县	63814	47848	15774	192		9000	9000				54814
长乐市	30888	20325	10286	277		12880	12767			113	18008
福清市	27278	22276	4336	666		21898	21898				5380
连江县	15055	12351	2512	192		11423	11423				3632
罗源县	8173	6491	1596	86		5837	5637			200	2336
闽清县	8019	7711	308			5855	5328			527	2164
永泰县	9104	7888	1169	47		7626	7626				1478
平潭县	7862	6534	1222	106		7702	7702				160
三明市小计	**107445**	**97150**	**8194**	**2101**		**95249**	**94725**			**524**	**12196**
本级	32657	26018	5806	833		25131	25131				7526
区县级小计	74788	71132	2388	1268		70118	69594			524	4670
三元区	5114	2726	2384	4		3544	3544				1570
梅列区	3237	2986	249	2		2211	2211				1026
永安市	14935	14637	46	252		13882	13882				1053
宁化县	5556	5400	52	104		5111	5111				445
大田县	13904	13324	504	76		14315	14094			221	-411
清流县	3577	3503	12	62		3577	3414			163	
明溪县	2385	3212	-922	95		3298	3212			86	-913
尤溪县	7641	7319	48	274		7267	7213			54	374
沙县	7198	6726	310	162		7406	7406				-208
将乐县	6473	7140	-786	119		5073	5073				1400
泰宁县	2428	1722	627	79		2233	2233				195
建宁县	2340	2437	-136	39		2201	2201				139
南平市小计	**108633**	**80547**	**26002**	**2084**		**78642**	**77678**			**964**	**29991**
本级	47130	30436	16253	441		30054	30054				17076

4－13－4　　单位:万元

地区	收支部分									
	收入					支出				
	收入合计	彩票资金收入	行政事业性收费收入	国有资源（资产）有偿使用收入	其他收入	支出合计	一般公共服务	外交	国防	公共安全
区县级小计	50111		33599	3007	13505	47624	8668			1402
延平区	4908		4077	305	526	4589	441			98
邵武市	7030		5084	199	1747	7312	679			
建阳市	5316		3607	145	1564	4967	2178			32
顺昌县	5362		2808	1036	1518	4784	1167			357
建瓯市	8864		5706	366	2792	7591	1090			222
浦城县	3869		3767	102		3920	316			137
武夷山市	6906		4609	585	1712	7011	1225			205
光泽县	2818		1836		982	2615	909			44
松溪县	3594		1282	207	2105	3438	514			271
政和县	1444		823	62	559	1397	149			36
宁德市小计	**88149**		**58540**	**4025**	**25584**	**73487**	**14741**		**108**	**2759**
本级	21449		20032	554	863	14173	669			1658
区县级小计	66700		38508	3471	24721	59314	14072		108	1101
蕉城区	4072		3037	3	1032	3580	772			10
东侨区										
福鼎市	15899		5569	150	10180	16128	3676		63	301
福安市	11729		8729	210	2790	9902	2321			58
霞浦县	9920		7179	502	2239	8306	1535		12	140
古田县	12456		4737	2479	5240	10057	3356		14	186
屏南县	4871		2182	17	2672	3765	1166		19	210
寿宁县	2915		2354	61	500	2989	434			86
周宁县	3121		3066	8	47	2962	627			67
柘荣县	1717		1655	41	21	1625	185			43
莆田市小计	**107519**		**53000**	**302**	**54217**	**83798**	**12190**		**251**	**1553**
本级	51802		25929	212	25661	39205	1366			800
区县级小计	55717		27071	90	28556	44593	10824		251	753
仙游县	9219		7772	2	1445	9147	696			
荔城区	15998		5385	39	10574	12784	4853		120	474
城厢区	8297		5584		2713	6831	1017			9
涵江区	7343		3733	8	3602	6987	2321		8	92
秀屿区	14613		4350	41	10222	8597	1937		123	178
湄洲岛管委会	247		247			247				
泉州市小计	**289867**		**161598**	**6744**	**121525**	**266330**	**41316**		**73**	**12620**
本级	83051		52006	1245	29800	70590	4765			4906
区县级小计	206816		109592	5499	91725	195740	36551		73	7714

4－13－5

单位：万元

地区	收支部分 支出 教育	科学技术	文化体育与传媒	社会保障和就业	医疗卫生	环境保护	城乡社区事务	农林水事务	交通运输	工业、商业、金融等事务	其他支出
区县级小计	19718	20	2460	1328	1399	118	4886	2162	4104	835	524
延平区	1963	1	17	81	67		1196	662		9	54
邵武市	2909	6	1067	398			857	107	1078	211	
建阳市	1844		15	81	72		210	305	29	78	123
顺昌县	875	7	672	92	212		227	157	783	112	123
建瓯市	4046		65	289	482		518	195	601	80	3
浦城县	2602		35	23	2		205	18	566	16	
武夷山市	2467	4	336	99	212	100	770	517	575	303	198
光泽县	779	2	8	93	303	17	305	31	94	7	23
松溪县	1559		214	149	42	1	306	141	226	15	
政和县	674		31	23	7		292	29	152	4	
宁德市小计	**30767**	**131**	**5075**	**1571**	**3048**	**46**	**5492**	**3918**	**2381**	**627**	**2823**
本级	7768	109	2191	156	944		196	325	60	24	73
区县级小计	22999	22	2884	1415	2104	46	5296	3593	2321	603	2750
蕉城区	2413	6	2	53	114		136	72	2		
东侨区											
福鼎市	4149	3	1608	941	228	20	1645	1981	483	175	855
福安市	4328	1	85	124	289		1622	275	638	69	92
霞浦县	3583		1065	89	295		550	329	339	227	142
古田县	2634	3	90	82	857	26	667	334	279	112	1417
屏南县	1423	9	9	15	225		151	171	227	20	120
寿宁县	1460		15	26	58		146	287	353		124
周宁县	1697		4	56			379	132			
柘荣县	1312		6	29	38			12			
莆田市小计	**37395**	**99**	**1794**	**1693**	**3548**	**154**	**15617**	**2165**	**3567**	**378**	**3394**
本级	14716	63	1659	330	1855	125	13225	69	2090	56	2851
区县级小计	22679	36	135	1363	1693	29	2392	2096	1477	322	543
仙游县	5803			705	368	10	5	273	1140	23	124
荔城区	5473	19	55	425	19	9	496	643	76	97	25
城厢区	4300		28	72	580		209	213	128	153	122
涵江区	2755	17	16	154	24		1239	256		29	76
秀屿区	4101		36	7	702	10	443	711	133	20	196
湄洲岛管委会	247										
泉州市小计	**91925**	**981**	**22688**	**4825**	**24235**	**4481**	**25804**	**11471**	**14408**	**1203**	**10300**
本级	30747	263	5086	1637	3533	25	9329	1980	7663	121	535
区县级小计	61178	718	17602	3188	20702	4456	16475	9491	6745	1082	9765

4－13－6　　　　单位:万元

地区	平衡部分										
	收入					支出					年终结余
	收入合计	本年收入	上年结余	补助收入	省补助计划单列市收入	支出合计	本年支出	上解上级支出	计划单列市上解省支出	政府调剂资金	
区县级小计	61503	50111	9749	1643		48588	47624			964	12915
延平区	6746	4908	1282	556		5066	4589			477	1680
邵武市	8405	7030	1159	216		7312	7312				1093
建阳市	5488	5316	74	98		5071	4967			104	417
顺昌县	5605	5362	170	73		4784	4784				821
建瓯市	9717	8864	694	159		7817	7591			226	1900
浦城县	4011	3869		142		3920	3920				91
武夷山市	9507	6906	2402	199		7011	7011				2496
光泽县	6060	2818	3170	72		2624	2615			9	3436
松溪县	4453	3594	776	83		3524	3438			86	929
政和县	1511	1444	22	45		1459	1397			62	52
宁德市小计	**98446**	**88149**	**8493**	**1804**		**74670**	**73487**			**1183**	**23776**
本级	26487	21449	4624	414		14173	14173				12314
区县级小计	71959	66700	3869	1390		60497	59314			1183	11462
蕉城区	4500	4072	420	8		3580	3580				920
东侨区											
福鼎市	16675	15899	503	273		16128	16128				547
福安市	13651	11729	1433	489		10402	9902			500	3249
霞浦县	10463	9920	314	229		8586	8306			280	1877
古田县	13615	12456	954	205		10328	10057			271	3287
屏南县	5053	4871	166	16		3765	3765				1288
寿宁县	2993	2915	4	74		2989	2989				4
周宁县	3252	3121	75	56		2962	2962				290
柘荣县	1757	1717		40		1757	1625			132	
莆田市小计	**109218**	**107519**		**1699**		**84515**	**83798**			**717**	**24703**
本级	53158	51802		1356		39205	39205				13953
区县级小计	56060	55717		343		45310	44593			717	10750
仙游县	9414	9219		195		9414	9147			267	
荔城区	16027	15998		29		12784	12784				3243
城厢区	8342	8297		45		6831	6831				1511
涵江区	7405	7343		62		6987	6987				418
秀屿区	14625	14613		12		9047	8597			450	5578
湄洲岛管委会	247	247				247	247				
泉州市小计	**383255**	**289867**	**85710**	**7678**		**266330**	**266330**				**116925**
本级	113563	83051	33037	－2525		70590	70590				42973
区县级小计	269692	206816	52673	10203		195740	195740				73952

4－13－7

单位:万元

地区	收支部分									
	收入					支出				
	收入合计	彩票资金收入	行政事业性收费收入	国有资源（资产）有偿使用收入	其他收入	支出合计	一般公共服务	外交	国防	公共安全
泉港区	7817		5046	52	2719	7914	2301			188
鲤城区	8847		3621	400	4826	7470	1818		28	276
丰泽区	6052		1035	2316	2701	5641	1959			207
洛江区	10997		6052	37	4908	5285	561			65
惠安县	21345		14039	112	7194	21183	4616			461
晋江市	52715		34919	1107	16689	52704	8718		45	3393
石狮市	19625		16636	21	2968	20078	3317			1396
南安市	33623		10127	548	22948	24881	5758			637
安溪县	27542		7552	296	19694	27307	2355			356
永春县	11723		5724	449	5550	15024	2989			320
德化县	6530		4841	161	1528	8253	2159			415
漳州市小计	**97851**		**78688**	**4187**	**14976**	**94309**	**11608**			**2942**
本级	53438		51001	2360	77	48543	3372			591
区县级小计	44413		27687	1827	14899	45766	8236			2351
芗城区	3626		1854		1772	5756	277			4
龙文区	2527		734	17	1776	2298	998			30
漳州经济开发区										
龙海市	4916		3355	1137	424	4109	211			
长泰县	1522		1116	35	371	4922	1011			180
东山县	3746		2552	450	744	2700	766			68
南靖县	4792		4758		34	4714	926			421
平和县	1105		980		125	1118	248			72
华安县	3871		2781	5	1085	3185	415			91
云霄县	3803		3803			2756	81			192
漳浦县	10078		2426	13	7639	10172	2843			946
诏安县	4343		3316	170	857	3952	460			347
常山开发区	84		12		72	84				
龙岩市小计	**127421**		**72343**	**1849**	**53229**	**98757**	**12846**		**70**	**5154**
本级	68626		49646	332	18648	47227	1904			3150
区县级小计	58795		22697	1517	34581	51530	10942		70	2004
新罗区	16429		3548	856	12025	11651	2034		3	95
长汀县	5406		2176	75	3155	4899	586			167
永定县	5575		4073		1502	4588	709			226
上杭县	11140		5749	314	5077	11405	830		42	702
武平县	6884		2375	24	4485	5977	1409			241
漳平市	6074		2146	188	3740	5999	2953			259

4－13－8

单位:万元

地区	收支部分										
	支出										
	教育	科学技术	文化体育与传媒	社会保障和就业	医疗卫生	环境保护	城乡社区事务	农林水事务	交通运输	工业、商业、金融等事务	其他支出
泉港区	2655		664	152	725		367	2		57	803
鲤城区	3243		53	451	36		1084	117		49	315
丰泽区	2341		37	118	294	7	421	88		18	151
洛江区	620		3	63	117		12	216	216	474	2938
惠安县	8307	17	2176	298	2509	74	937	893	250	181	464
晋江市	13193	82	7477	827	2719	2051	7453	2328	1890	39	2489
石狮市	5147	604	1126	547	480	1847	3532	1874	194	14	
南安市	10495	2	3393	616	75	457	1570	1613	40	172	53
安溪县	7292	1	112	4	13669	20	328	166	1144		1860
永春县	4355	12	1871	108	39		744	1501	2775	53	257
德化县	3530		690	4	39		27	693	236	25	435
漳州市小计	**37325**	**56**	**4696**	**4135**	**3743**	**2458**	**19058**	**2580**	**2531**	**332**	**2845**
本级	22493	16	34	2435	1240	2097	15444	646	36	62	77
区县级小计	14832	40	4662	1700	2503	361	3614	1934	2495	270	2768
芗城区	1809		98	55	1311		85	161	389		1567
龙文区	522	9	227	106	80	1	191	125	2	7	
漳州经济开发区											
龙海市	118		454	602	224	4	1816	142	538		
长泰县	2191	15	29	257	323	315	122	248	155	39	37
东山县	1120		14		60	7	66	11	198	213	177
南靖县	1262	9	733	38	102	12	34	162	152	2	861
平和县	81		272	52	158		231			4	
华安县	1000	1	447	127	106		130	670	176	1	21
云霄县	1840		3	406	54	5	3	65		2	105
漳浦县	2278	6	2278	36			588	310	885	2	
诏安县	2599		49	21	85	17	334	40			
常山开发区	12		58				14				
龙岩市小计	**40837**	**465**	**1147**	**1175**	**1757**	**340**	**2317**	**4159**	**21101**	**2491**	**4898**
本级	15511		886	64	43	35	353	30	20434	1942	2875
区县级小计	25326	465	261	1111	1714	305	1964	4129	667	549	2023
新罗区	3887	37	53	681	536	249	194	1766		431	1685
长汀县	3074		9	176	41		352	449	33	12	
永定县	3259				134		139	27			94
上杭县	8262	11	12	67	257	8	420	452	145		197
武平县	2431	407	47	145	407	4	387	354	86	48	11
漳平市	1902	6	8	26	1	44	303	217	203	41	36

四、各省、自治区、直辖市地市县预算外财政资料

4－13－9

单位:万元

地区	平衡部分										
	收入					支出					年终结余
	收入合计	本年收入	上年结余	补助收入	省补助计划单列市收入	支出合计	本年支出	上解上级支出	计划单列市上解省支出	政府调剂资金	
泉港区	9813	7817	1949	47		7914	7914				1899
鲤城区	12084	8847	2603	634		7470	7470				4614
丰泽区	8208	6052	2124	32		5641	5641				2567
洛江区	13010	10997	1971	42		5285	5285				7725
惠安县	23038	21345	1167	526		21183	21183				1855
晋江市	77726	52715	23759	1252		52704	52704				25022
石狮市	20639	19625	48	966		20078	20078				561
南安市	40860	33623	5109	2128		24881	24881				15979
安溪县	36450	27542	7566	1342		27307	27307				9143
永春县	16024	11723	1409	2892		15024	15024				1000
德化县	11840	6530	4968	342		8253	8253				3587
漳州市小计	**161752**	**97851**	**61978**	**1923**		**96048**	**94309**			**1739**	**65704**
本级	119742	53438	64949	1355		49343	48543			800	70399
区县级小计	42010	44413	－2971	568		46705	45766			939	－4695
芗城区	7142	3626	3511	5		5756	5756				1386
龙文区	2548	2527	21			2298	2298				250
漳州经济开发区											
龙海市	6127	4916	1029	182		4109	4109				2018
长泰县	－2704	1522	－4267	41		4922	4922				－7626
东山县	3326	3746	－472	52		2906	2700			206	420
南靖县	5013	4792	160	61		4714	4714				299
平和县	1127	1105		22		1118	1118				9
华安县	3866	3871	－20	15		3785	3185			600	81
云霄县	1963	3803	－1918	78		2816	2756			60	－853
漳浦县	9130	10078	－1033	85		10172	10172				－1042
诏安县	4388	4343	18	27		4025	3952			73	363
常山开发区	84	84				84	84				
龙岩市小计	**139200**	**127421**	**9947**	**1832**		**98757**	**98757**				**40443**
本级	75537	68626	5912	999		47227	47227				28310
区县级小计	63663	58795	4035	833		51530	51530				12133
新罗区	18703	16429	2259	15		11651	11651				7052
长汀县	5593	5406		187		4899	4899				694
永定县	4950	5575	－689	64		4588	4588				362
上杭县	11808	11140	592	76		11405	11405				403
武平县	7951	6884	1015	52		5977	5977				1974
漳平市	6957	6074	807	76		5999	5999				958

4－13－10

单位:万元

地区	收支部分：收入：收入合计	彩票资金收入	行政事业性收费收入	国有资源（资产）有偿使用收入	其他收入	支出：支出合计	一般公共服务	外交	国防	公共安全
连城县	7287		2630	60	4597	7011	2421		25	314
开发区										
厦门市小计	**263253**		**41270**	**139737**	**82246**	**498677**	**105418**		**45**	**1682**
本级	178711		18026	133967	26718	235441	101091			1356
区县级小计	84542		23244	5770	55528	263236	4327		45	326
同安区	12027		5610	249	6168	50866	1008			
集美区	10396		7008	1341	2047	52296	12			8
翔安区	5728		2564	489	2675	26168	994		45	72
海沧区	25207		729	1185	23293	112583	456			65
思明区	24605		7333	2506	14766	19789	1591			110
湖里区	6579				6579	1534	266			71

4－13－11

单位:万元

地区	收支部分										
	支出										
	教育	科学技术	文化体育与传媒	社会保障和就业	医疗卫生	环境保护	城乡社区事务	农林水事务	交通运输	工业、商业、金融等事务	其他支出
连城县	2511	4	132	16	338		169	864	200	17	
开发区											
厦门市小计	**14047**	**79**	**1171**	**3386**	**16530**		**11701**	**1902**	**8020**	**38551**	**296145**
本级	1162			2871	2892		9830	1651	5932	3338	105318
区县级小计	12885	79	1171	515	13638		1871	251	2088	35213	190827
同安区	3161		25	2	383		91	172	1436		44588
集美区	2899		51	156	2382		13	42	20		46713
翔安区	1629		20	78	31		452	26	632	10	22179
海沧区			656				102	11		35122	76171
思明区	5196	79	404	264	9921		1128				1096
湖里区			15	15	921		85			81	80

4－13－12

单位：万元

地区	平衡部分										
	收入					支出					
	收入合计	本年收入	上年结余	补助收入	省补助计划单列市收入	支出合计	本年支出	上解上级支出	计划单列市上解省支出	政府调剂资金	年终结余
连城县	7701	7287	51	363		7011	7011				690
开发区											
厦门市小计	**1220100**	**263253**	**952213**		**4634**	**498677**	**498677**				**721423**
本级	748053	178711	564708		4634	235441	235441				512612
区县级小计	472047	84542	387505			263236	263236				208811
同安区	59093	12027	47066			50866	50866				8227
集美区	177796	10396	167400			52296	52296				125500
翔安区	50134	5728	44406			26168	26168				23966
海沧区	123706	25207	98499			112583	112583				11123
思明区	48802	24605	24197			19789	19789				29013
湖里区	12516	6579	5937			1534	1534				10982

2007年江西省地市县财政预算外收支平衡表

4－14－1　　　　单位:万元

地区	收支部分									
	收入					支出				
	收入合计	彩票资金收入	行政事业性收费收入	国有资源(资产)有偿使用收入	其他收入	支出合计	一般公共服务	外交	国防	公共安全
地市县合计	**774758**	**56**	**598017**	**18944**	**157741**	**735487**	**91341**			**24109**
南昌市小计	**155917**		**134716**	**3319**	**17882**	**141432**	**16118**			**2978**
本级	86838		73981	878	11979	83923	9414			752
区县级小计	69079		60735	2441	5903	57509	6704			2226
南昌县	9028		8186	513	329	8119	898			467
新建县	5808		5698	38	72	7383	694			103
进贤县	12402		12402			12174	1007			104
安义县	1994		1976	18		1496	233			16
湾里区	4144		1423		2721	4136	100			23
青山湖区	3286		3214	72		3159	189			75
东湖区	10481		8966	1515		9111	766			812
西湖区	6197		5053	133	1011	5890	177			442
青云谱区	2483		2481	2		2488				180
昌北区	566		566			386				4
南昌高新区	2052		877	149	1026	1779	1429			
红谷滩区	10567		9823		744	1346	1211			
桑海区	71		70	1		42				
英雄区										
景德镇市小计	**30148**		**23054**	**2850**	**4244**	**28133**	**4455**			**911**
本级	12041		12041			12268	674			202
区县级小计	18107		11013	2850	4244	15865	3781			709
高新科技园										
陶瓷科技园										
乐平市	8669		8127		542	7840	788			607
浮梁县	8160		1609	2850	3701	6741	2907			85
珠山区	725		725			708	59			17
昌江区	553		552		1	576	27			
萍乡市小计	**27446**		**23526**	**892**	**3028**	**27006**	**4296**			**331**
本级	12827		11304	733	790	13062	214			62
区县级小计	14619		12222	159	2238	13944	4082			269
莲花县	1342		1043	159	140	1283	210			10
上栗县	4164		4164			4214	1900			210
芦溪县	2892		2892			2897	633			7
安源区	1462		1462			1149	288			42
湘东区	4759		2661		2098	4401	1051			
萍乡开发区										

4－14－2

单位:万元

地区	收支部分										
	支出										
	教育	科学技术	文化体育与传媒	社会保障和就业	医疗卫生	环境保护	城乡社区事务	农林水事务	交通运输	工业、商业、金融等事务	其他支出
地市县合计	**288669**	**294**	**30665**	**21815**	**83110**	**9101**	**84590**	**22576**	**40250**	**10234**	**28733**
南昌市小计	**45751**	**60**	**9584**	**5599**	**23051**	**973**	**23445**	**965**	**2077**	**794**	**10037**
本级	30628	57	8321	4078	10112	486	8875	88	1408	463	9241
区县级小计	15123	3	1263	1521	12939	487	14570	877	669	331	796
南昌县	2739		90	375	1186	34	2109	33	35	5	148
新建县	1868		384	157	703		3208	39	203	24	
进贤县	3360		544	275	6233		98	408	56	89	
安义县	1076	3	8	21	68			37	34		
湾里区	669			5	168		2756	332	83		
青山湖区	1174			46	416		953	28	191	52	35
东湖区	1766		164	421	1353	147	3677			5	
西湖区	1403		14	209	1987		1642			16	
青云谱区	924		59	12	801	306			22	1	183
昌北区					24						358
南昌高新区	9						116		14	139	72
红谷滩区	135										
桑海区							11		31		
英雄区											
景德镇市小计	**12658**		**643**	**744**	**1861**	**92**	**4008**	**1088**	**375**	**490**	**808**
本级	8835		431	38	707		976	211	57	137	
区县级小计	3823		212	706	1154	92	3032	877	318	353	808
高新科技园											
陶瓷科技园											
乐平市	2614		209	447	973	54	1201	326	297		324
浮梁县	450		3	245	36	35	1706	437		353	484
珠山区	264			7	122		125	114			
昌江区	495			7	23	3			21		
萍乡市小计	**13229**	**3**	**462**	**802**	**2735**	**154**	**2478**	**699**	**212**	**704**	**901**
本级	8765		133	298	855		1338	37	68	397	895
区县级小计	4464	3	329	504	1880	154	1140	662	144	307	6
莲花县	598		27	23	17		154	79	37	128	
上栗县	994		59	273	175	9	224	360	4		6
芦溪县	1389		188	47	88	101	283	132		29	
安源区			43	101	202	12	235	82	98	46	
湘东区	1483	3	12	60	1398	32	244	9	5	104	
萍乡开发区											

四、各省、自治区、直辖市地市县预算外财政资料

4-14-3

单位:万元

地区	平衡部分										
	收入					支出					
	收入合计	本年收入	上年结余	补助收入	省补助计划单列市收入	支出合计	本年支出	上解上级支出	计划单列市上解省支出	政府调剂资金	年终结余
地市县合计	**919772**	**774758**	**138927**	**6087**		**747779**	**735487**			**12292**	**171993**
南昌市小计	**204337**	**155917**	**48074**	**346**		**142325**	**141432**			**893**	**62012**
本级	97957	86838	10773	346		83923	83923				14034
区县级小计	106380	69079	37301			58402	57509			893	47978
南昌县	11386	9028	2358			8119	8119				3267
新建县	14850	5808	9042			7383	7383				7467
进贤县	12980	12402	578			12632	12174			458	348
安义县	1416	1994	-578			1892	1496			396	-476
湾里区	4826	4144	682			4136	4136				690
青山湖区	3383	3286	97			3159	3159				224
东湖区	11668	10481	1187			9111	9111				2557
西湖区	8352	6197	2155			5890	5890				2462
青云谱区	3474	2483	991			2488	2488				986
昌北区	1794	566	1228			386	386				1408
南昌高新区	5694	2052	3642			1779	1779				3915
红谷滩区	26462	10567	15895			1346	1346				25116
桑海区	95	71	24			81	42			39	14
英雄区											
景德镇市小计	**37287**	**30148**	**7031**	**108**		**28493**	**28133**			**360**	**8794**
本级	17511	12041	5362	108		12628	12268			360	4883
区县级小计	19776	18107	1669			15865	15865				3911
高新科技园											
陶瓷科技园											
乐平市	9513	8669	844			7840	7840				1673
浮梁县	8846	8160	686			6741	6741				2105
珠山区	839	725	114			708	708				131
昌江区	578	553	25			576	576				2
萍乡市小计	**28612**	**27446**	**884**	**282**		**27376**	**27006**			**370**	**1236**
本级	13458	12827	631			13062	13062				396
区县级小计	15154	14619	253	282		14314	13944			370	840
莲花县	1621	1342	253	26		1283	1283				338
上栗县	4222	4164		58		4222	4214			8	
芦溪县	3034	2892		142		2906	2897			9	128
安源区	1475	1462		13		1149	1149				326
湘东区	4802	4759		43		4754	4401			353	48
萍乡开发区											

4－14－4

单位:万元

地区	收支部分									
	收入					支出				
	收入合计	彩票资金收入	行政事业性收费收入	国有资源（资产）有偿使用收入	其他收入	支出合计	一般公共服务	外交	国防	公共安全
九江市小计	**121858**	**30**	**75217**	**2577**	**44034**	**122079**	**11378**			**2137**
本级	55418		30393	1086	23939	55676	1307			551
区县级小计	66440	30	44824	1491	20095	66403	10071			1586
修水县	4823		4587	84	152	4430	636			
武宁县	3006		1665	221	1120	2732	309			260
永修县	6076		5174	102	800	6086	682			238
德安县	3128		1945	162	1021	2632	395			152
瑞昌市	10127		5697	11	4419	9751	880			
都昌县	16503		8654	19	7830	16503	855			189
湖口县	841		841			841	26			
彭泽县	5956		4609	10	1337	5930	1534			303
星子县	851		851			851	286			11
九江县	3068	7	2986	6	69	2690	567			166
庐山局	1063		355	698	10	3410	405			37
庐山区	7001		3750	7	3244	6979	3024			116
浔阳区	1370	23	1092	162	93	1403	249			106
九江开发区	717		717			717	68			
共青城	1910		1901	9		1448	155			8
新余市小计	**32456**		**22788**	**190**	**9478**	**29515**	**969**			**1329**
本级	28373		20865	189	7319	26091	605			1099
区县级小计	4083		1923	1	2159	3424	364			230
分宜县	1803		905		898	2250	217			124
渝水区	2205		974		1231	1104	113			106
仙女湖区	51		20	1	30	46	30			
新余高新区	24		24			24	4			
鹰潭市小计	**25029**		**19411**	**1018**	**4600**	**23980**	**1696**			**669**
本级	10692		9444	996	252	10308	1079			64
区县级小计	14337		9967	22	4348	13672	617			605
贵溪市	9268		5745		3523	9275	334			361
余江县	3546		3076	20	450	3063	117			185
月湖区	1361		1005		356	1207	124			59
龙虎山风景区	154		135		19	121	42			
鹰潭工业园	8		6	2		6				
赣州市小计	**101846**		**78470**	**3663**	**19713**	**100120**	**16839**			**6943**
本级	39496		32856	2020	4620	38149	6004			5631
区县级小计	62350		45614	1643	15093	61971	10835			1312

四、各省、自治区、直辖市地市县预算外财政资料

4－14－5

单位:万元

地区	收支部分										
	支出										
	教育	科学技术	文化体育与传媒	社会保障和就业	医疗卫生	环境保护	城乡社区事务	农林水事务	交通运输	工业、商业、金融等事务	其他支出
九江市小计	**49486**	**63**	**5726**	**2719**	**21982**	**403**	**9970**	**2828**	**12174**	**2391**	**822**
本级	30516	33	2990	1856	2632	134	4054	788	10317	294	204
区县级小计	18970	30	2736	863	19350	269	5916	2040	1857	2097	618
修水县	3256		227	16	48		64	166		17	
武宁县	1285		142	24	20		40	402	181	69	
永修县	1476		126	300	2432	8	562	168	22	68	4
德安县	1057	16	43	56	219		377	140	25	28	124
瑞昌市	2915		19	54	2981	26	1287	214	1261	114	
都昌县	3264		353	1	9016	44	805	306		1601	69
湖口县	803		12								
彭泽县	2325	12	83	142	363	63	887	82	114	22	
星子县	289		8		32		53	107	65		
九江县	498	1	82	163	558	5	450	104	55	41	
庐山局	183		882	15	591	98	959	213	5	22	
庐山区	533		622	15	2114	23	243	104	129	56	
浔阳区	458	1	8	63	270	2	159	4		31	52
九江开发区	219				57		18				355
共青城	409		129	14	649		12	30		28	14
新余市小计	**10945**	**5**	**614**	**244**	**995**	**91**	**6726**	**480**	**40**	**33**	**7044**
本级	9517	5	555	135	929	91	6489	394			6272
区县级小计	1428		59	109	66		237	86	40	33	772
分宜县	818		59	105			176				751
渝水区	597			4	66		51	83	30	33	21
仙女湖区	13							3			
新余高新区							10		10		
鹰潭市小计	**8479**		**629**	**662**	**3972**	**1**	**2337**	**3056**	**1899**	**51**	**529**
本级	5095		429	211	707		742	112	1847	22	
区县级小计	3384		200	451	3265	1	1595	2944	52	29	529
贵溪市	1676		132		2732	1	881	2667			491
余江县	1379		29	14	490		570	220	32	27	
月湖区	321		39	437	30		115	42		2	38
龙虎山风景区	2				13		29	15	20		
鹰潭工业园	6										
赣州市小计	**40846**	**22**	**3887**	**3153**	**7977**	**360**	**10305**	**3398**	**2603**	**2002**	**1785**
本级	12162	6	2804	1850	2120	174	4898	1237	767	476	20
区县级小计	28684	16	1083	1303	5857	186	5407	2161	1836	1526	1765

4－14－6

单位:万元

地区	平衡部分										
	收入					支出					年终结余
	收入合计	本年收入	上年结余	补助收入	省补助计划单列市收入	支出合计	本年支出	上解上级支出	计划单列市上解省支出	政府调剂资金	
九江市小计	**141546**	**121858**	**19147**	**541**		**123856**	**122079**			**1777**	**17690**
本级	70123	55418	14164	541		55988	55676			312	14135
区县级小计	71423	66440	4983			67868	66403			1465	3555
修水县	4855	4823	32			4430	4430				425
武宁县	3009	3006	3			2732	2732				277
永修县	6969	6076	893			6086	6086				883
德安县	3305	3128	177			2632	2632				673
瑞昌市	11905	10127	1778			9751	9751				2154
都昌县	17444	16503	941			16503	16503				941
湖口县	841	841				841	841				
彭泽县	5978	5956	22			5930	5930				48
星子县	915	851	64			851	851				64
九江县	3347	3068	279			4155	2690			1465	－808
庐山局	1088	1063	25			3410	3410				－2322
庐山区	7388	7001	387			6979	6979				409
浔阳区	1653	1370	283			1403	1403				250
九江开发区	717	717				717	717				
共青城	2009	1910	99			1448	1448				561
新余市小计	**39103**	**32456**	**6528**	**119**		**29910**	**29515**			**395**	**9193**
本级	33538	28373	5046	119		26486	26091			395	7052
区县级小计	5565	4083	1482			3424	3424				2141
分宜县	2669	1803	866			2250	2250				419
渝水区	2813	2205	608			1104	1104				1709
仙女湖区	59	51	8			46	46				13
新余高新区	24	24				24	24				
鹰潭市小计	**27453**	**25029**	**2189**	**235**		**23980**	**23980**				**3473**
本级	12523	10692	1734	97		10308	10308				2215
区县级小计	14930	14337	455	138		13672	13672				1258
贵溪市	9478	9268	142	68		9275	9275				203
余江县	3906	3546	321	39		3063	3063				843
月湖区	1713	1361	324	28		1207	1207				506
龙虎山风景区	－185	154	－342	3		121	121				－306
鹰潭工业园	18	8	10			6	6				12
赣州市小计	**116559**	**101846**	**13630**	**1083**		**100743**	**100120**			**623**	**15816**
本级	47749	39496	8253			38149	38149				9600
区县级小计	68810	62350	5377	1083		62594	61971			623	6216

4－14－7

单位：万元

地区	收支部分									
	收入					支出				
	收入合计	彩票资金收入	行政事业性收费收入	国有资源（资产）有偿使用收入	其他收入	支出合计	一般公共服务	外交	国防	公共安全
章贡区	5971		2498	1149	2324	5752	1963			5
黄金开发区	1524		1418	43	63	1522	841			23
赣县	801		801			1541	224			
南康市	9591		8174		1417	9248	519			254
信丰县	1237		1237			1798	71			
大余县	4737		3492		1245	4737	1207			283
上犹县	993		901	92		1039	161			
崇义县	2199		2134	65		1867	473			
安远县	1133		883		250	1181	208			
龙南县	2299		1853	7	439	3039	520			2
定南县	1848		1738	38	72	1867	52			
全南县	1578		1144		434	1420	582			79
宁都县	3630		1525	96	2009	3527	828			
于都县	7195		2323	150	4722	7118	450			137
兴国县	5043		4974		69	4483	231			140
瑞金市	3339		3336	3		3432	703			182
会昌县	1578		1578			1348	125			23
寻乌县	4242		2536		1706	4385	1350			176
石城县	3412		3069		343	2667	327			8
宜春市小计	**79231**		**68915**	**340**	**9976**	**70027**	**9617**			**4263**
本级	38523		35611	269	2643	32359	1228			2126
区县级小计	40708		33304	71	7333	37668	8389			2137
丰城市	6544		6501	43		6614	2323			734
高安市	8372		5999		2373	8443	1598			10
樟树市	4888		4888			1888	47			192
奉新县	3464		3464			3426	584			184
万载县	6606		4663	11	1932	6415	1260			258
上高县	2627		2627			2627	270			2
宜丰县	3393		1234		2159	3394	1039			474
靖安县	1714		1524	17	173	1711	365			134
铜鼓县	1399		969		430	1449	318			36
袁州区	1701		1435		266	1701	585			113
上饶市小计	**82473**	**26**	**61397**	**1452**	**19598**	**79555**	**13849**			**2760**
本级	34762		23267	720	10775	32096	2509			790
区县级小计	47711	26	38130	732	8823	47459	11340			1970
信州区	2039		1967		72	2059	79			

4－14－8

单位:万元

地区	收支部分 支出 教育	科学技术	文化体育与传媒	社会保障和就业	医疗卫生	环境保护	城乡社区事务	农林水事务	交通运输	工业、商业、金融等事务	其他支出
章贡区	952		53	252	696		1020	295	188	328	
黄金开发区	156				99		203				200
赣县	733		40	63	38	59	307			77	
南康市	6369	5	163	116	77	4	966	249	444	82	
信丰县	1458						263	1	5		
大余县	1568	2	137	62	299	98	592	288	148	41	12
上犹县	666				39		102	28	15	28	
崇义县	1195		23				122	20		34	
安远县	671		64		4		81	75	78		
龙南县	992		52	352	389	9	240	134	51	298	
定南县	1609				30		138				38
全南县	515		18	3	21	2	130	60	2	8	
宁都县	1151				30		270			37	1211
于都县	2545		113	285	3300		102	145		41	
兴国县	2656		36		273		208	255	624	60	
瑞金市	1579	5	176	99	73		70	263	252	30	
会昌县	784		42	10	179		82	14			89
寻乌县	1451	4	160	45	56	14	342	322	29	436	
石城县	1634		6	16	254		169	12		26	215
宜春市小计	**29442**	**16**	**567**	**2164**	**3987**	**306**	**7015**	**3619**	**5635**	**734**	**2662**
本级	16547	3	6	548	2323	53	4236	574	2848	94	1773
区县级小计	12895	13	561	1616	1664	253	2779	3045	2787	640	889
丰城市	1829	13	89	97	627			763	127	12	
高安市	3673		69	154	1	145	989	384	920	1	499
樟树市	581		237	145	156	4		86	437	3	
奉新县	899		45	87	156	24	588	709	150		
万载县	2081		34	679	60	43	551	504	616	318	11
上高县	1549		64	217	300		83	85	55	2	
宜丰县	963		6	112	138	12	190	101	205	154	
靖安县	418		15	80	110	25	253	71	124	111	5
铜鼓县	635				22		64	105	55		214
袁州区	267		2	45	94		61	237	98	39	160
上饶市小计	**29189**	**83**	**3090**	**2044**	**7163**	**6295**	**7074**	**2751**	**2693**	**1482**	**1082**
本级	14730	80	1592	491	1167	6231	972	415	1330	894	895
区县级小计	14459	3	1498	1553	5996	64	6102	2336	1363	588	187
信州区	816		25	220	620			44	66	189	

4－14－9

单位：万元

地区	平衡部分										
	收入					支出					年终结余
	收入合计	本年收入	上年结余	补助收入	省补助计划单列市收入	支出合计	本年支出	上解上级支出	计划单列市上解省支出	政府调剂资金	
章贡区	6215	5971	227	17		5752	5752				463
黄金开发区	1640	1524	106	10		1522	1522				118
赣县	949	801	76	72		1541	1541				－592
南康市	9676	9591		85		9248	9248				428
信丰县	2403	1237	1105	61		1798	1798				605
大余县	5165	4737	401	27		4737	4737				428
上犹县	1604	993	565	46		1039	1039				565
崇义县	2344	2199	121	24		1867	1867				477
安远县	1181	1133		48		1181	1181				
龙南县	3838	2299	1509	30		3039	3039				799
定南县	1952	1848	85	19		1867	1867				85
全南县	1672	1578	78	16		1628	1420			208	44
宁都县	4003	3630	276	97		3527	3527				476
于都县	7299	7195		104		7118	7118				181
兴国县	4888	5043	－242	87		4888	4483			405	
瑞金市	3444	3339	13	92		3432	3432				12
会昌县	1643	1578		65		1348	1348				295
寻乌县	5241	4242	856	143		4385	4385				856
石城县	3653	3412	201	40		2677	2667			10	976
宜春市小计	**92506**	**79231**	**12560**	**715**		**73027**	**70027**			**3000**	**19479**
本级	50675	38523	11437	715		32359	32359				18316
区县级小计	41831	40708	1123			40668	37668			3000	1163
丰城市	6830	6544	286			6614	6614				216
高安市	8485	8372	113			8443	8443				42
樟树市	4888	4888				4888	1888			3000	
奉新县	3546	3464	82			3426	3426				120
万载县	6637	6606	31			6415	6415				222
上高县	2627	2627				2627	2627				
宜丰县	3548	3393	155			3394	3394				154
靖安县	1760	1714	46			1711	1711				49
铜鼓县	1809	1399	410			1449	1449				360
袁州区	1701	1701				1701	1701				
上饶市小计	**99872**	**82473**	**16560**	**839**		**80258**	**79555**			**703**	**19614**
本级	48283	34762	13513	8		32096	32096				16187
区县级小计	51589	47711	3047	831		48162	47459			703	3427
信州区	2059	2039		20		2059	2059				

4－14－10 单位:万元

地区	收支部分									
	收入					支出				
	收入合计	彩票资金收入	行政事业性收费收入	国有资源（资产）有偿使用收入	其他收入	支出合计	一般公共服务	外交	国防	公共安全
上饶县	9329		8636	18	675	9329	5743			407
广丰县	4898		4898			4898	300			22
玉山县	6137		6038		99	6020	1157			445
铅山县	1752		1391	59	302	1771	210			30
横峰县	4678		358	21	4299	4703	306			40
弋阳县	1900		1288	192	420	1900	140			18
余干县	1142		1142			1528	168			
鄱阳县	4001	26	3959	16		4755	489			721
万年县	1469		1469			1533	196			12
德兴市	4730		3928	7	795	3741	1932			102
婺源县	5636		3056	419	2161	5222	620			173
吉安市小计	**58519**		**49235**	**1541**	**7743**	**54287**	**6387**			**545**
本级	28405		27867	538		25572	961			256
区县级小计	30114		21368	1003	7743	28715	5426			289
吉安高新区										
吉州区	3489		1679	312	1498	1834	429			51
青原区	1154		1146		8	1107	117			4
吉安县	2561		1511	200	850	2420	267			
吉水县	3521		3168	88	265	3676	339			169
峡江县	1668		1338		330	1692	197			
新干县	1550		1383		167	1427	125			
永丰县	1291		1099	64	128	1192				
泰和县	5969		5368	78	523	5491	754			10
遂川县	1627		656	118	853	1627	629			
万安县	1316		597		719	1175	394			6
安福县	3845		1659		2186	4794	2001			
永新县	737		574	3	160	921	129			
井冈山市	1386		1190	140	56	1359	45			49
抚州市小计	**59835**		**41288**	**1102**	**17445**	**59353**	**5737**			**1243**
本级	39820		25318	1002	13500	33682	1668			671
区县级小计	20015		15970	100	3945	25671	4069			572
临川区	1696		1574		122	2391	257			202
南城县	3653		1837	32	1784	3653	546			2
南丰县	723				723	2824	634			
黎川县	1196		1196			1305	22			
崇仁县	2387		2387			2387	446			

4－14－11

单位:万元

地区	收支部分										
	支出										
	教育	科学技术	文化体育与传媒	社会保障和就业	医疗卫生	环境保护	城乡社区事务	农林水事务	交通运输	工业、商业、金融等事务	其他支出
上饶县	1104		18	43	489		470	631	340	17	67
广丰县	2379		347	216	483		799	236	63	53	
玉山县	2043		12	40	283	28	1574	438			
铅山县	84		196	133	394	20	326	212		122	44
横峰县	544		153	293	2990		313	46		18	
弋阳县	1258	1	86	80	57	2	137	93			28
余干县	1094		11	59			146			6	44
鄱阳县	199		302	207	109		1752	280	679	17	
万年县	902		12		228		139	11		33	
德兴市	936	2	162	104	250		46	132		71	4
婺源县	3100		174	158	93	14	400	213	215	62	
吉安市小计	**25575**	**27**	**3446**	**1390**	**4508**	**6**	**3542**	**1600**	**3500**	**839**	**2922**
本级	13259	21	2368	1004	948		521	975	2999	99	2161
区县级小计	12316	6	1078	386	3560	6	3021	625	501	740	761
吉安高新区											
吉州区	800		111	54	36	6	71	53		223	
青原区	722		4	1	44		171	35	7	2	
吉安县	982		3	7	58		360	32	44		667
吉水县	1945		257		83		756	26	34	67	
峡江县	158		54	13	1096		27	10	105	29	3
新干县	752		111	35	39		132	51	149	33	
永丰县	1143		6		43						
泰和县	2526	6	100	55	1355		569	68		48	
遂川县	339		154	53	54		190	55	2	73	78
万安县	565		7	53	22		115	1		12	
安福县	1290		44	37	563		292	284	71	212	
永新县	499		157		55		49	5		27	
井冈山市	595		70	78	112		289	5	89	14	13
抚州市小计	**23069**	**15**	**2017**	**2294**	**4879**	**420**	**7690**	**2092**	**9042**	**714**	**141**
本级	12845	12	1397	1603	2593	179	4476	161	7812	260	5
区县级小计	10224	3	620	691	2286	241	3214	1931	1230	454	136
临川区	423		97	129	179	25	665	176	235	3	
南城县	1705		67	56	379		565	188	61	51	33
南丰县	1427		34	149	184	42	263	76		15	
黎川县	207		11	11	362		674	3		15	
崇仁县	1101		39	20	222		364	30	30	32	103

4－14－12

单位:万元

地区	平衡部分 收入 收入合计	本年收入	上年结余	补助收入	省补助计划单列市收入	支出 支出合计	本年支出	上解上级支出	计划单列市上解省支出	政府调剂资金	年终结余
上饶县	9416	9329		87		9329	9329				87
广丰县	4979	4898		81		4898	4898				81
玉山县	6298	6137	92	69		6020	6020				278
铅山县	2786	1752	984	50		1771	1771				1015
横峰县	4703	4678		25		4703	4703				
弋阳县	1982	1900	32	50		1900	1900				82
余干县	2037	1142	775	120		1528	1528				509
鄱阳县	4826	4001	634	191		4755	4755				71
万年县	1545	1469	12	64		1533	1533				12
德兴市	5276	4730	518	28		4444	3741			703	832
婺源县	5682	5636		46		5222	5222				460
吉安市小计	**63963**	**58519**	**4431**	**1013**		**55189**	**54287**			**902**	**8774**
本级	28697	28405	289	3		25929	25572			357	2768
区县级小计	35266	30114	4142	1010		29260	28715			545	6006
吉安高新区											
吉州区	3716	3489	208	19		1934	1834			100	1782
青原区	1542	1154	366	22		1127	1107			20	415
吉安县	2909	2561	295	53		2420	2420				489
吉水县	3886	3521	191	174		3692	3676			16	194
峡江县	1719	1668		51		1719	1692			27	
新干县	2151	1550	460	141		1427	1427				724
永丰县	1441	1291	101	49		1192	1192				249
泰和县	7354	5969	1328	57		5660	5491			169	1694
遂川县	1824	1627	15	182		1676	1627			49	148
万安县	1357	1316	4	37		1339	1175			164	18
安福县	5023	3845	1134	44		4794	4794				229
永新县	934	737	34	163		921	921				13
井冈山市	1410	1386	6	18		1359	1359				51
抚州市小计	**68534**	**59835**	**7893**	**806**		**62622**	**59353**			**3269**	**5912**
本级	46384	39820	5758	806		36951	33682			3269	9433
区县级小计	22150	20015	2135			25671	25671				－3521
临川区	1713	1696	17			2391	2391				－678
南城县	3714	3653	61			3653	3653				61
南丰县	723	723				2824	2824				－2101
黎川县	1196	1196				1305	1305				－109
崇仁县	2387	2387				2387	2387				

4－14－13

单位:万元

地区	收支部分									
	收入					支出				
	收入合计	彩票资金收入	行政事业性收费收入	国有资源(资产)有偿使用收入	其他收入	支出合计	一般公共服务	外交	国防	公共安全
宜黄县	1424		1333		91	1394	131			57
乐安县	649		488		161	671	53			5
金溪县	889		882		7	889	111			
资溪县	2832		2440		392	2869	472			
广昌县	1728		1284		444	1710	329			
东乡县	2838		2549	68	221	5578	1068			306

4-14-14 单位:万元

地区	收支部分										
	支出										
	教育	科学技术	文化体育与传媒	社会保障和就业	医疗卫生	环境保护	城乡社区事务	农林水事务	交通运输	工业、商业、金融等事务	其他支出
宜黄县	871		16	11	63		170	32	40	3	
乐安县	308		35	35	32		129	32		42	
金溪县	418		43	38	200		55			24	
资溪县	746	3	49	61	250		46	984	110	148	
广昌县	741		28	72	35	23	38	273	143	28	
东乡县	2277		201	109	380	151	245	137	611	93	

4－14－15

单位:万元

地区	平衡部分										年终结余
	收入					支出					
	收入合计	本年收入	上年结余	补助收入	省补助计划单列市收入	支出合计	本年支出	上解上级支出	计划单列市上解省支出	政府调剂资金	
宜黄县	1688	1424	264			1394	1394				294
乐安县	668	649	19			671	671				－3
金溪县	889	889				889	889				
资溪县	2832	2832				2869	2869				－37
广昌县	2418	1728	690			1710	1710				708
东乡县	3922	2838	1084			5578	5578				－1656

2007 年山东省地市县财政预算外收支平衡表

4－15－1　　　　　　　　　　　　　　　　　　　　　　　　　　　　单位:万元

地区	收支部分									
	收入					支出				
	收入合计	彩票资金收入	行政事业性收费收入	国有资源（资产）有偿使用收入	其他收入	支出合计	一般公共服务	外交	国防	公共安全
地市县合计	**2253781**	**92593**	**1899855**	**115437**	**145896**	**2075450**	**196571**	**8**	**1156**	**50200**
青岛市小计	**508737**	**39994**	**442749**	**15228**	**10766**	**449576**	**24212**		**101**	**8156**
本级	335549	39994	287004	4108	4443	296933	12629			2916
区县级小计	173188		155745	11120	6323	152643	11583		101	5240
即墨市	15667		14967	500	200	14880	232			
胶州市	48690		48543	147		38747	4926			1515
胶南市	27026		27026			24780	261			589
平度市	19289		19138	56	95	19289	1244			106
莱西市	10486		10486			10486	273			6
崂山区	15548		3132	8303	4113	11322	344			460
城阳区	15383		14720	663		12634	1222			1106
黄岛区	7042		7042			7467	352			220
开发区										
市南区	4328		4072	256		3447				1063
市北区	1667		701	683	283	2258	1274			
四方区	3745		3457	7	281	3605	552		101	33
李沧区	4317		2461	505	1351	3728	903			142
保税区										
济南市小计	**408219**	**13644**	**310815**	**47528**	**36232**	**372763**	**39689**		**254**	**8045**
本级	291442	13644	246644	27176	3978	256595	18259			797
区县级小计	116777		64171	20352	32254	116168	21430		254	7248
历下区	15798		4550	7663	3585	15954	3464		254	530
市中区	29570		3044	5316	21210	27219	7305			4624
天桥区	5646		2044	2157	1445	6101	2259			836
槐荫区	7154		1677	3567	1910	6926	1991			951
历城区	11348		11348			12179	875			
长清区	5210		4981	145	84	5867	774			1
章丘市	19130		15712	192	3226	19745	1117			
平阴县	5594		4970	454	170	5882	719			
济阳县	14044		12800	743	501	12342	2144			306
商河县	3283		3045	115	123	3953	782			
淄博市小计	**175823**	**6062**	**161933**	**3142**	**4686**	**162804**	**30351**			**10155**
本级	103679	6062	95760	1634	223	100668	10134			7989
区县级小计	72144		66173	1508	4463	62136	20217			2166
博山区	13938		12665	1169	104	11226	5378			559
淄川区	2450		2450			480	415			

四、各省、自治区、直辖市地市县预算外财政资料

4－15－2　　　　　　　　　　　　　　　　　　　　　　　　　　　　　　单位:万元

地区	收支部分										
	支出										
	教育	科学技术	文化体育与传媒	社会保障和就业	医疗卫生	环保境护	城乡社区事务	农林水事务	交通运输	工业、商业、金融等事务	其他支出
地市县合计	**669417**	**7703**	**123630**	**76581**	**54513**	**16026**	**549307**	**71261**	**109856**	**65065**	**84156**
青岛市小计	**89564**	**29**	**18159**	**12560**	**7535**	**411**	**121788**	**5091**	**62393**	**40220**	**59357**
本级	33421	25	9808	9527	4055		84596	387	51557	31998	56014
区县级小计	56143	4	8351	3033	3480	411	37192	4704	10836	8222	3343
即墨市	6451		2000	48			6000	149			
胶州市	13533	4	1897	821	735	36	7400	614	7174	92	
胶南市	11251		2801	50	594	313	6675	246	288	1712	
平度市	9534		1523	773	136		4105	112	1756		
莱西市	3295			145	84	62	4630	1271	18		702
崂山区	1042		21	151	5		517	2220	166	6396	
城阳区	4936			285	1009		3655	92	245	22	62
黄岛区	2571		26	530	84		2495		1189		
开发区											
市南区				61	27						2296
市北区	701										283
四方区	1783		71	85			980				
李沧区	1046		12	84	806		735				
保税区											
济南市小计	**76834**	**6694**	**30934**	**9722**	**3818**	**8202**	**161979**	**18642**	**1811**	**2260**	**3879**
本级	33048	6650	30371	6190	222	8067	136718	15478	61	532	202
区县级小计	43786	44	563	3532	3596	135	25261	3164	1750	1728	3677
历下区	4258		75	169	1215	5	5959		25		
市中区	5537	44	39	836	758	54	6818	407	151	26	620
天桥区	1686			226	100		982	12			
槐荫区	905			238	766	2	1855	218			
历城区	7956						2813	357			178
长清区	3586		88	439	47		860	1	14		57
章丘市	7357			686			4223	1106	1505	930	2821
平阴县	3316		227	278	437		127	768	4	5	1
济阳县	7509		134	419	123	74	706	137	23	767	
商河县	1676			241	150		918	158	28		
淄博市小计	**55432**	**524**	**3848**	**7605**	**6489**	**449**	**25601**	**11431**	**2659**	**4496**	**3764**
本级	41686	524	2341	6091	5306		14277	8509	88	3382	341
区县级小计	13746		1507	1514	1183	449	11324	2922	2571	1114	3423
博山区	1710		316	140	440	7	1540	254		290	592
淄川区									60		5

4－15－3 单位:万元

地区	平衡部分										
	收入					支出					
	收入合计	本年收入	上年结余	补助收入	省补助计划单列市收入	支出合计	本年支出	上解上级支出	计划单列市上解省支出	政府调剂资金	年终结余
地市县合计	**2701952**	**2253781**	**408182**	**39330**	**659**	**2124899**	**2075450**			**49449**	**577053**
青岛市小计	**654355**	**508737**	**144959**		**659**	**449576**	**449576**				**204779**
本级	435712	335549	99273	231	659	296933	296933				138779
区县级小计	218643	173188	45686	－231		152643	152643				66000
即墨市	18043	15667	2115	261		14880	14880				3163
胶州市	48690	48690				38747	38747				9943
胶南市	29619	27026	2593			24780	24780				4839
平度市	19315	19289	26			19289	19289				26
莱西市	10486	10486				10486	10486				
崂山区	38280	15548	22732			11322	11322				26958
城阳区	24972	15383	9589			12634	12634				12338
黄岛区	12619	7042	5577			7467	7467				5152
开发区											
市南区	4328	4328				3447	3447				881
市北区	2265	1667	1090	－492		2258	2258				7
四方区	4406	3745	661			3605	3605				801
李沧区	5620	4317	1303			3728	3728				1892
保税区											
济南市小计	**483610**	**408219**	**71709**	**3682**		**388978**	**372763**			**16215**	**94632**
本级	357481	291442	66839	－800		272795	256595			16200	84686
区县级小计	126129	116777	4870	4482		116183	116168			15	9946
历下区	16971	15798	908	265		15954	15954				1017
市中区	31080	29570	1191	319		27219	27219				3861
天桥区	6558	5646	591	321		6101	6101				457
槐荫区	8410	7154	944	312		6926	6926				1484
历城区	12914	11348	913	653		12179	12179				735
长清区	5882	5210		672		5882	5867			15	
章丘市	19770	19130	25	615		19745	19745				25
平阴县	6115	5594		521		5882	5882				233
济阳县	14476	14044	54	378		12342	12342				2134
商河县	3953	3283	244	426		3953	3953				
淄博市小计	**200504**	**175823**	**22407**	**2274**		**170693**	**162804**			**7889**	**29811**
本级	126925	103679	23500	－254		100668	100668				26257
区县级小计	73579	72144	－1093	2528		70025	62136			7889	3554
博山区	14249	13938		311		14249	11226			3023	
淄川区	668	2450	－2262	480		480	480				188

4－15－4　　单位:万元

地区	收支部分									
	收入					支出				
	收入合计	彩票资金收入	行政事业性收费收入	国有资源(资产)有偿使用收入	其他收入	支出合计	一般公共服务	外交	国防	公共安全
张店区	8114		4254		3860	8051	1058			812
周村区	4718		4715		3	4965	299			258
临淄区	24205		23970		235	22647	11594			413
桓台县	3996		3996			397	347			
高青县	5742		5742			5126	355			
沂源县	8981		8381	339	261	9244	771			124
枣庄市小计	**90524**	**3526**	**64653**	**3474**	**18871**	**80330**	**7368**			**4161**
本级	40688	3526	25195	2620	9347	30696	2225			1126
区县级小计	49836		39458	854	9524	49634	5143			3035
市中区	10995		6516	395	4084	10337	2318			543
薛城区	4608		4608			4854	640			3
峄城区	1512		1512			1736	265			
山亭区	4264		3950		314	4517	1023			350
台儿庄区	354		354			115	115			
滕州市	28103		22518	459	5126	28075	782			2139
烟台市小计	**169595**		**159628**	**2908**	**7059**	**156219**	**8091**			**1713**
本级	64530		64457	73		53380	2744			440
区县级小计	105065		95171	2835	7059	102839	5347			1273
芝罘区	5820		5334		486	5820	191			48
福山区	10729		10633	96		10729	181			
龙口市	12689		12689			11144	314			25
莱阳市	9150		8859	108	183	9242	216			63
蓬莱市	11125		9035	1872	218	11125	225			300
招远市	6960		5960		1000	6964	1114			
莱州市	10081		10081			10083	150			
栖霞市	337		328	9		617	280			
海阳市	15245		14897	9	339	15245	1368			371
牟平区	8497		6231	453	1813	8303	580			277
长岛县	1135		492	288	355	799	13			2
开发区	4256		1591		2665	3731	501			6
莱山区	9041		9041			9037	214			181
潍坊市小计	**133860**	**6577**	**124081**	**810**	**2392**	**125475**	**7811**			**2254**
本级	59889	5086	52826	141	1836	51447	2908			512
区县级小计	73971	1491	71255	669	556	74028	4903			1742
潍城区	5165	112	4877	134	42	5165	423			210
坊子区	1841	37	1733		71	2385	76			372

4-15-5

单位:万元

地区	收支部分 支出 教育	科学技术	文化体育与传媒	社会保障和就业	医疗卫生	环境保护	城乡社区事务	农林水事务	交通运输	工业、商业、金融等事务	其他支出
张店区	473		10	181	228		4029	149			1111
周村区	1195		14	46	145	3	2657	7	247		94
临淄区	4994		1057	667	140	19	498	1791	1052	295	127
桓台县									20		30
高青县	1666		104	55			2108	294	15	529	
沂源县	3708		6	425	230	420	492	427	1177		1464
枣庄市小计	**31301**	**77**	**3253**	**1491**	**1695**	**273**	**18106**	**6180**	**3347**	**2952**	**126**
本级	14042	31	1556	168	1186	185	6837	2234	601	505	
区县级小计	17259	46	1697	1323	509	88	11269	3946	2746	2447	126
市中区	2349	38	174	510	399		1437	453	811	1280	25
薛城区	3131			23	39	10	926	82			
峄城区	883		150	31	42		240	30	95		
山亭区	1261		103	60	2	73	236	197	1212		
台儿庄区											
滕州市	9635	8	1270	699	27	5	8430	3184	628	1167	101
烟台市小计	**56212**	**36**	**8513**	**14134**	**8842**	**4644**	**40699**	**3290**	**912**	**692**	**8441**
本级	12398	34	1537	7405	4423	3660	17431	333	133	565	2277
区县级小计	43814	2	6976	6729	4419	984	23268	2957	779	127	6164
芝罘区	2476			1473	669		900	63			
福山区	4493			206	167		5355	327			
龙口市	5012		1453	463	55		3684	138			
莱阳市	6084		723	360		331	1407	58			
蓬莱市	2557		1296	112	192	5		297	154		5987
招远市	2011		1432	241			2140	26			
莱州市	5782		1311	770			1393	522	65	22	68
栖霞市	328										9
海阳市	2525		298	1907	3215	611	3566	865	499	20	
牟平区	1675		379	649	116	35	4133	384		75	
长岛县	231	2	66	83	5	2	196	199			
开发区	2866		18	34			143	2	61		100
莱山区	7774			431			351	76		10	
潍坊市小计	**78819**	**124**	**5575**	**3613**	**1677**	**189**	**19240**	**2285**	**2487**	**463**	**938**
本级	24620	120	1747	1688	771		14564	737	2454	422	904
区县级小计	54199	4	3828	1925	906	189	4676	1548	33	41	34
潍城区	3671		80	136	152		455	38			
坊子区	1377		251	10	61		199	39			

4－15－6

单位:万元

地区	平衡部分										
	收入					支出					年终结余
	收入合计	本年收入	上年结余	补助收入	省补助计划单列市收入	支出合计	本年支出	上解上级支出	计划单列市上解省支出	政府调剂资金	
张店区	8282	8114	－91	259		8051	8051				231
周村区	4965	4718		247		4965	4965				
临淄区	25732	24205	1230	297		22647	22647				3085
桓台县	4393	3996		397		4393	397			3996	
高青县	6046	5742	30	274		5996	5126			870	50
沂源县	9244	8981		263		9244	9244				
枣庄市小计	**100799**	**90524**	**8746**	**1529**		**80792**	**80330**			**462**	**20007**
本级	48890	40688	8742	－540		30696	30696				18194
区县级小计	51909	49836	4	2069		50096	49634			462	1813
市中区	11238	10995		243		10337	10337				901
薛城区	4943	4608	－85	420		4854	4854				89
峄城区	1765	1512		253		1765	1736			29	
山亭区	4596	4264		332		4596	4517			79	
台儿庄区	636	354	38	244		469	115			354	167
滕州市	28731	28103	51	577		28075	28075				656
烟台市小计	**205449**	**169595**	**32767**	**3087**		**156543**	**156219**			**324**	**48906**
本级	92273	64530	25571	2172		53380	53380				38893
区县级小计	113176	105065	7196	915		103163	102839			324	10013
芝罘区	5820	5820				5820	5820				
福山区	10747	10729	18			10729	10729				18
龙口市	17571	12689	4433	449		11144	11144				6427
莱阳市	9871	9150	721			9242	9242				629
蓬莱市	11149	11125	24			11125	11125				24
招远市	7071	6960	111			6964	6964				107
莱州市	10697	10081	465	151		10083	10083				614
栖霞市	617	337		280		617	617				
海阳市	15245	15245				15245	15245				
牟平区	8497	8497				8497	8303			194	
长岛县	1140	1135		5		929	799			130	211
开发区	4511	4256	225	30		3731	3731				780
莱山区	10240	9041	1199			9037	9037				1203
潍坊市小计	**164563**	**133860**	**27956**	**2747**		**125475**	**125475**				**39088**
本级	83884	59889	22677	1318		51447	51447				32437
区县级小计	80679	73971	5279	1429		74028	74028				6651
潍城区	7205	5165	1965	75		5165	5165				2040
坊子区	3329	1841	1318	170		2385	2385				944

4－15－7　　单位:万元

地区	收支部分									
	收入					支出				
	收入合计	彩票资金收入	行政事业性收费收入	国有资源(资产)有偿使用收入	其他收入	支出合计	一般公共服务	外交	国防	公共安全
寒亭区	5739	44	5695			5739	574			828
昌邑市	4521	127	4356	14	24	4521	127			43
昌乐县	1839	89	1691	59		1928	514			173
安丘市	5680	153	5267	260		5680	634			
寿光市	15212	161	15051			15212	712			
青州市	6398	134	6264			6398	308			
高密市	4526	164	4362			4526	568			28
诸城市	15000	191	14809			15000	268			
临朐县	5294	124	4968	202		5075	522			88
奎文区	2756	155	2182		419	2399	177			
济宁市小计	**29483**	**357**	**23806**	**1162**	**4158**	**30606**	**5832**			**292**
本级	13841	357	13076	408		13753	756			58
区县级小计	15642		10730	754	4158	16853	5076			234
市中区	866		623	235	8	886	47			
任城区	1146		673	213	260	1089	211			
兖州市	1074		903	147	24	1207	220			14
曲阜市	916		916			1160	229			
泗水县	852		716	88	48	1022	144			
邹城市	4671		886		3785	3013	2070			
微山县	919		919			1097	246			179
鱼台县	1212		1108	71	33	1620	280			
金乡县	1270		1270			1747	309			
嘉祥县	1011		1011			1257	387			
汶上县	850		850			1376	537			
梁山县	855		855			1379	396			41
临沂市小计	**104060**	**7442**	**88102**	**6914**	**1602**	**95678**	**5853**		**31**	**2503**
本级	73587	5835	60605	6380	767	63993	2904			1832
区县级小计	30473	1607	27497	534	835	31685	2949		31	671
郯城县	2766	115	2276	200	175	3093	345			307
苍山县	3688	70	3598	20		3877	395			
莒南县	2201	101	2100			2232				
沂水县	725	125	600			888	288			
蒙阴县	1297	29	1268			1523	224			35
平邑县	877	86	737	54		1158	420		31	6
费县	2329	102	2227			2553	297			
沂南县	1001	64	937			1163	226			124

4－15－8

单位：万元

地区	收支部分									
	支出									
	教育	科学技术	文化体育与传媒	社会保障和就业	医疗卫生	环境保护	城乡社区事务	农林水事务	交通运输	工业、商业、金融等事务	其他支出
寒亭区	2332	4	606	179	43		715	425	33		
昌邑市	3231		421	51	223		295	129			1
昌乐县	885		69	182	34		71				
安丘市	3058		439	158	215	165	796	215			
寿光市	13404			308	83		485	220			
青州市	4762		370	420	5		394	106			33
高密市	3610			9			158	153			
诸城市	12486		1425	28			793				
临朐县	3215		167	441	90	24	265	222		41	
奎文区	2168			3			50	1			
济宁市小计	**13507**		**2127**	**446**	**630**		**7043**	**208**	**23**	**65**	**433**
本级	6478		1424	127	60		4848	2			
区县级小计	7029		703	319	570		2195	206	23	65	433
市中区	580		100	19	72		2		2		64
任城区	878										
兖州市	392		40		296		222	2	14		7
曲阜市	412						519				
泗水县	452			106			175	2	7		136
邹城市	686			50			207				
微山县	306		12	9	170		36	139			
鱼台县	887		134	48	4		192	10		65	
金乡县	450		300	60			418				210
嘉祥县	758			25	28			43			16
汶上县	316		117	2			394	10			
梁山县	912						30				
临沂市小计	**46253**	**100**	**7807**	**3702**	**3709**	**1080**	**11276**	**3375**	**9419**	**160**	**410**
本级	32260	97	5361	1241	3119	1064	6217	419	9289	160	30
区县级小计	13993	3	2446	2461	590	16	5059	2956	130		380
郯城县	718		180	755			530	258			
苍山县	2142		239	40			1021				40
莒南县			200	262	290		1480				
沂水县	260		186				154				
蒙阴县	412	3	91	286	114	9	152	195			2
平邑县	171			69	130		300	31			
费县	1142		295	102				261	130		326
沂南县	324		345		28			116			

4－15－9

单位:万元

地区	平衡部分										
	收入					支出					年终结余
	收入合计	本年收入	上年结余	补助收入	省补助计划单列市收入	支出合计	本年支出	上解上级支出	计划单列市上解省支出	政府调剂资金	
寒亭区	5814	5739		75		5739	5739				75
昌邑市	4779	4521	75	183		4521	4521				258
昌乐县	2293	1839	382	72		1928	1928				365
安丘市	5889	5680	96	113		5680	5680				209
寿光市	15358	15212		146		15212	15212				146
青州市	6565	6398	89	78		6398	6398				167
高密市	4723	4526	125	72		4526	4526				197
诸城市	15085	15000		85		15000	15000				85
临朐县	6216	5294	584	338		5075	5075				1141
奎文区	3423	2756	645	22		2399	2399				1024
济宁市小计	**35167**	**29483**	**3215**	**2469**		**32716**	**30606**			**2110**	**2451**
本级	14851	13841	1057	－47		13753	13753				1098
区县级小计	20316	15642	2158	2516		18963	16853			2110	1353
市中区	894	866	6	22		886	886				8
任城区	1455	1146	230	79		1364	1089			275	91
兖州市	1318	1074	111	133		1207	1207				111
曲阜市	1226	916	81	229		1160	1160				66
泗水县	1022	852		170		1022	1022				
邹城市	5137	4671	296	170		4848	3013			1835	289
微山县	1098	919		179		1097	1097				1
鱼台县	1710	1212	308	190		1620	1620				90
金乡县	2086	1270	501	315		1747	1747				339
嘉祥县	1407	1011	99	297		1257	1257				150
汶上县	1396	850	142	404		1376	1376				20
梁山县	1567	855	384	328		1379	1379				188
临沂市小计	**134408**	**104060**	**27092**	**3256**		**96514**	**95678**			**836**	**37894**
本级	98212	73587	23534	1091		63993	63993				34219
区县级小计	36196	30473	3558	2165		32521	31685			836	3675
郯城县	3187	2766	94	327		3093	3093				94
苍山县	3981	3688	70	223		3877	3877				104
莒南县	2485	2201	110	174		2232	2232				253
沂水县	988	725	100	163		888	888				100
蒙阴县	1523	1297	35	191		1523	1523				
平邑县	1233	877	75	281		1158	1158				75
费县	2553	2329		224		2553	2553				
沂南县	1163	1001		162		1163	1163				

4－15－10　　　　单位:万元

地区	收支部分									
	收入					支出				
	收入合计	彩票资金收入	行政事业性收费收入	国有资源（资产）有偿使用收入	其他收入	支出合计	一般公共服务	外交	国防	公共安全
临沭县	1982	78	1828	73	3	2335	159			
兰山区	5616	547	4380	32	657	5489	97			28
罗庄区	4442	210	4232			4537	452			
河东区	3549	80	3314	155		2837	46			171
泰安市小计	**94104**	**3524**	**69007**	**7321**	**14252**	**88942**	**10499**		**770**	**372**
本级	59318	3524	35512	6537	13745	56518	9118		770	50
区县级小计	34786		33495	784	507	32424	1381			322
新泰市	11376		10562	342	472	11376	142			77
宁阳县	4368		3925	408	35	3048	520			
东平县	4062		4062			3719	41			
肥城市	10203		10169	34		9504	612			3
泰山区	1120		1120			1120				
岱岳区	3657		3657			3657	66			242
聊城市小计	**77980**	**2405**	**66856**	**7446**	**1273**	**65655**	**2113**			**317**
本级	46515	2216	37250	6504	545	34431	494			70
区县级小计	31465	189	29606	942	728	31224	1619			247
东昌府区	5394	189	4085	552	568	5407	532			
临清市	8188		8188			7978	149			
阳谷县	1800		1800			1653	58			
莘县	2318		2186	132		2617	362			
茌平县	5629		5218	251	160	5615	101			75
东阿县	977		970	7		1013	126			
冠县	3087		3087			3039	166			121
高唐县	4072		4072			3902	125			51
菏泽市小计	**44352**	**2135**	**41404**	**595**	**218**	**46122**	**4393**			**56**
本级	27801	2135	25655		11	27724	2044			32
区县级小计	16551		15749	595	207	18398	2349			24
牡丹区	3203		3203			3384	181			
曹县	3006		2864		142	3234	280			24
定陶县	784		719		65	1000	261			
成武县	1617		1617			1910	293			
单县	875		875			763	187			
巨野县	1940		1940			2017	216			
郓城县	2819		2424	395		3232	297			
鄄城县	1303		1303			1447	212			
东明县	1004		804	200		1411	422			

4－15－11　　　　单位:万元

地区	收支部分										
	支出										
	教育	科学技术	文化体育与传媒	社会保障和就业	医疗卫生	环境保护	城乡社区事务	农林水事务	交通运输	工业、商业、金融等事务	其他支出
临沭县	1715		215	148	4		73	21			
兰山区	3850		103	526			447	438			
罗庄区	1986			46			579	1474			
河东区	1273		592	227	24	7	323	162			12
泰安市小计	**41368**	**53**	**10025**	**10222**	**1544**	**12**	**5567**	**1006**	**1355**	**5510**	**639**
本级	21288		6726	9167	302		3338	4	295	5416	44
区县级小计	20080	53	3299	1055	1242	12	2229	1002	1060	94	595
新泰市	7838	47	913	404	411		577	336	562	9	60
宁阳县	690		431	59	345		649	142	212		
东平县	2864		301	68	12		363	70			
肥城市	5793	5	1412	430	277		590	11	286	85	
泰山区	792		151	94	11		50	22			
岱岳区	2103	1	91		186	12		421			535
聊城市小计	**26162**		**4904**	**2256**	**4099**	**258**	**14392**	**9838**	**949**	**75**	**292**
本级	11307		3263	1149	1324		11241	5500	68	15	
区县级小计	14855		1641	1107	2775	258	3151	4338	881	60	292
东昌府区	3985		251	47	495			79	18		
临清市	3093		422	223	121	189	1360	2421			
阳谷县	917		222	67		66	239	38	3	43	
莘县	1687		246	4			170	61	87		
茌平县	2549		124	658	18		432	668	700		290
东阿县	735						95	34	21		2
冠县	933		161	66	64	3	574	902	32	17	
高唐县	956		215	42	2077		281	135	20		
菏泽市小计	**27385**		**4226**	**694**	**769**		**5985**	**2125**	**453**	**36**	
本级	15805		3495	362	226		3792	1553	379	36	
区县级小计	11580		731	332	543		2193	572	74		
牡丹区	2666						525	12			
曹县	2365			44	264		135	119	3		
定陶县	519			76	112		11	4	17		
成武县	1157		86	66			282		26		
单县	429						147				
巨野县	1153			77	142		398	31			
郓城县	2106		189				241	382	17		
鄄城县	617		256	53	25		266	7	11		
东明县	568		200	16			188	17			

4－15－12

单位:万元

地区	平衡部分										
	收入					支出					年终结余
	收入合计	本年收入	上年结余	补助收入	省补助计划单列市收入	支出合计	本年支出	上解上级支出	计划单列市上解省支出	政府调剂资金	
临沭县	2463	1982	338	143		2335	2335				128
兰山区	6396	5616	698	82		5489	5489				907
罗庄区	6327	4442	1790	95		5126	4537			589	1201
河东区	3897	3549	248	100		3084	2837			247	813
泰安市小计	**107199**	**94104**	**10954**	**2141**		**90719**	**88942**			**1777**	**16480**
本级	68523	59318	9044	161		56518	56518				12005
区县级小计	38676	34786	1910	1980		34201	32424			1777	4475
新泰市	12063	11376	322	365		11376	11376				687
宁阳县	4865	4368	189	308		4368	3048			1320	497
东平县	4429	4062	95	272		3719	3719				710
肥城市	11087	10203	650	234		9961	9504			457	1126
泰山区	1713	1120	203	390		1120	1120				593
岱岳区	4519	3657	451	411		3657	3657				862
聊城市小计	**90155**	**77980**	**9944**	**2231**		**65655**	**65655**				**24500**
本级	56458	46515	8941	1002		34431	34431				22027
区县级小计	33697	31465	1003	1229		31224	31224				2473
东昌府区	1817	5394	－3673	96		5407	5407				－3590
临清市	10333	8188	1678	467		7978	7978				2355
阳谷县	1800	1800				1653	1653				147
莘县	2736	2318	119	299		2617	2617				119
茌平县	6213	5629	584			5615	5615				598
东阿县	1033	977	36	20		1013	1013				20
冠县	3254	3087	45	122		3039	3039				215
高唐县	6511	4072	2214	225		3902	3902				2609
菏泽市小计	**55034**	**44352**	**7335**	**3347**		**47421**	**46122**			**1299**	**7613**
本级	35867	27801	6720	1346		28724	27724			1000	7143
区县级小计	19167	16551	615	2001		18697	18398			299	470
牡丹区	3464	3203	80	181		3384	3384				80
曹县	3234	3006		228		3234	3234				
定陶县	1000	784		216		1000	1000				
成武县	1910	1617		293		1910	1910				
单县	1062	875		187		1062	763			299	
巨野县	2266	1940	184	142		2017	2017				249
郓城县	3232	2819	210	203		3232	3232				
鄄城县	1588	1303	141	144		1447	1447				141
东明县	1411	1004		407		1411	1411				

4－15－13

单位:万元

地区	收支部分									
	收入					支出				
	收入合计	彩票资金收入	行政事业性收费收入	国有资源（资产）有偿使用收入	其他收入	支出合计	一般公共服务	外交	国防	公共安全
德州市小计	**28528**	**32**	**28454**	**42**		**29055**	**2213**			**3776**
本级	25156		25114	42		25154	629			3605
区县级小计	3372	32	3340			3901	1584			171
德城区	1924	32	1892			2035	163			71
陵县	168		168			168	157			
平原县	149		149			149				63
夏津县	357		357			357	269			37
武城县						187	187			
齐河县	210		210			210	188			
禹城市	5		5			5				
乐陵市						125	125			
临邑县	315		315			315	145			
宁津县	85		85			155	155			
庆云县	159		159			195	195			
滨州市小计	**93761**	**2412**	**76199**	**5212**	**9938**	**90229**	**8621**			**5585**
本级	37683	2412	30309	267	4695	35967	2766			390
区县级小计	56078		45890	4945	5243	54262	5855			5195
惠民县	10560		10262	298		10497	868			3936
阳信县	1840		1840			2083	248			
无棣县	3052		2225	31	796	2840	514			33
沾化县	2020		1905	115		2374	314			34
博兴县	5953		5449		504	6656	462			208
邹平县	27401		20544	4430	2427	24417	2270			774
滨城区	5252		3665	71	1516	5395	1179			210
东营市小计	**86446**	**2507**	**59561**	**3225**	**21153**	**66313**	**6444**			**1293**
本级	56421	2507	35664	2497	15753	36189	3840			113
区县级小计	30025		23897	728	5400	30124	2604			1180
东营区	1738		1738			1738	1259			
河口区	7815		2714	88	5013	7815	752			35
广饶县	9480		9480			9480	69			512
垦利县	6614		6079	245	290	6713	177			628
利津县	4378		3886	395	97	4378	347			5
威海市小计	**100555**	**1226**	**88104**	**997**	**10228**	**106525**	**24265**			**206**
本级	34556	960	33369	227		34192	1461			89
区县级小计	65999	266	54735	770	10228	72333	22804			117
环翠区	16577	266	6669	155	9487	21344	6173			

4－15－14

单位：万元

地区	收支部分									
	支出									
	教育	科学技术	文化体育与传媒	社会保障和就业	医疗卫生	环境保护	城乡社区事务	农林水事务	交通运输	工业、商业、金融等事务	其他支出
德州市小计	**3102**		**40**	**68**	**165**	**5**	**668**	**601**	**18402**		**15**
本级	1422				63		567	466	18402		
区县级小计	1680		40	68	102	5	101	135			15
德城区	1555		32	32	102		27	53			
陵县	11										
平原县				36			50				
夏津县	14		8			5		24			
武城县											
齐河县	22										
禹城市											5
乐陵市											
临邑县	78						24	58			10
宁津县											
庆云县											
滨州市小计	**41929**	**66**	**5967**	**2366**	**2860**	**151**	**14430**	**3308**	**2746**	**1009**	**1191**
本级	22592		2392	760	1330		4471	582		15	669
区县级小计	19337	66	3575	1606	1530	151	9959	2726	2746	994	522
惠民县	1186		180	328	295	62	715	690	1200	685	352
阳信县	1455			42	146			70	113		9
无棣县	731		324	134	308	22	367	134	204		69
沾化县	1406		36	23	41	67	52	374		1	26
博兴县	4314	66	154	55	559		390	418			30
邹平县	8303		2534	982			7158	829	1223	308	36
滨城区	1942		347	42	181		1277	211	6		
东营市小计	**23100**		**3247**	**807**	**4227**		**21201**	**944**	**258**	**1723**	**3069**
本级	12064		2341	331	2001		13309	269	144	1657	120
区县级小计	11036		906	476	2226		7892	675	114	66	2949
东营区	479										
河口区	887		94	250	2		5784	1		10	
广饶县	4895		396	53	38		710	221	17	30	2539
垦利县	2148		125	23	2161		663	374	4		410
利津县	2627		291	150	25		735	79	93	26	
威海市小计	**28609**		**7204**	**4051**	**4321**		**30276**	**940**	**1152**	**5380**	**121**
本级	16199		6032	2001	2143		5244	154	609	225	35
区县级小计	12410		1172	2050	2178		25032	786	543	5155	86
环翠区	2828			814			10982	503		16	28

4－15－15 单位:万元

地区	平衡部分										
	收入					支出					
	收入合计	本年收入	上年结余	补助收入	省补助计划单列市收入	支出合计	本年支出	上解上级支出	计划单列市上解省支出	政府调剂资金	年终结余
德州市小计	**34071**	**28528**	**98**	**5445**		**29055**	**29055**				**5016**
本级	28088	25156	98	2834		25154	25154				2934
区县级小计	5983	3372		2611		3901	3901				2082
德城区	2239	1924		315		2035	2035				204
陵县	675	168		507		168	168				507
平原县	387	149		238		149	149				238
夏津县	617	357		260		357	357				260
武城县	187			187		187	187				
齐河县	400	210		190		210	210				190
禹城市	213	5		208		5	5				208
乐陵市	157			157		125	125				32
临邑县	510	315		195		315	315				195
宁津县	242	85		157		155	155				87
庆云县	356	159		197		195	195				161
滨州市小计	**100363**	**93761**	**4691**	**1911**		**93516**	**90229**			**3287**	**6847**
本级	47501	37683	9862	－44		35967	35967				11534
区县级小计	52862	56078	－5171	1955		57549	54262			3287	－4687
惠民县	8648	10560	－2254	342		10902	10497			405	－2254
阳信县	－9966	1840	－12124	318		4796	2083			2713	－14762
无棣县	3011	3052	－303	262		3009	2840			169	2
沾化县	2402	2020	128	254		2374	2374				28
博兴县	8221	5953	1992	276		6656	6656				1565
邹平县	34016	27401	6312	303		24417	24417				9599
滨城区	6530	5252	1078	200		5395	5395				1135
东营市小计	**104752**	**86446**	**17473**	**833**		**81313**	**66313**			**15000**	**23439**
本级	74537	56421	17283	833		51189	36189			15000	23348
区县级小计	30215	30025	190			30124	30124				91
东营区	1738	1738				1738	1738				
河口区	7906	7815	91			7815	7815				91
广饶县	9480	9480				9480	9480				
垦利县	6713	6614	99			6713	6713				
利津县	4378	4378				4378	4378				
威海市小计	**118443**	**100555**	**16059**	**1829**		**106525**	**106525**				**11918**
本级	36749	34556	1270	923		34192	34192				2557
区县级小计	81694	65999	14789	906		72333	72333				9361
环翠区	23821	16577	7087	157		21344	21344				2477

4－15－16

单位:万元

地区	收支部分									
	收入					支出				
	收入合计	彩票资金收入	行政事业性收费收入	国有资源(资产)有偿使用收入	其他收入	支出合计	一般公共服务	外交	国防	公共安全
乳山市	16220		16220			16417	6293			113
文登市	11698		10342	615	741	12757	1059			
荣成市	21504		21504			21815	9279			4
日照市小计	**91843**	**457**	**79195**	**9123**	**3068**	**92059**	**8080**	**8**		**1247**
本级	75567	457	63430	8952	2728	76404	5602	8		301
区县级小计	16276		15765	171	340	15655	2478			946
莒县	368		368			368				
五莲县	4430		4430			4440	1227			433
东港区	6198		5687	171	340	5567	201			272
岚山区	5280		5280			5280	1050			241
莱芜市小计	**15911**	**293**	**15308**	**310**		**17099**	**736**			**69**
本级	12563	293	11960	310		13751	682			69
区县级小计	3348		3348			3348	54			
莱城区	1578		1578			1578				
钢城区	1770		1770			1770	54			

4－15－17

单位：万元

地区	收支部分										
	支出										
	教育	科学技术	文化体育与传媒	社会保障和就业	医疗卫生	环境保护	城乡社区事务	农林水事务	交通运输	工业、商业、金融等事务	其他支出
乳山市	2417		381	291	2158		482			4224	58
文登市	2702		791	934			5530	283	543	915	
荣成市	4463			11	20		8038				
日照市小计	**20167**		**7732**	**1672**	**1919**	**352**	**47662**	**1721**	**21**	**18**	**1460**
本级	13255		7596	1312	940	350	44671	894	15		1460
区县级小计	6912		136	360	979	2	2991	827	6	18	
莒县	290						78				
五莲县	1219		136	240	658	2	391	116		18	
东港区	4438			117	135		75	323	6		
岚山区	965			3	186		2447	388			
莱芜市小计	**9673**		**69**	**1172**	**214**		**3394**	**276**	**1469**	**6**	**21**
本级	8522		69	1172			2833	63	314	6	21
区县级小计	1151				214		561	213	1155		
莱城区	477				214		190	211	486		
钢城区	674						371	2	669		

4－15－18

单位：万元

地区	平衡部分										
	收入					支出					年终结余
	收入合计	本年收入	上年结余	补助收入	省补助计划单列市收入	支出合计	本年支出	上解上级支出	计划单列市上解省支出	政府调剂资金	
乳山市	23013	16220	6596	197		16417	16417				6596
文登市	13045	11698	1106	241		12757	12757				288
荣成市	21815	21504		311		21815	21815				
日照市小计	**95323**	**91843**	**1860**	**1620**		**92309**	**92059**			**250**	**3014**
本级	77579	75567	392	1620		76654	76404			250	925
区县级小计	17744	16276	1468			15655	15655				2089
莒县	1193	368	825			368	368				825
五莲县	4915	4430	485			4440	4440				475
东港区	6198	6198				5567	5567				631
岚山区	5438	5280	158			5280	5280				158
莱芜市小计	**17757**	**15911**	**917**	**929**		**17099**	**17099**				**658**
本级	14409	12563	917	929		13751	13751				658
区县级小计	3348	3348				3348	3348				
莱城区	1578	1578				1578	1578				
钢城区	1770	1770				1770	1770				

2007 年河南省地市县财政预算外收支平衡表

4－16－1　　　　　　　　　　　　　　　　　　　　　　　　单位：万元

地区	收支部分									
	收入					支出				
	收入合计	彩票资金收入	行政事业性收费收入	国有资源（资产）有偿使用收入	其他收入	支出合计	一般公共服务	外交	国防	公共安全
地市县合计	**1513761**	**1595**	**1275032**	**24346**	**212788**	**1459968**	**129942**	**9**	**42**	**36941**
郑州市小计	**278605**	**361**	**222499**	**8502**	**47243**	**289554**	**32208**		**1**	**2871**
本级	189239	360	142313	7651	38915	205689	14168			960
区县级小计	89366	1	80186	851	8328	83865	18040		1	1911
巩义市	10380		9311	379	690	11413	2349			206
荥阳市	9931		9931			9354	2669			169
中牟县	6737		6737			5167	568			56
新郑市	11503		11259	100	144	11235	910			73
登封市	15697		10121	44	5532	15943	2011			31
新密市	8123		6658		1465	8088	4008			4
二七区	4352		3934	53	365	2602	922			
金水区	5283		5122	81	80	4038	795			30
中原区	8535		8535			8423	2483			1299
管城区	3761		3761			3591	1120			12
上街区	3734		3712	22		2724	113		1	2
惠济区	1330	1	1105	172	52	1287	92			29
开封市小计	**55683**	**9**	**54622**	**174**	**878**	**54389**	**2888**		**2**	**4675**
本级	33461		32941	115	405	32876	570			4263
区县级小计	22222	9	21681	59	473	21513	2318		2	412
兰考县	5522		5522			5230	231			147
杞县	1872		1726	2	144	1856	64			17
通许县	3340		3002	35	303	3433	753			201
尉氏县	5800		5782	18		5786	1003			44
开封县	2280		2280			2005	88			
禹王台区	178	9	168	1		187	9			1
鼓楼区	586		586			621	44			2
龙亭区	290		261	3	26	316	101			
顺河区	742		742			678	11		2	
金明区	1612		1612			1401	14			
洛阳市小计	**179453**	**95**	**107419**	**913**	**71026**	**168658**	**8955**	**9**	**37**	**2610**
本级	106203		46199		60004	100329	1731	9	37	804
区县级小计	73250	95	61220	913	11022	68329	7224			1806
偃师市	14982		14982			15370	146			606
孟津县	7361		7361			5751	428			346
新安县	10896		8390	149	2357	10771	2937			31
伊川县	6592		6097		495	6588	407			115

四、各省、自治区、直辖市地市县预算外财政资料

4－16－2　　　　　　　　　　　　　　　　　　　　　　　　　　　　　　　　　　　单位：万元

地区	收支部分									
	支出									
	教育	科学技术	文化体育与传媒	社会保障和就业	医疗卫生	环境保护	城乡社区事务	农林水事务	交通运输	工业、商业、金融等事务	其他支出
地市县合计	**660549**	**936**	**68618**	**36153**	**65346**	**38504**	**195142**	**33261**	**121482**	**15763**	**57280**
郑州市小计	**97780**	**187**	**4115**	**6666**	**7951**	**23226**	**88924**	**9947**	**7255**	**3652**	**4771**
本级	64969	131	2139	4049	4233	22945	77079	9145	4096	737	1038
区县级小计	32811	56	1976	2617	3718	281	11845	802	3159	2915	3733
巩义市	4065	10	599	446	1680		362	78	81	1508	29
荥阳市	4437		13	302	11		975	15	237	526	
中牟县	3073		3	367	300		366	242	38	154	
新郑市	3923		691	338	207		2310	126	359	224	2074
登封市	3512	46	419	806	139		6325	328	1751	459	116
新密市	3125			192	41			1	689	28	
二七区	1381			9	205		85				
金水区	2872		33		39			2			267
中原区	2855			8	802	181	788	6		1	
管城区	2025			43	115		267	3			6
上街区	734		218	29	90	100	178	1	2	15	1241
惠济区	809			77	89		189		2		
开封市小计	**31439**	**63**	**2467**	**911**	**1114**	**1459**	**1029**	**569**	**4874**	**366**	**2533**
本级	18737		1469	177	130	1454	178	14	4654	10	1220
区县级小计	12702	63	998	734	984	5	851	555	220	356	1313
兰考县	2832	63	346	54	80		116	159	102	300	800
杞县	1304		124	31	148		89	39	40		
通许县	1995		199	46	31	5	65	16	24	42	56
尉氏县	3733		231	54	98			295	54	14	260
开封县	1563		58		70		210	16			
禹王台区	150										27
鼓楼区	265			2			198				110
龙亭区	131			22	62						
顺河区	531						134				
金明区	198		40	525	495		39	30			60
洛阳市小计	**49731**	**419**	**22779**	**4469**	**19691**	**1274**	**27446**	**2365**	**19852**	**2372**	**6649**
本级	27650	384	18709	3216	4088	625	21658	573	17997	1203	1645
区县级小计	22081	35	4070	1253	15603	649	5788	1792	1855	1169	5004
偃师市	2753		1052	144	8003		780	348	46	273	1219
孟津县	3113		564	48	185	57	594	144	151	26	95
新安县	2900		236	220	3663		296	32	11	237	208
伊川县	2790		805	104	445	110	691	221	377	276	247

4－16－3　　　　单位:万元

地区	平衡部分										
	收入					支出					
	收入合计	本年收入	上年结余	补助收入	省补助计划单列市收入	支出合计	本年支出	上解上级支出	计划单列市上解省支出	政府调剂资金	年终结余
地市县合计	**1893876**	**1513761**	**342187**	**37928**		**1486186**	**1459968**			**26218**	**407690**
郑州市小计	**412792**	**278605**	**127062**	**7125**		**290868**	**289554**			**1314**	**121924**
本级	296267	189239	101911	5117		205689	205689				90578
区县级小计	116525	89366	25151	2008		85179	83865			1314	31346
巩义市	19896	10380	9516			11413	11413				8483
荥阳市	12354	9931	1869	554		9354	9354				3000
中牟县	7244	6737	345	162		6068	5167			901	1176
新郑市	12952	11503	1056	393		11235	11235				1717
登封市	18239	15697	2220	322		15943	15943				2296
新密市	8501	8123		378		8501	8088			413	
二七区	6643	4352	2242	49		2602	2602				4041
金水区	8395	5283	3101	11		4038	4038				4357
中原区	8722	8535	169	18		8423	8423				299
管城区	4236	3761	446	29		3591	3591				645
上街区	7651	3734	3848	69		2724	2724				4927
惠济区	1692	1330	339	23		1287	1287				405
开封市小计	**67777**	**55683**	**10744**	**1350**		**55622**	**54389**			**1233**	**12155**
本级	40796	33461	6391	944		33542	32876			666	7254
区县级小计	26981	22222	4353	406		22080	21513			567	4901
兰考县	5782	5522	260			5230	5230				552
杞县	1990	1872	－34	152		1856	1856				134
通许县	4525	3340	947	238		3433	3433				1092
尉氏县	7835	5800	2035			5786	5786				2049
开封县	2280	2280				2109	2005			104	171
禹王台区	187	178		9		187	187				
鼓楼区	981	586	395			621	621				360
龙亭区	574	290	284			316	316				258
顺河区	963	742	221			678	678				285
金明区	1864	1612	245	7		1864	1401			463	
洛阳市小计	**197981**	**179453**	**15284**	**3244**		**169890**	**168658**			**1232**	**28091**
本级	113506	106203	5761	1542		100329	100329				13177
区县级小计	84475	73250	9523	1702		69561	68329			1232	14914
偃师市	16743	14982	1441	320		15970	15370			600	773
孟津县	9260	7361	1804	95		6383	5751			632	2877
新安县	12043	10896	937	210		10771	10771				1272
伊川县	6804	6592	74	138		6588	6588				216

4-16-4 单位:万元

地区	收支部分									
	收入					支出				
	收入合计	彩票资金收入	行政事业性收费收入	国有资源(资产)有偿使用收入	其他收入	支出合计	一般公共服务	外交	国防	公共安全
汝阳县	4277		4244	33		4372	152			19
嵩县	6083		4150	172	1761	5045	843			82
栾川县	5115		2425	178	2512	4586	440			142
宜阳县	3936		3748	151	37	3705	215			59
洛宁县	3991	95	3865	31		3865	154			260
洛龙区	3243		3215	16	12	2930	432			14
吉利区	631		627	4		573	95			29
涧西区	1861		43		1818	1935	215			37
西工区	2081		1770	153	158	2169	756			26
老城区	525		283	21	221	515	4			
瀍河区	1676		20	5	1651	154				40
平顶山市小计	**74768**	**25**	**66513**	**60**	**8170**	**67447**	**6764**			**1967**
本级	41060		38525		2535	35830	2989			1094
区县级小计	33708	25	27988	60	5635	31617	3775			873
鲁山县	3392		3194		198	3606	777			69
宝丰县	4610		3777		833	3717	141			1
叶县	4500		3190		1310	4763	263			
郏县	3852		2385	18	1449	3176	322			234
汝州市	7829	25	7398		406	6802	414			313
舞钢市	5755		5755			5570	849			225
新华区	1001		614		387	1108	268			
卫东区	1254		730	37	487	1285	10			
湛河区	707		288		419	707	413			
石龙区	808		657	5	146	883	318			31
安阳市小计	**80500**	**650**	**64403**	**3172**	**12275**	**75369**	**10219**			**1188**
本级	32448		32170		278	30251	2370			1052
区县级小计	48052	650	32233	3172	11997	45118	7849			136
安阳县	10267		6351		3916	9700	3743			
林州市	12843		4321	3080	5442	13901	3230			136
汤阴县	4732		4732			4695	124			
滑县	7702	468	5971	26	1237	7702	234			
内黄县	7941	182	7697	62		4945				
文峰区	1394		757	4	633	1333	189			
北关区	1080		1027		53	983	157			
铁西区	1064		393		671	956	83			
龙安区	1029		984		45	903	89			

4－16－5　　　　单位:万元

地　区	收	支	部					分			
	支					出					
	教　育	科　学 技　术	文　化 体育与 传　媒	社　会 保障和 就　业	医　疗 卫　生	环　境 保　护	城　乡 社　区 事　务	农林水 事　务	交　通 运　输	工业、 商业、 金　融 等事务	其　他 支　出
汝阳县	1033	20	122	150	2238		239		16		383
嵩县	1880		452	190	11	314	319	608	53	150	143
栾川县	1437	4	36	50	38	137	1338	35	792		137
宜阳县	1934		529	57	287		271	162	86	18	87
洛宁县	1374		146	8	30	31	357	191	14	129	1171
洛龙区	1717		25	44	196		107	1	242	35	117
吉利区	181	10	75	25	40		15	50	7		46
涧西区	506	1	28	128	259		503		22		236
西工区	463			69	192		206		38	25	394
老城区				11			72				428
廛河区				5	16						93
平顶山市小计	**32386**	**19**	**2316**	**1871**	**1086**	**5120**	**6389**	**791**	**4106**	**1457**	**3175**
本级	17821		513	1114	175	5069	3579	269	3180	27	
区县级小计	14565	19	1803	757	911	51	2810	522	926	1430	3175
鲁山县	2171		21	56			284	23	35		170
宝丰县	2755	5	251				115	12	65	372	
叶县	2369		88	151	48		480		54		1310
郏县	1633		4	97	103	7	161	128	273	91	123
汝州市	2815	14	1175	218	492	27	555	114	127	538	
舞钢市	1597		194	161	32	17	1126	234	134	20	981
新华区	559			36	5		29		20	49	142
卫东区	418			4	127		58	1	218		449
湛河区	190				98					6	
石龙区	58		70	34	6		2	10		354	
安阳市小计	**32830**		**2767**	**1603**	**4680**	**347**	**6599**	**2593**	**4077**	**2854**	**5612**
本级	15204		268	425	1993	59	3800	98	1265	2558	1159
区县级小计	17626		2499	1178	2687	288	2799	2495	2812	296	4453
安阳县	3424		36	30	499	82	142	112	1060	38	534
林州市	3780		1355	840	38		1476	1592	589	254	611
汤阴县	2383		418	168	254		191	49	8		1100
滑县	2858		566		1498		503	207	604		1232
内黄县	3223		123	28	111	8		404	87		961
文峰区	777			48	36	167	23		90	1	2
北关区	423			7	205	31	88	10	60	2	
铁西区	461			46	40		211		102		13
龙安区	297		1	11	6		165	121	212	1	

四、各省、自治区、直辖市地市县预算外财政资料

4－16－6 单位:万元

地区	平衡部分										
	收入					支出					
	收入合计	本年收入	上年结余	补助收入	省补助计划单列市收入	支出合计	本年支出	上解上级支出	计划单列市上解省支出	政府调剂资金	年终结余
汝阳县	4970	4277	421	272		4372	4372				598
嵩县	6266	6083	41	142		5045	5045				1221
栾川县	5656	5115	404	137		4586	4586				1070
宜阳县	4476	3936	429	111		3705	3705				771
洛宁县	4814	3991	641	182		3865	3865				949
洛龙区	4209	3243	906	60		2930	2930				1279
吉利区	916	631	275	10		573	573				343
涧西区	2662	1861	801			1935	1935				727
西工区	2619	2081	528	10		2169	2169				450
老城区	962	525	432	5		515	515				447
廛河区	2075	1676	389	10		154	154				1921
平顶山市小计	**82110**	**74768**	**5119**	**2223**		**69135**	**67447**			**1688**	**12975**
本级	43579	41060	944	1575		35830	35830				7749
区县级小计	38531	33708	4175	648		33305	31617			1688	5226
鲁山县	3606	3392		214		3606	3606				
宝丰县	6327	4610	1717			3717	3717				2610
叶县	4763	4500		263		4763	4763				
郏县	3176	3852	－811	135		3176	3176				
汝州市	8528	7829	674	25		8490	6802			1688	38
舞钢市	6685	5755	930			5570	5570				1115
新华区	2490	1001	1486	3		1108	1108				1382
卫东区	1285	1254	31			1285	1285				
湛河区	707	707				707	707				
石龙区	964	808	148	8		883	883				81
安阳市小计	**92404**	**80500**	**9957**	**1947**		**75389**	**75369**			**20**	**17015**
本级	39799	32448	5701	1650		30251	30251				9548
区县级小计	52605	48052	4256	297		45138	45118			20	7467
安阳县	10883	10267	616			9700	9700				1183
林州市	14684	12843	1739	102		13901	13901				783
汤阴县	5522	4732	790			4695	4695				827
滑县	7702	7702				7702	7702				
内黄县	8155	7941	53	161		4945	4945				3210
文峰区	1583	1394	155	34		1333	1333				250
北关区	1227	1080	147			983	983				244
铁西区	1494	1064	430			976	956			20	518
龙安区	1355	1029	326			903	903				452

4－16－7

单位:万元

地区	收支部分									
	收入					支出				
	收入合计	彩票资金收入	行政事业性收费收入	国有资源(资产)有偿使用收入	其他收入	支出合计	一般公共服务	外交	国防	公共安全
鹤壁市小计	**17731**		**16345**		**1386**	**17286**	**500**			**1**
本级	11753		11753			11902	113			
区县级小计	5978		4592		1386	5384	387			1
浚县	3646		2578		1068	3499	208			
淇县	1449		1212		237	865	106			1
淇滨区	20				20	20	1			
山城区	396		396			516	1			
鹤山区	467		406		61	484	71			
新乡市小计	**89262**	**212**	**81252**	**5097**	**2701**	**87311**	**10848**			**1302**
本级	52580		47943	4472	165	52244	6456			
区县级小计	36682	212	33309	625	2536	35067	4392			1302
获嘉县	3964		3447		517	3701	455			126
新乡县	2110		2105	5		2575	272			405
原阳县	2248		2165	4	79	2336	288			32
延津县	3258		2908		350	3040	189			1
封丘县	4728		3640	520	568	4372	308			135
长垣县	7262		7216		46	7062	1544			265
辉县市	4128		4123	5		4197	181			1
卫辉市	4584	212	4194	87	91	3739	39			
卫滨区	634		567		67	657	276			3
红旗区	1429		611		818	1345	401			88
牧野区	968		968			1067	420			246
凤泉区	1369		1365	4		976	19			
焦作市小计	**59284**	**235**	**53966**	**676**	**4407**	**56043**	**2004**			**1116**
本级	32079		30749	604	726	31704	442			725
区县级小计	27205	235	23217	72	3681	24339	1562			391
修武县	4360		4360			4157	872			186
博爱县	2522	75	2403	9	35	2512	167			38
沁阳市	6323	160	3691		2472	4382	311			46
温县	2655		2330	21	304	2471	91			66
孟州市	1323		1119		204	1323				
武陟县	6588		5922		666	6729	63			51
解放区	1042		1037	5		904	58			4
中站区	133		133			76				
马村区	319		319			258				
山阳区	1940		1903	37		1527				

4－16－8

单位：万元

地区	收支部分 支出 教育	科学技术	文化体育与传媒	社会保障和就业	医疗卫生	环境保护	城乡社区事务	农林水事务	交通运输	工业、商业、金融等事务	其他支出
鹤壁市小计	**12708**		**1326**	**809**	**611**	**38**	**523**	**229**	**139**	**169**	**233**
本级	10180		106	463	551		271		64	153	1
区县级小计	2528		1220	346	60	38	252	229	75	16	232
浚县	1617		1185	101	12	38	95	10	1		232
淇县	264		34	97	12		73	193	74	11	
淇滨区	1			7	2			4		5	
山城区	240		1	141	27		84	22			
鹤山区	406				7						
新乡市小计	**41425**	**15**	**3575**	**1193**	**1692**	**220**	**14049**	**1928**	**8851**	**428**	**1785**
本级	22986	15	2253	500	60	6	11631	49	8274	14	
区县级小计	18439		1322	693	1632	214	2418	1879	577	414	1785
获嘉县	1295		18	83	370		299	147	44	71	793
新乡县	1345		165	17	22	160	89	29	51	19	1
原阳县	1200		102	73	83		462	15		16	65
延津县	2113		169	8	149			67	22	12	310
封丘县	1706		229	128	469	10	338	270	164	287	328
长垣县	3791		406	97	110		560	125	109		55
辉县市	2641		116	175	31	44	291	634	83		
卫辉市	3372		19	96	22			114	74	3	
卫滨区	252		4	11	68		43				
红旗区	607			3	126		24				96
牧野区				1	136		210	38	5	3	8
凤泉区	117		94	1	46		102	440	25	3	129
焦作市小计	**29148**	**4**	**2923**	**2669**	**1505**	**694**	**5370**	**583**	**3424**	**429**	**6174**
本级	17151		1339	677	635	504	3640	37	2637	50	3867
区县级小计	11997	4	1584	1992	870	190	1730	546	787	379	2307
修武县	1695		286	119	257	2	406	138	162	34	
博爱县	1463	2	242	221	3	43	101	38	93	101	
沁阳市	1972	2	433	333	284	89	314	333	28	237	
温县	815		16	386	20	31	283	6	309	7	441
孟州市	812			307							204
武陟县	3336		589	564	204		310	19	195		1398
解放区	551		16	52	25	18	176	4			
中站区	76										
马村区	258										
山阳区	1019		2	10	77	7	140	8			264

4－16－9

单位:万元

地区	平衡部分										
	收入					支出					
	收入合计	本年收入	上年结余	补助收入	省补助计划单列市收入	支出合计	本年支出	上解上级支出	计划单列市上解省支出	政府调剂资金	年终结余
鹤壁市小计	**21807**	**17731**	**3408**	**668**		**18031**	**17286**			**745**	**3776**
本级	14493	11753	2324	416		12094	11902			192	2399
区县级小计	7314	5978	1084	252		5937	5384			553	1377
浚县	4352	3646	634	72		3499	3499				853
淇县	1922	1449	413	60		1418	865			553	504
淇滨区	20	20				20	20				
山城区	516	396		120		516	516				
鹤山区	504	467	37			484	484				20
新乡市小计	**133371**	**89262**	**41840**	**2269**		**89119**	**87311**			**1808**	**44252**
本级	89936	52580	35766	1590		53373	52244			1129	36563
区县级小计	43435	36682	6074	679		35746	35067			679	7689
获嘉县	4651	3964	651	36		3701	3701				950
新乡县	4004	2110	1878	16		2575	2575				1429
原阳县	2420	2248		172		2336	2336				84
延津县	3402	3258		144		3390	3040			350	12
封丘县	6979	4728	2181	70		4372	4372				2607
长垣县	7395	7262	8	125		7062	7062				333
辉县市	4205	4128		77		4197	4197				8
卫辉市	4623	4584		39		3739	3739				884
卫滨区	838	634	204			657	657				181
红旗区	1888	1429	459			1345	1345				543
牧野区	1088	968	120			1067	1067				21
凤泉区	1942	1369	573			1305	976			329	637
焦作市小计	**82089**	**59284**	**20427**	**2378**		**58130**	**56043**			**2087**	**23959**
本级	50390	32079	16130	2181		31704	31704				18686
区县级小计	31699	27205	4297	197		26426	24339			2087	5273
修武县	5102	4360	742			4157	4157				945
博爱县	3221	2522	616	83		2512	2512				709
沁阳市	7204	6323	881			6469	4382			2087	735
温县	3328	2655	673			2471	2471				857
孟州市	1323	1323				1323	1323				
武陟县	7105	6588	423	94		6729	6729				376
解放区	1533	1042	471	20		904	904				629
中站区	133	133				76	76				57
马村区	547	319	228			258	258				289
山阳区	2203	1940	263			1527	1527				676

四、各省、自治区、直辖市地市县预算外财政资料

4－16－10

单位:万元

地区	收支部分									
	收入					支出				
	收入合计	彩票资金收入	行政事业性收费收入	国有资源（资产）有偿使用收入	其他收入	支出合计	一般公共服务	外交	国防	公共安全
濮阳市小计	**35508**		**33895**	**114**	**1499**	**36361**	**2792**			**114**
本级	23072		22318	114	640	23196	1135			12
区县级小计	12436		11577		859	13165	1657			102
濮阳县	3575		3575			3688	141			7
清丰县	1560		1560			1525	210			2
南乐县	2219		2219			2336	210			3
范县	1814		1814			2127	490			
台前县	920		863		57	1174	109			32
华龙区	2348		1546		802	2315	497			58
许昌市小计	**55804**		**51647**	**1093**	**3064**	**54955**	**4324**			**2969**
本级	29815		29815			28914	1055			2555
区县级小计	25989		21832	1093	3064	26041	3269			414
许昌县	1991		1991			1991	89			
长葛市	4805		3492	1093	220	4805	1446			175
鄢陵县	3243		2007		1236	3510	519			95
禹州市	9298		8952		346	9275	406			2
襄城县	4753		4687		66	4689	677			
魏都区	1899		703		1196	1771	132			142
漯河市小计	**45097**		**36970**	**126**	**8001**	**41059**	**2324**			**470**
本级	24971		24322	114	535	24951	1086			146
区县级小计	20126		12648	12	7466	16108	1238			324
舞阳县	2751		2748	3		2794	270			9
临颍县	11908		5273	4	6631	7855	136			31
源汇区	1378		1370		8	1283	127			7
郾城区	2760		2521	5	234	2618	154			9
召陵区	1329		736		593	1558	551			268
三门峡市小计	**49497**		**37981**	**213**	**11303**	**46475**	**9038**			**2621**
本级	20121		19927	172	22	20020	953			2298
区县级小计	29376		18054	41	11281	26455	8085			323
义马市	1826		1698		128	1698	59			
灵宝市	13384		6027		7357	13298	6606			
渑池县	3427		3262	10	155	3488	83			16
陕县	4081		1964	29	2088	1815	17			
卢氏县	4660		3443		1217	4169	880			33
湖滨区	1998		1660	2	336	1987	440			274
商丘市小计	**126967**		**119547**	**367**	**7053**	**120235**	**10225**		**2**	**2185**

4－16－11

单位:万元

地区	收支部分									
	支出									
	教育	科学技术	文化体育与传媒	社会保障和就业	医疗卫生	环境保护	城乡社区事务	农林水事务	交通运输	工业、商业、金融等事务	其他支出
濮阳市小计	**20861**	**10**	**1819**	**596**	**1865**	**1075**	**1602**	**374**	**4977**	**214**	**62**
本级	12697	10	912	223	1382	1005	921	31	4683	135	50
区县级小计	8164		907	373	483	70	681	343	294	79	12
濮阳县	2592		191	232	141		96	153	110	25	
清丰县	810		121	49	234		72	5	7	3	12
南乐县	1833		181	50	3		34	22			
范县	1268		167	7	1		64	20	59	51	
台前县	538		182	1	47		108	47	110		
华龙区	1123		65	34	57	70	307	96	8		
许昌市小计	**21909**	**9**	**2580**	**1594**	**1648**	**179**	**5245**	**525**	**11670**	**1756**	**547**
本级	9189		1145	709	851	103	837	111	11539	820	
区县级小计	12720	9	1435	885	797	76	4408	414	131	936	547
许昌县	1297				605						
长葛市	1885	9	9	57	128	74	669	238	109	6	
鄢陵县	1854		534		18			155	12		323
禹州市	3310		724	285			3502		1	913	132
襄城县	3714		153	139		2		4			
魏都区	660		15	404	46		237	17	9	17	92
漯河市小计	**25489**		**2478**	**1262**	**1172**	**205**	**2624**	**300**	**2581**	**13**	**2141**
本级	16146		1618	717	811		1951	7	2420		49
区县级小计	9343		860	545	361	205	673	293	161	13	2092
舞阳县	2181		145		17		114	18	35	5	
临颍县	4158		692	64	1	205	255	259	109		1945
源汇区	559		3	423	22		126	12			4
郾城区	2154		20	56	20		178	2	17	8	
召陵区	291			2	301			2			143
三门峡市小计	**17654**	**25**	**1106**	**2228**	**1553**	**488**	**2713**	**1016**	**3632**	**921**	**3480**
本级	8185	22	597	883	1235	85	871	159	3261	508	963
区县级小计	9469	3	509	1345	318	403	1842	857	371	413	2517
义马市	66		16	113	10	100	811	177	8		338
灵宝市	3279		416	118	92		244	464	145		1934
渑池县	2317		61	228	34	303	227	89	118		12
陕县	1558			55			34		51	4	96
卢氏县	1843		16	830	23		54	52	37	401	
湖滨区	406	3		1	159		472	75	12	8	137
商丘市小计	**57668**	**23**	**6078**	**2248**	**9936**	**1503**	**12665**	**2981**	**9743**	**695**	**4283**

四、各省、自治区、直辖市地市县预算外财政资料

4－16－12

单位：万元

地区	平衡部分										
	收入					支出					
	收入合计	本年收入	上年结余	补助收入	省补助计划单列市收入	支出合计	本年支出	上解上级支出	计划单列市上解省支出	政府调剂资金	年终结余
濮阳市小计	**44417**	**35508**	**7561**	**1348**		**37590**	**36361**			**1229**	**6827**
本级	29894	23072	6097	725		24170	23196			974	5724
区县级小计	14523	12436	1464	623		13420	13165			255	1103
濮阳县	3908	3575		333		3908	3688			220	
清丰县	2199	1560	639			1560	1525			35	639
南乐县	2336	2219		117		2336	2336				
范县	2462	1814	475	173		2127	2127				335
台前县	1174	920	254			1174	1174				
华龙区	2444	2348	96			2315	2315				129
许昌市小计	**61400**	**55804**	**3655**	**1941**		**55093**	**54955**			**138**	**6307**
本级	31968	29815	1373	780		28914	28914				3054
区县级小计	29432	25989	2282	1161		26179	26041			138	3253
许昌县	2510	1991	519			1991	1991				519
长葛市	4805	4805				4805	4805				
鄢陵县	3950	3243	338	369		3510	3510				440
禹州市	10401	9298	739	364		9275	9275				1126
襄城县	5211	4753	174	284		4689	4689				522
魏都区	2555	1899	512	144		1909	1771			138	646
漯河市小计	**52772**	**45097**	**6563**	**1112**		**41328**	**41059**			**269**	**11444**
本级	30364	24971	4659	734		24951	24951				5413
区县级小计	22408	20126	1904	378		16377	16108			269	6031
舞阳县	3142	2751	345	46		2794	2794				348
临颍县	12595	11908	551	136		7855	7855				4740
源汇区	1957	1378	555	24		1283	1283				674
郾城区	2952	2760	169	23		2887	2618			269	65
召陵区	1762	1329	284	149		1558	1558				204
三门峡市小计	**62633**	**49497**	**11676**	**1460**		**49040**	**46475**			**2565**	**13593**
本级	27888	20121	6844	923		20020	20020				7868
区县级小计	34745	29376	4832	537		29020	26455			2565	5725
义马市	4918	1826	2890	202		1698	1698				3220
灵宝市	14140	13384	658	98		13298	13298				842
渑池县	3488	3427		61		3488	3488				
陕县	4413	4081	282	50		4190	1815			2375	223
卢氏县	5739	4660	1000	79		4359	4169			190	1380
湖滨区	2047	1998	2	47		1987	1987				60
商丘市小计	**151463**	**126967**	**21461**	**3035**		**121816**	**120235**			**1581**	**29647**

4－16－13

单位:万元

地区	收支部分									
	收入					支出				
	收入合计	彩票资金收入	行政事业性收费收入	国有资源(资产)有偿使用收入	其他收入	支出合计	一般公共服务	外交	国防	公共安全
本级	56863		56637	165	61	47580	271			15
区县级小计	70104		62910	202	6992	72655	9954		2	2170
邓州市	4594		4594			4594	90			
唐河县	7006		5715	3	1288	7006	599			87
方城县	6934		6928	6		7073	1041			359
镇平县	5608		5522		86	5397	691			96
社旗县	8558		8558			8228	932			76
新野县	3523		3514	9		2970	322			154
内乡县	4768		4194		574	9893	346			106
淅川县	6339		5636		703	6239	987			123
西峡县	1697		1616	20	61	1697	330			4
南召县	4723		3482	66	1175	3339	182			366
桐柏县	7233		5135		2098	6989	2694			446
宛城区	3928		3094		834	4106	1130			353
卧龙区	5193		4922	98	173	5124	610		2	
商丘市小计	**93717**		**81477**	**223**	**12017**	**89184**	**4807**			**3869**
本级	48577		37444	133	11000	43875	319			3212
区县级小计	45140		44033	90	1017	45309	4488			657
永城市	7228		6766		462	6702	364			80
夏邑县	7056		6577		479	7101	1711			485
虞城县	4359		4350	9		4699	232			3
柘城县	4351		4351			4362	414			28
宁陵县	2458		2453	5		2602	194			40
睢县	6578		6502		76	6940	332			10
民权县	4984		4913	71		5229	284			
梁园区	4540		4535	5		4139	685			11
睢阳区	3586		3586			3535	272			
信阳市小计	**98029**	**8**	**93138**	**2293**	**2590**	**91710**	**10250**			**6874**
本级	41514	8	39501	2004	1	37569	2669			4214
区县级小计	56515		53637	289	2589	54141	7581			2660
罗山县	6665		6665			6565	2055			327
光山县	6680		5953	165	562	6680				
潢川县	7105		5743	92	1270	8263	926			66
固始县	5200		4970		230	5193	1059			1188
商城县	4522		4522			4522	488			85
新县	3891		3783		108	3891	806			20

四、各省、自治区、直辖市地市县预算外财政资料

4－16－14

单位:万元

地区	收支部分										
	支出										
	教育	科学技术	文化体育与传媒	社会保障和就业	医疗卫生	环境保护	城乡社区事务	农林水事务	交通运输	工业、商业、金融等事务	其他支出
本级	30417	13	4307	305	580	1123	3187	231	6543	98	490
区县级小计	27251	10	1771	1943	9356	380	9478	2750	3200	597	3793
邓州市	3645	5	14	2	287		478	73			
唐河县	2695		173	397	110		458	701	296		1490
方城县	2317		266	186	866	94	1340	420	184		
镇平县	2449		206	180	806		662	15	255	37	
社旗县	1957		36	15	4500		30	25	202		455
新野县	1352		4	146	642		40	84	110	116	
内乡县	3395	3	355	257	33	10	5238	90	33	27	
淅川县	2125		138	35	1480	57		189	257	66	782
西峡县	817		199	25	17		177	29	52	1	46
南召县	590		127	120	95		559	349	363	18	570
桐柏县	2069		118	70	100	6	101	527	426	160	272
宛城区	1251		59	91	243	109	192	167	300	33	178
卧龙区	2589	2	76	419	177	104	203	81	722	139	
商丘市小计	**55179**	**20**	**3063**	**1562**	**1760**	**152**	**5981**	**1023**	**7307**	**125**	**4336**
本级	23451		2460	446	540		3926	95	6000	23	3403
区县级小计	31728	20	603	1116	1220	152	2055	928	1307	102	933
永城市	3262	20	50	257	292		871	410	503		593
夏邑县	3740			113	20	96	208	355	279	94	
虞城县	3757			257	20		240	50	40		100
柘城县	3441		18	150	98	18	26	31	32		106
宁陵县	2007		104	125	57		64		3	8	
睢县	5880		420		65		141	14	78		
民权县	3863		11	127	194	38	387	35	290		
梁园区	2909			77	296			27			134
睢阳区	2869			10	178		118	6	82		
信阳市小计	**39676**	**15**	**538**	**1692**	**5624**	**958**	**6567**	**4209**	**12675**	**16**	**2616**
本级	14019		65	417	1518	72	4743	1248	8600	4	
区县级小计	25657	15	473	1275	4106	886	1824	2961	4075	12	2616
罗山县	2370		318	110	140	527		341	354		23
光山县	5953										727
潢川县	4529	15	71	326	526	226	417	115	1046		
固始县					254			890			1802
商城县	2720				150	50	580	339	110		
新县	2245		14	140	76		485	39	8	4	54

4－16－15

单位:万元

地区	平衡部分										
	收入					支出					年终结余
	收入合计	本年收入	上年结余	补助收入	省补助计划单列市收入	支出合计	本年支出	上解上级支出	计划单列市上解省支出	政府调剂资金	
本级	68498	56863	9208	2427		47580	47580				20918
区县级小计	82965	70104	12253	608		74236	72655			1581	8729
邓州市	4594	4594				4594	4594				
唐河县	7006	7006				7006	7006				
方城县	7085	6934	68	83		7073	7073				12
镇平县	6517	5608	783	126		5494	5397			97	1023
社旗县	8558	8558				8228	8228				330
新野县	8001	3523	4353	125		2970	2970				5031
内乡县	9893	4768	5029	96		9893	9893				
淅川县	6339	6339				6339	6239			100	
西峡县	1697	1697				1697	1697				
南召县	4723	4723				4723	3339			1384	
桐柏县	7605	7233	372			6989	6989				616
宛城区	4832	3928	726	178		4106	4106				726
卧龙区	6115	5193	922			5124	5124				991
商丘市小计	**106322**	**93717**	**11080**	**1525**		**89184**	**89184**				**17138**
本级	55922	48577	7343	2		43875	43875				12047
区县级小计	50400	45140	3737	1523		45309	45309				5091
永城市	7832	7228	357	247		6702	6702				1130
夏邑县	7337	7056	148	133		7101	7101				236
虞城县	5192	4359	586	247		4699	4699				493
柘城县	5050	4351	480	219		4362	4362				688
宁陵县	3239	2458	657	124		2602	2602				637
睢县	7017	6578	336	103		6940	6940				77
民权县	5229	4984	106	139		5229	5229				
梁园区	5541	4540	860	141		4139	4139				1402
睢阳区	3963	3586	207	170		3535	3535				428
信阳市小计	**122778**	**98029**	**22720**	**2029**		**95874**	**91710**			**4164**	**26904**
本级	57902	41514	15572	816		39740	37569			2171	18162
区县级小计	64876	56515	7148	1213		56134	54141			1993	8742
罗山县	6665	6665				6665	6565			100	
光山县	6680	6680				6680	6680				
潢川县	8896	7105	589	1202		8663	8263			400	233
固始县	6730	5200	1530			6556	5193			1363	174
商城县	4522	4522				4522	4522				
新县	4678	3891	787			3891	3891				787

4-16-16 单位:万元

地区	收支部分									
	收入					支出				
	收入合计	彩票资金收入	行政事业性收费收入	国有资源(资产)有偿使用收入	其他收入	支出合计	一般公共服务	外交	国防	公共安全
息县	3951		3855		96	3569	146			261
淮滨县	6086		5751	12	323	3041				394
浉河区	3671		3671			3671	1001			57
平桥区	8744		8724	20		8746	1100			262
周口市小计	**54761**		**52589**	**67**	**2105**	**54427**	**3001**			**223**
本级	12302		12302			12251	493			73
区县级小计	42459		40287	67	2105	42176	2508			150
扶沟县	6400		6395	5		6681	324			56
西华县	2744		2744			3115	334			22
商水县	4639		4039		600	4368	111			45
太康县	4616		3132	36	1448	4573	237			15
鹿邑县	3695		3669	26		3994	371			
郸城县	4541		4541			4259	580			
淮阳县	6050		5993		57	6141	152			11
沈丘县	3105		3105			3105	95			
项城市	5065		5065			4761	289			
川汇区	1604		1604			1179	15			1
驻马店市小计	**103707**		**85388**	**1256**	**17063**	**93498**	**8328**			**1874**
本级	40541		28021		12520	36145	1302			249
区县级小计	63166		57367	1256	4543	57353	7026			1625
确山县	5180		3817	1158	205	5485	1193			51
泌阳县	11483		8616	7	2860	8295	1307			113
遂平县	6486		6486			6841	929			457
西平县	5262		5250	12		5019	617			124
上蔡县	7700		7389	26	285	6472	354			8
汝南县	2391		2245	33	113	2520	267			141
平舆县	4125		4115		10	4361	436			291
新蔡县	6264		5970		294	6264	808			422
正阳县	7698		6922		776	5693	618			
驿城区	6577		6557	20		6403	497			18
济源市	**15388**		**15381**		**7**	**16007**	**467**			**12**

4－16－17

单位:万元

地区	收支部分 支出 教育	科学技术	文化体育与传媒	社会保障和就业	医疗卫生	环境保护	城乡社区事务	农林水事务	交通运输	工业、商业、金融等事务	其他支出
息县	316		39	53	2231		309	211		3	
淮滨县	1497		22	51	24	83	33	497	425	5	10
浉河区	1467		2	53	113			193	785		
平桥区	4560		7	542	592			336	1347		
周口市小计	**36973**		**2347**	**1199**	**538**	**356**	**2291**	**1441**	**4787**	**64**	**1207**
本级	6570		2	156	41	350	338	296	3893	35	4
区县级小计	30403		2345	1043	497	6	1953	1145	894	29	1203
扶沟县	4994		358	119	44			73			713
西华县	1230		1	206	66		200	861	172	6	17
商水县	3268		292	16	45	3		36	80		472
太康县	3592		311	61	72		244	30	11		
鹿邑县	3243		225	2	8		106	6	24	9	
郸城县	3229		394						56		
淮阳县	4225		392	469	119		594	27	143	9	
沈丘县	2659			22	72		204	53			
项城市	3310		372	72	71	3	603	17	19	5	
川汇区	653			76			2	42	389		1
驻马店市小计	**48193**	**127**	**5739**	**2753**	**2779**	**1210**	**4312**	**2216**	**8192**	**154**	**7621**
本级	18294	107	3841	113	1	1136	1763	385	7146	63	1745
区县级小计	29899	20	1898	2640	2778	74	2549	1831	1046	91	5876
确山县	1048		210	33	565		49	143	110		2083
泌阳县	5656	1	254	40	174	3	485	185	15	62	
遂平县	1880		381	498	1030	56	761	288	147	8	406
西平县	2689		230	684	6		560	53	13		43
上蔡县	4666	1	318	660			322	61	10		72
汝南县	1170		210	358	34	5	105	224	6		
平舆县	2468		22		111		61		37		935
新蔡县	2699		273	276	135		206	596	534	21	294
正阳县	4062			70	682			151	110		
驿城区	3561	18		21	41	10		130	64		2043
济源市	**9500**		**602**	**828**	**141**		**813**	**171**	**3340**	**78**	**55**

4－16－18　　　　单位:万元

地区	平衡部分										
	收入					支出					年终结余
	收入合计	本年收入	上年结余	补助收入	省补助计划单列市收入	支出合计	本年支出	上解上级支出	计划单列市上解省支出	政府调剂资金	
息县	3951	3951				3569	3569				382
淮滨县	10056	6086	3961	9		3171	3041			130	6885
浉河区	3952	3671	281			3671	3671				281
平桥区	8746	8744		2		8746	8746				
周口市小计	**66380**	**54761**	**9953**	**1666**		**55027**	**54427**			**600**	**11353**
本级	18570	12302	5566	702		12546	12251			295	6024
区县级小计	47810	42459	4387	964		42481	42176			305	5329
扶沟县	7403	6400	1003			6781	6681			100	622
西华县	3669	2744	726	199		3115	3115				554
商水县	4639	4639				4474	4368			106	165
太康县	5131	4616	318	197		4573	4573				558
鹿邑县	4562	3695	642	225		4036	3994			42	526
郸城县	5024	4541	483			4259	4259				765
淮阳县	6201	6050	1	150		6198	6141			57	3
沈丘县	3298	3105		193		3105	3105				193
项城市	6279	5065	1214			4761	4761				1518
川汇区	1604	1604				1179	1179				425
驻马店市小计	**118678**	**103707**	**12664**	**2307**		**98865**	**93498**			**5367**	**19813**
本级	48904	40541	7944	419		36959	36145			814	11945
区县级小计	69774	63166	4720	1888		61906	57353			4553	7868
确山县	5697	5180	370	147		5485	5485				212
泌阳县	11649	11483		166		10569	8295			2274	1080
遂平县	7579	6486	978	115		6841	6841				738
西平县	6226	5262	857	107		5019	5019				1207
上蔡县	8311	7700	119	492		8072	6472			1600	239
汝南县	2576	2391		185		2520	2520				56
平舆县	5889	4125	1531	233		4361	4361				1528
新蔡县	6404	6264		140		6264	6264				140
正阳县	7807	7698		109		6372	5693			679	1435
驿城区	7636	6577	865	194		6403	6403				1233
济源市	**16702**	**15388**	**1013**	**301**		**16185**	**16007**			**178**	**517**

2007年湖北省地市县财政预算外收支平衡表

4－17－1 单位:万元

地区	收支部分									
	收入					支出				
	收入合计	彩票资金收入	行政事业性收费收入	国有资源(资产)有偿使用收入	其他收入	支出合计	一般公共服务	外交	国防	公共安全
地市县合计	**1141333**		**1006692**	**13566**	**121075**	**1232426**	**113920**	**3**	**907**	**36195**
武汉市小计	**374048**		**336031**	**2363**	**35654**	**345292**	**29185**		**529**	**9184**
本级	171716		166951	986	3779	166919	8239		120	7048
区县级小计	202332		169080	1377	31875	178373	20946		409	2136
江岸区	15121		13455	52	1614	15025	86		90	
江汉区	15438		10299	952	4187	13267	567			
硚口区	11439		11086	22	331	9900	266			10
武昌区	26972		18893		8079	22552	1029		83	
汉阳区	16343		11444	70	4829	16856	907		102	80
青山区	12248		9689		2559	4332	802		30	75
洪山区	16251		8523	78	7650	16643	5164			806
东西湖区	26675		26174	200	301	20173	2322		104	
汉南区	2538		1927		611	2497	395			423
江夏区	8727		8645		82	8653	335			31
蔡甸区	14418		14418			14395	2337			694
新洲区	9690		8058		1632	9690	774			12
黄陂区	26472		26469	3		24390	5962			5
黄石市小计	**62803**		**51439**	**864**	**10500**	**69767**	**10806**	**3**	**358**	**1400**
本级	35011		32004	801	2206	39129	1784		358	866
区县级小计	27792		19435	63	8294	30638	9022	3		534
黄石港区	2460		2453		7	3225	77			435
西塞山区	2918		2918			2918	398			25
下陆区	1037		329	60	648	573	307	3		13
铁山区	662		483		179	605	196			35
大冶市	14266		7871		6395	15709	5795			26
阳新县	6449		5381	3	1065	7608	2249			
十堰市小计	**57583**		**51791**	**972**	**4820**	**69086**	**3448**			**2371**
本级	34005		31832	577	1596	40273	1646			1616
区县级小计	23578		19959	395	3224	28813	1802			755
张湾区	1230		1205		25	1230	83			314
茅箭区	1979		1979			1979	32			369
丹江口市	7496		5909	385	1202	7586	456			70
郧县	7617		6352	10	1255	8567	244			2
郧西县	747		547		200	1990	35			
竹山县	803		803			2018	144			
竹溪县	2390		1848		542	3317	579			

4－17－2

单位:万元

地区	收支部分										
	支出										
	教育	科学技术	文化体育与传媒	社会保障和就业	医疗卫生	环境保护	城乡社区事务	农林水事务	交通运输	工业、商业、金融等事务	其他支出
地市县合计	**523952**	**1132**	**41443**	**62431**	**77845**	**6211**	**168856**	**23923**	**116172**	**10772**	**48664**
武汉市小计	**128905**	**502**	**11531**	**20735**	**13788**	**652**	**94993**	**1786**	**19053**	**332**	**14117**
本级	43392		5911	8843	4149		61431	610	19053	73	8050
区县级小计	85513	502	5620	11892	9639	652	33562	1176		259	6067
江岸区	10304			205	586		3754				
江汉区	8956		88	1021	478		1416			161	580
硚口区	6976		75	46	2		2525				
武昌区	13741	240	102	528	1019	152	5300	85		5	268
汉阳区	9282		122	3729	215	16	2078	49			276
青山区	1725	18	73	247	976		386				
洪山区	6180	234	186	694	8	176	2449	320			426
东西湖区	4597	3	880	237	1637		10330	27			36
汉南区	1169		260	3		74	32				141
江夏区	2469	7	2209	445			2186	167			804
蔡甸区	3883		989	3770	8	109	2096	302		88	119
新洲区	8254		435	210	5						
黄陂区	7977		201	757	4705	125	1010	226		5	3417
黄石市小计	**31042**	**51**	**5129**	**5885**	**5208**	**1001**	**4233**	**1054**	**2791**	**650**	**156**
本级	21395	44	4302	3652	2378		1659	466	2013	56	156
区县级小计	9647	7	827	2233	2830	1001	2574	588	778	594	
黄石港区	2335	1		57	9		233	78			
西塞山区	2106				66		299	24			
下陆区	162		43	7			23	15			
铁山区	280	2		22	21		38	8		3	
大冶市	2898	2	658	1292	1469	572	1830	463	498	206	
阳新县	1866	2	126	855	1265	429	151		280	385	
十堰市小计	**32974**	**112**	**2762**	**4854**	**3543**	**361**	**6849**	**1563**	**8466**	**982**	**801**
本级	19328	32	1473	1987	2293	257	5178	576	4411	764	712
区县级小计	13646	80	1289	2867	1250	104	1671	987	4055	218	89
张湾区	584		4	53	87		62	41		2	
茅箭区	843		7	10	565		47	106			
丹江口市	3698		215	568	324	13	786	229	1106	87	34
郧县	5333	25	358	898	75	26	536	560	455	23	32
郧西县	422		57	433	54		70		919		
竹山县	792		4	300	45		17		716		
竹溪县	1143	55	595	147	69		21	42	537	106	23

4－17－3 单位:万元

地区	平衡部分										
	收入					支出					
	收入合计	本年收入	上年结余	补助收入	省补助计划单列市收入	支出合计	本年支出	上解上级支出	计划单列市上解省支出	政府调剂资金	年终结余
地市县合计	**1580108**	**1141333**	**228141**	**210634**		**1238408**	**1232426**			**5982**	**341700**
武汉市小计	**581874**	**374048**	**168806**	**39020**		**345292**	**345292**				**236582**
本级	324286	171716	116397	36173		166919	166919				157367
区县级小计	257588	202332	52409	2847		178373	178373				79215
江岸区	26505	15121	11046	338		15025	15025				11480
江汉区	30395	15438	14623	334		13267	13267				17128
硚口区	12535	11439	811	285		9900	9900				2635
武昌区	34187	26972	6802	413		22552	22552				11635
汉阳区	17299	16343	772	184		16856	16856				443
青山区	12585	12248	189	148		4332	4332				8253
洪山区	19649	16251	3193	205		16643	16643				3006
东西湖区	34414	26675	7669	70		20173	20173				14241
汉南区	3092	2538	526	28		2497	2497				595
江夏区	12385	8727	3389	269		8653	8653				3732
蔡甸区	15300	14418	762	120		14395	14395				905
新洲区	9991	9690	132	169		9690	9690				301
黄陂区	29251	26472	2495	284		24390	24390				4861
黄石市小计	**77690**	**62803**	**9894**	**4993**		**69767**	**69767**				**7923**
本级	45540	35011	6930	3599		39129	39129				6411
区县级小计	32150	27792	2964	1394		30638	30638				1512
黄石港区	3514	2460	1054			3225	3225				289
西塞山区	2918	2918				2918	2918				
下陆区	1037	1037				573	573				464
铁山区	942	662	280			605	605				337
大冶市	16119	14266	1152	701		15709	15709				410
阳新县	7620	6449	478	693		7608	7608				12
十堰市小计	**73131**	**57583**	**2783**	**12765**		**69802**	**69086**			**716**	**3329**
本级	42337	34005	2064	6268		40484	40273			211	1853
区县级小计	30794	23578	719	6497		29318	28813			505	1476
张湾区	1230	1230				1230	1230				
茅箭区	1979	1979				1979	1979				
丹江口市	9014	7496	139	1379		8091	7586			505	923
郧县	9120	7617	553	950		8567	8567				553
郧西县	1990	747		1243		1990	1990				
竹山县	2018	803	27	1188		2018	2018				
竹溪县	3317	2390		927		3317	3317				

4－17－4

单位：万元

地区	收支部分									
	收入					支出				
	收入合计	彩票资金收入	行政事业性收费收入	国有资源（资产）有偿使用收入	其他收入	支出合计	一般公共服务	外交	国防	公共安全
房县	1316		1316			2126	229			
荆州市小计	**68369**		**64924**	**792**	**2653**	**86114**	**7740**			**5279**
本级	40293		39501	792		55143	3198			4260
区县级小计	28076		25423		2653	30971	4542			1019
沙市区	2600		2600			2600	52			90
荆州区	4005		3321		684	4005	264			111
江陵县	1956		1956			2417	338			
松滋市	8650		7336		1314	9263	2810			
公安县						723				
石首市	3990		3990			4454	936			792
监利县	2312		2312			3395	95			
洪湖市	4563		3908		655	4114	47			26
宜昌市小计	**114352**		**91183**	**2497**	**20672**	**127729**	**9548**			**7450**
本级	57218		49309	1338	6571	69556	4561			5999
区县级小计	57134		41874	1159	14101	58173	4987			1451
西陵区	2122		1927	75	120	2122	304			81
伍家岗区	1211		305	21	885	1400	54			45
点军区	353		181		172	316	19			167
猇亭区	975		674	17	284	1295	304			31
夷陵区	16734		14722	184	1828	15275	646			232
宜都市	4974		3506	676	792	4878	348			
枝江市	4569		2894		1675	4591	64			101
当阳市	5496		5414		82	6262	246			18
远安县	3714		3144		570	4446	424			
兴山县	1916		1842	12	62	2282	194			83
秭归县	9356		2802	126	6428	7794	1653			306
长阳县	4214		3231	41	942	5563	434			296
五峰县	1500		1232	7	261	1949	297			91
襄樊市小计	**48559**		**46684**	**165**	**1710**	**64155**	**5645**		**20**	**1269**
本级	26383		24915	100	1368	37965	3148			239
区县级小计	22176		21769	65	342	26190	2497		20	1030
襄城区	1216		1216			1216				
樊城区	3905		3905			3905				
襄阳区	4964		4964			4964	583			277
老河口市	2785		2785			2626	302			
枣阳市	803		761	24	18	761	156		20	

4－17－5　　　　单位:万元

地区	收支部分										
	支出										
	教育	科学技术	文化体育与传媒	社会保障和就业	医疗卫生	环境保护	城乡社区事务	农林水事务	交通运输	工业、商业、金融等事务	其他支出
房县	831		49	458	31	65	132	9	322		
荆州市小计	**38382**	**72**	**2081**	**4361**	**6008**	**245**	**5575**	**2333**	**13199**	**428**	**411**
本级	22371	25	1170	891	5689	139	4120	680	12386	177	37
区县级小计	16011	47	911	3470	319	106	1455	1653	813	251	374
沙市区	2444						14				
荆州区	2627	47	193	7				669		87	
江陵县	971		88	404	67	25	115	330	79		
松滋市	3859		90	556	89		994	388	80	23	374
公安县			29	590	66				38		
石首市	945		203	941	35	81	253	104	33	131	
监利县	1998		155	510			79	52	496	10	
洪湖市	3167		153	462	62			110	87		
宜昌市小计	**50515**	**135**	**2620**	**5172**	**16938**	**1101**	**17324**	**2127**	**12850**	**785**	**1164**
本级	25627	49	312	1357	4610	239	14769	919	10835	272	7
区县级小计	24888	86	2308	3815	12328	862	2555	1208	2015	513	1157
西陵区	1340	15	49	51	8		238	36			
伍家岗区	540		12	241	3	362	113	21		4	5
点军区				10				17	5		98
猇亭区	484	12	9	18	195	13	37				192
夷陵区	3836		310	328	9474		243	143		63	
宜都市	3410	12	288	223	42	6	294	225	6	20	4
枝江市	3046		87	176	9	1	48	266	3	54	736
当阳市	3632		82	649	409	95	280	235	616		
远安县	1245		51	299	1597		31	30	640	129	
兴山县	1078		269	302	26	91	85	69	35	30	20
秭归县	3027	47	583	761	40	294	689	66	88	138	102
长阳县	2224		540	519	506		373	49	622		
五峰县	1026		28	238	19		124	51		75	
襄樊市小计	**38612**	**3**	**986**	**1503**	**5949**	**135**	**1421**	**714**	**5207**	**739**	**1952**
本级	22957		603	614	4920		536	152	2208	661	1927
区县级小计	15655	3	383	889	1029	135	885	562	2999	78	25
襄城区	921				295						
樊城区	3905										
襄阳区	3848			157	20	29		31		19	
老河口市	1712	1		121	308		99	82		1	
枣阳市	416		32	11	1	30	49	15		6	25

4－17－6　　　　　　单位:万元

地区	平衡部分 收入 收入合计	本年收入	上年结余	补助收入	省补助计划单列市收入	支出 支出合计	本年支出	上解上级支出	计划单列市上解省支出	政府调剂资金	年终结余
房县	2126	1316		810		2126	2126				
荆州市小计	**87931**	**68369**	**2531**	**17031**		**87093**	**86114**			**979**	**838**
本级	55981	40293	2499	13189		55143	55143				838
区县级小计	31950	28076	32	3842		31950	30971			979	
沙市区	2600	2600				2600	2600				
荆州区	4005	4005				4005	4005				
江陵县	2417	1956	32	429		2417	2417				
松滋市	9263	8650		613		9263	9263				
公安县	723			723		723	723				
石首市	4454	3990		464		4454	4454				
监利县	3395	2312		1083		3395	3395				
洪湖市	5093	4563		530		5093	4114			979	
宜昌市小计	**140859**	**114352**	**6303**	**20204**		**129229**	**127729**			**1500**	**11630**
本级	73220	57218	1154	14848		71056	69556			1500	2164
区县级小计	67639	57134	5149	5356		58173	58173				9466
西陵区	2311	2122	47	142		2122	2122				189
伍家岗区	1409	1211	9	189		1400	1400				9
点军区	316	353	－83	46		316	316				
猇亭区	1639	975	344	320		1295	1295				344
夷陵区	17338	16734	186	418		15275	15275				2063
宜都市	6194	4974	840	380		4878	4878				1316
枝江市	5123	4569	65	489		4591	4591				532
当阳市	6262	5496		766		6262	6262				
远安县	4453	3714		739		4446	4446				7
兴山县	2282	1916	107	259		2282	2282				
秭归县	12781	9356	3076	349		7794	7794				4987
长阳县	5563	4214	241	1108		5563	5563				
五峰县	1968	1500	317	151		1949	1949				19
襄樊市小计	**78410**	**48559**	**7068**	**22783**		**64155**	**64155**				**14255**
本级	46596	26383	6335	13878		37965	37965				8631
区县级小计	31814	22176	733	8905		26190	26190				5624
襄城区	1297	1216	81			1216	1216				81
樊城区	3920	3905	15			3905	3905				15
襄阳区	4964	4964				4964	4964				
老河口市	3764	2785	72	907		2626	2626				1138
枣阳市	2912	803		2109		761	761				2151

4－17－7 单位:万元

地区	收支部分									
	收入					支出				
	收入合计	彩票资金收入	行政事业性收费收入	国有资源(资产)有偿使用收入	其他收入	支出合计	一般公共服务	外交	国防	公共安全
宜城市	2254		2254			3080	293			371
南漳县	2777		2690	33	54	4352	628			290
谷城县	1790		1512	8	270	3483	255			
保康县	1682		1682			1803	280			92
鄂州市小计	**32607**		**27759**	**907**	**3941**	**28781**	**2703**			**2317**
本级	28545		24693	907	2945	24714	2057			715
区县级小计	4062		3066		996	4067	646			1602
鄂城区	1639		1244		395	1639	10			1234
华容区	2065		1464		601	2068	539			257
梁子湖区	358		358			360	97			111
荆门市小计	**54314**		**51220**	**577**	**2517**	**47697**	**3021**			**428**
本级	31861		29994	443	1424	23435	1220			274
区县级小计	22453		21226	134	1093	24262	1801			154
掇刀区	458		458			458	3			
东宝区	4035		4035			4220	123			
钟祥市	8043		7265	134	644	9672	389			
京山县	7976		7527		449	7976	994			145
沙洋县	1941		1941			1936	292			9
孝感市小计	**54520**		**48316**	**332**	**5872**	**64967**	**3822**			**1018**
本级	25027		24081		946	30911	1278			34
区县级小计	29493		24235	332	4926	34056	2544			984
孝南区	3870		3870			4345	280			
孝昌县	4936		4936			4936	447			
大悟县	3833		3348	232	253	4367	869			716
安陆市	5734		5195		539	6192	52			
云梦县	4502		2706	50	1746	4751	475			195
应城市	1069		948	50	71	1798	40			
汉川市	5549		3232		2317	7667	381			73
黄冈市小计	**76509**		**74922**	**311**	**1276**	**91020**	**7489**			**180**
本级	29831		29418	273	140	34257				
区县级小计	46678		45504	38	1136	56763	7489			180
黄州区	4816		4574	19	223	4816	165			
团风县	3128		3033	15	80	3564	473			16
红安县	132		132			675				
麻城市	4060		4060			6001	316			
罗田县	3707		3565	4	138	4744	378			

4－17－8　　　　单位：万元

地区	收支部分										
	支出										
	教育	科学技术	文化体育与传媒	社会保障和就业	医疗卫生	环境保护	城乡社区事务	农林水事务	交通运输	工业、商业、金融等事务	其他支出
宜城市	1753		2	70	45				546		
南漳县	1597		64	122	211		169	45	1226		
谷城县	618	2	210	322	109	3	519	166	1227	52	
保康县	885		75	86	40	73	49	223			
鄂州市小计	**8623**	**5**	**2191**	**706**	**597**	**143**	**11161**	**256**		**39**	**40**
本级	8074	4	2180	702	194	143	10348	218		39	40
区县级小计	549	1	11	4	403		813	38			
鄂城区	40				355						
华容区	383	1	4	3	45		813	23			
梁子湖区	126		7	1	3			15			
荆门市小计	**31050**	**97**	**2621**	**2090**	**1456**	**499**	**2659**	**1062**	**1899**	**594**	**221**
本级	14194	74	2443	338	639	407	1477	296	1756	107	210
区县级小计	16856	23	178	1752	817	92	1182	766	143	487	11
掇刀区	447			8							
东宝区	3176		29	384	31	33	167	241		32	4
钟祥市	7636	23	149	502	112	51	154	288		368	
京山县	4827			770	433	8	490	137	80	87	5
沙洋县	770			88	241		371	100	63		2
孝感市小计	**36174**	**2**	**1613**	**2661**	**2899**	**108**	**3133**	**1346**	**8733**	**560**	**2898**
本级	18915	2	584	188	2426		431	358	6477	99	119
区县级小计	17259		1029	2473	473	108	2702	988	2256	461	2779
孝南区	3466			366	38				195		
孝昌县	3500		186	119	25	70	303	101		185	
大悟县	1395		343	304	98	38	215	197	133	59	
安陆市	3756		152	544	128		1419	55	71	15	
云梦县	1885		195	326	54		697	344	115	202	263
应城市	598		68	284	41		68	177	401		121
汉川市	2659		85	530	89			114	1341		2395
黄冈市小计	**38077**	**3**	**1420**	**4369**	**4686**	**285**	**3452**	**2589**	**13027**	**2145**	**13298**
本级	14037		58		2216	53		321	7283		10289
区县级小计	24040	3	1362	4369	2470	232	3452	2268	5744	2145	3009
黄州区	2838		7				1335	23			448
团风县	2089		130	224	96		140	53	226	33	84
红安县			23	479			57	25	91		
麻城市	3183		27	721	48			223	1081		402
罗田县	1915	3	55	399	213	30	122	771	849	9	

4－17－9

单位:万元

地区	平衡部分										
	收入					支出					
	收入合计	本年收入	上年结余	补助收入	省补助计划单列市收入	支出合计	本年支出	上解上级支出	计划单列市上解省支出	政府调剂资金	年终结余
宜城市	3545	2254	358	933		3080	3080				465
南漳县	4533	2777	96	1660		4352	4352				181
谷城县	3726	1790	151	1785		3483	3483				243
保康县	3153	1682	－40	1511		1803	1803				1350
鄂州市小计	**33570**	**32607**	**－1736**	**2699**		**28781**	**28781**				**4789**
本级	29503	28545	－1741	2699		24714	24714				4789
区县级小计	4067	4062	5			4067	4067				
鄂城区	1639	1639				1639	1639				
华容区	2068	2065	3			2068	2068				
梁子湖区	360	358	2			360	360				
荆门市小计	**69893**	**54314**	**5508**	**10071**		**48798**	**47697**			**1101**	**21095**
本级	42941	31861	3179	7901		23435	23435				19506
区县级小计	26952	22453	2329	2170		25363	24262			1101	1589
掇刀区	458	458				458	458				
东宝区	4366	4035	303	28		4220	4220				146
钟祥市	9937	8043	641	1253		9672	9672				265
京山县	8998	7976	469	553		7976	7976				1022
沙洋县	3193	1941	916	336		3037	1936			1101	156
孝感市小计	**70157**	**54520**	**2938**	**12699**		**64967**	**64967**				**5190**
本级	33825	25027	1679	7119		30911	30911				2914
区县级小计	36332	29493	1259	5580		34056	34056				2276
孝南区	4345	3870		475		4345	4345				
孝昌县	6010	4936	315	759		4936	4936				1074
大悟县	4376	3833	30	513		4367	4367				9
安陆市	6681	5734	336	611		6192	6192				489
云梦县	4809	4502		307		4751	4751				58
应城市	2444	1069	578	797		1798	1798				646
汉川市	7667	5549		2118		7667	7667				
黄冈市小计	**96179**	**76509**	**1382**	**18288**		**91020**	**91020**				**5159**
本级	38663	29831	156	8676		34257	34257				4406
区县级小计	57516	46678	1226	9612		56763	56763				753
黄州区	4816	4816				4816	4816				
团风县	3564	3128		436		3564	3564				
红安县	675	132		543		675	675				
麻城市	6001	4060		1941		6001	6001				
罗田县	4744	3707		1037		4744	4744				

4－17－10

单位：万元

地区	收支部分									
	收入					支出				
	收入合计	彩票资金收入	行政事业性收费收入	国有资源（资产）有偿使用收入	其他收入	支出合计	一般公共服务	外交	国防	公共安全
英山县	1826		1310		516	2424	575			
浠水县	14903		14903			16298	4089			164
蕲春县	5222		5222			7509	753			
武穴市	7178		7117		61	7879	628			
黄梅县	1706		1588		118	2853	112			
咸宁市小计	**43857**		**41258**		**2599**	**53416**	**6701**			**1071**
本级	16847		16847			18919	79			13
区县级小计	27010		24411		2599	34497	6622			1058
咸安区	4238		2863		1375	4466	891			68
嘉鱼县	8393		7379		1014	9269	2659			467
赤壁市	7056		7056			9893	2016			237
通城县	3165		3165			4417	193			
崇阳县	2195		1985		210	3633	747			10
通山县	1963		1963			2819	116			276
恩施自治州小计	**66826**		**42571**	**2993**	**21262**	**76834**	**8276**			**2654**
本级	30439		15731	2133	12575	31305	1179			477
区县级小计	36387		26840	860	8687	45529	7097			2177
恩施市	11995		9012	373	2610	13023	2001			545
建始县	2855		2725		130	3789	685			840
巴东县	5695		3682	123	1890	8798	1726			636
利川市	4853		4797	8	48	5176	234			
宣恩县	1275		1273		2	2099	123			3
咸丰县	1834		1507	327		2457	303			
来凤县	3547		1444	29	2074	4345	1396			135
鹤峰县	4333		2400		1933	5842	629			18
随州市小计	**25573**		**23988**	**21**	**1564**	**34885**	**4635**			**178**
本级	13009		13009			20230	1896			1
区县级小计	12564		10979	21	1564	14655	2739			177
曾都区	9496		8736		760	10582	2499			177
广水市	3068		2243	21	804	4073	240			
仙桃市	**26916**		**23253**	**8**	**3655**	**28819**	**5625**			
天门市	**18968**		**17086**		**1882**	**23589**	**1354**			**1342**
潜江市	**13509**		**13509**			**18132**	**3000**			
神农架林区	**2020**		**758**	**764**	**498**	**2143**	**922**			**54**

4－17－11

单位:万元

地区	收支部分									
	支出									
	教育	科学技术	文化体育与传媒	社会保障和就业	医疗卫生	环境保护	城乡社区事务	农林水事务	交通运输	工业、商业、金融等事务	其他支出
英山县	735		25	218	38		313	45	350		125
浠水县	6403		337	738	198	202		687	940	2036	504
蕲春县	3251		38	805	74		245	261	1133	36	913
武穴市	3548		672	260	785		1039	76	338		533
黄梅县	78		48	525	1018		201	104	736	31	
咸宁市小计	**21075**	**5**	**1191**	**2455**	**3527**	**646**	**6262**	**3283**	**5714**	**1173**	**313**
本级	11579		141	180	299	65	2601	91	3600	47	224
区县级小计	9496	5	1050	2275	3228	581	3661	3192	2114	1126	89
咸安区	2395		48	139	107	120	24	507	59	108	
嘉鱼县	2646	5	824	314	135	31	684	625	603	276	
赤壁市				658	2826	179	1532	1802		643	
通城县	2650		24	310	32	95	48		976		89
崇阳县	827		101	518	10	88	1062	171		99	
通山县	978		53	336	118	68	311	87	476		
恩施自治州小计	**18933**	**122**	**4504**	**2978**	**8609**	**180**	**3423**	**2855**	**10378**	**1750**	**12172**
本级	6952	111	3532	117	1107		990	639	3751	360	12090
区县级小计	11981	11	972	2861	7502	180	2433	2216	6627	1390	82
恩施市	3448	1	183	353	3911		1557	271	697	47	9
建始县	394		65	367	194		64	143	537	493	7
巴东县	1609	4	141	439	83	100	127	588	2643	692	10
利川市	1915		44	420	1960	13	101	16	444	5	24
宣恩县	968		96	258	1		53	61	527		9
咸丰县	1012		270	259	55	12	53	359	102	24	8
来凤县	1228	1	70	203	31	55	283	338	485	111	9
鹤峰县	1407	5	103	562	1267		195	440	1192	18	6
随州市小计	**12422**		**1076**	**1505**	**3171**	**66**	**2617**	**579**	**7666**	**77**	**893**
本级	5458		1029	599	1183	66	2617	116	7198	27	40
区县级小计	6964		47	906	1988			463	468	50	853
曾都区	4879		41	623	1918			360		50	35
广水市	2085		6	283	70			103	468		818
仙桃市	**15365**	**23**	**928**	**1119**	**510**	**157**	**2989**	**1111**	**808**	**163**	**21**
天门市	**13752**		**550**	**1394**	**246**		**1449**	**522**	**2962**	**18**	
潜江市	**7771**		**162**	**463**	**703**	**632**	**1224**	**718**	**3411**	**48**	
神农架林区	**280**		**78**	**181**	**7**		**92**	**25**	**8**	**289**	**207**

4-17-12

单位:万元

地区	平衡部分										
	收入					支出					年终结余
	收入合计	本年收入	上年结余	补助收入	省补助计划单列市收入	支出合计	本年支出	上解上级支出	计划单列市上解省支出	政府调剂资金	
英山县	2424	1826		598		2424	2424				
浠水县	16298	14903		1395		16298	16298				
蕲春县	7509	5222	473	1814		7509	7509				
武穴市	8619	7178	740	701		7879	7879				740
黄梅县	2866	1706	13	1147		2853	2853				13
咸宁市小计	**59681**	**43857**	**4604**	**11220**		**53416**	**53416**				**6265**
本级	24693	16847	2746	5100		18919	18919				5774
区县级小计	34988	27010	1858	6120		34497	34497				491
咸安区	4466	4238		228		4466	4466				
嘉鱼县	9463	8393	194	876		9269	9269				194
赤壁市	9904	7056	1449	1399		9893	9893				11
通城县	4417	3165		1252		4417	4417				
崇阳县	3704	2195		1509		3633	3633				71
通山县	3034	1963	215	856		2819	2819				215
恩施自治州小计	**83450**	**66826**	**1406**	**15218**		**78520**	**76834**			**1686**	**4930**
本级	36165	30439	608	5118		32991	31305			1686	3174
区县级小计	47285	36387	798	10100		45529	45529				1756
恩施市	13155	11995		1160		13023	13023				132
建始县	3945	2855	4	1086		3789	3789				156
巴东县	8798	5695	264	2839		8798	8798				
利川市	6021	4853		1168		5176	5176				845
宣恩县	2116	1275	17	824		2099	2099				17
咸丰县	2506	1834	49	623		2457	2457				49
来凤县	4490	3547	52	891		4345	4345				145
鹤峰县	6254	4333	412	1509		5842	5842				412
随州市小计	**40125**	**25573**	**5163**	**9389**		**34885**	**34885**				**5240**
本级	24768	13009	3375	8384		20230	20230				4538
区县级小计	15357	12564	1788	1005		14655	14655				702
曾都区	10729	9496	1233			10582	10582				147
广水市	4628	3068	555	1005		4073	4073				555
仙桃市	**38632**	**26916**	**7391**	**4325**		**28819**	**28819**				**9813**
天门市	**27563**	**18968**	**3974**	**4621**		**23589**	**23589**				**3974**
潜江市	**18132**	**13509**		**4623**		**18132**	**18132**				
神农架林区	**2831**	**2020**	**126**	**685**		**2143**	**2143**				**688**

2007 年湖南省地市县财政预算外收支平衡表

4－18－1　　　　单位:万元

地区	收支部分									
	收入					支出				
	收入合计	彩票资金收入	行政事业性收费收入	国有资源（资产）有偿使用收入	其他收入	支出合计	一般公共服务	外交	国防	公共安全
地市县合计	**1273826**	**4181**	**944586**	**28415**	**296644**	**1242092**	**174171**		**354**	**49109**
长沙市小计	**307589**	**19**	**231726**	**2831**	**73013**	**280783**	**39740**		**20**	**5509**
本级	156357	19	156338			145066	9787			2640
区县级小计	151232		75388	2831	73013	135717	29953		20	2869
浏阳市	16007		5646		10361	16059	3629			779
宁乡县	20452		13992		6460	20889	6098			981
长沙县	12135		9968	1686	481	12453	632			22
望城县	48315		19924		28391	48611	15537			441
雨花区	29174		17077	776	11321	14708	96			
芙蓉区	6610		2669		3941	4827	1496			128
天心区	4961		2786	46	2129	4085				
岳麓区	10406		1070	323	9013	10715	2233		20	518
开福区	3172		2256		916	3370	232			
株洲市小计	**80798**		**46867**	**1156**	**32775**	**69078**	**13418**		**10**	**1254**
本级	20581		16604	117	3860	15524	286			136
区县级小计	60217		30263	1039	28915	53554	13132		10	1118
株洲县	7008		4818	3	2187	7008	2091			177
醴陵市	9940		7224		2716	9548	2064			424
攸县	23328		6934	796	15598	18476	3307			37
茶陵县	4924		3188		1736	4761	1655		10	95
炎陵县	3618		114		3504	3025	220			71
天元区	2342		1291		1051	2342	384			236
芦淞区	5912		5902		10	5206	2274			35
荷塘区	3145		792	240	2113	3179	1137			43
石峰区						9				
湘潭市小计	**115662**	**577**	**72517**	**3550**	**39018**	**115875**	**13010**			**1488**
本级	57117	577	26048	1325	29167	58235	1067			247
区县级小计	58545		46469	2225	9851	57640	11943			1241
湘潭县	30637		29078	1559		31213	7624			761
湘乡市	12411		11951	45	415	10783	1382			152
韶山市	6968		1829		5139	6968	321			89
雨湖区	2752		1304	544	904	2899	1452			168
岳塘区	5777		2307	77	3393	5777	1164			71
衡阳市小计	**105379**		**90659**	**645**	**14075**	**101285**	**14342**		**34**	**3349**
本级	29987		28058	49	1880	30444	3523			849
区县级小计	75392		62601	596	12195	70841	10819		34	2500

四、各省、自治区、直辖市地市县预算外财政资料

4－18－2　　　　单位:万元

地　区	收支部分										
	支出										
	教育	科学技术	文化体育与传媒	社会保障和就业	医疗卫生	环境保护	城乡社区事务	农林水事务	交通运输	工业、商业、金融等事务	其他支出
地市县合计	**487039**	**1733**	**27275**	**83909**	**83235**	**8940**	**95592**	**58466**	**14601**	**14046**	**143622**
长沙市小计	**75141**	**1**	**3206**	**58391**	**8385**	**925**	**39530**	**7704**	**1639**	**2606**	**37986**
本级	37523		1807	54967	2740	60	19728	193	1152	702	13767
区县级小计	37618	1	1399	3424	5645	865	19802	7511	487	1904	24219
浏阳市	6054		251	605	197		2400	1224	10	825	85
宁乡县	7712	1	320	484	2199		1726	1154		214	
长沙县	7790		52	599	813	160	591	515	452	827	
望城县	6982		606	177	1003	616	5274	3579		33	14363
雨花区	3157		64	198			2964			5	8224
芙蓉区	1320		48	247	549	2	503	197	25		312
天心区	1729				828		1528				
岳麓区	2874		58	905	56		2613	262			1176
开福区				209		87	2203	580			59
株洲市小计	**29565**	**895**	**578**	**869**	**1067**	**243**	**3588**	**3953**	**103**	**690**	**12845**
本级	14179	829		19	6		46				23
区县级小计	15386	66	578	850	1061	243	3542	3953	103	690	12822
株洲县	2865		41	86	384		2	412	75	45	830
醴陵市	5243			354		154	1023	7			279
攸县	141	43	37	120	22		613	2634	3	24	11495
茶陵县	2428		18	45	39	46	198	172	3	52	
炎陵县	1702	3	455	119	53	43	19	181	22	137	
天元区	620			2	62		321	419		140	158
芦淞区	1586	20	7	104	225		873	10		12	60
荷塘区	801		20	20	276		493	109		280	
石峰区								9			
湘潭市小计	**36481**	**10**	**1458**	**1679**	**9252**	**77**	**3393**	**2660**	**817**	**288**	**45262**
本级	16188		156	958	2745		1635	381		52	34806
区县级小计	20293	10	1302	721	6507	77	1758	2279	817	236	10456
湘潭县	13108		848	119	3218	3	985	1253	735	131	2428
湘乡市	5464		60	218	2307	51	387	457		86	219
韶山市	948	10	282	35	145	11	244	63	82	19	4719
雨湖区	101		38	185	573		36	197			149
岳塘区	672		74	164	264	12	106	309			2941
衡阳市小计	**50377**	**29**	**2109**	**1776**	**17041**	**1188**	**5844**	**1501**	**496**	**541**	**2658**
本级	20252	29	284	545	282	340	2220	524		367	1229
区县级小计	30125		1825	1231	16759	848	3624	977	496	174	1429

4－18－3

单位:万元

地区	平衡部分										
	收入					支出					年终结余
	收入合计	本年收入	上年结余	补助收入	省补助计划单列市收入	支出合计	本年支出	上解上级支出	计划单列市上解省支出	政府调剂资金	
地市县合计	**1442291**	**1273826**	**139841**	**28624**		**1248412**	**1242092**			**6320**	**193879**
长沙市小计	**368949**	**307589**	**54549**	**6811**		**280783**	**280783**				**88166**
本级	211331	156357	50548	4426		145066	145066				66265
区县级小计	157618	151232	4001	2385		135717	135717				21901
浏阳市	16874	16007	312	555		16059	16059				815
宁乡县	21398	20452	509	437		20889	20889				509
长沙县	13703	12135	1250	318		12453	12453				1250
望城县	48611	48315		296		48611	48611				
雨花区	29810	29174	513	123		14708	14708				15102
芙蓉区	7220	6610	484	126		4827	4827				2393
天心区	5559	4961	474	124		4085	4085				1474
岳麓区	10741	10406	127	208		10715	10715				26
开福区	3702	3172	332	198		3370	3370				332
株洲市小计	**88680**	**80798**	**7802**	**80**		**72102**	**69078**			**3024**	**16578**
本级	23425	20581	2844			18548	15524			3024	4877
区县级小计	65255	60217	4958	80		53554	53554				11701
株洲县	7008	7008				7008	7008				
醴陵市	10991	9940	1051			9548	9548				1443
攸县	26350	23328	3022			18476	18476				7874
茶陵县	5032	4924	108			4761	4761				271
炎陵县	3793	3618	175			3025	3025				768
天元区	2420	2342	78			2342	2342				78
芦淞区	5980	5912	68			5206	5206				774
荷塘区	3601	3145	456			3179	3179				422
石峰区	80			80		9	9				71
湘潭市小计	**131101**	**115662**	**15182**	**257**		**117196**	**115875**			**1321**	**13905**
本级	67743	57117	10626			58235	58235				9508
区县级小计	63358	58545	4556	257		58961	57640			1321	4397
湘潭县	33935	30637	3041	257		31213	31213				2722
湘乡市	12496	12411	85			12104	10783			1321	392
韶山市	7296	6968	328			6968	6968				328
雨湖区	3664	2752	912			2899	2899				765
岳塘区	5967	5777	190			5777	5777				190
衡阳市小计	**128011**	**105379**	**19291**	**3341**		**101684**	**101285**			**399**	**26327**
本级	45095	29987	13951	1157		30444	30444				14651
区县级小计	82916	75392	5340	2184		71240	70841			399	11676

四、各省、自治区、直辖市地市县预算外财政资料

4－18－4

单位:万元

地区	收支部分 收入 收入合计	彩票资金收入	行政事业性收费收入	国有资源(资产)有偿使用收入	其他收入	支出 支出合计	一般公共服务	外交	国防	公共安全
衡南县	6240		6213		27	6217	114			
衡阳县	9989		8347	300	1342	9891	2965			
衡山县	7465		2216	13	5236	4496	262			55
衡东县	5371		5248		123	5646	146			281
常宁市	5032		5030	2		4521	1176			37
祁东县	5372		3627	5	1740	5260	506			995
耒阳市	26809		24792	8	2009	25485	3924			491
南岳区	2396		1646		750	2408	285			147
珠晖区	2326		1348	45	933	2373	978			45
雁峰区	933		933			985	68		34	
石鼓区	936		678	223	35	953	146			146
蒸湘区	2523		2523			2606	249			303
邵阳市小计	**70652**		**66319**	**295**	**4038**	**71174**	**3829**		**42**	**2660**
本级	18430		18111		319	19357	668			1994
区县级小计	52222		48208	295	3719	51817	3161		42	666
双清区	589		589			630	77		42	7
大祥区	765		714	6	45	816	21			
北塔区	570		429		141	615	121			3
邵东县	14688		13977	44	667	14510	155			158
新邵县	1620		1620			1737	306			93
隆回县	3424		3424			3656	332			155
洞口县	6400		6150	150	100	6637				
新宁县	4883		4883			4904	505			116
邵阳县	9138		9138			9232	5			30
绥宁县	5550		2885	95	2570	5651	560			85
武冈市	4145		4099		46	2871	1079			19
城步苗族自治县	450		300		150	558				
岳阳市小计	**87559**		**53947**	**3555**	**30057**	**100341**	**17969**		**136**	**5538**
本级	36114		15505	1925	18684	48174	10090		136	944
区县级小计	51445		38442	1630	11373	52167	7879			4594
汨罗市	4857		4857			4857	1596			1042
平江县	12564		6320		6244	13359	1499			266
湘阴县	5734		5407	17	310	5734	1542			763
临湘市	8846		7359		1487	8930	1750			870
华容县	3462		3462			3648	529			223
岳阳县	6090		5728	319	43	6163				895

4－18－5　　　　单位:万元

地区	收支部分										
	支出										
	教育	科学技术	文化体育与传媒	社会保障和就业	医疗卫生	环境保护	城乡社区事务	农林水事务	交通运输	工业、商业、金融等事务	其他支出
衡南县	5220		706			12	164	1			
衡阳县	5577		23	10				62	15		1239
衡山县	3191		385	175	25	66	138	71	20	66	42
衡东县	3607			307	680	258	213	148		6	
常宁市	2269		35	261			270	116	349	8	
祁东县	2998				112	54	495		100		
耒阳市	3876		510	193	14495	255	1414	285	10	32	
南岳区	398		144	146	590		468	166	2	62	
珠晖区	1016			43	237			54			
雁峰区	519				200	22	117	25			
石鼓区	268		11	96	121	60	105				
蒸湘区	1186		11		299	121	240	49			148
邵阳市小计	**40219**	**11**	**1245**	**1062**	**7438**	**1295**	**1758**	**4906**	**1732**	**806**	**4171**
本级	12459	9	435	337	175	975	926	50	599	165	565
区县级小计	27760	2	810	725	7263	320	832	4856	1133	641	3606
双清区	412		11	4			2	34			41
大祥区	565			19	80		44	11			76
北塔区	298		3	5				21	42		122
邵东县	12075		228	55			440	365	760	57	217
新邵县	836		4	48		66		239		28	117
隆回县	516		10	62	1126	33	78	1081		13	250
洞口县	4230		135	200	1050		4	323	168		527
新宁县	2577		416	40	241	126	2	187	151	543	
邵阳县	2979		3		4723			178			1314
绥宁县	1998	2		17	39	29		2411			510
武冈市	974			275	4	66	262	6	12		174
城步苗族自治县	300										258
岳阳市小计	**31374**	**620**	**4698**	**5451**	**4886**	**1245**	**3828**	**3833**	**3192**	**1943**	**15628**
本级	15450	618	2529	4096	2467	496	2364	1032	628	1693	5631
区县级小计	15924	2	2169	1355	2419	749	1464	2801	2564	250	9997
汨罗市			910	132		140	196	382	459		
平江县	2986		434	350	1003	82	595	907	1502	51	3684
湘阴县	2392		69	54	204	2		381			327
临湘市	2841		518	125	236	283	108	532	59		1608
华容县	2059		95	104	45	67	212	168	15	24	107
岳阳县	3420		31	309	591	175	215	115		175	237

四、各省、自治区、直辖市地市县预算外财政资料

4－18－6

单位:万元

地区	平衡部分：收入：收入合计	收入：本年收入	收入：上年结余	收入：补助收入	收入：省补助计划单列市收入	支出：支出合计	支出：本年支出	支出：上解上级支出	支出：计划单列市上解省支出	支出：政府调剂资金	年终结余
衡南县	6768	6240	134	394		6217	6217				551
衡阳县	11105	9989	824	292		9891	9891				1214
衡山县	8696	7465	1072	159		4496	4496				4200
衡东县	6151	5371	505	275		5646	5646				505
常宁市	5314	5032		282		4521	4521				793
祁东县	5668	5372	9	287		5659	5260			399	9
耒阳市	29194	26809	2253	132		25485	25485				3709
南岳区	2899	2396	361	142		2408	2408				491
珠晖区	2547	2326	125	96		2373	2373				174
雁峰区	993	933	35	25		985	985				8
石鼓区	975	936	22	17		953	953				22
蒸湘区	2606	2523		83		2606	2606				
邵阳市小计	**77826**	**70652**	**4964**	**2210**		**71689**	**71174**			**515**	**6137**
本级	21236	18430	2288	518		19357	19357				1879
区县级小计	56590	52222	2676	1692		52332	51817			515	4258
双清区	630	589		41		630	630				
大祥区	816	765		51		816	816				
北塔区	615	570		45		615	615				
邵东县	15674	14688	690	296		14898	14510			388	776
新邵县	1737	1620		117		1737	1737				
隆回县	5201	3424	1545	232		3656	3656				1545
洞口县	6637	6400		237		6637	6637				
新宁县	5383	4883	364	136		5031	4904			127	352
邵阳县	9232	9138		94		9232	9232				
绥宁县	5651	5550		101		5651	5651				
武冈市	4379	4145		234		2871	2871				1508
城步苗族自治县	635	450	77	108		558	558				77
岳阳市小计	**94282**	**87559**	**5581**	**1142**		**100341**	**100341**				**－6059**
本级	49808	36114	13658	36		48174	48174				1634
区县级小计	44474	51445	－8077	1106		52167	52167				－7693
汨罗市	－6878	4857	－11735			4857	4857				－11735
平江县	13957	12564	1138	255		13359	13359				598
湘阴县	7832	5734	1745	353		5734	5734				2098
临湘市	8967	8846		121		8930	8930				37
华容县	3648	3462		186		3648	3648				
岳阳县	6163	6090		73		6163	6163				

4－18－7

单位:万元

地区	收支部分									
	收入					支出				
	收入合计	彩票资金收入	行政事业性收费收入	国有资源（资产）有偿使用收入	其他收入	支出合计	一般公共服务	外交	国防	公共安全
岳阳楼区	6777		3260	228	3289	6243	494			1
云溪区										
君山区	3115		2049	1066		3233	469			534
常德市小计	**69312**	**467**	**52089**	**2101**	**14655**	**70638**	**8399**			**3122**
本级	22174	48	19285	1873	968	23726	1359			1940
区县级小计	47138	419	32804	228	13687	46912	7040			1182
津市市	6216	186	4361	15	1654	6216	673			
安乡县	2538		2538			2538	6			
汉寿县	5819		5280	173	366	5819	459			43
澧县	11348	233	3916		7199	11348	1429			791
临澧县	3553		3492		61	3823	331			
桃源县	8056		7063	40	953	7610	944			47
石门县	2644		2420		224	2644	187			123
武陵区	855		855			855	17			
鼎城区	6109		2879		3230	6059	2994			178
张家界市小计	**20799**		**16135**	**816**	**3848**	**19078**	**3105**			**1010**
本级	4418		3371		1047	4590	1330			71
区县级小计	16381		12764	816	2801	14488	1775			939
永定区	6149		4485	139	1525	4711	413			570
武陵源区	2034		1644		390	1290	281			22
慈利县	4573		3914	432	227	4605	487			28
桑植县	3625		2721	245	659	3882	594			319
益阳市小计	**65127**	**400**	**45993**	**4482**	**14252**	**64559**	**11066**			**4149**
本级	28146		19924	4477	3745	28121	6021			2876
区县级小计	36981	400	26069	5	10507	36438	5045			1273
沅江市	6085		5437		648	6085	260			780
南县	8558	232	5067		3259	8558	2371			253
桃江县	3490		1880		1610	3490	20			
安化县	3122	168	2186		768	3122	768			8
资阳区	2881		2772	5	104	2623	174			8
赫山区	12845		8727		4118	12560	1452			224
永州市小计	**62531**		**59361**	**830**	**2340**	**59650**	**4123**			**1543**
本级	22164		22021	19	124	21073	673			168
区县级小计	40367		37340	811	2216	38577	3450			1375
东安县	7304		6508		796	6508	256			280
道县	2908		2864		44	2908	69			

四、各省、自治区、直辖市地市县预算外财政资料

4－18－8 单位：万元

地区	收支部分 支出 教育	科学技术	文化体育与传媒	社会保障和就业	医疗卫生	环境保护	城乡社区事务	农林水事务	交通运输	工业、商业、金融等事务	其他支出
岳阳楼区	1762	2	66	173	309		15	76	377		2968
云溪区											
君山区	464		46	108	31		123	240	152		1066
常德市小计	**35945**	**24**	**1749**	**2494**	**5366**	**489**	**5601**	**4848**	**564**	**409**	**1628**
本级	12125	14	539	1184	2431	67	1324	1868	61	47	767
区县级小计	23820	10	1210	1310	2935	422	4277	2980	503	362	861
津市市	2138		44	258	1757	20	310	157	9	8	842
安乡县	2326		8	34			137	27			
汉寿县	4815		193	8	30	21	165	84	1		
澧县	4228		353	633	624	69	1539	1503	67	112	
临澧县	3428			64							
桃源县	4804	4	51	135	211	101	616	282	168	228	19
石门县	194	6	529	61	210	88	735	292	208	11	
武陵区	738		12	81	7						
鼎城区	1149		20	36	96	123	775	635	50	3	
张家界市小计	**9900**	**7**	**882**	**245**	**243**	**114**	**1081**	**1334**	**534**	**503**	**120**
本级	1724		10	15	132		367	15	523	392	11
区县级小计	8176	7	872	230	111	114	714	1319	11	111	109
永定区	2548	5	54	104				969	6	42	
武陵源区	406		376	3		87		6			109
慈利县	3123		123	42	39		560	203			
桑植县	2099	2	319	81	72	27	154	141	5	69	
益阳市小计	**26184**	**32**	**424**	**942**	**1268**	**453**	**9228**	**3451**	**10**	**1606**	**5746**
本级	7168	32	55	501	279	449	8133	789	10	1339	469
区县级小计	19016		369	441	989	4	1095	2662		267	5277
沅江市	2450		80				777	880		210	648
南县	3102		86	240	90	4	20	559			1833
桃江县	963				20		197	680			1610
安化县	2115		44	173							14
资阳区	2107		103				101	89		26	15
赫山区	8279		56	28	879			454		31	1157
永州市小计	**34436**	**5**	**3582**	**1163**	**5683**	**487**	**4194**	**2338**	**1359**	**733**	**4**
本级	9912		2508	599	3027	212	1878	460	1201	435	
区县级小计	24524	5	1074	564	2656	275	2316	1878	158	298	4
东安县	3127	2	482	73	792	40	610	776	3	67	
道县	1687		4	118	275		737	18			

4－18－9

单位:万元

地区	平衡部分										
	收入					支出					
	收入合计	本年收入	上年结余	补助收入	省补助计划单列市收入	支出合计	本年支出	上解上级支出	计划单列市上解省支出	政府调剂资金	年终结余
岳阳楼区	7312	6777	535			6243	6243				1069
云溪区	20		20								20
君山区	3453	3115	220	118		3233	3233				220
常德市小计	**71766**	**69312**	**68**	**2386**		**70638**	**70638**				**1128**
本级	24290	22174		2116		23726	23726				564
区县级小计	47476	47138	68	270		46912	46912				564
津市市	6216	6216				6216	6216				
安乡县	2538	2538				2538	2538				
汉寿县	5887	5819	68			5819	5819				68
澧县	11348	11348				11348	11348				
临澧县	3823	3553		270		3823	3823				
桃源县	8056	8056				7610	7610				446
石门县	2644	2644				2644	2644				
武陵区	855	855				855	855				
鼎城区	6109	6109				6059	6059				50
张家界市小计	**23863**	**20799**	**1751**	**1313**		**19078**	**19078**				**4785**
本级	5250	4418	471	361		4590	4590				660
区县级小计	18613	16381	1280	952		14488	14488				4125
永定区	6455	6149	62	244		4711	4711				1744
武陵源区	2381	2034	208	139		1290	1290				1091
慈利县	5185	4573	327	285		4605	4605				580
桑植县	4592	3625	683	284		3882	3882				710
益阳市小计	**71746**	**65127**	**3166**	**3453**		**64559**	**64559**				**7187**
本级	38635	28146	7382	3107		28121	28121				10514
区县级小计	33111	36981	－4216	346		36438	36438				－3327
沅江市	5135	6085	－950			6085	6085				－950
南县	8558	8558				8558	8558				
桃江县	3606	3490	73	43		3490	3490				116
安化县	3122	3122				3122	3122				
资阳区	3318	2881	134	303		2623	2623				695
赫山区	9372	12845	－3473			12560	12560				－3188
永州市小计	**67023**	**62531**	**4469**	**23**		**60702**	**59650**			**1052**	**6321**
本级	24291	22164	2231	－104		21073	21073				3218
区县级小计	42732	40367	2238	127		39629	38577			1052	3103
东安县	7404	7304	100			6525	6508			17	879
道县	2908	2908				2908	2908				

四、各省、自治区、直辖市地市县预算外财政资料

4－18－10　　　　单位:万元

地区	收支部分									
	收入					支出				
	收入合计	彩票资金收入	行政事业性收费收入	国有资源(资产)有偿使用收入	其他收入	支出合计	一般公共服务	外交	国防	公共安全
宁远县	3359		2766	247	346	3519	262			329
江永县	1817		1766	15	36	1817	400			123
江华	2983		2731	232	20	2956	256			20
蓝山县	4712		4703	9		4703	504			441
新田县	1717		1088	49	580	1595	92			31
双牌县	3566		3566			3566	1288			120
祁阳县	3069		3069			3069	4			12
零陵区	4004		3351	259	394	4028	303			12
冷水滩区	4928		4928			3908	16			7
郴州市小计	**90051**	**2327**	**57239**	**2231**	**28254**	**87706**	**14360**		**10**	**3609**
本级	29584	2114	17050	1270	9150	28995	6336			1550
区县级小计	60467	213	40189	961	19104	58711	8024		10	2059
北湖区	3690	120	2943		627	3565	377			61
苏仙区	15929		6744	132	9053	14936	533			153
资兴市	5824		2926	50	2848	5926	1567		10	80
桂阳县	68		68			133	64			
永兴县	4085		4052	33		4440	501			172
宜章县	9473	49	8343	31	1050	9293	1685			1052
嘉禾县	8872		6173		2699	8956	1744			
临武县	348		348			348	30			
汝城县	5262	44	3284	711	1223	5214	664			293
桂东县	3540		2942	4	594	2640	309			30
安仁县	3376		2366		1010	3260	550			218
娄底市小计	**60865**	**391**	**50006**	**2708**	**7760**	**64432**	**9354**			**3686**
本级	20187		16136	1703	2348	24301	3854			2599
区县级小计	40678	391	33870	1005	5412	40131	5500			1087
娄星区	5413	176	3765	362	1110	4910	676			45
双峰县	12732	34	9138	266	3294	12483	2387			807
涟源市	4419		4413	6		4272	85			23
冷水江市	7018	181	6455	2	380	7087	973			192
新化县	11096		10099	369	628	11379	1379			20
怀化市小计	**90072**		**69733**	**2212**	**18127**	**89632**	**15214**		**102**	**7585**
本级	25308		25099		209	25311	2318			4154
区县级小计	64764		44634	2212	17918	64321	12896		102	3431
沅陵县	7383		6885	40	458	6886	782			116
辰溪县	11422		7669	625	3128	11128	3360			1306

4－18－11　　　　单位:万元

地区	收支部分										
	支出										
	教育	科学技术	文化体育与传媒	社会保障和就业	医疗卫生	环境保护	城乡社区事务	农林水事务	交通运输	工业、商业、金融等事务	其他支出
宁远县	1548		36	15	402	116	488	323			
江永县	872		9	62	10	35		167		139	
江华	2036		75	39	246		73	189	3	15	4
蓝山县	2901		80	200	212		197	143		25	
新田县	1299		43	5	49		66	10			
双牌县	1558	3	298	19	52	36		154	9	29	
祁阳县	2897		16				10		130		
零陵区	3430		31	28	76	30	75	18	2	23	
冷水滩区	3169			5	542	18	60	80	11		
郴州市小计	**28666**	**31**	**1489**	**4454**	**6285**	**1091**	**4575**	**9923**	**1754**	**873**	**10586**
本级	9654	19	63	426	2478	823	2845	3432	1292	71	6
区县级小计	19012	12	1426	4028	3807	268	1730	6491	462	802	10580
北湖区	1940		5	467	174		98	270	14	94	65
苏仙区	5419		1		259			152			8419
资兴市	1858	4	378	175	17	15	353	666	165		638
桂阳县	23			4				35		7	
永兴县	1939	2	87	222	513	35	341	300		280	48
宜章县	4000	1	451	59		119	401	1154	83	288	
嘉禾县	410		450	2570	2202	30	215	1270		65	
临武县				60			258				
汝城县	2111	5	54	410	357	33	64	1059	99	33	32
桂东县	262			38	100	11		1296			594
安仁县	1050			23	185	25		289	101	35	784
娄底市小计	**35383**	**27**	**1264**	**1137**	**1564**	**97**	**3703**	**3000**	**260**	**1726**	**3231**
本级	11452	2	487	442	270		1902	689		579	2025
区县级小计	23931	25	777	695	1294	97	1801	2311	260	1147	1206
娄星区	3740	9	39	16	96		8	227	5		49
双峰县	6919	16	670	207	73	61	494	492		186	171
涟源市	2885		1	52	24		24	314	59		805
冷水江市	2779		36	308	1002		903	341	138	332	83
新化县	7608		31	112	99	36	372	937	58	629	98
怀化市小计	**33703**	**29**	**2900**	**2996**	**8980**	**431**	**5062**	**7456**	**1256**	**895**	**3023**
本级	12013		56	1374	277	49	2356	1389	600	151	574
区县级小计	21690	29	2844	1622	8703	382	2706	6067	656	744	2449
沅陵县	3163		340	21	2276		99				89
辰溪县	2493	6	421	436	362	190	933	1230	108	1	282

四、各省、自治区、直辖市地市县预算外财政资料

4－18－12 单位:万元

地区	平衡部分										
	收入					支出					
	收入合计	本年收入	上年结余	补助收入	省补助计划单列市收入	支出合计	本年支出	上解上级支出	计划单列市上解省支出	政府调剂资金	年终结余
宁远县	3519	3359		160		3519	3519				
江永县	1898	1817	81			1817	1817				81
江华	2983	2983				2976	2956			20	7
蓝山县	4864	4712	152			4703	4703				161
新田县	1717	1717				1596	1595			1	121
双牌县	3708	3566	142			3566	3566				142
祁阳县	3069	3069				3069	3069				
零陵区	5704	4004	1733	－33		4028	4028				1676
冷水滩区	4958	4928	30			4922	3908			1014	36
郴州市小计	**96518**	**90051**	**5514**	**953**		**87706**	**87706**				**8812**
本级	32682	29584	3135	－37		28995	28995				3687
区县级小计	63836	60467	2379	990		58711	58711				5125
北湖区	3911	3690	101	120		3565	3565				346
苏仙区	17093	15929	1164			14936	14936				2157
资兴市	6943	5824	907	212		5926	5926				1017
桂阳县	155	68	23	64		133	133				22
永兴县	4450	4085	7	358		4440	4440				10
宜章县	9562	9473	38	51		9293	9293				269
嘉禾县	8967	8872	11	84		8956	8956				11
临武县	371	348	23			348	348				23
汝城县	5282	5262	20			5214	5214				68
桂东县	3540	3540				2640	2640				900
安仁县	3562	3376	85	101		3260	3260				302
娄底市小计	**68649**	**60865**	**6290**	**1494**		**64432**	**64432**				**4217**
本级	24733	20187	4352	194		24301	24301				432
区县级小计	43916	40678	1938	1300		40131	40131				3785
娄星区	5493	5413	－96	176		4910	4910				583
双峰县	14588	12732	1673	183		12483	12483				2105
涟源市	4837	4419	20	398		4272	4272				565
冷水江市	7268	7018	69	181		7087	7087				181
新化县	11730	11096	272	362		11379	11379				351
怀化市小计	**97940**	**90072**	**5276**	**2592**		**89641**	**89632**			**9**	**8299**
本级	28526	25308	2433	785		25311	25311				3215
区县级小计	69414	64764	2843	1807		64330	64321			9	5084
沅陵县	7435	7383		52		6886	6886				549
辰溪县	12608	11422	930	256		11128	11128				1480

4－18－13　　　　单位:万元

地区	收支部分 收入 收入合计	彩票资金收入	行政事业性收费收入	国有资源（资产）有偿使用收入	其他收入	支出 支出合计	一般公共服务	外交	国防	公共安全
溆浦县	8021		4096		3925	7995	1605			131
麻阳苗族自治县	7712		2890	629	4193	7637	2232			196
新晃侗族自治县	2316		1136	9	1171	2179	750			61
芷江侗族自治县	1429		1374	44	11	1494	269			93
鹤城区	3642		2908	15	719	3617	635			21
中方县	3999		2578	309	1112	4119	669		102	72
洪江市	9494		8266	249	979	9601	1315			557
会同县	4296		2292	200	1804	4425	467			508
靖州自治县	795		795			880	340			20
通道侗族自治县	4255		3745	92	418	4360	472			350
湘西自治州小计	**47430**		**31995**	**1003**	**14432**	**47861**	**6242**			**4607**
本级	18208		11417	218	6573	19877	1767			3033
区县级小计	29222		20578	785	7859	27984	4475			1574
吉首市	3066		1993		1073	3000	603			69
泸溪县	1800		1755	23	22	1971	283			60
凤凰县	7672		6617	219	836	7713	587			272
花垣县	3991		2393	464	1134	3370	533			321
保靖县	1131		1005		126	1421	340			
古丈县	1878		1748	14	116	1947	326			174
永顺县	1640		1510		130	1878	363			226
龙山县	8044		3557	65	4422	6684	1440			452

4－18－14

单位：万元

地区	收支部分									
	支出									
	教育	科学技术	文化体育与传媒	社会保障和就业	医疗卫生	环境保护	城乡社区事务	农林水事务	交通运输	工业、商业、金融等事务	其他支出
溆浦县	3551		391	114	573	89	392	952	120	65	12
麻阳苗族自治县	2497	3	762	165	323		168	437		216	638
新晃侗族自治县	1100	3	13	68		1	65	59		6	53
芷江侗族自治县	814	2	21	68	27	6	39	19	27	24	85
鹤城区	1745		44	153	58		56	547	13	149	196
中方县	1906	1	123	145	49	17	198	369	319	149	
洪江市	2362	7	523	237	2462	69	437	667	69	61	835
会同县	1165	7	62	91	521			1533		24	47
靖州自治县	38		17	60	19		269	117			
通道侗族自治县	856		127	64	2033	10	50	137		49	212
湘西自治州小计	**19665**	**12**	**1691**	**1250**	**5777**	**805**	**4207**	**1559**	**885**	**427**	**734**
本级	8123	3	436	625	122	539	3597	343	702	293	294
区县级小计	11542	9	1255	625	5655	266	610	1216	183	134	440
吉首市	1670		84	37	23	28	5	140	50	34	257
泸溪县	680		232	67	459	20	62	90	10	8	
凤凰县	1025		406	68	4709	4	313	145		45	139
花垣县	1793		240	20	326			137			
保靖县	958		2	11	4			96			10
古丈县	754		162	50	79	97	38	175	32	31	29
永顺县	980			25	10	11	35	193	35		
龙山县	3682	9	129	347	45	106	157	240	56	16	5

4－18－15　　　　单位：万元

地区	平衡部分										
	收入					支出					
	收入合计	本年收入	上年结余	补助收入	省补助计划单列市收入	支出合计	本年支出	上解上级支出	计划单列市上解省支出	政府调剂资金	年终结余
溆浦县	8269	8021	32	216		7995	7995				274
麻阳苗族自治县	8156	7712	210	234		7644	7637			7	512
新晃侗族自治县	2431	2316	57	58		2179	2179				252
芷江侗族自治县	1624	1429	110	85		1494	1494				130
鹤城区	3812	3642	39	131		3617	3617				195
中方县	4120	3999	1	120		4119	4119				1
洪江市	9859	9494	61	304		9601	9601				258
会同县	4595	4296	177	122		4427	4425			2	168
靖州自治县	1195	795	266	134		880	880				315
通道侗族自治县	5310	4255	960	95		4360	4360				950
湘西自治州小计	**55937**	**47430**	**5938**	**2569**		**47861**	**47861**				**8076**
本级	23078	18208	4062	808		19877	19877				3201
区县级小计	32859	29222	1876	1761		27984	27984				4875
吉首市	3370	3066	111	193		3000	3000				370
泸溪县	1971	1800		171		1971	1971				
凤凰县	8573	7672	693	208		7713	7713				860
花垣县	4060	3991		69		3370	3370				690
保靖县	1521	1131	5	385		1421	1421				100
古丈县	2538	1878	493	167		1947	1947				591
永顺县	1878	1640		238		1878	1878				
龙山县	8948	8044	574	330		6684	6684				2264

2007年广东省地市县财政预算外收支平衡表

4－19－1

单位：万元

地区	收支部分									
	收入					支出				
	收入合计	彩票资金收入	行政事业性收费收入	国有资源（资产）有偿使用收入	其他收入	支出合计	一般公共服务	外交	国防	公共安全
地市县合计	**6369857**	**139736**	**3782174**	**262075**	**2185872**	**5282768**	**548285**	**68**	**2688**	**180249**
广州市小计	**1606949**	**27474**	**1069462**	**5101**	**504912**	**1314965**	**145524**		**359**	**17629**
本级	901109	27474	783256	126	90253	730070	45677		239	8998
区县级小计	705840		286206	4975	414659	584895	99847		120	8631
越秀区	70015		17234	702	52079	61291	9791			792
海珠区	45242		13254	296	31692	46273	16883			711
荔湾区	54803		13050	184	41569	51405	6547		25	512
天河区	36206		13627	31	22548	30230	1700			60
白云区	47444		15357	397	31690	59454	12797			1542
黄埔区	24470		9391	122	14957	12176	1695			137
花都区	58712		57980	167	565	29459	2265			
番禺区	239845		68899	2373	168573	176522	37957		85	3079
南沙区	31985		11126	350	20509	26427	1636			19
萝岗区	8875		5123	259	3493	3138	135			
从化市	27484		18131		9353	28962	4585			330
增城市	60759		43034	94	17631	59558	3856		10	1449
深圳市小计	**1302773**	**52275**	**633419**	**160179**	**456900**	**818224**	**102470**		**1351**	**28928**
本级	492908	52275	185605	147566	107462	118411	39834			8999
区县级小计	809865		447814	12613	349438	699813	62636		1351	19929
福田区	46894		43341	2522	1031	43879	203			
罗湖区	54410		19162		35248	74743	9392			4569
盐田区	22497		16402	1807	4288	15621	1656			80
南山区	145421		130081	215	15125	129919	5469			3437
宝安区	329973		133205	361	196407	236039	27607		421	5592
龙岗区	210670		105623	7708	97339	199612	18309		930	6251
珠海市小计	**593577**	**3952**	**60536**	**5915**	**523174**	**547257**	**5811**	**50**	**279**	**4622**
本级	523295	3952	43865	5598	469880	487998	3967	50	279	4567
区县级小计	70282		16671	317	53294	59259	1844			55
香洲区	13826		5008	179	8639	16806	148			
金湾区	46198		3709	138	42351	28980	1671			54
斗门区	10258		7954		2304	13473	25			1
汕头市小计	**162929**	**6056**	**117665**	**3938**	**35270**	**164328**	**16410**		**163**	**4278**
本级	69221	5282	42307	2609	19023	71242	5678			2391
区县级小计	93708	774	75358	1329	16247	93086	10732		163	1887
金平区	15045		14382		663	14960	1174			
龙湖区	10688		9974		714	11566	475			194

4－19－2

单位:万元

地区	收支部分										
	支出										
	教育	科学技术	文化体育与传媒	社会保障和就业	医疗卫生	环境保护	城乡社区事务	农林水事务	交通运输	工业、商业、金融等事务	其他支出
地市县合计	**1432929**	**10718**	**135640**	**129563**	**409947**	**169902**	**935150**	**183528**	**326850**	**72244**	**745007**
广州市小计	**347117**	**24**	**46296**	**37210**	**91123**	**6731**	**512255**	**13525**	**9578**	**26535**	**61059**
本级	131030	－620	21204	10498	78459	357	391324	1645	7241	20564	13454
区县级小计	216087	644	25092	26712	12664	6374	120931	11880	2337	5971	47605
越秀区	37849		940	1224	1934		3209				5552
海珠区	23180		302	843	224		1006			71	3053
荔湾区	16980	50	559	2133	2176		15849	819	67	4	5684
天河区	16431		269	1417		389	8071		71		1822
白云区	25524	91	3509	676	1901		5225	1207	510	368	6104
黄埔区	74		239	321	1139		1457			119	6995
花都区	15000	43	3798	91			2362	522	133	4805	440
番禺区	51599	414	8073	11311	2082	4120	38894	6582	887	418	11021
南沙区	1952	2	769	3520	378	3	16641	1207	46	1	253
萝岗区	1917		12	22	159	208	596	36	1		52
从化市	8612	6	2406	2306	2052		5515	684	34	125	2307
增城市	16969	38	4216	2848	619	1654	22106	823	588	60	4322
深圳市小计	**126091**	**2726**	**16947**	**15618**	**277123**	**58568**	**117957**	**18323**	**7007**	**4282**	**40833**
本级	1109	79				46247	16249		3380	2514	
区县级小计	124982	2647	16947	15618	277123	12321	101708	18323	3627	1768	40833
福田区	19362			780	23502						32
罗湖区	19044	248	1466	979	18134	288	304			373	19946
盐田区	4814		250	750	7487		261	58			265
南山区	18423	342	739		84264	99	13803	199			3144
宝安区	33989	1520	8190	7056	101443	312	41147	5661	938	245	1918
龙岗区	29350	537	6302	6053	42293	11622	46193	12405	2689	1150	15528
珠海市小计	**27016**	**3123**	**705**	**2002**	**508**	**8289**	**8710**	**580**	**25580**	**3560**	**456422**
本级	10139	3120	410	749		8288	5638	574	25580	3560	421077
区县级小计	16877	3	295	1253	508	1	3072	6			35345
香洲区	6301	2	23	786	417		777				8352
金湾区	1595	1	270	16	91	1	335	4			24942
斗门区	8981		2	451			1960	2			2051
汕头市小计	**86603**	**34**	**560**	**5225**	**5445**	**2519**	**11383**	**2848**	**24261**	**1317**	**3282**
本级	21561	34	128	3128	4703	1823	5136	785	24123	1151	601
区县级小计	65042		432	2097	742	696	6247	2063	138	166	2681
金平区	13261			325			150	50			
龙湖区	9760		38	202			735	132		9	21

四、各省、自治区、直辖市地市县预算外财政资料

4－19－3　　　　单位:万元

地区	平衡部分										
	收入					支出					年终结余
	收入合计	本年收入	上年结余	补助收入	省补助计划单列市收入	支出合计	本年支出	上解上级支出	计划单列市上解省支出	政府调剂资金	
地市县合计	**8874116**	**6369857**	**2483866**	**20232**	**161**	**5696737**	**5282768**	**17001**		**396968**	**3177379**
广州市小计	**2982667**	**1606949**	**1374609**	**1109**		**1439739**	**1314965**			**124774**	**1542928**
本级	1663231	901109	808993	－46871		730070	730070				933161
区县级小计	1319436	705840	565616	47980		709669	584895			124774	609767
越秀区	155063	70015	81266	3782		73525	61291			12234	81538
海珠区	75468	45242	24899	5327		47163	46273			890	28305
荔湾区	108808	54803	50324	3681		55656	51405			4251	53152
天河区	90315	36206	49848	4261		34639	30230			4409	55676
白云区	136635	47444	77493	11698		113661	59454			54207	22974
黄埔区	30307	24470	4189	1648		15476	12176			3300	14831
花都区	67427	58712	5033	3682		43662	29459			14203	23765
番禺区	466973	239845	221041	6087		207802	176522			31280	259171
南沙区	48595	31985	15672	938		26427	26427				22168
萝岗区	37025	8875	27602	548		3138	3138				33887
从化市	33965	27484	2648	3833		28962	28962				5003
增城市	68855	60759	5601	2495		59558	59558				9297
深圳市小计	**1810880**	**1302773**	**507946**		**161**	**1049143**	**818224**	**17001**		**213918**	**761737**
本级	687187	492908	194118		161	344330	118411	17001		208918	342857
区县级小计	1123693	809865	313828			704813	699813			5000	418880
福田区	79892	46894	32998			43879	43879				36013
罗湖区	89797	54410	35387			74743	74743				15054
盐田区	28926	22497	6429			15621	15621				13305
南山区	268925	145421	123504			129919	129919				139006
宝安区	410551	329973	80578			241039	236039			5000	169512
龙岗区	245602	210670	34932			199612	199612				45990
珠海市小计	**722766**	**593577**	**129100**	**89**		**547257**	**547257**				**175509**
本级	624803	523295	101419	89		487998	487998				136805
区县级小计	97963	70282	27681			59259	59259				38704
香洲区	21610	13826	7784			16806	16806				4804
金湾区	61470	46198	15272			28980	28980				32490
斗门区	14883	10258	4625			13473	13473				1410
汕头市小计	**190741**	**162929**	**26822**	**990**		**164328**	**164328**				**26413**
本级	89146	69221	18997	928		71242	71242				17904
区县级小计	101595	93708	7825	62		93086	93086				8509
金平区	15158	15045	106	7		14960	14960				198
龙湖区	15225	10688	4537			11566	11566				3659

4－19－4 单位:万元

地区	收支部分									
	收入					支出				
	收入合计	彩票资金收入	行政事业性收费收入	国有资源(资产)有偿使用收入	其他收入	支出合计	一般公共服务	外交	国防	公共安全
澄海区	23990	547	14839	21	8583	23590	1519		163	919
濠江区	2619		2516		103	2620				
朝阳区	25242	79	19686		5477	23539	3418			642
潮南区	14715	46	13157	1308	204	15743	3999			104
南澳县	1409	102	804		503	1068	147			28
佛山市小计	**592399**	**9623**	**438830**	**11714**	**132232**	**548724**	**33667**		**145**	**12661**
本级	201532	3882	191726	202	5722	204946	4656			1177
区县级小计	390867	5741	247104	11512	126510	343778	29011		145	11484
禅城区	38991	1123	14145	388	23335	43356	6674		24	1490
南海区	94735	1800	63468	3486	25981	56980	3624			2390
顺德区	190843	2265	126446	7597	54535	180706	7972		35	3533
高明区	19915	268	19640	7		19586	5174			962
三水区	46383	285	23405	34	22659	43150	5567		86	3109
韶关市小计	**122499**	**2703**	**88577**	**10264**	**20955**	**93543**	**12532**		**3**	**4755**
本级	70206	2455	48406	9897	9448	40381	2296			1333
区县级小计	52293	248	40171	367	11507	53162	10236		3	3422
浈江区	5541	134	3997	12	1398	5768	1315			471
武江区	3731	64	2119	68	1480	3738	1213			129
曲江区	6087		5453		634	6107	1061			202
乐昌市	12816	26	7495		5295	12975	3687			2053
南雄市	4876		4357		519	5050	234			
仁化县	2765	14	2625	114	12	2820	71			33
始兴县	3987		3170		817	4062	1185			
翁源县	4934		4795	12	127	4964	50			
新丰县	4756		3647	161	948	4918	1066			534
乳源瑶族自治县	2800	10	2513		277	2760	354		3	
河源市小计	**52231**	**1495**	**43261**	**3809**	**3666**	**44408**	**6410**			**3400**
本级	29865	1349	23205	2481	2830	24928	5215			2632
区县级小计	22366	146	20056	1328	836	19480	1195			768
源城区	3755		3741		14	3755	111			10
东源县	2142		2142							
和平县	2861		2861			2121	416			
龙川县	6283	69	6214			6214	527			681
紫金县	5122	77	2895	1328	822	5187	141			77
连平县	2203		2203			2203				
梅州市小计	**90359**	**1928**	**56509**	**349**	**31573**	**89509**	**7376**			**4094**

4－19－5　　单位:万元

地区	收支部分									
	支出									
	教育	科学技术	文化体育与传媒	社会保障和就业	医疗卫生	环境保护	城乡社区事务	农林水事务	交通运输	工业、商业、金融等事务	其他支出
澄海区	15634		8	640	324	16	3171	642	73	137	344
濠江区	2620										
朝阳区	14232		282	741	248	680	2105	698	51	20	422
潮南区	8810		104	102	170		83	492	6		1873
南澳县	725			87			3	49	8		21
佛山市小计	**95779**	**681**	**4828**	**11933**	**4412**	**10752**	**96653**	**69728**	**143681**	**9491**	**54313**
本级	17590		1044	656		319	12608	16859	141069		8968
区县级小计	78189	681	3784	11277	4412	10433	84045	52869	2612	9491	45345
禅城区	5858	76	681	2621	1597	346	11127	1300		91	11471
南海区	11043	267	1015	187	977		15602	3848		4661	13366
顺德区	42001	54	913	7419	723	10078	50795	38271	677	4590	13645
高明区	7468	270	846	365	112	5	632	1568	1887	75	222
三水区	11819	14	329	685	1003	4	5889	7882	48	74	6641
韶关市小计	**53037**		**10106**	**2687**	**694**	**731**	**4241**	**1611**	**1611**	**41**	**1494**
本级	21831		8263	1589	476	600	2538	72	1217	23	143
区县级小计	31206		1843	1098	218	131	1703	1539	394	18	1351
浈江区	2924		9	166	7		164	130			582
武江区	1691			553		3	28	24		12	85
曲江区	4458						150	82	154		
乐昌市	5116		761	150	73	64	389	279	203		200
南雄市	4052		380	87	20		208	55	14		
仁化县	2178		230	77	5		47	173		6	
始兴县	2440			2	61			6	23		345
翁源县	4670		29	7	23	40		6			139
新丰县	2272		239		7		316	484			
乳源瑶族自治县	1405		195	56	22	24	401	300			
河源市小计	**24797**	**65**	**790**	**537**	**969**	**629**	**1990**	**1129**	**965**	**1030**	**1697**
本级	11106	65	410	513	891	623	620	430	141	914	1368
区县级小计	13691		380	24	78	6	1370	699	824	116	329
源城区	3246			9				107	258		14
东源县											
和平县	1697				8						
龙川县	3518				28	6	978	366	110		
紫金县	3027		380	15	42		392	226	456	116	315
连平县	2203										
梅州市小计	**40667**		**1267**	**843**	**709**	**184**	**14071**	**5320**	**3452**	**187**	**11339**

4－19－6　　　　单位:万元

地区	平衡部分										
	收入					支出					
	收入合计	本年收入	上年结余	补助收入	省补助计划单列市收入	支出合计	本年支出	上解上级支出	计划单列市上解省支出	政府调剂资金	年终结余
澄海区	24116	23990	106	20		23590	23590				526
濠江区	2622	2619	3			2620	2620				2
朝阳区	25644	25242	402			23539	23539				2105
潮南区	17320	14715	2600	5		15743	15743				1577
南澳县	1510	1409	71	30		1068	1068				442
佛山市小计	**796468**	**592399**	**203841**	**228**		**548724**	**548724**				**247744**
本级	230085	201532	28402	151		204946	204946				25139
区县级小计	566383	390867	175439	77		343778	343778				222605
禅城区	72120	38991	33123	6		43356	43356				28764
南海区	155148	94735	60373	40		56980	56980				98168
顺德区	260080	190843	69211	26		180706	180706				79374
高明区	26149	19915	6232	2		19586	19586				6563
三水区	52886	46383	6500	3		43150	43150				9736
韶关市小计	**130163**	**122499**	**6065**	**1599**		**93543**	**93543**				**36620**
本级	75058	70206	4676	176		40104	40381	－277			34954
区县级小计	55105	52293	1389	1423		53439	53162	277			1666
浈江区	5921	5541		380		5768	5768				153
武江区	3954	3731	153	70		3738	3738				216
曲江区	6261	6087	11	163		6107	6107				154
乐昌市	13301	12816	392	93		13252	12975	277			49
南雄市	5141	4876	40	225		5050	5050				91
仁化县	2820	2765		55		2820	2820				
始兴县	4062	3987		75		4062	4062				
翁源县	5047	4934	6	107		4964	4964				83
新丰县	5296	4756	350	190		4918	4918				378
乳源瑶族自治县	3302	2800	437	65		2760	2760				542
河源市小计	**55494**	**52231**	**1865**	**1398**		**47393**	**44408**			**2985**	**8101**
本级	32773	29865	1510	1398		27173	24928			2245	5600
区县级小计	22721	22366	355			20220	19480			740	2501
源城区	3765	3755	10			3755	3755				10
东源县	2162	2142	20								2162
和平县	2861	2861				2861	2121			740	
龙川县	6490	6283	207			6214	6214				276
紫金县	5240	5122	118			5187	5187				53
连平县	2203	2203				2203	2203				
梅州市小计	**101946**	**90359**	**9865**	**1722**		**89696**	**89509**			**187**	**12250**

4－19－7

单位：万元

地区	收支部分									
	收入					支出				
	收入合计	彩票资金收入	行政事业性收费收入	国有资源（资产）有偿使用收入	其他收入	支出合计	一般公共服务	外交	国防	公共安全
本级	41380	1928	14281	38	25133	39968	2324			1555
区县级小计	48979		42228	311	6440	49541	5052			2539
梅江区	4559		4540		19	4462	260			116
兴宁市	10164		10155		9	10442	658			1746
梅县	9301		5555	301	3445	9338	1866			
平远县	2616		2616			2802	196			26
蕉岭县	2288		1178		1110	2287	542			41
大埔县	6263		4406		1857	6477	886			
丰顺县	4257		4247	10		5282	398			32
五华县	9531		9531			8451	246			578
惠州市小计	**199662**	**4452**	**126627**	**3262**	**65321**	**158673**	**14392**	**10**		**7187**
本级	107354	2874	56178	2186	46116	73272	4883			2937
区县级小计	92308	1578	70449	1076	19205	85401	9509	10		4250
惠城区	23104	544	20493	157	1910	22950	4903			318
惠阳区	16047	334	14409	28	1276	15297	2707	10		2390
惠东县	10240	350	9890			10385	495			
博罗县	31284	296	20878		10110	27832	841			1395
龙门县	11633	54	4779	891	5909	8937	563			147
汕尾市小计	**70336**	**2494**	**53710**	**256**	**13876**	**68384**	**8166**			**10043**
本级	36595	2494	31599	85	2417	38161	6963			9071
区县级小计	33741		22111	171	11459	30223	1203			972
城区	5737		4747	26	964	6049	28			
陆丰市	8334		6781	140	1413	8743	617			92
海丰县	13606		6877		6729	9555	558			880
陆河县	6064		3706	5	2353	5876				
东莞市小计	**466248**	**1702**	**334490**		**130056**	**416038**	**51542**		**21**	**23608**
本级	466248	1702	334490		130056	416038	51542		21	23608
中山市小计	**153104**	**8530**	**44738**	**35454**	**64382**	**152428**	**38896**		**10**	**8286**
本级	153104	8530	44738	35454	64382	152428	38896		10	8286
江门市小计	**193362**	**4135**	**134101**	**5863**	**49263**	**168421**	**25328**	**8**	**40**	**17322**
本级	48089	1810	35418	68	10793	38516	4331			9689
区县级小计	145273	2325	98683	5795	38470	129905	20997	8	40	7633
蓬江区	17577	650	11236		5691	15166	2499			993
江海区	6638	135	3284		3219	3613	642			153
新会区	51865	530	21048	4553	25734	45908	4529			2938
台山市	28019	258	26342	65	1354	27830	9838			1260

4－19－8 单位:万元

地区	收支部分										
	支出										
	教育	科学技术	文化体育与传媒	社会保障和就业	医疗卫生	环境保护	城乡社区事务	农林水事务	交通运输	工业、商业、金融等事务	其他支出
本级	9104		30	221	205	46	12046	3205	1216	118	9898
区县级小计	31563		1237	622	504	138	2025	2115	2236	69	1441
梅江区	3978			2			58	35	10	3	
兴宁市	5150		1	386	424	13	483	645	126		810
梅县	5275		1078					485		30	604
平远县	2201		118	38		1	133	27	62		
蕉岭县	989		40	28	12	13	40	339	216	27	
大埔县	3750			1			1283	323	234		
丰顺县	3785			167	68	111	28	252	405	9	27
五华县	6435							9	1183		
惠州市小计	**52613**	**41**	**3264**	**8477**	**1919**	**10751**	**17882**	**11447**	**541**	**877**	**29272**
本级	14035	29	2860	2107	1452	9928	8000	8592	148	734	17567
区县级小计	38578	12	404	6370	467	823	9882	2855	393	143	11705
惠城区	11135		7	1779			3541	743		30	494
惠阳区	6295		55	1450	325		1308	367	224	11	155
惠东县	8465			259			1166				
博罗县	9123		45	2327	65	762	2535	1433		81	9225
龙门县	3560	12	297	555	77	61	1332	312	169	21	1831
汕尾市小计	**25244**	**3**	**1625**	**808**	**440**	**164**	**3657**	**1281**	**1369**	**3794**	**11790**
本级	5828		1598	228	431	163	2605	636	1038	3422	6178
区县级小计	19416	3	27	580	9	1	1052	645	331	372	5612
城区	4041			48			4	32			1896
陆丰市	6255	3	9	52	9	1	116	24		19	1546
海丰县	5414		18	480			932	589	331	353	
陆河县	3706										2170
东莞市小计	**76187**	**3037**	**11331**	**12042**	**5155**	**57091**	**38348**	**12418**	**88834**	**8338**	**28086**
本级	76187	3037	11331	12042	5155	57091	38348	12418	88834	8338	28086
中山市小计	**17482**	**323**	**10499**	**7739**	**7928**	**1458**	**29966**	**7461**	**2488**	**1135**	**18757**
本级	17482	323	10499	7739	7928	1458	29966	7461	2488	1135	18757
江门市小计	**62616**	**394**	**577**	**8742**	**2359**	**1018**	**14112**	**19514**	**3307**	**2599**	**10485**
本级	11525	48	51	1584	547	197	4574	2709	1387	1065	809
区县级小计	51091	346	526	7158	1812	821	9538	16805	1920	1534	9676
蓬江区	3500	3		1564	42		985	5515			65
江海区	1840		16	146			128	38		65	585
新会区	10222	343	299	3221	1243	246	3026	8199	1357	1272	9013
台山市	10427		99	990	456	262	3152	934	263	136	13

四、各省、自治区、直辖市地市县预算外财政资料

4-19-9　　　　单位:万元

地区	平衡部分										
	收入					支出					
	收入合计	本年收入	上年结余	补助收入	省补助计划单列市收入	支出合计	本年支出	上解上级支出	计划单列市上解省支出	政府调剂资金	年终结余
本级	49797	41380	8123	294		39968	39968				9829
区县级小计	52149	48979	1742	1428		49728	49541			187	2421
梅江区	4650	4559	14	77		4632	4462			170	18
兴宁市	9455	10164	-1059	350		10442	10442				-987
梅县	9909	9301	472	136		9338	9338				571
平远县	2802	2616		186		2802	2802				
蕉岭县	2405	2288		117		2287	2287				118
大埔县	6477	6263		214		6477	6477				
丰顺县	6787	4257	2315	215		5282	5282				1505
五华县	9664	9531		133		8468	8451			17	1196
惠州市小计	**241123**	**199662**	**40732**	**729**		**158673**	**158673**				**82450**
本级	139810	107354	32281	175		73272	73272				66538
区县级小计	101313	92308	8451	554		85401	85401				15912
惠城区	26800	23104	3605	91		22950	22950				3850
惠阳区	16282	16047	172	63		15297	15297				985
惠东县	10385	10240		145		10385	10385				
博罗县	32827	31284	1463	80		27832	27832				4995
龙门县	15019	11633	3211	175		8937	8937				6082
汕尾市小计	**75184**	**70336**	**3495**	**1353**		**68384**	**68384**				**6800**
本级	39985	36595	2446	944		38161	38161				1824
区县级小计	35199	33741	1049	409		30223	30223				4976
城区	6117	5737	380			6049	6049				68
陆丰市	8743	8334		409		8743	8743				
海丰县	14049	13606	443			9555	9555				4494
陆河县	6290	6064	226			5876	5876				414
东莞市小计	**495789**	**466248**	**29388**	**153**		**416038**	**416038**				**79751**
本级	495789	466248	29388	153		416038	416038				79751
中山市小计	**200237**	**153104**	**47004**	**129**		**152570**	**152428**			**142**	**47667**
本级	200237	153104	47004	129		152570	152428			142	47667
江门市小计	**216557**	**193362**	**22779**	**416**		**173464**	**168421**			**5043**	**43093**
本级	57324	48089	9323	-88		38516	38516				18808
区县级小计	159233	145273	13456	504		134948	129905			5043	24285
蓬江区	18851	17577	1179	95		15166	15166				3685
江海区	8346	6638	1665	43		3613	3613				4733
新会区	59667	51865	7753	49		49115	45908			3207	10552
台山市	28680	28019	509	152		27830	27830				850

4－19－10 单位:万元

地区	收支部分									
	收入					支出				
	收入合计	彩票资金收入	行政事业性收费收入	国有资源（资产）有偿使用收入	其他收入	支出合计	一般公共服务	外交	国防	公共安全
开平市	15744	369	14449		926	15132	1952			850
鹤山市	15420	238	13981	1177	24	12354	310		40	1437
恩平市	10010	145	8343		1522	9902	1227	8		2
阳江市小计	**49479**	**1438**	**45571**	**1082**	**1388**	**45935**	**3863**			**3650**
本级	20600	1190	18348	1062		17300	1444			1824
区县级小计	28879	248	27223	20	1388	28635	2419			1826
江城区	5997	8	5989			6149	941			203
阳春市	10306	129	8789		1388	10337	408			232
阳东县	7812	72	7720	20		7282	525			53
阳西县	4764	39	4725			4867	545			1338
湛江市小计	**154099**	**1957**	**119288**	**2581**	**30273**	**118127**	**10165**			**1983**
本级	68808	1877	40709	2046	24176	35008	2189			
区县级小计	85291	80	78579	535	6097	83119	7976			1983
赤坎区	2848		2784	10	54	3206	15			
霞山区	9769		9694		75	10089	142			10
麻章区	3510		3505		5	3977	786			269
坡头区	3236		3187	10	39	3971	624			30
雷州市	26914		21184	388	5342	25880	4239			1674
廉江市	11259		11259			11488	129			
吴川市	16022	80	15849		93	12832	1523			
遂溪县	6377		6197	76	104	6479	153			
徐闻县	5356		4920	51	385	5197	365			
茂名市小计	**115409**	**2026**	**106817**	**170**	**6396**	**110731**	**4534**			**2652**
本级	30558	1688	26609	84	2177	28361				
区县级小计	84851	338	80208	86	4219	82370	4534			2652
茂南区	2558	89	2469			2558	27			74
茂港区	1841		1837	4		2008	13			22
信宜市	22872		22872			22872	3480			1194
高州市	26884	138	26088	82	576	24719	286			
化州市	17116	111	13362		3643	16633	46			205
电白县	13580		13580			13580	682			1157
肇庆市小计	**110278**	**2116**	**82170**	**4744**	**21248**	**97034**	**6502**		**191**	**2904**
本级	49379	1410	30080	1927	15962	39255	2812		191	1300
区县级小计	60899	706	52090	2817	5286	57779	3690			1604
端州区	8179	115	6477	1179	408	7022	230			945
鼎湖区	5072	38	5034			5142	585			7

4－19－11

单位:万元

地区	收支部分									
	支出									
	教育	科学技术	文化体育与传媒	社会保障和就业	医疗卫生	环境保护	城乡社区事务	农林水事务	交通运输	工业、商业、金融等事务	其他支出
开平市	11371		5	229	71	41	117	343	150	3	
鹤山市	8067		106	618		272	544	814	135	11	
恩平市	5664		1	390			1586	962	15	47	
阳江市小计	**30372**		**390**	**1614**	**408**	**102**	**2243**	**1918**	**462**	**913**	
本级	12223		7	360	233	102	252	26		829	
区县级小计	18149		383	1254	175		1991	1892	462	84	
江城区	4354		3	157				409		82	
阳春市	7556		301	696	125		604	108	307		
阳东县	4034		79	229	50		1223	995	94		
阳西县	2205			172			164	380	61	2	
湛江市小计	**72932**		**7839**	**1070**	**1339**	**3890**	**10793**	**2098**	**2798**	**238**	**2982**
本级	12177		7738	204	789	3479	4614		2440		1378
区县级小计	60755		101	866	550	411	6179	2098	358	238	1604
赤坎区	2704			58			179	250			
霞山区	9638		4	56		20	219				
麻章区	2314		1	37	1		222	340	5		2
坡头区	2921		20	58	142		56	30	1	9	80
雷州市	12049		11	550	192	160	4749	1148	220	229	659
廉江市	11259										100
吴川市	11015		36		35						223
遂溪县	4870		21	98	100	231	754	78			174
徐闻县	3985		8	9	80		252		132		366
茂名市小计	**87979**	**1**	**3302**	**1847**	**243**	**40**	**3779**	**694**			**5660**
本级	23095		269	1141							3856
区县级小计	64884	1	3033	706	243	40	3779	694			1804
茂南区	2326		3	107			21				
茂港区	1611			36	4		322				
信宜市	16474	1		270	239	40	319	455			400
高州市	23893		140	293				107			
化州市	12916		2054				8				1404
电白县	7664		836				3109	132			
肇庆市小计	**47967**	**28**	**7070**	**2101**	**1153**	**159**	**10325**	**6220**	**3484**	**6248**	**2682**
本级	18162		4587	982	572	78	746	3254	1271	4773	527
区县级小计	29805	28	2483	1119	581	81	9579	2966	2213	1475	2155
端州区	5093	26	22	267	32	63	145	128			71
鼎湖区	1851		1	14			1855	426	256		147

4－19－12

单位：万元

地区	平衡部分										
	收入					支出					
	收入合计	本年收入	上年结余	补助收入	省补助计划单列市收入	支出合计	本年支出	上解上级支出	计划单列市上解省支出	政府调剂资金	年终结余
开平市	16698	15744	926	28		15132	15132				1566
鹤山市	16559	15420	1102	37		14190	12354			1836	2369
恩平市	10432	10010	322	100		9902	9902				530
阳江市小计	**51284**	**49479**	**1088**	**717**		**48985**	**45935**			**3050**	**2299**
本级	21640	20600	936	104		20350	17300			3050	1290
区县级小计	29644	28879	152	613		28635	28635				1009
江城区	6149	5997		152		6149	6149				
阳春市	10673	10306	125	242		10337	10337				336
阳东县	7916	7812		104		7282	7282				634
阳西县	4906	4764	27	115		4867	4867				39
湛江市小计	**180126**	**154099**	**24439**	**1588**		**149745**	**118127**			**31618**	**30381**
本级	86786	68808	18776	－798		64675	35008			29667	22111
区县级小计	93340	85291	5663	2386		85070	83119			1951	8270
赤坎区	3633	2848	222	563		3206	3206				427
霞山区	10332	9769	131	432		10089	10089				243
麻章区	4727	3510	704	513		3977	3977				750
坡头区	4274	3236	984	54		3971	3971				303
雷州市	29418	26914	2382	122		27730	25880			1850	1688
廉江市	11492	11259		233		11488	11488				4
吴川市	17289	16022	1032	235		12933	12832			101	4356
遂溪县	6479	6377		102		6479	6479				
徐闻县	5696	5356	208	132		5197	5197				499
茂名市小计	**122073**	**115409**	**5351**	**1313**		**113016**	**110731**			**2285**	**9057**
本级	34923	30558	4098	267		28361	28361				6562
区县级小计	87150	84851	1253	1046		84655	82370			2285	2495
茂南区	2738	2558		180		2558	2558				180
茂港区	2216	1841	255	120		2008	2008				208
信宜市	23118	22872		246		22872	22872				246
高州市	27357	26884	358	115		26928	24719			2209	429
化州市	18040	17116	640	284		16709	16633			76	1331
电白县	13681	13580		101		13580	13580				101
肇庆市小计	**120252**	**110278**	**8555**	**1419**		**103907**	**97034**			**6873**	**16345**
本级	53892	49379	4095	418		45736	39255			6481	8156
区县级小计	66360	60899	4460	1001		58171	57779			392	8189
端州区	9885	8179	1661	45		7022	7022				2863
鼎湖区	5142	5072		70		5142	5142				

四、各省、自治区、直辖市地市县预算外财政资料

4－19－13

单位:万元

地区	收支部分									
	收入					支出				
	收入合计	彩票资金收入	行政事业性收费收入	国有资源(资产)有偿使用收入	其他收入	支出合计	一般公共服务	外交	国防	公共安全
四会市	10006	188	8712	86	1020	10694	1479			626
高要市	17029	123	15968	488	450	16919	760			
广宁县	3324	78	3246			3435	194			
德庆县	8293	63	3768	1064	3398	5748	327			26
封开县	3636	56	3580			3504	22			
怀集县	5360	45	5305		10	5315	93			
清远市小计	**106644**	**2028**	**55292**	**5335**	**43989**	**107278**	**23818**			**7251**
本级	26067	1340	12810	4206	7711	26427	2090			3639
区县级小计	80577	688	42482	1129	36278	80851	21728			3612
清城区	35118	179	9626	54	25259	35590	17258			1609
英德市	13483	175	11526		1782	13389	16			
连州市	5827	72	4828	600	327	5077				
佛冈县	7316	58	5116	424	1718	7470	156			280
清新县	6891	98	5786		1007	6660	300			577
连山自治县	1167	25	1091	51		1438	387			17
连南瑶族自治县	782	13	769			1023	98			84
阳山县	9993	68	3740		6185	10204	3513			1045
潮州市小计	**78743**	**1350**	**61425**	**838**	**15130**	**72807**	**8583**			**5920**
本级	41147	1188	26580	400	12979	36977	2230			2911
区县级小计	37596	162	34845	438	2151	35830	6353			3009
湘桥区	9047		7910	1	1136	8226	1844			512
饶平县	13153		12666	437	50	12964	1428			833
潮安县	15396	162	14269		965	14640	3081			1664
揭阳市小计	**88400**	**944**	**64173**	**34**	**23249**	**89120**	**8416**		**84**	**8530**
本级	37289	944	22624		13721	38143	2403		79	6265
区县级小计	51111		41549	34	9528	50977	6013		5	2265
榕城区	4579		3995		584	4544	575			
普宁市	17585		17585			17829	549			307
揭东县	16055		7427	34	8594	15717	3779		5	1954
揭西县	7416		7066		350	7326	1025			4
惠来县	5476		5476			5561	85			
云浮市小计	**60377**	**1058**	**45513**	**1187**	**12619**	**56834**	**13880**		**42**	**546**
本级	17301	818	16447		36	17367	6441		42	270
区县级小计	43076	240	29066	1187	12583	39467	7439			276
云城区	7979	69	3115	163	4632	6707	1442			185
罗定市	14963	26	9109		5828	12791	2375			24

4－19－14 单位:万元

地区	收支部分									
	支出									
	教育	科学技术	文化体育与传媒	社会保障和就业	医疗卫生	环境保护	城乡社区事务	农林水事务	交通运输	工业、商业、金融等事务	其他支出
四会市	3639		779	595	213	15	1344	722	1188	94	
高要市	7585		1650				4525	937			1462
广宁县	1401		1	121	336		103	547	732		
德庆县	1960	2	30	95		3	1464	5	10	1361	465
封开县	3197			27			10	201	27	20	
怀集县	5079						133				10
清远市小计	**47661**	**220**	**1859**	**4420**	**1191**	**2032**	**11593**	**3795**	**2507**	**412**	**519**
本级	10186		101	1174	820	458	6370	1012	373	204	
区县级小计	37475	220	1758	3246	371	1574	5223	2783	2134	208	519
清城区	10023		381	1147	38		4079	816		164	75
英德市	10764		156	372	89	137	174	443	1194	44	
连州市	4828		31	157				61			
佛冈县	3740		909	500	197	190	719	221	501		57
清新县	3428		19	347	42	1201		307	439		
连山自治县	890		33	42			44	5			20
连南瑶族自治县	62	220	193	35			15	316			
阳山县	3740		36	646	5	46	192	614			367
潮州市小计	**37312**	**9**	**280**	**1761**	**1533**	**2118**	**7613**	**2485**	**2034**	**694**	**2465**
本级	15664	9	252	992	1128	2100	6507	2177	1430	687	890
区县级小计	21648		28	769	405	18	1106	308	604	7	1575
湘桥区	4793		15	130	75		792	34		7	24
饶平县	8133		7	309	192	18	309	240	34		1461
潮安县	8722		6	330	138		5	34	570		90
揭阳市小计	**47152**		**2320**	**2213**	**2644**	**1925**	**14428**	**163**	**851**	**344**	**50**
本级	11459		141	485	1967	1613	12441	76	846	337	31
区县级小计	35693		2179	1728	677	312	1987	87	5	7	19
榕城区	3941		4		24						
普宁市	13291		1742	231		77	1619	13			
揭东县	7531		404	1139	409	222	188	74	5	7	
揭西县	5643		9	285	244	13	84				19
惠来县	5287		20	73			96				
云浮市小计	**26305**	**9**	**3785**	**674**	**2652**	**751**	**3151**	**970**	**2040**	**209**	**1820**
本级	2136		1770	119	2337	347	819	104	2002	102	878
区县级小计	24169	9	2015	555	315	404	2332	866	38	107	942
云城区	3615		263	78	135		90	296		49	554
罗定市	10060		95				122	115			

4－19－15 单位:万元

地区	平衡部分										
	收入					支出					
	收入合计	本年收入	上年结余	补助收入	省补助计划单列市收入	支出合计	本年支出	上解上级支出	计划单列市上解省支出	政府调剂资金	年终结余
四会市	10734	10006	640	88		10734	10694			40	
高要市	17253	17029	4	220		16919	16919				334
广宁县	3602	3324	167	111		3435	3435				167
德庆县	9530	8293	1103	134		5748	5748				3782
封开县	3858	3636		222		3504	3504				354
怀集县	6356	5360	885	111		5667	5315			352	689
清远市小计	**111805**	**106644**	**3762**	**1399**		**108461**	**107278**			**1183**	**3344**
本级	28175	26067	1969	139		27584	26427			1157	591
区县级小计	83630	80577	1793	1260		80877	80851			26	2753
清城区	35677	35118	517	42		35590	35590				87
英德市	14241	13483	507	251		13389	13389				852
连州市	5943	5827		116		5077	5077				866
佛冈县	7470	7316	54	100		7470	7470				
清新县	7612	6891	675	46		6686	6660			26	926
连山自治县	1438	1167	20	251		1438	1438				
连南瑶族自治县	1045	782	20	243		1023	1023				22
阳山县	10204	9993		211		10204	10204				
潮州市小计	**98238**	**78743**	**18438**	**1057**		**74191**	**72807**			**1384**	**24047**
本级	57376	41147	15499	730		38335	36977			1358	19041
区县级小计	40862	37596	2939	327		35856	35830			26	5006
湘桥区	9845	9047	681	117		8226	8226				1619
饶平县	13453	13153	252	48		12990	12964			26	463
潮安县	17564	15396	2006	162		14640	14640				2924
揭阳市小计	**102954**	**88400**	**12630**	**1924**		**89888**	**89120**			**768**	**13066**
本级	50611	37289	12106	1216		38732	38143			589	11879
区县级小计	52343	51111	524	708		51156	50977			179	1187
榕城区	4667	4579	64	24		4544	4544				123
普宁市	18194	17585	265	344		17875	17829			46	319
揭东县	16337	16055	156	126		15850	15717			133	487
揭西县	7584	7416	39	129		7326	7326				258
惠来县	5561	5476		85		5561	5561				
云浮市小计	**67369**	**60377**	**6092**	**900**		**59592**	**56834**			**2758**	**7777**
本级	22805	17301	5234	270		17367	17367				5438
区县级小计	44564	43076	858	630		42225	39467			2758	2339
云城区	8671	7979	654	38		6707	6707				1964
罗定市	15146	14963		183		15141	12791			2350	5

4－19－16

单位:万元

地区	收支部分									
	收入					支出				
	收入合计	彩票资金收入	行政事业性收费收入	国有资源(资产)有偿使用收入	其他收入	支出合计	一般公共服务	外交	国防	公共安全
新兴县	7785	54	6149	1003	579	7449	150			
郁南县	9070	71	8987		12	9191	2574			7
云安县	3279	20	1706	21	1532	3329	898			60

4－19－17

单位:万元

地区	收支部分										
	支出										
	教育	科学技术	文化体育与传媒	社会保障和就业	医疗卫生	环境保护	城乡社区事务	农林水事务	交通运输	工业、商业、金融等事务	其他支出
新兴县	3789	9	659	261	39	400	1621	353	30	50	88
郁南县	5067		923	196	138	4	229	45		8	
云安县	1638		75	20	3		270	57	8		300

4-19-18

单位:万元

地区	平衡部分										
	收入					支出					
	收入合计	本年收入	上年结余	补助收入	省补助计划单列市收入	支出合计	本年支出	上解上级支出	计划单列市上解省支出	政府调剂资金	年终结余
新兴县	7957	7785	95	77		7857	7449			408	100
郁南县	9191	9070		121		9191	9191				
云安县	3599	3279	109	211		3329	3329				270

2007 年广西壮族自治区地市县财政预算外收支平衡表

4－20－1　　　　　　　　　　　　　　　　　　　　　　　　　　　　单位:万元

地区	收支部分									
	收入					支出				
	收入合计	彩票资金收入	行政事业性收费收入	国有资源（资产）有偿使用收入	其他收入	支出合计	一般公共服务	外交	国防	公共安全
地市县合计	**1243690**	**5716**	**623231**	**16332**	**598411**	**1211653**	**83846**		**83**	**25032**
南宁市小计	**595262**	**3082**	**97580**	**2878**	**491722**	**608522**	**16025**		**4**	**1202**
本级	543444	3056	54157	2424	483807	557758	8933			309
区县级小计	51818	26	43423	454	7915	50764	7092		4	893
兴宁区	960		758	201	1	1123	133		4	8
青秀区	5984		1426	23	4535	5631	2			33
江南区	2805		2803		2	2298	14			
西乡塘区	6825		5842	58	925	6706	279			641
良庆区	3729		3729			3729	2754			82
邕宁区	1715		1384		331	1753	1			18
武鸣县	4608		4502		106	4611	547			8
横县	4321		4321			4321	340			18
宾阳县	6679	18	6023	49	589	6305	695			42
上林县	3190	8	2169		1013	3136	192			43
马山县	2696		2696			2673				
隆安县	2196		1841		355	2234	181			
高新区	1336		1326	10		1612	1442			
经开区	2491		2387	104		2347				
华侨区	133		133			120				
相思湖区	2109		2042	9	58	2134	512			
风景区	41		41			31				
柳州市小计	**78592**	**823**	**74784**	**689**	**2296**	**67569**	**4766**		**6**	**1154**
本级	53973	823	52876		274	45009	2388		6	936
区县级小计	24619		21908	689	2022	22560	2378			218
柳江县	3976		3955		21	3979	302			
柳城县	1734		1333		401	1629	269			5
鹿寨县	4022		4022			3504	189			56
融安县	1178		1135	3	40	1295	160			
三江县	45		45			154	21			1
融水县	3016		1450	21	1545	1812	440			156
城中区	1971		1971			1651				
鱼峰区	1328		1325	3		1340				
柳南区	4707		4421	271	15	4937	687			
柳北区	2640		2249	391		2259	310			
高新开发区										
阳和工业新区	2		2							

1 20 2

单位:万元

地区	收支部分									
	支出									
	教育	科学技术	文化体育与传媒	社会保障和就业	医疗卫生	环境保护	城乡社区事务	农林水事务	交通运输	工业、商业、金融等事务	其他支出
地市县合计	**264644**	**429**	**18500**	**20479**	**68253**	**1228**	**120887**	**32894**	**47863**	**5404**	**522111**
南宁市小计	**54636**	**121**	**11259**	**7087**	**11625**	**52**	**56383**	**6261**	**13425**	**1075**	**429367**
本级	30346	120	10815	5899	7415	20	49197	3986	13358	1014	426346
区县级小计	24290	1	444	1188	4210	32	7186	2275	67	61	3021
兴宁区	846		5	16	3		78	30			
青秀区	3740				11		1209	12			624
江南区	1585		1	7	24		477	190			
西乡塘区	3473	1		49	44		2045	167		7	
良庆区	313			1	22	31	307	219			
邕宁区	1362		27	13	38		104	190			
武鸣县	1756		75	410	836		238	741			
横县	2901		166	275	362		39	198	22		
宾阳县	3603		75	343	829		315	333	7	51	12
上林县	1237		48	29	1130	1	308	142	3	3	
马山县	1686		16	10	666		245	15	35		
隆安县	1601		31	35	111		199	38			38
高新区	36				134						
经开区											2347
华侨区	120										
相思湖区							1622				
风景区	31										
柳州市小计	**34158**	**114**	**746**	**3601**	**3624**	**2**	**18347**	**575**	**63**	**89**	**324**
本级	20361	103	278	3065	2195		15531	123	8	3	12
区县级小计	13797	11	468	536	1429	2	2816	452	55	86	312
柳江县	1777		227	70	212		1327	45	13	6	
柳城县	928		53	74	43	1	95	91	1		69
鹿寨县	1468	8	89	240	956	1	207	203	32	54	1
融安县	957		14	55	31		29	49			
三江县	21		19	27	28		10	27			
融水县	620		66	58	104		54	37	9	26	242
城中区	1650				1						
鱼峰区	1328				12						
柳南区	3614	3		7	32		594				
柳北区	1434			5	10		500				
高新开发区											
阳和工业新区											

四、各省、自治区、直辖市地市县预算外财政资料

4－20－3

单位:万元

地区	平衡部分 收入 收入合计	本年收入	上年结余	补助收入	省补助计划单列市收入	平衡部分 支出 支出合计	本年支出	上解上级支出	计划单列市上解省支出	政府调剂资金	年终结余
地市县合计	**1571642**	**1243690**	**320716**	**7236**		**1223688**	**1211653**	**1**		**12034**	**347954**
南宁市小计	**752012**	**595262**	**155786**	**964**		**608522**	**608522**				**143490**
本级	688399	543444	144052	903		557758	557758				130641
区县级小计	63613	51818	11734	61		50764	50764				12849
兴宁区	1147	960	187			1123	1123				24
青秀区	8622	5984	2638			5631	5631				2991
江南区	2946	2805	141			2298	2298				648
西乡塘区	6849	6825	24			6706	6706				143
良庆区	3729	3729				3729	3729				
邕宁区	2272	1715	525	32		1753	1753				519
武鸣县	4849	4608	241			4611	4611				238
横县	5590	4321	1269			4321	4321				1269
宾阳县	8219	6679	1540			6305	6305				1914
上林县	3197	3190	7			3136	3136				61
马山县	3987	2696	1291			2673	2673				1314
隆安县	2278	2196	53	29		2234	2234				44
高新区	3407	1336	2071			1612	1612				1795
经开区	3533	2491	1042			2347	2347				1186
华侨区	133	133				120	120				13
相思湖区	2814	2109	705			2134	2134				680
风景区	41	41				31	31				10
柳州市小计	**109863**	**78592**	**30883**	**388**		**68192**	**67569**			**623**	**41671**
本级	83182	53973	29204	5		45009	45009				38173
区县级小计	26681	24619	1679	383		23183	22560			623	3498
柳江县	4156	3976	138	42		3979	3979				177
柳城县	2049	1734	275	40		1629	1629				420
鹿寨县	4526	4022	461	43		3736	3504			232	790
融安县	1363	1178	111	74		1295	1295				68
三江县	154	45	47	62		154	154				
融水县	3297	3016	220	61		1812	1812				1485
城中区	2134	1971	158	5		1651	1651				483
鱼峰区	1340	1328		12		1340	1340				
柳南区	4960	4707	221	32		4937	4937				23
柳北区	2650	2640		10		2650	2259			391	
高新开发区	9		9								9
阳和工业新区	43	2	39	2							43

4－20－4

单位:万元

地区	收支部分									
	收入					支出				
	收入合计	彩票资金收入	行政事业性收费收入	国有资源(资产)有偿使用收入	其他收入	支出合计	一般公共服务	外交	国防	公共安全
桂林市小计	**186504**	**1032**	**105894**	**5283**	**74295**	**177436**	**28768**		**30**	**2221**
本级	106214	870	34869	2678	67797	102383	18801			820
区县级小计	80290	162	71025	2605	6498	75053	9967		30	1401
临桂县	6181		5592		589	5997	624			61
阳朔县	4909		4624	285		4658	278			4
灵川县	5058		5058			4346	764			5
全州县	10745	153	9822	697	73	11038	3094			438
兴安县	14756		13255		1501	14610	496			13
永福县	8135		7006	26	1103	7987	853			77
荔浦县	8691		8605		86	5384	652			145
平乐县	4243		4213	30		4003	502			158
恭城县	4008		2905	62	1041	3960	916			189
灌阳县	1812		1699	113		1854	74			83
龙胜县	3271		3253	18		3256	285			22
资源县	2016		1910	23	83	1748	36			
秀峰区	2490		913	913	664	1935	643			1
象山区	945		656	41	248	927	32			
叠彩区	1399		930	169	300	1229	13		3	49
七星高新区	584		584			875	44			
雁山区	1047	9		228	810	1246	661		27	156
梧州市小计	**52357**		**48914**	**1857**	**1586**	**44568**	**3523**			**571**
本级	28149		26506	1634	9	24656	2026			123
区县级小计	24208		22408	223	1577	19912	1497			448
岑溪市	8120		8120			7494	498			12
苍梧县	2943		2877	40	26	2865	72			50
藤县	8211		8024	162	25	5718	560			201
蒙山县	3109		2300	4	805	2650	196			181
万秀区	433		414		19	344	135			
蝶山区	539		505	2	32	304				
长洲区	853		168	15	670	537	36			4
工业园区										
北海市小计	**27175**	**10**	**26985**	**177**	**3**	**34444**	**1479**			**601**
本级	22989	10	22977		2	29882	890			386
区县级小计	4186		4008	177	1	4562	589			215
合浦县	3802		3624	177	1	4176	516			215
海城区										

4－20－5

单位：万元

地区	收支部分 支出 教育	科学技术	文化体育与传媒	社会保障和就业	医疗卫生	环境保护	城乡社区事务	农林水事务	交通运输	工业、商业、金融等事务	其他支出
桂林市小计	**32582**	**8**	**1752**	**2148**	**18570**	**403**	**4566**	**12085**	**7462**	**954**	**65887**
本级	11266		276	1125	2805	216		1034	1858	648	63534
区县级小计	21316	8	1476	1023	15765	187	4566	11051	5604	306	2353
临桂县	2495		185	103	649		1118	284	10	180	288
阳朔县	973		55	58	233		209	129	2713	6	
灵川县	1968		70	14	27		302	1196			
全州县	3718	6	289	129	203	41	208	2812	54	46	
兴安县	2236		362	143	9635	23	442	1260			
永福县	1410		32	65	2186		262	1834	1194	1	73
荔浦县	1482		66	85	540	11	282	553	1568		
平乐县	1331	2	7	91	956	59	199	439		29	230
恭城县	1025		111	81	406	43	194	946	49		
灌阳县	725		18	38	63	3		665			185
龙胜县	904		102	48	501	7		105	9		1273
资源县	667		64	45	198			681		22	35
秀峰区	620		38	32	41		413	35			112
象山区	515		3	2	87		288				
叠彩区	452		49	56	2		549	56			
七星高新区	795			7	2		27				
雁山区			25	26	36		73	56	7	22	157
梧州市小计	**17803**	**71**	**2352**	**1609**	**5544**	**150**	**8711**	**876**	**2915**	**9**	**434**
本级	7877	71	1921	1293	4292	124	6743	59	112	1	14
区县级小计	9926		431	316	1252	26	1968	817	2803	8	420
岑溪市	3556		179	84	306		590	168	2095	6	
苍梧县	1811		38	45	63		538	248			
藤县	2656		146	49	660	23	685	188	542		8
蒙山县	1368		68	115	223	3	155	173	166	2	
万秀区	150			10				30			19
蝶山区	230			4				5			65
长洲区	155			9				5			328
工业园区											
北海市小计	**8299**	**5**	**167**	**746**	**2695**	**17**	**15645**	**1016**	**2093**	**1672**	**9**
本级	6480		4	535	1525	15	15645	702	2028	1672	
区县级小计	1819	5	163	211	1170	2		314	65		9
合浦县	1518	5	163	211	1170	2		302	65		9
海城区											

4－20－6

单位:万元

地区	平衡部分										
	收入					支出					年终结余
	收入合计	本年收入	上年结余	补助收入	省补助计划单列市收入	支出合计	本年支出	上解上级支出	计划单列市上解省支出	政府调剂资金	
桂林市小计	**236668**	**186504**	**49328**	**836**		**177440**	**177436**	**1**		**3**	**59228**
本级	147313	106214	40923	176		102361	102383	－22			44952
区县级小计	89355	80290	8405	660		75079	75053	23		3	14276
临桂县	6507	6181	252	74		5997	5997				510
阳朔县	8548	4909	3603	36		4658	4658				3890
灵川县	5340	5058	235	47		4346	4346				994
全州县	11656	10745	826	85		11061	11038	23			595
兴安县	15105	14756	286	63		14610	14610				495
永福县	8180	8135	11	34		7987	7987				193
荔浦县	8843	8691	115	37		5384	5384				3459
平乐县	4513	4243	223	47		4003	4003				510
恭城县	4392	4008	321	63		3960	3960				432
灌阳县	1856	1812		44		1854	1854				2
龙胜县	3310	3271		39		3256	3256				54
资源县	2918	2016	843	59		1751	1748			3	1167
秀峰区	2675	2490	174	11		1935	1935				740
象山区	1128	945	179	4		927	927				201
叠彩区	1577	1399	174	4		1229	1229				348
七星高新区	977	584	389	4		875	875				102
雁山区	1830	1047	774	9		1246	1246				584
梧州市小计	**54946**	**52357**	**2012**	**577**		**51130**	**44568**			**6562**	**3816**
本级	30331	28149	1606	576		29093	24656			4437	1238
区县级小计	24615	24208	406	1		22037	19912			2125	2578
岑溪市	8131	8120	11			7494	7494				637
苍梧县	2996	2943	53			2865	2865				131
藤县	8241	8211	29	1		7843	5718			2125	398
蒙山县	3136	3109	27			2650	2650				486
万秀区	476	433	43			344	344				132
蝶山区	780	539	241			304	304				476
长洲区	855	853	2			537	537				318
工业园区											
北海市小计	**39643**	**27175**	**12259**	**209**		**34444**	**34444**				**5199**
本级	34000	22989	10802	209		29882	29882				4118
区县级小计	5643	4186	1457			4562	4562				1081
合浦县	4873	3802	1071			4176	4176				697
海城区											

4－20－7　　　　单位：万元

地区	收支部分								
	收入					支出			
	收入合计	彩票资金收入	行政事业性收费收入	国有资源（资产）有偿使用收入	其他收入	支出合计	一般公共服务	外交	国防	公共安全
银海区										
铁山港区	384		384			386	73			
防城港市小计	**12904**	**17**	**11717**	**82**	**1088**	**10115**	**3043**			**7**
本级	6288	17	5385	24	862	5244	1277			
区县级小计	6616		6332	58	226	4871	1766			7
港口区	459		239	25	195	155	69			
防城区	1944		1944			2041	632			
东兴市	3582		3549	33		2026	908			6
上思县	631		600		31	649	157			1
钦州市小计	**46743**	**110**	**45641**	**992**		**38891**	**7063**			**465**
本级	34618	110	33805	703		29662	4727			177
区县级小计	12125		11836	289		9229	2336			288
浦北县	628		362	266		714	346			
灵山县	2828		2828			2532	195			124
钦州港区	1035		1035			310	189			
钦南区	3821		3821			3331	1167			38
钦北区	3813		3790	23		2342	439			126
贵港市小计	**36851**	**139**	**27755**	**369**	**8588**	**34878**	**3085**			**2929**
本级	14590	139	13138	130	1183	13513	2125			2657
区县级小计	22261		14617	239	7405	21365	960			272
港北区	1653		1317		336	1690	176			4
港南区	1444		684		760	1480	50			1
覃塘区	2189		1355		834	1988	86			
平南县	5295		3531	33	1731	4867	200			24
桂平市	11680		7730	206	3744	11340	448			243
玉林市小计	**53362**		**51704**	**465**	**1193**	**50385**	**1960**		**43**	**6315**
本级	32117		32117			30217	868			6138
区县级小计	21245		19587	465	1193	20168	1092		43	177
容县	2721		2690	31		2662	24			14
陆川县	2132		2068	8	56	1868	121			77
博白县	2653		2428	155	70	2537	36			53
兴业县	2246		2134	11	101	1773	204		43	11
北流市	7535		6914	77	544	7442	517			19
玉州区	3249		2644	183	422	3282	180			3
福绵区	709		709			604	10			
百色市小计	**41220**	**26**	**31359**	**833**	**9002**	**41066**	**3683**			**3626**

4－20－8　　　　单位:万元

地区	收支部分										
	支出										
	教育	科学技术	文化体育与传媒	社会保障和就业	医疗卫生	环境保护	城乡社区事务	农林水事务	交通运输	工业、商业、金融等事务	其他支出
银海区											
铁山港区	301							12			
防城港市小计	**2299**		**37**	**119**	**1221**		**658**	**295**	**2294**	**50**	**92**
本级	914		9	28	289		217	258	2252		
区县级小计	1385		28	91	932		441	37	42	50	92
港口区				21							65
防城区	732		18	47	596			16			
东兴市	340		9	6	293		389	10	38	27	
上思县	313		1	17	43		52	11	4	23	27
钦州市小计	**12365**		**55**	**1226**	**1431**		**5413**	**1551**	**9113**	**60**	**149**
本级	9386		20	1034	693		4795	608	8117		105
区县级小计	2979		35	192	738		618	943	996	60	44
浦北县			29		64		31	94	150		
灵山县	1039			101	357		154	260	302		
钦州港区	51				2		44	24			
钦南区	1004			54	91		163	259	504	7	44
钦北区	885		6	37	224		226	306	40	53	
贵港市小计	**20292**		**163**	**799**	**2212**	**62**	**2381**	**796**	**172**	**11**	**1976**
本级	5897		84	101	320	62	618	232	60		1357
区县级小计	14395		79	698	1892		1763	564	112	11	619
港北区	1100		8	66	171		91	73		1	
港南区	1192		2	13	33		90	14		1	84
覃塘区	1657		1		134		12	43			55
平南县	3376		10	290	112		315	103	83	9	345
桂平市	7070		58	329	1442		1255	331	29		135
玉林市小计	**16925**	**1**	**71**	**166**	**4617**	**17**	**1440**	**1673**	**32**	**153**	**16972**
本级	4069		18	70	4169		563	117			14205
区县级小计	12856	1	53	96	448	17	877	1556	32	153	2767
容县	1389			27	132			489	2		585
陆川县	1445			4	55		150	16			
博白县	2228		3	2	45		116	54			
兴业县	1082				18		36	343	6		30
北流市	3550	1	27	49	147	17	496	415	24	36	2144
玉州区	2578		23	14	51		79	234		112	8
福绵区	584							5		5	
百色市小计	**18222**	**71**	**385**	**1605**	**4192**	**21**	**2385**	**2219**	**4351**	**202**	**104**

4－20－9

单位:万元

地区	平衡部分										
	收入					支出					
	收入合计	本年收入	上年结余	补助收入	省补助计划单列市收入	支出合计	本年支出	上解上级支出	计划单列市上解省支出	政府调剂资金	年终结余
银海区	379		379								379
铁山港区	391	384	7			386	386				5
防城港市小计	**16729**	**12904**	**3643**	**182**		**10765**	**10115**			**650**	**5964**
本级	8378	6288	2082	8		5644	5244			400	2734
区县级小计	8351	6616	1561	174		5121	4871			250	3230
港口区	474	459	2	13		155	155				319
防城区	2041	1944		97		2041	2041				
东兴市	5045	3582	1437	26		2276	2026			250	2769
上思县	791	631	122	38		649	649				142
钦州市小计	**49472**	**46743**	**2211**	**518**		**39491**	**38891**			**600**	**9981**
本级	36259	34618	1645	－4		30262	29662			600	5997
区县级小计	13213	12125	566	522		9229	9229				3984
浦北县	875	628		247		714	714				161
灵山县	3027	2828	34	165		2532	2532				495
钦州港区	1264	1035	227	2		310	310				954
钦南区	4045	3821	184	40		3331	3331				714
钦北区	4002	3813	121	68		2342	2342				1660
贵港市小计	**55637**	**36851**	**18247**	**539**		**34878**	**34878**				**20759**
本级	24084	14590	9403	91		13513	13513				10571
区县级小计	31553	22261	8844	448		21365	21365				10188
港北区	2086	1653	348	85		1690	1690				396
港南区	1644	1444	124	76		1480	1480				164
覃塘区	2663	2189	419	55		1988	1988				675
平南县	12410	5295	7002	113		4867	4867				7543
桂平市	12750	11680	951	119		11340	11340				1410
玉林市小计	**65080**	**53362**	**11106**	**612**		**50706**	**50385**			**321**	**14374**
本级	40852	32117	8148	587		30217	30217				10635
区县级小计	24228	21245	2958	25		20489	20168			321	3739
容县	3034	2721	313			2662	2662				372
陆川县	2305	2132	173			1868	1868				437
博白县	2653	2653				2537	2537				116
兴业县	2990	2246	719	25		2094	1773			321	896
北流市	9241	7535	1706			7442	7442				1799
玉州区	3285	3249	36			3282	3282				3
福绵区	720	709	11			604	604				116
百色市小计	**54191**	**41220**	**12248**	**723**		**41566**	**41066**			**500**	**12625**

4－20－10

单位:万元

地区	收支部分									
	收入					支出				
	收入合计	彩票资金收入	行政事业性收费收入	国有资源（资产）有偿使用收入	其他收入	支出合计	一般公共服务	外交	国防	公共安全
本级	18609		12463	358	5788	20387	942			3479
区县级小计	22611	26	18896	475	3214	20679	2741			147
右江区	1973		1973			2269	58			
田阳县	3304	4	2890	115	295	2762	284			9
田东县	2993		2153	17	823	2632	241			
平果县	3280		2236	6	1038	3200	348			3
德保县	1187		1187			1210	62			16
靖西县	4290	3	3495		792	3893	1157			27
那坡县	836	16	820			523	67			57
凌云县	1051	3	801	172	75	1037	232			3
乐业县	579		547		32	576	26			
田林县	1182		1024	138	20	981	141			25
隆林县	1501		1338	24	139	1260	89			7
西林县	435		432	3		336	36			
贺州市小计	**22642**		**20019**	**314**	**2309**	**18032**	**1252**			**700**
本级	14057		11744	303	2010	11900	891			631
区县级小计	8585		8275	11	299	6132	361			69
昭平县	3669		3628		41	2911	148			34
钟山县	913		913			1055	51			
富川县	1010		1010			1071	54			
八步区	2993		2724	11	258	1095	108			35
河池市小计	**35644**	**296**	**29411**	**2039**	**3898**	**33285**	**3135**			**1893**
本级	13025	296	10293	501	1935	12281	1660			1496
区县级小计	22619		19118	1538	1963	21004	1475			397
金城江区	1908		1793	15	100	1943	36			39
宜州市	4008		3188	276	544	4022	370			152
罗城仫佬族自治县	1587		1204	74	309	1578	85			33
环江毛南族自治县	3308		2497	11	800	2616	46			
南丹县	1904		869	904	131	1869	282			15
天峨县	770		768	2		768	165			7
凤山县	313		291		22	394	29			
东兰县	1258		1258			1138	139			1
巴马瑶族自治县	1040		751	239	50	764	148			42
都安瑶族自治县	4880		4880			4443	148			108
大化瑶族自治县	1643		1619	17	7	1469	27			
来宾市小计	**24986**	**181**	**22800**	**84**	**1921**	**25815**	**1743**			**1773**

4－20－11

单位:万元

地区	收支部分										
	支出										
	教育	科学技术	文化体育与传媒	社会保障和就业	医疗卫生	环境保护	城乡社区事务	农林水事务	交通运输	工业、商业、金融等事务	其他支出
本级	8131	67	184	1144	1090		405	598	4328	8	11
区县级小计	10091	4	201	461	3102	21	1980	1621	23	194	93
右江区	1824		7	101	54		8	100		117	
田阳县	1265		15	40	742		251	148		8	
田东县	1554		91	38	63	5	232	405	3		
平果县	1276		5	33	755		559	176	5	40	
德保县	957			24	59	16		76			
靖西县	1218		19	108	784		369	178	8	25	
那坡县	298	4		19	32			45	1		
凌云县	438			39	152		125	47	1		
乐业县	172			2	74		76	226			
田林县	382		12	39	90		104	142	1	4	41
隆林县	595		47	17	209		218	23	3		52
西林县	112		5	1	88		38	55	1		
贺州市小计	**9722**	**2**	**198**	**190**	**2925**	**181**	**309**	**1322**	**101**	**322**	**808**
本级	6832		113	31	2089	181		54	92	266	720
区县级小计	2890	2	85	159	836		309	1268	9	56	88
昭平县	1207	2	28	2	609		119	734	9	19	
钟山县	684		57	26	36		137	64			
富川县	677			41	104		47	60			88
八步区	322			90	87		6	410		37	
河池市小计	**16601**	**28**	**986**	**695**	**4460**	**267**	**1263**	**2135**	**747**	**117**	**958**
本级	4497	24	659	73	2200	261	376	239	720	35	41
区县级小计	12104	4	327	622	2260	6	887	1896	27	82	917
金城江区	1407		44	277			4	46			90
宜州市	2357	2	22	56	186		444	381	11	41	
罗城仫佬族自治县	1003		70	62	116	5	96	78		21	9
环江毛南族自治县	828		12	21	677		13	1011		8	
南丹县	974		88	10	309		126	56		9	
天峨县	272	2	69	43	185		25				
凤山县	255		1	62	14			7			26
东兰县	618			1	278		53	48			
巴马瑶族自治县	194		20	37	165		110	32	13	3	
都安瑶族自治县	3110			51	43	1		196			786
大化瑶族自治县	1086		1	2	287		16	41	3		6
来宾市小计	**11270**	**8**	**188**	**217**	**3109**	**10**	**1440**	**558**	**339**	**164**	**4996**

4－20－12

单位:万元

地区	平衡部分										年终结余
	收入					支出					
	收入合计	本年收入	上年结余	补助收入	省补助计划单列市收入	支出合计	本年支出	上解上级支出	计划单列市上解省支出	政府调剂资金	
本级	23408	18609	4639	160		20887	20387			500	2521
区县级小计	30783	22611	7609	563		20679	20679				10104
右江区	2491	1973	479	39		2269	2269				222
田阳县	3439	3304	92	43		2762	2762				677
田东县	3700	2993	654	53		2632	2632				1068
平果县	8710	3280	5375	55		3200	3200				5510
德保县	1318	1187	72	59		1210	1210				108
靖西县	4711	4290	343	78		3893	3893				818
那坡县	893	836	24	33		523	523				370
凌云县	1172	1051	85	36		1037	1037				135
乐业县	777	579	164	34		576	576				201
田林县	1420	1182	199	39		981	981				439
隆林县	1553	1501		52		1260	1260				293
西林县	599	435	122	42		336	336				263
贺州市小计	**22968**	**22642**	**58**	**268**		**19986**	**18032**			**1954**	**2982**
本级	16096	14057	2032	7		13191	11900			1291	2905
区县级小计	6872	8585	－1974	261		6795	6132			663	77
昭平县	3645	3669	－76	52		3574	2911			663	71
钟山县	1078	913	97	68		1055	1055				23
富川县	896	1010	－175	61		1071	1071				－175
八步区	1253	2993	－1820	80		1095	1095				158
河池市小计	**41927**	**35644**	**5580**	**703**		**34085**	**33285**			**800**	**7842**
本级	16820	13025	3572	223		12281	12281				4539
区县级小计	25107	22619	2008	480		21804	21004			800	3303
金城江区	1943	1908		35		1943	1943				
宜州市	4462	4008	426	28		4022	4022				440
罗城仫佬族自治县	2130	1587	539	4		1578	1578				552
环江毛南族自治县	3461	3308	101	52		3416	2616			800	45
南丹县	2140	1904	231	5		1869	1869				271
天峨县	787	770	5	12		768	768				19
凤山县	560	313	201	46		394	394				166
东兰县	1527	1258	239	30		1138	1138				389
巴马瑶族自治县	1154	1040	114			764	764				390
都安瑶族自治县	5079	4880		199		4443	4443				636
大化瑶族自治县	1864	1643	152	69		1469	1469				395
来宾市小计	**36316**	**24986**	**10925**	**405**		**25836**	**25815**			**21**	**10480**

四、各省、自治区、直辖市地市县预算外财政资料

4－20－13 单位:万元

地区	收支部分									
	收入					支出				
	收入合计	彩票资金收入	行政事业性收费收入	国有资源(资产)有偿使用收入	其他收入	支出合计	一般公共服务	外交	国防	公共安全
本级	12443	60	11798		585	13228	686			1466
区县级小计	12543	121	11002	84	1336	12587	1057			307
来宾市兴宾区	3832		3832			4024	186			
象州县	2206	57	1580	19	550	2741	262			
武宣县	3183	30	3097	16	40	2491	258			
金秀瑶族自治县	739	34	703	2		533	90			19
忻城县	1893		1519	44	330	2098	206			255
合山市	689		271	3	415	699	55			33
来宾华侨投资区	1				1	1				
崇左市小计	**29448**		**28668**	**270**	**510**	**26647**	**4321**			**1575**
本级	15165		14919	246		13417	1388			1411
区县级小计	14283		13749	24	510	13230	2933			164
扶绥县	4175		4167	8		3727	1287			40
大新县	2227		2216	11		2144	478			5
天等县	1614		1611	2	1	1562	143			37
宁明县	1696		1696			1692	139			40
龙州县	1351		1351			1000	76			2
凭祥市	2554		2042	3	509	2436	716			40
江州区	666		666			669	94			

4－20－14 单位:万元

地区	收支部分										
	支出										
	教育	科学技术	文化体育与传媒	社会保障和就业	医疗卫生	环境保护	城乡社区事务	农林水事务	交通运输	工业、商业、金融等事务	其他支出
本级	5422	7	42	24	2276	4	717	283	48	17	2236
区县级小计	5848	1	146	193	833	6	723	275	291	147	2760
来宾市兴宾区	1658			41			22	15			2102
象州县	1042		33	56	56	1	338	61	260	14	618
武宣县	1604			41	241		173	95	25	17	37
金秀瑶族自治县	221			8	82		83	25	4		1
忻城县	1044		99	8	329	4	49	63	2	39	
合山市	279	1	14	39	125	1	57	16		77	2
来宾华侨投资区							1				
崇左市小计	**9470**		**141**	**271**	**2028**	**46**	**1946**	**1532**	**4756**	**526**	**35**
本级	4833		54	35	694		254	131	4617		
区县级小计	4637		87	236	1334	46	1692	1401	139	526	35
扶绥县	1192			6	349		595	238	16		4
大新县	762		1	18	244		213	402		21	
天等县	899			6	17		146	279		35	
宁明县	627		3	10	33	46	205	132	21	436	
龙州县	348		6	2	302		113	111	6	34	
凭祥市	394		77	174	389		386	135	94		31
江州区	415			20			34	104	2		

4－20－15 单位：万元

地区	平衡部分									
	收入					支出				年终结余
	收入合计	本年收入	上年结余	补助收入	省补助计划单列市收入	支出合计	本年支出	上解上级支出	计划单列市上解省支出	政府调剂资金	
本级	20049	12443	7507	99		13228	13228				6821
区县级小计	16267	12543	3418	306		12608	12587			21	3659
来宾市兴宾区	4284	3832	371	81		4024	4024				260
象州县	4488	2206	2226	56		2762	2741			21	1726
武宣县	3759	3183	521	55		2491	2491				1268
金秀瑶族自治县	803	739	30	34		533	533				270
忻城县	2223	1893	270	60		2098	2098				125
合山市	709	689	20			699	699				10
来宾华侨投资区	1	1				1	1				
崇左市小计	**36190**	**29448**	**6430**	**312**		**26647**	**26647**				**9543**
本级	18221	15165	2744	312		13417	13417				4804
区县级小计	17969	14283	3686			13230	13230				4739
扶绥县	4321	4175	146			3727	3727				594
大新县	3026	2227	799			2144	2144				882
天等县	1718	1614	104			1562	1562				156
宁明县	1926	1696	230			1692	1692				234
龙州县	1671	1351	320			1000	1000				671
凭祥市	4268	2554	1714			2436	2436				1832
江州区	1039	666	373			669	669				370

2007 年海南省地市县财政预算外收支平衡表

4－21－1 单位:万元

地区	收支部分									
	收入					支出				
	收入合计	彩票资金收入	行政事业性收费收入	国有资源(资产)有偿使用收入	其他收入	支出合计	一般公共服务	外交	国防	公共安全
地市县合计	**92708**	**20**	**78051**	**613**	**14024**	**92609**	**7935**			**4378**
海口市小计	**46314**	**20**	**43666**	**271**	**2357**	**41862**	**1081**			**3264**
本级	41934	20	39970	146	1798	37087	400			2763
区县级小计	4380		3696	125	559	4775	681			501
龙华区	1460		1453		7	1605	101			
美兰区	1309		910		399	1405	500			254
秀英区	386		381	5		352	6			247
琼山区	1225		952	120	153	1413	74			
三亚市小计	**12195**		**11688**	**9**	**498**	**13074**	**1435**			**131**
本级	12195		11688	9	498	13074	1435			131
洋浦经济开发区小计	**516**		**328**	**18**	**170**	**209**				**52**
本级	516		328	18	170	209				52
其他各市县级小计										
琼海市	3510		3276		234	3817	274			93
儋州市	6084		3694	4	2386	6803	1508			174
文昌市	6127		4142	68	1917	6497	622			187
万宁市	1870		1541		329	2719	388			203
东方市	1338		1338			1515				
五指山市	679		364	30	285	755	193			13
屯昌县	92		23		69	208	96			1
澄迈县	1859		1020	6	833	1775	739			45
临高县	1692		1321	35	336	1756	359			53
白沙县	779		548	43	188	810	308			33
昌江县	429		419		10	503	21			1
乐东县	1990		1544		446	2267	151			32
陵水县	3674		953	25	2696	4593	260			32
保亭县	1300		567	59	674	975	34			12
琼中县	994		497	37	460	967	326			30
定安县	1266		1122	8	136	1504	140			22

四、各省、自治区、直辖市地市县预算外财政资料

4－21－2　　　　单位:万元

地区	收支部分									
	支出									
	教育	科学技术	文化体育与传媒	社会保障和就业	医疗卫生	环境保护	城乡社区事务	农林水事务	交通运输	工业、商业、金融等事务	其他支出
地市县合计	**41828**	**91**	**2670**	**218**	**379**	**33**	**19916**	**4107**	**1347**	**2099**	**7608**
海口市小计	**20702**		**3**	**53**	**122**	**14**	**10904**	**545**			**5174**
本级	19729		3	28	88	14	8880	448			4734
区县级小计	973			25	34		2024	97			440
龙华区	396			7			1101				
美兰区	50				33		509	59			
秀英区							99				
琼山区	527			18	1		315	38			440
三亚市小计	**2101**	**74**	**1844**	**32**	**2**	**16**	**4576**	**404**	**34**	**1741**	**684**
本级	2101	74	1844	32	2	16	4576	404	34	1741	684
洋浦经济开发区小计	**149**				**8**						
本级	149				8						
其他各市县级小计											
琼海市	2495		118	1	5		640	181			10
儋州市	2778	2	103	16	6		1002	405	61	3	745
文昌市	4727		77	31	15		473	71		117	177
万宁市	922		49	18	8		523	83	15	195	315
东方市	1338										177
五指山市	153			4	14		363	2		13	
屯昌县	13						98				
澄迈县	811		8				119	38	15		
临高县	1077	10	31	1	100		31	29	2		63
白沙县	322	5	17	2	2	1	42	78			
昌江县	419						54				8
乐东县	1780		5	5	21		163	91	19		
陵水县	717		322	17	1		53	2024	1167		
保亭县	411		21				223	14	2	3	255
琼中县	380		17	7	5		84	109	9		
定安县	533		55	31	70	2	568	33	23	27	

4-21-3 单位:万元

地区	平衡部分										
	收入					支出					年终结余
	收入合计	本年收入	上年结余	补助收入	省补助计划单列市收入	支出合计	本年支出	上解上级支出	计划单列市上解省支出	政府调剂资金	
地市县合计	**152719**	**92708**	**50568**	**9443**		**93539**	**92609**			**930**	**59180**
海口市小计	**88665**	**46314**	**39092**	**3259**		**42592**	**41862**			**730**	**46073**
本级	83021	41934	37828	3259		37817	37087			730	45204
区县级小计	5644	4380	1264			4775	4775				869
龙华区	1687	1460	227			1605	1605				82
美兰区	1983	1309	674			1405	1405				578
秀英区	529	386	143			352	352				177
琼山区	1445	1225	220			1413	1413				32
三亚市小计	**19255**	**12195**	**6084**	**976**		**13074**	**13074**				**6181**
本级	19255	12195	6084	976		13074	13074				6181
洋浦经济开发区小计	**944**	**516**	**220**	**208**		**209**	**209**				**735**
本级	944	516	220	208		209	209				735
其他各市县级小计											
琼海市	4477	3510	87	880		3817	3817				660
儋州市	7644	6084	940	620		6803	6803				841
文昌市	6887	6127	335	425		6497	6497				390
万宁市	3268	1870	1061	337		2719	2719				549
东方市	1635	1338	21	276		1515	1515				120
五指山市	1033	679	243	111		755	755				278
屯昌县	363	92	113	158		208	208				155
澄迈县	2133	1859	5	269		1975	1775			200	158
临高县	2306	1692	445	169		1756	1756				550
白沙县	1052	779	24	249		810	810				242
昌江县	695	429		266		503	503				192
乐东县	2512	1990	340	182		2267	2267				245
陵水县	5384	3674	1511	199		4593	4593				791
保亭县	1533	1300	16	217		975	975				558
琼中县	1159	994	9	156		967	967				192
定安县	1774	1266	22	486		1504	1504				270

2007年重庆市区县财政预算外收支平衡表

4-22-1　　　　　　　　　　　　　　　　　　　　单位:万元

地区	收支部分									
	收入					支出				
	收入合计	彩票资金收入	行政事业性收费收入	国有资源(资产)有偿使用收入	其他收入	支出合计	一般公共服务	外交	国防	公共安全
区县级小计	**543230**		**238151**	**6762**	**298317**	**481482**	**42315**		**64**	**5976**
渝中区	23962		10156	1066	12740	23671	790			385
江北区	25297		5385		19912	19348	2092			79
沙坪坝区	28215		11720	178	16317	32909	1981			1053
九龙坡区	19251		12436	645	6170	19789	2755		4	11
大渡口区	9115		3885		5230	8749	1230			154
南岸区	25152		6897	1216	17039	23124	4362			2049
北碚区	11274		5475	49	5750	12654	1096			244
万盛区	3703		2406	27	1270	3636	269			
双桥区	107		84		23	154				
巴南区	6537		5025	5	1507	978	483			
渝北区	12722		11460	222	1040	15767	755			
涪陵区	18385		16287	499	1599	25118	968			82
万州区	26310		23567	606	2137	21389	839			
黔江区	6087		5113	64	910	6464	1340			
江津区	9739		9739			933	1			17
合川区	16113		12801	384	2928	15604	1683			429
永川区	19004		10885	313	7806	4339	1368			
綦江县	9044		3427	124	5493	3935	401			43
长寿区	4915		2752	91	2072	5256	70			70
潼南县						282				
铜梁县	7316		6558	219	539	7320	643			35
大足县	6699		5852		847	6333	1019			235
荣昌县	8516		4214	45	4257	9020	965			137
璧山县	6263		1322	241	4700	6522	870			311
梁平县	8149		5698	463	1988	7560	568			5
城口县	7048		2124		4924	6394	4279		60	53
南川区	12542		1661	5	10876	12434	2296			27
丰都县	2817		2206		611	2197	209			
垫江县	5852		5684	18	150	6229	947			64
武隆县	9009		2364	24	6621	7484	979			299
忠县	8776		2678		6098	7560	175			
开县	9200		9062	125	13	4906	279			
云阳县	3286		3180	24	82	3632	147			
奉节县	8485		7890		595	4040	162			32
巫山县	5704		3823	17	1864	5754	675			100

4－22－2 单位:万元

地区	收支部分										
	支出										
	教育	科学技术	文化体育与传媒	社会保障和就业	医疗卫生	环境保护	城乡社区事务	农林水事务	交通运输	工业、商业、金融等事务	其他支出
区县级小计	**179769**	**139**	**13610**	**13555**	**20792**	**714**	**152447**	**6893**	**27139**	**5447**	**12622**
渝中区	14613		109	897	1279	1	3621	141	171		1664
江北区	12139		170	244	377		2036	70	13		2128
沙坪坝区	14966	12	2615	1443	1351		8668	593	1	99	127
九龙坡区	12407	15	541	300	37		368	35	96	345	2875
大渡口区	7083			1	3			112	61		105
南岸区	7767		409	385	645	29	1924	272	5027	43	212
北碚区	7591		1795	562	638		124	317	42	30	215
万盛区	1213		610	57	165		369	54	550	349	
双桥区	32		21	39			11		51		
巴南区			423	10		3	24	34	1		
渝北区	10702			1762	534	24	1731	129	130		
涪陵区	10328	7	151	1463	442	19	4424	159	6878	154	43
万州区	13155	58	59	69	534		1202	229	4776	22	446
黔江区	3038		1178	124	36	148	343	1	136	102	18
江津区	87		108	608	13		45	1		53	
合川区	9866	2	434	611	462	1	941	560	286	177	152
永川区	197		60				1404	980			330
綦江县	2282		148	180	105		96	159	162	358	1
长寿区	912		1848	356	99		1609	140		147	5
潼南县			17	265							
铜梁县	4641		15	237	598		464	214	446	27	
大足县	3325		1227	86			101	18		322	
荣昌县	5545		54	559	209	17	498	64	297	432	243
璧山县	1549	16	162	669	386	6	846	956	502	232	17
梁平县	4760		284	110			96	149	1588		
城口县	1134		202	14	1		49	5	592	4	1
南川区	44		54	376	7538		984	763	317	32	3
丰都县	592		6	6	43	266	16	105	954		
垫江县	4091		42	106	3		408	73	12	35	448
武隆县	1587	16	105	95	123		1861	280	979	383	777
忠县	3728		178	34	3205		137	31	72		
开县	3953		52	154	26		417	22			3
云阳县	1541		32	495	773		12	6	475	151	
奉节县	1154			167	163	200	679	9	840	634	
巫山县	1885	10	159	649	6		552	82	522	1114	

四、各省、自治区、直辖市地市县预算外财政资料

4－22－3

单位:万元

地区	平衡部分										
	收入					支出					年终结余
	收入合计	本年收入	上年结余	补助收入	省补助计划单列市收入	支出合计	本年支出	上解上级支出	计划单列市上解省支出	政府调剂资金	
区县级小计	**711727**	**543230**	**150790**	**17707**		**523421**	**481482**			**41939**	**188306**
渝中区	25588	23962	724	902		23671	23671				1917
江北区	35186	25297	9216	673		19348	19348				15838
沙坪坝区	40312	28215	11280	817		32909	32909				7403
九龙坡区	23203	19251	3225	727		19789	19789				3414
大渡口区	10930	9115	1465	350		9304	8749			555	1626
南岸区	27452	25152	1633	667		23124	23124				4328
北碚区	14663	11274	2955	434		12654	12654				2009
万盛区	4142	3703	286	153		3636	3636				506
双桥区	163	107	11	45		154	154				9
巴南区	8687	6537	1689	461		6259	978			5281	2428
渝北区	40847	12722	27429	696		15767	15767				25080
涪陵区	27439	18385	8570	484		25118	25118				2321
万州区	33303	26310	6309	684		21889	21389			500	11414
黔江区	7572	6087	1056	429		6464	6464				1108
江津区	12282	9739	1851	692		11721	933			10788	561
合川区	21458	16113	4733	612		16980	15604			1376	4478
永川区	26801	19004	7188	609		20260	4339			15921	6541
綦江县	9873	9044	498	331		3963	3935			28	5910
长寿区	5941	4915	616	410		5256	5256				685
潼南县	282			282		282	282				
铜梁县	8995	7316	1348	331		7320	7320				1675
大足县	7228	6699	134	395		6755	6333			422	473
荣昌县	10625	8516	1797	312		9020	9020				1605
璧山县	9842	6263	3257	322		6636	6522			114	3206
梁平县	9914	8149	1466	299		8560	7560			1000	1354
城口县	7371	7048	143	180		6974	6394			580	397
南川区	13531	12542	682	307		12434	12434				1097
丰都县	3557	2817	484	256		2197	2197				1360
垫江县	6295	5852		443		6229	6229				66
武隆县	10265	9009	941	315		8987	7484			1503	1278
忠县	9259	8776	84	399		8364	7560			804	895
开县	10279	9200	513	566		4906	4906				5373
云阳县	4279	3286	482	511		3632	3632				647
奉节县	9847	8485	918	444		7107	4040			3067	2740
巫山县	6454	5704	332	418		5754	5754				700

4－22－4

单位:万元

地区	收支部分								
	收入					支出			
	收入合计	彩票资金收入	行政事业性收费收入	国有资源(资产)有偿使用收入	其他收入	支出合计	一般公共服务	外交	国防	公共安全
巫溪县	3065		2796	12	257	2831	100			35
石柱县	2887		2605	35	247	2900	231			
彭水县	2289		1370		919	2139	291			
酉阳县	3808		3633	4	171	3819	808			24
秀山县	1950		1444	41	465	1942	583			3
高新区	33066		2244		30822	34027	18			
经开区	111571		243		111328	92340	3588			

4-22-5

单位:万元

地区	收支部分									
	支出									
	教育	科学技术	文化体育与传媒	社会保障和就业	医疗卫生	环境保护	城乡社区事务	农林水事务	交通运输	工业、商业、金融等事务	其他支出
巫溪县	2047	3	2	36			62	26	520		
石柱县	2263			74	79		188		65		
彭水县	1234		16	127	290		1		180		
酉阳县	1723		280	21	522		122	40		38	241
秀山县	795		3		107		49	5	397		
高新区	3636			94			30049			164	66
经开区	164		41	70			85916	59			2502

4－22－6

单位:万元

地区	平衡部分										
	收入					支出					
	收入合计	本年收入	上年结余	补助收入	省补助计划单列市收入	支出合计	本年支出	上解上级支出	计划单列市上解省支出	政府调剂资金	年终结余
巫溪县	3713	3065	353	295		2831	2831				882
石柱县	3277	2887	204	186		2900	2900				377
彭水县	2844	2289	315	240		2139	2139				705
酉阳县	4142	3808	95	239		3819	3819				323
秀山县	2566	1950	334	282		1942	1942				624
高新区	37732	33066	4250	416		34027	34027				3705
经开区	153588	111571	41924	93		92340	92340				61248

2007 年四川省地市县财政预算外收支平衡表

4－23－1　　　　单位:万元

地区	收支部分									
	收入					支出				
	收入合计	彩票收入	行政事业性收费收入	国有资源(资产)有偿使用收入	其他收入	支出合计	一般公共服务	外交	国防	公共安全
地市县合计	**1857566**		**1094521**	**51005**	**712040**	**1676850**	**232013**		**38**	**12894**
成都市小计	**971203**		**532631**	**19610**	**418962**	**810487**	**115884**			**7185**
本级	668896		432264	14953	221679	468625	53305			4349
区县级小计	302307		100367	4657	197283	341862	62579			2836
锦江区	24463		7550	74	16839	25667	8226			897
青羊区	16519		5394	95	11030	23745	1070			266
金牛区	17155		10779		6376	24868	315			154
武侯区	17315		5616	593	11106	25318	1942			112
成华区	19516		5806	763	12947	20749	4940			455
龙泉驿区	10304		3985		6319	7643	2487			156
青白江区	8851		4822	41	3988	9577	454			10
都江堰市	32164		11669	475	20020	29989	3415			170
金堂县	22698		3056		19642	21418	487			
双流县	31892		8736	1595	21561	34631	2680			119
温江区	22332		1175	76	21081	18146	8534			116
郫县	11610		3351		8259	14223	5393			54
新都区	16474		6656	56	9762	17719	7586			11
彭州市	9451		2509	373	6569	10410	4345			
崇州市	15551		4097	410	11044	16456	8460			111
大邑县	3437		2552	27	858	3838	978			
邛崃市	7695		4205	14	3476	8844	326			154
蒲江县	2611		2109	50	452	3475	240			
新津县	3639		3383	15	241	3621	680			42
高新区	8630		2917		5713	21525	21			9
自贡市小计	**34929**		**23504**	**3246**	**8179**	**33934**	**2795**		**4**	**471**
本级	19752		13490	1865	4397	19341	790			417
区县级小计	15177		10014	1381	3782	14593	2005		4	54
自流井区	2400		599	468	1333	2273	104			35
贡井区	1989		1098	681	210	1933	183			3
大安区	1442		1306	136		1526	398		4	
沿滩区	143		140	3		155	47			7
荣县	3850		2243	30	1577	3700	220			4
富顺县	5353		4628	63	662	5006	1053			5
攀枝花市小计	**41806**		**26820**	**1651**	**13335**	**43499**	**3665**			**329**
本级	31765		21491	1369	8905	32611	1505			297
区县级小计	10041		5329	282	4430	10888	2160			32

4 23-2

单位:万元

地区	收支部分										
	支出										
	教育	科学技术	文化体育与传媒	社会保障和就业	医疗卫生	环境保护	城乡社区事务	农林水事务	交通运输	工业、商业、金融等事务	其他支出
地市县合计	**534158**	**963**	**74053**	**58037**	**55960**	**1545**	**335870**	**58371**	**183347**	**49978**	**79623**
成都市小计	**162306**	**160**	**18613**	**28990**	**11552**	**779**	**293053**	**39163**	**38502**	**36321**	**57979**
本级	38455	19	12736	20297	7402	83	222726	383	34895	25824	48151
区县级小计	123851	141	5877	8693	4150	696	70327	38780	3607	10497	9828
锦江区	8904	68	382	2823	130	5	4051	83	81	17	
青羊区	11043		584	68	111		10337	106	160		
金牛区	15688		248	359	19		7730	267	23	43	22
武侯区	8430		174	157	413		14081	9			
成华区	6962		220	311	1026	9	6003	182	187	6	448
龙泉驿区	3564		336	112	76		666	205		41	
青白江区	3806		288	694	1498	150	786	787	88	290	726
都江堰市	4904	2	339	755	428	210	8695	84	55	7875	3057
金堂县	3024		23	326			562	14220	2263	499	14
双流县	17268	53	622	590	71	10	9846	1406	137		1829
温江区	3975		233	642	11	4	3646	733	61	46	145
郫县	5068		150	384	198		531	2365	74		6
新都区	8270		37	232		297	278	655	215	72	66
彭州市	2811	3	321	285		11	171	270	27	860	1306
崇州市	5079		1288	158	103		426	596	53	182	
大邑县	1733		119	41	23		630	128	71	115	
邛崃市	3894		480	523				1147	8	400	1912
蒲江县	2124						141	970			
新津县	2353	15	5	182	43		174	52	24	51	
高新区	4951		28	51			1573	14515	80		297
自贡市小计	**17771**	**162**	**1851**	**1830**	**924**	**61**	**3654**	**416**	**3834**	**22**	**139**
本级	8958	143	1753	871	8	50	2527	38	3767	19	
区县级小计	8813	19	98	959	916	11	1127	378	67	3	139
自流井区	860	1	8	136	581		489	8	1	1	49
贡井区	1310		10	87	224		65	23			28
大安区	450		8	94			504	31			37
沿滩区	25			51	13	11				1	
荣县	2986		67	312	5		16	29	40	1	20
富顺县	3182	18	5	279	93		53	287	26		5
攀枝花市小计	**20257**	**25**	**1985**	**1578**	**705**		**6343**	**238**	**7767**	**490**	**117**
本级	14868	23	905	1276	50		6300	9	7218	68	92
区县级小计	5389	2	1080	302	655		43	229	549	422	25

四、各省、自治区、直辖市地市县预算外财政资料

4－23－3　　　　单位：万元

地区	平衡部分										
	收入					支出					年终结余
	收入合计	本年收入	上年结余	补助收入	省补助计划单列市收入	支出合计	本年支出	上解上级支出	计划单列市上解省支出	政府调剂资金	
地市县合计	**2534695**	**1857566**	**608784**	**68345**		**1687376**	**1676850**			**10526**	**847319**
成都市小计	**1442908**	**971203**	**455141**	**16564**		**810487**	**810487**				**632421**
本级	957893	668896	359202	－70205		468625	468625				489268
区县级小计	485015	302307	95939	86769		341862	341862				143153
锦江区	29440	24463	2043	2934		25667	25667				3773
青羊区	41146	16519	14158	10469		23745	23745				17401
金牛区	40448	17155	7554	15739		24868	24868				15580
武侯区	42932	17315	11276	14341		25318	25318				17614
成华区	32222	19516	5187	7519		20749	20749				11473
龙泉驿区	15284	10304	3236	1744		7643	7643				7641
青白江区	12616	8851	2754	1011		9577	9577				3039
都江堰市	36029	32164	2264	1601		29989	29989				6040
金堂县	30252	22698	5946	1608		21418	21418				8834
双流县	47769	31892	6192	9685		34631	34631				13138
温江区	31534	22332	7664	1538		18146	18146				13388
郫县	16920	11610	1968	3342		14223	14223				2697
新都区	19951	16474	2274	1203		17719	17719				2232
彭州市	13279	9451	1922	1906		10410	10410				2869
崇州市	19337	15551	2254	1532		16456	16456				2881
大邑县	6363	3437	650	2276		3838	3838				2525
邛崃市	11327	7695	898	2734		8844	8844				2483
蒲江县	4989	2611	155	2223		3475	3475				1514
新津县	5336	3639	1022	675		3621	3621				1715
高新区	27841	8630	16522	2689		21525	21525				6316
自贡市小计	**41451**	**34929**	**4260**	**2262**		**34941**	**33934**			**1007**	**6510**
本级	24090	19752	2408	1930		19848	19341			507	4242
区县级小计	17361	15177	1852	332		15093	14593			500	2268
自流井区	2537	2400	137			2273	2273				264
贡井区	2390	1989	373	28		1933	1933				457
大安区	1669	1442	220	7		1526	1526				143
沿滩区	407	143	264			155	155				252
荣县	4708	3850	858			3700	3700				1008
富顺县	5650	5353		297		5506	5006			500	144
攀枝花市小计	**60792**	**41806**	**17219**	**1767**		**43499**	**43499**				**17293**
本级	42607	31765	9311	1531		32611	32611				9996
区县级小计	18185	10041	7908	236		10888	10888				7297

4－23－4　　单位:万元

地区	收支部分									
	收入					支出				
	收入合计	彩票资金收入	行政事业性收费收入	国有资源（资产）有偿使用收入	其他收入	支出合计	一般公共服务	外交	国防	公共安全
东区	2452		2346		106	2574	18			
西区	1696		1044	73	579	1402	24			8
仁和区	3203		703	36	2464	3720	1871			2
米易县	1410		384	109	917	1838	88			13
盐边县	1280		852	64	364	1354	159			9
泸州市小计	**60412**		**40676**	**4027**	**15709**	**60311**	**6636**			**1060**
本级	39696		27480	3241	8975	36235	944			738
区县级小计	20716		13196	786	6734	24076	5692			322
江阳区	4621		2683	35	1903	6307	622			89
龙马潭区	1314		1218	66	30	2173	513			
泸县	2838		413	258	2167	2988	493			
纳溪区	2227		1511	23	693	2387	580			20
合江县	5362		4027	274	1061	5445	2242			33
叙永县	925		809	44	72	1103	300			159
古蔺县	3429		2535	86	808	3673	942			21
德阳市小计	**67346**		**33447**	**3585**	**30314**	**67221**	**10026**		**4**	**424**
本级	11022		8953	189	1880	13062	151			
区县级小计	56324		24494	3396	28434	54159	9875		4	424
旌阳区	10194		6561	410	3223	8228	1519			
广汉市	16333		4774	2727	8832	15310	3553		2	86
绵竹市	9692		4911	12	4769	9991	2888			123
中江县	8195		4426	8	3761	8431	679			43
什邡市	9014		2224	220	6570	9082	688		2	99
罗江县	2896		1598	19	1279	3117	548			73
绵阳市小计	**92124**		**81577**	**952**	**9595**	**91942**	**3658**		**20**	**164**
本级	48376		47707	669		47346	933			
区县级小计	43748		33870	283	9595	44596	2725		20	164
涪城区	13886		12456	7	1423	14059	429		20	13
游仙区	4895		3861		1034	4563	378			123
江油市	9981		4656	183	5142	10055	458			8
安县	1028		1023		5	1173	243			5
梓潼县	3877		3861		16	3993	151			1
平武县	991		801		190	1098	43			6
北川县	935		935			1095	160			
三台县	3118		2551		567	3495	467			
盐亭县	2997		2557	65	375	3195	331			8

4－23－5

单位：万元

地区	收支部分 支出 教育	科学技术	文化体育与传媒	社会保障和就业	医疗卫生	环境保护	城乡社区事务	农林水事务	交通运输	工业、商业、金融等事务	其他支出
东区	2478		18	12	14			34			
西区	1153		6	19	118			32		20	22
仁和区	760		320	100	170		28	75		394	
米易县	353		736	112	236		15	87	189	6	3
盐边县	645	2		59	117			1	360	2	
泸州市小计	**21296**	**66**	**5176**	**2128**	**2264**	**22**	**2034**	**1644**	**17074**	**448**	**463**
本级	9611	56	4810	1259	298	1	1340	132	16639	315	92
区县级小计	11685	10	366	869	1966	21	694	1512	435	133	371
江阳区	4139		7	165	616		94	345	39	55	136
龙马潭区	977			18	514		66	37		48	
泸县	1273		28	106	270	5	365	282	157	9	
纳溪区	929	9	95	115	123		61	282	102	6	65
合江县	2138		137	277	62	13	2	417	8	12	104
叙永县	631	1	1	4	3			1		3	
古蔺县	1598		98	184	378	3	106	148	129		66
德阳市小计	**26068**	**44**	**3833**	**2607**	**2768**	**148**	**3450**	**4114**	**7512**	**736**	**5487**
本级	3764	7	400	241	76		131		5482	2	2808
区县级小计	22304	37	3433	2366	2692	148	3319	4114	2030	734	2679
旌阳区	5267		50	191	15		19	211			956
广汉市	4069	30	2524	719	31		1083	1173	641	126	1273
绵竹市	2391	7	351	520	388	135	308	1869	425	486	100
中江县	5281		116	347	1505	2	71	352	33		2
什邡市	4102		367	467	736		1245	509	411	113	343
罗江县	1194		25	122	17	11	593		520	9	5
绵阳市小计	**48693**	**7**	**3323**	**2930**	**10504**		**3771**	**369**	**15972**	**1525**	**1006**
本级	22776	5	2030	1607	2734		647	62	15726	5	821
区县级小计	25917	2	1293	1323	7770		3124	307	246	1520	185
涪城区	5660		605	152	7017		72	5		2	84
游仙区	3711	1	6	29	215		23	75	2		
江油市	6864		200	420	144		1705	124	17	22	93
安县	766	1					116		42		
梓潼县	2338		40	21	151		12		124	1149	6
平武县	692		87	144	14		27	18	61	6	
北川县	775		152	8							
三台县	1828		198	436	227		281			56	2
盐亭县	2436		5	93	2		1	34		285	

4－23－6 单位:万元

地区	平衡部分										
	收入					支出					年终结余
	收入合计	本年收入	上年结余	补助收入	省补助计划单列市收入	支出合计	本年支出	上解上级支出	计划单列市上解省支出	政府调剂资金	
东区	3061	2452	587	22		2574	2574				487
西区	2663	1696	959	8		1402	1402				1261
仁和区	8235	3203	4938	94		3720	3720				4515
米易县	2367	1410	897	60		1838	1838				529
盐边县	1859	1280	527	52		1354	1354				505
泸州市小计	**85652**	**60412**	**22842**	**2398**		**61546**	**60311**			**1235**	**24106**
本级	54978	39696	13967	1315		37077	36235			842	17901
区县级小计	30674	20716	8875	1083		24469	24076			393	6205
江阳区	6799	4621	2077	101		6307	6307				492
龙马潭区	3644	1314	2249	81		2566	2173			393	1078
泸县	3232	2838	232	162		2988	2988				244
纳溪区	3203	2227	876	100		2387	2387				816
合江县	7611	5362	2121	128		5445	5445				2166
叙永县	1447	925	238	284		1103	1103				344
古蔺县	4738	3429	1082	227		3673	3673				1065
德阳市小计	**87709**	**67346**	**18541**	**1822**		**67221**	**67221**				**20488**
本级	20507	11022	8562	923		13062	13062				7445
区县级小计	67202	56324	9979	899		54159	54159				13043
旌阳区	12260	10194	1956	110		8228	8228				4032
广汉市	17522	16333	1021	168		15310	15310				2212
绵竹市	13914	9692	4129	93		9991	9991				3923
中江县	8561	8195	91	275		8431	8431				130
什邡市	10774	9014	1646	114		9082	9082				1692
罗江县	4171	2896	1136	139		3117	3117				1054
绵阳市小计	**110944**	**92124**	**15640**	**3180**		**91990**	**91942**			**48**	**18954**
本级	60981	48376	11334	1271		47346	47346				13635
区县级小计	49963	43748	4306	1909		44644	44596			48	5319
涪城区	14465	13886	406	173		14107	14059			48	358
游仙区	5219	4895	115	209		4563	4563				656
江油市	13911	9981	3602	328		10055	10055				3856
安县	1173	1028		145		1173	1173				
梓潼县	3993	3877		116		3993	3993				
平武县	1244	991	104	149		1098	1098				146
北川县	1095	935		160		1095	1095				
三台县	3495	3118		377		3495	3495				
盐亭县	3226	2997		229		3195	3195				31

4－23－7

单位:万元

地区	收支部分									
	收入					支出				
	收入合计	彩票资金收入	行政事业性收费收入	国有资源（资产）有偿使用收入	其他收入	支出合计	一般公共服务	外交	国防	公共安全
高新区	2040		1169	28	843	1870	65			
广元市小计	**21109**		**19654**	**237**	**1218**	**21930**	**2409**			**203**
本级	15217		14382	166	669	15134	899			173
区县级小计	5892		5272	71	549	6796	1510			30
利州区	981		597	1	383	1083	439			27
元坝区	310		310			342	32			
朝天区	254		254			396	150			1
剑阁县	1366		1365		1	1580	214			
旺苍县	851		751		100	1002	241			
青川县	480		410	70		481	172			2
苍溪县	1650		1585		65	1912	262			
遂宁市小计	**47732**		**38787**	**187**	**8758**	**46943**	**955**			**331**
本级	15434		15434			16816	102			
区县级小计	32298		23353	187	8758	30127	853			331
船山区	2758		2514	17	227	2197	5			
蓬溪县	5258		5258			5155	195			44
射洪县	15794		9024	170	6600	15183	432			136
大英县	5421		3490		1931	5421	166			151
安居区	3067		3067			2171	55			
内江市小计	**45672**		**32115**	**1017**	**12540**	**40368**	**5220**		**3**	**269**
本级	20287		14327	444	5516	13867	1068			21
区县级小计	25385		17788	573	7024	26501	4152		3	248
市中区	2601		1555	89	957	2739	255			120
东兴区	2498		2315		183	2796	217			34
资中县	6152		5538	223	391	6621	55			10
威远县	4837		3432	46	1359	5152	602			76
隆昌县	9297		4948	215	4134	9193	3023		3	8
乐山市小计	**66906**		**33883**	**404**	**32619**	**69591**	**4511**			**35**
本级	46171		23225	104	22842	47447	1623			
区县级小计	20735		10658	300	9777	22144	2888			35
市中区	2737		1399		1338	2829	531			
五通桥区	2855		1290		1565	3042	880			19
沙湾区	1920		804		1116	2067	155			
金口河区	119		78		41	225	100			7
峨眉山市	2470		2088	295	87	2575	332			
犍为县	4072		2175		1897	4515	12			

4－23－8

单位:万元

地区	收支部分										
	支出										
	教育	科学技术	文化体育与传媒	社会保障和就业	医疗卫生	环境保护	城乡社区事务	农林水事务	交通运输	工业、商业、金融等事务	其他支出
高新区	847			20			887	51			
广元市小计	**9486**		**369**	**284**	**815**	**25**	**987**	**168**	**6826**	**241**	**117**
本级	5391		362	172	683		440	13	6752	136	113
区县级小计	4095		7	112	132	25	547	155	74	105	4
利州区	57		1	4	111		365	79			
元坝区	310										
朝天区	240		2	2					1		
剑阁县	1346				5		8	2	4		1
旺苍县	510			2		15	131	3		100	
青川县	152		4	7	11	10	43	6	69	5	
苍溪县	1480			97	5			65			3
遂宁市小计	**30604**	**23**	**463**	**1375**	**2977**	**42**	**1927**	**702**	**7395**	**33**	**116**
本级	8105		400	527	563				7030		89
区县级小计	22499	23	63	848	2414	42	1927	702	365	33	27
船山区	1228						953				11
蓬溪县	3077	2	63	165	189	17	430	632	341		
射洪县	13111	21		579	796		38	36	2	32	
大英县	3117			13	1422	25	496		15		16
安居区	1966			91	7		10	34	7	1	
内江市小计	**24311**	**14**	**1512**	**2077**	**1687**	**1**	**2446**	**590**	**1035**	**163**	**1040**
本级	7673	14	1151	148	716		1614	14	566	30	852
区县级小计	16638		361	1929	971	1	832	576	469	133	188
市中区	1589			288	186		98	24		27	152
东兴区	1678		6	402	44		228	62	78	43	4
资中县	5352		146	720	107	1	6	4	202	18	
威远县	2861		41	334	626		401	74	92	44	1
隆昌县	5158		168	185	8		99	412	97	1	31
乐山市小计	**20994**	**33**	**18423**	**1901**	**1586**	**30**	**1937**	**1222**	**17890**	**608**	**421**
本级	7699		17693	594			1327	56	17867	583	5
区县级小计	13295	33	730	1307	1586	30	610	1166	23	25	416
市中区	1713	31	224	280	4		2	23	12	9	
五通桥区	957		49	400	270		168	299			
沙湾区	797	2	41	19	461	5	131	26	8	8	414
金口河区	73		6	5	22		12				
峨眉山市	1963		128	128			23				1
犍为县	2624		221	228	609		151	670			

四、各省、自治区、直辖市地市县预算外财政资料

4－23－9　　　　单位：万元

地区	平衡部分										
	收入					支出					年终结余
	收入合计	本年收入	上年结余	补助收入	省补助计划单列市收入	支出合计	本年支出	上解上级支出	计划单列市上解省支出	政府调剂资金	
高新区	2142	2040	79	23		1870	1870				272
广元市小计	**25022**	**21109**	**1549**	**2364**		**21930**	**21930**				**3092**
本级	17850	15217	1254	1379		15134	15134				2716
区县级小计	7172	5892	295	985		6796	6796				376
利州区	1083	981		102		1083	1083				
元坝区	342	310		32		342	342				
朝天区	396	254		142		396	396				
剑阁县	1580	1366		214		1580	1580				
旺苍县	1002	851		151		1002	1002				
青川县	857	480	295	82		481	481				376
苍溪县	1912	1650		262		1912	1912				
遂宁市小计	**51629**	**47732**	**1834**	**2063**		**49943**	**46943**			**3000**	**1686**
本级	17909	15434	412	2063		16816	16816				1093
区县级小计	33720	32298	1422			33127	30127			3000	593
船山区	2758	2758				2758	2197			561	
蓬溪县	5258	5258				5258	5155			103	
射洪县	16962	15794	1168			16579	15183			1396	383
大英县	5435	5421	14			5423	5421			2	12
安居区	3307	3067	240			3109	2171			938	198
内江市小计	**51450**	**45672**	**2820**	**2958**		**40467**	**40368**			**99**	**10983**
本级	23731	20287	2250	1194		13867	13867				9864
区县级小计	27719	25385	570	1764		26600	26501			99	1119
市中区	3265	2601	526	138		2739	2739				526
东兴区	2796	2498		298		2796	2796				
资中县	7166	6152	361	653		6720	6621			99	446
威远县	4808	4837	－504	475		5152	5152				－344
隆昌县	9684	9297	187	200		9193	9193				491
乐山市小计	**76686**	**66906**	**6664**	**3116**		**70354**	**69591**			**763**	**6332**
本级	51739	46171	4544	1024		47447	47447				4292
区县级小计	24947	20735	2120	2092		22907	22144			763	2040
市中区	2771	2737	－156	190		2829	2829				－58
五通桥区	3042	2855		187		3042	3042				
沙湾区	2067	1920		147		2067	2067				
金口河区	225	119		106		225	225				
峨眉山市	3398	2470	650	278		2575	2575				823
犍为县	4884	4072	369	443		4515	4515				369

4－23－10　　　　　　　　　　　　　　　　　　　　单位:万元

地区	收支部分									
	收入					支出				
	收入合计	彩票资金收入	行政事业性收费收入	国有资源（资产）有偿使用收入	其他收入	支出合计	一般公共服务	外交	国防	公共安全
井研县	1577		1577			1837	260			
夹江县	2611		513	5	2093	2762	76			1
沐川县	1322		165		1157	684	105			
峨边县	398		194		204	497	112			8
马边县	654		375		279	1111	325			
南充市小计	**37231**		**33305**	**2318**	**1608**	**38306**	**4077**			**309**
本级	11418		9805	613	1000	12147	783			33
区县级小计	25813		23500	1705	608	26159	3294			276
顺庆区	4440		4048	197	195	4497	103			38
高坪区	1737		1700		37	1866	153			
嘉陵区	1738		1686		52	1649	777			
南部县	5241		5241			5513	897			118
营山县	1642		1642			1594	537			3
蓬安县	2837		2837			2890	53			
仪陇县	3638		2129	1508	1	3712	267			
西充县	2238		1915		323	1938	309			117
阆中市	2302		2302			2500	198			
宜宾市小计	**83769**		**45262**	**10140**	**28367**	**74738**	**6871**		**1**	**466**
本级	49359		23830	8587	16942	42358	2282			283
区县级小计	34410		21432	1553	11425	32380	4589		1	183
翠屏区	9343		5655	1248	2440	8059	1099			63
宜宾县	5828		5828			5983	50			14
南溪县	3136		1767	88	1281	3255	213			1
江安县	1862		1850	12		1889	8			6
长宁县	1567		1217		350	1733	528			27
高县	4167		1471	31	2665	3789	1313		1	6
筠连县	1999		957	83	959	1802	581			1
珙县	4931		1145	84	3702	3946	344			63
兴文县	1103		1103			1427	327			
屏山县	474		439	7	28	497	126			2
广安市小计	**35696**		**24379**	**270**	**11047**	**39003**	**2563**			**227**
本级	12256		9123	262	2871	14816	635			1
区县级小计	23440		15256	8	8176	24187	1928			226
岳池县	6434		5301	2	1131	6383	626			20
武胜县	5497		1425		4072	5926	233			53
广安区	3722		3714		8	3684	352			17

4－23－11

单位：万元

地区	收支部分										
	支出										
	教育	科学技术	文化体育与传媒	社会保障和就业	医疗卫生	环境保护	城乡社区事务	农林水事务	交通运输	工业、商业、金融等事务	其他支出
井研县	1575			2							
夹江县	2051		59	229	174		98	62	3	8	1
沐川县	579										
峨边县	295		2	13	46		15	6			
马边县	668			3		25	10	80			
南充市小计	**25222**	**222**	**2274**	**1401**	**195**	**168**	**916**	**1385**	**885**	**149**	**1103**
本级	7120	184	148	951	1	5	11	1234	557	18	1102
区县级小计	18102	38	2126	450	194	163	905	151	328	131	1
顺庆区	3963		109	11	72		112	58		31	
高坪区	1615		19						79		
嘉陵区	868						4				
南部县	2864	36	481		75	163	669		139	71	
营山县	1054										
蓬安县	2760			17					60		
仪陇县	1747		1508	87	2			50	50		1
西充县	1245	2	9	27	37		120	43		29	
阆中市	1986			308	8						
宜宾市小计	**28437**	**58**	**4289**	**2522**	**1996**	**52**	**9968**	**1023**	**14543**	**3310**	**1202**
本级	9814	53	3690	373	1145		7853	347	13231	2301	986
区县级小计	18623	5	599	2149	851	52	2115	676	1312	1009	216
翠屏区	5076		14	689	436		392	91	64	31	104
宜宾县	4669		5	723	67		263	65	127		
南溪县	2246		413	206	10		66	42	17	6	35
江安县	1614		43	9	13		133	3	60		
长宁县	650			66	22		271	94	55	13	7
高县	1472		58	13	30	50	54	60	179	553	
筠连县	731		11	21	195			26	39	129	68
珙县	999	5	23	402	78	2	936	49	768	277	
兴文县	873		18					209			
屏山县	293		14	20				37	3		2
广安市小计	**18975**		**3482**	**885**	**5648**	**61**	**678**	**371**	**5977**	**48**	**88**
本级	3130		3323	531	544	61	600	6	5977	8	
区县级小计	15845		159	354	5104		78	365		40	88
岳池县	4289		29	185	1205			17		12	
武胜县	1672		35	32	3840		14	41		1	5
广安区	3208		11	11	38		9	37		1	

4－23－12　　　　　　　　　　　　　　　　　　　　　　　　单位:万元

地　　区	平衡部分										
	收入					支出					
	收入合计	本年收入	上年结余	补助收入	省补助计划单列市收入	支出合计	本年支出	上解上级支出	计划单列市上解省支出	政府调剂资金	年终结余
井研县	1961	1577	124	260		1837	1837				124
夹江县	3348	2611	622	115		2762	2762				586
沐川县	1427	1322		105		1427	684			743	
峨边县	497	398		99		497	497				
马边县	1327	654	511	162		1131	1111			20	196
南充市小计	**42303**	**37231**	**1593**	**3479**		**38306**	**38306**				**3997**
本级	14402	11418	644	2340		12147	12147				2255
区县级小计	27901	25813	949	1139		26159	26159				1742
顺庆区	4522	4440	34	48		4497	4497				25
高坪区	2017	1737	127	153		1866	1866				151
嘉陵区	1145	1738	－665	72		1649	1649				－504
南部县	6730	5241	1163	326		5513	5513				1217
营山县	1802	1642		160		1594	1594				208
蓬安县	2890	2837		53		2890	2890				
仪陇县	3712	3638		74		3712	3712				
西充县	2583	2238	290	55		1938	1938				645
阆中市	2500	2302		198		2500	2500				
宜宾市小计	**103032**	**83769**	**15215**	**4048**		**74738**	**74738**				**28294**
本级	63915	49359	12664	1892		42358	42358				21557
区县级小计	39117	34410	2551	2156		32380	32380				6737
翠屏区	10473	9343	940	190		8059	8059				2414
宜宾县	6749	5828	572	349		5983	5983				766
南溪县	3280	3136		144		3255	3255				25
江安县	2265	1862	182	221		1889	1889				376
长宁县	1864	1567	142	155		1733	1733				131
高县	4637	4167	208	262		3789	3789				848
筠连县	2383	1999	248	136		1802	1802				581
珙县	5313	4931	122	260		3946	3946				1367
兴文县	1427	1103		324		1427	1427				
屏山县	726	474	137	115		497	497				229
广安市小计	**43723**	**35696**	**6102**	**1925**		**39359**	**39003**			**356**	**4364**
本级	15389	12256	2559	574		14872	14816			56	517
区县级小计	28334	23440	3543	1351		24487	24187			300	3847
岳池县	7221	6434	401	386		6383	6383				838
武胜县	6666	5497	1004	165		5926	5926				740
广安区	5590	3722	1574	294		3684	3684				1906

4－23－13

单位：万元

地区	收支部分									
	收入					支出				
	收入合计	彩票资金收入	行政事业性收费收入	国有资源（资产）有偿使用收入	其他收入	支出合计	一般公共服务	外交	国防	公共安全
邻水县	6211		4024		2187	6180	292			35
华蓥市	1576		792	6	778	2014	425			101
达州市小计	**26973**		**23017**	**697**	**3259**	**30108**	**500**			**19**
本级	13084		10308	383	2393	15458	475			16
区县级小计	13889		12709	314	866	14650	25			3
通川区	266		164	100	2	340	15			
达县	1852		1852			1989				
开江县	1512		1476	16	20	1811	9			3
宣汉县	3180		2607	18	555	3177				
万源市	1527		1078	180	269	1455				
大竹县	2631		2631			2507				
渠县	2921		2901		20	3371	1			
资阳市小计	**24549**		**20544**	**887**	**3118**	**25030**	**2512**			**31**
本级	7673		7158	472	43	6856	640			25
区县级小计	16876		13386	415	3075	18174	1872			6
雁江区	3505		2962		543	3685	490			
简阳市	5948		4130	292	1526	6302	372			6
安岳县	4150		3596	106	448	4660	939			
乐至县	3273		2698	17	558	3527	71			
眉山市小计	**75424**		**22884**	**62**	**52478**	**77226**	**43254**			**412**
本级	55017		10883	62	44072	55192	41471			85
区县级小计	20407		12001		8406	22034	1783			327
东坡区	3612		3585		27	3980	256			2
仁寿县	4725		3484		1241	7396	432			76
彭山县	4352		3799		553	2585	379			73
洪雅县	1809		298		1511	1931	303			126
丹棱县	779		779			932	157			
青神县	5130		56		5074	5210	256			50
巴中市小计	**14913**		**13646**	**106**	**1161**	**15259**	**182**			**59**
本级	7427		6378	16	1033	7307	62			49
区县级小计	7486		7268	90	128	7952	120			10
巴州区	2496		2342	90	64	2676	114			10
南江县	2157		2093		64	2333				
通江县	868		868			1005				
平昌县	1965		1965			1938	6			
雅安市小计	**26264**		**20075**	**489**	**5700**	**24906**	**4111**		**1**	**363**

4－23－14 单位:万元

地区	收支部分										
	支出										
	教育	科学技术	文化体育与传媒	社会保障和就业	医疗卫生	环境保护	城乡社区事务	农林水事务	交通运输	工业、商业、金融等事务	其他支出
邻水县	5643		9	52	6		55	8			80
华蓥市	1033		75	74	15			262		26	3
达州市小计	**20524**		**183**	**822**	**2794**		**150**	**26**	**4154**	**426**	**510**
本级	7335		144	243	2260		133	14	4095	356	387
区县级小计	13189		39	579	534		17	12	59	70	123
通川区	205				120						
达县	1919									70	
开江县	1720		2	77							
宣汉县	2908		2	179			17	11	59		1
万源市	1455										
大竹县	2300			73	12						122
渠县	2682		35	250	402			1			
资阳市小计	**14275**		**760**	**836**	**428**	**1**	**831**	**332**	**4941**	**18**	**65**
本级	916		453	8	22		675	22	4095		
区县级小计	13359		307	828	406	1	156	310	846	18	65
雁江区	3022		7	63	2	1	3	65	15		17
简阳市	4352		259	209	103		39	85	829		48
安岳县	3408			171	19		106	15	2		
乐至县	2577		41	385	282		8	145		18	
眉山市小计	**11984**	**18**	**2481**	**1074**	**4870**	**1**	**1621**	**1956**	**9209**	**329**	**17**
本级	1596		1944	347	337		888		8224	300	
区县级小计	10388	18	537	727	4533	1	733	1956	985	29	17
东坡区	2027				1015			669	7	4	
仁寿县	5109			466	54		285	974			
彭山县	804		114	30	305		148	84	630	1	17
洪雅县	1084		140	73			15	165	1	24	
丹棱县	461		9		177		48		80		
青神县	903	18	274	158	2982	1	237	64	267		
巴中市小计	**7653**		**496**	**732**	**479**		**363**	**64**	**5167**	**36**	**28**
本级	1519		419	54	330				4849	25	
区县级小计	6134		77	678	149		363	64	318	11	28
巴州区	1653		75	279	79		363	64		11	28
南江县	2103		2	188	40						
通江县	718			137					150		
平昌县	1660			74	30				168		
雅安市小计	**9423**	**27**	**670**	**1181**	**779**	**1**	**392**	**1221**	**5474**	**882**	**381**

四、各省、自治区、直辖市地市县预算外财政资料

4－23－15　　　　单位：万元

地　区	平衡部分 收入 收入合计	本年收入	上年结余	补助收入	省补助计划单列市收入	支出 支出合计	本年支出	上解上级支出	计划单列市上解省支出	政府调剂资金	年终结余
邻水县	6435	6211		224		6180	6180				255
华蓥市	2422	1576	564	282		2314	2014			300	108
达州市小计	**31458**	**26973**	**559**	**3926**		**30108**	**30108**				**1350**
本级	16102	13084	286	2732		15458	15458				644
区县级小计	15356	13889	273	1194		14650	14650				706
通川区	340	266		74		340	340				
达县	1989	1852		137		1989	1989				
开江县	1811	1512		299		1811	1811				
宣汉县	3287	3180	107			3177	3177				110
万源市	1867	1527	89	251		1455	1455				412
大竹县	2631	2631				2507	2507				124
渠县	3431	2921	77	433		3371	3371				60
资阳市小计	**30171**	**24549**	**3273**	**2349**		**25030**	**25030**				**5141**
本级	11224	7673	2714	837		6856	6856				4368
区县级小计	18947	16876	559	1512		18174	18174				773
雁江区	3900	3505	107	288		3685	3685				215
简阳市	6408	5948		460		6302	6302				106
安岳县	4685	4150	25	510		4660	4660				25
乐至县	3954	3273	427	254		3527	3527				427
眉山市小计	**80506**	**75424**	**2596**	**2486**		**77226**	**77226**				**3280**
本级	56277	55017		1260		55192	55192				1085
区县级小计	24229	20407	2596	1226		22034	22034				2195
东坡区	3980	3612	141	227		3980	3980				
仁寿县	7612	4725	2455	432		7396	7396				216
彭山县	4560	4352		208		2585	2585				1975
洪雅县	1931	1809		122		1931	1931				
丹棱县	936	779		157		932	932				4
青神县	5210	5130		80		5210	5210				
巴中市小计	**17389**	**14913**	**119**	**2357**		**15772**	**15259**			**513**	**1617**
本级	9254	7427	33	1794		7820	7307			513	1434
区县级小计	8135	7486	86	563		7952	7952				183
巴州区	2676	2496		180		2676	2676				
南江县	2419	2157	86	176		2333	2333				86
通江县	1005	868		137		1005	1005				
平昌县	2035	1965		70		1938	1938				97
雅安市小计	**32668**	**26264**	**4537**	**1867**		**24906**	**24906**				**7762**

4－23－16

单位:万元

地区	收支部分									
	收入					支出				
	收入合计	彩票资金收入	行政事业性收费收入	国有资源(资产)有偿使用收入	其他收入	支出合计	一般公共服务	外交	国防	公共安全
本级	11987		11568	171	248	10853	156			200
区县级小计	14277		8507	318	5452	14053	3955		1	163
雨城区	3414		2105	173	1136	2876	516			12
名山县	1641		1625	16		1587	478			3
荥经县	4182		1596	62	2524	3643	1677		1	118
汉源县	1960		1511	67	382	1820	186			11
石棉县	1368		843		525	1655	543			
天全县	1076		446		630	1601	286			
芦山县	433		188		245	596	162			6
宝兴县	203		193		10	275	107			13
阿坝州小计	**26389**		**5391**	**42**	**20956**	**13424**	**1879**			**63**
本级	20451		1655	35	18761	7939	728			26
区县级小计	5938		3736	7	2195	5485	1151			37
汶川县	2548		821		1727	2123	350			23
理县	170		170			191	8			
茂县	420		420			589	44			
松潘县	84		77	7		149	69			
九寨沟县	1757		1525		232	781	126			
金川县	79		38		41	185	80			
小金县	187		159		28	225	38			3
黑水县	307		304		3	383	259			8
马尔康县	150		71		79	230	85			3
壤塘县	25		25			111	9			
阿坝县	36		36			82	4			
若尔盖县	22		22			248	8			
红原县	153		68		85	188	71			
卧龙特区										
甘孜州小计	**7642**		**4631**	**422**	**2589**	**10162**	**2993**			**256**
本级	3639		2971	19	649	6725	1930			205
区县级小计	4003		1660	403	1940	3437	1063			51
康定县	402		145	147	110	332	83			
泸定县	1149		611	242	296	447	204			
丹巴县	87		87			86	3			
九龙县	257		99		158	309	24			
雅江县	114		90	5	19	129	60			9
道孚县	493		75	4	414	403	176			

4－23－17

单位:万元

地区	收支部分										
	支出										
	教育	科学技术	文化体育与传媒	社会保障和就业	医疗卫生	环境保护	城乡社区事务	农林水事务	交通运输	工业、商业、金融等事务	其他支出
本级	4164	27	479	105	380		155	212	4793	64	118
区县级小计	5259		191	1076	399	1	237	1009	681	818	263
雨城区	1567		100	461	2		20	90	106		2
名山县	1091			7				8			
荥经县	155		8	53	208	1	152	94	357	813	6
汉源县	1017		51	320	17		16	48	137		17
石棉县	438		7	3	1			429			234
天全县	708		3	198	171		23	202	1	5	4
芦山县	271		19	10			26	102			
宝兴县	12		3	24				36	80		
阿坝州小计	**3359**	**28**	**619**	**545**	**450**	**19**	**251**	**509**	**188**	**206**	**5308**
本级	1194	27	128	21	351			77		179	5208
区县级小计	2165	1	491	524	99	19	251	432	188	27	100
汶川县	1007	1	59	270	36		2	92	163	20	100
理县	111		43	29							
茂县	326		70	71	10		56	12			
松潘县	60				6				12	2	
九寨沟县	218		7	2	5	9	132	282			
金川县	62		30	1	2			4	6		
小金县	153		3	13	13			2			
黑水县	57		20				22	6	7	4	
马尔康县	44		36	12	5	10		34		1	
壤塘县			5	58	14		25				
阿坝县	13		3	62							
若尔盖县	21		212		7						
红原县	93		3	6	1		14				
卧龙特区											
甘孜州小计	**1403**	**9**	**303**	**378**	**157**	**87**	**541**	**400**	**420**	**95**	**3120**
本级	1033	5	20	156	17	26	384	65	395	11	2478
区县级小计	370	4	283	222	140	61	157	335	25	84	642
康定县	76		49	2		5	65	10		14	28
泸定县			67	18	31			18		62	47
丹巴县	69				1		8	5			
九龙县	103		56					126			
雅江县	33			17	9			1			
道孚县				23				7		2	195

4－23－18

单位:万元

地区	平衡部分										
	收入					支出					年终结余
	收入合计	本年收入	上年结余	补助收入	省补助计划单列市收入	支出合计	本年支出	上解上级支出	计划单列市上解省支出	政府调剂资金	
本级	16481	11987	3638	856		10853	10853				5628
区县级小计	16187	14277	899	1011		14053	14053				2134
雨城区	2643	3414	－945	174		2876	2876				－233
名山县	2217	1641	496	80		1587	1587				630
荥经县	4417	4182	208	27		3643	3643				774
汉源县	2277	1960	83	234		1820	1820				457
石棉县	1943	1368	479	96		1655	1655				288
天全县	1641	1076	373	192		1601	1601				40
芦山县	774	433	205	136		596	596				178
宝兴县	275	203		72		275	275				
阿坝州小计	**32644**	**26389**	**4181**	**2074**		**16424**	**13424**			**3000**	**16220**
本级	21984	20451	473	1060		10939	7939			3000	11045
区县级小计	10660	5938	3708	1014		5485	5485				5175
汶川县	2769	2548	133	88		2123	2123				646
理县	191	170		21		191	191				
茂县	629	420	116	93		589	589				40
松潘县	341	84	183	74		149	149				192
九寨沟县	3445	1757	1616	72		781	781				2664
金川县	438	79	253	106		185	185				253
小金县	226	187		39		225	225				1
黑水县	383	307		76		383	383				
马尔康县	1311	150	1090	71		230	230				1081
壤塘县	268	25	167	76		111	111				157
阿坝县	129	36	28	65		82	82				47
若尔盖县	248	22		226		248	248				
红原县	282	153	122	7		188	188				94
卧龙特区											
甘孜州小计	**20084**	**7642**	**10244**	**2198**		**10267**	**10162**			**105**	**9817**
本级	10550	3639	4925	1986		6725	6725				3825
区县级小计	9534	4003	5319	212		3542	3437			105	5992
康定县	1441	402	1039			332	332				1109
泸定县	1157	1149	8			447	447				710
丹巴县	233	87	146			191	86			105	42
九龙县	375	257	118			309	309				66
雅江县	276	114	145	17		129	129				147
道孚县	1093	493	600			403	403				690

4－23－19

单位:万元

地区	收支部分									
	收入					支出				
	收入合计	彩票资金收入	行政事业性收费收入	国有资源（资产）有偿使用收入	其他收入	支出合计	一般公共服务	外交	国防	公共安全
炉霍县	129		21	1	107	154	64			6
甘孜县	11		6	3	2	205	24			
新龙县	152		68		84	140	60			
德格县	117				117	88	52			2
白玉县	120		5		115	120	85			
石渠县	38		35		3	49	11			3
色达县	35		9		26	35	10			16
理塘县	99		99			89	24			
巴塘县	141		31		110	118	21			4
乡城县	152		69	1	82	186	54			8
稻城县	270		93		177	308	15			
得荣县	237		117		120	239	93			3
凉山州小计	**49477**		**18293**	**656**	**30528**	**42462**	**7312**		**5**	**218**
本级	31469		10768	204	20497	24000	4305			134
区县级小计	18008		7525	452	10031	18462	3007		5	84
西昌市	6083		3435	95	2553	5292	302			5
木里县	217		81		136	402	82			5
盐源县	864		205		659	770	161			19
德昌县	1770		776	40	954	2045	236			24
会理县	1731		798	126	807	1779	59			
会东县	2876		265		2611	3573	1753		5	5
宁南县	704		308	25	371	600	54			9
普格县	155		51		104	301	14			
布拖县	492		317	6	169	599	9			9
金阳县	236		43	45	148	249	86			
昭觉县	731		242	3	486	316	1			
喜德县	270		121	18	131	338	2			1
冕宁县	535		46	38	451	508				
越西县	364		345	4	15	365	43			
甘洛县	142		88	35	19	215	2			
美姑县	142		50	11	81	357	2			
雷波县	696		354	6	336	753	201			7

4－23－20 单位:万元

地区	收支部分										
	支出										
	教育	科学技术	文化体育与传媒	社会保障和就业	医疗卫生	环境保护	城乡社区事务	农林水事务	交通运输	工业、商业、金融等事务	其他支出
炉霍县	11			16	51			6			
甘孜县	5			140			27	9			
新龙县	8				11		54	6		1	
德格县	4		18	4	1			7			
白玉县			3	2	9			10	7	4	
石渠县	2				3			12	18		
色达县	9										
理塘县	15		15		18			17			
巴塘县	23		6		1	56		7			
乡城县	4		1		4			28			87
稻城县	6	4	41					65			177
得荣县	2		27		1		3	1		1	108
凉山州小计	**11117**	**67**	**2948**	**1961**	**2382**	**47**	**557**	**2458**	**8582**	**3892**	**916**
本级	3488	64	1900	396	1441		38	1064	7335	3835	
区县级小计	7629	3	1048	1565	941	47	519	1394	1247	57	916
西昌市	3176		283	597	22	1	135	32	730	9	
木里县	77		7	117		7		107			
盐源县	355	3	32	5	72		8	73	2	40	
德昌县	1247		33	84	14	13	81	297		8	8
会理县	564		9	120	68		187	58	83		631
会东县	478		14	206	54	1	22	600	425		10
宁南县	361		14	50	2	20	77	13			
普格县	76		8	179	9		9	6			
布拖县	54		22	14	476	5					10
金阳县	75		61	17				10			
昭觉县	199		107	2					7		
喜德县	188		48	15	73			11			
冕宁县	39		225	40	40			164			
越西县	321				1						
甘洛县	157		1	55							
美姑县	46		180	50							79
雷波县	216		4	14	110			23			178

4－23－21　　　　单位:万元

地区	平衡部分										
	收入					支出					年终结余
	收入合计	本年收入	上年结余	补助收入	省补助计划单列市收入	支出合计	本年支出	上解上级支出	计划单列市上解省支出	政府调剂资金	
炉霍县	1071	129	922	20		154	154				917
甘孜县	457	11	306	140		205	205				252
新龙县	216	152	64			140	140				76
德格县	165	117	48			88	88				77
白玉县	160	120	40			120	120				40
石渠县	49	38		11		49	49				
色达县	1664	35	1629			35	35				1629
理塘县	111	99	12			89	89				22
巴塘县	235	141	94			118	118				117
乡城县	227	152	63	12		186	186				41
稻城县	321	270	51			308	308				13
得荣县	283	237	34	12		239	239				44
凉山州小计	**66474**	**49477**	**13855**	**3142**		**42862**	**42462**			**400**	**23612**
本级	39562	31469	7235	858		24400	24000			400	15162
区县级小计	26912	18008	6620	2284		18462	18462				8450
西昌市	6500	6083	363	54		5292	5292				1208
木里县	1528	217	1242	69		402	402				1126
盐源县	1677	864	710	103		770	770				907
德昌县	3339	1770	1503	66		2045	2045				1294
会理县	2466	1731	683	52		1779	1779				687
会东县	3864	2876	353	635		3573	3573				291
宁南县	974	704	183	87		600	600				374
普格县	398	155	58	185		301	301				97
布拖县	673	492	111	70		599	599				74
金阳县	424	236	39	149		249	249				175
昭觉县	907	731	85	91		316	316				591
喜德县	455	270	87	98		338	338				117
冕宁县	783	535	42	206		508	508				275
越西县	447	364	24	59		365	365				82
甘洛县	1046	142	836	68		215	215				831
美姑县	445	142	73	230		357	357				88
雷波县	986	696	228	62		753	753				233

2007 年贵州省地市县财政预算外收支平衡表

4－24－1　　　　单位：万元

地区	收支部分									
	收入					支出				
	收入合计	彩票资金收入	行政事业性收费收入	国有资源（资产）有偿使用收入	其他收入	支出合计	一般公共服务	外交	国防	公共安全
地市县合计	**443283**		**384405**	**11179**	**47699**	**416753**	**42784**		**88**	**10145**
贵阳市小计	**103060**		**88084**	**3680**	**11296**	**96320**	**5112**		**45**	**2498**
本级	69655		58809	2273	8573	65855	2205			398
区县级小计	33405		29275	1407	2723	30465	2907		45	2100
乌当区	4305		4079	115	111	4021	941			67
花溪区	2673		2673			2763	169			3
白云区	2244		1937	81	226	1865	148			67
南明区	6436		5485	683	268	6060	103		45	1700
云岩区	4111		3657	236	218	4109	50			18
小河区	4698		4512	131	55	2349	224			204
清镇市	2812		1897	59	856	3074	292			3
开阳县	4160		3099	100	961	2408	789			22
修文县	1220		1216		4	3069	51			16
息烽县	746		720	2	24	747	140			
六盘水市小计	**59639**		**55697**	**2737**	**1205**	**58523**	**8982**			**614**
本级	18615		15594	2263	758	16887	1339			326
区县级小计	41024		40103	474	447	41636	7643			288
六枝特区	4429		4048	362	19	3566	297			65
盘县	26500		26131	6	363	25120	5390			69
水城县	5461		5290	106	65	5564	926			43
钟山区	4634		4634			7386	1030			111
遵义市小计	**82486**		**72428**	**236**	**9822**	**79904**	**5413**		**33**	**3664**
本级	28344		21740	165	6439	28664	299			2843
区县级小计	54142		50688	71	3383	51240	5114		33	821
红花岗区	3859		3859			3977	159			40
汇川区	3648		3648			3876	108			132
遵义县	7893		7893			7793	211		33	20
桐梓县	3604		2638		966	2610	639			55
绥阳县	1583		1524		59	1647	52			
湄潭县	4448		4448			4262	290			16
凤冈县	4802		4695		107	4145	1604			118
余庆县	6119		6025	8	86	5987	167			26
仁怀市	4289		4289			3170	64			
赤水市	4450		2572	1	1877	4359	194			48
习水县	4759		4736	23		4788	858			179
正安县	1362		1282	13	67	1457	183			68

四、各省、自治区、直辖市地市县预算外财政资料

4－24－2

单位：万元

地区	收支部分										
	支出										
	教育	科学技术	文化体育与传媒	社会保障和就业	医疗卫生	环境保护	城乡社区事务	农林水事务	交通运输	工业、商业、金融等事务	其他支出
地市县合计	**157454**	**107**	**17767**	**8812**	**17723**	**747**	**62436**	**18085**	**22018**	**25463**	**33124**
贵阳市小计	**28325**		**3642**	**1906**	**1629**	**4**	**27866**	**6153**	**1127**	**6509**	**11504**
本级	15538		3345	1784	383		22442	5619	1094	6474	6573
区县级小计	12787		297	122	1246	4	5424	534	33	35	4931
乌当区	912		7	9	25		2024	1	2		33
花溪区	1221		2	41	149		1164	6			8
白云区	1180		34	19			338	73	6		
南明区	2616		21	9	325	2	707	48			484
云岩区	3261		4		141	2	452	138			43
小河区	1003		28	14	220		536		5		115
清镇市	232		77	10	8		84	59	20	32	2257
开阳县	1324				202		71				
修文县	614		76	10	117		48	209		3	1925
息烽县	424		48	10	59						66
六盘水市小计	**11817**	**89**	**1113**	**762**	**781**	**81**	**17484**	**1181**	**2073**	**10266**	**3280**
本级	5328		333	374	486	32	1872	103	820	5732	142
区县级小计	6489	89	780	388	295	49	15612	1078	1253	4534	3138
六枝特区	1206	70	27	189	46		823	49	192	460	142
盘县	2911		715	188	122	8	14670	818	131	5	93
水城县	1034	19	8	7	45	19	109	36	602	2716	
钟山区	1338		30	4	82	22	10	175	328	1353	2903
遵义市小计	**34485**	**7**	**5296**	**656**	**7797**	**49**	**6349**	**3274**	**4722**	**1030**	**7129**
本级	8863		4949	112	910		2044	682	538	377	7047
区县级小计	25622	7	347	544	6887	49	4305	2592	4184	653	82
红花岗区	3570		8		27		154	7	10	2	
汇川区	2963		20	5	344		252	52			
遵义县	6100		10	27	391		405	237		357	2
桐梓县	966		23	11	158		415	340			3
绥阳县	915		36	66	73		166	288		51	
湄潭县	3008		1		307	2	102	87	412	37	
凤冈县	1578		7	33	157	2	334	292		17	3
余庆县	1475		8	25	3966	12	227	76		5	
仁怀市	869		62	34	123		207	349	1428		34
赤水市	1081	1	109	183	1027	14	1395	168	81	18	40
习水县	885	6	7		46	3	161	272	2238	133	
正安县	863		2		151		164	26			

4-24-3 单位:万元

地区	平衡部分										
	收入					支出					
	收入合计	本年收入	上年结余	补助收入	省补助计划单列市收入	支出合计	本年支出	上解上级支出	计划单列市上解省支出	政府调剂资金	年终结余
地市县合计	**627726**	**443283**	**184443**			**420986**	**416753**			**4233**	**206740**
贵阳市小计	**169505**	**103060**	**66445**			**96320**	**96320**				**73185**
本级	118858	69655	49203			65855	65855				53003
区县级小计	50647	33405	17242			30465	30465				20182
乌当区	8029	4305	3724			4021	4021				4008
花溪区	3690	2673	1017			2763	2763				927
白云区	2863	2244	619			1865	1865				998
南明区	9327	6436	2891			6060	6060				3267
云岩区	6968	4111	2857			4109	4109				2859
小河区	6832	4698	2134			2349	2349				4483
清镇市	3579	2812	767			3074	3074				505
开阳县	4202	4160	42			2408	2408				1794
修文县	4112	1220	2892			3069	3069				1043
息烽县	1045	746	299			747	747				298
六盘水市小计	**90058**	**59639**	**30419**			**58523**	**58523**				**31535**
本级	28823	18615	10208			16887	16887				11936
区县级小计	61235	41024	20211			41636	41636				19599
六枝特区	5996	4429	1567			3566	3566				2430
盘县	38523	26500	12023			25120	25120				13403
水城县	8757	5461	3296			5564	5564				3193
钟山区	7959	4634	3325			7386	7386				573
遵义市小计	**103101**	**82486**	**20615**			**82050**	**79904**			**2146**	**21051**
本级	38660	28344	13115	-2799		28664	28664				9996
区县级小计	64441	54142	7500	2799		53386	51240			2146	11055
红花岗区	6166	3859	1801	506		3977	3977				2189
汇川区	4353	3648	132	573		4221	3876			345	132
遵义县	8306	7893	185	228		8293	7793			500	13
桐梓县	3980	3604	41	335		3911	2610			1301	69
绥阳县	1839	1583	186	70		1647	1647				192
湄潭县	5044	4448	532	64		4262	4262				782
凤冈县	5474	4802	613	59		4145	4145				1329
余庆县	6607	6119	427	61		5987	5987				620
仁怀市	5654	4289	1203	162		3170	3170				2484
赤水市	5528	4450	1039	39		4359	4359				1169
习水县	5571	4759	448	364		4788	4788				783
正安县	1482	1362	8	112		1457	1457				25

四、各省、自治区、直辖市地市县预算外财政资料

4－24－4

单位：万元

地区	收支部分									
	收入					支出				
	收入合计	彩票资金收入	行政事业性收费收入	国有资源（资产）有偿使用收入	其他收入	支出合计	一般公共服务	外交	国防	公共安全
道真自治县	1476		1476			1263	186			96
务川自治县	1850		1603	26	221	1906	399			23
安顺市小计	**20316**		**16736**	**1094**	**2486**	**20439**	**893**			**15**
本级	9864		8534	58	1272	9852	96			6
区县级小计	10452		8202	1036	1214	10587	797			9
西秀区	3913		3383	82	448	3976	173			9
平坝县	1559		1478	27	54	1688	35			
普定县	2557		1890	2	665	2084	422			
镇宁自治县	923		472	449	2	923	76			
关岭自治县	969		476	448	45	1227	76			
紫云自治县	531		503	28		689	15			
黔南自治州小计	**35133**		**30866**	**99**	**4168**	**30911**	**4421**		**10**	**1485**
本级	16171		12614		3557	12707	1599			132
区县级小计	18962		18252	99	611	18204	2822		10	1353
都匀市	3206		3172	34		3102	456			28
独山县	1834		1834			1584	235			21
平塘县	319		95		224	172				
荔波县	844		832	12		864	143			35
三都水族自治县	690		684	6		664	31			32
福泉市	3830		3803	25	2	3070	340		10	1009
瓮安县	2640		2640			2640	996			27
贵定县	1193		808		385	1193	110			27
龙里县	1283		1278	5		3381	109			147
惠水县	2002		1985	17		414	27			22
长顺县	185		185			184	110			5
罗甸县	936		936			936	265			
黔东南自治州小计	**41331**		**37916**	**1876**	**1539**	**38647**	**5159**			**508**
本级	13929		12453	557	919	13533	719			74
区县级小计	27402		25463	1319	620	25114	4440			434
凯里市	5775		5775			4513	839			144
黄平县	2437		2437			2430	945			
麻江县	727		725		2	917	245			
丹寨县	537		537			537	24			
雷山县	621		621			576	27			
施秉县	1642		1568		74	1489	170			64
镇远县	3363		2202	877	284	2820	517			18

4－24－5 单位:万元

地区	收支部分										
	支出										
	教育	科学技术	文化体育与传媒	社会保障和就业	医疗卫生	环境保护	城乡社区事务	农林水事务	交通运输	工业、商业、金融等事务	其他支出
道真自治县	504		26	8	55	2	147	239			
务川自治县	845		28	152	62	14	176	159	15	33	
安顺市小计	**11044**		**75**	**537**	**913**	**148**	**833**	**957**	**455**	**1829**	**2740**
本级	7696		10	461	328	120	492	23	222	186	212
区县级小计	3348		65	76	585	28	341	934	233	1643	2528
西秀区	1115		13	2	8		84	384	57	115	2016
平坝县	517		10	73	299	28		34	5	516	171
普定县	479		2		224		85		171	701	
镇宁自治县	382		1				60	250			154
关岭自治县	435		39				103	250		170	154
紫云自治县	420			1	54		9	16		141	33
黔南自治州小计	**13132**	**1**	**1211**	**1162**	**1447**	**8**	**2108**	**580**	**2431**	**321**	**2594**
本级	7187	1	24	65	749	4	441	341	2083	10	71
区县级小计	5945		1187	1097	698	4	1667	239	348	311	2523
都匀市	485		11	889	387	2	554	23	161	84	22
独山县	715		340		124		5			2	142
平塘县											172
荔波县	541		81	15	16		4	1	2	26	
三都水族自治县	420		6	50	22	1	102				
福泉市	919		105	41	4		226	22	185	4	205
瓮安县	1180		140		24		81	107		85	
贵定县	361		367	33		1	285	9			
龙里县	509		2	24	121		374	51		109	1935
惠水县	317		8	39						1	
长顺县	54						3				12
罗甸县	444		127	6			33	26			35
黔东南自治州小计	**19818**	**8**	**2659**	**2759**	**1551**	**88**	**1511**	**1660**	**1548**	**1003**	**375**
本级	6309	7	1249	2249	628	76	64	377	1471	274	36
区县级小计	13509	1	1410	510	923	12	1447	1283	77	729	339
凯里市	2456		7	77	34		481	242	69	6	158
黄平县	1341		3	5	76			39	2	19	
麻江县	430		85	1	76		39	26		1	14
丹寨县	439		49				25				
雷山县	462		85	2							
施秉县	784		93	2	19		51	6		271	29
镇远县	1220		92	342	20		226	40		273	72

4－24－6 单位：万元

地区	平衡部分										
	收入					支出					年终结余
	收入合计	本年收入	上年结余	补助收入	省补助计划单列市收入	支出合计	本年支出	上解上级支出	计划单列市上解省支出	政府调剂资金	
道真自治县	1597	1476		121		1263	1263				334
务川自治县	2840	1850	885	105		1906	1906				934
安顺市小计	**29233**	**20316**	**8917**			**20439**	**20439**				**8794**
本级	14411	9864	4587	－40		9852	9852				4559
区县级小计	14822	10452	4330	40		10587	10587				4235
西秀区	6284	3913	2371			3976	3976				2308
平坝县	1873	1559	314			1688	1688				185
普定县	2892	2557	335			2084	2084				808
镇宁自治县	1428	923	505			923	923				505
关岭自治县	1554	969	585			1227	1227				327
紫云自治县	791	531	220	40		689	689				102
黔南自治州小计	**44168**	**35133**	**9035**			**30911**	**30911**				**13257**
本级	18657	16171	2486			12707	12707				5950
区县级小计	25511	18962	6549			18204	18204				7307
都匀市	3272	3206	66			3102	3102				170
独山县	2136	1834	302			1584	1584				552
平塘县	415	319	96			172	172				243
荔波县	1157	844	313			864	864				293
三都水族自治县	818	690	128			664	664				154
福泉市	4677	3830	847			3070	3070				1607
瓮安县	2640	2640				2640	2640				
贵定县	1681	1193	488			1193	1193				488
龙里县	3970	1283	2687			3381	3381				589
惠水县	3047	2002	1045			414	414				2633
长顺县	302	185	117			184	184				118
罗甸县	1396	936	460			936	936				460
黔东南自治州小计	**50184**	**41331**	**8853**			**38647**	**38647**				**11537**
本级	18403	13929	4474			13533	13533				4870
区县级小计	31781	27402	4379			25114	25114				6667
凯里市	8003	5775	2228			4513	4513				3490
黄平县	2461	2437	24			2430	2430				31
麻江县	1103	727	376			917	917				186
丹寨县	734	537	197			537	537				197
雷山县	673	621	52			576	576				97
施秉县	2053	1642	411			1489	1489				564
镇远县	3629	3363	266			2820	2820				809

4－24－7

单位:万元

地区	收支部分									
	收入					支出				
	收入合计	彩票资金收入	行政事业性收费收入	国有资源(资产)有偿使用收入	其他收入	支出合计	一般公共服务	外交	国防	公共安全
三穗县	1138		967	3	168	1001	106			24
岑巩县	547		547			456				
天柱县	3326		3326			3326	567			109
锦屏县	905		905			1061	13			
黎平县	3195		3195			3195	775			41
榕江县	1571		1121	439	11	1229	69			18
从江县	678		597		81	678	82			
剑河县	468		468			467	36			
台江县	472		472			419	25			16
毕节地区小计	**49749**		**38080**	**704**	**10965**	**48152**	**8000**			**714**
本级	15204		11504	302	3398	13772	765			7
区县级小计	34545		26576	402	7567	34380	7235			707
毕节市	8869		6833		2036	9036	3450			438
大方县	2378		1376		1002	2683	21			18
黔西县	2137		2137			2091	82			48
金沙县	5617		2384	379	2854	7676	936			84
织金县	1674		1674			1691	152			5
纳雍县	9302		9048		254	7330	1959			54
威宁自治县	2573		2545	23	5	2043	142			57
赫章县	1995		579		1416	1830	493			3
铜仁地区小计	**22967**		**22276**	**283**	**408**	**20332**	**1415**			**372**
本级	9914		9270	262	382	8020	355			132
区县级小计	13053		13006	21	26	12312	1060			240
铜仁市	1116		1116			1116	156			17
松桃苗族自治县	2624		2624			2601	273			70
玉屏侗族自治县	950		942	8		912	281			16
万山特区	270		258		12	270	44			1
江口县	571		571			663	16			1
石阡县	2002		1989	13		1998	31			21
印江自治县	217		217			217	2			1
思南县	2855		2855			2774	211			98
德江县	1481		1481			1548	28			1
沿河土家族自治县	967		953		14	213	18			14
黔西南自治州小计	**28602**		**22322**	**470**	**5810**	**23525**	**3389**			**275**
本级	15127		9889	283	4955	10962	1152			39
区县级小计	13475		12433	187	855	12563	2237			236

4－24－8　　　　单位：万元

地区	收支部分 支出 教育	科学技术	文化体育与传媒	社会保障和就业	医疗卫生	环境保护	城乡社区事务	农林水事务	交通运输	工业、商业、金融等事务	其他支出
三穗县	559	1	222		23		44	13		9	
岑巩县	257		75	28			50	18		28	
天柱县	1815		183	34	260		206	29	6	117	
锦屏县	851						126	71			
黎平县	1519		145		47		74	594			
榕江县	598		171	15	128		24	191		2	13
从江县	298		94		151						53
剑河县	291		16	4	59	11	36	14			
台江县	189		90		30	1	65			3	
毕节地区小计	**14062**	**2**	**1222**	**461**	**2632**	**75**	**3223**	**2112**	**6380**	**3925**	**5344**
本级	5520		163	87	704		297	67	5804	52	306
区县级小计	8542	2	1059	374	1928	75	2926	2045	576	3873	5038
毕节市	1793		13	32	570		2078	536	15	111	
大方县	985		2		188		75	16		977	401
黔西县	992		267	11	420		201	64			6
金沙县	1277		172	311	279		150	924	351	315	2877
织金县	995		239		73	1	93	48	85		
纳雍县	499		52		305	74	9	232		2396	1750
威宁自治县	1245	2	223	20	42		223	70	15		4
赫章县	756		91		51		97	155	110	74	
铜仁地区小计	**12829**		**2086**	**416**	**810**	**125**	**1482**	**670**	**5**	**66**	**56**
本级	5226		1493	31	484	36	110	137		3	13
区县级小计	7603		593	385	326	89	1372	533	5	63	43
铜仁市	98			110	85		615	35			
松桃苗族自治县	1654		209	10	12	53	183	125		12	
玉屏侗族自治县	414		6		114		66	12		3	
万山特区	144		5	8	5		21	4		3	35
江口县	346		2	20	17		256	5			
石阡县	1722		161	2	14	7	24	8			8
印江自治县	204		5		3		2				
思南县	1621		172	119	73	9	167	266	5	33	
德江县	1294		33	116	3	20		41		12	
沿河土家族自治县	106						38	37			
黔西南自治州小计	**11942**		**463**	**153**	**163**	**169**	**1580**	**1498**	**3277**	**514**	**102**
本级	4764		21	3	84	19	519	959	3044	358	
区县级小计	7178		442	150	79	150	1061	539	233	156	102

4－24－9 单位:万元

地区	平衡部分										
	收入					支出					年终结余
	收入合计	本年收入	上年结余	补助收入	省补助计划单列市收入	支出合计	本年支出	上解上级支出	计划单列市上解省支出	政府调剂资金	
三穗县	1189	1138	51			1001	1001				188
岑巩县	812	547	265			456	456				356
天柱县	3326	3326				3326	3326				
锦屏县	1161	905	256			1061	1061				100
黎平县	3209	3195	14			3195	3195				14
榕江县	1773	1571	202			1229	1229				544
从江县	693	678	15			678	678				15
剑河县	489	468	21			467	467				22
台江县	473	472	1			419	419				54
毕节地区小计	**70799**	**49749**	**21050**			**48152**	**48152**				**22647**
本级	19843	15204	4639			13772	13772				6071
区县级小计	50956	34545	16411			34380	34380				16576
毕节市	12840	8869	3971			9036	9036				3804
大方县	4882	2378	2504			2683	2683				2199
黔西县	4312	2137	2175			2091	2091				2221
金沙县	11289	5617	5672			7676	7676				3613
织金县	1770	1674	96			1691	1691				79
纳雍县	9473	9302	171			7330	7330				2143
威宁自治县	4382	2573	1809			2043	2043				2339
赫章县	2008	1995	13			1830	1830				178
铜仁地区小计	**27537**	**22967**	**4570**			**20332**	**20332**				**7205**
本级	12326	9914	2412			8020	8020				4306
区县级小计	15211	13053	2158			12312	12312				2899
铜仁市	1116	1116				1116	1116				
松桃苗族自治县	2624	2624				2601	2601				23
玉屏侗族自治县	1185	950	235			912	912				273
万山特区	270	270				270	270				
江口县	751	571	180			663	663				88
石阡县	2053	2002	51			1998	1998				55
印江自治县	217	217				217	217				
思南县	3184	2855	329			2774	2774				410
德江县	2844	1481	1363			1548	1548				1296
沿河土家族自治县	967	967				213	213				754
黔西南自治州小计	**43141**	**28602**	**14539**			**25612**	**23525**			**2087**	**17529**
本级	24222	15127	9095			12849	10962			1887	11373
区县级小计	18919	13475	5444			12763	12563			200	6156

4-24-10

单位:万元

地区	收支部分									
	收入					支出				
	收入合计	彩票资金收入	行政事业性收费收入	国有资源(资产)有偿使用收入	其他收入	支出合计	一般公共服务	外交	国防	公共安全
兴义市	6896		6017	56	823	5276	491			63
兴仁县	1299		1271	28		1646	1063			89
贞丰县	1591		1482	77	32	1468	33			11
册亨县	502		502			457	24			
望谟县	158		152	6		113	8			
普安县	706		706			779	102			5
晴隆县	915		907	8		933	131			28
安龙县	1408		1396	12		1891	385			40

4-24-11　　　　单位:万元

地区	收支部分										
	支出										
	教育	科学技术	文化体育与传媒	社会保障和就业	医疗卫生	环境保护	城乡社区事务	农林水事务	交通运输	工业、商业、金融等事务	其他支出
兴义市	3667		7	141	31	89	433	99	233	22	
兴仁县	24		185	3	3	2	163	63		51	
贞丰县	1202		118		3		38	4		27	32
册亨县	135				2		39	204			53
望谟县	42		2			19	40				2
普安县	403		78		27	2	122	40			
晴隆县	590		50	1	4		99	20		10	
安龙县	1115		2	5	9	38	127	109		46	15

4－24－12

单位:万元

地区	平衡部分										
	收入					支出					年终结余
	收入合计	本年收入	上年结余	补助收入	省补助计划单列市收入	支出合计	本年支出	上解上级支出	计划单列市上解省支出	政府调剂资金	
兴义市	8143	6896	1247			5476	5276			200	2667
兴仁县	2087	1299	788			1646	1646				441
贞丰县	1693	1591	102			1468	1468				225
册亨县	596	502	94			457	457				139
望谟县	166	158	8			113	113				53
普安县	919	706	213			779	779				140
晴隆县	1020	915	105			933	933				87
安龙县	4295	1408	2887			1891	1891				2404

2007 年云南省地市县财政预算外收支平衡表

4 - 25 - 1 单位:万元

地区	收支部分									
	收入					支出				
	收入合计	彩票资金收入	行政事业性收费收入	国有资源(资产)有偿使用收入	其他收入	支出合计	一般公共服务	外交	国防	公共安全
地市县合计	**460241**	**55**	**350199**	**15410**	**94577**	**454479**	**46582**		**86**	**4930**
昆明市小计	**122392**	**52**	**77092**	**5448**	**39800**	**127446**	**14321**			**1021**
本级	59280	52	41686	3622	13920	69790	1856			140
区县级小计	63112		35406	1826	25880	57656	12465			881
盘龙区	9675		3893	1088	4694	9745	2116			
五华区	11246		3528		7718	9992	118			52
西山区	11870		5746	241	5883	7382	3573			
官渡区	8990		5713	328	2949	13466	4885			220
呈贡县	1020		1016		4	1118	57			61
安宁市	2392		2316	23	53	2243	112			107
富民县	839		789		50	794	46			31
晋宁县	3015		1189	11	1815	2680	1146			4
宜良县	2322		2322			2328	89			152
石林彝族自治县	4528		3153	47	1328	2112	44			31
嵩明县	1650		1650			1667	97			159
禄劝彝族苗族自治县	734		732	2		689				
东川区	3267		1795	86	1386	1953	55			47
寻甸回族自治县	1564		1564			1487	127			17
昭通市小计	**11598**		**10976**	**319**	**303**	**13145**	**439**			**123**
本级	5098		4834	26	238	5450	145			65
区县级小计	6500		6142	293	65	7695	294			58
昭阳区	1811		1603	199	9	1982	101			21
鲁甸县	303		301	2		367	4			
巧家县	412		412			519	12			
盐津县	239		225	3	11	564	2			
大关县	270		270			486				
永善县	502		485	17		471	24			11
绥江县	192		189	3		254	6			
镇雄县	1328		1328			1293	5			
彝良县	493		462		31	525	65			
威信县	449		449			549				
水富县	501		418	69	14	685	75			26
曲靖市小计	**48464**		**44886**	**1498**	**2080**	**49315**	**4330**			**624**
本级	15650		15436	195	19	15880	562			16
区县级小计	32814		29450	1303	2061	33435	3768			608
麒麟区	7670		7670			6198	431			

四、各省、自治区、直辖市地市县预算外财政资料

4－25－2 单位:万元

地区	收支部分										
	支出										
	教育	科学技术	文化体育与传媒	社会保障和就业	医疗卫生	环境保护	城乡社区事务	农林水事务	交通运输	工业、商业、金融等事务	其他支出
地市县合计	**190931**	**710**	**20404**	**20222**	**41833**	**9565**	**51536**	**19301**	**21981**	**4541**	**21857**
昆明市小计	**39262**	**30**	**6095**	**4202**	**9837**	**5005**	**31710**	**3013**	**1425**	**674**	**10851**
本级	15697	28	4111	3055	6653	4876	21301	801	895	210	10167
区县级小计	23565	2	1984	1147	3184	129	10409	2212	530	464	684
盘龙区	4351		295	88	101		2718	1	5		70
五华区	4750		433	601	175	3	3683	177			
西山区	2254			76	53		1345	76	5		
官渡区	4413	2	998	79	1636	5	954	109	71	94	
呈贡县	343			25	194	10	211	210	7		
安宁市	1498		16	54	70		311	22	32	20	1
富民县	362		104	3	64	1	162	12	6	3	
晋宁县	531		3	35	101	6	163	688		3	
宜良县	1124		7		22	86	210	202	15	209	212
石林彝族自治县	677		98	57	166	6	308	566	26	133	
嵩明县	703			66	588	12	1	37	4		
禄劝彝族苗族自治县	689										
东川区	685		30	63	3		343	82	242	2	401
寻甸回族自治县	1185				11			30	117		
昭通市小计	**8475**	**9**	**1001**	**1557**	**111**		**798**	**170**	**186**	**234**	**42**
本级	3726	6	478	711	17		45	8	119	110	20
区县级小计	4749	3	523	846	94		753	162	67	124	22
昭阳区	1258		128	71	1		351	23		6	22
鲁甸县	244		24	52			43				
巧家县	272	3	37	82	70			18	8	17	
盐津县	230		138	187			5	2			
大关县	239		42	203				2			
永善县	262		9	56	14		37	36	12	10	
绥江县	152		10	75			2	3	6		
镇雄县	1016		11	34	5		152	70			
彝良县	386		21	53							
威信县	449		22	28						50	
水富县	241		81	5	4		163	8	41	41	
曲靖市小计	**27141**	**450**	**1953**	**1680**	**1188**	**2918**	**3152**	**1459**	**736**	**1646**	**2038**
本级	7915		860	158	73	2283	1588	73	562	67	1723
区县级小计	19226	450	1093	1522	1115	635	1564	1386	174	1579	315
麒麟区	3914	450		477	340		163	136	6	240	41

4－25－3

单位:万元

地区	平衡部分										
	收入					支出					
	收入合计	本年收入	上年结余	补助收入	省补助计划单列市收入	支出合计	本年支出	上解上级支出	计划单列市上解省支出	政府调剂资金	年终结余
地市县合计	**614305**	**460241**	**111497**	**42567**		**481720**	**454479**			**27241**	**132585**
昆明市小计	**156530**	**122392**	**28388**	**5750**		**127806**	**127446**			**360**	**28724**
本级	78455	59280	15079	4096		69790	69790				8665
区县级小计	77211	63112	13309	790		57152	57656	－864		360	20059
盘龙区	7741	9675	－2018	84		9745	9745				－2004
五华区	19530	11246	8190	94		9992	9992				9538
西山区	13124	11870	1170	84		7382	7382				5742
官渡区	16381	8990	7332	59		13466	13466				2915
呈贡县	808	1020	－285	73		1118	1118				－310
安宁市	2436	2392	－195	239		2243	2243				193
富民县	931	839	10	82		794	794				137
晋宁县	3795	3015	729	51		3040	2680			360	755
宜良县	－1346	2322	－3799	131		2328	2328				－3674
石林彝族自治县	4637	4528		109		1248	2112	－864			3389
嵩明县	1675	1650	－147	172		1667	1667				8
禄劝彝族苗族自治县	956	734	168	54		689	689				267
东川区	4522	3267	1941	－686		1953	1953				2569
寻甸回族自治县	2021	1564	213	244		1487	1487				534
昭通市小计	**18118**	**11598**	**3853**	**2667**		**13518**	**13145**			**373**	**4600**
本级	8801	5098	2694	1009		5450	5450				3351
区县级小计	9317	6500	1159	1658		8068	7695			373	1249
昭阳区	2238	1811	224	203		2215	1982			233	23
鲁甸县	557	303	178	76		367	367				190
巧家县	567	412	51	104		519	519				48
盐津县	564	239		325		564	564				
大关县	566	270	51	245		486	486				80
永善县	599	502	32	65		561	471			90	38
绥江县	393	192	118	83		254	254				139
镇雄县	1372	1328	2	42		1293	1293				79
彝良县	738	493	174	71		575	525			50	163
威信县	549	449		100		549	549				
水富县	1174	501	329	344		685	685				489
曲靖市小计	**60187**	**48464**	**7843**	**3880**		**49415**	**49315**			**100**	**10772**
本级	18720	15650	2132	938		15880	15880				2840
区县级小计	41467	32814	5711	2942		33535	33435			100	7932
麒麟区	7934	7670	36	228		6298	6198			100	1636

4－25－4

单位:万元

地区	收支部分									
	收入					支出				
	收入合计	彩票资金收入	行政事业性收费收入	国有资源（资产）有偿使用收入	其他收入	支出合计	一般公共服务	外交	国防	公共安全
沾益县	2880		2502	8	370	2962	826			2
马龙县	645		645			964	297			1
宣威市	8808		7188	1097	523	9575	480			280
富源县	937		485		452	1292	275			
罗平县	4293		4293			4177	928			
师宗县	2298		2256	42		2674	344			316
陆良县	2086		2086			2298	10			
会泽县	3197		2325	156	716	3295	177			9
玉溪市小计	**40479**		**35433**	**661**	**4385**	**30928**	**2355**			**60**
本级	26337		23345	57	2935	15304	736			5
区县级小计	14142		12088	604	1450	15624	1619			55
红塔区	2609		2045	120	444	4339	195			9
通海县	2472		2049	14	409	2442	245			3
江川县	1194		1082	96	16	888	251			
澄江县	2222		2215	7		2326	15			1
华宁县	632		547	24	61	923	176			
易门县	1963		1963			1182	170			
峨山彝族自治县	1026		652	167	207	1199	207			
新平自治县	1091		874	76	141	1603	281			42
元江自治县	933		661	100	172	722	79			
红河自治州小计	**40453**		**36124**	**605**	**3724**	**39539**	**2576**			**341**
本级	13526		13504	22		12526	927			11
区县级小计	26927		22620	583	3724	27013	1649			330
个旧市	4198		3197	322	679	3708	68			6
开远市	2546		1989	240	317	2092	84			26
蒙自县	8756		7127	8	1621	7881	741			5
建水县	5298		4405		893	5185	342			277
石屏县	1214		1032	8	174	1539	169			1
弥勒县	1325		1325			1659	25			
泸西县	1597		1596	1		1815	26			
屏边苗族自治县	175		175			372	18			
河口瑶族自治县	623		623			520	43			
金平自治县	450		427		23	860	34			15
元阳县	157		157			471	1			
红河县	261		240	4	17	418	37			
绿春县	327		327			493	61			

4－25－5　　单位:万元

地　区	收支部分										
	支出										
	教育	科学技术	文化体育与传媒	社会保障和就业	医疗卫生	环境保护	城乡社区事务	农林水事务	交通运输	工业、商业、金融等事务	其他支出
沾益县	1286		10	71	94		108	151	91	84	239
马龙县	439			3	29	17	43	16	42	70	7
宣威市	6336		817	148	298	391	325	183	17	272	28
富源县	519		20	78	55	52	35	152	15	91	
罗平县	1496		77	201	202	89	608	392	3	181	
师宗县	964		54	222	21	81	67	90		515	
陆良县	1777		19	179		1	205	82		25	
会泽县	2495		96	143	76	4	10	184		101	
玉溪市小计	**17651**		**642**	**510**	**871**	**1322**	**1759**	**601**	**2154**	**7**	**2996**
本级	9836		472	59	475	1304	203	4	1430		780
区县级小计	7815		170	451	396	18	1556	597	724	7	2216
红塔区	2092			31	11		173	25			1803
通海县	1506		25	110	105		377	60			11
江川县	461		6	30		4	124		11		1
澄江县	635		48	151	99	12	589	119	647		10
华宁县	557		5	125	18		37	5			
易门县	809				92		51	59		1	
峨山彝族自治县	750		34	1	52		43	106		6	
新平自治县	494		28	3	19		140	142	63		391
元江自治县	511		24			2	22	81	3		
红河自治州小计	**16557**	**1**	**530**	**2290**	**1806**	**23**	**5705**	**2036**	**7247**	**386**	**41**
本级	3337		20	81	583		380		7176	11	
区县级小计	13220	1	510	2209	1223	23	5325	2036	71	375	41
个旧市	2103		39	178	5	21	1231	36	16	5	
开远市	1011		41	473	27		118	139	10	163	
蒙自县	2305		53	674	861		1818	1404	20		
建水县	2852	1	179	141	17	2	1068	276		30	
石屏县	739		17	17	18		448	107		23	
弥勒县	1017		5	222	46		227	22		95	
泸西县	1625		5	48	45		37	5	20	4	
屏边苗族自治县	268		15	20	7			19	1	24	
河口瑶族自治县	217				15		213	1		31	
金平自治县	334		82	212	45		78	15	4		41
元阳县	321		8	81	60						
红河县	177		56	73	52		22	1			
绿春县	251		10	70	25		65	11			

4－25－6

单位：万元

地区	平衡部分：收入：收入合计	收入：本年收入	收入：上年结余	收入：补助收入	收入：省补助计划单列市收入	支出：支出合计	支出：本年支出	支出：上解上级支出	支出：计划单列市上解省支出	政府调剂资金	年终结余
沾益县	3292	2880	67	345		2962	2962				330
马龙县	1014	645	24	345		964	964				50
宣威市	11442	8808	1821	813		9575	9575				1867
富源县	1579	937	408	234		1292	1292				287
罗平县	5624	4293	1164	167		4177	4177				1447
师宗县	2916	2298	230	388		2674	2674				242
陆良县	2298	2086		212		2298	2298				
会泽县	5368	3197	1961	210		3295	3295				2073
玉溪市小计	**58512**	**40479**	**15202**	**2831**		**43047**	**30928**			**12119**	**15465**
本级	34470	26337	7018	1115		26424	15304			11120	8046
区县级小计	24042	14142	8184	1716		16623	15624			999	7419
红塔区	7190	2609	4464	117		4339	4339				2851
通海县	3336	2472	683	181		2442	2442				894
江川县	2072	1194	676	202		888	888				1184
澄江县	3250	2222	968	60		2326	2326				924
华宁县	1126	632	337	157		923	923				203
易门县	2181	1963	48	170		2181	1182			999	
峨山彝族自治县	1718	1026	372	320		1199	1199				519
新平自治县	2002	1091	461	450		1603	1603				399
元江自治县	1167	933	175	59		722	722				445
红河自治州小计	**50719**	**40453**	**6501**	**3765**		**39539**	**39539**				**11180**
本级	16166	13526	1456	1184		12526	12526				3640
区县级小计	34553	26927	5045	2581		27013	27013				7540
个旧市	5768	4198	1303	267		3708	3708				2060
开远市	3034	2546	382	106		2092	2092				942
蒙自县	10746	8756	1735	255		7881	7881				2865
建水县	5962	5298	463	201		5185	5185				777
石屏县	1665	1214	209	242		1539	1539				126
弥勒县	1660	1325		335		1659	1659				1
泸西县	2074	1597	316	161		1815	1815				259
屏边苗族自治县	392	175	30	187		372	372				20
河口瑶族自治县	841	623	180	38		520	520				321
金平自治县	916	450	142	324		860	860				56
元阳县	531	157	169	205		471	471				60
红河县	451	261	42	148		418	418				33
绿春县	513	327	74	112		493	493				20

4－25－7

单位:万元

地区	收支部分									
	收入					支出				
	收入合计	彩票资金收入	行政事业性收费收入	国有资源（资产）有偿使用收入	其他收入	支出合计	一般公共服务	外交	国防	公共安全
文山自治州小计	**20570**		**20235**	**157**	**178**	**23506**	**1614**		**69**	**425**
本级	6843		6730	113		10471	70			13
区县级小计	13727		13505	44	178	13035	1544		69	412
文山县	3124		3121		3	2214	59		69	30
砚山县	2641		2634	7		3968	430			211
西畴县	832		818	14		727	259			
麻栗坡县	729		729			743	44			
马关县	1904		1756	18	130	1139	416			7
丘北县	1915		1910	5		1379	128			164
广南县	1189		1144		45	1397	55			
富宁县	1393		1393			1468	153			
普洱市小计	**20797**		**19007**	**319**	**1471**	**19361**	**5907**			**354**
本级	7167		5912	232	1023	6718	1216			24
区县级小计	13630		13095	87	448	12643	4691			330
思茅区	926		921	5		950	20			
宁洱自治县	119		117	2		300	206			
墨江哈尼族自治县	955		649	11	295	1041	57			14
景谷自治县	2932		2895	19	18	3102	962			253
镇沅自治县	4014		4014			3962	3290			4
景东彝族自治县	1081		1081			763	63			46
江城自治县	498		494	1	3	177	1			1
澜沧拉祜族自治县	951		790	29	132	1440	19			8
孟连自治县	1917		1897	20		602	71			4
西盟佤族自治县	237		237			306	2			
版纳州小计	**14412**		**11106**	**1228**	**2078**	**13955**	**1033**			**159**
本级	3199		2432	539	228	3235	54			134
区县级小计	11213		8674	689	1850	10720	979			25
景洪市	5406		3658	212	1536	4747	541			9
勐海县	4268		3733	356	179	4240	177			5
勐腊县	1539		1283	121	135	1733	261			11
楚雄彝族自治州小计	**31540**		**30502**	**936**	**102**	**35276**	**2974**			**668**
本级	18860		18444	416		20158	1148			518
区县级小计	12680		12058	520	102	15118	1826			150
楚雄市	4264		3867	340	57	4535	472			56
双柏县	349		301	25	23	467	45			2
牟定县	1048		1048			1728	310			4

4－25－8

单位：万元

地区	收支部分									
	支出									
	教育	科学技术	文化体育与传媒	社会保障和就业	医疗卫生	环境保护	城乡社区事务	农林水事务	交通运输	工业、商业、金融等事务	其他支出
文山自治州小计	**11577**		**2669**	**519**	**1255**	**53**	**1199**	**2298**	**1821**	**7**	
本级	4805		2517	357	199		27	665	1814	4	
区县级小计	6772		152	162	1056	53	1172	1633	7	3	
文山县	1303		2	78	243		205	225			
砚山县	2130		3	13	328	14	302	537			
西畴县	305				1		160	2			
麻栗坡县	421		105	6	114	2	11	38	2		
马关县	213			29	5		155	314			
丘北县	731		10	34	57	5	51	199			
广南县	969				188		170	12		3	
富宁县	700		32	2	120	32	118	306	5		
普洱市小计	**6645**	**16**	**710**	**1164**	**570**	**38**	**575**	**2335**	**409**	**50**	**588**
本级	3248	13	394	194	44	35	191	991	20	15	333
区县级小计	3397	3	316	970	526	3	384	1344	389	35	255
思茅区	694			20	83		10	9			114
宁洱自治县				87				7			
墨江哈尼族自治县	580		43	258	13			54		22	
景谷自治县	576		20	134	16		183	498	350		110
镇沅自治县	344		124	62	44		54	31		2	7
景东彝族自治县	217		1	155	31			228	11	5	6
江城自治县	63		21	16	28		21	8			18
澜沧拉祜族自治县	742	3	31	199	276		95	60	1	6	
孟连自治县	10		11		27	3		449	27		
西盟佤族自治县	171		65	39	8		21				
版纳州小计	**5148**	**18**	**624**	**464**	**2882**	**3**	**1462**	**1267**	**206**	**10**	**679**
本级	2124	18	485	148	8	3	16	245			
区县级小计	3024		139	316	2874		1446	1022	206	10	679
景洪市	2011		36	53	343		1190	564			
勐海县	331		11	185	2435		56	342	166	7	525
勐腊县	682		92	78	96		200	116	40	3	154
楚雄彝族自治州小计	**19655**	**171**	**1859**	**1824**	**2695**	**27**	**1174**	**1061**	**2285**	**260**	**623**
本级	11406	163	1559	187	2347	4	246	171	2278	116	15
区县级小计	8249	8	300	1637	348	23	928	890	7	144	608
楚雄市	2361	2	126	370	64	22	508	277		44	233
双柏县	192		37	140		1	15	35			
牟定县	999		41	209	62		27	75		1	

4－25－9

单位:万元

地区	平衡部分										
	收入					支出					
	收入合计	本年收入	上年结余	补助收入	省补助计划单列市收入	支出合计	本年支出	上解上级支出	计划单列市上解省支出	政府调剂资金	年终结余
文山自治州小计	**30064**	**20570**	**7009**	**2485**		**23656**	**23506**			**150**	**6408**
本级	11726	6843	2398	2485		10471	10471				1255
区县级小计	18338	13727	4611			13185	13035			150	5153
文山县	4329	3124	1205			2214	2214				2115
砚山县	4887	2641	2246			3968	3968				919
西畴县	836	832	4			727	727				109
麻栗坡县	743	729	14			743	743				
马关县	1927	1904	23			1289	1139			150	638
丘北县	2114	1915	199			1379	1379				735
广南县	1736	1189	547			1397	1397				339
富宁县	1766	1393	373			1468	1468				298
普洱市小计	**26590**	**20797**	**2623**	**3170**		**20264**	**19361**			**903**	**6326**
本级	9852	7167	1843	842		6788	6718			70	3064
区县级小计	16738	13630	780	2328		13476	12643			833	3262
思茅区	1573	926	531	116		950	950				623
宁洱自治县	116	119	－193	190		478	300			178	－362
墨江哈尼族自治县	1486	955	91	440		1046	1041			5	440
景谷自治县	2698	2932	－411	177		3102	3102				－404
镇沅自治县	4479	4014	270	195		3962	3962				517
景东彝族自治县	1733	1081	85	567		913	763			150	820
江城自治县	398	498	－168	68		177	177				221
澜沧拉祜族自治县	2092	951	710	431		1440	1440				652
孟连自治县	1775	1917	－214	72		1102	602			500	673
西盟佤族自治县	388	237	79	72		306	306				82
版纳州小计	**18511**	**14412**	**3162**	**937**		**14055**	**13955**			**100**	**4456**
本级	5193	3199	1499	495		3335	3235			100	1858
区县级小计	13318	11213	1663	442		10720	10720				2598
景洪市	6473	5406	986	81		4747	4747				1726
勐海县	4851	4268	376	207		4240	4240				611
勐腊县	1994	1539	301	154		1733	1733				261
楚雄彝族自治州小计	**47371**	**31540**	**12837**	**2994**		**35877**	**35276**			**601**	**11494**
本级	26256	18860	6893	503		20552	20158			394	5704
区县级小计	21115	12680	5944	2491		15325	15118			207	5790
楚雄市	6386	4264	1786	336		4535	4535				1851
双柏县	715	349	187	179		528	467			61	187
牟定县	2008	1048	592	368		1766	1728			38	242

四、各省、自治区、直辖市地市县预算外财政资料

4－25－10

单位：万元

地区	收支部分									
	收入					支出				
	收入合计	彩票资金收入	行政事业性收费收入	国有资源（资产）有偿使用收入	其他收入	支出合计	一般公共服务	外交	国防	公共安全
南华县	204		204			388	8			
姚安县	748		748			953	84			10
大姚县	1740		1619	102	19	1909	286			
永仁县	881		834	44	3	859	112			
元谋县	737		737			810	52			
武定县	849		849			1358	254			10
禄丰县	1860		1851	9		2111	203			68
大理州小计	**38517**		**16935**	**2429**	**19153**	**39192**	**2189**		**17**	**190**
本级	19580		5966	838	12776	19469	288			36
区县级小计	18937		10969	1591	6377	19723	1901		17	154
大理市	5343		4120	786	437	4770	136		17	31
漾濞彝族自治县	414		403		11	579	61			
祥云县	1651		1254	160	237	1427	41			
宾川县	4613		792	63	3758	4676	356			41
弥渡县	943		540	76	327	1265	214			28
南涧彝族自治县	929		435	13	481	921	70			
巍山自治县	1445		723		722	1234	154			1
永平县	575		527	48		942	315			13
云龙县	739		437	302		635	35			24
洱源县	1224		1035	23	166	2047	310			16
剑川县	384		384			489	52			
鹤庆县	677		319	120	238	738	157			
保山市小计	**26634**	**3**	**14313**	**718**	**11600**	**22444**	**2045**			**403**
本级	7454	3	6330	179	942	7120	167			59
区县级小计	19180		7983	539	10658	15324	1878			344
隆阳区	6151		2226	451	3474	4180	535			322
施甸县	1480		1112	43	325	1449	107			3
腾冲县	8003		2981	40	4982	6144	643			12
昌宁县	2467		1037	5	1425	2402	516			1
龙陵县	1079		627		452	1149	77			6
德宏自治州小计	**11053**		**7833**		**3220**	**9186**	**1666**			**435**
本级	4484		1660		2824	2778	6			388
区县级小计	6569		6173		396	6408	1660			47
潞西市	1558		1558			795	100			
梁河县	71		71			159	33			2
盈江县	2365		2365			2559	520			8

4－25－11 单位:万元

地区	收支部分									
	支出									
	教育	科学技术	文化体育与传媒	社会保障和就业	医疗卫生	环境保护	城乡社区事务	农林水事务	交通运输	工业、商业、金融等事务	其他支出
南华县	208		8	75	21		12	55	1		
姚安县	534			225	18		26	26		30	
大姚县	1237		53	98	79		72	76		8	
永仁县	199		11	223	67		62	162	3	20	
元谋县	684			30	13		31				
武定县	681	3	12	241	2		73	39	3	40	
禄丰县	1154	3	12	26	22		102	145		1	375
大理州小计	**15271**	**8**	**1636**	**706**	**15960**	**18**	**910**	**1050**	**138**	**110**	**989**
本级	4978	7	1102	81	12604	1	35	304	11	15	7
区县级小计	10293	1	534	625	3356	17	875	746	127	95	982
大理市	3384		243	59	234		454	35	56	29	92
漾濞彝族自治县	262		22	158	14	3	10	49			
祥云县	1078		11	105	31		98	44	7	12	
宾川县	1270		43	22	2826		5	95	16		2
弥渡县	709		42	1	2		110	158			1
南涧彝族自治县	561		17	61	32		5	134	41		
巍山自治县	901		25	93	3		50	3		4	
永平县	293		8	8	89		32	23	6	8	147
云龙县	396		63	51	23		23	19	1		
洱源县	691		9	36	78	1	51	115			740
剑川县	322		17			13	3	45		37	
鹤庆县	426	1	34	31	24		34	26		5	
保山市小计	**10153**	**6**	**850**	**716**	**1437**	**49**	**1071**	**1775**	**3322**	**63**	**554**
本级	2651	2	359	235	567	7		144	2859	29	41
区县级小计	7502	4	491	481	870	42	1071	1631	463	34	513
隆阳区	2328	3	13	101	127	2	523	205	1	14	6
施甸县	690		14	92	1		9	63	430		40
腾冲县	3095		413	219	245	40	356	868		15	238
昌宁县	743	1	34	10	301		112	418	32	5	229
龙陵县	646		17	59	196		71	77			
德宏自治州小计	**1388**		**678**	**943**	**355**	**57**	**328**	**981**	**1844**	**344**	**167**
本级			466	160					1660	46	52
区县级小计	1388		212	783	355	57	328	981	184	298	115
潞西市	234		50	204			15	107			85
梁河县	3		43	48	8			12		10	
盈江县	550		110	236	146	19	94	583	180	83	30

四、各省、自治区、直辖市地市县预算外财政资料

4－25－12 单位:万元

地区	平衡部分										
	收入					支出					
	收入合计	本年收入	上年结余	补助收入	省补助计划单列市收入	支出合计	本年支出	上解上级支出	计划单列市上解省支出	政府调剂资金	年终结余
南华县	794	204	388	202		388	388				406
姚安县	1054	748	52	254		953	953				101
大姚县	3043	1740	990	313		2017	1909			108	1026
永仁县	1436	881	268	287		859	859				577
元谋县	824	737	43	44		810	810				14
武定县	1602	849	452	301		1358	1358				244
禄丰县	3253	1860	1186	207		2111	2111				1142
大理州小计	**48345**	**38517**	**6763**	**3065**		**39830**	**39192**			**638**	**8515**
本级	23359	19580	2495	1284		19469	19469				3890
区县级小计	24986	18937	4268	1781		20361	19723			638	4625
大理市	6767	5343	1305	119		4987	4770			217	1780
漾濞彝族自治县	659	414	55	190		579	579				80
祥云县	2178	1651	422	105		1848	1427			421	330
宾川县	5142	4613	355	174		4676	4676				466
弥渡县	1480	943	218	319		1265	1265				215
南涧彝族自治县	1166	929	135	102		921	921				245
巍山自治县	1610	1445	55	110		1234	1234				376
永平县	942	575	88	279		942	942				
云龙县	935	739	80	116		635	635				300
洱源县	2534	1224	1193	117		2047	2047				487
剑川县	562	384	83	95		489	489				73
鹤庆县	1011	677	279	55		738	738				273
保山市小计	**34080**	**26634**	**5431**	**2015**		**24109**	**22444**			**1665**	**9971**
本级	9696	7454	1370	872		7120	7120				2576
区县级小计	24384	19180	4061	1143		16989	15324			1665	7395
隆阳区	7927	6151	1519	257		4975	4180			795	2952
施甸县	1929	1480	200	249		1449	1449				480
腾冲县	10269	8003	1963	303		7014	6144			870	3255
昌宁县	2819	2467	267	85		2402	2402				417
龙陵县	1440	1079	112	249		1149	1149				291
德宏自治州小计	**14940**	**11053**	**2312**	**1575**		**12349**	**9186**			**3163**	**2591**
本级	5373	4484	165	724		5317	2778			2539	56
区县级小计	9567	6569	2147	851		7032	6408			624	2535
潞西市	2453	1558	642	253		795	795				1658
梁河县	178	71	9	98		171	159			12	7
盈江县	3053	2365	399	289		2771	2559			212	282

4－25－13 单位:万元

地区	收支部分									
	收入					支出				
	收入合计	彩票资金收入	行政事业性收费收入	国有资源(资产)有偿使用收入	其他收入	支出合计	一般公共服务	外交	国防	公共安全
陇川县	387		387			493	160			36
瑞丽市	2188		1792		396	2402	847			1
丽江市小计	**12885**		**12747**	**86**	**52**	**7895**	**326**			**19**
本级	2183		2173		10	3696	38			
区县级小计	10702		10574	86	42	4199	288			19
古城区	1430		1430			1194	89			10
永胜县	1025		1006		19	1198	10			1
华坪县	7085		6982	80	23	439	93			
宁蒗彝族自治县	68		68			424	74			
玉龙纳西族自治县	1094		1088	6		944	22			8
怒江州小计	**6650**		**2407**	**771**	**3472**	**8719**	**1954**			**13**
本级	5176		1548	760	2868	6331	1778			5
区县级小计	1474		859	11	604	2388	176			8
兰坪自治县	739		374		365	875	136			2
福贡县	159		149	10		431	10			4
贡山自治县	173		133		40	371	15			2
泸水县	403		203	1	199	711	15			
迪庆州小计	**2197**		**1755**	**27**	**415**	**2590**	**1189**			**4**
本级	185		158	27		982	507			
区县级小计	2012		1597		415	1608	682			4
香格里拉县	1439		1354		85	828	238			
维西傈僳族自治县	203		203			346	138			4
德钦县	370		40		330	434	306			
临沧市小计	**11600**		**8848**	**208**	**2544**	**11982**	**1664**			**91**
本级	4624		2543	64	2017	3800	133			
区县级小计	6976		6305	144	527	8182	1531			91
凤庆县	1037		756	144	137	1517	21			10
云县	652		652			810	45			
临翔区	1424		1269		155	1043	104			8
永德县	1021		1021			1025	166			23
镇康县	977		952		25	1024	587			
双江自治县	429		405		24	687	136			
耿马自治县	767		703		64	1018	144			40
沧源佤族自治县	669		547		122	1058	328			10

4－25－14

单位:万元

地区	收支部分									
	支出									
	教育	科学技术	文化体育与传媒	社会保障和就业	医疗卫生	环境保护	城乡社区事务	农林水事务	交通运输	工业、商业、金融等事务	其他支出
陇川县	101		9	65	5	33	3	55	4	22	
瑞丽市	500			230	196	5	216	224		183	
丽江市小计	**3416**		**789**	**950**	**667**	**4**	**644**	**105**	**29**	**369**	**577**
本级	1112		742	863	148	3	375	17	29	369	
区县级小计	2304		47	87	519	1	269	88			577
古城区	570		12	81	213		215	4			
永胜县	845		10	1	4	1	25	56			245
华坪县	328			1			1	16			
宁蒗彝族自治县			15		3						332
玉龙纳西族自治县	561		10	4	299		28	12			
怒江州小计	**1950**		**171**	**1349**	**782**	**3**	**413**	**372**	**5**		**1707**
本级	1324		107	1346	768		154	33			816
区县级小计	626		64	3	14	3	259	339	5		891
兰坪自治县	374						25	283			55
福贡县	53		6	2	2		17	43			294
贡山自治县	34		10			3	50	3	3		251
泸水县	165		48	1	12		167	10	2		291
迪庆州小计	**908**		**8**	**35**	**65**	**15**	**35**	**20**	**146**	**160**	**5**
本级	231			3	12				146	79	4
区县级小计	677		8	32	53	15	35	20		81	1
香格里拉县	452		3	24	40	15	35	16		4	1
维西傈僳族自治县	186		5	2	8					3	
德钦县	39			6	5			4		74	
临沧市小计	**5734**	**1**	**189**	**1313**	**1352**	**30**	**601**	**758**	**28**	**221**	
本级	2409		10	198	967			83			
区县级小计	3325	1	179	1115	385	30	601	675	28	221	
凤庆县	1091		13	182	52		13	7		128	
云县	532		3	96	27		58	35	8	6	
临翔区	420		10	147	25		210	95	2	22	
永德县	320			32	98		66	311	9		
镇康县	256	1		30	27		21	84	4	14	
双江自治县	230			208	36		35	37	5		
耿马自治县	287		71	205	68		137	59		7	
沧源佤族自治县	189		82	215	52	30	61	47		44	

4－25－15 单位:万元

地区	平衡部分										
	收入					支出					年终结余
	收入合计	本年收入	上年结余	补助收入	省补助计划单列市收入	支出合计	本年支出	上解上级支出	计划单列市上解省支出	政府调剂资金	
陇川县	504	387	52	65		493	493				11
瑞丽市	3379	2188	1045	146		2802	2402			400	577
丽江市小计	**17350**	**12885**	**2620**	**1845**		**14605**	**7895**			**6710**	**2745**
本级	5091	2183	1106	1802		3806	3696			110	1285
区县级小计	12259	10702	1514	43		10799	4199			6600	1460
古城区	1666	1430	231	5		1194	1194				472
永胜县	1429	1025	394	10		1198	1198				231
华坪县	7280	7085	194	1		7039	439			6600	241
宁蒗彝族自治县	424	68	341	15		424	424				
玉龙纳西族自治县	1460	1094	354	12		944	944				516
怒江州小计	**10551**	**6650**	**1673**	**2228**		**8719**	**8719**				**1832**
本级	7064	5176	508	1380		6331	6331				733
区县级小计	3487	1474	1165	848		2388	2388				1099
兰坪自治县	1613	739	819	55		875	875				738
福贡县	539	159	86	294		431	431				108
贡山自治县	393	173	12	208		371	371				22
泸水县	942	403	248	291		711	711				231
迪庆州小计	**6952**	**2197**	**3539**	**1216**		**2590**	**2590**				**4362**
本级	1045	185	226	634		982	982				63
区县级小计	5907	2012	3313	582		1608	1608				4299
香格里拉县	4898	1439	3220	239		828	828				4070
维西傈僳族自治县	365	203	19	143		346	346				19
德钦县	644	370	74	200		434	434				210
临沧市小计	**15485**	**11600**	**1741**	**2144**		**12341**	**11982**			**359**	**3144**
本级	5441	4624	370	447		3880	3800			80	1561
区县级小计	10044	6976	1371	1697		8461	8182			279	1583
凤庆县	1950	1037	525	388		1517	1517				433
云县	1023	652	189	182		878	810			68	145
临翔区	1591	1424	47	120		1243	1043			200	348
永德县	1147	1021	61	65		1025	1025				122
镇康县	1057	977	33	47		1024	1024				33
双江自治县	938	429	209	300		698	687			11	240
耿马自治县	1258	767	232	259		1018	1018				240
沧源佤族自治县	1080	669	75	336		1058	1058				22

2007年西藏自治区地市县财政预算外收支平衡表

4－26－1　　　　单位：万元

地区	收支部分								
	收入					支出			
	收入合计	彩票资金收入	行政事业性收费收入	国有资源（资产）有偿使用收入	其他收入	支出合计	一般公共服务	外交	国防	公共安全
地市县合计	**21120**		**17827**	**168**	**3125**	**16890**	**4564**			**1082**
拉萨市小计	**11508**		**11495**		**13**	**5685**	**3097**			**1012**
本级	11031		11031			4478	1990			1012
区县级小计	477		464		13	1207	1107			
当雄县						100				
尼木县										
曲水县	477		464		13	477	477			
堆龙德庆县										
城关区						560	560			
达孜县										
墨竹工卡县										
林周县						70	70			
日喀则地区小计	**1109**		**1096**	**2**	**11**	**1689**				
本级	1056		1056			1297				
区县级小计	53		40	2	11	392				
日喀则市	42		40	2		42				
江孜县										
南木林县						210				
白朗县						60				
拉孜县										
谢通门县										
萨迦县	11				11					
仁布县										
定日县						10				
康马县										
昂仁县										
定结县										
吉隆县										
岗巴县										
聂拉木县										
亚东县										
萨嘎县						70				
仲巴县										
山南地区小计	**1620**		**1601**	**1**	**18**	**2254**	**230**			**22**
本级	1619		1601		18	1893	5			
区县级小计	1			1		361	225			22

4－26－2

单位:万元

地区	收支部分										
	支出										
	教育	科学技术	文化体育与传媒	社会保障和就业	医疗卫生	环境保护	城乡社区事务	农林水事务	交通运输	工业、商业、金融等事务	其他支出
地市县合计	**6218**		**120**	**239**	**454**	**45**	**379**	**814**	**5**	**30**	**2940**
拉萨市小计	**1280**				**100**	**3**	**155**	**33**	**5**		
本级	1280					3	155	33	5		
区县级小计					100						
当雄县					100						
尼木县											
曲水县											
堆龙德庆县											
城关区											
达孜县											
墨竹工卡县											
林周县											
日喀则地区小计	**1315**			**191**			**150**	**33**			
本级	1063			51			150	33			
区县级小计	252			140							
日喀则市	42										
江孜县											
南木林县	210										
白朗县				60							
拉孜县											
谢通门县											
萨迦县											
仁布县											
定日县				10							
康马县											
昂仁县											
定结县											
吉隆县											
岗巴县											
聂拉木县											
亚东县											
萨嘎县				70							
仲巴县											
山南地区小计	**1089**		**7**	**9**	**1**	**42**	**74**	**49**			**731**
本级	1089			9		42	53				695
区县级小计			7		1		21	49			36

4－26－3

单位:万元

地区	平衡部分：收入：收入合计	平衡部分：收入：本年收入	平衡部分：收入：上年结余	平衡部分：收入：补助收入	平衡部分：收入：省补助计划单列市收入	平衡部分：支出：支出合计	平衡部分：支出：本年支出	平衡部分：支出：上解上级支出	平衡部分：支出：计划单列市上解省支出	平衡部分：支出：政府调剂资金	年终结余
地市县合计	**52681**	**21120**	**29701**	**1860**		**16890**	**16890**				**35791**
拉萨市小计	**34866**	**11508**	**22888**	**470**		**5685**	**5685**				**29181**
本级	32270	11031	20939	300		4478	4478				27792
区县级小计	2596	477	1949	170		1207	1207				1389
当雄县	100		100			100	100				
尼木县											
曲水县	477	477				477	477				
堆龙德庆县											
城关区	1949		1849	100		560	560				1389
达孜县											
墨竹工卡县											
林周县	70			70		70	70				
日喀则地区小计	**2377**	**1109**	**903**	**365**		**1689**	**1689**				**688**
本级	1959	1056	888	15		1297	1297				662
区县级小计	418	53	15	350		392	392				26
日喀则市	57	42	15			42	42				15
江孜县											
南木林县	210			210		210	210				
白朗县	60			60		60	60				
拉孜县											
谢通门县											
萨迦县	11	11									11
仁布县											
定日县	10			10		10	10				
康马县											
昂仁县											
定结县											
吉隆县											
岗巴县											
聂拉木县											
亚东县											
萨嘎县	70			70		70	70				
仲巴县											
山南地区小计	**3492**	**1620**	**1647**	**225**		**2254**	**2254**				**1238**
本级	3131	1619	1512			1893	1893				1238
区县级小计	361	1	135	225		361	361				

4－26－4

单位:万元

地区	收支部分									
	收入					支出				
	收入合计	彩票资金收入	行政事业性收费收入	国有资源（资产）有偿使用收入	其他收入	支出合计	一般公共服务	外交	国防	公共安全
洛扎县						51				2
浪卡子县						30	30			
贡嘎县										
扎囊县						55	55			
乃东县	1			1		56				20
琼结县						3				
措美县										
隆子县										
错那县						26				
桑日县						70	70			
曲松县										
加查县						70	70			
昌都地区小计	**617**		**617**			**617**				**14**
本级	617		617			617				14
区县级小计										
昌都县										
江达县										
贡觉县										
类乌齐县										
丁青县										
察雅县										
八宿县										
左贡县										
芒康县										
洛隆县										
边坝县										
林芝地区小计	**2308**		**2308**			**2602**	**460**			**18**
本级	2024		2024			2074	25			18
区县级小计	284		284			528	435			
林芝县						85	85			
波密县	284		284			93				
察隅县						70	70			
工布江达县										
米林县						280	280			
朗县										
墨脱县										

4－26－5 单位：万元

地区	收支部分									
	支出									
	教育	科学技术	文化体育与传媒	社会保障和就业	医疗卫生	环境保护	城乡社区事务	农林水事务	交通运输	工业、商业、金融等事务	其他支出
洛扎县			4		1		21	23			
浪卡子县											
贡嘎县											
扎囊县											
乃东县											36
琼结县			3								
措美县											
隆子县											
错那县								26			
桑日县											
曲松县											
加查县											
昌都地区小计	**315**			**12**	**243**			**3**		**30**	
本级	315			12	243			3		30	
区县级小计											
昌都县											
江达县											
贡觉县											
类乌齐县											
丁青县											
察雅县											
八宿县											
左贡县											
芒康县											
洛隆县											
边坝县											
林芝地区小计	**1420**		**113**	**9**	**6**			**557**			**19**
本级	1412		113	9	6			472			19
区县级小计	8							85			
林芝县											
波密县	8							85			
察隅县											
工布江达县											
米林县											
朗县											
墨脱县											

4－26－6

单位:万元

地区	平衡部分										
	收入					支出					
	收入合计	本年收入	上年结余	补助收入	省补助计划单列市收入	支出合计	本年支出	上解上级支出	计划单列市上解省支出	政府调剂资金	年终结余
洛扎县	51		51			51	51				
浪卡子县	30			30		30	30				
贡嘎县											
扎囊县	55			55		55	55				
乃东县	56	1	55			56	56				
琼结县	3		3			3	3				
措美县											
隆子县											
错那县	26		26			26	26				
桑日县	70			70		70	70				
曲松县											
加查县	70			70		70	70				
昌都地区小计	**733**	**617**	**16**	**100**		**617**	**617**				**116**
本级	733	617	16	100		617	617				116
区县级小计											
昌都县											
江达县											
贡觉县											
类乌齐县											
丁青县											
察雅县											
八宿县											
左贡县											
芒康县											
洛隆县											
边坝县											
林芝地区小计	**5267**	**2308**	**2524**	**435**		**2602**	**2602**				**2665**
本级	4548	2024	2524			2074	2074				2474
区县级小计	719	284		435		528	528				191
林芝县	85			85		85	85				
波密县	284	284				93	93				191
察隅县	70			70		70	70				
工布江达县											
米林县	280			280		280	280				
朗县											
墨脱县											

4－26－7

单位：万元

地区	收支部分									
	收入					支出				
	收入合计	彩票资金收入	行政事业性收费收入	国有资源（资产）有偿使用收入	其他收入	支出合计	一般公共服务	外交	国防	公共安全
那曲地区小计	**434**		**434**			**434**	**31**			
本级	403		403			403				
区县级小计	31		31			31	31			
那曲县										
安多县										
聂荣县										
班嘎县										
申扎县										
巴青县										
索县										
比如县										
嘉黎县	31		31			31	31			
尼玛县										
双湖区										
阿里地区小计	**3524**		**276**	**165**	**3083**	**3609**	**746**			**16**
本级	1449		276	151	1022	1534	85			
区县级小计	2075			14	2061	2075	661			16
噶尔县	199			2	197	199	47			
革吉县	100			3	97	100	30			
改则县	669			2	667	669	274			
措勤县	230				230	230	135			
普兰县	191			3	188	191	13			16
札达县	85			3	82	85				
日土县	601			1	600	601	162			

4-26-8　　　　单位:万元

地区	收支部分										
	支出										
	教育	科学技术	文化体育与传媒	社会保障和就业	医疗卫生	环境保护	城乡社区事务	农林水事务	交通运输	工业、商业、金融等事务	其他支出
那曲地区小计	**403**										
本级	403										
区县级小计											
那曲县											
安多县											
聂荣县											
班嘎县											
申扎县											
巴青县											
索县											
比如县											
嘉黎县											
尼玛县											
双湖区											
阿里地区小计	**396**			**18**	**104**			**139**			**2190**
本级	88										1361
区县级小计	308			18	104			139			829
噶尔县	16							23			113
革吉县	6							21			43
改则县	184										211
措勤县											95
普兰县					33						129
札达县	5										80
日土县	97			18	71			95			158

4－26－9

单位：万元

地区	平衡部分										
	收入					支出					年终结余
	收入合计	本年收入	上年结余	补助收入	省补助计划单列市收入	支出合计	本年支出	上解上级支出	计划单列市上解省支出	政府调剂资金	
那曲地区小计	**661**	**434**	**62**	**165**		**434**	**434**				**227**
本级	616	403	48	165		403	403				213
区县级小计	45	31	14			31	31				14
那曲县											
安多县											
聂荣县											
班嘎县											
申扎县											
巴青县											
索县											
比如县											
嘉黎县	31	31				31	31				
尼玛县											
双湖区	14		14								14
阿里地区小计	**5285**	**3524**	**1661**	**100**		**3609**	**3609**				**1676**
本级	3210	1449	1661	100		1534	1534				1676
区县级小计	2075	2075				2075	2075				
噶尔县	199	199				199	199				
革吉县	100	100				100	100				
改则县	669	669				669	669				
措勤县	230	230				230	230				
普兰县	191	191				191	191				
札达县	85	85				85	85				
日土县	601	601				601	601				

2007 年陕西省地市县财政预算外收支平衡表

4－27－1　　　　　　　　　　　　　　　　　　　　单位：万元

地区	收支部分									
	收入					支出				
	收入合计	彩票资金收入	行政事业性收费收入	国有资源（资产）有偿使用收入	其他收入	支出合计	一般公共服务	外交	国防	公共安全
地市县合计	**828775**		**543297**	**212422**	**73056**	**725793**	**216059**		**86**	**30442**
西安市小计	**485564**		**241565**	**198401**	**45598**	**416435**	**191544**			**4901**
本级	415214		176277	195568	43369	350884	186528			3385
区县级小计	70350		65288	2833	2229	65551	5016			1516
新城区	5106		5106			5141	794			
碑林区	6977		5481	1341	155	6736	395			
莲湖区	7983		7572	410	1	7603	371			
雁塔区	3890		3433	73	384	3818	162			587
灞桥区	2995		2995			2703	11			443
未央区	3522		2566	786	170	2585	54			193
阎良区	2980		2638		342	2687	525			51
长安区	9342		9342			8434	1170			18
临潼区	4517		4456	61		4517				
蓝田县	3676		3509	9	158	3796	532			134
周至县	3521		3498	23		3447	14			
户县	10542		9397	127	1018	9027	910			79
高陵县	5299		5295	3	1	5057	78			11
铜川市小计	**5801**		**5800**	**1**		**5427**	**103**			**174**
本级	3778		3778			3418	59			104
区县级小计	2023		2022	1		2009	44			70
耀州区	1206		1206			1216	29			
宜君县	224		224			213	9			
印台区										
王益区	593		592	1		580	6			70
宝鸡市小计	**62758**		**59969**	**1669**	**1120**	**57019**	**2329**			**3539**
本级	38464		38464			36917	1617			1885
区县级小计	24294		21505	1669	1120	20102	712			1654
太白县	241		239		2	221	19			19
宝鸡县	3869		3513	168	188	3510	92			102
凤翔县	4905		3321	670	914	4292	325			747
岐山县	1828		1828			1828	105			33
麟游县	334		315	3	16	321	10			21
陇县	1597		1597			1424	32			370
千阳县	312		312			280	4			7
凤县	2231		2203	28		849	69			59
扶风县	2752		2752			2752				67

四、各省、自治区、直辖市地市县预算外财政资料

4－27－2

单位：万元

地区	收支部分										
	支出										
	教育	科学技术	文化体育与传媒	社会保障和就业	医疗卫生	环境保护	城乡社区事务	农林水事务	交通运输	工业、商业、金融等事务	其他支出
地市县合计	**215644**	**546**	**36894**	**7016**	**14294**	**14577**	**139020**	**14161**	**20776**	**5188**	**11090**
西安市小计	**65975**	**128**	**19663**	**3063**	**1840**	**10727**	**106157**	**1639**	**1724**	**810**	**8264**
本级	27521	94	19210	1376	200	10727	92876	64	194	709	8000
区县级小计	38454	34	453	1687	1640		13281	1575	1530	101	264
新城区	3637			200	3		486	10			11
碑林区	4348	34	7	65			1743				144
莲湖区	5328			97	229		1578				
雁塔区	1930		34	121	445		476	31	32		
灞桥区	1885		21	6			33	304			
未央区	880			134	467		326	13	508		10
阎良区	1314		24	30	251		323	45	14	11	99
长安区	4234		50	457			2505				
临潼区	4009		32	445				31			
蓝田县	2101		33	12	55		278	271	375	5	
周至县	3189		1	11	36		111	45	15	25	
户县	4289		247	94	98		2143	773	351	43	
高陵县	1310		4	15	56		3279	52	235	17	
铜川市小计	**2774**	**9**	**812**	**204**	**97**	**1**	**241**	**71**	**810**	**131**	
本级	1412	3	788	140	22	1	55	11	788	35	
区县级小计	1362	6	24	64	75		186	60	22	96	
耀州区	775	6	24	45	56		145	32	22	82	
宜君县	177				1		6	20			
印台区											
王益区	410			19	18		35	8		14	
宝鸡市小计	**26602**	**42**	**3615**	**1205**	**994**	**308**	**10950**	**1249**	**3581**	**84**	**2521**
本级	13092	42	3345	924	485	295	8900	233	3572	69	2458
区县级小计	13510		270	281	509	13	2050	1016	9	15	63
太白县	87		12	7	7		48	22			
宝鸡县	1898		14	147	99		891	237			30
凤翔县	2341		89	7	51	13	570	137	9	3	
岐山县	1374			21	126		141	28			
麟游县	203		5		12		28	40		2	
陇县	655		30	27	19		130	161			
千阳县	212			5	21		15	16			
凤县	357		1	1	16		53	292		1	
扶风县	2526		112	11	21			15			

4－27－3 单位:万元

地区	平衡部分										
	收入					支出					
	收入合计	本年收入	上年结余	补助收入	省补助计划单列市收入	支出合计	本年支出	上解上级支出	计划单列市上解省支出	政府调剂资金	年终结余
地市县合计	**913742**	**828775**	**84967**			**750938**	**725793**			**25145**	**162804**
西安市小计	**526396**	**485564**	**40832**			**416608**	**416435**			**173**	**109788**
本级	443864	415214	28650			350884	350884				92980
区县级小计	82532	70350	12182			65724	65551			173	16808
新城区	5922	5106	816			5314	5141			173	608
碑林区	8479	6977	1502			6736	6736				1743
莲湖区	8634	7983	651			7603	7603				1031
雁塔区	5347	3890	1457			3818	3818				1529
灞桥区	3225	2995	230			2703	2703				522
未央区	5990	3522	2468			2585	2585				3405
阎良区	4578	2980	1598			2687	2687				1891
长安区	10093	9342	751			8434	8434				1659
临潼区	4517	4517				4517	4517				
蓝田县	4417	3676	741			3796	3796				621
周至县	3521	3521				3447	3447				74
户县	11845	10542	1303			9027	9027				2818
高陵县	5964	5299	665			5057	5057				907
铜川市小计	**6694**	**5801**	**893**			**5427**	**5427**				**1267**
本级	4095	3778	317			3418	3418				677
区县级小计	2599	2023	576			2009	2009				590
耀州区	1357	1206	151			1216	1216				141
宜君县	636	224	412			213	213				423
印台区											
王益区	606	593	13			580	580				26
宝鸡市小计	**75430**	**62758**	**12672**			**59799**	**57019**			**2780**	**15631**
本级	50317	38464	11853			36917	36917				13400
区县级小计	25113	24294	819			22882	20102			2780	2231
太白县	261	241	20			221	221				40
宝鸡县	4015	3869	146			3510	3510				505
凤翔县	5410	4905	505			5392	4292			1100	18
岐山县	1828	1828				1828	1828				
麟游县	334	334				321	321				13
陇县	1597	1597				1504	1424			80	93
千阳县	312	312				280	280				32
凤县	2231	2231				849	849				1382
扶风县	2752	2752				2752	2752				

4－27－4

单位:万元

地区	收支部分									
	收入					支出				
	收入合计	彩票资金收入	行政事业性收费收入	国有资源（资产）有偿使用收入	其他收入	支出合计	一般公共服务	外交	国防	公共安全
眉县	1297		1297			1297	49			113
金台区	2277		2277			2277	7			116
渭滨区	2651		1851	800		1051				
咸阳市小计	**54231**		**45098**	**1894**	**7239**	**47956**	**6280**			**2583**
本级	23959		16299	1890	5770	19209	1391			606
区县级小计	30272		28799	4	1469	28747	4889			1977
兴平市	6001		5939		62	5731	2951			30
武功县	2162		2162			2162	96			
三原县	4394		4379	4	11	4394	99			33
泾阳县	3013		2462		551	2334	923			435
礼泉县	3776		3776			3430	435			327
乾县	3971		3971			3971	116			
永寿县	306		306			306	14			
彬县	1197		1197			1197	55			
长武县	808		808			651	17			294
旬邑县	1496		654		842	1496	48			823
淳化县	624		621		3	622	87			
秦都区	1789		1789			1796	30			25
渭城区	735		735			657	18			10
渭南市小计	**52422**		**45503**	**637**	**6282**	**50374**	**2941**			**7009**
本级	27206		21765	11	5430	25897	607			4743
区县级小计	25216		23738	626	852	24477	2334			2266
临渭区	7763		7288		475	7714	537			2
华县	1091		1091			1104	151			
华阴市	2174		2174			2174	287			838
潼关县	619		619			619	87			311
大荔县	2441		2404		37	2441	11			29
蒲城县	1066		1066			1029	40			402
澄城县	1700		1700			1700	6			2
白水县	1018		1018			1018	284			76
韩城市	3720		2792	626	302	3720	663			138
合阳县	1772		1772			1772	248			309
富平县	1852		1814		38	1186	20			159
汉中市小计	**30039**		**24878**	**4484**	**677**	**27756**	**1247**			**826**
本级	12670		9056	3563	51	11880	706			34
区县级小计	17369		15822	921	626	15876	541			792

4－27－5　　　　单位:万元

地区	收支部分									
	支出									
	教育	科学技术	文化体育与传媒	社会保障和就业	医疗卫生	环境保护	城乡社区事务	农林水事务	交通运输	工业、商业、金融等事务	其他支出
眉县	919				8		148	27			33
金台区	1887		7	55	129		26	41		9	
渭滨区	1051										
咸阳市小计	**19647**		**3906**	**795**	**3981**	**2264**	**6838**	**790**	**493**	**291**	**88**
本级	3770		3215	488	1996	2264	4958	128	52	253	88
区县级小计	15877		691	307	1985		1880	662	441	38	
兴平市	1875		359	31			407	4	74		
武功县	1737		11		81		11	226			
三原县	2980		39	133	140		922	48			
泾阳县	589		51	11	63		93	21	139	9	
礼泉县	2346		45	34	46		103	86	6	2	
乾县	2584		66		1205						
永寿县	268				15			6	3		
彬县	765		33	4	7		92	44	197		
长武县	190		42	1	20		15	72			
旬邑县	523		14		16		16	29	22	5	
淳化县	427		23	7	13		35	28		2	
秦都区	1108		8	48	301		171	87		18	
渭城区	485			38	78		15	11		2	
渭南市小计	**21945**		**2782**	**512**	**1973**	**397**	**3224**	**1056**	**7602**	**933**	
本级	7325		2188	170	1359	397	1203	203	7246	456	
区县级小计	14620		594	342	614		2021	853	356	477	
临渭区	6222		4	209	175		253	147	74	91	
华县	664			8	44		57	129	23	28	
华阴市	689		56		60		52	66	118	8	
潼关县	104						15	14	18	70	
大荔县	1987		61	54	45		92	131	30	1	
蒲城县	410		19		30		128				
澄城县	1383		6	4	6		156	10		127	
白水县	350		11	5	18		121	53	3	97	
韩城市	1601		340	52			655	193	61	17	
合阳县	886						262	40	19	8	
富平县	324		97	10	236		230	70	10	30	
汉中市小计	**13778**	**3**	**1363**	**401**	**1482**		**3367**	**1196**	**3171**	**922**	
本级	4152	1	739	173	987		655	425	3147	861	
区县级小计	9626	2	624	228	495		2712	771	24	61	

4-27-6　　单位:万元

地区	平衡部分										
	收入					支出					年终结余
	收入合计	本年收入	上年结余	补助收入	省补助计划单列市收入	支出合计	本年支出	上解上级支出	计划单列市上解省支出	政府调剂资金	
眉县	1297	1297				1297	1297				
金台区	2425	2277	148			2277	2277				148
渭滨区	2651	2651				2651	1051			1600	
咸阳市小计	**58125**	**54231**	**3894**			**48281**	**47956**			**325**	**9844**
本级	26588	23959	2629			19209	19209				7379
区县级小计	31537	30272	1265			29072	28747			325	2465
兴平市	6296	6001	295			5731	5731				565
武功县	2320	2162	158			2162	2162				158
三原县	4394	4394				4394	4394				
泾阳县	3029	3013	16			2334	2334				695
礼泉县	3871	3776	95			3430	3430				441
乾县	4296	3971	325			4296	3971			325	
永寿县	308	306	2			306	306				2
彬县	1197	1197				1197	1197				
长武县	808	808				651	651				157
旬邑县	1496	1496				1496	1496				
淳化县	967	624	343			622	622				345
秦都区	1796	1789	7			1796	1796				
渭城区	759	735	24			657	657				102
渭南市小计	**55246**	**52422**	**2824**			**51040**	**50374**			**666**	**4206**
本级	29848	27206	2642			25897	25897				3951
区县级小计	25398	25216	182			25143	24477			666	255
临渭区	7763	7763				7714	7714				49
华县	1167	1091	76			1104	1104				63
华阴市	2174	2174				2174	2174				
潼关县	619	619				619	619				
大荔县	2441	2441				2441	2441				
蒲城县	1121	1066	55			1029	1029				92
澄城县	1700	1700				1700	1700				
白水县	1018	1018				1018	1018				
韩城市	3771	3720	51			3720	3720				51
合阳县	1772	1772				1772	1772				
富平县	1852	1852				1852	1186			666	
汉中市小计	**30406**	**30039**	**367**			**29594**	**27756**			**1838**	**812**
本级	12670	12670				12670	11880			790	
区县级小计	17736	17369	367			16924	15876			1048	812

4-27-7　　单位:万元

地区	收支部分									
	收入					支出				
	收入合计	彩票资金收入	行政事业性收费收入	国有资源(资产)有偿使用收入	其他收入	支出合计	一般公共服务	外交	国防	公共安全
汉台区	3753		2408	883	462	3733	19			
南郑县	998		998			998	90			66
城固县	2014		2014			2014	58			
洋县	2050		2050			1597	93			112
西乡县	4556		4518	38		3733	135			
勉县	1109		958		151	1101	43			520
宁强县	726		726			726	20			25
略阳县	1312		1312			1315	51			62
镇巴县	484		484			292				
留坝县	249		249			249	26			3
佛坪县	118		105		13	118	6			4
安康市小计	**27280**		**24927**	**872**	**1481**	**25361**	**2554**			**1605**
本级	9854		8502	632	720	9053	901			1032
区县级小计	17426		16425	240	761	16308	1653			573
汉滨区	5489		5358	35	96	4973	167			5
岚皋县	1030		754	137	139	776	127			117
汉阴县	1267		1196	68	3	1097	51			209
石泉县	1130		1123		7	1130	143			30
宁陕县	545		408		137	449	115			
紫阳县	982		927		55	1101	63			22
平利县	906		906			906	45			4
镇坪县	199		105		94	199	7			
旬阳县	4186		4186			4124	834			79
白河县	1692		1462		230	1553	101			107
商洛市小计	**24125**		**14906**	**4416**	**4803**	**22619**	**5391**			**1209**
本级	11804		4762	4139	2903	11155	4163			985
区县级小计	12321		10144	277	1900	11464	1228			224
商州市	941		941			822	20			11
洛南县	3268		2284	151	833	3268	48			52
山阳县	1817		1796		21	1817	941			56
丹凤县	1718		1016		702	1016				
商南县	1438		1438			1413	8			
镇安县	2603		2133	126	344	2592	211			105
柞水县	536		536			536				
延安市小计	**25238**		**23738**		**1500**	**18622**	**656**		**86**	**1701**
本级	9182		9182			9606	324		86	1433

4－27－8

单位:万元

地区	收支部分										
	支出										
	教育	科学技术	文化体育与传媒	社会保障和就业	医疗卫生	环境保护	城乡社区事务	农林水事务	交通运输	工业、商业、金融等事务	其他支出
汉台区	2130	1	259	167	59		893	185	8	12	
南郑县	561			14	105		141	21			
城固县	1595				37		261	63			
洋县	876		100	9	44		351	12			
西乡县	2825		75	5	145		310	215	16	7	
勉县	253	1	92	14	50		92	36			
宁强县	506		9	1			110	55			
略阳县	419		86	15	35		509	96		42	
镇巴县	292										
留坝县	103		1	3	11		36	66			
佛坪县	66		2		9		9	22			
安康市小计	**14305**	**24**	**293**	**177**	**1235**	**214**	**3085**	**1212**	**463**	**77**	**117**
本级	4235	22	22	97	727	45	975	690	177	13	117
区县级小计	10070	2	271	80	508	169	2110	522	286	64	
汉滨区	3132		90	27	224		1235	77		16	
岚皋县	446		33	3		2		42	5	1	
汉阴县	536		17	7	100		97	55	19	6	
石泉县	720		33		21	29	82	69	3		
宁陕县	300				12		17	5			
紫阳县	695			7	2		220	13	73	6	
平利县	673			2			87	95			
镇坪县	168		12	1	2		7	2			
旬阳县	2405	2	71	6	124	91	189	138	169	16	
白河县	995		15	27	23	47	176	26	17	19	
商洛市小计	**10855**	**2**	**585**	**189**	**747**		**2054**	**626**	**763**	**155**	**43**
本级	2976		396	65	628		1192	125	514	68	43
区县级小计	7879	2	189	124	119		862	501	249	87	
商州市	664		14	42	8			7	56		
洛南县	2174			3	8		627	270	86		
山阳县	523		53	26	57		8	85		68	
丹凤县	910		5		9		89	3			
商南县	1341				13		32	19			
镇安县	1731	2	117	53	24		106	117	107	19	
柞水县	536										
延安市小计	**11392**		**2017**	**80**	**404**		**1048**	**629**	**184**	**425**	
本级	4800		1974	50	283		219	66		371	

4－27－9　　　　　　　　　　　　　　　　　　　　　　　　单位:万元

地　　区	平衡部分										
	收入					支出					
	收入合计	本年收入	上年结余	补助收入	省补助计划单列市收入	支出合计	本年支出	上解上级支出	计划单列市上解省支出	政府调剂资金	年终结余
汉台区	3753	3753				3733	3733				20
南郑县	998	998				998	998				
城固县	2016	2014	2			2014	2014				2
洋县	2050	2050				2050	1597			453	
西乡县	4868	4556	312			4136	3733			403	732
勉县	1109	1109				1101	1101				8
宁强县	726	726				726	726				
略阳县	1321	1312	9			1315	1315				6
镇巴县	484	484				484	292			192	
留坝县	293	249	44			249	249				44
佛坪县	118	118				118	118				
安康市小计	**31321**	**27280**	**4041**			**27107**	**25361**			**1746**	**4214**
本级	13341	9854	3487			10753	9053			1700	2588
区县级小计	17980	17426	554			16354	16308			46	1626
汉滨区	5489	5489				4973	4973				516
岚皋县	1030	1030				776	776				254
汉阴县	1349	1267	82			1097	1097				252
石泉县	1304	1130	174			1130	1130				174
宁陕县	655	545	110			471	449			22	184
紫阳县	1101	982	119			1101	1101				
平利县	912	906	6			906	906				6
镇坪县	199	199				199	199				
旬阳县	4249	4186	63			4148	4124			24	101
白河县	1692	1692				1553	1553				139
商洛市小计	**29157**	**24125**	**5032**			**23362**	**22619**			**743**	**5795**
本级	16345	11804	4541			11155	11155				5190
区县级小计	12812	12321	491			12207	11464			743	605
商州市	1168	941	227			838	822			16	330
洛南县	3268	3268				3268	3268				
山阳县	1879	1817	62			1817	1817				62
丹凤县	1718	1718				1718	1016			702	
商南县	1438	1438				1438	1413			25	
镇安县	2603	2603				2592	2592				11
柞水县	738	536	202			536	536				202
延安市小计	**31144**	**25238**	**5906**			**28082**	**18622**			**9460**	**3062**
本级	11825	9182	2643			9606	9606				2219

4－27－10　　　　单位:万元

地区	收支部分									
	收入					支出				
	收入合计	彩票资金收入	行政事业性收费收入	国有资源（资产）有偿使用收入	其他收入	支出合计	一般公共服务	外交	国防	公共安全
区县级小计	16056		14556		1500	9016	332			268
宝塔区	1552		1552			1586	194			21
延长县	2798		1298		1500	1298	66			34
延川县						350				
子长县	1248		1248			1248	16			163
安塞县	11		11			484				4
吴旗县	11		11			664				
志丹县	6895		6895							
甘泉县	536		536			536	12			4
富县	524		524			524	8			
洛川县	867		867			707	6			29
黄陵县	820		820			825	15			13
宜川县	609		609			609	15			
黄龙县	185		185			185				
榆林市小计	**58077**		**53869**	**48**	**4160**	**51440**	**2666**			**6434**
本级	25587		25429	35	123	20908	1028			4562
区县级小计	32490		28440	13	4037	30532	1638			1872
榆阳区	11129		9711	13	1405	10164	271			265
神木县	2895		2895			4453				
府谷县	2672		2672			2665	399			364
横山县	4080		2097		1983	2097	257			
靖边县	1180		1180			1180	50			71
定边县	1760		1760			1760				255
绥德县	3686		3686			3686				280
米脂县	1405		1317		88	1405	95			42
佳县	865		865			865	146			76
吴堡县	333		333			333	26			
清涧县	405		405			405	70			40
子洲县	2080		1519		561	1519	324			479
杨凌示范区小计	**3240**		**3044**		**196**	**2784**	**348**			**461**
本级	2741		2698		43	2241	312			455
区县级小计	499		346		153	543	36			6
杨陵区	499		346		153	543	36			6

4－27－11 单位:万元

地区	收支部分										
	支出										
	教育	科学技术	文化体育与传媒	社会保障和就业	医疗卫生	环境保护	城乡社区事务	农林水事务	交通运输	工业、商业、金融等事务	其他支出
区县级小计	6592		43	30	121		829	563	184	54	
宝塔区	1050			4	35		201	81			
延长县	647				25		193	232	101		
延川县	350										
子长县	754		9		11		215		80		
安塞县	462						18				
吴旗县	581							83			
志丹县											
甘泉县	463			3	21		29	4			
富县	346						42	127	1		
洛川县	580						57	35			
黄陵县	645		32	16	3		53		2	46	
宜川县	534			7	23		21	1		8	
黄龙县	180		2		3						
榆林市小计	**27540**	**9**	**1585**	**383**	**1541**	**666**	**1883**	**5663**	**1945**	**1117**	**8**
本级	8826	9	982	328	1072	666	869	263	1442	855	6
区县级小计	18714		603	55	469		1014	5400	503	262	2
榆阳区	4719		537	8	196		128	3786		252	2
神木县	4453										
府谷县	1821		9				27	26	19		
横山县	1398				60		77	305			
靖边县	750				28		15	251	15		
定边县	520							810	175		
绥德县	2947						459				
米脂县	785		14	22	19		203	145	80		
佳县	480		40	25	20		23	10	40	5	
吴堡县	130		2		125		11	8	31		
清涧县	275				8		12				
子洲县	436		1		13		59	59	143	5	
杨凌示范区小计	**831**	**329**	**273**	**7**			**173**	**30**	**40**	**243**	**49**
本级	509	329	206				158			223	49
区县级小计	322		67	7			15	30	40	20	
杨陵区	322		67	7			15	30	40	20	

4-27-12 单位:万元

地区	平衡部分										
	收入					支出					
	收入合计	本年收入	上年结余	补助收入	省补助计划单列市收入	支出合计	本年支出	上解上级支出	计划单列市上解省支出	政府调剂资金	年终结余
区县级小计	19319	16056	3263			18476	9016			9460	843
宝塔区	2053	1552	501			1586	1586				467
延长县	2798	2798				2798	1298			1500	
延川县	350		350			350	350				
子长县	1248	1248				1248	1248				
安塞县	484	11	473			484	484				
吴旗县	664	11	653			664	664				
志丹县	7800	6895	905			7800				7800	
甘泉县	536	536				536	536				
富县	524	524				524	524				
洛川县	867	867				867	707			160	
黄陵县	1201	820	381			825	825				376
宜川县	609	609				609	609				
黄龙县	185	185				185	185				
榆林市小计	**65712**	**58077**	**7635**			**58854**	**51440**			**7414**	**6858**
本级	29715	25587	4128			24578	20908			3670	5137
区县级小计	35997	32490	3507			34276	30532			3744	1721
榆阳区	11429	11129	300			11364	10164			1200	65
神木县	4667	2895	1772			4453	4453				214
府谷县	2920	2672	248			2665	2665				255
横山县	4080	4080				4080	2097			1983	
靖边县	1180	1180				1180	1180				
定边县	2930	1760	1170			1760	1760				1170
绥德县	3686	3686				3686	3686				
米脂县	1405	1405				1405	1405				
佳县	865	865				865	865				
吴堡县	333	333				333	333				
清涧县	422	405	17			405	405				17
子洲县	2080	2080				2080	1519			561	
杨凌示范区小计	**4111**	**3240**	**871**			**2784**	**2784**				**1327**
本级	3359	2741	618			2241	2241				1118
区县级小计	752	499	253			543	543				209
杨陵区	752	499	253			543	543				209

2007年甘肃省地市县财政预算外收支平衡表

4－28－1 单位:万元

地区	收支部分									
	收入					支出				
	收入合计	彩票资金收入	行政事业性收费收入	国有资源（资产）有偿使用收入	其他收入	支出合计	一般公共服务	外交	国防	公共安全
地市县合计	**399178**	**1701**	**357015**	**15921**	**24541**	**404854**	**24563**		**852**	**4969**
兰州市小计	**83952**	**1531**	**63970**	**12828**	**5623**	**99170**	**5985**			**1733**
本级	52974	365	37792	12747	2070	69144	3845			582
区县级小计	30978	1166	26178	81	3553	30026	2140			1151
永登县	4333		4172	22	139	4163	47			9
榆中县	7768		5466		2302	7826	137			
皋兰县	1121		1121			1118	28			
城关区	5241	900	4242		99	4569	599			141
七里河区	2175		1828	6	341	2477	628			257
西固区	5793	153	5488	20	132	5577	334			126
安宁区	2412	79	1901	13	419	2525	176			389
红古区	2135	34	1960	20	121	1771	191			229
嘉峪关市小计	**18813**	**31**	**14278**	**1139**	**3365**	**13064**	**753**			**129**
本级	18813	31	14278	1139	3365	13064	753			129
金昌市小计	**10104**		**8955**		**1149**	**10564**	**247**			**60**
本级	5130		5109		21	5588	90			58
区县级小计	4974		3846		1128	4976	157			2
永昌县	3623		3623			3638	28			
金川区	1351		223		1128	1338	129			2
白银市小计	**20785**		**19312**	**3**	**1470**	**21175**	**1108**		**785**	**928**
本级	6748		6561		187	7165	666		785	903
区县级小计	14037		12751	3	1283	14010	442			25
景泰县	1412		1388	3	21	1447	94			3
靖远县	3440		3435		5	3213	32			4
会宁县	3018		1922		1096	3149	63			2
平川区	1383		1374		9	1294	97			
白银区	4784		4632		152	4907	156			16
天水市小计	**65682**	**77**	**60377**	**255**	**4973**	**64123**	**1572**			**369**
本级	40995		37266	204	3525	40768	1348			222
区县级小计	24687	77	23111	51	1448	23355	224			147
清水县	1937		1899		38	1536	40			57
秦安县	3643		3568		75	3590	48			41
甘谷县	4650	7	4335	7	301	4845				37
武山县	5543		5543			5546	57			
张家川回族自治县	1545		1545			1549	4			
秦州区	3077	70	2824	44	139	2500	45			12

4－28－2

单位：万元

地区	收支部分										
	支出										
	教育	科学技术	文化体育与传媒	社会保障和就业	医疗卫生	环境保护	城乡社区事务	农林水事务	交通运输	工业、商业、金融等事务	其他支出
地市县合计	**145376**	**49**	**30850**	**8892**	**105426**	**559**	**31868**	**8877**	**14452**	**2330**	**25791**
兰州市小计	**25850**	**35**	**11005**	**3687**	**10288**	**173**	**15007**	**444**	**5893**	**12**	**19058**
本级	16314	5	9832	2769	692		10138	53	5888		19026
区县级小计	9536	30	1173	918	9596	173	4869	391	5	12	32
永登县	1621		235	37	1958	49	202	5			
榆中县	2206		301	49	2260		2873				
皋兰县	779		103		53	4	109	42			
城关区	2567		25	193	673	120	149	102			
七里河区	1117			91	350		34				
西固区	472		238	413	3452		422	115	5		
安宁区	375	30	229	105	761		414	14		2	30
红古区	399		42	30	89		666	113		10	2
嘉峪关市小计	**2488**	**9**	**3171**	**333**	**2927**	**6**	**1125**	**1302**	**57**	**764**	
本级	2488	9	3171	333	2927	6	1125	1302	57	764	
金昌市小计	**3395**		**1482**	**424**	**3774**		**813**	**227**	**99**		**43**
本级	1687		1133	388	2170		49				13
区县级小计	1708		349	36	1604		764	227	99		30
永昌县	1566		349		1543		44	14	94		
金川区	142			36	61		720	213	5		30
白银市小计	**10492**		**1011**	**808**	**3440**		**1106**	**943**	**372**	**76**	**106**
本级	1974		486	385	522		92	856	372	52	72
区县级小计	8518		525	423	2918		1014	87		24	34
景泰县	1045		145		19		108	13		20	
靖远县	2440		159	26	194		358				
会宁县	2872		93		41		78				
平川区	588		85	20	185		282	3			34
白银区	1573		43	377	2479		188	71		4	
天水市小计	**27573**	**1**	**1930**	**843**	**25039**		**854**	**1115**	**3754**	**659**	**414**
本级	16147		1537	692	15050		198	961	3754	653	206
区县级小计	11426	1	393	151	9989		656	154		6	208
清水县	764		4	52	397			30			192
秦安县	1965		125	12	1295		97	1		6	
甘谷县	2261		144	41	2024		277	61			
武山县	2690		79		2704			16			
张家川回族自治县	145				1333		67				
秦州区	1593		22	37	751			25			15

4－28－3　　单位:万元

地区	平衡部分										
	收入					支出					
	收入合计	本年收入	上年结余	补助收入	省补助计划单列市收入	支出合计	本年支出	上解上级支出	计划单列市上解省支出	政府调剂资金	年终结余
地市县合计	**483594**	**399178**	**66330**	**18086**		**413498**	**404854**			**8644**	**70096**
兰州市小计	**122286**	**83952**	**34305**	**4029**		**99170**	**99170**				**23116**
本级	85460	52974	30053	2433		69144	69144				16316
区县级小计	36826	30978	4252	1596		30026	30026				6800
永登县	4873	4333	540			4163	4163				710
榆中县	8063	7768	295			7826	7826				237
皋兰县	1121	1121				1118	1118				3
城关区	7274	5241	780	1253		4569	4569				2705
七里河区	3227	2175	743	309		2477	2477				750
西固区	6897	5793	1104			5577	5577				1320
安宁区	3092	2412	646	34		2525	2525				567
红古区	2279	2135	144			1771	1771				508
嘉峪关市小计	**23489**	**18813**	**4487**	**189**		**13064**	**13064**				**10425**
本级	23489	18813	4487	189		13064	13064				10425
金昌市小计	**11077**	**10104**	**426**	**547**		**10564**	**10564**				**513**
本级	5909	5130	262	517		5588	5588				321
区县级小计	5168	4974	164	30		4976	4976				192
永昌县	3729	3623	106			3638	3638				91
金川区	1439	1351	58	30		1338	1338				101
白银市小计	**24456**	**20785**	**2935**	**736**		**21375**	**21175**			**200**	**3081**
本级	8929	6748	1747	434		7365	7165			200	1564
区县级小计	15527	14037	1188	302		14010	14010				1517
景泰县	1494	1412		82		1447	1447				47
靖远县	3570	3440	102	28		3213	3213				357
会宁县	3149	3018	108	23		3149	3149				
平川区	1520	1383	93	44		1294	1294				226
白银区	5794	4784	885	125		4907	4907				887
天水市小计	**75657**	**65682**	**8748**	**1227**		**64414**	**64123**			**291**	**11243**
本级	46750	40995	5133	622		40768	40768				5982
区县级小计	28907	24687	3615	605		23646	23355			291	5261
清水县	2231	1937	271	23		1536	1536				695
秦安县	4195	3643	526	26		3590	3590				605
甘谷县	5603	4650	912	41		4845	4845				758
武山县	6229	5543	670	16		5546	5546				683
张家川回族自治县	1697	1545	148	4		1549	1549				148
秦州区	3941	3077	743	121		2500	2500				1441

4－28－4

单位：万元

地区	收支部分									
	收入					支出				
	收入合计	彩票资金收入	行政事业性收费收入	国有资源（资产）有偿使用收入	其他收入	支出合计	一般公共服务	外交	国防	公共安全
麦积区	4292		3397		895	3789	30			
酒泉市小计	**18779**		**17097**	**1120**	**562**	**19659**	**2252**			**154**
本级	10107		10106		1	11230	1642			49
区县级小计	8672		6991	1120	561	8429	610			105
肃州区	2075		1818	90	167	2318	314			26
玉门市	854		854			865	77			20
金塔县	1209		1209			1209	16			
瓜州县	1390		1266		124	1448	98			
敦煌市	2710		1656	907	147	2165	70			56
肃北蒙古族自治县	290		44	123	123	290	22			1
阿克塞自治县	144		144			134	13			2
张掖市小计	**28525**		**27547**	**336**	**642**	**28036**	**809**			**106**
本级	7930		7625	228	77	8012	455			79
区县级小计	20595		19922	108	565	20024	354			27
山丹县	3209		3101	108		2722	130			14
民乐县	2480		2480			2483	33			
甘州区	8184		7835		349	8184	107			
临泽县	2540		2378		162	2507	55			
高台县	3566		3512		54	3679	20			11
肃南裕固族自治县	616		616			449	9			2
武威市小计	**31444**		**29657**	**90**	**1697**	**32792**	**1543**		**45**	**68**
本级	20872		19133	71	1668	22752	1017			16
区县级小计	10572		10524	19	29	10040	526		45	52
民勤县	1127		1127			1132	31			5
古浪县	2121		2073	19	29	2147	70		45	
天祝藏族自治县	1296		1296			1296	68			2
凉州区	6028		6028			5465	357			45
定西市小计	**36661**		**36337**	**24**	**300**	**32431**	**3278**			**228**
本级	12350		12325	13	12	9096	529			24
区县级小计	24311		24012	11	288	23335	2749			204
安定区	2903		2898	5		3076	64			144
通渭县	1648		1648			1656	48			1
陇西县	6484		6196		288	6108	84			23
渭源县	3471		3471			3433	1256			
临洮县	3189		3189			2604				
漳县	2405		2399	6		2328	1252			

4-28-5

单位:万元

地区	收支部分										
	支出										
	教育	科学技术	文化体育与传媒	社会保障和就业	医疗卫生	环境保护	城乡社区事务	农林水事务	交通运输	工业、商业、金融等事务	其他支出
麦积区	2008	1	19	9	1485		215	21			1
酒泉市小计	**9705**	**1**	**2679**	**301**	**454**	**18**	**2794**	**638**	**494**	**108**	**61**
本级	4127		1878	3	340		2313	326	493	55	4
区县级小计	5578	1	801	298	114	18	481	312	1	53	57
肃州区	1744		15	113	29			77			
玉门市	612		29	58	26	4		39			
金塔县	815		186		8		132	52			
瓜州县	864		229	58		7	153	39			
敦煌市	1469	1	259	64	1		172	40	1	21	11
肃北蒙古族自治县	27		49	4	47		24	40		30	46
阿克塞自治县	47		34	1	3	7		25		2	
张掖市小计	**10660**		**3408**	**420**	**8913**	**109**	**1096**	**1018**	**951**	**158**	**388**
本级	3921		486	88	681	51	740	323	939	73	176
区县级小计	6739		2922	332	8232	58	356	695	12	85	212
山丹县	673		275	198	1099		139	129		65	
民乐县	1986		328	38	3	10	31	50		4	
甘州区	2102		1275	37	4325			338			
临泽县	750		352		1044	48	5	41			212
高台县	1151		639	59	1562		181	40		16	
肃南裕固族自治县	77		53		199			97	12		
武威市小计	**10112**		**1305**	**572**	**9660**	**21**	**2005**	**481**	**1947**	**262**	**4771**
本级	6508		1159	114	5007		1843	112	1947	258	4771
区县级小计	3604		146	458	4653	21	162	369		4	
民勤县	921		100	3	62			6		4	
古浪县	800				1041		90	101			
天祝藏族自治县	904			7	46		41	228			
凉州区	979		46	448	3504	21	31	34			
定西市小计	**7820**		**970**	**451**	**16741**	**19**	**1711**	**641**	**430**	**35**	**107**
本级	1037		512	16	5913	19	437	61	430	16	102
区县级小计	6783		458	435	10828		1274	580		19	5
安定区	1247		39	294	1085		66	133		4	
通渭县	1305		197	29	25		45	3		3	
陇西县	1051		28	15	4417		161	329			
渭源县	948			13	1124		79	1		12	
临洮县	1651		186	3	709		55				
漳县	93			36			833	114			

4－28－6

单位：万元

地区	平衡部分										
	收入					支出					年终结余
	收入合计	本年收入	上年结余	补助收入	省补助计划单列市收入	支出合计	本年支出	上解上级支出	计划单列市上解省支出	政府调剂资金	
麦积区	5011	4292	345	374		4080	3789			291	931
酒泉市小计	**22052**	**18779**	**2295**	**978**		**20259**	**19659**			**600**	**1793**
本级	12154	10107	1581	466		11230	11230				924
区县级小计	9898	8672	714	512		9029	8429			600	869
肃州区	2614	2075	341	198		2318	2318				296
玉门市	1259	854	339	66		865	865				394
金塔县	1230	1209		21		1209	1209				21
瓜州县	1468	1390		78		1448	1448				20
敦煌市	2806	2710	34	62		2765	2165			600	41
肃北蒙古族自治县	370	290		80		290	290				80
阿克塞自治县	151	144		7		134	134				17
张掖市小计	**30020**	**28525**	**852**	**643**		**28595**	**28036**			**559**	**1425**
本级	8950	7930	593	427		8312	8012			300	638
区县级小计	21070	20595	259	216		20283	20024			259	787
山丹县	3449	3209	227	13		2722	2722				727
民乐县	2483	2480		3		2483	2483				
甘州区	8184	8184				8184	8184				
临泽县	2576	2540		36		2576	2507			69	
高台县	3759	3566	30	163		3699	3679			20	60
肃南裕固族自治县	619	616	2	1		619	449			170	
武威市小计	**33651**	**31444**	**1524**	**683**		**33425**	**32792**			**633**	**226**
本级	22755	20872	1225	658		22755	22752			3	
区县级小计	10896	10572	299	25		10670	10040			630	226
民勤县	1132	1127		5		1132	1132				
古浪县	2308	2121	167	20		2147	2147				161
天祝藏族自治县	1296	1296				1296	1296				
凉州区	6160	6028	132			6095	5465			630	65
定西市小计	**41427**	**36661**	**3570**	**1196**		**36982**	**32431**			**4551**	**4445**
本级	12972	12350	398	224		11812	9096			2716	1160
区县级小计	28455	24311	3172	972		25170	23335			1835	3285
安定区	3113	2903	54	156		3076	3076				37
通渭县	1851	1648	10	193		1656	1656				195
陇西县	6723	6484	109	130		6175	6108			67	548
渭源县	3815	3471	149	195		3433	3433				382
临洮县	3334	3189	8	137		3022	2604			418	312
漳县	5293	2405	2841	47		3678	2328			1350	1615

4－28－7　　　　单位:万元

地区	收支部分								
	收入					支出			
	收入合计	彩票资金收入	行政事业性收费收入	国有资源（资产）有偿使用收入	其他收入	支出合计	一般公共服务	外交	国防	公共安全
岷县	4211		4211			4130	45			36
陇南市小计	**14990**		**14417**	**21**	**552**	**12741**	**1208**			**533**
本级	4384		4362		22	4352	219			14
区县级小计	10606		10055	21	530	8389	989			519
成县	1915		1872		43	860	16			90
文县	647		628		19	467	44			18
康县	272		272			313	41			
宕昌县	760		613		147	719	92			99
西和县	968		968			977	26			35
礼县	1477		1176	21	280	860	96			
徽县	2962		2933		29	2884	436			48
两当县	81		81			81	7			
武都区	1524		1512		12	1228	231			229
平凉市小计	**20550**	**3**	**18353**	**3**	**2191**	**20678**	**1295**		**22**	**119**
本级	8693		6662	3	2028	8628	579			73
区县级小计	11857	3	11691		163	12050	716		22	46
泾川县	1220		1217		3	1335	125			15
灵台县	1014		1014			1055	18			
崇信县	612		601		11	594	163			
华亭县	3194	3	3191			3134	205		22	11
庄浪县	1339		1339			1353	24			
静宁县	2813		2664		149	2829	135			
崆峒区	1665		1665			1750	46			20
庆阳市小计	**31430**	**59**	**30463**	**25**	**883**	**31816**	**3651**			**328**
本级	12756	44	12712			12157	320			169
区县级小计	18674	15	17751	25	883	19659	3331			159
庆城县	2449		2093	25	331	2827	348			17
镇原县	2799		2665		134	2949	24			6
宁县	2648	15	2633			2642	4			9
正宁县	1520		1476		44	1520	27			15
合水县	2463		2463			2487	1765			4
华池县	1508		1508			1546	623			9
环县	2635		2536		99	2635	230			64
西峰区	2652		2377		275	3053	310			35
临夏州小计	**11865**		**10775**	**40**	**1050**	**12743**	**385**			**49**
本级	6786		6288	40	458	8064	284			

4－28－8　　　　　　　　　　　　　　　　　　　　　　　　　　单位:万元

地　区	收支部分										
	支出										
	教育	科学技术	文化体育与传媒	社会保障和就业	医疗卫生	环境保护	城乡社区事务	农林水事务	交通运输	工业、商业、金融等事务	其他支出
岷县	488		8	45	3468		35				5
陇南市小计	**6841**		**737**	**42**	**625**	**6**	**2086**	**636**		**27**	
本级	3045		387	23	486		5	173			
区县级小计	3796		350	19	139	6	2081	463		27	
成县	397		22	1	40		28	254		12	
文县	217		96		9		83				
康县	272										
宕昌县	427				14		60	24		3	
西和县	773		49		25		36	27		6	
礼县	714		7	3	11			29			
徽县	450		19	10	29	6	1760	120		6	
两当县	74										
武都区	472		157	5	11		114	9			
平凉市小计	**12153**		**811**	**296**	**3258**	**49**	**1130**	**500**	**194**	**13**	**838**
本级	5515		392	62	261		636	87	172	13	838
区县级小计	6638		419	234	2997	49	494	413	22		
泾川县	1092			17	31			55			
灵台县	745		32	23	212		22	3			
崇信县	285			50				96			
华亭县	733		117	12	1826	49	113	24	22		
庄浪县	1175						154				
静宁县	1541		155	10	928		26	34			
崆峒区	1067		115	122			179	201			
庆阳市小计	**10886**		**1694**	**220**	**13520**	**145**	**755**	**548**	**10**	**59**	
本级	3230		1347	31	6997		62	1			
区县级小计	7656		347	189	6523	145	693	547	10	59	
庆城县	520		105	24	999	28	276	491		19	
镇原县	1391		70	17	1412		14	3	10	2	
宁县	1117		79	21	1411			1			
正宁县	577		10	29	817		45				
合水县	586				2	5	117	8			
华池县	450		7	21	399	10		24		3	
环县	1175		76	41	667	102	241	4		35	
西峰区	1840			36	816			16			
临夏州小计	**4038**	**3**	**544**	**91**	**5893**	**1**	**1141**	**293**	**251**	**49**	**5**
本级	2458		326	66	4383		191	133	215	8	

4－28－9 单位:万元

地区	平衡部分										
	收入					支出					
	收入合计	本年收入	上年结余	补助收入	省补助计划单列市收入	支出合计	本年支出	上解上级支出	计划单列市上解省支出	政府调剂资金	年终结余
岷县	4326	4211	1	114		4130	4130				196
陇南市小计	**17889**	**14990**	**1473**	**1426**		**14416**	**12741**			**1675**	**3473**
本级	5728	4384	1079	265		4352	4352				1376
区县级小计	12161	10606	394	1161		10064	8389			1675	2097
成县	2024	1915	38	71		1953	860			1093	71
文县	873	647	133	93		467	467				406
康县	357	272		85		313	313				44
宕昌县	870	760	35	75		719	719				151
西和县	1177	968	51	158		977	977				200
礼县	1800	1477	83	240		1367	860			507	433
徽县	3058	2962	7	89		2959	2884			75	99
两当县	194	81		113		81	81				113
武都区	1808	1524	47	237		1228	1228				580
平凉市小计	**22757**	**20550**	**729**	**1478**		**20678**	**20678**				**2079**
本级	9683	8693	557	433		8628	8628				1055
区县级小计	13074	11857	172	1045		12050	12050				1024
泾川县	1442	1220	43	179		1335	1335				107
灵台县	1139	1014	15	110		1055	1055				84
崇信县	759	612	10	137		594	594				165
华亭县	3299	3194		105		3134	3134				165
庄浪县	1476	1339		137		1353	1353				123
静宁县	3059	2813		246		2829	2829				230
崆峒区	1900	1665	104	131		1750	1750				150
庆阳市小计	**36520**	**31430**	**1538**	**3552**		**31816**	**31816**				**4704**
本级	13856	12756		1100		12157	12157				1699
区县级小计	22664	18674	1538	2452		19659	19659				3005
庆城县	3269	2449	728	92		2827	2827				442
镇原县	3432	2799	417	216		2949	2949				483
宁县	3724	2648	373	703		2642	2642				1082
正宁县	1540	1520	20			1520	1520				20
合水县	2487	2463		24		2487	2487				
华池县	1546	1508		38		1546	1546				
环县	2635	2635				2635	2635				
西峰区	4031	2652		1379		3053	3053				978
临夏州小计	**14527**	**11865**	**1729**	**933**		**12878**	**12743**			**135**	**1649**
本级	9137	6786	1418	933		8064	8064				1073

4－28－10

单位:万元

地区	收支部分									
	收入					支出				
	收入合计	彩票资金收入	行政事业性收费收入	国有资源（资产）有偿使用收入	其他收入	支出合计	一般公共服务	外交	国防	公共安全
区县级小计	5079		4487		592	4679	101			49
临夏市	687		687			658	37			12
临夏县	292		282		10	296	13			4
积石山县	25		25							
永靖县	1892		1771		121	1759	24			30
和政县	322		322			295	8			
康乐县	1732		1276		456	1584	9			3
广河县	46		46			4	1			
东乡族自治县	83		78		5	83	9			
甘南藏族自治州小计	**5598**		**5477**	**37**	**84**	**5862**	**477**			**165**
本级	3684		3684			3909	178			97
区县级小计	1914		1793	37	84	1953	299			68
夏河县	209		209			216				
临潭县	34		34			42	6			
卓尼县	204		178	21	5	212	56			
舟曲县	350		345	3	2	375	9			
迭部县	541		541			540	183			13
碌曲县	3		3			16				3
玛曲县	356		268	11	77	273	37			15
合作市	217		215	2		279	8			37

4－28－11

单位:万元

地区	收支部分										
	支出										
	教育	科学技术	文化体育与传媒	社会保障和就业	医疗卫生	环境保护	城乡社区事务	农林水事务	交通运输	工业、商业、金融等事务	其他支出
区县级小计	1580	3	218	25	1510	1	950	160	36	41	5
临夏市	326	3	2		17	1	222	37		1	
临夏县	25			22	232						
积石山县											
永靖县	596		160		248		668		33		
和政县	216		31	3				1		36	
康乐县	352		25		1010		60	122		3	
广河县									3		
东乡族自治县	65				3					1	5
甘南藏族自治州小计	**3363**		**103**	**404**	**894**	**12**	**245**	**91**		**108**	
本级	3026		1	367	132					108	
区县级小计	337		102	37	762	12	245	91			
夏河县	20		16		180						
临潭县				7	3		3	23			
卓尼县	67				83			6			
舟曲县	66		38		210	12	40				
迭部县	102		13		200		4	25			
碌曲县				13							
玛曲县	67		34		56		27	37			
合作市	15		1	17	30		171				

4－28－12

单位:万元

地区	平衡部分										
	收入					支出					
	收入合计	本年收入	上年结余	补助收入	省补助计划单列市收入	支出合计	本年支出	上解上级支出	计划单列市上解省支出	政府调剂资金	年终结余
区县级小计	5390	5079	311			4814	4679			135	576
临夏市	760	687	73			743	658			85	17
临夏县	332	292	40			296	296				36
积石山县	25	25									25
永靖县	1950	1892	58			1759	1759				191
和政县	390	322	68			345	295			50	45
康乐县	1804	1732	72			1584	1584				220
广河县	46	46				4	4				42
东乡族自治县	83	83				83	83				
甘南藏族自治州小计	**7786**	**5598**	**1719**	**469**		**5862**	**5862**				**1924**
本级	5522	3684	1471	367		3909	3909				1613
区县级小计	2264	1914	248	102		1953	1953				311
夏河县	216	209	7			216	216				
临潭县	161	34	61	66		42	42				119
卓尼县	212	204		8		212	212				
舟曲县	375	350	22	3		375	375				
迭部县	541	541				540	540				1
碌曲县	19	3	3	13		16	16				3
玛曲县	359	356		3		273	273				86
合作市	381	217	155	9		279	279				102

2007 年青海省地市县财政预算外收支平衡表

4－29－1　　　　　　　　　　　　　　　　　　　　　　　　　单位:万元

地区	收支部分									
	收入					支出				
	收入合计	彩票资金收入	行政事业性收费收入	国有资源(资产)有偿使用收入	其他收入	支出合计	一般公共服务	外交	国防	公共安全
地市县合计	**35809**	**340**	**31904**	**738**	**2827**	**35331**	**1445**			**863**
西宁市小计	**18202**	**10**	**16168**	**524**	**1500**	**18855**	**464**			**226**
本级	9346	10	9003	41	292	10031	204			145
区县级小计	8856		7165	483	1208	8824	260			81
大通县	1581		1446	35	100	1487	20			48
湟中县	625		569		56	604	8			4
湟源县	280		280			277				
城中区	1764		871	249	644	1889	12			5
城西区	1115		616	91	408	1179				5
城北区	1951		1843	108		1889	91			18
城东区	1459		1459			1488	129			1
城南新区	81		81			11				
甘河工业园区										
生物产业园区										
东川工业园区										
海东地区小计	**5741**		**5614**	**11**	**116**	**5391**	**289**			**485**
本级	810		804	6		717	82			406
区县级小计	4931		4810	5	116	4674	207			79
民和县	1017		941		76	936	2			
乐都县	1714		1713	1		1676	6			10
平安县	510		500	4	6	519	43			
互助县	1271		1237		34	1117	116			59
化隆县	306		306			306	40			10
循化县	113		113			120				
海西州小计	**4756**		**4542**	**63**	**151**	**4929**	**35**			**7**
本级	1740		1691		49	1376	27			
区县级小计	3016		2851	63	102	3553	8			7
都兰县	194		162		32	254				1
乌兰县	40		31		9	30				
天峻县	45		45			45				
德令哈市	282		281		1	289	3			
格尔木市	2345		2282	63		2754	5			6
柴旦行委	22		19		3	19				
冷湖行委	1		1			12				
茫崖行委	87		30		57	150				
海南州小计	**3279**	**175**	**2909**	**33**	**162**	**2919**	**516**			**92**

四、各省、自治区、直辖市地市县预算外财政资料

4－29－2　　　　　　　　　　　　　　　　　　　　　　单位:万元

地　区	收支部分 支出 教育	科学技术	文化体育与传媒	社会保障和就业	医疗卫生	环境保护	城乡社区事务	农林水事务	交通运输	工业、商业、金融等事务	其他支出
地市县合计	**19456**		**475**	**769**	**3339**	**2886**	**837**	**1551**	**1939**	**144**	**1627**
西宁市小计	**10705**		**227**	**386**	**2577**	**2559**	**399**	**113**	**34**	**142**	**1023**
本级	5685		68	72		2559	269	2	4		1023
区县级小计	5020		159	314	2577		130	111	30	142	
大通县	1124		60	72	74		17	49	23		
湟中县	492			58	25			10	7		
湟源县	257			3				17			
城中区	683		79	31	914		4	19		142	
城西区	1093		17	19	40			5			
城北区	271		3	47	1454			5			
城东区	1089			84	70		109	6			
城南新区	11										
甘河工业园区											
生物产业园区											
东川工业园区											
海东地区小计	**3269**		**37**	**129**	**169**	**119**	**131**	**512**	**217**		**34**
本级	68		16	23	115		2	5			
区县级小计	3201		21	106	54	119	129	507	217		34
民和县	774		13	49	10			38	50		
乐都县	1118		5	5	41	119	65	298	2		7
平安县	387		3	36				11	39		
互助县	606			16			64	103	126		27
化隆县	201				3			52			
循化县	115							5			
海西州小计	**2501**		**23**	**99**	**137**		**113**	**304**	**1316**		**394**
本级	247		15	81	62				740		204
区县级小计	2254		8	18	75		113	304	576		190
都兰县	48						7	110			88
乌兰县	28				1			1			
天峻县	12		7	1	1			24			
德令哈市	207			7	24			48			
格尔木市	1925			10	5		106	121	576		
柴旦行委	12				7						
冷湖行委	11		1								
茫崖行委	11				37						102
海南州小计	**1436**		**56**	**106**	**82**		**82**	**340**	**209**		

4－29－3

单位:万元

地区	平衡部分										
	收入					支出					
	收入合计	本年收入	上年结余	补助收入	省补助计划单列市收入	支出合计	本年支出	上解上级支出	计划单列市上解省支出	政府调剂资金	年终结余
地市县合计	**45268**	**35809**	**8625**	**834**		**36501**	**35331**			**1170**	**8767**
西宁市小计	**22022**	**18202**	**3820**			**18855**	**18855**				**3167**
本级	12498	9346	3152			10031	10031				2467
区县级小计	9524	8856	668			8824	8824				700
大通县	1607	1581	26			1487	1487				120
湟中县	658	625	33			604	604				54
湟源县	312	280	32			277	277				35
城中区	1764	1764				1889	1889				－125
城西区	1327	1115	212			1179	1179				148
城北区	2083	1951	132			1889	1889				194
城东区	1692	1459	233			1488	1488				204
城南新区	81	81				11	11				70
甘河工业园区											
生物产业园区											
东川工业园区											
海东地区小计	**6844**	**5741**	**1103**			**5391**	**5391**				**1453**
本级	913	810	103			717	717				196
区县级小计	5931	4931	1000			4674	4674				1257
民和县	1175	1017	158			936	936				239
乐都县	2022	1714	308			1676	1676				346
平安县	668	510	158			519	519				149
互助县	1565	1271	294			1117	1117				448
化隆县	311	306	5			306	306				5
循化县	190	113	77			120	120				70
海西州小计	**7091**	**4756**	**2231**	**104**		**5269**	**4929**			**340**	**1822**
本级	1989	1740	249			1716	1376			340	273
区县级小计	2757	3016	1982	－2241		1208	3553	－2345			1549
都兰县	275	194	81			254	254				21
乌兰县	43	40	3			30	30				13
天峻县	174	45	9	120		45	45				129
德令哈市	289	282		7		289	289				
格尔木市	1485	2345	1508	－2368		409	2754	－2345			1076
柴旦行委	31	22	9			19	19				12
冷湖行委	50	1	49			12	12				38
茫崖行委	410	87	323			150	150				260
海南州小计	**4379**	**3279**	**737**	**363**		**3288**	**2919**			**369**	**1091**

4－29－4

单位:万元

地区	收支部分									
	收入					支出				
	收入合计	彩票资金收入	行政事业性收费收入	国有资源(资产)有偿使用收入	其他收入	支出合计	一般公共服务	外交	国防	公共安全
本级	1402		1402			1507	318			74
区县级小计	1877	175	1507	33	162	1412	198			18
共和县	376		376			355	2			5
贵德县	656	33	617	6		636	161			13
贵南县	305		303	2		83				
同德县	170		134	25	11	117	26			
兴海县	370	142	77		151	221	9			
海北州小计	**1562**		**1059**	**74**	**429**	**1011**	**81**			**14**
本级	469		457	1	11	461	58			1
区县级小计	1093		602	73	418	550	23			13
海晏县	68		65	1	2	38				
刚察县	59		59			59	1			6
祁连县	720		232	72	416	216	21			7
门源县	246		246			237	1			
黄南州小计	**1506**	**155**	**853**	**29**	**469**	**1311**	**34**			**27**
本级	898	155	580	1	162	887	26			17
区县级小计	608		273	28	307	424	8			10
同仁县	208		117		91	210	8			3
尖扎县	298		98		200	108				2
泽库县	17		6		11	17				3
河南县	85		52	28	5	89				2
玉树州小计	**680**		**676**	**4**		**840**	**15**			
本级	582		578	4		552	14			
区县级小计	98		98			288	1			
玉树县	37		37			77				
称多县						30				
昂欠县						51				
杂多县	56		56			87				
治多县	2		2			20				
曲麻莱县	3		3			23	1			
果洛州小计	**83**		**83**			**75**	**11**			**12**
本级										
区县级小计	83		83			75	11			12
玛沁	46		46			48	9			12
甘德	1		1							
达日										

4－29－5 单位:万元

地区	收支部分									
	支出									
	教育	科学技术	文化体育与传媒	社会保障和就业	医疗卫生	环境保护	城乡社区事务	农林水事务	交通运输	工业、商业、金融等事务	其他支出
本级	894		39	56	18			8	100		
区县级小计	542		17	50	64		82	332	109		
共和县	44			27			22	240	15		
贵德县	275		7	3	30		53	49	45		
贵南县	68				4				11		
同德县	12		10	14	1		3	43	8		
兴海县	143			6	29		4		30		
海北州小计	**630**		**38**	**19**	**37**	**1**	**20**	**68**	**33**	**2**	**68**
本级	330			7					1		64
区县级小计	300		38	12	37	1	20	68	32	2	4
海晏县	28						6				4
刚察县	25				21			6			
祁连县	59		38	7	8		14	28	32	2	
门源县	188			5	8	1		34			
黄南州小计	**443**		**39**	**11**	**147**	**207**	**67**	**212**	**16**		**108**
本级	295		9	4	115	142	11	171			97
区县级小计	148		30	7	32	65	56	41	16		11
同仁县	69		7	3	19	63	9	29			
尖扎县	58				5		29	4	10		
泽库县	2							1			11
河南县	19		23	4	8	2	18	7	6		
玉树州小计	**467**		**37**	**17**	**190**				**114**		
本级	387		37						114		
区县级小计	80			17	190						
玉树县	37				40						
称多县					30						
昂欠县					51						
杂多县	39			17	31						
治多县	2				18						
曲麻莱县	2				20						
果洛州小计	**5**		**18**	**2**			**25**	**2**			
本级											
区县级小计	5		18	2			25	2			
玛沁				2			25				
甘德											
达日											

4-29-6

单位:万元

地区	平衡部分										
	收入					支出					
	收入合计	本年收入	上年结余	补助收入	省补助计划单列市收入	支出合计	本年支出	上解上级支出	计划单列市上解省支出	政府调剂资金	年终结余
本级	1850	1402	206	242		1507	1507				343
区县级小计	2529	1877	531	121		1781	1412			369	748
共和县	511	376	108	27		355	355				156
贵德县	1083	656	394	33		636	636				447
贵南县	359	305	10	44		303	83			220	56
同德县	204	170	17	17		117	117				87
兴海县	372	370	2			370	221			149	2
海北州小计	**1738**	**1562**	**176**			**1472**	**1011**			**461**	**266**
本级	579	469	110			461	461				118
区县级小计	1159	1093	66			1011	550			461	148
海晏县	83	68	15			38	38				45
刚察县	69	59	10			59	59				10
祁连县	720	720				677	216			461	43
门源县	290	246	44			237	237				53
黄南州小计	**1704**	**1506**	**198**			**1311**	**1311**				**393**
本级	1019	898	121			887	887				132
区县级小计	685	608	77			424	424				261
同仁县	239	208	31			210	210				29
尖扎县	307	298	9			108	108				199
泽库县	17	17				17	17				
河南县	122	85	37			89	89				33
玉树州小计	**1143**	**680**	**96**	**367**		**840**	**840**				**303**
本级	854	582	95	177		552	552				302
区县级小计	289	98	1	190		288	288				1
玉树县	77	37		40		77	77				
称多县	30			30		30	30				
昂欠县	51			51		51	51				
杂多县	87	56		31		87	87				
治多县	21	2	1	18		20	20				1
曲麻莱县	23	3		20		23	23				
果洛州小计	**347**	**83**	**264**			**75**	**75**				**272**
本级	168		168								168
区县级小计	179	83	96			75	75				104
玛沁	74	46	28			48	48				26
甘德	1	1									1
达日											

4－29－7　　　　　　　　　　　　　　　　　　　　　　　　　单位:万元

地区	收支部分									
	收入					支出				
	收入合计	彩票资金收入	行政事业性收费收入	国有资源（资产）有偿使用收入	其他收入	支出合计	一般公共服务	外交	国防	公共安全
玛多	2		2			2				
班玛	34		34			25	2			
久治										

4－29－8

单位：万元

地区	收支部分										
	支出										
	教育	科学技术	文化体育与传媒	社会保障和就业	医疗卫生	环境保护	城乡社区事务	农林水事务	交通运输	工业、商业、金融等事务	其他支出
玛多								2			
班玛	5		18								
久治											

4－29－9

单位:万元

地区	平衡部分										
	收入					支出					
	收入合计	本年收入	上年结余	补助收入	省补助计划单列市收入	支出合计	本年支出	上解上级支出	计划单列市上解省支出	政府调剂资金	年终结余
玛多	23	2	21			2	2				21
班玛	81	34	47			25	25				56
久治											

2007年宁夏回族自治区地市县财政预算外收支平衡表

4－30－1　　　　　　　　　　　　　　　　　　　　　　　　　　单位:万元

地区	收支部分									
	收入					支出				
	收入合计	彩票资金收入	行政事业性收费收入	国有资源(资产)有偿使用收入	其他收入	支出合计	一般公共服务	外交	国防	公共安全
地市县合计	**99187**		**62879**	**3471**	**32837**	**82272**	**6564**		**112**	**822**
银川市小计	**55660**		**23065**	**3060**	**29535**	**34784**	**2064**		**66**	**281**
本级	49939		19044	3044	27851	28974	1228		66	277
区县级小计	5721		4021	16	1684	5810	836			4
兴庆区	4799		3119		1680	4669	449			
金凤区	408		388	16	4	581	328			4
西夏区	514		514			560	59			
高新区										
永宁县	1027		1027			1427	253			
贺兰县	3326		3326			3133	321			4
灵武市	1935		1930	5		1957	267		46	67
石嘴山市小计	**6171**		**5692**	**375**	**104**	**8773**	**797**			**62**
本级	5140		5119	19	2	8149	717			54
区县级小计	1031		573	356	102	624	80			8
大武口区	377		219	56	102	103	42			
惠农区	555		255	300		422	38			8
隆湖区	99		99			99				
平罗县	2638		2628	10		2423	91			2
吴忠市小计	**6229**		**6229**			**5472**	**206**			**151**
本级	6229		6229			5472	206			151
区县级小计										
利通区										
青铜峡市	2462		2454	8		2377	356			30
盐池县	2322		1000	4	1318	2041	546			37
同心县	1040		1014		26	2548	53			23
红寺堡	530		239		291	424	91			3
中卫市小计	**4300**		**3902**		**398**	**4180**	**348**			**70**
本级	4300		3902		398	4180	348			70
中宁县	2019		2019			1992	43			7
海原县	682		680	2		1137	436			
固原市小计	**6276**		**5270**	**6**	**1000**	**5569**	**9**			**68**
本级	5662		4656	6	1000	4630	9			68
区县级小计	614		614			939				
原州区	614		614			939				
西吉县	1343		1343			1475	150			
隆德县	641		641			802	151			

4－30－2　　　　单位:万元

地区	收支部分										
	支出										
	教育	科学技术	文化体育与传媒	社会保障和就业	医疗卫生	环境保护	城乡社区事务	农林水事务	交通运输	工业、商业、金融等事务	其他支出
地市县合计	**29178**	**1**	**3088**	**5766**	**4670**	**118**	**16287**	**2368**	**3795**	**765**	**8738**
银川市小计	**6693**		**883**	**2625**	**1538**		**10204**	**580**	**941**	**428**	**8481**
本级	4709		880	2406	1143		9335	314	938	428	7250
区县级小计	1984		3	219	395		869	266	3		1231
兴庆区	1806			177	148		672	250			1167
金凤区	110				51		82	6			
西夏区	68		3	42	196		115	10	3		64
高新区											
永宁县	1019				132			14	9		
贺兰县	910		66		32		1773	25		2	
灵武市	1052		4	7	111	1	342	20	5	35	
石嘴山市小计	**3874**		**1081**	**107**	**498**		**116**	**15**	**1908**	**300**	**15**
本级	3566		1077	59	382		84		1908	300	2
区县级小计	308		4	48	116		32	15			13
大武口区					61						
惠农区	209		4	48	55		32	15			13
隆湖区	99										
平罗县	1264	1	270	28	177	2	243	82	263		
吴忠市小计	**2659**		**27**	**129**	**462**	**112**	**1534**	**106**	**86**		
本级	2659		27	129	462	112	1534	106	86		
区县级小计											
利通区											
青铜峡市	879		160	62	446		291	65	88		
盐池县	576			14	58		492	62	57		199
同心县	765			1591	63		11	11	5		26
红寺堡	172		15	70	21			52			
中卫市小计	**1891**		**37**	**76**	**608**		**315**	**423**	**412**		
本级	1891		37	76	608		315	423	412		
中宁县	1699		1	41	19	3		176	3		
海原县	559		45	13	27		23	34			
固原市小计	**2728**		**441**	**520**	**261**		**892**	**615**	**18**		**17**
本级	2286		441	153	174		892	589	18		
区县级小计	442			367	87			26			17
原州区	442			367	87			26			17
西吉县	1027			110	168			20			
隆德县	514		45	80	4		6	2			

四、各省、自治区、直辖市地市县预算外财政资料

4－30－3　　　　单位:万元

地　区	平衡部分										
	收入					支出					年终结余
	收入合计	本年收入	上年结余	补助收入	省补助计划单列市收入	支出合计	本年支出	上解上级支出	计划单列市上解省支出	政府调剂资金	
地市县合计	**124202**	**99187**	**19587**	**5428**		**83561**	**82272**			**1289**	**40641**
银川市小计	**60687**	**55660**	**4626**	**401**		**35384**	**34784**			**600**	**25303**
本级	54167	49939	4089	139		29574	28974			600	24593
区县级小计	6520	5721	537	262		5810	5810				710
兴庆区	5289	4799	456	34		4669	4669				620
金凤区	626	408	36	182		581	581				45
西夏区	605	514	45	46		560	560				45
高新区											
永宁县	1652	1027	475	150		1427	1427				225
贺兰县	3689	3326	207	156		3133	3133				556
灵武市	3505	1935	1395	175		1957	1957				1548
石嘴山市小计	**12544**	**6171**	**5983**	**390**		**8773**	**8773**				**3771**
本级	10811	5140	5480	191		8149	8149				2662
区县级小计	1733	1031	503	199		624	624				1109
大武口区	815	377	335	103		103	103				712
惠农区	819	555	168	96		422	422				397
隆湖区	99	99				99	99				
平罗县	3124	2638	451	35		2423	2423				701
吴忠市小计	**8461**	**6229**	**2090**	**142**		**5472**	**5472**				**2989**
本级	8461	6229	2090	142		5472	5472				2989
区县级小计											
利通区											
青铜峡市	3571	2462	1067	42		2377	2377				1194
盐池县	2624	2322	264	38		2041	2041				583
同心县	2728	1040	116	1572		2548	2548				180
红寺堡	816	530	269	17		474	424			50	342
中卫市小计	**5131**	**4300**	**625**	**206**		**4180**	**4180**				**951**
本级	5131	4300	625	206		4180	4180				951
中宁县	2110	2019	53	38		1992	1992				118
海原县	1249	682	128	439		1137	1137				112
固原市小计	**7605**	**6276**	**873**	**456**		**6208**	**5569**			**639**	**1397**
本级	6530	5662	774	94		5269	4630			639	1261
区县级小计	1075	614	99	362		939	939				136
原州区	1075	614	99	362		939	939				136
西吉县	1768	1343		425		1475	1475				293
隆德县	1060	641	244	175		802	802				258

4－30－4

单位:万元

地区	收支部分									
	收入					支出				
	收入合计	彩票资金收入	行政事业性收费收入	国有资源(资产)有偿使用收入	其他收入	支出合计	一般公共服务	外交	国防	公共安全
泾源县	150		150			420	299			
彭阳县	436		270	1	165	1338	83			17

4-30-5

单位:万元

地区	收支部分										
	支出										
	教育	科学技术	文化体育与传媒	社会保障和就业	医疗卫生	环境保护	城乡社区事务	农林水事务	交通运输	工业、商业、金融等事务	其他支出
泾源县	92				10			19			
彭阳县	805		13	293	35		45	47			

4－30－6

单位:万元

地区	平衡部分										
	收入					支出					年终结余
	收入合计	本年收入	上年结余	补助收入	省补助计划单列市收入	支出合计	本年支出	上解上级支出	计划单列市上解省支出	政府调剂资金	
泾源县	454	150	26	278		420	420				34
彭阳县	1424	436	695	293		1338	1338				86

2007 年新疆维吾尔自治区地市县财政预算外收支平衡表

4－31－1　　　　单位:万元

地区	收支部分									
	收入					支出				
	收入合计	彩票资金收入	行政事业性收费收入	国有资源(资产)有偿使用收入	其他收入	支出合计	一般公共服务	外交	国防	公共安全
地市县合计	**409052**	**1065**	**332240**	**12803**	**62944**	**387146**	**50243**	**15**	**10**	**10720**
乌鲁木齐市小计	**128674**	**563**	**111078**	**2717**	**14316**	**115719**	**14394**		**5**	**3501**
本级	100576	537	94954	1160	3925	90047	10039			2996
区县级小计	28098	26	16124	1557	10391	25672	4355		5	505
乌鲁木齐县	1362		977	10	375	1037	142			
天山区	4773		3021	467	1285	4237	461			
沙依巴克区	9022		2270	461	6291	9187	1209		5	65
新市区	3774		2572	380	822	2958	415			48
水磨沟区	1795		1149	44	602	1573	588			
头屯河区	988		964	24		814	143			18
米东区	6058	26	5041	171	820	5600	1377			374
达坂城区	326		130		196	266	20			
克拉玛依市小计	**25290**	**145**	**10698**	**1044**	**13403**	**6548**	**707**			**147**
本级	21807	145	7867	420	13375	4451	565			123
区县级小计	3483		2831	624	28	2097	142			24
克拉玛依区	1578		1126	450	2	1512	28			17
独山子区	1245		1245			9	8			
白碱滩区	638		455	161	22	569	106			7
乌尔禾区	22		5	13	4	7				
石河子市	9414	51	9007	356		10977	777			4
伊犁州小计	**34500**		**28121**	**245**	**6134**	**33434**	**4437**			**490**
本级	11044		10640	46	358	10074	1499			
区县级小计	23456		17481	199	5776	23360	2938			490
奎屯市	5061		3134	30	1897	4969	493			242
伊宁市	5956		5787		169	5759	456			2
伊宁县	1456		1456			1613	303			
察布查尔锡伯自治县	940		529		411	940	129			
霍城县	2570		1582	30	958	2561	562			158
尼勒克县	986		922	15	49	1083	397			16
巩留县	1140		1138	2		1304	91			
新源县	3378		1289	24	2065	3190	223			
特克斯县	956		679	53	224	911	186			41
昭苏县	1013		965	45	3	1030	98			31
塔城地区小计	**15682**		**11651**	**367**	**3664**	**13414**	**716**			**157**
本级	5163		2507	265	2391	3493	300			29
区县级小计	10519		9144	102	1273	9921	416			128

4－31－2

单位:万元

地区	收支部分：支出：教育	科学技术	文化体育与传媒	社会保障和就业	医疗卫生	环境保护	城乡社区事务	农林水事务	交通运输	工业、商业、金融等事务	其他支出
地市县合计	**135645**	**446**	**15673**	**27627**	**22755**	**6218**	**72764**	**31525**	**2837**	**4800**	**5868**
乌鲁木齐市小计	**28740**	**358**	**1347**	**10939**	**3331**	**5289**	**44181**	**2054**	**436**	**736**	**408**
本级	16776	351	1333	10456	2985	5287	37075	1592	200	708	249
区县级小计	11964	7	14	483	346	2	7106	462	236	28	159
乌鲁木齐县	177	1			6		180	131	236	5	159
天山区	3060		3	45	109	2	557				
沙依巴克区	2937		6	291	155		4519				
新市区	1724	6	2	32	20		705	6			
水磨沟区	954				31						
头屯河区	621						32				
米东区	2307		3	115	10		1110	281		23	
达坂城区	184				15		3	44			
克拉玛依市小计	**2006**		**39**	**913**	**55**		**1221**	**520**	**66**	**75**	**799**
本级	1160		38	797			829		66	75	798
区县级小计	846		1	116	55		392	520			1
克拉玛依区	571			26	55		295	520			
独山子区											1
白碱滩区	268		1	90			97				
乌尔禾区	7										
石河子市	5158		6	1624	413	420	2451	75	38	10	1
伊犁州小计	**15047**	**13**	**969**	**1806**	**2097**	**56**	**4277**	**2487**	**5**	**847**	**903**
本级	5098		319	151	920		46	463		714	864
区县级小计	9949	13	650	1655	1177	56	4231	2024	5	133	39
奎屯市	1736	3	266	589	244	11	1179	137		44	25
伊宁市	2938		39	224	26		1954	101	2	3	14
伊宁县	695			1	460		40	114			
察布查尔锡伯自治县	548		15	62	22	2	69	65		28	
霍城县	1086	10	194	67	151		208	119		6	
尼勒克县	274		67	24	100	2	89	111	3		
巩留县	440		10	13	74		394	234		48	
新源县	1573		33	634	14	11	139	560		3	
特克斯县	349		16	28	28	30	91	141		1	
昭苏县	310		10	13	58		68	442			
塔城地区小计	**7373**	**7**	**480**	**1515**	**570**		**1407**	**823**	**9**	**294**	**63**
本级	1693		424	444	131			143		286	43
区县级小计	5680	7	56	1071	439		1407	680	9	8	20

4－31－3 单位：万元

地区	平衡部分										
	收入					支出					
	收入合计	本年收入	上年结余	补助收入	省补助计划单列市收入	支出合计	本年支出	上解上级支出	计划单列市上解省支出	政府调剂资金	年终结余
地市县合计	**576889**	**409052**	**134683**	**33154**		**405159**	**387146**			**18013**	**171730**
乌鲁木齐市小计	**179558**	**128674**	**45120**	**5764**		**115719**	**115719**				**63839**
本级	138395	100576	32105	5714		90047	90047				48348
区县级小计	41163	28098	13015	50		25672	25672				15491
乌鲁木齐县	2532	1362	1170			1037	1037				1495
天山区	6836	4773	2043	20		4237	4237				2599
沙依巴克区	12333	9022	3311			9187	9187				3146
新市区	6018	3774	2244			2958	2958				3060
水磨沟区	2452	1795	627	30		1573	1573				879
头屯河区	1425	988	437			814	814				611
米东区	9001	6058	2943			5600	5600				3401
达坂城区	566	326	240			266	266				300
克拉玛依市小计	**55077**	**25290**	**28493**	**1294**		**19907**	**6548**			**13359**	**35170**
本级	46782	21807	23681	1294		17810	4451			13359	28972
区县级小计	8295	3483	4812			2097	2097				6198
克拉玛依区	3899	1578	2321			1512	1512				2387
独山子区	1941	1245	696			9	9				1932
白碱滩区	2367	638	1729			569	569				1798
乌尔禾区	88	22	66			7	7				81
石河子市	15027	9414	5128	485		10977	10977				4050
伊犁州小计	**44515**	**34500**	**8073**	**1942**		**34374**	**33434**			**940**	**10141**
本级	14842	11044	3090	708		10074	10074				4768
区县级小计	29673	23456	4983	1234		24300	23360			940	5373
奎屯市	6221	5061	866	294		4969	4969				1252
伊宁市	8886	5956	2726	204		6659	5759			900	2227
伊宁县	1802	1456	172	174		1613	1613				189
察布查尔锡伯自治县	1104	940	50	114		940	940				164
霍城县	2760	2570	104	86		2561	2561				199
尼勒克县	1218	986	96	136		1083	1083				135
巩留县	1605	1140	405	60		1304	1304				301
新源县	3761	3378	284	99		3230	3190			40	531
特克斯县	1162	956	180	26		911	911				251
昭苏县	1154	1013	100	41		1030	1030				124
塔城地区小计	**19858**	**15682**	**2764**	**1412**		**15756**	**13414**			**2342**	**4102**
本级	6529	5163	1393	－27		4274	3493	－500		1281	2255
区县级小计	13329	10519	1371	1439		11482	9921	500		1061	1847

4－31－4

单位:万元

地　区	收支部分									
	收入					支出				
	收入合计	彩票资金收入	行政事业性收费收入	国有资源(资产)有偿使用收入	其他收入	支出合计	一般公共服务	外交	国防	公共安全
塔城市	1980		1286	52	642	2057	142			9
额敏县	1039		976	12	51	1143	109			8
乌苏市	2087		2087			2087	8			
沙湾县	3414		3414			3271	84			96
托里县	401		349	30	22	545	63			8
裕民县	1014		453	3	558	687	10			7
和布克赛尔自治县	584		579	5		131				
阿勒泰地区小计	**13749**		**7874**	**440**	**5435**	**12519**	**3525**			**265**
本级	7301		3810	190	3301	6292	1172			75
区县级小计	6448		4064	250	2134	6227	2353			190
阿勒泰市	1405		1192	71	142	1279	308			
布尔津县	1242		516	100	626	1188	358			109
哈巴河县	673		488	15	170	688	316			
吉木乃县	236		138	5	93	493	320			3
福海县	1497		901	21	575	1181	483			77
富蕴县	949		469	21	459	817	300			
青河县	446		360	17	69	581	268			1
博尔塔拉州小计	**9196**		**5526**	**1247**	**2423**	**9176**	**816**			**38**
本级	4011		1794	545	1672	3906	373			5
区县级小计	5185		3732	702	751	5270	443			33
博乐市	2859		1739	700	420	2235	212			
精河县	1980		1732		248	2785	218			19
温泉县	346		261	2	83	250	13			14
昌吉州小计	**33102**	**175**	**29650**	**333**	**2944**	**38995**	**3810**			**2117**
本级	13360	175	10772	151	2262	18414	2309			1825
区县级小计	19742		18878	182	682	20581	1501			292
玛纳斯县	1771		1445	36	290	2008	120			34
呼图壁县	2825		2825			2679	38			7
昌吉市	7122		7026	96		7223	304			49
阜康市	2759		2487	45	227	3026	422			34
吉木萨尔县	2147		1977	5	165	2289	524			113
奇台县	2213		2213			2200	51			
木垒哈萨克自治县	905		905			1156	42			55
巴音郭楞州小计	**30221**		**25770**	**220**	**4231**	**30115**	**5041**			**1574**
本级	12072		11549	41	482	12973	1525			1191
区县级小计	18149		14221	179	3749	17142	3516			383

4－31－5

单位:万元

地区	收支部分										
	支出										
	教育	科学技术	文化体育与传媒	社会保障和就业	医疗卫生	环境保护	城乡社区事务	农林水事务	交通运输	工业、商业、金融等事务	其他支出
塔城市	1137		4	43	200		398	105	9	3	7
额敏县	508		5	196	50		182	85			
乌苏市	1366		8	248	48		153	256			
沙湾县	2404		14	296	39		174	146		5	13
托里县	185	7	22	138	34		15	73			
裕民县	80		3	40	47		485	15			
和布克赛尔自治县				110	21						
阿勒泰地区小计	**3562**	**5**	**1021**	**125**	**286**	**155**	**962**	**1395**	**94**	**1124**	
本级	2095	5	563	73	114	8	96	964	66	1061	
区县级小计	1467		458	52	172	147	866	431	28	63	
阿勒泰市	245		59		27	147	443	50			
布尔津县	262		167	6	5		185	94		2	
哈巴河县	185		75		70		3	38	1		
吉木乃县	100		29	30	1		6	2	1	1	
福海县	257		97	15			125	70		57	
富蕴县	296		11	1	69		73	40	26	1	
青河县	122		20				31	137		2	
博尔塔拉州小计	**3926**	**1**	**288**	**166**	**1624**		**1465**	**739**	**43**	**70**	
本级	1269	1	238	54	1551		59	316	40		
区县级小计	2657		50	112	73		1406	423	3	70	
博乐市	1188			37	72		383	270	3	70	
精河县	1346			75	1		1010	116			
温泉县	123		50				13	37			
昌吉州小计	**17812**	**3**	**1039**	**1208**	**777**		**3785**	**4861**	**927**	**324**	**2332**
本级	8925	1	569	390	515		390	376	521	292	2301
区县级小计	8887	2	470	818	262		3395	4485	406	32	31
玛纳斯县	1196	1		254	37		211	147		8	
呼图壁县	850			5	123		135	1521			
昌吉市	1520		36	72	69		2685	2082	406		
阜康市	2095		184	26	12		47	174		7	25
吉木萨尔县	1163		153	141	3		75	104		13	
奇台县	1704		97	25	18		191	104		4	6
木垒哈萨克自治县	359	1		295			51	353			
巴音郭楞州小计	**13045**	**3**	**2476**	**873**	**708**	**26**	**3059**	**3009**	**129**	**148**	**24**
本级	6982	3	2008	186	407	16	534	38		59	24
区县级小计	6063		468	687	301	10	2525	2971	129	89	

4－31－6　　　　　　　　　　　　　　　　　　　　　　单位:万元

地区	平衡部分										
	收入					支出					年终结余
	收入合计	本年收入	上年结余	补助收入	省补助计划单列市收入	支出合计	本年支出	上解上级支出	计划单列市上解省支出	政府调剂资金	
塔城市	2262	1980	107	175		2077	2057			20	185
额敏县	1404	1039	33	332		1143	1143				261
乌苏市	2435	2087	10	338		2087	2087				348
沙湾县	4225	3414	617	194		3771	3271	500			454
托里县	815	401	203	211		545	545				270
裕民县	1167	1014	86	67		1060	687			373	107
和布克赛尔自治县	1021	584	315	122		799	131			668	222
阿勒泰地区小计	**20194**	**13749**	**4575**	**1870**		**12568**	**12519**			**49**	**7626**
本级	10587	7301	2668	618		6292	6292				4295
区县级小计	9607	6448	1907	1252		6276	6227			49	3331
阿勒泰市	1607	1405	129	73		1279	1279				328
布尔津县	1869	1242	523	104		1237	1188			49	632
哈巴河县	1435	673	460	302		688	688				747
吉木乃县	555	236	180	139		493	493				62
福海县	2007	1497	351	159		1181	1181				826
富蕴县	1433	949	156	328		817	817				616
青河县	701	446	108	147		581	581				120
博尔塔拉州小计	**12516**	**9196**	**2336**	**984**		**9526**	**9176**			**350**	**2990**
本级	6117	4011	1193	913		3906	3906				2211
区县级小计	6399	5185	1143	71		5620	5270			350	779
博乐市	3117	2859	258			2585	2235			350	532
精河县	2865	1980	824	61		2785	2785				80
温泉县	417	346	61	10		250	250				167
昌吉州小计	**44381**	**33102**	**8722**	**2557**		**38995**	**38995**				**5386**
本级	20338	13360	6187	791		18414	18414				1924
区县级小计	24043	19742	2535	1766		20581	20581				3462
玛纳斯县	2758	1771	681	306		2008	2008				750
呼图壁县	2989	2825		164		2679	2679				310
昌吉市	8795	7122	1445	228		7223	7223				1572
阜康市	3268	2759	260	249		3026	3026				242
吉木萨尔县	2529	2147	8	374		2289	2289				240
奇台县	2548	2213	141	194		2200	2200				348
木垒哈萨克自治县	1156	905		251		1156	1156				
巴音郭楞州小计	**41784**	**30221**	**8495**	**3068**		**30115**	**30115**				**11669**
本级	14821	12072	1514	1235		12973	12973				1848
区县级小计	26963	18149	6981	1833		17142	17142				9821

4－31－7

单位:万元

地区	收支部分									
	收入					支出				
	收入合计	彩票资金收入	行政事业性收费收入	国有资源(资产)有偿使用收入	其他收入	支出合计	一般公共服务	外交	国防	公共安全
库尔勒市	11404		8720	96	2588	8730	1047			162
轮台县	750		509	31	210	1327	448			20
尉犁县	815		718	14	83	922	288			
且末县	1016		358	9	649	1121	433			100
若羌县	420		375	15	30	516	146			10
焉耆回族自治县	1376		1376			1445	276			32
和静县	1424		1390	14	20	1797	474			55
和硕县	400		354		46	519	164			4
博湖县	544		421		123	765	240			
阿克苏地区小计	**42564**	**118**	**31492**	**4568**	**6386**	**42614**	**6053**			**672**
本级	14538	118	10178	1461	2781	15065	1483			396
区县级小计	28026		21314	3107	3605	27549	4570			276
阿克苏市	8691		7834	678	179	8783	788			
库车县	4887		3145	1151	591	4744	1085			132
拜城县	995		928	48	19	1146	157			35
新和县	1746		519	580	647	2054	1053			9
沙雅县	2562		1253	161	1148	2701	999			13
温宿县	1706		1690		16	1422	73			20
乌什县	2852		1883	15	954	2855	283			3
阿瓦提县	4486		4036	450		3626	110			39
柯坪县	101		26	24	51	218	22			25
克孜勒苏州小计	**5178**	**13**	**5065**	**29**	**71**	**5183**	**626**			**199**
本级	2578	13	2552	13		1987	243			77
区县级小计	2600		2513	16	71	3196	383			122
阿图什市	1278		1221	6	51	1484	87			34
阿克陶县	874		874			1050	72			42
乌恰县	194		164	10	20	276	90			
阿合奇县	254		254			386	134			46
喀什地区小计	**26330**		**23445**	**1043**	**1842**	**29498**	**3872**	**15**		**600**
本级	8804		7588	349	867	9584	909	15		387
区县级小计	17526		15857	694	975	19914	2963			213
喀什市	6880		6345	468	67	6174	1813			38
莎车县	2874		2669	199	6	2496	262			92
疏勒县	1582		1277	9	296	1981	106			44
疏附县	625		547		78	900	17			3
叶城县	949		803		146	1488	100			3

4－31－8 单位:万元

地区	收支部分										
	支出										
	教育	科学技术	文化体育与传媒	社会保障和就业	医疗卫生	环境保护	城乡社区事务	农林水事务	交通运输	工业、商业、金融等事务	其他支出
库尔勒市	3106		12	563			1668	2152	18	2	
轮台县	382		1	26	40	1	251	157		1	
尉犁县	298		175	45	23	2	29	62			
且末县	261		53	6	101		24	143			
若羌县	92		56	2	9	5	72	124			
焉耆回族自治县	546		59	18			280	48	100	86	
和静县	835		93	23	20	2	112	182	1		
和硕县	177		19		83		22	50			
博湖县	366			4	25		67	53	10		
阿克苏地区小计	**13893**	**31**	**1991**	**2682**	**5771**	**134**	**3149**	**7814**	**136**	**288**	
本级	5688	29	1352	1798	898	134	508	2416	83	280	
区县级小计	8205	2	639	884	4873		2641	5398	53	8	
阿克苏市	2044		105	121	3431		1925	365	4		
库车县	1995		166	66	208		180	904		8	
拜城县	380		170	147	63		46	124	24		
新和县	504		45	212	6		109	116			
沙雅县	923		59	110	103		52	432	10		
温宿县	597		42	21	408		71	178	12		
乌什县	840		30	34	79		59	1527			
阿瓦提县	895	2	11	87	573		192	1714	3		
柯坪县	27		11	86	2		7	38			
克孜勒苏州小计	**1725**	**4**	**139**	**79**	**420**	**11**	**235**	**805**	**76**	**16**	**848**
本级	1176	4	92	73	36			75	11	10	190
区县级小计	549		47	6	384	11	235	730	65	6	658
阿图什市	230		13	3	46		190	638	12	1	230
阿克陶县	246		23		332	9	33	50	53	5	185
乌恰县	26		1	3			12	36			108
阿合奇县	47		10		6	2		6			135
喀什地区小计	**10116**	**15**	**1945**	**2923**	**3519**	**15**	**3895**	**2063**	**318**	**129**	**73**
本级	5192	13	428	178	1096	2	475	524	248	62	55
区县级小计	4924	2	1517	2745	2423	13	3420	1539	70	67	18
喀什市	981		638	434	229		1886	76		63	16
莎车县	1000	1	79	172	329		369	173	17		2
疏勒县	412		32	329	571	10	130	343	4		
疏附县	248	1	44	73	440		24	46	4		
叶城县	406		105	249	356		162	106	1		

4－31－9

单位：万元

地区	平衡部分										
	收入					支出					
	收入合计	本年收入	上年结余	补助收入	省补助计划单列市收入	支出合计	本年支出	上解上级支出	计划单列市上解省支出	政府调剂资金	年终结余
库尔勒市	16369	11404	4605	360		8730	8730				7639
轮台县	2676	750	1716	210		1327	1327				1349
尉犁县	948	815	39	94		922	922				26
且末县	1718	1016	387	315		1121	1121				597
若羌县	638	420	104	114		516	516				122
焉耆回族自治县	1445	1376		69		1445	1445				
和静县	1797	1424		373		1797	1797				
和硕县	519	400		119		519	519				
博湖县	853	544	130	179		765	765				88
阿克苏地区小计	**49323**	**42564**	**4301**	**2458**		**42846**	**42614**			**232**	**6477**
本级	16152	14538	318	1296		15065	15065				1087
区县级小计	33171	28026	3983	1162		27781	27549			232	5390
阿克苏市	9099	8691	356	52		8783	8783				316
库车县	5648	4887	617	144		4744	4744				904
拜城县	1439	995	180	264		1146	1146				293
新和县	3013	1746	1068	199		2056	2054			2	957
沙雅县	3129	2562	498	69		2701	2701				428
温宿县	2190	1706	283	201		1652	1422			230	538
乌什县	3487	2852	552	83		2855	2855				632
阿瓦提县	4944	4486	382	76		3626	3626				1318
柯坪县	222	101	47	74		218	218				4
克孜勒苏州小计	**6506**	**5178**	**484**	**844**		**5213**	**5183**			**30**	**1293**
本级	3045	2578	277	190		1987	1987				1058
区县级小计	3461	2600	207	654		3226	3196			30	235
阿图什市	1510	1278	6	226		1484	1484				26
阿克陶县	1144	874	85	185		1050	1050				94
乌恰县	406	194	104	108		306	276			30	100
阿合奇县	401	254	12	135		386	386				15
喀什地区小计	**38035**	**26330**	**6909**	**4796**		**29498**	**29498**				**8537**
本级	11405	8804	2204	397		9584	9584				1821
区县级小计	26630	17526	4705	4399		19914	19914				6716
喀什市	8122	6880	916	326		6174	6174				1948
莎车县	4355	2874	1027	454		2496	2496				1859
疏勒县	2367	1582	283	502		1981	1981				386
疏附县	1320	625	404	291		900	900				420
叶城县	2219	949	823	447		1488	1488				731

4－31－10

单位:万元

地区	收支部分									
	收入					支出				
	收入合计	彩票资金收入	行政事业性收费收入	国有资源（资产）有偿使用收入	其他收入	支出合计	一般公共服务	外交	国防	公共安全
伽师县	481		481			854	6			6
巴楚县	1363		1119	6	238	1866	69			9
麦盖提县	799		799			1328	182			
泽普县	583		573	10		861	20			7
英吉沙县	663		663			963	261			8
岳普湖县	485		485			696	75			1
塔什库尔干自治县	242		96	2	144	307	52			2
和田地区小计	**12537**		**11622**	**37**	**878**	**15634**	**1902**		**5**	**426**
本级	5585		5585			5878	672		5	103
区县级小计	6952		6037	37	878	9756	1230			323
皮山县	1366		1366			1707	21			
墨玉县	1731		1113	33	585	2123	268			299
和田县	191		191			686	156			1
洛浦县	277		261		16	646	159			5
策勒县	305		271		34	721	89			3
于田县	2016		1793	3	220	2332	206			13
民丰县	240		237	1	2	375	108			2
和田市	826		805		21	1166	223			
吐鲁番地区小计	**10476**		**10309**	**46**	**121**	**11374**	**2762**			**245**
本级	4596		4596			4395	663			117
区县级小计	5880		5713	46	121	6979	2099			128
吐鲁番市	3971		3943	28		4447	1401			96
鄯善县	1325		1307	18		1684	361			31
托克逊县	584		463		121	848	337			1
哈密地区小计	**10446**		**9251**	**108**	**1087**	**10061**	**618**			**194**
本级	5064		4477	108	479	5043	252			137
区县级小计	5382		4774		608	5018	366			57
伊吾县	82		82			175	3			2
巴里坤自治县	500		475		25	648	53			1
哈密市	4800		4217		583	4195	310			54
五家渠市	1268		1259		9	1288	39			91
阿拉尔市	177		174	3		349	148			
图木舒克市小计	**248**		**248**			**248**				

4－31－11　　　　单位:万元

地区	收支部分									
	支出									
	教育	科学技术	文化体育与传媒	社会保障和就业	医疗卫生	环境保护	城乡社区事务	农林水事务	交通运输	工业、商业、金融等事务	其他支出
伽师县	349		41	347	5		9	87		4	
巴楚县	507		166	127	270		390	285	43		
麦盖提县	327		76	97	208		234	204			
泽普县	302		71	298	1	1	95	66			
英吉沙县	210		69	314	12	2	41	46			
岳普湖县	122		42	305			80	71			
塔什库尔干自治县	60		154		2			36	1		
和田地区小计	**4487**	**4**	**658**	**1510**	**1967**	**54**	**585**	**3326**	**525**	**181**	**4**
本级	3232	4	527	370	304			215	442		4
区县级小计	1255		131	1140	1663	54	585	3111	83	181	
皮山县	51		4	94	205	1		1331			
墨玉县	251		9	632	1		60	343	83	177	
和田县	55			109	322			43			
洛浦县	96		30	71	207		53	21		4	
策勒县	219		24	89	235	1	15	46			
于田县	196		50	15	433	52	104	1263			
民丰县	48		14	42	90		21	50			
和田市	339			88	170		332	14			
吐鲁番地区小计	**2706**		**2301**	**100**	**670**		**854**	**1209**	**35**	**447**	**45**
本级	1138		2096	7	125		170	28	35	14	2
区县级小计	1568		205	93	545		684	1181		433	43
吐鲁番市	750		81	77	175		523	955		363	26
鄯善县	511		123	13	352		69	137		70	17
托克逊县	307		1	3	18		92	89			
哈密地区小计	**5279**	**2**	**931**	**1085**	**495**	**2**	**729**	**282**		**76**	**368**
本级	2771	2	656	425	187		101	72		72	368
区县级小计	2508		275	660	308	2	628	210		4	
伊吾县	60		1	78	21		4	6			
巴里坤自治县	213		76	67	144		38	56			
哈密市	2235		198	515	143	2	586	148		4	
五家渠市	770		43	79	15	56	97	63		35	
阿拉尔市					37		164				
图木舒克市小计							**248**				

4－31－12

单位：万元

地区	平衡部分										
	收入					支出					
	收入合计	本年收入	上年结余	补助收入	省补助计划单列市收入	支出合计	本年支出	上解上级支出	计划单列市上解省支出	政府调剂资金	年终结余
伽师县	944	481	251	212		854	854				90
巴楚县	1925	1363	72	490		1866	1866				59
麦盖提县	1429	799	311	319		1328	1328				101
泽普县	1036	583	156	297		861	861				175
英吉沙县	1114	663	140	311		963	963				151
岳普湖县	887	485	92	310		696	696				191
塔什库尔干自治县	912	242	230	440		307	307				605
和田地区小计	**18265**	**12537**	**1961**	**3767**		**15634**	**15634**				**2631**
本级	7033	5585	1053	395		5878	5878				1155
区县级小计	11232	6952	908	3372		9756	9756				1476
皮山县	1829	1366	157	306		1707	1707				122
墨玉县	2497	1731	126	640		2123	2123				374
和田县	697	191		506		686	686				11
洛浦县	777	277	88	412		646	646				131
策勒县	871	305	175	391		721	721				150
于田县	2909	2016	303	590		2332	2332				577
民丰县	400	240	20	140		375	375				25
和田市	1252	826	39	387		1166	1166				86
吐鲁番地区小计	**13779**	**10476**	**2267**	**1036**		**12085**	**11374**			**711**	**1694**
本级	5532	4596	634	302		4788	4395			393	744
区县级小计	8247	5880	1633	734		7297	6979			318	950
吐鲁番市	5417	3971	1175	271		4765	4447			318	652
鄯善县	1872	1325	379	168		1684	1684				188
托克逊县	958	584	79	295		848	848				110
哈密地区小计	**15934**	**10446**	**4611**	**877**		**10061**	**10061**				**5873**
本级	6749	5064	1324	361		5043	5043				1706
区县级小计	9185	5382	3287	516		5018	5018				4167
伊吾县	220	82	40	98		175	175				45
巴里坤自治县	702	500	69	133		648	648				54
哈密市	8263	4800	3178	285		4195	4195				4068
五家渠市	1344	1268	76			1288	1288				56
阿拉尔市	545	177	368			349	349				196
图木舒克市小计	**248**	**248**				**248**	**248**				

五、专项资料

2007年全国财政收入亿元县分县一般预算总表

5-1-1　　　　单位:万元

地区	收入总计	本年收入	支出总计	本年支出	滚存结余	其中:净结余
地方合计	**114583365**	**48791383**	**107517455**	**100569811**	**7065910**	**458043**
北京市	**614165**	**148787**	**554391**	**553228**	**59774**	
密云县	336863	87438	307927	307384	28936	
延庆县	277302	61349	246464	245844	30838	
天津市	**347155**	**148562**	**298450**	**295559**	**48705**	**3268**
蓟县	150127	64323	115597	114546	34530	
宁河县	76203	27711	69097	68756	7106	
静海县	120825	56528	113756	112257	7069	3268
河北省	**5090192**	**2103098**	**4855310**	**4648012**	**234882**	**17618**
平山县	103826	44107	103786	98760	40	18
行唐县	42360	10039	42360	41873		
井陉县	50624	24186	46000	42810	4624	9
鹿泉市	79913	42441	71747	67369	8166	2302
正定县	56843	25210	52172	51862	4671	154
栾城县	45745	17931	42349	41443	3396	160
辛集市	78635	33123	78635	71396		
晋州市	54005	21689	53552	51019	453	6
无极县	42775	13914	42775	41075		
藁城市	88231	45410	87674	85733	557	69
赵县	48147	12504	48141	46664	6	
新乐市	45562	16853	44665	43560	897	897
元氏县	39808	12522	38015	37167	1793	60
滦县	83210	34487	73205	70700	10005	
滦南县	112991	43188	104132	102188	8859	
乐亭县	85202	32872	82461	79020	2741	
迁西县	106224	56125	104659	103134	1565	58
唐海县	55279	22363	52746	52137	2533	
迁安市	273431	181420	269105	256704	4326	501
玉田县	79731	25311	79592	75461	139	139
遵化市	160060	81296	151234	145018	8826	302
磁县	89914	46146	84365	81122	5549	841
涉县	96133	42340	90359	87548	5774	
永年县	83674	37014	83520	79127	154	55
邯郸县	62159	32417	59056	58256	3103	9
武安市	204347	129976	199050	177752	5297	
蔚县	64669	15170	63995	63631	674	-150
张北县	49508	10031	47183	47629	2325	
赤城县	54059	22900	52617	51919	1442	264
怀来县	59636	22921	55272	53009	4364	168
清苑县	57606	11402	56115	55270	1491	

5－1－2

单位:万元

地区	收入总计	本年收入	支出总计	本年支出	滚存结余	其中:净结余
涞源县	58378	20343	52407	51852	5971	
徐水县	57057	15460	56367	54738	690	72
涿州市	91219	50256	87001	82770	4218	
高碑店市	55062	14904	48243	44940	6819	
高阳县	36679	10268	36045	34613	634	181
安国市	42877	12001	40462	39734	2415	
定州市	105324	27522	95054	92830	10270	
肃宁县	42623	12635	39176	37910	3447	－457
沧县	75020	23394	73121	69394	1899	
青县	52385	11731	48573	45979	3812	19
河间市	77052	16869	74405	71524	2647	
任丘市	137832	107422	118342	103508	19490	10008
泊头市	67134	12991	63597	59532	3537	19
黄骅市	74813	34785	71415	64393	3398	
青龙满族自治县	80622	26455	73921	74508	6701	－2643
昌黎县	80546	24757	69565	66055	10981	
抚宁县	86926	31006	79865	75922	7061	5
沙河市	61183	25472	61065	60553	118	
邢台县	76378	25866	67193	65145	9185	
内邱县	36994	12352	34060	33254	2934	
隆尧县	46708	11215	38620	37492	8088	
宁晋县	68628	25291	68342	65446	286	9
清河县	42438	11022	41348	40232	1090	102
三河市	156393	100937	150882	143450	5511	1114
香河县	59814	23859	57887	55292	1927	1927
固安县	54723	11232	44726	42803	9997	626
霸州市	119262	59344	117238	110388	2024	412
文安县	60480	17813	60025	56073	455	
大城县	52021	11867	46876	43934	5145	
宽城县	79259	30432	79091	72282	168	168
滦平县	70553	23709	70553	68403		
丰宁县	71759	23183	71759	71368		
隆化县	65373	12583	65373	64245		
承德县	71608	27380	71538	69548	70	70
兴隆县	53467	13829	53343	52029	124	124
平泉县	67295	15605	67295	65517		
山西省	**3633901**	**1803828**	**3255889**	**3166952**	**378012**	**4897**
清徐县	82258	49003	81561	78326	697	39
阳曲县	42154	14450	40338	40338	1816	27
娄烦县	48153	19296	47508	47236	645	83

5－1－3

单位:万元

地区	收入总计	本年收入	支出总计	本年支出	滚存结余	其中:净结余
古交市	62455	40366	60808	58404	1647	36
左云县	68925	44423	65780	63246	3145	538
平定县	58566	24713	54290	49152	4276	－3277
盂县	69417	37443	68110	64302	1307	
长治县	69915	42359	61637	61237	8278	6423
潞城市	53809	36291	50693	49794	3116	492
屯留县	53848	23343	44739	44739	9109	64
长子县	55501	16421	46652	46652	8849	26
壶关县	52650	11116	45443	45443	7207	60
武乡县	56218	23671	48698	48698	7520	5
襄垣县	84158	65075	78482	77671	5676	528
沁源县	60932	39987	58337	58268	2595	5
阳城县	77790	43650	76141	73526	1649	
高平市	80571	46972	77707	75486	2864	1
沁水县	52054	32720	52009	52009	45	7
泽州县	82386	50232	81548	79202	838	
山阴县	86956	47595	76571	73459	10385	120
怀仁县	81474	43641	72261	69009	9213	6158
河曲县	51293	23813	46782	46538	4511	1288
繁峙县	56491	10243	42297	42242	14194	3463
代县	46902	16391	38161	38161	8741	2930
原平市	77545	30049	69948	65589	7597	－4803
宁武县	48455	12137	37668	37116	10787	1713
保德县	49361	22912	46852	46772	2509	1509
太谷县	53256	12991	47148	44525	6108	
祁县	43899	12088	39050	37569	4849	55
平遥县	80995	19120	66965	65319	14030	－2148
介休市	96563	62008	90393	83884	6170	86
灵石县	76256	55320	70415	67871	5841	
寿阳县	69605	33611	60400	59731	9205	98
昔阳县	47863	10619	37771	37126	10092	－798
和顺县	42878	11051	34934	34804	7944	
左权县	56615	23996	48883	48783	7732	－960
榆社县	32372	13002	29353	29180	3019	－2461
交城县	66889	31522	58547	58391	8342	
文水县	64527	12413	50657	50263	13870	16
汾阳市	83191	38148	84913	68108	－1722	－6600
孝义市	120208	91475	106345	103624	13863	161
柳林县	78151	50875	67136	67136	11015	10
中阳县	41367	21492	38526	38526	2841	9

5－1－4 单位:万元

地区	收入总计	本年收入	支出总计	本年支出	滚存结余	其中：净结余
交口县	31563	15658	28524	28524	3039	80
侯马市	56596	21544	48913	46043	7683	
曲沃县	49323	13822	41192	40162	8131	10
翼城县	60044	28291	54276	53926	5768	329
襄汾县	79102	43949	75308	75008	3794	66
洪洞县	97434	43513	84286	83543	13148	
霍州市	47941	30022	43704	42923	4237	－1000
古县	35693	16951	31584	31584	4109	
浮山县	30413	11021	27235	27050	3178	27
乡宁县	56086	36775	51871	50642	4215	
蒲县	40517	21077	35044	35044	5473	54
永济市	64440	18426	53410	51205	11030	31
河津市	108869	103467	91593	88248	17276	50
闻喜县	59245	21133	49352	48646	9893	79
稷山县	51763	10136	37140	36949	14623	268
内蒙古自治区	**3562978**	**1418424**	**3442554**	**3227493**	**120424**	**－4041**
满洲里市	143470	86150	141410	140877	2060	2060
牙克石市	77182	19729	72014	70410	5168	1568
新巴尔虎右旗	36606	13463	34829	34821	1777	777
陈巴尔虎旗	31823	10227	31388	31351	435	50
鄂温克自治旗	61400	19010	61498	61179	－98	－98
乌兰浩特市	53459	12491	63361	57168	－9902	－9902
开鲁县	77064	11591	76298	75129	766	346
科左后旗	78631	11361	78160	76646	471	71
奈曼旗	88522	11773	84515	83805	4007	107
扎鲁特旗	86130	13710	81211	80604	4919	2129
霍林郭勒市	59768	34705	58403	58188	1365	223
多伦县	45295	16221	50976	51325	－5681	－5681
正蓝旗	39126	18975	45216	41967	－6090	－6090
西乌珠穆沁旗	41141	18640	39326	38201	1815	1415
东乌珠穆沁旗	48975	20284	48140	47320	835	835
锡林浩特市	75009	45910	74639	59093	370	370
苏尼特右旗	34119	10265	34112	32134	7	7
二连市	43165	13582	42134	41675	1031	16
丰镇市	68968	26860	67185	65177	1783	
凉城县	65336	21546	59810	53554	5526	3596
准格尔旗	330101	230183	319311	249482	10790	85
达拉特旗	96242	51209	97439	91417	－1197	－1197
伊金霍洛旗	184068	118885	170193	131403	13875	
鄂托克旗	94467	46316	91290	85282	3177	242

5－1－5

单位:万元

地区	收入总计	本年收入	支出总计	本年支出	滚存结余	其中:净结余
乌审旗	66745	30187	63518	60812	3227	
杭锦旗	47242	12807	52831	51534	－5589	－5589
杭锦后旗	58171	15539	57025	56509	1146	112
五原县	52221	12236	49360	49033	2861	353
乌拉特前旗	82512	29700	75634	75199	6878	400
乌拉特中旗	54573	12318	53560	53433	1013	23
乌拉特后旗	68639	41593	65011	64977	3628	78
阿左旗	88922	27881	89471	88811	－549	－549
土左旗	97639	54400	97327	97079	312	
托县	98221	49551	94542	79498	3679	
和林县	79450	36502	73286	69827	6164	5826
土右旗	88188	39649	85226	83232	2962	10
固阳县	60660	29525	56175	54203	4485	20
达茂旗	85630	46497	80216	77869	5414	55
巴林左旗	87164	13809	76555	74096	10609	750
克什克腾旗	86515	28013	86185	80575	330	
翁牛特旗	106421	12780	98975	96353	7446	
喀喇沁旗	81343	11761	76220	73229	5123	3541
宁城县	102106	15588	94360	91555	7746	
敖汉旗	110549	15002	94219	91461	16330	
辽宁省	**3758093**	**1467512**	**3658785**	**3548351**	**99308**	**－20350**
辽中县	73040	30319	73408	73173	－368	－1682
新民市	82677	40257	87543	87277	－4866	－7021
法库县	59088	25688	68676	68433	－9588	－10079
康平县	49679	23738	61521	61186	－11842	－13022
瓦房店市	206200	146058	195848	193242	10352	180
普兰店市	154639	108100	151219	146733	3420	1730
庄河市	140258	93369	136015	133626	4243	903
长海县	35068	15301	34040	33380	1028	1028
海城市	193063	100500	190498	177526	2565	10
台安县	53547	15967	55821	53775	－2274	－2737
岫岩县	86348	23388	83475	80888	2873	－750
抚顺县	57366	22988	54606	52381	2760	410
清原县	74301	21689	71137	70116	3164	233
新宾县	68255	16788	64753	63531	3502	369
本溪县	77795	27660	70665	69966	7130	1233
桓仁县	78254	22531	74759	73548	3495	－105
东港市	120764	51818	107704	102201	13060	4564
凤城市	124973	53295	115816	113813	9157	4247
宽甸县	87020	26726	79576	77908	7444	2528

5－1－6

单位:万元

地区	收入总计	本年收入	支出总计	本年支出	滚存结余	其中：净结余
凌海市	104300	40915	97085	94801	7215	6335
北镇市	60898	12360	63521	62016	－2623	－3182
黑山县	69561	12342	70455	68701	－894	－1552
盖州市	88210	22018	92499	85578	－4289	－7918
大石桥市	147681	58116	147128	137553	553	478
阜蒙县	91926	16442	91518	88821	408	－2489
辽阳县	93957	36141	90039	86807	3918	978
灯塔市	90038	40933	81674	79095	8364	1114
铁岭县	62739	30080	61961	58493	778	
开原市	95141	42685	92154	89972	2987	85
昌图县	94569	13078	92192	89138	2377	
西丰县	50887	11854	48575	46798	2312	
调兵山市	45369	22066	43282	39935	2087	
北票市	86631	28566	83732	81822	2899	100
朝阳县	85757	21592	82135	80663	3622	261
凌源市	95209	31152	91849	89173	3360	315
建平县	99209	37948	92767	91297	6442	701
喀左县	69930	15786	68275	66806	1655	114
盘山县	70952	17869	67103	64409	3849	
大洼县	95584	31658	90584	87195	5000	
兴城市	70026	18126	67723	64901	2303	541
绥中县	78543	22088	76983	75088	1560	1560
建昌县	88641	17517	88471	86586	170	170
吉林省	**3316713**	**807392**	**3149868**	**2912544**	**166845**	**775**
榆树市	162891	25753	152519	139800	10372	
德惠市	130610	22954	122148	111071	8462	
农安县	136523	25533	131581	117321	4942	
九台市	153502	35920	136677	125022	16825	42
永吉县	66093	14283	61782	57690	4311	
蛟河市	92936	19805	86667	82063	6269	
舒兰市	113860	16373	100791	94228	13069	
磐石市	115914	45291	112017	103245	3897	99
桦甸市	97937	32829	97540	90455	397	
梨树县	115149	11749	98790	90619	16359	
双辽市	85374	20102	80286	72873	5088	
伊通县	75887	11327	70027	66329	5860	30
公主岭市	136204	30089	132031	115999	4173	9
东丰县	76267	10979	74636	71007	1631	
东辽县	74135	10177	66113	62777	8022	
通化县	61855	19456	59821	55788	2034	15

5－1－7

单位:万元

地区	收入总计	本年收入	支出总计	本年支出	滚存结余	其中：净结余
集安市	60992	12824	57525	54477	3467	98
柳河县	69123	11226	63480	59168	5643	6
辉南县	69687	18073	66516	61175	3171	15
梅河口市	116086	35861	111601	102677	4485	97
抚松县	86159	19907	84278	77488	1881	7
临江市	59426	12072	59317	57195	109	
大安市	104050	20634	99492	94272	4558	
镇赉县	83300	17900	81997	75610	1303	
前郭县	137850	51617	133431	122283	4419	298
长岭县	104642	10200	95219	90122	9423	
乾安县	93041	36368	91313	87505	1728	
扶余县	93705	14531	83811	77412	9894	
延吉市	146584	84305	143908	125423	2676	10
龙井市	75613	18029	75415	72670	198	2
和龙市	65588	11879	65588	63124		
安图县	57216	11278	57198	54186	18	18
珲春市	80724	30054	80027	75446	697	
敦化市	117790	38014	116326	106024	1464	29
黑龙江省	**1589865**	**446233**	**1545988**	**1527225**	**43877**	**4138**
阿城市	109012	38508	105182	103909	3830	515
宾县	89857	21761	85416	79583	4441	28
依兰县	68333	17837	68190	67969	143	143
双城市	95354	24943	94771	93910	583	80
五常市	103971	17688	96558	96100	7413	483
尚志市	70186	19299	70100	69461	86	29
穆棱市	56004	10064	55172	54188	832	27
东宁县	63791	17715	52891	51825	10900	77
海林市	65086	15141	60054	58677	5032	74
绥芬河市	93476	48705	93318	92053	158	158
鸡东县	62358	12901	58289	57960	4069	69
密山市	72081	10480	69200	68798	2881	583
集贤县	53736	10208	53681	53161	55	
宝清县	61269	11123	61201	60950	68	68
勃利县	61642	12041	61296	60972	346	337
林甸县	42844	10626	42760	42351	84	84
肇洲县	65698	26474	65698	65220		
肇源县	77287	32221	77188	76690	99	99
杜尔伯特蒙古族自治县	62180	20533	62174	62044	6	6
安达市	84063	30009	83389	82661	674	674
肇东市	131637	37956	129460	128743	2177	604

5－1－8 单位:万元

地区	收入总计	本年收入	支出总计	本年支出	滚存结余	其中:净结余
上海市	**620309**	**185160**	**614824**	**594610**	**5485**	**5485**
崇明县	620309	185160	614824	594610	5485	5485
江苏省	**12495811**	**7892644**	**11735875**	**9713447**	**759936**	**77805**
溧水县	111542	65008	107862	93039	3680	
高淳县	120673	76175	119246	104348	1427	
江阴市	955552	823335	945722	740888	9830	1642
宜兴市	394399	300158	365963	277625	28436	650
丰县	139124	34948	123197	116415	15927	263
沛县	203345	82488	185140	168273	18205	37
铜山县	204051	102280	183855	162830	20196	8
睢宁县	141749	34312	124512	117449	17237	94
新沂市	139382	52141	123626	113104	15756	68
邳州市	214682	91485	191783	173183	22899	122
溧阳市	212298	162588	211422	175098	876	
金坛市	150651	112735	146389	121043	4262	2186
常熟市	823179	600630	717971	537613	105208	53450
张家港市	997126	839800	985342	787004	11784	1300
昆山市	984110	865562	956270	718040	27840	1044
吴江市	579925	480957	565245	420502	14680	5439
太仓市	478927	372588	451847	350156	27080	600
海安县	187843	93588	170238	142968	17605	
如东县	205083	90188	183143	155875	21940	
启东市	201111	122006	197911	161705	3200	
如皋市	232185	115089	208211	175866	23974	
通州市	226775	140101	218153	172228	8622	
海门市	200191	131021	184859	147882	15332	
赣榆县	155188	63018	149543	138124	5645	
东海县	162106	63018	144692	132799	17414	200
灌云县	124285	42133	109379	101374	14906	
灌南县	127553	44562	116031	107475	11522	
涟水县	128550	33444	115703	109020	12847	
洪泽县	79527	31615	74955	68126	4572	
盱眙县	106242	40079	89699	82814	16543	3940
金湖县	68938	26214	63333	56460	5605	
响水县	90458	31373	80753	75526	9705	
滨海县	142140	43336	123489	116062	18651	
阜宁县	148535	47008	136296	128328	12239	67
射阳县	157024	58116	132499	121852	24525	
建湖县	146878	63166	130965	118612	15913	68
东台市	195175	87460	177501	156060	17674	984

5－1－9 单位:万元

地　　区	收入总计	本年收入	支出总计	本年支出	滚存结余	其中:净结余
大丰市	150201	68166	134959	117690	15242	373
宝应县	144339	62378	140149	126168	4190	228
仪征市	155062	109588	143445	112886	11617	88
高邮市	138810	64818	127115	109815	11695	1896
江都市	180435	123957	177063	143998	3372	315
丹阳市	238460	167056	225356	173796	13104	199
扬中市	111618	80124	103953	83382	7665	63
句容市	123376	75058	119368	102732	4008	10
兴化市	209329	95838	195427	172331	13902	
靖江市	206685	149469	190141	152193	16544	320
泰兴市	240361	152559	227286	193227	13075	78
姜堰市	179102	113468	173195	147198	5907	1863
沭阳县	213262	80019	203543	190597	9719	
泗阳县	127736	42074	127736	117422		
泗洪县	140533	44347	134394	124246	6139	210
浙江省	**10344362**	**5966618**	**8924721**	**7357549**	**1419641**	**92056**
富阳市	280420	204533	251786	201098	28634	627
桐庐县	121636	66815	102437	84761	19199	1360
临安市	175105	97935	144356	116018	30749	6538
建德市	150671	84236	131021	106541	19650	790
淳安县	121380	41273	102888	101575	18492	－1476
海宁市	250917	179028	239242	176278	11675	1568
桐乡市	236097	170598	223984	169753	12113	
平湖市	219515	150646	205826	157160	13689	570
嘉善县	165562	110227	141395	107065	24167	118
海盐县	126696	80657	115898	90368	10798	4243
长兴县	235670	153620	209086	164812	26584	
德清县	163791	111500	150746	117966	13045	
安吉县	123828	62358	110219	88802	13609	
岱山县	91276	31000	84958	81789	6318	－4395
嵊泗县	72144	29809	63278	63052	8866	501
兰溪市	139581	69198	126785	101272	12796	－3175
永康市	206206	133528	179695	137403	26511	300
武义县	124484	62661	101383	89126	23101	－480
东阳市	179607	113258	160923	127554	18684	66
磐安县	66512	22518	60295	59770	6217	
义乌市	400236	322806	354376	274510	45860	120
浦江县	101474	56923	86216	70485	15258	
绍兴县	517109	327923	383701	272671	133408	21151
上虞市	239524	167056	219589	168929	19935	11025

5－1－10 单位:万元

地区	收入总计	本年收入	支出总计	本年支出	滚存结余	其中：净结余
嵊州市	139904	83830	129801	101460	10103	80
新昌县	123096	76278	115796	89938	7300	69
诸暨市	332127	227499	272919	206423	59208	6919
平阳县	169377	70746	137138	118819	32239	3472
苍南县	219923	100112	181092	156494	38831	2392
瑞安市	362493	211574	267805	211368	94688	3681
永嘉县	186615	92111	157026	135271	29589	2124
乐清市	331971	216305	294349	236311	37622	19219
文成县	97199	19057	72454	72311	24745	3902
泰顺县	91462	18688	68922	68858	22540	
洞头县	75974	17652	52728	52618	23246	
临海市	238341	136172	208453	168538	29888	
温岭市	361461	204069	280590	219287	80871	
玉环县	236924	137582	187607	150842	49317	
三门县	118792	45679	99864	91863	18928	－3900
仙居县	110051	40626	82862	72694	27189	
天台县	116723	51610	105015	89716	11708	
缙云县	92662	38384	87676	79178	4986	－635
景宁县	82186	14071	59611	59560	22575	
龙泉市	76101	21862	66978	61862	9123	－1319
青田县	129086	59802	113036	111980	16050	－700
庆元县	59504	11944	49397	46803	10107	－2446
松阳县	61139	17858	56036	52408	5103	－1957
遂昌县	89130	27752	68616	61769	20514	－948
云和县	54277	16518	46608	46572	7669	－312
龙游县	88134	40495	85046	74657	3088	－1548
常山县	84507	29566	75473	69323	9034	－3432
江山市	133916	53703	104997	90500	28919	－1750
开化县	81064	25533	75438	69295	5626	－700
慈溪市	496443	355068	453319	378058	43124	11893
余姚市	396815	302937	378228	310030	18587	9713
奉化市	184256	108897	162954	139411	21302	5245
象山县	215104	113490	185620	164438	29484	1685
宁海县	198164	129042	191184	170136	6980	1858
安徽省	**4787361**	**1410742**	**4545468**	**4528836**	**241893**	**43008**
郎溪县	42305	13900	42263	41773	42	－801
广德县	81157	34009	73581	73272	7576	269
宁国市	98948	57382	92460	91897	6488	49
泾县	51734	17862	48170	48036	3564	564
绩溪县	34238	10456	31881	31878	2357	

5－1－11　　单位:万元

地　　区	收入总计	本年收入	支出总计	本年支出	滚存结余	其中：净结余
砀山县	80778	10052	72540	72432	8238	83
萧县	95497	15191	91682	91677	3815	
泗县	71516	10818	63523	63507	7993	
天长市	93701	35838	83591	78802	10110	82
来安县	62381	17772	56844	56710	5537	16
全椒县	64377	21573	64185	64178	192	29
定远县	92742	17205	85755	85750	6987	405
凤阳县	90537	23732	87996	87966	2541	
明光市	72271	16797	71141	71088	1130	21
青阳县	49513	18767	46318	46318	3195	156
东至县	63900	18022	63470	63449	430	430
临泉县	118295	14059	109974	109932	8321	
太和县	114482	15060	93205	93056	21277	604
颍上县	120791	26520	117888	116982	2903	
阜南县	109077	11913	97091	97037	11986	
界首市	58090	12038	56072	56066	2018	1352
寿县	99720	16726	98862	98058	858	858
霍邱县	121636	23131	117930	115662	3706	68
舒城县	84469	20363	84433	84383	36	36
金寨县	79043	13760	78078	77967	965	55
霍山县	70263	26341	70255	70093	8	8
庐江县	105751	24319	98639	98566	7112	8
含山县	53256	17094	51213	51171	2043	50
和县	70937	23001	68009	67777	2928	70
无为县	143696	49441	143056	143010	640	640
肥东县	138615	65586	129535	129404	9080	3936
长丰县	97829	34711	95309	95196	2520	900
肥西县	127753	60329	121275	121070	6478	4155
怀远县	100908	20488	95850	95816	5058	2880
固镇县	61152	10324	58361	58360	2791	2660
五河县	72776	13711	63052	63038	9724	7624
凤台县	109203	56153	102956	101391	6247	2614
铜陵县	60951	27528	56850	56387	4101	50
当涂县	109489	60295	109162	109087	327	
濉溪县	103152	30389	102802	102802	350	279
繁昌县	72086	42706	70485	70343	1601	268
南陵县	69867	30008	69711	69680	156	46
芜湖县	64103	32171	64042	63944	61	61
怀宁县	97353	41033	91165	91142	6188	588
枞阳县	114697	47289	103597	103142	11100	200

5－1－12　　　　单位:万元

地　　区	收　入 总　计	本　年 收　入	支　出 总　计	本　年 支　出	滚　存 结　余	其中: 净结余
桐城市	95663	36367	93952	93600	1711	119
潜山县	69436	17172	65911	65802	3525	20
太湖县	61196	12074	59488	59487	1708	
宿松县	71061	14220	67563	67074	3498	
望江县	56433	11183	56414	56413	19	19
岳西县	55124	12125	54904	54818	220	220
祁门县	38330	12103	38069	38039	261	
休宁县	45242	13901	44594	44532	648	
歙县	65975	18527	65229	65117	746	
涡阳县	121572	23412	109321	109041	12251	4987
蒙城县	110800	19876	102378	102299	8422	4934
利辛县	101494	13919	93388	93319	8106	1396
福建省	**3839102**	**2034846**	**3399937**	**3136529**	**439165**	**9147**
闽侯县	142782	100750	95809	91099	46973	30878
长乐市	126900	88140	108743	95695	18157	3388
福清市	194870	136092	174237	158232	20633	7038
连江县	99217	49380	86013	84795	13204	5662
罗源县	47029	19332	38753	37626	8276	301
闽清县	61412	23457	44574	38391	16838	465
永泰县	40118	10376	40282	40282	－164	－8109
平潭县	57606	17547	45442	45442	12164	－3335
永安市	83317	53691	77078	64145	6239	270
宁化县	47936	11699	39188	39064	8748	615
大田县	51522	22026	44849	42928	6673	19
尤溪县	55464	22632	47150	45765	8314	171
沙县	45891	27469	41029	37687	4862	257
将乐县	28926	13899	28182	26453	744	－3408
邵武市	62816	31498	53957	47292	8859	82
建阳市	52221	21246	45133	39342	7088	－114
顺昌县	39740	13344	31411	29238	8329	－2697
建瓯市	64350	26635	56388	49706	7962	－1520
浦城县	49463	17296	41699	39165	7764	－932
武夷山市	52604	26160	42718	41002	9886	
福鼎市	81346	33826	69852	64903	11494	－1267
福安市	91970	39158	75935	68793	16035	－2354
霞浦县	54597	17075	52705	51266	1892	－6489
古田县	53593	20501	49417	47831	4176	－5257
仙游县	75694	28048	72380	69131	3314	－8983
惠安县	176392	122680	164986	162491	11406	
晋江市	350431	264104	343769	283335	6662	1309

5－1－13 单位:万元

地　　区	收入总计	本年收入	支出总计	本年支出	滚存结余	其中：净结余
石狮市	167091	116045	160655	130693	6436	
南安市	189788	112855	178396	152756	11392	538
安溪县	126357	72677	116994	116699	9363	
永春县	76511	42386	67840	67330	8671	
德化县	64989	34083	56953	56249	8036	
龙海市	151445	106363	135598	118139	15847	－2500
长泰县	34756	15533	33918	33127	838	－4905
东山县	36365	16673	31704	30845	4661	
南靖县	54468	23489	46259	43003	8209	1680
平和县	39083	13656	43306	42772	－4223	－7781
华安县	29019	10005	24161	23629	4858	670
云霄县	49534	13739	40460	35499	9074	4926
漳浦县	83152	32266	71778	70673	11374	3213
诏安县	50010	16392	39965	39490	10045	1394
长汀县	62792	13808	49495	49495	13297	316
永定县	81599	39301	70448	67461	11151	2228
上杭县	99682	46959	91576	91472	8106	683
武平县	47865	12630	40813	40813	7052	625
漳平市	56402	24322	45413	42759	10989	650
连城县	49987	13603	42526	42526	7461	1420
江西省	**4890859**	**1556760**	**4527770**	**4360407**	**363089**	**－39794**
南昌县	182202	83559	157264	149756	24938	580
新建县	119708	47139	105797	102266	13911	1999
进贤县	93061	24730	84564	81659	8497	165
安义县	44692	13391	43740	42824	952	
乐平市	106581	36026	98020	91582	8561	35
浮梁县	52650	12388	51309	47136	1341	－1547
上栗县	60385	26584	58776	57169	1609	656
芦溪县	42280	16033	40958	40105	1322	492
修水县	108574	28585	87204	85728	21370	－2299
武宁县	62819	17502	54658	53660	8161	－508
永修县	78218	23728	68260	65200	9958	－796
德安县	37716	13566	33494	32593	4222	－1443
瑞昌市	70764	21415	62821	61235	7943	106
都昌县	85206	16048	77492	76433	7714	－2746
湖口县	44943	12541	40291	39154	4652	－1282
彭泽县	45283	11710	44095	43035	1188	－6119
星子县	46401	11563	39328	38541	7073	－230
九江县	50537	15842	48990	48190	1547	－2101
分宜县	77937	40379	75390	74239	2547	1164

5－1－14

单位:万元

地区	收入总计	本年收入	支出总计	本年支出	滚存结余	其中：净结余
贵溪市	133340	75978	127104	99134	6236	2563
余江县	52346	10076	48420	47629	3926	30
赣县	75496	22582	69984	67996	5512	－176
南康市	77957	28300	76198	73688	1759	－397
信丰县	71437	23309	69507	67159	1930	－11
大余县	44417	18833	43747	41716	670	－266
崇义县	37859	12465	36218	34810	1641	－190
龙南县	47365	23456	46086	44420	1279	303
定南县	37585	11816	36705	35885	880	－292
全南县	34874	10002	34073	32724	801	－135
宁都县	78108	17771	75974	74760	2134	－450
于都县	89746	21608	86985	85409	2761	－371
兴国县	78488	16640	73386	72129	5102	55
瑞金市	66356	17363	64418	62865	1938	35
会昌县	58963	12698	54149	53128	4814	－47
丰城市	157710	72113	153657	145188	4053	220
高安市	101638	31595	89823	86097	11815	574
樟树市	92698	39222	92058	88098	640	640
奉新县	57020	19320	52910	51090	4110	333
万载县	63981	18914	59710	57786	4271	50
上高县	63073	23093	61484	58978	1589	66
宜丰县	57131	13149	54979	53317	2152	74
上饶县	90244	24159	81845	80509	8399	－2485
广丰县	109640	52823	106810	104597	2830	130
玉山县	70886	20601	64083	62360	6803	－861
铅山县	59314	16446	52517	50928	6797	－1448
横峰县	44927	11692	36177	35587	8750	－977
弋阳县	63041	16068	56985	55319	6056	－1510
余干县	102497	22490	100019	98670	2478	－3180
鄱阳县	140789	22027	133950	132458	6839	－11249
万年县	51030	14806	52039	50624	－1009	－3555
德兴市	79576	37632	76347	64528	3229	260
婺源县	58596	16481	54692	51607	3904	366
吉安县	79279	27085	72352	70262	6927	－56
吉水县	64327	17213	58296	57336	6031	605
峡江县	36289	10965	32605	31940	3684	－1557
新干县	50056	15829	47833	47152	2223	12
永丰县	59992	17816	57388	56562	2604	
泰和县	74051	23274	63496	61954	10555	23
遂川县	66501	16930	62530	61566	3971	－853

5－1－15　　单位:万元

地　　区	收　入 总　计	本　年 收　入	支　出 总　计	本　年 支　出	滚　存 结　余	其中： 净结余
万安县	50210	11619	44331	43541	5879	－664
安福县	65655	19011	61376	59017	4279	－828
永新县	62113	12920	58300	57665	3813	－913
井冈山市	53873	13822	45714	44892	8159	36
南城县	63592	16926	48045	46783	15547	217
南丰县	51469	14508	43918	42630	7551	6
黎川县	42506	11069	38754	37700	3752	878
崇仁县	50812	13383	47242	45561	3570	－225
金溪县	47502	11106	45498	44595	2004	－741
广昌县	47059	12429	40380	38178	6679	14
东乡县	67488	22598	64222	61375	3266	27
山东省	**10215069**	**5902022**	**9814138**	**9435958**	**400931**	**16057**
即墨市	217006	159920	207261	192438	9745	32
胶州市	193273	147828	183178	167568	10095	1717
胶南市	286295	205560	249538	236617	36757	1592
平度市	198772	117537	198307	188694	465	465
莱西市	154457	98776	153015	147864	1442	95
章丘市	236880	161979	231082	223481	5798	296
平阴县	65165	30066	59537	58619	5628	3
济阳县	76489	35021	70253	69500	6236	
商河县	56503	15368	55818	54788	685	
桓台县	125932	89074	123836	117325	2096	558
高青县	57616	35098	57568	56759	48	48
沂源县	94125	52801	94047	93167	78	78
滕州市	233573	160016	224896	220389	8677	386
龙口市	234919	210600	228734	222582	6185	117
莱阳市	99467	67996	92284	89036	7183	216
蓬莱市	131479	100168	124720	122392	6759	188
招远市	156037	127500	147636	145791	8401	256
莱州市	185795	138137	162326	158305	23469	157
栖霞市	68812	25602	60083	58848	8729	188
海阳市	98870	70009	93160	92120	5710	85
昌邑市	108220	70434	104548	93656	3672	458
昌乐县	85524	55100	85352	81219	172	172
安丘市	103425	38307	102723	90163	702	220
寿光市	219890	170016	219790	202688	100	
青州市	136886	97198	136251	120683	635	625
高密市	135231	95638	134911	123593	320	300
诸城市	210929	163169	210650	194325	279	219
临朐县	74221	25377	73526	70104	695	98

5－1－16 单位:万元

地区	收入总计	本年收入	支出总计	本年支出	滚存结余	其中:净结余
兖州市	162195	132390	158323	153002	3872	476
曲阜市	111015	70051	99555	96829	11460	462
泗水县	60436	20006	53968	53184	6468	146
邹城市	226401	193027	210957	202940	15444	1047
微山县	104579	78086	103888	103209	691	371
鱼台县	57241	22906	50617	49800	6624	36
金乡县	58148	17898	56071	55261	2077	
嘉祥县	80845	33668	78966	78016	1879	52
汶上县	78031	27057	72067	71273	5964	133
梁山县	67010	18285	64249	63181	2761	
郯城县	90735	40096	90665	89235	70	50
苍山县	92386	26348	92222	91190	164	3
莒南县	91328	32925	91228	89575	100	
沂水县	109423	48450	109413	108486	10	10
蒙阴县	58619	15776	58619	57788		
平邑县	84778	32326	84749	83356	29	9
费县	90150	35162	90150	88674		
沂南县	78657	24136	78636	77621	21	
临沭县	66446	27481	66249	64979	197	102
新泰市	247127	162966	244302	236848	2825	240
宁阳县	99303	44966	93751	92173	5552	35
东平县	101028	37391	100577	100144	451	169
肥城市	265792	128116	262233	255776	3559	362
临清市	84769	44355	77574	75389	7195	402
阳谷县	76302	19533	65532	64449	10770	275
莘县	86657	18775	67653	66527	19004	50
茌平县	126516	75100	119220	117746	7296	158
东阿县	59651	20240	54391	53377	5260	279
冠县	73762	16517	66011	65004	7751	47
高唐县	101476	60710	93021	91743	8455	290
曹县	125641	40896	115300	113317	10341	95
定陶县	65454	20700	58910	58350	6544	4
成武县	73150	25231	69714	68463	3436	5
单县	113385	38536	106812	104962	6573	11
巨野县	95249	32598	88246	87416	7003	23
郓城县	123479	53590	113053	112034	10426	1
鄄城县	80359	22511	69790	68688	10569	
东明县	100461	46618	95255	94469	5206	19
陵县	54661	16130	54379	53681	282	21
平原县	61101	23459	60765	60066	336	20

5－1－17 单位:万元

地　　区	收　入 总　计	本　年 收　入	支　出 总　计	本　年 支　出	滚　存 结　余	其中: 净结余
夏津县	46756	12718	46524	46213	232	45
武城县	41821	14178	41671	41052	150	
齐河县	90163	51302	87667	86543	2496	129
禹城市	73195	31876	72861	70516	334	116
乐陵市	59194	14331	57750	56760	1444	24
临邑县	85230	50900	82529	81321	2701	14
宁津县	46567	17120	46449	45821	118	
惠民县	67988	15396	67441	65641	547	126
阳信县	55644	16000	51334	49572	4310	
无棣县	101708	60133	95059	88892	6649	286
沾化县	70755	28630	69605	67284	1150	
博兴县	105011	71712	99650	93631	5361	35
邹平县	247682	199391	242138	219995	5544	100
广饶县	131734	90688	128244	125869	3490	190
垦利县	71447	49517	70274	69656	1173	35
利津县	63716	28000	62507	62111	1209	26
乳山市	141719	104868	139165	129891	2554	215
文登市	220157	166508	219265	200136	892	177
荣成市	311617	220421	309749	277532	1868	363
莒县	91917	25658	90754	86679	1163	165
五莲县	61511	23368	61391	59908	120	39
河南省	**8846516**	**3334682**	**8773785**	**8347466**	**72731**	**－9982**
巩义市	180470	126126	175852	158208	4618	－7237
荥阳市	124275	76106	123942	114499	333	
中牟县	110626	51666	105577	100505	5049	2875
新郑市	144534	82642	141250	130793	3284	100
登封市	163821	112057	160849	148783	2972	1587
新密市	127850	86148	135865	123606	－8015	－10064
兰考县	64783	13711	64589	62937	194	－673
杞县	86192	17506	86180	83566	12	－275
通许县	52377	11286	53322	51708	－945	－945
尉氏县	85857	26516	87589	82656	－1732	－1957
开封县	59387	17068	64149	61668	－4762	－4930
偃师市	144368	90169	139353	131839	5015	3432
孟津县	69020	33621	66632	63994	2388	447
新安县	128463	86077	127121	119925	1342	1046
伊川县	132586	81169	125229	119439	7357	3178
汝阳县	63515	24068	63125	61721	390	247
嵩县	71006	23169	70168	69486	838	838
栾川县	137084	101168	133361	123456	3723	2294

5－1－18 单位:万元

地区	收入总计	本年收入	支出总计	本年支出	滚存结余	其中:净结余
宜阳县	78118	26568	77670	75378	448	186
洛宁县	66792	20018	65871	65152	921	866
鲁山县	91149	29000	91952	89023	－803	－2525
宝丰县	72123	31972	71466	68338	657	657
叶县	83823	25075	83509	79671	314	
郏县	63061	20099	62317	60131	744	6
汝州市	100428	47249	117820	105052	－17392	－19182
舞钢市	120069	78286	116357	100277	3712	760
安阳县	122432	62893	119173	111276	3259	1737
林州市	114669	52284	107974	100502	6695	3806
汤阴县	50538	14614	50514	48465	24	24
滑县	101806	20282	104019	101373	－2213	－2213
内黄县	57712	11118	61303	60453	－3591	－3591
浚县	60487	13496	60627	58967	－140	－370
淇县	48941	17051	48776	47346	165	13
获嘉县	43606	11563	43401	41920	205	205
新乡县	72716	41300	71389	65864	1327	409
原阳县	65876	14486	64939	64050	937	103
延津县	51606	15557	51570	49859	36	36
封丘县	66477	12008	66411	65605	66	6
长垣县	82549	32288	81401	78022	1148	1105
辉县市	114280	53018	112304	105881	1976	856
卫辉市	62424	19672	61618	59759	806	204
修武县	56653	30087	55865	51386	788	788
博爱县	76243	45528	75060	69613	1183	25
沁阳市	94146	52403	93929	87967	217	26
温县	67485	30096	67439	64305	46	46
孟州市	82010	48596	81196	75404	814	86
武陟县	84769	40016	84749	80592	20	－2761
濮阳县	104456	31416	102696	99958	1760	1760
清丰县	61892	12311	61625	60568	267	－958
范县	57109	12347	57102	56689	7	7
许昌县	78467	30569	80738	73886	－2271	－2699
长葛市	100298	50009	101326	92553	－1028	－1032
鄢陵县	72846	18483	72799	70223	47	47
禹州市	167962	100039	165320	150150	2642	2642
襄城县	79909	28500	79660	74945	249	249
舞阳县	61252	17406	58775	56936	2477	1363
临颍县	73049	18441	71611	68588	1438	153
义马市	45445	32516	45482	41484	－37	－37

5－1－19

单位:万元

地区	收入总计	本年收入	支出总计	本年支出	滚存结余	其中:净结余
灵宝市	113226	54488	112652	99293	574	388
渑池县	97646	61068	97142	88633	504	463
陕县	77441	38217	76705	68780	736	29
卢氏县	56650	14069	56294	54086	356	314
邓州市	130053	32086	123095	118116	6958	2613
唐河县	115744	29139	115104	111807	640	640
方城县	93008	19330	90463	88437	2545	566
镇平县	76052	24736	82961	80256	－6909	－8454
社旗县	64733	11071	64647	63434	86	10
新野县	73915	20069	71154	68315	2761	732
内乡县	69767	20008	69044	66915	723	723
淅川县	94176	23096	90990	88699	3186	824
西峡县	86029	40039	85854	82004	175	175
南召县	68026	18501	66872	64993	1154	311
桐柏县	63931	23037	63004	60811	927	707
永城市	160067	82990	156329	150039	3738	2897
虞城县	98074	13568	96491	95518	1583	1583
罗山县	79767	10360	79365	77509	402	402
光山县	83021	15163	80885	78603	2136	933
潢川县	82092	17826	81979	79562	113	113
固始县	137732	28872	133627	132113	4105	66
商城县	79444	10798	79434	78666	10	10
息县	85864	12227	85713	84084	151	151
扶沟县	75732	13036	80397	77402	－4665	－4665
西华县	84542	11133	84189	81502	353	353
商水县	92381	12096	90301	87157	2080	1998
太康县	109821	12106	107623	104078	2198	2198
鹿邑县	109926	18618	109400	104901	526	526
郸城县	100547	15078	100252	94689	295	295
淮阳县	105339	14019	104892	101176	447	293
沈丘县	100087	15666	99248	95560	839	753
项城市	105509	27310	98950	94436	6559	5361
确山县	58222	12603	58064	57066	158	9
泌阳县	96036	17000	96036	94449		
遂平县	64116	13069	64086	61765	30	6
西平县	90115	15006	90070	87327	45	45
上蔡县	97532	12666	97267	95197	265	213
汝南县	73908	11826	73892	71819	16	
平舆县	78279	13366	77630	76868	649	618
济源市	216079	150393	209778	195001	6301	3053

5－1－20 单位:万元

地区	收入总计	本年收入	支出总计	本年支出	滚存结余	其中:净结余
湖北省	**3800221**	**955832**	**3580478**	**3488026**	**219743**	**86751**
大冶市	129533	51016	122474	119575	7059	5352
阳新县	103819	23258	95049	93947	8770	3691
丹江口市	74872	25462	73680	72882	1192	855
郧县	66123	10812	66066	65655	57	57
松滋市	84153	18036	78281	76467	5872	1477
公安县	93416	18112	83870	82149	9546	2244
石首市	71663	17000	70065	68872	1598	7
监利县	115574	10575	106573	103519	9001	
洪湖市	92651	12791	90841	88358	1810	
宜都市	78141	37954	75384	73502	2757	1459
枝江市	75865	29618	72571	70694	3294	1862
当阳市	79399	26588	77711	75214	1688	377
远安县	40425	13056	37995	37080	2430	1698
兴山县	39107	10758	35130	34132	3977	3063
秭归县	53560	11261	49591	48945	3969	2564
长阳县	57689	13356	56288	55515	1401	1401
老河口市	70380	18602	57853	56234	12527	3885
枣阳市	103796	23202	101669	95450	2127	307
宜城市	67803	17289	64574	62586	3229	2851
谷城县	60472	12650	59837	58780	635	522
钟祥市	116070	26066	112640	109902	3430	2344
京山县	80819	19600	75216	73661	5603	508
沙洋县	61140	10008	56784	56605	4356	829
大悟县	67776	13151	63698	62717	4078	386
安陆市	66136	15400	62241	60300	3895	857
云梦县	61501	18947	56377	55012	5124	49
应城市	80431	28531	73706	70227	6725	1007
汉川市	114843	35200	108203	104826	6640	39
红安县	74450	17381	73026	71850	1424	1424
麻城市	106808	25242	96986	94442	9822	6678
罗田县	60778	11154	54725	53904	6053	366
浠水县	91054	17957	78309	76411	12745	12745
蕲春县	90680	21224	87830	86358	2850	2850
武穴市	84843	27028	83204	81073	1639	35
黄梅县	91852	25020	87074	85614	4778	4778
嘉鱼县	47007	13634	43688	42927	3319	
赤壁市	76454	29733	73937	71449	2517	
通城县	52029	10650	50124	49463	1905	
恩施市	103399	28967	96348	95014	7051	4541

5-1-21

单位:万元

地区	收入总计	本年收入	支出总计	本年支出	滚存结余	其中:净结余
建始县	68175	12455	64475	62790	3700	1908
巴东县	65158	12644	62210	61408	2948	1321
利川市	91056	19810	86043	83808	5013	1946
广水市	89876	21165	87416	83235	2460	734
仙桃市	153006	33147	139922	133129	13084	3414
天门市	122758	21819	113123	107994	9635	4002
潜江市	123681	38503	117671	114351	6010	318
湖南省	**5809293**	**1679583**	**5319936**	**5129257**	**489357**	**41614**
浏阳市	201875	91506	188152	181868	13723	577
宁乡县	144808	52421	144317	141267	491	491
长沙县	218252	131923	215524	208244	2728	2728
望城县	135709	76365	129719	127568	5990	463
株洲县	61906	19984	55702	54092	6204	20
醴陵市	130498	54898	113495	105988	17003	1525
攸县	102408	37186	76901	73689	25507	1857
茶陵县	87771	20965	66173	64895	21598	2623
炎陵县	41452	11248	32586	31883	8866	96
湘潭县	113351	37226	113151	106364	200	
湘乡市	95562	29843	95020	88235	542	
衡南县	104379	21622	91541	87917	12838	295
衡阳县	103153	19702	94825	91259	8328	775
衡山县	53655	14462	46999	44860	6656	464
衡东县	78396	18482	67319	64741	11077	993
常宁市	94374	24660	85070	82471	9304	478
祁东县	97887	23178	89061	82454	8826	691
耒阳市	129338	54307	121879	120133	7459	5520
邵东县	101741	26941	90825	86486	10916	
新邵县	78834	14509	67999	66398	10835	8
隆回县	95892	15736	87119	83947	8773	-906
洞口县	81841	14654	73680	71708	8161	-1234
新宁县	69431	13441	59705	58243	9726	-346
邵阳县	89971	13247	79613	77561	10358	65
绥宁县	53266	11639	47158	45984	6108	57
武冈市	75117	17858	70262	68509	4855	11
汨罗市	99945	36685	93227	89988	6718	1
平江县	98863	22927	90699	89122	8164	120
湘阴县	83587	18182	75867	73048	7720	18
临湘市	69083	15832	59391	56846	9692	105
华容县	79924	17932	74112	71712	5812	89
岳阳县	77322	14674	76200	74353	1122	1122

5－1－22 单位:万元

地　　区	收入总计	本年收入	支出总计	本年支出	滚存结余	其中:净结余
津市市	44497	15710	44330	41148	167	113
安乡县	72927	14788	63353	61158	9574	274
汉寿县	93122	19771	89287	86546	3835	369
澧县	106309	28648	88469	85074	17840	82
临澧县	67680	16893	53927	51138	13753	75
桃源县	107785	26348	90019	85178	17766	88
石门县	86405	26993	79411	77079	6994	63
慈利县	84662	15022	72809	71410	11853	7881
沅江市	95379	19484	87454	83842	7925	954
南县	87737	11968	72193	68674	15544	3405
桃江县	81942	14738	77028	73761	4914	6
安化县	113269	16046	91095	88518	22174	723
东安县	62024	11892	61644	60474	380	
道县	66353	13445	66080	64888	273	
宁远县	73319	13765	71889	70924	1430	
蓝山县	41588	11999	41522	40885	66	
祁阳县	94051	19469	93975	91855	76	76
资兴市	78812	36670	76249	73800	2563	360
桂阳县	81404	36913	79855	76777	1549	480
永兴县	77719	31180	75281	72488	2438	
宜章县	68199	25529	65079	60001	3120	1277
嘉禾县	42594	12318	40281	39153	2313	58
临武县	41660	13142	41482	40568	178	154
双峰县	101302	16680	91382	88915	9920	273
涟源市	133070	30176	119187	114265	13883	1032
冷水江市	97225	38351	86419	78640	10806	1117
新化县	119911	23217	108812	105171	11099	103
沅陵县	75922	20080	74122	72455	1800	1800
辰溪县	56973	15327	56496	55182	477	477
溆浦县	84300	16001	78698	76599	5602	150
洪江市	79208	15876	78681	74969	527	527
吉首市	72814	24499	62230	59363	10584	804
花垣县	69540	32410	67906	66526	1634	187
广东省	**5497726**	**1876918**	**5175533**	**5019280**	**322193**	**19425**
从化市	177111	91946	163610	159157	13501	328
增城市	304571	206562	256907	247239	47664	338
乐昌市	61537	14915	56850	55701	4687	118
南雄市	56274	14297	56063	51694	211	211
仁化县	44951	17707	39750	38046	5201	218
乳源瑶族自治县	58722	20036	47320	46406	11402	186

5-1-23

单位:万元

地区	收入总计	本年收入	支出总计	本年支出	滚存结余	其中:净结余
东源县	99418	20166	99115	97459	303	162
和平县	71444	10032	67993	67231	3451	239
龙川县	112671	21887	109346	108104	3325	3325
紫金县	96512	17758	83780	82828	12732	239
连平县	68447	20243	66218	65428	2229	211
兴宁市	126517	20069	126349	124209	168	168
梅县	103848	41324	103370	101941	478	478
平远县	42659	10261	42491	41770	168	168
蕉岭县	42055	15415	41867	41350	188	188
大埔县	64553	16470	64264	63531	289	289
丰顺县	74457	14388	74167	72806	290	290
五华县	104465	10403	104272	103240	193	193
惠东县	126961	46168	118727	114751	8234	339
博罗县	133069	75369	126054	121617	7015	106
龙门县	66825	17101	56929	55928	9896	298
陆丰市	127739	33564	102052	99812	25687	267
海丰县	101985	33968	77966	76269	24019	238
台山市	137110	88882	131166	119707	5944	1878
开平市	95242	71858	94569	84340	673	568
鹤山市	85857	61809	80360	71979	5497	450
恩平市	68414	25908	62811	58271	5603	685
阳春市	98693	26162	98563	94221	130	130
阳东县	77397	29652	77023	72060	374	374
雷州市	140045	20153	109137	105469	30908	250
廉江市	125438	23530	125348	120877	90	90
吴川市	92641	19125	72938	70163	19703	88
遂溪县	87694	17307	87393	84200	301	301
徐闻县	76446	16435	72254	70028	4192	86
信宜市	105006	27460	104856	103064	150	150
高州市	128669	38435	123494	121246	5175	1600
化州市	107204	25610	106828	103636	376	376
电白县	105586	29611	103450	102036	2136	101
四会市	70692	43683	70116	67665	576	175
高要市	90314	51833	90184	85808	130	130
广宁县	54288	18958	54108	53053	180	180
德庆县	56977	19496	56776	55295	201	201
封开县	52099	18155	51986	51014	113	113
怀集县	81251	25503	80943	79360	308	306
英德市	123455	45023	110168	108203	13287	218
连州市	71942	23878	71824	70574	118	118

5-1-24

单位:万元

地区	收入总计	本年收入	支出总计	本年支出	滚存结余	其中:净结余
佛冈县	57700	29513	53510	52174	4190	62
清新县	89014	31756	88728	86617	286	166
阳山县	68955	20008	68832	67409	123	123
饶平县	98226	17169	96935	94643	1291	138
潮安县	108981	34456	108517	105263	464	161
普宁市	136025	49977	130188	126280	5837	102
揭东县	78307	25856	75311	72286	2996	88
揭西县	92918	11137	77686	76195	15232	120
惠来县	102032	12759	90598	90078	11434	89
罗定市	95575	27065	95393	93982	182	182
新兴县	69450	30041	69282	67913	168	168
郁南县	59382	14533	57617	56979	1765	632
云安县	41910	14133	41181	40675	729	229
广西壮族自治区	**3012612**	**922019**	**2701828**	**2641451**	**310784**	**47667**
武鸣县	79843	18635	67867	67156	11976	3461
横县	87499	25622	83973	82776	3526	1361
宾阳县	79563	22646	70631	69522	8932	3029
隆安县	53347	10278	47614	47034	5733	2405
柳江县	62700	25685	59187	57788	3513	1028
鹿寨县	57385	20036	52081	51045	5304	1764
临桂县	77689	32821	56321	55355	21368	17741
阳朔县	55742	17486	48567	47989	7175	4387
灵川县	63659	23129	51997	48693	11662	6450
全州县	74619	12245	64697	63509	9922	2414
兴安县	64001	20556	52650	51674	11351	2063
永福县	41255	13064	36143	35529	5112	370
荔浦县	53633	13030	42617	41672	11016	4855
岑溪市	66189	18758	66155	65010	34	-642
苍梧县	55057	13604	54720	53674	337	-1495
藤县	73336	19484	72531	71374	805	-797
合浦县	74249	13854	72912	71332	1337	-10085
东兴市	40787	16434	35437	34137	5350	281
上思县	40440	12052	37207	36733	3233	185
浦北县	71728	23111	66764	65785	4964	1943
灵山县	100540	30819	93541	92435	6999	
平南县	99366	23320	79633	78114	19733	3387
桂平市	134728	30988	103904	102497	30824	-1268
容县	63902	21249	62708	61426	1194	-1556
陆川县	74156	19605	64702	63219	9454	96
博白县	116834	25496	102875	101051	13959	2408

5－1－25 单位:万元

地区	收入总计	本年收入	支出总计	本年支出	滚存结余	其中:净结余
兴业县	51524	15194	47617	47083	3907	－4254
北流市	86619	32095	89315	87153	－2696	－6350
田阳县	51890	20497	51457	50417	433	－871
田东县	69793	31678	63860	62880	5933	222
平果县	138303	90054	121764	112849	16539	2840
德保县	55034	14109	51135	50720	3899	－428
靖西县	73886	16283	60839	60295	13047	1497
田林县	45208	10351	42765	42263	2443	－76
隆林县	55554	18256	50104	49263	5450	4065
昭平县	51549	11552	47773	47064	3776	149
钟山县	60852	10436	51708	50826	9144	3883
宜州市	67428	18602	61007	59496	6421	
南丹县	64769	28658	57074	53769	7695	1686
大化瑶族自治县	67370	10417	62929	61907	4441	1
扶绥县	59867	19961	56740	54776	3127	947
大新县	54346	16220	49562	48634	4784	－1478
宁明县	53155	14326	50612	49496	2543	82
凭祥市	43218	19323	38133	36031	5085	1967
海南省	**641124**	**180818**	**560756**	**555888**	**80368**	**40802**
琼海市	80318	30461	73144	72733	7174	5214
儋州市	102950	23326	95327	94863	7623	606
文昌市	87992	24964	86691	85037	1301	665
万宁市	77314	17246	62841	62535	14473	3451
东方市	76297	21662	63105	62243	13192	11065
澄迈县	77961	26538	72763	72326	5198	1268
昌江县	70811	26403	61173	60753	9638	1481
陵水县	67481	10218	45712	45398	21769	17052
重庆市	**1999149**	**517974**	**1757314**	**1718344**	**241835**	**－21211**
綦江县	116729	38302	118785	109661	－2056	－2699
潼南县	90545	19254	86069	84977	4476	173
铜梁县	113026	50542	96887	93655	16139	2056
大足县	98770	31960	87592	85134	11178	－875
荣昌县	109313	39866	92143	89818	17170	1210
璧山县	115812	52788	86105	82724	29707	408
梁平县	98712	27610	83869	82500	14843	28
丰都县	91011	18217	81200	79362	9811	608
垫江县	89487	29777	84850	82564	4637	618
武隆县	76016	20235	75124	74233	892	4
忠县	133111	27332	95072	93271	38039	888
开县	171549	35505	144279	142494	27270	196

5－1－26 单位:万元

地区	收入总计	本年收入	支出总计	本年支出	滚存结余	其中：净结余
云阳县	123469	15776	115320	113423	8149	－6397
奉节县	123718	22920	91933	90897	31785	－2293
巫山县	93782	13688	79234	78039	14548	－1433
石柱县	93963	15553	73699	72832	20264	－3648
彭水县	80751	21843	80237	79429	514	－672
酉阳县	91162	13363	95408	94611	－4246	－6388
秀山县	88223	23443	89508	88720	－1285	－2995
四川省	**5493722**	**1663626**	**5166013**	**5108142**	**327709**	**48939**
都江堰市	142225	75828	118932	117984	23293	1513
金堂县	109408	32293	97361	96502	12047	402
双流县	296548	217079	268672	264689	27876	440
郫县	137312	99135	123533	121943	13779	7836
彭州市	110006	35484	82681	81807	27325	
崇州市	107913	25558	88188	87718	19725	183
大邑县	82328	19358	64831	64381	17497	85
邛崃市	98186	24042	79835	79476	18351	243
新津县	77610	39497	70844	70615	6766	799
富顺县	105983	15686	91030	90066	14953	6049
米易县	49807	19420	49125	48941	682	
盐边县	53639	22747	52653	51560	986	347
泸县	89553	19307	86705	86530	2848	878
合江县	78061	14189	74892	74483	3169	763
叙永县	74451	14068	71934	71687	2517	482
古蔺县	85159	16644	76658	75962	8501	551
广汉市	81256	38358	74902	72267	6354	2089
绵竹市	107282	60253	94499	91091	12783	2423
中江县	112236	13147	108508	106531	3728	126
什邡市	105308	59954	100718	86803	4590	1551
江油市	111155	39355	110240	108482	915	519
安县	53334	11208	52995	52800	339	77
三台县	128785	15211	127892	127816	893	628
射洪县	104020	23244	103084	102435	936	836
资中县	122407	17285	114978	114626	7429	915
威远县	89017	30066	86796	85975	2221	1673
隆昌县	76361	12446	75909	75733	452	22
峨眉山市	69654	35545	64595	61736	5059	1476
犍为县	59783	12180	58302	58245	1481	192
夹江县	44771	14866	39659	39092	5112	730
峨边县	33012	10501	31217	31196	1795	648
南部县	126318	16296	122168	121951	4150	176

5-1-27

单位:万元

地区	收入总计	本年收入	支出总计	本年支出	滚存结余	其中:净结余
蓬安县	70677	11395	70001	69787	676	345
阆中市	106068	15670	105536	105394	532	199
宜宾县	100898	20019	97449	96495	3449	298
高县	47465	10147	45662	45563	1803	7
岳池县	101119	18263	98386	98296	2733	920
武胜县	77507	17209	76760	75751	747	11
邻水县	95900	16568	95268	94366	632	20
华蓥市	49297	10040	48304	48241	993	778
达县	126108	21510	122242	121125	3866	241
宣汉县	113399	16115	110980	110600	2419	695
大竹县	112137	22322	110294	110200	1843	644
渠县	131333	15286	129884	129468	1449	393
简阳市	156258	42196	155071	154753	1187	814
安岳县	136720	22047	135740	135623	980	487
乐至县	82369	15560	81950	81323	419	107
仁寿县	146558	17591	141853	141258	4705	984
彭山县	47426	14495	46325	44010	1101	921
洪雅县	49110	15068	48982	46962	128	128
石棉县	39425	17632	36324	34587	3101	167
汶川县	36432	12302	33476	33278	2956	1437
九寨沟县	38749	15898	35977	35796	2772	629
康定县	39863	13530	38387	38088	1476	189
九龙县	32871	11428	31885	31708	986	475
西昌市	105151	52606	99457	99254	5694	1077
盐源县	54099	15869	47919	47892	6180	462
德昌县	36524	12499	34822	34747	1702	120
会理县	79867	35145	68131	68029	11736	520
会东县	67957	32619	66751	66719	1206	780
冕宁县	47072	10868	45737	45655	1335	136
甘洛县	42475	11479	42124	42051	351	303
贵州省	**2367643**	**828314**	**2313016**	**2266630**	**54627**	**11962**
清镇市	63956	32020	61789	61288	2167	1266
开阳县	61161	30333	60591	59974	570	312
修文县	45456	15791	42158	41828	3298	381
息烽县	46996	18185	46045	45515	951	951
六枝特区	60729	13640	60106	59240	623	623
盘县	148754	81659	147588	140519	1166	1009
水城县	74556	25532	73817	72166	739	
遵义县	117628	40100	117021	116306	607	607
桐梓县	63642	14094	62904	62656	738	738

5-1-28

单位:万元

地区	收入总计	本年收入	支出总计	本年支出	滚存结余	其中:净结余
余庆县	40456	10758	40272	40067	184	184
仁怀市	90626	55306	90507	89299	119	119
赤水市	39462	10007	39751	39476	-289	-289
习水县	65671	13030	66929	66696	-1258	-1258
平坝县	52313	15064	49474	49175	2839	98
普定县	47068	13761	44443	43520	2625	1142
都匀市	73393	26590	72180	68989	1213	984
福泉市	43198	16920	42991	41986	207	147
瓮安县	48330	11605	48091	47202	239	16
凯里市	60418	27175	58326	56133	2092	98
毕节市	101918	30367	101718	101074	200	
大方县	89769	27956	89769	87213		
黔西县	82136	26857	82136	79421		
金沙县	80524	37324	76733	74013	3791	298
织金县	90781	30682	86007	85371	4774	216
纳雍县	71460	22427	69330	66362	2130	430
威宁彝回苗族自治县	90459	21029	90089	89138	370	19
赫章县	59389	12498	62839	61853	-3450	-3450
铜仁市	47587	20073	47410	47091	177	177
思南县	66999	11186	66899	66732	100	100
沿河土家族自治县	62677	10183	61979	61836	698	698
兴义市	91179	48307	88450	83935	2729	1573
兴仁县	49196	18335	48157	46942	1039	352
贞丰县	49774	12993	40336	39480	9438	1549
普安县	41026	15331	39247	38150	1779	1326
安龙县	48956	11196	36934	35984	12022	1546
云南省	**3728082**	**1415142**	**3667759**	**3434377**	**60323**	**42465**
呈贡县	68416	43198	66303	49611	2113	2113
安宁市	149416	85353	143068	116264	6348	6348
晋宁县	57297	24500	54774	50699	2523	39
宜良县	58407	24814	54368	49464	4039	747
石林彝族自治县	41762	14215	41297	40219	465	465
嵩明县	55132	15969	54912	53947	220	205
禄劝彝族苗族自治县	61437	12503	58570	57621	2867	91
寻甸回族自治县	66298	15374	65781	64791	517	517
镇雄县	101947	11699	101755	100633	192	23
水富县	27036	10233	26867	26102	169	1
沾益县	66397	36139	66329	59927	68	68
马龙县	32844	12656	34180	33307	-1336	-4005
宣威市	157316	63166	153565	145827	3751	3751

5－1－29

单位:万元

地区	收入总计	本年收入	支出总计	本年支出	滚存结余	其中:净结余
富源县	112426	57494	109396	102060	3030	3030
罗平县	68681	21226	68486	65668	195	195
师宗县	55696	18293	55691	53288	5	5
陆良县	76948	25200	76913	73205	35	35
会泽县	119951	41322	117438	112554	2513	2513
通海县	43775	17490	43664	40546	111	111
江川县	40824	16339	40817	39188	7	7
澄江县	29258	11168	29248	28381	10	10
华宁县	32638	12022	32579	31610	59	59
易门县	37745	16281	37738	36658	7	7
峨山彝族自治县	41003	18023	40996	40293	7	7
新平彝族傣族自治县	69018	26339	69013	67940	5	5
元江哈尼彝傣族自治县	41889	11211	41852	40968	37	37
个旧市	114212	58926	108407	97674	5805	5805
开远市	72348	37574	67230	62070	5118	5118
蒙自县	77971	39150	75452	71042	2519	2519
建水县	72841	26976	71143	68277	1698	1698
石屏县	43809	12168	43266	42461	543	543
弥勒县	88844	39010	86783	79273	2061	2061
泸西县	47980	15478	47980	47104		
文山县	74358	35666	74185	69120	173	173
砚山县	55956	15551	54611	52438	1345	1345
麻栗坡县	50078	11190	49912	47999	166	166
马关县	55559	15007	55345	52998	214	214
富宁县	56752	10806	56120	54163	632	632
景谷彝族傣族自治县	46918	12516	46785	45755	133	133
景东彝族自治县	48426	11438	48325	47392	101	101
景洪市	72754	25834	71901	68077	853	853
勐腊县	44399	13046	44381	43059	18	18
楚雄市	111472	58336	110550	101620	922	302
禄丰县	75564	28918	74781	71588	783	783
大理市	150017	90122	149244	123929	773	773
祥云县	56680	20379	56562	52676	118	118
宾川县	54334	11682	53984	52717	350	350
腾冲县	108339	32341	106091	102392	2248	973
龙陵县	45936	10501	45820	44774	116	116
潞西市	58994	17440	58186	53660	808	335
盈江县	56221	14621	56177	51213	44	44
瑞丽市	47718	16819	44750	39297	2968	157
华坪县	54629	16037	53639	52499	990	

5－1－30

单位:万元

地区	收入总计	本年收入	支出总计	本年支出	滚存结余	其中:净结余
兰坪白族普米族自治县	66376	29599	66144	58620	232	232
香格里拉县	52335	10188	51830	49936	505	505
云县	52705	15596	52575	49783	130	130
西藏自治区						
陕西省	**1618916**	**828572**	**1553836**	**1392451**	**65080**	**－8268**
户县	51419	17417	49701	47987	1718	832
高陵县	46547	21177	42772	41964	3775	2790
宝鸡县	61051	13925	58494	51674	2557	－3133
凤翔县	45556	11100	44554	41781	1002	－4301
凤县	25111	10084	24499	24212	612	2
彬县	56145	19340	50926	49722	5219	116
长武县	37404	16809	34630	34017	2774	－998
华县	57286	30349	55360	53939	1926	493
韩城市	61176	31459	60259	57623	917	18
南郑县	60240	15089	71016	48996	－10776	－14787
勉县	44556	10098	41189	39853	3367	116
延长县	45505	18918	43115	36019	2390	77
延川县	47722	15316	46682	44568	1040	－647
子长县	69065	35032	66393	56381	2672	999
安塞县	92038	66824	89428	75735	2610	1091
吴旗县	161613	136888	159918	124045	1695	775
志丹县	172890	113642	171652	146404	1238	8
甘泉县	45894	29080	44303	35456	1591	290
黄陵县	41462	19099	36116	35667	5346	435
神木县	173508	100120	161520	156056	11988	5140
府谷县	68183	33851	61542	57971	6641	3994
靖边县	85421	36175	73475	72304	11946	1873
定边县	69124	26780	66292	60077	2832	－3451
甘肃省	**311284**	**91201**	**299496**	**291529**	**11788**	**612**
永登县	72541	19557	66846	62475	5695	112
榆中县	60057	13354	59052	58262	1005	
敦煌市	41140	10982	39822	38102	1318	
成县	47674	14728	47589	46622	85	
华亭县	43119	17699	41727	41687	1392	162
庆城县	46753	14881	44460	44381	2293	338
青海省	**140179**	**65831**	**137992**	**137992**	**2187**	**1248**
大通县	68758	21598	67311	67311	1447	508
格尔木市	71421	44233	70681	70681	740	740
宁夏回族自治区	**462558**	**139933**	**404023**	**401103**	**58535**	**225**
永宁县	49446	14250	43414	43134	6032	

5-1-31

单位:万元

地　　区	收　入 总　计	本　年 收　入	支　出 总　计	本　年 支　出	滚　存 结　余	其中: 净结余
贺兰县	51879	13279	43060	42609	8819	
灵武市	76254	31149	71535	71185	4719	
平罗县	85257	27119	73931	73366	11326	39
青铜峡市	74245	30813	67669	66480	6576	58
盐池县	59705	10267	45103	45075	14602	96
中宁县	65772	13056	59311	59254	6461	32
新疆维吾尔自治区	**1748405**	**998310**	**1781722**	**1631175**	**-33317**	**-54275**
石河子市	94790	66656	89848	84440	4942	362
奎屯市	68496	32388	59403	40629	9093	9093
伊宁市	82331	39531	82945	76354	-614	-614
新源县	46294	13854	44572	44572	1722	1722
乌苏市	48809	16999	43424	43424	5385	4319
沙湾县	38154	16609	41039	41039	-2885	-3161
和布克赛尔蒙古自治县	82926	66530	82296	76796	630	630
哈巴河县	40534	18555	37836	37836	2698	18
富蕴县	38023	16505	38206	37206	-183	-571
博乐市	40767	14371	41559	41559	-792	-926
玛纳斯县	35065	18865	34537	32815	528	-406
呼图壁县	31554	13337	30802	30482	752	483
昌吉市	68903	46226	75589	68818	-6686	-6742
阜康市	44391	31525	42207	33030	2184	51
吉木萨尔县	32457	11401	32174	32174	283	-971
库尔勒市	101590	76699	108869	84621	-7279	-7279
轮台县	49844	47251	61604	55303	-11760	-11760
且末县	29294	20191	32731	29201	-3437	-3437
和静县	40057	10193	41343	41343	-1286	-1286
阿克苏市	73893	38026	72546	66594	1347	174
库车县	138818	102595	134934	120544	3884	3788
拜城县	47790	27548	58957	57357	-11167	-11167
新和县	36337	13921	37708	37708	-1371	-1517
沙雅县	59619	44507	65757	57715	-6138	-6138
温宿县	39668	11947	43176	43176	-3508	-3508
喀什市	69934	30647	70297	69234	-363	-5052
和田市	41389	12538	45623	45623	-4234	-4234
吐鲁番市	42386	24552	46642	42173	-4256	-4256
鄯善县	75197	54701	72425	59144	2772	2772
托克逊县	29953	11679	35335	35335	-5382	-5382
哈密市	79142	47963	77338	64930	1804	720

2007 年全国财政收入赤字县分县一般预算总表

5－2－1

单位:万元

地区	收入总计	本年收入	支出总计	本年支出	滚存结余	其中:净结余
地方合计	**19977316**	**4982237**	**19343246**	**18719897**	**634070**	**－935795**
北京市						
天津市						
河北省	**681102**	**140327**	**660690**	**650196**	**20412**	**－6021**
蔚县	64669	15170	63995	63631	674	－150
阳原县	40114	9386	38822	38177	1292	－355
怀安县	42375	8319	41765	41083	610	－289
崇礼县	28375	8070	25314	25063	3061	－312
万全县	31613	5693	31449	30598	164	－327
涿鹿县	43270	6103	40595	39075	2675	－226
肃宁县	42623	12635	39176	37910	3447	－457
献县	54844	7804	54844	54037		－187
盐山县	49745	7894	49294	48676	451	－66
孟村县	29829	5965	29840	29519	－11	－11
南皮县	44176	6467	44492	43169	－316	－316
海兴县	29031	4569	28639	28437	392	－115
东光县	49141	7624	47408	46206	1733	－106
青龙满族自治县	80622	26455	73921	74508	6701	－2643
卢龙县	50675	8173	51136	50107	－461	－461
山西省	**862913**	**239092**	**751669**	**721019**	**111244**	**－45582**
天镇县	44863	2126	34595	34595	10268	－727
广灵县	41468	2386	33313	33313	8155	－2407
灵丘县	51108	9621	39090	38730	12018	－78
浑源县	64771	8044	46709	46709	18062	－125
大同县	30859	6818	30558	30558	301	－6871
平定县	58566	24713	54290	49152	4276	－3277
五台县	60473	8926	53339	53339	7134	－4213
神池县	27622	3424	25015	25015	2607	－4057
原平市	77545	30049	69948	65589	7597	－4803
定襄县	30872	7394	33443	32800	－2571	－4822
平遥县	80995	19120	66965	65319	14030	－2148
昔阳县	47863	10619	37771	37126	10092	－798
左权县	56615	23996	48883	48783	7732	－960
榆社县	32372	13002	29353	29180	3019	－2461
汾阳市	83191	38148	84913	68108	－1722	－6600
霍州市	47941	30022	43704	42923	4237	－1000
永和县	25789	684	19780	19780	6009	－235
内蒙古自治区	**778665**	**213341**	**822294**	**799848**	**－43629**	**－43629**
鄂温克自治旗	61400	19010	61498	61179	－98	－98
乌兰浩特市	53459	12491	63361	57168	－9902	－9902

5-2-2

单位:万元

地　　区	收　入 总　计	本　年 收　入	支　出 总　计	本　年 支　出	滚　存 结　余	其中: 净结余
扎赉特旗	78903	3881	79980	78917	-1077	-1077
阿尔山市	9194	2029	11971	11795	-2777	-2777
多伦县	45295	16221	50976	51325	-5681	-5681
正蓝旗	39126	18975	45216	41967	-6090	-6090
正镶白旗	27948	6989	28347	28181	-399	-399
镶黄旗	16605	5837	20355	20223	-3750	-3750
商都县	49709	5017	49916	49672	-207	-207
达拉特旗	96242	51209	97439	91417	-1197	-1197
杭锦旗	47242	12807	52831	51534	-5589	-5589
鄂托克前旗	37806	9370	40993	39959	-3187	-3187
阿左旗	88922	27881	89471	88811	-549	-549
阿右旗	31815	4088	31891	31822	-76	-76
额济纳旗	36648	8152	37020	36606	-372	-372
林西县	58351	9384	61029	59272	-2678	-2678
辽宁省	**853575**	**254261**	**881244**	**859658**	**-27669**	**-51735**
辽中县	73040	30319	73408	73173	-368	-1682
新民市	82677	40257	87543	87277	-4866	-7021
法库县	59088	25688	68676	68433	-9588	-10079
康平县	49679	23738	61521	61186	-11842	-13022
台安县	53547	15967	55821	53775	-2274	-2737
岫岩县	86348	23388	83475	80888	2873	-750
桓仁县	78254	22531	74759	73548	3495	-105
北镇市	60898	12360	63521	62016	-2623	-3182
黑山县	69561	12342	70455	68701	-894	-1552
盖州市	88210	22018	92499	85578	-4289	-7918
阜蒙县	91926	16442	91518	88821	408	-2489
彰武县	60347	9211	58048	56262	2299	-1198
吉林省						
黑龙江省	**239326**	**17884**	**241253**	**239314**	**-1927**	**-5448**
泰来县	50590	4625	49138	48796	1452	-1362
克东县	46692	3290	47571	47212	-879	-1442
同江市	53118	4300	53657	53044	-539	-539
饶河县	34012	3101	35863	35718	-1851	-1851
青冈县	54914	2568	55024	54544	-110	-254
上海市						
江苏省						
浙江省	**1545033**	**593228**	**1345179**	**1229972**	**199854**	**-29173**
淳安县	121380	41273	102888	101575	18492	-1476
岱山县	91276	31000	84958	81789	6318	-4395
兰溪市	139581	69198	126785	101272	12796	-3175

5－2－3 单位:万元

地　　区	收　入 总　计	本　年 收　入	支　出 总　计	本　年 支　出	滚　存 结　余	其中: 净结余
武义县	124484	62661	101383	89126	23101	－480
三门县	118792	45679	99864	91863	18928	－3900
缙云县	92662	38384	87676	79178	4986	－635
龙泉市	76101	21862	66978	61862	9123	－1319
青田县	129086	59802	113036	111980	16050	－700
庆元县	59504	11944	49397	46803	10107	－2446
松阳县	61139	17858	56036	52408	5103	－1957
遂昌县	89130	27752	68616	61769	20514	－948
云和县	54277	16518	46608	46572	7669	－312
龙游县	88134	40495	85046	74657	3088	－1548
常山县	84507	29566	75473	69323	9034	－3432
江山市	133916	53703	104997	90500	28919	－1750
开化县	81064	25533	75438	69295	5626	－700
安徽省	**42305**	**13900**	**42263**	**41773**	**42**	**－801**
郎溪县	42305	13900	42263	41773	42	－801
福建省	**1094588**	**437787**	**976256**	**918353**	**118332**	**－80288**
永泰县	40118	10376	40282	40282	－164	－8109
平潭县	57606	17547	45442	45442	12164	－3335
将乐县	28926	13899	28182	26453	744	－3408
建阳市	52221	21246	45133	39342	7088	－114
顺昌县	39740	13344	31411	29238	8329	－2697
建瓯市	64350	26635	56388	49706	7962	－1520
浦城县	49463	17296	41699	39165	7764	－932
光泽县	27617	7742	24777	23855	2840	－684
松溪县	25741	5738	18305	18206	7436	－214
政和县	29888	5020	21921	21918	7967	－526
福鼎市	81346	33826	69852	64903	11494	－1267
福安市	91970	39158	75935	68793	16035	－2354
霞浦县	54597	17075	52705	51266	1892	－6489
古田县	53593	20501	49417	47831	4176	－5257
屏南县	24662	8085	23791	23734	871	－5279
寿宁县	27273	5711	26041	25909	1232	－5550
周宁县	23678	6923	22901	22309	777	－7636
柘荣县	20821	4065	16872	16832	3949	－748
仙游县	75694	28048	72380	69131	3314	－8983
龙海市	151445	106363	135598	118139	15847	－2500
长泰县	34756	15533	33918	33127	838	－4905
平和县	39083	13656	43306	42772	－4223	－7781
江西省	**2636319**	**684061**	**2447334**	**2386765**	**188985**	**－57390**
浮梁县	52650	12388	51309	47136	1341	－1547

5－2－4 单位：万元

地区	收入总计	本年收入	支出总计	本年支出	滚存结余	其中：净结余
莲花县	39454	8409	37660	37122	1794	－241
修水县	108574	28585	87204	85728	21370	－2299
武宁县	62819	17502	54658	53660	8161	－508
永修县	78218	23728	68260	65200	9958	－796
德安县	37716	13566	33494	32593	4222	－1443
都昌县	85206	16048	77492	76433	7714	－2746
湖口县	44943	12541	40291	39154	4652	－1282
彭泽县	45283	11710	44095	43035	1188	－6119
星子县	46401	11563	39328	38541	7073	－230
九江县	50537	15842	48990	48190	1547	－2101
赣县	75496	22582	69984	67996	5512	－176
南康市	77957	28300	76198	73688	1759	－397
信丰县	71437	23309	69507	67159	1930	－11
大余县	44417	18833	43747	41716	670	－266
上犹县	42793	9856	41835	40958	958	－371
崇义县	37859	12465	36218	34810	1641	－190
安远县	48406	8309	47497	46536	909	－346
定南县	37585	11816	36705	35885	880	－292
全南县	34874	10002	34073	32724	801	－135
宁都县	78108	17771	75974	74760	2134	－450
于都县	89746	21608	86985	85409	2761	－371
会昌县	58963	12698	54149	53128	4814	－47
寻乌县	41087	9350	40007	39456	1080	－420
石城县	39788	6942	38554	37910	1234	－107
上饶县	90244	24159	81845	80509	8399	－2485
玉山县	70886	20601	64083	62360	6803	－861
铅山县	59314	16446	52517	50928	6797	－1448
横峰县	44927	11692	36177	35587	8750	－977
弋阳县	63041	16068	56985	55319	6056	－1510
余干县	102497	22490	100019	98670	2478	－3180
鄱阳县	140789	22027	133950	132458	6839	－11249
万年县	51030	14806	52039	50624	－1009	－3555
吉安县	79279	27085	72352	70262	6927	－56
峡江县	36289	10965	32605	31940	3684	－1557
遂川县	66501	16930	62530	61566	3971	－853
万安县	50210	11619	44331	43541	5879	－664
安福县	65655	19011	61376	59017	4279	－828
永新县	62113	12920	58300	57665	3813	－913
崇仁县	50812	13383	47242	45561	3570	－225
宜黄县	43610	9066	34698	33772	8912	－1157

5－2－5

单位:万元

地区	收入总计	本年收入	支出总计	本年支出	滚存结余	其中:净结余
乐安县	51469	9336	48828	47376	2641	－1742
金溪县	47502	11106	45498	44595	2004	－741
资溪县	29834	8628	27745	26088	2089	－498
山东省						
河南省	**1733933**	**611698**	**1785233**	**1693401**	**－51300**	**－76478**
巩义市	180470	126126	175852	158208	4618	－7237
新密市	127850	86148	135865	123606	－8015	－10064
兰考县	64783	13711	64589	62937	194	－673
杞县	86192	17506	86180	83566	12	－275
通许县	52377	11286	53322	51708	－945	－945
尉氏县	85857	26516	87589	82656	－1732	－1957
开封县	59387	17068	64149	61668	－4762	－4930
鲁山县	91149	29000	91952	89023	－803	－2525
汝州市	100428	47249	117820	105052	－17392	－19182
滑县	101806	20282	104019	101373	－2213	－2213
内黄县	57712	11118	61303	60453	－3591	－3591
浚县	60487	13496	60627	58967	－140	－370
武陟县	84769	40016	84749	80592	20	－2761
清丰县	61892	12311	61625	60568	267	－958
台前县	44751	4683	45065	45481	－314	－316
许昌县	78467	30569	80738	73886	－2271	－2699
长葛市	100298	50009	101326	92553	－1028	－1032
镇平县	76052	24736	82961	80256	－6909	－8454
宁陵县	65007	7266	65678	64650	－671	－671
扶沟县	75732	13036	80397	77402	－4665	－4665
新蔡县	78467	9566	79427	78796	－960	－960
湖北省						
湖南省	**504386**	**82304**	**476474**	**464390**	**27912**	**－11585**
隆回县	95892	15736	87119	83947	8773	－906
洞口县	81841	14654	73680	71708	8161	－1234
新宁县	69431	13441	59705	58243	9726	－346
新田县	45329	8268	44191	43469	1138	－1098
双牌县	28310	6620	29909	29325	－1599	－1599
泸溪县	43708	7968	45089	44251	－1381	－1475
保靖县	45557	7348	45362	44130	195	－750
古丈县	30579	2316	27849	27617	2730	－500
永顺县	63739	5953	63570	61700	169	－3677
广东省						
广西壮族自治区	**1066490**	**270660**	**1003904**	**987220**	**62586**	**－37165**
三江县	44466	5216	39202	38742	5264	－814

5－2－6

单位:万元

地　　区	收入总计	本年收入	支出总计	本年支出	滚存结余	其中：净结余
灌阳县	35965	7247	35166	34685	799	－1416
资源县	30874	5458	30713	30423	161	－169
岑溪市	66189	18758	66155	65010	34	－642
苍梧县	55057	13604	54720	53674	337	－1495
藤县	73336	19484	72531	71374	805	－797
蒙山县	29245	7134	29828	29388	－583	－1033
合浦县	74249	13854	72912	71332	1337	－10085
桂平市	134728	30988	103904	102497	30824	－1268
容县	63902	21249	62708	61426	1194	－1556
兴业县	51524	15194	47617	47083	3907	－4254
北流市	86619	32095	89315	87153	－2696	－6350
田阳县	51890	20497	51457	50417	433	－871
德保县	55034	14109	51135	50720	3899	－428
田林县	45208	10351	42765	42263	2443	－76
武宣县	44343	8682	40692	39912	3651	－423
金秀瑶族自治县	27815	3045	24856	24485	2959	－2036
忻城县	41700	7475	38666	38002	3034	－1974
大新县	54346	16220	49562	48634	4784	－1478
海南省						
重庆市	**1053937**	**213607**	**947937**	**927774**	**106000**	**－34246**
綦江县	116729	38302	118785	109661	－2056	－2699
大足县	98770	31960	87592	85134	11178	－875
城口县	67522	9829	50030	49606	17492	－1046
云阳县	123469	15776	115320	113423	8149	－6397
奉节县	123718	22920	91933	90897	31785	－2293
巫山县	93782	13688	79234	78039	14548	－1433
巫溪县	75848	6930	66191	65422	9657	－5800
石柱县	93963	15553	73699	72832	20264	－3648
彭水县	80751	21843	80237	79429	514	－672
酉阳县	91162	13363	95408	94611	－4246	－6388
秀山县	88223	23443	89508	88720	－1285	－2995
四川省						
贵州省	**432263**	**71468**	**437035**	**434430**	**－4772**	**－7381**
湄潭县	51539	9066	51818	51624	－279	－279
凤冈县	42768	5350	42900	42773	－132	－132
赤水市	39462	10007	39751	39476	－289	－289
习水县	65671	13030	66929	66696	－1258	－1258
道真仡佬族苗族自治县	37407	4465	37951	37877	－544	－544
黄平县	37801	4377	37667	37514	134	－262
丹寨县	25058	2429	25182	25055	－124	－124

5-2-7 单位:万元

地　　区	收入总计	本年收入	支出总计	本年支出	滚存结余	其中：净结余
岑巩县	28330	3142	26737	26564	1593	-620
天柱县	44838	7104	45261	44998	-423	-423
赫章县	59389	12498	62839	61853	-3450	-3450
云南省	**91844**	**18427**	**94002**	**92332**	**-2158**	**-4827**
马龙县	32844	12656	34180	33307	-1336	-4005
镇沅彝哈尼拉祜自治县	34743	4301	35481	34834	-738	-738
福贡县	24257	1470	24341	24191	-84	-84
西藏自治区						
陕西省	**1836167**	**258780**	**1653574**	**1570897**	**182593**	**-126191**
宜君县	25907	3020	21708	21492	4199	-2013
太白县	17582	1104	15918	15711	1664	-1056
宝鸡县	61051	13925	58494	51674	2557	-3133
凤翔县	45556	11100	44554	41781	1002	-4301
岐山县	46607	9223	44521	41509	2086	-4735
麟游县	17770	1638	15270	15099	2500	-246
陇县	29908	4501	27161	26613	2747	-52
千阳县	19016	2430	18104	17811	912	-1943
眉县	30051	4451	28980	27306	1071	-2633
兴平市	52554	9508	48163	45989	4391	-2295
武功县	39490	3011	35237	34721	4253	-3282
三原县	45254	7418	44124	42666	1130	-4183
泾阳县	41589	6364	42969	40819	-1380	-7771
礼泉县	48172	4164	42355	40757	5817	-2726
乾县	44555	5530	43268	41997	1287	-3991
长武县	37404	16809	34630	34017	2774	-998
旬邑县	37720	3741	31665	30920	6055	-942
淳化县	26989	1823	24332	23458	2657	-3119
大荔县	60059	3671	53955	51552	6104	-4018
蒲城县	55691	8822	53031	49637	2660	-3916
白水县	36589	4100	32727	31521	3862	-549
富平县	55128	5117	55236	53031	-108	-8853
南郑县	60240	15089	71016	48996	-10776	-14787
城固县	49301	4721	45105	39768	4196	-2387
洋县	40256	4228	36980	35632	3276	-2416
宁强县	36157	3600	31528	31083	4629	-596
石泉县	33243	2923	22487	22100	10756	-83
平利县	32334	2599	26499	26202	5835	-1093
镇坪县	13947	1500	12290	12142	1657	-986
白河县	28530	3208	24150	23882	4380	-1212
商州市	54627	8236	47526	44798	7101	-3936

5－2－8

单位:万元

地区	收入总计	本年收入	支出总计	本年支出	滚存结余	其中:净结余
洛南县	52724	7542	45838	44916	6886	－7079
山阳县	49277	4728	42966	42408	6311	－5090
商南县	37985	3990	31577	31072	6408	－662
镇安县	46489	4918	39368	38639	7121	－2458
柞水县	34943	4068	28542	28156	6401	－760
延川县	47722	15316	46682	44568	1040	－647
黄龙县	23341	780	19147	19010	4194	－578
横山县	47244	5189	43390	42913	3854	－3557
定边县	69124	26780	66292	60077	2832	－3451
绥德县	57895	2956	47180	46772	10715	－1457
米脂县	50976	2015	36850	36455	14126	－2232
佳县	49028	1158	36089	35875	12939	－1058
子洲县	46142	1766	35670	35352	10472	－2911
甘肃省	**1765718**	**135822**	**1860546**	**1851574**	**－94828**	**－122659**
景泰县	43025	4450	41217	41142	1808	－472
靖远县	52399	4088	54235	54200	－1836	－2497
会宁县	63226	1981	66703	66419	－3477	－5177
清水县	39126	1993	40784	40667	－1658	－1731
秦安县	51557	4453	53089	52936	－1532	－2279
甘谷县	50587	4716	53620	53463	－3033	－3134
武山县	41366	3045	43322	43173	－1956	－2025
张家川回族自治县	40512	2331	42071	41920	－1559	－1702
玉门市	35623	8008	36947	33584	－1324	－1445
金塔县	30110	2872	29456	28874	654	－205
民乐县	30875	3851	30727	30638	148	－318
民勤县	50129	3218	50648	50361	－519	－2052
古浪县	47620	2740	50227	50182	－2607	－5333
天祝藏族自治县	52191	4748	52872	52842	－681	－2199
通渭县	47440	1623	51156	51096	－3716	－3716
陇西县	52793	5555	54725	54620	－1932	－1998
渭源县	40027	1202	42286	42228	－2259	－2786
临洮县	55436	6931	56206	55201	－770	－770
漳县	26406	1150	26532	26497	－126	－1421
岷县	41192	2865	42186	42129	－994	－1884
文县	34437	4122	36939	36756	－2502	－3299
康县	29147	1601	31389	31355	－2242	－2673
宕昌县	37589	1488	39917	39821	－2328	－2465
西和县	45151	6117	47712	47602	－2561	－3060
礼县	53046	4560	57831	57587	－4785	－5404
两当县	17224	645	18142	18129	－918	－941

5－2－9 单位:万元

地　　区	收　入 总　计	本　年 收　入	支　出 总　计	本　年 支　出	滚　存 结　余	其中: 净结余
泾川县	41840	3520	42038	41930	－198	－1026
灵台县	33034	2640	34173	34090	－1139	－1658
庄浪县	47921	2918	52149	52006	－4228	－4796
静宁县	57174	3411	61792	61631	－4618	－4846
镇原县	52883	5976	63732	63669	－10849	－12261
宁县	44276	3712	54767	54681	－10491	－10674
正宁县	29302	3035	36346	36292	－7044	－7044
合水县	30952	2538	35258	35233	－4306	－4384
华池县	35684	4321	35032	34979	652	－1160
环县	51315	4110	58045	57999	－6730	－7462
临夏县	41463	1568	41482	41399	－19	－414
康乐县	33457	1631	33209	33147	248	－126
广河县	33176	1877	32534	32487	642	－425
夏河县	29444	1236	30342	30037	－898	－975
临潭县	33310	1228	35357	35236	－2047	－2228
卓尼县	29345	633	29401	29399	－56	－916
舟曲县	32908	1115	33950	33937	－1042	－1278
青海省	**722822**	**74046**	**729651**	**729651**	**－6829**	**－24885**
民和县	54152	5873	50809	50809	3343	－345
乐都县	56811	4021	56346	56346	465	－624
平安县	32436	3735	30701	30701	1735	－525
互助县	65725	6430	64141	64141	1584	－1340
化隆县	44054	4286	45081	45081	－1027	－1123
循化县	33684	3750	34410	34410	－726	－801
都兰县	24013	2771	24592	24592	－579	－579
乌兰县	19531	2387	19860	19860	－329	－329
天峻县	20488	8585	20657	20657	－169	－169
德令哈市	33787	6280	35219	35219	－1432	－1432
共和县	29108	2607	31099	31099	－1991	－1991
贵德县	23060	4118	24673	24673	－1613	－1613
贵南县	21012	766	21736	21736	－724	－724
同德县	16143	586	16581	16581	－438	－438
兴海县	19251	2403	20006	20006	－755	－755
海晏县	12562	840	12959	12959	－397	－637
祁连县	16548	1705	16788	16788	－240	－240
门源县	29850	3054	29758	29758	92	－8
同仁县	26892	1277	27179	27179	－287	－2076
尖扎县	21597	4466	21972	21972	－375	－2200
泽库县	16829	218	17374	17374	－545	－2626
河南县	13841	644	14133	14133	－292	－981

5－2－10 单位:万元

地区	收入总计	本年收入	支出总计	本年支出	滚存结余	其中:净结余
玉树县	24039	1747	24062	24062	－23	－880
称多县	16535	335	16688	16688	－153	－153
曲麻莱县	11680	299	11813	11813	－133	－133
甘德	9861	193	9712	9712	149	－48
达日	9586	273	11608	11608	－2022	－2037
玛多	9431	213	9450	9450	－19	－19
久治	10316	184	10244	10244	72	－59
宁夏回族自治区						
新疆维吾尔自治区	**2035930**	**651544**	**2186708**	**2121330**	**－150778**	**－170311**
伊宁市	82331	39531	82945	76354	－614	－614
察布查尔锡伯自治县	34388	4726	37469	37469	－3081	－3081
昭苏县	34001	2594	34673	34673	－672	－672
塔城市	36681	8602	36066	36025	615	－16
沙湾县	38154	16609	41039	41039	－2885	－3161
阿勒泰市	44267	7524	44892	44892	－625	－723
吉木乃县	18657	1241	18327	18327	330	－187
福海县	25897	6312	26361	26361	－464	－464
富蕴县	38023	16505	38206	37206	－183	－571
青河县	23000	1499	23184	23184	－184	－184
博乐市	40767	14371	41559	41559	－792	－926
精河县	32776	6346	32958	32958	－182	－264
玛纳斯县	35065	18865	34537	32815	528	－406
昌吉市	68903	46226	75589	68818	－6686	－6742
吉木萨尔县	32457	11401	32174	32174	283	－971
奇台县	37969	6641	40497	40497	－2528	－3483
木垒哈萨克自治县	22081	2143	27667	27667	－5586	－7296
库尔勒市	101590	76699	108869	84621	－7279	－7279
轮台县	49844	47251	61604	55303	－11760	－11760
尉犁县	21787	8863	28021	28021	－6234	－6234
且末县	29294	20191	32731	29201	－3437	－3437
若羌县	16109	3860	17049	17049	－940	－940
焉耆回族自治县	23679	9217	28218	28218	－4539	－4539
和静县	40057	10193	41343	41343	－1286	－1286
和硕县	16374	3865	20253	20253	－3879	－3879
博湖县	14615	3188	18042	18042	－3427	－3427
拜城县	47790	27548	58957	57357	－11167	－11167
新和县	36337	13921	37708	37708	－1371	－1517
沙雅县	59619	44507	65757	57715	－6138	－6138
温宿县	39668	11947	43176	43176	－3508	－3508
乌什县	29589	1566	31236	31236	－1647	－1647

5－2－11 单位:万元

地区	收入总计	本年收入	支出总计	本年支出	滚存结余	其中:净结余
阿瓦提县	23909	4100	32562	32562	－8653	－8884
柯坪县	17207	572	17303	17303	－96	－96
阿图什市	42765	4970	43875	43875	－1110	－1110
乌恰县	25433	2303	25703	25703	－270	－270
阿合奇县	19577	847	20076	20076	－499	－499
喀什市	69934	30647	70297	69234	－363	－5052
莎车县	87388	7878	88699	88699	－1311	－1607
疏附县	44338	2327	43860	43860	478	－757
伽师县	46509	2910	47476	47476	－967	－2002
巴楚县	43990	6480	48261	48261	－4271	－4400
麦盖提县	33227	4042	33829	33829	－602	－671
泽普县	30121	6191	30284	30284	－163	－568
岳普湖县	24411	1501	25911	25911	－1500	－2621
塔什库尔干塔吉克自治县	22842	1853	20554	20554	2288	－754
皮山县	37968	2293	39076	39076	－1108	－1108
和田县	38174	2824	39598	39598	－1424	－1424
洛浦县	36198	2942	37560	37560	－1362	－1362
于田县	43700	2396	43806	43806	－106	－106
民丰县	15334	1489	15527	15527	－193	－193
和田市	41389	12538	45623	45623	－4234	－4234
吐鲁番市	42386	24552	46642	42173	－4256	－4256
托克逊县	29953	11679	35335	35335	－5382	－5382
伊吾县	16401	3655	17739	17739	－1338	－1344
巴里坤哈萨克自治县	34062	4834	34400	34400	－338	－399
五家渠市	5756	6051	7784	7784	－2028	－2028
阿拉尔市	－4456	4112	6738	6738	－11194	－11227
图木舒克市	－4355	1606	7083	7083	－11438	－11438

六、参考资料

2007年北京市区县主要经济指标表

6－1－1　　单位:万元

地区	地方财政一般预算收入	国内增值税75%	国内消费税	预算内基金收入	预算外财政专户收入	地区生产总值	第一产业增加值	第二产业增加值	第三产业增加值
区县级合计	**6453854**	**2955622**	**291484**	**582405**	**729195**	**78498970**	**1012734**	**18688394**	**58797842**
东城区	512982	141010	995	5163	34405	6622850		408377	6214473
西城区	964846	335133	1643	6434	25307	10820000		1289000	9531000
崇文区	155523	70827	608	1428	13725	1335873		240088	1095785
宣武区	380413	189444	5949	2172	26107	2683242		303499	2379743
朝阳区	1396603	435892	2231	18873	41172	16703925	13356	2574680	14115889
海淀区	1139346	663495	3498	17446	198641	17732100	13000	3259400	14459700
石景山区	136210	3408	125	1417	6577	2263186		1561528	701658
丰台区	296905	167376	46	6400	58796	4623581	8943	1286592	3328046
门头沟区	70370	73241	166	5604	7904	534116	8450	283796	241870
房山区	145716	57210	1974	86510	60768	2107940	124240	1076900	906800
通州区	181769	155012	84184	61202	50365	1816300	121200	911500	783600
昌平区	212430	144656	7077	114853	10516	2652000	40500	1324200	1287300
顺义区	330743	200399	159782	110117	52038	3328286	185746	1823288	1319252
大兴区	167768	102455	1701	109789	108986	1936837	149662	843920	943255
怀柔区	128548	96116	13412	11128	5998	1170334	60237	677626	432471
平谷区	84895	47611	3596	5705	11059	707700	91300	310100	306300
密云县	87438	55186	4483	10992	8056	949700	128900	387600	433200
延庆县	61349	17151	14	7172	8775	511000	67200	126300	317500

6－1－2　　单位:人

地　　区	财政供养人口					自收自支单位年末人数
	小计	在职人员	离休人员	退休人员	其他人员	
区县级合计	**611817**	**374973**	**10310**	**201674**	**24860**	**18702**
东城区	38798	22132	880	15598	188	366
西城区	45699	22621	1219	21435	424	35
崇文区	23622	12824	583	10034	181	311
宣武区	31921	14844	706	15150	1221	1520
朝阳区	69278	34842	1269	23145	10022	6464
海淀区	89684	48927	1544	37209	2004	207
石景山区	19645	11888	226	5177	2354	187
丰台区	49350	28666	774	18533	1377	373
门头沟区	16231	10772	196	4093	1170	165
房山区	35490	24423	909	9044	1114	1161
通州区	25812	17967	310	6625	910	2240
昌平区	26485	19424	309	6404	348	1295
顺义区	28255	20550	349	6101	1255	1270
大兴区	28322	21591	197	6056	478	2225
怀柔区	18499	14355	189	3555	400	161
平谷区	22281	16516	228	5175	362	62
密云县	24248	18467	225	4891	665	47
延庆县	18197	14164	197	3449	387	613

2007年天津市区县主要经济指标表

6－2－1　　　　　　　　　　　　　　　　　　　　　　　　　　　单位:万元

地区	地方财政一般预算收入	国内增值税75%	国内消费税	预算内基金收入	预算外财政专户收入	地区生产总值	第一产业增加值	第二产业增加值	第三产业增加值
区县级合计	**2955858**	**2141803**	**368302**	**602350**	**314787**	**32632580**	**1089729**	**17839716**	**13703135**
和平区	144457	41889	866	41	14105	873800		128900	744900
河北区	78012	29750	47	38	16825	644188		77430	566758
河东区	113531	41024	282	94	17281	710900		135600	575300
河西区	173629	46517	1199	19	19414	968276		76163	892113
南开区	184532	58420	231	43	17329	876588		155713	720875
红桥区	47464	16745	3162	18	17539	570700		19600	551100
塘沽区	243701	75575	1466	24673	21420	1440600	10400	423600	1006600
汉沽区	30666	26932	381	3690	5299	558665	37444	318761	202460
大港区	71988	53540	141	6521	43961	1003284	16174	592792	394318
东丽区	186408	80259	52645	26620	20996	1330032	29790	788718	511524
西青区	197935	171258	5151	14301	16579	1919470	67500	1337745	514225
津南区	122599	104228	1086	22393	10376	1220000	30000	750000	440000
北辰区	150646	166039	16325	60478	12515	1883098	70204	1280362	532532
武清区	153657	107525	273	24781	19618	1571400	186300	807700	577400
宝坻区	66938	32746	32	19318	15264	1006500	139000	467700	399800
蓟县	64323	51731	2136	15391	15005	1161500	210500	380400	570600
宁河县	27711	19181	9594	38007	6493	830000	158800	405200	266000
静海县	56528	60576	109	10043	21475	1175779	133617	761532	280630
开发区	600297	805009	271466	161929		9350000		7700000	1650000
保税区	136448	80154	1621	58301	166	2337800		397800	1940000
园区	104388	72705	89	115651	3127	1200000		834000	366000

6－2－2　　　　　　　　　　　　　　　　　　单位：人

地　　区	财政供养人口					自收自支单位年末人　数
	小　计	在　职人　员	离　休人　员	退　休人　员	其　他人　员	
区县级合计	**358146**	**236534**	**3932**	**113039**	**4641**	**5540**
和平区	23817	11588	380	11786	63	26
河北区	26160	13578	363	11690	529	
河东区	23444	13157	376	9883	28	32
河西区	26426	14134	422	11507	363	3
南开区	25650	14634	275	10563	178	73
红桥区	22032	11960	167	9882	23	119
塘沽区	23928	15866	252	7523	287	161
汉沽区	9548	7028	133	2367	20	159
大港区	15190	11264	69	3408	449	331
东丽区	13359	9288	85	3591	395	395
西青区	12138	8721	141	3133	143	239
津南区	12632	8824	122	3433	253	297
北辰区	12962	9108	133	3686	35	176
武清区	24319	18490	193	5636		426
宝坻区	25443	21137	239	4034	33	389
蓟县	26346	20116	294	4580	1356	2541
宁河县	14626	11238	137	2986	265	78
静海县	17781	14216	150	3325	90	95
开发区	1731	1680			51	
保税区	441	366	1	17	57	
园区	173	141		9	23	

2007年河北省地市县主要经济指标表

6－3－1 单位:万元

地区	地方财政一般预算收入	国内增值税75%	国内消费税	预算内基金收入	预算外财政专户收入	地区生产总值	第一产业增加值	第二产业增加值	第三产业增加值
地市县合计	**5829174**	**5042353**	**474906**	**2266693**	**1166179**	**138635000**	**19712000**	**72525000**	**46398000**
石家庄市小计	**958720**	**664071**	**134515**	**370364**	**215078**	**21342016**	**2582122**	**12013795**	**6746099**
本级	74712	14040	30546	307656	137873				
区县级小计	884008	649922	134510	62708	77205	21342016	2582122	12013795	6746099
赞皇县	6791	6643		444	354	330000	80000	170000	80000
平山县	44107	65440	1	2734	3253	1110619	174603	717108	218908
灵寿县	9133	7140		352	1682	418188	59842	254252	104094
行唐县	10039	5102	45	945	1016	572737	110426	327735	134576
井陉县	24186	17667		9206	5296	744788	82554	406055	256179
鹿泉市	42441	34376	1796	1762	6090	1560000	161000	987000	412000
正定县	25210	13640	6	12370	4706	1080000	197000	505000	378000
栾城县	17931	14779	243	3897	4760	1030000	210000	530000	290000
辛集市	33123	30660	6	7184	4398	1699788	318417	920728	460643
晋州市	21689	17033	3	5749	2771	1059580	153442	566621	339517
深泽县	8761	3818	1	278	1376	380000	80000	210000	90000
无极县	13914	10119		1629	1835	830000	120000	470000	240000
藁城市	45410	30733	30558	2030	4541	2150267	411510	1103383	635374
赵县	12504	11055	13	420	2398	861000	208900	436200	215900
新乐市	16853	10891	131	1366	2331	1009214	204228	555853	249133
高邑县	6061	4842		412	908	310814	68366	161889	80559
元氏县	12522	10197	29	661	2023	814243	141969	429099	243175
长安区	108884	99120	37	382	4136	1368800	27000	869800	472000
桥东区	70091	34142	4962	261	3458	604000	5000	214000	385000
桥西区	123524	72877	96532	264	5671	1375966	7714	617226	751026
新华区	76339	38209	132	332	5132	1046884	23039	505102	518743
裕华区	83669	42836	15	192	5865	632290	18370	330900	283020
矿区	14467	19346		3135	696	175965	5921	117176	52868
高新区	56359	49257		6703	2509	1586732	2792	1348594	235346
唐山市小计	**1192081**	**1377832**	**9292**	**424217**	**175975**	**27791400**	**2860800**	**15955500**	**8975100**
本级	310683	436922	3036	162102	78733				
区县级小计	881398	940910	6256	262115	97242	24327789	2641453	13831493	7854843
滦县	34487	37986	2808	2059	4700	1460000	210000	800000	450000
滦南县	43188	46226	72	21340	5891	1897000	372000	969000	556000
乐亭县	32872	33477	157	2504	3074	1680000	467700	645300	567000
迁西县	56125	82196	16	4766	3299	2043700	12700	1415000	616000
唐海县	22363	17656	3	52859	3676	448000	119000	167000	162000
迁安市	181420	198994	55	45224	13301	4000000	180000	2510000	1310000

6－3－2 单位:人

地区	财政供养人口					自收自支单位年末人数
	小计	在职人员	离休人员	退休人员	其他人员	
地市县合计	**2054116**	**1553325**	**36256**	**441251**	**23284**	**150976**
石家庄市小计	**260982**	**197914**	**4812**	**56229**	**2027**	**17647**
本级	44733	30406	1703	11191	1433	3656
区县级小计	216249	167508	3109	45038	594	13991
赞皇县	6813	5741	106	966		406
平山县	13841	10632	427	2782		309
灵寿县	8481	6958	204	1317	2	342
行唐县	11419	9191	96	2132		47
井陉县	8101	6484	93	1524		544
鹿泉市	10349	8283	133	1933		1324
正定县	11313	8973	120	2163	57	1663
栾城县	7744	6435	68	1241		1631
辛集市	14413	10777	178	3358	100	1008
晋州市	12986	10672	135	2135	44	966
深泽县	6031	4722	132	1158	19	128
无极县	10009	7862	153	1994		1073
藁城市	16012	12800	125	3087		933
赵县	12748	10631	228	1889		314
新乐市	10052	7859	106	2087		1361
高邑县	6364	4829	93	1442		
元氏县	8871	7353	117	1401		68
长安区	7108	4464	135	2509		603
桥东区	7039	4565	134	2322	18	34
桥西区	7964	4791	112	2972	89	628
新华区	8640	5865	113	2456	206	50
裕华区	5853	4463	72	1265	53	493
矿区	2997	2208	29	759	1	16
高新区	1101	950		146	5	50
唐山市小计	**221484**	**151528**	**4675**	**63600**	**1681**	**32150**
本级	30848	18525	1434	10585	304	9516
区县级小计	190636	133003	3241	53015	1377	22634
滦县	14762	10927	264	3571		1489
滦南县	15695	11150	376	3881	288	2109
乐亭县	15396	10688	365	4108	235	1689
迁西县	10988	8027	146	2815		2058
唐海县	4513	3354	69	1090		520
迁安市	16472	12560	237	3575	100	2745

6－3－3

单位:万元

地区	地方财政一般预算收入	国内增值税75%	国内消费税	预算内基金收入	预算外财政专户收入	地区生产总值	第一产业增加值	第二产业增加值	第三产业增加值
玉田县	25311	24391	1845	5285	6985	1700000	360000	780000	560000
遵化市	81296	104041	282	3731	7566	2936000	218000	1673000	1045000
路南区	25180	20412	24	181	4506	350213	6668	73859	269686
路北区	45511	20994	51	152	2761	455000	19400	109600	326000
古冶区	29336	31954	2	139	6458	800700	59600	567500	173600
开平区	33499	42643	1	104	3596	92000	3600	62100	26300
丰润区	56712	56404	223	20416	7697	2168383	277353	1349303	541727
丰南区	93612	176965	592	43272	22004	2840000	277000	1768000	795000
高新开发区	22718	20073	26	5518	741	420751	1227	330164	89360
海港开发区	33860	13370	1	27601	92	440000		240000	200000
南堡开发区	18033	4712		18648	692	320000	19000	210000	91000
芦台开发区	2715	2901	98	1103	170	130512	18135	81772	30605
汉沽管理区	4377	3204		7213	33	145530	20070	79895	45565
曹妃甸工业园区	38783	2311							
邯郸市小计	**694588**	**684992**	**1123**	**177151**	**92756**	**15710508**	**1695693**	**9207645**	**4807170**
本级	280689			108926	50645				
区县级小计	413899	684992	1123	68225	42111	17030376	1765686	10097556	5167134
大名县	5346	2259	57	44	1248	592000	173278	210920	207802
魏县	6289	4483		1135	3299	671935	118975	272163	280797
曲周县	4352	2613	5	521	1612	441745	122645	170950	148150
邱县	3205	1682	2	1531	939	319000	76000	152000	91000
鸡泽县	2741	2250	13	316	417	330140	65275	170004	94861
肥乡县	4676	1794		588	765	357086	112744	119353	124989
广平县	4837	3143	9	513	775	369393	57130	198564	113699
成安县	5709	4974	1	36	392	495592	154023	204690	136879
临漳县	6366	1737	8	19		523080	165816	193553	163711
馆陶县	4269	1940	28	85	1166	368008	105666	151252	111090
磁县	46146	28795	19	136	1769	1252628	110376	753717	388535
涉县	42340	70727	4	15614	4783	1400699	51722	1128408	220569
永年县	37014	17795	27	3234	4597	1250000	240000	613000	397000
邯郸县	32417	33657	4	1565	1595	1320000	70000	890000	360000
武安市	129976	195987	179	4153	9703	3430000	99000	2442000	889000
邯山区	8214	20352	22	103	1141	793918	4636	321580	467702
丛台区	15339	77807	739	121	1029	805871	1129	373382	431360
复兴区	6018	134919		98	685	1381720	1022	1167549	213149
峰峰矿区	34074	73717	6	1672	3108	695142	30613	428927	235602
开发区	10796	4361		36741	3047	130187	1415	58394	70378

6－3－4

单位:人

地区	财政供养人口					自收自支单位年末人数
	小计	在职人员	离休人员	退休人员	其他人员	
玉田县	15788	11607	299	3851	31	1641
遵化市	17374	12640	341	4374	19	2945
路南区	7851	4958	130	2763		192
路北区	12426	7150	184	4866	226	508
古冶区	12800	7204	180	5334	82	853
开平区	7729	5408	111	2210		845
丰润区	20445	14132	313	5964	36	3384
丰南区	13406	9788	165	3453		1438
高新开发区	307	307				
海港开发区	321	264			57	41
南堡开发区	823	646		80	97	147
芦台开发区	1697	1017	26	578	76	30
汉沽管理区	1718	1138	35	501	44	
曹妃甸工业园区	125	38		1	86	
邯郸市小计	**240000**	**191470**	**2811**	**41449**	**4270**	**19293**
本级	37060	27741	910	8409		2747
区县级小计	202940	163729	1901	33040	4270	16546
大名县	16694	14149	213	2332		202
魏县	14051	10486	170	3267	128	3055
曲周县	10984	9494	74	1416		120
邱县	7158	6012	69	1077		238
鸡泽县	7728	6003	22	1487	216	287
肥乡县	7401	6118	111	1131	41	67
广平县	8440	7127	52	983	278	1343
成安县	10887	8925	81	1881		980
临漳县	12990	10045	73	2463	409	745
馆陶县	8188	6911	67	1210		494
磁县	13258	10897	144	1915	302	2100
涉县	10980	8200	91	1475	1214	866
永年县	17381	14913	126	2006	336	2750
邯郸县	9830	8323	99	1408		164
武安市	17908	15585	178	2145		2420
邯山区	4218	3014	63	1141		57
丛台区	5868	4174	97	1533	64	
复兴区	3650	2674	26	616	334	139
峰峰矿区	14327	9977	141	3409	800	460
开发区	459	308		3	148	

6－3－5

单位:万元

地区	地方财政一般预算收入	国内增值税75%	国内消费税	预算内基金收入	预算外财政专户收入	地区生产总值	第一产业增加值	第二产业增加值	第三产业增加值
马头工业园区	3775				41	102232	4221	77150	20861
张家口市小计	**344730**	**309910**	**127522**	**126643**	**110300**	**5644676**	**852538**	**2542822**	**2249316**
本级	169351	133421	119802	59914	72296				
区县级小计	175379	176479	7723	66729	38004	5205033	1086886	2121367	1996780
蔚县	15170	13163	5	237	2102	460000	76000	163000	221000
阳原县	9386	18945		1050	924	277405	44700	74928	157777
张北县	10031	8515	19	276	2348	308067	113423	105559	89085
康保县	2238	2100	11	7	716	151860	64930	32600	54330
沽源县	2583	866	10	6	543	120190	56170	20040	43980
尚义县	2275	1830		400	414	96000	37000	22000	37000
怀安县	8319	18540	9	286	984	163368	40975	36885	85508
赤城县	22900	13523	3	1397	5907	223230	65079	87956	70195
崇礼县	8070	2670		11	720	125000	24000	67000	34000
万全县	5693	7583	16	27	1699	173000	38000	71000	64000
宣化县	8617	12833		515	2464	316742	89034	106165	121543
怀来县	22921	14790	7221	2046	3571	519000	78000	170500	270500
涿鹿县	6103	7530	101	2830	1726	303100	93000	103400	106700
宣化区	27655	17933	271	55954	7720	1110159	15713	787039	307407
下花园区	3672	3255		698	466	150248	7753	99215	43280
桥东区	7524	16287	39	81	2297	66300	400	39800	26100
桥西区	5695	7602	18	28	2499	245262	2538	63668	179056
高新区	4397	6278		42	707	310424	213835	20412	76177
察北区	1200	1898		465	195	60532	12732	41000	6800
塞北区	930	338		373	2	25146	13604	9200	2342
保定市小计	**514843**	**367175**	**76865**	**162891**	**124237**	**13734259**	**2369700**	**6631570**	**4732989**
本级	214498	111476	66028	68906	46818				
区县级小计	300345	255699	10837	93985	77419	12187146	2221732	6392754	3572660
清苑县	11402	11212	1	5330	4239	573069	159793	282406	130870
满城县	9344	10028	1	2870	1042	526473	107678	293131	125664
安新县	9130	5562	4	5394	1709	379760	79750	208870	91140
唐县	4402	3585	2	998	2274	295512	86356	124388	84768
顺平县	4468	4588		14	1424	218000	58860	91560	67580
博野县	3788	3555		338	839	202100	74000	77300	50800
曲阳县	7637	8307		530	2060	367407	57390	179321	130696
涞源县	20343	23953		89	5458	264629	24487	171201	68941
阜平县	6667	6158	4	731	6061	150000	34000	46000	70000
易县	9221	5547	7	516	8187	455000	130226	178747	146027

6-3-6　　单位:人

地　　区	财政供养人口 小　计	在职人员	离休人员	退休人员	其他人员	自收自支单位年末人数
马头工业园区	540	394	4	142		59
张家口市小计	**161475**	**119760**	**3204**	**37019**	**1492**	**8706**
本级	29012	19621	1037	8120	234	1077
区县级小计	132463	100139	2167	28899	1258	7629
蔚县	12500	9919	165	2416		1160
阳原县	9734	7719	93	1874	48	725
张北县	9175	6950	109	2016	100	517
康保县	7286	5691	86	1483	26	635
沽源县	6568	5479	87	1002		
尚义县	6155	4915	89	1151		35
怀安县	7488	5376	134	1831	147	834
赤城县	7742	6011	296	1428	7	921
崇礼县	4530	3642	71	775	42	334
万全县	6180	4717	90	1335	38	444
宣化县	8633	6677	172	1780	4	208
怀来县	8949	6833	207	1909		653
涿鹿县	10289	7939	124	2046	180	151
宣化区	10728	6867	227	3046	588	136
下花园区	2625	1876	22	727		54
桥东区	5602	3804	95	1703		293
桥西区	5480	3516	92	1836	36	394
高新区	1879	1478	8	370	23	112
察北区	607	494		113		23
塞北区	313	236		58	19	
保定市小计	**284536**	**210603**	**5657**	**61143**	**7133**	**31343**
本级	35916	24619	1362	9864	71	2874
区县级小计	248620	185984	4295	51279	7062	28469
清苑县	13541	10509	248	2677	107	1946
满城县	10747	8721	161	1865		664
安新县	11966	9082	173	2354	357	278
唐县	10554	7634	219	2701		810
顺平县	8119	6095	125	1539	360	824
博野县	6075	4209	117	1314	435	33
曲阳县	11433	8200	214	1518	1501	691
涞源县	8788	7154	118	1516		221
阜平县	6465	4928	129	1279	129	940
易县	12925	7719	187	2834	2185	1552

6－3－7

单位:万元

地　　区	地方财政一般预算收入	国内增值税75%	国内消费税	预算内基金收入	预算外财政专户收入	地区生产总值	第一产业增加值	第二产业增加值	第三产业增加值
定兴县	8622	5787	1201	3092	3454	488162	132000	227690	128472
徐水县	15460	12728	408	14902	5547	669874	166381	302832	200661
容城县	7925	6064		929		345362	64027	213713	67622
涿州市	50256	40173	46	10947	8402	1150000	112000	468000	570000
涞水县	6830	4494	3	605	1364	200000	58000	66000	76000
高碑店市	14904	8831	224	8098	4202	879807	91282	523928	264597
雄县	9455	6450	2	12524	1399	398598	49895	227512	121191
望都县	5612	2351		50	1359	197961	63192	98710	36059
高阳县	10268	10485	3	483	2819	474411	45386	330111	98914
蠡县	8534	8681		224	3078	584000	93000	335000	156000
安国市	12001	5220	118	13915	1625	435247	112265	194121	128861
定州市	27522	31470	6184	11118	6612	1188000	375000	564000	249000
南市区	6645			101	1302	242400	15400	150000	77000
北市区	11733			56	1532	22	14	4	4
新市区	12571			119	1431	501352	31350	238209	231793
高新区	5605	30470	2629	12		1000000		800000	200000
沧州市小计	**472013**	**439518**	**97112**	**203326**	**101344**	**14856900**	**1810600**	**7651500**	**5394800**
本级	133958			69840	54844				
区县级小计	338055	439518	97112	133486	46500	18397066	5671289	5504617	7221160
肃宁县	12635	6680	1	7735	2323	652998	116000	309476	227522
献县	7804	6614	1024	7642	4092	720000	170000	330000	220000
盐山县	7894	10333	23	9493	1617	489770	89800	284133	115837
孟村县	5965	7439	1	3957	962	279722	31784	172727	75211
沧县	23394	63651	185	2734	4653	1306000	170000	673000	463000
青县	11731	19538	13	357	3931	850000	190000	430655	229345
南皮县	6467	15065	3	4901	4413	366499	101595	131619	133285
河间市	16869	14216	48	9248	3555	1180800	130100	650700	400000
任丘市	107422	151946	53490	32165	6349	7457000	4100000	128000	3229000
海兴县	4569	4156	147	8299	1093	160924	40526	58411	61987
东光县	7624	10208	9	1393	820	558000	143000	240000	175000
泊头市	12991	12840	623	17586	5747	888115	119193	463344	305578
吴桥县	4588	3269	3	2036	1239	335953	121092	85440	129421
黄骅市	34785	34128	59	17127	2344	1100477	113394	503951	483132
新华区	14346	13814	31958	457	1141	635000	1800	348900	284300
运河区	30564	26737	148	493	1271	789995	9951	284437	495607
开发区	2818	2887	3	1543	21	150125	1000	103586	45539
港口区	16093	15090		2368	597	209924	2181	123623	84120

6－3－8　　　　单位：人

地　区	财政供养人口 小 计	在 职 人 员	离 休 人 员	退 休 人 员	其 他 人 员	自收自支单位年末人数
定兴县	12902	10162	124	2616		786
徐水县	14392	11348	182	2568	294	247
容城县	7108	5633	264	1211		1301
涿州市	10719	7625	179	2915		3370
涞水县	9525	7124	226	1987	188	1216
高碑店市	11480	8526	135	2226	593	2661
雄县	8338	5954	102	2280	2	870
望都县	6990	5377	182	1431		1013
高阳县	8030	6233	168	1629		1575
蠡县	13030	10179	304	2342	205	539
安国市	9483	7554	185	1741	3	955
定州市	19524	15206	282	3943	93	3144
南市区	4847	3297	100	1450		1159
北市区	4482	2954	117	1401	10	1362
新市区	6933	4352	54	1942	585	312
高新区	224	209			15	
沧州市小计	**214494**	**165784**	**3693**	**43845**	**1172**	**4448**
本级	29116	22124	684	5665	643	1145
区县级小计	185378	143660	3009	38180	529	3303
肃宁县	9952	7383	185	2384		
献县	13184	10479	249	2456		
盐山县	12231	9370	195	2666		18
孟村县	8381	6138	77	2074	92	
沧县	13647	10525	202	2733	187	140
青县	11383	9176	149	2058		
南皮县	10446	7251	355	2840		
河间市	18430	15363	207	2801	59	
任丘市	17633	14343	245	2948	97	1298
海兴县	7366	5518	140	1708		394
东光县	10868	7654	277	2935	2	310
泊头市	17062	13201	266	3595		
吴桥县	9631	6806	177	2648		
黄骅市	12798	10749	121	1928		1035
新华区	3668	2827	35	806		
运河区	4886	3747	46	1001	92	
开发区	201	185		16		
港口区	445	433		12		50

6－3－9

单位:万元

地　　区	地方财政一般预算收入	国内增值税75%	国内消费税	预算内基金收入	预算外财政专户收入	地区生产总值	第一产业增加值	第二产业增加值	第三产业增加值
南大港	4058	10533	1481	1286	177	115000	10461	67219	37320
临港区	5438	10374	7893	2666	155	150764	9412	115396	25956
秦皇岛市小计	**416469**	**220826**	**9196**	**261941**	**49398**	**6650800**	**778400**	**2569400**	**3303000**
本级	204854			193721	23270				
区县级小计	211615	220826	9196	68220	26128	7190214	865106	3240355	3084753
青龙满族自治县	26455	19320	69	1008	2268	460000	110000	215000	135000
昌黎县	24757	21955	4711	5425	5381	878000	311000	330000	237000
卢龙县	8173	10695	435	650	3191	530000	126000	166000	238000
抚宁县	31006	41924	179	25359	4124	1006099	255257	516410	234432
山海关	10242	7187	1696	62	4202	240517	32644	87104	120769
海港区	46525	77422	1303	260	5476	2605887	17928	1083899	1504060
北戴河	21125	5109	98	1312	904	199000	9800	39400	149800
秦皇岛经济开发区	43332	37214	705	34144	582	1270711	2477	802542	465692
邢台市小计	**313552**	**338289**	**1180**	**129790**	**68346**	**8904200**	**1543900**	**4960600**	**2399700**
本级	138769	118245	37	65716	37333				
区县级小计	174783	220044	1143	64074	31013	8401222	1221969	5129627	2049626
南宫市	5128	5040	1	3905	2031	501248	94860	275570	130818
沙河市	25472	46281	6	574	521	1020000	55000	700000	265000
邢台县	25866	48354	191	8835	2832	850000	70000	615000	165000
临城县	5424	5961		2417	2107	230000	40000	130000	60000
内邱县	12352	22578	3	2124	2516	490477	40027	324383	126067
柏乡县	2090	2227		1966	541	163679	44897	84899	33883
隆尧县	11215	12795	5	71	3766	670000	110000	360000	200000
任县	2553	2676	8	1078	830	182906	52125	73120	57661
南和县	3070	1756	76	310	269	206459	71894	76593	57972
宁晋县	25291	26616	843	12469	10640	1101600	156000	726500	219100
巨鹿县	4123	4192	2	1022	581	319200	61200	171000	87000
新河县	1273	1405	1	353	490	135060	34000	66890	34170
广宗县	1504	1522		698	229	184300	56200	88200	39900
平乡县	4919	3189	1	31	572	210000	41000	95000	74000
威县	3272	1957	2	4092	1047	303000	143000	80000	80000
清河县	11022	17305	3	10332	660	990123	43716	748322	198085
临西县	4689	3182	1	5401	258	320000	80000	140000	100000
桥东区	7058	3865			538	169670	4700	149000	15970
桥西区	11457	4626			295	202500	6800	110700	85000
高开区	6258	4150		8013	225	113000	4550	96450	12000
大曹庄管理区	747	367		383	65	38000	12000	18000	8000

6－3－10 单位:人

地区	财政供养人口					自收自支单位年末人数
	小计	在职人员	离休人员	退休人员	其他人员	
南大港	1635	1224	36	375		
临港区	1531	1288	47	196		58
秦皇岛市小计	**98038**	**74499**	**1800**	**21265**	**474**	**9349**
本级	14754	10598	508	3455	193	6696
区县级小计	83284	63901	1292	17810	281	2653
青龙满族自治县	12691	10250	188	2207	46	35
昌黎县	16921	13019	344	3558		982
卢龙县	12623	9477	183	2963		554
抚宁县	14561	11096	233	3217	15	345
山海关	6085	4077	139	1857	12	59
海港区	13343	10340	134	2698	171	359
北戴河	4383	3240	68	1047	28	319
秦皇岛经济开发区	2677	2402	3	263	9	
邢台市小计	**175939**	**136752**	**2976**	**35653**	**558**	**8330**
本级	28666	21364	711	6313	278	2367
区县级小计	147273	115388	2265	29340	280	5963
南宫市	10386	7914	140	2219	113	165
沙河市	10705	8885	125	1687	8	1674
邢台县	10176	7869	148	2130	29	302
临城县	5317	3963	147	1207		364
内邱县	6549	5386	137	1026		578
柏乡县	5229	3819	70	1340		
隆尧县	10275	8264	118	1893		307
任县	6473	5156	91	1226		279
南和县	6643	4978	124	1541		90
宁晋县	12604	9698	145	2731	30	1083
巨鹿县	8439	6378	124	1937		356
新河县	5037	3476	63	1498		
广宗县	5855	4594	62	1199		50
平乡县	7138	5702	120	1316		30
威县	9762	7938	145	1679		50
清河县	9634	7934	76	1605	19	274
临西县	8305	6588	339	1378		
桥东区	2979	2312	48	619		229
桥西区	3812	2954	37	821		129
高开区	1135	882	6	166	81	3
大曹庄管理区	820	698		122		

6－3－11　　单位:万元

地　　区	地方财政一般预算收入	国内增值税75%	国内消费税	预算内基金收入	预算外财政专户收入	地区生产总值	第一产业增加值	第二产业增加值	第三产业增加值
廊坊市小计	**454411**	**255231**	**2213**	**307889**	**112916**	**8834000**	**1246000**	**4916000**	**2672000**
本级	127957	4347		179637	71723	79971	72019	－255257	263209
区县级小计	326454	250884	2213	128252	41193	8754029	1173981	5171257	2408791
三河市	100937	38819	13	32834	7807	2000000	207000	1209000	584000
大厂县	9862	7320		2842	1050	253395	63931	128267	61197
香河县	23859	13643	187	13296	6565	910743	130564	541655	238524
永清县	7231	5486	95	23065	2334	329773	135460	121016	73297
固安县	11232	5690	2	27871	2085	420000	190000	140000	90000
霸州市	59344	59162	13	486	7320	1603000	96000	1078000	429000
文安县	17813	16275	9	1718	5503	934913	94567	598830	241516
大城县	11867	11435	3	7298	3645	633308	90488	375300	167520
安次区	10412	8168	1432	1385	1584	340000	90000	150000	100000
广阳区	36349	30894	20	467	1601	329000	70000	92000	167000
开发区	37548	53992	439	16990	1699	999897	5971	737189	256737
承德市小计	**326717**	**265475**	**7837**	**54734**	**66019**	**5516014**	**979942**	**3039873**	**1496199**
本级	142227	90060	3	4467	43610	5516014	979942	3039873	1496199
区县级小计	184490	175320	7835	50267	22409	5708836	952575	3209966	1546295
宽城县	30432	36982	1	2787	724	814600	63000	617600	134000
滦平县	23709	25900	8	16031	3039	574000	91000	342000	141000
丰宁县	23183	15678	236	10222	3578	456000	133000	200000	123000
隆化县	12583	11618	23	4352	1056	367000	114000	137500	115500
围场县	6364	4217	11	81	3248	325937	131648	74065	120224
承德县	27380	16790	4541	9159	1476	520869	128000	260861	132008
兴隆县	13829	16815	211	62	4335	516069	107000	275586	133483
平泉县	15605	16980	2455	4141	988	530446	147220	230044	153182
双桥区	14043	8790	30	821	1280	673700	21700	268700	383300
双滦区	10043	10559		2057	2435	646000	13000	559000	74000
营子区	3039	5419	1	54	250	145100	3000	113600	28500
开发区	4280	5572	318	500		139115	7	131010	8098
衡水市小计	**141050**	**119034**	**8051**	**47747**	**49810**	**5644295**	**1060500**	**2742171**	**1841624**
本级	52966	22585		7801	28224				
区县级小计	88084	96449	8051	39946	21586	4462619	1018081	2093134	1351404
武邑县	4094	3100		1716	1009	278715	105000	98049	75666
饶阳县	3195	1366	219	375	2911	287000	104000	115000	68000
安平县	8361	11701	87	2385	2898	581000	80000	314000	187000
冀州市	9697	10095	2	4283	2336	536000	88000	272000	176000
枣强县	5340	5789	2	4859	581	377267	107130	131424	138713

6-3-12 单位:人

地区	财政供养人口 小计	在职人员	离休人员	退休人员	其他人员	自收自支单位年末人数
廊坊市小计	**131506**	**104730**	**1515**	**23718**	**1543**	**7875**
本级	16207	13105	291	2686	125	75
区县级小计	115299	91625	1224	21032	1418	7800
三河市	14323	11532	170	2595	26	1502
大厂县	5726	4437	75	1048	166	
香河县	11104	8766	124	2214		1324
永清县	10471	8424	105	1942		311
固安县	11088	8734	105	2249		1101
霸州市	16290	12667	125	2823	675	1587
文安县	16539	14010	198	2331		
大城县	13833	11033	137	2663		1301
安次区	7313	5689	90	1526	8	238
广阳区	7062	5256	95	1554	157	364
开发区	1550	1077		87	386	72
承德市小计	**132409**	**100470**	**2885**	**27077**	**1977**	**2013**
本级	21939	15029	914	5079	917	678
区县级小计	110470	85441	1971	21998	1060	1335
宽城县	8282	6807	104	1371		
滦平县	9120	7033	142	1942	3	322
丰宁县	12733	9518	386	2786	43	260
隆化县	14256	10146	281	3822	7	
围场县	14113	11524	209	2380		292
承德县	13368	10090	142	3076	60	431
兴隆县	12308	9240	279	2012	777	
平泉县	14791	12173	291	2327		
双桥区	5270	3988	80	1138	64	7
双滦区	3524	2832	30	588	74	23
营子区	2603	1992	27	552	32	
开发区	102	98		4		
衡水市小计	**133253**	**99815**	**2228**	**30253**	**957**	**9822**
本级	14851	11797	310	2697	47	2729
区县级小计	118402	88018	1918	27556	910	7093
武邑县	8478	6054	111	2313		
饶阳县	7566	5248	218	1781	319	41
安平县	10334	8099	229	2006		209
冀州市	12050	8329	155	3566		1206
枣强县	11392	8851	172	2369		18

6－3－13

单位:万元

地区	地方财政一般预算收入	国内增值税75%	国内消费税	预算内基金收入	预算外财政专户收入	地区生产总值	第一产业增加值	第二产业增加值	第三产业增加值
深州市	7415	7031	28	1803	4213	658158	151000	299399	207759
武强县	2972	3306	2	923	3170	230026	52227	121715	56084
故城县	5283	5818	110	4118	1089	443010	124725	172654	145631
景县	7739	11740		1822	220	645000	133500	333300	178200
阜城县	3448	3758	40	14063	1118	274283	61499	141619	71165
桃城区	26950	30996	7561	1999	2033	67000	11000	35000	21000
高开区	3506	1749				85160		58974	26186
衡水湖	84			1600	8				

6－3－14　　单位:人

地　　区	财政供养人口					自收自支单位年末人数
	小计	在职人员	离休人员	退休人员	其他人员	
深州市	13619	10384	303	2927	5	926
武强县	6729	4821	100	1369	439	545
故城县	12566	9770	218	2578		1629
景县	13200	9699	180	3321		897
阜城县	8158	5945	160	2053		1389
桃城区	13614	10132	72	3263	147	213
高开区	460	450		10		
衡水湖	236	236				20

2007年山西省地市县主要经济指标表

6－4－1　　　　单位:万元

地区	地方财政一般预算收入	国内增值税75%	国内消费税	预算内基金收入	预算外财政专户收入	地区生产总值	第一产业增加值	第二产业增加值	第三产业增加值
地市县合计	**4394345**	**4383410**	**101330**	**1548105**	**660326**	**56962195**	**3130138**	**33947006**	**19885051**
太原市小计	**884170**	**820205**	**57278**	**611993**	**104073**	**11915006**	**193399**	**6171967**	**5549640**
本级	508226	430603	54961	553726	77778				
区县级小计	375944	389602	2317	58267	26295	11915006	193399	6171967	5549640
清徐县	49003	80847	28	3996	3056	817776	61267	532188	224321
阳曲县	14450	13669		1312	2115	135000	24000	65000	46000
娄烦县	19296	15757		1558	288	93000	10000	60000	23000
古交市	40366	65466	3	5701	764	358300	10700	251200	96400
小店区	49069	25492	234	1085	5957	1560000	46000	481000	1033000
尖草坪区	26202	23915	3	1240	3020	299235	14100	182100	103035
迎泽区	44607	26554	698	281	3998	2064305	1453	313604	1749248
杏花岭区	41293	24889	400	626	3420	1585470	1735	491356	1092379
万柏林区	30599	25204	240	2075	1789	1964000	4000	1349000	611000
晋源区	14096	15587		635	1866	450242	19735	336794	93713
太原高新区	21930	38552		16637		2250000		1800000	450000
太原经济区	21274	27687	485	22018	22	337678	409	309725	27544
太原民营区	3759	5983	226	1103					
大同市小计	**367060**	**379393**	**1655**	**98629**	**59423**	**4175093**	**261675**	**2850498**	**1062920**
本级	227031	184969	1148	71227	41103				
区县级小计	140029	194424	507	27402	18320	4175093	261675	2850498	1062920
大同城区	11966	17530	351	1301	2675	1823050		1719964	103086
大同矿区	5500	10189	55	768	655	79275		20887	58388
大同南郊区	33029	53455	1	8508	1517	904727	48152	405320	451255
大同新荣区	6356	18915		1483	4611	160692	16050	112319	32323
左云县	44423	40211		6079	520	240000	10000	140000	90000
阳高县	3388	4161	37	1049	3179	97506	31465	19884	46157
天镇县	2126	1937		682	1281	86100	28050	19706	38344
广灵县	2386	3775	2	479	628	82000	21000	39000	22000
灵丘县	9621	14637		1497	762	180835	25099	105901	49835
浑源县	8044	5661	23	960	1948	163000	46000	65000	52000
大同县	6818	16088		2749	481	126908	34998	44446	47464
大同开发区	6372	7865	38	1847	63	231000	861	158071	72068
阳泉市小计	**216204**	**222194**	**247**	**53536**	**39293**	**2651100**	**40100**	**1499700**	**1111300**
本级	108885	114429	1	30378	20906				
区县级小计	107319	107765	246	23158	18387	2651100	40100	1499700	1111300
平定县	24713	33487	2	3194	5131	232925	18100	106395	108430
盂县	37443	40919	8	15562	4122	384945	9500	247756	127689

6－4－2 单位:人

地　　区	财政供养人口					自收自支单位年末人数
	小计	在职人员	离休人员	退休人员	其他人员	
地市县合计	**1317561**	**962681**	**24190**	**246120**	**84570**	**33928**
太原市小计	**121665**	**88976**	**2995**	**25809**	**3885**	**4238**
本级	51580	37516	1672	11530	862	2340
区县级小计	70085	51460	1323	14279	3023	1898
清徐县	7881	6908	128	519	326	730
阳曲县	5488	4197	158	1133		
娄烦县	5430	4154	90	1065	121	166
古交市	7166	6637	86	411	32	496
小店区	8057	5536	144	2154	223	63
尖草坪区	6773	4501	126	1467	679	154
迎泽区	7802	5042	189	2396	175	276
杏花岭区	10816	6224	251	3249	1092	
万柏林区	5856	4445	104	1181	126	
晋源区	4052	3279	47	682	44	5
太原高新区	416	301		13	102	8
太原经济区	270	158		9	103	
太原民营区	78	78				
大同市小计	**130518**	**85629**	**2133**	**25964**	**16792**	**3444**
本级	41879	25173	846	8573	7287	2736
区县级小计	88639	60456	1287	17391	9505	708
大同城区	9381	5442	88	2629	1222	
大同矿区	4175	2233	55	1245	642	
大同南郊区	8980	6995	55	1202	728	547
大同新荣区	5249	3974	21	638	616	101
左云县	7083	4567	118	976	1422	
阳高县	9744	7203	166	1941	434	
天镇县	7776	5924	174	1500	178	
广灵县	8244	4557	141	1528	2018	
灵丘县	8479	5364	141	1753	1221	
浑源县	11826	8106	203	2775	742	60
大同县	6865	5287	125	1186	267	
大同开发区	837	804		18	15	
阳泉市小计	**53334**	**39746**	**887**	**10373**	**2328**	**2301**
本级	13359	9099	422	3398	440	1040
区县级小计	39975	30647	465	6975	1888	1261
平定县	10824	8353	129	1906	436	931
盂县	11695	9077	222	1804	592	214

6－4－3 单位:万元

地区	地方财政一般预算收入	国内增值税75%	国内消费税	预算内基金收入	预算外财政专户收入	地区生产总值	第一产业增加值	第二产业增加值	第三产业增加值
阳泉郊区	17276	17330	29	3378	5052	352500	12500	220000	120000
阳泉城区	12548	5338	82	346	1811	826658		193901	632757
阳泉矿区	11135	8316		234	1959	810000		700000	110000
阳泉开发区	4204	2375	125	444	312	44072		31648	12424
长治市小计	**497506**	**422584**	**218**	**167715**	**82192**	**5378803**	**336001**	**3346974**	**1695828**
本级	175387			85583	30546				
区县级小计	322119	422584	218	82132	51646	5378803	336001	3346974	1695828
长治县	42359	38899	4	8932	16205	510083	34174	298378	177531
潞城市	36291	53306	7	4844	2185	565163	19112	441784	104267
屯留县	23343	19952	1	2342	2053	323041	39635	222461	60945
长子县	16421	15115		12373	1482	238112	65849	103423	68840
壶关县	11116	14654	33	4716	725	258354	16789	182306	59259
平顺县	4657	5752	1	491	560	81209	16969	35024	29216
黎城县	8153	10640		2338	811	185100	18692	105075	61333
武乡县	23671	23300		3771	641	208838	15036	148517	45285
襄垣县	65075	46932	4	14986	15883	874336	44233	721828	108275
沁县	4380	1937	4	520	974	77438	20686	11858	44894
沁源县	39987	23518	1	4390	1908	290912	15610	196503	78799
长治城区	15459	27688	113	1973	2372	852203	4650	227134	620419
长治郊区	24195	86909	50	5738	5711	902446	24286	652548	225612
长治高新区	7012	53982		14718	136	11568	280	135	11153
晋城市小计	**340783**	**335585**	**456**	**121931**	**38362**	**3856525**	**187205**	**2605507**	**1063813**
本级	134067	64573	1	59968	11564				
区县级小计	206716	271012	455	61963	26798	3856525	187205	2605507	1063813
阳城县	43650	75263	10	17845	4207	840000	35000	620000	185000
高平市	46972	63581	2	5460	11395	940000	50000	630000	260000
沁水县	32720	47117	2	15498	1228	528600	20700	407500	100400
陵川县	7227	6100	2	4024	840	175200	19200	88800	67200
晋城城区	20936	8774	422	667	3139	275956	7020	90911	178025
泽州县	50232	65584	17	18351	5986	1028569	51585	732496	244488
晋城开发区	4979	4593		118	3	68200	3700	35800	28700
朔州市小计	**302023**	**321793**	**1105**	**161678**	**25625**	**3231931**	**221325**	**2015536**	**995070**
本级	138703	132005	11	50709	7616				
区县级小计	163320	189788	1094	110969	18009	3231931	221325	2015536	995070
朔城区	28988	29711	93	6614	5924	822566	37011	493439	292116
平鲁区	28866	26586	8	4116	760	839563	30996	670268	138299
山阴县	47595	56346	9	14139	2045	552034	62830	303662	185542

6－4－4　　单位:人

地　　区	财政供养人口					自收自支单位年末人数
	小　计	在　职人　员	离　休人　员	退　休人　员	其　他人　员	
阳泉郊区	8064	6216	44	1518	286	73
阳泉城区	3869	2887	50	929	3	21
阳泉矿区	5049	3740	18	770	521	
阳泉开发区	474	374	2	48	50	22
长治市小计	**119007**	**90196**	**2129**	**21179**	**5503**	**1991**
本级	21275	15796	600	4298	581	753
区县级小计	97732	74400	1529	16881	4922	1238
长治县	8700	6513	160	1457	570	64
潞城市	7709	5728	86	1065	830	178
屯留县	7944	6123	95	1329	397	109
长子县	9170	6628	113	1760	669	198
壶关县	9208	7509	133	1459	107	
平顺县	6887	5493	75	955	364	
黎城县	6839	5209	167	1341	122	11
武乡县	7577	5765	154	1534	124	
襄垣县	8531	6253	197	1363	718	90
沁县	6215	4316	113	1436	350	189
沁源县	7076	5590	123	1114	249	285
长治城区	5568	4280	54	1228	6	
长治郊区	5968	4705	59	788	416	114
长治高新区	340	288		52		
晋城市小计	**76660**	**59809**	**734**	**12513**	**3604**	**2741**
本级	11238	9054	151	1644	389	273
区县级小计	65422	50755	583	10869	3215	2468
阳城县	14079	10057	137	2235	1650	519
高平市	11740	9037	104	2250	349	1045
沁水县	8749	7092	75	1568	14	29
陵川县	8510	6993	102	1397	18	312
晋城城区	6814	5555	52	867	340	200
泽州县	15305	11828	113	2520	844	363
晋城开发区	225	193		32		
朔州市小计	**63948**	**49539**	**1064**	**10347**	**2998**	**1007**
本级	7461	6677	86	556	142	672
区县级小计	56487	42862	978	9791	2856	335
朔城区	13146	8858	223	1975	2090	
平鲁区	7695	6354	141	1200		26
山阴县	8933	7029	180	1724		

6-4-5 单位:万元

地区	地方财政一般预算收入	国内增值税75%	国内消费税	预算内基金收入	预算外财政专户收入	地区生产总值	第一产业增加值	第二产业增加值	第三产业增加值
怀仁县	43641	66376	62	16707	2710	744989	45051	441871	258067
应县	5636	3916	920	3328	2230	136061	29286	50638	56137
右玉县	6140	5794	2	1097	644	136718	16151	55658	64909
朔州开发区	2454	1059		64968	3696				
忻州市小计	**231768**	**187396**	**438**	**48185**	**40172**	**2625532**	**308800**	**1275548**	**1041184**
本级	60748	4273		32668	18022				
区县级小计	171020	183123	438	15517	22150	2625532	308800	1275548	1041184
五台县	8926	4259	1	543	10655	142436	21500	31326	89610
静乐县	7167	4772		426	510	84144	16443	35701	32000
河曲县	23813	26106	5	1791	654	307132	14519	191034	101579
神池县	3424	4834		199	532	53051	26052	4496	22503
五寨县	4566	4435		1023	666	60445	19187	13570	27688
繁峙县	10243	11134	1	486	639	155300	16800	89226	49274
岢岚县	2225	2193		238	183	54299	16238	10905	27156
偏关县	6734	5197		247	914	115000	14749	65950	34301
代县	16391	14112	1	859	540	214300	14000	140000	60300
原平市	30049	33482	2	3222	2869	440377	62308	189684	188385
忻府区	14043	15474	16	1369	1842	394402	45065	156590	192747
定襄县	7394	10453	412	180	713	201204	22939	117252	61013
宁武县	12137	17051		2396	1009	150052	5800	72814	71438
保德县	22912	28954		2534	393	253390	13200	157000	83190
忻州开发区	996	667		4	31				
晋中市小计	**410153**	**314208**	**5697**	**98639**	**53773**	**4766856**	**387207**	**2657650**	**1721999**
本级	100211			48409	13586				
区县级小计	309942	314208	5697	50230	40187	4766856	387207	2657650	1721999
榆次区	46525	39381	1037	1811	10924	926111	58737	389199	478175
太谷县	12991	14327	253	3392	4101	389000	74000	153954	161046
祁县	12088	11341	4372	1843	4690	343052	56343	158810	127899
平遥县	19120	24354	3	1391	4754	458000	58800	205200	194000
介休市	62008	73710	13	5217	4346	919453	19646	709670	190137
灵石县	55320	69042	3	6760	4406	655156	11024	434482	209650
寿阳县	33611	20670	3	6270	1844	290000	47000	155000	88000
昔阳县	10619	10651	3	2368	2499	168917	19102	78725	71090
和顺县	11051	11108	7	3257	913	140075	16640	63763	59672
左权县	23996	13166	3	2331	709	171248	14123	98150	58975
榆社县	13002	18983		3771	675	213272	8842	156309	48121
晋中开发区	9611	7475		11819	326	92572	2950	54388	35234

6－4－6 单位：人

地区	财政供养人口					自收自支单位年末人数
	小计	在职人员	离休人员	退休人员	其他人员	
怀仁县	11297	9810	143	1344		118
应县	8604	6241	160	2203		191
右玉县	5358	4297	131	930		
朔州开发区	1454	273		415	766	
忻州市小计	**133884**	**94023**	**2789**	**27231**	**9841**	**1615**
本级	13504	9877	325	2932	370	759
区县级小计	120380	84146	2464	24299	9471	856
五台县	12310	9293	327	2672	18	
静乐县	7112	4420	140	1535	1017	138
河曲县	7719	5371	150	1702	496	
神池县	5582	4295	101	1080	106	
五寨县	7163	5367	161	1446	189	
繁峙县	8626	5789	133	1432	1272	305
岢岚县	6213	4528	217	1460	8	
偏关县	6630	4446	75	1107	1002	
代县	7695	4455	181	1629	1430	
原平市	13613	8923	405	2969	1316	30
忻府区	12554	8591	202	2781	980	1
定襄县	8617	6617	129	1713	158	
宁武县	8148	5545	142	1342	1119	51
保德县	8275	6384	101	1430	360	331
忻州开发区	123	122		1		
晋中市小计	**117781**	**85112**	**2249**	**24526**	**5894**	**3987**
本级	13277	9617	458	3042	160	1579
区县级小计	104504	75495	1791	21484	5734	2408
榆次区	14060	9784	283	3193	800	356
太谷县	9030	6122	173	2157	578	229
祁县	9127	6335	138	1942	712	493
平遥县	13674	10449	184	2951	90	583
介休市	11922	8650	157	2341	774	179
灵石县	9034	6343	118	1663	910	431
寿阳县	8610	6198	197	1926	289	13
昔阳县	8054	5027	175	1650	1202	10
和顺县	7056	5611	135	1310		
左权县	7028	5617	117	1133	161	
榆社县	6025	4592	111	1114	208	114
晋中开发区	884	767	3	104	10	

6-4-7

单位:万元

地区	地方财政一般预算收入	国内增值税75%	国内消费税	预算内基金收入	预算外财政专户收入	地区生产总值	第一产业增加值	第二产业增加值	第三产业增加值
吕梁市小计	**383317**	**459085**	**30089**	**57100**	**64001**	**4971443**	**227118**	**3438941**	**1305384**
本级	64401			26813	18390				
区县级小计	318916	459085	30089	30287	45611	4971443	227118	3438941	1305384
兴县	5767	7034		735	503	84000	15100	39500	29400
岚县	5251	4463		428	857	92189	11549	48404	32236
交城县	31522	58641	96	1608	1861	380000	13800	291200	75000
文水县	12413	21845	3403	1132	4181	261000	38000	158000	65000
汾阳市	38148	58336	24672	1625	2381	528000	46700	319400	161900
孝义市	91475	133590	1912	9495	25945	1350000	40000	1090000	220000
柳林县	50875	70128	2	5952	3850	618000	9400	500600	108000
中阳县	21492	28149		2134	1791	307679	8821	251696	47162
石楼县	1828	799		116	322	27500	6750	6450	14300
交口县	15658	18835		1134	858	250450	4492	208413	37545
临县	8670	6200	3	1349	1271	631635	19180	272392	340063
方山县	5502	7825		862	568	67991	5932	40002	22057
离石区	30315	43240	1	3717	1223	372999	7394	212884	152721
临汾市小计	**471259**	**531700**	**4082**	**95942**	**101438**	**7095982**	**358745**	**4453467**	**2283770**
本级	110880			26798	67474				
区县级小计	360379	531700	4082	69144	33964	7095982	358745	4453467	2283770
尧都区	61431	87636	69	8596	4723	1501542	37538	719239	744765
侯马市	21544	25540	7	2893	2528	500000	13000	285000	202000
曲沃县	13822	24030	3601	1481	1349	456236	42246	299202	114788
翼城县	28291	39511	109	3340	1300	510147	21689	299987	188471
襄汾县	43949	79288	2	3274	3838	911371	61670	668762	180939
洪洞县	43513	87724	272	7459	4473	922016	52000	650001	220015
霍州市	30022	45638	6	2573	2262	460725	15706	333994	111025
古县	16951	29014		2620	385	346205	8832	291129	46244
安泽县	9499	9334	5	772	616	157691	21565	107191	28935
浮山县	11021	18734	1	828	540	218883	17204	162120	39559
吉县	2241	334		28	883	68089	15977	29624	22488
乡宁县	36775	38195	2	4109	8633	388870	12368	299991	76511
蒲县	21077	27751	1	2735	761	176800	4600	128500	43700
大宁县	949	719	1	57	143	27000	4000	9000	14000
永和县	684	133		13	289	24024	8343	2411	13270
隰县	2036	1857	3	57	915	63101	13495	18720	30886
汾西县	7443	5192		837	298	158182	7412	101296	49474
临汾开发区	6336	7680		25484	28	118500	1100	24500	92900

6－4－8

单位:人

地区	财政供养人口					自收自支单位年末人数
	小计	在职人员	离休人员	退休人员	其他人员	
吕梁市小计	**152604**	**117602**	**2325**	**22180**	**10497**	**1769**
本级	13623	9906	142	959	2616	511
区县级小计	138981	107696	2183	21221	7881	1258
兴县	10250	8130	115	1755	250	185
岚县	7365	5154	98	1199	914	18
交城县	10018	7594	190	1757	477	5
文水县	14740	10641	183	2859	1057	106
汾阳市	11352	9238	224	682	1208	221
孝义市	17096	12803	283	3168	842	54
柳林县	13119	10000	212	1659	1248	234
中阳县	7380	5901	112	1063	304	18
石楼县	5859	4353	107	905	494	90
交口县	6153	5121	78	850	104	
临县	17742	13582	291	3201	668	35
方山县	6962	5961	122	678	201	236
离石区	10945	9218	168	1445	114	56
临汾市小计	**172994**	**117956**	**3304**	**33437**	**18297**	**6763**
本级	14633	9389	343	2939	1962	1124
区县级小计	158361	108567	2961	30498	16335	5639
尧都区	19374	13646	523	4254	951	342
侯马市	10792	6229	137	1911	2515	480
曲沃县	9587	6831	190	1906	660	241
翼城县	12701	9676	295	2682	48	487
襄汾县	15268	11940	255	3073		1806
洪洞县	19068	12031	359	3369	3309	383
霍州市	9829	7846	190	1467	326	152
古县	5242	2758	60	1353	1071	64
安泽县	5928	3483	115	1060	1270	
浮山县	6504	4340	94	1373	697	461
吉县	5470	3649	72	1314	435	71
乡宁县	8186	5324	141	1181	1540	315
蒲县	6820	4779	133	1786	122	541
大宁县	5208	4196	81	660	271	79
永和县	4365	3754	48	563		217
隰县	6961	3738	100	1220	1903	
汾西县	6567	3992	164	1274	1137	
临汾开发区	408	325	4	52	27	

6－4－9

单位:万元

地　区	地方财政一般预算收入	国内增值税75%	国内消费税	预算内基金收入	预算外财政专户收入	地区生产总值	第一产业增加值	第二产业增加值	第三产业增加值
侯马开发区	2795	3390	3	1988		86600		22800	63800
运城市小计	**290102**	**389267**	**65**	**32757**	**51974**	**6293924**	**608563**	**3631218**	**2054143**
本级	70246			16685	22656				
区县级小计	219856	389267	65	16072	29318	6293924	608563	3631218	2054143
盐湖区	20158	37339	17	348	4881	785112	46045	244011	495056
永济市	18426	27934	4	3728	3141	575000	56000	374000	145000
芮城县	3509	7149	20	254	2986	320000	60000	140000	120000
临猗县	7863	7954		1066	4850	472000	155000	146000	171000
绛县	4338	6931	2	450	1039	267720	31138	162962	73620
河津市	103467	186221	2	6360	2076	1900000	35000	1365000	500000
新绛县	7574	11328	8	564	2244	290972	43121	147506	100345
垣曲县	6692	17275	6	234	547	216837	15005	154844	46988
闻喜县	21133	46289	4	1522	1961	686352	33234	528377	124741
万荣县	4299	5533	1	118	1694	254000	56300	99900	97800
稷山县	10136	17345	1	1169	1028	275000	31000	155000	89000
平陆县	4772	7888		204	1011	133431	14820	74518	44093
夏县	3298	3662		22	1860	117500	31900	39100	46500
运城经济开发区	2333	1171		17					
风陵渡开发区	988	940							
华信开发区	870	4308		16					

6 -4 -10

单位:人

地区	财政供养人口					自收自支单位年末人数
	小计	在职人员	离休人员	退休人员	其他人员	
侯马开发区	83	30			53	
运城市小计	**175166**	**134093**	**3581**	**32561**	**4931**	**4072**
本级	17084	12796	540	2669	1079	740
区县级小计	158082	121297	3041	29892	3852	3332
盐湖区	15849	12681	385	2783		488
永济市	13081	10270	277	2450	84	960
芮城县	11638	8435	153	2872	178	519
临猗县	14887	11743	146	2738	260	151
绛县	10856	8589	131	1734	402	5
河津市	14929	11932	179	2363	455	
新绛县	10654	6520	269	2326	1539	354
垣曲县	10355	8606	179	1476	94	
闻喜县	12565	8810	297	3233	225	7
万荣县	12950	10511	359	2080		401
稷山县	9840	7602	254	1925	59	255
平陆县	9293	7182	144	1594	373	192
夏县	10706	7937	268	2318	183	
运城经济开发区	132	132				
风陵渡开发区	231	231				
华信开发区	116	116				

2007年内蒙古自治区地市县主要经济指标表

6－5－1 单位：万元

地区	地方财政一般预算收入	国内增值税75%	国内消费税	预算内基金收入	预算外财政专户收入	地区生产总值	第一产业增加值	第二产业增加值	第三产业增加值
地市县合计	3693759	2366771	173475	1362237	646190	76971904	7983200	36254118	32734586
呼伦贝尔市小计	**289980**	**184106**	**5377**	**127566**	**55716**	**5000100**	**1183400**	**1672200**	**2144500**
本级	86524	6005		32629	27512				
区县级小计	203456	178101	5377	94937	28204	5010684	1183000	1671121	2156563
海拉尔市	22450	10572	2704	19010	4528	789262	44900	235556	508806
满洲里市	86150	69850	31	16993	5279	796410	15242	254632	526536
扎兰屯市	7848	7032	377	14058	2199	492290	178000	158740	155550
牙克石市	19729	8460	187	15154	3477	528577	128000	135918	264659
阿荣旗	8329	981	20	6781	1788	490323	238906	140662	110755
莫力达瓦自治旗	4700	1734	1918	661	1175	397401	220000	88012	89389
根河市	3060	2652	66	583	671	181593	44000	51028	86565
额尔古纳市	2620	2322	29	1651	818	157553	76000	24212	57341
鄂伦春自治旗	3232	1724	29	415	1693	200266	84600	19342	96324
新巴尔虎左旗	2638	2544	5	3075	3422	122089	30192	46697	45200
新巴尔虎右旗	13463	29406	1	7190	1419	289632	25160	232752	31720
陈巴尔虎旗	10227	7482	4	1803	497	231185	52000	97162	82023
鄂温克自治旗	19010	33342	6	7563	1238	334103	46000	186408	101695
兴安盟小计	**40356**	**23345**	**28886**	**2830**	**19711**	**1409906**	**518617**	**364347**	**526942**
本级	10344	796		280	8072				
区县级小计	30012	22549	28886	2550	11639	1409906	518617	364347	526942
乌兰浩特市	12491	17195	27526	499	5673	455920	39550	183051	233319
科右前旗	6021	1033	1179	203	1156	260050	143405	46894	69751
突泉县	2457	1105	12	191	1248	218097	106280	61088	50729
扎赉特旗	3881	955	167	1222	1329	261763	136572	37908	87283
科右中旗	3133	1844	2	227	1265	164559	80210	28566	55783
阿尔山市	2029	417		208	968	49517	12600	6840	30077
通辽市小计	**236364**	**139567**	**3116**	**108970**	**76015**	**5977300**	**1139300**	**2848700**	**1989300**
本级	87799	15075	43	55897	41817	299500	24900	236600	38000
区县级小计	148565	124492	3073	53073	34198	5677800	1114400	2612100	1951300
科尔沁区	53691	48292	1285	20205	3367	1985300	255100	1142400	587800
开鲁县	11591	8013	1546	3527	1058	614000	213100	183600	217300
科左中旗	6617	2626	1	3458	2351	531000	165100	153400	212500
科左后旗	11361	4764	25	860	11961	571700	139000	170300	262400
奈曼旗	11773	6751	103	6976	10087	461900	121100	158000	182800
库伦旗	5117	3279	21	2900	1004	207700	70300	67300	70100
扎鲁特旗	13710	8392	86	4700	2709	502900	138200	186400	178300
霍林郭勒市	34705	42375	6	10447	1661	803300	12500	550700	240100

6－5－2

单位：人

地　区	财政供养人口 小计	在职人员	离休人员	退休人员	其他人员	自收自支单位年末人数
地市县合计	1182058	841440	13499	314425	12694	23767
呼伦贝尔市小计	**131166**	**87380**	**1919**	**39613**	**2254**	**3032**
本级	26672	17612	647	8372	41	881
区县级小计	104494	69768	1272	31241	2213	2151
海拉尔市	9866	6713	215	2608	330	117
满洲里市	8511	6184	142	1859	326	456
扎兰屯市	12766	9333	263	3014	156	80
牙克石市	10106	6256	101	3672	77	95
阿荣旗	11076	7158	78	3840		510
莫力达瓦自治旗	10855	7697	71	3087		553
根河市	5407	3799	45	1563		
额尔古纳市	4990	3169	35	1476	310	23
鄂伦春自治旗	8195	5147	78	2442	528	128
新巴尔虎左旗	4548	2795	70	1683		
新巴尔虎右旗	3969	2177	40	1379	373	54
陈巴尔虎旗	5375	3206	61	2108		135
鄂温克自治旗	8830	6134	73	2510	113	
兴安盟小计	**75302**	**56756**	**626**	**17630**	**290**	**1219**
本级	11572	8745	113	2666	48	684
区县级小计	63730	48011	513	14964	242	535
乌兰浩特市	11775	9015	97	2663		500
科右前旗	14972	10809	88	4075		
突泉县	11234	8650	156	2428		
扎赉特旗	13869	11147	83	2639		
科右中旗	10231	7456	88	2687		
阿尔山市	1649	934	1	472	242	35
通辽市小计	**134287**	**101555**	**1239**	**31386**	**107**	**2061**
本级	18386	13649	313	4341	83	1489
区县级小计	115901	87906	926	27045	24	572
科尔沁区	20834	15223	207	5404		
开鲁县	14341	11607	118	2616		
科左中旗	15196	11464	130	3602		506
科左后旗	16698	13132	96	3470		
奈曼旗	17222	14273	146	2803		
库伦旗	9235	7640	126	1469		
扎鲁特旗	14636	10906	93	3613	24	66
霍林郭勒市	7739	3661	10	4068		

6－5－3

单位:万元

地区	地方财政一般预算收入	国内增值税75%	国内消费税	预算内基金收入	预算外财政专户收入	地区生产总值	第一产业增加值	第二产业增加值	第三产业增加值
锡林郭勒盟小计	**182231**	**115020**	**1008**	**74390**	**23618**	**2983154**	**408335**	**1740972**	**833847**
本级	9066			2605	15707				
区县级小计	173165	115017	1008	71785	7911	3060630	408335	1740972	911323
太仆寺旗	5273	2852	804	842	580	171123	60080	52626	58417
多伦县	16221	2738	178	6725	848	201471	40210	114020	47241
正蓝旗	18975	17806	1	7463	287	301673	29714	234200	37759
正镶白旗	6989	2643	1	35	392	103713	23873	41090	38750
镶黄旗	5837	3508		1773	194	122425	16716	75462	30247
苏尼特左旗	4834	4005	1	476	118	157420	20870	108057	28493
西乌珠穆沁旗	18640	9456	3	11291	376	349478	47510	175837	126131
东乌珠穆沁旗	20284	8625	2	12071	593	330754	74896	196268	59590
阿巴嘎旗	6355	2665		242	33	125577	32454	56107	37016
锡林浩特市	45910	43530	15	12221	1806	767243	45129	498386	223728
苏尼特右旗	10265	11354	1	2407	385	174740	15215	110959	48566
二连市	13582	5835	2	16239	2299	255013	1668	77960	175385
乌兰察布盟小计	**152285**	**139904**	**613**	**43276**	**28989**	**3473723**	**651575**	**1642224**	**1179924**
本级	36007	5129		6656	16216				
区县级小计	116278	134775	613	36620	12773	3473721	651575	1642224	1179922
集宁区	18638	15517	194	11979	5025	608686	18932	257206	332548
察右前旗	9116	14833	1	952	731	345036	64550	185096	95390
察右中旗	3425	5683	2	1128	371	170235	52030	52947	65258
察右后旗	8054	10782		4651	664	279399	50669	159063	69667
丰镇市	26860	34106	62	7253	219	558412	87322	308342	162748
凉城县	21546	24345	19	2370	750	432414	95782	222153	114479
兴和县	8507	5640	1	4381	971	223767	68078	76949	78740
卓资县	7042	10909	4	2072	993	258058	48546	128776	80736
四子王旗	4979	4009	4	84	425	220160	69689	79185	71286
商都县	5017	5183	227	282	1735	227314	64325	84218	78771
化德县	3094	3768	99	1468	889	150240	31652	88289	30299
鄂尔多斯市小计	**770239**	**553130**	**5341**	**250678**	**151675**	**11509051**	**499736**	**6330967**	**4678348**
本级	53949			4953	31148				
区县级小计	716290	553130	5341	245725	120527	11834230	499900	6471480	4862850
准格尔旗	230183	184583	4	16757	17990	3000267	54300	1818910	1127057
达拉特旗	51209	41583	53	23074	3764	1599627	174300	864757	560570
东胜区	217333	129499	5203	165109	71963	2900131	18900	1146108	1735123
伊金霍洛旗	118885	108698	2	7160	1461	2003805	43400	1029329	931076
鄂托克旗	46316	56014	7	17248	10310	1103331	32400	864616	206315

6 5－4

单位:人

地　　区	财政供养人口					自收自支单位年末人数
	小　计	在　职人　员	离　休人　员	退　休人　员	其　他人　员	
锡林郭勒盟小计	**68101**	**48124**	**689**	**18682**	**606**	**606**
本级	11070	7589	23	3379	79	205
区县级小计	57031	40535	666	15303	527	401
太仆寺旗	7221	4662	102	2457		
多伦县	5103	3308	75	1720		
正蓝旗	4329	3079	51	1004	195	231
正镶白旗	4369	3097	45	1227		
镶黄旗	3061	2212	24	776	49	
苏尼特左旗	3635	2522	45	1068		9
西乌珠穆沁旗	5002	3795	64	1143		
东乌珠穆沁旗	5439	4179	53	1172	35	
阿巴嘎旗	3469	2337	55	1077		15
锡林浩特市	7071	5509	69	1493		
苏尼特右旗	5096	3200	67	1829		139
二连市	3236	2635	16	337	248	7
乌兰察布盟小计	**128737**	**88460**	**2073**	**38184**	**20**	**2430**
本级	17805	13278	591	3936		1454
区县级小计	110932	75182	1482	34248	20	976
集宁区	11787	8529	291	2967		882
察右前旗	9575	5840	104	3631		
察右中旗	8791	5922	96	2773		
察右后旗	8858	5968	114	2776		14
丰镇市	13858	10469	122	3267		
凉城县	9841	6828	122	2871	20	
兴和县	9754	7140	129	2485		80
卓资县	9055	5797	176	3082		
四子王旗	9885	5681	138	4066		
商都县	10795	8149	88	2558		
化德县	8733	4859	102	3772		
鄂尔多斯市小计	**88255**	**63719**	**624**	**22507**	**1405**	**1660**
本级	13410	9091	213	3290	816	282
区县级小计	74845	54628	411	19217	589	1378
准格尔旗	12975	9354	72	3540	9	4
达拉特旗	11970	8775	81	3114		76
东胜区	10745	8573	59	2014	99	173
伊金霍洛旗	9535	7566	65	1904		
鄂托克旗	7537	5327	37	2107	66	73

6－5－5　　单位:万元

地　区	地方财政一般预算收入	国内增值税75%	国内消费税	预算内基金收入	预算外财政专户收入	地区生产总值	第一产业增加值	第二产业增加值	第三产业增加值
乌审旗	30187	22739	64	13493	3615	700082	58000	540099	101983
杭锦旗	12807	6327	3	2433	11424	298142	70000	129258	98884
鄂托克前旗	9370	3687	5	451		228845	48600	78403	101842
巴彦淖尔盟小计	**187938**	**117079**	**7300**	**55656**	**27416**	**3420000**	**770000**	**1710000**	**940000**
本级	25092	2358	1	32179	13015				
区县级小计	162846	114721	7299	23477	14401	3086749	683608	1563422	839719
磴口县	7587	4891	8	2208	985	116000	50000	16000	50000
杭锦后旗	15539	6926	5381	2779	2685	568190	157100	249219	161871
临河市	43873	20218	1516	3973	1864	1085100	218700	475600	390800
五原县	12236	3486	9	5603	3195	41	15	15	11
乌拉特前旗	29700	22705	18	5740	3475	564247	163993	244441	155813
乌拉特中旗	12318	8632	367	2075	1782	246000	76500	133600	35900
乌拉特后旗	41593	47863		1099	415	507171	17300	444547	45324
阿拉善盟小计	**79944**	**68781**	**84**	**10424**	**31690**	**963100**	**39116**	**682103**	**241881**
本级	39823			6798	9857				
区县级小计	40121	68781	84	3626	21833	963452	39468	682103	241881
阿左旗	27881	54994	44	2499	20889	826588	32615	613095	180878
阿右旗	4088	5792	40	103	670	364	353	8	3
额济纳旗	8152	7995		1024	274	136500	6500	69000	61000
呼和浩特市小计	**579620**	**278286**	**106283**	**354682**	**60850**	**21757819**	**1105504**	**8442678**	**12209637**
本级	146245	47632		208155	44600	12049799	620000	5119171	6310628
区县级小计	433375	230654	106283	146527	16250	9708020	485504	3323507	5899009
土左旗	54400	6847	32	17617	1252	900000	170000	360000	370000
托县	49551	69137	124	34327	1516	1030000	83000	767000	180000
赛罕区	95101	32345	19291	53214	2464	1730000	80000	370000	1280000
新城区	82684	25610	241	3999	3262	2300000	13000	307000	1980000
回民区	47483	22428	369	13917	2772	1470000	5500	294500	1170000
玉泉区	52817	36127	86165	571	1038	1080000	18000	420000	642000
和林县	36502	27436	10	19575	1259	946000	104000	643000	199000
武川县	6474	4785	46	2115	1967	252000	12000	162000	78000
清水河县	8363	5939	5	1192	720	20	4	7	9
包头市小计	**767476**	**437637**	**6715**	**192366**	**69651**	**12676010**	**430361**	**6773386**	**5472263**
本级	213470	181459	88	158648	57984	809900	6479	560451	242970
区县级小计	554006	256178	6627	33718	11667	11866110	423882	6212935	5229293
东河区	91607	44624	1783	53	2392	1663000	8200	706900	947900
青山区	120597	60930	3	190		2339276	4600	1164498	1170178
昆区	107223	30091	4258	190	4757	4424200	2200	2560300	1861700

6－5－6　　　　单位:人

地　区	财政供养人口					自收自支单位年末人数
	小计	在职人员	离休人员	退休人员	其他人员	
乌审旗	7534	5121	44	2369		224
杭锦旗	8897	5753	26	2703	415	828
鄂托克前旗	5652	4159	27	1466		
巴彦淖尔盟小计	**102365**	**66093**	**688**	**35246**	**338**	**5767**
本级	19191	13265	233	5416	277	5393
区县级小计	83174	52828	455	29830	61	374
磴口县	6582	3992	64	2526		
杭锦后旗	13839	7659	110	6070		
临河市	18695	12642	96	5957		374
五原县	14488	10545	65	3878		
乌拉特前旗	14165	8619	57	5489		
乌拉特中旗	9710	5713	51	3946		
乌拉特后旗	5695	3658	12	1964	61	
阿拉善盟小计	**24383**	**14268**	**127**	**7603**	**2385**	**340**
本级	5095	3680	49	1304	62	100
区县级小计	19288	10588	78	6299	2323	240
阿左旗	12563	6495	45	4074	1949	154
阿右旗	3901	2317	16	1431	137	
额济纳旗	2824	1776	17	794	237	86
呼和浩特市小计	**104004**	**73062**	**1120**	**28490**	**1332**	**1266**
本级	30540	22710	538	7010	282	925
区县级小计	73464	50352	582	21480	1050	341
土左旗	11766	8045	97	3624		
托县	7644	5129	33	2303	179	
赛罕区	11298	7789	60	3406	43	29
新城区	9703	7006	61	2636		137
回民区	7088	4770	54	2264		11
玉泉区	6198	3757	42	1765	634	38
和林县	7020	4968	77	1814	161	108
武川县	7788	5179	76	2500	33	
清水河县	4959	3709	82	1168		18
包头市小计	**100820**	**68712**	**1313**	**29385**	**1410**	**1869**
本级	33559	23353	699	9340	167	1096
区县级小计	67261	45359	614	20045	1243	773
东河区	10261	6539	102	3460	160	467
青山区	9666	6967	93	2606		
昆区	12422	7914	106	3525	877	

6－5－7

单位：万元

地区	地方财政一般预算收入	国内增值税75%	国内消费税	预算内基金收入	预算外财政专户收入	地区生产总值	第一产业增加值	第二产业增加值	第三产业增加值
石拐区	11851	14225	2	67	166	291684	3100	247538	41046
白云区	9848	8015	1	1509	237	126211	236	97654	28321
九原区	97209	56883	574	95		1312646	109000	540530	663116
土右旗	39649	18653	3	12726	2792	673200	173800	222400	277000
固阳县	29525	9581	3	5671	735	378016	57500	239668	80848
达茂旗	46497	13176		13217	588	657877	65246	433447	159184
乌海市小计	**125501**	**140807**	**2176**	**80599**	**14306**	**1900380**	**22986**	**1245646**	**631748**
本级	63831	76234	2153	80241	11709				
区县级小计	61670	64573	23	358	2597	1900183	22986	1245746	631451
乌达区	16673	20146	2	100	1059	558399	6160	411964	140275
海勃湾区	26421	18850	21	147	1236	732474	7330	396675	328469
海南区	18576	25577		111	302	609310	9496	437107	162707
赤峰市小计	**281825**	**169109**	**6576**	**60800**	**86553**	**5901361**	**1214270**	**2800895**	**1886196**
本级	49589	321		30725	44120				
区县级小计	232236	168788	6576	30075	42433	5895748	1214270	2800895	1880583
红山区	47854	32961	3510	2903	4115	940455	32011	452155	456289
松山区	20276	9736	7	258	6067	660905	176694	304613	179598
元宝山区	41075	44994	826	4482	7795	837392	78407	466845	292140
阿鲁科尔沁旗	6994	3897	156	7092	2220	297838	80581	99103	118154
巴林左旗	13809	11499	34	4784	2945	417261	97065	212949	107247
巴林右旗	9700	2883	80	2644	966	207237	49701	88957	68579
林西县	9384	8107	37	43	3039	234372	52329	96269	85774
克什克腾旗	28013	16667	8	156	1820	423971	79403	263157	81411
翁牛特旗	12780	6907	33	332	2945	477537	181343	179212	116982
喀喇沁旗	11761	7894	16	4645	1210	371977	57512	236679	77786
宁城县	15588	11887	1431	1305	5096	507465	143080	205525	158860
敖汉旗	15002	11356	438	1431	4215	519338	186144	195431	137763

6－5－8　　单位:人

地区	财政供养人口 小计	财政供养人口 在职人员	财政供养人口 离休人员	财政供养人口 退休人员	财政供养人口 其他人员	自收自支单位年末人数
石拐区	3420	2255	39	1016	110	
白云区	1392	952	12	428		
九原区	8031	6480	62	1393	96	
土右旗	9605	6388	63	3154		306
固阳县	6270	4194	71	2005		
达茂旗	6194	3670	66	2458		
乌海市小计	**24008**	**17671**	**166**	**6037**	**134**	**362**
本级	8950	6433	103	2295	119	334
区县级小计	15058	11238	63	3742	15	28
乌达区	5164	3594	26	1529	15	
海勃湾区	5938	4614	22	1302		28
海南区	3956	3030	15	911		
赤峰市小计	**200630**	**155640**	**2915**	**39662**	**2413**	**3155**
本级	17279	11194	861	4276	948	2869
区县级小计	183351	144446	2054	35386	1465	286
红山区	12600	9803	172	2625		42
松山区	17286	14077	145	3064		15
元宝山区	11056	9708	51	1225	72	
阿鲁科尔沁旗	14885	11069	121	3496	199	191
巴林左旗	14391	11766	174	2451		
巴林右旗	13531	10724	81	2726		
林西县	13906	11420	152	2334		
克什克腾旗	15580	12363	156	3061		
翁牛特旗	16929	13762	152	3015		38
喀喇沁旗	16998	12364	495	4139		
宁城县	19933	15192	178	4563		
敖汉旗	16256	12198	177	2687	1194	

2007年辽宁省地市县主要经济指标表

6-6-1　　　　单位:万元

地区	地方财政一般预算收入	国内增值税75%	国内消费税	预算内基金收入	预算外财政专户收入	地区生产总值	第一产业增加值	第二产业增加值	第三产业增加值
地市县合计	**8659543**	**4473220**	**937968**	**5336293**	**1304080**	**125435218**	**11519148**	**63992382**	**49923688**
沈阳市小计	**2308085**	**838205**	**326556**	**2146834**	**399238**	**30654886**	**1580886**	**14519000**	**14555000**
本级	1138589	239096	7873	1390734	277226	8398119	82408	5248551	3067160
区县级小计	1169496	599109	318683	756100	122012	22256767	1498478	9270449	11487840
铁西区	140428	67741	10617	101007	4400	2567200	2400	1555400	1009400
和平区	182196	121992	46404	181660	23176	3016341	801	490477	2525063
沈河区	164016	64738	2448	29780	8699	3255680		438071	2817609
大东区	140299	112560	195109	9767	3739	2520148		1882566	637582
皇姑区	85788	47796	74	14416	8001	1423593		408011	1015582
苏家屯区	60008	20257	3308	41514	11830	1491204	164931	809628	516645
沈北新区	70692	29102	713	283832	9567	660807	124085	240476	296246
东陵区	92837	69015	57442	36779	27301	2105000	51000	1014000	1040000
于洪区	113230	39784	86	14908	12099	2060411	77974	1153655	828782
辽中县	30319	6520	204	14695	3296	930000	350000	340000	240000
新民市	40257	8275	619	11713	6589	942369	356935	363502	221932
法库县	25688	8233	21	10662	1777	708888	198604	327089	183195
康平县	23738	3096	12	5367	1538	575126	171748	247574	155804
大连市小计	**2679757**	**942411**	**160222**	**1771119**	**279183**	**31310000**	**2470000**	**15370000**	**13470000**
本级	1212117	124851	126591	873454	173182				
区县级小计	1467640	817560	33631	897665	106001	28361053	2291806	15242310	10826937
瓦房店市	146058	52597	80	136160	4959	3426381	540000	1943405	942976
普兰店市	108100	35340	4237	31795	6909	2538388	423499	1572138	542751
庄河市	93369	22573	63	57503	18244	2425257	517764	1103312	804181
长海县	15301	1357	1	804	3263	300000	212000	30000	58000
金州区	142038	69503	565	150392	16751	3480000	280000	2170000	1030000
旅顺口区	80033	29637	52	173465	21465	925000	85000	449000	391000
甘井子区	161739	72691	672	4781	6078	3004978	96219	1906513	1002246
中山区	101518	56353	491	123	6811	1236369	36526	154155	1045688
西岗区	75586	59460	76		3503	672000		240000	432000
沙河口区	87136	68740	449		6788	1106000		251000	855000
开发区	283691	244080	26711	266611	9635	7031550	100798	4505058	2425694
高新园区	110613	62451	65	33800		1394867		789583	605284
保税区	62458	42778	169	42231	1595	820263		128146	692117
鞍山市小计	**745090**	**613618**	**5888**	**286888**	**108244**	**13503971**	**680500**	**7496102**	**5327369**
本级	446074	402315	39	239849	75302				
区县级小计	299016	211303	5849	47039	32942	6489626	651650	2852991	2984985
海城市	100500	76745	90	27504	14500	3332000	300000	1497000	1535000

6－6－2

单位:人

地区	财政供养人口 小计	在职人员	离休人员	退休人员	其他人员	自收自支单位年末人数
地市县合计	**1611568**	**1089431**	**32876**	**483069**	**6192**	**57651**
沈阳市小计	**275571**	**177425**	**5833**	**92313**		**6796**
本级	73580	47770	2680	23130		2655
区县级小计	201991	129655	3153	69183		4141
铁西区	19607	11545	315	7747		13
和平区	18529	10737	420	7372		389
沈河区	19427	11369	400	7658		67
大东区	17942	10607	293	7042		
皇姑区	19601	11872	325	7404		
苏家屯区	14271	9402	182	4687		253
沈北新区	9504	6627	120	2757		362
东陵区	9609	6536	102	2971		8
于洪区	11113	7611	117	3385		247
辽中县	15060	10380	186	4494		800
新民市	21356	14693	272	6391		999
法库县	15250	10545	251	4454		640
康平县	10722	7731	170	2821		363
大连市小计	**221146**	**138516**	**6523**	**74713**	**1394**	**3165**
本级	73361	47167	3302	22280	612	1069
区县级小计	147785	91349	3221	52433	782	2096
瓦房店市	23646	14924	533	7675	514	
普兰店市	19244	11719	532	6978	15	365
庄河市	23175	15505	218	7452		53
长海县	4257	2451	52	1732	22	
金州区	17610	10894	498	6207	11	1375
旅顺口区	10334	6207	375	3699	53	212
甘井子区	13028	8419	197	4336	76	21
中山区	10640	5310	317	5013		63
西岗区	7850	4017	241	3582	10	7
沙河口区	10258	5752	236	4270		
开发区	7150	5656	22	1472		
高新园区	396	302		13	81	
保税区	197	193		4		
鞍山市小计	**127044**	**87408**	**2317**	**36269**	**1050**	**11222**
本级	29790	21639	1034	7117		10347
区县级小计	97254	65769	1283	29152	1050	875
海城市	34190	24177	290	9723		297

6－6－3　　单位:万元

地　　区	地方财政一般预算收入	国内增值税75%	国内消费税	预算内基金收入	预算外财政专户收入	地区生产总值	第一产业增加值	第二产业增加值	第三产业增加值
台安县	15967	5889	222	4051	3118	760000	168000	340000	252000
岫岩县	23388	14279	611	4670	5009	740180	124880	305000	310300
铁东区	48003	16906	199	78	3844	432357	101	40245	392011
铁西区	20203	13844	6	3	1392	270000		110000	160000
立山区	27812	19425	631	5	1506	33000	5000	21450	6550
千山区	46088	50489	53	10711	3413	900000	52000	538000	310000
高新区	15455	11251	4037	1	160	141	9	6	126
风景区	1600	2475		16		21948	1660	1290	18998
抚顺市小计	**367485**	**223757**	**108365**	**163328**	**35003**	**5472419**	**372660**	**3062023**	**2037736**
本级	184860	67764	107061	98353	21551				
区县级小计	182625	155993	1304	64975	13452	2618569	327422	1145123	1146024
抚顺县	22988	16271	337	7519	4316	438012	87269	212941	137802
清原县	21689	14584	21	7562	2736	385980	86800	144779	154401
新宾县	16788	13933	20	3347	2846	372000	86000	147200	138800
顺城区	26822	13106	177	990	1523	424000	35500	172260	216240
新抚区	22430	23888	747	1842	758	259498	779	27796	230923
东洲区	16140	27703		2	90	161442	10302	84440	66700
望花区	21667	29381			1146	205414	7513	107800	90101
抚顺经济开发区	30548	13475	2	43533		300090	13259	199588	87243
胜利开发区	3553	3652		180	37	72133		48319	23814
本溪市小计	**337695**	**287902**	**3202**	**74230**	**33688**	**4849466**	**292713**	**2995627**	**1561126**
本级	218575	220627	1820	56828	24655	2676952		1982734	694218
区县级小计	119120	67275	1382	17402	9033	2172514	292713	1012893	866908
本溪县	27660	17815	672	12936	2462	611275	102196	297715	211364
桓仁县	22531	16255	356	3541	5044	566131	107952	242999	215180
平山区	20057	8320	27	276	775	272139	6953	61005	204181
明山区	20268	7440	10	251	456	283560	29072	144890	109598
溪湖区	19299	12090	296	270	213	328850	25772	201128	101950
南芬区	9305	5355	21	128	83	110559	20768	65156	24635
丹东市小计	**288727**	**143733**	**7629**	**90751**	**43006**	**4638549**	**667662**	**2089105**	**1881782**
本级	94832	34551	6369	61749	26153				
区县级小计	193895	109182	1260	29002	16853	4726403	639144	2492842	1594417
东港市	51818	18320	32	18021	8466	2040135	326610	998968	714557
凤城市	53295	30982	1105	5856	3685	1247821	144400	761334	342087
宽甸县	26726	17213	13	4980	2711	881434	118702	475851	286881
振安区	11239	8171	2	141	155	200046	31960	109596	58490
元宝区	10227	7175	6		804	129776	5722	48123	75931

6－6－4 单位:人

地区	财政供养人口 小计	在职人员	离休人员	退休人员	其他人员	自收自支单位年末人数
台安县	12505	9179	201	3125		133
岫岩县	16918	12307	389	4222		169
铁东区	9653	5502	148	2953	1050	13
铁西区	7672	4409	89	3174		95
立山区	8177	4780	78	3319		
千山区	7333	4785	83	2465		168
高新区	427	350	2	75		
风景区	379	280	3	96		
抚顺市小计	**99700**	**64843**	**1857**	**33000**		**947**
本级	32720	21359	1017	10344		505
区县级小计	66980	43484	840	22656		442
抚顺县	9027	6174	94	2759		378
清原县	13172	9829	170	3173		4
新宾县	13438	9409	193	3836		
顺城区	7753	4970	74	2709		5
新抚区	6631	3775	115	2741		
东洲区	7834	4151	99	3584		
望花区	6946	3868	70	3008		55
抚顺经济开发区	1416	933	19	464		
胜利开发区	763	375	6	382		
本溪市小计	**71093**	**46292**	**1388**	**22636**	**777**	**2793**
本级	37505	23776	915	12037	777	2297
区县级小计	33588	22516	473	10599		496
本溪县	10395	7307	132	2956		228
桓仁县	10397	6884	137	3376		201
平山区	3986	2620	71	1295		
明山区	3825	2572	55	1198		
溪湖区	2868	1773	50	1045		
南芬区	2117	1360	28	729		67
丹东市小计	**92940**	**58035**	**2394**	**31988**	**523**	**3304**
本级	25680	17345	1011	7306	18	1768
区县级小计	67260	40690	1383	24682	505	1536
东港市	18829	11330	410	7089		1199
凤城市	18131	12079	408	5644		156
宽甸县	15522	8916	251	6353	2	177
振安区	4927	3036	103	1788		
元宝区	3770	1664	100	1503	503	

6－6－5

单位:万元

地区	地方财政一般预算收入	国内增值税75%	国内消费税	预算内基金收入	预算外财政专户收入	地区生产总值	第一产业增加值	第二产业增加值	第三产业增加值
振兴区	22829	18010	102	4	1032	227191	11750	98970	116471
合作区	17761	9311							
锦州市小计	**259713**	**163174**	**84537**	**140103**	**67632**	**5519444**	**1132000**	**2203694**	**2183750**
本级	77722	78887	84250	76098	42265				
区县级小计	181991	84287	287	64005	25367	4208470	1095189	1286289	1826992
凌海市	40915	24772	65	5710	5535	954926	268000	398119	288807
义县	7550	5596	54	3335	4365	343206	135000	89727	118479
北镇市	12360	5698	110	2543	6432	567303	244805	107719	214779
黑山县	12342	5092	19	697	4560	722047	295200	189890	236957
古塔区	23353	10623	11	488	914	404980	474	59711	344795
凌河区	26211	6673	7	267	1511	391610	1250	89888	300472
太和区	19588	10349	12	2090	1269	253807	48460	161370	43977
开发区	39672	15484	9	48875	781	570591	102000	189865	278726
营口市小计	**290405**	**218533**	**69430**	**89467**	**69294**	**5688689**	**542292**	**3163426**	**1982971**
本级	99545	60589	68870	44815	39453				
区县级小计	190860	157944	560	44652	29841	6460495	502408	3852628	2105459
盖州市	22018	10359	7	7367	6558	800629	174937	348000	277692
大石桥市	58116	57376	136	934	9264	2477000	210000	1460000	807000
老边区	35694	51073		1958	2477	980856	62460	798383	120013
站前区	11501	7135	214	254	1012	325000		165000	160000
西市区	11069	7295	27	225	298	122000		81000	41000
经济技术开发区	52462	24706	176	33914	10232	1755010	55011	1000245	699754
阜新市小计	**109961**	**80261**	**1477**	**76118**	**39527**	**1954986**	**436000**	**729602**	**789384**
本级	49740	43008	811	18286	30459				
区县级小计	60221	37253	666	57832	9068	1151209	425156	371903	354150
海州区	9682	5018	44	89	780	150000	4470	42705	102825
细河区	5529	3951	5	73	760	32825	5826	22937	4062
太平区	4801	3091		68	594	67895	4684	30473	32738
新邱区	4041	2342	2	33	761	66580	8290	45080	13210
清河门区	3498	6118		143	571	81100	16200	33200	31700
高新技术园区	2010	1061		8893		15002	4062	7280	3660
开发区	5007	2754		36003		65000	124	41421	23455
阜蒙县	16442	10445	604	2826	3699	412550	206500	113550	92500
彰武县	9211	2473	11	9704	1903	260257	175000	35257	50000
辽阳市小计	**280846**	**154380**	**49058**	**87829**	**30789**	**4695196**	**310000**	**2985706**	**1399490**
本级	124711			65334	21984				
区县级小计	156135	154380	49058	22495	8805	4735460	311700	2994493	1429267

6－6－6　　　　　　　　　　　　　　　　　　　　　　单位：人

地　　区	财政供养人口					自收自支单位年末人数
	小　计	在职人员	离休人员	退休人员	其他人员	
振兴区	5658	3302	111	2245		4
合作区	423	363		60		
锦州市小计	**122324**	**83090**	**2805**	**36429**		**10513**
本级	38900	28151	1223	9526		4213
区县级小计	83424	54939	1582	26903		6300
凌海市	17130	11257	203	5670		2264
义县	13515	9070	475	3970		1289
北镇市	16127	11133	315	4679		1066
黑山县	17012	10670	324	6018		1534
古塔区	5035	2925	72	2038		
凌河区	5068	3111	73	1884		20
太和区	6174	4223	73	1878		
开发区	3363	2550	47	766		127
营口市小计	**91008**	**62197**	**1794**	**27017**		**2188**
本级	24851	16427	805	7619		605
区县级小计	66157	45770	989	19398		1583
盖州市	22268	14713	422	7133		599
大石桥市	23735	17551	302	5882		74
老边区	5449	4031	52	1366		507
站前区	2797	1707	46	1044		
西市区	2659	1648	41	970		
经济技术开发区	9249	6120	126	3003		403
阜新市小计	**73569**	**51381**	**1327**	**20046**	**815**	**1897**
本级	19873	14241	585	4994	53	1301
区县级小计	53696	37140	742	15052	762	596
海州区	5417	3608	54	1752	3	36
细河区	2905	2035	37	833		10
太平区	4006	2663	26	1281	36	26
新邱区	2786	1779	31	926	50	127
清河门区	2080	1616	20	434	10	67
高新技术园区	689	254		223	212	
开发区	203	175	1	19	8	
阜蒙县	20701	14407	298	5623	373	130
彰武县	14909	10603	275	3961	70	200
辽阳市小计	**67415**	**44366**	**1470**	**20569**	**1010**	**2837**
本级	24908	16662	811	6425	1010	2041
区县级小计	42507	27704	659	14144		796

6-6-7 单位:万元

地区	地方财政一般预算收入	国内增值税75%	国内消费税	预算内基金收入	预算外财政专户收入	地区生产总值	第一产业增加值	第二产业增加值	第三产业增加值
辽阳县	36141	30843	11	6770	2450	992648	146000	607983	238665
灯塔市	40933	30393	47	11031	3339	825426	130000	418530	276896
太子河区	11076	22074	85	201	164	432471	19000	307350	106121
弓长岭区	26245	16439	1	1244	1302	372616	9000	285567	78049
白塔区	15257	12091	18		293	680400	1700	361900	316800
文圣区	10428	7636	858			357240	1000	86161	270079
宏伟区	16055	34904	48038	3249	1257	1074659	5000	927002	142657
铁岭市小计	**230458**	**112425**	**1876**	**154626**	**71104**	**4084345**	**1023000**	**1870616**	**1190729**
本级	72743	19448		78907	39716				
区县级小计	157715	92977	1876	75719	31388	4057195	1022880	1830518	1203797
铁岭县	30080	12759	18	13571	3330	761506	175276	463927	122303
开原市	42685	11523	9	11169	6882	1101250	283250	515339	302661
昌图县	13078	4252	277	12020	12045	913347	362779	228538	322030
西丰县	11854	3330	24	360	1896	335007	118026	107123	109858
调兵山市	22066	38099	17	12448	3904	280547	35700	97888	146959
银州区	21247	3166	178		1597	254342	8775	125416	120151
清河区	8035	15990	1351	4375	1461	179780	20668	99086	60026
开发区	8670	3858	2	21776	273	231416	18406	193201	19809
朝阳市小计	**217956**	**154946**	**2680**	**40826**	**54369**	**3331171**	**852189**	**1457478**	**1021504**
本级	59616	53758	60	10616	23669				
区县级小计	158340	101188	2620	30210	30700	3131734	860816	1286848	984070
北票市	28566	19995	45	13709	5190	582000	151000	267000	164000
朝阳县	21592	13738	331	1533	1518	396000	164000	115000	117000
凌源市	31152	13921	16	12830	11755	831233	192000	414233	225000
建平县	37948	27253	2174	1601	4797	323000	155000		168000
喀左县	15786	13674	36	244	3182	266201	125616	20615	119970
双塔区	10158	6084	4	128	1200	236000	25500	79500	131000
龙城区	7367	4222	14	91	3012	151000	45700	54200	51100
开发区	5771	2301		74	46	69300	2000	59300	8000
盘锦市小计	**296871**	**357252**	**36808**	**104826**	**26130**	**5535739**	**562411**	**3986313**	**987015**
本级	201274	296324	29572	78377	18737				
区县级小计	95597	60928	7236	26449	7393	2410723	541705	1061517	807501
盘山县	17869	12665	1907	2352	2033	592000	214000	245000	133000
大洼县	31658	13341	4232	21743	4732	914829	304575	420195	190059
双台子区	11318	7673	398	179	290	265400	6400	109000	150000
兴隆台区	34752	27249	699	2175	338	638494	16730	287322	334442
葫芦岛市小计	**246494**	**182623**	**80240**	**109348**	**46873**	**4196357**	**596835**	**2063690**	**1535832**

6－6－8　　　　单位:人

地　　区	财政供养人口					自收自支单位年末人数
	小　计	在职人员	离休人员	退休人员	其他人员	
辽阳县	13259	8594	187	4478		95
灯塔市	13357	8904	193	4260		457
太子河区	2440	1558	41	841		73
弓长岭区	3083	2168	14	901		25
白塔区	2715	1541	91	1083		
文圣区	2542	1646	75	821		146
宏伟区	5111	3293	58	1760		
铁岭市小计	**105342**	**76868**	**1749**	**26725**		**4802**
本级	19110	13869	376	4865		2643
区县级小计	86232	62999	1373	21860		2159
铁岭县	11239	7634	254	3351		483
开原市	17205	12835	281	4089		734
昌图县	27204	18593	495	8116		857
西丰县	11900	8875	185	2840		
调兵山市	7901	6729	33	1139		26
银州区	5384	3857	91	1436		30
清河区	4522	3770	34	718		29
开发区	877	706		171		
朝阳市小计	**118843**	**87299**	**1823**	**29355**	**366**	**862**
本级	20834	14973	594	4977	290	237
区县级小计	98009	72326	1229	24378	76	625
北票市	18775	13066	271	5438		352
朝阳县	17054	12466	213	4375		33
凌源市	18582	13892	299	4391		55
建平县	17784	13099	175	4510		
喀左县	14963	11608	151	3204		185
双塔区	6193	4647	73	1473		
龙城区	4298	3340	46	912		
开发区	360	208	1	75	76	
盘锦市小计	**61348**	**48441**	**467**	**12335**	**105**	**4838**
本级	22530	18334	121	3970	105	2133
区县级小计	38818	30107	346	8365		2705
盘山县	14000	11104	180	2716		
大洼县	17822	13170	106	4546		2667
双台子区	3360	2679	59	622		38
兴隆台区	3636	3154	1	481		
葫芦岛市小计	**84225**	**63270**	**1129**	**19674**	**152**	**1487**

6-6-9

单位:万元

地区	地方财政一般预算收入	国内增值税75%	国内消费税	预算内基金收入	预算外财政专户收入	地区生产总值	第一产业增加值	第二产业增加值	第三产业增加值
本级	109926	115271	78267	26331	15447				
区县级小计	136568	67348	1973	83017	31426	2595298	588688	854563	1152047
兴城市	18126	7169	1374	31731	12074	330281	93105	67130	170046
绥中县	22088	4210	372	2780	5309	743749	238734	173878	331137
建昌县	17517	18135	7	615	3910	367245	98477	97501	171267
连山区	40016	19370	220	4799	8739	768177	122550	312648	332979
南票区	8008	8699		150	438	106956	21711	50084	35161
龙港区	30813	9765		42942	956	278890	14111	153322	111457

6－6－10 单位:人

地　　区	财政供养人口					自收自支单位年末人数
	小　计	在职人员	离休人员	退休人员	其他人员	
本级	14527	11851	99	2461	116	735
区县级小计	69698	51419	1030	17213	36	752
兴城市	16554	12528	256	3770		300
绥中县	17665	12808	240	4617		414
建昌县	16169	12211	262	3696		
连山区	12949	9065	235	3649		
南票区	2702	2067	17	618		
龙港区	3659	2740	20	863	36	38

2007年吉林省地市县主要经济指标表

6－7－1　　　　单位：万元

地　　区	地方财政一般预算收入	国内增值税75%	国内消费税	预算内基金收入	预算外财政专户收入	地区生产总值	第一产业增加值	第二产业增加值	第三产业增加值
地市县合计	**2392727**	**1587652**	**740820**	**930840**	**437603**	**54123562**	**8391528**	**25935568**	**19796466**
长春市小计	**932951**	**643554**	**487424**	**541706**	**170859**	**19821171**	**1961587**	**9835714**	**8023870**
本级	645469	489510	476813	500842	107751	8930000	75689	6421938	2432373
区县级小计	287482	154044	10611	40864	63108	10891171	1885898	3413776	5591497
榆树市	25753	3010	1362	6469	8517	1470000	450000	300000	720000
德惠市	22954	8919	224	4917	4385	1500037	480118	465374	554545
农安县	25533	6068	5359	9927	4108	1487739	545927	375593	566219
九台市	35920	8235	705	8150	4927	1151554	177942	438487	535125
南关区	30151	14712			6018	841486	6240	165534	669712
宽城区	44907	18154		295	4472	641696	28984	131181	481531
朝阳区	45695	40671		684	10256	1592601	26108	446788	1119705
二道区	22419	25755		77	9883	757155	26803	424316	306036
绿园区	24616	20880		6160	3597	752630	26504	400515	325611
双阳区	9534	7640	2961	4185	6945	696273	117272	265988	313013
吉林市小计	**408408**	**276177**	**92508**	**102954**	**88708**	**10080128**	**1322016**	**5000891**	**3757221**
本级	230111	127621	84037	72548	52988	3787429	219160	2234848	1333421
区县级小计	178297	148556	8471	30406	35720	6292699	1102856	2766043	2423800
永吉县	14283	5518	789	3028	4050	437541	105780	126416	205345
蛟河市	19805	6864	193	4474	10562	619943	200285	196353	223305
舒兰市	16373	6177	89	5068	5327	638000	270000	117000	251000
磐石市	45291	39230	23	6326	2897	1936000	258000	1093000	585000
桦甸市	32829	13329	27	6679	4637	624871	23500	376547	224824
昌邑区	15181	21801	568	333	2329	477326	56221	144530	276575
船营区	9139	10362	166	541	2681	433963	58720	127489	247754
丰满区	6499	4894	14	2304	1335	582500	37000	329000	216500
龙潭区	18897	40381	6602	1653	1902	542555	93350	255708	193497
四平市小计	**123973**	**84025**	**27875**	**30394**	**35381**	**5225913**	**1597960**	**1964606**	**1663347**
本级	38851	33106	24740	12639	19106	926787	42167	486564	398056
区县级小计	85122	50919	3135	17755	16275	4299126	1555793	1478042	1265291
梨树县	11749	6633	2961	1614	3046	1041893	542952	253790	245151
双辽市	20102	20296	5	704	2782	650747	190000	288273	172474
伊通县	11327	3796	8	397	2770	618397	203662	221867	192868
公主岭市	30089	13569	160	15040	4823	1360000	576000	347000	437000
铁东区	6020	4217			1521	272505	25993	148463	98049
铁西区	5835	2408	1		1333	355584	17186	218649	119749
辽源市小计	**83633**	**28881**	**260**	**19224**	**3951**	**2229808**	**320309**	**1171413**	**738086**
本级	49627	15144	252	16326	748	1019321	2480	577177	439664

6－7－2　　　　单位:人

地　区	财政供养人口 小计	在职人员	离休人员	退休人员	其他人员	自收自支单位年末人数
地市县合计	**1163059**	**877585**	**15141**	**264348**	**5985**	**30357**
长春市小计	**277429**	**205746**	**4061**	**66774**	**848**	**6960**
本级	68710	49314	1632	17189	575	4215
区县级小计	208719	156432	2429	49585	273	2745
榆树市	41662	32806	445	8411		6
德惠市	30225	23999	323	5903		272
农安县	33380	25441	233	7706		245
九台市	30541	25295	284	4962		1042
南关区	11211	6073	310	4811	17	13
宽城区	11324	7000	159	4155	10	47
朝阳区	11516	7447	205	3857	7	328
二道区	10895	6958	153	3636	148	11
绿园区	8924	6298	118	2417	91	154
双阳区	19041	15115	199	3727		627
吉林市小计	**184629**	**133199**	**2624**	**48553**	**253**	**5887**
本级	52679	37120	1072	14487		2893
区县级小计	131950	96079	1552	34066	253	2994
永吉县	12090	8005	245	3840		5
蛟河市	17276	13529	231	3506	10	300
舒兰市	21760	15956	203	5469	132	548
磐石市	21150	16179	225	4746		1784
桦甸市	20410	16430	137	3743	100	191
昌邑区	12289	8095	152	4042		
船营区	10403	6631	154	3607	11	133
丰满区	6912	4753	108	2051		32
龙潭区	9660	6501	97	3062		1
四平市小计	**127246**	**97268**	**1609**	**27381**	**988**	**5208**
本级	23629	17944	483	5005	197	2797
区县级小计	103617	79324	1126	22376	791	2411
梨树县	25424	19826	334	5229	35	281
双辽市	17347	14127	156	3064		51
伊通县	15247	11670	156	3421		30
公主岭市	29418	22165	303	6950		1968
铁东区	8877	6668	97	2112		
铁西区	7304	4868	80	1600	756	81
辽源市小计	**55629**	**41952**	**672**	**13005**		**1332**
本级	17144	12747	242	4155		318

6－7－3　　　　单位:万元

地　　区	地方财政一般预算收入	国内增值税75%	国内消费税	预算内基金收入	预算外财政专户收入	地区生产总值	第一产业增加值	第二产业增加值	第三产业增加值
区县级小计	34006	13737	8	2898	3203	1210487	317829	594236	298422
东丰县	10979	5000	6	1068	2602	460038	152710	171128	136200
东辽县	10177	3152	2	1813	394	390928	135538	169991	85399
龙山区	7202	3133			146	226561	20361	152778	53422
西安区	5648	2452		17	61	132960	9220	100339	23401
通化市小计	**161817**	**116508**	**5509**	**43549**	**27817**	**3709812**	**495866**	**1875898**	**1338048**
本级	42123	41867	734	10301	6642	835118		647588	187530
区县级小计	119694	74641	4775	33248	21175	2874694	495866	1228310	1150518
通化县	19456	13633	181	8626	3317	375350	47063	203492	124795
集安市	12824	5206	63	8470	4109	352713	50701	167203	134809
柳河县	11226	5938	247	3001	3716	297050	110739	98129	88182
辉南县	18073	6496	66	4122	1784	363000	97000	138000	128000
梅河口市	35861	14030	4170	8502	7045	975480	164164	394230	417086
东昌区	14437	9973	36	399	421	405080	15480	150470	239130
二道江区	7817	19365	12	128	783	106021	10719	76786	18516
白山市小计	**109670**	**59422**	**1086**	**28056**	**18804**	**2372957**	**352943**	**1179987**	**840027**
本级	33080	18827	46	19338	7068				
区县级小计	76590	40595	1040	8718	11736	2372957	352943	1179987	840027
抚松县	19907	7805	779	3698	2338	515011	148405	188349	178257
靖宇县	7525	3149	6	1407	3713	180392	32164	87831	60397
长白县	7284	2763	18	876	1828	131112	31690	42417	57005
临江市	12072	5588	33	1865	1559	300000	46000	133000	121000
江源区	16410	11606	149	800	2298	454442	44684	258390	151368
八道江区	13392	9684	55	72		792000	50000	470000	272000
白城市小计	**83609**	**70562**	**1188**	**30358**	**22443**	**2361503**	**811635**	**783117**	**766751**
本级	17989	11996	574	21723	13211	531000	271000	137000	123000
区县级小计	65620	58566	614	8635	9232	1830503	540635	646117	643751
洮南市	9854	3798	497	2946	2093	392784	133900	128659	130225
大安市	20634	28384	30	1510	1350	403859	76361	176384	151114
镇赉县	17900	22025	21	1473	1792	372860	125374	179074	68412
通榆县	8945	1535	66	2527	2074	320000	100000	100000	120000
洮北区	8287	2824		179	1923	341000	105000	62000	174000
松原市小计	**210119**	**201508**	**20678**	**70587**	**31338**	**5089460**	**1104172**	**2761844**	**1223444**
本级	78342	3695	1521	56916	19960	367009	13004	326003	28002
区县级小计	131777	197813	19157	13671	11378	4722451	1091168	2435841	1195442
前郭县	51617	50521	16	5625	4168	1706784	362088	966088	378608
长岭县	10200	3639	9	3170	2866	618881	272600	164627	181654

6 7-4 单位:人

地区	财政供养人口					自收自支单位年末人数
	小计	在职人员	离休人员	退休人员	其他人员	
区县级小计	38485	29205	430	8850		1014
东丰县	16469	12783	235	3451		1014
东辽县	14148	10792	100	3256		
龙山区	4448	3288	47	1113		
西安区	3420	2342	48	1030		
通化市小计	**101555**	**77966**	**1539**	**21477**	**573**	**3594**
本级	19301	13964	481	4689	167	286
区县级小计	82254	64002	1058	16788	406	3308
通化县	10440	7445	118	2539	338	160
集安市	9909	7391	154	2296	68	101
柳河县	12640	9803	169	2668		753
辉南县	14609	12270	178	2161		143
梅河口市	24120	18710	314	5096		2005
东昌区	5683	4407	84	1192		
二道江区	4853	3976	41	836		146
白山市小计	**68623**	**51613**	**563**	**15516**	**931**	**1849**
本级	13122	9337	182	2858	745	670
区县级小计	55501	42276	381	12658	186	1179
抚松县	15094	11253	100	3698	43	260
靖宇县	10226	8357	86	1715	68	254
长白县	6287	5145	94	1048		68
临江市	8166	5487	35	2595	49	397
江源区	8151	6390	36	1720	5	194
八道江区	7577	5644	30	1882	21	6
白城市小计	**114630**	**90185**	**1268**	**23177**		
本级	19908	15707	323	3878		
区县级小计	94722	74478	945	19299		
洮南市	20947	16568	202	4177		
大安市	22174	17450	288	4436		
镇赉县	17110	14137	84	2889		
通榆县	19042	15469	190	3383		
洮北区	15449	10854	181	4414		
松原市小计	**122935**	**102650**	**1092**	**19015**	**178**	**1051**
本级	20770	18168	327	2165	110	452
区县级小计	102165	84482	765	16850	68	599
前郭县	23371	19308	203	3860		144
长岭县	27640	22180	189	5271		227

6－7－5

单位：万元

地区	地方财政一般预算收入	国内增值税75%	国内消费税	预算内基金收入	预算外财政专户收入	地区生产总值	第一产业增加值	第二产业增加值	第三产业增加值
乾安县	36368	54880	1321	1266	895	601711	73480	409261	118970
扶余县	14531	3817	47	3215	1898	820361	311000	220599	288762
宁江区	19061	84956	17764	395	1551	974714	72000	675266	227448
延边州小计	**275752**	**106281**	**104234**	**59903**	**36168**	**3137742**	**399682**	**1336863**	**1401197**
本级	63711	26550	102146	9612	5961				
区县级小计	212041	79731	2088	50291	30207	3137742	399682	1336863	1401197
延吉市	84305	20820	1561	21450	9460	1150931	22253	479324	649354
图们市	9088	4231	22	4916	253	153080	9240	74000	69840
龙井市	18029	4721	11	3750	2518	177677	40116	60736	76825
和龙市	11879	7971	31	1063	2327	188905	39450	76500	72955
汪清县	9394	3349	78	1655	3270	207456	56500	65531	85425
安图县	11278	4175	20	2002	2501	233000	45000	88000	100000
珲春市	30054	19361	87	9740	3997	401693	38123	245772	117798
敦化市	38014	15103	278	5715	5881	625000	149000	247000	229000
长白山管委会小计	**2795**	**734**	**58**	**4109**	**2134**	**95068**	**25358**	**25235**	**44475**
本级	2795	734	58	4109	2134	95068	25358	25235	44475

6－7－6

单位:人

地　区	财政供养人口 小计	在职人员	离休人员	退休人员	其他人员	自收自支单位年末人数
乾安县	18193	15709	125	2359		104
扶余县	19417	16259	96	3062		
宁江区	13544	11026	152	2298	68	124
延边州小计	**107081**	**74294**	**1700**	**28873**	**2214**	**4476**
本级	14343	9113	421	4739	70	1341
区县级小计	92738	65181	1279	24134	2144	3135
延吉市	16250	10182	243	4740	1085	857
图们市	7299	5021	83	2149	46	207
龙井市	10414	6679	252	3337	146	602
和龙市	9750	6924	115	2602	109	213
汪清县	10502	7324	172	2881	125	22
安图县	9625	7436	102	1980	107	77
珲春市	12986	9439	172	3301	74	967
敦化市	15912	12176	140	3144	452	190
长白山管委会小计	**3302**	**2712**	**13**	**577**		
本级	3302	2712	13	577		

2007年黑龙江省地市县主要经济指标表

6－8－1　　　　单位:万元

地区	地方财政一般预算收入	国内增值税75%	国内消费税	预算内基金收入	预算外财政专户收入	地区生产总值	第一产业增加值	第二产业增加值	第三产业增加值
地市县合计	3030097	3045863	381915	1078377	612984	70876838	12084230	33451499	25341109
哈尔滨市小计	**1320495**	**443888**	**138075**	**512382**	**257573**	**24369000**	**3477000**	**9026000**	**11866000**
本级	798192	132844	12517	346102	178420	268766	200428	68338	
区县级小计	522303	311044	125558	166280	79153				
阿城市	38508	22395	1780	21906	2416	1830000	1190000	185000	455000
宾县	21761	7328	116	2576	2330	951299	244389	412275	294635
方正县	7408	1569	53	2541	450	196903	72076	43105	81722
依兰县	17837	7730	609	3254	2027	430272	138393	127401	164478
巴彦县	8759	3859	22	669	1765	542781	327744	76074	138963
木兰县	5148	2817	27	923	557	242369	86001	49560	106808
通河县	4857	1232	10	1336	1209	217188	79788	47569	89831
延寿县	7017	3391	26	2913	752	204360	66508	51182	86670
双城市	24943	20930	591	14696	7666	1713699	542829	558155	612715
五常市	17688	9491	517	11406	2627	1186000	457000	286000	443000
尚志市	19299	8768	6432	3806	4265	1115260	175898	430347	509015
道里区	83238	－8907	11548		10432	1195434	64460	458435	672539
南岗区	106359	64758	54857		16176	1470136	21590	645595	802951
道外区	38243	30240	45563		10240	791697	19479	442922	329296
平房区	10384	11088	4	11	2013	192000	11000	102000	79000
松北区	13048	3870		89693	543	299377	39686	108852	150839
香坊区	53521	99082	49	1	11118	749678	22500	384752	342426
呼兰区	44285	21403	3354	10549	2567	1263000	260000	562000	441000
齐齐哈尔市小计	**206787**	**110295**	**8407**	**72922**	**53530**	**4245250**	**1314525**	**1397678**	**1533047**
本级	112713	48960	5316	48088	33546				
区县级小计	94074	63258	3092	24834	19984	4245250	1314525	1397678	1533047
龙江县	6965	3408	58	5136	2678	314214	161620	67758	84836
讷河县	6533	3096	58	3238	665	696373	251633	116243	328497
依安县	5924	4512	24	1662	1985	312462	173709	67003	71750
泰来县	4625	2217	34	1691	2328	152783	67285	32352	53146
甘南县	5058	1839	1323	2165	1269	275883	145600	46897	83386
富裕县	5833	4428	1472	2731	852	227061	78690	91625	56746
克山县	4865	1515	109	2280	677	271111	110599	86467	74045
克东县	3290	3879	9	1716	1122	165105	76449	53000	35656
拜泉县	4493	1731	5	4215	904	324252	133186	70532	120534
龙沙区	15558	8922			1225	272000	9000	133000	130000
建华区	8355	3222			1442	160000	6560	66560	86880
铁锋区	10426	8940			602	212962	9208	76060	127694

6－8－2 单位:人

地区	财政供养人口					自收自支单位年末人数
	小计	在职人员	离休人员	退休人员	其他人员	
地市县合计	1343640	927578	23138	379816	13108	43056
哈尔滨市小计	**347412**	**237478**	**6319**	**98130**	**5485**	**9078**
本级	67041	46326	2139	17066	1510	2117
区县级小计	280371	191152	4180	81064	3975	6961
阿城市	19561	13727	203	4866	765	45
宾县	16472	11768	186	4476	42	836
方正县	10613	8082	158	2373		1080
依兰县	13634	10643	374	2617		545
巴彦县	19426	13717	112	5354	243	1146
木兰县	10503	7307	184	3012		18
通河县	12956	10014	286	2656		
延寿县	10498	7122	157	2582	637	2655
双城市	20788	14274	346	5846	322	310
五常市	21041	15164	251	5626		
尚志市	15310	11159	207	3944		
道里区	18295	11258	302	6735		
南岗区	19576	11817	337	5873	1549	147
道外区	23473	13925	350	9198		12
平房区	5572	3352	69	2021	130	14
松北区	3611	2615	22	974		
香坊区	20656	12036	321	8255	44	113
呼兰区	18386	13172	315	4656	243	40
齐齐哈尔市小计	**183858**	**121575**	**3596**	**58231**	**456**	**4014**
本级	30474	18434	1107	10608	325	2783
区县级小计	153384	103141	2489	47623	131	1231
龙江县	14409	9334	171	4819	85	17
讷河县	15726	11261	185	4280		46
依安县	13425	8923	230	4272		225
泰来县	10327	6038	187	4094	8	171
甘南县	10079	7405	73	2601		17
富裕县	9213	6627	90	2496		25
克山县	15186	10457	542	4187		283
克东县	10003	6776	211	3016		123
拜泉县	13785	9094	279	4412		
龙沙区	7556	4792	110	2654		26
建华区	7595	5043	96	2456		
铁锋区	6952	4612	78	2249	13	64

6－8－3　　单位:万元

地区	地方财政一般预算收入	国内增值税75%	国内消费税	预算内基金收入	预算外财政专户收入	地区生产总值	第一产业增加值	第二产业增加值	第三产业增加值
富拉尔基区	7745	10485			2692	602889	13102	405226	184561
昂昂溪区	1480	1599			538	48315	16124	9855	22336
梅里斯达斡尔族区	1469	2109			406	170000	56000	58000	56000
碾子山区	1455	1356			599	39840	5760	17100	16980
牡丹江市小计	**190513**	**121639**	**52613**	**125604**	**56248**	**4183989**	**701470**	**1431324**	**2051195**
本级	52297	16093	6835	73364	37658				
区县级小计	138216	105546	45766	52240	18590	3423287	695417	1101316	1626554
林口县	7917	4322	20	1264	2880	366123	133831	90619	141673
穆棱市	10064	7257	24543	4040	1672	515989	91037	221014	203938
东宁县	17715	23778	29	7442	1992	446199	114941	84044	247214
宁安县	9887	3510	164	2638	4556	553565	185530	154793	213242
海林市	15141	8035	20869	14322	2530	597382	132942	292246	172194
绥芬河市	48705	39569	11	22534	3899	505664	4030	44704	456930
东安区	7749	4823	12		261	134841	8963	47190	78688
西安区	8652	3835	5		402	72823	8578	17902	46343
爱民区	6629	5296	5		291	80020	6272	38810	34938
阳明区	5757	5121	108		107	150681	9293	109994	31394
佳木斯市小计	**81094**	**57887**	**2812**	**8260**	**30457**	**3413651**	**1071847**	**701850**	**1639954**
本级	37454	29417	2717	2561	23595				
区县级小计	43640	24895	97	5699	6862	3413651	1071847	701850	1639954
桦南县	5929	3810	6	85	1350	34	17	6	11
桦川县	2791	2385	24	3492	892	111067	54159	19129	37779
汤原县	3700	2364	29	432	208	246393	130656	39412	76325
抚远县	4127	1578		959	1458	163101	112013	7815	43273
富锦市	8553	3828	22	664	767	545590	317345	65283	162962
同江市	4300	3911	16	63	110	267437	163121	25989	78327
东风区	3608	1095			79	34278	8369	13798	12111
前进区	3432	1382			486				
向阳区	3680	2115			124	46220	673	11815	33732
郊区	3520	2427		4	1388	18	5	6	7
鸡西市小计	**109650**	**95853**	**1612**	**20639**	**39764**	**2755494**	**837885**	**832673**	**1084936**
本级	50594	31080	1427	15492	28475				
区县级小计	59056	98369	1612	5147	11289	2008600	834174	552983	621443
鸡东县	12901	10564	10	550	2772	485377	131000	175970	178407
密山市	10480	9364	112	2282	1420	564172	230161	142360	191651
虎林市	8661	4678	63	2315	4708	581602	318600	97887	165115
鸡冠区	12846	54437	1422		543	133395	121130	5526	6739

6-8-4 单位:人

地区	财政供养人口					自收自支单位年末人数
	小计	在职人员	离休人员	退休人员	其他人员	
富拉尔基区	8619	5567	95	2933	24	
昂昂溪区	2506	1763	35	708		84
梅里斯达斡尔族区	4782	3386	76	1320		42
碾子山区	3221	2063	31	1126	1	108
牡丹江市小计	**111461**	**78521**	**1983**	**30957**		**1731**
本级	41088	29871	1012	10205		
区县级小计	70373	48650	971	20752		1731
林口县	11004	7639	152	3213		
穆棱市	12470	8031	151	4288		1318
东宁县	7613	5445	70	2098		
宁安县	13383	10308	190	2885		251
海林市	10823	6800	186	3837		
绥芬河市	3778	2980	37	761		146
东安区	2663	1726	59	878		
西安区	3294	2288	54	952		
爱民区	2733	1722	40	971		11
阳明区	2612	1711	32	869		5
佳木斯市小计	**106725**	**73437**	**2800**	**30488**		**5322**
本级	30536	19984	1512	9040		3018
区县级小计	76189	53453	1288	21448		2304
桦南县	14657	10817	152	3688		740
桦川县	8189	6298	150	1741		162
汤原县	10381	7710	360	2311		
抚远县	5544	4159	68	1317		533
富锦市	16350	9823	233	6294		46
同江市	9250	6821	173	2256		436
东风区	1585	1037	25	523		
前进区	1544	1086	29	429		
向阳区	2290	1574	27	689		
郊区	6399	4128	71	2200		387
鸡西市小计	**67191**	**44829**	**992**	**20602**	**768**	**5460**
本级	17149	12749	314	3997	89	3977
区县级小计	50042	32080	678	16605	679	1483
鸡东县	11655	7828	150	3677		172
密山市	14217	9059	157	5001		145
虎林市	8485	5401	178	2294	612	1056
鸡冠区	3176	2177	44	955		5

6－8－5　　　　　　　　　　　　　　　　　　　　　　　单位:万元

地　　区	地方财政一般预算收入	国内增值税75%	国内消费税	预算内基金收入	预算外财政专户收入	地区生产总值	第一产业增加值	第二产业增加值	第三产业增加值
恒山区	4844	7486			730	84812	7217	51921	25674
滴道区	3778	4624	1		170	100588	14672	46742	39174
城子河区	3170	3988	1		438	36927	4195	22697	10035
梨树区	1376	1952	1		310	2806	275	1488	1043
麻山区	1000	1276	2		198	18921	6924	8392	3605
鹤岗市小计	**77755**	**76888**	**1994**	**7510**	**14379**	**1570375**	**393505**	**654360**	**522510**
本级	51830	51001	1881	5347	12116				
区县级小计	25925	25076	113	2163	2263	571275	109546	261040	200689
萝北县	7138	4210	109	1774	1219	132087	42934	22165	66988
绥滨县	2811	1141	4	389	520	84910	39319	8361	37230
南山区	3141	4416			93	61582	480	52804	8298
向阳区	1930	1947			5	31607	131	13177	18299
工农区	2729	2769			181	64909	225	32877	31807
兴山区	1387	1659			35	24853	63	23064	1726
东山区	5068	6594			210	127940	25606	78380	23954
兴安区	1721	2340				43387	788	30212	12387
双鸭山市小计	**84468**	**75815**	**619**	**4892**	**7510**	**2064300**	**591515**	**883270**	**589515**
本级	44903	52987	81	4872	1881				
区县级小计	39565	22830	538	20	5629	2064300	591515	883270	589515
集贤县	10208	5766	259		1490	386000	126000	160000	100000
宝清县	11123	5335	41		1756	560506	319095	110124	131287
友谊县	2822	858	215		1677	163968	63211	60736	40021
饶河县	3101	912	23	20	706	29752	14713	4693	10346
尖山区	3636	1943				71327	9096	62231	
岭东区	3076	3721				80796	3669	57769	19358
四方台区	1890	1988				41294	6596	23200	11498
宝山区	3709	2307				205752	40962	104750	60040
七台河市小计	**85911**	**90244**	**81**	**11281**	**13412**	**1379803**	**171348**	**696212**	**512243**
本级	52651	77047	65	8209	11116				
区县级小计	33260	13197	16	3072	2296	822639	160253	376359	286027
勃利县	12041	13197	16	1993	1302	347640	123103	114437	110100
新兴区	6299			1079	381	227630	12080	151550	64000
桃山区	7150				260	117369	5570	43872	67927
茄子河区	7770				353	130000	19500	66500	44000
黑河市小计	**47185**	**18861**	**540**	**20095**	**6847**	**1751169**	**710425**	**342449**	**698295**
本级	15569	9949	218	7830	2262				
区县级小计	31616	19397	320	12265	4585	1419291	673687	243353	502251

6－8－6 单位:人

地　　区	财政供养人口 小　计	在职人员	离休人员	退休人员	其他人员	自收自支单位年末人数
恒山区	3529	2063	46	1420		
滴道区	2713	1627	39	1047		
城子河区	3163	1949	27	1187		105
梨树区	2071	1362	20	689		
麻山区	1033	614	17	335	67	
鹤岗市小计	**42128**	**29665**	**545**	**11634**	**284**	**1644**
本级	23874	16890	250	6600	134	867
区县级小计	18254	12775	295	5034	150	777
萝北县	7205	4979	139	2087		135
绥滨县	7189	5386	81	1722		642
南山区	662	431	15	216		
向阳区	486	307	20	159		
工农区	412	285	13	114		
兴山区	478	232	9	158	79	
东山区	1218	812	18	388		
兴安区	604	343		190	71	
双鸭山市小计	**60957**	**44080**	**852**	**16023**	**2**	**1758**
本级	22606	16874	278	5454		586
区县级小计	38351	27206	574	10569	2	1172
集贤县	10708	7734	131	2843		320
宝清县	11989	8683	180	3126		612
友谊县	5162	3354	47	1761		142
饶河县	6908	4622	182	2104		98
尖山区	626	434	2	188	2	
岭东区	1101	847	18	236		
四方台区	767	586	7	174		
宝山区	1090	946	7	137		
七台河市小计	**29884**	**20601**	**380**	**7985**	**918**	**608**
本级	11182	8521	147	2514		608
区县级小计	18702	12080	233	5471	918	
勃利县	12480	7623	209	3730	918	
新兴区	2122	1402	14	706		
桃山区	1403	936	1	466		
茄子河区	2697	2119	9	569		
黑河市小计	**66400**	**44540**	**1201**	**20659**		**2066**
本级	10798	7703	221	2874		424
区县级小计	55602	36837	980	17785		1642

6－8－7 单位:万元

地区	地方财政一般预算收入	国内增值税75%	国内消费税	预算内基金收入	预算外财政专户收入	地区生产总值	第一产业增加值	第二产业增加值	第三产业增加值
北安市	9321	7823	55	6089	2467	359041	154922	55860	148259
嫩江县	9296	6049	228	4163	850	593625	294442	120880	178303
五大连池市	3028	917	7	34	317	269647	150379	30417	88851
逊克县	4912	1771	1	610	332	89867	41130	14320	34417
孙吴县	1545	630	17	1066	410	43642	14251	4681	24710
爱辉区	3514	2207	12	303	209	63469	18563	17195	27711
伊春市小计	**37626**	**22438**	**190**	**7643**	**17312**	**1538444**	**400002**	**570184**	**568258**
本级	27731	12618	91	3989	16354				
区县级小计	9895	2857	99	3654	958	508123	225064	139429	143630
铁力市	5388	2481	81	1553	752	361883	149536	105481	106866
嘉荫县	4507	376	18	2101	206	146240	75528	33948	36764
大庆市小计	**649118**	**1833496**	**149774**	**248454**	**80219**	**18224000**	**553000**	**15483000**	**2188000**
本级	440883	1607771	75552	231664	60433				
区县级小计	208235	198148	74214	16790	19786	3450873	561798	1463891	1425184
林甸县	10626	16129	5	5719	1330	182566	85743	48720	48103
肇洲县	26474	23179	29	1960	2995	285000	110000	123000	52000
肇源县	32221	31156	11	6437	2120	362411	161005	114215	87191
杜尔伯特自治县	20533	21214	8	1402	3238	240261	107000	74261	59000
萨尔图区	27773	3162	3274	244	1536	592325	4421	250230	337674
让胡路区	38154	36501	427		6324	818307	14073	339599	464635
龙凤区	27165	52014	69743	28	543	372000	8000	172000	192000
红岗区	7760	6274	40		742	333981	17428	209294	107259
大同区	17529	8519	677	1000	958	264022	54128	132572	77322
大兴安岭地区小计	**19457**	**11023**	**161**	**1321**	**4620**	**624748**	**264020**	**93087**	**267641**
本级	3822	1084	50	257	2776				
区县级小计	15635	9750	111	1064	1844	429943	130721	77807	221415
加格达奇区	6565	3318	6	505	490	145839	8438	28116	109285
呼玛县	1841	1100	15	8	522	56082	28987	7034	20061
塔河县	2605	1338	68	322	483	97026	38646	13187	45193
漠河县	4624	3994	22	229	349	130996	54650	29470	46876
绥化市小计	**120038**	**87536**	**25037**	**37374**	**31113**	**4756615**	**1597688**	**1339412**	**1819515**
本级	18197	7149	20163	14935	14110				
区县级小计	101841	79703	4874	22439	17003	4756615	1597688	1339412	1819515
安达市	30009	37384	117	3298	2244	950000	210000	320000	420000
肇东市	37956	25750	2923	8951	5518	1940000	440000	690000	810000
兰西县	3502	1764	2	1436	1230	141692	72724	22269	46699
青冈县	2568	2448	26	2629	1642	136699	68032	27256	41411

6－8－8　　　　单位:人

地　　区	财政供养人口 小　计	在　职 人　员	离　休 人　员	退　休 人　员	其　他 人　员	自收自支单位年末人　数
北安市	14070	9818	376	3876		222
嫩江县	11797	8973	69	2755		105
五大连池市	8508	5919	122	2467		212
逊克县	6614	3522	95	2997		
孙吴县	7001	4050	159	2792		1103
爱辉区	7612	4555	159	2898		
伊春市小计	**40615**	**30106**	**683**	**9826**		**1174**
本级	25436	19637	483	5316		129
区县级小计	15179	10469	200	4510		1045
铁力市	10758	7282	151	3325		
嘉荫县	4421	3187	49	1185		1045
大庆市小计	**102420**	**72915**	**839**	**23644**	**5022**	**2871**
本级	38431	28355	201	8062	1813	2224
区县级小计	63989	44560	638	15582	3209	647
林甸县	7938	5928	51	1959		203
肇洲县	12725	8463	138	2994	1130	54
肇源县	12757	8830	128	3018	781	66
杜尔伯特自治县	8435	6163	84	2188		324
萨尔图区	4849	2763	113	1521	452	
让胡路区	3590	2664	20	906		
龙凤区	3494	2427	33	1034		
红岗区	2824	1514	16	625	669	
大同区	7377	5808	55	1337	177	
大兴安岭地区小计	**14441**	**9389**	**208**	**4755**	**89**	**291**
本级	4579	2807	108	1664		66
区县级小计	9862	6582	100	3091	89	225
加格达奇区	4403	2929	55	1373	46	26
呼玛县	3710	2627	39	1016	28	
塔河县	815	578	4	233		199
漠河县	934	448	2	469	15	
绥化市小计	**170148**	**120442**	**2740**	**46882**	**84**	**7039**
本级	14397	11562	276	2547	12	815
区县级小计	155751	108880	2464	44335	72	6224
安达市	14715	10023	355	4265	72	
肇东市	22117	16184	404	5529		1637
兰西县	12789	8632	261	3896		485
青冈县	12698	8611	156	3931		105

6－8－9　　单位:万元

地　　区	地方财政一般预算收入	国内增值税75%	国内消费税	预算内基金收入	预算外财政专户收入	地区生产总值	第一产业增加值	第二产业增加值	第三产业增加值
明水县	3162	1950	31	2648	650	125246	48000	41856	35390
海伦市	5734	2043	1682	700	779	388400	197100	73400	117900
望奎县	3030	1338	3	2164	1850	212567	108195	39679	64693
绥棱县	2844	1229	13	5	741	169546	100637	21341	47568
庆安县	4058	2233	66	447	378	247465	108000	63611	75854
北林区	8978	3564	11	161	1971	445000	245000	40000	160000

6 - 8 - 10

单位:人

地区	财政供养人口					自收自支单位年末人数
	小计	在职人员	离休人员	退休人员	其他人员	
明水县	11688	8029	134	3525		285
海伦市	22008	14766	321	6921		2198
望奎县	14581	10375	160	4046		719
绥棱县	11648	8623	268	2757		413
庆安县	14558	10291	169	4098		92
北林区	18949	13346	236	5367		290

2007年上海市区县主要经济指标表

6－9－1 单位:万元

地区	地方财政一般预算收入	国内增值税75%	国内消费税	预算内基金收入	预算外财政专户收入	地区生产总值	第一产业增加值	第二产业增加值	第三产业增加值
区县级小计	**10195805**	**4904090**	**124035**	**1541863**	**1323244**	**100811611**	**892262**	**47176182**	**52743167**
黄浦区	459638	53545	8339	10801	33617	5763200		667600	5095600
卢湾区	335042	102790	651	20402	20470	855839		60112	795727
徐汇区	640163	60357	2508	51198	76556	6505900		1588600	4917300
长宁区	460888	2163	534	81248	22376	3880800		390800	3490000
普陀区	369800	75582	705	37842	44832	931256	662	308557	622037
静安区	406818	43076	2036	8365	21756	1123857		144717	979140
闸北区	301016	62625	67	27062	19373	805516		201100	604416
虹口区	353508	41219	186	25826	18836	5349700		400900	4948800
杨浦区	353407	170456	1592	146809	41751	5796900	50500	3295200	2451200
宝山区	521505	143826	1392	175244	62964	4315317	20739	2115901	2178677
闵行区	856592	835893	15572	114967	72788	9741300	17200	6816000	2908100
嘉定区	505185	646016	1549	223476	274383	5598547	25810	3809192	1763545
浦东新区	2607957	2011787	62618	262632	179356	27507600	60600	13064900	14382100
金山区	228167	133846	9569	38999	41720	3055778	91798	1968749	995231
松江区	539962	144472	3973	85606	125993	6421100	70700	4511500	1838900
青浦区	397257	178675	10409	28391	56833	4156099	78625	2586024	1491450
南汇区	414384	119195	1168	80836	110905	4556602	182252	2526234	1848116
奉贤区	259356	104870	1701	99607	54684	3218371	124968	2118402	975001
崇明县	185160	49279	171	22552	44051	1227929	168408	601694	457827

6－9－2

单位：人

地区	财政供养人口 小计	在职人员	离休人员	退休人员	其他人员	自收自支单位年末人数
区县级小计	**608093**	**355234**	**6431**	**221022**	**25406**	**22679**
黄浦区	40494	18003	527	21737	227	354
卢湾区	21947	9978	300	10935	734	242
徐汇区	34582	18793	730	14083	976	926
长宁区	30018	16070	534	11862	1552	268
普陀区	35772	19183	337	13457	2795	717
静安区	20836	10482	331	10006	17	2303
闸北区	31478	16925	345	13206	1002	1347
虹口区	36857	16981	384	16489	3003	524
杨浦区	36349	20282	428	13470	2169	3888
宝山区	32446	21462	274	9990	720	570
闵行区	37101	24823	548	9807	1923	895
嘉定区	23536	15072	159	7727	578	576
浦东新区	74939	48289	373	21576	4701	190
金山区	27082	16034	140	9734	1174	1494
松江区	24955	16539	253	7548	615	252
青浦区	22415	15506	125	6038	746	130
南汇区	26513	17009	337	7745	1422	5727
奉贤区	26944	18677	148	7317	802	1326
崇明县	23829	15126	158	8295	250	950

2007 年江苏省地市县主要经济指标表

6－10－1　　　　单位:万元

地区	地方财政一般预算收入	国内增值税75%	国内消费税	预算内基金收入	预算外财政专户收入	地区生产总值	第一产业增加值	第二产业增加值	第三产业增加值
地市县合计	**20073808**	**12398221**	**1362611**	**6915364**	**5386371**	**253882814**	**15231589**	**143501234**	**95149991**
南京市小计	**3301883**	**1534088**	**499594**	**3094885**	**760508**	**32750000**	**860000**	**16050000**	**15840000**
本级	1176732	612374	491893	2318814	366847	5104887		4921489	183398
区县级小计	2125151	921714	7701	776071	393661	21687524	3000416	7233213	11453895
玄武区	173293	66303		15	17079	4579900	2290600	245000	2044300
白下区	181949	79523		22	11483	2642100	100	305200	2336800
秦淮区	65480	46881			11746	670000		280000	390000
建邺区	135545	29202		7	29473	599500	7000	161700	430800
鼓楼区	239047	100695		20	18394	2756600		282600	2474000
下关区	94938	45636		2	12402	118740		26270	92470
浦口区	189667	46260	1917	211991	58694	1620600	138900	803600	678100
栖霞区	149671	81837		39	19863	1342300	41600	816500	484200
雨花台区	120639	114903		15	23725	1059000	7600	638400	413000
江宁区	450819	174405	3699	327499	110733	3340000	187000	2073000	1080000
六合区	182920	67890	20	81781	36666	1672942	201001	835461	636480
溧水县	65008	40509	2021	123154	19596	1285700	126600	765400	393700
高淳县	76175	27670	44	31526	23807	142	15	82	45
无锡市小计	**3005829**	**2108445**	**13544**	**271458**	**760356**	**38580025**	**550005**	**22560014**	**15470006**
本级	755803	500472	7568	156690	185903	7965100	31800	4937000	2996300
区县级小计	2250026	1607973	5976	114768	574453	30614925	518205	17623014	12473706
崇安区	141216	51261		2452	11296	2117000		247000	1870000
南长区	104986	68389		1568	8497	1051000		568000	483000
北塘区	110562	67724		1343	10887	1629600		703200	926400
锡山区	212843	150875	1836	61306	83951	2507000	58000	1604000	845000
惠山区	271724	203682	965	3898	47600	3080325	61205	2175914	843206
滨湖区	285202	170043		5922	77495	3280000	36500	1829900	1413600
江阴市	823335	655053	2738	11282	273133	11900000	180000	7495500	4224500
宜兴市	300158	240946	437	26997	61594	5050000	182500	2999500	1868000
徐州市小计	**1003791**	**588788**	**431238**	**532889**	**281024**	**16795600**	**1926900**	**8827000**	**6041700**
本级	363739	285150	425586	377524	99003	5905400	111200	3837500	1956700
区县级小计	640052	303638	5652	155365	182021	10890200	1815700	4989500	4085000
鼓楼区	42613	14654	96	120	5952	362900	1200	141800	219900
云龙区	56486	13090	485	472	7794	529000	30000	180800	318200
九里区	23708	18408	8	96	2170	437800	8700	250900	178200
贾汪区	35542	27847	129	637	12579	806400	74000	448500	283900
泉山区	84049	17606	41	258	1300	530800	800	146500	383500
丰县	34948	19406	159	12656	15688	798500	223200	316400	258900

6－10－2　　单位:人

地区	财政供养人口 小计	在职人员	离休人员	退休人员	其他人员	自收自支单位年末人数
地市县合计	**2143427**	**1506206**	**30659**	**545785**	**60777**	**135398**
南京市小计	**212257**	**140296**	**4035**	**61703**	**6223**	**14823**
本级	59515	41677	1522	13851	2465	6944
区县级小计	152742	98619	2513	47852	3758	7879
玄武区	10568	5812	339	4351	66	432
白下区	13869	7155	406	6175	133	300
秦淮区	7038	4109	157	2731	41	366
建邺区	6227	4373	87	1757	10	
鼓楼区	13428	7072	309	4978	1069	8
下关区	7561	4603	183	2691	84	68
浦口区	15574	10007	178	4721	668	603
栖霞区	8307	5286	94	2560	367	493
雨花台区	4529	3108	142	1276	3	1054
江宁区	22149	15657	183	5794	515	868
六合区	19377	13021	178	5814	364	2918
溧水县	11192	8604	115	2453	20	385
高淳县	12923	9812	142	2551	418	384
无锡市小计	**160087**	**114164**	**1269**	**39590**	**5064**	**8975**
本级	35916	26108	569	8174	1065	1122
区县级小计	124171	88056	700	31416	3999	7853
崇安区	5714	4167	55	1452	40	17
南长区	6117	4119	34	1929	35	122
北塘区	8439	5302	51	2679	407	423
锡山区	12519	9114	90	3229	86	181
惠山区	13097	8545	114	3343	1095	454
滨湖区	12053	8863	56	2987	147	947
江阴市	37085	27910	150	7886	1139	4865
宜兴市	29147	20036	150	7911	1050	844
徐州市小计	**248605**	**184777**	**3933**	**58713**	**1182**	**13876**
本级	45418	31823	1338	11667	590	2557
区县级小计	203187	152954	2595	47046	592	11319
鼓楼区	4644	2810	68	1591	175	381
云龙区	6323	4162	95	2061	5	948
九里区	2538	1963	25	372	178	133
贾汪区	11763	9371	74	2318		314
泉山区	4765	3520	12	1233		473
丰县	26110	19441	425	6244		935

6－10－3　　　　单位：万元

地区	地方财政一般预算收入	国内增值税75%	国内消费税	预算内基金收入	预算外财政专户收入	地区生产总值	第一产业增加值	第二产业增加值	第三产业增加值
沛县	82488	49456	2194	4297	17900	1733700	333000	812000	588700
铜山县	102280	58609	28	48675	30134	2019800	265000	1116200	638600
睢宁县	34312	14087	294	10083	17483	845000	225900	341100	278000
新沂市	52141	22460	2174	21763	45995	1063000	238000	463500	361500
邳州市	91485	48015	44	56308	25026	1763300	415900	771800	575600
常州市小计	**1580688**	**923836**	**12011**	**828533**	**576013**	**18800000**	**630000**	**11220000**	**6950000**
本级	227303	35467		368192	171083	2058437	1092	404930	1652415
区县级小计	1353385	888369	12011	460341	404930	17066263	788508	10891670	5386085
天宁区	171079	115099	384	52599	63386	1222660	1031	634450	587179
钟楼区	150212	80408	999	3335	28841	1005000	1500	523500	480000
戚墅堰区	50070	41920	10	6736	18747	300403	1677	223120	75606
新北区	272821	197646	4400	62049	10599	2580000	61500	1903500	615000
武进区	433880	303966	364	171166	181788	7063100	235400	5005000	1822700
溧阳市	162588	87605	5636	94230	67821	2665100	177400	1542100	945600
金坛市	112735	61725	218	70226	33748	2230000	310000	1060000	860000
苏州市小计	**5418177**	**3955357**	**39524**	**147955**	**875650**	**57008500**	**987900**	**36320300**	**19700300**
本级	979089	709501	16314	28763	160743	8360100	18000	5971000	2371100
区县级小计	4439088	3245856	23210	119192	714907	56513526	916798	35329996	20266732
沧浪区	140993	35767	114	973	5568	1120800		251100	869700
平江区	81075	44541	2556	255	7800	839000		165300	673700
金阊区	87535	34270	317	77	5080	830700		156000	674700
虎丘区	411596	347976	641	8204	11874	5200000	12000	4355000	833000
吴中区	360769	257256	1009	14048	95918	3910900	103700	2402100	1405100
相城区	197583	141900	69	4818	40825	2321600	64200	1342600	914800
常熟市	600630	405312	3003	32621	218279	9692300	176500	5735800	3780000
张家港市	839800	686092	2815	24714	56195	10500200	130300	6694300	3675600
昆山市	865562	624871	6264	20349	79750	11518026	112498	7621496	3784032
吴江市	480957	388398	2491	8355	104198	6180000	152300	3951200	2076500
太仓市	372588	279473	3931	4778	89420	4400000	165300	2655100	1579600
南通市小计	**1276956**	**795629**	**8988**	**277190**	**443822**	**21118789**	**1739584**	**11968920**	**7410285**
本级	238938	120042		110624	100046	1080002	20732	935220	124050
区县级小计	1038018	675587	8988	166566	343776	19190188	1719217	10807213	6663758
崇川区	252796	104889	1249	3910	20967	2401588	10317	1167713	1223558
港闸区	93229	103296	916	22527	2963	1187000	20000	928000	239000
海安县	93588	67221	819	12823	25123	2136000	257000	1147000	732000
如东县	90188	67161	508	12691	39879	2122600	302400	1107100	713100
启东市	122006	66987	606	23246	69522	2830500	365100	1515300	950100

6－10－4　　　　　　　　　　　　　　　　　　　　　　　　　　　　单位:人

地　　区	财政供养人口					自收自支单位年末人数
	小　计	在　职人　员	离　休人　员	退　休人　员	其　他人　员	
沛县	32656	23705	407	8511	33	2741
铜山县	27428	20191	459	6649	129	648
睢宁县	26239	19866	403	5970		216
新沂市	23162	18486	250	4364	62	1801
邳州市	37559	29439	377	7733	10	2729
常州市小计	**112601**	**77029**	**1306**	**32706**	**1560**	**21869**
本级	23158	14800	593	7475	290	8951
区县级小计	89443	62229	713	25231	1270	12918
天宁区	6434	4024	66	2322	22	555
钟楼区	5634	3235	57	2195	147	1372
戚墅堰区	2820	1759	24	941	96	165
新北区	7894	5566	27	2118	183	1346
武进区	29205	20674	260	7597	674	7481
溧阳市	20597	15466	141	4911	79	1129
金坛市	16859	11505	138	5147	69	870
苏州市小计	**225094**	**145621**	**2135**	**56546**	**20792**	**20943**
本级	47762	30037	1004	12538	4183	5039
区县级小计	177332	115584	1131	44008	16609	15904
沧浪区	5625	2475	64	2310	776	21
平江区	6732	2144	39	2164	2385	185
金阊区	6042	2092	32	1459	2459	177
虎丘区	6269	4752	26	1419	72	465
吴中区	16494	11921	159	3770	644	823
相城区	8089	6391	14	1631	53	445
常熟市	35345	21085	261	10319	3680	4569
张家港市	26669	18312	103	6389	1865	1239
昆山市	27783	18492	142	5474	3675	3638
吴江市	21218	16347	168	4703		2364
太仓市	17066	11573	123	4370	1000	1978
南通市小计	**209612**	**137244**	**3900**	**62928**	**5540**	**3765**
本级	27098	18639	834	6988	637	1066
区县级小计	182514	118605	3066	55940	4903	2699
崇川区	8637	5387	128	2501	621	753
港闸区	4332	2510	50	1633	139	
海安县	25383	16760	430	6515	1678	
如东县	28865	18981	532	8702	650	145
启东市	26230	15057	481	9713	979	584

6－10－5　　单位:万元

地　　区	地方财政一般预算收入	国内增值税75%	国内消费税	预算内基金收入	预算外财政专户收入	地区生产总值	第一产业增加值	第二产业增加值	第三产业增加值
如皋市	115089	84849	1063	22457	41611	2169200	262900	1162500	743800
通州市	140101	99192	3380	36936	71125	3233300	261500	1925600	1046200
海门市	131021	81992	447	31976	72586	3110000	240000	1854000	1016000
连云港小计	**487851**	**215751**	**14310**	**308572**	**215956**	**6152300**	**1023500**	**2888500**	**2240300**
本级	155298	110782		131725	114066	2355520	55800	1605194	694526
区县级小计	332553	104969	14310	176847	101890	4464600	987800	1845000	1631800
连云区	44379	6369	69	36327	12513	326500	38600	127800	160100
新浦区	57229	19574	233	666	11796	371000	18500	78100	274400
海州区	18214	13772	2876	214	3123	168000	36000	61900	70100
赣榆县	63018	16149	4493	41512	29157	1133400	253900	500900	378600
东海县	63018	18992	1230	41717	26087	1140600	287700	486800	366100
灌云县	42133	9573	609	21874	9066	699800	201600	299600	198600
灌南县	44562	20540	4800	34537	10148	625300	151500	289900	183900
淮安市小计	**513956**	**290829**	**207589**	**196882**	**202404**	**6315600**	**1265700**	**3008400**	**2041500**
本级	201241	150969	195007	167911	86378	401300	18600	325900	56800
区县级小计	312715	139860	12582	28971	116026	5914300	1247100	2682500	1984700
清河区	45913	12459	234	228	4662	327300	500	101100	225700
楚州区	44741	16449	596	11985	26675	1188400	232900	558200	397300
淮阴区	53368	23730	103	1795	16081	1059000	251400	557500	250100
清浦区	37341	13404	60	944	10798	452900	46000	194600	212300
涟水县	33444	17196	11537	8015	12132	881000	276000	349500	255500
洪泽县	31615	19818	7	176	13495	577800	123300	255100	199400
盱眙县	40079	15069	30	5823	15053	884600	202000	430600	252000
金湖县	26214	21735	15	5	17130	543300	115000	235900	192400
盐城市小计	**654539**	**315720**	**46777**	**208030**	**289922**	**13680000**	**2584000**	**6424000**	**4672000**
本级	93834	43669	42091	14228	84138	1377000	5000	719000	653000
区县级小计	560705	272051	4686	193802	205784	12303000	2579000	5705000	4019000
亭湖区	89492	30706	360	341	11250	1001000	163000	429000	409000
盐都区	72588	37354	902	8575	49806	1495000	242000	832000	421000
响水县	31373	15651	6	5148	6034	628000	162000	283000	183000
滨海县	43336	23394	586	5343	11583	1079000	268000	461000	350000
阜宁县	47008	24086	160	8419	28903	1186000	254000	573000	359000
射阳县	58116	21766	47	33455	9017	1530000	396000	642000	492000
建湖县	63166	36263	1141	3972	25078	1402000	242000	679000	481000
东台市	87460	47716	119	41060	39632	2244000	467000	1033000	744000
大丰市	68166	35115	1365	87489	24481	1738000	385000	773000	580000
扬州市小计	**856900**	**512687**	**29897**	**312010**	**276413**	**13110000**	**1010000**	**7480000**	**4620000**

6－10－6　　　　单位:人

地　　区	财政供养人口					自收自支单位年末人数
	小　计	在　职 人　员	离　休 人　员	退　休 人　员	其　他 人　员	
如皋市	30798	21580	550	8384	284	979
通州市	31600	20492	504	10052	552	74
海门市	26669	17838	391	8440		164
连云港小计	**114698**	**88157**	**1642**	**23487**	**1412**	**9994**
本级	22332	17017	580	4511	224	1900
区县级小计	92366	71140	1062	18976	1188	8094
连云区	3514	2601	34	878	1	268
新浦区	6556	4649	105	1791	11	988
海州区	3244	2471	36	737		59
赣榆县	22226	17946	279	3847	154	3051
东海县	22160	16929	211	4431	589	2236
灌云县	19449	14736	248	4464	1	220
灌南县	15217	11808	149	2828	432	1272
淮安市小计	**141584**	**101892**	**2088**	**32751**	**4853**	**8443**
本级	22423	15946	423	4407	1647	2908
区县级小计	119161	85946	1665	28344	3206	5535
清河区	4419	3082	82	1111	144	241
楚州区	24650	17771	278	5577	1024	1106
淮阴区	21613	14193	311	5912	1197	104
清浦区	5640	3800	102	1410	328	87
涟水县	25080	17669	451	6659	301	579
洪泽县	10180	7442	152	2569	17	301
盱眙县	15835	12683	136	2837	179	3117
金湖县	11744	9306	153	2269	16	
盐城市小计	**213359**	**152629**	**3146**	**54748**	**2836**	**8209**
本级	18394	15297	305	2505	287	3824
区县级小计	194965	137332	2841	52243	2549	4385
亭湖区	11775	9324	105	2223	123	135
盐都区	20676	15018	521	4943	194	257
响水县	14173	11103	163	2884	23	224
滨海县	24749	17466	322	6897	64	597
阜宁县	25397	17743	365	6396	893	596
射阳县	25056	18597	372	5972	115	474
建湖县	23232	16787	299	5596	550	1064
东台市	28138	17198	375	10190	375	627
大丰市	21769	14096	319	7142	212	411
扬州市小计	**136797**	**95306**	**1615**	**34663**	**5213**	**8754**

6－10－7

单位:万元

地　　区	地方财政一般预算收入	国内增值税75%	国内消费税	预算内基金收入	预算外财政专户收入	地区生产总值	第一产业增加值	第二产业增加值	第三产业增加值
本级	217734	87532	55	151766	94884	2142875	91167	1921224	130484
区县级小计	639166	425155	29842	160244	181529	10189900	992000	6017200	3180700
广陵区	91792	61750	2574	18285	31098	490700	9200	220100	261400
邗江区	112188	62284	34	28821	35528	2010200	110000	1242200	658000
维扬区	74445	36294	3	719	10590	390000	8500	255000	126500
宝应县	62378	34866	401	28231	21328	1379100	267300	680100	431700
仪征市	109588	81898	22781	22118	21410	1625000	91300	1093900	439800
高邮市	64818	57727	163	26707	31056	1494900	281700	747900	465300
江都市	123957	90336	3886	35363	30519	2800000	224000	1778000	798000
镇江市小计	**802565**	**502299**	**3324**	**348768**	**351451**	**12130000**	**450000**	**7260000**	**4420000**
本级	256480	123991	376	252332	140674	1450000	16000	1200000	234000
区县级小计	546085	378308	2948	96436	210777	8537000	428800	4962700	3145500
京口区	77175	37605	137	303	12931	503300	8100	251800	243400
润州区	64406	44157	26	116	7353	422800	12600	160900	249300
丹徒区	82266	56628	1154	20177	24425	1051500	64000	632500	355000
丹阳市	167056	129889	1597	29310	120342	3566400	181000	2111600	1273800
扬中市	80124	71960	12	17708	15672	1463000	43100	885900	534000
句容市	75058	38069	22	28822	30054	1530000	120000	920000	490000
泰州市小计	**841519**	**559711**	**16851**	**329778**	**290319**	**12022000**	**1024000**	**7002000**	**3996000**
本级	216547	142488	13034	78522	58424	1897500	7700	1444800	445000
区县级小计	624972	417223	3817	251256	231895	10197500	1016900	5664200	3516400
海陵区	66600	35106	537	19090	5953	751500	17800	395700	338000
高港区	47038	41877	1619	15613	13776	546000	32500	335500	178000
兴化市	95838	83814	45	16409	59873	2127000	418000	1012000	697000
靖江市	149469	90485	195	70967	34808	2191000	98000	1306000	787000
泰兴市	152559	93308	1305	83125	81789	2555000	261600	1452000	841400
姜堰市	113468	72633	116	46052	35696	2027000	189000	1163000	675000
宿迁市小计	**329154**	**95081**	**38964**	**58414**	**62533**	**5420000**	**1180000**	**2492100**	**1747900**
本级	75861	13352	193	6742	26026	179960	18000	141600	20360
区县级小计	253293	81729	38771	51672	36507	4885320	1222102	2225517	1437701
宿城区	54271	26033	23131	3181	4321	687320	119102	340517	227701
宿豫区	32582	13732	3	3494	6591	774000	157000	441000	176000
沭阳县	80019	19261	659	27545	7320	1461000	395000	636000	430000
泗阳县	42074	10443	20	12629	11107	1001000	265000	438000	298000
泗洪县	44347	12260	14958	4823	7168	962000	286000	370000	306000

6－10－8　　　　单位：人

地区	财政供养人口					自收自支单位年末人数
	小计	在职人员	离休人员	退休人员	其他人员	
本级	24559	16044	604	6198	1713	1198
区县级小计	112238	79262	1011	28465	3500	7556
广陵区	5369	3357	97	1896	19	1082
邗江区	13372	8745	134	4381	112	1732
维扬区	2788	2037	27	654	70	173
宝应县	24614	19136	196	4968	314	725
仪征市	14355	10756	145	3240	214	590
高邮市	22480	13938	223	6056	2263	613
江都市	29260	21293	189	7270	508	2641
镇江市小计	**103769**	**71159**	**1385**	**27607**	**3618**	**5630**
本级	25989	17785	689	6962	553	2444
区县级小计	77780	53374	696	20645	3065	3186
京口区	5242	3029	67	1529	617	902
润州区	5395	2716	45	1555	1079	793
丹徒区	11551	8076	150	3098	227	216
丹阳市	26254	17688	220	7968	378	222
扬中市	11453	8657	70	2621	105	277
句容市	17885	13208	144	3874	659	776
泰州市小计	**134447**	**97926**	**1814**	**32870**	**1837**	**7247**
本级	13972	11066	133	2358	415	1314
区县级小计	120475	86860	1681	30512	1422	5933
海陵区	9423	6516	155	2503	249	646
高港区	4652	3769	25	843	15	193
兴化市	31540	23388	421	7102	629	960
靖江市	20616	14991	307	5108	210	2290
泰兴市	31098	21486	455	9013	144	1178
姜堰市	23146	16710	318	5943	175	666
宿迁市小计	**130517**	**100006**	**2391**	**27473**	**647**	**2870**
本级	8729	7725	34	597	373	1037
区县级小计	121788	92281	2357	26876	274	1833
宿城区	14322	10925	319	3056	22	697
宿豫区	17471	13049	413	4009		824
沭阳县	39107	28392	1097	9618		236
泗阳县	23112	17318	295	5261	238	76
泗洪县	27776	22597	233	4932	14	

2007年浙江省地市县主要经济指标表

6－11－1　　　　单位：万元

地区	地方财政一般预算收入	国内增值税75%	国内消费税	预算内基金收入	预算外财政专户收入	地区生产总值	第一产业增加值	第二产业增加值	第三产业增加值
地市县合计	**14747026**	**8556840**	**1194185**	**9304775**	**6448605**	**186380000**	**10250000**	**100920000**	**75210000**
杭州市小计	**3916195**	**1965962**	**569098**	**3187784**	**851479**	**41038902**	**1675700**	**20591481**	**18771721**
本级	922319	326460	540314	2177094	301593				
区县级小计	2993876	1639502	28784	1010690	549886	38262863	1676627	20991856	15594380
富阳市	204533	132307	300	50355	38500	2889510	217323	1809723	862464
桐庐县	66815	51522	143	46131	24669	1427574	128232	903807	395535
临安市	97935	60119	213	16757	36752	1973191	201448	1172766	598977
建德市	84236	52491	730	17565	46120	1389564	180012	821795	387757
淳安县	41273	16976	3794	13513	16714	801975	161860	323547	316568
上城区	212112	66015	186	5895	31694	3521968		1867835	1654133
下城区	264336	85539	1061	7933	14632	2616708	451	613018	2003239
江干区	197776	88658	26	7210	17136	1636971	18674	686690	931607
拱墅区	188524	120131	15	8955	15364	1942208	4392	1027857	909959
西湖区	268795	90960	90	9773	14890	2791318	40268	650698	2100352
滨江区	283249	128160	26	12416	26637	1993623	17659	981763	994201
萧山区	538828	395881	11537	269198	119097	8416605	381788	5522255	2512562
余杭区	367923	170953	5031	535221	135540	4207738	302960	2483698	1421080
开发区	158440	177930	5632	9144	1151	2500000	17500	2115000	367500
西湖风景名胜区	19092	1860		624	5566	153910	4060	11404	138446
临平工业园区	9				5424				
嘉兴市小计	**1052352**	**735279**	**6531**	**725645**	**1007915**	**15851825**	**1002200**	**9472595**	**5377030**
本级	361196	205827	970	256588	578304	4043407	215021	2187001	1641385
区县级小计	691156	529452	5561	469057	429611	11782310	787207	7273831	3721272
海宁市	179028	132165	310	165468	40713	3042517	163677	1901886	976954
桐乡市	170598	129462	157	108876	163903	2721345	190075	1526066	1005204
平湖市	150646	126591	1095	109186	110591	2402830	134571	1580838	687421
嘉善县	110227	86988	1443	37111	52792	1814201	159139	1069256	585806
海盐县	80657	54246	2556	48416	61612	1801417	139745	1195785	465887
湖州市小计	**616780**	**351999**	**7570**	**205746**	**313706**	**8959439**	**732927**	**5107396**	**3119116**
本级	289302	158994	4727	159178	71269	4183076	296183	2386659	1500234
区县级小计	327478	193005	2843	46568	242437	9034560	726554	5091791	3216215
长兴县	153620	87813	190	35894	56794	1934700	180000	1087100	667600
德清县	111500	71241	2192	6904	55255	1680000	126000	1049000	505000
安吉县	62358	33951	461	3770	84941	1225701	124371	612258	489072
吴兴区					22398	1895770	126856	928887	840027
南浔区					18930	1608602	155779	1017314	435509
湖州经济开发区					4119	689787	13548	397232	279007

6－11－2 单位:人

地区	财政供养人口 小计	在职人员	离休人员	退休人员	其他人员	自收自支单位年末人数
地市县合计	**1335812**	**975697**	**13423**	**331615**	**15077**	**108753**
杭州市小计	**217637**	**153292**	**2452**	**57812**	**4081**	**24157**
本级	46373	31299	1059	13563	452	6431
区县级小计	171264	121993	1393	44249	3629	17726
富阳市	19982	15218	158	4577	29	942
桐庐县	11222	8060	84	3074	4	538
临安市	12575	9169	139	3143	124	1620
建德市	11329	7788	124	3379	38	2830
淳安县	13504	10278	111	3071	44	531
上城区	9458	5547	149	3762		372
下城区	9354	5620	100	3500	134	983
江干区	7907	5596	64	2210	37	928
拱墅区	7961	5304	78	2568	11	239
西湖区	9751	6907	74	2769	1	1697
滨江区	2360	1793	3	248	316	489
萧山区	31920	22755	155	6631	2379	1369
余杭区	19287	14844	139	4304		2233
开发区	1628	1048		70	510	17
西湖风景名胜区	2989	2029	15	943	2	2938
临平工业园区	37	37				
嘉兴市小计	**82774**	**57327**	**878**	**24537**	**32**	**21555**
本级	22934	15798	345	6760	31	6296
区县级小计	59840	41529	533	17777	1	15259
海宁市	14738	9718	127	4893		2593
桐乡市	13641	9810	105	3726		4964
平湖市	10737	7762	86	2888	1	4035
嘉善县	10487	7006	92	3389		2183
海盐县	10237	7233	123	2881		1484
湖州市小计	**67799**	**48261**	**723**	**18382**	**433**	**7960**
本级	16029	10678	365	4986		3884
区县级小计	51770	37583	358	13396	433	4076
长兴县	13216	9813	120	3283		889
德清县	11204	8136	113	2943	12	1191
安吉县	12543	9220	73	2829	421	561
吴兴区	6662	4563	36	2063		1190
南浔区	7473	5356	16	2101		245
湖州经济开发区	672	495		177		

6－11－3 单位:万元

地区	地方财政一般预算收入	国内增值税75%	国内消费税	预算内基金收入	预算外财政专户收入	地区生产总值	第一产业增加值	第二产业增加值	第三产业增加值
舟山市小计	**350636**	**97440**	**1866**	**172161**	**132211**	**4062000**	**445700**	**1761000**	**1855300**
本级	165687	35606	1584	89988	62556				
区县级小计	184949	61834	282	82173	69655	4062000	445700	1761000	1855300
岱山县	31000	10827	25	48656	11705	656700	129900	265300	261500
嵊泗县	29809	3377	1	26349	4031	473200	75000	238500	159700
定海区	42011	19845	17	2097	29649	1657800	66000	703000	888800
普陀区	82129	27785	239	5071	24270	1274300	174800	554200	545300
金华市小计	**1019684**	**563261**	**8167**	**450043**	**215997**	**14625500**	**771900**	**7931200**	**5922400**
本级	238792	95625	3418	40523	49871				
区县级小计	780892	467636	4749	409520	166126	14625500	771900	7931200	5922400
兰溪市	69198	47756	89	36398	17600	1266000	118700	794900	352400
永康市	133528	98691	3263	58472	14460	2115100	61200	1405900	648000
武义县	62661	41433	30	23996	6151	838200	81100	483600	273500
东阳市	113258	60492	84	30956	22399	2102200	101300	1172900	828000
磐安县	22518	16293	46	3654	11371	335900	52600	186700	96600
义乌市	322806	166755	1203	234758	60731	4209000	118000	1940000	2151000
浦江县	56923	36216	34	21286	18160	934300	52300	588400	293600
金东区					4084	645600	80000	385000	180600
婺城区					9798	2179200	106700	973800	1098700
开发区					1372				
绍兴市小计	**1221169**	**802633**	**7607**	**1534853**	**575731**	**19807700**	**1082000**	**11885600**	**6840100**
本级	338583	157514	2885	470791	110968	3454400	72400	1788900	1593100
区县级小计	882586	645119	4722	1064062	464763	16353300	1009600	10096700	5247000
绍兴县	327923	258395	2644	565164	110397	5414900	201200	3507700	1706000
上虞市	167056	115237	665	124903	93914	3095300	219200	1909400	966700
嵊州市	83830	60216	134	57316	47009	1918500	192700	1084900	640900
新昌县	76278	69027	99	64786	32564	1522500	111300	875400	535800
诸暨市	227499	142244	1180	251893	180879	4402100	285200	2719300	1397600
温州市小计	**1570271**	**898361**	**12162**	**882545**	**775769**	**21569967**	**712400**	**11687323**	**9170244**
本级	410375	63854	6126	152895	300506				
区县级小计	1159896	834507	6036	729650	475263	19978446	712206	11529540	7736700
平阳县	70746	44577	1543	73058	22445	1393917	87460	683668	622789
苍南县	100112	47925	47	126430	62655	1778354	150264	787158	840932
瑞安市	211574	125604	327	179114	102360	3270322	112351	1770063	1387908
永嘉县	92111	67002	435	33827	68206	1544900	55100	961300	528500
乐清市	216305	171252	2838	206788	72158	3609200	127200	2281300	1200700
文成县	19057	5889	70	16951	5435	278599	35534	91758	151307

6－11－4 单位：人

地区	财政供养人口					自收自支单位年末人数
	小计	在职人员	离休人员	退休人员	其他人员	
舟山市小计	**40213**	**29610**	**493**	**10055**	**55**	**1487**
本级	13195	9279	266	3648	2	698
区县级小计	27018	20331	227	6407	53	789
岱山县	6740	4979	59	1702		192
嵊泗县	4542	3516	38	977	11	112
定海区	6666	5114	78	1474		116
普陀区	9070	6722	52	2254	42	369
金华市小计	**127126**	**91905**	**1049**	**32935**	**1237**	**7482**
本级	18513	13122	344	4495	552	1191
区县级小计	108613	78783	705	28440	685	6291
兰溪市	14427	9784	99	3859	685	1478
永康市	14600	10532	132	3936		537
武义县	10065	6882	84	3099		250
东阳市	17256	12165	100	4991		2400
磐安县	5771	4597	13	1161		212
义乌市	20353	15878	117	4358		261
浦江县	9738	7267	47	2424		401
金东区	5260	3862	24	1374		235
婺城区	9455	6350	87	3018		375
开发区	1688	1466	2	220		142
绍兴市小计	**113084**	**82545**	**813**	**28452**	**1274**	**8775**
本级	23581	17804	243	5447	87	3034
区县级小计	89503	64741	570	23005	1187	5741
绍兴县	18998	14218	133	3806	841	1368
上虞市	17848	13105	91	4444	208	2049
嵊州市	16774	11539	114	5101	20	574
新昌县	12811	8781	86	3920	24	298
诸暨市	23072	17098	146	5734	94	1452
温州市小计	**204455**	**158383**	**2402**	**42802**	**868**	**7004**
本级	30559	22728	596	6926	309	796
区县级小计	173896	135655	1806	35876	559	6208
平阳县	20469	15921	259	4064	225	1247
苍南县	24818	20566	136	3886	230	1699
瑞安市	26922	21030	303	5589		937
永嘉县	19103	14513	243	4343	4	655
乐清市	29031	22565	348	6118		624
文成县	10815	7608	212	2989	6	142

6－11－5　　　　单位:万元

地　　区	地方财政一般预算收入	国内增值税75%	国内消费税	预算内基金收入	预算外财政专户收入	地区生产总值	第一产业增加值	第二产业增加值	第三产业增加值
泰顺县	18688	4958	85	10491	6036	270006	32179	100864	136963
洞头县	17652	10878	367	1745	4780	264232	32455	86670	145107
鹿城区	142510	97935	65	7802	42622	2625620	12271	1147414	1465935
瓯海区	97848	92395	188	5536	40206	1928500	39100	1265700	623700
龙湾区	100513	105228	7	6306	37323	1827262	28292	1437856	361114
开发区	72780	60864	64	61602	11037	1187534		915789	271745
台州市小计	**1088551**	**700959**	**32436**	**637941**	**476597**	**17219424**	**1162356**	**9263267**	**6793801**
本级	69953	14481	41	65121	68182				
区县级小计	1018598	686478	32395	572820	408415	17219424	1162356	9263267	6793801
临海市	136172	82269	4701	35319	63484	2267700	192900	1218000	856800
温岭市	204069	127326	11070	126198	147385	4108556	315935	2201146	1591475
玉环县	137582	127065	320	44161	42893	2217253	140366	1464173	612714
三门县	45679	25121	669	49444	21120	690730	116785	298234	275711
仙居县	40626	28170	37	24148	25522	707266	75554	337854	293858
天台县	51610	28304	6145	16526	21000	853185	75252	396201	381732
椒江区	150971	89709	918	34716	15364	2344152	67874	1261815	1014463
黄岩区	118769	92414	689	115359	39304	1655236	98728	896086	660422
路桥区	133120	86100	7846	126949	32343	2375346	78962	1189758	1106626
丽水市小计	**326640**	**142852**	**5099**	**283409**	**257083**	**4252641**	**496500**	**2022556**	**1733585**
本级	116497	42156	781	145153	57121	1183044	97505	522938	562601
区县级小计	210143	100696	4318	138256	199962	4224497	493958	2028540	1701999
缙云县	38384	26634	3823	14187	16736	672600	59200	392900	220500
景宁县	14071	5754	10	1961	8718	182600	32800	67700	82100
莲都区	1952				22006	1183044	97505	522938	562601
龙泉市	21862	10120	46	30455	22289	380100	68500	151200	160400
青田县	59802	24645	42	50207	79233	690000	41400	400300	248300
庆元县	11944	4152	34	8361	7863	202420	40341	79946	82133
松阳县	17858	7080	331	4111	8840	302679	71623	114010	117046
遂昌县	27752	14622	28	20567	28747	386932	55817	185414	145701
云和县	16518	7689	4	8407	5530	224122	26772	114132	83218
衢州市小计	**293530**	**136190**	**2517**	**136866**	**127345**	**3921890**	**584480**	**2030170**	**1307240**
本级	144233	77335	79	66249	72057	1190000	210000	590000	390000
区县级小计	149297	58855	2438	70617	55288	2731890	374480	1440170	917240
龙游县	40495	12225	224	20491	21259	722650	91000	385290	246360
常山县	29566	10587	812	8239	7407	489900	60980	256280	172640
江山市	53703	24739	1292	20405	15098	1068470	140700	583470	344300
开化县	25533	11304	110	21482	11524	450870	81800	215130	153940

6－11－6 单位:人

地　　区	财政供养人口 小计	在职人员	离休人员	退休人员	其他人员	自收自支单位年末人数
泰顺县	10208	7939	94	2175		208
洞头县	3566	3189	21	321	35	243
鹿城区	12708	8238	107	4304	59	107
瓯海区	9816	7969	72	1775		288
龙湾区	6164	5865	9	290		50
开发区	276	252	2	22		8
台州市小计	**137553**	**101761**	**1123**	**32879**	**1790**	**12905**
本级	8293	6449	131	1538	175	4786
区县级小计	129260	95312	992	31341	1615	8119
临海市	22105	15708	203	6194		559
温岭市	20998	15264	137	5597		4237
玉环县	11834	9329	163	2295	47	616
三门县	9951	7540	74	1964	373	523
仙居县	12081	8827	133	3111	10	859
天台县	14527	11190	83	3254		222
椒江区	14151	10157	62	2767	1165	244
黄岩区	14759	10132	118	4489	20	645
路桥区	8854	7165	19	1670		214
丽水市小计	**89464**	**66687**	**1120**	**20952**	**705**	**2177**
本级	13345	10083	207	2533	522	280
区县级小计	76119	56604	913	18419	183	1897
缙云县	12051	8727	137	3187		286
景宁县	6068	4630	53	1385		236
莲都区	7971	5379	163	2429		72
龙泉市	8825	6846	92	1887		170
青田县	11480	8317	146	3002	15	406
庆元县	8291	7068	74	1149		128
松阳县	8278	6104	58	2116		136
遂昌县	8095	5844	118	1965	168	281
云和县	5060	3689	72	1299		182
衢州市小计	**70424**	**51297**	**783**	**17434**	**910**	**4181**
本级	25382	18570	243	6244	325	1975
区县级小计	45042	32727	540	11190	585	2206
龙游县	9875	7156	132	2470	117	511
常山县	10594	7789	90	2654	61	654
江山市	14087	10171	153	3580	183	653
开化县	10486	7611	165	2486	224	388

6－11－7

单位:万元

地　　区	地方财政一般预算收入	国内增值税75%	国内消费税	预算内基金收入	预算外财政专户收入	地区生产总值	第一产业增加值	第二产业增加值	第三产业增加值
宁波市小计	**3291218**	**2161904**	**541132**	**1087782**	**1714772**	**33055176**	**1538357**	**18102321**	**13414498**
本级	399960	340201	508365	230066	661559				
区县级小计	2891258	1821703	32767	857716	1053213	33055176	1538357	18102321	13414498
慈溪市	355068	277834	996	200602	192823	5309100	249500	3294200	1765400
余姚市	302937	235421	497	108508	148710	4223300	267100	2550400	1405800
奉化市	108897	85840	12	56940	56909	1695100	155700	861500	677900
象山县	113490	70028	130	15585	124628	1931263	303835	972253	655175
宁海县	129042	95032	4371	51196	86326	1942942	201424	1123811	617707
鄞州区	430834	285271	6335	211493	192577	5208446	209634	3294507	1704305
镇海区	162966	120340	700	34437	53297	2436742	42004	1830077	564661
北仑区	145333	87147	283	28963	42535	3772000	65000	2268000	1439000
江东区	205410	46480	110	9530	9790	2271596	3764	860904	1406928
江北区	196269	79651	50	22986	15540	1360000	40000	570000	750000
海曙区	259177	58448	1701	13702	12631	2904687	396	476669	2427622
开发区	174429	174171	9675	60569					
大榭开发区	125953	134717	7873	7038	1592				
宁波保税区	83335	34530	12	22358	364				
东钱湖区	27550	13011	1	8470	96826				
高新开发区	70568	23782	21	5339	18665				

6－11－8　　　　单位:人

地　　区	财政供养人口					自收自支单位年末人数
	小　计	在职人员	离休人员	退休人员	其他人员	
宁波市小计	**185283**	**134629**	**1587**	**45375**	**3692**	**11070**
本级	38157	27753	715	8931	758	2923
区县级小计	147126	106876	872	36444	2934	8147
慈溪市	23482	17130	111	5598	643	543
余姚市	21497	15362	175	5827	133	794
奉化市	12862	9322	94	3445	1	2002
象山县	13846	10669	55	3122		486
宁海县	15244	10936	122	4051	135	144
鄞州区	19663	14599	96	4757	211	1116
镇海区	7677	5516	85	2076		956
北仑区	9478	7223	19	2119	117	764
江东区	5733	4549	28	1077	79	268
江北区	6856	4778	38	1621	419	310
海曙区	8041	4765	45	2382	849	568
开发区						
大榭开发区	727	587			140	55
宁波保税区	227	211		3	13	
东钱湖区	1147	723	4	279	141	141
高新开发区	646	506		87	53	

2007年安徽省地市县主要经济指标表

6－12－1　　单位：万元

地区	地方财政一般预算收入	国内增值税75%	国内消费税	预算内基金收入	预算外财政专户收入	地区生产总值	第一产业增加值	第二产业增加值	第三产业增加值
地市县合计	**4468640**	**2471298**	**773480**	**2991862**	**978450**	**76013382**	**12587330**	**34588732**	**28837320**
宣城市小计	**218634**	**94110**	**2745**	**153155**	**45022**	**3367300**	**655000**	**1344100**	**1368200**
本级	39120	12777	1120	72734	6884				
区县级小计	179514	81333	1625	80421	38138	3367300	655000	1344100	1368200
宣州区	40101	9987	1235	7503	6793	914890	178651	258354	477885
郎溪县	13900	8046	134	1372	3033	373522	81035	190564	101923
广德县	34009	17370	173	3669	3518	620422	104988	262767	252667
宁国市	57382	29403	34	42265	9524	815651	121350	405238	289063
泾县	17862	7302	22	15050	10077	306317	77255	102845	126217
旌德县	5804	3345	2	2064	2276	133439	39322	47114	47003
绩溪县	10456	5880	25	8498	2917	203059	52399	77218	73442
宿州市小计	**118897**	**61233**	**2155**	**98567**	**60534**	**4249190**	**1511500**	**1231700**	**1505990**
本级	35179	15513	225	44392	28687	101915	3859	32555	65501
区县级小计	83718	45720	1930	54175	31847	4147275	1507641	1199145	1440489
埇桥区	37976	31629	1623	2069	9273	1608354	384434	540895	683025
砀山县	10052	4368	5	9120	6000	508105	217126	139089	151890
萧县	15191	5562	93	14395	5080	775109	292903	230172	252034
灵璧县	9681	1764	80	18818	5657	658151	332078	127307	198766
泗县	10818	2397	129	9773	5837	597556	281100	161682	154774
滁州市小计	**221739**	**121191**	**57739**	**72745**	**59604**	**4439300**	**1149500**	**1785700**	**1504100**
本级	67023	38385	52068	2149	23425	641037	1906	320173	318958
区县级小计	154716	82806	5671	70596	36179	3798263	1147594	1465527	1185142
琅琊区	9631	6831	2703	120	626	243407	21294	111456	110657
南谯区	12168	4650	97	839	6419	263007	96979	110816	55212
天长市	35838	34830	1198	5187	2482	852409	176265	456959	219185
来安县	17772	9705	554	8423	2244	480763	119923	211193	149647
全椒县	21573	6504	6	21094	4587	414336	123414	159829	131093
定远县	17205	5424	6	13568	7618	533983	247202	115828	170953
凤阳县	23732	9834	232	11106	6001	527864	170670	184346	172848
明光市	16797	5028	875	10259	6202	482494	191847	115100	175547
池州市小计	**127660**	**42804**	**1411**	**48495**	**28249**	**1506153**	**337730**	**602393**	**566030**
本级	63607	21174	2	24116	12618	86932	1701	51221	34010
区县级小计	64053	21630	1409	24379	15631	1419221	336029	551172	532020
贵池区	23695	7269	1390	575	7398	762278	141775	328555	291948
石台县	3569	1755	7	401	618	65000	16000	26000	23000
青阳县	18767	6960	10	8628	4815	211935	50222	85796	75917
东至县	18022	5646	2	14775	2800	380008	128032	110821	141155

6－12－2 单位:人

地　区	财政供养人口					自收自支单位年末人数
	小　计	在　职人　员	离　休人　员	退　休人　员	其　他人　员	
地市县合计	**1523351**	**1084417**	**19447**	**390334**	**29153**	**48523**
宣城市小计	**78295**	**52580**	**909**	**22870**	**1936**	**924**
本级	6648	4538	226	1868	16	632
区县级小计	71647	48042	683	21002	1920	292
宣州区	16411	10781	156	4839	635	
郎溪县	9295	6625	67	2603		
广德县	12963	8393	99	3573	898	
宁国市	11232	7659	101	3300	172	169
泾县	9904	6690	118	2961	135	123
旌德县	5435	3854	57	1488	36	
绩溪县	6407	4040	85	2238	44	
宿州市小计	**126434**	**92616**	**2075**	**30179**	**1564**	**3053**
本级	12700	9129	277	2718	576	415
区县级小计	113734	83487	1798	27461	988	2638
埇桥区	33166	24453	560	8151	2	4
砀山县	18184	12007	448	4915	814	2222
萧县	24790	18167	396	6146	81	363
灵璧县	21506	16563	231	4621	91	49
泗县	16088	12297	163	3628		
滁州市小计	**110475**	**77751**	**1489**	**28394**	**2841**	**5891**
本级	18035	11974	435	4615	1011	872
区县级小计	92440	65777	1054	23779	1830	5019
琅琊区	2776	1756	83	916	21	
南谯区	5715	4136	58	1521		
天长市	15754	10879	207	3622	1046	1745
来安县	12503	8911	119	3209	264	484
全椒县	13162	9142	105	3845	70	670
定远县	16461	12463	174	3673	151	322
凤阳县	14332	10392	163	3511	266	568
明光市	11737	8098	145	3482	12	1230
池州市小计	**41069**	**30593**	**370**	**9434**	**672**	**1421**
本级	5607	4253	33	1094	227	494
区县级小计	35462	26340	337	8340	445	927
贵池区	11182	8193	105	2625	259	85
石台县	4540	3388	49	1056	47	44
青阳县	8033	5989	93	1927	24	
东至县	11707	8770	90	2732	115	798

6－12－3

单位:万元

地区	地方财政一般预算收入	国内增值税75%	国内消费税	预算内基金收入	预算外财政专户收入	地区生产总值	第一产业增加值	第二产业增加值	第三产业增加值
阜阳市小计	**170333**	**108783**	**62116**	**107622**	**72149**	**4624200**	**1409200**	**1548400**	**1666600**
本级	59270	33039	58410	9512	27446	616343	13690	396515	206138
区县级小计	111063	75744	3706	98110	44703	4007857	1395510	1151885	1460462
颍州区	13665	6792		102	2519	345621	83317	67488	194816
颍泉区	9390	3951	167	3842	2937	305393	103341	48953	153099
颍东区	8418	3882		2620	2409	265095	94857	53899	116339
临泉县	14059	5562	3291	8091	6240	696291	328417	156913	210961
太和县	15060	10020	43	25798	7988	721226	232225	247443	241558
颍上县	26520	28038	28	39418	7859	700070	206469	288220	205381
阜南县	11913	3519	156	14826	8181	524110	221310	110679	192121
界首市	12038	13980	21	3413	6570	450051	125574	178290	146187
六安市小计	**203142**	**64341**	**13492**	**139105**	**41656**	**4398400**	**1121100**	**1588600**	**1688700**
本级	69510	16860	1731	75337	18046	195316	29019	115290	51007
区县级小计	133632	47481	11741	63768	23610	3700364	1331396	1145650	1223318
金安区	20478	4446	28	1563	878	852657	509311	131852	211494
裕安区	12833	3423	39	1100	6938	453244	129849	111294	212101
寿县	16726	3102	12	9113	2518	664366	241400	213951	209015
霍邱县	23131	11757	427	16928	6117	807675	265098	261754	280823
舒城县	20363	5526	3827	1196	1143	60000	15300	22000	22700
金寨县	13760	5079		13646	2380	400653	113890	137247	149516
霍山县	26341	14148	7408	20222	3636	461769	56548	267552	137669
巢湖市小计	**188369**	**110679**	**2768**	**72637**	**46046**	**4046200**	**898900**	**1686000**	**1461300**
本级	52912	19053		64575	10380	2345767	388409	1086402	870956
区县级小计	135457	91626	2768	8062	35666	1700433	510491	599598	590344
居巢区	21602	9033	79	257	12097	71	16	33	22
庐江县	24319	11850	1049	5196	4730	647777	232782	190611	224384
含山县	17094	10731	1559	1224	5496	401298	106376	151360	143562
和县	23001	7059	16	509	5028	525127	145517	196814	182796
无为县	49441	52953	65	876	8315	126160	25800	60780	39580
合肥市小计	**1019846**	**454323**	**162400**	**1406917**	**235148**	**13342000**	**800200**	**6512000**	**6029800**
本级	700498	333228	125681	1281481	162731	3893806	22691	2623390	1247725
区县级小计	319348	121095	36719	125436	72417	9448194	777509	3888610	4782075
瑶海区	22076	10722	1	412	7879	1112570	8057	438203	666310
庐阳区	52370	10188		473	10866	1680000	10000	400000	1270000
蜀山区	35442	11052		635	6798	1546442	6095	653166	887181
包河区	48834	31656	492	908	9029	2017498	38401	869540	1109557
肥东县	65586	22401	1	36649	15922	1171637	289700	554097	327840

6－12－4 单位:人

地　　区	财政供养人口					自收自支单位年末人数
	小计	在职人员	离休人员	退休人员	其他人员	
阜阳市小计	**173407**	**124038**	**2038**	**45445**	**1886**	**6197**
本级	16687	12749	452	3025	461	657
区县级小计	156720	111289	1586	42420	1425	5540
颍州区	13802	9912	168	3571	151	103
颍泉区	12289	9223	133	2901	32	102
颍东区	12730	9049	121	3206	354	
临泉县	25558	17565	215	7631	147	1334
太和县	26027	18658	281	7088		755
颍上县	25127	17144	227	7676	80	880
阜南县	24195	18950	245	5000		1174
界首市	16992	10788	196	5347	661	1192
六安市小计	**141653**	**102268**	**1676**	**35973**	**1736**	**5000**
本级	13994	9981	310	3231	472	2116
区县级小计	127659	92287	1366	32742	1264	2884
金安区	15689	11297	310	4000	82	
裕安区	17207	12363	188	4566	90	147
寿县	23904	17513	243	5933	215	545
霍邱县	24656	17874	250	6343	189	1958
舒城县	19103	13757	152	4700	494	234
金寨县	15129	10306	155	4649	19	
霍山县	11971	9177	68	2551	175	
巢湖市小计	**91659**	**64639**	**1081**	**24830**	**1109**	**5029**
本级	7874	5393	202	2227	52	2205
区县级小计	83785	59246	879	22603	1057	2824
居巢区	13931	9092	212	4033	594	1066
庐江县	20782	15077	150	5520	35	629
含山县	10788	8024	135	2629		
和县	12930	9262	121	3502	45	261
无为县	25354	17791	261	6919	383	868
合肥市小计	**112992**	**78273**	**1606**	**29722**	**3391**	**5050**
本级	33688	20907	912	9471	2398	4232
区县级小计	79304	57366	694	20251	993	818
瑶海区	6526	4755	69	1702		229
庐阳区	5880	3716	65	1801	298	
蜀山区	4017	2892	42	950	133	73
包河区	6335	4234	64	1901	136	145
肥东县	23543	17156	170	6029	188	

6－12－5　　　　　　　　　　　　　　　　　　　　　　　　单位:万元

地　区	地方财政一般预算收入	国内增值税75%	国内消费税	预算内基金收入	预算外财政专户收入	地区生产总值	第一产业增加值	第二产业增加值	第三产业增加值
长丰县	34711	14301	50	16767	10407	700047	205256	323604	171187
肥西县	60329	20775	36175	69592	11516	1220000	220000	650000	350000
蚌埠市小计	**226182**	**110214**	**186258**	**140114**	**43735**	**4120900**	**864200**	**1587000**	**1669700**
本级	140555	80586	179587	121577	32908	1547494		771233	776261
区县级小计	85627	29628	6671	18537	10827	2573406	864200	815767	893439
龙子湖区	12774	4395		149	381				
蚌山区	8907	2727		134	1027	105900	4024	23220	78656
禹会区	8593	5565		159	393	100142	7747	48542	43853
淮上区	10830	3744		6069	98	165000	26700	113700	24600
怀远县	20488	8682	5149	4623	4273	901446	330565	271214	299667
固镇县	10324	1962	123	7014	1583	571400	231269	146109	194022
五河县	13711	2553	1399	389	3072	635900	268697	164438	202765
淮南市小计	**232999**	**182862**	**733**	**59234**	**47963**	**3733035**	**395414**	**2079705**	**1257916**
本级	121474	90759	550	47536	32364	96887		82682	14205
区县级小计	111525	92103	183	11698	15599	3636148	395414	1997023	1243711
田家庵区	28976	15038			1354	1005030	26606	456618	521806
大通区	5192	5751			393	232222	36347	131841	64034
谢家集区	6706	6247			1072	449900	25200	231200	193500
八公山区	4790	5038			3705	268677	5125	173313	90239
潘集区	9708	6915			1250	605000	89000	396000	120000
凤台县	56153	53115	183	11698	7825	1075319	213136	608051	254132
铜陵市小计	**179052**	**179595**	**340**	**7461**	**23103**	**2868300**	**77800**	**1943200**	**847300**
本级	122537	140586	166	4005	15086	2568300	77800	1743200	747300
区县级小计	56515	39009	174	3456	8017	789246	68432	385236	335578
铜官山区	12184	7800	2		1105	195516		44691	150825
狮子山区	6419	6327		2	1105	92730	2032	53345	37353
郊区	10384	9804	2		695	130500	10100	85900	34500
铜陵县	27528	15078	170	3454	5112	370500	56300	201300	112900
马鞍山市小计	**413729**	**342009**	**2189**	**57365**	**23468**	**5402700**	**205400**	**3622100**	**1575200**
本级	302157	261531	2186	38807	14969				
区县级小计	111572	80478	3	18558	8499				
花山区	19203	10869			461				
雨山区	17592	13788			487				
金家庄区	14482	12390			289				
当涂县	60295	43431	3	18558	7262	901496	192557	450700	258239
淮北市小计	**156481**	**138321**	**15728**	**23194**	**32512**	**2592000**	**291000**	**1400000**	**901000**
本级	102849	107814	8421	6467	24234	1313108		956642	356466

6－12－6　　　　单位：人

地　区	财政供养人口 小计	在职人员	离休人员	退休人员	其他人员	自收自支单位年末人数
长丰县	15405	11783	72	3511	39	101
肥西县	17598	12830	212	4357	199	270
蚌埠市小计	**83516**	**54890**	**1221**	**23702**	**3703**	**2844**
本级	22222	14818	542	6795	67	906
区县级小计	61294	40072	679	16907	3636	1938
龙子湖区	2955	1830	31	1094		
蚌山区	2984	1758	35	1112	79	
禹会区	2848	1592	26	930	300	123
淮上区	2444	1662	20	697	65	136
怀远县	22604	14965	187	4725	2727	197
固镇县	13476	8333	152	4547	444	1455
五河县	13983	9932	228	3802	21	27
淮南市小计	**62560**	**45187**	**717**	**15405**	**1251**	**1009**
本级	21314	15441	453	5272	148	856
区县级小计	41246	29746	264	10133	1103	153
田家庵区	6740	4203	26	1770	741	
大通区	3176	2307	31	778	60	96
谢家集区	5240	3466	18	1756		
八公山区	4751	3175		1576		
潘集区	6866	5523	41	1136	166	36
凤台县	14473	11072	148	3117	136	21
铜陵市小计	**26400**	**18082**	**301**	**5823**	**2194**	**678**
本级	13337	9442	208	2854	833	639
区县级小计	13063	8640	93	2969	1361	39
铜官山区	2788	1458	14	626	690	8
狮子山区	923	711	3	199	10	
郊区	1252	861	2	252	137	10
铜陵县	8100	5610	74	1892	524	21
马鞍山市小计	**34541**	**23693**	**466**	**9414**	**968**	**1108**
本级	16150	10833	313	4446	558	974
区县级小计	18391	12860	153	4968	410	134
花山区	2270	1581	29	643	17	9
雨山区	3288	1964	21	1076	227	4
金家庄区	1569	959	16	467	127	
当涂县	11264	8356	87	2782	39	121
淮北市小计	**52206**	**39157**	**654**	**10752**	**1643**	**1420**
本级	15579	11415	245	2854	1065	1242

6－12－7

单位:万元

地区	地方财政一般预算收入	国内增值税75%	国内消费税	预算内基金收入	预算外财政专户收入	地区生产总值	第一产业增加值	第二产业增加值	第三产业增加值
区县级小计	53632	30507	7307	16727	8278	1278892	291000	443358	544534
相山区	12049	4653			793	313594	18506	74846	220242
杜集区	5877	4365			449	175192	30897	82205	62090
烈山区	5317	4869			1224	165407	38372	73415	53620
濉溪县	30389	16620	7307	16727	5812	624699	203225	212892	208582
芜湖市小计	**439138**	**239760**	**200735**	**336834**	**58759**	**5800768**	**339628**	**3379710**	**2081430**
本级	189627	138579	199029	250906	35174	4208234	75045	2510526	1622663
区县级小计	249511	101181	1706	85928	23585	1592534	264583	869184	458767
镜湖区	67553	24045	606	420	266				
弋江区	33225	8112	961	223	710				
鸠江区	27529	20730	41	471	1958				
三山区	16319	1239	72	42	784				
繁昌县	42706	23943	4	26235	12340	571697	56036	346065	169596
南陵县	30008	6327	21	6870	4236	547179	115975	276090	155114
芜湖县	32171	11385	1	51667	3291	473658	92572	247029	134057
安庆市小计	**321964**	**141234**	**45578**	**95284**	**81431**	**5934700**	**1139300**	**2491400**	**2304000**
本级	104835	69786	45472	21792	21788	961812	26476	306739	628597
区县级小计	217129	71488	106	73492	59643	4972888	1112824	2184661	1675403
迎江区	10655	3675		124	667				
大观区	9472	3594		97	696	790400	25800	515100	249500
宜秀区	5539	1779		9509	1110	174204	30412	67704	76088
怀宁县	41033	12690	9	1470	7347	623445	135737	286559	201149
枞阳县	47289	17517	21	8682	7652	687837	182243	298226	207368
桐城市	36367	14373	7	21315	539	760000	140000	350000	270000
潜山县	17172	4608	5	3112	14002	419600	97500	180400	141700
太湖县	12074	2436	9	2525	7447	352500	119800	94300	138400
宿松县	14220	3873	36	6652	11887	543634	195704	165492	182438
望江县	11183	2997	8	15001	5806	365200	121500	107100	136600
岳西县	12125	3906	11	5005	2490	256068	64128	119780	72160
黄山市小计	**131395**	**34980**	**516**	**116428**	**22731**	**2155487**	**308209**	**817624**	**1029654**
本级	40428	8403	82	82094	10430	259137		82490	176647
区县级小计	90967	26577	434	34334	12301	1896350	308209	735134	853007
屯溪区	15728	4101	34	439	710	238470	21361	77998	139111
黄山区	15840	5367	12	2132	1342	325377	50299	95020	180058
徽州区	8716	3705	1	5157	1860	141698	20790	78935	41973
祁门县	12103	2475	6	1462	1855	227557	33847	82309	111401
黟县	6152	1755		3465	1206	112703	24203	44300	44200

6-12-8 单位:人

地　区	财政供养人口					自收自支单位年末人数
	小计	在职人员	离休人员	退休人员	其他人员	
区县级小计	36627	27742	409	7898	578	178
相山区	4386	3328	41	709	308	
杜集区	5718	4867	39	723	89	13
烈山区	5382	4321	50	963	48	
濉溪县	21141	15226	279	5503	133	165
芜湖市小计	**60383**	**39063**	**881**	**18846**	**1593**	**2142**
本级	20116	12078	507	6878	653	1787
区县级小计	40267	26985	374	11968	940	355
镜湖区	6239	3389	79	2732	39	5
弋江区	2863	1930	21	912		
鸠江区	3580	1950	37	1193	400	47
三山区	2057	1537	2	490	28	3
繁昌县	7457	5211	69	1905	272	212
南陵县	9648	6776	97	2775		
芜湖县	8423	6192	69	1961	201	88
安庆市小计	**171676**	**130329**	**2047**	**37251**	**2049**	**3576**
本级	24897	17881	661	6169	186	1252
区县级小计	146779	112448	1386	31082	1863	2324
迎江区	3008	1965	29	912	102	96
大观区	4679	2515	26	1060	1078	36
宜秀区	4388	3377	16	880	115	
怀宁县	22118	18495	183	3440		153
枞阳县	17591	12725	142	4279	445	1061
桐城市	22829	16585	145	6099		
潜山县	16541	13364	149	3028		
太湖县	13170	10175	127	2868		
宿松县	15686	12152	128	3287	119	827
望江县	13528	10648	208	2672		127
岳西县	13241	10447	233	2557	4	24
黄山市小计	**54954**	**36795**	**691**	**16940**	**528**	**709**
本级	8980	5936	198	2789	57	333
区县级小计	45974	30859	493	14151	471	376
屯溪区	3491	2180	85	1191	35	83
黄山区	6245	4616	89	1491	49	
徽州区	2833	1973	6	768	86	80
祁门县	6958	4849	66	1816	227	133
黟县	4235	2870	54	1286	25	27

6-12-9

单位:万元

地区	地方财政一般预算收入	国内增值税75%	国内消费税	预算内基金收入	预算外财政专户收入	地区生产总值	第一产业增加值	第二产业增加值	第三产业增加值
休宁县	13901	3165	376	7748	1271	274522	67522	93764	113236
歙县	18527	6009	5	13931	4057	576023	90187	262808	223028
亳州市小计	**99080**	**44859**	**16577**	**56705**	**56340**	**3432749**	**1083249**	**969100**	**1380400**
本级	24392	11808	11661	12482	24049	222554		101609	120945
区县级小计	74688	33051	4916	44223	32291	3228995	1104049	865491	1259455
谯城区	17481	10962	668	713	8361	932894	270308	300493	362093
涡阳县	23412	10377	3426	14399	9039	849851	278518	250502	320831
蒙城县	19876	9516	820	9191	9453	764273	283727	193778	286768
利辛县	13919	2196	2	19920	5438	681977	271496	120718	289763

6－12－10

单位：人

地区	财政供养人口 小计	在职人员	离休人员	退休人员	其他人员	自收自支单位年末人数
休宁县	8639	5537	78	3017	7	
歙县	13573	8834	115	4582	42	53
亳州市小计	**101131**	**74463**	**1225**	**25354**	**89**	**2472**
本级	7992	7059	109	778	46	105
区县级小计	93139	67404	1116	24576	43	2367
谯城区	21042	14709	183	6150		176
涡阳县	25670	18776	390	6486	18	281
蒙城县	23060	16957	245	5858		521
利辛县	23367	16962	298	6082	25	1389

2007年福建省地市县主要经济指标表

6－13－1　　　　单位:万元

地区	地方财政一般预算收入	国内增值税75%	国内消费税	预算内基金收入	预算外财政专户收入	地区生产总值	第一产业增加值	第二产业增加值	第三产业增加值
地市县合计	**6271445**	**3126814**	**611409**	**5521040**	**1542191**	**98736347**	**11060914**	**48962240**	**38713193**
福州市小计	**1465641**	**547581**	**39768**	**1355644**	**390434**	**28236373**	**2277280**	**12988219**	**12970874**
本级	621786	139092	3170	818828	206208	9655374	119640	4148724	5387010
区县级小计	843855	408489	36598	536816	184226	18580999	2157640	8839495	7583864
鼓楼区	109928	37098		7	12357	3518500		868500	2650000
台江区	55354	42531			10769	1270		360	910
仓山区	59316	29619		738	12731	1634000	31000	991000	612000
晋安区	58560	32505		657	9746	1663721	29344	768598	865779
马尾区	97382	35931	2	68109	6647	1517516	38524	1133874	345118
琅岐经济区	9565	726			552	56900	25300	16300	15300
保税区	8676	1491	36	748		43500		10723	32777
闽侯县	100750	18300	36096	142332	47848	1228607	183269	722528	322810
长乐市	88140	64707	317	80008	20325	2163203	267094	1382864	513245
福清市	136092	82986	50	111346	22276	3434644	484884	1808165	1141595
连江县	49380	20199	66	61749	12351	1203501	487962	303393	412146
罗源县	19332	9372	3	50471	6491	564738	141986	301691	121061
闽清县	23457	25512	1	6033	7711	635499	118577	364499	152423
永泰县	10376	4479	21	9987	7888	396000	167700	97700	130600
平潭县	17547	3033	6	4631	6534	519400	182000	69300	268100
三明市小计	**274867**	**205093**	**4462**	**52949**	**97150**	**5513184**	**1251450**	**2359632**	**1902102**
本级	70181	72387	4384	21480	26018				
区县级小计	204686	132706	78	31469	71132	5513184	1251450	2359632	1902102
三元区	11840	5276	4	143	2726	605204	43642	362508	199054
梅列区	16639	6708	4	162	2986	676290	40283	392718	243289
永安市	53691	47079	1	3834	14637	1077326	148778	507488	421060
宁化县	11699	2706	2	347	5400	309366	123391	74504	111471
大田县	22026	14759	58	1294	13324	404474	139601	152326	112547
清流县	6458	4922		700	3503	194227	70311	49455	74461
明溪县	5300	3199		112	3212	196089	64329	57518	74242
尤溪县	22632	18096	1	1703	7319	633513	238269	184384	210860
沙县	27469	14703	6	18305	6726	599256	136484	282916	179856
将乐县	13899	10074	1	1168	7140	313299	88025	119382	105892
泰宁县	7836	3399	1	2866	1722	287600	74100	115500	98000
建宁县	5197	1785		835	2437	216540	84237	60933	71370
南平市小计	**238904**	**120651**	**1047**	**156360**	**80547**	**4734170**	**1193137**	**1764199**	**1776834**
本级	58221	41325	25	42448	30436				
区县级小计	180683	79326	1022	113912	50111	4734170	1193137	1764199	1776834

6－13－2　　　　单位:人

地　　区	财政供养人口 小计	在职人员	离休人员	退休人员	其他人员	自收自支单位年末人数
地市县合计	**1149794**	**854980**	**9018**	**272129**	**13667**	**41609**
福州市小计	**179689**	**121829**	**1861**	**55014**	**985**	**9977**
本级	38316	25380	1004	11536	396	1466
区县级小计	141373	96449	857	43478	589	8511
鼓楼区	6589	3299	94	3195	1	407
台江区	6780	3746	41	2993		
仓山区	7490	4690	38	2747	15	173
晋安区	6533	4400	48	2085		136
马尾区	4651	3393	15	1175	68	213
琅岐经济区	953	714		239		17
保税区	46	26		4	16	
闽侯县	14022	9186	65	4771		5743
长乐市	14335	10408	65	3627	235	655
福清市	24864	17522	171	7152	19	203
连江县	13849	9353	73	4223	200	364
罗源县	7741	5440	64	2237		176
闽清县	11183	7808	52	3323		309
永泰县	10961	8217	50	2694		
平潭县	11376	8247	81	3013	35	115
三明市小计	**113597**	**87437**	**926**	**24418**	**816**	**3656**
本级	12898	9478	201	3219		1041
区县级小计	100699	77959	725	21199	816	2615
三元区	3804	2679	33	944	148	191
梅列区	3090	2334	14	742		118
永安市	10759	7836	91	2551	281	158
宁化县	12278	9547	89	2642		304
大田县	13295	11108	73	2114		347
清流县	6778	5233	47	1498		2
明溪县	5989	4653	45	1291		40
尤溪县	14394	11539	62	2758	35	896
沙县	9566	7137	64	2166	199	89
将乐县	7519	5789	66	1664		187
泰宁县	6647	4794	97	1756		283
建宁县	6580	5310	44	1073	153	
南平市小计	**127341**	**88919**	**1041**	**31942**	**5439**	**2858**
本级	13684	8498	232	3339	1615	705
区县级小计	113657	80421	809	28603	3824	2153

6－13－3 单位:万元

地区	地方财政一般预算收入	国内增值税75%	国内消费税	预算内基金收入	预算外财政专户收入	地区生产总值	第一产业增加值	第二产业增加值	第三产业增加值
延平区	26004	8751	31	7726	4908	1221427	186698	626731	407998
邵武市	31498	18693	120	15352	7030	672602	146890	253814	271898
建阳市	21246	10509	139	20034	5316	486494	141624	180350	164520
顺昌县	13344	10860	105	7722	5362	354649	85924	122506	146219
建瓯市	26635	10212	448	19541	8864	641202	206747	195544	238911
浦城县	17296	6579	107	30160	3869	413933	138696	125283	149954
武夷山市	26160	5475	42	5034	6906	416183	92723	111278	212182
光泽县	7742	3771	13	4547	2818	216485	79700	69310	67475
松溪县	5738	2418	9	915	3594	154580	56443	40309	57828
政和县	5020	2058	8	2881	1444	156615	57692	39074	59849
宁德市小计	**201849**	**44825**	**1395**	**98715**	**88149**	**4705076**	**1022745**	**1791804**	**1890527**
本级	31355	－28400		49849	21449				
区县级小计	170494	73225	1395	48866	66700	4705076	1022745	1791804	1890527
蕉城区	19021	3636	12	1233	4072	793301	149061	211653	432587
东侨区	16129	840							
福鼎市	33826	11745	1340	30567	15899	774388	139154	340660	294574
福安市	39158	27566	6	3912	11729	1126723	175245	590521	360957
霞浦县	17075	3358	12	4844	9920	667996	204293	171620	292083
古田县	20501	9211	20	1070	12456	538783	159077	175987	203719
屏南县	8085	4494	3	5829	4871	222128	58192	72123	91813
寿宁县	5711	4335		262	2915	232602	69622	71191	91789
周宁县	6923	5204	1	1100	3121	186819	33755	85316	67748
柘荣县	4065	2836	1	49	1717	162336	34346	72733	55257
莆田市小计	**238181**	**138697**	**22644**	**286523**	**107519**	**5138110**	**668942**	**2881755**	**1587413**
本级	75241	36390	21987	224464	51802	83693		18512	65181
区县级小计	162940	102307	657	62059	55717	5054417	668942	2863243	1522232
仙游县	28048	15963	23	20626	9219	950427	166350	425076	359001
荔城区	39351	22955	20	2114	15998	876212	102327	538707	235178
城厢区	33830	11073	590	2828	8297	866295	81888	360662	423745
涵江区	37058	27227	21	14568	7343	1473947	104749	1064488	304710
秀屿区	23558	25043	3	21918	14613	850050	200356	467540	182154
湄洲岛管委会	1095	46		5	247	37486	13272	6770	17444
泉州市小计	**1146092**	**695130**	**58189**	**392600**	**289867**	**22804916**	**1126255**	**13353936**	**8324725**
本级	176758	93351	5	120191	83051				
区县级小计	969334	601779	58184	272409	206816	22804916	1126255	13353936	8324725
泉港区	52159	43965	46384	5058	7817	1022221	79395	674874	267952
鲤城区	51662	30900	119	146	8847	1497719	4020	836507	657192

6－13－4 单位:人

地区	财政供养人口					自收自支单位年末人数
	小计	在职人员	离休人员	退休人员	其他人员	
延平区	11587	7699	85	3803		5
邵武市	13769	10481	103	3185		217
建阳市	12333	8855	135	3140	203	228
顺昌县	10174	6653	82	3187	252	493
建瓯市	18101	10648	92	4110	3251	365
浦城县	14298	10301	58	3939		401
武夷山市	10294	8278	73	1943		226
光泽县	6993	5021	58	1796	118	61
松溪县	6819	4798	58	1963		143
政和县	9289	7687	65	1537		14
宁德市小计	**135299**	**109565**	**1012**	**24053**	**669**	**5741**
本级	9547	7432	171	1870	74	444
区县级小计	125752	102133	841	22183	595	5297
蕉城区	11650	8793	119	2583	155	132
东侨区	179	109		25	45	
福鼎市	19179	15638	102	3157	282	2154
福安市	24516	20675	75	3714	52	633
霞浦县	17110	13703	176	3170	61	661
古田县	18071	14532	120	3419		498
屏南县	8431	6735	62	1634		141
寿宁县	11790	10076	57	1657		457
周宁县	9024	7143	107	1774		571
柘荣县	5802	4729	23	1050		50
莆田市小计	**90692**	**71148**	**338**	**19100**	**106**	**1669**
本级	15073	12175	84	2814		500
区县级小计	75619	58973	254	16286	106	1169
仙游县	29042	23706	107	5229		497
荔城区	12167	8231	67	3799	70	436
城厢区	9348	7205	34	2092	17	103
涵江区	12200	8921	31	3248		96
秀屿区	12096	10248	14	1834		37
湄洲岛管委会	766	662	1	84	19	
泉州市小计	**171575**	**132551**	**969**	**36448**	**1607**	**4276**
本级	21674	16563	297	4407	407	1639
区县级小计	149901	115988	672	32041	1200	2637
泉港区	7545	6360	14	1168	3	227
鲤城区	7297	4393	62	2548	294	671

6－13－5　　　　　　　　　　　　　　　　　　　　　　　　　　　　　　单位:万元

地　　区	地方财政一般预算收入	国内增值税75%	国内消费税	预算内基金收入	预算外财政专户收入	地区生产总值	第一产业增加值	第二产业增加值	第三产业增加值
丰泽区	76412	25521	1511	6	6052	1894937	13737	886029	995171
洛江区	24271	15219		406	10997	481615	30278	317847	133490
惠安县	122680	39318	8885	45817	21345	2695244	205269	1504752	985223
晋江市	264104	225996	333	155348	52715	5883481	117734	3866403	1899344
石狮市	116045	64368	47	133	19625	2401685	119749	1283694	998242
南安市	112855	73161	828	23750	33623	3019084	165515	1847341	1006228
安溪县	72677	43320	57	24440	27542	1943879	187403	1099002	657474
永春县	42386	15855	14	10833	11723	1242071	132528	624104	485439
德化县	34083	24156	6	6472	6530	722980	70627	413383	238970
漳州市小计	**474086**	**256340**	**1386**	**257864**	**97851**	**8291652**	**2270438**	**3753221**	**2267993**
本级	116233	44988	641	67594	53438				
区县级小计	357853	211352	745	190270	44413	8291652	2270438	3753221	2267993
芗城区	60146	21663	639	12094	3626	851500	56800	472400	322300
龙文区	16551	9282	2	8123	2527	430135	27033	292757	110345
漳州经济开发区	29364	7352		19368		192900	1500	169100	22300
龙海市	106363	100881	3	72758	4916	2097421	296740	1311115	489566
长泰县	15533	12845	21	12224	1522	398300	92600	203000	102700
东山县	16673	5919	9	6326	3746	442000	157000	154000	131000
南靖县	23489	20530	4	3039	4792	655412	237358	260299	157755
平和县	13656	5646	19	1079	1105	951849	576608	269266	105975
华安县	10005	5508		3902	3871	257869	95119	93430	69320
云霄县	13739	2589	15	10837	3803	397917	171417	73600	152900
漳浦县	32266	14167	3	31035	10078	972600	318972	245548	408080
诏安县	16392	4104	30	6574	4343	594649	227833	180310	186506
常山开发区	3676	866		2911	84	49100	11458	28396	9246
龙岩市小计	**366563**	**233801**	**264001**	**168539**	**127421**	**5560257**	**1075929**	**2716235**	**1768093**
本级	145138	111561	263836	73967	68626	733258		499565	233693
区县级小计	221425	122240	165	94572	58795	4826999	1075929	2216670	1534400
新罗区	65073	34083	21	33643	16429	1107203	170203	486000	451000
长汀县	13808	7408	7	9705	5406	434151	154655	143600	135896
永定县	39301	37587	104	4863	5575	772339	161958	388823	221558
上杭县	46959	12830	7	20402	11140	692844	189603	325027	178214
武平县	12630	5176	9	8270	6884	411957	148222	114410	149325
漳平市	24322	13624	3	10026	6074	555377	118202	187211	249964
连城县	13603	6618	7	7660	7287	430128	133086	148599	148443
开发区	5729	4914	7	3		423000		423000	
厦门市小计	**1865262**	**884696**	**218517**	**2751846**	**263253**	**13752609**	**174738**	**7353239**	**6224632**

6－13－6 单位:人

地　　区	财政供养人口 小计	在职人员	离休人员	退休人员	其他人员	自收自支单位年末人数
丰泽区	5041	4030	16	995		9
洛江区	5643	4505	13	1023	102	87
惠安县	18605	14244	107	4214	40	335
晋江市	22513	17397	112	5004		150
石狮市	8145	6561	9	1479	96	308
南安市	27555	21265	149	6060	81	579
安溪县	23770	19506	74	3637	553	
永春县	13238	9382	66	3759	31	223
德化县	10549	8345	50	2154		48
漳州市小计	**142512**	**107375**	**867**	**32813**	**1457**	**5806**
本级	14618	10401	246	3937	34	1281
区县级小计	127894	96974	621	28876	1423	4525
芗城区	7010	4244	78	2688		581
龙文区	2325	1922	2	357	44	56
漳州经济开发区	263	263				
龙海市	18573	14360	52	4161		2010
长泰县	6909	5181	29	1554	145	19
东山县	7773	5998	38	1737		404
南靖县	14405	11354	65	2783	203	9
平和县	15025	10541	134	3785	565	113
华安县	6535	4717	36	1782		
云霄县	10955	7994	41	2836	84	169
漳浦县	21667	17274	55	3956	382	693
诏安县	15795	12710	87	2998		471
常山开发区	659	416	4	239		
龙岩市小计	**118561**	**86157**	**1257**	**29482**	**1665**	**1688**
本级	11582	8314	270	2979	19	692
区县级小计	106979	77843	987	26503	1646	996
新罗区	13147	8783	217	4147		352
长汀县	18902	14728	132	4042		142
永定县	16802	11917	164	4721		118
上杭县	18685	12187	176	5464	858	278
武平县	15056	11782	93	3181		7
漳平市	11059	8720	138	2087	114	72
连城县	13301	9701	67	2859	674	27
开发区	27	25		2		
厦门市小计	**70528**	**49999**	**747**	**18859**	**923**	**5938**

6－13－7

单位:万元

地区	地方财政一般预算收入	国内增值税75%	国内消费税	预算内基金收入	预算外财政专户收入	地区生产总值	第一产业增加值	第二产业增加值	第三产业增加值
本级	1307062	504298	201606	1852275	178711				
区县级小计	558200	380398	16911	899571	84542	13752609	174738	7353239	6224632
同安区	67118	38254	2725	130516	12027	1050747	73163	580353	397231
集美区	78049	74021	7088	555642	10396	1866316	32958	1416806	416552
翔安区	35317	14909	105	93479	5728	750889	47674	496533	206682
海沧区	111093	68863	1505	119934	25207	2051101	19464	1593341	438296
思明区	181123	101149	5335		24605	4223502	1078	677309	3545115
湖里区	85500	83202	153		6579	3810054	401	2588897	1220756

6－13－8 单位:人

地　　区	财政供养人口					自收自支单位年末人数
	小　计	在职人员	离休人员	退休人员	其他人员	
本级	33900	23419	578	9620	283	5635
区县级小计	36628	26580	169	9239	640	303
同安区	8707	6179	63	2162	303	96
集美区	5163	3789	25	1349		
翔安区	5323	4093	6	962	262	43
海沧区	2783	2363	7	346	67	37
思明区	10740	6869	63	3805	3	115
湖里区	3912	3287	5	615	5	12

2007年江西省地市县主要经济指标表

6－14－1　　　　单位:万元

地区	地方财政一般预算收入	国内增值税75%	国内消费税	预算内基金收入	预算外财政专户收入	地区生产总值	第一产业增加值	第二产业增加值	第三产业增加值
地市县合计	**3258530**	**1591602**	**372512**	**1982591**	**774758**	**54692500**	**9100200**	**28272600**	**17319700**
南昌市小计	**872199**	**345066**	**201729**	**470441**	**155917**	**13900952**	**834031**	**7498011**	**5568910**
本级	458741	139888	188865	239908	86838				
区县级小计	413458	205178	12864	230533	69079	13900952	834031	7498011	5568910
南昌县	83559	26579	1272	70586	9028	1837509	271509	1135000	431000
新建县	47139	7028	84	32426	5808	1175000	218008	531765	425227
进贤县	24730	9149	1239	12696	12402	1108643	200313	574969	333361
安义县	13391	4290		6435	1994	344432	57177	149129	138126
湾里区	13883	7422		8993	4144	180337	19668	77031	83638
青山湖区	37988	42208	2319		3286	1768612	14400	1319612	434600
东湖区	30217	9759	129		10481	1484777	73	253180	1231524
西湖区	36108	13751	25		6197	2034700	3507	406683	1624510
青云谱区	21281	10468			2483	1105642	9584	756379	339679
昌北区	28313	25619	7733	24930	566	856410	4810	646000	205600
南昌高新区	35228	45061		17889	2052	1212026	27264	1021085	163677
红谷滩区	34624	1088	62	54930	10567	385426	926	238300	146200
桑海区	1109	2017	1	326	71	20594	1652	17109	1833
英雄区	5888	739		1322		24668	5140	9593	9935
景德镇市小计	**118966**	**53801**	**5353**	**110838**	**30148**	**2701362**	**242700**	**1554203**	**904459**
本级	47129	24631	5278	74062	12041				
区县级小计	71837	29170	75	36776	18107	2701362	242700	1554203	904459
高新科技园	4103	1275		4383		153200	3200	122000	28000
陶瓷科技园	1033	549		3154		11899	207	7033	4659
乐平市	36026	17762	9	10233	8669	856800	146000	444400	266400
浮梁县	12388	3996	56	18896	8160	252101	68793	110967	72341
珠山区	9077	3377	10	39	725	990500		582300	408200
昌江区	9210	2211		71	553	368900	28000	212700	128200
萍乡市小计	**180296**	**109014**	**3236**	**27235**	**27446**	**3162760**	**287285**	**1932789**	**942686**
本级	38321	37301	40	5846	12827				
区县级小计	141975	71713	3196	21389	14619	3116051	287317	1932738	895996
莲花县	8409	4368	22	3238	1342	176223	46322	67240	62661
上栗县	26584	8474	3035	1013	4164	605500	72400	392000	141100
芦溪县	16033	7788	128	2631	2892	452261	59326	292215	100720
安源区	47010	23698	4	5222	1462	911065	21309	520299	369457
湘东区	20295	13517	7	3258	4759	650882	81266	427026	142590
萍乡开发区	23644	13868		6027		320120	6694	233958	79468
九江市小计	**320749**	**138864**	**49572**	**193931**	**121858**	**5925614**	**811200**	**3155211**	**1959203**

6-14-2 单位:人

地区	财政供养人口 小计	在职人员	离休人员	退休人员	其他人员	自收自支单位年末人数
地市县合计	**1411715**	**1086916**	**8284**	**301101**	**15414**	**71803**
南昌市小计	**132535**	**95445**	**1104**	**32631**	**3355**	**10057**
本级	34395	24442	675	9152	126	4809
区县级小计	98140	71003	429	23479	3229	5248
南昌县	20638	15151	63	4805	619	175
新建县	16052	11828	85	3035	1104	786
进贤县	20217	15877	79	4260	1	2052
安义县	7726	5511	24	1636	555	348
湾里区	3378	2403	24	890	61	59
青山湖区	6185	4735	30	1420		145
东湖区	7604	4336	55	3045	168	635
西湖区	7440	4840	43	2557		402
青云谱区	3766	2550	23	1193		450
昌北区	1069	745		194	130	196
南昌高新区	2518	1572	2	393	551	
红谷滩区	970	924	1	45		
桑海区	241	240		1		
英雄区	336	291		5	40	
景德镇市小计	**51459**	**40429**	**260**	**10011**	**759**	**7089**
本级	18399	13237	173	4400	589	5125
区县级小计	33060	27192	87	5611	170	1964
高新科技园	232	202		30		28
陶瓷科技园	207	154		23	30	6
乐平市	18677	15052	52	3573		1648
浮梁县	8150	7248	10	761	131	208
珠山区	2820	2130	17	673		
昌江区	2974	2406	8	551	9	74
萍乡市小计	**56794**	**44893**	**264**	**11548**	**89**	**3325**
本级	13393	10390	150	2825	28	2413
区县级小计	43401	34503	114	8723	61	912
莲花县	8183	6273	33	1877		388
上栗县	10133	8418	38	1677		192
芦溪县	7448	5897	20	1531		194
安源区	6600	5076	9	1492	23	138
湘东区	9750	7722	14	2010	4	
萍乡开发区	1287	1117		136	34	
九江市小计	**149541**	**115281**	**1038**	**32382**	**840**	**8534**

6－14－3

单位:万元

地　区	地方财政一般预算收入	国内增值税75%	国内消费税	预算内基金收入	预算外财政专户收入	地区生产总值	第一产业增加值	第二产业增加值	第三产业增加值
本级	73488	46698	49386	70627	55418				
区县级小计	247261	92166	186	123304	66440	5134742	614723	2737791	1782228
修水县	28585	10731	2	6932	4823	392352	101804	149306	141242
武宁县	17502	5592		3237	3006	167000	80000	17000	70000
永修县	23728	11661	37	22081	6076	365673	71611	205026	89036
德安县	13566	4380	65	5989	3128	205540	26708	135512	43320
瑞昌市	21415	12858	3	12408	10127	352403	60600	217770	74033
都昌县	16048	2790	5	11328	16503	240003	49650	95852	94501
湖口县	12541	7986	2	3404	841	240000	50000	140000	50000
彭泽县	11710	3528	6	8022	5956	224800	46000	132000	46800
星子县	11563	3003	2	3366	851	152372	34422	61830	56120
九江县	15842	7959		38297	3068	247103	56845	139023	51235
庐山局	13387	330		23	1063	48000	210	700	47090
庐山区	17792	5382		4763	7001	97000	20000	42000	35000
浔阳区	23765	9675	24	678	1370	1773100	1500	1009000	762600
九江开发区	13458	3627		100	717	500240	7568	283536	209136
共青城	6359	2664	40	2676	1910	129156	7805	109236	12115
新余市小计	**192595**	**157551**	**12**	**201496**	**32456**	**2781154**	**244483**	**1774507**	**762164**
本级	83970	107240	6	196386	28373				
区县级小计	108625	50311	6	5110	4083	1574239	231925	1043190	299124
分宜县	40379	19837	3	4823	1803	460130	76480	266850	116800
渝水区	39367	22155	3	131	2205	513000	115000	257000	141000
仙女湖区	6689	2541		19	51	73911	15973	41559	16379
新余高新区	22190	5778		137	24	527198	24472	477781	24945
鹰潭市小计	**125417**	**139198**	**63**	**56662**	**25029**	**2047755**	**191476**	**1311340**	**544939**
本级	14890	4973	13	12891	10692				
区县级小计	110527	134225	50	43771	14337	1988170	126381	1379660	482129
贵溪市	75978	117605	40	27580	9268	1400000	100000	1060000	240000
余江县	10076	4161	5	5994	3546	27470	3500	18970	5000
月湖区	11915	1687	2	12	1361	307400	9931	76890	220579
龙虎山风景区	2209	152		3323	154	27600	8450	3800	15350
鹰潭工业园	10349	10620	3	6862	8	225700	4500	220000	1200
赣州市小计	**389331**	**209363**	**56506**	**223158**	**101846**	**7016800**	**1535128**	**2870444**	**2611228**
本级	63134	30602	47765	100382	39496				
区县级小计	326197	178761	8741	122776	62350	7016800	1535128	2870444	2611228
章贡区	34991	19668	42	2629	5971	1144987	35561	487294	622132
黄金开发区	19906	10545		24143	1524	225936	10037	182761	33138

6－14－4

单位：人

地 区	财政供养人口					自收自支单位年末人数
	小 计	在职人员	离休人员	退休人员	其他人员	
本级	23702	17339	366	5981	16	4956
区县级小计	125839	97942	672	26401	824	3578
修水县	15926	12157	65	3704		
武宁县	11519	9057	75	2387		
永修县	10918	8015	111	2771	21	124
德安县	6016	4598	42	1376		140
瑞昌市	11130	8585	63	2396	86	870
都昌县	17769	14716	32	2580	441	442
湖口县	8719	6972	34	1713		924
彭泽县	11703	9313	82	2261	47	462
星子县	7640	6137	41	1348	114	89
九江县	9157	7336	43	1678	100	202
庐山局	3006	2076	32	883	15	53
庐山区	5405	4106	13	1286		187
浔阳区	3606	2573	34	999		
九江开发区	1012	816	4	192		16
共青城	2313	1485	1	827		69
新余市小计	**36696**	**29129**	**172**	**7160**	**235**	**728**
本级	15084	12525	94	2427	38	712
区县级小计	21612	16604	78	4733	197	16
分宜县	9177	6876	45	2126	130	
渝水区	10253	7993	25	2235		
仙女湖区	685	560	5	120		
新余高新区	1497	1175	3	252	67	16
鹰潭市小计	**35254**	**27424**	**208**	**7181**	**441**	**5175**
本级	6886	5444	59	1299	84	1053
区县级小计	28368	21980	149	5882	357	4122
贵溪市	13654	10612	62	2887	93	3729
余江县	9848	7741	54	1937	116	
月湖区	3838	2759	33	905	141	373
龙虎山风景区	651	539		105	7	20
鹰潭工业园	377	329		48		
赣州市小计	**263586**	**200167**	**1188**	**58955**	**3276**	**3165**
本级	21766	13613	300	6170	1683	761
区县级小计	241820	186554	888	52785	1593	2404
章贡区	11146	8031	83	3032		163
黄金开发区	1571	1107	2	380	82	

6-14-5

单位:万元

地区	地方财政一般预算收入	国内增值税75%	国内消费税	预算内基金收入	预算外财政专户收入	地区生产总值	第一产业增加值	第二产业增加值	第三产业增加值
赣县	22582	15819		3285	801	420757	96707	205418	118632
南康市	28300	16545	4	12021	9591	480112	112414	190897	176801
信丰县	23309	5853	45	6574	1237	506500	124300	196100	186100
大余县	18833	18786	25	5431	4737	404783	62655	224012	118116
上犹县	9856	4308	1	5153	993	188690	54601	75998	58091
崇义县	12465	13881	1	6998	2199	249202	43207	148396	57599
安远县	8309	3816	1	1538	1133	193380	70624	48652	74104
龙南县	23456	12753	9	11878	2299	362910	68013	171285	123612
定南县	11816	12048	2	4527	1848	179605	39697	77868	62040
全南县	10002	8046	22	2622	1578	183305	44976	83068	55261
宁都县	17771	3738		3152	3630	493403	141841	182004	169558
于都县	21608	10035	5	6280	7195	518775	113576	227220	177979
兴国县	16640	6471	8486	1507	5043	433576	148506	153814	131256
瑞金市	17363	5859	96	9432	3339	418215	85581	130000	202634
会昌县	12698	4329	1	6621	1578	254000	82000	91000	81000
寻乌县	9350	4437		5545	4242	213493	75941	56906	80646
石城县	6942	1824	1	3440	3412	145145	57365	42185	45595
宜春市小计	**283630**	**149071**	**13413**	**164062**	**79231**	**5088563**	**1131500**	**2556855**	**1400208**
本级	31218	7687	6	52015	38523				
区县级小计	252412	141384	13407	112047	40708	5508842	1261948	2597510	1649384
丰城市	72113	49533	42	17845	6544	1350000	283000	625400	441600
高安市	31595	14332	20	26954	8372	695861	168273	314780	212808
樟树市	39222	23624	8846	27296	4888	793400	147500	434300	211600
奉新县	19320	7110	3	9779	3464	412337	78109	259690	74538
万载县	18914	5636	3836	2930	6606	369199	85422	185051	98726
上高县	23093	9405	239	7831	2627	438850	92160	219864	126826
宜丰县	13149	7161	8	6693	3393	300000	82500	136500	81000
靖安县	7556	4389	1	7020	1714	223452	149067	29875	44510
铜鼓县	7524	3153		5169	1399	127600	29800	52600	45200
袁州区	19926	17041	412	530	1701	798143	146117	339450	312576
上饶市小计	**320595**	**143241**	**24090**	**158133**	**82473**	**5280563**	**983873**	**2420886**	**1875804**
本级	40942	12389	47	47575	34762				
区县级小计	279653	130852	24043	110558	47711	5410481	944557	2566391	1899533
信州区	24428	4395	31	517	2039	708573	41448	315402	351723
上饶县	24159	14220	168	17390	9329	438448	66317	237033	135098
广丰县	52823	15064	23708	13669	4898	1008955	110903	548807	349245
玉山县	20601	8252	1	13767	6137	339040	59993	162575	116472

6－14－6

单位:人

地　　区	财政供养人口					自收自支单位年末人数
	小计	在职人员	离休人员	退休人员	其他人员	
赣县	15607	11803	98	3698	8	365
南康市	19684	16162	70	3386	66	235
信丰县	16563	12564	56	3300	643	66
大余县	9585	6765	44	2662	114	206
上犹县	8946	6923	43	1898	82	138
崇义县	9362	7808	44	1451	59	
安远县	13698	11011	43	2644		
龙南县	9057	6540	46	2097	374	149
定南县	8882	6557	58	2267		32
全南县	9107	7112	18	1858	119	
宁都县	17627	13924	45	3658		470
于都县	20400	16720	58	3622		236
兴国县	19234	14235	43	4956		99
瑞金市	15821	11711	38	4072		
会昌县	14552	11105	27	3374	46	77
寻乌县	10712	8806	50	1856		
石城县	10266	7670	22	2574		168
宜春市小计	**180001**	**139136**	**1038**	**37960**	**1867**	**9203**
本级	14060	9915	234	3146	765	4390
区县级小计	165941	129221	804	34814	1102	4813
丰城市	31679	25901	80	5488	210	740
高安市	20438	16563	93	3616	166	2566
樟树市	18913	15467	55	2982	409	634
奉新县	11880	9304	79	2497		9
万载县	15324	11932	79	3105	208	384
上高县	13235	10346	78	2811		334
宜丰县	13828	11082	128	2618		
靖安县	8102	5288	42	2664	108	100
铜鼓县	9908	6036	35	3836	1	4
袁州区	22634	17302	135	5197		42
上饶市小计	**200750**	**155936**	**1303**	**42163**	**1348**	**10688**
本级	14138	10795	287	2929	127	5163
区县级小计	186612	145141	1016	39234	1221	5525
信州区	10410	7786	69	2337	218	134
上饶县	16566	12939	109	3151	367	822
广丰县	17261	13554	80	3627		
玉山县	16560	13492	100	2968		350

6-14-7　　　　单位:万元

地　　区	地方财政一般预算收入	国内增值税75%	国内消费税	预算内基金收入	预算外财政专户收入	地区生产总值	第一产业增加值	第二产业增加值	第三产业增加值
铅山县	16446	10614	2	12793	1752	328094	81413	119975	126706
横峰县	11692	7711	2	5083	4678	191544	26300	119345	45899
弋阳县	16068	7446	10	8556	1900	269148	63146	127352	78650
余干县	22490	7561	2	4131	1142	413060	155780	154366	102914
鄱阳县	22027	3079	23	9986	4001	515812	172163	161393	182256
万年县	14806	4980	1	10937	1469	286010	61563	125179	99268
德兴市	37632	43787	1	12617	4730	593681	52891	363915	176875
婺源县	16481	3743	94	1112	5636	318116	52640	131049	134427
吉安市小计	**253221**	**93752**	**16017**	**113466**	**58519**	**4060052**	**974400**	**1729732**	**1355920**
本级	40553	13859	14102	56623	28405				
区县级小计	212668	79893	1915	56843	30114	4060052	974400	1729732	1355920
吉安高新区	2507	3507		6165		92721	9433	56794	26494
吉州区	15896	4999	701	260	3489	403600	45000	147500	211100
青原区	7781	2820	1	224	1154	270900	41500	149200	80200
吉安县	27085	8683	862	1594	2561	385271	92104	178393	114774
吉水县	17213	3804	3	4262	3521	324401	90322	134420	99659
峡江县	10965	3057	4	2243	1668	159114	53419	57710	47985
新干县	15829	8222	1	3024	1550	296852	85148	130000	81704
永丰县	17816	7812	71	1608	1291	366950	94912	172090	99948
泰和县	23274	7003	69	16981	5969	469232	135687	196312	137233
遂川县	16930	4500	128	4644	1627	305000	67200	118800	119000
万安县	11619	8515	58	1159	1316	168960	52800	56950	59210
安福县	19011	10956	5	7497	3845	361214	97000	163500	100714
永新县	12920	3711	1	2195	737	283938	83375	108263	92300
井冈山市	13822	2304	12	4987	1386	171899	26500	59800	85599
抚州市小计	**201531**	**52681**	**2521**	**263169**	**59835**	**3679225**	**800905**	**1719429**	**1158891**
本级	47347	14039	1676	129289	39820				
区县级小计	154184	38642	845	133880	20015	3412953	713227	1519200	1180526
临川区	25135	5865	445	27150	1696	1180329	171437	579731	429161
南城县	16926	4133	32	11246	3653	307032	69436	123294	114302
南丰县	14508	2181	186	18495	723	316856	94026	102177	120653
黎川县	11069	2786		7618	1196	162000	44000	69800	48200
崇仁县	13383	5730	2	12181	2387	306722	70597	153329	82796
宜黄县	9066	2488	1	14680	1424	142461	37899	65109	39453
乐安县	9336	2102		10960	649	170000	51934	56316	61750
金溪县	11106	3228	138	6740	889	209313	50198	93835	65280
资溪县	8628	1941		8744	2832	98411	19630	43472	35309

6－14－8

单位:人

地　　区	财政供养人口 小　计	在职人员	离休人员	退休人员	其他人员	自收自支单位年末人数
铅山县	11776	8346	64	3366		307
横峰县	6736	5346	61	1317	12	325
弋阳县	13791	10303	82	3406		2053
余干县	24544	19802	85	4427	230	62
鄱阳县	36168	26947	123	9087	11	882
万年县	13283	11264	34	1927	58	
德兴市	9073	6916	122	1961	74	498
婺源县	10444	8446	87	1660	251	92
吉安市小计	**156965**	**125101**	**933**	**30927**	**4**	**5840**
本级	14158	10398	234	3522	4	4584
区县级小计	142807	114703	699	27405		1256
吉安高新区	28	28				
吉州区	8784	6515	62	2207		13
青原区	5948	5194	12	742		33
吉安县	12692	10348	49	2295		117
吉水县	11992	9446	52	2494		
峡江县	8802	7449	52	1301		
新干县	12366	10416	48	1902		
永丰县	12433	10412	51	1970		70
泰和县	13624	10757	55	2812		
遂川县	12232	9745	53	2434		284
万安县	10196	8111	53	2032		
安福县	11691	9071	70	2550		324
永新县	13519	10527	94	2898		340
井冈山市	8500	6684	48	1768		75
抚州市小计	**148134**	**113975**	**776**	**30183**	**3200**	**7999**
本级	10268	7590	184	2363	131	3151
区县级小计	137866	106385	592	27820	3069	4848
临川区	26157	18257	131	5926	1843	471
南城县	12159	9668	39	2452		69
南丰县	10942	9078	27	1726	111	
黎川县	9209	7611	47	1551		
崇仁县	13011	9684	49	2896	382	
宜黄县	10017	8215	31	1769	2	111
乐安县	14618	12258	27	2175	158	332
金溪县	10972	7928	38	2595	411	541
资溪县	6632	5507	49	1076		484

6－14－9 单位:万元

地　　区	地方财政一般预算收入	国内增值税75%	国内消费税	预算内基金收入	预算外财政专户收入	地区生产总值	第一产业增加值	第二产业增加值	第三产业增加值
广昌县	12429	1792	24	2347	1728	107544	28470	38193	40881
东乡县	22598	6396	17	13719	2838	412285	75600	193944	142741

6-14-10

单位:人

地区	财政供养人口 小计	在职人员	离休人员	退休人员	其他人员	自收自支单位年末人数
广昌县	8062	5678	41	2343		50
东乡县	16087	12501	113	3311	162	2790

2007年山东省地市县主要经济指标表

6－15－1　　　　单位:万元

地区	地方财政一般预算收入	国内增值税75%	国内消费税	预算内基金收入	预算外财政专户收入	地区生产总值	第一产业增加值	第二产业增加值	第三产业增加值
地市县合计	**14615305**	**8002487**	**1051535**	**5839642**	**2253781**	**231284037**	**22277589**	**134842916**	**74163532**
青岛市小计	**2928037**	**968352**	**275145**	**1872425**	**508737**	**3787**	**204**	**1954**	**1629**
本级	1223926			1109351	335549				
区县级小计	1704111	968352	275145	763074	173188	32368085	1767262	17034408	13566415
即墨市	159920	44212	122	43785	15667	430	30	248	152
胶州市	147828	97827	507	25204	48690	4185600	289200	2457700	1438700
胶南市	205560	45866	1585	101638	27026	390	32	236	122
平度市	117537	29418	2814	4058	19289	3600000	542000	1858000	1200000
莱西市	98776	37569	247	3392	10486	2774500	307900	1390200	1076400
崂山区	192157	122816	210251	124610	15548	2938000	468700	1502500	966800
城阳区	120430	148034	5755	222782	15383	4800600	125300	3090900	1584400
黄岛区	85025	23446	3	1786	7042	2798000	33200	2000000	764800
开发区	108477	96279	4563	233720		3102800		2102800	1000000
市南区	199317	119898	19025	553	4328				
市北区	104588	46711	315	557	1667	1847700		413300	1434400
四方区	56021	57382	137	435	3745	1203200		613200	590000
李沧区	87923	88256	29821	417	4317	1786700	900	1142300	643500
保税区	20552	10638		137		65		24	41
济南市小计	**1570192**	**637557**	**241879**	**1235229**	**408219**	**25544100**	**1502800**	**11630600**	**12410700**
本级	796795	112788	5525	1200150	291442	1010300		880800	129500
区县级小计	773397	524769	236354	35079	116777	24533800	1502800	10749800	12281200
历下区	125815	40237	48913	1064	15798	4306700	700	867100	3438900
市中区	122901	54490	3079	1059	29570	3911800	22700	1378300	2510800
天桥区	63009	12698	2713	582	5646	2144400	23000	490500	1630900
槐荫区	48588	33216	131	459	7154	1287400	23000	451000	813400
历城区	135832	264820	179586	1474	11348	5149200	222000	3357200	1570000
长清区	34818	22207	9	468	5210	1712900	210400	1000300	502200
章丘市	161979	64664	1426	11471	19130	3171900	390000	1709800	1072100
平阴县	30066	9990	83	5489	5594	1086100	150000	654100	282000
济阳县	35021	16302	39	9226	14044	1188600	240000	645400	303200
商河县	15368	6145	375	3787	3283	574800	221000	196100	157700
淄博市小计	**978554**	**613960**	**123044**	**182618**	**175823**	**19450200**	**743800**	**12563900**	**6142500**
本级	310138	97379	545	46934	103679	780000	7000	553000	220000
区县级小计	668416	516581	122499	135684	72144	16760045	691706	10629035	5439304
博山区	61768	31748	46	766	13938	240435	7450	154150	78835
淄川区	90918	22776	917	10107	2450	2585300	48500	1645000	891800
张店区	134377	127560	288	2739	8114	3666482	11433	1969220	1685829

6－15－2 单位:人

地区	财政供养人口					自收自支单位年末人数
	小计	在职人员	离休人员	退休人员	其他人员	
地市县合计	**2857965**	**2202697**	**55436**	**567754**	**32078**	**106396**
青岛市小计	**254263**	**187023**	**6045**	**49600**	**11595**	**20143**
本级	62662	50749	1178	9848	887	7186
区县级小计	191601	136274	4867	39752	10708	12957
即墨市	28392	21955	851	5177	409	980
胶州市	22717	17840	531	4346		224
胶南市	21906	17109	403	3479	915	3428
平度市	29589	22005	669	6811	104	2873
莱西市	19652	14908	418	4066	260	2557
崂山区	9537	53	1034	549	7901	1774
城阳区	14951	11842	199	2162	748	226
黄岛区	7615	5648	82	1677	208	119
开发区	2026	1947		1	78	306
市南区	9600	6080	180	3335	5	85
市北区	11406	6963	223	4170	50	50
四方区	6996	4595	130	2254	17	149
李沧区	6869	4992	147	1717	13	186
保税区	345	337		8		
济南市小计	**209547**	**159762**	**4009**	**43181**	**2595**	**8539**
本级	55666	42599	1615	10815	637	2083
区县级小计	153881	117163	2394	32366	1958	6456
历下区	13215	9267	311	3635	2	34
市中区	13385	9478	321	3535	51	1879
天桥区	11704	7967	288	3224	225	25
槐荫区	12029	8890	178	2924	37	519
历城区	19696	14918	249	4147	382	512
长清区	15444	11407	220	3053	764	553
章丘市	27492	21727	320	5155	290	645
平阴县	12814	10329	142	2213	130	627
济阳县	13574	11182	213	2128	51	733
商河县	14528	11998	152	2352	26	929
淄博市小计	**138262**	**103917**	**3034**	**30878**	**433**	**6425**
本级	29987	23368	781	5707	131	3248
区县级小计	108275	80549	2253	25171	302	3177
博山区	12727	8588	330	3759	50	554
淄川区	16554	12787	235	3479	53	203
张店区	14886	10804	443	3559	80	909

6－15－3 单位:万元

地区	地方财政一般预算收入	国内增值税75%	国内消费税	预算内基金收入	预算外财政专户收入	地区生产总值	第一产业增加值	第二产业增加值	第三产业增加值
周村区	55120	19615	79	9405	4718	1640000	60000	890000	690000
临淄区	149260	226700	104749	13814	24205	4781397	184658	3629190	967549
桓台县	89074	53346	13037	71052	3996	2077500	120100	1423600	533800
高青县	35098	10349	2693	16327	5742	665827	129448	331732	204647
沂源县	52801	24487	690	11474	8981	1103104	130117	586143	386844
枣庄市小计	**452255**	**164516**	**38323**	**115515**	**90524**	**9269100**	**805900**	**5952700**	**2510500**
本级	119254	－5241		22813	40688				
区县级小计	333001	233468	38331	92702	49836	7813500	806000	4781100	2226400
市中区	68138	51946	88	4695	10995	904800	45000	564300	295500
薛城区	45757	55297	2614	288	4608	855400	77900	563300	214200
峄城区	22280	15793	2	5300	1512	691100	97000	412100	182000
山亭区	12110	6129		220	4264	565000	92200	276900	195900
台儿庄区	24700	12333	267	1768	354	756600	104500	466800	185300
滕州市	160016	91970	35360	80431	28103	4040600	389400	2497700	1153500
烟台市小计	**1408190**	**721338**	**65605**	**263863**	**169595**	**28789700**	**2390300**	**17557900**	**8841500**
本级	225458			79957	64530				
区县级小计	1182732	721338	65605	183906	105065	28592771	2383690	17418659	8790422
芝罘区	90236	170141	13609	1238	5820	1504678	21973	541938	940767
福山区	63520	36124	241	73878	10729	1085628	97021	593487	395120
龙口市	210600	105215	2050	4238	12689	4800298	239986	3074354	1485958
莱阳市	67996	36151	141	3705	9150	2358897	269455	1408184	681258
蓬莱市	100168	37812	3893	3111	11125	2429432	189254	1537802	702376
招远市	127500	39236	1768	9166	6960	2985225	174280	1966462	844483
莱州市	138137	54987	1855	8655	10081	3401981	365000	2015901	1021080
栖霞市	25602	17106	105	9776	337	1228285	293533	501984	432768
海阳市	70009	25970	83	14621	15245	1435333	300282	681452	453599
牟平区	56542	31516	2523	986	8497	1539304	149447	874404	515453
长岛县	6350	1524		4077	1135	290373	160813	33461	96099
开发区	160254	135754	39326	49882	4256	4528337	106646	3599230	822461
莱山区	65818	29802	11	573	9041	1005000	16000	590000	399000
潍坊市小计	**1105732**	**691263**	**122600**	**417042**	**133860**	**20560200**	**2375400**	**11946700**	**6238100**
本级	164130	125373	14289	170565	59889	1705520	29671	1240747	435102
区县级小计	941602	565894	108310	246477	73971	18954316	2358699	10977677	5617940
潍城区	49107	28272	78	810	5165	1094504	56610	619427	418467
坊子区	34330	20529	78	584	1841	540373	31952	339488	168933
寒亭区	60330	32421	2	784	5739	766625	78678	437892	250055
昌邑市	70434	41089	11429	16791	4521	1739172	227509	1083200	428463

6-15-4

单位:人

地区	财政供养人口 小计	在职人员	离休人员	退休人员	其他人员	自收自支单位年末人数
周村区	8998	6579	169	2238	12	99
临淄区	15889	12006	278	3572	33	29
桓台县	13108	9715	258	3114	21	494
高青县	10198	7498	215	2485		12
沂源县	15915	12572	325	2965	53	877
枣庄市小计	**121154**	**99543**	**1363**	**19663**	**585**	**2220**
本级	20418	15317	360	4690	51	734
区县级小计	100736	84226	1003	14973	534	1486
市中区	11762	10316	96	1350		
薛城区	15175	13266	144	1489	276	680
峄城区	12291	10456	98	1737		
山亭区	12029	10089	113	1757	70	185
台儿庄区	9861	8549	83	1229		111
滕州市	39618	31550	469	7411	188	510
烟台市小计	**202482**	**144270**	**6151**	**48207**	**3854**	**15236**
本级	24451	19362	629	4345	115	8801
区县级小计	178031	124908	5522	43862	3739	6435
芝罘区	14806	8179	786	4377	1464	1111
福山区	7506	5099	283	2082	42	185
龙口市	18449	12905	451	4698	395	483
莱阳市	21710	14657	759	5008	1286	806
蓬莱市	13955	9758	418	3690	89	1113
招远市	18513	13739	550	4224		789
莱州市	22780	15758	736	5992	294	533
栖霞市	17985	13599	436	3950		334
海阳市	16249	11423	530	4296		440
牟平区	15310	11155	402	3643	110	393
长岛县	2846	2050	91	705		164
开发区	4857	4063	51	691	52	46
莱山区	3065	2523	29	506	7	38
潍坊市小计	**246816**	**188847**	**4457**	**52449**	**1063**	**9291**
本级	30928	24878	655	4840	555	3572
区县级小计	215888	163969	3802	47609	508	5719
潍城区	8363	6065	270	2020	8	86
坊子区	8008	6143	102	1689	74	38
寒亭区	9591	6649	301	2619	22	28
昌邑市	18190	13339	303	4548		80

6－15－5　　单位:万元

地　　区	地方财政一般预算收入	国内增值税75%	国内消费税	预算内基金收入	预算外财政专户收入	地区生产总值	第一产业增加值	第二产业增加值	第三产业增加值
昌乐县	55100	33138	307	642	1839	1028895	179392	560293	289210
安丘市	38307	34608	3395	9970	5680	1324748	265363	670440	388945
寿光市	170016	103794	6285	69817	15212	3328813	482318	1757293	1089202
青州市	97198	66087	80776	22278	6398	2210593	243076	1289856	677661
高密市	95638	58119	147	8679	4526	1979177	265386	1314566	399225
诸城市	163169	78588	3784	25637	15000	3030668	335925	1954722	740021
临朐县	25377	19407	218	23468	5294	981748	184490	504500	292758
奎文区	82596	49842	1811	67017	2756	929000	8000	446000	475000
济宁市小计	**1012158**	**656485**	**7677**	**187090**	**29483**	**17360100**	**2135300**	**9601300**	**5623500**
本级	301178	125272	172	87434	13841				
区县级小计	710980	531213	7505	99656	15642	17430500	2078000	9417100	5935400
市中区	31240	12147	84	325	866	1233200		498500	734700
任城区	66366	89156	186	1677	1146	1404200	167400	819200	417600
兖州市	132390	99134	81	26306	1074	2421600	233600	1458300	729700
曲阜市	70051	25279	3819	3487	916	1750900	147100	840500	763300
泗水县	20006	14226	63	12346	852	709400	175000	326000	208400
邹城市	193027	150664	2504	3440	4671	3769100	251800	2379400	1137900
微山县	78086	67542	168	2278	919	1615100	194800	796100	624200
鱼台县	22906	14055	1	7018	1212	732900	156000	337200	239700
金乡县	17898	9567	68	10751	1270	861900	239200	350600	272100
嘉祥县	33668	21702	314	2763	1011	1100200	144900	648600	306700
汶上县	27057	18002	70	27718	850	900600	177800	460500	262300
梁山县	18285	9739	147	1547	855	931400	190400	502200	238800
临沂市小计	**687497**	**377974**	**11186**	**603762**	**104060**	**16605000**	**2066000**	**8473000**	**6066000**
本级	241078	13271	317	502145	73587				
区县级小计	446419	364703	10869	101617	30473	16925100	2030000	8701000	6194100
郯城县	40096	19996	138	8719	2766	1444200	201600	721200	521400
苍山县	26348	14192	1208	13234	3688	1432000	315300	529700	587000
莒南县	32925	16294	36	10896	2201	1342000	219000	583000	540000
沂水县	48450	25747	409	17270	725	1650000	210000	850000	590000
蒙阴县	15776	11242	6501	4892	1297	914000	180500	367500	366000
平邑县	32326	10997	177	14715	877	1367000	192500	675500	499000
费县	35162	24061	678	4880	2329	1410000	208000	745000	457000
沂南县	24136	11444	163	5239	1001	983000	203000	441000	339000
临沭县	27481	15045	1351	19504	1982	1010000	120000	560000	330000
兰山区	101009	106211	190	1083	5616	3060000	55000	1719800	1285200
罗庄区	41720	93576	2	885	4442	1489000	44200	1048700	396100

6－15－6

单位：人

地　区	财政供养人口 小计	在职人员	离休人员	退休人员	其他人员	自收自支单位年末人数
昌乐县	18038	13857	435	3746		1230
安丘市	26518	20203	413	5545	357	594
寿光市	23962	18973	434	4555		979
青州市	23669	18147	438	5084		1049
高密市	23076	18024	376	4676		328
诸城市	26310	18764	387	7159		215
临朐县	23220	18325	244	4604	47	859
奎文区	6943	5480	99	1364		233
济宁市小计	**228392**	**180120**	**4020**	**43411**	**841**	**10095**
本级	27455	21212	820	5103	320	1654
区县级小计	200937	158908	3200	38308	521	8441
市中区	8682	6460	218	2004		95
任城区	15005	12088	245	2672		347
兖州市	16511	13120	326	3042	23	1134
曲阜市	18011	13696	365	3950		1029
泗水县	15935	12649	244	3042		693
邹城市	25635	21428	303	3904		961
微山县	16024	12783	215	2701	325	621
鱼台县	11607	8804	180	2623		51
金乡县	18544	15100	246	3198		493
嘉祥县	17950	14239	264	3447		1389
汶上县	18639	14481	298	3860		17
梁山县	18394	14060	296	3865	173	1611
临沂市小计	**292287**	**236984**	**5101**	**47035**	**3167**	**2747**
本级	32208	24234	747	4060	3167	518
区县级小计	260079	212750	4354	42975		2229
郯城县	26213	21809	331	4073		173
苍山县	27788	23243	387	4158		5
莒南县	28836	22193	920	5723		466
沂水县	32773	27348	513	4912		
蒙阴县	15666	11532	266	3868		280
平邑县	25633	21694	311	3628		473
费县	24345	20029	455	3861		73
沂南县	24275	19650	401	4224		476
临沭县	18605	15584	291	2730		50
兰山区	18954	15168	361	3425		
罗庄区	8012	6736	66	1210		233

6－15－7　　　　单位:万元

地　　区	地方财政一般预算收入	国内增值税75%	国内消费税	预算内基金收入	预算外财政专户收入	地区生产总值	第一产业增加值	第二产业增加值	第三产业增加值
河东区	20990	15898	16	300	3549	823900	80900	459600	283400
泰安市小计	**641950**	**288654**	**7749**	**175760**	**94104**	**12261000**	**1328000**	**6885000**	**4048000**
本级	176729	55398	6550	99293	59318	1492600		496000	996600
区县级小计	465221	233256	1199	76467	34786	10768400	1328000	6389000	3051400
新泰市	162966	66129	189	18662	11376	3466000	302000	2169000	995000
宁阳县	44966	29535	352	11252	4368	1214200	234800	613000	366400
东平县	37391	11325	149	16817	4062	1080000	180000	620000	280000
肥城市	128116	88122	311	23531	10203	3019900	288600	1920000	811300
泰山区	61066	21663	69	1361	1120	993500	49600	588700	355200
岱岳区	30716	16482	129	4844	3657	994800	273000	478300	243500
聊城市小计	**423966**	**281015**	**3128**	**108823**	**77980**	**10229600**	**1545100**	**6051600**	**2632900**
本级	128716	30403	769	83279	46515	297600	14000	185800	97800
区县级小计	295250	250612	2359	25544	31465	9271300	1528200	5571200	2171900
东昌府区	40020	46470	111	696	5394	953600	168900	401600	383100
临清市	44355	21354	579	1731	8188	1439800	146200	914500	379100
阳谷县	19533	5926	294	9294	1800	1079000	218600	613700	246700
莘县	18775	21076	316	1313	2318	1180400	300700	560500	319200
茌平县	75100	111345	72	3147	5629	1424600	208600	1010000	206000
东阿县	20240	27298	319	4767	977	776400	110000	506400	160000
冠县	16517	12317	415	4314	3087	940600	232100	479400	229100
高唐县	60710	4826	253	282	4072	1476900	143100	1085100	248700
菏泽市小计	**421122**	**171430**	**13792**	**108860**	**44352**	**6270508**	**1816431**	**3058157**	**1395920**
本级	83654	35311	8	56631	27801				
区县级小计	337468	136119	13784	52229	16551	6270508	1816431	3058157	1395920
牡丹区	56788	19323	2372	352	3203	1004044	212638	474929	316477
曹县	40896	25401	4	9387	3006	822430	249562	389641	183227
定陶县	20700	6324	112	3785	784	424976	153277	182905	88794
成武县	25231	7898	7	4027	1617	522436	160613	275312	86511
单县	38536	10702	1003	18554	875	801115	269542	356570	175003
巨野县	32598	6208	1342	4651	1940	650704	189066	321843	139795
郓城县	53590	19673	278	7717	2819	842176	252869	427450	161857
鄄城县	22511	9037	41	2045	1303	491976	169920	193835	128221
东明县	46618	31553	8625	1711	1004	710651	158944	435672	116035
德州市小计	**420074**	**192253**	**23149**	**24434**	**28528**	**12175300**	**1500164**	**6734436**	**3940700**
本级	113307	28218	11574	1567	25156				
区县级小计	306767	164035	11575	22867	3372	12175300	1500164	6734436	3940700
德城区	67576	48283	940		1924	2562100	78800	1565500	917800

6－15－8　　单位:人

地　区	财政供养人口 小计	在职人员	离休人员	退休人员	其他人员	自收自支单位年末人数
河东区	8979	7764	52	1163		
泰安市小计	**151999**	**118529**	**2293**	**31012**	**165**	**5637**
本级	26964	21063	643	5145	113	2706
区县级小计	125035	97466	1650	25867	52	2931
新泰市	27632	22099	319	5214		578
宁阳县	24601	19182	286	5133		36
东平县	21679	16244	262	5173		805
肥城市	22231	16947	304	4943	37	784
泰山区	8306	6786	170	1350		
岱岳区	20586	16208	309	4054	15	728
聊城市小计	**176500**	**132926**	**3069**	**36182**	**4323**	**2150**
本级	23380	17297	524	4154	1405	1160
区县级小计	153120	115629	2545	32028	2918	990
东昌府区	22892	15986	405	4424	2077	
临清市	17613	13241	281	4091		243
阳谷县	22508	17541	382	4585		199
莘县	24712	20180	407	4125		217
茌平县	18616	13251	294	4449	622	
东阿县	13348	10037	309	2810	192	83
冠县	19659	14986	207	4466		53
高唐县	13772	10407	260	3078	27	195
菏泽市小计	**265580**	**204692**	**4705**	**55524**	**659**	**9944**
本级	17569	14199	425	2668	277	1732
区县级小计	248011	190493	4280	52856	382	8212
牡丹区	33605	24454	600	8495	56	809
曹县	33176	26164	525	6299	188	721
定陶县	22584	16897	515	5172		95
成武县	21630	16652	289	4689		685
单县	30737	23790	502	6445		740
巨野县	26651	20155	622	5874		3479
郓城县	35544	27698	535	7311		630
鄄城县	21551	17557	310	3684		
东明县	22533	17126	382	4887	138	1053
德州市小计	**186107**	**143635**	**3928**	**37828**	**716**	**2773**
本级	18532	14865	562	2985	120	1280
区县级小计	167575	128770	3366	34843	596	1493
德城区	13420	10823	288	2146	163	87

6－15－9 单位:万元

地　　区	地方财政一般预算收入	国内增值税75%	国内消费税	预算内基金收入	预算外财政专户收入	地区生产总值	第一产业增加值	第二产业增加值	第三产业增加值
陵县	16130	10080	166	196	168	843000	135700	455100	252200
平原县	23459	10351	977	3693	149	931900	163900	488800	279200
夏津县	12718	14093	37	4140	357	883200	144900	472400	265900
武城县	14178	5456	422	153		910000	100000	520000	290000
齐河县	51302	36827	25	2251	210	1230000	180000	696000	354000
禹城市	31876	9280	547	7413	5	1150000	176000	604000	370000
乐陵市	14331	4638	5	4313		1045700	153500	553300	338900
临邑县	50900	17660	7651	508	315	1190000	171964	652036	366000
宁津县	17120	2984	552	96	85	844700	122900	459900	261900
庆云县	7177	4383	253	104	159	584700	72500	267400	244800
滨州市小计	**593707**	**451886**	**24529**	**91341**	**93761**	**10302900**	**1095700**	**6383300**	**2823900**
本级	43579	25343	7	4004	37683				
区县级小计	550128	426543	24522	87337	56078	10411990	1095653	6733330	2583007
惠民县	15396	12857	2	121	10560	904808	170050	491385	243373
阳信县	16000	10162	431	8790	1840	580638	109428	336549	134661
无棣县	60133	16598	281	29122	3052	1217651	203984	799219	214448
沾化县	28630	15208	33	3248	2020	804751	177977	399060	227714
博兴县	71712	32384	14400	29146	5953	1300156	123365	799752	377039
邹平县	199391	201006	207	13631	27401	3439014	189636	2629205	620173
滨城区	158866	138328	9168	3279	5252	2164972	121213	1278160	765599
东营市小计	**601223**	**1039106**	**59846**	**225521**	**86446**	**16584200**	**606300**	**12692400**	**3285500**
本级	282288	880667	23585	170060	56421	9778681	20821	8085170	1672690
区县级小计	318935	158439	36261	55461	30025	6805519	585479	4607230	1612810
东营区	105567	55726	10349	967	1738	1498000	78000	791000	629000
河口区	45163	14918	2991	6574	7815	625000	60000	395000	170000
广饶县	90688	44172	11715	12500	9480	2604519	212079	1948630	443810
垦利县	49517	26314	6905	25625	6614	1260000	96400	973600	190000
利津县	28000	17309	4301	9795	4378	818000	139000	499000	180000
威海市小计	**820170**	**260788**	**27534**	**51571**	**100555**	**15909842**	**1277990**	**9682869**	**4948983**
本级	182000	85640	1111	23133	34556				
区县级小计	638170	175148	26423	28438	65999	13591396	1229467	8076172	4285757
环翠区	146373	70989	4101	22368	16577	2087377	208252	1066282	812843
乳山市	104868	17635	321	2515	16220	2516300	236300	1525100	754900
文登市	166508	47316	1206	1871	11698	4197100	329800	2572100	1295200
荣成市	220421	39208	20795	1684	21504	4790619	455115	2912690	1422814
日照市小计	**289789**	**204218**	**4824**	**125477**	**91843**	**6295800**	**862000**	**3202100**	**2231700**
本级	79440	32690	251	120601	75567	759200	79900	591200	88100

6－15－10　　单位：人

地　区	财政供养人口					自收自支单位年末人数
	小　计	在职人员	离休人员	退休人员	其他人员	
陵县	16948	13573	394	2981		
平原县	13926	11100	253	2570	3	
夏津县	16111	11256	297	4558		
武城县	12345	8826	384	3135		312
齐河县	17170	13109	244	3387	430	512
禹城市	16764	13246	324	3194		
乐陵市	18645	14781	263	3601		
临邑县	14322	11692	202	2428		513
宁津县	17189	12898	236	4055		
庆云县	10735	7466	481	2788		69
滨州市小计	**122291**	**96493**	**2564**	**23195**	**39**	**3535**
本级	17011	13408	553	3028	22	769
区县级小计	105280	83085	2011	20167	17	2766
惠民县	15287	12572	298	2417		640
阳信县	13562	9925	337	3300		83
无棣县	13708	11281	297	2130		50
沾化县	13695	11191	193	2311		25
博兴县	14631	11212	342	3077		647
邹平县	19601	14833	288	4480		1025
滨城区	14796	12071	256	2452	17	296
东营市小计	**65578**	**53213**	**686**	**10579**	**1100**	**1185**
本级	20992	16911	24	3634	423	269
区县级小计	44586	36302	662	6945	677	916
东营区	7197	5827	75	883	412	703
河口区	4958	4352		594	12	25
广饶县	14230	11354	264	2388	224	7
垦利县	8458	6804	178	1447	29	181
利津县	9743	7965	145	1633		
威海市小计	**84284**	**61482**	**2369**	**19948**	**485**	**2426**
本级	17491	13670	257	3524	40	443
区县级小计	66793	47812	2112	16424	445	1983
环翠区	7791	5660	225	1893	13	245
乳山市	17753	12836	493	4424		448
文登市	19926	13743	717	5034	432	1129
荣成市	21323	15573	677	5073		161
日照市小计	**71421**	**57729**	**1181**	**12053**	**458**	**2498**
本级	13166	11235	219	1656	56	1567

6－15－11　　单位:万元

地区	地方财政一般预算收入	国内增值税75%	国内消费税	预算内基金收入	预算外财政专户收入	地区生产总值	第一产业增加值	第二产业增加值	第三产业增加值
区县级小计	210349	171528	4573	4876	16276	5436600	781900	2736600	1918100
莒县	25658	17369	1066	2026	368	1277700	281700	617700	378300
五莲县	23368	16442	195	992	4430	964400	129600	538600	296200
东港区	93108	32139	3204	1583	6198	1933300	176200	791400	965700
岚山区	68215	105578	108	275	5280	1261200	194400	788900	277900
莱芜市小计	**260689**	**281692**	**1525**	**50311**	**15911**	**3672700**	**226200**	**2425000**	**1021500**
本级	30795	33026	1035	41876	12563				
区县级小计	229894	248666	490	8435	3348	3672700	226200	2425000	1021500
莱城区	100420	86278	474	1992	1578	2091400	185600	1147600	758200
钢城区	129474	162388	16	6443	1770	1581300	40600	1277400	263300

6－15－12 单位:人

地区	财政供养人口					自收自支单位年末人数
	小计	在职人员	离休人员	退休人员	其他人员	
区县级小计	58255	46494	962	10397	402	931
莒县	23155	18897	470	3770	18	103
五莲县	15491	12287	254	2914	36	238
东港区	12266	9269	162	2496	339	288
岚山区	7343	6041	76	1217	9	302
莱芜市小计	**41002**	**33532**	**461**	**7009**		**1552**
本级	13469	10290	226	2953		1179
区县级小计	27533	23242	235	4056		373
莱城区	22374	18801	215	3358		292
钢城区	5159	4441	20	698		81

2007年河南省地市县主要经济指标表

6－16－1　　　　单位:万元

地区	地方财政一般预算收入	国内增值税75%	国内消费税	预算内基金收入	预算外财政专户收入	地区生产总值	第一产业增加值	第二产业增加值	第三产业增加值
地市县合计	**7865590**	**3875334**	**784007**	**2006121**	**1513761**	**149493882**	**23769430**	**82277336**	**43447116**
郑州市小计	**2195183**	**729182**	**204499**	**581258**	**278605**	**24212000**	**884000**	**13087000**	**10241000**
本级	1180345	63131	37	442444	189239	7531145	7399	2035905	5487841
区县级小计	1014838	666051	204462	138814	89366	16680855	876601	11051095	4753159
巩义市	126126	92042	211	29678	10380	2894328	55987	2194812	643529
荥阳市	76106	30294	1086	25562	9931	2413722	147063	1604881	661778
中牟县	51666	16898	16679	4594	6737	1555522	305146	815317	435059
新郑市	82642	38691	93199	22524	11503	2483175	138294	1700753	644128
登封市	112057	84928	10	20012	15697	1940258	73771	1374716	491771
新密市	86148	69741	31	20819	8123	2577696	72312	1794462	710922
二七区	85273	36735	529	117	4352	419106	7617	237215	174274
金水区	161288	69452	1735	530	5283	721245	23243	267494	430508
中原区	77041	74557	48	200	8535	312845	9458	170230	133157
管城区	72753	63256	90911	84	3761	268886	7817	150893	110176
上街区	43955	75694	12	12053	3734	701771	6264	566229	129278
惠济区	39783	13763	11	2641	1330	392301	29629	174093	188579
开封市小计	**203160**	**133046**	**1235**	**57136**	**55683**	**4991859**	**1232812**	**2139347**	**1619700**
本级	90515	74744	873	44621	33461				
区县级小计	112645	58302	362	12515	22222	4991859	1232812	2139347	1619700
兰考县	13711	3982	12	1392	5522	650000	139000	285000	226000
杞县	17506	4388	79	454	1872	1011459	456368	332995	222096
通许县	11286	2708	254	4917	3340	71	26	26	19
尉氏县	26516	19790	7	1888	5800	1239000	298000	693000	248000
开封县	17068	2056	2	3840	2280	733754	253573	244272	235909
禹王台区	5675	2531			178	240778	18496	104521	117761
鼓楼区	5735	6349	7		586	278934	9057	105982	163895
龙亭区	4726	1660			290	182563	10592	55751	116220
顺河区	5816	10247		24	742	329200	16800	154900	157500
金明区	4606	4591	1		1612	326100	30900	162900	132300
洛阳市小计	**1001745**	**517142**	**126276**	**251417**	**179453**	**15954988**	**1540371**	**9698158**	**4716459**
本级	367677	43998	50283	224742	106203	1440300	130000	1243600	66700
区县级小计	634068	469052	75993	26675	73250	12202129	1527826	7583315	3090988
偃师市	90169	60018	24	2517	14982	2700504	234091	1762157	704256
孟津县	33621	12878	1	2570	7361	730541	157439	376518	196584
新安县	86077	61745	8	1440	10896	1707644	159039	1296489	252116
伊川县	81169	57550	667	1667	6592	1839522	213285	1284462	341775
汝阳县	24068	8332	131	3249	4277	491251	60638	295007	135606

6－16－2　　　　　　　　　　　　　　　　　　　　　　　单位:人

地　　区	财政供养人口					自收自支单位年末人数
	小　计	在职人员	离休人员	退休人员	其他人员	
地市县合计	**3021819**	**2324879**	**37999**	**644390**	**14551**	**152357**
郑州市小计	**226700**	**175066**	**3122**	**45952**	**2560**	**14018**
本级	64164	46848	1345	15479	492	2857
区县级小计	162536	128218	1777	30473	2068	11161
巩义市	20876	16027	294	4515	40	824
荥阳市	18802	14884	202	3693	23	484
中牟县	22465	17914	144	4321	86	1527
新郑市	18092	14686	265	3141		2177
登封市	17996	14760	148	2851	237	2777
新密市	19386	15874	271	3241		1271
二七区	10014	6351	81	2244	1338	1169
金水区	10293	9202	46	1005	40	64
中原区	7850	5968	95	1773	14	221
管城区	7071	5346	80	1521	124	444
上街区	4373	3200	50	1100	23	89
惠济区	5318	4006	101	1068	143	114
开封市小计	**164466**	**121138**	**2845**	**40383**	**100**	**4720**
本级	36430	23919	1339	11172		
区县级小计	128036	97219	1506	29211	100	4720
兰考县	20174	15958	235	3981		
杞县	25048	19183	358	5507		1484
通许县	18412	13975	180	4257		1562
尉氏县	23957	17275	241	6341	100	1051
开封县	20816	17000	186	3630		181
禹王台区	3858	2594	37	1227		
鼓楼区	3928	2623	84	1221		
龙亭区	3316	2173	68	1075		
顺河区	4363	3207	66	1090		
金明区	4164	3231	51	882		442
洛阳市小计	**193163**	**146157**	**3133**	**42239**	**1634**	**17519**
本级	42958	30719	999	11196	44	6596
区县级小计	150205	115438	2134	31043	1590	10923
偃师市	18818	14238	262	4111	207	2938
孟津县	12045	9146	227	2580	92	142
新安县	11976	9052	217	2707		2670
伊川县	16745	13539	205	2937	64	921
汝阳县	11935	9684	153	2098		236

6－16－3

单位:万元

地区	地方财政一般预算收入	国内增值税75%	国内消费税	预算内基金收入	预算外财政专户收入	地区生产总值	第一产业增加值	第二产业增加值	第三产业增加值
嵩县	23169	9139	13	4142	6083	640340	175167	276883	188290
栾川县	101168	86876	5	5710	5115	1090340	90102	883084	117154
宜阳县	26568	16114	3	609	3936	776498	187369	337823	251306
洛宁县	20018	10555	3	3649	3991	541191	159313	206650	175228
洛龙区	30011	16809	2300	97	3243	527870	62183	239390	226297
吉利区	12361	15691	66846	861	631	255163	10215	143395	101553
涧西区	40911	58982	3618	51	1861	333414	426	176697	156291
西工区	35728	42867	2371	102	2081	271186	1960	103117	166109
老城区	13983	6438	2	6	525	151007	12684	92920	45403
廛河区	15047	5058	1	5	1676	145658	3915	108723	33020
平顶山市小计	**501028**	**269132**	**1730**	**75967**	**74768**	**8216450**	**885493**	**5147257**	**2183700**
本级	175770	101624	16	48488	41060	1686220		1354020	332200
区县级小计	325258	167508	1714	27479	33708	6530230	885493	3793237	1851500
鲁山县	29000	16348	13	2000	3392	519000	109000	222000	188000
宝丰县	31972	10404	723	6635	4610	931356	94918	506327	330111
叶县	25075	8141	644	3664	4500	856626	227915	414231	214480
郏县	20099	7223	4	3711	3852	635263	135388	343537	156338
汝州市	47249	21242	12	2909	7829	1655909	203031	969217	483661
舞钢市	78286	56861	3	4383	5755	880000	67000	604000	209000
新华区	26628	14337	36	30	1001	248349	15760	152454	80135
卫东区	25103	9462	84	44	1254	271813	9084	163253	99476
湛河区	22633	12966	195	33	707	264343	21118	198285	44940
石龙区	19213	10524		4070	808	267571	2279	219933	45359
安阳市小计	**424749**	**341998**	**100205**	**188217**	**80500**	**7974100**	**1152400**	**4877600**	**1944100**
本级	183845	178646	99748	151783	32448	1575363	534	1309766	265063
区县级小计	240904	163352	457	36434	48052	6398737	1151866	3567834	1679037
安阳县	62893	61907	5	4259	10267	1533026	167843	991149	374034
林州市	52284	45309	144	18778	12843	1768560	137703	1208428	422429
汤阴县	14614	7352	1	6960	4732	767457	125096	461787	180574
滑县	20282	8123	32	5787	7702	939723	371598	352779	215346
内黄县	11118	4362	250	317	7941	698607	296152	246096	156359
文峰区	21636	5730	3	81	1394	201614	27454	53638	120522
北关区	15571	5219	21	65	1080	179947	6651	30307	142989
铁西区	21764	14678	1	110	1064	105050	6968	86377	11705
龙安区	20742	10672		77	1029	204753	12401	137273	55079
鹤壁市小计	**140021**	**69561**	**54**	**58006**	**17731**	**2779638**	**431466**	**1728182**	**619990**
本级	76288	49584		51048	11753	1340162	62398	862136	415628

6－16－4 单位：人

地区	财政供养人口					自收自支单位年末人数
	小计	在职人员	离休人员	退休人员	其他人员	
嵩县	14114	11289	189	2636		171
栾川县	10684	8895	106	1678	5	928
宜阳县	16011	12936	216	2859		1027
洛宁县	13802	10425	189	3188		488
洛龙区	7816	4757	105	1780	1174	249
吉利区	2667	2249	11	407		147
涧西区	3628	2422	74	1093	39	574
西工区	3901	2611	70	1217	3	412
老城区	3093	2110	65	912	6	20
廛河区	2970	2085	45	840		
平顶山市小计	**163995**	**131807**	**1926**	**29165**	**1097**	**16388**
本级	33984	27749	411	5604	220	4972
区县级小计	130011	104058	1515	23561	877	11416
鲁山县	22725	18174	346	4129	76	848
宝丰县	13591	10557	185	2574	275	1006
叶县	18911	14697	178	4036		2449
郏县	15338	10751	230	4205	152	1270
汝州市	21388	18159	300	2927	2	4349
舞钢市	14263	11432	149	2311	371	870
新华区	7880	6639	32	1208	1	230
卫东区	6658	5742	25	891		65
湛河区	6599	5489	61	1049		227
石龙区	2658	2418	9	231		102
安阳市小计	**150325**	**118678**	**1990**	**28175**	**1482**	**4469**
本级	33005	24614	595	6709	1087	1582
区县级小计	117320	94064	1395	21466	395	2887
安阳县	22477	17926	272	4135	144	363
林州市	21553	17325	213	3862	153	421
汤阴县	11605	9444	157	1983	21	585
滑县	26651	21115	350	5186		
内黄县	16750	13649	212	2812	77	450
文峰区	5995	4590	78	1327		395
北关区	4302	3522	40	740		
铁西区	3382	2739	31	612		236
龙安区	4605	3754	42	809		437
鹤壁市小计	**47413**	**37442**	**515**	**9409**	**47**	**2299**
本级	14215	11269	230	2670	46	678

6-16-5　　　　单位:万元

地区	地方财政一般预算收入	国内增值税75%	国内消费税	预算内基金收入	预算外财政专户收入	地区生产总值	第一产业增加值	第二产业增加值	第三产业增加值
区县级小计	63733	19977	54	6958	5978	1439476	369068	866046	204362
浚县	13496	4752	24	3716	3646	694604	237365	349776	107463
淇县	17051	6351	1	3242	1449	744872	131703	516270	96899
淇滨区	16857	3228	2		20				
山城区	10314	3633	27		396				
鹤山区	6015	2013			467				
新乡市小计	**411351**	**197725**	**565**	**75918**	**89262**	**6394980**	**1108142**	**3589692**	**1697146**
本级	165570	91270		54761	52580	332099	5678	241962	84459
区县级小计	245781	106455	565	21157	36682	6062881	1102464	3347730	1612687
获嘉县	11563	4766	11	579	3964	414782	98001	210946	105835
新乡县	41300	28601	16	8215	2110	900000	70000	680000	150000
原阳县	14486	2925	3	2845	2248	521695	143777	224126	153792
延津县	15557	3637	67	2431	3258	476273	129378	210118	136777
封丘县	12008	3253	95	190	4728	475379	184162	150375	140842
长垣县	32288	12802	5	1946	7262	842000	126300	378900	336800
辉县市	53018	29018	302	306	4128	1183140	172045	741751	269344
卫辉市	19672	9434	47	4617	4584	547585	126044	209396	212145
卫滨区	11578			16	634	37055	5300	21904	9851
红旗区	13962	9076	19		1429	236901	14555	172972	49374
牧野区	13766			4	968	255043	17314	212474	25255
凤泉区	6583	2943		8	1369	173028	15588	134768	22672
焦作市小计	**465258**	**237218**	**9115**	**100991**	**59284**	**8550100**	**730300**	**5622200**	**2197600**
本级	158646	121945	6057	87018	32079	2296101	115441	1636674	543986
区县级小计	306612	117745	3057	13973	27205	6253999	614859	3985526	1653614
修武县	30087	9894	160	5532	4360	724000	89000	496000	139000
博爱县	45528	10095	937	370	2522	1214564	124580	819510	270474
沁阳市	52403	21375	23	723	6323	1554816	97643	1028674	428499
温县	30096	9396	18	2366	2655	1037715	125185	685630	226900
孟州市	48596	7083	1663	1972	1323	106	8	75	23
武陟县	40016	14745	110	2734	6588	1220000	160000	750000	310000
解放区	20180	13691	129	86	1042	192600	1900	43200	147500
中站区	13369	12218		29	133	81678	4643	56317	20718
马村区	12555	9022		18	319	123520	10000	68520	45000
山阳区	13782	10226	17	143	1940	105000	1900	37600	65500
濮阳市小计	**231540**	**163629**	**11699**	**52433**	**35508**	**5328428**	**789511**	**3427208**	**1111709**
本级	133648	113451	11612	40458	23072	1957936	54988	1480529	422419
区县级小计	97892	50178	87	11975	12436	3370492	734523	1946679	689290

6－16 6

单位:人

地区	财政供养人口					自收自支单位年末人数
	小计	在职人员	离休人员	退休人员	其他人员	
区县级小计	33198	26173	285	6739	1	1621
浚县	14601	11611	125	2865		719
淇县	8656	6970	98	1588		418
淇滨区	3446	2864	28	554		4
山城区	3882	2815	34	1032	1	457
鹤山区	2613	1913		700		23
新乡市小计	**166109**	**128692**	**2554**	**34620**	**243**	**8421**
本级	28302	19541	887	7753	121	2510
区县级小计	137807	109151	1667	26867	122	5911
获嘉县	10683	8521	136	2026		692
新乡县	9555	7419	148	1988		251
原阳县	17807	13859	201	3707	40	488
延津县	13095	10656	194	2245		890
封丘县	19101	15522	205	3374		1136
长垣县	18737	14469	188	4080		
辉县市	21596	17832	209	3555		1223
卫辉市	14414	11280	200	2865	69	207
卫滨区	3174	2234	51	888	1	217
红旗区	2769	2029	43	697		366
牧野区	4073	3070	65	938		98
凤泉区	2803	2260	27	504	12	343
焦作市小计	**107673**	**84567**	**1171**	**21441**	**494**	**8517**
本级	18991	14581	242	4082	86	4796
区县级小计	88682	69986	929	17359	408	3721
修武县	8952	6880	107	1775	190	1323
博爱县	12680	10021	129	2530		611
沁阳市	12508	10082	138	2288		566
温县	11391	8986	88	2317		636
孟州市	11221	8962	125	2090	44	149
武陟县	15581	12552	226	2803		139
解放区	5057	3839	39	1168	11	69
中站区	3526	2749	23	754		79
马村区	3960	2965	18	834	143	86
山阳区	3806	2950	36	800	20	63
濮阳市小计	**130535**	**94131**	**2091**	**33606**	**707**	**2335**
本级	26911	21128	277	4816	690	1888
区县级小计	103624	73003	1814	28790	17	447

6－16－7

单位:万元

地区	地方财政一般预算收入	国内增值税75%	国内消费税	预算内基金收入	预算外财政专户收入	地区生产总值	第一产业增加值	第二产业增加值	第三产业增加值
濮阳县	31416	18365	7	6285	3575	1137154	202427	743946	190781
清丰县	12311	4272	8	969	1560	636477	209908	313383	113186
南乐县	7955	2094	16	1201	2219	549568	164000	275770	109798
范县	12347	7393	16	1992	1814	458974	81221	280778	96975
台前县	4683	1734	3	489	920	324890	52364	198028	74498
华龙区	29180	16320	37	1039	2348	263429	24603	134774	104052
许昌市小计	**337625**	**182292**	**146107**	**60575**	**55804**	**8672507**	**1248918**	**5480968**	**1942621**
本级	92965	68394	145986	24619	29815	571529		521108	50421
区县级小计	244660	113898	121	35956	25989	8106606	1254546	4959860	1892200
许昌县	30569	13190	2	6317	1991	1272331	250810	725463	296058
长葛市	50009	30911	23	4300	4805	1882260	153733	1340319	388208
鄢陵县	18483	6212	63	4805	3243	1150053	357567	525837	266649
禹州市	100039	41203	13	16565	9298	2160132	215676	1472442	472014
襄城县	28500	11620	2	3884	4753	1267009	261094	708144	297771
魏都区	17060	10762	18	85	1899	374821	15666	187655	171500
漯河市小计	**181789**	**96366**	**52225**	**42281**	**45097**	**4466297**	**688744**	**2929045**	**848508**
本级	114674	72844	51085	29757	24971	888472	8244	707304	172924
区县级小计	67115	23522	1140	12524	20126	3577825	680500	2221741	675584
舞阳县	17406	7650	190	10143	2751	612591	134000	333568	145023
临颍县	18441	6837	682	2303	11908	1122000	221000	759000	142000
源汇区	13746	3055	12	7	1378	495500	58500	292000	145000
郾城区	10506	3035	256	24	2760	773057	132000	478204	162853
召陵区	7016	2945		47	1329	574677	135000	358969	80708
三门峡市小计	**293586**	**194926**	**597**	**78492**	**49497**	**5184900**	**427900**	**3420000**	**1337000**
本级	74358	73445	1	46329	20121	670781	827	526450	143504
区县级小计	219228	121481	596	32163	29376	4855590	938062	2708186	1209342
义马市	32516	26535	8	7925	1826	628104	4690	540731	82683
灵宝市	54488	12398	11	18949	13384	1881899	177515	1230868	473516
渑池县	61068	47489	382	3607	3427	987600	92600	716000	179000
陕县	38217	23863	175	977	4081	900678	587501	78471	234706
卢氏县	14069	5157	4	640	4660	238105	62756	68342	107007
湖滨区	18870	6039	16	65	1998	219204	13000	73774	132430
南阳市小计	**448269**	**249536**	**67825**	**73362**	**126967**	**14070950**	**3359250**	**7148000**	**3563700**
本级	149320	119331	65416	24921	56863	2009156		1296968	712188
区县级小计	298949	130205	2409	48441	70104	12061794	3359250	5851032	2851512
邓州市	32086	5873	343	11305	4594	1727265	602509	670718	454038
唐河县	29139	4100	12	4119	7006	1265000	454000	544000	267000

6－16－8　　　　单位:人

地　区	财政供养人口					自收自支单位年末人数
	小计	在职人员	离休人员	退休人员	其他人员	
濮阳县	30243	23178	638	6427		68
清丰县	17696	12220	266	5210		111
南乐县	14812	11282	222	3308		
范县	15937	10266	353	5301	17	90
台前县	19178	10855	316	8007		178
华龙区	5758	5202	19	537		
许昌市小计	**148723**	**110622**	**1850**	**35122**	**1129**	**5413**
本级	17885	13096	442	4202	145	2315
区县级小计	130838	97526	1408	30920	984	3098
许昌县	20948	13708	219	6987	34	178
长葛市	24312	19818	198	4296		474
鄢陵县	22808	17727	129	4952		154
禹州市	31355	24620	470	6265		957
襄城县	23924	16817	291	6816		1295
魏都区	7491	4836	101	1604	950	40
漯河市小计	**94377**	**74212**	**896**	**18469**	**800**	**3994**
本级	23047	19245	213	3416	173	2802
区县级小计	71330	54967	683	15053	627	1192
舞阳县	17106	11939	242	4909	16	397
临颍县	22024	17392	180	3927	525	647
源汇区	8256	6608	77	1571		148
郾城区	16212	13021	136	3055		
召陵区	7732	6007	48	1591	86	
三门峡市小计	**78500**	**60430**	**774**	**16582**	**714**	**2997**
本级	13215	10962	121	2105	27	2075
区县级小计	65285	49468	653	14477	687	922
义马市	4116	3353	35	728		20
灵宝市	21284	14416	181	6595	92	603
渑池县	13891	11560	159	2044	128	
陕县	10533	8112	168	2253		119
卢氏县	10772	8630	108	2034		155
湖滨区	4689	3397	2	823	467	25
南阳市小计	**309449**	**234634**	**3410**	**70616**	**789**	**18245**
本级	38089	29692	595	7409	393	1403
区县级小计	271360	204942	2815	63207	396	16842
邓州市	32856	24404	298	8142	12	3216
唐河县	30535	22204	214	8073	44	348

6－16－9

单位:万元

地区	地方财政一般预算收入	国内增值税75%	国内消费税	预算内基金收入	预算外财政专户收入	地区生产总值	第一产业增加值	第二产业增加值	第三产业增加值
方城县	19330	4400	1	3339	6934	770594	297299	281135	192160
镇平县	24736	8883	6	11136	5608	1621000	246000	1007000	368000
社旗县	11071	2009	974	127	8558	551000	196000	199000	156000
新野县	20069	8022	142	960	3523	1194963	307095	625818	262050
内乡县	20008	6681	8	5115	4768	745830	215068	350272	180490
淅川县	23096	14245	7	2570	6339	850000	200000	470000	180000
西峡县	40039	36120	101	4633	1697	791000	162000	466000	163000
南召县	18501	7345	1	1905	4723	629629	133177	373302	123150
桐柏县	23037	13045	55	652	7233	556933	137739	310724	108470
宛城区	17568	8646	725	2171	3928	664200	237275	253461	173464
卧龙区	20269	10836	34	409	5193	694380	171088	299602	223690
商丘市小计	**267114**	**134768**	**1428**	**88967**	**93717**	**7814122**	**2349803**	**3235863**	**2228456**
本级	94767	10695	16	58784	48577	6000	1000	4000	1000
区县级小计	172347	124073	1412	30183	45140	7808122	2348803	3231863	2227456
永城市	82990	86221	123	22812	7228	1823000	395000	1073000	355000
夏邑县	8758	4489	172	1166	7056	802000	259100	293500	249400
虞城县	13568	3342	11	3111	4359	931345	365010	305076	261259
柘城县	8038	2369	3	405	4351	629031	261010	169943	198078
宁陵县	7266	1743	428	2071	2458	402493	137029	145372	120092
睢县	8518	1688	72	470	6578	705169	296587	274810	133772
民权县	8019	2194	70	49	4984	750326	269277	252674	228375
梁园区	21092	14803	66	53	4540	923576	126790	417105	379681
睢阳区	14098	7224	478	46	3586	841182	239000	300383	301799
信阳市小计	**203629**	**64976**	**5962**	**6023**	**98029**	**7306692**	**1989980**	**2859506**	**2457206**
本级	58080	28404	17	2681	41514	111749	37772	23988	49989
区县级小计	145549	36572	5945	3342	56515	7194943	1952208	2835518	2407217
罗山县	10360	2323	9	955	6665	572153	163100	200267	208786
光山县	15163	5145	9	843	6680	596045	177567	234479	183999
潢川县	17826	2875	280	625	7105	845801	276095	307632	262074
固始县	28872	5042	650	127	5200	1156041	437360	376966	341715
商城县	10798	1596	3	5	4522	546456	168505	209734	168217
新县	8810	3609	14	13	3891	401853	90653	164915	146285
息县	12227	2055	7	196	3951	661949	219596	263667	178686
淮滨县	8081	1902	2102	552	6086	504248	151269	180239	172740
浉河区	17773	4664	30	18	3671	923541	115349	338749	469443
平桥区	15639	7361	2841	8	8744	986856	152714	558870	275272
周口市小计	**196481**	**68995**	**3392**	**118156**	**54761**	**8180000**	**2620000**	**3400000**	**2160000**

6－16－10　　　　单位：人

地　区	财政供养人口 小计	在职人员	离休人员	退休人员	其他人员	自收自支单位年末人数
方城县	26101	18591	383	7127		428
镇平县	24097	18361	301	5435		1530
社旗县	18743	15333	119	3291		377
新野县	17123	13510	136	3424	53	110
内乡县	17739	12169	254	5298	18	1233
淅川县	20679	16577	226	3876		1449
西峡县	15921	12261	137	3523		1375
南召县	19159	13817	221	5121		968
桐柏县	14558	11788	160	2610		1612
宛城区	16352	12469	169	3445	269	2672
卧龙区	17497	13458	197	3842		1524
商丘市小计	**248714**	**192918**	**3356**	**51904**	**536**	**7726**
本级	25897	20942	434	4412	109	1041
区县级小计	222817	171976	2922	47492	427	6685
永城市	29482	23272	334	5865	11	1684
夏邑县	28566	21041	196	7288	41	1126
虞城县	29577	24330	361	4886		
柘城县	26559	20518	399	5642		
宁陵县	20461	14451	279	5731		76
睢县	23106	17653	370	5083		136
民权县	23331	17823	431	5077		1790
梁园区	19986	15685	376	3925		1873
睢阳区	21749	17203	176	3995	375	
信阳市小计	**259580**	**203046**	**2643**	**53259**	**632**	**7384**
本级	26616	21202	500	4661	253	1278
区县级小计	232964	181844	2143	48598	379	6106
罗山县	23604	18287	182	5135		
光山县	19602	16683	184	2683	52	1593
潢川县	24276	19071	244	4943	18	315
固始县	41972	32890	513	8569		
商城县	25196	19912	146	5138		1642
新县	15737	13397	116	2211	13	
息县	23571	18334	215	5022		2066
淮滨县	20608	16174	110	4324		36
浉河区	17836	11310	230	6296		
平桥区	20562	15786	203	4277	296	454
周口市小计	**283960**	**219060**	**3010**	**61058**	**832**	**5517**

6－16－11

单位:万元

地区	地方财政一般预算收入	国内增值税75%	国内消费税	预算内基金收入	预算外财政专户收入	地区生产总值	第一产业增加值	第二产业增加值	第三产业增加值
本级	44787	20655		56271	12302				
区县级小计	151694	48340	3392	61885	42459	8180000	2620000	3400000	2160000
扶沟县	13036	2561	7	7593	6400	510495	209145	177931	123419
西华县	11133	1965	15	8111	2744	713000	314000	256000	143000
商水县	12096	3288		3771	4639	839062	465638	190031	183393
太康县	12106	2868	1	3482	4616	809864	355437	266253	188174
鹿邑县	18618	6445	2594	2604	3695	1070000	271400	486600	312000
郸城县	15078	4643	300	2507	4541	83200	27100	39000	17100
淮阳县	14019	2813	17	10037	6050	751000	363000	241000	147000
沈丘县	15666	9285	56	11341	3105	81	23	33	25
项城市	27310	10468	6	10917	5065	1319000	270000	775000	274000
川汇区	12632	4004	396	1522	1604	76	5	31	40
驻马店市小计	**212669**	**82925**	**51079**	**80285**	**103707**	**7135253**	**2184641**	**2887607**	**2063005**
本级	74125	28254	48202	61347	40541	243000	7800	164700	70500
区县级小计	138544	54671	1435	18938	63166	6892253	2176841	2722907	1992505
确山县	12603	6251	70	1200	5180	483953	146800	212854	124299
泌阳县	17000	11236	9	496	11483	672500	244500	252000	176000
遂平县	13069	10100	409	5986	6486	600000	183000	254000	163000
西平县	15006	4388	76	2620	5262	801238	283376	304071	213791
上蔡县	12666	1751	6	1459	7700	794271	226032	305099	263140
汝南县	11826	2160	339	1525	2391	572286	236446	182045	153795
平舆县	13366	4281	14	899	4125	629007	205219	245171	178617
新蔡县	9566	2357	5	1796	6264	597998	242468	211667	143863
正阳县	9119	1926	3	1979	7698	561000	315000	124000	122000
驿城区	24323	10221	504	978	6577	1180000	94000	632000	454000
济源市小计	**150393**	**141917**	**14**	**16637**	**15388**	**2254990**	**140071**	**1599703**	**515216**

6－16－12

单位:人

地区	财政供养人口					自收自支单位年末人数
	小计	在职人员	离休人员	退休人员	其他人员	
本级	19198	15443	309	3199	247	1731
区县级小计	264762	203617	2701	57859	585	3786
扶沟县	21929	17785	130	3961	53	248
西华县	26079	20888	259	4932		1026
商水县	27813	20077	189	7547		183
太康县	30182	21590	312	8280		
鹿邑县	32962	26842	378	5702	40	
郸城县	27784	22182	352	4909	341	277
淮阳县	29838	21898	251	7689		1019
沈丘县	26901	21494	318	4983	106	
项城市	28846	21496	388	6928	34	1005
川汇区	12428	9365	124	2928	11	28
驻马店市小计	**228305**	**176736**	**2556**	**48258**	**755**	**20133**
本级	24838	19744	422	4019	653	15251
区县级小计	203467	156992	2134	44239	102	4882
确山县	13885	10714	193	2978		314
泌阳县	23542	18659	187	4696		1021
遂平县	17213	13050	239	3924		638
西平县	22780	17491	275	5014		67
上蔡县	26602	20588	170	5774	70	662
汝南县	21228	16448	166	4614		
平舆县	26507	19763	408	6327	9	28
新蔡县	19533	14710	210	4613		1170
正阳县	17883	14498	117	3268		
驿城区	14294	11071	169	3031	23	982
济源市小计	**19832**	**15543**	**157**	**4132**		**2262**

2007 年湖北省地市县主要经济指标表

6－17－1 单位:万元

地区	地方财政一般预算收入	国内增值税75%	国内消费税	预算内基金收入	预算外财政专户收入	地区生产总值	第一产业增加值	第二产业增加值	第三产业增加值
地市县合计	**4285213**	**2809167**	**1093231**	**1342683**	**1141333**	**85288236**	**13331158**	**36597005**	**35360073**
武汉市小计	**2216754**	**1328356**	**700268**	**747040**	**374048**	**31415000**	**1291500**	**14400000**	**15723500**
本级	1291913	649154	679398	604625	171716				
区县级小计	924841	679202	20870	142415	202332	22428434	1268105	10349600	10810729
江岸区	110338	52359		686	15121	1900969	7322	520211	1373436
江汉区	111942	93741		2000	15438	2526300		381392	2144908
硚口区	72954	61518		569	11439	1976777	2800	652699	1321278
武昌区	120186	55068	417		26972	2640392		893785	1746607
汉阳区	59443	62691	9977	4265	16343	2374800	6800	1807452	560548
青山区	76076	142659		1218	12248	3115444		2664103	451341
洪山区	70768	65462		1106	16251	2248645	81010	719847	1447788
东西湖区	101285	55820	9516	16718	26675	1034514	98556	594142	341816
汉南区	14805	3844		3435	2538	291838	61100	162916	67822
江夏区	51576	24358	18	25974	8727	1218960	286808	500132	432020
蔡甸区	39921	20691	936	29195	14418	763100	124900	399652	238548
新洲区	46840	29592		21188	9690	1099005	268013	556769	274223
黄陂区	48707	11399	6	36061	26472	1237690	330796	496500	410394
黄石市小计	**197136**	**228239**	**7668**	**29090**	**62803**	**4666900**	**375200**	**2476200**	**1815500**
本级	75245	93124	1437	28088	35011				
区县级小计	121891	135115	6231	1002	27792	4275500	351900	2263800	1659800
黄石港区	17910	14193	1		2460	689000	4000	201000	484000
西塞山区	12161	11466			2918	863700	11400	559500	292800
下陆区	11359	21066			1037	380000	6000	254000	120000
铁山区	6187	4840			662	194500	1300	158200	35000
大冶市	51016	64112	6228	928	14266	1398000	166700	750000	481300
阳新县	23258	19438	2	74	6449	750300	162500	341100	246700
十堰市小计	**155892**	**132183**	**7291**	**25475**	**57583**	**4118070**	**465148**	**1978001**	**1674921**
本级	71829	59739	4569	17261	34005	1928781	5564	1110303	812914
区县级小计	84063	72444	2722	8214	23578	2189289	459584	867698	862007
张湾区	8256	12014			1230	258788	13308	151226	94254
茅箭区	9771	13807			1979	321000	4000	136000	181000
丹江口市	25462	28773	27	5358	7496	598760	84102	271889	242769
郧县	10812	7168	2608	530	7617	250068	80234	85116	84718
郧西县	6900	2328	5	467	747	193545	72009	44500	77036
竹山县	7666	2999	29	1627	803	197298	67739	58780	70779
竹溪县	7253	2881	20	225	2390	176556	68177	66075	42304
房县	7943	2474	33	7	1316	193274	70015	54112	69147

6－17 2

单位:人

地　　区	财政供养人口					自收自支单位年末人数
	小　计	在职人员	离休人员	退休人员	其他人员	
地市县合计	**1765539**	**1322470**	**14594**	**428475**		**94636**
武汉市小计	**319380**	**217250**	**3278**	**98852**		**16328**
本级	85301	59575	1457	24269		11258
区县级小计	234079	157675	1821	74583		5070
江岸区	21125	12270	274	8581		
江汉区	16245	9927	179	6139		481
硚口区	20927	12994	189	7744		
武昌区	21799	13021	308	8470		189
汉阳区	13652	8500	140	5012		337
青山区	14288	8470	144	5674		476
洪山区	12965	8822	107	4036		228
东西湖区	9825	6608	88	3129		603
汉南区	3998	3242	15	741		118
江夏区	25332	18826	91	6415		900
蔡甸区	13760	9977	80	3703		1738
新洲区	30258	23332	98	6828		
黄陂区	29905	21686	108	8111		
黄石市小计	**73757**	**57885**	**717**	**15155**		**2577**
本级	19661	14640	308	4713		1845
区县级小计	54096	43245	409	10442		732
黄石港区	3398	2329	31	1038		
西塞山区	4288	3463	29	796		
下陆区	2140	1527	11	602		90
铁山区	1900	1341	81	478		26
大冶市	20921	16622	132	4167		391
阳新县	21449	17963	125	3361		225
十堰市小计	**123644**	**93070**	**1004**	**29570**		**6797**
本级	26079	19914	314	5851		5158
区县级小计	97565	73156	690	23719		1639
张湾区	4224	3591	15	618		
茅箭区	3316	2919	4	393		
丹江口市	16685	12561	142	3982		329
郧县	16056	11918	144	3994		1106
郧西县	15379	11210	111	4058		33
竹山县	13985	10049	92	3844		171
竹溪县	11030	8104	75	2851		
房县	16890	12804	107	3979		

6－17－3 单位:万元

地区	地方财政一般预算收入	国内增值税75%	国内消费税	预算内基金收入	预算外财政专户收入	地区生产总值	第一产业增加值	第二产业增加值	第三产业增加值
荆州市小计	**152426**	**112207**	**5612**	**5700**	**68369**	**5197198**	**1534542**	**1765995**	**1896661**
本级	49339	32476	3067	2619	40293				
区县级小计	103087	79731	2545	3081	28076	5197198	1534542	1765995	1896661
沙市区	9700	13907	72	57	2600	1174000	84000	603000	487000
荆州区	12891	11204	8	38	4005	531200	161800	186400	183000
江陵县	3982	2135		712	1956	236500	109298	43686	83516
松滋市	18036	12490	2220	313	8650	574500	168400	181400	224700
公安县	18112	11735	61	124		676500	249200	195300	232000
石首市	17000	15631	171	674	3990	564998	149544	230909	184545
监利县	10575	5395	11	384	2312	769900	350000	169100	250800
洪湖市	12791	7234	2	779	4563	669600	262300	156200	251100
宜昌市小计	**355709**	**221392**	**30630**	**128105**	**114352**	**8209000**	**1103200**	**4333800**	**2772000**
本级	139228	62432	2704	83105	57218	371400	1628	273815	95957
区县级小计	216481	158960	27926	45000	57134	7837600	1101572	4059985	2676043
西陵区	12565	16858	320		2122	2061141	4557	1582882	473702
伍家岗区	9196	12324			1211	566847	7382	234674	324791
点军区	3198	8480			353	136230	35135	52126	48969
猇亭区	5021	10087		819	975	288900	13800	236000	39100
夷陵区	39128	26230	11960	3119	16734	880403	166228	364319	349856
宜都市	37954	19583	10	12785	4974	843813	114685	429350	299778
枝江市	29618	16679	4353	7290	4569	852520	207550	336689	308281
当阳市	26588	14761	11155	8674	5496	815148	231856	307514	275778
远安县	13056	7951	19	583	3714	296784	58909	160913	76962
兴山县	10758	10112	6	1172	1916	234723	44900	105361	84462
秭归县	11261	5291	44	1301	9356	296445	67275	70554	158616
长阳县	13356	7236	38	7689	4214	396466	95018	131879	169569
五峰县	4782	3368	21	1568	1500	168180	54277	47724	66179
襄樊市小计	**240154**	**187594**	**166339**	**90260**	**48559**	**4844752**	**1449793**	**1737866**	**1657093**
本级	92266	118372	164391	79057	26383				
区县级小计	147888	69222	1948	11203	22176	4844752	1449793	1737866	1657093
襄城区	15030	5064	57	19	1216	238600	69200	53200	116200
樊城区	28034	15931	51	42	3905	357700	50700	162000	145000
襄阳区	17295	6550		3456	4964	1263769	307823	528029	427917
老河口市	18602	8428	59	1620	2785	500000	170000	170000	160000
枣阳市	23202	8117	153	3408	803	974831	360773	234985	379073
宜城市	17289	6298	1522	1958	2254	509000	164904	191848	152248
南漳县	7619	3952	4	490	2777	397332	146700	114010	136622

6－17 4

单位:人

地　　区	财政供养人口					自收自支单位年末人数
	小　计	在职人员	离休人员	退休人员	其他人员	
荆州市小计	**165969**	**128087**	**1035**	**36847**		**10679**
本级	32595	24250	403	7942		3490
区县级小计	133374	103837	632	28905		7189
沙市区	7661	5924	24	1713		581
荆州区	11648	8356	118	3174		581
江陵县	6466	5552		914		325
松滋市	18559	14348	102	4109		1088
公安县	20520	15002	84	5434		1149
石首市	16633	13661	85	2887		781
监利县	29379	23039	108	6232		1812
洪湖市	22508	17955	111	4442		872
宜昌市小计	**118461**	**79423**	**1206**	**37832**		**9319**
本级	25587	17586	479	7522		2059
区县级小计	92874	61837	727	30310		7260
西陵区	3074	1912	20	1142		
伍家岗区	1707	1237	6	464		19
点军区	1913	1492	5	416		
猇亭区	1363	1052	2	309		15
夷陵区	12081	8482	114	3485		15
宜都市	10148	6839	72	3237		1071
枝江市	11917	7870	76	3971		312
当阳市	11512	7842	91	3579		2388
远安县	6437	4266	59	2112		245
兴山县	6441	3939	72	2430		143
秭归县	9377	5973	80	3324		1637
长阳县	10642	6707	60	3875		983
五峰县	6262	4226	70	1966		432
襄樊市小计	**187211**	**146797**	**1735**	**38679**		**12165**
本级	37660	30343	479	6838		9594
区县级小计	149551	116454	1256	31841		2571
襄城区	6598	5483	36	1079		
樊城区	11799	9422	91	2286		
襄阳区	25088	19556	139	5393		48
老河口市	16255	12419	136	3700		1278
枣阳市	29705	23411	262	6032		32
宜城市	15773	12346	181	3246		
南漳县	17083	12355	174	4554		197

6－17－5

单位:万元

地区	地方财政一般预算收入	国内增值税75%	国内消费税	预算内基金收入	预算外财政专户收入	地区生产总值	第一产业增加值	第二产业增加值	第三产业增加值
谷城县	12650	9457	91	22	1790	481223	128000	213219	140004
保康县	8167	5425	11	188	1682	122297	51693	70575	29
鄂州市小计	**85088**	**94779**	**5**	**16409**	**32607**	**1095000**	**305900**	**107600**	**681500**
本级	48357	72885		16358	28545				
区县级小计	36731	21893	6	51	4062	890181	239921	436768	213492
鄂城区	25480	15810	6	35	1639	484671	96921	271768	115982
华容区	7443	4774		11	2065	283200	104900	122000	56300
梁子湖区	3808	1309		5	358	122310	38100	43000	41210
荆门市小计	**120638**	**79399**	**47967**	**9388**	**54314**	**4200800**	**1033800**	**1599600**	**1567400**
本级	46860	21850	47847	6928	31861				
区县级小计	73778	57549	120	2460	22453	4101850	986529	1744185	1371136
掇刀区	6454	14256		268	458	720000	60000	470000	190000
东宝区	11650	12375	88	113	4035	838000	88400	364600	385000
钟祥市	26066	12888	15	1175	8043	1130800	335600	425000	370200
京山县	19600	13834	16	604	7976	772100	243500	293300	235300
沙洋县	10008	4196	1	300	1941	640950	259029	191285	190636
孝感市小计	**166343**	**91401**	**4769**	**37492**	**54520**	**4807900**	**1091400**	**1908700**	**1807800**
本级	28600	14276	2500	16597	25027	383500	3400	265300	114800
区县级小计	137743	77125	2269	20895	29493	4412771	1177248	1616990	1618533
孝南区	17156	9107		4195	3870	555275	128369	161460	265446
孝昌县	9358	2103		5	4936	336671	130871	81660	124140
大悟县	13151	5460	1853	1286	3833	442600	129500	133900	179200
安陆市	15400	6038	15	2502	5734	526300	153100	144300	228900
云梦县	18947	7614		997	4502	626612	157969	242792	225851
应城市	28531	15460	394	5471	1069	715617	197471	271915	246231
汉川市	35200	31343	7	6439	5549	1209696	279968	580963	348765
黄冈市小计	**199325**	**83645**	**12046**	**18455**	**76509**	**4099051**	**1405384**	**1291260**	**1402407**
本级	27083	14872	2	6947	29831				
区县级小计	172242	68774	12044	11508	46678	4099051	1405384	1291260	1402407
黄州区	11906	5718	2	15	4816	29	5	8	16
团风县	7369	3198		409	3128	200697	51756	87591	61350
红安县	17381	10262	11772	1478	132	370300	113900	136500	119900
麻城市	25242	9316	17	161	4060	642800	250800	140000	252000
罗田县	11154	6231	57	661	3707	283290	97495	92603	93192
英山县	7961	2621	8	214	1826	238480	103617	61905	72958
浠水县	17957	6194	10	9	14903	593400	225800	163200	204400
蕲春县	21224	6931	25	4247	5222	578966	160038	187429	231499

6－17－6

单位:人

地　区	财政供养人口 小计	在职人员	离休人员	退休人员	其他人员	自收自支单位年末人数
谷城县	17629	13606	197	3826		301
保康县	9621	7856	40	1725		715
鄂州市小计	**35999**	**29531**	**152**	**6316**		**2236**
本级	17485	14279	126	3080		2236
区县级小计	18514	15252	26	3236		
鄂城区	8723	7317	12	1394		
华容区	6266	4933	14	1319		
梁子湖区	3525	3002		523		
荆门市小计	**77969**	**61282**	**434**	**16253**		**7566**
本级	16806	13757	91	2958		3785
区县级小计	61163	47525	343	13295		3781
掇刀区	3010	2571	3	436		221
东宝区	6437	5389	11	1037		182
钟祥市	23607	18009	193	5405		2167
京山县	15848	11788	108	3952		650
沙洋县	12261	9768	28	2465		561
孝感市小计	**132180**	**103427**	**1049**	**27704**		**5900**
本级	13374	10581	265	2528		2336
区县级小计	118806	92846	784	25176		3564
孝南区	20261	16276	128	3857		266
孝昌县	11738	10024	17	1697		
大悟县	14767	11867	88	2812		464
安陆市	17065	13127	123	3815		188
云梦县	15812	11220	195	4397		213
应城市	16949	13279	130	3540		1546
汉川市	22214	17053	103	5058		887
黄冈市小计	**188223**	**145481**	**1604**	**41138**		**4535**
本级	17873	15147	334	2392		12
区县级小计	170350	130334	1270	38746		4523
黄州区	8920	6871	105	1944		
团风县	8127	6399	53	1675		43
红安县	18747	15005	120	3622		
麻城市	25255	20093	183	4979		1540
罗田县	13851	10277	99	3475		114
英山县	11992	7939	190	3863		
浠水县	21575	16493	199	4883		1501
蕲春县	20421	15848	112	4461		601

6－17－7

单位:万元

地　　区	地方财政一般预算收入	国内增值税75%	国内消费税	预算内基金收入	预算外财政专户收入	地区生产总值	第一产业增加值	第二产业增加值	第三产业增加值
武穴市	27028	12301	138	3553	7178	650014	197084	250458	202472
黄梅县	25020	6002	15	761	1706	541075	204889	171566	164620
咸宁市小计	**110960**	**58831**	**4318**	**116918**	**43857**	**2868100**	**684300**	**1198600**	**985200**
本级	25747	16334	4209	94798	16847				
区县级小计	85213	42497	109	22120	27010	2656382	563394	1172303	920685
咸安区	14586	6346	3	698	4238	553813	110491	246497	196825
嘉鱼县	13634	3697	17	907	8393	437900	114100	183500	140300
赤壁市	29733	19963	39	14926	7056	823944	130612	430143	263189
通城县	10650	5575	25	976	3165	316747	60973	128357	127417
崇阳县	8802	3150	2	3322	2195	337400	92600	113400	131400
通山县	7808	3766	23	1291	1963	186578	54618	70406	61554
恩施自治州小计	**130535**	**55400**	**90025**	**25274**	**66826**	**2103500**	**793600**	**496600**	**813300**
本级	32101	17949	64574	749	30439				
区县级小计	98434	37451	25451	24525	36387	2054046	793558	489607	770881
恩施市	28967	7827	1534	19176	11995	528600	150631	154440	223529
建始县	12455	5583	3871	946	2855	241011	104196	48824	87991
巴东县	12644	4135	1048	116	5695	249993	99813	40920	109260
利川市	19810	6902	8866	1432	4853	352238	169804	75594	106840
宣恩县	5270	2707	2	38	1275	173751	70986	36751	66014
咸丰县	6884	3914	2823	1931	1834	189343	82891	36690	69762
来凤县	6246	3153	7301	19	3547	157220	63067	36162	57991
鹤峰县	6158	3230	6	867	4333	161890	52170	60226	49494
随州市小计	**54742**	**36740**	**13566**	**69199**	**25573**	**2608275**	**649563**	**1148712**	**810000**
本级	19156	12044	624	60766	13009				
区县级小计	35586	20396	12942	8433	12564	2608275	649563	1148712	810000
曾都区	14421	6580	19	3051	9496	1738275	419563	768712	550000
广水市	21165	13816	12923	5382	3068	870000	230000	380000	260000
仙桃市	**33147**	**32628**	**1345**	**9311**	**26916**	**1904000**	**402800**	**859600**	**641600**
天门市	**21819**	**8856**	**566**	**1443**	**18968**	**1514800**	**400000**	**563800**	**551000**
潜江市	**38503**	**53707**	**815**	**12654**	**13509**	**1566300**	**333600**	**704400**	**528300**
神农架林区	**6042**	**3810**	**1**	**470**	**2020**	**69590**	**11428**	**26271**	**31891**

6－17－8 单位:人

地区	财政供养人口 小计	在职人员	离休人员	退休人员	其他人员	自收自支单位年末人数
武穴市	19545	15558	85	3902		724
黄梅县	21917	15851	124	5942		
咸宁市小计	**91541**	**70824**	**863**	**19854**		**5421**
本级	14178	11527	162	2489		1462
区县级小计	77363	59297	701	17365		3959
咸安区	14416	11197	210	3009		358
嘉鱼县	8604	6535	59	2010		1357
赤壁市	13966	11097	77	2792		
通城县	13975	10475	109	3391		474
崇阳县	13821	10988	112	2721		1226
通山县	12581	9005	134	3442		544
恩施自治州小计	**106523**	**74315**	**610**	**31598**		**4725**
本级	6333	4315	164	1854		2008
区县级小计	100190	70000	446	29744		2717
恩施市	17507	11999	84	5424		415
建始县	14109	9671	56	4382		100
巴东县	12511	8762	53	3696		431
利川市	17202	12601	63	4538		1023
宣恩县	8984	6203	71	2710		84
咸丰县	11180	8099	34	3047		46
来凤县	9719	6617	41	3061		558
鹤峰县	8978	6048	44	2886		60
随州市小计	**55481**	**43209**	**504**	**11768**		**2893**
本级	10185	8690	105	1390		184
区县级小计	45296	34519	399	10378		2709
曾都区	26158	19795	123	6240		282
广水市	19138	14724	276	4138		2427
仙桃市	**33943**	**27027**	**74**	**6842**		**1722**
天门市	**26680**	**21051**	**89**	**5540**		
潜江市	**23707**	**19906**	**225**	**3576**		**1275**
神农架林区	**4871**	**3905**	**15**	**951**		**498**

2007 年湖南省地市县主要经济指标表

6－18－1

单位:万元

地区	地方财政一般预算收入	国内增值税75%	国内消费税	预算内基金收入	预算外财政专户收入	地区生产总值	第一产业增加值	第二产业增加值	第三产业增加值
地市县合计	**4830104**	**2578503**	**1537212**	**1161318**	**1273826**	**93020498**	**16561047**	**39785419**	**36674032**
长沙市小计	**1745761**	**791506**	**1442471**	**586000**	**307589**	**21902548**	**1387971**	**9848274**	**10666303**
本级	860087	59347	2	492450	156357				
区县级小计	885674	732159	1442469	93550	151232	21902548	1387971	9848274	10666303
浏阳市	91506	52822	38060	29403	16007	2533271	328090	1573713	631468
宁乡县	52421	24346	1374	16410	20452	2072338	374610	1125054	572674
长沙县	131923	86284	23197	36512	12135	2878751	330139	1859427	689185
望城县	76365	24524	32	10542	48315	1449233	221234	910760	317239
雨花区	126789	58564	10800	202	29174	3671700	32100	1873700	1765900
芙蓉区	114267	359990	1366123	143	6610	3320200	18700	539700	2761800
天心区	102501	73205	2691	217	4961	1962315	12927	682194	1267194
岳麓区	80764	11794	54	39	10406	1920000	30000	720000	1170000
开福区	109138	40630	138	82	3172	2094740	40171	563726	1490843
株洲市小计	**375774**	**268418**	**8589**	**72045**	**80798**	**7533017**	**966032**	**4001988**	**2564997**
本级	124490	11400		49229	20581				
区县级小计	251284	257018	8589	22816	60217	7533017	966032	4001988	2564997
株洲县	19984	6390	42	654	7008	508843	138283	228242	142318
醴陵市	54898	35055	7083	3433	9940	1620910	247810	950600	422500
攸县	37186	17578	16	3870	23328	1033631	274208	393796	365627
茶陵县	20965	9004	7	21	4924	568670	166818	218918	182934
炎陵县	11248	5030	2	1581	3618	172304	48394	60478	63432
天元区	60631	75383	63	12911	2342	552593	25708	243579	283306
芦淞区	15338	20656	1351	152	5912	993672	12674	398697	582301
荷塘区	12775	35833	25	123	3145	674394	23137	401678	249579
石峰区	18259	52089		71		1408000	29000	1106000	273000
湘潭市小计	**241961**	**193807**	**1781**	**39348**	**115662**	**5231169**	**797863**	**2457504**	**1975802**
本级	128643	144223	673	36419	57117	2344618	122790	1310509	911319
区县级小计	113318	49584	1108	2929	58545	2886551	675073	1146995	1064483
湘潭县	37226	14808	6	1431	30637	1015191	318268	326702	370221
湘乡市	29843	11281	1098	382	12411	924130	242715	332698	348717
韶山市	8274	2336	4	915	6968	191454	29118	89949	72387
雨湖区	19625	8655		114	2752	363823	38630	168707	156486
岳塘区	18350	12504		87	5777	391953	46342	228939	116672
衡阳市小计	**310730**	**169597**	**1677**	**106558**	**105379**	**8306541**	**2014039**	**3359213**	**2933289**
本级	102085	2219	12	82245	29987				
区县级小计	208645	167378	1665	24313	75392	8306541	2014039	3359213	2933289
衡南县	21622	8862	9	3933	6240	1048652	394200	362000	292452

6－18－2　　单位：人

地　　区	财政供养人口 小　计	在　职 人　员	离　休 人　员	退　休 人　员	其　他 人　员	自收自支 单位年末 人　　数
地市县合计	**2316038**	**1754807**	**13578**	**521888**	**25765**	**112788**
长沙市小计	**174430**	**120540**	**1615**	**50778**	**1497**	**12692**
本级	43808	29400	836	13061	511	6622
区县级小计	130622	91140	779	37717	986	6070
浏阳市	30819	22112	200	8032	475	941
宁乡县	33831	25069	149	8502	111	2169
长沙县	16671	11336	107	5218	10	1190
望城县	17125	13070	73	3982		54
雨花区	6432	4312	41	2074	5	428
芙蓉区	6520	4161	76	2233	50	37
天心区	5793	3457	38	2156	142	24
岳麓区	5254	3631	41	1475	107	1111
开福区	8177	3992	54	4045	86	116
株洲市小计	**108143**	**81613**	**1018**	**24968**	**544**	**4420**
本级	21264	15813	296	4967	188	1056
区县级小计	86879	65800	722	20001	356	3364
株洲县	10703	8200	56	2424	23	314
醴陵市	23861	18152	450	5259		
攸县	14945	11782	74	3014	75	1704
茶陵县	15438	12305	79	3036	18	4
炎陵县	8438	5767	34	2587	50	128
天元区	2156	1759	5	359	33	98
芦淞区	3665	2458	1	1177	29	1051
荷塘区	3771	2645	9	1050	67	55
石峰区	3902	2732	14	1095	61	10
湘潭市小计	**95882**	**61361**	**775**	**25975**	**7771**	**5103**
本级	28395	16444	467	6859	4625	1660
区县级小计	67487	44917	308	19116	3146	3443
湘潭县	25744	17776	102	5048	2818	2546
湘乡市	27737	18249	120	9272	96	425
韶山市	3578	2710	25	824	19	60
雨湖区	5592	3196	42	2167	187	110
岳塘区	4836	2986	19	1805	26	302
衡阳市小计	**235562**	**180679**	**1175**	**50826**	**2882**	**13496**
本级	37621	26700	471	10173	277	758
区县级小计	197941	153979	704	40653	2605	12738
衡南县	28138	23047	26	5050	15	2017

6－18－3

单位:万元

地　　区	地方财政一般预算收入	国内增值税75%	国内消费税	预算内基金收入	预算外财政专户收入	地区生产总值	第一产业增加值	第二产业增加值	第三产业增加值
衡阳县	19702	4167	22	976	9989	1023450	391601	329331	302518
衡山县	14462	5694	1	15	7465	398009	129662	126776	141571
衡东县	18482	8936	5	6298	5371	721126	206576	237942	276608
常宁市	24660	23447		9376	5032	871887	223814	385289	262784
祁东县	23178	4702		177	5372	933472	281399	367763	284310
耒阳市	54307	33643	12	2151	26809	1300100	296400	550900	452800
南岳区	8560	531		616	2396	99372	15364	13850	70158
珠晖区	5905	12091	87	38	2326	490355	31883	175925	282547
雁峰区	5061	18389	1487	20	933	483967	11032	284513	188422
石鼓区	6911	13674	36	698	936	317574	15300	112100	190174
蒸湘区	5795	33242	6	15	2523	618577	16808	412824	188945
邵阳市小计	**190959**	**73832**	**3198**	**39746**	**70652**	**4954040**	**1436837**	**1575786**	**1941417**
本级	28114	22338	3041	12326	18430				
区县级小计	162845	51494	157	27420	52222	4954040	1436837	1575786	1941417
双清区	13345			105	589	415282	28143	196867	190272
大祥区	11768			104	765	397244	30870	138496	227878
北塔区	2883				570	100617	14138	52131	34348
邵东县	26941	15032	19	7128	14688	962007	222548	408084	331375
新邵县	14509	5640	8	5955	1620	405972	128630	128296	149046
隆回县	15736	4766	115	262	3424	494114	172230	104088	217796
洞口县	14654	4485	3	5880	6400	545917	250172	120670	175075
新宁县	13441	2791	2	2282	4883	282512	99045	67591	115876
邵阳县	13247	3708		1494	9138	411276	133386	103097	174793
绥宁县	11639	5070	2	215	5550	319648	104766	122667	92215
武冈市	17858	4251	5	3065	4145	458334	205860	80152	172322
城步苗族自治县	6824	5751	3	930	450	161117	47049	53647	60421
岳阳市小计	**350996**	**190839**	**21073**	**25832**	**87559**	**9158376**	**1768378**	**4446339**	**2943659**
本级	179881	126359	20193	18158	36114	3034266	106291	2047344	880631
区县级小计	171115	88623	914	7674	51445	6005779	1607613	2406137	1992029
汨罗市	36685	23153	15	354	4857	850915	236218	425438	189259
平江县	22927	7011	20	471	12564	750326	183009	282310	285007
湘阴县	18182	3409	127	788	5734	894775	278431	356781	259563
临湘市	15832	4490	20	374	8846	538195	149891	234844	153460
华容县	17932	3964	689	1615	3462	907700	301500	349100	257100
岳阳县	14674	5817	7	2056	6090	779100	266500	269800	242800
岳阳楼区	28253	25101	20	255	6777	670900	29000	238900	403000
云溪区	12172	14315	36	1703		308100	47500	147500	113100

6－18－4 单位:人

地　　区	财政供养人口					自收自支单位年末人数
	小计	在职人员	离休人员	退休人员	其他人员	
衡阳县	29837	23839	78	5776	144	1560
衡山县	12913	7951	66	4724	172	1053
衡东县	20912	16586	101	3958	267	1316
常宁市	28365	22953	95	5007	310	870
祁东县	27083	21119	27	5929	8	2636
耒阳市	28148	21780	160	5140	1068	2568
南岳区	3643	2599		814	230	99
珠晖区	4999	3647	19	1333		394
雁峰区	5115	3856	119	1065	75	214
石鼓区	4638	3126	11	1185	316	
蒸湘区	4150	3476	2	672		11
邵阳市小计	**243869**	**185542**	**856**	**56894**	**577**	**6795**
本级	26217	19136	255	6615	211	338
区县级小计	217652	166406	601	50279	366	6457
双清区	7590	5620	15	1955		708
大祥区	5913	4630	34	1249		373
北塔区	3243	2925	4	313	1	
邵东县	23242	17014	50	6125	53	1189
新邵县	22681	17658	40	4983		
隆回县	27336	21244	60	5803	229	110
洞口县	24691	18238	43	6410		3939
新宁县	21780	16662	82	4958	78	27
邵阳县	27526	21617	32	5872	5	17
绥宁县	16073	12126	95	3852		8
武冈市	22108	17961	106	4041		78
城步苗族自治县	15469	10711	40	4718		8
岳阳市小计	**203524**	**158955**	**1904**	**41268**	**1397**	**12029**
本级	42628	35077	391	6921	239	3602
区县级小计	160896	123878	1513	34347	1158	8427
汨罗市	18911	15123	96	3623	69	
平江县	21882	16359	117	5256	150	1806
湘阴县	19401	15743	125	3294	239	1580
临湘市	20007	15242	955	3770	40	2142
华容县	21130	16835	71	4224		309
岳阳县	30762	21471	56	9235		924
岳阳楼区	14920	13158	27	1735		157
云溪区	6454	5319	16	1096	23	356

6－18－5

单位:万元

地区	地方财政一般预算收入	国内增值税75%	国内消费税	预算内基金收入	预算外财政专户收入	地区生产总值	第一产业增加值	第二产业增加值	第三产业增加值
君山区	4458	1363		58	3115	305768	115564	101464	88740
常德市小计	**380626**	**118226**	**4649**	**20692**	**69312**	**8362562**	**2042054**	**3471156**	**2849352**
本级	182237	24758	330	7458	22174	321014	172151	102714	46149
区县级小计	198389	93468	4319	13234	47138	8041548	1869903	3368442	2803203
津市市	15710	5977	3	415	6216	356022	95237	137267	123518
安乡县	14788	688	17	879	2538	626033	234642	142243	249148
汉寿县	19771	5312	5	2482	5819	664125	229151	182498	252476
澧县	28648	9746	1008	1539	11348	870160	318010	274115	278035
临澧县	16893	5324	24	1391	3553	50	17	16	17
桃源县	26348	13296	12	3104	8056	935908	385273	275781	274854
石门县	26993	17149	6	1624	2644	693250	221573	224522	247155
武陵区	29730	28678	3212	27	855	3015000	53000	1905000	1057000
鼎城区	19508	7298	32	1773	6109	881000	333000	227000	321000
张家界市小计	**78719**	**17579**	**20**	**8894**	**20799**	**1537603**	**253893**	**367287**	**916423**
本级	26948	1857		2663	4418				
区县级小计	51771	15722	20	6231	16381	1537603	253893	367287	916423
永定区	13033	4330	16	21	6149	635997	77649	148394	409954
武陵源区	15884	596		2276	2034	164198	7802	12278	144118
慈利县	15022	6957	2	3223	4573	489532	119479	140609	229444
桑植县	7832	3839	2	711	3625	247876	48963	66006	132907
益阳市小计	**152665**	**62123**	**542**	**117464**	**65127**	**4088535**	**1061867**	**1311716**	**1714952**
本级	61247	24458		100958	28146	354027	56483	220414	77130
区县级小计	91418	51941	542	16506	36981	2717425	796956	767217	1153252
沅江市	19484	11801	21	10239	6085	77810	22412	22792	32606
南县	11968	3705	386	1622	8558	490000	196000	94000	200000
桃江县	14738	9260	55	115	3490	587783	152695	198817	236271
安化县	16046	8577	2	2915	3122	524769	176202	136462	212105
资阳区	8756	4950	44	1591	2881	366062	84712	120417	160933
赫山区	20426	13648	34	24	12845	671001	164935	194729	311337
永州市小计	**181627**	**114576**	**44624**	**21803**	**62531**	**5063922**	**1571721**	**1412866**	**2079335**
本级	53118	56823	22312	5256	22164	8513	5190	2003	1320
区县级小计	128509	57753	22312	16547	40367	5119466	1569225	1394034	2156207
东安县	11892	3442	2	329	7304	553462	187979	141695	223788
道县	13445	3434	2	972	2908	527760	202875	101407	223478
宁远县	13765	3127	27	2430	3359	427659	152437	82305	192917
江永县	5851	2983	1	1747	1817	180000	67400	34000	78600
江华	8363	3852	2	1947	2983	290177	102792	64103	123282

6－18－6

单位：人

地区	财政供养人口					自收自支单位年末人数
	小计	在职人员	离休人员	退休人员	其他人员	
君山区	7429	4628	50	2114	637	1153
常德市小计	**208914**	**160178**	**1334**	**47184**	**218**	**9668**
本级	29986	21958	352	7614	62	631
区县级小计	178928	138220	982	39570	156	9037
津市市	9848	6952	41	2832	23	157
安乡县	20698	16947	96	3634	21	412
汉寿县	23118	17828	111	5179		5102
澧县	23571	19243	103	4225		
临澧县	14866	11890	108	2846	22	315
桃源县	25952	19031	158	6675	88	839
石门县	24264	18132	158	5974		965
武陵区	11648	9180	81	2385	2	51
鼎城区	24963	19017	126	5820		1196
张家界市小计	**50648**	**39408**	**250**	**10302**	**688**	**3313**
本级	5297	4340	1	581	375	502
区县级小计	45351	35068	249	9721	313	2811
永定区	13656	10397	65	3166	28	953
武陵源区	2564	2229	3	218	114	48
慈利县	16283	12398	142	3653	90	1049
桑植县	12848	10044	39	2684	81	761
益阳市小计	**172241**	**131639**	**1018**	**38456**	**1128**	**8081**
本级	24198	16735	266	6292	905	1598
区县级小计	148043	114904	752	32164	223	6483
沅江市	30869	25586	144	4944	195	35
南县	22167	17467	81	4614	5	5274
桃江县	26125	20709	126	5283	7	1011
安化县	26374	19349	198	6815	12	45
资阳区	15940	12246	73	3621		118
赫山区	26568	19547	130	6887	4	
永州市小计	**206875**	**161380**	**540**	**41499**	**3456**	**9614**
本级	23317	18916	105	4203	93	910
区县级小计	183558	142464	435	37296	3363	8704
东安县	18238	14142	114	3982		632
道县	18189	14910	32	3247		516
宁远县	21283	16518	26	4739		2790
江永县	10253	8417	20	1816		407
江华	14847	11640	21	3186		

6－18－7 单位:万元

地区	地方财政一般预算收入	国内增值税75%	国内消费税	预算内基金收入	预算外财政专户收入	地区生产总值	第一产业增加值	第二产业增加值	第三产业增加值
蓝山县	11999	2517	12	9	4712	320600	85500	103800	131300
新田县	8268	1907	2	408	1717	242475	94885	43980	103610
双牌县	6620	3348	1	1988	3566	177040	67159	54659	55222
祁阳县	19469	8178	6	524	3069	910920	266040	280724	364156
零陵区	9820	7256	2030	6031	4004	692013	191005	219663	281345
冷水滩区	19017	17709	20227	162	4928	797360	151153	267698	378509
郴州市小计	**340547**	**198076**	**5356**	**43305**	**90051**	**6494367**	**1073024**	**3217593**	**2203750**
本级	97645	6817	3823	19766	29584				
区县级小计	242902	191259	1533	23539	60467	6494367	1073024	3217593	2203750
北湖区	35708	17255	78	918	3690	994676	59575	507890	427211
苏仙区	30731	38698	2	1525	15929	800487	80601	460126	259760
资兴市	36670	33157	1336	13323	5824	835206	113069	499715	222422
桂阳县	36913	21538	10	3723	68	945089	216327	414031	314731
永兴县	31180	23324	5	1407	4085	807100	140133	407365	259602
宜章县	25529	13315	88	554	9473	668654	114695	311580	242379
嘉禾县	12318	7085	4	844	8872	412980	93618	169415	149947
临武县	13142	15140	3	17	348	320914	68802	152230	99882
汝城县	9381	12859	2	50	5262	300390	61404	143436	95550
桂东县	3790	3156	2	54	3540	96310	23014	35045	38251
安仁县	7540	5732	3	1124	3376	337753	88784	112785	136184
娄底市小计	**190475**	**207042**	**111**	**33921**	**60865**	**4456583**	**876934**	**2211033**	**1368616**
本级	67945	99861	39	22594	20187	104600	6100	73500	25000
区县级小计	122530	107181	70	11327	40678	4351983	870834	2137533	1343616
娄星区	14106	8480	1	357	5413	1176574	47416	746077	383081
双峰县	16680	9640	9	1246	12732	725516	322585	198298	204633
涟源市	30176	19677	17	1218	4419	878820	206605	367160	305055
冷水江市	38351	56553	38	6757	7018	982916	46362	676341	260213
新化县	23217	12831	5	1749	11096	588157	247866	149657	190634
怀化市小计	**172120**	**85283**	**129**	**13486**	**90072**	**4083000**	**963700**	**1353600**	**1765700**
本级	45789	7442	32	6390	25308				
区县级小计	126331	77841	97	7096	64764	4083000	963700	1353600	1765700
沅陵县	20080	27363	3	2383	7383	608300	92600	372300	143400
辰溪县	15327	5690	1	304	11422	310497	76453	105293	128751
溆浦县	16001	8083	8	1000	8021	486374	187028	136753	162593
麻阳苗族自治县	5526	1913	16	586	7712	195075	66474	50027	78574
新晃侗族自治县	4402	1890	3	506	2316	152250	40945	52559	58746
芷江侗族自治县	7882	3072	6	1042	1429	284174	90546	88817	104811

6－18－8 单位:人

地区	财政供养人口					自收自支单位年末人数
	小计	在职人员	离休人员	退休人员	其他人员	
蓝山县	11483	8943	18	2520	2	
新田县	11708	9386	42	2280		950
双牌县	8003	6544	13	1446		
祁阳县	32935	25987	56	6892		2234
零陵区	18425	11122	60	3882	3361	723
冷水滩区	18194	14855	33	3306		452
郴州市小计	**207165**	**161244**	**1480**	**43824**	**617**	**5724**
本级	26590	20612	410	5053	515	1430
区县级小计	180575	140632	1070	38771	102	4294
北湖区	12273	10390	66	1817		
苏仙区	12941	11027	45	1869		113
资兴市	14608	11859	64	2678	7	870
桂阳县	25561	20017	78	5466		
永兴县	22369	17250	177	4942		860
宜章县	22147	17496	142	4506	3	2227
嘉禾县	15139	11123	160	3856		
临武县	16615	11429	91	5095		
汝城县	14838	11383	87	3286	82	
桂东县	8690	6559	69	2062		187
安仁县	15394	12099	91	3194	10	37
娄底市小计	**131887**	**102064**	**411**	**28827**	**585**	**7222**
本级	15906	12667	110	2994	135	1986
区县级小计	115981	89397	301	25833	450	5236
娄星区	9466	8112	25	1329		1096
双峰县	29096	24221	89	4780	6	136
涟源市	30755	22853	37	7819	46	2329
冷水江市	14722	11305	45	3372		855
新化县	31942	22906	105	8533	398	820
怀化市小计	**179379**	**135292**	**699**	**40407**	**2981**	**12305**
本级	17712	13068	209	3528	907	2147
区县级小计	161667	122224	490	36879	2074	10158
沅陵县	16011	12318	27	3631	35	1396
辰溪县	15498	11101	71	2979	1347	1900
溆浦县	20934	16348	73	4468	45	468
麻阳苗族自治县	16841	12447	46	4348		345
新晃侗族自治县	9186	7073	30	2060	23	418
芷江侗族自治县	12650	9702	29	2919		

6－18－9

单位:万元

地区	地方财政一般预算收入	国内增值税75%	国内消费税	预算内基金收入	预算外财政专户收入	地区生产总值	第一产业增加值	第二产业增加值	第三产业增加值
鹤城区	13006	7950	48		3642	818943	45284	204448	569211
中方县	8538	2295		725	3999	237188	79578	59941	97669
洪江市	15876	11904	5	345	9494	441297	103650	171632	166015
会同县	8218	3099	3	45	4296	218348	75492	34524	108332
靖州自治县	7204	2757	3	83	795	223108	64966	52795	105347
通道侗族自治县	4271	1825	1	77	4255	107446	40684	24511	42251
湘西自治州小计	**117144**	**87599**	**2992**	**32224**	**47430**	**1848235**	**346734**	**751064**	**750437**
本级	17214	9440	2876	4051	18208				
区县级小计	99930	78159	116	28173	29222	1866513	361305	750531	754677
吉首市	24499	8085	4	23213	3066	484806	34662	197905	252239
泸溪县	7968	7700		123	1800	155166	34944	78383	41839
凤凰县	9475	2419	4	2139	7672	190200	41500	35500	113200
花垣县	32410	46080	2	120	3991	348990	32273	246803	69914
保靖县	7348	8303	9	248	1131	191400	39900	96000	55500
古丈县	2316	1249		242	1878	65451	15426	15440	34585
永顺县	5953	1703	1	50	1640	197200	78200	35000	84000
龙山县	9961	2620	96	2038	8044	233300	84400	45500	103400

6-18-10

单位:人

地区	财政供养人口 小计	在职人员	离休人员	退休人员	其他人员	自收自支单位年末人数
鹤城区	8840	6810	64	1961	5	219
中方县	9508	8482	11	1012	3	355
洪江市	19489	14398	67	5024		970
会同县	12185	8681	31	2857	616	2433
靖州自治县	10706	7054	17	3635		1112
通道侗族自治县	9819	7810	24	1985		542
湘西自治州小计	**97519**	**74912**	**503**	**20680**	**1424**	**2326**
本级	11354	8146	227	2827	154	564
区县级小计	86165	66766	276	17853	1270	1762
吉首市	10067	7947	36	1873	211	550
泸溪县	9960	8014	25	1908	13	5
凤凰县	11636	8569	38	2466	563	84
花垣县	9802	7557	35	2114	96	129
保靖县	9774	7206	26	2520	22	125
古丈县	6399	5152	20	1095	132	93
永顺县	13861	10932	67	2849	13	211
龙山县	14666	11389	29	3028	220	565

2007 年广东省地市县主要经济指标表

6－19－1　　　　　　　　　　　　单位:万元

地　　区	地方财政一般预算收入	国内增值税75%	国内消费税	预算内基金收入	预算外财政专户收入	地区生产总值	第一产业增加值	第二产业增加值	第三产业增加值
地市县合计	**21603733**	**14043251**	**1871155**	**9651122**	**6369857**	**319999461**	**17706736**	**162004952**	**140287773**
广州市小计	**5237862**	**3345023**	**1105537**	**3152063**	**1606949**	**70507799**	**1610900**	**28168899**	**40728000**
本级	2410203	1070237	1105537	2426112	901109				
区县级小计	2827659	2274786		725951	705840	70507799	1610900	28168899	40728000
越秀区	264275	69963		3435	70015	11288724		148320	11140404
海珠区	206058	79707		873	45242	4221580	20326	1082698	3118556
荔湾区	207619	177232		608	54803	4299623	40548	1289915	2969160
天河区	232659	91140		2725	36206	12046299	23928	2345239	9677132
白云区	211235	122235		1083	47444	6744592	297167	1881671	4565754
黄埔区	90164	86295		443	24470	4700870	11955	3270725	1418190
花都区	249730	225039		895	58712	4169209	239342	2762380	1167487
番禺区	371983	272667		10184	239845	5839520	368599	2864281	2606640
南沙区	144483	243971		144741	31985	2966776	101840	2456011	408925
萝岗区	550945	731136		302756	8875	8913368		7024967	1888401
从化市	91946	34881		86355	27484	1275300	157800	631000	486500
增城市	206562	140520		171853	60759	4041938	349395	2411692	1280851
深圳市小计	**6580555**	**3533246**	**105684**	**2141010**	**1302773**	**67654117**	**62333**	**34447387**	**33144397**
本级	4291995	3533246	105684	2117100	492908				
区县级小计	2288560			23910	809865	67654117	62333	34447387	33144397
福田区	342267				46894	12846078	163	2793083	10052832
罗湖区	283087				54410	6946920	5195	715223	6226502
盐田区	101138				22497	2106871	859	702003	1404009
南山区	290663				145421	14672252	6128	9526297	5139827
宝安区	704730			23910	329973	18295194	27676	12188627	6078891
龙岗区	566675				210670	12786802	22312	8522154	4242336
珠海市小计	**758242**	**535769**	**7981**	**384572**	**593577**	**8868422**	**226741**	**5013977**	**3627704**
本级	523627	339893	3051	342490	523295				
区县级小计	234615	195876	4930	42082	70282	8855864	223560	5012976	3619328
香洲区	100295	72187	231	12634	13826	5485235	13046	2623993	2848196
金湾区	60464	65934	220	8872	46198	1639619	46282	1254930	338407
斗门区	73856	57755	4479	20576	10258	1731010	164232	1134053	432725
汕头市小计	**424883**	**280892**	**3504**	**25723**	**162929**	**7540170**	**473009**	**4275211**	**2791950**
本级	190474	106681	1749	19846	69221				
区县级小计	234409	174211	1755	5877	93708	7540170	473009	4275211	2791950
金平区	40674	29522	1104		15045	1705064	15087	843212	846765
龙湖区	37677	27620	62		10688	1349211	38446	711864	598901
澄海区	62413	44349	191	3945	23990	1548242	161785	895075	491382

6 19－2 单位：人

地区	财政供养人口					自收自支单位年末人数
	小计	在职人员	离休人员	退休人员	其他人员	
地市县合计	**2448121**	**1786529**	**20714**	**534429**	**106449**	**205911**
广州市小计	**333664**	**213558**	**3304**	**102423**	**14379**	**23445**
本级	99280	64652	1740	32323	565	12036
区县级小计	234384	148906	1564	70100	13814	11409
越秀区	37323	18341	487	18301	194	882
海珠区	23099	12304	212	8872	1711	836
荔湾区	27069	14462	150	11102	1355	960
天河区	13301	10438	44	2797	22	141
白云区	23168	15077	264	6669	1158	477
黄埔区	8293	5614	32	2571	76	216
花都区	18863	14696	77	4039	51	142
番禺区	30847	20975	117	5568	4187	3287
南沙区	5064	3688		642	734	238
萝岗区	9485	6084	5	976	2420	419
从化市	16490	12588	61	3727	114	297
增城市	21382	14639	115	4836	1792	3514
深圳市小计	**161962**	**115000**	**370**	**16146**	**30446**	**18094**
本级	49598	41133	277	6828	1360	2423
区县级小计	112364	73867	93	9318	29086	15671
福田区	14265	11662	3	1595	1005	91
罗湖区	14754	11016	16	2477	1245	1642
盐田区	3515	2938	9	341	227	121
南山区	12156	8956	12	1089	2099	1078
宝安区	39506	22461	20	2301	14724	5850
龙岗区	28168	16834	33	1515	9786	6889
珠海市小计	**44678**	**30724**	**346**	**9982**	**3626**	**2515**
本级	21383	16238	237	4330	578	1534
区县级小计	23295	14486	109	5652	3048	981
香洲区	9852	5350	15	2063	2424	431
金湾区	4818	2977	25	1277	539	
斗门区	8625	6159	69	2312	85	550
汕头市小计	**129336**	**93225**	**1084**	**29501**	**5526**	**10501**
本级	25918	18222	557	7062	77	4878
区县级小计	103418	75003	527	22439	5449	5623
金平区	18552	11132	140	5853	1427	718
龙湖区	8121	6151	37	1315	618	197
澄海区	17114	12575	110	4267	162	583

6－19－3　　　　单位:万元

地　区	地方财政一般预算收入	国内增值税75%	国内消费税	预算内基金收入	预算外财政专户收入	地区生产总值	第一产业增加值	第二产业增加值	第三产业增加值
濠江区	12142	12289			2619	479610	44590	371474	63546
朝阳区	47449	33136	19	479	25242	1208196	116804	694121	397271
潮南区	30738	25983	379	1035	14715	1189937	73872	740669	375396
南澳县	3316	1312		418	1409	59910	22425	18796	18689
佛山市小计	**1945430**	**1374817**	**48056**	**1604653**	**592399**	**35885033**	**804022**	**23278310**	**11802701**
本级	263686			395254	201532				
区县级小计	1681744	1374817	48056	1209399	390867	35885033	804022	23278310	11802701
禅城区	169421	254722	4582	65532	38991	6838400	4900	4004200	2829300
南海区	630036	408826	13199	606021	94735	12169697	232100	7743459	4194138
顺德区	683922	573960	20414	423524	190843	12792521	263819	8163603	4365099
高明区	77877	52734	1293	14033	19915	2727636	150562	2073969	503105
三水区	120488	84575	8568	100289	46383	3340000	200000	2310000	830000
韶关市小计	**300412**	**257432**	**115186**	**32218**	**122499**	**4825500**	**742200**	**2285000**	**1798300**
本级	152137	131371	115118	20553	70206	2679700	153700	1436900	1089100
区县级小计	148275	126061	68	11665	52293	4771000	700100	2293500	1777400
浈江区	11782	8393	53		5541	967700	35600	325500	606600
武江区	13946	7298			3731	810600	37200	466300	307100
曲江区	30661	35957	2	4213	6087	901400	80900	645100	175400
乐昌市	14915	12779	2	1814	12816	382500	85600	123000	173900
南雄市	14297	6239	6	2937	4876	347500	142200	75100	130200
仁化县	17707	25694	1	9	2765	415600	87400	250100	78100
始兴县	8019	4469	1	21	3987	223000	68500	85700	68800
翁源县	8604	5162	1	1645	4934	280300	95800	80800	103700
新丰县	8308	7040	2	240	4756	181600	38100	75900	67600
乳源瑶族自治县	20036	13030		786	2800	260800	28800	166000	66000
河源市小计	**151558**	**79506**	**36**	**3804**	**52231**	**3323404**	**500881**	**1726734**	**1095789**
本级	41314	25406	1	2408	29865				
区县级小计	110244	54100	35	1396	22366	2772513	404489	1391818	976206
源城区	20158	9063	25	60	3755	351283	22832	188061	140390
东源县	20166	11255	2	3	2142	417329	81626	220005	115698
和平县	10032	5058		301	2861	332073	77538	134414	120121
龙川县	21887	7054	4	90	6283	717300	126700	327600	263000
紫金县	17758	7093	3	923	5122	474721	45864	192440	236417
连平县	20243	14577	1	19	2203	479807	49929	329298	100580
梅州市小计	**229705**	**176007**	**210664**	**18328**	**90359**	**4106945**	**903669**	**1774442**	**1428834**
本级	88491	67598	210123	12271	41380	660105		429121	230984
区县级小计	141214	108409	541	6057	48979	3430637	885028	1318982	1226627

6－19－4　　　　单位:人

地区	财政供养人口 小计	在职人员	离休人员	退休人员	其他人员	自收自支单位年末人数
濠江区	5938	4815	8	1049	66	
朝阳区	30911	23376	180	6392	963	1481
潮南区	19490	14319	46	2996	2129	2439
南澳县	3292	2635	6	567	84	205
佛山市小计	**121273**	**87115**	**508**	**24356**	**9294**	**21136**
本级	14963	10235	273	3862	593	7431
区县级小计	106310	76880	235	20494	8701	13705
禅城区	20499	11147	40	4067	5245	3063
南海区	27756	21462	63	5625	606	2609
顺德区	38595	29806	80	6312	2397	5558
高明区	8255	6280	37	1733	205	1254
三水区	11205	8185	15	2757	248	1221
韶关市小计	**103807**	**75858**	**962**	**26082**	**905**	**4510**
本级	16878	11223	404	4945	306	2966
区县级小计	86929	64635	558	21137	599	1544
浈江区	5850	4114	24	1618	94	204
武江区	3479	2644	24	811		198
曲江区	10719	7968	58	2674	19	6
乐昌市	12736	9283	53	3040	360	339
南雄市	12027	8996	52	2874	105	
仁化县	8629	6764	49	1814	2	48
始兴县	8246	6031	70	2132	13	145
翁源县	10648	8079	106	2463		277
新丰县	8396	6093	74	2223	6	
乳源瑶族自治县	6199	4663	48	1488		327
河源市小计	**98581**	**71585**	**1770**	**23628**	**1598**	**2021**
本级						
区县级小计	98581	71585	1770	23628	1598	2021
源城区	7330	5133	143	1342	712	821
东源县	15934	10854	313	4637	130	277
和平县	16009	11353	304	4312	40	170
龙川县	24723	17925	452	6342	4	302
紫金县	20826	15944	331	4521	30	275
连平县	13759	10376	227	2474	682	176
梅州市小计	**158218**	**113563**	**2129**	**42160**	**366**	**7606**
本级	13142	9567	216	3329	30	4271
区县级小计	145076	103996	1913	38831	336	3335

6-19-5 单位:万元

地区	地方财政一般预算收入	国内增值税75%	国内消费税	预算内基金收入	预算外财政专户收入	地区生产总值	第一产业增加值	第二产业增加值	第三产业增加值
梅江区	12884	7439	31	60	4559	174075	32495	54162	87418
兴宁市	20069	13988	299	1064	10164	664604	186648	227258	250698
梅县	41324	32951	27	2733	9301	860550	204739	397815	257996
平远县	10261	11449		242	2616	236458	57980	92810	85668
蕉岭县	15415	14228	13	32	2288	293566	53600	142655	97311
大埔县	16470	9274	9	794	6263	295512	78193	106998	110321
丰顺县	14388	12158		239	4257	408662	110997	185086	112579
五华县	10403	6922	162	893	9531	497210	160376	112198	224636
惠州市小计	**620602**	**438122**	**2773**	**877156**	**199662**	**10851098**	**861691**	**6377647**	**3611760**
本级	301083	233033	2317	765346	107354	1567889	20244	1275752	271893
区县级小计	319519	205089	456	111810	92308	7729490	833110	4039549	2856831
惠城区	104202	75736	388	3061	23104	2470430	147400	1344303	978727
惠阳区	76679	34141	34	38148	16047	1072902	53172	576076	443654
惠东县	46168	23977	31	57544	10240	1782000	271000	975000	536000
博罗县	75369	59163	-4	11875	31284	1981158	255538	990170	735450
龙门县	17101	12072	7	1182	11633	423000	106000	154000	163000
汕尾市小计	**121584**	**54570**	**105**	**23731**	**70336**	**2953833**	**614266**	**1299554**	**1040013**
本级	32465	17338	9	19265	36595	99969	23029	42824	34116
区县级小计	89119	37131	96	4466	33741	2673225	566475	1094831	1011919
城区	13441	9276	5	22	5737	420352	81226	169695	169431
陆丰市	33564	7518	17	47	8334	913269	249925	385051	278293
海丰县	33968	17274	74	4003	13606	1096000	175000	455000	466000
陆河县	8146	3063		394	6064	243604	60324	85085	98195
东莞市	1864468	1473187	7128	618856	466248	31510000	122800	17906800	13480400
本级	1864468	1473187	7128	618856	466248	31510000	122800	17906800	13480400
中山市小计	**861171**	**708783**	**2552**	**116807**	**153104**	**12106900**	**350700**	**7388200**	**4368000**
本级	861171	708783	2552	116807	153104	12106900	350700	7388200	4368000
江门市小计	**624301**	**529066**	**59212**	**251508**	**193362**	**10953300**	**827600**	**6138800**	**3986900**
本级	147326	106243	34992	120002	48089				
区县级小计	476975	422823	24220	131506	145273	10750597	845741	5715196	4189660
蓬江区	64202	48283	21047	40	17577	2539600	54600	1313200	1171800
江海区	23576	26259	949		6638	647536	22386	442758	182392
新会区	140740	142183	1471	42031	51865	2631645	209175	1431233	991237
台山市	88882	79898	100	24848	28019	1516723	220999	805381	490343
开平市	71858	56981	112	8201	15744	1486578	135600	758939	592039
鹤山市	61809	55308	513	41739	15420	1213352	96250	689069	428033
恩平市	25908	13911	28	14647	10010	715163	106731	274616	333816

6－19－6 单位:人

地区	财政供养人口					自收自支单位年末人数
	小计	在职人员	离休人员	退休人员	其他人员	
梅江区	7849	5194	76	2548	31	81
兴宁市	32680	24124	336	8068	152	777
梅县	19746	12799	197	6731	19	588
平远县	10634	7906	138	2590		130
蕉岭县	10608	6909	138	3553	8	330
大埔县	14622	10006	212	4292	112	650
丰顺县	16377	11533	434	4397	13	26
五华县	32560	25525	382	6652	1	753
惠州市小计	**96359**	**76458**	**1065**	**18456**	**380**	**23217**
本级	21790	17875	308	3428	179	5180
区县级小计	74569	58583	757	15028	201	18037
惠城区	14581	11150	122	3285	24	3639
惠阳区	11184	9005	130	2001	48	5712
惠东县	18199	14511	218	3470		3523
博罗县	20286	15924	222	4122	18	4818
龙门县	10319	7993	65	2150	111	345
汕尾市小计	**74395**	**61931**	**812**	**10757**	**895**	**3592**
本级	9347	8000	32	1257	58	1435
区县级小计	65048	53931	780	9500	837	2157
城区	8364	7124	35	1205		46
陆丰市	27036	22413	466	3338	819	141
海丰县	21409	17380	208	3803	18	1593
陆河县	8239	7014	71	1154		377
东莞市	62861	46243	153	8263	8202	25692
本级	62861	46243	153	8263	8202	25692
中山市小计	**52141**	**36225**	**248**	**9195**	**6473**	**607**
本级	52141	36225	248	9195	6473	607
江门市小计	**112588**	**76029**	**853**	**30486**	**5220**	**12010**
本级	18765	12460	151	4063	2091	2001
区县级小计	93823	63569	702	26423	3129	10009
蓬江区	7333	4157	24	1852	1300	450
江海区	2510	1729	12	590	179	369
新会区	18867	13302	91	5474		4572
台山市	19737	12414	107	7044	172	2118
开平市	18870	13404	183	5039	244	311
鹤山市	12940	9519	130	2772	519	804
恩平市	13566	9044	155	3652	715	1385

6－19－7

单位:万元

地　　区	地方财政一般预算收入	国内增值税75%	国内消费税	预算内基金收入	预算外财政专户收入	地区生产总值	第一产业增加值	第二产业增加值	第三产业增加值
阳江市小计	**129683**	**90747**	**262**	**31391**	**49479**	**3957982**	**954186**	**1609205**	**1394591**
本级	49631	21260	106	18726	20600	208542	93340	36480	78722
区县级小计	80052	69487	156	12665	28879	3749440	860846	1572725	1315869
江城区	15069	11052	6	1120	5997	1326279	158154	577969	590156
阳春市	26162	25331	125	822	10306	1111906	298043	452034	361829
阳东县	29652	27900	2	7842	7812	770550	184396	383063	203091
阳西县	9169	5204	23	2881	4764	540705	220253	159659	160793
湛江市小计	**382406**	**232495**	**81497**	**140796**	**154099**	**8925611**	**1767271**	**4230740**	**2927600**
本级	216334	135380	66213	130644	68808	744873	87876	573542	83455
区县级小计	166072	97115	15284	10152	85291	8215233	1741422	3753242	2720569
赤坎区	23283	13850	14	21	2848	1100137	7712	503074	589351
霞山区	26551	9478	13455	68	9769	1586231	16139	850428	719664
麻章区	11736	10330	96	1	3510	361625	67456	225358	68811
坡头区	7952	4557	30	65	3236	1312807	67194	1126674	118939
雷州市	20153	13074	79	387	26914	793783	392251	132160	269372
廉江市	23530	15464	95	258	11259	1053302	402163	356953	294186
吴川市	19125	10389	185	8162	16022	634695	139372	267883	227440
遂溪县	17307	12732	650	768	6377	835821	397305	209382	229134
徐闻县	16435	7241	680	422	5356	536832	251830	81330	203672
茂名市小计	**316625**	**235883**	**114544**	**16517**	**115409**	**8222623**	**2388284**	**2418094**	**3416245**
本级	164493	164883	114017	11228	30558	2475861		1802706	673155
区县级小计	152132	71000	527	5289	84851	8222623	2388284	2418094	3416245
茂南区	21689	21872	235	2038	2558	717800	144700	250300	322800
茂港区	9327	6127	2	198	1841	581753	135785	197489	248479
信宜市	27460	10692	92	563	22872	1527210	504123	439812	583275
高州市	38435	13974	48	705	26884	2041500	584600	595900	861000
化州市	25610	8081	147	199	17116	1797441	507347	409184	880910
电白县	29611	10254	3	1586	13580	1556919	511729	525409	519781
肇庆市小计	**327411**	**163357**	**5220**	**103271**	**110278**	**6234074**	**1670019**	**2032845**	**2531210**
本级	95869	43055	2857	13237	49379	1209503	11309	536315	661879
区县级小计	231542	120300	2363	90034	60899	5024571	1658710	1496530	1869331
端州区	40300	17383	1399	298	8179	577270	6846	224935	345489
鼎湖区	13614	9996	85	11370	5072	295000	78800	127500	88700
四会市	43683	26037	14	39371	10006	813430	280518	314304	218608
高要市	51833	31029	292	29316	17029	1326364	488030	459765	378569
广宁县	18958	8511	342	3296	3324	453621	159660	92463	201498
德庆县	19496	8917	186	2199	8293	389517	118437	104562	166518

6－19－8

单位:人

地区	财政供养人口					自收自支单位年末人数
	小计	在职人员	离休人员	退休人员	其他人员	
阳江市小计	**75856**	**61568**	**609**	**13568**	**111**	**3244**
本级	14765	11791	281	2628	65	1308
区县级小计	61091	49777	328	10940	46	1936
江城区	12979	10581	35	2363		30
阳春市	25258	19807	206	5245		
阳东县	11242	9250	58	1888	46	1836
阳西县	11612	10139	29	1444		70
湛江市小计	**179950**	**138172**	**2048**	**35109**	**4621**	**10413**
本级	30287	22076	671	7197	343	2319
区县级小计	149663	116096	1377	27912	4278	8094
赤坎区	5180	3645	74	1422	39	98
霞山区	8587	5912	68	2274	333	101
麻章区	4985	4033	70	864	18	280
坡头区	7058	5416	15	1114	513	38
雷州市	26677	20501	232	4833	1111	5043
廉江市	29836	21528	344	6357	1607	246
吴川市	20700	16962	134	3554	50	548
遂溪县	25177	20551	244	4141	241	1665
徐闻县	21463	17548	196	3353	366	75
茂名市小计	**163499**	**124269**	**921**	**29065**	**9244**	**16937**
本级	19111	14338	324	4261	188	5935
区县级小计	144388	109931	597	24804	9056	11002
茂南区	14853	8104	34	1838	4877	72
茂港区	8294	7452	13	829		390
信宜市	30748	22427	131	6415	1775	1125
高州市	36899	28688	155	6756	1300	2152
化州市	25428	19635	126	4659	1008	5423
电白县	28166	23625	138	4307	96	1840
肇庆市小计	**108754**	**82297**	**699**	**24602**	**1156**	**9071**
本级	15373	10412	314	4154	493	1322
区县级小计	93381	71885	385	20448	663	7749
端州区	8341	6181	120	2040		658
鼎湖区	3443	2856		557	30	741
四会市	10701	7937	21	2600	143	1299
高要市	16646	12659	57	3494	436	849
广宁县	13296	10020	27	3249		1548
德庆县	12024	9380	88	2556		1324

6－19－9　　单位:万元

地区	地方财政一般预算收入	国内增值税75%	国内消费税	预算内基金收入	预算外财政专户收入	地区生产总值	第一产业增加值	第二产业增加值	第三产业增加值
封开县	18155	5859	19	882	3636	438658	199391	77656	161611
怀集县	25503	12568	26	3302	5360	730711	327028	95345	308338
清远市小计	**278895**	**167828**	**990**	**40536**	**106644**	**5973524**	**900651**	**3226453**	**1846420**
本级	76888	32517	615	37354	26067	668000	12500	446600	208900
区县级小计	202007	135311	375	3182	80577	5305524	888151	2779853	1637520
清城区	40007	16016	303	167	35118	1344079	110369	940761	292949
英德市	45023	41259	4	202	13483	1101019	252786	371620	476613
连州市	23878	20211	5	416	5827	607211	114957	296216	196038
佛冈县	29513	20778	38	1964	7316	624563	44244	434543	145776
清新县	31756	18957	21	30	6891	1029166	174952	575667	278547
连山自治县	4115	2402		1	1167	93432	31792	21721	39919
连南瑶族自治县	7707	4313	2	294	782	106035	23100	38572	44363
阳山县	20008	11375	2	108	9993	400019	135951	100753	163315
潮州市小计	**134987**	**153475**	**54**	**21567**	**78743**	**6692930**	**156651**	**4126782**	**2409497**
本级	70094	48759	38	19340	41147				
区县级小计	64893	104716	16	2227	37596	6692930	156651	4126782	2409497
湘桥区	13268	15860	6	18	9047	3904921	46329	2390416	1468176
饶平县	17169	36559	7	1103	13153	720862		374052	346810
潮安县	34456	52297	3	1106	15396	2067147	110322	1362314	594511
揭阳市小计	**173237**	**141746**	**134**	**16754**	**88400**	**5938624**	**844305**	**3131554**	**1962765**
本级	52556	38352	11	4819	37289	616723	24058	327181	265484
区县级小计	120681	103394	123	11935	51111	5321901	820247	2804373	1697281
榕城区	20952	18214	5	4	4579	769388	15364	461896	292128
普宁市	49977	40716	5	7981	17585	1706230	183149	889084	633997
揭东县	25856	26337	7	1877	16055	1365406	227528	767924	369954
揭西县	11137	8366	2	2051	7416	768241	172430	384011	211800
惠来县	12759	9761	104	22	5476	712636	221776	301458	189402
云浮市小计	**139716**	**71300**	**36**	**29861**	**60377**	**2967572**	**924557**	**1148318**	**894697**
本级	39782	12733	2	3640	17301	281654		148571	133083
区县级小计	99934	58567	34	26221	43076	2685918	924557	999747	761614
云城区	14162	9943	4	68	7979	375135	99780	198409	76946
罗定市	27065	17842	3	5650	14963	779448	316344	240255	222849
新兴县	30041	14140	13	17233	7785	750871	234526	272516	243829
郁南县	14533	8464	11	2155	9070	469230	157696	153784	157750
云安县	14133	8178	3	1115	3279	311234	116211	134783	60240

6－19－10 单位：人

地区	财政供养人口					自收自支单位年末人数
	小计	在职人员	离休人员	退休人员	其他人员	
封开县	11277	8630	50	2543	54	522
怀集县	17653	14222	22	3409		808
清远市小计	**102320**	**76476**	**560**	**24463**	**821**	**2946**
本级	9729	7426	52	2108	143	784
区县级小计	92591	69050	508	22355	678	2162
清城区	10431	7779	18	2460	174	818
英德市	22052	15909	185	5658	300	885
连州市	13927	10505	89	3333		113
佛冈县	9647	7381	66	2196	4	
清新县	13248	10431	22	2795		174
连山自治县	4991	3349	36	1579	27	8
连南瑶族自治县	6187	4448	49	1517	173	164
阳山县	12108	9248	43	2817		
潮州市小计	**69240**	**52116**	**656**	**16116**	**352**	**2843**
本级	15415	10940	281	3876	318	1809
区县级小计	53825	41176	375	12240	34	1034
湘桥区	8074	5828	32	2208	6	480
饶平县	23776	17350	277	6149		
潮安县	21975	17998	66	3883	28	554
揭阳市小计	**126918**	**99041**	**1412**	**25499**	**966**	**3552**
本级	16463	13400	135	2801	127	2006
区县级小计	110455	85641	1277	22698	839	1546
榕城区	9472	6690	189	2347	246	
普宁市	38417	29275	255	8879	8	56
揭东县	19912	15447	145	3806	514	1227
揭西县	20120	14637	447	4965	71	263
惠来县	22534	19592	241	2701		
云浮市小计	**71721**	**55076**	**205**	**14572**	**1868**	**1959**
本级	6588	5122	13	1376	77	1066
区县级小计	65133	49954	192	13196	1791	893
云城区	6777	4544	57	1516	660	123
罗定市	23376	18508	40	4828		110
新兴县	16180	12792	38	3321	29	42
郁南县	12629	8937	55	2539	1098	571
云安县	6171	5173	2	992	4	47

2007年广西壮族自治区地市县主要经济指标表

6－20－1　　　　单位：万元

地　　区	地方财政一般预算收入	国内增值税75%	国内消费税	预算内基金收入	预算外财政专户收入	地区生产总值	第一产业增加值	第二产业增加值	第三产业增加值
地市县合计	**3087368**	**1765315**	**349978**	**1107928**	**1243690**	**52754292**	**12309255**	**22529640**	**17915397**
南宁市小计	**701510**	**269209**	**121702**	**61962**	**595262**	**5972434**	**1531207**	**1993546**	**2447681**
本级	410488	79769	121071	29612	543444				
区县级小计	291022	189440	631	32350	51818	5972434	1531207	1993546	2447681
兴宁区	25495	18835		81	960	520632	39850	135523	345259
青秀区	52998	31467			5984	698619	58410	102020	538189
江南区	13499	19001			2805	405169	104868	179673	120628
西乡塘区	23264	27243			6825	627094	89884	198258	338952
良庆区	7959	9923			3729	434253	99695	249456	85102
邕宁区	5819	8570			1715	244600	98100	86000	60500
武鸣县	18635	9729	320	924	4608	867154	329456	324565	213133
横县	25622	14342	77	8397	4321	754922	258748	220215	275959
宾阳县	22646	11788	132	5682	6679	706574	181716	270724	254134
上林县	7990	4509	25	915	3190	212902	88984	59551	64367
马山县	6916	2855	9	479	2696	224293	78350	73167	72776
隆安县	10278	6179	58	5817	2196	276222	103146	94394	78682
高新区	36311	15432		12	1336				
经开区	17898	7561			2491				
华侨区	5622	1664	10	10043	133				
相思湖区	1523	182			2109				
风景区	8547	160			41				
柳州市小计	**403696**	**391006**	**171195**	**204409**	**78592**	**7387900**	**812900**	**4033400**	**2541600**
本级	260873	277725	170842	161228	53973				
区县级小计	142823	113281	353	43181	24619	4079415	788554	1714145	1576716
柳江县	25685	21979	208	4720	3976	730000	194100	350100	185800
柳城县	9903	12049	143	6997	1734	443347	164222	142356	136769
鹿寨县	20036	14956	2	16562	4022	658076	176538	276936	204602
融安县	7598	5210		6613	1178	238687	68531	80356	89800
三江县	5216	1487		2117	45	141200	53020	29298	58882
融水县	9534	5457		6172	3016	241274	69858	79079	92337
城中区	10385	1394			1971	15084	710	2207	12167
鱼峰区	12735	12834			1328	290000	10000	130000	150000
柳南区	16902	13716			4707	530000	10000	160000	360000
柳北区	15321	11488			2640	340000	40000	130000	170000
高新开发区	6096	8162				270000		170000	100000
阳和工业新区	3412	4549			2	181747	1575	163813	16359
桂林市小计	**363167**	**171168**	**21654**	**61934**	**186504**	**7468300**	**1598400**	**3186100**	**2683800**

6－20－2 单位：人

地区	财政供养人口 小计	在职人员	离休人员	退休人员	其他人员	自收自支单位年末人数
地市县合计	**1505083**	**1110995**	**6984**	**359591**	**27513**	**36765**
南宁市小计	**175320**	**123360**	**985**	**43854**	**7121**	**6242**
本级	38447	27431	482	10045	489	3664
区县级小计	136873	95929	503	33809	6632	2578
兴宁区	5024	2639	5	1289	1091	70
青秀区	5876	3825	17	1568	466	46
江南区	6143	4025	11	1414	693	109
西乡塘区	8212	5820	22	2370		
良庆区	4086	3143	8	871	64	60
邕宁区	6862	4482	48	2200	132	
武鸣县	14438	10507	54	3522	355	231
横县	24067	17250	106	5796	915	782
宾阳县	23559	16988	49	5407	1115	445
上林县	14169	10433	42	3289	405	397
马山县	12375	9152	100	2946	177	104
隆安县	9678	6109	33	2580	956	316
高新区	510	426	1	77	6	
经开区	475	329		80	66	
华侨区	1012	598	7	395	12	14
相思湖区	75	68			7	
风景区	312	135		5	172	4
柳州市小计	**114936**	**82489**	**523**	**31113**	**811**	**6102**
本级	27271	19145	267	7856	3	3954
区县级小计	87665	63344	256	23257	808	2148
柳江县	13378	9789	29	3177	383	271
柳城县	11210	7844	36	3295	35	49
鹿寨县	10516	7548	47	2805	116	78
融安县	10808	8277	38	2489	4	87
三江县	8656	6407	13	2236		444
融水县	16137	12112	40	3979	6	102
城中区	3447	2058	16	1136	237	11
鱼峰区	3262	2163	12	1087		
柳南区	4988	3335	10	1643		1098
柳北区	4941	3543	15	1376	7	8
高新开发区	49	46		3		
阳和工业新区	273	222		31	20	
桂林市小计	**182601**	**125586**	**1178**	**53247**	**2590**	**3260**

6－20－3　　单位:万元

地　　区	地方财政一般预算收入	国内增值税75%	国内消费税	预算内基金收入	预算外财政专户收入	地区生产总值	第一产业增加值	第二产业增加值	第三产业增加值
本级	134008	48726	19321	41055	106214				
区县级小计	229159	122442	2333	20879	80290	7531474	1588787	3231983	2710704
临桂县	32821	12439	17	720	6181	706445	193167	361811	151467
阳朔县	17486	3274	27	1267	4909	333363	94947	104363	134053
灵川县	23129	10329	27	783	5058	529996	159117	222996	147883
全州县	12245	8312	1793	1584	10745	691408	230924	302892	157592
兴安县	20556	9598	269	3978	14756	582321	157462	251651	173208
永福县	13064	10448	57	2340	8135	430300	101500	252400	76400
荔浦县	13030	10838	74	559	8691	476619	131146	189381	156092
平乐县	8216	3873	8	3132	4243	435565	176185	146781	112599
恭城县	6915	5120	34	213	4008	325889	123456	109091	93342
灌阳县	7247	3186	7	1763	1812	224247	71976	80123	72148
龙胜县	6235	6091	6	2708	3271	195651	45417	98314	51920
资源县	5458	2340	14	1061	2016	146200	46300	47300	52600
秀峰区	12208	5330			2490	332813	6896	76218	249699
象山区	19616	9401		76	945	808407	5665	318048	484694
叠彩区	10112	3271		165	1399	340347	9317	89386	241644
七星高新区	18880	17533			584	853371	11965	530170	311236
雁山区	1941	1059		530	1047	118532	23347	51058	44127
梧州市小计	**152702**	**67187**	**628**	**110784**	**52357**	**3267598**	**587177**	**1615185**	**1065236**
本级	77980	20098	298	65221	28149				
区县级小计	74722	47089	330	45563	24208	2366109	550420	1212608	603081
岑溪市	18758	10282	194	6907	8120	701836	163749	378028	160059
苍梧县	13604	8535	31	9914	2943	465879	85009	268895	111975
藤县	19484	6961	34	7515	8211	671430	228547	284157	158726
蒙山县	7134	3149	10	5658	3109	214618	73115	77690	63813
万秀区	4255	5307	23		433	131530		84000	47530
蝶山区	4530	5642	15		539	87800		57200	30600
长洲区	5435	6826	23	55	853	93016		62638	30378
工业园区	1522	387		15514					
北海市小计	**190245**	**58828**	**10642**	**37126**	**27175**	**2349455**	**565072**	**1057105**	**727278**
本级	141167	29738	4395	15120	22989				
区县级小计	49078	29090	6247	22006	4186	1739062	555476	689401	494185
合浦县	13854	10284	3468	21741	3802	923404	308830	350813	263761
海城区	14354	8364	1236	117		375089	80440	151491	143158
银海区	11664	5830	862	92		215569	98106	81497	35966
铁山港区	9206	4612	681	56	384	225000	68100	105600	51300

6－20－4 单位:人

地区	财政供养人口					自收自支单位年末人数
	小计	在职人员	离休人员	退休人员	其他人员	
本级	29276	18908	619	9408	341	965
区县级小计	153325	106678	559	43839	2249	2295
临桂县	14162	10881	47	3069	165	289
阳朔县	11162	6822	39	4301		
灵川县	13812	8955	27	4752	78	124
全州县	21546	14452	89	7005		
兴安县	13662	9497	71	3962	132	54
永福县	7303	5077	27	2139	60	885
荔浦县	13301	9404	38	3859		354
平乐县	11158	7767	37	3324	30	37
恭城县	10234	7714	30	2393	97	424
灌阳县	9727	7180	39	2434	74	27
龙胜县	8289	6373	30	1886		11
资源县	8271	6298	26	1933	14	
秀峰区	2173	995	16	697	465	37
象山区	2909	1498	14	721	676	8
叠彩区	1675	915	14	454	292	3
七星高新区	2391	1631	14	643	103	13
雁山区	1550	1219	1	267	63	29
梧州市小计	**90398**	**67331**	**242**	**21345**	**1480**	**1454**
本级	17313	11036	97	4828	1352	772
区县级小计	73085	56295	145	16517	128	682
岑溪市	20474	15661	33	4780		500
苍梧县	17031	13578	38	3395	20	1
藤县	20796	16365	23	4408		181
蒙山县	8602	6427	30	2145		
万秀区	2328	1461	16	851		
蝶山区	2052	1405	3	536	108	
长洲区	1802	1398	2	402		
工业园区						
北海市小计	**50848**	**36251**	**264**	**11984**	**2349**	**2618**
本级	15450	10883	107	3763	697	1118
区县级小计	35398	25368	157	8221	1652	1500
合浦县	25577	18353	135	5998	1091	1329
海城区	3539	2135	9	896	499	28
银海区	3011	2321	5	667	18	
铁山港区	3271	2559	8	660	44	143

6－20－5　　　　单位:万元

地区	地方财政一般预算收入	国内增值税75%	国内消费税	预算内基金收入	预算外财政专户收入	地区生产总值	第一产业增加值	第二产业增加值	第三产业增加值
防城港市小计	**77448**	**49780**	**338**	**58258**	**12904**	**1077240**	**298816**	**411359**	**367065**
本级	24374	14915		24921	6288				
区县级小计	53074	34865	338	33337	6616	1077240	298816	411359	367065
港口区	8476	9424	58	8077	459	200300	43500	88400	68400
防城区	16112	8532	13	5796	1944	399984	111650	160810	127524
东兴市	16434	10255	13	16032	3582	229100	54500	55000	119600
上思县	12052	6654	254	3432	631	247856	89166	107149	51541
钦州市小计	**130438**	**57167**	**12082**	**77283**	**46743**	**3038698**	**972961**	**1137314**	**928423**
本级	34430	8710	23	44129	34618				
区县级小计	96008	48457	12059	33154	12125	3068460	974475	1167418	926567
浦北县	23111	6454	1660	2095	628	547014	197068	189823	160123
灵山县	30819	7028	931	3421	2828	914948	317130	364457	233361
钦州港区	15643	26623	9358	10888	1035	305625	8103	257114	40408
钦南区	13287	4420	15	5580	3821	811081	245218	210001	355862
钦北区	13148	3932	95	11170	3813	489792	206956	146023	136813
贵港市小计	**122881**	**65960**	**1931**	**48779**	**36851**	**3330722**	**871419**	**1247359**	**1211944**
本级	42276	24972	69	40361	14590				
区县级小计	80605	40988	1862	8418	22261	3330722	871419	1247359	1211944
港北区	13781	8382	12	1047	1653	694182	102896	286808	304478
港南区	5789	4244	18	502	1444	419562	110092	189486	119984
覃塘区	6727	5691	20	529	2189	363300	124486	125766	113048
平南县	23320	10464	79	1466	5295	745929	264014	226067	255848
桂平市	30988	12207	1733	4874	11680	925453	272380	357441	295632
玉林市小计	**208776**	**120615**	**4085**	**176926**	**53362**	**5073738**	**1339415**	**1862465**	**1871858**
本级	51507	48709	3387	128674	32117				
区县级小计	157269	71906	698	48252	21245	4290142	1136300	1545432	1608410
容县	21249	9261	134	5976	2721	502354	163485	182225	156644
陆川县	19605	8678	53	1532	2132	685058	164452	256867	263739
博白县	25496	10619	231	4869	2653	884124	396703	264676	222745
兴业县	15194	5944	92	2663	2246	460656	203276	124154	133226
北流市	32095	18684	84	31718	7535	88480	22570	38220	27690
玉州区	36707	15857	55	1341	3249	1391500	86100	568800	736600
福绵区	6923	2863	49	153	709	277970	99714	110490	67766
百色市小计	**267892**	**155259**	**3186**	**73917**	**41220**	**3540091**	**777922**	**1754883**	**1007286**
本级	31898	18163	7	45542	18609				
区县级小计	235994	137096	3179	28375	22611	3540091	777922	1754883	1007286
右江区	17418	12472	69	628	1973	865955	112261	463992	289702

6－20－6　　　　单位：人

地　　区	财政供养人口 小计	在职人员	离休人员	退休人员	其他人员	自收自支单位年末人数
防城港市小计	**28546**	**21556**	**229**	**6522**	**239**	**259**
本级	4302	3612	21	632	37	58
区县级小计	24244	17944	208	5890	202	201
港口区	2484	2050	8	394	32	
防城区	11041	7911	113	3005	12	165
东兴市	3555	2862	12	594	87	13
上思县	7164	5121	75	1897	71	23
钦州市小计	**86890**	**66255**	**427**	**19341**	**867**	**3322**
本级	11850	8217	127	2751	755	1880
区县级小计	75040	58038	300	16590	112	1442
浦北县	20296	15196	67	4974	59	713
灵山县	31138	24455	56	6627		372
钦州港区	554	471		41	42	72
钦南区	10503	8115	84	2304		49
钦北区	12549	9801	93	2644	11	236
贵港市小计	**107964**	**84356**	**188**	**22989**	**431**	**2164**
本级	11692	8995	48	2389	260	535
区县级小计	96272	75361	140	20600	171	1629
港北区	10134	8257	8	1780	89	261
港南区	10622	8580	4	2038		1
覃塘区	11756	9961	4	1791		
平南县	28149	22071	19	5977	82	1198
桂平市	35611	26492	105	9014		169
玉林市小计	**154976**	**117534**	**441**	**34506**	**2495**	**5094**
本级	13541	9882	110	3346	203	3088
区县级小计	141435	107652	331	31160	2292	2006
容县	20669	16123	45	4178	323	878
陆川县	26526	21212	88	5199	27	8
博白县	32923	25002	77	7567	277	254
兴业县	12806	9188	8	3053	557	75
北流市	27926	21574	41	5970	341	515
玉州区	14005	9063	70	4110	762	115
福绵区	6580	5490	2	1083	5	161
百色市小计	**128791**	**94675**	**588**	**30409**	**3119**	**1675**
本级	10471	6928	127	3075	341	575
区县级小计	118320	87747	461	27334	2778	1100
右江区	8719	5720	72	2390	537	158

6－20－7

单位：万元

地区	地方财政一般预算收入	国内增值税75%	国内消费税	预算内基金收入	预算外财政专户收入	地区生产总值	第一产业增加值	第二产业增加值	第三产业增加值
田阳县	20497	7140	4	1781	3304	391394	136487	132301	122606
田东县	31678	19859	2427	1551	2993	359903	113971	164093	81839
平果县	90054	51039	382	7369	3280	722416	84463	494060	143893
德保县	14109	4878	281	2478	1187	179251	44122	71341	63788
靖西县	16283	8643		8544	4290	264895	87734	88685	88476
那坡县	3635	1222	2	314	836	67556	24981	13734	28841
凌云县	4017	1422	1	940	1051	92797	34795	28627	29375
乐业县	5221	713		1252	579	70736	23661	13249	33826
田林县	10351	3264	10	1161	1182	128093	49255	36194	42644
隆林县	18256	23318	3	1235	1501	327553	37754	230706	59093
西林县	4475	3126		1122	435	69542	28438	17901	23203
贺州市小计	**97168**	**38748**	**19**	**16285**	**22642**	**2327585**	**645827**	**1113475**	**568283**
本级	40613	12935	9	9729	14057				
区县级小计	56555	25813	10	6556	8585	2307261	645827	1126985	534449
昭平县	11552	3344	3	1076	3669	353591	122825	147849	82917
钟山县	10436	6856		3410	913	652031	156739	389095	106197
富川县	8024	4103	7	1228	1010	279195	98835	123436	56924
八步区	26543	11510		842	2993	1022444	267428	466605	288411
河池市小计	**144548**	**126583**	**1104**	**60858**	**35644**	**3116871**	**740258**	**1363776**	**1012837**
本级	29705	14882	5	24936	13025				
区县级小计	114843	111701	1099	35922	22619	3125015	738499	1380446	1006070
金城江区	12271	12693	2	1061	1908	612915	65458	326556	220901
宜州市	18602	14079	379	17896	4008	553882	203491	153855	196536
罗城仫佬族自治县	5015	4270	109	2895	1587	210527	75381	65020	70126
环江毛南族自治县	8293	9682	1	2141	3308	234606	83203	76335	75068
南丹县	28658	36076	517	3567	1904	511104	59503	337931	113670
天峨县	9249	11440		1312	770	217058	31036	134418	51604
凤山县	3189	882	2	106	313	81280	23626	27000	30654
东兰县	4598	2437	1	284	1258	108296	33614	27050	47632
巴马瑶族自治县	5296	2980	45	1979	1040	139435	49322	49154	40959
都安瑶族自治县	9255	6377	32	1829	4880	215875	71697	50263	93915
大化瑶族自治县	10417	10785	11	2852	1643	240037	42168	132864	65005
来宾市小计	**103875**	**108437**	**761**	**70701**	**24986**	**2443570**	**825060**	**967399**	**651111**
本级	43687	55375	114	42816	12443				
区县级小计	60188	53062	647	27885	12543	2445662	814878	974687	656097
来宾市兴宾区	20586	10038	4	2033	3832	1219958	369135	541974	308849
象州县	9053	8444	13	8881	2206	366158	150701	128537	86920

6－20－8 单位:人

地区	财政供养人口 小计	在职人员	离休人员	退休人员	其他人员	自收自支单位年末人数
田阳县	11800	8630	34	3071	65	
田东县	11487	7976	33	2989	489	298
平果县	10770	7919	100	2751		120
德保县	11973	9401	41	2531		
靖西县	15701	10160	33	5160	348	
那坡县	8704	6712	53	1652	287	43
凌云县	6340	5117	29	1192	2	
乐业县	6212	5234	8	970		
田林县	9231	7282	16	1419	514	466
隆林县	10358	7838	28	1956	536	4
西林县	7025	5758	14	1253		11
贺州市小计	**69026**	**52304**	**349**	**16278**	**95**	**996**
本级	9773	7252	104	2417		667
区县级小计	59253	45052	245	13861	95	329
昭平县	16560	12909	52	3599		66
钟山县	13504	9448	60	3996		
富川县	11591	9332	51	2208		
八步区	17598	13363	82	4058	95	263
河池市小计	**133875**	**103927**	**611**	**28625**	**712**	**816**
本级	8235	5611	128	2400	96	426
区县级小计	125640	98316	483	26225	616	390
金城江区	8880	6661	50	2163	6	
宜州市	15122	11680	58	3336	48	
罗城仫佬族自治县	9585	7130	31	2421	3	385
环江毛南族自治县	11111	8792	34	2285		
南丹县	11336	8199	24	2554	559	5
天峨县	7998	6460	18	1520		
凤山县	6369	4986	32	1351		
东兰县	13083	10310	44	2729		
巴马瑶族自治县	9177	7487	34	1656		
都安瑶族自治县	16595	12817	103	3675		
大化瑶族自治县	16384	13794	55	2535		
来宾市小计	**94714**	**73001**	**359**	**18141**	**3213**	**1389**
本级	12794	9386	153	2713	542	705
区县级小计	81920	63615	206	15428	2671	684
来宾市兴宾区	25393	21429	56	3908		
象州县	13218	9642	35	2390	1151	

6－20－9

单位:万元

地　　区	地方财政一般预算收入	国内增值税75%	国内消费税	预算内基金收入	预算外财政专户收入	地区生产总值	第一产业增加值	第二产业增加值	第三产业增加值
武宣县	8682	10833	547	2331	3183	302000	122500	89700	89800
金秀瑶族自治县	3045	2242	15	4264	739	108328	39219	28748	40361
忻城县	7475	7165	66	1521	1893	284002	110715	105593	67694
合山市	9838	13919	2	3852	689	159249	20218	78444	60587
来宾华侨投资区	1509	421		5003	1	5967	2390	1691	1886
崇左市小计	**123022**	**85368**	**651**	**48706**	**29448**	**2360090**	**742821**	**786274**	**830995**
本级	15363	5254		14082	15165				
区县级小计	107659	80114	651	34624	14283	2360090	742821	786274	830995
扶绥县	19961	19928	59	9007	4175	544422	215325	167744	161353
大新县	16220	18457	7	1075	2227	353561	94892	161171	97498
天等县	5552	3933	2	1759	1614	198925	64655	63364	70906
宁明县	14326	9092	55	2368	1696	296315	113526	102021	80768
龙州县	9985	8275	128	4968	1351	275275	97570	83251	94454
凭祥市	19323	5137	299	14731	2554	188809	22456	37306	129047
江州区	22292	15292	101	716	666	502783	134397	171417	196969

6－20－10　　单位:人

地区	财政供养人口					自收自支单位年末人数
	小计	在职人员	离休人员	退休人员	其他人员	
武宣县	14189	11335	53	2486	315	75
金秀瑶族自治县	9297	7015	9	2164	109	77
忻城县	13213	8986	45	3120	1062	57
合山市	6559	5157	8	1360	34	475
来宾华侨投资区	51	51				
崇左市小计	**86198**	**62370**	**600**	**21237**	**1991**	**1374**
本级	9217	6330	182	2705		99
区县级小计	76981	56040	418	18532	1991	1275
扶绥县	11912	8230	31	3419	232	504
大新县	14286	11480	139	2667		184
天等县	12353	9361	62	2930		
宁明县	14501	9811	55	3759	876	7
龙州县	11299	8183	63	2698	355	286
凭祥市	4324	3016	33	987	288	207
江州区	8306	5959	35	2072	240	87

2007年海南省地市县主要经济指标表

6－21－1　　单位:万元

地区	地方财政一般预算收入	国内增值税75%	国内消费税	预算内基金收入	预算外财政专户收入	地区生产总值	第一产业增加值	第二产业增加值	第三产业增加值
地市县合计	**709022**	**443936**	**159786**	**185601**	**92708**	**11790550**	**3354069**	**3587281**	**4849200**
海口市小计	**243471**	**206385**	**68365**	**69417**	**46314**	**3963511**	**294791**	**1111209**	**2557511**
本级	210758	206385	68365	69413	41934	3963511	294791	1111209	2557511
区县级小计	32713			4	4380				
龙华区	14909				1460				
美兰区	12029			4	1309				
秀英区	2994				386				
琼山区	2781				1225				
三亚市小计	**154160**	**13645**	**43**	**66774**	**12195**	**1223187**	**228585**	**484640**	**509962**
本级	154160	13645	43	66774	12195	1223187	228585	484640	509962
洋浦经济开发区小计	**85804**	**505119**	**90268**	**339**	**516**	**741655**	**18240**	**587044**	**136371**
本级	85804	505119	90268	339	516	741655	18240	587044	136371
其他各市县级小计									
琼海市	30461	10633	13	1811	3510	630471	336991	75521	217959
儋州市	23326	12458	43	4014	6084	836393	479616	137362	219415
文昌市	24964	8264	18	12590	6127	726294	368948	140095	217251
万宁市	17246	4877	1	4721	1870	513791	189990	112975	210826
东方市	21662	17773	3	351	1338	564169	149217	306075	108877
五指山市	4872	996	2	1182	679	74833	22522	9145	43166
屯昌县	5791	1111	12	2225	92	170150	89354	19516	61280
澄迈县	26538	30856	821	9110	1859	545946	166488	280219	99239
临高县	7365	2974	90	3679	1692	466308	354775	29988	81545
白沙县	3824	1675	52	588	779	88003	51736	11299	24968
昌江县	26403	21326	21	573	429	345008	97225	185142	62641
乐东县	6902	1687		1117	1990	283203	182199	21426	79578
陵水县	10218	1033	1	2867	3674	241691	142300	24571	74820
保亭县	3434	623		1777	1300	79083	36764	8063	34256
琼中县	4070	1364	1	557	994	80338	42925	9672	27741
定安县	8511	2583	32	1909	1266	216516	101403	33319	81794

6－21－2　　　　单位：人

地　　区	财政供养人口 小　计	在　职 人　员	离　休 人　员	退　休 人　员	其　他 人　员	自收自支单位年末人　数
地市县合计	**193673**	**160106**	**1456**	**14490**	**17621**	**56349**
海口市小计	**46296**	**36392**	**317**	**3028**	**6559**	**11517**
本级	20269	17202	193	1874	1000	10624
区县级小计	26027	19190	124	1154	5559	893
龙华区	6998	3974	8	156	2860	2
美兰区	6443	4265	17	223	1938	141
秀英区	3946	3511		35	400	5
琼山区	8640	7440	99	740	361	745
三亚市小计	**12450**	**10984**	**87**	**1312**	**67**	**5067**
本级	12450	10984	87	1312	67	5067
洋浦经济开发区小计	**1457**	**983**	**1**	**120**	**353**	**149**
本级	1457	983	1	120	353	149
其他各市县级小计						
琼海市	9145	8180	84	782	99	4084
儋州市	12632	11205	95	864	468	4301
文昌市	12190	10453	104	1180	453	4995
万宁市	10968	9936	77	681	274	3739
东方市	10535	8506	76	444	1509	1562
五指山市	5025	4210	29	396	390	764
屯昌县	7407	5147	31	399	1830	1263
澄迈县	10454	9124	65	669	596	2800
临高县	10857	7899	71	791	2096	2059
白沙县	5680	4086	49	689	856	1007
昌江县	6528	5519	64	373	572	1353
乐东县	10033	8632	71	824	506	5061
陵水县	6070	5365	51	573	81	1602
保亭县	4318	3916	37	357	8	1830
琼中县	4930	3987	107	436	400	1003
定安县	6698	5582	40	572	504	2193

2007年重庆市区县主要经济指标表

6－22－1

单位:万元

地　　区	地方财政一般预算收入	国内增值税75%	国内消费税	预算内基金收入	预算外财政专户收入	地区生产总值	第一产业增加值	第二产业增加值	第三产业增加值
区县级小计	**2407344**	**1459161**	**424200**	**1193823**	**543230**	**41118200**	**5316500**	**18322200**	**17479500**
渝中区	155376	168098	9589	7155	23962	2794987		253742	2541245
江北区	186421	90303	14342	26697	25297	1797947	24314	838832	934801
沙坪坝区	201953	87779	7063	12005	28215	2296361	40830	1196274	1059257
九龙坡区	105798	108362	12115	62437	19251	3745555	61651	1893081	1790823
大渡口区	57182	77680	1364	3662	9115	938924	19022	738459	181443
南岸区	95875	45834	61499	30187	25152	1568004	33995	941178	592831
北碚区	57276	39679	1585	10071	11274	1102166	75437	632266	394463
万盛区	17766	15170	5	16176	3703	258925	37998	112941	107986
双桥区	11662	12991	1	4084	107	130142	2659	101136	26347
巴南区	74225	51044	20225	10601	6537	1425661	213051	793101	419509
渝北区	147504	42627	7367	17589	12722	2454598	149659	1502463	802476
涪陵区	92737	49887	71624	50982	18385	1922744	228081	1041263	653400
万州区	66282	26899	1551	20176	26310	1904826	249394	825389	830043
黔江区	34238	24205	59221	12288	6087	491267	79037	224047	188183
江津区	77724	50237	753	50910	9739	1759085	349448	801016	608621
合川区	65555	22100	1177	43663	16113	1677634	290799	716654	670181
永川区	69241	26475	491	33447	19004	1530251	219136	635262	675853
綦江县	38302	26810	531	28491	9044	1031293	199128	443589	388576
长寿区	63221	45929	295	31762	4915	1252640	176918	710253	365469
潼南县	19254	5904	44	11208		733285	201361	234810	297114
铜梁县	50542	10436	56	40593	7316	876062	160764	471718	243580
大足县	31960	10055	125	23894	6699	855631	183041	385804	286786
荣昌县	39866	17810	1749	27302	8516	850856	190023	397041	263792
璧山县	52788	23110	684	55545	6263	905069	92235	549313	263521
梁平县	27610	9295	1752	2759	8149	615153	150262	280314	184577
城口县	9829	5878	17	479	7048	137810	31286	59838	46686
南川区	36151	18028	26	12902	12542	804788	167723	387748	249317
丰都县	18217	5353	15	6424	2817	479703	129958	162553	187192
垫江县	29777	11650	564	15973	5852	668282	153193	339837	175252
武隆县	20235	11876	7	6920	9009	400304	77822	193064	129418
忠县	27332	6712	21	15810	8776	615785	161721	236647	217417
开县	35505	17879	33	6001	9200	914694	229487	383798	301409
云阳县	15776	6342	33	3639	3286	557059	177424	176340	203295
奉节县	22920	9985	23	1718	8485	619761	158419	229114	232228
巫山县	13688	6129	15	3117	5704	272996	89471	56440	127085
巫溪县	6930	3255	11	4038	3065	196198	69118	42420	84660

6－22－2　　　　单位：人

地　　区	财政供养人口					自收自支单位年末人数
	小　计	在职人员	离休人员	退休人员	其他人员	
区县级小计	**727862**	**498147**	**2798**	**223857**	**3060**	**11601**
渝中区	19849	10629	166	8825	229	2268
江北区	15539	8952	122	6440	25	108
沙坪坝区	19272	11706	143	7388	35	746
九龙坡区	16821	10491	89	6241		
大渡口区	7144	4510	35	2599		5
南岸区	15280	8993	106	6181		86
北碚区	17562	10547	119	6895	1	1371
万盛区	7634	5199	49	2386		74
双桥区	1727	1325	7	395		
巴南区	22207	14117	78	8012		
渝北区	18825	13514	46	5265		82
涪陵区	34230	22404	215	9654	1957	198
万州区	44737	29528	279	14737	193	2606
黔江区	15057	11294	21	3742		112
江津区	29169	19163	87	9889	30	
合川区	26841	17219	86	9536		85
永川区	23123	16414	77	6632		51
綦江县	20841	14557	60	6224		10
长寿区	20543	12997	44	7492	10	138
潼南县	18454	13333	42	5079		
铜梁县	16930	11686	42	5202		495
大足县	19619	14043	47	5403	126	153
荣昌县	17430	11998	47	5355	30	157
璧山县	15971	10880	53	5038		60
梁平县	17023	11742	63	5122	96	76
城口县	7337	5493	14	1830		89
南川区	16936	11902	42	4992		7
丰都县	15859	11244	65	4550		77
垫江县	17546	13408	35	4103		151
武隆县	10952	8127	28	2797		39
忠县	19805	14009	70	5685	41	4
开县	28552	20921	65	7566		210
云阳县	22354	15643	50	6651	10	257
奉节县	19072	14144	58	4870		1038
巫山县	12941	9610	60	3234	37	332
巫溪县	12660	9378	25	3257		6

6－22－3　　单位:万元

地区	地方财政一般预算收入	国内增值税75%	国内消费税	预算内基金收入	预算外财政专户收入	地区生产总值	第一产业增加值	第二产业增加值	第三产业增加值
石柱县	15553	6313	508	2468	2887	355201	99950	124421	130830
彭水县	21843	5902	13	2758	2289	376051	107023	124953	144075
酉阳县	13363	5948	9	1814	3808	276372	103254	74484	98634
秀山县	23443	20493	8	2928	1950	396551	83468	186256	126827
高新区	137243	69378	11014	266727	33066				
经开区	119181	159321	136675	206423	111571				

6－22－4

单位:人

地区	财政供养人口					自收自支单位年末人数
	小计	在职人员	离休人员	退休人员	其他人员	
石柱县	12761	9564	43	3154		154
彭水县	13161	9843	38	3280		117
酉阳县	16933	13315	39	3417	162	66
秀山县	13711	10270	35	3328	78	80
高新区	3972	2848	4	1120		78
经开区	1482	1187	4	291		15

2007年四川省地市县主要经济指标表

6－23－1　　　　单位:万元

地　　区	地方财政一般预算收入	国内增值税75%	国内消费税	预算内基金收入	预算外财政专户收入	地区生产总值	第一产业增加值	第二产业增加值	第三产业增加值
地市县合计	**6000118**	**3054943**	**584011**	**5812130**	**1857566**	**106705471**	**19552937**	**49540239**	**37612295**
成都市小计	**2863772**	**1039915**	**317509**	**4304025**	**971203**	**33698891**	**2344087**	**15403558**	**15951246**
本级	955873	－7644		2555656	668896				
区县级小计	1907899	1047559	317509	1748369	302307	33698891	2344087	15403558	15951246
锦江区	153641	125695	1334	1032	24463	3091578	7637	1100956	1982985
青羊区	132341	77555	137	38093	16519	3023483	1996	859902	2161585
金牛区	144095	92631	7851	29271	17155	3721404	4668	1416635	2300101
武侯区	157891	86167	368	3712	17315	2985197	3762	1069037	1912398
成华区	130951	97810	53859	1049	19516	2498493	7738	1204678	1286077
龙泉驿区	107973	114730	238168	162922	10304	1418651	217830	708564	492257
青白江区	51282	63854	16	36915	8851	1148919	81131	779231	288557
都江堰市	75828	35781	22	158943	32164	1162156	154113	428894	579149
金堂县	32293	12570	31	19118	22698	791126	276686	233000	281440
双流县	217079	55956	21	402720	31892	2821872	255888	1440975	1125009
温江区	143084	30152	369	97691	22332	1204226	103961	738670	361595
郫县	99135	23798	1216	120179	11610	1228785	125376	693026	410383
新都区	104863	49250	3850	105403	16474	1851345	155931	1138336	557078
彭州市	35484	28022	43	31644	9451	1086280	249539	496376	340365
崇州市	25558	16340	1438	29883	15551	796113	182960	333316	279837
大邑县	19358	13074	174	27723	3437	648539	150124	252431	245984
邛崃市	24042	10374	7644	51008	7695	770448	177753	304580	288115
蒲江县	9347	3946	92	3975	2611	348023	99585	144237	104201
新津县	39497	16348	72	36962	3639	709189	87002	384322	237865
高新区	204157	93506	804	390126	8630	2393064	407	1676392	716265
自贡市小计	**137241**	**86693**	**1455**	**95001**	**34929**	**4340522**	**724694**	**2074590**	**1541238**
本级	96118	53153	1271	81088	19752	391134	1342	172914	216878
区县级小计	41123	33540	184	13913	15177	3949388	723352	1901676	1324360
自流井区	3546	5751	4	135	2400	1188837	23750	668640	496447
贡井区	3417	5360	3	61	1989	356325	78620	167704	110001
大安区	5861	7946	37	92	1442	684196	82019	421699	180478
沿滩区	3253	2930	4	10	143	341787	86023	162056	93708
荣县	9360	6474	103	7443	3850	599772	205531	200828	193413
富顺县	15686	5079	33	6172	5353	778471	247409	280749	250313
攀枝花市小计	**258239**	**255723**	**1253**	**95416**	**41806**	**3455875**	**167671**	**2462445**	**825759**
本级	147164	160804	70	77614	31765				
区县级小计	111075	94919	1183	17802	10041	3483916	154433	2472643	856840
东区	28403	24235		657	2452	1848311	3536	1342383	502392

6－23－2　　　　　　　　　　　　　　　　　　　　单位:人

地　区	财政供养人口 小计	在职人员	离休人员	退休人员	其他人员	自收自支单位年末人数
地市县合计	**2277265**	**1608899**	**9037**	**620712**	**38617**	**59674**
成都市小计	**348597**	**236153**	**2077**	**100867**	**9500**	**18366**
本级	67878	41143	1082	21087	4566	9868
区县级小计	280719	195010	995	79780	4934	8498
锦江区	13325	7885	61	5245	134	1004
青羊区	15111	7765	129	6689	528	597
金牛区	15548	9774	88	5484	202	88
武侯区	11982	8126	35	3325	496	329
成华区	12299	7815	42	3649	793	586
龙泉驿区	15306	10610	21	3532	1143	126
青白江区	9817	6872	15	2660	270	286
都江堰市	19346	14709	39	4575	23	129
金堂县	17041	12613	48	4137	243	1550
双流县	22089	16815	65	5184	25	784
温江区	13298	9920	72	2948	358	94
郫县	12264	8791	36	3345	92	1603
新都区	17024	12432	77	4511	4	47
彭州市	17962	12813	38	5087	24	133
崇州市	17991	12755	51	5041	144	
大邑县	14241	10162	59	4020		393
邛崃市	15846	11024	38	4784		169
蒲江县	7409	5120	31	2258		
新津县	9327	6411	50	2813	53	567
高新区	3493	2598		493	402	13
自贡市小计	**83580**	**55388**	**313**	**26935**	**944**	**1617**
本级	21855	14303	195	6672	685	1113
区县级小计	61725	41085	118	20263	259	504
自流井区	5825	3576	13	2202	34	
贡井区	6407	3876	9	2522		3
大安区	8887	6227	4	2656		9
沿滩区	6713	4786	5	1922		
荣县	15537	10189	34	5089	225	130
富顺县	18356	12431	53	5872		362
攀枝花市小计	**46388**	**32060**	**310**	**13878**	**140**	**142**
本级	19504	12868	216	6408	12	140
区县级小计	26884	19192	94	7470	128	2
东区	5487	3394	18	2055	20	2

6－23－3

单位:万元

地　　区	地方财政一般预算收入	国内增值税75%	国内消费税	预算内基金收入	预算外财政专户收入	地区生产总值	第一产业增加值	第二产业增加值	第三产业增加值
西区	9194	19789	1142	822	1696	344864	5023	268582	71259
仁和区	31311	28640	38	1255	3203	506682	37077	348058	121547
米易县	19420	10518	2	11797	1410	315591	63354	158873	93364
盐边县	22747	11737	1	3271	1280	468468	45443	354747	68278
泸州市小计	**192904**	**136729**	**22433**	**86324**	**60412**	**4038197**	**906597**	**1797000**	**1334600**
本级	84373	60625	16271	76217	39696				
区县级小计	108531	76104	6162	10107	20716	4075734	906597	1818687	1350450
江阳区	20808	10040	835	336	4621	1180921	101998	583125	495798
龙马潭区	12312	7825	1991	192	1314	470832	53301	284987	132544
泸县	19307	12369	1046	652	2838	778801	250089	307417	221295
纳溪区	11203	8438	218	232	2227	437336	103687	225018	108631
合江县	14189	14541	17	4041	5362	558355	175821	192098	190436
叙永县	14068	6550	47	2669	925	313442	115971	88355	109116
古蔺县	16644	16341	2008	1985	3429	336047	105730	137687	92630
德阳市小计	**293577**	**220243**	**130871**	**197136**	**67346**	**6483972**	**1224272**	**3560854**	**1698846**
本级	83522	42160	1071	73056	11022				
区县级小计	210055	178083	129800	124080	56324	6483972	1224272	3560854	1698846
旌阳区	30475	19789	24	43051	10194	1579167	174736	910347	494084
广汉市	38358	40257	202	35008	16333	1102500	168100	562300	372100
绵竹市	60253	55919	24410	17236	9692	1430000	165000	980000	285000
中江县	13147	4572	45	7487	8195	1058778	398520	340110	320148
什邡市	59954	45218	105095	16188	9014	1272761	152449	820967	299345
罗江县	7868	12328	24	5110	2896	305433	95132	148909	61392
绵阳市小计	**281173**	**152738**	**13221**	**147182**	**92124**	**6734967**	**1446260**	**3018012**	**2270695**
本级	133092	51801	12059	119730	48376				
区县级小计	148081	100937	1162	27452	43748	5780228	1442352	2752733	1585143
涪城区	35262	13414	60	1151	13886	810651	104653	482547	223451
游仙区	10619	7478	4	507	4895	541920	154730	251592	135598
江油市	39355	39777	981	6955	9981	1384432	218034	661440	504958
安县	11208	10027	30	7261	1028	507278	180332	199899	127047
梓潼县	4686	1554	37	2676	3877	291718	128139	78493	85086
平武县	7566	4718	1	651	991	163343	49974	74728	38641
北川县	5178	3435	15	1729	935	131631	43215	55422	32994
三台县	15211	7296	28	3666	3118	872235	357175	230103	284957
盐亭县	5661	2217	5	2123	2997	389715	203125	86240	100350
高新区	13335	11021	1	733	2040	687305	2975	632269	52061
广元市小计	**67747**	**44622**	**66**	**24893**	**21109**	**2084596**	**605297**	**744650**	**734649**

6－23－4 单位：人

地区	财政供养人口					自收自支单位年末人数
	小计	在职人员	离休人员	退休人员	其他人员	
西区	3057	2057	13	987		
仁和区	6203	4580	16	1578	29	
米易县	6209	4461	32	1637	79	
盐边县	5928	4700	15	1213		
泸州市小计	**102406**	**74032**	**446**	**27528**	**400**	**1490**
本级	13842	9554	136	4007	145	1199
区县级小计	88564	64478	310	23521	255	291
江阳区	10823	7646	19	3158		7
龙马潭区	6622	4740	38	1844		57
泸县	17674	13361	16	4297		122
纳溪区	10219	7645	50	2524		
合江县	15753	10897	62	4604	190	
叙永县	13392	9471	53	3868		
古蔺县	14081	10718	72	3226	65	105
德阳市小计	**84354**	**59903**	**282**	**23912**	**257**	**2286**
本级	10121	7262	53	2806		963
区县级小计	74233	52641	229	21106	257	1323
旌阳区	9575	6687	52	2836		5
广汉市	13854	9779	48	4027		633
绵竹市	11704	8588	54	3062		200
中江县	22373	15326	43	7004		268
什邡市	11862	8564	28	3013	257	213
罗江县	4865	3697	4	1164		4
绵阳市小计	**134553**	**91249**	**692**	**38112**	**4500**	**4250**
本级	23327	13751	443	5948	3185	3092
区县级小计	111226	77498	249	32164	1315	1158
涪城区	11911	8177	50	3453	231	8
游仙区	8352	6455	1	1886	10	323
江油市	19497	13917	68	5512		276
安县	10522	7867	16	2639		91
梓潼县	8927	6198	31	2239	459	436
平武县	6055	4515	11	1529		
北川县	5526	3890	12	1551	73	
三台县	25706	17237	42	7899	528	
盐亭县	13728	8422	17	5275	14	24
高新区	1002	820	1	181		
广元市小计	**90732**	**71532**	**216**	**18984**		**3988**

6－23－5　　　　单位:万元

地区	地方财政一般预算收入	国内增值税75%	国内消费税	预算内基金收入	预算外财政专户收入	地区生产总值	第一产业增加值	第二产业增加值	第三产业增加值
本级	35511	24943	5	18227	15217				
区县级小计	32236	19679	61	6666	5892	2079504	605297	745167	729040
利州区	6716	3838	13	359	981	690311	54502	347375	288434
元坝区	2155	947		301	310	138533	64612	37761	36160
朝天区	3165	890	2	113	254	105059	38226	31435	35398
剑阁县	3927	1716	13	2614	1366	326409	134256	81463	110690
旺苍县	6739	7955	11	316	851	291277	92885	108378	90014
青川县	2115	1422	8	28	480	137825	56786	39170	41869
苍溪县	7419	2911	14	2935	1650	390090	164030	99585	126475
遂宁市小计	**82657**	**35089**	**6486**	**34170**	**47732**	**3035769**	**884497**	**1310220**	**841052**
本级	32265	7172	136	15950	15434				
区县级小计	50392	27917	6350	18220	32298	3035769	884497	1310220	841052
船山区	12622	5258	19	1233	2758	685190	97242	340242	247706
蓬溪县	5143	1559	117	41	5258	441551	189861	124643	127047
射洪县	23244	14591	5028	12008	15794	1086884	218387	571277	297220
大英县	6247	5221	1151	3778	5421	392915	119862	184205	88848
安居区	3136	1288	35	1160	3067	429229	259145	89853	80231
内江市小计	**114095**	**90542**	**3147**	**53001**	**45672**	**3746111**	**804882**	**1844738**	**1096491**
本级	35817	18404	2245	28961	20287				
区县级小计	78278	72138	902	24040	25385	3755815	803378	1865866	1086571
市中区	8451	3045	141	465	2601	763999	66827	414388	282784
东兴区	10030	3398	99	312	2498	650800	192354	270674	187772
资中县	17285	9460	403	9306	6152	756309	258570	272984	224755
威远县	30066	46855	112	3985	4837	943836	158217	580621	204998
隆昌县	12446	9380	147	9972	9297	640871	127410	327199	186262
乐山市小计	**232128**	**169433**	**2233**	**111406**	**66906**	**4529731**	**828600**	**2516984**	**1184147**
本级	87896	6376		33924	46171				
区县级小计	144232	163057	2233	77482	20735	4525715	823362	2518440	1183913
市中区	20719	25215	36	2664	2737	925282	101569	421452	402261
五通桥区	12812	18855	6	4055	2855	493921	80311	330892	82718
沙湾区	16100	29143	1	8049	1920	550067	37792	455779	56496
金口河区	5664	6747		389	119	115240	7774	93918	13548
峨眉山市	35545	32021	2173	41793	2470	746387	104517	402347	239523
犍为县	12180	12020	3	6623	4072	458834	130343	230263	98228
井研县	5280	2918	6	6190	1577	274213	109090	105080	60043
夹江县	14866	14137	5	4517	2611	479649	112924	246361	120364
沐川县	5861	7029	2	1007	1322	201584	65394	93154	43036

6－23－6 单位:人

地区	财政供养人口					自收自支单位年末人数
	小计	在职人员	离休人员	退休人员	其他人员	
本级	13213	10038	77	3098		1931
区县级小计	77519	61494	139	15886		2057
利州区	8951	7031	13	1907		574
元坝区	6258	5267	3	988		637
朝天区	5074	4438	3	633		632
剑阁县	15130	12009	14	3107		94
旺苍县	14002	10544	91	3367		120
青川县	9672	7568	12	2092		
苍溪县	18432	14637	3	3792		
遂宁市小计	**77477**	**56803**	**103**	**19956**	**615**	**2296**
本级	9914	7276	38	2416	184	718
区县级小计	67563	49527	65	17540	431	1578
船山区	10272	7147	5	2975	145	34
蓬溪县	16087	11650	29	4407	1	
射洪县	20238	14344	21	5597	276	440
大英县	10257	8130	2	2116	9	529
安居区	10709	8256	8	2445		575
内江市小计	**101488**	**70201**	**405**	**30578**	**304**	**1583**
本级	15408	10303	219	4664	222	1317
区县级小计	86080	59898	186	25914	82	266
市中区	11415	7281	35	4099		73
东兴区	14938	10623	40	4193	82	
资中县	25679	18342	39	7298		27
威远县	17160	12102	16	5042		166
隆昌县	16888	11550	56	5282		
乐山市小计	**101900**	**67799**	**406**	**31478**	**2217**	**2561**
本级	17989	11365	211	5190	1223	1381
区县级小计	83911	56434	195	26288	994	1180
市中区	10549	6636	43	3870		
五通桥区	8132	4898	6	3228		153
沙湾区	4592	3278	5	1196	113	73
金口河区	2076	1537	8	455	76	113
峨眉山市	10418	6828	38	3178	374	114
犍为县	12405	8593	2	3777	33	
井研县	10420	7065	19	3336		
夹江县	8777	5983	28	2766		549
沐川县	5932	4007	16	1874	35	178

6－23－7　　　　单位:万元

地区	地方财政一般预算收入	国内增值税75%	国内消费税	预算内基金收入	预算外财政专户收入	地区生产总值	第一产业增加值	第二产业增加值	第三产业增加值
峨边县	10501	10993		1670	398	164421	30258	96497	37666
马边县	4704	3979	1	525	654	116117	43390	42697	30030
南充市小计	**150148**	**44141**	**14656**	**112061**	**37231**	**3889707**	**1305616**	**1486748**	**1097343**
本级	45040			53276	11418				
区县级小计	105108	34798	14655	58785	25813	3889707	1305616	1486748	1097343
顺庆区	21532	10895	13909	17678	4440	100	9	45	46
高坪区	5962	3821	13	6894	1737	269600	66200	130000	73400
嘉陵区	10166	981	12	4641	1738	415161	115677	186990	112494
南部县	16296	4308	559	11487	5241	873852	286050	361924	225878
营山县	9636	1944	30	3754	1642	486000	171000	172000	143000
蓬安县	11395	3626	26	4762	2837	445300	144100	183300	117900
仪陇县	7959	3602	39	4208	3638	467278	203195	127330	136753
西充县	6492	1263	48	3581	2238	327822	127440	92094	108288
阆中市	15670	4358	19	1780	2302	604594	191945	233065	179584
宜宾市小计	**249170**	**216511**	**60608**	**86222**	**83769**	**5315967**	**1088754**	**2832822**	**1394391**
本级	124097	138121	57588	47084	49359				
区县级小计	125073	78390	3020	39138	34410	5315967	1088754	2832822	1394391
翠屏区	50797	27485	261	2488	9343	2287208	128904	1606987	551317
宜宾县	20019	11606	1739	5426	5828	712478	235558	274018	202902
南溪县	5650	3419	512	4904	3136	312297	95313	121246	95738
江安县	7077	2420	170	6332	1862	323183	120130	106104	96949
长宁县	6547	4911	287	1397	1567	351847	105078	141827	104942
高县	10147	7162	29	1262	4167	365927	104787	181518	79622
筠连县	8184	6470	1	3302	1999	310397	90405	153183	66809
珙县	8446	9237	7	6983	4931	285611	66715	134540	84356
兴文县	5060	3931	13	6355	1103	252106	87004	88382	76720
屏山县	3146	1749	1	689	474	114913	54860	25017	35036
广安市小计	**115777**	**55350**	**3659**	**66732**	**35696**	**3370058**	**857065**	**1352535**	**1160458**
本级	34352	25466	5	26638	12256				
区县级小计	81425	29884	3654	40094	23440	3370058	857065	1352535	1160458
岳池县	18263	2983	68	14264	6434	639353	201133	206422	231798
武胜县	17209	7770	3458	10705	5497	643000	195000	250000	198000
广安区	19345	6097	82	6101	3722	982402	201419	410529	370454
邻水县	16568	8711	18	5874	6211	643899	198064	223524	222311
华蓥市	10040	4323	28	3150	1576	461404	61449	262060	137895
达州市小计	**158321**	**106595**	**2021**	**136290**	**26973**	**5104146**	**1634955**	**1996968**	**1472223**
本级	51189	30644	1	39886	13084				

6－23－8 单位：人

地区	财政供养人口					自收自支单位年末人数
	小计	在职人员	离休人员	退休人员	其他人员	
峨边县	5140	3934	21	1185		
马边县	5470	3675	9	1423	363	
南充市小计	**182992**	**134472**	**531**	**45122**	**2867**	**1601**
本级	17177	11450	179	5049	499	50
区县级小计	165815	123022	352	40073	2368	1551
顺庆区	15633	9975	42	4657	959	
高坪区	15271	11496	25	3703	47	
嘉陵区	15215	12198	5	2688	324	96
南部县	25010	19484	77	5317	132	422
营山县	20676	15086	57	5353	180	455
蓬安县	16797	12081	26	4102	588	
仪陇县	19636	14731	43	4724	138	
西充县	17291	12390	14	4887		228
阆中市	20286	15581	63	4642		350
宜宾市小计	**123493**	**85394**	**457**	**34255**	**3387**	**3269**
本级	15410	10766	172	4211	261	1578
区县级小计	108083	74628	285	30044	3126	1691
翠屏区	16533	10714	65	5428	326	104
宜宾县	19206	12203	30	5514	1459	976
南溪县	9713	7122	19	2358	214	13
江安县	9928	7262	33	2633		155
长宁县	8908	6132	25	2430	321	
高县	9252	6602	35	2615		390
筠连县	8887	6504	21	2321	41	
珙县	9480	6549	17	2263	651	48
兴文县	9483	6759	17	2676	31	
屏山县	6693	4781	23	1806	83	5
广安市小计	**87107**	**63527**	**180**	**22495**	**905**	**2697**
本级	4372	4033	1	303	35	1482
区县级小计	82735	59494	179	22192	870	1215
岳池县	19028	13038	51	5415	524	126
武胜县	15740	11582	23	4105	30	89
广安区	20871	14845	47	5717	262	201
邻水县	18993	13795	49	5149		530
华蓥市	8103	6234	9	1806	54	269
达州市小计	**155795**	**111785**	**445**	**40374**	**3191**	**3469**
本级	16707	12425	147	4057	78	789

6－23－9 单位:万元

地　　区	地方财政一般预算收入	国内增值税75%	国内消费税	预算内基金收入	预算外财政专户收入	地区生产总值	第一产业增加值	第二产业增加值	第三产业增加值
区县级小计	107132	75951	2020	96404	13889	5104146	1634955	1996968	1472223
通川区	14274	8240	1661	11442	266	721894	81636	392089	248169
达县	21510	17930	223	19441	1852	981679	345058	387428	249193
开江县	9623	4169	28	3991	1512	407750	165089	115647	127014
宣汉县	16115	14948	11	25716	3180	771086	297563	237981	235542
万源市	8002	6476	5	2664	1527	428099	159678	153114	115307
大竹县	22322	11513	47	14925	2631	998087	306544	414117	277426
渠县	15286	12675	45	18225	2921	791009	279387	292991	218631
资阳市小计	**141826**	**34735**	**762**	**80675**	**24549**	**3772421**	**1104406**	**1664582**	**1003433**
本级	39866	5717		24448	7673				
区县级小计	101960	29018	762	56227	16876	3772421	1104406	1664582	1003433
雁江区	22157	6750	277	331	3505	1193985	217452	695122	281411
简阳市	42196	15252	428	43144	5948	1154499	303933	543957	306609
安岳县	22047	4614	25	7072	4150	883434	377206	254518	251710
乐至县	15560	2402	32	5680	3273	540503	205815	170985	163703
眉山市小计	**119289**	**75225**	**318**	**68273**	**75424**	**3437594**	**845534**	**1693223**	**898837**
本级	39051	28484	1	33564	55017				
区县级小计	80238	46741	316	34709	20407	3351814	804664	1622893	924257
东坡区	23813	9364	156	793	3612	1093314	168884	612229	312201
仁寿县	17591	7727	55	10335	4725	1141291	365453	449418	326420
彭山县	14495	10583	44	10673	4352	416534	85889	218528	112117
洪雅县	15068	11654	12	10137	1809	340197	89941	174397	75859
丹棱县	4102	3051	3	640	779	148308	48080	62869	37359
青神县	5169	4362	46	2131	5130	212170	46417	105452	60301
巴中市小计	**36209**	**13495**	**1531**	**32899**	**14913**	**1761200**	**732800**	**401100**	**627300**
本级	9815	1746	2	17698	7427				
区县级小计	26394	11749	1529	15201	7486	1761200	732800	401100	627300
巴州区	8113	2340	239	1058	2496	684066	260888	142149	281029
南江县	6703	4756	7	6359	2157	340465	151073	90524	98868
通江县	4671	2004	7	2584	868	344303	158083	60322	125898
平昌县	6907	2649	1276	5200	1965	392366	162756	108105	121505
雅安市小计	**75488**	**65817**	**136**	**7185**	**26264**	**1763800**	**392700**	**836300**	**534800**
本级	27386	19085	65	1895	11987				
区县级小计	48102	46732	71	5290	14277	1763800	392700	836300	534800
雨城区	5082	2826	13	653	3414	516955	92523	211066	213366
名山县	3350	3607	54	879	1641	189714	67550	64297	57867
荥经县	6111	8091		396	4182	213394	33554	111490	68350

6－23－10　　单位:人

地　　区	财政供养人口 小　计	在　职 人　员	离　休 人　员	退　休 人　员	其　他 人　员	自收自支 单位年末 人　数
区县级小计	139088	99360	298	36317	3113	2680
通川区	10235	7584	21	2453	177	
达县	26038	18973	28	6344	693	107
开江县	13734	10358	18	3355	3	34
宣汉县	21813	15280	31	6300	202	1929
万源市	15168	11007	28	3810	323	408
大竹县	23457	15895	66	7179	317	202
渠县	28643	20263	106	6876	1398	
资阳市小计	**91465**	**62017**	**153**	**28734**	**561**	**1484**
本级	5089	4265	1	789	34	561
区县级小计	86376	57752	152	27945	527	923
雁江区	18487	12933	42	5179	333	353
简阳市	26508	17505	64	8939		322
安岳县	25787	17181	23	8509	74	185
乐至县	15594	10133	23	5318	120	63
眉山市小计	**92147**	**68328**	**190**	**22282**	**1347**	**2747**
本级	8165	7809	10	335	11	964
区县级小计	83982	60519	180	21947	1336	1783
东坡区	18951	14110	24	4190	627	308
仁寿县	33118	24378	42	8108	590	
彭山县	9541	6908	23	2585	25	1080
洪雅县	9742	5582	49	4017	94	107
丹棱县	5951	4568	29	1354		214
青神县	6679	4973	13	1693		74
巴中市小计	**84413**	**65216**	**188**	**18967**	**42**	**3314**
本级	5829	5276	5	506	42	1705
区县级小计	78584	59940	183	18461		1609
巴州区	23959	17642	89	6228		1497
南江县	16215	11678	28	4509		6
通江县	17552	14250	35	3267		106
平昌县	20858	16370	31	4457		
雅安市小计	**51691**	**36652**	**363**	**14561**	**115**	**1291**
本级	7653	5163	155	2320	15	663
区县级小计	44038	31489	208	12241	100	628
雨城区	8012	5177	52	2720	63	22
名山县	6645	4780	20	1843	2	
荥经县	5005	3426	24	1555		211

6-23-11 单位:万元

地区	地方财政一般预算收入	国内增值税75%	国内消费税	预算内基金收入	预算外财政专户收入	地区生产总值	第一产业增加值	第二产业增加值	第三产业增加值
汉源县	5396	5157	2	469	1960	221280	81340	73064	66876
石棉县	17632	16890	1	477	1368	238085	31967	168680	37438
天全县	5771	5719	1	615	1076	179820	38072	94762	46986
芦山县	2198	2222		538	433	113002	29267	58097	25638
宝兴县	2562	2220		1263	203	91169	18290	54709	18170
阿坝州小计	**87761**	**49992**	**52**	**11878**	**26389**	**1051020**	**195481**	**453948**	**401591**
本级	37082	35484		1016	20451				
区县级小计	50679	14508	52	10862	5938	1043764	187873	458682	397209
汶川县	12302	4756	2	794	2548	287721	18046	221969	47706
理县	2701	2188		160	170	63310	7620	40630	15060
茂县	4099	3942	16	792	420	101301	16653	53455	31193
松潘县	5100	464	1	159	84	81986	16397	16303	49286
九寨沟县	15898	777		7542	1757	150472	9926	39446	101100
金川县	727	120		75	79	34196	12177	8327	13692
小金县	1388	241	30	204	187	44951	10224	14024	20703
黑水县	2604	732		302	307	49366	9404	27903	12059
马尔康县	2907	561	1	430	150	78454	10397	14276	53781
壤塘县	477	65		24	25	23962	9917	3842	10203
阿坝县	732	151	1	180	36	36718	17938	4912	13868
若尔盖县	793	150		117	22	55899	33153	6367	16379
红原县	515	108	1	73	153	35428	16021	7228	12179
卧龙特区	436	253		10					
甘孜州小计	**66509**	**27917**	**27**	**2180**	**7642**	**585176**	**155746**	**224570**	**204860**
本级	19901	3347		243	3639				
区县级小计	46608	25566	25	1937	4003	627135	167217	239840	220078
康定县	13530	8724	10	596	402	107286	18691	53009	35586
泸定县	4547	2635	10	281	1149	46307	7666	17391	21250
丹巴县	3381	838		289	87	41959	11471	15270	15218
九龙县	11428	7273		236	257	100674	9815	79027	11832
雅江县	1193	109		19	114	24885	10044	4868	9973
道孚县	1567	663		18	493	23192	5660	5461	12071
炉霍县	387	92	1	43	129	19556	7991	2097	9468
甘孜县	596	202	1	9	11	30594	14975	2286	13333
新龙县	199	42		47	152	21696	7266	2455	11975
德格县	427	91		19	117	24521	11220	2531	10770
白玉县	1974	3402		76	120	45286	11021	26516	7749
石渠县	400	51	1	33	38	25974	13233	1778	10963

6－23－12 单位：人

地　　区	财政供养人口 小　计	在　职 人　员	离　休 人　员	退　休 人　员	其　他 人　员	自收自支 单位年末 人　　数
汉源县	7752	5850	30	1872		28
石棉县	4926	3714	24	1173	15	26
天全县	4993	3649	22	1307	15	53
芦山县	4105	3029	16	1060		282
宝兴县	2600	1864	20	711	5	6
阿坝州小计	**52572**	**37261**	**235**	**14004**	**1072**	
本级	7631	5324	72	2127	108	
区县级小计	44941	31937	163	11877	964	
汶川县	4557	3165	16	1376		
理县	3115	2190	9	902	14	
茂县	4631	3264	15	1232	120	
松潘县	3539	2663	16	860		
九寨沟县	3935	2728	11	822	374	
金川县	3716	2571	8	1137		
小金县	3500	2494	12	970	24	
黑水县	2997	2126	18	797	56	
马尔康县	2947	2022	13	859	53	
壤塘县	2528	1921	11	596		
阿坝县	3034	2129	19	809	77	
若尔盖县	3747	2760	6	756	225	
红原县	2695	1904	9	761	21	
卧龙特区						
甘孜州小计	**52894**	**37464**	**309**	**14405**	**716**	**1**
本级	7831	5228	104	2411	88	1
区县级小计	45063	32236	205	11994	628	
康定县	3706	2521	23	1107	55	
泸定县	3398	2286	21	991	100	
丹巴县	2866	2179	8	679		
九龙县	2662	1887	6	613	156	
雅江县	2185	1660	11	514		
道孚县	2725	2001	14	710		
炉霍县	2583	1956	8	526	93	
甘孜县	2702	1757	10	935		
新龙县	2135	1684	3	448		
德格县	2177	1513	12	652		
白玉县	1980	1468	6	506		
石渠县	2477	1687	9	781		

6-23-13

单位:万元

地　　区	地方财政一般预算收入	国内增值税75%	国内消费税	预算内基金收入	预算外财政专户收入	地区生产总值	第一产业增加值	第二产业增加值	第三产业增加值
色达县	372	61	1	6	35	18393	7453	2091	8849
理塘县	567	135	1	5	99	28625	11450	4294	12881
巴塘县	1658	1028		28	141	30643	8181	13012	9450
乡城县	875	63		110	152	19222	3829	5194	10199
稻城县	2704	102		37	270	18322	7251	2560	8511
得荣县	803	55		85	237				
凉山州小计	**276087**	**133438**	**1567**	**59181**	**49477**	**4505751**	**1303023**	**1864392**	**1338336**
本级	57346	31212		14331	31469				
区县级小计	218741	102226	1567	44850	18008	4505751	1303023	1864392	1338336
西昌市	52606	29716	1482	36884	6083	1258555	205744	568506	484305
木里县	5303	300	2	62	217	76163	25541	25992	24630
盐源县	15869	4995	3	868	864	240608	83948	102169	54491
德昌县	12499	4709	15	699	1770	232800	81200	79200	72400
会理县	35145	23703	1	1087	1731	653437	185106	309363	158968
会东县	32619	8907	9	693	2876	533548	183756	234609	115183
宁南县	9282	3771	42	822	704	157942	67378	28912	61652
普格县	3761	2678	1	161	155	98838	37943	30840	30055
布拖县	3009	1979		126	492	85872	35120	30647	20105
金阳县	3367	461		434	236	83552	36008	27544	20000
昭觉县	1941	729		196	731	93119	49553	13174	30392
喜德县	3764	3021	1	73	270	88197	30802	29845	27550
冕宁县	10868	5016	6	663	535	332020	92039	138415	101566
越西县	7018	3070	2	129	364	152775	56617	50112	46046
甘洛县	11479	6442	1	1510	142	181851	32280	116253	33318
美姑县	2510	833	1	129	142	78525	44002	13864	20659
雷波县	7701	1896	1	314	696	157949	55986	64947	37016

6－23－14

单位:人

地　区	财政供养人口 小 计	在职人员	离休人员	退休人员	其他人员	自收自支单位年末人数
色达县	1967	1370	7	590		
理塘县	3140	1942	19	1092	87	
巴塘县	2571	1862	15	658	36	
乡城县	2106	1696	14	369	27	
稻城县	1980	1454	8	518		
得荣县	1703	1313	11	305	74	
凉山州小计	**131221**	**91663**	**736**	**33285**	**5537**	**1222**
本级	14818	9009	265	5294	250	838
区县级小计	116403	82654	471	27991	5287	384
西昌市	17242	11177	88	4778	1199	19
木里县	4650	2988	18	1039	605	
盐源县	7343	5466	30	1847		2
德昌县	5423	3828	25	1516	54	89
会理县	9507	6614	38	2855		241
会东县	8944	6000	24	1945	975	
宁南县	5159	3729	25	1405		
普格县	4755	3134	27	1003	591	26
布拖县	4399	3134	23	946	296	1
金阳县	5073	3545	18	803	707	
昭觉县	6048	4808	21	1153	66	
喜德县	4744	3635	14	1007	88	
冕宁县	8758	6558	32	2168		6
越西县	6923	4963	20	1678	262	
甘洛县	5869	4301	25	1363	180	
美姑县	5446	4240	17	1125	64	
雷波县	6120	4534	26	1360	200	

2007年贵州省地市县主要经济指标表

6－24－1 单位:万元

地区	地方财政一般预算收入	国内增值税75%	国内消费税	预算内基金收入	预算外财政专户收入	地区生产总值	第一产业增加值	第二产业增加值	第三产业增加值
地市县合计	**2145750**	**1378257**	**570291**	**575804**	**443283**	**27841167**	**5416335**	**11963395**	**10461437**
贵阳市小计	**759154**	**410159**	**254453**	**400396**	**103060**	**6964000**	**450700**	**3251500**	**3261800**
本级	345857	160926	252768	331664	69655				
区县级小计	413297	249233	1685	68732	33405	7178360	454504	3391596	3332260
乌当区	50876	24166	255	20369	4305	716451	94892	353474	268085
花溪区	28067	11600	738	321	2673	499331	67453	188379	243499
白云区	44146	63663	39	24706	2244	629981	19429	454255	156297
南明区	78777	25746	120	1102	6436	1380174	4217	451220	924737
云岩区	80647	39385	511	1397	4111	1955700	1400	850300	1104000
小河区	34455	17708	1	9367	4698	336218	7513	191841	136864
清镇市	32020	27836	15	5561	2812	611896	70589	318150	223157
开阳县	30333	19600	4	3512	4160	422280	88800	228087	105393
修文县	15791	10961	1	1152	1220	293070	60020	132790	100260
息烽县	18185	8568	1	1245	746	333259	40191	223100	69968
六盘水市小计	**216064**	**214032**	**2228**	**7500**	**59639**	**3005500**	**217000**	**1757300**	**1031200**
本级	58840	66328	2193	3500	18615				
区县级小计	157224	147704	35	4000	41024	3029544	236998	1760230	1032316
六枝特区	13640	8644	19	684	4429	297595	51369	119110	127116
盘县	81659	94013	6	1995	26500	1185949	101629	933120	151200
水城县	25532	21901	1	754	5461	394000	64000	223000	107000
钟山区	36393	23146	9	567	4634	1152000	20000	485000	647000
遵义市小计	**340718**	**252411**	**147232**	**62205**	**82486**	**5663812**	**1251746**	**2486092**	**1925974**
本级	88365	53698	84987	17230	28344				
区县级小计	252353	198713	62245	44975	54142	5857553	1254575	2489115	2113863
红花岗区	41360	22005	101	319	3859	1228450	73048	496427	658975
汇川区	27900	10525	1270	232	3648	693000	40800	375000	277200
遵义县	40100	34676	211	12170	7893	934800	250197	406782	277821
桐梓县	14094	11242	5	6498	3604	320000	99814	102773	117413
绥阳县	8467	3186	27	732	1583	223525	97449	55813	70263
湄潭县	9066	3385	25	73	4448	184504	67552	36188	80764
凤冈县	5350	1427	6	3394	4802	150521	64344	20088	66089
余庆县	10758	2664	7	3641	6119	197251	74873	43386	78992
仁怀市	55306	84924	57872	9893	4289	907490	110188	671369	125933
赤水市	10007	3535	3	4702	4450	240159	63926	102410	73823
习水县	13030	14877	2705	294	4759	323230	88822	120094	114314
正安县	6797	1726	12	1031	1362	191768	103164	21963	66641
道真自治县	4465	2329	1	249	1476	129081	59197	17560	52324

6－24－2 单位：人

地　　区	财政供养人口 小　计	在　职 人　员	离　休 人　员	退　休 人　员	其　他 人　员	自收自支单位年末人　数
地市县合计	**1163224**	**803413**	**6836**	**216678**	**136297**	**11394**
贵阳市小计	**131374**	**79493**	**1149**	**31921**	**18811**	**3083**
本级	31806	20537	612	10164	493	2135
区县级小计	99568	58956	537	21757	18318	948
乌当区	9739	6881	56	2029	773	164
花溪区	11830	5718	84	1976	4052	148
白云区	6682	4196	26	1110	1350	
南明区	14436	6272	118	3738	4308	124
云岩区	13526	6785	71	4028	2642	12
小河区	3039	2189	4	694	152	38
清镇市	11475	8307	45	2405	718	147
开阳县	10973	8175	31	2394	373	117
修文县	10757	5071	53	1707	3926	17
息烽县	7111	5362	49	1676	24	181
六盘水市小计	**107691**	**52650**	**475**	**11982**	**42584**	**725**
本级	11742	7449	140	2103	2050	152
区县级小计	95949	45201	335	9879	40534	573
六枝特区	18231	9693	92	2750	5696	153
盘县	46435	18312	141	3683	24299	291
水城县	21466	11783	91	2390	7202	52
钟山区	9817	5413	11	1056	3337	77
遵义市小计	**187320**	**136673**	**912**	**43591**	**6144**	**2075**
本级	12644	8619	227	3766	32	866
区县级小计	174676	128054	685	39825	6112	1209
红花岗区	12715	8050	120	4397	148	363
汇川区	7775	5114	8	1889	764	
遵义县	26525	20542	75	5799	109	161
桐梓县	14164	9114	41	3299	1710	99
绥阳县	11232	8280	58	2888	6	
湄潭县	11666	8312	44	2858	452	
凤冈县	9729	7652	49	1972	56	
余庆县	8126	6346	35	1745		12
仁怀市	14648	11555	35	2823	235	328
赤水市	8352	6144	31	2117	60	172
习水县	15671	10448	47	3591	1585	
正安县	11539	8797	47	2462	233	74
道真自治县	10025	7837	40	2148		

6－24－3

单位:万元

地区	地方财政一般预算收入	国内增值税75%	国内消费税	预算内基金收入	预算外财政专户收入	地区生产总值	第一产业增加值	第二产业增加值	第三产业增加值
务川自治县	5653	2212		1747	1850	133774	61201	19262	53311
安顺市小计	**121081**	**61623**	**8115**	**29448**	**20316**	**1420255**	**270780**	**578512**	**570963**
本级	23538	8657	7000	13329	9864				
区县级小计	97543	52966	1115	16119	10452	1456943	293885	585953	577105
西秀区	46725	22993	896	10598	3913	600094	92535	194401	313158
平坝县	15064	10410	168	406	1559	270354	39450	161068	69836
普定县	13761	11424	17	861	2557	203043	39185	111425	52433
镇宁自治县	9587	3800	34	1592	923	153186	33226	52456	67504
关岭自治县	8044	2633		1950	969	139111	46364	51704	41043
紫云自治县	4362	1706		712	531	91155	43125	14899	33131
黔南自治州小计	**132133**	**85553**	**43028**	**19309**	**35133**	**2195097**	**561533**	**950095**	**683469**
本级	17899	22602	35124	4067	16171				
区县级小计	114234	62951	7904	15242	18962	2361567	588813	950670	822084
都匀市	26590	11686	94	1805	3206	526782	58513	234683	233586
独山县	7227	3964	3	1112	1834	140099	55699	30300	54100
平塘县	5245	1137	2	362	319	100393	41804	18636	39953
荔波县	6944	4741	6	418	844	91475	27221	29042	35212
三都水族自治县	3463	997	1	44	690	98887	45772	9179	43936
福泉市	16920	9755	28	575	3830	333642	70710	168953	93979
瓮安县	11605	7935	6	187	2640	220700	67000	79200	74500
贵定县	8199	4938	7420	4412	1193	227559	37996	124255	65308
龙里县	8575	6232	324	4798	1283	195300	24500	129800	41000
惠水县	7372	5667	9	391	2002	186730	73598	57222	55910
长顺县	5324	2101	9	387	185	97000	34000	24400	38600
罗甸县	6770	3798	2	751	936	143000	52000	45000	46000
黔东南自治州小计	**108229**	**57837**	**3103**	**14004**	**41331**	**1939989**	**596794**	**572837**	**770358**
本级	14310	7315	2030	4789	13929				
区县级小计	93919	50522	1073	9215	27402	1939989	596794	572837	770358
凯里市	27175	16215	14	1574	5775	506291	53114	204434	248743
黄平县	4377	1112	208	377	2437	91131	39485	10100	41546
麻江县	3777	2965	4	687	727	79839	29445	25676	24718
丹寨县	2429	1425	4	470	537	56319	23181	13667	19471
雷山县	2493	1512	2	54	621	49210	16263	11953	20994
施秉县	7096	3961	4	37	1642	82645	24651	32685	25309
镇远县	9255	5402	798	239	3363	149495	49887	50890	48718
三穗县	3466	901	3	1995	1138	82103	25729	19564	36810
岑巩县	3142	3403	1	133	547	90618	31799	29490	29329

6－24－4　　　　单位：人

地　区	财政供养人口					自收自支单位年末人数
	小计	在职人员	离休人员	退休人员	其他人员	
务川自治县	12509	9863	55	1837	754	
安顺市小计	**72991**	**52744**	**710**	**15423**	**4114**	**1157**
本级	10341	6937	276	3060	68	631
区县级小计	62650	45807	434	12363	4046	526
西秀区	18348	13322	186	4147	693	101
平坝县	10670	8634	53	1924	59	74
普定县	10314	6549	57	1750	1958	272
镇宁自治县	8601	5799	51	1747	1004	3
关岭自治县	6874	5136	46	1451	241	76
紫云自治县	7843	6367	41	1344	91	
黔南自治州小计	**140424**	**105646**	**973**	**23516**	**10289**	**1046**
本级	10725	7254	284	3007	180	296
区县级小计	129699	98392	689	20509	10109	750
都匀市	22328	11126	210	2997	7995	81
独山县	13393	11098	66	2049	180	34
平塘县	9515	7584	50	1881		22
荔波县	7166	5813	37	1250	66	
三都水族自治县	11835	10238	47	1514	36	465
福泉市	8476	6551	43	1576	306	34
瓮安县	11871	9641	19	2015	196	6
贵定县	10040	7697	62	1730	551	106
龙里县	7490	6354	40	1087	9	2
惠水县	9905	7596	44	1916	349	
长顺县	6813	5204	43	1145	421	
罗甸县	10867	9490	28	1349		
黔东南自治州小计	**145163**	**94149**	**831**	**30495**	**19688**	**1657**
本级	9790	6155	264	3165	206	620
区县级小计	135373	87994	567	27330	19482	1037
凯里市	12514	8020	115	2865	1514	
黄平县	7307	5519	26	1677	85	
麻江县	7067	4385	30	1332	1320	
丹寨县	5493	3978	33	1202	280	
雷山县	6447	4367	30	1291	759	
施秉县	5198	3837	50	1213	98	49
镇远县	6715	4706	30	1937	42	170
三穗县	9342	4153	26	1334	3829	322
岑巩县	7219	4575	21	1472	1151	

6-24-5

单位:万元

地　　区	地方财政一般预算收入	国内增值税75%	国内消费税	预算内基金收入	预算外财政专户收入	地区生产总值	第一产业增加值	第二产业增加值	第三产业增加值
天柱县	7104	2422	4	282	3326	151215	46410	49147	55658
锦屏县	4575	2619	1	330	905	87002	20230	30972	35800
黎平县	5069	2556	9	122	3195	154121	64224	32346	57551
榕江县	3737	1317	7	1059	1571	109293	58190	14697	36406
从江县	3663	1539	9	135	678	109006	53907	18928	36171
剑河县	3761	2051	1	428	468	81053	33205	14413	33435
台江县	2800	1122	4	1293	472	60648	27074	13875	19699
毕节地区小计	**237643**	**164628**	**77226**	**18274**	**49749**	**3199003**	**950000**	**1232503**	**1016500**
本级	28503	25625	76394	4545	15204				
区县级小计	209140	139003	832	13729	34545	3343355	953131	1365441	1024783
毕节市	30367	5424	9	4102	8869	727473	171304	279549	276620
大方县	27956	15817	5	1888	2378	362044	120873	138440	102731
黔西县	26857	26937	3	524	2137	470941	136141	195852	138948
金沙县	37324	32575	803	832	5617	449350	97024	247655	104671
织金县	30682	13198	1	1782	1674	318536	127176	81210	110150
纳雍县	22427	28585	1	618	9302	456456	90247	267203	99006
威宁自治县	21029	9225	3	989	2573	345742	134347	97673	113722
赫章县	12498	7242	7	2994	1995	212813	76019	57859	78935
铜仁地区小计	**103181**	**52557**	**14940**	**9084**	**22967**	**1802500**	**710700**	**471100**	**620700**
本级	14391	17580	14888	1044	9914				
区县级小计	88790	34977	52	8040	13053	1865918	726931	518235	620752
铜仁市	20073	5052	3	34	1116	341807	62640	127374	151793
松桃苗族自治县	9726	10790	4	222	2624	253277	101647	75584	76046
玉屏侗族自治县	7198	8423	4	637	950	174980	29363	99797	45820
万山特区	3002	1944		204	270	38860	8300	19800	10760
江口县	4443	929	1	2689	571	94418	39961	17660	36797
石阡县	7518	946	8	98	2002	134658	66500	17560	50598
印江自治县	6600	1317	4	1182	217	156460	80320	24300	51840
思南县	11186	1930	7	2483	2855	262493	128906	70994	62593
德江县	8861	1919	18	456	1481	199114	105043	30090	63981
沿河土家族自治县	10183	1727	3	35	967	209851	104251	35076	70524
黔西南自治州小计	**127547**	**79457**	**19966**	**15584**	**28602**	**1651011**	**407082**	**663456**	**580473**
本级	8248	10111	7651	1917	15127				
区县级小计	119299	69346	12315	13667	13475	1835123	435137	764556	635430
兴义市	48307	31550	8488	10193	6896	882374	146406	399630	336338
兴仁县	18335	7284	1622	63	1299	206050	59200	78350	68500
贞丰县	12993	5076	498	473	1591	176627	48648	90582	37397

6－24－6 单位:人

地区	财政供养人口 小计	在职人员	离休人员	退休人员	其他人员	自收自支单位年末人数
天柱县	12956	7276	33	2255	3392	79
锦屏县	8205	5622	41	1493	1049	363
黎平县	16868	9324	26	2381	5137	
榕江县	10145	6942	34	2430	739	54
从江县	7838	6142	24	1612	60	
剑河县	6924	5346	23	1528	27	
台江县	5135	3802	25	1308		
毕节地区小计	**155621**	**115840**	**731**	**25641**	**13409**	**94**
本级	11502	8624	210	2638	30	70
区县级小计	144119	107216	521	23003	13379	24
毕节市	24259	19176	90	4047	946	
大方县	19031	13879	62	3265	1825	
黔西县	16174	12167	71	2547	1389	
金沙县	15037	11430	85	2590	932	2
织金县	17698	12514	57	2924	2203	
纳雍县	16221	12113	61	2266	1781	
威宁自治县	19835	14545	54	3239	1997	22
赫章县	15864	11392	41	2125	2306	
铜仁地区小计	**130468**	**101107**	**583**	**18455**	**10323**	**165**
本级	8856	6479	146	2231		14
区县级小计	121612	94628	437	16224	10323	151
铜仁市	10526	8404	42	1879	201	
松桃苗族自治县	15759	12585	51	2072	1051	67
玉屏侗族自治县	6659	5145	52	1176	286	14
万山特区	2790	2269	14	483	24	
江口县	7342	6089	41	1207	5	9
石阡县	12835	10073	57	2044	661	
印江自治县	13995	10456	61	1513	1965	17
思南县	21391	15433	38	2407	3513	
德江县	13978	11080	40	1583	1275	44
沿河土家族自治县	16337	13094	41	1860	1342	
黔西南自治州小计	**92172**	**65111**	**472**	**15654**	**10935**	**1392**
本级	7879	5388	145	2307	39	1217
区县级小计	84293	59723	327	13347	10896	175
兴义市	21091	15083	93	2893	3022	
兴仁县	11059	8024	32	1729	1274	19
贞丰县	8436	6131	38	1502	765	

6－24－7

单位:万元

地区	地方财政一般预算收入	国内增值税75%	国内消费税	预算内基金收入	预算外财政专户收入	地区生产总值	第一产业增加值	第二产业增加值	第三产业增加值
册亨县	2974	1691	164	212	502	62225	32420	11200	18605
望谟县	3653	647	327	18	158	64600	30410	7780	26410
普安县	15331	7953		137	706	125950	33020	55650	37280
晴隆县	6510	2951	1216	6	915	97217	27953	33364	35900
安龙县	11196	12194		2565	1408	220080	57080	88000	75000

6－24－8

单位：人

地区	财政供养人口					自收自支单位年末人数
	小计	在职人员	离休人员	退休人员	其他人员	
册亨县	8633	5363	24	1041	2205	
望谟县	10240	5925	14	1593	2708	
普安县	7809	6335	38	1195	241	
晴隆县	6628	5496	35	1097		149
安龙县	10397	7366	53	2297	681	7

2007年云南省地市县主要经济指标表

6－25－1　　　　单位:万元

地　区	地方财政一般预算收入	国内增值税75%	国内消费税	预算内基金收入	预算外财政专户收入	地区生产总值	第一产业增加值	第二产业增加值	第三产业增加值
地市县合计	**3794260**	**2571559**	**2539818**	**805787**	**460241**	**47497820**	**8371495**	**21767327**	**17358998**
昆明市小计	**1330993**	**889437**	**575857**	**607664**	**122392**	**13936900**	**939500**	**6412000**	**6585400**
本级	675229	396133	527571	500741	59280	1525298		1170310	354988
区县级小计	655764	493304	48286	106923	63112	13970722	950105	6141393	6879224
盘龙区	78928	49794	258	15323	9675	1560000	13000	465000	1082000
五华区	107705	87203	45662	11703	11246	3916245	11932	2324861	1579452
西山区	86263	56665	22	24569	11870	1628972	24511	500409	1104052
官渡区	101699	48377	852	10600	8990	3038116	96000	1118706	1823410
呈贡县	43198	23716	72	12772	1020	478323	88594	223451	166278
安宁市	85353	110913	22	18945	2392	961221	62546	597504	301171
富民县	8200	4160	4	2871	839	170188	37756	80350	52082
晋宁县	24500	17070	11		3015	334050	84867	147780	101403
宜良县	24814	13286	17	2198	2322	588390	182601	160962	244827
石林彝族自治县	14215	4513	9	2913	4528	222321	66361	58047	97913
嵩明县	15969	6962	1322		1650	282804	76192	122993	83619
禄劝自治县	12503	4215	5	1285	734	217115	88391	46694	82030
东川区	37043	58601	16	1265	3267	320000	30000	230000	60000
寻甸回族自治县	15374	7775	14	2479	1564	252977	87354	64636	100987
昭通市小计	**128874**	**97407**	**103025**	**2227**	**11598**	**2253353**	**525554**	**989801**	**737998**
本级	39727	38068	102887	693	5098				
区县级小计	89147	59339	138	1534	6500	1667408	568556	511751	587101
昭阳区	22166	11293	10	776	1811	327049	93399	61834	171816
鲁甸县	8166	12021		200	303	77984	72341	1800	3843
巧家县	6014	4057	15	65	412	162032	66176	46186	49670
盐津县	5167	3462	6		239	141599	40843	55674	45082
大关县	2796	2215	3	9	270	76335	31928	16445	27962
永善县	6738	2177	2		502	35500	24696	4171	6633
绥江县	2626	1426	1	79	192	65586	17200	17513	30873
镇雄县	11699	4663	13	59	1328	280106	118679	56968	104459
彝良县	8153	9006	2		493	166588	59193	60220	47175
威信县	5389	2642	3	39	449	116270	31962	34340	49968
水富县	10233	6377	83	307	501	218359	12139	156600	49620
曲靖市小计	**464868**	**366057**	**393039**	**9085**	**48464**	**6504206**	**1186778**	**3546192**	**1771236**
本级	139396	131906	291422	6172	15650				
区县级小计	325472	234151	101617	2913	32814	6504206	1186778	3546192	1771236
麒麟区	49976	22098	917	592	7670	2045820	98578	1318135	629107
沾益县	36139	30865	7	－1051	2880	534578	137451	309238	87889

6－25－2　　　　单位:人

地　区	财政供养人口 小计	在职人员	离休人员	退休人员	其他人员	自收自支单位年末人数
地市县合计	**1400446**	**1041584**	**12517**	**290974**	**55371**	**12515**
昆明市小计	**173716**	**122838**	**2288**	**42433**	**6157**	**7883**
本级	38238	26640	939	10076	583	5814
区县级小计	135478	96198	1349	32357	5574	2069
盘龙区	11480	7869	123	3316	172	314
五华区	14006	8063	354	5589		8
西山区	9625	7024	66	2535		19
官渡区	12186	9169	86	2697	234	3
呈贡县	5490	4179	56	1232	23	180
安宁市	7945	6191	31	1678	45	611
富民县	6176	4015	35	1275	851	19
晋宁县	6964	5057	57	1850		57
宜良县	8317	5866	78	2337	36	535
石林彝族自治县	8815	6013	151	1718	933	174
嵩明县	8710	6874	67	1769		49
禄劝自治县	11729	8231	59	2004	1435	3
东川区	10141	7770	114	2248	9	79
寻甸回族自治县	13894	9877	72	2109	1836	18
昭通市小计	**111480**	**89957**	**570**	**20953**		**262**
本级	9530	6591	256	2683		151
区县级小计	101950	83366	314	18270		111
昭阳区	15266	11930	77	3259		111
鲁甸县	8692	7418	34	1240		
巧家县	9322	7293	65	1964		
盐津县	7268	5707	13	1548		
大关县	6331	5135	19	1177		
永善县	9436	7800	31	1605		
绥江县	4819	3704	5	1110		
镇雄县	19475	16680	29	2766		
彝良县	9123	7484	16	1623		
威信县	8683	7367	18	1298		
水富县	3535	2848	7	680		
曲靖市小计	**190652**	**122806**	**1459**	**26397**	**39990**	**456**
本级	14484	9773	473	3551	687	456
区县级小计	176168	113033	986	22846	39303	
麒麟区	16061	10359	127	2396	3179	
沾益县	11541	8092	70	1641	1738	

6－25－3　　　　单位:万元

地　区	地方财政一般预算收入	国内增值税75%	国内消费税	预算内基金收入	预算外财政专户收入	地区生产总值	第一产业增加值	第二产业增加值	第三产业增加值
马龙县	12656	6380	2		645	138836	38326	55584	44926
宣威市	63166	52509	2	1483	8808	949250	205187	454938	289125
富源县	57494	40008		406	937	698960	147800	380080	171080
罗平县	21226	15948	18	223	4293	540000	136000	232000	172000
师宗县	18293	10756	4	728	2298	327591	103921	135039	88631
陆良县	25200	14790	2	201	2086	601000	216000	226000	159000
会泽县	41322	40797	100665	331	3197	668171	103515	435178	129478
玉溪市小计	**388965**	**361938**	**851478**	**51370**	**40479**	**4955098**	**528873**	**3020456**	**1405769**
本级	211186	230303	850433	37115	26337				
区县级小计	177779	131635	1045	14255	14142	3046518	525798	1277787	1242933
红塔区	48906	44625	37	3718	2609	1021000	63000	396000	562000
通海县	17490	9944	11	848	2472	326062	67270	138726	120066
江川县	16339	7676	41	749	1194	303806	82311	113174	108321
澄江县	11168	7034	123	3312	2222	198597	42074	85179	71344
华宁县	12022	3589	6	1744	632	216065	65645	66983	83437
易门县	16281	14144	123	1342	1963	238232	46023	120019	72190
峨山彝族自治县	18023	11907	616	993	1026	218983	39686	98674	80623
新平自治县	26339	25992	25	560	1091	331900	53212	204116	74572
元江自治县	11211	6724	63	989	933	191873	66577	54916	70380
红河自治州小计	**377116**	**286797**	**339847**	**24813**	**40453**	**4109310**	**702805**	**2292938**	**1113567**
本级	116269	91348	337900	9015	13526				
区县级小计	260847	195449	1947	15798	26927	4109310	702805	2292938	1113567
个旧市	58926	90701	15	357	4198	856443	48212	610697	197534
开远市	37574	27885	410	12980	2546	533211	59910	297023	176278
蒙自县	39150	16409	23	596	8756	391246	80012	178525	132709
建水县	26976	13641	270	398	5298	414100	99400	161400	153300
石屏县	12168	3826	20	64	1214	178978	76661	48424	53893
弥勒县	39010	16562	954	534	1325	957625	74657	764223	118745
泸西县	15478	9188	13	384	1597	211500	59500	69900	82100
屏边苗族自治县	3534	1488	9	17	175	55789	29654	15111	11024
河口瑶族自治县	6289	2808	17	127	623	103438	23924	26098	53416
金平自治县	9566	10193	4	187	450	128000	34300	64900	28800
元阳县	5209	1181	75	92	157	124963	47981	24368	52614
红河县	2217	913	128	12	261	89320	45228	12277	31815
绿春县	4750	654	9	50	327	64697	23366	19992	21339
文山自治州小计	**126000**	**66682**	**180**	**27**	**20570**	**2082839**	**570179**	**727900**	**784760**
本级	17853	2166		－6	6843				

6－25－4 单位:人

地区	财政供养人口					自收自支单位年末人数
	小计	在职人员	离休人员	退休人员	其他人员	
马龙县	6431	5186	60	1185		
宣威市	37517	25203	212	5591	6511	
富源县	14556	12374	72	1936	174	
罗平县	21058	12231	190	2019	6618	
师宗县	12205	8269	86	1640	2210	
陆良县	18791	14099	91	2838	1763	
会泽县	38008	17220	78	3600	17110	
玉溪市小计	**76002**	**58677**	**824**	**16301**	**200**	**547**
本级	11229	8305	288	2604	32	104
区县级小计	64773	50372	536	13697	168	443
红塔区	10046	7439	130	2442	35	
通海县	7132	5238	51	1828	15	311
江川县	8017	6516	49	1432	20	39
澄江县	6339	4929	37	1358	15	28
华宁县	6526	5122	47	1342	15	17
易门县	5902	4518	32	1336	16	
峨山彝族自治县	5993	4615	87	1264	27	10
新平自治县	7959	6386	47	1516	10	38
元江自治县	6859	5609	56	1179	15	
红河自治州小计	**130943**	**99552**	**1338**	**30053**		**1234**
本级	10816	7785	238	2793		609
区县级小计	120127	91767	1100	27260		625
个旧市	13912	8788	241	4883		24
开远市	9379	6759	106	2514		43
蒙自县	9139	6757	93	2289		428
建水县	14441	10620	152	3669		
石屏县	9558	7177	81	2300		
弥勒县	13788	11185	108	2495		
泸西县	10548	8627	115	1806		
屏边苗族自治县	5573	4486	30	1057		
河口瑶族自治县	4588	3773	23	792		
金平自治县	7684	6126	45	1513		121
元阳县	8328	6696	43	1589		
红河县	7501	6017	43	1441		9
绿春县	5688	4756	20	912		
文山自治州小计	**105918**	**84145**	**927**	**20846**		**43**
本级	10847	8406	230	2211		

6－25－5　　　　单位:万元

地区	地方财政一般预算收入	国内增值税75%	国内消费税	预算内基金收入	预算外财政专户收入	地区生产总值	第一产业增加值	第二产业增加值	第三产业增加值
区县级小计	108147	64516	180	33	13727	2121277	571788	766020	783469
文山县	35666	15687	41		3124	622099	81995	274638	265466
砚山县	15551	11349	5		2641	314811	77180	133524	104107
西畴县	2711	2253	4		832	95366	36041	12420	46905
麻栗坡县	11190	6073	7		729	161030	47531	62425	51074
马关县	15007	17814	7	33	1904	257980	62007	121454	74519
丘北县	7818	1908	57		1915	168208	77166	25336	65706
广南县	9398	3975	43		1189	268282	123184	55321	89777
富宁县	10806	5457	16		1393	233501	66684	80902	85915
普洱市小计	**110983**	**52128**	**1051**	**13930**	**20797**	**1513333**	**515198**	**447418**	**550717**
本级	25006			2756	7167				
区县级小计	85977	52128	1051	11174	13630	1686059	795778	382243	508038
思茅区	23866	12354	525	2440	926	504250	332747	43634	127869
宁洱自治县	9322	4928	6	3324	119	151722	51971	36629	63122
墨江哈尼族自治县	7828	2368	154	1352	955	154260	49187	47880	57193
景谷自治县	12516	8217	54	216	2932	234727	87673	89097	57957
镇沅自治县	4301	2020	13	1843	4014	76124	46607	23040	6477
景东彝族自治县	11438	12039	25	839	1081	192270	87808	41212	63250
江城自治县	3428	1389	103	140	498	84824	36317	20956	27551
澜沧拉祜族自治县	8449	6307	72	937	951	183818	65283	57506	61029
孟连自治县	3551	2077	76		1917	73261	29261	17170	26830
西盟佤族自治县	1278	429	23	83	237	30803	8924	5119	16760
版纳州小计	**60687**	**23172**	**211**	**2930**	**14412**	**1075431**	**344100**	**321643**	**409688**
本级	14968	724		522	3199				
区县级小计	45719	22447	211	2408	11213	899903	293423	261046	345434
景洪市	25834	9128	11	1623	5406	541365	157542	134982	248841
勐海县	6839	7821	157	288	4268	81751	9191	65921	6639
勐腊县	13046	5498	43	497	1539	276787	126690	60143	89954
楚雄州小计	**179503**	**116666**	**170871**	**13249**	**31540**	**2535665**	**634651**	**1032359**	**868655**
本级	44411	45209	169908	5532	18860				
区县级小计	135092	71457	963	7717	12680	2606130	609378	1087417	909335
楚雄市	58336	23565	19	3647	4264	1009064	111691	556451	340922
双柏县	4925	1451	2	105	349	77997	36513	14351	27133
牟定县	4898	1965	36	1308	1048	121481	46185	35603	39693
南华县	7711	2378	789	79	204	133311	58296	32532	42483
姚安县	4326	1093	13	93	748	136013	49706	37245	49062
大姚县	8008	5228	7	508	1740	220330	57433	104126	58771

6－25－6

单位：人

地区	财政供养人口					自收自支单位年末人数
	小计	在职人员	离休人员	退休人员	其他人员	
区县级小计	95071	75739	697	18635		43
文山县	13664	10845	94	2725		32
砚山县	11896	9946	67	1883		11
西畴县	10081	7647	85	2349		
麻栗坡县	10067	7738	82	2247		
马关县	10730	7978	91	2661		
丘北县	12240	9891	132	2217		
广南县	15211	12692	70	2449		
富宁县	11182	9002	76	2104		
普洱市小计	**90535**	**71530**	**934**	**18071**		**455**
本级	8289	6029	253	2007		77
区县级小计	82246	65501	681	16064		378
思茅区	7404	5817	87	1500		71
宁洱自治县	8320	6595	148	1577		
墨江哈尼族自治县	9944	8262	94	1588		
景谷自治县	8018	6387	71	1560		285
镇沅自治县	8520	7345	46	1129		
景东彝族自治县	11008	6730	67	4211		
江城自治县	4895	3987	34	874		22
澜沧拉祜族自治县	14136	11972	88	2076		
孟连自治县	4928	4161	34	733		
西盟佤族自治县	5073	4245	12	816		
版纳州小计	**30219**	**23270**	**263**	**6595**	**91**	**910**
本级	5998	4312	113	1573		375
区县级小计	24221	18958	150	5022	91	535
景洪市	9589	7741	44	1804		323
勐海县	7560	5692	59	1718	91	102
勐腊县	7072	5525	47	1500		110
楚雄州小计	**95999**	**72361**	**891**	**22599**	**148**	**281**
本级	12524	8396	322	3674	132	99
区县级小计	83475	63965	569	18925	16	182
楚雄市	13551	10758	130	2663		76
双柏县	5657	4301	22	1334		
牟定县	7327	5564	34	1729		29
南华县	7516	5790	42	1675	9	15
姚安县	7311	5470	38	1803		
大姚县	8705	6398	70	2237		

6－25－7

单位:万元

地　　区	地方财政一般预算收入	国内增值税75%	国内消费税	预算内基金收入	预算外财政专户收入	地区生产总值	第一产业增加值	第二产业增加值	第三产业增加值
永仁县	3629	1291	5	210	881	74909	27385	18734	28790
元谋县	6788	1662	81	18	737	120534	46756	23287	50491
武定县	7553	4682	2	115	849	156855	60328	45669	50858
禄丰县	28918	28142	9	1634	1860	555636	115085	219419	221132
大理州小计	**227817**	**101857**	**98863**	**65403**	**38517**	**3063694**	**800396**	**1149870**	**1113428**
本级	40781	29246	96118	774	19580				
区县级小计	187036	72611	2745	64629	18937	1823694	690396	569870	563428
大理市	90122	27650	2469	61526	5343				
漾濞彝族自治县	5042	2339	40	45	414	65795	22195	29000	14600
祥云县	20379	15856	14	1194	1651	376523	114527	173320	88676
宾川县	11682	1732	3	302	4613	307693	158238	57226	92229
弥渡县	6688	2109	8	342	943	154534	55503	42226	56805
南涧彝族自治县	9916	1976	2	236	929	115981	48060	14582	53339
巍山自治县	6681	2609	28	103	1445	158270	64368	37454	56448
永平县	6133	1612	8	72	575	113263	47560	23890	41813
云龙县	5778	3992	5	120	739	118588	44416	38072	36100
洱源县	8556	2492	4	300	1224	172113	68845	46507	56761
剑川县	6202	6329	5	254	384	100954	24853	50423	25678
鹤庆县	9857	3915	159	135	677	139980	41831	57170	40979
保山市小计	**105761**	**52179**	**1767**	**4088**	**26634**	**1674058**	**562185**	**467962**	**643911**
本级	14866	7596		1426	7454				
区县级小计	90895	44583	1767	2662	19180	1674058	562185	467962	643911
隆阳区	32741	13383	1399	365	6151	715168	229016	213278	272874
施甸县	6117	3159	50	156	1480	148553	60080	23011	65462
腾冲县	32341	13575	75	1371	8003	413854	116550	111421	185883
昌宁县	9195	4419	137	427	2467	220883	95749	54052	71082
龙陵县	10501	10047	106	343	1079	175600	60790	66200	48610
德宏自治州小计	**78953**	**35618**	**1113**	**4962**	**11053**	**840477**	**259490**	**238474**	**342513**
本级	21121			2289	4484				
区县级小计	57832	35618	1113	2673	6569	840477	259490	238474	342513
潞西市	17440	8229	196	276	1558	276591	86510	77428	112653
梁河县	3700	2358	178	265	71	62650	17800	16450	28400
盈江县	14621	11447	189	817	2365	198226	66641	67758	63827
陇川县	5252	5902	173	372	387	115644	47520	31624	36500
瑞丽市	16819	7682	377	943	2188	186547	40766	47397	98384
丽江市小计	**72831**	**25013**	**78**	**1677**	**12885**	**751965**	**159460**	**257187**	**335318**
本级	10752			1244	2183				

6－25－8 单位:人

地区	财政供养人口 小计	在职人员	离休人员	退休人员	其他人员	自收自支单位年末人数
永仁县	5596	4277	22	1297		
元谋县	7353	5552	37	1764		62
武定县	8286	6621	66	1599		
禄丰县	12173	9234	108	2824	7	
大理州小计	**111269**	**83207**	**1152**	**26910**		**40**
本级	10468	7592	240	2636		
区县级小计	100801	75615	912	24274		40
大理市	14062	10128	163	3771		39
漾濞彝族自治县	5555	4144	41	1370		
祥云县	9757	7814	63	1880		
宾川县	10869	6832	116	3921		
弥渡县	8397	5922	104	2371		
南涧彝族自治县	6637	5604	29	1004		
巍山自治县	8206	6420	35	1751		1
永平县	6497	4723	26	1748		
云龙县	7530	5622	53	1855		
洱源县	8273	6580	64	1629		
剑川县	6923	5645	106	1172		
鹤庆县	8095	6181	112	1802		
保山市小计	**69097**	**50027**	**303**	**14178**	**4589**	**242**
本级	6220	4579	112	1529		74
区县级小计	62877	45448	191	12649	4589	168
隆阳区	17755	12194	97	3802	1662	84
施甸县	9444	7079	11	1667	687	41
腾冲县	17257	12143	30	3785	1299	43
昌宁县	8945	7124	18	1803		
龙陵县	9476	6908	35	1592	941	
德宏自治州小计	**48703**	**36648**	**243**	**11254**	**558**	**66**
本级	7771	5448	99	1992	232	23
区县级小计	40932	31200	144	9262	326	43
潞西市	10162	7694	41	2427		
梁河县	6719	5143	19	1556	1	32
盈江县	10056	7506	29	2302	219	11
陇川县	7162	5665	31	1466		
瑞丽市	6833	5192	24	1511	106	
丽江市小计	**50274**	**37387**	**581**	**10435**	**1871**	**68**
本级	5235	3559	173	1337	166	60

6－25－9　　　　单位:万元

地　区	地方财政一般预算收入	国内增值税75%	国内消费税	预算内基金收入	预算外财政专户收入	地区生产总值	第一产业增加值	第二产业增加值	第三产业增加值
区县级小计	62079	25013	78	433	10702	751965	159460	257187	335318
古城区	28109	5838	59	52	1430	292506	21996	92599	177911
永胜县	6069	3160	8	180	1025	177351	65336	52972	59043
华坪县	16037	12906	2	59	7085	157157	28796	77811	50550
宁蒗彝族自治县	3049	1572	5		68	52	35	6	11
玉龙纳西族自治县	8815	1537	4	142	1094	124899	43297	33799	47803
怒江州小计	**47789**	**37058**	**28**	**2245**	**6650**	**403321**	**80739**	**249383**	**73199**
本级	8222			169	5176				
区县级小计	39567	38415	28	2076	1474	403321	80739	249383	73199
兰坪自治县	29599	32906	3	148	739	294362	18254	228596	47512
福贡县	1470	943	20	10	159	37852	8958	14183	14711
贡山自治县	1309	564		206	173	19667	5331	5169	9167
泸水县	7189	4002	5	1712	403	51440	48196	1435	1809
迪庆州小计	**23566**	**13621**	**236**	**30**	**2197**	**440340**	**69035**	**164960**	**206345**
本级	9244	4459	220	25	185				
区县级小计	14322	9162	16	5	2012	320589	63222	113280	144087
香格里拉县	10188	7019	12		1439	155749	28055	57743	69951
维西傈僳族自治县	2126	718	2	5	203	104285	26436	29336	48513
德钦县	2008	1425	2		370	60555	8731	26201	25623
临沧市小计	**69554**	**45929**	**2174**	**2087**	**11600**	**1357830**	**492552**	**448784**	**416494**
本级	14236	249		860	4624				
区县级小计	55318	45680	2174	1227	6976	1325647	487508	415764	422375
凤庆县	8300	2767	54	122	1037	182690	81820	44099	56771
云县	15596	17247	1313	168	652	331288	104917	147685	78686
临翔区	9660	6313	28	158	1424	200981	56581	47601	96799
永德县	4649	3384	133	31	1021	134187	58100	37192	38895
镇康县	4699	5041	97	27	977	105370	34055	40348	30967
双江自治县	2840	2683	359	514	429	88462	36047	24179	28236
耿马自治县	6084	4794	143	161	767	194221	85536	49943	58742
沧源佤族自治县	3490	3451	47	46	669	88448	30452	24717	33279

6－25－10　　　　单位:人

地　区	财政供养人口					自收自支单位年末人数
	小　计	在职人员	离休人员	退休人员	其他人员	
区县级小计	45039	33828	408	9098	1705	8
古城区	7398	4922	155	1431	890	2
永胜县	13060	9255	77	3152	576	6
华坪县	6993	5072	59	1746	116	
宁蒗彝族自治县	8855	7197	27	1508	123	
玉龙纳西族自治县	8733	7382	90	1261		
怒江州小计	**24523**	**19106**	**176**	**5181**	**60**	
本级	3938	2881	45	1012		
区县级小计	20585	16225	131	4169	60	
兰坪自治县	7351	5819	69	1463		
福贡县	4358	3424	25	909		
贡山自治县	2308	1786	19	503		
泸水县	6568	5196	18	1294	60	
迪庆州小计	**20523**	**15148**	**165**	**5181**	**29**	
本级	3856	2774	43	1031	8	
区县级小计	16667	12374	122	4150	21	
香格里拉县	7111	5420	41	1629	21	
维西傈僳族自治县	5939	4334	70	1535		
德钦县	3617	2620	11	986		
临沧市小计	**70593**	**54925**	**403**	**13587**	**1678**	**28**
本级	6857	4999	140	1705	13	
区县级小计	63736	49926	263	11882	1665	28
凤庆县	9867	7730	35	2102		
云县	8827	6787	39	1806	195	28
临翔区	9745	7620	59	2066		
永德县	9018	6722	23	1331	942	
镇康县	6639	5147	14	950	528	
双江自治县	6033	4988	28	1017		
耿马自治县	7428	6031	23	1374		
沧源佤族自治县	6179	4901	42	1236		

2007年西藏自治区地市县主要经济指标表

6－26－1

单位:万元

地　　区	地方财政一般预算收入	国内增值税75%	国内消费税	预算内基金收入	预算外财政专户收入	地区生产总值	第一产业增加值	第二产业增加值	第三产业增加值
地市县合计	**160901**	**62553**			**21120**	**3305226**	**574022**	**909267**	**1821937**
拉萨市小计	**57466**	**35863**			**11508**	**1219100**	**74200**	**312100**	**832800**
本级	35861	20820			11031				
区县级小计	21605	15046			477	507677	88309	164655	254713
当雄县	1200	1084				38600	14091	9804	14705
尼木县	425	256				19315	4192	6750	8373
曲水县	980	813			477	27911	7306	14321	6284
堆龙德庆县	4650	3683				67851	9800	38570	19481
城关区	10000	3474				208400	6200	35300	166900
达孜县	750	429				32100	7700	12350	12050
墨竹工卡县	2600	4620				57300	13600	35700	8000
林周县	1000	687				56200	25420	11860	18920
日喀则地区小计	**21553**	**4754**			**1109**	**585300**	**167086**	**135614**	**282600**
本级	8774	2094			1056	104188		42361	61827
区县级小计	12779	2660			53	481112	167086	93253	220773
日喀则市	3826	707			42	103447	28873	22707	51867
江孜县	1208	153				67549	18895	10127	38527
南木林县	543	8				31210	17478	2987	10745
白朗县	408	14				34480	14481	5520	14479
拉孜县	502	47				28950	12738	3185	13027
谢通门县	1064	1153				26197	9431	7335	9431
萨迦县	379	15			11	22240	10230	3220	8790
仁布县	254	11				12114	3816	3028	5270
定日县	1144	9				23941	12309	3832	7800
康马县	366	11				12375	4537	2329	5509
昂仁县	396	75				19524	7552	3139	8833
定结县	144	11				11630	2860	2771	5999
吉隆县	206	10				13850	3752	2905	7193
岗巴县	200	33				8937	2015	1491	5431
聂拉木县	785	269				25030	3376	9633	12021
亚东县	510	47				3137	－269	2767	639
萨嘎县	303	9				14505	3574	2978	7953
仲巴县	541	78				21996	11438	3299	7259
山南地区小计	**20766**	**9387**			**1620**	**334000**	**33000**	**120000**	**181000**
本级	9795	5601			1619	83819		17175	66644
区县级小计	10971	3635			1	250181	33000	102825	114356
洛扎县	461	18				8291	3961	2002	2328

6－26－2

单位:人

地　　区	财政供养人口 小　计	在　职 人　员	离　休 人　员	退　休 人　员	其　他 人　员	自收自支 单位年末 人　数
地市县合计	**131130**	**103116**	**14**	**21093**	**6907**	
拉萨市小计	**24210**	**18639**	**2**	**4657**	**912**	
本级	10076	8165	1	1894	16	
区县级小计	14134	10474	1	2763	896	
当雄县	1558	1140		273	145	
尼木县	1468	1149	1	256	62	
曲水县	1676	1255		255	166	
堆龙德庆县	1773	1504		257	12	
城关区	2310	1558		747	5	
达孜县	1467	1113		191	163	
墨竹工卡县	1536	1162		111	263	
林周县	2346	1593		673	80	
日喀则地区小计	**27318**	**22419**	**7**	**3975**	**917**	
本级	6206	4668	7	1379	152	
区县级小计	21112	17751		2596	765	
日喀则市	2589	1984		520	85	
江孜县	2043	1686		287	70	
南木林县	1679	1474		164	41	
白朗县	1140	963		133	44	
拉孜县	1275	1078		137	60	
谢通门县	1178	1030		107	41	
萨迦县	1044	885		119	40	
仁布县	910	715		138	57	
定日县	1274	1072		144	58	
康马县	951	764		148	39	
昂仁县	1306	1117		125	64	
定结县	826	717		94	15	
吉隆县	780	699		63	18	
岗巴县	684	602		67	15	
聂拉木县	940	880		45	15	
亚东县	867	715		143	9	
萨嘎县	646	561		66	19	
仲巴县	980	809		96	75	
山南地区小计	**19429**	**14532**		**3285**	**1612**	
本级	4737	3544		1133	60	
区县级小计	14692	10988		2152	1552	
洛扎县	1090	818		159	113	

6－26－3 单位:万元

地　　区	地方财政一般预算收入	国内增值税75%	国内消费税	预算内基金收入	预算外财政专户收入	地区生产总值	第一产业增加值	第二产业增加值	第三产业增加值
浪卡子县	380	7				15400	3388	3870	8142
贡嘎县	2308	765				32534	3926	12560	16048
扎囊县	452	26				19126	4708	5612	8806
乃东县	2799	400			1	51873	6679	34224	10970
琼结县	456	12				10500	1618	2979	5903
措美县	381	41				44344	1658	2798	39888
隆子县	461	377				16461	3284	7630	5547
错那县	347	24				11453	1603	3321	6529
桑日县	1240	1599				20800	3000	14100	3700
曲松县	1171	351				20018	1778	13450	4790
加查县	515	15				2083	102	278	1703
昌都地区小计	**18331**	**3728**			**617**	**452914**	**139914**	**132000**	**181000**
本级	7111	2339			617	46733		17387	29346
区县级小计	11220	1389				406181	139914	114613	151654
昌都县	2252	291				71120	22136	12998	35986
江达县	850	57				44029		37066	6963
贡觉县	600	33				26890	12752	4098	10040
类乌齐县	1683	294				34900	12816	7960	14124
丁青县	1382	15				40715	17607	383	22725
察雅县	611	9				26803	13402	4825	8576
八宿县	730	39				23600		13600	10000
左贡县	797	9				31211	14012	3793	13406
芒康县	1252	600				54998	21645	14900	18453
洛隆县	533	30				31397	14046	10890	6461
边坝县	530	12				20518	11498	4100	4920
林芝地区小计	**20321**	**4839**			**2308**	**339902**	**50848**	**112959**	**176095**
本级	10218	3352			2024				
区县级小计	10103	1487			284	339902	50848	112959	176095
林芝县	2508	469				176300	9134	67470	99696
波密县	2010	578			284	48826	12484	8878	27464
察隅县	919	69				18880	5240	3733	9907
工布江达县	2400	72				32600	10400	10800	11400
米林县	1654	279				37000	7394	13908	15698
朗县	412	20				18696	5235	5607	7854
墨脱县	200					7600	961	2563	4076
那曲地区小计	**14383**	**2422**			**434**	**298879**	**81036**	**80849**	**136994**
本级	7223	597			403	22200		16700	5500

6－26－4　　　　单位:人

地　　区	财政供养人口 小　计	在　职 人　员	离　休 人　员	退　休 人　员	其　他 人　员	自收自支 单位年末 人　数
浪卡子县	1291	988		216	87	
贡嘎县	1506	1282		157	67	
扎囊县	1456	1174		161	121	
乃东县	1464	994		224	246	
琼结县	1172	837		225	110	
措美县	1015	569		204	242	
隆子县	1233	904		162	167	
错那县	1190	931		191	68	
桑日县	1032	728		134	170	
曲松县	1033	802		141	90	
加查县	1210	961		178	71	
昌都地区小计	**21547**	**17982**	**3**	**2893**	**669**	
本级	6507	5532	1	895	79	
区县级小计	15040	12450	2	1998	590	
昌都县	1963	1552	1	283	127	
江达县	1484	1290		194		
贡觉县	1095	889		161	45	
类乌齐县	1112	957		145	10	
丁青县	1533	1434		49	50	
察雅县	1561	1296		203	62	
八宿县	1289	1094		180	15	
左贡县	1248	931		174	143	
芒康县	1382	1140	1	192	49	
洛隆县	1233	1042		191		
边坝县	1140	825		226	89	
林芝地区小计	**13386**	**10162**	**1**	**1788**	**1435**	
本级	3120	2438	1	456	225	
区县级小计	10266	7724		1332	1210	
林芝县	1622	982		242	398	
波密县	1585	1222		211	152	
察隅县	1393	1058		215	120	
工布江达县	1671	1232		179	260	
米林县	1588	1256		243	89	
朗县	1235	976		138	121	
墨脱县	1172	998		104	70	
那曲地区小计	**16301**	**12528**	**1**	**2915**	**857**	
本级	4760	3031	1	1170	558	

6－26－5

单位:万元

地　　区	地方财政一般预算收入	国内增值税75%	国内消费税	预算内基金收入	预算外财政专户收入	地区生产总值	第一产业增加值	第二产业增加值	第三产业增加值
区县级小计	7160	1825			31	276679	81036	64149	131494
那曲县	1888	631				50328	14585	9726	26017
安多县	808	154				4	1	1	2
聂荣县	286	57				22809	13589	4600	4620
班嘎县	387	66				24286	8356	4132	11798
申扎县	564	54				20071	3256	2530	14285
巴青县	309	29				32904	8772	5636	18496
索县	531	32				10618	5971	4647	
比如县	326	43				40229	11890	7550	20789
嘉黎县	849	740			31	33787	4743	16767	12277
尼玛县	547	17				24521	5761	3068	15692
双湖区	665	2				17122	4112	5492	7518
阿里地区小计	**8081**	**1560**			**3524**	**75131**	**27938**	**15745**	**31448**
本级	3355	681			1449	6		2	4
区县级小计	4726	879			2075	75125	27938	15743	31444
噶尔县	1129	254			199	3511	2787	377	347
革吉县	831	471			100	11469	4236	1600	5633
改则县	1008	93			669	20685	10387	3839	6459
措勤县	402	5			230	11300	3051	4520	3729
普兰县	372	9			191	9861	2385	1724	5752
札达县	242	10			85	6716	1337	1381	3998
日土县	742	37			601	11583	3755	2302	5526

6-26-6 单位:人

地区	财政供养人口					自收自支单位年末人数
	小计	在职人员	离休人员	退休人员	其他人员	
区县级小计	11541	9497		1745	299	
那曲县	1955	1679		244	32	
安多县	1117	919		198		
聂荣县	822	638		157	27	
班嘎县	1055	843		181	31	
申扎县	710	599		81	30	
巴青县	1060	871		160	29	
索县	1029	843		155	31	
比如县	1352	1072		250	30	
嘉黎县	1116	910		176	30	
尼玛县	809	685		94	30	
双湖区	516	438		49	29	
阿里地区小计	**8939**	**6854**		**1580**	**505**	
本级	2818	1972		816	30	
区县级小计	6121	4882		764	475	
噶尔县	927	808		119		
革吉县	798	673		71	54	
改则县	836	742		93	1	
措勤县	756	626		96	34	
普兰县	914	448		99	367	
札达县	920	771		130	19	
日土县	970	814		156		

2007年陕西省地市县主要经济指标表

6－27－1 单位:万元

地区	地方财政一般预算收入	国内增值税75%	国内消费税	预算内基金收入	预算外财政专户收入	地区生产总值	第一产业增加值	第二产业增加值	第三产业增加值
地市县合计	**3192333**	**2537389**	**527466**	**204108**	**828775**	**26122257**	**4011635**	**14279711**	**7830911**
西安市小计	**1129189**	**582501**	**43658**	**124089**	**485564**	**1737**	**83**	**763**	**891**
本级	486440	184617	12220	104928	415214				
区县级小计	642749	397884	31438	19161	70350	1518	83	761	674
新城区	93033	42990	293		5106	157		74	83
碑林区	109759	61819	1202		6977	167		32	135
莲湖区	115475	97811	367		7983	201		116	85
雁塔区	85606	35636	266		3890	311	2	135	174
灞桥区	32921	16157	4		2995	68	6	43	19
未央区	62928	57107	22142	5	3522	164	2	106	56
阎良区	23558	3140	3	746	2980	60	8	36	16
长安区	44828	16049	7046	8960	9342	113	15	60	38
临潼区	25627	29023	3	1761	4517	81	15	45	21
蓝田县	6234	2640	2	95	3676	37	10	13	14
周至县	4186	1431	2	391	3521	30	8	9	13
户县	17417	20634	105	2606	10542	69	10	44	15
高陵县	21177	13447	3	4597	5299	60	7	48	5
铜川市小计	**60036**	**46312**	**15**	**1772**	**5801**	**586747**	**71067**	**319110**	**196570**
本级	37715	6322		1229	3778				
区县级小计	22321	39984	15	543	2023	586747	71067	319110	196570
耀州区	10418	11191	3	538	1206	345000	32000	228000	85000
宜君县	3020	2215	3	5	224	60130	21050	23840	15240
印台区	3875	10056				87840	13560	29780	44500
王益区	5008	16522	9		593	93777	4457	37490	51830
宝鸡市小计	**196012**	**182811**	**124307**	**4007**	**62758**	**5821848**	**567989**	**3485056**	**1768803**
本级	108016	68429	110808	3135	38464				
区县级小计	87996	114382	13499	872	24294	5821848	567989	3485056	1768803
太白县	1104	222		31	241	46800	16146	19609	11045
宝鸡县	13925	7998	3753	267	3869	705000	84900	411500	208600
凤翔县	11100	26912	7124		4905	600000	110000	335000	155000
岐山县	9223	15575	1	25	1828	585000	67500	363500	154000
麟游县	1638	722	2		334	72528	26599	21335	24594
陇县	4501	1533	1	152	1597	170300	69824	41612	58864
千阳县	2430	507		4	312	86700	36900	21600	28200
凤县	10084	21117	1	244	2231	240000	7000	175000	58000
扶风县	3760	5965	2	81	2752	348000	76560	156600	114840
眉县	4451	5747	2602	35	1297	310000	49000	171000	90000

6－27－2　　　　单位:人

地　　区	财政供养人口 小　计	在职人员	离休人员	退休人员	其他人员	自收自支单位年末人数
地市县合计	**1434202**	**1108995**	**14188**	**271358**	**39661**	**42644**
西安市小计	**243012**	**165398**	**3933**	**68121**	**5560**	**14542**
本级	63506	36979	2153	20261	4113	8473
区县级小计	179506	128419	1780	47860	1447	6069
新城区	15245	9024	237	5980	4	85
碑林区	12403	7468	268	4667		413
莲湖区	14510	8487	268	5689	66	158
雁塔区	9326	6524	77	2027	698	837
灞桥区	11435	7907	92	3286	150	187
未央区	10736	7939	69	2707	21	640
阎良区	7031	4923	11	2073	24	187
长安区	22493	17563	173	4732	25	1354
临潼区	17954	13550	140	4264		1271
蓝田县	15237	11589	113	3535		120
周至县	17378	14075	90	3213		571
户县	16377	12206	193	3833	145	146
高陵县	9381	7164	49	1854	314	100
铜川市小计	**46049**	**39814**	**281**	**5717**	**237**	**192**
本级	10898	8990	109	1576	223	172
区县级小计	35151	30824	172	4141	14	20
耀州区	12798	10468	84	2232	14	2
宜君县	6508	5693	56	759		18
印台区	8669	7487	32	1150		
王益区	7176	7176				
宝鸡市小计	**138994**	**109081**	**1505**	**28166**	**242**	**9527**
本级	26655	19056	705	6715	179	8659
区县级小计	112339	90025	800	21451	63	868
太白县	3560	3146	19	395		
宝鸡县	14930	12024	115	2791		480
凤翔县	14065	11059	106	2900		15
岐山县	12946	10174	106	2666		
麟游县	4364	3558	17	726	63	
陇县	8323	6831	41	1451		
千阳县	5592	4513	31	1048		
凤县	6248	5293	30	925		15
扶风县	12175	9773	73	2329		
眉县	10009	8631	92	1286		310

6－27－3 单位：万元

地区	地方财政一般预算收入	国内增值税75%	国内消费税	预算内基金收入	预算外财政专户收入	地区生产总值	第一产业增加值	第二产业增加值	第三产业增加值
金台区	10759	15304	7	33	2277	1070000	8200	693800	368000
渭滨区	15021	12780	6		2651	1587520	15360	1074500	497660
咸阳市小计	**194588**	**119312**	**39750**	**12951**	**54231**	**585632**	**118760**	**264161**	**202711**
本级	80157	25635		10030	23959	58159		57600	559
区县级小计	114431	93677	39750	2921	30272	1035941	303678	395881	336382
兴平市	9508	1343	7	500	6001	60243	10225	30475	19543
武功县	3011	1377	2	20	2162	32237	8760	12948	10529
三原县	7418	5409	16	440	4394	51115	15123	21039	14953
泾阳县	6364	1775	332	766	3013	501500	205700	146800	149000
礼泉县	4164	2565	2	155	3776	38101	12343	10973	14785
乾县	5530	2068		840	3971	42436	10623	16026	15787
永寿县	2318	－1565	1		306	10595	4463	2422	3710
彬县	19340	14852	3		1197	24482	4900	12403	7179
长武县	16809	2397	22		808	10137	2626	3615	3896
旬邑县	3741	4990	1	200	1496	18854	6843	7440	4571
淳化县	1823	676	4		624	15367	9267	2647	3453
秦都区	20137	26552	501		1789	120249	8078	59012	53159
渭城区	14268	31238	38859		735	110625	4727	70081	35817
渭南市小计	**160550**	**231224**	**10585**	**2066**	**52422**	**4237353**	**765641**	**1981372**	**1490340**
本级	45288	1835		1400	27206				
区县级小计	115262	229389	10585	666	25216	4237353	765641	1981372	1490340
临渭区	11530	19609	2690		7763	909020	132820	424500	351700
华县	30349	52306	1		1091	425000	28000	331000	66000
华阴市	6101	13323	1		2174	226700	29900	108100	88700
潼关县	4103	1829	2	46	619	89283	10341	26012	52930
大荔县	3671	2275	6		2441	383830	119210	71980	192640
蒲城县	8822	18408	5	180	1066	495200	98200	218400	178600
澄城县	6738	12479	7762		1700	245700	69800	101400	74500
白水县	4100	6332	112		1018	191000	71000	48000	72000
韩城市	31459	92456	3	415	3720	750000	60000	510000	180000
合阳县	3272	2733	1	25	1772	191620	56370	41980	93270
富平县	5117	7639	2		1852	330000	90000	100000	140000
汉中市小计	**102358**	**85467**	**53955**	**5221**	**30039**	**5830018**	**1349637**	**2318710**	**2161671**
本级	24711	3447		1150	12670	2925468	674497	1164560	1086411
区县级小计	77647	82020	53955	4071	17369	2904550	675140	1154150	1075260
汉台区	25808	20314	1470	2369	3753	638400	61900	259100	317400
南郑县	15089	14955	50913	174	998	416530	80400	220460	115670

6-27-4 单位:人

地 区	财政供养人口 小计	在职人员	离休人员	退休人员	其他人员	自收自支单位年末人数
金台区	11159	8023	81	3055		
渭滨区	8968	7000	89	1879		48
咸阳市小计	**196309**	**157031**	**1872**	**32587**	**4819**	**1968**
本级	16758	12702	347	3483	226	1134
区县级小计	179551	144329	1525	29104	4593	834
兴平市	17555	13252	139	3280	884	136
武功县	15152	12971	98	2083		
三原县	18218	14330	167	3256	465	150
泾阳县	16290	13066	87	3053	84	
礼泉县	18837	14867	129	3686	155	70
乾县	17946	14638	157	3151		294
永寿县	8544	7387	65	1092		
彬县	14904	12816	95	1445	548	
长武县	7887	6408	65	1298	116	67
旬邑县	11562	9625	138	1392	407	
淳化县	10338	8800	62	1419	57	29
秦都区	11435	7801	173	1814	1647	31
渭城区	10883	8368	150	2135	230	57
渭南市小计	**186857**	**137379**	**1670**	**34059**	**13749**	**6912**
本级	15965	12008	239	2550	1168	2808
区县级小计	170892	125371	1431	31509	12581	4104
临渭区	22492	16872	159	5134	327	448
华县	12005	8105	112	2383	1405	289
华阴市	9883	6179	67	1330	2307	172
潼关县	6886	5356	52	998	480	271
大荔县	19983	15678	109	4170	26	371
蒲城县	21362	16606	143	4420	193	600
澄城县	13498	8389	102	2119	2888	648
白水县	11001	7226	320	1589	1866	91
韩城市	15824	9736	125	2942	3021	764
合阳县	14772	11905	132	2735		210
富平县	23186	19319	110	3689	68	240
汉中市小计	**134394**	**104041**	**677**	**28337**	**1339**	**5135**
本级	13326	10132	191	2868	135	1352
区县级小计	121068	93909	486	25469	1204	3783
汉台区	15866	10624	79	5058	105	211
南郑县	17296	13751	41	3472	32	

6-27-5

单位:万元

地区	地方财政一般预算收入	国内增值税75%	国内消费税	预算内基金收入	预算外财政专户收入	地区生产总值	第一产业增加值	第二产业增加值	第三产业增加值
城固县	4721	3021	470	92	2014	426400	151200	123500	151700
洋县	4228	2103	373	129	2050	260000	73000	102000	85000
西乡县	3505	1679	26	475	4556	196600	63100	49400	84100
勉县	10098	22018	696	325	1109	372600	70130	215550	86920
宁强县	3600	4119		79	726	185220	66020	51120	68080
略阳县	7560	12413	1	122	1312	222830	31460	101640	89730
镇巴县	1700	1071	4	274	484	122000	46700	18800	56500
留坝县	461	140		8	249	49400	27900	8400	13100
佛坪县	877	187	2	24	118	14570	3330	4180	7060
安康市小计	**58112**	**40124**	**17228**	**17857**	**27280**	**1464442**	**359383**	**486347**	**618712**
本级	17351	672		14838	9854				
区县级小计	40761	39452	17228	3019	17426	1464442	359383	486347	618712
汉滨区	12650	14609	493	164	5489	594060	99780	177640	316640
岚皋县	1802	1592	13	123	1030	85720	33130	21470	31120
汉阴县	3002	1066	6	67	1267	15	6	4	5
石泉县	2923	2764		112	1130	130440	36100	52600	41740
宁陕县	1201	952	1	36	545	61220	20120	21970	19130
紫阳县	3258	1607	2	170	982	17	7	3	7
平利县	2599	1290		40	906	125970	52340	34860	38770
镇坪县	1500	512		259	199	37000	14000	8600	14400
旬阳县	8618	12698	16702	2007	4186	320000	65000	140000	115000
白河县	3208	2362	11	41	1692	110000	38900	29200	41900
商洛市小计	**49401**	**33023**	**72**	**871**	**24125**	**1364900**	**340200**	**499100**	**525600**
本级	11195	10	1	114	11804				
区县级小计	38206	33013	71	757	12321	1364900	340200	499100	525600
商州市	8236	13884	53	57	941	295600	56400	124800	114400
洛南县	7542	6497	2		3268	236400	68600	95000	72800
山阳县	4728	2654	2	84	1817	187100	48300	66000	72800
丹凤县	4724	1499	9	5	1718	160900	43600	50400	66900
商南县	3990	1848		198	1438	129500	41800	35900	51800
镇安县	4918	2882	3	90	2603	217900	57600	77100	83200
柞水县	4068	3749	2	323	536	137500	23900	49900	63700
延安市小计	**726947**	**569556**	**213774**	**3748**	**25238**	**5975330**	**415935**	**4800592**	**758803**
本级	211501	238950	212229	2465	9182				
区县级小计	515446	330606	1545	1283	16056	5975330	415935	4800592	758803
宝塔区	65595	22484	29	59	1552	1170030	45660	864550	259820
延长县	18918	8670	1	17	2798	188592	24592	127696	36304

6-27-6　　　　单位:人

地区	财政供养人口					自收自支单位年末人数
	小计	在职人员	离休人员	退休人员	其他人员	
城固县	16934	13529	83	3322		767
洋县	12679	9870	29	2710	70	1099
西乡县	10869	8021	39	2442	367	728
勉县	11683	8943	49	2615	76	474
宁强县	10630	8669	44	1604	313	188
略阳县	9745	8320	60	1365		
镇巴县	9460	7406	23	1811	220	1
留坝县	3096	2432	31	612	21	315
佛坪县	2810	2344	8	458		
安康市小计	**104709**	**83128**	**513**	**20793**	**275**	**1637**
本级	10446	8096	148	2064	138	1111
区县级小计	94263	75032	365	18729	137	526
汉滨区	23150	18317	51	4782		
岚皋县	7046	5624	15	1407		
汉阴县	9811	7795	46	1885	85	54
石泉县	7130	5641	35	1454		
宁陕县	4044	3230	42	765	7	26
紫阳县	9849	7232	29	2588		165
平利县	8475	6694	51	1730		219
镇坪县	3844	3107	27	675	35	24
旬阳县	13794	11601	28	2155	10	
白河县	7120	5791	41	1288		38
商洛市小计	**89407**	**70388**	**617**	**17449**	**953**	**1182**
本级	8022	6214	108	1419	281	144
区县级小计	81385	64174	509	16030	672	1038
商州市	13382	10157	65	3160		129
洛南县	15267	12115	93	3059		83
山阳县	13782	11152	97	2394	139	320
丹凤县	10445	8022	49	2368	6	60
商南县	8576	6773	70	1733		336
镇安县	10906	8308	103	1968	527	
柞水县	9027	7647	32	1348		110
延安市小计	**132796**	**111816**	**1216**	**15031**	**4733**	**933**
本级	19251	15891	166	2469	725	307
区县级小计	113545	95925	1050	12562	4008	626
宝塔区	11904	9469	165	1620	650	92
延长县	8237	7164	105	968		

6－27－7 单位:万元

地区	地方财政一般预算收入	国内增值税75%	国内消费税	预算内基金收入	预算外财政专户收入	地区生产总值	第一产业增加值	第二产业增加值	第三产业增加值
延川县	15316	5310				421230	18950	350170	52110
子长县	35032	11126	2	60	1248	338750	34630	238650	65470
安塞县	66824	76196		693	11	603530	30510	530690	42330
吴旗县	136888	61472	1	81	11	613980	30790	536610	46580
志丹县	113642	103428	5	60	6895	1237900	26160	1160050	51690
甘泉县	29080	11823	41	39	536	142362	15910	99610	26842
富县	4505	3297	1463	4	524	86597	35370	18107	33120
洛川县	7661	933		87	867	815169	90123	671073	53973
黄陵县	19099	25390	1	45	820	276540	25610	195660	55270
宜川县	2106	335	1	137	609	49630	21380	5506	22744
黄龙县	780	142	1	1	185	31020	16250	2220	12550
榆林市小计	**501227**	**644441**	**24116**	**31126**	**58077**				
本级	257782	343816	170	20415	25587				
区县级小计	243445	300625	23946	10711	32490	6346370	466100	4657600	1222670
榆阳区	31281	48313	292	458	11129	820000	86000	389000	345000
神木县	100120	125752	104	8358	2895	1800000	55000	1475000	270000
府谷县	33851	46102	3	1412	2672	452000	12000	300000	140000
横山县	5189	8251	7		4080	200400	38100	126700	35600
靖边县	36175	39820	23317	380	1180	1977000	55000	1803000	119000
定边县	26780	20744	219		1760	600000	65000	470000	65000
绥德县	2956	4187	2	9	3686	135770	40600	11950	83220
米脂县	2015	4484	1		1405	100000	15000	32000	53000
佳县	1158	218	1		865	73000	37000	5000	31000
吴堡县	1025	319		60	333	41200	8000	23000	10200
清涧县	1129	286			405	65000	29900	11050	24050
子洲县	1766	2149		34	2080	82000	24500	10900	46600
杨凌示范区小计	**13913**	**2618**	**6**	**400**	**3240**	**254250**	**22940**	**124500**	**106810**
本级	8616	1507			2741				
区县级小计	5297	1111	6	400	499	254250	22940	124500	106810
杨陵区	5297	1111	6	400	499	254250	22940	124500	106810

6－27－8　　　　单位:人

地　区	财政供养人口					自收自支单位年末人数
	小计	在职人员	离休人员	退休人员	其他人员	
延川县	9616	8534	92	990		
子长县	11073	8012	88	1098	1875	
安塞县	8190	6921	16	554	699	18
吴旗县	8801	7722	44	704	331	
志丹县	8021	6858	40	670	453	45
甘泉县	6847	6238	49	560		
富县	9051	8049	71	931		
洛川县	10118	8639	126	1353		
黄陵县	8678	7281	120	1277		471
宜川县	8066	7003	91	972		
黄龙县	4943	4035	43	865		
榆林市小计	**155930**	**127021**	**1881**	**20168**	**6860**	**411**
本级	17647	12138	237	2159	3113	300
区县级小计	138283	114883	1644	18009	3747	111
榆阳区	14938	12416	120	2010	392	
神木县	12735	10847	162	1726		
府谷县	11151	9789	128	1099	135	
横山县	11201	9537	119	1262	283	
靖边县	12715	11232	122	1234	127	
定边县	13171	10444	93	1495	1139	
绥德县	14323	11931	206	2158	28	
米脂县	10724	8740	152	1832		111
佳县	9496	7883	120	1298	195	
吴堡县	5998	5198	112	679	9	
清涧县	10509	7859	215	1616	819	
子洲县	11322	9007	95	1600	620	
杨凌示范区小计	**5745**	**3898**	**23**	**930**	**894**	**205**
本级	961	723	4	106	128	80
区县级小计	4784	3175	19	824	766	125
杨陵区	4784	3175	19	824	766	125

2007年甘肃省地市县主要经济指标表

6－28－1　　　　　　　　　　　　　　　　　　　单位:万元

地　　区	地方财政一般预算收入	国内增值税75%	国内消费税	预算内基金收入	预算外财政专户收入	地区生产总值	第一产业增加值	第二产业增加值	第三产业增加值
地市县合计	**1207968**	**1157576**	**336909**	**320063**	**399178**	**24994976**	**3795311**	**11738465**	**9461200**
兰州市小计	**466256**	**300262**	**231528**	**142824**	**83952**	**7327600**	**260900**	**3360800**	**3705900**
本级	281567	101820		103412	52974				
区县级小计	184689	251782	231528	39412	30978	8089540	258007	3328932	4502601
永登县	19557	10215	1	3723	4333	549660	66220	279420	204020
榆中县	13354	18861	8	374	7768	261207	62072	131402	67733
皋兰县	5009	5513	12	3568	1121	155046	30113	81772	43161
城关区	67139	69037	102749	2291	5241	3464476	9602	528682	2926192
七里河区	28299	54358	6201	354	2175	1322851	26000	746856	549995
西固区	25006	71421	122546		5793	1575800	20800	1144000	411000
安宁区	20008	11887	8	22680	2412	358000	2500	165100	190400
红古区	6317	10490	3	6422	2135	402500	40700	251700	110100
嘉峪关市小计	**55814**	**124926**	**390**	**2313**	**18813**	**1204600**	**15100**	**983000**	**206500**
本级	55814	124926	390	2313	18813	1204600	15100	983000	206500
金昌市小计	**84249**	**238923**	**27**	**4211**	**10104**	**2128600**	**90500**	**1795700**	**242400**
本级	60716	225799	22	3116	5130				
区县级小计	23533	13124	5	1095	4974	3212335	90500	2879435	242400
永昌县	8780	12654	5	1028	3623	259500	71500	105800	82200
金川区	14753	470		67	1351	2952835	19000	2773635	160200
白银市小计	**70393**	**91821**	**33**	**24379**	**20785**	**829700**	**242501**	**278092**	**309107**
本级	36078			16196	6748				
区县级小计	34315	91821	33	8183	14037	829700	242501	278092	309107
景泰县	4450	3111	10	55	1412	223900	52800	88100	83000
靖远县	4088	2433	5	5469	3440	280000	100000	70000	110000
会宁县	1981	464		1541	3018	202910	65500	53410	84000
平川区	10652	34339	6	979	1383	30	1	22	7
白银区	13144	51474	12	139	4784	122860	24200	66560	32100
天水市小计	**76459**	**35500**	**58958**	**30018**	**65682**	**1839609**	**271540**	**721353**	**846716**
本级	28967	17465	57858	25556	40995				
区县级小计	47492	18035	1100	4462	24687	1839609	271540	721353	846716
清水县	1993	1012	341	184	1937	119900	41700	23900	54300
秦安县	4453	772	58	433	3643	191580	57700	43880	90000
甘谷县	4716	1118	1	341	4650	123500		59000	64500
武山县	3045	1510	5	198	5543	166000	58000	42000	66000
张家川回族自治县	2331	826		69	1545	88129	23440	22273	42416
秦州区	18257	7706	13	3027	3077	629700	44900	286200	298600
麦积区	12697	5091	682	210	4292	520800	45800	244100	230900

6－28－2　　　　　　　　　　　　　　　　　　　　　　　　　　　　单位:人

地　　区	财政供养人口					自收自支单位年末人数
	小　计	在职人员	离休人员	退休人员	其他人员	
地市县合计	**896541**	**706802**	**6295**	**156264**	**27180**	**21207**
兰州市小计	**106292**	**74259**	**1319**	**28085**	**2629**	**3561**
本级	35540	24467	857	9714	502	2140
区县级小计	70752	49792	462	18371	2127	1421
永登县	11353	8071	39	2495	748	100
榆中县	9911	7135	53	2101	622	1062
皋兰县	4693	3595	14	830	254	
城关区	17354	10842	129	6374	9	117
七里河区	10147	6838	97	2721	491	29
西固区	7575	5656	49	1870		12
安宁区	4172	2961	33	1175	3	
红古区	5547	4694	48	805		101
嘉峪关市小计	**7031**	**5027**	**49**	**1940**	**15**	**377**
本级	7031	5027	49	1940	15	377
金昌市小计	**16516**	**12517**	**78**	**3294**	**627**	**907**
本级	7342	5663	28	1383	268	204
区县级小计	9174	6854	50	1911	359	703
永昌县	6269	4734	38	1316	181	700
金川区	2905	2120	12	595	178	3
白银市小计	**57149**	**48998**	**169**	**7982**		**782**
本级	6441	5357	23	1061		16
区县级小计	50708	43641	146	6921		766
景泰县	8898	7787	29	1082		85
靖远县	12698	10729	28	1941		71
会宁县	14489	12799	43	1647		415
平川区	7513	7038		475		192
白银区	7110	5288	46	1776		3
天水市小计	**104086**	**83877**	**852**	**16097**	**3260**	**5220**
本级	12110	9104	337	2650	19	162
区县级小计	91976	74773	515	13447	3241	5058
清水县	10208	8596	37	1474	101	232
秦安县	14098	11333	49	1836	880	1197
甘谷县	12253	9938	85	1863	367	44
武山县	9532	7574	66	1377	515	238
张家川回族自治县	10352	9228	44	1034	46	836
秦州区	17458	13880	108	2742	728	1614
麦积区	18075	14224	126	3121	604	897

6－28－3　　　　单位:万元

地区	地方财政一般预算收入	国内增值税75%	国内消费税	预算内基金收入	预算外财政专户收入	地区生产总值	第一产业增加值	第二产业增加值	第三产业增加值
酒泉市小计	**61583**	**43187**	**22890**	**14425**	**18779**	**1989761**	**382003**	**933467**	**674291**
本级	19928	15986	22550	12093	10107				
区县级小计	41655	27201	340	2332	8672	1989761	382003	933467	674291
肃州区	7715	6448	208	84	2075	511255	121507	140923	248825
玉门市	8008	6429	3	226	854	717372	41638	564493	111241
金塔县	2872	1644	32	157	1209	197376	89405	37037	70934
瓜州县	3646	3658	15	50	1390	171819	50131	55679	66009
敦煌市	10982	4826	82	1606	2710	290955	74429	62327	154199
肃北蒙古族自治县	6281	2385		198	290	68606	3032	53280	12294
阿克塞自治县	2151	1811		11	144	32378	1861	19728	10789
张掖市小计	**47429**	**29327**	**544**	**9110**	**28525**	**1470228**	**435784**	**537139**	**497305**
本级	10943			4992	7930				
区县级小计	36486	29327	544	4118	20595	2401339	1366895	537139	497305
山丹县	4298	2285	49	737	3209	201625	43625	86000	72000
民乐县	3851	1998	161	207	2480	166700	64700	49500	52500
甘州区	13009	14281	145	182	8184	1593677	1095864	228766	269047
临泽县	4232	1972	42	453	2540	186378	64165	74923	47290
高台县	4410	1807	139	1819	3566	182759	83341	58650	40768
肃南裕固族自治县	6686	6984	8	720	616	70200	15200	39300	15700
武威市小计	**35189**	**18420**	**3334**	**6368**	**31444**	**1867634**	**479533**	**667185**	**720916**
本级	11095			5530	20872				
区县级小计	24094	18420	3334	838	10572	1867634	479533	667185	720916
民勤县	3218	1273	635	457	1127	265300	111800	62500	91000
古浪县	2740	1259	2	96	2121	188703	52122	58866	77715
天祝藏族自治县	4748	3235	56	64	1296	150800	23000	55800	72000
凉州区	13388	12653	2641	221	6028	1262831	292611	490019	480201
定西市小计	**32397**	**16015**	**139**	**27722**	**36661**	**951131**	**350434**	**231258**	**369439**
本级	6541	5792	37	5033	12350				
区县级小计	25856	10223	102	22689	24311	951131	350434	231258	369439
安定区	6530	1983	3	215	2903	202000	58000	52000	92000
通渭县	1623	244		1478	1648	106600	51100	10000	45500
陇西县	5555	3308	82	11756	6484	219000	56000	84000	79000
渭源县	1202	308		846	3471	87200	44500	7200	35500
临洮县	6931	3145	15	5296	3189	170245	62034	49992	58219
漳县	1150	340	1	1568	2405	56786	29200	4166	23420
岷县	2865	895	1	1530	4211	109300	49600	23900	35800
陇南市小计	**57684**	**66466**	**2848**	**8606**	**14990**	**1125705**	**325887**	**409630**	**390188**

6－28－4 单位：人

地　区	财政供养人口					自收自支单位年末人数
	小计	在职人员	离休人员	退休人员	其他人员	
酒泉市小计	**42635**	**32192**	**282**	**8936**	**1225**	**2077**
本级	7555	5147	91	1810	507	591
区县级小计	35080	27045	191	7126	718	1486
肃州区	10165	7735	50	2294	86	482
玉门市	5742	4272	60	1321	89	783
金塔县	5442	4294	28	1120		131
瓜州县	4497	3610	31	656	200	
敦煌市	5858	4442	9	1146	261	52
肃北蒙古族自治县	1931	1534	9	388		38
阿克塞自治县	1445	1158	4	201	82	
张掖市小计	**46803**	**36561**	**301**	**9061**	**880**	**2776**
本级	7598	5678	118	1721	81	317
区县级小计	39205	30883	183	7340	799	2459
山丹县	6187	5017	36	1134		310
民乐县	6691	5209	11	1104	367	950
甘州区	12430	9668	82	2466	214	735
临泽县	5561	4366	28	985	182	
高台县	5320	4426	18	876		100
肃南裕固族自治县	3016	2197	8	775	36	364
武威市小计	**63934**	**54484**	**302**	**9116**	**32**	**1357**
本级	8974	6855	139	1948	32	118
区县级小计	54960	47629	163	7168		1239
民勤县	10599	9102	18	1479		
古浪县	11406	10073	41	1292		820
天祝藏族自治县	10866	9444	13	1409		252
凉州区	22089	19010	91	2988		167
定西市小计	**82327**	**63914**	**561**	**13389**	**4463**	**1087**
本级	6549	5216	95	1192	46	163
区县级小计	75778	58698	466	12197	4417	924
安定区	12747	9001	69	2062	1615	
通渭县	11618	8839	33	1851	895	15
陇西县	12578	10005	61	1832	680	646
渭源县	9325	7935	84	1306		121
临洮县	13074	10091	127	2517	339	17
漳县	5146	4310	40	796		
岷县	11290	8517	52	1833	888	125
陇南市小计	**88466**	**72507**	**485**	**12642**	**2832**	**436**

6－28－5

单位:万元

地区	地方财政一般预算收入	国内增值税75%	国内消费税	预算内基金收入	预算外财政专户收入	地区生产总值	第一产业增加值	第二产业增加值	第三产业增加值
本级	11687			3289	4384				
区县级小计	45997	66466	2848	5317	10606	1125705	325887	409630	390188
成县	14728	29504	1000	1694	1915	290000	50000	170000	70000
文县	4122	5222		162	647	86738	22566	34001	30171
康县	1601	3619		675	272	60455	22762	12680	25013
宕昌县	1488	866	32	6	760	62414	22645	14733	25036
西和县	6117	10222		690	968	111064	33987	35680	41397
礼县	4560	964	2	217	1477	107291	46025	22386	38880
徽县	8586	12674	1804	502	2962	180000	60000	80000	40000
两当县	645	268	2	1	81	26943	9913	5650	11380
武都区	4150	3127	8	1370	1524	200800	57989	34500	108311
平凉市小计	**69615**	**52390**	**299**	**24777**	**20550**	**1475321**	**343636**	**615438**	**516247**
本级	17938	18292	1	3670	8693				
区县级小计	51677	34098	298	21107	11857	1475321	343636	615438	516247
泾川县	3520	377	152	3297	1220	226300	73700	80200	72400
灵台县	2640	209	5	200	1014	118226	49185	16694	52347
崇信县	4386	4634	3	254	612	84000	24300	42900	16800
华亭县	17699	25225	3	4602	3194	248000	31000	177000	40000
庄浪县	2918	373	14	263	1339	123426	52061	25494	45871
静宁县	3411	687	19	12411	2813	143200	51552	42960	48688
崆峒区	17103	2593	102	80	1665	532169	61838	230190	240141
庆阳市小计	**104172**	**120887**	**15725**	**17472**	**31430**	**1720981**	**312124**	**907410**	**501447**
本级	49438	104135	15381	15133	12756				
区县级小计	54734	18017	344	2339	18674	1720981	312124	907410	501447
庆城县	14881	9481	6	413	2449	580400	37900	485500	57000
镇原县	5976	1742	231	509	2799	145000	55000	30600	59400
宁县	3712	1232	10	321	2648	151800	51400	38800	61600
正宁县	3035	311	7	192	1520	87300	35200	11900	40200
合水县	2538	771	1	45	2463	73968	30899	16408	26661
华池县	4321	1231	4	66	1508	62513	19525	11402	31586
环县	4110	1045	1	72	2635	113200	23600	52200	37400
西峰区	16161	2204	84	721	2652	506800	58600	260600	187600
临夏回族自治州小计	**27199**	**16508**	**88**	**6583**	**11865**	**721883**	**186758**	**215677**	**319448**
本级	3880			337	6786				
区县级小计	23319	16508	88	6246	5079	721883	186758	215677	319448
临夏市	7254	1802	60	2084	687	189200	24300	38600	126300
临夏县	1568	483	8	53	292	102617	34551	24272	43794

6-28-6

单位:人

地区	财政供养人口					自收自支单位年末人数
	小计	在职人员	离休人员	退休人员	其他人员	
本级	7119	5727	46	1265	81	101
区县级小计	81347	66780	439	11377	2751	335
成县	9525	7990	50	1256	229	21
文县	7635	6434	31	1170		
康县	6785	5890	31	864		
宕昌县	8493	6682	26	1061	724	
西和县	10850	9370	37	1443		
礼县	12846	10461	81	2184	120	
徽县	8358	6648	81	1236	393	70
两当县	3607	3078	35	494		9
武都区	13248	10227	67	1669	1285	235
平凉市小计	**74675**	**59460**	**518**	**12007**	**2690**	**2128**
本级	7514	5464	152	1876	22	369
区县级小计	67161	53996	366	10131	2668	1759
泾川县	11118	8039	69	1927	1083	
灵台县	7402	6021	30	1340	11	
崇信县	3767	3118	27	542	80	85
华亭县	6965	5955	25	902	83	103
庄浪县	11924	9844	31	1396	653	
静宁县	12628	10103	38	1814	673	81
崆峒区	13357	10916	146	2210	85	1490
庆阳市小计	**90746**	**73449**	**674**	**15728**	**895**	**364**
本级	13025	8846	144	3908	127	364
区县级小计	77721	64603	530	11820	768	
庆城县	8475	7373	36	1066		
镇原县	13584	11600	72	1912		
宁县	11892	9704	75	2113		
正宁县	8043	6603	73	1367		
合水县	6596	5420	65	1111		
华池县	7069	6117	51	901		
环县	10837	9328	95	1414		
西峰区	11225	8458	63	1936	768	
临夏回族自治州小计	**74279**	**58492**	**416**	**10016**	**5355**	**71**
本级	10374	7959	171	1889	355	71
区县级小计	63905	50533	245	8127	5000	
临夏市	8210	6377	53	1385	395	
临夏县	8883	6568	22	1156	1137	

6－28－7

单位:万元

地区	地方财政一般预算收入	国内增值税75%	国内消费税	预算内基金收入	预算外财政专户收入	地区生产总值	第一产业增加值	第二产业增加值	第三产业增加值
积石山县	1337	254		82	25	51778	20706	7750	23322
永靖县	7447	11166	8	3708	1892	159600	25700	101000	32900
和政县	1235	300	12	213	322	45107	18312	7348	19447
康乐县	1631	219		91	1732	55200	23724	8032	23444
广河县	1877	1737		5	46	64235	19817	15403	29015
东乡族自治县	970	547		10	83	54146	19648	13272	21226
甘南藏族自治州小计	**19529**	**2944**	**106**	**1255**	**5598**	**342223**	**98611**	**82316**	**161296**
本级	3278	580		236	3684				
区县级小计	16251	2364	106	1019	1914	342223	98611	82316	161296
夏河县	1236	251	105	85	209	42400	16400	6800	19200
临潭县	1228	650		476	34	44536	12860	7207	24469
卓尼县	633	443		32	204	36348	15675	5003	15670
舟曲县	1115	716		6	350	38621	15553	5382	17686
迭部县	1581	807		139	541	26050	8500	4940	12610
碌曲县	2432	299		19	3	25429	8116	9789	7524
玛曲县	5570	264		173	356	48500	13335	24670	10495
合作市	2456	－1066	1	89	217	80339	8172	18525	53642

6－28－8 单位:人

地　区	财政供养人口 小计	在职人员	离休人员	退休人员	其他人员	自收自支单位年末人数
积石山县	7952	7238	2	639	73	
永靖县	9060	7264	31	1394	371	
和政县	6157	4549	27	872	709	
康乐县	7245	4868	35	947	1395	
广河县	6994	5335	24	715	920	
东乡族自治县	9404	8334	51	1019		
甘南藏族自治州小计	**41602**	**31065**	**289**	**7971**	**2277**	**64**
本级	6521	4465	110	1787	159	11
区县级小计	35081	26600	179	6184	2118	53
夏河县	3922	2863	34	868	157	
临潭县	6393	5181	17	1195		
卓尼县	6433	4406	47	1152	828	
舟曲县	5515	4546	25	944		42
迭部县	3574	2732	16	666	160	11
碌曲县	3300	2568	13	531	188	
玛曲县	2868	1920	12	417	519	
合作市	3076	2384	15	411	266	

2007年青海省地市县主要经济指标表

6－29－1　　　　　　　　　　　　　　　　　　　　　　　　　　单位：万元

地　　区	地方财政一般预算收入	国内增值税75%	国内消费税	预算内基金收入	预算外财政专户收入	地区生产总值	第一产业增加值	第二产业增加值	第三产业增加值
地市县合计	**382597**	**387826**	**21665**	**57773**	**35809**	**8382371**	**907610**	**4524278**	**2950483**
西宁市小计	**184123**	**182907**	**1793**	**45100**	**18202**	**3874600**	**155697**	**2042667**	**1676236**
本级	74299			10786	9346				
区县级小计	109824	182907	1793	34314	8856	3874600	155697	2042667	1676236
大通县	21598	70279	2	1447	1581	664157	51148	539240	73769
湟中县	3907	1366	9	1235	625	388786	66070	250075	72641
湟源县	3934	2687	4	203	280	125308	19057	72520	33731
城中区	10158	7017	415	43	1764	460794	737	47656	412401
城西区	21836	28673	10	89	1115	633545	3775	117767	512003
城北区	13214	38322	1	86	1951	763314	13325	557773	192216
城东区	12030	7665		53	1459	446194	1585	210822	233787
城南新区	2024	381	266	4265	81				
甘河工业园区	5619	11415	24	81					
生物产业园区	4504	7062	1061			131200		93512	37688
东川工业园区	11000	8040	1	26812		261302		153302	108000
海东地区小计	**30247**	**17358**	**1608**	**3138**	**5741**	**1021495**	**202243**	**385947**	**433305**
本级	2152			291	810				
区县级小计	28095	17358	1608	2847	4931	1021495	202243	385947	433305
民和县	5873	2047	2	725	1017	176154	37405	62175	76574
乐都县	4021	3203	2	368	1714	199878	42644	54942	102292
平安县	3735	3043	2	1321	510	159154	15210	66113	77831
互助县	6430	2443	1602	227	1271	250054	67890	72548	109616
化隆县	4286	6064		56	306	158022	23825	99231	34966
循化县	3750	558		150	113	78233	15269	30938	32026
海西州小计	**127272**	**138650**	**18253**	**6503**	**4756**	**1475608**	**54502**	**1047734**	**373372**
本级	48691			30	1740				
区县级小计	78581	138650	18253	6473	3016	1475608	54502	1047734	373372
都兰县	2771	1903		87	194	58553	16906	25694	15953
乌兰县	2387	1970		85	40	38615	7699	23682	7234
天峻县	8585	8422		697	45	68617	10925	44411	13281
德令哈市	6280	11351		3050	282	174351	9618	80277	84456
格尔木市	44233	90463	18253	1936	2345	901989	8423	670122	223444
柴旦行委	8021	22595		141	22	150655	664	137916	12075
冷湖行委	2046	38		235	1	48206		44114	4092
茫崖行委	4258	1908		242	87	34622	267	21518	12837
海南州小计	**15951**	**12430**	**4**	**2191**	**3279**	**396488**	**110132**	**169450**	**116906**
本级	5471			186	1402				
区县级小计	10480	12430	4	2005	1877	396488	110132	169450	116906

6－29－2　　　　单位:人

地　　区	财政供养人口 小计	在职人员	离休人员	退休人员	其他人员	自收自支单位年末人数
地市县合计	**218507**	**164890**	**1692**	**48738**	**3187**	**1903**
西宁市小计	**60216**	**45258**	**548**	**13449**	**961**	**1405**
本级	17202	12072	279	4671	180	269
区县级小计	43014	33186	269	8778	781	1136
大通县	11751	9917	31	1766	37	
湟中县	11586	9547	52	1727	260	781
湟源县	5723	4621	55	1047		87
城中区	2641	1667	43	920	11	166
城西区	3253	2094	46	1056	57	
城北区	2827	2053	20	713	41	102
城东区	4875	3091	22	1549	213	
城南新区	178	178				
甘河工业园区	27				27	
生物产业园区	116				116	
东川工业园区	37	18			19	
海东地区小计	**56693**	**46383**	**297**	**9737**	**276**	**320**
本级	2307	1780	19	508		20
区县级小计	54386	44603	278	9229	276	300
民和县	10323	8347	87	1613	276	59
乐都县	10733	8655	49	2029		
平安县	5999	5130	25	844		71
互助县	13167	10737	25	2405		94
化隆县	8410	6975	24	1411		35
循化县	5754	4759	68	927		41
海西州小计	**20736**	**14972**	**210**	**5388**	**166**	**116**
本级	4183	2755	82	1301	45	17
区县级小计	16553	12217	128	4087	121	99
都兰县	2635	1973	21	641		
乌兰县	2403	1603	33	767		13
天峻县	1583	1087	13	483		
德令哈市	2602	1930	22	586	64	
格尔木市	5610	4582	17	1011		74
柴旦行委	565	340	7	196	22	4
冷湖行委	417	246	8	139	24	
茫崖行委	738	456	7	264	11	8
海南州小计	**23433**	**17570**	**158**	**5100**	**605**	**62**
本级	4450	3240	60	1031	119	26
区县级小计	18983	14330	98	4069	486	36

6－29－3

单位:万元

地　区	地方财政一般预算收入	国内增值税75%	国内消费税	预算内基金收入	预算外财政专户收入	地区生产总值	第一产业增加值	第二产业增加值	第三产业增加值
共和县	2607	7668	1	655	376	156744	28761	71242	56741
贵德县	4118	2213	2	1275	656	85802	10692	53320	21790
贵南县	766	143		27	305	47331	24850	8420	14061
同德县	586	112	1	27	170	36631	19994	6048	10589
兴海县	2403	2294		21	370	69980	25835	30420	13725
海北州小计	**10302**	**10806**	**6**	**797**	**1562**	**285321**	**70901**	**106844**	**107576**
本级	3313	5943		42	469	63925	1105	41858	20962
区县级小计	6989	4863	6	755	1093	221396	69796	64986	86614
海晏县	840	950		566	68	26190	5890	8590	11710
刚察县	1390	2357		166	59	39148	15429	5306	18413
祁连县	1705	673		4	720	51758	17077	16290	18391
门源县	3054	883	6	19	246	104300	31400	34800	38100
黄南州小计	**8090**	**25379**	**1**	**38**	**1506**	**564722**	**157848**	**237554**	**169320**
本级	1485	12708	1	11	898	279919	81109	110589	88221
区县级小计	6605	12671		27	608	284803	76739	126965	81099
同仁县	1277	288		11	208	78018	19498	10150	48370
尖扎县	4466	12327		15	298	129615	9241	106715	13659
泽库县	218				17	35470	22100	3500	9870
河南县	644	56		1	85	41700	25900	6600	9200
玉树州小计	**3514**	**295**		**6**	**680**	**159360**	**108333**	**22114**	**28913**
本级	398			1	582				
区县级小计	3116	295		5	98	159360	108333	22114	28913
玉树县	1747	69		4	37	30746	18596	5841	6309
称多县	335	23		1		19489	8600	5824	5065
昂欠县	315	57				23587	16481	2725	4381
杂多县	209	52			56	43384	38079	2203	3102
治多县	211	64			2	20858	14112	2523	4223
曲麻莱县	299	30			3	21296	12465	2998	5833
果洛州小计	**3098**				**83**	**63682**	**45335**	**4912**	**13435**
本级	1155								
区县级小计	1943				83	63682	45335	4912	13435
玛沁	812				46	18329	18329		
甘德	193				1	8880	4339	1282	3259
达日	273					10083	6036	1321	2726
玛多	213				2	4034	3461	160	413
班玛	268				34	12513	7954	1208	3351
久治	184					9843	5216	941	3686

6－29－4 单位:人

地区	财政供养人口 小计	在职人员	离休人员	退休人员	其他人员	自收自支单位年末人数
共和县	4955	3549	32	1160	214	36
贵德县	4375	3201	29	1000	145	
贵南县	3748	2976	16	756		
同德县	2719	2058	11	537	113	
兴海县	3186	2546	10	616	14	
海北州小计	**14713**	**10272**	**156**	**4285**		
本级	3616	2388	46	1182		
区县级小计	11097	7884	110	3103		
海晏县	1962	1390	18	554		
刚察县	2237	1462	35	740		
祁连县	2602	1836	24	742		
门源县	4296	3196	33	1067		
黄南州小计	**14571**	**10215**	**106**	**3627**	**623**	
本级	2754	1782	33	833	106	
区县级小计	11817	8433	73	2794	517	
同仁县	4100	2809	37	857	397	
尖扎县	3299	2347	22	900	30	
泽库县	2413	1839	9	505	60	
河南县	2005	1438	5	532	30	
玉树州小计	**16756**	**12045**	**121**	**4296**	**294**	
本级	4315	2763	121	1407	24	
区县级小计	12441	9282		2889	270	
玉树县	2774	2163		560	51	
称多县	2095	1668		411	16	
昂欠县	2550	1746		792	12	
杂多县	1569	1060		362	147	
治多县	1841	1422		392	27	
曲麻莱县	1612	1223		372	17	
果洛州小计	**11389**	**8175**	**96**	**2856**	**262**	
本级	2796	1910	38	816	32	
区县级小计	8593	6265	58	2040	230	
玛沁	1789	1293	8	407	81	
甘德	1363	1018	15	330		
达日	1338	998	9	331		
玛多	1330	970	6	336	18	
班玛	1444	944	9	377	114	
久治	1329	1042	11	259	17	

2007年宁夏回族自治区地市县主要经济指标表

6－30－1　　　　　　　　　　　　　　　　　　单位：万元

地区	地方财政一般预算收入	国内增值税75%	国内消费税	预算内基金收入	预算外财政专户收入	地区生产总值	第一产业增加值	第二产业增加值	第三产业增加值
地市县合计	**576826**	**399208**	**35595**	**355157**	**99187**	**8516663**	**968657**	**4235962**	**3312044**
银川市小计	**217706**	**120447**	**25274**	**171306**	**55660**	**2795300**	**75800**	**1135100**	**1584400**
本级	148755	47		167740	49939				
区县级小计	68951	120400	25274	3566	5721	2795300	75800	1135100	1584400
兴庆区	27717	78654	802	171	4799	1460200	26700	451000	982500
金凤区	7150	12003	1087	2325	408	443800	14400	209600	219800
西夏区	7833	10511	22501	30	514	891300	34700	474500	382100
高新区	26251	19232	884	1040					
永宁县	14250	6576	60	7269	1027	330908	63019	194503	73386
贺兰县	13279	4375	15	45763	3326	259052	58643	137442	62967
灵武市	31149	25631	1744	39004	1935	587000	46000	457000	84000
石嘴山市小计	**88028**	**94697**	**399**	**13345**	**6171**	**1222331**	**36630**	**878479**	**307222**
本级	61723			10479	5140				
区县级小计	26305	94697	399	2866	1031	1222331	36630	878479	307222
大武口区	11528	31018	397	961	377	661874	5898	465364	190612
惠农区	11029	59682	2	1868	555	560457	30732	413115	116610
隆湖区	3748	3997		37	99				
平罗县	27119	20068	168	15197	2638	407390	77274	227147	102969
吴忠市小计	**77314**	**13768**	**6404**	**7384**	**6229**	**410000**	**77000**	**173000**	**160000**
本级	72438	13768	6404	7384	6229	410000	77000	173000	160000
区县级小计	4876								
利通区	4876								
青铜峡市	30813	64711	226	7851	2462	629000	70000	434000	125000
盐池县	10267	11750	707	1466	2322	142364	28384	54616	59364
同心县	4118	3060	1	1146	1040	145986	34624	58020	53342
红寺堡	3390	453		604	530	43507	22546	7116	13845
中卫市小计	**23493**	**17542**	**43**	**18185**	**4300**	**468564**	**78635**	**201916**	**188013**
本级	23493	17542	43	18185	4300	468564	78635	201916	188013
中宁县	13056	11908	518	2281	2019	339278	83027	138435	117816
海原县	2020	370	1	356	682	117163	43721	14156	59286
固原市小计	**12897**	**1914**	**30**	**18248**	**6276**	**271123**	**61897**	**48271**	**160955**
本级	8819	246	28	18083	5662				
区县级小计	4078	1668	2	165	614	271123	61897	48271	160955
原州区	4078	1668	2	165	614	271123	61897	48271	160955
西吉县	2318	347	1	1592	1343	144000	44000	30000	70000
隆德县	1698	216	2	1727	641	68298	20327	13317	34654
泾源县	1545	249		200	150	44956	12111	13275	19570
彭阳县	2366	1126	2	2233	436	90443	35019	20169	35255

6－30－2

单位:人

地　　区	财政供养人口 小 计	在 职 人 员	离 休 人 员	退 休 人 员	其 他 人 员	自收自支单位年末人数
地市县合计	**209046**	**155606**	**1811**	**42264**	**9365**	**5155**
银川市小计	**29798**	**20946**	**443**	**6986**	**1423**	**1922**
本级	15499	10988	343	3806	362	1776
区县级小计	14299	9958	100	3180	1061	146
兴庆区	7388	4671	61	1822	834	
金凤区	2913	2277	22	592	22	121
西夏区	3871	2904	17	749	201	7
高新区	127	106		17	4	18
永宁县	6176	4556	51	1322	247	
贺兰县	5460	3703	37	1590	130	398
灵武市	10830	7849	65	2110	806	
石嘴山市小计	**15098**	**11350**	**130**	**3189**	**429**	**684**
本级	7657	5749	102	1748	58	681
区县级小计	7441	5601	28	1441	371	3
大武口区	2656	2031	16	411	198	
惠农区	4189	3147	12	994	36	3
隆湖区	596	423		36	137	
平罗县	9506	6718	101	2641	46	329
吴忠市小计	**18444**	**14411**	**178**	**3594**	**261**	**749**
本级	18444	14411	178	3594	261	749
区县级小计						
利通区						
青铜峡市	11549	8997	100	1796	656	140
盐池县	6642	5341	69	1162	70	23
同心县	10332	7291	64	1978	999	52
红寺堡	2263	1940		87	236	
中卫市小计	**11648**	**9227**	**90**	**2241**	**90**	**584**
本级	11648	9227	90	2241	90	584
中宁县	8948	7109	55	1628	156	83
海原县	10858	7433	63	2413	949	
固原市小计	**19591**	**14594**	**179**	**3834**	**984**	**114**
本级	7670	5441	102	1489	638	40
区县级小计	11921	9153	77	2345	346	74
原州区	11921	9153	77	2345	346	74
西吉县	12101	8448	71	1880	1702	
隆德县	8215	6736	70	1242	167	62
泾源县	4232	3202	27	989	14	15
彭阳县	7355	5755	18	1582		

2007年新疆维吾尔自治区地市县主要经济指标表

6－31－1　　　　单位:万元

地区	地方财政一般预算收入	国内增值税75%	国内消费税	预算内基金收入	预算外财政专户收入	地区生产总值	第一产业增加值	第二产业增加值	第三产业增加值
地市县合计	**2430635**	**1991441**	**268214**	**513223**	**409052**	**45378877**	**5794745**	**22225793**	**17358339**
乌鲁木齐市小计	**734279**	**333356**	**77111**	**223733**	**128674**	**16432067**	**253866**	**6504938**	**9673263**
本级	432317	238887	2214	171993	100576	8661750	104841	3317865	5239044
区县级小计	301962	94469	74897	51740	28098	7770317	149025	3187073	4434219
乌鲁木齐县	8038	2759	1	5306	1362	105900	36500	22900	46500
天山区	72107	8043	1169	3057	4773	1622599	966	186804	1434829
沙依巴克区	51071	17256	858	2739	9022	1478341	9821	189307	1279213
新市区	45618	8895	27	2367	3774	2298500	3700	1482500	812300
水磨沟区	38258	5667	36	8659	1795	580009	1609	133500	444900
头屯河区	20137	14079	170	2976	988	609568	28029	441662	139877
米东区	60705	31834	72636	26238	6058	982400	60100	667100	255200
达坂城区	6028	5936		398	326	93000	8300	63300	21400
克拉玛依市小计	**364826**	**389777**	**92888**	**24932**	**25290**	**5150000**	**25000**	**4615000**	**510000**
本级	246384	188		16303	21807				
区县级小计	118442	389589	92888	8629	3483	5150000	25000	4615000	510000
克拉玛依区	64500	354869	48470	2971	1578	3393939	23436	2982607	387896
独山子区	38042	31439	44446	5354	1245	337320	900	291059	45361
白碱滩区	12604	3073	1	232	638	1000011	111	928100	71800
乌尔禾区	3296	208	－29	72	22	418730	553	413234	4943
石河子市	66656	41397	870	8983	9414	730000	55000	345000	330000
伊犁州小计	**146961**	**95273**	**64097**	**70565**	**34500**	**2356300**	**588800**	**814200**	**953300**
本级	19790	20415	56	5322	11044				
区县级小计	127171	74857	64041	65243	23456	2402880	593290	823197	986393
奎屯市	32388	23571	52256	4503	5061	407118	17644	208219	181255
伊宁市	39531	12888	672	55303	5956	574773	37029	165698	372046
伊宁县	9419	6026	1275	2235	1456	274637	98972	108357	67308
察布查尔锡伯自治县	4726	2444	74	584	940	112747	53646	23798	35303
霍城县	9318	6580	176	609	2570	293953	119633	74420	99900
尼勒克县	7919	6836	34	223	986	112897	33290	50513	29094
巩留县	4702	2582	27	342	1140	109366	44118	32879	32369
新源县	13854	11778	9558	945	3378	319875	99644	126875	93356
特克斯县	2720	1235	2	333	956	77598	32900	12753	31945
昭苏县	2594	917	1	166	1013	119916	56414	19685	43817
塔城地区小计	**125913**	**175726**	**1648**	**18323**	**15682**	**1645900**	**430800**	**605000**	**610100**
本级	2720	43		499	5163				
区县级小计	123193	175683	1648	17824	10519	1568410	443864	587855	536691
塔城市	8602	2502	73	1117	1980	246194	54766	53985	137443

6－31－2

单位：人

地区	财政供养人口					自收自支单位年末人数
	小计	在职人员	离休人员	退休人员	其他人员	
地市县合计	**876872**	**646808**	**5177**	**201321**	**23566**	**17867**
乌鲁木齐市小计	**77879**	**54924**	**530**	**21315**	**1110**	**1948**
本级	32825	22753	355	8954	763	1512
区县级小计	45054	32171	175	12361	347	436
乌鲁木齐县	3921	2729	30	1162		139
天山区	9000	5614	37	3349		
沙依巴克区	8510	5817	25	2668		222
新市区	5667	4171	16	1480		6
水磨沟区	4102	3209	18	678	197	5
头屯河区	3234	2348	12	825	49	13
米东区	8975	7172	31	1748	24	29
达坂城区	1645	1111	6	451	77	22
克拉玛依市小计	**17142**	**13370**	**37**	**1490**	**2245**	**68**
本级	8286	7133	31	986	136	68
区县级小计	8856	6237	6	504	2109	
克拉玛依区	4793	2881		117	1795	
独山子区	2228	1621	6	287	314	
白碱滩区	1591	1507		84		
乌尔禾区	244	228		16		
石河子市	14614	9839	233	4194	348	287
伊犁州小计	**112389**	**78765**	**942**	**28057**	**4625**	**1588**
本级	16604	11716	276	4172	440	1010
区县级小计	95785	67049	666	23885	4185	578
奎屯市	5592	3495	35	1128	934	36
伊宁市	16463	11992	173	3797	501	344
伊宁县	13202	9597	91	3226	288	
察布查尔锡伯自治县	8905	5260	47	2795	803	
霍城县	10084	7627	65	2243	149	17
尼勒克县	8068	6034	54	1922	58	16
巩留县	8399	5841	63	2106	389	2
新源县	9975	7443	63	2469		43
特克斯县	8478	4998	41	2769	670	
昭苏县	6619	4762	34	1430	393	120
塔城地区小计	**57493**	**40431**	**458**	**16093**	**511**	**1711**
本级	6365	4043	97	2225		98
区县级小计	51128	36388	361	13868	511	1613
塔城市	8116	5250	106	2349	411	11

6－31－3

单位:万元

地　　区	地方财政一般预算收入	国内增值税75%	国内消费税	预算内基金收入	预算外财政专户收入	地区生产总值	第一产业增加值	第二产业增加值	第三产业增加值
额敏县	6523	3962	101	1651	1039	190550	68882	52687	68981
乌苏市	16999	16369	1446	4931	2087	389066	123512	166411	99143
沙湾县	16609	9544	21	7998	3414	502824	142799	201231	158794
托里县	6403	3125	2	437	401	111580	15739	65917	29924
裕民县	1527	220	2	897	1014	47596	19066	11724	16806
和布克赛尔自治县	66530	139961	3	793	584	80600	19100	35900	25600
阿勒泰地区小计	**62343**	**41668**	**102**	**3616**	**13749**	**968972**	**214512**	**447395**	**307065**
本级	5583	834	2	178	7301				
区县级小计	56760	40834	100	3438	6448	968972	214512	447395	307065
阿勒泰市	7524	2391	8	884	1405	231012	48948	44907	137157
布尔津县	5124	774	24	376	1242	81355	20167	24268	36920
哈巴河县	18555	14097	8	489	673	225915	29539	170981	25395
吉木乃县	1241	384	10	156	236	27247	10079	6151	11017
福海县	6312	4239	43	775	1497	117224	48180	33820	35224
富蕴县	16505	18381	2	611	949	236619	40403	156016	40200
青河县	1499	568	5	147	446	49600	17196	11252	21152
博尔塔拉州小计	**48082**	**50927**	**339**	**6386**	**9196**	**736000**	**221000**	**105000**	**410000**
本级	25521	42444		804	4011				
区县级小计	22561	8483	339	5582	5185	707984	204943	101321	401720
博乐市	14371	6715	337	1992	2859	504050	115192	76119	312739
精河县	6346	1377		2964	1980	135234	55951	15802	63481
温泉县	1844	391	2	626	346	68700	33800	9400	25500
昌吉州小计	**138018**	**113509**	**2085**	**39920**	**33102**	**3155607**	**978201**	**1212910**	**964496**
本级	7880	2187	1	5226	13360				
区县级小计	130138	111322	2084	34694	19742	3155607	978201	1212910	964496
玛纳斯县	18865	20909	1232	1423	1771	615333	281961	217072	116300
呼图壁县	13337	12392	205	2287	2825	466538	207829	144953	113756
昌吉市	46226	20264	215	28233	7122	1080000	172000	428000	480000
阜康市	31525	39681	－4	1434	2759	482220	64432	331646	86142
吉木萨尔县	11401	14881	92	906	2147	158669	71875	35342	51452
奇台县	6641	2671	320	248	2213	275500	143200	46200	86100
木垒哈萨克自治县	2143	524	24	163	905	77347	36904	9697	30746
巴音郭楞州小计	**196444**	**173681**	**2634**	**32754**	**30221**	**4680000**	**680000**	**3180000**	**820000**
本级	13117			3227	12072				
区县级小计	183327	173681	2634	29527	18149	4680000	680000	3180000	820000
库尔勒市	76699	30879	576	25104	11404	3550000	180000	2900000	470000
轮台县	47251	81721	1549	877	750	212000	55000	105000	52000

6－31－4 单位:人

地区	财政供养人口 小计	在职人员	离休人员	退休人员	其他人员	自收自支单位年末人数
额敏县	8907	6328	59	2520		601
乌苏市	9310	6765	47	2398	100	462
沙湾县	9167	7141	57	1969		341
托里县	6158	4299	38	1821		4
裕民县	4387	3023	26	1338		90
和布克赛尔自治县	5083	3582	28	1473		104
阿勒泰地区小计	**45760**	**34792**	**327**	**9895**	**746**	**219**
本级	6849	4983	89	1700	77	134
区县级小计	38911	29809	238	8195	669	85
阿勒泰市	9945	7740	52	2153		35
布尔津县	4807	3617	18	1017	155	18
哈巴河县	5400	4012	44	1180	164	12
吉木乃县	3914	2814	24	1062	14	
福海县	5016	3890	53	1073		
富蕴县	5588	4493	29	919	147	
青河县	4241	3243	18	791	189	20
博尔塔拉州小计	**28100**	**22406**	**186**	**4750**	**758**	**847**
本级	6343	4789	80	1214	260	48
区县级小计	21757	17617	106	3536	498	799
博乐市	9307	7376	40	1401	490	
精河县	7704	6338	32	1334		799
温泉县	4746	3903	34	801	8	
昌吉州小计	**62157**	**46894**	**382**	**13939**	**942**	**2152**
本级	9981	7141	167	2440	233	711
区县级小计	52176	39753	215	11499	709	1441
玛纳斯县	7283	5622	28	1504	129	9
呼图壁县	7075	5579	36	1460		273
昌吉市	10861	8334	34	2252	241	553
阜康市	6609	4972	25	1414	198	273
吉木萨尔县	6127	4572	22	1408	125	25
奇台县	8560	6330	47	2167	16	186
木垒哈萨克自治县	5661	4344	23	1294		122
巴音郭楞州小计	**67468**	**54670**	**413**	**11714**	**671**	**1715**
本级	10285	7607	145	2235	298	672
区县级小计	57183	47063	268	9479	373	1043
库尔勒市	13279	11067	63	2149		
轮台县	6232	4656	27	1256	293	

6－31－5

单位:万元

地区	地方财政一般预算收入	国内增值税75%	国内消费税	预算内基金收入	预算外财政专户收入	地区生产总值	第一产业增加值	第二产业增加值	第三产业增加值
尉犁县	8863	10266		226	815	211000	134000	35000	42000
且末县	20191	32123	6	453	1016	72226	30172	11590	30464
若羌县	3860	607		545	420	68000	23000	26000	19000
焉耆回族自治县	9217	6216	141	465	1376	181000	53000	70000	58000
和静县	10193	8290	353	934	1424	251000	82000	87000	82000
和硕县	3865	1578	6	784	400	96000	48000	19000	29000
博湖县	3188	2001	3	139	544	69000	28000	16000	25000
阿克苏地区小计	**255818**	**363085**	**17354**	**36431**	**42564**	**3865400**	**841600**	**2184600**	**839200**
本级	11036	－629		4971	14538				
区县级小计	244782	363714	17353	31460	28026	1744550	548081	484114	712355
阿克苏市	38026	10346	156	20004	8691	491904	89534	116012	286358
库车县	102595	184937	16308	4880	4887	413216	87497	202170	123549
拜城县	27548	51338	9	1243	995	172385	47289	61757	63339
新和县	13921	21177	4	301	1746	97652	57653	11745	28254
沙雅县	44507	86340	2	1640	2562	155833	71825	26076	57932
温宿县	11947	8181	567	1035	1706	148548	76267	25500	46781
乌什县	1566	567	301	558	2852	79559	37020	8388	34151
阿瓦提县	4100	616	6	1721	4486	158231	73612	28673	55946
柯坪县	572	212		78	101	27222	7384	3793	16045
克孜勒苏州小计	**12294**	**5352**	**2**	**1256**	**5178**	**232780**	**56750**	**43280**	**132750**
本级	1803	129	1	304	2578				
区县级小计	10491	5223	1	952	2600	232780	56750	43280	132750
阿图什市	4970	1773	1	337	1278	117213	28225	19643	69345
阿克陶县	2371	1521		276	874	55100	18500	11600	25000
乌恰县	2303	1845		300	194	32110	6043	10500	15567
阿合奇县	847	84		39	254	19389	4459	1626	13304
喀什地区小计	**81220**	**29298**	**7186**	**26393**	**26330**	**2164939**	**909195**	**504191**	**751553**
本级	3995	510		465	8804				
区县级小计	77225	28788	7186	25928	17526	2167939	909195	507191	751553
喀什市	30647	11028	498	11628	6880	482800	33500	162000	287300
莎车县	7878	1794	10	1523	2874	280919	156744	48913	75262
疏勒县	4125	822	10	4001	1582	181118	88218	49500	43400
疏附县	2327	849	3	825	625	127528	72598	19630	35300
叶城县	7724	7347	10	1510	949	187883	105126	36677	46080
伽师县	2910	1215	1	1625	481	182903	120245	21858	40800
巴楚县	6480	864	7	2665	1363	257211	116659	54800	85752
麦盖提县	4042	735	9	377	799	113763	68336	22744	22683

6－31－6 单位:人

地区	财政供养人口					自收自支单位年末人数
	小计	在职人员	离休人员	退休人员	其他人员	
尉犁县	5735	4854	24	857		
且末县	4841	3751	11	1079		284
若羌县	2966	2392	22	552		
焉耆回族自治县	6845	5752	38	1055		129
和静县	8721	7539	53	1129		605
和硕县	4427	3650	19	714	44	
博湖县	4137	3402	11	688	36	25
阿克苏地区小计	**94694**	**67102**	**335**	**19934**	**7323**	**2742**
本级	12479	9034	139	2530	776	1090
区县级小计	82215	58068	196	17404	6547	1652
阿克苏市	12964	9079	39	2102	1744	89
库车县	15320	10597	36	3204	1483	111
拜城县	10270	7766	18	2086	400	
新和县	6640	5075	13	1552		237
沙雅县	8788	5315	13	1885	1575	473
温宿县	9124	6199	30	2255	640	386
乌什县	6973	5116	19	1738	100	223
阿瓦提县	8353	6058	22	1795	478	83
柯坪县	3783	2863	6	787	127	50
克孜勒苏州小计	**40110**	**26457**	**173**	**11470**	**2010**	**268**
本级	8987	6426	99	2182	280	74
区县级小计	31123	20031	74	9288	1730	194
阿图什市	11485	8594	18	2873		194
阿克陶县	9163	6162	25	2414	562	
乌恰县	5577	3108	19	2315	135	
阿合奇县	4898	2167	12	1686	1033	
喀什地区小计	**124014**	**93233**	**481**	**28500**	**1800**	**1793**
本级	11165	6577	163	3642	783	300
区县级小计	112849	86656	318	24858	1017	1493
喀什市	13906	9988	41	3842	35	183
莎车县	18428	14762	54	3565	47	1063
疏勒县	9186	6729	30	2427		
疏附县	9530	7615	26	1889		
叶城县	11535	9397	30	2108		89
伽师县	9683	7158	21	2406	98	
巴楚县	10070	7416	29	2106	519	
麦盖提县	7102	5531	17	1482	72	

6－31－7

单位：万元

地区	地方财政一般预算收入	国内增值税75%	国内消费税	预算内基金收入	预算外财政专户收入	地区生产总值	第一产业增加值	第二产业增加值	第三产业增加值
泽普县	6191	3123	6630	927	583	137233	50055	34428	52750
英吉沙县	1547	426	2	197	663	104240	58236	17843	28161
岳普湖县	1501	294	3	316	485	76161	34338	17823	24000
塔什库尔干自治县	1853	291	3	334	242	36180	5140	20975	10065
和田地区小计	**31843**	**9637**	**65**	**6987**	**12537**	**63100**	**23640**	**11180**	**28280**
本级	1998			323	5585				
区县级小计	29845	9637	65	6664	6952	738146	372570	104272	261304
皮山县	2293	754	7	348	1366	63093	30173	10578	22342
墨玉县	3770	868	1	1361	1731	117636	58538	14460	44638
和田县	2824	946		333	191	89226	46979	20405	21842
洛浦县	2942	781	3	387	277	69469	26257	15245	27967
策勒县	1593	301	1	266	305	48640	20608	7161	20871
于田县	2396	476	8	414	2016	75190	34260	8501	32429
民丰县	1489	1711	1	23	240	26901	9482	7444	9975
和田市	12538	3800	44	3532	826	247991	146273	20478	81240
吐鲁番地区小计	**93214**	**118484**	**1569**	**4132**	**10476**	**1719200**	**162200**	**1180400**	**376600**
本级	2282			272	4596	21800	2700	9100	10000
区县级小计	90932	118484	1569	3860	5880	1697400	159500	1171300	366600
吐鲁番市	24552	27089	53	2161	3971	366000	70000	114000	182000
鄯善县	54701	83667	1298	862	1325	1175000	57400	986400	131200
托克逊县	11679	7599	218	837	584	156400	32100	70900	53400
哈密地区小计	**60955**	**46081**	**245**	**7154**	**10446**	**959791**	**136843**	**340447**	**482501**
本级	4503			4353	5064				
区县级小计	56452	46081	245	2801	5382	959791	136843	340447	482501
伊吾县	3655	3662		20	82	50399	15800	16480	18119
巴里坤自治县	4834	4814		172	500	90434	30943	23171	36320
哈密市	47963	37605	245	2609	4800	818958	90100	300796	428062
五家渠市	**6051**	**2152**	**17**	**61**	**1268**	**230021**	**38838**	**92952**	**98231**
阿拉尔市	**4112**	**1562**	**2**	**1394**	**177**	**288800**	**178500**	**39300**	**71000**
图木舒克市	**1606**	**476**		**203**	**248**				

6－31－8 单位：人

地区	财政供养人口 小计	在职人员	离休人员	退休人员	其他人员	自收自支单位年末人数
泽普县	6216	5107	32	1077		
英吉沙县	7736	6210	24	1502		158
岳普湖县	6108	4628	8	1383	89	
塔什库尔干自治县	3349	2115	6	1071	157	
和田地区小计	**66943**	**51140**	**311**	**15492**		**1031**
本级	6478	4575	108	1795		43
区县级小计	60465	46565	203	13697		988
皮山县	7216	5226	28	1962		334
墨玉县	12250	9740	37	2473		125
和田县	7898	6057	30	1811		
洛浦县	7618	5556	22	2040		89
策勒县	5810	4505	20	1285		35
于田县	8043	6220	20	1803		272
民丰县	2999	2322	14	663		
和田市	8631	6939	32	1660		133
吐鲁番地区小计	**29524**	**23971**	**77**	**5234**	**242**	**871**
本级	4138	3137	32	934	35	298
区县级小计	25386	20834	45	4300	207	573
吐鲁番市	9676	7964	14	1653	45	341
鄯善县	9380	7815	16	1387	162	38
托克逊县	6330	5055	15	1260		194
哈密地区小计	**30812**	**22773**	**233**	**7675**	**131**	**498**
本级	7921	5999	107	1815		376
区县级小计	22891	16774	126	5860	131	122
伊吾县	3617	2627	14	976		
巴里坤自治县	6348	4381	27	1828	112	
哈密市	12926	9766	85	3056	19	122
五家渠市	**3803**	**2825**	**30**	**844**	**104**	**129**
阿拉尔市	**2179**	**1630**	**29**	**520**		
图木舒克市	**1791**	**1586**		**205**		